为政府决策提供科学依据
为理论研究提供实证数据
为企业家成长提供支持

中国企业家成长20年

CHINESE ENTREPRENEURS' GROWTH IN THE PAST 20 YEARS

1993~2013 中国企业家调查系统追踪调研成果集

Chinese Entrepreneur Survey System Tracking from 1993~2013 Collection of the Survey Results

李兰◎主编

下 企业外部环境篇

中国发展出版社
CHINA DEVELOPMENT PRESS

图书在版编目（CIP）数据

中国企业家成长20年：1993～2013中国企业家调查系统追踪调研成果集（上下）/李兰主编. —北京：中国发展出版社，2013.11

ISBN 978－7－5177－0042－5

Ⅰ.①中… Ⅱ.①李… Ⅲ.①企业家—人才成长—调查报告—中国—1993～2008 ②企业家—访问记—中国—现代 Ⅳ.①F279.23 ②K825.38

中国版本图书馆CIP数据核字（2013）第262660号

书　　名：中国企业家成长20年：1993～2013中国企业家调查系统追踪调研成果集（上下）
主　　编：李　兰
出版发行：中国发展出版社
（北京市西城区百万庄大街16号8层　100037）
标准书号：ISBN 978－7－5177－0042－5
经 销 者：各地新华书店
印 刷 者：三河市东方印刷有限公司
开　　本：880mm×1230mm　1/16
印　　张：155.5
字　　数：4160千字
版　　次：2013年11月第1版
印　　次：2013年11月第1次印刷
定　　价：360.00元

联系电话：（010）68990642　68990692
购书热线：（010）68990682　68990686
网络订购：http：//zgfzcbs.tmall.com//
网购电话：（010）68990639　88333349
本社网址：http：//www.develpress.com.cn
电子邮件：fazhanreader@163.com

编委会

经济转型、可持续发展与企业家社会责任

国务院发展研究中心主任 李伟

新世纪以来，随着中国经济总量及占全球比重的大幅提升，中国与世界的联系日益紧密，相互影响不断加深。当前，世界经济进入大调整时期，中国也面临发展方式转变和经济结构调整的艰巨任务。

从外部环境和条件看，国际金融危机的后续影响还在发展和蔓延，发达经济体难以在短期内恢复高速增长，世界经济进入低速增长新阶段。全球性产能过剩问题加剧，国际市场竞争更加激烈，贸易投资保护主义有所抬头；主要国家的结构性改革尚未取得实质性进展，新技术革命仍然处在孕育过程中，世界经济低速增长有可能成为常态，中国出口已难回两位数的高速增长轨道。

从国内环境和条件看，我国经济增长率将出现下降，经济增长动力正处于转换之中。我国比较优势也在发生深刻变化，以往支撑我国参与国际分工与竞争的低成本劳动力优势正在快速削弱，劳动密集型产品在国际市场上面临着日益激烈的挑战，经济社会发展面临着经济结构失衡、资源环境约束增强、人口老龄化、劳动力成本上升、城乡区域发展差距和社会阶层收入差距扩大、潜在财政金融风险增加等严峻挑战。

面对内外部风险和挑战，中国正在进行一系列战略调整，将着力增强发展的平衡性、协调性和可持续性，着力构建新的发展方式，使经济发展更多依靠内需特别是消费需求拉动，更多依靠现代服务业和战略性新兴产业带动，更多依靠科技进步、劳动者素质提高和管理创新驱动，通过经济转型和结构调整实现可持续发展，实现社会进步和经济发展与环境保护、生态平衡的相互协调。

企业和企业家是推动经济转型和实现可持续发展的重要力量。企业的核心目标是追求利润，但是现代企业发展的经验证明，企业以追求利润为唯一目标是不可持续的。要实现基业常青、

永续经营，企业就必须承担起相应的社会、法律、商业伦理和公益性等责任，成为推动经济转型和社会进步的载体。美国兰德公司连续20多年对3500多家大企业跟踪研究发现，百年不衰的企业有一个共同点：不以追求利润为唯一目标，而是有超越利润的社会责任目标。越来越多的企业实践和理论研究同样证明，从长期来看，企业承担的社会责任与企业财务绩效呈正相关，并不会单方面加重企业负担，也不会对企业长远的利益造成负面影响。履行社会责任已经逐渐成为众多优秀企业的核心竞争力。

我想在这方面有三点值得企业家们思考。

一、要站在人类文明和社会进步的高度，认识企业在可持续发展中的作用。一个国家经济技术指标先进与否，实质上是取决于该国企业群体经济技术指标的优劣；一个国家经济发展方式的可持续与否，实质上取决于企业群体投入产出的方式的效益；一个国家经济增长质量的高低，实质上取决于社会资源配置在企业的效率。企业是社会财富的创造者，也是直接间接消耗资源、能源和影响环境的责任主体，就中国当前工业化现代化程度、经济社会发展状况和面临的全球化的挑战而言，在如何妥善处理好人与自然、人与社会、人与人、国家与国家之间各种复杂利益的关系，减少文明冲突，真正实现经济社会发展稳定性和可持续性，推进人类文明不断进步等方面，企业和企业家是不可或缺和不可替代的主体，他们扮演着极其重要而特殊的角色。

二、要坚定不移实现创新驱动战略，并通过创新实现可持续发展。创新是推动人类和社会进步的主要动力。研究世界主要发达国家经验可以发现，工业化进程中，依靠创新使得单位产出能源消耗大体上呈现倒U形的曲线。在工业化中期到达顶峰，然后慢慢地下降，越往后越低，这个过程中企业的创新发挥了十分重要的作用。企业创新既要重视技术创新和商业模式的创新，更要重视理念创新和管理创新。目前我国企业总体的创新能力继续提高，但这一创新能力大多仍然停留在产品技术创新阶段。与此相比，发达国家的企业更加重视理念创新、产业创新和技术创新、产品创新相融合，并形成了新的创新制高点。

中国在未来要把握住科技和产业发展的制高点和主动权，实现可持续发展，就必须毫不动摇地实施创新驱动战略，必须涌现出一大批奋进创新，有国际竞争力的企业家，这样的企业家是理念领先、锐意进取、勇于担当、大胆实践的企业家，是敢于聚集、运筹企业的创新要素，坚持不懈、矢志创新的企业家，是放眼全球、着眼研究发现和开拓创新，精心打造世界级品牌的企业家。海阔凭鱼跃，天高任鸟飞。中华民族伟大复兴的波澜壮阔和实现“中国梦”的美好前景，既赋予中国企业家光荣艰巨的历史责任，也给中国企业家提供了大显身手、百年难逢的历史机遇，从某种意义上说，国家、民族的未来属于企业家。

三、履行社会责任，实现可持续发展是企业家的首要责任。我国已经进入新的历史发展阶段，共同富裕与社会和谐发展已越来越融为一体。企业和企业家应该像对待经济责任一样，把社会责任作为企业战略不可缺少的重要组成部分。具体来说，企业家的社会责任，首先就是要依法经营，照章纳税，要以更加合理合法的方式管理各种资源、统筹兼顾各利益相关方的需要，为社会提供更好的新产品、新业务、新服务，要始终坚持不该做的事坚决不做、不该赚的钱坚决不赚，绝对不能把企业的利润建立在漠视法规、破坏环境、牺牲子孙万代利益的基础之上，要更好规划现在与未来、当前与长远，努力实现企业可持续发展目标。

2013 年是中国企业家调查系统成立 20 周年，该调查系统 20 年来坚持在全国范围内进行每年一度的以企业法人代表为对象的大型问卷追踪调查，建立起了企业家对宏观经济、企业外部环境判断的追踪体系以及企业家人才成长规律的研究体系，这些连续性的数据具有历史对比性，对有关部门制订政策提供了大量宝贵的数据信息，为我国经济改革历程和企业发展轨迹的回顾留下了一系列真实、完整、形象、科学的数据记录。

在社会快速变革时期，调查系统能够将这项调查工作持续开展 20 年非常不容易，克服了大量的困难。课题组在设计问卷、开展调查、分析调查数据、报告撰写等调查活动的过程中，始终秉持严谨认真的工作态度，保证了调查结果的客观性、科学性和规范性，调查成果受到了社会各方面的认同和好评。目前，这项课题研究已成为国内连续时间最长的企业追踪调查研究工作，弥补了目前国内实证调查研究工作的不足，充实了国务院发展研究中心的数据资源。调查系统编辑出版的这套调研成果集，使我们不仅看到了中国企业家群体的基本轮廓和成长轨迹，而且从企业家的视角回顾了中国经济的发展脉络，为政府和企业提供了决策参考，为学术研究提供了实证支持，对企业家的成长也起到了积极的指导作用。希望本书的出版能够给关心中国企业家成长的读者更多的思考和启示。

2013 年 10 月 16 日

一路坚持，不断成长

国务院发展研究中心公共管理与人力资源研究所副所长
中国企业家调查系统秘书长 李 兰

20 年前，党的十四届三中全会作出了《关于建立社会主义市场经济体制若干问题的决定》，开启了推进市场化改革的新时代。《决定》提出了“造就企业家队伍”的历史任务。

1993 年 9 月，中国企业家调查系统应运而生，迈开了与企业家同呼吸、与伟大的时代共奋进的坚实步伐。

20 年来，调查系统以全国范围内的企业为调查总体，以企业法人代表为对象分层随机抽样，通过问卷填写，配合电话、网络、入户调查、面访等方式，共进行问卷调查 58 次，回收问卷 7 万余份，收集有关数据 1700 多万个，完成 40 余项调查课题，撰写调查报告百余份。这些调查报告主要围绕“服务政府决策，探索企业家人才成长规律”两大主线展开，并不断深入。

第一，为政府决策服务。每年一度的大型问卷调查，从 8 月开始，历时三个月，有 3000 多位企业家参与。年度调查第一部分的内容基本固定，包括企业经营发展情况及企业经营者对宏观经济形势、改革热点和政府调控政策等方面的评价与建议，这部分内容的题目大都保持连续性，较完整地记录了 20 年来宏观经济形势的变化情况和改革发展历程，其跟踪数据的历史对比价值尤为珍贵。同时，每年调查问卷题目又紧跟形势变化，设计了一批与当年改革热点问题和政府关心的有关问题，如 1993 ~ 1997 年国企改革、1994 年的税制改革、1998 年亚洲金融危机、2000 年加入 WTO、2003 年“非典”、2008 ~ 2010 年国际金融危机，等等。除年度大型问卷调查外，调查系统还通过电话、传真等形式，进行千户企业快速调查追踪，为有关部门的决策提供了及时有效的重要信息。

第二，研究、探索中国企业家队伍成长规律。每年大型问卷调查第二部分的内容是企业家人才成长专题。20 年来，伴随着中国企业家队伍从无到有并不断成长壮大的过程，企业家人才成长专题调查的主题也不断深入。从最初调查企业家的意愿问题、角色问题、制度与环境问题、素质与能力问题，企业家对资本、人才、战略、文化的认识和实践等问题，逐步深入到企业家价值取向与行为特征、企业家的社会责任意识、企业家学习与创新、企业家精神及追求等深层次问题，反映了中国企业家队伍成长的历程与规律，为制定政策提供了客观真实的依据，为企业家成长提供了指导和支持。

20年来，调查系统还协助有关部委进行了一系列专题调查，先后承担了国家税务总局的“分税制改革”调查（1994年），原国家体改委、中国证监会联合进行的“股份制企业问卷调查”（1994年），共青团中央“青年企业家问卷调查”（1996年），原国家经贸委“APEC成员在华投资的中小企业问卷调查”（1998年），中国企业联合会“千户国有企业经营者问卷跟踪调查”（2000年），民建中央“千户民营企业家问卷跟踪调查”（2007~2013年），中财办“国进民退”情况调查（2009年），人社部“企业用工情况季度调查”（2009~2013年）等，实现了为政府决策服务的工作宗旨。

总的说来，通过20年来的不懈探索，中国企业家调查系统已初步建立起了企业家对宏观经济、企业外部环境判断的追踪体系以及企业家人才成长规律的研究体系。这些连续性的数据具有历史对比性，为政策制订和决策参考提供了大量宝贵的数据信息，为我国经济改革历程和企业发展、企业家成长轨迹的回顾留下了一系列真实、完整、形象、科学的数据记录。可以说，20年的调查工作，见证了中国经济的持续快速增长，见证了中国企业的跨越式发展，见证了中国企业家队伍的孕育、成长与壮大。

在20年来的调查研究中，我们得到了来自各方面的无私帮助和支持。每次调查，各主办单位和协办单位的领导都十分重视，亲自审定调查主题，仔细修改调查问卷，悉心指导调查报告撰写，及时对调查工作给予鼓励、支持和指导。每次调查数据一出来，他们就通过内参、工作文件等多种方式将调研结果直送决策层。

在20年来的调查研究中，国内外很多专家学者始终坚定支持并积极参与调研工作。他们有的多次参与调查问卷的设计、调查抽样方案的确定、调查数据的分析处理、调查研究报告的撰写及修改；有的对调查数据进行多角度的深入挖掘，完成了一项项重要的课题研究；有的还多次参加调查系统组织的企业家座谈会及试调查工作，与企业家深入交流、分享调研成果。《人民日报》、新华社、《光明日报》、《经济日报》、中央人民广播电台、中央电视台、《管理世界》杂志等中央一级媒体大都在第一时间报道调查成果。

在20年来的调查研究中，调查系统的工作更是得到了众多企业家的支持与鼓励。他们一年年、一次次、一项项地填写长长的调查问卷，有的还积极参与选题讨论和问卷设计，认真配合问卷试调查、入户调查和面访调查，及时反馈对调查报告的意见和建议。正是企业家这种积极、主动、自愿填写问卷并真实反映情况的热情，才保证了这项调查工作的长期坚持，确保了调查数据的客观、真实、准确。

回首20年，我们收获多多：

——我们的调查已成为全国连续追踪时间最长的企业家问题的专题调查。

——我们的调查成果百余次提交领导作决策参考，受到各方面的重视和肯定，多位党和国家领导人多次圈阅、批示并在多个场合对这项调查研究工作给予肯定。

——我们的调查数据为六家主办单位以及中财办、中组部、统战部、民建中央、人社部、商务部、国税总局等部门在政策制定和研究中多次引用。

——我们的调查报告成为我国学术界有关企业家问题研究文献中引用率较高的实证研究。

——我们自己则成长为一支专业、敬业的优秀的调研队伍。

20年，对于历史，是短暂的一瞬间；对于国家，是建立市场经济体制的重要时期；对于我们，则是青春光华的燃烧与绽放。20年间，虽数次遇到困难，但能与这伟大的变革时代同行，能与成长中的中国企业家共呼吸，我们无悔，我们庆幸，我们成长，我们感恩。

鞠躬致谢，谢谢20年来支持和帮助我们的领导、专家、企业家！

一粒种子，发芽、生长，需要土地、阳光和雨露。一个愿意为社会进步、国家发展奉献青春的心愿和正念，植根于大变革的热土里，在大家的关爱和支持下，正茁壮成长。

20年的同行，让我们看到了企业家们的成长，看到了中国经济的腾飞，看到了企业家群体对国家繁荣富强所作出的努力，更坚定了我们的信念："帮助企业家成长，推动中国经济发展和社会进步"。在中国经济发展进入结构转型的关键时期，回顾和总结企业家人才的成长规律、企业外部环境的变迁，梳理存在的问题与需要突破的瓶颈，分析面临的机遇与挑战，展望企业家队伍的成长和发展趋势，对于促进企业家队伍的健康成长，更好地实现中国经济社会持续健康发展，具有十分重要的意义。调查系统20年的连续跟踪调查，为这种总结和思考提供了丰富的数据基础。20年来的调研成果，汇集成这套丛书，分为上下两册。上册为企业家成长篇，包括企业家成长的年度调查报告、优秀企业家访谈录、企业家成长研究优秀论文等；下册为企业外部环境篇，包括历年企业家对于宏观经济形势及改革热点问题看法的调查报告以及国企、民企、股份制企业等专题调查报告。我们希望藉由此书的出版，表达我们对社会各界多年来给予关怀的感谢和纪念，也希望本书的出版能为推动中国企业家队伍成长和优化企业外部环境的研究尽一点微薄之力。

藉本书记录大家20年共创的成果。愿与各位朋友一起，为中国企业家队伍的健康成长、为中国经济的持续健康发展、为实现中华民族的伟大复兴而共同努力。

2013年9月17日

第一部分　历年“企业家白皮书”序

第二部分　企业宏观环境年度报告

第三部分　专题报告

Chinese
Entrepreneurs' Growth
in the Past 20 Years

第一部分

历年“企业家白皮书”序

（按发表时间排序）

2011年《中国企业家的战略选择》序

卢中原　时任国务院发展研究中心副主任

以科学发展为主题，以加快转变经济发展方式为主线，是“十二五”规划的鲜明特征。实践证明，加强转变经济发展方式是关系经济社会发展全局的一场深刻变革，必须贯穿到经济社会发展的全过程和各领域，要在发展中促转变，在转变中谋发展。只有这样，才能提高经济社会发展的全面性、协调性和可持续性。“十二五”规划纲要提出，加快转变经济发展方式有五个主要脉络：坚持把经济结构战略性特征作为主攻方向；坚持把科技进步和创新作为重要支撑；坚持把保障和改善民生作为根本出发点和落脚点；坚持把建设资源节约型和环境友好型社会作为重要着力点；坚持把改革开放作为强大动力。我个人理解，只要沿着这五个脉络推进工作，中国经济转型就一定能够取得实质性进展。

“十一五”期间，我国在调整经济结构、促进经济转型方面取得了新的成效。以产业结构调整为例，工业特别是装备制造业总体水平和竞争力明显提高，技术进步加快，产品质量改善，品牌影响不断扩大。2009年底国务院发展研究中心对外经济研究部对1500家在华外资企业的调查表明，中国已经成为外资企业设立研发基地和高端制造基地的重要目的地。再以调整收入分配结构为例，这方面也取得了新的进展。2009年，劳动者报酬占GDP的份额比2007年提高了4个百分点以上，劳动者收入占比偏低的情况有所改善。2010年，农民人均纯收入实际增幅高达10%以上，超过城市居民收入增幅，城乡收入差距缩小为3.23∶1，低于2006年的3.28∶1，城乡差距扩大的趋势开始扭转。

我们也清醒地看到，中国经济发展仍然存在着较为严重的失衡现象，例如：低成本竞争优势逐步削弱，创新能力不强；资源环境压力加大，节能减排形势严峻；生产要素投入结构失衡，投资消费关系失调；出口增长粗放，国际收支不平衡；收入分配格局仍然不够合理，收入差距仍然较大，收入分配秩序还不规范，等等。这些都表明，我国调结构、转方式的任务仍然艰巨而紧迫。

未来5年，我国经济发展和转型的内外部环境孕育着新变化和新机遇，既有许多有利条件，也面临巨大挑战。

从国内看，我国工业化和城镇化都在加速，投资和消费两大内需十分旺盛；城乡居民走向全面小康的新期待十分强烈，以改善居住、出行、通信条件为特点的消费升级持续活跃；生产要素组合优势明显，劳动力供给仍然充裕，国内市场广阔，居民储蓄率仍然较高，发展潜力和回旋余地巨大；微观活力和企业竞争能力提高，宏观调控体系和能力不断改善；社会政治保持稳定，中华民族凝聚力增强。同时，国内发展环境面临的挑战也是不容忽视的，主要有：城乡和区域差距明显，农业基础依然薄弱，就业总量压力和结构性矛盾并存，社会矛盾复杂多发，制约科学发展的体制障碍仍然较多，等等。

从外部条件看，当今世界经济政治格局的大调整仍然是在和平、发展、合作的时代潮流中进行的。我国对世界经济增长的贡献加大，外部对中国市场的依存度上升，有利于我国发挥市场规模大、劳动力充裕等比较优势。新技术革命和产业转移，有利于我国打破某些产业的瓶颈制约，发展战略性新兴产业，实现某些领域和环节的跨越式发展，促进产业结构优化升级。经济全球化和区域合作深入发展，有利于我国发展开放型经济，更好地“引进来”、“走出去”，扩大我国在全球和区域内配置资源的回旋余地。我国成功应对国际金融危机的冲击，带动世界经济复苏，国际地位和影响力上升，有利于我国参与制定国际经贸规则，维护国家利益和发展权益。

外部环境带来的挑战也相当严峻：国际金融危机仍有后续影响，世界经济增长放慢，外部需求总量趋紧、结构发生变化，我国经济增长须更多依靠内需；发达国家扩大出口和振兴制造业，可能会挤压我国传统优势产业的发展空间，固化我国制造业在国际产业分工中的低端地位；全球产业转移有可能给我国带来高能耗、高污染的企业和产业，也可能产生某些行业的外国垄断，在某些领域影响国家经济安全；国际市场波动和金融风险可能迅速传导到国内，影响宏观经济稳定；发达国家主导的国际经贸规则对我国的压力增大，所谓的中国“责任论”、“傲慢论”和“威胁论”也会不断花样翻新。

总体上看，我国面临的国内国际环境是机遇和挑战并存，机遇前所未有，挑战也前所未有，但机遇大于挑战，我国发展仍处于可以大有作为的重要战略机遇期。我们要紧紧抓住世界经济变局中不可多得的历史机遇，积极防范风险，以深化改革开放为强大动力，推进经济结构战略性调整，加快转变经济发展方式，推动经济尽快走上内生增长、创新驱动轨道。可以说，在这一过程中，中国企业是推动中国经济转型的主体，企业的转型升级是实现经济发展方式转变的基础，而企业家的战略思考和企业的战略选择，对中国企业把握发展机遇，应对转型挑战具有十分重要的意义。

因此，在“十二五”规划开局之年，了解一下企业家对身处经济转型关键时期的企业发展有哪些战略思考和选择，是令人感兴趣的。中国企业家调查系统今年推出的《中国企业家的战略选择》一书，为我们提供了这方面的丰富信息。这本书基于 2009 年和 2010 年对企业家大规模的调查，展示了中国企业家对企业战略问题的认识、思考和选择，分析了经济转型过程对中国企业战略的影响。本书第一部分内容主要包括 5016 位企业家对企业战略问题的问卷调查报告，以及对宏观经济与外部环境的判断等相关调研报告。本书第二部分单独收入 9 位在国内有一定影响力的企业家访谈实录，他们从自己的实践出发，对“企业战略”提出了不少独特的见解。

从调查和分析的结果看，我觉得有以下情况和观点是值得引起注意的；

第一，在总体发展战略上，主导业务型企业和相关多元化企业的绩效相对较好。调查发现，目前企业总体发展战略呈现内资企业多元化、外资企业专业化的特征。企业进入新业务领域的主要动因包括市场吸引力、业务相关性和克服外部环境的不完善，以内部发展和合作并购为进入新领域的主要手段。确实，在商业机会、选择自由和市场诱惑日益增加的发展过程中，企业往往面临经营专业化还是多元化的选择。但是为什么内资企业倾向于多元化的总体发展战略，而外资企业则倾向于专业化呢？是不是因为中国企业的发展阶段和发展理念与外资企业有所不同？从调查结果看，绩效较好的企业大多实行主导业务型发展战略和相关多元化的发展战略，这是值得中国企业和企业家注意的。

第二，在竞争日益激烈的环境下，低成本竞争优势正在弱化，企业竞争战略面临新的转型。调查表明，中国企业普通采用了成本领先战略，以低成本、宽产品线、低价格为主要竞争手段。不少企业注重高性价比策略，强调中低端产品的差异化，而高端产品差异化或创新型的差异化战略尚未形成。调查还表明，虽然中国企业大都采用了低价格竞争手段，但是低价格竞争并不一定能提升企业绩效。在竞争战略方面，企业到底采取低成本战略还是差异化战略，通常与企业的发展阶段、所处行业和发展环境密切相关。随着我国人口老龄化、生活要素成本上升等发展环境的变化，低成本战略的好处可能越来越少，而其缺点将会越来越突出。因此，中国许多企业需要加快实现战略转型，即从基于廉价生产要素的低成本战略转向基于产品与技术创新的差异化战略。中国企业应大力推进差异化战略，提高企业自身的战略决策能力、自主研发能力、融资能力，在战略转型中形成新的竞争优势。

第三，技术创新和制度创新更能促进企业绩效的提升。快速变化、充满不确定性的外部环境，使企业的战略制定和战略执行面临较大的挑战。调查表明，为了应对这种挑战，大多数企业经营者强调创新，普遍重视前瞻性、主动性和快速行动，其中，民营企业表现出更强的创新导向。在技术创新方面，企业经营者普遍重视集成开发、二次开发与独特技术开发，低成本研发较为广泛。在制度创新方面，企业经营者重视优化产权结构，强调管理制度化和流程规范化。中国企业的国际化经营，总体上仍处于以低成本生产要素为基础、以产品出口为主要方式的初级阶段，并暴露出人才短缺，产品不够高端、缺乏品牌与销售渠道等问题。而企业实施国际化经营，更需要以人才、技术创新和制度规范化为依托，形成核心竞争力，这样才能使企业的业绩提升具备坚实的基础。在企业国际化的进程中，要尽快实现产品的升级换代，重视品牌价值的提升，逐步走向产业链的中高端，同时培养更多的国际化人才，大力拓展国际市场。

第四，在战略决策模式上，企业需要提高战略规划的科学性和执行的有效性。调查显示，企业经营者普遍重视战略管理，对所承担的战略决策责任有一定的认识，同时大都认为制定战略难，执行战略更难。中国企业制定战略决策的责任主体为董事长/总经理和董事会；相比较而言，国有企业多为集体决策，民营企业多为个人决策；目前中国企业的战略决策模式多为“命令式”和“愿景式”，员工参与程度不太高。企业经营者认为，提升企业战略决策能力，关键在于优化高管团队的构成，改善经营者的战略思维，完善组织结构与管理体制。对国有及国有控股企业来说，优化产权与公司治理结构也是改进企业战略决策的重要途径。企业经营者认识到，需要提高自身综合素质和自我认知能力，提升战略思维能力，重视企业的团队建设，优化企业的战略决策模式，从“个人英雄”时代迈向“企业群英”时代。

第五，为企业战略的科学制定和企业家的健康成长创造良好环境。企业经营者呼吁：在中国经济转型发展的关键时期，政府要进一步加快行政体制改革，加速推进社会主义市场经济体制建设，为企业家应对转型挑战、把握发展机遇、确立和调整企业发展战略创造有利条件；全社会要大力弘扬企业家精神，鼓励、支持企业界以制度创新、管理创新促进中国企业全面进步和可持续发展。

中国企业家调查系统自1993年成立以来，一直把“为政府部门决策提供科学依据、为理论研究提供实证数据、为企业家队伍的成长与发展提供正确导向”作为自己的使命，长期关注企业家成长和企业发展环境等方面，坚持以连续的跟踪调查和案例分析来研究中国企业家队伍的成长和发展规律，其中大量翔实、客观的一手珍贵数据，对企业家、经济研究者以及有关政府决策部门来说，都是有参考价值的。为使研究成果更及时广泛地与社会分享，从2002年开始，中国企业家调查系统开始每年定期公开出版企业家成长报告丛书，受到了有关领导、专家学者和企业家的较高评价。我相信，今年发布的《中国企业家的战略选择》这本书，将有助于我们了解中国企业家在经济转型关键时期对企业发展战略的思考和选择，为我们应对未来的挑战提供有价值的资料。

2009 年《企业家精神》序

■彼得·圣吉　美国麻省理工学院教授

企业家精神正在中国复兴，我相信这对世界的影响不可忽视。

企业家对于社会的发展至关重要，因为他们是创新的催化剂。通过把热情与技能、决心结合在一起，他们将思想转变为了成果。通过洞察潜在的市场、寻找尚未被满足的需求，然后调动想象力、精力和创造力，他们设法满足了各种需要。甚至，通过创造性地把时间、金钱，以及大多数人们组织在一起，他们又使灵感转化为实用的效益和经济活力。

我曾经在《第五项修炼》中强调，重要的是认识到所有人都生而热爱学习。如果人们在工作中没有展现出这种学习和创新的精神，我们应将原因归咎于环境的不适，而非人们自身的缺陷。而伟大企业家那种充满热情和想象、执着并乐于学习的气质，可以激发任何人身上的企业家精神，让他们清楚地知道，自己并不可能了解所有问题的答案。事实上，应当像伟大的企业家那样，敢于将自己的问题和弱点与他人分享，以取长补短。这也是为什么不能建设一种所有人都等待“老板”指示的企业文化，因为过分强调权力最终会毁掉促进团队终身学习的企业家精神。

但是，如果这种观点正确的话，为什么目前东西方的很多组织仍然以权力主义的方式运作呢？我认为，这在某种程度上反映了深植于人们心中的对于工作性质和领导力性质的假设。如果管理者假定人们并不真正甘心自己所做的、不在乎自己能为他人做出贡献，那么他们就会以这种方式实施管理，使其成为心理学上所讲的“自我应验的预言”。如果管理者不相信人们有自己的远见和愿景，他们就不会为人们创造机遇以达到那个愿景。如果管理者相信工作只是赚取薪水的一种方式，那他们就永远不会认同质量管理运动的倡导者爱德华兹·戴明博士所讲的“所有人都在工作中寻求快乐”。简而言之，如此多的企业文化都是由管理者的假设决定，我们创建了企业，却在企业的设计上扼杀了企业家精神。

但我仍然坚信，无论东方文化还是西方文化，企业家精神的核心均源自创造美好世界的内心渴望，以及对集体创造的坚定信心。奇迹来自人们真正地共同携手、创造未来。在互联网公司兴盛的时候，著名的战略咨询师和作家 C. K. 普拉哈拉德移居到加州，为了在一种富有企业家精神的氛围中工作。我曾经问他：“我们在一些商业著作中读到过，企业家精神是由一些人那渴望极度富有的野心所驱动的，这是真的吗？他回答说：“是的，平庸的企业家的确如此。”接着他补充道：“而我所遇到的那些伟大的企业家，则都是被一种改变世界的热情所驱动。”

这是一本关于中国企业家精神的书，谈到如何结合中国目前市场和社会条件的特殊背景，以有别于西方的方式来塑造企业家精神的重要意义。对我而言，首要的特征在于中国所处的全球环境，以及中国的发展在未来二三十年中将会对全球产生的不可避免的影响。中国会效仿西方，发展出在不可控的消费需求驱动下的物质文化吗？中国会效仿西方，认同“商业至上”的社会价值取向（换句话说，商业应该只关注私人利益和个人财富，认为这样就是对社会价值做出的重大贡献）吗？中国会效仿西方，允许私人机构的“利润私有化而成本社会化”。从而仅仅关注短期利润，而将破坏环境、改变气候、失业，以及物质财富的高度集中等成本由他人来承担吗？

世界公民期盼着中国走出一条不同的路。正如世界野生生物基金会的执行副总裁杰森·克莱所言：“我们现在正消费着一又四分之一个地球。如果中国的人均物质消耗上升到美国的水平，我们将需要两个地球。”如果其他处于快速发展中的国家，如印度等，也因循此路，我们的处境将越发不可持续。

但如果中国采取不同的道路，作为先行者的她将建立一个新的模式令其他国家纷纷效仿。众所周知，西方工业国的物质模式是建立在巨大的社会和生态成本之上，但80%的世界人口（包括绝大多数中国人）还处于这个模式之外，他们正在探寻其他可行的发展模式——通过创造而非破坏社会和生态福利，满足人们合理的物质需求。

显而易见，中国未来的发展不仅要借助市场经济和政府政策计划之间的互动，还有赖于两大商业实体——国有企业和私有企业的共同发展。可以说，企业家精神对于所有的机构都至关重要。虽然在中国，通常将“企业家的创业”视为私有经济组织的专属，但我认为，这种观点过于狭隘。应当将快速增长的“企业家经济实体”视为某种试验田，因为这有利于更好地理解如何将企业家精神灌输于所有的企业组织、公共和私人组织，以及商业和非商业组织之中。

事实上，这并非一个新观点。企业家精神从来都不是由商业界所独有。在过去的10年中，许多最为重要的进步都是由勇于想象和创新的社会企业家来引领的。这其中，许多你可能尚未听说：

如Mwalimu Musheshe，URDT（乌干达农村发展和培训组织）的创立者，他在非洲建立了一条最持久和最成功的乡村与区域发展网络，最近还创办了非洲第一所乡村女子大学；

还有Molly Baldwin，Roca的创立者，这是一家由前黑帮成员组成的组织，位于波士顿，他们致力于在这个最贫穷和犯罪率最高的区域中复兴文化与经济。

再有Rodrigo Baggio，他创建了CDI（数字化推广中心），将互联网接入巴西和其他南美国家贫民窟的数千万人群中，并在推广过程中创造了数百万个受教育和就业机会。

此外，你或许还听说过穆罕默德·尤纳斯，他也许是世界上最著名的社会企业家。尤纳斯获得了诺贝尔和平奖，奖励他在孟加拉国及其他发展中国家中大量发放的小规模贷款。他的成就正是基于企业家精神的核心本质：发现他人没有识别的市场潜在机遇，并随之创立了组织以满足这种市场需求。十多年来，由于银行拒绝向穷人贷款——除非以极高的利息，使得很多人认为该市场几乎不存在。但尤纳斯及其同事对于这个老问题——如何促进企业的创建以缓解贫穷——则有着全新的观点。在了解了贫穷社区的社会结构以后，他决定将资金贷给妇女而非男人，以此带来更多的社会回报和贷款偿还。事实的确如此，妇女们建立了合作网络来相互支持，以确保贷款得以偿还，并创造了一个强有力的快速增长的市场，这是银行从未有过的先例。妇女们还自发地考虑投资实业回馈社区，带来的商品和就业岗位令经济发展得以持续。总之，这正是企业家精神和技能的杰出体现。

随着中国继续重新发掘自身最深厚的文化智慧，我设想将会出现更多的中国式“穆罕默德·尤纳斯”。我本人已经遇到了很多位，他们的特殊之处在于他们并不特殊：他们只是运用自己的禀赋和勇气，转变现有的企业或创建新的企业，来满足他们关注到的迫切的市场需求。

如果觉醒的中国企业家开始将智慧之泉渗入儒—道—佛的传统文化之中，那将产生怎样的结果？哲人南怀瑾曾经说过：“传统中国文化中，企业家的真真内涵是将社会福祉置于个人私利之上。”如果创建一个导致更多二氧化碳排放的新企业无法在道德上获得认可，那将如何？如果公司的运作方式不可思议地令所有人员的人性得以完整地发扬，那将如何？如果商业企业家和社会企业家之间那些虚假的区分开始弥合，所有企业家均以其在经济、社会和生态福祉方面的贡献加以评价，那将如何？

世界需要不同的能源系统。它需要一种“循环经济”，这种经济中没有任何产品的最终结局是垃圾掩埋或有毒废物倾倒，而是完全天然因而可生物降解，或是可完全循环或“再制造”。它需要一个运输系统，人们能够支付，地球也能够承受。它需要一种集体精神，将所有人联系在一起，并持续强化彼此的关心爱护。它还需要一个特殊的教育系统，使孩子们理解自身的精神—身体—心灵系统和社会福祉的性质，以及如何寻求一条“天堂与地球的和谐之路”。

这是私人和公共部门企业家们共同的工作，当我们觉察到集体的潜能，并以之再造组织、重塑社会，进而创建新世界；当我们真正理解了企业家精神，这就是可能发生的一切。

2009 年《企业家精神》序

▌张维迎　北京大学光华管理学院教授

任何一个国家和地区的经济发展主要取决于这个国家和地区的企业家资源的开发与利用，也就是：最有才能的人究竟在干什么？他们是在做政府还是在做企业？如果他们做企业，他们是在做什么样的产业？中国过去 30 年的体制转轨和经济的高速成长，是一个企业家队伍从无到有、不断壮大和砺炼成熟的过程。不理解企业家精神，不明白中国企业家队伍是如何形成的，就不可能理解过去 30 年中国经济高速增长和把握未来中国经济增长的前景。

我曾将改革开放以来的中国企业家划分成三种类型，或者可以说是三代不同类型的企业家。

第一代是农民出身的企业家。1978 年之前，中国最聪明的人或者在政府，或者在农村。由于户口管制，农村出身的人只能当农民，没有机会当工人、干部，因此农村也聚集了一批聪明人，他们只能当生产队的党支部书记、革委会主任等村干部职务，当不了这些村干部的人就只能投机倒把，最后可能坐牢。

因此，改革开放的第一代企业家，就是农民转变的企业家，农村的能人。由于在 1988 年之前，私有企业是非法的，企业家没有社会地位。因此除了农民和在城市找不到工作的人以外，很少有人愿意干个体户，愿意自己办企业。当时个体户和私有企业主的地位很低，连找对象都很难，虽然他们钱可能赚得很多。有一个调查表明，在 1985 年的时候，个体户的经济地位已经跃居第一，但是社会地位却排在倒数第二，仅比农民好一点。第一代做民营经济的基本上就是这样一群人。可以说，中国的户口管制为我们保留了企业家的火种，为中国的改革准备了人力资本条件。没有这些农民企业家，中国经济改革的起步就会非常困难。

第二代是党政干部和事业单位的知识分子出身的企业家，出现在 1988 年之后，特别是 20 世纪 90 年代的“下海潮”形成的企业家。这有几个原因：一是 1988 年私有企业合法化；二是 20 世纪 80 年代末，有一批政府官员在市场中寻找出路；三是邓小平南方谈话和社会主义市场经济目标的确立。1992 年一年，中国有 12 万党政干部下海，从此之后这个运动就没有中断。

第三代是海归派和高科技出身的企业家，是过去 10 年随着高科技产业的发展发生的事情。比如百度的李彦宏、搜狐的张朝阳等等，主要是高科技产业领域的人才，他们多是名校毕业，海外留学，并有在国外工作的经历，回国后带回了大量的风险投资。

企业家的成长反映出中国社会的变化，特别是个人财产制度的变化和择业自由的出现。第一个 10 年创业的人基本上都处于社会的最底层，用今天的话讲就是所谓的“弱势群体”，没有机会到政府和国有企业工作，或者因为投机倒把坐过牢，所以只好自己创业。第二个 10 年中国经济更市场化了，人们也更自由了。20 世纪 80 年代之前要装电话、坐飞机、坐软卧都必须是政府官员，但之后私营企业主坐的车、住的房子可能比政府高级干部还要好，这就是激励机制的变化。政府工作的人员下海是社会的巨大进步，对国家的贡献要比他们在政府工作大得多。第三个 10 年吸引了很多海外归国人才，这与中国在加入 WTO 后更开放、自由，产权得到更好的保护有很大的关系。

三代企业家在推动中国社会改革和经济成长方面是有着不同的作用的。第一代农民企业家的企业主要在制造业、商业方面有所建树，他们视野不宽，但吃苦耐劳。第二代企业家搞房地产、金融，他们有的在政府工作过，受教育程度较高，出过国眼界开阔，能够对国家发展趋势作出更好的预测，也有办法获得第一代企业家无法获得的资源。第三代企业家搞高科技、互联网，他们具有国际视野，能拿到国际资本。每代企业家所从事的产业，代表了那个时代推动中国经济成长的主导产业。没有他们，中国的经济改革不可能成功！

当然，我这样的划分也有些武断。如柳传志这样的中关村企业家，可以说兼三种特征于一身。他创业的年代是农民企业家诞生的年代，他的国有背景使他的创业类似政府官员下海，而他从事的又是高科技产业。

30 年来，中国企业家队伍为中国社会创造了财富，推动了经济的发展，也提升了中国的国际地位。但在这个全球化的时代，中国企业家队伍也肩负着更大的责任，面临着更大的挑战。未来 30 年中国能否超过美国成为世界第一大经济体，很大程度上要看中国企业的表现。而中国企业在全球市场中的表现如何，不仅取决于企业家的个人素质和自身努力，也取决于中国制度环境的变迁。

企业家在干什么？简单地说，一是预测未来，应对不确定性；二是创新，不断提升产品和服务的价值。如果没有不确定性，不需要预测未来，就不需要企业家。如果没有了创新，企业家的职业生命也就终止了。就此而言，中国的企业家与西方的企业家没有什么本质的不同。但由于制度环境不同，中国企业家的精力和时间的分配方式与西方企业家有很大的不同。如果把不确定性分为市场的不确定性和政策的不确定性，把创新分为商业创新（包括技术、市场、商业模式等）和制度创新，我们会发现，西方企业家的时间和精力主要花在应对市场的不确定性和从事商业创新，而即使到改革开放 30 多年后的今天，中国企业家仍然要把更多的时间花在应对政策的不确定性和从事制度创新。西方企业家聚在一起，主要讨论的就是技术问题，市场问题；相比而言，中国企业家聚在一起的时候，话题大多集中在政策问题，制度性问题。由于这个原因，中国企业家要比西方企业家辛苦得多。但在激烈竞争的市场上，客户看重的是产品和服务给自己创造的价值，而不是企业家有多辛苦！就此而言，中国的制度环境使得中国企业在与西方企业竞争中处于非常不利的地位。可以想象，如果柳传志不需要花那么多时间和精力在产权制度的改革上，联想会比现在做得更好，更具有国际竞争力！因此，如何继续减少政府对经济活动的干预和政府政策的不确定性，让商业活动更自由，对中国企业和中国经济下一步的发展至关重要。

中国企业家调查系统自成立以来，一直将通过调查研究和案例分析推动中国企业家队伍的成长和壮大作为自己的使命，也得到了企业界和学术界的广泛认同。本书作为一本讨论企业家精神的书，内容包括了对 5920 位企业经营者关于“企业家精神”的问卷调研成果报告，对 8 位在国内有一定影响力的企业家就“企业家精神”这一专题的访谈，以及有关“企业家精神”的学术研究综述。我相信，这本书有助我们更全面地认识现阶段中国企业家的基本特征以及他们面临的困惑，为我们思考未来提供了很有价值的资料。

2008年《中国企业家成长15年》序

▌张玉台　时任国务院发展研究中心主任、党组书记

改革开放的30年，是中国经济快速发展的30年，也是中国企业家队伍不断成长壮大的30年。在改革开放30年的历史画卷上，从邓小平邀请荣毅仁创建中信开始，企业家群体注定成为中国社会各阶层中备受关注的极为重要的一部分。在回顾改革开放30年历程之际，总结中国企业家群体的成长轨迹，思考企业家队伍的成长和发展规律，了解他们对于企业经营外部环境的期望与建议，有利于促进企业家队伍的健康成长，有利于更好地发挥企业家群体在保持企业健康、持续成长、实现社会经济又好又快发展、建设社会主义和谐社会等方面的重要作用。

要进行这种思考和总结，需要有历史的眼光，科学的方法，也需要有翔实的数据、充分的资料和信息。中国企业家调查系统对于企业经营者15年的连续跟踪调查，为这种总结和思考提供了丰富的数据基础。

中国企业家调查系统是由国务院发展研究中心、国务院研究室、国资委、国家统计局、中国企业联合会五家部委有关部门共同发起组织，由国务院发展研究中心于1993年批准成立的调查机构。15年来，中国企业家调查系统遵循“长期、客观、高效、无偿”的工作原则，坚持进行每年一度的企业经营者问卷跟踪调查，力求及时、全面、客观、准确地反映企业经营者对宏观经济政策体制改革的意见和建议，深入研究和把握我国企业家队伍的变化情况和成长发展规律，为政府决策提供科学依据，为理论研究提供实证数据，为中国企业家队伍的健康成长提供支持。这项工作开展以来得到了40多个部委和机构的大力支持，得到了企业界的积极响应和学术界专家的热情参与，受到了社会各界的广泛关注。

《中国企业家成长15年：1993～2008·中国企业家成长与发展报告》（上、下册），就是对中国企业家调查系统15年调查研究成果的总结。上册为企业家成长篇，包括有关企业家成长的历年调查报告和15年调查综合报告等；下册为企业环境篇，包括历年有关企业家对于宏观经济形势及改革热点看法的调查报告、子课题研究报告以及有关国企、民企和股份制企业的专题调查报告。

透过这些报告，我们不仅可以看到中国企业家群体的基本轮廓和成长轨迹，而且可以看到企业家眼中的中国经济历史性的发展脉络。

这本书凝聚着企业家的奉献、专家的智慧、政府相关部门的支持以及中国企业家调查系统全体工作人员15年的辛勤劳动和不懈努力。该书一方面可为政府及企业决策提供参考，另一方面为研究机构探讨企业家成长发展规律提供翔实的数据，是一本独具特色的解读中国改革开放30年成就的参考读本。

2008年《中国企业家成长15年》序

▌谢伏瞻　时任国务院研究室主任

改革开放走过了30年的光辉历程，中国创造了世界发展史上的奇迹。伴随着改革开放的时代大潮，中国企业家队伍迅速成长壮大。30年来，我国企业改革作为经济体制改革的中心环节，深刻影响和推动了许多重要领域的改革，谱写了创新发展的辉煌篇章；30年来，我国企业家勇立潮头，敢为人先，开拓进取，作为时代的弄潮儿，书写了一个又一个现代传奇，成为推动我国经济社会发展的重要力量。

时代呼唤企业家队伍的成长与发展。从我国企业家队伍成长的历程看，前进的道路虽然充满艰辛，但每前进一步都留下了深深的足迹。从党的十一届三中全会到党的十四大召开之前，这一时期的国有企业改革以放权让利为重点，不断探索多种责任制形式；民营企业在国民经济中的地位和作用受到重视，民营企业开始起步并快速发展，“温州模式”、“苏南模式”以及以联想、四通为代表的中关村民营科技企业受到广泛关注；花旗银行、德国大众等外商投资企业开始进入我国。由此，新中国成立后新一代中国企业家队伍正式登上历史舞台并获得初步发展。从党的十四大到党的十六大召开之前这一时期，我们党提出经济体制改革的目标就是建立社会主义市场经济体制。我国企业改革和发展进入了一个新的时期，也是我国国有企业改革发展最艰难、最关键的时期，国有企业大范围进入市场，迈开了战略性结构调整和制度创新的新步伐；民营企业成为社会主义市场经济的重要组成部分，获得迅猛发展；世界500强企业中有400多家在华投资。从这一阶段开始，中国企业家队伍在市场经济的洗礼和锤炼中不断成长。从党的十六大至今，我国企业改革向更深层次推进，大力发展国有资本、集体资本和非公有资本等参股的混合所有制经济。国有大中型企业加快推进股份制改革，积极开展调整重组，形成了一些具有较强综合竞争力的大型企业集团；国有资产监督管理体制初步形成；民营企业进入稳定高速发展时期，成为促进增长、扩大就业、繁荣市场的重要力量；跨国公司在华大规模开展业务，使得外资企业成为我国经济重要和活跃的组成部分。经过激烈市场竞争的风雨考验，中国企业家队伍正逐步成熟、崛起并走向世界。

时势造英雄，30年波澜壮阔的企业改革，造就了一支富有创业创新精神的企业家队伍，这是改革开放30年取得的重大成果之一。我国改革发展的稳步推进，为勤于奋斗、敢于创业的人们提供了广阔的历史舞台，成就了一代又一代的中国企业家。袁庚、张瑞敏、鲁冠球、柳传志等知名企业家就是他们中的杰出代表。随着经济体制改革逐步深化，我国企业家队伍职业化水平不断提高，各方面素质不断提升。30年的改革实践充分表明，企业家是我国企业改革发展的直接推动者，是我国市场经济体制建设的探索者。他们率先冲破旧观念、旧体制的束缚，对旧的生产方式进行“创造性破坏”，成为推动社会进步不可或缺的一支队伍，可以肯定地说，实现现代化的宏伟目标，必须始终不渝地坚持发挥企业家队伍的独特作用。

在看到巨大成绩和进步的时候，必须居安思危，清醒地看到面临的困难和挑战。我国企业与世界先进企业相比还有较大差距；有关数据显示，排名中国企业500强第一位的中国石化的营业收入只相当于埃克森美孚的39.3%；我国零售业龙头百联集团的营业收入只相当于沃尔玛的5.4%；饮料业龙头企业哇哈哈的营业收入只相当于可口可乐的9.7%；家电企业龙头海尔集团的营业收入只相当于西门子的12.8%。因此，充分利用两个市场、两种资源，进一步提高企业经营水平尤其是国际化经营能力，做大做强企业，培育具有较强国际竞争力的企业和企业集团，是摆在我们面前的战略任务。

当前，我国企业面临的外部环境比以往更加复杂和严峻，深化企业改革、推动科学发展的任务更加迫切和艰巨。新的形势和任务对我国企业家队伍提出了更高的要求。在新的历史起点上，我们要深入贯彻落实党的十七大精神，以科学发展观为指导，继续加快推进企业现代化建设。实现这些目标和任务，需要企业家队伍必须进一步提高自身素质，增强使命感和责任感，大力弘扬勇于创新的企业家精神，以产业报国为己任，牢固树立“企业公民意识”，积极承担社会责任，不断提高我国企业的经营实力和竞争力，为推动我国经济社会又好又快发展做出新的贡献。

潮平两岸阔，风正一帆悬。纵观30年企业改革发展历程，在以往许多重要时刻，企业家的创新精神对改革取得突破性进展都起到了关键作用。展望未来，要深化企业改革，缔造一大批具有国际竞争力的中国企业，同样离不开企业家的创新开拓精神。党的十七大为中国企业深化改革指明了方向，伟大的时代为企业家的健康成长提供了沃土。我们坚信，广大的企业经营者，只要真正脚踏实地投入到波澜壮阔的改革实践中去，扎扎实实开拓创新，不断奋发进取，中国改革开放的历史大舞台上，一定会涌现出更多世界知名的企业和企业家。为了实现现代化和中华民族复兴大业，我们必须造就和培育出一支更加宏大的企业家队伍。

中国企业家调查系统致力于以中国企业家为主要对象的调查研究工作已经进行了15年，在企业家问题的调查、研究和企业家成长的培训、辅导等方面积累了丰富的数据和宝贵的经验，为中国企业家队伍的成长与发展做出了积极贡献。中国企业家调查系统编辑的这样一套《中国企业家成长15年：1993~2008·中国企业家成长与发展报告》（上、下册），通过大量翔实、客观的第一手数据，真实记录了中国企业家的成长轨迹、企业家对经济社会各方面问题的看法，以及对宏观经济环境的评价等内容，从企业家的独特视野对改革开放30年，特别是最近15年我国企业改革发展和宏观经济运行情况进行了回顾和总结，相信能给关心中国企业家成长的读者更多思考和启示。

2008年《中国企业家成长15年》序

▌邵　宁　时任国务院国有资产监督管理委员会副主任

改革开放30年，中国发生了历史性的巨大变化。在改革开放的进程中，国有企业改革始终处于非常重要的位置并取得了重大进展。目前，中国的国有企业改革已经进入到一个以国有大型企业改革与发展为主要内容的新阶段。国有经济在逐步从不具备比较优势的领域退出、从配置效率低的领域退出的同时，机制开始转、活力明显增强。目前，国有经济更多地以大型企业和特大型企业的形态，集中于有规模经济要求的资金、技术密集型行业，集中于关系国家安全和国民经济命脉的领域。

企业是由企业家管理和经营的，企业改革中的相当一部分任务也要由企业家来完成。如果选择一个行为层面的角度，我们也可以这样来观察国有企业改革：改革的政策措施改变着对企业家的激励和约束机制，以及他们所处的经营环境和改革环境，从而改变着企业家的状态和行为。如果一项大的改革措施出台，使得企业家们更加敬业、更有责任感、更思进取了，或者使他们感到经营环境更为宽松、推进改革的条件更为有利了，那么这项改革措施很可能是积极的、有效的。如果反之，则我们就需要认真反思这项改革措施的设计了。所以，企业家状态、行为的变化，是对改革政策、特别是对改革效果的一种独特的、直观的检验。

中国企业家调查系统一直专注于企业家问题，进行了大量实证性的问卷调查和相关分析，获得了很多重要的第一手数据和资料。特别需要强调的是，这种关注和研究不是一次性的、截面式的，而是连续性的、持之以恒的。数据积累了15年就有了可比性、就可以看到规律性的变化，而这15年恰恰是中国的国有企业从改革脱困到改革发展实现了巨大变化的时期。从改革推动的进程讲，这项工作对我们改革政策的制定和完善提供了大量宝贵的验证性信息；从对改革的回顾讲，这项工作为我们留下了一套真实和完整的过程记录。正因为如此，我们由衷地感谢中国企业家调查系统所做的这些非常有价值的工作。

中国的国有企业改革已经取得了重大进展，中国企业家调查系统15年中所做的调查和分析也准备集结成书正式出版。这无疑是对中国改革开放30年献出的一份适宜的礼物。但是中国的国有企业改革并没有结束。由于国有大企业总体经营状况较好，以国有大企业改革为重点的阶段可能不会有改革脱困时期那样集中的社会风险，但这个改革阶段会面临一些新的难题。例如，国有大企业客观上存在着多层次的委托代理关系，对公司治理结构的科学化和有效性要求很高，这其中包括对国有企业领导人员管理体制的改革；国有大企业离政府更近，企业与政府之间更难于隔离，对政企分开、政资分开、国有资产出资人职能的准确定位等方面的要求更加直接；等等。这些问题很多涉及政府自身的改革，解决起来仍有很大难度，只不过与企业脱困时期不是一种难法，因此，在下一步国有企业改革的进程中，我们仍然需要把握企业家状态和行为的变化，仍然需要了解和听到企业家方面的想法、意见和建议。

15年一页翻过去了，我们期待着下一个15年。

2007年《企业家看社会责任》序

王梦奎　时任国务院发展研究中心主任

企业社会责任问题引起日益广泛的关注，对于社会舆论乃至国家的社会经济政策有着重要影响。这是国内外环境深刻变化所引发的社会现象。

在一般意义上，不能说传统计划经济体制下企业没有社会责任；毋宁说，当时企业是承担了过多的社会责任，作为政企不分重要表现形式的“企业办社会”，使企业承受着沉重的社会负担。实行政企分开，剥离企业办社会的职能，是国有企业改革的难点和着力点之一。经过多年来的改革，“企业办社会”的状况已经根本改观。民营企业自不必说，新兴办的国有企业在这方面也是好的，只是一些老的国有企业在这个问题上还没有完全解决。现在的问题，是经济体制改革和社会结构转型导致社会利益关系的重大调整和重组，各类所有制企业的社会角色都需要有新的定位。现在是在新的基础上，也就是发展多种所有制经济和市场经济体制的国内制度基础，以及经济全球化的国际背景下，提出企业社会责任问题。

企业理所当然地要追求利润，对投资者负责，但同时要对企业员工负责，依法保护员工权益，包括劳动条件、安全生产、工资福利和基本人权。在发展多种所有制经济和市场经济体制下，各类所有制企业，包括公有的、私有的或者合资的、外资的，都应该妥善处理劳资关系，实现劳资两利。国家要完善劳动立法，实行劳资两利的政策，建立“劳动者—投资者—政府”三方协调机制，支持工会组织在维护工人权益方面发挥更积极的作用。企业还要对全社会负责，包括诚信经营、依法纳税和交纳社会保障等各项基金，以及保护环境和维护消费者权益。强调企业社会责任是实现社会和谐的必要条件，也是企业和社会走向成熟的标志。

现在人们关注企业社会责任问题，和经济全球化深入发展、中国愈益融入世界经济贸易体系有关。近年来逐渐成为国际潮流的企业社会责任运动，是由西方经济发达国家的非政府组织率先发起的，现在已经影响到我国开放程度比较高的沿海地区部分企业，看来有继续扩大之势。中国企业界对在新的国内外环境下履行社会责任问题也日益重视。对于企业社会责任应该采取积极的态度，因为这和我们保护劳动者权益与实现社会和谐的要求有一致之处，也有助于中国企业的发展和壮大。问题是，和国际企业社会责任相伴随的，往往有附加于国际贸易条件的繁琐审查认定，有可能增加企业的额外负担，过高的标准有可能成为其他国家对我国出口商品采取保护主义的口实，有关企业社会责任的某些说辞有可能被利用来干涉我国内政，我们不能不有所警惕。

企业履行社会责任导致成本增加是难免的。我国经济和对外贸易的高速增长，在相当大程度上得益于土地和劳动力低成本的优势，但这种优势已有减弱的趋势。土地价格上涨速度超过GDP的增长速度，极低地价甚至零地价的阶段过去了。制造业仍然具有低成本的优势，但并不像工资差距反映的那么大，因为低工资往往是和低生产率伴生的。城市熟练工人普遍紧缺，局部地区普通劳动力供不应求，工资水平上涨。人民币升值也会削弱劳动力便宜的优势。随着老龄化加快，“人口红利”将逐步消失。和比我国发展水平高的国家比较，我国土地和劳动力低成本的优势还能维持一段时间，但优势减弱是必然趋势，需要培育新的竞争优势。工资成本提高会减少企业利润，但劳动者素质的提高与生产效率的提高、社会和谐与企业形象的改善又会增强企业的竞争优势。现阶段中国企业的社会责任，要体现发展和改革成果全民共享、促进社会和谐的要求，同时要体现增强企业活力、促进经济持续发展的要求。

对于新的经济体制和社会结构中的企业社会责任，对于经济全球化背景下的企业社会责任，对于国内外企业社会责任的现状，对于国际企业社会责任的浪潮，我们还缺乏系统而深入的研究，这种研究对于中国企业的健康成长和应对来自外部的挑战都具有重要意义，需要企业界、理论界、社会组织和政府相关部门的共同努力。中国企业家调查系统编辑出版的这本《企业家看社会责任》为深入开展研究提供了一份重要的参考。特别是作为本书第一篇的专题调查报告：《企业家对社会责任的认识与评价》，是中国企业家调查系统根据对涵盖全国不同地区、不同所有制和不同类型的企业（大企业和中小企业、盈利企业和亏损企业，等等）的企业家4586份问卷答案整理而成的，是一份很有价值的调查报告，从中可以看出当前我国企业社会责任的状况和企业家对于企业社会责任问题的认知。确如报告题目所标明的，这是企业家对企业社会责任的认识与评价，不论作何种是非判断，都是当今社会值得高度重视的。我读后得到不少启发，相信其他读者也会从中获益。

2006 年《企业家个人学习、组织学习与企业创新》序

▌成思危　时任全国人大常委会副委员长、民建中央主席

创新是一个民族的灵魂，是一个国家兴旺发达的不竭动力，同时也是一个国家特别像中国这样的发展中国家实现现代化的一个重要因素。在知识经济时代，国家可以形象地被分为“头脑国家”和“躯干国家”，即生产知识和引进知识的国家。目前中国的“头脑”还不发达，要实现中华民族的伟大复兴，必须既有“躯干”又有“头脑”。虽然我国是一个制造大国，但多数技术还是引进的，许多核心技术还没有真正掌握，自主创新能力还不强，所以我们一定要努力实现中共中央提出的“建设创新型国家”的目标。

宏观的创新型国家应该和微观的学习型组织相对应。要成长创新型国家，组成国家的各个组织，包括政府机关、企业、事业单位、群众团体等等，都应当是学习型组织，也就是说这些组织要不断地适应变化，坚持学习，努力创新。

创新是企业生存发展的必要保证，而创新的前提是学习，包括企业领导者个人的学习和企业组织的学习。我常说，企业家只有一时的成功，很难有永久的成功。企业家的成绩只说明过去，他们每天都要面临新的挑战，需要不断地学习、不断地创新。

现在“学习型组织”这个词广为流行，但有不少人并不了解其真正的内涵。学习型组织首要的一条是自我超越，核心是系统思考。有不少曾经“叱咤风云”的企业家成为“昙花一现”的人物，一个主要的原因就是陶醉在一时的成功之中，头脑发热，自以为是，忽视了学习和创新。因此企业家应该考虑的不仅是今天干什么；而更要考虑明天干什么，不断地超越自我。我国的企业现已面临着全球性的竞争，就必须适应新的竞争环境，努力求得生存和发展。

学习型组织的学习应当包括个体学习、群体学习和整个组织的学习三个层次。作为一个组织来说，学习是这个组织内部各个成员之间相互作用和组织对外部的相互作用，是自组织、自学习、自适应的过程。自组织，就是通过成员之间的相互作用而形成组织的层次结构和功能结构，并推动组织向一定的方向发展。自学习，就是在实践过程中要总结经验和吸取教训。自适应，就是说学习的目的是为了更好地适应不断变化的环境。

组织学习的理论是西方提出的，而后传入中国。可喜的是，中国的学者和企业家不仅能吸收西方的知识，并能创造性地提出自己的理论和见解，并结合中国的国情和文化而有所发展。目前，企业领导的个人学习和创新能力在企业中的主导作用、企业领导应当如何重视和思考学习与创新、如何提高组织学习和创新能力、企业领导者的个人学习与组织学习能力对企业发展的影响如何等等，这些重要的课题越来越引起社会的广泛关注。

中国企业家调查系统编辑出版的《企业家个人学习、组织学习与企业创新：2006 中国企业家成长与发展报告》，为深入研究这一课题提供了帮助。中国企业家调查系统自 1993 年 9 月成立以后，已连

续十三次进行了企业家成长与发展问卷跟踪调查工作，这次以企业家个人学习、组织学习与企业创新为主题的调研工作，增进了对中国企业和企业家的学习能力以及对企业创新和竞争优势的影响等方面的了解，并对提升企业领导个人和组织学习能力提出了很好的建议，相信能为该领域的有关各方提供有益的指导和帮助。

建设创新型国家是一项长期而艰巨的任务，企业作为自主创新的主体，更应努力提高学习和创新能力。我相信，在中国经济快速发展的背景下，随着对企业家与企业学习能力课题研究的不断深入，以及企业实践经验的不断积累，越来越多的中国企业将通过不断的学习和创新，迈向卓越的成功之路。

2006 年《企业家个人学习、组织学习与企业创新》序

▌谢伏瞻　时任国务院发展研究中心副主任

我们正处在科技革命日新月异的时代，新信息、新知识层出不穷，不学习就会被时代淘汰，不善于学习也会落后于人，个人如此，企业亦然。对企业而言，在激烈的市场竞争中，要建立和保持竞争优势，就必须培养比竞争对手更快的学习和创新能力。作为企业领导者，不仅需要不断增强自身的学习能力，不断提高，不断地完善自我，同时还需要把自己积累的知识和经验传递给员工，提升整个团队的学习能力、创新能力和适应市场变化的能力，发挥出团队的整体作用和价值。然而，并不是人人都能正确认识和处理好这两个问题的。尤其是后者，即如何将个人的学习能力转化为企业组织的学习能力，这是目前中国企业与企业家面临的巨大挑战。

为此，中国企业家调查系统在 2005 年组织实施了第 13 次全国范围企业经营者问卷跟踪调查，对中国企业家个人学习、组织学习的现状与问题及其对企业创新和竞争优势的影响进行了分析，并与部分企业经营者进行了面对面的访谈，深入探讨了不同企业各具特色的组织学习能力的形成过程及对企业发展产生的影响。从本次调研中，我们发现组织学习能力高于企业家个人学习能力的企业，创新能力和竞争优势相对更强。这一重要研究成果，将为中国企业探索持续发展之路带来重要的启示。

为使这项耗时一年，由数十位有关方面领导、专家和企业家参与研究，数千位企业经营者参与调查的调研成果充分发挥社会价值，中国企业家调查系统组织有关方面力量编著了这本企业家个人学习、组织学习与企业创新为主题的研究著作。

本书包括了中国企业家调查系统 2006 年度问卷调查报告——企业学习：现状、问题及其对创新和竞争优势的影响，十一位优秀企业家访谈实录；2005 年度企业家成长与发展优秀文选 21 篇，汇集整理了 2005 年度中国企业家大事记和企业家理论研究文献索引。

希望本书的出版对促进中国企业学习和创新能力研究的进一步深入开展，为政府决策提供科学依据，为理论研究提供实证数据，为企业家成长提供正确导向发挥积极的作用。

2006年《企业家个人学习、组织学习与企业创新》序

彼得·圣吉　美国麻省理工学院教授

虽然有很多人在谈创新，但这主题大致上仍然是模糊的。彼得·杜拉克（Peter Drucker）将创新定义为“创造价值的新泉源”。创新并不是仅有的新想法或新技术，或做新的事情。创新乃是人们用新颖的眼光去做他们认为重要的事，如透过新产品、新程序、新商业或财务模式、新交货系统，甚至是一整套组织运作的新方法，从而能以前所未有的方式为人们服务。创新不应局限于商业组织机构。21世纪的艰巨挑战，需要教育、医疗卫生系统、政府机构和媒体的全面创新才足以面对。

西方的经济模式和它底层的管理体系已经造成了物质文明的进步。但这成就是由汇集大量的社会和天然资本以创造的财富资本所换取来的。然而在开创和平、安全、宽容和促进世界人民联结的关系感上却不断地失败。矛盾的是，它一方面使我们的经济越来越相互依赖，另一方面却使人与人、文化与文化之间的关系越来越疏远。在此同时，它还带来了因环境破坏而持续升高的代价，致使我们越来越逼近于各种潜在的大自然反扑。如果我们没有找到另一条进入未来的发展道路，我们的子孙一定会质问：你们怎么能坐视这一切发生？

我相信中国在寻找另一条未来发展道路上能扮演重要的角色，但必须要在所有的重要组织中进行深层创新。这些组织将影响社会形态的演化，所以没有组织创新就没有社会创新。

创新是一个学习的过程。创新不可能一蹴而就。精通新的作业方法需要时间，需要有承担风险的勇气和意愿，尤其是愿意尝试一开始就可能不顺利的新事物。最优秀的创新人士乃是有勇气大胆尝试新想法和新观点，并且谦逊地从反馈意见中进一步学习的人。在多年尝试发明电灯泡失败后，托马斯·爱迪生说了一句非常有名的话：“现在我知道了500种不可行的方法。”

我认为特别重要的杠杆点，在于创造一个能促进企业所有层面整体创新的管理体系。人类学习的潜能是无穷的，其中既有个人的学习也有集体的学习。但在现代社会，这种潜能远远没有被开发出来，因为我们社会主要的组织，从学校开始，到企业，政府及其他的企业机构所强调的是控制而不是学习。强调集中权力而不是让每个人都参与决策过程。强调取悦老板而不是创造价值并不断改进。强调不犯错误，外表光鲜而不是追求开诚布公及建立在信任和共同目标的基础的人际关系。

但在建立学习型组织文化上并没有一定的公式，这就是为什么这种对中国企业组织学习和创新进行的调查研究是如此重要。一般的法则和工具只有在适应了所在环境、特定的历史、市场现状、技术和文化之后才能加以应用。了解中国的经理人在这个方面做得怎么样是至关重要的。首先要弄清楚他们是否认为学习是重要的。如果学习被视为一个很“学术”的问题而和建立成功企业无关的话，那么学习就是无关紧要的。这些务实的经理人他们是如何看待五项修炼的重要性？他们基于什么理由及如何思考自我超越的重要性、心智模式的运作、系统思考的培养、团队学习及建立共同愿景？他们如何寻求及开发这些“学习能力”？他们如何构思及提升组织中的学习能力？他们哪些方面比较成功，遭

遇到哪些困难？最需要哪些帮助？

关注中国正在崛起的企业家队伍是非常重要的，因为未来的社会发展和经济成长将源于他们领导下的企业。在这个企业家群体中引进新的思想会带来长期深远的影响。鼓励他们分享各自所学的知识，培育相互熟识而且有共同价值观的企业家网络，将会成为影响未来最有力的策略。

虽然组织学习最为重要，但个人和基层团体最终决定了整个组织的文化。要建立独具创新能力的组织，需要所有阶层的领导者都能成为学习者。这些学习者包括但不仅限于高层管理者。在世界各地，当公司从高层的领导，到各分部管理阶层，到公司内部网络的管理者都重视自己学习能力的提升，我们就会看到“领导力生态”（Leadership ecologies）的健全发展。

不能认识到各层管理者之间紧密相连的关系，是大多数人在思考组织变革与转型中所犯的第一个错误。大多数人认为，最高层领导才是唯一重要的。高层经理和管理团队的作用的确是关键，因为他们能影响较大规模的组织文化。但基层管理者能决定真正实际的工作是在怎样环境中完成的。我们见到过太多这样的组织，最高管理者大谈建立“学习型组织”，基层的经理们却还是继续着惧怕或不信任的做法。

组织文化变革的复杂性，可能让人望而生畏，在需要投入更多时间和人力时，又容易使人灰心丧志，但学习者其实就意味着不必知道全部的答案，如果你真的有了，就没有什么好学习的了。在最近一次国际组织学习学会（Sol）的会议上，一位惠普公司的退休高级主管说“回头检视我的职场生涯，总的经验就是‘学习是领导的泉源’，最好的领导者往往是学习者，而不见得是那些最聪明的人、最有魅力的演讲人或最有雄心的人。正是那些对企业目标深深承诺、尽力倾听的人，在帮助他人成长的同时，也成长了自己。”

2005 年《企业家与企业文化》序

▌邵　宁　时任国务院国有资产监督管理委员会副主任

企业文化是现代企业管理科学理论和哲学理念的融合、创新和飞跃，这个概念引入我国二十多年来，越来越受到业界和学术界的关注和重视。特别是近年来，随着我国加入 WTO 和改革开放的不断深入，企业竞争日益激烈，企业发展面临更多挑战和机遇，这一背景促成了我国新一轮的“企业文化热”。企业文化对我国企业发展的影响也越来越明显。无论是否意识到了，每一个企业都有自己的文化。积极健康的企业文化可以增强企业的凝聚力，提升团队精神。企业文化不良会导致企业内部矛盾丛生，内耗不断，人心涣散；不合时宜的企业文化往往成为企业变革和创新的无形障碍；企业间文化融合困难，也会使一些有充分合作性的企业联合不欢而散。世界优秀企业的成功，关键因素之一是拥有优秀而独特的企业文化，这表明企业文化在企业走向卓越中的重要意义。

中国正处于一个变革的时代，中国经济同时也面临着工业化和信息化的机遇，企业发展模式也从人力密集向资本密集与知识密集过渡，企业管理也需要相应地从经验管理向科学管理和文化管理发展。谁拥有文化优势，谁就拥有竞争优势、效益优势和发展优势。优秀的企业必须拥有优秀的企业文化。不重视企业文化的企业是没有核心竞争力的企业，不重视企业文化建设的企业经营者是缺乏远见的企业家。可以说，企业文化正日益成为企业持续经营、永保活力的关键。

作为现代企业管理灵魂的企业文化，客观地存在于企业的生产和经营活动中，然而每个企业的文化又都各具特色，不尽相同。企业领导在企业文化中的主导作用日益突出，企业领导如何重视和思考企业文化？什么是优秀的企业文化？如何建设企业文化？政府、社会和企业应当如何创建优秀的文化？这已经成为社会普遍关注的重要课题。

中国企业家调查系统适时地编辑出版了《企业家与企业文化——2005 中国企业家成长与发展报告》，为深入这一课题的研究提供了帮助。中国企业家调查系统自 1993 年 9 月成立以来，已连续 12 次进行了企业家成长与发展问卷跟踪调查工作，这次以企业文化为主题的调研工作，相信能为企业文化的关注者和建设者提供有益的指导和帮助。

当前，党和政府提出“坚持以人为本，构建和谐社会”的大背景为企业文化建设提供了良好的契机。国资委在 2005 年的工作规划中特别将企业文化建设作为一项重点工作来推进，指导思想就是以邓小平理论和“三个代表”重要思想为指导，贯彻落实党的十六大、十六届三中全会精神，牢固树立以人为本和全面、协调、可持续的科学发展观。企业文化建设要植根于中国民族优秀传统文化的土壤，积极吸收借鉴国内外现代管理的优秀成果，以爱国奉献为追求，以人本管理为核心，以学习创新为动力，着眼于内强素质、外树形象，立足于文化强企、产业报国；要努力建设符合中国特色社会主义先进文化前进方向、具有鲜明时代特征和各具特色的企业文化；打造企业核心竞争力；为发展壮大国有经济、全面建设小康社会作出新贡献。

我相信，在中国经济快速发展的背景下，随着对企业文化研究的不断深入，以及企业文化实践经验的不断积累，越来越多的中国企业将逐步形成优秀的企业文化，更快地迈向卓越之路。

2004 年《企业家价值取向》序

▌袁宝华　中国企业联合会、中国企业家协会名誉会长

企业家是企业的灵魂，对企业的发展有着重大影响，是推动市场经济发展的一支重要力量。中国经济的快速发展，与中国企业家队伍的不断成长壮大，与一大批优秀的企业经营者脱颖而出有着直接联系。多年来，社会各界对企业的经营者队伍的建设一直给予了广泛的关注，但前些年主要集中在中国企业经营者的现状如何，中国需要培养具有什么样素质的企业经营者这一方面。近年来，随着企业文化在企业经营和发展中的作用越来越得到社会的认识和重视，这支特殊的企业经营者群体拥有什么样的价值观，如何引导企业经营者的价值取向走向积极的一面这个问题开始引起高度重视。

事实上，企业经营者个人价值观是形成企业价值观的重要基础，是企业价值观的人格化代表。企业价值观是企业文化的核心和灵魂，它虽不像企业的管理制度那样直接和“硬性”，但在企业的经营管理活动中，发挥着无形却有力的作用，对内可以激励员工、凝聚合力，对外有助于树立良好的企业形象，增强企业竞争力。因此，企业经营者的价值观与企业竞争力的大小，经营的好坏有着十分密切的联系。

为此，中国企业家调查系统在十几年间进行了企业经营者成长与发展调查与研究，在此基础上，对企业家价值观问题进行了有益的探索。摆在我们面前的这本白皮书，就是以大规模企业经营者调查数据为基础，组织哲学、经济学、管理学、社会学、心理学等领域中的众多专家就企业经营者价值观这一专题共同研究并取得的成果。

本书中包含了中国企业家调查系统于 2003 年组织的中国企业家价值观调查所形成的总报告及研究人员根据总报告所撰写的十余份报告；该书还收录了 2003 年度有关企业家成长与发展的优秀论文 12 篇以及 2003 年度中国企业家大事记、研究企业家问题的论文索引等。尤其弥足珍贵的是，书中还包括了中国企业家调查系统组织的对十余位有代表性的优秀企业家进行的面访，深入探讨了不同类型、不同年龄、不同经历的企业家对人生、对社会的看法，对个人成长的体会及其个人价值观对企业的影响等。他们这些栩栩如生的动人经历以及催人奋进的价值取向，对于引导广大企业经营者树立积极的价值观，正确对待权力、地位、金钱，具有十分重要的意义。

2003 年我国人均 GDP 突破 1000 美元大关，标志着我国经济进入了一个新增长时期。这是一个充满竞争的时代，也是一个充满希望的时代。随着中国企业经营者价值观的不断成熟，综合素质的不断提高，他们必将率领我国企业在未来的全球化竞争中创造辉煌的业绩，在中国经济的腾飞中实现中华民族的伟大复兴。这也是我衷心的祝愿。

2003年《1993～2003·中国企业家成长与发展报告》序

▌陈清泰　时任国务院发展研究中心党组书记、副主任

决定一国经济实力的因素是多方面的，但是否有一批优秀企业却具有决定意义。优秀企业群的背后是优秀企业家队伍。从某种意义上说，企业家队伍的成长直接影响综合国力。

在市场经济条件下，企业家是经济资源配置的主角，是一个特殊的社会阶层。优秀企业家是一种稀缺社会资源，其稀缺程度远远超过资金和技术。如果说融通资金在境内外可以有多种渠道，技术落后可以通过开发、购买等方式解决的话，那么，我国大量的企业绝不可能靠大批国外经营管理者来支撑。精心培育企业家队伍，为他们搭建施展才华的舞台，使他们在市场竞争中锻炼和成长，这是富国兴邦的大计。

一、给经营管理者搭建施展才华的舞台

对国有企业而言，在政企不分情况下，所有权与经营权混为一谈，在发现企业没有经营权就缺乏活力时，政府就倾向于向企业放权，而在下放经营权时，往往把部分所有权同时下放；当发现企业失控时，政府又倾向于收权，而在上收所有权时，往往也把经营权同时上收，最后把企业管死。在这个怪圈中我们已循环了多次。由于经营权的收收放放而导致经营管理者的权责具有不确定性；由于政企职能错位而导致经营管理者的角色也具有不确定性；加上政府在企业外大量随意性极强的直接干预，使经营管理者无所适从，才能难以发挥。

尽管不排除一些家族式企业一段时期可以办得很好，但总体来说，所有权与经营权分离，才能为投资者、经营者、管理者搭建施展才华的舞台，对国有企业尤其如此。

二、公司是实现两权分离最有效的制度安排

所有权、经营权分离是当代大型经营机构普遍采用的运营方式；为什么要实行“两权分离”？一个大型现代化生产经营组织涉及多个不同的利益主体，在市场竞争中承受巨大的风险，它的经营、管理和控制都属高度专业化的领域。投资家的特长是选择项目、选择业主。他们投入资源组建公司，但无意直接经营管理。他们宁愿把投入的资源委托给精心选择的、有专门知识和技能的经营管理者来管理。在进行这种委托时，投资者必须在专业经营管理者管理所带来的预期收益及由于利益不一致而产生的委托成本和风险两个方面进行权衡。为保障投资者的利益，需要采取法律、合同和酌情处置权等形式，既使经营管理者充分发挥才能，为股东创造价值，又要构建投资者对该组织的最终控制机制。这就是所有权与经营权分离的实质和建立有效公司治理机制的必要性。国际经验表明，到目前为止，公司是实现两权分离最有效的制度安排。

现代公司制度与传统国有企业制度相比至少有四个优点：（1）公司是迅速聚集资本最有效的财产

组织形式；（2）公司可以引入包括非国有的多家股东，有利于公司将目标集中于经济效益；（3）公司提供了投资者有效监督的体制框架，在所有权与经营权分离情况下保障投资者权益；（4）公司制度可以使投资者、经营者和管理者各自发挥所长，实现动态最佳组合，有可能创造良好业绩和“百年老店”。

三、公司制度发挥作用的基础是建立有效的公司治理结构

公司治理是用以处理由于所有权和经营权相分离而产生的委托代理关系的制度安排。也就是说，所有者投资设立公司，但是所有者并不直接参与经营，把投资的财产委托给董事会来替他经营；董事会对法人事项做出决策，但是他不直接管理，而是聘请职业经理替他实现公司的目标。这样就出现了一系列的委托代理关系：所有者把财产信托给董事会，董事会做出决策，又委托经理去经营管理。经理执行的结果能否体现所有者的意志，保障所有者的权益？这就必须有一套科学的体制构架作保障，这套制度安排就是公司法人治理结构。

公司法人治理结构是一个有国家法律保障的、制度严谨的分权制衡体制。它所形成的一套有效的委托代理关系，可以最大限度地调动经营管理者才能，可以保障投资者最终的控制权，可以维系公司各个利益相关者之间的平衡，使所有权和经营权的分离成为可能。可以认为，有效的公司治理为投资者有效激励和监督经营管理者提供了体制框架，为经营管理者施展才能提供了舞台。

随着市场化程度的提高，投资主体多元化的趋势还会迅速发展。政府投资者往往希望直接干预或通过审批，体现政府意志；而机构和个人投资者则希望通过一套有法律保障的信托代理关系，聘请经营管理专家来管理公司，在所有权和经营权分离的情况下来实现自己合法权益最大化。资本市场上的投资者，不得不承认由于经营失误而造成的损失，但他们决不接受由于法人治理结构扭曲或暗箱操作而带来的风险。只有良好的公司治理，才能实现公司的良性发展。

四、现代公司的分权制衡机制

公司与传统国有企业的运行机制完全不同。传统国有企业所有者在企业之外决策，企业设立统一的“领导班子”强调“一元化领导”，决策机制是“厂长（经理）负责制”；在公司制度下，所有者进入企业，实行分权、分责、制衡体制。决策机制在股东大会是一股一票，少数服从多数！在董事会是集体决策个人负责。

一般来说，公司权利可以分为所有权、经营权、管理权和监督权。《公司法》对四项权能和按层级的制衡关系各有明确界定，并分别由股东会、董事会、经理和监事会行使。

公司所有者组成最高权力机构股东大会，行使所有权，保持对公司的最终控制地位并全权决定董事选聘、激励和去留。

董事会对全体股东负责，每位董事对自己的行为独立承担责任。董事会拥有公司的经营决策权，包括选聘、监督经理和决定经理的薪酬。

经理作为公司的经营管理者，在董事会的战略决策和授权范围内独立主持公司的日常经营管理工作。经理依《公司法》享有经营管理权。

监事会代表股东对公司进行监督，《公司法》赋予监事会监督权。

在公司治理中既要防止所有权侵犯经营权、管理权，也要防止经营权、管理权架空所有权，排斥监督权。股东对董事会不满意时，甚至可以更换董事会，但不应该、也没有必要替董事会做决策。同

样，董事会对经理不满意，甚至可以更换更适合的人，但没有必要替经理指挥生产管理。只有公司的所有者、经营者、管理者、监督者恪尽职守，又不越位，才能形成良好的运行机制，使企业富有活力。其中经营管理者以公司价值最大化为目标，独立自主的决策和运作是资本运作效率的保障；所有者负责而恰当地行使最终控制权是良好公司治理的基础。

为建立有效的公司治理，就要科学地配制公司的控制权，确保分权—分责—制衡的有效性。要保证股东大会的最终控制权；董事会成员与经理人员不能过分重合，以确保董事会以公司和股东利益为取向主持公司的经营和决策；大型公司还应有外部董事或独立董事，以确保公司、小股东和利益相关者的权益；董事长与经理不能一人兼，以确保董事会对经理人员的有效监督；国有独资公司依法设立外派监事会；如此等等。这种规范的公司治理机制使公司体制中没有不受约束的人，从而保证所有者对公司的最终控制。

因此，在公司制度下笼统地提“公司领导班子”、“董事会领导下的经理负责制”、“公司一把手”、“董事长领导总经理”等是不确切的，很容易把新旧两种制度混淆。

五、始终存在人为扭曲公司治理的力量

在中国，从改革方向上很多人都承认必须实行所有权与经营权分离，但有些人却不太相信公司治理的作用，缺乏推进建立有效公司治理的热情。这里有认识和理解方面的原因，也受到体制性局限和利益驱动，有的人更相信所有者在企业外的强力干预，有的则企图从扭曲的公司治理中获得短期非分的好处。这就造成一些国有企业改制为公司、甚至已经股票上市，但公司治理被扭曲的现象仍带有一定的普遍性。这主要表现在：

（1）国有股权委托代理体制尚不健全，模糊的股权管理体制、责权不清的产权代理关系，使国家投资和拥有股份的公司没有集中统一的国有“老板”。在各个部门热衷于行政干预的同时，却没有哪个机构愿意下工夫推进建立有效的公司治理。失去了所有权的激励和约束，内部人往往会产生偏离所有者权益的行为。

（2）国有企业改制上市后，“存续公司”解决存续问题资源进入上市公司，作为控股股东，其总有一种通过与上市公司高管人员交叉任职、关联交易等手段从上市公司获得特殊好处的倾向。由此造成两个后果：一是董事会有失独立性；二是公司目标变得模糊。

（3）政府主要承担社会职能，在它直接充当所有者时，往往利用行政权力把控制的公司当做行使社会职能的工具，使上市公司丧失了商业利益的独立性，小股东的权益无法保证。

（4）政府在企业外的直接干预，包括超越《公司法》对人事安排的干预，很容易打乱公司治理机制，使公司权力机构、决策机构、执行机构之间的分权—制衡体制遭到破坏。

（5）在资本市场上国有股、法人股不流通，没有公司控制权转移的威胁，经营者只要能讨好大股东，就敢于更大胆违规运作，导致人为地扭曲公司治理的倾向。

六、改善公司治理应注意的四个问题

（1）所有权到位，这是形成有效公司治理最重要的条件。目前很多企业的公司治理被扭曲的重要原因，要么是所有权不到位，内部人控制；要么是一股独大的国有股东行为不端正。原则上讲，企业的激励和约束本质上都来自所有者，因为所有者享受的是“剩余索取权”，即在政府收缴了税、银行拿走了利息、职工领取了工资后的“剩余”才属于投资者。在完成如下扣除之后，如果“剩余”是正

数，那就是利润；如果是负数，那就是亏损。作为“剩余索取者”他承担盈亏的后果，因而具有监督其他参与者和做出有效决策的积极性。所有者为获取更多“剩余”的热情就是企业的动力；防范风险的谨慎，就是企业的约束。所有权到位是公司治理的灵魂，离开了所有者的激励和约束，很难避免管理层的非正常行为，所有者的权益就无法保证。

（2）董事会是公司治理的核心机构。经理层和股东的利益实际上不可能完全一致，在信息不对称、股东直接监控困难的情况下，公司的经理们就有可能为追求自身利益而牺牲股东和公司的利益。因此，股东并不把公司的经营权交给经理，而是将公司委托给有决策和监督能力，勤勉、诚信的董事组成董事会经营。董事会受投资者信托，主要职责就是确保公司的长远利益，最重要的职能是任命和更换公司最高管理层、做出战略决策、监督管理层的工作、评估经理的绩效并决定其薪酬。董事会还必须确保企业的经营符合各项法律法规，包括要对财务报告的真实性、合规性等负责，在公司治理中处于核心地位。为此要优化董事会（不能全由内部人）构成，认真实行“集体决策个人负责”的决策机制，强调董事会的独立性，强化董事的个人责任。

（3）公司的目标必须集中于投资回报。公司治理的要义是保护投资者利益。给企业设置非经营性目标，一方面使经营者无所适从；另一方面也给经营者的随心所欲留出了更大的空间。结果是财务的约束软化和对经营业绩无法准确考核。这是国有企业低效率的一个重要原因。政府的目标是多元化的，但是，除极少数特殊公司外，不能通过出资人机构把政府的多元目标转嫁给国家投资和拥有股份的企业。公司目标集中于投资回报，才能建立财务预算硬约束，才能准确评价公司的经营业绩。即便承担某些政策目标的特殊公司，也必须把政策目标和为此而支付的成本设定清楚，强化预算硬约束。

（4）建立具有纠错功能的选人用人机制。现代公司的分权、分责、制衡关系，主要是各层级通过对人的控制来实现的。《公司法》中股东会、董事会和经理间有关人事权力的分配，是建立在责任分配和形成有效制衡关系基础上的。由于人事权力与各自履行的职责和承担的责任相对称，因此他们具有强烈的选择和监督相关人员责任心，把权力交给他们是有效的。有责任的约束，不会滥用权力。如果公司人事权力的分配规则乱了，那么公司的责任和制衡关系就会被打乱，就会导致内部的约束机制软化、高管人员非正常行为上升、经营劣迹无人负责。因此，尽管对公司具体领导人员的管理十分重要，但维护一个有效的公司治理，形成具有及时改错功能的人事管理机制，更有利于公司创造良好业绩，降低风险。如果大股东不恰当地干预企业人事管理，尽管是为维护股东利益，但是一旦由此影响甚至破坏了公司的分权—分责—制衡关系，那么必然招致内部化的激励约束机制失效，结果将事与愿违，得不偿失。

七、公司的约束机制

改善公司治理有多种工具，尽管每一种工具还不能完全保证资源有效利用，但多种作用结合就可以形成一个有效的框架。

如果经理不能有效地经营管理，董事会就会采取行动改变局面，直至更换经理；如果董事会行动迟缓或不力，股东就会施加积极影响，直至重组董事会；如果董事会、股东都无力回天，从而企业业绩继续下滑，公司的市场价值就会降低，当价格低于价值时，就会成为收购者的潜在目标。公司一旦被收购，不仅所有者惨遭损失，而且董事和经理将失去岗位、身价贬值。如果这些机制都不能改变局面，亏损就不断侵蚀所有者权益，当公司所有者权益接近于零的时候，“有限责任”就可能对股权持有者产生负面激励，从而威胁固定收益者特别是债权人的利益。此时固定受益者如债权人，就有动力走到前台，破产机制就会发挥作用，以此改变所有者，改变董事会，资源重新配置。

公司治理是现代企业制度的核心，改善公司治理不仅需要公司董事、经理们的努力，而且需要不断完善法规，需要政府、国有出资人机构、其他投资者、资本市场、经理人市场、中介机构、新闻媒体等的持续共同努力。

中国经济的迅速发展呼唤企业家成长，对外开放和经济体制改革为企业家成长创造的良好条件，一代代优秀企业家脱颖而出的时代已经来临。

1995年《中国企业家成长与发展纵横谈》序

▌李克穆　时任国务院发展研究中心经济情报中心主任

企业家素质对于现代企业制度能否完善地建立和正常地实施，无疑是至关重要的。因此，研究现代企业制度和企业家的关系，也就是在建立现代企业制度的过程中，我们应赋予企业家什么样的使命、权力，企业家应如何扮演自己的角色，是一个具有现实意义的课题。

一、企业家在现代企业制度中的形象和作用

据有关资料记载，“企业家”（Entrepreneur）的用语最早出现在16世纪的法语中，它原本是指“领导军事远征的人”，以后便泛指一切“从事冒险事业的人”。这一用语被现代经济学家们加以引申，便被用来特指在建立和发展现代企业制度过程中，敢于承担经济风险和责任的人；将各种生产要素组合在一起的人；凭借自己的洞察力和统帅力，善于从市场的不均衡状态中发现交易机会，从而给生产过程指出方向的人；能够创造性地、卓有成效地进行经营管理的人。这些由经济学家们描述的企业家的形象和特征，基本上适用于所有实行现代企业制度国家的企业家。要成功地经营一个具有一定规模的现代企业，既需要冒险和创新精神，又需要经商智慧和领导才能；一个人要全面具备企业家的素质，绝非易事。因而，无论是在发展中国家还是在发达国家，成功的企业家都是稀有的人才，尤其是一些发展中国家，其经济发展的主要制约因素往往就是企业家人才资源的过度稀缺。

众所周知，在现代市场经济的环境中，不凭借现代企业组织，人们是很难大规模地从事商品生产和经营活动的，而现代企业的有效运行正有赖于企业经营者的那只“看不见的手”的有效运作。所以，作为负责治理公司的企业家，在现代企业制度中的作用和地位也就显得特别重要。奈斯比特和布尔丹在《展望九十年代》一书中断言：当今，“不管你是公司的老板还是职工，不管你是梦想开创自己的事业或是想当董事，你总得通过‘公司’这个结构来工作。”正像市场交易需要亚当·斯密的那只“看不见的手”即价格机制来协调一样，企业组织就得由企业家的“看不见的手”即企业家的经营管理活动来协调。现代企业就是由企业家的经营管理活动高度组织起来的经营实体。企业家的这只协调企业内部资源配置的“看不见的手”，相互配合和相互替代，正是现代发达的市场经济有效运行的基础。

因此，企业家进行成功的经营管理活动是现代企业制度实施和发展的基础环节。企业家职能作用的充分发挥，是有条件的。这就是：他们需要必要的权力和动力同时又遵从一种科学的规范。这些条件只有在相应的制度下才能实现。现代企业制度正是为企业家履行自己的使命，有效地进行经营管理活动提供了这样一种制度上的保证。

二、企业家的权力

现代企业制度即现代公司制度的两个基本特点是：法人机构和法人治理结构。所谓法人治理结构，

即通过所有者、董事会和高级执行人员组成的公司组织结构，由精通管理和技术的专家们对公司进行治理。这样的专家就是企业家，他们可能是股东，也可能仅仅是一般高级雇员。

现代企业制度给予企业一种法人治理结构的制度规定。这一规定使企业经营者获得了能够使企业正常运行所需要的权力。美国经济学家钱德勒曾指出，在公司从事多方面经营活动的情况下，企业经营只能交由专业经营人员来负责，公司制企业就从旧时的“业主企业”演化为现代的“经理人员企业”。即法人治理结构控制下的经理人员，才能对公司进行治理。在公司制度出现以前，所有者对企业的占有是直接的，而公司制度的发展则改变了这种情况。这时，被称为公司的法律上的实体，作为财产所有人即公司法人而出现了，而直接经营企业的职业企业家们正是公司法人的灵魂。即使是企业的终极所有者也不能随心所欲地直接支配企业资产，也不能破坏企业资产的完整性和独立性，只有直接经营和管理企业的经理或企业家们才可以直接支配企业法人资产。这种制度规定实际上就是要有意地“疏远”所有者与企业的关系，以保证直接经营和管理企业的企业家们与企业的“亲密”。在现代公司制度中，企业家实际上就获得了一种相对独立于企业终极所有者的产权，即企业法人（并非指自然人）产权。正是凭借这种产权，企业家便获得了经营和管理现代企业所必需的权力。我们的国有企业改革也是从扩大企业的自主权开始的，但是我们却并没有将企业的经营自主权真正下放给企业家，更没有形成一种给企业家以足够大的经营权的制度，因此，我们就得按照现代企业制度的运行机制来改造我们的国有企业，通过建立企业法人治理结构，给企业家应有的权力。

既然企业家就是全权的并要承担一定的风险的企业经营者，所以他们的经济收入也就应该与其经营业绩直接挂钩。高效益的企业，企业家就应得高报酬，这也是企业家的权力之一。在实行公司制的西方发达国家，企业家的收入通常都是由于以下这样三个部分构成的：一是年薪；二是在职消费；三是包括奖金和股权在内的奖励。一般的企业职工都可以按月、周，乃至小时或完成的工作量核定工资，但企业家的工资却更多地采取年薪制。这是因为，只有经过一个经营周期（通常就是1年），企业家的经营业绩才能显示出来。企业家在职消费，既是企业家工作所需要的，同时也是企业家所享有的某种特权。给企业家的奖金通常是基于企业当年经营情况而确定的。由于股票与股票买卖选择权的价值最能反映企业的真实业绩，所以这种奖励对于企业家也就最具有刺激作用。

从目前来看，我国企业家的经济收入虽有较明显的提高，但尚处于较低的水准。从“中国企业家调查系统”不久前所作的一个抽样调查了解到，国有企业经营者的收入低于集体企业经营者，集体企业经营者的收入明显地低于其他非公有制企业经营者的状况比过去更加突出。三者的月均收入在700元以上的比例分别为3.7%、5.5%和43.1%。这里需要指出，企业家的实际收入还应包括一部分非货币收入（从自身第三产业中分配的实用物品）以及其他收入。由此估算，近年来，公有制企业的相当一部分企业家的实际生活水平提高的幅度还是比较大的。在我国现阶段，如何按照现代企业制度的基本原理使企业家获得相应的收入，从物质上保证企业家充分发挥作用，还有很多工作要做。

三、企业家的责任和应受的制约

现代公司制度虽然“疏远”了所有者和企业营运的关系，但却并没有“剥夺”所有者对企业的终极所有权，没有割断他们与其所占有的企业资产的盈利和增值之间的切身利益关系。恰恰相反，为了保证股东们的终极所有权得以实现，现代公司制度就为他们特制了相应的股票凭证，这种凭证能给他们带来若干有价值的特权。首先，当公司宣布派息的时候，他们就能收到股息。当公司决定歇业，把它的财产变成可以分割的形式并进行清算时，他们便能获得一份公司财产。当公司仍有能力但决定结束业务的时候，他们便有权分得一份通行的利润和一份公司的权利股。股东们的另一项权利就是投票权。这在某些情况下是十分重要的权利。如果他拥有或者能够动员周围大多数的依附于股票上的投票权，他就能够左右公司的最高决策机构——董事会，进而决定经理人员的任免。

正因为这样，控制了企业的实际经营权的企业家们，必须对公司负责，对全体股东负责，而不能“自行其是”。例如，当股东们发现经理没有把企业经营好而企业的资产有可能贬值时，他们从自己的切身利益出，最起码会抛售股票，从而与该企业脱离关系，即所谓“用脚投票”。这时，该公司的股票价格就会下跌，它的经营就会更加陷入困境，甚至被竞争对手击垮或被收购；这就会直接威胁到企业家的位置。至于那些拥有直接投票和决策权的大股东，当他们发现某个经理不称职或者没有为其带来应有的利益时。可以“用手投票”直接解除他的职务。总之，按照现代公司制度的规定，经理们的个人收入和社会地位等，都是直接与他们经营企业的业绩相关的，而这种业绩的最终评估者，理所当然地就是企业的终极所有者，即股东。如此等等，构成了对企业家的监督和制约。此外，在现代公司制度比较完善的国家，其相应的法律制度也是相当完备的。为了减少经理滥用职权损害股东利益，法律对股东权力、董事会结构以及经理人员的权力等各方面都有详细的规定。一旦发现经理人员采取非法手段损害公司和股东的利益，就会被追求法律责任。所以，在一种完备的现代公司制度中，一个企业家要想长期经营一个企业，最重要的一条就是要为股东们带来尽可能多的利益。美国经济学家弗里得曼曾讲过，使得一个“公司总经理为股东们所选中的全部理由，只是这个总经理是一个服务于其委托人利益的代理人。”

在我国进行现代企业制度改组的过程中，企业家要真正做到对企业负责，对股东负责，就必须严格按照《公司法》行事，扎扎实实地弄懂股份制的一系列运行机制，也就是必须坚持改组的规范化。只有这样，企业家才可能不折不扣地担负起自己的责任，股份制公司才能够正常地建立和发展。

希望藉由此书的出版，为探索和推进我国企业现代企业制度的建立作出一些贡献。

1995年《中国企业家成长与发展纵横谈》序

▌孙尚清　时任国务院发展研究中心主任

最近，中国企业家调查系统和中国工艺品进出口总公司联合举办了“中国企业家成长与发展研讨会”。这是一件很有意义的事，对于探索在社会主义市场经济条件下中国企业家的成长规律，促进中国企业家队伍的形成、发展与壮大，将起到积极作用。

毋庸置疑，企业是国民经济的细胞，是市场经济重要的活动主体和基础，没有充满生机与活力的企业，就没有繁荣的经济。然而，企业的成败兴衰在很大程度上取决于作为企业生产经营活动总指挥的企业家。党的十四届三中全会通过的《中共中央关于建立社会主义市场经济体制若干问题的决定》明确提出了造就企业家队伍的要求。因此，培养和造就一大批优秀企业家，对于我们的社会主义现代化建设事业，对于建立社会主义市场经济体制，具有十分重要的战略意义。

适应市场经济发展的优秀企业家必须具备较高的素质。首先，必须具有良好思想品格和较高的道德情操，端正自己的个人行为并影响企业职工的群体行为，树立和完善自身及企业形象。其次，必须有一定的理论知识，既要熟悉经营管理知识，又要懂得一定的科技知识；既要懂得经济规律，又要了解政策法规；既要了解国内市场经济知识，又要了解国际经济和国际惯例。再次，必须具备较高的实践能力。这主要包括对市场信息的捕捉能力，对市场动态的评判能力，对生产经营活动的组织能力，对人才使用的管理能力，以及对企业发展的决策能力，等等。最后，必须具有高度的现代企业经营意识，包括市场意识、竞争意识、风险意识、质量意识、科技意识、人才意识、企业发展意识、企业文化意识以及政策法规意识等。

要造就这样一支高素质的企业家队伍，任务是很艰巨的。传统计划经济体制下，厂长、经理主要是执行政府部门的计划或指令，无须对生产经营活动做出独立的决策和安排，也不会承担企业营运不善的风险和后果，其后遗症至今尚在。因此，严格来说，现在某些企业的厂长、经理还不能算作真正的企业家。而且，随着经济体制改革的深化和对外开放的扩大，这个矛盾会显得更加突出。那么，怎样才能培养和造就一大批高素质的优秀企业家呢？

第一，从自身方面，要不断学习、努力实践、勤于思考。建立社会主义市场经济体制是一项前无古人的开创性事业，必然遇到许多不懂的问题和以前不熟悉也不会遇到的东西，这就要求我们的企业家应不断学习、不断创新。没有这一条，企业家队伍的素质就不可能提高。不仅要学习市场经济知识，而且要学习科学技术知识；不仅要学会在国内市场上搏击的本领，而且要学会按国际惯例在世界市场上积极参与竞争的能力。企业家还要勇于实践，勇于开拓，勤于思考，不断总结成功经验和失败教训，在实践中造就自己。

第二，从社会环境方面，要下大力气做好配套工作，促进企业家职业化。企业家从事企业经营管理这一特殊劳动，同医生、律师、教师一样，具有明确的职业特点和职业规范，在社会职业中应占有一席之地，并拥有较好的职业声望而受到人们的尊敬。通过建立对企业家的评价机制、激励机制、形成机制、流动机制和淘汰机制，使越来越多的企业家愿意把经营企业当成终身职业，并为此贡献自己的精力和才智。要建立促使企业家脱颖而出的良好环境。现在不少企业负责人都是政府主管部门任命的，在经营决策上仍然受行政干预，这样的体制使企业家的形成缺乏竞争机制，同时也不利于企业家的成长和磨炼。市场机制说到底是竞争机制，企业活力最重要的是竞争力。作为企业领导人应该真正率领这个企业到市场这个大风大浪中去搏击、锻炼成长，通过竞争机制来造就。我们全社会都要关心和爱护企业家，支持和理解他们的工作，使他们在良好的社会环境中迅速成长。要正确看待企业家的功过得失，不应求全责备。

这次研讨会的成果即将成书，我高兴地作了这篇序文，并想借此机会，希望中国企业家振作精神，奋发图强，把企业搞得蒸蒸日上，这是全国人民对企业家的希望，也是我个人一个衷心的祝愿。

Chinese

Entrepreneurs' Growth

in the Past 20 Years

第二部分

企业宏观环境年度报告

2013 年企业经营者对宏观形势及企业经营状况的判断、问题和建议

■ 中国企业家调查系统

2013 年是全面贯彻落实十八大精神的开局之年，中国经济发展也进入了转型的关键时期。在当前全球经济复苏仍充满不确定性、国内产能过剩压力较大等错综复杂的背景下，中国经济增长有所放缓，改革的紧迫性日益突出。为了解在此背景下，企业的现实状况及企业经营者对未来发展的信心，了解他们对企业外部环境的评价、对宏观经济政策的看法以及进一步加快经济转型的意见和建议，为政府决策提供参考依据，2013 年 7 月至 9 月，中国企业家调查系统组织实施了“2013 · 中国企业经营者问卷跟踪调查”。

本次调查是由中国企业家调查系统组织的第 21 次全国性企业经营者年度跟踪调查，得到了国务院发展研究中心公共管理与人力资源研究所、国务院研究室工交贸易研究司、国务院国有资产监督管理委员会企业分配局、国家统计局国民经济综合统计司、中国企业联合会研究部、全国工商联研究室①、国家发展和改革委员会国民经济综合司、人力资源和社会保障部人力资源市场司、人力资源和社会保障部法规司、商务部政策研究室、国家税务总局收入规划核算司、中国证券监督管理委员会市场监管部、中国物流与采购联合会等有关部门的支持和指导。与前 20 次年度跟踪调查一样，本次调查以企业法人代表为主的企业经营者群体为调查对象，参考我国经济结构，按行业进行分层随机抽样。

调查采用邮寄问卷的方式进行，于 7 月 15 日发放问卷 10000 份，截至 9 月 25 日共回收问卷 3551 份，其中有效问卷 3545 份，有效回收率为 35.5%。通过部分未填写问卷与填写问卷企业的对比分析，未发现存在系统偏差。为使调查分析更为全面和深入，本报告还采用了中国企业家调查系统以往的调查结果。

本次调查主要涉及制造业、批发和零售业、建筑业、房地产业、信息传输软件和信息技术服务业、交通运输仓储和邮政业、农林牧渔业、租赁和商务服务业、电力热力燃气及水的生产和供应业以及采矿业等行业，上述行业的企业所占比重分别为：66.1%、8.7%、4.1%、3.5%、2.9%、2.3%、2%、1.8%、1.7% 和 0.8%。从企业的地区分布看，东部地区企业占 65.2%，中部地区企业占 21.6%，西部地区企业占 13.2%；从企业规模看，大、中、小型企业分别占 11.1%、31.1% 和 57.8%；从企业经济类型看，国有企业占 6.4%，有限责任公司占 46.2%，股份有限公司占 16.4%，私营企业占 19.7%，外商及港澳台投资企业占 5.1%，股份合作企业占 4.5%，集体企业占 1.3%（见表 1、表 2）。

---

① 以上 6 家部门为中国企业家调查系统发起成立单位。

表 1　　调查样本基本情况（%）

行业	农林牧渔业	2.0	经济类型	国有企业	6.4
	采矿业	0.8		集体企业	1.3
	制造业（详见表2）	66.1		私营企业	19.7
	电力、热力、燃气及水的生产和供应业	1.7		股份合作企业	4.5
	建筑业	4.1		股份有限公司	16.4
	交通运输、仓储和邮政业	2.3		有限责任公司	46.2
	信息传输、软件和信息技术服务业	2.9		其他内资企业	0.4
	批发和零售业	8.7		外商及港澳台投资企业	5.1
	住宿和餐饮业	1.8		民营企业	70.6
	房地产业	3.5	盈亏	盈利企业	48.8
	租赁和商务服务业	1.8		持平企业	22.8
	其他行业	4.3		亏损企业	28.4
地区	东部地区企业	65.2	生产状况	超负荷生产企业	3.3
	中部地区企业	21.6		正常运作企业	76.4
	西部地区企业	13.2		半停产企业	19.8
规模	大型企业	11.1		停产企业	0.5
	中型企业	31.1	出口型企业		37.6
	小型企业	57.8	非出口型企业		62.4

注：1. 其他行业包括：金融业，科学研究和技术服务业，水利、环境和公共设施管理业，居民服务、修理和其他服务业，教育，卫生和社会工作，文化、体育和娱乐业等行业。

2. 东部地区包括：京、津、冀、辽、沪、苏、浙、闽、鲁、粤、桂、琼12省（市、自治区）；中部地区包括：晋、蒙、吉、黑、皖、赣、豫、鄂、湘9省（自治区）；西部地区包括：渝、蜀、黔、滇、藏、陕、甘、宁、青、新10省（市、自治区）。

表 2　　调查样本中制造业基本情况（%）

	制造业细分	%		制造业细分	%
1	农副食品加工业	3.9	17	橡胶及塑料制品业	5.5
2	食品制造业	2.6	18	非金属矿物制品业	5.5
3	酒、饮料和精制茶制造业	1.3	19	黑色金属冶炼及压延加工业	1.6
4	烟草加工业	0.1	20	有色金属冶炼及压延加工业	2.1
5	纺织业	6.4	21	金属制品业	6.2
6	纺织服装、服饰业	4.1	22	通用设备制造业	9.0
7	皮革、毛皮、羽毛及其制品和制鞋业	1.5	23	专用设备制造业	10.0
8	木材加工及木、竹、藤、棕、草制品业	1.4	24	汽车制造业	4.2
9	家具制造业	1.0	25	铁路、船舶、航空航天及其他运输设备制造业	1.3
10	造纸及纸制品业	1.8	26	电气机械及器材制造业	6.3
11	印刷和记录媒介复制业	1.6	27	计算机、通信及其他电子设备制造业	3.1
12	文教、工美、体育及娱乐用品制造业	0.8	28	仪器仪表制造业	2.3
13	石油加工、炼焦及核燃料加工业	0.6	29	其他制造业	2.8
14	化学原料及化学制品制造业	7.6	30	废弃资源综合利用业	0.7
15	医药制造业	2.4	31	金属制品、机械及设备修理业	1.3
16	化学纤维制造业	1.0			

本次调查的企业经营者平均年龄为52.5岁，其中55岁及以上占43.8%，44岁及以下占19.8%，45～54岁占36.4%。文化程度为大专及以上的占80.4%，其中具有本科及以上学历的占45.2%。所学专业为管理类的占48.5%，为经济类的占31.4%。职务为企业董事长或总经理、厂长、党委书记的占92.8%，其他职务的占7.2%（见表3）。

表3　　调查对象基本情况（%）

性别	男	93.6	文化程度	初中或以下	4.5
	女	6.4		中专、高中	15.1
年龄	44岁及以下	19.8		大专	35.2
	45~49岁	17.0		大学本科	26.6
	50~54岁	19.4		研究生学历	8.2
	55岁及以上	43.8		硕士	9.0
	平均年龄（岁）	52.5		博士	1.4
所学专业	文史哲法律	6.7	现任职务	董事长	60.3
	经济	31.4		总经理	54.1
	管理	48.5		厂长	5.0
	理工农医	23.9		党委书记	12.6
	其他	13.3		其他	7.2

注：由于存在跨专业和职务兼任情况，因此所学专业和现任职务比例合计大于100%。

本报告的主要结论：

企业经营者认为，2013年以来我国投资、消费、出口需求不足的情况略有缓和，宏观经济运行温和回暖；企业产销下滑缓中趋稳，出口增长略有回升，库存基本正常，盈利基本平稳，企业景气整体呈回升态势。从对未来的预期看，企业经营者预计未来订货温和回升，出口趋于好转，价格基本平稳，盈利趋于改善，企业经营可望延续回暖趋势。

调查发现，企业经营者认为，在当前宏观经济温和回暖、企业经营趋于好转的同时，制约经济增长的矛盾和问题也十分明显，回升基础尚不稳固。一是在人工成本持续上升的背景下，产能过剩的问题日益突出，并且呈现出行业面广、绝对过剩程度高的特点，企业经营者大都认为消化过剩产能可能需要较长时间，企业竞争压力加剧；二是经济增长的内生动力不足，体现为民间投资需求和消费需求仍显不足，企业家发展动力不强。

调查表明，面对当前企业发展遇到的困难和挑战，多数企业经营者表达出积极应对挑战的意愿，一方面通过提升管理水平应对日益上升的成本压力，另一方面加快产业升级和进入新行业的步伐，积极引进人才和更新设备，加大研发投入，增强创新动力，主动转型积极应对挑战。长期来看，企业经营者对未来经济增长持有比较理性和平稳的预期，认为应当积极应对和克服改革中的困难与挑战，顺应潜在经济增长率放缓的趋势，完善和稳定宏观经济调控政策，坚定深化改革、彻底转变经济发展方式的信心，进一步推进与市场化、改善民生和防范金融风险相关的各项改革，为企业转型升级创造更加良好的外部环境，将打造中国经济升级版落到实处。

一、对宏观经济形势的判断及企业经营状况的评价

1. 宏观经济运行温和回暖，投资、消费和出口需求不足的情况略有缓和

关于对当前宏观经济形势的判断，调查结果显示，认为当前宏观经济形势“很好”或“较好”的企业经营者占20.4%，比2012年上升了5.8个百分点；认为“一般”的占48.7%，比2012年上升了10.6个百分点；认为“很差”或“较差”的占30.9%，比2012年下降了16.4个百分点（见表4）。

企业经营者对当前宏观经济形势相对乐观的态度还体现在对当前经济运行冷热程度的判断上。调查结果显示，认为目前宏观经济运行“正常”的企业经营者占34%，比2012年上升了10.8个百分

表 4　　企业经营者对当前宏观经济形势的判断（%）

	很好	较好	一般	较差	很差
2013 年	1. 7	18. 7	48. 7	26. 7	4. 2
2012 年	1. 3	13. 3	38. 1	37. 4	9. 9
2011 年	2. 4	28. 9	43. 9	21. 0	3. 8
2010 年	5. 1	51. 2	37. 1	5. 9	0. 7
2009 年	3. 1	36. 9	46. 7	12. 4	0. 9

点；认为“偏冷”的占43. 1%，认为“过冷”的占3. 4%，两者合计比重比2012年下降了10. 7个百分点；认为“偏热”或“过热”的占11. 4%，认为“尚难判断”的占8. 1%。调查表明，企业经营者认为2013年以来宏观经济运行呈现出温和回暖的趋势（见表5、图1）。

表 5　　2001 ~ 2013 年企业经营者对宏观经济运行的总体判断（%）

	过热	偏热	正常	偏冷	过冷	尚难判断
2013 年	1. 7	9. 7	34. 0	43. 1	3. 4	8. 1
2012 年	1. 4	8. 5	23. 2	49. 5	7. 7	9. 7
2011 年	5. 1	29. 9	28. 1	23. 6	1. 9	11. 4
2010 年	2. 7	30. 5	47. 3	10. 2	0. 3	9. 0
2009 年	1. 8	20. 7	39. 5	24. 6	0. 6	12. 8
2008 年	3. 6	26. 1	29. 1	27. 2	1. 6	12. 4
2007 年	8. 7	57. 0	29. 4	1. 9	0. 0	3. 0
2006 年	3. 8	44. 9	42. 0	4. 4	0. 1	4. 8
2005 年	2. 6	25. 9	49. 4	14. 9	0. 6	6. 6
2004 年	5. 5	44. 2	34. 4	8. 1	0. 3	7. 5
2003 年	2. 6	28. 1	53. 0	10. 3	0. 2	5. 8
2002 年	0. 6	10. 6	57. 9	23. 9	1. 0	6. 0
2001 年	2. 2	9. 8	44. 4	29. 2	1. 6	12. 8

注：0. 0 表示答题者选择了此项，但选择比重小于 0. 05%。以下同。

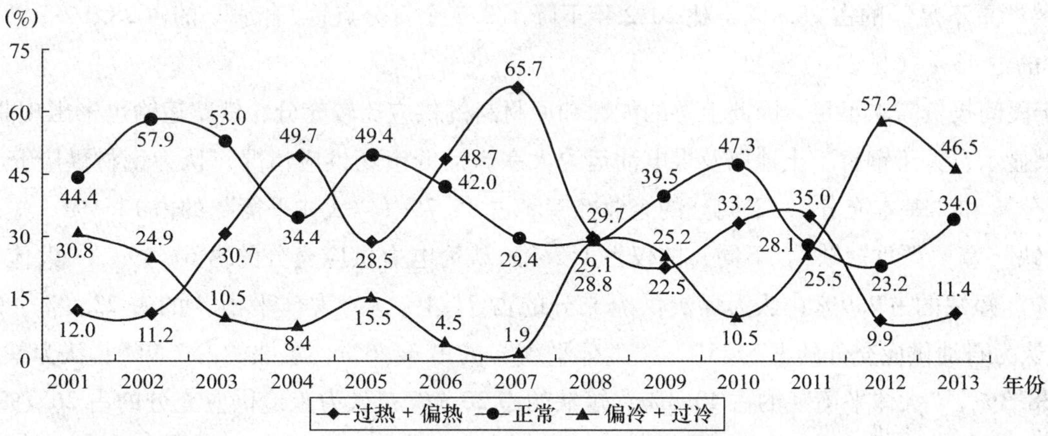

图 1　2001 ~ 2013 年企业经营者对宏观经济运行的总体判断（%）

调查发现，2013年我国的需求环境与2012年相比没有明显变化，企业家认为出口需求、消费需求和民间投资需求均显不足，程度略有缓和；认为政府投资需求相对较旺。

调查结果显示，从外贸出口需求看，认为出口需求“不足”或“严重不足”的企业经营者占79. 3%，比2012年略降了4. 7个百分点；认为“合适”的占14. 4%；认为“很旺”或“较旺”的仅占6.3%（见表6）。

表6　2009～2013年企业经营者对国民经济需求状况的判断（%）

		很旺	较旺	合适	不足	严重不足
政府投资需求	2013年	10.6	32.4	28.1	27.1	1.8
	2012年	9.9	31.4	26.1	30.3	2.3
	2011年	18.1	40.8	19.0	20.4	1.7
	2010年	21.1	44.2	20.3	13.5	0.9
	2009年	26.4	43.1	18.0	11.7	0.8
民间投资需求	2013年	3.2	17.6	17.2	54.2	7.8
	2012年	2.6	14.2	15.8	56.8	10.6
	2011年	6.4	25.8	15.6	45.8	6.4
	2010年	5.6	26.3	21.6	42.4	4.1
	2009年	2.2	16.9	19.9	54.4	6.6
消费需求	2013年	1.6	11.6	25.2	55.6	6.0
	2012年	1.5	9.9	22.8	57.3	8.5
	2011年	2.7	19.8	23.5	48.0	6.0
	2010年	2.3	21.0	30.1	43.3	3.3
	2009年	0.8	12.0	31.3	51.4	4.5
外贸出口需求	2013年	1.0	5.3	14.4	65.9	13.4
	2012年	0.9	3.5	11.6	64.2	19.8
	2011年	1.2	14.5	27.4	50.1	6.8
	2010年	1.6	17.1	27.9	48.6	4.8
	2009年	0.6	3.0	6.7	61.6	28.1

从消费需求看，认为消费需求“不足”或“严重不足”的企业经营者占61.6%，比2012年略降了4.2个百分点；“合适”的占25.2%，“很旺”或“较旺”的占13.2%（见表6）。

从投资需求看，认为民间投资需求“不足”或“严重不足”的企业经营者占62%，比2012年略降了5.4个百分点；“合适”的占17.2%，“很旺”或“较旺”的占20.8%。认为政府投资需求“不足”或“严重不足”的占28.9%，比2012年下降了3.7个百分点；“合适”的占28.1%，“很旺”或“较旺”的占43%（见表6）。

由于民间投资需求不足，因此上游的能源和原材料的供应比较充分，铁路运输也未出现紧张状况。调查结果显示，关于钢材、土地以及煤电油运等大宗产品的市场供应情况，认为钢材供应充分（包括“非常充分”和“基本充分”，下同）的企业经营者占85.7%，“大体平衡”的占13.1%，短缺（包括“存在短缺”和“严重短缺”，下同）的仅占1.2%；认为电力供应充分的占67.4%，“大体平衡”的占24.7%，短缺的占7.9%；认为煤炭供应充分的占71.4%，“大体平衡”的占23.8%，短缺的占4.8%；认为石油供应充分的占57.5%，“大体平衡”的占34.6%，短缺的占7.9%；认为铁路运输充分的占38.3%，“大体平衡”的占40.8%，短缺的占20.9%；认为土地供应充分的占26.7%，“大体平衡”的占30.1%，短缺的占43.2%（见表7）。

2. 企业景气有所回升，不同类型企业差异较大

关于目前企业的综合经营状况，调查结果显示，认为综合经营状况“良好”的企业经营者占28.8%，认为“一般”的占49.9%，认为“不佳”的占21.3%；认为“良好”的比认为“不佳”的多7.5个百分点，这一数据比2012年上升了6.6个百分点，不过仍低于2011年和2010年的水平。调查表明，目前企业的综合经营状况有所回升（见表8）。

表 7　　对企业所在地区钢材、土地及煤电油运市场供应情况的评价（%）

		非常充分	基本充分	大体平衡	存在短缺	严重短缺
钢材	2013 年	53.5	32.2	13.1	1.1	0.1
	2012 年	51.6	32.2	15.1	1.1	
电力	2013 年	22.1	45.3	24.7	7.4	0.5
	2012 年	26.2	44.6	22.7	6.1	0.4
石油	2013 年	16.6	40.9	34.6	7.6	0.3
	2012 年	14.2	37.5	37.0	10.3	1.0
煤炭	2013 年	33.0	38.4	23.8	4.4	0.4
	2012 年	27.4	37.3	28.8	6.1	0.4
土地	2013 年	5.7	21.0	30.1	33.5	9.7
	2012 年	6.4	19.6	32.0	32.6	9.4
铁路运输	2013 年	8.2	30.1	40.8	17.1	3.8
	2012 年	6.6	28.4	42.2	18.6	4.2
其他基础设施	2013 年	3.0	23.6	43.3	27.2	2.9
	2012 年	3.5	21.2	45.1	27.4	2.8

注：空白处表示答题者未选择此项。以下同。

调查发现，不同类型企业的景气状况存在明显差异。从不同地区看，东部地区企业的综合经营状况要好于中西部地区；从不同规模看，大中型企业经营状况明显好于小型企业；从不同经济类型看，国有及国有控股公司经营状况相对较好，外商及港澳台投资企业居中，而民营企业经营状况相对较差（见表 8）。

表 8　　不同地区、规模及经济类型企业目前综合经营状况（%）

	目前经营状况			良好 - 不佳			
	良好	一般	不佳	2013 年	2012 年	2011 年	2010 年
总体	**28.8**	**49.9**	**21.3**	**7.5**	**0.9**	**16.9**	**37.3**
东部地区企业	29.3	51.5	19.2	10.1	2.0	17.6	40.4
中部地区企业	28.4	46.8	24.8	3.6	-1.3	16.1	32.7
西部地区企业	27.3	46.5	26.2	1.1	-1.0	14.3	31.0
大型企业	36.7	48.7	14.6	22.1	16.1	46.5	62.9
中型企业	33.9	48.0	18.1	15.8	7.7	22.8	43.9
小型企业	24.4	51.2	24.4	0.0	-5.8	8.9	27.7
国有及国有控股公司	37.5	43.8	18.7	18.8	11.6	29.7	45.1
外商及港澳台投资企业	33.5	46.9	19.6	13.9	3.1	13.2	42.5
民营企业	26.5	51.2	22.3	4.2	-3.7	13.0	34.8

在不同类型企业中，不同行业企业的景气状况差异最为明显，首先体现在服务业企业景气状况明显好于制造业，制造业明显好于采矿业；其次，制造业内部也呈现出巨大差异。调查结果显示，经营状况相对较好的行业有电力热力燃气及水的生产和供应业、建筑业、交通运输仓储和邮政业、信息传输软件和信息技术服务业、房地产业以及制造业中的医药和仪器仪表等，认为“良好”的比认为“不佳”的多 20 个百分点以上。而采矿业以及制造业中的纺织、服装、化纤、非金属制品、钢铁、有色金属、铁路船舶航空航天及其他运输设备制造业等行业经营状况相对较差，其认为“良好”的比认为“不佳”的少 10 个百分点以上。调查结果表明，目前资源型行业、原材料行业的景气状况相对较差，而装备制造业和信息传输软件和信息技术服务业相对较好，这一结果一方面体现了部分行业产能过剩的现实，另一方面也在一定程度上反映了结构调整的成效（见表 9）。

值得注意的是，与2012年相比，电力热力燃气及水的生产和供应业、建筑业、交通运输仓储和邮政业、房地产业以及制造业中的造纸、橡胶塑料、金属制品、通用设备、专用设备、汽车和电子设备等行业企业景气状况回升较多，而住宿和餐饮业以及制造业中的化纤、铁路船舶航空航天及其他运输设备制造业等行业企业的景气状况下滑较多（见表9）。

表9　　不同行业企业目前综合经营状况（%）

	目前经营状况			良好－不佳			
	良好	一般	不佳	2013	2012	2011	2010
总体	**28.8**	**49.9**	**21.3**	**7.5**	**0.9**	**16.9**	**37.3**
农林牧渔业	29.2	51.4	19.4	9.8	7.2	18.8	26.4
采矿业	10.7	53.6	35.7	-25.0	-27.9	37.0	44.6
制造业	25.6	49.6	24.8	0.8	-4.7	11.6	35.8
电力、热力、燃气及水的生产和供应业	44.6	42.9	12.5	32.1	19.2	37.0	44.2
建筑业	36.3	54.1	9.6	26.7	13.3	29.6	42.2
交通运输、仓储和邮政业	34.9	53.1	12.0	22.9	13.1	50.9	52.7
信息传输、软件和信息技术服务业	37.3	54.9	7.8	29.5	39.6	45.1	42.8
批发和零售业	32.8	50.2	17.0	15.8	9.3	28.9	39.7
住宿和餐饮业	27.7	52.3	20.0	7.7	31.6	41.4	47.3
房地产业	35.0	51.2	13.8	21.2	7.0	19.5	28.3
租赁和商务服务业	34.9	47.6	17.5	17.4	16.2	28.8	32.7
食品、酒及饮料制造业	24.1	50.6	25.3	-1.2	6.9	7.0	24.9
纺织业	15.5	50.6	33.9	-18.4	-16.8	-23.1	26.8
纺织服装、服饰业	21.1	45.2	33.7	-12.6	-5.0	-3.7	32.8
造纸及纸制品业	31.9	46.8	21.3	10.6	-6.3	-6.0	22.9
化学原料及化学制品制造业	23.8	50.3	25.9	-2.1	4.1	17.5	28.2
医药制造业	37.7	49.1	13.2	24.5	35.7	21.7	39.5
化学纤维制造业	4.3	47.9	47.8	-43.5	-11.5	34.4	42.4
橡胶及塑料制品业	27.6	48.8	23.6	4.0	-7.8	3.5	24.2
非金属矿物制品业	20.0	49.7	30.3	-10.3	-15.8	9.1	23.0
黑色金属冶炼及压延加工业	20.0	40.0	40.0	-20.0	-19.3	4.6	32.3
有色金属冶炼及压延加工业	17.6	47.1	35.3	-17.7	-25.9	20.0	30.2
金属制品业	29.9	52.6	17.5	12.4	0.7	4.8	41.5
通用设备制造业	24.8	49.5	25.7	-0.9	-12.2	29.7	50.7
专用设备制造业	31.3	46.0	22.7	8.6	-2.0	31.8	49.8
汽车制造业	31.3	49.9	18.8	12.5	-15.4	—	—
铁路、船舶、航空航天及其他运输设备制造业	7.1	60.8	32.1	-25.0	-2.8	—	—
电气机械及器材制造业	31.1	47.3	21.6	9.5	1.8	16.1	41.2
计算机、通信及其他电子设备制造业	32.4	54.9	12.7	19.7	-10.4	11.0	52.5
仪器仪表制造业	34.9	51.1	14.0	20.9	20.8	33.3	53.7

注：“—”表示该年度没有涉及此项调查内容，以下同。

企业家对企业现状的满意程度也从一个侧面反映了企业经营状况的温和回升。调查结果显示，对企业现状“非常满意”或“比较满意”的企业经营者占31.9%，比2012年上升了5.5个百分点，其中“非常满意”占1.3%，“比较满意”占30.6%；“一般”的占37.4%，“不太满意”或“很不满意”的占30.7%。以5分制计算，企业经营者对企业现状的满意度为2.98，要高于2012年的调查结果，不过仍低于前几年。其中，东部地区企业、大型企业、国有及国有控股公司的企业经营者对企业现状的满意度评分较高，而中西部地区企业、小型企业和民营企业的评分则相对较低（见表 10）。

表 10　对企业现状的总体感受（%）

		非常满意	比较满意	一般	不太满意	很不满意	评价值
总体	2013 年	1.3	30.6	37.4	25.9	4.8	2.98
	2012 年	1.2	25.2	33.5	32.9	7.2	2.80
	2011 年	1.6	36.3	34.8	23.1	4.2	3.08
	2010 年	1.9	43.0	30.7	21.0	3.4	3.19
	2009 年	1.8	45.1	30.1	20.1	2.9	3.23
东部地区企业		1.1	31.2	37.8	25.6	4.3	2.99
中部地区企业		1.5	29.0	37.0	26.9	5.6	2.94
西部地区企业		1.5	30.4	36.0	26.0	6.1	2.95
大型企业		1.0	46.0	35.1	16.4	1.5	3.29
中型企业		1.1	36.4	34.5	24.6	3.4	3.07
小型企业		1.4	24.5	39.4	28.5	6.2	2.86
国有及国有控股公司		1.5	41.1	33.1	21.5	2.8	3.17
外商及港澳台投资企业		1.7	30.7	34.6	25.7	7.3	2.94
民营企业		0.9	28.3	38.2	27.4	5.2	2.92

注：评价值是由（“非常满意”×5＋“比较满意”×4＋“一般”×3＋“不太满意”×2＋“很不满意”）/100 计算得出的，最高为 5 分，最低为 1 分，分值越高，表示对企业现状越满意，反之则越不满意。以下同。

3. 企业产销下滑缓中趋稳，出口略有回暖，库存基本正常，融资环境略显偏紧，盈利基本平稳

当前需求不足的状况还表现为企业产品价格的下跌，并且下跌程度与 2012 年大体相当。调查结果显示，认为目前企业产品价格比 2012 年同期“下降”的企业经营者占 45.2%，“持平”的占 41.1%，“上升”的占 13.7%；价格“下降”的比“上升”的多 31.5 个百分点，与 2012 年基本持平（见表 11）。

表 11　相对于去年，不同行业企业目前的销售价格情况（%）

	上升	持平	下降	上升－下降 2013	2012	2011	2010
总体	**13.7**	**41.1**	**45.2**	**−31.5**	**−33.0**	**6.4**	**6.0**
农林牧渔业	21.4	48.6	30.0	−8.6	7.3	30.7	43.8
采矿业	10.7	10.7	78.6	−67.9	−78.5	39.2	29.1
制造业	9.9	38.9	51.2	−41.3	−43.2	0.7	1.1
电力、热力、燃气及水的生产和供应业	15.4	59.6	25.0	−9.6	10.0	15.5	20.6
建筑业	22.0	45.7	32.3	−10.3	−16.5	17.4	10.5
交通运输、仓储和邮政业	20.5	53.5	26.0	−5.5	−11.4	32.6	19.2
信息传输、软件和信息技术服务业	18.2	52.5	29.3	−11.1	−5.2	−15.0	−19.7
批发和零售业	23.2	37.6	39.2	−16.0	−2.5	37.0	23.3
住宿和餐饮业	12.5	39.3	48.2	−35.7	7.5	64.0	10.8
房地产业	35.9	43.6	20.5	15.4	−18.0	13.0	31.2
租赁和商务服务业	17.0	52.8	30.2	−13.2	3.0	24.0	20.8
食品、酒及饮料制造业	23.7	42.0	34.3	−10.6	17.2	42.9	35.6
纺织业	14.5	39.2	46.3	−31.8	−48.6	−16.6	49.1
纺织服装、服饰业	16.0	42.5	41.5	−25.5	−33.8	24.3	33.6
造纸及纸制品业	14.9	23.4	61.7	−46.8	−48.0	−10.1	0.1
化学原料及化学制品制造业	9.1	40.6	50.3	−41.2	−42.5	5.3	−7.2
医药制造业	7.7	53.8	38.5	−30.8	−32.8	−4.8	−18.8

续表

	上升	持平	下降	上升－下降			
				2013	2012	2011	2010
化学纤维制造业		26.1	73.9	-73.9	-57.8	28.1	30.7
橡胶及塑料制品业	7.4	36.1	56.5	-49.1	-51.0	-3.6	-14.2
非金属矿物制品业	11.8	29.2	59.0	-47.2	-41.1	2.3	-2.8
黑色金属冶炼及压延加工业	7.5	22.5	70.0	-62.5	-78.9	23.0	1.5
有色金属冶炼及压延加工业	2.0	25.5	72.5	-70.5	-74.1	7.3	11.1
金属制品业	2.2	44.9	52.9	-50.7	-57.2	-5.8	-5.2
通用设备制造业	2.7	39.5	57.8	-55.1	-56.0	-7.8	-11.7
专用设备制造业	7.3	42.7	50.0	-42.7	-48.7	-9.4	-19.1
汽车制造业	3.2	40.9	55.9	-52.7	-63.3	—	—
铁路、船舶、航空航天及其他运输设备制造业	7.1	28.6	64.3	-57.2	-51.5	—	—
电气机械及器材制造业	8.2	37.4	54.4	-46.2	-46.1	-11.4	-14.6
计算机、通信及其他电子设备制造业	7.6	28.8	63.6	-56.0	-56.6	-15.9	-27.9
仪器仪表制造业	4.8	57.1	38.1	-33.3	-28.8	-2.1	-34.1

从不同行业看，价格下跌较多的行业有：采矿业以及制造业中的化纤、钢铁、有色金属、金属制品、通用设备、汽车、铁路船舶航空航天及其他运输设备制造业和电子设备等，其价格“下降”的比“上升”的多50个百分点以上，而房地产行业则相对较好，价格“上升”的比“下降”的多15.4个百分点（见表11）。

在价格下跌的背景下，企业的产销也呈现下滑态势，不过下滑趋势缓中趋稳。调查结果显示，认为目前企业的生产（服务）量比2012年“减少”的企业经营者占34.8%，“持平”的占38.6%，“增加”的占26.6%；认为目前企业的销售量比2012年“减少”的占40.6%，“持平”的占31.4%，“增加”的占28%。调查发现，认为目前企业产销量“减少”的比“增加”的分别多8.2个和12.6个百分点，明显好于2012年（见表12）。

表12　　相对于去年，企业目前的生产（服务）量、销售量情况（%）

		增加	持平	减少	增加—减少
目前生产（服务）量	2013年	26.6	38.6	34.8	-8.2
	2012年	20.0	37.6	42.4	-22.4
	2011年	33.6	40.1	26.3	7.3
	2010年	45.8	39.1	15.1	30.7
	2009年	39.0	42.5	18.5	20.5
目前销售量	2013年	28.0	31.4	40.6	-12.6
	2012年	21.0	30.6	48.4	-27.4
	2011年	37.1	32.8	30.1	7.0
	2010年	51.3	31.5	17.2	34.1
	2009年	40.0	39.3	20.7	19.3

产销量下滑趋缓也体现在停产、半停产企业比重的降低上。调查结果显示，关于目前企业的生产情况，回答“停产”或“半停产”的企业经营者占20.3%，比2012年下降了2.8个百分点，不过仍高于2011年和2010年；回答“正常运作”的占76.4%，回答“超负荷生产”的占3.3%，其中小型企业“停产”、“半停产”的比重相对较高（见表13）。

从不同行业看，“停产”、“半停产”的比重相对较高的行业有：采矿业以及制造业中的食品、纺织、造纸、化工、化纤、橡胶塑料、非金属制品、钢铁、有色金属、铁路船舶航空航天及其他运输设备制造业等，“停产”、“半停产”的比重超过四分之一（见表13）。

表13　　企业目前的生产情况（%）

		超负荷生产	正常运作	半停产	停产
总体	2013年	3.3	76.4	19.8	0.5
	2012年	2.1	74.8	22.3	0.8
	2011年	4.6	77.8	16.8	0.8
	2010年	8.0	80.8	10.8	0.4
	2009年	3.7	74.8	20.8	0.7
	2008年	4.4	80.4	14.4	0.8
大型企业		3.4	78.3	17.8	0.5
中型企业		2.2	73.5	23.6	0.7
小型企业		4.6	71.1	23.6	0.7
农林牧渔业		2.8	76.4	19.4	1.4
采矿业			71.4	25.0	3.6
制造业		3.7	71.4	24.3	0.6
电力、热力、燃气及水的生产和供应业		1.7	88.1	10.2	
建筑业		2.7	86.3	11.0	
交通运输、仓储和邮政业		1.2	88.0	10.8	
信息传输、软件和信息技术服务业		3.0	93.0	3.0	1.0
批发和零售业		1.7	87.2	11.1	
住宿和餐饮业		3.1	89.1	7.8	
房地产业		2.5	81.7	15.0	0.8
租赁和商务服务业		3.1	90.6	6.3	
食品、酒及饮料制造业			65.5	33.9	0.6
纺织业			67.0	30.6	2.4
纺织服装、服饰业		8.5	73.4	17.0	1.1
造纸及纸制品业		12.8	61.6	21.3	4.3
化学原料及化学制品制造业		2.1	72.4	24.5	1.0
医药制造业		1.9	86.8	11.3	
化学纤维制造业			47.8	52.2	
橡胶及塑料制品业		6.3	66.9	26.8	
非金属矿物制品业		2.8	63.4	33.1	0.7
黑色金属冶炼及压延加工业		5.0	52.5	42.5	
有色金属冶炼及压延加工业			70.6	25.5	3.9
金属制品业		6.6	77.3	16.1	
通用设备制造业		2.2	76.8	21.0	
专用设备制造业		4.7	71.2	24.1	
汽车制造业		3.2	81.0	15.8	
铁路、船舶、航空航天及其他运输设备制造业		3.6	71.4	25.0	
电气机械及器材制造业		5.4	74.3	20.3	
计算机、通信及其他电子设备制造业		4.2	80.5	15.3	
仪器仪表制造业		7.0	86.0	7.0	

在产销下滑缓中趋稳的同时，我国企业的出口下滑态势也有所缓和。在本次调查样本中，有产品出口的企业占37.6%，其出口额占销售收入的比重平均为40.3%（见表14）。

表 14　　企业产品出口情况（%）

		有产品出口		没有产品出口
		%	出口额占销售收入的比重	
总体	2013 年	37.6	40.3	62.4
	2012 年	44.3	41.2	55.7
	2011 年	46.9	43.1	53.1
	2010 年	41.3	39.6	58.7
东部地区企业		45.4	44.1	54.6
中部地区企业		25.0	26.1	75.0
西部地区企业		18.0	20.1	82.0

本次调查了解了这些企业的产品出口数量和价格情况。调查结果显示，2013 年企业产品出口数量比 2012 年“下降”的占 35.4%，其中“下降 10% 以上”的占 19%，“下降 10% 及以内”的占 16.4%；“持平”的占 29.2%；“增长”的占 35.4%，其中“增长 10% 以上”的占 17.9%，“增长 10% 及以内”的占 17.5%。出口数量“增长”的与“下降”的比重相当，这一数据比 2012 年上升了 17.5 个百分点。调查表明，与 2012 年相比，目前我国企业出口略有好转（见表 15）。

表 15　　与 2012 年相比，企业的产品出口数量增减情况（%）

		增长 10% 以上	增长 10% 及以内	持平	下降 10% 及以内	下降 10% 以上	增长—下降
总体	2013 年	17.9	17.5	29.2	16.4	19.0	0.0
	2012 年	14.2	14.0	26.1	19.2	26.5	-17.5
制造业		17.4	17.1	29.9	16.8	18.8	-1.1
食品、酒及饮料制造业		7.5	10.0	45.0	17.5	20.0	-20.0
纺织业		16.7	9.5	21.4	21.4	31.0	-26.2
纺织服装、服饰业		14.5	10.1	29.0	15.9	30.5	-21.8
造纸及纸制品业		26.6	20.0	6.7	20.0	26.7	-0.1
化学原料及化学制品制造业		12.1	19.8	34.0	16.5	17.6	-2.2
医药制造业		21.1	31.4	21.1	5.3	21.1	26.1
化学纤维制造业		9.1	18.2	45.4	9.1	18.2	0.0
橡胶及塑料制品业		15.9	19.0	31.8	14.3	19.0	1.6
非金属矿物制品业		10.9	15.2	30.4	26.1	17.4	-17.4
黑色金属冶炼及压延加工业		7.7		61.5	15.4	15.4	-23.1
有色金属冶炼及压延加工业		21.4	25.0	28.6	10.7	14.3	21.4
金属制品业		21.6	18.1	20.5	18.1	21.7	-0.1
通用设备制造业		15.5	19.1	30.8	19.1	15.5	0.0
专用设备制造业		26.4	14.2	31.1	13.2	15.1	12.3
汽车制造业		20.0	20.0	30.9	12.7	16.4	10.9
铁路、船舶、航空航天及其他运输设备制造业		15.4	23.0	15.4	23.1	23.1	-7.8
电气机械及器材制造业		19.0	23.8	25.4	14.3	17.5	11.0
计算机、通信及其他电子设备制造业		13.9	27.8	38.9	8.3	11.1	22.3
仪器仪表制造业		23.8	19.0	42.9	14.3		28.5

注：“增长”包括“增长 10% 以上”和“增长 10% 及以内”，“下降”包括“下降 10% 及以内”和“下降 10% 以上”，下同。

从不同行业看，出口数量下降较多的行业有：食品、纺织、服装、钢铁等行业，出口数量“下降”的比“增长”的多 20 个百分点以上；而医药、有色金属、电子设备、仪器仪表等行业相对较好，出口数量“增长”的比“下降”的多 20 个百分点以上。调查表明，目前劳动密集型行业的出口呈现下滑趋势，与此同时，以电子设备和仪器仪表为代表的机电行业的出口呈现上升趋势，这一现象值得关注（见表 15）。

在出口数量略有好转的同时，企业产品的出口价格基本平稳。调查结果显示，认为 2013 年产品出口价格与 2012 年“持平”的企业经营者占 47.4%，比 2012 年上升了 3.9 个百分点；出口价格“增长”的占 12.4%，其中“增长 10% 以上”的占 2.5%，“增长 10% 及以内”的占 9.9%；出口价格“下降”的占 40.2%，比 2012 年降低了 3.1 个百分点，其中“下降 10% 以上”的占 8.4%，“下降 10% 及以内”的占 31.8%（见表 16）。

从不同行业看，出口价格下降较多的行业有：化纤、橡胶塑料、有色金属和电子设备等，出口价格“下降”的比“增长”的多 40 个百分点以上；而仪器仪表行业相对较好，出口价格“增长”的企业比“下降”的多 9.4 个百分点（见表 16）。

表 16　　与 2012 年相比，企业的产品出口价格增减情况（%）

		增长 10% 以上	增长 10% 及以内	持平	下降 10% 及以内	下降 10% 以上	增长—下降
总体	2013 年	2.5	9.9	47.4	31.8	8.4	-27.8
	2012 年	2.3	10.9	43.5	33.1	10.2	-30.1
制造业		2.0	8.7	48.1	32.7	8.5	-30.5
食品、酒及饮料制造业		5.0	17.5	37.5	32.5	7.5	-17.5
纺织业		1.2	7.2	48.2	39.8	3.6	-35.0
纺织服装、服饰业		1.4	15.7	38.6	38.6	5.7	-27.2
造纸及纸制品业		13.3	6.7	33.3	40.0	6.7	-26.7
化学原料及化学制品制造业		1.1	11.1	38.9	28.9	20.0	-36.7
医药制造业			10.5	52.7	26.3	10.5	-26.3
化学纤维制造业				36.3	36.4	27.3	-63.7
橡胶及塑料制品业			7.8	39.1	43.7	9.4	-45.3
非金属矿物制品业			17.8	44.5	33.3	4.4	-19.9
黑色金属冶炼及压延加工业		7.7	7.7	30.8	46.1	7.7	-38.4
有色金属冶炼及压延加工业		7.1		32.1	42.9	17.9	-53.7
金属制品业			4.9	55.6	32.1	7.4	-34.6
通用设备制造业		1.9	6.7	51.4	30.5	9.5	-31.4
专用设备制造业		1.9	5.7	64.1	21.7	6.6	-20.7
汽车制造业			7.4	62.9	27.8	1.9	-22.3
铁路、船舶、航空航天及其他运输设备制造业			7.7	46.1	46.2		-38.5
电气机械及器材制造业		1.5	7.7	55.4	26.2	9.2	-26.2
计算机、通信及其他电子设备制造业			5.7	31.4	51.5	11.4	-57.2
仪器仪表制造业			19.0	71.4	4.8	4.8	9.4

在产销下滑缓中趋稳的同时，企业的库存基本正常。调查结果显示，认为目前企业的产成品库存“正常”的企业经营者占 67.4%，比 2012 年上升了 1 个百分点；认为“高于正常”的占 24.8%，认为“低于正常”的占 7.8%（见表 17）。

从不同行业看，库存相对较高的行业有：采矿业、房地产业以及制造业中的纺织、化纤、非金属制品、钢铁、铁路船舶航空航天及其他运输设备制造业等，库存“高于正常”的企业超过三成（见表 17）。

表 17　　企业目前的产成品库存情况（%）

		高于正常	正常	低于正常	正常+低于正常
总体	2013 年	24.8	67.4	7.8	75.2
	2012 年	25.3	66.4	8.3	74.7
	2011 年	19.8	69.8	10.4	80.2
	2010 年	12.3	78.4	9.3	87.7
	2009 年	18.3	72.9	8.8	81.7
农林牧渔业		20.3	71.0	8.7	79.7
采矿业		44.5	40.7	14.8	55.5
制造业		27.2	64.4	8.4	72.8
电力、热力、燃气及水的生产和供应业		10.0	86.0	4.0	90.0
建筑业		12.5	83.6	3.9	87.5
交通运输、仓储和邮政业		14.9	77.6	7.5	85.1
信息传输、软件和信息技术服务业		10.3	87.6	2.1	89.7
批发和零售业		28.3	66.2	5.5	71.7
住宿和餐饮业		8.9	85.7	5.4	91.1
房地产业		31.2	61.5	7.3	68.8
租赁和商务服务业		7.8	86.3	5.9	92.2
食品、酒及饮料制造业		27.2	63.9	8.9	72.8
纺织业		31.9	62.7	5.4	68.1
纺织服装、服饰业		27.4	68.4	4.2	72.6
造纸及纸制品业		27.7	68.0	4.3	72.3
化学原料及化学制品制造业		25.0	63.5	11.5	75.0
医药制造业		26.9	69.3	3.8	73.1
化学纤维制造业		34.8	52.2	13.0	65.2
橡胶及塑料制品业		27.8	58.7	13.5	72.2
非金属矿物制品业		39.6	54.8	5.6	60.4
黑色金属冶炼及压延加工业		35.0	57.5	7.5	65.0
有色金属冶炼及压延加工业		24.0	64.0	12.0	76.0
金属制品业		23.2	70.3	6.5	76.8
通用设备制造业		29.0	59.2	11.8	71.0
专用设备制造业		28.0	65.8	6.2	72.0
汽车制造业		23.2	70.5	6.3	76.8
铁路、船舶、航空航天及其他运输设备制造业		46.4	50.0	3.6	53.6
电气机械及器材制造业		19.0	70.1	10.9	81.0
计算机、通信及其他电子设备制造业		11.1	82.0	6.9	88.9
仪器仪表制造业		20.9	76.8	2.3	79.1

调查发现，目前我国企业尤其是民营企业和中小企业的融资环境略显偏紧。本次调查了解了企业目前的流动资金情况。调查结果显示，认为目前资金“紧张”的企业经营者占44.2%，比2012年上升了1.4个百分点；“正常”的占48.1%，“宽裕”的占7.7%。其中，中部地区企业、中小企业和民营企业资金“紧张”的比重相对较高（见表18）。

应收账款也反映了目前企业的资金情况。调查结果显示，认为应收账款“高于正常”的企业经营者占28.5%，与2012年基本持平，但要高于前几年的调查结果；“正常”的占55.3%，“低于正常”的占16.2%（见表19）。

表 18　　企业目前的流动资金情况（%）

		宽裕	正常	紧张
总体	2013 年	7.7	48.1	44.2
	2012 年	6.6	50.6	42.8
	2011 年	6.1	45.6	48.3
	2010 年	7.9	55.1	37.0
	2009 年	7.9	50.8	41.3
东部地区企业		8.9	50.7	40.4
中部地区企业		4.3	42.3	53.4
西部地区企业		6.8	45.2	48.0
大型企业		10.9	55.6	33.5
中型企业		9.3	49.4	41.3
小型企业		6.1	46.0	47.9
国有及国有控股公司		11.7	51.7	36.6
外商及港澳台投资企业		14.5	52.5	33.0
民营企业		6.0	47.4	46.6

表 19　　企业目前的应收账款情况（%）

		高于正常	正常	低于正常
总体	2013 年	28.5	55.3	16.2
	2012 年	28.6	54.7	16.7
	2011 年	25.8	60.7	13.5
	2010 年	19.1	70.3	10.6
	2009 年	22.8	62.6	14.6
东部地区企业		28.4	56.5	15.1
中部地区企业		28.9	52.6	18.5
西部地区企业		28.4	53.4	18.2
大型企业		27.9	59.6	12.5
中型企业		28.2	56.9	14.9
小型企业		28.9	53.4	17.7
国有及国有控股公司		26.5	59.1	14.4
外商及港澳台投资企业		18.3	67.8	13.9
民营企业		29.8	53.5	16.7

从不同地区看，各地区企业应收账款“高于正常”的比重相差不大；从不同规模看，中小企业应收账款“高于正常”的比重高于大型企业；从不同经济类型看，民营企业应收账款“高于正常”的比重高于国有及国有控股公司和外资企业（见表 19）。

融资环境偏紧还体现在企业家可以接受的最高贷款利率和实际贷款利率之间的差异上。调查结果显示，关于企业经营者自己填写的可以接受的最高贷款年利率，选择“6% 以下”的占 29.8%，而 2012 年调查中企业从银行贷款实际年利率在“6% 以下”的仅占 7.6%，两者相差 22.2 个百分点；此外，可接受“10% 以上”年利率的企业经营者占 7.3%，而 2012 年调查中银行贷款实际年利率在“10% 以上”的占 23.9%，相差 16.6 个百分点。分组来看，西部地区企业、中小企业和民营企业可接受“10% 以上”年利率的比重要高于其他类型企业（见表 20）。

表 20　　企业经营者可以接受的最高贷款年利率（%）

	6%以下	6%～10%	10%～14%	14%～18%	18%以上
总体	**29.8**	**62.9**	**4.3**	**2.5**	**0.5**
2012 年企业银行贷款实际年利率	7.6	68.5	21.2	2.1	0.6
东部地区企业	29.5	64.6	3.6	2.0	0.3
中部地区企业	32.6	58.0	5.5	3.3	0.6
西部地区企业	26.7	62.3	6.1	3.7	1.2
大型企业	27.6	68.2	2.8	1.1	0.3
中型企业	27.2	65.3	4.4	2.5	0.6
小型企业	31.6	60.5	4.7	2.7	0.5
国有及国有控股公司	33.4	63.2	2.0	1.1	0.3
外商及港澳台投资企业	29.9	67.1	2.4	0.6	
民营企业	28.1	63.5	5.1	2.8	0.5

近年来，成本上升一直是企业面临的主要困难之一。本次调查设计了"哪项成本的上升对企业的影响最大"这一问题。调查结果显示，选择"人力成本"的企业经营者占 49.3%，明显高于其他选项，排在所有 7 个选项的第一位，其次是"原材料成本"和"税费"，分别占 17.5% 和 12.9%（见表 21）。

表 21　　哪项成本上升对当前企业的影响最大（%）

	人力成本	原材料成本	税费	资源与能源成本	流通成本	土地成本	环保成本
总体	**49.3**	**17.5**	**12.9**	**8.5**	**4.3**	**4.3**	**2.3**
东部地区企业	50.8	16.0	13.6	7.7	4.1	4.0	2.6
中部地区企业	44.8	21.6	11.9	9.8	5.4	4.3	1.8
西部地区企业	47.6	18.4	11.0	10.6	3.9	5.7	2.1
大型企业	47.4	15.6	12.3	9.7	6.7	3.9	3.6
中型企业	49.1	16.6	12.0	10.0	4.5	4.5	2.9
小型企业	49.3	18.4	13.5	7.5	3.9	4.3	1.8
国有及国有控股公司	50.8	17.7	6.6	11.9	5.8	4.5	1.9
外商及港澳台投资企业	49.4	23.5	14.7	4.7	2.9	.6	2.4
民营企业	48.9	17.3	13.3	8.6	4.0	4.6	2.4

从不同地区看，东部地区企业选择"人力成本"和"税费"的比重高于其他地区，中部地区企业选择"原材料成本"的比重高于其他地区，西部地区企业选择"资源与能源成本"的比重高于其他地区（见表 21）。

从不同规模看，大型企业选择"流通成本"的比重高于中小企业，中型企业选择"资源与能源成本"的比重高于大型企业和小型企业，小型企业选择"人力成本"和"原材料成本"的比重高于大中型企业（见表 21）。

从不同经济类型看，国有及国有控股公司选择"资源与能源成本"和"人力成本"的比重高于外资企业和民营企业，外资企业选择"税费"和"原材料成本"的比重高于国有及国有控股公司和民营企业（见表 21）。

从不同行业看，选择"人力成本"的比重相对较高的行业有：信息传输软件和信息技术服务业、住宿和餐饮业、租赁和商务服务业以及制造业中的服装、金属制品、电子设备和仪器仪表等，超过六成的企业选择了"人力成本"（见表 22）。

表 22　　不同行业企业对“哪项成本上升对当前企业的影响最大”的判断（%）

	人力成本	原材料成本	税费	资源与能源成本	流通成本	土地成本	环保成本
总体	**49.3**	**17.5**	**12.9**	**8.5**	**4.3**	**4.3**	**2.3**
农林牧渔业	44.6	32.3	1.5	6.2	7.7	4.6	3.1
采矿业	38.5	7.7	23.1	11.5	3.8	7.7	7.7
制造业	48.1	21.2	13.1	8.2	3.4	2.1	3.0
电力、热力、燃气及水的生产和供应业	32.8	20.0	3.6	23.6	1.8	10.9	5.5
建筑业	55.2	22.0	11.4	3.8	1.5	5.3	
交通运输、仓储和邮政业	51.2	6.4	14.1	16.7	7.7	2.6	
信息传输、软件和信息技术服务业	63.0	5.4	10.9	7.6	12.0	1.1	
批发和零售业	56.8	9.8	14.7	5.9	8.0	2.8	1.0
住宿和餐饮业	67.3	6.9	12.1	8.6	1.7	1.7	1.7
房地产业	20.0	2.5	19.2	7.5	1.7	47.4	
租赁和商务服务业	65.1	7.9	11.1	9.5	1.6	3.2	
食品、酒及饮料制造业	34.2	34.8	6.3	10.8	6.3	6.3	1.3
纺织业	51.5	23.0	7.5	8.1	2.5	1.2	4.3
纺织服装、服饰业	69.9	8.4	14.5	2.4	1.2	1.2	
造纸及纸制品业	37.1	26.1	15.2	13.0	4.3		4.3
化学原料及化学制品制造业	26.9	24.0	15.3	14.2	3.3	1.6	14.2
医药制造业	30.6	38.9	10.2	10.2	6.1		2.0
化学纤维制造业	52.2	17.4	13.0	17.4			
橡胶及塑料制品业	52.3	28.4	8.3	5.5		4.6	0.9
非金属矿物制品业	29.3	21.4	15.7	20.7	5.7	3.6	3.6
黑色金属冶炼及压延加工业	32.5	24.3	5.4	16.2	2.7	2.7	13.5
有色金属冶炼及压延加工业	39.4	18.8	12.5	18.8	6.3		4.2
金属制品业	62.4	12.0	16.8	5.6		0.8	0.8
通用设备制造业	57.0	15.3	14.8	4.3	3.8	2.4	0.5
专用设备制造业	53.4	16.8	17.3	4.5	4.0	1.5	2.0
汽车制造业	56.7	14.4	16.7	8.9	2.2		
铁路、船舶、航空航天及其他运输设备制造业	44.5	25.9	22.2		7.4		
电气机械及器材制造业	53.9	20.9	13.7	3.6	4.3	2.2	0.7
计算机、通信及其他电子设备制造业	60.3	15.9	19.0	1.6		1.6	1.6
仪器仪表制造业	75.0	10.0	12.5		2.5		

本次调查进一步了解了 2013 年以来企业人工成本和物料采购价格的变化情况。调查结果显示，认为目前企业人工成本比 2012 年年末“上升”的企业经营者占 90.2%，“持平”的占 8.7%，“下降”的占 1.1%；认为“上升”的比“下降”的多 89.1 个百分点，比 2012 年上升了 2.1 个百分点。其中，小型企业人工成本上升相对较多（见表 23）。

关于企业的物料采购价格，调查结果显示，认为目前物料采购价格比 2012 年年末“上升”的企业经营者占 38.6%，“持平”的占 36.2%，“下降”的占 25.2%；认为“上升”的比“下降”的多 13.4 个百分点，比 2012 年略高了 4.2 个百分点。其中，东部地区企业和中小企业物料采购价格上升相对较少（见表 24）。

表 23　　相对于去年末，企业目前的人工成本情况（%）

	上升	持平	下降	上升—下降			
				2013 年	2012 年	2011 年	2010 年
总体	**90.2**	**8.7**	**1.1**	**89.1**	**87.0**	**97.2**	**93.8**
东部地区企业	90.6	8.4	1.0	89.6	87.0	97.8	94.9
中部地区企业	89.4	9.8	0.8	88.6	86.6	96.0	93.4
西部地区企业	90.0	8.2	1.8	88.2	89.2	95.9	94.0
大型企业	88.9	9.0	2.1	86.8	86.3	95.7	91.2
中型企业	89.1	10.1	0.8	88.3	88.9	97.8	94.2
小型企业	91.3	7.7	1.0	90.3	86.2	97.0	94.1

表 24　　相对于去年末，企业目前的物料采购价格情况（%）

	上升	持平	下降	上升—下降			
				2013 年	2012 年	2011 年	2010 年
总体	**38.6**	**36.2**	**25.2**	**13.4**	**9.2**	**81.6**	**74.2**
东部地区企业	37.0	37.6	25.4	11.6	3.7	81.0	74.9
中部地区企业	39.3	36.0	24.7	14.6	16.7	84.3	76.4
西部地区企业	45.0	30.3	24.7	20.3	25.3	80.4	71.4
大型企业	39.2	37.9	22.9	16.3	10.8	82.2	74.8
中型企业	38.4	35.8	25.8	12.6	7.2	83.8	75.4
小型企业	38.4	36.2	25.4	13.0	9.9	80.0	73.0

关于上半年企业盈亏情况，调查结果显示，上半年盈利（包括“较大盈利”和“略有盈余”，下同）的企业占48.8%，与2012年基本持平；“收支平衡”的占22.8%；亏损（包括“亏损”和“严重亏损”，下同）的占28.4%（见表25）。

表 25　　企业今年上半年盈利情况（%）

	较大盈利	略有盈余	收支平衡	亏损	严重亏损
2013 年	5.3	43.5	22.8	25.6	2.8
2012 年	4.5	45.2	22.1	24.5	3.7
2011 年	8.0	50.7	20.3	19.1	1.9
2010 年	13.1	54.8	17.3	13.7	1.1
2009 年	7.0	44.4	20.5	24.8	3.3
2008 年	11.6	51.3	16.9	18.0	2.2

盈利情况是企业生产经营健康与否的重要指标。调查表明，销量下滑、价格下跌和人工成本持续上升对企业盈利带来了不利影响，与此同时，物料采购价格的回落在一定程度上缓解了成本上升的压力，综合来看，企业盈利状况与2012年基本持平。

调查还发现，认为目前盈利“低于正常”的企业经营者占59.5%，比2012年下降了2.1个百分点；“正常”的占37.3%，“好于正常”的占3.2%。从不同地区看，东部和西部地区企业盈利情况相对较好；从不同规模看，大型企业明显好于中小企业；从不同经济类型看，国有及国有控股公司盈利情况最好，外资企业居中，民营企业相对较差（见表26）。

从不同行业看，目前盈利情况相对较好的行业有：农林牧渔业、电力热力燃气及水的生产和供应业、建筑业、交通运输仓储和邮政业、信息传输软件和信息技术服务业、房地产业、租赁和商务服务业以及制造业中的医药、仪器仪表等行业，盈利“正常”或“好于正常”的企业超过一半，而采矿业以及制造业中的纺织、化纤等行业则相对较差，八成左右的企业盈利“低于正常”（见表26）。

表 26　企业目前的盈利情况（%）

	好于正常	正常	低于正常	好于正常 + 正常			
				2013 年	2012 年	2011 年	2010 年
总体	**3.2**	**37.3**	**59.5**	**40.5**	**38.4**	**45.3**	**63.8**
东部地区企业	3.4	38.2	58.4	41.6	37.4	44.5	64.3
中部地区企业	2.7	33.6	63.7	36.3	38.2	47.7	64.1
西部地区企业	3.3	39.0	57.7	42.3	43.3	45.6	61.0
大型企业	4.7	44.2	51.1	48.9	45.6	59.1	78.4
中型企业	4.0	38.7	57.3	42.7	40.0	47.2	65.1
小型企业	2.5	35.1	62.4	37.6	36.1	42.3	60.2
国有及国有控股公司	6.0	46.5	47.5	52.5	52.1	56.7	74.2
外商及港澳台投资企业	6.3	38.1	55.6	44.4	38.1	41.9	61.6
民营企业	2.3	35.4	62.3	37.7	34.9	42.6	61.4
农林牧渔业	5.7	48.6	45.7	54.3	49.5	53.0	61.4
采矿业	3.6	17.9	78.5	21.5	12.2	62.2	74.5
制造业	2.4	31.2	66.4	33.6	33.1	39.9	60.5
电力、热力、燃气及水的生产和供应业	7.8	54.9	37.3	62.7	66.0	57.4	60.9
建筑业	2.2	55.0	42.8	57.2	46.8	55.1	74.1
交通运输、仓储和邮政业	5.0	47.5	47.5	52.5	51.4	64.7	76.9
信息传输、软件和信息技术服务业	3.0	64.0	33.0	67.0	68.7	72.1	76.3
批发和零售业	4.0	41.8	54.2	45.8	45.5	60.9	69.1
住宿和餐饮业	3.3	38.3	58.4	41.6	54.7	75.0	73.7
房地产业	7.0	52.6	40.4	59.6	49.1	61.2	66.9
租赁和商务服务业	1.7	61.0	37.3	62.7	56.5	69.1	76.9
食品、酒及饮料制造业	4.7	32.4	62.9	37.1	43.3	46.3	57.0
纺织业		15.8	84.2	15.8	19.1	22.7	59.3
纺织服装、服饰业	2.1	25.5	72.4	27.6	26.9	36.4	50.0
造纸及纸制品业	8.5	27.7	63.8	36.2	27.1	36.8	58.1
化学原料及化学制品制造业	2.1	35.8	62.1	37.9	39.0	41.4	60.4
医药制造业		53.8	46.2	53.8	57.1	55.3	60.7
化学纤维制造业	4.3	17.4	78.3	21.7	26.9	43.8	61.5
橡胶及塑料制品业	1.6	23.4	75.0	25.0	30.7	26.5	54.8
非金属矿物制品业	2.8	25.9	71.3	28.7	28.7	43.7	52.5
黑色金属冶炼及压延加工业	2.5	32.5	65.0	35.0	15.8	31.8	55.4
有色金属冶炼及压延加工业	4.1	24.5	71.4	28.6	21.1	46.3	66.1
金属制品业	2.2	35.6	62.2	37.8	31.9	35.2	60.2
通用设备制造业	3.3	22.9	73.8	26.2	30.8	47.6	69.0
专用设备制造业	1.4	38.8	59.8	40.2	37.7	47.4	64.1
汽车制造业	1.1	34.0	64.9	35.1	24.3	—	—
铁路、船舶、航空航天及其他运输设备制造业	3.6	28.6	67.8	32.2	25.7	—	—
电气机械及器材制造业	2.0	38.1	59.9	40.1	37.4	43.6	69.4
计算机、通信及其他电子设备制造业		45.1	54.9	45.1	34.2	39.1	73.8
仪器仪表制造业	4.7	55.8	39.5	60.5	50.0	60.4	78.0

二、对未来的预期

1. 企业订货温和回升

企业订货情况是一个重要的先行指标，在一定程度上预示着未来的需求走向。调查结果显示，认为目前订货“正常”的企业经营者占50.3%，认为“高于正常”的占6.1%，两者合计比重比2012 年上升了5.7个百分点；认为“低于正常”的占43.6%。调查表明，总体来看，目前企业的订货情况比2012年略有回升（见表27）。

从不同行业看，电力热力燃气及水的生产和供应业、建筑业、信息传输软件和信息技术服务业以及制造业中的仪器仪表等行业订货情况相对较好，订货“正常”或“高于正常”的企业比重超过七成，而化纤、钢铁等行业则相对较差，订货“低于正常”的企业超过六成（见表27）。

值得注意的是，订货“正常”或“高于正常”的比重比2012年上升较多的行业有：采矿业、建筑业以及制造业中的钢铁、有色金属、汽车、电气机械、电子设备、仪器仪表等，其上升幅度超过10个百分点；而住宿和餐饮业则相对较差，订货“低于正常”的企业比2012年上升了10.8个百分点（见表27）。

表27　不同行业企业目前的订货情况（%）

	好于正常	正常	低于正常	好于正常+正常			
				2013年	2012年	2011年	2010年
总体	**6.1**	**50.3**	**43.6**	**56.4**	**50.7**	**66.3**	**80.8**
农林牧渔业	11.3	57.7	31.0	69.0	63.8	74.1	80.2
采矿业		48.1	51.9	48.1	24.4	82.6	92.7
制造业	5.9	45.3	48.8	51.2	46.5	62.7	79.6
电力、热力、燃气及水的生产和供应业	5.9	74.5	19.6	80.4	76.7	86.2	90.5
建筑业	3.5	70.3	26.2	73.8	60.0	75.2	86.2
交通运输、仓储和邮政业	5.3	58.7	36.0	64.0	57.1	80.0	86.1
信息传输、软件和信息技术服务业	10.9	60.4	28.7	71.3	75.3	83.9	87.0
批发和零售业	4.8	59.6	35.6	64.4	60.4	76.8	84.0
住宿和餐饮业	8.5	42.4	49.1	50.9	61.7	83.3	75.0
房地产业	4.6	56.0	39.4	60.6	51.9	59.2	63.7
租赁和商务服务业	3.9	60.8	35.3	64.7	56.9	84.6	82.2
食品、酒及饮料制造业	5.3	50.3	44.4	55.6	59.1	69.8	80.1
纺织业	3.1	39.9	57.0	43.0	46.8	39.6	81.2
纺织服装、服饰业	5.3	41.1	53.6	46.4	52.5	58.5	86.3
造纸及纸制品业	12.8	36.2	51.0	49.0	40.4	71.4	82.3
化学原料及化学制品制造业	4.2	47.1	48.7	51.3	52.7	67.2	79.3
医药制造业	3.8	66.0	30.2	69.8	75.0	82.1	81.0
化学纤维制造业	4.3	34.8	60.9	39.1	36.0	59.4	73.1
橡胶及塑料制品业	7.1	42.9	50.0	50.0	42.1	56.3	71.3
非金属矿物制品业	4.9	39.6	55.5	44.5	43.6	63.3	74.6
黑色金属冶炼及压延加工业	5.0	32.5	62.5	37.5	24.6	56.9	77.3
有色金属冶炼及压延加工业	5.9	41.2	52.9	47.1	35.9	68.5	81.0
金属制品业	5.1	49.3	45.6	54.4	51.3	59.1	74.4
通用设备制造业	5.4	41.6	53.0	47.0	37.3	66.4	84.0
专用设备制造业	7.2	42.1	50.7	49.3	48.4	70.3	83.0
汽车制造业	7.3	46.9	45.8	54.2	30.8	—	—
铁路、船舶、航空航天及其他运输设备制造业	7.1	35.7	57.2	42.8	37.1	—	—
电气机械及器材制造业	8.2	52.3	39.5	60.5	47.3	66.3	79.7
计算机、通信及其他电子设备制造业	4.2	55.0	40.8	59.2	41.9	56.1	83.6
仪器仪表制造业	9.3	62.8	27.9	72.1	48.1	72.3	89.5

调查还了解了与2012年相比，目前企业订货的增减情况。调查结果显示，认为目前订货比2012年“增加”的企业经营者占23.8%，“持平”的占35%，“减少”的占41.2%；认为“增加”的比“减少”的少17.4个百分点，要明显好于2012年的调查结果（见表28）。

表28　　相对于去年，不同行业企业目前的订货情况（%）

	增加	持平	减少	增加－减少			
				2013年	2012年	2011年	2010年
总体	**23.8**	**35.0**	**41.2**	**-17.4**	**-34.2**	**-2.7**	**27.5**
农林牧渔业	27.1	40.0	32.9	-5.8	-23.7	-5.2	15.1
采矿业	19.2	34.6	46.2	-27.0	-69.0	10.9	23.2
制造业	23.1	32.9	44.0	-20.9	-38.9	-5.2	30.9
电力、热力、燃气及水的生产和供应业	34.0	46.0	20.0	14.0	16.3	33.4	47.3
建筑业	31.9	37.7	30.4	1.5	-19.8	8.5	28.3
交通运输、仓储和邮政业	23.0	43.2	33.8	-10.8	-29.1	2.3	16.9
信息传输、软件和信息技术服务业	25.5	49.0	25.5	0.0	11.8	29.5	27.6
批发和零售业	21.7	35.3	43.0	-21.3	-26.5	6.1	15.4
住宿和餐饮业	13.7	25.5	60.8	-47.1	-16.7	20.8	22.8
房地产业	26.9	39.4	33.7	-6.8	-44.4	-35.9	-20.0
租赁和商务服务业	20.0	42.0	38.0	-18.0	-35.3	1.8	18.2
食品、酒及饮料制造业	22.0	33.9	44.1	-22.1	-14.8	4.0	23.3
纺织业	9.8	36.0	54.2	-44.4	-45.3	-48.4	29.9
纺织服装、服饰业	16.5	34.1	49.4	-32.9	-42.8	-26.4	36.1
造纸及纸制品业	30.4	26.1	43.5	-13.1	-46.7	-6.1	29.0
化学原料及化学制品制造业	23.9	33.5	42.6	-18.7	-25.8	3.8	21.3
医药制造业	36.5	38.5	25.0	11.5	17.4	26.2	26.0
化学纤维制造业	8.7	26.1	65.2	-56.5	-60.0	-9.4	34.6
橡胶及塑料制品业	22.3	32.2	45.5	-23.2	-40.5	-12.4	20.0
非金属矿物制品业	19.7	31.0	49.3	-29.6	-47.0	-10.8	22.0
黑色金属冶炼及压延加工业	20.0	15.0	65.0	-45.0	-61.3	-13.6	22.8
有色金属冶炼及压延加工业	16.3	36.7	47.0	-30.7	-44.4	-14.8	19.1
金属制品业	31.4	31.4	37.2	-5.8	-36.0	-5.5	28.2
通用设备制造业	20.1	31.3	48.6	-28.5	-58.8	9.9	54.7
专用设备制造业	30.9	27.5	41.6	-10.7	-32.9	13.4	42.8
汽车制造业	29.8	39.3	30.9	-1.1	-63.0	—	—
铁路、船舶、航空航天及其他运输设备制造业	17.9	17.9	64.2	-46.3	-47.0	—	—
电气机械及器材制造业	25.0	36.8	38.2	-13.2	-40.0	6.5	37.2
计算机、通信及其他电子设备制造业	28.6	35.7	35.7	-7.1	-39.1	-4.9	32.9
仪器仪表制造业	26.2	42.8	31.0	-4.8	-25.1	14.5	48.8

调查还发现，企业经营者对四季度订货的预计要明显好于目前的订货情况。调查结果显示，预计四季度订货“增加”的企业经营者占32.1%，“持平”的占45%，“减少”的占22.9%；预计“增加”的比“减少”的多9.2个百分点，这一数据比2012年上升了12.9个百分点，也要明显好于企业目前的订货情况（见表29）。

从不同行业看，预计四季度订货增加较多的行业有：农林牧渔业、建筑业、信息传输软件和信息技术服务业、房地产业以及制造业中的医药、汽车、电子设备、铁路船舶航空航天及其他运输设备制造业等，其订货“增加”的比“减少”的多20个百分点以上；而住宿和餐饮业、租赁和商务服务业以及制造业中的化纤、钢铁、有色金属和通用设备等行业则相对较差，订货“减少”的要多于订货“增加”的企业（见表29）。

表29　　不同行业企业对今年四季度订货情况的预计（%）

	增加	持平	减少	增加－减少			
				2013年	2012年	2011年	2010年
总体	**32.1**	**45.0**	**22.9**	**9.2**	**-3.7**	**8.2**	**25.9**
农林牧渔业	37.1	51.5	11.4	25.7	9.3	23.4	37.2
采矿业	25.9	48.2	25.9	0.0	-9.7	2.2	32.7
制造业	31.5	43.9	24.6	6.9	-6.6	5.7	25.7
电力、热力、燃气及水的生产和供应业	28.8	57.7	13.5	15.3	-4.6	21.9	21.8
建筑业	40.0	44.4	15.6	24.4	3.5	11.8	27.1
交通运输、仓储和邮政业	28.4	56.7	14.9	13.5	-6.4	30.3	11.5
信息传输、软件和信息技术服务业	42.6	45.5	11.9	30.7	25.3	46.0	45.3
批发和零售业	29.2	48.5	22.3	6.9	5.1	18.0	32.3
住宿和餐饮业	26.3	38.6	35.1	-8.8	8.7	26.1	20.6
房地产业	42.4	36.8	20.8	21.6	-10.0	-8.4	6.6
租赁和商务服务业	25.0	46.2	28.8	-3.8	-21.2	13.3	9.3
食品、酒及饮料制造业	38.8	40.0	21.2	17.6	33.3	31.1	43.6
纺织业	28.3	45.8	25.9	2.4	-9.9	-9.3	7.9
纺织服装、服饰业	29.0	44.1	26.9	2.1	-22.7	-17.4	34.6
造纸及纸制品业	39.2	39.1	21.7	17.5	6.4	6.1	42.5
化学原料及化学制品制造业	34.4	41.6	24.0	10.4	3.4	13.2	18.5
医药制造业	43.4	41.5	15.1	28.3	35.7	37.6	50.6
化学纤维制造业	30.4	34.8	34.8	-4.4	-36.0	-37.4	-11.5
橡胶及塑料制品业	28.6	48.4	23.0	5.6	-3.6	10.4	20.0
非金属矿物制品业	29.0	44.8	26.2	2.8	-9.5	8.0	22.9
黑色金属冶炼及压延加工业	25.0	45.0	30.0	-5.0	-33.3	-9.2	15.6
有色金属冶炼及压延加工业	25.5	45.1	29.4	-3.9	-7.4	11.3	33.4
金属制品业	28.3	43.4	28.3	0.0	-22.8	4.4	18.9
通用设备制造业	19.6	46.6	33.8	-14.2	-18.0	-10.3	22.7
专用设备制造业	30.7	42.9	26.4	4.3	-13.6	4.2	23.7
汽车制造业	47.9	27.1	25.0	22.9	-13.2	—	—
铁路、船舶、航空航天及其他运输设备制造业	46.4	42.9	10.7	35.7	-17.2	—	—
电气机械及器材制造业	37.8	45.3	16.9	20.9	-9.6	8.6	26.0
计算机、通信及其他电子设备制造业	37.5	44.4	18.1	19.4	5.2	12.2	11.5
仪器仪表制造业	23.3	67.4	9.3	14.0	-9.5	24.9	34.1

2. 出口趋于回升，价格基本平稳，盈利趋于改善，企业经营可望延续回暖趋势

关于对四季度企业经营状况的预计，调查结果显示，预计“好转”的企业经营者占32.4%，预计“不变”的占56.1%，预计“恶化”的占11.5%；预计“好转”的比“恶化”的多20.9个百分点，比2012年上升了7.7个百分点，这表明企业经营者对未来的预期趋于乐观（见表30）。

从不同地区看，中部地区企业预计“好转”的比“恶化”的多25个百分点，高于东部和西部地区；从不同规模看，中型企业更为乐观；从不同经济类型看，国有及国有控股公司和民营企业预计“好转”的比“恶化”的多20个百分点以上，高于外资企业（见表30）。

表 30　　不同地区、规模及经济类型企业对今年四季度综合经营状况的预计（%）

	四季度经营状况预计			好转－恶化			
	好转	不变	恶化	2013 年	2012 年	2011 年	2010 年
总体	**32.4**	**56.1**	**11.5**	**20.9**	**13.2**	**17.2**	**33.2**
东部地区企业	31.3	57.5	11.2	20.1	11.5	14.1	31.7
中部地区企业	36.3	52.4	11.3	25.0	16.9	27.1	39.7
西部地区企业	31.6	55.5	12.9	18.7	16.5	18.2	31.3
大型企业	33.4	54.7	11.9	21.5	16.9	17.0	31.7
中型企业	33.1	56.4	10.5	22.6	16.8	20.4	35.8
小型企业	31.8	56.3	11.9	19.9	10.2	15.0	31.0
国有及国有控股公司	29.2	62.4	8.4	20.8	13.0	20.1	26.7
外商及港澳台投资企业	27.4	62.0	10.6	16.8	9.1	3.5	24.9
民营企业	32.0	56.1	11.9	20.1	12.2	16.8	34.9

表 31　　不同行业企业对今年四季度综合经营状况的预计（%）

	四季度经营状况预计			好转－恶化			
	好转	不变	恶化	2013 年	2012 年	2011 年	2010 年
总体	**32.4**	**56.1**	**11.5**	**20.9**	**13.2**	**17.2**	**33.2**
农林牧渔业	44.4	47.3	8.3	36.1	38.2	33.6	46.2
采矿业	25.0	57.1	17.9	7.1	4.9	19.6	45.5
制造业	30.6	55.9	13.5	17.1	9.6	13.3	32.1
电力、热力、燃气及水的生产和供应业	34.5	60.0	5.5	29.0	19.6	18.1	17.9
建筑业	40.4	56.9	2.7	37.7	18.1	31.6	42.4
交通运输、仓储和邮政业	26.5	62.7	10.8	15.7	21.3	24.6	27.5
信息传输、软件和信息技术服务业	48.5	48.5	3.0	45.5	46.9	50.1	46.1
批发和零售业	31.8	59.3	8.9	22.9	16.1	24.8	33.9
住宿和餐饮业	38.7	53.2	8.1	30.6	26.3	33.4	36.8
房地产业	35.2	57.4	7.4	27.8	26.1	20.8	32.6
租赁和商务服务业	30.6	62.9	6.5	24.1	0.0	25.9	26.5
食品、酒及饮料制造业	41.8	48.8	9.4	32.4	34.1	33.8	44.8
纺织业	25.9	57.2	16.9	9.0	7.1	－1.4	9.0
纺织服装、服饰业	28.7	57.5	13.8	14.9	5.9	－1.9	29.5
造纸及纸制品业	29.8	59.6	10.6	19.2	14.5	16.4	47.5
化学原料及化学制品制造业	29.2	54.7	16.1	13.1	16.1	15.0	24.0
医药制造业	43.4	49.1	7.5	35.9	34.3	36.5	48.8
化学纤维制造业	13.0	60.9	26.1	－13.1	0.0	0.0	7.7
橡胶及塑料制品业	28.2	65.3	6.5	21.7	10.2	13.3	32.5
非金属矿物制品业	26.4	52.8	20.8	5.6	12.2	18.4	34.5
黑色金属冶炼及压延加工业	22.5	55.0	22.5	0.0	－12.5	1.5	22.7
有色金属冶炼及压延加工业	23.5	54.9	21.6	1.9	－1.9	9.1	46.0
金属制品业	26.8	60.2	13.0	13.8	－0.6	8.8	27.7
通用设备制造业	24.9	57.9	17.2	7.7	0.0	10.3	33.9
专用设备制造业	31.1	56.0	12.9	18.2	2.3	14.2	36.6
汽车制造业	32.3	54.2	13.5	18.8	2.8	—	—
铁路、船舶、航空航天及其他运输设备制造业	46.4	46.5	7.1	39.3	14.3	—	—
电气机械及器材制造业	29.9	61.9	8.2	21.7	10.8	17.1	32.0
计算机、通信及其他电子设备制造业	36.6	53.5	9.9	26.7	15.6	8.6	21.3
仪器仪表制造业	31.0	66.6	2.4	28.6	－7.6	10.4	31.7

从不同行业看，对四季度预计较为乐观的行业有：农林牧渔业、建筑业、信息传输软件和信息技术服务业、住宿和餐饮业以及制造业中的食品、医药、铁路船舶航空航天及其他运输设备制造业等，预计“好转”的比“恶化”的多30个百分点以上，而化纤行业则相对较差，预计四季度将“恶化”的要多于“好转”的企业（见表31）。

调查发现，企业经营者对2014年的预计比对四季度的预计乐观。调查结果显示，预计2014年经营状况“好转”的企业经营者占41.7%，预计“不变”的占45.7%，预计“恶化”的占12.6%；预计“好转”的比“恶化”的多29.1个百分点，这一数据比2012年上升了4.5个百分点，也比对四季度的预计上升了8.2个百分点（见表32）。

从不同地区看，中部地区企业预计“好转”的比“恶化”的多31.2个百分点，高于东部和西部地区企业；从不同规模看，中型企业对2014年更为乐观；从不同经济类型看，外资企业预计“好转”的比“恶化”的多31.5个百分点，相对乐观（见表32）。

从不同行业看，对2014年预计较为乐观的行业有：农林牧渔业、建筑业、信息传输软件和信息技术服务业、房地产业以及制造业中的食品、铁路船舶航空航天及其他运输设备制造业等，预计“好转”的比“恶化”的多40个百分点以上，而采矿业以及制造业中的服装、化纤和有色金属等行业则相对较差（见表32）。

表32　　对明年综合经营状况的预计（%）

	好转	不变	恶化	好转-恶化			
				2013年	2012年	2011年	2010年
总体	**41.7**	**45.7**	**12.6**	**29.1**	**24.6**	**25.0**	**40.8**
东部地区企业	40.9	46.8	12.3	28.6	21.9	20.6	38.2
中部地区企业	43.6	44.0	12.4	31.2	29.9	35.8	47.7
西部地区企业	42.1	43.9	14.0	28.1	29.8	31.3	41.4
大型企业	35.2	50.6	14.2	21.0	23.9	25.8	39.9
中型企业	44.0	45.1	10.9	33.1	26.8	27.4	41.0
小型企业	41.6	45.2	13.2	28.4	23.1	23.3	40.5
国有及国有控股公司	38.9	50.2	10.9	28.0	21.7	24.4	32.3
外商及港澳台投资企业	39.9	51.7	8.4	31.5	18.5	12.2	34.4
民营企业	42.4	44.1	13.5	28.9	25.0	24.9	42.7
农林牧渔业	56.4	40.8	2.8	53.6	41.6	38.7	65.9
采矿业	14.8	63.0	22.2	-7.4	35.7	17.4	47.3
制造业	39.9	46.1	14.0	25.9	20.8	21.6	38.8
电力、热力、燃气及水的生产和供应业	41.1	51.8	7.1	34.0	41.1	35.6	39.4
建筑业	48.7	43.8	7.5	41.2	27.9	32.8	46.0
交通运输、仓储和邮政业	36.1	49.4	14.5	21.6	24.0	24.6	31.1
信息传输、软件和信息技术服务业	52.5	45.5	2.0	50.5	55.6	56.5	58.7
批发和零售业	42.1	45.5	12.4	29.7	24.8	25.6	39.4
住宿和餐饮业	37.7	49.2	13.1	24.6	28.1	39.9	36.4
房地产业	53.7	43.0	3.3	50.4	55.6	42.4	48.4
租赁和商务服务业	39.7	44.4	15.9	23.8	23.5	44.8	33.4
食品、酒及饮料制造业	50.3	40.1	9.6	40.7	40.5	40.7	56.2
纺织业	32.7	52.8	14.5	18.2	21.0	14.1	14.3
纺织服装、服饰业	36.9	34.8	28.3	8.6	6.8	-4.9	20.6

续表

	好转	不变	恶化	好转 - 恶化			
				2013 年	2012 年	2011 年	2010 年
造纸及纸制品业	39.1	41.3	19.6	19.5	10.6	16.6	39.0
化学原料及化学制品制造业	42.6	44.1	13.3	29.3	29.0	30.4	38.2
医药制造业	45.3	45.3	9.4	35.9	30.0	37.4	45.4
化学纤维制造业	13.0	69.6	17.4	-4.4	-11.5	0.0	3.9
橡胶及塑料制品业	40.0	48.0	12.0	28.0	23.7	19.9	42.2
非金属矿物制品业	33.3	50.7	16.0	17.3	20.0	24.1	39.7
黑色金属冶炼及压延加工业	35.0	45.0	20.0	15.0	5.4	16.9	40.6
有色金属冶炼及压延加工业	28.0	50.0	22.0	6.0	24.5	32.8	49.3
金属制品业	33.6	51.1	15.3	18.3	10.1	15.7	32.5
通用设备制造业	39.0	46.3	14.7	24.3	14.4	18.9	42.8
专用设备制造业	42.8	45.2	12.0	30.8	14.6	24.0	40.9
汽车制造业	48.4	41.1	10.5	37.9	20.0	—	—
铁路、船舶、航空航天及其他运输设备制造业	53.6	39.3	7.1	46.5	17.1	—	—
电气机械及器材制造业	42.9	45.5	11.6	31.3	26.0	23.2	36.6
计算机、通信及其他电子设备制造业	46.4	43.5	10.1	36.3	22.1	33.0	40.7
仪器仪表制造业	40.5	57.1	2.4	38.1	23.6	29.2	43.6

关于对 2014 年外需的预计，调查发现，企业经营者预计 2014 年产品出口数量有所回升。调查结果显示，预计 2014 年企业产品出口数量比今年“上升”的企业经营者占 43.3%，其中“上升 10% 以上”的占 16.8%，“上升 10% 及以内”的占 26.5%；预计“持平”的占 39.4%；预计“下降”的占 17.3%，其中“下降 10% 以上”的占 6.6%，“下降 10% 及以内”的占 10.7%。预计 2014 年出口数量“上升”的比“下降”的多 26 个百分点，这一数据比 2012 年上升了 20.8 个百分点（见表 33）。

从不同行业看，预计 2014 年出口数量增长较多的行业有：造纸、汽车、铁路船舶航空航天及其他运输设备制造业、电子设备和仪器仪表等，预计“上升”的比“下降”的多 40 个百分点以上；而纺织、服装等行业则相对较差，预计 2014 年出口数量“上升”的比“下降”的多 10 个百分点以内（见表 33）。

关于 2014 年企业产品的出口价格，调查发现，2014 年企业出口价格总体保持平稳。调查结果显示，预计 2014 年出口价格“持平”的企业经营者占 57.5%，比 2012 年略高了 0.9 个百分点；预计“上涨”的占 15.7%，其中“上涨 10% 以上”的占 2.3%，“上涨 10% 及以内”的占 13.4%；预计“下跌”的占 26.8%，其中“下跌 10% 以上”的占 4.1%，“下跌 10% 及以内”的占 22.7%（见表 34）。

从不同行业看，预计 2014 年出口价格下跌较多的行业有：化纤、电子设备等，预计“下跌”的比“上涨”的多 30 个百分点左右；而食品、造纸和仪器仪表等行业则相对较好，预计 2014 年出口价格“上涨”的要多于“下跌”的企业（见表 34）。

在当前产能过剩的背景下，企业经营者预计未来产品价格总体仍保持平稳。调查结果显示，预计 2014 年企业产品销售价格“持平”的企业经营者占 55.1%，比 2012 年提高了 0.5 个百分点；预计价格“上升”的占 21.6%，比 2012 年略高了 1.7 个百分点；预计价格“下降”的占 23.3%（见表 35）。

表 33　对明年企业产品出口数量增减情况的预计（%）

		上升 10%以上	上升 10%及以内	持平	下降 10%及以内	下降 10%以上	上升－下降
总体	2013 年	16.8	26.5	39.4	10.7	6.6	26.0
	2012 年	14.0	19.6	38.0	17.7	10.7	5.2
制造业		16.7	26.6	39.5	10.7	6.5	26.1
食品、酒及饮料制造业		7.7	28.2	41.0	15.4	7.7	12.8
纺织业		16.7	14.3	44.0	14.3	10.7	6.0
纺织服装、服饰业		10.3	25.0	35.3	8.8	20.6	5.9
造纸及纸制品业		33.3	26.7	26.7		13.3	46.7
化学原料及化学制品制造业		16.9	29.2	40.4	12.4	1.1	32.6
医药制造业		15.8	31.6	42.1	10.5		36.9
化学纤维制造业		9.1	45.4	18.2	18.2	9.1	27.2
橡胶及塑料制品业		14.5	29.0	30.7	22.6	3.2	17.7
非金属矿物制品业		10.9	28.3	39.1	15.2	6.5	17.5
黑色金属冶炼及压延加工业		15.4	7.7	69.2		7.7	15.4
有色金属冶炼及压延加工业		17.9	35.6	28.6	14.3	3.6	35.6
金属制品业		17.1	19.5	46.3	11.0	6.1	19.5
通用设备制造业		16.8	28.0	41.2	5.6	8.4	30.8
专用设备制造业		25.2	23.3	42.8	6.8	1.9	39.8
汽车制造业		23.6	27.3	40.0	3.6	5.5	41.8
铁路、船舶、航空航天及其他运输设备制造业		7.7	53.8	23.1	7.7	7.7	46.1
电气机械及器材制造业		20.3	29.7	34.3	14.1	1.6	34.3
计算机、通信及其他电子设备制造业		8.6	42.9	37.1	11.4		40.1
仪器仪表制造业		19.0	42.9	33.3		4.8	57.1

表 34　对明年企业产品出口价格增减情况的预计（%）

		上涨 10%以上	上涨 10%及以内	持平	下跌 10%及以内	下跌 10%以上	上涨－下跌
总体	2013 年	2.3	13.4	57.5	22.7	4.1	-11.1
	2012 年	1.6	12.9	56.6	23.8	5.1	-14.4
制造业		2.2	12.4	58.0	23.4	4.0	-12.8
食品、酒及饮料制造业			22.5	55.0	15.0	7.5	0.0
纺织业			12.0	61.5	24.1	2.4	-14.5
纺织服装、服饰业		1.4	20.3	52.3	18.8	7.2	-4.3
造纸及纸制品业		20.0	13.3	46.7	20.0		13.3
化学原料及化学制品制造业		1.1	12.4	64.0	18.0	4.5	-9.0
医药制造业			15.8	52.6	31.6		-15.8
化学纤维制造业				72.7	18.2	9.1	-27.3
橡胶及塑料制品业			12.7	50.8	34.9	1.6	-23.8
非金属矿物制品业			21.7	52.2	26.1		-4.4
黑色金属冶炼及压延加工业		7.7		61.5	30.8		-23.1
有色金属冶炼及压延加工业		3.6	14.3	50.0	25.0	7.1	-14.2
金属制品业		2.5	6.2	61.6	23.5	6.2	-21.0
通用设备制造业		2.9	6.7	58.0	25.7	6.7	-22.8
专用设备制造业		2.9	10.5	64.7	16.2	5.7	-8.5
汽车制造业			9.3	62.9	27.8		-18.5
铁路、船舶、航空航天及其他运输设备制造业			15.4	53.8	30.8		-15.4
电气机械及器材制造业		1.5	12.3	63.1	18.5	4.6	-9.3
计算机、通信及其他电子设备制造业			11.4	45.7	42.9		-31.5
仪器仪表制造业			19.0	76.2		4.8	14.2

从不同行业看，预计 2014 年价格下跌较多的行业有：通用设备、汽车和电子设备等，预计价格“下降”的比“上升”的多20 个百分点以上，而农林牧渔业、住宿和餐饮业、房地产业以及制造业中的食品等行业则相对乐观，预计价格“上升”的比“下降”的多20 个百分点以上（见表35）。

表 35　相对于今年，不同行业企业对明年销售价格的预计（%）

		上升	持平	下降	上升－下降			
					2013 年	2012 年	2011 年	2010 年
总体	2013 年	21.6	55.1	23.3	－1.7	－5.6	12.4	17.7
	2012 年	19.9	54.6	25.5				
农林牧渔业		40.0	47.1	12.9	27.1	27.1	37.1	45.0
采矿业		11.1	59.3	29.6	－18.5	－4.7	2.2	21.8
制造业		16.6	57.5	25.9	－9.3	－12.9	7.5	11.7
电力、热力、燃气及水的生产和供应业		25.5	61.8	12.7	12.7	20.4	22.6	39.4
建筑业		26.9	58.9	14.2	12.7	12.2	29.1	31.4
交通运输、仓储和邮政业		28.4	58.1	13.5	14.9	2.9	32.6	25.0
信息传输、软件和信息技术服务业		30.0	45.0	25.0	5.0	7.8	－3.2	－3.9
批发和零售业		30.9	47.8	21.3	9.6	8.9	38.7	41.3
住宿和餐饮业		37.1	46.8	16.1	21.0	28.3	50.1	33.3
房地产业		50.4	38.5	11.1	39.3	22.4	21.2	48.0
租赁和商务服务业		30.4	44.6	25.0	5.4	5.8	27.3	22.0
食品、酒及饮料制造业		32.5	59.8	7.7	24.9	34.9	45.2	49.4
纺织业		19.8	55.1	25.1	－5.4	3.3	1.5	16.3
纺织服装、服饰业		27.4	50.5	22.1	5.3	－8.4	19.0	32.6
造纸及纸制品业		17.4	63.0	19.6	－2.2	－15.3	4.1	18.4
化学原料及化学制品制造业		14.6	59.9	25.5	－10.9	－4.2	10.8	9.8
医药制造业		13.7	56.9	29.4	－15.7	－7.1	1.2	－7.0
化学纤维制造业		17.4	52.2	30.4	－13.0	7.7	－12.5	15.4
橡胶及塑料制品业		18.3	53.9	27.8	－9.5	－16.5	2.5	－0.7
非金属矿物制品业		11.1	62.5	26.4	－15.3	－16.1	8.1	9.6
黑色金属冶炼及压延加工业		25.0	52.5	22.5	2.5	－35.1	16.7	33.3
有色金属冶炼及压延加工业		22.0	50.0	28.0	－6.0	0.0	14.5	24.2
金属制品业		11.8	60.3	27.9	－16.2	－23.9	4.9	8.7
通用设备制造业		10.0	58.0	32.0	－21.9	－25.3	－1.1	4.2
专用设备制造业		11.1	58.1	30.8	－19.7	－30.0	－1.0	－6.3
汽车制造业		11.6	47.3	41.1	－29.5	－34.2	—	—
铁路、船舶、航空航天及其他运输设备制造业		17.9	60.7	21.4	－3.6	－20.0	—	—
电气机械及器材制造业		14.2	59.4	26.4	－12.2	－15.2	－1.6	－3.6
计算机、通信及其他电子设备制造业		11.3	50.7	38.0	－26.8	－40.7	－12.2	－6.6
仪器仪表制造业		14.0	58.1	27.9	－14.0	－16.9	12.5	－15.0

随着需求的回暖，企业经营者预计下半年盈利将略有改善。调查结果显示，预计 2013 年下半年盈利的企业经营者占 54.2%，比上半年实际盈利的企业提高了 5.4 个百分点，其中“较大盈利”占 8%，“略有盈余”占 46.2%；预计“收支平衡”的占 25.4%；预计亏损的占 20.4%，其中“亏损”的占 18.5%，“严重亏损”的占 1.9%（见表36）。

表 36　　对今年下半年盈利状况的预计（%）

	较大盈利	略有盈余	收支平衡	亏损	严重亏损
2013 年	8.0	46.2	25.4	18.5	1.9
2013 年上半年实际	5.3	43.5	22.8	25.6	2.8
2012 年	5.4	46.0	25.1	19.9	3.6
2011 年	8.3	51.1	23.2	15.2	2.2
2010 年	15.1	58.2	18.2	7.8	0.7
2009 年	9.8	51.7	22.3	14.5	1.7
2008 年	11.0	52.9	19.9	13.7	2.5

3. 用工和投资计划保持温和增长

企业经营者对未来的预期也影响了企业的用工和投资计划。调查结果显示，认为目前企业用工人数比 2012 年“减少”的企业经营者占 29.8%，“持平”的占 46.7%，“增加”的占 23.5%；用工人数“减少”的比“增加”的多 6.3 个百分点，这一数据比 2012 年下降了 7 个百分点。其中，中部地区企业、小型企业以及外资企业用工人数减少更加明显（见表 37）。

表 37　　相对于去年，企业目前的用工人数情况（%）

	增加	持平	减少	增加－减少			
				2013 年	2012 年	2011 年	2010 年
总体	**23.5**	**46.7**	**29.8**	**-6.3**	**-13.3**	**4.5**	**18.6**
东部地区企业	23.7	46.6	29.7	-6.0	-17.4	2.9	17.7
中部地区企业	22.2	47.5	30.3	-8.1	-7.2	9.0	20.5
西部地区企业	24.9	45.6	29.5	-4.6	-1.4	6.5	21.7
大型企业	33.6	42.4	24.0	9.6	4.5	27.6	36.0
中型企业	25.9	46.0	28.1	-2.2	-8.9	9.8	20.6
小型企业	20.2	47.9	31.9	-11.7	-19.1	-2.1	14.2
国有及国有控股公司	27.3	50.0	22.7	4.6	-1.9	10.1	20.9
外商及港澳台投资企业	24.4	40.0	35.6	-11.2	-21.2	-1.0	12.3
民营企业	23.3	45.8	30.9	-7.6	-15.3	3.8	16.6

从不同行业看，目前用工人数增加相对较多的行业有：农林牧渔业、采矿业、电力热力燃气及水的生产和供应业、房地产业、租赁和商务服务业以及制造业中的医药等，用工人数“增加”的比“减少”的多 10 个百分点以上；而住宿和餐饮业以及制造业中的纺织、服装、化纤、钢铁、通用设备、铁路船舶航空航天及其他运输设备制造业则相对较差，用工人数“减少”的比“增加”的多 20 个百分点以上（见表 38）。

调查还发现，企业经营者预计 2014 年用工人数将有所增加，并且增长幅度要高于 2012 年。调查结果显示，预计 2014 年用工人数“增加”的企业经营者占 35.3%，“持平”的占 48.6%，“减少”的占 16.1%；用工“增加”的比“减少”的多 19.2 个百分点，比 2012 年上升了 7.2 个百分点，其中，东部地区企业、大型企业、民营企业计划用工人数增长更加明显（见表 39）。

从不同行业看，2014 年计划用工增长相对较多的行业有：信息传输软件和信息技术服务业、房地产业、租赁和商务服务业以及制造业中的医药、电子设备、铁路船舶航空航天及其他运输设备制造业等，预计 2014 年用工“增加”的比“减少”的多 30 个百分点以上；而采矿业和纺织等行业则相对较差，2014 年用工“减少”的要多于“增加”的企业（见表 40）。

表 38　　相对于去年，不同行业企业目前的用工人数情况（%）

	增加	持平	减少	增加-减少			
				2013 年	2012 年	2011 年	2010 年
总体	**23.5**	**46.7**	**29.8**	**-6.3**	**-13.3**	**4.5**	**18.6**
农林牧渔业	31.4	47.2	21.4	10.0	-1.0	14.9	9.9
采矿业	29.6	51.9	18.5	11.1	-4.8	25.0	32.2
制造业	20.3	46.2	33.5	-13.2	-20.5	-0.4	15.4
电力、热力、燃气及水的生产和供应业	35.2	50.0	14.8	20.4	13.8	22.2	26.8
建筑业	31.3	44.4	24.3	7.0	-4.1	21.7	39.9
交通运输、仓储和邮政业	30.0	47.5	22.5	7.5	9.4	9.5	25.8
信息传输、软件和信息技术服务业	32.7	44.5	22.8	9.9	30.9	37.7	40.2
批发和零售业	27.5	50.0	22.5	5.0	0.7	19.9	20.2
住宿和餐饮业	17.5	33.3	49.2	-31.7	-7.4	7.1	21.0
房地产业	31.9	46.3	21.8	10.1	-2.7	10.5	13.7
租赁和商务服务业	39.7	39.6	20.7	19.0	-5.7	3.6	20.9
食品、酒及饮料制造业	20.6	51.2	28.2	-7.6	11.2	7.4	11.7
纺织业	10.1	41.1	48.8	-38.7	-39.8	-32.8	-18.5
纺织服装、服饰业	12.6	34.7	52.7	-40.1	-39.2	-39.2	-12.9
造纸及纸制品业	14.9	51.1	34.0	-19.1	-12.7	0.0	3.2
化学原料及化学制品制造业	21.2	57.6	21.2	0.0	-5.3	14.6	12.4
医药制造业	32.1	54.7	13.2	18.9	27.6	16.9	25.9
化学纤维制造业	13.0	52.2	34.8	-21.8	-11.5	0.0	-3.9
橡胶及塑料制品业	25.4	40.5	34.1	-8.7	-27.4	-16.0	-3.1
非金属矿物制品业	17.2	53.8	29.0	-11.8	-25.3	-10.0	11.4
黑色金属冶炼及压延加工业	15.0	45.0	40.0	-25.0	-47.3	-1.1	12.3
有色金属冶炼及压延加工业	17.6	49.1	33.3	-15.7	-5.5	-11.9	9.2
金属制品业	23.2	42.7	34.1	-10.9	-32.5	11.1	28.5
通用设备制造业	13.6	47.5	38.9	-25.3	-26.1	8.9	7.2
专用设备制造业	27.5	42.6	29.9	-2.4	-16.3	12.3	32.4
汽车制造业	20.4	45.2	34.4	-14.0	-45.9	17.9	31.8
铁路、船舶、航空航天及其他运输设备制造业	14.3	50.0	35.7	-21.4	-22.9	-0.7	24.6
电气机械及器材制造业	27.0	43.3	29.7	-2.7	-11.0	3.2	31.1
计算机、通信及其他电子设备制造业	36.1	36.1	27.8	8.3	-20.8	6.1	46.0
仪器仪表制造业	16.3	58.1	25.6	-9.3	-20.8	10.4	31.7

表 39　　对明年企业用工人数的预计（%）

	增加	持平	减少	增加-减少			
				2013 年	2012 年	2011 年	2010 年
总体	**35.3**	**48.6**	**16.1**	**19.2**	**12.0**	**33.0**	**40.0**
东部地区企业	35.9	48.6	15.5	20.4	9.5	29.7	39.3
中部地区企业	34.4	49.6	16.0	18.4	18.5	42.0	48.7
西部地区企业	33.9	46.6	19.5	14.4	14.6	36.2	36.5
大型企业	36.7	48.6	14.7	22.0	23.8	51.3	42.4
中型企业	36.6	47.6	15.8	20.8	15.3	34.6	41.4
小型企业	34.3	49.2	16.5	17.8	8.1	29.6	38.7
国有及国有控股公司	30.2	52.2	17.6	12.6	14.7	32.9	29.9
外商及港澳台投资企业	35.6	48.3	16.1	19.5	10.6	29.4	38.6
民营企业	36.3	47.6	16.1	20.2	11.0	32.3	42.0

表 40　　不同行业企业对明年企业用工人数的预计（%）

	增加	持平	减少	增加 - 减少			
				2013 年	2012 年	2011 年	2010 年
总体	**35.3**	**48.6**	**16.1**	**19.2**	**12.0**	**33.0**	**40.0**
农林牧渔业	36.8	51.4	11.8	25.0	13.2	37.0	57.1
采矿业	14.8	63.0	22.2	-7.4	20.0	34.1	30.4
制造业	34.6	47.8	17.6	17.0	9.2	31.8	40.6
电力、热力、燃气及水的生产和供应业	35.3	49.0	15.7	19.6	34.1	36.3	34.3
建筑业	37.1	50.8	12.1	25.0	16.6	33.0	46.5
交通运输、仓储和邮政业	36.4	49.3	14.3	22.1	19.1	30.2	28.4
信息传输、软件和信息技术服务业	42.4	54.3	3.3	39.1	46.0	68.9	50.6
批发和零售业	32.9	52.7	14.4	18.5	12.7	35.0	29.8
住宿和餐饮业	33.3	43.9	22.8	10.5	16.3	25.0	34.2
房地产业	43.5	46.1	10.4	33.1	20.8	31.1	37.2
租赁和商务服务业	42.9	44.6	12.5	30.4	3.1	38.2	20.8
食品、酒及饮料制造业	36.0	48.1	15.9	20.1	35.0	42.3	48.4
纺织业	24.1	50.0	25.9	-1.8	5.5	14.8	16.2
纺织服装、服饰业	40.9	33.3	25.8	15.1	-10.6	11.9	34.3
造纸及纸制品业	31.1	57.8	11.1	20.0	22.2	30.0	40.3
化学原料及化学制品制造业	32.4	51.6	16.0	16.4	12.9	40.3	34.5
医药制造业	43.1	51.0	5.9	37.2	36.4	51.3	48.2
化学纤维制造业	43.5	26.1	30.4	13.1	-3.8	28.1	38.5
橡胶及塑料制品业	38.3	44.2	17.5	20.8	4.8	42.0	43.7
非金属矿物制品业	28.2	53.5	18.3	9.9	4.5	35.3	39.3
黑色金属冶炼及压延加工业	33.3	41.1	25.6	7.7	-12.7	33.2	31.8
有色金属冶炼及压延加工业	34.0	44.0	22.0	12.0	7.5	28.2	29.3
金属制品业	27.6	59.7	12.7	14.9	-4.4	40.1	60.4
通用设备制造业	29.6	46.9	23.5	6.1	9.4	20.6	37.0
专用设备制造业	37.9	48.3	13.8	24.1	12.0	35.8	54.7
汽车制造业	35.2	50.5	14.3	20.9	3.8	38.0	48.7
铁路、船舶、航空航天及其他运输设备制造业	60.0	36.0	4.0	56.0	0.0	27.5	46.8
电气机械及器材制造业	38.0	45.1	16.9	21.1	14.1	35.9	48.1
计算机、通信及其他电子设备制造业	40.6	49.3	10.1	30.5	19.4	51.2	50.8
仪器仪表制造业	30.0	60.0	10.0	20.0	5.7	42.6	46.4

保障充分就业是经济发展的重要目标，而目前我国的就业存在明显的结构问题。本次调查了解了企业经营者对当前社会就业结构问题的看法，调查发现，企业经营者认为目前大学生的就业压力明显大于农民工。调查结果显示，认为农民工就业“压力很大”或“压力较大”的企业经营者占26.8%，认为“压力较小”的占48.3%，认为“没有压力”的占24.9%。从不同地区看，西部地区企业的经营者认为农民工就业压力相对较大（见表41）。

调查结果显示，认为大学生就业“压力很大”或“压力较大”的企业经营者占74.1%，明显高于农民工；认为“压力较小”的占18.9%，认为“没有压力”的占7%。从不同地区看，西部地区企业的经营者大学生就业压力相对较大（见表41）。

调查发现，企业经营者认为大学生就业压力要大于农民工，但与此同时，企业对于大学生的用工需求要明显高于农民工，这在一定程度上能够缓解当前大学生的就业压力。调查结果显示，2014 年计划招收农民工数量“增加”的企业占28.9%，“持平”的占49.3%，“减少”的占21.8%，“增加”

的比“减少”的多7.1个百分点，比2012年提高了3.6个百分点。其中，中部地区企业、中小型企业、外资企业2014年计划招收农民工数量增长相对较多（见表42）。

表41　　目前企业所在地区的社会就业压力情况（%）

		压力很大	压力较大	压力较小	没有压力
农民工就业	**总体**	**4.7**	**22.1**	**48.3**	**24.9**
	东部地区企业	4.4	21.6	47.6	26.4
	中部地区企业	4.5	21.2	50.5	23.8
	西部地区企业	6.3	26.0	48.3	19.4
农民工就业	**总体**	**21.5**	**52.6**	**18.9**	**7.0**
	东部地区企业	20.7	51.1	20.4	7.8
	中部地区企业	23.3	54.2	16.5	6.0
	西部地区企业	22.6	57.4	15.5	4.5

表42　　企业明年计划招收农民工数量的增减情况（%）

	增加	持平	减少	增加－减少		
				2013年	2012年	2011年
总体	**28.9**	**49.3**	**21.8**	**7.1**	**3.5**	**22.3**
东部地区企业	28.8	50.1	21.1	7.7	1.4	20.0
中部地区企业	29.9	48.4	21.7	8.2	7.9	28.6
西部地区企业	27.6	47.1	25.3	2.3	7.8	24.8
大型企业	28.0	46.5	25.5	2.5	4.3	32.8
中型企业	30.5	48.0	21.5	9.0	8.9	25.3
小型企业	28.2	50.7	21.1	7.1	0.1	19.0
国有及国有控股公司	22.1	52.2	25.7	-3.6	-7.6	11.0
外商及港澳台投资企业	35.6	43.1	21.3	14.3	3.1	23.2
民营企业	30.1	48.7	21.2	8.9	4.9	24.5

从不同行业看，计划招收农民工数量增长较多的行业有：农林牧渔业、建筑业、房地产业以及制造业中的食品、服装、橡胶塑料、汽车和电子设备等，农民工招工计划“增加”的比“减少”的多15个百分点以上（见表43）。

表43　　不同行业企业明年计划招收农民工数量的增减情况（%）

	增加	持平	减少	增加－减少		
				2013年	2012年	2011年
总体	**28.9**	**49.3**	**21.8**	**7.1**	**3.5**	**22.3**
农林牧渔业	38.8	52.2	9.0	29.8	14.3	43.0
采矿业	22.2	59.3	18.5	3.7	16.6	33.4
制造业	29.8	48.5	21.7	8.1	3.9	23.4
电力、热力、燃气及水的生产和供应业	16.3	62.8	20.9	-4.6	0.0	12.2
建筑业	36.0	50.0	14.0	22.0	7.3	30.7
交通运输、仓储和邮政业	20.6	49.2	30.2	-9.6	0.0	-5.2
信息传输、软件和信息技术服务业	12.2	63.4	24.4	-12.2	-11.5	10.0
批发和零售业	19.9	55.8	24.3	-4.4	4.0	11.1
住宿和餐饮业	38.2	38.2	23.6	14.6	16.7	40.0
房地产业	41.0	36.0	23.0	18.0	14.4	26.5
租赁和商务服务业	28.2	38.5	33.3	-5.1	-29.2	5.0
食品、酒及饮料制造业	32.1	51.2	16.7	15.4	28.9	39.1

续表

	增加	持平	减少	增加－减少		
				2013 年	2012 年	2011 年
纺织业	26.8	50.3	22.9	3.9	18.5	25.1
纺织服装、服饰业	41.3	34.8	23.9	17.4	−2.7	20.9
造纸及纸制品业	26.8	56.1	17.1	9.7	24.4	37.5
化学原料及化学制品制造业	21.9	53.2	24.9	−3.0	2.5	28.2
医药制造业	24.5	59.2	16.3	8.2	17.0	14.9
化学纤维制造业	33.3	33.4	33.3	0.0	−9.1	24.1
橡胶及塑料制品业	38.8	42.2	19.0	19.8	8.5	34.7
非金属矿物制品业	23.8	56.2	20.0	3.8	9.6	27.5
黑色金属冶炼及压延加工业	31.6	39.5	28.9	2.7	−19.1	16.6
有色金属冶炼及压延加工业	26.1	45.6	28.3	−2.2	−4.8	37.5
金属制品业	25.2	52.8	22.0	3.2	−5.3	14.1
通用设备制造业	24.6	51.8	23.6	1.0	−3.4	24.3
专用设备制造业	26.2	48.1	25.7	0.5	−8.9	13.7
汽车制造业	38.0	43.0	19.0	19.0	−2.1	—
铁路、船舶、航空航天及其他运输设备制造业	39.1	34.8	26.1	13.0	−17.9	—
电气机械及器材制造业	29.6	54.4	16.0	13.6	9.2	22.6
计算机、通信及其他电子设备制造业	43.3	40.3	16.4	26.9	11.0	20.0
仪器仪表制造业	21.9	53.1	25.0	−3.1	−18.0	−21.6

调查结果显示，2014 年计划招收大学毕业生数量“增加”的企业占 46.4%，“持平”的占 38.7%，“减少”的占 14.9%，“增加”的比“减少”的多 31.5 个百分点，这一数据与 2012 年大体相当，要明显高于农民工招工计划。其中，大中型企业以及农林牧渔业、电力热力燃气及水的生产和供应业、信息传输软件和信息技术服务业、造纸、汽车、电子设备、铁路船舶航空航天及其他运输设备制造业等行业企业 2014 年计划招收大学毕业生的数量增长相对较多（见表 44、表 45）。

调查发现，目前企业大学生和农民工的用工成本差距较小，这在一定程度上也有利于企业增加大学生的用工计划。本次调查了解了企业新招大学生与新招农民工的工资差别。调查结果显示，企业新招大学生的工资比农民工平均高 26.3%，其中比农民工高 20% 的占 48.6%，比农民工高 40% 的占 26.8%，比农民工高 40% 以上的占 16.6%。分组来看，中部地区企业、大型企业、国有及国有控股公司新招大学生的工资比农民工工资高的比重相对较多（见表 46）。

表 44　　企业明年计划招收大学毕业生数量的增减情况（%）

	增加	持平	减少	增加－减少		
				2013 年	2012 年	2011 年
总体	**46.4**	**38.7**	**14.9**	**31.5**	**30.7**	**41.6**
东部地区企业	46.1	39.8	14.1	32.0	29.0	39.1
中部地区企业	47.5	37.3	15.2	32.3	36.6	50.2
西部地区企业	46.4	35.1	18.5	27.9	30.9	41.3
大型企业	52.3	36.1	11.6	40.7	45.0	60.5
中型企业	51.0	36.5	12.5	38.5	39.0	47.2
小型企业	42.7	40.5	16.8	25.9	22.9	35.0
国有及国有控股公司	43.3	43.9	12.8	30.5	30.1	44.0
外商及港澳台投资企业	40.0	47.6	12.4	27.6	19.2	24.9
民营企业	47.1	37.4	15.5	31.6	30.7	42.3

表 45　　不同行业企业明年计划招收大学毕业生数量的增减情况（%）

	增加	持平	减少	增加 - 减少		
				2013 年	2012 年	2011 年
总体	**46.4**	**38.7**	**14.9**	**31.5**	**30.7**	**41.6**
农林牧渔业	47.7	46.0	6.3	41.4	28.9	38.9
采矿业	36.0	32.0	32.0	4.0	40.1	45.0
制造业	46.0	37.6	16.4	29.6	30.3	41.6
电力、热力、燃气及水的生产和供应业	51.0	38.8	10.2	40.8	30.8	53.3
建筑业	43.4	42.8	13.8	29.6	34.5	42.6
交通运输、仓储和邮政业	47.8	34.8	17.4	30.4	24.5	42.2
信息传输、软件和信息技术服务业	51.0	44.8	4.2	46.8	39.1	56.2
批发和零售业	46.8	42.9	10.3	36.5	30.5	42.2
住宿和餐饮业	48.0	38.0	14.0	34.0	29.8	18.2
房地产业	53.7	31.5	14.8	38.9	30.4	37.0
租赁和商务服务业	43.4	43.4	13.2	30.2	21.5	49.1
食品、酒及饮料制造业	46.2	36.3	17.5	28.7	52.1	53.8
纺织业	30.1	42.5	27.4	2.7	21.3	19.3
纺织服装、服饰业	36.0	33.7	30.3	5.7	-1.0	19.3
造纸及纸制品业	53.7	34.1	12.2	41.5	46.4	35.5
化学原料及化学制品制造业	47.8	41.1	11.1	36.7	30.1	53.6
医药制造业	50.0	38.5	11.5	38.5	59.6	64.2
化学纤维制造业	42.9	38.1	19.0	23.9	14.3	53.5
橡胶及塑料制品业	47.7	41.3	11.0	36.7	33.6	36.7
非金属矿物制品业	40.9	44.9	14.2	26.7	36.3	44.9
黑色金属冶炼及压延加工业	36.8	42.1	21.1	15.7	0.0	41.7
有色金属冶炼及压延加工业	37.5	41.7	20.8	16.7	43.2	43.4
金属制品业	51.2	36.0	12.8	38.4	20.7	32.0
通用设备制造业	45.3	39.4	15.3	30.0	32.9	49.9
专用设备制造业	50.0	33.5	16.5	33.5	34.2	51.8
汽车制造业	55.3	35.3	9.4	45.9	22.1	—
铁路、船舶、航空航天及其他运输设备制造业	55.6	33.3	11.1	44.5	21.2	—
电气机械及器材制造业	52.2	30.9	16.9	35.3	35.7	49.5
计算机、通信及其他电子设备制造业	57.3	26.5	16.2	41.1	42.9	39.9
仪器仪表制造业	38.5	46.1	15.4	23.1	36.1	60.9

表 46　　企业新招大学生与新招农民工的工资比较（%）

	低于（相当于）农民工	比农民工高 20%	比农民工高 40%	比农民工高 40% 以上	比农民工工资平均高
总体	**8.0**	**48.6**	**26.8**	**16.6**	**26.3**
东部地区企业	9.2	47.7	26.4	16.7	25.3
中部地区企业	4.9	52.1	27.2	15.8	28.9
西部地区企业	7.1	47.4	28.3	17.2	27.2
大型企业	4.2	39.0	32.6	24.2	36.3
中型企业	8.7	48.8	25.2	17.3	32.9
小型企业	8.4	50.3	26.5	14.8	28.9
国有及国有控股公司	6.2	43.8	25.3	24.7	33.6
外商及港澳台投资企业	8.7	45.7	23.5	22.1	29.1
民营企业	8.4	50.4	26.1	15.1	31.7

关于企业2014年计划投资额的增减情况，调查结果显示，2014年计划投资额“增长”的企业占44.1%，“不变”的占36.8%，“减少”的占19.1%，“增长”的比“减少”的多25个百分点，比2012年上升了4.1个百分点。其中，中部地区企业、中型企业、国有及国有控股公司2014年计划投资额增长相对较多（见表47）。

表47　　不同地区、规模及经济类型企业对明年计划投资额增减的预计（%）

	增长	不变	减少	增长－减少			
				2013年	2012年	2011年	2010年
总体	**44.1**	**36.8**	**19.1**	**25.0**	**20.9**	**29.6**	**47.0**
东部地区企业	43.5	37.6	18.9	24.6	18.2	25.9	45.5
中部地区企业	46.2	35.6	18.2	28.0	25.2	39.9	54.4
西部地区企业	43.7	34.8	21.5	22.2	27.2	33.6	47.4
大型企业	44.9	36.3	18.8	26.1	26.1	45.3	60.0
中型企业	47.9	35.2	16.9	31.0	24.8	33.4	48.3
小型企业	41.9	37.7	20.4	21.5	17.5	24.8	43.9
国有及国有控股公司	41.3	45.4	13.3	28.0	27.4	38.9	49.2
外商及港澳台投资企业	39.2	42.6	18.2	21.0	10.4	15.1	35.0
民营企业	44.0	35.3	20.7	23.3	19.7	27.4	47.3

从不同行业看，2014年计划投资额增长较多的行业有：农林牧渔业、电力热力燃气及水的生产和供应业、建筑业、信息传输软件和信息技术服务业、房地产业以及制造业中的医药、汽车、电子设备、仪器仪表、铁路船舶航空航天及其他运输设备制造业等，其计划投资额“增长”的比“减少”的多30个百分点以上，其中农林牧渔业、信息传输软件和信息技术服务业、房地产业以及制造业中的汽车、电子设备、铁路船舶航空航天及其他运输设备制造业等行业更为突出，计划投资额“增长”的比“减少”的多40个百分点以上；而采矿业、纺织、服装、化纤、钢铁和有色金属等行业则相对较差，计划投资额“增长”的比“减少”的多10个百分点以内，其中采矿业和有色金属更为突出，计划投资额“减少”的要少于“增长”的企业（见表48）。

表48　　不同行业企业对明年计划投资额增减的预计（%）

	增长	不变	减少	增长－减少			
				2013年	2012年	2011年	2010年
总体	**44.1**	**36.8**	**19.1**	**25.0**	**20.9**	**29.6**	**47.0**
农林牧渔业	60.3	29.4	10.3	50.0	39.7	47.3	59.3
采矿业	25.0	32.1	42.9	－17.9	15.0	52.5	60.8
制造业	42.4	36.3	21.3	21.1	17.3	25.5	45.5
电力、热力、燃气及水的生产和供应业	51.8	35.2	13.0	38.8	47.9	54.3	53.1
建筑业	44.7	41.8	13.5	31.2	24.0	33.0	48.9
交通运输、仓储和邮政业	45.4	35.1	19.5	25.9	25.4	50.0	50.7
信息传输、软件和信息技术服务业	58.2	36.7	5.1	53.1	36.2	69.0	63.9
批发和零售业	42.3	42.6	15.1	27.2	24.6	36.6	39.6
住宿和餐饮业	42.7	31.1	26.2	16.5	24.4	37.0	49.9
房地产业	59.7	25.2	15.1	44.6	37.2	41.8	56.8
租赁和商务服务业	43.1	43.1	13.8	29.3	21.5	26.9	19.6
食品、酒及饮料制造业	43.2	33.7	23.1	20.1	42.2	42.7	53.6
纺织业	29.3	42.0	28.7	0.6	16.0	2.6	23.0
纺织服装、服饰业	28.0	48.3	23.7	4.3	－8.7	－6.3	33.6

续表

	增长	不变	减少	增长－减少			
				2013年	2012年	2011年	2010年
造纸及纸制品业	43.5	41.3	15.2	28.3	23.8	19.6	48.4
化学原料及化学制品制造业	47.6	30.2	22.2	25.4	19.8	41.2	39.1
医药制造业	50.9	34.0	15.1	35.8	52.3	63.4	55.7
化学纤维制造业	40.9	27.3	31.8	9.1	3.8	31.1	19.3
橡胶及塑料制品业	45.6	32.8	21.6	24.0	21.1	21.6	37.1
非金属矿物制品业	40.8	33.1	26.1	14.7	23.3	39.7	41.6
黑色金属冶炼及压延加工业	40.0	27.5	32.5	7.5	－10.9	14.2	31.8
有色金属冶炼及压延加工业	29.4	33.3	37.3	－7.9	－11.3	20.3	69.8
金属制品业	40.1	40.9	19.0	21.1	4.9	20.8	39.6
通用设备制造业	37.9	39.7	22.4	15.5	19.3	28.1	55.3
专用设备制造业	44.3	39.0	16.7	27.6	24.3	33.5	52.3
汽车制造业	57.0	30.1	12.9	44.1	5.6	—	—
铁路、船舶、航空航天及其他运输设备制造业	53.6	35.7	10.7	42.9	－12.1	—	—
电气机械及器材制造业	44.0	35.0	21.0	23.0	25.2	31.8	52.0
计算机、通信及其他电子设备制造业	58.0	27.5	14.5	43.5	16.0	28.7	54.1
仪器仪表制造业	41.9	51.1	7.0	34.9	30.2	41.3	60.9

三、当前经济发展面临的困难和挑战

1. 产能过剩带来的困难加重

关于当前企业经营发展中遇到的最主要困难，调查结果显示，企业经营者选择比重最高的八项依次是：“人工成本上升”（79.2%）、“社保、税费负担过重”（51.3%）、“企业利润率太低”（41.1%）、“整个行业产能过剩”（36.9%）、“资金紧张”（36.6%）、“国内需求不足”（28.9%）、“缺乏人才”（28.4%）和“未来影响企业发展的不确定因素太多”（27.6%）。调查发现，近年来成本上升（包括“人工成本上升”和“社保、税费负担过重”）一直是企业发展面临的最主要困难，并且选择比重呈现上升趋势，这在一定程度上是由于“整个行业产能过剩”带来了企业竞争加剧、价格下跌、并进而导致“企业利润率太低”。因此，综合来看，产能过剩问题是近年来影响我国企业发展的重要因素（见表49）。

表49　当前企业经营发展中遇到的最主要困难（%）

	2013年	2012年	2011年
人工成本上升	79.2	75.3	79.0
社保、税费负担过重	51.3	51.8	43.3
企业利润率太低	41.1	44.8	39.1
整个行业产能过剩	36.9	30.9	22.9
资金紧张	36.6	35.0	38.8
国内需求不足	28.9	25.5	7.7
缺乏人才	28.4	29.7	32.8
未来影响企业发展的不确定因素太多	27.6	27.4	19.9
能源、原材料成本上升	25.3	31.3	57.7
企业招工困难	19.4	22.3	28.9
人民币升值过快	13.4	7.9	18.7

续表

	2013 年	2012 年	2011 年
缺乏创新能力	11.4	13.8	11.2
地方政府干预较多	11.0	6.4	6.1
资源、环境约束较大	9.8	8.4	8.2
出口需求不足	9.5	11.6	5.2
遭受侵权等不正当竞争	7.4	6.0	7.6
企业领导人发展动力不足	7.0	7.8	7.1
缺乏投资机会	3.6	3.2	2.9
电力供应不足	1.4	1.1	9.3

本次调查了解了目前不同行业企业产能过剩的具体情况。调查结果显示，认为本行业产能过剩"非常严重"的企业经营者占12.8%，"比较严重"的占58.3%，两者合计比重比2012年上升了4个百分点；认为"基本不存在"的占28.9%（见表50）。

表 50　对本企业所在行业产能过剩情况的判断（%）

		非常严重	比较严重	基本不存在
总体	2013 年	12.8	58.3	28.9
	2012 年	12.8	54.3	32.9
农林牧渔业		8.3	45.9	45.8
采矿业		29.6	37.1	33.3
制造业		14.7	62.2	23.1
电力、热力、燃气及水的生产和供应业		5.2	36.2	58.6
建筑业		7.7	54.5	37.8
交通运输、仓储和邮政业		12.2	41.5	46.3
信息传输、软件和信息技术服务业		3.0	35.4	61.6
批发和零售业		11.5	60.9	27.6
住宿和餐饮业		7.8	60.9	31.3
房地产业		4.9	58.2	36.9
租赁和商务服务业		7.8	40.6	51.6
食品、酒及饮料制造业		15.1	55.8	29.1
纺织业		13.6	74.6	11.8
纺织服装、服饰业		14.0	64.5	21.5
造纸及纸制品业		19.1	61.8	19.1
化学原料及化学制品制造业		15.0	58.6	26.4
医药制造业		15.1	54.7	30.2
化学纤维制造业		13.0	74.0	13.0
橡胶及塑料制品业		11.2	60.8	28.0
非金属矿物制品业		22.1	66.2	11.7
黑色金属冶炼及压延加工业		20.0	70.0	10.0
有色金属冶炼及压延加工业		15.7	66.7	17.6
金属制品业		16.9	61.0	22.1
通用设备制造业		15.8	63.9	20.3
专用设备制造业		10.4	62.2	27.4
汽车制造业		11.6	66.3	22.1
铁路、船舶、航空航天及其他运输设备制造业		21.4	42.9	35.7
电气机械及器材制造业		16.9	56.7	26.4
计算机、通信及其他电子设备制造业		5.6	76.1	18.3
仪器仪表制造业		2.3	60.5	37.2

从不同行业看，纺织、造纸、化纤、非金属制品、钢铁、有色金属和电子设备等行业产能过剩问题突出，产能过剩“比较严重”或“非常严重”的企业超过八成（见表50）。

调查表明，与企业经营状况的调查结果相似，产能过剩也存在明显的行业差异。在部分行业产能过剩问题突出的同时，也有一些行业存在良好的发展空间，这为推进产业结构升级和经济转型创造了良好的条件。

产能过剩还体现在设备利用率的下滑上。调查结果显示，认为 2013 年设备利用率在“75% 及以下”的企业经营者占 51.2%，“75% ~90%”的占 32.9%，“90% 以上”的占 15.9%，企业总体平均设备利用率为72%，与2012 年的调查结果基本持平（微降了 0.7 个百分点），比2010 年下降了 6.3 个百分点。从不同行业看，食品、服装、化工、化纤、橡胶塑料、非金属制品和钢铁等行业平均设备利用率低于 70%，相对较低（见表 51）。

表 51　　不同制造业企业今年的设备利用率情况（%）

		75% 及以下	75% ~90%	90% 以上	平均设备利用率
总体	2013 年	51.2	32.9	15.9	72.0
	2012 年	49.2	34.1	16.7	72.7
	2010 年	35.1	39.7	25.2	78.3
	2008 年	37.1	49.0	13.9	77.4
制造业总体	2013 年	54.8	32.7	12.5	70.8
	2012 年	52.0	33.8	14.2	71.8
食品、酒及饮料制造业		70.2	23.8	6.0	63.6
纺织业		43.1	34.5	22.4	76.0
纺织服装、服饰业		57.6	33.7	8.7	69.4
造纸及纸制品业		48.9	38.3	12.8	71.3
化学原料及化学制品制造业		62.1	23.2	14.7	67.6
医药制造业		30.8	46.1	23.1	79.6
化学纤维制造业		60.9	34.8	4.3	68.6
橡胶及塑料制品业		57.2	34.1	8.7	69.0
非金属矿物制品业		57.7	31.0	11.3	68.8
黑色金属冶炼及压延加工业		65.0	27.5	7.5	67.3
有色金属冶炼及压延加工业		52.0	40.0	8.0	70.3
金属制品业		50.7	35.1	14.2	74.1
通用设备制造业		57.5	33.0	9.5	70.2
专用设备制造业		51.9	36.2	11.9	71.4
汽车制造业		49.4	35.5	15.1	71.1
铁路、船舶、航空航天及其他运输设备制造业		67.9	21.4	10.7	71.4
电气机械及器材制造业		55.2	30.1	14.7	70.9
计算机、通信及其他电子设备制造业		40.0	50.0	10.0	77.0
仪器仪表制造业		45.3	33.3	21.4	78.8

本次调查进一步了解了企业经营者对充分消化过剩产能所需的时间的判断。调查结果显示，超过三分之二（67.7%）的企业经营者认为，消化目前的过剩产能需要 3 年以上的时间，其中选择“3 年”的占 38.3%，选择“4 年”的占 6.7%，选择“5 年及以上”的占 22.7%。从不同行业看，化工、医药、钢铁、有色金属、铁路船舶航空航天及其他运输设备制造业等行业企业有超过三成的企业经营者认为，消化过剩产能需要“5 年及以上”的时间。调查表明，企业经营者认为，消化目前的过剩产能可能是一个长期的过程（见表 52）。

表 52　　对充分消化过剩产能所需的时间的判断（%）

	1 年以内	2 年	3 年	4 年	5 年及以上
总体	**6.9**	**25.4**	**38.3**	**6.7**	**22.7**
制造业	8.2	24.8	37.5	6.7	22.8
食品、酒及饮料制造业	8.4	24.4	36.9	5.9	24.4
纺织业	9.6	31.5	32.2	6.8	19.9
纺织服装、服饰业	4.2	22.2	45.8	5.6	22.2
造纸及纸制品业	15.8	15.8	36.8	7.9	23.7
化学原料及化学制品制造业	6.5	18.0	32.3	10.8	32.4
医药制造业	2.7	16.2	43.3	5.4	32.4
化学纤维制造业	10.5	21.1	36.8	15.8	15.8
橡胶及塑料制品业	7.0	30.2	36.0	7.0	19.8
非金属矿物制品业	11.3	19.4	41.9	4.8	22.6
黑色金属冶炼及压延加工业	17.1	14.3	25.7	2.9	40.0
有色金属冶炼及压延加工业	7.3	19.5	39.1	2.4	31.7
金属制品业	2.9	24.3	39.8	10.7	22.3
通用设备制造业	7.0	26.2	41.8	5.2	19.8
专用设备制造业	10.6	25.8	39.7	6.0	17.9
汽车制造业	8.1	16.2	39.2	9.5	27.0
铁路、船舶、航空航天及其他运输设备制造业		22.2	38.9	5.6	33.3
电气机械及器材制造业	7.7	30.8	30.7	7.7	23.1
计算机、通信及其他电子设备制造业	14.3	30.4	41.0	1.8	12.5
仪器仪表制造业	19.2	23.1	23.1	15.4	19.2

2. 经济增长的内生动力不足

经济增长的内生动力不足首先体现为内需不足。关于“企业家对当前国民经济需求状况判断”的调查发现，虽然当前的政府投资需求相对较旺，但是民间投资需求和消费需求仍显不足。其中，民间投资需求不足还体现在民营企业未来的计划投资额增长速度仍然较低。调查结果显示，民营企业 2014 年计划投资额“增长”的比“减少”的多 23.3 个百分点，虽然要略高于 2012 年，但仍明显低于 2011 年及 2010 年的调查结果（见表 47）。

消费需求不足也能从相关行业的产销情况上得到印证。以批发和零售业以及住宿和餐饮业为例，调查显示，关于企业目前的生产（服务）量和销售量情况，批发和零售业企业认为“减少”的比“增加”的分别多 12.1 和 13.2 个百分点，住宿和餐饮业企业认为“减少”的比“增加”的分别多 30.7 和 36.7 个百分点，均要差于所有行业的平均水平（见表 53）。

表 53　　相对于 2012 年，企业目前的生产（服务）量和销售量情况（%）

		增加	持平	减少	增加 - 减少
生产（服务）量	**总体**	**26.6**	**38.6**	**34.8**	**-8.2**
	批发和零售业	23.7	40.5	35.8	-12.1
	住宿和餐饮业	17.7	33.9	48.4	-30.7
销售量	**总体**	**28.0**	**31.4**	**40.6**	**-12.6**
	批发和零售业	27.6	31.6	40.8	-13.2
	住宿和餐饮业	20.0	23.3	56.7	-36.7

经济增长的内生动力不足还体现在企业家发展动力不足上。本次调查了解了企业经营者对有关说法的同意程度，调查结果显示，关于“目前愿意做实业的企业家越来越少”和“做企业家越来越难”

这两个说法，表示“非常同意”或“比较同意”的企业经营者分别占71%和85.1%，评价值分别为3.88和4.19，明显高于中值3（见表54）；

关于“假如再给我一次机会，我仍愿意做企业经营者”这一说法，表示“不太同意”或“很不同意”的占27.8%，总体评价值为3.31，要低于2012年的调查结果（见表54）；

关于“目前是非公有经济发展的最好时期”这一说法，表示“不太同意”或“很不同意”的占37.9%，总体评价值为2.84，低于中值3（见表54）；

关于“我希望我的子女成为企业家”这一说法，表示“非常同意”或“比较同意”的占38.2%，评价值为3.03，略高于中值3，与2012年差别不大（见表54）。

表54　对有关说法的认同程度（%）

		非常同意	比较同意	一般	不太同意	很不同意	评价值
我希望我的子女成为企业家	2013年	10.5	27.7	25.8	26.1	9.9	3.03
	2012年	17.8	15.3	31.9	16.9	18.1	2.98
假如再给我一次机会，我仍愿意做企业经营者	2013年	16.3	37.1	18.8	17.0	10.8	3.31
	2012年	29.8	21.1	19.0	13.9	16.2	3.34
目前是非公有经济发展的最好时期	2013年	4.6	23.0	34.5	27.3	10.6	2.84
	2012年	10.0	15.7	29.3	25.4	19.6	2.71
	2011年	3.9	19.9	36.0	26.8	13.4	2.74
	2010年	7.2	33.4	29.5	26.8	3.1	3.15
	2009年	4.4	20.7	32.6	36.5	5.8	2.81
	2008年	3.2	15.0	30.5	43.9	7.4	2.63
目前愿意做实业的企业家越来越少	2013年	28.8	42.2	17.9	9.9	1.2	3.88
	2012年	39.4	25.4	19.0	10.6	5.6	3.82
	2011年	31.4	41.7	13.4	11.4	2.1	3.89
做企业家越来越难	2013年	38.8	46.3	10.8	3.4	0.7	4.19

注：评价值是由（“非常同意”×5+“比较同意”×4+“一般”×3+“不太同意”×2+“很不同意”）/100计算得出的，最高为5分，最低为1分，分值越高，表示对相应的说法越认同，反之则越不认同。

企业家发展动力不足在一定程度上是由于压力的增大。调查结果显示，关于“与2012年相比，企业目前的经营压力”这一问题，选择“明显加大”的企业经营者占39.4%，选择“有所加大”的占45.1%，选择“基本没变”的占12.1%，选择“有所减轻”或“明显减轻”的仅占3.4%；关于企业家对自己压力的感受，认为自己“压力很大”的占31%，为近5年来的最高值，认为“压力较大”的占60.4%，认为“压力较小”或“没有压力”的仅占8.6%（见表55、表56）。

表55　与2012年相比，企业目前的经营压力（%）

	明显加大	有所加大	基本没变	有所减轻	明显减轻
总体	**39.4**	**45.1**	**12.1**	**3.1**	**0.3**
东部地区企业	38.3	45.6	12.8	3.0	0.3
中部地区企业	40.8	47.1	9.9	2.1	0.1
西部地区企业	42.9	39.4	12.5	5.0	0.2
大型企业	43.6	42.3	11.3	2.8	
中型企业	39.3	45.1	11.9	3.2	0.5
小型企业	38.8	45.5	12.4	3.1	0.2
国有及国有控股公司	38.1	41.5	16.4	3.5	0.5
外商及港澳台投资企业	38.9	44.4	11.1	3.9	1.7
民营企业	39.5	45.6	11.8	2.9	0.2

表 56　　企业家对自己压力的感受（%）

	压力很大	压力较大	压力较小	没有压力
2013 年	31.0	60.4	7.6	1.0
2012 年	30.1	61.7	7.3	0.9
2011 年	31.0	59.0	8.8	1.2
2010 年	25.3	63.2	10.2	1.3
2009 年	28.1	61.4	9.6	0.9
2008 年	34.3	55.4	9.0	1.3
2007 年	23.6	63.9	11.1	1.4
2006 年	24.5	62.8	11.6	1.1
2005 年	25.7	60.8	12.2	1.3

3. 房地产调控任重道远

本次调查了解了企业家对房地产调控成效的评价。调查结果显示，认为房地产调控“不太有效”的企业经营者占61.5%，“有些效果”的占30.9%，“成效很大”或“成效较大”的仅占7.6%，以4分制计算，评价值为1.48，排在所有13项改革的最后一位（并列）。调查表明，多数企业经营者认为，房地产调控任重道远（见表57）。

表 57　　对今年以来推动的有关改革和相关政策的评价（%）

	成效很大	成效较大	有些效果	不太有效	评价值
健全全民医保体系	4.6	24.2	52.9	18.3	2.15
合理提高劳动者报酬	3.3	19.8	58.7	18.2	2.08
营业税改征增值税	2.9	12.1	58.8	26.2	1.92
加强食品药品安全监管制度	3.5	15.6	49.3	31.6	1.91
有序推进农业转移人口市民化	1.9	12.5	56.6	29.0	1.87
完善科技创新体制机制	2.0	12.9	55.5	29.6	1.87
简政放权	2.3	9.8	47.0	40.9	1.74
鼓励社会资本投资城乡基础设施	1.4	8.8	46.8	43.0	1.69
优化公平竞争的市场环境	2.0	9.0	44.5	44.5	1.69
推动民间资本有效进入金融、能源、铁路、电信等领域	1.9	9.2	43.4	45.5	1.68
防范地方债务风险	1.3	6.5	36.8	55.4	1.54
房地产调控	1.4	6.2	30.9	61.5	1.48
国有企业收益合理分配	1.3	5.5	32.7	60.5	1.48

注：评价值是由（“成效很大”×4+“成效较大”×3+“有些效果”×2+“不太有效”）/100 计算得出的，最高为4分，最低为1分，分值越高，表示该项改革的成效越大，反之则越小。以下同。

关于对当前房地产价格总体水平的判断，调查结果显示，认为目前企业所在地区房价“较高”或“过高”的企业经营者占74.3%，比2012年上升了2.3个百分点；认为“正常”的占23.7%；认为“较低”或“过低”的仅占2%。从不同城市看，一线城市认为房价“过高”的比重超过五成（53.6%），明显高于其他城市（见表58）。

关于对2013年房价走势的预计，调查结果显示，预计房价上涨的企业经营者占71.6%，比2012年高了26.5个百分点，为近四年来的最高值，其中预计“上涨10%以上”的占18.8%，“上涨10%以内”的占52.8%；预计“持平”的占23.4%；预计下降的占5%，其中“下降10%以上”的占0.8%，“下降10%以内”的占4.2%。从不同城市看，一线城市预计“上涨10%以上”的超过三分之一（37.7%），明显高于其他城市（见表59）。

表58　对企业所在地区房价总体水平的判断（%）

		过高	较高	正常	较低	过低
总体	2013年	25.4	48.9	23.7	1.9	0.1
	2012年	20.7	51.3	25.8	2.2	0.0
	2011年	31.3	49.0	18.9	0.8	0.0
	2010年	27.8	47.5	22.1	2.4	0.2
一线城市		53.6	36.6	9.6	0.2	
二线城市		21.0	51.0	26.2	1.8	
其他城市（地区）		20.6	50.9	26.0	2.3	0.2

注：1. 一线城市包括：北京、上海、广州、深圳、杭州。

2. 二线城市包括：省会城市（除北京、上海、广州、杭州外）及大连、苏州、宁波、青岛。以下同。

表59　对今年本地区房地产价格的预计（%）

		上涨10%以上	上涨10%以内	持平	下降10%以内	下降10%以上
总体	2013年	18.8	52.8	23.4	4.2	0.8
	2012年	9.7	35.4	38.1	13.8	3.0
	2011年	15.5	36.7	29.7	13.8	4.3
	2010年	24.2	43.2	23.2	7.2	2.2
一线城市		37.7	48.8	12.3	1.2	
二线城市		15.6	57.5	22.6	3.9	0.5
其他城市（地区）		15.6	51.9	26.3	5.1	1.1

值得注意的是，调查还发现，近年来房地产企业的经营者认为企业库存“高于正常”的比重呈现上升趋势（从2009年的13.5%逐渐上升到2013年的31.2%），这或许能在一定程度上缓解未来房价的上涨压力（见表60）。

表60　房地产企业的产成品库存情况（%）

	高于正常	正常	低于正常
2013年	31.2	61.5	7.3
2012年	27.6	59.1	13.3
2011年	24.5	60.2	15.3
2010年	13.4	70.6	16.0
2009年	13.5	76.6	9.9

四、企业战略选择及政策建议

1. 企业积极转型，应对挑战

面对当前企业发展遇到的困难和挑战，多数企业经营者表达出积极应对挑战的意愿。调查结果显示，关于“为了企业更好地发展，企业未来一年应着重采取的措施”，企业经营者选择比重最高的六项分别是：“加强管理降低成本”（73.9%）、“增加创新投入”（61.5%）、“引进人才”（52.2%）、“开拓国内市场”（46%）、“更新设备”（35.4%）和“加强企业文化建设”（34.3%），这个排序与前两年相比基本没有变化。调查表明，企业经营者表示，针对当前成本上升的困难，企业将采取“加强管理降低成本”的措施；针对产能过剩和利润率太低的困难，企业将主动转型，采取“增加创新投入”、“引进人才”、“更新设备”等措施；针对国内需求不足的困难，企业将采取“开拓国内市场”的措施（见表61）。

从不同地区看，东部地区企业选择“开拓国际市场”和“减少用工”的比重高于中西部地区，中部地区企业选择“引进人才”的比重相对较高，而西部地区企业选择“加强企业文化建设”、“改变经营模式”和“投资其他行业”的比重相对较高（见表61）。

从不同规模看，大型企业选择“增加创新投入”、“加强企业文化建设”、“改变经营模式”和“股权投资或并购”的比重高于中小企业，而中小企业选择“开拓国内市场”、“更新设备”、“减少用工”和“投资其他行业”的比重要高于大型企业（见表61）。

从不同经济类型看，国有及国有控股公司选择“加强企业文化建设”、“改变经营模式”和“股权投资或并购”的比重相对较高，民营企业选择“增加创新投入”、“引进人才”和“投资其他行业”的比重相对较高，外资企业选择“加强管理降低成本”、“开拓国内市场”、“更新设备”、“开拓国际市场”和“减少用工”的比重相对较高（见表61）。

表61　为了企业更好地发展，企业未来一年将采取的措施（%）

	总体			地区			规模			经济类型		
	2013	2012	2011	东部	中部	西部	大型	中型	小型	国有及国有控股	外商及港澳台	民营企业
加强管理降低成本	**73.9**	72.8	74.4	72.0	77.8	76.5	76.2	73.8	73.7	76.1	81.4	73.1
增加创新投入	**61.5**	60.8	59.5	62.3	61.0	58.6	63.0	60.8	61.6	56.5	57.1	61.8
引进人才	**52.2**	46.9	53.0	51.7	54.9	50.2	52.3	53.1	51.6	49.4	43.5	54.0
开拓国内市场	**46.0**	45.9	44.0	46.6	45.1	44.3	43.3	46.5	46.5	42.0	55.9	47.0
更新设备	**35.4**	34.9	41.8	35.5	35.5	34.6	23.6	33.8	38.5	30.3	43.5	35.7
加强企业文化建设	**34.3**	34.4	34.7	33.2	35.8	37.5	44.8	38.0	30.4	39.9	28.8	34.0
改变经营模式	**30.9**	26.4	22.8	28.4	32.4	41.0	33.7	31.0	30.3	35.9	23.2	31.0
开拓国际市场	**27.3**	27.0	26.6	31.7	22.5	13.4	27.7	29.6	26.1	21.9	38.4	26.9
减少用工	**24.1**	21.9	18.1	25.1	21.3	23.9	17.4	23.1	26.0	22.4	26.0	24.8
投资其他行业	**16.5**	15.3	17.0	15.3	17.1	21.3	14.2	15.3	17.4	9.9	8.5	18.5
股权投资或并购	**8.1**	7.0	8.1	8.0	8.2	8.8	14.5	9.5	6.1	11.5	5.1	7.9
寻求上市	**6.4**	7.7	8.1	6.7	7.0	3.9	9.6	9.0	4.4	9.7	5.6	5.2
投资其他地区	**5.4**	5.5	5.8	5.4	5.2	5.5	7.5	5.9	4.6	3.6	5.6	5.6

从企业最希望投资的行业也能看出企业跨行业转型意愿的增强。调查结果显示，关于“企业最希望投资的行业”，选择“其他行业”的企业经营者占38.3%，比2012年提高了4.8个百分点，为近五年来的最高值；选择继续投资“本行业”的占61.7%。从不同行业看，纺织、服装、化纤、有色金属、铁路船舶航空航天及其他运输设备制造业等行业转型意愿更加强烈，超过半数的企业经营者希望投资其他行业（见表62）。

对企业所在行业发展前景的判断，也影响了企业经营者转型的意愿。本次调查了解了企业经营者对本行业2014年内倒闭企业数的预期以及本行业发展前景的评价。调查结果显示，认为2014年倒闭企业数将“增加”的企业经营者占57.1%，其中“大幅增加”占17.7%，“小幅增加”占39.4%（见表63）。

从不同行业看，纺织、服装、医药、化纤、钢铁等行业有七成左右的企业经营者认为会“大幅增加”或“小幅增加”，明显高于其他行业。调查表明，部分行业企业家跨行业转型的意愿强烈，应当顺应和充分利用当前企业主动转型的趋势，采取相应的激励和补偿手段，推进企业转型和结构调整（见表63）。

表 62　　企业最希望投资的行业（%）

		本行业	其他行业
总体	2013 年	61.7	38.3
	2012 年	66.5	33.5
	2011 年	71.3	28.7
	2010 年	68.3	31.7
	2009 年	75.3	24.7
农林牧渔业		76.8	23.2
采矿业		53.8	46.2
制造业		59.6	40.4
电力、热力、燃气及水的生产和供应业		69.8	30.2
建筑业		56.5	43.5
交通运输、仓储和邮政业		59.0	41.0
信息传输、软件和信息技术服务业		81.3	18.7
批发和零售业		60.2	39.8
住宿和餐饮业		54.7	45.3
房地产业		72.4	27.6
租赁和商务服务业		65.6	34.4
食品、酒及饮料制造业		65.0	35.0
纺织业		46.1	53.9
纺织服装、服饰业		47.6	52.4
造纸及纸制品业		64.4	35.6
化学原料及化学制品制造业		57.1	42.9
医药制造业		69.2	30.8
化学纤维制造业		40.9	59.1
橡胶及塑料制品业		56.8	43.2
非金属矿物制品业		51.6	48.4
黑色金属冶炼及压延加工业		73.0	27.0
有色金属冶炼及压延加工业		47.9	52.1
金属制品业		61.8	38.2
通用设备制造业		63.1	36.9
专用设备制造业		65.8	34.2
汽车制造业		77.2	22.8
铁路、船舶、航空航天及其他运输设备制造业		48.1	51.9
电气机械及器材制造业		63.9	36.1
计算机、通信及其他电子设备制造业		58.5	41.5
仪器仪表制造业		76.2	23.8

表 63　　与 2013 年相比，对企业所在行业在 2014 年内倒闭的企业数的预期（%）

	大幅增加	小幅增加	持平	小幅减少	大幅减少	没有倒闭企业
总体	**17.7**	**39.4**	**24.4**	**9.8**	**2.1**	**6.6**
农林牧渔业	17.1	32.9	30.0	8.6	5.7	5.7
采矿业	21.4	42.9	17.9	7.1	3.6	7.1
制造业	20.1	41.1	23.3	9.0	1.8	4.7
电力、热力、燃气及水的生产和供应业	3.6	10.7	28.6	10.7	5.4	41.0
建筑业	6.3	41.9	23.8	17.5	4.2	6.3
交通运输、仓储和邮政业	7.4	24.7	35.8	11.1	3.7	17.3

续表

	大幅增加	小幅增加	持平	小幅减少	大幅减少	没有倒闭企业
信息传输、软件和信息技术服务业	8.1	26.3	37.3	15.2	3.0	10.1
批发和零售业	17.6	43.9	23.0	9.1	0.7	5.7
住宿和餐饮业	15.9	41.2	23.8	12.7	1.6	4.8
房地产业	14.6	43.1	21.1	9.8	6.5	4.9
租赁和商务服务业	9.4	35.8	31.3	12.5	1.6	9.4
食品、酒及饮料制造业	22.9	35.9	25.9	10.6	1.8	2.9
纺织业	28.0	42.7	18.5	6.0	3.0	1.8
纺织服装、服饰业	30.1	45.2	16.1	5.4	3.2	
造纸及纸制品业	33.3	31.3	25.0	8.3		2.1
化学原料及化学制品制造业	17.5	44.8	26.5	6.9	1.1	3.2
医药制造业	26.4	52.8	13.2	1.9	1.9	3.8
化学纤维制造业	30.4	39.2	8.7	17.4		4.3
橡胶及塑料制品业	18.3	39.6	25.4	11.1	0.8	4.8
非金属矿物制品业	20.1	45.2	21.5	9.0	0.7	3.5
黑色金属冶炼及压延加工业	20.5	48.7	10.3	12.8		7.7
有色金属冶炼及压延加工业	20.8	37.5	27.1	4.2	2.1	8.3
金属制品业	13.5	44.3	30.1	6.0	3.8	2.3
通用设备制造业	22.9	35.7	22.0	10.6	2.8	6.0
专用设备制造业	14.0	39.6	24.2	11.1	2.4	8.7
汽车制造业	12.6	44.2	31.6	5.3		6.3
铁路、船舶、航空航天及其他运输设备制造业	17.9	39.3	21.4	7.1		14.3
电气机械及器材制造业	20.8	41.7	21.5	7.6	2.8	5.6
计算机、通信及其他电子设备制造业	11.3	43.7	22.5	16.9	1.4	4.2
仪器仪表制造业	4.8	31.0	47.6	9.5		7.1

调查结果显示，认为本行业发展前景“很好”或“较好”的企业经营者占41.7%，“一般”的占45.3%，“很差”或“较差”的占13%，总体评价值为3.32，其中，电力热力燃气及水的生产和供应业、信息传输软件和信息技术服务业以及制造业中的医药、仪器仪表等行业评价相对较高，评价值超过3.5，而采矿业以及制造业中的纺织、服装等行业则相对较差，评价值低于中值3（见表64）。

表64　对企业所在行业的发展前景的评价（%）

	很好	较好	一般	较差	很差	评价值
总体	**5.4**	**36.3**	**45.3**	**11.0**	**2.0**	**3.32**
农林牧渔业	2.9	48.5	38.6	10.0		3.44
采矿业	3.6	14.3	64.3	10.7	7.1	2.97
制造业	5.1	34.6	45.1	12.9	2.3	3.27
电力、热力、燃气及水的生产和供应业	6.8	59.3	28.8	3.4	1.7	3.66
建筑业	2.7	32.9	57.5	6.2	0.7	3.31
交通运输、仓储和邮政业	6.0	39.8	45.8	8.4		3.43
信息传输、软件和信息技术服务业	22.8	43.5	30.7	2.0	1.0	3.85
批发和零售业	2.3	32.9	51.3	11.5	2.0	3.22
住宿和餐饮业	6.3	28.1	57.7	6.3	1.6	3.31
房地产业	2.4	41.1	48.4	7.3	0.8	3.37
租赁和商务服务业	3.1	46.9	40.6	6.3	3.1	3.41

续表

	很好	较好	一般	较差	很差	评价值
食品、酒及饮料制造业	8.7	41.3	35.5	12.8	1.7	3.43
纺织业	2.4	17.1	47.0	25.3	8.2	2.80
纺织服装、服饰业		12.6	50.6	26.3	10.5	2.65
造纸及纸制品业	6.3	35.4	43.7	14.6		3.33
化学原料及化学制品制造业	7.3	36.1	43.6	12.0	1.0	3.37
医药制造业	11.3	64.2	24.5			3.87
化学纤维制造业	4.3	34.8	34.9	21.7	4.3	3.13
橡胶及塑料制品业	1.6	31.7	54.0	11.1	1.6	3.21
非金属矿物制品业	1.4	29.5	50.6	15.1	3.4	3.10
黑色金属冶炼及压延加工业	2.6	30.8	46.1	20.5		3.16
有色金属冶炼及压延加工业	6.1	32.7	46.9	14.3		3.31
金属制品业	2.2	31.6	50.0	14.7	1.5	3.18
通用设备制造业	4.9	34.4	49.6	9.8	1.3	3.32
专用设备制造业	7.1	39.6	44.9	7.5	0.9	3.45
汽车制造业	1.1	48.3	41.1	9.5		3.41
铁路、船舶、航空航天及其他运输设备制造业	3.6	46.4	35.7	14.3		3.39
电气机械及器材制造业	6.1	42.6	42.5	8.1	0.7	3.45
计算机、通信及其他电子设备制造业	8.5	35.2	47.9	7.0	1.4	3.42
仪器仪表制造业	16.7	23.8	52.4	7.1		3.50

注：评价值是由（“很好”×5+“较好”×4+“一般”×3+“较差”×2+“很差”）/100 计算得出的，最高为 5 分，最低为 1 分，分值越高，表示对行业发展前景越看好，反之则越不看好。

从企业经营者对企业遇到困难时选择什么样的出路，也能看出企业转型意愿的增强。调查结果显示，当问及“假如企业的停产、半停产情况持续下去，您将如何打算”这一问题时，打算“产业升级”的企业经营者占52.2%，与2012 年持平，明显高于2011 年；打算“进入新行业”的占19.6%，比2012 年上升了0.9 个百分点；打算“去其他地区发展”的占3.6%。而选择“退出不干了”的企业经营者占24.6%，比2012 年略高了2.3 个百分点，但仍明显低于2011 年。分组来看，中部地区企业、大型企业、国有及国有控股公司的企业经营者选择“产业升级”的比重相对较高，而西部地区企业、小型企业、外资企业选择“退出不干了”的比重相对较高（见表65）。

表 65　　对企业若存在持续“停产、半停产”情况的打算（%）

		去其他地区发展	产业升级	进入新行业	退出不干了
总体	2013 年	3.6	52.2	19.6	24.6
	2012 年	6.8	52.2	18.7	22.3
	2011 年	9.4	40.3	18.6	31.7
东部地区企业		3.7	52.0	19.1	25.2
中部地区企业		4.6	55.5	20.2	19.7
西部地区企业		1.9	48.1	19.4	30.6
大型企业			76.7	13.3	10.0
中型企业		3.8	59.5	17.7	19.0
小型企业		3.8	48.6	20.2	27.4
国有及国有控股公司		12.5	60.4	12.5	14.6
外商及港澳台投资企业			50.0	12.5	37.5
民营企业		3.2	51.5	18.9	26.4

2. 企业创新意愿增强，创新成效初步显现

创新是推动企业转型升级的重要方式之一。调查发现，企业经营者对创新的重视程度逐渐提高，创新的动力有所增强，创新成效初步显现。调查结果显示，关于“为了企业更好地发展，企业未来一年应着重采取的措施”，企业经营者选择的与创新相关的选项（包括“增加创新投入”、“引进人才”、“更新设备”等），与2012年相比有不同程度的提高，这表明企业经营者对于创新的重视程度逐渐提高（见表61）。

调查还了解了企业的创新动力。调查结果显示，与2012年相比，认为创新动力“有所增强”或“明显增强”的企业经营者占63%，“基本没变”的占28.1%，“有所减弱”或“明显减弱”的占8.9%。其中，东部和中部地区企业、大型企业、民营企业认为创新动力增强的比重相对较高（见表66）。

表66　与2012年相比，企业目前的创新动力情况（%）

	明显增强	有所增强	基本没变	有所减弱	明显减弱
总体	**8.8**	**54.2**	**28.1**	**7.3**	**1.6**
东部地区企业	9.0	54.2	28.0	7.1	1.7
中部地区企业	8.5	54.8	28.8	7.1	0.8
西部地区企业	8.7	53.0	27.8	8.5	2.0
大型企业	9.5	62.0	24.9	3.1	0.5
中型企业	9.9	59.5	24.4	5.1	1.1
小型企业	8.1	49.9	30.8	9.2	2.0
国有及国有控股公司	5.3	54.9	33.7	5.3	0.8
外商及港澳台投资企业	7.2	54.5	32.8	4.4	1.1
民营企业	9.3	53.7	27.5	8.0	1.5

企业研发投入的上升也反映了创新动力的增强。调查结果显示，认为2013年研发投入“增加”的企业经营者占42.5%，“持平”的占42.4%，“减少”的占15.1%；“增加”的比“减少”的多27.4个百分点，这一数据比2012年上升了6.6个百分点。其中，东部地区企业、大型企业和外资企业研发投入增长相对较多（见表67）。

表67　相对于去年，企业今年的研发投入情况（%）

	增加	持平	减少	增长-减少			
				2013年	2012年	2011年	2010年
总体	**42.5**	**42.4**	**15.1**	**27.4**	**20.8**	**28.6**	**37.2**
东部地区企业	43.7	42.1	14.2	29.5	21.6	28.5	38.6
中部地区企业	40.5	43.7	15.8	24.7	16.9	29.3	37.9
西部地区企业	39.6	42.1	18.3	21.3	22.5	27.6	34.5
大型企业	47.8	46.0	6.2	41.6	36.6	44.3	53.4
中型企业	46.6	41.4	12.0	34.6	28.8	37.4	42.5
小型企业	39.2	42.4	18.4	20.8	13.2	20.3	30.2
国有及国有控股公司	35.5	53.7	10.8	24.7	13.8	24.2	32.8
外商及港澳台投资企业	46.9	44.6	8.5	38.4	28.6	29.2	47.9
民营企业	42.0	41.4	16.6	25.4	18.7	28.6	35.8

企业招收大学毕业生的情况在一定程度上反映了企业创新的实际行动。关于企业招工计划的调查发现，近年来企业招收大学毕业生数量的增长一直显著高于农民工（见表42、表44）。本次调查还了解了企业中大学以上学历的员工占比情况以及对未来的预计，调查结果显示，目前企业中大学以上学

历的员工占比平均为24.2%，预计2014 年这一比重将“提高”的企业经营者占57.6%，“不变”的占39.8%，“降低”的仅占2.6%。其中，中部地区企业、大型企业预计将“提高”的比重相对较高（见表68）。

表 68　企业中大学以上学历占全部员工的比重情况（%）

	10%以下	10%～30%	30%以上	均值	对2014 年的预计		
					提高	不变	降低
总体	**26.7**	**49.7**	**23.6**	**24.2**	**57.6**	**39.8**	**2.6**
东部地区企业	27.0	48.6	24.4	24.6	56.3	41.4	2.3
中部地区企业	27.7	52.8	19.5	22.2	62.3	35.1	2.6
西部地区企业	23.5	50.0	26.5	25.7	56.6	39.5	3.9
大型企业	16.7	55.4	27.9	22.3	69.9	29.3	0.8
中型企业	26.0	50.1	23.9	23.5	64.0	33.8	2.2
小型企业	29.0	48.5	22.5	23.8	51.9	45.0	3.1
国有及国有控股公司	14.5	50.1	35.4	25.5	58.3	39.8	1.9
外商及港澳台投资企业	31.0	54.4	14.6	20.4	58.7	39.5	1.8
民营企业	28.6	50.1	21.3	22.7	58.0	39.4	2.6

新产品销售比重反映了企业的创新成效。调查结果显示，认为2013 年新产品销售比重“增加”的企业经营者占36.9%，“持平”的占47%，“减少”的占16.1%；“增加”的比“减少”的多20.8 个百分点，这一数据比2012 年上升了6.3 个百分点。其中，东部地区企业、大型企业、外资企业的新产品销售比重增长相对较多（见表69）。

表 69　相对于去年，企业今年的新产品销售比重情况（%）

	增加	持平	减少	增长－减少			
				2013 年	2012 年	2011 年	2010 年
总体	**36.9**	**47.0**	**16.1**	**20.8**	**14.5**	**23.8**	**35.3**
东部地区企业	37.3	47.7	15.0	22.3	14.6	24.5	38.5
中部地区企业	37.1	45.6	17.3	19.8	14.3	25.3	32.8
西部地区企业	34.6	46.0	19.4	15.2	14.2	18.0	30.6
大型企业	43.8	47.6	8.6	35.2	30.0	38.0	48.5
中型企业	40.1	48.0	11.9	28.2	22.0	31.6	39.8
小型企业	33.8	46.4	19.8	14.0	7.4	16.6	29.8
国有及国有控股公司	30.7	58.2	11.1	19.6	12.4	21.0	29.1
外商及港澳台投资企业	40.1	49.7	10.2	29.9	23.5	16.6	43.9
民营企业	37.4	44.8	17.8	19.6	12.4	24.0	34.7

创新环境的改善是企业创新动力增强的重要原因。调查结果显示，认为目前企业创新的外部环境比5 年前“明显改善”或“有所改善”的企业经营者占54.1%，“基本没变”的占26.8%，“明显恶化”或“有所恶化”的占19.1%，总体评价值为3.4，明显高于中值3。其中，中部地区企业、大中型企业、国有及国有控股公司对创新环境的改善评价较高（见表70）。

3. 顺应潜在经济增长率放缓趋势，完善和稳定宏观经济调控政策

调查发现，企业家已经认识到未来中国经济将从高速增长逐渐过渡到中高速增长的阶段，潜在经济增长率[①]将会有所放缓。本次调查了解了企业经营者对当前及未来中国经济潜在增长率的判断，调

① 潜在经济增长率是指一国（或地区）在各种资源正常地充分利用时所能实现的经济增长率。

表70　　与5年前相比，目前企业创新的外部环境情况（%）

	明显改善	有所改善	基本没变	有所恶化	明显恶化	评价值
总体	**8.6**	**45.5**	**26.8**	**15.0**	**4.1**	**3.40**
东部地区企业	8.1	44.0	28.0	15.5	4.4	3.36
中部地区企业	9.8	48.7	24.4	13.9	3.2	3.48
西部地区企业	9.8	47.3	24.7	13.9	4.3	3.44
大型企业	8.5	46.8	29.2	11.4	4.1	3.44
中型企业	9.1	46.8	27.1	14.3	2.7	3.45
小型企业	8.5	44.6	26.2	15.8	4.9	3.36
国有及国有控股公司	7.1	48.5	28.7	12.7	3.0	3.44
外商及港澳台投资企业	5.6	43.2	28.7	19.1	3.4	3.29
民营企业	8.9	44.7	27.1	15.0	4.3	3.39

注：评价值是由（“明显改善”×5+“有所改善”×4+“基本没变”×3+“有所恶化”×2+“明显恶化”）/100计算得出的，最高为5分，最低为1分，分值越高，表示企业创新的外部环境改善越多，反之则越恶化。

查显示，企业经营者认为目前中国经济潜在增长率平均为7.2%，5年后将下降到6.9%，10年后将进一步下降到6.5%（见表71）。

表71　　对当前及未来中国经济潜在增长率的判断（%）

	6.5%以下	6.5%~7.5%	7.5%以上	均值
当前	16.1	50.9	33.0	7.2
5年后	38.9	32.7	28.4	6.9
10年后	57.9	16.3	25.8	6.5

基于对未来潜在经济增长率放缓的判断，企业经营者对2013年和2014年的GDP增速持有比较理性和平稳的预期。调查结果显示，企业经营者预计2013年GDP增速为7.2%，其中预计增长“7%及以下”的占15.7%，预计增长“7%~7.5%”的占59.7%，预计增长“7.5%~8%”的占19.8%，预计增长“8%以上”的占4.8%（见表72）；

企业经营者预计2014年GDP增速为7.2%，与2013年持平；其中预计增长“7%及以下”的占23.7%，预计增长“7%~7.5%”的占46%，预计增长“7.5%~8%”的占21.5%，预计增长“8%以上”的占8.8%（见表72）。

表72　　对2013年、2014年我国GDP增长的预计（%）

		7%以下	7%~7.5%	7.5%~8%	8%以上	均值
2013年	**总体**	**15.7**	**59.7**	**19.8**	**4.8**	**7.2**
	东部地区企业	15.9	61.0	18.7	4.4	7.3
	中部地区企业	15.7	55.8	22.4	6.1	7.3
	西部地区企业	14.8	60.0	21.1	4.1	7.2
2014年	**总体**	**23.7**	**46.0**	**21.5**	**8.8**	**7.2**
	东部地区企业	24.9	46.6	20.1	8.4	7.2
	中部地区企业	20.8	45.7	24.5	9.0	7.2
	西部地区企业	22.8	43.1	23.7	10.4	7.2

基于对GDP增长理性、平稳的预期，企业家期待宏观调控政策保持基本稳定。调查结果显示，当问及“未来2年内，经济增速在什么情况下政府需要加大政策刺激力度”这一问题时，超过八成（81.4%）的企业经营者选择了“7%以下”，其中，认为经济增速在“6%以下”政府才需要加大政策刺激力度的企业经营者超过了三分之一（34.4%）（见表73）。

表 73　　未来 2 年内，经济增速在什么情况下政府需要加大政策刺激力度（%）

	6%以下	6.5%以下	7%以下	7.5%以下	8%以下
总体	**34.4**	**16.6**	**30.4**	**11.8**	**6.8**
东部地区企业	35.7	16.6	30.9	11.2	5.6
中部地区企业	30.6	17.4	30.4	13.4	8.2
西部地区企业	34.1	15.2	28.0	12.0	10.7
大型企业	33.3	19.2	29.9	13.4	4.2
中型企业	31.5	16.5	33.5	12.8	5.7
小型企业	36.3	16.2	28.7	10.9	7.9
国有及国有控股公司	30.3	15.4	37.6	13.1	3.6
外商及港澳台投资企业	45.6	24.0	21.1	7.0	2.3
民营企业	34.3	16.1	29.8	12.0	7.8

关于对近年来政府采取的宏观调控政策松紧程度的判断，调查结果显示，认为“合适”的企业经营者占46.5%，比2012 年上升了7.6 个百分点；认为“过紧”的占3.3%，“偏紧”的占38.5%，两者合计比重比2012 年下降了6.1 个百分点；认为“偏松”或“过松”的占11.7%（见表74）。调查表明，企业经营者认识到未来我国经济的潜在增长率将有所放缓，因此建议政府根据这种放缓趋势来完善宏观经济调控政策。

表 74　　对近年来政府采取的宏观调控政策松紧程度的判断（%）

	过紧	偏紧	合适	偏松	过松
2013 年	3.3	38.5	46.5	11.2	0.5
2012 年	4.5	43.4	38.9	12.7	0.5
2011 年	8.4	46.5	28.4	15.7	1.0
2010 年	1.3	23.6	50.3	23.4	1.4
2009 年	0.6	11.3	54.3	30.1	3.7

4. 积极推进市场化改革，为企业转型创造良好环境

调查发现，一方面企业家主动转型和创新，应对当前发展中的困难与挑战，另一方面企业家也期待政府进一步深化改革，鼓励和推动企业升级。本次调查了解了企业经营者对2013 年以来推动的有关改革和相关政策的评价。调查结果显示，以4 分制计算，按照评价值高低排序，企业经营者评价最高的六项改革依次是：“健全全民医保体系”（2.15）、“合理提高劳动者报酬”（2.08）、“营业税改征增值税”（1.92）、“加强食品药品安全监管制度”（1.91）、“有序推进农业转移人口市民化”（1.87）和“完善科技创新体制机制”（1.87）。其他评价较高的还有：“简政放权”（1.74）、“鼓励社会资本投资城乡基础设施”（1.69）、“优化公平竞争的市场环境”（1.69）和“推动民间资本有效进入金融、能源、铁路、电信等领域”（1.68）。值得注意的是，企业经营者对“防范地方债务风险”、“房地产调控”和“国有企业收益合理分配”的评价相对较低，评价值分别为1.54、1.48 和1.48（见表75）。

关于以上各项改革的迫切程度，调查结果显示，企业经营者选择比重最高的六项依次是：“加强食品药品安全监管制度”（59.8%）、“优化公平竞争的市场环境”（59.5%）、“简政放权”（58.3%）、“房地产调控”（53.9%）、“健全全民医保体系”（44.2%）和“防范地方债务风险”（44.2%）（见表76）。

从不同地区看，东部地区企业选择“防范地方债务风险”和“完善科技创新体制机制”的比重高于中西部地区，中部地区企业选择“房地产调控”、“营业税改征增值税”和“有序推进农业转移人口市民化”的比重相对较高，西部地区企业选择“优化公平竞争的市场环境”和“推动民间资本有效进

表 75　对 2013 年以来推动的有关改革和相关政策的评价（%）

	成效很大	成效较大	有些效果	不太有效	评价值
健全全民医保体系	4.6	24.2	52.9	18.3	2.15
合理提高劳动者报酬	3.3	19.8	58.7	18.2	2.08
营业税改征增值税	2.9	12.1	58.8	26.2	1.92
加强食品药品安全监管制度	3.5	15.6	49.3	31.6	1.91
有序推进农业转移人口市民化	1.9	12.5	56.6	29.0	1.87
完善科技创新体制机制	2.0	12.9	55.5	29.6	1.87
简政放权	2.3	9.8	47.0	40.9	1.74
鼓励社会资本投资城乡基础设施	1.4	8.8	46.8	43.0	1.69
优化公平竞争的市场环境	2.0	9.0	44.5	44.5	1.69
推动民间资本有效进入金融、能源、铁路、电信等领域	1.9	9.2	43.4	45.5	1.68
防范地方债务风险	1.3	6.5	36.8	55.4	1.54
房地产调控	1.4	6.2	30.9	61.5	1.48
国有企业收益合理分配	1.3	5.5	32.7	60.5	1.48

注：评价值是由（“成效很大”×4+“成效较大”×3+“有些效果”×2+“不太有效”）/100 计算得出的，最高为 4 分，最低为 1 分，分值越高，表示该项改革的成效越大，反之则越小。

表 76　2013 年以来在推动的有关改革中最迫切的改革（%）

	总体	地区			规模			经济类型		
		东部	中部	西部	大型	中型	小型	国有及国有控股	外商及港澳台	民营企业
加强食品药品安全监管制度	**59.8**	60.7	59.8	55.0	57.1	57.0	61.7	60.3	65.5	59.6
优化公平竞争的市场环境	**59.5**	59.3	57.5	63.9	63.6	61.8	57.6	59.5	64.9	58.7
简政放权	**58.3**	57.4	60.0	60.1	65.9	63.3	54.2	62.2	56.7	58.5
房地产调控	**53.9**	54.2	56.0	49.3	47.7	49.3	57.5	50.8	52.0	54.4
健全全民医保体系	**44.2**	44.5	42.9	44.8	42.0	44.2	44.6	47.8	45.6	43.3
防范地方债务风险	**44.2**	45.7	40.2	43.6	46.0	40.9	45.7	40.8	47.4	44.5
推动民间资本有效进入金融、能源、铁路、电信等领域	**34.2**	33.2	32.6	41.7	32.7	36.1	33.3	29.7	28.7	35.7
国有企业收益合理分配	**27.5**	27.8	27.0	26.7	26.4	26.1	28.5	31.6	32.7	27.0
完善科技创新体制机制	**26.1**	27.3	24.0	23.6	27.3	28.1	24.8	24.3	22.8	25.5
营业税改征增值税	**23.1**	22.1	26.1	23.6	15.6	23.2	24.6	18.6	17.0	24.4
合理提高劳动者报酬	**22.9**	22.3	25.8	21.5	26.4	23.4	22.0	34.1	22.2	20.7
鼓励社会资本投资城乡基础设施	**19.8**	18.9	21.4	22.2	21.3	19.7	19.7	16.8	17.5	20.6
有序推进农业转移人口市民化	**16.6**	16.5	18.2	14.2	17.3	17.9	15.7	15.7	14.0	17.2

入金融、能源、铁路、电信等领域”的比重相对较高（见表 76）。

从不同规模看，大型企业选择“优化公平竞争的市场环境”、“简政放权”、“合理提高劳动者报酬”和“鼓励社会资本投资城乡基础设施”的比重高于中小企业，中型企业选择“推动民间资本有效进入金融、能源、铁路、电信等领域”的比重相对较高，小型企业选择“加强食品药品安全监管制度”、“房地产调控”和“国有企业收益合理分配”的比重相对较高（见表 76）。

从不同经济类型看，国有及国有控股公司选择“简政放权”、“健全全民医保体系”和“合理提高劳动者报酬”的比重高于外资企业和民营企业，外资企业选择“加强食品药品安全监管制度”、“优化公平竞争的市场环境”和“防范地方债务风险”的比重相对较高，民营企业选择“房地产调控”、“推动民间资本有效进入金融、能源、铁路、电信等领域”、“营业税改征增值税”、“鼓励社会资本投资城乡基础设施”和“有序推进农业转移人口市民化”的比重相对较高（见表76）。

本次调查还了解了各项改革的难度。调查结果显示，企业经营者认为难度最大的六项改革依次是“房地产调控”（68.9%）、“简政放权”（62.1%）、“优化公平竞争的市场环境”（59.2%）、“防范地方债务风险”（54.4%）、“加强食品药品安全监管制度”（49.9%）和“国有企业收益合理分配”（41.2%）（见表77）。

表77　　2013 年以来在推动的有关改革中难度最大的改革（%）

	总体	地区			规模			经济类型		
		东部	中部	西部	大型	中型	小型	国有及国有控股	外商及港澳台	民营企业
房地产调控	**68.9**	68.9	71.3	65.2	63.1	68.7	70.2	67.9	67.9	69.6
简政放权	**62.1**	61.9	62.4	62.4	68.6	60.4	61.9	60.7	61.1	63.1
优化公平竞争的市场环境	**59.2**	57.8	59.9	64.5	61.3	61.0	57.8	61.8	62.3	58.8
防范地方债务风险	**54.4**	54.2	54.4	55.9	54.7	53.6	54.8	52.5	47.5	55.1
加强食品药品安全监管制度	**49.9**	49.7	48.9	52.8	50.6	52.0	48.6	57.1	54.9	47.9
国有企业收益合理分配	**41.2**	43.3	37.0	37.6	36.0	39.6	43.2	30.2	48.8	42.5
推动民间资本有效进入金融、能源、铁路、电信等领域	**35.7**	35.3	37.2	35.3	40.1	36.0	34.7	34.3	40.1	36.3
健全全民医保体系	**29.8**	30.8	28.4	26.6	27.3	29.1	30.6	33.5	38.3	28.1
有序推进农业转移人口市民化	**23.1**	23.1	24.6	20.1	22.7	24.2	22.5	28.8	17.9	22.1
合理提高劳动者报酬	**19.2**	18.4	19.9	21.8	20.1	19.5	18.8	26.1	16.0	17.7
完善科技创新体制机制	**18.2**	17.8	19.6	18.2	18.0	18.1	18.4	15.9	14.8	18.8
鼓励社会资本投资城乡基础设施	**17.3**	17.3	15.4	19.9	20.1	16.8	17.0	16.8	11.7	18.0
营业税改征增值税	**6.8**	6.8	7.6	6.0	4.4	7.2	7.0	5.2	6.2	7.1

调查表明，企业家对当前多数改革的成效持积极肯定的态度。同时，企业家认为当前最迫切的改革主要集中在三个方面：一是与市场化相关的各项改革，包括优化公平竞争的市场环境、简政放权和推动民间资本有效进入金融、能源、铁路、电信等领域，二是与改善民生相关的各项改革，包括加强食品药品安全监管制度和健全全民医保体系，三是有效防范金融风险，主要是防范地方债务风险。值得注意的是，企业家也认为这三个方面的改革难度很大，这表明目前的改革已经进入了深水区，因此期待政府坚定深化改革、彻底转变经济发展方式的信心，积极应对和克服改革中的困难与挑战，为企业转型升级创造更加良好的外部环境，将打造中国经济升级版落到实处。

（注：凡引用此报告者均需注明引自中国企业家调查系统——《2013·中国企业经营者问卷跟踪调查报告》）

课题组名单

顾　　问：	李　伟	谢伏瞻	邵　宁	马建堂	隆国强
	李德成	全哲洙	袁宝华	王梦奎	陈清泰
	张玉台	魏礼群	李德水	鲁志强	孙晓郁
	李克穆	刘世锦	侯云春	蒋省三	卢中原
	辜胜阻	任泽民	陈　晋	许善达	丁俊发
	熊志军				
调查指导：	王佩亨	李　强	樊　纲	郝玉峰	年　勇
	王克良	张向晨	余明勤	杨元伟	余　平
调查主持：	李　兰	张　泰	李燕斌	盛来运	于　武
报告撰写：	潘建成	李　兰	彭泗清	郝大海	董　博
数据处理：	桂晓鸿	王　铮	王旭宁	李　娟	刘华臣
参与讨论：	魏　杰	陈全生	王　建	王小鲁	黄卫平
	韩岫岚	李晓西	李　垣	张　斌	杨文财
	吴　频	林蔚然	卢大彪	左小蕾	包月阳
	霍治安	李　俊	王汉军	李树森	杜旭东
	姜晓春	马安华	梁富友	王文正	杨春彬
	王云峰				

2012年企业经营者对宏观形势及企业经营状况的判断、问题和建议

■ 中国企业家调查系统

2012年以来，世界各国经济增速普遍放缓，一些国家主权债务危机持续发酵，国际金融市场、大宗商品市场震荡加剧，市场预期持续走低，全球经济下行风险不容低估。从国内看，我国经济增长速度有所放缓，出口环境恶化和产能过剩问题突出，结构调整和转型任重道远。为了解在此背景下企业的现实状况及企业经营者对未来发展的信心，了解他们对企业经营外部环境的评价、对宏观经济政策的看法以及进一步加快经济转型的意见和建议，为政府决策提供参考依据，2012年8月至10月，中国企业家调查系统组织实施了“2012·中国企业经营者问卷跟踪调查”。

本次调查是由中国企业家调查系统组织的第20次全国性企业经营者年跟踪调查，得到了国务院发展研究中心公共管理与人力资源研究所、国务院研究室工交贸易研究司、国务院国有资产监督管理委员会企业分配局、国家统计局国民经济综合统计司、中国企业联合会研究部、全国工商联研究室①、国家发展和改革委员会国民经济综合司、人力资源和社会保障部人力资源市场司、人力资源和社会保障部法规司、商务部政策研究室、国家税务总局收入规划核算司、中国证券监督管理委员会市场监管部、中国物流与采购联合会等有关部门的支持和指导。与前19次年度跟踪调查一样，本次调查以企业法人代表为主的企业经营者群体为调查对象，参考我国经济结构，按行业进行分层随机抽样。

调查采用邮寄问卷的方式进行，于8月10日发放问卷12000份，截至10月15日共回收问卷4043份，其中有效问卷4015份，有效回收率为33.5%。通过部分未填写问卷与填写问卷企业的对比分析，未发现存在系统偏差。为使调查分析更为全面和深入，本报告还采用了中国企业家调查系统以往的调查结果。

本次调查主要涉及制造业、批发和零售业、建筑业、房地产业、农林牧渔业、交通运输仓储和邮政业、信息传输软件和信息技术服务业、租赁和商务服务业、电力热力燃气及水的生产和供应业以及采矿业等行业，上述行业的企业所占比重分别为：70%、7.5%、3.7%、2.9%、2.5%、2%、2%、1.9%、1.3%和1.1%。从企业的地区分布看，东部地区企业占66.3%，中部地区企业占20.6%，西部地区企业占13.1%；从企业规模看，大、中、小型企业分别占9.1%、35.3%和55.6%；从企业经济类型看，国有企业占5.9%，有限责任公司占42.9%，股份有限公司占14.7%，私营企业占23.9%，外商及港澳台投资企业占6.4%，股份合作企业占4.7%，集体企业占1.2%（见表1、表2）。

① 以上6家部门为中国企业家调查系统发起成立单位。

表1　调查样本基本情况（%）

行业	农林牧渔业	2.5	经济类型	国有企业	5.9
	采矿业	1.1		集体企业	1.2
	制造业（见表2）	70.0		私营企业	23.9
	电力、热力、燃气及水的生产和供应业	1.3		股份合作企业	4.7
	建筑业	3.7		股份有限公司	14.7
	交通运输、仓储和邮政业	2.0		有限责任公司	42.9
	信息传输、软件和信息技术服务业	2.0		其他内资企业	0.3
	批发和零售业	7.5		外商及港澳台投资企业	6.4
	住宿和餐饮业	1.4		民营企业	68.7
	房地产业	2.9	盈亏	盈利企业	49.7
	租赁和商务服务业	1.9		持平企业	22.1
	其他行业	3.7		亏损企业	28.2
地区	东部地区企业	66.3	生产状况	超负荷生产企业	2.1
	中部地区企业	20.6		正常运作企业	74.8
	西部地区企业	13.1		半停产企业	22.3
规模	大型企业	9.1		停产企业	0.8
	中型企业	35.3	出口型企业		44.3
	小型企业	55.6	非出口型企业		55.7

注：1. 其他行业包括：金融业，科学研究和技术服务业，水利、环境和公共设施管理业，居民服务、修理和其他服务业，教育，卫生和社会工作，文化、体育和娱乐业等行业。

2. 东部地区包括：京、津、冀、辽、沪、苏、浙、闽、鲁、粤、桂、琼12省（市、自治区）；中部地区包括：晋、蒙、吉、黑、皖、赣、豫、鄂、湘9省（自治区）；西部地区包括：渝、蜀、黔、滇、藏、陕、甘、宁、青、新10省（市、自治区）。

表2　调查样本中制造业基本情况（%）

	制造业细分	%		制造业细分	%
1	农副食品加工业	3.7	17	橡胶及塑料制品业	6.0
2	食品制造业	2.6	18	非金属矿物制品业	5.1
3	酒、饮料和精制茶制造业	0.9	19	黑色金属冶炼及压延加工业	1.9
4	烟草加工业	0.1	20	有色金属冶炼及压延加工业	2.0
5	纺织业	5.8	21	金属制品业	5.9
6	纺织服装、服饰业	4.2	22	通用设备制造业	9.2
7	皮革、毛皮、羽毛及其制品和制鞋业	1.8	23	专用设备制造业	9.8
8	木材加工及木、竹、藤、棕、草制品业	1.7	24	汽车制造业	4.1
9	家具制造业	1.0	25	铁路、船舶、航空航天及其他运输设备制造业	1.5
10	造纸及纸制品业	1.5	26	电气机械及器材制造业	6.0
11	印刷和记录媒介复制业	1.8	27	计算机、通信及其他电子设备制造业	2.8
12	文教、工美、体育及娱乐用品制造业	1.1	28	仪器仪表制造业	2.4
13	石油加工、炼焦及核燃料加工业	0.5	29	其他制造业	3.2
14	化学原料及化学制品制造业	7.8	30	废弃资源综合利用业	1.1
15	医药制造业	2.5	31	金属制品、机械及设备修理业	0.9
16	化学纤维制造业	1.1			

本次调查的企业经营者平均年龄为51.6岁，其中55岁及以上占40.9%，44岁及以下占22.4%，45~54岁占36.7%。文化程度为大专及以上的占79.1%，其中具有本科及以上学历的占42.7%。所学专业为管理类的占47.6%，为经济类的占31.3%。职务为企业董事长或总经理、厂长、党委书记的占92.5%，其他职务的占7.5%（见表3）。

表 3　　调查对象基本情况（%）

类别	项目	比例	类别	项目	比例
性别	男	93.6	文化程度	初中或以下	4.6
	女	6.4		中专、高中	16.3
年龄	44 岁及以下	22.4		大专	36.4
	45 ~ 49 岁	19.5		大学本科	27.2
	50 ~ 54 岁	17.2		研究生学历	7.1
	55 岁及以上	40.9		硕士	7.3
	平均年龄（岁）	51.6		博士	1.1
所学专业	文史哲法律	6.7	现任职务	董事长	59.0
	经济	31.3		总经理	53.5
	管理	47.6		厂长	5.5
	理工农医	24.0		党委书记	13.1
	其他	13.7		其他	7.5

注：由于存在跨专业和职务兼任情况，因此所学专业和现任职务比例合计大于 100%。

本报告的主要结论：

企业经营者认为，2012 年以来我国投资、消费、出口需求均有不同程度减弱，经济运行热度明显下降，企业景气状况下滑较多，其中民营企业和中小企业困难相对较大，具体表现在：企业产销、订货下滑，库存压力加大，产品价格下跌，盈利有所减少，不过整体来看仍好于 2009 年一季度金融危机爆发时的水平。

调查表明，目前企业经营处于相对困难的时期，主要原因包括外需不足导致企业产品出口数量和出口价格均大幅下降；产能过剩矛盾日益突出，企业设备利用率下滑明显；部分企业经营者认为当前房地产调控政策在一定程度上波及相关产业企业的经营发展；中小企业融资难问题依然突出，资金紧张状况仍然比较严重。

调查显示，基于当前的宏观背景，企业经营者认为经济回暖的过程可能会比较长。企业经营者对未来持谨慎乐观的态度，预计未来企业生产、订货趋于回暖，价格跌势趋缓，盈利趋于改善，出口增长将温和回升，用工和投资计划保持一定增长。总体来看，企业经营者对 2013 年的预期好于对 2012 年四季度的预期。

调查表明，当前企业面临外需不足、产能过剩和人工成本持续上升三大困难，在此背景下，不少企业经营者积极采取措施应对困难和挑战，一方面通过提升管理水平应对日益上升的成本压力，另一方面通过增加创新投入来加快企业转型升级的步伐。与此同时，企业经营者也认识到，经营状况的下滑和盈利的减少，对企业增加创新投入形成了一定的制约，企业转型升级面临着诸多挑战，转型过程需付出较大代价。企业经营者期待政府进一步深化改革，不断完善社会保障体系、减轻企业税收负担、加快垄断行业改革、加大对战略性新兴产业的投入、弘扬企业家精神、激发企业家发展动力、积极营造鼓励创新的外部环境，推动企业的转型升级和经济的持续健康发展，为建设富强民主文明和谐的社会主义现代化国家共同努力。

一、对企业经营状况的评价及宏观经济形势的判断

1. 企业景气尤其是民营企业景气状况下滑明显，服务业企业景气状况相对平稳

调查结果显示，认为目前企业的综合经营状况“良好”的企业经营者占 24.3%，认为“一般”的占 52.3%，认为“不佳”的占 23.4%；认为“良好”的比认为“不佳”的多 0.9 个百分点，这一数

据比2011年下降了16个百分点，不过仍好于2009年一季度金融危机爆发时的水平（2009年一季度时企业处于不景气状态，认为综合经营状况“不佳”的企业经营者比“良好”的多11.9个百分点）。调查表明，目前企业的综合经营状况下滑明显（见表4）。

表4　　不同地区、规模及经济类型企业目前综合经营状况（%）

	目前经营状况			良好－不佳				
	良好	一般	不佳	2012年	2011年	2010年	2009年	2009年一季度
总体	**24.3**	**52.3**	**23.4**	**0.9**	**16.9**	**37.3**	**14.1**	**-11.9**
东部地区企业	25.0	52.0	23.0	2.0	17.6	40.4	14.5	-11.2
中部地区企业	22.9	52.9	24.2	-1.3	16.1	32.7	11.7	-17.8
西部地区企业	22.9	53.2	23.9	-1.0	14.3	31.0	13.7	-5.5
大型企业	31.6	52.9	15.5	16.1	46.5	62.9	43.4	0.0
中型企业	27.8	52.1	20.1	7.7	22.8	43.9	18.5	-10.2
小型企业	20.8	52.6	26.6	-5.8	8.9	27.7	4.4	-16.2
国有及国有控股公司	28.9	53.8	17.3	11.6	29.7	45.1	22.8	-10.7
外商及港澳台投资企业	27.8	47.5	24.7	3.1	13.2	42.5	9.0	-31.8
民营企业	21.5	53.3	25.2	-3.7	13.0	34.8	11.8	-13.8

从不同地区看，各地区企业的综合经营状况差异不大；从不同规模看，大型企业经营状况明显好于中小型企业；从不同经济类型看，国有及国有控股公司经营状况相对较好，外商及港澳台投资企业居中，而民营企业经营状况相对较差（见表4）。

调查还发现，不同行业企业的综合经营状况呈现明显差异，总体来看，服务业企业的景气状况相对平稳。调查显示，经营状况相对较好的行业有信息传输软件和信息技术服务业、住宿和餐饮业以及制造业中的医药和仪器仪表等，认为“良好”的比认为“不佳”的多20个百分点以上。而采矿业以及制造业中的纺织、化纤、非金属制品、钢铁、有色金属、通用设备、汽车、电子设备等行业经营状况相对较差，其认为“良好”的比认为“不佳”的少10个百分点以上（见表5）。

值得注意的是，与2011年相比，信息传输软件和信息技术服务业、住宿和餐饮业以及制造业中的食品、纺织、服装、造纸、金属制品和仪器仪表等行业企业景气状况下滑相对较少，医药企业的景气状况要好于2011年的水平（见表5）。

表5　　不同行业企业目前综合经营状况（%）

	目前经营状况			良好－不佳				
	良好	一般	不佳	2012	2011	2010	2009	2009一季度
总体	**24.3**	**52.3**	**23.4**	**0.9**	**16.9**	**37.3**	**14.1**	**-11.9**
农林牧渔业	24.5	58.2	17.3	7.2	18.8	26.4	14.1	15.4
采矿业	9.3	53.5	37.2	-27.9	37.0	44.6	12.3	-38.1
制造业	22.0	51.3	26.7	-4.7	11.6	35.8	10.6	-17.0
电力、热力、燃气及水的生产和供应业	34.6	50.0	15.4	19.2	37.0	44.2	25.6	-14.3
建筑业	27.3	58.7	14.0	13.3	29.6	42.2	27.8	-7.8
交通运输、仓储和邮政业	27.6	57.9	14.5	13.1	50.9	52.7	31.8	-11.8
信息传输、软件和信息技术服务业	48.2	43.2	8.6	39.6	45.1	42.8	20.8	35.0
批发和零售业	24.1	61.1	14.8	9.3	28.9	39.7	17.6	-2.7

续表

	目前经营状况			良好 - 不佳				
	良好	一般	不佳	2012	2011	2010	2009	2009 一季度
住宿和餐饮业	42.1	47.4	10.5	31.6	41.4	47.3	34.5	11.8
房地产业	28.1	50.8	21.1	7.0	19.5	28.3	34.4	-1.4
租赁和商务服务业	31.1	54.0	14.9	16.2	28.8	32.7	18.6	0.0
食品、酒及饮料制造业	30.7	45.5	23.8	6.9	7.0	24.9	14.1	4.8
纺织业	16.2	50.8	33.0	-16.8	-23.1	26.8	-9.3	-23.5
纺织服装、服饰业	20.8	53.4	25.8	-5.0	-3.7	32.8	13.5	-21.4
造纸及纸制品业	22.9	47.9	29.2	-6.3	-6.0	22.9	16.2	-12.5
化学原料及化学制品制造业	26.6	50.9	22.5	4.1	17.5	28.2	3.6	-29.5
医药制造业	44.3	47.1	8.6	35.7	21.7	39.5	32.6	23.1
化学纤维制造业	23.1	42.3	34.6	-11.5	34.4	42.4	24.3	-33.3
橡胶及塑料制品业	19.0	54.2	26.8	-7.8	3.5	24.2	13.7	-15.1
非金属矿物制品业	15.8	52.6	31.6	-15.8	9.1	23.0	-1.4	-38.0
黑色金属冶炼及压延加工业	12.3	56.1	31.6	-19.3	4.6	32.3	1.1	-26.7
有色金属冶炼及压延加工业	14.8	44.5	40.7	-25.9	20.0	30.2	-2.8	-14.3
金属制品业	25.2	50.3	24.5	0.7	4.8	41.5	12.0	-12.5
通用设备制造业	17.6	52.6	29.8	-12.2	29.7	50.7	10.9	-24.4
专用设备制造业	21.3	55.4	23.3	-2.0	31.8	49.8	18.2	-14.3
汽车制造业	18.2	48.2	33.6	-15.4	—	—	—	—
铁路、船舶、航空航天及其他运输设备制造业	22.9	51.4	25.7	-2.8	—	—	—	—
电气机械及器材制造业	25.3	51.2	23.5	1.8	16.1	41.2	17.1	-14.8
计算机、通信及其他电子设备制造业	14.3	61.0	24.7	-10.4	11.0	52.5	24.5	2.5
仪器仪表制造业	32.1	56.6	11.3	20.8	33.3	53.7	27.0	20.0

注："—"表示该年度没有涉及此项调查内容，以下同。

2. 企业产销、订货下滑，库存压力加大，产品价格下跌

企业景气状况的下滑还反映在产销量的减少上。调查结果显示，认为目前企业的生产（服务）量比 2011 年"减少"的企业经营者占 42.4%，"持平"的占 37.6%，"增加"的占 20%；认为目前企业的销售量比 2011 年"减少"的占 48.4%，"持平"的占 30.6%，"增加"的占 21%。调查发现，认为目前企业产销量"增加"的比"减少"的少 20 个百分点以上，明显低于 2011 年（见表 6）。

表 6　相对于 2011 年，企业目前的生产（服务）量、销售量情况（%）

		增加	持平	减少	增加 - 减少
目前生产（服务）量	2012 年	20.0	37.6	42.4	-22.4
	2011 年	33.6	40.1	26.3	7.3
	2010 年	45.8	39.1	15.1	30.7
	2009 年	39.0	42.5	18.5	20.5
	2009 年一季度	15.2	29.5	55.3	-40.1
目前销售量	2012 年	21.0	30.6	48.4	-27.4
	2011 年	37.1	32.8	30.1	7.0
	2010 年	51.3	31.5	17.2	34.1
	2009 年	40.0	39.3	20.7	19.3
	2009 年一季度	16.1	24.0	59.9	-43.8

产销量的大幅减少影响了企业的生产经营，调查发现，目前停产、半停产企业比重有所提高。调查结果显示，关于目前企业的生产情况，选择“停产”或“半停产”的企业经营者占23.1%，比2011年上升了5.5个百分点，为近三年来的最高值，不过仍低于2009年一季度；选择“正常运作”的占74.8%，选择“超负荷生产”的占2.1%，其中中小企业“停产”、“半停产”的比重相对较高（见表7）。

表7　　企业目前的生产情况（%）

		超负荷生产	正常运作	半停产	停产
总体	2012年	2.1	74.8	22.3	0.8
	2011年	4.6	77.8	16.8	0.8
	2010年	8.0	80.8	10.8	0.4
	2009年	3.7	74.8	20.8	0.7
	2009年一季度	1.7	72.0	25.6	0.7
	2008年	4.4	80.4	14.4	0.8
大型企业		3.0	86.2	9.4	1.4
中型企业		2.7	78.6	18.1	0.6
小型企业		1.5	70.7	27.0	0.8

在产销量大幅减少的同时，企业的库存明显增加。调查结果显示，认为目前企业的产成品库存“高于正常”的企业经营者占25.3%，比2011年上升了5.5个百分点，为近四年来的最高值；认为“正常”的占66.4%，认为“低于正常”的占8.3%（见表8）。

从不同地区看，中部地区企业的库存相对较高；从不同规模看，大型企业略高于中小企业；从不同行业看，采矿业以及制造业中的纺织、化纤、非金属制品、钢铁和通用设备等行业企业库存相对较高（见表8）。

表8　　企业目前的产成品库存情况（%）

		高于正常	正常	低于正常
总体	2012年	25.3	66.4	8.3
	2011年	19.8	69.8	10.4
	2010年	12.3	78.4	9.3
	2009年	18.3	72.9	8.8
	2009年一季度	24.0	60.6	15.4
东部地区企业		24.7	67.6	7.7
中部地区企业		27.1	63.2	9.7
西部地区企业		25.5	65.1	9.4
大型企业		26.1	69.4	4.5
中型企业		25.3	67.5	7.2
小型企业		25.0	65.3	9.7
农林牧渔业		15.8	71.6	12.6
采矿业		56.1	26.8	17.1
制造业		27.7	64.3	8.0
电力、热力、燃气及水的生产和供应业		2.2	91.3	6.5
建筑业		15.3	74.8	9.9
交通运输、仓储和邮政业		18.6	76.3	5.1
信息传输、软件和信息技术服务业		9.1	84.4	6.5
批发和零售业		22.4	67.9	9.7

续表

	高于正常	正常	低于正常
住宿和餐饮业	8.2	83.6	8.2
房地产业	27.6	59.1	13.3
租赁和商务服务业	17.2	74.2	8.6
食品、酒及饮料制造业	15.3	75.2	9.5
纺织业	41.0	54.1	4.9
纺织服装、服饰业	17.6	78.2	4.2
造纸及纸制品业	23.4	66.0	10.6
化学原料及化学制品制造业	22.6	68.6	8.8
医药制造业	21.4	75.7	2.9
化学纤维制造业	57.7	42.3	
橡胶及塑料制品业	21.7	67.5	10.8
非金属矿物制品业	38.0	55.0	7.0
黑色金属冶炼及压延加工业	35.7	55.4	8.9
有色金属冶炼及压延加工业	25.0	59.6	15.4
金属制品业	26.7	65.2	8.1
通用设备制造业	39.0	52.8	8.2
专用设备制造业	26.7	64.4	8.9
汽车制造业	28.7	65.7	5.6
铁路、船舶、航空航天及其他运输设备制造业	20.0	68.6	11.4
电气机械及器材制造业	24.7	66.3	9.0
计算机、通信及其他电子设备制造业	31.6	61.8	6.6
仪器仪表制造业	19.2	77.0	3.8

注：空白处表示答题者未选择此项。以下同。

订货情况也反映出当前市场需求的减弱。调查结果显示，认为目前订货“低于正常”的企业经营者占49.3%，比2011年上升了15.6个百分点，为近五年来的最高值；认为“正常”的占46.6%，认为“高于正常”的占4.1%。调查表明，总体来看，目前近半数的企业订货低于正常水平（见表9）。

表9　　不同行业企业目前的订货情况（%）

	高于正常	正常	低于正常	高于正常+正常			
				2012年	2011年	2010年	2009年
总体	**4.1**	**46.6**	**49.3**	**50.7**	**66.3**	**80.8**	**60.9**
农林牧渔业	6.4	57.4	36.2	63.8	74.1	80.2	65.9
采矿业		24.4	75.6	24.4	82.6	92.7	67.1
制造业	4.4	42.1	53.5	46.5	62.7	79.6	57.2
电力、热力、燃气及水的生产和供应业	4.7	72.0	23.3	76.7	86.2	90.5	78.5
建筑业	4.1	55.9	40.0	60.0	75.2	86.2	73.0
交通运输、仓储和邮政业		57.1	42.9	57.1	80.0	86.1	70.1
信息传输、软件和信息技术服务业	7.8	67.5	24.7	75.3	83.9	87.0	63.5
批发和零售业	1.8	58.6	39.6	60.4	76.8	84.0	67.0
住宿和餐饮业	4.3	57.4	38.3	61.7	83.3	75.0	60.7
房地产业	1.0	50.9	48.1	51.9	59.2	63.7	80.3
租赁和商务服务业	1.5	55.4	43.1	56.9	84.6	82.2	72.5
食品、酒及饮料制造业	7.0	52.1	40.9	59.1	69.8	80.1	69.0
纺织业	2.2	44.6	53.2	46.8	39.6	81.2	49.0

续表

	高于正常	正常	低于正常	高于正常+正常			
				2012年	2011年	2010年	2009年
纺织服装、服饰业	3.4	49.1	47.5	52.5	58.5	86.3	58.3
造纸及纸制品业	2.1	38.3	59.6	40.4	71.4	82.3	67.6
化学原料及化学制品制造业	5.3	47.4	47.3	52.7	67.2	79.3	50.1
医药制造业	8.8	66.2	25.0	75.0	82.1	81.0	79.2
化学纤维制造业		36.0	64.0	36.0	59.4	73.1	72.7
橡胶及塑料制品业	5.4	36.7	57.9	42.1	56.3	71.3	58.0
非金属矿物制品业	3.2	40.4	56.4	43.6	63.3	74.6	57.0
黑色金属冶炼及压延加工业	1.8	22.8	75.4	24.6	56.9	77.3	53.1
有色金属冶炼及压延加工业	1.9	34.0	64.1	35.9	68.5	81.0	47.2
金属制品业	3.8	47.5	48.7	51.3	59.1	74.4	55.4
通用设备制造业	3.7	33.6	62.7	37.3	66.4	84.0	54.6
专用设备制造业	6.6	41.8	51.6	48.4	70.3	83.0	56.1
汽车制造业	3.7	27.1	69.2	30.8	—	—	—
铁路、船舶、航空航天及其他运输设备制造业	5.7	31.4	62.9	37.1	—	—	—
电气机械及器材制造业	3.1	44.2	52.7	47.3	66.3	79.7	57.4
计算机、通信及其他电子设备制造业	4.1	37.8	58.1	41.9	56.1	83.6	60.4
仪器仪表制造业	5.8	42.3	51.9	48.1	72.3	89.5	58.1

从不同行业看，采矿业以及制造业中的化纤、钢铁、有色金属、通用设备、汽车和其他运输设备等行业订货情况相对较差，订货“低于正常”的企业比重超过六成，而电力热力燃气及水的生产和供应业、信息传输软件和信息技术服务业以及制造业中的医药等行业则相对较好，订货“正常”或“高于正常”的企业比重超过七成（见表9）。

企业销售的大幅下滑和订货的减少意味着目前市场需求的减弱，而需求减弱将导致企业经营者对库存压力感觉强烈，企业因此会强化“去库存化”的行为。“去库存化”会导致产品销售价格的进一步下跌。调查结果显示，认为目前企业产品价格比2011年同期“下降”的企业经营者占46.6%，“持平”的占39.8%，“上升”的占13.6%；价格“上升”的比“下降”的少33个百分点，比2011年低了39.4个百分点，为近三年来的最低值（见表10）。

表10　　相对于去年，不同行业企业目前的销售价格情况（%）

	上升	持平	下降	上升－下降			
				2012年	2011年	2010年	2009年一季度
总体	**13.6**	**39.8**	**46.6**	**-33.0**	**6.4**	**6.0**	**-57.8**
农林牧渔业	39.6	28.1	32.3	7.3	30.7	43.8	-40.0
采矿业	2.4	16.7	80.9	-78.5	39.2	29.1	-70.0
制造业	9.8	37.2	53.0	-43.2	0.7	1.1	-63.0
电力、热力、燃气及水的生产和供应业	22.0	66.0	12.0	10.0	15.5	20.6	-11.1
建筑业	17.1	49.3	33.6	-16.5	17.4	10.5	-48.5
交通运输、仓储和邮政业	14.3	60.0	25.7	-11.4	32.6	19.2	-42.4
信息传输、软件和信息技术服务业	26.0	42.8	31.2	-5.2	-15.0	-19.7	-42.1
批发和零售业	29.9	37.7	32.4	-2.5	37.0	23.3	-47.3

续表

	上升	持平	下降	上升 - 下降			
				2012 年	2011 年	2010 年	2009 年一季度
住宿和餐饮业	28.3	50.9	20.8	7.5	64.0	10.8	-26.7
房地产业	18.0	46.0	36.0	-18.0	13.0	31.2	-50.0
租赁和商务服务业	23.9	55.2	20.9	3.0	24.0	20.8	-43.5
食品、酒及饮料制造业	37.1	43.0	19.9	17.2	42.9	35.6	-20.2
纺织业	7.2	37.0	55.8	-48.6	-16.6	49.1	-69.1
纺织服装、服饰业	11.9	42.4	45.7	-33.8	24.3	33.6	-58.2
造纸及纸制品业	8.3	35.4	56.3	-48.0	-10.1	0.1	-83.3
化学原料及化学制品制造业	9.6	38.3	52.1	-42.5	5.3	-7.2	-83.5
医药制造业	12.9	41.4	45.7	-32.8	-4.8	-18.8	-20.5
化学纤维制造业	3.8	34.6	61.6	-57.8	28.1	30.7	-100.0
橡胶及塑料制品业	6.1	36.8	57.1	-51.0	-3.6	-14.2	-75.0
非金属矿物制品业	11.4	36.1	52.5	-41.1	2.3	-2.8	-56.5
黑色金属冶炼及压延加工业	1.8	17.5	80.7	-78.9	23.0	1.5	-89.7
有色金属冶炼及压延加工业	7.4	11.1	81.5	-74.1	7.3	11.1	-86.1
金属制品业	6.2	30.4	63.4	-57.2	-5.8	-5.2	-69.6
通用设备制造业	4.1	35.8	60.1	-56.0	-7.8	-11.7	-54.1
专用设备制造业	5.9	39.5	54.6	-48.7	-9.4	-19.1	-59.5
汽车制造业	0.9	34.9	64.2	-63.3	—	—	—
铁路、船舶、航空航天及其他运输设备制造业	5.7	37.1	57.2	-51.5	—	—	—
电气机械及器材制造业	6.1	41.7	52.2	-46.1	-11.4	-14.6	-75.0
计算机、通信及其他电子设备制造业	7.9	27.6	64.5	-56.6	-15.9	-27.9	-75.0
仪器仪表制造业	7.7	55.8	36.5	-28.8	-2.1	-34.1	-40.0

从不同行业看，价格下跌较多的行业有：采矿业以及制造业中的化纤、橡胶塑料、钢铁、有色金属、金属制品、通用设备、汽车、其他运输设备和电子设备等，其价格“上升”的比“下降”的少50个百分点以上，而农林牧渔业、电力热力燃气及水的生产和供应业、住宿和餐饮业、租赁和商务服务业以及制造业中的食品等行业则相对较好，价格“上升”的企业要多于“下降”的（见表10）。

3. 企业人工成本持续上升，盈利有所下滑

近年来，人工成本上升一直是企业面临的主要困难之一。调查结果显示，关于当前企业经营发展中遇到的最主要困难，选择“人工成本上升”的企业经营者占75.3%，连续三年排在所有选项的第一位。其他选择比重较高的选项还有：“社保、税费负担过重”（51.8%）、“企业利润率太低”（44.8%）、“资金紧张”（35%）、“能源、原材料成本上升”（31.3%）和“整个行业产能过剩”（30.9%），值得注意的是，选择“能源、原材料成本上升”的比重明显低于前两年，排名也从第二位下降到第五位（见表11）。

本次调查进一步了解了2012年以来企业人工成本和物料采购价格的变化情况。调查结果显示，认为目前企业人工成本比2011年年末“上升”的企业经营者占87.8%，“持平”的占11.4%，“下降”的占0.8%；认为“上升”的比“下降”的多87个百分点，比2011年下降了10.2个百分点。其中，西部地区企业和中型企业人工成本上升相对较多（见表12）。

表 11　　当前企业经营发展中遇到的最主要困难（%）

	2012 年	2011 年	2010 年
人工成本上升	75.3	79.0	72.5
社保、税费负担过重	51.8	43.3	47.3
企业利润率太低	44.8	39.1	—
资金紧张	35.0	38.8	42.1
能源、原材料成本上升	31.3	57.7	56.0
整个行业产能过剩	30.9	22.9	26.9
缺乏人才	29.7	32.8	47.8
未来影响企业发展的不确定因素太多	27.4	19.9	—
国内需求不足	25.5	7.7	10.6
企业招工困难	22.3	28.9	—
缺乏创新能力	13.8	11.2	24.6
出口需求不足	11.6	5.2	7.7
资源、环境约束较大	8.4	8.2	18.1
人民币升值过快	7.9	18.7	—
企业领导人发展动力不足	7.8	7.1	9.2
地方政府干预较多	6.4	6.1	6.8
遭受侵权等不正当竞争	6.0	7.6	11.5
缺乏投资机会	3.2	2.9	4.9
电力供应不足	1.1	9.3	—

表 12　　相对于去年末，企业目前的人工成本情况（%）

	上升	持平	下降	上升－下降			
				2012 年	2011 年	2010 年	2009 年
总体	**87.8**	**11.4**	**0.8**	**87.0**	**97.2**	**93.8**	**60.2**
东部地区企业	87.7	11.6	0.7	87.0	97.8	94.9	58.9
中部地区企业	87.2	12.2	0.6	86.6	96.0	93.4	61.3
西部地区企业	90.4	8.4	1.2	89.2	95.9	94.0	62.3
大型企业	87.1	12.1	0.8	86.3	95.7	91.2	54.8
中型企业	89.7	9.5	0.8	88.9	97.8	94.2	60.6
小型企业	86.9	12.4	0.7	86.2	97.0	94.1	60.6

关于企业的物料采购价格，调查结果显示，认为目前物料采购价格比 2011 年年末“上升”的企业经营者占 39.8%，“持平”的占 29.6%，“下降”的占 30.6%；认为“上升”的比“下降”的多 9.2 个百分点，比 2011 年下降了 72.4 个百分点。其中，东部地区企业和中型企业物料采购价格下降相对较多（见表 13）。

表 13　　相对于去年，企业目前的物料采购价格情况（%）

	上升	持平	下降	上升－下降			
				2012 年	2011 年	2010 年	2009 年
总体	**39.8**	**29.6**	**30.6**	**9.2**	**81.6**	**74.2**	**49.0**
东部地区企业	36.0	31.7	32.3	3.7	81.0	74.9	49.9
中部地区企业	46.1	24.5	29.4	16.7	84.3	76.4	48.5
西部地区企业	49.1	27.1	23.8	25.3	80.4	71.4	47.8
大型企业	42.7	25.4	31.9	10.8	82.2	74.8	46.7
中型企业	39.2	28.8	32.0	7.2	83.8	75.4	48.3
小型企业	39.6	30.7	29.7	9.9	80.0	73.0	50.1

关于上半年企业盈亏情况，调查结果显示，上半年盈利（包括“较大盈利”和“略有盈余”，下同）的企业占 49.7%，比 2011 年下降了 9 个百分点；“收支平衡”的占 22.1%；亏损（包括“亏损”和“严重亏损”，下同）的占 28.2%，比 2011 年上升了 7.2 个百分点，与 2009 年大体相当，但明显低于 2009 年一季度的调查结果（见表 14）。

表 14　　企业目前的盈利情况（%）

	较大盈利	略有盈余	收支平衡	亏损	严重亏损
2012 年	4.5	45.2	22.1	24.5	3.7
2011 年	8.0	50.7	20.3	19.1	1.9
2010 年	13.1	54.8	17.3	13.7	1.1
2009 年	7.0	44.4	20.5	24.8	3.3
2009 年一季度	4.8	36.8	22.2	32.3	3.9

盈利情况是企业生产经营健康与否的重要指标。调查表明，销售收入增长放缓和人工成本持续上升对企业盈利带来了不利影响，与此同时，物料采购价格的回落在一定程度上缓解了成本上升的压力，综合来看，企业盈利状况比 2011 年有所回落，但要好于 2009 年一季度。

调查还发现，认为目前盈利“低于正常”的企业经营者占 61.6%，比 2011 年多了 6.9 个百分点；“正常”的占 36.5%，“好于正常”的占 1.9%。从不同地区看，西部地区企业相对较好；从不同规模看，大型企业明显好于中小企业；从不同经济类型看，国有及国有控股公司明显好于民营企业和外资企业（见表 15）。

表 15　　不同地区、规模及经济类型企业目前的盈利情况（%）

		好于正常	正常	低于正常
总体	2012 年	1.9	36.5	61.6
	2011 年	3.2	42.1	54.7
	2010 年	6.9	56.9	36.2
	2009 年	5.2	42.1	52.7
东部地区企业		1.7	35.7	62.6
中部地区企业		2.2	36.0	61.8
西部地区企业		2.4	40.9	56.7
大型企业		3.1	42.5	54.4
中型企业		2.1	37.9	60.0
小型企业		1.6	34.5	63.9
国有及国有控股公司		2.9	49.2	47.9
外商及港澳台投资企业		1.6	36.5	61.9
民营企业		1.5	33.4	65.1

从不同行业看，目前盈利情况相对较好的行业有：电力热力燃气及水的生产和供应业、交通运输仓储和邮政业、信息传输软件和信息技术服务业、住宿和餐饮业、租赁和商务服务业以及制造业中的医药等行业，盈利“正常”或“好于正常”的企业超过一半，而采矿业以及制造业中的纺织、钢铁等行业则相对较差，盈利“低于正常”的企业超过八成（见表 16）。

4. 投资、消费和出口需求相对不足，宏观经济运行热度明显下降

企业景气的回落影响了企业经营者对当前宏观经济形势的判断。调查结果显示，认为目前宏观经济“偏冷”的企业经营者占 49.5%，认为“过冷”的占 7.7%，两者合计比重比 2011 年上升了 31.7 个百分点，为近三年来的最高值，不过仍低于 2009 年一季度的调查结果；认为“偏热”或“过热”

表 16　　不同行业企业目前的盈利情况（%）

		好于正常	正常	低于正常
总体	2012 年	1.9	36.5	61.6
	2011 年	3.2	42.1	54.7
	2010 年	6.9	56.9	36.2
	2009 年	5.2	42.1	52.7
农林牧渔业		2.2	47.3	50.5
采矿业			12.2	87.8
制造业		1.7	31.4	66.9
电力、热力、燃气及水的生产和供应业		6.0	60.0	34.0
建筑业		3.4	43.4	53.2
交通运输、仓储和邮政业			51.4	48.6
信息传输、软件和信息技术服务业		6.3	62.4	31.3
批发和零售业		1.4	44.1	54.5
住宿和餐饮业		3.8	50.9	45.3
房地产业			49.1	50.9
租赁和商务服务业		1.4	55.1	43.5
食品、酒及饮料制造业		2.1	41.2	56.7
纺织业			19.1	80.9
纺织服装、服饰业		0.8	26.1	73.1
造纸及纸制品业		2.1	25.0	72.9
化学原料及化学制品制造业		2.1	36.9	61.0
医药制造业		11.4	45.7	42.9
化学纤维制造业			26.9	73.1
橡胶及塑料制品业		2.5	28.2	69.3
非金属矿物制品业		1.3	27.4	71.3
黑色金属冶炼及压延加工业		1.8	14.0	84.2
有色金属冶炼及压延加工业		1.9	19.2	78.9
金属制品业		1.3	30.6	68.1
通用设备制造业		2.2	28.6	69.2
专用设备制造业		2.3	35.4	62.3
汽车制造业		0.9	23.4	75.7
铁路、船舶、航空航天及其他运输设备制造业			25.7	74.3
电气机械及器材制造业		0.6	36.8	62.6
计算机、通信及其他电子设备制造业		1.3	32.9	65.8
仪器仪表制造业		1.9	48.1	50.0

的占9.9%，明显低于2011年；认为“正常”的占23.2%，认为“尚难判断”的占9.7%。调查表明，企业经营者认为2012年以来宏观经济运行热度明显下降（见表17、图1）。

表 17　　2001~2012 年企业经营者对宏观经济运行的总体判断（%）

	过热	偏热	正常	偏冷	过冷	尚难判断
2012 年	1.4	8.5	23.2	49.5	7.7	9.7
2011 年	5.1	29.9	28.1	23.6	1.9	11.4
2010 年	2.7	30.5	47.3	10.2	0.3	9.0
2009 年	1.8	20.7	39.5	24.6	0.6	12.8
2009 年一季度	0.3	6.0	23.9	50.4	5.9	13.5
2008 年	3.6	26.1	29.1	27.2	1.6	12.4

续表

	过热	偏热	正常	偏冷	过冷	尚难判断
2007 年	8.7	57.0	29.4	1.9	0.0	3.0
2006 年	3.8	44.9	42.0	4.4	0.1	4.8
2005 年	2.6	25.9	49.4	14.9	0.6	6.6
2004 年	5.5	44.2	34.4	8.1	0.3	7.5
2003 年	2.6	28.1	53.0	10.3	0.2	5.8
2002 年	0.6	10.6	57.9	23.9	1.0	6.0
2001 年	2.2	9.8	44.4	29.2	1.6	12.8

注：0.0 表示答题者选择了此项，但选择比重小于 0.05%。以下同。

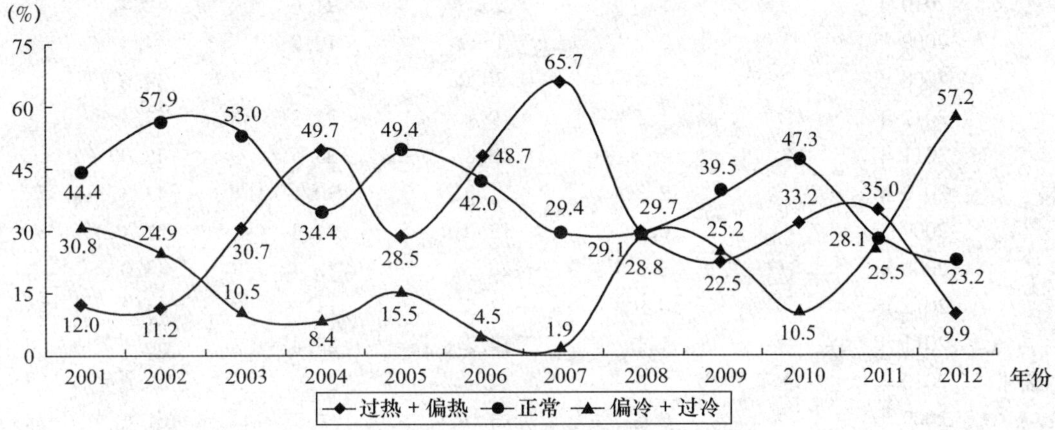

图 1　2001 ~ 2012 年企业经营者对宏观经济运行的总体判断

关于对当前宏观经济形势的判断，调查结果显示，认为当前宏观经济形势“很好”或“较好”的企业经营者占 14.6%，比 2011 年下降了 16.7 个百分点，为近三年来的最低值，但仍高于 2009 年一季度；认为“一般”的占 38.1%；认为“很差”或“较差”的占 47.3%，比 2011 年提高了 22.5 个百分点（见表 18）。

表 18　　企业经营者对当前宏观经济形势的判断（%）

	很好	较好	一般	较差	很差
2012 年	1.3	13.3	38.1	37.4	9.9
2011 年	2.4	28.9	43.9	21.0	3.8
2010 年	5.1	51.2	37.1	5.9	0.7
2009 年	3.1	36.9	46.7	12.4	0.9
2009 年一季度	1.4	16.0	41.6	35.5	5.5

需求不足是当前宏观经济运行趋冷的重要原因之一。从外贸出口需求看，调查结果显示，认为出口需求“不足”或“严重不足”的企业经营者占 84%，比 2011 年上升了 27.1 个百分点，为近五年来的最高值；认为“合适”的占 11.6%；认为“很旺”或“较旺”的仅占 4.4%，为近五年来的最低值（见表 19）。

从投资需求看，认为民间投资需求“不足”或“严重不足”的企业经营者占 67.4%，比 2011 年上升了 15.2 个百分点，为近五年来的最高值；“合适”的占 15.8%，“很旺”或“较旺”的占 16.8%，比 2011 年下降了 15.4 个百分点，为近五年来的最低值（见表 19）。

从消费需求看，调查结果显示，认为消费需求“不足”或“严重不足”的企业经营者占 65.8%，比 2011 年上升了 11.8 个百分点，为近五年来的最高值；“合适”的占 22.8%；“很旺”或“较旺”的占11.4%，比2011年下降了11.1个百分点，为近五年来的最低值（见表19）。

表19　　2008～2012年企业经营者对国民经济需求状况的判断（%）

		很旺	较旺	合适	不足	严重不足
政府投资需求	2012年	9.9	31.4	26.1	30.3	2.3
	2011年	18.1	40.8	19.0	20.4	1.7
	2010年	21.1	44.2	20.3	13.5	0.9
	2009年	26.4	43.1	18.0	11.7	0.8
	2008年	12.2	35.1	26.1	24.7	1.9
民间投资需求	2012年	2.6	14.2	15.8	56.8	10.6
	2011年	6.4	25.8	15.6	45.8	6.4
	2010年	5.6	26.3	21.6	42.4	4.1
	2009年	2.2	16.9	19.9	54.4	6.6
	2008年	5.8	30.0	19.0	39.6	5.6
消费需求	2012年	1.5	9.9	22.8	57.3	8.5
	2011年	2.7	19.8	23.5	48.0	6.0
	2010年	2.3	21.0	30.1	43.3	3.3
	2009年	0.8	12.0	31.3	51.4	4.5
	2008年	2.3	20.1	30.1	44.0	3.5
外贸出口需求	2012年	0.9	3.5	11.6	64.2	19.8
	2011年	1.2	14.5	27.4	50.1	6.8
	2010年	1.6	17.1	27.9	48.6	4.8
	2009年	0.6	3.0	6.7	61.6	28.1
	2008年	1.7	14.8	22.8	52.9	7.8

关于钢材、土地以及煤电油运等大宗产品的市场供应情况，调查结果显示，认为钢材供应充分（包括“非常充分”和“基本充分”，下同）的企业经营者占83.8%，“大体平衡”的占15.1%，短缺（包括“存在短缺”和“严重短缺”，下同）的仅占1.1%；认为电力供应充分的占70.8%，“大体平衡”的占22.7%，短缺的占6.5%；认为煤炭供应充分的占64.7%，“大体平衡”的占28.8%，短缺的占6.5%；认为石油供应充分的占51.7%，“大体平衡”的占37%，短缺的占11.3%；认为铁路运输充分的占35%，“大体平衡”的占42.2%，短缺的占22.8%；认为土地供应充分的占26%，“大体平衡”的占32%，短缺的占42%（见表20）。

表20　　对企业所在地区钢材、土地及煤电油运市场供应情况的评价（%）

		非常充分	基本充分	大体平衡	存在短缺	严重短缺
钢材	**总体**	**51.6**	**32.2**	**15.1**	**1.1**	
	东部地区企业	52.6	31.6	14.9	0.9	
	中部地区企业	51.5	31.2	16.2	1.1	
	西部地区企业	47.0	36.6	14.4	2.0	
电力	**总体**	**26.2**	**44.6**	**22.7**	**6.1**	**0.4**
	东部地区企业	25.6	44.4	23.4	6.1	0.5
	中部地区企业	29.1	44.9	19.7	6.1	0.2
	西部地区企业	25.0	44.9	23.9	5.8	0.4
石油	**总体**	**14.2**	**37.5**	**37.0**	**10.3**	**1.0**
	东部地区企业	14.6	38.1	36.6	9.8	0.9
	中部地区企业	13.6	37.0	37.2	11.1	1.1
	西部地区企业	13.0	35.2	38.6	11.6	1.6

续表

		非常充分	基本充分	大体平衡	存在短缺	严重短缺
煤炭	**总体**	**27.4**	**37.3**	**28.8**	**6.1**	**0.4**
	东部地区企业	25.5	38.0	30.5	5.7	0.3
	中部地区企业	32.5	34.6	25.5	6.9	0.5
	西部地区企业	28.4	38.4	25.9	6.9	0.4
土地	**总体**	**6.4**	**19.6**	**32.0**	**32.6**	**9.4**
	东部地区企业	5.0	16.8	32.0	35.1	11.1
	中部地区企业	8.8	26.0	32.0	27.9	5.3
	西部地区企业	9.8	23.8	32.9	26.7	6.8
铁路运输	**总体**	**6.6**	**28.4**	**42.2**	**18.6**	**4.2**
	东部地区企业	6.8	29.3	43.6	17.1	3.2
	中部地区企业	7.0	27.5	39.3	21.2	5.0
	西部地区企业	5.1	25.0	39.8	21.9	8.2
其他基础设施	**总体**	**3.5**	**21.2**	**45.1**	**27.4**	**2.8**
	东部地区企业	3.9	23.0	46.7	24.4	2.0
	中部地区企业	2.8	17.2	43.9	32.4	3.7
	西部地区企业	2.2	18.3	39.1	35.1	5.3

调查表明，目前我国重要的资源和基础设施供应总体是充分和平衡的，其中能源和原材料供应呈现过剩迹象。我国作为一个能源等重要资源相对匮乏的国家，应当珍惜当前因经济适度回落和宏观调控带来的资源供应紧张状况有所缓解的机遇，进一步加大节能减排力度，促进产业结构升级，加快经济转型的步伐。

二、当前企业经营发展面临的困难

调查发现，当前企业面临的困难，既有外部因素，也有内部因素。从外部看，欧债危机的蔓延导致全球经济波动加剧、复苏放缓，进而影响到中国企业出口的下滑；从内部看，突出反映了三方面的问题：一是由于前些年制造业投资过快增长，造成产能增加过快，在经济下滑时期，产能过剩的矛盾日益突出；二是房地产调控需突破两难困境，即一方面要在确保房地产业平稳健康发展的同时使过高的房价有效回落到合理价位，另一方面要防止房地产调控给房地产业及其相关行业的企业带来较大困难；三是近年来制约中小企业发展的融资难问题依然突出，中小企业的资金紧张状况仍然比较严重。

1. 外需不足对企业出口有较大不利影响

2012年以来，受到全球经济复苏放缓的影响，我国的出口需求明显萎缩。调查结果显示，认为目前外贸出口需求“严重不足”的企业经营者占19.8%，“不足”的占64.2%，两者合计比重比2011年高了27.1个百分点，为近三年来的最高值；认为“合适”的占11.6%；认为“很旺”或“较旺”的仅占4.4%，为近三年来的最低值（见表21）。

表21　　2008～2012年企业经营者对外贸出口需求状况的判断（%）

	很旺	较旺	合适	不足	严重不足
2012年	0.9	3.5	11.6	64.2	19.8
2011年	1.2	14.5	27.4	50.1	6.8
2010年	1.6	17.1	27.9	48.6	4.8
2009年	0.6	3.0	6.7	61.6	28.1
2008年	1.7	14.8	22.8	52.9	7.8

外需的萎缩影响了我国企业的出口。在本次调查样本中，有产品出口的企业占44.3%，其出口额占销售收入的比重平均为41.2%（见表22）。本次调查了解了这些企业的产品出口数量和价格情况。调查结果显示，2012年企业产品出口数量比2011年“下降”的占45.7%，其中“下降10%以上”的占26.5%，“下降10%及以内”的占19.2%；“持平”的占26.1%；“增长”的占28.2%，其中“增长10%以上”的占14.2%，“增长10%及以内”的占14%。出口数量“增长”的比“下降”的少17.5个百分点，这一数据比2011年下降了30.9个百分点（见表23）。

表22　　企业产品出口情况（%）

		有产品出口		没有产品出口
		%	出口额占销售收入的比重	
总体	2012年	44.3	41.2	55.7
	2011年	46.9	43.1	53.1
	2010年	41.3	39.6	58.7
东部地区企业		52.5	44.7	47.5
中部地区企业		29.9	27.6	70.1
西部地区企业		22.3	24.5	77.7

表23　　与去年相比，企业的产品出口数量增减情况（%）

		增长10%以上	增长10%及以内	持平	下降10%及以内	下降10%以上	增长－下降
总体	2012年	14.2	14.0	26.1	19.2	26.5	－17.5
	2011年	24.7	18.2	27.6	14.4	15.1	13.4
制造业		14.0	14.2	26.4	18.8	26.6	－17.2
食品、酒及饮料制造业		16.9	18.6	18.6	22.0	23.9	－10.4
纺织业		7.8	14.7	21.6	16.7	39.2	－33.4
纺织服装、服饰业		9.9	11.0	17.6	22.0	39.5	－40.6
造纸及纸制品业		31.2	31.2	18.8	6.3	12.5	43.6
化学原料及化学制品制造业		19.2	15.4	24.0	15.4	26.0	－6.8
医药制造业		3.3	6.7	46.7	30.0	13.3	－33.3
化学纤维制造业		11.1		55.6	22.2	11.1	－22.2
橡胶及塑料制品业		16.5	15.3	22.4	21.2	24.6	－14.0
非金属矿物制品业		8.2	14.8	24.6	27.8	24.6	－29.4
黑色金属冶炼及压延加工业		24.2	17.2	17.2	17.2	24.2	0.0
有色金属冶炼及压延加工业		15.4	23.1	30.7	15.4	15.4	7.7
金属制品业		15.2	13.3	23.9	23.8	23.8	－19.1
通用设备制造业		20.7	8.6	26.7	13.8	30.2	－14.7
专用设备制造业		11.7	16.8	34.3	19.0	18.2	－8.7
汽车制造业		7.8	10.9	36.0	20.3	25.0	－26.6
铁路、船舶、航空航天及其他运输设备制造业		7.1	7.1	43.0	21.4	21.4	－28.6
电气机械及器材制造业		17.7	15.2	29.2	10.1	27.8	－5.0
计算机、通信及其他电子设备制造业		8.0	20.0	30.0	14.0	28.0	－14.0
仪器仪表制造业		21.4	7.1	35.7	17.9	17.9	－7.3

注：“增长”包括“增长10%以上”和“增长10%及以内”，“下降”包括“下降10%及以内”和“下降10%以上”，下同。

从不同行业看，出口数量下降较多的行业有：纺织、服装、医药等，出口数量“增长”的比“下降”的少30个百分点以上；而造纸和有色金属等行业相对较好，出口数量“增长”的企业要多于

“下降”的（见表23）。

在出口数量大幅下降的同时，企业产品的出口价格也明显下跌。调查结果显示，2012 年企业产品出口价格比 2011 年“下降”的占 43.3%，其中“下降 10% 以上”的占 10.2%，“下降 10% 及以内”的占 33.1%；“持平”的占 43.5%；“增长”的占 13.2%，其中“增长 10% 以上”的占 2.3%，“增长 10% 及以内”的占 10.9%。出口价格“增长”的比“下降”的少 30.1 个百分点，这一数据比 2011 年下降了 37.3 个百分点（见表 24）。

从不同行业看，出口价格下降较多的行业有：纺织、钢铁、有色金属、金属制品和通用设备等，出口价格“增长”的比“下降”的少 40 个百分点以上；而食品行业相对较好，出口价格“增长”的与“下降”的大致相当（见表 24）。

表 24　　与去年相比，企业的产品出口价格增减情况（%）

		增长 10% 以上	增长 10% 及以内	持平	下降 10% 及以内	下降 10% 以上	增长 - 下降
总体	2012 年	2.3	10.9	43.5	33.1	10.2	-30.1
	2011 年	8.4	25.9	38.6	21.7	5.4	7.2
制造业		2.1	10.4	44.4	32.7	10.4	-30.6
食品、酒及饮料制造业		10.7	19.6	39.4	23.2	7.1	0.0
纺织业		1.0	10.2	31.6	38.8	18.4	-46.0
纺织服装、服饰业		2.2	7.8	45.5	37.8	6.7	-34.5
造纸及纸制品业		12.5	6.3	49.9	31.3		-12.5
化学原料及化学制品制造业		1.9	15.1	29.2	36.8	17.0	-36.8
医药制造业		6.9	6.9	41.4	37.9	6.9	-31.0
化学纤维制造业			11.1	55.6	11.1	22.2	-22.2
橡胶及塑料制品业		2.3	9.3	38.4	40.7	9.3	-38.4
非金属矿物制品业			8.5	45.7	40.7	5.1	-37.3
黑色金属冶炼及压延加工业				51.8	37.9	10.3	-48.2
有色金属冶炼及压延加工业			11.5	23.1	46.2	19.2	-53.9
金属制品业		1.0	5.8	46.1	30.8	16.3	-40.3
通用设备制造业		1.8	6.1	43.9	42.1	6.1	-40.3
专用设备制造业		1.5	8.2	55.2	26.9	8.2	-25.4
汽车制造业			9.1	50.0	34.8	6.1	-31.8
铁路、船舶、航空航天及其他运输设备制造业			15.4	38.4	30.8	15.4	-30.8
电气机械及器材制造业		1.3	10.3	55.0	23.1	10.3	-21.8
计算机、通信及其他电子设备制造业		2.0	12.2	45.0	30.6	10.2	-26.6
仪器仪表制造业			14.3	57.1	25.0	3.6	-14.3

2. 产能过剩问题比较突出

长期以来，我国经济增长对出口有较大依赖，受欧债危机影响世界经济增长放缓，这在导致我国出口增长回落的同时也加剧了产能过剩的现象。本次调查了解了目前企业产能过剩的情况。调查结果显示，认为本行业产能过剩“非常严重”的企业经营者占 12.8%，“比较严重”的占 54.3%，“基本不存在”的占 32.9%。从不同行业看，纺织、服装、造纸、化纤、非金属制品、钢铁、有色金属、通用设备、汽车和电气机械等行业产能过剩问题突出，产能过剩“比较严重”或“非常严重”的企业超过四分之三（见表 25）。

表 25　　对本企业所在行业产能过剩情况的判断（%）

	非常严重	比较严重	基本不存在
总体	**12.8**	**54.3**	**32.9**
农林牧渔业	7.4	50.5	42.1
采矿业	11.6	60.5	27.9
制造业	14.9	57.5	27.6
电力、热力、燃气及水的生产和供应业	4.1	26.5	69.4
建筑业	10.7	47.0	42.3
交通运输、仓储和邮政业	11.0	46.5	42.5
信息传输、软件和信息技术服务业	1.3	41.0	57.7
批发和零售业	9.2	54.1	36.7
住宿和餐饮业	3.9	45.1	51.0
房地产业	7.5	48.6	43.9
租赁和商务服务业	5.6	44.4	50.0
食品、酒及饮料制造业	12.9	44.6	42.5
纺织业	18.8	60.8	20.4
纺织服装、服饰业	17.4	60.3	22.3
造纸及纸制品业	14.9	61.7	23.4
化学原料及化学制品制造业	11.9	52.3	35.8
医药制造业	16.2	41.2	42.6
化学纤维制造业	38.5	42.3	19.2
橡胶及塑料制品业	13.0	58.6	28.4
非金属矿物制品业	20.1	61.7	18.2
黑色金属冶炼及压延加工业	22.0	57.7	20.3
有色金属冶炼及压延加工业	27.8	53.7	18.5
金属制品业	10.4	62.8	26.8
通用设备制造业	13.1	65.6	21.3
专用设备制造业	10.8	58.5	30.7
汽车制造业	15.6	66.1	18.3
铁路、船舶、航空航天及其他运输设备制造业	20.0	40.0	40.0
电气机械及器材制造业	16.4	59.4	24.2
计算机、通信及其他电子设备制造业	11.8	52.7	35.5
仪器仪表制造业	3.8	67.4	28.8

产能过剩还体现在设备利用率的下滑上。调查结果显示，认为 2012 年设备利用率在“75% 及以下”的企业经营者占 49.2%，“75% ~90%”的占 34.1%，“90% 以上”的占 16.7%，企业总体平均设备利用率为 72.7%，比 2010 年下降了 5.6 个百分点，比 2008 年下降了 4.7 个百分点。从不同行业看，食品、橡胶塑料、钢铁、有色金属和汽车等行业平均设备利用率低于 70%，相对较低（见表 26）。

表 26　　不同制造业企业今年的设备利用率情况（%）

		75% 及以下	75% ~90%	90% 以上	平均设备利用率
总体	2012 年	49.2	34.1	16.7	72.7
	2010 年	35.1	39.7	25.2	78.3
	2008 年	37.1	49.0	13.9	77.4
制造业总体		52.0	33.8	14.2	71.8
食品、酒及饮料制造业		59.2	30.9	9.9	67.7
纺织业		45.3	34.3	20.4	74.8
纺织服装、服饰业		44.5	42.9	12.6	74.6

续表

	75%及以下	75%~90%	90%以上	平均设备利用率
造纸及纸制品业	37.0	41.3	21.7	74.6
化学原料及化学制品制造业	52.5	30.1	17.4	71.4
医药制造业	33.8	41.6	24.6	78.4
化学纤维制造业	54.2	20.8	25.0	75.5
橡胶及塑料制品业	60.6	32.1	7.3	68.1
非金属矿物制品业	53.3	32.0	14.7	70.8
黑色金属冶炼及压延加工业	52.7	33.3	14.0	68.8
有色金属冶炼及压延加工业	53.7	38.9	7.4	67.8
金属制品业	54.6	34.4	11.0	71.6
通用设备制造业	52.1	34.3	13.6	71.7
专用设备制造业	46.7	36.6	16.7	74.8
汽车制造业	64.5	29.0	6.5	66.6
铁路、船舶、航空航天及其他运输设备制造业	45.5	30.3	24.2	74.7
电气机械及器材制造业	49.1	31.8	19.1	73.3
计算机、通信及其他电子设备制造业	52.0	38.4	9.6	73.8
仪器仪表制造业	44.0	34.0	22.0	74.7

3. *房地产调控需突破两难困境*

投资需求的下滑在一定程度上受到了宏观调控政策，尤其是房地产调控政策的影响，这也可以从当前房地产业企业景气状况明显下滑上得到印证（见表5）。房地产调控的目的是在确保房地产业平稳健康发展的同时，使过高的房价有效回落到合理价位，而与此同时，房地产调控一定程度上影响了房地产开发投资的增长和销售的回暖，并或多或少地波及到相关产业，加大了这些相关产业企业的困难。调查结果显示，关于“未来6个月我国经济将面临的主要问题或风险”，企业经营者选择比重最高的四项依次是“经济增长下滑”（75.6%）、“出口环境恶化”（59.6%）、“房地产调控引发的相关问题”（53%）和“中小企业融资困难”（51.8%）。其他选择比重较高的还有：“政策不确定”（38.8%）、“通胀压力较大”（37.2%）、“民间资本缺乏出路”（32%）。其中，超过半数（53%）的企业经营者选择了“房地产调控引发的相关问题”，这一现象值得关注（见表27）。

表27　　未来6个月我国经济将面临的主要问题或风险（%）

	总体		总体
经济增长下滑	**75.6**	出口环境恶化	**59.6**
房地产调控引发的相关问题	**53.0**	中小企业融资困难	**51.8**
政策不确定	**38.8**	通胀压力较大	**37.2**
民间资本缺乏出路	**32.0**	地方融资平台风险较大	**27.7**
“十二五”开局出现盲目投资	**23.0**	节能减排压力较大	**22.2**
人民币升值压力加大	**18.6**	宏观调控力度过大	**12.9**

调查发现，企业经营者认为目前房价比前两年有所回落。调查结果显示，认为企业所在地区房价“较高”或“过高”的企业经营者占72%，比2011年下降了8.3个百分点，比2010年下降了3.3个百分点；认为“正常”的占25.8%；认为“较低”或“过低”的占2.2%。其中，东部地区企业认为当地房价“过高”的比重明显高于中西部地区（见表28）。

关于对2012年房价走势的预计，调查结果显示，预计房价上涨的企业经营者占45.1%，比2011年下降了7.1个百分点，比2010年下降了22.3个百分点，其中预计“上涨10%以上”的占9.7%，“上涨10%以内”的占35.4%；预计“持平”的占38.1%；预计下降的占16.8%，其中“下降10%

以上”的占3%，“下降10%以内”的占13.8%。从不同地区看，中西部地区企业预计2012年房价将上涨的比重高于东部地区（见表29）。

表28 对企业所在地区房价总体水平的判断（%）

		过高	较高	正常	较低	过低
总体	2012年	20.7	51.3	25.8	2.2	0.0
	2011年	31.3	49.0	18.9	0.8	0.0
	2010年	27.8	47.5	22.1	2.4	0.2
东部地区企业		24.1	50.2	24.1	1.6	0.0
中部地区企业		14.8	55.3	27.5	2.4	
西部地区企业		12.8	51.4	31.4	4.4	

表29 对今年本地区房地产价格的预计（%）

		上涨10%以上	上涨10%以内	持平	下降10%以内	下降10%以上
总体	2012年	9.7	35.4	38.1	13.8	3.0
	2011年	15.5	36.7	29.7	13.8	4.3
	2010年	24.2	43.2	23.2	7.2	2.2
东部地区企业		8.7	33.8	38.8	14.9	3.8
中部地区企业		13.5	38.3	35.6	10.7	1.9
西部地区企业		9.1	38.5	38.3	13.3	0.8

4. 中小企业融资难问题仍然突出

长期以来，融资难一直是制约我国中小企业发展的重要问题之一。关于未来6个月我国经济将面临的主要问题或风险，调查结果显示，选择“中小企业融资困难”的企业经营者占51.8%，排在所有十二个选项的第四位，这表明当前中小企业融资难问题仍然突出。为此，本次调查还了解了企业目前的流动资金情况。调查结果显示，认为目前企业资金“紧张”的企业经营者占42.8%，比2011年下降了5.5个百分点；“正常”的占50.6%，“宽裕”的占6.6%。其中，中小企业资金“紧张”的比重要明显高于大型企业。调查表明，总体来看，2012年以来货币政策加大了预调微调的力度，因此企业资金紧张状况比2011年略有缓解，但是中小企业的资金紧张状况仍然比较严重（见表30）。

表30 企业目前的流动资金情况（%）

		宽裕	正常	紧张
总体	2012年	6.6	50.6	42.8
	2011年	6.1	45.6	48.3
	2010年	7.9	55.1	37.0
	2009年	7.9	50.8	41.3
	2008年	4.1	39.4	56.5
东部地区企业		7.2	53.6	39.2
中部地区企业		5.0	45.4	49.6
西部地区企业		5.7	43.7	50.6
大型企业		13.1	57.1	29.8
中型企业		8.0	51.9	40.1
小型企业		4.6	48.7	46.7
国有及国有控股公司		9.7	51.0	39.3
外商及港澳台投资企业		9.1	59.6	31.3
民营企业		5.7	49.5	44.8

应收账款的上升也反映了目前企业尤其是中小企业的资金紧张情况。调查结果显示，认为应收账款“高于正常”的企业经营者占28.6%，比2011年上升了2.8个百分点；“正常”的占54.7%，“低于正常”的占16.7%（见表31）。

从不同地区看，西部地区企业应收账款“高于正常”的比重相对较高；从不同规模看，中小企业应收账款“高于正常”的比重多于大型企业；从不同经济类型看，民营企业应收账款“高于正常”的比重多于国有及国有控股公司和外资企业（见表31）。

表31　企业目前的应收账款情况（%）

		高于正常	正常	低于正常
总体	2012年	28.6	54.7	16.7
	2011年	25.8	60.7	13.5
	2010年	19.1	70.3	10.6
	2009年	22.8	62.6	14.6
	2008年	22.5	62.1	15.4
东部地区企业		28.4	55.7	15.9
中部地区企业		27.9	53.8	18.3
西部地区企业		30.8	50.7	18.5
大型企业		25.9	61.9	12.2
中型企业		27.9	56.9	15.2
小型企业		29.5	52.1	18.4
国有及国有控股公司		25.0	63.7	11.3
外商及港澳台投资企业		18.9	68.1	13.0
民营企业		29.9	52.4	17.7

三、对未来的预期

1. 对未来预期谨慎乐观

关于对四季度企业经营状况的预计，调查结果显示，预计“好转”的企业经营者占27.8%，预计“不变”的占57.6%，预计“恶化”的占14.6%；预计“好转”的比“恶化”的多13.2个百分点，但仍低于往年的水平，这表明企业经营者对未来持谨慎乐观的态度（见表32）。

表32　不同地区、规模及经济类型企业对今年四季度综合经营状况的预计（%）

	四季度经营状况预计			好转－恶化			
	好转	不变	恶化	2012年	2011年	2010年	2009年
总体	**27.8**	**57.6**	**14.6**	**13.2**	**17.2**	**33.2**	**36.6**
东部地区企业	26.5	58.5	15.0	11.5	14.1	31.7	35.9
中部地区企业	30.1	56.7	13.2	16.9	27.1	39.7	39.9
西部地区企业	31.1	54.3	14.6	16.5	18.2	31.3	33.8
大型企业	28.6	59.7	11.7	16.9	17.0	31.7	44.4
中型企业	31.1	54.6	14.3	16.8	20.4	35.8	39.2
小型企业	25.5	59.2	15.3	10.2	15.0	31.0	32.8
国有及国有控股公司	25.2	62.6	12.2	13.0	20.1	26.7	37.3
外商及港澳台投资企业	27.1	54.9	18.0	9.1	3.5	24.9	31.9
民营企业	27.2	57.8	15.0	12.2	16.8	34.9	36.1

从不同地区看，中西部地区企业预计“好转”的比“恶化”的多16个百分点以上，明显高于东

部地区；从不同规模看，大中型企业更为乐观；从不同经济类型看，国有及国有控股公司和民营企业预计“好转”的比“恶化”的多12个百分点以上，高于外资企业（见表32）。

从不同行业看，对四季度预计较为乐观的行业有：农林牧渔业、信息传输软件和信息技术服务业以及制造业中的食品、医药等，预计“好转”的比“恶化”的多30个百分点以上，而钢铁、有色金属、金属制品和仪器仪表等行业则相对较差，预计四季度将“好转”的企业要少于“恶化”的（见表33）。

表33　　不同行业企业对今年四季度综合经营状况的预计（%）

	四季度经营状况预计			好转－恶化			
	好转	不变	恶化	2012年	2011年	2010年	2009年
总体	**27.8**	**57.6**	**14.6**	**13.2**	**17.2**	**33.2**	**36.6**
农林牧渔业	45.4	47.4	7.2	38.2	33.6	46.2	52.5
采矿业	29.3	46.3	24.4	4.9	19.6	45.5	42.5
制造业	26.5	56.6	16.9	9.6	13.3	32.1	36.4
电力、热力、燃气及水的生产和供应业	25.5	68.6	5.9	19.6	18.1	17.9	34.5
建筑业	27.5	63.1	9.4	18.1	31.6	42.4	35.9
交通运输、仓储和邮政业	28.0	65.3	6.7	21.3	24.6	27.5	25.9
信息传输、软件和信息技术服务业	50.6	45.7	3.7	46.9	50.1	46.1	56.5
批发和零售业	28.7	58.7	12.6	16.1	24.8	33.9	30.7
住宿和餐饮业	28.1	70.1	1.8	26.3	33.4	36.8	41.4
房地产业	29.6	66.9	3.5	26.1	20.8	32.6	41.3
租赁和商务服务业	16.9	66.2	16.9	0.0	25.9	26.5	44.2
食品、酒及饮料制造业	41.0	52.1	6.9	34.1	33.8	44.8	47.8
纺织业	24.9	57.3	17.8	7.1	－1.4	9.0	23.5
纺织服装、服饰业	20.2	65.5	14.3	5.9	－1.9	29.5	28.4
造纸及纸制品业	33.3	47.9	18.8	14.5	16.4	47.5	41.9
化学原料及化学制品制造业	32.1	51.9	16.0	16.1	15.0	24.0	33.5
医药制造业	38.6	57.1	4.3	34.3	36.5	48.8	53.4
化学纤维制造业	15.4	69.2	15.4	0.0	0.0	7.7	33.4
橡胶及塑料制品业	24.6	61.0	14.4	10.2	13.3	32.5	37.4
非金属矿物制品业	26.8	58.6	14.6	12.2	18.4	34.5	34.8
黑色金属冶炼及压延加工业	19.6	48.3	32.1	－12.5	1.5	22.7	26.1
有色金属冶炼及压延加工业	25.9	46.3	27.8	－1.9	9.1	46.0	31.5
金属制品业	21.1	57.2	21.7	－0.6	8.8	27.7	36.6
通用设备制造业	21.2	57.6	21.2	0.0	10.3	33.9	39.1
专用设备制造业	20.6	61.1	18.3	2.3	14.2	36.6	34.7
汽车制造业	23.9	55.0	21.1	2.8	—	—	—
铁路、船舶、航空航天及其他运输设备制造业	31.4	51.5	17.1	14.3	—	—	—
电气机械及器材制造业	27.7	55.4	16.9	10.8	17.1	32.0	42.0
计算机、通信及其他电子设备制造业	27.3	61.0	11.7	15.6	8.6	21.3	41.5
仪器仪表制造业	11.3	69.8	18.9	－7.6	10.4	31.7	45.9

调查发现，企业经营者对2013年的预计比四季度乐观。调查结果显示，预计2013年经营状况“好转”的企业经营者占39.2%，预计“不变”的占46.2%，预计“恶化”的占14.6%；预计“好转”的比“恶化”的多24.6个百分点，这一数据为近四年来的最低值，但比对四季度的预计高了

11.4 个百分点（见表 34）。

从不同地区看，中西部地区企业预计“好转”的比“恶化”的多近 30 个百分点，高于东部地区；从不同规模看，中型企业对 2013 年更为乐观；从不同经济类型看，民营企业预计“好转”的比“恶化”的多 25 个百分点，相对乐观（见表 34）。

表 34　　不同地区、规模及经济类型企业对明年综合经营状况的预计（%）

	好转	不变	恶化	好转－恶化			
				2012 年	2011 年	2010 年	2009 年
总体	**39.2**	**46.2**	**14.6**	**24.6**	**25.0**	**40.8**	**55.2**
东部地区企业	37.1	47.7	15.2	21.9	20.6	38.2	55.4
中部地区企业	42.4	45.1	12.5	29.9	35.8	47.7	57.2
西部地区企业	44.4	41.0	14.6	29.8	31.3	41.4	51.0
大型企业	38.9	46.1	15.0	23.9	25.8	39.9	55.1
中型企业	41.0	44.8	14.2	26.8	27.4	41.0	57.3
小型企业	37.9	47.3	14.8	23.1	23.3	40.5	53.1
国有及国有控股公司	34.0	53.7	12.3	21.7	24.4	32.3	51.5
外商及港澳台投资企业	34.6	49.3	16.1	18.5	12.2	34.4	56.4
民营企业	39.9	45.2	14.9	25.0	24.9	42.7	55.9

从不同行业看，对 2013 年预计较为乐观的行业有：农林牧渔业、采矿业、电力热力燃气及水的生产和供应业、信息传输软件和信息技术服务业及房地产业，预计“好转”的比“恶化”的多 30 个百分点以上，而服装、化纤和钢铁等行业则相对较差（见表 35）。

对未来经济增长的预计也反映了企业经营者谨慎乐观的态度。调查表明，基于当前的宏观背景，房地产开发投资和制造业投资增长回升的幅度不会太大，出口受国际环境不确定性影响也难以出现大幅度的回升，而消费增长总体来说是平稳的趋势，因此经济回暖的过程会比较长。本次调查了解了企业经营者对 2012 年和 2013 年 GDP 增速的预计，调查结果显示，企业经营者预计 2012 年 GDP 增速为 7.3%，其中预计增长“7% 及以下”的占 39.1%，预计增长“7% ~ 8%”的占 48.7%，预计增长“8% 以上”的占 12.2%（见表 36）；

企业经营者预计 2013 年 GDP 增速为 7.2%，其中预计增长“7% 及以下”的占 46.4%，预计增长“7% ~ 8%”的占 35.7%，预计增长“8% 以上”的占 17.9%（见表 36）。

表 35　　不同行业企业对明年综合经营状况的预计（%）

	好转	不变	恶化	好转－恶化			
				2012 年	2011 年	2010 年	2009 年
总体	**39.2**	**46.2**	**14.6**	**24.6**	**25.0**	**40.8**	**55.2**
农林牧渔业	48.9	43.8	7.3	41.6	38.7	65.9	74.1
采矿业	47.6	40.5	11.9	35.7	17.4	47.3	63.4
制造业	37.5	45.8	16.7	20.8	21.6	38.8	56.3
电力、热力、燃气及水的生产和供应业	43.1	54.9	2.0	41.1	35.6	39.4	44.5
建筑业	38.8	50.3	10.9	27.9	32.8	46.0	46.5
交通运输、仓储和邮政业	32.0	60.0	8.0	24.0	24.6	31.1	37.6
信息传输、软件和信息技术服务业	60.5	34.6	4.9	55.6	56.5	58.7	58.6
批发和零售业	38.3	48.2	13.5	24.8	25.6	39.4	47.5
住宿和餐饮业	35.1	57.9	7.0	28.1	39.9	36.4	60.7

续表

	好转	不变	恶化	好转－恶化			
				2012 年	2011 年	2010 年	2009 年
房地产业	62.6	30.4	7.0	55.6	42.4	48.4	58.7
租赁和商务服务业	33.8	55.9	10.3	23.5	44.8	33.4	46.4
食品、酒及饮料制造业	51.1	38.3	10.6	40.5	40.7	56.2	65.8
纺织业	35.1	50.8	14.1	21.0	14.1	14.3	49.6
纺织服装、服饰业	26.1	54.6	19.3	6.8	-4.9	20.6	48.1
造纸及纸制品业	31.9	46.8	21.3	10.6	16.6	39.0	67.1
化学原料及化学制品制造业	42.3	44.4	13.3	29.0	30.4	38.2	61.5
医药制造业	37.1	55.8	7.1	30.0	37.4	45.4	59.0
化学纤维制造业	23.1	42.3	34.6	-11.5	0.0	3.9	45.4
橡胶及塑料制品业	38.2	47.3	14.5	23.7	19.9	42.2	54.9
非金属矿物制品业	36.8	46.4	16.8	20.0	24.1	39.7	47.4
黑色金属冶炼及压延加工业	30.4	44.6	25.0	5.4	16.9	40.6	56.1
有色金属冶炼及压延加工业	39.6	45.3	15.1	24.5	32.8	49.3	50.7
金属制品业	32.3	45.5	22.2	10.1	15.7	32.5	55.7
通用设备制造业	32.2	50.0	17.8	14.4	18.9	42.8	59.6
专用设备制造业	34.3	46.0	19.7	14.6	24.0	40.9	50.9
汽车制造业	40.0	40.0	20.0	20.0	—	—	—
铁路、船舶、航空航天及其他运输设备制造业	40.0	37.1	22.9	17.1	—	—	—
电气机械及器材制造业	41.2	43.6	15.2	26.0	23.2	36.6	60.8
计算机、通信及其他电子设备制造业	39.0	44.1	16.9	22.1	33.0	40.7	54.7
仪器仪表制造业	37.3	49.0	13.7	23.6	29.2	43.6	57.5

表 36　　对 2012 年、2013 年我国 GDP 增长的预计（%）

		7%及以下	7%～8%	8%以上	均值
2012 年	**总体**	**39.1**	**48.7**	**12.2**	**7.3**
	东部地区企业	40.6	48.3	11.1	7.2
	中部地区企业	36.1	49.2	14.7	7.3
	西部地区企业	36.2	50.1	13.7	7.3
2013 年	**总体**	**46.4**	**35.7**	**17.9**	**7.2**
	东部地区企业	47.4	36.0	16.6	7.1
	中部地区企业	44.6	35.6	19.8	7.3
	西部地区企业	44.0	34.3	21.7	7.3

2. 企业生产、销售趋于回暖，价格跌势趋缓，盈利趋于改善

对 2013 年企业设备利用率的预计反映了未来企业的生产状况。调查结果显示，预计 2013 年设备利用率在“75%及以下”的企业占 43.5%，“75%～95%”的占 44.6%，“95%以上”的占 11.9%，平均设备利用率为 75.7%，比 2012 年上升了 3 个百分点，但仍低于 2010 年和 2008 年。其中，橡胶塑料、钢铁和汽车等行业平均设备利用率低于 72%，相对较低（见表 26、表 37）。

企业的订货情况也反映出市场需求回暖的趋势。调查结果显示，认为目前订货比 2011 年“减少”的企业经营者占 50.9%，认为“持平”的占 32.4%，认为“增加”的占 16.7%；认为“增加”的比“减少”的少 34.2 个百分点，这一数据比 2011 年下降了 31.5 个百分点（见表 38）。

表 37　　不同制造业企业对 2013 年设备利用率的预计（%）

	75% 及以下	75% ~95%	95% 以上	平均设备利用率
总体	**43.5**	**44.6**	**11.9**	**75.7**
制造业总体	45.5	44.9	9.6	75.0
食品、酒及饮料制造业	48.3	41.0	10.7	73.5
纺织业	38.5	48.7	12.8	77.7
纺织服装、服饰业	46.1	43.6	10.3	74.9
造纸及纸制品业	38.6	50.0	11.4	74.5
化学原料及化学制品制造业	40.0	46.8	13.2	76.4
医药制造业	33.8	50.8	15.4	80.8
化学纤维制造业	50.0	37.5	12.5	75.4
橡胶及塑料制品业	54.6	42.9	2.5	71.4
非金属矿物制品业	46.3	46.3	7.4	74.6
黑色金属冶炼及压延加工业	50.8	40.4	8.8	71.4
有色金属冶炼及压延加工业	49.1	43.4	7.5	72.8
金属制品业	49.1	41.0	9.9	73.8
通用设备制造业	47.2	44.4	8.4	74.6
专用设备制造业	41.6	47.7	10.7	77.3
汽车制造业	49.6	43.9	6.5	71.5
铁路、船舶、航空航天及其他运输设备制造业	42.4	39.4	18.2	76.8
电气机械及器材制造业	42.7	48.4	8.9	76.5
计算机、通信及其他电子设备制造业	40.3	54.1	5.6	75.7
仪器仪表制造业	44.0	38.0	18.0	76.6

表 38　　相对于去年，不同行业企业目前的订货情况（%）

	增加	持平	减少	增加 - 减少		
				2012 年	2011 年	2010 年
总体	**16.7**	**32.4**	**50.9**	**-34.2**	**-2.7**	**27.5**
农林牧渔业	12.9	50.5	36.6	-23.7	-5.2	15.1
采矿业	4.8	21.4	73.8	-69.0	10.9	23.2
制造业	16.2	28.7	55.1	-38.9	-5.2	30.9
电力、热力、燃气及水的生产和供应业	34.9	46.5	18.6	16.3	33.4	47.3
建筑业	19.9	40.4	39.7	-19.8	8.5	28.3
交通运输、仓储和邮政业	14.5	41.9	43.6	-29.1	2.3	16.9
信息传输、软件和信息技术服务业	32.9	46.0	21.1	11.8	29.5	27.6
批发和零售业	18.0	37.5	44.5	-26.5	6.1	15.4
住宿和餐饮业	14.6	54.1	31.3	-16.7	20.8	22.8
房地产业	8.2	39.2	52.6	-44.4	-35.9	-20.0
租赁和商务服务业	10.8	43.1	46.1	-35.3	1.8	18.2
食品、酒及饮料制造业	24.9	35.4	39.7	-14.8	4.0	23.3
纺织业	11.6	31.5	56.9	-45.3	-48.4	29.9
纺织服装、服饰业	14.3	28.6	57.1	-42.8	-26.4	36.1
造纸及纸制品业	13.3	26.7	60.0	-46.7	-6.1	29.0
化学原料及化学制品制造业	19.6	35.0	45.4	-25.8	3.8	21.3
医药制造业	34.8	47.8	17.4	17.4	26.2	26.0
化学纤维制造业	4.0	32.0	64.0	-60.0	-9.4	34.6
橡胶及塑料制品业	15.8	27.9	56.3	-40.5	-12.4	20.0
非金属矿物制品业	12.3	28.4	59.3	-47.0	-10.8	22.0

续表

	增加	持平	减少	增加－减少		
				2012年	2011年	2010年
黑色金属冶炼及压延加工业	8.8	21.1	70.1	-61.3	-13.6	22.8
有色金属冶炼及压延加工业	13.0	29.6	57.4	-44.4	-14.8	19.1
金属制品业	14.9	34.2	50.9	-36.0	-5.5	28.2
通用设备制造业	10.9	19.4	69.7	-58.8	9.9	54.7
专用设备制造业	20.4	26.3	53.3	-32.9	13.4	42.8
汽车制造业	11.1	14.8	74.1	-63.0	—	—
铁路、船舶、航空航天及其他运输设备制造业	20.6	11.8	67.6	-47.0	—	—
电气机械及器材制造业	15.3	29.4	55.3	-40.0	6.5	37.2
计算机、通信及其他电子设备制造业	17.6	25.7	56.7	-39.1	-4.9	32.9
仪器仪表制造业	19.2	36.5	44.3	-25.1	14.5	48.8

从不同行业看，订货比2011年减少较多的行业有：采矿业以及制造业中的化纤、钢铁、通用设备、汽车等，其订货“增加”的比“减少”的少50个百分点以上；电力热力燃气及水的生产和供应业、信息传输软件和信息技术服务业以及制造业中的医药等行业则相对较好，订货“增加”的企业要多于订货“减少”的（见表38）。

从对四季度订货的预计来看，调查结果显示，预计四季度订货“增加”的企业经营者占26.5%，预计“持平”的占43.3%，预计“减少”的占30.2%；预计“增加”的比“减少”的少3.7个百分点，明显好于企业目前的订货情况（见表39）。

表39　　不同行业企业对今年四季度订货情况的预计（%）

	增加	持平	减少	增加－减少			
				2012年	2011年	2010年	2009年
总体	**26.5**	**43.3**	**30.2**	**-3.7**	**8.2**	**25.9**	**23.2**
农林牧渔业	32.0	45.3	22.7	9.3	23.4	37.2	38.3
采矿业	24.4	41.5	34.1	-9.7	2.2	32.7	27.4
制造业	25.9	41.6	32.5	-6.6	5.7	25.7	23.3
电力、热力、燃气及水的生产和供应业	16.3	62.8	20.9	-4.6	21.9	21.8	24.0
建筑业	31.5	40.5	28.0	3.5	11.8	27.1	12.6
交通运输、仓储和邮政业	19.0	55.6	25.4	-6.4	30.3	11.5	17.1
信息传输、软件和信息技术服务业	39.2	46.9	13.9	25.3	46.0	45.3	37.2
批发和零售业	28.8	47.5	23.7	5.1	18.0	32.3	21.6
住宿和餐饮业	34.8	39.1	26.1	8.7	26.1	20.6	38.5
房地产业	17.0	56.0	27.0	-10.0	-8.4	6.6	19.7
租赁和商务服务业	16.7	45.4	37.9	-21.2	13.3	9.3	17.0
食品、酒及饮料制造业	47.3	38.7	14.0	33.3	31.1	43.6	36.5
纺织业	22.0	46.1	31.9	-9.9	-9.3	7.9	6.2
纺织服装、服饰业	19.3	38.7	42.0	-22.7	-17.4	34.6	13.1
造纸及纸制品业	36.2	34.0	29.8	6.4	6.1	42.5	35.1
化学原料及化学制品制造业	28.8	45.8	25.4	3.4	13.2	18.5	22.5
医药制造业	40.0	55.7	4.3	35.7	37.6	50.6	49.0
化学纤维制造业	4.0	56.0	40.0	-36.0	-37.4	-11.5	18.8
橡胶及塑料制品业	28.3	39.8	31.9	-3.6	10.4	20.0	24.1
非金属矿物制品业	22.8	44.9	32.3	-9.5	8.0	22.9	23.9

续表

	增加	持平	减少	增加 - 减少			
				2012 年	2011 年	2010 年	2009 年
黑色金属冶炼及压延加工业	19.3	28.1	52.6	-33.3	-9.2	15.6	6.3
有色金属冶炼及压延加工业	27.8	37.0	35.2	-7.4	11.3	33.4	21.1
金属制品业	16.7	43.8	39.5	-22.8	4.4	18.9	22.8
通用设备制造业	22.1	37.8	40.1	-18.0	-10.3	22.7	23.8
专用设备制造业	22.2	42.0	35.8	-13.6	4.2	23.7	14.7
汽车制造业	20.8	45.2	34.0	-13.2	—	—	—
铁路、船舶、航空航天及其他运输设备制造业	25.7	31.4	42.9	-17.2	—	—	—
电气机械及器材制造业	21.1	48.2	30.7	-9.6	8.6	26.0	27.6
计算机、通信及其他电子设备制造业	32.5	40.2	27.3	5.2	12.2	11.5	32.0
仪器仪表制造业	22.6	45.3	32.1	-9.5	24.9	34.1	30.1

从不同行业看，预计四季度订货增加较多的行业有：信息传输软件和信息技术服务业以及制造业中的食品、医药等，预计“增加”的比“减少”的多 20 个百分点以上，而租赁和商务服务业以及制造业中的服装、化纤、钢铁和金属制品等行业则相对较差，预计四季度订货“增加”的比“减少”的少 20 个百分点以上（见表 39）。

调查发现，企业目前订货较差说明未来经济下行的趋势在短期内不会改变，同时在“去产能”的背景下企业“去库存化”的时间可能会较长；而企业经营者预计四季度订货比目前要好，这可能表明市场需求在温和回暖。这也反映了企业经营者对未来谨慎乐观的态度。

鉴于“去库存化”的阶段尚未结束，因此企业经营者预期未来企业产品价格将保持下跌的趋势。调查结果显示，预计 2013 年企业产品销售价格“上升”的企业经营者占 19.9%，“持平”的占 54.6%，“下降”的占 25.5%；预计“上升”的比“下降”的少 5.6 个百分点，这一数据比 2011 年下降了 18 个百分点，为近四年来的最低值（见表 40）。

从不同行业看，预计 2013 年价格下跌较多的行业有：钢铁、金属制品、通用设备、专用设备、汽车和电子设备等，预计价格“上升”的比“下降”的少 20 个百分点以上，而农林牧渔业、电力热力燃气及水的生产和供应业、住宿和餐饮业、房地产业以及制造业中的食品等行业则相对乐观，预计价格“上升”的比“下降”的多 20 个百分点以上（见表 40）。

表 40　　不同行业企业对明年销售价格的预计（%）

	上升	持平	下降	上升 - 下降			
				2012 年	2011 年	2010 年	2009 年
总体	**19.9**	**54.6**	**25.5**	**-5.6**	**12.4**	**17.7**	**14.8**
农林牧渔业	41.7	43.7	14.6	27.1	37.1	45.0	30.9
采矿业	16.7	61.9	21.4	-4.7	2.2	21.8	23.0
制造业	16.1	54.9	29.0	-12.9	7.5	11.7	9.3
电力、热力、燃气及水的生产和供应业	28.6	63.2	8.2	20.4	22.6	39.4	32.1
建筑业	30.9	50.4	18.7	12.2	29.1	31.4	34.3
交通运输、仓储和邮政业	17.6	67.7	14.7	2.9	32.6	25.0	23.0
信息传输、软件和信息技术服务业	29.9	48.0	22.1	7.8	-3.2	-3.9	-27.0
批发和零售业	29.8	49.3	20.9	8.9	38.7	41.3	31.6
住宿和餐饮业	37.7	52.9	9.4	28.3	50.1	33.3	28.5

续表

	上升	持平	下降	上升-下降			
				2012年	2011年	2010年	2009年
房地产业	35.5	51.4	13.1	22.4	21.2	48.0	62.2
租赁和商务服务业	23.2	59.4	17.4	5.8	27.3	22.0	24.3
食品、酒及饮料制造业	43.9	47.1	9.0	34.9	45.2	49.4	32.4
纺织业	23.5	56.3	20.2	3.3	1.5	16.3	20.3
纺织服装、服饰业	16.8	58.0	25.2	-8.4	19.0	32.6	9.3
造纸及纸制品业	21.7	41.3	37.0	-15.3	4.1	18.4	17.5
化学原料及化学制品制造业	21.3	53.2	25.5	-4.2	10.8	9.8	21.9
医药制造业	20.0	52.9	27.1	-7.1	1.2	-7.0	-7.9
化学纤维制造业	26.9	53.9	19.2	7.7	-12.5	15.4	48.5
橡胶及塑料制品业	12.8	57.9	29.3	-16.5	2.5	-0.7	3.9
非金属矿物制品业	11.6	60.7	27.7	-16.1	8.1	9.6	6.8
黑色金属冶炼及压延加工业	10.5	43.9	45.6	-35.1	16.7	33.3	27.1
有色金属冶炼及压延加工业	30.2	39.6	30.2	0.0	14.5	24.2	22.5
金属制品业	9.2	57.7	33.1	-23.9	4.9	8.7	14.8
通用设备制造业	8.9	56.9	34.2	-25.3	-1.1	4.2	4.3
专用设备制造业	6.2	57.6	36.2	-30.0	-1.0	-6.3	0.0
汽车制造业	10.2	45.4	44.4	-34.2	—	—	—
铁路、船舶、航空航天及其他运输设备制造业	8.6	62.8	28.6	-20.0	—	—	—
电气机械及器材制造业	13.9	57.0	29.1	-15.2	-1.6	-3.6	-2.8
计算机、通信及其他电子设备制造业	6.6	46.1	47.3	-40.7	-12.2	-6.6	-29.3
仪器仪表制造业	5.7	71.7	22.6	-16.9	12.5	-15.0	-17.6

“去产能”和“去库存化”带来的企业产品价格下跌，也使得未来CPI将会保持相对较低的水平。调查结果显示，企业经营者预计2012年CPI比上年上涨3.9%，其中预计上涨“3%及以下”的占48%，预计上涨“3~5%”的占36.6%，预计上涨“5%以上”的占15.4%；同时企业经营者预计2013年CPI比上年上涨4.1%，其中预计上涨“3%及以下”的占39%，预计上涨“3~5%”的占42.6%，预计上涨“5%以上”的占18.4%（见表41）。

表41　对2012年、2013年我国CPI上升幅度的预计（%）

		3%及以下	3%~5%	5%以上	均值
2012年	**总体**	**48.0**	**36.6**	**15.4**	**3.9**
	东部地区企业	49.8	35.1	15.1	3.9
	中部地区企业	47.4	38.7	13.9	3.8
	西部地区企业	39.8	41.2	19.0	4.2
2013年	**总体**	**39.0**	**42.6**	**18.4**	**4.1**
	东部地区企业	39.2	43.0	17.8	4.1
	中部地区企业	42.0	40.6	17.4	4.0
	西部地区企业	33.3	44.4	22.3	4.3

未来产品价格的下跌将导致企业盈利状况不会明显好转。调查结果显示，预计2012年下半年盈利的企业经营者占51.4%，比上半年实际盈利情况略低了0.7个百分点，其中“较大盈利”占5.4%，“略有盈余”占46%；预计“收支平衡”的占25.1%；预计亏损的占23.5%，其中“亏损”占19.9%，“严重亏损”占3.6%（见表42）。

表 42　　对下半年盈利状况的预计（%）

	较大盈利	略有盈余	收支平衡	亏损	严重亏损
2012 年	5.4	46.0	25.1	19.9	3.6
2012 年上半年实际	5.5	46.6	20.8	23.4	3.7
2011 年	8.3	51.1	23.2	15.2	2.2
2010 年	15.1	58.2	18.2	7.8	0.7
2009 年	9.8	51.7	22.3	14.5	1.7
2008 年	11.0	52.9	19.9	13.7	2.5

3. 预期出口增长温和回升

关于对 2013 年外需的预计，调查发现，企业经营者预计 2013 年产品出口数量略有回升，但出口价格仍将下跌。调查结果显示，预计 2013 年企业产品出口数量比 2012 年“增长”的企业经营者占 33.6%，其中“增长 10% 以上”的占 14%，“增长 10% 及以内”的占 19.6%；预计“持平”的占 38%；预计“下降”的占 28.4%，其中“下降 10% 以上”的占 10.7%，“下降 10% 及以内”的占 17.7%。预计 2013 年出口数量“增长”的比“下降”的多 5.2 个百分点（见表 43）。

从不同行业看，预计 2013 年出口数量增长较多的行业有：造纸、电气机械和仪器仪表等，预计“增长”的比“下降”的多 20 个百分点以上；而服装、化纤、铁路船舶航空航天及其他运输设备制造业等行业则相对较差，预计 2013 年出口数量“增长”的比“下降”的少 10 个百分点以上（见表 43）。

表 43　　对 2013 年企业产品出口数量增减情况的预计（%）

	增长 10% 以上	增长 10% 及以内	持平	下降 10% 及以内	下降 10% 以上	增长 - 下降
总体	**14.0**	**19.6**	**38.0**	**17.7**	**10.7**	**5.2**
制造业	14.5	19.6	38.2	17.1	10.6	6.4
食品、酒及饮料制造业	17.9	16.1	46.3	17.9	1.8	14.3
纺织业	10.3	16.5	40.2	14.4	18.6	-6.2
纺织服装、服饰业	8.9	12.2	40.0	16.7	22.2	-17.8
造纸及纸制品业	31.2	18.8	31.2	6.3	12.5	31.2
化学原料及化学制品制造业	13.5	25.0	40.4	14.4	6.7	17.4
医药制造业	10.3	27.6	34.5	20.7	6.9	10.3
化学纤维制造业		11.1	33.4	22.2	33.3	-44.4
橡胶及塑料制品业	14.5	16.9	33.7	25.3	9.6	-3.5
非金属矿物制品业	5.0	15.0	51.7	20.0	8.3	-8.3
黑色金属冶炼及压延加工业	13.8	20.7	44.9	10.3	10.3	13.9
有色金属冶炼及压延加工业	19.2	15.4	42.3	15.4	7.7	11.5
金属制品业	14.3	19.0	38.1	20.0	8.6	4.7
通用设备制造业	24.3	16.5	31.3	18.3	9.6	12.9
专用设备制造业	14.0	26.5	33.8	14.7	11.0	14.8
汽车制造业	10.8	21.5	38.5	21.5	7.7	3.1
铁路、船舶、航空航天及其他运输设备制造业	7.7	15.4	15.4	38.4	23.1	-38.4
电气机械及器材制造业	21.5	21.5	36.7	12.7	7.6	22.7
计算机、通信及其他电子设备制造业	14.3	20.4	36.8	16.3	12.2	6.2
仪器仪表制造业	29.6	18.5	40.8	7.4	3.7	37.0

关于 2013 年企业产品的出口价格，调查结果显示，预计“下降”的企业经营者占 28.9%，其中“下降 10% 以上”的占 5.1%，“下降 10% 及以内”的占 23.8%；预计“持平”的占 56.6%；预计

“增长”的占14.5%，其中“增长10%以上”的占1.6%，“增长10%及以内”的占12.9%。预计2013年出口价格“增长”的比“下降”的少14.4个百分点（见表44）。

表44　对2013年企业产品出口价格增减情况的预计（%）

	增长10%以上	增长10%及以内	持平	下降10%及以内	下降10%以上	增长-下降
总体	**1.6**	**12.9**	**56.6**	**23.8**	**5.1**	**-14.4**
制造业	1.4	12.7	57.2	23.7	5.0	-14.6
食品、酒及饮料制造业	8.9	21.4	55.4	12.5	1.8	16.0
纺织业		19.8	54.1	19.8	6.3	-6.3
纺织服装、服饰业	2.3	15.9	54.5	21.6	5.7	-9.1
造纸及纸制品业	12.5		62.5	25.0		-12.5
化学原料及化学制品制造业	1.0	15.4	54.8	25.0	3.8	-12.4
医药制造业		10.3	48.3	34.5	6.9	-31.1
化学纤维制造业		11.1	33.3	44.5	11.1	-44.5
橡胶及塑料制品业	3.6	13.3	57.8	24.1	1.2	-8.4
非金属矿物制品业		5.0	61.7	28.3	5.0	-28.3
黑色金属冶炼及压延加工业		7.1	64.3	25.0	3.6	-21.5
有色金属冶炼及压延加工业		8.0	64.0	20.0	8.0	-20.0
金属制品业	1.9	10.6	63.4	23.1	1.0	-11.6
通用设备制造业		9.6	59.7	25.4	5.3	-21.1
专用设备制造业	0.7	11.1	53.4	26.7	8.1	-23.0
汽车制造业		9.2	53.8	30.8	6.2	-27.8
铁路、船舶、航空航天及其他运输设备制造业		23.1	30.7	23.1	23.1	-23.1
电气机械及器材制造业		10.1	60.8	25.3	3.8	-19.0
计算机、通信及其他电子设备制造业	2.0	12.2	47.0	28.6	10.2	-24.6
仪器仪表制造业		14.3	67.8	14.3	3.6	-3.6

从不同行业看，预计2013年出口价格下降较多的行业有：医药、化纤等，预计“增长”的比“下降”的少30个百分点以上；而食品行业则相对较好，预计2013年出口价格“增长”的企业要多于“下降”的（见表44）。

4. 用工和投资计划保持温和增长

企业经营者对未来的预期也影响了企业的用工和投资计划。调查结果显示，认为目前企业用工人数比2011年“减少”的企业经营者占33.3%，“持平”的占46.7%，“增加”的占20%；用工人数“增加”的比“减少”的少13.3个百分点，这一数据比2011年下降了17.8个百分点，为近五年来的最低值。其中，东部地区企业、小型企业以及外资企业用工人数减少相对较多（见表45）。

表45　相对于去年，企业目前的用工人数情况（%）

	增加	持平	减少	增加-减少				
				2012年	2011年	2010年	2009年	2008年
总体	**20.0**	**46.7**	**33.3**	**-13.3**	**4.5**	**18.6**	**7.4**	**8.5**
东部地区企业	17.8	47.0	35.2	-17.4	2.9	17.7	5.2	4.0
中部地区企业	23.1	46.6	30.3	-7.2	9.0	20.5	10.0	15.4
西部地区企业	26.4	45.8	27.8	-1.4	6.5	21.7	11.6	15.9
大型企业	29.7	45.1	25.2	4.5	27.6	36.0	24.2	23.0
中型企业	22.2	46.7	31.1	-8.9	9.8	20.6	9.4	11.6

续表

	增加	持平	减少	增加 - 减少				
				2012 年	2011 年	2010 年	2009 年	2008 年
小型企业	16.9	47.1	36.0	-19.1	-2.1	14.2	2.2	2.9
国有及国有控股公司	23.2	51.7	25.1	-1.9	10.1	20.9	8.1	9.9
外商及港澳台投资企业	18.4	42.0	39.6	-21.2	-1.0	12.3	-4.0	-0.2
民营企业	19.1	46.5	34.4	-15.3	3.8	16.6	7.3	7.6

调查还发现，企业经营者预计2013 年用工人数仍将有所增加，但增长幅度要低于往年。调查结果显示，预计2013 年用工人数“增加”的企业经营者占32.3%，“持平”的占47.4%，“减少”的占20.3%；“增加”的比“减少”的多12 个百分点，比2011 年下降了21 个百分点，其中，中西部地区企业、大型企业、国有及国有控股公司计划用工人数增长相对较多（见表46）。

表46　　对明年企业用工人数的预计（%）

	增加	持平	减少	增加 - 减少			
				2012 年	2011 年	2010 年	2009 年
总体	**32.3**	**47.4**	**20.3**	**12.0**	**33.0**	**40.0**	**37.3**
东部地区企业	30.3	48.9	20.8	9.5	29.7	39.3	37.7
中部地区企业	36.5	45.5	18.0	18.5	42.0	48.7	40.0
西部地区企业	35.9	42.8	21.3	14.6	36.2	36.5	34.0
大型企业	38.5	46.8	14.7	23.8	51.3	42.4	42.1
中型企业	33.8	47.7	18.5	15.3	34.6	41.4	39.6
小型企业	30.4	47.3	22.3	8.1	29.6	38.7	34.6
国有及国有控股公司	33.6	47.5	18.9	14.7	32.9	29.9	23.4
外商及港澳台投资企业	31.8	47.0	21.2	10.6	29.4	38.6	40.3
民营企业	31.9	47.2	20.9	11.0	32.3	42.0	40.5

本次调查还进一步了解了企业2013 年招收大学生和农民工的计划。调查结果显示，2013 年计划招收农民工数量“增加”的企业占27.8%，“持平”的占47.9%，“减少”的占24.3%，“增加”的比“减少”的多3.5 个百分点，这一数据比2011 年下降了18.8 个百分点。其中，中西部地区企业、中型企业、民营企业以及食品、造纸等行业企业2013 年计划招收农民工数量增长相对较多（见表47、表48）。

表47　　企业明年计划招收农民工数量的增减情况（%）

	增加	持平	减少	增加 - 减少	
				2012 年	2011 年
总体	**27.8**	**47.9**	**24.3**	**3.5**	**22.3**
东部地区企业	26.4	48.6	25.0	1.4	20.0
中部地区企业	30.9	46.1	23.0	7.9	28.6
西部地区企业	30.5	46.8	22.7	7.8	24.8
大型企业	28.3	47.7	24.0	4.3	32.8
中型企业	30.5	47.9	21.6	8.9	25.3
小型企业	26.1	47.9	26.0	0.1	19.0
国有及国有控股公司	21.4	49.6	29.0	-7.6	11.0
外商及港澳台投资企业	28.3	46.5	25.2	3.1	23.2
民营企业	28.7	47.5	23.8	4.9	24.5

表 48　不同行业企业明年计划招收农民工数量的增减情况（%）

	增加	持平	减少	增加－减少	
				2012 年	2011 年
总体	**27.8**	**47.9**	**24.3**	**3.5**	**22.3**
农林牧渔业	31.0	52.3	16.7	14.3	43.0
采矿业	33.3	50.0	16.7	16.6	33.4
制造业	28.7	46.5	24.8	3.9	23.4
电力、热力、燃气及水的生产和供应业	22.9	54.2	22.9	0.0	12.2
建筑业	28.3	50.7	21.0	7.3	30.7
交通运输、仓储和邮政业	20.4	59.2	20.4	0.0	－5.2
信息传输、软件和信息技术服务业	17.3	53.9	28.8	－11.5	10.0
批发和零售业	23.9	56.2	19.9	4.0	11.1
住宿和餐饮业	31.3	54.1	14.6	16.7	40.0
房地产业	36.1	42.2	21.7	14.4	26.5
租赁和商务服务业	9.8	51.2	39.0	－29.2	5.0
食品、酒及饮料制造业	41.8	45.3	12.9	28.9	39.1
纺织业	33.8	50.9	15.3	18.5	25.1
纺织服装、服饰业	27.9	41.5	30.6	－2.7	20.9
造纸及纸制品业	39.0	46.4	14.6	24.4	37.5
化学原料及化学制品制造业	28.7	45.1	26.2	2.5	28.2
医药制造业	32.1	52.8	15.1	17.0	14.9
化学纤维制造业	13.6	63.7	22.7	－9.1	24.1
橡胶及塑料制品业	31.2	46.1	22.7	8.5	34.7
非金属矿物制品业	28.7	52.2	19.1	9.6	27.5
黑色金属冶炼及压延加工业	14.9	51.1	34.0	－19.1	16.6
有色金属冶炼及压延加工业	23.8	47.6	28.6	－4.8	37.5
金属制品业	22.5	49.7	27.8	－5.3	14.1
通用设备制造业	28.3	40.0	31.7	－3.4	24.3
专用设备制造业	24.1	42.9	33.0	－8.9	13.7
汽车制造业	25.0	47.9	27.1	－2.1	—
铁路、船舶、航空航天及其他运输设备制造业	25.0	32.1	42.9	－17.9	—
电气机械及器材制造业	29.6	50.0	20.4	9.2	22.6
计算机、通信及其他电子设备制造业	34.4	42.2	23.4	11.0	20.0
仪器仪表制造业	12.8	56.4	30.8	－18.0	－21.6

调查结果显示，2013 年计划招收大学毕业生数量“增加”的企业占 45.8%，“持平”的占 39.1%，“减少”的占 15.1%，“增加”的比“减少”的多 30.7 个百分点，这一数据比 2011 年下降了 10.9 个百分点。其中，中部地区企业、大型企业、国有及国有控股公司和民营企业以及食品、医药等行业企业 2013 年计划招收大学毕业生的数量增长相对较多（见表 49）。调查表明，2013 年企业招收大学毕业生数量增长要高于农民工，这也许是结构升级带来的需求变化，这一趋势值得关注。

表 49　企业明年计划招收大学毕业生数量的增减情况（%）

	增加	持平	减少	增加－减少	
				2012 年	2011 年
总体	**45.8**	**39.1**	**15.1**	**30.7**	**41.6**
东部地区企业	44.2	40.6	15.2	29.0	39.1
中部地区企业	50.5	35.6	13.9	36.6	50.2

续表

	增加	持平	减少	增加 - 减少	
				2012 年	2011 年
西部地区企业	47.0	36.9	16.1	30.9	41.3
大型企业	53.0	39.0	8.0	45.0	60.5
中型企业	51.5	36.0	12.5	39.0	47.2
小型企业	40.8	41.3	17.9	22.9	35.0
国有及国有控股公司	44.3	41.5	14.2	30.1	44.0
外商及港澳台投资企业	34.5	50.2	15.3	19.2	24.9
民营企业	46.6	37.5	15.9	30.7	42.3
农林牧渔业	42.2	44.5	13.3	28.9	38.9
采矿业	57.2	25.7	17.1	40.1	45.0
制造业	46.1	38.1	15.8	30.3	41.6
电力、热力、燃气及水的生产和供应业	43.6	43.6	12.8	30.8	53.3
建筑业	44.4	45.7	9.9	34.5	42.6
交通运输、仓储和邮政业	36.8	50.9	12.3	24.5	42.2
信息传输、软件和信息技术服务业	47.8	43.5	8.7	39.1	56.2
批发和零售业	41.9	46.7	11.4	30.5	42.2
住宿和餐饮业	44.7	40.4	14.9	29.8	18.2
房地产业	46.1	38.2	15.7	30.4	37.0
租赁和商务服务业	42.9	35.7	21.4	21.5	49.1
食品、酒及饮料制造业	59.3	33.5	7.2	52.1	53.8
纺织业	38.7	43.9	17.4	21.3	19.3
纺织服装、服饰业	29.2	40.6	30.2	-1.0	19.3
造纸及纸制品业	51.1	44.2	4.7	46.4	35.5
化学原料及化学制品制造业	46.4	37.3	16.3	30.1	53.6
医药制造业	69.3	21.0	9.7	59.6	64.2
化学纤维制造业	33.3	47.7	19.0	14.3	53.5
橡胶及塑料制品业	48.5	36.6	14.9	33.6	36.7
非金属矿物制品业	47.7	40.9	11.4	36.3	44.9
黑色金属冶炼及压延加工业	28.6	42.8	28.6	0.0	41.7
有色金属冶炼及压延加工业	59.1	25.0	15.9	43.2	43.4
金属制品业	41.4	37.9	20.7	20.7	32.0
通用设备制造业	48.6	35.7	15.7	32.9	49.9
专用设备制造业	48.1	38.0	13.9	34.2	51.8
汽车制造业	42.1	37.9	20.0	22.1	—
铁路、船舶、航空航天及其他运输设备制造业	42.4	36.4	21.2	21.2	—
电气机械及器材制造业	48.0	39.7	12.3	35.7	49.5
计算机、通信及其他电子设备制造业	54.3	34.3	11.4	42.9	39.9
仪器仪表制造业	48.9	38.3	12.8	36.1	60.9

关于企业 2013 年计划投资额的增减情况，调查结果显示，2013 年计划投资额“增长”的企业占 42.1%，“不变”的占 36.7%，“减少”的占 21.2%，“增长”的比“减少”的多 20.9 个百分点，这一数据比 2011 年下降了 8.7 个百分点。其中，中西部地区企业、大中型企业、国有及国有控股公司 2013 年计划投资额增长相对较多（见表 50）。

从不同行业看，2013 年计划投资额增长较多的行业有：电力热力燃气及水的生产和供应业以及制造业中的食品、医药等，其计划投资额“增长”的比“减少”的多 40 个百分点以上，而服装、钢铁、有色金属、铁路船舶航空航天及其他运输设备制造业等行业相对较差，计划投资额"增长"的比"减少"的少8个百分点以上（见表50）。

表50　　企业对明年计划投资额增减的预计（%）

	增长	不变	减少	增长－减少			
				2012年	2011年	2010年	2009年
总体	**42.1**	**36.7**	**21.2**	**20.9**	**29.6**	**47.0**	**40.7**
东部地区企业	39.9	38.4	21.7	18.2	25.9	45.5	37.9
中部地区企业	45.6	34.0	20.4	25.2	39.9	54.4	46.9
西部地区企业	47.3	32.6	20.1	27.2	33.6	47.4	45.0
大型企业	46.6	32.9	20.5	26.1	45.3	60.0	52.3
中型企业	45.2	34.4	20.4	24.8	33.4	48.3	43.2
小型企业	39.3	38.9	21.8	17.5	24.8	43.9	36.8
国有及国有控股公司	44.0	39.4	16.6	27.4	38.9	49.2	39.2
外商及港澳台投资企业	33.6	43.2	23.2	10.4	15.1	35.0	37.3
民营企业	42.3	35.1	22.6	19.7	27.4	47.3	40.7
农林牧渔业	50.5	38.7	10.8	39.7	47.3	59.3	45.8
采矿业	40.0	35.0	25.0	15.0	52.5	60.8	38.7
制造业	40.7	35.9	23.4	17.3	25.5	45.5	40.4
电力、热力、燃气及水的生产和供应业	58.3	31.3	10.4	47.9	54.3	53.1	44.6
建筑业	42.3	39.4	18.3	24.0	33.0	48.9	41.8
交通运输、仓储和邮政业	44.8	35.8	19.4	25.4	50.0	50.7	45.1
信息传输、软件和信息技术服务业	45.0	46.2	8.8	36.2	69.0	63.9	52.9
批发和零售业	40.9	42.8	16.3	24.6	36.6	39.6	33.0
住宿和餐饮业	42.8	38.8	18.4	24.4	37.0	49.9	28.5
房地产业	52.9	31.4	15.7	37.2	41.8	56.8	60.7
租赁和商务服务业	40.0	41.5	18.5	21.5	26.9	19.6	20.5
食品、酒及饮料制造业	58.0	26.2	15.8	42.2	42.7	53.6	39.9
纺织业	36.6	42.8	20.6	16.0	2.6	23.0	21.0
纺织服装、服饰业	24.3	42.7	33.0	－8.7	－6.3	33.6	39.4
造纸及纸制品业	43.4	37.0	19.6	23.8	19.6	48.4	45.9
化学原料及化学制品制造业	44.3	31.2	24.5	19.8	41.2	39.1	45.6
医药制造业	62.4	27.5	10.1	52.3	63.4	55.7	55.5
化学纤维制造业	34.6	34.6	30.8	3.8	31.1	19.3	36.4
橡胶及塑料制品业	42.4	36.3	21.3	21.1	21.6	37.1	49.4
非金属矿物制品业	41.8	39.7	18.5	23.3	39.7	41.6	30.7
黑色金属冶炼及压延加工业	20.0	49.1	30.9	－10.9	14.2	31.8	24.2
有色金属冶炼及压延加工业	24.5	39.7	35.8	－11.3	20.3	69.8	37.6
金属制品业	32.9	39.1	28.0	4.9	20.8	39.6	42.8
通用设备制造业	43.6	32.1	24.3	19.3	28.1	55.3	42.4
专用设备制造业	45.8	32.7	21.5	24.3	33.5	52.3	42.4
汽车制造业	35.5	34.6	29.9	5.6	—	—	—
铁路、船舶、航空航天及其他运输设备制造业	27.3	33.3	39.4	－12.1	—	—	—
电气机械及器材制造业	44.8	35.6	19.6	25.2	31.8	52.0	40.7
计算机、通信及其他电子设备制造业	38.7	38.6	22.7	16.0	28.7	54.1	41.6
仪器仪表制造业	41.5	47.2	11.3	30.2	41.3	60.9	52.2

四、企业战略选择及政策建议

1. 企业经营者将通过加强管理降低成本、加快转型等方式应对当前的困难和挑战

面对当前企业发展遇到的困难和挑战，企业经营者将通过自身努力积极应对。调查结果显示，关于“为了企业更好地发展，企业未来一年应着重采取的措施”，企业经营者选择比重最高的六项分别是：“加强管理降低成本”（72.8%）、“增加创新投入”（60.8%）、“引进人才”（46.9%）、“开拓国内市场”（45.9%）、“更新设备”（34.9%）和“加强企业文化建设”（34.4%），这个排序与前两年相比基本没有变化，表明近年来企业应对挑战的战略保持连续性：一方面通过提升管理水平来应对日益上升的成本压力，另一方面通过增加创新投入来加快企业转型升级的步伐。其他选择比重较高的还有：“开拓国际市场”（27%）、“改变经营模式”（26.4%）和“减少用工”（21.9%）等（见表51）。

表 51　　为了企业更好地发展，企业未来一年将采取的措施（%）

	总体			地区			规模			经济类型		
	2012	2011	2010	东部	中部	西部	大型	中型	小型	国有及国有控股	外商及港澳台	民营企业
加强管理降低成本	72.8	74.4	72.2	71.6	73.3	78.2	77.6	73.4	71.8	78.4	78.0	72.4
增加创新投入	60.8	59.5	64.7	61.5	60.4	58.2	62.3	61.6	60.1	58.8	58.7	60.6
引进人才	46.9	53.0	62.7	44.8	52.4	49.0	47.4	49.6	45.2	45.1	35.4	47.0
开拓国内市场	45.9	44.0	42.9	47.7	43.1	40.7	42.4	45.1	47.0	45.6	55.5	45.3
更新设备	34.9	41.8	46.3	35.1	33.3	36.4	28.5	36.0	35.2	33.5	40.6	34.4
加强企业文化建设	34.4	34.7	39.9	32.6	37.8	38.5	44.9	37.9	30.5	44.3	24.8	33.7
开拓国际市场	27.0	26.6	25.0	31.3	19.7	16.5	29.6	29.6	24.9	21.6	45.7	26.0
改变经营模式	26.4	22.8	23.7	24.1	29.4	33.3	26.9	24.5	27.5	31.7	17.7	27.5
减少用工	21.9	18.1	17.7	24.5	16.4	17.5	17.7	21.3	23.0	16.2	29.5	22.1
投资其他行业	15.3	17.0	15.8	14.4	17.1	17.5	10.2	14.4	16.8	9.5	10.2	17.2
寻求上市	7.7	8.1	8.2	8.3	7.5	4.9	13.3	11.4	4.5	7.0	6.7	7.7
股权投资或并购	7.0	8.1	8.7	6.3	7.3	10.1	13.9	7.8	5.3	9.8	6.3	6.7
投资其他地区	5.5	5.8	6.5	5.6	4.8	5.6	7.8	5.5	5.1	3.1	4.7	6.3

从不同地区看，东部地区企业选择“开拓国际市场”和“减少用工”的比重明显高于中西部地区，中部地区企业选择“引进人才”的相对较高，而西部地区企业选择“加强管理降低成本”和“改变经营模式”的相对较高。

从不同规模看，大型企业选择“加强管理降低成本”、“加强企业文化建设”和“股权投资或并购”的明显高于中小企业，而中小企业选择“开拓国内市场”和“减少用工”的要高于大型企业（见表51）。

从不同经济类型看，国有及国有控股公司选择“加强企业文化建设”和“改变经营模式”的相对较高，民营企业选择“增加创新投入”、“引进人才”和“投资其他行业”的相对较高，外资企业选择“开拓国内市场”、“更新设备”、“开拓国际市场”和“减少用工”的相对较高（见表51）。

关于企业最希望投资的行业，调查结果显示，选择“其他行业”的企业经营者占33.5%，比2011年提高了4.8个百分点，为近四年来的最高值；选择继续投资“本行业”的占66.5%。调查表明，企业转型的意愿有所增强。其中，纺织、服装、造纸、化纤、非金属制品和有色金属等行业转型意愿更加强烈，超过四成的企业经营者希望投资其他行业（见表52）。

表 52　　企业最希望投资的行业（%）

		本行业	其他行业
总体	2012 年	66.5	33.5
	2011 年	71.3	28.7
	2010 年	68.3	31.7
	2009 年	75.3	24.7
农林牧渔业		72.0	28.0
采矿业		80.0	20.0
制造业		64.7	35.3
电力、热力、燃气及水的生产和供应业		74.0	26.0
建筑业		67.2	32.8
交通运输、仓储和邮政业		68.7	31.3
信息传输、软件和信息技术服务业		82.2	17.8
批发和零售业		68.0	32.0
住宿和餐饮业		77.1	22.9
房地产业		76.0	24.0
租赁和商务服务业		63.4	36.6
食品、酒及饮料制造业		73.3	26.7
纺织业		50.6	49.4
纺织服装、服饰业		44.4	55.6
造纸及纸制品业		56.8	43.2
化学原料及化学制品制造业		70.1	29.9
医药制造业		72.7	27.3
化学纤维制造业		59.1	40.9
橡胶及塑料制品业		64.7	35.3
非金属矿物制品业		55.7	44.3
黑色金属冶炼及压延加工业		61.5	38.5
有色金属冶炼及压延加工业		56.3	43.8
金属制品业		62.4	37.6
通用设备制造业		69.2	30.8
专用设备制造业		71.0	29.0
汽车制造业		67.3	32.7
铁路、船舶、航空航天及其他运输设备制造业		75.8	24.2
电气机械及器材制造业		66.4	33.6
计算机、通信及其他电子设备制造业		65.7	34.3
仪器仪表制造业		78.4	21.6

从企业经营者对企业遇到困难时选择什么样的出路，也能看出企业转型意愿的增强。调查结果显示，当问及“假如企业的停产、半停产情况持续下去，您将如何打算”这一问题时，打算“产业升级”的企业经营者占52.2%，比2011年提高了11.9个百分点；打算“进入新行业的占18.7%，打算“去其他地区发展”的占6.8%。而选择“退出不干了”的企业经营者占22.3%，比2011年下降了9.4个百分点。分组来看，中部地区企业、大型企业、国有及国有控股公司的企业经营者选择“产业升级”的比重相对较高，而西部地区企业、小型企业、民营企业选择“退出不干了”的比重相对较高（见表53）。

调查表明，面对当前企业发展中的困难与挑战，加强管理降低成本、加快创新和转型已经成为企业经营者的共识，但是企业景气状况的下滑和盈利的减少对企业增加创新投入尤其是长期投入形成了一定的制约。为此，本次调查还了解了企业的创新投入情况。

调查结果显示，认为2012年研发投入“增加”的企业经营者占37.5%，“持平”的占45.8%，“减少”的占16.7%；“增加”的比“减少”的多20.8个百分点，比2011年的调查结果下降了7.8个百分点。其中，中部地区企业、小型企业和国有及国有控股公司研发投入增长相对较少（见表54）。

表53　对企业若存在持续“停产、半停产”情况的打算（%）

		去其他地区发展	产业升级	进入新行业	退出不干了
总体	2012年	6.8	52.2	18.7	22.3
	2011年	9.4	40.3	18.6	31.7
东部地区企业		8.8	51.8	17.1	22.3
中部地区企业		2.4	58.5	21.7	17.4
西部地区企业		5.6	44.0	20.0	30.4
大型企业		8.3	80.6	8.3	2.8
中型企业		3.6	58.7	17.5	20.2
小型企业		8.2	47.7	19.7	24.4
国有及国有控股公司		5.0	66.7	15.0	13.3
外商及港澳台投资企业		10.0	52.0	18.0	20.0
民营企业		7.6	50.2	18.7	23.5

表54　相对于去年，企业今年的研发投入情况（%）

	增长	不变	减少	增长-减少			
				2012年	2011年	2010年	2009年
总体	**37.5**	**45.8**	**16.7**	**20.8**	**28.6**	**37.2**	**23.9**
东部地区企业	37.7	46.2	16.1	21.6	28.5	38.6	25.0
中部地区企业	35.3	46.3	18.4	16.9	29.3	37.9	22.5
西部地区企业	39.7	43.1	17.2	22.5	27.6	34.5	22.0
大型企业	42.4	51.8	5.8	36.6	44.3	53.4	40.8
中型企业	42.5	43.8	13.7	28.8	37.4	42.5	27.0
小型企业	33.5	46.2	20.3	13.2	20.3	30.2	17.7
国有及国有控股公司	28.5	56.8	14.7	13.8	24.2	32.8	20.2
外商及港澳台投资企业	41.5	45.6	12.9	28.6	29.2	47.9	23.8
民营企业	36.7	45.3	18.0	18.7	28.6	35.8	24.2

新产品销售比重反映了企业的创新成效。调查结果显示，认为2012年新产品销售比重“增加”的企业经营者占34.2%，“持平”的占46.1%，“减少”的占19.7%；“增加”的比“减少”的多14.5个百分点，比2011年的调查结果下降了9.3个百分点。其中，小型企业、国有及国有控股公司和民营企业新产品销售比重增长相对较少（见表55）。

表55　相对于去年，企业今年的新产品销售比重情况（%）

	增长	不变	减少	增长-减少			
				2012年	2011年	2010年	2009年
总体	**34.2**	**46.1**	**19.7**	**14.5**	**23.8**	**35.3**	**23.4**
东部地区企业	33.8	47.0	19.2	14.6	24.5	38.5	25.3
中部地区企业	34.9	44.5	20.6	14.3	25.3	32.8	22.3
西部地区企业	35.3	43.6	21.1	14.2	18.0	30.6	20.7
大型企业	40.5	49.0	10.5	30.0	38.0	48.5	37.4
中型企业	38.3	45.4	16.3	22.0	31.6	39.8	26.4

续表

	增长	不变	减少	增长－减少			
				2012年	2011年	2010年	2009年
小型企业	30.7	46.0	23.3	7.4	16.6	29.8	18.2
国有及国有控股公司	29.9	52.6	17.5	12.4	21.0	29.1	15.4
外商及港澳台投资企业	39.8	43.9	16.3	23.5	16.6	43.9	27.4
民营企业	33.7	45.0	21.3	12.4	24.0	34.7	24.1

本次调查还了解了企业经营者对企业未来转型方向的看法。调查结果显示，关于“未来5年消费结构升级会使需求显著提升的行业”，企业经营者选择比重最高的六项分别是：“健康服务”（74.6%）、“旅游”（66.3%）、“教育、培训”（53.1%）、“运动、休闲”（41.4%）、“金融服务”（37.4%）和“医药制造”（33.8%），其中后五项的选择比重均比2010年有所上升。值得注意的是，选择“汽车”和“房地产”的比重及排名比2010年有所下降（见表56）。

表56　未来5年消费结构升级会使需求显著提升的行业（%）

	2012年	2010年
健康服务	74.6	75.2
旅游	66.3	60.2
教育、培训	53.1	51.7
运动、休闲	41.4	36.5
金融服务	37.4	34.2
医药制造	33.8	30.3
汽车	25.7	40.6
数码产品	23.2	17.6
保健食品	22.1	21.2
房地产	19.9	30.5
保险	16.2	20.2
艺术品	10.0	8.0
动漫	6.3	5.0
家电	5.7	8.4
其他	1.8	1.3

2. 建议政府适度放松宏观调控政策

关于对近年来政府采取的宏观调控政策松紧程度的判断，调查结果显示，认为“过紧”的企业经营者占4.5%，“偏紧”的占43.4%；认为“合适”的占38.9%，认为“偏松”或“过松”的占13.2%（见表57）。

表57　对近年来政府采取的宏观调控政策松紧程度的判断（%）

	过紧	偏紧	合适	偏松	过松
2012年	4.5	43.4	38.9	12.7	0.5
2011年	8.4	46.5	28.4	15.7	1.0
2010年	1.3	23.6	50.3	23.4	1.4
2009年	0.6	11.3	54.3	30.1	3.7

调查表明，企业经营者认为目前宏观政策略显偏紧，因此建议政府适度放松宏观调控政策。调查结果显示，建议未来6个月政府宏观调控政策“适度放松”的企业经营者占54.3%，比2011年提高了12.2个百分点；建议“基本不变”的占35.1%，建议“适度收紧”的占10.6%（见表58）。

表 58　　对未来 6 个月政府宏观调控政策力度的建议（%）

	适度收紧	基本不变	适度放松
2012 年	10.6	35.1	54.3
2011 年	26.4	31.5	42.1
2010 年	29.9	43.9	26.2

3. 建议进一步深化改革，为企业转型创造良好环境

虽然加快转型已经成为当前企业经营者的共识，不过调查也发现，企业经营者认为目前中国企业转型面临较大挑战。调查结果显示，关于目前中国企业转型面临的最主要挑战，企业经营者选择比重最高的四项依次是："缺乏人才"（55.1%）、"外部环境不确定因素过多"（53.1%）、"市场风险太大"（51.2%）和"转型代价过高"（45%），其他选择比重较高的还有："缺乏进入新产业的门路"（39.7%）、"企业员工素质偏低"（37.6%）、"企业家领导变革的动力不强"（28.6%）和"企业家领导变革的能力不足"（26.2%）（见表 59）。

表 59　　目前中国企业转型面临的最主要挑战（%）

	总体		总体
缺乏人才	**55.1**	外部环境不确定因素过多	**53.1**
市场风险太大	**51.2**	转型代价过高	**45.0**
缺乏进入新产业的门路	**39.7**	企业员工素质偏低	**37.6**
企业家领导变革的动力不强	**28.6**	企业家领导变革的能力不足	**26.2**
产业政策的限制	**21.6**	市场准入的限制	**19.1**
技术门槛过高	**13.8**	跨国公司实力雄厚	**11.6**
绿色环保要求高	**10.2**		

本次调查还进一步了解了目前企业转型需要付出的代价。调查结果显示，企业经营者认为目前企业转型需要付出的主要代价包括："增加企业成本"（**59.4%**）、"企业家要投入更多的精力和时间"（**57.3%**）、"增加企业的风险"（**55.9%**）和"影响企业短期利益"（**50.3%**）（见表 **60**）。

表 60　　目前中国企业转型需要付出的主要代价（%）

	总体		总体
增加企业成本	**59.4**	企业家要投入更多的精力和时间	**57.3**
增加企业的风险	**55.9**	影响企业短期利益	**50.3**
创新成果得不到保护	**20.3**	增加协调和管理难度	**17.1**
丧失原有的竞争优势	**12.4**	耽误其他市场机会	**3.2**

面对目前企业转型面临的挑战和代价，企业经营者期待政府进一步深化改革，鼓励和推动企业升级。调查结果显示，关于"为促进经济转型取得最佳效果，政府应采取的方式"，企业经营者选择比重最高的五项依次是："鼓励和推动企业实现产业升级"（43.7%）、"改革和完善财税体制"（38.5%）、"积极稳妥地推进政治体制改革"（37%）、"加快垄断行业改革"（35.4%）和"鼓励和保护企业家精神"（33%）（见表 61）。

关于"促进我国消费、加快增长的主要途径"，调查结果显示，企业经营者选择比重最高的三项依次是"完善社会保障体系"（80.2%）、"对企业和个人减税"（76.1%）和"打破国企垄断，促进民营企业发展"（73.3%），比重明显高于其他选项（见表 62）。

关于"为实现稳增长目标，政府引导的投资应着力的领域"，调查结果显示，企业经营者选择比重最高的三项依次是"产业调整、升级"（56.2%）、"战略性新兴产业"（53.2%）和"生态环境治

理”（43.1%），而选择“制造业投资”的比重相对较低，这个问题值得重视（见表63）。

表61　为促进经济转型取得最佳效果，政府应采取的方式（%）

	总体		总体
鼓励和推动企业实现产业升级	43.7	改革和完善财税体制	38.5
积极稳妥地推进政治体制改革	37.0	加快垄断行业改革	35.4
鼓励和保护企业家精神	33.0	构建有利于经济发展方式转变的微观基础	28.6
加快行政管理体制改革	26.8	深化收入分配制度改革	19.9
健全法律法规和制度体系	17.7	完善资源价格形成机制	9.1

表62　促进我国消费、加快增长的主要途径（%）

	总体		总体
完善社会保障体系	80.2	对企业和个人减税	76.1
打破国企垄断，促进民营企业发展	73.3	加快城市化进程	31.2
增加对低收入人群补贴	30.7	提高国企红利上缴比重	29.5
引导促进服务性消费	25.5	普遍提高工资水平	24.0
推动住房刚性需求增长	20.0	鼓励信贷消费	19.9
提高粮食等农产品价格	17.5	家电下乡等政策	7.6
促进奢侈品消费	2.0		

表63　为实现稳增长目标，政府引导的投资应着力的领域（%）

	总体		总体
产业调整、升级	56.2	战略性新兴产业	53.2
生态环境治理	43.1	保障性住房	34.0
制造业投资	31.3	农村基础设施	30.6
农田、水利工程	20.7	高铁、高速公路、机场等	16.7

调查表明，企业经营者期待政府进一步深化改革，不断完善社会保障体系、减轻企业税收负担、加快垄断行业改革、加大对战略性新兴产业的投入、鼓励和保护企业家精神、营造鼓励创新的外部环境，推动企业的转型升级和经济的持续健康发展。

（注：凡引用此报告者均需注明引自中国企业家调查系统——《2012·中国企业经营者问卷跟踪调查报告》）

课题组名单

顾　　问：李　伟　谢伏瞻　邵　宁　马建堂　卢中原
李德成　全哲洙　袁宝华　王梦奎　陈清泰
张玉台　魏礼群　李德水　鲁志强　孙晓郁
李克穆　刘世锦　侯云春　蒋省三　辜胜阻
任泽民　陈　晋　许善达　丁俊发　熊志军

调查指导：王佩亭　陈全生　李　强　樊　纲　郝玉峰
年　勇　毕雪融　张向晨　余明勤　杨元伟
余　平

调查主持：李　兰　张　泰　李燕斌　盛来运　于　武

报告撰写：潘建成　李　兰　彭泗清　郝大海　董　博

数据处理：桂晓鸿　王　铮　全　璟　王　颖　毋微微

参与讨论：魏　杰　张维迎　王　建　张文魁　魏加宁
王小鲁　黄卫平　韩岫岚　李晓西　张　斌
杨文财　吴　平　林蔚然　卢大彪　左小蕾
包月阳　陈　俭　兰　玉　李　平　刘宗利
孙宏原　唐一林　王结义　徐树山　王云峰

2011年企业经营者对宏观形势及企业经营状况的判断、问题和建议

▌中国企业家调查系统

当前，世界经济复苏缓慢，一些国家主权债务风险增大，主要发达经济体失业率居高不下，新兴经济体通胀压力不减，全球经济不稳定和不确定性不断增加。从国内来看，为应对持续加大的通货膨胀压力和可能存在的房地产泡沫，同时为了加快经济发展方式的转变，2012年以来政府在继续实施积极的财政政策的同时，货币政策趋于稳健，流动性逐渐收紧，当前通胀压力有缓解的迹象，但经济增长放缓及部分企业尤其是小微企业困难加大等问题日益突出，引起了政府和社会的广泛关注。为了解在此背景下企业的现实状况及企业经营者对未来发展的信心，了解他们对企业经营外部环境的评价、对宏观经济政策的看法以及进一步加快经济转型的意见和建议，为政府决策提供参考依据，2011年8月至10月，中国企业家调查系统组织实施了“2011·中国企业经营者问卷跟踪调查”。

本次调查是由中国企业家调查系统组织的第19次全国性企业经营者年度跟踪调查，得到了国务院发展研究中心人力资源研究培训中心、国务院研究室工交贸易研究司、国务院国有资产监督管理委员会企业分配局、国家统计局国民经济综合统计司、中国企业联合会研究部、全国工商联研究室[①]、国家发展和改革委员会国民经济综合司、人力资源和社会保障部人力资源市场司、人力资源和社会保障部法规司、住房和城乡建设部政策研究中心、商务部政策研究室、国家税务总局收入规划核算司、中国证券监督管理委员会市场监管部、中国物流与采购联合会等有关部门的支持和指导。与前18次年度跟踪调查一样，本次调查以企业法人代表为主的企业经营者群体为调查对象，参考我国经济结构，按行业进行分层随机抽样。

调查采用邮寄问卷的方式进行，于8月10日发放问卷13500份，截至10月15日共回收问卷4291份，其中有效问卷4225份，有效回收率为31.3%。通过部分未填写问卷与填写问卷企业的对比分析，未发现存在系统偏差。为使调查分析更为全面和深入，本报告还采用了中国企业家调查系统以往的调查结果。

本次调查主要涉及制造业、批发和零售业、建筑业、农林牧渔业、房地产业、电力燃气及水的生产和供应业、信息传输计算机服务和软件业、租赁和商务服务业、交通运输仓储和邮政业以及采矿业等行业，上述行业的企业所占比重分别为：73.3%、6.2%、3.9%、2.8%、2.6%、1.7%、1.5%、1.4%、1.3%和1.1%。从企业的地区分布看，东部地区企业占66.7%，中部地区企业占20.2%，西部地区企业占13.1%；从企业规模看，大、中、小型企业分别占7.3%、37.4%和55.3%；从企业经

① 以上6家部门为中国企业家调查系统发起成立单位。

济类型看，国有企业占6.3%，有限责任公司占44.7%，股份有限公司占15.7%，私营企业占20%，外商及港澳台投资企业占6.9%，股份合作企业占4.7%，集体企业占1.5%（见表1、表2）。

表1　调查样本基本情况（%）

行业	农林牧渔业	2.8	经济类型	国有企业	6.3
	采矿业	1.1		集体企业	1.5
	制造业（见表2）	73.3		私营企业	20.0
	电力、燃气及水的生产和供应业	1.7		股份合作企业	4.7
	建筑业	3.9		股份有限公司	15.7
	交通运输、仓储和邮政业	1.3		有限责任公司	44.7
	信息传输、计算机服务和软件业	1.5		其他内资企业	0.2
	批发和零售业	6.2		外商及港澳台投资企业	6.9
	住宿和餐饮业	0.8		民营企业	68.6
	房地产业	2.6	盈亏	盈利企业	58.7
	租赁和商务服务业	1.4		持平企业	20.3
	其他行业	3.4		亏损企业	21.0
地区	东部地区企业	66.7	生产状况	超负荷生产企业	4.6
	中部地区企业	20.2		正常运作企业	77.8
	西部地区企业	13.1		半停产企业	16.8
规模	大型企业	7.3		停产企业	0.8
	中型企业	37.4	出口型企业		46.9
	小型企业	55.3	非出口型企业		53.1

注：1. 其他行业包括：金融业，科学研究、技术服务和地质勘查业，水利、环境和公共设施管理业，居民服务和其他服务业，卫生、社会保障和社会福利业，文化、体育和娱乐业等行业。

2. 东部地区包括：京、津、冀、辽、沪、苏、浙、闽、鲁、粤、桂、琼12省（市、自治区）；中部地区包括：晋、蒙、吉、黑、皖、赣、豫、鄂、湘9省（自治区）；西部地区包括：渝、蜀、黔、滇、藏、陕、甘、宁、青、新10省（市、自治区）。

表2　调查样本中制造业基本情况（%）

	制造业细分	%		制造业细分	%
1	农副食品加工业	3.8	16	化学纤维制造业	1.2
2	食品制造业	3.0	17	橡胶制品业	1.9
3	饮料制造业	0.8	18	塑料制品业	5.1
4	烟草加工业	0.1	19	非金属矿物制品业	5.2
5	纺织业	5.9	20	黑色金属冶炼及压延加工业	1.9
6	纺织服装、鞋、帽制造业	5.2	21	有色金属冶炼及压延加工业	1.7
7	皮革、毛皮、羽毛（绒）及其制品业	1.1	22	金属制品业	6.9
8	木材加工及木、竹、藤、棕、草制品业	1.3	23	通用设备制造业	8.7
9	家具制造业	0.8	24	专用设备制造业	10.6
10	造纸及纸制品业	1.5	25	交通运输设备制造业	4.8
11	印刷业和记录媒介的复制	2.1	26	电气机械及器材制造业	6.5
12	文教体育用品制造业	0.9	27	通信设备、计算机及其他电子设备制造业	3.0
13	石油加工、炼焦及核燃料加工业	0.3	28	仪器仪表及文化、办公用机械制造业	2.0
14	化学原料及化学制品制造业	7.7	29	工艺品及其他制造业	2.1
15	医药制造业	2.7	30	废弃资源和废旧材料回收加工业	1.2

本次调查的企业经营者平均年龄为51.4岁，其中55岁及以上占39.8%，44岁及以下占21.5%，45~54岁占38.7%。文化程度为大专及以上的占78%，其中具有本科及以上学历的占41.1%。所学

专业为管理类的占47.6%，为经济类的占33.6%。职务为企业董事长或总经理、厂长、党委书记的占95.1%，其他职务的占4.9%（见表3）。

表3 调查对象基本情况（%）

性别	男	93.9	文化程度	初中或以下	4.2
	女	6.1		中专、高中	17.8
年龄	44岁及以下	21.5		大专	36.9
	45~49岁	21.4		大学本科	25.5
	50~54岁	17.3		研究生学历	6.9
	55岁及以上	39.8		硕士	7.2
	平均年龄（岁）	51.4		博士	1.5
所学专业	文史哲法律	6.7	现任职务	董事长	61.8
	经济	33.6		总经理	56.1
	管理	47.6		厂长	7.0
	理工农医	26.0		党委书记	13.7
	其他	10.1		其他	4.9

注：由于存在跨专业和职务兼任情况，因此所学专业和现任职务比例合计大于100%。

本报告的主要结论：

调查发现，2011年以来经济运行趋于复杂，企业经营者对宏观经济的信心比2010年有所减弱。宏观调控降低了企业经营者的通胀预期和房价上涨预期，也同时让企业经营者感受到资金紧张和土地供应紧张所带来的压力，对未来经济增长的预期也有所回落。

调查显示，在当前偏紧的环境下，企业综合经营状况比2010年有所下滑，但仍好于2008年和2009年；企业的订货、库存、产销等指标从2010年的高位回落至正常水平，其中订货情况要好于2008年和2009年，设备利用率也与2008年大体相当；受世界经济复苏放缓的影响，企业产品出口数量增幅下滑。调查表明，总的来看，企业经营者对未来企业经营状况的预期比前两年有所回落，预计未来订货、用工和投资增长放缓，不过对2012年的预期要好于对2011年四季度的预期。

调查表明，在企业经营成本上升、税费负担较重、盈利空间缩小和企业融资难度加大的背景下，不少企业表示要积极应对困难和挑战，采取加强管理和结构调整等一系列有效措施推动企业在压力下成长。与此同时，企业经营者认为，当前企业经营的外部环境对企业经营者发展企业的动力有较大影响，同时对企业增加创新投入尤其是长期投入形成了一定的制约。企业经营者希望政府进一步深化经济体制改革，不断完善市场体系，加快法治政府和服务型政府的建设，减少政府对微观经济活动的干预，积极推进财税体制改革和垄断性行业改革的步伐。同时，企业经营者期待政府进一步深入倾听企业界的意见和建议，提振企业家信心，重视工商界尤其是实体经济在经济发展中的作用，营造有利于促进企业持续创新发展的外部环境。

一、对宏观经济形势的判断

1. 对宏观经济的信心有所回落，经济运行状况趋于复杂

调查结果显示，认为当前宏观经济形势“很好”或“较好”的企业经营者占31.3%，比2010年下降了25个百分点，为近四年来的最低值；认为“一般”的占43.9%；认为“很差”或“较差”的占24.8%，比2010年提高了18.2个百分点（见表4）。

从不同地区看，中、西部地区企业经营者对宏观经济形势的判断相对积极，认为“很好”或“较

好”的分别占 37.4% 和 36.2%，高于东部地区；从不同规模看，大型企业更为乐观；从不同经济类型看，国有及国有控股公司认为当前宏观经济形势“很好”或“较好”的占 37.6%，相对乐观（见表 4）。

表 4　企业经营者对当前宏观经济形势的判断（%）

		很好	较好	一般	较差	很差
总体	2011 年	2.4	28.9	43.9	21.0	3.8
	2010 年	5.1	51.2	37.1	5.9	0.7
	2009 年	3.1	36.9	46.7	12.4	0.9
	2008 年	2.8	32.6	40.5	21.1	3.0
东部地区企业		2.1	26.3	44.9	22.4	4.3
中部地区企业		2.7	34.7	43.7	16.9	2.0
西部地区企业		2.9	33.3	40.2	20.1	3.5
大型企业		3.3	33.3	42.5	18.6	2.3
中型企业		1.9	27.8	45.2	21.2	3.9
小型企业		2.6	29.0	43.3	21.2	3.9
国有及国有控股公司		1.8	35.8	47.4	13.2	1.8
国有企业		1.1	34.9	50.6	10.7	2.7
非国有企业		2.5	28.4	43.6	21.7	3.8
私营企业		2.9	28.9	42.9	20.0	5.3
股份有限公司		1.5	31.4	43.2	21.3	2.6
有限责任公司		2.7	27.7	43.8	22.3	3.5
外商及港澳台投资企业		1.7	24.5	43.5	24.8	5.5
民营企业		2.4	28.5	43.3	22.0	3.8

关于“对宏观经济运行的总体判断”，调查显示，认为目前宏观经济“偏热”的企业经营者占 29.9%，认为“过热”的占 5.1%，两者合计比重比 2010 年略高了 1.8 个百分点，比 2009 年提高了 12.5 个百分点；认为“偏冷”或“过冷”的占 25.5%，明显高于 2010 年，与 2009 年基本持平；认为“尚难判断”的占 11.4%；认为“正常”的占 28.1%，是近 11 年来的最低值。调查表明，企业经营者对经济运行的冷热判断出现了明显的分歧，与 2008 年的调查结果比较相似，这从一个侧面反映了当前经济运行的复杂程度（见表 5、图 1）。

表 5　2001～2011 年企业经营者对宏观经济运行的总体判断（%）

	过热	偏热	正常	偏冷	过冷	尚难判断
2011 年	5.1	29.9	28.1	23.6	1.9	11.4
2010 年	2.7	30.5	47.3	10.2	0.3	9.0
2009 年	1.8	20.7	39.5	24.6	0.6	12.8
2008 年	3.6	26.1	29.1	27.2	1.6	12.4
2007 年	8.7	57.0	29.4	1.9	0.0	3.0
2006 年	3.8	44.9	42.0	4.4	0.1	4.8
2005 年	2.6	25.9	49.4	14.9	0.6	6.6
2004 年	5.5	44.2	34.4	8.1	0.3	7.5
2003 年	2.6	28.1	53.0	10.3	0.2	5.8
2002 年	0.6	10.6	57.9	23.9	1.0	6.0
2001 年	2.2	9.8	44.4	29.2	1.6	12.8

注：0.0 表示答题者选择了此项，但选择比重小于 0.05%。以下同。

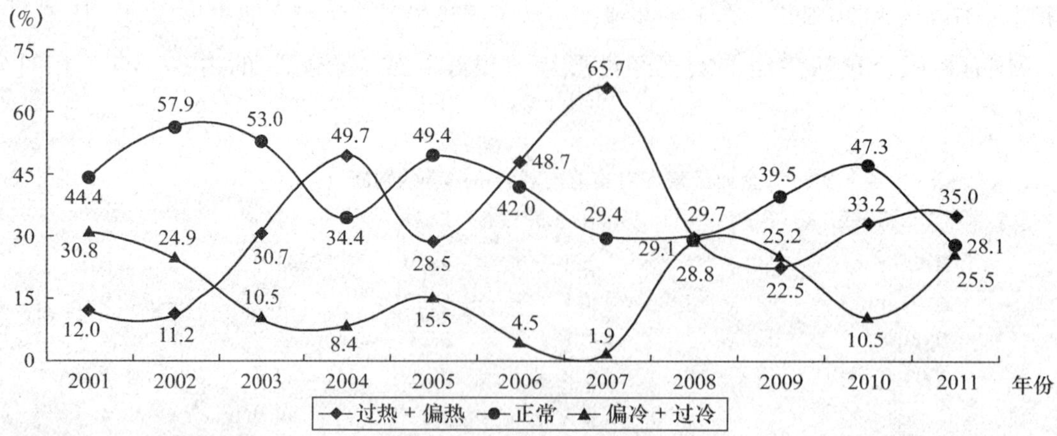

图1　2001~2011年企业经营者对宏观经济运行的总体判断

2. 通货膨胀预期趋于减弱，预计2012年房地产价格增速有所放缓

今年以来，国内通货膨胀压力逐渐增大，已经成为我国经济发展面临的重要挑战。调查发现，关于未来6个月我国经济将面临的主要问题或风险，选择“通胀压力较大”的企业经营者达83.8%，排在所有11个选项的第一位（见表6）。

表6　　未来6个月我国经济将面临的主要问题或风险（%）

	总体		总体
通胀压力较大	**83.8**	中小企业融资困难	**68.5**
房地产调控引发的相关问题	**50.6**	人民币升值压力加大	**49.9**
出口环境恶化	**38.6**	经济增长下滑	**37.9**
节能减排压力较大	**31.9**	地方融资平台风险较大	**28.2**
民间资本缺乏出路	**27.4**	“十二五”开局出现盲目投资	**17.5**
宏观调控力度过大	**17.3**		

关于对实际通胀程度的预期，调查结果显示，预计2011年CPI比上年上涨“5%~6%”的企业经营者占51.1%，预计上涨“5%及以下”的占32.3%，预计上涨“6%以上”的占16.6%，平均预测值为5.6%；关于2012年的CPI上升幅度，预计比上年上涨“5%及以下”的企业经营者占52.9%，预计上涨“5%~6%”的占28%，预计上涨“6%以上”的占19.1%，平均预测值为5.3%，比对2011年的预期降低了0.3个百分点。调查表明，企业经营者对明年的通胀预期趋于减弱（见表7）。

表7　　对2011年、2012年我国CPI上升幅度的预计（%）

		5%及以下	5%~6%	6%以上	均值
2011年	**总体**	**32.3**	**51.1**	**16.6**	**5.6**
	东部地区企业	31.5	52.0	16.5	5.6
	中部地区企业	34.4	49.2	16.4	5.5
	西部地区企业	32.9	49.3	17.8	5.6
2012年	**总体**	**52.9**	**28.0**	**19.1**	**5.3**
	东部地区企业	53.3	27.8	18.8	5.3
	中部地区企业	51.9	27.9	20.2	5.3
	西部地区企业	52.7	28.5	18.8	5.3

从企业产品销售价格情况大体可以反映作为CPI上游的企业产品出厂价格指数（PPI）走势。调查结果显示，总体来看，认为目前产品销售价格比去年“上升”的企业占34.9%，“持平”的占

36.6%，“下降”的占28.5%，“上升”的比“下降”的多6.4个百分点，这一数据与2010年的调查结果基本持平（见表8）。

从不同行业看，产品销售价格上升较多的行业有：农林牧渔业、采矿业、交通运输仓储和邮政业、批发和零售业、住宿和餐饮业以及制造业中的食品等，认为产品销售价格“上升”的比“下降”的多30个百分点以上；而信息传输计算机服务和软件业以及制造业中的纺织、造纸、汽车、电气机械、通信设备等行业则相对较差，认为产品销售价格“上升”的比“下降”的少10个百分点以上（见表8）。

表8　　相对于去年，不同行业企业目前的销售价格情况（%）

	上升	持平	下降	上升－下降			
				2011年	2010年	2009年	2008年
总体	**34.9**	**36.6**	**28.5**	**6.4**	**6.0**	**－13.2**	**23.3**
农林牧渔业	49.1	32.5	18.4	30.7	43.8	7.4	25.8
采矿业	52.2	34.8	13.0	39.2	29.1	19.2	36.5
制造业	33.0	34.7	32.3	0.7	1.1	－19.4	22.7
电力、燃气及水的生产和供应业	21.1	73.3	5.6	15.5	20.6	－4.5	46.6
建筑业	36.2	45.0	18.8	17.4	10.5	11.4	25.4
交通运输、仓储和邮政业	43.5	45.6	10.9	32.6	19.2	－1.4	23.3
信息传输、计算机服务和软件业	20.0	45.0	35.0	－15.0	－19.7	－35.3	－32.3
批发和零售业	54.7	27.6	17.7	37.0	23.3	－1.7	41.4
住宿和餐饮业	72.0	20.0	8.0	64.0	10.8	0.0	11.8
房地产业	34.0	45.0	21.0	13.0	31.2	39.0	19.3
租赁和商务服务业	33.3	57.4	9.3	24.0	20.8	－7.3	6.7
食品饮料制造业	57.4	28.1	14.5	42.9	35.6	2.4	47.6
纺织业	32.5	18.4	49.1	－16.6	49.1	－15.9	－17.6
纺织服装、鞋、帽制造业	49.1	26.1	24.8	24.3	33.6	－20.3	4.0
造纸及纸制品业	28.6	32.7	38.7	－10.1	0.1	－27.0	41.4
化学原料及化学制品制造业	36.5	32.3	31.2	5.3	－7.2	－27.9	44.2
医药制造业	30.1	35.0	34.9	－4.8	－18.8	－21.8	6.2
化学纤维制造业	53.1	21.9	25.0	28.1	30.7	24.3	26.4
橡胶制品业	40.4	28.8	30.8	9.6	－6.5	－23.5	16.9
塑料制品业	28.2	35.6	36.2	－8.0	－16.1	－20.1	19.8
非金属矿物制品业	36.6	29.1	34.3	2.3	－2.8	－31.4	48.5
黑色金属冶炼及压延加工业	41.5	40.0	18.5	23.0	1.5	6.2	56.5
有色金属冶炼及压延加工业	36.4	34.5	29.1	7.3	11.1	－1.4	－11.0
金属制品业	25.4	43.4	31.2	－5.8	－5.2	－14.8	35.7
通用设备制造业	24.0	44.2	31.8	－7.8	－11.7	－20.8	38.1
专用设备制造业	23.5	43.6	32.9	－9.4	－19.1	－27.9	15.1
交通运输设备制造业	17.7	34.8	47.5	－29.8	－23.2	－15.7	27.0
电气机械及器材制造业	26.8	35.0	38.2	－11.4	－14.6	－25.4	1.7
通信设备、计算机及其他电子设备制造业	26.8	30.5	42.7	－15.9	－27.9	－34.3	－32.7
仪器仪表及文化、办公用机械制造业	29.2	39.5	31.3	－2.1	－34.1	－28.3	－5.8

关于对明年企业产品销售价格的预计，调查结果显示，预计产品销售价格“上升”的企业占31%，“持平”的占50.4%，“下降”的占18.6%，“上升”的比“下降”的多12.4个百分点，比2010年的调查结果下降了5.3个百分点（见表9）。

从不同行业看，预计明年产品销售价格上升较多的行业有：农林牧渔业、交通运输仓储和邮政业、批发和零售业、住宿和餐饮业以及制造业中的食品等，预计产品销售价格"上升"的比"下降"的多30个百分点以上；而信息传输计算机服务和软件业以及制造业中的化纤、橡胶、通用设备、专用设备、汽车、电气机械和通信设备等行业则相对较差，预计产品销售价格"上升"的比重要低于"下降"的比重（见表9）。

表9　不同行业企业对明年销售价格的预计（%）

	上升	持平	下降	上升－下降		
				2011年	2010年	2009年
总体	**31.0**	**50.4**	**18.6**	**12.4**	**17.7**	**14.8**
农林牧渔业	45.7	45.7	8.6	37.1	45.0	30.9
采矿业	26.1	50.0	23.9	2.2	21.8	23.0
制造业	28.0	51.5	20.5	7.5	11.7	9.3
电力、燃气及水的生产和供应业	26.8	69.0	4.2	22.6	39.4	32.1
建筑业	41.7	45.7	12.6	29.1	31.4	34.3
交通运输、仓储和邮政业	41.3	50.0	8.7	32.6	25.0	23.0
信息传输、计算机服务和软件业	25.8	45.2	29.0	-3.2	-3.9	-27.0
批发和零售业	50.6	37.5	11.9	38.7	41.3	31.6
住宿和餐饮业	53.9	42.3	3.8	50.1	33.3	28.5
房地产业	39.4	42.4	18.2	21.2	48.0	62.2
租赁和商务服务业	36.4	54.5	9.1	27.3	22.0	24.3
食品饮料制造业	54.4	36.4	9.2	45.2	49.4	32.4
纺织业	23.3	54.9	21.8	1.5	16.3	20.3
纺织服装、鞋、帽制造业	38.0	43.0	19.0	19.0	32.6	9.3
造纸及纸制品业	24.5	55.1	20.4	4.1	18.4	17.5
化学原料及化学制品制造业	24.6	61.6	13.8	10.8	9.8	21.9
医药制造业	27.4	46.4	26.2	1.2	-7.0	-7.9
化学纤维制造业	15.6	56.3	28.1	-12.5	15.4	48.5
橡胶制品业	13.5	59.6	26.9	-13.4	6.4	-2.0
塑料制品业	28.9	50.3	20.8	8.1	-2.4	5.9
非金属矿物制品业	28.3	51.5	20.2	8.1	9.6	6.8
黑色金属冶炼及压延加工业	27.3	62.1	10.6	16.7	33.3	27.1
有色金属冶炼及压延加工业	32.7	49.1	18.2	14.5	24.2	22.5
金属制品业	28.1	48.7	23.2	4.9	8.7	14.8
通用设备制造业	22.9	53.1	24.0	-1.1	4.2	4.3
专用设备制造业	22.1	54.8	23.1	-1.0	-6.3	0.0
交通运输设备制造业	12.9	57.8	29.3	-16.4	-9.8	-6.4
电气机械及器材制造业	20.4	57.6	22.0	-1.6	-3.6	-2.8
通信设备、计算机及其他电子设备制造业	23.2	41.4	35.4	-12.2	-6.6	-29.3
仪器仪表及文化、办公用机械制造业	31.3	49.9	18.8	12.5	-15.0	-17.6

调查表明，从不同行业的价格变动情况来看，本轮通货膨胀压力主要来自于上游产业（如农业、采矿业、电力能源等）、食品和服务业的价格上升较多，而制造业尤其是加工制造业的产品价格并没有显著上涨，甚至部分行业（如装备制造业）还出现了价格下跌的情况。

今年以来，房地产调控力度不断加大，企业经营者认为目前调控目标尚未达到，效果可望逐渐显现。调查结果显示，认为企业所在地区房价总体水平"过高"的企业经营者占31.3%，认为"较高"

的占49%，两者合计比重比2010年高5个百分点；认为“正常”的占18.9%，认为“较低”或“过低”的仅占0.8%。从不同地区看，东部地区认为房价“过高”的企业经营者占35.5%，要明显高于中西部地区（见表10）。

表10　对企业所在地区房价总体水平的判断（%）

		过高	较高	正常	较低	过低
总体	2011年	31.3	49.0	18.9	0.8	0.0
	2010年	27.8	47.5	22.1	2.4	0.2
	2009年	21.3	46.3	28.9	3.4	0.1
东部地区企业		35.5	47.0	16.8	0.7	0.0
中部地区企业		24.1	53.8	20.8	1.3	
西部地区企业		21.1	51.9	26.6	0.4	

注：空白处表示答题者未选择此项。以下同。

关于对2012年房地产价格的预计，调查结果显示，预计房价仍将上涨的企业经营者占52.2%，比2010年调查中预计2011年房价仍将上涨的企业经营者的比重下降了15.2个百分点，其中15.5%预计“上涨10%以上”，36.7%预计“上涨10%以内”；29.7%预计“持平”；18.1%预计下降，比2010年的调查结果提高了8.7个百分点，其中13.8%预计“下降10%以内”，4.3%预计“下降10%以上”。从不同地区看，东部地区预计下降的企业经营者占20.7%，明显高于其他地区。调查表明，企业经营者预计明年房价上涨的势头将趋于放缓（见表11）。

表11　对下一年本地区房地产价格的预计（%）

		上涨10%以上	上涨10%以内	持平	下降10%以内	下降10%以上
总体	2011年	15.5	36.7	29.7	13.8	4.3
	2010年	24.2	43.2	23.2	7.2	2.2
东部地区企业		13.8	34.3	31.2	15.7	5.0
中部地区企业		20.6	42.4	25.1	9.3	2.6
西部地区企业		16.2	40.9	29.1	10.7	3.1

3. 宏观调控趋紧感受明显，企业的资金和土地紧张程度上升

关于对当前政府采取的宏观调控政策松紧程度的判断，调查结果显示，认为“过紧”或“偏紧”的企业经营者占54.9%，比2010年提高了30个百分点，也明显高于2009年；认为“合适”的占28.4%，比2010年下降了21.9个百分点；认为“过松”或“偏松”的占16.7%。调查表明，企业经营者明显感受到不断收紧流动性的稳健的货币政策带来的压力（见表12）。

表12　对近年来政府采取的宏观调控政策松紧程度的判断（%）

		过紧	偏紧	合适	偏松	过松
总体	2011年	8.4	46.5	28.4	15.7	1.0
	2010年	1.3	23.6	50.3	23.4	1.4
	2009年	0.6	11.3	54.3	30.1	3.7
东部地区企业		8.6	47.0	28.9	14.6	0.9
中部地区企业		7.5	46.6	26.4	17.8	1.7
西部地区企业		8.7	44.6	28.7	17.6	0.4
大型企业		11.7	49.2	29.3	9.1	0.7
中型企业		9.3	48.5	27.0	14.4	0.8

续表

	过紧	偏紧	合适	偏松	过松
小型企业	7.4	45.0	29.0	17.4	1.2
国有及国有控股公司	4.9	48.3	28.3	18.1	0.4
国有企业	4.6	50.7	25.8	18.5	0.4
非国有企业	8.6	46.3	28.5	15.5	1.1
私营企业	8.0	43.3	33.0	14.0	1.7
股份有限公司	8.7	47.7	27.2	15.2	1.2
有限责任公司	9.1	48.5	26.7	14.9	0.8
外商及港澳台投资企业	8.7	39.4	29.6	21.6	0.7
民营企业	9.2	47.1	28.2	14.3	1.2

在宏观调控政策偏紧的影响下，企业经营者感到2011年以来企业的资金和土地紧张状况更加严重。关于企业目前的流动资金情况，调查结果显示，认为资金“紧张”的企业经营者占48.3%，认为“正常”的占45.6%，认为“宽裕”的占6.1%；认为“紧张”的比认为“宽裕”的多42.2个百分点，这一数据比2010年提高了18.1个百分点（见表13）。

表13　企业目前的流动资金情况（%）

	宽裕	正常	紧张	紧张－宽裕	
				2011年	2010年
总体	**6.1**	**45.6**	**48.3**	**42.2**	**24.1**
东部地区企业	6.4	47.5	46.1	39.7	17.1
中部地区企业	4.8	40.8	54.4	49.6	31.3
西部地区企业	6.8	43.3	49.9	43.1	34.1
大型企业	9.2	54.9	35.9	26.7	3.6
中型企业	7.2	46.5	46.3	39.1	20.3
小型企业	5.0	43.7	51.3	46.3	30.2
国有及国有控股公司	7.8	47.0	45.2	37.4	18.3
国有企业	7.3	45.6	47.1	39.8	17.8
非国有企业	6.1	45.6	48.3	42.2	24.5
私营企业	5.0	45.2	49.8	44.8	29.9
股份有限公司	7.4	48.1	44.5	37.1	21.1
有限责任公司	6.0	43.6	50.4	44.4	26.6
外商及港澳台投资企业	8.0	53.0	39.0	31.0	2.0
民营企业	5.5	43.9	50.6	45.1	27.3

关于土地供应的紧张状况，调查结果显示，认为土地供应紧张状况“更加严重”的企业经营者占58.4%，比2010年提高了10.8个百分点，比2009年提高了24.3个百分点；认为“变化不大”的占25%，认为“趋于缓和”的占11%，均低于2010年和2009年的调查结果；认为“不清楚”的占5.6%（见表14）。

表14　土地供应紧张状况（%）

	趋于缓和	变化不大	更加严重	不清楚
2011年	11.0	25.0	58.4	5.6
2010年	11.4	34.4	47.6	6.6
2009年	19.7	39.8	34.1	6.4

二、对企业经营状况的评价

1. 企业景气状况比 2010 年有所回落，但仍好于 2008 年和 2009 年

调查结果显示，认为目前企业的综合经营状况“良好”的企业经营者占33.7%，认为“一般”的占49.5%，认为“不佳”的占16.8%；认为“良好”的比认为“不佳”的多16.9个百分点，这一数据比2010年的调查结果下降了20.4个百分点，但仍高于2008年和2009年的水平。调查表明，目前企业的景气状况比2010年有所回落，但仍好于2008年和2009年（见表15）。

表 15　　不同地区、规模及经济类型企业目前综合经营状况（%）

	目前经营状况			良好 - 不佳			
	良好	一般	不佳	2011 年	2010 年	2009 年	2008 年
总体	**33.7**	**49.5**	**16.8**	**16.9**	**37.3**	**14.1**	**13.1**
东部地区企业	33.8	50.0	16.2	17.6	40.4	14.5	12.2
中部地区企业	33.3	49.5	17.2	16.1	32.7	11.7	13.9
西部地区企业	33.6	47.1	19.3	14.3	31.0	13.7	14.4
大型企业	56.0	34.5	9.5	46.5	62.9	43.4	44.3
中型企业	37.7	47.4	14.9	22.8	43.9	18.5	15.2
小型企业	28.0	52.9	19.1	8.9	27.7	4.4	5.1
国有及国有控股公司	44.5	40.7	14.8	29.7	45.1	22.8	24.6
外商及港澳台投资企业	33.3	46.6	20.1	13.2	42.5	9.0	10.3
民营企业	30.7	51.6	17.7	13.0	34.8	11.8	10.0

从不同地区看，东部地区企业经营状况好于中西部地区；从不同规模看，企业规模越大，综合经营状况越好；从不同经济类型看，国有及国有控股公司的综合经营状况明显好于民营企业（见表15）。

从不同行业看，调查显示，经营状况相对较差的行业有纺织、服装、造纸等，其认为“良好”的比重要低于认为“不佳”的比重。而采矿业、交通运输仓储和邮政业、信息传输计算机服务和软件业、住宿和餐饮业、电力燃气及水的生产和供应业以及制造业中的化纤、专用设备和仪器仪表等行业则相对较好，其认为“良好”的比认为“不佳”的多30个百分点以上（见表16）。

此外，与2010年相比，经营状况回落较多的行业包括纺织、服装、汽车、金属制品和通信设备等，其认为“良好”的比认为“不佳”的比重下降了30个百分点以上，而信息传输计算机服务和软件业则相对较好，其认为“良好”的比认为“不佳”的多45.1个百分点，高于2010年（见表16）。

表 16　　不同行业企业目前综合经营状况（%）

	目前经营状况			良好 - 不佳			
	良好	一般	不佳	2011 年	2010 年	2009 年	2008 年
总体	**33.7**	**49.5**	**16.8**	**16.9**	**37.3**	**14.1**	**13.1**
农林牧渔业	33.3	52.2	14.5	18.8	26.4	14.1	22.7
采矿业	50.0	37.0	13.0	37.0	44.6	12.3	30.2
制造业	30.8	50.0	19.2	11.6	35.8	10.6	10.1
电力、燃气及水的生产和供应业	50.7	35.6	13.7	37.0	44.2	25.6	11.5
建筑业	39.5	50.6	9.9	29.6	42.2	27.8	23.7
交通运输、仓储和邮政业	56.6	37.7	5.7	50.9	52.7	31.8	34.5
信息传输、计算机服务和软件业	53.2	38.7	8.1	45.1	42.8	20.8	41.5
批发和零售业	37.7	53.5	8.8	28.9	39.7	17.6	26.1
住宿和餐饮业	48.3	44.8	6.9	41.4	47.3	34.5	36.1

续表

	目前经营状况			良好－不佳			
	良好	一般	不佳	2011 年	2010 年	2009 年	2008 年
房地产业	35.2	49.1	15.7	19.5	28.3	34.4	1.3
租赁和商务服务业	40.7	47.4	11.9	28.8	32.7	18.6	15.0
食品饮料制造业	29.3	48.4	22.3	7.0	24.9	14.1	2.6
纺织业	14.9	47.1	38.0	-23.1	26.8	-9.3	-20.7
纺织服装、鞋、帽制造业	19.6	57.1	23.3	-3.7	32.8	13.5	-6.9
造纸及纸制品业	26.0	42.0	32.0	-6.0	22.9	16.2	3.7
化学原料及化学制品制造业	36.9	43.7	19.4	17.5	28.2	3.6	17.9
医药制造业	33.7	54.3	12.0	21.7	39.5	32.6	25.0
化学纤维制造业	50.0	34.4	15.6	34.4	42.4	24.3	17.1
橡胶制品业	22.6	62.3	15.1	7.5	15.6	39.3	7.5
塑料制品业	22.0	58.0	20.0	2.0	26.4	5.2	5.0
非金属矿物制品业	27.3	54.5	18.2	9.1	23.0	-1.4	10.0
黑色金属冶炼及压延加工业	27.3	50.0	22.7	4.6	32.3	1.1	0.0
有色金属冶炼及压延加工业	32.7	54.6	12.7	20.0	30.2	-2.8	8.3
金属制品业	26.3	52.2	21.5	4.8	41.5	12.0	19.4
通用设备制造业	42.3	45.1	12.6	29.7	50.7	10.9	22.3
专用设备制造业	42.1	47.6	10.3	31.8	49.8	18.2	23.3
交通运输设备制造业	30.7	47.9	21.4	9.3	45.2	25.9	15.0
电气机械及器材制造业	32.8	50.5	16.7	16.1	41.2	17.1	22.9
通信设备、计算机及其他电子设备制造业	31.7	47.6	20.7	11.0	52.5	24.5	9.6
仪器仪表及文化、办公用机械制造业	39.6	54.1	6.3	33.3	53.7	27.0	38.8

2. 企业订货、产销、库存等指标有所回落，但仍处于正常水平

企业订货情况可以比较准确地反映市场情况，尤其是未来的市场情况。调查结果显示，认为目前订货“正常”的企业占58.9%，“高于正常”的占7.4%，两者合计比重比2010年下降了14.5个百分点，不过仍高于2009年和2008年的水平；目前订货“低于正常”的企业占33.7%（见表17）。

从不同行业看，目前订货情况相对较好的行业包括：采矿业、电力燃气及水的生产和供应业、交通运输仓储和邮政业、信息传输计算机服务和软件业、住宿和餐饮业、租赁和商务服务业以及制造业中的医药等行业，订货“正常”或“好于正常”的企业比重超过八成。而房地产、纺织、服装、化纤、橡胶、塑料、钢铁、金属制品、汽车和通信设备等行业则相对较差，订货“低于正常”的企业超过四成（见表17）。

表 17　不同行业企业目前的订货情况（%）

	高于正常	正常	低于正常	高于正常＋正常			
				2011 年	2010 年	2009 年	2008 年
总体	**7.4**	**58.9**	**33.7**	**66.3**	**80.8**	**60.9**	**63.7**
农林牧渔业	6.9	67.2	25.9	74.1	80.2	65.9	74.2
采矿业	4.3	78.3	17.4	82.6	92.7	67.1	76.0
制造业	7.9	54.8	37.3	62.7	79.6	57.2	62.1
电力、燃气及水的生产和供应业	4.6	81.6	13.8	86.2	90.5	78.5	82.1
建筑业	11.5	63.7	24.8	75.2	86.2	73.0	72.2
交通运输、仓储和邮政业	4.4	75.6	20.0	80.0	86.1	70.1	77.7
信息传输、计算机服务和软件业	4.8	79.1	16.1	83.9	87.0	63.5	75.0

续表

	高于正常	正常	低于正常	高于正常 + 正常			
				2011 年	2010 年	2009 年	2008 年
批发和零售业	4.5	72.3	23.2	76.8	84.0	67.0	69.6
住宿和餐饮业	12.5	70.8	16.7	83.3	75.0	60.7	71.0
房地产业	2.0	57.2	40.8	59.2	63.7	80.3	44.3
租赁和商务服务业	3.8	80.8	15.4	84.6	82.2	72.5	67.7
食品饮料制造业	11.6	58.2	30.2	69.8	80.1	69.0	64.0
纺织业	3.4	36.2	60.4	39.6	81.2	49.0	47.0
纺织服装、鞋、帽制造业	3.7	54.8	41.5	58.5	86.3	58.3	58.8
造纸及纸制品业	12.2	59.2	28.6	71.4	82.3	67.6	59.3
化学原料及化学制品制造业	9.9	57.3	32.8	67.2	79.3	50.1	65.3
医药制造业	11.9	70.2	17.9	82.1	81.0	79.2	79.7
化学纤维制造业	3.1	56.3	40.6	59.4	73.1	72.7	60.0
橡胶制品业	5.9	51.0	43.1	56.9	62.5	66.7	60.6
塑料制品业	0.7	55.4	43.9	56.1	73.6	55.2	56.7
非金属矿物制品业	5.6	57.7	36.7	63.3	74.6	57.0	66.8
黑色金属冶炼及压延加工业	10.8	46.1	43.1	56.9	77.3	53.1	47.0
有色金属冶炼及压延加工业	1.9	66.6	31.5	68.5	81.0	47.2	57.8
金属制品业	8.4	50.7	40.9	59.1	74.4	55.4	64.6
通用设备制造业	11.0	55.4	33.6	66.4	84.0	54.6	68.1
专用设备制造业	9.3	61.0	29.7	70.3	83.0	56.1	64.9
交通运输设备制造业	5.7	44.7	49.6	50.4	74.7	64.2	54.4
电气机械及器材制造业	11.8	54.5	33.7	66.3	79.7	57.4	66.0
通信设备、计算机及其他电子设备制造业	4.9	51.2	43.9	56.1	83.6	60.4	61.9
仪器仪表及文化、办公用机械制造业	10.6	61.7	27.7	72.3	89.5	58.1	75.0

本次调查还进一步了解了与 2010 年相比目前企业订货的变化情况。调查结果显示，与 2010 年相比，认为目前订货“增加”的企业占 30.1%，“持平”的占 37.1%，“减少”的占 32.8%；订货“增加”的比“减少”的少 2.7 个百分点，而 2010 年的调查结果则是订货“增加”的比“减少”的多 27.5 个百分点。调查表明，目前企业订货情况比 2010 年明显回落（见表 18）。

表 18　　相对于去年，不同行业企业目前的订货情况（%）

	增长	不变	减少	增长 - 减少	
				2011 年	2010 年
总体	**30.1**	**37.1**	**32.8**	**-2.7**	**27.5**
农林牧渔业	23.7	47.4	28.9	-5.2	15.1
采矿业	23.9	63.1	13.0	10.9	23.2
制造业	30.5	33.8	35.7	-5.2	30.9
电力、燃气及水的生产和供应业	41.3	50.8	7.9	33.4	47.3
建筑业	36.4	35.7	27.9	8.5	28.3
交通运输、仓储和邮政业	27.3	47.7	25.0	2.3	16.9
信息传输、计算机服务和软件业	41.0	47.5	11.5	29.5	27.6
批发和零售业	30.1	45.9	24.0	6.1	15.4
住宿和餐饮业	33.3	54.2	12.5	20.8	22.8
房地产业	12.6	38.9	48.5	-35.9	-20.0
租赁和商务服务业	22.2	57.4	20.4	1.8	18.2

续表

	增长	不变	减少	增长-减少	
				2011年	2010年
食品饮料制造业	34.4	35.2	30.4	4.0	23.3
纺织业	14.6	22.4	63.0	-48.4	29.9
纺织服装、鞋、帽制造业	17.8	38.0	44.2	-26.4	36.1
造纸及纸制品业	30.6	32.7	36.7	-6.1	29.0
化学原料及化学制品制造业	34.7	34.4	30.9	3.8	21.3
医药制造业	47.6	31.0	21.4	26.2	26.0
化学纤维制造业	28.1	34.4	37.5	-9.4	34.6
橡胶制品业	32.7	23.1	44.2	-11.5	9.4
塑料制品业	26.7	34.0	39.3	-12.6	22.8
非金属矿物制品业	23.9	41.4	34.7	-10.8	22.0
黑色金属冶炼及压延加工业	21.2	44.0	34.8	-13.6	22.8
有色金属冶炼及压延加工业	24.1	37.0	38.9	-14.8	19.1
金属制品业	30.2	34.1	35.7	-5.5	28.2
通用设备制造业	40.6	28.7	30.7	9.9	54.7
专用设备制造业	39.5	34.4	26.1	13.4	42.8
交通运输设备制造业	22.9	26.4	50.7	-27.8	23.6
电气机械及器材制造业	37.1	32.3	30.6	6.5	37.2
通信设备、计算机及其他电子设备制造业	30.5	34.1	35.4	-4.9	32.9
仪器仪表及文化、办公用机械制造业	33.3	47.9	18.8	14.5	48.8

从不同行业看，与2010年相比，目前订货下滑较多的行业主要是：房地产业以及制造业中的纺织、服装、橡胶、塑料、非金属制品、钢铁、有色金属、汽车等，其订货“增加”的比“减少”的少10个百分点以上；而采矿业、电力燃气及水的生产和供应业、信息传输计算机服务和软件业、住宿和餐饮业以及制造业中的医药、专用设备和仪器仪表等行业则相对较好，订货“增加”的比“减少”的多10个百分点以上（见表18）。

调查表明，服务业（如信息服务等）及一些制造业的上游产业、装备制造业等订货情况相对较好，一方面表明目前投资需求仍较大，另一方面反映了结构调整和转型的需求在增加，这也可以从企业经营者对企业遇到困难时选择什么样的出路得到印证。调查结果显示，当问及“假如企业的停产、半停产情况持续下去，您将如何打算”这一问题时，打算“产业升级”的企业经营者占40.3%，打算“进入新行业”的占18.6%，打算“去其他地区发展”的占9.4%。值得注意的是，有31.7%的企业经营者表示“退出不干了”，其中东部地区企业、小型企业、外资企业的企业经营者选择“退出不干了”的比重相对较高，这一现象值得重视（见表19）。

表19　对企业若存在持续“停产、半停产”情况的打算（%）

	去其他地区发展	产业升级	进入新行业	退出不干了
总体	**9.4**	**40.3**	**18.6**	**31.7**
东部地区企业	8.7	37.4	19.0	34.9
中部地区企业	11.3	48.9	16.6	23.2
西部地区企业	9.3	40.7	19.4	30.6
大型企业	18.2	59.1		22.7
中型企业	5.7	57.0	14.2	23.1
小型企业	10.6	31.9	21.5	36.0

续表

	去其他地区发展	产业升级	进入新行业	退出不干了
国有及国有控股公司	6.0	60.0	14.0	20.0
外商及港澳台投资企业	4.5	47.8	9.1	38.6
民营企业	10.4	37.8	20.2	31.6

关于企业目前的产成品库存情况，调查结果显示，认为库存“正常”或“低于正常”的企业经营者占80.2%，比2010年下降了7.5个百分点，与2009年基本持平；认为库存“高于正常”的占19.8%。从不同行业看，纺织、化纤和橡胶等行业企业库存“高于正常”的比重超过三成（见表20）。

表 20　　企业目前的产成品库存情况（%）

		高于正常	正常	低于正常	正常+低于正常
总体	2011 年	19.8	69.8	10.4	80.2
	2010 年	12.3	78.4	9.3	87.7
	2009 年	18.3	72.9	8.8	81.7
	2008 年	17.5	70.9	11.6	82.5
制造业总体		21.8	67.5	10.7	78.2
东部地区企业		19.6	70.6	9.8	80.4
中部地区企业		20.1	68.6	11.3	79.9
西部地区企业		20.6	67.0	12.4	79.4
大型企业		24.1	71.1	4.8	75.9
中型企业		20.0	71.3	8.7	80.0
小型企业		19.1	68.6	12.3	80.9
食品饮料制造业		15.9	70.4	13.7	84.1
纺织业		35.9	54.4	9.7	64.1
纺织服装、鞋、帽制造业		17.2	77.9	4.9	82.8
造纸及纸制品业		26.0	68.0	6.0	74.0
化学原料及化学制品制造业		20.5	63.5	16.0	79.5
医药制造业		11.8	81.1	7.1	88.2
化学纤维制造业		34.4	56.2	9.4	65.6
橡胶制品业		31.4	62.7	5.9	68.6
塑料制品业		18.0	72.7	9.3	82.0
非金属矿物制品业		28.0	63.4	8.6	72.0
黑色金属冶炼及压延加工业		17.9	62.7	19.4	82.1
有色金属冶炼及压延加工业		21.8	67.3	10.9	78.2
金属制品业		21.1	68.1	10.8	78.9
通用设备制造业		23.0	63.9	13.1	77.0
专用设备制造业		19.7	73.1	7.2	80.3
交通运输设备制造业		28.9	59.1	12.0	71.1
电气机械及器材制造业		17.6	68.0	14.4	82.4
通信设备、计算机及其他电子设备制造业		25.6	68.3	6.1	74.4
仪器仪表及文化、办公用机械制造业		16.7	77.0	6.3	83.3

在订货下滑的同时，企业的产销增长也有所放缓。调查结果显示，相对于2010年，认为目前企业的生产（服务）量“增加”的企业经营者占33.6%，“持平”的占40.1%，“减少”的占26.3%，“增加”的比“减少”的多7.3个百分点，明显低于2010年和2009年的调查结果，与2008年基本持平；认为目前企业的销售量“增加”的企业经营者占37.1%，“持平”的占32.8%，“减少”的占

30.1%，“增加”的比“减少”的多7个百分点，明显低于2010年和2009年的调查结果，与2008年基本持平（见表21）。

表21　　相对于去年，企业目前的生产（服务）量、销售量情况（%）

		增加	持平	减少	增加-减少
目前生产（服务）量	2011年	33.6	40.1	26.3	7.3
	2010年	45.8	39.1	15.1	30.7
	2009年	39.0	42.5	18.5	20.5
	2008年	38.9	30.6	30.5	8.4
目前销售量	2011年	37.1	32.8	30.1	7.0
	2010年	51.3	31.5	17.2	34.1
	2009年	40.0	39.3	20.7	19.3
	2008年	40.8	25.3	33.9	6.9

在订货下滑、产销增长放缓的同时，企业的盈利情况也有所下降。调查结果显示，今年上半年“盈利”（包括“较大盈利”或“略有盈余”，下同）的企业占58.7%，比2010年下降了9.2个百分点；“收支平衡”的企业占20.3%；“亏损”（包括“亏损”或“严重亏损”，下同）的企业占21%，比2010年提高了6.2个百分点（见表22）。

从不同地区看，东部地区“盈利”的企业占59.1%，要高于其他地区；从不同规模看，规模越大，“盈利”企业的比重越高；从不同经济类型看，国有及国有控股公司的盈利情况相对较好（见表22）。

表22　　不同地区、规模及经济类型企业今年上半年盈利情况（%）

		较大盈利	略有盈余	收支平衡	亏损	严重亏损
总体	2011年	8.0	50.7	20.3	19.1	1.9
	2010年	13.1	54.8	17.3	13.7	1.1
	2009年	7.0	44.4	20.5	24.8	3.3
	2008年	11.6	51.3	16.9	18.0	2.2
	2007年	13.5	57.3	16.0	12.2	1.0
	2006年	13.5	55.8	15.7	13.8	1.2
东部地区企业		8.5	50.6	21.1	18.0	1.8
中部地区企业		6.9	51.5	20.2	19.9	1.5
西部地区企业		7.1	50.0	16.3	23.6	3.0
大型企业		24.4	48.6	13.5	12.2	1.3
中型企业		10.1	52.1	17.6	18.1	2.1
小型企业		4.3	50.3	23.0	20.6	1.8
国有及国有控股公司		15.0	47.0	16.1	19.2	2.7
国有企业		12.1	47.8	15.6	20.6	3.9
非国有企业		7.7	50.9	20.6	19.0	1.8
私营企业		6.5	51.3	23.9	16.5	1.8
股份有限公司		13.3	51.7	15.9	17.9	1.2
有限责任公司		6.5	51.5	20.9	19.5	1.6
外商及港澳台投资企业		9.1	50.7	16.4	21.0	2.8
民营企业		6.4	51.3	21.6	18.9	1.8

从不同行业看，上半年盈利情况相对较好的行业有：采矿业、医药和仪器仪表等，“盈利”企业的比重超过七成；而信息传输计算机服务和软件业以及制造业中的纺织、服装和橡胶等行业则相对较

差，“盈利”企业不到一半（见表23）。

表 23　不同行业企业今年上半年盈利情况（%）

	较大盈利	略有盈余	收支平衡	亏损	严重亏损
总体	**8.0**	**50.7**	**20.3**	**19.1**	**1.9**
农林牧渔业	6.8	47.9	20.5	23.9	0.9
采矿业	27.9	44.2	14.0	11.6	2.3
制造业	8.0	50.6	19.5	19.8	2.1
电力、燃气及水的生产和供应业	8.3	44.4	18.1	23.6	5.6
建筑业	5.0	56.2	24.4	14.4	
交通运输、仓储和邮政业	11.5	50.0	21.2	17.3	
信息传输、计算机服务和软件业	11.3	35.5	22.6	27.4	3.2
批发和零售业	7.4	59.1	21.8	10.9	0.8
住宿和餐饮业	6.3	49.9	34.4	9.4	
房地产业	5.7	48.5	21.0	21.0	3.8
租赁和商务服务业	6.9	53.5	27.6	10.3	1.7
食品饮料制造业	5.3	47.6	23.6	20.4	3.1
纺织业	4.3	38.2	20.6	32.1	4.8
纺织服装、鞋、帽制造业	2.5	46.6	20.2	27.6	3.1
造纸及纸制品业	9.8	43.1	21.6	23.5	2.0
化学原料及化学制品制造业	12.4	46.8	18.5	20.8	1.5
医药制造业	13.1	60.7	10.7	13.1	2.4
化学纤维制造业	15.6	53.1	18.8	12.5	
橡胶制品业	1.9	47.2	28.3	22.6	
塑料制品业	2.7	48.6	25.0	23.0	0.7
非金属矿物制品业	9.8	52.9	15.5	18.4	3.4
黑色金属冶炼及压延加工业	10.8	41.5	16.9	26.2	4.6
有色金属冶炼及压延加工业	10.7	55.3	17.9	14.3	1.8
金属制品业	6.4	52.9	23.5	15.2	2.0
通用设备制造业	10.7	54.7	17.0	16.6	1.0
专用设备制造业	8.3	60.1	19.4	10.8	1.4
交通运输设备制造业	10.9	52.6	12.4	21.2	2.9
电气机械及器材制造业	7.5	51.6	20.4	18.3	2.2
通信设备、计算机及其他电子设备制造业	10.0	46.2	13.8	27.5	2.5
仪器仪表及文化、办公用机械制造业	15.2	58.7	23.9	2.2	

调查还发现，目前企业的设备利用率处于正常水平。调查结果显示，2010 年设备利用率在“75% ~95%”的企业占50%，“95%以上”的占17.2%，两者合计比重比2008 年提高了4.3 个百分点；“75%以下”的占32.8%。平均设备利用率为78.3%，比2008 年提高了0.9 个百分点。从不同行业看，设备利用率相对较高的行业有纺织、化纤、非金属制品、通用设备、专用设备、通信设备和仪器仪表等，平均设备利用率超过80%（见表24）。

从对2011 年设备利用率的预计来看，预计设备利用率在“75% ~95%”的企业占48.2%，“95%以上”的占16.9%，“75%以下”的占34.9%，平均设备利用率为77.2%，与2008 年大体相当。从不同行业看，预计2011 年设备利用率相对较高的行业有医药、通用设备、专用设备、通信设备和仪器仪表等，预计平均设备利用率超过80%（见表25）。

表 24　　企业设备利用率实际情况（%）

		75%以下	75%～95%	95%以上	平均设备利用率
总体	2010 年	32.8	50.0	17.2	78.3
	2008 年	37.1	49.0	13.9	77.4
制造业总体		32.9	51.5	15.6	78.3
食品饮料制造业		44.0	41.7	14.3	72.6
纺织业		24.8	51.9	23.3	81.7
纺织服装、鞋、帽制造业		36.1	49.3	14.6	77.3
造纸及纸制品业		34.7	55.1	10.2	75.7
化学原料及化学制品制造业		42.8	44.8	12.4	73.6
医药制造业		35.0	48.7	16.3	78.5
化学纤维制造业		22.6	51.6	25.8	82.0
橡胶制品业		30.8	55.7	13.5	78.3
塑料制品业		31.1	60.1	8.8	77.6
非金属矿物制品业		30.7	56.6	12.7	80.0
黑色金属冶炼及压延加工业		37.1	45.2	17.7	76.9
有色金属冶炼及压延加工业		35.2	59.2	5.6	75.0
金属制品业		36.4	47.9	15.7	76.4
通用设备制造业		27.2	55.5	17.3	82.3
专用设备制造业		26.7	55.6	17.7	81.5
交通运输设备制造业		34.5	49.0	16.5	79.7
电气机械及器材制造业		32.0	54.5	13.5	77.6
通信设备、计算机及其他电子设备制造业		23.5	53.0	23.5	85.0
仪器仪表及文化、办公用机械制造业		18.8	58.3	22.9	83.4

表 25　　企业对今年设备利用率的预计（%）

	75%以下	75%～95%	95%以上	平均设备利用率
总体	**34.9**	**48.2**	**16.9**	**77.2**
制造业总体	36.0	49.5	14.5	76.8
食品饮料制造业	40.7	42.6	16.7	73.9
纺织业	39.5	49.3	11.2	75.6
纺织服装、鞋、帽制造业	45.6	42.4	12.0	73.2
造纸及纸制品业	53.2	36.2	10.6	73.8
化学原料及化学制品制造业	40.8	46.8	12.4	74.3
医药制造业	33.8	52.4	13.8	80.0
化学纤维制造业	25.8	51.6	22.6	78.9
橡胶制品业	40.4	50.0	9.6	74.9
塑料制品业	38.1	53.1	8.8	75.1
非金属矿物制品业	29.9	56.9	13.2	78.4
黑色金属冶炼及压延加工业	41.9	37.1	21.0	74.9
有色金属冶炼及压延加工业	33.3	61.1	5.6	74.2
金属制品业	38.6	46.2	15.2	74.4
通用设备制造业	26.5	54.1	19.4	81.7
专用设备制造业	28.2	54.1	17.7	80.5
交通运输设备制造业	44.2	44.2	11.6	74.3
电气机械及器材制造业	31.6	52.9	15.5	77.8
通信设备、计算机及其他电子设备制造业	29.6	55.6	14.8	82.0
仪器仪表及文化、办公用机械制造业	16.7	62.5	20.8	83.8

值得注意的是，非金属制品、化纤等高耗能行业和以装备制造业为代表的重工业的设备利用率相对较高，也使得目前电力、石油和煤炭等大宗产品的供应紧张状况更加严重。调查结果显示，认为电力供应紧张状况“更加严重”的企业经营者占30.4%，比2010年提高了14个百分点；认为石油供应紧张状况“更加严重”的占31.8%，比2010年提高了17.8个百分点；认为煤炭供应紧张状况“更加严重”的占30%，比2010年提高了12.8个百分点。此外，企业经营者认为，与2010年相比，钢材和铁路运输供应紧张状况的变化不大（见表26）。

表26　钢材及煤电油运市场供应紧张状况（%）

	调查年份	趋于缓和	变化不大	更加严重	不清楚
钢材	2011年	27.7	55.9	6.9	9.5
	2010年	32.6	53.9	4.9	8.6
	2009年	48.6	41.7	3.8	5.9
电力	2011年	16.2	51.6	30.4	1.8
	2010年	20.8	60.4	16.4	2.4
	2009年	45.4	50.8	2.5	1.3
石油	2011年	10.7	51.5	31.8	6.0
	2010年	13.6	64.9	14.0	7.5
	2009年	31.4	52.6	11.0	5.0
煤炭	2011年	9.1	49.3	30.0	11.6
	2010年	13.5	57.8	17.2	11.5
	2009年	34.6	49.2	7.4	8.8
铁路运输	2011年	16.1	50.5	14.5	18.9
	2010年	15.8	54.3	12.1	17.8
	2009年	27.3	50.7	7.2	14.8

调查表明，总体来看今年以来企业的经营状况比2010年有所回落，不过要好于2008年和2009年，企业的订货、产销、库存等各项经营指标仍处于正常水平。

3. 企业出口数量增幅下滑，出口价格略有上升

受到世界经济复苏放缓的影响，目前我国企业的外贸出口需求仍未走出低谷。调查结果显示，认为外贸出口需求“很旺”、“较旺”的企业经营者分别占1.2%和14.5%，其合计比重略低于2010年；认为“合适”的占27.4%，与2010年基本持平；认为“不足”或“严重不足”的占56.9%，比2010年提高了3.5个百分点（见表27）。

表27　2007～2011年企业经营者对外贸出口需求状况的判断（%）

	很旺	较旺	合适	不足	严重不足
2011年	1.2	14.5	27.4	50.1	6.8
2010年	1.6	17.1	27.9	48.6	4.8
2009年	0.6	3.0	6.7	61.6	28.1
2008年	1.7	14.8	22.8	52.9	7.8
2007年	10.7	45.0	24.1	18.6	1.6

从企业的产品出口情况看，本次调查企业中，46.9%的企业有产品出口，比2010年提高了5.6个百分点，其中东部地区出口企业比重相对较高。在出口企业中，出口额占销售收入的比重平均为43.1%，略高于2010年，与2009年基本持平（见表28）。

关于企业产品的出口数量，调查结果显示，42.9%的企业产品出口数量“增长”，27.6%“持

平”，29.5%“下降”。出口数量“增长”的比“下降”的多13.4个百分点，比2010年的调查结果回落了15.7个百分点（见表29）。

表28　企业产品出口情况（%）

		有产品出口		没有产品出口
		%	出口额占销售收入的比重	
总体	2011年	46.9	43.1	53.1
	2010年	41.3	39.6	58.7
	2009年	44.0	42.5	56.0
东部地区企业		55.4	45.9	44.6
中部地区企业		30.1	33.4	69.9
西部地区企业		26.2	25.2	73.8

表29　与去年相比，企业的产品出口数量增减情况（%）

		增长10%以上	增长10%及以内	持平	下降10%及以内	下降10%以上	增长-下降
总体	2011年	24.7	18.2	27.6	14.4	15.1	13.4
	2010年	34.6	17.1	25.7	11.3	11.3	29.1
制造业		24.8	18.2	27.4	14.5	15.1	13.4
食品饮料制造业		19.1	19.1	29.5	14.7	17.6	5.9
纺织业		15.9	15.0	19.5	20.4	29.2	-18.7
纺织服装、鞋、帽制造业		13.2	14.9	25.6	19.0	27.3	-18.2
造纸及纸制品业		29.4	23.5	11.8	11.8	23.5	17.6
化学原料及化学制品制造业		22.0	20.3	30.8	10.6	16.3	15.4
医药制造业		28.2	17.9	30.8	10.3	12.8	23.0
化学纤维制造业		25.0	16.7	25.0	8.3	25.0	8.4
橡胶制品业		9.1	9.1	51.5	18.2	12.1	-12.1
塑料制品业		28.2	22.4	24.7	16.5	8.2	25.9
非金属矿物制品业		23.4	15.6	34.4	17.2	9.4	12.4
黑色金属冶炼及压延加工业		46.2	23.1	23.1	3.8	3.8	61.7
有色金属冶炼及压延加工业		40.9	18.2	18.2	18.2	4.5	36.4
金属制品业		29.3	19.8	19.0	12.9	19.0	17.2
通用设备制造业		27.8	22.2	29.9	11.8	8.3	29.9
专用设备制造业		24.1	13.6	35.8	15.4	11.1	11.2
交通运输设备制造业		30.8	30.8	17.9	12.8	7.7	41.1
电气机械及器材制造业		29.9	17.2	33.4	8.0	11.5	27.6
通信设备、计算机及其他电子设备制造业		29.4	19.6	23.5	11.8	15.7	21.5
仪器仪表及文化、办公用机械制造业		31.2	17.2	24.1	10.3	17.2	20.9

注：“增长”包括“增长10%以上”和“增长10%及以内”，“下降”包括“下降10%及以内”和“下降10%以上”，下同。

从不同行业看，产品出口数量上升较多的行业包括钢铁、有色金属、汽车等，其出口数量“增长”的比“下降”的多30个百分点以上；而纺织、服装和橡胶等行业外需市场相对较弱，出口数量“增长”的比重要低于“下降”的比重（见表29）。

关于企业产品的出口价格，调查结果显示，34.3%的企业产品出口价格“上升”，38.6%“持平”，27.1%“下降”。出口价格“上升”的比“下降”的多7.2个百分点，而2010年则是出口价格“下降”的比“上升”的多0.2个百分点。调查表明，目前企业产品出口价格略有回升（见表30）。

从不同行业看，出口价格上涨较多的行业包括食品、服装、化纤和钢铁等行业，出口价格“上升”的比“下降”的多20个百分点以上；而造纸、医药、橡胶、金属制品、专用设备、汽车、电气机械、通信设备和仪器仪表等行业则相对较差，出口价格“下降”的比重要高于“上升”的比重（见表30）。

表30　　与去年相比，企业的产品出口价格增减情况（%）

		增长10%以上	增长10%及以内	持平	下降10%及以内	下降10%以上	增长－下降
总体	2011年	8.4	25.9	38.6	21.7	5.4	7.2
	2010年	8.1	17.7	48.2	20.4	5.6	-0.2
制造业		8.4	25.1	39.2	21.9	5.4	6.2
食品饮料制造业		20.9	32.8	26.9	13.4	6.0	34.3
纺织业		11.5	32.7	27.4	20.4	8.0	15.8
纺织服装、鞋、帽制造业		16.2	32.5	27.4	17.1	6.8	24.8
造纸及纸制品业		12.5	12.5	49.9	18.8	6.3	-0.1
化学原料及化学制品制造业		5.7	29.5	32.0	25.4	7.4	2.4
医药制造业		5.9	14.7	44.2	17.6	17.6	-14.6
化学纤维制造业		25.0	25.0	41.7	8.3		41.7
橡胶制品业		6.7	16.7	46.6	20.0	10.0	-6.6
塑料制品业		6.1	26.8	37.8	22.0	7.3	3.6
非金属矿物制品业		7.9	20.6	44.5	25.4	1.6	1.5
黑色金属冶炼及压延加工业		16.0	32.0	28.0	24.0		24.0
有色金属冶炼及压延加工业		19.0	14.3	38.1	28.6		4.7
金属制品业		6.4	23.9	38.5	25.7	5.5	-0.9
通用设备制造业		3.6	20.3	53.7	18.8	3.6	1.5
专用设备制造业		5.8	16.1	53.6	21.9	2.6	-2.6
交通运输设备制造业		5.2	23.4	36.3	27.3	7.8	-6.5
电气机械及器材制造业		4.5	25.0	39.8	27.3	3.4	-1.2
通信设备、计算机及其他电子设备制造业		4.0	24.0	40.0	28.0	4.0	-4.0
仪器仪表及文化、办公用机械制造业		3.7	14.8	51.9	25.9	3.7	-11.1

关于对明年企业产品出口数量的预计，调查结果显示，43.7%的企业经营者预计“增长”，34.5%预计“持平”，21.8%预计“下降”。预计“增长”的比“下降”的多21.9个百分点（见表31）。

表31　　对2012年企业产品出口数量增减情况的预计（%）

	增长10%以上	增长10%及以内	持平	下降10%及以内	下降10%以上	增长－下降
总体	**20.8**	**22.9**	**34.5**	**13.7**	**8.1**	**21.9**
制造业	21.1	23.0	33.9	13.8	8.2	22.1
食品饮料制造业	22.4	16.4	40.3	14.9	6.0	17.9
纺织业	16.4	18.2	28.1	20.9	16.4	-2.7
纺织服装、鞋、帽制造业	5.0	17.6	29.5	26.1	21.8	-25.3
造纸及纸制品业	35.3	11.8	41.1	5.9	5.9	35.3
化学原料及化学制品制造业	16.8	32.8	34.4	9.6	6.4	33.6
医药制造业	27.8	22.2	36.1	2.8	11.1	36.1
化学纤维制造业	15.4	38.4	30.8	7.7	7.7	38.4
橡胶制品业	16.1	25.8	38.8	16.1	3.2	22.6
塑料制品业	25.0	17.9	35.6	15.5	6.0	21.4
非金属矿物制品业	19.0	19.0	41.3	17.5	3.2	17.3

续表

	增长10%以上	增长10%及以内	持平	下降10%及以内	下降10%以上	增长-下降
黑色金属冶炼及压延加工业	28.0	32.0	24.0	16.0		44.0
有色金属冶炼及压延加工业	27.3	40.9	18.2	9.1	4.5	54.6
金属制品业	25.9	23.2	25.9	15.2	9.8	24.1
通用设备制造业	31.3	24.3	34.7	6.9	2.8	45.9
专用设备制造业	23.9	23.3	37.7	10.7	4.4	32.1
交通运输设备制造业	23.4	22.1	35.0	15.6	3.9	26.0
电气机械及器材制造业	21.6	31.8	30.7	6.8	9.1	37.5
通信设备、计算机及其他电子设备制造业	30.0	28.0	22.0	10.0	10.0	38.0
仪器仪表及文化、办公用机械制造业	25.9	22.2	37.1	14.8		33.3

从不同行业看，预计明年产品出口数量增长较多的行业包括钢铁、有色金属和通用设备等，其出口数量“增长”的比“下降”的多40个百分点以上；而纺织和服装等行业则相对较差，预计出口数量“增长”的比“下降”的分别少2.7和25.3个百分点（见表31）。

关于对明年企业产品出口价格的预计，调查结果显示，28.8%的企业经营者预计“增长”，46%预计“持平”，25.2%预计“下降”。预计“增长”的比“下降”的多3.6个百分点（见表32）。

从不同行业看，预计明年产品出口价格增长较多的行业包括食品、化纤等，其出口价格“增长”的比“下降”的多20个百分点以上；而化工、汽车和通信设备等行业则相对较差，预计出口价格“增长”的比“下降”的少10个百分点以上（见表32）。

表32　　对2012年企业产品出口价格增减情况的预计（%）

	增长10%以上	增长10%及以内	持平	下降10%及以内	下降10%以上	增长-下降
总体	**5.0**	**23.8**	**46.0**	**20.2**	**5.0**	**3.6**
制造业	4.8	23.5	46.4	20.3	5.0	3.0
食品饮料制造业	11.9	29.9	41.8	14.9	1.5	25.4
纺织业	3.5	22.1	44.3	24.8	5.3	-4.5
纺织服装、鞋、帽制造业	8.3	28.1	41.3	16.5	5.8	14.1
造纸及纸制品业	5.9	35.3	29.4	23.5	5.9	11.8
化学原料及化学制品制造业	2.5	15.6	50.8	26.2	4.9	-13.0
医药制造业	5.3	23.7	44.7	15.8	10.5	2.7
化学纤维制造业		38.5	53.8	7.7		30.8
橡胶制品业	3.2	19.4	48.4	12.9	16.1	-6.4
塑料制品业	3.6	28.6	38.1	19.0	10.7	2.5
非金属矿物制品业	3.2	19.4	53.2	22.6	1.6	-1.6
黑色金属冶炼及压延加工业	11.5	3.8	61.6	15.4	7.7	-7.8
有色金属冶炼及压延加工业	4.5	13.6	68.3	9.1	4.5	4.5
金属制品业	6.3	27.9	40.6	20.7	4.5	9.0
通用设备制造业	2.1	33.1	46.5	15.5	2.8	16.9
专用设备制造业	5.2	21.3	46.4	24.5	2.6	-0.6
交通运输设备制造业	4.0	10.7	58.6	20.0	6.7	-12.0
电气机械及器材制造业	3.4	18.2	52.2	20.5	5.7	-4.6
通信设备、计算机及其他电子设备制造业	2.0	12.0	36.0	44.0	6.0	-36.0
仪器仪表及文化、办公用机械制造业		32.1	50.1	10.7	7.1	14.3

4. 对企业未来景气预期谨慎乐观

关于对今年四季度企业综合经营状况的预计，调查结果显示，预计“好转”的企业经营者占30.3%，预计“不变”的占56.6%，预计“恶化”的占13.1%；预计“好转”的比“恶化”的多17.2个百分点，这一数据要低于2010年和2009年的调查结果，但仍高于2008年（见表33）。

从不同地区看，中部地区企业预计“好转”的比“恶化”的多27.1个百分点，明显高于其他地区；从不同规模看，中型企业更为乐观；从不同经济类型看，国有及国有控股公司预计“好转”的比“恶化”的多20.1个百分点，相对较高（见表33）。

表33　不同地区、规模及经济类型企业对今年四季度综合经营状况的预计（%）

	四季度经营状况预计			好转-恶化			
	好转	不变	恶化	2011年	2010年	2009年	2008年
总体	**30.3**	**56.6**	**13.1**	**17.2**	**33.2**	**36.6**	**14.3**
东部地区企业	27.9	58.3	13.8	14.1	31.7	35.9	11.9
中部地区企业	38.6	49.9	11.5	27.1	39.7	39.9	18.0
西部地区企业	30.1	58.0	11.9	18.2	31.3	33.8	19.3
大型企业	28.5	60.0	11.5	17.0	31.7	44.4	19.5
中型企业	32.7	55.0	12.3	20.4	35.8	39.2	15.2
小型企业	28.9	57.2	13.9	15.0	31.0	32.8	12.7
国有及国有控股公司	31.0	58.1	10.9	20.1	26.7	37.3	13.3
外商及港澳台投资企业	26.0	51.5	22.5	3.5	24.9	31.9	5.9
民营企业	29.8	57.2	13.0	16.8	34.9	36.1	15.4

从不同行业看，对四季度企业经营状况较为乐观的行业主要有：农林牧渔业、建筑业、信息传输计算机服务和软件业、住宿和餐饮业以及制造业中的食品、医药等，预计“好转”的比“恶化”的多30个百分点以上；而纺织、服装、化纤、橡胶、钢铁、有色金属、金属制品和通信设备等行业则相对较差，预计四季度企业经营状况“好转”的比“恶化”的多10个百分点以内，其中纺织和服装行业预计“好转”的比重要低于“恶化”的比重（见表34）。

表34　不同行业企业对今年四季度综合经营状况的预计（%）

	四季度经营状况预计			好转-恶化			
	良好	一般	不佳	2011年	2010年	2009年	2008年
总体	**30.3**	**56.6**	**13.1**	**17.2**	**33.2**	**36.6**	**14.3**
农林牧渔业	42.2	49.2	8.6	33.6	46.2	52.5	40.0
采矿业	26.1	67.4	6.5	19.6	45.5	42.5	19.2
制造业	29.0	55.3	15.7	13.3	32.1	36.4	13.1
电力、燃气及水的生产和供应业	29.2	59.7	11.1	18.1	17.9	34.5	9.8
建筑业	36.6	58.4	5.0	31.6	42.4	35.9	25.9
交通运输、仓储和邮政业	32.1	60.4	7.5	24.6	27.5	25.9	13.3
信息传输、计算机服务和软件业	53.3	43.5	3.2	50.1	46.1	56.5	43.0
批发和零售业	31.0	62.8	6.2	24.8	33.9	30.7	11.1
住宿和餐饮业	36.7	60.0	3.3	33.4	36.8	41.4	25.7
房地产业	28.3	64.2	7.5	20.8	32.6	41.3	10.3
租赁和商务服务业	27.6	70.7	1.7	25.9	26.5	44.2	7.5
食品饮料制造业	43.0	47.8	9.2	33.8	44.8	47.8	28.2
纺织业	23.1	52.4	24.5	-1.4	9.0	23.5	-4.1
纺织服装、鞋、帽制造业	20.1	57.9	22.0	-1.9	29.5	28.4	-0.5

续表

	四季度经营状况预计			好转－恶化			
	良好	一般	不佳	2011年	2010年	2009年	2008年
造纸及纸制品业	32.7	51.0	16.3	16.4	47.5	41.9	17.5
化学原料及化学制品制造业	29.2	56.6	14.2	15.0	24.0	33.5	13.7
医药制造业	40.0	56.5	3.5	36.5	48.8	53.4	31.3
化学纤维制造业	18.8	62.4	18.8	0.0	7.7	33.4	－11.4
橡胶制品业	28.3	49.1	22.6	5.7	15.6	45.1	9.1
塑料制品业	27.3	61.4	11.3	16.0	36.9	34.8	7.6
非金属矿物制品业	35.6	47.2	17.2	18.4	34.5	34.8	16.7
黑色金属冶炼及压延加工业	24.6	52.3	23.1	1.5	22.7	26.1	－12.1
有色金属冶炼及压延加工业	21.8	65.5	12.7	9.1	46.0	31.5	9.5
金属制品业	24.9	59.0	16.1	8.8	27.7	36.6	18.6
通用设备制造业	26.8	56.7	16.5	10.3	33.9	39.1	15.5
专用设备制造业	25.9	62.4	11.7	14.2	36.6	34.7	16.6
交通运输设备制造业	36.2	43.9	19.9	16.3	30.5	42.6	14.1
电气机械及器材制造业	32.1	52.9	15.0	17.1	32.0	42.0	10.8
通信设备、计算机及其他电子设备制造业	29.3	50.0	20.7	8.6	21.3	41.5	21.2
仪器仪表及文化、办公用机械制造业	29.2	52.0	18.8	10.4	31.7	45.9	17.6

调查发现，企业经营者对明年经营状况的预计要好于对今年四季度的预计。调查结果显示，预计明年经营状况“好转”的企业经营者占38.8%，预计“不变”的占47.4%，预计“恶化”的占13.8%；预计“好转”的比预计“恶化”的多25个百分点，这一数据比2010年的调查结果下降了15.8个百分点，但是要好于对今年四季度经营状况的预计（见表35）。

从不同地区看，中部地区企业预计“好转”比预计“恶化”的多35.8个百分点，要高于其他地区；从不同规模看，中型企业对明年的预计更为乐观；从不同经济类型看，民营企业预计“好转”比预计“恶化”的多24.9个百分点，相对较为乐观（见表35）。

表35　　不同地区、规模及经济类型企业对明年综合经营状况的预计（%）

	好转	不变	恶化	好转－恶化		
				2011年	2010年	2009年
总体	**38.8**	**47.4**	**13.8**	**25.0**	**40.8**	**55.2**
东部地区企业	35.6	49.4	15.0	20.6	38.2	55.4
中部地区企业	46.8	42.2	11.0	35.8	47.7	57.2
西部地区企业	43.1	45.1	11.8	31.3	41.4	51.0
大型企业	36.0	53.8	10.2	25.8	39.9	55.1
中型企业	40.9	45.6	13.5	27.4	41.0	57.3
小型企业	37.8	47.7	14.5	23.3	40.5	53.1
国有及国有控股公司	35.0	54.4	10.6	24.4	32.3	51.5
外商及港澳台投资企业	33.2	45.8	21.0	12.2	34.4	56.4
民营企业	39.0	46.9	14.1	24.9	42.7	55.9

从不同行业看，对明年预计较为乐观的行业有：信息传输计算机服务和软件业、房地产业、租赁和商务服务业以及制造业中的食品等，预计“好转”的比“恶化”的多40个百分点以上；而服装、化纤等行业对明年的预计相对较差，其中服装行业企业预计“好转”的比重要低于预计“恶化”的比重（见表36）。

表36　　不同行业企业对明年综合经营状况的预计（%）

	好转	不变	恶化	好转-恶化		
				2011年	2010年	2009年
总体	**38.8**	**47.4**	**13.8**	**25.0**	**40.8**	**55.2**
农林牧渔业	48.3	42.1	9.6	38.7	65.9	74.1
采矿业	23.9	69.6	6.5	17.4	47.3	63.4
制造业	37.0	47.6	15.4	21.6	38.8	56.3
电力、燃气及水的生产和供应业	39.7	56.2	4.1	35.6	39.4	44.5
建筑业	46.5	39.8	13.7	32.8	46.0	46.5
交通运输、仓储和邮政业	34.0	56.6	9.4	24.6	31.1	37.6
信息传输、计算机服务和软件业	59.7	37.1	3.2	56.5	58.7	58.6
批发和零售业	38.4	48.8	12.8	25.6	39.4	47.5
住宿和餐饮业	46.6	46.7	6.7	39.9	36.4	60.7
房地产业	50.9	40.6	8.5	42.4	48.4	58.7
租赁和商务服务业	51.7	41.4	6.9	44.8	33.4	46.4
食品饮料制造业	50.7	39.3	10.0	40.7	56.2	65.8
纺织业	31.6	50.9	17.5	14.1	14.3	49.6
纺织服装、鞋、帽制造业	19.8	55.5	24.7	-4.9	20.6	48.1
造纸及纸制品业	33.3	50.0	16.7	16.6	39.0	67.1
化学原料及化学制品制造业	41.9	46.6	11.5	30.4	38.2	61.5
医药制造业	49.4	38.6	12.0	37.4	45.4	59.0
化学纤维制造业	19.4	61.2	19.4	0.0	3.9	45.4
橡胶制品业	39.2	47.1	13.7	25.5	34.3	53.0
塑料制品业	34.7	48.6	16.7	18.0	44.2	55.5
非金属矿物制品业	38.5	47.1	14.4	24.1	39.7	47.4
黑色金属冶炼及压延加工业	29.2	58.5	12.3	16.9	40.6	56.1
有色金属冶炼及压延加工业	47.3	38.2	14.5	32.8	49.3	50.7
金属制品业	32.0	51.7	16.3	15.7	32.5	55.7
通用设备制造业	35.7	47.5	16.8	18.9	42.8	59.6
专用设备制造业	38.1	47.8	14.1	24.0	40.9	50.9
交通运输设备制造业	34.5	44.6	20.9	13.6	39.7	58.5
电气机械及器材制造业	38.9	45.4	15.7	23.2	36.6	60.8
通信设备、计算机及其他电子设备制造业	47.6	37.8	14.6	33.0	40.7	54.7
仪器仪表及文化、办公用机械制造业	50.0	29.2	20.8	29.2	43.6	57.5

调查表明，总的来看，企业经营者对未来企业经营状况的预期比前两年有所回落，不过仍高于2008年，并且对明年的预期要好于对今年四季度的预期，企业经营者对未来持谨慎乐观的态度。

对盈利和订货情况的预计也反映了企业经营者对未来谨慎乐观的态度。调查结果显示，近六成（59.4%）的企业经营者预计2011年下半年“盈利”，比2010年下降了13.9个百分点，与2009年和2008年基本持平；预计“收支平衡”的占23.2%，预计“亏损”的占17.4%。其中，中部地区企业、大型企业和国有及国有控股公司预计下半年“盈利”的比重相对较高（见表37）。

从对今年四季度订货情况的预计来看，调查结果显示，预计订货“增加”的占31.8%，“持平”的占44.6%，“减少”的占23.6%；预计“增加”的比“减少”的多8.2个百分点，低于2010年和2009年的调查结果，但仍明显好于2008年。其中，交通运输仓储和邮政业、信息传输计算机服务和软件业以及制造业中的食品、医药等行业对四季度订货情况较为乐观，预计订货“增加”的比“减少”的多30个百分点以上（见表38）。

表 37　不同地区、规模及经济类型企业对下半年盈利状况的预计（%）

		较大盈利	略有盈余	收支平衡	亏损	严重亏损
总体	2011 年	8.3	51.1	23.2	15.2	2.2
	2010 年	15.1	58.2	18.2	7.8	0.7
	2009 年	9.8	51.7	22.3	14.5	1.7
	2008 年	11.0	52.9	19.9	13.7	2.5
东部地区企业		8.5	50.6	23.7	15.3	1.9
中部地区企业		9.0	53.4	20.9	14.7	2.0
西部地区企业		6.8	49.7	23.9	15.8	3.8
大型企业		24.2	48.5	14.3	11.3	1.7
中型企业		10.7	52.0	21.1	13.8	2.4
小型企业		4.7	50.6	25.8	16.8	2.1
国有及国有控股公司		15.3	48.0	19.4	13.4	3.9
外商及港澳台投资企业		8.9	53.2	18.1	16.3	3.5
民营企业		6.6	50.9	24.9	15.7	1.9

表 38　不同行业企业对今年四季度订货情况的预计（%）

	增加	持平	减少	增加－减少			
				2011 年	2010 年	2009 年	2008 年
总体	**31.8**	**44.6**	**23.6**	**8.2**	**25.9**	**23.2**	**－0.4**
农林牧渔业	38.7	46.0	15.3	23.4	37.2	38.3	7.3
采矿业	17.4	67.4	15.2	2.2	32.7	27.4	24.8
制造业	31.8	42.1	26.1	5.7	25.7	23.3	－1.0
电力、燃气及水的生产和供应业	29.7	62.5	7.8	21.9	21.8	24.0	14.1
建筑业	29.4	53.0	17.6	11.8	27.1	12.6	3.9
交通运输、仓储和邮政业	41.9	46.5	11.6	30.3	11.5	17.1	12.4
信息传输、计算机服务和软件业	55.8	34.4	9.8	46.0	45.3	37.2	34.5
批发和零售业	33.1	51.8	15.1	18.0	32.3	21.6	－2.1
住宿和餐饮业	43.5	39.1	17.4	26.1	20.6	38.5	24.9
房地产业	22.1	47.4	30.5	－8.4	6.6	19.7	－33.5
租赁和商务服务业	20.8	71.7	7.5	13.3	9.3	17.0	0.0
食品饮料制造业	45.6	39.9	14.5	31.1	43.6	36.5	13.4
纺织业	24.0	42.7	33.3	－9.3	7.9	6.2	－30.4
纺织服装、鞋、帽制造业	20.5	41.6	37.9	－17.4	34.6	13.1	－26.3
造纸及纸制品业	24.5	57.1	18.4	6.1	42.5	35.1	－5.0
化学原料及化学制品制造业	34.1	45.0	20.9	13.2	18.5	22.5	7.9
医药制造业	49.4	38.8	11.8	37.6	50.6	49.0	40.5
化学纤维制造业	9.4	43.8	46.8	－37.4	－11.5	18.8	－14.3
橡胶制品业	28.8	46.2	25.0	3.8	－6.2	23.6	－14.9
塑料制品业	33.6	45.6	20.8	12.8	26.9	24.3	－10.2
非金属矿物制品业	33.0	42.0	25.0	8.0	22.9	23.9	－1.2
黑色金属冶炼及压延加工业	26.2	38.4	35.4	－9.2	15.6	6.3	－22.4
有色金属冶炼及压延加工业	30.2	50.9	18.9	11.3	33.4	21.1	－20.2
金属制品业	28.7	47.0	24.3	4.4	18.9	22.8	1.7
通用设备制造业	24.4	40.9	34.7	－10.3	22.7	23.8	2.8
专用设备制造业	30.3	43.6	26.1	4.2	23.7	14.7	8.4
交通运输设备制造业	38.4	35.5	26.1	12.3	33.5	30.4	－3.3
电气机械及器材制造业	35.5	37.6	26.9	8.6	26.0	27.6	13.9
通信设备、计算机及其他电子设备制造业	37.8	36.6	25.6	12.2	11.5	32.0	0.1
仪器仪表及文化、办公用机械制造业	43.7	37.5	18.8	24.9	34.1	30.1	11.8

企业经营者对未来的预期也影响了企业的用工和投资计划。调查结果显示，认为目前用工人数“增加”的企业经营者占30.4%，“持平”的占43.7%，“减少”的占25.9%；“增加”的比“减少”的多4.5个百分点，比2010年低了14.1个百分点，其中小型企业、外商及港澳台投资企业以及纺织、服装、橡胶、塑料、非金属制品、钢铁、有色金属和汽车等行业企业出现了用工净减少的情况（即用工“增加”的企业比重低于“减少”的企业比重）（见表39、表40）。

表39　　相对于去年，企业目前的用工人数情况（%）

	增加	持平	减少	增加-减少			
				2011年	2010年	2009年	2008年
总体	**30.4**	**43.7**	**25.9**	**4.5**	**18.6**	**7.4**	**8.5**
东部地区企业	29.6	43.7	26.7	2.9	17.7	5.2	4.0
中部地区企业	32.6	43.8	23.6	9.0	20.5	10.0	15.4
西部地区企业	31.4	43.7	24.9	6.5	21.7	11.6	15.9
大型企业	43.3	41.0	15.7	27.6	36.0	24.2	23.0
中型企业	35.0	39.8	25.2	9.8	20.6	9.4	11.6
小型企业	25.6	46.7	27.7	-2.1	14.2	2.2	2.9
国有及国有控股公司	28.1	53.9	18.0	10.1	20.9	8.1	9.9
外商及港澳台投资企业	30.0	39.0	31.0	-1.0	12.3	-4.0	-0.2
民营企业	30.8	42.2	27.0	3.8	16.6	7.3	7.6

表40　　相对于去年，不同行业的企业目前的用工人数情况（%）

	增加	持平	减少	增加-减少			
				2011年	2010年	2009年	2008年
总体	**30.4**	**43.7**	**25.9**	**4.5**	**18.6**	**7.4**	**8.5**
农林牧渔业	36.0	42.9	21.1	14.9	9.9	12.0	24.0
采矿业	38.6	47.8	13.6	25.0	32.2	15.5	21.3
制造业	28.6	42.4	29.0	-0.4	15.4	4.6	4.9
电力、燃气及水的生产和供应业	36.1	50.0	13.9	22.2	26.8	11.7	21.7
建筑业	39.5	42.7	17.8	21.7	39.9	25.4	22.6
交通运输、仓储和邮政业	32.1	45.3	22.6	9.5	25.8	21.5	22.8
信息传输、计算机服务和软件业	50.8	36.1	13.1	37.7	40.2	22.6	32.2
批发和零售业	34.0	51.9	14.1	19.9	20.2	12.4	18.4
住宿和餐饮业	25.0	57.1	17.9	7.1	21.0	3.7	-5.5
房地产业	29.5	51.5	19.0	10.5	13.7	19.7	8.9
租赁和商务服务业	26.8	50.0	23.2	3.6	20.9	-4.8	2.8
食品饮料制造业	31.4	44.6	24.0	7.4	11.7	10.7	11.4
纺织业	11.6	44.0	44.4	-32.8	-18.5	-21.5	-24.4
纺织服装、鞋、帽制造业	12.9	35.0	52.1	-39.2	-12.9	-13.2	-31.9
造纸及纸制品业	30.0	40.0	30.0	0.0	3.2	2.7	15.9
化学原料及化学制品制造业	33.8	47.0	19.2	14.6	12.4	0.3	14.2
医药制造业	38.6	39.7	21.7	16.9	25.9	26.0	33.3
化学纤维制造业	25.8	48.4	25.8	0.0	-3.9	12.1	-5.7
橡胶制品业	22.0	40.0	38.0	-16.0	-3.1	14.0	19.7
塑料制品业	26.7	36.6	36.7	-10.0	11.4	0.7	-4.9
非金属矿物制品业	25.6	47.7	26.7	-1.1	12.3	4.9	2.4
黑色金属冶炼及压延加工业	22.4	43.3	34.3	-11.9	9.2	5.2	5.1
有色金属冶炼及压延加工业	42.6	25.9	31.5	11.1	28.5	7.0	7.3

续表

	增加	持平	减少	增加－减少			
				2011年	2010年	2009年	2008年
金属制品业	37.8	33.3	28.9	8.9	7.2	4.0	10.2
通用设备制造业	32.8	46.7	20.5	12.3	32.4	7.9	7.6
专用设备制造业	36.8	44.3	18.9	17.9	31.8	7.3	14.8
交通运输设备制造业	28.9	41.5	29.6	-0.7	24.6	22.4	21.0
电气机械及器材制造业	30.9	41.4	27.7	3.2	31.1	19.9	10.0
通信设备、计算机及其他电子设备制造业	29.6	46.9	23.5	6.1	46.0	11.4	12.4
仪器仪表及文化、办公用机械制造业	29.2	52.0	18.8	10.4	31.7	9.6	33.8

不过调查同时发现，企业经营者对明年用工人数的预计较为乐观，预计“增加”的占45.7%，“持平”的占41.6%，“减少”的占12.7%；预计“增加”的比“减少”的多33个百分点，略低于2010年和2009年。其中，中部地区企业、大型企业以及信息传输计算机服务和软件业、医药和通信设备等行业企业更为乐观（见表41、表42）。

表41　　对明年企业用工人数的预计（%）

	增加	持平	减少	增加－减少		
				2011年	2010年	2009年
总体	**45.7**	**41.6**	**12.7**	**33.0**	**40.0**	**37.3**
东部地区企业	43.4	42.9	13.7	29.7	39.3	37.7
中部地区企业	51.1	39.8	9.1	42.0	48.7	40.0
西部地区企业	49.2	37.8	13.0	36.2	36.5	34.0
大型企业	59.0	33.3	7.7	51.3	42.4	42.1
中型企业	46.5	41.6	11.9	34.6	41.4	39.6
小型企业	43.5	42.6	13.9	29.6	38.7	34.6
国有及国有控股公司	45.6	41.7	12.7	32.9	29.9	23.4
外商及港澳台投资企业	42.1	45.2	12.7	29.4	38.6	40.3
民营企业	45.5	41.3	13.2	32.3	42.0	40.5

表42　　不同行业的企业经营者对明年企业用工人数的预计（%）

	增加	持平	减少	增加－减少		
				2011年	2010年	2009年
总体	**45.7**	**41.6**	**12.7**	**33.0**	**40.0**	**37.3**
农林牧渔业	47.8	41.4	10.8	37.0	57.1	47.0
采矿业	50.0	34.1	15.9	34.1	30.4	28.2
制造业	45.1	41.6	13.3	31.8	40.6	38.6
电力、燃气及水的生产和供应业	46.4	43.5	10.1	36.3	34.3	27.8
建筑业	44.8	43.4	11.8	33.0	46.5	35.0
交通运输、仓储和邮政业	45.3	39.6	15.1	30.2	28.4	19.1
信息传输、计算机服务和软件业	73.8	21.3	4.9	68.9	50.6	47.3
批发和零售业	43.8	47.4	8.8	35.0	29.8	30.4
住宿和餐饮业	39.3	46.4	14.3	25.0	34.2	17.3
房地产业	43.7	43.7	12.6	31.1	37.2	44.1
租赁和商务服务业	50.9	36.4	12.7	38.2	20.8	26.9
食品饮料制造业	52.8	36.7	10.5	42.3	48.4	44.2
纺织业	32.0	50.8	17.2	14.8	16.2	20.3

续表

	增加	持平	减少	增加-减少		
				2011年	2010年	2009年
纺织服装、鞋、帽制造业	36.3	39.3	24.4	11.9	34.3	38.2
造纸及纸制品业	44.0	42.0	14.0	30.0	40.3	35.6
化学原料及化学制品制造业	51.5	37.3	11.2	40.3	34.5	38.9
医药制造业	58.6	34.1	7.3	51.3	48.2	53.5
化学纤维制造业	37.5	53.1	9.4	28.1	38.5	39.4
橡胶制品业	48.0	46.0	6.0	42.0	43.7	59.7
塑料制品业	46.0	43.3	10.7	35.3	39.3	34.4
非金属矿物制品业	42.9	47.4	9.7	33.2	31.8	23.8
黑色金属冶炼及压延加工业	39.1	50.0	10.9	28.2	29.3	38.5
有色金属冶炼及压延加工业	52.8	34.5	12.7	40.1	60.4	31.0
金属制品业	36.3	48.0	15.7	20.6	37.0	44.0
通用设备制造业	48.6	38.6	12.8	35.8	54.7	44.0
专用设备制造业	47.7	42.6	9.7	38.0	48.7	38.1
交通运输设备制造业	44.4	38.7	16.9	27.5	46.8	46.0
电气机械及器材制造业	48.7	38.5	12.8	35.9	48.1	47.5
通信设备、计算机及其他电子设备制造业	57.3	36.6	6.1	51.2	50.8	40.6
仪器仪表及文化、办公用机械制造业	53.2	36.2	10.6	42.6	46.4	41.2

本次调查还进一步了解了企业明年招收大学生和农民工的计划。调查结果显示，明年计划招收农民工数量“增加”的企业占39.2%，“持平”的占43.9%，“减少”的占16.9%，“增加”的比“减少”的多22.3个百分点。其中，中部地区企业、大型企业、民营企业以及农林牧渔业、住宿和餐饮业、橡胶等行业企业明年计划招收农民工数量增长相对较多（见表43、表44）。

表43　企业明年计划招收农民工数量的增减情况（%）

	增加	持平	减少	增加-减少
总体	**39.2**	**43.9**	**16.9**	**22.3**
东部地区企业	37.4	45.2	17.4	20.0
中部地区企业	44.4	39.8	15.8	28.6
西部地区企业	40.3	44.2	15.5	24.8
大型企业	46.8	39.2	14.0	32.8
中型企业	41.7	41.9	16.4	25.3
小型企业	36.5	46.0	17.5	19.0
国有及国有控股公司	33.2	44.6	22.2	11.0
外商及港澳台投资企业	39.2	44.8	16.0	23.2
民营企业	40.6	43.3	16.1	24.5

表44　不同行业企业明年计划招收农民工数量的增减情况（%）

	增加	持平	减少	增加-减少
总体	**39.2**	**43.9**	**16.9**	**22.3**
农林牧渔业	47.7	47.6	4.7	43.0
采矿业	51.3	30.8	17.9	33.4
制造业	40.0	43.4	16.6	23.4
电力、燃气及水的生产和供应业	30.6	51.0	18.4	12.2
建筑业	46.5	37.7	15.8	30.7
交通运输、仓储和邮政业	25.6	43.6	30.8	-5.2

续表

	增加	持平	减少	增加-减少
信息传输、计算机服务和软件业	30.0	50.0	20.0	10.0
批发和零售业	32.3	46.5	21.2	11.1
住宿和餐饮业	40.0	60.0		40.0
房地产业	43.0	40.5	16.5	26.5
租赁和商务服务业	27.5	50.0	22.5	5.0
食品饮料制造业	50.2	38.7	11.1	39.1
纺织业	37.4	50.3	12.3	25.1
纺织服装、鞋、帽制造业	39.9	41.1	19.0	20.9
造纸及纸制品业	43.8	49.9	6.3	37.5
化学原料及化学制品制造业	43.9	40.4	15.7	28.2
医药制造业	36.5	41.9	21.6	14.9
化学纤维制造业	37.9	48.3	13.8	24.1
橡胶制品业	50.0	40.9	9.1	40.9
塑料制品业	42.3	48.3	9.4	32.9
非金属矿物制品业	38.1	51.3	10.6	27.5
黑色金属冶炼及压延加工业	33.3	50.0	16.7	16.6
有色金属冶炼及压延加工业	50.0	37.5	12.5	37.5
金属制品业	34.9	44.3	20.8	14.1
通用设备制造业	40.8	42.7	16.5	24.3
专用设备制造业	35.5	42.7	21.8	13.7
交通运输设备制造业	38.3	39.0	22.7	15.6
电气机械及器材制造业	40.5	41.6	17.9	22.6
通信设备、计算机及其他电子设备制造业	40.0	40.0	20.0	20.0
仪器仪表及文化、办公用机械制造业	18.9	40.6	40.5	-21.6

调查结果显示，明年计划招收大学毕业生数量“增加”的企业占53.1%，“持平”的占35.4%，“减少”的占11.5%，“增加”的比“减少”的多41.6个百分点。其中，中部地区企业、大型企业、国有及国有控股公司以及医药、仪器仪表等行业企业明年计划招收大学毕业生的数量增长相对较多（见表45）。调查表明，明年企业招收大学毕业生数量增长相对较多，这也许是结构升级的需求。

表45　　企业明年计划招收大学毕业生数量的增减情况（%）

	增加	持平	减少	增加-减少
总体	**53.1**	**35.4**	**11.5**	**41.6**
东部地区企业	51.2	36.7	12.1	39.1
中部地区企业	60.1	30.0	9.9	50.2
西部地区企业	52.1	37.1	10.8	41.3
大型企业	67.4	25.7	6.9	60.5
中型企业	56.9	33.4	9.7	47.2
小型企业	48.4	38.2	13.4	35.0
国有及国有控股公司	54.5	35.0	10.5	44.0
外商及港澳台投资企业	41.9	41.1	17.0	24.9
民营企业	53.5	35.3	11.2	42.3
农林牧渔业	49.1	40.7	10.2	38.9
采矿业	55.0	35.0	10.0	45.0
制造业	53.2	35.2	11.6	41.6

续表

	增加	持平	减少	增加-减少
电力、燃气及水的生产和供应业	58.1	37.1	4.8	53.3
建筑业	55.4	31.8	12.8	42.6
交通运输、仓储和邮政业	53.3	35.6	11.1	42.2
信息传输、计算机服务和软件业	63.2	29.8	7.0	56.2
批发和零售业	53.2	35.8	11.0	42.2
住宿和餐饮业	31.8	54.6	13.6	18.2
房地产业	50.5	36.0	13.5	37.0
租赁和商务服务业	56.9	35.3	7.8	49.1
食品饮料制造业	63.2	27.4	9.4	53.8
纺织业	36.3	46.7	17.0	19.3
纺织服装、鞋、帽制造业	38.0	43.3	18.7	19.3
造纸及纸制品业	51.1	33.3	15.6	35.5
化学原料及化学制品制造业	63.8	26.0	10.2	53.6
医药制造业	67.9	28.4	3.7	64.2
化学纤维制造业	67.8	17.9	14.3	53.5
橡胶制品业	51.1	33.3	15.6	35.5
塑料制品业	47.5	42.0	10.5	37.0
非金属矿物制品业	52.6	39.7	7.7	44.9
黑色金属冶炼及压延加工业	50.0	41.7	8.3	41.7
有色金属冶炼及压延加工业	54.7	34.0	11.3	43.4
金属制品业	45.0	42.0	13.0	32.0
通用设备制造业	58.6	32.7	8.7	49.9
专用设备制造业	62.1	27.6	10.3	51.8
交通运输设备制造业	46.1	37.7	16.2	29.9
电气机械及器材制造业	59.7	30.1	10.2	49.5
通信设备、计算机及其他电子设备制造业	51.2	37.5	11.3	39.9
仪器仪表及文化、办公用机械制造业	65.8	29.3	4.9	60.9

关于对明年计划投资额增减的预计，调查结果显示，预计“增长”的企业经营者占48.2%，“不变”的占33.2%，“减少”的占18.6%，预计“增长”的比“减少”的多29.6个百分点，这一数据要低于2010年和2009年的调查结果，但仍好于2008年（见表46）。

表46　　企业对明年计划投资额增减的预计（%）

	增长	不变	减少	增长-减少			
				2011年	2010年	2009年	2008年
总体	**48.2**	**33.2**	**18.6**	**29.6**	**47.0**	**40.7**	**27.3**
东部地区企业	46.1	33.7	20.2	25.9	45.5	37.9	21.9
中部地区企业	53.9	32.1	14.0	39.9	54.4	46.9	37.4
西部地区企业	50.6	32.4	17.0	33.6	47.4	45.0	36.4
大型企业	59.0	27.3	13.7	45.3	60.0	52.3	41.0
中型企业	51.2	31.0	17.8	33.4	48.3	43.2	27.6
小型企业	44.6	35.6	19.8	24.8	43.9	36.8	24.4
国有及国有控股公司	51.8	35.3	12.9	38.9	49.2	39.2	34.3
外商及港澳台投资企业	38.7	37.7	23.6	15.1	35.0	37.3	17.4
民营企业	47.3	32.8	19.9	27.4	47.3	40.7	26.4
农林牧渔业	60.0	27.3	12.7	47.3	59.3	45.8	44.0

续表

	增长	不变	减少	增长-减少			
				2011年	2010年	2009年	2008年
采矿业	59.6	33.3	7.1	52.5	60.8	38.7	46.7
制造业	46.4	32.7	20.9	25.5	45.5	40.4	25.3
电力、燃气及水的生产和供应业	61.7	30.9	7.4	54.3	53.1	44.6	29.7
建筑业	48.1	36.8	15.1	33.0	48.9	41.8	30.1
交通运输、仓储和邮政业	54.0	42.0	4.0	50.0	50.7	45.1	43.4
信息传输、计算机服务和软件业	75.9	17.2	6.9	69.0	63.9	52.9	56.2
批发和零售业	48.3	40.0	11.7	36.6	39.6	33.0	26.9
住宿和餐饮业	44.4	48.2	7.4	37.0	49.9	28.5	34.3
房地产业	58.3	25.2	16.5	41.8	56.8	60.7	17.7
租赁和商务服务业	42.3	42.3	15.4	26.9	19.6	20.5	20.0
食品饮料制造业	57.8	27.1	15.1	42.7	53.6	39.9	37.8
纺织业	35.4	31.8	32.8	2.6	23.0	21.0	0.3
纺织服装、鞋、帽制造业	25.5	42.7	31.8	-6.3	33.6	39.4	-6.4
造纸及纸制品业	41.3	37.0	21.7	19.6	48.4	45.9	33.4
化学原料及化学制品制造业	55.8	29.6	14.6	41.2	39.1	45.6	39.4
医药制造业	68.3	26.8	4.9	63.4	55.7	55.5	33.9
化学纤维制造业	48.3	34.5	17.2	31.1	19.3	36.4	17.7
橡胶制品业	56.0	26.0	18.0	38.0	34.3	55.9	34.4
塑料制品业	37.9	40.0	22.1	15.8	37.9	47.3	23.8
非金属矿物制品业	53.3	33.1	13.6	39.7	41.6	30.7	20.3
黑色金属冶炼及压延加工业	44.4	25.4	30.2	14.2	31.8	24.2	9.7
有色金属冶炼及压延加工业	48.1	24.1	27.8	20.3	69.8	37.6	20.5
金属制品业	44.1	32.6	23.3	20.8	39.6	42.8	27.1
通用设备制造业	47.5	33.1	19.4	28.1	55.3	42.4	30.6
专用设备制造业	51.2	31.1	17.7	33.5	52.3	42.4	32.2
交通运输设备制造业	37.7	39.8	22.5	15.2	60.4	53.6	29.4
电气机械及器材制造业	49.8	32.2	18.0	31.8	52.0	40.7	32.3
通信设备、计算机及其他电子设备制造业	46.2	36.3	17.5	28.7	54.1	41.6	28.1
仪器仪表及文化、办公用机械制造业	56.5	28.3	15.2	41.3	60.9	52.2	45.6

从不同地区看，中部地区企业计划投资“增长”的比“减少”的多39.9个百分点，明显高于其他地区企业，这表明投资向中部地区转移的特征十分明显；从不同规模看，大型企业计划投资“增长”的比“减少”的多45.3个百分点，明显高于中小企业；从不同经济类型看，国有及国有控股公司计划投资“增长”的比“减少”的多38.9个百分点，要高于民营企业和外商及港澳台投资企业；从不同行业看，计划投资增加比重较大的行业主要包括：采矿业、电力燃气及水的生产和供应业、交通运输仓储和邮政业、信息传输计算机服务和软件业以及制造业中的医药等行业，其计划投资“增长”的企业比“减少”的多50个百分点以上；而制造业中的纺织、服装、钢铁等行业则相对较差，计划投资“增长”的比“减少”的多15个百分点以内，其中服装行业投资计划呈现净减少现象（即计划“增长”的比“减少”的少）（见表46）。

是否进行跨行业投资，从一个侧面反映企业经营者对本行业前景的判断。关于“如果目前条件成熟，您最希望投资哪个行业”，调查显示，71.3%的企业经营者选择继续投资本行业，28.7%选择转投其他行业。其中采矿业、交通运输仓储和邮政业、信息传输计算机服务和软件业以及制造业中的仪器仪表等行业的企业选择继续投资本行业的比重超过八成；希望转投其他行业比重相对较高的有纺织、服装、造纸等行业，比重在40%以上（见表47）。

表47　企业最希望投资的行业（%）

		本行业	其他行业
总体	2011年	71.3	28.7
	2010年	68.3	31.7
	2009年	75.3	24.7
	2008年	73.4	26.6
农林牧渔业		71.2	28.8
采矿业		83.3	16.7
制造业		69.4	30.6
电力、燃气及水的生产和供应业		70.8	29.2
建筑业		71.4	28.6
交通运输、仓储和邮政业		83.0	17.0
信息传输、计算机服务和软件业		93.1	6.9
批发和零售业		78.3	21.7
住宿和餐饮业		79.3	20.7
房地产业		78.8	21.2
租赁和商务服务业		62.0	38.0
食品饮料制造业		72.7	27.3
纺织业		50.8	49.2
纺织服装、鞋、帽制造业		54.5	45.5
造纸及纸制品业		56.8	43.2
化学原料及化学制品制造业		72.8	27.2
医药制造业		77.9	22.1
化学纤维制造业		69.0	31.0
橡胶制品业		64.7	35.3
塑料制品业		61.8	38.2
非金属矿物制品业		65.4	34.6
黑色金属冶炼及压延加工业		73.2	26.8
有色金属冶炼及压延加工业		68.5	31.5
金属制品业		69.4	30.6
通用设备制造业		78.7	21.3
专用设备制造业		75.5	24.5
交通运输设备制造业		66.1	33.9
电气机械及器材制造业		72.8	27.2
通信设备、计算机及其他电子设备制造业		77.0	23.0
仪器仪表及文化、办公用机械制造业		95.7	4.3

从对经济增长的预计也能看出企业经营者对未来谨慎乐观的态度。调查结果显示，关于2011年的GDP增速，预计比上年增长“8%～10%”的企业经营者占64.8%，预计增长“10%及以上”的占20.7%，预计增长“8%及以下”的占14.5%，平均预测值为9.2%；关于2012年的GDP增速，预计比上年增长“8%～10%”的企业经营者占47.8%，预计增长“8%及以下”的占33.9%，预计增长“10%及以上”的占18.3%，平均预测值为8.8%，比对2011年的预计略降了0.4个百分点（见表48）。

表 48　　对 2011 年、2012 年我国 GDP 增长的预计（%）

		8%及以下	8~10%	10%及以上	均值
2011 年	**总体**	**14.5**	**64.8**	**20.7**	**9.2**
	东部地区企业	15.1	66.2	18.7	9.1
	中部地区企业	13.3	60.8	25.9	9.3
	西部地区企业	13.3	63.6	23.1	9.2
2012 年	**总体**	**33.9**	**47.8**	**18.3**	**8.8**
	东部地区企业	35.9	46.9	17.2	8.7
	中部地区企业	29.0	50.9	20.1	9.0
	西部地区企业	31.3	47.2	21.5	8.9

三、企业发展面临的困难及建议

关于当前企业经营发展中遇到的最主要困难，调查结果显示，选择“人工成本上升”和“能源、原材料成本上升”的企业经营者分别占79%和57.7%，排在所有二十个选项的前两位，其他选择比重较高的选项还有：“社保、税费负担过重”（43.3%）、“企业利润率太低”（39.1%）、“资金紧张”（38.8%）和“缺乏人才”（32.8%）（见表49）。

表 49　　当前企业经营发展中遇到的最主要困难（%）

	总体			地区			规模			经济类型			民营企业
	2011	2010	2009	东部	中部	西部	大型	中型	小型	国有及国有控股	其中：国有	非国有	
人工成本上升	79.0	72.5	57.9	81.4	74.8	73.5	69.0	78.5	80.7	68.3	69.9	79.7	80.6
能源、原材料成本上升	57.7	56.0	48.5	57.9	54.8	61.2	54.0	59.6	57.0	54.7	52.3	58.2	57.9
社保、税费负担过重	43.3	47.3		43.9	40.0	45.1	34.0	42.1	45.3	36.2	36.7	43.8	45.8
企业利润率太低	39.1	—	—	38.4	40.2	41.2	28.3	38.4	41.0	32.6	34.4	39.4	41.9
资金紧张	38.8	42.1	46.9	34.6	49.2	44.2	33.3	37.9	40.2	42.6	45.3	38.4	39.3
缺乏人才	32.8	47.8	46.2	31.7	35.8	33.6	42.0	33.8	30.9	40.0	39.8	32.3	32.5
企业招工困难	28.9	—	—	31.7	24.7	21.5	18.0	29.3	30.1	13.4	12.5	30.0	30.3
整个行业产能过剩	22.9	26.9	37.1	21.2	27.5	24.3	29.0	24.3	20.9	23.2	21.1	23.0	23.5
未来影响企业发展的不确定因素太多	19.9	—	—	20.1	18.8	20.8	21.0	21.4	18.8	23.0	25.4	19.5	20.0
人民币升值过快	18.7	—	—	22.7	11.7	8.9	15.3	19.7	18.4	12.1	10.2	19.2	17.3
缺乏创新能力	11.2	24.6	27.1	10.7	13.0	11.1	13.7	11.6	10.7	18.3	21.1	10.6	9.9
电力供应不足	9.3	—	—	11.3	5.0	6.1	10.0	10.0	8.8	6.0	5.5	9.5	9.2
资源、环境约束较大	8.2	18.1	17.2	7.6	7.6	12.1	15.7	9.5	6.3	13.4	11.7	7.9	7.6
国内需求不足	7.7	10.6	23.7	7.7	7.4	8.2	11.7	6.8	7.8	8.5	7.8	7.7	7.6
遭受侵权等不正当竞争	7.6	11.5	11.5	7.5	8.5	6.9	9.3	6.5	8.2	5.1	6.3	7.7	7.9
企业领导人发展动力不足	7.1	9.2	12.9	6.6	7.7	8.2	10.0	6.2	7.3	12.9	15.6	6.4	6.5
地方政府干预较多	6.1	6.8	9.1	5.0	8.1	8.7	7.3	6.0	6.1	10.7	11.7	5.8	5.7
出口需求不足	5.2	7.7	21.8	6.6	2.7	2.6	5.7	5.6	5.0	5.4	4.3	5.3	5.2
缺乏投资机会	2.9	4.9	4.8	2.5	4.1	3.2	4.3	3.1	2.6	3.8	4.3	2.8	2.8

注：“—”表示该年度没有涉及此项调查内容，以下同。

关于未来6个月我国经济将面临的主要问题或风险，调查结果显示，按照企业经营者选择比重高低排在前四位的依次是：“通胀压力较大”（83.8%）、“中小企业融资困难”（68.5%）、“房地产调控引发的相关问题”（50.6%）和“人民币升值压力加大”（49.9%）（见表6）。

调查表明，总体来看，企业经营者认为通胀压力大、成本上升、税费负担较重、利润率低、中小企业融资难、资金紧张是当前企业发展面临的最主要困难。

1. 企业成本上升，税费负担较重，盈利空间缩小

成本上升是目前企业面临的最主要困难，本次调查了解了企业的人工成本和物料采购价格的上升情况。关于企业目前的人工成本情况，调查结果显示，认为“上升”的企业经营者占97.4%，“持平”的占2.4%，“下降”的占0.2%，认为“上升”的比“下降”的多97.2个百分点，这一数据比2010年的调查结果提高了3.4个百分点。其中，东部地区企业和中小企业人工成本上升较多（见表50）。

表50　　相对于去年末，企业目前的人工成本情况（%）

	上升	持平	下降	上升-下降			
				2011年	2010年	2009年	2008年
总体	**97.4**	**2.4**	**0.2**	**97.2**	**93.8**	**60.2**	**97.0**
东部地区企业	98.0	1.8	0.2	97.8	94.9	58.9	97.4
中部地区企业	96.2	3.6	0.2	96.0	93.4	61.3	96.3
西部地区企业	96.1	3.7	0.2	95.9	94.0	62.3	96.3
大型企业	95.7	4.3		95.7	91.2	54.8	95.2
中型企业	97.9	2.0	0.1	97.8	94.2	60.6	97.3
小型企业	97.3	2.4	0.3	97.0	94.1	60.6	97.0

关于企业目前的物料采购价格情况，调查结果显示，认为“上升”的企业经营者占85.2%，“持平”的占11.2%，“下降”的占3.6%，认为“上升”的比“下降”的多81.6个百分点，这一数据比2010年的调查结果提高了7.4个百分点。其中，中部地区企业和中型企业物料采购价格上升较多（见表51）。

表51　　相对于去年，企业目前的物料采购价格情况（%）

	上升	持平	下降	上升-下降			
				2011年	2010年	2009年	2008年
总体	**85.2**	**11.2**	**3.6**	**81.6**	**74.2**	**49.0**	**88.2**
东部地区企业	84.7	11.6	3.7	81.0	74.9	49.9	87.3
中部地区企业	87.2	9.9	2.9	84.3	76.4	48.5	89.6
西部地区企业	84.7	11.0	4.3	80.4	71.4	47.8	89.6
大型企业	84.9	12.4	2.7	82.2	74.8	46.7	88.5
中型企业	86.3	11.2	2.5	83.8	75.4	48.3	88.5
小型企业	84.5	11.0	4.5	80.0	73.0	50.1	87.9

在成本上升的同时，企业经营者普遍反映当前税费负担也较重。调查结果显示，关于对“企业的税收负担情况”的评价，认为“很重”或“较重”的企业经营者占80.6%，认为“一般”的占18.6%，认为“很轻”或“较轻”的仅占0.8%，总体评价值为1.92，明显低于中值3，也明显低于2010年的调查结果。从不同地区看，东部地区的企业经营者的评价值仅为1.89，要低于其他地区；从不同规模看，中型企业的评价值为1.89，相对较低；从不同经济类型看，民营企业的评价值为1.9，明显低于国有及国有控股公司和外商及港澳台投资企业（见表52）。

关于企业一年来向各级政府交纳国家规定以外的收费、集资、摊派占企业销售收入的比重，调查结果显示，选择“5%以上”的企业经营占3.7%，选择“1%～5%”的占17.2%，两者合计比重比

2010年提高了4.6个百分点，比2009年提高了9.4个百分点；选择“0.1%～1%”的占37.6%；选择“0%～0.1%”的占30.3%，选择“0%”的占11.2%，均低于2009年和2010年。从不同地区看，中部地区企业、中小企业和民营企业选择“5%以上”的比重相对较高（见表53）。

表52　　对“企业的税收负担情况”的评价（%）

	很重	较重	一般	较轻	很轻	评价值	
						2011年	2010年
总体	**27.8**	**52.8**	**18.6**	**0.8**	**0.0**	**1.92**	**2.19**
东部地区企业	29.2	53.0	17.1	0.7	0.0	1.89	2.17
中部地区企业	25.0	51.1	23.1	0.8		2.00	2.25
西部地区企业	25.1	54.7	18.9	1.1	0.2	1.97	2.25
大型企业	23.0	55.0	20.7	1.3		2.00	2.24
中型企业	29.5	52.5	17.6	0.3	0.1	1.89	2.18
小型企业	27.2	52.9	18.9	1.0	0.0	1.94	2.19
国有及国有控股公司	21.9	57.5	19.1	1.1	0.4	2.01	2.25
外商及港澳台投资企业	26.3	52.6	20.1	1.0		1.96	2.20
民营企业	29.3	52.1	18.0	0.6		1.90	2.17

注：评价值是由（“很轻”×5+“较轻”×4+“一般”×3+“较重”×2+“很重”）/100计算得出的，数值越大，表示对该项评价越好。

表53　　企业一年来向各级政府交纳国家规定以外的收费、集资、摊派占企业销售收入的比重（%）

		0.0%	0%～0.1%	0.1%～1%	1%～5%	5%以上
总体	2011年	11.2	30.3	37.6	17.2	3.7
	2010年	13.1	32.7	37.9	13.9	2.4
	2009年	22.4	37.5	28.6	9.7	1.8
东部地区企业		10.8	30.7	38.2	16.8	3.5
中部地区企业		12.3	30.0	34.8	18.0	4.9
西部地区企业		11.7	28.9	38.7	18.1	2.6
大型企业		10.7	35.3	35.3	16.6	2.1
中型企业		10.3	32.1	37.7	16.4	3.5
小型企业		12.0	28.4	37.7	17.9	4.0
国有及国有控股公司		13.7	38.3	29.8	15.4	2.8
外商及港澳台投资企业		14.1	29.7	36.3	17.0	2.9
民营企业		10.0	29.6	38.8	17.8	3.8

受到成本上升、税费负担较重的影响，企业的盈利空间也在缩小。调查结果显示，近四成（39.1%）的企业经营者认为“企业利润率太低”是当前企业经营发展中遇到的最主要困难。同时，调查还发现，认为目前盈利“低于正常”的企业占54.7%，比2010年提高了18.5个百分点；盈利“正常”的占42.1%，“好于正常”的占3.2%。其中，东部地区企业、小型企业、民营企业和外商及港澳台投资企业的盈利情况相对较差（见表54）。

从不同行业看，纺织、橡胶和塑料等行业盈利情况相对较差，盈利“低于正常”的比重超过七成，而采矿业、交通运输仓储和邮政业、信息传输计算机服务和软件业、批发和零售业、住宿和餐饮业、房地产业、租赁和商务服务业以及制造业中的仪器仪表等行业则相对较好，盈利“正常”或“好于正常”的企业超过六成（见表55）。

表 54　　不同地区、规模及经济类型企业目前的盈利情况（%）

	好于正常	正常	低于正常	好于正常 + 正常			
				2011 年	2010 年	2009 年	2008 年
总体	**3.2**	**42.1**	**54.7**	**45.3**	**63.8**	**47.3**	**42.5**
东部地区企业	3.0	41.5	55.5	44.5	64.3	45.8	39.1
中部地区企业	3.4	44.3	52.3	47.7	64.1	47.3	45.1
西部地区企业	3.9	41.7	54.4	45.6	61.0	51.5	51.4
大型企业	7.7	51.4	40.9	59.1	78.4	67.3	62.3
中型企业	3.6	43.6	52.8	47.2	65.1	47.2	43.6
小型企业	2.4	39.9	57.7	42.3	60.2	43.9	37.8
国有及国有控股公司	5.2	51.5	43.3	56.7	74.2	55.5	56.4
外商及港澳台投资企业	2.4	39.5	58.1	41.9	61.6	45.4	38.4
民营企业	2.9	39.7	57.4	42.6	61.4	44.8	39.3

表 55　　不同行业企业目前的盈利情况（%）

	好于正常	正常	低于正常	好于正常 + 正常			
				2011 年	2010 年	2009 年	2008 年
总体	**3.2**	**42.1**	**54.7**	**45.3**	**63.8**	**47.3**	**42.5**
农林牧渔业	4.3	48.7	47.0	53.0	61.4	52.6	56.6
采矿业	6.7	55.5	37.8	62.2	74.5	42.2	70.2
制造业	2.7	37.2	60.1	39.9	60.5	43.2	38.2
电力、燃气及水的生产和供应业	5.9	51.5	42.6	57.4	60.9	60.6	49.6
建筑业	3.8	51.3	44.9	55.1	74.1	57.0	51.8
交通运输、仓储和邮政业	5.9	58.8	35.3	64.7	76.9	72.0	65.2
信息传输、计算机服务和软件业	6.6	65.5	27.9	72.1	76.3	53.8	64.1
批发和零售业	4.0	56.9	39.1	60.9	69.1	57.7	56.1
住宿和餐饮业	7.1	67.9	25.0	75.0	73.7	48.3	66.7
房地产业	2.9	58.3	38.8	61.2	66.9	69.5	46.0
租赁和商务服务业	3.6	65.5	30.9	69.1	76.9	52.4	58.3
食品饮料制造业	4.8	41.5	53.7	46.3	57.0	52.0	45.5
纺织业	1.4	21.3	77.3	22.7	59.3	24.8	20.1
纺织服装、鞋、帽制造业	1.2	35.2	63.6	36.4	50.0	39.8	23.6
造纸及纸制品业	4.1	32.7	63.2	36.8	58.1	44.6	27.5
化学原料及化学制品制造业	5.3	36.1	58.6	41.4	60.4	42.4	48.6
医药制造业	4.7	50.6	44.7	55.3	60.7	56.0	55.7
化学纤维制造业		43.8	56.2	43.8	61.5	54.5	47.1
橡胶制品业	2.0	19.6	78.4	21.6	43.7	64.7	26.9
塑料制品业	1.3	26.8	71.9	28.1	57.6	45.7	32.3
非金属矿物制品业	2.8	40.9	56.3	43.7	52.5	36.5	39.3
黑色金属冶炼及压延加工业	1.5	30.3	68.2	31.8	55.4	32.3	31.9
有色金属冶炼及压延加工业	3.7	42.6	53.7	46.3	66.1	30.6	39.8
金属制品业	1.5	33.7	64.8	35.2	60.2	43.0	36.8
通用设备制造业	2.7	44.9	52.4	47.6	69.0	48.3	39.5
专用设备制造业	2.7	44.7	52.6	47.4	64.1	44.6	41.2
交通运输设备制造业	0.7	34.0	65.3	34.7	61.3	53.0	43.0
电气机械及器材制造业	1.6	42.0	56.4	43.6	69.4	41.6	41.7
通信设备、计算机及其他电子设备制造业	3.7	35.4	60.9	39.1	73.8	45.7	39.5
仪器仪表及文化、办公用机械制造业	6.3	54.1	39.6	60.4	78.0	57.5	62.7

企业经营者普遍反映的税费负担较重，在一定程度上也说明了当前我国收入分配中政府收入所占比重相对较高，企业和居民收入增长相对滞后的现实，这也是造成消费需求增长乏力的原因之一。

调查结果显示，认为消费需求“不足”或“严重不足”的企业经营者占54%，比2010年高了7.4个百分点；认为“合适”的占23.5%，比2010年低6.6个百分点；认为“很旺”、“较旺”的分别占2.7%和19.8%，其合计比重略低于2010年（见表56）。

表56　2007~2011年企业经营者对消费需求状况的判断（%）

	很旺	较旺	合适	不足	严重不足
2011年	2.7	19.8	23.5	48.0	6.0
2010年	2.3	21.0	30.1	43.3	3.3
2009年	0.8	12.0	31.3	51.4	4.5
2008年	2.3	20.1	30.1	44.0	3.5
2007年	7.8	40.5	26.7	23.8	1.2

2. 中小企业融资难问题突出

在当前货币政策偏紧的背景下，融资难特别是中小企业融资难问题突出。关于企业从银行贷款的难易程度，调查结果显示，认为“非常难”或“比较难”的企业经营者占48.4%，认为“有难度”的占29.8%，认为“不难”或“不太难”的占21.8%，总体评价值仅为2.56，明显低于中值3，也低于2010年和2009年。其中，中小企业的评价值分别为2.69和2.43，明显低于大型企业（见表57）。

表57　企业从银行贷款的难易程度（%）

	不难	不太难	有难度	比较难	非常难	评价值		
						2011年	2010年	2009年
总体	**4.2**	**17.6**	**29.8**	**27.0**	**21.4**	**2.56**	**2.90**	**2.91**
大型企业	7.0	25.3	32.4	23.0	12.3	2.92	3.45	3.55
中型企业	4.9	20.4	30.7	26.6	17.4	2.69	3.03	2.97
小型企业	3.4	14.6	28.8	27.9	25.3	2.43	2.70	2.74

注：评价值是由（“不难”×5+“不太难”×4+“有难度”×3+“比较难”×2+“非常难”）/100计算得出的，数值越大，表示对该项评价越好。下同。

在银行贷款难度较大的同时，不少企业从银行贷款还需要付出规定利率之外的额外费用。调查结果显示，关于“从银行贷款付出规定利率之外的额外费用的情况”，选择“很多”或“较多”的企业经营者占31.1%，比2010年提高了近10个百分点；选择“一般”的占22.5%，选择“有一点”的占31%，选择“没有”的仅占15.4%。从不同规模看，中小企业选择“很多”或“较多”的比重明显高于大型企业（见表58）。

表58　从银行贷款付出规定利率之外的额外费用的情况（%）

		没有	有一点	一般	较多	很多
总体	2011年	15.4	31.0	22.5	24.9	6.2
	2010年	18.4	30.4	29.3	18.2	3.7
大型企业		19.6	33.9	23.1	18.1	5.3
中型企业		15.7	32.2	22.7	23.9	5.5
小型企业		14.6	29.8	22.2	26.6	6.8

由于从银行贷款的难度较大，不少企业选择从民间渠道筹资，因此本次调查还了解了“企业从民间渠道筹资的难易程度”。调查结果显示，认为从民间渠道筹资“非常难”或“比较难”的企业经营

者占 32.1%，认为“有难度”的占 34.5%，认为“不太难”或“不难”的占 33.4%，总体评价值为 3，略好于 2010 年（见表 59）。

表 59　企业从民间渠道筹资的难易程度（%）

	不难	不太难	有难度	比较难	非常难	评价值		
						2011 年	2010 年	2009 年
总体	**7.5**	**25.9**	**34.5**	**23.2**	**8.9**	**3.00**	**2.95**	**3.22**
大型企业	7.1	24.0	36.4	26.5	6.0	3.00	2.93	3.11
中型企业	7.4	26.1	34.0	23.4	9.1	2.99	2.96	3.20
小型企业	7.6	26.0	34.5	22.8	9.1	3.00	2.94	3.26

注：评价值是由（“不难”×5 +“不太难”×4 +“有难度”×3 +“比较难”×2 +“非常难”）/100 计算得出的，数值越大，表示对该项评价越好。下同。

在当前资金环境偏紧、融资难度较大的背景下，中小企业的资金紧张状况也更加严重。调查结果显示，目前资金“紧张”的中型和小型企业分别占 46.3% 和 51.3%，比资金“宽裕”的分别多 39.1 和 46.3 个百分点，这一数据明显高于大型企业，也比 2010 年的调查结果提高了 15 个百分点以上（见表 13）。

应收账款增加是企业资金紧张的重要原因之一。调查结果显示，目前应收账款“高于正常”的企业占 25.8%，“正常”的占 60.7%，“低于正常”的占 13.5%；“高于正常”的比“低于正常”的多 12.3 个百分点，这一数据要高于 2010 年、2009 年和 2008 年的调查结果。其中东部地区企业、大型企业和民营企业的应收账款相对较高（见表 60）。

表 60　企业目前的应收账款情况（%）

		高于正常	正常	低于正常	高于正常 - 低于正常
总体	2011 年	25.8	60.7	13.5	12.3
	2010 年	19.1	70.3	10.6	8.5
	2009 年	22.8	62.6	14.6	8.2
	2008 年	22.5	62.1	15.4	7.1
东部地区企业		26.1	60.8	13.1	13.0
中部地区企业		25.3	62.2	12.5	12.8
西部地区企业		25.5	57.2	17.3	8.2
大型企业		26.7	63.7	9.6	17.1
中型企业		24.8	61.4	13.8	11.0
小型企业		26.5	59.7	13.8	12.7
国有及国有控股公司		21.0	67.2	11.8	9.2
外商及港澳台投资企业		17.3	71.0	11.7	5.6
民营企业		27.3	58.9	13.8	13.5

值得注意的是，一方面企业经营者反映资金紧张状况更加严重，另一方面，事实上，目前社会上也有一些资金找不到出路。调查发现，不少企业经营者预测未来艺术品价格将会上升，这从一个角度反映了企业经营者认为存在部分剩余资金投资艺术品追求高回报的可能性。调查结果显示，关于未来 3 个月国内艺术品市场价格的走势，预计将“上升”的企业经营者占 45.1%，预计“大致持平”的占 37.3%，预计“下跌”的占 17.6%，预计“上升”的比“下跌”的多 27.5 个百分点（见表 61）。

在资金紧张的影响下，企业的生产情况也有所下滑。调查结果显示，目前“停产”、“半停产”的企业占17.6%，比2010年提高了6.4个百分点；“正常运作”的占77.8%，“超负荷生产”的占4.6%，均低于2010年。从不同规模看，小型企业“停产”或“半停产”比重为20.9%，明显高于大型企业和中型企业（见表62）。

表61　　对未来3个月国内艺术品市场价格走势的预测（%）

	上升	大致持平	下跌	上升-下跌
总体	**45.1**	**37.3**	**17.6**	**27.5**
东部地区企业	45.1	36.5	18.4	26.7
中部地区企业	45.9	38.5	15.6	30.3
西部地区企业	44.0	39.7	16.3	27.7
大型企业	51.3	33.3	15.4	35.9
中型企业	44.3	37.1	18.6	25.7
小型企业	44.9	38.0	17.1	27.8
国有及国有控股公司	51.2	36.3	12.5	38.7
外商及港澳台投资企业	43.7	37.0	19.3	24.4
民营企业	44.0	37.5	18.5	25.5

表62　　企业目前的生产情况（%）

		超负荷生产	正常运作	半停产	停产
总体	2011年	4.6	77.8	16.8	0.8
	2010年	8.0	80.8	10.8	0.4
	2009年	3.7	74.8	20.8	0.7
	2008年	4.4	80.4	14.4	0.8
	2007年	6.8	85.4	7.1	0.7
大型企业		7.2	84.3	8.2	0.3
中型企业		5.2	80.2	14.0	0.6
小型企业		3.7	75.4	19.9	1.0

值得注意的是，今年以来企业的生产经营状况出现了明显的回落，基本回到了2009年金融危机爆发初期的水平，不过与当时不同的是，2009年调查反映出来的企业经营状况不佳，主要是由于在金融危机的冲击下我国企业特别是出口企业的外需市场明显下滑，导致企业的订货减少，而目前企业生产经营状况的下滑，主要是由于货币政策偏紧、企业融资难度较大，导致企业资金紧张更加严重，从而影响了企业的生产经营，这也可以从目前企业订货情况好于2009年，而资金状况要比2009年更加紧张这一数据中得到印证。

面对中小企业融资难和资金紧张的挑战，部分企业经营者期待政府适度放松宏观调控政策的力度。调查结果显示，关于“对未来6个月政府宏观调控政策力度的建议”，选择“适度放松”的企业经营者占42.1%，比2010年提高了15.9个百分点；选择“基本不变”的占31.5%，选择“适度收紧”的占26.4%（见表63）。

3. 对企业外部经营环境的评价有所下降，发展动力和信心不足

在成本上升、融资难和税费负担较重的同时，企业经营者对外部经营环境的评价也有所下降。调查结果显示，关于对当地企业外部经营环境的综合评价，认为“很好”或“较好”的企业经营者占29.4%，认为“一般”的占50.8%，认为“很差”或“较差”的占19.8%，总体评价值为3.09，明显低于2010年的调查结果。从不同地区看，西部地区的企业经营者的评价值仅为2.95，明显低于其他地区（见表64）。

表 63　　对未来 6 个月政府宏观调控政策力度的建议（%）

		适度收紧	基本不变	适度放松
总体	2011 年	26.4	31.5	42.1
	2010 年	29.9	43.9	26.2
东部地区企业		25.5	31.5	43.0
中部地区企业		30.1	30.6	39.3
西部地区企业		25.7	33.0	41.3
大型企业		21.6	30.2	48.2
中型企业		23.8	32.5	43.7
小型企业		28.7	30.9	40.4
国有及国有控股公司		30.5	30.3	39.2
国有企业		31.0	28.7	40.3
非国有企业		26.1	31.7	42.2
私营企业		26.8	32.6	40.6
股份有限公司		28.5	31.7	39.8
有限责任公司		23.9	31.1	45.0
外商及港澳台投资企业		31.0	33.8	35.2
民营企业		25.2	31.5	43.3

表 64　　对当地企业外部经营环境的综合评价（%）

	很好	较好	一般	较差	很差	评价值		
						2011 年	2010 年	2009 年
总体	**2.4**	**27.0**	**50.8**	**16.8**	**3.0**	**3.09**	**3.23**	**3.26**
东部地区企业	2.7	28.8	50.6	15.1	2.8	3.14	3.32	3.34
中部地区企业	2.2	24.1	51.4	19.5	2.8	3.03	3.17	3.13
西部地区企业	1.5	21.9	51.4	20.8	4.4	2.95	3.04	3.13

受到企业经营状况下滑、对外部经营环境评价降低等因素的影响，企业经营者的发展动力和信心不足。调查结果显示，对于“未来一年国际经济形势将会恶化”这一说法，超过六成（61.7%）的企业经营者表示“比较同意”或“非常同意”，明显高于表示“一般”（24.5%）和表示“很不同意”或“较不同意”（13.8%）的比重（见表 65）。

表 65　　企业经营者对有关说法的认同程度（%）

	很不同意	较不同意	一般	比较同意	非常同意
未来一年国际经济形势将会恶化	1.8	12.0	24.5	50.2	11.5
不少企业家对进一步深化市场化改革信心不足	2.0	9.7	29.3	48.3	10.7
目前愿意做实业的企业家越来越少	2.1	11.4	13.4	41.7	31.4
我认识的不少企业家都选择移民海外	6.8	21.8	23.4	34.4	13.6

对于“不少企业家对进一步深化市场化改革信心不足”这一说法，表示“非常同意”或“比较同意”的企业经营者占 59%，明显高于表示“一般”（29.3%）和表示“很不同意”或“较不同意”（11.7%）的比重（见表 65）。

关于“目前愿意做实业的企业家越来越少”这一说法，近四分之三（73.1%）的企业经营者表示“非常同意”或“比较同意”，明显高于表示“一般”（13.4%）和表示“很不同意”或“较不同意”（13.5%）的比重（见表 65）。

关于“我认识的不少企业家都选择移民海外”这一说法，接近半数（48%）的企业经营者表示“非常同意”或“比较同意”，明显高于表示“一般”（23.4%）和表示“很不同意”或“较不同意”

（28.6%）的比重（见表65）。

此外，关于“若再给一次机会，是否愿意再做企业经营者”这一问题，表示“不愿意”的企业经营者占30%，比2010年提高了2.8个百分点，为近四年来的最高值，其中民营企业经营者、45岁以上的企业经营者、高中及以下学历的企业经营者选择“不愿意”的比重相对较高（见表66）。

表66　　若再给一次机会，是否愿意再做企业经营者（%）

		愿意	不愿意	无所谓
总体	2011年	56.8	30.0	13.2
	2010年	62.1	27.2	10.7
	2009年	63.2	26.5	10.3
	2008年	65.6	23.9	10.5
国有及国有控股公司		60.2	21.6	18.2
外商及港澳台投资企业		61.3	26.5	12.2
民营企业		54.6	32.7	12.7
44岁及以下		67.1	24.1	8.8
45~49岁		57.8	32.2	10.0
50~54岁		52.9	31.1	16.0
55岁及以上		52.1	31.8	16.1
高中及以下		48.6	37.5	13.9
大专		55.7	30.9	13.4
大学本科		59.4	27.4	13.2
研究生及以上		66.0	21.9	12.1

关于企业经营者对压力的感受，调查结果显示，认为“压力很大”的企业经营者占31%，比2010年提高了5.7个百分点，认为“压力较大”的占59%，认为“压力较小”或“没有压力”的占10%，其中民营企业经营者、49岁以下的企业经营者选择“压力很大”的比重相对较高（见表67）。

表67　　企业经营者对自身压力的感受（%）

		压力很大	压力较大	压力较小	没有压力
总体	2011年	31.0	59.0	8.8	1.2
	2010年	25.3	63.2	10.2	1.3
	2009年	28.1	61.4	9.6	0.9
	2008年	34.3	55.4	9.0	1.3
国有及国有控股公司		29.2	61.7	8.2	0.9
外商及港澳台投资企业		27.8	63.7	7.4	1.1
民营企业		31.6	58.1	9.0	1.3
44岁及以下		34.8	58.8	5.9	0.5
45~49岁		35.5	57.7	5.8	1.0
50~54岁		29.4	61.4	8.2	1.0
55岁及以上		27.1	58.7	12.3	1.9

企业经营者的信心不足还反映在当前的投资需求方面，企业经营者普遍认为政府投资需求仍较为活跃，而民间投资尚未充分启动。调查结果显示，认为政府投资需求“很旺”、“较旺”的企业经营者分别占18.1%和40.8%，认为“合适”的占19%，认为“不足”或“严重不足”的占22.1%（见表68）。

认为民间投资需求“不足”或“严重不足”的企业经营者占52.2%，比2010年提高了5.7个百分点；认为“合适”的占15.6%，认为“很旺”或“较旺”的占32.2%（见表68）。

表 68　　2007～2011 年企业经营者对投资需求状况的判断（%）

		很旺	较旺	合适	不足	严重不足
政府投资需求	2011 年	18.1	40.8	19.0	20.4	1.7
	2010 年	21.1	44.2	20.3	13.5	0.9
	2009 年	26.4	43.1	18.0	11.7	0.8
	2008 年	12.2	35.1	26.1	24.7	1.9
	2007 年	18.2	42.4	24.7	13.9	0.8
民间投资需求	2011 年	6.4	25.8	15.6	45.8	6.4
	2010 年	5.6	26.3	21.6	42.4	4.1
	2009 年	2.2	16.9	19.9	54.4	6.6
	2008 年	5.8	30.0	19.0	39.6	5.6
	2007 年	20.2	47.5	14.8	16.1	1.4

4. 期待政府完善创新环境，推动企业转型升级

面对当前企业发展遇到的困难和挑战，企业经营者表示将通过自身努力来积极应对。调查结果显示，关于“为了企业更好地发展，企业未来一年应着重采取的措施”，企业经营者选择比重最高的五项分别是：“加强管理降低成本”（74.4%）、“增加创新投入”（59.5%）、“引进人才”（53%）、“开拓国内市场”（44%）和“更新设备”（41.8%），这个排序与前两年相比基本没有变化，表明近年来企业应对挑战的战略保持了高度的一致性和连续性。其他选择比重较高的还有：“加强企业文化建设”（34.7%）、“开拓国际市场”（26.6%）、“改变经营模式”（22.8%）等（见表 69）。

表 69　　为了企业更好地发展，企业未来一年将采取的措施（%）

	总体			地区		
	2011 年	2010 年	2009 年	东部地区	中部地区	西部地区
加强管理降低成本	74.4	72.2	80.1	73.1	75.7	79.3
增加创新投入	59.5	64.7	68.7	59.1	60.4	59.8
引进人才	53.0	62.7	56.7	51.0	58.8	53.9
开拓国内市场	44.0	42.9	53.5	45.6	43.3	37.2
更新设备	41.8	46.3	43.0	41.3	43.4	41.7
加强企业文化建设	34.7	39.9	35.1	32.6	39.2	38.1
开拓国际市场	26.6	25.0	31.7	30.5	20.0	16.9
改变经营模式	22.8	23.7	23.2	20.8	25.7	28.9
减少用工	18.1	17.7	10.7	20.0	12.9	16.7
投资其他行业	17.0	15.8	13.9	16.6	16.9	18.9
寻求上市	8.1	8.2	7.4	8.2	8.6	6.7
股权投资或并购	8.1	8.7	5.8	7.8	9.2	7.8
投资其他地区	5.8	6.5	5.2	5.9	5.6	5.4

从不同地区看，中部地区企业选择“引进人才”、“更新设备”的比重要明显高于东部和西部地区，而选择“减少用工”的比重则要明显低于东部和西部地区，这种差异与不同地区所处的发展阶段和产业结构有关：由于产业结构逐渐从东部地区往中西部地区转移，因此东部地区选择“引进人才”、“更新设备”的比重相对较低，而随着人工成本的上升和劳动密集型产业向中西部转移，东部地区企业选择“减少用工”的比重明显较高；同时中部地区与西部地区的差异也反映出，目前产业结构在向中西部地区转移的过程中，向中部地区转移的趋势更加明显（见表 69）。

与 2010 年的调查结果相比，选择“加强管理降低成本”的比重有所提高，表明目前成本上升对企

业的压力越来越大，因此降低成本已经成为当务之急；与此同时，选择“开拓国内市场”和“开拓国际市场”的比重也有所提高，这表明在当前企业订货下滑、库存增加的背景下，企业面临的市场压力迫使其必须加大开拓国内外市场的力度；此外，选择“增加创新投入”、“引进人才”、“更新设备”、“加强企业文化建设”的比重都有不同程度的回落，其中“引进人才”下降了近10个百分点，这一方面是由于这些投入属于长期投入，在目前资金环境偏紧、融资难度较大的背景下，部分企业首先减少了在这些方面的投入力度，另一方面也反映了目前人力资本和劳动力价格上升给企业带来了较大的压力，这也可以从选择“减少用工”的比重比前两年有所提高得到印证（见表69）。

调查表明，面对当前企业发展中的困难与挑战，加强管理降低成本、加快创新和转型已经成为企业经营者的共识，但是当前偏紧的资金环境对企业增加创新投入尤其是长期投入形成了一定的制约。为此，本次调查还了解了企业的创新投入情况。调查结果显示，认为今年研发投入“增加”的企业占43.1%，“持平”的占42.4%，“减少”的占14.5%；“增加”的比“减少”的多28.6个百分点，比2010年的调查结果下降了8.6个百分点。其中，西部地区企业和中小企业相对较差（见表70）。

表70　　相对于去年，企业今年的研发投入情况（%）

	增加	持平	减少	增加－减少			
				2011年	2010年	2009年	2008年
总体	**43.1**	**42.4**	**14.5**	**28.6**	**37.2**	**23.9**	**35.4**
东部地区企业	42.9	42.7	14.4	28.5	38.6	25.0	34.0
中部地区企业	42.7	43.9	13.4	29.3	37.9	22.5	36.8
西部地区企业	44.5	38.6	16.9	27.6	34.5	22.0	41.3
大型企业	50.1	44.1	5.8	44.3	53.4	40.8	47.1
中型企业	48.9	39.6	11.5	37.4	42.5	27.0	40.0
小型企业	38.1	44.1	17.8	20.3	30.2	17.7	29.0

新产品销售比重反映了企业的创新成效。调查结果显示，认为今年新产品销售比重“增加”的企业占38.9%，“持平”的占46%，“减少”的占15.1%；“增加”的比“减少”的多23.8个百分点，比2010年的调查结果下降了11.5个百分点。其中，西部地区企业和小型企业相对较差（见表71）。

表71　　相对于去年，企业今年的新产品销售比重情况（%）

	增加	持平	减少	增加－减少			
				2011年	2010年	2009年	2008年
总体	**38.9**	**46.0**	**15.1**	**23.8**	**35.3**	**23.4**	**33.2**
东部地区企业	39.5	45.5	15.0	24.5	38.5	25.3	32.8
中部地区企业	38.3	48.7	13.0	25.3	32.8	22.3	36.6
西部地区企业	36.6	44.8	18.6	18.0	30.6	20.7	33.4
大型企业	44.6	48.8	6.6	38.0	48.5	37.4	42.0
中型企业	44.0	43.6	12.4	31.6	39.8	26.4	38.6
小型企业	34.6	47.4	18.0	16.6	29.8	18.2	26.9

5. 积极推进财税体制改革，加快垄断性行业改革

调查显示，在货币政策趋紧的背景下，企业经营者期待积极推进财税体制改革，采用财政政策减轻企业的税费负担，帮助企业应对当前的困难和挑战。

与此同时，企业经营者期待进一步加快垄断性行业改革的步伐。调查结果显示，关于“十二五”期间应重点突破的方面，选择“加快垄断性行业改革”的企业经营者占56.5%，排在所有十一个选项

的第一位，比 2010 年提高了 8 个百分点。其他选择比重较高的还有“完善社会保障制度”（47.2%）、“加强节能减排”（43.1%）、“提高自主创新能力”（42.8%）、“完善地方政府领导考核评价制度”（41.8%）。其中，西部地区企业、中小企业和民营企业选择“加快垄断性行业改革”的比重相对较高，而中西部地区企业、大型企业和国有及国有控股公司选择“完善社会保障制度”的比重相对较高（见表 72）。

表 72　　“十二五”期间应重点突破的方面（%）

	总体		地区			规　模			经济类型			民营企业
	2011	2010	东部	中部	西部	大型	中型	小型	国有及国有控股	其中：国有	非国有	
加快垄断性行业改革	56.5	48.5	56.3	53.1	62.5	50.5	58.6	55.9	54.0	53.0	56.7	58.6
完善社会保障制度	47.2	52.2	45.2	51.6	50.8	56.8	45.5	47.0	58.3	57.6	46.5	45.6
加强节能减排	43.1	64.4	42.9	41.8	46.0	43.9	43.3	42.9	48.9	50.0	42.7	42.2
提高自主创新能力	42.8	47.7	42.9	44.8	39.1	48.1	46.1	39.9	45.8	50.4	42.3	41.7
完善地方政府领导考核评价制度	41.8	40.1	41.3	43.1	42.5	36.5	41.5	42.9	38.6	39.4	42.0	43.4
改革收入分配制度，提高城乡居民收入	35.5	33.4	34.0	37.3	40.9	44.6	33.2	35.9	51.6	54.7	34.3	32.9
发展战略性新兴产业	28.6	36.2	29.4	27.1	26.4	27.4	29.0	28.4	25.1	19.1	29.2	28.6
土地制度改革，保护并提高土地使用效率	25.5	—	25.8	25.7	23.8	19.3	24.5	27.2	17.1	17.4	26.1	27.1
加快资源税制改革	16.6	—	17.9	15.1	12.5	13.7	17.0	16.8	12.5	12.3	17.0	17.5
加快城市化进程	15.0	24.1	14.2	15.2	18.7	19.6	16.2	13.5	14.5	14.8	15.0	15.6
推进户籍制度改革	11.4	12.5	12.4	10.0	8.3	11.6	10.1	12.2	8.7	7.6	11.6	11.7

从对新“非公 36 条”出台后影响不大的主要原因的选择上，也能看出企业经营者对加快垄断行业改革的期待。调查结果显示，关于新“非公 36 条”出台后对企业界影响不大的主要原因，选择“部分行业垄断现象依然存在”的企业经营者占 70.2%，排在所有五个选项的第一位，并且明显高于其他选项。其他选项依次是：“没有出台实施细则或细则仍不可操作”（53.6%）、“一些民营企业家发展信心不足”（45.4%）、“存在‘玻璃门’和‘弹簧门’现象”（37.9%）、“媒体宣传不够”（30.8%）（见表 73）。

表 73　　新“非公 36 条”出台后对企业界影响不大的主要原因（%）

	总体	地区			规模			经济类型			民营企业
		东部	中部	西部	大型	中型	小型	国有及国有控股	其中：国有	非国有	
部分行业垄断现象依然存在	**70.2**	70.1	68.6	73.1	76.6	70.5	69.2	76.6	77.0	69.8	70.2
没有出台实施细则或细则仍不可操作	**53.6**	51.7	55.0	61.0	63.9	56.6	50.3	58.2	60.5	53.2	53.0
一些民营企业家发展信心不足	**45.4**	47.8	41.5	39.4	33.0	44.0	48.0	32.0	33.3	46.2	48.3
存在“玻璃门”和“弹簧门”现象	**37.9**	35.7	37.8	49.4	44.7	37.7	37.2	33.6	32.9	38.3	39.8
媒体宣传不够	**30.8**	30.4	35.2	25.9	23.0	31.0	31.7	30.6	31.7	30.7	30.6

调查表明，企业经营者尤其是民营企业经营者在当前偏紧的环境下，对于改善公平竞争环境的意愿进一步增强，这也可以从企业经营者对各类企业享受公平国民待遇情况的评价中得到印证。调查结果显示，关于对“各类企业享受公平国民待遇情况”的评价，认为“很差”或“较差”的企业经营者

占34.4%，认为“一般”的占46.2%，认为“很好”或“较好”的占19.4%，总体评价值为2.77，明显低于中值3，也低于2010年的调查结果。其中民营企业经营者的评价值为2.7，相对更低（见表74）。

表74　对“各类企业享受公平国民待遇情况”的评价（%）

	很好	较好	一般	较差	很差	评价值	
						2011年	2010年
总体	**1.4**	**18.0**	**46.2**	**25.3**	**9.1**	**2.77**	**2.89**
国有及国有控股公司	1.3	22.4	51.9	20.2	4.2	2.96	3.00
外商及港澳台投资企业	1.7	21.7	51.1	18.5	7.0	2.93	3.08
民营企业	1.3	16.1	44.5	27.4	10.7	2.70	2.84

（注：凡引用此报告者均需注明引自中国企业家调查系统——《2011·中国企业经营者问卷跟踪调查报告》）

课题组名单

顾　　问：李　伟　谢伏瞻　邵　宁　马建堂　卢中原
全哲洙　袁宝华　王梦奎　陈清泰　张玉台
魏礼群　李德水　鲁志强　孙晓郁　李克穆
刘世锦　侯云春　蒋省三　辜胜阻　任泽民
陈　晋　许善达　丁俊发　熊志军

调查指导：王佩亨　陈全生　李　强　樊　纲　郝玉峰
年　勇　毕雪融　王子先　陈　淮　余明勤
杨元伟　余　平　谢　庚

调查主持：李　兰　张　泰　李燕斌　盛来运　于　武

报告撰写：潘建成　李　兰　韩岫岚　郝大海　彭泗清
董　博

数据处理：桂晓鸿　董　博　王　铮　张晓娟　匡洁玲

参与讨论：魏　杰　张维迎　张文魁　魏加宁　王小鲁
郑明身　李晓西　张　斌　杨文财　杨正位
林蔚然　王春玲　左小蕾　包月阳　刘建平
严望佳　罗德勇　李庚生　陈代华　周志江
陈继达　张　华　杜旭东　谢俊明　徐冉忠
巴振东　李文顺　张建伟　王　强　魏海金
孔庆一　孙少立　钟东虎　李树森　张殿明
李　俊　李景顺　张　平　王云峰

2010年企业经营者对宏观经济形势及企业经营外部环境的判断、评价和建议

▌中国企业家调查系统

当前，我国面临的国际环境和国内条件发生了复杂而深刻的变化。国际金融危机影响的严重性和经济复苏的曲折性超过预期，我国面临的外部挑战也明显增加。同时，随着经济的快速发展以及科学发展观的要求，劳动力等要素成本持续上升必将成为趋势，传统比较优势面临严峻挑战，各种结构性、深层次矛盾和问题集中显现，加快转变经济发展方式的任务十分艰巨。为了解在此背景下企业经营者对当前企业经营状况、宏观经济形势的判断及对未来发展的预期，了解他们对企业经营外部环境的评价、对宏观经济政策的看法以及进一步加快经济转型的意见和建议，为政府决策提供参考依据，2010年8月至10月，中国企业家调查系统组织实施了“2010·中国企业经营者问卷跟踪调查”。

本次调查是由中国企业家调查系统组织的第18次全国性企业经营者年度跟踪调查，得到了国务院发展研究中心人力资源研究培训中心、国务院研究室工交贸易研究司、国务院国有资产监督管理委员会企业分配局、国家统计局国民经济综合统计司、中国企业联合会研究部、全国工商联研究室[①]、国家发展和改革委员会国民经济综合司、人力资源和社会保障部人力资源市场司、人力资源和社会保障部法规司、住房和城乡建设部政策研究中心、商务部政策研究室、国家税务总局收入规划核算司、国家安全生产监督管理总局宣传教育中心、中国证券监督管理委员会市场监管部、中国物流与采购联合会等有关部门的支持和指导。与前17次年度跟踪调查一样，本次调查以企业法人代表为主的企业经营者群体为调查对象，参考我国经济结构，按行业进行分层随机抽样。

调查采用邮寄问卷的方式进行，于8月10日发放问卷13500份，截至10月15日共回收问卷4283份，其中有效问卷4256份，有效回收率为31.5%。通过部分未填写问卷与填写问卷企业的对比分析，未发现存在系统偏差。为使调查分析更为全面和深入，本报告还采用了中国企业家调查系统以往的调查结果。

本次调查主要涉及制造业、批发和零售业、建筑业、房地产业、农林牧渔业、交通运输仓储和邮政业、信息传输计算机服务和软件业、电力燃气及水的生产和供应业以及采矿业等行业，上述行业的企业所占比重分别为：70.8%、6.9%、4.2%、3.2%、2.2%、2.2%、1.8%、1.7%和1.3%。从企业的地区分布看，东部地区占57.2%，中部、西部和东北地区分别占20.5%、15.7%和6.6%；从企业规模看，大、中、小型企业分别占8.6%、41.5%和49.9%；从企业经济类型看，国有企业占7.4%，有限责任公司占49.8%，股份有限公司占15.9%，私营企业占15.1%，外商及港澳台投资企

① 以上6家部门为中国企业家调查系统发起成立单位。

业占 5.9%，股份合作企业占 3.8%，集体企业占 1.9%（见表1、表2）。

表 1　　调查样本基本情况（%）

类别	项目	%
行业	农林牧渔业	2.2
	采矿业	1.3
	制造业（见表2）	70.8
	电力、燃气及水的生产和供应业	1.7
	建筑业	4.2
	交通运输、仓储和邮政业	2.2
	信息传输、计算机服务和软件业	1.8
	批发和零售业	6.9
	住宿和餐饮业	0.9
	房地产业	3.2
	租赁和商务服务业	1.3
	其他行业	3.5
地区	东部地区企业	57.2
	中部地区企业	20.5
	西部地区企业	15.7
	东北地区企业	6.6
规模	大型企业	8.6
	中型企业	41.5
	小型企业	49.9

类别	项目	%
经济类型	国有企业	7.4
	集体企业	1.9
	私营企业	15.1
	股份合作企业	3.8
	股份有限公司	15.9
	有限责任公司	49.8
	其他内资企业	0.2
	外商及港澳台投资企业	5.9
	民营企业	66.9
盈亏	盈利企业	67.9
	持平企业	17.3
	亏损企业	14.8
生产状况	超负荷生产企业	8.0
	正常运作企业	80.8
	半停产企业	10.8
	停产企业	0.4
出口型企业		41.3
非出口型企业		58.7

注：1. 其他行业包括：金融业，科学研究、技术服务和地质勘查业，水利、环境和公共设施管理业，居民服务和其他服务业，卫生、社会保障和社会福利业，文化、体育和娱乐业等行业。

2. 东部地区包括：京、津、冀、沪、苏、浙、闽、鲁、粤、桂、琼11省（市、自治区）；中部地区包括：晋、蒙、皖、赣、豫、鄂、湘7省（自治区）；西部地区包括：渝、蜀、黔、滇、藏、陕、甘、宁、青、新10省（市、自治区）；东北地区包括：辽、吉、黑3省。

表 2　　调查样本中制造业基本情况（%）

	制造业细分	%		制造业细分	%
1	农副食品加工业	5.4	16	化学纤维制造业	0.9
2	食品制造业	4.4	17	橡胶制品业	1.1
3	饮料制造业	0.8	18	塑料制品业	4.5
4	烟草加工业	0.1	19	非金属矿物制品业	5.3
5	纺织业	5.1	20	黑色金属冶炼及压延加工业	1.9
6	纺织服装、鞋、帽制造业	4.3	21	有色金属冶炼及压延加工业	2.1
7	皮革、毛皮、羽毛（绒）及其制品业	1.3	22	金属制品业	6.5
8	木材加工及木、竹、藤、棕、草制品业	1.8	23	通用设备制造业	7.4
9	家具制造业	0.9	24	专用设备制造业	10.9
10	造纸及纸制品业	1.8	25	交通运输设备制造业	5.4
11	印刷业和记录媒介的复制	1.6	26	电气机械及器材制造业	6.8
12	文教体育用品制造业	1.0	27	通信设备、计算机及其他电子设备制造业	2.3
13	石油加工、炼焦及核燃料加工业	0.5	28	仪器仪表及文化、办公用机械制造业	1.8
14	化学原料及化学制品制造业	8.2	29	工艺品及其他制造业	1.6
15	医药制造业	3.0	30	废弃资源和废旧材料回收加工业	1.3

本次调查的企业经营者平均年龄为 51 岁，其中 55 岁及以上占 38.4%，44 岁及以下占 22.7%，45～54 岁占 38.9%。文化程度为大专及以上的占 79.7%，其中具有本科及以上学历的占 43.6%。所学专业为管理类的占 48.9%，为经济类的占 33.2%。职务为企业董事长或总经理、厂长、党委书记的

占93.1%，其他职务的占6.9%（见表3）。

表3 调查对象基本情况（%）

类别	项目	%	类别	项目	%
性别	男	94.4	文化程度	初中或以下	3.9
	女	5.6		中专、高中	16.4
年龄	44岁及以下	22.7		大专	36.1
	45~49岁	21.7		大学本科	26.9
	50~54岁	17.2		研究生学历	7.9
	55岁及以上	38.4		硕士	7.3
	平均年龄（岁）	51.0		博士	1.5
所学专业	文史哲法律	6.4	现任职务	董事长	60.7
	经济	33.2		总经理	55.3
	管理	48.9		厂长	6.5
	理工农医	25.1		党委书记	14.7
	其他	11.5		其他	6.9

注：由于存在跨专业和职务兼任情况，因此所学专业和现任职务比例合计大于100%。

本报告的主要结论：

调查显示，企业经营者认为当前宏观经济持续回暖，经济运行在国际金融危机后渐入正常轨道，企业经营景气状况逐步恢复到危机前水平，企业订货情况良好，产销逐步回暖，库存趋于正常，企业盈利情况逐步好转。

调查发现，企业经营者认为目前需求结构失衡的问题依然存在，主要表现在政府投资需求相对活跃，而民间投资尚未充分启动，民营企业家发展动力不足，外贸出口需求仍显不足，消费增长亟待突破；企业经营者认为人工成本上升、能源原材料成本上升、缺乏人才以及社保税费负担过重已成为当前企业经营发展的最主要困难，中小企业融资难问题依然突出。

关于对未来的预期，一方面企业经营者对企业经营前景保持信心，主要体现在企业用工和投资计划平稳回升、预计未来订货情况和盈利水平良好，另一方面企业经营者对未来经济运行持谨慎乐观的态度，认为未来通胀压力趋于增强。

调查结果显示，与前两年相比，企业经营者对企业外部环境的评价大多有不同程度的回落，其中对执法环境、金融服务环境、中介服务市场环境等方面的改善期待较高。调查同时发现，企业经营者认为企业合同正常履行情况、市场服务条件和企业产品出口服务条件等方面改善的效果比较明显。

调查表明，面对经济转型中的各种困难和挑战，一方面部分企业开始主动寻求产业转型和产业转移，增加创新投入，引进人才和更新设备的意愿明显提高；另一方面企业经营者期望加快政府职能转变的步伐，进一步完善社会主义市场经济体制，建立公平竞争的市场环境，尽快制定“新36条”的实施细则，优化民间投资环境，进一步激发民营企业家的创新动力和发展热情，为企业持续健康发展创造更加良好的外部环境。

一、对企业经营状况的判断

1. 企业经营景气状况基本恢复到危机前水平

调查结果显示，认为目前企业的综合经营状况“良好”的企业经营者占45.7%，认为“一般”的占45.9%，认为“不佳”的占8.4%；认为“良好”的比认为“不佳”的多37.3个百分点，这一数据比2009年和2008年分别高23.2和24.2个百分点，略低于2007年和2010年一季度的调查结果。调查表明，目前企业的综合经营状况平稳回升，并逐步恢复到危机前水平（见表4）。

表 4　　不同地区、规模及经济类型企业目前综合经营状况（%）

	目前经营状况			良好 - 不佳				
	良好	一般	不佳	2010 年	2010 年一季度	2009 年	2008 年	2007 年
总体	**45.7**	**45.9**	**8.4**	**37.3**	**44.3**	**14.1**	**13.1**	**42.0**
东部地区企业	47.7	45.0	7.3	40.4	47.2	14.5	12.2	44.1
中部地区企业	41.7	49.3	9.0	32.7	40.2	11.7	13.9	40.0
西部地区企业	42.9	45.2	11.9	31.0	37.8	13.7	14.4	37.0
东北地区企业	47.8	43.5	8.7	39.1	44.2	19.2	16.1	38.1
大型企业	67.3	28.3	4.4	62.9	57.3	43.4	44.3	64.4
中型企业	51.0	41.9	7.1	43.9	48.4	18.5	15.2	46.9
小型企业	38.0	51.7	10.3	27.7	39.5	4.4	5.1	29.0
国有及国有控股公司	54.3	36.5	9.2	45.1	44.4	22.8	24.6	41.9
外商及港澳台投资企业	49.4	43.7	6.9	42.5	52.9	9.0	10.3	45.5
民营企业	43.1	48.6	8.3	34.8	43.4	11.8	10.0	40.9

从不同地区看，东部地区企业经营状况好于中西部地区和东北地区；从不同规模看，大型企业经营状况好于中小型企业；从不同经济类型看，国有及国有控股公司好于民营企业。值得注意的是，与2010 年一季度的调查结果相比，外商及港澳台投资企业认为“良好”的比认为“不佳”的多的比重有所回落（见表4）。

从不同行业看，所有行业的企业经营状况都进入景气状态。调查显示，经营状况相对较好的行业有交通运输、仓储和邮政业，住宿和餐饮业以及制造业中的通用设备、专用设备、汽车、通信设备和仪器仪表等，认为“良好”的比认为“不佳”的多45 个百分点以上。而食品、造纸、橡胶和非金属制品等行业经营状况相对较差，其认为“良好”的比认为“不佳”的多25 个百分点以内（见表5）。

表 5　　不同行业企业目前综合经营状况（%）

	目前经营状况			良好 - 不佳			
	良好	一般	不佳	2010 年	2009 年	2008 年	2007 年
总体	**45.7**	**45.9**	**8.4**	**37.3**	**14.1**	**13.1**	**42.0**
农林牧渔业	36.3	53.8	9.9	26.4	14.1	22.7	43.3
采矿业	50.0	44.6	5.4	44.6	12.3	30.2	73.8
制造业	45.4	45.0	9.6	35.8	10.6	10.1	40.2
电力、燃气及水的生产和供应业	53.0	38.2	8.8	44.2	25.6	11.5	45.1
建筑业	47.4	47.4	5.2	42.2	27.8	23.7	45.9
交通运输、仓储和邮政业	56.0	40.7	3.3	52.7	31.8	34.5	64.3
信息传输、计算机服务和软件业	49.3	44.2	6.5	42.8	20.8	41.5	40.7
批发和零售业	44.9	49.9	5.2	39.7	17.6	26.1	36.9
住宿和餐饮业	52.6	42.1	5.3	47.3	34.5	36.1	46.0
房地产业	35.9	56.5	7.6	28.3	34.4	1.3	45.6
租赁和商务服务业	36.5	59.7	3.8	32.7	18.6	15.0	40.6
食品饮料制造业	39.9	45.1	15.0	24.9	14.1	2.6	35.5
纺织业	40.8	45.2	14.0	26.8	-9.3	-20.7	21.5
纺织服装、鞋、帽制造业	44.3	44.2	11.5	32.8	13.5	-6.9	38.3
造纸及纸制品业	42.6	37.7	19.7	22.9	16.2	3.7	25.8
化学原料及化学制品制造业	41.4	45.4	13.2	28.2	3.6	17.9	42.4

续表

	目前经营状况			良好-不佳			
	良好	一般	不佳	2010年	2009年	2008年	2007年
医药制造业	44.2	51.1	4.7	39.5	32.6	25.0	36.4
化学纤维制造业	46.2	50.0	3.8	42.4	24.3	17.1	37.1
橡胶制品业	34.4	46.8	18.8	15.6	39.3	7.5	42.9
塑料制品业	36.0	54.4	9.6	26.4	5.2	5.0	32.1
非金属矿物制品业	35.8	51.4	12.8	23.0	-1.4	10.0	37.0
黑色金属冶炼及压延加工业	41.5	49.3	9.2	32.3	1.1	0.0	53.5
有色金属冶炼及压延加工业	38.1	54.0	7.9	30.2	-2.8	8.3	40.6
金属制品业	49.2	43.1	7.7	41.5	12.0	19.4	31.8
通用设备制造业	57.0	36.7	6.3	50.7	10.9	22.3	52.6
专用设备制造业	55.7	38.4	5.9	49.8	18.2	23.3	53.6
交通运输设备制造业	52.3	40.6	7.1	45.2	25.9	15.0	44.5
电气机械及器材制造业	46.9	47.4	5.7	41.2	17.1	22.9	49.6
通信设备、计算机及其他电子设备制造业	60.7	31.1	8.2	52.5	24.5	9.6	39.5
仪器仪表及文化、办公用机械制造业	53.7	46.3		53.7	27.0	38.8	61.9

注：空白处表示答题者未选择此项。以下同。

此外，与2009年相比，经营状况改善较多的行业包括采矿业以及制造业中的纺织、钢铁、有色金属、通用设备和专用设备等，其认为“良好”的比认为“不佳”的比重提高了30个百分点以上，而房地产和橡胶等行业则相对较差，其认为“良好”的比认为“不佳”的比重要低于2009年。调查表明，以通用设备为代表的装备制造业较好的景气状况，反映了目前企业加快技术升级的需求在上升（见表5）。

调查中反映出来的企业订货、产销、库存等方面的情况进一步印证了企业景气状况的回升。从企业订货情况看，调查结果显示，目前订货“正常”或“高于正常”的企业超过八成（80.8%），比2009年提高了近20个百分点；与2009年相比，目前订货“增加”的企业占45.2%，“持平”的占37.1%，“减少”的占17.7%，订货“增加”的比“减少”的多27.5个百分点（见表6、表7）。

表6　不同行业企业目前的订货情况（%）

	高于正常	正常	低于正常	高于正常+正常			
				2010年	2009年	2008年	2007年
总体	**12.0**	**68.8**	**19.2**	**80.8**	**60.9**	**63.7**	**82.7**
农林牧渔业	9.3	70.9	19.8	80.2	65.9	74.2	87.5
采矿业	5.5	87.2	7.3	92.7	67.1	76.0	94.0
制造业	14.5	65.1	20.4	79.6	57.2	62.1	81.3
电力、燃气及水的生产和供应业	4.8	85.7	9.5	90.5	78.5	82.1	91.1
建筑业	7.5	78.7	13.8	86.2	73.0	72.2	82.2
交通运输、仓储和邮政业	5.1	81.0	13.9	86.1	70.1	77.7	90.5
信息传输、计算机服务和软件业	7.8	79.2	13.0	87.0	63.5	75.0	83.6
批发和零售业	3.9	80.1	16.0	84.0	67.0	69.6	83.1
住宿和餐饮业	8.3	66.7	25.0	75.0	60.7	71.0	86.4
房地产业	1.8	61.9	36.3	63.7	80.3	44.3	90.7
租赁和商务服务业	2.2	80.0	17.8	82.2	72.5	67.7	82.1
食品饮料制造业	11.1	69.0	19.9	80.1	69.0	64.0	82.6
纺织业	15.3	65.9	18.8	81.2	49.0	47.0	65.8

续表

	高于正常	正常	低于正常	高于正常 + 正常			
				2010 年	2009 年	2008 年	2007 年
纺织服装、鞋、帽制造业	24.4	61.9	13.7	86.3	58.3	58.8	79.4
造纸及纸制品业	14.5	67.8	17.7	82.3	67.6	59.3	87.5
化学原料及化学制品制造业	6.8	72.5	20.7	79.3	50.1	65.3	80.6
医药制造业	3.6	77.4	19.0	81.0	79.2	79.7	77.6
化学纤维制造业	15.4	57.7	26.9	73.1	72.7	60.0	69.2
橡胶制品业	12.5	50.0	37.5	62.5	66.7	60.6	82.1
塑料制品业	12.8	60.8	26.4	73.6	55.2	56.7	81.3
非金属矿物制品业	12.4	62.2	25.4	74.6	57.0	66.8	85.2
黑色金属冶炼及压延加工业	9.1	68.2	22.7	77.3	53.1	47.0	89.5
有色金属冶炼及压延加工业	6.3	74.7	19.0	81.0	47.2	57.8	85.7
金属制品业	15.4	59.0	25.6	74.4	55.4	64.6	78.5
通用设备制造业	21.0	63.0	16.0	84.0	54.6	68.1	84.6
专用设备制造业	19.1	63.9	17.0	83.0	56.1	64.9	85.4
交通运输设备制造业	14.3	60.4	25.3	74.7	64.2	54.4	85.4
电气机械及器材制造业	20.3	59.4	20.3	79.7	57.4	66.0	86.1
通信设备、计算机及其他电子设备制造业	18.0	65.6	16.4	83.6	60.4	61.9	82.1
仪器仪表及文化、办公用机械制造业	21.1	68.4	10.5	89.5	58.1	75.0	81.0

从不同行业看，目前订货情况较好的行业有采矿业，电力、燃气及水的生产和供应业，建筑业，交通运输、仓储和邮政业，信息传输、计算机服务和软件业以及制造业中的服装和仪器仪表等行业，超过85%的企业订货情况“正常”或“高于正常”；而房地产行业订货情况不佳，超过三分之一的企业订货“低于正常”。与2009年相比，订货增加较多的行业包括电力、燃气及水的生产和供应业以及制造业中通用设备、专用设备和仪器仪表等行业，其认为订货“增加”的比“减少”的多40个百分点以上；而房地产业则相反，认为订货“增加”的比“减少”的要少20个百分点（见表6、表7）。

表 7　　相对于去年，不同行业企业目前的订货情况（%）

	增加	持平	减少	增加 - 减少
总体	**45.2**	**37.1**	**17.7**	**27.5**
农林牧渔业	33.7	47.7	18.6	15.1
采矿业	35.7	51.8	12.5	23.2
制造业	48.9	33.1	18.0	30.9
电力、燃气及水的生产和供应业	52.6	42.1	5.3	47.3
建筑业	40.6	47.1	12.3	28.3
交通运输、仓储和邮政业	32.5	51.9	15.6	16.9
信息传输、计算机服务和软件业	40.8	46.0	13.2	27.6
批发和零售业	34.8	45.8	19.4	15.4
住宿和餐饮业	37.1	48.6	14.3	22.8
房地产业	16.4	47.2	36.4	-20.0
租赁和商务服务业	31.8	54.6	13.6	18.2
食品饮料制造业	43.3	36.7	20.0	23.3
纺织业	46.3	37.3	16.4	29.9
纺织服装、鞋、帽制造业	49.2	37.7	13.1	36.1
造纸及纸制品业	50.0	29.0	21.0	29.0
化学原料及化学制品制造业	43.8	33.7	22.5	21.3

续表

	增加	持平	减少	增加－减少
医药制造业	43.6	38.8	17.6	26.0
化学纤维制造业	50.0	34.6	15.4	34.6
橡胶制品业	31.3	46.8	21.9	9.4
塑料制品业	40.7	41.4	17.9	22.8
非金属矿物制品业	42.2	37.6	20.2	22.0
黑色金属冶炼及压延加工业	44.0	34.8	21.2	22.8
有色金属冶炼及压延加工业	38.1	42.9	19.0	19.1
金属制品业	48.7	30.8	20.5	28.2
通用设备制造业	67.7	19.3	13.0	54.7
专用设备制造业	58.6	25.6	15.8	42.8
交通运输设备制造业	44.5	34.6	20.9	23.6
电气机械及器材制造业	57.8	21.6	20.6	37.2
通信设备、计算机及其他电子设备制造业	50.9	31.1	18.0	32.9
仪器仪表及文化、办公用机械制造业	56.1	36.6	7.3	48.8

关于企业目前的生产情况，调查结果显示，认为企业的生产（服务）量“增加”的企业经营者占45.8%，认为“持平”的占39.1%，认为“减少”的占15.1%；认为“增加”的比认为“减少”的多30.7个百分点，这一结果比2009年提高了10.2个百分点，但要比2010年一季度低12.2个百分点。此外，调查还发现，目前有8%的企业处于“超负荷生产”状况，比2007年还高1.2个百分点，为近5年来的最高水平（见表8、表9）。

表8　　　　相对于去年，企业目前的生产（服务）量、销售量情况（%）

		增加	持平	减少	增加－减少
目前生产（服务）量	2010年	45.8	39.1	15.1	30.7
	2010年一季度	54.8	33.3	11.9	42.9
	2009年	39.0	42.5	18.5	20.5
目前销售量	2010年	51.3	31.5	17.2	34.1
	2010年一季度	56.1	30.5	13.4	42.7
	2009年	40.0	39.3	20.7	19.3

表9　　　　企业目前的生产情况（%）

	超负荷生产	正常运作	半停产	停产
2010年	8.0	80.8	10.8	0.4
2009年	3.7	74.8	20.8	0.7
2008年	4.4	80.4	14.4	0.8
2007年	6.8	85.4	7.1	0.7
2006年	4.9	86.9	7.6	0.6

关于企业目前的销售情况，调查结果显示，认为企业的销售量“增加”的企业经营者占51.3%，认为“持平”的占31.5%，认为“减少”的占17.2%；认为“增加”的比认为“减少”的多34.1个百分点，这一结果比2009年提高了14.8个百分点，但要比2010年一季度低8.6个百分点（见表8）。

从库存情况看，调查结果显示，认为企业库存“正常”的企业经营者占78.4%，认为“低于正常”的占9.3%，两者合计比重比2009年提高了6个百分点；认为“高于正常”的占12.3%（见表10）。调查表明企业库存状况不断趋于合理。

表 10　　企业目前的产成品库存情况（%）

		高于正常	正常	低于正常	正常＋低于正常
总体	2010 年	12.3	78.4	9.3	87.7
	2009 年	18.3	72.9	8.8	81.7
	2008 年	17.5	70.9	11.6	82.5
制造业		13.5	77.1	9.4	86.5
食品饮料制造业		9.7	78.9	11.4	90.3
纺织业		11.8	75.8	12.4	88.2
纺织服装、鞋、帽制造业		12.9	78.8	8.3	87.1
造纸及纸制品业		21.0	70.9	8.1	79.0
化学原料及化学制品制造业		9.8	81.5	8.7	90.2
医药制造业		14.3	84.5	1.2	85.7
化学纤维制造业		19.2	61.6	19.2	80.8
橡胶制品业		21.9	71.8	6.3	78.1
塑料制品业		16.9	75.0	8.1	83.1
非金属矿物制品业		17.6	72.2	10.2	82.4
黑色金属冶炼及压延加工业		9.1	78.8	12.1	90.9
有色金属冶炼及压延加工业		14.3	80.9	4.8	85.7
金属制品业		15.4	70.2	14.4	84.6
通用设备制造业		10.5	79.0	10.5	89.5
专用设备制造业		15.0	77.7	7.3	85.0
交通运输设备制造业		16.9	72.7	10.4	83.1
电气机械及器材制造业		18.2	72.9	8.9	81.8
通信设备、计算机及其他电子设备制造业		8.2	88.5	3.3	91.8
仪器仪表及文化、办公用机械制造业		7.3	85.4	7.3	92.7

从不同行业看，造纸和橡胶等行业库存“高于正常”的比重超过 20%，相对较高；而食品、化工、钢铁、通信设备和仪器仪表等行业库存“高于正常”的比重不到 10%，相对较低（见表 10）。

2. 企业成本明显上升，产品价格基本平稳

随着经济发展方式的转变和结构调整的步伐加快，成本上升已经成为目前企业面临的最主要困难。调查结果显示，关于“当前企业经营发展中遇到的最主要困难”，企业经营者选择比重最高的两项是“人工成本上升”和“能源、原材料成本上升”，选择比重分别为 72.5% 和 56%，均高于 2009 年的水平。其他选择比重较高的还有：“缺乏人才”（47.8%）、“社保、税费负担过重”（47.3%）和“资金紧张”（42.1%）（见表 11）。

表 11　　当前企业经营发展中遇到的最主要困难（%）

	2010 年	2009 年	2008 年
人工成本上升	72.5	57.9	72.2
能源、原材料成本上升	56.0	48.5	77.8
缺乏人才	47.8	46.2	41.8
社保、税费负担过重	47.3	—	—
资金紧张	42.1	46.9	57.2
整个行业产能过剩	26.9	37.1	—
缺乏创新能力	24.6	27.1	29.4
资源、环境约束较大	18.1	17.2	19.4
遭受侵权等不正当竞争	11.5	11.5	10.5

续表

	2010年	2009年	2008年
国内需求不足	10.6	23.7	19.6
行业发展前景不明	9.8	15.5	14.3
企业领导人发展动力不足	9.2	12.9	10.8
出口需求不足	7.7	21.8	—
地方政府干预较多	6.8	9.1	7.2
企业冗员安排困难	6.6	8.1	—
缺乏投资机会	4.9	4.8	—

注："—"表示当年调查未涉及此项。以下同。

关于企业目前的人工成本情况，调查结果显示，认为目前的人工成本比2009年末"上升"的企业经营者占94.2%，认为"持平"的占5.4%，认为"下降"的仅占0.4%。认为"上升"的比认为"下降"的多93.8个百分点，明显高于2009年。其中，东部地区企业和中小企业人工成本上升较为显著（见表12）。

表12　　　　相对于去年年末，企业目前的人工成本情况（%）

	上升	持平	下降	上升－下降			
				2010年	2009年	2008年	2007年
总体	**94.2**	**5.4**	**0.4**	**93.8**	**60.2**	**97.0**	**93.8**
东部地区企业	95.2	4.5	0.3	94.9	58.9	97.4	94.2
中部地区企业	93.5	6.4	0.1	93.4	61.3	96.3	93.6
西部地区企业	94.3	5.4	0.3	94.0	62.3	96.3	92.5
东北地区企业	87.7	10.4	1.9	85.8	63.4	96.1	93.9
大型企业	91.5	8.2	0.3	91.2	54.8	95.2	92.0
中型企业	94.7	4.8	0.5	94.2	60.6	97.3	94.0
小型企业	94.4	5.3	0.3	94.1	60.6	97.0	94.0

关于企业目前的物料采购价格情况，调查结果显示，认为目前的物料采购价格比2009年"上升"的企业经营者占77%，认为"持平"的占20.2%，认为"下降"的仅占2.8%；认为"上升"的比"下降"的多74.2个百分点，比2009年提高了25.2个百分点。其中，中部地区企业和中型企业的物料采购价格上升较为显著（见表13）。

表13　　　　相对于去年，企业目前的物料采购价格情况（%）

	上升	持平	下降	上升－下降			
				2010年	2009年	2008年	2007年
总体	**77.0**	**20.2**	**2.8**	**74.2**	**49.0**	**88.2**	**85.0**
东部地区企业	77.4	20.1	2.5	74.9	49.9	87.3	84.8
中部地区企业	79.0	18.4	2.6	76.4	48.5	89.6	84.2
西部地区企业	75.2	21.0	3.8	71.4	47.8	89.6	84.9
东北地区企业	71.2	25.1	3.7	67.5	42.9	90.1	89.8
大型企业	76.8	21.2	2.0	74.8	46.7	88.5	82.6
中型企业	78.2	19.0	2.8	75.4	48.3	88.5	86.3
小型企业	76.0	21.0	3.0	73.0	50.1	87.9	84.0

企业经营者认为，虽然企业成本上升较多，但产品销售价格总体上仍保持相对平稳的态势。调查结果显示，认为企业目前的销售价格比2009年"上升"的企业经营者占30.6%，认为"持平"的占

44.8%，认为“下降”的占24.6%；认为“上升”的比“下降”的仅多6个百分点（见表14）。

从不同行业看，价格上升较多的行业包括：农林牧渔业，采矿业，电力、燃气及水的生产和供应业，批发和零售业，房地产业，租赁和商务服务业以及制造业中的食品、纺织、服装、化纤等行业，其认为“上升”的比“下降”的多20个百分点以上，而信息传输、计算机服务和软件业以及制造业中的医药、塑料、通用设备、专用设备、汽车、电器机械、通信设备和仪器仪表等行业产品价格下降较为明显，其认为“上升”的比“下降”的少10个百分点以上（见表14）。

表14　　相对于去年，不同行业企业目前的销售价格情况（%）

	上升	持平	下降	上升－下降			
				2010年	2009年	2008年	2007年
总体	**30.6**	**44.8**	**24.6**	**6.0**	**－13.2**	**23.3**	**9.7**
农林牧渔业	51.7	40.4	7.9	43.8	7.4	25.8	40.5
采矿业	47.3	34.5	18.2	29.1	19.2	36.5	53.7
制造业	29.0	43.1	27.9	1.1	－19.4	22.7	1.4
电力、燃气及水的生产和供应业	20.6	79.4		20.6	－4.5	46.6	16.6
建筑业	26.8	56.9	16.3	10.5	11.4	25.4	7.0
交通运输、仓储和邮政业	33.7	51.8	14.5	19.2	－1.4	23.3	22.6
信息传输、计算机服务和软件业	13.2	53.9	32.9	－19.7	－35.3	－32.3	－29.9
批发和零售业	42.4	38.5	19.1	23.3	－1.7	41.4	29.9
住宿和餐饮业	32.4	46.0	21.6	10.8	0.0	11.8	29.8
房地产业	46.4	38.4	15.2	31.2	39.0	19.3	80.1
租赁和商务服务业	33.3	54.2	12.5	20.8	－7.3	6.7	26.3
食品饮料制造业	48.0	39.6	12.4	35.6	2.4	47.6	45.7
纺织业	63.1	22.9	14.0	49.1	－15.9	－17.6	－13.4
纺织服装、鞋、帽制造业	50.4	32.8	16.8	33.6	－20.3	4.0	－4.4
造纸及纸制品业	34.5	31.1	34.4	0.1	－27.0	41.4	－9.1
化学原料及化学制品制造业	25.0	42.8	32.2	－7.2	－27.9	44.2	12.2
医药制造业	18.8	43.6	37.6	－18.8	－21.8	6.2	－20.5
化学纤维制造业	53.8	23.1	23.1	30.7	24.3	26.4	26.9
橡胶制品业	29.0	35.5	35.5	－6.5	－23.5	16.9	－29.6
塑料制品业	20.2	43.5	36.3	－16.1	－20.1	19.8	－5.5
非金属矿物制品业	28.1	41.0	30.9	－2.8	－31.4	48.5	9.6
黑色金属冶炼及压延加工业	27.7	46.1	26.2	1.5	6.2	56.5	53.6
有色金属冶炼及压延加工业	36.5	38.1	25.4	11.1	－1.4	－11.0	15.3
金属制品业	23.8	47.2	29.0	－5.2	－14.8	35.7	6.8
通用设备制造业	15.4	57.5	27.1	－11.7	－20.8	38.1	－15.6
专用设备制造业	14.3	52.3	33.4	－19.1	－27.9	15.1	－3.8
交通运输设备制造业	15.5	45.8	38.7	－23.2	－15.7	27.0	－26.1
电气机械及器材制造业	22.4	40.6	37.0	－14.6	－25.4	1.7	－4.3
通信设备、计算机及其他电子设备制造业	16.4	39.3	44.3	－27.9	－34.3	－32.7	－34.8
仪器仪表及文化、办公用机械制造业	4.9	56.1	39.0	－34.1	－28.3	－5.8	－37.1

3. 企业盈利状况逐步好转

在成本大幅上升的情况下能保持产品价格基本平稳，一个重要的原因是企业盈利情况逐步好转，一定程度上化解了成本上升的压力。关于企业2010年上半年的盈利情况，调查结果显示，“盈利”（包括“较大盈利”和“略有盈余”，下同）企业占67.9%，比2009年和2008年分别提高了16.5个和5个百分点；“收支平衡”的企业占17.3%；“亏损”（包括“亏损”和“严重亏损”，下同）企业占14.8%（见表15）。

表15　不同类型企业今年上半年盈利情况（%）

	较大盈利	略有盈余	收支平衡	亏损	严重亏损
2010年	13.1	54.8	17.3	13.7	1.1
2009年	7.0	44.4	20.5	24.8	3.3
2008年	11.6	51.3	16.9	18.0	2.2
2007年	13.5	57.3	16.0	12.2	1.0
2006年	13.5	55.8	15.7	13.8	1.2

关于企业目前的盈利情况，调查结果显示，目前盈利“正常”的企业占56.9%，“好于正常”的占6.9%，两者合计比重比2009年提高了16.5个百分点，为近四年来的最高值；“低于正常”的企业占36.2%（见表16）。

从不同地区看，东中部地区和东北地区企业目前的盈利情况好于西部地区；从不同规模看，规模越大，盈利情况越好；从不同经济类型看，国有及国有控股公司的盈利情况相对较好（见表16）。

从不同行业看，目前盈利情况较好的行业包括采矿业，建筑业，交通运输、仓储和邮政业，信息传输、计算机服务和软件业，住宿和餐饮业，租赁和商务服务业以及制造业中的通信设备和仪器仪表等，超过七成的企业盈利“正常”或“好于正常”；而服装和橡胶等行业相对较差，超过半数的企业目前盈利情况“低于正常”（见表16）。

表16　不同类型企业目前的盈利情况（%）

	好于正常	正常	低于正常	好于正常+正常			
				2010年	2009年	2008年	2007年
总体	**6.9**	**56.9**	**36.2**	**63.8**	**47.3**	**42.5**	**61.4**
东部地区企业	7.1	57.2	35.7	64.3	45.8	39.1	59.9
中部地区企业	7.5	56.6	35.9	64.1	47.3	45.1	62.2
西部地区企业	4.8	56.2	39.0	61.0	51.5	51.4	67.1
东北地区企业	7.7	57.2	35.1	64.9	52.7	45.8	59.8
大型企业	13.5	64.9	21.6	78.4	67.3	62.3	77.7
中型企业	7.3	57.8	34.9	65.1	47.2	43.6	64.0
小型企业	5.4	54.8	39.8	60.2	43.9	37.8	53.3
国有及国有控股公司	11.7	62.5	25.8	74.2	55.5	56.4	69.7
国有企业	11.6	60.5	27.9	72.1	56.3	55.5	68.3
非国有企业	6.5	56.5	37.0	63.0	46.5	41.3	60.5
私营企业	6.9	51.1	42.0	58.0	42.7	38.5	55.0
股份有限公司	7.4	61.5	31.1	68.9	53.7	44.8	63.6
有限责任公司	6.0	56.7	37.3	62.7	45.7	41.1	62.3
外商及港澳台投资企业	7.8	53.8	38.4	61.6	45.4	38.4	55.1
民营企业	5.6	55.8	38.6	61.4	44.8	39.3	58.8
农林牧渔业	8.0	53.4	38.6	61.4	52.6	56.6	67.6
采矿业	14.5	60.0	25.5	74.5	42.2	70.2	80.7
制造业	6.5	54.0	39.5	60.5	43.2	38.2	57.4
电力、燃气及水的生产和供应业	17.2	43.7	39.1	60.9	60.6	49.6	63.1
建筑业	6.5	67.6	25.9	74.1	57.0	51.8	65.0
交通运输、仓储和邮政业	13.2	63.7	23.1	76.9	72.0	65.2	85.0

续表

	好于正常	正常	低于正常	好于正常 + 正常			
				2010 年	2009 年	2008 年	2007 年
信息传输、计算机服务和软件业	5.3	71.0	23.7	76.3	53.8	64.1	72.5
批发和零售业	5.2	63.9	30.9	69.1	57.7	56.1	65.0
住宿和餐饮业	2.6	71.1	26.3	73.7	48.3	66.7	70.8
房地产业	5.4	61.5	33.1	66.9	69.5	46.0	81.3
租赁和商务服务业	5.8	71.1	23.1	76.9	52.4	58.3	76.2
食品饮料制造业	6.0	51.0	43.0	57.0	52.0	45.5	61.6
纺织业	12.4	46.9	40.7	59.3	24.8	20.1	41.8
纺织服装、鞋、帽制造业	7.6	42.4	50.0	50.0	39.8	23.6	49.3
造纸及纸制品业	12.9	45.2	41.9	58.1	44.6	27.5	52.3
化学原料及化学制品制造业	7.5	52.9	39.6	60.4	42.4	48.6	59.7
医药制造业	2.4	58.3	39.3	60.7	56.0	55.7	58.1
化学纤维制造业	3.8	57.7	38.5	61.5	54.5	47.1	53.8
橡胶制品业	3.1	40.6	56.3	43.7	64.7	26.9	53.6
塑料制品业	4.0	53.6	42.4	57.6	45.7	32.3	49.0
非金属矿物制品业	4.0	48.5	47.5	52.5	36.5	39.3	59.4
黑色金属冶炼及压延加工业	3.1	52.3	44.6	55.4	32.3	31.9	63.2
有色金属冶炼及压延加工业	4.8	61.3	33.9	66.1	30.6	39.8	70.3
金属制品业	5.6	54.6	39.8	60.2	43.0	36.8	49.0
通用设备制造业	7.5	61.5	31.0	69.0	48.3	39.5	58.6
专用设备制造业	8.0	56.1	35.9	64.1	44.6	41.2	68.2
交通运输设备制造业	6.5	54.8	38.7	61.3	53.0	43.0	53.5
电气机械及器材制造业	4.7	64.7	30.6	69.4	41.6	41.7	65.9
通信设备、计算机及其他电子设备制造业	8.2	65.6	26.2	73.8	45.7	39.5	59.0
仪器仪表及文化、办公用机械制造业	2.4	75.6	22.0	78.0	57.5	62.7	66.7

4. 对企业经营前景保持信心

企业景气状况的回升提升了企业经营者的发展信心。调查结果显示，当问及“您对贵企业下一阶段的经营发展信心如何”时，表示“很有信心”的企业经营者占26.1%，“较有信心”的占57.3%，“信心不足”的占15.4%，“没有信心”的仅占1.2%。调查表明，企业经营者对未来发展保持信心（见表17）。

从不同地区看，中部地区企业经营者的信心相对较强，表示“很有信心”或“较有信心”的比重高于其他地区；从不同规模看，规模越大，信心越强；从不同经济类型看，国有及国有控股公司的信心强于民营企业和外商及港澳台投资企业（见表17）。

关于企业经营者对本企业所在行业发展前景的预计，调查结果显示，认为行业发展前景“很好”或“较好”的企业经营者占56.1%，认为“一般”的占35.9%，认为“很差”或“较差”的仅占8%。从不同行业看，对发展前景预期较为乐观的行业包括：农林牧渔业，采矿业，电力、燃气及水的生产和供应业，交通运输、仓储和邮政业，信息传输、计算机服务和软件业，住宿和餐饮业以及制造业中的医药、有色金属、通用设备、专用设备、汽车和仪器仪表等，认为行业发展前景“很好”或“较好”的企业经营者超过六成；而租赁和商务服务业以及制造业中的纺织、服装、非金属制品和钢铁等行业的乐观程度略低，认为行业发展前景“很好”或“较好”的企业经营者不到一半（见表18）。

表 17 对企业下一阶段经营发展的信心（%）

		很有信心	较有信心	信心不足	没有信心
总体	2010 年	26.1	57.3	15.4	1.2
	2009 年	26.4	59.7	13.3	0.6
东部地区企业		23.9	58.0	16.9	1.2
中部地区企业		30.3	57.3	11.9	0.5
西部地区企业		28.5	54.9	14.9	1.7
东北地区企业		27.5	56.0	13.9	2.6
大型企业		38.9	53.2	7.9	
中型企业		27.8	58.2	12.7	1.3
小型企业		22.8	56.9	18.9	1.4
国有及国有控股公司		24.5	61.7	12.9	0.9
国有企业		24.1	60.0	14.9	1.0
非国有企业		26.4	57.0	15.4	1.2
私营企业		27.5	52.1	18.9	1.5
股份有限公司		30.8	55.4	13.3	0.5
有限责任公司		26.3	58.4	14.3	1.0
外商及港澳台投资企业		18.8	59.5	18.8	2.9
民营企业		26.4	56.7	15.9	1.0

表 18 对企业所在行业发展前景的预计（%）

	很好	较好	一般	较差	很差
总体	**9.8**	**46.3**	**35.9**	**6.8**	**1.2**
农林牧渔业	13.2	56.0	25.3	4.4	1.1
采矿业	7.1	58.9	28.6	5.4	
制造业	9.7	44.5	36.8	7.6	1.4
电力、燃气及水的生产和供应业	13.0	53.7	24.6	8.7	
建筑业	10.2	47.8	36.9	5.1	
交通运输、仓储和邮政业	8.9	53.4	33.3	4.4	
信息传输、计算机服务和软件业	11.5	66.7	15.4	3.8	2.6
批发和零售业	7.6	42.4	43.5	6.2	0.3
住宿和餐饮业	5.3	55.2	34.2	5.3	
房地产业	8.3	48.8	36.1	6.0	0.8
租赁和商务服务业	9.3	35.2	44.4	7.4	3.7
食品饮料制造业	12.5	45.2	32.8	6.9	2.6
纺织业	3.9	27.0	44.9	20.8	3.4
纺织服装、鞋、帽制造业	1.5	24.8	51.1	18.8	3.8
造纸及纸制品业	11.3	40.3	35.5	11.3	1.6
化学原料及化学制品制造业	10.7	40.8	36.0	10.7	1.8
医药制造业	14.0	59.2	23.3	3.5	
化学纤维制造业	3.8	46.3	42.3	3.8	3.8
橡胶制品业	3.1	46.9	37.5	12.5	
塑料制品业	4.8	47.2	40.8	6.4	0.8
非金属矿物制品业	7.9	38.2	41.5	10.7	1.7
黑色金属冶炼及压延加工业	4.6	38.5	52.3	1.5	3.1
有色金属冶炼及压延加工业	13.3	51.7	31.7	3.3	
金属制品业	4.6	49.3	37.9	8.2	
通用设备制造业	12.9	54.5	31.3	1.3	

续表

	很好	较好	一般	较差	很差
专用设备制造业	13.1	53.4	28.7	3.8	1.0
交通运输设备制造业	11.5	53.9	31.4	2.6	0.6
电气机械及器材制造业	12.8	40.0	41.1	5.6	0.5
通信设备、计算机及其他电子设备制造业	6.6	50.8	34.4	6.6	1.6
仪器仪表及文化、办公用机械制造业	17.1	56.1	24.4	2.4	

企业经营者对未来的信心表现在企业的用工和投资计划上。关于企业目前用工情况，调查结果显示，认为目前企业用工人数比 2009 年“增加”的企业经营者占 37.3%，认为“持平”的占 44%，认为“减少”的占 18.7%；认为“增加”的比“减少”的多 18.6 个百分点，明显高于 2009 年和 2008 年。从不同地区看，中西部地区目前用工“增加”的比“减少”的多 20 个百分点以上，相对较高；从不同规模看，大型企业目前用工“增加”的比“减少”的多 36 个百分点，明显高于中小企业；从不同经济类型看，国有及国有控股公司目前用工“增加”的比“减少”的多 20.9 个百分点，要高于民营企业和外商及港澳台投资企业（见表 19）。

表 19　　相对于去年，企业目前的用工人数情况（%）

	增加	持平	减少	增加 - 减少			
				2010 年	2009 年	2008 年	2007 年
总体	**37.3**	**44.0**	**18.7**	**18.6**	**7.4**	**8.5**	**25.9**
东部地区企业	37.5	42.7	19.8	17.7	5.2	4.0	26.0
中部地区企业	38.0	44.5	17.5	20.5	10.0	15.4	27.7
西部地区企业	38.5	44.7	16.8	21.7	11.6	15.9	22.3
东北地区企业	30.5	52.4	17.1	13.4	10.1	13.2	28.6
大型企业	47.5	41.0	11.5	36.0	24.2	23.0	32.8
中型企业	39.4	41.8	18.8	20.6	9.4	11.6	29.6
小型企业	33.9	46.4	19.7	14.2	2.2	2.9	19.0
国有及国有控股公司	37.1	46.7	16.2	20.9	8.1	9.9	15.1
国有企业	35.8	47.3	16.9	18.9	7.0	5.4	11.8
非国有企业	37.5	43.6	18.9	18.6	7.5	9.0	27.7
私营企业	35.6	45.4	19.0	16.6	1.8	6.1	26.1
股份有限公司	39.9	43.5	16.6	23.3	12.9	12.5	31.3
有限责任公司	38.3	43.2	18.5	19.8	10.4	11.3	28.8
外商及港澳台投资企业	37.0	38.3	24.7	12.3	-4.0	-0.2	30.7
民营企业	36.3	44.0	19.7	16.6	7.3	7.6	27.9

关于对企业明年的用工计划，调查结果显示，49.5% 的企业经营者预计企业明年用工将“增加”，41% 预计“持平”，9.5% 预计“减少”，预计“增加”的比“减少”的多 40 个百分点，比 2009 年提高了 2.7 个百分点（见表 20）。

表 20　　对明年企业用工人数的预计（%）

	增加	持平	减少	增加 - 减少	
				2010 年	2009 年
总体	**49.5**	**41.0**	**9.5**	**40.0**	**37.3**
东部地区企业	49.1	41.1	9.8	39.3	37.7
中部地区企业	55.2	38.3	6.5	48.7	40.0
西部地区企业	47.5	41.5	11	36.5	34.0

续表

	增加	持平	减少	增加-减少	
				2010年	2009年
东北地区企业	40.2	47.3	12.5	27.7	34.7
大型企业	49.7	43.0	7.3	42.4	42.1
中型企业	51.3	38.8	9.9	41.4	39.6
小型企业	48.1	42.5	9.4	38.7	34.6
国有及国有控股公司	39.4	51.1	9.5	29.9	23.4
国有企业	37.9	51.8	10.3	27.6	19.9
非国有企业	50.6	40.0	9.4	41.2	39.2
私营企业	51.2	37.7	11.1	40.1	40.2
股份有限公司	53.2	39.4	7.4	45.8	38.4
有限责任公司	50.6	39.9	9.5	41.1	41.1
外商及港澳台投资企业	47.7	43.2	9.1	38.6	40.3
民营企业	51.5	39.0	9.5	42.0	40.5

从不同地区看，中部地区企业明年用工将增加较多，预计“增加”的比“减少”的多48.7个百分点，要高于其他地区；从不同规模看，大型企业预计“增加”的比“减少”的多42.4个百分点，高于中小企业；从不同经济类型看，民营企业用工增加的比重明显超过国有及国有控股公司（见表20）。以上结果表明，随着经济结构调整和东部制造业向中西部转移，中部地区吸纳就业的空间在扩大；与此同时，民营企业仍是吸纳新增就业的主要力量。

关于企业的投资计划，调查显示，57.4%的企业明年计划投资额将“增长”，32.2%的企业“不变”，10.4%“减少”，计划“增长”的比“减少”的多47个百分点，这一数据比2009年和2008年分别提高了6.3和19.7个百分点（见表21）。

表21　　不同地区、规模及经济类型企业对明年计划投资额增减的预计（%）

	增长	不变	减少	增长-减少			
				2010年	2009年	2008年	2007年
总体	**57.4**	**32.2**	**10.4**	**47.0**	**40.7**	**27.3**	**57.1**
东部地区企业	55.5	34.5	10.0	45.5	37.9	21.9	55.8
中部地区企业	63.5	27.4	9.1	54.4	46.9	37.4	59.9
西部地区企业	59.6	28.2	12.2	47.4	45.0	36.4	60.8
东北地区企业	49.4	36.9	13.7	35.7	37.0	24.5	53.9
大型企业	67.3	25.4	7.3	60.0	52.3	41.0	70.5
中型企业	58.9	30.5	10.6	48.3	43.2	27.6	60.8
小型企业	54.6	34.7	10.7	43.9	36.8	24.4	48.8
国有及国有控股公司	57.9	33.4	8.7	49.2	39.2	34.3	52.2
国有企业	59.5	31.4	9.1	50.4	35.5	34.9	50.9
非国有企业	57.4	32.1	10.5	46.9	41.3	26.6	58.0
私营企业	55.0	32.3	12.7	42.3	41.5	21.4	51.4
股份有限公司	61.8	30.8	7.4	54.4	44.6	28.8	61.5
有限责任公司	59.1	29.9	11.0	48.1	42.3	29.5	60.7
外商及港澳台投资企业	44.9	45.2	9.9	35.0	37.3	17.4	55.3
民营企业	58.0	31.3	10.7	47.3	40.7	26.4	57.7

从不同地区看，中部地区企业计划投资额“增长”的比“减少”的多54.4个百分点，要高于其他地区；从不同规模看，大型企业计划投资额“增长”的比“减少”的多60个百分点，明显高于中

小企业；从不同经济类型看，民营企业和国有及国有控股公司计划投资额“增长”的比“减少”的分别多47.3和49.2个百分点，明显高于外商及港澳台投资企业（见表21）。

从不同行业看，明年计划投资额增长较多的行业有：采矿业，信息传输、计算机服务和软件业以及制造业中的有色金属、汽车、仪器仪表等行业，计划投资额“增长”的比“减少”的多60个百分点以上，而租赁和商务服务业以及制造业中的纺织、化纤等行业的扩张程度相对较低，计划投资额“增长”的比“减少”的多30个百分点以内（见表22）。

表 22　不同行业企业对明年计划投资额增减的预计（%）

	增长	不变	减少	增长 - 减少			
				2010 年	2009 年	2008 年	2007 年
农林牧渔业	69.2	20.9	9.9	59.3	45.8	44.0	60.4
采矿业	67.9	25.0	7.1	60.8	38.7	46.7	69.0
制造业	56.8	31.9	11.3	45.5	40.4	25.3	57.2
电力、燃气及水的生产和供应业	60.9	31.3	7.8	53.1	44.6	29.7	69.2
建筑业	56.1	36.7	7.2	48.9	41.8	30.1	47.3
交通运输、仓储和邮政业	63.6	23.5	12.9	50.7	45.1	43.4	65.5
信息传输、计算机服务和软件业	66.6	30.7	2.7	63.9	52.9	56.2	50.8
批发和零售业	47.5	44.6	7.9	39.6	33.0	26.9	49.4
住宿和餐饮业	55.2	39.5	5.3	49.9	28.5	34.3	28.6
房地产业	67.0	22.8	10.2	56.8	60.7	17.7	71.8
租赁和商务服务业	41.3	37.0	21.7	19.6	20.5	20.0	42.0
食品饮料制造业	63.2	27.2	9.6	53.6	39.9	37.8	66.5
纺织业	41.0	41.0	18.0	23.0	21.0	0.3	41.2
纺织服装、鞋、帽制造业	43.5	46.6	9.9	33.6	39.4	-6.4	28.6
造纸及纸制品业	61.3	25.8	12.9	48.4	45.9	33.4	53.9
化学原料及化学制品制造业	54.5	30.1	15.4	39.1	45.6	39.4	55.4
医药制造业	60.4	34.9	4.7	55.7	55.5	33.9	50.6
化学纤维制造业	30.8	57.7	11.5	19.3	36.4	17.7	19.3
橡胶制品业	53.1	28.1	18.8	34.3	55.9	34.4	66.0
塑料制品业	48.4	41.1	10.5	37.9	47.3	23.8	53.4
非金属矿物制品业	57.9	25.8	16.3	41.6	30.7	20.3	51.1
黑色金属冶炼及压延加工业	48.5	34.8	16.7	31.8	24.2	9.7	52.6
有色金属冶炼及压延加工业	74.6	20.6	4.8	69.8	37.6	20.5	70.3
金属制品业	52.9	33.8	13.3	39.6	42.8	27.1	51.7
通用设备制造业	63.3	28.7	8.0	55.3	42.4	30.6	71.3
专用设备制造业	61.4	29.5	9.1	52.3	42.4	32.2	68.7
交通运输设备制造业	69.5	21.4	9.1	60.4	53.6	29.4	69.2
电气机械及器材制造业	61.4	29.2	9.4	52.0	40.7	32.3	67.3
通信设备、计算机及其他电子设备制造业	59.0	36.1	4.9	54.1	41.6	28.1	62.7
仪器仪表及文化、办公用机械制造业	65.8	29.3	4.9	60.9	52.2	45.6	60.7

关于“企业有投资意向的地区”，调查显示，有81.1%的企业经营者选择了东部地区，其中34.5%选择了“长三角”地区，21.7%选择了“京津—环渤海”地区，14.6%选择了“珠三角”地区，选择其他东部地区的为10.3%；此外，有38.7%的企业经营者选择了西部地区，25.7%选择了中部地区，10.6%选择了东北地区，2.8%选择了港澳台地区，9.2%选择了海外地区。与前两年相比，2010年企业投资意向的特点是，随着产业转移和西部大开发战略的实施，西部地区的投资引力持续增

强，中部地区的投资意向比较稳定，而东部地区的投资意向有所减弱（见表23）。

表23　企业有投资意向的地区（%）

		东部地区				中部地区	西部地区	东北地区	港澳台地区	其他海外地区
		"长三角"地区	"珠三角"地区	"京津－环渤海"	其他东部地区					
总体	2010年	34.5	14.6	21.7	10.3	25.7	38.7	10.6	2.8	9.2
	2009年	37.6	15.4	22.8	11.0	25.1	33.3	10.2	3.1	8.0
	2008年	37.4	13.7	23.1	11.5	25.9	35.2	11.7	3.8	12.2
	2007年	33.0	14.0	21.8	10.3	20.5	28.9	10.1	2.9	10.5
东部地区企业		43.8	16.6	26.5	13.0	20.6	28.1	6.5	2.7	10.4
中部地区企业		30.7	15.1	14.0	7.2	53.2	39.9	9.3	2.8	8.3
西部地区企业		13.8	8.6	8.6	5.4	14.5	84.2	4.7	2.6	6.8
东北地区企业		15.2	9.6	33.2	7.2	11.6	21.6	61.6	3.6	7.2
大型企业		29.9	13.6	26.9	10.6	28.7	43.2	14.5	3.3	11.8
中型企业		36.9	14.9	21.3	10.9	27.7	37.3	10.3	2.7	10.0
小型企业		33.6	14.4	20.9	9.5	23.2	39.2	10.2	2.7	8.0

良好的订货情况和盈利水平是企业经营者保持信心的基础。关于未来订货情况，调查结果显示，38.9%的企业经营者预计四季度企业订货"增加"，48.1%预计"持平"，13%预计"减少"，预计"增加"的比预计"减少"的多25.9个百分点，比2009年提高了2.7个百分点（见表24）。

从不同行业看，预期四季度订货较好的行业包括：信息传输、计算机服务和软件业以及制造业中的食品、造纸、医药等，其预计"增加"的比预计"减少"的多40个百分点以上；预期四季度订货较差的行业包括：房地产业、租赁和商务服务业以及制造业中的纺织、化纤、橡胶等，其预计"增加"的比预计"减少"的多10个百分点以内（见表24）。

表24　不同行业企业对今年四季度订货情况的预计（%）

	增加	持平	减少	增加－减少			
				2010年	2009年	2008年	2007年
总体	**38.9**	**48.1**	**13.0**	**25.9**	**23.2**	**-0.4**	**32.5**
农林牧渔业	46.5	44.2	9.3	37.2	38.3	7.3	39.9
采矿业	34.5	63.7	1.8	32.7	27.4	24.8	40.7
制造业	39.5	46.7	13.8	25.7	23.3	-1.0	33.6
电力、燃气及水的生产和供应业	40.0	41.8	18.2	21.8	24.0	14.1	25.5
建筑业	35.5	56.1	8.4	27.1	12.6	3.9	34.0
交通运输、仓储和邮政业	25.6	60.3	14.1	11.5	17.1	12.4	35.2
信息传输、计算机服务和软件业	52.0	41.3	6.7	45.3	37.2	34.5	40.7
批发和零售业	40.5	51.3	8.2	32.3	21.6	-2.1	25.1
住宿和餐饮业	26.5	67.6	5.9	20.6	38.5	24.9	18.6
房地产业	29.2	48.2	22.6	6.6	19.7	-33.5	35.1
租赁和商务服务业	25.6	58.1	16.3	9.3	17.0	0.0	10.6
食品饮料制造业	53.7	36.2	10.1	43.6	36.5	13.4	41.4
纺织业	30.1	47.7	22.2	7.9	6.2	-30.4	5.4
纺织服装、鞋、帽制造业	43.1	48.4	8.5	34.6	13.1	-26.3	1.4
造纸及纸制品业	49.1	44.3	6.6	42.5	35.1	-5.0	30.4
化学原料及化学制品制造业	33.6	51.3	15.1	18.5	22.5	7.9	33.4
医药制造业	56.5	37.6	5.9	50.6	49.0	40.5	41.9

续表

	增加	持平	减少	增加－减少			
				2010年	2009年	2008年	2007年
化学纤维制造业	23.1	42.3	34.6	－11.5	18.8	－14.3	7.7
橡胶制品业	21.9	50.0	28.1	－6.2	23.6	－14.9	30.2
塑料制品业	41.5	43.9	14.6	26.9	24.3	－10.2	36.8
非金属矿物制品业	38.3	46.3	15.4	22.9	23.9	－1.2	33.6
黑色金属冶炼及压延加工业	28.1	59.4	12.5	15.6	6.3	－22.4	39.4
有色金属冶炼及压延加工业	42.9	47.6	9.5	33.4	21.1	－20.2	36.7
金属制品业	38.3	42.3	19.4	18.9	22.8	1.7	25.1
通用设备制造业	38.7	45.3	16.0	22.7	23.8	2.8	43.1
专用设备制造业	36.9	49.9	13.2	23.7	14.7	8.4	42.6
交通运输设备制造业	45.8	41.9	12.3	33.5	30.4	－3.3	46.8
电气机械及器材制造业	41.5	43.0	15.5	26.0	27.6	13.9	46.9
通信设备、计算机及其他电子设备制造业	24.6	62.3	13.1	11.5	32.0	0.1	33.1
仪器仪表及文化、办公用机械制造业	39.0	56.1	4.9	34.1	30.1	11.8	44.5

关于下半年盈利状况，调查结果显示，预计下半年盈利的企业经营者占73.3%，明显高于2008年和2009年，基本恢复到2007年的水平，其中15.1%预计“较大盈利”，58.2%预计“略有盈余”；预计“收支平衡”的占18.2%；预计亏损的占8.5%，其中7.8%预计“亏损”，0.7%预计“严重亏损”（见表25）。

表25　　不同地区、规模及经济类型对今年下半年盈利状况的预计（%）

		较大盈利	略有盈余	收支平衡	亏损	严重亏损
总体	2010年	15.1	58.2	18.2	7.8	0.7
	2009年	9.8	51.7	22.3	14.5	1.7
	2008年	11.0	52.9	19.9	13.7	2.5
	2007年	17.7	60.3	14.6	6.6	0.8
	2006年	18.0	60.1	14.0	7.0	0.9
东部地区企业		16.0	58.8	17.7	6.9	0.6
中部地区企业		14.9	57.4	19.8	7.3	0.6
西部地区企业		13.1	58.8	16.2	10.6	1.3
东北地区企业		12.7	53.0	22.8	10.8	0.7
大型企业		32.5	49.5	9.9	7.3	0.8
中型企业		17.9	58.1	15.5	7.8	0.7
小型企业		9.7	59.8	21.8	7.9	0.8
国有及国有控股公司		18.8	53.7	14.3	11.3	1.9
国有企业		15.5	53.1	15.2	14.5	1.7
非国有企业		15.1	58.5	18.5	7.3	0.6
私营企业		10.4	58.1	22.2	8.4	0.9
股份有限公司		20.0	56.4	16.6	6.5	0.5
有限责任公司		14.4	60.7	17.5	6.8	0.6
外商及港澳台投资企业		21.2	47.4	20.8	10.2	0.4
民营企业		13.2	60.4	18.8	7.0	0.6

从不同地区看，东部地区企业预计下半年盈利的占74.8%，高于其他地区；从不同规模看，规模越大，预计下半年盈利的企业比重越高；从不同经济类型看，民营企业预计下半年盈利的占73.6%，要高于国有及国有控股公司和外商及港澳台投资企业（见表25）。

从不同行业看，预计下半年盈利状况相对较好的行业包括采矿业、建筑业以及制造业中的通用设备、专用设备、通信设备和仪器仪表等行业，有八成左右的企业经营者预计下半年盈利；而电力、燃气及水的生产和供应业、租赁和商务服务业以及制造业中的纺织等行业相对较差，预计下半年盈利的企业经营者不到六成（见表26）。

表26　不同行业企业今年对下半年盈利状况的预计（%）

		较大盈利	略有盈余	收支平衡	亏损	严重亏损
总体	2010年	15.1	58.2	18.2	7.8	0.7
	2009年	9.8	51.7	22.3	14.5	1.7
	2008年	11.0	52.9	19.9	13.7	2.5
	2007年	17.7	60.3	14.6	6.6	0.8
	2006年	18.0	60.1	14.0	7.0	0.9
农林牧渔业		12.8	54.7	15.1	15.1	2.3
采矿业		31.5	48.1	7.4	13.0	
制造业		15.2	58.1	18.6	7.5	0.6
电力、燃气及水的生产和供应业		4.8	47.7	20.6	20.6	6.3
建筑业		14.2	63.9	17.2	4.1	0.6
交通运输、仓储和邮政业		18.0	55.1	19.1	6.7	1.1
信息传输、计算机服务和软件业		17.1	52.6	21.1	9.2	
批发和零售业		15.0	61.0	16.1	7.5	0.4
住宿和餐饮业		11.8	61.8	17.6	5.9	2.9
房地产业		14.6	50.4	24.4	9.8	0.8
租赁和商务服务业		8.2	49.0	26.5	16.3	
食品饮料制造业		13.8	58.2	18.3	8.7	1.0
纺织业		8.3	50.6	28.6	11.3	1.2
纺织服装、鞋、帽制造业		11.0	62.3	17.3	9.4	
造纸及纸制品业		21.3	50.8	21.3	6.6	
化学原料及化学制品制造业		16.1	53.1	20.9	9.1	0.8
医药制造业		26.3	51.2	15.0	7.5	
化学纤维制造业		15.4	53.9	15.4	11.5	3.8
橡胶制品业		3.3	53.4	30.0	10.0	3.3
塑料制品业		9.1	63.6	21.5	5.8	
非金属矿物制品业		14.9	55.8	16.1	12.1	1.1
黑色金属冶炼及压延加工业		6.6	63.9	23.0	4.9	1.6
有色金属冶炼及压延加工业		18.3	61.7	11.7	5.0	3.3
金属制品业		11.5	61.7	21.9	4.9	
通用设备制造业		18.8	59.9	17.5	3.4	0.4
专用设备制造业		18.4	61.7	15.2	4.7	
交通运输设备制造业		15.5	59.4	14.9	8.8	1.4
电气机械及器材制造业		19.6	57.2	17.5	5.7	
通信设备、计算机及其他电子设备制造业		23.7	55.9	10.2	10.2	
仪器仪表及文化、办公用机械制造业		25.0	57.5	17.5		

由于对经营前景保持信心，因此企业经营者对未来经营状况预期乐观。调查结果显示，认为四季度企业经营状况将“好转”的企业经营者占38.6%，认为“不变”的占56%，认为会“恶化”的占5.4%，认为“好转”的比认为“恶化”的多33.2个百分点，与2009年基本持平，明显高于2008年；预计明年企业综合经营状况将“好转”的企业经营者占47.1%，预计“不变”的占46.6%，预计

“恶化”的占6.3%，预计“好转”的比预计“恶化”的多40.8个百分点（见表27、表28）。

表 27　对四季度企业综合经营状况的预计（%）

	好转	不变	恶化	好转 - 恶化
2010 年	38.6	56.0	5.4	33.2
2009 年	43.2	50.2	6.6	36.6
2008 年	29.2	55.9	14.9	14.3
2007 年	36.8	57.5	5.7	31.1

从不同地区看，中部地区企业经营者对明年综合经营状况的预计较为乐观，预计“好转”的比预计“恶化”的多47.7个百分点，高于其他地区；从不同规模看，中小企业要更为乐观，预计“好转”的比预计“恶化”的多40个百分点以上，高于大型企业；从不同经济类型看，民营企业更为乐观，预计“好转”的比预计“恶化”的多42.7个百分点，明显高于国有及国有控股公司和外商及港澳台投资企业（见表28）。

表 28　不同地区、规模及经济类型企业对明年综合经营状况的预计（%）

	好转	不变	恶化	好转 - 恶化
总体	**47.1**	**46.6**	**6.3**	**40.8**
东部地区企业	44.7	48.8	6.5	38.2
中部地区企业	52.2	43.3	4.5	47.7
西部地区企业	48.7	44.0	7.3	41.4
东北地区企业	47.1	44.5	8.4	38.7
大型企业	43.8	52.3	3.9	39.9
中型企业	47.1	46.8	6.1	41.0
小型企业	47.5	45.5	7.0	40.5
国有及国有控股公司	37.9	56.5	5.6	32.3
国有企业	36.5	56.8	6.7	29.8
非国有企业	47.7	46.0	6.3	41.4
私营企业	50.4	42.0	7.6	42.8
股份有限公司	49.5	47.3	3.2	46.3
有限责任公司	47.5	46.1	6.4	41.1
外商及港澳台投资企业	44.4	45.6	10.0	34.4
民营企业	48.8	45.1	6.1	42.7

从不同行业看，调查发现，不同行业的前景预期差异较大。其中，对明年经营状况预计较为乐观的行业包括：农林牧渔业，信息传输、计算机服务和软件业以及制造业中的食品等行业，预计“好转”的比预计“恶化”的多50个百分点以上。而预期乐观程度相对较低的行业有：纺织、化纤等，预计“好转”的比预计“恶化”的多20个百分点以内（见表29）。

表 29　不同行业企业对明年综合经营状况的预计（%）

	好转	不变	恶化	好转 - 恶化
总体	**47.1**	**46.6**	**6.3**	**40.8**
农林牧渔业	68.2	29.5	2.3	65.9
采矿业	49.1	49.1	1.8	47.3
制造业	45.8	47.2	7.0	38.8
电力、燃气及水的生产和供应业	45.5	48.4	6.1	39.4
建筑业	48.3	49.4	2.3	46.0

续表

	好转	不变	恶化	好转-恶化
交通运输、仓储和邮政业	38.9	53.3	7.8	31.1
信息传输、计算机服务和软件业	62.7	33.3	4.0	58.7
批发和零售业	46.2	47.0	6.8	39.4
住宿和餐饮业	39.4	57.6	3.0	36.4
房地产业	54.6	39.2	6.2	48.4
租赁和商务服务业	41.2	51.0	7.8	33.4
食品饮料制造业	61.7	32.8	5.5	56.2
纺织业	28.7	56.9	14.4	14.3
纺织服装、鞋、帽制造业	35.9	48.8	15.3	20.6
造纸及纸制品业	44.1	50.8	5.1	39.0
化学原料及化学制品制造业	46.2	45.8	8.0	38.2
医药制造业	47.7	50.0	2.3	45.4
化学纤维制造业	15.4	73.1	11.5	3.9
橡胶制品业	40.6	53.1	6.3	34.3
塑料制品业	51.7	40.8	7.5	44.2
非金属矿物制品业	46.6	46.5	6.9	39.7
黑色金属冶炼及压延加工业	48.4	43.8	7.8	40.6
有色金属冶炼及压延加工业	55.6	38.1	6.3	49.3
金属制品业	39.7	53.1	7.2	32.5
通用设备制造业	46.2	50.4	3.4	42.8
专用设备制造业	45.8	49.3	4.9	40.9
交通运输设备制造业	45.0	49.7	5.3	39.7
电气机械及器材制造业	44.5	47.6	7.9	36.6
通信设备、计算机及其他电子设备制造业	44.1	52.5	3.4	40.7
仪器仪表及文化、办公用机械制造业	43.6	56.4		43.6

二、对宏观经济形势的判断和政策建议

1. 经济运行趋于正常，未来预期谨慎乐观

调查结果显示，认为当前宏观经济形势“很好”或“较好”的企业经营者占56.3%，比2009年提高了16.3个百分点，比2008年提高了20.9个百分点，但要低于2007年的水平；认为“一般”的占37.1%；认为“较差”或“很差”的占6.6%（见表30）。

表30　企业经营者对当前宏观经济形势的判断（%）

		很好	较好	一般	较差	很差
总体	2010年	5.1	51.2	37.1	5.9	0.7
	2009年	3.1	36.9	46.7	12.4	0.9
	2008年	2.8	32.6	40.5	21.1	3.0
	2007年	11.2	66.0	19.2	3.3	0.3
东部地区企业		3.7	49.9	39.4	6.4	0.6
中部地区企业		5.7	52.4	36.8	4.6	0.5
西部地区企业		6.5	52.7	33.8	6.2	0.8
东北地区企业		11.9	55.4	25.9	4.3	2.5
大型企业		4.7	56.3	35.1	3.6	0.3
中型企业		4.0	52.5	37.4	5.4	0.7
小型企业		6.0	49.2	37.2	6.7	0.9

续表

	很好	较好	一般	较差	很差
国有及国有控股公司	4.2	59.9	31.5	4.4	
国有企业	5.5	59.3	31.6	3.6	
非国有企业	5.1	50.5	37.5	6.1	0.8
私营企业	8.1	45.3	37.5	7.2	1.9
股份有限公司	4.8	52.2	37.8	5.0	0.2
有限责任公司	4.2	51.8	37.3	6.0	0.7
外商及港澳台投资企业	6.1	45.5	40.2	7.8	0.4
民营企业	5.3	49.8	38.2	6.0	0.7

从不同地区看，东北地区的企业经营者对宏观经济形势的判断相对积极，认为“很好”或“较好”的占67.3%，高于其他地区；从不同规模看，大型企业更为乐观；从不同经济类型看，国有及国有控股公司认为“很好”或“较好”的占64.1%，相对乐观（见表30）。

关于“对宏观经济运行的总体判断”，调查显示，认为目前宏观经济“偏热”的企业经营者占30.5%，认为“过热”的占2.7%，两者合计比重比2009提高了10.7个百分点，比2008年提高了3.5个百分点，但要低于2007年和2006年的水平；认为“正常”的占47.3%，是近5年来的最高水平；认为“偏冷”或“过冷”的占10.5%，认为“尚难判断”的占9%（见图1、表31）。调查表明，总体来看，企业经营者认为当前宏观经济运行呈现持续回暖的过程，经济运行在国际金融危机后逐步进入正常轨道。

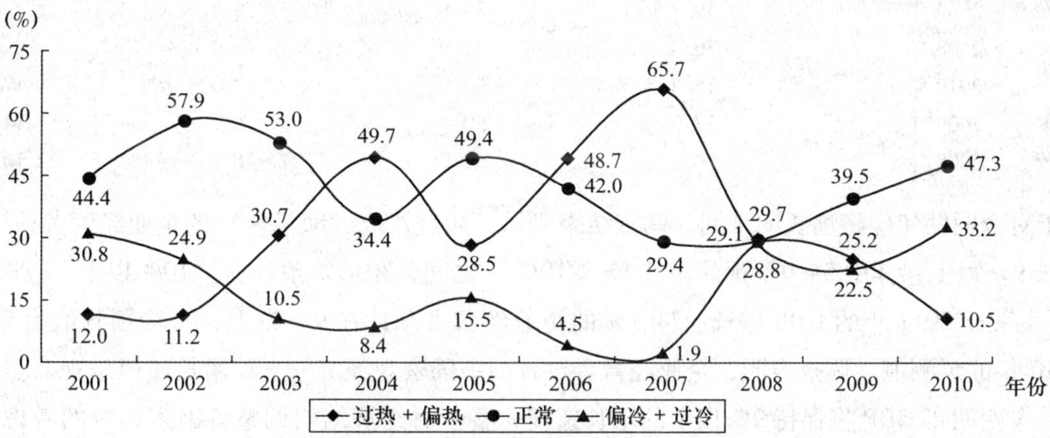

图1　2001～2010年企业经营者对宏观经济运行的总体判断

表31　　2001～2010年企业经营者对宏观经济运行的总体判断（%）

	过热	偏热	正常	偏冷	过冷	尚难判断
2010年	2.7	30.5	47.3	10.2	0.3	9.0
2009年	1.8	20.7	39.5	24.6	0.6	12.8
2008年	3.6	26.1	29.1	27.2	1.6	12.4
2007年	8.7	57.0	29.4	1.9	0.0	3.0
2006年	3.8	44.9	42.0	4.4	0.1	4.8
2005年	2.6	25.9	49.4	14.9	0.6	6.6
2004年	5.5	44.2	34.4	8.1	0.3	7.5
2003年	2.6	28.1	53.0	10.3	0.2	5.8
2002年	0.6	10.6	57.9	23.9	1.0	6.0
2001年	2.2	9.8	44.4	29.2	1.6	12.8

注：0.0表示答题者选择了此项，但选择比重小于0.05%。以下同。

大宗产品的供应状况也反映了目前经济运行比较正常的状态。调查结果显示，认为钢材、电力、石油、煤炭以及铁路运输供应紧张状况“变化不大”的企业经营者均超过了半数，比2009年有所提高。认为土地供应紧张状况“更加严重”的企业经营者占47.6%，比2009年提高了13.5个百分点，与2008年基本持平（见表32）。

表32　　钢材、土地及煤电油运市场供应紧张状况（%）

		趋于缓和	变化不大	更加严重	不清楚
钢材	2010年	32.6	53.9	4.9	8.6
	2009年	48.6	41.7	3.8	5.9
	2008年	35.7	35.6	22.4	6.3
电力	2010年	20.8	60.4	16.4	2.4
	2009年	45.4	50.8	2.5	1.3
	2008年	22.5	50.0	26.6	0.9
石油	2010年	13.6	64.9	14.0	7.5
	2009年	31.4	52.6	11.0	5.0
	2008年	13.9	22.9	60.6	2.6
煤炭	2010年	13.5	57.8	17.2	11.5
	2009年	34.6	49.2	7.4	8.8
	2008年	8.4	24.2	58.9	8.5
土地	2010年	11.4	34.4	47.6	6.6
	2009年	19.7	39.8	34.1	6.4
	2008年	16.4	31.9	46.1	5.6
铁路运输	2010年	15.8	54.3	12.1	17.8
	2009年	27.3	50.7	7.2	14.8
	2008年	14.1	50.7	18.6	16.6

关于对今明两年经济增长的预期，调查结果显示，超过八成（85.7%）的企业经营者预计2010年GDP增长9%以上，其中54.9%预计在“9%～10%”之间，30.8%预计在“10%以上”，平均预测值为9.9%。关于2011年的GDP增长，74.1%的企业经营者预计在9%以上，平均预测值为9.8%，低于对2010年的预测值。调查表明，企业经营者对转型中的宏观经济的平稳增长谨慎乐观。多数企业经营者预计今明两年GDP将保持9%以上的增长速度，鉴于对经济结构调整等因素影响的考虑，企业经营者预期2011年GDP增速不会进一步加快，甚至可能略有回落（见表33）。

表33　　对2010年、2011年我国GDP增长的预计（%）

		9%以下	9%～10%	10%以上	均值
2010年	**总体**	**14.3**	**54.9**	**30.8**	**9.9**
	东部地区企业	14.2	55.6	30.2	9.9
	中部地区企业	14.2	53.6	32.2	9.9
	西部地区企业	12.5	57.9	29.6	10.0
	东北地区企业	19.5	45.8	34.7	10.0
2011年	**总体**	**25.9**	**45.7**	**28.4**	**9.8**
	东部地区企业	27.8	46.6	25.6	9.6
	中部地区企业	22.9	45.4	31.7	10.0
	西部地区企业	23.3	44.9	31.8	9.9
	东北地区企业	24.7	40.2	35.1	10.1

关于对今明两年CPI上升幅度的预计，调查结果显示，62.8%的企业经营者预期2010年CPI比上

年上涨“1% ~3%”，29.3% 预期“3% 以上”，7.9% 预期“1% 及以下”，平均预测值为 3.1%；53.9%的企业经营者预期 2011 年 CPI 比上年上涨“1% ~3%”，39% 预期“3% 以上”，7.1% 预期“1% 及以下”，平均预测值为 3.3%（见表 34）。

表 34　对 2010 年、2011 年我国 CPI 上升幅度的预计（%）

		1% 及以下	1% ~3%	3% 以上	均值
2010 年	**总体**	**7.9**	**62.8**	**29.3**	**3.1**
	东部地区企业	6.5	62.7	30.8	3.2
	中部地区企业	8.8	66.7	24.5	2.9
	西部地区企业	9.1	61.5	29.4	3.2
	东北地区企业	14.8	55.3	29.9	3.1
2011 年	**总体**	**7.1**	**53.9**	**39.0**	**3.3**
	东部地区企业	6.5	53.5	40.0	3.3
	中部地区企业	8.6	58.0	33.4	3.2
	西部地区企业	7.0	51.0	42.0	3.5
	东北地区企业	7.0	51.8	41.2	3.5

调查表明，企业经营者认为未来通胀压力趋于增强，这一点也可以从企业经营者对明年产品销售价格的预计上得到印证。调查结果显示，预计明年企业产品销售价格“上升”的企业经营者占 32.8%，预计“持平”的占 52.1%，预计“下降”的占 15.1%；预计“上升”的比“下降”的多 17.7 个百分点，比 2009 年提高了 2.9 个百分点（见表 35）。

从不同行业看，预计明年价格上升较多的行业包括：农林牧渔业，电力、燃气及水的生产和供应业，建筑业，批发和零售业，住宿和餐饮业，房地产业以及制造业中的食品、服装、钢铁等行业，其预计“上升”的比“下降”的多 30 个百分点以上，而医药、专用设备、汽车、通信设备和仪器仪表等行业产品价格下降较为明显，其预计“上升”的比“下降”的少 5 个百分点以上（见表 35）。

表 35　不同行业企业对明年销售价格的预计（%）

	上升	持平	下降	上升 - 下降	
				2010 年	2009 年
总体	**32.8**	**52.1**	**15.1**	**17.7**	**14.8**
农林牧渔业	50.6	43.8	5.6	45.0	30.9
采矿业	29.1	63.6	7.3	21.8	23.0
制造业	29.1	53.5	17.4	11.7	9.3
电力、燃气及水的生产和供应业	39.4	60.6		39.4	32.1
建筑业	39.1	53.2	7.7	31.4	34.3
交通运输、仓储和邮政业	34.5	56.0	9.5	25.0	23.0
信息传输、计算机服务和软件业	23.7	48.7	27.6	-3.9	-27.0
批发和零售业	50.5	40.3	9.2	41.3	31.6
住宿和餐饮业	36.1	61.1	2.8	33.3	28.5
房地产业	57.6	32.8	9.6	48.0	62.2
租赁和商务服务业	36.0	50.0	14.0	22.0	24.3
食品饮料制造业	55.8	37.8	6.4	49.4	32.4
纺织业	32.0	52.3	15.7	16.3	20.3
纺织服装、鞋、帽制造业	44.7	43.2	12.1	32.6	9.3
造纸及纸制品业	31.7	55.0	13.3	18.4	17.5
化学原料及化学制品制造业	27.8	54.2	18.0	9.8	21.9

续表

	上升	持平	下降	上升-下降	
				2010年	2009年
医药制造业	16.5	60.0	23.5	-7.0	-7.9
化学纤维制造业	30.8	53.8	15.4	15.4	48.5
橡胶制品业	25.8	54.8	19.4	6.4	-2.0
塑料制品业	19.7	58.2	22.1	-2.4	5.9
非金属矿物制品业	26.0	57.6	16.4	9.6	6.8
黑色金属冶炼及压延加工业	39.4	54.5	6.1	33.3	27.1
有色金属冶炼及压延加工业	38.7	46.8	14.5	24.2	22.5
金属制品业	29.2	50.3	20.5	8.7	14.8
通用设备制造业	20.5	63.2	16.3	4.2	4.3
专用设备制造业	16.0	61.7	22.3	-6.3	0.0
交通运输设备制造业	17.0	56.2	26.8	-9.8	-6.4
电气机械及器材制造业	24.4	47.6	28.0	-3.6	-2.8
通信设备、计算机及其他电子设备制造业	18.0	57.4	24.6	-6.6	-29.3
仪器仪表及文化、办公用机械制造业	12.5	60.0	27.5	-15.0	-17.6

今年以来，政府陆续出台了一系列房地产调控政策，对于平抑房价、促进房地产市场健康发展起到了积极作用，本次调查了解了企业经营者对房地产价格的判断。调查结果显示，27.8%的企业经营者认为目前房价总体水平“过高”，比2009年提高了6.5个百分点；47.5%认为“较高”，与2009年基本持平；22.1%认为“正常”，2.6%认为“较低”或“过低”。从不同地区看，东部地区认为目前房价“过高”的企业经营者占35%，明显高于其他地区（见表36）。

表36　　对企业所在地区房价总体水平的判断（%）

		过高	较高	正常	较低	过低
总体	2010年	27.8	47.5	22.1	2.4	0.2
	2009年	21.3	46.3	28.9	3.4	0.1
东部地区企业		35.0	45.2	18.1	1.7	0.0
中部地区企业		16.7	51.5	28.3	3.3	0.2
西部地区企业		18.9	51.8	26.8	2.5	
东北地区企业		21.0	45.7	27.2	4.7	1.4

关于对2011年房地产价格的预计，调查结果显示，67.4%的企业经营者预计房价仍将上涨，其中24.2%预计“上涨10%以上”，43.2%预计“上涨10%以内”；23.2%预计“持平”；9.4%预计下降，其中7.2%预计“下降10%以内”，2.2%预计“下降10%以上”。从不同地区看，东部地区预计下降的企业经营者占11.5%，明显高于其他地区（见表37）。

表37　　对2011年本地区房地产价格的预计（%）

	上涨10%以上	上涨10%以内	持平	下降10%以内	下降10%以上
总体	**24.2**	**43.2**	**23.2**	**7.2**	**2.2**
东部地区企业	23.3	41.1	24.1	8.8	2.7
中部地区企业	24.7	44.2	24.3	5.4	1.4
西部地区企业	27.7	46.5	21.3	3.6	0.9
东北地区企业	22.3	51.4	16.2	7.2	2.9

今年出台的房地产调控政策也对一些行业的生产经营产生了较大影响。调查结果显示，认为今年

以来房地产调控政策对企业生产经营"影响很大"或"影响较大"的企业经营者占13.5%，认为"影响较小"的占45.6%，认为"没有影响"的占37.9%，认为有"有利影响"的占2.9%。从不同行业看，受房地产调控政策影响较大的行业包括建筑业、房地产业、租赁和商务服务业以及制造业中的非金属制品、钢铁和有色金属等行业，认为"影响很大"或"影响较大"的企业经营者超过两成（见表38）。

表38　对今年以来房地产调控政策对企业生产经营的影响的判断（%）

	影响很大	影响较大	影响较小	没有影响	有利影响
总体	**1.8**	**11.7**	**45.6**	**37.9**	**2.9**
农林牧渔业	1.1	8.6	48.3	40.9	1.1
采矿业	3.5	15.8	45.6	35.1	
制造业	1.8	10.2	43.6	41.4	3.0
电力、燃气及水的生产和供应业		13.2	39.7	42.7	4.4
建筑业	0.6	20.6	59.9	14.9	4.0
交通运输、仓储和邮政业	4.4	4.4	47.2	41.8	2.2
信息传输、计算机服务和软件业	1.3	15.4	38.5	42.2	2.6
批发和零售业	1.7	9.7	50.9	36.7	1.0
住宿和餐饮业		13.5	56.8	21.6	8.1
房地产业	6.9	35.9	47.2	9.2	0.8
租赁和商务服务业		24.1	44.4	29.6	1.9
食品饮料制造业	1.3	7.9	38.5	48.0	4.3
纺织业	1.7	6.8	33.9	55.3	2.3
纺织服装、鞋、帽制造业	0.8	6.1	39.7	49.6	3.8
造纸及纸制品业	1.6	8.2	41.0	49.2	
化学原料及化学制品制造业	3.4	11.2	41.4	42.1	1.9
医药制造业		8.1	39.5	48.9	3.5
化学纤维制造业			61.6	34.6	3.8
橡胶制品业		6.3	59.3	34.4	
塑料制品业	1.6	8.1	43.5	38.7	8.1
非金属矿物制品业	5.5	16.6	45.8	30.4	1.7
黑色金属冶炼及压延加工业	4.5	22.4	44.7	25.4	3.0
有色金属冶炼及压延加工业	4.7	20.3	42.2	32.8	
金属制品业	2.6	9.2	44.8	38.8	4.6
通用设备制造业	2.1	8.0	46.1	39.2	4.6
专用设备制造业		7.3	43.6	47.0	2.1
交通运输设备制造业	0.6	11.0	48.4	38.1	1.9
电气机械及器材制造业	1.5	14.4	45.1	35.4	3.6
通信设备、计算机及其他电子设备制造业		13.1	45.9	41.0	
仪器仪表及文化、办公用机械制造业		7.3	56.1	36.6	

2. 投资驱动经济增长与民间资本缺乏活力并存，民营企业家发展动力不足

当前的经济增长主要还是投资驱动，尤其是政府投资驱动。调查结果显示，认为政府投资需求"很旺"、"较旺"的企业经营者分别占21.1%和44.2%，其合计比重略低于2009年，要高于2008年、2007年和2006年的水平；认为"合适"的占20.3%，略高于2009年；认为"不足"或"严重不足"的占14.4%（见表39）。

在政府投资保持活跃的同时，民间投资仍未充分启动。调查结果显示，认为目前民间投资"不

足”和“严重不足”的企业经营者分别占42.4%和4.1%，其合计比重比2009年下降了14.5个百分点，但仍明显高于2008年、2007年和2006年的水平；认为“合适”的占21.6%，略高于2009年；认为“很旺”或“较旺”的占31.9%（见表39）。

表39　2006~2010年企业经营者对投资需求状况的判断（%）

		很旺	较旺	合适	不足	严重不足
政府投资需求	2010年	21.1	44.2	20.3	13.5	0.9
	2009年	26.4	43.1	18.0	11.7	0.8
	2008年	12.2	35.1	26.1	24.7	1.9
	2007年	18.2	42.4	24.7	13.9	0.8
	2006年	15.2	41.4	23.5	18.2	1.7
民间投资需求	2010年	5.6	26.3	21.6	42.4	4.1
	2009年	2.2	16.9	19.9	54.4	6.6
	2008年	5.8	30.0	19.0	39.6	5.6
	2007年	20.2	47.5	14.8	16.1	1.4
	2006年	10.8	42.6	18.3	25.4	2.9

民营企业家发展动力不足是民间投资不活跃的重要原因。调查结果显示，关于“若再给一次机会，是否愿意再做企业经营者”这一问题，表示“愿意”的民营企业家不到六成（59.1%），要低于2008年和2009年的水平；表示“不愿意”的占30%，表示“无所谓”的占10.9%。同时，对于“做企业越来越难”这一说法，近七成（69.5%）的民营企业家表示“非常同意”或“比较同意”，认为“一般”的占16.9%，表示“非常不同意”或“比较不同意”的仅占13.6%（见表40、表41）。

表40　若再给一次机会，是否愿意再做企业经营者（%）

		愿意	不愿意	无所谓
民营企业	2010年	59.1	30.0	10.9
	2009年	60.8	29.5	9.7
	2008年	64.8	25.4	9.8

表41　民营企业家对“做企业越来越难”的认同程度（%）

	非常不同意	比较不同意	一般	比较同意	非常同意
总体	**5.2**	**8.4**	**16.9**	**26.7**	**42.8**
东部地区企业	5.0	7.3	14.9	27.3	45.5
中部地区企业	5.8	10.7	19.9	29.6	34.0
西部地区企业	4.4	11.0	21.3	22.1	41.2
东北地区企业	7.3	5.5	18.2	20.0	49.0
大型企业	4.5	6.8	20.5	36.4	31.8
中型企业	5.0	9.0	16.3	26.2	43.5
小型企业	5.5	8.0	17.1	26.2	43.2

此外，调查还发现，当问及“目前是否是非公经济发展的最好时期”时，40.6%的企业经营者表示“不太同意”或“很不同意”，29.5%认为“一般”，29.9%表示“非常同意”或“比较同意”。其中41.8%的民营企业家表示“不太同意”或“很不同意”，比国有及国有控股公司高8.6个百分点（见表42）。

在应对国际金融危机的过程中，政府投资对于稳住全社会信心、拉动投资和稳定经济发挥了不可替代的作用，为经济的长远发展奠定了良好的基础。但是，仅仅依靠政府投资及相关刺激性政策拉动

表 42　　对目前是否是非公经济发展的最好时期的同意程度（%）

		非常同意	比较同意	一般	不太同意	很不同意
总体	2010 年	3.1	26.8	29.5	33.4	7.2
	2009 年	5.8	36.5	32.6	20.7	4.4
	2008 年	7.4	43.9	30.5	15.0	3.2
国有及国有控股公司		2.2	33.0	31.6	30.7	2.5
国有企业		2.6	35.5	29.7	30.3	1.9
非国有企业		3.2	25.9	29.5	33.8	7.6
私营企业		4.3	29.8	27.3	30.1	8.5
股份有限公司		3.2	26.8	29.3	34.1	6.6
有限责任公司		2.8	24.9	29.3	35.2	7.8
外商及港澳台投资企业		2.9	16.4	32.8	38.9	9.0
民营企业		3.3	26.6	28.3	33.8	8.0

经济发展是远远不够的，特别是在当前民间投资尚未充分启动的形势下，更应当重视形成带动经济发展的内生动力机制，进一步拉动民间投资的增长。

为此，2010 年 5 月国务院出台了《关于鼓励和引导民间投资健康发展的若干意见》（以下简称“新 36 条”），但是调查发现，目前多数企业经营者尤其是民营企业家对“新 36 条”的了解程度不高。调查结果显示，59.3%的企业经营者对“新 36 条”“不太了解”或“很不了解”，39.1%“比较了解”，仅 1.6%“非常了解”，其中 58.4%的民营企业家对“新 36 条”“不太了解”或“很不了解”。调查表明，企业经营者期望政府尽快制定“新 36 条”的实施细则，加大宣传力度，优化民间投资环境，切实有效地拉动民间投资的增长（见表 43）。

表 43　　对国务院今年出台的促进民营经济发展的“新 36 条”的了解程度（%）

	非常了解	比较了解	不太了解	很不了解
总体	**1.6**	**39.1**	**53.1**	**6.2**
国有及国有控股公司	0.9	41.6	53.9	3.6
国有企业	0.6	40.5	55.3	3.6
非国有企业	1.7	39.0	52.8	6.5
私营企业	1.9	35.3	54.5	8.3
股份有限公司	1.7	44.4	49.7	4.2
有限责任公司	2.1	39.5	52.0	6.4
外商及港澳台投资企业		29.0	62.0	9.0
民营企业	1.9	39.7	51.8	6.6

3. 外贸出口需求仍显不足，出口价格保持平稳

关于外贸出口需求，调查结果显示，认为出口需求“不足”和“严重不足”的企业经营者分别占 48.6%和 4.8%，其合计比重虽低于 2009 年和 2008 年，但要明显高于 2007 年和 2006 年的水平；认为“合适”的占 27.9%；认为“很旺”或“较旺”的占 18.7%（见表 44）。

表 44　　2006～2010 年企业经营者对外贸出口需求状况的判断（%）

	很旺	较旺	合适	不足	严重不足
2010 年	1.6	17.1	27.9	48.6	4.8
2009 年	0.6	3.0	6.7	61.6	28.1
2008 年	1.7	14.8	22.8	52.9	7.8
2007 年	10.7	45.0	24.1	18.6	1.6
2006 年	7.2	39.7	23.8	27.2	2.1

从企业的产品出口情况看，本次调查企业中，41.3%的企业有产品出口，比2008年金融危机爆发初期低了近10个百分点，并且近三年呈现逐年下降的趋势（见表45）。

表45　　企业产品出口情况（%）

		有产品出口		没有产品出口
		%	出口额占销售收入的比重	
总体	2010年	41.3	39.6	58.7
	2009年	44.0	42.5	56.0
	2008年	49.3	42.7	50.7
东部地区企业		51.6	43.3	48.4
中部地区企业		28.9	30.2	71.1
西部地区企业		23.2	21.7	76.8
东北地区企业		28.3	42.4	71.7

关于企业产品的出口数量，调查结果显示，51.7%的企业产品出口数量“增长”，25.7%“持平”，22.6%“下降”。出口数量“增长”的比“下降”的多29.1个百分点，比2010年一季度的调查结果回落了6.5个百分点（见表46）。

表46　　企业的产品出口数量增减情况（%）

		增长	持平	下降	增长－下降
总体	2010年	51.7	25.7	22.6	29.1
	2010年一季度	54.3	27.0	18.7	35.6
	2009年	18.5	17.3	64.2	-45.7
	2008年	38.5	19.8	41.7	-3.2
制造业		51.6	25.7	22.7	28.9
食品饮料制造业		44.8	32.1	23.1	21.7
纺织业		52.0	25.5	22.5	29.5
纺织服装、鞋、帽制造业		52.5	25.2	22.3	30.2
造纸及纸制品业		68.4	21.1	10.5	57.9
化学原料及化学制品制造业		53.5	22.1	24.4	29.1
医药制造业		40.0	40.0	20.0	20.0
化学纤维制造业		42.8	28.6	28.6	14.2
橡胶制品业		45.4	18.2	36.4	9.0
塑料制品业		52.6	22.8	24.6	28.0
非金属矿物制品业		47.1	39.2	13.7	33.4
黑色金属冶炼及压延加工业		48.0	36.0	16.0	32.0
有色金属冶炼及压延加工业		53.9	19.2	26.9	27.0
金属制品业		52.3	18.9	28.8	23.5
通用设备制造业		41.5	28.0	30.5	11.0
专用设备制造业		47.0	29.9	23.1	23.9
交通运输设备制造业		58.1	18.6	23.3	34.8
电气机械及器材制造业		57.1	24.8	18.1	39.0
通信设备、计算机及其他电子设备制造业		58.9	30.8	10.3	48.6
仪器仪表及文化、办公用机械制造业		74.1	14.8	11.1	63.0

注：“增长”包括“增长10%以上”和“增长10%及以内”，“下降”包括“下降10%及以内”和“下降10%以上”，下同。

从不同行业看，产品出口数量上升较多的行业包括造纸、电气机械、通信设备和仪器仪表等，其出口数量“增长”的比“下降”的多35个百分点以上；而医药、化纤、橡胶和通用设备等行业外需市场相对较弱，出口数量“增长”的比“下降”的多20个百分点以内（见表46）。

关于企业产品的出口价格，调查结果显示，25.8%的企业产品出口价格上升，48.2%“持平”，26%下降。出口价格上升的比下降的少0.2个百分点，比2009年提高了20.4个百分点。调查表明，目前企业产品出口价格保持平稳（见表47）。

从不同行业看，出口价格上涨较多的行业包括食品、纺织、服装等行业，出口价格“上升”的比“下降”的多20个百分点以上；而塑料、专用设备、通信设备和仪器仪表等行业则相对较差，出口价格“上升”的比“下降”的少20个百分点以上（见表47）。

表47　企业的产品出口价格增减情况（%）

		增长	持平	下降	增长-下降
总体	2010年	25.8	48.2	26.0	-0.2
	2009年	24.8	29.8	45.4	-20.6
	2008年	39.7	25.6	34.7	5.0
制造业		25.2	48.7	26.1	-0.9
食品饮料制造业		39.0	44.1	16.9	22.1
纺织业		48.0	30.0	22.0	26.0
纺织服装、鞋、帽制造业		49.5	32.3	18.2	31.3
造纸及纸制品业		31.6	36.8	31.6	0.0
化学原料及化学制品制造业		20.9	45.0	34.1	-13.2
医药制造业		20.0	46.7	33.3	-13.3
化学纤维制造业		35.7	42.9	21.4	14.3
橡胶制品业		38.1	33.3	28.6	9.5
塑料制品业		13.5	51.9	34.6	-21.1
非金属矿物制品业		27.5	56.8	15.7	11.8
黑色金属冶炼及压延加工业		13.0	65.3	21.7	-8.7
有色金属冶炼及压延加工业		25.0	37.5	37.5	-12.5
金属制品业		29.9	42.1	28.0	1.9
通用设备制造业		11.8	60.9	27.3	-15.5
专用设备制造业		7.9	64.0	28.1	-20.2
交通运输设备制造业		13.4	59.8	26.8	-13.4
电气机械及器材制造业		22.5	50.0	27.5	-5.0
通信设备、计算机及其他电子设备制造业		5.4	62.2	32.4	-27.0
仪器仪表及文化、办公用机械制造业		4.0	68.0	28.0	-24.0

本次调查还了解了2010年以来人民币汇率的波动对企业出口的影响程度。调查结果显示，52%的企业经营者认为人民币汇率的波动对企业“影响不大”，41.8%认为“不利影响较大”，3.5%认为“有利影响较大”，2.7%认为“没有影响”（见表48）。

表48　2010年以来人民币汇率的波动对企业出口的影响程度（%）

	不利影响较大	有利影响较大	影响不大	没有影响
总体	**41.8**	**3.5**	**52.0**	**2.7**
东部地区企业	43.8	3.6	50.1	2.5
中部地区企业	34.2	2.3	59.9	3.6
西部地区企业	35.6	3.0	57.6	3.8
东北地区企业	44.8	6.0	49.2	

续表

	不利影响较大	有利影响较大	影响不大	没有影响
大型企业	39.5	6.2	52.4	1.9
中型企业	42.5	3.0	52.3	2.2
小型企业	41.4	3.4	51.8	3.4
国有及国有控股公司	41.7	4.5	51.9	1.9
国有企业	42.0	7.4	49.4	1.2
非国有企业	41.7	3.3	52.2	2.8
私营企业	42.9	2.6	51.5	3.0
股份有限公司	40.1	5.0	53.0	1.9
有限责任公司	39.3	2.5	55.0	3.2
外商及港澳台投资企业	54.7	4.9	39.3	1.1
民营企业	39.9	3.5	53.7	2.9

从不同地区看，东部和东北地区企业认为“不利影响较大”的比重相对较高；从不同规模看，中型企业认为“不利影响较大”的比重高于大型企业和小型企业；从不同经济类型看，外商及港澳台投资企业认为“不利影响较大”的比重相对较高（见表48）。

4. 消费增长亟待突破，消费结构升级催生新的产业机遇

加快转变经济增长方式是未来五年中国经济发展的重要目标，其中扩大内需尤其是扩大消费需求是转变增长方式的重要内容。不过从目前来看，消费需求的增长仍亟待突破。调查结果显示，认为消费需求“不足”和“严重不足”的企业经营者分别占43.3%和3.3%，其合计比重比2009年下降了9.3个百分点，与2008年基本持平，但仍明显高于2007年和2006年的水平；认为“合适”的占30.1%，认为“很旺”或“较旺”的占23.3%（见表49）。

表49　2006~2010年企业经营者对消费需求状况的判断（%）

	很旺	较旺	合适	不足	严重不足
2010年	2.3	21.0	30.1	43.3	3.3
2009年	0.8	12.0	31.3	51.4	4.5
2008年	2.3	20.1	30.1	44.0	3.5
2007年	7.8	40.5	26.7	23.8	1.2
2006年	3.1	23.9	31.8	38.2	3.0

为了促进消费增长，企业经营者建议进一步完善社会保障制度、改革收入分配制度。调查结果显示，关于对“十二五”期间应重点突破的方面的建议，选择“完善社会保障制度”和“改革收入分配制度，提高城乡居民收入”的企业经营者分别占52.2%和33.4%（见表50）。

表50　“十二五”期间应重点突破的方面（%）

	总体	地区				规模			经济类型			民营企业
		东部	中部	西部	北部	大型	中型	小型	国有及国有控股	其中：国有	非国有	
加强节能减排	**64.4**	62.5	67.6	66.2	67.2	65.0	65.0	63.8	65.8	64.8	64.5	64.2
完善社会保障制度	**52.2**	52.5	50.9	53.6	51.5	51.0	51.6	52.9	58.3	59.3	51.7	52.0
加快垄断性行业改革	**48.5**	49.4	46.1	50.8	42.7	43.0	48.4	49.6	44.9	43.4	48.9	50.5
提高自主创新能力	**47.7**	49.0	48.6	44.6	40.5	53.7	49.8	45.0	47.4	48.6	47.5	46.9
完善地方政府领导考核评价制度	**40.1**	38.7	43.7	38.9	43.1	35.9	39.2	41.5	33.4	35.2	40.5	41.6

续表

	总体	地区				规模			经济类型			民营企业
		东部	中部	西部	北部	大型	中型	小型	国有及国有控股	其中：国有	非国有	
发展战略性新兴产业	**36.2**	36.8	35.9	33.8	38.2	40.9	35.9	35.4	36.1	31.7	36.5	35.6
改革收入分配制度，提高城乡居民收入	**33.4**	32.1	31.8	36.9	41.2	37.4	33.7	32.6	50.7	54.5	31.8	31.0
加快城市化进程	**24.1**	22.2	24.8	28.1	29.4	25.8	26.5	22.1	23.7	23.1	24.3	25.5
推进户籍制度改革	**12.5**	14.7	10.4	9.2	8.4	7.7	11.7	13.9	8.5	10.0	12.8	13.1
其他	**2.7**	3.1	1.7	2.6	3.4	2.7	2.1	3.3	1.2	1.4	2.9	2.9

随着经济社会的发展、人民生活水平的提高以及拉动消费的相关措施的逐步实施，大众消费结构将出现加速升级趋势，并将促进相关行业的发展。本次调查了解了企业经营者对“未来 5 年消费结构升级会使需求显著提升的行业”的判断，调查结果显示，按照企业经营者选择比重高低排在前三位的依次是：“健康服务”（75.2%）、“旅游”（60.2%）、“教育、培训”（51.7%）。其他选择比重较高的还有：“汽车”（40.6%）、“运动、休闲”（36.5%）、“金融服务”（34.2%）、“房地产”（30.5%）、“医药制造”（30.3%）等（见表 51）。

表 51　　未来 5 年消费结构升级会使需求显著提升的行业（%）

	总体	地区				规模			经济类型			民营企业
		东部	中部	西部	北部	大型	中型	小型	国有及国有控股	其中：国有	非国有	
健康服务	**75.2**	75.2	74.8	77.0	72.5	77.2	74.3	75.8	77.0	78.5	75.1	76.5
旅游	**60.2**	60.5	59.3	61.9	56.9	59.7	59.4	61.1	60.8	62.7	60.2	61.1
教育、培训	**51.7**	50.6	52.2	54.8	51.8	48.7	52.8	51.2	52.9	55.8	51.5	52.2
汽车	**40.6**	38.9	41.0	43.7	47.5	39.2	42.2	39.8	40.1	39.9	40.8	40.8
运动、休闲	**36.5**	37.6	34.9	36.8	32.2	38.9	37.3	35.6	39.8	37.6	36.6	36.7
金融服务	**34.2**	33.2	36.6	37.7	27.9	41.1	34.5	32.8	34.3	32.7	34.3	34.2
房地产	**30.5**	30.9	28.8	31.4	30.1	36.9	31.9	28.4	34.1	35.6	30.2	30.2
医药制造	**30.3**	31.4	29.7	29.4	25.0	25.9	30.2	31.0	27.6	27.4	30.3	29.3
保健食品	**21.2**	20.5	23.0	17.8	29.7	20.3	20.8	21.7	19.7	17.8	21.4	21.2
保险	**20.2**	19.5	19.5	22.7	22.5	22.3	19.7	20.0	20.6	21.8	20.0	20.0
数码产品	**17.6**	18.3	18.0	15.4	16.3	16.3	17.3	18.1	16.4	16.2	17.8	17.7
家电	**8.4**	8.1	10.6	7.6	6.2	5.4	8.6	8.7	8.3	9.2	8.4	8.4
艺术品	**8.0**	8.6	8.5	6.1	5.4	7.3	7.3	8.7	8.3	5.3	8.2	8.1
动漫	**5.0**	5.4	5.6	2.3	5.4	4.2	5.0	5.2	4.4	4.6	5.0	5.0
其他	**1.3**	1.5	0.9	1.1	0.7	1.1	1.3	1.2	0.9	1.0	1.2	1.2

5. *产业转移、转型初现成效，建议加大改革和创新的力度*

关于对“十二五”期间应重点突破的方面的建议，调查结果显示，64.4% 的企业经营者建议“加强节能减排”，排在第一位。其他的选项主要集中在改革和创新方面。其中关于改革的建议比重依次是：“完善社会保障制度”（52.2%）、“加快垄断性行业改革”（48.5%）、“完善地方政府领导考核评价制度”（40.1%）、“改革收入分配制度，提高城乡居民收入”（33.4%）和“推进户籍制度改革”（12.5%）。关于创新的建议包括“提高自主创新能力”（47.7%）和“发展战略性新兴产业”

（36.2%）。此外，还有24.1%的企业经营者选择了“加快城市化进程”（见表50）。

表52　　企业最希望投资的行业（%）

		本行业	其他行业
总体	2010年	68.3	31.7
	2009年	75.3	24.7
	2008年	73.4	26.6
	2007年	70.0	30.0
国有及国有控股公司		71.8	28.2
国有企业		71.9	28.1
非国有企业		68.1	31.9
私营企业		67.4	32.6
股份有限公司		69.5	30.5
有限责任公司		67.7	32.3
外商及港澳台投资企业		67.1	32.9
民营企业		67.3	32.7
农林牧渔业		70.0	30.0
采矿业		71.4	28.6
制造业		66.5	33.5
电力、燃气及水的生产和供应业		68.2	31.8
建筑业		72.4	27.6
交通运输、仓储和邮政业		72.2	27.8
信息传输、计算机服务和软件业		76.6	23.4
批发和零售业		72.5	27.5
住宿和餐饮业		68.4	31.6
房地产业		79.1	20.9
租赁和商务服务业		68.6	31.4
食品饮料制造业		69.2	30.8
纺织业		52.7	47.3
纺织服装、鞋、帽制造业		38.7	61.3
造纸及纸制品业		69.4	30.6
化学原料及化学制品制造业		68.5	31.5
医药制造业		77.9	22.1
化学纤维制造业		44.0	56.0
橡胶制品业		65.6	34.4
塑料制品业		54.0	46.0
非金属矿物制品业		61.7	38.3
黑色金属冶炼及压延加工业		66.1	33.9
有色金属冶炼及压延加工业		74.6	25.4
金属制品业		67.2	32.8
通用设备制造业		78.5	21.5
专用设备制造业		71.3	28.7
交通运输设备制造业		69.5	30.5
电气机械及器材制造业		74.6	25.4
通信设备、计算机及其他电子设备制造业		76.7	23.3
仪器仪表及文化、办公用机械制造业		85.0	15.0

从不同规模看，大型企业更关注“提高自主创新能力”、“发展战略性新兴产业”和“改革收入分配制度，提高城乡居民收入”，中小企业则更关注“加快垄断性行业改革”和“完善地方政府领导考

核评价制度"；从不同经济类型看，国有企业更关注"完善社会保障制度"和"改革收入分配制度，提高城乡居民收入"，民营企业则更关注"加快垄断性行业改革"和"完善地方政府领导考核评价制度"（见表50）。

在期待政府加强节能减排、加大改革和创新力度的同时，部分企业已经开始主动寻求产业转型和产业转移，加大创新投入。调查结果显示，关于企业最希望投资的行业，近三分之一（31.7%）的企业经营者选择了其他行业，比2009年提高了7个百分点，为近四年来的最高值。从不同经济类型看，民营企业和外商及港澳台投资企业希望投资其他行业的比重明显高于国有及国有控股公司；从不同行业看，纺织、服装、化纤、塑料等行业有超过四成的企业经营者希望投资其他行业，转型的意愿较为迫切（见表52）。

加快经济发展方式转变的首要意义在于使经济增长从主要依靠要素投入转变到主要依靠效率提高，而实现这一转变的关键在于技术创新。因此，创新是实现转型的重要基础。本次调查了解了企业的创新情况，调查结果显示，关于"为了企业更好地发展，企业未来一年应采取的措施"这一问题，选择"增加创新投入"的企业经营者占64.7%，排在所有13个选项的第二位；选择与创新密切相关的"引进人才"排在第三位，选择比重为62.7%。此外，选择"更新设备"的占46.3%，排在第四位，并且近3年呈现逐年上升的态势。其中，中部地区、大中型企业、国有企业选择"增加创新投入"的比重相对较高，东北地区企业、小型企业和民营企业选择"更新设备"的比重相对较高（见表53）。

表53　　为了企业更好地发展，企业未来一年将采取的措施（%）

	总体			地区				规　模			经济类型			民营企业
	2010	2009	2008	东部	中部	西部	东北	大型	中型	小型	国有及国有控股	其中：国有	非国有	
加强管理降低成本	72.2	80.1	81.6	71.5	72.5	73.1	74.6	75.4	71.4	72.1	76.9	75.3	72.0	72.2
增加创新投入	64.7	68.7	68.8	63.8	66.9	64.5	66.3	67.8	67.3	62.0	64.6	66.3	64.6	64.0
引进人才	62.7	56.7	54.9	60.9	66.3	62.1	67.8	65.0	64.8	60.7	64.2	65.0	62.7	63.4
更新设备	46.3	43.0	31.2	45.8	47.2	46.5	48.1	37.0	45.9	48.2	41.7	43.0	46.6	47.4
开拓国内市场	42.9	53.5	47.0	43.5	42.9	42.0	40.9	42.4	42.6	43.5	43.8	43.7	42.9	43.0
加强企业文化建设	39.9	35.1	33.8	36.9	43.5	46.0	40.5	44.9	41.4	37.9	44.5	45.7	39.6	40.6
开拓国际市场	25.0	31.7	30.2	29.3	20.8	14.8	24.6	29.9	25.1	24.2	23.1	23.3	25.2	23.7
改变经营模式	23.7	23.2	26.2	21.6	26.1	27.1	26.5	23.4	23.3	24.1	28.7	31.3	23.2	23.7
减少用工	17.7	10.7	17.8	19.4	13.1	17.9	16.7	8.5	18.3	18.8	10.4	10.0	18.3	18.9
投资其他行业	15.8	13.9	15.0	15.7	14.9	18.2	13.6	15.0	14.1	17.2	11.2	10.0	16.1	17.3
股权投资或并购	8.7	5.8	6.0	7.7	11.3	10.6	5.3	16.9	9.7	6.6	12.3	9.7	8.8	8.7
寻求上市	8.2	7.4	8.5	7.7	10.4	7.6	6.1	13.8	11.2	4.8	7.3	5.3	8.3	7.6
投资其他地区	6.5	5.2	5.7	7.1	6.2	5.3	5.7	7.9	7.4	5.6	4.3	4.0	6.8	7.0

研发投入是衡量企业创新的重要指标。调查结果显示，相对于2009年，今年研发投入"增加"的企业占46.5%，"持平"的占44.2%，"减少"的仅占9.3%；"增加"的比"减少"的多37.2个百分点，这一数据比2009年提高了13.3个百分点。从不同地区看，东部地区企业研发投入"增加"的比"减少"的多38.6个百分点，相对较高；从不同规模看，规模越大，研发投入"增加"的比"减少"的多的比重越高；从不同经济类型看，外商及港澳台投资企业研发投入"增加"的比"减少"的多47.9个百分点，高于其他类型企业（见表54）。

表54　相对于去年，企业今年的研发投入情况（%）

	增加	持平	减少	增加－减少			
				2010年	2009年	2008年	2007年
总体	**46.5**	**44.2**	**9.3**	**37.2**	**23.9**	**35.4**	**45.6**
东部地区企业	46.9	44.8	8.3	38.6	25.0	34.0	47.8
中部地区企业	47.6	42.7	9.7	37.9	22.5	36.8	43.9
西部地区企业	45.5	43.5	11.0	34.5	22.0	41.3	40.2
东北地区企业	42.6	44.9	12.5	30.1	20.2	31.8	42.0
大型企业	55.7	42.0	2.3	53.4	40.8	47.1	53.0
中型企业	50.1	42.3	7.6	42.5	27.0	40.0	51.1
小型企业	42.0	46.2	11.8	30.2	17.7	29.0	36.3
国有及国有控股公司	40.9	51.0	8.1	32.8	20.2	32.6	35.1
国有企业	40.1	50.2	9.7	30.4	19.0	28.3	35.6
非国有企业	47.1	43.6	9.3	37.8	24.2	36.2	46.9
私营企业	44.9	44.5	10.6	34.3	21.8	34.4	48.4
股份有限公司	47.9	43.4	8.7	39.2	26.7	38.6	49.8
有限责任公司	47.7	43.3	9.0	38.7	26.2	37.1	48.0
外商及港澳台投资企业	53.3	41.3	5.4	47.9	23.8	37.5	51.0
民营企业	45.5	44.8	9.7	35.8	24.2	35.3	47.3

新产品的销售情况反映了企业的创新成效。调查结果显示，相对于2009年，今年的新产品销售比重“增加”的企业占44.3%，“持平”的占46.7%，“减少”的仅占9%；“增加”的比“减少”的多35.3个百分点，这一数据比2009年提高了11.9个百分点。从不同地区看，东部地区企业的新产品销售比重“增加”的比“减少”的多38.5个百分点，相对较高；从不同规模看，规模越大，新产品销售比重“增加”的比“减少”的多的比重越高；从不同经济类型看，外商及港澳台投资企业新产品销售比重“增加”的比“减少”的多43.9个百分点，高于其他类型企业（见表55）。

表55　相对于去年，企业今年的新产品销售比重情况（%）

	增加	持平	减少	增加－减少			
				2010年	2009年	2008年	2007年
总体	**44.3**	**46.7**	**9.0**	**35.3**	**23.4**	**33.2**	**44.3**
东部地区企业	46.8	44.9	8.3	38.5	25.3	32.8	46.0
中部地区企业	41.3	50.2	8.5	32.8	22.3	36.6	42.8
西部地区企业	41.9	46.8	11.3	30.6	20.7	33.4	39.9
东北地区企业	37.5	51.5	11.0	26.5	14.6	27.5	43.0
大型企业	51.1	46.3	2.6	48.5	37.4	42.0	53.3
中型企业	46.9	46.0	7.1	39.8	26.4	38.6	48.8
小型企业	41.2	47.4	11.4	29.8	18.2	26.9	36.1
国有及国有控股公司	34.7	59.7	5.6	29.1	15.4	27.0	36.1
国有企业	37.8	55.0	7.2	30.6	11.4	22.1	36.2
非国有企业	44.9	46.0	9.1	35.8	24.5	34.3	45.3
私营企业	42.2	45.7	12.1	30.1	21.7	34.8	48.1
股份有限公司	45.5	46.6	7.9	37.6	29.0	35.0	46.5
有限责任公司	45.6	45.8	8.6	37.0	25.3	34.9	46.5
外商及港澳台投资企业	49.8	44.3	5.9	43.9	27.4	36.6	46.4
民营企业	44.2	46.3	9.5	34.7	24.1	33.5	45.4

三、对企业经营外部环境的评价

1. 对企业经营外部环境的综合评价有所回落

企业经营和发展与其所处的外部环境密切相关。本次调查着重从以下六个方面考察企业经营外部环境状况，包括：政府行政管理、法制环境和市场秩序、金融服务、人力资源供应、中介组织和技术服务、适合企业经营的诚信社会环境等。

关于对当地企业外部环境的综合评价，调查结果显示，企业经营者对外部环境的综合评价值为3.05①，比2008年②有所回落（见表56）。调查表明，企业经营者对外部环境的总体评价比前两年有所回落，这或许与金融危机爆发以来政府在短期内加大了调控政策的力度有一定关系。

表56　企业经营者对企业外部经营环境的整体评价

企业外部经营环境	评价值	
	2010 年	2008 年
政府行政管理	2.97	3.15
政策和规章制度公开透明情况	3.20	3.37
行政审批手续方便简捷情况	3.05	3.12
行政执法机关公正执法情况	2.93	3.20
行政执法机关执法效率情况	2.91	3.19
各类企业享受公平国民待遇情况	2.89	3.11
政府官员廉洁守法情况	2.86	2.90
法制环境和市场秩序	3.26	3.38
企业合同得到正常履行的情况	3.55	3.62
市场准入限制过多的情况	3.56	3.51
经营者人身和财产安全保障情况	3.44	3.58
公检法机关公正执法情况	2.93	3.11
公检法机关执法效率情况	2.86	2.97
知识产权得到保护的情况	3.22	3.46
金融服务	3.09	3.13
企业从银行贷款的难易程度	2.90	2.57
企业从民间渠道筹资的难易程度	2.95	3.10
企业从银行贷款付出规定利率之外的额外费用的情况	3.42	3.72
人力资源供应	2.69	2.75
企业在当地找到需要的熟练工人的难易程度	2.73	2.83
企业在当地找到需要的技术人员的难易程度	2.61	2.67
企业在当地找到需要的管理人员的难易程度	2.73	2.74
中介组织和技术服务	3.08	3.04
当地产品出口服务条件情况	3.23	3.16
当地律师、会计师等市场服务条件	3.27	3.31

① 为了便于将调查结果数量化，本次调查关于企业经营环境中的绝大部分主观评价指标都是按照同一规范设计的。这些问题要求企业经营者对某一方面的情况，在“很好”、“较好”、“一般”、“较差”和“很差”中作出自己的选择。这5种选项按照从5到1的顺序进行赋值，并计算选择每一选项的有效样本占总体有效样本的比例，以此为权重来最后计算每项指标评分的有效样本平均值。按照这种评分方法，中值3.0是中性评价，评价值在3~5之间是正面评价（最高评价值为5，表示所有被调查者都选择了最高评价）；反之，评价值在1~3之间是负面评价，1为最低评价值。

② 关于企业外部经营环境的调查每两年进行一次，因此本报告中关于企业经营者对外部环境的评价比较了2010年和2008年的调查结果。

续表

企业外部经营环境	评价值	
	2010 年	2008 年
当地技术服务条件情况	2.99	2.89
当地行业协会对企业的帮助程度	2.82	2.78
诚信的社会环境	3.14	3.17
当地适合企业经营的诚信社会环境情况	3.14	3.17
综合评价	3.05	3.13

注：1. 表中“政府行政管理”、“法制环境和市场秩序”、“金融服务”、“人力资源供应”、“中介组织和技术服务”、“诚信的社会环境”是由各自包含的具体指标的评价值进行算术平均后得出的结果。

2. 表中最后一行“综合评价”是由当年外部环境的各方面的评价值进行算术平均后得出的结果。

从对外部环境六个方面的总体评价来看，企业经营者对“法制环境和市场秩序”的评价最高，评价值为3.26；对“诚信的社会环境”的评价也较好，评价值为3.14；对“金融服务”、“中介组织和技术服务”、“政府行政管理”的评价一般，评价值在2.97~3.09之间；对“人力资源供应”的评价相对较低，评价值仅为2.69（见表56）。

2. 市场秩序日趋规范，执法环境亟待完善

在对外部环境的整体评价有所回落的背景下，企业经营者对市场秩序的完善给予了积极的肯定。从企业合同正常执行情况看，调查结果显示，59.2%的企业经营者认为“很好”或“较好”，32.9%认为“一般”，只有7.9%认为“较差”或“很差”，总体评价值为3.55，明显高于中值3，与2008年基本持平。从不同地区看，东部地区企业经营者的评价值最高，为3.58，西部地区最低，为3.47（见表57）。

表 57　　对“企业合同得到正常履行的情况”的评价（%）

	很好	较好	一般	较差	很差	评价值	
						2010 年	2008 年
总体	**5.0**	**54.2**	**32.9**	**6.9**	**1.0**	**3.55**	**3.62**
东部地区企业	5.1	55.4	32.9	5.6	1.0	3.58	3.64
中部地区企业	4.0	55.8	31.8	7.7	0.7	3.55	3.62
西部地区企业	5.6	48.5	34.9	9.3	1.7	3.47	3.55
东北地区企业	6.6	51.0	31.8	9.9	0.7	3.53	3.61

关于“市场准入限制过多的情况”，调查结果显示，54.1%的企业经营者认为“没有”或“基本没有”，36%认为“有一些”，只有9.9%认为“较严重”或“很严重”，总体评价值为3.56，明显高于中值3，也略高于2008年。从不同地区看，中部地区企业经营者的评价值最高，为3.61，西部地区最低，为3.44（见表58）。

表 58　　对“市场准入限制过多的情况”的评价（%）

	没有	基本没有	有一些	较严重	很严重	评价值	
						2010 年	2008 年
总体	**14.0**	**40.1**	**36.0**	**7.6**	**2.3**	**3.56**	**3.51**
东部地区企业	14.4	42.0	34.1	7.3	2.2	3.59	3.55
中部地区企业	14.6	41.1	35.8	7.2	1.3	3.61	3.53
西部地区企业	11.7	34.6	42.8	7.5	3.4	3.44	3.32
东北地区企业	14.1	33.8	37.6	11.5	3.0	3.45	3.51

注：评价值是由（“没有”×5+“基本没有”×4+“有一些”×3+“较严重”×2+“很严重”）/100计算得出的，数值越大，表示对该项评价越好。下同。

从经营者人身和财产安全保障情况看，调查结果显示，50.8%的企业经营者认为“很好”或“较好”，39.6%认为“一般”，9.6%认为“较差”或“很差”，总体评价值为3.44，略低于2008年。从不同地区看，西部地区评价相对最低，为3.34（见表59）。

表59　对“经营者人身和财产安全保障情况”的评价（%）

	很好	较好	一般	较差	很差	评价值	
						2010年	2008年
总体	**4.9**	**45.9**	**39.6**	**7.4**	**2.2**	**3.44**	**3.58**
东部地区企业	5.4	47.8	37.8	7.0	2.0	3.48	3.62
中部地区企业	5.2	42.6	43.5	6.8	1.9	3.42	3.50
西部地区企业	2.7	43.0	42.1	9.6	2.6	3.34	3.48
东北地区企业	4.8	45.1	37.7	8.4	4.0	3.38	3.65

值得注意的是，企业经营者认为目前执法环境亟待完善。从公检法机关公正执法情况看，调查结果显示，25.7%的企业经营者认为“很好”或“较好”，47.6%认为“一般”，26.7%认为“较差”或“很差”，总体评价值为2.93，明显低于2008年。从不同地区看，东部地区企业经营者的评价值最高，为2.97，东北地区最低，为2.76（见表60）。

表60　对“公检法机关公正执法情况”的评价（%）

	很好	较好	一般	较差	很差	评价值	
						2010年	2008年
总体	**1.7**	**24.0**	**47.6**	**19.3**	**7.4**	**2.93**	**3.11**
东部地区企业	1.5	25.9	47.9	17.4	7.3	2.97	3.16
中部地区企业	2.1	20.8	47.5	22.9	6.7	2.89	3.00
西部地区企业	1.4	22.8	50.9	18.1	6.8	2.94	3.03
东北地区企业	2.9	21.0	36.6	27.9	11.6	2.76	3.10

从公检法机关执法效率情况看，调查结果显示，21.2%的企业经营者认为“很好”或“较好”，50.5%认为“一般”，28.3%认为“较差”或“很差”，总体评价值为2.86，低于2008年。从不同地区看，东部地区企业经营者的评价值最高，为2.91，东北地区最低，为2.73（见表61）。

表61　对“公检法机关执法效率情况”的评价（%）

	很好	较好	一般	较差	很差	评价值	
						2010年	2008年
总体	**1.4**	**19.8**	**50.5**	**20.3**	**8.0**	**2.86**	**2.97**
东部地区企业	1.1	22.1	51.2	17.6	8.0	2.91	3.03
中部地区企业	2.0	16.6	48.9	24.7	7.8	2.80	2.85
西部地区企业	1.2	16.5	53.6	22.1	6.6	2.84	2.89
东北地区企业	2.6	16.9	43.0	25.7	11.8	2.73	3.01

从知识产权得到保护的情况看，调查结果显示，36.1%的企业经营者认为“很好”或“较好”，49.9%认为“一般”，14%认为“较差”或“很差”，总体评价值为3.22，明显低于2008年。从不同地区看，中部地区企业经营者的评价值最高，为3.29，东部地区最低，为3.2（见表62）。

从政策和规章制度公开透明情况看，调查结果显示，36.1%的企业经营者认为“很好”或“较好”，47.5%认为“一般”，16.4%认为“较差”或“很差”，总体评价值为3.2，低于2008年。从不同地区看，东部地区企业经营者的评价值相对较高，为3.24（见表63）。

表62　　对"知识产权得到保护的情况"的评价（%）

	很好	较好	一般	较差	很差	评价值	
						2010年	2008年
总体	**2.8**	**33.3**	**49.9**	**11.4**	**2.6**	**3.22**	**3.46**
东部地区企业	2.5	33.1	49.3	11.9	3.2	3.20	3.46
中部地区企业	3.0	34.7	51.5	9.5	1.3	3.29	3.47
西部地区企业	2.7	31.6	51.8	11.8	2.1	3.21	3.40
东北地区企业	4.8	34.8	44.6	12.5	3.3	3.25	3.53

表63　　对"政策和规章制度公开透明情况"的评价（%）

	很好	较好	一般	较差	很差	评价值	
						2010年	2008年
总体	**3.2**	**32.9**	**47.5**	**13.6**	**2.8**	**3.20**	**3.37**
东部地区企业	3.0	34.7	47.8	12.2	2.3	3.24	3.43
中部地区企业	4.1	30.2	48.5	14.6	2.6	3.19	3.29
西部地区企业	2.8	31.2	45.8	16.7	3.5	3.13	3.27
东北地区企业	3.3	28.9	45.8	15.8	6.2	3.07	3.33

从行政审批手续方便简捷情况看，调查结果显示，32%的企业经营者认为"很好"或"较好"，43.3%认为"一般"，24.7%认为"较差"或"很差"，总体评价值为3.05，略低于2008年。从不同地区看，东部地区明显好于中西部和东北地区（见表64）。

表64　　对"行政审批手续方便简捷情况"的评价（%）

	很好	较好	一般	较差	很差	评价值	
						2010年	2008年
总体	**3.3**	**28.7**	**43.3**	**19.2**	**5.5**	**3.05**	**3.12**
东部地区企业	3.5	32.4	43.4	16.5	4.2	3.15	3.22
中部地区企业	3.0	25.0	44.2	21.4	6.4	2.97	3.01
西部地区企业	2.7	21.5	42.6	26.1	7.1	2.87	2.87
东北地区企业	3.6	25.8	41.9	19.4	9.3	2.95	3.10

从行政执法机关（工商、税务、质检等）公正执法情况看，调查结果显示，23%的企业经营者认为"很好"或"较好"，51.6%认为"一般"，25.4%认为"较差"或"很差"，总体评价值为2.93，低于中值3，也明显低于2008年。从不同地区看，东部地区评价值为2.97，相对较高（见表65）。

表65　　对"行政执法机关公正执法情况"的评价（%）

	很好	较好	一般	较差	很差	评价值	
						2010年	2008年
总体	**1.4**	**21.6**	**51.6**	**19.1**	**6.3**	**2.93**	**3.20**
东部地区企业	1.2	23.7	52.1	16.9	6.1	2.97	3.25
中部地区企业	1.9	18.9	51.5	21.6	6.1	2.89	3.11
西部地区企业	1.1	18.5	53.2	20.9	6.3	2.87	3.12
东北地区企业	2.6	19.8	42.8	25.6	9.2	2.81	3.18

从行政执法机关（工商、税务、质检等）执法效率情况看，调查结果显示，21.4%的企业经营者认为"很好"或"较好"，52.7%认为"一般"，25.9%认为"较差"或"很差"，总体评价值为2.91，低于中值3，也明显低于2008年。从不同地区看，东部地区评价值为2.94，相对较高（见表66）。

表 66　　对“行政执法机关执法效率情况”的评价（%）

	很好	较好	一般	较差	很差	评价值	
						2010 年	2008 年
总体	**1.4**	**20.0**	**52.7**	**19.7**	**6.2**	**2.91**	**3.19**
东部地区企业	1.1	22.0	52.8	17.6	6.5	2.94	3.24
中部地区企业	2.0	16.8	52.5	23.4	5.3	2.87	3.10
西部地区企业	1.1	16.8	55.2	21.7	5.2	2.87	3.10
东北地区企业	2.6	19.7	47.0	21.9	8.8	2.85	3.20

从各类企业享受公平国民待遇情况看，调查结果显示，22.6%的企业经营者认为“很好”或“较好”，48.4%认为“一般”，29%认为“较差”或“很差”，总体评价值为2.89，低于中值3，也明显低于2008 年。从不同地区看，东部地区评价值为2.96，相对较高（见表67）。

表 67　　对“各类企业享受公平国民待遇情况”的评价（%）

	很好	较好	一般	较差	很差	评价值	
						2010 年	2008 年
总体	**1.7**	**20.9**	**48.4**	**22.8**	**6.2**	**2.89**	**3.11**
东部地区企业	1.5	23.2	50.3	19.7	5.3	2.96	3.19
中部地区企业	1.4	19.8	46.8	26.0	6.0	2.85	3.03
西部地区企业	1.5	14.5	46.4	29.5	8.1	2.72	2.86
东北地区企业	4.3	20.3	40.3	24.6	10.5	2.83	3.22

从政府官员廉洁守法情况看，调查结果显示，23.9%的企业经营者认为“很好”或“较好”，45.4%认为“一般”，30.7%认为“较差”或“很差”，总体评价值为2.86，略低于2008 年。从不同地区看，东部地区企业经营者的评价值为2.9，相对较高（见表68）。

表 68　　对“政府官员廉洁守法情况”的评价（%）

	很好	较好	一般	较差	很差	评价值	
						2010 年	2008 年
总体	**2.0**	**21.9**	**45.4**	**21.2**	**9.5**	**2.86**	**2.90**
东部地区企业	1.9	23.7	46.0	19.6	8.8	2.90	2.96
中部地区企业	2.4	19.9	46.3	22.1	9.3	2.84	2.81
西部地区企业	1.7	18.0	44.9	24.5	10.9	2.75	2.79
东北地区企业	2.9	20.9	39.1	24.5	12.6	2.77	2.85

执法环境与诚信社会环境相互影响，密切相关。不完善的执法环境会导致偏低的社会诚信环境，反之亦然。调查结果显示，关于当地企业经营的社会环境的诚信情况，31.7%的企业经营者认为“很好”或“较好”，51.5%认为“一般”，16.8%认为“较差”或“很差”，总体评价值为3.14，略低于2008 年。其中东部地区企业经营者的评价相对较高，为3.22，其次是中部和东北地区，而西部地区评价最低，仅为2.96（见表69）。调查表明，各地区适合企业经营的诚信社会环境存在一定差异，企业经营者期望尽快建立诚信的社会环境。

3. 资金紧张状况有所缓解，但中小企业融资难问题依然突出

国际金融危机爆发以来，我国政府实施了适度宽松的货币政策，在一定程度上缓解了企业的资金紧张状况。调查结果显示，55.1%的企业目前资金“正常”，37%资金“紧张”，7.9%资金“宽裕”，资金“紧张”的比“宽裕”的多29.1 个百分点，比2009 年下降了4.3 个百分点，为近4 年来的最低值。从不同地区看，东部地区企业资金相对宽裕；从不同规模看，大型企业资金更为宽裕；从不同经

济类型看，外商及港澳台投资企业的资金宽裕情况明显好于其他经济类型（见表70）。

表69　对“当地适合企业经营的诚信社会环境情况”的评价（%）

	很好	较好	一般	较差	很差	评价值	
						2010年	2008年
总体	**1.8**	**29.9**	**51.5**	**14.1**	**2.7**	**3.14**	**3.17**
东部地区企业	1.9	34.6	49.7	11.4	2.4	3.22	3.27
中部地区企业	1.4	25.4	55.5	15.1	2.6	3.08	3.05
西部地区企业	1.2	20.0	55.4	20.0	3.4	2.96	2.98
东北地区企业	3.3	27.6	45.6	20.2	3.3	3.07	3.10

表70　企业目前的资金情况（%）

		宽裕	正常	紧张	紧张－宽裕
总体	2010年	7.9	55.1	37.0	29.1
	2009年	7.9	50.8	41.3	33.4
	2008年	4.1	39.4	56.5	52.4
	2007年	6.2	49.8	44.0	37.8
东部地区企业		9.0	59.7	31.3	22.3
中部地区企业		7.3	48.6	44.1	36.8
西部地区企业		5.2	50.5	44.3	39.1
东北地区企业		5.9	47.4	46.7	40.8
大型企业		13.8	63.4	22.8	9.0
中型企业		8.7	55.6	35.7	27.0
小型企业		6.3	53.3	40.4	34.1
国有及国有控股公司		8.9	55.4	35.7	26.8
国有企业		7.9	56.2	35.9	28.0
非国有企业		7.9	55.0	37.1	29.2
私营企业		6.1	52.7	41.2	35.1
股份有限公司		10.0	55.1	34.9	24.9
有限责任公司		7.5	54.0	38.5	31.0
外商及港澳台投资企业		13.5	63.6	22.9	9.4
民营企业		6.7	54.7	38.6	31.9

关于企业目前的流动资金情况，调查结果显示，57.1%的企业“正常”，33.5%“紧张”，9.4%“宽裕”，流动资金“紧张”的比“宽裕”的多24.1个百分点。从不同地区看，东部地区企业流动资金相对宽裕；从不同规模看，大型企业流动资金更为宽裕；从不同经济类型看，外商及港澳台投资企业的流动资金的宽裕情况明显好于其他经济类型（见表71）。

表71　企业目前的流动资金情况（%）

	宽裕	正常	紧张	紧张－宽裕
总体	**9.4**	**57.1**	**33.5**	**24.1**
东部地区企业	11.2	60.5	28.3	17.1
中部地区企业	8.0	52.7	39.3	31.3
西部地区企业	6.5	52.9	40.6	34.1
东北地区企业	5.2	51.7	43.1	37.9
大型企业	15.0	66.4	18.6	3.6
中型企业	10.7	58.3	31.0	20.3
小型企业	7.6	54.6	37.8	30.2

续表

	宽裕	正常	紧张	紧张－宽裕
国有及国有控股公司	11.8	58.1	30.1	18.3
国有企业	11.9	58.4	29.7	17.8
非国有企业	9.3	56.9	33.8	24.5
私营企业	7.4	55.3	37.3	29.9
股份有限公司	11.2	56.5	32.3	21.1
有限责任公司	8.6	56.2	35.2	26.6
外商及港澳台投资企业	17.1	63.8	19.1	2.0
民营企业	7.8	57.1	35.1	27.3

企业资金紧张状况的缓解也影响了企业的应收账款情况。调查结果显示，目前应收账款“正常”的企业占70.3%，“低于正常”的占10.6%；“高于正常”的仅占19.1%，要低于2009年和2008年的水平（见表72）。

表72　　企业目前的应收账款情况（%）

		高于正常	正常	低于正常
总体	2010年	19.1	70.3	10.6
	2009年	22.8	62.6	14.6
	2008年	22.5	62.1	15.4
	2007年	18.6	67.9	13.5
东部地区企业		18.9	72.1	9.0
中部地区企业		19.5	68.5	12.0
西部地区企业		20.4	67.2	12.4
东北地区企业		16.7	67.7	15.6
大型企业		15.0	79.9	5.1
中型企业		18.8	70.6	10.6
小型企业		20.1	68.4	11.5
国有及国有控股公司		17.0	73.2	9.8
国有企业		17.1	73.5	9.4
非国有企业		19.2	70.2	10.6
私营企业		20.5	64.9	14.6
股份有限公司		19.4	70.8	9.8
有限责任公司		19.2	70.8	10.0
外商及港澳台投资企业		15.1	79.6	5.3
民营企业		19.6	69.1	11.3

虽然企业的资金紧张状况有一定缓解，但企业经营者认为融资难尤其是中小企业融资难问题依然突出。关于“企业从银行贷款的难易程度”，调查结果显示，65.6%的企业经营者认为“有难度”、“比较难”或“非常难”，28.3%认为“不太难”，仅6.1%认为“不难”，总体评价值为2.9，虽然比2008年有所提高，但仍低于中值3。从不同规模看，中小企业的评价值明显低于大型企业（见表73）。

关于“企业从民间渠道筹资的难易程度”，调查结果显示，66.8%的企业经营者认为“有难度”、“比较难”或“非常难”，28.7%认为“不太难”，仅4.5%认为“不难”，总体评价值为2.95，明显低于2008年。不同规模的企业评价值差异不大（见表74）。

表 73　　企业从银行贷款的难易程度（%）

	不难	不太难	有难度	比较难	非常难	评价值	
						2010 年	2008 年
总体	**6.1**	**28.3**	**30.0**	**20.9**	**14.7**	**2.90**	**2.57**
大型企业	13.5	42.5	25.4	12.7	5.9	3.45	3.07
中型企业	7.2	31.9	30.0	18.6	12.3	3.03	2.63
小型企业	3.8	23.0	30.7	24.2	18.3	2.70	2.41

注：评价值是由（“不难” ×5＋“不太难” ×4＋“有难度” ×3＋“比较难” ×2＋“非常难”）/100 计算得出的，数值越大，表示对该项评价越好。下同。

表 74　　企业从民间渠道筹资的难易程度（%）

	不难	不太难	有难度	比较难	非常难	评价值	
						2010 年	2008 年
总体	**4.5**	**28.7**	**33.0**	**24.8**	**9.0**	**2.95**	**3.10**
大型企业	5.7	25.1	35.3	24.0	9.9	2.93	3.00
中型企业	4.1	29.7	33.0	24.7	8.5	2.96	3.06
小型企业	4.7	28.5	32.5	25.0	9.3	2.94	3.15

本次调查还了解了“企业从银行贷款付出规定利率之外的额外费用的情况”，调查结果显示，21.9%的企业经营者认为“较多”或“很多”，29.3%认为“一般”，30.4%认为“有一点”，18.4%认为“没有”，总体评价值为3.42，明显低于2008年。从不同规模看，中小企业的评价值明显低于大型企业（见表75）。

表 75　　从银行贷款付出规定利率之外的额外费用的情况（%）

	不难	不太难	有难度	比较难	非常难	评价值	
						2010 年	2008 年
总体	**18.4**	**30.4**	**29.3**	**18.2**	**3.7**	**3.42**	**3.72**
大型企业	25.7	34.2	28.6	10.9	0.6	3.74	3.97
中型企业	19.7	30.7	28.7	17.6	3.3	3.46	3.71
小型企业	16.0	29.5	29.8	20.0	4.7	3.32	3.68

注：评价值是由（“没有” ×5＋“有一点” ×4＋“一般” ×3＋“较多” ×2＋“很多”）/100 计算得出的，数值越大，表示对该项评价越好。

4. 熟练工人与技术人员短缺现象明显

在人工成本上升的同时，缺乏人才已经成为目前企业发展面临的重要困难之一。调查结果显示，关于当前企业经营发展中遇到的最主要困难，46.7%的企业经营者选择了“缺乏人才”，排在所有十六个选项的第四位，并且近三年呈现逐年上升的趋势（见表11）。

关于在当地找到需要的熟练工人的难易程度，调查结果显示，37.4%的企业经营者认为“非常难”或“比较难”，42.3%认为“有难度”，17.4%认为“不太难”，仅2.5%认为“不难”，总体评价值为2.73，要低于2008年。从不同地区看，东北地区企业经营者的评价值最高，其次为中部和西部地区，而东部地区则是最低的（见表76）。这种情况可能与东部地区对熟练工人的需求量相对更大相关。

从不同规模看，中小企业的评价值明显低于大型企业；从不同经济类型看，外商及港澳台投资企业和民营企业的评价值明显低于国有及国有控股公司；从不同行业看，纺织、服装、化纤、塑料等行业找到熟练工人的难度相对较大（见表76、表77）。

表 76　　企业在当地找到需要的熟练工人的难易程度（%）

	不难	不太难	有难度	比较难	非常难	评价值	
						2010 年	2008 年
总体	**2.5**	**17.4**	**42.3**	**26.4**	**11.4**	**2.73**	**2.83**
东部地区企业	2.0	16.3	42.3	26.3	13.1	2.68	2.79
中部地区企业	2.9	19.3	42.3	25.8	9.7	2.80	2.86
西部地区企业	2.4	17.7	42.5	29.2	8.2	2.77	2.89
东北地区企业	5.1	19.2	43.8	23.2	8.7	2.89	2.92
大型企业	4.0	23.5	45.6	21.0	5.9	2.99	3.00
中型企业	2.2	16.3	43.4	27.2	10.9	2.72	2.83
小型企业	2.5	17.2	40.7	26.8	12.8	2.70	2.79
国有及国有控股公司	2.9	22.4	45.9	24.6	4.2	2.95	2.93
国有企业	3.9	24.7	42.7	25.7	3.0	3.01	2.90
非国有企业	2.4	16.7	42.3	26.6	12.0	2.71	2.82
私营企业	2.1	14.7	40.8	27.7	14.7	2.62	2.76
股份有限公司	2.0	16.1	48.4	24.4	9.1	2.78	2.89
有限责任公司	2.5	17.3	41.5	26.8	11.9	2.72	2.81
外商及港澳台投资企业	2.5	15.2	36.8	27.5	18.0	2.57	2.76
民营企业	2.4	16.4	42.1	26.6	12.5	2.70	2.79

表 77　　不同行业企业在当地找到需要的熟练工人的难易程度（%）

	不难	不太难	有难度	比较难	非常难	评价值	
						2010 年	2008 年
总体	**2.5**	**17.4**	**42.3**	**26.4**	**11.4**	**2.73**	**2.83**
农林牧渔业	9.0	19.1	39.3	24.7	7.9	2.97	2.89
采矿业		18.2	49.1	29.1	3.6	2.82	2.92
制造业	2.0	15.5	40.9	27.2	14.4	2.64	2.76
电力、燃气及水的生产和供应业	4.5	29.9	37.2	28.4		3.11	2.90
建筑业	1.7	21.8	51.8	21.3	3.4	2.97	3.07
交通运输、仓储和邮政业	4.4	25.3	47.2	20.9	2.2	3.09	2.96
信息传输、计算机服务和软件业	6.7	29.3	37.3	22.7	4.0	3.12	3.26
批发和零售业	2.4	20.5	48.3	25.3	3.5	2.93	3.00
住宿和餐饮业		25.0	30.6	41.6	2.8	2.78	2.89
房地产业	5.3	21.4	45.1	26.7	1.5	3.02	3.17
租赁和商务服务业	7.7	17.3	48.0	21.2	5.8	3.00	3.12
食品饮料制造业	3.0	18.5	41.5	25.4	11.6	2.76	2.80
纺织业	0.6	10.7	34.8	32.6	21.3	2.37	2.53
纺织服装、鞋、帽制造业		4.6	29.0	25.2	41.2	1.97	2.31
造纸及纸制品业	1.6	12.9	50.0	22.6	12.9	2.68	2.98
化学原料及化学制品制造业	2.2	19.6	47.6	22.5	8.1	2.85	2.92
医药制造业	3.5	22.4	38.8	25.9	9.4	2.85	2.89
化学纤维制造业		3.8	46.2	34.6	15.4	2.38	2.97
橡胶制品业		18.8	40.6	15.6	25.0	2.53	2.85
塑料制品业	2.4	9.7	26.6	38.7	22.6	2.31	2.63
非金属矿物制品业	3.4	18.8	44.3	27.8	5.7	2.86	2.87
黑色金属冶炼及压延加工业	3.1	21.9	35.9	31.3	7.8	2.81	2.87
有色金属冶炼及压延加工业	3.2	16.1	42.0	22.6	16.1	2.68	2.68
金属制品业	1.5	14.4	41.0	28.7	14.4	2.60	2.72

续表

	不难	不太难	有难度	比较难	非常难	评价值	
						2010年	2008年
通用设备制造业	1.3	17.7	39.6	26.2	15.2	2.64	2.77
专用设备制造业	3.1	15.2	41.9	27.0	12.8	2.69	2.81
交通运输设备制造业	1.9	17.3	37.2	32.7	10.9	2.67	2.84
电气机械及器材制造业	1.0	15.6	42.2	27.1	14.1	2.62	2.74
通信设备、计算机及其他电子设备制造业	1.6	19.7	47.5	19.7	11.5	2.80	2.89
仪器仪表及文化、办公用机械制造业		19.5	31.7	41.5	7.3	2.63	2.90

关于在当地找到需要的技术人员的难易程度，调查结果显示，44.5%的企业经营者认为“非常难”或“比较难”，38.1%认为“有难度”，15.4%认为“不太难”，仅2%认为“不难”，总体评价值为2.61，要低于2008年（见表78）。

从不同地区看，东北地区企业经营者的评价值最高，其次为中部和东部地区，而西部地区评价最低；从不同规模看，中小企业的评价值明显低于大型企业；从不同经济类型看，外商及港澳台投资企业和民营企业的评价值明显低于国有及国有控股公司；从不同行业看，服装、塑料等行业找到技术人员的难度相对较大（见表78、表79）。

表78　　企业在当地找到需要的技术人员的难易程度（%）

	不难	不太难	有难度	比较难	非常难	评价值	
						2010年	2008年
总体	**2.0**	**15.4**	**38.1**	**30.5**	**14.0**	**2.61**	**2.67**
东部地区企业	1.6	15.5	38.4	30.2	14.3	2.60	2.67
中部地区企业	2.1	15.6	38.8	30.6	12.9	2.63	2.66
西部地区企业	2.3	13.6	37.1	33.1	13.9	2.57	2.66
东北地区企业	3.6	18.5	37.2	26.5	14.2	2.71	2.70
大型企业	3.4	20.4	41.8	26.6	7.8	2.85	2.83
中型企业	1.6	14.6	38.7	31.2	13.9	2.59	2.67
小型企业	1.9	15.4	36.7	30.8	15.2	2.58	2.63
国有及国有控股公司	1.7	18.8	42.4	29.2	7.9	2.77	2.77
国有企业	2.3	19.7	43.6	26.9	7.5	2.82	2.72
非国有企业	1.9	15.1	37.5	30.9	14.6	2.59	2.66
私营企业	1.8	14.7	36.7	30.3	16.5	2.55	2.64
股份有限公司	1.8	14.1	41.1	30.7	12.3	2.62	2.72
有限责任公司	1.9	15.4	36.8	31.2	14.7	2.59	2.64
外商及港澳台投资企业	1.6	12.8	33.8	33.7	18.1	2.46	2.60
民营企业	2.0	15.0	37.4	30.4	15.2	2.58	2.64

表79　　不同行业企业在当地找到需要的技术人员的难易程度（%）

	不难	不太难	有难度	比较难	非常难	评价值	
						2010年	2008年
总体	**2.0**	**15.4**	**38.1**	**30.5**	**14.0**	**2.61**	**2.67**
农林牧渔业	8.8	19.8	36.2	22.0	13.2	2.89	2.88
采矿业		23.2	28.6	39.3	8.9	2.66	2.60
制造业	1.7	13.4	36.3	31.6	17.0	2.51	2.58
电力、燃气及水的生产和供应业	2.9	21.7	43.5	26.1	5.8	2.90	2.89
建筑业	1.7	21.7	45.7	24.0	6.9	2.87	3.05

续表

	不难	不太难	有难度	比较难	非常难	评价值	
						2010 年	2008 年
交通运输、仓储和邮政业	1.1	22.0	50.5	22.0	4.4	2.93	2.81
信息传输、计算机服务和软件业	3.9	25.0	40.8	21.1	9.2	2.93	2.98
批发和零售业	2.1	20.4	46.5	26.4	4.6	2.89	2.92
住宿和餐饮业		19.4	30.6	44.4	5.6	2.64	2.83
房地产业	4.6	19.8	35.9	35.9	3.8	2.86	3.10
租赁和商务服务业	3.8	18.9	39.5	34.0	3.8	2.85	3.10
食品饮料制造业	2.6	16.2	36.3	30.4	14.5	2.62	2.61
纺织业	1.1	15.6	33.6	31.3	18.4	2.50	2.62
纺织服装、鞋、帽制造业		10.6	24.2	41.7	23.5	2.22	2.40
造纸及纸制品业	1.6	13.1	41.0	29.5	14.8	2.57	2.77
化学原料及化学制品制造业	0.7	19.9	38.0	27.7	13.7	2.66	2.66
医药制造业		9.5	42.9	35.7	11.9	2.50	2.81
化学纤维制造业		7.7	46.2	26.9	19.2	2.42	2.91
橡胶制品业		15.6	31.3	28.1	25.0	2.38	2.53
塑料制品业	3.2	10.4	25.6	32.0	28.8	2.27	2.53
非金属矿物制品业	3.9	14.0	41.9	27.4	12.8	2.69	2.65
黑色金属冶炼及压延加工业	1.6	14.1	46.8	28.1	9.4	2.70	2.66
有色金属冶炼及压延加工业	3.3	6.7	48.3	21.7	20.0	2.52	2.35
金属制品业	1.0	11.3	34.9	34.9	17.9	2.43	2.54
通用设备制造业	1.3	13.4	34.9	31.5	18.9	2.47	2.52
专用设备制造业	2.4	11.8	34.9	32.8	18.1	2.48	2.51
交通运输设备制造业	1.9	12.8	35.9	28.2	21.2	2.46	2.55
电气机械及器材制造业	1.6	9.9	38.5	35.4	14.6	2.49	2.50
通信设备、计算机及其他电子设备制造业	1.7	15.0	38.3	28.3	16.7	2.57	2.69
仪器仪表及文化、办公用机械制造业		17.5	32.5	35.0	15.0	2.53	2.61

关于在当地找到需要的管理人员的难易程度，调查结果显示，40.6%的企业经营者认为“非常难”或“比较难”，37.3%认为“有难度”，19.5%认为“不太难”，仅2.6%认为“不难”，总体评价值为2.73，与2008年基本持平（见表80）。

表 80　企业在当地找到需要的管理人员的难易程度（%）

	不难	不太难	有难度	比较难	非常难	评价值	
						2010 年	2008 年
总体	**2.6**	**19.5**	**37.3**	**29.3**	**11.3**	**2.73**	**2.74**
东部地区企业	2.3	20.2	37.4	28.6	11.5	2.73	2.75
中部地区企业	2.8	18.5	36.7	31.0	11.0	2.71	2.69
西部地区企业	2.9	17.0	35.5	32.4	12.2	2.66	2.73
东北地区企业	4.0	21.8	42.2	22.9	9.1	2.89	2.81
大型企业	4.2	22.3	40.0	27.0	6.5	2.91	2.93
中型企业	2.1	19.1	38.8	28.7	11.3	2.72	2.73
小型企业	2.7	19.2	35.3	30.4	12.4	2.69	2.72
国有及国有控股公司	2.8	23.0	40.7	27.9	5.6	2.90	2.85
国有企业	3.3	24.1	40.6	26.4	5.6	2.93	2.82
非国有企业	2.5	19.1	36.8	29.7	11.9	2.71	2.73
私营企业	3.4	19.2	34.7	30.2	12.5	2.71	2.72

续表

	不难	不太难	有难度	比较难	非常难	评价值	
						2010年	2008年
股份有限公司	2.3	19.6	40.2	28.1	9.8	2.77	2.78
有限责任公司	2.3	18.5	36.6	29.9	12.7	2.68	2.70
外商及港澳台投资企业	2.0	21.7	32.9	31.1	12.3	2.70	2.75
民营企业	2.5	18.9	36.0	29.9	12.7	2.69	2.70

从不同地区看，东北地区企业经营者的评价值最高，其次为东部和中部地区，而西部地区的评价最低；从不同规模看，中小企业的评价值明显低于大型企业；从不同经济类型看，外商及港澳台投资企业和民营企业的评价值明显低于国有及国有控股公司；从不同行业看，住宿和餐饮业、服装、造纸等行业找到管理人员的难度相对较大（见表80、表81）。

表81　　不同行业企业在当地找到需要的管理人员的难易程度（%）

	不难	不太难	有难度	比较难	非常难	评价值	
						2010年	2008年
总体	**2.6**	**19.5**	**37.3**	**29.3**	**11.3**	**2.73**	**2.74**
农林牧渔业	6.6	19.8	34.0	25.3	14.3	2.79	2.89
采矿业	1.8	19.6	28.6	44.6	5.4	2.68	2.69
制造业	2.6	18.2	36.6	30.3	12.3	2.69	2.70
电力、燃气及水的生产和供应业	7.2	23.2	34.9	30.4	4.3	2.99	2.85
建筑业	1.7	25.1	40.0	26.3	6.9	2.88	3.05
交通运输、仓储和邮政业	4.4	32.2	42.3	17.8	3.3	3.17	2.78
信息传输、计算机服务和软件业	2.6	30.3	32.9	26.3	7.9	2.93	3.02
批发和零售业	2.1	22.0	40.3	26.5	9.1	2.82	2.75
住宿和餐饮业		11.4	40.0	34.3	14.3	2.49	2.85
房地产业	3.8	22.6	35.2	27.1	11.3	2.81	2.97
租赁和商务服务业	1.9	15.4	44.2	30.8	7.7	2.73	3.07
食品饮料制造业	2.0	21.5	33.8	29.5	13.2	2.70	2.65
纺织业	3.4	20.2	33.2	33.1	10.1	2.74	2.79
纺织服装、鞋、帽制造业	0.8	15.3	29.0	35.8	19.1	2.43	2.59
造纸及纸制品业	3.2	6.5	40.3	29.0	21.0	2.42	2.78
化学原料及化学制品制造业	2.6	20.1	45.3	25.7	6.3	2.87	2.77
医药制造业		15.5	36.9	33.3	14.3	2.54	2.77
化学纤维制造业		11.5	53.9	15.4	19.2	2.58	3.18
橡胶制品业	3.1	15.6	40.6	21.9	18.8	2.62	2.76
塑料制品业	4.9	15.6	29.5	32.8	17.2	2.58	2.62
非金属矿物制品业	3.3	23.9	35.6	25.0	12.2	2.81	2.84
黑色金属冶炼及压延加工业	1.5	20.0	46.1	26.2	6.2	2.84	2.64
有色金属冶炼及压延加工业	3.3	16.7	36.7	35.0	8.3	2.72	2.47
金属制品业	0.5	15.4	39.0	32.8	12.3	2.59	2.61
通用设备制造业	2.5	18.6	33.7	32.1	13.1	2.65	2.72
专用设备制造业	3.1	17.8	35.4	30.8	12.9	2.67	2.62
交通运输设备制造业	3.3	20.9	32.0	28.1	15.7	2.68	2.67
电气机械及器材制造业	2.6	16.3	34.2	38.5	8.4	2.66	2.63
通信设备、计算机及其他电子设备制造业	3.3	19.7	40.9	23.0	13.1	2.77	2.82
仪器仪表及文化、办公用机械制造业	2.5	17.5	37.5	30.0	12.5	2.68	2.90

5. 出口服务和市场服务评价较好，中介服务市场亟待培育

从当地产品出口服务条件看，调查结果显示，34.7%的企业经营者认为“很好”或“较好”，52.9%认为“一般”，12.4%认为“较差”或“很差”，总体评价值为3.23，高于2008年。从不同地区看，出口服务条件具有明显的地区差异，东部地区企业经营者的评价值高达3.37，而西部地区仅为2.94（见表82）。

表 82　　对“当地产品出口服务条件情况”的评价（%）

	很好	较好	一般	较差	很差	评价值	
						2010 年	2008 年
总体	**2.4**	**32.3**	**52.9**	**10.2**	**2.2**	**3.23**	**3.16**
东部地区企业	2.8	39.8	50.1	5.9	1.4	3.37	3.27
中部地区企业	2.0	21.4	60.3	14.2	2.1	3.07	3.00
西部地区企业	1.6	20.0	54.2	19.5	4.7	2.94	2.88
东北地区企业	2.5	25.2	51.3	16.4	4.6	3.05	3.09

从对当地律师、会计师等市场服务条件的评价来看，调查结果显示，37.2%的企业经营者认为“很好”或“较好”，52.2%认为“一般”，10.6%认为“较差”或“很差”，总体评价值为3.27，与2008年基本持平。从不同地区看，东部地区企业经营者的评价值最高，为3.35，其次为东北地区和中部地区，而西部地区相对较低（见表83）。

表 83　　对“当地律师、会计师等市场服务条件”的评价（%）

	很好	较好	一般	较差	很差	评价值	
						2010 年	2008 年
总体	**2.1**	**35.1**	**52.2**	**9.1**	**1.5**	**3.27**	**3.31**
东部地区企业	2.5	39.4	49.9	6.9	1.3	3.35	3.39
中部地区企业	1.6	30.4	55.4	11.2	1.4	3.20	3.19
西部地区企业	1.4	25.8	56.7	14.4	1.7	3.11	3.19
东北地区企业	1.5	34.3	51.4	9.5	3.3	3.21	3.27

从当地技术服务条件看，调查结果显示，23.8%的企业经营者认为“很好”或“较好”，53.7%认为“一般”，22.5%认为“较差”或“很差”，总体评价值为2.99，虽略高于2008年，但仍低于中值3。从不同地区看，东部地区企业经营者的评价值较高，为3.07，而其他地区企业经营者的评价值均低于中值3（见表84）。

表 84　　对“当地技术服务条件情况”的评价（%）

	很好	较好	一般	较差	很差	评价值	
						2010 年	2008 年
总体	**1.6**	**22.2**	**53.7**	**19.0**	**3.5**	**2.99**	**2.89**
东部地区企业	1.8	25.5	53.7	15.9	3.1	3.07	2.97
中部地区企业	1.3	17.9	55.7	21.9	3.2	2.92	2.75
西部地区企业	1.4	15.7	52.9	26.0	4.0	2.85	2.75
东北地区企业	1.5	23.0	47.7	21.2	6.6	2.92	2.92

在发达的市场经济国家，行业协会在产业协调、制定技术规范、人员培训、信息传播、解决贸易争端等方面发挥着非常重要的作用。关于当地行业协会的发展及其对企业的帮助，调查结果显示，22.4%的企业经营者认为“很好”或“较好”，44.1%认为“一般”，33.5%认为“较差”或“很

差”，总体评价值为2.82，与2008年基本持平。从不同地区看，东部地区企业经营者的评价值较高，也只有2.85，其次为中部和东北地区，西部地区最低，仅为2.71（见表85）。

表85　对“当地行业协会对企业的帮助程度”的评价（%）

	很好	较好	一般	较差	很差	评价值	
						2010年	2008年
总体	**2.2**	**20.2**	**44.1**	**24.8**	**8.7**	**2.82**	**2.78**
东部地区企业	1.9	21.4	45.1	23.2	8.4	2.85	2.81
中部地区企业	3.1	18.1	45.5	26.3	7.0	2.84	2.74
西部地区企业	1.4	18.2	40.8	29.2	10.4	2.71	2.71
东北地区企业	4.4	21.5	36.5	23.7	13.9	2.79	2.77

（注：凡引用此报告者均需注明引自中国企业家调查系统——《2010·中国企业经营者问卷跟踪调查报告》）

课题组名单

顾　　问：张玉台　谢伏瞻　邵　宁　马建堂　袁宝华
全哲洙　王梦奎　陈清泰　魏礼群　李德水
鲁志强　孙晓郁　李克穆　刘世锦　侯云春
卢中原　蒋省三　辜胜阻　任泽民　陈　晋
许善达　丁俊发　熊志军

调查指导：王佩亨　陈全生　年　勇　毕雪融　王子先
陈　淮　余明勤　杨元伟　余　平　谢　庚
金磊夫　茅于轼　李　强　樊　纲

调查主持：李　兰　张　泰　李燕斌　盛来运　李建明
陈永杰

报告撰写：潘建成　李　兰　韩岫岚　郑明身　郝大海
彭泗清　董　博

数据处理：桂晓鸿　王　铮　王建平　张武军　刘小雁

参与讨论：张文魁　魏加宁　李晓西　于　武　张　斌
杨文财　杨正位　林蔚然　王春玲　左小蕾
魏　杰　包月阳　王汉军　王　强　严望佳
杜旭东　李家琪　李邦良　张　峰　韩铁林
路昀达　霍治安　王云峰

2009年企业经营者对宏观经济形势及改革热点的判断、评价和建议

中国企业家调查系统

美国次贷危机引发的国际金融危机爆发一年多来，全球经济遭受重创，国际贸易及跨国资本流动急剧下滑，对中国经济尤其是出口产生很大的影响。中国政府及时采取了旨在推动经济复苏的积极的财政政策和适度宽松的货币政策以及一系列具体措施，取得了明显的成效。当前，中国经济处于企稳回升的关键时期，经济向好的势头逐渐确立，但基础尚不稳固，发展还很不平衡。为了解在此背景下企业经营者对当前宏观经济形势、企业经营状况的判断及对未来发展的预期，了解他们对企业经营外部环境的评价、对宏观经济政策及经济体制改革成效的看法以及进一步深化改革的意见和建议，为政府决策提供参考依据，2009年8月至10月，中国企业家调查系统组织实施了“2009·中国企业经营者问卷跟踪调查”。

本次调查是由中国企业家调查系统组织的第17次全国性企业经营者年度跟踪调查，得到了国务院发展研究中心人力资源研究培训中心、国务院研究室工交贸易研究司、国务院国有资产监督管理委员会企业分配局、国家统计局国民经济综合统计司、中国企业联合会研究部、全国工商联研究室①、国家发展和改革委员会国民经济综合司、人力资源和社会保障部人力资源市场司、人力资源和社会保障部法规司、住房和城乡建设部政策研究中心、商务部政策研究室、国家税务总局政策法规司、国家安全生产监督管理总局宣传教育中心、中国证券监督管理委员会市场监管部、中国物流与采购联合会等有关部门的支持和指导。

与前16次年度跟踪调查一样，本次调查以企业法人代表为主的企业经营者群体为调查对象，参考我国经济结构，按行业进行分层随机抽样。调查采用邮寄问卷的方式进行，于8月10日发放问卷16000份，截至10月15日共回收问卷5113份，其中有效问卷5016份，有效回收率为31.4%。通过部分未填写问卷与填写问卷企业的对比分析，未发现存在系统偏差。为使调查分析更为全面和深入，本报告还采用了中国企业家调查系统以往的调查结果。

本次调查主要涉及制造业、批发和零售业、建筑业、房地产业、农林牧渔业、电力燃气及水的生产和供应业、交通运输仓储和邮政业、采矿业以及信息传输计算机服务和软件业等行业，上述行业的企业所占比重分别为：73.6%、6.4%、3.8%、3.2%、2.7%、2.3%、1.7%、1.5%和1.1%。从企业的地区分布看，东部地区占59.4%，中部、西部和东北地区分别占20.3%、14.7%和5.6%；从企业规模看，大、中、小型企业分别占8.7%、44.1%和47.2%；从企业经济类型看，国有企业占

① 以上6家部门为中国企业家调查系统发起成立单位。

8.8%，有限责任公司占48.5%，股份有限公司占17%，私营企业占12.1%，外商及港澳台投资企业占7.6%，股份合作企业占4%，集体企业占1.8%（见表1、表2）。

表1　　调查样本基本情况（%）

行业	农林牧渔业	2.7	经济类型	国有企业	8.8
行业	采矿业	1.5	经济类型	集体企业	1.8
行业	制造业（见表2）	73.6	经济类型	私营企业	12.1
行业	电力、燃气及水的生产和供应业	2.3	经济类型	股份合作企业	4.0
行业	建筑业	3.8	经济类型	股份有限公司	17.0
行业	交通运输、仓储和邮政业	1.7	经济类型	有限责任公司	48.5
行业	信息传输、计算机服务和软件业	1.1	经济类型	其他内资企业	0.2
行业	批发和零售业	6.4	经济类型	外商及港澳台投资企业	7.6
行业	住宿和餐饮业	0.6	经济类型	民营企业	69.9
行业	房地产业	3.2	盈亏	盈利企业	51.5
行业	租赁和商务服务业	0.9	盈亏	持平企业	20.5
行业	其他行业	2.2	盈亏	亏损企业	28.0
地区	东部地区企业	59.4	生产状况	超负荷生产企业	3.7
地区	中部地区企业	20.3	生产状况	正常运作企业	74.8
地区	西部地区企业	14.7	生产状况	半停产企业	20.8
地区	东北地区企业	5.6	生产状况	停产企业	0.7
规模	大型企业	8.7	出口型企业		44.0
规模	中型企业	44.1	非出口型企业		56.0
规模	小型企业	47.2			

注：1. 其他行业包括：金融业，科学研究、技术服务和地质勘查业，水利、环境和公共设施管理业，居民服务和其他服务业，卫生、社会保障和社会福利业，文化、体育和娱乐业等行业。

2. 东部地区包括：京、津、冀、沪、苏、浙、闽、鲁、粤、桂、琼11省（市、自治区）；中部地区包括：晋、蒙、皖、赣、豫、鄂、湘7省（自治区）；西部地区包括：渝、蜀、黔、滇、藏、陕、甘、宁、青、新10省（市、自治区）；东北地区包括：辽、吉、黑3省。

表2　　调查样本中制造业基本情况（%）

	制造业细分	%		制造业细分	%
1	农副食品加工业	4.3	16	化学纤维制造业	1.0
2	食品制造业	3.7	17	橡胶制品业	1.3
3	饮料制造业	0.9	18	塑料制品业	4.5
4	烟草加工业	0.1	19	非金属矿物制品业	5.3
5	纺织业	5.8	20	黑色金属冶炼及压延加工业	2.3
6	纺织服装、鞋、帽制造业	4.3	21	有色金属冶炼及压延加工业	2.0
7	皮革、毛皮、羽毛（绒）及其制品业	1.2	22	金属制品业	7.0
8	木材加工及木、竹、藤、棕、草制品业	1.5	23	通用设备制造业	8.3
9	家具制造业	1.0	24	专用设备制造业	9.6
10	造纸及纸制品业	1.8	25	交通运输设备制造业	5.8
11	印刷业和记录媒介的复制	1.7	26	电气机械及器材制造业	6.0
12	文教体育用品制造业	0.9	27	通信设备、计算机及其他电子设备制造业	2.9
13	石油加工、炼焦及核燃料加工业	0.6	28	仪器仪表及文化、办公用机械制造业	2.1
14	化学原料及化学制品制造业	8.8	29	工艺品及其他制造业	1.8
15	医药制造业	2.7	30	废弃资源和废旧材料回收加工业	0.8

本次调查的企业经营者平均年龄为50.9岁，其中55岁及以上占36.7%，44岁及以下占22.1%，45~54岁占41.2%。文化程度为大专及以上的占79.3%，其中具有本科及以上学历的占42.5%。所

学专业为管理类的占49.6%，为经济类的占32.7%。职务为企业董事长或总经理、厂长、党委书记的占94.3%，其他职务的占5.7%（见表3）。

表3　调查对象基本情况（%）

性别	男	96.1	文化程度	初中或以下	4.4
	女	3.9		中专、高中	16.3
年龄	44岁及以下	22.1		大专	36.8
	45~49岁	20.7		大学本科	26.0
	50~54岁	20.5		研究生学历	8.0
	55岁及以上	36.7		硕士	7.1
	平均年龄（岁）	50.9		博士	1.4
所学专业	文史哲法律	7.2	现任职务	董事长	61.7
	经济	32.7		总经理	57.6
	管理	49.6		厂长	7.3
	理工农医	25.7		党委书记	16.4
	其他	11.3		其他	5.7

注：由于存在跨专业和职务兼任情况，因此所学专业和现任职务比例合计大于100%。

调查表明，随着积极的财政政策和适度宽松的货币政策实施以及一揽子经济振兴计划的执行，中国经济在全球范围内率先走出低谷，企业经营者认为2009年宏观经济形势逐渐企稳向好，企业订货回暖，产销温和回升，库存恢复正常，盈利情况好转，就业形势改善；企业经营者预期企业外部环境趋好，政策效果进一步显现，未来订货持续回升，投资信心增强，用工计划回升，未来就业压力进一步缓解，预期经济增长速度逐步加快，经济前景较为乐观。

调查显示，企业经营者认为，当前企业经营的有利条件是，通常在经济快速增长时对经济发展形成瓶颈制约的土地、能源、钢材、铁路运输等资源和服务以及资金的供应紧张状况有所缓解，为要素市场价格改革和企业的发展创造了相对宽松的环境；不利条件是，当前金融危机的影响仍在延续，企业出口下滑明显，外需市场的恢复还需要一个过程；外需的萎缩导致部分行业产能过剩现象比较严重。企业经营者同时认为，目前经济增长中政府投资驱动所产生的作用比较大，民间投资需求和消费需求尚未能充分启动，因此目前经济回升的结构是不平衡的，基础是不稳固的。

调查发现，外需下滑、成本上升、资金紧张、缺乏人才和行业产能过剩已成为当前企业发展面临的最主要困难，缺乏创新能力和企业领导人发展动力不足的现象也值得重视。企业经营者表示一方面将采取加强管理降低成本、引进人才、加强创新、开拓国内市场等措施应对挑战，另一方面建议政府重点关注消费需求，进一步加大减税力度、加强对中小企业的贷款，并将新增加的政府支出主要投向完善社会保障体系、医疗卫生体制改革和生态环境保护等方面；同时期待政府继续加大改革力度，特别是要切实转变政府职能，健全社会保障体系，打破行业垄断，为企业健康发展创造更加良好的外部环境。

一、宏观经济企稳向好，经济增长的基础尚不稳固

1. 金融危机影响仍在延续，全球经济复苏尚需时日

关于“全球金融危机对中国经济的不利影响”，调查显示，认为不利影响“很大”或“较大”的企业经营者占71.7%，比2008年提高了14.3个百分点；认为不利影响“较小”的占27.8%，认为“没有影响”的占0.2%，认为“不清楚”的占0.3%，均明显低于2008年的水平（见表4）。调查结

果表明，一年多来，企业经营者对金融危机的认识越来越清楚，对企业所遭受的影响的体会也越来越深刻。

表 4　对全球金融危机对中国经济的不利影响的判断（%）

		很大	较大	较小	没有影响	不清楚
总体	2009 年	12.7	59.0	27.8	0.2	0.3
	2008 年	9.1	48.3	31.8	2.7	8.1
东部地区企业		13.9	59.4	26.1	0.3	0.3
中部地区企业		10.8	59.8	28.8	0.2	0.4
西部地区企业		11.0	56.1	32.5	0.3	0.1
东北地区企业		11.3	59.7	28.6		0.4
大型企业		12.4	59.7	27.9		
中型企业		13.5	59.1	26.9	0.3	0.2
小型企业		12.1	58.7	28.5	0.3	0.4
国有及国有控股公司		13.0	60.8	25.8	0.1	0.3
国有企业		12.1	59.6	27.6	0.2	0.5
非国有企业		12.8	58.9	27.8	0.2	0.3
私营企业		13.8	55.8	29.6	0.5	0.3
股份有限公司		11.3	62.6	25.9	0.2	
有限责任公司		13.6	58.5	27.4	0.2	0.3
外商及港澳台投资企业		11.4	57.1	31.2		0.3
民营企业		12.6	59.0	28.0	0.3	0.1

注：空白处表示答题者未选择此项。以下同。

对企业来说，金融危机的影响主要表现在出口方面。调查显示，认为出口需求“很旺”和“较旺”的企业经营者分别占0.6%和3%，其合计比重在2008年比2007年下降39.2个百分点的基础上，进一步减少了12.9个百分点，为近5年来的最低水平；认为“不足”或“严重不足”的占89.7%，比2008年上升了29个百分点（见图1）。

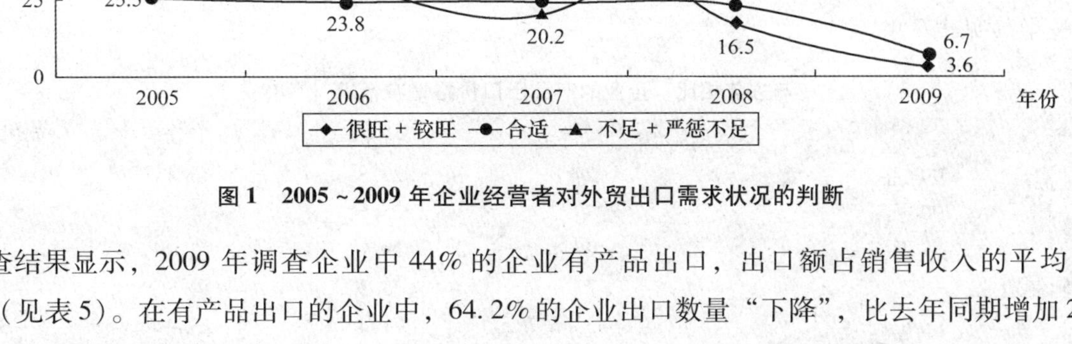

图 1　2005～2009 年企业经营者对外贸出口需求状况的判断

调查结果显示，2009年调查企业中44%的企业有产品出口，出口额占销售收入的平均比重为42.5%（见表5）。在有产品出口的企业中，64.2%的企业出口数量“下降”，比去年同期增加22.5个百分点；18.5%的企业“增长”，17.3%的企业“持平”，比2008年同期分别减少20和2.5个百分点。其中，钢铁、有色、金属制品等投资品行业出口下降的企业比重均超过75%（见表6）。

表5　　企业产品出口情况（%）

	有产品出口		没有产品出口
	%	出口额占销售收入的比重	
2009年	44.0	42.5	56.0
2009年一季度	48.5	43.1	51.5
2008年	49.3	42.7	50.7

表6　　与去年相比，企业的产品出口数量增减情况（%）

		增长	持平	下降	增长－下降
总体	2009年	18.5	17.3	64.2	－45.7
	2008年	38.5	19.8	41.7	－3.2
制造业		18.6	17.0	64.4	－45.8
食品饮料制造业		20.7	20.7	58.6	－37.9
纺织业		22.1	9.7	68.2	－46.1
纺织服装、鞋、帽制造业		23.1	15.4	61.5	－38.4
造纸及纸制品业		19.0	23.8	57.2	－38.2
化学原料及化学制品制造业		21.6	20.4	58.0	－36.4
医药制造业		39.6	18.8	41.6	－2.0
化学纤维制造业		25.0	45.0	30.0	－5.0
橡胶制品业		19.2	38.5	42.3	－23.1
塑料制品业		19.8	22.2	58.0	－38.2
非金属矿物制品业		10.4	23.9	65.7	－55.3
黑色金属冶炼及压延加工业		6.1		93.9	－87.8
有色金属冶炼及压延加工业		10.7	14.3	75.0	－64.3
金属制品业		14.2	6.8	79.0	－64.8
通用设备制造业		15.5	23.6	60.9	－45.4
专用设备制造业		13.8	21.3	64.9	－51.1
交通运输设备制造业		20.0	12.7	67.3	－47.3
电气机械及器材制造业		22.6	10.4	67.0	－44.4
通信设备、计算机及其他电子设备制造业		22.1	17.6	60.3	－38.2
仪器仪表及文化、办公用机械制造业		23.8	21.4	54.8	－31.0

注："增长"包括"增长10%以上"和"增长10%以内"，"下降"包括"下降10%以上"和"下降10%以内"，下同。

在出口数量下跌的同时，出口产品价格也出现明显下降。调查结果显示，45.4%的企业产品出口价格"下降"，比2008年增加了10.7个百分点；29.8%的企业"持平"；24.8%的企业"增长"，比2008年下降了14.9个百分点。从不同行业看，纺织、橡胶、钢铁、金属制品等行业出口下降的企业比重超过一半（见表7）。

表7　　与去年相比，企业的产品出口价格增减情况（%）

		增长	持平	下降	增长－下降
总体	2009年	24.8	29.8	45.4	－20.6
	2008年	39.7	25.6	34.7	5.0
制造业		25.1	29.9	45.0	－19.9
食品饮料制造业		23.7	35.5	40.8	－17.1
纺织业		23.6	21.4	55.0	－31.4
纺织服装、鞋、帽制造业		30.7	28.3	41.0	－10.3
造纸及纸制品业		21.1	36.8	42.1	－21.0

续表

	增长	持平	下降	增长-下降
化学原料及化学制品制造业	24.7	29.7	45.6	-20.9
医药制造业	36.2	25.5	38.3	-2.1
化学纤维制造业	21.1	52.6	26.3	-5.2
橡胶制品业	23.1	23.1	53.8	-30.7
塑料制品业	30.4	26.6	43.0	-12.6
非金属矿物制品业	19.4	35.5	45.1	-25.7
黑色金属冶炼及压延加工业	25.0	18.8	56.2	-31.2
有色金属冶炼及压延加工业	18.5	37.0	44.5	-26.0
金属制品业	22.2	24.3	53.5	-31.3
通用设备制造业	23.6	35.4	41.0	-17.4
专用设备制造业	17.6	36.5	45.9	-28.3
交通运输设备制造业	28.6	30.5	40.9	-12.3
电气机械及器材制造业	29.1	27.3	43.6	-14.5
通信设备、计算机及其他电子设备制造业	33.3	25.8	40.9	-7.6
仪器仪表及文化、办公用机械制造业	29.3	34.1	36.6	-7.3

尽管最近全球经济出现一些回升迹象，尤其是资本市场暖风频吹，但中国企业的外需形势仍不容乐观。调查显示，与上半年相比，仍有61%的企业产品出口数量“下降”，比“上升”的多54.8个百分点。从出口价格上看，仍保持下降的态势，其中39.9%的企业产品价格下跌，比价格上升的多33.8个百分点（见表8、表9）。

表8　与今年上半年相比，企业的产品出口数量增减情况（%）

	增长	持平	下降	增长-下降
总体	**6.2**	**32.8**	**61.0**	**-54.8**
制造业	5.7	32.5	61.8	-56.1
食品饮料制造业	9.7	29.0	61.3	-51.6
纺织业	3.6	29.3	67.1	-63.5
纺织服装、鞋、帽制造业	8.7	29.9	61.4	-52.7
造纸及纸制品业	13.6	18.2	68.2	-54.6
化学原料及化学制品制造业	4.4	19.4	76.2	-71.8
医药制造业	10.4	47.9	41.7	-31.3
化学纤维制造业	5.6	27.8	66.6	-61.0
橡胶制品业	3.8	38.5	57.7	-53.9
塑料制品业	12.7	22.8	64.5	-51.8
非金属矿物制品业	7.6	30.3	62.1	-54.5
黑色金属冶炼及压延加工业	0.0	18.8	81.2	-81.2
有色金属冶炼及压延加工业	3.8	7.7	88.5	-84.7
金属制品业	2.1	36.4	61.5	-59.4
通用设备制造业	2.4	40.2	57.4	-55.0
专用设备制造业	3.8	43.0	53.2	-49.4
交通运输设备制造业	6.5	40.2	53.3	-46.8
电气机械及器材制造业	6.3	33.3	60.4	-54.1
通信设备、计算机及其他电子设备制造业	4.5	36.4	59.1	-54.6
仪器仪表及文化、办公用机械制造业		62.5	37.5	-37.5

表9　与今年上半年相比，企业的产品出口价格增减情况（%）

	增长	持平	下降	增长－下降
总体	**6.1**	**54.0**	**39.9**	**－33.8**
制造业	6.0	54.4	39.6	－33.6
食品饮料制造业	7.5	47.3	45.2	－37.7
纺织业	6.5	51.8	41.7	－35.2
纺织服装、鞋、帽制造业	4.0	57.1	38.9	－34.9
造纸及纸制品业	9.5	38.1	52.4	－42.9
化学原料及化学制品制造业	6.3	41.3	52.4	－46.1
医药制造业	4.3	61.7	34.0	－29.7
化学纤维制造业	16.7	44.4	38.9	－22.2
橡胶制品业	3.8	61.6	34.6	－30.8
塑料制品业	12.7	49.3	38.0	－25.3
非金属矿物制品业	3.1	62.5	34.4	－31.3
黑色金属冶炼及压延加工业	21.9	40.6	37.5	－15.6
有色金属冶炼及压延加工业	11.5	34.6	53.9	－42.4
金属制品业	4.2	56.4	39.4	－35.2
通用设备制造业	3.7	60.1	36.2	－32.5
专用设备制造业	3.2	56.2	40.6	－37.4
交通运输设备制造业	2.8	65.1	32.1	－29.3
电气机械及器材制造业	9.1	57.3	33.6	－24.5
通信设备、计算机及其他电子设备制造业	4.6	52.3	43.1	－38.5
仪器仪表及文化、办公用机械制造业	2.5	75.0	22.5	－20.0

企业产品出口数量和价格的持续下滑表明金融危机的影响仍在延续。调查结果显示，关于影响企业产品出口减少的主要因素，85.7%的企业经营者认为是“外需放缓”，排在第一位；其次是“要素成本上升”和“人民币升值”，选择比重分别为50.2%和49.4%；其他影响因素还包括：“贸易保护主义”（16.8%）、“有关国家出口竞争力提升”（13.8%）、“加工贸易限制政策”（6.3%）和“贸易摩擦升级”（6%）（见表10）。

表10　影响企业出口减少的主要因素（%）

	总体		总体
外需放缓	**85.7**	要素成本上升	**50.2**
人民币升值	**49.4**	贸易保护主义	**16.8**
有关国家出口竞争力提升	**13.8**	贸易磨擦升级	**6.3**
加工贸易限制政策	**6.0**		

企业经营者判断，海外市场的恢复是一个渐进的过程。调查结果显示，七成以上企业经营者预期企业出口产品的海外需求明年可望明显回升，其中24.8%预期明年上半年回升，46.1%预期明年下半年回升，19.4%预期2011年及以后回升。仅9.7%预期今年四季度回升（见表11）。

表11　企业出口产品的海外需求明显回升的时间（%）

	今年四季度	明年上半年	明年下半年	2011年及以后
总体	**9.7**	**24.8**	**46.1**	**19.4**
东部地区企业	9.9	25.5	45.8	18.8
中部地区企业	9.4	19.9	49.7	21.0
西部地区企业	9.1	28.0	42.3	20.6
东北地区企业	8.0	24.0	46.7	21.3

2. 政府经济刺激政策效果明显，但经济增长的基础尚不稳固

关于“对当前宏观经济形势的判断”，调查显示，认为当前宏观经济形势“很好”或“较好”的企业经营者占40%，虽比2007年减少37.2个百分点，但比2008年增加了4.6个百分点，比2009年一季度增加了22.6个百分点；认为“较差”或“很差”的占13.3%，比2008年减少10个百分点左右，比2009年一季度减少了27.7个百分点（见表12）。这一结果显示，企业经营者对在政府积极的财政政策和适度宽松的货币政策影响下宏观经济逐步走出低谷的形势的一种肯定。同时也应看到，与2007年相比，较大的落差表明目前的经济离正常的状态还有不短的距离。

表 12　企业经营者对当前宏观经济形势的判断（%）

	很好	较好	一般	较差	很差
2009 年	3.1	36.9	46.7	12.4	0.9
2009 年一季度	1.4	16.0	41.6	35.5	5.5
2008 年	2.8	32.6	40.5	21.1	3.0
2007 年	11.2	66.0	19.2	3.3	0.3
2006 年	7.0	63.9	26.3	2.6	0.2

企业经营者这种谨慎乐观的态度也表现在对经济增长速度逐步加快的预期上。调查结果显示，超过六成（63.9%）的企业经营者预期今年我国GDP增长在7%~8%之间，21.2%认为会在8%以上，只有14.9%认为会在7%以下；对于2010年的GDP增速，超过一半（53.3%）的企业经营者认为会超过8%，36.3%认为在7%~8%之间，只有10.4%预期在7%以下（见表13）。

表 13　对 2009 年、2010 年我国 GDP 增长的预计（%）

		7%以下	7%~8%	8%以上	均值
2009 年	**总体**	**14.9**	**63.9**	**21.2**	**7.5**
	东部地区企业	15.7	64.3	20.0	7.4
	中部地区企业	13.8	63.3	22.9	7.6
	西部地区企业	12.0	65.5	22.5	7.5
	东北地区企业	18.1	57.4	24.5	7.3
2010 年	**总体**	**10.4**	**36.3**	**53.3**	**8.2**
	东部地区企业	11.2	37.7	51.1	8.2
	中部地区企业	9.6	35.1	55.3	8.3
	西部地区企业	7.7	34.1	58.2	8.4
	东北地区企业	13.1	32.0	54.9	8.2

企业经营者判断，目前经济的回升主要还是投资尤其是政府投资驱动的结果。关于投资需求，调查结果显示，认为政府投资需求“很旺”、“较旺”的企业经营者分别占26.4%和43.1%，其合计比重比2008年提高22.2个百分点；另有18%认为“合适”，12.5%认为“不足”或“严重不足”，均明显低于2008年。与对政府投资需求的判断相反，认为民间投资“很旺”、“较旺”的企业经营者比重仅分别占2.2%和16.9%，其合计比重比2008年减少16.7个百分点；认为“不足”或“严重不足”的占61%，比2008年提高15.8个百分点（见表14）。

从消费需求看，调查显示，认为消费需求“很旺”和“较旺”的企业经营者分别占0.8%和12%，其合计比重在2008年比2007年减少25.9个百分点的基础上进一步下滑9.6个百分点；认为“不足”或“严重不足”的占55.9%，比2008年增加8.4个百分点（见表14）。

调查结果表明，目前经济增长主要靠政府投资驱动，民间投资需求和消费需求尚未能充分启动，

外需市场的恢复还需要一个过程，目前经济回升的结构是不平衡的，基础是不稳固的。

表14　2005～2009年企业经营者对投资需求和消费需求状况的判断（%）

		很旺	较旺	合适	不足	严重不足
政府投资需求	2009年	26.4	43.1	18.0	11.7	0.8
	2008年	12.2	35.1	26.1	24.7	1.9
	2007年	18.2	42.4	24.7	13.9	0.8
	2006年	15.2	41.4	23.5	18.2	1.7
	2005年	7.7	32.6	31.0	26.5	2.2
民间投资需求	2009年	2.2	16.9	19.9	54.4	6.6
	2008年	5.8	30.0	19.0	39.6	5.6
	2007年	20.2	47.5	14.8	16.1	1.4
	2006年	10.8	42.6	18.3	25.4	2.9
	2005年	6.8	37.7	20.1	31.9	3.5
消费需求	2009年	0.8	12.0	31.3	51.4	4.5
	2008年	2.3	20.1	30.1	44.0	3.5
	2007年	7.8	40.5	26.7	23.8	1.2
	2006年	3.1	23.9	31.8	38.2	3.0
	2005年	2.0	25.3	35.0	35.0	2.7

在经济逐步回升的情况下，企业经营者认为当前经济运行总体上处于“正常”状态的比重有所上升，由2008年的29.1%上升为39.5%。不过，正是由于经济增长结构的不平衡，企业经营者对当前宏观经济运行的冷热判断上存在分歧。调查显示，认为目前宏观经济“偏热”或“过热”的企业经营者占22.5%，认为“偏冷”或“过冷”的占25.2%，持这两种观点的企业经营者均占四分之一左右（见图2、表15）。历史地看，企业经营者认为当前宏观经济运行的热度是近7年来最低的。

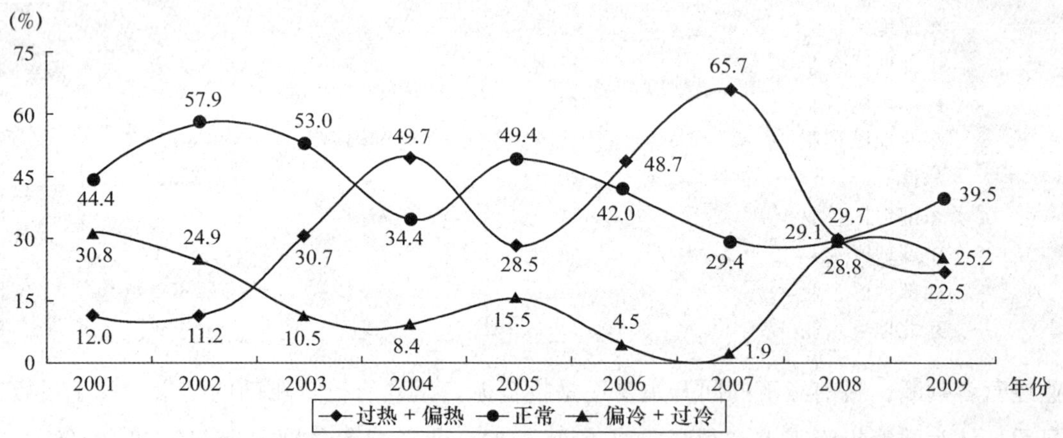

图2　2001～2009年企业经营者对宏观经济运行的总体判断

表15　2001～2009年企业经营者对宏观经济运行的总体判断（%）

	过热	偏热	正常	偏冷	过冷	尚难判断
2009年	1.8	20.7	39.5	24.6	0.6	12.8
2008年	3.6	26.1	29.1	27.2	1.6	12.4
2007年	8.7	57.0	29.4	1.9	0.0	3.0
2006年	3.8	44.9	42.0	4.4	0.1	4.8
2005年	2.6	25.9	49.4	14.9	0.6	6.6
2004年	5.5	44.2	34.4	8.1	0.3	7.5

续表

	过热	偏热	正常	偏冷	过冷	尚难判断
2003 年	2.6	28.1	53.0	10.3	0.2	5.8
2002 年	0.6	10.6	57.9	23.9	1.0	6.0
2001 年	2.2	9.8	44.4	29.2	1.6	12.8

注：0.0 表示答题者选择了此项，但选择比重小于 0.05%。以下同。

3. *危机影响下一些重要资源和服务供应的瓶颈制约有所缓解，为资源价格和管理体制的改革创造了条件*

长期以来，尤其是金融危机爆发前的一段时期以来，我国经济运行的一个显著特点是，经济的快速增长受到一些重要资源和服务供应的瓶颈制约，比如土地、能源（煤炭、石油、电力）、钢材和铁路运输等。这次危机导致的经济增长下滑、需求的减弱明显缓解了这一制约，为落实科学发展观、实施相关改革创造了条件。

调查结果显示，企业经营者普遍认为今年能源供应紧张状况趋于缓和，其中认为电力供应“趋于缓和”的企业经营者占45.4%，认为煤炭供应“趋于缓和”的占34.6%，认为石油供应“趋于缓和”的占31.4%，均明显高于 2008 年。钢材供应事实上从紧张变成了过剩，调查结果显示，认为钢材“趋于缓和”的比重在去年35.7%的基础上进一步上升到48.6%。从生产情况看，钢铁行业停产、半停产的企业比重比去年提升了2.4 个百分点，比全行业平均水平高 8.6 个百分点。铁路运输“趋于缓和”的比重也明显上升，为27.3%，比 2008 年提高了 13.2 个百分点；土地供应也出现趋缓迹象，选择“趋于缓和”的比重增加3.3 个百分点，选择“更加严重”的比重下降了 12 个百分点（见表16、表17）。

表 16　钢材、土地及煤电油运市场供应紧张状况（%）

	调查年份	趋于缓和	变化不大	更加严重	不清楚
钢材	2009 年	48.6	41.7	3.8	5.9
	2008 年	35.7	35.6	22.4	6.3
电力	2009 年	45.4	50.8	2.5	1.3
	2008 年	22.5	50.0	26.6	0.9
石油	2009 年	31.4	52.6	11.0	5.0
	2008 年	13.9	22.9	60.6	2.6
煤炭	2009 年	34.6	49.2	7.4	8.8
	2008 年	8.4	24.2	58.9	8.5
土地	2009 年	19.7	39.8	34.1	6.4
	2008 年	16.4	31.9	46.1	5.6
铁路运输	2009 年	27.3	50.7	7.2	14.8
	2008 年	14.1	50.7	18.6	16.6

表 17　企业目前的生产情况（%）

		超负荷生产	正常运作	半停产	停产
总体		**3.7**	**74.8**	**20.8**	**0.7**
黑色金属冶炼及压延加工业	2009 年	3.2	66.7	29.0	1.1
	2008 年	3.4	68.9	23.5	4.2

2009 年以来居民消费价格同比下滑，下半年以来下滑趋势有所缓和。调查显示，50.2%的企业经营者预期 2009 年 CPI 比上年上涨“0～3%”，21%预期上涨“3%以上”，两者合计比重达到71.2%，

这表明企业经营者对2009年CPI上升的预期。从对2010年CPI的预期看，41.8%的企业经营者预期2010年CPI在“3%以上”，比2009年提高了20.8个百分点。调查表明，企业经营者对明年的通胀预期有所加大（见表18）。

表18　　对2009年、2010年我国CPI上升幅度的预计（%）

		0%以下	0%～3%	3%以上	均　值
2009年	**总体**	**28.8**	**50.2**	**21.0**	**1.6**
	东部地区企业	28.4	52.0	19.6	1.5
	中部地区企业	29.8	46.5	23.7	1.6
	西部地区企业	29.8	48.2	22.0	1.7
	东北地区企业	26.0	50.0	24.0	1.8
2010年	**总体**	**8.6**	**49.6**	**41.8**	**3.2**
	东部地区企业	8.4	49.8	41.8	3.2
	中部地区企业	8.5	49.3	42.2	3.2
	西部地区企业	9.6	50.1	40.3	3.2
	东北地区企业	8.8	46.0	45.2	3.3

二、企业景气状态温和回升

1. 企业综合经营状况逐渐走出谷底

关于企业的综合经营状况，调查显示，目前认为企业经营状况“良好”的企业经营者占33%，认为“一般”的占48.1%，认为“不佳”的占18.9%，认为“良好”的比认为“不佳”的多14.1个百分点，比2008年略高1个百分点，比2007年低27.9个百分点，不过比今年一季度的调查结果高26个百分点。今年一季度的调查出现认为“不佳”的比认为“良好”的高11.9个百分点的“不景气”状态（见表19）。调查结果表明，金融危机对企业的影响自去年三季度开始逐渐加剧，政府刺激经济的政策发挥作用则从今年尤其是从今年二季度开始逐渐显现，因此企业的经营状况在去年四季度和今年一季度处于谷底状态，目前已逐渐走出谷底。

表19　　不同地区、规模及经济类型企业目前综合经营状况（%）

	目前经营状况			良好－不佳				
	良好	一般	不佳	2009年	2009年一季度	2008年	2007年	2006年
总体	**33.0**	**48.1**	**18.9**	**14.1**	**－11.9**	**13.1**	**42.0**	**38.0**
东部地区企业	32.9	48.7	18.4	14.5	－11.2	12.2	44.1	41.3
中部地区企业	31.4	48.9	19.7	11.7	－17.8	13.9	40.0	34.5
西部地区企业	34.6	44.5	20.9	13.7	－5.5	14.4	37.0	32.1
东北地区企业	36.2	46.8	17.0	19.2	－15.2	16.1	38.1	30.0
大型企业	55.4	32.6	12.0	43.4	0.0	44.3	64.4	62.6
中型企业	35.5	47.5	17.0	18.5	－10.2	15.2	46.9	42.3
小型企业	26.6	51.2	22.2	4.4	－16.2	5.1	29.0	26.1
国有及国有控股公司	40.9	41.0	18.1	22.8	－10.7	24.6	41.9	36.7
国有企业	40.5	43.1	16.4	24.1	－12.1	24.3	39.0	36.0
非国有企业	32.4	48.5	19.1	13.3	－11.8	11.9	42.3	38.4
私营企业	31.9	47.6	20.5	11.4	－6.5	9.6	38.8	38.8
股份有限公司	35.7	48.0	16.3	19.4	－2.9	16.9	49.6	42.5

续表

	目前经营状况			良好－不佳				
	良好	一般	不佳	2009 年	2009 年一季度	2008 年	2007 年	2006 年
有限责任公司	32.3	49.2	18.5	13.8	－12.1	11.8	41.7	37.0
外商及港澳台投资企业	31.8	45.4	22.8	9.0	－31.8	10.3	45.5	49.1
民营企业	31.1	49.6	19.3	11.8	－13.8	10.0	40.9	37.5

从不同地区看，东北地区和东部地区企业的经营状况较好，认为“良好”的比认为“不佳”的分别多19.2和14.5个百分点，而中部地区企业相对较差，认为“良好”的比认为“不佳”的仅多11.7个百分点；从不同规模看，大型企业经营状况明显好于中小型企业，企业的规模效应优势依然明显；从不同经济类型看，国有及国有控股公司认为“良好”的比认为“不佳”的多22.8个百分点，其中国有企业认为“良好”的比认为“不佳”的多24.1个百分点，明显好于民营企业和外商及港澳台投资企业（见表19）。

从不同行业看，服务业的经营状况普遍好于制造业和采掘业，尤其是房地产市场的回暖带动了房地产业和建筑业的复苏，这两个行业认为“良好”的比认为“不佳”的分别多34.4和27.8个百分点，比2008年分别提高了33.1和4.1个百分点。住宿和餐饮业以及交通运输、仓储和邮政业的经营状况也较好，认为“良好”的比认为“不佳”的分别多34.5和31.8个百分点，而信息传输、计算机服务和软件业的经营状况相对较差，认为“良好”的比认为“不佳”的多的比重，不仅明显低于2008年的水平，也比2009年一季度下降了14.2个百分点（见表20）。

表20　　不同行业企业目前经营总体状况（%）

	目前经营状况			良好－不佳				
	良好	一般	不佳	2009 年	2009 一季度	2008 年	2007 年	2006 年
总体	**33.0**	**48.1**	**18.9**	**14.1**	**－11.9**	**13.1**	**42.0**	**38.0**
农林牧渔业	26.7	60.7	12.6	14.1	15.4	22.7	43.3	25.7
采矿业	31.5	49.3	19.2	12.3	－38.1	30.2	73.8	67.8
制造业	31.3	48.0	20.7	10.6	－17.0	10.1	40.2	38.7
电力、燃气及水的生产和供应业	45.1	35.4	19.5	25.6	－14.3	11.5	45.1	32.2
建筑业	39.6	48.6	11.8	27.8	－7.8	23.7	45.9	34.2
交通运输、仓储和邮政业	40.0	51.8	8.2	31.8	－11.8	34.5	64.3	47.4
信息传输、计算机服务和软件业	43.4	34.0	22.6	20.8	35.0	41.5	40.7	36.5
批发和零售业	33.1	51.4	15.5	17.6	－2.7	26.1	36.9	34.2
住宿和餐饮业	48.3	37.9	13.8	34.5	11.8	36.1	46.0	45.0
房地产业	44.6	45.2	10.2	34.4	－1.4	1.3	45.6	35.8
租赁和商务服务业	32.6	53.4	14.0	18.6	0.0	15.0	40.6	35.9
食品饮料制造业	34.6	44.9	20.5	14.1	2.5	2.6	35.5	33.8
纺织业	22.4	45.9	31.7	－9.3	－24.1	－20.7	21.5	33.2
纺织服装、鞋、帽制造业	30.7	52.1	17.2	13.5	－21.4	－6.9	38.3	38.6
造纸及纸制品业	33.8	48.6	17.6	16.2	－12.5	3.7	25.8	31.7
化学原料及化学制品制造业	27.8	48.0	24.2	3.6	－30.1	17.9	42.4	35.7
医药制造业	45.5	41.6	12.9	32.6	21.6	25.0	36.4	19.1
化学纤维制造业	36.4	51.5	12.1	24.3	－33.3	17.1	37.1	42.1
橡胶制品业	47.1	45.1	7.8	39.3	－21.1	7.5	42.9	43.5

续表

	目前经营状况			良好－不佳				
	良好	一般	不佳	2009年	2009一季度	2008年	2007年	2006年
塑料制品业	27.3	50.6	22.1	5.2	－13.0	5.0	32.1	37.8
非金属矿物制品业	26.3	46.0	27.7	－1.4	－38.0	10.0	37.0	30.9
黑色金属冶炼及压延加工业	24.0	53.1	22.9	1.1	－32.1	0.0	53.5	45.5
有色金属冶炼及压延加工业	26.0	45.2	28.8	－2.8	－14.7	8.3	40.6	36.3
金属制品业	32.7	46.6	20.7	12.0	－12.5	19.4	31.8	43.3
通用设备制造业	30.0	50.9	19.1	10.9	－24.7	22.3	52.6	49.4
专用设备制造业	36.5	45.2	18.3	18.2	－14.3	23.3	53.6	43.2
交通运输设备制造业	41.5	42.9	15.6	25.9	5.1	15.0	44.5	35.6
电气机械及器材制造业	33.2	50.7	16.1	17.1	－13.3	22.9	49.6	40.1
通信设备、计算机及其他电子设备制造业	37.7	49.1	13.2	24.5	2.5	9.6	39.5	47.0
仪器仪表及文化、办公用机械制造业	39.2	48.6	12.2	27.0	20.0	38.8	61.9	50.0

从制造业的细分行业来看，经营状况相对较好的行业包括：医药、化纤、橡胶、汽车、通信设备和仪器仪表等行业，认为“良好”的比认为“不佳”的多20个百分点以上，而纺织、非金属和有色金属等行业的经营状况相对较差，认为“良好”的比重均低于认为“不佳”的比重。值得注意的是，食品、服装、造纸、医药、化纤、橡胶、汽车和通信设备等行业的经营状况回升明显，认为“良好”的比认为“不佳”的多13.5～39.3个百分点，不仅高于2009年一季度的水平，也要高于2008年同期的水平（见表20）。

2. 企业订货回暖，产销温和回升，库存恢复正常，企业盈利情况和社会就业形势逐步好转

企业订货情况可以比较好地反映市场情况。2009年一季度的调查结果显示，超过六成的企业订货低于正常水平。最新的调查显示，超过六成（60.9%）的企业订货“正常”（53.6%）或“高于正常”（7.3%），明显高于2009年一季度的水平，接近2008年的调查结果，但与2006年和2007年相比仍有20个百分点左右的差距。调查表明目前的市场已度过最困难时期，处于逐渐恢复的过程中（见表21）。

表21　　不同行业企业目前的订货情况（%）

	高于正常	正常	低于正常	高于正常＋正常				
				2009年	2009年一季度	2008年	2007年	2006年
总体	**7.3**	**53.6**	**39.1**	**60.9**	**39.6**	**63.7**	**82.7**	**80.4**
农林牧渔业	5.9	60.0	34.1	65.9	63.6	74.2	87.5	78.0
采矿业		67.1	32.9	67.1	42.1	76.0	94.0	89.4
制造业	7.7	49.5	42.8	57.2	42.3	62.1	81.3	80.9
电力、燃气及水的生产和供应业	6.5	72.0	21.5	78.5	66.7	82.1	91.1	81.6
建筑业	12.4	60.6	27.0	73.0	55.9	72.2	82.2	78.7
交通运输、仓储和邮政业	5.2	64.9	29.9	70.1	51.7	77.7	90.5	83.3
信息传输、计算机服务和软件业	13.5	50.0	36.5	63.5	66.7	75.0	83.6	77.8
批发和零售业	4.3	62.7	33.0	67.0	44.8	69.6	83.1	77.9
住宿和餐饮业	7.1	53.6	39.3	60.7	43.8	71.0	86.4	90.9
房地产业	2.1	78.2	19.7	80.3	39.7	44.3	90.7	79.2
租赁和商务服务业	2.5	70.0	27.5	72.5	45.8	67.7	82.1	84.4

续表

	高于正常	正常	低于正常	高于正常+正常				
				2009 年	2009 年一季度	2008 年	2007 年	2006 年
食品饮料制造业	8.6	60.4	31.0	69.0	59.7	64.0	82.6	78.6
纺织业	4.1	44.9	51.0	49.0	28.2	47.0	65.8	77.6
纺织服装、鞋、帽制造业	8.6	49.7	41.7	58.3	44.4	58.8	79.4	84.1
造纸及纸制品业	6.8	60.8	32.4	67.6	17.4	59.3	87.5	85.0
化学原料及化学制品制造业	5.6	44.5	49.9	50.1	42.0	65.3	80.6	80.5
医药制造业	12.9	66.3	20.8	79.2	77.1	79.7	77.6	72.9
化学纤维制造业	15.2	57.5	27.3	72.7	50.0	60.0	69.2	78.9
橡胶制品业	9.8	56.9	33.3	66.7	44.4	60.6	82.1	71.2
塑料制品业	9.7	45.5	44.8	55.2	48.0	56.7	81.3	78.9
非金属矿物制品业	7.2	49.8	43.0	57.0	41.4	66.8	85.2	83.5
黑色金属冶炼及压延加工业	5.2	47.9	46.9	53.1	25.9	47.0	89.5	84.4
有色金属冶炼及压延加工业	6.9	40.3	52.8	47.2	42.4	57.8	85.7	88.3
金属制品业	9.6	45.8	44.6	55.4	42.1	64.6	78.5	83.4
通用设备制造业	4.9	49.7	45.4	54.6	32.1	68.1	84.6	82.6
专用设备制造业	8.3	47.8	43.9	56.1	45.7	64.9	85.4	77.7
交通运输设备制造业	13.7	50.5	35.8	64.2	43.6	54.4	85.4	79.7
电气机械及器材制造业	8.3	49.1	42.6	57.4	38.3	66.0	86.1	79.4
通信设备、计算机及其他电子设备制造业	10.4	50.0	39.6	60.4	44.7	61.9	82.1	86.4
仪器仪表及文化、办公用机械制造业	10.8	47.3	41.9	58.1	55.0	75.0	81.0	76.2

从不同行业看，目前订货情况相对较好的行业包括：电力、燃气及水的生产和供应业，建筑业，交通运输、仓储和邮政业，房地产业，租赁和商务服务业以及制造业中的医药、化纤等行业，订货“正常”或“高于正常”的企业比重超过七成，而纺织和有色等行业的订货情况相对较差，仅有不到一半的企业订货“正常”或“高于正常”（见表 21）。

关于企业目前的产销形势，调查显示，认为企业的生产（服务）量、销售量“增加”的企业经营者分别占 39% 和 40%，比认为“减少”的分别多 20.5 和 19.3 个百分点，这一结果虽然低于 2007 年的水平，但比 2008 年的调查结果分别高 12.1 和 12.4 个百分点，这表明企业经营已度过谷底，正处于企稳回升的过程中（见表 22）。

表 22　相对于上半年，企业目前的生产（服务）量、销售量情况（%）

		增加	持平	减少	增加 - 减少
目前生产（服务）量	2009 年	39.0	42.5	18.5	20.5
	2008 年	38.9	30.6	30.5	8.4
	2007 年	54.3	31.1	14.6	39.7
	2006 年	52.7	31.9	15.4	37.3
目前销售量	2009 年	40.0	39.3	20.7	19.3
	2008 年	40.8	25.3	33.9	6.9
	2007 年	56.8	26.4	16.8	40.0
	2006 年	54.3	27.4	18.3	36.0

从企业生产状况也能看出这种从低谷回升的态势。调查显示，目前“停产”企业比重为 0.7%，“半停产”企业比重为 20.8%，合计比重为 21.5%，比去年同期的调查结果高 6.3 个百分点，但比今年一季度的调查结果低 4.8 个百分点（见表 23）。

表 23　　企业目前的生产情况（%）

	超负荷生产	正常运作	半停产	停产
2009 年	3.7	74.8	20.8	0.7
2009 年一季度	1.7	72.0	25.6	0.7
2008 年	4.4	80.4	14.4	0.8
2007 年	6.8	85.4	7.1	0.7
2006 年	4.9	86.9	7.6	0.6

从库存情况看，调查显示，认为企业库存“正常”的企业经营者占 72.9%，比 2008 年高 2 个百分点，比 2009 年一季度高 12.3 个百分点。值得注意的是，在今年一季度的调查中，企业库存“高于正常”和“低于正常”的比重比最近的调查结果分别高出 5.7 和 6.6 个百分点，这表明 2009 年一季度企业经营基本处于谷底，一方面企业产品销路不畅，产成品库存增加，另一方面企业尽可能减少产成品和原材料库存，造成企业“高于正常”和“低于正常”的比重都相对较高，企业处于“消化库存”的状态。目前企业库存已基本恢复正常，库存“低于正常”的比重不仅明显低于一季度的 15.4%，也低于 2006 ~ 2008 年 10% ~ 11% 左右的比重，而“高于正常”的比重明显高于 2006 ~ 2007 年的结果，与 2008 年的结果大致相当，这表明当前企业库存回补过程已经基本结束，但因产能过剩的制约，销售情况尚未恢复正常，库存“高于正常”的现象在部分行业还比较严重，如纺织、橡胶、非金属和有色金属等行业，有超过四分之一的企业经营者认为库存“高于正常”（见表 24、图 3）。

表 24　　不同行业企业目前的产成品库存情况（%）

	高于正常	正常	低于正常	正常 + 低于正常
总体	**18.3**	**72.9**	**8.8**	**81.7**
农林牧渔业	17.3	75.2	7.5	82.7
采矿业	17.8	76.7	5.5	82.2
制造业	19.8	71.2	9.0	80.2
电力、燃气及水的生产和供应业	7.2	84.6	8.2	92.8
建筑业	16.3	77.7	6.0	83.7
交通运输、仓储和邮政业	17.9	74.6	7.5	82.1
信息传输、计算机服务和软件业	11.8	82.3	5.9	88.2
批发和零售业	13.1	76.8	10.1	86.9
住宿和餐饮业	7.7	84.6	7.7	92.3
房地产业	13.5	76.6	9.9	86.5
租赁和商务服务业	10.8	81.1	8.1	89.2
食品饮料制造业	16.3	74.2	9.5	83.7
纺织业	27.9	66.3	5.8	72.1
纺织服装、鞋、帽制造业	12.0	84.8	3.2	88.0
造纸及纸制品业	15.1	80.8	4.1	84.9
化学原料及化学制品制造业	20.8	70.9	8.3	79.2
医药制造业	17.8	75.3	6.9	82.2
化学纤维制造业	6.3	74.9	18.8	93.7
橡胶制品业	27.5	66.6	5.9	72.5
塑料制品业	20.6	70.4	9.0	79.4
非金属矿物制品业	29.0	61.5	9.5	71.0
黑色金属冶炼及压延加工业	18.9	70.6	10.5	81.1
有色金属冶炼及压延加工业	25.4	63.3	11.3	74.6
金属制品业	15.7	73.5	10.8	84.3

续表

	高于正常	正常	低于正常	正常＋低于正常
通用设备制造业	18.7	70.6	10.7	81.3
专用设备制造业	21.3	68.4	10.3	78.7
交通运输设备制造业	21.2	69.9	8.9	78.8
电气机械及器材制造业	16.1	72.8	11.1	83.9
通信设备、计算机及其他电子设备制造业	11.3	77.4	11.3	88.7
仪器仪表及文化、办公用机械制造业	20.0	65.7	14.3	80.0

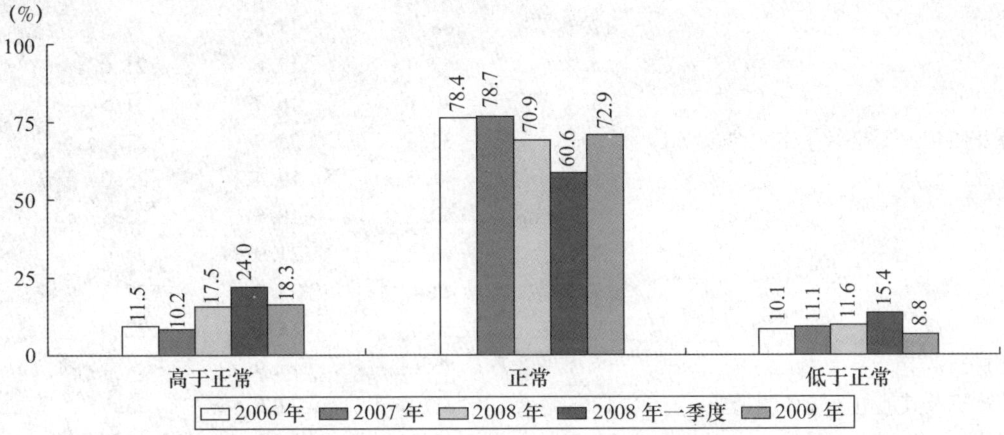

图 3　企业目前的产成品库存情况

企业产销的回升促进企业盈利情况的好转。调查显示，预计下半年盈利（包括“较大盈利”和“略有盈余”，下同）的企业比重为61.5%，比上半年盈利的企业多10.1个百分点；预计下半年亏损（包括“亏损”和“严重亏损”，下同）的企业比重为16.2%，比上半年低11.9个百分点（见表25、表26）。

从不同行业看，上半年盈利状况较好的行业包括：交通运输、仓储和邮政业，批发和零售业以及制造业中的医药、橡胶等行业，有超过六成的企业盈利；从对下半年盈利的预计看，批发和零售业以及制造业中的医药、化纤、通信设备和仪器仪表等行业相对较为乐观，超过七成的企业预计下半年盈利（见表25、表26）。

表 25　　不同行业企业今年上半年盈利情况（%）

	较大盈利	略有盈余	收支平衡	亏损	严重亏损
总体	**7.0**	**44.4**	**20.5**	**24.8**	**3.3**
农林牧渔业	3.8	41.3	18.3	32.8	3.8
采矿业	5.4	51.3	12.2	21.6	9.5
制造业	6.5	43.4	20.4	26.2	3.5
电力、燃气及水的生产和供应业	8.8	38.1	15.0	31.0	7.1
建筑业	4.8	46.7	27.7	19.7	1.1
交通运输、仓储和邮政业	14.3	54.7	17.9	9.5	3.6
信息传输、计算机服务和软件业	13.2	28.3	26.4	28.3	3.8
批发和零售业	9.9	51.8	18.8	18.2	1.3
住宿和餐饮业	6.9	41.4	31.0	20.7	
房地产业	9.0	47.8	21.9	19.4	1.9
租赁和商务服务业	14.3	42.8	23.8	16.7	2.4

续表

	较大盈利	略有盈余	收支平衡	亏损	严重亏损
食品饮料制造业	6.2	41.7	22.6	27.4	2.1
纺织业	2.1	29.2	21.8	41.6	5.3
纺织服装、鞋、帽制造业	1.9	38.4	28.0	29.8	1.9
造纸及纸制品业	12.2	44.5	23.0	17.6	2.7
化学原料及化学制品制造业	7.3	46.2	15.5	26.8	4.2
医药制造业	18.8	49.5	10.9	17.8	3.0
化学纤维制造业	9.4	50.0	21.9	15.6	3.1
橡胶制品业	17.3	48.1	17.3	17.3	
塑料制品业	5.9	52.9	17.6	21.6	2.0
非金属矿物制品业	5.4	40.1	16.7	31.5	6.3
黑色金属冶炼及压延加工业	3.2	34.6	25.3	27.4	9.5
有色金属冶炼及压延加工业	5.6	41.7	19.4	25.0	8.3
金属制品业	4.8	50.2	18.5	23.3	3.2
通用设备制造业	4.6	46.2	21.9	24.6	2.7
专用设备制造业	7.3	43.4	23.3	23.3	2.7
交通运输设备制造业	8.3	50.7	15.1	22.0	3.9
电气机械及器材制造业	8.3	46.6	18.9	24.4	1.8
通信设备、计算机及其他电子设备制造业	12.3	37.7	22.6	25.5	1.9
仪器仪表及文化、办公用机械制造业	12.2	47.2	27.0	12.2	1.4

表 26　　不同行业企业对今年下半年盈利状况的预计（%）

	较大盈利	略有盈余	收支平衡	亏损	严重亏损
总体	**9.8**	**51.7**	**22.3**	**14.5**	**1.7**
农林牧渔业	8.5	46.5	29.5	13.2	2.3
采矿业	16.4	53.5	23.3	4.1	2.7
制造业	8.7	51.8	22.5	15.2	1.8
电力、燃气及水的生产和供应业	9.8	39.3	19.6	26.8	4.5
建筑业	10.3	54.3	23.4	10.9	1.1
交通运输、仓储和邮政业	15.7	54.2	18.1	12.0	
信息传输、计算机服务和软件业	17.0	47.1	17.0	15.1	3.8
批发和零售业	12.5	57.7	18.9	10.3	0.6
住宿和餐饮业	7.1	57.2	21.4	14.3	
房地产业	18.8	47.0	22.8	10.1	1.3
租赁和商务服务业	11.9	45.2	28.6	14.3	
食品饮料制造业	9.3	52.3	19.5	17.1	1.8
纺织业	2.5	34.4	29.5	29.1	4.5
纺织服装、鞋、帽制造业	2.5	53.1	27.5	15.0	1.9
造纸及纸制品业	6.8	58.0	17.6	17.6	
化学原料及化学制品制造业	9.2	49.7	21.3	18.4	1.4
医药制造业	25.0	49.0	18.0	8.0	
化学纤维制造业	12.1	60.6	15.2	9.1	3.0
橡胶制品业	11.5	55.8	23.1	7.7	1.9
塑料制品业	5.9	55.3	24.3	13.8	7
非金属矿物制品业	9.0	46.8	24.8	16.2	3.2
黑色金属冶炼及压延加工业	5.3	49.4	29.5	13.7	2.1
有色金属冶炼及压延加工业	9.7	52.8	27.8	9.7	

续表

	较大盈利	略有盈余	收支平衡	亏损	严重亏损
金属制品业	6.9	57.5	21.5	12.1	2.0
通用设备制造业	8.7	55.4	21.4	13.3	1.2
专用设备制造业	11.0	49.7	23.3	15.0	1.0
交通运输设备制造业	10.7	54.2	19.0	13.7	2.4
电气机械及器材制造业	10.4	58.0	20.8	10.8	
通信设备、计算机及其他电子设备制造业	14.3	56.2	19.0	9.5	1.0
仪器仪表及文化、办公用机械制造业	13.5	63.5	14.9	8.1	

从盈利程度来看，调查显示，认为企业盈利状况“正常”的企业经营者占42.1%，认为“好于正常”的占5.2%，两者合计比重为47.3%，不仅明显高于一季度调查33.9%的结果，也比2008年的调查结果高4.8个百分点。其中，西部和东北地区企业盈利状况好于东部和中部地区，大型企业盈利状况明显好于中小型企业，国有及国有控股公司盈利状况明显好于非国有企业（见表27）。

表27　　企业目前的盈利情况（%）

	好于正常	正常	低于正常	好于正常+正常				
				2009年	2009年一季度	2008年	2007年	2006年
总体	**5.2**	**42.1**	**52.7**	**47.3**	**33.9**	**42.5**	**61.4**	**58.6**
东部地区企业	4.9	40.9	54.2	45.8	32.4	39.1	59.9	58.0
中部地区企业	5.1	42.2	52.7	47.3	33.8	45.1	62.2	57.8
西部地区企业	5.4	46.1	48.5	51.5	39.3	51.4	67.1	59.6
东北地区企业	8.7	44.0	47.3	52.7	35.8	45.8	59.8	65.5
大型企业	12.3	55.0	32.7	67.3	42.2	62.3	77.7	74.1
中型企业	4.8	42.4	52.8	47.2	33.9	43.6	64.0	61.1
小型企业	4.4	39.5	56.1	43.9	32.1	37.8	53.3	51.6
国有及国有控股公司	7.4	48.1	44.5	55.5	39.3	56.4	69.7	64.0
国有企业	7.3	49.0	43.7	56.3	37.8	55.5	68.3	64.5
非国有企业	5.1	41.4	53.5	46.5	33.6	41.3	60.5	57.8
私营企业	5.1	37.6	57.3	42.7	34.5	38.5	55.0	57.0
股份有限公司	7.9	45.8	46.3	53.7	39.6	44.8	63.6	59.7
有限责任公司	4.2	41.5	54.3	45.7	33.3	41.1	62.3	58.1
外商及港澳台投资企业	5.6	39.8	54.6	45.4	26.0	38.4	55.1	59.9
民营企业	4.5	40.3	55.2	44.8	31.9	39.3	58.8	56.3

企业产销的回升也带动了用工的增加。调查结果显示，与上半年相比，27%的企业用工“增加”，比用工“减少”的多7.4个百分点（见表28）。

表28　　相对于上半年，企业目前的用工人数情况（%）

	增加	持平	减少	增加-减少
总体	**27.0**	**53.4**	**19.6**	**7.4**
东部地区企业	26.4	52.4	21.2	5.2
中部地区企业	27.3	55.4	17.3	10.0
西部地区企业	28.5	54.6	16.9	11.6
东北地区企业	28.5	53.1	18.4	10.1
大型企业	33.3	57.6	9.1	24.2
中型企业	29.7	50.0	20.3	9.4

续表

	增加	持平	减少	增加－减少
小型企业	23.3	55.6	21.1	2.2
国有及国有控股公司	24.1	59.9	16.0	8.1
国有企业	22.5	62.0	15.5	7.0
外商及港澳台投资企业	25.3	45.4	29.3	-4.0
民营企业	27.5	52.3	20.2	7.3

从不同地区看，西部地区用工“增加”的比“减少”的多11.6个百分点，高于其他地区；从不同规模看，大型企业用工“增加”的比“减少”的多24.2个百分点，明显高于中小企业；从不同经济类型看，外商及港澳台投资企业用工“增加”的比“减少”的少4个百分点，要差于国有企业和民营企业（见表28）。

3. 外需下滑、内需不足与产能过剩的环境下，企业成本压力较大；人才、资金的不足影响创新能力提升和企业的持续发展

关于当前企业发展中遇到的最主要困难，调查显示，排在前四位的依次是“人工成本上升”（57.9%）、“能源、原材料成本上升”（48.5%）、“资金紧张”（46.9%）和“缺乏人才”（46.2%）。另外，选择较多的选项还包括：“整个行业产能过剩”（37.1%）、“缺乏创新能力”（27.1%）、“国内需求不足”（23.7%）和“出口需求不足”（21.8%）。其他选项按选择比重高低排序依次是“资源、环境约束较大”（17.2%）、“行业发展前景不明”（15.5%）、“企业领导人发展动力不足”（12.9%）、“遭受侵权等不正当竞争”（11.5%）、“地方政府干预较多”（9.1%）、“企业冗员安排困难”（8.1%）和“缺乏投资机会”（4.8%）（见表29）。

表29　当前企业经营发展中遇到的最主要困难（%）

	总体			地区				规模			经济类型			民营企业
	2009	2009一季度	2008	东部	中部	西部	东北	大型	中型	小型	国有及国有控股	其中：国有	非国有	
人工成本上升	57.9	53.6	72.2	59.9	55.0	55.1	53.6	43.3	57.6	60.9	44.4	45.3	59.0	61.2
能源、原材料成本上升	48.5	25.5	77.8	49.4	46.8	47.7	48.2	38.9	50.5	48.3	39.9	37.8	49.5	51.0
资金紧张	46.9	49.8	57.2	39.4	57.3	56.9	62.6	32.0	46.6	49.9	44.6	46.2	46.9	48.8
缺乏人才	46.2	39.6	41.8	45.2	48.5	47.2	46.4	49.5	45.2	46.6	44.5	46.0	46.4	46.7
整个行业产能过剩	37.1	—	—	37.6	36.9	37.4	32.0	40.8	37.9	35.8	35.1	32.0	37.5	38.1
缺乏创新能力	27.1	33.1	29.4	26.3	28.3	29.6	25.2	30.4	26.9	26.7	35.7	35.5	26.4	25.7
国内需求不足	23.7	37.7	19.6	24.3	23.2	23.1	21.6	28.8	23.6	22.9	23.8	25.6	23.6	23.4
出口需求不足	21.8	—	—	27.9	14.8	10.5	12.2	21.9	23.3	20.3	14.5	10.5	22.8	22.8
资源、环境约束较大	17.2	15.4	19.4	16.3	18.4	19.1	17.3	23.0	18.1	15.3	21.5	18.8	17.1	16.8
行业发展前景不明	15.5	16.2	14.3	15.4	14.8	16.7	16.2	12.9	13.4	18.0	16.1	16.9	15.4	15.6
企业领导人发展动力不足	12.9	9.7	10.8	12.5	13.0	15.3	10.8	15.9	11.3	14.0	19.7	20.6	12.1	11.8
遭受侵权等不正当竞争	11.5	12.7	10.5	12.3	10.5	9.5	11.9	11.3	11.3	11.9	8.7	8.7	11.8	11.3
地方政府干预较多	9.1	11.6	7.2	7.5	10.7	11.9	13.7	11.5	9.8	8.0	13.2	14.0	8.7	8.6
企业冗员安排困难	8.1	—	—	6.4	9.4	12.8	8.6	15.2	9.1	5.8	25.0	29.3	6.0	4.9
缺乏投资机会	4.8	—	—	5.0	5.0	4.6	2.2	5.1	4.6	4.9	4.9	4.3	4.8	4.7

与2008年的调查相比，排在前两位的选择比重均有明显的下降。其中“人工成本上升”减少了14.3个百分点，“能源、原材料成本上升”减少了29.3个百分点；但与2009年一季度的调查相比，

选择二者的比重又有不同程度的上升，其中“人工成本上升”提高 4.3 个百分点，“能源、原材料成本上升”提高了 24 个百分点（见表 29）。这一结果与人工成本和能源原材料价格的实际变动情况相关。调查结果显示，与上半年相比，超过六成（61.5%）的企业人工成本上升，仅 1.3% 的企业人工成本下降；接近六成（57.7%）的企业物料采购价格上升，比价格下降的多 49 个百分点（见表 30）。调查结果表明，随着经济的企稳回升，用工成本与能源、原材料成本也逐步提高，在目前外需下滑、内需尤其是消费需求不足、产能过剩还相对比较严重的环境下，企业的经营成本压力相对增大。

表 30　　相对于上半年，企业目前的人工成本及物料采购价格情况（%）

	上升	持平	下降	上升 - 下降			
				2009 年	2008 年	2007 年	2006 年
人工成本	61.5	37.2	1.3	60.2	97.0	93.8	85.0
物料采购价格	57.7	33.6	8.7	49.0	88.2	85.0	74.4

当前，国有企业与民营企业所面临的困难在有些方面存在明显的差异，比如企业冗员安排和企业发展动力方面。调查结果显示，29.3% 的国有企业将“企业冗员安排困难”列为企业当前面临的困难，而民营企业选择这一比重的仅 4.9%；20.6% 的国有企业认为“企业领导人发展动力不足”是企业目前发展的困难，比民营企业的选择比重高 8.8 个百分点。国有企业选择“缺乏创新能力”的比重（35.5%）也明显高于民营企业（25.7%）（见表 29）。

资金紧张是我国企业尤其是民营企业长期存在的一个问题。从历史上看，多数年份“资金紧张”的企业比重超过“正常”的比重。金融危机影响的初期，由于市场的急剧萎缩，资金链突然收缩，企业资金紧张状况加剧；随着政府出台积极的财政政策和适度宽松的货币政策，较早地推出 4 万亿经济刺激计划，企业的资金紧张状况有了明显的缓解。调查结果显示，2007 年选择资金紧张的企业比重为 44%，2008 年则达到 56.5%（调查时间为 8～10 月，正值金融危机开始对中国产生影响的初期），2009 年一季度减少到 49.2%，最新的调查结果为 41.3%（见表 31）。

表 31　　企业目前的资金情况（%）

		宽裕	正常	紧张	宽裕 - 紧张
总体	2009 年	7.9	50.8	41.3	-33.4
	2009 年一季度	4.5	46.3	49.2	-44.7
	2008 年	4.1	39.4	56.5	-52.4
	2007 年	6.2	49.8	44.0	-37.8
	2006 年	5.7	45.8	48.5	-42.8
	2005 年	5.3	40.2	54.5	-49.2
	2004 年	5.4	37.3	57.3	-51.9
	2003 年	8.3	43.4	48.3	-40.0
大型企业		16.6	57.3	26.1	-9.5
中型企业		7.9	51.2	40.9	-33.0
小型企业		6.3	49.2	44.5	-38.2
国有及国有控股公司		9.6	51.9	38.5	-28.9
国有企业		8.4	51.3	40.3	-31.9
非国有企业		7.9	50.7	41.4	-33.5
民营企业		6.8	50.4	42.8	-36.0

相对国有企业来说，民营企业的资金紧张状况更加严重。调查结果显示，民营企业认为资金紧张的比重为 42.8%，比高国有企业 2.5 个百分点。从银行贷款的难易程度可以明显看出民营企业资金紧

张的原因。调查结果显示，67%的民营企业经营者认为难以从银行贷款，其中29.1%认为“有难度”，20.6%认为“比较难”，17.3%认为“非常难”；而国有及国有控股企业的情况明显好于民营企业，59.6%认为贷款困难，其中26.9%认为“有难度”，19.4%认为“比较难”，13.3%认为“非常难”（见表31、表32）。

表32　企业从银行贷款的难易程度（%）

	不难	不太难	有难度	比较难	非常难
总体	**9.1**	**25.9**	**28.5**	**20.2**	**16.3**
东部地区企业	11.1	31.2	27.8	17.7	12.2
中部地区企业	6.1	19.0	31.3	23.8	19.8
西部地区企业	6.5	17.3	28.1	24.4	23.7
东北地区企业	5.6	16.9	27.3	22.5	27.7
大型企业	20.5	40.4	20.5	11.3	7.3
中型企业	9.7	26.5	29.5	19.9	14.4
小型企业	6.5	22.6	29.2	22.0	19.7
国有及国有控股公司	12.0	28.4	26.9	19.4	13.3
民营企业	7.8	25.2	29.1	20.6	17.3

企业将缺乏人才列为企业经营发展中遇到的主要困难的比重出现了上升的趋势。调查结果显示，2009年选择“缺乏人才”的比重为46.2%，比2008年上升了4.4个百分点。这说明企业面临的竞争形势和竞争格局在发生变化，即从低成本的量的方面的竞争向差异化的质的方面竞争的转变，其中企业创新能力的提升至为关键（见表29）。

但由于经济的下滑、资金的紧张和人才的缺乏，企业创新水平提升速度不尽如人意。调查结果显示，相对于2008年，2009年企业的创新投入“增加”的占40.9%，“持平”的占42.1%，“减少”的占17%，“增加”的比“减少”的多23.9个百分点，这一结果比2008年低11.5个百分点，也明显低于2006年、2007年46%左右的水平。创新投入的不足造成了企业新产品销售比重增幅的下滑。调查显示，39.5%的企业新产品销售比重“增加”，比“减少”的多23.4个百分点，这一结果比2008年低9.8个百分点，比2006年和2007年低20个百分点以上（见表33）。

表33　相对于去年，企业今年的研发投入和新产品销售比重情况（%）

	增加	持平	减少	增加-减少			
				2009年	2008年	2007年	2006年
研发投入	40.9	42.1	17.0	23.9	35.4	45.6	46.1
新产品销售比重	39.5	44.4	16.1	23.4	33.2	44.3	43.4

三、经济增长预期较为乐观

1. 外部环境趋于缓解，政策效果逐步显现，订货状况持续回升，经济前景趋于乐观

关于企业的国际环境，调查结果显示，多数企业（70.9%）预期海外需求将于明年明显回升（见表11）。关于10大行业振兴规划，超过半数（51.7%）的企业经营者认为在未来半年将效果“很大”或“较大”，比认为效果“较小”或“没有效果”的高3.4个百分点；关于4万亿投资对促进经济复苏的成效，调查结果显示，58.6%的企业经营者认为在未来半年会效果“很大”或“较大”，比认为效果“较小”或“没有效果”的高17.2个百分点（见表34、表35）。

表 34　　对 10 大行业振兴规划对促进经济复苏在未来半年内的效果的判断（%）

	很大	较大	较小	没有效果
2009 年	2.4	49.3	45.3	3.0
2009 年一季度	1.7	33.0	61.0	4.3

表 35　　对 4 万亿元投资计划对促进经济复苏在未来半年内的效果的判断（%）

	很大	较大	较小	没有效果
总体	**4.6**	**54.0**	**39.0**	**2.4**
东部地区企业	4.2	52.0	41.2	2.6
中部地区企业	5.5	56.1	36.2	2.2
西部地区企业	5.0	57.9	34.9	2.2
东北地区企业	5.0	55.9	37.0	2.1
大型企业	5.3	57.5	35.8	1.4
中型企业	4.2	53.8	39.4	2.6
小型企业	4.8	53.4	39.3	2.5
国有及国有控股公司	3.5	59.4	36.0	1.1
国有企业	4.8	58.2	35.6	1.4
非国有企业	4.6	53.5	39.4	2.5
私营企业	6.5	51.6	38.2	3.7
股份有限公司	2.6	55.7	39.3	2.4
有限责任公司	5.0	53.9	38.9	2.2
外商及港澳台投资企业	2.7	50.2	43.6	3.5
民营企业	4.8	52.7	39.7	2.8

基于对国际经济环境明年趋于好转和对政府经济振兴规划取得效果的良好预期，企业经营者对企业经营状况的预期相对比较乐观。调查显示，认为四季度企业经营状况将“好转”的企业经营者占 43.2%，认为“不变”的占 50.2%，认为会“恶化”的占 6.6%，认为“好转”的比认为“恶化”的多 36.6 个百分点，这一结果比 2008 年高 22.3 个百分点，也高于 2006 年和 2007 年的水平（见表 36）。

表 36　　对今年四季度综合经营状况的预计（%）

	四季度经营状况预计			好转 – 恶化			
	好转	不变	恶化	2009 年	2008 年	2007 年	2006 年
总体	**43.2**	**50.2**	**6.6**	**36.6**	**14.3**	**31.1**	**32.5**
东部地区企业	42.6	50.7	6.7	35.9	11.9	30.5	33.5
中部地区企业	46.3	47.3	6.4	39.9	18.0	31.7	32.7
西部地区企业	40.3	53.2	6.5	33.8	19.3	32.6	29.7
东北地区企业	45.3	49.2	5.5	39.8	14.4	32.0	29.4
大型企业	50.0	44.4	5.6	44.4	19.5	31.5	33.4
中型企业	45.8	47.6	6.6	39.2	15.2	34.0	32.9
小型企业	39.5	53.8	6.7	32.8	12.7	27.3	31.4
国有及国有控股公司	42.5	52.3	5.2	37.3	13.3	25.2	22.8
国有企业	41.5	53.0	5.5	36.0	13.9	25.2	22.8
非国有企业	43.3	50.1	6.6	36.7	14.5	31.9	33.8
私营企业	43.8	48.6	7.6	36.2	17.7	30.1	39.3
股份有限公司	43.3	50.7	6.0	37.3	14.1	31.8	31.0
有限责任公司	45.0	48.6	6.4	38.6	16.1	34.0	35.3
外商及港澳台投资企业	40.1	51.7	8.2	31.9	5.9	27.5	32.5
民营企业	43.3	49.5	7.2	36.1	15.4	32.3	36.1

从不同地区看，中部地区和东北地区认为“好转”的比认为“恶化”的分别多39.9和39.8个百分点，高于其他地区；从不同规模看，大型企业认为“好转”的比认为“恶化”的多44.4个百分点，高于中小企业；从不同经济类型看，外商及港澳台投资企业认为“好转”的比认为“恶化”的多31.9个百分点，要低于其他类型企业（见表37）。

对于明年企业经营状况，企业经营者表现出更乐观的预期。调查结果显示，预计明年企业综合经营状况将“好转”的企业经营者占60.2%，预计“不变”的占34.8%，预计“恶化”的占5%，预计“好转”的比预计“恶化”的多55.2个百分点（见表37）。

从不同地区看，中部地区企业经营者对明年综合经营状况的预计较为乐观，预计“好转”的比预计“恶化”的多57.2个百分点，高于其他地区；从不同规模看，中型企业要更为乐观，预计“好转”的比预计“恶化”的多57.3个百分点，高于大型企业和小型企业；从不同经济类型看，民营企业和外商及港澳台投资企业更为乐观，预计“好转”的比预计“恶化”的多55个百分点以上，明显高于国有企业（见表37）。

表37　　不同地区、规模及经济类型企业对明年综合经营状况的预计（%）

	好转	不变	恶化	好转-恶化
总体	**60.2**	**34.8**	**5.0**	**55.2**
东部地区企业	60.3	34.8	4.9	55.4
中部地区企业	61.8	33.6	4.6	57.2
西部地区企业	57.4	36.2	6.4	51.0
东北地区企业	59.2	36.8	4.0	55.2
大型企业	60.7	33.7	5.6	55.1
中型企业	62.4	32.5	5.1	57.3
小型企业	58.0	37.1	4.9	53.1
国有及国有控股公司	56.8	37.9	5.3	51.5
国有企业	52.8	41.9	5.3	47.5
非国有企业	60.8	34.2	5.0	55.8
私营企业	63.5	31.1	5.4	58.1
股份有限公司	61.5	34.4	4.1	57.4
有限责任公司	61.0	33.8	5.2	55.8
外商及港澳台投资企业	62.0	32.4	5.6	56.4
民营企业	60.8	34.3	4.9	55.9

从不同行业看，调查发现，不同行业的前景预期差异较大。其中，对明年经营状况预计较为乐观的行业包括：农林牧渔业，采矿业，住宿和餐饮业以及制造业中的食品、造纸、化工和电气机械等行业，预计“好转”的比预计“恶化”的多60个百分点以上。而预期相对较差的行业有：电力、燃气及水的生产和供应业，建筑业，交通运输、仓储和邮政业，批发和零售业，租赁和商务服务业以及制造业中的纺织、服装、化纤和非金属等行业，预计“好转”的比预计“恶化”的多50个百分点以内（见表38）。

表38　　不同行业企业对明年综合经营状况的预计（%）

	好转	不变	恶化	好转-恶化
总体	**60.2**	**34.8**	**5.0**	**55.2**
农林牧渔业	76.3	21.5	2.2	74.1
采矿业	64.8	33.8	1.4	63.4

续表

	好转	不变	恶化	好转 - 恶化
制造业	61.5	33.3	5.2	56.3
电力、燃气及水的生产和供应业	50.8	42.9	6.3	44.5
建筑业	53.0	40.5	6.5	46.5
交通运输、仓储和邮政业	44.7	48.2	7.1	37.6
信息传输、计算机服务和软件业	66.1	26.4	7.5	58.6
批发和零售业	52.3	42.9	4.8	47.5
住宿和餐饮业	60.7	39.3		60.7
房地产业	61.3	36.1	2.6	58.7
租赁和商务服务业	51.1	44.2	4.7	46.4
食品饮料制造业	69.7	26.4	3.9	65.8
纺织业	55.3	39.0	5.7	49.6
纺织服装、鞋、帽制造业	54.3	39.5	6.2	48.1
造纸及纸制品业	68.5	30.1	1.4	67.1
化学原料及化学制品制造业	65.7	30.1	4.2	61.5
医药制造业	62.0	35.0	3.0	59.0
化学纤维制造业	51.5	42.4	6.1	45.4
橡胶制品业	56.9	39.2	3.9	53.0
塑料制品业	61.4	32.7	5.9	55.5
非金属矿物制品业	57.2	33.0	9.8	47.4
黑色金属冶炼及压延加工业	62.4	31.3	6.3	56.1
有色金属冶炼及压延加工业	58.9	32.9	8.2	50.7
金属制品业	60.9	33.9	5.2	55.7
通用设备制造业	64.2	31.2	4.6	59.6
专用设备制造业	56.0	38.9	5.1	50.9
交通运输设备制造业	64.4	29.7	5.9	58.5
电气机械及器材制造业	66.8	27.2	6.0	60.8
通信设备、计算机及其他电子设备制造业	58.5	37.7	3.8	54.7
仪器仪表及文化、办公用机械制造业	58.9	39.7	1.4	57.5

订货的回升为企业的乐观预期奠定了基础。调查结果显示，39.3%的企业预期四季度订货“增加”，比预期“减少”的多23.2个百分点，而2008年则是预期“增加”的比预期“减少”的少0.4个百分点。从不同行业看，农林牧渔业，信息传输、计算机服务和软件业，住宿和餐饮业以及制造业中的食品、造纸和医药等行业订货预期尤其乐观，预期“增加”的比预期“减少”的多35个百分点以上。而纺织和钢铁行业订货预期相对较差，预期订货“增加”的比预期“减少”的多6个百分点左右（见表39）。

企业经营者的乐观预期还表现在对企业产品销售价格回升的判断上。调查结果显示，31.2%的企业经营者预期明年企业产品销售价格将“上升”，比认为“下降”的多14.8个百分点。从不同行业看，预期产品价格上升较多的行业有：农林牧渔业，电力、燃气及水的生产和供应业，建筑业，批发和零售业，房地产业以及制造业中的食品、化纤等行业，预期价格“上升”的比“下降”的多30个百分点以上。其中，房地产行业预期其产品价格“上升”的比预期“下降”的多62.2个百分点，明显高于其他行业。而信息传输、计算机服务和软件业以及制造业中的医药、橡胶、汽车、电气机械、通信设备和仪器仪表等行业相对较差，预期产品价格“上升”的比重要低于预期“下降”的比重（见表40）。

表 39　不同行业企业对今年四季度订货情况的预计（%）

	增加	持平	减少	增加-减少			
				2009 年	2008 年	2007 年	2006 年
总体	**39.3**	**44.6**	**16.1**	**23.2**	**-0.4**	**32.5**	**28.3**
农林牧渔业	49.6	39.1	11.3	38.3	7.3	39.9	23.7
采矿业	37.0	53.4	9.6	27.4	24.8	40.7	15.4
制造业	40.1	43.1	16.8	23.3	-1.0	33.6	33.0
电力、燃气及水的生产和供应业	37.5	49.0	13.5	24.0	14.1	25.5	14.6
建筑业	32.6	47.4	20.0	12.6	3.9	34.0	16.2
交通运输、仓储和邮政业	30.3	56.5	13.2	17.1	12.4	35.2	18.9
信息传输、计算机服务和软件业	49.0	39.2	11.8	37.2	34.5	40.7	33.3
批发和零售业	37.2	47.2	15.6	21.6	-2.1	25.1	16.6
住宿和餐饮业	42.3	53.9	3.8	38.5	24.9	18.6	40.6
房地产业	31.4	56.9	11.7	19.7	-33.5	35.1	15.6
租赁和商务服务业	34.1	48.8	17.1	17.0	0.0	10.6	25.8
食品饮料制造业	48.7	39.1	12.2	36.5	13.4	41.4	39.5
纺织业	31.5	43.2	25.3	6.2	-30.4	5.4	20.8
纺织服装、鞋、帽制造业	34.8	43.5	21.7	13.1	-26.3	1.4	19.1
造纸及纸制品业	44.6	45.9	9.5	35.1	-5.0	30.4	43.9
化学原料及化学制品制造业	41.8	38.9	19.3	22.5	7.9	33.4	29.8
医药制造业	53.0	43.0	4.0	49.0	40.5	41.9	27.9
化学纤维制造业	34.4	50.0	15.6	18.8	-14.3	7.7	26.3
橡胶制品业	41.2	41.2	17.6	23.6	-14.9	30.2	36.3
塑料制品业	41.9	40.5	17.6	24.3	-10.2	36.8	37.0
非金属矿物制品业	41.0	41.9	17.1	23.9	-1.2	33.6	35.8
黑色金属冶炼及压延加工业	27.1	52.1	20.8	6.3	-22.4	39.4	37.1
有色金属冶炼及压延加工业	33.8	53.5	12.7	21.1	-20.2	36.7	34.2
金属制品业	38.2	46.4	15.4	22.8	1.7	25.1	32.0
通用设备制造业	41.4	41.0	17.6	23.8	2.8	43.1	34.7
专用设备制造业	33.1	48.5	18.4	14.7	8.4	42.6	28.2
交通运输设备制造业	45.6	39.2	15.2	30.4	-3.3	46.8	33.1
电气机械及器材制造业	44.1	39.4	16.5	27.6	13.9	46.9	36.6
通信设备、计算机及其他电子设备制造业	44.3	43.4	12.3	32.0	0.1	33.1	43.7
仪器仪表及文化、办公用机械制造业	41.1	47.9	11.0	30.1	11.8	44.5	20.6

表 40　不同行业企业对明年销售价格的预计（%）

	上升	持平	下降	上升-下降
总体	**31.2**	**52.4**	**16.4**	**14.8**
农林牧渔业	41.9	47.1	11.0	30.9
采矿业	28.4	66.2	5.4	23.0
制造业	27.9	53.5	18.6	9.3
电力、燃气及水的生产和供应业	35.7	60.7	3.6	32.1
建筑业	43.4	47.5	9.1	34.3
交通运输、仓储和邮政业	33.3	56.4	10.3	23.0
信息传输、计算机服务和软件业	11.5	50.0	38.5	-27.0
批发和零售业	43.9	43.8	12.3	31.6
住宿和餐饮业	32.1	64.3	3.6	28.5
房地产业	66.4	29.4	4.2	62.2
租赁和商务服务业	34.1	56.1	9.8	24.3

续表

	上升	持平	下降	上升-下降
食品饮料制造业	38.9	54.6	6.5	32.4
纺织业	33.1	54.1	12.8	20.3
纺织服装、鞋、帽制造业	27.3	54.7	18.0	9.3
造纸及纸制品业	37.8	41.9	20.3	17.5
化学原料及化学制品制造业	38.2	45.5	16.3	21.9
医药制造业	19.8	52.5	27.7	-7.9
化学纤维制造业	57.6	33.3	9.1	48.5
橡胶制品业	25.5	47.0	27.5	-2.0
塑料制品业	27.3	51.3	21.4	5.9
非金属矿物制品业	28.3	50.2	21.5	6.8
黑色金属冶炼及压延加工业	37.5	52.1	10.4	27.1
有色金属冶炼及压延加工业	33.8	54.9	11.3	22.5
金属制品业	32.1	50.6	17.3	14.8
通用设备制造业	21.4	61.5	17.1	4.3
专用设备制造业	19.8	60.4	19.8	0.0
交通运输设备制造业	22.2	49.2	28.6	-6.4
电气机械及器材制造业	24.5	48.2	27.3	-2.8
通信设备、计算机及其他电子设备制造业	11.3	48.1	40.6	-29.3
仪器仪表及文化、办公用机械制造业	10.8	60.8	28.4	-17.6

在问及企业对未来发展的信心时，绝大多数企业经营者都表示有信心。调查结果显示，86.1%的企业经营者对企业下一阶段的经营发展“很有信心”或“较有信心”，13.3%“信心不足”，仅有0.6%“没有信心”。与2009年一季度的调查数据相比，表示“很有信心”或“较有信心”的比重提高了29.8个百分点（见表41）。

表41　　对企业下一阶段经营发展的信心（%）

	很有信心	较有信心	信心不足	没有信心
2009年	26.4	59.7	13.3	0.6
2009年一季度	18.3	38.0	32.7	11.0

2. 企业投资信心增强，未来就业压力趋于缓解

企业经营者对未来经济走势的乐观预期增强了企业未来的投资信心。调查显示，53.1%的企业明年计划投资额将“增长”，34.5%的企业“不变”，12.4%“减少”，计划“增长”的比“减少”的多40.7个百分点，这一数据虽然仍低于2006年和2007年的水平，但比2008年提高了13.4个百分点（见表42）。

从不同地区看，中部地区和西部地区企业计划投资额“增长”的比“减少”的分别多46.9和45个百分点，要高于东部地区和东北地区企业；从不同规模看，大型企业计划投资额“增长”的比“减少”的多52.3个百分点，明显高于中小企业；从不同经济类型看，民营企业计划投资额“增长”的比“减少”的多40.7个百分点，明显高于国有企业，这表明经济内生动力增强（见表42）。

从不同行业看，明年计划投资额增长较多的行业有：信息传输、计算机服务和软件业，房地产业以及制造业中的医药、橡胶、汽车和仪器仪表等行业，计划投资额“增长”的比“减少”的多50个百分点以上，而住宿和餐饮业，租赁和商务服务业以及制造业中的纺织和钢铁等行业则相对较差，计划投资额“增长”的比“减少”的多30个百分点以内（见表43）。

表 42　　不同地区、规模及经济类型企业对明年计划投资额增减的预计（%）

	增长	不变	减少	增长-减少			
				2009 年	2008 年	2007 年	2006 年
总体	**53.1**	**34.5**	**12.4**	**40.7**	**27.3**	**57.1**	**58.6**
东部地区企业	50.7	36.5	12.8	37.9	21.9	55.8	59.2
中部地区企业	58.8	29.3	11.9	46.9	37.4	59.9	60.4
西部地区企业	56.2	32.6	11.2	45.0	36.4	60.8	54.4
东北地区企业	49.6	37.8	12.6	37.0	24.5	53.9	60.1
大型企业	62.5	27.3	10.2	52.3	41.0	70.5	65.1
中型企业	55.8	31.6	12.6	43.2	27.6	60.8	61.0
小型企业	49.3	38.2	12.5	36.8	24.4	48.8	54.5
国有及国有控股公司	52.2	34.8	13.0	39.2	34.3	52.2	49.1
国有企业	49.2	37.1	13.7	35.5	34.9	50.9	46.7
非国有企业	53.5	34.3	12.2	41.3	26.6	58.0	60.3
私营企业	54.4	32.7	12.9	41.5	21.4	51.4	62.2
股份有限公司	56.1	32.4	11.5	44.6	28.8	61.5	60.4
有限责任公司	54.7	32.9	12.4	42.3	29.5	60.7	62.8
外商及港澳台投资企业	47.7	41.9	10.4	37.3	17.4	55.3	59.9
民营企业	53.3	34.1	12.6	40.7	26.4	57.7	62.0

表 43　　不同行业企业对明年计划投资额增减的预计（%）

	增长	不变	减少	增长-减少			
				2009 年	2008 年	2007 年	2006 年
总体	**53.1**	**34.5**	**12.4**	**40.7**	**27.3**	**57.1**	**58.6**
农林牧渔业	57.7	30.4	11.9	45.8	44.0	60.4	56.0
采矿业	55.8	27.1	17.1	38.7	46.7	69.0	62.3
制造业	53.1	34.2	12.7	40.4	25.3	57.2	61.4
电力、燃气及水的生产和供应业	56.4	31.8	11.8	44.6	29.7	69.2	50.5
建筑业	50.9	40.0	9.1	41.8	30.1	47.3	52.6
交通运输、仓储和邮政业	57.3	30.5	12.2	45.1	43.4	65.5	53.8
信息传输、计算机服务和软件业	62.3	28.3	9.4	52.9	56.2	50.8	67.1
批发和零售业	43.2	46.6	10.2	33.0	26.9	49.4	45.2
住宿和餐饮业	46.4	35.7	17.9	28.5	34.3	28.6	58.6
房地产业	68.0	24.7	7.3	60.7	17.7	71.8	54.6
租赁和商务服务业	43.6	33.3	23.1	20.5	20.0	42.0	54.8
食品饮料制造业	55.2	29.5	15.3	39.9	37.8	66.5	61.5
纺织业	37.9	45.2	16.9	21.0	0.3	41.2	56.7
纺织服装、鞋、帽制造业	49.4	40.6	10.0	39.4	-6.4	28.6	57.4
造纸及纸制品业	55.4	35.1	9.5	45.9	33.4	53.9	61.5
化学原料及化学制品制造业	58.9	27.8	13.3	45.6	39.4	55.4	68.6
医药制造业	63.4	28.7	7.9	55.5	33.9	50.6	63.6
化学纤维制造业	48.5	39.4	12.1	36.4	17.7	19.3	38.9
橡胶制品业	59.7	36.5	3.8	55.9	34.4	66.0	58.1
塑料制品业	55.9	35.5	8.6	47.3	23.8	53.4	48.2
非金属矿物制品业	47.0	36.7	16.3	30.7	20.3	51.1	52.5
黑色金属冶炼及压延加工业	44.2	35.8	20.0	24.2	9.7	52.6	59.5
有色金属冶炼及压延加工业	57.0	23.6	19.4	37.6	20.5	70.3	69.7
金属制品业	53.2	36.4	10.4	42.8	27.1	51.7	59.5

续表

	增长	不变	减少	增长－减少			
				2009 年	2008 年	2007 年	2006 年
通用设备制造业	55.9	30.6	13.5	42.4	30.6	71.3	67.5
专用设备制造业	55.8	30.8	13.4	42.4	32.2	68.7	64.0
交通运输设备制造业	62.5	28.6	8.9	53.6	29.4	69.2	65.6
电气机械及器材制造业	52.3	36.1	11.6	40.7	32.3	67.3	60.3
通信设备、计算机及其他电子设备制造业	51.0	39.6	9.4	41.6	28.1	62.7	73.6
仪器仪表及文化、办公用机械制造业	59.0	34.2	6.8	52.2	45.6	60.7	58.1

关于“如果目前条件成熟，您最希望投资哪个行业”，调查显示，75.3%的企业选择继续投资本行业，为近4年来的最高水平。其中，选择继续投资本行业超过八成的有农林牧渔业，住宿和餐饮业、房地产业、租赁和商务服务业以及制造业中的医药、有色金属、汽车、通信设备和仪器仪表等行业。希望转投其他行业比重相对较高的包括电力燃气及水的生产和供应业以及制造业中的纺织、服装、造纸和化纤等行业，比重在30%以上。与2008年的调查结果相比，租赁和商务服务业、医药等行业选择继续投资本行业的比重提高了10个百分点以上，高于其他行业（见表44）。

表 44　企业最希望投资的行业（%）

		本行业		其他行业	
总体	2009 年	75.3		24.7	
	2008 年	73.4		26.6	
	2007 年	70.0		30.0	
	2006 年	72.7		27.3	
		2009 年	2008 年	2009 年	2008 年
农林牧渔业		83.8	74.7	16.2	25.3
采矿业		74.5	78.5	25.5	21.5
制造业		74.1	72.8	25.9	27.2
电力、燃气及水的生产和供应业		69.0	75.4	31.0	24.6
建筑业		77.8	69.7	22.2	30.3
交通运输、仓储和邮政业		71.7	77.5	28.3	22.5
信息传输、计算机服务和软件业		76.3	74.2	23.7	25.8
批发和零售业		78.6	75.8	21.4	24.2
住宿和餐饮业		87.4	79.4	12.6	20.6
房地产业		82.1	79.2	17.9	20.8
租赁和商务服务业		83.8	68.3	16.2	31.7
食品饮料制造业		72.8	76.1	27.2	23.9
纺织业		57.4	48.7	42.6	51.3
纺织服装、鞋、帽制造业		62.8	56.1	37.2	43.9
造纸及纸制品业		68.6	71.1	31.4	28.9
化学原料及化学制品制造业		76.7	80.1	23.3	19.9
医药制造业		87.0	73.8	13.0	26.2
化学纤维制造业		67.7	60.0	32.3	40.0
橡胶制品业		77.6	76.9	22.4	23.1
塑料制品业		71.4	70.2	28.6	29.8
非金属矿物制品业		72.7	70.4	27.3	29.6
黑色金属冶炼及压延加工业		76.6	72.6	23.4	27.4
有色金属冶炼及压延加工业		80.6	82.4	19.4	17.6

续表

	本行业		其他行业	
	2009年	2008年	2009年	2008年
金属制品业	73.0	74.4	27.0	25.6
通用设备制造业	79.2	78.1	20.8	21.9
专用设备制造业	77.7	78.2	22.3	21.8
交通运输设备制造业	81.0	78.5	19.0	21.5
电气机械及器材制造业	76.8	74.8	23.2	25.2
通信设备、计算机及其他电子设备制造业	89.2	83.2	10.8	16.8
仪器仪表及文化、办公用机械制造业	84.3	81.8	15.7	18.2

关于“企业有投资意向的地区”，调查显示，有86.8%的企业经营者选择了东部地区，其中37.6%选择了“长三角”地区，22.8%选择了“京津—环渤海”地区，15.4%选择了“珠三角”地区，选择其他东部地区的为11%；此外，有25.1%的企业经营者选择了中部地区，33.3%选择了西部地区，10.2%选择了东北地区，3.1%选择了港澳台地区，8%选择了海外地区。与2008年相比，2009年企业投资意向的特点是，“长三角”和“京津—环渤海”继续成为资金青睐的地区，“珠三角”地区的投资吸引力略有回升，中、西部地区的投资意向趋稳，而海外地区的投资意向明显下降（见表45）。

表45　企业有投资意向的地区（%）

		东部地区				中部地区	西部地区	东北地区	港澳台地区	其他海外地区
		“长三角”地区	“珠三角”地区	“京津—环渤海”	其他东部地区					
总体	2009年	37.6	15.4	22.8	11.0	25.1	33.3	10.2	3.1	8.0
	2008年	37.4	13.7	23.1	11.5	25.9	35.2	11.7	3.8	12.2
	2007年	33.0	14.0	21.8	10.3	20.5	28.9	10.1	2.9	10.5
东部地区企业		46.5	16.9	26.6	13.8	19.5	23.4	7.6	3.7	9.2
中部地区企业		31.3	14.7	16.8	7.2	53.3	36.3	7.3	2.5	7.1
西部地区企业		16.6	11.5	11.1	5.0	15.8	78.9	3.4	1.8	5.4
东北地区企业		16.9	11.7	32.9	8.7	10.0	13.0	68.4	2.2	4.3
大型企业		32.2	15.1	26.8	9.9	28.8	33.8	11.9	3.1	11.2
中型企业		37.2	15.5	22.8	11.0	26.1	33.6	10.7	3.1	8.5
小型企业		38.9	15.5	22.0	11.2	23.4	32.9	9.6	3.2	6.8
国有及国有控股公司		31.7	17.0	25.1	10.4	24.6	38.3	10.1	2.2	9.6
国有企业		30.7	17.8	24.9	11.2	24.1	37.2	8.9	2.0	10.6
非国有企业		38.1	15.2	22.7	10.9	25.1	33.0	10.4	3.2	7.8
民营企业		38.7	14.8	21.6	11.7	26.4	33.0	10.2	2.9	7.8

投资增长的同时，企业用工也可望继续回升。调查结果显示，46.2%的企业经营者预计企业明年用工将“增加”，44.9%预计“持平”，8.9%预计“减少”，预计“增加”的比“减少”的多37.3个百分点（见表46）。

从不同地区看，中部地区企业明年用工将增加较多，预计“增加”的比“减少”的多40个百分点，要高于其他地区；从不同规模看，大型企业预计“增加”的比“减少”的多42.1个百分点，高于中小企业；从不同经济类型看，非国有企业用工增加的比重明显超过国有企业，其中外商及港澳台投资企业预计用工“增加”的比“减少”的多40.3个百分点，这也反映出企业经营者对外需回暖的乐观预期（见表46）。

表 46　　对企业明年用工人数的预计（%）

	增加	持平	减少	增加 - 减少
总体	**46.2**	**44.9**	**8.9**	**37.3**
东部地区企业	46.7	44.3	9.0	37.7
中部地区企业	47.6	44.8	7.6	40.0
西部地区企业	43.6	46.8	9.6	34.0
东北地区企业	44.2	46.3	9.5	34.7
大型企业	48.7	44.7	6.6	42.1
中型企业	48.0	43.6	8.4	39.6
小型企业	44.3	46.0	9.7	34.6
国有及国有控股公司	35.1	53.2	11.7	23.4
国有企业	32.9	54.1	13.0	19.9
非国有企业	47.6	44.0	8.4	39.2
私营企业	49.0	42.2	8.8	40.2
股份有限公司	46.7	45.0	8.3	38.4
有限责任公司	49.2	42.7	8.1	41.1
外商及港澳台投资企业	48.0	44.3	7.7	40.3
民营企业	48.6	43.3	8.1	40.5

四、对经济热点、宏观调控和改革的评价及建议

1. 房地产发展难题亟待破解

鉴于房地产行业在城市化发展中的特殊作用，在国民经济产业链中的特殊地位，在外需减弱的形势下，要确保中国经济未来的持续发展，房地产市场的稳定健康发展至关重要。

房价是影响房地产市场发展的一个关键因素。调查结果显示，多数企业经营者认为当前房价偏高，其中21.3%认为“过高”，46.3%认为“较高”，28.9%认为价格“正常”，3.4%认为“偏低”，0.1%认为“过低”（见表47）。

表 47　　对企业所在地区房价总体水平的判断（%）

	过　高	较　高	正常	较　低	过　低
总体	**21.3**	**46.3**	**28.9**	**3.4**	**0.1**
东部地区企业	28.4	45.0	24.4	2.1	0.1
中部地区企业	9.1	49.2	36.5	5.0	0.2
西部地区企业	13.7	45.9	34.5	5.6	0.3
东北地区企业	10.2	48.0	35.0	6.4	0.4

值得注意的是，虽然大部分企业经营者认为目前房价偏高，但企业经营者仍普遍预期明年房价会继续上涨。调查显示，超过八成（82.7%）的企业经营者预期2010年企业所在地区的房价将会上涨，其中16.1%认为会“上涨10%以上”，37.1%认为会“上涨5%～10%”，29.5%认为会“上涨5%以内”；13.2%认为会“持平”，4.1%认为会“下降”（见表48）。

当前需求的旺盛是推高房价的重要因素，因此对房地产市场的需求分析具有重要意义。关于企业所在地区住宅市场需求的主要来源，调查结果显示，63.7%认为是“改善型购房”，43.1%认为是“投资或投机型购房”，32.5%认为是“首次购房”。调查结果表明，“改善型购房”目前已成为房地产市场需求的主流，而投资或投机性购房的比重也相当高，且不同地区存在一定的差异。其中东部地区“投资或投机型购房”比重较高，达到49.5%，东北地区“改善型购房”比重较高，为78.1%，中部

地区“首次购房”比重相对较高，为37.7%。从不同城市[①]看，投资或投机型比重相对较高的有宁波、杭州、上海、深圳、南宁、福州、成都、南昌、大连、昆明、北京和南京等城市，而这些城市也是目前房价相对较高，未来预期上升幅度也相对较大的地区（见表49）。

表48　对明年企业所在地区房价的预计（相对于2009年，%）

	上涨10%以上	上涨5%~10%	上涨5%以内	持平	下降
总体	**16.1**	**37.1**	**29.5**	**13.2**	**4.1**
东部地区企业	18.6	37.8	26.4	12.6	4.6
中部地区企业	11.4	35.0	35.3	15.3	3.0
西部地区企业	14.4	40.6	30.1	11.6	3.3
东北地区企业	11.0	29.8	38.6	16.7	3.9

表49　对企业所在地区住宅市场需求的判断（%）

	首次购房	改善型购房	投资或投机型购房
总体	**32.5**	**63.7**	**43.1**
东部地区企业	30.9	61.3	49.5
中部地区企业	37.7	63.0	33.1
西部地区企业	33.0	68.9	36.2
东北地区企业	28.7	78.1	29.4
宁　波	16.5	52.2	71.3
杭　州	20.9	51.8	69.1
上　海	29.2	50.9	67.3
深　圳	51.1	35.6	66.7
南　宁	34.5	48.3	65.5
福　州	37.1	57.1	62.9
成　都	16.9	69.2	58.5
南　昌	8.3	62.5	58.3
大　连	28.6	57.1	57.1
昆　明	26.2	59.5	57.1
北　京	30.1	53.8	57.0
南　京	36.5	65.4	55.8
苏　州	26.4	68.6	54.5
郑　州	34.1	58.5	53.7
长　沙	35.3	52.9	52.9
武　汉	32.6	52.2	50.0
合　肥	44.0	52.0	48.0
青　岛	33.3	77.8	46.7
银　川	9.5	66.7	42.9
广　州	27.8	70.4	40.7
天　津	38.4	72.6	39.7
石家庄	40.6	71.9	37.5
重　庆	31.3	74.8	36.5
济　南	53.3	66.7	33.3
西　安	46.8	59.7	30.6
沈　阳	32.1	82.1	25.0
哈尔滨	33.3	85.7	23.8

① 主要包括全国各省（自治区、直辖市）的省会城市以及大连、苏州、青岛、宁波和深圳等在内的大中城市。

2. 部分行业产能过剩现象仍比较严重

本次调查还了解了企业所在行业的产能状况。调查结果显示，超过六成（63.4%）的企业经营者认为企业所在行业产能过剩，其中44.8%认为“有些过剩”，18.6%认为“严重过剩”；27.5%认为“正常”；9.1%认为产能不足，其中8.4%认为“有些不足”，0.7%认为“严重不足”。从不同行业看，纺织、造纸、化纤、非金属和钢铁等行业产能过剩情况相对比较严重，超过七成的企业经营者认为产能“严重过剩”或“有些过剩”，尤其是纺织、造纸和非金属等行业，有三成左右的认为“严重过剩”（见表50）。

表50　对本企业所在行业产能的判断（%）

	严重过剩	有些过剩	正常	有些不足	严重不足
总体	**18.6**	**44.8**	**27.5**	**8.4**	**0.7**
农林牧渔业	14.8	31.1	37.0	14.1	3.0
采矿业	9.5	48.6	31.1	8.1	2.7
制造业	20.5	46.5	24.8	7.7	0.5
电力、燃气及水的生产和供应业	8.0	36.6	34.8	17.0	3.6
建筑业	17.9	42.4	28.3	10.9	0.5
交通运输、仓储和邮政业	15.9	42.6	31.7	9.8	
信息传输、计算机服务和软件业	3.9	45.0	37.3	11.8	2.0
批发和零售业	19.0	40.3	33.6	6.8	0.3
住宿和餐饮业	17.2	38.0	31.0	13.8	
房地产业	5.4	39.2	49.3	5.4	0.7
租赁和商务服务业	5.0	50.0	37.5	7.5	
食品饮料制造业	21.5	36.3	30.7	11.5	
纺织业	32.4	49.6	13.9	4.1	
纺织服装、鞋、帽制造业	17.4	49.7	21.7	11.2	
造纸及纸制品业	28.4	51.2	14.9	4.1	1.4
化学原料及化学制品制造业	24.4	44.8	24.6	5.9	0.3
医药制造业	25.7	36.6	23.8	12.9	1.0
化学纤维制造业	18.2	60.6	18.2		3.0
橡胶制品业	9.6	55.7	21.2	13.5	
塑料制品业	14.9	51.4	26.0	7.1	0.6
非金属矿物制品业	27.4	52.0	16.6	4.0	
黑色金属冶炼及压延加工业	19.6	50.5	22.7	7.2	
有色金属冶炼及压延加工业	23.6	44.5	25.0	6.9	
金属制品业	16.1	47.4	28.5	7.6	0.4
通用设备制造业	16.4	45.6	31.6	5.2	1.2
专用设备制造业	15.7	44.0	29.7	10.3	0.3
交通运输设备制造业	16.0	41.3	26.2	14.1	2.4
电气机械及器材制造业	24.3	45.3	21.6	8.3	0.5
通信设备、计算机及其他电子设备制造业	16.0	53.9	22.6	6.6	0.9
仪器仪表及文化、办公用机械制造业	2.7	55.4	35.1	6.8	

产能过剩的程度也可以从企业的设备利用率上得到反映。调查显示，关于制造业企业2008年的设备利用率，38.2%的制造业企业在“75%及以下”，40.6%的企业为“75%～90%”，21.2%的企业在“90%以上”。总体来看，2008年制造业企业的平均设备利用率为77.1%（见表51）。

表 51　企业去年的设备利用率（%）

	75%及以下	75%～90%	90%以上	平均设备利用率
制造业总体	38.2	40.6	21.2	77.1
食品饮料制造业	52.8	34.7	12.5	69.5
纺织业	30.6	40.5	28.9	80.5
纺织服装、鞋、帽制造业	38.2	42.7	19.1	77.2
造纸及纸制品业	37.0	47.9	15.1	77.1
化学原料及化学制品制造业	41.3	38.6	20.1	75.7
医药制造业	34.4	40.6	25.0	77.8
化学纤维制造业	33.3	33.4	33.3	81.4
橡胶制品业	47.0	27.5	25.5	77.1
塑料制品业	43.5	44.9	11.6	75.2
非金属矿物制品业	32.9	39.5	27.6	79.0
黑色金属冶炼及压延加工业	41.7	31.9	26.4	76.9
有色金属冶炼及压延加工业	36.8	39.7	23.5	78.1
金属制品业	37.5	37.0	25.5	78.6
通用设备制造业	28.8	48.5	22.7	80.4
专用设备制造业	33.2	45.2	21.6	78.5
交通运输设备制造业	36.7	41.9	21.4	78.5
电气机械及器材制造业	39.1	38.0	22.9	76.9
通信设备、计算机及其他电子设备制造业	31.6	43.9	24.5	80.9
仪器仪表及文化、办公用机械制造业	34.3	34.3	31.4	78.4

关于对企业2009年设备利用率的预计，调查显示，44.3%的制造业企业预计在“75%及以下”，比2008年提高了6.1个百分点；36%预计为“75%～90%”，19.7%预计在“90%以上”。调查表明，当前企业的产能过剩情况比2008年有所加重。从不同行业来看，食品、塑料、有色金属和金属制品等行业预计2009年设备利用率相对较低，接近或超过一半的企业预计在“75%及以下”。与2008年相比，塑料、非金属制品、有色金属、金属制品和通用设备等行业设备利用率下降较多，选择“75%及以下”的企业经营者比重提高了10个百分点左右（见表52）。

表 52　对企业今年设备利用率的预计（%）

	75%及以下	75%～90%	90%以上	平均设备利用率
制造业总体	44.3	36.0	19.7	75.3
食品饮料制造业	54.5	28.4	17.1	69.5
纺织业	37.9	37.0	25.1	77.5
纺织服装、鞋、帽制造业	35.9	46.8	17.3	75.9
造纸及纸制品业	39.7	37.0	23.3	76.4
化学原料及化学制品制造业	46.0	34.4	19.6	74.6
医药制造业	34.7	37.9	27.4	79.3
化学纤维制造业	33.3	27.3	39.4	80.6
橡胶制品业	42.3	38.5	19.2	77.8
塑料制品业	51.4	36.3	12.3	74.3
非金属矿物制品业	40.4	32.9	26.7	76.7
黑色金属冶炼及压延加工业	45.0	38.5	16.5	73.6
有色金属冶炼及压延加工业	50.7	37.7	11.6	72.9
金属制品业	49.3	34.2	16.5	73.0
通用设备制造业	44.8	35.1	20.1	77.9

续表

	75%及以下	75%～90%	90%以上	平均设备利用率
专用设备制造业	39.0	43.3	17.7	76.2
交通运输设备制造业	33.5	40.7	25.8	79.8
电气机械及器材制造业	45.8	33.7	20.5	75.6
通信设备、计算机及其他电子设备制造业	35.7	45.9	18.4	78.8
仪器仪表及文化、办公用机械制造业	41.4	28.6	30.0	78.4

3. 消费需求不足与社会保障制度不健全、收入分配制度不合理密切相关

当前经济增长的最大障碍应该是需求不足。如何扩大需求，应关注哪方面的需求，将直接影响下一阶段的决策思路。调查结果显示，关注消费需求的企业经营者的比重高于关注投资的比重，其中，64.7%的企业经营者认为应关注农村居民的消费，55.4%认为应关注城市居民消费，50.5%认为应关注基础设施投资，44.7%认为应关注工业投资，20.1%认为应关注房地产投资与消费（见表53)。

表53　　为促进经济回暖，下一阶段应重点关注的方面（%)

	总体	地区				规模			经济类型			
		东部	中部	西部	东北	大型	中型	小型	国有及国有控股	其中：国有	非国有	民营企业
农村居民消费	**64.7**	64.9	64.8	66.3	58.6	67.6	62.8	65.8	65.3	65.2	64.7	65.0
城市居民消费	**55.4**	53.7	55.7	58.1	66.1	64.6	54.3	54.8	64.4	64.5	54.5	53.6
基础设施投资	**50.5**	46.7	56.3	56.1	56.1	46.8	49.7	51.9	53.6	54.8	50.0	50.7
工业投资	**44.7**	42.7	48.5	46.7	46.4	40.7	45.7	44.6	39.0	37.6	45.4	45.9
出口	**40.1**	46.2	32.1	30.9	28.2	41.2	41.0	39.0	38.8	38.0	40.3	39.8
房地产投资与消费	**20.1**	19.8	20.0	19.8	24.3	22.2	21.9	18.0	21.0	23.5	19.7	20.1
其他	**2.8**	3.2	1.5	3.5	2.5	0.7	3.0	3.2	1.1	0.9	3.0	3.1

要扩大国内消费需求，首先要认清当前影响国内消费需求的主要因素有哪些。调查结果显示，按企业经营者选择比重高低排在第一位的是“社会保障制度不健全限制消费”，选择比重为80.7%，其次是“居民收入增长滞后于财政收入增长”，选择比重为58.1%，其他选项依次是“居民收入差距过大”（54.5%)、“中国人高储蓄的传统文化”（39.5%)、“失业问题比较严重”（37.3%)、“‘三农’问题制约农民消费”（32.4%)、“城市化率相对较低”（21%)（见表54)。

表54　　制约扩大国内消费需求的主要因素（%)

	总体	地区				规模			经济类型			
		东部	中部	西部	东北	大型	中型	小型	国有及国有控股	其中：国有	非国有	民营企业
社会保障不健全限制消费	**80.7**	81.9	79.7	78.3	78.2	84.5	80.9	79.7	85.5	87.1	80.2	80.2
居民收入增长滞后于财政收入增长	**58.1**	57.8	59.1	59.6	53.9	63.1	58.0	57.6	60.7	61.3	57.9	58.2
居民收入差距过大	**54.5**	52.7	57.8	54.1	62.5	55.2	54.2	54.6	56.3	54.8	54.5	54.0
中国人高储蓄的传统文化	**39.5**	40.1	39.9	37.1	38.9	36.2	40.7	39.2	32.2	30.2	40.5	41.3
失业问题比较严重	**37.3**	35.0	38.4	42.5	45.0	35.7	38.5	36.5	42.6	47.0	36.3	36.3
“三农”问题制约农民消费	**32.4**	32.5	32.7	34.3	25.0	38.3	31.2	32.2	34.2	33.2	32.2	31.9
城市化率相对较低	**21.0**	20.6	20.7	23.4	20.4	21.3	20.6	21.4	20.1	19.4	21.0	21.8

调查表明，企业经营者认为社会保障体系不健全、收入分配不合理等是造成目前消费需求不足的重要原因。

4. 宏观经济政策适度，减税和加强对中小企业贷款成为共识

关于当前的宏观调控政策的松紧程度，调查显示，认为当前宏观调控政策“过紧”的企业经营者占0.6%，认为“偏紧”的占11.3%，分别比2008年下降了9和34.2个百分点；认为“合适”的占54.3%，比2008年上升了22.9个百分点；认为“偏松”的占30.1%，认为“过松”的占3.7%，分别比2008年上升了17.4和2.9个百分点。与2008年认为政策“偏紧”的比认为“偏松”的多32.8个百分点相反，2009年认为“偏松”的比认为“偏紧”的多18.8个百分点。调查表明，超过半数的企业经营者认为2009年国家宏观调控政策基本合适，略显偏松（见表55）。

表55　对近年来政府采取的宏观调控政策松紧程度的判断（%）

		过紧	偏紧	合适	偏松	过松
总体	2009年	0.6	11.3	54.3	30.1	3.7
	2008年	9.6	45.5	31.4	12.7	0.8
	2007年	1.5	19.8	43.3	33.7	1.7
东部地区企业		0.7	10.5	52.6	31.6	4.6
中部地区企业		0.5	13.4	55.4	28.1	2.6
西部地区企业		0.3	11.6	57.2	28.7	2.2
东北地区企业		0.4	10.8	60.7	25.9	2.2
大型企业		1.2	10.4	55.5	30.1	2.8
中型企业		0.6	12.1	53.6	30.3	3.4
小型企业		0.5	10.8	54.6	30.0	4.1
国有及国有控股公司		0.4	10.0	55.3	32.1	2.2
国有企业		0.5	11.3	53.3	32.6	2.3
非国有企业		0.6	11.3	54.3	29.9	3.9
私营企业		0.5	10.4	51.8	33.4	3.9
股份有限公司		0.2	12.5	55.9	28.3	3.1
有限责任公司		0.7	11.4	54.4	29.3	4.2
外商及港澳台投资企业		0.8	10.9	50.4	32.8	5.1
民营企业		0.6	11.7	54.5	29.2	4.0

针对当前的经济形势和现实环境，企业经营者就未来一年的宏观经济政策提出了多项建议。调查结果显示，65.2%的企业经营者建议“加大对企业减税的力度”，排在第一位；63.8%建议“加大对中小企业贷款力度”，排在第二位；其他建议按企业经营者选择比重高低排序依次是：“采取措施预防可能的通货膨胀”（52.1%）、“保持人民币币值稳定”（42.2%）、“增加政府支出力度”（20.5%）、“提高个人所得税起征点”（17.8%）、“进一步提高出口退税率”（11.9%）、“保持货币供应快速增长”（4.3%）和“政府发放购物券”（3.3%）（见表56）。

5. 加强管理和创新，努力开拓国内市场

在对政府政策提出建议的同时，企业经营者也表示将通过自身努力来应对挑战。关于“为了企业更好地发展，企业未来一年应着重采取的措施”，调查结果显示，企业经营者选择比重最高的四项分别是：“加强管理降低成本”（80.1%）、“增加创新投入”（68.7%）、“引进人才”（56.7%）和“开拓国内市场”（53.5%），其他选择比重较高的还有：“更新设备”（43%）、“加强企业文化建设”（35.1%）、“开拓国际市场”（31.7%）等（见表57）。

表56　对未来一年政府宏观经济政策的建议（%）

	总体	地区				规模			经济类型			
		东部	中部	西部	东北	大型	中型	小型	国有及国有控股	其中：国有	非国有	民营企业
加大对企业减税的力度	**65.2**	66.2	63.4	64.3	62.8	67.4	66.4	63.5	62.8	60.3	65.7	66.7
加大对中小企业贷款力度	**63.8**	59.9	73.5	66.0	65.0	42.0	64.4	67.4	51.8	53.9	64.7	68.0
采取措施预防可能的通货膨胀	**52.1**	54.1	48.0	50.0	52.0	57.8	51.2	51.8	58.1	58.5	51.5	51.0
保持人民币币值稳定	**42.2**	44.7	38.7	38.9	36.1	42.9	40.2	43.9	39.1	40.1	42.3	42.3
增加政府支出力度	**20.5**	16.9	24.4	27.9	25.6	22.4	21.0	19.6	24.1	25.2	20.0	19.5
提高个人所得税起征点	**17.8**	17.7	16.1	19.8	20.6	25.4	17.7	16.6	26.6	26.4	17.1	15.2
进一步提高出口退税率	**11.9**	14.2	8.7	7.5	10.5	14.5	12.8	10.4	10.7	9.4	12.1	11.3
保持货币供应快速增长	**4.3**	3.7	6.1	4.4	4.3	4.9	4.8	3.8	5.0	5.0	4.2	4.4
政府发放购物券	**3.3**	3.2	3.5	3.1	3.2	4.0	3.0	3.4	3.4	2.3	3.4	3.3

表57　为了企业更好地发展，企业未来一年应着重采取的措施（%）

	总体			地区				规模			经济类型			
	2009	2009一季度	2008	东部	中部	西部	东北	大型	中型	小型	国有及国有控股	其中：国有	非国有	民营企业
加强管理降低成本	80.1	81.0	81.6	78.1	83.5	83.9	79.3	78.9	80.7	79.8	81.9	80.6	80.1	80.0
增加创新投入	68.7	63.7	68.8	68.7	69.5	67.6	67.8	66.0	70.4	67.5	65.9	65.5	68.9	68.7
引进人才	56.7	51.9	54.9	55.4	59.5	57.7	58.3	59.4	58.1	54.9	54.1	52.5	57.1	57.3
开拓国内市场	53.5	53.7	47.0	55.3	52.7	45.1	60.1	52.1	53.0	54.2	50.2	51.2	53.7	53.7
更新设备	43.0	32.8	31.2	41.7	43.6	45.7	47.5	34.7	42.8	44.7	38.6	37.3	43.5	44.5
加强企业文化建设	35.1	35.8	33.8	32.8	38.6	38.8	37.0	40.1	37.9	31.5	40.5	42.6	34.3	34.2
开拓国际市场	31.7	23.7	30.2	37.8	23.1	20.6	26.4	36.2	32.9	29.9	27.4	25.2	32.3	32.0
改变经营模式	23.2	26.9	26.2	21.2	26.4	28.4	19.6	19.2	22.8	24.3	29.8	31.7	22.4	22.1
投资其他行业	13.9	9.6	15.0	13.8	13.5	16.4	9.1	10.6	13.0	15.4	8.9	7.4	14.5	15.5
减少用工	10.7	16.9	17.8	11.0	9.0	10.5	14.1	6.3	9.4	12.7	10.3	12.5	10.5	10.7
寻求上市	7.4	4.9	8.5	7.5	8.0	5.9	7.2	15.3	9.1	4.3	8.4	7.2	7.4	6.6
股权投资或并购	5.8	7.7	6.0	5.7	5.8	6.9	5.1	15.0	6.2	3.8	10.1	10.2	5.5	5.0
投资其他地区	5.2	4.1	5.7	5.4	4.7	5.1	5.8	8.5	5.7	4.2	3.9	3.7	5.4	5.8

调查表明，面对成本上升、缺乏人才、资金紧张和产能过剩等困难，企业经营者首先将通过加强管理来降低成本，其次是转变企业发展方式，引进人才、加大创新投入，同时为应对外需不足和产能过剩的挑战，还主动采取措施开拓国内市场、积极扩大内需。

6. 继续加大改革力度，促进政府职能转变

本次调查请企业经营者对近两年来有关改革成效进行评价。调查显示，各项改革按企业经营者评价高低，即“效果很好”与“效果较好”的比重之和大小排序依次是：健全社会保障体系（43%）、促进民营企业发展（33.5%）、产权制度改革（29.7%）、政府职能转变（28.3%）、金融体制改革（27.9%）、国有企业改革（25.4%）、投资体制改革（25.1%）、财税体制改革（24.7%）、土地制度改革（21.4%）和垄断性行业改革（5.5%）（见表58）。

从与前两年的对比来看，企业经营者对于近两年来有关改革成效的评价差异明显。其中，企业经营者对“政府职能转变”、“金融体制改革”和“财税体制改革”的评价虽然仍低于2007年的水平，

但与2008年相比有所提升；而对于其他各项改革的评价则均低于2008年的水平，尤其是对“投资体制改革”、“国有企业改革”、“促进民营企业发展”和“产权制度改革”的评价，从2007年开始呈现出逐年下降的趋势（见表58）。

表58　对近两年来有关改革成效的评价（%）

		效果很好	效果较好	有些效果	尚未见效	效果很好+效果较好
政府职能转变	2009年	3.8	24.5	55.2	16.5	28.3
	2008年	4.0	22.7	55.5	17.8	26.7
	2007年	4.2	24.7	55.6	15.5	28.9
垄断性行业改革	2009年	0.4	5.1	31.0	63.5	5.5
	2008年	0.7	6.0	32.0	61.3	6.7
	2007年	0.7	5.9	32.2	61.2	6.6
产权制度改革	2009年	2.4	27.3	57.2	13.1	29.7
	2008年	2.9	30.5	54.6	12.0	33.4
	2007年	3.6	30.3	55.6	10.5	33.9
投资体制改革	2009年	1.9	23.2	55.6	19.3	25.1
	2008年	2.0	23.7	53.8	20.5	25.7
	2007年	3.2	29.1	52.9	14.8	32.3
健全社会保障体系	2009年	7.0	36.0	48.8	8.2	43.0
	2008年	7.3	36.2	48.9	7.6	43.5
	2007年	5.7	33.3	51.0	10.0	39.0
土地制度改革	2009年	2.1	19.3	51.8	26.8	21.4
	2008年	3.2	23.7	50.3	22.8	26.9
	2007年	3.0	22.2	48.8	26.0	25.2
金融体制改革	2009年	2.4	25.5	51.1	21.0	27.9
	2008年	1.8	20.1	50.3	27.8	21.9
	2007年	3.2	26.2	51.9	18.7	29.4
财税体制改革	2009年	2.3	22.4	51.4	23.9	24.7
	2008年	2.7	21.0	48.5	27.8	23.7
	2007年	2.9	24.7	50.4	22.0	27.6
国有企业改革	2009年	2.9	22.5	51.7	22.9	25.4
	2008年	4.2	26.0	51.1	18.7	30.2
	2007年	4.5	29.3	51.2	15.0	33.8
促进民营企业发展	2009年	5.4	28.1	43.0	23.5	33.5
	2008年	7.2	28.7	41.4	22.7	35.9
	2007年	10.8	38.2	38.6	12.4	49.0

对“目前是非公有经济发展的最好时期”这一说法的同意程度，也反映出企业经营者对“促进民营企业发展”改革成效评价的变化。调查显示，41.8%的民营企业经营者表示“非常同意”或“比较同意”，比2008年下降了9.1个百分点，也低于国有及国有控股公司；32%认为“一般”；26.2%表示“不太同意”或“很不同意”，比2008年提高了6.8个百分点（见表59）。

此外，调查还显示，39.2%的民营企业经营者认为创业板市场对民营经济的作用“很大”或“较大”，比国有及国有控股公司低了17.7个百分点；41.6%认为作用“较小”，5.8%认为“没有作用”，均明显高于国有及国有控股公司；13.4%表示“不清楚”。调查表明，民营企业经营者期待政府大力推进改革，继续促进民营企业发展（见表60）。

表 59　企业经营者对目前是否是非公经济发展的最好时期的同意程度（%）

		非常同意	比较同意	一般	不太同意	很不同意
总体		**5.8**	**36.5**	**32.6**	**20.7**	**4.4**
国有及国有控股公司		3.5	41.4	32.6	20.0	2.5
国有企业		3.2	44.1	33.0	18.1	1.6
民营企业	2009 年	6.0	35.8	32.0	21.2	5.0
	2008 年	8.3	42.6	29.7	15.9	3.5

表 60　企业经营者对创业板市场对民营经济的作用的判断（%）

	很大	较大	较小	没有作用	不清楚
总体	**3.7**	**39.2**	**39.1**	**5.0**	**13.0**
国有及国有控股公司	3.6	53.3	29.8	1.6	11.7
国有企业	2.6	53.9	30.9	1.7	10.9
民营企业	3.4	35.8	41.6	5.8	13.4

当请企业经营者提出当前最紧迫的三项改革时，按选择比重的多少排在前三位的依次是：政府职能转变（67.6%）、垄断性行业改革（46.3%）和健全社会保障体系（46.2%）。与 2008 年相比，政府职能转变仍排在首位，垄断性行业改革替代促进民营企业发展排在第二位，健全社会保障体系从第四位上升到第三位（见表 61）。

表 61　对有关改革紧迫性的判断（%）

	总体		地区				规模			经济类型			
	2009	2008	东部	中部	西部	东北	大型	中型	小型	国有及国有控股	其中：国有	非国有	民营企业
政府职能转变	67.6	67.4	64.5	71.1	70.9	79.0	70.6	67.0	67.6	69.7	70.3	67.3	67.0
垄断性行业改革	46.3	43.5	47.4	44.4	45.0	44.6	44.4	45.9	47.1	46.3	45.4	46.3	46.6
健全社会保障体系	46.2	34.6	46.9	44.5	46.3	43.8	54.9	44.8	45.7	56.7	59.4	44.9	43.1
促进民营企业发展	43.2	51.6	43.5	44.3	42.1	39.1	28.0	42.0	47.2	17.9	15.8	46.0	50.1
财税体制改革	27.6	31.3	29.9	23.2	23.3	29.7	20.1	29.0	27.6	22.4	18.7	28.5	28.5
金融体制改革	21.6	26.6	20.8	26.0	20.4	17.8	17.3	22.3	21.9	13.9	14.2	22.4	23.5
土地制度改革	12.3	11.3	13.7	8.9	12.3	8.7	9.6	12.0	13.0	9.7	10.5	12.4	11.8
投资体制改革	11.7	9.5	10.9	12.5	14.2	11.6	12.1	12.8	10.6	11.1	9.6	12.0	11.9
国有企业改革	11.7	9.6	10.5	12.3	14.6	14.1	22.9	12.1	9.2	30.3	30.8	9.9	7.7
产权制度改革	11.0	10.1	10.8	11.8	10.6	10.5	19.4	11.5	9.0	21.2	24.0	9.6	8.7

调查表明，企业经营者意识到深化改革的关键是政府职能转变，只有真正实现政府职能转变，其他改革才能更加顺利地推进；垄断性行业改革排在第二位，表明企业经营者希望进一步加快垄断性行业改革的步伐；对健全社会保障体系的迫切程度的提升，意味着在金融危机的背景下，企业经营者希望政府进一步加大建设社会保障体系的力度，减轻企业负担，为企业发展创造更好的外部环境。

企业经营者认为其他几项紧迫的改革依次是：促进民营企业发展（43.2%）、财税体制改革（27.6%）、金融体制改革（21.6%）、土地制度改革（12.3%）、投资体制改革（11.7%）、国有企业改革（11.7%）和产权制度改革（11%）。与 2008 年相比，促进民营企业发展、金融体制改革和财税体制改革分别减少了 8.4、5 和 3.7 个百分点，对其他几项改革紧迫性的判断变化不大（见表 61）。

与 2008 年的情况类似，从不同类型企业看，民营企业更加关注金融体制改革和财税体制改革，分别比国有企业多 9.3 和 9.8 个百分点；国有企业则更加关注国有企业改革、健全社会保障体系和产权制度改革，认为其具有紧迫性的比重比民营企业分别多23.1、16.3和15.3个百分点。从不同规模的企业看，大型企业更加关注产权制度改革和健全社会保障体系，中小企业更加关注促进民营企业发展、金融体制改革和财税体制改革（见表61）。

关于新增政府支出应投向的领域，调查结果显示，按照企业经营者选择比重高低排在前三位的依次是："完善社会保障体系"（83.8%）、"医疗卫生体制改革"（54.4%）和"生态环境保护"（47.1%），其他选择比重较高的还有："基础设施建设"（37.6%）、"产业调整、升级"（29.3%）和"文化教育事业发展"（22.4%）（见表62）。

表62　　新增加的政府支出主要应投向的领域（%）

	总体	地区				规模			经济类型			
		东部	中部	西部	东北	大型	中型	小型	国有及国有控股	其中：国有	非国有	民营企业
完善社会保障体系	**83.8**	83.2	85.1	84.2	84.9	87.5	83.8	83.2	89.1	90.0	83.3	83.0
医疗卫生体制改革	**54.4**	55.7	51.6	51.0	59.1	51.5	53.9	55.2	52.7	54.1	54.3	54.4
生态环境保护	**47.1**	49.1	43.5	45.2	43.4	46.8	46.6	47.7	46.7	47.8	47.1	47.1
基础设施建设	**37.6**	34.3	43.5	42.0	39.8	36.5	38.2	37.2	37.8	38.1	37.4	38.8
产业调整、升级	**29.3**	28.2	32.5	30.0	28.3	34.8	31.0	26.9	33.6	29.2	29.4	28.5
文化教育事业发展	**22.4**	22.7	22.2	23.2	18.6	22.6	21.6	23.2	18.8	20.2	22.7	23.0
廉租房建设	**12.7**	13.6	10.0	11.6	15.4	11.1	13.1	12.7	10.9	11.1	12.9	12.8
转移支付	**2.1**	2.0	2.1	2.4	1.4	1.2	2.2	2.1	2.9	2.8	2.0	1.8

（注：凡引用此报告者均需注明引自中国企业家调查系统——《2009·中国企业经营者问卷跟踪调查报告》）

课题组名单

顾　　问：张玉台　谢伏瞻　邵　宁　马建堂　袁宝华
全哲洙　王梦奎　陈清泰　魏礼群　李德水
鲁志强　孙晓郁　李克穆　刘世锦　侯云春
卢中原　蒋省三　辜胜阻　任泽民　陈　晋
许善达　丁俊发　熊志军

调查指导：王佩亨　陈全生　年　勇　毕雪融　王子先
余明勤　杨元伟　陈　淮　余　平　金磊夫
谢　庚　茅于轼　李　强　樊　纲

调查主持：李　兰　张　泰　李燕斌　李晓超　李建明
陈永杰

报告撰写：潘建成　李　兰　韩岫岚　郑明身　郝大海
彭泗清　董　博

数据处理：桂晓鸿　王　铮　董　博　张晓娟　匡洁玲

参与讨论：张文魁　李晓西　张　斌　王明政　杨正位
何龙灿　于　武　左小蕾　王小鲁　曹远征
武亚军　王云峰

2008年企业经营者对宏观经济形势及改革热点的判断、评价和建议

■ 中国企业家调查系统

2008年以来，受国内外一系列因素的影响，如冰雪灾害、汶川地震、美国次贷危机引发的国际金融市场动荡、全球经济增长明显放缓、石油、粮食、矿产品等全球性初级产品价格的大幅波动，中国经济运行状况出现了较大变化，中国企业面临新的困难和挑战。为了解在此背景下企业经营者对当前宏观经济形势、企业经营状况的判断及对未来发展的预期，了解他们对企业经营外部环境的评价、对宏观经济政策及经济体制改革成效的看法以及进一步深化改革的意见和建议，为政府决策提供参考依据，2008年8月至10月，中国企业家调查系统组织实施了“2008·中国企业经营者问卷跟踪调查”。

本次调查是由中国企业家调查系统组织的第16次全国性企业经营者年度跟踪调查，得到了国务院发展研究中心人力资源研究培训中心、国务院研究室工交贸易研究司、国务院国有资产监督管理委员会企业分配局、国家统计局国民经济综合统计司、中国企业联合会研究部[①]、国家发展和改革委员会国民经济综合司、人力资源和社会保障部人力资源市场司、人力资源和社会保障部法规司、住房和城乡建设部政策研究中心、商务部政策研究室、国家税务总局政策法规司、国家安全生产监督管理总局宣传教育中心、中国证券监督管理委员会市场监管部、中国物流与采购联合会等有关部门的支持和指导。

与前15次年度跟踪调查一样，本次调查以企业法人代表为主的企业经营者群体为调查对象，参考我国经济结构，按行业进行分层随机抽样。调查采用邮寄问卷的方式进行，于8月10日发放问卷18000份，截至10月15日共回收问卷6009份，其中有效问卷5920份，有效回收率为32.9%。通过部分未填写问卷与填写问卷企业的对比分析，未发现存在系统偏差。为使调查分析更为全面和深入，本报告还采用了中国企业家调查系统以往的调查结果。

本次调查主要涉及制造业、批发和零售业、房地产业、建筑业、电力燃气及水的生产和供应业、交通运输仓储和邮政业、农林牧渔业、采矿业以及信息传输计算机服务和软件业等行业，上述行业的企业所占比重分别为：74.8%、5.4%、4%、3.9%、2.1%、2%、1.7%、1.6%和1.1%。从企业的地区分布看，东部地区占59.4%，中部、西部和东北地区分别占20%、14.3%和6.3%；从企业规模看，大、中、小型企业分别占9.3%、43.4%和47.3%；从企业经济类型看，国有企业占9.1%，有限责任公司占47.9%，股份有限公司占16.5%，私营企业占12.3%，外商及港澳台投资企业占7.5%，股份合作企业占4.4%，集体企业占2.1%（见表1、表2）。

---

① 以上5家部门为中国企业家调查系统发起成立单位。

表 1　　调查样本基本情况（%）

行业	农林牧渔业	1.7	经济类型	国有企业	9.1
	采矿业	1.6		集体企业	2.1
	制造业（见表2）	74.8		私营企业	12.3
	电力、燃气及水的生产和供应业	2.1		股份合作企业	4.4
	建筑业	3.9		股份有限公司	16.5
	交通运输、仓储和邮政业	2.0		有限责任公司	47.9
	信息传输、计算机服务和软件业	1.1		其他内资企业	0.2
	批发和零售业	5.4		外商及港澳台投资企业	7.5
	住宿和餐饮业	0.6		民营企业	65.4
	房地产业	4.0		上市公司	2.5
	租赁和商务服务业	0.7	盈亏	盈利企业	62.8
	其他行业	2.1		持平企业	16.9
地区	东部地区企业	59.4		亏损企业	20.3
	中部地区企业	20.0	生产状况	超负荷生产企业	4.4
	西部地区企业	14.3		正常运作企业	80.4
	东北地区企业	6.3		半停产企业	14.4
规模	大型企业	9.3		停产企业	0.8
	中型企业	43.4	出口型企业		49.3
	小型企业	47.3	非出口型企业		50.7

注：1. 其他行业包括：金融业，科学研究、技术服务和地质勘查业，水利、环境和公共设施管理业，居民服务和其他服务业，卫生、社会保障和社会福利业，文化、体育和娱乐业等行业；

2. 东部地区包括：京、津、冀、沪、苏、浙、闽、鲁、粤、桂、琼11省（市、自治区）；中部地区包括：晋、蒙、皖、赣、豫、鄂、湘7省（自治区）；西部地区包括：渝、蜀、黔、滇、藏、陕、甘、宁、青、新10省（市、自治区）；东北地区包括：辽、吉、黑3省。

表 2　　调查样本中制造业基本情况（%）

	制造业细分	%		制造业细分	%
1	农副食品加工业	4.9	16	化学纤维制造业	1.0
2	食品制造业	3.4	17	橡胶制品业	1.5
3	饮料制造业	1.0	18	塑料制品业	4.7
4	烟草加工业	0.2	19	非金属矿物制品业	5.0
5	纺织业	6.3	20	黑色金属冶炼及压延加工业	2.4
6	纺织服装、鞋、帽制造业	4.7	21	有色金属冶炼及压延加工业	1.9
7	皮革、毛皮、羽毛（绒）及其制品业	1.2	22	金属制品业	7.0
8	木材加工及木、竹、藤、棕、草制品业	1.8	23	通用设备制造业	7.6
9	家具制造业	1.1	24	专用设备制造业	9.2
10	造纸及纸制品业	1.6	25	交通运输设备制造业	4.5
11	印刷业和记录媒介的复制	1.8	26	电气机械及器材制造业	6.6
12	文教体育用品制造业	1.0	27	通信设备、计算机及其他电子设备制造业	2.8
13	石油加工、炼焦及核燃料加工业	0.7	28	仪器仪表及文化、办公用机械制造业	2.0
14	化学原料及化学制品制造业	7.9	29	工艺品及其他制造业	2.1
15	医药制造业	3.1	30	废弃资源和废旧材料回收加工业	1.0

本次调查的企业经营者平均年龄为49.7岁，其中55岁及以上占29.3%，44岁及以下占26.7%，45~54岁占44%。文化程度为大专及以上的占76.9%，其中具有本科及以上学历的占41.2%。所学专业为管理类的占48.5%，为经济类的占33.2%。职务为企业董事长或总经理、厂长、党委书记的占

93.9%，其他职务的占6.1%（见表3）。

表3 调查对象基本情况（%）

性别	男	95.8	文化程度	初中或以下	4.6
	女	4.2		中专、高中	18.5
年龄	44岁及以下	26.7		大专	35.7
	45~49岁	19.7		大学本科	25.3
	50~54岁	24.3		研究生学历	7.5
	55岁及以上	29.3		硕士	6.9
	平均年龄（岁）	49.7		博士	1.5
所学专业	文史哲法律	6.6	现任职务	董事长	61.9
	经济	33.2		总经理	58.8
	管理	48.5		厂长	8.0
	理工农医	24.9		党委书记	16.3
	其他	13.2		其他	6.1

注：由于存在跨专业和职务兼任情况，因此所学专业和现任职务比例合计大于100%。

调查显示，受国内外一系列因素的影响，企业经营者普遍认为2008年以来经济明显降温，出口需求大幅减少，国内投资尤其是民间投资需求下降明显，消费需求增长乏力。调查同时发现，企业产销增速下滑，库存趋增，物料和人工成本明显上升，企业盈利减少、资金紧张，困难企业数量增多，尤其是东部地区企业、中小型企业、民营企业和外资企业面临较大困难，企业用工增长明显放缓，社会就业压力加大。

调查显示，企业未来投资计划趋于紧缩，订货明显下滑，房地产、纺织、钢铁及有色冶金等行业尤为明显。调查表明，企业经营者大都对突如其来的宏观经济形势的变化缺乏足够的预计和准备，心理压力增大，部分企业经营者对企业未来经营前景感到迷茫；当前企业经营面临严峻的挑战，不过这种挑战也可能会促进企业经营方式的转型，从而推动国民经济发展方式的转变。

调查结果表明，面对企业发展的新困难、新挑战，企业经营者希望一方面通过加强自身管理、推动创新提升企业竞争力；另一方面建议决策部门应根据当前的国内外经济形势变化情况，及时调整宏观调控政策；同时，企业经营者期待政府进一步加快政府职能转变的步伐，积极推进垄断性行业改革，企业经营者期望社会各方面关怀企业家、支持企业家，帮助企业家提振信心、渡过难关，促进企业持续发展。

一、宏观经济走势趋弱

1. 经济运行热度明显下降、经济增长预期下滑

关于“对宏观经济运行的总体判断”，调查显示，认为目前宏观经济“偏热”或“过热”的企业经营者占29.7%，比2007年减少36个百分点；认为“正常”的占29.1%；认为“偏冷”或“过冷”的占28.8%，比2007年提高26.9个百分点，为2002年以来的最高值（见表4、图1）。

关于“对当前宏观经济形势的判断”，调查显示，认为当前宏观经济形势“很好”或“较好”的企业经营者占35.4%，比2007年减少了41.8个百分点；认为“一般”的占40.5%；认为“较差”或“很差”的占24.1%，比2007年增加20.5个百分点（见表5）。这一结果显示企业经营者对当前的宏观经济形势持基本肯定的态度，但是需要注意的是，有近四分之一的企业经营者认为当前宏观经济形势“较差”或“很差”。

表 4　　2001～2008 年企业经营者对宏观经济运行的总体判断（%）

	过热	偏热	正常	偏冷	过冷	尚难判断
2008 年	3.6	26.1	29.1	27.2	1.6	12.4
2007 年	8.7	57.0	29.4	1.9	0.0	3.0
2006 年	3.8	44.9	42.0	4.4	0.1	4.8
2005 年	2.6	25.9	49.4	14.9	0.6	6.6
2004 年	5.5	44.2	34.4	8.1	0.3	7.5
2003 年	2.6	28.1	53.0	10.3	0.2	5.8
2002 年	0.6	10.6	57.9	23.9	1.0	6.0
2001 年	2.2	9.8	44.4	29.2	1.6	12.8

注：0.0 表示答题者选择了此项，但选择比重小于 0.05%。以下同。

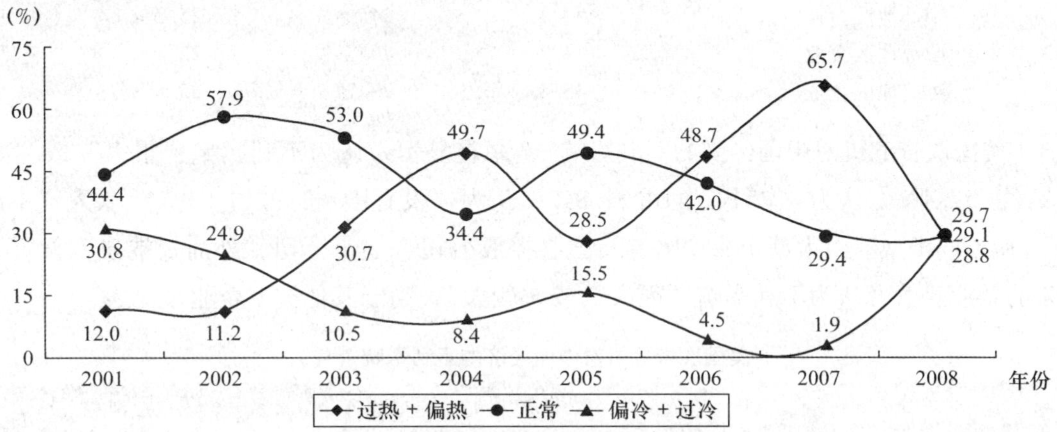

图 1　2001～2008 年企业经营者对宏观经济运行的总体判断

表 5　　企业经营者对当前宏观经济形势的判断（%）

		很好	较好	一般	较差	很差
总体	2008 年	2.8	32.6	40.5	21.1	3.0
	2007 年	11.2	66.0	19.2	3.3	0.3
	2006 年	7.0	63.9	26.3	2.6	0.2
东部地区企业		2.2	28.7	41.2	24.1	3.8
中部地区企业		3.2	37.5	40.9	16.3	2.1
西部地区企业		3.8	37.3	38.5	18.9	1.5
东北地区企业		5.7	42.9	36.9	12.1	2.4
大型企业		2.0	38.8	40.5	17.6	1.1
中型企业		2.6	30.7	41.5	21.4	3.8
小型企业		3.3	33.2	39.3	21.5	2.7
国有及国有控股公司		1.5	39.3	42.4	15.8	1.0
国有企业		1.1	40.6	43.7	13.9	0.7
非国有企业		3.0	31.8	40.3	21.7	3.2
私营企业		6.0	31.7	39.9	19.6	2.8
股份有限公司		2.3	32.4	41.7	21.5	2.1
有限责任公司		2.7	32.2	39.8	22.1	3.2
外商及港澳台投资企业		1.4	22.5	40.5	27.3	8.3
民营企业		3.2	31.9	40.2	21.9	2.8
上市公司			32.0	44.8	21.8	1.4

注：空白处表示答题者未选择此项。以下同。

关于"对2008年、2009年我国GDP增长的预计"，调查显示，预计2008年我国GDP增长在9%以上的企业经营者占71.8%，预计2009年我国GDP增长在9%以上的占48.5%（见表6）。

表6　　对2008年、2009年我国GDP增长的预计（%）

		9%以下	9%~10%	10%以上	均　值
2008年	**总体**	**28.2**	**47.0**	**24.8**	**9.8**
	东部地区企业	30.5	48.0	21.5	9.7
	中部地区企业	26.0	45.9	28.1	9.9
	西部地区企业	22.2	46.7	31.1	10.0
	东北地区企业	27.0	41.1	31.9	9.9
2009年	**总体**	**51.5**	**26.8**	**21.7**	**9.4**
	东部地区企业	54.1	26.7	19.2	9.2
	中部地区企业	50.2	24.6	25.2	9.5
	西部地区企业	44.8	29.7	25.5	9.7
	东北地区企业	46.4	28.1	25.5	9.6

关于"美国次贷危机对中国经济的不利影响"，调查显示，认为不利影响"很大"或"较大"的企业经营者占57.4%，认为"较小"的占31.8%，认为"没有影响"的占2.7%，认为"不清楚"的占8.1%。从不同类型看，大型企业、国有及国有控股公司、上市公司和外商及港澳台投资企业均有超过60%的企业经营者认为不利影响"很大"或"较大"，高于其他类型企业（见表7）。

表7　　美国次贷危机对中国经济的不利影响（%）

	很大	较大	较小	没有影响	不清楚
总体	**9.1**	**48.3**	**31.8**	**2.7**	**8.1**
东部地区企业	9.5	49.7	30.8	2.6	7.4
中部地区企业	7.1	47.5	34.8	2.5	8.1
西部地区企业	8.6	47.1	31.6	2.6	10.1
东北地区企业	12.3	41.0	32.4	4.6	9.7
大型企业	8.6	55.2	30.5	1.3	4.4
中型企业	9.8	49.3	31.6	2.4	6.9
小型企业	8.5	45.9	32.3	3.4	9.9
国有及国有控股公司	8.5	51.5	31.0	2.4	6.6
国有企业	7.3	49.5	33.1	2.8	7.3
非国有企业	9.3	48.2	31.7	2.7	8.1
私营企业	7.9	45.2	32.8	4.1	10.0
股份有限公司	8.5	50.1	32.7	2.1	6.6
有限责任公司	9.4	48.4	31.1	2.5	8.6
外商及港澳台投资企业	14.1	51.3	29.8	0.2	4.6
民营企业	8.6	47.6	32.3	2.9	8.6
上市公司	17.8	54.1	25.3	0.7	2.1

2. 出口与民间投资需求锐减，消费需求增长乏力

从投资需求看，调查显示，认为政府投资需求"很旺"、"较旺"的企业经营者分别占12.2%和35.1%，其合计比重比2007年减少13.3个百分点；认为"合适"的占26.1%，略高于2007年；认为"不足"或"严重不足"的占26.6%，比2007年增加11.9个百分点。认为民间投资"很旺"、"较旺"的分别占5.8%和30%，其合计比重比2007年减少31.9个百分点；认为"合适"的占19%，比2007年增加4.2个百分点；认为"不足"或"严重不足"的占45.2%，比2007年提高27.7个百分点

（见表 8）。

从外贸出口需求看，调查显示，认为出口需求“很旺”和“较旺”的企业经营者分别占 1.7% 和 14.8%，其合计比重比 2007 年下降了 39.2 个百分点，为近 5 年来的最低水平；认为“合适”的占 22.8%，略低于 2007 年；认为“不足”或“严重不足”的占 60.7%，比 2007 年上升了 40.5 个百分点（见表 8）。

从消费需求看，调查显示，认为消费需求“很旺”和“较旺”的企业经营者分别占 2.3?% 和 20.1%，其合计比重比 2007 年减少 25.9 个百分点；认为“不足”或“严重不足”的占 47.5%，比 2007 年增加 22.5 个百分点（见表 8）。

表 8　　2004～2008 年企业经营者对国民经济需求状况的判断（%）

		很旺	较旺	合适	不足	严重不足
政府投资需求	2008 年	12.2	35.1	26.1	24.7	1.9
	2007 年	18.2	42.4	24.7	13.9	0.8
	2006 年	15.2	41.4	23.5	18.2	1.7
	2005 年	7.7	32.6	31.0	26.5	2.2
	2004 年	13.5	36.9	21.2	25.6	2.8
民间投资需求	2008 年	5.8	30.0	19.0	39.6	5.6
	2007 年	20.2	47.5	14.8	16.1	1.4
	2006 年	10.8	42.6	18.3	25.4	2.9
	2005 年	6.8	37.7	20.1	31.9	3.5
	2004 年	8.2	38.7	14.2	33.8	5.1
消费需求	2008 年	2.3	20.1	30.1	44.0	3.5
	2007 年	7.8	40.5	26.7	23.8	1.2
	2006 年	3.1	23.9	31.8	38.2	3.0
	2005 年	2.0	25.3	35.0	35.0	2.7
	2004 年	2.5	23.3	31.0	39.9	3.3
外贸出口需求	2008 年	1.7	14.8	22.8	52.9	7.8
	2007 年	10.7	45.0	24.1	18.6	1.6
	2006 年	7.2	39.7	23.8	27.2	2.1
	2005 年	4.7	36.2	25.5	30.7	2.9
	2004 年	3.8	30.2	24.8	37.7	3.5

调查结果表明，受美国次贷危机引发的全球金融风暴等因素的影响，企业经营的国际环境趋于恶化，出口需求下滑较大，为近 5 年来的最低水平。受外需减弱及国内宏观调控政策的影响，国内投资尤其是民间投资需求下降较多，投资者信心趋弱。宏观形势的下行以及资本市场的大幅下滑对消费者的信心同样造成很大影响，消费需求出现降温。

3. 大宗产品供应紧张，通胀预期有所回落

截至 2008 年 10 月，我国经济运行的一个显著特点是，在需求减弱、经济下滑的情况下，通胀压力居高不下。而通胀又主要受成本推动影响。从能源成本来看，由于石油、煤炭、电力供应紧张情况有增无减，导致成本明显上升。调查显示，认为石油供应紧张状况“更加严重”的企业经营者占 60.6%，比 2007 年增加 28.7 个百分点；认为煤炭供应紧张状况“更加严重”的占 58.9%，比 2007 年增加 34.4 个百分点；认为电力供应紧张状况“更加严重”的占 26.6%，比 2007 年增加 14.3 个百分点（见表 9）。

表 9　　钢材、土地及煤电油运市场供应紧张状况（%）

	调查年份	趋于缓和	变化不大	更加严重	不清楚
钢材	2008 年	35.7	35.6	22.4	6.3
	2007 年	25.0	56.8	13.1	5.1
电力	2008 年	22.5	50.0	26.6	0.9
	2007 年	40.3	46.6	12.3	0.8
石油	2008 年	13.9	22.9	60.6	2.6
	2007 年	14.2	50.2	31.9	3.7
煤炭	2008 年	8.4	24.2	58.9	8.5
	2007 年	14.4	52.1	24.5	9.0
土地	2008 年	16.4	31.9	46.1	5.6
	2007 年	7.4	22.1	67.2	3.3
铁路运输	2008 年	14.1	50.7	18.6	16.6
	2007 年	18.3	50.1	17.5	14.1

上半年 CPI（居民消费价格指数）同比上涨 7.9%，7、8、9 月虽然有所回落，但仍分别达到 6.8%、5.4%和4.6%①。调查显示，预期2008 年 CPI 比上年上涨6%以上的企业经营者占78%，而预期2009 年 CPI 在6%以上的企业经营者占61.5%，下降了16.5 个百分点。调查表明，企业家普遍预期 2009 年的 CPI 将有所回落（见表 10）。

表 10　　对 2008 年、2009 年我国 CPI 上升幅度的预计（%）

		6%以下	6%~8%	8%以上	均　值
2008 年	**总体**	**22.0**	**53.4**	**24.6**	**7.6**
	东部地区企业	21.8	53.4	24.8	7.6
	中部地区企业	21.2	55.1	23.7	7.6
	西部地区企业	24.3	51.6	24.1	7.5
	东北地区企业	21.7	52.2	26.1	7.7
2009 年	**总体**	**38.5**	**34.6**	**26.9**	**7.3**
	东部地区企业	39.2	34.2	26.6	7.3
	中部地区企业	37.4	35.3	27.3	7.3
	西部地区企业	38.4	35.6	26.0	7.3
	东北地区企业	35.9	33.5	30.6	7.6

4. 企业用工增长明显放缓，就业压力加大

关于企业目前的从业人数情况，调查显示，2008 年用工人数“增加”的企业占32.5%，比2007年减少近10 个百分点；企业用工人数“减少”的占24%，比2007 年增加7.6 个百分点；用工净增加8.5 个百分点（“净增加”指的是用工“增加”的企业数比用工“减少”的企业数多的百分点，下同），比2007 年减少17.4 个百分点（见表 11）。

从不同地区看，东部地区企业用工净增加4 个百分点，比中部、西部和东北地区分别少11.4 个、11.9 个和9.2 个百分点。从不同规模看，小型企业用工净增加2.9 个百分点，比大型和中型企业分别少20.1 个和8.7 个百分点（见表 11）。

从不同经济类型看，外商及港澳台投资企业出现用工净减少现象，即用工“减少”的企业比“增加”的多0.2 个百分点；民营企业一改前些年用工增长明显快于国有及国有控股公司的现象，2008 年

① 本组数据源自国家统计局所公布的信息。

用工净增加 7.6 个百分点，比国有及国有控股公司低 2.3 个百分点（2007 年前者比后者高 12.8 个百分点）（见表 11）。

表 11　　不同地区、规模及经济类型企业目前的从业人数情况（%）

		增加	持平	减少	增加 - 减少				
					2008 年	2007 年	2006 年	2005 年	2004 年
总体	2008 年	32.5	43.5	24.0	8.5	25.9	23.2	12.5	10.9
	2007 年	42.3	41.3	16.4					
东部地区企业		30.5	43.0	26.5	4.0	26.0	25.5	15.5	14.4
中部地区企业		35.7	44.0	20.3	15.4	27.7	24.4	7.6	11.4
西部地区企业		35.6	44.7	19.7	15.9	22.3	15.2	9.7	3.1
东北地区企业		34.8	43.6	21.6	13.2	28.6	16.6	8.9	-0.4
大型企业		40.6	41.8	17.6	23.0	32.8	23.9	16.9	6.0
中型企业		36.0	39.6	24.4	11.6	29.6	24.6	12.5	14.7
小型企业		27.8	47.3	24.9	2.9	19.0	21.1	10.6	7.1
国有及国有控股公司		32.0	45.9	22.1	9.9	15.1	5.2	-3.4	-4.9
国有企业		27.7	50.0	22.3	5.4	11.8	3.6	-7.3	-7.4
非国有企业		33.1	42.8	24.1	9.0	27.7	26.3	16.8	16.0
私营企业		32.9	40.3	26.8	6.1	26.1	33.3	27.8	15.9
股份有限公司		34.7	43.1	22.2	12.5	31.3	28.8	14.7	19.3
有限责任公司		34.3	42.7	23.0	11.3	28.8	24.0	16.4	17.3
外商及港澳台投资企业		30.6	38.6	30.8	-0.2	30.7	32.7	23.2	26.4
民营企业		31.7	44.2	24.1	7.6	27.9	27.5	20.0	22.0
上市公司		48.3	35.8	15.9	32.4	40.4	25.3	12.9	8.4

从企业 2009 年的用工计划看，用工净增加预计 11.9 个百分点，比 2007、2006 年所做的计划数均低 20 个百分点以上（见表 12）。

表 12　　对企业下期从业人数的预期（%）

	增加	持平	减少	增加 - 减少				
				2008 年	2007 年	2006 年	2005 年	2004 年
总体	**31.6**	**48.7**	**19.7**	**11.9**	**37.7**	**32.5**	**18.8**	**10.5**
东部地区企业	30.4	48.0	21.6	8.8	39.0	36.6	22.9	13.8
中部地区企业	35.0	49.6	15.4	19.6	38.2	29.1	15.9	8.6
西部地区企业	32.3	50.7	17.0	15.3	32.1	25.8	11.9	4.1
东北地区企业	30.3	48.9	20.8	9.5	35.9	17.5	9.0	6.1
大型企业	36.3	49.3	14.4	21.9	36.3	24.9	15.2	-0.2
中型企业	32.1	47.0	20.9	11.2	41.7	34.0	19.4	13.4
小型企业	30.2	50.2	19.6	10.6	32.9	33.6	19.6	11.9
国有及国有控股公司	28.2	54.0	17.8	10.4	19.4	3.5	-1.4	-11.6
国有企业	26.1	54.8	19.1	7.0	16.4	-2.3	-6.3	-15.8
非国有企业	32.1	48.2	19.7	12.4	40.4	37.5	24.0	18.5
私营企业	31.9	46.2	21.9	10.0	41.5	46.9	37.1	27.0
股份有限公司	31.0	47.9	21.1	9.9	38.8	35.6	23.4	21.9
有限责任公司	34.1	48.3	17.6	16.5	42.4	38.0	23.1	19.4
外商及港澳台投资企业	28.2	46.6	25.2	3.0	39.4	40.5	29.8	19.3
民营企业	32.9	47.5	19.6	13.3	42.1	41.4	28.9	25.7
上市公司	37.2	46.9	15.9	21.3	39.0	26.9	15.3	2.4

调查结果表明，经济的下滑对东部地区企业、民营企业以及外需导向的外资企业影响较大，进而影响到这些企业吸纳就业。值得注意的是，东部地区企业和民营企业是我国当前吸纳就业的主体，如何采取切实措施缓解日益加重的就业压力，应引起社会各方面的高度关注。

二、企业景气状态下滑

1. 企业综合经营状况下滑，企业家心理压力增大

企业经营者对宏观经济信心的减弱与企业经营景气度下降密切相关。调查显示，认为企业经营状况“良好”的企业经营者占32.4%，认为“一般”的占48.3%，认为“不佳”的占19.3%，认为“良好”的比认为“不佳”的多13.1个百分点，这一结果比2007年低近30个百分点，为近5年来的最低水平（见表13）。

从不同地区看，2008年东部地区企业认为“良好”的比认为“不佳”的多12.2个百分点，要低于中、西部地区和东北地区；从不同规模看，大型企业认为“良好”的比认为“不佳”的多44.3个百分点，明显好于中、小型企业；从不同经济类型看，国有及国有控股公司认为“良好”的比认为“不佳”的多24.6个百分点，明显好于非国有企业，上市公司认为“良好”的比认为“不佳”的多35.6个百分点，明显好于其他类型企业（见表13）。

表13　不同地区、规模及经济类型企业目前经营总体状况（%）

	目前经营状况			良好－不佳				
	良好	一般	不佳	2008年	2007年	2006年	2005年	2004年
总体	**32.4**	**48.3**	**19.3**	**13.1**	**42.0**	**38.0**	**31.4**	**30.6**
东部地区企业	31.5	49.2	19.3	12.2	44.1	41.3	34.8	35.3
中部地区企业	31.7	50.5	17.8	13.9	40.0	34.5	28.7	27.3
西部地区企业	34.2	46.0	19.8	14.4	37.0	32.1	25.2	20.2
东北地区企业	38.1	39.9	22.0	16.1	38.1	30.0	26.6	26.9
大型企业	55.0	34.3	10.7	44.3	64.4	62.6	48.1	43.5
中型企业	33.7	47.8	18.5	15.2	46.9	42.3	33.3	36.1
小型企业	26.7	51.7	21.6	5.1	29.0	26.1	22.3	15.3
国有及国有控股公司	41.6	41.4	17.0	24.6	41.9	36.7	31.8	32.2
国有企业	40.8	42.7	16.5	24.3	39.0	36.0	33.0	29.9
非国有企业	31.5	48.9	19.6	11.9	42.3	38.4	31.1	30.9
私营企业	29.0	51.6	19.4	9.6	38.8	38.8	30.7	23.7
股份有限公司	35.9	45.1	19.0	16.9	49.6	42.5	33.7	38.8
有限责任公司	31.3	49.2	19.5	11.8	41.7	37.0	30.9	33.1
外商及港澳台投资企业	32.0	46.3	21.7	10.3	45.5	49.1	42.4	29.6
民营企业	29.7	50.6	19.7	10.0	40.9	37.5	31.0	29.7
上市公司	50.0	35.6	14.4	35.6	82.0	57.9	43.5	59.1

调查结果表明，2008年企业的经营状况与企业业务的外向程度密切相关。美国次贷危机引发的全球性金融动荡已经波及实体经济，造成中国外需市场明显减弱，对出口依赖程度相对较高的东部地区企业、民营企业所受影响首当其冲，尤其是中小企业面临的困难相对较多。

从不同行业看，经营状况相对较好的有：信息传输计算机服务和软件业、仪器仪表、住宿和餐饮业、交通运输仓储和邮政业、采矿业等，其认为“良好”的比认为“不佳”的多30个百分点以上；其次是批发零售业、建筑业、农林牧渔业以及制造业中的医药、电气机械、通用设备、专用设备等行

业，认为“良好”的比认为“不佳”的多 20 个百分点以上。制造业认为企业经营状况“良好”的比认为“不佳”的仅多 10. 1 个百分点，比 2007 年减少 30. 1 个百分点，下滑幅度很大。

相对不景气的行业主要有：房地产业以及制造业中的纺织和服装业。房地产业认为“良好”的与认为“不佳”的比重基本相同，比 2007 年下滑 44. 3 个百分点；纺织和服装业认为“不佳”的比重已超过认为“良好”的比重（见表 14）。

表 14　　不同行业企业目前经营总体状况（%）

	目前经营状况			良好 - 不佳				
	良好	一般	不佳	2008 年	2007 年	2006 年	2005 年	2004 年
总体	**32. 4**	**48. 3**	**19. 3**	**13. 1**	**42. 0**	**38. 0**	**31. 4**	**30. 6**
农林牧渔业	35. 6	51. 5	12. 9	22. 7	43. 3	25. 7	36. 3	29. 2
采矿业	41. 7	46. 8	11. 5	30. 2	73. 8	67. 8	68. 3	65. 2
制造业	30. 6	48. 9	20. 5	10. 1	40. 2	38. 7	29. 9	28. 2
电力、燃气及水的生产和供应业	39. 1	33. 3	27. 6	11. 5	45. 1	32. 2	24. 7	19. 3
建筑业	36. 0	51. 7	12. 3	23. 7	45. 9	34. 2	31. 3	35. 3
交通运输、仓储和邮政业	44. 8	44. 9	10. 3	34. 5	64. 3	47. 4	29. 4	54. 6
信息传输、计算机服务和软件业	52. 3	36. 9	10. 8	41. 5	40. 7	36. 5	30. 6	—
批发和零售业	40. 4	45. 3	14. 3	26. 1	36. 9	34. 2	34. 1	24. 0
住宿和餐饮业	44. 4	47. 3	8. 3	36. 1	46. 0	45. 0	36. 6	34. 5
房地产业	26. 7	47. 9	25. 4	1. 3	45. 6	35. 8	21. 9	36. 6
租赁和商务服务业	32. 5	50. 0	17. 5	15. 0	40. 6	35. 9	52. 3	—
食品饮料制造业	27. 0	48. 6	24. 4	2. 6	35. 5	33. 8	26. 2	18. 5
纺织业	16. 9	45. 5	37. 6	-20. 7	21. 5	33. 2	19. 4	9. 4
纺织服装、鞋、帽制造业	18. 0	57. 1	24. 9	-6. 9	38. 3	38. 6	31. 6	44. 0
造纸及纸制品业	22. 0	59. 7	18. 3	3. 7	25. 8	31. 7	37. 2	8. 8
化学原料及化学制品制造业	36. 2	45. 5	18. 3	17. 9	42. 4	35. 7	39. 9	26. 3
医药制造业	34. 8	55. 4	9. 8	25. 0	36. 4	19. 1	27. 4	31. 0
化学纤维制造业	40. 0	37. 1	22. 9	17. 1	37. 1	42. 1	-25. 0	16. 6
橡胶制品业	29. 9	47. 7	22. 4	7. 5	42. 9	43. 5	45. 4	34. 4
塑料制品业	24. 9	55. 2	19. 9	5. 0	32. 1	37. 8	30. 2	10. 7
非金属矿物制品业	30. 1	49. 8	20. 1	10. 0	37. 0	30. 9	6. 9	15. 4
黑色金属冶炼及压延加工业	23. 9	52. 2	23. 9	0. 0	53. 5	45. 5	25. 4	52. 6
有色金属冶炼及压延加工业	27. 1	54. 1	18. 8	8. 3	40. 6	36. 3	9. 5	34. 1
金属制品业	32. 8	53. 8	13. 4	19. 4	31. 8	43. 3	33. 0	28. 5
通用设备制造业	36. 2	49. 9	13. 9	22. 3	52. 6	49. 4	35. 9	39. 0
专用设备制造业	39. 5	44. 3	16. 2	23. 3	53. 6	43. 2	43. 4	33. 6
交通运输设备制造业	34. 9	45. 2	19. 9	15. 0	44. 5	35. 6	24. 2	19. 7
电气机械及器材制造业	38. 7	45. 5	15. 8	22. 9	49. 6	40. 1	29. 7	33. 3
通信设备、计算机及其他电子设备制造业	28. 9	51. 8	19. 3	9. 6	39. 5	47. 0	36. 0	47. 1
仪器仪表及文化、办公用机械制造业	41. 8	55. 2	3. 0	38. 8	61. 9	50. 0	50. 1	63. 6

注：“—”表示该年度没有涉及此项调查内容，以下同。

值得注意的是，企业当前的景气状态与其前期的资本投资情况密切相关。当问及“贵企业是否投资了房地产业和资本市场”时，调查显示，投资了房地产业的企业占 15. 3%，投资了资本市场的占 12%。其中，房地产业、租赁和商务服务业投资资本市场的企业比重分别高达 33. 3% 和 30. 6%，比平均水平高 21. 3 个和 18. 6 个百分点。股市价格的大幅下跌，也是造成这两个行业不景气状况更加严重的原因。制造业中的化纤、橡胶和服装等行业也存在类似的情况（见表 15）。

表15　　企业投资房地产业和资本市场的情况（%）

	投资了房地产业	投资了资本市场
总体	**15.3**	**12.0**
农林牧渔业	10.6	10.6
采矿业	25.6	13.0
制造业	7.9	9.6
电力、燃气及水的生产和供应业	14.5	9.7
建筑业	55.1	16.5
交通运输、仓储和邮政业	22.0	17.5
信息传输、计算机服务和软件业	8.5	20.0
批发和零售业	16.0	21.0
住宿和餐饮业	25.0	24.1
房地产业	97.4	33.3
租赁和商务服务业	35.1	30.6
食品饮料制造业	10.0	8.5
纺织业	11.4	8.4
纺织服装、鞋、帽制造业	13.0	14.1
造纸及纸制品业	7.9	4.3
化学原料及化学制品制造业	6.4	7.8
医药制造业	8.2	12.7
化学纤维制造业	17.2	14.3
橡胶制品业	6.1	16.9
塑料制品业	5.3	6.6
非金属矿物制品业	10.3	9.3
黑色金属冶炼及压延加工业	7.5	9.6
有色金属冶炼及压延加工业	13.6	10.7
金属制品业	5.6	7.9
通用设备制造业	5.0	8.1
专用设备制造业	4.5	9.7
交通运输设备制造业	8.2	6.2
电气机械及器材制造业	7.8	13.8
通信设备、计算机及其他电子设备制造业	4.5	9.8
仪器仪表及文化、办公用机械制造业	4.5	7.9

关于“对企业现状的总体感受”，调查显示，对企业现状表示“满意”的企业经营者占44.3%，其中“非常满意”占1.6%，“比较满意”占42.7%；认为“一般”的占30.9%；表示“不满意”的占24.8%，其中“不太满意”占21.3%，“很不满意”占3.5%。表示“满意”的比表示“不满意”的多19.5个百分点，比2007年的结果降低近10个百分点，企业家满意指数①为119.5（2005年为120.5，2006年为124.1，2007年为129），为近4年来的最低水平（见表16）。调查表明，尽管企业家满意指数出现下滑，但明确表示“不满意”的不到四分之一（24.8%），这表明虽然目前企业经营遇到较大困难，但相对多数的企业家对企业现状总体来说还是比较满意的。

① 企业家满意指数表示企业经营者对企业现状的满意程度，是由（企业经营者对企业现状“满意”的比重－“不满意”的比重）×100+100计算得出的。企业家满意指数大于100，表示企业经营者对企业现状满意，指数越高表示越满意；企业家满意指数小于100，表示企业经营者对企业现状不满意，指数越低表示越不满意。

表 16　企业经营者对企业现状的总体感受（%）

	满意			一般	不满意		
	非常满意	比较满意	小计		不太满意	很不满意	小计
2008 年	1.6	42.7	44.3	30.9	21.3	3.5	24.8
2007 年	2.4	48.1	50.5	28.0	19.1	2.4	21.5
2006 年	1.8	45.4	47.2	29.7	20.2	2.9	23.1
2005 年	1.7	43.6	45.3	29.9	21.4	3.4	24.8

在企业经营状况下滑、企业家满意指数下降的情况下，企业经营者的心理压力明显增大，幸福感有所下降。关于对压力的感受，调查显示，认为“压力很大”的企业经营者占 34.3%，比 2007 年提高了 10.7 个百分点，为近 4 年来的最高值；关于对幸福的感受，认为“很幸福”或“幸福”的企业经营者占 58.2%，比 2007 年下降了 7.6 个百分点，为近 4 年来的最低值（见表 17、表 18）。

表 17　企业经营者对压力的感受（%）

		压力很大	压力较大	压力较小	没有压力
总体	2008 年	34.3	55.4	9.0	1.3
	2007 年	23.6	63.9	11.1	1.4
	2006 年	24.5	62.8	11.6	1.1
	2005 年	25.7	60.8	12.2	1.3
大型企业		36.1	56.9	5.9	1.1
中型企业		35.8	55.4	7.7	1.1
小型企业		32.6	55.1	10.8	1.5
国有及国有控股公司		35.4	59.2	4.6	0.8
国有企业		35.6	57.8	5.5	1.1
非国有企业		34.2	55.2	9.3	1.3
私营企业		32.7	54.7	10.8	1.8
股份有限公司		36.3	54.4	8.4	0.9
有限责任公司		34.2	55.3	9.2	1.3
外商及港澳台投资企业		34.2	55.2	9.2	1.4
民营企业		34.0	54.9	9.7	1.4
上市公司		37.5	55.5	5.6	1.4

表 18　企业经营者对幸福的感受（%）

		很幸福	幸福	一般	不幸福	很不幸福
总体	2008 年	8.9	49.3	35.1	5.8	0.9
	2007 年	10.9	54.9	30.7	3.1	0.4
	2006 年	6.9	68.0	21.3	3.3	0.5
	2005 年	7.5	66.4	21.4	4.2	0.5
大型企业		13.1	55.4	28.5	2.8	0.2
中型企业		8.8	51.4	33.6	5.3	0.9
小型企业		8.0	46.4	37.8	6.8	1.0
国有及国有控股公司		6.3	51.4	37.1	4.8	0.4
国有企业		6.7	47.0	41.1	4.8	0.4
非国有企业		9.1	49.6	34.5	5.9	0.9
私营企业		11.8	48.5	31.5	7.2	1.0
股份有限公司		8.5	49.6	35.8	5.5	0.6
有限责任公司		8.6	49.7	34.7	6.1	0.9

续表

	很幸福	幸福	一般	不幸福	很不幸福
外商及港澳台投资企业	8.5	54.2	31.8	4.8	0.7
民营企业	9.3	49.1	34.6	6.1	0.9
上市公司	7.5	61.0	30.8	0.7	

本次调查还设计了“假若再给您一次选择的机会，您是否还愿意做企业经营者”这一问题，调查显示，表示“不愿意”的企业经营者占23.9%，比2003年提高了7.5个百分点；表示“愿意”的占65.6%，比2003年下降了3.3个百分点；表示“无所谓”的占10.5%。这一现象值得重视（见表19）。

表19　　是否愿意再做企业经营者（%）

		愿意	不愿意	无所谓
总体	2008年	65.6	23.9	10.5
	2003年	68.9	16.4	14.7
	1999年	62.6	25.5	11.9
大型企业		73.8	17.7	8.5
中型企业		67.0	23.4	9.6
小型企业		62.8	25.5	11.7
国有及国有控股公司		65.1	21.4	13.5
国有企业		64.0	22.2	13.8
非国有企业		65.8	24.1	10.1
私营企业		65.2	25.8	9.0
股份有限公司		65.0	24.5	10.5
有限责任公司		66.1	23.7	10.2
外商及港澳台投资企业		71.7	20.9	7.4
民营企业		64.8	25.4	9.8
上市公司		77.9	9.7	12.4

2. 企业产销增速下滑，出口增幅锐减，库存趋增，盈利下降，困难企业数量增多

关于企业目前的产销形势，调查显示，认为企业的生产（服务）量、销售量“增加”的企业经营者分别占38.9%和40.8%，比认为“减少”的分别多8.4个和6.9个百分点，这一结果比2007年分别减少31.3个和33.1个百分点，为2004年以来的最低水平，呈现出企业产销增速明显下滑的态势（见表20）。

表20　　企业目前的生产（服务）量、销售量情况（%）

		增加	持平	减少	增加-减少
目前生产（服务）量	2008年	38.9	30.6	30.5	8.4
	2007年	54.3	31.1	14.6	39.7
	2006年	52.7	31.9	15.4	37.3
	2005年	49.5	30.1	20.4	29.1
	2004年	52.0	28.8	19.2	32.8
目前销售量	2008年	40.8	25.3	33.9	6.9
	2007年	56.8	26.4	16.8	40.0
	2006年	54.3	27.4	18.3	36.0
	2005年	49.7	27.3	23.0	26.7
	2004年	52.3	25.1	22.6	29.7

从企业生产状况看，调查显示，2008 年处于“停产”或“半停产”状态的企业占 15.2%，比 2007 年提高 7.4 个百分点，为 2004 年以来的最高水平（见表 21）。

表 21　　2003～2008 年企业生产状况对比（%）

	超负荷生产	正常运作	半停产	停产
2008 年	4.4	80.4	14.4	0.8
2007 年	6.8	85.4	7.1	0.7
2006 年	4.9	86.9	7.6	0.6
2005 年	6.8	84.3	8.4	0.5
2004 年	6.9	84.6	7.9	0.6

当问及“2008 年以来贵企业所在地区、所在行业停产和倒闭的企业数量”时，调查显示，认为企业所在地区、所在行业停产和倒闭的企业数量“非常多”的企业经营者占 3.1%，认为“比较多”的占 29.7%，认为“比较少”的占 45.1%，认为“非常少”的占 11.1%，认为“不清楚”的占 11%（见表 22）。

从不同地区看，东部地区认为“非常多”或“比较多”的企业经营者占 36.4%，高于其他地区；从不同行业看，纺织、服装、化纤、塑料等行业认为“非常多”或“比较多”的企业经营者超过四成，相对较多（见表 22）。

表 22　　今年以来企业所在地区及行业停产和倒闭的企业数量情况（%）

	非常多	比较多	比较少	非常少	不清楚
总体	**3.1**	**29.7**	**45.1**	**11.1**	**11.0**
东部地区企业	3.7	32.7	43.3	10.3	10.0
中部地区企业	2.2	27.5	47.4	11.5	11.4
西部地区企业	2.3	23.7	48.0	12.9	13.1
东北地区企业	2.2	21.7	47.5	14.3	14.3
农林牧渔业	5.0	26.0	40.0	19.0	10.0
采矿业	3.2	17.9	44.1	21.1	13.7
制造业	3.5	32.4	43.9	10.1	10.1
电力、燃气及水的生产和供应业	0.9	18.8	33.3	29.1	17.9
建筑业	0.4	23.2	50.9	13.4	12.1
交通运输、仓储和邮政业	0.9	16.4	51.8	18.2	12.7
信息传输、计算机服务和软件业		21.0	48.4	12.9	17.7
批发和零售业	3.3	24.8	49.1	9.1	13.7
住宿和餐饮业	2.8	11.1	72.2	2.8	11.1
房地产业	2.2	21.8	53.3	7.9	14.8
租赁和商务服务业		24.4	48.8	14.6	12.2
食品饮料制造业	3.5	32.4	43.1	9.6	11.4
纺织业	6.3	45.7	37.6	6.3	4.1
纺织服装、鞋、帽制造业	11.3	51.4	30.9	2.0	4.4
造纸及纸制品业	6.1	31.7	45.1	7.3	9.8
化学原料及化学制品制造业	3.1	28.9	46.9	12.2	8.9
医药制造业	0.8	30.5	43.5	11.5	13.7
化学纤维制造业		47.0	41.2	11.8	
橡胶制品业	1.5	34.3	43.3	6.0	14.9
塑料制品业	3.0	37.5	44.0	7.5	8.0

续表

	非常多	比较多	比较少	非常少	不清楚
非金属矿物制品业	3.2	27.8	48.4	14.1	6.5
黑色金属冶炼及压延加工业	1.7	32.2	47.5	9.3	9.3
有色金属冶炼及压延加工业		25.6	47.7	11.6	15.1
金属制品业	3.1	26.6	46.5	11.4	12.4
通用设备制造业	2.0	26.0	48.0	12.6	11.4
专用设备制造业	0.9	26.2	41.5	14.8	16.6
交通运输设备制造业	1.7	25.0	49.4	10.6	13.3
电气机械及器材制造业	2.4	31.1	47.6	9.1	9.8
通信设备、计算机及其他电子设备制造业	0.9	38.5	38.6	8.8	13.2
仪器仪表及文化、办公用机械制造业	1.5	20.9	47.8	17.9	11.9

从出口情况看，本次调查企业中，近一半（49.3%）的企业有产品出口（见表1）。在这些企业中，认为产品出口比2007年增长的企业经营者占38.5%，其中认为“小幅增长”的占31.5%，认为“大幅增长”的占7%；认为“持平”的占19.8%；认为下降的占41.7%，其中“大幅下降”的占16.8%，“小幅下降”的占24.9%。认为出口上升的比认为下降的少3.2个百分点，而2007年则是出口上升的比下降的多31.8个百分点（见表23）。

从不同行业看，出口形势相对较好的行业有：仪器仪表、专用设备、汽车等，其出口增长的比下降的多20个百分点以上；出口情况相对较差的行业有：服装、纺织、非金属制品、造纸、塑料等。其出口下降的企业比重明显超过出口增长的企业比重（见表23）。

表23　对企业产品出口数量的判断（%）

		增长		持平	下降		增长 - 下降
		大幅增长	小幅增长		小幅下降	大幅下降	
总体	2008年	7.0	31.5	19.8	24.9	16.8	-3.2
	2007年	13.9	41.1	21.8	16.3	6.9	31.8
制造业总体	2008年	7.1	31.5	19.8	24.9	16.7	-3.0
	2007年	14.3	41.0	21.7	16.2	6.8	32.3
食品饮料制造业		9.7	29.9	16.1	25.8	18.5	-4.8
纺织业		3.6	19.9	20.9	30.6	25.0	-32.1
纺织服装、鞋、帽制造业		4.5	18.2	17.0	39.3	21.0	-37.5
造纸及纸制品业		7.4	26.0	18.5	22.2	25.9	-14.8
化学原料及化学制品制造业		7.4	32.8	16.4	25.4	18.0	-3.2
医药制造业		10.5	29.8	21.1	24.6	14.0	1.8
化学纤维制造业		16.7	33.2	5.6	16.7	27.8	5.6
橡胶制品业		2.5	40.0	15.0	25.0	17.5	0.0
塑料制品业		4.3	29.9	19.7	29.9	16.2	-12.0
非金属矿物制品业		7.1	26.2	17.9	28.6	20.2	-15.5
黑色金属冶炼及压延加工业		6.0	28.0	32.0	16.0	18.0	0.0
有色金属冶炼及压延加工业		11.4	25.0	29.5	9.1	25.0	2.3
金属制品业		5.6	36.8	21.5	27.1	9.0	6.2
通用设备制造业		6.8	40.5	22.0	23.9	6.8	16.6
专用设备制造业		10.0	42.7	21.5	17.7	8.1	26.8
交通运输设备制造业		9.5	43.9	17.1	19.0	10.5	23.8
电气机械及器材制造业		9.7	34.3	19.4	20.6	16.0	7.4
通信设备、计算机及其他电子设备制造业		10.0	41.2	13.8	25.0	10.0	16.3
仪器仪表及文化、办公用机械制造业		5.0	40.0	40.0	12.5	2.5	30.0

从库存情况看，调查显示，认为企业库存“正常”的企业经营者占70.9%，认为“低于正常”的占11.6%，认为“高于正常”的占17.5%，比2007年多7.3个百分点（见表24）。调查表明，在产销增速下滑的同时，企业库存呈现上升趋势。

表24　企业目前的库存情况（%）

	高于正常	正常	低于正常	正常+低于正常
2008年	17.5	70.9	11.6	82.5
2007年	10.2	78.7	11.1	89.8
2006年	11.5	78.4	10.1	88.5
2005年	13.9	72.3	13.8	86.1
2004年	13.3	72.6	14.1	86.7

从产品销售价格情况看，认为价格“上升”的企业经营者占46.6%，比认为价格“下降”的高23.3个百分点，这一结果比2007年高13.6个百分点，形成了产销增速下滑、价格上升的特殊现象（见表25）。

表25　不同行业企业目前的销售价格情况（%）

	上升	持平	下降	上升-下降				
				2008年	2007年	2006年	2005年	2004年
总体	**46.6**	**30.1**	**23.3**	**23.3**	**9.7**	**-8.2**	**-14.2**	**-2.5**
农林牧渔业	49.5	26.8	23.7	25.8	40.5	5.0	10.1	27.3
采矿业	61.5	13.5	25.0	36.5	53.7	-14.5	17.6	65.7
制造业	46.6	29.5	23.9	22.7	1.4	-14.4	-20.9	-11.1
电力、燃气及水的生产和供应业	50.9	44.8	4.3	46.6	16.6	23.9	26.5	22.1
建筑业	47.0	31.4	21.6	25.4	7.0	-11.3	-16.2	-6.2
交通运输、仓储和邮政业	44.5	34.3	21.2	23.3	22.6	-7.5	-16.2	25.3
信息传输、计算机服务和软件业	16.1	35.5	48.4	-32.3	-29.9	-52.4	-57.2	—
批发和零售业	59.3	22.8	17.9	41.4	29.9	-1.1	-2.9	0.0
住宿和餐饮业	35.3	41.2	23.5	11.8	29.8	5.4	2.3	11.1
房地产业	39.6	40.1	20.3	19.3	80.1	50.6	35.3	35.1
租赁和商务服务业	40.0	26.7	33.3	6.7	26.3	-18.8	-10.0	—
食品饮料制造业	61.6	24.4	14.0	47.6	45.7	-0.5	-4.6	12.8
纺织业	24.0	34.4	41.6	-17.6	-13.4	-16.9	-14.2	-33.0
纺织服装、鞋、帽制造业	36.0	32.0	32.0	4.0	-4.4	-4.5	-17.3	-20.8
造纸及纸制品业	58.5	24.4	17.1	41.4	-9.1	-32.5	-19.5	3.0
化学原料及化学制品制造业	60.9	22.4	16.7	44.2	12.2	-6.3	10.3	35.4
医药制造业	33.1	40.0	26.9	6.2	-20.5	-45.5	-42.8	-47.8
化学纤维制造业	47.0	32.4	20.6	26.4	26.9	26.2	0.0	50.0
橡胶制品业	44.6	27.7	27.7	16.9	-29.6	11.3	-15.6	-12.5
塑料制品业	44.0	31.8	24.2	19.8	-5.5	2.7	-11.2	-21.5
非金属矿物制品业	63.5	21.5	15.0	48.5	9.6	-1.1	-30.1	-14.5
黑色金属冶炼及压延加工业	70.4	15.7	13.9	56.5	53.6	-14.6	-41.7	42.3
有色金属冶炼及压延加工业	30.5	28.0	41.5	-11.0	15.3	35.5	-8.2	17.5
金属制品业	55.8	24.1	20.1	35.7	6.8	-14.0	-21.8	-17.1
通用设备制造业	55.0	28.1	16.9	38.1	-15.6	-36.6	-32.8	-12.2
专用设备制造业	40.2	34.7	25.1	15.1	-3.8	-34.4	-20.0	-28.2

续表

	上升	持平	下降	上升－下降				
				2008 年	2007 年	2006 年	2005 年	2004 年
交通运输设备制造业	49.0	29.0	22.0	27.0	-26.1	-33.1	-40.2	-43.2
电气机械及器材制造业	34.0	33.7	32.3	1.7	-4.3	-4.1	-28.4	-20.6
通信设备、计算机及其他电子设备制造业	18.6	30.1	51.3	-32.7	-34.8	-37.7	-53.4	-37.7
仪器仪表及文化、办公用机械制造业	22.1	50.0	27.9	-5.8	-37.1	-32.9	-56.7	-22.7

出口产品价格也呈上升趋势，不过上升程度相对较弱。调查显示，认为2008年企业产品出口价格“上升”的企业经营者占39.7%，认为“持平”的占25.6%，认为“下降”的占34.7%，认为“上升”的比认为“下降”的多5个百分点，比2007年提高了2.7个百分点（见表26）。

表26　对企业产品出口价格的判断（%）

		上升		持平	下降		上升－下降
		大幅增长	小幅增长		小幅下降	大幅下降	
总体	2008 年	4.4	35.3	25.6	24.6	10.1	5.0
	2007 年	2.5	29.3	38.7	23.9	5.6	2.3
制造业总体	2008 年	4.1	36.1	25.5	24.5	9.8	5.9
	2007 年	2.5	28.9	39.2	23.9	5.5	2.0
食品饮料制造业		7.6	47.0	18.5	16.8	10.1	27.7
纺织业		2.1	19.8	22.4	39.0	16.7	-33.8
纺织服装、鞋、帽制造业		3.6	29.0	19.5	34.9	13.0	-15.3
造纸及纸制品业		4.0	32.0	16.0	40.0	8.0	-12.0
化学原料及化学制品制造业		8.3	48.1	19.9	17.1	6.6	32.7
医药制造业		5.7	28.3	33.9	26.4	5.7	1.9
化学纤维制造业		5.6	33.3	27.8	33.3		5.6
橡胶制品业		2.6	46.2	15.4	17.9	17.9	13.0
塑料制品业		2.9	36.5	16.3	30.8	13.5	-4.9
非金属矿物制品业		6.2	49.4	23.5	12.3	8.6	34.7
黑色金属冶炼及压延加工业		13.6	59.1	11.4	15.9		56.8
有色金属冶炼及压延加工业		2.4	19.0	19.0	50.1	9.5	-38.2
金属制品业		9.2	44.0	23.1	16.8	6.9	29.5
通用设备制造业		4.2	39.2	30.9	19.9	5.8	17.7
专用设备制造业		1.5	33.2	36.2	23.6	5.5	5.6
交通运输设备制造业		2.0	38.5	32.3	23.2	4.0	13.3
电气机械及器材制造业		1.8	32.1	34.0	20.2	11.9	1.8
通信设备、计算机及其他电子设备制造业			22.4	26.3	34.2	17.1	-28.9
仪器仪表及文化、办公用机械制造业			17.9	41.1	33.3	7.7	-23.1

企业产销下滑是导致企业盈利减少的重要原因之一。调查显示，上半年盈利的企业占62.9%，比2007年同期减少7.9个百分点；亏损的企业占20.2%，比2007年同期增加7个百分点，为近4年来的最高值（见表27）。

从盈利程度来看，调查显示，认为企业盈利状况“低于正常”的企业经营者接近六成（57.5%），比认为“正常”（37.6%）和“好于正常”（4.9%）之和高15个百分点，比2007年认为“低于正常”的多18.9个百分点。其中，中、西部地区企业盈利状况好于东部地区，大型企业盈利状况明显好于中小型企业，国有及国有控股公司盈利状况明显好于非国有企业，上市公司盈利状况相对较好（见表28）。

表 27　　企业今年上半年的盈利状况（%）

	盈利			持平	亏损		
	较大盈利	略有盈余	小计		亏损	严重亏损	小计
2008 年	11.6	51.3	62.9	16.9	18.0	2.2	20.2
2007 年	13.5	57.3	70.8	16.0	12.2	1.0	13.2
2006 年	13.5	55.8	69.3	15.7	13.8	1.2	15.0
2005 年	13.9	52.2	66.1	16.2	16.4	1.3	17.7

表 28　　企业目前的盈利情况（%）

		好于正常	正常	低于正常	好于正常 + 正常				
					2008 年	2007 年	2006 年	2005 年	2004 年
总体	2008 年	4.9	37.6	57.5	42.5	61.4	58.6	52.2	52.8
	2007 年	8.5	52.9	38.6					
东部地区企业		3.7	35.4	60.9	39.1	59.9	58.0	51.8	53.6
中部地区企业		5.9	39.2	54.9	45.1	62.2	57.8	52.2	52.6
西部地区企业		7.3	44.1	48.6	51.4	67.1	59.6	53.8	50.7
东北地区企业		7.4	38.4	54.2	45.8	59.8	65.5	—	—
大型企业		11.6	50.7	37.7	62.3	77.7	74.1	65.8	61.2
中型企业		5.0	38.6	56.4	43.6	64.0	61.1	52.9	55.0
小型企业		3.6	34.2	62.2	37.8	53.3	51.6	45.7	44.7
国有及国有控股公司		9.4	47.0	43.6	56.4	69.7	64.0	56.6	60.4
国有企业		9.0	46.5	44.5	55.5	68.3	64.5	56.0	61.8
非国有企业		4.5	36.8	58.7	41.3	60.5	57.8	51.3	50.3
私营企业		4.4	34.1	61.5	38.5	55.0	57.0	48.1	43.4
股份有限公司		6.4	38.4	55.2	44.8	63.6	59.7	53.4	53.7
有限责任公司		4.5	36.6	58.9	41.1	62.3	58.1	51.8	52.4
外商及港澳台投资企业		2.3	36.1	61.6	38.4	55.1	59.9	52.7	45.4
民营企业		3.9	35.4	60.7	39.3	58.8	56.3	49.5	47.2
上市公司		15.2	48.2	36.6	63.4	90.5	78.1	63.9	68.7

当问及“对 2008 年下半年盈利状况的预计”时，调查显示，预期 2008 年下半年企业盈利的企业经营者占 63.9%，比上半年仅高 1 个百分点；预期亏损的占 16.2%，比上半年下降 4 个百分点。调查表明，企业经营者预计 2008 年下半年企业盈利状况不会明显好转（见表 29）。

表 29　　对今年下半年盈利状况的预计（%）

	盈利			持平	亏损		
	较大盈利	略有盈余	小计		亏损	严重亏损	小计
2008 年	11.0	52.9	63.9	19.9	13.7	2.5	16.2
2007 年	17.7	60.3	78.0	14.6	6.6	0.8	7.4
2006 年	18.0	60.1	78.1	14.0	7.0	0.9	7.9
2005 年	16.8	57.3	74.1	15.8	9.0	1.1	10.1

关于“影响企业产品出口的主要因素”，调查显示，影响最大的两项因素是“人民币升值”（83.8%）和“要素成本上升”（79.6%），其他依次为“出口退税率下调”（43.2%）、“外需放缓”（30.4%）、“有关国家出口竞争力提升”（9.2%），“加工贸易限制政策”（6.3%）和“贸易摩擦升级”（3.9%）（见表 30）。

表 30　　影响企业产品出口的主要因素（%）

	总体	制造业
人民币升值	**83.8**	84.1
要素成本上升	**79.6**	80.2
出口退税率下调	**43.2**	43.0
外需放缓	**30.4**	30.6
有关国家出口竞争力提升	**9.2**	8.6
加工贸易限制政策	**6.3**	6.0
贸易摩擦升级	**3.9**	3.7

调查表明，人民币升值对出口的影响已非常明显。针对"若未来一年人民币对美元升值5%，对企业出口会产生多大的不利影响"，调查显示，认为"影响很大"的占22.4%，认为"影响较大"的占39.6%，两者合计比重达到62%，比2007年提高10个百分点；认为"略有影响"的占33.6%，认为"没有影响"的仅占4.4%（见表31）。

表 31　　若未来一年人民币对美元升值5%对企业出口的"不利影响"（%）

		没有影响	略有影响	影响较大	影响很大	影响较大+影响很大
总体	2008年	4.4	33.6	39.6	22.4	62.0
	2007年	5.5	42.5	36.8	15.2	52.0
食品饮料制造业		7.3	30.6	39.5	22.6	62.1
纺织业		1.5	19.8	43.2	35.5	78.7
纺织服装、鞋、帽制造业			15.3	46.1	38.6	84.7
造纸及纸制品业			40.7	40.8	18.5	59.3
化学原料及化学制品制造业		5.8	34.2	41.6	18.4	60.0
医药制造业		1.8	43.8	40.4	14.0	54.4
化学纤维制造业		5.6	44.4	38.9	11.1	50.0
橡胶制品业		2.5	32.5	47.5	17.5	65.0
塑料制品业		1.7	29.7	47.4	21.2	68.6
非金属矿物制品业		1.2	46.5	32.1	20.2	52.3
黑色金属冶炼及压延加工业		4.0	50.0	30.0	16.0	46.0
有色金属冶炼及压延加工业		6.7	31.1	48.9	13.3	62.2
金属制品业		2.8	34.8	43.3	19.1	62.4
通用设备制造业		8.8	46.4	34.6	10.2	44.8
专用设备制造业		5.8	46.4	33.3	14.5	47.8
交通运输设备制造业		4.7	29.2	45.3	20.8	66.1
电气机械及器材制造业		4.5	35.6	34.5	25.4	59.9
通信设备、计算机及其他电子设备制造业		3.8	27.5	44.9	23.8	68.7
仪器仪表及文化、办公用机械制造业		17.1	56.1	19.5	7.3	26.8

3. 成本上升、资金紧张、人才缺乏、创新不足影响企业发展

关于当前企业发展中遇到的最主要困难，调查显示，排在前两位的是"能源、原材料成本上升"（77.8%）和"人工成本上升"（72.2%），其他选择比重较高的还有"资金紧张"（57.2%）、"缺乏人才"（41.8%）和"缺乏创新能力"（29.4%）（见表32）。

关于企业目前的物料采购价格情况，调查显示，认为物料采购价格"上升"的企业经营者占91.1%，比认为"下降"的多88.2个百分点，这一结果比2007年高3.2个百分点（见表33）。

表 32　　当前企业经营发展中遇到的最主要困难（%）

		地区				规模			经济类型			企业类型	
	总体	东部	中部	西部	东北	大型	中型	小型	国有及国有控股	其中：国有	非国有	民营企业	上市公司
能源、原材料成本上升	**77.8**	78.9	75.0	78.5	76.1	74.5	78.4	77.9	72.0	71.0	78.5	79.2	74.8
人工成本上升	**72.2**	74.2	68.8	71.5	66.0	60.3	71.7	74.9	62.4	62.3	73.1	74.4	58.7
资金紧张	**57.2**	52.2	64.7	62.7	68.5	50.7	57.2	58.6	58.7	59.9	57.0	59.6	34.3
缺乏人才	**41.8**	41.4	41.2	43.6	43.2	40.2	41.1	42.8	41.9	41.8	41.8	42.5	42.0
缺乏创新能力	**29.4**	28.4	31.2	29.8	32.1	33.6	27.2	30.6	35.5	37.1	28.6	28.8	32.9
人民币升值影响出口	**25.8**	33.5	16.2	11.0	17.9	22.3	27.7	24.8	14.5	13.6	27.1	24.8	27.3
国内需求不足	**19.6**	20.6	18.1	18.2	18.8	20.7	19.8	19.4	20.0	18.8	19.7	19.9	22.4
资源、环境约束较大	**19.4**	17.6	21.4	24.4	18.2	26.6	20.4	17.0	24.7	23.4	19.0	18.9	23.1
国际经济环境恶化	**16.7**	20.8	11.3	9.7	10.9	19.2	18.0	14.9	11.8	9.0	17.4	15.9	30.8
行业发展前景不明	**14.3**	13.7	15.8	13.7	16.0	10.7	14.0	15.2	13.8	14.1	14.3	14.9	12.6
企业领导发展动力不足	**10.8**	9.7	12.9	12.4	10.6	10.5	10.3	11.2	14.8	15.6	10.3	10.3	11.9
遭受侵权等不正当竞争	**10.5**	10.7	10.9	9.0	11.4	8.1	10.9	10.6	8.5	8.7	10.8	10.8	5.6
房地产、汽车行业下滑造成市场需求低迷	**8.9**	7.9	9.4	12.2	9.2	10.3	10.3	7.3	7.9	7.7	9.0	9.6	10.5
地方政府干预较多	**7.2**	5.7	8.5	10.6	9.0	6.3	7.6	6.9	12.0	11.7	6.7	6.5	8.4
缺乏投资方向	**4.6**	4.1	4.3	6.7	5.4	3.7	4.3	5.0	4.8	4.1	4.6	4.9	1.4
股市震荡造成企业投资收益锐减	**1.9**	2.1	2.0	2.0		3.5	1.7	1.9	1.9	1.3	2.0	1.8	9.1

表 33　　不同地区、规模及经济类型企业目前的物料采购价格情况（%）

	上升	持平	下降	上升 - 下降		
				2008 年	2007 年	2006 年
总体	**91.1**	**6.0**	**2.9**	**88.2**	**85.0**	**74.4**
东部地区企业	90.2	6.9	2.9	87.3	84.8	75.4
中部地区企业	92.5	4.6	2.9	89.6	84.2	68.4
西部地区企业	92.4	4.8	2.8	89.6	84.9	77.7
东北地区企业	93.1	3.9	3.0	90.1	89.8	76.1
大型企业	91.5	5.5	3.0	88.5	82.6	67.2
中型企业	91.5	5.5	3.0	88.5	86.3	73.5
小型企业	90.7	6.5	2.8	87.9	84.0	77.5
国有及国有控股公司	92.5	5.8	1.7	90.8	81.6	73.4
国有企业	91.8	7.2	1.0	90.8	82.2	73.4
非国有企业	91.1	5.8	3.1	88.0	85.2	74.4
私营企业	89.6	7.9	2.5	87.1	85.9	72.3
股份有限公司	92.1	4.6	3.3	88.8	84.5	74.1
有限责任公司	90.7	5.9	3.4	87.3	86.2	73.8
外商及港澳台投资企业	94.0	3.2	2.8	91.2	82.4	79.0
民营企业	90.9	5.9	3.2	87.7	86.8	74.2
上市公司	92.3	4.2	3.5	88.8	75.6	74.2

关于企业目前的人工成本情况，调查显示，认为人工成本“上升”的企业经营者占 97.2%，比 2007 年高 3.1 个百分点（见表 34）。

物料成本的上升与全球性的大宗产品价格上升关系密切。仅就 2008 年上调成品油、电价来看，认为企业经营成本因此增加的企业占 98.8%，其中认为成本增加“10%以内”的占 56.3%，认为成本增加“10%～20%”的占30%，认为成本增加20%以上的占12.5%（见表35）。

表34　不同地区、规模及经济类型企业目前的人工成本情况（%）

		上升	持平	下降	上升－下降		
					2008年	2007年	2006年
总体	2008年	97.2	2.6	0.2	97.0	93.8	85.0
	2007年	94.1	5.6	0.3			
东部地区企业		97.6	2.2	0.2	97.4	94.2	86.5
中部地区企业		96.6	3.1	0.3	96.3	93.6	82.8
西部地区企业		96.5	3.3	0.2	96.3	92.5	82.8
东北地区企业		96.4	3.3	0.3	96.1	93.9	80.6
大型企业		95.9	3.4	0.7	95.2	92.0	79.1
中型企业		97.5	2.3	0.2	97.3	94.0	84.4
小型企业		97.1	2.8	0.1	97.0	94.0	87.2
国有及国有控股公司		95.5	3.9	0.6	94.9	92.2	81.2
国有企业		95.0	4.4	0.6	94.4	93.6	82.6
非国有企业		97.4	2.4	0.2	97.2	93.8	85.1
私营企业		97.0	2.7	0.3	96.7	94.5	86.7
股份有限公司		97.5	2.4	0.1	97.4	92.5	82.5
有限责任公司		97.4	2.4	0.2	97.2	93.9	85.2
外商及港澳台投资企业		98.6	1.4		98.6	94.6	90.1
民营企业		97.5	2.3	0.2	97.3	94.4	86.4
上市公司		97.3	2.7		97.3	86.2	66.6

表35　今年上调成品油、电价，企业经营成本的增长幅度（%）

	没有增长	10%以内	10%～20%	20%～30%	30%以上
总体	**1.2**	**56.3**	**30.0**	**8.4**	**4.1**
东部地区企业	1.4	58.8	28.8	7.4	3.6
中部地区企业	1.5	53.0	30.7	9.9	4.9
西部地区企业	0.4	51.3	33.3	9.9	5.1
东北地区企业	1.1	54.1	31.6	8.9	4.3
大型企业	1.1	57.6	31.4	8.0	1.9
中型企业	1.3	55.1	30.8	8.3	4.5
小型企业	1.2	57.1	29.0	8.5	4.2
国有及国有控股公司	1.4	58.4	28.4	8.1	3.7
国有企业	1.9	58.0	29.3	7.6	3.2
非国有企业	1.2	56.1	30.0	8.5	4.2
私营企业	2.2	51.9	30.8	11.1	4.0
股份有限公司	0.7	55.5	31.3	8.1	4.4
有限责任公司	1.2	56.7	29.6	8.2	4.3
外商及港澳台投资企业	0.9	60.8	29.6	5.7	3.0
民营企业	1.1	55.2	30.2	9.1	4.4
上市公司	1.4	57.3	35.0	4.9	1.4

人工成本的上升与新《劳动合同法》的实施关系较大。调查显示，认为新《劳动合同法》实施后企业用工成本增长的企业经营者占96.2%，其中认为人工成本增长在“10%以内”的占32.6%，认为增长“10%～20%”的占40.8%，认为增长20%以上的占22.8%（见表36）。

表36　新《劳动合同法》实施以来，企业用工成本的增长幅度（%）

	没有增长	10%以内	10%~20%	20%~30%	30%以上
总体	**3.8**	**32.6**	**40.8**	**15.8**	**7.0**
东部地区企业	3.6	31.2	42.0	16.6	6.6
中部地区企业	3.6	34.2	40.1	14.9	7.2
西部地区企业	3.3	32.7	41.1	14.8	8.1
东北地区企业	6.7	39.8	32.0	13.7	7.8
大型企业	4.1	41.9	37.6	13.6	2.8
中型企业	3.6	32.7	41.4	15.4	6.9
小型企业	3.9	30.6	41.0	16.7	7.8
国有及国有控股公司	7.1	41.3	36.9	10.5	4.2
国有企业	8.0	40.9	34.8	11.9	4.4
非国有企业	3.4	31.7	41.4	16.2	7.3
私营企业	3.5	31.4	39.1	18.7	7.3
股份有限公司	2.4	33.6	42.4	14.8	6.8
有限责任公司	3.6	31.4	41.4	16.1	7.5
外商及港澳台投资企业	2.3	28.5	45.5	16.9	6.8
民营企业	3.2	30.9	41.1	17.1	7.7
上市公司	2.8	37.9	43.4	13.8	2.1
农林牧渔业	3.0	45.5	28.7	17.8	5.0
采矿业	3.1	40.7	37.5	13.5	5.2
制造业	2.9	30.7	42.1	16.9	7.4
电力、燃气及水的生产和供应业	12.2	38.2	36.6	5.7	7.3
建筑业	3.5	32.6	43.6	12.8	7.5
交通运输、仓储和邮政业	6.1	41.8	37.4	13.0	1.7
信息传输、计算机服务和软件业	1.6	26.6	49.9	17.2	4.7
批发和零售业	6.2	43.1	37.7	9.1	3.9
住宿和餐饮业		37.1	40.1	17.1	5.7
房地产业	9.4	37.8	32.2	11.2	9.4
租赁和商务服务业	12.2	22.0	36.5	24.4	4.9
食品饮料制造业	3.3	30.8	41.8	16.0	8.1
纺织业	0.9	29.0	44.5	15.6	10.0
纺织服装、鞋、帽制造业	1.4	23.2	46.4	19.3	9.7
造纸及纸制品业		23.5	54.3	12.3	9.9
化学原料及化学制品制造业	3.6	33.5	38.7	18.2	6.0
医药制造业	1.5	30.5	45.1	16.8	6.1
化学纤维制造业	2.9	17.1	57.2	17.1	5.7
橡胶制品业		30.3	36.4	22.7	10.6
塑料制品业	2.5	26.7	40.1	21.3	9.4
非金属矿物制品业	2.0	29.7	41.0	17.5	9.8
黑色金属冶炼及压延加工业	2.5	34.7	36.5	19.5	6.8
有色金属冶炼及压延加工业	3.6	32.1	42.8	15.5	6.0
金属制品业	2.0	31.8	42.2	17.2	6.8
通用设备制造业	3.4	31.4	47.2	12.4	5.6
专用设备制造业	4.3	39.6	35.8	14.9	5.4
交通运输设备制造业	5.9	36.9	40.1	14.4	2.7

续表

	没有增长	10%以内	10%～20%	20%～30%	30%以上
电气机械及器材制造业	1.7	26.4	44.1	21.2	6.6
通信设备、计算机及其他电子设备制造业	2.6	22.8	45.7	21.9	7.0
仪器仪表及文化、办公用机械制造业	7.2	30.4	43.6	15.9	2.9

关于“新《劳动合同法》实施以来，企业用工成本增加的主要原因”，调查显示，认为主要原因是“人均薪酬水平提高”的企业经营者占66.2%，认为是“人均社保支出增加”的占29%（见表37）。

表37　　新《劳动合同法》实施以来，企业用工成本增加的主要原因（%）

	用工总量增加	人均薪酬水平提高	人均社保支出增加	其他
总体	**2.5**	**66.2**	**29.0**	**2.3**
东部地区企业	2.6	67.8	27.1	2.5
中部地区企业	2.3	65.6	29.9	2.2
西部地区企业	2.5	60.7	34.7	2.1
东北地区企业	2.3	65.8	30.6	1.3
大型企业	4.7	63.2	29.1	3.0
中型企业	3.4	64.6	29.5	2.5
小型企业	1.4	68.2	28.4	2.0
国有及国有控股公司	4.0	61.4	32.7	1.9
国有企业	2.4	61.3	34.1	2.2
非国有企业	2.5	66.8	28.4	2.3
私营企业	2.0	69.8	25.9	2.3
股份有限公司	4.4	63.2	30.5	1.9
有限责任公司	2.0	67.3	28.4	2.3
外商及港澳台投资企业	3.7	67.7	24.9	3.7
民营企业	1.9	67.7	28.1	2.3
上市公司	10.3	55.5	31.0	3.2

关于企业资金情况，调查显示，认为资金“紧张”的企业占56.5%，比2007年高12.5个百分点，比认为“正常”（39.4%）或“宽裕”（4.1%）的多13个百分点。这与近年来实施偏紧的货币政策密切相关。资金紧张也是影响企业应收账款高于正常的原因之一。调查显示，认为目前企业应收账款“高于正常”的企业经营者占22.5%，比2007年上升了3.9个百分点（见表38）。

表38　　企业目前的资金及应收账款情况（%）

	调查年份	宽裕	正常	紧张
资金	2008年	4.1	39.4	56.5
	2007年	6.2	49.8	44.0
	调查年份	高于正常	正常	低于正常
应收账款	2008年	22.5	62.1	15.4
	2007年	18.6	67.9	13.5

由于受到经济下滑、盈利减少的影响，企业的研发投入也呈下降趋势。关于“企业2008年的研发投入情况”，调查显示，研发投入“增加”的企业占47.2%，比“减少”的多35.4个百分点，这一结果比2006和2007年低10个百分点以上（见表39）。

研发投入的减少直接导致新产品销售比重的下降。调查显示，2008年新产品销售比重“增加”的企业占45.4%，比“减少”的多33.2个百分点，这一结果比2006和2007年分别低10.2个和11.1个百分点（见表 40）。

表 39　　不同地区、规模及经济类型企业今年的研发投入情况（%）

	增加	持平	减少	增加－减少		
				2008 年	2007 年	2006 年
总体	**47.2**	**41.0**	**11.8**	**35.4**	**45.6**	**46.1**
东部地区企业	46.4	41.1	12.4	34.0	47.8	49.9
中部地区企业	47.8	41.2	11.0	36.8	43.9	43.8
西部地区企业	51.0	39.3	9.7	41.3	40.2	36.8
东北地区企业	44.8	42.2	13.0	31.8	42.0	38.2
大型企业	52.8	41.5	5.7	47.1	53.0	53.0
中型企业	50.6	38.9	10.6	40.0	51.1	47.6
小型企业	43.1	42.8	14.1	29.0	36.3	42.3
国有及国有控股公司	41.9	48.8	9.3	32.6	35.1	31.8
国有企业	39.7	48.9	11.4	28.3	35.6	32.0
非国有企业	48.0	40.1	11.8	36.2	46.9	48.0
私营企业	47.9	38.7	13.5	34.4	48.4	53.3
股份有限公司	50.4	37.8	11.8	38.6	49.8	44.6
有限责任公司	48.1	40.9	11.0	37.1	48.0	48.7
外商及港澳台投资企业	48.8	39.9	11.3	37.5	51.0	55.8
民营企业	47.9	39.5	12.6	35.3	47.3	48.8
上市公司	52.9	41.3	5.8	47.1	71.6	44.8

表 40　　不同地区、规模及经济类型企业今年的新产品销售比重情况（%）

	增加	持平	减少	增加－减少		
				2008 年	2007 年	2006 年
总体	**45.4**	**42.4**	**12.2**	**33.2**	**44.3**	**43.4**
东部地区企业	45.2	42.4	12.4	32.8	46.0	46.2
中部地区企业	47.7	41.2	11.1	36.6	42.8	37.2
西部地区企业	44.8	43.8	11.4	33.4	39.9	39.8
东北地区企业	42.4	42.7	14.9	27.5	43.0	39.6
大型企业	49.0	44.0	7.0	42.0	53.3	50.1
中型企业	49.1	40.4	10.5	38.6	48.8	46.3
小型企业	41.5	43.9	14.6	26.9	36.1	37.9
国有及国有控股公司	37.4	52.2	10.4	27.0	36.1	29.2
国有企业	34.2	53.7	12.1	22.1	36.2	27.4
非国有企业	46.5	41.3	12.2	34.3	45.3	45.4
私营企业	48.1	38.6	13.3	34.8	48.1	47.1
股份有限公司	46.8	41.4	11.8	35.0	46.5	43.9
有限责任公司	46.3	42.3	11.4	34.9	46.5	46.0
外商及港澳台投资企业	49.4	37.8	12.8	36.6	46.4	51.6
民营企业	46.2	41.1	12.7	33.5	45.4	46.2
上市公司	54.7	38.7	6.6	48.1	63.8	59.4

调查结果表明，在经济下滑的情况下，企业增加创新投入有一定困难，这一现象应引起有关部门的重视。

三、企业经营预期谨慎

1. 全球经济增长放缓影响企业经营前景

关于未来的企业经营状况，调查显示，认为下期企业经营状况将“好转”的企业经营者占29.2%，认为“不变”的占55.9%，认为会“恶化”的占14.9%，认为“好转”的比认为“恶化”的多14.3个百分点，这一结果比2007年低16.8个百分点，为近5年来的最低水平（见表41）。

从不同类型企业看，东部地区企业担忧程度更大，认为“好转”的比认为“恶化”的仅多11.9个百分点，这一结果比中、西部地区低6个百分点以上；外商及港澳台投资企业对前景更为担忧，认为“好转”的比认为“恶化”的仅多5.9个百分点，比其他类型企业低8个百分点以上（见表41）。

表41　不同地区、规模及经济类型企业对下期经营状况的预计（%）

	下期经营状况预计			好转－恶化				
	好转	不变	恶化	2008年	2007年	2006年	2005年	2004年
总体	**29.2**	**55.9**	**14.9**	**14.3**	**31.1**	**32.5**	**25.5**	**25.0**
东部地区企业	27.3	57.3	15.4	11.9	30.5	33.5	25.2	25.2
中部地区企业	32.8	52.4	14.8	18.0	31.7	32.7	25.4	26.5
西部地区企业	31.9	55.5	12.6	19.3	32.6	29.7	26.8	23.2
东北地区企业	29.6	55.2	15.2	14.4	32.0	29.4	24.6	22.9
大型企业	31.0	57.5	11.5	19.5	31.5	33.4	25.9	24.2
中型企业	30.7	53.8	15.5	15.2	34.0	32.9	25.4	26.7
小型企业	27.6	57.5	14.9	12.7	27.3	31.4	25.2	23.1
国有及国有控股公司	27.3	58.7	14.0	13.3	25.2	22.8	17.0	18.5
国有企业	26.4	61.1	12.5	13.9	25.2	22.8	17.3	15.4
非国有企业	29.6	55.3	15.1	14.5	31.9	33.8	26.7	27.9
私营企业	32.2	53.3	14.5	17.7	30.1	39.3	39.1	35.6
股份有限公司	29.0	56.1	14.9	14.1	31.8	31.0	26.2	31.0
有限责任公司	30.6	54.9	14.5	16.1	34.0	35.3	26.0	29.5
外商及港澳台投资企业	24.9	56.1	19.0	5.9	27.5	32.5	24.3	18.0
民营企业	30.1	55.2	14.7	15.4	32.3	36.1	29.8	28.2
上市公司	26.2	55.2	18.6	7.6	37.6	20.4	23.5	32.1

不同行业的前景预期差异较大。预期相对比较乐观的行业有：信息传输计算机服务和软件业、农林牧渔业、医药等，其认为“好转”的比认为“恶化”的多30个百分点以上；其次是建筑业、住宿和餐饮业以及制造业中的食品、通信设备等行业，其认为“好转”的比认为“恶化”的多20个百分点以上；预期相对较差的行业有：化纤、钢铁、纺织和服装业等，其预期“恶化”的比重超过预期“好转”的比重（见表42）。

表42　不同行业企业对下期经营状况的预计（%）

	下期经营状况预计			好转－恶化				
	好转	不变	恶化	2008年	2007年	2006年	2005年	2004年
总体	**29.2**	**55.9**	**14.9**	**14.3**	**31.1**	**32.5**	**25.5**	**25.0**
农林牧渔业	45.0	50.0	5.0	40.0	39.1	47.4	33.4	33.0
采矿业	36.2	46.8	17.0	19.2	32.1	17.8	10.5	22.1
制造业	29.0	55.1	15.9	13.1	31.1	33.1	27.0	26.0

续表

	下期经营状况预计			好转 - 恶化				
	好转	不变	恶化	2008 年	2007 年	2006 年	2005 年	2004 年
电力、燃气及水的生产和供应业	26.2	57.4	16.4	9.8	18.4	25.4	20.2	19.3
建筑业	34.8	56.3	8.9	25.9	37.4	35.3	27.6	15.6
交通运输、仓储和邮政业	23.0	67.3	9.7	13.3	22.9	27.6	16.5	28.2
信息传输、计算机服务和软件业	49.2	44.6	6.2	43.0	43.5	48.2	36.1	—
批发和零售业	23.8	63.5	12.7	11.1	27.0	26.2	21.3	20.8
住宿和餐饮业	37.1	51.5	11.4	25.7	34.0	26.8	9.8	37.9
房地产业	26.2	57.9	15.9	10.3	38.0	32.0	26.0	11.9
租赁和商务服务业	20.0	67.5	12.5	7.5	21.4	30.7	25.8	—
食品饮料制造业	40.4	47.4	12.2	28.2	43.5	44.9	38.2	47.8
纺织业	18.6	58.7	22.7	-4.1	10.2	26.7	20.5	25.3
纺织服装、鞋、帽制造业	18.2	63.1	18.7	-0.5	13.7	28.1	30.2	36.8
造纸及纸制品业	32.5	52.5	15.0	17.5	50.8	34.1	26.2	43.8
化学原料及化学制品制造业	32.3	49.1	18.6	13.7	26.4	30.8	30.0	14.7
医药制造业	39.7	51.9	8.4	31.3	38.2	37.5	40.5	34.4
化学纤维制造业	14.3	60.0	25.7	-11.4	18.5	10.5	12.5	0.0
橡胶制品业	30.3	48.5	21.2	9.1	35.7	23.6	48.4	34.4
塑料制品业	25.3	57.0	17.7	7.6	33.5	25.2	38.3	12.7
非金属矿物制品业	31.7	53.3	15.0	16.7	36.0	33.5	19.1	17.3
黑色金属冶炼及压延加工业	15.7	56.5	27.8	-12.1	23.9	26.7	5.5	36.4
有色金属冶炼及压延加工业	27.1	55.3	17.6	9.5	29.2	22.1	21.2	15.4
金属制品业	29.8	59.0	11.2	18.6	22.8	41.7	25.0	20.0
通用设备制造业	30.1	55.3	14.6	15.5	31.4	30.7	16.6	21.2
专用设备制造业	27.5	61.6	10.9	16.6	34.0	33.7	16.1	15.8
交通运输设备制造业	31.9	50.3	17.8	14.1	35.1	42.2	21.3	34.6
电气机械及器材制造业	26.9	57.0	16.1	10.8	44.4	36.0	23.1	21.2
通信设备、计算机及其他电子设备制造业	35.4	50.4	14.2	21.2	47.0	33.9	37.2	32.3
仪器仪表及文化、办公用机械制造业	27.9	61.8	10.3	17.6	20.6	26.6	17.3	36.4

2. 企业订货下滑，房地产、纺织、钢铁及有色冶金等行业困难较大

企业订货情况的下滑是企业预期不太乐观的重要因素之一。调查显示，截至 2008 年 10 月，认为目前企业订货处于“正常”水平的企业经营者占 55.3%，认为“高于正常”的占 8.4%，认为“低于正常”的占 36.3%，后者比 2007 年高 19 个百分点。其中东部地区企业、小型企业、私营企业、外商及港澳台投资企业订货情况相对较差（见表 43）。

表 43　不同地区、规模及经济类型企业目前的订货情况（%）

	好于正常	正常	低于正常	好于正常 + 正常				
				2008 年	2007 年	2006 年	2005 年	2004 年
总体	**8.4**	**55.3**	**36.3**	**63.7**	**82.7**	**80.4**	**73.7**	**74.6**
东部地区企业	7.4	53.5	39.1	60.9	82.5	80.6	74.5	76.7
中部地区企业	10.0	58.3	31.7	68.3	84.7	82.0	72.7	72.2
西部地区企业	10.4	58.0	31.6	68.4	82.0	79.6	72.3	71.6
东北地区企业	8.8	57.0	34.2	65.8	79.5	74.7	—	—
大型企业	9.4	67.2	23.4	76.6	89.9	87.7	81.7	80.2
中型企业	9.7	54.5	35.8	64.2	84.8	81.9	74.3	77.0

续表

	好于正常	正常	低于正常	好于正常+正常				
				2008年	2007年	2006年	2005年	2004年
小型企业	7.1	53.7	39.2	60.8	77.9	76.4	69.8	67.9
国有及国有控股公司	10.2	63.8	26.0	74.0	82.5	79.1	73.4	78.0
国有企业	9.1	67.7	23.2	76.8	81.0	79.7	73.7	78.6
非国有企业	8.4	54.1	37.5	62.5	82.9	80.5	73.8	73.6
私营企业	7.7	52.6	39.7	60.3	81.6	80.1	78.6	74.2
股份有限公司	8.8	56.3	34.9	65.1	85.1	83.0	75.8	78.4
有限责任公司	8.8	54.3	36.9	63.1	82.9	79.6	72.2	74.1
外商及港澳台投资企业	7.2	50.8	42.0	58.0	85.1	85.9	75.8	69.2
民营企业	7.9	54.3	37.8	62.2	82.4	80.2	73.4	72.5
上市公司	8.6	65.7	25.7	74.3	93.7	85.7	84.1	90.2

关于企业下期订货情况，调查显示，认为企业订货将“增加”和认为会“减少”的比重均为30%左右，而2007年则是预期“增加”的比预期“减少”的多32.5个百分点。其中，房地产、纺织、服装、钢铁和有色冶金等行业订货下滑幅度比较明显，认为未来订货“减少”的比认为“增加”的多20个百分点以上。与此同时，信息传输计算机服务和软件业以及制造业中的医药等行业订货情况令人鼓舞，认为未来订货“增加”的比认为“减少”的多30个百分点以上；其次是采矿业、电力燃气及水的生产和供应业、交通运输仓储和邮政业、住宿和餐饮业以及制造业中的食品、电气机械和仪器仪表等行业，认为未来订货“增加”的比认为“减少”的多10个百分点以上（见表44）。

表44　　不同行业企业对下期订货情况的预计（%）

	增加	持平	减少	增加-减少				
				2008年	2007年	2006年	2005年	2004年
总体	**30.5**	**38.6**	**30.9**	**-0.4**	**32.5**	**28.3**	**19.0**	**19.6**
农林牧渔业	31.3	44.7	24.0	7.3	39.9	23.7	36.8	16.9
采矿业	36.6	51.6	11.8	24.8	40.7	15.4	5.3	42.4
制造业	30.8	37.4	31.8	-1.0	33.6	33.0	22.7	23.4
电力、燃气及水的生产和供应业	31.1	51.9	17.0	14.1	25.5	14.6	13.3	28.6
建筑业	30.0	43.9	26.1	3.9	34.0	16.2	10.2	9.3
交通运输、仓储和邮政业	38.2	36.0	25.8	12.4	35.2	18.9	14.7	28.6
信息传输、计算机服务和软件业	52.5	29.5	18.0	34.5	40.7	33.3	17.7	—
批发和零售业	27.9	42.1	30.0	-2.1	25.1	16.6	11.8	2.2
住宿和餐饮业	42.8	39.3	17.9	24.9	18.6	40.6	-8.3	17.4
房地产业	15.8	34.9	49.3	-33.5	35.1	15.6	-1.1	3.6
租赁和商务服务业	25.8	48.4	25.8	0.0	10.6	25.8	14.2	—
食品饮料制造业	38.7	36.0	25.3	13.4	41.4	39.5	38.5	35.3
纺织业	13.7	42.2	44.1	-30.4	5.4	20.8	7.0	6.1
纺织服装、鞋、帽制造业	15.3	43.1	41.6	-26.3	1.4	19.1	25.3	37.0
造纸及纸制品业	33.3	28.4	38.3	-5.0	30.4	43.9	14.3	34.4
化学原料及化学制品制造业	35.7	36.5	27.8	7.9	33.4	29.8	34.0	32.2
医药制造业	55.0	30.5	14.5	40.5	41.9	27.9	39.1	34.4
化学纤维制造业	20.0	45.7	34.3	-14.3	7.7	26.3	0.0	33.3
橡胶制品业	25.4	34.3	40.3	-14.9	30.2	36.3	37.5	29.0
塑料制品业	25.5	38.8	35.7	-10.2	36.8	37.0	35.2	4.7
非金属矿物制品业	30.5	37.8	31.7	-1.2	33.6	35.8	1.8	-6.0

续表

	增加	持平	减少	增加-减少				
				2008 年	2007 年	2006 年	2005 年	2004 年
黑色金属冶炼及压延加工业	19.0	39.6	41.4	-22.4	39.4	37.1	5.5	32.7
有色金属冶炼及压延加工业	17.9	44.0	38.1	-20.2	36.7	34.2	20.0	21.1
金属制品业	30.3	41.1	28.6	1.7	25.1	32.0	15.7	13.4
通用设备制造业	33.9	35.0	31.1	2.8	43.1	34.7	5.8	16.8
专用设备制造业	36.1	36.2	27.7	8.4	42.6	28.2	14.4	16.7
交通运输设备制造业	32.8	31.1	36.1	-3.3	46.8	33.1	13.7	25.3
电气机械及器材制造业	40.3	33.3	26.4	13.9	46.9	36.6	24.6	15.2
通信设备、计算机及其他电子设备制造业	34.0	32.1	33.9	0.1	33.1	43.7	33.0	40.6
仪器仪表及文化、办公用机械制造业	32.4	47.0	20.6	11.8	44.5	20.6	26.7	31.8

3. 未来投资计划趋于紧缩

企业经营者对未来经济走势的判断直接影响到企业未来的投资计划。调查显示，表示未来计划投资额将“增长”的企业经营者占47.1%，表示“减少”的占19.8%，表示“增长”的比表示“减少”的多27.3个百分点，比2007年减少29.8个百分点（见表45）。

表 45　不同地区、规模及经济类型企业对明年计划投资额增减的预计（%）

	增加	持平	减少	增长-减少				
				2008 年	2007 年	2006 年	2005 年	2004 年
总体	**47.1**	**33.1**	**19.8**	**27.3**	**57.1**	**58.6**	**44.7**	**39.0**
东部地区企业	43.3	35.3	21.4	21.9	55.8	59.2	44.8	38.5
中部地区企业	54.4	28.6	17.0	37.4	59.9	60.4	47.5	38.0
西部地区企业	53.7	29.0	17.3	36.4	60.8	54.4	44.8	38.8
东北地区企业	44.8	34.9	20.3	24.5	53.9	60.1	36.3	45.0
大型企业	56.6	27.8	15.6	41.0	70.5	65.1	48.9	42.2
中型企业	47.8	32.0	20.2	27.6	60.8	61.0	46.6	41.3
小型企业	44.7	35.0	20.3	24.4	48.8	54.5	40.3	34.0
国有及国有控股公司	49.7	34.9	15.4	34.3	52.2	49.1	34.2	33.2
国有企业	48.7	37.5	13.8	34.9	50.9	46.7	30.1	31.9
非国有企业	47.0	32.6	20.4	26.6	58.0	60.3	47.6	41.2
私营企业	44.0	33.4	22.6	21.4	51.4	62.2	54.8	45.3
股份有限公司	48.5	31.8	19.7	28.8	61.5	60.4	48.5	47.5
有限责任公司	49.2	31.1	19.7	29.5	60.7	62.8	48.6	41.9
外商及港澳台投资企业	40.3	36.8	22.9	17.4	55.3	59.9	48.5	35.9
民营企业	47.2	32.0	20.8	26.4	57.7	62.0	49.3	44.0
上市公司	52.1	29.6	18.3	33.8	75.8	59.1	46.4	59.6

从不同地区看，东部地区企业计划投资“增长”的比“减少”的仅多21.9个百分点，明显低于中、西部地区企业。调查表明，投资向中、西部转移的特征十分明显（见表45）。

从不同规模看，调查显示，56.6%的大型企业计划增加投资，比计划减少的多41个百分点，比中、小型企业高13个百分点以上（见表45）。

从不同经济类型看，调查显示，国有及国有控股公司计划增加投资的比计划减少的多34.3个百分点，比民营企业多7.9个百分点，比外商及港澳台投资企业多16.9个百分点（见表45）。

从不同行业看，计划投资增加比重较大的行业主要包括：信息传输计算机服务和软件业、采矿业、农林牧渔业、交通运输仓储和邮政业以及仪器仪表等行业，这些行业计划投资增加的企业比减少的多40个百分点以上，其中住宿和餐饮业与信息传输、计算机服务和软件业要高于2007年的水平；而制造业中的纺织、服装、钢铁等行业投资一向非常弱，其计划投资"增加"的比"减少"的多10个百分点左右，其中服装业投资计划呈现净减少现象（即计划增加的比减少的少）（见表46）。

表46 不同行业企业对明年计划投资额增减的预计（%）

	增加	持平	减少	增加-减少				
				2008年	2007年	2006年	2005年	2004年
总体	**47.1**	**33.1**	**19.8**	**27.3**	**57.1**	**58.6**	**44.7**	**39.0**
农林牧渔业	61.0	22.0	17.0	44.0	60.4	56.0	52.9	38.6
采矿业	58.7	29.3	12.0	46.7	69.0	62.3	64.9	72.1
制造业	46.1	33.1	20.8	25.3	57.2	61.4	47.4	39.6
电力、燃气及水的生产和供应业	47.5	34.7	17.8	29.7	69.2	50.5	49.4	64.4
建筑业	47.2	35.7	17.1	30.1	47.3	52.6	28.8	21.8
交通运输、仓储和邮政业	54.7	34.0	11.3	43.4	65.5	53.8	45.7	44.9
信息传输、计算机服务和软件业	65.6	25.0	9.4	56.2	50.8	67.1	58.8	—
批发和零售业	42.4	42.1	15.5	26.9	49.4	45.2	36.9	26.9
住宿和餐饮业	48.6	37.1	14.3	34.3	28.6	58.6	31.3	51.7
房地产业	47.2	23.3	29.5	17.7	71.8	54.6	26.9	38.2
租赁和商务服务业	40.0	40.0	20.0	20.0	42.0	54.8	41.9	—
食品饮料制造业	54.8	28.2	17.0	37.8	66.5	61.5	51.3	40.3
纺织业	31.1	38.1	30.8	0.3	41.2	56.7	35.0	27.6
纺织服装、鞋、帽制造业	26.6	40.4	33.0	-6.4	28.6	57.4	46.1	40.8
造纸及纸制品业	45.7	42.0	12.3	33.4	53.9	61.5	33.3	44.1
化学原料及化学制品制造业	56.4	26.6	17.0	39.4	55.4	68.6	56.4	49.0
医药制造业	48.5	36.9	14.6	33.9	50.6	63.6	56.2	27.6
化学纤维制造业	41.2	35.3	23.5	17.7	19.3	38.9	12.5	16.7
橡胶制品业	47.8	38.8	13.4	34.4	66.0	58.1	57.6	29.0
塑料制品业	47.2	29.4	23.4	23.8	53.4	48.2	50.7	14.1
非金属矿物制品业	40.9	38.5	20.6	20.3	51.1	52.5	22.1	15.7
黑色金属冶炼及压延加工业	40.4	28.9	30.7	9.7	52.6	59.5	34.5	61.8
有色金属冶炼及压延加工业	43.4	33.7	22.9	20.5	70.3	69.7	43.4	43.6
金属制品业	46.1	34.9	19.0	27.1	51.7	59.5	45.8	33.3
通用设备制造业	48.8	33.0	18.2	30.6	71.3	67.5	50.0	46.6
专用设备制造业	50.1	32.0	17.9	32.2	68.7	64.0	54.3	32.4
交通运输设备制造业	47.3	34.8	17.9	29.4	69.2	65.6	44.2	36.3
电气机械及器材制造业	51.4	29.5	19.1	32.3	67.3	60.3	48.7	51.5
通信设备、计算机及其他电子设备制造业	47.4	33.3	19.3	28.1	62.7	73.6	55.8	52.9
仪器仪表及文化、办公用机械制造业	54.4	36.8	8.8	45.6	60.7	58.1	53.3	45.5

关于"如果目前条件成熟，您最希望投资哪个行业"，调查显示，73.4%的企业经营者选择继续投资本行业，26.6%选择转投其他行业。选择继续投资本行业超过八成的有化工、有色冶金、通信设备、仪器仪表等行业。希望转投其他行业比重相对较高的是纺织、服装、化纤等行业，比重在40%以上，其中纺织业希望转型的比重超过一半（51.3%）（见表47）。

表 47　企业最希望投资的行业（%）

		本行业	其他行业
总体	2008 年	73.4	26.6
	2007 年	70.0	30.0
	2006 年	72.7	27.3
农林牧渔业		74.7	25.3
采矿业		78.5	21.5
制造业		72.8	27.2
电力、燃气及水的生产和供应业		75.4	24.6
建筑业		69.7	30.3
交通运输、仓储和邮政业		77.5	22.5
信息传输、计算机服务和软件业		74.2	25.8
批发和零售业		75.8	24.2
住宿和餐饮业		79.4	20.6
房地产业		79.2	20.8
租赁和商务服务业		68.3	31.7
食品饮料制造业		76.1	23.9
纺织业		48.7	51.3
纺织服装、鞋、帽制造业		56.1	43.9
造纸及纸制品业		71.1	28.9
化学原料及化学制品制造业		80.1	19.9
医药制造业		73.8	26.2
化学纤维制造业		60.0	40.0
橡胶制品业		76.9	23.1
塑料制品业		70.2	29.8
非金属矿物制品业		70.4	29.6
黑色金属冶炼及压延加工业		72.6	27.4
有色金属冶炼及压延加工业		82.4	17.6
金属制品业		74.4	25.6
通用设备制造业		78.1	21.9
专用设备制造业		78.2	21.8
交通运输设备制造业		78.5	21.5
电气机械及器材制造业		74.8	25.2
通信设备、计算机及其他电子设备制造业		83.2	16.8
仪器仪表及文化、办公用机械制造业		81.8	18.2

关于“企业有投资意向的地区”，调查显示，有 85.7% 的企业经营者选择了东部地区，其中 37.4% 选择了“长三角”地区，23.1% 选择了“京津—环渤海”地区，13.7% 选择了“珠三角”地区，选择其他东部地区的为 11.5%；此外，有 25.9% 的企业经营者选择了中部地区，35.2% 选择了西部地区，11.7% 选择了东北地区，3.8% 选择了港澳台地区，12.2% 选择了海外地区。与 2007 年相比，2008 年企业投资意向的特点是，“珠三角”地区的投资吸引力持续趋弱，而“长三角”和“京津—环渤海”则继续成为资金青睐的地区，投资向中、西部地区转移的迹象也比较明显（见表 48）。

值得注意的是，对于 2008 年以来宏观经济形势的变化，多数企业经营者虽有所预料，但能准确预料这一结果的较少。当问及“您对 2008 年以来的宏观经济形势的变化情况”时，调查显示，认为“预料之中”的企业经营者占 15.4%；“有所预料”的占 70.8%，认为“预料之外”的占 13.8%（见

表49）。调查发现，企业经营者大都对突如其来的宏观经济形势的变化缺乏足够的预计和准备。面对当前形势，企业经营者一方面可能会缩减投资，另一方面可能会考虑行业转型。调查表明，当前企业经营面临严峻的挑战，不过这种挑战也可能会促进企业经营方式的转型，从而实现国民经济发展方式的转变。

表48 企业有投资意向的地区（%）

		东部地区				中部地区	西部地区	东北地区	港澳台地区	其他海外地区
		"长三角"地区	"珠三角"地区	"京津－环渤海"	其他东部地区					
总体	2008年	37.4	13.7	23.1	11.5	25.9	35.2	11.7	3.8	12.2
	2007年	33.0	14.0	21.8	10.3	20.5	28.9	10.1	2.9	10.5
东部地区企业		46.0	15.9	27.2	13.8	21.7	25.3	8.7	4.3	13.6
中部地区企业		31.4	12.0	14.9	8.6	49.8	39.8	8.3	3.4	10.5
西部地区企业		18.4	9.0	13.0	7.2	17.7	77.4	5.4	2.5	10.2
东北地区企业		16.6	8.8	33.8	8.8	8.1	18.8	67.2	2.9	8.1
大型企业		37.1	13.5	26.7	9.2	26.9	36.3	14.6	3.1	14.0
中型企业		36.9	14.2	23.0	12.1	26.7	35.2	11.9	4.3	13.7
小型企业		38.0	13.3	22.6	11.5	24.9	35.0	11.0	3.5	10.3
国有及国有控股公司		33.5	12.8	27.5	9.8	25.9	39.9	14.8	3.1	11.5
国有企业		30.5	12.7	26.8	9.9	24.9	41.8	13.9	3.7	11.3
非国有企业		38.1	13.8	22.8	11.7	25.9	34.6	11.5	3.8	12.3
民营企业		37.1	12.7	22.2	12.0	26.8	36.1	11.2	3.5	11.4
上市公司		46.2	19.2	25.4	7.7	30.8	32.3	15.4	3.8	15.4

表49 对2008年以来的宏观经济形势的变化情况（%）

	预料之中	有所预料	预料之外
总体	**15.4**	**70.8**	**13.8**
农林牧渔业	9.9	71.3	18.8
采矿业	17.7	74.0	8.3
制造业	15.0	71.1	13.9
电力、燃气及水的生产和供应业	15.3	74.2	10.5
建筑业	16.6	69.9	13.5
交通运输、仓储和邮政业	11.2	74.1	14.7
信息传输、计算机服务和软件业	12.5	67.2	20.3
批发和零售业	15.9	71.0	13.1
住宿和餐饮业	14.3	62.8	22.9
房地产业	19.7	69.6	10.7
租赁和商务服务业	25.0	62.5	12.5
食品饮料制造业	16.2	67.0	16.8
纺织业	13.7	72.3	14.0
纺织服装、鞋、帽制造业	18.0	73.7	8.3
造纸及纸制品业	12.2	63.4	24.4
化学原料及化学制品制造业	16.5	68.3	15.2
医药制造业	16.7	70.4	12.9
化学纤维制造业	22.9	77.1	
橡胶制品业	23.5	58.9	17.6
塑料制品业	12.5	73.0	14.5

续表

	预料之中	有所预料	预料之外
非金属矿物制品业	13.7	71.4	14.9
黑色金属冶炼及压延加工业	15.3	68.6	16.1
有色金属冶炼及压延加工业	19.0	69.1	11.9
金属制品业	14.1	72.4	13.5
通用设备制造业	17.5	72.1	10.4
专用设备制造业	12.1	75.0	12.9
交通运输设备制造业	15.1	73.1	11.8
电气机械及器材制造业	13.8	71.7	14.5
通信设备、计算机及其他电子设备制造业	14.0	67.6	18.4
仪器仪表及文化、办公用机械制造业	17.4	73.9	8.7

四、对宏观调控和改革的评价及建议

1. 多数企业经营者认为国家宏观调控政策偏紧

关于当前的宏观调控政策的松紧程度，调查显示，认为当前宏观调控政策“过紧”的企业经营者占9.6%，认为“偏紧”的占45.5%，分别比2007年提高8.1个和25.7个百分点；认为“合适”的占31.4%，比2007年减少11.9个百分点；认为“偏松”或“过松”的占13.5%，比2007年减少21.9个百分点。与2007年认为“偏松”的比认为“偏紧”的多13.9个百分点相反，2008年认为政策“偏紧”的比认为“偏松”的多32.8个百分点。调查表明，多数企业经营者认为2008年国家宏观调控政策的明显偏紧，对企业的正常经营产生影响（见表50）。

表 50　对近年来政府采取的宏观调控政策松紧程度的判断（%）

		过紧	偏紧	合适	偏松	过松
总体	2008 年	9.6	45.5	31.4	12.7	0.8
	2007 年	1.5	19.8	43.3	33.7	1.7
	2006 年	1.9	22.6	39.8	34.1	1.6
东部地区企业		11.0	46.4	31.4	10.6	0.6
中部地区企业		7.0	45.4	31.4	15.3	0.9
西部地区企业		7.7	44.2	32.2	15.3	0.6
东北地区企业		8.2	40.9	30.2	18.8	1.9
大型企业		7.6	54.3	28.2	9.9	
中型企业		11.2	46.3	29.2	12.7	0.6
小型企业		8.5	43.0	34.2	13.2	1.1
国有及国有控股公司		5.9	48.2	29.2	15.9	0.8
国有企业		4.8	47.8	28.3	18.4	0.7
非国有企业		10.0	45.3	31.8	12.1	0.8
私营企业		9.8	40.7	36.2	12.2	1.1
股份有限公司		8.4	50.1	29.6	11.4	0.5
有限责任公司		10.4	45.2	31.2	12.5	0.7
外商及港澳台投资企业		13.5	47.1	30.0	8.9	0.5
民营企业		10.1	45.0	31.3	12.7	0.9
上市公司		8.2	54.4	29.9	6.8	0.7

短短一年，企业经营者对政府的宏观调控政策的判断出现了很大的变化。由于国内外一系列因素的共振作用，使得企业同时面临物料成本、人工成本明显上升，资金日趋紧张，市场尤其是海外市场日益萎缩的压力。调查结果表明，有关部门应根据当前国内外经济环境的变化，及时调整宏观调控政策，关怀企业家、支持企业家，帮助企业提振信心，渡过难关。

面对日益严峻的困难和挑战，企业经营者也积极采取有效措施，提高自身的竞争能力。当问及“为了企业更好地发展，企业未来一年应着重采取的措施”时，调查显示，排在首位的是“加强管理降低成本”，选择比重为81.6%；其次是“增加创新投入”和“引进人才”，选择比重分别为68.8%和54.9%。此外，选择比重相对较高的还有“开拓国内市场”（47%）、“加强企业文化建设”（33.8%）、“更新设备”（31.2%）、“开拓国际市场”（30.2%）等。调查表明，当前企业的经济环境有可能在一定程度上会促进企业加强成本意识，加大创新力度，这将对经济发展模式的转型起到一定作用（见表51）。

表51　　为了企业更好地发展，企业未来一年应着重采取的措施（%）

	总体	地区				规模			经济类型			企业类型	
		东部	中部	西部	东北	大型	中型	小型	国有及国有控股	其中：国有	非国有	民营企业	上市公司
加强管理降低成本	**81.6**	80.9	83.3	82.8	79.6	81.0	82.3	81.0	83.0	83.2	81.4	81.5	83.3
增加创新投入	**68.8**	68.0	71.9	67.5	69.4	71.3	69.2	68.1	66.9	64.0	69.3	69.3	70.8
引进人才	**54.9**	54.1	56.2	56.2	55.5	54.2	55.7	54.2	51.4	51.5	55.2	56.4	59.0
开拓国内市场	**47.0**	48.9	43.7	40.7	53.4	41.7	46.1	48.8	44.9	46.2	47.1	47.3	45.1
加强企业文化建设	**33.8**	31.6	36.8	39.8	31.4	41.2	36.0	30.4	38.7	38.3	33.4	33.7	41.7
更新设备	**31.2**	29.4	33.6	32.5	37.5	25.0	29.5	34.0	32.4	32.1	31.1	31.8	20.8
开拓国际市场	**30.2**	35.9	22.5	20.3	23.3	33.5	31.3	28.6	23.7	23.4	30.9	29.8	35.4
改变经营模式	**26.2**	23.7	28.2	33.0	27.6	29.8	24.5	26.9	34.0	36.6	25.1	25.4	34.0
减少用工	**17.8**	19.0	14.7	18.3	16.1	11.4	17.7	19.3	15.4	16.4	18.0	18.3	11.8
投资其他行业	**15.0**	13.7	16.2	19.5	13.7	10.8	15.7	15.1	9.4	9.2	15.6	16.7	6.9
寻求上市	**8.5**	8.2	9.6	7.1	11.5	17.7	11.4	4.1	8.1	7.4	8.6	8.4	3.5
股权投资或并购	**6.0**	5.1	7.8	6.8	6.4	10.8	6.4	4.8	9.4	7.7	5.8	5.3	17.4
投资其他地区	**5.7**	5.8	5.1	6.2	5.6	6.3	6.3	5.0	4.9	3.6	5.9	5.6	11.8

2. 健全社会保障体系成效明显，政府职能转变亟待加快步伐

2008年是改革开放三十周年。中国经济取得今天的辉煌成就离不开改革开放，未来的经济发展同样离不开进一步改革开放。企业经营者对改革开放的评价和建议对于深化改革具有十分重要的意义。本次调查请企业经营者对近两年来有关改革成效进行评价。调查显示，对于不同改革的成效，企业经营者的评价差异明显。

各项改革按企业经营者评价高低即“效果很好”与“效果较好”的比重之和大小排序，位于首位的是健全社会保障体系，选择比重为43.5%，分别比2006和2007年提升15.7个和4.5个百分点（见表52）。这一结果表明社会保障制度的建立和健全取得了相对较好的效果，得到了企业经营者比较普遍的认同，在维护社会安定、保障人民生活水平的稳步提高、减轻企业负担、扩大国内需求等方面发挥越来越重要的作用。

表 52　　对近两年来有关改革成效的评价（%）

		效果很好	效果较好	有些效果	尚未见效	效果很好 + 效果较好
政府职能转变	2008 年	4.0	22.7	55.5	17.8	26.7
	2007 年	4.2	24.7	55.6	15.5	28.9
	2006 年	2.8	21.8	57.1	18.3	24.6
垄断性行业改革	2008 年	0.7	6.0	32.0	61.3	6.7
	2007 年	0.7	5.9	32.2	61.2	6.6
	2006 年	0.8	5.1	27.3	66.8	5.9
产权制度改革	2008 年	2.9	30.5	54.6	12.0	33.4
	2007 年	3.6	30.3	55.6	10.5	33.9
	2006 年	2.8	25.1	58.2	13.9	27.9
投资体制改革	2008 年	2.0	23.7	53.8	20.5	25.7
	2007 年	3.2	29.1	52.9	14.8	32.3
	2006 年	2.1	23.6	53.8	20.5	25.7
健全社会保障体系	2008 年	7.3	36.2	48.9	7.6	43.5
	2007 年	5.7	33.3	51.0	10.0	39.0
	2006 年	3.1	24.7	54.9	17.3	27.8
土地制度改革	2008 年	3.2	23.7	50.3	22.8	26.9
	2007 年	3.0	22.2	48.8	26.0	25.2
	2006 年	2.2	18.6	51.4	27.8	20.8
金融体制改革	2008 年	1.8	20.1	50.3	27.8	21.9
	2007 年	3.2	26.2	51.9	18.7	29.4
	2006 年	1.4	19.5	50.4	28.7	20.9
财税体制改革	2008 年	2.7	21.0	48.5	27.8	23.7
	2007 年	2.9	24.7	50.4	22.0	27.6
	2006 年	2.6	19.3	48.2	29.9	21.9
国有企业改革	2008 年	4.2	26.0	51.1	18.7	30.2
	2007 年	4.5	29.3	51.2	15.0	33.8
	2006 年	2.9	22.9	53.3	20.9	25.8
股权分置改革	2008 年	1.9	21.3	56.2	20.6	23.2
	2007 年	5.7	28.1	53.0	13.2	33.8
促进民营企业发展	2008 年	7.2	28.7	41.4	22.7	35.9
	2007 年	10.8	38.2	38.6	12.4	49.0
	2006 年	8.5	37.1	40.0	14.4	45.6

排在第二位的是促进民营企业发展，选择比重为 35.9%，比 2006 年和 2007 年分别减少 9.7 个和 13.1 个百分点（见表 52）。调查表明，总的来说，企业经营者对政府促进民营企业发展给予了相对比较积极的肯定。这从企业经营者对“目前是非公有经济发展的最好时期”这一说法的态度上也可以看出。调查显示，超过一半（51.3%）的企业经营者对这一说法表示“非常同意”或“比较同意”，比表示“不太同意”或“很不同意”的多 33.1 个百分点（见表 53）。不过，值得注意的是，2008 年企业经营者对促进民营企业发展的认可程度比前两年有所降低。

排在第三位的是产权制度改革，选择比重为 33.4%，与 2007 年的结果大体相当，比 2006 年提高 5.5 个百分点（见表 52）。产权制度改革的成功推进是国有企业改革取得成功的关键，也是民营企业持续发展的保证。企业经营者对这一改革的成效评价较为积极。

表53　对“目前是非公有经济发展的最好时期”这一说法的同意程度（%）

	非常同意	比较同意	一　般	不太同意	很不同意	评价值
总体	**7.4**	**43.9**	**30.5**	**15.0**	**3.2**	**3.37**
东部地区企业	7.1	42.2	31.7	15.3	3.7	3.34
中部地区企业	7.9	48.3	27.4	14.1	2.3	3.45
西部地区企业	6.8	42.8	32.4	15.6	2.4	3.36
东北地区企业	11.1	46.3	24.8	14.6	3.2	3.48
大型企业	6.4	45.8	35.1	10.5	2.2	3.44
中型企业	7.4	43.9	30.2	15.2	3.3	3.37
小型企业	7.7	43.3	29.9	15.8	3.3	3.36
国有及国有控股公司	5.3	49.0	33.2	11.4	1.1	3.46
国有企业	5.2	47.6	34.4	11.7	1.1	3.44
非国有企业	7.7	43.4	30.1	15.4	3.4	3.37
私营企业	12.0	40.3	29.8	13.9	4.0	3.42
股份有限公司	6.2	42.6	33.3	15.0	2.9	3.34
有限责任公司	7.1	44.5	29.2	16.1	3.1	3.36
外商及港澳台投资企业	5.3	43.9	30.1	16.1	4.6	3.29
民营企业	8.3	42.6	29.7	15.9	3.5	3.36
上市公司	2.7	43.8	37.7	11.0	4.8	3.29

注：均值是由（“非常同意”×5+“比较同意”×4+“一般”×3+“不太同意”×2+“很不同意”）/100计算得出的。可能的分值介于1~5分之间，分值越大，代表对该说法的同意程度越高，反之则越低。

企业经营者对其他几项改革的评价的排序依次是国有企业改革（30.2%）、土地制度改革（26.9%）、政府职能转变（26.7%）、投资体制改革（25.7%）、财税体制改革（23.7%）、股权分置改革（23.2%）、金融体制改革（21.9%）和垄断性行业改革（6.7%）（见表52）。

值得注意的是，与前两年相比，2008年企业经营者对金融体制改革和股权分置改革的成效评价有所下降，幅度分别为7.5个和10.6个百分点。这与2008年以来尤其是下半年以来资本市场的动荡不无关系。此外，企业经营者对垄断性行业改革的成效评价最低，超过六成认为“尚未见效”。

当请企业经营者提出当前最紧迫的三项改革时，按选择比重的多少排在前三位的依次是：政府职能转变（67.4%）、促进民营企业发展（51.6%）和垄断性行业改革（43.5%）。与2007年相比，政府职能转变仍排在首位，促进民营企业发展替代垄断性行业改革排在第二位，垄断性行业改革替代健全社会保障体系排在第三位（见表54）。调查表明，企业经营者意识到深化改革的关键是政府职能转变。只有真正实现政府职能转变，其他改革才能更加顺利地推进。对促进民营企业发展的迫切程度的提升，意味着企业经营者希望有关部门重视当前民营企业发展中遇到的较大困难，采取切实措施，帮助民营企业渡过难关。垄断性行业改革排在第三位，这表明企业经营者希望加快垄断行业改革的步伐。而健全社会保障体系不再被列为最紧迫的前三项改革，说明企业经营者对该项改革的成效表示肯定。

企业经营者认为其他几项紧迫的改革依次是：健全社会保障体系（34.6%）、财税体制改革（31.3%）、金融体制改革（26.6%）、土地制度改革（11.3%）、产权制度改革（10.1%）、国有企业改革（9.6%）、投资体制改革（9.5%）和股权分置改革（2.7%）。与2007年相比，健全社会保障体系减少10.3个百分点，财税、金融体制改革分别增加了近10个百分点。对其他几项改革紧迫性的判断变化不大（见表54）。

表 54　　对有关改革紧迫性的判断（%）

	总体		地区				规　模			经济类型			企业类型	
	2008	2007	东部	中部	西部	东北	大型	中型	小型	国有及国有控股	其中：国有	非国有	民营企业	上市公司
政府职能转变	67.4	68.7	65.0	69.9	73.1	68.8	68.1	67.6	67.1	72.8	72.6	66.9	66.5	75.5
促进民营企业发展	51.6	38.9	52.5	54.1	45.1	50.1	31.5	50.9	56.3	18.8	16.5	55.2	59.9	28.6
垄断性行业改革	43.5	47.7	43.1	43.4	46.2	41.5	42.4	42.9	44.3	47.1	47.2	43.1	43.7	40.1
健全社会保障体系	34.6	44.9	35.1	33.4	33.7	36.0	40.9	34.8	33.2	47.2	46.2	33.5	31.2	38.1
财税体制改革	31.3	21.8	34.9	25.4	25.3	29.3	25.2	32.5	31.3	21.5	22.9	32.2	33.3	23.8
金融体制改革	26.6	17.6	26.8	28.2	23.6	26.6	24.6	26.5	27.2	16.9	15.0	27.8	28.8	19.7
土地制度改革	11.3	15.5	12.3	9.9	11.1	6.8	10.9	10.4	12.2	8.4	8.1	11.6	11.6	12.2
产权制度改革	10.1	13.0	9.5	10.8	12.2	9.8	17.6	10.8	8.1	19.7	21.4	9.0	7.8	17.7
国有企业改革	9.6	11.0	7.8	10.6	14.8	12.5	22.0	9.5	7.3	32.5	35.3	7.0	4.7	21.8
投资体制改革	9.5	9.1	9.0	9.9	9.9	11.9	11.1	9.4	9.2	9.1	9.0	9.5	8.8	14.3
股权分置改革	2.7	2.2	2.4	2.9	3.8	2.7	4.4	2.9	2.2	5.2	4.5	2.6	2.1	8.2

与2007年的情况类似，从不同类型企业看，民营企业更加关注金融体制改革和财税体制改革，分别比国有企业多13.8个和10.4个百分点；国有企业则更加关注国有企业改革、健全社会保障体系和产权制度改革，认为其具有紧迫性的比重比民营企业分别多30.6个、15个和13.6个百分点。从不同规模的企业看，大型企业更加关注产权制度改革，中小企业更加关注促进民营企业发展和财税体制改革（见表54）。

（注：凡引用此报告者均需注明引自中国企业家调查系统——《2008·中国企业经营者问卷跟踪调查报告》）

课题组名单

顾　　问：	张玉台	谢伏瞻	邵　宁	马建堂	袁宝华
	王梦奎	陈清泰	魏礼群	李德水	鲁志强
	孙晓郁	李克穆	刘世锦	侯云春	卢中原
	蒋省三	全哲洙	辜胜阻	任泽民	陈　晋
	许善达	丁俊发			
调查指导：	王佩亨	张　泰	年　勇	毕雪融	王子先
	余明勤	杨元伟	陈　淮	余　平	金磊夫
调查主持：	李　兰	陈全生	熊志军	李晓超	李建明
报告撰写：	潘建成	李　兰	韩岫岚	郑明身	郝大海
	彭泗清				
数据处理：	桂晓鸿	董　博	张晓娟	王　剑	匡洁玲
参与讨论：	张文魁	李晓西	李燕斌	张　斌	王明政
	杨正位	何龙灿	李维双	李　强	左小蕾
	王小鲁	李海洋	曹远征	王云峰	

2007年企业经营者对宏观经济形势及改革热点的判断、评价和建议

■中国企业家调查系统

2003年以来，中国经济连续四年保持10%以上的增长，2007年经济增长速度进一步加快，企业利润、财政收入、居民收入增长均达到近期历史最高水平，同时出现物价涨幅较大、贸易顺差进一步扩大的现象，经济运行趋热的迹象明显。为了解在此背景下企业经营者对当前宏观经济形势、企业经营状况的判断及对未来发展的预期，了解他们对企业经营外部环境的评价、对宏观经济政策及经济体制改革成效的看法以及进一步深化改革的意见和建议，为政府决策提供参考依据，2007年8月至10月，中国企业家调查系统组织实施了“2007·中国企业经营者问卷跟踪调查”。

本次调查是由中国企业家调查系统组织的第15次全国性企业经营者年度跟踪调查，得到了国务院发展研究中心人力资源研究培训中心、国务院研究室工交贸易研究司、国务院国有资产监督管理委员会企业分配局、国家统计局国民经济综合统计司、中国企业联合会研究部①、国家发展和改革委员会国民经济综合司、人事部人才流动开发司、建设部政策研究中心、商务部政策研究室、劳动和社会保障部法制司、国家税务总局政策法规司、国家安全生产监督管理总局宣传教育中心、中国证券监督管理委员会市场监管部、中国物流与采购联合会等有关部门的支持和指导。

与前14次年度跟踪调查一样，本次调查以企业法人代表为主的企业经营者群体为调查对象，参考我国经济结构，按行业进行分层随机抽样。调查采用邮寄问卷的方式进行，于8月10日发放问卷15000份，截至9月26日共回收问卷5408份，其中有效问卷5351份，有效回收率为35.7%。通过部分未填写问卷与填写问卷企业的对比分析，未发现存在系统偏差。为使调查分析更为全面和深入，本报告还采用了中国企业家调查系统以往的调查结果。

本次调查主要涉及制造业、批发和零售业、房地产业、建筑业、电力燃气及水的生产和供应业、交通运输仓储和邮政业、采矿业、农林牧渔业以及信息传输计算机服务和软件业等行业，上述行业的企业所占比重分别为：69.9%、7.8%、5%、3.9%、2.4%、2.3%、1.6%、1.4%和1.3%。从企业的地区分布看，东部地区占60.1%，中部、西部和东北地区分别占19.2%、14.9%和5.8%；从企业规模看，大、中、小型企业分别占11.4%、49.7%和38.9%；从企业经济类型看，国有企业占11.4%，有限责任公司占46.8%，股份有限公司占15.3%，私营企业占11.1%，外商及港澳台投资企业占7.6%，股份合作企业占5.1%，集体企业占2.5%（见表1、表2）。

---

① 以上5家部门为中国企业家调查系统发起成立单位。

表1　调查样本基本情况（%）

行业	农林牧渔业	1.4	经济类型	国有企业	11.4
	采矿业	1.6		集体企业	2.5
	制造业（见表2）	69.9		私营企业	11.1
	电力、燃气及水的生产和供应业	2.4		股份合作企业	5.1
	建筑业	3.9		股份有限公司	15.3
	交通运输、仓储和邮政业	2.3		有限责任公司	46.8
	信息传输、计算机服务和软件业	1.3		其他内资企业	0.2
	批发和零售业	7.8		外商及港澳台投资企业	7.6
	住宿和餐饮业	0.9		民营企业	62.8
	房地产业	5.0		上市公司	1.8
	租赁和商务服务业	0.8	盈亏	盈利企业	70.8
	其他行业	2.7		持平企业	16.0
地区	东部地区企业	60.1		亏损企业	13.2
	中部地区企业	19.2	生产状况	超负荷生产企业	6.8
	西部地区企业	14.9		正常运作企业	85.4
	东北地区企业	5.8		半停产企业	7.1
规模	大型企业	11.4		停产企业	0.7
	中型企业	49.7	出口型企业		47.7
	小型企业	38.9	非出口型企业		52.3

注：1. 其他行业包括：金融业，科学研究、技术服务和地质勘查业，水利、环境和公共设施管理业，居民服务和其他服务业，卫生、社会保障和社会福利业，文化、体育和娱乐业等行业；

2. 东部地区包括：京、津、冀、沪、苏、浙、闽、鲁、粤、桂、琼11省（市、自治区）；中部地区包括：晋、蒙、皖、赣、豫、鄂、湘7省（自治区）；西部地区包括：渝、蜀、黔、滇、藏、陕、甘、宁、青、新10省（市、自治区）；东北地区包括：辽、吉、黑3省。

表2　调查样本中制造业基本情况（%）

	制造业细分	%		制造业细分	%
1	农副食品加工业	4.8	16	化学纤维制造业	0.9
2	食品制造业	3.2	17	橡胶制品业	1.4
3	饮料制造业	1.1	18	塑料制品业	4.1
4	烟草加工业	0.2	19	非金属矿物制品业	5.8
5	纺织业	6.2	20	黑色金属冶炼及压延加工业	2.8
6	纺织服装、鞋、帽制造业	4.0	21	有色金属冶炼及压延加工业	2.3
7	皮革、毛皮、羽毛（绒）及其制品业	0.9	22	金属制品业	7.1
8	木材加工及木、竹、藤、棕、草制品业	1.3	23	通用设备制造业	7.4
9	家具制造业	1.0	24	专用设备制造业	8.8
10	造纸及纸制品业	1.6	25	交通运输设备制造业	5.3
11	印刷业和记录媒介的复制	2.0	26	电气机械及器材制造业	7.2
12	文教体育用品制造业	1.0	27	通信设备、计算机及其他电子设备制造业	3.2
13	石油加工、炼焦及核燃料加工业	0.7	28	仪器仪表及文化、办公用机械制造业	2.2
14	化学原料及化学制品制造业	7.7	29	工艺品及其他制造业	1.8
15	医药制造业	3.0	30	废弃资源和废旧材料回收加工业	1.0

本次调查的企业经营者平均年龄为49.7岁，其中55岁及以上占29.1%，44岁及以下占28.1%，45~54岁占42.8%。文化程度为大专及以上的占79.8%，其中具有本科及以上学历的占42.8%。所学专业为管理类的占47.7%，为经济类的占32.4%。职务为企业董事长或总经理、厂长、党委书记的

占92.7%，其他职务的占7.3%（见表3）。

表3　　调查对象基本情况（%）

性别	男	95.6	文化程度	初中或以下	4.8
	女	4.4		中专、高中	15.4
年龄	44岁及以下	28.1		大专	37.0
	45~49岁	17.1		大学本科	26.4
	50~54岁	25.7		研究生学历	7.4
	55岁及以上	29.1		硕士	7.4
	平均年龄（岁）	49.7		博士	1.6
所学专业	文史哲法律	6.4	现任职务	董事长	60.4
	经济	32.4		总经理	57.8
	管理	47.7		厂长	8.6
	理工农医	23.5		党委书记	18.0
	其他	11.5		其他	7.3

注：由于存在跨专业和职务兼任情况，因此所学专业和现任职务比例合计大于100%。

调查结果显示，企业经营者普遍认为当前宏观经济运行状态良好，企业家满意指数达近年最高水平。投资、消费与出口需求强劲，企业产销两旺，库存正常，产品价格温和上升，资金紧张状况进一步缓解，单位产出能耗有所降低，企业盈利持续增长，国有企业效益明显改善；企业用工和投资计划呈现扩张趋势，订货状况乐观，未来预期看好；研发投入及新产品销售比重增加，民营企业创新热情较高；东部地区企业发展继续保持领先状态，而中西部地区企业追赶速度开始加快。

企业经营者同时认为，当前消费价格上涨较快，物料和人工成本持续上升，房地产价格继续呈快速上涨态势，通胀压力渐显，部分行业产能过剩现象比较严重、产能利用率不高，土地供应紧张状况有增无减；不少企业经营者担心宏观经济从偏快转向过热。受宏观调控力度加大、国际经济环境存在诸多不确定因素等方面的影响，企业经营者预期未来经济增长可能趋缓。

企业经营者认为，人民币小幅升值和出口退税政策的调整对纺织品等行业产生较大影响；宏观调控政策的松紧度比较合适、略显偏松，建议未来一个时期采取稳健并适度从紧的货币政策。

企业经营者对近年来的宏观调控政策和各项改革措施给予积极的评价，尤其是社会保障制度的健全对于改善中低收入群体的生活条件、稳定消费预期进而提升即期消费需求具有明显的成效，国企改革的深化使国有企业焕发活力，股权分置改革的推进带来资本市场的突破性发展；建议继续加大改革力度，期望加快政府职能转变的步伐、取得垄断性行业改革的新突破和进一步完善社会保障体系，为企业健康发展创造更加良好的外部环境。

随着改革的深入和社会主义市场经济体制的逐步建立，随着城市化、工业化步伐的加快以及与全球经济的联系日益密切，中国经济呈现持续快速发展的态势，面临难得的历史发展机遇，同时也面临十分严峻的挑战，包括经济快速发展过程中的资源和环境制约问题，社会贫富差距扩大问题，以及近年来以资产价格快速上涨为标志的影响资本市场健康发展和社会经济稳定的问题等等。中国企业的发展与和谐社会的构建密切相关，在这样的背景下，如何更好地落实科学发展观、提高企业社会责任意识、转变经济发展方式、实现经济又好又快发展，应成为中国企业乃至全社会共同努力的方向。

一、宏观经济运行状态良好

1. 经济运行总体满意、经济增长预期乐观

关于当前的宏观经济形势，调查结果显示，有77.2%的企业经营者认为“很好”或“较好”，比2006年提高6.3个百分点；19.2%认为“一般”，比2006年减少7.1个百分点；3.6%认为“较差”或“很差”，与2006年大致相当（见表4）。

表4　企业经营者对当前宏观经济形势的判断（%）

		很好	较好	一般	较差	很差
总体	2007年	11.2	66.0	19.2	3.3	0.3
	2006年	7.0	63.9	26.3	2.6	0.2
东部地区企业		10.2	66.4	20.1	3.0	0.3
中部地区企业		13.5	64.3	18.3	3.5	0.4
西部地区企业		10.6	67.3	17.7	4.4	
东北地区企业		14.4	66.3	17.0	2.0	0.3
大型企业		11.6	72.7	14.5	1.0	0.2
中型企业		11.5	66.3	18.9	3.1	0.2
小型企业		10.6	63.9	20.9	4.2	0.4
国有及国有控股公司		10.7	74.0	12.6	2.6	0.1
国有企业		9.1	75.1	13.2	2.6	
非国有企业		11.5	64.8	20.0	3.4	0.3
私营企业		11.2	64.7	19.6	4.0	0.5
股份有限公司		12.0	66.1	18.6	3.2	0.1
有限责任公司		11.8	64.7	20.0	3.2	0.3
外商及港澳台投资企业		11.7	64.5	19.9	3.2	0.7
民营企业		11.1	64.2	20.8	3.6	0.3
上市公司		12.5	71.9	12.5	3.1	

企业经营者对当前宏观经济运行态势的满意也表现在对经济增长的乐观预期上。调查结果显示，七成以上（70.9%）的企业经营者认为2007年我国GDP增长10.5%以上，其中47.2%认为在11%以上（见表5）。

表5　对今年我国GDP增长的预计（%）

	10%以下	10%～10.5%	10.5%～11%	11%～11.5%	11.5%以上
总体	**9.2**	**19.9**	**23.7**	**23.1**	**24.1**
东部地区企业	8.6	20.6	23.5	22.4	24.9
中部地区企业	9.5	19.8	24.4	24.4	21.9
西部地区企业	11.9	17.3	24.1	24.3	22.4
东北地区企业	8.7	20.1	21.4	23.4	26.4

2. 投资、消费与出口需求全面走旺，通胀压力渐显

从投资需求看，调查结果显示，认为政府投资需求“很旺”、“较旺”的企业经营者分别占18.2%和42.4%，其合计比重比2006年提高4个百分点；认为“合适”的占24.7%，与2006年大体相当；认为“不足”或“严重不足”的占14.7%，比2006年减少5.2个百分点。认为民间投资“很旺”、“较旺”的企业经营者分别占20.2%和47.5%，其合计比重比2006年提高14.3个百分点；认为“合适”的占14.8%，比2006年减少3.5个百分点；认为“不足”或“严重不足”的占17.5%，比2006

年减少 10.8 个百分点（见表 6）。

表 6　　2003～2007 年企业经营者对国民经济需求状况的判断（%）

		很旺	较旺	合适	不足	严重不足
政府投资需求	2007 年	18.2	42.4	24.7	13.9	0.8
	2006 年	15.2	41.4	23.5	18.2	1.7
	2005 年	7.7	32.6	31.0	26.5	2.2
	2004 年	13.5	36.9	21.2	25.6	2.8
	2003 年	12.0	40.5	23.3	21.8	2.4
民间投资需求	2007 年	20.2	47.5	14.8	16.1	1.4
	2006 年	10.8	42.6	18.3	25.4	2.9
	2005 年	6.8	37.7	20.1	31.9	3.5
	2004 年	8.2	38.7	14.2	33.8	5.1
	2003 年	9.7	41.2	15.9	29.4	3.8
消费需求	2007 年	7.8	40.5	26.7	23.8	1.2
	2006 年	3.1	23.9	31.8	38.2	3.0
	2005 年	2.0	25.3	35.0	35.0	2.7
	2004 年	2.5	23.3	31.0	39.9	3.3
	2003 年	2.2	20.9	30.8	43.7	2.4
外贸出口需求	2007 年	10.7	45.0	24.1	18.6	1.6
	2006 年	7.2	39.7	23.8	27.2	2.1
	2005 年	4.7	36.2	25.5	30.7	2.9
	2004 年	3.8	30.2	24.8	37.7	3.5
	2003 年	2.9	29.5	28.2	35.9	3.5

从消费需求看，调查结果显示，分别有 7.8?% 和 40.5% 的企业经营者认为消费需求“很旺”和“较旺”，其合计比重比 2006 年急增 21.3 个百分点；26.7% 认为“合适”，比 2006 年减少 5.1 个百分点；25% 认为“不足”或“严重不足”，比 2006 年减少 16.2 个百分点（见表 6）。

从外贸出口需求看，调查结果显示，分别有 10.7% 和 45% 的企业经营者认为出口需求“很旺”和“较旺”，其合计比重比 2006 年提升 8.8 个百分点；24.1% 认为“合适”，与 2006 年基本相同；20.2% 认为“不足”或“严重不足”，比 2006 年减少 9.1 个百分点（见表 6）。

调查结果表明，无论是近年一直比较旺盛的投资、出口需求还是过去略显不足的消费需求，2007 年均达到 2003 年以来的历史最高水平。事实上，消费需求的上升是城乡居民收入提高、社会保障体系完善和消费结构升级的综合结果，是完善经济结构、增强经济增长可持续性的重要一步，具有十分重要的意义。不过，在为了防止投资过快增长、外贸顺差持续扩大而采取了一系列调控措施的背景下，投资（尤其是民间投资）和出口需求依然保持如此强劲的增长，表明经济趋热迹象比较明显。

2007 年以来，宏观经济运行的一个显著变化是伴随着消费需求的明显增强，持续多年在低位保持平稳的消费价格出现了持续攀升的态势。上半年 CPI（居民消费价格指数）同比上涨 3.2%，7、8、9 月则同比上涨 5.6%、6.5% 和 6.2%①。71.3% 的企业经营者预期 2007 年 CPI 比上年上涨 3% 以上，其中 34.5% 预期上涨 4% 以上；67.5% 的企业经营者预期 2008 年 CPI 上涨 3% 以上，其中 36% 预期上涨 4% 以上。调查表明，针对 2008 年的价格走势，多数企业经营者认为会继续维持在一个相对高位，但加速上行的可能性也不大（见表 7）。

① 本组数据源自国家统计局所公布的信息。

表7　　对2007年、2008年我国CPI上升幅度的预计（%）

		1%以下	1%~2%	2%~3%	3%~4%	4%以上
2007年	**总体**	**1.7**	**11.1**	**15.9**	**36.8**	**34.5**
	东部地区企业	1.7	10.7	15.3	37.1	35.2
	中部地区企业	2.0	12.9	16.5	36.6	32.0
	西部地区企业	2.3	9.5	17.8	35.1	35.3
	东北地区企业	0.3	12.7	15.4	38.0	33.6
2008年	**总体**	**2.1**	**9.2**	**21.2**	**31.5**	**36.0**
	东部地区企业	2.1	8.8	20.6	31.6	36.9
	中部地区企业	2.0	10.1	22.9	30.9	34.1
	西部地区企业	2.3	9.1	21.7	32.2	34.7
	东北地区企业	1.4	9.6	20.2	31.8	37.0

3. 就业形势达到近年来最好水平

近年来，我国社会就业压力一直较大，但随着经济的快速增长，企业用工增长情况达到历年来的最好水平。调查结果显示，42.3%的企业2007年用工人数“增加”，比用工“减少”的多25.9个百分点，这一结果比2006年和2005年分别提升2.7和13.4个百分点。从不同经济类型看，民营企业认为“增加”的比认为“减少”的多27.9个百分点，比国有企业多16.1个百分点；国有企业一改用工增长低迷甚至用工减少的趋势，认为目前从业人数“增加”的比“减少”的多11.8个百分点；在2007年上市公司盈利大幅增长的同时，其用工人数也显著增加，认为“增加”的比认为“减少”的多40.4个百分点，明显高于其他经济类型企业（见表8）。

表8　　不同地区、规模及经济类型企业目前的从业人数情况（%）

	增加	持平	减少	增加-减少			
				2007年	2006年	2005年	2004年
总体	**42.3**	**41.3**	**16.4**	**25.9**	**23.2**	**12.5**	**10.9**
东部地区企业	42.5	41.0	16.5	26.0	25.5	15.5	14.4
中部地区企业	42.6	42.5	14.9	27.7	24.4	7.6	11.4
西部地区企业	41.0	40.3	18.7	22.3	15.2	9.7	3.1
东北地区企业	42.4	43.8	13.8	28.6	16.6	8.9	-0.4
大型企业	48.9	35.0	16.1	32.8	23.9	16.9	6.0
中型企业	45.3	39.0	15.7	29.6	24.6	12.5	14.7
小型企业	36.4	46.2	17.4	19.0	21.1	10.6	7.1
国有及国有控股公司	35.0	45.1	19.9	15.1	5.2	-3.4	-4.9
国有企业	33.6	44.6	21.8	11.8	3.6	-7.3	-7.4
非国有企业	43.4	40.9	15.7	27.7	26.3	16.8	16.0
私营企业	43.8	38.5	17.7	26.1	33.3	27.8	15.9
股份有限公司	44.6	42.1	13.3	31.3	28.8	14.7	19.3
有限责任公司	44.2	40.4	15.4	28.8	24.0	16.4	17.3
外商及港澳台投资企业	47.1	36.5	16.4	30.7	32.7	23.2	26.4
民营企业	43.5	40.9	15.6	27.9	27.5	20.0	22.0
上市公司	50.0	40.4	9.6	40.4	25.3	12.9	8.4

4. 企业经营者担心宏观经济从偏快转向过热

基于对当前总需求旺盛，尤其是投资需求强劲以及物价持续攀升的判断，企业经营者也表现出对当前经济运行有可能从偏快转向过热的担忧。调查结果显示，关于当前宏观经济运行情况，

8.7%的企业经营者认为“过热”，57%认为“偏热”，比重分别比2006年提高4.9和12.1个百分点，为2001年以来的最高水平。仅29.4%的企业经营者认为“正常”，1.9%认为“偏冷”，分别比2006年降低12.6和2.5个百分点，为2001年以来的最低水平。调查结果表明，企业经营者认为，尽管政府采取了一系列宏观调控措施，从2006年开始，宏观经济还是沿着趋于偏热的轨迹上行（见图1、表9）。

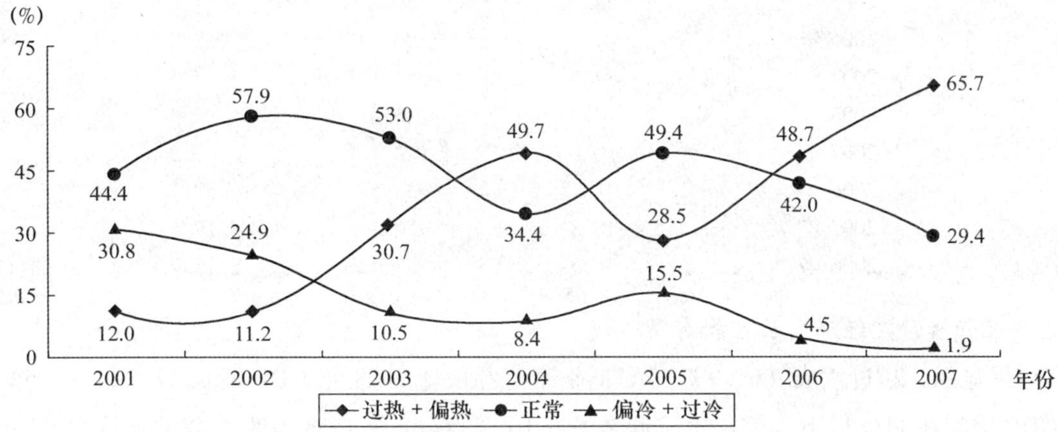

图1　2001～2007年企业经营者对宏观经济运行的总体判断

表9　　2001～2007年企业经营者对宏观经济运行的总体判断（%）

	过热	偏热	正常	偏冷	过冷	尚难判断
2007年	8.7	57.0	29.4	1.9	0.0	3.0
2006年	3.8	44.9	42.0	4.4	0.1	4.8
2005年	2.6	25.9	49.4	14.9	0.6	6.6
2004年	5.5	44.2	34.4	8.1	0.3	7.5
2003年	2.6	28.1	53.0	10.3	0.2	5.8
2002年	0.6	10.6	57.9	23.9	1.0	6.0
2001年	2.2	9.8	44.4	29.2	1.6	12.8

注：空白处表示答题者未选择此项，0.0表示答题者选择了此项，但选择比重小于0.05。以下同。

经济运行的热度尤其表现在土地供应的紧张程度上。受宏观调控把住“土地闸门”的影响，各地普遍感觉地源紧缺，地价因此快速上涨。调查结果显示，认为土地供应紧张状况“更加严重”的企业经营者比重达到了67.2%，比2006年提高14.5个百分点。而2006年趋于缓和的钢材市场，其供给紧张的状况又有所抬头，13.1%认为“更加严重”，比2006年增加6.7个百分点；25%认为“趋于缓和”，比2006年减少19.2个百分点（见表10）。

关于石油供应情况，调查结果显示，31.9%的企业经营者认为石油供应紧张状况“更加严重”，比认为“趋于缓和”的多17.7个百分点，但比2006年减少30.8个百分点，半数以上（50.2%）则认为“变化不大”。调查表明，企业经营者认为石油供应仍处于紧张状态，但恶化的趋势有所缓解（见表10）。

尽管经济的快速增长对电力的需求增长强劲，但随着电力产能的释放，多数企业经营者并不认为电力紧张“更加严重”，其中40.3%认为“趋于缓和”，46.6%认为“变化不大”，仅12.3%认为“更加严重”。煤炭和铁路运输情况与2006年的调查结果比较接近，超过半数的企业经营者认为“变化不大”（见表10）。

表10　　钢材、土地及煤电油运市场供应紧张状况（%）

	调查年份	趋于缓和	变化不大	更加严重	不清楚
钢材	2007年	25.0	56.8	13.1	5.1
	2006年	44.2	44.6	6.4	4.8
电力	2007年	40.3	46.6	12.3	0.8
	2006年	44.8	40.0	14.7	0.5
石油	2007年	14.2	50.2	31.9	3.7
	2006年	7.9	26.7	62.7	2.7
煤炭	2007年	14.4	52.1	24.5	9.0
	2006年	17.4	45.4	27.4	9.8
土地	2007年	7.4	22.1	67.2	3.3
	2006年	10.5	31.5	52.7	5.3
铁路运输	2007年	18.3	50.1	17.5	14.1
	2006年	16.3	53.3	15.4	15.0

5. 企业经营者预期经济增长可能有所减缓

调查结果显示，超过六成（61.9%）的企业经营者预计2008年GDP增长11%以下，52.8%预计2007年GDP增长在11%以下，前者比后者多了近10个百分点。调查表明，考虑到政府为防止经济由偏快转向过热而加大宏观调控力度的影响，企业经营者预期经济增长可能有所减缓，但也不会出现大的下滑，59.6%的企业经营者预期2008年GDP增长10.5%以上（见表5、表11）。

表11　　对明年我国GDP增长的预计（%）

	10%以下	10%~10.5%	10.5%~11%	11%~11.5%	11.5%以上
总体	**17.3**	**23.1**	**21.5**	**15.0**	**23.1**
东部地区企业	18.4	23.6	20.3	15.3	22.4
中部地区企业	15.4	24.0	21.8	15.3	23.5
西部地区企业	16.0	22.6	24.5	13.1	23.8
东北地区企业	15.7	17.1	24.2	15.4	27.6

二、企业景气状态提升

1. 企业家满意指数达近年最高水平

企业经营者乐观的信心是建立在良好的经营业绩的基础上。调查结果显示，50.4%的企业经营者认为企业经营状况“良好”，41.2%认为“一般”，8.4%认为“不佳”，认为“良好”的比认为“不佳”的多42个百分点，再创历史新高，表明企业总体经营状况处于十分景气的状态（见表12）。

表12　　不同地区、规模及经济类型企业目前经营总体状况（%）

	目前经营状况			良好－不佳				
	良好	一般	不佳	2007年	2006年	2005年	2004年	2003年
总体	**50.4**	**41.2**	**8.4**	**42.0**	**38.0**	**31.4**	**30.6**	**37.1**
东部地区企业	51.7	40.7	7.6	44.1	41.3	34.8	35.3	42.5
中部地区企业	49.5	41.0	9.5	40.0	34.5	28.7	27.3	29.3
西部地区企业	45.9	45.2	8.9	37.0	32.1	25.2	20.2	29.0
东北地区企业	51.1	35.9	13.0	38.1	30.0	26.6	26.9	39.3
大型企业	68.8	26.8	4.4	64.4	62.6	48.1	43.5	55.6
中型企业	54.0	38.9	7.1	46.9	42.3	33.3	36.1	39.0

续表

	目前经营状况			良好－不佳				
	良好	一般	不佳	2007 年	2006 年	2005 年	2004 年	2003 年
小型企业	40.4	48.2	11.4	29.0	26.1	22.3	15.3	20.0
国有及国有控股公司	52.7	36.5	10.8	41.9	36.7	31.8	32.2	33.6
国有企业	50.4	38.2	11.4	39.0	36.0	33.0	29.9	44.2
非国有企业	50.4	41.5	8.1	42.3	38.4	31.1	30.9	38.6
私营企业	47.6	43.6	8.8	38.8	38.8	30.7	23.7	32.7
股份有限公司	57.0	35.6	7.4	49.6	42.5	33.7	38.8	48.7
有限责任公司	49.9	41.9	8.2	41.7	37.0	30.9	33.1	43.5
外商及港澳台投资企业	52.5	40.5	7.0	45.5	49.1	42.4	29.6	47.4
民营企业	49.0	42.9	8.1	40.9	37.5	31.0	29.7	40.3
上市公司	83.1	15.8	1.1	82.0	57.9	43.5	59.1	60.7

从不同类型企业看，企业的景气状况呈现较大差异，主要表现为东部地区好于中、西部地区和东北地区；大型企业好于中小型企业；上市公司明显好于非上市公司。与2006年相比，景气度提升较多的是东北地区企业和上市公司。东北地区可能得益于振兴东北老工业基地的政策效应和东部制造业的转移；而上市公司的提升则与一年来资本市场的活跃不无关系（见表12）。

从不同行业看，采矿业、交通运输仓储和邮政业的景气度尤其高，认为企业经营状况“良好”的比认为“不佳”的多60个百分点以上；制造业中钢铁、通用设备、专用设备和仪器仪表等行业经营状况也相对较好，认为“良好”的比认为“不佳”的多50个百分点以上。受人民币升值及国际贸易保护主义抬头等因素影响，纺织业经营状况比上年有明显的下滑，认为“良好”的比认为“不佳”的仅多21.5个百分点，比2006年减少11.7个百分点。造纸、塑料和金属制品业经营状况也不太理想，认为“良好”的比认为“不佳”分别多25.8%、32.1%和31.8%，比2006年下滑5个百分点以上（见表13）。

表 13　　不同行业企业目前经营总体状况（%）

	目前经营状况			良好－不佳				
	良好	一般	不佳	2007 年	2006 年	2005 年	2004 年	2003 年
总体	**50.4**	**41.2**	**8.4**	**42.0**	**38.0**	**31.4**	**30.6**	**37.1**
农林牧渔业	48.7	45.9	5.4	43.3	25.7	36.3	29.2	15.0
采矿业	75.0	23.8	1.2	73.8	67.8	68.3	65.2	61.8
制造业	49.2	41.8	9.0	40.2	38.7	29.9	28.2	34.6
电力、燃气及水的生产和供应业	56.4	32.3	11.3	45.1	32.2	24.7	19.3	54.2
建筑业	52.2	41.5	6.3	45.9	34.2	31.3	35.3	41.1
交通运输、仓储和邮政业	66.7	30.9	2.4	64.3	47.4	29.4	54.6	52.8
信息传输、计算机服务和软件业	47.9	44.9	7.2	40.7	36.5	30.6	—	—
批发和零售业	46.3	44.3	9.4	36.9	34.2	34.1	24.0	28.9
住宿和餐饮业	52.0	42.0	6.0	46.0	45.0	36.6	34.5	27.7
房地产业	51.9	41.8	6.3	45.6	35.8	21.9	36.6	45.7
租赁和商务服务业	47.7	45.2	7.1	40.6	35.9	52.3	—	—
食品饮料制造业	46.1	43.3	10.6	35.5	33.8	26.2	18.5	0.8
纺织业	37.0	47.5	15.5	21.5	33.2	19.4	9.4	8.1
纺织服装、鞋、帽制造业	46.1	46.1	7.8	38.3	38.6	31.6	44.0	39.3
造纸及纸制品业	37.9	50.0	12.1	25.8	31.7	37.2	8.8	27.3

续表

	目前经营状况			良好-不佳				
	良好	一般	不佳	2007年	2006年	2005年	2004年	2003年
化学原料及化学制品制造业	53.3	35.8	10.9	42.4	35.7	39.9	26.3	31.5
医药制造业	49.5	37.4	13.1	36.4	19.1	27.4	31.0	45.4
化学纤维制造业	48.2	40.7	11.1	37.1	42.1	-25.0	16.6	
橡胶制品业	50.0	42.9	7.1	42.9	43.5	45.4	34.4	19.1
塑料制品业	41.4	49.3	9.3	32.1	37.8	30.2	10.7	43.5
非金属矿物制品业	48.3	40.4	11.3	37.0	30.9	6.9	15.4	24.2
黑色金属冶炼及压延加工业	58.0	37.5	4.5	53.5	45.5	25.4	52.6	61.1
有色金属冶炼及压延加工业	50.5	39.6	9.9	40.6	36.3	9.5	34.1	48.7
金属制品业	41.7	48.4	9.9	31.8	43.3	33.0	28.5	32.1
通用设备制造业	57.7	37.2	5.1	52.6	49.4	35.9	39.0	49.9
专用设备制造业	58.8	36.0	5.2	53.6	43.2	43.4	33.6	49.5
交通运输设备制造业	51.9	40.7	7.4	44.5	35.6	24.2	19.7	40.3
电气机械及器材制造业	55.9	37.8	6.3	49.6	40.1	29.7	33.3	49.3
通信设备、计算机及其他电子设备制造业	46.2	47.1	6.7	39.5	47.0	36.0	47.1	43.7
仪器仪表及文化、办公用机械制造业	65.1	31.7	3.2	61.9	50.0	50.1	63.6	26.1

注："—"表示该年度没有涉及此项调查内容，以下同。

关于对企业现状的满意程度，调查结果显示，超过半数（50.5%）的企业经营者对企业现状表示"满意"，其中2.4%"非常满意"，48.1%"比较满意"；28%认为"一般"；21.5%表示"不满意"，其中19.1%"不太满意"，2.4%"很不满意"。表示"满意"的比表示"不满意"的多29个百分点，比2006年和2005年的结果分别提高4.9和8.5个百分点，企业家满意指数为129①（2005年为120.5，2006年为124.1），达到近年来最高水平。调查结果表明，总体来看，企业经营者对当前企业的经营、发展状况的满意程度呈现逐年递升的态势（见表14）。

表14　对企业现状的总体感受（%）

		满意			一般	不满意		
		非常满意	比较满意	小计		不太满意	很不满意	小计
总体	2007年	2.4	48.1	50.5	28.0	19.1	2.4	21.5
	2006年	1.8	45.4	47.2	29.7	20.2	2.9	23.1
	2005年	1.7	43.6	45.3	29.9	21.4	3.4	24.8
东部地区企业		2.3	48.2	50.5	29.6	17.7	2.2	19.9
中部地区企业		2.5	49.3	51.8	25.6	19.9	2.7	22.6
西部地区企业		2.0	46.3	48.3	26.2	23.2	2.3	25.5
东北地区企业		3.3	47.7	51.0	24.8	20.3	3.9	24.2
大型企业		5.3	64.5	69.8	20.0	9.0	1.2	10.2
中型企业		2.3	53.2	55.5	26.5	16.4	1.6	18.0
小型企业		1.6	36.9	38.5	32.4	25.4	3.7	29.1
国有及国有控股公司		2.8	49.8	52.6	24.9	19.4	3.1	22.5
国有企业		2.0	46.5	48.5	27.9	20.1	3.5	23.6

① 企业家满意指数表示企业经营者对企业综合经营状况的满意程度，是由（企业经营者对企业现状"满意"的比重-"不满意"的比重）×100+100计算得出的。企业家满意指数大于100，表示企业经营者对企业现状满意，指数越高表示越满意；企业家满意指数小于100，表示企业经营者对企业现状不满意，指数越低表示越不满意。

续表

	满　意			一般	不满意		
	非常满意	比较满意	小计		不太满意	很不满意	小计
非国有企业	2.4	48.4	50.8	28.1	18.9	2.2	21.1
私营企业	2.7	44.1	46.8	29.5	21.3	2.4	23.7
股份有限公司	2.7	53.1	55.8	26.5	16.1	1.6	17.7
有限责任公司	2.2	48.5	50.7	27.4	19.4	2.5	21.9
外商及港澳台投资企业	2.7	50.8	53.5	29.1	16.4	1.0	17.4
民营企业	2.2	46.7	48.9	29.5	19.4	2.2	21.6
上市公司	4.2	69.8	74.0	20.8	5.2		5.2

2. 企业产销两旺，库存正常，产品销售价格温和上升

关于企业目前的产销形势，调查结果显示，超过半数的企业经营者认为企业的生产（服务）量、销售量“增加”，比认为“减少”的多40个百分点左右，这一结果比2006年分别增长2.4和4个百分点，达到历史最高值，呈现产销同步快速增长的态势（见表15）。

表 15　　企业目前的生产（服务）量、销售量情况（%）

		增加	持平	减少	增加－减少
目前生产（服务）量	2007 年	54.3	31.1	14.6	39.7
	2006 年	52.7	31.9	15.4	37.3
	2005 年	49.5	30.1	20.4	29.1
	2004 年	52.0	28.8	19.2	32.8
	2003 年	55.6	27.6	16.8	38.8
目前销售量	2007 年	56.8	26.4	16.8	40.0
	2006 年	54.3	27.4	18.3	36.0
	2005 年	49.7	27.3	23.0	26.7
	2004 年	52.3	25.1	22.6	29.7
	2003 年	56.2	24.7	19.1	37.1

从企业生产状况看，调查结果显示，2007年有6.8%的企业“超负荷生产”，85.4%的企业“正常运作”，两者比重之和达到92.2%，为近年来最高；仅有7.8%的企业处于“停产”或“半停产”状态，为近年来最低（见表16）。

表 16　　2003～2007 年企业生产状况对比（%）

	超负荷生产	正常运作	半停产	停产
2007 年	6.8	85.4	7.1	0.7
2006 年	4.9	86.9	7.6	0.6
2005 年	6.8	84.3	8.4	0.5
2004 年	6.9	84.6	7.9	0.6
2003 年	6.6	84.8	8.1	0.5

从库存情况看，调查结果显示，78.7%的企业经营者认为企业库存“正常”，11.1%认为“低于正常”，仅10.2%认为“高于正常”。调查表明，总体来看，绝大多数企业库存处于正常水平（见表17）。

从产品销售价格情况看，34.9%的企业经营者认为价格“上升”，比认为价格“下跌”的比重高9.7个百分点，扭转了多年来销售价格下跌的企业多于上升的企业的现象，也反映了2007年物价的上涨对企业经营状况提升的促进作用。

表 17　企业目前的库存情况（%）

	高于正常	正常	低于正常	正常 + 低于正常
2007 年	10.2	78.7	11.1	89.8
2006 年	11.5	78.4	10.1	88.5
2005 年	13.9	72.3	13.8	86.1
2004 年	13.3	72.6	14.1	86.7
2003 年	10.8	73.4	15.8	89.2

不同行业价格变动差异明显：农林牧渔业、采矿业、房地产业以及制造业中的食品、钢铁等行业价格“上升”的比“下降”的多40个百分点以上；与此同时，信息传输计算机服务和软件业以及制造业中的医药、橡胶、交通运输设备、电子及通信设备、仪器仪表等行业价格下跌的比价格上涨的多20个百分点以上，纺织、服装、造纸、塑料、通用设备、专用设备、电气机械等制造业产品价格下跌的也多于上涨的（见表18）。

表 18　不同行业企业目前的销售价格情况（%）

	上升	持平	下降	上升 - 下降				
				2007 年	2006 年	2005 年	2004 年	2003 年
总体	**34.9**	**39.9**	**25.2**	**9.7**	**-8.2**	**-14.2**	**-2.5**	**-27.6**
农林牧渔业	55.4	29.7	14.9	40.5	5.0	10.1	27.3	-12.9
采矿业	59.8	34.1	6.1	53.7	-14.5	17.6	65.7	36.0
制造业	30.2	41.0	28.8	1.4	-14.4	-20.9	-11.1	-40.1
电力、燃气及水的生产和供应业	20.7	75.2	4.1	16.6	23.9	26.5	22.1	5.8
建筑业	33.7	39.6	26.7	7.0	-11.3	-16.2	-6.2	-38.2
交通运输、仓储和邮政业	36.8	49.0	14.2	22.6	-7.5	-16.2	25.3	-0.9
信息传输、计算机服务和软件业	10.4	49.3	40.3	-29.9	-52.4	-57.2	—	—
批发和零售业	50.0	29.9	20.1	29.9	-1.1	-2.9	0.0	-26.4
住宿和餐饮业	44.7	40.4	14.9	29.8	5.4	2.3	11.1	-22.0
房地产业	84.0	12.1	3.9	80.1	50.6	35.3	35.1	45.0
租赁和商务服务业	42.1	42.1	15.8	26.3	-18.8	-10.0	—	—
食品饮料制造业	57.0	31.7	11.3	45.7	-0.5	-4.6	12.8	-42.2
纺织业	24.4	37.8	37.8	-13.4	-16.9	-14.2	-33.0	-41.4
纺织服装、鞋、帽制造业	30.9	33.8	35.3	-4.4	-4.5	-17.3	-20.8	-43.9
造纸及纸制品业	22.7	45.5	31.8	-9.1	-32.5	-19.5	3.0	-29.0
化学原料及化学制品制造业	38.1	36.0	25.9	12.2	-6.3	10.3	35.4	-35.0
医药制造业	15.0	49.5	35.5	-20.5	-45.5	-42.8	-47.8	-41.2
化学纤维制造业	50.0	26.9	23.1	26.9	26.2	0.0	50.0	8.3
橡胶制品业	13.0	44.4	42.6	-29.6	11.3	-15.6	-12.5	-57.1
塑料制品业	22.4	49.7	27.9	-5.5	2.7	-11.2	-21.5	-55.3
非金属矿物制品业	35.3	39.0	25.7	9.6	-1.1	-30.1	-14.5	-50.0
黑色金属冶炼及压延加工业	59.7	34.2	6.1	53.6	-14.6	-41.7	42.3	33.3
有色金属冶炼及压延加工业	39.5	36.3	24.2	15.3	35.5	-8.2	17.5	-31.6
金属制品业	31.5	43.8	24.7	6.8	-14.0	-21.8	-17.1	-33.9
通用设备制造业	18.6	47.2	34.2	-15.6	-36.6	-32.8	-12.2	-41.7
专用设备制造业	23.2	49.8	27.0	-3.8	-34.4	-20.0	-28.2	-33.3
交通运输设备制造业	16.3	41.3	42.4	-26.1	-33.1	-40.2	-43.2	-60.6
电气机械及器材制造业	26.5	42.7	30.8	-4.3	-4.1	-28.4	-20.6	-59.4
通信设备、计算机及其他电子设备制造业	16.5	32.2	51.3	-34.8	-37.7	-53.4	-37.7	-67.6
仪器仪表及文化、办公用机械制造业	8.1	46.7	45.2	-37.1	-32.9	-56.7	-22.7	-65.2

3. 物料和人工成本普遍上升，单位产出能耗开始下降

关于企业目前的物料采购价格情况，调查结果显示，87.3%的企业经营者认为价格“上升”，比认为“下降”的多85个百分点，这一结果比2006年高10个百分点以上。关于企业目前的人工成本情况，调查结果显示，94.1%的企业经营者认为成本“上升”，比认为“下降”的多93.8个百分点，这一结果比2006年高8.8个百分点。不同地区、规模、经济类型以及不同行业企业的物料采购价格和人工成本普遍上升（见表19、表20）。

表 19　　不同地区、规模及经济类型企业目前的物料采购价格情况（%）

	上升	持平	下降	上升－下降	
				2007 年	2006 年
总体	**87.3**	**10.4**	**2.3**	**85.0**	**74.4**
东部地区企业	87.0	10.8	2.2	84.8	75.4
中部地区企业	86.9	10.4	2.7	84.2	68.4
西部地区企业	87.6	9.7	2.7	84.9	77.7
东北地区企业	90.8	8.2	1.0	89.8	76.1
大型企业	85.2	12.2	2.6	82.6	67.2
中型企业	88.1	10.1	1.8	86.3	73.5
小型企业	86.8	10.4	2.8	84.0	77.5
国有及国有控股公司	84.7	12.2	3.1	81.6	73.4
国有企业	84.8	12.6	2.6	82.2	73.4
非国有企业	87.5	10.2	2.3	85.2	74.4
私营企业	88.5	8.9	2.6	85.9	72.3
股份有限公司	86.4	11.7	1.9	84.5	74.1
有限责任公司	88.5	9.2	2.3	86.2	73.8
外商及港澳台投资企业	83.9	14.6	1.5	82.4	79.0
民营企业	88.8	9.2	2.0	86.8	74.2
上市公司	80.9	13.8	5.3	75.6	74.2

表 20　　不同地区、规模及经济类型企业目前的人工成本情况（%）

	上升	持平	下降	上升－下降	
				2007 年	2006 年
总体	**94.1**	**5.6**	**0.3**	**93.8**	**85.0**
东部地区企业	94.4	5.4	0.2	94.2	86.5
中部地区企业	94.3	5.0	0.7	93.6	82.8
西部地区企业	92.9	6.7	0.4	92.5	82.8
东北地区企业	93.9	6.1		93.9	80.6
大型企业	92.2	7.6	0.2	92.0	79.1
中型企业	94.3	5.4	0.3	94.0	84.4
小型企业	94.4	5.2	0.4	94.0	87.2
国有及国有控股公司	92.3	7.6	0.1	92.2	81.2
国有企业	93.8	6.0	0.2	93.6	82.6
非国有企业	94.1	5.6	0.3	93.8	85.1
私营企业	95.0	4.5	0.5	94.5	86.7
股份有限公司	92.6	7.3	0.1	92.5	82.5
有限责任公司	94.3	5.3	0.4	93.9	85.2
外商及港澳台投资企业	94.8	5.0	0.2	94.6	90.1
民营企业	94.7	5.0	0.3	94.4	86.4
上市公司	87.3	11.6	1.1	86.2	66.6

关于单位产出的能源消耗情况，24.4%的企业经营者认为能源消耗“下降”，与认为“上升”的基本持平，而2006年则是能耗“上升”的比能耗“下降”的多20个百分点。这一变化表明，国家节能降耗政策2007年取得明显成效，尤其是制造业中的钢铁、化工、非金属矿物等重点能源消耗行业的单位能耗下降明显（见表21）。

表21　不同行业企业目前单位产出的能源消耗情况（%）

	上升	持平	下降	上升-下降	
				2007年	2006年
总体	**25.0**	**50.6**	**24.4**	**0.6**	**20.0**
农林牧渔业	39.7	48.0	12.3	27.4	32.3
采矿业	26.5	48.2	25.3	1.2	44.7
制造业	21.4	50.2	28.4	-7.0	12.7
电力、燃气及水的生产和供应业	26.9	47.9	25.2	1.7	0.9
建筑业	28.6	57.3	14.1	14.5	31.1
交通运输、仓储和邮政业	38.9	53.7	7.4	31.5	37.9
信息传输、计算机服务和软件业	9.8	78.7	11.5	-1.7	21.2
批发和零售业	42.7	48.8	8.5	34.2	40.8
住宿和餐饮业	46.8	29.8	23.4	23.4	55.5
房地产业	39.7	47.7	12.6	27.1	36.8
租赁和商务服务业	24.1	62.1	13.8	10.3	46.8
食品饮料制造业	29.3	47.7	23.0	6.3	21.2
纺织业	23.4	46.7	29.9	-6.5	20.6
纺织服装、鞋、帽制造业	25.9	63.3	10.8	15.1	43.9
造纸及纸制品业	27.7	44.6	27.7	0.0	22.0
化学原料及化学制品制造业	14.1	43.4	42.5	-28.4	-7.1
医药制造业	25.5	49.0	25.5	0.0	31.1
化学纤维制造业	23.1	50.0	26.9	-3.8	5.2
橡胶制品业	14.5	60.0	25.5	-11.0	11.1
塑料制品业	18.2	59.5	22.3	-4.1	32.7
非金属矿物制品业	15.9	41.4	42.7	-26.8	-10.0
黑色金属冶炼及压延加工业	15.9	34.5	49.6	-33.7	-9.1
有色金属冶炼及压延加工业	30.8	34.1	35.1	-4.3	2.7
金属制品业	22.1	51.0	26.9	-4.8	12.8
通用设备制造业	19.4	53.7	26.9	-7.5	15.2
专用设备制造业	19.2	57.0	23.8	-4.6	13.3
交通运输设备制造业	25.3	48.9	25.8	-0.5	17.2
电气机械及器材制造业	19.8	55.6	24.6	-4.8	13.5
通信设备、计算机及其他电子设备制造业	18.6	54.3	27.1	-8.5	2.5
仪器仪表及文化、办公用机械制造业	21.0	66.1	12.9	8.1	6.3

4. 资金紧张状况有所缓解，应收和应付账款正常

在流动性过剩的背景下，2007年企业资金紧张状况进一步得到缓解。调查结果显示，44%的企业经营者认为企业目前的资金“紧张”，比认为“宽裕”的多37.8个百分点，这一结果比2004年、2005年和2006年分别减少14.1、11.4和5个百分点（见表22）。

从企业目前的应收账款看，67.9%的企业经营者认为“正常”，18.6%认为“高于正常”，比2006年低0.8个百分点；从企业目前的应付账款看，80%的企业经营者认为“正常”，9.6%认为“高于正常”，比2006年低0.6个百分点（见表23）。

表 22　企业目前的资金情况（%）

	宽裕	正常	紧张	宽裕－紧张
2007 年	6.2	49.8	44.0	－37.8
2006 年	5.7	45.8	48.5	－42.8
2005 年	5.3	40.2	54.5	－49.2
2004 年	5.4	37.3	57.3	－51.9
2003 年	8.3	43.4	48.3	－40.0

表 23　企业目前的应收账款、应付账款情况（%）

		高于正常	正常	低于正常
目前的应收账款	2007 年	18.6	67.9	13.5
	2006 年	19.4	65.9	14.7
目前的应付账款	2007 年	9.6	80.0	10.4
	2006 年	10.2	79.9	9.9

以上调查结果表明，企业目前的资金紧张状况进一步缓解，应收账款及应付账款情况均处于正常水平。

5. 企业盈利良好，下半年趋向乐观

在产销两旺、销售价格趋升的影响下，企业整体盈利状况也达到近期最好水平。调查结果显示，有 70.8% 的企业上半年“盈利”，13.2% “亏损”，16% “持平”，盈利率比 2006 年和 2005 年分别高 1.5% 和 4.7%。不同地区、规模及经济类型企业普遍认为上半年“盈利”（见表 24）。

表 24　不同地区、规模及经济类型企业今年上半年的盈利状况（%）

		盈利			持平	亏损		
		较大盈利	略有盈余	小计		亏损	严重亏损	小计
总体	2007 年	13.5	57.3	70.8	16.0	12.2	1.0	13.2
	2006 年	13.5	55.8	69.3	15.7	13.8	1.2	15.0
	2005 年	13.9	52.2	66.1	16.2	16.4	1.3	17.7
东部地区企业		13.8	59.1	72.9	15.7	10.5	0.9	11.4
中部地区企业		12.9	55.3	68.2	16.9	14.1	0.8	14.9
西部地区企业		13.8	54.3	68.1	14.9	15.8	1.2	17.0
东北地区企业		10.8	52.1	62.9	19.7	14.4	3.0	17.4
大型企业		31.2	50.3	81.5	9.6	7.7	1.2	8.9
中型企业		14.9	59.0	73.9	14.4	11.0	0.7	11.7
小型企业		6.5	57.1	63.6	20.0	15.1	1.3	16.4
国有及国有控股公司		20.3	46.8	67.1	14.2	16.9	1.8	18.7
国有企业		18.4	45.8	64.2	16.4	17.1	2.3	19.4
非国有企业		12.9	58.7	71.6	16.0	11.6	0.8	12.4
私营企业		8.1	61.5	69.6	20.1	9.8	0.5	10.3
股份有限公司		19.4	54.5	73.9	14.5	10.7	0.9	11.6
有限责任公司		11.7	60.3	72.0	16.2	10.9	0.9	11.8
外商及港澳台投资企业		16.4	57.6	74.0	10.1	15.6	0.3	15.9
民营企业		10.2	61.2	71.4	17.2	10.5	0.9	11.4
上市公司		51.0	42.6	93.6	2.1	4.3		4.3

从不同行业看，企业“盈利”面在 75% 以上的行业有：采矿业、交通运输仓储和邮政业、租赁和商务服务业以及制造业中的化纤、橡胶、冶金、通用设备、专用设备、交通运输设备等行业（见表 25）。

表 25 不同行业的企业今年上半年的盈利状况（%）

	盈利			持平	亏损		
	较大盈利	略有盈余	小计		亏损	严重亏损	小计
总体	**13.5**	**57.3**	**70.8**	**16.0**	**12.2**	**1.0**	**13.2**
农林牧渔业	18.9	51.3	70.2	14.9	13.5	1.4	14.9
采矿业	32.5	43.4	75.9	9.6	13.3	1.2	14.5
制造业	12.9	58.7	71.6	15.2	12.2	1.0	13.2
电力、燃气及水的生产和供应业	14.3	42.0	56.3	15.9	22.2	5.6	27.8
建筑业	7.8	58.7	66.5	24.3	9.2		9.2
交通运输、仓储和邮政业	21.8	58.8	80.6	9.7	9.7		9.7
信息传输、计算机服务和软件业	13.0	47.9	60.9	20.3	17.4	1.4	18.8
批发和零售业	11.7	58.0	69.7	17.1	12.2	1.0	13.2
住宿和餐饮业	12.0	50.0	62.0	18.0	20.0		20.0
房地产业	14.9	54.6	69.5	20.6	9.5	0.4	9.9
租赁和商务服务业	15.9	63.6	79.5	11.4	9.1		9.1
食品饮料制造业	8.8	57.2	66.0	16.7	15.4	1.9	17.3
纺织业	8.4	56.1	64.5	15.3	16.8	3.4	20.2
纺织服装、鞋、帽制造业	4.3	57.9	62.2	21.4	16.4		16.4
造纸及纸制品业	9.2	58.5	67.7	15.4	15.4	1.5	16.9
化学原料及化学制品制造业	18.9	54.7	73.6	11.0	15.1	0.3	15.4
医药制造业	14.3	52.4	66.7	15.2	16.2	1.9	18.1
化学纤维制造业	7.7	69.3	77.0	7.7	11.5	3.8	15.3
橡胶制品业	14.3	60.7	75.0	12.5	10.7	1.8	12.5
塑料制品业	10.8	60.1	70.9	18.2	9.5	1.4	10.9
非金属矿物制品业	10.5	56.2	66.7	17.3	15.6	0.4	16.0
黑色金属冶炼及压延加工业	25.9	53.3	79.2	14.7	5.2	0.9	6.1
有色金属冶炼及压延加工业	16.7	58.9	75.6	13.3	10.0	1.1	11.1
金属制品业	6.8	64.8	71.6	16.8	11.6		11.6
通用设备制造业	13.2	63.2	76.4	14.9	8.4	0.3	8.7
专用设备制造业	17.5	61.1	78.6	13.3	7.7	0.4	8.1
交通运输设备制造业	19.4	56.4	75.8	12.9	10.8	0.5	11.3
电气机械及器材制造业	14.3	59.4	73.7	16.7	8.4	1.2	9.6
通信设备、计算机及其他电子设备制造业	9.2	59.7	68.9	16.8	12.6	1.7	14.3
仪器仪表及文化、办公用机械制造业	25.8	45.1	70.9	22.6	6.5		6.5

从盈利程度来看，调查结果显示，52.9%的企业经营者认为企业盈利状况“正常”，8.5%认为“好于正常”，两者合计比重为61.4%，比认为“低于正常”的多22.8个百分点，比2006年多2.8个百分点。其中，大型企业盈利状况明显好于中小型企业；国有及国有控股公司盈利状况明显好于非国有企业；上市公司的盈利状况明显好于非上市公司，其认为企业盈利状况“正常”或“好于正常”的比重合计高达90.5%，比总体平均水平高出近30个百分点（见表26）。

表 26 不同地区、规模及经济类型企业目前的盈利状况（%）

	好于正常	正常	低于正常	好于正常+正常				
				2007年	2006年	2005年	2004年	2003年
总体	**8.5**	**52.9**	**38.6**	**61.4**	**58.6**	**52.2**	**52.8**	**58.5**
东部地区企业	7.4	52.5	40.1	59.9	58.0	51.8	53.6	59.7
中部地区企业	9.8	52.4	37.8	62.2	57.8	52.2	52.6	58.2

续表

	好于正常	正常	低于正常	好于正常 + 正常				
				2007 年	2006 年	2005 年	2004 年	2003 年
西部地区企业	10.4	56.7	32.9	67.1	59.6	53.8	50.7	56.1
东北地区企业	11.3	48.5	40.2	59.8	65.5	—	—	—
大型企业	16.2	61.5	22.3	77.7	74.1	65.8	61.2	68.2
中型企业	9.7	54.3	36.0	64.0	61.1	52.9	55.0	60.3
小型企业	4.8	48.5	46.7	53.3	51.6	45.7	44.7	48.9
国有及国有控股公司	13.4	56.3	30.3	69.7	64.0	56.6	60.4	59.2
国有企业	13.5	54.8	31.7	68.3	64.5	56.0	61.8	59.6
非国有企业	7.9	52.6	39.5	60.5	57.8	51.3	50.3	58.2
私营企业	4.7	50.3	45.0	55.0	57.0	48.1	43.4	54.8
股份有限公司	11.0	52.6	36.4	63.6	59.7	53.4	53.7	63.1
有限责任公司	8.1	54.2	37.7	62.3	58.1	51.8	52.4	57.6
外商及港澳台投资企业	7.0	48.1	44.9	55.1	59.9	52.7	45.4	60.6
民营企业	7.0	51.8	41.2	58.8	56.3	49.5	47.2	56.7
上市公司	24.2	66.3	9.5	90.5	78.1	63.9	68.7	68.6

从对 2007 年下半年的盈利状况的预计看，78% 的企业经营者预期企业盈利，比上半年高 7.2 个百分点；7.4% 预期亏损，比上半年下降 5.8 个百分点。调查表明，下半年企业盈利状况将进一步趋好（见表 24、表 27）。

表 27　企业对今年下半年盈利状况的预计（%）

	盈利			持平	亏损		
	较大盈利	略有盈余	小计		亏损	严重亏损	小计
总体	**17.7**	**60.3**	**78.0**	**14.6**	**6.6**	**0.8**	**7.4**

三、企业经营预期看好，未来投资热情较高

1. 企业经营前景预期乐观

关于未来的企业经营状况，调查结果显示，36.8% 的企业经营者认为下期企业经营状况将“好转”，57.5% 认为“不变”，5.7% 认为会“恶化”，认为“好转”的比认为“恶化”的多 31.1 个百分点，与 2006 年大体相当（见表 28）。

分经济类型看，民营企业对未来预期更为乐观，认为“好转”的比认为“恶化”的多 32.3 个百分点，这一结果比国有及国有控股公司多 7.1 个百分点（见表 28）。

表 28　不同地区、规模及经济类型企业对下期经营状况的预计（%）

	下期经营状况预计			好转 - 恶化				
	好转	不变	恶化	2007 年	2006 年	2005 年	2004 年	2003 年
总体	**36.8**	**57.5**	**5.7**	**31.1**	**32.5**	**25.5**	**25.0**	**33.8**
东部地区企业	36.2	58.1	5.7	30.5	33.5	25.2	25.2	33.8
中部地区企业	37.3	57.1	5.6	31.7	32.7	25.4	26.5	33.7
西部地区企业	38.4	55.8	5.8	32.6	29.7	26.8	23.2	32.6
东北地区企业	37.4	57.2	5.4	32.0	29.4	24.6	22.9	37.0
大型企业	36.9	57.7	5.4	31.5	33.4	25.9	24.2	31.0
中型企业	39.3	55.4	5.3	34.0	32.9	25.4	26.7	36.7

续表

	下期经营状况预计			好转－恶化				
	好转	不变	恶化	2007年	2006年	2005年	2004年	2003年
小型企业	33.6	60.1	6.3	27.3	31.4	25.2	23.1	30.9
国有及国有控股公司	32.0	61.2	6.8	25.2	22.8	17.0	18.5	28.4
国有企业	31.4	62.4	6.2	25.2	22.8	17.3	15.4	31.0
非国有企业	37.5	56.9	5.6	31.9	33.8	26.7	27.9	35.9
私营企业	34.8	60.5	4.7	30.1	39.3	39.1	35.6	45.0
股份有限公司	37.3	57.2	5.5	31.8	31.0	26.2	31.0	41.2
有限责任公司	39.1	55.8	5.1	34.0	35.3	26.0	29.5	36.7
外商及港澳台投资企业	36.8	53.9	9.3	27.5	32.5	24.3	18.0	34.9
民营企业	37.4	57.5	5.1	32.3	36.1	29.8	28.2	39.2
上市公司	43.0	51.6	5.4	37.6	20.4	23.5	32.1	37.7

分行业看，农林牧渔业、建筑业、信息传输计算机服务和软件业、房地产业以及制造业中的食品、造纸、医药、橡胶、非金属矿物、交通运输设备、电气机械、电子及通信设备等行业的预期尤为乐观，认为“好转”的比认为“恶化”的多35个百分点以上。值得注意的是，纺织、服装等行业对下期走势的判断比较谨慎，认为“好转”的仅比认为“恶化”的多十几个百分点（见表29）。

表29　　不同行业企业对下期经营状况的预计（%）

	下期经营状况预计			好转－恶化				
	好转	不变	恶化	2007年	2006年	2005年	2004年	2003年
总体	**36.8**	**57.5**	**5.7**	**31.1**	**32.5**	**25.5**	**25.0**	**33.8**
农林牧渔业	43.2	52.7	4.1	39.1	47.4	33.4	33.0	39.5
采矿业	33.3	65.5	1.2	32.1	17.8	10.5	22.1	28.7
制造业	37.4	56.3	6.3	31.1	33.1	27.0	26.0	33.2
电力、燃气及水的生产和供应业	29.6	59.2	11.2	18.4	25.4	20.2	19.3	27.6
建筑业	40.4	56.6	3.0	37.4	35.3	27.6	15.6	30.6
交通运输、仓储和邮政业	25.4	72.1	2.5	22.9	27.6	16.5	28.2	41.0
信息传输、计算机服务和软件业	49.3	44.9	5.8	43.5	48.2	36.1	—	—
批发和零售业	33.0	61.0	6.0	27.0	26.2	21.3	20.8	24.7
住宿和餐饮业	38.0	58.0	4.0	34.0	26.8	9.8	37.9	36.1
房地产业	40.4	57.2	2.4	38.0	32.0	26.0	11.9	42.7
租赁和商务服务业	23.8	73.8	2.4	21.4	30.7	25.8	—	—
食品饮料制造业	47.9	47.7	4.4	43.5	44.9	38.2	47.8	46.4
纺织业	24.2	61.8	14.0	10.2	26.7	20.5	25.3	15.5
纺织服装、鞋、帽制造业	25.2	63.3	11.5	13.7	28.1	30.2	36.8	45.6
造纸及纸制品业	52.3	46.2	1.5	50.8	34.1	26.2	43.8	31.2
化学原料及化学制品制造业	36.4	53.6	10.0	26.4	30.8	30.0	14.7	21.3
医药制造业	44.1	50.0	5.9	38.2	37.5	40.5	34.4	47.6
化学纤维制造业	22.2	74.1	3.7	18.5	10.5	12.5	0.0	33.4
橡胶制品业	37.5	60.7	1.8	35.7	23.6	48.4	34.4	28.6
塑料制品业	38.9	55.7	5.4	33.5	25.2	38.3	12.7	17.4
非金属矿物制品业	41.0	54.0	5.0	36.0	33.5	19.1	17.3	38.4
黑色金属冶炼及压延加工业	31.0	61.9	7.1	23.9	26.7	5.5	36.4	17.0
有色金属冶炼及压延加工业	33.7	61.8	4.5	29.2	22.1	21.2	15.4	23.1
金属制品业	30.8	61.2	8.0	22.8	41.7	25.0	20.0	35.8

续表

	下期经营状况预计			好转 - 恶化				
	好转	不变	恶化	2007 年	2006 年	2005 年	2004 年	2003 年
通用设备制造业	34.5	62.4	3.1	31.4	30.7	16.6	21.2	25.5
专用设备制造业	38.9	56.2	4.9	34.0	33.7	16.1	15.8	34.1
交通运输设备制造业	40.4	54.3	5.3	35.1	42.2	21.3	34.6	46.5
电气机械及器材制造业	46.4	51.6	2.0	44.4	36.0	23.1	21.2	41.2
通信设备、计算机及其他电子设备制造业	54.7	37.6	7.7	47.0	33.9	37.2	32.3	46.5
仪器仪表及文化、办公用机械制造业	23.8	73.0	3.2	20.6	26.6	17.3	36.4	30.4

2. 订货状况良好，纺织品需求疲弱

良好的订货情况是企业对未来表示乐观的基础。调查结果显示，68.3% 的企业经营者认为目前企业订货处于“正常”水平，14.4% 认为“高于正常”，两者合计达到 82.7%，比 2006 年和 2005 年分别高 2.3 和 9 个百分点，达到近期历史最高水平（见表 30）。

表 30 企业目前的订货情况（%）

	高于正常	正常	低于正常	高于正常 + 正常
2007 年	14.4	68.3	17.3	82.7
2006 年	12.1	68.3	19.6	80.4
2005 年	12.1	61.6	26.3	73.7
2004 年	13.4	61.2	25.4	74.6
2003 年	17.4	60.9	21.7	78.3

关于企业下期订货情况，调查结果显示，45.6% 的企业经营者认为企业订货将“增加”，41.3% 认为“持平”，13.1% 认为会“减少”，认为“增加”的比认为“减少”的多 32.5 个百分点，这一结果比 2006 年和 2005 年分别提高 4.2 和 13.5 个百分点（见表 31）。

表 31 不同地区、规模及经济类型企业对下期订货情况的预计（%）

	增加	持平	减少	增加 - 减少			
				2007 年	2006 年	2005 年	2004 年
总体	**45.6**	**41.3**	**13.1**	**32.5**	**28.3**	**19.0**	**19.6**
东部地区企业	45.0	42.0	13.0	32.0	31.1	19.9	22.9
中部地区企业	48.9	37.8	13.3	35.6	26.4	20.2	16.7
西部地区企业	44.0	43.3	12.7	31.3	22.7	16.5	16.7
东北地区企业	44.6	41.1	14.3	30.3	18.4	14.6	8.9
大型企业	51.7	38.0	10.3	41.4	32.7	23.4	23.3
中型企业	48.3	40.6	11.1	37.2	32.0	21.5	22.7
小型企业	40.3	43.2	16.5	23.8	22.6	14.2	13.4
国有及国有控股公司	39.3	46.9	13.8	25.5	16.3	9.2	16.7
国有企业	39.6	48.0	12.4	27.2	10.7	9.1	15.4
非国有企业	46.3	40.5	13.2	33.1	30.7	20.9	20.7
私营企业	45.5	40.2	14.3	31.2	30.0	29.1	22.3
股份有限公司	48.1	40.3	11.6	36.5	30.2	21.2	25.9
有限责任公司	47.1	40.7	12.2	34.9	30.6	18.7	22.7
外商及港澳台投资企业	48.5	37.0	14.5	34.0	41.9	31.2	24.4
民营企业	46.6	40.6	12.8	33.8	31.2	21.0	21.1
上市公司	53.6	41.1	5.3	48.3	34.0	17.3	34.6

不同地区、规模及经济类型企业的下期订货情况存在较大差距。东部和中部地区企业认为订货将“增加”的比认为“减少”的分别多32和35.6个百分点，高于西部地区的31.3和东北地区的30.3个百分点；大、中型企业认为订货将“增加”的比认为“减少”的分别多41.4和37.2个百分点，比小型企业多13个百分点以上；民营企业认为订货将“增加”的比认为“减少”的多33.8个百分点，比国有及国有控股公司多8.3个百分点（见表31）。

分行业看，农林牧渔业、采矿业、信息传输计算机服务和软件业以及制造业中的食品、医药、钢铁、通用设备、专用设备、交通运输设备、电气机械、仪器仪表等行业的预期比较乐观，认为下期订货情况“增加”的比认为“减少”的多40个百分点左右。与之相反，纺织、服装、化纤行业未来预期订货情况则不甚乐观，预期订货“增加”的比“减少”的仅多不到8个百分点。调查表明，消费需求中的食品和医疗保健消费需求增长可期，投资品需求可望继续保持快速增长，而受纺织品出口受限的影响，纺织品需求增长趋缓（见表32）。

表32　　不同行业企业对下期订货情况的预计（%）

	增加	持平	减少	增加－减少			
				2007年	2006年	2005年	2004年
总体	**45.6**	**41.3**	**13.1**	**32.5**	**28.3**	**19.0**	**19.6**
农林牧渔业	52.8	34.3	12.9	39.9	23.7	36.8	16.9
采矿业	44.4	51.9	3.7	40.7	15.4	5.3	42.4
制造业	47.2	39.2	13.6	33.6	33.0	22.7	23.4
电力、燃气及水的生产和供应业	38.2	49.1	12.7	25.5	14.6	13.3	28.6
建筑业	46.8	40.4	12.8	34.0	16.2	10.2	9.3
交通运输、仓储和邮政业	41.9	51.4	6.7	35.2	18.9	14.7	28.6
信息传输、计算机服务和软件业	50.8	39.1	10.1	40.7	33.3	17.7	—
批发和零售业	40.1	44.9	15.0	25.1	16.6	11.8	2.2
住宿和餐饮业	32.6	53.4	14.0	18.6	40.6	-8.3	17.4
房地产业	42.9	49.3	7.8	35.1	15.6	-1.1	3.6
租赁和商务服务业	21.1	68.4	10.5	10.6	25.8	14.2	—
食品饮料制造业	52.4	36.6	11.0	41.4	39.5	38.5	35.3
纺织业	29.3	46.8	23.9	5.4	20.8	7.0	6.1
纺织服装、鞋、帽制造业	27.1	47.2	25.7	1.4	19.1	25.3	37.0
造纸及纸制品业	44.0	42.4	13.6	30.4	43.9	14.3	34.4
化学原料及化学制品制造业	48.3	36.8	14.9	33.4	29.8	34.0	32.2
医药制造业	52.4	37.1	10.5	41.9	27.9	39.1	34.4
化学纤维制造业	26.9	53.9	19.2	7.7	26.3	0.0	33.3
橡胶制品业	43.4	43.4	13.2	30.2	36.3	37.5	29.0
塑料制品业	49.7	37.4	12.9	36.8	37.0	35.2	4.7
非金属矿物制品业	45.8	42.0	12.2	33.6	35.8	1.8	-6.0
黑色金属冶炼及压延加工业	48.2	43.0	8.8	39.4	37.1	5.5	32.7
有色金属冶炼及压延加工业	46.7	43.3	10.0	36.7	34.2	20.0	21.1
金属制品业	41.3	42.5	16.2	25.1	32.0	15.7	13.4
通用设备制造业	52.7	37.7	9.6	43.1	34.7	5.8	16.8
专用设备制造业	56.4	29.8	13.8	42.6	28.2	14.4	16.7
交通运输设备制造业	57.0	32.8	10.2	46.8	33.1	13.7	25.3
电气机械及器材制造业	55.7	35.5	8.8	46.9	36.6	24.6	15.2
通信设备、计算机及其他电子设备制造业	50.0	33.1	16.9	33.1	43.7	33.0	40.6
仪器仪表及文化、办公用机械制造业	52.4	39.7	7.9	44.5	20.6	26.7	31.8

3. 用工和投资计划呈现扩张趋势

对未来市场乐观的预期也体现在企业的用工和投资计划上。调查结果显示，47.5% 的企业经营者计划下期“增加”企业用工，9.8% 计划“减少”，42.7% 计划“持平”，计划“增加”的比计划“减少”的多 37.7 个百分点，这一结果比 2006 年和 2005 年分别多 5.2 和 18.9 个百分点（见表 33）。

从不同地区看，东部地区企业计划用工“增加”的比“减少”的多 39 个百分点，中部地区多 38.2 个百分点，均高于西部地区的 32.1 个百分点和东北地区的 35.9 个百分点。但总的来看，2007 年东部地区计划用工需求与中、西部地区和东北地区的差距有明显的缩小（见表 33）。

从不同规模看，大、中型企业用工需求“增加”的比“减少”的分别多 36.3 和 41.7 个百分点，这一结果比小型企业多 3 个百分点以上，与 2006 年的中小型企业用工需求增长明显快于大型企业用工需求增长的情况有很大差别，主要原因是 2007 年大型企业扩张态势十分明显（见表 33）。

从不同经济类型看，国有及国有控股公司计划用工“增加”的比“减少”的多 19.4 个百分点，虽然仍明显低于非国有企业的 40.4 个百分点，但与 2006 年的仅多 3.5 个百分点相比，高出了 15.9 个百分点（见表 33）。

表 33　对企业下期从业人数的预期（%）

	增加	持平	减少	增加 - 减少			
				2007 年	2006 年	2005 年	2004 年
总体	**47.5**	**42.7**	**9.8**	**37.7**	**32.5**	**18.8**	**10.5**
东部地区企业	48.5	42.0	9.5	39.0	36.6	22.9	13.8
中部地区企业	47.6	43.0	9.4	38.2	29.1	15.9	8.6
西部地区企业	44.1	43.9	12.0	32.1	25.8	11.9	4.1
东北地区企业	44.3	47.3	8.4	35.9	17.5	9.0	6.1
大型企业	49.0	38.3	12.7	36.3	24.9	15.2	-0.2
中型企业	50.2	41.3	8.5	41.7	34.0	19.4	13.4
小型企业	43.5	45.9	10.6	32.9	33.6	19.6	11.9
国有及国有控股公司	34.0	51.4	14.6	19.4	3.5	-1.4	-11.6
国有企业	32.4	51.6	16.0	16.4	-2.3	-6.3	-15.8
非国有企业	49.4	41.6	9.0	40.4	37.5	24.0	18.5
私营企业	51.0	39.5	9.5	41.5	46.9	37.1	27.0
股份有限公司	49.3	40.2	10.5	38.8	35.6	23.4	21.9
有限责任公司	50.0	42.4	7.6	42.4	38.0	23.1	19.4
外商及港澳台投资企业	51.1	37.2	11.7	39.4	40.5	29.8	19.3
民营企业	50.5	41.1	8.4	42.1	41.4	28.9	25.7
上市公司	47.4	44.2	8.4	39.0	26.9	15.3	2.4

从投资计划情况看，调查结果显示，65.1% 的企业经营者表示未来计划投资额将“增长”，8% 表示会“减少”，表示“增长”的比表示“减少”的多 57.1 个百分点，与 2006 年的情况大体相当，明显高于 2005 年和 2004 年的水平。调查表明，企业投资信心持续增强（见表 34）。

从不同规模看，调查结果显示，75.1% 的大型企业计划增加投资，比计划减少的多 70.5 个百分点，比中、小型企业分别高 9.7 和 21.7 个百分点（见表 34）。与 2006 年的调查结果相比，2007 年不同规模企业投资计划的差距进一步加大，强者恒强的规模效应在投资计划上表现得更加明显。

从不同经济类型看，调查结果显示，66% 的民营企业计划增加投资，比计划减少的多 57.7 个百分点，国有及国有控股公司计划增加投资的比计划减少的多 52.2 个百分点，两者相差 5.5 个百分点，这一差距比2006年缩小7.4个百分点（见表34）。

表34　不同地区、规模及经济类型企业对未来计划投资额增减的预计（%）

	增加	不变	减少	增加-减少			
				2007年	2006年	2005年	2004年
总体	**65.1**	**26.9**	**8.0**	**57.1**	**58.6**	**44.7**	**39.0**
东部地区企业	64.0	27.8	8.2	55.8	59.2	44.8	38.5
中部地区企业	67.4	25.1	7.5	59.9	60.4	47.5	38.0
西部地区企业	68.1	24.6	7.3	60.8	54.4	44.8	38.8
东北地区企业	62.5	28.9	8.6	53.9	60.1	36.3	45.0
大型企业	75.1	20.3	4.6	70.5	65.1	48.9	42.2
中型企业	68.3	24.2	7.5	60.8	61.0	46.6	41.3
小型企业	58.3	32.2	9.5	48.8	54.5	40.3	34.0
国有及国有控股公司	60.0	32.2	7.8	52.2	49.1	34.2	33.2
国有企业	58.4	34.1	7.5	50.9	46.7	30.1	31.9
非国有企业	66.0	26.0	8.0	58.0	60.3	47.6	41.2
私营企业	61.6	28.2	10.2	51.4	62.2	54.8	45.3
股份有限公司	69.8	21.9	8.3	61.5	60.4	48.5	47.5
有限责任公司	67.6	25.5	6.9	60.7	62.8	48.6	41.9
外商及港澳台投资企业	65.1	25.1	9.8	55.3	59.9	48.5	35.9
民营企业	66.0	25.7	8.3	57.7	62.0	49.3	44.0
上市公司	82.1	11.6	6.3	75.8	59.1	46.4	59.6

调查结果显示，2007年的国有企业在投资和用工计划上都比2006年有明显的扩张，这与2007年以来国有企业盈利情况有明显的改善相关，也许这是长期以来国有企业改革包括激励机制的改革以及资本市场的活跃、资源价格上升等诸多因素共同作用的结果。

从不同行业看，计划投资增加比重较大的行业主要包括：采矿业、电力燃气及水的生产和供应业、交通运输仓储和邮政业、房地产业以及制造业中的食品、橡胶、有色冶金、通用设备、专用设备、交通运输设备及电气机械等行业，其计划投资“增加”的比“减少”的多65个百分点以上（见表35）。

表35　不同行业企业对未来计划投资额增减的预计（%）

	增加	持平	减少	增加-减少			
				2007年	2006年	2005年	2004年
总体	**65.1**	**26.9**	**8.0**	**57.1**	**58.6**	**44.7**	**39.0**
农林牧渔业	67.2	26.0	6.8	60.4	56.0	52.9	38.6
采矿业	72.6	23.8	3.6	69.0	62.3	64.9	72.1
制造业	65.8	25.6	8.6	57.2	61.4	47.4	39.6
电力、燃气及水的生产和供应业	72.5	24.2	3.3	69.2	50.5	49.4	64.4
建筑业	56.7	33.9	9.4	47.3	52.6	28.8	21.8
交通运输、仓储和邮政业	68.9	27.7	3.4	65.5	53.8	45.7	44.9
信息传输、计算机服务和软件业	58.0	34.8	7.2	50.8	67.1	58.8	—
批发和零售业	56.4	36.6	7.0	49.4	45.2	36.9	26.9
住宿和餐饮业	44.9	38.8	16.3	28.6	58.6	31.3	51.7
房地产业	77.2	17.4	5.4	71.8	54.6	26.9	38.2
租赁和商务服务业	55.2	31.6	13.2	42.0	54.8	41.9	—
食品饮料制造业	72.8	20.9	6.3	66.5	61.5	51.3	40.3
纺织业	55.0	31.2	13.8	41.2	56.7	35.0	27.6

续表

	增加	持平	减少	增加 - 减少			
				2007 年	2006 年	2005 年	2004 年
纺织服装、鞋、帽制造业	45.0	38.6	16.4	28.6	57.4	46.1	40.8
造纸及纸制品业	58.5	36.9	4.6	53.9	61.5	33.3	44.1
化学原料及化学制品制造业	66.7	22.0	11.3	55.4	68.6	56.4	49.0
医药制造业	59.9	30.8	9.3	50.6	63.6	56.2	27.6
化学纤维制造业	46.2	26.9	26.9	19.3	38.9	12.5	16.7
橡胶制品业	71.4	23.2	5.4	66.0	58.1	57.6	29.0
塑料制品业	64.2	25.0	10.8	53.4	48.2	50.7	14.1
非金属矿物制品业	62.4	26.3	11.3	51.1	52.5	22.1	15.7
黑色金属冶炼及压延加工业	61.4	29.8	8.8	52.6	59.5	34.5	61.8
有色金属冶炼及压延加工业	75.8	18.7	5.5	70.3	69.7	43.4	43.6
金属制品业	60.0	31.7	8.3	51.7	59.5	45.8	33.3
通用设备制造业	75.4	20.5	4.1	71.3	67.5	50.0	46.6
专用设备制造业	73.6	21.5	4.9	68.7	64.0	54.3	32.4
交通运输设备制造业	76.1	17.0	6.9	69.2	65.6	44.2	36.3
电气机械及器材制造业	72.5	22.3	5.2	67.3	60.3	48.7	51.5
通信设备、计算机及其他电子设备制造业	69.5	23.7	6.8	62.7	73.6	55.8	52.9
仪器仪表及文化、办公用机械制造业	65.6	29.5	4.9	60.7	58.1	53.3	45.5

关于“如果目前条件成熟，您最希望投资哪个行业”，调查结果显示，70%的企业经营者选择继续投资本行业，30%选择转投其他行业。与2006年相比，选择转投其他行业的比重增加了2.7个百分点。调查表明，多元化投资以及行业转型速度有所加快（见表36）。

其中选择继续投资本行业超过八成的有：采矿业、房地产业以及制造业中的仪器仪表等行业。希望转投其他行业比重相对较高的是纺织、服装、化纤等行业，比重在35%以上。调查表明，受人民币升值和贸易摩擦加剧的影响，纺织服装类企业的行业转型意愿最为迫切（见表36）。

表36　企业最希望投资的行业（%）

		本行业	其他行业
总体	2007 年	70.0	30.0
	2006 年	72.7	27.3
农林牧渔业		75.3	24.7
采矿业		81.9	18.1
制造业		68.8	31.2
电力、燃气及水的生产和供应业		75.7	24.3
建筑业		66.0	34.0
交通运输、仓储和邮政业		74.4	25.6
信息传输、计算机服务和软件业		77.6	22.4
批发和零售业		67.9	32.1
住宿和餐饮业		69.4	30.6
房地产业		81.5	18.5
租赁和商务服务业		65.1	34.9
食品饮料制造业		66.8	33.2
纺织业		50.8	49.2
纺织服装、鞋、帽制造业		46.2	53.8
造纸及纸制品业		71.2	28.8

续表

	本行业	其他行业
化学原料及化学制品制造业	70.3	29.7
医药制造业	71.6	28.4
化学纤维制造业	63.0	37.0
橡胶制品业	74.5	25.5
塑料制品业	68.5	31.5
非金属矿物制品业	69.0	31.0
黑色金属冶炼及压延加工业	79.5	20.5
有色金属冶炼及压延加工业	71.1	28.9
金属制品业	63.9	36.1
通用设备制造业	76.9	23.1
专用设备制造业	75.3	24.7
交通运输设备制造业	73.5	26.5
电气机械及器材制造业	75.4	24.6
通信设备、计算机及其他电子设备制造业	70.9	29.1
仪器仪表及文化、办公用机械制造业	83.3	16.7

关于企业有投资意向的地区，调查结果显示，79.1%的企业经营者选择东部地区，与2006年情况类似，远远高于其他地区。其中选择“长三角”地区的比重为33%，与2006年相比基本持平；选择“京津—环渤海”的为21.8%，在2006年比2005年增加2.7个百分点的基础上，2007年再增加1.7个百分点，连续两年增加；选择“珠三角”的为14%，在2006年比2005年下降1.6个百分点的基础上，2007年继续下降1.7个百分点，连续两年下降；选择其他东部地区的为10.3%。此外，20.5%选择了中部地区，比2006年增加了2.8个百分点；28.9%选择了西部地区，与2006年基本相同；10.1%选择了东北地区，比2006年略升1.1个百分点；13.4%的企业经营者选择了境外地区，比2006年减少1.8个百分点（见表37）。

表37　企业有投资意向的地区（%）

		东部地区				中部地区	西部地区	东北地区	港澳台地区	海外地区
		“长三角”地区	“珠三角”地区	“京津—环渤海”	其他东部地区					
总体	2007年	33.0	14.0	21.8	10.3	20.5	28.9	10.1	2.9	10.5
	2006年	34.9	15.7	20.1	10.1	17.7	28.6	9.0	—	15.2
	2005年	35.1	17.3	17.4	—	20.2	28.7	11.5	—	—
东部地区企业		40.8	16.0	27.5	13.1	16.0	20.9	7.2	3.3	11.6
中部地区企业		26.2	13.5	12.1	7.9	45.4	28.9	9.3	2.4	8.7
西部地区企业		17.7	8.9	9.1	3.5	11.4	67.2	3.8	2.5	7.4
东北地区企业		14.3	9.1	27.3	6.2	7.8	14.0	60.4	1.3	13.3
大型企业		32.9	15.1	25.3	10.5	21.7	26.3	11.3	2.5	14.6
中型企业		32.9	14.9	22.4	10.6	22.0	30.1	10.0	3.1	11.0
小型企业		33.2	12.6	20.1	9.8	18.2	28.2	9.9	2.7	8.7
国有及国有控股公司		26.6	13.6	26.3	8.1	19.8	32.0	10.8	2.4	9.9
国有企业		26.8	14.4	25.3	8.2	19.5	31.9	9.9	3.0	11.0
非国有企业		33.8	14.0	21.4	10.5	20.6	28.6	10.2	2.9	10.5
民营企业		33.2	13.4	19.7	10.7	21.3	29.6	10.2	2.6	10.2
上市公司		45.8	13.5	26.0	9.4	21.9	28.1	14.6	2.1	14.6

从不同地区企业经营者的选择意向看，东部地区有 40.8% 的企业选择“长三角”为首选的投资地区，其次是“京津—环渤海”地区，选择比重为 27.5%；中部地区企业则更集中地选择中部地区，选择比重为 45.4%，其次选择西部地区（28.9%）和“长三角”地区（26.2%）；西部地区企业仍然比较集中地选择西部地区为计划投资的地区，比重达 67.2%，其次是“长三角”地区，也仅为 17.7%；东北地区企业选择东北的比重为 60.4%，其次为“京津—环渤海”地区（27.3%）（见表 37）。

调查结果表明，与 2006 年相比，2007 年企业投资意向的特点是，东部地区仍然是投资重点，尤其是“京津—环渤海”地区投资进一步趋热，同时中部地区投资吸引力加大，但海外扩张步伐趋缓。

四、企业经营者对相关热点问题的判断

1. 人民币小幅升值影响渐显，出口退税政策调整对部分行业影响较大

近两年来，外贸顺差过大带来的一系列矛盾和问题已逐渐成为宏观调控面临的一大难题。在两年前推出汇率体制改革之后，2007 年又进行了出口退税政策的调整。这些政策的影响如何，引起了全社会的广泛关注。

调查结果显示，本次调查企业中，接近半数（47.7%）的企业有产品出口（见表 1）。在这些企业中，认为产品出口比 2006 年增长的企业经营者占 55%，这一结果比 2006 年减少 6.2 个百分点。其中 41.1% 认为“小幅增长”，13.9% 认为“大幅增长”；21.8% 认为产品出口“持平”；23.2% 认为产品出口“下降”。认为出口“上升”的比认为“下降”的多 31.8 个百分点，比 2006 年减少 9.1 个百分点（见表 38）。

从不同行业看，通用设备、专用设备、交通运输设备、电气机械、仪器仪表等制造业行业出口形势良好，认为出口增长的比下降的多 45 个百分点以上；与此相反，服装、化纤行业则出现出口下降的企业比重超过出口增长的企业比重的情况（见表 38）。

表 38　　企业产品出口增长情况（%）

		上升		持平	下降		上升 - 下降
		大幅增长	小幅增长		小幅下降	大幅下降	
总体	2007 年	13.9	41.1	21.8	16.3	6.9	31.8
	2006 年	14.9	46.3	18.5	14.6	5.7	40.9
制造业总体	2007 年	14.3	41.0	21.7	16.2	6.8	32.3
	2006 年	15.5	46.9	18.0	13.9	5.7	42.8
食品饮料制造业		14.5	36.8	21.4	22.2	5.1	24.0
纺织业		6.7	38.7	21.6	19.1	13.9	12.4
纺织服装、鞋、帽制造业		7.7	26.5	24.8	30.7	10.3	-6.8
造纸及纸制品业		7.1	39.3	25.0	28.6		17.8
化学原料及化学制品制造业		15.9	36.9	20.5	19.0	7.7	26.1
医药制造业		10.0	36.6	31.7	15.0	6.7	24.9
化学纤维制造业		11.8	17.6	23.5	35.3	11.8	-17.7
橡胶制品业		22.2	30.6	30.5	13.9	2.8	36.1
塑料制品业		15.2	44.6	13.0	16.3	10.9	32.6
非金属矿物制品业		10.5	40.6	19.8	15.1	14.0	22.0
黑色金属冶炼及压延加工业		20.8	40.3	12.5	12.5	13.9	34.7
有色金属冶炼及压延加工业		17.0	34.0	28.3	9.4	11.3	30.3
金属制品业		12.5	42.6	19.9	19.3	5.7	30.1

续表

	上升		持平	下降		上升－下降
	大幅增长	小幅增长		小幅下降	大幅下降	
通用设备制造业	18.7	43.4	25.8	10.6	1.5	50.0
专用设备制造业	20.5	49.9	19.3	8.0	2.3	60.1
交通运输设备制造业	23.1	50.9	13.9	9.3	2.8	61.9
电气机械及器材制造业	20.9	45.6	19.0	12.0	2.5	52.0
通信设备、计算机及其他电子设备制造业	11.9	46.5	19.0	14.3	8.3	35.8
仪器仪表及文化、办公用机械制造业	7.0	51.2	30.2	11.6		46.6

关于产品出口价格，调查结果显示，31.8%的企业经营者认为2007年企业产品出口价格“上升”，38.7%认为“持平”，29.5%认为“下降”，认为“上升”的比认为“下降”的多2.3个百分点，而2006年则认为价格“下降”的比“上升”的多8.6个百分点（见表39）。

不过这种价格的变动在不同行业之间存在明显差异：价格上升的主要以资源类行业为主，如钢铁、有色冶金、化纤、食品等行业，其价格上升的比下降的多18~43个百分点。而纺织、造纸、电子及通信设备、仪器仪表等行业的价格明显下滑，其价格“下降”的比“上升”的多16~25个百分点（见表39）。

表39　对企业产品出口价格的判断（%）

		上升		持平	下降		上升－下降
		大幅增长	小幅增长		小幅下降	大幅下降	
总体	2007年	2.5	29.3	38.7	23.9	5.6	2.3
	2006年	2.1	22.6	42.0	28.0	5.3	-8.6
制造业总体	2007年	2.5	28.9	39.2	23.9	5.5	2.0
	2006年	2.2	22.8	42.7	27.5	4.8	-7.3
食品饮料制造业		3.6	39.7	31.5	22.5	2.7	18.1
纺织业		1.6	24.7	22.6	42.0	9.1	-24.8
纺织服装、鞋、帽制造业		4.4	25.4	28.9	29.9	11.4	-11.5
造纸及纸制品业		4.0	12.0	52.0	24.0	8.0	-16.0
化学原料及化学制品制造业		5.5	28.0	33.5	27.5	5.5	0.5
医药制造业			20.7	48.2	25.9	5.2	-10.4
化学纤维制造业		20.0	26.7	33.3	6.7	13.3	26.7
橡胶制品业			25.0	46.8	18.8	9.4	-3.2
塑料制品业		2.4	28.2	35.2	27.1	7.1	-3.6
非金属矿物制品业		1.2	38.3	35.8	18.5	6.2	14.8
黑色金属冶炼及压延加工业		10.3	45.6	30.9	10.3	2.9	42.7
有色金属冶炼及压延加工业		1.9	40.4	34.6	17.3	5.8	19.2
金属制品业		2.9	36.3	39.2	15.8	5.8	17.6
通用设备制造业		1.1	22.8	52.1	20.7	3.3	-0.1
专用设备制造业		3.1	29.6	47.2	17.0	3.1	12.6
交通运输设备制造业			20.4	55.4	22.3	1.9	-3.8
电气机械及器材制造业		2.0	28.3	46.0	21.7	2.0	6.6
通信设备、计算机及其他电子设备制造业			20.5	39.8	31.3	8.4	-19.2
仪器仪表及文化、办公用机械制造业			9.5	57.2	26.2	7.1	-23.8

汇率改革两年来，人民币汇率累计升值（对美元）已超过8%，其中2007年以来升值4%。本次调查希望了解，若未来一年人民币以同样的幅度升值，会对企业产生什么影响。调查结果显示，若假

定在未来一年内人民币升值5%，36.8%的企业经营者认为会对企业产品出口“影响较大”，15.2%认为“影响很大”，分别比2006年增加6.8和2.1个百分点；5.5%认为“没有影响”，42.5%认为“略有影响”，分别比2006年减少2.1和6.8个百分点。

不同行业所受到的影响程度差异明显。调查结果显示，纺织、服装等制造业企业有超过六成的企业经营者认为“影响较大”或“影响很大”，而造纸、化工、医药、橡胶、冶金、通用设备、专用设备、交通运输设备、仪器仪表等行业受到的影响相对较小，有超过一半的企业认为“没有影响”或“略有影响”（见表40）。

表40　　若人民币升值5%对企业出口的“不利影响”（%）

		没有影响	略有影响	影响较大	影响很大
总体	2007年	5.5	42.5	36.8	15.2
	2006年	7.6	49.3	30.0	13.1
制造业总体	2007年	5.2	42.6	37.2	15.0
	2006年	7.1	50.5	30.0	12.4
食品饮料制造业		3.4	46.2	31.6	18.8
纺织业		0.5	29.0	47.2	23.3
纺织服装、鞋、帽制造业		0.9	21.6	44.7	32.8
造纸及纸制品业		6.9	48.3	31.0	13.8
化学原料及化学制品制造业		7.8	43.0	36.8	12.4
医药制造业		6.8	59.3	28.8	5.1
化学纤维制造业			47.0	41.2	11.8
橡胶制品业			58.3	36.1	5.6
塑料制品业		6.5	33.7	43.5	16.3
非金属矿物制品业		7.0	39.5	39.5	14.0
黑色金属冶炼及压延加工业		4.1	49.3	37.0	9.6
有色金属冶炼及压延加工业		7.5	49.1	30.2	13.2
金属制品业		4.0	39.1	39.7	17.2
通用设备制造业		8.0	52.3	33.7	6.0
专用设备制造业		8.5	56.8	27.3	7.4
交通运输设备制造业		4.6	47.2	38.0	10.2
电气机械及器材制造业		5.1	37.6	42.0	15.3
通信设备、计算机及其他电子设备制造业		4.7	38.8	41.2	15.3
仪器仪表及文化、办公用机械制造业		11.9	57.2	21.4	9.5

关于新执行的出口退税政策调整对企业出口的影响，调查结果显示，21.2%的企业经营者认为“没有影响”，45.3%认为“略有影响”，24.3%认为“影响较大”，9.2%认为“影响很大”（见表41）。

表41　　新执行的出口退税政策调整对企业出口的“不利影响”（%）

	没有影响	略有影响	影响较大	影响很大
总体	**21.2**	**45.3**	**24.3**	**9.2**
制造业总体	21.4	45.2	24.5	8.9
食品饮料制造业	35.7	47.8	12.2	4.3
纺织业	7.2	41.7	39.2	11.9
纺织服装、鞋、帽制造业	3.4	41.0	38.5	17.1
造纸及纸制品业	20.7	34.5	24.1	20.7

续表

	没有影响	略有影响	影响较大	影响很大
化学原料及化学制品制造业	13.3	44.8	29.1	12.8
医药制造业	36.7	44.9	16.7	1.7
化学纤维制造业	17.6	29.4	35.4	17.6
橡胶制品业	19.4	47.3	22.2	11.1
塑料制品业	10.8	41.9	39.8	7.5
非金属矿物制品业	14.0	46.5	20.9	18.6
黑色金属冶炼及压延加工业	16.4	37.0	32.9	13.7
有色金属冶炼及压延加工业	18.9	35.8	35.9	9.4
金属制品业	15.5	36.2	36.2	12.1
通用设备制造业	35.2	47.7	14.1	3.0
专用设备制造业	40.9	46.0	10.8	2.3
交通运输设备制造业	24.1	62.0	12.0	1.9
电气机械及器材制造业	31.2	48.4	17.2	3.2
通信设备、计算机及其他电子设备制造业	24.7	55.3	17.6	2.4
仪器仪表及文化、办公用机械制造业	35.7	59.5	4.8	

从不同行业看，纺织、服装、化纤等行业受到的影响较为明显，有超过一半的企业经营者认为“影响较大”或“影响很大”；而食品、医药、通用设备、专用设备、交通运输设备、电子及通信设备和仪器仪表等行业受到的不利影响相对较小，有超过八成的企业经营者认为“没有影响”或“略有影响”（见表41）。

2. 预期房地产价格继续保持较快幅度的上涨态势

2005年以来，宏观调控的一项重要内容就是采取多项措施控制因部分地区不断上升的房地产价格引发的房地产热。但目前多数地区企业经营者仍预期房地产价格继续保持一定幅度的上涨态势。调查结果显示，九成以上的企业经营者预期未来一年本地区房地产价格将“上涨”，其中，40.6%预期上涨幅度在10%以上，44.3%预期上涨幅度为5%～10%，8.9%预期上涨幅度在5%以内；4.7%预期“持平”，1.5%预期“下降”（见表42）。

分地区看，东部地区有41.4%的企业经营者预期房地产价格将上涨10%以上，中部地区为40.7%，西部地区为39.3%；而东北地区为35.1%，低于其他地区（见表42）。

表42　　不同地区的企业经营者对未来一年本地区房地产价格的预计（%）

	上涨10%以上			5%～10%	5%以内	持平	下降
	20%以上	10%～20%	小计				
总体	**12.0**	**28.6**	**40.6**	**44.3**	**8.9**	**4.7**	**1.5**
东部地区企业	12.4	29.0	41.4	42.4	9.2	5.3	1.7
中部地区企业	12.4	28.3	40.7	46.2	7.5	4.2	1.4
西部地区企业	11.5	27.8	39.3	47.8	9.4	2.9	0.6
东北地区企业	8.9	26.2	35.1	49.5	9.5	4.3	1.6

分城市①看，超过半数的企业经营者预期未来一年房地产价格将上涨10%以上的城市包括：武汉、广州、长沙、哈尔滨、北京、成都、福州、南京（见表43）。

① 主要包括全国各省（自治区、直辖市）中的省会城市以及大连、苏州、宁波、青岛和深圳等在内的大中城市。

表 43　　不同城市的企业经营者对未来一年本地区房地产价格的预计（%）

	上涨 10% 以上			5% ~10%	5% 以内	持平	下降
	20% 以上	10% ~20%	小计				
总　体	**12.0**	**28.6**	**40.6**	**44.3**	**8.9**	**4.7**	**1.5**
武　汉	15.2	43.5	58.7	34.8	2.2	4.3	
广　州	17.2	36.9	54.1	32.2	8.0	3.4	2.3
长　沙	16.2	37.8	54.0	43.3	2.7		
哈尔滨	21.9	31.3	53.2	43.7	3.1		
北　京	18.0	34.3	52.3	41.7	3.4	2.2	0.4
成　都	27.9	23.5	51.4	41.2	7.4		
福　州	19.2	30.9	50.1	26.9	11.5	3.8	7.7
南　京	13.8	36.2	50.0	38.0	10.3		1.7
深　圳	29.1	20.3	49.4	15.9	11.6	10.1	13.0
石家庄	9.6	38.5	48.1	34.6	17.3		
南　昌	17.5	30.0	47.5	47.5	2.5		2.5
贵　阳	21.1	26.3	47.4	47.3	5.3		
郑　州	12.5	31.3	43.8	49.9	2.1	4.2	
天　津	13.4	29.4	42.8	43.8	10.1	2.5	0.8
重　庆	16.2	25.6	41.8	53.9	2.6	1.7	
苏　州	8.3	33.3	41.6	44.5	8.3	5.6	
大　连	12.2	29.3	41.5	43.8	9.8	4.9	
南　宁	17.2	24.1	41.3	41.5	13.8		3.4
沈　阳		37.8	37.8	48.7	10.8	2.7	
昆　明	4.4	33.3	37.7	46.8	13.3	2.2	
杭　州	9.7	27.2	36.9	39.8	10.7	9.7	2.9
上　海	5.9	29.8	35.7	47.3	12.2	2.7	2.1
宁　波	12.5	20.0	32.5	48.3	10.0	6.7	2.5
西　安	8.0	24.0	32.0	50.0	16.0	2.0	
济　南		30.6	30.6	58.2	5.6	5.6	
太　原	6.9	20.7	27.6	58.7	3.4	6.9	3.4
银　川		26.9	26.9	50.0	23.1		
兰　州	4.8	19.0	23.8	52.4	9.5	9.5	4.8
青　岛	5.9	14.7	20.6	58.8	11.8	5.9	2.9
合　肥	2.4	17.1	19.5	48.8	26.8	4.9	

3. 部分行业产能过剩比较严重

过快的投资增长是否会带来产能过剩，受到政府和企业界的高度关注。调查结果显示，45.6% 的企业经营者认为本行业存在产能过剩但不严重，22.7% 认为本行业存在产能过剩且比较严重，28.9% 认为不存在产能过剩，调查结果与 2006 年差别不大（见表 44）。

与 2006 年情况类似，不同行业之间产能过剩情况差异明显，认为产能过剩相对比较严重的行业主要包括：纺织、医药等行业，选择比重分别为 37.6% 和 43.4%。与 2006 年相比，认为产能过剩严重比重增加较多的是医药（从 35.2% 增加到 43.4%，增加 8.2 个百分点）和通用设备制造业（从 18.1% 增加到 23.9%，增加 5.8 个百分点）。值得注意的是，社会上普遍认为钢铁、有色冶金等投资品生产行业产能过剩严重，而 2007 年调查显示这些行业的企业经营者认为本行业产能过剩严重的比重比 2006 年有比较明显的下降（比 2006 年分别减少 7.6 和 4.6 个百分点），这与 2007 年以来投资和出口需求的快速增长消化了相关产能不无关系（见表 44）。

表 44　　对本行业是否存在产能过剩的判断（%）

		存在，且比较严重		存在，但不严重	不存在	不清楚
总体	2007 年	22.7		45.6	28.9	2.8
	2006 年	24.2		44.9	29.2	1.7
		2007 年	2006 年			
农林牧渔业		26.0	24.5	32.9	35.6	5.5
采矿业		7.1	8.3	58.4	33.3	1.2
制造业		24.9	26.5	25.0	48.7	1.4
电力、燃气及水的生产和供应业		14.5	17.9	53.3	29.8	2.4
建筑业		27.3	28.3	29.3	38.0	5.4
交通运输、仓储和邮政业		9.8	22.2	49.5	36.6	4.1
信息传输、计算机服务和软件业		23.2	22.9	50.8	21.7	4.3
批发和零售业		24.2	26.0	22.7	43.2	9.9
住宿和餐饮业		22.4	21.1	24.5	44.9	8.2
房地产业		5.0	7.2	51.0	40.6	3.4
租赁和商务服务业		19.0	24.3	31.0	42.9	7.1
食品饮料制造业		29.3	29.1	28.1	41.4	1.2
纺织业		37.6	39.2	18.8	42.5	1.1
纺织服装、鞋、帽制造业		27.0	23.6	29.8	42.5	0.7
造纸及纸制品业		18.5	26.8	32.3	47.7	1.5
化学原料及化学制品制造业		31.0	32.1	21.9	46.2	0.9
医药制造业		43.4	35.2	13.2	41.5	1.9
化学纤维制造业		25.9	31.6	14.8	59.3	
橡胶制品业		29.1	30.9	12.7	58.2	
塑料制品业		20.1	23.9	24.2	54.4	1.3
非金属矿物制品业		25.3	34.6	22.0	50.6	2.1
黑色金属冶炼及压延加工业		19.1	26.7	34.8	43.5	2.6
有色金属冶炼及压延加工业		19.8	24.4	30.8	49.4	
金属制品业		21.1	19.5	26.7	49.4	2.8
通用设备制造业		23.9	18.1	26.3	49.1	0.7
专用设备制造业		15.2	18.0	28.4	55.4	1.0
交通运输设备制造业		21.3	24.0	25.5	51.1	2.1
电气机械及器材制造业		24.5	27.7	21.7	52.6	1.2
通信设备、计算机及其他电子设备制造业		19.3	23.0	23.5	54.7	2.5
仪器仪表及文化、办公用机械制造业		27.0	22.2	23.8	49.2	

产能过剩的程度也可以从产能利用率上得到反映。调查结果显示，制造业企业的平均产能利用率为78.5%，比2006年提高1.3个百分点。从不同地区看，东部地区制造业企业的产能利用率为79.4%，比中、西部地区和东北地区分别高1.6、2.2和3.8个百分点；从不同规模看，大型制造业企业产能利用率明显高于中小型企业，前者产能利用率为85.2%，比后者分别高6和9.5个百分点（见表45）。

按产能利用率的比重分组来看，35.4%的制造业企业产能利用率在75%及以下，即超过1/3的企业产能利用率不超过3/4；产能利用率在75%～90%和90%以上的企业比重分别为40.7%和23.9%。

从不同行业看，食品、造纸、医药、塑料等行业的产能利用率较低，其产能利用率不超过75%的企业比重在四成以上（见表46）。

表 45　　不同地区及规模制造业企业今年的产能利用率情况（%）

	75%及以下	75%～90%	90%以上	企业平均产能利用率	
				2007 年	2006 年
总体	**35.4**	**40.7**	**23.9**	**78.5**	**77.2**
东部地区企业	34.0	41.6	24.4	79.4	78.2
中部地区企业	35.0	41.4	23.6	77.8	76.6
西部地区企业	39.0	37.9	23.1	77.2	74.2
东北地区企业	41.7	37.5	20.8	75.6	73.3
大型企业	23.5	43.6	32.9	85.2	85.2
中型企业	33.0	40.7	26.3	79.2	78.7
小型企业	42.0	39.9	18.1	75.7	73.8
国有及国有控股公司	35.9	38.7	25.4	78.8	76.0
国有企业	36.8	40.7	22.5	77.5	76.2
非国有企业	35.2	40.8	24.0	78.7	76.1
私营企业	38.0	43.3	18.7	75.2	75.8
股份有限公司	29.2	42.5	28.3	80.6	77.4
有限责任公司	37.2	39.1	23.7	78.6	75.7
外商及港澳台投资企业	27.0	44.3	28.7	82.2	78.5
民营企业	36.4	41.2	22.4	78.2	75.9
上市公司	14.8	44.3	40.9	85.9	80.3

表 46　　不同制造业企业今年的产能利用率情况（%）

	75%及以下	75%～90%	90%以上	企业平均产能利用率	
				2007 年	2006 年
总体	**35.4**	**40.7**	**23.9**	**78.5**	**77.2**
制造业	34.7	40.3	25.0	79.4	77.2
食品饮料制造业	46.6	32.9	20.5	74.6	71.1
纺织业	22.1	46.2	31.7	87.8	82.7
纺织服装、鞋、帽制造业	31.3	44.3	24.4	78.6	83.3
造纸及纸制品业	41.7	40.0	18.3	77.7	75.4
化学原料及化学制品制造业	35.0	38.9	26.1	79.1	76.5
医药制造业	50.0	35.3	14.7	70.7	65.5
化学纤维制造业	20.8	20.8	58.4	88.2	78.2
橡胶制品业	30.8	38.4	30.8	81.0	76.0
塑料制品业	42.0	35.5	22.5	73.6	73.6
非金属矿物制品业	27.1	46.2	26.7	80.7	80.5
黑色金属冶炼及压延加工业	31.7	35.6	32.7	81.2	76.3
有色金属冶炼及压延加工业	27.5	46.2	26.3	80.7	73.1
金属制品业	37.7	41.1	21.2	76.9	76.9
通用设备制造业	29.2	42.8	28.0	81.6	79.9
专用设备制造业	29.4	40.5	30.1	83.0	78.5
交通运输设备制造业	35.8	41.3	22.9	78.9	75.6
电气机械及器材制造业	36.6	38.8	24.6	79.9	75.9
通信设备、计算机及其他电子设备制造业	34.5	49.6	15.9	76.5	80.3
仪器仪表及文化、办公用机械制造业	32.2	42.4	25.4	91.7	75.8

调查结果表明，总体来看，企业经营者 2007 年对产能过剩的判断与 2006 年基本一致，目前的产能过剩问题还是局部的，暂时看来并不十分严重。不过，如果考虑到当前投资和出口需求的持续快速

增长消化了增长的产能，则如果需求增长一旦放缓，未来产能过剩的压力可能会明显加大。

4. 企业研发投入和新产品销售比重逐年增加，民营企业创新热情相对较高，创新环境有待改善

关于企业2007年的研发投入情况，调查结果显示，53.1%的企业经营者认为2007年的研发投入"增加"，7.5%认为"减少"，认为"增加"的比认为"减少"的多45.6个百分点，这一结果与2006年大致相当。不过，不同地区、规模及经济类型企业的研发投入现状有较大差异。东部地区企业认为"增加"的比认为"减少"的多47.8个百分点，比中、西部地区和东北地区企业高2~8个百分点；大、中型企业认为"增加"的比认为"减少"的多53和51.1个百分点，分别比小型企业高16.7和14.8个百分点；非国有企业认为"增加"的比认为"减少"的多46.9个百分点，比国有企业高11.3个百分点；上市公司认为"增加"的比认为"减少"的多71.6个百分点，明显高于其他类型企业（见表47）。

表47 企业今年的研发投入情况（%）

	增加	持平	减少	增加-减少	
				2007年	2006年
总体	**53.1**	**39.4**	**7.5**	**45.6**	**46.1**
东部地区企业	54.4	39.0	6.6	47.8	49.9
中部地区企业	52.3	39.3	8.4	43.9	43.8
西部地区企业	49.7	40.8	9.5	40.2	36.8
东北地区企业	50.5	41.0	8.5	42.0	38.2
大型企业	57.5	38.0	4.5	53.0	53.0
中型企业	56.7	37.7	5.6	51.1	47.6
小型企业	47.1	42.1	10.8	36.3	42.3
国有及国有控股公司	42.1	50.9	7.0	35.1	31.8
国有企业	42.6	50.4	7.0	35.6	32.0
非国有企业	54.4	38.1	7.5	46.9	48.0
私营企业	57.1	34.2	8.7	48.4	53.3
股份有限公司	56.3	37.2	6.5	49.8	44.6
有限责任公司	54.8	38.4	6.8	48.0	48.7
外商及港澳台投资企业	58.2	34.6	7.2	51.0	55.8
民营企业	54.7	37.9	7.4	47.3	48.8
上市公司	73.7	24.2	2.1	71.6	44.8

关于企业研发投入是否能够逐年增加，调查结果显示，76.7%的企业经营者认为能够做到（包括认为"企业研发投入逐年增加""很符合"和"较符合"实际情况的企业比重，下同），7.2%认为"不清楚"，16.1%认为不能够做到（包括认为"企业研发投入逐年增加""较不符合"和"很不符合"实际情况的企业比重，下同），总体评价值为3.76。从不同地区、规模和经济类型看，东部地区企业、大型企业、非国有企业和上市公司相对较好，认为研发投入能够逐年增加的企业比重较高（见表48）。

新产品销售比重也在一定程度上反映了企业的创新能力。调查结果显示，51.7%的企业经营者认为2007年的新产品销售比重"增加"，7.4%的认为"减少"，认为"增加"的比认为"减少"的多44.3个百分点。不过，与研发投入情况类似，不同地区、规模及经济类型企业的新产品销售比重有较大差异。东部地区企业、大型企业、非国有企业和上市公司认为新产品销售比重"增加"的相对较高（见表49）。

表 48　　对本企业在“企业研发投入逐年增加”方面的评价（%）

	很符合	较符合	不清楚	较不符合	很不符合	评价值
总体	**17.2**	**59.5**	**7.2**	**14.1**	**2.0**	**3.76**
东部地区企业	17.9	59.9	7.0	13.5	1.7	3.79
中部地区企业	17.3	58.3	8.4	13.8	2.2	3.75
西部地区企业	13.6	59.7	7.6	17.0	2.1	3.66
东北地区企业	18.4	59.9	4.0	14.4	3.3	3.76
大型企业	24.2	60.3	4.9	9.4	1.2	3.97
中型企业	18.5	60.9	6.6	12.6	1.4	3.83
小型企业	13.3	57.7	8.6	17.5	2.9	3.61
国有及国有控股公司	13.0	56.0	9.4	18.4	3.2	3.57
国有企业	11.5	56.0	10.0	18.3	4.2	3.52
非国有企业	17.9	60.0	6.8	13.6	1.7	3.79
私营企业	18.9	58.5	8.9	11.9	1.8	3.81
股份有限公司	20.6	60.3	6.1	11.2	1.8	3.87
有限责任公司	17.1	60.1	6.9	14.3	1.6	3.77
外商及港澳台投资企业	19.5	60.2	5.6	13.7	1.0	3.84
民营企业	17.4	60.3	7.2	13.4	1.7	3.78
上市公司	32.3	57.3	2.1	7.3	1.0	4.13

注：评价值是由（“很符合”×5+“较符合”×4+“不清楚”×3+“较不符合”×2+“很不符合”）/100 计算得出的，数值越大，表示该说法与本企业的实际情况越相符合，3 介于“符合“与”不符合“之间，视为中值。下同。

表 49　　企业今年的新产品销售比重情况（%）

	增加	持平	减少	增加-减少	
				2007 年	2006 年
总体	**51.7**	**40.9**	**7.4**	**44.3**	**43.4**
东部地区企业	53.0	40.0	7.0	46.0	46.2
中部地区企业	50.4	42.0	7.6	42.8	37.2
西部地区企业	48.2	43.5	8.3	39.9	39.8
东北地区企业	51.3	40.5	8.2	43.0	39.6
大型企业	56.9	39.6	3.5	53.3	50.1
中型企业	54.8	39.3	5.9	48.8	46.3
小型企业	46.4	43.3	10.3	36.1	37.9
国有及国有控股公司	43.7	48.7	7.6	36.1	29.2
国有企业	43.5	49.1	7.4	36.2	27.4
非国有企业	52.7	39.9	7.4	45.3	45.4
私营企业	56.3	35.5	8.2	48.1	47.1
股份有限公司	53.3	39.9	6.8	46.5	43.9
有限责任公司	52.9	40.7	6.4	46.5	46.0
外商及港澳台投资企业	54.3	37.8	7.9	46.4	51.6
民营企业	52.8	39.9	7.3	45.4	46.2
上市公司	64.9	34.0	1.1	63.8	59.4

企业内部和外部的创新环境也在一定程度上决定了企业创新能力的高低。关于企业是否能够奖励成功的创新建议，调查结果显示，87.8%的企业经营者认为能够做到，6.1%认为“不清楚”，6.1%认为不能够做到，总体评价值为 3.99。从不同地区、规模和经济类型看，东北地区企业、大型企业、非国有企业和上市公司相对较好，认为能够做到“奖励成功的创新建议”的企业比重较高（见表 50）。

表 50　　对本企业在“奖励成功的创新建议”方面的评价（%）

	很符合	较符合	不清楚	较不符合	很不符合	评价值
总体	**18.1**	**69.7**	**6.1**	**5.4**	**0.7**	**3.99**
东部地区企业	18.0	69.2	6.5	5.7	0.6	3.98
中部地区企业	19.1	69.5	5.4	5.2	0.8	4.01
西部地区企业	16.0	72.9	5.5	5.1	0.5	3.99
东北地区企业	20.9	68.4	5.0	4.7	1.0	4.04
大型企业	25.5	64.3	5.0	4.7	0.5	4.10
中型企业	19.7	69.8	4.7	5.3	0.5	4.03
小型企业	13.8	71.1	8.2	5.9	1.0	3.91
国有及国有控股公司	15.6	70.3	6.0	7.2	0.9	3.93
国有企业	12.9	71.0	6.2	8.7	1.2	3.86
非国有企业	18.8	69.5	6.1	5.0	0.6	4.01
私营企业	19.8	65.6	8.9	5.2	0.5	3.99
股份有限公司	22.2	67.8	4.8	4.1	1.1	4.06
有限责任公司	17.7	71.0	6.2	4.8	0.3	4.01
外商及港澳台投资企业	20.3	66.8	4.8	7.1	1.0	3.98
民营企业	18.5	69.7	6.2	5.0	0.6	4.01
上市公司	32.3	58.0	4.3	5.4		4.17

关于企业创新活动是否能够从当地政府/主管部门得到很多支持，调查结果显示，45%的企业经营者认为能够或基本能够，12.6%认为“不清楚”，42.4%认为不能够或基本不能够，总体评价值为2.97。从不同地区和规模看，东北地区企业、大型企业相对较好，认为企业创新活动能够或基本能够从当地政府/主管部门得到很多支持的企业比重相对较高。调查表明，企业经营者认为目前企业内部已比较重视创新活动的展开，但对企业外部的创新环境还不够满意，期待得到政府和社会的更多支持（见表51）。

表 51　　对本企业在“企业创新活动从当地政府/主管部门得到很多支持”方面的评价（%）

	很符合	较符合	不清楚	较不符合	很不符合	评价值
总体	**6.7**	**38.3**	**12.6**	**29.9**	**12.5**	**2.97**
东部地区企业	7.2	37.3	13.8	29.3	12.4	2.98
中部地区企业	6.2	38.2	9.9	33.9	11.8	2.93
西部地区企业	4.8	40.6	11.2	29.7	13.7	2.93
东北地区企业	8.6	42.6	12.6	22.9	13.3	3.10
大型企业	10.3	45.7	12.8	25.7	5.5	3.30
中型企业	7.7	40.7	12.7	28.2	10.7	3.07
小型企业	4.5	32.9	12.5	33.2	16.9	2.75

五、对宏观调控和改革的评价及建议

1. 多数企业经营者认为国家宏观调控政策的松紧度比较合适，略显偏松

关于当前的宏观调控政策的松紧程度，调查结果显示，19.8%的企业经营者认为“偏紧”，43.3%认为“合适”，33.7%认为“偏松”，认为“偏松”的比认为“偏紧”的多13.9个百分点。调查表明，多数企业经营者认为国家宏观调控政策的松紧度比较合适，略显偏松（见表52）。

表 52 对迄今为止政府采取的宏观调控政策松紧程度的判断（%）

	过紧	偏紧	合适	偏松	过松
2007 年	1.5	19.8	43.3	33.7	1.7
2006 年	1.9	22.6	39.8	34.1	1.6
2005 年	2.9	33.1	41.2	21.5	1.3

2. 多数企业经营者建议未来一个时期采取稳健或适度从紧的货币政策

关于未来一个时期应采取的宏观经济政策，调查结果显示，26.5%的企业经营者建议采取“稳健的货币政策和稳健的财政政策”，24%选择“稳健的货币政策和积极的财政政策”，34.3%选择“适度从紧的货币政策和稳健的财政政策”，选择“适度放松的货币政策和稳健的财政政策”的比重相对较小，为15.2%（见表53）。

调查表明，超过一半的企业经营者建议采取稳健的货币政策，超过三分之一的企业经营者建议采取适度从紧的货币政策，这与政府目前的政策取向是一致的。

表 53 对未来一个时期应采取的宏观经济政策的看法（%）

	稳健的货币政策和积极的财政政策	稳健的货币政策和稳健的财政政策	适度放松的货币政策和稳健的财政政策	适度从紧的货币政策和稳健的财政政策
总体	**24.0**	**26.5**	**15.2**	**34.3**
东部地区企业	23.1	26.9	14.7	35.3
中部地区企业	25.7	25.5	16.8	32.0
西部地区企业	23.9	26.1	15.7	34.3
东北地区企业	27.2	26.9	13.8	32.1
大型企业	23.1	26.4	12.1	38.4
中型企业	24.5	27.2	15.4	32.9
小型企业	23.6	25.7	15.8	34.9
国有及国有控股公司	23.6	25.4	9.2	41.8
国有企业	24.3	26.7	9.5	39.5
非国有企业	23.9	26.5	15.9	33.7
私营企业	22.5	29.8	20.3	27.4
股份有限公司	25.8	26.9	15.8	31.5
有限责任公司	23.4	25.9	15.1	35.6
外商及港澳台投资企业	24.9	26.2	15.1	33.8
民营企业	24.1	26.5	17.0	32.4
上市公司	25.0	26.0	10.4	38.6

3. 企业经营者认为经济体制改革成效明显，同时期望加快政府职能转变

近年来，在我国经济快速增长的同时改革也在不断深入，尤其是市场化步伐进一步加快。本次调查请企业经营者对近两年来有关改革成效进行评价。调查结果显示，对于各项改革，企业经营者认为“效果很好”与“效果较好”的比重之和均高于2006年的水平，表明企业经营者对改革成效给予了比较积极的评价。

对于各项改革，按企业经营者评价高低，即“效果很好”与“效果较好”的比重之和大小排序依次是：促进民营企业发展（49%）、健全社会保障体系（39%）、产权制度改革（33.9%）、国有企业改革（33.8%）、股权分置改革（33.8%）、投资体制改革（32.3%）、金融体制改革（29.4%）、政府职能转变（28.9%）、财税体制改革（27.6%）、土地制度改革（25.2%）和垄断性行业改革（6.6%）（见表54）。

从与前两年的对比来看，改革成效提升较多的是健全社会保障体系，企业经营者认为“效果很好”与“效果较好”的比重之和比2006年和2005年分别高11.2和9.2个百分点；其次是金融体制改革，比2006年和2005年分别高8.5和14个百分点；以及国有企业改革，比2006年和2005年分别高8和9.8个百分点。提升较小的是垄断性行业改革，与2006年的评价基本相同，比2005年低？4.3个百分点；其次是政府职能转变，比2006年仅提升4.3个百分点，比2005年低0.5个百分点（见表54）。

表54　对近两年来有关改革成效的评价（%）

		效果很好	效果较好	有些效果	尚未见效	效果很好+效果较好
促进民营企业发展	2007年	10.8	38.2	38.6	12.4	49.0
	2006年	8.5	37.1	40.0	14.4	45.6
	2005年	5.8	28.4	49.9	15.9	34.2
健全社会保障体系	2007年	5.7	33.3	51.0	10.0	39.0
	2006年	3.1	24.7	54.9	17.3	27.8
	2005年	4.4	25.4	52.2	18.0	29.8
产权制度改革	2007年	3.6	30.3	55.6	10.5	33.9
	2006年	2.8	25.1	58.2	13.9	27.9
	2005年	3.6	25.1	53.9	17.4	28.7
国有企业改革	2007年	4.5	29.3	51.2	15.0	33.8
	2006年	2.9	22.9	53.3	20.9	25.8
	2005年	3.6	20.4	51.1	24.9	24.0
股权分置改革	2007年	5.7	28.1	53.0	13.2	33.8
投资体制改革	2007年	3.2	29.1	52.9	14.8	32.3
	2006年	2.1	23.6	53.8	20.5	25.7
	2005年	1.5	19.2	53.2	26.1	20.7
金融体制改革	2007年	3.2	26.2	51.9	18.7	29.4
	2006年	1.4	19.5	50.4	28.7	20.9
	2005年	1.6	13.8	44.5	40.1	15.4
政府职能转变	2007年	4.2	24.7	55.6	15.5	28.9
	2006年	2.8	21.8	57.1	18.3	24.6
	2005年	4.6	24.8	53.4	17.2	29.4
财税体制改革	2007年	2.9	24.7	50.4	22.0	27.6
	2006年	2.6	19.3	48.2	29.9	21.9
	2005年	2.1	13.8	45.9	38.2	15.9
土地制度改革	2007年	3.0	22.2	48.8	26.0	25.2
	2006年	2.2	18.6	51.4	27.8	20.8
	2005年	3.0	18.4	50.5	28.1	21.4
垄断性行业改革	2007年	0.7	5.9	32.2	61.2	6.6
	2006年	0.8	5.1	27.3	66.8	5.9
	2005年	1.5	9.4	37.4	51.7	10.9

当请企业经营者提出当前最紧迫的三项改革时，按选择比重的多少排在前三位的依次是：政府职能转变（68.7%）、垄断性行业改革（47.7%）和健全社会保障体系（44.9%），与2006年相比排序没有变化。企业经营者认为其他几项紧迫的改革依次是：促进民营企业发展（38.9%）、财税体制改革（21.8%）、金融体制改革（17.6%）、土地制度改革（15.5%）、产权制度改革（13%）、国有企业

改革（11%）、投资体制改革（9.1%）和股权分置改革（2.2%）（见表55）。

与2006年调查结果相比，促进民营企业发展的紧迫性上升了8个百分点；国有企业改革和金融体制改革的紧迫性则均减弱了4个百分点左右。从不同经济类型看，民营企业更加关注金融体制改革和财税体制改革，分别比国有企业多9.9和7.5个百分点；国有企业则更加关注产权制度改革、健全社会保障体系和政府职能转变，认为其具有紧迫性的比重比民营企业分别多16、12.3和6.5个百分点。从不同规模的企业看，企业越大越关注产权制度改革，企业越小越关注促进民营企业发展和垄断性行业改革（见表55）。

表55　对有关改革紧迫性的判断（%）

	总体		地区				规模			经济类型			企业类型	
	2007	2006	东部	中部	西部	东北	大型	中型	小型	国有及国有控股	其中：国有	非国有	民营企业	上市公司
政府职能转变	68.7	70.7	68.1	68.9	69.2	74.0	70.1	67.9	69.4	73.6	74.4	68.0	67.9	77.1
垄断性行业改革	47.7	49.2	47.3	47.0	51.1	45.8	40.6	47.1	50.6	47.2	45.5	48.0	48.5	37.5
健全社会保障体系	44.9	43.7	46.1	43.5	42.1	44.5	50.2	44.3	44.2	53.1	54.4	43.7	42.1	50.0
促进民营企业发展	38.9	30.9	38.8	40.1	38.6	37.3	21.5	38.9	44.1	12.4	11.0	42.5	48.3	20.8
财税体制改革	21.8	25.2	23.0	19.2	19.3	24.0	20.2	22.0	22.0	14.7	15.6	22.6	23.1	21.9
金融体制改革	17.6	20.5	17.9	18.7	14.8	18.5	18.3	17.0	18.3	11.4	8.9	18.8	18.8	15.6
土地制度改革	15.5	13.5	17.6	12.5	12.9	9.7	15.6	17.1	13.3	13.0	13.8	15.7	15.3	11.5
产权制度改革	13.0	15.9	11.6	14.9	15.7	15.3	20.7	13.0	10.8	25.1	25.1	11.5	9.1	25.0
国有企业改革	11.0	15.3	10.3	10.5	14.2	10.7	18.8	11.4	8.1	29.6	29.9	8.5	6.1	15.6
投资体制改革	9.1	9.9	7.9	11.8	10.4	8.8	11.7	9.3	8.1	8.7	9.5	9.0	8.9	9.4
股权分置改革	2.2	—	2.3	1.7	2.5	1.9	4.6	2.1	1.6	2.8	2.1	2.2	1.6	9.4

调查表明，企业经营者认为经济体制改革成效明显，期望在进一步促进民营企业发展的同时，加快政府职能转变的步伐，取得垄断性行业改革的新突破，进一步完善社会保障体系。

（注：凡引用此报告者均需注明引自中国企业家调查系统——《2007·中国企业经营者问卷跟踪调查报告》）

课题组名单

顾　　问：王梦奎　陈清泰　张玉台　魏礼群　孙晓郁
李德水　谢伏瞻　侯云春　邵　宁　鲁志强
李克穆　刘世锦　许善达　丁俊发　任泽民

调查指导：王佩亨　年　勇　李建明　毕雪融　王子先
余明勤　杨元伟　陈　淮　余　平　金磊夫

调查主持：李　兰　陈全生　熊志军　李晓超　陈　重

报告撰写：潘建成　李　兰　韩岫岚　郑明身　郝大海
彭泗清

数据处理：桂晓鸿　董　博　张晓娟　王　剑　匡洁玲

参与讨论：卢中原　樊　纲　丁宁宁　张文魁　李晓西
王珏林　张　泰　李燕斌　张　斌　王明政
杨正位　何龙灿　王小鲁　左小蕾　蒲　淳
向　东　杨再平　王云峰

2006年企业经营者对宏观经济形势、经济政策、企业经营环境及改革热点的判断、评价和建议

▌中国企业家调查系统

2006年以来，宏观经济运行保持了增长比较快、效益比较好、价格比较稳的良好态势，实现了"十一五"规划的良好开局。与此同时，中国经济运行也在发生新的变化，目前以固定资产投资及货币信贷增长过快、部分行业出现产能过剩为特征的经济趋热现象与低物价、消费需求相对不足、就业压力大之间的矛盾非常突出，由此增加了宏观调控的艰巨性与复杂性。为了解在此背景下企业经营者对当前宏观经济形势、企业经营状况的判断及对未来发展的预期，了解他们对企业经营外部环境的评价、对宏观经济政策及经济体制改革成效的看法以及进一步深化改革的意见和建议，为政府决策提供参考依据，2006年8月至10月，中国企业家调查系统组织实施了"2006·中国企业经营者问卷跟踪调查"。

本次调查是由中国企业家调查系统组织的第14次全国性企业经营者年度跟踪调查，得到了国务院发展研究中心人力资源研究培训中心、国务院研究室工交贸易研究司、国务院国有资产监督管理委员会企业分配局、国家统计局国民经济综合统计司、中国企业联合会研究部[①]、国家发展和改革委员会国民经济综合司、人事部人才流动开发司、建设部政策研究中心、商务部政策研究室、劳动和社会保障部法制司、国家税务总局政策法规司、国家安全生产监督管理总局宣传教育中心、中国证券监督管理委员会市场监管部、中国物流与采购联合会行业事务部等有关部门的支持和指导。

与前13次年度跟踪调查一样，本次调查以企业法人代表为主的企业经营者群体为调查对象，参考我国经济结构，按行业进行分层随机抽样。调查采用邮寄问卷的方式进行，于8月10日发放问卷13000份，截至9月26日共回收问卷4633份，其中有效问卷4586份，有效回收率为35.3%。通过部分未填写问卷与填写问卷企业的对比分析，未发现存在系统偏差。为使调查分析更为全面和深入，本报告还采用了中国企业家调查系统以往的调查结果。

本次调查主要涉及制造业、采掘业、电力煤气及水的生产和供应业、批发和零售业、房地产业、建筑业、交通运输仓储和邮政业、信息传输计算机服务和软件业、农林牧渔业以及租赁和商务服务业等行业，上述行业的企业所占比重分别为：64.3%、1.9%、2.6%、8.6%、5.7%、4.2%、2.5%、1.9%、3.2%和0.9%。从企业的地区分布看，东部地区占60.6%，中部、西部和东北地区分别占18.1%、15.9%和5.4%；从企业规模看，大、中、小型企业分别占12.4%、45.2%和42.4%；从企业经济类型看，国有企业占12.8%，比2005年减少4.9个百分点；有限责任公司占45.8%，股份有

① 以上5家部门为中国企业家调查系统发起成立单位。

限公司占15.5%，私营企业占11%，外商及港澳台投资企业占7.7%，股份合作企业占4.2%，集体企业占2.6%（见表1、表2）。

表1　调查样本基本情况（%）

类别	项目	%	类别	项目	%
行业	农林牧渔业	3.2	经济类型	国有企业	12.8
	采掘业	1.9		集体企业	2.6
	制造业（见表2）	64.3		私营企业	11.0
	电力、煤气及水的生产和供应业	2.6		股份合作企业	4.2
	建筑业	4.2		股份有限公司	15.5
	交通运输、仓储和邮政业	2.5		有限责任公司	45.8
	信息传输、计算机服务和软件业	1.9		其他内资企业	0.4
	批发和零售业	8.6		外商及港澳台投资企业	7.7
	住宿和餐饮业	1.0		民营企业	60.9
	房地产业	5.7		上市公司	2.1
	租赁和商务服务业	0.9	盈亏	盈利企业	69.3
	其他行业	3.2		持平企业	15.7
地区	东部地区企业	60.6		亏损企业	15.0
	中部地区企业	18.1	生产状况	超负荷生产企业	4.9
	西部地区企业	15.9		正常运作企业	86.9
	东北地区企业	5.4		半停产企业	7.6
规模	大型企业	12.4		停产企业	0.6
	中型企业	45.2			
	小型企业	42.4			

注：1. 其他行业包括：金融业，科学研究、技术服务和地质勘查业，水利、环境和公共设施管理业，居民服务和其他服务业，卫生、社会保障和社会福利业，文化、体育和娱乐业等行业。

2. 东部地区包括：京、津、冀、沪、苏、浙、闽、鲁、粤、桂、琼11省（市、自治区）；中部地区包括：晋、蒙、皖、赣、豫、鄂、湘7省（自治区）；西部地区包括：渝、蜀、黔、滇、藏、陕、甘、宁、青、新10省（市、自治区）；东北地区包括：辽、吉、黑3省。

表2　调查样本中制造业基本情况（%）

	制造业细分	%		制造业细分	%
1	食品加工业	3.7	16	化学纤维制造业	0.8
2	食品制造业	1.9	17	橡胶制品业	1.8
3	饮料制造业	1.3	18	塑料制品业	4.1
4	烟草加工业	0.2	19	非金属矿物制品业	5.5
5	纺织业	5.8	20	黑色金属冶炼及压延加工业	2.8
6	服装及其他纤维制品制造业	3.6	21	有色金属冶炼及压延加工业	2.6
7	皮革、毛皮、羽绒及其制品业	1.3	22	金属制品业	5.9
8	木材加工及竹、藤、棕、草制品业	1.3	23	普通机械制造业	9.1
9	家具制造业	1.1	24	专用设备制造业	9.2
10	造纸及纸制品业	1.3	25	交通运输设备制造业	4.6
11	印刷业，记录媒介的复制	1.4	26	电气机械及器材制造业	6.0
12	文教体育用品制造业	0.8	27	电子及通信设备制造业	4.7
13	石油加工及炼焦业	0.6	28	仪器仪表及文化办公用机械制造业	2.3
14	化学原料及化学制品制造业	8.1	29	其他制造业	5.1
15	医药制造业	3.1			

本次调查的企业经营者平均年龄为48.9岁，比2005年降低0.2岁，其中55岁及以上占25.5%，

44 岁及以下占 32.9%，45 ~ 54 岁占 41.6%。文化程度为大专及以上的占 79.8%，其中具有本科及以上学历的占 44.2%。所学专业为管理类的占 48.7%，为经济类的占 31.3%。职务为企业董事长或总经理、厂长、党委书记的占 93.3%，其他职务的占 6.7%（见表 3）。

表 3　　调查对象基本情况（%）

性别	男	95.9	文化程度	初中或以下	4.0
	女	4.1		中专、高中	16.2
年龄	44 岁及以下	32.9		大专	35.6
	45 ~ 49 岁	16.0		大学本科	26.6
	50 ~ 54 岁	25.6		研究生学历	8.4
	55 岁及以上	25.5		硕士	7.7
	平均年龄（岁）	48.9		博士	1.5
所学专业	文史哲法律	7.0	现任职务	董事长	60.4
	经济	31.3		总经理	59.2
	管理	48.7		厂长	9.2
	理工农医	24.5		党委书记	19.1
	其他	13.1		其他	6.7

注：由于存在跨专业和职务兼任情况，因此所学专业和现任职务比例合计大于 100%。

调查结果显示，大多数企业经营者认为当前宏观经济运行状态良好；企业订货乐观，产销两旺，库存基本合理，产品销售价格趋于平稳，资金紧张状况有所缓解，企业盈利状况良好，综合经营状况较为满意；未来预期看好，企业用工和投资计划呈现扩张趋势，研发投入增加，民营企业发展热情较高。

企业经营者同时认为，当前投资增长过快，消费需求相对不足，物料和人工成本普遍上升，部分行业产能过剩现象比较严重，产能利用率不高，资源尤其是石油和土地供应仍较紧张，单位产出能耗趋于上升，经济增长粗放特征明显，经济运行呈现偏热迹象，未来经济增长可能趋缓。

企业经营者对当前企业外部经营环境总体上评价比较积极，认为东部地区经营环境好于中西部和东北地区，竞争性行业环境好于非竞争性行业；基础设施环境相对较好；市场秩序日趋规范；在减少政府行政干预、增加政策透明度方面取得积极进展。与此同时，企业经营者认为企业融资难问题尚未缓解；技术、管理人才和熟练工人短缺情况比较严重；行业协会、技术服务等中介服务市场亟待培育；对完善行政和公检法执法环境、建立诚信的社会环境充满期待。

企业经营者认为，石油价格上涨和人民币小幅升值可能会对部分行业产生较大影响；国家宏观调控政策的松紧度比较合适、略显偏松，建议未来一个时期应采取稳健的货币政策；对近两年来的各项改革给予积极的评价，同时期望一方面继续促进民营企业健康快速发展，另一方面进一步深化国企改革，有效缓解企业冗员等问题对国有企业发展形成的制约。为此，企业经营者建议继续加大改革力度，特别是要切实转变政府职能，打破行业垄断，健全社会保障体系，为企业健康发展创造更加良好的外部环境。

一、企业经营者对宏观经济形势的判断

（一）宏观经济运行状态良好

1. 经济运行较为满意，呈现偏热迹象

国家统计局数据显示，我国 2006 年 1 ~ 3 季度 GDP 增长 10.7%、CPI（消费价格总水平）上涨

1.2%，呈现出“高增长、低通胀”的良好运行态势。调查结果表明，有70.9%的企业经营者认为宏观经济形势“很好”或“较好”，26.3%认为“一般”，认为“较差”或“很差”的仅占2.8%；国有及国有控股公司对宏观形势判断尤为乐观，有75.1%的企业经营者认为“较好”或“很好”（见表4）。

表4　企业经营者对当前宏观经济形势的判断（%）

	很好	较好	一般	较差	很差	（很好+较好）-（较差+很差）
总体	**7.0**	**63.9**	**26.3**	**2.6**	**0.2**	**68.1**
东部地区企业	6.7	63.0	27.3	2.7	0.3	66.7
中部地区企业	7.8	67.5	22.2	2.3	0.2	72.8
西部地区企业	6.5	61.9	29.1	2.4	0.1	65.9
东北地区企业	9.5	67.3	20.3	2.5	0.4	73.9
大型企业	7.0	69.4	21.4	2.0	0.2	74.2
中型企业	7.4	64.1	25.8	2.5	0.2	68.8
小型企业	6.7	62.1	28.0	2.9	0.3	65.6
国有及国有控股公司	5.5	69.6	23.6	1.2	0.1	73.8
国有企业	6.2	69.9	22.5	1.2	0.2	74.7
非国有企业	7.1	63.1	26.8	2.7	0.3	67.2
民营企业	7.6	62.0	27.1	3.0	0.3	66.3
上市公司	7.2	57.8	34.0	1.0		64.0

从企业经营者对经济增长和物价走势的判断也能看出其对当前宏观经济形势的满意程度。调查结果显示，半数以上的企业经营者认为2006年我国GDP增长10%以上，有39.3%的认为增长9.5%～10%；有近2/3的企业经营者认为2006年我国CPI上升幅度预计在1%～2%之间，有24.2%的预计在2%～3%之间。调查表明，企业经营者对当前宏观经济形势较为满意（见表5）。

表5　对2006年我国GDP增长及CPI上升幅度的预计（%）

	对GDP增长的预计					对CPI上升幅度的预计			
	9.5%以下	9.5%～10%	10%～10.5%	10.5%～11%	11%以上	1%以内	1%～2%	2%～3%	3%以上
总体	**10.3**	**39.3**	**29.6**	**15.9**	**4.9**	**4.1**	**65.5**	**24.2**	**6.2**
东部地区企业	9.7	39.2	30.4	15.4	5.3	4.2	66.4	23.3	6.1
中部地区企业	10.1	39.9	27.6	17.5	4.9	4.5	67.9	21.7	5.9
西部地区企业	12.0	38.7	29.8	16.0	3.5	3.8	58.2	30.9	7.1
东北地区企业	12.9	38.7	27.1	16.3	5.0	1.7	68.2	23.4	6.7

关于当前宏观经济运行情况，调查结果显示，3.8%的企业经营者认为当前经济运行“过热”，44.9%认为“偏热”，比重分别比2005年提高1.2和19个百分点，基本回到对2004年经济过热程度的判断；42%的企业经营者认为“正常”，4.4%认为“偏冷”，分别比2005年降低7.4和10.5个百分点。值得注意的是，55.6%的国有及国有控股公司的企业经营者认为“过热”或“偏热”，比民营企业多10.3个百分点（见图1、表6）。

调查结果表明，经过2004～2005年一系列宏观调控措施后，2005年的经济过热迹象有所缓解，随着调控力度一定程度的放松，以及“十一五”规划开局之年各地经济发展热情高涨，2006年经济运行热度又有所回升。

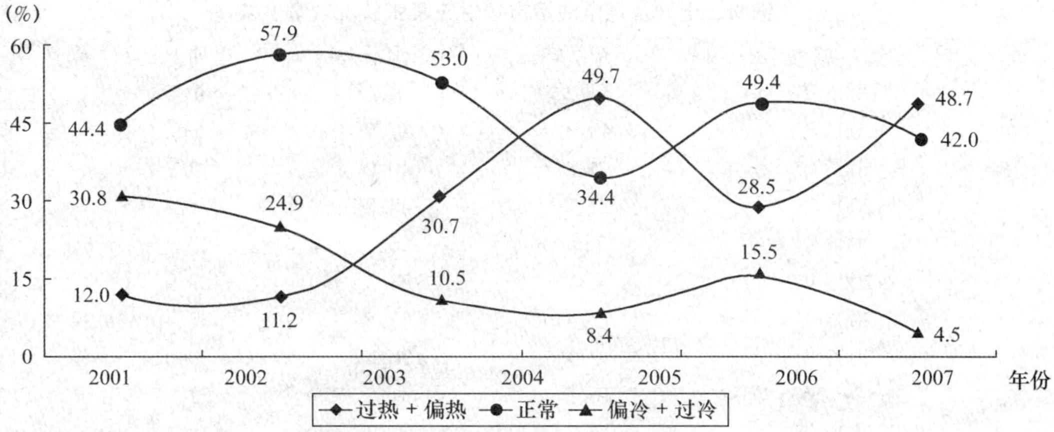

图 1　2001～2006 年企业经营者对宏观经济运行的总体判断

表 6　2001～2006 年企业经营者对宏观经济运行的总体判断（%）

		过热	偏热	正常	偏冷	过冷	尚难判断
2006 年	**总体**	**3.8**	**44.9**	**42.0**	**4.4**	**0.1**	**4.8**
	东部地区企业	4.0	45.7	41.2	4.4	0.1	4.6
	中部地区企业	3.9	41.7	44.9	4.3		5.2
	西部地区企业	2.7	45.2	41.9	5.9		4.3
	东北地区企业	4.2	47.2	40.2	1.7	0.4	6.3
	大型企业	2.9	54.2	37.0	2.1		3.8
	中型企业	3.7	45.0	42.9	4.0	0.0	4.4
	小型企业	4.1	42.4	42.3	5.5	0.1	5.6
	国有及国有控股公司	3.3	52.4	37.7	3.2		3.4
	国有企业	3.8	52.1	37.2	3.1		3.8
	非国有企业	3.7	43.9	42.7	4.6	0.1	5.0
	民营企业	3.5	41.8	43.9	5.0	0.1	5.7
	上市公司	7.3	57.3	30.2	3.1		2.1
2005 年		2.6	25.9	49.4	14.9	0.6	6.6
2004 年		5.5	44.2	34.4	8.1	0.3	7.5
2003 年		2.6	28.1	53.0	10.3	0.2	5.8
2002 年		0.6	10.6	57.9	23.9	1.0	6.0
2001 年		2.2	9.8	44.4	29.2	1.6	12.8

注：空白处表示答题者未选择此项，0.0 表示答题者选择了此项，但百分比小于 0.05。以下同。

从土地及煤电油运市场供应紧张的状况也能感触到经济运行的热度。调查结果显示，资源特别是石油、土地供应仍比较紧张，有 62.7% 的企业经营者认为石油供应紧张状况“更加严重”，一半以上认为土地供应紧张“更加严重”，煤炭供应虽然比 2005 年“趋于缓和”，但认为“更加严重”的比认为“趋于缓和”的仍多 10 个百分点。与往年一样，多数企业经营者认为铁路运输供应紧张状况“变化不大”，表明运力紧张状况没有得到明显的缓和。受近几年产能增长较快等因素影响，目前电力、钢材供应紧张形势趋缓。调查结果显示，44.8% 的企业经营者认为电力供应“趋于缓和”，比 2005 年提高 17.1 个百分点；44.2% 认为钢材供应“趋于缓和”（见表 7）。

2. *投资与出口需求较旺，消费需求相对不足*

调查表明，2006 年不论是政府投资需求、民间投资需求，还是外贸出口需求，均为近六年来的最高水平，而消费需求则显得相对不足。

表7　钢材、土地及煤电油运市场供应紧张状况（%）

	调查年份	趋于缓和	变化不大	更加严重	不清楚
钢材	2006 年	44.2	44.6	6.4	4.8
	2005 年	48.3	37.9	6.3	7.5
电力	2006 年	44.8	40.0	14.7	0.5
	2005 年	27.7	45.8	25.3	1.2
石油	2006 年	7.9	26.7	62.7	2.7
	2005 年	4.0	23.3	67.9	4.8
煤炭	2006 年	17.4	45.4	27.4	9.8
	2005 年	12.1	36.8	40.0	11.1
土地	2006 年	10.5	31.5	52.7	5.3
铁路运输	2006 年	16.3	53.3	15.4	15.0
	2005 年	12.8	53.4	18.5	15.3

从投资需求看，调查结果显示，认为政府投资需求“很旺”、“较旺”的企业经营者占56.6%，比2004年、2005年的相应比重分别高6.2、16.3个百分点，认为“合适”的比2005年减少7.5个百分点；认为民间投资“很旺”、“较旺”的企业经营者占53.4%，比2004年、2005年分别高6.5、8.9个百分点，认为“合适”的与2005年大体相当，认为“不足”或“严重不足”的比2005年少7.1个百分点（见表8）。

表8　2001~2006年企业经营者对国民经济需求状况的判断（%）

		很旺	较旺	合适	不足	严重不足
政府投资需求	2006 年	15.2	41.4	23.5	18.2	1.7
	2005 年	7.7	32.6	31.0	26.5	2.2
	2004 年	13.5	36.9	21.2	25.6	2.8
	2003 年	12.0	40.5	23.3	21.8	2.4
	2002 年	6.8	34.5	25.4	29.3	4.0
	2001 年	7.5	37.5	20.0	31.5	3.5
民间投资需求	2006 年	10.8	42.6	18.3	25.4	2.9
	2005 年	6.8	37.7	20.1	31.9	3.5
	2004 年	8.2	38.7	14.2	33.8	5.1
	2003 年	9.7	41.2	15.9	29.4	3.8
	2002 年	3.6	28.1	14.8	46.1	7.4
	2001 年	3.7	26.1	18.7	45.1	6.4
消费需求	2006 年	3.1	23.9	31.8	38.2	3.0
	2005 年	2.0	25.3	35.0	35.0	2.7
	2004 年	2.5	23.3	31.0	39.9	3.3
	2003 年	2.2	20.9	30.8	43.7	2.4
	2002 年	1.2	13.3	24.7	54.3	6.5
	2001 年	1.7	16.1	31.2	47.3	3.7
外贸出口需求	2006 年	7.2	39.7	23.8	27.2	2.1
	2005 年	4.7	36.2	25.5	30.7	2.9
	2004 年	3.8	30.2	24.8	37.7	3.5
	2003 年	2.9	29.5	28.2	35.9	3.5
	2002 年	0.8	17.7	21.4	53.5	6.6
	2001 年	1.4	12.4	19.2	58.5	8.5

从外贸出口需求看，调查结果显示，近一半的企业经营者认为出口需求“较旺”或“很旺”，比

2005 年提高 6 个百分点；23.8% 认为出口需求“合适”，与 2004 年、2005 年基本相同；29.3% 认为“不足”或“严重不足”，比 2004 年、2005 年分别减少 11.9、4.3 个百分点（见表8）。关于企业的出口形势，41% 的企业经营者反映企业出口量“增加”，41.2% 认为“持平”，17.8% 认为“减少”，认为“增加”的比认为“减少”的多 23.2 个百分点，比 2005 年提高 9.3 个百分点。不过，不同地区、规模、经济类型以及不同行业企业存在差异（见表9、10）。

表 9　　不同地区、规模及经济类型企业目前的产品出口量情况（%）

	增加	持平	减少	增加 - 减少	
				2006 年	2005 年
总体	**41.0**	**41.2**	**17.8**	**23.2**	**13.9**
东部地区企业	47.3	34.2	18.5	28.8	19.1
中部地区企业	40.8	40.2	19.0	21.8	6.8
西部地区企业	38.4	39.0	22.6	15.8	2.9
东北地区企业	31.3	46.6	22.1	9.2	5.5
大型企业	49.7	33.2	17.1	32.6	20.1
中型企业	45.3	37.3	17.4	27.9	15.3
小型企业	41.1	36.3	22.6	18.5	9.9
国有及国有控股公司	35.7	44.0	20.3	15.4	9.0
国有企业	35.2	44.0	20.8	14.4	6.7
非国有企业	45.8	35.4	18.8	27.0	14.7
民营企业	45.1	35.1	19.8	25.3	13.6
上市公司	49.2	37.7	13.1	36.1	28.7

注：“增加 - 减少”表示“增加”减去“减少”的差值，其中“ - ”为减号。以下同。

表 10　　不同行业企业目前的产品出口量情况（%）

	增加	持平	减少	增加 - 减少	
				2006 年	2005 年
总体	**41.0**	**41.2**	**17.8**	**23.2**	**13.9**
农林牧渔业	45.4	36.4	18.2	27.2	-9.4
采掘业	41.9	35.5	22.6	19.3	2.9
制造业	49.1	32.3	18.6	30.5	18.7
电力、煤气及水的生产和供应业	17.9	66.7	15.4	2.5	6.1
建筑业	31.9	47.3	20.8	11.1	0.0
交通运输、仓储和邮政业	35.9	56.4	7.7	28.2	12.0
信息传输、计算机服务和软件业	25.0	54.2	20.8	4.2	28.6
批发和零售业	26.4	44.0	29.6	-3.2	-3.8
住宿和餐饮业	10.0	70.0	20.0	-10.0	-38.5
房地产业	27.7	52.3	20.0	7.7	-8.3
租赁和商务服务业	31.3	62.4	6.3	25.0	2.9
食品饮料制造业	45.9	35.7	18.4	27.5	0.9
纺织业	38.1	38.0	23.9	14.2	7.4
服装及其他纤维制品制造业	41.2	31.3	27.5	13.7	14.3
造纸及纸制品业	45.0	45.0	10.0	35.0	19.4
化学原料及化学制品制造业	46.3	28.8	24.9	21.4	22.5
医药制造业	42.3	36.5	21.2	21.1	15.9
化学纤维制造业	56.2	25.0	18.8	37.4	12.5
橡胶制品业	56.8	27.0	16.2	40.6	54.2

续表

	增加	持平	减少	增加－减少	
				2006年	2005年
塑料制品业	50.6	29.4	20.0	30.6	18.5
非金属矿物制品业	49.0	36.3	14.7	34.3	13.8
黑色金属冶炼及压延加工业	39.7	39.6	20.7	19.0	11.9
有色金属冶炼及压延加工业	45.8	29.2	25.0	20.8	-19.4
金属制品业	56.4	24.8	18.8	37.6	15.0
普通机械制造业	50.0	34.9	15.1	34.9	15.4
专用设备制造业	50.0	35.6	14.4	35.6	32.3
交通运输设备制造业	64.7	23.9	11.4	53.3	48.4
电气机械及器材制造业	55.9	30.3	13.8	42.1	20.9
电子及通信设备制造业	55.5	27.3	17.2	38.3	17.8
仪器仪表及文化办公用机械制造业	39.1	43.5	17.4	21.7	18.5

关于消费需求，调查结果显示，31.8%的企业经营者认为消费需求“合适”，而有41.2%的企业经营者认为“不足”或“严重不足”，比认为“较旺”或“很旺”的多14.2个百分点。调查数据同时显示，认为消费需求“不足”或“严重不足”的企业经营者比认为投资、出口需求“不足”或“严重不足”的多11~22个百分点（见表8）。

从历史情况看，认为消费需求不足的比重比2005年有所上升，与2004年大体相当，比2001~2003年的情况要好。调查表明，消费需求平稳增长，略显不足。

3. 部分行业产能过剩比较严重，产能利用率不高

近年来投资的快速增长在一定程度上导致局部产能过剩现象。调查结果显示，44.9%的企业经营者认为本行业存在产能过剩但不严重，24.2%的认为本行业存在产能过剩且比较严重。从不同行业看，认为产能过剩相对比较严重的行业主要包括纺织、医药、非金属矿物等，选择比重基本上在35%以上（见表11）。

表11　对本行业是否存在产能过剩的判断（%）

	不存在	存在，但不严重	存在，且比较严重	不清楚
总体	**29.2**	**44.9**	**24.2**	**1.7**
农林牧渔业	33.6	39.8	24.5	2.1
采掘业	46.5	44.0	8.3	1.2
制造业	26.0	46.6	26.5	0.9
电力、煤气及水的生产和供应业	50.5	29.9	17.9	1.7
建筑业	26.7	41.3	28.3	3.7
交通运输、仓储和邮政业	38.9	38.0	22.2	0.9
信息传输、计算机服务和软件业	41.0	28.9	22.9	7.2
批发和零售业	28.8	41.3	26.0	3.9
住宿和餐饮业	26.3	52.6	21.1	
房地产业	33.9	57.3	7.2	1.6
租赁和商务服务业	29.7	40.6	24.3	5.4
食品饮料制造业	29.1	39.9	29.1	1.9
纺织业	21.1	38.7	39.2	1.0
服装及其他纤维制品制造业	28.1	47.2	23.6	1.1
造纸及纸制品业	34.1	36.7	26.8	2.4

续表

	不存在	存在，但不严重	存在，且比较严重	不清楚
化学原料及化学制品制造业	22.8	45.1	32.1	
医药制造业	17.0	45.5	35.2	2.3
化学纤维制造业	15.8	52.6	31.6	
橡胶制品业	27.3	40.0	30.9	1.8
塑料制品业	26.6	49.5	23.9	
非金属矿物制品业	26.3	38.0	34.6	1.1
黑色金属冶炼及压延加工业	28.9	44.4	26.7	
有色金属冶炼及压延加工业	39.7	34.6	24.4	1.3
金属制品业	29.3	50.0	19.5	1.2
普通机械制造业	28.9	52.6	18.1	0.4
专用设备制造业	24.3	56.0	18.0	1.7
交通运输设备制造业	16.3	58.1	24.0	1.6
电气机械及器材制造业	26.0	45.1	27.7	1.2
电子及通信设备制造业	30.3	45.9	23.0	0.8
仪器仪表及文化办公用机械制造业	28.6	49.2	22.2	

产能过剩的程度也可以从产能利用率上得到反映。调查结果显示，制造业企业的平均产能利用率为77.2%，也就是说有近23%的产能闲置。从不同地区看，东部地区制造业企业的产能利用率为78.2%，比中、西部地区和东北地区分别高1.6、4和4.9个百分点；从不同规模看，大型制造业企业产能利用率明显高于中小型企业，前者产能利用率为85.2%，比后者分别高6.5和11.4个百分点（见表12）。

表 12　　不同地区及规模制造业企业 2005 年的产能利用率情况（%）

	75%及以下	75%~90%	90%以上	企业平均产能利用率
总体	**35.5**	**41.5**	**23.0**	**77.2**
东部地区企业	32.8	44.1	23.1	78.2
中部地区企业	38.1	37.0	24.9	76.6
西部地区企业	43.3	35.6	21.1	74.2
东北地区企业	44.9	35.4	19.7	73.3
大型企业	19.0	42.6	38.4	85.2
中型企业	33.0	41.3	25.7	78.7
小型企业	42.3	40.8	16.9	73.8

分组来看，35.5%的制造业企业产能利用率在75%及以下，即超过1/3的企业产能利用率不到3/4；产能利用率在75%~90%和90%以上的企业比重分别为41.5%和23%。从不同行业看，医药、交通运输设备、仪器仪表、造纸、塑料、电气机械等行业的产能利用率较低，其产能利用率不超过3/4的企业比重在40%以上（见表13）。

表 13　　不同制造业企业 2005 年的产能利用率情况（%）

	75%及以下	75%~90%	90%以上	企业平均产能利用率
制造业总体	35.5	41.5	23.0	77.2
食品饮料制造业	45.1	34.0	20.9	71.1
纺织业	22.9	46.4	30.7	82.7
服装及其他纤维制品制造业	25.9	40.8	33.3	83.3
造纸及纸制品业	41.1	33.3	25.6	75.4

续表

	75%及以下	75%～90%	90%以上	企业平均产能利用率
化学原料及化学制品制造业	35.6	42.6	21.8	76.5
医药制造业	62.4	26.3	11.3	65.5
化学纤维制造业	26.3	42.1	31.6	78.2
橡胶制品业	33.3	51.9	14.8	76.0
塑料制品业	40.9	46.4	12.7	73.6
非金属矿物制品业	27.2	41.0	31.8	80.5
黑色金属冶炼及压延加工业	37.2	34.9	27.9	76.3
有色金属冶炼及压延加工业	37.7	44.9	17.4	73.1
金属制品业	37.2	42.3	20.5	76.9
普通机械制造业	30.5	43.9	25.6	79.9
专用设备制造业	29.9	47.9	22.2	78.5
交通运输设备制造业	45.9	33.1	21.0	75.6
电气机械及器材制造业	40.1	41.3	18.6	75.9
电子及通信设备制造业	25.0	54.2	20.8	80.3
仪器仪表及文化办公用机械制造业	43.4	43.3	13.3	75.8

如果从冗员的角度看产能过剩问题，不同类型的企业都存在一定程度的冗员问题。调查结果显示，企业当前冗员占全部员工的比重平均为12%，其中国有及国有控股公司比重为19.8%，比民营企业高10.1个百分点（见表14）。

表14　　企业当前冗员占全部员工的比重（%）

	10%以下	10%～20%	20%～30%	30%以上	企业平均冗员比重
总体	**70.4**	**14.3**	**8.0**	**7.3**	**12.0**
东部地区企业	74.2	13.6	6.8	5.4	10.7
中部地区企业	65.3	14.4	9.7	10.6	13.8
西部地区企业	63.7	16.4	10.0	9.9	14.2
东北地区企业	65.1	15.1	9.0	10.8	13.5
大型企业	60.2	20.6	10.7	8.5	13.7
中型企业	69.4	14.5	8.4	7.7	12.2
小型企业	74.6	12.3	6.6	6.5	11.2
国有及国有控股公司	44.2	22.7	16.9	16.2	19.8
国有企业	38.1	24.2	18.8	18.9	21.7
非国有企业	75.6	12.7	6.3	5.4	10.4
私营企业	80.7	9.3	5.0	5.0	9.7
股份有限公司	74.3	14.4	5.1	6.2	11.1
有限责任公司	74.5	13.4	7.2	4.9	10.6
外商及港澳台投资企业	87.7	7.3	3.0	2.0	6.2
民营企业	78.0	11.8	5.6	4.6	9.7
上市公司	73.6	16.5	5.5	4.4	10.8

调查结果表明，目前的产能过剩问题还是局部的，暂时看来并不十分严重。但在投资持续快速增长的情况下，若不加以适当的调控，未来产能过剩的压力将明显加大。

（二）企业总体经营状况良好

1. 企业经营状况较为满意

良好的宏观经济运行环境为企业经营创造了较好的条件。调查结果显示，47.6%的企业经营者认为企业经营状况“良好”，42.8%认为“一般”，9.6%认为“不佳”，认为“良好”的比认为“不佳”的多38个百分点，达到近五年来的最高点，表明企业总体经营状况趋好。

从不同类型看，企业的景气状况呈现较大差异，主要表现为东部地区好于中西部地区；大型企业好于中小型企业；外资企业经营状况明显好于内资企业；上市公司明显好于非上市公司（见表15）。

表15　　不同地区、规模及经济类型企业目前经营总体状况（%）

	目前经营状况			良好－不佳				
	良好	一般	不佳	2006年	2005年	2004年	2003年	2002年
总体	**47.6**	**42.8**	**9.6**	**38.0**	**31.4**	**30.6**	**37.1**	**25.1**
东部地区企业	49.8	41.7	8.5	41.3	34.8	35.3	42.5	30.1
中部地区企业	45.2	44.1	10.7	34.5	28.7	27.3	29.3	22.7
西部地区企业	43.2	45.7	11.1	32.1	25.2	20.2	29.0	15.6
东北地区企业	44.4	41.2	14.4	30.0	26.6	26.9	39.3	26.8
大型企业	67.4	27.8	4.8	62.6	48.1	43.5	55.6	36.9
中型企业	50.8	40.7	8.5	42.3	33.3	36.1	39.0	29.5
小型企业	38.5	49.1	12.4	26.1	22.3	15.3	20.0	13.0
国有及国有控股公司	47.9	40.9	11.2	36.7	31.8	32.2	33.6	—
国有企业	47.7	40.6	11.7	36.0	33.0	29.9	44.2	10.1
非国有企业	47.7	43.0	9.3	38.4	31.1	30.9	38.6	39.9
私营企业	47.6	43.6	8.8	38.8	30.7	23.7	32.7	38.0
股份有限公司	51.4	39.7	8.9	42.5	33.7	38.8	48.7	33.1
有限责任公司	46.5	44.0	9.5	37.0	30.9	33.1	43.5	36.1
外商及港澳台投资企业	54.9	39.3	5.8	49.1	42.4	29.6	47.4	16.4
民营企业	46.4	44.7	8.9	37.5	31.0	29.7	40.3	35.6
上市公司	66.3	25.3	8.4	57.9	43.5	59.1	60.7	42.2

注：“—”表示该年度没有涉及此项调查内容，以下同。

从不同行业看，2006年企业经营状况的好坏仍然差异明显，与2005年比也出现了一些新的变化。调查结果显示，采掘业、交通运输仓储和邮政业、住宿和餐饮业以及制造业中仪器仪表、普通机械、电子、黑色冶金、橡胶、金属制品、专用设备、化纤、电气机械等行业的企业经营者认为企业经营状况“良好”的比认为“不佳”的多40个百分点以上。而租赁和商务服务业的当前经营状况明显差于2005年，认为经营状况“良好”的比认为“不佳”的多35.9个百分点，比2005年的结果少16.4百分点（见表16）。

表16　　不同行业企业目前经营总体状况（%）

	目前经营状况			良好－不佳				
	良好	一般	不佳	2006年	2005年	2004年	2003年	2002年
总体	**47.6**	**42.8**	**9.6**	**38.0**	**31.4**	**30.6**	**37.1**	**25.1**
农林牧渔业	39.6	46.5	13.9	25.7	36.3	29.2	15.0	19.1
采掘业	70.2	27.4	2.4	67.8	68.3	65.2	61.8	24.7
制造业	48.1	42.5	9.4	38.7	29.9	28.2	34.6	23.8
电力、煤气及水的生产和供应业	48.3	35.6	16.1	32.2	24.7	19.3	54.2	—
建筑业	42.8	48.6	8.6	34.2	31.3	35.3	41.1	29.2
交通运输、仓储和邮政业	54.5	38.4	7.1	47.4	29.4	54.6	52.8	33.3
信息传输、计算机服务和软件业	46.3	43.9	9.8	36.5	30.6	—	—	—
批发和零售业	45.5	43.2	11.3	34.2	34.1	24.0	28.9	19.4

续表

	目前经营状况			良好－不佳				
	良好	一般	不佳	2006 年	2005 年	2004 年	2003 年	2002 年
住宿和餐饮业	47.5	50.0	2.5	45.0	36.6	34.5	27.7	52.7
房地产业	44.2	47.4	8.4	35.8	21.9	36.6	45.7	49.4
租赁和商务服务业	41.0	53.9	5.1	35.9	52.3	—	—	—
食品饮料制造业	44.9	44.0	11.1	33.8	26.2	18.5	0.8	10.5
纺织业	42.2	48.8	9.0	33.2	19.4	9.4	8.1	15.4
服装及其他纤维制品制造业	44.3	50.0	5.7	38.6	31.6	44.0	39.3	30.6
造纸及纸制品业	43.9	43.9	12.2	31.7	37.2	8.8	27.3	17.0
化学原料及化学制品制造业	47.2	41.3	11.5	35.7	39.9	26.3	31.5	15.4
医药制造业	39.3	40.5	20.2	19.1	27.4	31.0	45.4	47.0
化学纤维制造业	57.9	26.3	15.8	42.1	－25.0	16.6		－18.7
橡胶制品业	49.0	45.5	5.5	43.5	45.4	34.4	19.1	31.5
塑料制品业	45.0	47.8	7.2	37.8	30.2	10.7	43.5	32.3
非金属矿物制品业	44.2	42.5	13.3	30.9	6.9	15.4	24.2	39.0
黑色金属冶炼及压延加工业	53.3	38.9	7.8	45.5	25.4	52.6	61.1	13.2
有色金属冶炼及压延加工业	49.3	37.7	13.0	36.3	9.5	34.1	48.7	27.4
金属制品业	50.6	42.1	7.3	43.3	33.0	28.5	32.1	30.9
普通机械制造业	56.3	36.8	6.9	49.4	35.9	39.0	49.9	14.7
专用设备制造业	51.5	40.2	8.3	43.2	43.4	33.6	49.5	32.5
交通运输设备制造业	45.7	44.2	10.1	35.6	24.2	19.7	40.3	34.6
电气机械及器材制造业	49.2	41.7	9.1	40.1	29.7	33.3	49.3	22.5
电子及通信设备制造业	55.3	36.4	8.3	47.0	36.0	47.1	43.7	23.6
仪器仪表及文化办公用机械制造业	57.8	34.4	7.8	50.0	50.1	63.6	26.1	31.1

关于对企业现状的满意程度，调查结果显示，47.2%的企业经营者对企业现状表示“满意”，其中1.8%“非常满意”，45.4%“比较满意”；29.7%认为企业发展情况“一般”；23.1%表示“不满意”，其中20.2%“不太满意”，2.9%“很不满意”。表示“满意”的比表示“不满意”的多24.1百分点。以上调查结果与2005年的结果基本一致。调查结果表明，总体来看，企业经营者对当前企业的经营、发展状况还是相对比较满意的（见表17）。

表17　　对企业现状的总体感受（%）

		满　意			一般	不满意		
		非常满意	比较满意	小计		不太满意	很不满意	小计
总体	2006 年	1.8	45.4	47.2	29.7	20.2	2.9	23.1
	2005 年	1.7	43.6	45.3	29.9	21.4	3.4	24.8
东部地区企业		1.7	47.4	49.1	29.9	18.6	2.4	21.0
中部地区企业		1.6	43.8	45.4	30.0	22.0	2.6	24.6
西部地区企业		2.2	39.7	41.9	29.6	24.3	4.2	28.5
东北地区企业		2.1	45.3	47.4	26.1	20.7	5.8	26.5
大型企业		2.9	63.2	66.1	21.0	11.3	1.6	12.9
中型企业		2.1	49.6	51.7	27.3	18.5	2.5	21.0
小型企业		1.1	36.2	37.3	34.3	24.8	3.6	28.4
国有及国有控股公司		1.4	44.2	45.6	27.7	21.8	4.9	26.7
国有企业		1.4	42.0	43.4	28.9	22.9	4.8	27.7
非国有企业		1.8	46.0	47.8	29.7	19.9	2.6	22.5
民营企业		1.9	44.8	46.7	30.6	20.4	2.3	22.7
上市公司		3.2	60.7	63.9	20.2	13.8	2.1	15.9

从企业生产状况看，调查结果显示，近五年来，均有超过八成的企业经营者认为企业生产运作正常，而2006年的企业生产状况比前几年更好，有近九成（86.9%）的企业经营者认为企业生产运作正常，仅有8.2%认为“停产”或“半停产”。调查表明，总体来看，企业生产运作正常（见表18）。

表 18　　2002～2006 年企业生产状况对比（%）

		总体	地区				规模		经济类型			企业类型	
			东部	中部	西部	东北	大型	中小型	国有及国有控股	其中：国有	非国有	民营企业	上市公司
超负荷生产	2006 年	4.9	4.9	5.1	4.4	4.9	7.3	4.5	5.3	5.2	4.8	4.1	7.2
	2005 年	6.8	6.7	6.4	7.2	7.1	8.6	6.5	7.4	7.8	6.7	6.0	10.6
	2004 年	6.9	7.4	6.6	5.3	6.9	9.6	6.3	5.7	5.1	7.3	7.5	8.4
	2003 年	6.6	7.0	6.7	6.2	4.5	7.6	6.3	6.3	8.4	6.8	6.6	7.4
	2002 年	5.3	6.5	4.5	3.7	4.3	5.3	5.3	—	3.4	6.1	6.0	5.6
正常运作	2006 年	86.9	89.4	84.8	83.3	79.6	89.5	86.7	84.2	82.4	87.7	88.3	90.7
	2005 年	84.3	86.8	82.4	79.9	79.5	87.1	83.7	82.4	80.2	84.9	86.0	87.0
	2004 年	84.6	86.2	83.6	80.6	84.4	85.5	84.3	85.2	84.1	84.9	85.2	89.2
	2003 年	84.8	87.0	82.5	81.4	84.7	88.2	83.9	83.3	85.2	85.8	86.9	89.3
	2002 年	82.8	84.9	81.4	80.1	80.5	85.3	82.2	—	76.5	85.5	86.4	88.8
半停产	2006 年	7.6	5.3	9.4	11.5	15.1	3.2	8.2	9.1	10.5	7.1	7.4	2.1
	2005 年	8.4	6.0	10.8	12.4	12.5	3.7	9.3	9.1	10.8	8.0	7.7	2.4
	2004 年	7.9	5.8	8.9	13.9	7.8	4.3	8.8	8.6	10.0	7.3	6.9	1.2
	2003 年	8.1	5.8	10.3	11.6	9.9	3.7	9.3	9.7	5.4	7.0	6.2	2.5
	2002 年	11.0	8.1	13.4	14.1	14.0	8.8	11.6	—	17.5	8.2	7.5	5.6
停产	2006 年	0.6	0.4	0.7	0.8	0.4		0.6	1.4	1.9	0.4	0.2	
	2005 年	0.5	0.5	0.4	0.5	0.9	0.6	0.5	1.1	1.2	0.4	0.3	
	2004 年	0.6	0.6	0.9	0.2	0.9	0.6	0.6	0.5	0.8	0.5	0.4	1.2
	2003 年	0.5	0.2	0.5	0.8	0.9	0.5	0.5	0.7	1.0	0.4	0.3	0.8
	2002 年	0.9	0.5	0.7	2.1	1.2	0.6	1.0	—	2.6	0.2	0.1	

2. 企业产销两旺，库存基本正常，产品销售价格趋于平稳

关于企业目前的产销形势，调查结果显示，半数以上的企业经营者认为企业的生产（服务）量、销售量增加，比认为减少的分别多37.3和36个百分点，这一结果比2005年分别增长8.3和9.3个百分点，呈现产销两旺的态势（见表19、表20）。

表 19　　企业目前的生产（服务）量情况（%）

	增加	持平	减少	增加－减少		
				2006 年	2005 年	2004 年
总体	**52.7**	**31.9**	**15.4**	**37.3**	**29.0**	**32.8**
东部地区企业	53.7	31.3	15.0	38.7	29.4	35.9
中部地区企业	50.5	34.3	15.2	35.3	29.2	33.5
西部地区企业	52.6	30.8	16.6	36.0	28.6	24.1
东北地区企业	47.7	34.0	18.3	29.4	26.6	26.6
大型企业	63.2	26.5	10.3	52.9	48.4	44.9
中型企业	54.3	32.1	13.6	40.7	30.9	35.5
小型企业	47.6	33.2	19.2	28.4	19.0	21.6
国有及国有控股公司	50.6	32.3	17.1	33.5	26.0	35.7

续表

	增加	持平	减少	增加-减少		
				2006年	2005年	2004年
国有企业	50.7	30.9	18.4	32.3	26.1	36.6
非国有企业	53.0	32.0	15.0	38.0	29.9	31.7
民营企业	52.2	32.4	15.4	36.8	29.3	31.4
上市公司	68.1	20.2	11.7	56.4	44.0	43.6

表20　企业目前的销售量情况（%）

	增加	持平	减少	增加-减少		
				2006年	2005年	2004年
总体	**54.3**	**27.4**	**18.3**	**36.0**	**26.7**	**29.7**
东部地区企业	55.4	27.0	17.6	37.8	28.7	34.2
中部地区企业	53.3	28.7	18.0	35.3	22.4	28.4
西部地区企业	53.3	26.4	20.3	33.0	28.0	20.1
东北地区企业	47.7	30.2	22.1	25.6	18.7	20.4
大型企业	65.3	22.3	12.4	52.9	45.3	43.0
中型企业	55.2	28.6	16.2	39.0	28.7	33.4
小型企业	49.8	27.6	22.6	27.2	16.8	16.4
国有及国有控股公司	53.3	27.4	19.3	34.0	25.2	33.1
国有企业	52.6	27.7	19.7	32.9	24.5	34.6
非国有企业	54.7	27.2	18.1	36.6	27.0	28.2
民营企业	53.9	27.5	18.6	35.3	25.8	28.2
上市公司	70.3	19.1	10.6	59.7	35.7	43.6

从库存情况看，调查结果显示，78.4%的企业经营者认为企业库存“正常”，10.1%认为“低于正常”，仅11.5%认为“高于正常”。调查表明，总体来看，绝大多数企业库存处于正常水平（见表21）。

表21　企业目前的库存情况（%）

	高于正常	正常	低于正常	正常+低于正常	
				2006年	2005年
总体	**11.5**	**78.4**	**10.1**	**88.5**	**86.1**
东部地区企业	11.7	78.7	9.6	88.3	86.6
中部地区企业	12.6	79.0	8.4	87.4	84.2
西部地区企业	10.0	77.6	12.4	90.0	85.5
东北地区企业	10.0	74.8	15.2	90.0	88.3
大型企业	12.0	80.1	7.9	88.0	86.2
中型企业	11.2	79.4	9.4	88.8	86.8
小型企业	11.8	76.8	11.4	88.2	87.2
国有及国有控股公司	11.0	78.8	10.2	89.0	88.1
国有企业	11.3	77.8	10.9	88.7	85.8
非国有企业	11.6	78.4	10.0	88.4	85.1
民营企业	12.1	78.0	9.9	87.9	79.2
上市公司	12.0	80.4	7.6	88.0	86.2

从产品销售价格情况看，35%的企业经营者认为价格下跌，比认为价格上升的比重高8.2个百分点，低于2005年14.2个百分点的水平。总体来看，价格趋于平稳。分行业看，反映2006年产品销售价格上升（认为价格上升的比重比下降的比重高10个百分点以上）的主要是：电力煤气及水的生产和

供应业、房地产业等服务行业及制造业中的化纤、橡胶、有色冶金；反映2006 年产品销售价格下降（认为下降的比重比上升的比重高10 个百分点以上）的主要是：采掘业、建筑业、信息传输计算机服务和软件业、租赁和商务服务业以及制造业中的纺织、造纸及纸制品、医药、黑色冶金、金属制品、普通机械、专用设备、交通运输设备、电子、仪器仪表（见表22）。

表 22　　不同行业企业目前的销售价格情况（%）

	上升	持平	下降	上升－下降				
				2006 年	2005 年	2004 年	2003 年	2002 年
总体	**26.8**	**38.2**	**35.0**	**－8.2**	**－14.2**	**－2.5**	**－27.6**	**－46.9**
农林牧渔业	30.5	44.0	25.5	5.0	10.1	27.3	－12.9	－22.5
采掘业	26.5	32.5	41.0	－14.5	17.6	65.7	36.0	4.8
制造业	24.4	36.8	38.8	－14.4	－20.9	－11.1	－40.1	－55.8
电力、煤气及水的生产和供应业	36.3	51.3	12.4	23.9	26.5	22.1	5.8	—
建筑业	21.6	45.5	32.9	－11.3	－16.2	－6.2	－38.2	－56.9
交通运输、仓储和邮政业	23.4	45.7	30.9	－7.5	－16.2	25.3	－0.9	－37.3
信息传输、计算机服务和软件业	3.8	40.0	56.2	－52.4	－57.2	—	—	—
批发和零售业	31.0	36.9	32.1	－1.1	－2.9	0.0	－26.4	－49.4
住宿和餐饮业	32.4	40.6	27.0	5.4	2.3	11.1	－22.0	－25.0
房地产业	60.0	30.6	9.4	50.6	35.3	35.1	45.0	22.5
租赁和商务服务业	12.5	56.2	31.3	－18.8	－10.0	—	—	—
食品饮料制造业	27.4	44.7	27.9	－0.5	－4.6	12.8	－42.2	－33.8
纺织业	21.9	39.3	38.8	－16.9	－14.2	－33.0	－41.4	－53.6
服装及其他纤维制品制造业	23.6	48.3	28.1	－4.5	－17.3	－20.8	－43.9	－59.7
造纸及纸制品业	20.0	27.5	52.5	－32.5	－19.5	3.0	－29.0	－64.9
化学原料及化学制品制造业	34.2	25.3	40.5	－6.3	10.3	35.4	－35.0	－58.8
医药制造业	6.8	40.9	52.3	－45.5	－42.8	－47.8	－41.2	－41.5
化学纤维制造业	47.3	31.6	21.1	26.2	0.0	50.0	8.3	－46.7
橡胶制品业	39.6	32.1	28.3	11.3	－15.6	－12.5	－57.1	－68.6
塑料制品业	31.5	39.7	28.8	2.7	－11.2	－21.5	－55.3	－67.2
非金属矿物制品业	31.3	36.3	32.4	－1.1	－30.1	－14.5	－50.0	－56.0
黑色金属冶炼及压延加工业	24.7	36.0	39.3	－14.6	－41.7	42.3	33.3	－35.8
有色金属冶炼及压延加工业	59.2	17.1	23.7	35.5	－8.2	17.5	－31.6	－52.5
金属制品业	23.2	39.6	37.2	－14.0	－21.8	－17.1	－33.9	－64.3
普通机械制造业	11.6	40.2	48.2	－36.6	－32.8	－12.2	－41.7	－70.0
专用设备制造业	11.8	42.0	46.2	－34.4	－20.0	－28.2	－33.3	－49.6
交通运输设备制造业	16.5	33.9	49.6	－33.1	－40.2	－43.2	－60.6	－62.5
电气机械及器材制造业	32.9	30.1	37.0	－4.1	－28.4	－20.6	－59.4	－66.3
电子及通信设备制造业	16.0	30.3	53.7	－37.7	－53.4	－37.7	－67.6	－68.0
仪器仪表及文化办公用机械制造业	10.9	45.3	43.8	－32.9	－56.7	－22.7	－65.2	－65.5

从企业用工情况看，调查结果显示，41%的企业经营者认为目前企业从业人数比2005 年同期“增加”，41.2%认为“持平”，17.8%认为“减少”，认为“增加”的比认为“减少”的多23.2 个百分点，这一结果比2005 年多10.7 个百分点（见表23）。

3. 物料和人工成本普遍上升，单位产出能耗未能下降

关于企业目前的物料采购价格情况，调查结果显示，78.8%的企业经营者认为价格“上升”，比认为“下降”的多74.4 个百分点。

表 23　　不同地区、规模及经济类型企业目前的从业人数情况（%）

	增加	持平	减少	增加－减少		
				2006年	2005年	2004年
总体	**41.0**	**41.2**	**17.8**	**23.2**	**12.5**	**10.9**
东部地区企业	42.6	40.3	17.1	25.5	15.5	14.4
中部地区企业	40.9	42.6	16.5	24.4	7.6	11.4
西部地区企业	35.9	43.4	20.7	15.2	9.7	3.1
东北地区企业	38.6	39.4	22.0	16.6	8.9	－0.4
大型企业	43.6	36.7	19.7	23.9	16.9	6.0
中型企业	42.5	39.6	17.9	24.6	12.5	14.7
小型企业	38.4	44.3	17.3	21.1	10.6	7.1
国有及国有控股公司	29.3	46.6	24.1	5.2	－3.4	－4.9
国有企业	27.1	49.4	23.5	3.6	－7.3	－7.4
非国有企业	43.2	39.9	16.9	26.3	16.8	16.0
民营企业	43.6	40.3	16.1	27.5	20.0	22.0
上市公司	45.3	34.7	20.0	25.3	12.9	8.4

关于企业目前的人工成本情况，调查结果显示，85.6%的企业经营者认为成本“上升”，比认为“下降”的多85个百分点。

分组来看，调查结果显示，不同地区、规模、经济类型以及不同行业企业的物料采购价格和人工成本普遍上升（见表24、表25）。

表 24　　企业目前的物料采购价格情况（%）

	上升	持平	下降	上升－下降
总体	**78.8**	**16.8**	**4.4**	**74.4**
东部地区企业	79.3	16.8	3.9	75.4
中部地区企业	74.1	20.2	5.7	68.4
西部地区企业	82.8	12.1	5.1	77.7
东北地区企业	78.7	18.7	2.6	76.1
大型企业	73.7	19.8	6.5	67.2
中型企业	77.4	18.7	3.9	73.5
小型企业	81.8	13.9	4.3	77.5
国有及国有控股公司	77.7	18.0	4.3	73.4
国有企业	77.8	17.8	4.4	73.4
非国有企业	78.8	16.8	4.4	74.4
民营企业	78.6	17.0	4.4	74.2
上市公司	80.9	12.4	6.7	74.2

表 25　　企业目前的人工成本情况（%）

	上升	持平	下降	上升－下降
总体	**85.6**	**13.8**	**0.6**	**85.0**
东部地区企业	87.0	12.5	0.5	86.5
中部地区企业	83.4	16.0	0.6	82.8
西部地区企业	83.6	15.6	0.8	82.8
东北地区企业	82.3	16.0	1.7	80.6
大型企业	80.5	18.1	1.4	79.1
中型企业	85.0	14.4	0.6	84.4

续表

	上升	持平	下降	上升－下降
小型企业	87.7	11.8	0.5	87.2
国有及国有控股公司	82.3	16.6	1.1	81.2
国有企业	83.1	16.4	0.5	82.6
非国有企业	85.8	13.5	0.7	85.1
民营企业	86.9	12.6	0.5	86.4
上市公司	70.8	25.0	4.2	66.6
农林牧渔业	82.3	16.3	1.4	80.9
采掘业	87.0	11.8	1.2	85.8
制造业	86.8	12.5	0.7	86.1
电力、煤气及水的生产和供应业	74.4	25.6		74.4
建筑业	88.4	11.0	0.6	87.8
交通运输、仓储和邮政业	86.5	12.6	0.9	85.6
信息传输、计算机服务和软件业	79.3	19.5	1.2	78.1
批发和零售业	81.4	18.1	0.5	80.9
住宿和餐饮业	84.6	15.4		84.6
房地产业	85.9	14.1		85.9
租赁和商务服务业	82.9	17.1		82.9
食品饮料制造业	86.5	13.5		86.5
纺织业	93.0	7.0		93.0
服装及其他纤维制品制造业	96.5	3.5		96.5
造纸及纸制品业	90.3	7.3	2.4	87.9
化学原料及化学制品制造业	82.3	16.9	0.8	81.5
医药制造业	71.6	27.3	1.1	70.5
化学纤维制造业	94.7	5.3		94.7
橡胶制品业	92.4	5.7	1.9	90.5
塑料制品业	87.2	12.8		87.2
非金属矿物制品业	85.1	13.8	1.1	84.0
黑色金属冶炼及压延加工业	80.9	18.0	1.1	79.8
有色金属冶炼及压延加工业	88.2	10.5	1.3	86.9
金属制品业	92.6	7.4		92.6
普通机械制造业	82.7	15.5	1.8	80.9
专用设备制造业	85.8	13.8	0.4	85.4
交通运输设备制造业	89.0	10.2	0.8	88.2
电气机械及器材制造业	86.8	12.6	0.6	86.2
电子及通信设备制造业	89.2	9.1	1.7	87.5
仪器仪表及文化办公用机械制造业	84.1	14.3	1.6	82.5

关于单位产出的能源消耗情况，35.9%的企业经营者认为能源消耗“上升”，比认为“下降”的多20个百分点，还有48.2%的认为“持平”。调查表明，单位产出能耗趋于上升，但在大型企业、上市公司和电力煤气及水的生产和供应业以及制造业中的化工、化纤、非金属矿物、黑色冶金、仪器仪表等行业趋于下降（见表26、表27）。

4. 资金紧张状况有所缓解，应收和应付账款正常

由于2006年货币投放和贷款规模增长较快，一定程度上存在流动性过剩，使企业资金紧张状况得到缓解。调查结果显示，有近一半（48.5%）的企业经营者认为企业目前的资金“紧张”，比认为“宽裕”的多42.8个百分点，这一结果比2004年、2005年分别减少9.1、6.4个百分点（见表28）。

表 26　不同地区、规模及经济类型企业目前单位产出的能源消耗情况（%）

	上升	持平	下降	上升－下降
总体	**35.9**	**48.2**	**15.9**	**20.0**
东部地区企业	33.3	50.5	16.2	17.1
中部地区企业	39.5	44.8	15.7	23.8
西部地区企业	39.8	43.6	16.6	23.2
东北地区企业	41.3	47.8	10.9	30.4
大型企业	31.8	44.8	23.4	8.4
中型企业	35.3	48.7	16.0	19.3
小型企业	37.8	48.8	13.4	24.4
国有及国有控股公司	32.6	52.8	14.6	18.0
国有企业	35.0	50.6	14.4	20.6
非国有企业	35.9	48.0	16.1	19.8
民营企业	37.3	47.1	15.6	21.7
上市公司	23.3	48.9	27.8	-4.5

表 27　不同行业企业目前单位产出的能源消耗情况（%）

	上升	持平	下降	上升－下降
总体	**35.9**	**48.2**	**15.9**	**20.0**
农林牧渔业	44.3	43.7	12.0	32.3
采掘业	49.4	45.9	4.7	44.7
制造业	32.0	48.7	19.3	12.7
电力、煤气及水的生产和供应业	24.6	51.7	23.7	0.9
建筑业	42.0	47.1	10.9	31.1
交通运输、仓储和邮政业	47.6	42.7	9.7	37.9
信息传输、计算机服务和软件业	27.5	66.2	6.3	21.2
批发和零售业	46.1	48.6	5.3	40.8
住宿和餐饮业	61.1	33.3	5.6	55.5
房地产业	44.1	48.6	7.3	36.8
租赁和商务服务业	56.2	34.4	9.4	46.8
食品饮料制造业	37.5	46.2	16.3	21.2
纺织业	36.7	47.2	16.1	20.6
服装及其他纤维制品制造业	50.6	42.7	6.7	43.9
造纸及纸制品业	41.5	39.0	19.5	22.0
化学原料及化学制品制造业	24.0	44.9	31.1	-7.1
医药制造业	46.0	39.1	14.9	31.1
化学纤维制造业	26.3	52.6	21.1	5.2
橡胶制品业	33.3	44.5	22.2	11.1
塑料制品业	41.8	49.1	9.1	32.7
非金属矿物制品业	20.6	48.8	30.6	-10.0
黑色金属冶炼及压延加工业	27.3	36.3	36.4	-9.1
有色金属冶炼及压延加工业	32.0	38.7	29.3	2.7
金属制品业	32.9	47.0	20.1	12.8
普通机械制造业	29.3	56.6	14.1	15.2
专用设备制造业	30.4	52.5	17.1	13.3
交通运输设备制造业	39.1	39.0	21.9	17.2
电气机械及器材制造业	27.6	58.3	14.1	13.5
电子及通信设备制造业	24.0	54.5	21.5	2.5
仪器仪表及文化办公用机械制造业	20.6	65.1	14.3	6.3

表 28　　企业目前的资金情况（%）

	宽裕	正常	紧张	宽裕－紧张		
				2006 年	2005 年	2004 年
总体	**5.7**	**45.8**	**48.5**	**－42.8**	**－49.2**	**－51.9**
东部地区企业	6.1	50.1	43.8	－37.7	－44.5	－46.1
中部地区企业	4.4	39.1	56.5	－52.1	－54.0	－58.2
西部地区企业	6.4	39.7	53.9	－47.5	－55.1	－60.5
东北地区企业	2.9	37.9	59.2	－56.3	－59.5	－56.4
大型企业	10.8	53.3	35.9	－25.1	－39.5	－42.8
中型企业	5.5	48.0	46.5	－41.0	－48.7	－52.7
小型企业	4.4	41.3	54.3	－49.9	－53.9	－55.5
国有及国有控股公司	6.1	45.4	48.5	－42.4	－48.3	－52.4
国有企业	5.7	44.4	49.9	－44.2	－51.1	－53.3
非国有企业	5.7	45.8	48.5	－42.8	－48.6	－51.4
民营企业	4.6	45.1	50.3	－45.7	－51.5	－53.7
上市公司	15.8	52.6	31.6	－15.8	－25.9	－25.2

从企业目前的应收账款看，近三分之二的企业经营者认为“正常”，19.4%认为“高于正常”，比认为“低于正常”的多4.7个百分点；从企业目前的应付账款看，79.9%的企业经营者认为“正常”，10.2%认为“高于正常”，9.9%认为“低于正常”（见表29、表30）。

表 29　　企业目前的应收账款情况（%）

	高于正常	正常	低于正常	高于正常－低于正常		
				2006 年	2005 年	2004 年
总体	**19.4**	**65.9**	**14.7**	**4.7**	**6.1**	**4.0**
东部地区企业	19.5	67.3	13.2	6.3	7.9	7.8
中部地区企业	19.5	66.4	14.1	5.4	2.2	2.5
西部地区企业	18.9	61.7	19.4	－0.5	8.8	－3.1
东北地区企业	18.6	61.5	19.9	－1.3	－5.5	－2.9
大型企业	19.1	70.3	10.6	8.5	4.9	－3.0
中型企业	17.7	67.5	14.8	2.9	4.9	7.4
小型企业	21.1	63.0	15.9	5.2	8.1	2.6
国有及国有控股公司	18.7	66.7	14.6	4.1	3.2	4.1
国有企业	19.6	64.0	16.4	3.2	1.2	4.0
非国有企业	19.4	66.1	14.5	4.9	7.4	1.5
民营企业	20.1	64.8	15.1	5.0	7.8	10.3
上市公司	15.8	75.8	8.4	7.4	11.8	4.9

表 30　　企业目前的应付账款情况（%）

	高于正常	正常	低于正常	高于正常－低于正常		
				2006 年	2005 年	2004 年
总体	**10.2**	**79.9**	**9.9**	**0.3**	**1.8**	**0.4**
东部地区企业	9.4	81.6	9.0	0.4	2.5	0.2
中部地区企业	11.6	79.6	8.8	2.8	－2.3	0.4
西部地区企业	11.2	75.5	13.3	－2.1	5.2	1.6
东北地区企业	11.5	74.9	13.6	－2.1	－0.9	－1.0
大型企业	10.2	85.2	4.6	5.6	5.8	6.5
中型企业	10.3	79.9	9.8	0.5	2.0	－0.5

续表

	高于正常	正常	低于正常	高于正常－低于正常		
				2006年	2005年	2004年
小型企业	10.3	78.3	11.4	-1.1	0.4	-1.8
国有及国有控股公司	11.7	79.7	8.6	3.1	5.9	0.9
国有企业	12.7	78.5	8.8	3.9	4.8	-1.1
非国有企业	9.8	80.1	10.1	-0.3	1.4	0.9
民营企业	10.3	79.4	10.3	0.0	0.4	1.4
上市公司	6.5	86.0	7.5	-1.0	1.2	6.0

以上调查结果表明，企业目前的资金紧张状况有所缓解，应收账款及应付账款情况均处于正常水平。

5. 企业盈利保持正常水平，下半年趋向乐观

在物料和人工成本普遍上升，产品销售价格并未同幅增长的情况下，企业盈利仍保持正常状况。调查结果显示，超过半数的企业经营者认为企业盈利“正常”，7.2%认为“好于正常”，两者合计比重为58.6%，比认为“低于正常”的多17.2个百分点，比2005年多6.4个百分点。其中，上市公司的盈利情况明显好于非上市公司，其认为企业盈利“正常”或“好于正常”的比重合计达78.1%，比总体平均水平高近20个百分点（见表31）。

表31　企业目前的盈利情况（%）

	好于正常	正常	低于正常	好于正常＋正常	
				2006年	2005年
总体	**7.2**	**51.4**	**41.4**	**58.6**	**52.2**
东部地区企业	7.0	51.0	42.0	58.0	51.5
中部地区企业	7.0	50.8	42.2	57.8	52.4
西部地区企业	7.0	52.6	40.4	59.6	53.8
东北地区企业	11.8	53.7	34.5	65.5	53.6
大型企业	14.6	59.5	25.9	74.1	65.8
中型企业	8.1	53.0	38.9	61.1	52.9
小型企业	4.3	47.3	48.4	51.6	45.7
国有及国有控股公司	11.1	52.9	36.0	64.0	56.6
国有企业	10.7	53.8	35.5	64.5	56.0
非国有企业	6.9	50.9	42.2	57.8	51.3
私营企业	5.9	51.1	43.0	57.0	48.1
股份有限公司	9.7	50.0	40.3	59.7	53.4
有限责任公司	6.2	51.9	41.9	58.1	51.8
外商及港澳台投资企业	8.1	51.8	40.1	59.9	52.7
民营企业	5.6	50.7	43.7	56.3	49.5
上市公司	21.9	56.2	21.9	78.1	63.9

从2006年上半年的盈利状况看，有69.3%的企业“盈利”，15%“亏损”，15.7%“持平”。从不同地区、规模、经济类型以及不同行业企业看，普遍认为上半年“盈利”，其中企业“盈利”面在七成以上的行业有：采掘业、交通运输仓储和邮政业，批发和零售业、住宿和餐饮业以及制造业中的化工、化纤、橡胶、塑料、冶金、金属制品、普通机械、专用设备、交通运输设备、电气机械、电子和仪器仪表等行业（见表32、表33）。

表32　　不同地区、规模及经济类型企业今年上半年的盈利状况（%）

	盈利			持平	亏损		
	较大盈利	略有盈余	小计		亏损	严重亏损	小计
总体	**13.5**	**55.8**	**69.3**	**15.7**	**13.8**	**1.2**	**15.0**
东部地区企业	14.4	57.7	72.1	15.5	11.2	1.2	12.4
中部地区企业	10.5	53.7	64.2	16.9	17.8	1.1	18.9
西部地区企业	14.0	53.5	67.5	13.9	17.8	0.8	18.6
东北地区企业	12.3	49.4	61.7	18.5	16.9	2.9	19.8
大型企业	32.0	48.3	80.3	8.9	8.8	2.0	10.8
中型企业	14.4	56.4	70.8	15.1	13.3	0.8	14.1
小型企业	7.1	57.7	64.8	18.1	15.7	1.4	17.1
国有及国有控股公司	17.9	47.6	65.5	13.0	18.6	2.9	21.5
国有企业	16.3	46.8	63.1	14.5	19.1	3.3	22.4
非国有企业	13.1	57.2	70.3	15.8	13.0	0.9	13.9
私营企业	9.0	63.2	72.2	17.6	9.8	0.4	10.2
股份有限公司	15.3	56.5	71.8	15.7	12.1	0.4	12.5
有限责任公司	12.5	58.2	70.7	14.5	13.7	1.1	14.8
外商及港澳台投资企业	22.3	48.7	71.0	16.8	11.3	0.9	12.2
民营企业	10.0	60.4	70.4	16.6	12.4	0.6	13.0
上市公司	51.5	28.9	80.4	9.3	10.3		10.3

表33　　不同行业企业今年上半年的盈利状况（%）

	盈利			持平	亏损		
	较大盈利	略有盈余	小计		亏损	严重亏损	小计
总体	**13.5**	**55.8**	**69.3**	**15.7**	**13.8**	**1.2**	**15.0**
农林牧渔业	9.1	45.4	54.5	19.6	23.8	2.1	25.9
采掘业	32.9	48.3	81.2	8.2	9.4	1.2	10.6
制造业	13.9	57.0	70.9	14.9	13.2	1.0	14.2
电力、煤气及水的生产和供应业	12.7	42.5	55.2	20.3	20.3	4.2	24.5
建筑业	8.1	56.8	64.9	20.5	13.5	1.1	14.6
交通运输、仓储和邮政业	16.5	60.5	77.0	11.0	9.2	2.8	12.0
信息传输、计算机服务和软件业	19.0	42.9	61.9	15.5	21.4	1.2	22.6
批发和零售业	13.4	59.1	72.5	13.6	12.1	1.8	13.9
住宿和餐饮业	9.5	66.7	76.2	16.7	7.1		7.1
房地产业	12.1	54.0	66.1	22.6	10.9	0.4	11.3
租赁和商务服务业	2.6	63.1	65.7	21.1	13.2		13.2
食品饮料制造业	14.0	51.7	65.7	14.5	18.8	1.0	19.8
纺织业	7.6	59.4	67.0	20.3	12.2	0.5	12.7
服装及其他纤维制品制造业	8.0	59.0	67.0	20.5	12.5		12.5
造纸及纸制品业	12.2	51.2	63.4	17.1	19.5		19.5
化学原料及化学制品制造业	17.2	59.2	76.4	11.6	11.6	0.4	12.0
医药制造业	10.3	53.0	63.3	17.2	18.4	1.1	19.5
化学纤维制造业	5.3	68.4	73.7	10.5	10.5	5.3	15.8
橡胶制品业	9.1	61.8	70.9	16.4	12.7		12.7
塑料制品业	11.8	60.9	72.7	15.5	11.8		11.8
非金属矿物制品业	12.9	50.6	63.5	14.6	20.8	1.1	21.9
黑色金属冶炼及压延加工业	16.7	57.8	74.5	12.2	12.2	1.1	13.3
有色金属冶炼及压延加工业	16.7	53.9	70.6	12.8	12.8	3.8	16.6

续表

	盈利			持平	亏损		
	较大盈利	略有盈余	小计		亏损	严重亏损	小计
金属制品业	10.4	65.1	75.5	16.6	6.7	1.2	7.9
普通机械制造业	18.0	56.4	74.4	13.7	11.2	0.7	11.9
专用设备制造业	18.3	57.5	75.8	11.3	12.1	0.8	12.9
交通运输设备制造业	17.1	53.4	70.5	12.4	15.5	1.6	17.1
电气机械及器材制造业	14.4	56.8	71.2	14.4	13.8	0.6	14.4
电子及通信设备制造业	15.4	60.6	76.0	12.8	10.3	0.9	11.2
仪器仪表及文化办公用机械制造业	22.6	54.8	77.4	16.1	6.5		6.5

从对2006年下半年的盈利状况的预计看，78.1%的企业经营者认为企业“盈利”，7.9%认为“亏损”，14%认为“持平”，盈利状况与上半年比将趋好。从不同地区、规模、经济类型以及不同行业企业看，普遍认为下半年“盈利”。其中，八成以上的企业经营者认为“盈利”的有：东部地区、大型企业、上市公司和采掘业、建筑业、交通运输仓储和邮政业以及制造业中的医药、金属制品、普通机械、专用设备、电气机械、电子和仪器仪表等（见表34、表35）。

表34　不同地区、规模及经济类型企业对今年下半年盈利状况的预计（%）

	盈利			持平	亏损		
	较大盈利	略有盈余	小计		亏损	严重亏损	小计
总体	**18.0**	**60.1**	**78.1**	**14.0**	**7.0**	**0.9**	**7.9**
东部地区企业	19.0	61.3	80.3	13.4	5.5	0.8	6.3
中部地区企业	15.5	59.4	74.9	14.3	9.6	1.2	10.8
西部地区企业	17.5	58.5	76.0	13.9	9.2	0.9	10.1
东北地区企业	17.2	53.0	70.2	19.7	8.8	1.3	10.1
大型企业	34.1	52.2	86.3	6.6	5.5	1.6	7.1
中型企业	20.4	59.0	79.4	13.0	6.8	0.8	7.6
小型企业	10.9	63.5	74.4	17.1	7.6	0.9	8.5
国有及国有控股公司	19.5	53.6	73.1	14.0	9.9	3.0	12.9
国有企业	18.0	52.6	70.6	13.8	11.8	3.8	15.6
非国有企业	18.1	61.2	79.3	13.9	6.3	0.5	6.8
私营企业	14.9	65.1	80.0	16.4	3.6		3.6
股份有限公司	20.1	61.1	81.2	11.8	6.4	0.6	7.0
有限责任公司	18.1	61.4	79.5	13.5	6.5	0.5	7.0
外商及港澳台投资企业	23.6	56.1	79.7	14.7	5.6		5.6
民营企业	16.3	63.2	79.5	14.3	5.9	0.3	6.2
上市公司	50.9	36.5	87.4	6.3	6.3		6.3

表35　不同行业企业对今年下半年盈利状况的预计（%）

	盈利			持平	亏损		
	较大盈利	略有盈余	小计		亏损	严重亏损	小计
总体	**18.0**	**60.1**	**78.1**	**14.0**	**7.0**	**0.9**	**7.9**
农林牧渔业	15.9	52.2	68.1	23.2	8.7		8.7
采掘业	38.1	52.3	90.4	6.0	3.6		3.6
制造业	17.7	61.4	79.1	13.6	6.5	0.8	7.3
电力、煤气及水的生产和供应业	17.5	47.4	64.9	14.9	15.8	4.4	20.2
建筑业	13.7	67.7	81.4	12.6	4.9	1.1	6.0

续表

	盈利			持平	亏损		
	较大盈利	略有盈余	小计		亏损	严重亏损	小计
交通运输、仓储和邮政业	17.6	66.6	84.2	3.7	9.3	2.8	12.1
信息传输、计算机服务和软件业	22.0	51.2	73.2	14.6	12.2		12.2
批发和零售业	17.8	60.9	78.7	14.1	5.9	1.3	7.2
住宿和餐饮业	17.1	58.5	75.6	19.5	4.9		4.9
房地产业	21.5	55.8	77.3	17.4	4.9	0.4	5.3
租赁和商务服务业	14.3	51.4	65.7	22.9	11.4		11.4
食品饮料制造业	17.8	59.9	77.7	11.9	9.9	0.5	10.4
纺织业	11.5	63.0	74.5	13.5	10.4	1.6	12.0
服装及其他纤维制品制造业	9.3	69.7	79.0	14.0	7.0		7.0
造纸及纸制品业	20.5	51.3	71.8	23.1	5.1		5.1
化学原料及化学制品制造业	19.8	57.8	77.6	14.2	7.5	0.7	8.2
医药制造业	21.8	59.9	81.7	12.6	4.6	1.1	5.7
化学纤维制造业	15.8	52.6	68.4	15.8	15.8		15.8
橡胶制品业	12.5	60.7	73.2	14.3	12.5		12.5
塑料制品业	16.8	58.9	75.7	18.7	5.6		5.6
非金属矿物制品业	15.6	59.0	74.6	17.9	7.5		7.5
黑色金属冶炼及压延加工业	22.7	55.7	78.4	13.6	5.7	2.3	8.0
有色金属冶炼及压延加工业	18.2	58.4	76.6	9.1	11.7	2.6	14.3
金属制品业	14.3	69.6	83.9	12.4	3.1	0.6	3.7
普通机械制造业	20.4	61.4	81.8	13.1	4.4	0.7	5.1
专用设备制造业	22.3	62.6	84.9	10.1	4.2	0.8	5.0
交通运输设备制造业	19.2	58.4	77.6	13.6	8.0	0.8	8.8
电气机械及器材制造业	20.2	60.2	80.4	17.3	1.7	0.6	2.3
电子及通信设备制造业	19.7	65.8	85.5	8.5	6.0		6.0
仪器仪表及文化办公用机械制造业	24.6	60.7	85.3	9.8	4.9		4.9

（三）企业经营预期看好，未来投资热情较高

1. 企业经营前景预期乐观

关于未来的企业经营状况，调查结果显示，38.6%的企业经营者认为下期企业经营状况将“好转”，55.3%认为“不变”，6.1%认为会“恶化”，认为“好转”的比认为“恶化”的多32.5个百分点，比2005年高7个百分点（见表36）。

表36　不同地区、规模及经济类型企业对下期经营状况的预计（%）

	下期经营状况预计			好转－恶化		
	好转	不变	恶化	2006年	2005年	2004年
总体	**38.6**	**55.3**	**6.1**	**32.5**	**25.5**	**25.0**
东部地区企业	39.3	54.9	5.8	33.5	25.2	25.2
中部地区企业	38.8	55.1	6.1	32.7	25.4	26.5
西部地区企业	36.9	55.9	7.2	29.7	26.8	23.2
东北地区企业	35.3	58.8	5.9	29.4	24.6	22.9
大型企业	38.4	56.6	5.0	33.4	25.9	24.2
中型企业	39.2	54.5	6.3	32.9	25.4	26.7
小型企业	37.8	55.8	6.4	31.4	25.2	23.1
国有及国有控股公司	31.1	60.6	8.3	22.8	17.0	18.5

续表

	下期经营状况预计			好转－恶化		
	好转	不变	恶化	2006年	2005年	2004年
国有企业	31.6	59.6	8.8	22.8	17.3	15.4
非国有企业	39.5	54.8	5.7	33.8	26.7	27.9
民营企业	41.4	53.3	5.3	36.1	29.8	28.2
上市公司	29.0	62.4	8.6	20.4	23.5	32.1

分经济类型看，民营企业对未来预期更为乐观，认为“好转”的比认为“恶化”的多36.1个百分点，这一结果比国有及国有控股公司多13.3个百分点（见表36）。

分行业看，农林牧渔业、信息传输计算机服务和软件业及制造业中的食品、金属制品、交通运输设备等行业的预期尤为乐观，认为“好转”的比认为“恶化”的多40个百分点以上（见表37）。

表37　　不同行业企业对下期经营状况的预计（%）

	下期经营状况预计			好转－恶化		
	好转	不变	恶化	2006年	2005年	2004年
总体	**38.6**	**55.3**	**6.1**	**32.5**	**25.5**	**25.0**
农林牧渔业	51.7	44.0	4.3	47.4	33.4	33.0
采掘业	21.4	75.0	3.6	17.8	10.5	22.1
制造业	39.2	54.7	6.1	33.1	27.0	26.0
电力、煤气及水的生产和供应业	36.4	52.6	11.0	25.4	20.2	19.3
建筑业	41.3	52.7	6.0	35.3	27.6	15.6
交通运输、仓储和邮政业	33.0	61.6	5.4	27.6	16.5	28.2
信息传输、计算机服务和软件业	51.9	44.4	3.7	48.2	36.1	—
批发和零售业	33.2	59.8	7.0	26.2	21.3	20.8
住宿和餐饮业	36.6	53.6	9.8	26.8	9.8	37.9
房地产业	38.1	55.8	6.1	32.0	26.0	11.9
租赁和商务服务业	33.3	64.1	2.6	30.7	25.8	—
食品饮料制造业	48.3	48.3	3.4	44.9	38.2	47.8
纺织业	34.8	57.1	8.1	26.7	20.5	25.3
服装及其他纤维制品制造业	29.2	69.7	1.1	28.1	30.2	36.8
造纸及纸制品业	43.9	46.3	9.8	34.1	26.2	43.8
化学原料及化学制品制造业	40.2	50.4	9.4	30.8	30.0	14.7
医药制造业	46.6	44.3	9.1	37.5	40.5	34.4
化学纤维制造业	36.8	36.9	26.3	10.5	12.5	0.0
橡胶制品业	30.9	61.8	7.3	23.6	48.4	34.4
塑料制品业	36.9	51.4	11.7	25.2	38.3	12.7
非金属矿物制品业	39.1	55.3	5.6	33.5	19.1	17.3
黑色金属冶炼及压延加工业	35.6	55.5	8.9	26.7	5.5	36.4
有色金属冶炼及压延加工业	31.2	59.7	9.1	22.1	21.2	15.4
金属制品业	44.2	53.3	2.5	41.7	25.0	20.0
普通机械制造业	35.4	59.9	4.7	30.7	16.6	21.2
专用设备制造业	40.4	52.9	6.7	33.7	16.1	15.8
交通运输设备制造业	46.9	48.4	4.7	42.2	21.3	34.6
电气机械及器材制造业	38.9	58.2	2.9	36.0	23.1	21.2
电子及通信设备制造业	39.7	54.5	5.8	33.9	37.2	32.3
仪器仪表及文化办公用机械制造业	31.3	64.0	4.7	26.6	17.3	36.4

2. 订货状况良好，出口、投资需求强劲

良好的订货情况是企业对未来表示乐观的基础。调查结果显示，68.3%的企业经营者认为目前企业订货处于“正常”水平，12.1%认为“高于正常”，两者合计达到80.4%，比2005年提高近7个百分点（见表38）。

表38　不同地区、规模及经济类型企业目前的订货情况（%）

	高于正常	正常	低于正常	高于正常+正常	
				2006年	2005年
总体	**12.1**	**68.3**	**19.6**	**80.4**	**73.7**
东部地区企业	12.9	67.7	19.4	80.6	74.3
中部地区企业	10.9	71.1	18.0	82.0	73.6
西部地区企业	11.1	68.5	20.4	79.6	72.3
东北地区企业	10.3	64.4	25.3	74.7	72.5
大型企业	14.1	73.6	12.3	87.7	81.7
中型企业	13.8	68.1	18.1	81.9	74.3
小型企业	9.7	66.7	23.6	76.4	69.8
国有及国有控股公司	10.7	68.4	20.9	79.1	73.4
国有企业	10.0	69.7	20.3	79.7	73.7
非国有企业	12.5	68.0	19.5	80.5	73.8
民营企业	11.5	68.7	19.8	80.2	73.4
上市公司	7.7	78.0	14.3	85.7	84.1

关于下期企业订货情况，调查结果显示，42.6%的企业经营者认为企业订货将“增加”，43.1%认为“持平”，14.3%认为会“减少”，认为“增加”的比认为“减少”的多28.3个百分点，这一结果比2005年提高9个百分点以上（见表39）。

表39　不同地区、规模及经济类型企业对下期订货情况的预计（%）

	增加	持平	减少	增加-减少		
				2006年	2005年	2004年
总体	**42.6**	**43.1**	**14.3**	**28.3**	**19.0**	**19.6**
东部地区企业	44.2	42.7	13.1	31.1	19.9	22.9
中部地区企业	41.4	43.6	15.0	26.4	20.2	16.7
西部地区企业	40.3	42.1	17.6	22.7	16.5	16.7
东北地区企业	35.4	47.6	17.0	18.4	14.6	8.9
大型企业	45.1	42.5	12.4	32.7	23.4	23.3
中型企业	44.6	42.8	12.6	32.0	21.5	22.7
小型企业	39.6	43.4	17.0	22.6	14.2	13.4
国有及国有控股公司	33.4	49.5	17.1	16.3	9.2	16.7
国有企业	30.4	49.9	19.7	10.7	9.1	15.4
非国有企业	44.3	42.1	13.6	30.7	20.9	20.7
私营企业	44.7	40.6	14.7	30.0	29.1	22.3
股份有限公司	43.2	43.8	13.0	30.2	21.2	25.9
有限责任公司	44.2	42.2	13.6	30.6	18.7	22.7
外商及港澳台投资企业	51.8	38.3	9.9	41.9	31.2	24.4
民营企业	44.9	41.4	13.7	31.2	21.0	21.1
上市公司	46.1	41.8	12.1	34.0	17.3	34.6

从不同地区、规模及经济类型企业对下期订货情况看也有较大差距。东部地区企业认为订货将

"增加"的比认为"减少"的多31.1个百分点，这一结果比中部、西部和东北地区分别多4.7、8.4和12.7个百分点；大、中型企业认为订货将"增加"的比认为"减少"的分别多32.7和32个百分点，比小型企业多9个百分点以上；非国有企业认为订货将"增加"的比认为"减少"的多30.7个百分点，比国有及国有控股公司多14.4个百分点。其中外资企业订货情况尤其乐观，认为订货将"增加"的比认为"减少"的多41.9个百分点。鉴于外资企业大多出口导向的现实情况，以上结果表明未来出口需求依然强劲（见表39）。

分行业看，住宿和餐饮业以及制造业中的食品、造纸及纸制品、橡胶、塑料、非金属矿物、黑色冶金、电气机械、电子等行业的预期比较乐观，认为下期订货情况"增加"的比认为"减少"的多35个百分点以上。这些行业大多与投资品相关，反映未来投资需求依然强劲（见表40）。

表40　　不同行业企业对下期订货情况的预计（%）

	增加	持平	减少	增加－减少		
				2006年	2005年	2004年
总体	**42.6**	**43.1**	**14.3**	**28.3**	**19.0**	**19.6**
农林牧渔业	41.0	41.7	17.3	23.7	36.8	16.9
采掘业	32.1	51.2	16.7	15.4	5.3	42.4
制造业	46.1	40.8	13.1	33.0	22.7	23.4
电力、煤气及水的生产和供应业	31.1	52.4	16.5	14.6	13.3	28.6
建筑业	34.6	47.0	18.4	16.2	10.2	9.3
交通运输、仓储和邮政业	36.8	45.3	17.9	18.9	14.7	28.6
信息传输、计算机服务和软件业	50.0	33.3	16.7	33.3	17.7	—
批发和零售业	35.1	46.4	18.5	16.6	11.8	2.2
住宿和餐饮业	46.9	46.8	6.3	40.6	−8.3	17.4
房地产业	33.0	49.6	17.4	15.6	−1.1	3.6
租赁和商务服务业	29.0	67.8	3.2	25.8	14.2	—
食品饮料制造业	51.5	36.5	12.0	39.5	38.5	35.3
纺织业	34.5	51.8	13.7	20.8	7.0	6.1
服装及其他纤维制品制造业	39.3	40.5	20.2	19.1	25.3	37.0
造纸及纸制品业	48.8	46.3	4.9	43.9	14.3	34.4
化学原料及化学制品制造业	44.3	41.2	14.5	29.8	34.0	32.2
医药制造业	44.2	39.5	16.3	27.9	39.1	34.4
化学纤维制造业	42.1	42.1	15.8	26.3	0.0	33.3
橡胶制品业	52.7	30.9	16.4	36.3	37.5	29.0
塑料制品业	52.3	32.4	15.3	37.0	35.2	4.7
非金属矿物制品业	48.0	39.8	12.2	35.8	1.8	−6.0
黑色金属冶炼及压延加工业	47.6	41.9	10.5	37.1	5.5	32.7
有色金属冶炼及压延加工业	44.7	44.8	10.5	34.2	20.0	21.1
金属制品业	46.5	39.0	14.5	32.0	15.7	13.4
普通机械制造业	46.5	41.7	11.8	34.7	5.8	16.8
专用设备制造业	47.2	33.8	19.0	28.2	14.4	16.7
交通运输设备制造业	46.0	41.1	12.9	33.1	13.7	25.3
电气机械及器材制造业	49.4	37.8	12.8	36.6	24.6	15.2
电子及通信设备制造业	49.6	44.5	5.9	43.7	33.0	40.6
仪器仪表及文化办公用机械制造业	38.1	44.4	17.5	20.6	26.7	31.8

3. 用工和投资计划呈现扩张趋势

对未来市场乐观的预期也体现在企业的用工和投资计划上。调查结果显示，44.4% 的企业经营者计划下期“增加”企业用工，11.9% 计划“减少”，43.7% 计划“持平”，计划“增加”的比计划“减少”的多 32.5 个百分点，这一结果比 2005 年多 13.7 个百分点。从企业下期吸收农民工看，调查结果显示，其需求情况与总体用工需求情况基本一致，增长趋势明显（见表 41）。

从不同规模看，中小型企业用工需求“增加”的比“减少”多 33 个百分点，这一结果比大型企业多 9 个百分点左右；从不同经济类型企业看，非国有企业预期下期企业用工“增加”的比“减少”的多 37.5 个百分点，其中外资企业和私营企业更是分别多 40.5 和 46.9 个百分点，而国有及国有控股公司仅多 3.5 个百分点，其中国有独资企业计划用工“增加”的反而比“减少”的少 2.3 个百分点（见表 41）。调查结果表明，社会净增就业机会几乎全部由非国有企业提供。

表 41　对企业下期从业人数及吸收农民工的预期（%）

		增加	持平	减少	增加－减少		
					2006 年	2005 年	2004 年
总体	从业人数	44.4	43.7	11.9	32.5	18.8	10.5
	吸收农民工	44.4	43.1	12.5	31.9	—	—
东部地区企业		46.8	43.0	10.2	36.6	22.9	13.8
中部地区企业		43.2	42.7	14.1	29.1	15.9	8.6
西部地区企业		40.8	44.2	15.0	25.8	11.9	4.1
东北地区企业		32.0	53.5	14.5	17.5	9.0	6.1
大型企业		40.4	44.1	15.5	24.9	15.2	-0.2
中型企业		46.0	42.0	12.0	34.0	19.4	13.4
小型企业		44.2	45.2	10.6	33.6	19.6	11.9
国有及国有控股公司		25.1	53.3	21.6	3.5	-1.4	-11.6
国有企业		21.7	54.3	24.0	-2.3	-6.3	-15.8
非国有企业		47.6	42.3	10.1	37.5	24.0	18.5
民营企业		50.3	40.8	8.9	41.4	28.9	25.7
上市公司		39.8	47.3	12.9	26.9	15.3	2.4

从投资计划情况看，调查结果显示，66.5% 的企业经营者表示未来计划投资额将“增长”，7.9% 表示会“减少”，表示“增长”的比表示“减少”的多 58.6 个百分点，比 2005 年、2004 年的结果分别高 13.9、19.6 个百分点，表明企业投资信心持续增强（见表 42）。

从不同经济类型看，调查结果显示，69.5% 的民营企业计划增加投资，比计划减少的多 62 个百分点，国有企业计划增加投资的比计划减少的多 49.1 个百分点，两者相差 12.9 个百分点。调查表明，民营企业的投资热情明显高于国有企业（见表 42）。

表 42　不同地区、规模及经济类型企业对未来计划投资额增减的预计（%）

	增加	持平	减少	增加－减少		
				2006 年	2005 年	2004 年
总体	**66.5**	**25.6**	**7.9**	**58.6**	**44.7**	**39.0**
东部地区企业	66.5	26.2	7.3	59.2	44.8	38.5
中部地区企业	68.0	24.4	7.6	60.4	47.5	38.0
西部地区企业	64.6	25.2	10.2	54.4	44.8	38.8
东北地区企业	68.0	24.1	7.9	60.1	36.3	45.0

续表

	增加	持平	减少	增加－减少		
				2006年	2005年	2004年
大型企业	71.7	21.7	6.6	65.1	48.9	42.2
中型企业	68.3	24.4	7.3	61.0	46.6	41.3
小型企业	63.2	28.1	8.7	54.5	40.3	34.0
国有及国有控股公司	58.7	31.7	9.6	49.1	34.2	33.2
国有企业	57.6	31.5	10.9	46.7	30.1	31.9
非国有企业	67.7	24.9	7.4	60.3	47.6	41.2
民营企业	69.5	23.0	7.5	62.0	49.3	44.0
上市公司	64.5	30.1	5.4	59.1	46.4	59.6

关于企业最希望投资的行业，调查结果显示，72.7%的企业经营者选择继续投资本行业，其中选择本行业超过八成的有：采掘业、交通运输仓储和邮政业、住宿和餐饮业、租赁和商务服务业以及制造业中的医药、有色冶金等。希望转投其他行业比重相对较高的是建筑业及制造业中的纺织、服装、造纸、化纤等行业，希望投资其他行业的企业比重在35%以上。事实上，这些行业大多是劳动密集型、市场进入门槛较低、竞争比较激烈的行业，这一现象值得关注（见表43）。

表43　企业最希望投资的行业（%）

	本行业	其他行业
总体	**72.7**	**27.3**
农林牧渔业	71.4	28.6
采掘业	82.1	17.9
制造业	72.0	28.0
电力、煤气及水的生产和供应业	78.3	21.7
建筑业	64.0	36.0
交通运输、仓储和邮政业	83.3	16.7
信息传输、计算机服务和软件业	74.1	25.9
批发和零售业	69.8	30.2
住宿和餐饮业	80.5	19.5
房地产业	78.3	21.7
租赁和商务服务业	81.1	18.9
食品饮料制造业	77.6	22.4
纺织业	59.6	40.4
服装及其他纤维制品制造业	60.5	39.5
造纸及纸制品业	60.5	39.5
化学原料及化学制品制造业	73.9	26.1
医药制造业	85.9	14.1
化学纤维制造业	63.2	36.8
橡胶制品业	72.2	27.8
塑料制品业	69.4	30.6
非金属矿物制品业	70.6	29.4
黑色金属冶炼及压延加工业	69.9	30.1
有色金属冶炼及压延加工业	82.4	17.6
金属制品业	68.2	31.8
普通机械制造业	77.4	22.6
专用设备制造业	76.6	23.4

续表

	本行业	其他行业
交通运输设备制造业	70.4	29.6
电气机械及器材制造业	71.2	28.8
电子及通信设备制造业	69.8	30.2
仪器仪表及文化办公用机械制造业	76.2	23.8

关于企业有投资意向的地区，调查结果显示，80.8%的企业经营者选择东部地区，远远高于其他地区，也比2005年高出了11个百分点。其中选择“长三角”地区的比重为34.9%，与2005年相比基本持平；选择“京津—环渤海”的为20.1%，比2005年增加了2.7个百分点；选择“珠三角”的为15.7%，比2005年下降了1.6个百分点；选择其他东部地区的为10.1%。此外，28.6%选择了西部地区，17.7%选择了中部地区，9%选择了东北地区，与2005年相比均略有下降。值得一提的是，有15.2%的企业经营者选择了海外地区，表明不少中国企业已有“走出去”参与国际竞争的意愿（见表44）。

表44　　企业有投资意向的地区（%）

	总体		地区				规　模		
	2006	2005	东部	中部	西部	东北	大型	中型	小型
“长三角”地区	34.9	35.1	43.1	26.3	20.6	13.8	31.2	34.2	36.9
西部地区	28.6	28.7	19.3	28.7	69.1	13.8	28.9	29.7	27.3
“京津—环渤海”地区	20.1	17.4	24.7	11.5	9.6	29.1	23.2	21.8	17.6
中部地区	17.7	20.2	13.8	39.3	11.5	8.1	19.7	18.5	16.5
“珠三角”地区	15.7	17.3	18.6	12.9	10.7	7.7	16.7	15.9	15.3
海外地区	15.2	—	15.9	12.4	13.9	19.4	17.9	16.2	13.0
其他东部地区	10.1	—	12.3	7.6	6.0	5.3	13.3	9.6	9.5
东北地区	9.0	11.5	6.5	7.8	4.9	52.6	10.1	10.0	7.6

从不同地区企业经营者的选择意向看，43.1%的东部地区企业选择“长三角”为首选的投资地区，选择其他地区的比重差异不大；中部地区企业主要选择中部地区（39.3%）、西部地区（28.7%）和“长三角”地区（26.3%）为计划投资的地区；西部地区企业则非常集中地选择西部地区为计划投资的地区，比重达69.1%，选择其他地区比重较大的是“长三角”地区（20.6%）；东北地区企业选择东北的比重超过一半，为52.6%，其次为“京津—环渤海”地区（29.1%）以及海外地区（19.4%）、“长三角”地区（13.8%）和西部地区（13.8%）（见表44）。调查结果表明，与2005年相比，2006年企业投资意向的特点是，除了东部地区仍为投资重点外，“京津—环渤海”地区投资趋热，海外扩张逐步形成规模。

4. 企业经营者预期经济增长可能有所减缓

调查结果显示，62.6%的企业经营者预计2007年GDP增长10%以下，比预计2006年GDP增长在10%以下的多13个百分点（见表45）。调查表明，企业经营者对宏观走势的预计，也许比较多地依据政府宏观调控政策取向、媒体的宣传报道以及企业经营者可能估计到未来将会出现产能过剩的情况，而对企业经营的预期大多依据对市场的感觉。

（四）企业经营者对相关热点问题的判断

1. 人民币小幅升值尚未对企业出口增长产生显著影响，未来升值影响存在明显的行业差异

一年来汇率制度改革对企业产品出口的影响如何，引起政府及社会的广泛关注。调查结果显示，

表45　　对2006年、2007年我国GDP增长的预计（%）

		9.5%以下	9.5%~10%	10%~10.5%	10.5%~11%	11%以上
2006年	**总体**	**10.3**	**39.3**	**29.6**	**15.9**	**4.9**
	东部地区企业	9.7	39.2	30.4	15.4	5.3
	中部地区企业	10.1	39.9	27.6	17.5	4.9
	西部地区企业	12.0	38.7	29.8	16.0	3.5
	东北地区企业	12.9	38.7	27.1	16.3	5.0
2007年	**总体**	**30.1**	**32.5**	**17.6**	**10.6**	**9.2**
	东部地区企业	31.0	32.8	16.9	10.6	8.7
	中部地区企业	27.4	32.7	19.1	10.1	10.7
	西部地区企业	30.4	31.2	17.9	10.7	9.8
	东北地区企业	28.5	31.4	19.8	12.0	8.3

本次调查企业中有接近一半的企业有产品出口（见表46）。在这些企业中，有61.2%的企业经营者认为产品出口比2005年增长，其中46.3%认为“小幅增长”，14.9%认为“大幅增长”；18.5%认为产品出口“持平”；20.3%认为产品出口“下降”，认为出口“上升”的比认为“下降”的多41个百分点（见表47）。

表46　　企业是否有产品出口的情况（%）

	是	否
总体	**46.8**	**53.2**
东部地区企业	55.6	44.4
中部地区企业	33.0	67.0
西部地区企业	31.0	69.0
东北地区企业	38.5	61.5
大型企业	57.4	42.6
中型企业	49.2	50.8
小型企业	40.8	59.2
国有及国有控股公司	37.0	63.0
国有企业	36.4	63.6
非国有企业	48.2	51.8
私营企业	52.4	47.6
股份有限公司	49.0	51.0
有限责任公司	42.5	57.5
外商及港澳台投资企业	79.2	20.8
民营企业	45.5	54.5
上市公司	54.7	45.3

表47　　企业产品出口增长情况（%）

	上升		持平	下降		上升-下降
	大幅增长	小幅增长		小幅下降	大幅下降	
总体	**14.9**	**46.3**	**18.5**	**14.6**	**5.7**	**40.9**
制造业总体	15.5	46.9	18.0	13.9	5.7	42.8
食品饮料制造业	15.3	48.5	13.9	18.1	4.2	41.5
纺织业	4.9	43.0	25.4	21.1	5.6	21.2
服装及其他纤维制品制造业	10.5	42.2	19.7	19.7	7.9	25.1
造纸及纸制品业	12.5	56.2	18.8	12.5	—	56.2

续表

	上升		持平	下降		上升 - 下降
	大幅增长	小幅增长		小幅下降	大幅下降	
化学原料及化学制品制造业	15.0	40.6	16.3	15.0	13.1	27.5
医药制造业	6.4	40.4	23.4	25.5	4.3	17.0
化学纤维制造业	23.1	61.5	7.7		7.7	76.9
橡胶制品业	21.2	45.5	24.2	6.1	3.0	57.6
塑料制品业	24.7	38.3	15.1	16.4	5.5	41.1
非金属矿物制品业	13.9	48.0	20.3	12.7	5.1	44.1
黑色金属冶炼及压延加工业	12.8	49.0	19.1	8.5	10.6	42.7
有色金属冶炼及压延加工业	26.7	42.2	8.9	8.9	13.3	46.7
金属制品业	18.8	46.5	14.9	13.9	5.9	45.5
普通机械制造业	18.2	50.1	17.6	10.0	4.1	54.2
专用设备制造业	18.8	45.7	22.1	10.7	2.7	51.1
交通运输设备制造业	24.1	54.1	13.8	6.9	1.1	70.2
电气机械及器材制造业	16.8	50.5	16.8	12.9	3.0	51.4
电子及通信设备制造业	14.4	49.5	14.4	16.5	5.2	42.2
仪器仪表及文化办公用机械制造业	9.5	47.7	19.0	16.7	7.1	33.4

从不同行业看，化纤、交通运输设备等制造业行业有超过七成的经营者认为企业产品出口数量增长，而纺织、服装、化工和医药制造业则相对较差，有超过25%的经营者认为企业产品出口数量下降（见表47）。

对于企业产品出口价格，33.3%的企业经营者认为“下降”，42%认为“持平”，24.7%认为“上升”，认为“下降”的比认为“上升”的多8.6个百分点。从不同行业看，受国际市场有色金属价格上涨影响，近一半的有色冶金行业企业产品出口价格上涨，比价格“下降”的多34.1个百分点，明显高于其他行业。价格下降比重相对较大的行业包括仪器仪表、纺织、电子、医药等，其价格“下降”的比“上升”的多18个百分点以上（见表48）。

表 48　　对企业产品出口价格的判断（%）

	上升		持平	下降		上升 - 下降
	大幅增长	小幅增长		小幅下降	大幅下降	
总体	**2.1**	**22.6**	**42.0**	**28.0**	**5.3**	**-8.6**
制造业总体	2.2	22.8	42.7	27.5	4.8	-7.3
食品饮料制造业	1.6	22.2	46.0	27.0	3.2	-6.4
纺织业		15.3	45.0	35.1	4.6	-24.4
服装及其他纤维制品制造业		29.4	39.7	25.0	5.9	-1.5
造纸及纸制品业	7.1	28.6	14.3	42.9	7.1	-14.3
化学原料及化学制品制造业	2.0	24.5	34.0	31.3	8.2	-13.0
医药制造业		14.6	51.3	19.5	14.6	-19.5
化学纤维制造业		18.2	72.7	9.1		9.1
橡胶制品业		27.6	55.2	10.3	6.9	10.4
塑料制品业	7.4	23.5	35.3	29.4	4.4	-2.9
非金属矿物制品业	2.9	24.3	42.8	25.7	4.3	-2.8
黑色金属冶炼及压延加工业		30.2	46.5	18.6	4.7	6.9
有色金属冶炼及压延加工业	14.6	36.6	31.7	7.3	9.8	34.1
金属制品业	5.2	27.8	37.1	29.9		3.1

续表

	上升		持平	下降		上升－下降
	大幅增长	小幅增长		小幅下降	大幅下降	
普通机械制造业		20.6	52.3	24.5	2.6	-6.5
专用设备制造业	1.5	21.9	46.0	27.7	2.9	-7.2
交通运输设备制造业		19.8	45.6	30.9	3.7	-14.8
电气机械及器材制造业	1.1	25.3	43.1	26.3	4.2	-4.1
电子及通信设备制造业	1.1	15.6	42.2	33.3	7.8	-24.4
仪器仪表及文化办公用机械制造业		7.5	50.0	27.5	15.0	-35.0

以上调查结果表明，汇率上升一年来并没有对企业出口的数量造成影响，但部分地影响了企业出口产品价格的下滑。

汇率改革一年来，人民币汇率升值近5%，本次调查希望了解，若未来一年人民币以同样的幅度升值，会对企业产生什么影响。调查结果显示，若假定在未来一年内人民币升值5%，近半数（49.3%）的企业经营者认为会对企业产品出口“略有影响”，7.6%认为“没有影响”；30%认为“影响较大”，13.1%认为“影响很大”。不同行业所受到的影响程度差异明显。调查结果显示，超过半数的企业经营者认为“影响较大”或“影响很大”的行业有纺织、服装、有色冶金、交通运输设备和电子等（见表49）。

表49　　若人民币升值5%对企业出口的“不利影响”（%）

	没有影响	略有影响	影响较大	影响很大
总体	**7.6**	**49.3**	**30.0**	**13.1**
制造业总体	7.1	50.5	30.0	12.4
食品饮料制造业	9.7	51.4	23.6	15.3
纺织业	2.1	33.1	40.2	24.6
服装及其他纤维制品制造业	2.7	32.0	44.0	21.3
造纸及纸制品业	12.5	62.5	12.5	12.5
化学原料及化学制品制造业	3.9	52.3	36.6	7.2
医药制造业	10.6	72.4	14.9	2.1
化学纤维制造业	7.7	46.1	30.8	15.4
橡胶制品业	8.8	55.9	23.5	11.8
塑料制品业	9.6	43.8	32.9	13.7
非金属矿物制品业	6.3	51.2	31.2	11.3
黑色金属冶炼及压延加工业	6.3	45.7	41.7	6.3
有色金属冶炼及压延加工业	6.7	42.2	37.8	13.3
金属制品业	7.9	47.5	33.7	10.9
普通机械制造业	9.5	60.3	23.7	6.5
专用设备制造业	10.8	68.3	16.2	4.7
交通运输设备制造业	2.3	46.6	37.5	13.6
电气机械及器材制造业	14.9	48.5	26.7	9.9
电子及通信设备制造业	5.3	44.2	37.9	12.6
仪器仪表及文化办公用机械制造业	11.9	54.8	23.8	9.5

2. 石油价格上涨对部分行业产生较大影响

由于前一时期国际石油市场价格持续飙升，国家两次上调了成品油的价格，其他资源价格也不同程度地上涨，对企业经营特别是部分行业产生较大的影响。调查结果显示，51.5%的企业经营者认为石油价格上涨对企业经营“略有影响”，41.8%认为“影响较大”或“影响很大”，认为“没有影响”仅占5.7%。企业经营者认为“影响较大”或“影响很大”占半数以上的行业有：交通运输仓储和邮政业以及制造业中的纺织、服装、造纸、化工、化纤、橡胶、塑料、非金属矿物及交通运输设备制造业（见表50）。

表50　石油价格上涨对不同行业企业经营的“不利影响”（%）

	没有影响	略有影响	影响较大	影响很大	存在有利影响
总体	**5.7**	**51.5**	**27.6**	**14.2**	**1.0**
农林牧渔业	7.0	56.3	26.1	10.6	
采掘业	3.7	45.7	33.3	13.6	3.7
制造业	3.8	48.9	30.9	15.5	0.9
电力、煤气及水的生产和供应业	12.9	58.6	12.1	12.1	4.3
建筑业	5.6	58.3	27.2	8.9	
交通运输、仓储和邮政业	0.9	34.5	20.0	43.7	0.9
信息传输、计算机服务和软件业	22.9	55.4	18.1	3.6	
批发和零售业	8.8	50.7	26.9	11.7	1.9
住宿和餐饮业	11.1	50.0	27.8	11.1	
房地产业	11.6	71.9	12.0	4.1	0.4
租赁和商务服务业	5.4	73.0	16.2	5.4	
食品饮料制造业	3.9	51.7	29.5	13.5	1.4
纺织业	3.6	41.6	35.0	19.8	
服装及其他纤维制品制造业	2.2	46.7	37.8	13.3	
造纸及纸制品业	2.4	44.0	39.0	14.6	
化学原料及化学制品制造业	1.9	32.8	35.1	28.3	1.9
医药制造业	8.1	51.2	26.7	14.0	
化学纤维制造业		31.6	36.8	31.6	
橡胶制品业		29.6	24.1	46.3	
塑料制品业	1.9	18.7	33.6	43.9	1.9
非金属矿物制品业	1.7	39.5	37.7	20.0	1.1
黑色金属冶炼及压延加工业	4.5	51.2	34.1	10.2	
有色金属冶炼及压延加工业	3.9	55.8	27.3	13.0	
金属制品业	2.5	58.6	28.4	10.5	
普通机械制造业	5.1	59.1	30.7	4.7	0.4
专用设备制造业	4.2	64.3	22.7	6.3	2.5
交通运输设备制造业	1.5	44.6	40.0	13.1	0.8
电气机械及器材制造业	9.3	51.2	26.7	11.6	1.2
电子及通信设备制造业	5.7	58.3	27.0	9.0	
仪器仪表及文化办公用机械制造业	11.3	69.4	16.1	3.2	

3. 预期房地产价格继续保持一定幅度的上涨态势

2005年以来，宏观调控的一项重要内容就是采取多项措施控制因部分地区不断上升的房地产价格引发的房地产热。但目前多数地区企业经营者仍预期房地产价格继续保持一定幅度的上涨态势。当请企业经营者预测2007年本地区房地产价格走势时，调查结果显示，八成以上预期房地产价格将“上涨”，15.9%预期“持平”，3.3%预期“下降”，预期“上涨”的比预期“下降”的多77.5个百分点，比2006年的预期高27.2个百分点（见表51）。

分地区看，中西部地区企业经营者预期未来一年所在地区房地产价格将上涨的比重分别为85.6%

和87.6%，明显高于东部地区的77.7%。分城市[①]看，有超过九成的企业经营者预期价格将上涨的城市包括：南京、武汉、广州、郑州、西安、成都和昆明（见表51）。

表51　　对未来一年本地区房地产价格的预计（%）

		上涨				持平	下降
		上涨15%以上	上涨10%～15%	上涨10%以内	小计		
总体	对2007年的预计	9.2	25.8	45.8	80.8	15.9	3.3
	对2006年的预计				53.6	34.0	12.4
东部地区企业		8.5	24.5	44.7	77.7	18.1	4.2
中部地区企业		11.5	28.5	45.6	85.6	12.0	2.4
西部地区企业		9.6	27.7	50.3	87.6	11.3	1.1
东北地区企业		9.0	26.1	44.9	80.0	17.1	2.9
南京		3.2	38.7	48.4	90.3	9.7	
武汉		12.8	31.9	46.8	91.5	8.5	
广州		15.7	32.5	43.4	91.6	8.4	
郑州		15.0	30.0	47.5	92.5	7.5	
西安		8.9	28.9	55.5	93.3	6.7	
成都		11.1	31.7	50.9	93.7	6.3	
昆明		2.3	15.9	77.3	95.5	4.5	

4. 企业研发投入增加，民企创新热情相对较高

关于企业2006年的研发投入情况，调查结果显示，54.3%的企业经营者认为2006年的研发投入“增加”，8.2%认为“减少”，认为“增加”的比认为“减少”的多46.1个百分点。不过，不同地区、规模及经济类型企业的研发投入现状有较大差异。东部地区企业认为“增加”的比认为“减少”的多49.9个百分点，比中西部、东北地区企业高6～13个百分点；大型企业认为“增加”的比认为“减少”的多53个百分点，比中、小型企业分别高5.4和10.7个百分点；非国有企业认为“增加”的比认为“减少”的多48个百分点，比国有企业高16个百分点（见表52）。

表52　　企业今年的研发投入情况（%）

	增加	持平	减少	增加－减少
总体	**54.3**	**37.5**	**8.2**	**46.1**
东部地区企业	56.8	36.3	6.9	49.9
中部地区企业	52.3	39.2	8.5	43.8
西部地区企业	49.1	38.6	12.3	36.8
东北地区企业	47.9	42.4	9.7	38.2
大型企业	58.0	37.0	5.0	53.0
中型企业	54.7	38.2	7.1	47.6
小型企业	52.8	36.7	10.5	42.3
国有及国有控股公司	42.4	47.0	10.6	31.8
国有企业	44.1	43.8	12.1	32.0
非国有企业	55.7	36.6	7.7	48.0
民营企业	56.4	36.0	7.6	48.8
上市公司	56.3	32.2	11.5	44.8

① 主要包括全国31个省（自治区、直辖市）中的省会城市以及大连、苏州、宁波、青岛和深圳等在内的36个大中城市。

新产品销售比重也在一定程度上反映了企业的创新能力。调查结果显示，52%的企业经营者认为2006年的新产品销售比重“增加”，8.6%的认为“减少”，认为“增加”的比认为“减少”的多43.4个百分点。不过，与研发投入情况类似，不同地区、规模及经济类型企业的新产品销售比重有较大差异。东部地区企业认为“增加”的比认为“减少”的多46.2个百分点，比中西部、东北地区企业高6~9个百分点；大型企业认为“增加”的比认为“减少”的多50.1个百分点，比中、小型企业分别高3.8、12.2个百分点；非国有企业认为“增加”的比认为“减少”的多45.4个百分点，比国有企业高18个百分点（见表53）。

表53　　企业2006年的新产品销售比重情况（%）

	增加	持平	减少	增加－减少
总体	**52.0**	**39.4**	**8.6**	**43.4**
东部地区企业	54.6	37.0	8.4	46.2
中部地区企业	46.7	43.8	9.5	37.2
西部地区企业	49.2	41.4	9.4	39.8
东北地区企业	46.4	46.8	6.8	39.6
大型企业	55.1	39.9	5.0	50.1
中型企业	54.2	37.9	7.9	46.3
小型企业	48.4	41.1	10.5	37.9
国有及国有控股公司	39.6	50.0	10.4	29.2
其中：国有企业	39.1	49.2	11.7	27.4
非国有企业	53.6	38.2	8.2	45.4
民营企业	54.3	37.6	8.1	46.2
上市公司	61.7	36.0	2.3	59.4

调查表明，无论是研发投入还是新产品销售比重，东部地区企业均显著高于中西部和东北地区企业，企业越大增加研发投入越多、新产品销售比重越大，非国有企业增加研发投入、新产品销售比重大大高于国有企业。

二、对企业经营环境的评价

（一）东部地区企业经营环境相对较好，竞争性行业环境好于非竞争性行业

企业经营和发展与其所处的外部环境密切相关。本次调查着重从以下八个方面考察企业经营外部环境状况，包括：政府行政管理、法制环境和市场秩序、金融服务、人力资源供应、生产要素配置、基础设施条件、中介组织和技术服务、适合企业经营的诚信社会环境。

关于对当地企业外部环境的综合评价，调查结果显示，25.9%的企业经营者认为“很好”或“较好”，19.2%认为“较差”或“很差”，54.9%认为“一般”，总体评价值为3.04①，略高于中值3。调查表明，总体来看，企业经营者对当前企业综合经营环境状况给予较为积极的评价。

从不同地区看，东部地区的企业经营环境得到评价最高，评价值为3.17，其中认为“很好”或

① 为了便于将调查结果数量化，本次调查关于企业经营环境中的绝大部分主观评价指标都是按照同一规范设计的。这些问题要求企业经营者对某一方面的情况，在“很好”、“较好”、“一般”、“较差”和“很差”中作出自己的选择。这5种选项按照从5到1的顺序进行赋值，并计算选择每一选项的有效样本占总体有效样本的比例，以此为权重来最后计算每项指标评分的有效样本平均值。按照这种评分方法，中值3.0是中性评价，评价值在3~5之间是正面评价（最高评价值为5，表示所有被调查者都选择了最高评价）；反之，评价值在1~3之间是负面评价，1为最低评价值。

“较好”的比重为31.9%，比认为“较差”或“很差”的比重高18.1个百分点。而中部、西部和东北地区的评价值均未超过中值3，分别为2.82、2.83和2.88，其认为“很好”或“较好”的比重均低于认为“较差”或“很差”的比重（见表54）。

表54　企业经营者对“当地企业外部经营环境”的综合评价（%）

	很好	较好	一般	较差	很差	评价值
总体	**0.8**	**25.1**	**54.9**	**15.3**	**3.9**	**3.04**
东部地区企业	1.1	30.8	54.3	11.5	2.3	3.17
中部地区企业	0.2	15.5	56.2	22.2	5.9	2.82
西部地区企业	0.6	15.5	56.5	20.7	6.7	2.83
东北地区企业	0.8	21.0	51.5	18.9	7.8	2.88
农林牧渔业	0.7	21.0	57.3	14.0	7.0	2.94
采掘业	1.2	19.3	49.4	20.5	9.6	2.82
制造业	0.9	26.6	54.6	14.6	3.3	3.07
电力、煤气及水的生产和供应业	1.7	19.5	56.8	14.4	7.6	2.93
建筑业	0.5	19.5	51.9	19.5	8.6	2.84
交通运输、仓储和邮政业	0.9	25.9	57.1	14.3	1.8	3.10
信息传输、计算机服务和软件业	1.2	31.7	51.2	11.0	4.9	3.13
批发和零售业	0.8	24.3	54.6	17.2	3.1	3.03
住宿和餐饮业		33.3	52.4	9.5	4.8	3.14
房地产业	0.8	18.7	56.2	20.3	4.0	2.92
租赁和商务服务业		23.1	61.5	15.4		3.08

注：表中第2至第6列数据为选择相应答案的比重，第7列为以5分制计算（很好=5，较好=4，一般=3，较差=2，很差=1）所得到的平均值，分值越大代表对“当地企业外部经营环境”的评价越好，反之亦然。以下同。

从不同行业看，对经营环境某些方面的评价表现出明显的行业差异。调查结果显示，在非竞争性领域、竞争不完全的领域以及涉及行政性资源分配的领域，包括房地产业、建筑业、采掘业和电力煤气及水的生产和供应业等，某些方面的企业经营环境相对不够完善，其评价值均低于中值3（见表54）。相对而言，这些领域受地方政府干预更多，企业经营者要花较多的时间与政府各部门及其人员打交道，需要负担较多的集资、摊派或其他非税上缴，而且用于政府和监管部门人员的非正式支付也多于其他行业（见表55）。

（二）基础设施环境相对较好

基础设施条件是本次调查所涉及的企业经营环境中得到评价最高的一个方面。调查结果显示，企业经营者的总体评价值为3.60。其中60%以上认为“很好”或“较好”，认为“较差”或“很差”的仅占9%。从不同地区看，东部地区企业评价较高，达到3.69，其次为东北和中部地区，西部地区排名最后，但也达到3.41，说明各地区企业经营者对所在地区基础设施环境较为满意（见表56）。

（三）市场秩序日趋规范，执法效率有待提高

近年来，随着改革的进一步深化，我国企业生存和发展的市场秩序日趋成熟和完善。调查表明，企业经营者对当前企业合同正常执行情况和经营者合法权益得到保障的情况评价相对较高，不过对司法公正和效率的评价则相对较低。

从企业合同正常执行情况看，调查结果显示，56.6%的企业经营者认为“很好”或“较好”，34.6%认为“一般”，只有8.8%认为“较差”或“很差”，总体评价值为3.53。从不同地区看，东部地区的评价值最高，为3.58，西部地区最低，为3.38；从不同经济类型看，民营企业的评价值为

3.54，要高于国有及国有控股公司（见表 57）。

表 55　与政府打交道的时间、非税上缴及非正式支付情况（均值）

	与各政府部门及其工作人员打交道	2005 年向各级政府部门交纳的集资、摊派或其他非税上缴[1]相当于企业销售收入的比重	企业 2005 年用于政府和监管部门人员的非正式支付[2]
总体	**15.5**	**1.58**	**1.18**
农林牧渔业	18.0	2.55	1.47
采掘业	20.2	3.84	1.73
制造业	13.8	1.14	1.12
电力、煤气及水的生产和供应业	21.5	3.88	1.33
建筑业	17.0	2.34	1.28
交通运输、仓储和邮政业	16.5	3.42	1.26
信息传输、计算机服务和软件业	16.9	1.83	1.22
批发和零售业	16.1	1.66	1.26
住宿和餐饮业	15.8	1.81	1.24
房地产业	24.1	1.83	1.34
租赁和商务服务业	19.3	1.34	1.08

注：1. 指的是企业向政府缴纳的除国家规定的预算外资金。
2. 指的是除法规和政府正式要求上交政府的税、费、集资、摊派等以外的支付。由企业经营者对此问题做出“没有”、“有一点”、“比较多”、“非常多”的判断。对选择“非常多”的赋予 5 分，选择“比较多”的赋予 3 分，选择“有一点”的赋予 1 分，选择“没有”的赋予 0 分。此列数据是根据企业经营者的判断平均计算的分值，得分越高说明非正式支付越多，可能分值在 0 ~ 5 分之间。

表 56　对当地“基础设施条件（供水、供电、交通、通讯等）”的评价（%）

	很好	较好	一般	较差	很差	评价值
总体	**8.4**	**53.8**	**28.8**	**7.3**	**1.7**	**3.60**
东部地区企业	10.2	56.9	26.2	5.5	1.2	3.69
中部地区企业	4.4	50.8	32.6	10.4	1.8	3.46
西部地区企业	4.7	47.1	35.1	10.5	2.6	3.41
东北地区企业	12.7	49.2	25.8	7.4	4.9	3.57

表 57　对当地“企业合同正常执行情况”的评价（%）

	很好	较好	一般	较差	很差	评价值
总体	**6.2**	**50.4**	**34.6**	**7.5**	**1.3**	**3.53**
东部地区企业	6.7	53.5	32.0	6.9	0.9	3.58
中部地区企业	6.1	47.1	38.1	7.4	1.3	3.49
西部地区企业	4.6	42.7	41.0	9.3	2.4	3.38
东北地区企业	6.2	49.6	32.6	9.5	2.1	3.48
国有及国有控股公司	4.7	48.2	39.3	6.7	1.1	3.49
国有企业	3.3	46.3	42.8	6.6	1.0	3.44
非国有企业	6.7	51.0	33.3	7.7	1.3	3.54
民营企业	6.9	50.0	34.1	7.7	1.3	3.54
上市公司	4.1	54.6	36.1	5.2		3.58

从知识产权（商标、专有技术等）保护情况看，调查结果显示，36.5%的企业经营者认为“很好”或“较好”，47%认为“一般”，16.5%认为“较差”或“很差”，总体评价值为3.21。从不同地区看，东北地区评价值最高，为3.30，西部地区最低，为3.10；从不同经济类型看，民营企业的评价值为3.23，要高于国有及国有控股公司（见表58）。

表58　对当地“知识产权（商标、专有技术等）保护情况”的评价（%）

	很好	较好	一般	较差	很差	评价值
总体	**3.3**	**33.2**	**47.0**	**13.9**	**2.6**	**3.21**
东部地区企业	3.7	35.1	45.1	13.4	2.7	3.24
中部地区企业	2.9	30.6	49.5	14.4	2.6	3.17
西部地区企业	1.4	27.1	53.6	16.2	1.7	3.10
东北地区企业	5.5	38.6	40.7	11.0	4.2	3.30
国有及国有控股公司	2.2	29.6	51.3	15.4	1.5	3.16
国有企业	1.2	26.6	55.5	14.7	2.0	3.10
非国有企业	3.6	34.2	45.7	13.8	2.7	3.22
民营企业	3.6	34.0	46.8	13.0	2.6	3.23
上市公司	1.0	39.6	41.7	16.7	1.0	3.23

从经营者人身和财产安全保障情况看，调查结果显示，46.8%的企业经营者认为“很好”或“较好”，40.1%认为“一般”，13.1%认为“较差”或“很差”，总体评价值为3.35。从不同地区看，东部地区评价值最高，为3.41，最低的西部地区也达到3.22；从不同经济类型看，上市公司的评价值为3.47，要高于非上市公司（见表59）。

表59　对当地“经营者人身和财产安全保障情况”的评价（%）

	很好	较好	一般	较差	很差	评价值
总体	**4.5**	**42.3**	**40.1**	**9.9**	**3.2**	**3.35**
东部地区企业	5.5	44.6	38.3	8.9	2.7	3.41
中部地区企业	4.0	39.7	40.3	12.0	4.0	3.28
西部地区企业	2.0	36.0	47.5	11.0	3.5	3.22
东北地区企业	3.3	42.2	37.3	11.5	5.7	3.26
国有及国有控股公司	2.9	42.5	42.5	9.3	2.8	3.33
国有企业	1.8	40.9	44.4	9.7	3.2	3.28
非国有企业	4.8	42.6	39.4	10.0	3.2	3.36
民营企业	4.8	41.7	40.0	10.2	3.3	3.35
上市公司	5.2	52.5	29.9	9.3	3.1	3.47

从公检法机关公正执法情况看，调查结果显示，21.1%的企业经营者认为“很好”或“较好”，46.1%认为“一般”，32.8%认为“较差”或“很差”，总体评价值为2.79。从不同地区看，东部地区评价值最高，为2.90，中部地区最低，为2.56（见表60）。

从公检法机关执法效率情况看，调查结果显示，16.8%的企业经营者认为“很好”或“较好”，46.7%认为“一般”，36.5%认为“较差”或“很差”，总体评价值为2.71。从不同地区看，东部地区评价值最高，为2.81，中部地区最低，为2.5（见表61）。

表 60　　对当地“公检法机关公正执法情况”的评价（%）

	很好	较好	一般	较差	很差	评价值
总体	**1.5**	**19.6**	**46.1**	**22.4**	**10.4**	**2.79**
东部地区企业	1.9	22.9	47.0	19.8	8.4	2.90
中部地区企业	1.0	13.7	41.9	27.4	16.0	2.56
西部地区企业	0.7	14.1	48.8	27.0	9.4	2.70
东北地区企业	2.0	17.6	41.6	21.2	17.6	2.65
国有及国有控股公司	1.1	16.6	48.6	23.5	10.2	2.75
国有企业	0.3	17.3	48.7	22.7	11.0	2.73
非国有企业	1.7	20.0	45.6	22.3	10.4	2.80
民营企业	1.7	19.5	44.9	22.7	11.2	2.78
上市公司	1.1	24.2	51.6	14.7	8.4	2.95

表 61　　对当地“公检法机关执法效率情况”的评价（%）

	很好	较好	一般	较差	很差	评价值
总体	**1.3**	**15.5**	**46.7**	**25.4**	**11.1**	**2.71**
东部地区企业	1.5	19.1	47.6	22.6	9.2	2.81
中部地区企业	0.8	10.2	42.8	30.1	16.1	2.50
西部地区企业	0.7	8.8	48.4	31.9	10.2	2.58
东北地区企业	1.3	13.8	44.4	21.7	18.8	2.57
国有及国有控股公司	1.0	13.1	48.5	26.9	10.5	2.67
国有企业	0.3	12.9	49.2	26.6	11.0	2.65
非国有企业	1.4	16.0	46.2	25.2	11.2	2.71
民营企业	1.3	16.0	45.4	25.4	11.9	2.69
上市公司	1.1	16.8	52.6	23.2	6.3	2.83

调查表明，企业经营者对当前公检法机关公正执法和执法效率情况评价一般，表明企业经营者对公检法部门如何完善与企业经营相关的执法环境充满期待。

（四）对减少政府行政干预、增加政策透明度较为满意，期待完善行政执法环境

从政策和规章制度公开透明情况看，企业经营者总体评价相对较好。调查结果显示，40.8%的企业经营者认为“很好”或“较好”，44.6%认为“一般”，14.6%认为“较差”或“很差”，总体评价值为3.28。从不同地区看，东部地区评价值最高，达到3.37，明显高于其他地区（见表62）。

表 62　　对当地“政策和规章制度公开透明情况”的评价（%）

	很好	较好	一般	较差	很差	评价值
总体	**4.7**	**36.1**	**44.6**	**11.8**	**2.8**	**3.28**
东部地区企业	5.6	39.7	42.7	10.0	2.0	3.37
中部地区企业	2.9	29.8	47.8	15.6	3.9	3.12
西部地区企业	3.3	29.3	49.7	13.8	3.9	3.14
东北地区企业	4.9	36.2	41.2	12.8	4.9	3.23

从地方政府对企业是否干预过多看，调查结果显示，42%的企业经营者认为“很好”或“较好”，44.2%认为“一般”，13.8%认为“较差”或“很差”，总体评价值为3.33，相对较好。从不同地区看，东部地区评价值为3.41，明显高于其他地区。调查表明，地方政府在减少对企业的不必要干预方面，取得一定成效（见表63）。

表63 对当地“地方政府对企业是否干预过多”的评价（%）

	很好	较好	一般	较差	很差	评价值
总体	**7.3**	**34.7**	**44.2**	**10.9**	**2.9**	**3.33**
东部地区企业	8.5	37.1	43.2	9.1	2.1	3.41
中部地区企业	5.4	32.3	45.3	13.3	3.7	3.22
西部地区企业	4.4	30.0	46.4	14.3	4.9	3.15
东北地区企业	8.3	29.3	45.5	13.2	3.7	3.25

从行政审批手续方便简捷情况看，调查结果显示，31.4%的企业经营者认为“很好”或“较好”，42.3%认为“一般”，26.3%认为“较差”或“很差”，总体评价值为3.03，略高于中值3。从不同地区看，东部地区明显好于中西部和东北地区（见表64）。

表64 对当地“行政审批手续方便简捷情况”的评价（%）

	很好	较好	一般	较差	很差	评价值
总体	**3.8**	**27.6**	**42.3**	**19.9**	**6.4**	**3.03**
东部地区企业	4.9	31.9	41.9	16.6	4.7	3.16
中部地区企业	1.7	22.5	43.6	24.0	8.2	2.86
西部地区企业	2.4	16.6	43.9	27.8	9.3	2.75
东北地区企业	2.5	28.7	38.1	20.9	9.8	2.93

从行政执法机关（工商、税务、质检等）公正执法情况看，调查结果显示，27.3%的企业经营者认为“很好”或“较好”，47.4%认为“一般”，25.3%认为“较差”或“很差”，总体评价值为2.97，低于中值3。从不同地区看，东部地区评价值为3.08，相对比较正面；而其他地区均明显低于中值3（见表65）。

表65 对当地“行政执法机关（工商、税务、质检等）公正执法情况”的评价（%）

	很好	较好	一般	较差	很差	评价值
总体	**2.0**	**25.3**	**47.4**	**18.7**	**6.6**	**2.97**
东部地区企业	2.4	29.7	46.9	15.9	5.1	3.08
中部地区企业	1.0	19.5	45.9	22.7	10.9	2.77
西部地区企业	1.1	17.3	51.4	24.1	6.1	2.83
东北地区企业	3.7	19.8	47.2	19.8	9.5	2.88

从行政执法机关（工商、税务、质检等）执法效率情况看，调查结果显示，25.6%的企业经营者认为“很好”或“较好”，50%认为“一般”，24.4%认为“较差”或“很差”，总体评价值为2.97，低于中值3。从不同地区看，东部地区评价值为3.08，相对比较正面；而其他地区均低于中值3（见表66）。

表66 对当地“行政执法机关（工商、税务、质检等）执法效率情况”的评价（%）

	很好	较好	一般	较差	很差	评价值
总体	**2.0**	**23.6**	**50.0**	**18.6**	**5.8**	**2.97**
东部地区企业	2.4	27.5	50.0	15.7	4.4	3.08
中部地区企业	1.0	17.9	49.2	22.3	9.6	2.78
西部地区企业	1.3	15.5	51.4	25.5	6.3	2.80
东北地区企业	3.3	22.8	48.6	17.8	7.5	2.97

关于政府官员廉洁守法情况，调查结果显示，20.6%的企业经营者认为“很好”或“较好”，

44.5%认为“一般”，34.9%认为“较差”或“很差”，总体评价值为2.75，明显低于中值3。从不同地区看，东部地区情况相对好一些，评价值为2.84，也未超过中值3（见表67）。

表67　对当地“政府官员廉洁守法情况”的评价（%）

	很好	较好	一般	较差	很差	评价值
总体	**1.6**	**19.0**	**44.5**	**23.0**	**11.9**	**2.75**
东部地区企业	2.1	22.0	44.2	21.4	10.3	2.84
中部地区企业	0.8	14.3	44.5	24.6	15.8	2.60
西部地区企业	1.1	12.9	45.3	28.2	12.5	2.62
东北地区企业	0.8	18.7	46.0	19.9	14.6	2.71

（五）企业融资难问题尚未缓解

关于企业从银行贷款的难易程度，调查结果显示，51.7%的企业经营者认为“很难”或“较难”，30.6%认为“一般”，仅17.7%认为“很容易”或“较容易”，总体评价值为2.44。从不同地区看，东部地区相对较好，评价值为2.60，明显好于其他地区（见表68）。

表68　对当地“企业从银行贷款的难易程度”的评价（%）

	很容易	较容易	一般	较难	很难	评价值
总体	**1.8**	**15.9**	**30.6**	**27.9**	**23.8**	**2.44**
东部地区企业	2.2	18.7	34.8	25.7	18.6	2.60
中部地区企业	0.2	12.1	24.1	30.9	32.7	2.16
西部地区企业	1.9	11.7	23.1	33.6	29.7	2.23
东北地区企业	1.6	9.9	27.6	25.9	35.0	2.17
大型企业	5.9	31.7	31.6	20.6	10.2	3.03
中型企业	1.7	17.2	32.5	27.4	21.2	2.51
小型企业	0.7	9.6	28.5	30.7	30.5	2.19
国有及国有控股公司	2.0	20.3	31.5	28.3	17.9	2.60
国有企业	2.1	18.4	31.0	29.1	19.4	2.55
非国有企业	1.7	15.5	30.5	28.0	24.3	2.42
民营企业	1.2	13.6	29.5	28.5	27.2	2.33
上市公司	9.3	35.1	30.9	17.5	7.2	3.22

关于企业从银行贷款是否要付出规定利率之外的额外费用，调查结果显示，29.3%的企业经营者认为“很少”或“较少”，40.3%认为“一般”，30.4%认为“较多”或“很多”，总体评价值为2.95。从不同地区看，东部地区的评价值为3.08，其他地区均低于2.80（见表69）。

表69　对当地“从银行贷款是否要付出规定利率之外的额外费用”的评价（%）

	很少	较少	一般	较多	很多	评价值
总体	**6.4**	**22.9**	**40.3**	**20.2**	**10.2**	**2.95**
东部地区企业	7.8	25.9	41.0	17.1	8.2	3.08
中部地区企业	3.8	17.8	39.5	25.0	13.9	2.73
西部地区企业	4.3	19.6	38.3	27.1	10.7	2.80
东北地区企业	6.6	17.6	39.2	18.5	18.1	2.76
大型企业	11.2	32.3	41.5	10.5	4.5	3.35
中型企业	6.5	24.0	40.4	19.4	9.7	2.98
小型企业	5.0	19.0	39.5	24.0	12.5	2.80
国有及国有控股公司	6.3	26.5	45.1	16.8	5.3	3.12

续表

	很少	较少	一般	较多	很多	评价值
国有企业	5.0	26.2	46.1	16.9	5.8	3.08
非国有企业	6.6	22.4	39.4	20.7	10.9	2.93
民营企业	5.7	20.6	38.3	22.6	12.8	2.84
上市公司	17.4	34.7	33.7	10.9	3.3	3.52

无论从贷款难易程度看，还是从贷款是否要付出规定利率之外的额外费用看，大型企业融资环境明显好于中小型企业；国有企业好于民营企业；上市公司明显好于非上市公司。

关于企业从民间渠道筹资的难易程度，调查结果显示，45.6%的企业经营者认为“很难”或“较难”，37.4%认为“一般”，17%认为“很容易”或“较容易”，总体评价值为2.59。从不同地区看，东部地区的情况相对略好一些，评价值为2.65；中部地区次之，为2.60；西部和东北地区最低，仅分别为2.37和2.51（见表70）。

表70　　对当地“企业从民间渠道筹资的难易程度”的评价（%）

	很容易	较容易	一般	较难	很难	评价值
总体	**1.8**	**15.2**	**37.4**	**31.1**	**14.5**	**2.59**
东部地区企业	2.0	15.6	40.1	29.5	12.8	2.65
中部地区企业	1.1	17.0	36.0	32.8	13.1	2.60
西部地区企业	1.4	12.3	28.7	37.1	20.5	2.37
东北地区企业	2.6	14.2	36.0	26.2	21.0	2.51
大型企业	1.3	11.5	37.1	34.9	15.2	2.49
中型企业	1.6	15.3	37.3	31.4	14.4	2.58
小型企业	2.1	16.0	37.7	29.7	14.5	2.62
国有及国有控股公司	0.9	11.5	34.4	37.5	15.7	2.44
国有企业	0.5	12.1	33.5	37.4	16.5	2.43
非国有企业	2.0	15.6	37.9	30.2	14.3	2.61
民营企业	2.1	16.2	38.7	29.3	13.7	2.64
上市公司	1.1	8.9	33.3	42.3	14.4	2.40

与从银行贷款情况正好相反，小型企业从民间融资比大中型企业容易，民营企业比国有企业容易。

值得关注的是，尽管从银行和民间均很难融到资金，但中部和东北地区企业经营者对当地民间融资难易程度的评价明显好于对从银行贷款的难易程度的评价。

（六）技术、管理人才和熟练工人短缺情况比较严重

关于在当地找到需要的熟练工人的难易程度，调查结果显示，50.8%的企业经营者认为“很难”或“较难”，36.6%认为“一般”，仅12.6%认为“很容易”或“较容易”，总体评价值为2.51。从不同行业看，服装业的评价值仅为1.91，纺织业为2.31，均明显低于其他行业；从不同地区看，东北地区的评价值最高，其次为中部和西部地区，而东部地区则是最低的（见表71）。这种情况可能与东部地区对熟练工人的需求量相对更大相关。

关于在当地找到需要的技术人员的难易程度，调查结果显示，11.4%的企业经营者认为“很容易”或“较容易”，33.1%认为“一般”，55.5%认为“较难”或“很难”，总体评价值为2.43。从不同地区看，东北地区的评价值为2.51，要高于其他地区；从不同行业看，信息传输计算机服务和软件业、租赁和商务服务业、房地产业这三个行业的评价值相对较高（见表72）。

表 71　　对当地“找到需要的熟练工人的难易程度”的评价（%）

	很容易	较容易	一般	较难	很难	评价值
总体	**0.8**	**11.8**	**36.6**	**39.6**	**11.2**	**2.51**
东部地区企业	0.7	10.8	35.5	41.2	11.8	2.47
中部地区企业	0.5	12.6	40.0	38.8	8.1	2.59
西部地区企业	1.0	12.6	37.3	37.3	11.8	2.54
东北地区企业	2.0	17.2	36.5	31.6	12.7	2.64
制造业	0.6	11.3	33.8	41.5	12.8	2.45
食品饮料制造业		11.6	32.4	44.4	11.6	2.44
纺织业	0.5	9.5	29.5	41.5	19.0	2.31
服装及其他纤维制品制造业		2.2	14.6	55.1	28.1	1.91
造纸及纸制品业		14.3	28.6	45.2	11.9	2.45
化学原料及化学制品制造业	0.7	10.4	43.4	35.1	10.4	2.56
医药制造业	2.3	14.8	40.9	37.5	4.5	2.73
化学纤维制造业		10.5	47.4	36.8	5.3	2.63
橡胶制品业		9.3	31.5	53.6	5.6	2.45
塑料制品业	0.9	7.3	35.8	42.2	13.8	2.39
非金属矿物制品业	1.7	11.6	39.8	37.0	9.9	2.58
黑色金属冶炼及压延加工业		18.7	31.9	36.2	13.2	2.56
有色金属冶炼及压延加工业	1.4	9.5	37.7	33.8	17.6	2.43
金属制品业	1.2	9.1	33.5	48.3	7.9	2.47
普通机械制造业	0.4	11.9	33.8	37.0	16.9	2.42
专用设备制造业	0.4	13.2	30.6	45.9	9.9	2.48
交通运输设备制造业	0.8	8.5	33.1	46.1	11.5	2.41
电气机械及器材制造业	0.6	17.1	33.1	34.9	14.3	2.55
电子及通信设备制造业	1.7	14.9	24.0	45.4	14.0	2.45
仪器仪表及文化办公用机械制造业		11.3	40.3	43.6	4.8	2.58

表 72　　对当地“找到需要的技术人员的难易程度”的评价（%）

	很容易	较容易	一般	较难	很难	评价值
总体	**0.6**	**10.8**	**33.1**	**41.6**	**13.9**	**2.43**
东部地区企业	0.5	10.8	32.9	42.1	13.7	2.42
中部地区企业	0.8	8.9	35.3	42.1	12.9	2.43
西部地区企业	0.6	12.0	30.2	41.5	15.7	2.40
东北地区企业	0.8	13.6	36.4	34.3	14.9	2.51
农林牧渔业	1.4	7.7	39.1	33.6	18.2	2.41
采掘业		4.8	35.7	46.4	13.1	2.32
制造业	0.4	9.7	30.0	43.7	16.2	2.34
电力、煤气及水的生产和供应业	0.8	10.9	37.0	37.0	14.3	2.47
建筑业	1.1	11.3	38.7	38.7	10.2	2.54
交通运输、仓储和邮政业	0.9	14.2	32.7	46.0	6.2	2.58
信息传输、计算机服务和软件业	1.2	20.7	35.4	35.4	7.3	2.73
批发和零售业	1.3	11.8	43.2	36.1	7.6	2.63
住宿和餐饮业		9.5	26.2	57.2	7.1	2.38
房地产业	0.8	17.9	39.7	32.9	8.7	2.69
租赁和商务服务业		15.4	48.7	25.6	10.3	2.69
食品饮料制造业		12.0	25.0	47.1	15.9	2.33
纺织业		9.5	31.2	41.7	17.6	2.33

续表

	很容易	较容易	一般	较难	很难	评价值
服装及其他纤维制品制造业		2.2	21.1	56.7	20.0	2.06
造纸及纸制品业		16.7	23.8	42.8	16.7	2.41
化学原料及化学制品制造业	1.1	9.3	36.2	42.2	11.2	2.47
医药制造业	1.1	9.0	37.1	41.6	11.2	2.47
化学纤维制造业		5.3	42.0	31.6	21.1	2.32
橡胶制品业		7.4	24.1	57.4	11.1	2.28
塑料制品业		9.1	32.7	40.0	18.2	2.33
非金属矿物制品业	1.1	11.7	38.4	34.4	14.4	2.51
黑色金属冶炼及压延加工业		11.1	37.7	35.6	15.6	2.44
有色金属冶炼及压延加工业	1.4	6.8	27.0	40.5	24.3	2.21
金属制品业	0.6	10.4	24.5	50.4	14.1	2.33
普通机械制造业		10.5	26.4	43.2	19.9	2.28
专用设备制造业		10.0	26.6	49.3	14.1	2.33
交通运输设备制造业		7.9	25.2	45.6	21.3	2.20
电气机械及器材制造业	1.1	11.5	30.5	41.4	15.5	2.41
电子及通信设备制造业	0.8	8.3	28.1	52.1	10.7	2.36
仪器仪表及文化办公用机械制造业		9.5	36.5	39.7	14.3	2.41

关于在当地找到需要的管理人员的难易程度，调查结果显示，11.8%的企业经营者认为“很容易”或“较容易”，37.7%认为“一般”，50.5%认为“很难”或“较难”，总体评价值为2.49。从不同地区看，东部地区和东北地区要好于中西部地区；从不同行业看，交通运输仓储和邮政业、信息传输计算机服务和软件业、租赁和商务服务业、房地产业这四个行业的评价值相对较高（见表73）。

表73　对当地“找到需要的管理人员的难易程度”的评价（%）

	很容易	较容易	一般	较难	很难	评价值
总体	**0.7**	**11.1**	**37.7**	**37.2**	**13.3**	**2.49**
东部地区企业	0.6	11.9	38.7	36.3	12.5	2.52
中部地区企业	0.9	8.5	37.9	39.7	13.0	2.45
西部地区企业	0.6	10.1	33.3	40.2	15.8	2.40
东北地区企业	1.2	12.7	39.8	30.3	16.0	2.53
农林牧渔业	2.1	9.9	33.1	37.3	17.6	2.42
采掘业	1.2	4.8	34.5	45.2	14.3	2.33
制造业	0.5	10.1	37.0	38.1	14.3	2.44
电力、煤气及水的生产和供应业	0.9	10.3	37.6	35.0	16.2	2.45
建筑业	1.6	10.7	39.5	38.0	10.2	2.56
交通运输、仓储和邮政业	0.9	19.6	38.4	28.6	12.5	2.68
信息传输、计算机服务和软件业	1.2	22.2	34.6	32.1	9.9	2.73
批发和零售业	1.0	10.5	41.0	38.3	9.2	2.56
住宿和餐饮业		11.9	42.8	31.0	14.3	2.52
房地产业	0.8	15.9	41.8	31.5	10.0	2.66
租赁和商务服务业		12.8	51.3	28.2	7.7	2.69
食品饮料制造业	0.5	11.5	27.4	44.7	15.9	2.36
纺织业	1.0	12.1	43.4	28.3	15.2	2.55
服装及其他纤维制品制造业	1.1	10.0	31.1	37.8	20.0	2.34
造纸及纸制品业		14.3	28.6	35.7	21.4	2.36

续表

	很容易	较容易	一般	较难	很难	评价值
化学原料及化学制品制造业		9.6	41.1	35.2	14.1	2.46
医药制造业		9.2	43.7	32.2	14.9	2.47
化学纤维制造业		5.6	27.7	55.6	11.1	2.28
橡胶制品业		11.1	31.5	48.1	9.3	2.44
塑料制品业		9.9	43.3	33.3	13.5	2.50
非金属矿物制品业	1.1	11.2	43.0	29.6	15.1	2.54
黑色金属冶炼及压延加工业		11.2	34.9	39.3	14.6	2.43
有色金属冶炼及压延加工业	2.7	5.4	36.5	35.1	20.3	2.35
金属制品业	0.6	10.4	28.7	50.5	9.8	2.42
普通机械制造业	0.4	9.8	35.5	39.1	15.2	2.41
专用设备制造业		10.8	36.5	40.3	12.4	2.46
交通运输设备制造业		7.0	38.0	43.4	11.6	2.40
电气机械及器材制造业	1.1	13.1	32.0	38.9	14.9	2.47
电子及通信设备制造业	0.8	10.7	37.7	41.0	9.8	2.52
仪器仪表及文化办公用机械制造业		6.5	43.5	35.5	14.5	2.42

调查结果表明，在企业尤其是国有企业普遍存在冗员的情况下，技术、管理和熟练劳工的短缺反映了当前比较严重的人才结构问题，同时也反映了企业经营者对完善我国教育、培训体制，加快培养满足企业需要的合格人才的期待。

（七）律师、会计师等市场服务情况较好，行业协会、技术服务等中介服务市场亟待培育

从对当地律师、会计师等市场服务条件的评价来看，调查结果显示，33.3%的企业经营者认为“很好”或“较好”，52.5%认为“一般”，14.2%认为“较差”或“很差”，总体评价值为3.18。从不同地区看，东部地区企业的评价值最高，为3.27，其次为东北地区，中、西部地区相对较低（见表74）。

表 74　对当地“律师、会计师等市场服务条件如何”的评价（%）

	很好	较好	一般	较差	很差	评价值
总体	**1.9**	**31.4**	**52.5**	**11.4**	**2.8**	**3.18**
东部地区企业	2.5	36.1	49.7	9.4	2.3	3.27
中部地区企业	0.7	23.8	59.4	12.8	3.3	3.06
西部地区企业	1.0	22.0	56.3	17.0	3.7	3.00
东北地区企业	1.7	31.8	50.4	12.0	4.1	3.15

在发达的市场经济国家，行业协会在产业协调、制定技术规范、人员培训、信息传播、解决贸易争端等方面发挥着非常重要的作用。关于当地行业协会的发展及其对企业的帮助，调查结果显示，19.1%的企业经营者认为当地行业协会的发展及其对企业的帮助“很好”或“较好”，41%认为“一般”，39.9%认为“较差”或“很差”，总体评价值为2.69。从不同地区看，东部地区企业评价值较高，也只有2.77，其次为中部和东北地区，西部地区最低，仅为2.55；从不同行业看，信息传输计算机服务和软件业、住宿和餐饮业、租赁和商务服务业、医药制造业这四个行业的评价值相对较高，均超过2.8（见表75）。

从当地技术服务条件看，调查结果显示，14%的企业经营者认为“很好”或“较好”，51.1%认为“一般”，34.9%认为“较差”或“很差”，总体评价值为2.72。从不同地区看，东部地区企业的评价值较高，为2.82，其次为东北和中部地区，而西部地区最低，仅为2.52（见表76）。

表 75　　对当地“行业协会的发展如何，对企业是否有帮助”的评价（%）

	很好	较好	一般	较差	很差	评价值
总体	**1.6**	**17.5**	**41.0**	**28.1**	**11.8**	**2.69**
东部地区企业	1.8	19.8	42.0	26.4	10.0	2.77
中部地区企业	1.7	13.7	39.8	30.0	14.8	2.58
西部地区企业	0.7	14.1	38.9	32.1	14.2	2.55
东北地区企业	1.3	14.8	39.2	29.1	15.6	2.57
农林牧渔业	1.4	16.3	36.2	32.6	13.5	2.60
采掘业	2.5	14.8	39.5	29.6	13.6	2.63
制造业	1.5	17.0	39.7	29.6	12.2	2.66
电力、煤气及水的生产和供应业	1.7	20.7	41.4	24.1	12.1	2.76
建筑业	0.5	17.0	52.3	21.4	8.8	2.79
交通运输、仓储和邮政业	0.9	17.9	43.7	30.4	7.1	2.75
信息传输、计算机服务和软件业	4.9	23.2	42.6	17.1	12.2	2.92
批发和零售业	1.6	17.8	43.9	26.5	10.2	2.74
住宿和餐饮业	2.4	21.4	47.7	21.4	7.1	2.91
房地产业	1.2	17.7	38.1	25.7	17.3	2.60
租赁和商务服务业		23.1	41.0	30.8	5.1	2.82
食品饮料制造业	1.0	20.5	36.5	28.8	13.2	2.67
纺织业	1.0	16.8	43.1	25.4	13.7	2.66
服装及其他纤维制品制造业	1.1	20.2	39.4	23.6	15.7	2.67
造纸及纸制品业	2.4	26.8	29.4	26.8	14.6	2.76
化学原料及化学制品制造业	1.5	17.2	40.4	28.5	12.4	2.67
医药制造业	3.4	23.0	38.0	21.8	13.8	2.80
化学纤维制造业		10.5	52.7	26.3	10.5	2.63
橡胶制品业		17.0	34.0	37.7	11.3	2.57
塑料制品业		20.2	41.2	24.8	13.8	2.68
非金属矿物制品业	1.1	14.5	41.9	29.1	13.4	2.61
黑色金属冶炼及压延加工业	1.1	22.7	28.4	36.4	11.4	2.66
有色金属冶炼及压延加工业	1.3	6.7	41.3	34.7	16.0	2.43
金属制品业	3.1	14.4	40.6	32.5	9.4	2.69
普通机械制造业	1.1	14.8	38.2	31.8	14.1	2.57
专用设备制造业	0.8	15.4	37.9	33.8	12.1	2.59
交通运输设备制造业	1.6	18.1	44.9	23.6	11.8	2.74
电气机械及器材制造业	2.3	20.2	40.5	28.3	8.7	2.79
电子及通信设备制造业	1.7	15.0	44.9	29.2	9.2	2.71
仪器仪表及文化办公用机械制造业	3.2	11.3	32.3	45.1	8.1	2.56

表 76　　对当地“技术服务条件如何”的评价（%）

	很好	较好	一般	较差	很差	评价值
总体	**1.0**	**13.0**	**51.1**	**26.9**	**8.0**	**2.72**
东部地区企业	1.2	15.3	54.3	22.6	6.6	2.82
中部地区企业	0.4	9.2	47.5	33.7	9.2	2.58
西部地区企业	0.4	8.6	45.1	34.6	11.3	2.52
东北地区企业	1.7	13.6	45.0	29.8	9.9	2.67

从当地产品出口服务条件看，调查结果显示，28.5%的企业经营者认为“很好”或“较好”，52.6%认为“一般”，18.9%认为“较差”或“很差”，总体评价值为3.07。从不同地区看，出口服

务条件具有明显的地区差异，东部地区评价值高达3.24，而其他地区均不超过中值3（见表77）。

表77　对当地“产品出口服务条件如何”的评价（%）

	很好	较好	一般	较差	很差	评价值
总体	**2.2**	**26.3**	**52.6**	**14.3**	**4.6**	**3.07**
东部地区企业	3.0	33.1	51.9	9.2	2.8	3.24
中部地区企业	0.7	15.7	55.2	22.3	6.1	2.83
西部地区企业	0.5	13.5	51.3	25.6	9.1	2.71
东北地区企业	3.3	20.2	54.9	14.1	7.5	2.98

调查表明，企业经营者对律师、会计师服务情况较为满意，期望尽快培育和完善行业协会、技术服务等中介服务市场。

（八）期待建立诚信的社会环境

诚信的社会环境对企业经营、发展有明显的正面影响。调查结果显示，关于当地企业经营的社会环境的诚信情况，26.5%的企业经营者认为“很好”或“较好”，52.2%认为“一般”，21.3%认为“较差”或“很差”，总体评价值为3.02，略高于中值3。其中东部地区评价相对较高，为3.14；其他地区均低于2.84，这些地区企业经营者认为当地诚信环境“较差”或“很差”的比认为“很好”或“较好”的多7.4个百分点以上（见表78）。

表78　对当地“适合企业经营的诚信社会环境”的评价（%）

	很好	较好	一般	较差	很差	评价值
总体	**1.5**	**25.0**	**52.2**	**16.2**	**5.1**	**3.02**
东部地区企业	2.0	30.6	50.6	13.2	3.6	3.14
中部地区企业	0.7	16.7	54.1	22.4	6.1	2.84
西部地区企业	1.0	14.8	56.9	19.3	8.0	2.82
东北地区企业	0.8	20.7	49.6	19.4	9.5	2.84

调查表明，各地区适合企业经营的诚信社会环境存在一定差异，企业经营者期望尽快建立诚信的社会环境。

三、对宏观调控政策和经济体制改革的意见和建议

（一）对宏观调控的判断和建议

1. *多数企业经营者认为国家宏观调控政策的松紧度比较合适、略显偏松*

关于当前的宏观调控政策的松紧程度，调查结果显示，22.6%的企业经营者认为“偏紧”，39.8%认为“合适”，34.1%认为“偏松”，认为“偏松”的比认为“偏紧”的多11.5个百分点（见表79）。

表79　对迄今为止政府采取的宏观调控政策松紧程度的判断（%）

	过紧	偏紧	合适	偏松	过松
总体	**1.9**	**22.6**	**39.8**	**34.1**	**1.6**
东部地区企业	1.4	21.9	40.4	34.8	1.5
中部地区企业	2.7	23.8	38.0	33.7	1.8
西部地区企业	2.8	24.7	39.8	31.6	1.1
东北地区企业	2.4	20.0	39.2	34.7	3.7

调查表明，总体来看，企业经营者认为目前的宏观经济政策比较合适、略显偏松，建议在继续保持目前稳健的财政政策和货币政策的基础上，适时适度紧缩政策操作的力度。

2. 多数企业经营者建议下半年应采取稳健的货币政策

关于2006年下半年应采取的宏观经济政策，调查结果显示，34.8%的企业经营者建议应采取“稳健的货币政策和稳健的财政政策”，32.2%建议应采取“稳健的货币政策和积极的财政政策”，选择“适度放松的货币政策和稳健的财政政策”和“适度放松的货币政策和积极的财政政策”的比重相对较小，分别为19%和14%（见表80）。

表80　　下半年应采取的宏观经济政策（%）

	稳健的货币政策和积极的财政政策	稳健的货币政策和稳健的财政政策	适度放松的货币政策和稳健的财政政策	适度放松的货币政策和积极的财政政策
总体	**32.2**	**34.8**	**19.0**	**14.0**
东部地区企业	32.3	37.2	18.5	12.0
中部地区企业	31.2	31.5	20.2	17.1
西部地区企业	31.7	31.6	19.2	17.5
东北地区企业	36.1	28.6	19.5	15.8
大型企业	33.6	37.7	16.8	11.9
中型企业	31.8	33.9	20.0	14.3
小型企业	32.2	34.7	18.5	14.6
国有及国有控股公司	36.3	36.5	15.3	11.9
国有企业	38.2	36.1	15.7	10.0
非国有企业	31.4	34.6	19.5	14.5
民营企业	30.5	33.5	20.7	15.3
上市公司	33.0	40.4	18.1	8.5

调查表明，67%的企业经营者建议采取稳健的货币政策，这与政府的政策取向是一致的。与此同时，有近一半的企业经营者建议采取积极的财政政策，也许可以反映出企业经营者对减税的期盼。

（二）对经济体制改革的评价和建议

1. 经济体制改革成效较为明显，期望切实转变政府职能，迫切期待垄断性行业改革和社会保障体系的健全

近年来，在我国经济快速增长的同时改革也在不断深入，围绕着市场化、法治化的各项改革逐步进入关键时期。本次调查请企业经营者对近两年来有关改革成效进行评价。调查结果显示，认为这些改革取得成效的比重大多明显高于认为“尚未见效”的，表明企业经营者对改革成效给予了比较积极的评价。

对于各项改革，按企业经营者评价高低，即“效果很好”与“效果较好”的比重之和大小排序依次是：促进民营企业发展（45.6%）、产权制度改革（27.9%）、健全社会保障体系（27.8%）、国有企业改革（25.8%）、投资体制改革（25.7%）、政府职能转变（24.6%）、财税体制改革（21.9%）、金融体制改革（20.9%）、土地制度改革（20.8%）和垄断性行业改革（5.9%）（见表81）。

值得注意的是，2004年以来认为垄断性行业改革“尚未见效”的企业经营者比重有所增加，到2006年选择比重已超过三分之二（66.8%），比2004年提高了29.7个百分点；认为政府职能转变“效果很好”或“效果较好”的比重与2005年相比有所下降；认为健全社会保障体系改革“效果很好”或“效果较好”的比重更是从2004年的45.9%降为2005年29.8%，到2006年进一步降到27.8%（见表81）。调查结果表明了上述改革的艰巨性及企业经营者对进一步深化改革的更多期待。

表 81　　对近两年来有关改革成效的评价（%）

		效果很好	效果较好	有些效果	尚未见效	效果很好 + 效果较好
政府职能转变	2006 年	2.8	21.8	57.1	18.3	24.6
	2005 年	4.6	24.8	53.4	17.2	29.4
	2004 年	0.9	23.7	59.3	16.1	24.6
垄断性行业改革	2006 年	0.8	5.1	27.3	66.8	5.9
	2005 年	1.5	9.4	37.4	51.7	10.9
	2004 年	0.4	12.3	50.2	37.1	12.7
产权制度改革	2006 年	2.8	25.1	58.2	13.9	27.9
	2005 年	3.6	25.1	53.9	17.4	28.7
	2004 年	2.5	36.4	49.2	11.9	38.9
投资体制改革	2006 年	2.1	23.6	53.8	20.5	25.7
	2005 年	1.5	19.2	53.2	26.1	20.7
	2004 年	1.4	30.2	53.3	15.1	31.6
健全社会保障体系	2006 年	3.1	24.7	54.9	17.3	27.8
	2005 年	4.4	25.4	52.2	18.0	29.8
	2004 年	3.7	42.2	44.6	9.5	45.9
土地制度改革	2006 年	2.2	18.6	51.4	27.8	20.8
	2005 年	3.0	18.4	50.5	28.1	21.4
金融体制改革	2006 年	1.4	19.5	50.4	28.7	20.9
	2005 年	1.6	13.8	44.5	40.1	15.4
	2004 年	1.1	18.3	52.6	28.0	19.4
财税体制改革	2006 年	2.6	19.3	48.2	29.9	21.9
	2005 年	2.1	13.8	45.9	38.2	15.9
	2004 年	1.7	20.2	53.4	24.7	21.9
国有企业改革	2006 年	2.9	22.9	53.3	20.9	25.8
	2005 年	3.6	20.4	51.1	24.9	24.0
促进民营企业发展	2006 年	8.5	37.1	40.0	14.4	45.6
	2005 年	5.8	28.4	49.9	15.9	34.2

当请企业经营者提出当前最紧迫的三项改革时，按选择比重的多少排在前三位的依次是：政府职能转变（70.7%）、垄断性行业改革（49.2%）和健全社会保障体系（43.7%）①。企业经营者认为其他几项紧迫的改革依次是：促进民营企业发展（30.9%）、财税体制改革（25.2%）、金融体制改革（20.5%）、产权制度改革（15.9%）、国有企业改革（15.3%）、土地制度改革（13.5%）和投资体制改革（9.9%）。

与 2005 年调查结果相比，垄断性行业改革的紧迫性上升了 18.3 个百分点，排名从 2005 年的第四位上升到 2006 年的第二位，表明企业经营者对打破垄断的迫切期待。从不同经济类型看，民营企业更加关注金融体制改革和财税体制改革，分别比国有企业多 14.4 和 8.5 个百分点；国有企业则更加关注产权制度改革，认为其具有紧迫性的比重比民营企业多 17.6 个百分点。从不同规模的企业看，企业越大越关注产权制度改革，企业越小越关注金融体制改革和财税体制改革（见表 82）。

① 2005 年排名前三位依次是：政府职能转变（66.9%）、健全社会保障体系（37.5%）和金融体制改革（32%）。

表 82 对有关改革紧迫性的判断（%）

	总体	2005总体	地区				规模			经济类型			企业类型	
			东部	中部	西部	东北	大型	中型	小型	国有及国有控股	其中：国有	非国有	民营企业	上市公司
政府职能转变	**70.7**	66.9	69.3	72.2	74.8	69.6	73.4	71.3	69.6	77.9	79.0	69.6	68.9	74.2
垄断性行业改革	**49.2**	30.9	50.9	44.6	49.9	43.7	40.2	48.7	52.4	45.4	44.3	50.0	50.0	46.4
健全社会保障体系	**43.7**	37.5	42.6	46.0	44.9	44.9	50.0	44.2	41.4	53.5	54.8	42.1	40.3	53.6
促进民营企业发展	**30.9**	25.3	30.3	33.3	30.5	30.4	19.9	30.0	35.3	9.5	9.0	34.1	39.2	12.4
财税体制改革	**25.2**	30.2	28.0	20.2	19.5	27.5	21.6	24.5	26.8	19.2	17.9	26.3	26.4	29.9
金融体制改革	**20.5**	32.0	20.2	21.5	19.5	24.3	14.0	21.5	21.3	10.6	9.8	22.1	24.2	13.4
产权制度改革	**15.9**	25.7	14.7	18.4	16.9	17.4	22.7	16.2	13.3	28.5	29.7	13.8	12.1	21.6
国有企业改革	**15.3**	21.5	13.4	17.3	19.2	18.6	29.6	15.9	10.6	37.4	38.1	12.0	8.5	13.4
土地制度改革	**13.5**	8.6	15.6	10.1	11.4	7.7	14.0	13.2	13.7	9.5	9.0	14.1	14.1	16.5
投资体制改革	**9.9**	12.6	9.7	10.1	10.3	10.1	10.3	9.3	10.5	6.0	6.6	10.4	10.5	9.3

2. 国企改革首要的是进行体制改革，同时注重冗员安置和配套措施的完善

关于当前国有企业改革遇到的主要障碍，调查结果显示，企业经营者首选“传统体制”（56.7%），其次是冗员安置（37.6%）、配套措施及环境不完善（32.7%）。企业经营者认为其他几项国有企业改革遇到的主要障碍依次是：经营者动力不足（28.4%）、垄断者利益（27.6%）、员工积极性不高（25.1%）、政府干预过多（24.9%）、经营不善（18.7%）和缺乏有利的舆论环境（10.6%）等（见表83）。

表 83 当前国有企业改革遇到的主要障碍（%）

	总体	地区				规模			经济类型			企业类型	
		东部	中部	西部	东北	大型	中型	小型	国有及国有控股	其中：国有	非国有	民营企业	上市公司
传统体制	**56.7**	56.5	56.1	58.0	55.9	60.8	56.3	55.9	63.6	65.3	55.6	55.0	53.6
冗员安置	**37.6**	35.6	44.4	37.0	38.9	43.6	37.1	36.5	45.5	48.1	36.2	35.5	41.2
配套措施及环境不完善	**32.7**	27.9	41.1	39.8	37.7	47.9	33.2	27.8	51.2	52.4	30.0	27.7	43.3
经营者动力不足	**28.4**	28.9	27.8	26.9	29.1	27.3	29.1	28.2	26.5	27.4	28.6	28.7	42.3
垄断者利益	**27.6**	29.8	22.5	26.5	22.7	16.8	26.2	32.2	11.5	10.2	30.3	32.8	18.6
员工积极性不高	**25.1**	26.0	23.4	24.0	23.1	20.4	25.0	26.5	24.5	22.9	25.3	25.3	20.6
政府干预过多	**24.9**	25.1	24.0	25.9	23.5	25.0	25.2	24.6	23.7	23.4	25.2	25.0	26.8
经营不善	**18.7**	19.4	16.8	18.4	18.2	10.5	18.3	21.2	7.5	6.4	20.3	21.7	11.3
缺乏有利的舆论环境	**10.6**	10.6	10.5	10.6	11.3	9.6	13.2	8.1	12.6	12.2	10.3	10.1	11.3
其他	**4.4**	4.3	4.1	4.8	5.7	3.5	3.8	5.3	4.0	3.8	4.5	4.8	2.1

调查表明，深化国有企业改革首先要彻底改变传统体制，同时注重冗员安置和配套措施的完善。

（注：凡引用此报告者均需注明引自中国企业家调查系统——《2006·中国企业经营者问卷跟踪调查报告》）

课题组名单

顾　　问：王梦奎　陈清泰　魏礼群　李德水　侯云春
鲁志强　李克穆　谢伏瞻　许善达　邵　宁
丁俊发　任泽民

调查指导：王佩亨　年　勇　李建明　毕雪融　王子先
余明勤　杨元伟　陈　淮　余　平　金磊夫

调查主持：李　兰　陈全生　熊志军　李晓超　陈　重

报告撰写：潘建成　李　兰　王小鲁　左小蕾　韩岫岚
郝大海　郑明身

数据处理：桂晓鸿　张武军　王建平　王　铮　董　博

参与讨论：卢中原　张文魁　樊　纲　李晓西　王珏林
张　泰　李燕斌　张　斌　王明政　杨正位
何龙灿　蒲　淳　向　东　彭泗清　王云峰

2005年企业经营者对宏观经济形势及改革热点的判断和建议

▌中国企业家调查系统

经过一年多的宏观调控，我国经济运行中以投资增长过快、煤电油运资源瓶颈约束加剧为主要特征的不稳定、不健康现象得到有效控制，宏观经济呈现平稳较快增长的良好态势。与此同时，最近一个时期以来经济运行也受到一些新的不稳定因素的影响，如国际石油市场价格持续飙升，我国部分地区房地产价格出现过快上涨，出口持续快速增长造成贸易摩擦加剧、企业利润增长明显趋缓等。为了解在此背景下，企业经营者对当前宏观经济形势、企业经营状况的判断及对未来发展的预期，了解他们对宏观经济政策及经济体制改革成效的看法以及进一步深化改革的意见和建议，为政府决策提供参考依据，2005年8月至10月，中国企业家调查系统组织实施了“2005·中国企业经营者问卷跟踪调查”。

本次调查是由中国企业家调查系统组织的第13次全国性企业经营者年度跟踪调查，得到了国务院发展研究中心人才交流培训中心、国务院研究室工交贸易研究司、国务院国有资产监督管理委员会企业分配局、国家统计局国民经济综合统计司、中国企业联合会研究部①、国家发展和改革委员会国民经济综合司、人事部人才流动开发司、建设部政策研究中心、交通部体改法规司、商务部政策研究室、劳动和社会保障部法制司、国家税务总局政策法规司、国家安全生产监督管理总局宣传教育中心、中国证券监督管理委员会市场监管部、中国物流与采购联合会行业事务部等有关部门的支持和指导。

与前12次年度跟踪调查一样，本次调查以企业法人代表为调查对象，参考我国经济结构，按行业进行分层随机抽样。调查采用邮寄问卷的方式进行，于8月10日发放问卷10000份，截至9月26日共回收问卷3583份，其中有效问卷3511份，有效回收率为35.1%。通过部分未填写问卷与填写问卷企业的对比分析，未发现存在系统偏差。为使调查分析更为全面和深入，本报告还利用了中国企业家调查系统以往历次调查的结果。

本次调查主要涉及制造业、建筑业、交通运输仓储和邮政业、批发零售贸易和餐饮业、房地产业以及租赁和商务服务业等行业，上述行业的企业所占比重分别为：63.1%、5.1%、3.4%、12.8%、3%和1.8%。从企业的地区分布看，东部地区占59.9%，中部和西部地区分别占22.9%和17.2%；从企业规模看，大、中、小型企业分别占14.8%、47.8%和37.4%；从企业经济类型看，国有企业占17.7%，比2004年减少近5个百分点，非国有企业占82.3%，比2004年增加近5个百分点；其中：有限责任公司占42.5%，股份有限公司占14.4%，集体企业占3.7%、私营企业占9.1%，外商及港澳台投资企业占6.5%，股份合作企业占5.9%。

---

① 以上5家部门为中国企业家调查系统发起成立单位。

本次调查的企业经营者平均年龄为 49.1 岁，其中 55 岁及以上占四分之一，44 岁及以下占近三成，45 ~54 岁比重接近一半。文化程度为大专及以上的比重超过八成，其中具有本科及以上学历的超过四成。所学专业为管理类的接近一半，为经济类的超过三分之一。职务为企业董事长或总经理、厂长、党委书记的占 92.3%，其他职务的占 7.7%（见表 1、2、3）。

表 1　　调查样本基本情况（%）

类别	项目	%	类别	项目	%
行业	农林牧渔业	2.0	经济类型	国有企业	17.7
	采掘业	1.7		集体企业	3.7
	制造业（见表 2）	63.1		私营企业	9.1
	电力、煤气及水的生产和供应业	2.5		股份合作企业	5.9
	建筑业	5.1		股份有限公司	14.4
	交通运输、仓储和邮政业	3.4		有限责任公司	42.5
	信息传输、计算机服务和软件业	1.0		其他内资企业	0.2
	批发和零售业	11.3		外商及港澳台投资企业	6.5
	住宿和餐饮业	1.5		民营企业	55.4
	房地产业	3.0		上市公司	2.4
	租赁和商务服务业	1.8	盈亏	盈利企业	66.1
	其他行业	3.6		持平企业	16.2
地区	东部地区企业	59.9		亏损企业	17.7
	中部地区企业	22.9	生产状况	超负荷生产企业	6.8
	西部地区企业	17.2		正常运作企业	84.3
规模	特大型企业	1.6		半停产企业	8.4
	大型企业	13.2		停产企业	0.5
	中型企业	47.8			
	小型企业	37.4			

注：1. 其他行业包括：金融业，科学研究、技术服务和地质勘查业，水利、环境和公共设施管理业，居民服务和其他服务业，卫生、社会保障和社会福利业，文化、体育和娱乐业等行业。

2. 东部地区包括：京、津、冀、辽、沪、苏、浙、闽、鲁、粤、桂、琼 12 省（市、自治区），中部地区包括：晋、蒙、吉、黑、豫、皖、赣、鄂、湘 9 省（市、自治区），其他 10 省（市、自治区）为西部地区。

表 2　　调查样本中制造业基本情况（%）

	制造业细分	%		制造业细分	%
1	食品加工业	4.5	16	化学纤维制造业	0.8
2	食品制造业	2.5	17	橡胶制品业	1.4
3	饮料制造业	2.0	18	塑料制品业	3.6
4	烟草加工业	0.3	19	非金属矿物制品业	4.6
5	纺织业	6.1	20	黑色金属冶炼及压延加工业	2.2
6	服装及其他纤维制品制造业	3.8	21	有色金属冶炼及压延加工业	2.5
7	皮革、毛皮、羽绒及其制品业	1.0	22	金属制品业	4.6
8	木材加工及竹、藤、棕、草制品业	1.6	23	普通机械制造业	9.1
9	家具制造业	1.0	24	专用设备制造业	8.7
10	造纸及纸制品业	1.7	25	交通运输设备制造业	4.6
11	印刷业，记录媒介的复制	1.9	26	电气机械及器材制造业	5.4
12	文教体育用品制造业	0.8	27	电子及通信设备制造业	4.1
13	石油加工及炼焦业	0.6	28	仪器仪表及文化办公用机械制造业	1.8
14	化学原料及化学制品制造业	8.1	29	其他制造业	5.9
15	医药制造业	4.8			

表3 调查对象基本情况（%）

性别	男	95.7	文化程度	初中或以下	3.2
	女	4.3		中专、高中	14.3
年龄	44岁及以下	28.7		大专	38.7
	45~49岁	19.2		大学本科	27.4
	50~54岁	26.5		研究生学历	8.9
	55岁及以上	25.6		硕士	6.4
	平均年龄（岁）	49.1		博士	1.1
所学专业	文史哲法律	6.8	现任职务	董事长	59.2
	经济	34.0		总经理	58.8
	管理	48.2		厂长	10.3
	理工农医	24.7		党委书记	22.4
	其他	11.7		其他	7.7

注：由于存在跨专业和职务兼任情况，因此所学专业和现任职务比例合计大于100%。

调查结果显示，大部分企业经营者认为，经过一年多的宏观调控，以投资急剧膨胀为特征的经济过热迹象得到有效控制，政府投资平稳回落，消费需求不足有所缓解，出口保持强势增长，经济运行趋于正常；企业总体经营状况良好，产销稳定增长，从业人数保持上升，未来投资意愿较强，企业经营状况继续看好；企业对外贸易快速发展，外资和民营企业出口动力强劲，中外贸易摩擦仅对部分行业影响较大，目前人民币升值对企业产品出口整体影响不大。

企业经营者认为，2005年以来各地基础设施和环境进一步改善，政府行政审批手续有所简化、办事效率有所提高、行政干预有所减少，市场秩序进一步规范，技术创新、出口服务等方面的社会支持得到一定程度的加强。

同时，企业经营者认为，受产品价格下跌面扩大、成本普遍上升的影响，企业盈利空间受到挤压；融资困难、煤电油运瓶颈制约仍是影响企业发展的重要障碍；企业经营方式仍然比较粗放，生产中的资源消耗仍处于较高水平，亟待实现向集约型经营转化；保护企业合法经营的法制环境和社会信用环境亟待改善。

企业经营者认为，国家宏观调控政策的松紧度比较合适，略显偏紧，对房地产调控成效持肯定态度，房地产可望继续成为促进经济增长的强有力的动力；对近年来的各项经济改革给予积极的评价，期望加大改革力度，尤其是要切实转变政府职能，提高政府服务水平，打破行业垄断，在金融、财税、产权制度改革等方面取得新的突破，为企业发展创造更加良好的外部环境。

一、企业经营者对宏观经济形势的判断

（一）宏观经济运行趋于正常

1. 经济“热度”明显降低

2004年以来，经过一系列宏观调控措施，以投资急剧膨胀为特征的经济过热迹象得到明显控制，国民经济实现了快速、平稳增长的态势，这一成效也得到了企业经营者的认同。关于当前经济运行的“热度”，调查结果显示，2.6%的企业经营者认为“过热”，25.9%认为“偏热”，比重分别比2004年降低2.9和18.3个百分点，基本回到2003年的状况；49.4%的企业经营者认为“正常”，比2004年提高15个百分点；认为“偏冷”的比重为14.9%，比2003、2004年分别高4.6和6.8个百分点。

调查结果表明，企业经营者认为，经过宏观调控，当前经济运行“热度”明显降低，总体运行处

于正常状态，部分企业经营者担心出现偏冷迹象（见表4、图1）。

表4　　1998～2005 年企业经营者对宏观经济形势的判断（%）

		过热	偏热	正常	偏冷	过冷	尚难判断
2005 年	总体	**2.6**	**25.9**	**49.4**	**14.9**	**0.6**	**6.6**
	东部地区企业	2.5	26.5	48.8	15.1	0.6	6.5
	中部地区企业	2.8	26.6	49.4	13.6	0.6	7.0
	西部地区企业	2.4	22.8	51.5	15.8	0.7	6.8
	大型企业	2.2	26.8	51.5	14.6	0.2	4.7
	中型企业	2.8	26.1	49.1	15.3	0.6	6.1
	小型企业	2.5	25.2	48.9	14.7	0.9	7.8
	国有及国有控股公司	2.2	26.7	52.0	11.9	0.5	6.7
	国有企业	1.7	27.7	51.8	11.6	0.7	6.5
	非国有企业	2.7	25.4	48.8	15.7	0.7	6.7
	私营企业	2.7	24.7	47.5	16.4	1.0	7.7
	股份有限公司	2.9	25.7	49.0	14.8	0.2	7.4
	有限责任公司	2.4	25.6	48.1	17.0	0.8	6.1
	外商及港澳台投资企业	3.2	25.9	54.6	10.2	0.5	5.6
	民营企业	2.5	25.4	47.4	17.1	0.8	6.8
	上市公司	2.4	23.2	52.4	17.1		4.9
2004 年		5.5	44.2	34.4	8.1	0.3	7.5
2003 年		2.6	28.1	53.0	10.3	0.2	5.8
2002 年		0.6	10.6	57.9	23.9	1.0	6.0
2001 年		2.2	9.8	44.4	29.2	1.6	12.8
2000 年		—	9.7	52.8	28.0	1.1	8.4
1999 年		—	—	39.6	48.1	8.5	3.8
1998 年		—	1.6	28.7	51.5	11.1	7.1

注：本表综合了近几年的调查数据；"—"表示该年度没有涉及此项调查内容，以下同。

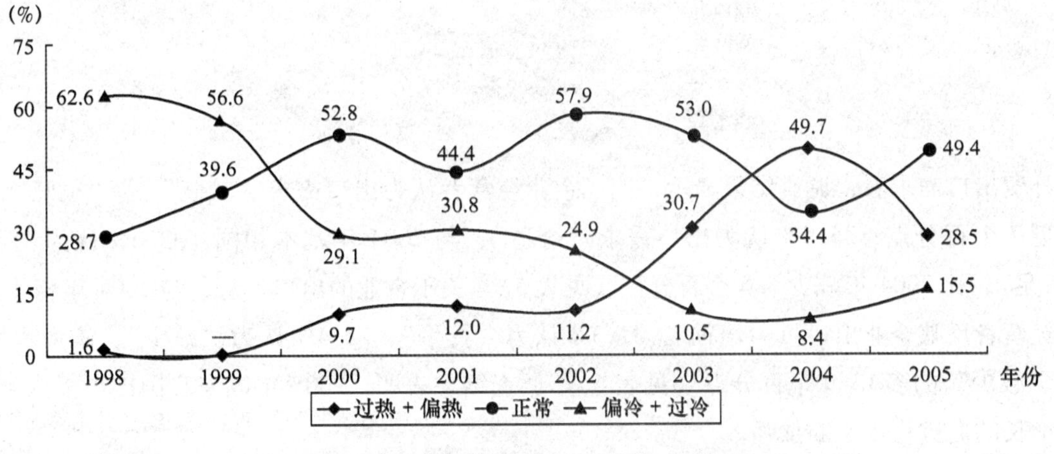

图1　1998～2005 年企业经营者对宏观经济形势的判断

2. *政府投资平稳回落，消费需求不足有所缓解，出口保持强势增长*

为了从需求结构分析经济增长的驱动因素，本次调查涉及了企业经营者对投资、消费和出口需求状况的判断。

从投资需求看，调查结果显示，认为政府投资需求"很旺"、"较旺"的企业经营者超过四成，比

2004年的相应比重低10.1个百分点，认为“合适”的比2004年增加近10个百分点；认为民间投资“很旺”、“较旺”的企业经营者占44.5%，比2004年少2.4个百分点，认为“合适”的比2004年增加5.9个百分点，认为“不足”或“严重不足”的比2004年少3.5个百分点。调查表明，本轮宏观调控对政府投资具有比较明显的抑制作用，对民间投资的影响不大（见表5）。

从消费需求看，调查结果显示，27.3%的企业经营者认为消费需求“较旺”或“很旺”，与2004年基本相同；37.7%认为“不足”或“严重不足”，比2004年减少5.6个百分点；35%认为“合适”，比2004年增加4个百分点。调查结果表明，近两年来消费需求不足现象处于不断缓解的过程当中，不过仍有近四成的企业经营者感觉消费需求不足，表明对启动消费的期待（见表5）。

表5　　2001～2005年企业经营者对国民经济需求状况的判断（%）

			很旺	较旺	合适	不足	严　重
固定资产投资需求	政府投资	2005年	7.7	32.6	31.0	26.5	2.2
		2004年	13.5	36.9	21.2	25.6	2.8
		2003年	12.0	40.5	23.3	21.8	2.4
		2002年	6.8	34.5	25.4	29.3	4.0
		2001年	7.5	37.5	20.0	31.5	3.5
	民间投资	2005年	6.8	37.7	20.1	31.9	3.5
		2004年	8.2	38.7	14.2	33.8	5.1
		2003年	9.7	41.2	15.9	29.4	3.8
		2002年	3.6	28.1	14.8	46.1	7.4
		2001年	3.7	26.1	18.7	45.1	6.4
消费需求		2005年	2.0	25.3	35.0	35.0	2.7
		2004年	2.5	23.3	31.0	40.0	3.3
		2003年	2.2	20.9	30.8	43.7	2.4
		2002年	1.2	13.3	24.7	54.3	6.5
		2001年	1.7	16.1	31.2	47.3	3.7
外贸出口需求		2005年	4.7	36.2	25.5	30.7	2.9
		2004年	3.8	30.2	24.8	37.7	3.5
		2003年	2.9	29.5	28.2	35.9	3.5
		2002年	0.8	17.7	21.4	53.5	6.6
		2001年	1.4	12.4	19.2	58.5	8.5

从外贸出口需求看，调查结果显示，四成企业经营者认为出口需求“较旺”或“很旺”，比2004年提高近7个百分点；25.5%认为出口需求“合适”，与2004年基本相同；33.6%认为“不足”或“严重不足”，比2004年减少7.6个百分点（见表5）。关于企业的出口形势，与2004年相比，36.3%的企业经营者反映企业出口量“增加”，41.3%认为“持平”，22.4%认为“减少”，认为“增加”的比认为“减少”的多13.9个百分点（见表6）。调查结果表明，2005年以来我国出口需求继续升温，对经济增长的促进作用不断加强。

表6　　企业目前的产品出口量情况（%）

	增加	持平	减少	增加－减少
总体	**36.3**	**41.3**	**22.4**	**13.9**
东部地区企业	40.7	37.5	21.8	18.9
中部地区企业	27.3	50.2	22.5	4.8
西部地区企业	28.0	46.9	25.1	2.9

续表

	增加	持平	减少	增加－减少
大型企业	40.2	39.7	20.1	20.1
中型企业	36.6	42.1	21.3	15.3
小型企业	34.4	41.1	24.5	9.9
国有及国有控股公司	32.5	44.0	23.5	9.0
国有企业	31.1	44.5	24.4	6.7
非国有企业	37.0	40.7	22.3	14.7
私营企业	41.7	34.7	23.6	18.1
股份有限公司	40.1	37.5	22.4	17.7
有限责任公司	34.0	44.6	21.4	12.6
外商及港澳台投资企业	47.7	35.7	16.6	31.1
民营企业	36.5	40.6	22.9	13.6
上市公司	47.7	33.3	19.0	28.7

（二）外资和民营企业出口动力强劲，贸易摩擦对部分行业影响较大

自 2001 年中国正式加入 WTO 之后，我国的对外贸易呈现快速发展的态势，尤其是近两年（2003、2004）进出口总额年增长率分别高达 37.1% 和 35.7%，2005 年 1～8 月为 23.5%，其中出口达到 32.2% 的高增长（资料来源：2004、2005《中国统计年鉴》，2005 年 9 月《中国经济景气月报》），可见，我国经济发展的对外依存度不断提高。出口的快速增长，一方面对经济快速增长有重要的促进作用，另一方面也引起国际贸易摩擦加剧、人民币升值压力加大等问题，为此，本次调查着重了解了我国企业出口情况及相关方面的问题。

1. 外资和民营企业出口动力强劲

从企业产品出口的情况来看，调查结果显示，目前有产品出口的企业所占比重已接近一半（见表 7）。

表 7　企业产品出口情况（%）

	是	否
总体	**45.4**	**54.6**
东部地区企业	54.2	45.8
中部地区企业	33.2	66.8
西部地区企业	30.6	69.4
大型企业	57.0	43.0
中型企业	46.4	53.6
小型企业	39.5	60.5
国有及国有控股公司	40.4	59.6
国有企业	38.2	61.8
非国有企业	46.8	53.2
私营企业	46.4	53.6
股份有限公司	54.1	45.9
有限责任公司	41.6	58.4
外商及港澳台投资企业	79.4	20.6
民营企业	43.8	56.2
上市公司	65.1	34.9

在有产品出口的企业中，从出口额比重看，近三成企业的产品出口额占全部销售收入的一半以上，

基本上属于出口导向型企业；四成企业出口比重在10%以下；超过三成在10%～50%之间。从企业经济类型看，半数以上的外资企业出口额占其销售收入的一半以上，民营企业接近三成，而国有企业为一成左右。调查表明，外资企业因其自身的国际背景具有明显的出口导向倾向；民营企业海外拓展势头强劲（见表8）。

表8　企业产品出口额占全部销售收入的比重（%）

	10%以下	10%～30%	30%～50%	50%以上
总体	**40.9**	**22.5**	**9.6**	**27.0**
东部地区企业	35.2	23.7	9.6	31.5
中部地区企业	57.2	15.2	10.0	17.6
西部地区企业	52.6	25.7	9.1	12.6
大型企业	54.7	24.8	9.0	11.5
中型企业	39.1	22.4	9.2	29.3
小型企业	35.7	21.6	10.7	32.0
国有及国有控股公司	56.3	20.6	8.2	14.9
国有企业	60.3	21.7	7.4	10.6
非国有企业	37.8	22.7	9.9	29.6
私营企业	30.0	23.6	9.3	37.1
股份有限公司	41.7	22.4	8.7	27.2
有限责任公司	45.1	21.7	9.2	24.0
外商及港澳台投资企业	16.3	20.3	10.5	52.9
民营企业	38.5	22.4	9.6	29.5
上市公司	50.0	29.6	14.8	5.6

从地区分布看，企业出口状况有明显的地区差异，其中东部地区54.2%的企业有产品出口，中、西部地区有产品出口的企业比重分别为33.2%和30.6%；与2004年同期相比，有40.7%的东部地区企业出口量“增加”，比“减少”的多18.9个百分点，而中、西部地区出口“增加”的不到三成，与出口“减少”的比重相差不大（见表6、表7）。

2. 中外贸易摩擦对部分行业有较大影响

随着我国对外贸易持续快速发展以及贸易总量的迅速扩大，与主要贸易伙伴的贸易摩擦也越来越多，我国的对外贸易进入贸易摩擦多发期。调查结果显示，近半数的企业经营者认为2005年以来欧美与中国的贸易摩擦对企业产品出口有影响，其中认为“影响很大”和“影响较大”的分别为3.5%和11.2%，认为“略有影响”的为35.2%。分行业看，认为“影响很大”或“影响较大”的比重较高的主要包括化纤（50%）、纺织（46.2%）和服装（31.2%）等行业。贸易摩擦对技术含量相对较高的机械、电子、专用设备制造业等行业的出口厂家影响不大，多数企业经营者认为“没有影响”（见表9）。

表9　今年以来欧美与中国的贸易摩擦对企业产品出口的影响（%）

	没有影响	略有影响	影响较大	影响很大
总体	**50.1**	**35.2**	**11.2**	**3.5**
食品饮料制造业	48.1	40.5	8.9	2.5
纺织业	16.8	37.0	35.3	10.9
服装及其他纤维制品制造业	26.2	42.6	24.6	6.6
造纸及纸制品业	50.0	35.0	10.0	5.0

续表

	没有影响	略有影响	影响较大	影响很大
化学原料及化学制品制造业	53.8	37.6	7.7	0.9
医药制造业	60.4	35.8	1.9	1.9
化学纤维制造业	33.3	16.7	33.3	16.7
橡胶制品业	56.0	28.0	16.0	
塑料制品业	50.0	42.1	7.9	
非金属矿物制品业	51.1	41.9	4.7	2.3
黑色金属冶炼及压延加工业	46.8	37.5	6.3	9.4
有色金属冶炼及压延加工业	54.1	29.2	16.7	
金属制品业	50.8	41.0	6.6	1.6
普通机械制造业	65.5	27.3	5.0	2.2
专用设备制造业	69.8	24.8	2.7	2.7
交通运输设备制造业	68.7	25.0	6.3	
电气机械及器材制造业	54.3	41.4	4.3	
电子及通信设备制造业	52.3	42.9	4.8	
仪器仪表及文化办公用机械制造业	78.6	21.4		

3. 目前的人民币升值对企业产品出口整体影响不大

中国人民银行于2005 年 7 月 21 日正式宣布了人民币汇率制度改革，并于当日使人民币兑美元升值2%，此项措施对企业产品出口的影响如何引起政府及社会的广泛关注。针对有产品出口的企业，调查结果显示，近八成企业经营者认为人民币升值对企业产品出口“没有影响”或“略有影响”，其中20.5%认为“没有影响”，56.9%认为“略有影响”；认为“影响较大”或“影响很大”的仅略超过二成。由此可见，多数企业经营者认为目前的人民币小幅升值对企业出口整体影响不大，企业对迄今为止的汇率改革基本上还是适应的。

不过，不同行业所受到的影响程度有较大差距。调查结果显示，受影响较大的主要是出口对价格较敏感的纺织、服装企业，其认为“影响很大”或“影响较大”的比重在40%左右（见表10）。

表 10　　迄今为止人民币升值对企业产品出口的影响（%）

	没有影响	略有影响	影响较大	影响很大
总体	**20.5**	**56.9**	**17.7**	**4.9**
食品饮料制造业	21.5	57.0	15.2	6.3
纺织业	5.0	58.8	26.1	10.1
服装及其他纤维制品制造业	11.5	45.8	36.1	6.6
造纸及纸制品业	14.3	71.4	14.3	
化学原料及化学制品制造业	19.7	59.0	17.9	3.4
医药制造业	30.2	49.0	18.9	1.9
化学纤维制造业	16.7	66.6		16.7
橡胶制品业	40.0	52.0	8.0	
塑料制品业	18.4	63.2	10.5	7.9
非金属矿物制品业	24.4	53.3	15.6	6.7
黑色金属冶炼及压延加工业	18.8	62.5	15.6	3.1
有色金属冶炼及压延加工业	12.5	62.5	16.7	8.3
金属制品业	19.4	59.6	19.4	1.6
普通机械制造业	26.2	60.4	11.3	2.1
专用设备制造业	31.0	59.2	8.0	1.8

续表

	没有影响	略有影响	影响较大	影响很大
交通运输设备制造业	18.4	59.2	22.4	
电气机械及器材制造业	19.7	57.8	15.5	7.0
电子及通信设备制造业	22.2	66.7	11.1	
仪器仪表及文化办公用机械制造业	50.0	28.6	14.3	7.1

（三）企业经营状况良好

1. 总体情况良好，地区、规模、行业间差异较大

关于企业目前经营状况，调查结果显示，44.4%的企业经营者认为企业经营状况“良好”，42.6%认为“一般”，13%认为“不佳”，认为“良好”的比认为“不佳”的多31.4个百分点，这一结果与2004年的水平大体相当，表明企业总体上继续保持良好的经营状况。

与前两年类似，不同类型的企业景气状况呈现较大差异，主要表现为东部地区好于中西部地区；大型企业好于中小型企业。

从不同地区看，调查结果显示，东部地区企业经营者认为企业经营状况“良好”的比认为“不佳”的多34.9个百分点，而中、西部地区分别为27.2和25.2个百分点，前者比后者多7~10个百分点。

从不同规模看，调查结果显示，大型企业经营者认为企业经营状况“良好”的比认为“不佳”的多48.1个百分点，中型企业多33.3个百分点，小型企业多22.3个百分点。

从不同经济类型看，2005年的外资企业经营状况明显好于内资企业。调查结果显示，外商及港澳台投资企业经营者认为企业经营状况“良好”的比认为“不佳”的多42.4个百分点，比内资企业平均多10个百分点以上（见表11、图2）。

表11 不同地区、规模及经济类型企业目前经营总体状况（%）

	目前经营状况			良好－不佳				
	良好	一般	不佳	2005年	2004年	2003年	2002年	2001年
总体	**44.4**	**42.6**	**13.0**	**31.4**	**30.6**	**37.1**	**25.1**	**19.0**
东部地区企业	46.4	42.1	11.5	34.9	35.6	43.2	31.7	27.0
中部地区企业	41.8	43.6	14.6	27.2	25.9	30.3	22.0	12.2
西部地区企业	41.2	42.8	16.0	25.2	21.2	29.3	15.7	7.6
大型企业	57.5	33.1	9.4	48.1	43.5	55.6	36.9	27.1
中型企业	45.2	42.9	11.9	33.3	36.1	39.0	29.5	19.7
小型企业	38.2	45.9	15.9	22.3	15.3	20.0	13.0	11.3
国有及国有控股公司	46.2	39.4	14.4	31.8	32.2	33.6	—	—
国有企业	46.9	39.2	13.9	33.0	29.9	44.2	10.1	7.2
非国有企业	43.9	43.3	12.8	31.1	30.9	38.6	39.9	25.0
私营企业	42.6	45.5	11.9	30.7	23.7	32.7	38.0	29.9
股份有限公司	47.9	37.9	14.2	33.7	38.8	48.7	33.1	23.5
有限责任公司	43.3	44.3	12.4	30.9	33.1	43.5	36.1	37.1
外商及港澳台投资企业	51.8	38.8	9.4	42.4	29.6	47.4	16.4	13.8
民营企业	43.4	44.2	12.4	31.0	29.7	40.3	35.6	25.1
上市公司	55.3	32.9	11.8	43.5	59.1	60.7	42.2	39.4

从不同行业看，2005年企业经营状况的好坏差异明显，与2004年比也出现了一些新的变化。调查结果显示，采掘业、租赁和商务服务业以及制造业中造纸、化工、橡胶、机械、电子、专用设备、仪

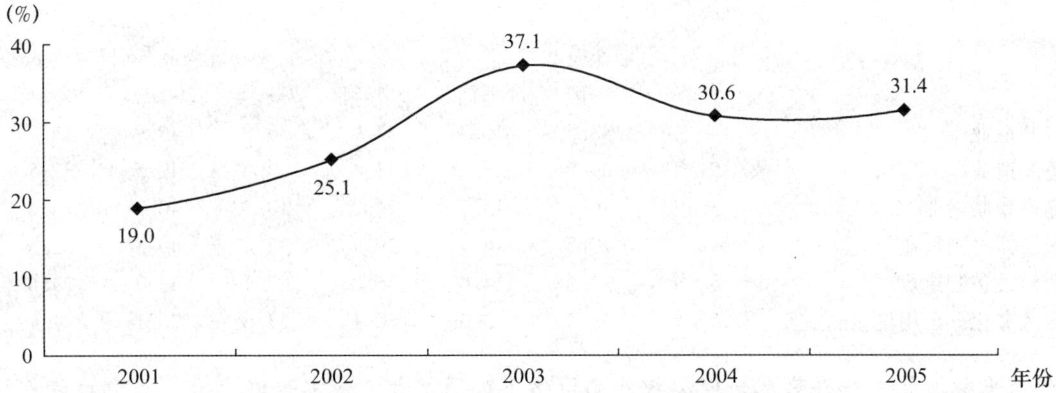

图 2　企业经营者对企业目前经营总体状况的判断

注：图中数据为企业经营者认为企业目前经营状况“良好” - “不佳”后所得出的结果。

器仪表等行业的企业经营者认为企业经营状况“良好”的比认为“不佳”的多 35 个百分点以上。与此相反，受宏观调控影响较大的房地产企业当前经营状况明显差于 2004 年，认为经营状况“良好”的企业经营者比认为“不佳”的多 21.9 个百分点，比 2004 年的结果少 14.7 个百分点；钢铁行业也由 2004 年的 52.6 个百分点降为目前的 25.4 个百分点（见表 12）。

表 12　　不同行业企业目前经营总体状况（%）

	目前经营状况			良好 - 不佳				
	良好	一般	不佳	2005 年	2004 年	2003 年	2002 年	2001 年
总体	**44.4**	**42.6**	**13.0**	**31.4**	**30.6**	**37.1**	**25.1**	**19.0**
农林牧渔业	49.3	37.7	13.0	36.3	29.2	15.0	19.1	5.1
采掘业	70.1	28.1	1.8	68.3	65.2	61.8	24.7	24.7
制造业	43.9	42.1	14.0	29.9	28.2	34.6	23.8	20.8
电力、煤气及水的生产和供应业	45.9	32.9	21.2	24.7	19.3	54.2	—	—
建筑业	40.8	49.7	9.5	31.3	35.3	41.1	29.2	10.3
交通运输、仓储和邮政业	40.3	48.8	10.9	29.4	54.6	52.8	33.3	29.0
信息传输、计算机服务和软件业	38.9	52.8	8.3	30.6	—	—	—	—
批发和零售业	45.4	43.3	11.3	34.1	24.0	28.9	19.4	1.5
住宿和餐饮业	48.1	40.4	11.5	36.6	34.5	27.7	52.7	13.5
房地产业	36.2	49.5	14.3	21.9	36.6	45.7	49.4	29.0
租赁和商务服务业	55.5	41.3	3.2	52.3	—	—	—	—
食品饮料制造业	42.4	41.4	16.2	26.2	18.5	0.8	10.5	20.1
纺织业	36.9	45.6	17.5	19.4	9.4	8.1	15.4	0.9
服装及其他纤维制品制造业	50.0	31.6	18.4	31.6	44.0	39.3	30.6	24.7
造纸及纸制品业	44.2	48.8	7.0	37.2	8.8	27.3	17.0	26.7
化学原料及化学制品制造业	51.0	37.9	11.1	39.9	26.3	31.5	15.4	16.4
医药制造业	43.4	40.6	16.0	27.4	31.0	45.4	47.0	43.8
化学纤维制造业	12.5	50.0	37.5	-25.0	16.6		-18.7	-18.0
橡胶制品业	51.5	42.4	6.1	45.4	34.4	19.1	31.5	20.5
塑料制品业	42.5	45.2	12.3	30.2	10.7	43.5	32.3	19.1
非金属矿物制品业	30.4	46.1	23.5	6.9	15.4	24.2	39.0	22.2
黑色金属冶炼及压延加工业	41.8	41.8	16.4	25.4	52.6	61.1	13.2	23.7
有色金属冶炼及压延加工业	32.1	45.3	22.6	9.5	34.1	48.7	27.4	3.4
金属制品业	42.3	48.5	9.3	33.0	28.5	32.1	30.9	12.8

续表

	目前经营状况			良好-不佳				
	良好	一般	不佳	2005年	2004年	2003年	2002年	2001年
普通机械制造业	46.2	43.5	10.3	35.9	39.0	49.9	14.7	21.2
专用设备制造业	51.8	39.8	8.4	43.4	33.6	49.5	32.5	39.0
交通运输设备制造业	38.9	46.3	14.7	24.2	19.7	40.3	34.6	32.0
电气机械及器材制造业	44.6	40.5	14.9	29.7	33.3	49.3	22.5	13.9
电子及通信设备制造业	50.0	36.0	14.0	36.0	47.1	43.7	23.6	26.4
仪器仪表及文化办公用机械制造业	53.4	43.3	3.3	50.1	63.6	26.1	31.1	9.1

2. *产销平稳增长，库存基本合理，但产品价格下跌面扩大，成本普遍上升，盈利略受影响*

关于企业目前的产销形势，调查结果显示，近半数的企业经营者认为企业的生产（服务）量、销售量增加，比认为减少的分别多29和26.7个百分点，与2004年同期的调查结果大体相同，呈现稳定增长的态势（见表13、表14）。

表13　企业目前的生产（服务）量情况（%）

	增加	持平	减少	增加-减少				
				2005年	2004年	2003年	2002年	2001年
总体	**49.5**	**30.1**	**20.4**	**29.0**	**32.8**	**38.8**	**30.3**	**22.4**
东部地区企业	49.4	30.9	19.7	29.7	36.0	41.9	34.4	25.5
中部地区企业	49.4	28.7	21.9	27.5	31.1	36.5	26.0	20.4
西部地区企业	49.8	29.0	21.2	28.6	25.6	32.9	26.1	15.9
大型企业	60.4	27.6	12.0	48.4	44.9	53.4	43.8	36.5
中型企业	50.9	29.1	20.0	30.9	35.5	42.0	32.8	22.6
小型企业	43.2	32.6	24.2	19.0	21.6	22.4	19.6	10.4
国有及国有控股公司	48.3	29.4	22.3	26.0	35.7	35.4	—	—
国有企业	48.4	29.3	22.3	26.1	36.6	45.8	23.1	16.0
非国有企业	49.8	30.3	19.9	29.9	31.7	40.4	33.1	24.9
私营企业	49.8	32.9	17.3	32.5	28.7	37.1	35.0	22.4
股份有限公司	50.7	30.9	18.4	32.3	33.2	46.4	43.3	30.2
有限责任公司	50.7	28.8	20.5	30.2	35.4	46.6	34.1	28.0
外商及港澳台投资企业	54.8	28.5	16.7	38.1	30.3	45.9	38.3	29.2
民营企业	49.4	30.5	20.1	29.3	31.4	41.8	36.4	26.2
上市公司	58.3	27.4	14.3	44.0	43.6	51.7	50.1	33.7

表14　企业目前的销售量情况（%）

	增加	持平	减少	增加-减少				
				2005年	2004年	2003年	2002年	2001年
总体	**49.7**	**27.3**	**23.0**	**26.7**	**29.7**	**37.1**	**27.3**	**18.5**
东部地区企业	51.0	26.8	22.2	28.8	33.7	41.6	32.2	22.1
中部地区企业	46.1	28.3	25.7	20.4	27.0	32.7	24.1	16.3
西部地区企业	50.2	27.6	22.2	28.0	21.2	30.7	21.2	11.9
大型企业	59.9	25.5	14.6	45.3	43.0	53.4	45.2	30.4
中型企业	51.1	26.5	22.4	28.7	33.4	39.6	29.2	18.8
小型企业	43.9	29.0	27.1	16.8	16.4	21.0	15.9	8.7
国有及国有控股公司	48.6	28.0	23.4	25.2	33.1	35.2	—	—
国有企业	47.2	30.1	22.7	24.5	34.6	43.5	19.5	12.5

续表

	增加	持平	减少	增加-减少				
				2005年	2004年	2003年	2002年	2001年
非国有企业	50.1	26.8	23.1	27.0	28.2	38.8	30.7	21.2
私营企业	50.6	28.0	21.4	29.2	19.8	30.4	36.8	21.6
股份有限公司	50.2	28.5	21.3	28.9	29.8	44.5	40.0	28.5
有限责任公司	50.4	25.3	24.3	26.1	33.2	44.3	33.2	21.9
外商及港澳台投资企业	56.6	24.4	19.0	37.6	29.6	43.1	33.0	27.8
民营企业	49.4	27.0	23.6	25.8	28.2	39.1	34.7	20.7
上市公司	59.5	16.7	23.8	35.7	43.6	53.4	52.4	41.3

从库存情况看，调查结果显示，72.3%的企业经营者认为企业库存“正常”，13.9%认为“高于正常水平”，13.8%认为“低于正常水平”，与2004年的情况基本相同（见表15）。

表15　　企业目前的库存情况（%）

	高于正常	正常	低于正常	低于正常-高于正常		
				2005年	2004年	2003年
总体	**13.9**	**72.3**	**13.8**	**-0.1**	**0.8**	**5.0**
东部地区企业	13.3	74.3	12.4	-0.9	-0.2	3.5
中部地区企业	15.2	69.2	15.6	0.4	2.9	9.1
西部地区企业	14.5	69.2	16.3	1.8	1.4	4.2
大型企业	15.6	74.2	10.2	-5.4	-9.0	-1.3
中型企业	13.8	72.2	14.0	0.2	1.5	4.5
小型企业	13.2	71.8	15.0	1.8	5.0	9.4
国有及国有控股公司	12.8	72.1	15.1	2.3	3.4	5.9
国有企业	11.9	72.4	15.7	3.8	7.9	3.7
非国有企业	14.2	72.5	13.3	-0.9	-1.0	4.4
私营企业	14.9	72.2	12.9	-2.0	4.4	10.4
股份有限公司	13.7	71.1	15.2	1.5	-3.2	7.4
有限责任公司	14.2	73.1	12.7	-1.5	-0.3	2.4
外商及港澳台投资企业	15.1	73.4	11.5	-3.6	-6.6	1.2
民营企业	14.3	72.8	12.9	-1.4	0.0	5.5
上市公司	20.8	67.5	11.7	-9.1	-6.3	2.6

从产品销售价格情况看，近四成的企业经营者认为价格下跌，比认为价格上升的比重高14.2个百分点，明显高于2004年2.5个百分点的水平。这一方面反映市场竞争的激烈，另一方面也说明目前市场的需求并不乐观。分行业看，反映2005年产品销售价格上升的主要是：采掘业，电力、煤气及水的生产和供应业，房地产业，住宿和餐饮业等服务行业；而制造业销售价格则普遍下滑（见表16、表17）。

表16　　不同地区、规模及经济类型企业目前的销售价格情况（%）

	上升	持平	下降	上升-下降				
				2005年	2004年	2003年	2002年	2001年
总体	**24.9**	**36.0**	**39.1**	**-14.2**	**-2.5**	**-27.6**	**-46.9**	**-52.2**
东部地区企业	22.6	37.3	40.1	-17.5	-3.9	-30.3	-49.0	-54.3
中部地区企业	26.2	35.5	38.3	-12.1	-2.0	-24.4	-42.4	-50.8
西部地区企业	31.4	32.1	36.5	-5.1	0.4	-24.8	-47.4	-49.0
大型企业	27.9	36.4	35.7	-7.8	7.3	-13.0	-40.2	-47.8

续表

	上升	持平	下降	上升－下降				
				2005年	2004年	2003年	2002年	2001年
中型企业	24.4	36.9	38.7	－14.3	－2.0	－28.6	－48.0	－51.2
小型企业	24.1	34.8	41.1	－17.0	－9.2	－36.4	－49.3	－57.6
国有及国有控股公司	30.2	35.1	34.7	－4.5	3.4	－19.0	—	—
国有企业	27.6	37.8	34.6	－7.0	5.9	－17.4	－38.9	－43.3
非国有企业	24.3	35.6	40.1	－15.8	－4.7	－30.8	－50.3	－56.7
私营企业	21.3	36.7	42.0	－20.7	－13.6	－25.0	－42.7	－57.2
股份有限公司	26.1	33.8	40.1	－14.0	－5.3	－32.7	－45.1	－52.0
有限责任公司	23.7	35.7	40.6	－16.9	－1.8	－34.4	－51.8	－55.3
外商及港澳台投资企业	22.4	37.4	40.2	－17.8	－16.4	－44.4	－52.5	－58.0
民营企业	22.9	36.3	40.8	－17.9	－5.1	－32.2	－50.8	－55.4
上市公司	32.1	31.0	36.9	－4.8	11.1	－20.0	－52.9	－46.1

表17　不同行业调查企业目前的销售价格情况（%）

	上升	持平	下降	上升－下降
总体	**24.9**	**36.0**	**39.1**	**－14.2**
农林牧渔业	36.2	37.7	26.1	10.1
采掘业	47.4	22.8	29.8	17.6
制造业	22.2	34.7	43.1	－20.9
电力、煤气及水的生产和供应业	41.0	44.5	14.5	26.5
建筑业	26.0	31.8	42.2	－16.2
交通运输、仓储和邮政业	18.9	46.0	35.1	－16.2
信息传输、计算机服务和软件业	11.4	20.0	68.6	－57.2
批发和零售业	30.0	37.1	32.9	－2.9
住宿和餐饮业	26.7	48.9	24.4	2.3
房地产业	50.5	34.3	15.2	35.3
租赁和商务服务业	21.7	46.6	31.7	－10.0
科学研究、技术服务和地质勘查业	16.7	49.0	34.3	－17.6
食品饮料制造业	27.9	39.6	32.5	－4.6
纺织业	22.6	40.6	36.8	－14.2
服装及其他纤维制品制造业	22.7	37.3	40.0	－17.3
造纸及纸制品业	24.4	31.7	43.9	－19.5
化学原料及化学制品制造业	40.2	29.9	29.9	10.3
医药制造业	10.5	36.2	53.3	－42.8
化学纤维制造业	50.0		50.0	0.0
橡胶制品业	25.0	34.4	40.6	－15.6
塑料制品业	31.0	26.8	42.2	－11.2
非金属矿物制品业	17.7	34.5	47.8	－30.1
黑色金属冶炼及压延加工业	16.4	25.5	58.1	－41.7
有色金属冶炼及压延加工业	34.7	22.4	42.9	－8.2
金属制品业	24.0	30.2	45.8	－21.8
普通机械制造业	12.7	41.8	45.5	－32.8
专用设备制造业	19.4	41.2	39.4	－20.0
交通运输设备制造业	16.3	27.2	56.5	－40.2
电气机械及器材制造业	20.8	30.0	49.2	－28.4
电子及通信设备制造业	10.5	25.6	63.9	－53.4
仪器仪表及文化办公用机械制造业		43.3	56.7	－56.7

与此同时，由于受能源涨价等因素的影响，75.9%的企业经营者认为企业成本上升，比认为成本下降的多69.3个百分点（见表18）。

表18　企业目前的成本费用情况（%）

	上升	持平	下降	上升－下降	
				2005年	2004年
总体	**75.9**	**17.5**	**6.6**	**69.3**	**77.4**
东部地区企业	76.5	17.3	6.2	70.3	77.8
中部地区企业	75.3	17.3	7.4	67.8	77.2
西部地区企业	75.1	18.0	6.9	68.2	76.7
大型企业	73.1	18.8	8.1	65.0	71.1
中型企业	74.7	17.9	7.4	67.3	77.5
小型企业	78.6	16.5	4.9	73.7	80.8
国有及国有控股公司	74.4	18.4	7.2	67.3	73.3
国有企业	73.9	19.3	6.8	67.1	76.7
非国有企业	76.5	17.0	6.5	70.0	77.5
私营企业	75.7	18.8	5.5	70.2	79.3
股份有限公司	73.3	17.3	9.4	64.0	75.6
有限责任公司	77.3	16.3	6.4	71.0	76.5
外商及港澳台投资企业	77.6	17.8	4.6	73.1	86.4
民营企业	77.5	16.4	6.1	71.4	80.9
上市公司	71.7	16.5	11.8	59.9	69.9

在成本普遍上升、价格下跌面扩大的挤压下，企业2005年的盈利情况受到一定的影响。调查结果显示，接近一半的企业经营者认为企业盈利“低于正常水平”，比认为“好于正常水平”的多40个百分点，另有44.4%的企业经营者认为企业盈利处于“正常”水平（见表19）。

表19　企业目前的盈利情况（%）

	好于正常	正常	低于正常	好于正常－低于正常				
				2005年	2004年	2003年	2002年	2001年
总体	**7.8**	**44.4**	**47.8**	**－40.0**	**－38.1**	**－34.4**	**－38.0**	**－42.3**
东部地区企业	6.9	44.9	48.2	－41.3	－38.4	－33.6	－35.2	－39.2
中部地区企业	9.6	42.6	47.8	－38.2	－37.9	－33.3	－38.7	－45.0
西部地区企业	8.6	45.2	46.2	－37.6	－38.1	－36.9	－42.6	－47.7
大型企业	13.5	52.3	34.2	－20.7	－26.3	－22.0	－27.7	－38.2
中型企业	8.5	44.4	47.1	－38.6	－36.0	－31.8	－35.4	－42.1
小型企业	4.6	41.1	54.3	－49.7	－48.1	－47.3	－46.9	－46.5
国有及国有控股公司	9.9	46.7	43.4	－33.5	－28.0	－32.5	—	—
国有企业	9.7	46.3	44.0	－34.3	－25.5	－23.8	－39.7	－44.1
非国有企业	7.4	43.9	48.7	－41.3	－41.6	－35.1	－37.1	－41.8
私营企业	6.5	41.6	51.9	－45.4	－51.9	－41.4	－35.2	－36.0
股份有限公司	11.8	41.6	46.6	－34.8	－36.5	－30.1	－30.5	－37.1
有限责任公司	6.6	45.2	48.2	－41.6	－39.9	－35.4	－38.2	－44.8
外商及港澳台投资企业	6.8	45.9	47.3	－40.5	－50.3	－33.9	－30.9	－35.1
民营企业	6.6	42.9	50.5	－43.9	－45.3	－37.7	－38.8	－42.6
上市公司	16.9	47.0	36.1	－19.2	－14.4	－22.3	－23.6	－27.2

3. 对企业现状比较满意

关于企业对当前现状的满意程度，调查结果显示，45.3%的企业经营者对企业现状表示“满意”，其中1.7%“非常满意”，43.6%“比较满意”；29.9%认为企业发展情况“一般”；24.8%表示“不满意”，其中21.4%“不太满意”，3.4%“很不满意”。表示“满意”的比表示“不满意”的多20个百分点以上。

以上调查结果表明，总体来看，企业经营者对当前企业的经营、发展状况还是相对比较满意的（见表20）。

表20　　对企业现状的总体感受（%）

	满意			一般	不满意		
	非常满意	比较满意	小计		不太满意	很不满意	小计
总体	**1.7**	**43.6**	**45.3**	**29.9**	**21.4**	**3.4**	**24.8**
东部地区企业	1.6	44.9	46.5	30.6	20.3	2.6	23.9
中部地区企业	2.1	41.2	43.3	29.8	21.9	5.0	26.9
西部地区企业	1.5	42.4	43.9	27.7	24.7	3.7	28.4
大型企业	4.7	55.7	60.4	22.1	15.0	2.5	17.5
中型企业	1.4	46.7	48.1	29.8	19.4	2.7	22.1
小型企业	0.9	34.7	35.6	33.4	26.5	4.5	31.0
国有及国有控股公司	2.5	41.7	44.2	26.4	24.8	4.6	29.4
国有企业	2.3	40.5	42.8	26.4	25.2	5.6	30.8
非国有企业	1.5	44.4	45.9	30.7	20.6	2.8	23.4
私营企业	2.2	40.2	42.4	37.1	17.9	2.6	20.5
股份有限公司	2.0	46.1	48.1	30.8	19.1	2.0	21.1
有限责任公司	1.2	44.9	46.1	30.0	21.0	2.9	23.9
外商及港澳台投资企业	0.9	53.4	54.3	27.8	16.6	1.3	17.9
民营企业	1.4	43.5	44.9	32.1	20.3	2.7	23.0
上市公司	4.7	52.9	57.6	25.9	14.1	2.4	16.5

（四）未来走势预期乐观

1. 订货情况正常

尽管面临成本普遍上升、价格下跌面扩大的形势，企业经营者仍对未来表现出乐观的预期。

从作为宏观经济先行指标的企业订货情况看，调查结果显示，61.6%的企业经营者认为目前企业订货处于“正常”水平，12.1%认为“高于正常水平”，认为“低于正常水平”的为26.3%（见表21）。

表21　　企业目前的订货情况（%）

	好于正常	正常	低于正常	高于正常－低于正常				
				2005年	2004年	2003年	2002年	2001年
总体	**12.1**	**61.6**	**26.3**	**−14.2**	**−12.0**	**−4.3**	**−15.1**	**−20.8**
东部地区企业	11.3	63.2	25.5	−14.2	−11.4	−0.6	−11.4	−17.8
中部地区企业	12.8	59.9	27.3	−14.5	−10.9	−6.9	−15.8	−21.9
西部地区企业	14.2	58.1	27.7	−13.5	−15.1	−10.9	−21.6	−27.0
大型企业	13.8	67.9	18.3	−4.5	−5.7	5.8	−6.6	−14.1
中型企业	13.0	61.3	25.7	−12.7	−7.7	−3.2	−12.8	−20.1
小型企业	10.2	59.6	30.2	−20.0	−22.0	−13.4	−22.7	−27.1
国有及国有控股公司	12.5	60.9	26.6	−14.1	−7.3	−3.8	—	—
国有企业	13.4	60.3	26.3	−12.9	−3.9	0.7	−22.1	−25.2
非国有企业	11.8	62.0	26.2	−14.4	−14.3	−3.7	−12.1	−17.5
私营企业	14.1	64.5	21.4	−7.3	−12.4	−5.9	−6.6	−15.3

续表

	好于正常	正常	低于正常	高于正常 - 低于正常				
				2005 年	2004 年	2003 年	2002 年	2001 年
股份有限公司	12.0	63.9	24.2	-12.2	-8.9	2.3	-5.7	-16.9
有限责任公司	11.7	60.5	27.8	-16.1	-13.8	-4.0	-13.3	-17.9
外商及港澳台投资企业	10.5	65.3	24.2	-13.7	-19.3	2.8	-8.0	-17.3
民营企业	11.9	61.5	26.6	-14.7	-14.7	-5.6	-10.8	-17.0
上市公司	12.2	71.9	15.9	-3.7	4.8	1.7	-8.5	-7.8

关于下期企业订货情况，调查结果显示，38.5%的企业经营者认为企业订货将“增加”，42%认为“持平”，19.5%认为会“减少”，认为“增加”的比认为“减少”的多19个百分点（见表22）。

表22　企业对下期订货情况的预计（%）

	增加	持平	减少	增加 - 减少		
				2005 年	2004 年	2003 年
总体	**38.5**	**42.0**	**19.5**	**19.0**	**19.6**	**34.6**
东部地区企业	38.9	42.1	19.0	19.9	22.3	39.4
中部地区企业	39.0	40.4	20.6	18.4	14.9	30.4
西部地区企业	36.5	43.5	20.0	16.5	17.1	26.9
大型企业	41.3	40.8	17.9	23.4	23.3	42.4
中型企业	40.4	40.7	18.9	21.5	22.7	37.6
小型企业	35.1	44.0	20.9	14.2	13.4	23.9
国有及国有控股公司	31.6	46.0	22.4	9.2	16.7	28.6
国有企业	30.4	48.3	21.3	9.1	15.4	30.2
非国有企业	40.1	40.7	19.2	20.9	20.7	37.8
私营企业	47.4	34.3	18.3	29.1	22.3	42.2
股份有限公司	39.9	41.4	18.7	21.2	25.9	45.2
有限责任公司	38.9	40.9	20.2	18.7	22.7	39.6
外商及港澳台投资企业	47.0	37.2	15.8	31.2	24.4	44.8
民营企业	40.0	41.0	19.0	21.0	21.1	38.8
上市公司	42.0	33.3	24.7	17.3	34.6	45.3

调查结果表明，无论从当前还是从预期情况看，企业订货情况均处于正常状态，有利于经济运行的稳定。

2. 从业人数保持增长

从从业人数的安排情况看，调查结果显示，34.4%的企业经营者计划在近期“增加”企业的从业人员，50%计划“不变”，15.6%计划“减少”，计划“增加”的比计划“减少”的多18.8个百分点，这一结果比2004年多8.3个百分点，表明企业经营者有扩大生产规模的愿望。不过，不同经济类型企业从业人员计划有明显差异，民营企业增加从业人员的愿望比较强烈，40.7%计划“增加”从业人数，比计划“减少”的多28.9个百分点，其中私营企业多达37.1个百分点，而国有企业仅18.8%计划“增加”从业人员，比计划减少的反而少6.3个百分点。调查表明，民营企业已成为解决社会就业问题的主要渠道（见表23）。

3. 投资信心较强

从投资计划情况看，调查结果显示，58.5%的企业经营者表示未来计划投资额将“增长”，13.8%表示会“减少”，表示“增长”的比表示“减少”的多44.7个百分点，比2004年的结果高5.7个百分点。

表 23　　对企业下期从业人数的预期（%）

	增加	持平	减少	增加－减少	
				2005 年	2004 年
总体	**34.4**	**50.0**	**15.6**	**18.8**	**10.5**
东部地区企业	36.0	50.5	13.5	22.5	14.2
中部地区企业	32.3	49.7	18.0	14.3	8.2
西部地区企业	31.7	48.5	19.8	11.9	2.9
大型企业	33.7	47.8	18.5	15.2	－0.2
中型企业	35.6	48.2	16.2	19.4	13.4
小型企业	33.4	52.8	13.8	19.6	11.9
国有及国有控股公司	21.6	55.4	23.0	－1.4	－11.6
国有企业	18.8	56.1	25.1	－6.3	－15.8
非国有企业	37.5	49.0	13.5	24.0	18.5
私营企业	44.2	48.7	7.1	37.1	27.0
股份有限公司	38.8	45.8	15.4	23.4	21.9
有限责任公司	36.5	50.1	13.4	23.1	19.4
外商及港澳台投资企业	42.5	44.8	12.7	29.8	19.3
民营企业	40.7	47.5	11.8	28.9	25.7
上市公司	30.6	54.1	15.3	15.3	2.4

民营企业的投资热情明显高于国有企业。调查结果显示，超过六成的民营企业计划增加投资，比计划减少的多 49.3 个百分点，国有企业计划增加投资的比计划减少的多 30.1 个百分点，两者相差 19.2 个百分点（见表 24）。调查表明，在未来的经济发展中，民营企业仍将继续发挥重要作用。

表 24　　对未来计划投资额增减的预计（%）

	增长	持平	减少	增长－减少	
				2005 年	2004 年
总体	**58.5**	**27.7**	**13.8**	**44.7**	**39.0**
东部地区企业	57.4	29.3	13.3	44.1	39.2
中部地区企业	61.1	24.0	14.9	46.2	39.0
西部地区企业	58.8	27.2	14.0	44.8	38.4
大型企业	61.5	25.9	12.6	48.9	42.2
中型企业	60.1	26.4	13.5	46.6	41.3
小型企业	55.0	30.3	14.7	40.3	34.0
国有及国有控股公司	51.6	31.0	17.4	34.2	33.2
国有企业	49.3	31.5	19.2	30.1	31.9
非国有企业	60.3	27.0	12.7	47.6	41.2
私营企业	64.2	26.4	9.4	54.8	45.3
股份有限公司	61.9	24.7	13.4	48.5	47.5
有限责任公司	61.1	26.4	12.5	48.6	41.9
外商及港澳台投资企业	60.7	27.1	12.2	48.5	35.9
民营企业	61.3	26.7	12.0	49.3	44.0
上市公司	63.1	20.2	16.7	46.4	59.6

关于企业有投资意向的地区，调查结果显示，“长三角”地区为首选的地区，选择比重为 35.1%；其次为西部地区，选择比重为 28.7%；其他地区按投资意向的选择比重大小排序依次是：中部地区

（20.2%）、“环渤海”地区（17.4%）、“珠三角”地区（17.3%）和东北老工业基地（11.5%）。其中，42.3%的东部企业选择“长三角”为首选的投资地区，选择其他地区的比重差异不大；中部地区企业主要选择中部地区（35.3%）、“长三角”地区（27%）和西部地区（26.3%）为计划投资的地区；西部地区企业则非常集中地选择西部地区为计划投资的地区，选择比重达65.3%，选择其他地区比重较大的是“长三角”地区（20.4%）（见表25）。

表 25　　企业有投资意向的地区（%）

	“长三角”地区	“珠三角”地区	“环渤海”地区	中部地区	西部地区	东北老工业基地
总体	**35.1**	**17.3**	**17.4**	**20.2**	**28.7**	**11.5**
东部地区企业	42.3	19.5	23.0	17.0	19.2	12.1
中部地区企业	27.0	14.4	10.9	35.3	26.3	15.7
西部地区企业	20.4	13.3	6.8	11.1	65.3	3.8

4. 未来预期乐观

关于未来的企业经营状况，调查结果显示，33.9%的企业经营者认为四季度企业经营状况将“好转”，57.7%认为“不变”，8.4%认为会“恶化”，认为“好转”的比认为“恶化”的多25.5个百分点，与2004年大体相当。

分经济类型看，民营企业对未来预期更乐观一些，认为“好转”的比认为“恶化”的多29.8个百分点，这一数字比国有及国有控股企业则多12.8个百分点。尤其是私营企业，对未来的乐观程度更高一些，认为“好转”的比认为“恶化”的多39.1个百分点。

分行业看，信息传输、计算机服务和软件业及制造业中的食品、服装、化工、医药、橡胶、塑料、电子等行业的预期比较乐观，认为“好转”的比认为“恶化”的多30个百分点以上（见表26、表27）。

表 26　　不同地区、规模及经济类型企业对下期经营状况的预计（%）

	下期经营状况预计			好转－恶化				
	好转	不变	恶化	2005 年	2004 年	2003 年	2002 年	2001 年
总体	**33.9**	**57.7**	**8.4**	**25.5**	**25.0**	**33.8**	**34.4**	**31.0**
东部地区企业	33.0	59.2	7.8	25.2	24.9	34.4	36.5	32.6
中部地区企业	33.6	58.0	8.4	25.2	25.3	34.0	34.5	30.7
西部地区企业	37.6	51.6	10.8	26.8	24.6	31.9	29.3	27.0
大型企业	33.8	58.3	7.9	25.9	24.2	31.0	35.6	33.4
中型企业	33.8	57.8	8.4	25.4	26.7	36.7	34.0	31.4
小型企业	34.0	57.2	8.8	25.2	23.1	30.9	34.2	28.4
国有及国有控股公司	27.6	61.8	10.6	17.0	18.5	28.4	—	—
国有企业	26.9	63.5	9.6	17.3	15.4	31.0	19.6	23.7
非国有企业	35.0	56.7	8.3	26.7	27.9	35.9	50.2	37.3
私营企业	43.0	53.1	3.9	39.1	35.6	45.0	43.9	35.6
股份有限公司	33.8	58.6	7.6	26.2	31.0	41.2	41.9	37.6
有限责任公司	35.0	56.0	9.0	26.0	29.5	36.7	37.3	30.0
外商及港澳台投资企业	32.0	60.3	7.7	24.3	18.0	34.9	30.7	27.5
民营企业	37.0	55.8	7.2	29.8	28.2	39.2	45.5	40.2
上市公司	35.3	52.9	11.8	23.5	32.1	37.7	43.1	35.5

表 27　　不同行业企业对下期经营状况的预计（%）

	下期经营状况预计			好转－恶化				
	好转	不变	恶化	2005 年	2004 年	2003 年	2002 年	2001 年
总体	**33.9**	**57.7**	**8.4**	**25.5**	**25.0**	**33.8**	**34.4**	**31.0**
农林牧渔业	40.6	52.2	7.2	33.4	33.0	39.5	25.0	33.8
采掘业	15.8	78.9	5.3	10.5	22.1	28.7	29.5	36.3
制造业	35.5	56.0	8.5	27.0	26.0	33.2	36.7	31.0
电力、煤气及水的生产和供应业	33.3	53.6	13.1	20.2	19.3	27.6	—	—
建筑业	36.0	55.6	8.4	27.6	15.6	30.6	44.0	43.1
交通运输、仓储和邮政业	26.1	64.3	9.6	16.5	28.2	41.0	40.9	35.0
信息传输、计算机服务和软件业	44.4	47.3	8.3	36.1	—	—	—	—
批发和零售业	31.3	58.7	10.0	21.3	20.8	24.7	22.7	24.6
住宿和餐饮业	19.6	70.6	9.8	9.8	37.9	36.1	18.4	32.5
房地产业	30.8	64.4	4.8	26.0	11.9	42.7	50.7	46.5
租赁和商务服务业	30.6	64.6	4.8	25.8	—	—	—	—
食品饮料制造业	42.3	53.6	4.1	38.2	47.8	46.4	37.9	33.4
纺织业	29.5	61.5	9.0	20.5	25.3	15.5	31.1	25.7
服装及其他纤维制品制造业	35.5	59.2	5.3	30.2	36.8	45.6	47.9	36.4
造纸及纸制品业	38.1	50.0	11.9	26.2	43.8	31.2	39.0	24.0
化学原料及化学制品制造业	40.5	48.9	10.5	30.0	14.7	21.3	31.1	25.8
医药制造业	49.0	42.5	8.5	40.5	34.4	47.6	49.4	50.3
化学纤维制造业	25.0	62.5	12.5	12.5	0.0	33.4	12.5	8.2
橡胶制品业	54.5	39.4	6.1	48.4	34.4	28.6	23.6	42.9
塑料制品业	43.8	50.7	5.5	38.3	12.7	17.4	42.7	35.2
非金属矿物制品业	31.3	56.5	12.2	19.1	17.3	38.4	40.5	33.4
黑色金属冶炼及压延加工业	22.2	61.1	16.7	5.5	36.4	17.0	34.0	23.2
有色金属冶炼及压延加工业	32.7	55.8	11.5	21.2	15.4	23.1	30.6	28.5
金属制品业	31.3	62.4	6.3	25.0	20.0	35.8	30.1	23.6
普通机械制造业	27.5	61.6	10.9	16.6	21.2	25.5	31.0	29.5
专用设备制造业	24.2	67.7	8.1	16.1	15.8	34.1	42.4	34.3
交通运输设备制造业	36.2	48.9	14.9	21.3	34.6	46.5	41.7	30.2
电气机械及器材制造业	32.5	58.1	9.4	23.1	21.2	41.2	34.8	39.4
电子及通信设备制造业	45.3	46.6	8.1	37.2	32.3	46.5	50.0	41.8
仪器仪表及文化办公用机械制造业	20.7	75.9	3.4	17.3	36.4	30.4	24.1	16.2

二、企业经营者对经济环境和改革热点的判断

（一）企业生产经营外部环境趋于改善

1. 基础设施环境进一步改善，环境污染趋于好转

前些年积极的财政政策在很大程度上促进了各地基础设施建设的投资力度。调查结果显示，60.8%的企业经营者认为目前企业经营所在地的基础设施环境比2004年“好转”，33.4%认为“未变”，仅5.8%认为“恶化”，认为“好转”的比认为“恶化”的多55个百分点。

分地区看，西部地区企业经营者认为2005年所在地区基础设施好转的比重高达66.6%，比东中部地区高出6个百分点以上，说明近年来中央的西部大开发战略取得了明显的成效（见表28）。

表 28　　基础设施环境变化情况（%）

	好转	未变	变差	好转 - 变差	
				2005 年	2004 年
总体	**60.8**	**33.4**	**5.8**	**55.0**	**59.2**
东部地区企业	60.1	35.0	4.9	55.2	59.8
中部地区企业	58.5	33.3	8.2	50.3	57.1
西部地区企业	66.6	27.8	5.6	61.0	60.5

关于环境污染情况，调查结果显示，16.6%的企业经营者认为企业所在地区企业的总体污染排放“明显减少”，37%认为“有所减少”，40.1%认为“基本未变”，只有6.3%认为“污染更严重”。调查表明，从企业的角度来说，治理生产污染取得了初步成效，污染排放呈减缓趋势（见表29）。

表 29　　对企业污染治理成效的评价（%）

	污染排放明显减少	污染排放有所减少	基本未变	污染更严重
总体	**16.6**	**37.0**	**40.1**	**6.3**
东部地区企业	17.1	36.6	39.7	6.6
中部地区企业	15.9	34.3	43.6	6.2
西部地区企业	15.8	42.1	36.8	5.3

2. 政府行政审批手续有所简化，办事效率有所提高，行政干预有所减少

关于政府办事效率，调查结果显示，40.2%的企业经营者认为比2004年有所“提高”，46.3%认为“未变”，13.5%认为“降低”，认为“提高”的比认为“降低”的多26.7个百分点（见表30）。

表 30　　政府办事效率变化情况（%）

	提高	未变	降低	提高 - 降低
总体	**40.2**	**46.3**	**13.5**	**26.7**
东部地区企业	40.1	48.2	11.7	28.4
中部地区企业	40.2	44.2	15.6	24.6
西部地区企业	40.6	42.5	16.9	23.7

具体到政府行政审批手续过多的情况，调查结果显示，40.4%的企业经营者认为情况有所“好转”，47.9%认为“未变”，11.7%认为“变差”，认为“好转”的比认为“变差”的多28.7个百分点（见表31）。

表 31　　行政审批手续变化情况（%）

	好转	未变	变差	好转 - 变差
总体	**40.4**	**47.9**	**11.7**	**28.7**
东部地区企业	40.8	48.1	11.1	29.7
中部地区企业	39.0	49.6	11.4	27.6
西部地区企业	41.2	44.6	14.2	27.0

关于地方政府直接干预企业经营的情况，调查结果显示，50.2%的企业经营者认为情况有所“好转”，42.2%认为“未变”，7.6%认为“变差”，认为“好转”的比认为“变差”的多42.6个百分点。从不同经济类型看，民营企业认为“好转”的比认为“变差”的多46.9个百分点，这一结果比国有及国有控股公司多15.8个百分点。由此可见，民营企业相对来说有更多的经营自由度（见表32）。

表 32　地方政府干预企业经营变化情况（%）

	好转	未变	变差	好转－变差
总体	**50.2**	**42.2**	**7.6**	**42.6**
东部地区企业	49.2	43.5	7.3	41.9
中部地区企业	51.3	41.3	7.4	43.9
西部地区企业	51.8	39.0	9.2	42.6
大型企业	47.6	43.1	9.3	38.3
中型企业	50.9	41.6	7.5	43.4
小型企业	50.3	42.5	7.2	43.1
国有及国有控股公司	42.5	46.1	11.4	31.1
国有企业	43.7	45.6	10.7	33.0
非国有企业	51.5	41.5	7.0	44.5
私营企业	53.1	38.0	8.9	44.2
股份有限公司	53.9	38.7	7.4	46.5
有限责任公司	50.5	42.7	6.8	43.7
外商及港澳台投资企业	49.6	47.7	2.7	46.9
民营企业	53.4	40.1	6.5	46.9
上市公司	43.4	45.8	10.8	32.6

3. *市场秩序进一步规范，信用环境、法制环境有待改善，融资难亟待解决*

关于市场秩序，本次调查涉及了地方保护、知识产权保护、外部信用环境和融资环境等问题。

关于地方保护现象，调查结果显示，31.8%的企业经营者认为比2004年有所“好转”，60%认为“未变”，8.2%认为“变差”，认为“好转”的比认为“变差”的多23.6个百分点（见表33）。

表 33　地方保护变化情况（%）

	好转	未变	变差	好转－变差	
				2005年	2004年
总体	**31.8**	**60.0**	**8.2**	**23.6**	**12.7**
东部地区企业	30.6	62.4	7.0	23.6	12.4
中部地区企业	35.7	54.5	9.8	25.9	15.7
西部地区企业	30.4	59.5	10.1	20.3	10.8

企业产品在外地销售时是否遇到行政限制直接反映地方保护的程度。调查结果显示，绝大多数（77.7%）的企业经营者认为没有遇到限制，22.3%认为曾遇到过行政限制。分地区看，企业产品在东部地区销售受到的行政限制明显少于中西部地区。从具体的限制措施来看，调查结果显示，相对较多的是“需办理不同于其本地产品的审批手续”和“实行不同的质检、技检标准”，选择比重分别为42.9%和38.2%；其他措施按选择比重大小排序依次是“额外收费或实行不同的税费标准”（27.8%）、“禁止或限制入境和销售”（23.5%）和“遇到不同于其本地企业的价格限制”（17.3%）（见表34、表35）。

关于知识产权保护情况，调查结果显示，32.8%的企业经营者认为比2004年“好转”，59.8%认为“未变”，7.4%认为“变差”，认为“好转”的比认为“变差”的多25.4个百分点（见表36）。

关于外部信用环境，调查结果显示，28.9%的企业经营者认为比2004年“好转”，54.3%认为“未变”，16.8%认为“变差”，认为“好转”的比认为“变差”的多12.1个百分点，比2004年的调查结果减少4个百分点（见表37）。

表 34　　企业产品在各地销售所受到的行政限制情况（一）（%）

地区	有	没有	地区	有	没有	地区	有	没有
总体	**22.3**	**77.7**	上　海	19.8	80.2	海　南	27.8	72.2
东部地区企业	20.0	80.0	江　苏	16.1	83.9	重　庆	35.2	64.8
中部地区企业	25.3	74.7	浙　江	17.3	82.7	四　川	25.5	74.5
西部地区企业	26.9	73.1	安　徽	22.1	77.9	贵　州	31.1	68.9
北　京	22.8	77.2	福　建	17.7	82.3	云　南	25.0	75.0
天　津	21.5	78.5	江　西	15.9	84.1	西　藏		100.0
河　北	21.5	78.5	山　东	23.7	76.3	陕　西	27.2	72.8
山　西	32.5	67.5	河　南	28.4	71.6	甘　肃	25.0	75.0
内蒙古	32.5	67.5	湖　北	19.8	80.2	宁　夏	34.5	65.5
辽　宁	22.8	77.2	湖　南	28.2	71.8	青　海	27.3	72.7
吉　林	29.2	70.8	广　东	18.3	81.7	新　疆	4.2	95.8
黑龙江	19.4	80.6	广　西	28.9	71.1			

表 35　　企业产品在各地销售所受到的行政限制情况（二）（%）

	总体	地区			规模			经济类型			企业类型	
		东部	中部	西部	大型	中型	小型	国有及国有控股	其中：国有	非国有	民营企业	上市公司
需办理不同于其本地产品的审批手续	**42.9**	45.1	39.7	41.3	39.4	43.4	43.7	37.9	39.8	43.7	46.9	35.0
实行不同的质检、技检标准	**38.2**	41.8	31.5	37.1	25.2	38.0	44.5	25.6	21.8	41.8	43.8	20.0
额外收费或实行不同的税费标准	**27.8**	27.6	27.2	29.4	26.8	31.4	23.1	24.2	21.1	29.2	31.0	10.0
禁止或限制入境和销售	**23.5**	21.1	29.9	21.7	29.1	24.0	19.8	32.9	36.1	20.1	19.5	15.0
遇到不同于其本地企业的价格限制	**17.3**	14.7	20.1	21.0	21.3	18.9	13.8	25.1	27.8	15.2	14.4	20.0
其他形式的限制措施	**15.5**	15.5	15.8	15.4	17.3	15.3	15.4	18.7	19.5	14.7	14.6	10.0

表 36　　知识产权保护变化情况（%）

	好转	未变	变差	好转－变差	
				2005 年	2004 年
总体	**32.8**	**59.8**	**7.4**	**25.4**	**31.2**
东部地区企业	32.0	60.1	7.9	24.1	31.0
中部地区企业	34.0	59.3	6.7	27.3	28.6
西部地区企业	34.2	59.1	6.7	27.5	34.7

表 37　　外部信用环境变化情况（%）

	好转	未变	变差	好转－变差	
				2005 年	2004 年
总体	**28.9**	**54.3**	**16.8**	**12.1**	**16.1**
东部地区企业	27.8	55.7	16.4	11.4	14.4
中部地区企业	32.0	51.6	16.4	15.5	18.6
西部地区企业	28.8	52.8	18.4	10.3	18.5
国有及国有控股公司	24.4	56.9	18.7	5.8	11.2
非国有企业	29.8	54.0	16.3	13.5	17.6
私营企业	37.7	44.1	18.2	19.5	27.9
股份有限公司	31.5	53.1	15.4	16.0	15.3
有限责任公司	28.1	55.3	16.6	11.4	15.8
外商及港澳台投资企业	31.1	56.3	12.6	18.5	14.2

关于保护企业合法经营活动的法制环境，总体来看，企业经营者认为满意的略占多数。调查结果显示，44.6%认为当前保护企业合法经营活动的法制环境令人“满意”，其中43.9%认为“比较满意”、0.7%认为“非常满意”；36%认为“不满意”，其中28.9%认为“比较不满意”，7.1%认为“非常不满意”；19.4%认为“说不清”；认为“满意”的仅比认为“不满意”的多8.6个百分点。

不同地区企业经营者对当地保护企业合法经营活动的法制环境的满意程度差异明显，东部地区认为“满意”的比重相对较大，为47.7%，比认为“不满意”的多15.7个百分点；中部地区认为“满意”的为41.9%，比认为“不满意”的少0.4个百分点；西部地区认为“满意”的只有37.3%，比认为“不满意”的少4.1个百分点。调查表明，经济相对落后的中西部地区在促进企业发展的过程中，亟待完善保护企业合法经营活动的法制环境（见表38）。

表38　对保护企业合法经营活动法制环境的评价（%）

	不满意			说不清	满　意		
	非常不满意	比较不满意	小计		比较满意	非常满意	小计
总体	**7.1**	**28.9**	**36.0**	**19.4**	**43.9**	**0.7**	**44.6**
东部地区企业	6.1	25.9	32.0	20.3	46.8	0.9	47.7
中部地区企业	7.9	34.4	42.3	15.8	41.5	0.4	41.9
西部地区企业	9.2	32.2	41.4	21.3	36.6	0.7	37.3
国有及国有控股公司	6.7	33.1	39.8	20.2	39.5	0.5	40.0
非国有企业	7.4	27.8	35.2	19.1	44.9	0.8	45.7
私营企业	6.4	21.7	28.1	23.2	48.1	0.6	48.7
股份有限公司	8.9	30.6	39.5	18.2	41.3	1.0	42.3
有限责任公司	6.6	28.9	35.5	19.9	43.8	0.8	44.6
外商及港澳台投资企业	5.8	21.4	27.2	17.9	53.6	1.3	54.9

关于公平国民待遇，调查结果显示，23.1%的企业经营者认为比2004年“好转”，63.6%认为“未变”，13.3%认为“变差”，认为“好转”的比认为“变差”的多9.8个百分点，比2004年的调查结果减少10.9个百分点（见表39）。

表39　公平国民待遇变化情况（%）

	好转	未变	变差	好转－变差	
				2005年	2004年
总体	**23.1**	**63.6**	**13.3**	**9.8**	**20.7**
东部地区企业	21.5	65.4	13.1	8.4	22.7
中部地区企业	26.0	61.3	12.7	13.3	17.0
西部地区企业	24.9	60.5	14.6	10.3	19.7
大型企业	22.3	68.8	8.9	13.4	13.8
中型企业	23.8	62.6	13.6	10.2	20.9
小型企业	22.3	63.2	14.5	7.8	24.6
国有及国有控股公司	21.2	65.4	13.4	7.8	16.4
非国有企业	23.4	63.0	13.6	9.8	21.2
私营企业	28.5	58.7	12.8	15.7	31.7
股份有限公司	24.4	63.5	12.1	12.3	20.0
有限责任公司	21.9	63.5	14.6	7.3	18.3
外商及港澳台投资企业	28.1	65.1	6.8	21.3	23.8

关于市场准入限制，调查结果显示，34%的企业经营者认为比2004年“好转”，58.1%认为“未变”，7.9%认为“变差”，认为“好转”的比认为“变差”的多26.1个百分点，比2004年的调查结果减少7.1个百分点。调查表明，过去的一年，在放宽市场准入限制，实现公平国民待遇方面，取得的进展与企业经营者的期望尚有不小的距离（见表40）。

表40　　市场准入限制变化情况（%）

	好转	未变	变差	好转-变差	
				2005年	2004年
总体	**34.0**	**58.1**	**7.9**	**26.1**	**33.2**
东部地区企业	32.5	60.0	7.5	25.0	33.8
中部地区企业	36.0	55.4	8.6	27.4	34.2
西部地区企业	36.2	55.8	8.0	28.2	31.1
国有及国有控股公司	30.4	61.3	8.3	22.1	27.6
非国有企业	34.3	58.0	7.7	26.6	34.8
私营企业	40.1	52.9	7.0	33.1	42.1
股份有限公司	33.0	62.1	4.9	28.1	35.4
有限责任公司	34.0	56.9	9.1	24.9	32.7
外商及港澳台投资企业	33.2	61.8	5.0	28.2	29.9

在所选14项关于企业外部环境变化的判断中，企业融资环境是唯一一项企业经营者认为“变差”的比重高于“好转”的比重。选择“变差”的占35.7%，比选择“好转”的多22个百分点。超过一半（54.5%）的企业经营者认为企业当前资金“紧张”，比认为“宽裕”的多49.2个百分点，与2004年的情况差不多，比2003年的情况趋紧（见表41、表42）。

4. 技术创新、出口服务等方面的支持得到一定程度的加强

企业的发展一方面需要有良好、宽松的市场环境，另一方面也需要在技术创新和国际市场的拓展方面得到政府和社会的支持。关于对企业的技术创新支持，调查结果显示，41%的企业经营者认为比2004年“好转”，52.7%认为“未变”，6.3%认为“变差”，认为“好转”的比认为“变差”的多34.7个百分点（见表43）。

表41　　企业外部环境变化情况（%）

	好转	未变	变差	好转-变差	
				2005年	2004年
基础设施环境	60.8	33.4	5.8	55.0	59.2
地方政府干预企业经营	50.2	42.2	7.6	42.5	—
技术创新支持	41.0	52.7	6.3	34.7	42.9
行政审批手续	40.4	47.9	11.7	28.7	31.1
产品出口服务	32.7	62.1	5.2	27.5	—
政府办事效率	40.2	46.3	13.5	26.7	22.1
市场准入限制	34.0	58.1	7.9	26.1	33.2
生态环境状况	45.0	35.5	19.5	25.5	—
知识产权保护	32.8	59.8	7.4	25.4	31.2
地方保护现象	31.8	60.0	8.2	23.6	12.7
外部信用环境	28.9	54.3	16.8	12.1	16.1
公平国民待遇	23.1	63.6	13.3	9.8	20.7
经营者人身安全	28.1	52.7	19.2	8.9	—
企业融资环境	13.7	50.6	35.7	-22.0	-26.5

表42　企业目前的资金情况（%）

	宽裕	正常	紧张	宽裕-紧张				
				2005年	2004年	2003年	2002年	2001年
总体	**5.3**	**40.2**	**54.5**	**-49.2**	**-51.9**	**-40.0**	**-53.0**	**-54.2**
东部地区企业	5.4	43.9	50.7	-45.3	-45.9	-32.2	-44.6	-47.3
中部地区企业	5.6	34.0	60.4	-54.8	-59.6	-48.4	-59.1	-63.0
西部地区企业	4.7	35.5	59.8	-55.1	-59.4	-50.8	-61.5	-60.8
大型企业	8.9	42.7	48.4	-39.5	-42.8	-28.1	-44.8	-50.5
中型企业	5.1	41.1	53.8	-48.7	-52.7	-40.5	-52.1	-54.3
小型企业	4.1	37.9	58.0	-53.9	-55.5	-48.6	-58.6	-56.8
国有及国有控股公司	7.3	37.1	55.6	-48.3	-52.4	-45.3	—	—
国有企业	7.2	34.5	58.3	-51.1	-53.3	-40.7	-60.0	-63.5
非国有企业	5.0	41.4	53.6	-48.6	-51.4	-37.2	-49.7	-47.6
私营企业	3.8	42.3	53.9	-50.1	-53.8	-45.0	-50.2	-49.5
股份有限公司	6.1	43.0	50.9	-44.8	-48.8	-26.0	-40.0	-45.0
有限责任公司	4.5	39.0	56.5	-52.0	-52.5	-38.8	-55.2	-57.3
外商及港澳台投资企业	9.0	51.8	39.2	-30.2	-45.8	-19.7	-21.1	-22.4
民营企业	4.1	40.3	55.6	-51.5	-53.7	-39.7	-52.0	-53.3
上市公司	12.9	48.3	38.8	-25.9	-25.2	-3.2	-19.3	-20.7

表43　技术创新支持变化情况（%）

	好转	未变	变差	好转-变差	
				2005年	2004年
总体	**41.0**	**52.7**	**6.3**	**34.7**	**42.9**
东部地区企业	42.4	51.9	5.7	36.7	45.4
中部地区企业	39.4	54.4	6.2	33.2	41.1
西部地区企业	38.1	53.0	8.9	29.2	38.8
大型企业	41.9	52.8	5.3	36.6	43.5
中型企业	43.5	50.9	5.6	37.9	43.5
小型企业	37.4	55.0	7.6	29.8	42.0
国有及国有控股公司	37.7	56.3	6.0	31.7	38.9
国有企业	37.0	56.4	6.6	30.4	40.2
非国有企业	41.8	51.9	6.3	35.5	43.6
私营企业	47.4	46.3	6.3	41.1	48.7
股份有限公司	43.7	48.9	7.4	36.3	42.2
有限责任公司	40.4	53.7	5.9	34.5	41.9
外商及港澳台投资企业	39.5	57.3	3.2	36.3	44.9
民营企业	42.5	51.0	6.5	36.0	45.7
上市公司	45.1	50.0	4.9	40.2	50.0

关于对企业产品出口提供服务方面，调查结果显示，32.7%的企业经营者认为比2004年“好转”，62.1%认为“未变”，5.2%认为“变差”，认为“好转”的比认为“变差”的多27.5个百分点（见表44）。

表44　　产品出口服务变化情况（%）

	好转	未变	变差	好转-变差
总体	**32.7**	**62.1**	**5.2**	**27.5**
东部地区企业	33.8	61.3	4.9	28.9
中部地区企业	31.1	64.8	4.1	27.0
西部地区企业	30.7	61.6	7.7	23.0
大型企业	31.1	64.3	4.6	26.5
中型企业	33.9	60.4	5.7	28.2
小型企业	31.8	63.5	4.7	27.1
国有及国有控股公司	28.1	66.4	5.5	22.6
国有企业	25.8	67.7	6.5	19.3
非国有企业	34.2	60.9	4.9	29.3
私营企业	42.9	52.1	5.0	37.9
股份有限公司	34.2	61.3	4.5	29.7
有限责任公司	31.9	63.0	5.1	26.8
外商及港澳台投资企业	35.0	59.4	5.6	29.4
民营企业	35.0	60.0	5.0	30.0
上市公司	32.0	65.3	2.7	29.3

调查表明，社会对企业在技术创新、出口服务等方面的支持得到进一步的加强。

5. 资源瓶颈制约依然严重，企业经营方式亟待转变

中国是一个人均资源十分贫乏的国家。近年来在经济快速增长的同时，资源瓶颈约束也越来越显著。始于2004年的宏观调控旨在控制经济呈现过热的趋势，并力图通过转变增长方式来缓解资源压力。从一年多以前钢材市场及“煤、电、油、运”普遍紧张的情况看，目前形势发生了一些变化。

调查结果显示，经过宏观调控，钢材市场紧张状况明显趋于缓和，近一半（48.3%）的企业经营者认为目前钢材市场的紧张状况“趋于缓和”，37.9%认为“变化不大”，仅6.3%认为“更加严重”。

电力有趋于缓和的迹象，27.7%认为目前电力紧张状况“趋于缓和”，45.8%认为“变化不大”，25.3%认为“更加严重”。

成品油及煤炭紧张状况有增无减，其中，40%认为目前煤炭紧张状况“更加严重”，只有12.1%认为“趋于缓和”，36.8%认为“变化不大”；67.9%认为目前成品油紧张状况“更加严重”，只有4%认为“趋于缓和”，23.3%认为“变化不大”。

铁路运输与2004年的紧张情况相比变化不大（见表45）。

表45　　钢材及煤电油运市场供应紧张状况（%）

	趋于缓和	变化不大	更加严重	不清楚
钢材	48.3	37.9	6.3	7.5
电力	27.7	45.8	25.3	1.2
成品油	4.0	23.3	67.9	4.8
煤炭	12.1	36.8	40.0	11.1
铁路运输	12.8	53.4	18.5	15.3

事实上，目前的资源瓶颈压力与企业粗放的经营方式密切相关。从企业单位产出的资源投入情况看，过去一年里，企业在提高资源的使用效率方面没有明显进展。调查结果显示，与2004年相比，34.4%的企业经营者认为单位产出的能源投入“增加”，比认为“减少”的多10.2个百分点；34.8%认为单位产出的原材料投入“增加”，比认为“减少”的多近20个百分点；19.3%认为单位产出的用

水投入“增加”，与认为“减少”的大体相同；33.3%认为单位产出的人力投入“增加”，比认为“减少”的多9个百分点。以上结果表明，当前企业发展中的粗放型特征还是十分明显的，企业的生产效率和效益亟待提高，企业经营方式亟待实现由粗放型向集约型转变（见表46）。

表46　　企业单位产出的投入变化情况（%）

	减少			基本未变	增加		
	明显减少	有所减少	小计		有所增加	明显增加	小计
能源	2.9	21.3	24.2	41.4	26.3	8.1	34.4
原材料	1.5	14.4	15.9	49.3	26.5	8.3	34.8
水	2.8	17.8	20.6	60.1	15.8	3.5	19.3
资金	1.8	10.6	12.4	26.6	47.3	13.7	61.0
人力	2.4	21.9	24.3	42.4	27.8	5.5	33.3

（二）企业经营者对宏观经济政策和改革的评价及建议

1. 多数企业经营者认为国家宏观调控政策的松紧度比较合适，略显偏紧

经过一年多的宏观调控，部分行业投资过热的现象明显得到缓解，经济呈现出高增长、低通胀的良好形势。与此同时，由于消费品价格涨幅的持续下滑，企业利润增长速度的连续放慢，宏观经济政策是否应做适当调整以防出现可能的通货紧缩，引起了社会各界的广泛关注。

企业经营者也从自身的角度对当前的宏观调控政策的松紧程度进行了评价。调查结果显示，36%的企业经营者认为目前的宏观调控政策“偏紧”，41.2%认为“合适”，22.8%认为“偏松”，认为“偏紧”的比认为“偏松”的多13.2个百分点（见表47）。

表47　　对政府采取的宏观调控政策松紧程度的评价（%）

	偏紧	合适	偏松
总体	**36.0**	**41.2**	**22.8**
东部地区企业	35.7	41.9	22.4
中部地区企业	36.2	41.1	22.7
西部地区企业	36.5	39.4	24.1
大型企业	34.6	42.7	22.7
中型企业	38.6	38.5	22.9
小型企业	33.2	44.1	22.7
国有及国有控股公司	34.7	40.6	24.7
国有企业	33.6	42.0	24.4
非国有企业	36.5	41.0	22.5
私营企业	33.7	42.3	24.0
股份有限公司	39.1	40.0	20.9
有限责任公司	38.8	40.2	21.0
外商及港澳台投资企业	29.1	44.0	26.9
民营企业	38.5	40.4	21.1
上市公司	33.3	46.5	20.2

调查表明，总体来看，企业经营者认为目前的宏观经济政策比较合适，略显偏紧，应在继续保持目前稳健的财政政策和货币政策的基础上，适时适度放松政策操作的力度。

2. 对房地产调控成效持肯定态度，同时预期房地产价格稳中趋升

2005年以来，宏观调控的一项重要内容就是采取多项措施控制因部分地区不断飙升的房地产价格引发的房地产热。企业经营者对房地产调控的成效给予了积极的评价。调查结果显示，企业经营者认

为成效最明显的措施包括“限制房地产开发贷款”和“限制新房转手交易”，认为措施有效（“非常有效”+“比较有效”）的比重分别为 89.1% 和 83.9%；其次是“开征房地产税”和“增加信息透明度”，认为有效的比重分别为 80.1% 和 76.7%；再次是“提高房贷利率”和“增加土地供应”，认为有效的比重分别为 71.9% 和 67.8%（见表 48）。

表 48　　有关房地产调控措施的有效性（%）

	非常有效	比较有效	没有效果	非常有效 + 比较有效
限制房地产开发贷款	42.6	46.5	10.9	89.1
限制新房转手交易	39.1	44.8	16.1	83.9
开征房地产税	22.2	57.9	19.9	80.1
增加信息透明度	22.1	54.6	23.3	76.7
提高房贷利率	11.3	60.6	28.1	71.9
增加土地供应	20.7	47.1	32.2	67.8
人民币升值	5.6	36.1	58.3	41.7

尽管房地产调控已取得明显成效，多数地区企业经营者仍预期房地产价格呈上升趋势。调查结果显示，53.6% 预期 2006 年所在地区房地产价格将“上升”，34% 预期“持平”，12.4% 预期“下降”，预期“上升”的比预期“下降”的多 41.2 个百分点。

分地区看，中西部地区企业经营者预期所在地区房地产价格将上升的比重分别为 61.3% 和 60.5%，明显高于东部地区的 48.8%。其中，超过四成的上海地区企业经营者预期本地房地产价格将下降，比认为上升的多 16.8 个百分点。调查表明，根据企业经营者的判断，总体来说多数地区房价仍呈温和上升趋势，而部分前一时期房价上涨过快的地区的房地产市场可能进入调整阶段（见表 49）。

表 49　　对明年企业所在地区房地产价格的预计（%）

地区	上升	持平	下降	上升 - 下降	地区	上升	持平	下降	上升 - 下降
总体	**53.6**	**34.0**	**12.4**	**41.2**	福　州	59.3	37.0	3.7	55.6
东部地区企业	48.8	36.0	15.2	33.6	厦　门	69.6	13.0	17.4	52.2
中部地区企业	61.3	31.1	7.6	53.7	济　南	58.6	27.6	13.8	44.8
西部地区企业	60.5	30.4	9.1	51.4	青　岛	63.1	30.4	6.5	56.6
北　京	70.6	24.3	5.1	65.5	郑　州	61.3	35.5	3.2	58.1
天　津	70.8	28.1	1.1	69.7	武　汉	78.3	13.0	8.7	69.6
石家庄	48.4	45.5	6.1	42.3	长　沙	52.3	42.9	4.8	47.5
太　原	48.0	36.0	16.0	32.0	广　州	51.6	38.7	9.7	41.9
沈　阳	66.7	23.8	9.5	57.2	深　圳	73.8	16.7	9.5	64.3
大　连	80.0	16.0	4.0	76.0	南　宁	54.5	27.3	18.2	36.3
哈尔滨	50.0	31.8	18.2	31.8	重　庆	59.3	25.9	14.8	44.5
上　海	23.4	36.4	40.2	-16.8	成　都	70.0	22.0	8.0	62.0
南　京	31.3	39.5	29.2	2.1	贵　阳	66.6	28.6	4.8	61.8
苏　州	44.8	34.3	20.9	23.9	昆　明	75.0	25.0		75.0
杭　州	31.9	47.8	20.3	11.6	西　安	55.0	37.5	7.5	47.5
宁　波	29.1	29.1	41.8	-12.7	银　川	47.6	23.8	28.6	19.0
合　肥	60.8	32.1	7.1	53.7					

为了进一步了解目前房地产市场的现实需求，本次调查还了解了企业经营者所熟悉的人当中最近一年内购买住房的情况，调查结果显示，83.4% 的企业经营者反映其熟悉的人当中最近一年内购买了

住房，其中80.4%的被购房屋目前用于“自住”，11.6%用于“出租”，8%处于“闲置”状态。调查表明，总体来看，目前我国的房地产市场有着比较旺盛的现实需求，买房投资或投机的比重并不高。由此可见，房地产业仍将是拉动内需、促进经济增长的强有力的推动力量（见表50）。

表50　企业经营者熟悉的人当中（限企业所在地区域内）最近一年内是否购买住房及所购住房用途（%）

	是	否	所购住房目前多数情况下的用途		
			自住	出租	闲置
总体	**83.4**	**16.6**	**80.4**	**11.6**	**8.0**
东部地区企业	81.5	18.5	79.2	11.7	9.1
中部地区企业	84.4	15.6	80.4	11.7	7.9
西部地区企业	88.8	11.2	84.4	10.8	4.8
大型企业	87.2	12.8	80.8	10.5	8.7
中型企业	85.3	14.7	80.8	10.9	8.3
小型企业	79.4	20.6	79.5	12.9	7.6
国有及国有控股公司	85.4	14.6	85.0	9.4	5.6
国有企业	85.8	14.2	84.5	9.3	6.2
非国有企业	82.8	17.2	79.7	11.9	8.4
私营企业	79.1	20.9	74.3	13.9	11.8
股份有限公司	85.3	14.7	79.3	11.7	9.0
有限责任公司	83.2	16.8	81.7	10.8	7.5
外商及港澳台投资企业	82.1	17.9	77.5	15.4	7.1
民营企业	82.7	17.3	78.0	12.2	9.8
上市公司	84.5	15.5	78.9	14.1	7.0

3. 经济体制改革成效明显，股权分置改革谨慎乐观，期望切实转变政府职能，并在垄断性行业改革及金融、财税体制改革方面取得突破

近年来，在我国经济快速增长的同时改革也在不断深入，围绕着市场化、法治化的各项改革逐步进入关键时期。本次调查请企业经营者对目前进行的一系列经济改革进行评价。调查结果显示，认为这些改革取得成效的比重大多明显高于认为“尚未见效”的，表明企业经营者对改革成效给予了积极的评价。

对于各项改革，按企业经营者评价高低，即“效果很好”与“效果较好”的比重之和大小排序依次是：促进民营企业发展（34.2%）、健全社会保障体系（29.8%）、政府职能转变（29.4%）、产权制度改革（28.7%）、国有企业改革（24%）、土地制度改革（21.4%）、投资体制改革（20.7%）、财税体制改革（15.9%）、金融体制改革（15.4%）和垄断性行业改革（10.9%）。

值得注意的是，超过一半（51.7%）的企业经营者认为垄断性行业改革尚未见效，四成左右的企业经营者认为财税体制改革和金融体制改革尚未见效（见表51）。

表51　对近两年来有关经济体制改革成效的评价（%）

	调查年份	效果很好	效果较好	有些效果	尚未见效	效果较好+效果很好
促进民营企业发展	2005年	5.8	28.4	49.9	15.9	34.2
健全社会保障体系	2005年	4.4	25.4	52.2	18.0	29.8
	2004年	3.7	42.2	44.6	9.5	45.9
政府职能转变	2005年	4.6	24.8	53.4	17.2	29.4
	2004年	0.9	23.7	59.3	16.1	24.6

续表

	调查年份	效果很好	效果较好	有些效果	尚未见效	效果较好 + 效果很好
产权制度改革	2005 年	3.6	25.1	53.9	17.4	28.7
	2004 年	2.5	36.4	49.2	11.9	38.9
国有企业改革	2005 年	3.6	20.4	51.1	24.9	24.0
土地制度改革	2005 年	3.0	18.4	50.5	28.1	21.4
投资体制改革	2005 年	1.5	19.2	53.2	26.1	20.7
	2004 年	1.4	30.2	53.3	15.1	31.6
财税体制改革	2005 年	2.1	13.8	45.9	38.2	15.9
	2004 年	1.7	20.2	53.4	24.7	21.9
金融体制改革	2005 年	1.6	13.8	44.5	40.1	15.4
	2004 年	1.1	18.3	52.6	28.0	19.4
垄断性行业改革	2005 年	1.5	9.4	37.4	51.7	10.9
	2004 年	0.4	12.3	50.2	37.1	12.7

为解决长期以来制约资本市场发展的流通股与非流通股“同股不同权、同股不同利”的“股权分置”问题，决策部门 2005 年四月以来逐步推出了股权分置的改革方案。对于此项改革是否能解决股市的基本问题，调查结果显示，四分之三的企业经营者认为“一定程度上可以”。不过，完全肯定地认为此项改革能解决股市基本问题的企业经营者比重只有 3.1%。调查表明，企业经营者对股权分置改革的前景持谨慎乐观的态度（见表 52）。

表 52　　股权分置改革方案是否能解决股市基本问题（%）

	能	一定程度上可以	不　能
总体	**3.1**	**75.5**	**21.4**
东部地区企业	3.1	72.7	24.2
中部地区企业	2.6	79.2	18.2
西部地区企业	3.7	80.2	16.1
大型企业	4.9	72.1	23.0
中型企业	2.7	76.5	20.8
小型企业	2.8	75.4	21.8
国有及国有控股公司	3.2	74.6	22.2
国有企业	2.6	72.6	24.8
非国有企业	3.2	76.0	20.8
私营企业	4.9	73.9	21.2
股份有限公司	4.1	74.2	21.7
有限责任公司	2.5	77.4	20.1
外商及港澳台投资企业	3.4	69.1	27.5
民营企业	3.0	76.3	20.7
上市公司	8.4	69.9	21.7

当请企业经营者提出当前最紧迫的三项改革时，与 2004 年的调查结果类似，三分之二以上的企业经营者首选政府职能转变，表明企业经营者对政府职能转变在当前改革中的关键作用寄予很大期望。企业经营者认为其他几项紧迫的改革依次是健全社会保障体系（37.5%）、金融体制改革（32%）、垄断性行业改革（30.9%）、财税体制改革（30.2%）、产权制度改革（25.7%）和促进民营企业发展（25.3%）。与 2004 年调查结果相比，垄断性行业改革的紧迫性上升了 10.7 个百分点，表明企业经营

者对打破垄断的迫切期待。从不同经济类型看，民营企业更关注金融体制改革，认为其具有紧迫性的比重占近四成，比国有企业多24.5个百分点；国有企业则更关注产权制度改革，认为其具有紧迫性的比重高达42.3%，比民营企业多25.6个百分点。

调查表明，金融体制改革直接关系到民营企业最关注的融资问题，直接关系到资本要素市场化程度的提高和整个市场经济体系的建立和成熟，确实亟待取得突破；而产权制度改革是国有企业改革的核心，是建立现代企业制度的基础，对于从数量上来看不断减少，但从在国民经济中所处的地位和对经济、社会的贡献来看仍举足轻重的国有企业来说，更具有重要性和紧迫性（见表53）。

表53　　对有关改革紧迫性的判断（%）

	总体	2004总体	地区			规模			经济类型			企业类型	
			东部	中部	西部	大型	中型	小型	国有及国有控股	其中：国有	非国有	民营企业	上市公司
政府职能转变	**66.9**	82.3	65.4	68.4	69.8	65.4	67.6	66.5	69.6	69.3	66.4	66.8	67.4
健全社会保障体系	**37.5**	53.1	36.9	37.6	39.2	42.7	37.8	35.0	44.7	46.4	35.7	32.9	47.7
金融体制改革	**32.0**	28.3	32.2	33.4	29.1	26.4	30.3	36.4	16.9	15.0	35.6	39.5	27.9
垄断性行业改革	**30.9**	20.2	31.1	27.0	35.4	26.6	30.9	32.5	30.4	30.4	30.8	31.4	20.9
财税体制改革	**30.2**	35.0	33.4	26.0	25.1	23.9	31.6	31.4	21.6	21.2	32.2	34.1	26.7
产权制度改革	**25.7**	45.1	25.2	27.6	24.8	39.6	26.7	18.9	42.9	42.3	22.2	16.7	39.5
促进民营企业发展	**25.3**	—	26.3	25.1	22.3	16.9	21.9	33.0	8.3	8.2	29.0	35.0	9.3
国有企业改革	**21.5**	—	18.8	26.3	24.6	32.8	22.5	15.6	44.6	47.2	16.1	10.3	36.0
投资体制改革	**12.6**	10.4	11.8	14.3	13.1	12.4	13.1	12.2	9.6	8.7	13.6	14.4	10.5
土地制度改革	**8.6**	—	10.0	7.1	5.6	8.0	8.9	8.4	5.9	5.9	9.2	8.8	7.0

（注：凡引用此报告者均需注明引自中国企业家调查系统——《2005·中国企业经营者问卷跟踪调查报告》）

课题组名单

顾　　问：王梦奎　陈清泰　魏礼群　李德水　侯云春

　　　　　鲁志强　李克穆　谢伏瞻　许善达　邵　宁

　　　　　丁俊发　任泽民

调查指导：王佩亨　韩永文　李建明　毕雪融　王子先

　　　　　余明勤　杨元伟　陈　淮　余　平　金磊夫

调查主持：李　兰　陈全生　熊志军　郑京平　陈　重

报告撰写：潘建成　李　兰　韩岫岚　郝大海　郑明身

数据处理：王建平　桂晓鸿　张武军　王　铮　王　剑

参与讨论：卢中原　丁宁宁　张文魁　樊　纲　茅于轼

　　　　　黄卫平　李晓西　王珏林　张　泰　李燕斌

　　　　　张　斌　尚建华　李维双　杨正位　何龙灿

　　　　　刘美芝　彭泗清　王云峰　谭祝平　李文志

2004 年企业经营者对宏观经济形势及改革热点的判断和建议

▌中国企业家调查系统

2004 年年初，我国经济呈现快速增长态势，尤其是固定资产投资出现过去少有的急剧增长，导致煤电油运等资源瓶颈约束加剧。为防止经济过热导致“大起”后的“大落”，中央采取果断措施，实施宏观调控，致使部分行业投资过热的现象得到有效控制，同时也产生了一些新的问题。为了解在宏观调控的背景下企业经营者对当前宏观经济形势、企业经营状况的判断及对未来发展的预期，以及他们对经济体制改革成效的看法及进一步深化改革的意见和建议，为政府决策提供参考依据，2004 年 8 月至 10 月，中国企业家调查系统组织实施了“2004・中国企业经营者问卷跟踪调查”。

本次调查是由中国企业家调查系统组织的第 12 次全国性企业经营者年度跟踪调查，得到了国务院发展研究中心人才交流培训中心、国务院研究室工交贸易研究司、国务院国有资产监督管理委员会企业分配局、国家统计局国民经济综合统计司、中国企业联合会研究部①、国家发展和改革委员会国民经济综合司、人事部人才流动开发司、建设部政策研究中心、交通部体改法规司、商务部政策研究室、劳动和社会保障部法制司、国家税务总局政策法规司、中国证券监督管理委员会信息中心、中国物流与采购联合会等有关部门的支持和指导。

与前 11 次调查一样，本次调查仍以企业法人代表为调查对象，参考我国经济结构，按行业进行分层随机抽样。调查采用邮寄问卷的方式进行，共发放问卷 10000 份，回收问卷 3029 份，其中有效问卷 2881 份，有效回收率为 28.8%。通过部分未填写问卷与填写问卷企业的对比分析，未发现存在系统偏差。为使调查分析更为全面和深入，本报告还利用了中国企业家调查系统以往历次调查的结果。

本次调查主要涉及工业、建筑业、交通运输仓储及邮电通信业、批发零售贸易和餐饮业、房地产业和社会服务业等行业，上述行业的企业所占比重分别为：65.1%、6%、4.3%、10.2%、3.7% 和 2.1%。从企业的地区分布看，东部占 56.6%，中部和西部分别占 22.4% 和 21%。从企业规模看，大、中、小型企业分别占 18.9%、47.2% 和 33.9%。从企业经济类型看，国有企业和非国有企业分别占 22.6% 和 77.4%；有限责任公司占 37.4%，股份有限公司占 15.2%，集体企业占 4.9%、私营企业占 7.7%，外商及港澳台投资企业占 6.6%，股份合作企业占 5.4%。

本次调查的企业经营者年龄主要分布在 36～45 和 46～55 岁之间，比重分别为 26.3% 和 50.8%；文化程度为大专及以上的占 83.2%，其中具有本科及以上学历的占 44.4%；职务为企业董事长或总经理、厂长、党委书记的占 97.2%，其他职务的占 2.8%（见表 1～表 3）。

① 以上 5 家部门为中国企业家调查系统发起成立单位。

表 1　　调查样本基本情况（%）

行业	农林牧渔业	3.2	经济类型	国有企业	22.6
	采掘业	2.5		集体企业	4.9
	制造业（见表 2）	59.7		私营企业	7.7
	电力、煤气及水的生产和供应业	2.9		股份合作企业	5.4
	建筑业	6.0		股份有限公司	15.2
	交通运输、仓储及邮电通信业	4.3		有限责任公司	37.4
	批发零售贸易和餐饮业	10.2		其他内资企业	0.2
	金融、保险业	0.2		外商及港澳台投资企业	6.6
	房地产业	3.7	规模	特大型企业	2.1
	社会服务业	2.1		大型企业	16.8
	文教体卫广电业	0.6		中型企业	47.2
	科学研究及综合技术服务业	1.0		小型企业	33.9
	其他行业	3.6	生产状况	超负荷生产企业	6.9
地区	东部地区	56.6		正常运作企业	84.6
	中部地区	22.4		半停产企业	7.9
	西部地区	21.0		停产企业	0.6

表 2　　调查样本中制造业基本情况（%）

	制造业细分	%		制造业细分	%
1	食品加工业	3.7	16	化学纤维制造业	0.9
2	食品制造业	2.8	17	橡胶制品业	1.7
3	饮料制造业	1.0	18	塑料制品业	3.6
4	烟草加工业	0.5	19	非金属矿物制品业	4.4
5	纺织业	5.9	20	黑色金属冶炼及压延加工业	3.1
6	服装及其他纤维制品制造业	3.5	21	有色金属冶炼及压延加工业	2.6
7	皮革、毛皮、羽绒及其制品业	1.0	22	金属制品业	4.7
8	木材加工及竹、藤、棕、草制品业	1.1	23	普通机械制造业	8.5
9	家具制造业	0.8	24	专用设备制造业	7.7
10	造纸及纸制品业	1.9	25	交通运输设备制造业	5.1
11	印刷业，记录媒介的复制	2.6	26	电气机械及器材制造业	4.2
12	文教体育用品制造业	0.4	27	电子及通信设备制造业	4.2
13	石油加工及炼焦业	0.8	28	仪器仪表及文化办公用机械制造业	1.5
14	化学原料及化学制品制造业	8.0	29	其他制造业	8.3
15	医药制造业	5.5			

表 3　　调查对象基本情况（%）

性别	男	95.9	文化程度	初中或以下	3.0
	女	4.1		中专、高中	13.8
年龄	35 岁及以下	3.5		大专	38.8
	36～45 岁	26.3		大学本科	27.9
	46～55 岁	50.8		研究生学历	9.2
	56 岁及以上	19.4		硕士	6.1
	平均年龄（岁）	49.2		博士	1.2
所学专业	文史哲法律	6.6	现任职务	董事长	57.1
	经济	36.4		总经理	59.7
	管理	49.7		厂长	13.7
	理工农医	26.3		党委书记	25.6
	其他	5.9		其他	2.8

注：由于存在跨专业和职务兼任情况，因此所学专业和现任职务比例合计大于 100%。

调查结果显示，企业经营者认为，在宏观调控作用下，2004 年年初固定资产投资过度膨胀的势头得到有效缓解，消费、出口需求保持增长态势，宏观经济运行趋于正常，宏观调控取得积极成效。企业产销稳定增长，产品价格呈回升态势，多数企业盈利状况良好；企业订货预期乐观，从业人数保持增长；未来投资意愿增强，企业经营状况继续看好。

企业经营者认为，2004 年以来各地基础设施环境有了进一步完善，政府行政审批手续得到简化，政府办事效率有所提高，市场秩序进一步规范；企业经营者对近年来不断深化的产权制度改革和健全社会保障体系改革成效给予了积极的评价。

同时，企业经营者认为，当前经济发展和改革中尚存在一些突出问题：能源和运输紧张状况未能得到有效缓解，融资环境趋紧，企业资金紧张状况有所加剧，地区差距继续扩大。经济发展与环境保护的矛盾、腐败现象和行业垄断等不利影响也被视为当前经济生活中的严重问题。企业经营者呼吁，要树立科学发展观，加大改革力度，促进政府职能转变，提高政府服务水平，为企业发展创造更加宽松的外部环境。

一、企业经营者对宏观经济形势的判断

（一）宏观调控使经济趋热的势头得到缓解

1. 经济增长“热度”比 2003 年上升

2003 年，尽管受“非典”冲击，我国经济仍步入快速增长轨道。2004 年以来，经济增长进一步加速，引发了社会各界对经济是否存在过热现象的关注。调查结果显示，对于当前宏观经济形势的判断，44.2% 的企业经营者认为“偏热”，5.5% 认为“过热”，比重分别比 2003 年提高 16 和 3 个百分点左右，为 1998 年以来的最高值；34.4% 的企业经营者认为“正常”；认为“偏冷”或“过冷”的不足 1 成（8.4%），为 1998 年以来的最低值。这一方面说明企业经营者对当前的经济发展存在局部过热的看法表示认同，另一方面也说明大多数企业经营者并不认为经济已经全面“过热”。分地区看，东部地区认为“过热”或“偏热”的比重比中西部要高一些（见表 4、图 1）。

表 4　　1998～2004 年企业经营者对宏观经济形势的判断（%）

		过热	偏热	正常	偏冷	过冷	尚难判断
2004 年	**总体**	**5.5**	**44.2**	**34.4**	**8.1**	**0.3**	**7.5**
	东部地区企业	5.6	45.9	34.0	6.8	0.3	7.4
	中部地区企业	4.6	42.5	34.5	10.5	0.2	7.7
	西部地区企业	6.0	41.4	35.6	9.2	0.3	7.5
	大型企业	3.7	48.1	34.6	7.8		5.8
	中型企业	6.2	43.3	34.0	8.3	0.2	8.0
	小型企业	5.5	43.5	34.5	8.3	0.5	7.7
	国有及国有控股公司	4.5	47.9	33.5	6.4	0.2	7.5
	国有企业	4.4	47.2	35.0	5.2	0.3	7.9
	非国有企业	5.7	43.5	34.2	8.9	0.3	7.4
	私营企业	6.2	35.5	38.4	10.4	0.5	9.0
	股份有限公司	7.2	39.9	35.3	9.9	0.2	7.5
	有限责任公司	5.4	44.7	32.8	9.3	0.2	7.6
	外商及港澳台投资企业	4.9	48.2	31.1	7.1	0.5	8.2
	民营企业	6.0	41.2	35.1	10.3	0.2	7.2
	上市公司	6.1	43.9	36.6	2.4		11.0

续表

	过热	偏热	正常	偏冷	过冷	尚难判断
2003 年	2.6	28.1	53.0	10.3	0.2	5.8
2002 年	0.6	10.6	57.9	23.9	1.0	6.0
2001 年	2.2	9.8	44.4	29.2	1.6	12.8
2000 年	—	9.7	52.8	28.0	1.1	8.4
1999 年	—	—	39.6	48.1	8.5	3.8
1998 年	—	1.6	28.7	51.5	11.1	7.1

注：本表综合了近几年的调查数据；"—"表示该年度没有涉及此项调查内容，以下同。

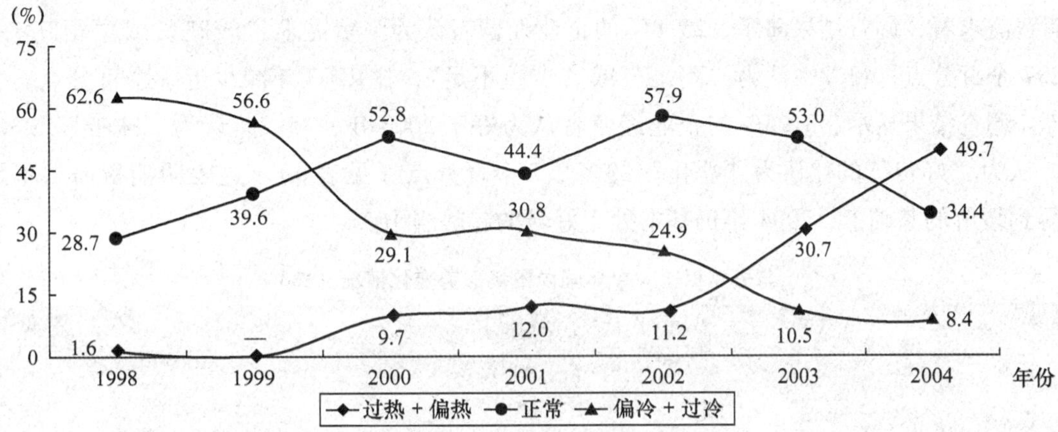

图 1 1998 ~ 2004 年企业经营者对宏观经济形势的判断

2. 投资增长先快后慢，出口、消费需求继续看好

为了从需求结构分析经济增长的驱动因素，本次调查涉及了企业经营者对投资、消费和出口需求状况的判断。

从投资需求看，根据国家统计局的统计数据，2004 年 1 ~ 2 月我国城镇固定资产投资比 2003 年同期增长 53%，增幅之高为历史所罕见。而在本次调查开始时（2004 年 8 月），宏观调控已收到明显的效果，投资需求迅速回落。调查结果显示，50.4% 的企业经营者认为政府投资需求"很旺"或"较旺"，比 2003 年低 2.1 个百分点；28.4% 认为政府投资需求"不足"或"严重不足"，比 2003 年高 4.2 个百分点。46.9% 的企业经营者认为民间投资需求"很旺"或"较旺"，比 2003 年低 4 个百分点；38.9% 认为民间投资需求"不足"或"严重不足"，比 2003 年高近 6 个百分点（见表 5）。调查结果表明，2003 年以来政府和民间投资迅速攀升的势头在宏观调控的作用下，得到一定程度的遏制。

表 5　2001 ~ 2004 年企业经营者对国民经济需求状况的判断（%）

			很旺	较旺	合适	不足	严重不足
固定资产投资需求	政府投资	2004 年	13.5	36.9	21.2	25.6	2.8
		2003 年	12.0	40.5	23.3	21.8	2.4
		2002 年	6.8	34.5	25.4	29.3	4.0
		2001 年	7.9	32.8	27.0	26.5	5.8
	民间投资	2004 年	8.2	38.7	14.2	33.8	5.1
		2003 年	9.7	41.2	15.9	29.4	3.8
		2002 年	3.6	28.1	14.8	46.1	7.4
		2001 年	3.7	26.1	18.7	45.1	6.4

续表

		很旺	较旺	合适	不足	严重不足
消费需求	2004年	2.5	23.3	31.0	39.9	3.3
	2003年	2.2	20.9	30.8	43.7	2.4
	2002年	1.2	13.3	24.7	54.3	6.5
	2001年	1.7	16.1	31.2	47.3	3.7
外贸出口需求	2004年	3.8	30.2	24.8	37.7	3.5
	2003年	2.9	29.5	28.2	35.9	3.5
	2002年	0.8	17.7	21.4	53.5	6.6
	2001年	1.4	12.4	19.2	58.5	8.5

从消费需求看，调查结果显示，25.8%的企业经营者认为消费需求“较旺”或“很旺”，比2003年增加2.7个百分点；43.2%认为“不足”或“严重不足”，比2003年减少近3个百分点。关于国内市场形势，调查结果显示，31.5%的企业经营者认为好于2003年，45.2%认为“未变”，23.3%认为“恶化”，认为“好转”的比认为“恶化”的多8.2个百分点（见表6）。这表明消费需求不足现象在2003年得到缓解的基础上，2004年仍基本处于好转的趋势当中。

表6　　与去年相比，今年国内市场形势变化情况（%）

	恶化	未变	好转	好转－恶化	
				2004年	2003年
总体	**23.3**	**45.2**	**31.5**	**8.2**	**17.3**
东部地区企业	23.4	48.6	28.0	4.6	18.8
中部地区企业	21.3	42.1	36.6	15.3	17.6
西部地区企业	25.5	39.1	35.4	9.9	13.1
大型企业	26.6	38.0	35.4	8.8	18.0
中型企业	23.7	45.9	30.4	6.7	18.4
小型企业	21.1	48.2	30.7	9.6	14.8
国有及国有控股公司	22.4	44.8	32.8	10.4	15.7
国有企业	20.0	45.0	35.0	15.0	19.3
非国有企业	24.5	44.9	30.6	6.1	17.7
私营企业	23.8	49.5	26.7	2.9	20.5
股份有限公司	28.0	45.4	26.6	-1.4	19.0
有限责任公司	23.5	43.1	33.4	9.9	19.9
外商及港澳台投资企业	25.3	45.0	29.7	4.4	16.2
民营企业	24.2	44.9	30.9	6.7	19.9
上市公司	22.9	39.8	37.3	14.4	22.1

从外贸出口需求看，调查结果显示，34%的企业经营者认为出口需求“较旺”或“很旺”，41.2%认为“不足”或“严重不足”，两者均比2003年略有增加（见表5）。关于企业的出口形势，与2003年相比，29%的企业经营者认为“好转”，59.2%认为“不变”，11.8%认为“恶化”，认为“好转”的比认为“恶化”的多17.2个百分点，这一比例比2003年多3个百分点以上（见表7）。调查结果表明，2004年我国的出口形势基本延续2003年以来的良好发展势头，宏观调控并没有对外贸出口产生明显的制约。

3. 政府宏观调控取得积极成效，同时企业在融资、运输和征地方面难度加大

对迄今为止政府采取的宏观调控措施所取得的成效，调查结果显示，12.4%的企业经营者认为“成效明显”，54.9%认为“较有成效”，23.9%认为“成效不大”，7.6%认为“尚难判断”（见表8）。

表 7　　与去年相比，今年出口形势变化情况（%）

	恶化	未变	好转	好转 - 恶化	
				2004 年	2003 年
总体	**11.8**	**59.2**	**29.0**	**17.2**	**13.8**
东部地区企业	11.9	58.2	29.9	18.0	15.6
中部地区企业	10.2	63.2	26.6	16.4	11.4
西部地区企业	13.5	58.1	28.4	14.9	9.6
大型企业	12.0	57.8	30.2	18.2	17.0
中型企业	10.7	59.6	29.7	19.0	13.8
小型企业	12.9	59.5	27.6	14.7	11.0
国有及国有控股公司	12.7	62.0	25.3	12.6	8.6
国有企业	12.2	61.9	25.9	13.7	14.0
非国有企业	11.5	58.6	29.9	18.4	15.1
私营企业	15.7	50.0	34.3	18.6	18.6
股份有限公司	12.0	56.6	31.4	19.4	16.1
有限责任公司	10.7	62.2	27.1	16.4	17.7
外商及港澳台投资企业	11.5	50.6	37.9	26.4	16.5
民营企业	12.1	56.4	31.5	19.4	16.4
上市公司	15.8	55.3	28.9	13.1	29.0

表 8　　企业经营者对政府采取宏观调控措施所取得的成效的判断（%）

	成效明显	较有成效	成效不大	没有成效	尚难判断
总体	**12.4**	**54.9**	**23.9**	**1.2**	**7.6**
东部地区企业	12.1	55.7	22.7	1.3	8.2
中部地区企业	13.0	54.1	24.8	0.8	7.3
西部地区企业	12.4	54.0	25.9	1.4	6.3
大型企业	12.0	56.5	22.1	1.1	8.3
中型企业	12.9	54.9	23.4	1.2	7.6
小型企业	11.9	54.5	25.0	1.4	7.2
国有及国有控股公司	11.5	56.9	23.5	0.7	7.4
国有企业	12.0	58.0	22.6	0.8	6.6
非国有企业	12.5	53.9	24.4	1.4	7.8
私营企业	14.2	52.8	25.0	1.9	6.1
股份有限公司	10.6	50.8	28.5	0.9	9.2
有限责任公司	13.2	54.2	22.9	1.6	8.1
外商及港澳台投资企业	8.6	61.2	21.0	1.1	8.1
民营企业	13.2	53.2	23.8	1.8	8.0
上市公司	9.6	55.4	20.5		14.5

作为宏观调控的成效之一，年初对钢材需求的急剧增长明显趋缓。调查结果显示，只有 26.9% 的企业经营者认目前钢材“供不应求”，比 2003 年低 1.5 个百分点（见表 9）。

表 9　　2003 年、2004 年钢材、电力等要素市场供求状况对比（%）

	调查年份	供大于求	供求平衡	供不应求
钢材	2004 年	23.9	49.2	26.9
	2003 年	21.5	50.1	28.4
电力	2004 年	1.5	16.5	82.0
	2003 年	5.2	33.7	61.1

续表

	调查年份	供大于求	供求平衡	供不应求
成品油	2004年	1.5	30.0	68.5
煤炭	2004年	2.7	24.0	73.3
铁路运输	2004年	3.0	34.0	63.0
	2003年	15.0	58.4	26.6

在本轮宏观调控中，企业是否受到影响及其影响的程度是值得关注的。调查结果显示，极少有企业没有受到宏观调控的影响，认为“没有影响”的仅占6.2%。在受到影响的企业当中，54.5%的企业经营者认为宏观调控“加大企业的贷款难度”，企业对此感受最强烈。企业经营者认为宏观调控产生的影响排在第二位的是“运输更加困难”，比重为39.9%。“征地更加困难”排在第三位，比重为36.1%。分别各有三成左右的企业经营者认为宏观调控带来“市场需求减弱”和“企业发展前景难以判断”。另外分别有24.2%和20.3%的企业经营者认为宏观调控使企业“投资受到限制”和“行政审批更加严格”（见表10）。

表10　政府宏观调控政策对企业的影响（%）

	总体	地区				规模		经济类型			企业类型	
		东部	中部	西部	东北	大型	中小型	国有及国有控股	其中：国有	非国有	民营企业	上市公司
加大贷款难度	**54.5**	50.9	57.9	60.6	57.3	55.8	51.0	53.0	50.5	55.6	57.1	52.4
运输更加困难	**39.9**	35.8	45.6	45.3	37.4	40.4	41.1	36.2	35.3	41.5	43.6	45.2
征地更加困难	**36.1**	38.2	33.2	33.1	39.0	36.6	33.7	31.9	30.9	37.5	39.9	44.0
市场需求减弱	**31.7**	31.4	32.1	31.7	35.0	30.1	32.0	30.5	30.0	32.1	32.4	33.3
企业发展前景难以判断	**28.9**	26.3	32.6	32.6	20.8	28.0	34.7	30.6	32.3	28.1	28.3	7.1
投资受到限制	**24.2**	23.8	24.5	24.8	28.5	25.5	19.8	23.6	22.5	24.7	25.9	28.6
行政审批更加严格	**20.3**	20.3	19.9	20.9	24.7	21.7	16.1	22.7	24.5	19.1	19.1	28.6
没有影响	**6.2**	7.1	5.8	4.3	4.8	6.1	7.3	7.0	7.3	5.9	5.6	4.8
原材料价格下降	**5.0**	5.7	4.7	3.5	8.3	4.7	3.7	6.2	5.0	5.0	4.4	4.8
其他	**5.8**	6.2	5.6	5.0	2.9	5.8	7.3	3.6	4.5	6.1	7.3	3.6

从调查结果看，企业经营者感觉突出的是宏观调控后企业的贷款、运输和征地难度加大。本轮宏观调控中银根收紧对加大企业贷款难度是显而易见的。调查结果显示，57.3%的企业经营者认为企业目前资金“紧张”，比2003年提高9个百分点（见表11）。

表11　企业目前的资金情况（%）

	宽裕	正常	紧张	宽裕－紧张
总体	**5.4**	**37.3**	**57.3**	**-51.9**
东部地区企业	5.9	42.3	51.8	-45.9
中部地区企业	5.1	30.2	64.7	-59.6
西部地区企业	4.7	31.2	64.1	-59.4
大型企业	9.2	38.8	52.0	-42.8
中型企业	5.2	36.9	57.9	-52.7
小型企业	3.7	37.1	59.2	-55.5
国有及国有控股公司	6.1	35.4	58.5	-52.4
国有企业	4.9	36.9	58.2	-53.3

续表

	宽裕	正常	紧张	宽裕 - 紧张
非国有企业	5.6	37.4	57.0	-51.4
私营企业	2.3	41.6	56.1	-53.8
股份有限公司	5.9	39.4	54.7	-48.8
有限责任公司	5.9	35.7	58.4	-52.5
外商及港澳台投资企业	6.9	40.4	52.7	-45.8
民营企业	4.4	37.5	58.1	-53.7
上市公司	16.9	41.0	42.1	-25.2

从不同地区和类型的企业看，中西部地区和民营企业认为宏观调控“加大贷款难度”的比重更大（见表 10）。从对企业融资环境的判断结果看也进一步证实了这一点。调查结果显示，39.4% 的企业经营者认为 2004 年的融资环境比 2003 年“恶化”，47.7% 认为“未变”，12.9% 认为“好转”，认为“恶化”的比认为“好转”的多 26.5 个百分点（见表 12）。

表 12　　与去年相比，今年的企业融资环境情况（%）

	恶化	未变	好转	好转 - 恶化	
				2004 年	2003 年
总体	**39.4**	**47.7**	**12.9**	**-26.5**	**9.2**
东部地区企业	38.2	49.2	12.6	-25.6	12.4
中部地区企业	41.3	45.6	13.1	-28.2	8.4
西部地区企业	40.1	46.3	13.6	-26.5	1.9
大型企业	42.0	42.0	16.0	-26.0	17.3
中型企业	40.4	47.2	12.4	-28.0	10.8
小型企业	36.4	51.6	12.0	-24.4	0.2
国有及国有控股公司	38.0	48.3	13.7	-24.3	3.5
国有企业	35.1	50.7	14.2	-20.9	8.8
非国有企业	40.2	47.1	12.7	-27.5	11.6
私营企业	32.5	50.8	16.7	-15.8	11.9
股份有限公司	40.0	48.4	11.6	-28.4	16.9
有限责任公司	43.7	44.7	11.6	-32.1	15.5
外商及港澳台投资企业	36.7	50.0	13.3	-23.4	12.5
民营企业	41.1	46.9	12.0	-29.1	14.5
上市公司	44.5	37.0	18.5	-26.0	20.1

从资金紧张对企业间相互拖欠的影响情况来看，2004 年的资金紧张并没有加剧企业间的相互拖欠，这一现象值得研究。调查结果显示，21.5% 的企业经营者认为目前企业应收账款“高于正常水平”，61% 认为处于“正常”水平，17.5% 认为“低于正常水平”，情况基本与 2003 年差不多。

分行业看，企业目前应收账款较多集中在建筑业和制造业中的医药、金属制品和电气机械等行业，认为应收账款“高于正常水平”在 30% 以上（见表 13-1、表 13-2、表 13-3）。

表 13-1　　企业目前的应收账款情况（%）

		高于正常	正常	低于正常
总体	2004 年	21.5	61.0	17.5
	2003 年	21.9	60.4	17.7
东部地区企业		22.4	62.8	14.8
中部地区企业		20.6	60.2	19.2

续表

	高于正常	正常	低于正常
西部地区企业	19.9	57.2	22.9
大型企业	22.2	63.0	14.8
中型企业	20.3	62.0	17.7
小型企业	22.7	58.7	18.6
国有及国有控股公司	21.6	60.8	17.6
国有企业	21.2	59.1	19.7
非国有企业	21.5	61.7	16.8
私营企业	18.5	60.6	20.9
股份有限公司	22.8	58.9	18.3
有限责任公司	22.9	63.0	14.1
外商及港澳台投资企业	22.2	65.9	11.9
民营企业	21.4	62.1	16.5
上市公司	16.7	71.4	11.9

表 13－2　　企业目前的应收账款情况（%）

	高于正常	正常	低于正常
总体	**21.5**	**61.0**	**17.5**
农林牧渔业	9.3	66.3	24.4
采掘业	8.7	82.6	8.7
制造业	24.2	59.9	15.9
电力、煤气及水的生产和供应业	14.7	64.0	21.3
建筑业	32.9	38.5	28.6
交通运输仓储业	14.1	73.9	12.0
批零贸易业	16.8	66.8	16.4
餐饮业	25.9	51.9	22.2
房地产业	11.3	70.1	18.6
社会服务业	16.7	66.6	16.7
其他行业	17.6	60.0	22.4

表 13－3　　企业目前的应收账款情况（%）

	高于正常	正常	低于正常
制造业	24.2	59.9	15.9
食品饮料制造业	21.2	61.0	17.8
纺织业	19.8	62.1	18.1
服装及其他纤维制品制造业	16.3	69.4	14.3
造纸及纸制品业	29.4	53.0	17.6
化学原料及化学制品制造业	16.9	66.9	16.2
医药制造业	31.5	49.4	19.1
化学纤维制造业	16.7	83.3	
橡胶制品业	9.4	68.9	21.9
塑料制品业	22.2	46.1	31.7
非金属矿物制品业	20.7	63.4	15.9
黑色金属冶炼及压延加工业	21.8	63.7	14.5
有色金属冶炼及压延加工业	17.9	71.8	10.3
金属制品业	30.0	57.1	12.9
普通机械制造业	25.3	58.3	16.4

续表

	高于正常	正常	低于正常
专用设备制造业	25.2	54.4	20.4
交通运输设备制造业	29.6	54.4	16.0
电气机械及器材制造业	45.6	45.6	8.8
电子及通信设备制造业	23.2	69.6	7.2
仪器仪表及文化办公用机械制造业	22.7	68.2	9.1

从“运输”和“征地”情况看，这次宏观调控的影响有明显的区域特征，中西部地区企业感到“运输更加困难”的比重大一些（比东部地区高近 10 个百分点），而东部地区企业感到“征地更加困难”的比重大一些（比中西部地区高 5 个百分点）（见表 10）。

从企业经营者对市场供求的判断也能看出，宏观调控并没有使运输紧张尤其是铁路运输紧张的形势得到缓和。调查结果显示，63% 的企业经营者认为铁路运输“供不应求”，比 2003 年增加 36.4 个百分点（见表 9）。

（二）企业经营状况令人满意

1. 企业经营总体状况趋好，但企业间差异明显

关于企业目前经营状况，调查结果显示，42.7% 的企业经营者认为企业经营状况“良好”，45.2% 认为“一般”，12.1% 认为“不佳”，认为“良好”的比认为“不佳”的多 30.6 个百分点，这一结果比 2003 年的水平低 6.5 个百分点，但仍明显高于 2000 年以来连续三年徘徊在 19～25 个百分点的水平，表明企业处于良好的景气状态。

不同类型的企业经营状况呈现明显的差异，主要表现为东部地区好于中西部地区；大中型企业好于小型企业；采掘、交通运输、黑色冶金、仪器仪表企业明显好于其他行业企业。

从不同地区看，调查结果显示，东部地区企业经营者认为企业经营状况“良好”的比认为“不佳”的多 35.6 个百分点，而中、西部地区分别为 25.9 和 21.2 个百分点左右，前者比后者多 10～14 个百分点。与 2003 年相比，这种中西部地区与东部地区企业在发展上的差距仍没有缩小的迹象。

从不同规模看，规模越大，经营状况越好。调查结果显示，大型企业经营者认为企业经营状况“良好”的比认为“不佳”的多 43.5 个百分点，中型企业多 36.1 个百分点，小型企业多 15.3 个百分点。由此可见，一方面，当前的市场竞争中企业规模的大小代表着竞争力的强弱；另一方面，小企业的发展在本轮宏观调控中受到的制约也许是最大的。

2004 年调查的一个显著特征是国有企业经营状况略好于非国有企业。调查结果显示，2004 年国有企业认为经营状况“良好”的比认为“不佳”的多 32.2 个百分点，而民营企业则多 29.7 个百分点。这可能意味着近年来的国有企业改革对其经营状况的改善有一定的促进作用（见表 14－1）。

表 14－1　　企业目前经营总体状况（%）

	目前经营状况				良好－不佳			
	良好	一般	不佳	良好－不佳	2003 年	2002 年	2001 年	2000 年
总体	**42.7**	**45.2**	**12.1**	**30.6**	**37.1**	**25.1**	**19.0**	**20.6**
东部地区企业	45.9	43.8	10.3	35.6	43.2	31.7	27.0	29.3
中部地区企业	39.2	47.5	13.3	25.9	30.3	22.0	12.2	13.3
西部地区企业	37.2	46.8	16.0	21.2	29.3	15.7	7.6	8.3
大型企业	53.7	36.1	10.2	43.5	55.6	36.9	27.1	30.2

续表

	目前经营状况				良好－不佳			
	良好	一般	不佳	良好－不佳	2003年	2002年	2001年	2000年
中型企业	45.3	45.5	9.2	36.1	39.0	29.5	19.7	20.6
小型企业	32.6	50.1	17.3	15.3	20.0	13.0	11.3	11.5
国有及国有控股公司	46.1	40.0	13.9	32.2	33.6	—	—	—
国有企业	45.2	39.5	15.3	29.9	44.2	10.1	7.2	8.5
非国有企业	42.0	46.9	11.1	30.9	38.6	39.9	25.0	38.0
私营企业	35.3	53.1	11.6	23.7	32.7	38.0	29.9	34.2
股份有限公司	46.5	45.8	7.7	38.8	48.7	33.1	23.5	25.9
有限责任公司	43.6	45.9	10.5	33.1	43.5	36.1	37.1	41.8
外商及港澳台投资企业	42.5	44.6	12.9	29.6	47.4	16.4	13.8	20.2
民营企业	40.6	48.5	10.9	29.7	40.3	35.6	25.1	—
上市公司	62.7	33.7	3.6	59.1	60.7	42.2	39.4	47.7

从不同行业看，2004年企业经营状况的好坏差异明显。调查结果显示，采掘业、交通运输仓储业以及制造业中的黑色冶金、仪器仪表、电子及通信设备行业的企业经营者认为企业经营状况“良好”的比认为“不佳”的多45个百分点以上；建筑业、房地产业以及制造业中的服装、普通机械等行业介于35~45个百分点之间；制造业中的纺织、造纸、塑料行业的经营状况相对不够理想，认为经营状况“良好”的企业经营者比认为“不佳”的只多不到15个百分点（见表14－2）。

表14－2　企业目前经营总体状况（%）

	目前经营状况				良好－不佳			
	良好	一般	不佳	良好－不佳	2003年	2002年	2001年	2000年
总体	**42.7**	**45.2**	**12.1**	**30.6**	**37.1**	**25.1**	**19.0**	**20.6**
农林牧渔业	40.4	48.4	11.2	29.2	15.0	19.1	5.1	6.2
采掘业	68.1	29.0	2.9	65.2	61.8	24.7	24.7	10.1
制造业	41.4	45.4	13.2	28.2	34.6	23.8	20.8	20.4
电力、煤气及水的生产和供应业	38.5	42.3	19.2	19.3	54.2	—	—	—
建筑业	46.3	42.7	11.0	35.3	41.1	29.2	10.3	7.9
交通运输仓储业	57.6	39.4	3.0	54.6	52.8	33.3	29.0	34.3
批零贸易业	37.6	48.8	13.6	24.0	28.9	19.4	1.5	18.2
餐饮业	41.4	51.7	6.9	34.5	27.7	52.7	13.5	
房地产业	43.3	50.0	6.7	36.6	45.7	49.4	29.0	24.4
社会服务业	43.9	43.8	12.3	31.6	33.4	33.8	30.2	30.7
其他行业	41.5	48.6	9.9	31.6	39.9	25.7	29.1	24.5
食品饮料制造业	36.1	46.3	17.6	18.5	0.8	10.5	20.1	13.7
纺织业	31.0	47.4	21.6	9.4	8.1	15.4	0.9	30.4
服装及其他纤维制品制造业	50.0	44.0	6.0	44.0	39.3	30.6	24.7	37.5
造纸及纸制品业	23.5	61.8	14.7	8.8	27.3	17.0	26.7	28.9
化学原料及化学制品制造业	38.5	49.3	12.2	26.3	31.5	15.4	16.4	6.5
医药制造业	46.6	37.8	15.6	31.0	45.4	47.0	43.8	38.6
化学纤维制造业	33.3	50.0	16.7	16.6		－18.7	－18.0	25.0
橡胶制品业	34.4	65.6		34.4	19.1	31.5	20.5	7.0
塑料制品业	29.2	52.3	18.5	10.7	43.5	32.3	19.1	16.3

续表

	目前经营状况				良好－不佳			
	良好	一般	不佳	良好－不佳	2003 年	2002 年	2001 年	2000 年
非金属矿物制品业	32.1	51.2	16.7	15.4	24.2	39.0	22.2	12.6
黑色金属冶炼及压延加工业	58.1	36.4	5.5	52.6	61.1	13.2	23.7	25.5
有色金属冶炼及压延加工业	43.9	46.3	9.8	34.1	48.7	27.4	3.4	22.4
金属制品业	41.4	45.7	12.9	28.5	32.1	30.9	12.8	17.6
普通机械制造业	47.7	43.6	8.7	39.0	49.9	14.7	21.2	4.1
专用设备制造业	47.1	39.4	13.5	33.6	49.5	32.5	39.0	19.8
交通运输设备制造业	40.7	38.3	21.0	19.7	40.3	34.6	32.0	19.5
电气机械及器材制造业	43.9	45.5	10.6	33.3	49.3	22.5	13.9	32.4
电子及通信设备制造业	51.5	44.1	4.4	47.1	43.7	23.6	26.4	37.6
仪器仪表及文化办公用机械制造业	63.6	36.4		63.6	26.1	31.1	9.1	1.9

2. 企业产销稳定增长，库存基本正常，价格呈回升态势

关于企业目前的生产状态，调查结果显示，6.9%的企业处于超负荷生产状态，比 2003 年略有提高；84.6%处于正常运作状态，略低于 2003 年；处于停产、半停产状态企业的比重为 8.5%，明显低于 1998、1999 年的 20%左右、2000～2002 年的 12%左右。其中，东部地区停产、半停产企业比重为 6.2%，中部地区为 9.4%，西部地区为 14.2%（见表 15）。

表 15　　2001～2004 年企业生产状况对比（%）

		总体	地区			规模		经济类型			企业类型	
			东部	中部	西部	大型	中小型	国有及国有控股	其中：国有	非国有	民营企业	上市公司
超负荷生产	2004 年	**6.9**	7.4	6.7	5.4	9.6	6.3	5.7	5.1	7.3	7.5	8.4
	2003 年	**6.6**	7.1	5.6	6.4	7.6	6.3	6.3	8.4	6.8	6.6	7.4
	2002 年	**5.3**	6.9	4.2	3.5	5.3	5.3	—	3.4	6.1	6.0	5.6
	2001 年	**4.6**	4.8	4.8	4.2	5.8	4.3	—	3.4	5.2	5.5	4.2
正常运作	2004 年	**84.6**	86.4	83.9	80.4	85.5	84.3	85.2	84.1	84.9	85.2	89.2
	2003 年	**84.8**	87.4	83.1	80.4	88.2	83.9	83.3	85.2	85.8	86.9	89.3
	2002 年	**82.8**	85.2	81.1	79.8	85.3	82.2	—	76.5	85.5	86.4	88.8
	2001 年	**82.3**	85.4	79.9	76.9	85.3	81.6	—	79.6	83.5	83.4	94.0
半停产	2004 年	**7.9**	5.6	8.4	13.9	4.3	8.8	8.6	10.0	7.3	6.9	1.2
	2003 年	**8.1**	5.2	10.7	12.5	3.7	9.3	9.7	5.4	7.0	6.2	2.5
	2002 年	**11.0**	7.5	13.7	14.9	8.8	11.6	—	17.5	8.2	7.5	5.6
	2001 年	**12.1**	8.9	14.1	17.8	7.9	13.3	—	15.4	10.6	10.4	1.8
停产	2004 年	**0.6**	0.6	1.0	0.3	0.6	0.6	0.5	0.8	0.5	0.4	1.2
	2003 年	**0.5**	0.3	0.6	0.7	0.5	0.5	0.7	1.0	0.4	0.3	0.8
	2002 年	**0.9**	0.4	1.0	1.8	0.6	1.0	—	2.6	0.2	0.1	
	2001 年	**1.0**	0.8	1.2	1.1	1.0	0.8	—	1.5	0.7	0.7	

与 2003 年同期相比，52%的企业经营者认为企业的生产（服务）量增加，28.8%认为基本持平，19.2%认为减少，认为增加的比认为减少的多 32.8 个百分点。这一结果明显低于 2003 年的 38.8 个百分点，但仍高于 2001、2002 年的水平。调查结果表明，经过宏观调控，经济快速扩张的势头得到了控制（见表 16、图 2）。

表16　　企业目前的生产（服务）量情况（%）

	增加	持平	减少	增加－减少
总体	**52.0**	**28.8**	**19.2**	**32.8**
东部地区企业	53.7	28.6	17.7	36.0
中部地区企业	50.7	29.7	19.6	31.1
西部地区企业	48.6	28.4	23.0	25.6
大型企业	58.9	27.1	14.0	44.9
中型企业	53.0	29.5	17.5	35.5
小型企业	46.3	29.0	24.7	21.6
国有及国有控股公司	53.0	29.7	17.3	35.7
国有企业	53.9	28.8	17.3	36.6
非国有企业	51.4	28.9	19.7	31.7
私营企业	48.8	31.1	20.1	28.7
股份有限公司	51.4	30.4	18.2	33.2
有限责任公司	54.0	27.4	18.6	35.4
外商及港澳台投资企业	51.7	26.9	21.4	30.3
民营企业	51.7	28.0	20.3	31.4
上市公司	57.4	28.8	13.8	43.6

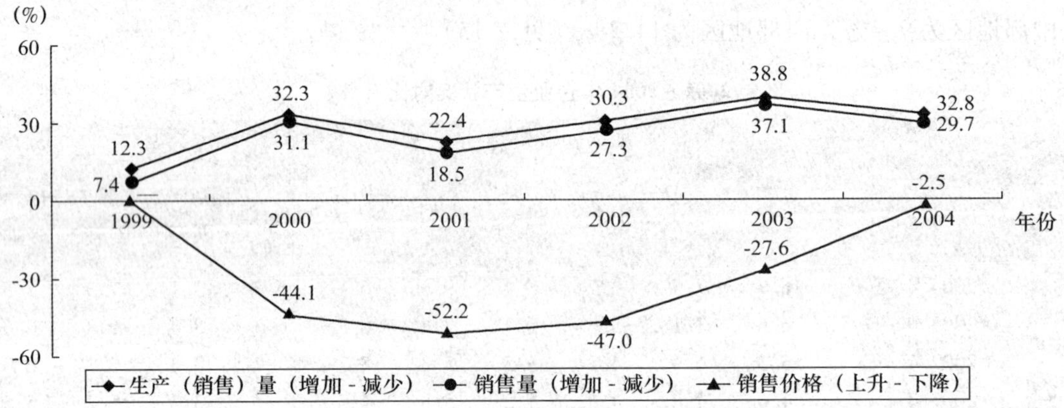

图2　1999~2004年企业经营者对目前生产（服务）、销售及价格的判断

关于企业的销售情况，调查结果显示，52.3%的企业经营者认为企业的销售量增加，25.1%认为基本持平，22.6%认为减少，认为增加的比认为减少的多29.7个百分点。与生产情况类似，销售情况弱于2003年，好于2001年和2002年。企业销售情况具有明显的规模特征，大型企业销量增加的比减少的多43个百分点，中型企业多33.4个百分点，小型企业多16.4个百分点（见表17、图2）。

表17　　企业目前的销售量情况（%）

	增加	持平	减少	增加－减少
总体	**52.3**	**25.1**	**22.6**	**29.7**
东部地区企业	54.5	24.7	20.8	33.7
中部地区企业	49.5	28.0	22.5	27.0
西部地区企业	49.1	22.9	28.0	21.2
大型企业	59.2	24.6	16.2	43.0
中型企业	53.9	25.6	20.5	33.4
小型企业	45.8	24.8	29.4	16.4

续表

	增加	持平	减少	增加 - 减少
国有及国有控股公司	53.4	26.3	20.3	33.1
国有企业	55.1	24.4	20.5	34.6
非国有企业	51.4	25.4	23.2	28.2
私营企业	45.9	28.0	26.1	19.8
股份有限公司	51.5	26.8	21.7	29.8
有限责任公司	54.9	23.4	21.7	33.2
外商及港澳台投资企业	53.6	22.4	24.0	29.6
民营企业	51.7	24.8	23.5	28.2
上市公司	59.9	23.8	16.3	43.6

从库存情况看，2004 年企业的产销衔接还是基本正常的。调查结果显示，72.6% 的企业经营者认为企业库存“正常”，比 2003 年减少近 1 个百分点；14.1% 认为“不足”；认为库存“过大”的为 13.3%，比 2003 年提高 2.5 个百分点，低于 2001、2002 年的调查结果（见表 18）。

表 18　　企业目前的库存情况（%）

	高于正常	正常	低于正常	低于正常 - 高于正常
总体	**13.3**	**72.6**	**14.1**	**0.8**
东部地区企业	12.5	75.2	12.3	-0.2
中部地区企业	12.4	72.3	15.3	2.9
西部地区企业	16.4	65.8	17.8	1.4
大型企业	18.9	71.2	9.9	-9.0
中型企业	12.5	73.5	14.0	1.5
小型企业	11.7	71.6	16.7	5.0
国有及国有控股公司	12.5	71.6	15.9	3.4
国有企业	10.0	72.1	17.9	7.9
非国有企业	14.2	72.6	13.2	-1.0
私营企业	13.0	69.6	17.4	4.4
股份有限公司	14.4	74.4	11.2	-3.2
有限责任公司	13.9	72.5	13.6	-0.3
外商及港澳台投资企业	15.3	76.0	8.7	-6.6
民营企业	13.6	72.8	13.6	0.0
上市公司	13.8	78.7	7.5	-6.3

关于企业产品（服务）的销售价格，调查结果显示，31.8% 的企业经营者认为比 2003 年同期“上升”，33.9% 认为“持平”，34.3% 认为“下降”，认为“上升”的比认为“下降”的少 2.5 个百分点，而 2003 年则少 27.6 个百分点（见表 19 - 1、图 2）。调查结果表明，前些年企业产品销售价格持续下滑的局面有了显著改变。结合企业经营者对通货膨胀的判断，可以认为目前的产品价格处于对企业发展比较有利的温和的上升阶段。

不过，企业产品销售价格具有明显的行业特征。采掘业以及制造业中的化工、化纤、黑色冶金、有色冶金行业均有超过一半的企业价格上涨，农林牧渔业、房地产业也有接近一半的企业价格上涨；而金属制品、电气机械、电子及通信设备、纺织、医药、塑料、汽车等行业有接近或超过一半的企业的产品价格在下降（见表 19 - 2、表 19 - 3）。

表 19-1　不同地区、规模及经济类型企业目前的销售价格情况（%）

	上升	持平	下降	上升-下降
总体	**31.8**	**33.9**	**34.3**	**-2.5**
东部地区企业	30.4	35.3	34.3	-3.9
中部地区企业	32.5	33.0	34.5	-2.0
西部地区企业	34.5	31.4	34.1	0.4
大型企业	38.4	30.5	31.1	7.3
中型企业	31.5	35.0	33.5	-2.0
小型企业	28.4	34.0	37.6	-9.2
国有及国有控股公司	33.5	36.4	30.1	3.4
国有企业	33.6	38.7	27.7	5.9
非国有企业	31.4	32.5	36.1	-4.7
私营企业	28.8	28.8	42.4	-13.6
股份有限公司	31.0	32.7	36.3	-5.3
有限责任公司	31.5	35.2	33.3	-1.8
外商及港澳台投资企业	24.6	34.4	41.0	-16.4
民营企业	31.2	32.5	36.3	-5.1
上市公司	37.4	36.3	26.3	11.1

表 19-2　不同行业企业目前的销售价格情况（%）

	上升	持平	下降	上升-下降
总体	**31.8**	**33.9**	**34.3**	**-2.5**
农林牧渔业	46.6	34.1	19.3	27.3
采掘业	75.7	14.3	10.0	65.7
制造业	27.9	33.2	38.9	-11.0
电力、煤气及水的生产和供应业	40.3	41.5	18.2	22.1
建筑业	27.4	39.0	33.6	-6.2
交通运输仓储业	42.6	40.2	17.2	25.4
批零贸易业	36.2	27.5	36.3	-0.1
餐饮业	33.3	44.5	22.2	11.1
房地产业	49.0	37.2	13.8	35.2
社会服务业	15.7	56.8	27.5	-11.8
其他行业	20.9	38.6	40.5	-19.6

表 19-3　不同行业企业目前的销售价格情况（%）

	上升	持平	下降	上升-下降
制造业	27.9	33.2	38.9	-11.0
食品饮料制造业	36.8	39.3	23.9	12.9
纺织业	19.1	28.7	52.2	-33.1
服装及其他纤维制品制造业	12.5	54.2	33.3	-20.8
造纸及纸制品业	36.4	30.3	33.3	3.1
化学原料及化学制品制造业	57.1	21.1	21.8	35.3
医药制造业	10.0	32.2	57.8	-47.8
化学纤维制造业	66.6	16.7	16.7	49.9
橡胶制品业	31.3	25.0	43.7	-12.4
塑料制品业	30.8	16.9	52.3	-21.5
非金属矿物制品业	26.5	32.5	41.0	-14.5
黑色金属冶炼及压延加工业	57.7	26.9	15.4	42.3

续表

	上升	持平	下降	上升 - 下降
有色金属冶炼及压延加工业	50.0	17.5	32.5	17.5
金属制品业	31.4	20.0	48.6	-17.2
普通机械制造业	21.1	45.6	33.3	-12.2
专用设备制造业	12.6	46.6	40.8	-28.2
交通运输设备制造业	12.3	32.1	55.6	-43.3
电气机械及器材制造业	27.9	23.5	48.6	-20.7
电子及通信设备制造业	11.6	39.1	49.3	-37.7
仪器仪表及文化办公用机械制造业	9.1	59.1	31.8	-22.7

关于2004年企业的盈利情况，调查结果显示，54.1%的企业经营者认为企业盈利情况“好”（包括“有些好”、“比较好”、“非常好”），比认为“差”（包括“有些差”、“比较差”、“非常差”）的多8.2个百分点（见表20）。有接近一半（47.2%）的企业经营者认为企业目前盈利情况“低于正常水平”，43.7%认为“正常”，9.1%认为“好于正常水平”（见表21）。

表20　对企业目前盈利水平的评价（%）

	非常差	比较差	有些差	有些好	比较好	非常好
总体	**5.6**	**16.0**	**24.3**	**25.0**	**27.1**	**2.0**
东部地区企业	4.3	14.9	24.6	26.2	27.8	2.2
中部地区企业	6.8	15.4	26.7	23.2	26.0	1.9
西部地区企业	8.2	19.5	21.0	23.5	26.4	1.4
大型企业	4.3	14.2	18.7	24.9	34.2	3.7
中型企业	4.8	15.0	24.5	24.5	29.2	2.0
小型企业	7.7	18.2	27.6	25.3	20.3	0.9
国有及国有控股公司	7.7	18.7	21.3	23.2	26.8	2.3
国有企业	9.7	19.3	21.9	22.8	24.4	1.9
非国有企业	4.4	15.0	25.0	25.5	28.1	2.0
私营企业	4.7	11.2	27.6	31.8	23.8	0.9
股份有限公司	2.1	12.3	24.3	25.2	33.0	3.1
有限责任公司	4.3	15.3	24.9	25.9	27.6	2.0
外商及港澳台投资企业	5.3	15.5	21.9	26.2	29.5	1.6
民营企业	4.1	13.8	26.5	26.7	27.4	1.5
上市公司	2.4	13.4	18.3	24.4	30.5	11.0

表21　不同地区、规模及经济类型企业目前的盈利情况（%）

	好于正常	正常	低于正常	好于正常 - 低于正常
总体	**9.1**	**43.7**	**47.2**	**-38.1**
东部地区企业	8.1	45.4	46.5	-38.4
中部地区企业	9.5	43.1	47.4	-37.9
西部地区企业	11.2	39.5	49.3	-38.1
大型企业	12.5	48.7	38.8	-26.3
中型企业	9.0	46.0	45.0	-36.0
小型企业	7.2	37.5	55.3	-48.1
国有及国有控股公司	11.6	48.8	39.6	-28.0
国有企业	12.7	49.1	38.2	-25.5

续表

	好于正常	正常	低于正常	好于正常－低于正常
非国有企业	8.1	42.2	49.7	－41.6
私营企业	4.7	38.7	56.6	－51.9
股份有限公司	9.8	43.9	46.3	－36.5
有限责任公司	7.6	44.9	47.5	－39.9
外商及港澳台投资企业	4.3	41.1	54.6	－50.3
民营企业	7.4	39.9	52.7	－45.3
上市公司	16.9	51.8	31.3	－14.4

3. 质量、管理、技术和创新成为企业取得竞争优势的主要因素

在市场竞争日趋激烈的情况下，分析企业的竞争优势对于了解当前推动经济增长的微观基础具有十分重要的意义。关于什么是企业的竞争优势，调查结果显示，位居首位的是产品（服务）质量，选择比重为60.9%；其次是“领导者素质”和“内部管理”，选择比重分别为43.8%和42.2%；再次为“产品（服务）技术”、“持续创新能力”和“产品（服务）价格”，选择比重分别为38.1%、33.6%和31.6%；其他选择比重在20%以上的依次包括：“应变能力”（28%）、“市场占有率”（25%）和“良好的企业文化”（20.8%）（见表22）。

表22　企业的主要竞争优势（%）

	总体	地区			规模			经济类型			企业类型	
		东部	中部	西部	大型	中型	小型	国有及国有控股	其中：国有	非国有	民营企业	上市公司
产品（服务）质量	**60.9**	61.2	59.3	61.8	59.7	58.8	64.4	58.1	56.8	62.0	62.7	53.6
领导者素质	**43.8**	42.1	45.3	46.7	43.5	44.8	42.7	46.6	45.9	43.3	42.0	41.7
内部管理	**42.2**	41.2	43.8	43.0	40.9	42.0	43.0	43.5	43.1	42.1	40.3	36.9
产品（服务）技术	**38.1**	39.9	34.3	37.0	39.0	37.5	38.5	36.9	38.2	38.0	37.7	40.5
持续创新能力	**33.6**	34.6	33.6	30.6	37.4	34.6	30.1	29.2	27.1	35.3	36.8	33.3
产品（服务）价格	**31.6**	32.3	28.8	32.7	21.5	31.7	37.3	27.1	29.0	32.4	35.7	19.0
应变能力	**28.0**	29.2	26.5	26.2	26.5	27.5	29.4	23.5	20.9	30.0	31.2	22.6
市场占有率	**25.0**	23.5	25.9	28.2	31.3	25.4	21.0	26.8	27.8	24.2	24.1	34.5
良好的企业文化	**20.8**	21.9	20.7	17.9	30.0	21.8	14.3	22.0	20.6	21.1	19.9	33.3
劳动力成本	**19.8**	18.6	23.4	19.1	16.4	18.2	23.5	19.9	21.2	19.3	20.3	11.9
人才	**15.6**	16.4	15.1	13.8	19.2	14.2	15.5	15.8	16.7	15.5	15.8	20.2
企业学习能力	**11.0**	11.3	10.6	10.5	12.0	11.3	10.1	8.7	7.0	12.2	12.5	8.3
政府支持	**10.4**	8.5	12.5	13.8	12.3	10.1	10.0	13.5	15.0	9.0	8.1	14.3
自然资源优势	**10.4**	7.2	14.2	14.8	10.1	10.7	10.2	13.0	13.4	9.4	9.0	13.1
上、下游企业合作	**10.0**	11.0	9.2	8.6	8.8	10.3	10.5	11.8	12.0	9.7	9.8	8.3
资金充裕	**7.1**	7.8	7.5	5.0	7.6	7.2	6.7	6.8	7.3	6.9	7.2	10.7
与研究机构合作	**4.7**	4.4	5.0	4.8	4.2	4.8	4.6	4.0	3.7	5.0	5.0	8.3
其他	**0.8**	1.0	0.8	0.5	0.6	0.9	0.9	0.9	0.8	0.9	0.9	2.4

调查结果表明，日趋规范的市场秩序和激烈的市场竞争使作为经济微观主体的企业越来越意识到其产品或服务的质量以及企业的生产技术对于企业能否取得竞争优势至关重要。这一方面要靠科学的内部管理，另一方面要靠持续不断的创新。而这一切优势的取得，都离不开较高的领导者素质。也就

是说，企业家在企业竞争中所发挥的关键作用是不可替代的。

分地区看，中部地区选择“劳动力成本低”的比重（23.4%）明显高于东部（18.6%）和西部地区（19.1%），说明人口密度较大且作为劳动力主要输出地的中部地区，“劳动力成本低”可望长期作为该地区的比较优势。与2003年情况类似，中西部地区企业经营者选择“政府支持”和“自然资源优势”的比重相对较高，比东部地区高4~8个百分点。这间接地反映出东部地区市场化程度较高的现实状况。

分企业规模看，与小型企业相比，大型企业在“持续创新能力”、“市场占有率”和“良好的企业文化”方面具有明显的优势；而小型企业在“产品（服务）价格”、“劳动力成本”方面具有明显的优势。选择比重的差距在7~16个百分点之间。

分经济类型看，国有企业选择“持续创新能力”、“产品（服务）价格”、“应变能力”作为竞争优势的企业经营者比重明显低于民营企业，两者相差7~9个百分点左右；国有企业选择“政府支持”的比重明显高于非国有企业，两者相差4个百分点以上（见表22）。由此可见，加快国有企业改革步伐对提升国有企业适应市场变化的创新能力和应变能力具有重要意义。

三、未来经济走势预期乐观

1. 企业订货情况良好

企业订货作为宏观经济的先行指标，可以从一个侧面反映出未来一个时期的经济走势。调查结果显示，61.2%的企业经营者认为目前企业订货处于“正常”水平，13.4%认为“高于正常水平”，认为“低于正常水平”的为25.4%，比2003年多3.7个百分点。

关于下期企业订货情况，调查结果显示，38%的企业经营者认为企业订货将“增加”，43.6%认为“持平”，18.4%认为会“减少”，认为“增加”的比认为“减少”的多19.6个百分点，这一数字比2003年减少15个百分点（见表23、表24）。

调查结果表明，当前企业订货总体上是正常的，但与2003年相比，对未来订货的乐观预期程度有所降低。

表23　　企业目前的订货情况（%）

	高于正常	正常	低于正常	高于正常-低于正常
总体	**13.4**	**61.2**	**25.4**	**-12.0**
东部地区企业	11.9	64.8	23.3	-11.4
中部地区企业	16.9	55.3	27.8	-10.9
西部地区企业	13.3	58.3	28.4	-15.1
大型企业	14.1	66.1	19.8	-5.7
中型企业	15.3	61.7	23.0	-7.7
小型企业	10.1	57.8	32.1	-22.0
国有及国有控股公司	14.7	63.3	22.0	-7.3
国有企业	17.5	61.1	21.4	-3.9
非国有企业	12.1	61.5	26.4	-14.3
私营企业	13.4	60.8	25.8	-12.4
股份有限公司	12.7	65.7	21.6	-8.9
有限责任公司	12.1	62.0	25.9	-13.8
外商及港澳台投资企业	11.5	57.7	30.8	-19.3
民营企业	12.8	59.7	27.5	-14.7
上市公司	14.6	75.6	9.8	4.8

表24　对下期订货情况的预计（%）

	增加	持平	减少	增加－减少
总体	**38.0**	**43.6**	**18.4**	**19.6**
东部地区企业	39.0	44.3	16.7	22.3
中部地区企业	35.2	44.5	20.3	14.9
西部地区企业	37.9	41.3	20.8	17.1
大型企业	39.9	43.5	16.6	23.3
中型企业	39.3	44.1	16.6	22.7
小型企业	35.3	42.8	21.9	13.4
国有及国有控股公司	34.6	47.5	17.9	16.7
国有企业	34.3	46.8	18.9	15.4
非国有企业	38.9	42.9	18.2	20.7
私营企业	39.1	44.1	16.8	22.3
股份有限公司	41.9	42.1	16.0	25.9
有限责任公司	40.0	42.7	17.3	22.7
外商及港澳台投资企业	42.6	39.2	18.2	24.4
民营企业	39.9	41.3	18.8	21.1
上市公司	45.7	43.2	11.1	34.6

2. 未来投资意愿增强

企业未来的投资意向对未来经济走势会产生重要影响。调查结果显示，55.4%的企业经营者认为企业四季度计划投资额将“增长”，28.2%认为“不变”，16.4%认为将“减少”，认为“增加”的比认为减少的多39个百分点。由此可见，调查结果表明企业未来的投资意愿还是比较强烈的。

从不同企业类型看，民营企业有近6成计划增加投资，而国有企业计划增加投资的只占一半左右（见表25）。这说明民营企业仍然是推动投资增长的重要动力。

表25　对未来计划投资额的预计（%）

	增加	持平	减少	增加－减少
总体	**55.4**	**28.2**	**16.4**	**39.0**
东部地区企业	54.9	29.4	15.7	39.2
中部地区企业	55.3	28.4	16.3	39.0
西部地区企业	56.7	25.0	18.3	38.4
大型企业	59.8	22.6	17.6	42.2
中型企业	56.3	28.7	15.0	41.3
小型企业	51.7	30.6	17.7	34.0
国有及国有控股公司	51.3	30.6	18.1	33.2
国有企业	49.8	32.3	17.9	31.9
非国有企业	57.0	27.2	15.8	41.2
私营企业	59.8	25.7	14.5	45.3
股份有限公司	61.4	24.7	13.9	47.5
有限责任公司	57.6	26.7	15.7	41.9
外商及港澳台投资企业	53.5	28.9	17.6	35.9
民营企业	59.4	25.2	15.4	44.0
上市公司	70.3	19.0	10.7	59.6

3. 从业人数保持增长，就业结构问题突出

从企业经营者对未来从业人数的预期也可以看出经济仍将保持较快增长的态势。调查结果显示，

30%的企业经营者认为未来一个时期企业将“增加”从业人数，50.5%认为保持现有人数，19.5%认为从业人数将“减少”，认为“增加”的比认为“减少”的多10.5个百分点。

从不同企业类型看，从业人数增加主要集中在东部地区、中小企业和民营企业。调查结果显示，东部地区从业人数将“增加”的占32.4%，“持平”的占“49.4%，“减少”的占18.2%，认为“增加”的比认为“减少”的多14.2个百分点，而中西部地区则仅分别多8.2和2.9个百分点；大型企业从业人数将“增加”的比将“减少”的少0.2个百分点，中小型企业则分别多13.4和11.9个百分点。国有企业从业人数将“增加”的比将“减少”的少15.8个百分点，民营企业则多25.7个百分点（见表26）。这一方面再一次说明民营企业的发展势头仍然十分强劲，另一方面也说明缓解就业压力关键要靠大力发展民营企业和中小型企业。同时，东部与中西部地区对劳动力增长需求的差异将继续导致农村富余劳动力向东部沿海地区流动。

表26　　对企业下期从业人数的预期（%）

	增加	持平	减少	增加-减少
总体	**30.0**	**50.5**	**19.5**	**10.5**
东部地区企业	32.4	49.4	18.2	14.2
中部地区企业	27.0	54.2	18.8	8.2
西部地区企业	26.9	49.1	24.0	2.9
大型企业	25.3	49.2	25.5	-0.2
中型企业	31.4	50.6	18.0	13.4
小型企业	30.3	51.3	18.4	11.9
国有及国有控股公司	17.3	53.8	28.9	-11.6
国有企业	15.7	52.8	31.5	-15.8
非国有企业	34.3	49.9	15.8	18.5
私营企业	42.8	41.4	15.8	27.0
股份有限公司	35.7	50.5	13.8	21.9
有限责任公司	34.8	49.8	15.4	19.4
外商及港澳台投资企业	33.3	52.7	14.0	19.3
民营企业	38.7	48.3	13.0	25.7
上市公司	28.6	45.2	26.2	2.4

总体来看，企业就业人员将保持增长，但企业需求更多的是技术人员（包括技术工人）、营销人员等熟练的劳动力，而普通工人的需求增长并不强劲。调查结果显示，超过一半（50.5%）的企业经营者认为当前“缺乏熟练劳动力”问题“严重”，15.3%认为“非常严重”，只有34.2%认为“不太严重”（见表27）。与2003年相比，44.4%的企业增加了技术人员，比减少技术人员的企业多37.4个百分点，技术工人人数的增加情况类似；42.7%的企业增加了营销人员，比减少营销人员的企业多35.4个百分点，而增加普通员工的企业只比减少普通员工的企业多3.4个百分点（见表28）。

表27　　对缺乏熟练劳动力问题的判断（%）

	不太严重	严　重	非常严重	不太严重-非常严重
总体	**34.2**	**50.5**	**15.3**	**18.9**
东部地区企业	33.7	50.9	15.4	18.3
中部地区企业	36.8	49.9	13.3	23.5
西部地区企业	32.8	50.6	16.6	16.2
大型企业	40.7	46.3	13.0	27.7

续表

	不太严重	严　重	非常严重	不太严重－非常严重
中型企业	34.3	50.9	14.8	19.5
小型企业	30.5	52.4	17.1	13.4
国有及国有控股公司	38.7	46.2	15.1	23.6
国有企业	35.4	49.1	15.5	19.9
非国有企业	33.8	50.9	15.3	18.5
私营企业	29.9	51.5	18.6	11.3
股份有限公司	32.9	54.3	12.8	20.1
有限责任公司	34.0	50.6	15.4	18.6
外商及港澳台投资企业	39.3	46.7	14.0	25.3
民营企业	29.7	54.4	15.9	13.8
上市公司	40.7	44.5	14.8	25.9

表 28　　与去年相比，今年企业的用工情况（%）

	减　少	持平	增　加	增加－减少
技术人员	7.0	48.6	44.4	37.4
管理人员	17.5	58.1	24.4	6.9
营销人员	7.3	50.0	42.7	35.4
普通员工	29.1	38.4	32.5	3.4
其中：技术工人	8.0	47.3	44.7	36.7

4. 企业经营状况继续看好

根据宏观背景和市场形势，企业经营者对未来企业经营状况预期乐观，但乐观程度比2003年有所降低。调查结果显示，34.2%的企业经营者认为四季度企业经营状况将“好转”，56.6%认为“不变”，9.2%认为会“恶化”，认为“好转”的比认为“恶化”的多25个百分点，比2003年减少近10个百分点。

分经济类型看，非国有企业对未来预期更乐观一些，认为“好转”的比认为“恶化”的多27.9个百分点，这一数字比国有企业多近10个百分点。尤其是私营企业，对未来的乐观程度更高一些，认为“好转”的比认为“恶化”的多35.6个百分点。

分行业看，农林牧渔业、餐饮业、社会服务业以及制造业中的食品、服装、造纸、医药、橡胶、黑色冶金、交通运输设备、电子及通信设备、仪器仪表行业的预期比较乐观，认为“好转”的比认为“恶化”的多30个百分点以上（见表29－1、表29－2）。

表 29－1　　对下期企业经营状况的预计（%）

	下期经营状况				好转－恶化		
	好转	不变	恶化	好转－恶化	2003年	2002年	2001年
总体	**34.2**	**56.6**	**9.2**	**25.0**	**33.8**	**34.4**	**31.0**
东部地区企业	33.0	58.9	8.1	24.9	34.4	36.5	32.6
中部地区企业	35.4	54.5	10.1	25.3	34.0	34.5	30.7
西部地区企业	36.0	52.6	11.4	24.6	31.9	29.3	27.0
大型企业	33.8	56.6	9.6	24.2	31.0	35.6	33.4
中型企业	34.8	57.1	8.1	26.7	36.7	34.0	31.4
小型企业	33.9	55.3	10.8	23.1	30.9	34.2	28.4
国有及国有控股公司	28.2	62.1	9.7	18.5	28.4	—	—

续表

	下期经营状况				好转－恶化		
	好转	不变	恶化	好转－恶化	2003 年	2002 年	2001 年
国有企业	26.6	62.2	11.2	15.4	31.0	19.6	23.7
非国有企业	36.5	54.9	8.6	27.9	35.9	50.2	37.3
私营企业	42.2	51.2	6.6	35.6	45.0	43.9	35.6
股份有限公司	37.7	55.6	6.7	31.0	41.2	41.9	37.6
有限责任公司	37.0	55.5	7.5	29.5	36.7	37.3	30.0
外商及港澳台投资企业	32.2	53.6	14.2	18.0	34.9	30.7	27.5
民营企业	37.0	54.2	8.8	28.2	39.2	45.5	40.2
上市公司	38.1	55.9	6.0	32.1	37.7	43.1	35.5

表 29－2　对下期企业经营状况的预计（%）

	下期经营状况				好转－恶化		
	好转	不变	恶化	好转－恶化	2003 年	2002 年	2001 年
总体	**34.2**	**56.6**	**9.2**	**25.0**	**33.8**	**34.4**	**31.0**
农林牧渔业	39.8	53.4	6.8	33.0	39.5	25.0	33.8
采掘业	30.9	60.3	8.8	22.1	28.7	29.5	36.3
制造业	35.4	55.2	9.4	26.0	33.2	36.7	31.0
电力、煤气及水的生产和供应业	30.8	57.7	11.5	19.3	27.6	—	—
建筑业	27.5	60.6	11.9	15.6	30.6	44.0	43.1
交通运输仓储业	33.3	61.6	5.1	28.2	41.0	40.9	35.0
批零贸易业	30.6	59.6	9.8	20.8	24.7	22.7	24.6
餐饮业	37.9	62.1		37.9	36.1	18.4	32.5
房地产业	27.7	56.5	15.8	11.9	42.7	50.7	46.5
社会服务业	40.0	50.9	9.1	30.9	50.6	39.5	20.7
其他行业	35.5	58.6	5.9	29.6	37.1	31.4	21.6
食品饮料制造业	55.4	37.0	7.6	47.8	46.4	37.9	33.4
纺织业	35.7	53.9	10.4	25.3	15.5	31.1	25.7
服装及其他纤维制品制造业	38.8	59.2	2.0	36.8	45.6	47.9	36.4
造纸及纸制品业	43.8	56.2		43.8	31.2	39.0	24.0
化学原料及化学制品制造业	26.6	61.5	11.9	14.7	21.3	31.1	25.8
医药制造业	40.0	54.4	5.6	34.4	47.6	49.4	50.3
化学纤维制造业	16.7	66.6	16.7	0.0	33.4	12.5	8.2
橡胶制品业	37.5	59.4	3.1	34.4	28.6	23.6	42.9
塑料制品业	34.9	42.9	22.2	12.7	17.4	42.7	35.2
非金属矿物制品业	33.3	50.7	16.0	17.3	38.4	40.5	33.4
黑色金属冶炼及压延加工业	38.2	60.0	1.8	36.4	17.0	34.0	23.2
有色金属冶炼及压延加工业	28.2	59.0	12.8	15.4	23.1	30.6	28.5
金属制品业	30.0	60.0	10.0	20.0	35.8	30.1	23.6
普通机械制造业	30.1	61.0	8.9	21.2	25.5	31.0	29.5
专用设备制造业	28.7	58.4	12.9	15.8	34.1	42.4	34.3
交通运输设备制造业	42.0	50.6	7.4	34.6	46.5	41.7	30.2
电气机械及器材制造业	34.8	51.6	13.6	21.2	41.2	34.8	39.4
电子及通信设备制造业	39.7	52.9	7.4	32.3	46.5	50.0	41.8
仪器仪表及文化办公用机械制造业	40.9	54.6	4.5	36.4	30.4	24.1	16.2

二、企业经营者对经济环境和改革热点的判断

（一）企业生产经营的外部环境趋于改善

1. 基础设施环境进一步改善

在近年来积极的财政政策的促进下，各地加大了基础设施建设的投资力度。调查结果显示，64.4%的企业经营者认为目前企业经营所在地的基础设施环境比2003年“好转”，30.4%认为“未变”，仅5.2%认为“恶化”，认为“好转”的比认为“恶化”的多59.2个百分点（见表30）。

表30　与去年相比，今年的基础设施环境变化情况（%）

	恶化	未变	好转	好转-恶化	
				2004年	2003年
总体	**5.2**	**30.4**	**64.4**	**59.2**	**66.0**
东部地区企业	4.9	30.4	64.7	59.8	65.7
中部地区企业	5.5	31.9	62.6	57.1	64.8
西部地区企业	5.4	28.7	65.9	60.5	67.9
大型企业	5.3	32.3	62.4	57.1	64.7
中型企业	6.2	29.0	64.8	58.6	66.5
小型企业	3.7	31.1	65.2	61.5	66.4
国有及国有控股公司	5.9	33.2	60.9	55.0	63.9
国有企业	5.3	33.9	60.8	55.5	67.3
非国有企业	5.2	29.3	65.5	60.3	66.5
私营企业	4.9	24.4	70.7	65.8	64.0
股份有限公司	7.1	30.5	62.4	55.3	70.1
有限责任公司	4.5	31.6	63.9	59.4	70.4
外商及港澳台投资企业	5.0	22.2	72.8	67.8	60.3
民营企业	4.6	28.5	66.9	62.3	68.4
上市公司	3.6	34.9	61.5	57.9	69.1

关于企业对所在城市基础设施状况的满意程度，调查结果显示，60.8%的企业经营者对所在城市的基础设施状况表示“满意”，31.5%表示“不满意”，7.7%表示“说不清”。不过，这种满意状况具有明显的地区差异。东部地区企业经营者认为所在城市基础设施“满意”的占近7成（68%），而中西部地区认为“满意”的只有一半左右（为52.6%和50%）（见表31）。

表31　企业所在城市的基础设施状况（%）

	不满意			说不清	满意		
	非常不满意	比较不满意	小计		比较满意	非常满意	小计
总体	**5.1**	**26.4**	**31.5**	**7.7**	**57.6**	**3.2**	**60.8**
东部地区企业	3.8	21.1	24.9	7.1	63.8	4.2	68.0
中部地区企业	5.5	33.1	38.6	8.8	51.2	1.4	52.6
西部地区企业	8.0	33.6	41.6	8.4	47.8	2.2	50.0
大型企业	6.7	25.2	31.9	6.5	58.4	3.2	61.6
中型企业	4.0	27.7	31.7	7.0	57.4	3.9	61.3
小型企业	5.6	25.7	31.3	9.5	56.9	2.3	59.2
国有及国有控股公司	4.9	29.8	34.7	6.9	56.3	2.1	58.4
国有企业	5.3	29.2	34.5	7.1	56.6	1.8	58.4

续表

	不满意			说不清	满意		
	非常不满意	比较不满意	小计		比较满意	非常满意	小计
非国有企业	5.0	25.7	30.7	7.9	57.8	3.6	61.4
私营企业	3.9	20.4	24.3	10.7	60.6	4.4	65.0
股份有限公司	5.2	28.2	33.4	7.3	55.5	3.8	59.3
有限责任公司	4.6	28.1	32.7	8.0	56.2	3.1	59.3
外商及港澳台投资企业	4.9	15.8	20.7	7.7	67.2	4.4	71.6
民营企业	5.2	24.9	30.1	8.2	58.1	3.6	61.7
上市公司	4.8	27.7	32.5	2.4	60.3	4.8	65.1

2. 政府办事效率有所提高

关于政府办事效率，调查结果显示，34.4% 的企业经营者认为比 2003 年有所“提高”，53.3% 认为“未变”，12.3% 认为“降低”，认为“提高”的比认为“降低”的多 22.1 个百分点。分地区看，东部地区政府办事效率的提高程度比中西部地区更大一些（见表 32）。

表 32　与去年相比，今年的政府办事效率不高情况（%）

	恶化	未变	好转	好转－恶化	
				2004 年	2003 年
总体	**12.3**	**53.3**	**34.4**	**22.1**	**30.4**
东部地区企业	10.9	52.7	36.4	25.5	33.2
中部地区企业	12.6	55.6	31.8	19.2	25.9
西部地区企业	15.2	52.8	32.0	16.8	27.3
大型企业	12.2	57.7	30.1	17.9	31.0
中型企业	12.2	52.1	35.7	23.5	32.9
小型企业	12.5	52.4	35.1	22.6	25.7
国有及国有控股公司	13.1	57.2	29.7	16.6	27.3
国有企业	12.5	58.2	29.3	16.8	24.8
非国有企业	12.2	52.0	35.8	23.6	31.4
私营企业	13.8	47.2	39.0	25.2	32.4
股份有限公司	14.1	50.5	35.4	21.3	34.2
有限责任公司	11.8	53.1	35.1	23.3	36.4
外商及港澳台投资企业	7.0	53.4	39.6	32.6	30.2
民营企业	11.8	51.1	37.1	25.3	34.0
上市公司	12.2	52.4	35.4	23.2	36.7

具体到政府行政审批手续过多的情况，调查结果显示，41.5% 的企业经营者认为情况有所“好转”，48.1% 认为“未变”，10.4% 认为“恶化”，认为“好转”的比认为“恶化”的多 31.1 个百分点（见表 33）。值得注意的是，私营企业和外商及港澳台投资企业认为“好转”的比重明显高于国有企业，说明目前国有企业更多地受到行政审批的制约。

表 33　与去年相比，今年的行政审批手续过多情况（%）

	恶化	未变	好转	好转－恶化
总体	**10.4**	**48.1**	**41.5**	**31.1**
东部地区企业	9.9	47.2	42.9	33.0
中部地区企业	9.8	50.3	39.9	30.1

续表

	恶化	未变	好转	好转－恶化
西部地区企业	11.8	48.2	40.0	28.2
大型企业	9.5	53.1	37.4	27.9
中型企业	11.0	46.5	42.5	31.5
小型企业	9.8	47.6	42.6	32.8
国有及国有控股公司	10.1	52.9	37.0	26.9
国有企业	10.0	53.3	36.7	26.7
非国有企业	10.5	46.6	42.9	32.4
私营企业	11.6	44.4	44.0	32.4
股份有限公司	11.4	48.8	39.8	28.4
有限责任公司	10.1	46.8	43.1	33.0
外商及港澳台投资企业	6.6	45.9	47.5	40.9
民营企业	10.3	45.4	44.3	34.0
上市公司	7.3	53.7	39.0	31.7

从企业对所在城市的政府办事效率的评价情况可以看出，虽然企业经营者认为政府的办事效率在提高，但他们还是寄望政府进一步提高办事效率。调查结果显示，36.5%的企业经营者对所在城市政府办事效率表示“满意”，45.5%表示“不满意”，18%表示“说不清”，认为“不满意”的比认为“满意”的多9个百分点（见表34）。比较而言，东部地区企业经营者对当地政府办事效率的满意程度比中西部地区高一些。从具体城市看，企业经营者对政府办事效率满意度评价较高的前10个城市中有7个城市位于长江三角洲或珠江三角洲地区。这一方面说明政府办事效率的提高具有集聚效应，一个地区政府办事效率的提高势必影响其周边地区；另一方面也说明，近年来长江三角洲、珠江三角洲经济的快速发展与地方政府办事效率的提高不无关系（见表35）。

表34　　企业所在城市的政府办事效率状况（%）

	不满意			说不清	满意		
	非常不满意	比较不满意	小计		比较满意	非常满意	小计
总体	**11.1**	**34.4**	**45.5**	**18.0**	**35.0**	**1.5**	**36.5**
东部地区企业	8.6	31.4	40.0	20.1	38.1	1.8	39.9
中部地区企业	12.7	40.3	53.0	15.2	30.8	1.0	31.8
西部地区企业	15.6	36.3	51.9	15.3	31.6	1.2	32.8
大型企业	8.0	32.3	40.3	17.6	40.4	1.7	42.1
中型企业	10.9	35.2	46.1	18.5	34.0	1.4	35.4
小型企业	13.0	34.7	47.7	17.2	33.5	1.6	35.1
国有及国有控股公司	11.0	37.4	48.4	17.5	32.9	1.2	34.1
国有企业	11.8	36.6	48.4	18.2	32.4	1.0	33.4
非国有企业	10.8	33.9	44.7	18.0	35.7	1.6	37.3
私营企业	11.4	29.5	40.9	21.4	37.2	0.5	37.7
股份有限公司	10.0	33.1	43.1	18.3	36.0	2.6	38.6
有限责任公司	11.2	35.2	46.4	17.0	35.5	1.1	36.6
外商及港澳台投资企业	7.7	34.4	42.1	17.5	36.0	4.4	40.4
民营企业	11.4	32.9	44.3	18.0	36.2	1.5	37.7
上市公司	4.8	28.6	33.4	21.4	40.4	4.8	45.2

表 35　对企业所在城市政府办事效率的评价（%）

序号	所在城市	不满意			说不清	满意		
		非常不满意	比较不满意	小计		比较满意	非常满意	小计
1	绍兴（0575）	2.7	13.5	16.2	21.6	62.2		62.2
2	上海（021）	4.6	17.4	22.0	18.3	56.9	2.8	59.7
3	苏州（0512）	4.4	15.6	20.0	28.9	46.7	4.4	51.1
4	成都（028）	5.1	15.4	20.5	23.1	56.4		56.4
5	深圳（0755）	4.2	20.8	25.0	16.7	58.3		58.3
6	南通（0513）	8.3	16.7	25.0	20.8	54.2		54.2
7	青岛（0532）	4.7	30.2	34.9	16.3	46.5	2.3	48.8
8	广州（020）	4.7	25.6	30.3	27.9	37.1	4.7	41.8
9	潍坊（0536）	8.0	24.0	32.0	24.0	40.0	4.0	44.0
10	佛山（0757）	6.9	20.7	27.6	34.5	34.5	3.4	37.9

3. 市场秩序进一步规范

关于市场秩序，本次调查涉及了地方保护、不合理费用摊派、招投标及资质认定方面的规范化等问题。

关于地方保护现象，调查结果显示，24.9%的企业经营者认为比2003年有所“好转”，62.9%认为“未变”，12.2%认为“恶化”，认为“好转”的比认为“恶化”的多12.7个百分点（见表36）。

关于地方保护的形式之一，本次调查涉及了企业产品在外地销售时受到的行政限制情况。调查结果显示，企业经营者认为受行政限制较多的10个省市中，有7个在东部地区，3个在中部地区。

关于不合理费用摊派，调查结果显示，40.3%的企业经营者认为比2003年有所“好转”，46.2%认为“未变”，13.5%认为“恶化”，认为“好转”的比认为“恶化”的多26.8个百分点（见表36）。

关于项目招投标规范化程度，调查结果显示，35.4%的企业经营者认为比2003年“好转”，49.1%认为“未变”，15.5%认为“恶化”，认为“好转”的比认为“恶化”的多19.9个百分点（见表36）。

关于各类企业资质认定的规范化程度，调查结果显示，32.8%的企业经营者认为比2003年“好转”，53.3%认为“未变”，13.9%认为“恶化”，认为“好转”的比认为“恶化”的多18.9个百分点（见表36）。

关于知识产权保护情况，调查结果显示，37%的企业经营者认为比2003年“好转”，57.2%认为“未变”，5.8%认为“恶化”，认为“好转”的比认为“恶化”的多31.2个百分点（见表36）。

表 36　与去年相比，今年企业的有关外部环境变化情况（%）

	恶化	未变	好转	好转－恶化
地方保护现象	12.2	62.9	24.9	12.7
不合理费用摊派	13.5	46.2	40.3	26.8
不规范招投标	15.5	49.1	35.4	19.9
不规范资质认定	13.9	53.3	32.8	18.9
知识产权保护	5.8	57.2	37.0	31.2
公平国民待遇	9.7	59.9	30.4	20.7
市场准入限制	6.3	54.2	39.5	33.2

近年来，企业关于倡导公平国民待遇、放宽市场准入限制的要求一直都比较强烈。关于公平国民

待遇，调查结果显示，30.4%的企业经营者认为比2003年“好转”，59.9%认为“未变”，9.7%认为“恶化”，认为“好转”的比认为“恶化”的多20.7个百分点（见表36）。关于市场准入限制，调查结果显示，39.5%的企业经营者认为比2003年“好转”，54.2%认为“未变”，6.3%认为“恶化”，认为“好转”的比认为“恶化”的多33.2个百分点（见表36）。值得关注的是，对于这两条与民营企业发展密切相关的内容，非国有企业尤其是私营企业的乐观程度远高于国有企业（见表37、38）。

表37　　与去年相比，今年公平国民待遇情况（%）

	恶化	未变	好转	好转-恶化
总体	**9.7**	**59.9**	**30.4**	**20.7**
国有及国有控股公司	9.8	64.0	26.2	16.4
国有企业	9.9	61.7	28.4	18.5
非国有企业	9.7	59.4	30.9	21.2
私营企业	6.3	55.7	38.0	31.7
股份有限公司	10.8	58.4	30.8	20.0
有限责任公司	10.5	60.7	28.8	18.3
外商及港澳台投资企业	5.5	65.2	29.3	23.8
民营企业	9.7	58.2	32.1	22.4
上市公司	7.4	60.5	32.1	24.7

表38　　与去年相比，今年市场准入限制情况（%）

	恶化	未变	好转	好转-恶化
总体	**6.3**	**54.2**	**39.5**	**33.2**
国有及国有控股公司	6.9	58.6	34.5	27.6
国有企业	7.1	57.3	35.6	28.5
非国有企业	6.2	52.8	41.0	34.8
私营企业	4.6	48.7	46.7	42.1
股份有限公司	6.8	51.0	42.2	35.4
有限责任公司	6.3	54.7	39.0	32.7
外商及港澳台投资企业	6.3	57.5	36.2	29.9
民营企业	5.8	51.3	42.9	37.1
上市公司	4.9	50.7	44.4	39.5

以上调查结果表明，各地政府在提高政府办事效率、规范市场秩序方面所做的工作得到了企业经营者积极的肯定。

4. 能源紧张、收入差距、腐败现象、环境恶化、行业垄断为当前经济生活中的五个主要问题

我国经济目前处于关键的发展时期，拥有良好的发展机遇，也面临着很多困难和挑战。为此，本次调查就当前经济发展中存在的问题请企业经营者提出自己的看法。调查结果显示，按严重程度排序，企业经营者认为排在前5位的依次是“能源供应紧张”（6.12）①、“收入差距扩大”（6.02）、“腐败现象”（5.92）、“环境保护”（5.9）和“部分行业垄断”（5.52），得分均在5分以上（见表39）。

能源问题被列为当前经济生活中的首要问题，充分反映了能源紧张对企业的影响和企业经营者对

① 本次调查提出了“需求不足”、“失业”、“通货膨胀”、“缺乏国际竞争力”、“出口贸易壁垒”、“缺乏熟练劳动力”、“资金短缺”、“投资过热”、“‘三农’问题”、“潜在金融风险”、“服务业发展滞后”、“收入差距扩大”、“环境保护”、“能源供应紧张”、“部分行业垄断”、“腐败现象“等16个问题，由企业经营者对每个问题做出“非常严重”或“严重”或“不太严重”的判断。对选择“非常严重”的赋予9分，选择“严重”的赋予5分，选择“不太严重”的赋予1分。括号内为根据企业经营者的判断平均计算的分值，得分越高说明问题越严重，可能分值在1~9分之间。

能源问题的高度关注。从供求情况看，调查结果显示，82% 的企业经营者认为电力“供不应求”，比 2003 年增加 20.9 个百分点；73.3% 认为煤炭“供不应求”；68.5% 认为成品油“供不应求”（见表 9）。由此可见，目前能源已成为影响经济快速增长的突出的瓶颈制约。

在上述五个问题之后，按问题严重程度排序，企业经营者依次选择的是“‘三农’问题”（4.98）、“资金短缺”（4.78）、“潜在金融风险”（4.73）、“缺乏国际竞争力”（4.7）、“失业”（4.41）和“缺乏熟练劳动力”（4.24）得分在 4 ~ 5 之间。此外，企业经营者还认为“服务业发展滞后”（3.94）、“出口贸易壁垒”（3.68）和“投资过热”（3.56）问题比较严重，得分在 3 ~ 4 分之间。

相对来说，有 2/3 左右的企业经营者认为“需求不足”（2.5）和“通货膨胀”（2.43）问题不太严重（见表 39）。

调查结果同时表明，相对于其他问题来说，企业经营者认为投资过热问题的严重程度并不太高。具体来看，46.4% 的企业经营者认为投资过热问题“不太严重”，43.2% 认为“严重”，10.4% 认为“非常严重”。而对于目前舆论普遍关注的潜在的通货膨胀问题，企业经营者普遍表示不会出现严重问题，其严重程度在所有 16 个问题中是最低的（见表 39）。

表 39　　对当前我国经济生活中有关问题严重程度的评价（%）

	不太严重	严重	非常严重	不太严重 - 非常严重	评价值
能源供应紧张	13.5	44.9	41.6	-28.1	6.124
收入差距扩大	14.6	45.0	40.3	-25.7	6.023
腐败现象	14.4	48.2	37.4	-23.0	5.920
环境保护	15.5	46.4	38.1	-22.6	5.904
部分行业垄断	21.9	43.1	35.0	-13.1	5.524
“三农”问题	26.4	47.6	26.0	0.4	4.984
资金短缺	28.9	47.6	23.5	5.4	4.784
潜在金融风险	27.9	50.9	21.2	6.7	4.732
缺乏国际竞争力	24.8	57.9	17.3	7.5	4.700
失业	29.2	56.3	14.5	14.7	4.412
缺乏熟练劳动力	34.2	50.5	15.3	18.9	4.244
服务业发展滞后	38.1	50.2	11.7	26.4	3.944
出口贸易壁垒	41.7	49.7	8.6	33.1	3.676
投资过热	46.4	43.2	10.4	36.0	3.560
需求不足	64.9	32.6	2.5	62.4	2.504
通货膨胀	68.3	27.7	4.0	64.3	2.428

注：评价值 =（“不太严重”比重 ×1 +“严重”比重 ×5 +“非常严重”比重 ×9）÷100。

（二）加大改革力度，促进政府职能转变

1. 经济体制改革成效明显

随着经济的持续快速发展，改革也在不断深入。本次调查请企业经营者对政府职能转变、产权制度改革、金融制度改革、财税体制改革、投资体制改革、国有资产管理体制改革、垄断性行业改革和健全社会保障体系等方面改革进行评价。调查结果显示，认为这些改革取得成效的比重大多明显高于认为“尚未见效”的，尤其是对健全社会保障体系、产权制度改革等所取得的成效评价较高，认为“效果很好”或“效果较好”的比重分别为 45.9% 和 38.9%。对于其他改革的评价按取得成效程度的高低排列依次是：投资体制改革、政府职能转变、国有资产管理体制改革、财税体制改革、金融体制

改革和垄断性行业改革（见表40）。

表40　　对近两年来有关经济体制改革成效的评价（%）

	尚未见效	有些效果	效果较好	效果很好	效果较好+效果很好
健全社会保障体系	9.5	44.6	42.2	3.7	45.9
产权制度改革	11.9	49.2	36.4	2.5	38.9
投资体制改革	15.1	53.3	30.2	1.4	31.6
政府职能转变	16.1	59.3	23.7	0.9	24.6
国有资产管理体制改革	20.7	54.9	22.4	2.0	24.4
财税体制改革	24.7	53.4	20.2	1.7	21.9
金融体制改革	28.0	52.6	18.3	1.1	19.4
垄断性行业改革	37.1	50.2	12.3	0.4	12.7

2. 政府职能转变是深化改革的关键

当请企业经营者提出当前最重要的三项改革时，调查结果显示，绝大多数（82.3%）的企业经营者首选政府职能转变。由此可见，企业经营者对政府职能转变在当前改革中的关键作用寄予很大期望。企业经营者选择的其他两项重要的改革依次是健全社会保障体系和产权制度改革，选择比重分别为53.1%和45.1%（见表41）。

对于这三项重要的改革，企业经营者对健全社会保障体系和产权制度改革这两项改革的评价是最高的（认为“效果很好”或“效果较好”的占38%~46%），它们的成功为其他改革的顺利进行奠定了基础。而政府职能转变“效果很好”或“效果较好”的比重尚不足1/4，说明政府职能转变的艰巨性。

表41　　对近两年来有关经济体制改革重要性的评价（%）（被选为最重要的三项改革）

	总体	地区			规模			经济类型			企业类型	
		东部	中部	西部	大型	中型	小型	国有及国有控股	其中：国有	非国有	民营企业	上市公司
政府职能转变	**82.3**	82.5	84.1	79.7	82.1	83.3	81.3	80.4	81.4	82.8	84.0	92.9
健全社会保障体系	**53.1**	51.2	57.0	54.5	56.5	53.0	51.5	58.5	59.6	51.5	48.8	61.9
产权制度改革	**45.1**	44.2	48.9	43.2	51.4	46.3	40.3	53.9	53.2	42.9	38.3	42.9
财税体制改革	**35.0**	37.4	29.4	34.9	25.6	35.1	40.3	26.9	25.3	37.8	39.9	23.8
金融体制改革	**28.3**	28.8	27.4	28.1	24.9	28.7	29.3	19.8	17.9	31.4	34.1	26.2
垄断性行业改革	**20.2**	20.8	18.8	19.9	18.2	18.9	22.9	17.9	18.6	20.5	22.9	10.7
国有资产管理体制改革	**16.8**	16.8	15.3	18.3	25.4	15.7	13.5	29.0	29.6	13.1	8.9	31.0
投资体制改革	**10.4**	9.7	10.3	12.8	10.5	9.5	11.6	7.6	7.2	11.4	12.3	7.1

3. 树立科学发展观，提高政府服务水平

关于对政府职能转变的评价，总的来看，东部地区好于中西部地区，非国有企业好于国有企业（见表42）。这一方面表明，市场化程度高的地区，政府职能转变进展相对快一些，另一方面表明，国有企业目前受到政府的行政性制约也许更多一些。

而要加快政府职能的转变，非常重要的一点是观念上的转变。对地方政府而言，树立正确的政绩观和科学的发展观对政府职能的成功转变至关重要。从企业经营者认为考察地方政府政绩的主要指标可以看出其对政府职能转变方向的期待。调查结果显示，企业经营者认为考察地方政府政绩的主要因素首先应该是“人民生活水平”和“社会安定”，选择比重分别为58.5%和56.3%。此外，企业经营

表 42　　对近两年来“政府职能转变”成效的评价（%）

	尚未见效	效果一般	效果较好	效果很好	效果较好 + 效果很好
总体	16.1	59.3	23.7	0.9	24.6
东部地区企业	15.3	57.2	26.8	0.7	27.5
中部地区企业	17.8	60.5	20.6	1.1	21.7
西部地区企业	16.5	63.1	19.1	1.3	20.4
大型企业	17.2	58.4	24.2	0.2	24.4
中型企业	16.3	58.9	23.7	1.1	24.8
小型企业	15.1	60.1	23.8	1.0	24.8
国有及国有控股公司	18.0	62.2	19.4	0.4	19.8
国有企业	19.4	60.4	20.0	0.2	20.2
非国有企业	15.3	58.6	25.0	1.1	26.1
民营企业	15.5	57.4	26.0	1.1	27.1
上市公司	21.4	51.2	27.4		27.4

者还比较看重地方政府在“环境保护”（35.5%）、“就业状况”（28.6%）和“公共服务水平”（28.2%）方面的作为。选择“GDP 增长速度”（25.1%）和“促进支柱产业发展”（20.8%）的比重并不高（见表 43）。调查结果表明，企业经营者认为，考察地方政府政绩，主要看这些地方政府官员是否能维护一方平安，人民安居乐业，而不希望政府相互攀比 GDP 增长速度，过多地干预地方经济发展。

表 43　　考察地方政府政绩的主要因素（%）

	总体	地区			规模			经济类型			企业类型	
		东部	中部	西部	大型	中型	小型	国有及国有控股	其中：国有	非国有	民营企业	上市公司
人民生活水平	58.5	59.3	57.3	57.8	57.5	58.5	59.3	57.2	55.7	59.5	59.4	59.5
社会安定	56.3	58.1	53.6	53.8	52.1	56.3	58.5	54.1	54.9	56.6	57.9	48.8
环境保护	35.5	38.2	31.3	32.6	36.1	35.5	35.5	36.7	36.8	35.1	34.5	34.5
就业状况	28.6	26.7	30.7	31.7	30.6	27.8	28.5	31.8	30.9	28.1	26.1	40.5
公共服务水平	28.2	29.0	26.8	27.9	33.7	26.9	26.6	30.0	29.2	28.2	28.0	33.3
GDP 增长速度	25.1	23.7	27.4	26.4	22.8	26.4	24.8	23.5	23.2	25.7	26.0	22.6
促进支柱产业发展	20.8	18.7	25.1	21.6	19.3	22.6	19.1	17.3	15.9	22.2	22.8	15.5
维护市场秩序	19.8	20.1	17.6	21.3	24.9	20.0	16.5	22.9	22.6	18.9	17.4	25.0
弱势群体保护	4.7	4.4	5.1	5.0	3.7	4.1	6.3	4.6	5.1	4.7	4.9	4.8
其他	0.4	0.1	0.3	1.0		0.3	0.7	0.3	0.3	0.4	0.6	

如何提高政府服务水平，对企业乃至地方经济的发展是至关重要的。调查结果显示，在企业选择投资地点时主要考虑的因素中，企业经营者首选的就是“政府服务水平”，选择比重高达 71.9%（见表 44）。

表 44　　企业选择投资地点时主要考虑的因素（%）

	总体	地区			规模			经济类型			企业类型	
		东部	中部	西部	大型	中型	小型	国有及国有控股	其中：国有	非国有	民营企业	上市公司
政府服务水平	**71.9**	72.4	72.7	69.8	75.9	72.8	68.9	74.7	74.6	71.1	72.3	75.0
经营成本	**69.4**	67.8	68.2	74.8	74.0	65.7	71.6	69.1	67.2	70.0	69.9	71.4

续表

	总体	地区			规模			经济类型			企业类型	
		东部	中部	西部	大型	中型	小型	国有及国有控股	其中：国有	非国有	民营企业	上市公司
基础设施状况	**58.7**	59.2	55.8	60.8	61.5	59.0	57.0	60.4	60.8	58.0	58.6	59.5
产业配套能力	**42.0**	41.7	41.0	43.5	40.0	42.5	42.4	37.7	36.5	43.3	43.8	44.0
对外开放程度	**38.3**	41.3	36.0	32.1	38.7	39.2	36.9	37.2	37.0	38.5	38.4	42.9
信息发达程度	**35.1**	35.9	35.5	32.6	34.6	35.5	35.1	36.3	39.5	33.9	33.8	28.6
当地文化是否有利于经商	**34.1**	36.6	34.4	27.1	34.1	35.5	32.1	34.2	33.2	34.5	34.4	29.8
消费水平	**31.5**	29.0	32.6	37.2	30.2	31.9	31.6	34.9	33.2	31.2	29.4	39.3
经济规模	**29.2**	27.1	31.0	33.2	32.4	29.2	27.3	30.7	31.4	28.8	28.8	33.3
人口规模	**14.1**	12.6	15.0	17.3	12.0	13.9	15.6	13.9	15.1	13.8	14.9	10.7
其他	**2.6**	2.6	2.0	2.8	1.8	2.7	2.9	1.4	1.6	2.9	3.3	1.2

（注：凡引用此报告者均需注明引自中国企业家调查系统——《2004·中国企业经营者问卷跟踪调查报告》）

课题组名单

顾　　问：王梦奎　陈清泰　魏礼群　李德水　侯云春
鲁志强　李克穆　谢伏瞻　许善达　邵　宁
丁俊发　任泽民

调查指导：王佩亨　李建明　韩永文　毕雪融　唐　军
王子先　余明勤　杨元伟　余　平　金磊夫
王珏林

调查主持：李　兰　陈全生　熊志军　郑京平　陈　重

报告撰写：潘建成　李　兰　韩岫岚　郑明身　郝大海
杨志民

数据处理：王建平　王　铮　王云峰　桂晓鸿　孔元园

参与讨论：卢中原　张文魁　李晓西　张　泰　李燕斌
张　斌　尚建华　李维双　杨正位　何龙灿
刘美芝

2003 年企业经营者对宏观经济形势及改革热点的判断和建议

■ 中国企业家调查系统

2003 年以来，影响我国宏观经济的国内外形势发生了较大变化。国际上发生了第二次海湾战争、石油价格波动和美元持续贬值等事件；从国内来看，2003 年是党的十六大及第十届全国人大召开后新一届政府施政的第一年，另外上半年遭受了突如其来的"非典"的袭击。在此错综复杂的背景下，为了解企业经营者对当前宏观经济形势、企业经营状况的判断及对未来发展的预期，了解他们对经济体制改革成效的看法及进一步深化改革的意见和建议，为政府决策提供参考依据，2003 年 8 月至 10 月，中国企业家调查系统组织实施了"2003 · 中国企业经营者问卷跟踪调查"。

本次调查是由中国企业家调查系统组织的第 11 次全国性企业经营者年度跟踪调查，得到了国务院发展研究中心人才交流培训中心、国务院研究室工交贸易研究司、国务院国有资产监督管理委员会企业分配局、国家统计局国民经济综合统计司、中国企业联合会研究部①、国家发展和改革委员会国民经济综合司、人事部人才流动开发司、交通部体改法规司、商务部政策研究室、劳动和社会保障部法制司、国家税务总局政策法规司、中国证券监督管理委员会信息中心、中国物流与采购联合会等有关部门的支持和指导。

与前 10 次调查一样，本次调查仍以企业法人代表为调查对象。鉴于 10 年来企业分布结构发生了较大的变化，为使调查样本更具代表性，本次调查委托国家统计局普查中心依据全国基本单位普查资料，对中国企业家调查系统原有抽样框进行了更新。在新的抽样框下，调查系统参考我国经济结构，按行业进行了分层随机抽样。调查采用邮寄问卷的方式进行，共发放问卷 10000 份，回收问卷 3304 份，其中有效问卷 3192 份，有效回收率为 31.9%。通过部分未填写问卷与填写问卷企业的对比分析，未发现存在系统偏差。为使调查分析更为全面和深入，本报告还利用了中国企业家调查系统以往历次调查的结果。

本次调查主要涉及工业、建筑业、交通运输仓储及邮电通信业、批发零售贸易和餐饮业、房地产业和社会服务业等行业，上述行业的企业所占比重分别为：59.4%、7.8%、5.7%、11%、3.8% 和 2.6%。从企业的地区分布看，东部占 54%，中部和西部分别占 23.1% 和 22.9%。从企业规模看，大、中、小型企业分别占 21.2%、50.2% 和 28.6%。从企业经济类型看，国有企业和非国有企业分别占 26.1% 和 73.9%；有限责任公司占 33.7%，股份有限公司占 15.2%，集体企业占 5.5%，私营企业占 6.3%，外商及港澳台投资企业占 8.3%，股份合作企业占 4.5%。从企业盈亏状况看，盈利企业占

① 以上 5 家部门为中国企业家调查系统发起成立单位。

63.1%，亏损企业占21.1%，持平企业占15.8%。

本次调查的企业经营者年龄主要分布在36～45和46～55岁之间，比重分别为27.2%和50.2%；文化程度为大专及以上的占86.1%，其中具有本科及以上学历的占48.5%；职务为企业董事长或总经理、厂长、党委书记的占95.3%，其他职务的占4.7%（见表1～表3）。

表1　　调查样本基本情况（%）

行业	农林牧渔业	2.8	经济类型	国有企业	26.1
	采掘业	2.9		集体企业	5.5
	制造业（见表2）	53.1		私营企业	6.3
	电力、煤气及水的生产和供应业	3.4		股份合作企业	4.5
	建筑业	7.8		股份有限公司	15.2
	交通运输、仓储及邮电通信业	5.7		有限责任公司	33.7
	批发零售贸易和餐饮业	11.0		其他内资企业	0.4
	金融、保险业	0.4		外商及港澳台投资企业	8.3
	房地产业	3.8	规模	特大型企业	1.9
	社会服务业	2.6		大型企业	19.3
	文教体卫广电业	0.6		中型企业	50.2
	科学研究及综合技术服务业	1.2		小型企业	28.6
	其他行业	4.7	盈亏	盈利企业	63.1
地区	东部地区	54.0		持平企业	15.8
	中部地区	23.1		亏损企业	21.1
	西部地区	22.9			

表2　　调查样本中制造业基本情况（%）

	制造业细分	%		制造业细分	%
1	食品加工业	3.5	16	化学纤维制造业	1.1
2	食品制造业	2.9	17	橡胶制品业	1.2
3	饮料制造业	1.5	18	塑料制品业	3.2
4	烟草加工业	0.3	19	非金属矿物制品业	3.3
5	纺织业	5.8	20	黑色金属冶炼及压延加工业	2.9
6	服装及其他纤维制品制造业	4.0	21	有色金属冶炼及压延加工业	2.3
7	皮革、毛皮、羽绒及其制品业	1.1	22	金属制品业	3.8
8	木材加工及竹、藤、棕、草制品业	1.1	23	普通机械制造业	9.5
9	家具制造业	0.6	24	专用设备制造业	8.4
10	造纸及纸制品业	1.9	25	交通运输设备制造业	4.7
11	印刷业，记录媒介的复制	2.2	26	电气机械及器材制造业	4.1
12	文教体育用品制造业	0.8	27	电子及通信设备制造业	4.8
13	石油加工及炼焦业	1.1	28	仪器仪表及文化办公用机械制造业	1.7
14	化学原料及化学制品制造业	8.8	29	其他制造业	8.3
15	医药制造业	5.1			

调查结果显示，2003 年上半年虽然遭受“非典”袭击，我国投资、出口需求仍呈强劲增长态势，消费需求不足现象有所缓解，宏观经济继续运行在快速增长的轨道上，并呈现扩张的迹象；同时，企业经营状况不断改善，生产与销售同步快速增长，经济效益略有提高，企业竞争力得到提升；企业投资意愿增强，企业经营者对未来经济走势预期乐观。

调查结果显示，大部分企业经营者认为，与2002 年相比，我国基础设施和生态环境进一步改善，政府办事效率不断提高，市场秩序进一步规范，企业生产经营外部环境趋于改善；社会保障体系不断

表 3　　调查对象基本情况（%）

类别	项目	%	类别	项目	%
性别	男	96.1	文化程度	初中或以下	1.9
	女	3.9		中专、高中	12.0
年龄	35 岁及以下	4.2		大专	37.6
	36~45 岁	27.2		大学本科	32.6
	46~55 岁	50.2		研究生学历	8.9
	56 岁及以上	18.4		硕士	5.9
	平均年龄	48.7		博士	1.1
所学专业	文史哲法律	7.7	现任职务	董事长	53.6
	经济	35.2		总经理	59.9
	管理	47.0		厂长	13.3
	理工农医	28.3		党委书记	27.6
	其他	6.0		其他	4.7

注：由于存在跨专业和职务兼任情况，因此所学专业和现任职务比例合计大于 100%。

完善，产权制度改革、政府职能转变等改革在促进经济增长和企业经营方面取得明显成效。

调查结果同时表明，当前经济发展和改革中尚存在一些值得注意的问题，如就业结构问题突出，中小企业融资比较困难，国有资产管理体制改革和垄断性行业改革亟待突破等。企业经营者希望进一步加大改革力度，通过简化行政审批手续、依法行政、政务公开等手段，切实转变政府职能，以产权制度改革为契机，促进国有企业改革的不断深化，进一步建立和完善经营者激励和约束制度，加快金融体制改革步伐，为我国经济发展创造更加良好的外部环境。

一、企业经营者对宏观经济形势的判断

（一）宏观经济走势明显升温

尽管 2003 年上半年我国遭受了突如其来的“非典”的袭击，对经济发展产生了一定的冲击，但从本次调查可以看出，这一冲击是暂时的、有限的，没有影响我国经济增长的基本面。调查结果显示，关于对当前宏观经济形势的判断，30.7% 的企业经营者认为比较“热”（28.1% 认为“偏热”，2.6% 认为“过热”），比重比 2002 年提高近 20 个百分点，为 1995 年调查以来的最高值；一半以上（53%）的企业经营者认为“正常”；认为“偏冷”或“过冷”的仅占一成左右（10.5%），比 2002 年减少近 15 个百分点，为 1995 年以来的最低值。调查结果表明，企业经营者认为，2003 年以来我国的宏观经济走势明显升温（见表 4、图 1）。

表 4　　1995~2003 年企业经营者对宏观经济形势的判断（%）

	过热	偏热	正常	偏冷	过冷	尚难判断
2003 年	2.6	28.1	53.0	10.3	0.2	5.8
2002 年	0.6	10.6	57.9	23.9	1.0	6.0
2001 年	2.2	9.8	44.4	29.2	1.6	12.8
2000 年	—	9.7	52.8	28.0	1.1	8.4
1999 年	—	—	39.6	48.1	8.5	3.8
1998 年	—	1.6	28.7	51.5	11.1	7.1
1997 年	—	—	54.1	37.3	4.6	4.1
1996 年	—	—	41.3	44.4	7.9	6.4
1995 年	2.4	22.3	25.1	36.5	4.4	9.3

注：本表综合了近几年的调查数据；“—”表示该年度没有涉及此项调查内容，以下同。

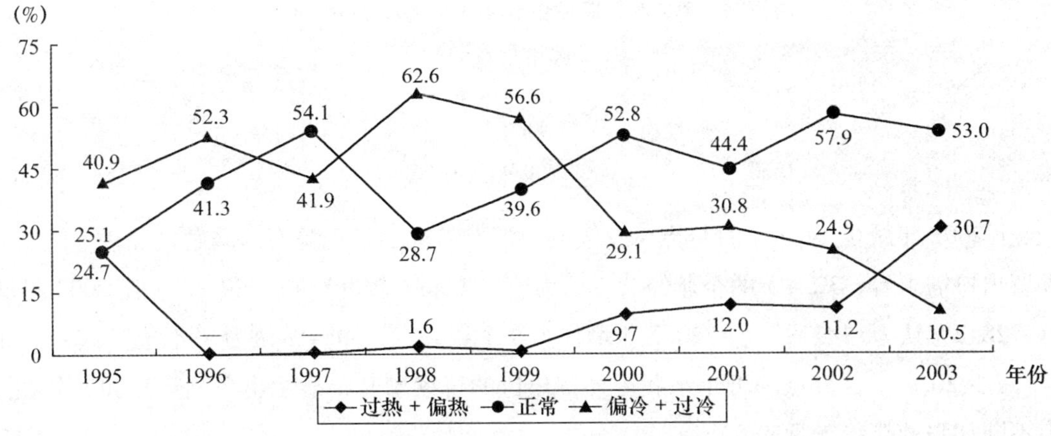

图 1　1995～2003 年企业经营者对宏观经济形势的判断

1. 投资强势增长，出口持续攀升，消费不足缓解

为了从需求结构分析经济增长的驱动因素，本次调查涉及了企业经营者对投资、消费和出口需求状况的判断。

从投资需求看，调查结果显示，认为政府投资需求和民间投资需求“很旺”、“较旺”的企业经营者均占一半以上，分别比 2002 年增加 11 和 19 个百分点；认为投资需求“合适”的比重与 2002 年大体相当；认为政府投资需求和民间投资需求“不足”的比重分别比 2002 年减少 9 和 20 个百分点。调查结果表明，2003 年投资需求呈强劲增长态势，其显著特征就是民间投资迅速攀升，说明近年来积极的财政政策取得明显的成效（见表 5）。

表 5　近三年企业经营者对国民经济需求状况的判断（%）

			很旺	较旺	合适	不足	严重不足
固定资产投资需求	政府投资	2003 年	12.0	40.5	23.3	21.8	2.4
		2002 年	6.8	34.5	25.4	29.3	4.0
		2001 年	7.9	32.8	27.0	26.5	5.8
	民间投资	2003 年	9.7	41.2	15.9	29.4	3.8
		2002 年	3.6	28.1	14.8	46.1	7.4
		2001 年	3.7	26.1	18.7	45.1	6.4
消费需求		2003 年	2.2	20.9	30.8	43.7	2.4
		2002 年	1.2	13.3	24.7	54.3	6.5
		2001 年	1.7	16.1	31.2	47.3	3.7
外贸出口需求		2003 年	2.9	29.5	28.2	35.9	3.5
		2002 年	0.8	17.7	21.4	53.5	6.6
		2001 年	1.4	12.4	19.2	58.5	8.5

与投资需求相关的钢材市场、铁路运输出现了供不应求状况，电力则出现大范围短缺现象。调查结果显示，一半左右的企业经营者认为钢材市场“供求平衡”，28.4% 认为“供不应求”，比认为“供大于求”的多近 7 个百分点；近 6 成的企业经营者认为铁路运输“供求平衡”，26.6% 认为“供不应求”，比认为“供大于求”的多 11 个百分点以上；认为电力“供求平衡”的占三分之一，认为“供不应求”的接近三分之二（见表 6）。

从消费需求看，调查结果显示，23.1% 的企业经营者认为消费需求“较旺”或“很旺”，比 2002 年增加 8.6 个百分点；30.8% 认为“合适”，比 2002 年增加 6 个百分点；46.1% 认为“不足”或“严

表6　　对钢材、电力和铁路运输市场供求状况的判断（%）

	供大于求	供求平衡	供不应求	供大于求－供不应求
钢材	21.5	50.1	28.4	－6.9
电力	5.2	33.7	61.1	－55.9
铁路运输	15.0	58.4	26.6	－11.6

重不足”，比2002年减少14.7个百分点。这表明，消费需求不足现象有所缓解（见表5）。

从外贸出口需求看，32.4%的企业经营者认为出口需求“较旺”或“很旺”，比2002年增加13.9个百分点；28.2%认为“合适”，比2002年增加6.8个百分点；39.4%认为“不足”或“严重不足”，比2002年减少20.7个百分点。近年来我国外贸出口的持续攀升，显示出我国产品和劳务在国际市场上竞争力不断加强的趋势（见表5）。

企业经营者对于国内外市场的判断进一步说明市场需求转暖的趋势。关于国内市场形势，调查结果显示，37.5%的企业经营者认为好于2002年，42.3%认为“未变”，20.2%认为“恶化”，认为“好转”的比认为“恶化”的多17.3个百分点（见表7）。

表7　　与去年相比，今年国内市场形势变化情况（%）

	恶化	未变	好转	好转－恶化
总体	**20.2**	**42.3**	**37.5**	**17.3**
东部地区企业	18.7	43.8	37.5	18.8
中部地区企业	20.7	41.0	38.3	17.6
西部地区企业	23.4	40.1	36.5	13.1
国有及国有控股公司	21.3	41.7	37.0	15.7
国有企业	20.7	39.3	40.0	19.3
非国有企业	20.1	42.1	37.8	17.7
私营企业	16.7	46.1	37.2	20.5
股份有限公司	22.1	36.8	41.1	19.0
有限责任公司	18.6	42.9	38.5	19.9
外商及港澳台投资企业	18.2	47.4	34.4	16.2

关于国际市场，调查结果显示，27.8%的企业经营者认为2003年的出口形势好于2002年，58.2%认为“未变”，14%认为恶化，认为“好转”的比认为“恶化”的多13.8个百分点（见表8）。

表8　　与去年相比，今年出口形势变化情况（%）

	恶化	未变	好转	好转－恶化
总体	**14.0**	**58.2**	**27.8**	**13.8**
东部地区企业	14.3	55.8	29.9	15.6
中部地区企业	12.1	64.4	23.5	11.4
西部地区企业	15.5	59.4	25.1	9.6
国有及国有控股公司	14.3	62.8	22.9	8.6
国有企业	11.3	63.4	25.3	14.0
非国有企业	14.3	56.3	29.4	15.1
私营企业	14.2	53.0	32.8	18.6
股份有限公司	12.6	58.7	28.7	16.1
有限责任公司	14.2	53.9	31.9	17.7
外商及港澳台投资企业	15.2	53.1	31.7	16.5

2. “非典”冲击影响有限，“入世”促进企业竞争力提升

为估计 2003 年上半年“非典”对企业的冲击程度，了解中国加入 WTO 对企业生产经营和我国经济发展的影响，本次调查涉及了这两方面的相关问题。

关于“非典”对企业的影响，中国企业家调查系统 2003 年 6 月初曾进行了一次专项调查（见表 9），本次调查再次涉及了这方面的内容。调查结果显示，32.3% 的企业经营者认为“非典”对企业生产经营“没有影响”，比 6 月初的调查增加了 25 个百分点；11% 认为“非典”对企业有“正面影响”；56.7% 认为有“负面影响”。不过，认为负面影响“很大”或“较大”的只有 30.7%，比 6 月初的专项调查结果减少了 20 个百分点（见表 10）。

表 9　“非典”对企业的负面影响（%）

	没有影响	影响不大	影响较大	影响很大
总体	**7.0**	**42.4**	**36.5**	**14.1**
北京	9.1	27.3	46.9	16.7
广东	7.9	36.8	39.5	15.8
华北其他地区	6.2	47.8	26.5	19.5
东部其他地区	6.2	44.8	38.3	10.7
中西部其他地区	7.8	41.7	36.0	14.5
大型企业	2.5	52.5	33.1	11.9
中型企业	8.0	43.1	35.0	13.9
小型企业	8.3	36.2	40.4	15.1
国有企业	4.7	48.3	33.5	13.5
非国有企业	8.3	39.1	37.9	14.6

注：此数据来源于中国企业家调查系统 2003 年 6 月进行的“‘非典’对企业经营的影响快速问卷调查”。

表 10　“非典”对企业的影响（%）

	正面影响	没有影响	负面影响	其中：负面影响程度		
				很大	较大	轻微
总体	**11.0**	**32.3**	**56.7**	**5.5**	**25.2**	**26.0**
东部地区企业	10.4	32.9	56.7	4.9	25.1	26.7
中部地区企业	11.0	31.3	57.7	6.3	25.2	26.2
西部地区企业	12.5	31.7	55.8	6.1	25.6	24.1
大型企业	7.8	31.3	60.9	4.1	28.8	28.0
中型企业	11.8	30.8	57.4	6.1	25.3	26.0
小型企业	11.7	35.5	52.8	5.6	22.5	24.7
国有及国有控股公司	10.3	31.2	58.5	5.8	26.4	26.3
国有企业	8.7	34.3	57.0	4.1	27.1	25.8
非国有企业	11.1	33.1	55.8	5.5	24.1	26.2
私营企业	12.7	35.5	51.8	6.7	21.0	24.1
股份有限公司	11.5	30.5	58.0	3.1	27.3	27.6
有限责任公司	12.4	31.9	55.7	4.9	25.2	25.6
外商及港澳台投资企业	5.4	40.6	54.0	5.4	23.7	24.9

从“非典”对我国出口企业的国外商家订货的影响情况看，调查结果显示，10.6% 的企业经营者认为国外商家“不履行原有订货”合同或将“订货转移”，15.2% 的企业经营者认为“减少订货”；另分别有 19.9% 和 13.4% 的企业经营者认为国外商家“推迟订货”和“订货要求更严格”（见表 11）。

由此可见，“非典”的冲击是暂时的、有限的，经过全国人民的共同努力，其对经济的负面影响

小于当初的估计。

表 11　“非典”对出口企业的国外商家订货的影响（%）

	不履约原有订货	订货转移	推迟订货	减少订货	订货要求更严格	其他
总体	**4.2**	**6.4**	**19.9**	**15.2**	**13.4**	**3.2**
东部地区企业	4.7	7.4	23.3	18.0	15.4	3.6
中部地区企业	2.9	4.8	15.0	12.6	9.6	3.4
西部地区企业	4.4	5.7	16.7	11.6	12.7	1.8
大型企业	3.9	6.4	23.2	18.0	13.8	4.3
中型企业	4.5	6.8	20.8	14.9	15.2	3.2
小型企业	3.8	5.7	15.9	14.0	10.2	2.4
国有及国有控股公司	4.0	6.0	17.7	13.5	11.4	3.2
国有企业	3.3	4.6	17.9	10.9	9.6	3.0
非国有企业	4.2	6.7	20.7	15.8	14.1	3.4
私营企业	4.6	6.1	21.8	15.7	12.2	2.0
股份有限公司	4.8	7.0	25.4	19.2	15.8	4.2
有限责任公司	3.8	6.1	18.2	13.8	13.5	2.7
外商及港澳台投资企业	5.7	8.8	30.2	23.3	20.6	5.3

关于“入世”对企业的影响，调查结果显示，四分之三的企业经营者认为“竞争加剧”，远高于选择其他各项的比重；其次，42.9%的企业经营者选择了“技术升级”，四分之一的企业经营者选择了“规模扩大”；此外，20.1%的企业经营者选择了产品（服务）“品种增加”，15.6%选择了“出口增加”。同时，也有19%左右的企业经营者选择了“人才流失”和“效益下滑”。由此可见，“入世”对企业影响的主导面是积极的，加大了企业的竞争压力，促进了企业的技术升级、规模扩大和产品结构调整。

分地区看，中西部地区选择“竞争加剧”和“技术升级”的比重均高于东部地区，说明强大的外在竞争压力对技术相对落后地区的企业技术升级的推动作用更加明显。

分经济类型看，国有企业感受到竞争加剧的程度高于非国有企业，作为结果之一，其选择“人才流失”的比重比非国有企业高出10个百分点以上。而非国有企业选择“规模扩大”、“出口增加”的比重都明显高于国有企业（见表12）。

表 12　中国入世两年来对企业的主要影响（%）

	总体	地区			规模			经济类型		
		东部	中部	西部	大型	中型	小型	国有及国有控股	其中：国有	非国有
竞争加剧	**75.6**	74.7	76.4	77.5	78.7	75.4	74.2	77.1	79.5	75.6
技术升级	**42.9**	41.9	43.3	44.4	46.6	43.1	40.1	41.2	49.3	43.8
规模扩大	**25.9**	26.2	24.6	26.6	28.3	28.4	20.2	22.0	18.9	27.8
品种增加	**20.1**	20.9	19.1	19.3	18.6	20.3	21.2	17.6	20.9	21.2
效益下滑	**19.5**	18.4	20.1	21.5	13.9	17.8	26.2	19.5	14.9	19.4
人才流失	**17.8**	16.8	19.3	18.8	20.8	17.4	16.1	23.4	27.2	14.9
出口增加	**15.6**	19.2	12.0	10.9	18.7	16.3	12.3	12.4	11.9	17.6
市场萎缩	**6.9**	4.4	9.6	10.2	4.9	6.6	9.0	8.7	7.6	5.9
没有影响	**15.9**	15.8	16.1	16.1	11.1	15.6	20.1	15.0	12.3	16.0

（二）企业经营状况继续向好

1. 企业经营总体趋好，但企业间差异明显

关于企业目前经营状况，调查结果显示，近半数（47.8%）的企业经营者认为状况“良好”，四成左右认为“一般”，10.7%认为“不佳”，认为“良好”的比认为“不佳”的多37.1个百分点，这一结果明显地高于2000年以来连续三年徘徊在20~25个百分点（认为“良好”的与认为“不佳”的企业经营者比重的差值）的水平，显示良好的企业景气状况。

在企业经营状况总体趋好的基础上，不同类型的企业呈现明显的差异。总的来说，东部地区好于中西部地区；大中型企业好于小型企业；非国有企业好于国有企业，但差距在缩小。

从不同地区看，调查结果显示，东部地区企业经营者认为企业经营状况“良好”的比认为“不佳”的多43个百分点，而中、西部地区均为30个百分点左右，前者比后者多13个百分点。这说明在当前经济快速增长时期，东部地区企业在发展上仍然保持着领先的优势。

从不同规模看，规模越大，经营状况越好。调查结果显示，大型企业经营者认为企业经营状况“良好”的比认为“不佳”的多55.6个百分点，中型企业多39个百分点，小型企业多20个百分点。调查结果表明，在当前市场竞争趋于激烈的形势下，从某种程度上说，企业规模已成为影响企业经营成效的重要因素之一。

值得注意的是，2003年国有企业与非国有企业在经营状况方面的差距明显地缩小。2002年国有企业认为经营状况“良好”的比认为“不佳”的多10个百分点，而非国有企业则多40个百分点，两者相差30个百分点。2003年国有及国有控股公司与非国有企业的差距缩小到5个百分点，而国有独资企业的情况甚至好于非国有企业的平均水平，这说明国有企业竞争力呈现提高的趋势。

从不同行业看，企业经营状况的好坏呈现明显的差异。调查结果显示，采掘业、电力煤气及水的生产供应业、交通运输及仓储业以及制造业中的黑色冶金业的企业经营者认为企业经营状况“良好”的比认为“不佳”的多50个百分点以上；建筑业、房地产业以及制造业中的医药、塑料、有色冶金、普通机械、专用设备、交通运输设备、电气机械及器材、电子及通信设备制造业介于40~50个百分点之间；制造业中的食品、纺织、化纤的经营状况相对不够理想，认为经营状况“良好”的企业经营者比认为“不佳”的仅多出不到10个百分点（见表13-1、表13-2、表13-3）。

表13-1　企业目前的综合经营状况（%）

	目前经营状况				良好-不佳		
	良好	一般	不佳	良好-不佳	2002年	2001年	2000年
总体	**47.8**	**41.5**	**10.7**	**37.1**	**25.1**	**19.0**	**20.6**
东部地区企业	51.7	39.8	8.5	43.2	31.7	27.0	29.3
中部地区企业	43.2	43.9	12.9	30.3	22.0	12.2	13.3
西部地区企业	42.9	43.5	13.6	29.3	15.7	7.6	8.3
大型企业	60.6	34.4	5.0	55.6	36.9	27.1	30.2
中型企业	48.8	41.4	9.8	39.0	29.5	19.7	20.6
小型企业	36.6	46.8	16.6	20.0	13.0	11.3	11.5
国有及国有控股公司	46.4	40.8	12.8	33.6	—	—	—
国有企业	53.5	37.2	9.3	44.2	10.1	7.2	8.5
非国有企业	48.7	41.2	10.1	38.6	39.9	25.0	38.0
私营企业	42.9	46.9	10.2	32.7	38.0	29.9	34.2
股份有限公司	54.9	38.9	6.2	48.7	33.1	23.5	25.9

续表

	目前经营状况				良好－不佳		
	良好	一般	不佳	良好－不佳	2002年	2001年	2000年
有限责任公司	51.5	40.5	8.0	43.5	36.1	37.1	41.8
外商及港澳台投资企业	56.9	33.6	9.5	47.4	16.4	13.8	20.2

表13－2　企业目前的综合经营状况（%）

	目前经营状况				良好－不佳		
	良好	一般	不佳	良好－不佳	2002年	2001年	2000年
总体	**47.8**	**41.5**	**10.7**	**37.1**	**25.1**	**19.0**	**20.6**
农林牧渔业	32.2	50.6	17.2	15.0	19.1	5.1	6.2
采掘业	66.3	29.2	4.5	61.8	24.7	24.7	10.1
制造业	46.9	40.8	12.3	34.6	23.8	20.8	20.4
电力、煤气及水的生产和供应业	62.8	28.6	8.6	54.2	—	—	—
建筑业	49.0	43.1	7.9	41.1	29.2	10.3	7.9
交通运输仓储业	56.4	40.0	3.6	52.8	33.3	29.0	34.3
批零贸易业	40.2	48.5	11.3	28.9	19.4	1.5	18.2
餐饮业	44.7	38.3	17.0	27.7	52.7	13.5	
房地产业	52.5	40.7	6.8	45.7	49.4	29.0	24.4
社会服务业	44.5	44.4	11.1	33.4	33.8	30.2	30.7
其他行业	49.2	41.5	9.3	39.9	25.7	29.1	24.5

表13－3　企业目前的综合经营状况（%）

	目前经营状况				良好－不佳		
	良好	一般	不佳	良好－不佳	2002年	2001年	2000年
制造业	46.9	40.8	12.3	34.6	23.8	20.8	20.4
食品饮料制造业	25.8	49.2	25.0	0.8	10.5	20.1	13.7
纺织业	28.6	50.9	20.5	8.1	15.4	0.9	30.4
服装及其他纤维制品制造业	48.2	42.9	8.9	39.3	30.6	24.7	37.5
造纸及纸制品业	48.5	30.3	21.2	27.3	17.0	26.7	28.9
化学原料及化学制品制造业	46.9	37.7	15.4	31.5	15.4	16.4	6.5
医药制造业	51.1	43.2	5.7	45.4	47.0	43.8	38.6
化学纤维制造业	25.0	50.0	25.0	0.0	－18.7	－18.0	25.0
橡胶制品业	38.1	42.9	19.0	19.1	31.5	20.5	7.0
塑料制品业	52.2	39.1	8.7	43.5	32.3	19.1	16.3
非金属矿物制品业	37.1	50.0	12.9	24.2	39.0	22.2	12.6
黑色金属冶炼及压延加工业	68.5	24.1	7.4	61.1	13.2	23.7	25.5
有色金属冶炼及压延加工业	56.4	35.9	7.7	48.7	27.4	3.4	22.4
金属制品业	46.4	39.3	14.3	32.1	30.9	12.8	17.6
普通机械制造业	55.0	39.9	5.1	49.9	14.7	21.2	4.1
专用设备制造业	59.8	29.9	10.3	49.5	32.5	39.0	19.8
交通运输设备制造业	51.4	37.5	11.1	40.3	34.6	32.0	19.5
电气机械及器材制造业	55.1	39.1	5.8	49.3	22.5	13.9	32.4
电子及通信设备制造业	47.9	47.9	4.2	43.7	23.6	26.4	37.6
仪器仪表及文化办公用机械制造业	43.5	39.1	17.4	26.1	31.1	9.1	1.9

2. 企业产销两旺、库存正常、价格下滑、盈利微增

关于企业目前的生产状态，调查结果显示，6.6%的企业处于超负荷生产状态，比2002年提高1.3

个百分点；84.8%处于正常运作状态，比2002年提高2个百分点；而处于停产、半停产状态企业的比重，则从1998～1999年的20%左右、2000～2002年的12%左右降到2003年的8.6%。其中，东部地区停产、半停产企业比重不足6%，中部地区为11.3%，西部地区为13.2%（见表14）。

表14　　2003年与近几年企业生产状况对比（%）

		总体	地区			规模		经济类型		
			东部	中部	西部	大型	中小型	国有及国有控股	其中：国有	非国有
超负荷生产	2003年	**6.6**	7.1	5.6	6.4	7.6	6.3	6.3	8.4	6.8
	2002年	**5.3**	6.9	4.2	3.5	5.3	5.3	—	3.4	6.1
	2001年	**4.6**	4.8	4.8	4.2	5.8	4.3	—	3.4	5.2
正常运作	2003年	**84.8**	87.4	83.1	80.4	88.2	83.9	83.3	85.2	85.8
	2002年	**82.8**	85.2	81.1	79.8	85.3	82.2	—	76.5	85.5
	2001年	**82.3**	85.4	79.9	76.9	85.3	81.6	—	79.6	83.5
半停产	2003年	**8.1**	5.2	10.7	12.5	3.7	9.3	9.7	5.4	7.0
	2002年	**11.0**	7.5	13.7	14.9	8.8	11.6	—	17.5	8.2
	2001年	**12.1**	8.9	14.1	17.8	7.9	13.3	—	15.4	10.6
停产	2003年	**0.5**	0.3	0.6	0.7	0.5	0.5	0.7	1.0	0.4
	2002年	**0.9**	0.4	1.0	1.8	0.6	1.0	—	2.6	0.2
	2001年	**1.0**	0.8	1.2	1.1	1.0	0.8	—	1.5	0.7

与2002年同期相比，55.6%的企业经营者认为企业的生产（服务）量增加，27.6%认为基本持平，16.8%认为减少，认为增加的比认为减少的多38.8个百分点。这一结果明显高于2001年的22.4个百分点和2002年的30.3个百分点，进一步显示经济扩张的迹象（见表15）。

表15　　企业目前的生产（服务）量情况（%）

	增加	持平	减少	增加-减少
总体	**55.6**	**27.6**	**16.8**	**38.8**
东部地区企业	57.4	27.1	15.5	41.9
中部地区企业	53.8	28.9	17.3	36.5
西部地区企业	52.6	27.7	19.7	32.9
大型企业	64.9	23.6	11.5	53.4
中型企业	57.7	26.6	15.7	42.0
小型企业	44.8	32.8	22.4	22.4
国有及国有控股公司	53.7	28.0	18.3	35.4
国有企业	59.7	26.4	13.9	45.8
非国有企业	56.6	27.2	16.2	40.4
私营企业	54.4	28.3	17.3	37.1
股份有限公司	60.5	25.4	14.1	46.4
有限责任公司	60.7	25.2	14.1	46.6
外商及港澳台投资企业	60.2	25.5	14.3	45.9

关于企业的销售情况，调查结果显示，56.2%的企业经营者认为企业的销售量增加，24.7%认为基本持平，19.1%认为减少，认为增加的比认为减少的多37个百分点。与生产情况类似，这一结果也明显高于2001年的18.5个百分点和2002年的27.3个百分点（见表16）。

关于企业产品（服务）的销售市场，调查结果显示，近9成（89%）的企业经营者认为企业主导产品（服务）的销售"以国内市场为主"，认为"以国际市场为主"的仅占11%。由此可见，我国经

表16　企业目前的销售量情况（%）

	增加	持平	减少	增加－减少
总体	**56.2**	**24.7**	**19.1**	**37.1**
东部地区企业	58.8	24.0	17.2	41.6
中部地区企业	53.4	25.9	20.7	32.7
西部地区企业	52.7	25.3	22.0	30.7
大型企业	66.3	20.8	12.9	53.4
中型企业	57.6	24.4	18.0	39.6
小型企业	46.4	28.2	25.4	21.0
国有及国有控股公司	54.9	25.4	19.7	35.2
国有企业	59.1	25.3	15.6	43.5
非国有企业	57.4	24.0	18.6	38.8
私营企业	54.5	21.4	24.1	30.4
股份有限公司	60.5	23.5	16.0	44.5
有限责任公司	61.1	22.1	16.8	44.3
外商及港澳台投资企业	60.5	22.1	17.4	43.1

济发展的动力主要来自国内市场的需求。由于我国拥有庞大的国内市场，发展潜力巨大，因此对今后经济长时间的快速增长将继续提供有利的支持。

从不同分组看，东部地区企业选择“以国际市场为主”的比重相对较高，为15.3%，比中西部地区高出9个百分点；外商及港澳台投资企业选择“以国际市场为主”的比重达35.1%，比其他类型企业高出23个百分点以上，充分反映了外资企业的外向型特征（见表17）。

表17　企业主导产品（服务）的销售市场情况（%）

	以国内市场为主	以国际市场为主
总体	**89.0**	**11.0**
东部地区企业	84.7	15.3
中部地区企业	94.3	5.7
西部地区企业	93.7	6.3
大型企业	91.2	8.8
中型企业	88.5	11.5
小型企业	88.6	11.4
国有及国有控股公司	91.9	8.1
国有企业	95.3	4.7
非国有企业	87.8	12.2
私营企业	88.0	12.0
股份有限公司	90.4	9.6
有限责任公司	90.4	9.6
外商及港澳台投资企业	64.9	35.1

上述结果反映了企业产销两旺的状况，从库存情况看也反映了企业产销衔接的改善。调查结果显示，73.4%的企业经营者认为企业库存“正常”；15.8%认为“不足”；认为库存“过大”的仅占10.8%，比2000、2001年的调查结果低5个百分点左右（见表18）。

关于企业产品（服务）的销售价格，调查结果显示，18.3%的企业经营者认为比2002年同期“上升”，35.8%认为“持平”，45.9%认为“下降”，认为“上升”的比认为“下降”的少27.6个百分点（见表19）。

表 18 企业目前的库存情况（%）

	高于正常	正常	低于正常	高于正常 - 低于正常
总体	**10.8**	**73.4**	**15.8**	**-5.0**
东部地区企业	10.8	74.9	14.3	-3.5
中部地区企业	9.4	72.1	18.5	-9.1
西部地区企业	12.4	71.0	16.6	-4.2
大型企业	11.7	77.9	10.4	1.3
中型企业	10.4	74.7	14.9	-4.5
小型企业	11.1	68.4	20.5	-9.4
国有及国有控股公司	9.3	75.5	15.2	-5.9
国有企业	9.5	77.3	13.2	-3.7
非国有企业	11.4	72.8	15.8	-4.4
私营企业	13.0	63.6	23.4	-10.4
股份有限公司	10.1	72.4	17.5	-7.4
有限责任公司	11.7	74.2	14.1	-2.4
外商及港澳台投资企业	10.7	77.4	11.9	-1.2

表 19 企业目前的销售价格情况（%）

	上升	持平	下降	上升 - 下降
总体	**18.3**	**35.8**	**45.9**	**-27.6**
东部地区企业	16.8	36.1	47.1	-30.3
中部地区企业	20.0	35.6	44.4	-24.4
西部地区企业	19.9	35.4	44.7	-24.8
大型企业	24.1	38.8	37.1	-13.0
中型企业	17.9	35.6	46.5	-28.6
小型企业	14.8	34.0	51.2	-36.4
国有及国有控股公司	22.0	37.0	41.0	-19.0
国有企业	20.8	41.0	38.2	-17.4
非国有企业	17.2	34.8	48.0	-30.8
私营企业	21.8	31.4	46.8	-25.0
股份有限公司	16.6	34.1	49.3	-32.7
有限责任公司	15.3	35.0	49.7	-34.4
外商及港澳台投资企业	10.2	35.2	54.6	-44.4

受价格下滑的影响，企业盈利增长慢于产销的增长。调查结果显示，63.1%的企业经营者认为企业上半年盈利，盈利面比2002年扩大1.4个百分点；15.8%认为收支平衡，21.1%认为亏损，二者均比2002年略有减少（见表20）。

调查结果显示，51.4%企业经营者认为目前企业盈利水平“正常”，7.1%认为“高于正常”水平，41.5%认为“低于正常”水平（见表21）。

3. 质量、领导者素质、管理和创新是企业竞争的主要优势

在市场竞争日趋激烈的情况下，分析企业的竞争优势对于了解当前推动经济增长的微观基础具有十分重要的意义。

关于什么是企业的竞争优势，调查结果显示，位居首位的是“产品（服务）质量”，选择比重为58.2%；其次是“领导者素质”和“内部管理”，选择比重为45%左右；再次为“持续创新能力”和“产品（服务）技术”，选择比重分别为37.9%和35.8%；其他选择比重在20%以上依次包括：“产品

表20　　2003年与近几年企业效益状况对比（%）

			总体	地区			规模			经济类型		
				东部	中部	西部	大型	中型	小型	国有及国有控股	其中：国有	非国有
盈利	2003年	上半年实际	63.1	67.7	59.7	55.5	72.4	64.4	53.5	57.0	65.0	66.5
		下半年预计	72.6	77.8	69.0	63.8	78.6	74.3	65.4	66.9	75.8	75.6
	2002年	上半年实际	61.7	67.6	57.8	54.6	68.0	64.6	53.9	—	50.2	66.7
		下半年预计	70.2	76.3	66.0	62.6	76.2	70.9	65.6	—	58.0	75.5
	2001年	上半年实际	60.8	66.2	54.6	54.7	66.5	59.6	57.7	—	48.6	66.5
		下半年预计	66.8	72.6	61.2	58.7	71.6	66.1	64.0	—	55.0	72.3
持平	2003年	上半年实际	15.8	15.2	16.4	16.6	10.7	16.0	19.3	16.0	14.7	14.9
		下半年预计	15.8	13.9	16.9	19.3	12.0	15.0	19.6	16.0	10.4	15.6
	2002年	上半年实际	16.8	16.2	19.1	16.2	12.2	15.6	21.4	—	17.6	16.5
		下半年预计	16.4	14.4	19.6	16.8	10.4	17.1	18.8	—	18.7	15.4
	2001年	上半年实际	15.2	14.8	17.5	13.4	11.0	15.1	19.0	—	15.6	14.9
		下半年预计	17.3	16.0	19.6	18.1	12.0	17.6	21.5	—	19.7	16.2
亏损	2003年	上半年实际	21.1	17.1	23.9	27.9	16.9	19.6	27.2	27.0	20.3	18.6
		下半年预计	11.6	8.3	14.1	16.9	9.4	10.7	15.0	17.1	13.8	8.8
	2002年	上半年实际	21.5	16.3	23.1	29.2	19.8	19.8	24.7	—	32.2	16.7
		下半年预计	13.5	9.3	14.4	20.5	13.3	12.0	15.6	—	23.3	9.1
	2001年	上半年实际	24.0	19.0	27.9	31.9	22.5	25.3	23.4	—	35.9	18.6
		下半年预计	15.9	11.5	19.1	23.2	16.4	16.3	14.5	—	25.3	11.6

表21　　企业目前的盈利情况（%）

	高于正常	正常	低于正常	高于正常－低于正常
总体	**7.1**	**51.4**	**41.5**	**-34.4**
东部地区企业	6.7	53.0	40.3	-33.6
中部地区企业	8.5	49.7	41.8	-33.3
西部地区企业	7.0	49.1	43.9	-36.9
大型企业	9.8	58.4	31.8	-22.0
中型企业	7.9	52.4	39.7	-31.8
小型企业	3.9	44.9	51.2	-47.3
国有及国有控股公司	8.3	50.9	40.8	-32.5
国有企业	9.9	56.4	33.7	-23.8
非国有企业	6.7	51.5	41.8	-35.1
私营企业	3.8	51.0	45.2	-41.4
股份有限公司	7.8	54.3	37.9	-30.1
有限责任公司	6.8	51.0	42.2	-35.4
外商及港澳台投资企业	5.5	55.1	39.4	-33.9

（服务）价格”（29.8%）、“应变能力”（29%）、“市场占有率”（23.7%）和“劳动力成本”（22.8%）。由此可见，质量、领导者素质、管理和创新是企业竞争的主要优势。

分地区看，东部地区更强调“产品（服务）技术”、“应变能力”，选择比重比中西部地区高3~4个百分点；中西部地区选择“劳动力成本低”、“政府支持”和“自然资源优势”的比重相对较高，比东部地区高4~8个百分点。这反映出东部和中西部地区企业的竞争模式略有差异，东部更重视技术含量和市场应变能力，中西部则比较注重发挥自然资源和劳动力成本优势。

分经济类型看，国有企业选择“产品（服务）质量”、“持续创新能力”作为竞争优势的企业经营者比重明显低于非国有企业，两者相差6~8 个百分点左右；国有及国有控股企业选择“政府支持”的比重明显高于非国有企业，两者相差5 个百分点以上（见表22）。

表 22　企业的主要竞争优势（%）

	总体	地区			规模			经济类型		
		东部	中部	西部	大型	中型	小型	国有及国有控股	其中：国有	非国有
产品（服务）质量	**58.2**	59.1	57.5	57.0	54.1	58.3	61.3	52.9	54.0	60.6
领导者素质	**46.6**	44.1	47.0	50.9	48.6	48.4	42.0	48.7	45.4	45.3
内部管理	**44.0**	42.2	47.1	45.2	43.6	44.3	44.0	46.1	41.1	43.0
持续创新能力	**37.9**	39.1	35.0	37.7	40.6	41.1	30.5	33.8	40.7	39.4
产品（服务）技术	**35.8**	37.7	33.1	34.1	35.4	35.5	37.3	34.6	44.0	36.2
产品（服务）价格	**29.8**	30.5	29.6	28.4	21.7	28.8	37.8	26.3	21.9	30.9
应变能力	**29.0**	30.9	27.5	26.1	27.6	28.7	31.2	27.7	23.2	30.0
市场占有率	**23.7**	23.3	23.9	25.0	29.2	23.7	19.5	25.7	26.2	23.0
劳动力成本	**22.8**	21.5	25.0	23.7	19.3	22.4	26.1	23.0	18.2	22.7
企业文化	**19.0**	19.9	19.5	16.3	26.5	19.0	13.2	17.5	18.9	19.7
人才	**17.7**	18.9	16.5	16.4	20.1	18.1	15.3	18.7	23.2	17.3
政府支持	**13.9**	11.6	16.3	17.7	14.5	14.8	12.4	17.8	14.9	12.4
自然资源优势	**11.2**	7.9	13.4	17.2	12.0	11.8	9.6	13.2	10.6	10.5
企业学习能力	**10.4**	11.6	9.7	9.0	11.5	10.1	10.0	10.2	12.3	10.7
上、下游企业合作	**9.6**	10.2	8.9	9.2	10.3	8.8	10.3	9.7	8.9	9.7
资金充裕	**9.4**	10.3	8.3	8.3	8.7	9.0	10.2	8.8	7.6	10.3
与研究机构合作	**4.7**	4.3	5.3	5.0	4.8	4.9	4.4	3.4	5.0	5.4
其他	**0.7**	0.5	0.5	1.2	0.9	0.6	0.7	0.7	0.3	0.7

（三）未来经济走势预期乐观

1. 企业订货情况良好

企业订货作为宏观经济的先行指标，可以从一个侧面反映未来一个时期的经济走势。调查结果显示，60.9%的企业经营者认为目前企业订货处于“正常”水平，17.4%认为“高于正常水平”，认为“低于正常水平”的为21.7%。

关于下期企业订货情况，调查结果显示，47.8%的企业经营者认为企业订货将“增加”，39%认为“持平”，13.2%认为会“减少”，认为“增加”的比认为“减少”的多34.6个百分点。这表明企业良好的订货预期预示着需求的增长和未来良好的经济走势（见表23、表24）。

表 23　企业目前的订货情况（%）

	高于正常	正常	低于正常	高于正常-低于正常
总体	**17.4**	**60.9**	**21.7**	**-4.3**
东部地区企业	18.5	62.4	19.1	-0.6
中部地区企业	17.9	57.3	24.8	-6.9
西部地区企业	14.0	61.1	24.9	-10.9
大型企业	20.8	64.2	15.0	5.8
中型企业	18.0	60.8	21.2	-3.2
小型企业	14.0	58.6	27.4	-13.4

续表

	高于正常	正常	低于正常	高于正常－低于正常
国有及国有控股公司	17.4	61.4	21.2	-3.8
国有企业	18.2	64.3	17.5	0.7
非国有企业	17.7	60.9	21.4	-3.7
私营企业	20.2	53.7	26.1	-5.9
股份有限公司	21.4	59.5	19.1	2.3
有限责任公司	16.4	63.2	20.4	-4.0
外商及港澳台投资企业	20.8	61.2	18.0	2.8

表24 对下期订货情况的预计（%）

	增加	持平	减少	增加－减少
总体	**47.8**	**39.0**	**13.2**	**34.6**
东部地区企业	50.7	38.0	11.3	39.4
中部地区企业	43.9	42.6	13.5	30.4
西部地区企业	44.3	38.3	17.4	26.9
大型企业	52.4	37.6	10.0	42.4
中型企业	49.3	39.0	11.7	37.6
小型企业	41.9	40.1	18.0	23.9
国有及国有控股公司	43.2	42.2	14.6	28.6
国有企业	44.0	42.2	13.8	30.2
非国有企业	50.4	37.0	12.6	37.8
私营企业	55.7	30.8	13.5	42.2
股份有限公司	54.9	35.4	9.7	45.2
有限责任公司	50.7	38.2	11.1	39.6
外商及港澳台投资企业	55.3	34.2	10.5	44.8

2. 未来投资意愿增强

企业未来的投资意向对未来经济走势一般会产生重要影响。调查结果显示，59.2%的企业经营者认为企业未来计划投资额将“增长”，26.2%认为“不变”，14.6%认为将“减少”，认为“增加”的比认为减少的多44.6个百分点。

分地区看，东部地区投资意愿相对较强，其次为西部地区，再次为中部地区；分规模看，大中型企业投资意愿明显强于小型企业；分经济类型看，非国有企业投资意愿明显强于国有企业，尤其是私营企业，7成以上计划增加投资（见表25）。

表25 对未来计划投资额的预计（%）

	增加	持平	减少	增加－减少
总体	**59.2**	**26.2**	**14.6**	**44.6**
东部地区企业	60.0	27.3	12.7	47.3
中部地区企业	58.1	23.9	18.0	40.1
西部地区企业	58.4	25.6	16.0	42.4
大型企业	63.2	23.9	12.9	50.3
中型企业	61.2	25.0	13.8	47.4
小型企业	52.8	29.7	17.5	35.3
国有及国有控股公司	53.2	27.4	19.4	33.8
国有企业	52.9	29.2	17.9	35.0
非国有企业	62.1	25.6	12.3	49.8

续表

	增加	持平	减少	增加－减少
私营企业	71.2	18.0	10.8	60.4
股份有限公司	64.6	25.3	10.1	54.5
有限责任公司	66.9	23.2	9.9	57.0
外商及港澳台投资企业	56.6	33.3	10.1	46.5

3. 企业经营状况继续看好

在相对有利的国内外环境和较强的需求推动下，企业经营者对未来企业经营状况充满信心。调查结果显示，39.3%的企业经营者认为下期企业经营状况将“好转”，55.2%认为“不变”，5.5认为会“恶化”，认为“好转”的比认为“恶化”的多33.8个百分点。

分经济类型看，非国有企业对未来预期更乐观一些，认为“好转”的比认为“恶化”的多36个百分点，国有企业则多28个百分点。

分行业看，社会服务业、房地产业、交通运输仓储业及制造业中的医药、交通运输设备、电子及通信设备、食品、服装、电气机械及器材制造业预期比较乐观，认为“好转”的比认为“恶化”的多40个百分点以上（见表26－1、26－2、26－3）。

表26－1　对下期综合经营状况的预计（%）

	下期经营状况				好转－恶化		
	好转	不变	恶化	好转－恶化	2002年	2001年	2000年
总体	**39.3**	**55.2**	**5.5**	**33.8**	**34.4**	**31.0**	**40.3**
东部地区企业	38.9	56.6	4.5	34.4	36.5	32.6	42.5
中部地区企业	39.4	55.2	5.4	34.0	34.5	30.7	36.7
西部地区企业	40.0	51.9	8.1	31.9	29.3	27.0	39.3
大型企业	35.2	60.6	4.2	31.0	35.6	33.4	46.1
中型企业	41.3	54.1	4.6	36.7	34.0	31.4	41.1
小型企业	38.7	53.5	7.8	30.9	34.2	28.4	33.0
国有及国有控股公司	35.3	57.8	6.9	28.4	—	—	—
国有企业	36.7	57.6	5.7	31.0	19.6	23.7	32.5
非国有企业	40.9	54.1	5.0	35.9	50.2	37.3	61.6
私营企业	49.7	45.6	4.7	45.0	43.9	35.6	47.9
股份有限公司	44.3	52.6	3.1	41.2	41.9	37.6	45.4
有限责任公司	40.5	55.7	3.8	36.7	37.3	30.0	45.6
外商及港澳台投资企业	38.3	58.3	3.4	34.9	30.7	27.5	38.2

表26－2　对下期综合经营状况的预计（%）

	下期经营状况				好转－恶化		
	好转	不变	恶化	好转－恶化	2002年	2001年	2000年
总体	**39.3**	**55.2**	**5.5**	**33.8**	**34.4**	**31.0**	**40.3**
农林牧渔业	45.3	48.9	5.8	39.5	25.0	33.8	33.7
采掘业	31.0	66.7	2.3	28.7	29.5	36.3	33.8
制造业	38.9	55.4	5.7	33.2	36.7	31.0	42.9
电力、煤气及水的生产和供应业	33.3	61.0	5.7	27.6	—	—	—
建筑业	36.0	58.6	5.4	30.6	44.0	43.1	33.2
交通运输仓储业	43.2	54.6	2.2	41.0	40.9	35.0	44.5
批零贸易业	34.4	55.9	9.7	24.7	22.7	24.6	30.8

续表

	下期经营状况				好转-恶化		
	好转	不变	恶化	好转-恶化	2002年	2001年	2000年
餐饮业	40.4	55.3	4.3	36.1	18.4	32.5	
房地产业	45.3	52.1	2.6	42.7	50.7	46.5	44.2
社会服务业	50.6	49.4		50.6	39.5	20.7	41.3
其他行业	42.0	53.1	4.9	37.1	31.4	21.6	38.1

表26-3　对下期综合经营状况的预计（%）

	下期经营状况				好转-恶化		
	好转	不变	恶化	好转-恶化	2002年	2001年	2000年
制造业	38.9	55.4	5.7	33.2	36.7	31.0	42.9
食品饮料制造业	55.1	36.2	8.7	46.4	37.9	33.4	41.6
纺织业	29.1	57.3	13.6	15.5	31.1	25.7	44.2
服装及其他纤维制品制造业	47.4	50.8	1.8	45.6	47.9	36.4	52.1
造纸及纸制品业	37.5	56.2	6.3	31.2	39.0	24.0	50.6
化学原料及化学制品制造业	31.9	57.5	10.6	21.3	31.1	25.8	31.3
医药制造业	48.8	50.0	1.2	47.6	49.4	50.3	53.7
化学纤维制造业	41.7	50.0	8.3	33.4	12.5	8.2	37.5
橡胶制品业	28.6	71.4		28.6	23.6	42.9	41.8
塑料制品业	34.8	47.8	17.4	17.4	42.7	35.2	38.4
非金属矿物制品业	41.7	55.0	3.3	38.4	40.5	33.4	38.6
黑色金属冶炼及压延加工业	24.5	68.0	7.5	17.0	34.0	23.2	38.6
有色金属冶炼及压延加工业	28.2	66.7	5.1	23.1	30.6	28.5	52.8
金属制品业	42.9	50.0	7.1	35.8	30.1	23.6	43.4
普通机械制造业	30.6	64.3	5.1	25.5	31.0	29.5	31.2
专用设备制造业	35.0	64.1	0.9	34.1	42.4	34.3	47.9
交通运输设备制造业	49.3	47.9	2.8	46.5	41.7	30.2	48.1
电气机械及器材制造业	45.6	50.0	4.4	41.2	34.8	39.4	35.2
电子及通信设备制造业	46.5	53.5		46.5	50.0	41.8	51.6
仪器仪表及文化办公用机械制造业	30.4	69.6		30.4	24.1	16.2	46.0

从企业经营者对所在行业发展前景的评价上，也能得到类似的结果。调查结果显示，房地产业、电力煤气及水的生产和供应业、餐饮业、社会服务业、交通运输仓储业以及制造业中的医药、电子及通信设备、交通运输设备、专用设备、塑料、食品、电气机械及器材制造业等对本行业发展前景普遍看好，认为前景“很好”或“较好”的比重占70%以上（见表27-1、27-2）。

表27-1　对企业所在行业发展前景的评价（%）

	好			一般	不满意		
	很好	较好	小计		较差	很差	小计
总体	**14.2**	**53.1**	**67.3**	**26.5**	**5.1**	**1.1**	**6.2**
农林牧渔业	15.1	46.5	61.6	28.0	8.1	2.3	10.4
采掘业	14.6	55.1	69.7	27.0	2.2	1.1	3.3
制造业	14.3	53.1	67.4	26.7	4.9	1.0	5.9
电力、煤气及水的生产和供应业	22.9	53.3	76.2	20.9	2.9		2.9
建筑业	8.8	55.8	64.6	30.8	2.9	1.7	4.6
交通运输仓储业	14.3	58.6	72.9	24.2	2.9		2.9

续表

	好			一般	不满意		
	很好	较好	小计		较差	很差	小计
批零贸易业	8.2	40.8	49.0	37.7	10.6	2.7	13.3
餐饮业	27.7	46.8	74.5	23.4		2.1	2.1
房地产业	19.5	60.2	79.7	17.8	2.5		2.5
社会服务业	12.2	62.2	74.4	18.3	6.1	1.2	7.3
其他行业	15.2	57.2	72.4	19.6	6.8	1.2	8.0

表 27－2　对企业所在行业发展前景的评价（%）

	好			一般	不满意		
	很好	较好	小计		较差	很差	小计
制造业	14.3	53.1	67.4	26.7	4.9	1.0	5.9
食品饮料制造业	18.9	51.2	70.1	25.2	4.7		4.7
纺织业	7.2	38.7	45.9	41.5	9.0	3.6	12.6
服装及其他纤维制品制造业	7.1	55.4	62.5	33.9	3.6		3.6
造纸及纸制品业	12.1	45.5	57.6	36.3	6.1		6.1
化学原料及化学制品制造业	12.3	55.8	68.1	26.4	4.3	1.2	5.5
医药制造业	30.7	55.7	86.4	13.6			
化学纤维制造业		33.3	33.3	66.7			
橡胶制品业	4.8	47.6	52.4	23.8	23.8		23.8
塑料制品业	17.0	55.3	72.3	19.2	6.4	2.1	8.5
非金属矿物制品业	16.1	38.7	54.8	30.7	12.9	1.6	14.5
黑色金属冶炼及压延加工业	13.0	46.3	59.3	33.2	5.6	1.9	7.5
有色金属冶炼及压延加工业	15.4	51.3	66.7	33.3			
金属制品业	12.5	51.8	64.3	32.1		3.6	3.6
普通机械制造业	10.8	51.0	61.8	33.7	4.5		4.5
专用设备制造业	17.5	59.6	77.1	20.3	2.6		2.6
交通运输设备制造业	15.3	65.3	80.6	15.2	4.2		4.2
电气机械及器材制造业	19.4	50.7	70.1	26.9	3.0		3.0
电子及通信设备制造业	21.1	63.4	84.5	12.7	2.8		2.8
仪器仪表及文化办公用机械制造业	4.3	60.9	65.2	26.2	4.3	4.3	8.6

二、企业经营者对经济环境和改革热点的判断

（一）企业生产经营外部环境趋于改善

关于企业生产经营外部环境，本次调查涉及基础设施和生态环境、政府办事效率、市场秩序、就业形势等方面；同时，调查以基础设施、市场秩序、政府服务、社会中介服务和地区企业竞争力等为五个因素，根据企业经营者的评价，综合反映各地区企业生产经营的外部环境状况。

1. 基础设施和生态环境明显改善

关于基础设施环境，调查结果显示，68.8% 的企业经营者认为目前企业经营所在地的基础设施环境比 2002 年“好转”，28.4% 认为“未变”，仅 2.8% 认为“恶化”，认为“好转”的比认为“恶化”的多 66 个百分点。这充分反映了近年来不断加强基础设施投资所取得的成效（见表 28）。

当问及企业所在地区基础设施环境与全国平均水平相比的情况时，调查结果显示，东部地区 55.4% 的企业认为“较好”或“很好”，而中、西部地区这一比重均只有 25% 左右。由此可见，城市

基础设施环境现状有明显的地区差异（见表29）。

表28　与2002年相比，2003年的基础设施环境变化情况（%）

	恶化	未变	好转	好转-恶化
总体	**2.8**	**28.4**	**68.8**	**66.0**
东部地区企业	2.9	28.5	68.6	65.7
中部地区企业	2.6	30.0	67.4	64.8
西部地区企业	2.6	26.9	70.5	67.9
大型企业	2.3	30.7	67.0	64.7
中型企业	2.8	27.9	69.3	66.5
小型企业	2.9	27.8	69.3	66.4
国有及国有控股公司	2.8	30.5	66.7	63.9
国有企业	1.0	30.7	68.3	67.3
非国有企业	2.8	27.9	69.3	66.5
私营企业	4.2	27.6	68.2	64.0
股份有限公司	1.5	26.9	71.6	70.1
有限责任公司	1.9	25.8	72.3	70.4
外商及港澳台投资企业	3.6	32.5	63.9	60.3

表29　企业所在城市（或地区）的基础设施环境情况（%）

	很好/很强	较好/较强	一般	较差/较弱	很差/很弱
总体	**6.9**	**34.4**	**38.0**	**17.4**	**3.3**
东部地区企业	11.3	44.1	33.6	9.6	1.4
中部地区企业	1.7	22.4	43.9	28.2	3.8
西部地区企业	1.8	23.6	42.6	24.7	7.3

为反映企业经营者对所在城市（或地区）基础设施环境的基本判断，我们对基础设施环境的调查结果进行综合平均得出评价值，计算结果显示，企业经营者认为所在城市（或地区）基础设施环境较好的前十个地区为：上海、北京、广东、江苏、浙江、天津、山东、辽宁、福建和河北（见表30）。

表30　对所在城市（或地区）基础设施环境的评价（%）

序号	地区	很好/很强	较好/较强	一般	较差/较弱	很差/很弱	基础设施环境评价值
1	上海	39.2	46.9	13.1	0.8		4.246
2	北京	20.6	51.2	21.8	5.9	0.6	3.853
3	广东	11.1	57.4	25.9	4.3	1.2	3.728
4	江苏	9.8	48.0	34.4	7.8		3.598
5	浙江	8.0	51.3	29.1	10.9	0.7	3.549
6	天津	6.3	38.0	49.4	3.8	2.5	3.418
7	山东	6.5	40.8	38.0	13.1	1.6	3.376
8	辽宁	7.6	34.8	45.7	9.8	2.2	3.359
9	福建	8.7	34.8	41.3	10.9	4.3	3.326
10	河北	2.3	27.0	48.3	18.4	4.0	3.052

注：基础设施环境评价值＝（很好/很强比重×5＋较好/较强比重×4＋一般比重×3＋较差/较弱比重×2＋很差/很弱比重×1）÷100。

关于生态环境，调查结果显示，56.3%的企业经营者认为目前企业经营所在地的生态环境比2002年"好转"，31%认为"未变"，仅12.7%认为"恶化"，认为好转的比认为"恶化"的多43.6个百分点。这表明生态环境明显改善。分地区看，西部地区生态环境改善的更好一些，认为"好转"的比认为“恶化”的多53个百分点；东部地区多42个百分点；中部地区多39个百分点（见表31）。

表31　　与2002年相比，2003年的生态环境变化情况（%）

	恶化	未变	好转	好转-恶化
总体	**12.7**	**31.0**	**56.3**	**43.6**
东部地区企业	13.2	31.7	55.1	41.9
中部地区企业	14.3	32.5	53.2	38.9
西部地区企业	9.7	27.9	62.4	52.7
大型企业	11.5	36.2	52.3	40.8
中型企业	12.2	29.1	58.7	46.5
小型企业	14.2	30.7	55.1	40.9
国有及国有控股公司	13.0	33.4	53.6	40.6
国有企业	13.1	38.5	48.4	35.3
非国有企业	12.5	30.6	56.9	44.4
私营企业	12.6	25.7	61.7	49.1
股份有限公司	12.6	28.7	58.7	46.1
有限责任公司	12.1	30.8	57.1	45.0
外商及港澳台投资企业	14.8	35.9	49.3	34.5

2. 政府办事效率提高

关于政府办事效率，调查结果显示，41.6%的企业经营者认为比2002年有所“提高”，47.2%认为“未变”，11.2%认为“降低”，认为“提高”的比认为“降低”的多30.4个百分点。由此可见，政府办事效率有所提高。

分地区看，东部地区政府办事效率的提高程度比中西部地区更大一些（见表32）。

表32　　与去年相比，今年的政府办事效率情况（%）

	降低	未变	提高	提高-降低
总体	**11.2**	**47.2**	**41.6**	**30.4**
东部地区企业	10.3	46.2	43.5	33.2
中部地区企业	12.0	50.1	37.9	25.9
西部地区企业	12.8	47.1	40.1	27.3
大型企业	10.2	48.6	41.2	31.0
中型企业	10.3	46.5	43.2	32.9
小型企业	13.6	47.1	39.3	25.7
国有及国有控股公司	11.2	50.3	38.5	27.3
国有企业	10.9	53.4	35.7	24.8
非国有企业	11.1	46.4	42.5	31.4
私营企业	16.1	35.4	48.5	32.4
股份有限公司	8.5	48.8	42.7	34.2
有限责任公司	10.1	43.4	46.5	36.4
外商及港澳台投资企业	9.4	51.0	39.6	30.2

当问及企业所在地区政府服务与全国平均水平相比的情况时，调查结果显示，东部地区41.3%的企业认为“较好”或“很好”，比中、西部地区这一比重高21个百分点以上（见表33）。

为反映企业经营者对所在城市（或地区）政府服务的基本判断，我们对调查结果进行了综合平均得出评价值，计算结果显示，企业经营者认为所在城市（或地区）政府服务较好的前十个省份为：上海、浙江、江苏、广东、北京、山东、福建、天津、吉林和重庆（见表34）。

表 33　　企业所在城市（或地区）的政府服务情况（%）

	很好/很强	较好/较强	一般	较差/较弱	很差/很弱
总体	**3.8**	**27.7**	**45.4**	**18.1**	**5.0**
东部地区企业	6.2	35.1	42.8	12.3	3.6
中部地区企业	0.7	18.8	48.8	26.7	5.0
西部地区企业	1.1	19.2	48.1	23.1	8.5

表 34　　对所在城市（或地区）政府服务的评价（%）

序号	地区	很好/很强	较好/较强	一般	较差/较弱	很差/很弱	政府服务评价值
1	上　海	18.5	53.1	23.8	4.6		3.854
2	浙　江	8.0	43.1	38.0	9.1	1.8	3.464
3	江　苏	6.6	35.7	41.8	14.3	1.6	3.311
4	广　东	5.0	38.1	42.5	10.0	4.4	3.294
5	北　京	5.3	34.1	45.3	12.4	2.9	3.265
6	山　东	2.9	38.5	42.6	13.1	2.9	3.254
7	福　建	6.6	24.2	53.8	11.0	4.4	3.176
8	天　津	5.0	23.8	50.0	18.8	2.5	3.100
9	吉　林	1.8	27.3	43.6	23.6	3.6	3.000
10	重　庆	1.0	30.0	41.0	24.0	4.0	3.000

注：政府服务评价值 =（很好/很强比重 ×5 + 较好/较强比重 ×4 + 一般比重 ×3 + 较差/较弱比重 ×2 + 很差/很弱比重 ×1）÷100。

3. 市场秩序进一步规范

关于地方保护现象，调查结果显示，25.4%的企业经营者认为比 2002 年有所“好转”，59.7%认为“未变”，14.9%认为“恶化”，认为“好转”的比认为“恶化”的多10.5个百分点（见表35）。

表 35　　与去年相比，今年的地方保护现象（%）

	恶化	未变	好转	好转－恶化
总体	**14.9**	**59.7**	**25.4**	**10.5**
东部地区企业	14.1	62.1	23.8	9.7
中部地区企业	15.3	58.0	26.7	11.4
西部地区企业	16.7	56.5	26.8	10.1
大型企业	15.4	60.5	24.1	8.7
中型企业	14.9	58.3	26.8	11.9
小型企业	14.5	61.4	24.1	9.6
国有及国有控股公司	16.2	61.9	21.9	5.7
国有企业	18.2	60.0	21.8	3.6
非国有企业	14.6	59.4	26.0	11.4
私营企业	15.3	57.6	27.1	11.8
股份有限公司	15.5	59.0	25.5	10.0
有限责任公司	13.2	55.8	31.0	17.8
外商及港澳台投资企业	14.6	65.5	19.9	5.3

关于不合理费用摊派，调查结果显示，35.1%的企业经营者认为比 2002 年有所“好转”，51.3%认为“未变”，13.6%认为“恶化”，认为“好转”的比认为“恶化”的多21.5个百分点（见表36）。

关于项目招投标规范化程度，调查结果显示，42.4%的企业经营者认为比2002 年“提高”，47.7%认为“未变”，9.9%认为“降低”，认为“提高”的比认为“降低”的多32.5个百分点（见表37）。

表 36　　与去年相比，今年的不合理费用摊派情况（%）

	恶化	未变	好转	好转 - 恶化
总体	**13.6**	**51.3**	**35.1**	**21.5**
东部地区企业	11.9	53.5	34.6	22.7
中部地区企业	16.6	49.0	34.4	17.8
西部地区企业	14.8	49.5	35.7	20.9
大型企业	12.4	57.2	30.4	18.0
中型企业	13.2	51.3	35.5	22.3
小型企业	15.2	46.7	38.1	22.9
国有及国有控股公司	15.1	55.2	29.7	14.6
国有企业	18.5	53.3	28.2	9.7
非国有企业	12.8	50.5	36.7	23.9
私营企业	13.3	42.0	44.7	31.4
股份有限公司	11.1	52.3	36.6	25.5
有限责任公司	11.7	48.7	39.6	27.9
外商及港澳台投资企业	12.7	57.1	30.2	17.5

表 37　　与去年相比，今年的招投标规范化程度情况（%）

	降低	未变	提高	提高 - 降低
总体	**9.9**	**47.7**	**42.4**	**32.5**
东部地区企业	9.2	49.6	41.2	32.0
中部地区企业	10.5	47.8	41.7	31.2
西部地区企业	11.4	43.5	45.1	33.7
国有及国有控股公司	9.9	47.6	42.5	32.6
国有企业	11.9	47.2	40.9	29.0
非国有企业	9.6	48.1	42.3	32.7
私营企业	14.1	39.7	46.2	32.1
股份有限公司	9.0	46.3	44.7	35.7
有限责任公司	9.8	46.9	43.3	33.5
外商及港澳台投资企业	5.3	64.2	30.5	25.2

关于各类企业资质认定的规范化程度，调查结果显示，43.1%的企业经营者认为比 2002 年“提高”，51.1%认为“未变”，5.8%认为“降低”，认为“提高”的比认为“降低”的多 37.3 个百分点（见表 38）。

表 38　　与去年相比，今年的资质认定规范化程度情况（%）

	降低	未变	提高	提高 - 降低
总体	**5.8**	**51.1**	**43.1**	**37.3**
东部地区企业	5.9	52.4	41.7	35.8
中部地区企业	5.5	52.0	42.5	37.0
西部地区企业	5.9	47.4	46.7	40.8
国有及国有控股公司	5.8	53.9	40.3	34.5
国有企业	7.8	51.6	40.6	32.8
非国有企业	5.9	49.7	44.4	38.5
私营企业	8.4	41.6	50.0	41.6
股份有限公司	3.0	51.1	45.9	42.9
有限责任公司	5.3	48.1	46.6	41.3
外商及港澳台投资企业	6.2	56.8	37.0	30.8

当问及企业所在地区市场秩序与全国平均水平相比的情况时，调查结果显示，东部地区44.3%的企业认为“较好”或“很好”，而中、西部地区这一比重分别为15.1%和16.2%（见表39）。

表39　企业所在城市（或地区）的市场秩序情况（%）

	很好/很强	较好/较强	一般	较差/较弱	很差/很弱
总体	**3.6**	**27.5**	**45.8**	**19.0**	**4.1**
东部地区企业	6.1	38.2	40.8	12.5	2.4
中部地区企业	1.0	14.1	53.2	26.1	5.6
西部地区企业	0.6	15.6	50.3	27.1	6.4

为反映企业经营者对所在城市（或地区）市场秩序的基本判断，我们对调查结果进行了综合平均得出评价值，计算结果显示，企业经营者认为所在城市（或地区）市场秩序较好的前十个省份为：上海、浙江、江苏、广东、北京、天津、山东、吉林、福建和辽宁（见表40）。

表40　对所在城市（或地区）市场秩序的判断（%）

序号	地区	很好/很强	较好/较强	一般	较差/较弱	很差/很弱	市场秩序评价值
1	上海	30.2	55.0	10.9	2.3	1.6	4.101
2	浙江	6.2	45.5	37.1	10.2	1.1	3.455
3	江苏	5.7	41.8	41.8	9.4	1.2	3.414
4	广东	4.3	42.9	41.6	9.9	1.2	3.391
5	北京	5.3	40.4	42.7	9.9	1.8	3.374
6	天津	5.1	35.4	46.8	11.4	1.3	3.316
7	山东	1.7	36.9	43.2	14.9	3.3	3.187
8	吉林	5.4	21.4	53.6	16.1	3.6	3.089
9	福建	2.2	31.5	41.3	20.7	4.3	3.065
10	辽宁	4.4	20.0	52.2	20.0	3.3	3.022

注：市场秩序评价值 =（很好/很强比重 ×5 + 较好/较强比重 ×4 + 一般比重 ×3 + 较差/较弱比重 ×2 + 很差/很弱比重 ×1）÷100。

4. 东部地区企业外部环境相对较好

为了反映各地区企业的外部环境状况，本次调查从基础设施环境、市场秩序、政府服务、社会中介服务、本地区企业竞争力五个方面，根据企业经营者对所在城市在上述五个方面的情况与全国平均水平相比的判断，是“很好”、“较好”，还是“一般”，还是“很差”、“较差”，来衡量一个地区的企业外部环境。通过对每一项的平均计分得出评价值，再综合五项评价值取平均，得出各城市的企业外部环境综合评价值，用以反映企业经营者对这些城市作为企业投资和生产经营场所的看好程度。调查结果显示，企业外部环境综合评价值较高的十个省市主要位于东部地区，依次为：上海、浙江、北京、广东、江苏、山东、天津、福建、辽宁和吉林（见表41）。

表41　企业外部环境综合评价值

序号	地区	基础设施环境评价值	市场秩序评价值	政府服务评价值	社会中介服务评价值	本地区企业竞争力评价值	企业外部环境综合评价值
1	上海	4.25	4.10	3.85	3.57	3.89	3.933
2	浙江	3.55	3.45	3.46	3.09	3.72	3.454
3	北京	3.85	3.37	3.26	3.05	3.51	3.410
4	广东	3.73	3.39	3.29	3.13	3.48	3.403
5	江苏	3.60	3.41	3.31	2.93	3.41	3.333

续表

序号	地区	基础设施环境评价值	市场秩序评价值	政府服务评价值	社会中介服务评价值	本地区企业竞争力评价值	企业外部环境综合评价值
6	山东	3.38	3.19	3.25	2.86	3.27	3.189
7	天津	3.42	3.32	3.10	2.79	3.23	3.171
8	福建	3.33	3.07	3.18	2.72	3.17	3.091
9	辽宁	3.36	3.02	2.97	2.65	3.09	3.017
10	吉林	3.05	3.09	3.00	2.46	2.95	2.910

注：企业外部环境综合评价值=（基础设施环境评价值+市场秩序评价值+政府服务评价值+社会中介服务评价值+本地区企业竞争力评价值）÷5。

5. 就业结构问题突出

为了解企业的人力资源环境对企业生产经营的影响，本次调查涉及了当前企业的管理人员、技术人员、营销人员和普通员工的现实状况。

关于技术人员，调查结果显示，近80%的企业经营者认为本企业的技术人员“短缺”，19.5%认为“饱和”，2.2%认为“富余”（见表42）。

表42　企业的技术人员情况（%）

	短缺	饱和	富余
总体	**78.3**	**19.5**	**2.2**
国有及国有控股公司	79.0	18.3	2.7
国有企业	74.9	21.4	3.7
非国有企业	78.7	19.4	1.9
私营企业	76.4	20.4	3.2
股份有限公司	79.2	19.4	1.4
有限责任公司	80.5	18.2	1.3
外商及港澳台投资企业	77.0	22.2	0.8

关于管理人员，调查结果显示，超过一半的企业经营者认为本企业的管理人员“短缺”，41.5%认为“饱和”，7.7%认为“富余”。分经济类型看，非国有企业认为管理人员短缺的比重远高于国有企业，两者相差14个百分点（见表43）。

表43　企业的管理人员情况（%）

	短缺	饱和	富余
总体	**50.8**	**41.5**	**7.7**
东部地区企业	53.1	40.3	6.6
中部地区企业	49.7	40.2	10.1
西部地区企业	46.7	45.5	7.8
大型企业	46.7	41.8	11.5
中型企业	51.8	41.5	6.7
小型企业	51.6	41.5	6.9
国有及国有控股公司	42.8	45.2	12.0
国有企业	40.1	44.1	15.8
非国有企业	54.2	40.4	5.4
私营企业	61.1	36.3	2.6
股份有限公司	55.1	41.2	3.7
有限责任公司	58.8	35.9	5.3
外商及港澳台投资企业	53.2	42.1	4.7

关于营销人员，调查结果显示，73.8%的企业经营者认为本企业的营销人员“短缺”，23.3%认为“饱和”，2.9%认为“富余”（见表44）。

表44　企业的营销人员情况（%）

	短缺	饱和	富余
总体	**73.8**	**23.3**	**2.9**
国有及国有控股公司	74.3	22.5	3.2
国有企业	80.5	16.4	3.1
非国有企业	73.7	23.6	2.7
私营企业	70.2	26.1	3.7
股份有限公司	76.8	21.7	1.5
有限责任公司	76.3	22.2	1.5
外商及港澳台投资企业	68.5	28.7	2.8

关于普通员工，调查结果显示，与以上情况相反，一半以上（51.7%）的企业经营者认为本企业的普通员工“富余”，42%认为“饱和”，6.3%认为“短缺”。从地区分布看，中西部地区企业经营者认为企业普通员工富余的比重比东部地区高；从企业规模看，大型企业经营者认为企业普通员工富余的比重比中小型企业高；从企业经济类型看，国有企业经营者认为企业普通员工富余的比重远高于非国有企业，两者相差20个百分点以上（见表45）。

表44　企业的普通员工情况（%）

	短缺	饱和	富余
总体	**6.3**	**42.0**	**51.7**
东部地区企业	8.5	44.6	46.9
中部地区企业	3.8	37.8	58.4
西部地区企业	3.8	40.0	56.2
大型企业	4.0	34.8	61.2
中型企业	6.8	43.2	50.0
小型企业	7.3	45.4	47.3
国有及国有控股公司	3.2	32.7	64.1
国有企业	2.0	30.4	67.6
非国有企业	7.4	46.2	46.4
私营企业	9.0	53.2	37.8
股份有限公司	6.4	43.3	50.3
有限责任公司	7.7	48.7	43.6
外商及港澳台投资企业	14.7	58.3	27.0

以上调查结果表明，目前企业人力资源供给存在比较大的结构矛盾：一方面技术人员、营销人员严重短缺，另一方面普通员工相对富余，这种情况在国有企业显得更加突出。

（二）改革成效明显，重点有待突破

根据当前的改革形势和社会关注的热点问题，本次调查主要涉及了企业经营者对政府职能转变、垄断性行业改革、产权制度改革、金融体制改革、健全社会保障体系、国有资产管理体制改革等方面改革的评价。调查结果显示，认为这些改革取得成效的比重大多明显高于认为“尚未见效”的，尤其是对健全社会保障体系、产权制度改革等所取得的成效评价较高（见表46）。

表46　对近两年来有关改革成效的评价（%）

	效果很好	效果较好	效果一般	尚未见效
政府职能转变	3.9	33.1	49.2	13.8
垄断性行业改革	1.6	17.9	46.4	34.1
产权制度改革	4.3	36.0	46.9	12.8
金融体制改革	1.8	25.7	51.5	21.0
健全社会保障体系	4.6	45.0	42.5	7.9
国有资产管理体制改革	2.0	19.1	54.8	24.1

1. 健全社会保障体系效果较好

关于对健全社会保障体系的评价，调查结果显示，近一半（49.6%）的企业经营者认为“效果较好”或“效果很好”，是在对上述几项改革评价中评价最高的。此外，有7.9%的企业经营者认为“尚未见效”，另有42.5%认为“效果一般”。

分地区看，东部地区企业经营者认为“效果较好”或“效果很好”的比重（53.1%）明显高于中部（44.5%）和西部地区（45.9%）（见表47）。

表47　对近两年来“健全社会保障体系”改革成效的评价（%）

	效果很好	效果较好	效果一般	尚未见效
总体	**4.6**	**45.0**	**42.5**	**7.9**
东部地区企业	4.7	48.4	39.7	7.2
中部地区企业	4.2	40.3	46.4	9.1
西部地区企业	4.9	41.0	45.6	8.5
大型企业	4.7	45.1	42.6	7.6
中型企业	3.9	45.4	43.5	7.2
小型企业	5.8	44.5	40.7	9.0
国有及国有控股公司	3.7	46.0	42.7	7.6
国有企业	6.0	43.9	42.1	8.0
非国有企业	4.7	44.8	42.5	8.0

从企业离退休人员的生活费发放情况可以看出社会保障体系的成效。调查结果显示，在企业离退休人员生活费发放的各种类型中，排在首位的是“完全由社保发放，企业无需负担”，比重为34%；其次是“由社保发放，企业有补差和福利费”，比重为31.9%；第三为“完全由社保发放，并享受企业福利”，比重为17%；完全由企业自己负担的比重为11.1%。

分地区看，“完全由社保发放，企业无需负担”的比重，东部地区（39%）明显高于中部（28.2%）和西部（27.9%）地区；分企业规模看，小型企业（44.8%）明显高于大型（22.9%）和中型企业（33.1%）；分经济类型看，非国有企业（40.7%）明显高于国有企业（12.4%）（见表48）。

2. 简化手续、依法行政、政务公开应是政府职能转变的重点

对于近两年来“政府职能转变”的成效，调查结果显示，37%的企业经营者认为“效果较好”或“效果很好”，49.2%认为“效果一般”，13.8%认为“尚未见效”。

分地区看，东部地区企业经营者认为“效果较好”或“效果很好”的比重（41.8%）明显高于中部（31.2%）和西部地区（31%）（见表49）。

表 48　　企业离退休人员生活费发放情况（%）

	总体	地区			规模			经济类型		
		东部	中部	西部	大型	中型	小型	国有及国有控股	其中：国有	非国有
完全由社保发放，企业无需负担	**34.0**	39.0	28.2	27.9	22.9	33.1	44.8	20.2	12.4	40.7
由社保发放，企业有补差和福利费	**31.9**	28.0	34.6	38.4	44.8	32.2	21.3	47.2	52.4	24.7
完全由社保发放，并享受企业福利	**17.0**	17.2	16.4	17.3	20.9	16.9	14.0	21.1	19.1	15.9
由企业自己负担	**11.1**	8.9	15.4	11.8	8.9	11.4	11.9	8.7	13.1	11.4
其他	**6.0**	6.9	5.4	4.6	2.5	6.4	8.0	2.8	3.0	7.3

表 49　　对近两年来“政府职能转变”成效的评价（%）

	效果很好	效果较好	效果一般	尚未见效
总体	**3.9**	**33.1**	**49.2**	**13.8**
东部地区企业	4.5	37.3	47.1	11.1
中部地区企业	3.5	27.7	53.8	15.0
西部地区企业	2.4	28.6	49.9	19.1
大型企业	3.2	34.7	49.2	12.9
中型企业	4.1	32.8	51.0	12.1
小型企业	3.6	32.5	46.6	17.3
国有及国有控股公司	2.2	28.3	52.9	16.6
国有企业	3.0	29.9	52.0	15.1
非国有企业	4.3	34.9	48.1	12.7

关于什么是政府职能转变的重点，调查结果显示，企业经营者选择比重较高的依次是“简化行政审批手续”（80.4%）、“坚持依法行政”（74.3%）和“政务公开、信息透明”（61.8%）。这三项的选择比重远远高于其他选项，反映出企业经营者对这三方面政府职能的转变有较强的期待。

对于什么是政府职能转变的重点的其他选项，企业经营者的选择按比重大小依次为：“推进电子政务，提高办事效率”（33.2%）、“增加公益性投资”（31.5%）、“推进国有经济战略性调整”（29.8%）、“推进事业单位改革”（22.3%）和“合理划分中央、地方政府职能和权责”（18.9%）。

不同类型企业关于政府职能转变重点的选择大多比较一致，只是在“推进国有经济战略性调整”方面选择比重的差异较大。其中：西部地区企业经营者选择的比重（35.4%）高于东部（26.9%）和中部地区（31.7%）；大型企业（40.6%）明显高于中型（29.9%）和小型企业（22.2%）；国有企业（41.7%）更是比非国有企业（25.1%）高出 16 个百分点以上（见表 50）。

3. 产权制度改革取得成效，国企改革继续深化

关于产权制度改革，调查结果显示，40.3%的企业经营者认为“效果较好”或“效果很好”，比重仅次于对健全社会保障体系的评价。另分别有 46.9%的企业经营者认为“效果一般”，12.8%认为“尚未见效”。

分地区看，东部地区企业经营状况认为“效果较好”或“效果很好”的比重（42.8%）明显高于中部（37.9%）和西部地区（36.2%）；分企业规模看，中小型企业经营者认为“效果较好”或“效果很好”的比重（41%左右）高于大型企业（37%）；分经济类型看，非国有企业经营者认为“效果较好”或“效果很好”的比重（45.3%）明显高于国有企业（27.1%）（见表 51）。

表 50　　政府职能转变的重点（%）

	总体	地区			规模			经济类型		
		东部	中部	西部	大型	中型	小型	国有及国有控股	其中：国有	非国有
简化行政审批手续	**80.4**	80.4	79.1	81.8	80.5	80.6	80.3	79.6	77.8	80.9
坚持依法行政	**74.3**	74.0	78.1	71.6	74.7	72.8	77.4	74.3	78.5	74.5
政务公开，信息透明	**61.8**	61.5	61.5	62.6	56.2	60.8	68.3	55.8	54.6	64.1
推进电子政务，提高办事效率	**33.2**	33.7	31.0	34.6	31.8	33.8	33.5	29.6	27.2	34.8
增加公益性投资	**31.5**	30.1	32.8	33.8	30.7	30.7	33.8	33.6	33.4	30.9
推进国有经济战略性调整	**29.8**	26.9	31.7	35.4	40.6	29.9	22.2	43.4	41.7	25.1
推进事业单位改革	**22.3**	22.5	24.6	19.6	15.6	23.1	25.8	21.5	21.9	22.1
合理划分中央、地方政府职能和权责	**18.9**	18.4	18.7	20.3	21.4	19.5	16.1	19.5	21.2	18.4
其他	2.9	**2.9**	3.3	2.2	3.3	2.6	2.9	2.6	2.0	2.8

表 51　　对近两年来“产权制度改革”成效的评价（%）

	效果很好	效果较好	效果一般	尚未见效
总体	**4.3**	**36.0**	**46.9**	**12.8**
东部地区企业	4.2	38.6	46.4	10.8
中部地区企业	4.6	33.3	47.9	14.2
西部地区企业	4.0	32.2	47.3	16.5
大型企业	3.8	33.2	48.1	14.9
中型企业	4.9	36.5	46.5	12.1
小型企业	3.7	36.8	47.0	12.5
国有及国有控股公司	2.3	27.0	52.1	18.6
国有企业	2.0	25.1	55.3	17.6
非国有企业	5.1	40.2	44.2	10.5

关于国有企业的出售情况，调查结果显示，6.1% 的国有企业经营者表示其企业“已经出售”或“正在出售”，33.7% 表示打算出售，明确表示不打算出售的为 60.2%。

分地区看，中部地区国有企业已经或打算出售的比重（42.1%）高出东部地区（38.7%）与西部地区（39.3%）3 个百分点左右。

分企业规模看，小型国有企业已经或打算出售的比重（50.3%）高出大型企业（36.2%）与中型企业（38%）12 个百分点以上（见表 52）。

表 52　　国有企业的出售情况（%）

	已经出售	正在出售	打算出售	不打算出售
总体	**0.6**	**5.5**	**33.7**	**60.2**
东部地区企业	0.9	6.3	31.5	61.3
中部地区企业		4.8	37.3	57.9
西部地区企业	0.9	4.8	33.6	60.7
大型企业	1.2	5.8	29.2	63.8
中型企业	0.5	4.4	33.1	62.0
小型企业		7.0	43.3	49.7

关于国有企业出售的对象，调查结果显示，超过一半（56.4%）的企业经营者表示“已经”或“打算”将企业出售给股份制企业，其他出售对象的比重依次为“本企业职工”（43.9%）、“本企业经

理层”（35.8%）、私营企业（34.6%）和外资企业（31.5%）（见表53）。

表53　国有企业出售的对象（%）

	本企业经理层	本企业职工	私营企业	外资企业	股份制企业	其他
总体	**35.8**	**43.9**	**34.6**	**31.5**	**56.4**	**4.7**
东部地区企业	40.7	43.7	31.9	31.1	52.6	3.0
中部地区企业	33.3	44.8	42.7	30.2	58.3	8.3
西部地区企业	31.1	43.3	30.0	33.3	60.0	3.0
大型企业	42.6	51.1	37.2	42.6	52.1	3.2
中型企业	39.0	42.5	33.6	30.1	61.0	6.2
小型企业	22.8	38.0	32.9	19.0	51.9	3.8

从企业的并购方来看，调查结果显示，8.8%的企业经营者表示其企业“已经”或“正在兼并”国有企业，24%表示打算兼并，67.2%表示不打算兼并。从不同企业类型看，主要表现为大型企业、股份有限公司和有限责任公司希望兼并国有企业的比重相对较高（见表54）。

表54　兼并国有企业的情况（%）

	已经兼并	正在兼并	打算兼并	不打算兼并
总体	**6.5**	**2.3**	**24.0**	**67.2**
大型企业	11.7	5.0	28.0	55.3
中型企业	6.3	2.1	24.2	67.4
小型企业	2.7	0.7	20.9	75.7
国有及国有控股公司	5.8	2.5	19.4	72.3
国有企业	5.4	1.4	16.2	77.0
非国有企业	6.7	2.3	26.3	64.7
私营企业	7.6	2.7	26.1	63.6
股份有限公司	8.7	3.0	32.0	56.3
有限责任公司	8.1	1.8	30.9	59.2
外商及港澳台投资企业	2.8	2.4	21.5	73.3

4. 国有资产管理改革重在建立经营者激励和约束机制

关于国有资产管理体制的改革，由于尚处于探索阶段，企业经营者认为“尚未见效”的比重（24.1%）相对较高，而认为“效果较好”或“效果很好”仅占2成左右（21.1%），54.8%认为“效果一般”（见表55）。

表55　对近两年来“国有资产管理体制改革”成效的评价（%）

	效果很好	效果较好	效果一般	尚未见效
总体	**2.0**	**19.1**	**54.8**	**24.1**
东部地区企业	1.7	20.3	55.6	22.4
中部地区企业	2.0	17.6	54.9	25.5
西部地区企业	2.7	17.1	52.7	27.5
国有及国有控股公司	1.3	15.8	53.8	29.1
国有企业	2.7	16.1	52.8	28.4
非国有企业	2.0	20.3	55.1	22.6

关于国有资产管理体制改革的重点，调查结果显示，企业经营者选择比重排在第一位的是“建立经营者激励和约束机制”，比重为74%，其中国有企业选择比重高达81.1%，比其他选项比重高出15个百分点以上，这表明如何充分调动经营者个人的积极性、规范经营者行为，在国有资产管理体制改

革中具有重要作用。

选择比重超过一半的选项还有三项，依次是："重组改制，结构调整"（58.3%）、"建立市场经济的选人用人机制"（58.1%）和"完善公司治理结构"（53.4%）。说明企业经营者认为，除了用好人，调动经营者积极性外，国有资产管理体制改革的重点还在于企业改制。

此外，还有45.3%的企业经营者选择了"研究制定国有资产管理的法律法规"，33.5%选择了"对企业经营业绩考核和绩效评价"，13.6%选择了"加强对国有资产的预算管理"（见表56）。

表56　　国有资产管理体制改革的重点（%）

	总体	地区			规模			经济类型		
		东部	中部	西部	大型	中型	小型	国有及国有控股	其中：国有	非国有
建立经营者激励和约束机制	**74.0**	72.0	75.7	77.2	77.8	73.0	73.4	81.1	77.5	71.8
重组改制，结构调整	**58.3**	57.4	61.3	57.7	59.4	58.6	57.5	60.0	57.3	57.9
建立市场经济的选人用人机制	**58.1**	57.2	60.9	57.5	54.3	58.5	60.4	55.0	55.0	59.7
完善公司治理结构	**53.4**	54.1	53.4	53.0	61.8	53.7	47.3	58.8	56.6	52.8
研究制定国有资产管理的法律法规	**45.3**	44.8	41.5	50.3	40.3	44.7	50.6	43.6	44.7	45.7
对企业经营业绩考核和绩效评价	**33.5**	32.1	35.7	34.9	41.4	32.5	30.0	38.9	45.4	31.1
加强对国有资产的预算管理	**13.6**	13.3	13.3	14.9	13.0	13.4	14.4	11.9	11.9	14.4
其他	1.3	**1.7**	0.4	1.1	1.5	1.3	1.0	1.3	0.7	1.2

5. 加快金融体制改革步伐，解决企业融资难问题

企业尤其是中小企业融资难问题一直是困扰企业发展的一个障碍。调查结果显示，8.3%的企业经营者认为企业目前的资金"宽裕"，43.4%认为资金"正常"，48.3%认为资金"紧张"，认为资金"紧张"的比认为"宽裕"的多40个百分点（见表57）。

表57　　企业目前的资金情况（%）

	宽裕	正常	紧张	宽裕-紧张
总体	**8.3**	**43.4**	**48.3**	**-40.0**
东部地区企业	9.9	48.0	42.1	-32.2
中部地区企业	6.6	38.4	55.0	-48.4
西部地区企业	5.9	37.4	56.7	-50.8
大型企业	11.3	49.3	39.4	-28.1
中型企业	8.1	43.3	48.6	-40.5
小型企业	6.2	39.0	54.8	-48.6
国有及国有控股公司	8.2	38.3	53.5	-45.3
国有企业	8.8	41.7	49.5	-40.7
非国有企业	8.6	45.6	45.8	-37.2
私营企业	6.3	42.4	51.3	-45.0
股份有限公司	11.4	51.2	37.4	-26.0
有限责任公司	8.0	45.2	46.8	-38.8
外商及港澳台投资企业	13.2	53.9	32.9	-19.7

由于资金紧张，企业间资金存在一定程度的相互拖欠情况。调查结果显示，21.9%的企业经营者认为目前企业的应收账款"多于正常水平"，60.4%认为处于"正常水平"，17.7%认为"低于正常水平"，认为"多于正常水平"的比认为"低于正常水平"的高出4个百分点以上（见表58）。

表58　　企业目前的应收账款情况（%）

	多于正常	正常	低于正常	多于正常－低于正常
总体	**21.9**	**60.4**	**17.7**	**4.2**
东部地区企业	21.9	63.7	14.4	7.5
中部地区企业	20.2	59.2	20.6	－0.4
西部地区企业	23.7	53.5	22.8	0.9

不断推进的金融体制改革的一个重要目的之一就是完善企业的融资方式和渠道，解决企业融资难问题。关于金融体制改革的成效，调查结果显示，27.5%的企业经营者认为“效果较好”或“效果很好”，51.5%认为“效果一般”，21%认为“尚未见效”（见表59）。

表59　　对近两年来“金融体制改革”成效的评价（%）

	效果很好	效果较好	效果一般	尚未见效
总体	**1.8**	**25.7**	**51.5**	**21.0**
大型企业	1.7	30.2	50.6	17.5
中型企业	1.5	25.0	53.6	19.9
小型企业	2.2	22.9	49.5	25.4
国有及国有控股公司	0.9	23.8	53.9	21.4
国有企业	1.0	25.7	52.4	20.9
非国有企业	2.0	26.6	50.4	21.0

关于企业2003年的融资形势，调查结果显示，25.3%的企业经营者认为近年的融资形势比2002年有所“好转”，58.6%认为“未变”，16.1%认为“恶化”，认为“好转”的比认为“恶化”的多出近10个百分点（见表60）。

表60　　与去年相比，今年的企业融资形势（%）

	恶化	未变	好转	好转－恶化
总体	**16.1**	**58.6**	**25.3**	**9.2**
东部地区企业	13.4	60.8	25.8	12.4
中部地区企业	17.3	57.0	25.7	8.4
西部地区企业	21.5	55.1	23.4	1.9
大型企业	14.1	54.5	31.4	17.3
中型企业	15.2	58.8	26.0	10.8
小型企业	19.0	61.8	19.2	0.2
国有及国有控股公司	17.9	60.7	21.4	3.5
国有企业	12.8	65.6	21.6	8.8
非国有企业	15.3	57.8	26.9	11.6
私营企业	15.9	56.3	27.8	11.9
股份有限公司	13.0	57.1	29.9	16.9
有限责任公司	14.9	54.7	30.4	15.5
外商及港澳台投资企业	9.6	68.3	22.1	12.5

金融体制改革与建立完善的社会信用体系是紧密联系在一起的。关于企业信用状况，调查结果显示，27.4%的企业经营者认为，其他企业的信用比2002年“提高”，59.4%认为“未变”，13.2%认为“下降”，认为“提高”的比认为“下降”的多14.2个百分点，说明企业信用情况得到一定程度的好转，为进一步推进金融体制改革奠定了基础（见表61）。

表 61　　与去年相比，今年“其他企业的信用”情况（%）

	下降	未变	提高	提高 - 下降
总体	**13.2**	**59.4**	**27.4**	**14.2**
东部地区企业	12.6	59.7	27.7	15.1
中部地区企业	12.4	58.5	29.1	16.7
西部地区企业	15.4	59.9	24.7	9.3
大型企业	11.2	61.5	27.3	16.1
中型企业	12.8	59.0	28.2	15.4
小型企业	15.6	58.5	25.9	10.3

6. 垄断性行业改革亟待突破

近年来尤其是“入世”以来，我国不断加大垄断性行业改革的力度。关于这项改革情况，调查结果显示，19.5%的企业经营者认为“效果较好”或“效果很好”，46.4%认为“效果一般”，34.1%认为“尚未见效”。认为此项改革“尚未见效”的比重在所有改革评价中是最高的，这反映了企业经营者对此项改革有较高的期望（见表62）。

表 62　　对近两年来“垄断性行业改革”成效的评价（%）

	效果很好	效果较好	效果一般	尚未见效
总体	**1.6**	**17.9**	**46.4**	**34.1**
国有及国有控股公司	1.3	17.3	47.0	34.4
国有企业	1.0	22.0	49.5	27.5
非国有企业	1.7	17.7	46.0	34.6

7. 所得税制度的改革是企业关注的重点

关于当前税收制度最需要改革的方面，调查结果显示，55.2%的企业经营者认为是“企业所得税”改革，列所有选项之首；其次是“个人所得税”改革，比重为54.2%；其他两个选项的比重依次为增值税改革（36.2%）和“出口退税”改革（16.9%）。

但从不同企业类型看，西部地区企业经营者认为应优先改革个人所得税制度，选择比重为58.1%；小型企业和外商及港澳台投资企业则认为急需改革的是增值税制度，选择比重为39.5%和40.5%，高于其他各类企业；私营企业和外商及港澳台投资企业认为应加强出口退税制度改革，比重也相对较高（20%以上）（见表63）。

表 63　　当前税收体制最需改革的方面（%）

	增值税	企业所得税	个人所得税	出口退税	其他
总体	**36.2**	**55.2**	**54.2**	**16.9**	**1.8**
东部地区企业	34.9	54.1	51.8	20.2	1.9
中部地区企业	37.3	56.1	56.6	14.8	1.4
西部地区企业	38.1	57.1	58.1	11.3	2.2
大型企业	36.1	57.1	51.1	18.6	2.1
中型企业	34.7	56.9	56.1	17.2	1.5
小型企业	39.5	51.2	53.2	15.3	2.2
国有及国有控股公司	35.7	54.9	60.0	15.0	1.6
国有企业	35.4	56.3	58.9	13.6	1.7
非国有企业	36.7	55.3	52.3	17.5	1.8
私营企业	34.5	54.3	50.3	23.4	1.0

续表

	增值税	企业所得税	个人所得税	出口退税	其他
股份有限公司	34.9	58.9	51.3	20.0	1.4
有限责任公司	35.0	60.9	50.9	16.0	2.1
外商及港澳台投资企业	40.5	39.3	51.9	24.0	1.5

（注：凡引用此报告者均需注明引自中国企业家调查系统——《2003·中国企业经营者问卷跟踪调查报告》）

课题组名单

顾　　问：王梦奎　陈清泰　魏礼群　李德水　侯云春
鲁志强　李克穆　谢伏瞻　许善达　邵　宁
丁俊发　任泽民

调查指导：王佩亨　于　武　韩文秀　唐　军　王子先
余明勤　杨元伟　孟国强　卫　东　金磊夫

调查主持：李　兰　陈全生　熊志军　郑京平　陈　重

报告撰写：潘建成　李　兰　郑明身　韩岫岚　郝大海
杨志民

数据处理：王建平　王　铮　王云峰　刘晓燕　桂晓鸿

参与讨论：茅于轼　邓荣霖　吴　栋　卢中原　丁宁宁
张文魁　张　泰　李燕斌　张　斌　杨军梅
李维双　杨正位　何龙灿　张武军

2002年企业经营者对宏观经济形势及经济体制改革热点的判断和建议

■ 中国企业家调查系统

2002年以来，我国政府继续实施积极的财政政策和稳健的货币政策，努力扩大内需，积极发展对外经济，大力整顿和规范市场经济秩序，着力调整经济结构和提高经济效益，取得了明显成效。为了解企业经营者对当前宏观经济形势及经济体制改革热点的判断，为政府进一步调整宏观政策和深化经济体制改革提供决策参考依据，2002年8月至11月，中国企业家调查系统组织实施了“2002年中国企业经营者问卷跟踪调查”。

本次调查是由中国企业家调查系统组织的第10次全国性企业经营者年度跟踪调查，得到了国务院发展研究中心人才交流培训中心、国务院研究室工交贸易研究司、国家经济贸易委员会企业改革司、国家统计局国民经济综合统计司、中国企业联合会研究部①、国家发展计划委员会国民经济综合司、国家经济贸易委员会中小企业司、人事部人才流动开发司、劳动和社会保障部法制司、交通部体改法规司、国家税务总局政策法规司、国家安全生产监督管理局政策法规司、中国证券监督管理委员会信息中心、中国物流与采购联合会、国家电力公司战略研究与规划部等有关部门的支持和指导。

本次调查以企业法人代表为调查对象，按照我国企业的实际构成情况进行等比例抽样，采用邮寄问卷方式进行。本次调查共发放问卷10000份，回收问卷3571份，其中有效问卷3539份，有效回收率为35.4%。通过对部分未填写问卷与填写问卷企业的对比分析，未发现存在系统偏差。为使调查分析更为全面和深入，本报告还利用了中国企业家调查系统以往历次调查的结果。

本次调查主要涉及工业、建筑业、交通运输仓储及邮电通信业、批发零售贸易和餐饮业、房地产业和社会服务业等行业，上述行业的企业所占比重分别为：67.9%、4%、2.9%、13.2%、2.1%和2.1%。从企业的地区分布看，东部占47.9%，中部和西部分别占26.2%和25.9%。

从企业规模看，大、中、小型企业分别占19%、47%和34%。从企业经济类型看，国有企业和非国有企业分别占30.5%和69.5%；有限责任公司占30.9%，股份有限公司占13%，集体企业占6.9%、私营企业占6.6%，外商及港澳台投资企业占6.5%，股份合作企业占5.2%。从企业盈亏状况看，盈利企业占61.7%，亏损企业占21.5%，持平企业占16.8%。

本次调查的企业经营者年龄主要分布在36~45和46~55岁之间，比重分别为30%和49.8%；文化程度为大专及以上的占81.6%，其中具有本科及以上学历的占40.6%；职务为企业董事长或总经理、厂长、党委书记的占97.9%，其他职务的占2.1%（见表1~表3）。

---

① 以上5家部门为中国企业家调查系统发起成立单位。

表1　　调查样本基本情况（%）

行业	农林牧渔业	2.6	经济类型	国有企业	30.5
	采掘业	2.5		集体企业	6.9
	制造业（见表2）	61.4		私营企业	6.6
	电力、煤气及水的生产和供应业	4.0		股份合作企业	5.2
	建筑业	4.0		股份有限公司	13.0
	交通运输、仓储及邮电通信业	2.9		有限责任公司	30.9
	批零贸易、餐饮业	13.2		其他内资企业	0.4
	金融、保险业	0.2		外商及港澳台投资企业	6.5
	房地产业	2.1	规模	特大型	1.4
	社会服务业	2.1		大型	17.6
	文教体卫广电业	0.7		中型	47.0
	科学研究及综合技术服务业	0.7		小型	34.0
	其他行业	3.6			
地区	东部地区	47.9	盈亏	盈利企业	61.7
	中部地区	26.2		持平企业	16.8
	西部地区	25.9		亏损企业	21.5

表2　　调查样本中制造业基本情况（%）

	制造业细分	%		制造业细分	%
1	食品加工业	5.5	16	化学纤维制造业	0.9
2	食品制造业	3.3	17	橡胶制品业	1.7
3	饮料制造业	1.6	18	塑料制品业	3.5
4	烟草加工业	0.4	19	非金属矿物制品业	4.7
5	纺织业	6.5	20	黑色金属冶炼及压延加工业	2.3
6	服装及其他纤维制品制造业	3.7	21	有色金属冶炼及压延加工业	2.7
7	皮革、毛皮、羽绒及其制品业	0.8	22	金属制品业	4.1
8	木材加工及竹、藤、棕、草制品业	1.5	23	普通机械制造业	9.0
9	家具制造业	0.5	24	专用设备制造业	6.5
10	造纸及纸制品业	2.4	25	交通运输设备制造业	5.3
11	印刷业，记录媒介的复制	2.8	26	电气机械及器材制造业	4.3
12	文教体育用品制造业	0.6	27	电子及通信设备制造业	4.1
13	石油加工及炼焦业	0.8	28	仪器仪表及文化办公用机械制造业	1.5
14	化学原料及化学制品制造业	8.1	29	其他制造业	7.0
15	医药制造业	3.9			

表3　　调查对象基本情况（%）

性别	男	96.0	文化程度	初中或以下	2.7
	女	4.0		中专、高中	15.7
年龄	35岁及以下	4.3		大专	41.0
	36～45岁	30.0		大学本科	28.6
	46～55岁	49.8		研究生学历	7.3
	56岁以上	15.9		硕士	4.2
				博士	0.5
所学专业	文史哲法律	7.7	现任职务	董事长	49.0
	经济	32.9		总经理	58.9
	管理	50.0		厂长	21.4
	理工农医	26.6		党委书记	27.0
	其他	3.5		其他	2.1

注：由于存在跨专业和职务兼任情况，因此所学专业和现任职务比例合计大于100%。

调查结果显示，面对新的国际经济形势以及加入WTO后的机遇和挑战，多数企业经营者认为，当前积极的财政政策和稳健的货币政策调控效果良好，国内投资持续增长，对外贸易出口增速加快，主要生产要素供求平衡状况有所好转，企业经营状况不断改善，生产和销售稳定增长，效益有所提高，宏观经济保持了持续、快速的良好发展态势，企业经营者对未来发展充满信心。

调查结果显示，近年来我国经济体制改革的各项措施得到了企业经营者的积极评价，民营企业发展迅速，社会保障得到进一步加强，现代企业制度建设取得进展，住房体制改革成效明显。

企业经营者同时认为，经济发展过程中还存在一些值得注意的问题，如消费需求仍显不足，国内人才、资金、技术、信息等主要要素市场结构性供求矛盾比较突出，地区发展差距仍较明显，国有企业仍然困难较多等。企业经营者期望在深化经济体制改革的过程中，加快政府职能转变、国有企业改革、社会保障制度建设及现代企业制度建设等方面的改革步伐并取得突破性进展，为我国经济的持续发展创造更为良好的宏观环境。

一、企业经营者对经济形势的判断

关于经济形势，本次调查涉及经济总体走势及其环境因素、宏观调控政策的成效、企业经营状况及未来发展等方面的问题。

（一）企业经营者对宏观经济形势的判断

1. 宏观经济总体运行态势良好

关于2002年的宏观经济走势，调查结果显示，57.9%的企业经营者认为走势“正常”，比2001年同期调查增加13.5个百分点；11.2%认为“偏热”或“过热”，与2001年基本持平，比2000年增加1.5个百分点；24.9%认为“偏冷”或“过冷”，比2001年和2000年分别减少5.9和4.2个百分点。这说明，企业经营者认为2002年我国宏观经济在不太理想的国际经济环境中继续保持良好的运行态势（见表4、图1）。

表4 1995~2002年企业经营者对宏观经济形势的判断（%）

	过热	偏热	正常	偏冷	过冷	尚难判断
2002年	0.6	10.6	57.9	23.9	1.0	6.0
2001年	2.2	9.8	44.4	29.2	1.6	12.8
2000年	—	9.7	52.8	28.0	1.1	8.4
1999年	—	—	39.6	48.1	8.5	3.8
1998年	—	1.6	28.7	51.5	11.1	7.1
1997年	—	—	54.1	37.3	4.6	4.1
1996年	—	—	41.3	44.4	7.9	6.4
1995年	2.4	22.3	25.1	36.5	4.4	9.3

2. 投资、出口促进经济增长

为进一步了解影响经济增长的促进因素，本次调查涉及投资、消费和出口三个方面。

从投资来看，调查结果显示，三分之二（66.7%）的企业经营者认为政府投资“合适”或“较旺”、“很旺”，认为政府投资“不足”的仅为三分之一（33.3%），这表明企业经营者对政府投资力度的普遍认同。不过，认为民间投资需求相对“不足”的仍然超过一半（53.5%），与2001年调查结果大致相当。

关于出口形势，调查结果显示，企业经营者认为2002年我国的外贸出口需求“合适”或“较

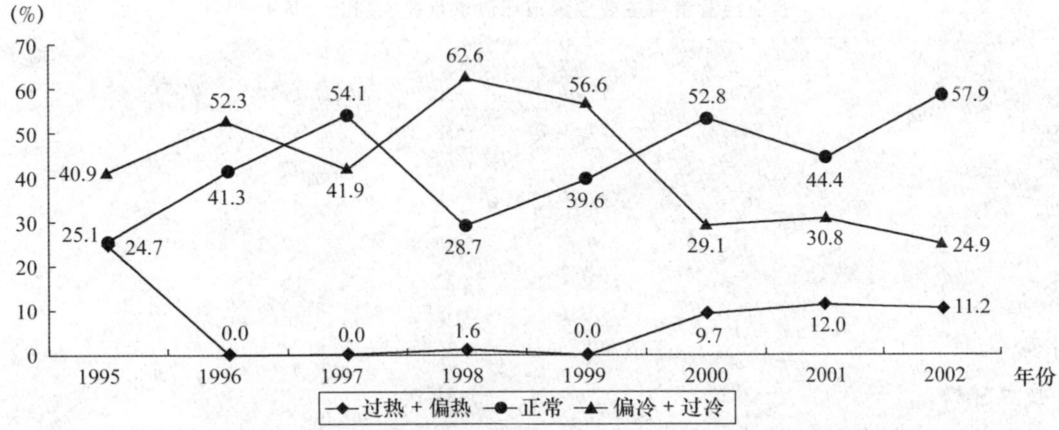

图 1　1995 ~ 2002 年企业经营者对宏观经济形势的判断

旺”、“很旺”的占 39.9%，比 2001 年增加了 6.9 个百分点；而认为外贸出口需求“不足”的虽仍占六成（60.1%），但比 2001 年降低了 6.9 个百分点。这说明在加入 WTO 的背景下，对外贸易出口增速有所加快，成为推动当前经济增长的重要动力之一。

从消费情况看，调查结果显示，企业经营者认为当前消费需求“不足”的占 60.8%，比 2001 年增加 9.8 个百分点；认为消费需求“合适”或“较旺”、“很旺”的则比 2001 年降低 9.8 个百分点。调查表明，虽然目前出现一些诸如汽车、通讯工具及房地产等消费热点，但总体消费需求不足状况未能得到改观，带动经济增长的动力仍显不足（见表 5）。

表 5　　企业经营者对国民经济需求状况的判断（%）

			很旺	较旺	合适	不足	严重不足
固定资产投资需求	政府投资	2002 年	6.8	34.5	25.4	29.3	4.0
		2001 年	7.9	32.8	27.0	26.5	5.8
	民间投资	2002 年	3.6	28.1	14.8	46.1	7.4
		2001 年	3.7	26.1	18.7	45.1	6.4
消费需求		2002 年	1.2	13.3	24.7	54.3	6.5
		2001 年	1.7	16.1	31.2	47.3	3.7
外贸出口需求		2002 年	0.8	17.7	21.4	53.5	6.6
		2001 年	1.4	12.4	19.2	58.5	8.5

3. 主要要素市场供求平衡状况有所好转

关于主要要素市场的供求状况，企业经营者认为“供大于求”超过半数的只有原材料一项，比重为 54.7%；认为“供求平衡”超过半数的主要是能源和交通，比重分别为 64.5% 和 56.3%；认为“供不应求”的主要是资金、技术和信息，比重分别为 72.6%、75.3% 和 67.8%。

与 1999 年的调查相比，认为上述各项市场要素“供求平衡”的比重均有不同程度提高，分别增加了 5.5 ~ 21.8 个百分点，说明上述要素市场供求平衡状况均有所好转。

与其他要素市场供求关系相比，人力资源总量的供大于求和人才市场结构性短缺并存的矛盾十分明显。调查结果显示，企业经营者认为技术人才和管理人才“供不应求”的分别占 75.8% 和 70.7%，而认为普通劳动力“供大于求”的占 85.4%（见表 6）。

4. “入世”后的国内外市场对企业经营比较有利

关于“入世”后国内市场对企业经营的影响，调查结果显示，34.2% 的企业经营者认为影响“有

表6　企业经营者对主要要素市场供求状况的判断（%）

	供大于求		供求平衡		供不应求	
	2002	1999	2002	1999	2002	1999
（1）原材料	54.7	77.3	38.5	19.8	6.8	2.9
（2）能源	17.7	46.6	64.5	42.7	17.8	10.7
（3）交通	19.5	24.7	56.3	43.4	24.2	31.9
（4）资金	3.6	6.5	23.8	12.3	72.6	81.2
（5）技术	2.4	3.6	22.3	12.5	75.3	83.9
（6）信息	5.9	6.9	26.3	20.8	67.8	72.3
（7）人力资源						
其中：技术人才	3.2		21.0		75.8	
管理人才	4.1		25.2		70.7	
普通劳动力	85.4		11.9		2.7	

利”，48.1%认为“影响不大”，17.7%认为“不利”，认为“有利”的比认为“不利”的多16.5个百分点。从不同制造行业看，比较乐观的主要是塑料制品、专用设备、非金属矿物制品、仪器仪表、电子、服装等行业，认为入世后国内市场对企业经营“有利”的比认为“不利”的多20个百分点以上。化工、电气、食品、黑色冶金和造纸行业的企业感到入世后国内市场压力较大，认为入世后国内市场对企业经营“有利”的比认为“不利”的只多不足10个百分点。

关于入世后国外市场对企业经营的影响，调查结果显示，36.3%的企业经营者认为影响“有利”，49.8%认为“影响不大”，13.9%认为“不利”，认为“有利”的比认为“不利”的多22.4个百分点。

从不同制造行业看，认为入世后国外市场对企业经营“有利”的主要是服装、医药、电子、仪器仪表、纺织、塑料、化纤、普通机械、金属制品、非金属矿物制品等行业，认为“有利”的比认为“不利”的多30个百分点以上。

从不同地区和经济类型的企业看，无论国内市场还是国外市场，认为入世后对企业经营“有利”大于“不利”较多的均是东部地区企业和非国有企业（见表7）。

表7　加入WTO后国内外市场对企业经营的影响（%）

	国内市场				国际市场			
	有利	影响不大	不利	有利－不利	有利	影响不大	不利	有利－不利
总体	**34.2**	**48.1**	**17.7**	**16.5**	**36.3**	**49.8**	**13.9**	**22.4**
东部地区企业	36.0	48.0	16.0	20.0	41.4	46.8	11.8	29.6
中部地区企业	33.8	49.0	17.2	16.6	32.9	52.7	14.4	18.5
西部地区企业	30.9	47.7	21.4	9.5	30.1	52.5	17.4	12.7
大型企业	34.6	43.1	22.3	12.3	37.8	45.3	16.9	20.9
中型企业	34.0	47.8	18.2	15.8	37.9	48.1	14.0	23.9
小型企业	34.2	51.7	14.1	20.1	32.7	54.9	12.4	20.3
国有企业	29.7	49.1	21.2	8.5	29.4	52.1	18.5	10.9
非国有企业	36.2	47.7	16.1	20.1	39.2	48.8	12.0	27.2
食品饮料制造业	29.7	48.0	22.3	7.4	38.7	40.9	20.4	18.3
纺织业	27.8	55.6	16.6	11.2	55.1	31.1	13.8	41.3
服装及其他纤维制品制造业	35.2	52.1	12.7	22.5	67.1	23.3	9.6	57.5
造纸及纸制品业	31.0	46.6	22.4	8.6	28.1	54.4	17.5	10.6
化学原料及化学制品制造业	23.8	47.0	29.2	－5.4	34.5	44.0	21.5	13.0

续表

	国内市场				国际市场			
	有利	影响不大	不利	有利－不利	有利	影响不大	不利	有利－不利
医药制造业	37.3	43.4	19.3	18.0	51.2	42.7	6.1	45.1
化学纤维制造业	26.7	60.0	13.3	13.4	37.5	50.0	12.5	25.0
橡胶制品业	31.4	54.3	14.3	17.1	47.3	44.4	8.3	39.0
塑料制品业	45.6	39.7	14.7	30.9	50.0	39.7	10.3	39.7
非金属矿物制品业	40.7	48.3	11.0	29.7	35.4	60.2	4.4	31.0
黑色金属冶炼及压延加工业	25.0	57.7	17.3	7.7	34.0	50.0	16.0	18.0
有色金属冶炼及压延加工业	34.9	47.6	17.5	17.4	39.7	44.4	15.9	23.8
金属制品业	28.6	53.5	17.9	10.7	44.6	43.4	12.0	32.6
普通机械制造业	33.6	47.0	19.4	14.2	35.6	47.3	17.1	18.5
专用设备制造业	41.3	47.1	11.6	29.7	45.0	44.2	10.8	34.2
交通运输设备制造业	34.6	47.1	18.3	16.3	40.2	44.1	15.7	24.5
电气机械及器材制造业	30.7	44.3	25.0	5.7	36.4	47.7	15.9	20.5
电子及通信设备制造业	37.3	48.0	14.7	22.6	51.3	42.1	6.6	44.7
仪器仪表及文化办公用机械制造业	27.6	72.4		27.6	44.8	51.8	3.4	41.4

5. 政府宏观调控政策比较稳定

本次调查从货币供应量、银行贷款利率、财政性税费水平和国债发行量几个方面了解了企业经营者对宏观调控政策的感受。

从货币供应量看，调查结果显示，企业经营者认为目前货币供应量“多”、“适度”和“少”的分别占12.7%、55.3%和32%，与2000年调查结果大体相当。

从银行贷款利率看，企业经营者认为目前银行贷款利率水平“高”、“合适”和“低”的分别占21.3%、45.9%和32.8%，与2000年相比，认为银行贷款利率“高”的增加8.8个百分点，而认为“合适”和“低”的分别减少3.1和5.7个百分点。

从财政性税费水平看，仍有较多企业经营者认为当前财政性税费水平“高”，比重为79.7%，比2000年微增2.9个百分点，认为“合适”和“低”的比重分别为16.8%和3.5%。

从国债发行量看，企业经营者认为国债发行量“偏少”的占25%，认为“适度”和“偏多”的则分别占42.9%和32.1%，与2000年没有明显区别。

由此可见，两年来企业经营者对政府宏观调控诸多指标的判断差异不大，这说明政府宏观调控政策相对比较稳定（见表8）。

表8　企业经营者对宏观调控的判断（%）

		高（多/大）			适度	低（少/小）		
		过高	偏高	小计		偏低	过低	小计
货币供应量	2002年	0.9	11.8	12.7	55.3	28.6	3.4	32.0
	2000年	0.8	10.9	11.7	54.1	32.0	2.2	34.2
银行贷款利率	2002年	1.1	20.2	21.3	45.9	28.8	4.0	32.8
	2000年	0.7	11.8	12.5	49.0	33.0	5.5	38.5
财政性税费水平	2002年	14.0	65.7	79.7	16.8	3.2	0.3	3.5
	2000年	12.0	64.8	76.8	19.5	3.4	0.3	3.7
国债发行量	2002年	3.1	29.0	32.1	42.9	23.2	1.8	25.0
	2000年	1.9	26.8	28.7	48.3	22.2	0.8	23.0

（二）企业运营状况良好

1. 企业综合经营状况继续好转

关于企业目前经营状况，调查结果显示，企业经营者认为企业经营状况“良好”、“一般”和“不佳”的分别占39.5%、46.1%和14.4%，认为“良好”的比认为“不佳”的多25.1个百分点，而1999~2001三年相应的结果分别为7.7、20.6和19个百分点，均低于2002年的调查结果，这说明，企业经营者认为2002年我国企业总体经营状况继续看好。

从经济类型看，外商及港澳台投资企业、私营企业、股份有限公司和有限责任公司的企业经营者认为本企业经营状况“良好”的较多，比重分别为48.9%、48.1%、46.6%和43.5%；而国有企业认为“良好”的比重相对较少，为31.7%。

从不同规模看，大、中型企业的经营者认为本企业经营状况“良好”的分别占48.4%和42.5%，明显高于小型企业的30.8%。

从地区分布看，东部地区企业经营者认为经营状况“良好”的较多，比重为43%；中、西部地区企业认为“良好”的比重相对较少，分别为36.6%和35.9%。这从一个侧面反映出地区间经济发展差距依然明显存在。

从不同行业看，餐饮、房地产、社会服务、交通运输仓储、电力、煤气和水及制造业中的医药、非金属矿物制品、交通运输设备、专用设备、塑料、橡胶、仪器仪表、金属制品、服装等行业的经营状况相对较好，认为“良好”的比认为“不佳”的多30个百分点以上（见表9）。

表9　企业的综合经营状况（%）

	目前经营状况				良好-不佳		
	良好	一般	不佳	良好-不佳	2001年	2000年	1999年
总体	**39.5**	**46.1**	**14.4**	**25.1**	**19.0**	**20.6**	**7.7**
东部地区企业	43.0	45.7	11.3	31.7	27.0	29.3	15.1
中部地区企业	36.6	48.8	14.6	22.0	12.2	13.3	-1.9
西部地区企业	35.9	43.9	20.2	15.7	7.6	8.3	-0.5
大型企业	48.4	40.0	11.6	36.8	27.1	30.2	15.1
国有	39.6	44.0	16.4	23.2	22.0	20.2	3.4
非国有	55.2	36.6	8.2	47.0	31.3	41.3	27.9
中型企业	42.5	44.5	13.0	29.5	19.7	20.6	4.1
小型企业	30.8	51.4	17.8	13.0	11.3	11.5	0.8
国有企业	31.7	46.7	21.6	10.1	7.2	8.5	-3.3
大型	39.6	44.0	16.4	23.2	22.0	20.2	3.4
中型	31.9	47.1	21.0	10.9	1.0	6.2	-8.0
小型	24.7	47.2	28.1	-3.4	1.1	-7.4	-9.4
私营企业	48.1	43.7	8.2	39.9	25.0	38.0	10.5
股份有限公司	46.6	44.8	8.6	38.0	29.9	34.2	25.4
有限责任公司	43.5	46.1	10.4	33.1	23.5	25.9	10.9
外商及港澳台投资企业	48.9	38.3	12.8	36.1	37.1	41.8	26.3
农林牧渔业	37.1	44.9	18.0	19.1	5.1	6.2	13.3
采掘业	40.0	44.7	15.3	24.7	24.7	10.1	-8.3
制造业	39.1	45.6	15.3	23.8	20.8	20.4	3.8
电力	44.0	45.3	10.7	33.3	35.8	38.8	29.4
煤气、水	40.0	50.9	9.1	30.9	24.4		
建筑业	39.6	50.0	10.4	29.2	10.3	7.9	6.7

续表

	目前经营状况				良好－不佳		
	良好	一般	不佳	良好－不佳	2001 年	2000 年	1999 年
交通运输仓储	44.4	44.5	11.1	33.3	29.0	34.3	21.9
批零贸易	35.0	49.4	15.6	19.4	1.5	18.2	1.6
餐饮业	55.3	42.1	2.6	52.7	13.5		
房地产业	56.2	37.0	6.8	49.4	29.0	24.4	38.2
社会服务业	45.1	43.6	11.3	33.8	30.2	30.7	23.8
其他行业	37.7	50.3	12.0	25.7	29.1	24.5	17.4
食品饮料制造业	30.9	48.7	20.4	10.5	20.1	13.7	−2.8
纺织业	36.7	42.0	21.3	15.4	0.9	30.4	3.2
服装及其他纤维制品制造业	43.1	44.4	12.5	30.6	24.7	37.5	21.0
造纸及纸制品业	33.9	49.2	16.9	17.0	26.7	28.9	8.4
化学原料及化学制品制造业	31.3	52.8	15.9	15.4	16.4	6.5	0.5
医药制造业	51.8	43.4	4.8	47.0	43.8	38.6	32.0
化学纤维制造业	18.8	43.7	37.5	−18.7	−18.0	25.0	−4.2
橡胶制品业	42.9	45.7	11.4	31.5	20.5	7.0	−24.3
塑料制品业	42.6	47.1	10.3	32.3	19.1	16.3	12.8
非金属矿物制品业	47.4	44.1	8.5	38.9	22.2	12.6	2.5
黑色金属冶炼及压延加工业	34.0	45.2	20.8	13.2	23.7	25.5	−7.9
有色金属冶炼及压延加工业	40.3	46.8	12.9	27.4	3.4	22.4	−20.0
金属制品业	45.2	40.5	14.3	30.9	12.8	17.6	−8.0
普通机械制造业	33.2	48.3	18.5	14.7	21.2	4.1	−8.9
专用设备制造业	45.0	42.5	12.5	32.5	39.0	19.8	−5.2
交通运输设备制造业	45.2	44.2	10.6	34.6	32.0	19.5	1.6
电气机械及器材制造业	37.1	48.3	14.6	22.5	13.9	32.4	13.6
电子及通信设备制造业	36.8	50.0	13.2	23.6	26.4	37.6	18.9
仪器仪表及文化办公用机械制造业	55.2	20.7	24.1	31.1	9.1	1.9	4.6

关于企业效益状况，调查结果显示，2002 年上半年与 2001 年同期相比，企业的总体效益状况大体相同，企业盈利面由 2001 年上半年的 60.8% 微增到 2002 年上半年的 61.7%；亏损面比 2001 年同期的 24% 减少了 2.5 个百分点。其中国有企业盈利面比 2001 年同期增加 1.6 个百分点，亏损面比 2001 年同期减少 3.7 个百分点（见表 10）。

表 10　　　　2002 与 2001 年企业效益状况对比（%）

			总体	地区			规模			经济类型	
				东部	中部	西部	大型	中型	小型	国有	非国有
盈利	2002 年	上半年	**61.7**	67.5	57.8	54.6	68.0	64.6	53.9	50.2	66.8
		下半年预计	**70.1**	76.3	66.0	62.7	76.3	70.9	65.6	58.0	75.5
	2001 年	上半年	**60.8**	66.2	54.6	54.7	66.5	59.6	57.7	48.6	66.5
		下半年预计	**66.8**	72.6	61.2	58.7	71.6	66.1	64.0	55.0	72.3
持平	2002 年	上半年	**16.8**	16.2	19.1	16.2	12.2	15.6	21.4	17.6	16.5
		下半年预计	**16.4**	14.4	19.6	16.8	10.4	17.1	18.8	18.7	15.4
	2001 年	上半年	**15.2**	14.8	17.5	13.4	11.0	15.1	19.0	15.6	14.9
		下半年预计	**17.3**	16.0	19.6	18.1	12.0	17.6	21.5	19.7	16.2
亏损	2002 年	上半年	**21.5**	16.3	23.1	29.2	19.8	19.8	24.7	32.2	16.7
		下半年预计	**13.5**	9.3	14.4	20.5	13.3	12.0	15.6	23.3	9.1
	2001 年	上半年	**24.0**	19.0	27.9	31.9	22.5	25.3	23.4	35.9	18.6
		下半年预计	**15.9**	11.5	19.1	23.2	16.4	16.3	14.5	25.3	11.6

2. 企业生产和销售稳定增长

关于企业的生产状况，调查结果显示，目前“停产”或“半停产”企业的比重为11.9%，比2001年减少1.2个百分点。

从地区分布看，东部地区“停产”、“半停产”企业比重最低，为7.9%，比2001年减少1.8个百分点；中部地区为14.7%，比2001年减少0.6个百分点；西部地区为16.7%，比2001年减少2.2个百分点。

从经济类型看，企业“停产”或“半停产”比重较高的主要是国有企业，比重为20.1%，明显高于各类非国有企业，而且比2001年还增加了3.2个百分点（见表11）。

表11　2002年与2001年企业生产状况对比（%）

	超负荷生产		正常运行		半停产		停产	
	2002	2001	2002	2001	2002	2001	2002	2001
总体	**5.3**	**4.6**	**82.8**	**82.3**	**11.0**	**12.1**	**0.9**	**1.0**
东部地区	6.9	4.8	85.2	85.5	7.5	8.9	0.4	0.8
中部地区	4.2	4.8	81.1	79.9	13.7	14.1	1.0	1.2
西部地区	3.5	4.2	79.8	76.9	14.9	17.8	1.8	1.1
大型企业	5.3	5.8	85.3	85.3	8.8	7.9	0.6	1.0
中小型企业	5.3	4.3	82.1	81.6	11.6	13.3	1.0	0.8
国有企业	3.4	3.4	76.5	79.7	17.5	15.4	2.6	1.5
私营企业	4.7	7.8	86.2	77.9	9.1	13.4		0.9
股份合作企业	0.6	7.5	88.9	77.0	10.5	14.2		1.3
股份有限公司	4.2	4.4	90.7	88.2	5.1	7.1		0.3
有限责任公司	7.0	4.7	85.6	84.7	7.0	9.9	0.4	0.7
外商及港澳台投资企业	13.7	7.0	76.6	85.1	9.3	7.6	0.4	0.3

关于企业生产增长情况，调查结果显示，48.3%的企业生产（服务）量比上期“增加”，33.7%的企业保持上期水平，18%的企业生产（服务）量比上期“减少”，认为企业生产（服务）量“增加”的比认为“减少”的多30.3个百分点，表明企业生产呈平稳增长的趋势（见表12）。

表12　企业生产（服务）增长情况（%）

	增加	持平	减少	增加-减少
总体	**48.3**	**33.7**	**18.0**	**30.3**
东部地区企业	49.5	35.4	15.1	34.4
中部地区企业	46.2	33.6	20.2	26.0
西部地区企业	47.7	30.7	21.6	26.1
大型企业	56.2	31.4	12.4	43.8
中型企业	49.7	33.4	16.9	32.8
小型企业	42.1	35.4	22.5	19.6
国有企业	43.8	35.5	20.7	23.1
非国有企业	50.1	32.9	17.0	33.1

关于企业销售状况，调查结果显示，49.2%的企业销售量比上期“增加”，比2001年同期增加了4.8个百分点；28.9%的企业保持不变；21.9%的企业销售量“减少”，比2001年同期减少了4个百分点。

企业销售状况具有明显的地区、规模、经济类型和行业差异。从不同地区看，东部地区明显好于中西部地区；从不同经济类型看，非国有企业明显好于国有企业；从企业规模看，大型企业明显好于中小型企业；从不同行业看，目前销售状况较好的主要是电力、房地产、采掘业以及制造业中的医药、化纤、交通运输设备、专用设备、有色冶金、橡胶、化工、非金属矿物、电子、塑料等行业（见表13、表14）。

表13　　不同地区、规模及经济类型企业的销售情况（%）

		增加	持平	减少	增加－减少
总体	2002年	49.2	28.9	21.9	27.3
	2001年	44.4	29.7	25.9	18.5
东部地区企业		51.4	29.4	19.2	32.2
中部地区企业		47.5	29.1	23.4	24.1
西部地区企业		46.8	27.6	25.6	21.2
大型企业		58.7	27.8	13.5	45.2
中型企业		49.9	29.4	20.7	29.2
小型企业		43.5	28.9	27.6	15.9
国有企业		44.6	30.3	25.1	19.5
私营企业		54.6	27.6	17.8	36.8
股份有限公司		55.6	28.8	15.6	40.0
有限责任公司		53.0	27.2	19.8	33.2
外商及港澳台投资企业		54.3	24.4	21.3	33.0

表14　　不同行业调查企业的销售情况（%）

	增加	持平	减少	增加－减少
总体	**49.2**	**28.9**	**21.9**	**27.3**
农林牧渔业	40.4	31.5	28.1	12.3
采掘业	54.1	27.1	18.8	35.3
制造业	52.7	26.7	20.6	32.1
电力	55.2	33.3	11.5	43.7
煤气、水	43.4	34.0	22.6	20.8
建筑业	36.9	37.7	25.4	11.5
交通运输仓储	44.3	34.2	21.5	22.8
批零贸易	42.3	29.7	28.0	14.3
餐饮业	47.2	36.1	16.7	30.5
房地产业	44.3	47.1	8.6	35.7
社会服务业	46.3	35.8	17.9	28.4
其他行业	43.7	27.6	28.7	15.0
食品饮料制造业	50.0	25.7	24.3	25.7
纺织业	42.3	31.3	26.4	15.9
服装及其他纤维制品制造业	46.3	34.3	19.4	26.9
造纸及纸制品业	43.9	36.8	19.3	24.6
化学原料及化学制品制造业	52.3	29.9	17.8	34.5
医药制造业	64.3	26.2	9.5	54.8
化学纤维制造业	53.3	46.7		53.3
橡胶制品业	55.9	26.5	17.6	38.3
塑料制品业	54.6	22.7	22.7	31.9
非金属矿物制品业	54.7	24.8	20.5	34.2
黑色金属冶炼及压延加工业	50.0	28.8	21.2	28.8
有色金属冶炼及压延加工业	55.7	27.9	16.4	39.3

续表

	增加	持平	减少	增加－减少
金属制品业	51.8	25.3	22.9	28.9
普通机械制造业	51.5	22.8	25.7	25.8
专用设备制造业	57.4	25.2	17.4	40.0
交通运输设备制造业	65.4	19.2	15.4	50.0
电气机械及器材制造业	46.1	33.7	20.2	25.9
电子及通信设备制造业	57.3	18.7	24.0	33.3
仪器仪表及文化办公用机械制造业	38.0	31.0	31.0	7.0

（三）企业经营者对未来发展充满信心

1. 企业下期经营状况可望保持良好发展态势

关于企业经营者对企业下期综合经营状况的预测，调查结果显示，企业经营者对下期综合经营状况比较乐观，44.6%认为下期经营状况将“好转”，45.2%认为“不变”，只有10.2%认为会“恶化”，认为“好转”的比认为“恶化”的多34.4个百分点。

从地区分布看，东部地区认为“好转”的比认为“恶化”的多36.5个百分点；中部地区多34.5个百分点；西部地区多29.3个百分点。

从经济类型看，非国有企业认为“好转”的比认为“恶化”的多37个百分点以上，国有企业多19.6个百分点。

从不同行业看，房地产、建筑业、交通运输仓储以及制造业中的电子、医药、服装、塑料、专用设备、交通运输设备、非金属矿物制品等行业预计下期经营状况较好，认为“好转”的比认为“恶化”的多40个百分点以上。而批零贸易和餐饮业以及制造业中的化纤、橡胶和仪器仪表等制造行业对下期的看法相对谨慎，认为“好转”的比认为“恶化”的企业仅多20个百分点左右。

相对来说，国有企业、西部地区企业及批零贸易和餐饮业企业对未来发展的乐观程度比其他类型企业低一些（见表15）。

表15　企业经营者对下期综合经营状况的预测（%）

	好转	不变	恶化	好转－恶化
总体	**44.6**	**45.2**	**10.2**	**34.4**
东部地区企业	44.4	47.7	7.9	36.5
中部地区企业	45.5	43.5	11.0	34.5
西部地区企业	43.2	42.9	13.9	29.3
大型企业	45.9	43.8	10.3	35.6
中型企业	43.7	46.6	9.7	34.0
小型企业	44.9	44.4	10.7	34.2
国有企业	35.4	48.8	15.8	19.6
私营企业	54.2	41.9	3.9	50.3
股份有限公司	50.8	42.3	6.9	43.9
有限责任公司	49.2	43.5	7.3	41.9
外商及港澳台投资企业	45.3	46.7	8.0	37.3
农林牧渔业	40.9	43.2	15.9	25.0
采掘业	42.4	44.7	12.9	29.5
制造业	46.7	43.4	9.9	36.8
电力	42.2	51.8	6.0	36.2

续表

	好转	不变	恶化	好转－恶化
煤气、水	38.9	55.5	5.6	33.3
建筑业	50.0	44.0	6.0	44.0
交通运输仓储	46.6	47.7	5.7	40.9
批零贸易	35.7	51.3	13.0	22.7
餐饮业	31.6	55.2	13.2	18.4
房地产业	52.0	46.6	1.4	50.6
社会服务业	43.7	52.1	4.2	39.5
其他行业	44.7	42.0	13.3	31.4
食品饮料制造业	50.4	37.1	12.5	37.9
纺织业	39.5	52.1	8.4	31.1
服装及其他纤维制品制造业	53.6	40.8	5.6	48.0
造纸及纸制品业	49.1	40.7	10.2	38.9
化学原料及化学制品制造业	43.7	43.7	12.6	31.1
医药制造业	55.4	38.6	6.0	49.4
化学纤维制造业	37.5	37.5	25.0	12.5
橡胶制品业	32.4	58.8	8.8	23.6
塑料制品业	51.5	39.7	8.8	42.7
非金属矿物制品业	54.3	31.9	13.8	40.5
黑色金属冶炼及压延加工业	43.4	47.2	9.4	34.0
有色金属冶炼及压延加工业	41.9	46.8	11.3	30.6
金属制品业	43.4	43.3	13.3	30.1
普通机械制造业	42.9	45.2	11.9	31.0
专用设备制造业	48.3	45.8	5.9	42.4
交通运输设备制造业	49.5	42.7	7.8	41.7
电气机械及器材制造业	44.9	45.0	10.1	34.8
电子及通信设备制造业	56.6	36.8	6.6	50.0
仪器仪表及文化办公用机械制造业	37.9	48.3	13.8	24.1

对下期效益状况预计的调查结果，进一步反映出企业经营者对未来的信心。调查结果显示，70.1%的企业预计下半年盈利，比上半年实际的61.7%增加8.4个百分点；而预计下半年亏损企业占13.5%，比上半年实际的21.5%减少8个百分点（见表10）。

2. 众多行业仍具较大的发展潜力

关于行业发展潜力，调查结果显示，所有行业的企业经营者认为本行业发展潜力“较大”的比重都高于认为“较小”的比重。其中，认为发展潜力“较大”的比重超过半数的行业主要包括房地产（57.5%）、煤气和水（51.9%）、餐饮业（50%）以及制造业中的医药（76.8%）、电子（61.9%）、造纸（57.6%）、交通运输设备（56.7%）、橡胶制品（54.3%）、专用设备（54.1%）、仪器仪表（51.8%）、有色冶金（51.6%）等；相比之下，企业经营者认为发展潜力“较小”的行业主要包括批零贸易、采掘业等（见表16）。

3. 企业投资意愿较高

关于企业未来计划投资意向的调查结果显示，56.8%的企业未来计划投资额将“增长”，23%的企业保持“不变”，20.2%的企业计划投资额“减少”，计划投资“增长”的比“减少”的多36.6个百分点，其中国有企业计划投资“增长”的比“减少”的多17.8个百分点，非国有企业多44.6个百

表16　　企业经营者对所在行业发展潜力的判断（%）

	较大	一般	较小	较大-较小
总体	**44.3**	**41.9**	**13.8**	**30.5**
农林牧渔业	44.4	35.6	20.0	24.4
采掘业	26.2	52.4	21.4	4.8
制造业	47.1	41.0	11.9	35.2
电力	45.2	41.7	13.1	32.1
煤气、水	51.9	40.7	7.4	44.5
建筑业	32.3	54.2	13.5	18.8
交通运输仓储	46.6	37.8	15.6	31.0
批零贸易	28.5	46.9	24.6	3.9
餐饮业	50.0	36.8	13.2	36.8
房地产业	57.5	28.8	13.7	43.8
社会服务业	49.3	43.7	7.0	42.3
其他行业	51.6	37.2	11.2	40.4
食品饮料制造业	49.4	33.0	17.6	31.8
纺织业	32.0	52.0	16.0	16.0
服装及其他纤维制品制造业	40.0	45.7	14.3	25.7
造纸及纸制品业	57.6	32.2	10.2	47.4
化学原料及化学制品制造业	46.5	42.5	11.0	35.5
医药制造业	76.8	22.0	1.2	75.6
化学纤维制造业	43.8	43.7	12.5	31.3
橡胶制品业	54.3	45.7		54.3
塑料制品业	42.6	48.6	8.8	33.8
非金属矿物制品业	42.8	39.3	17.9	24.9
黑色金属冶炼及压延加工业	32.1	56.6	11.3	20.8
有色金属冶炼及压延加工业	51.6	41.9	6.5	45.1
金属制品业	35.7	53.6	10.7	25.0
普通机械制造业	42.9	45.2	11.9	31.0
专用设备制造业	54.1	39.2	6.7	47.4
交通运输设备制造业	56.7	37.5	5.8	50.9
电气机械及器材制造业	43.2	39.8	17.0	26.2
电子及通信设备制造业	61.9	36.8	1.3	60.6
仪器仪表及文化办公用机械制造业	51.8	37.9	10.3	41.5

分点。与2001年调查结果相比，非国有企业对未来投资的意向又进一步增强。这表明企业投资意愿普遍较高，非国有企业未来投资的快速增长意味着民间投资趋向活跃，有望改变经济增长主要依赖政府投资的格局。

从地区分布看，东部地区企业计划投资额“增长”的比“减少”的多40.8个百分点，中、西部地区分别多34.8和29.8个百分点。

从不同行业看，投资意愿较强的行业主要包括房地产、交通运输仓储、煤气和水以及制造业中的有色冶金、医药、仪器仪表、橡胶制品等，其计划未来投资“增长”的比“减少”的都多50个百分点以上（见表17-1、表17-2）。

表 17-1　　企业下期计划投资的意向（%）

		增长	不变	减少	增长-减少
总体	2002年	56.8	23.0	20.2	36.6
	2001年	55.2	23.9	20.9	34.3
国有企业	2002年	46.4	25.0	28.6	17.8
	2001年	52.4	21.9	25.7	26.7
非国有企业	2002年	61.2	22.2	16.6	44.6
	2001年	58.4	24.7	16.9	41.5
东部地区企业		57.5	25.8	16.7	40.8
中部地区企业		55.9	23.0	21.1	34.8
西部地区企业		55.8	18.2	26.0	29.8
大型企业		60.8	20.9	18.3	42.5
中型企业		57.3	21.9	20.8	36.5
小型企业		53.8	25.6	20.6	33.2
农林牧渔业		56.7	21.1	22.2	34.5
采掘业		64.7	20.0	15.3	49.4
制造业		58.2	22.6	19.2	39.0
电力		47.0	24.1	28.9	18.1
煤气、水		68.5	14.8	16.7	51.8
建筑业		44.6	25.4	30.0	14.6
交通运输仓储		72.2	17.8	10.0	62.2
批零贸易		49.5	27.4	23.1	26.4
餐饮业		44.4	30.6	25.0	19.4
房地产业		70.8	18.1	11.1	59.7
社会服务业		55.1	27.5	17.4	37.7
其他行业		50.5	23.7	25.8	24.7

表 17-2　　企业下期计划投资的意向（%）

	增长	不变	减少	增长-减少
总体	**56.8**	**23.0**	**20.2**	**36.6**
食品饮料制造业	55.3	17.3	27.4	27.9
纺织业	52.1	27.5	20.4	31.7
服装及其他纤维制品制造业	50.0	32.9	17.1	32.9
造纸及纸制品业	54.3	28.8	16.9	37.4
化学原料及化学制品制造业	66.0	17.5	16.5	49.5
医药制造业	70.7	18.3	11.0	59.7
化学纤维制造业	53.3	26.7	20.0	33.3
橡胶制品业	65.7	20.0	14.3	51.4
塑料制品业	64.2	19.4	16.4	47.8
非金属矿物制品业	61.7	17.4	20.9	40.8
黑色金属冶炼及压延加工业	52.8	28.3	18.9	33.9
有色金属冶炼及压延加工业	68.8	23.0	8.2	60.6
金属制品业	50.6	26.5	22.9	27.7
普通机械制造业	56.3	24.0	19.7	36.6
专用设备制造业	50.0	30.8	19.2	30.8
交通运输设备制造业	65.4	16.3	18.3	47.1
电气机械及器材制造业	50.0	23.3	26.7	23.3
电子及通信设备制造业	61.8	25.0	13.2	48.6
仪器仪表及文化办公用机械制造业	69.0	17.2	13.8	55.2

二、企业经营者对经济体制改革的评价

关于对经济体制改革的评价，本次调查涉及各项改革政策措施的实施情况和现代企业制度建设等方面的问题。

（一）各项改革的政策措施取得一定成效

1. 对政府的改革措施给予比较积极的评价

近年来，我国加快了经济体制改革的步伐，先后出台了一系列重大改革措施。本次调查表明，企业经营者对近年来政府的改革措施给予了比较积极的评价，对当前改革的紧迫性和存在的困难有着清醒的认识。

调查结果显示，在调查涉及的十一项改革措施当中，企业经营者评价较高的前三位依次是："民营企业发展"、"住房体制改革"和"建立社会保障体系"，认为"成效显著"或"效果较好"的分别占78%、66.3%和42.7%；对其他各项改革成效的评价按满意程度（"成效显著"或"效果较好"）排列依次是："建立现代企业制度（36.3%）"、"医疗体制改革（32.2%）"、"外贸体制改革（31.2%）"、"财税体制改革（28.6%）"、"金融体制改革（26.3%）"、"国有企业改革（25.3%）"、"投融资体制改革（18.8%）"和"转变政府职能（17.2%）"（见表18）。

表18　企业经营者对五年来有关改革成效的评价（%）

	满意			成效显著	效果较好	小计
	效果一般	尚未见效	不清楚			
民营企业发展	19.4	58.6	78.0	18.4	2.3	1.3
住房体制改革	10.6	55.7	66.3	26.7	5.2	1.8
建立社会保障体系	5.3	37.4	42.7	43.2	13.5	0.6
建立现代企业制度	6.4	29.9	36.3	49.1	14.1	0.5
医疗体制改革	3.1	29.1	32.2	41.0	25.0	1.8
外贸体制改革	2.0	29.2	31.2	39.4	12.1	17.3
财税体制改革	3.3	25.3	28.6	49.8	17.0	4.6
金融体制改革	2.4	23.9	26.3	41.5	26.6	5.6
国有企业改革	4.8	20.5	25.3	51.5	21.8	1.4
投融资体制改革	1.5	17.3	18.8	42.8	26.7	11.7
转变政府职能	2.1	15.1	17.2	48.8	32.7	1.3
其中：政企职责分开	2.1	19.4	21.5	42.8	34.0	1.7
出资人到位	1.5	13.3	14.8	43.5	32.1	9.6

当问及"什么是当前改革的重点?"时，调查结果显示，企业经营者认为列前两位的是"转变政府职能"和"建立社会保障体系"，选择比重均超过2/3，分别为73.4%和69.4%；选择比重超过半数的还包括"国有企业改革"和"建立现代企业制度"，分别为57.6%和54.1%；其他各项改革按重要顺序依次为："财税体制改革（45.5%）"、"民营企业发展（35.7%）"、"金融体制改革（30.2%）"、"医疗体制改革（29.5%）"、"投融资体制改革（24.7%）"、"住房体制改革（7.1%）"和"外贸体制改革（7%）"。

由此可见，切实转变政府职能、建立社会保障体系、深化国有企业改革和建立现代企业制度是当前企业经营者的普遍愿望和迫切要求（见图2）。

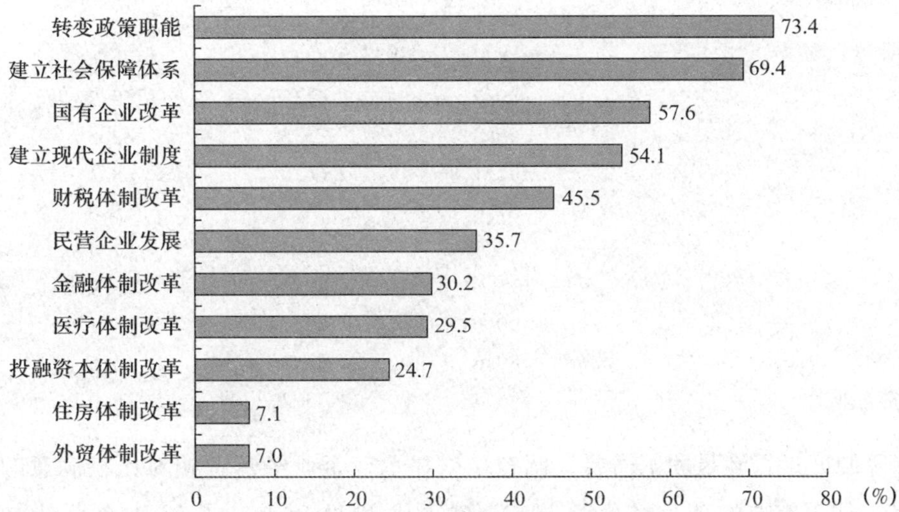

图 2 企业经营者对什么是当前改革重点的看法

2. 社会保障进一步加强

关于社会保障制度建设，调查结果显示，企业经营者认为近五年来我国社会保障制度建设已取得一定的成效，42.7%认为社会保障制度建设“效果较好”或“成效显著”，43.2%认为“效果一般”，13.5%认为“尚未见效”（见表19）。

表 19 企业经营者对五年来建立社会保障体系改革成效的评价（%）

	成效显著	效果较好	效果一般	尚未见效	不清楚
总体	**5.3**	**37.4**	**43.2**	**13.5**	**0.6**
东部地区企业	5.3	38.5	40.6	15.0	0.6
中部地区企业	5.0	35.5	45.7	13.5	0.3
西部地区企业	6.0	37.5	45.2	10.6	0.7
大型企业	5.6	39.1	40.0	15.1	0.2
中型企业	4.2	37.3	45.2	12.9	0.4
小型企业	6.6	37.1	42.2	13.2	0.9
国有企业	5.8	40.6	41.8	11.5	0.3
非国有企业	5.2	36.2	43.6	14.3	0.7

关于企业为职工办理“养老”、“医疗”、“失业”和“工伤”保险的情况，调查结果显示，90.4%、64%、66.4%和63.3%的企业分别办理了上述四种保险，比2000年调查结果分别提高了0.5、15.5、2.9和7.5个百分点。可见医疗保险覆盖面的增加幅度比较明显，其他保险的覆盖面也都有一定程度的增加。

从不同经济类型看，私营企业为职工办理养老、医疗和失业保险的比重分别比其他各类企业低14、12和37个百分点以上，明显低于其他各类企业（见表20）。

表 20 调查企业为职工办理社会保险的情况（%）

		养老保险	医疗保险	失业保险	工伤保险
总体	2002 年	90.4	64.0	66.4	63.3
	2000 年	89.9	48.5	63.5	55.8
东部地区企业		92.7	70.3	68.7	67.5
中部地区企业		87.8	55.6	60.2	59.1

续表

	养老保险	医疗保险	失业保险	工伤保险
西部地区企业	89.7	61.8	69.2	60.7
大型企业	95.3	73.5	82.5	67.1
中型企业	91.1	66.5	68.1	65.4
小型企业	87.6	56.2	55.8	59.2
国有企业	96.9	68.4	81.4	57.2
私营企业	75.0	49.6	28.9	59.5
股份有限公司	90.6	69.1	66.1	67.4
有限责任公司	89.6	62.3	65.5	66.1
外商及港澳台投资企业	93.4	73.2	75.0	78.5

关于社会保障制度是否满足职工需要，调查结果显示，企业经营者相对比较满意的是职工养老保险，认为“满足”职工需要的企业经营者占62.6%，比1999年上升了23.1个百分点；认为“不满足”的占13.2%，比1999年减少了18.6个百分点。关于职工医疗和失业社会保险，调查结果显示，企业经营者认为能“满足”职工需要的比重分别为35.2%和37.1%，比1999年分别上升了9.7和25.9个百分点，而认为“不满足”的比重分别为39.6%和32.4%，比1999年分别减少了10.8和26.2个百分点。

以上调查结果表明，虽然养老、医疗和失业的社会保障状况还不能完全满足职工需要，但与两三年前相比，已经取得了明显的进展（见表21）。

表21　企业经营者对社会保障状况是否满足职工需要的判断（%）

		满足	一般	不满足
养老保险	2002年	62.6	24.2	13.2
	1999年	39.5	28.7	31.8
医疗保险	2002年	35.2	25.2	39.6
	1999年	25.5	24.1	50.4
失业保险	2002年	37.1	30.5	32.4
	1999年	11.2	30.2	58.6

3. 地方保护现象逐步减少

经济体制改革的重要内容之一是建立统一开放的市场体系，为此，本次调查涉及了经济活动中地方保护方面的问题。

关于当前地方保护对企业生产经营的影响程度，调查结果显示，企业经营者认为地方保护对企业生产经营有“较大”、“一般”和“较小”影响的比重各占1/3左右（见表22）。

表22　当前地方保护对企业生产经营的影响程度（%）

	较大	一般	较小
总体	**34.2**	**35.2**	**30.6**
东部地区企业	31.7	36.2	32.1
中部地区企业	35.0	34.7	30.3
西部地区企业	37.6	33.6	28.8
大型企业	36.9	34.6	28.5
中型企业	34.9	36.2	28.9
小型企业	31.8	34.0	34.2

续表

	较大	一般	较小
国有企业	37.0	32.2	30.8
非国有企业	32.9	36.4	30.7

关于地方保护程度变化情况，调查结果显示，企业经营者认为当前的地方保护程度与10年前相比“明显减弱”的占29.6%，“稍微减弱”的占40.5%；认为“没有变化”的占12.6%；而认为“明显加重”或“稍加严重”的占17.3%。这说明，随着市场经济体制的逐步建立和完善，地方保护现象正在逐步减弱（见表23）。

表23　企业经营者认为当前地方保护程度与10年前相比的变化情况（%）

	加重			没有	减弱		
	明显加重	稍加严重	小计	变化	稍微减弱	明显减弱	小计
总体	**5.0**	**12.3**	**17.3**	**12.6**	**40.5**	**29.6**	**70.1**
东部地区企业	4.5	11.8	16.3	12.9	39.8	31.0	70.8
中部地区企业	4.1	12.4	16.5	11.9	43.3	28.3	71.6
西部地区企业	6.8	13.1	19.9	12.6	38.6	28.9	67.5
大型企业	5.2	13.0	18.2	13.1	42.2	26.5	68.7
中型企业	5.3	12.5	17.8	12.6	40.7	28.9	69.6
小型企业	4.4	11.3	15.7	12.4	39.6	32.3	71.9
国有企业	5.2	12.0	17.2	13.5	41.2	28.1	69.3
私营企业	4.8	16.2	21.0	15.4	32.5	31.1	63.6
股份有限公司	5.2	12.0	17.2	11.1	41.5	30.2	71.7
有限责任公司	4.6	11.1	15.7	11.9	41.4	31.0	72.4
外商及港澳台投资企业	4.6	10.1	14.7	11.9	46.8	26.6	73.4
农林牧渔业	6.9	13.8	20.7	12.6	39.1	27.6	66.7
采掘业	8.1	17.4	25.6	9.3	46.5	18.6	65.1
制造业	4.9	12.3	17.1	12.6	39.5	30.8	70.3
电力	4.9	14.8	19.8	9.9	46.8	23.5	70.3
煤气、水	3.6	7.3	10.9	16.4	38.2	34.5	72.7
建筑业	8.3	13.5	21.8	8.3	45.1	24.8	69.9
交通运输仓储	1.1	14.9	16.1	18.4	44.8	20.7	65.5
批零贸易	4.5	12.3	16.8	12.5	37.8	32.8	70.7
餐饮业	2.8	11.1	13.9	19.4	30.6	36.1	66.7
房地产业	2.8	8.3	11.1	15.3	44.4	29.2	73.6
社会服务业	5.8	7.2	13.0	10.1	43.6	33.3	76.9
其他行业	6.4	12.8	19.3	13.9	41.2	25.7	66.8
食品饮料制造业	5.3	9.3	14.6	13.3	40.7	31.4	72.1
纺织业	4.8	8.5	13.3	12.7	35.8	38.2	74.0
服装及其他纤维制品制造业		17.4	17.4	7.2	46.4	29.0	75.4
造纸及纸制品业	3.5	14.0	17.5	10.5	40.4	31.6	72.0
化学原料及化学制品制造业	6.1	14.6	20.7	11.6	38.9	28.8	67.7
医药制造业	3.7	11.0	14.6	13.4	51.2	20.7	72.0
化学纤维制造业			0.0	20.0	40.0	40.0	80.0
橡胶制品业	8.6	11.4	20.0	25.7	28.6	25.7	54.3
塑料制品业	7.6	12.1	19.7	12.1	45.5	22.7	68.2
非金属矿物制品业	4.3	18.3	22.6	11.3	38.3	27.8	66.1

续表

	加重			没有变化	减弱		
	明显加重	稍加严重	小计		稍微减弱	明显减弱	小计
黑色金属冶炼及压延加工业	5.8	17.3	23.1	9.6	48.1	19.2	67.3
有色金属冶炼及压延加工业	4.9	8.2	13.1	18.0	36.1	32.8	68.9
金属制品业	4.8	9.6	14.5	7.2	49.4	28.9	78.3
普通机械制造业	3.9	15.0	18.9	13.1	34.5	33.5	68.0
专用设备制造业	0.8	12.5	13.3	13.3	38.4	35.0	73.4
交通运输设备制造业	4.0	15.8	19.8	12.9	36.6	30.7	67.3
电气机械及器材制造业	3.5	15.1	18.6	8.1	47.7	25.6	73.3
电子及通信设备制造业	7.1	4.3	11.4	11.4	44.3	32.9	77.2
仪器仪表及文化办公用机械制造业	11.1		11.1	22.2	25.9	40.7	66.7

（二）现代企业制度建设全面推进

1. 现代企业制度建设取得进展

关于现代企业制度建设的调查结果显示，36.3%的企业经营者认为五年来现代企业制度建设“效果较好”或“成效显著”，49.1%认为“效果一般”，14.1%认为“尚未见效”（见表24）。

表24　企业经营者对五年来建立现代企业制度改革成效的评价（%）

	成效显著	效果较好	效果一般	尚未见效	不清楚
总体	**6.4**	**29.9**	**49.1**	**14.1**	**0.5**
东部地区企业	5.9	31.3	49.0	13.3	0.5
中部地区企业	7.7	29.7	49.0	13.3	0.3
西部地区企业	5.9	27.5	49.6	16.7	0.3
大型企业	5.8	24.7	53.1	16.2	0.2
中型企业	6.8	30.2	49.7	13.2	0.1
小型企业	6.1	32.6	46.4	14.0	0.9
国有企业	3.4	21.2	55.4	19.5	0.5
非国有企业	7.7	33.9	46.1	11.9	0.4

能否建立现代企业制度关系到国有企业改革的成效。关于五年来国有企业改革成效的调查结果显示，25.3%的企业经营者认为国有企业改革“效果较好”或“成效显著”，51.5%认为“效果一般”，21.8%认为“尚未见效”。此结果与上述关于现代企业制度建设成效的调查结果基本一致，由此可见，目前国有企业改革依然任重道远（见表25）。

表25　企业经营者对五年来国有企业改革成效的评价（%）

	成效显著	效果较好	效果一般	尚未见效	不清楚
总体	**4.8**	**20.5**	**51.5**	**21.8**	**1.4**
东部地区企业	4.2	21.2	51.7	21.0	1.9
中部地区企业	5.8	21.0	50.1	22.1	1.0
西部地区企业	4.9	18.7	52.7	23.1	0.6
大型企业	3.5	17.5	58.4	20.1	0.5
中型企业	5.0	20.6	50.9	22.0	1.5
小型企业	5.1	22.2	48.4	22.8	1.5
国有企业	2.3	16.9	54.6	25.9	0.3
非国有企业	5.9	22.3	50.0	20.1	1.7

2. 多数企业基本做到产权清晰

“产权清晰”是现代企业制度的基本特征之一，调查结果显示，38.3%的企业经营者认为其企业“完全做到”了产权清晰，37.4%的企业“基本做到”，24.3%的企业“还没做到”。

从不同规模看，中、小企业“完全做到”产权清晰的比重分别为39.1%和42.6%，明显高于大型企业的29%；从经济类型看，尚有近半数（48.3%）的国有企业“还没做到”产权清晰（见表26）。

表26　改革开放以来企业在产权清晰方面的情况（%）

	完全做到	基本做到	还没做到
总体	**38.3**	**37.4**	**24.3**
东部地区企业	43.2	36.8	20.0
中部地区企业	31.8	39.2	29.0
西部地区企业	35.2	37.2	27.6
大型企业	29.0	43.7	27.3
中型企业	39.1	37.2	23.7
小型企业	42.6	33.9	23.5
国有企业	11.8	39.9	48.3
私营企业	72.0	25.4	2.6
股份有限公司	42.4	43.6	14.0
有限责任公司	51.0	36.9	12.1
外商及港澳台投资企业	64.7	28.6	6.7

建立出资人制度是产权制度改革的重要内容，是企业实现“产权清晰”的关键。调查结果显示，14.8%的企业经营者认为建立出资人制度“效果较好”或“成效显著”，43.5%认为“效果一般”，32.1%认为“尚未见效”；其中，国有企业选择“尚未见效”的占43.6%，比非国有企业多16.6个百分点（见表27）。

表27　企业经营者对五年来出资人到位改革成效的评价（%）

	成效显著	效果较好	效果一般	尚未见效	不清楚
总体	**1.5**	**13.3**	**43.5**	**32.1**	**9.6**
国有企业	1.0	7.5	39.9	43.6	8.0
非国有企业	1.8	15.6	45.3	27.0	10.3

3. 企业自主经营权基本落实

关于企业自主经营权落实情况，调查结果显示，52.6%的企业经营者认为企业自主经营权“完全做到”了落实，41.1%认为“基本做到”，6.3%“还没做到”。其中，国有企业自主经营权“完全做到”落实的只占28.8%，比其他类型企业低26个百分点以上（见表28）。

表28　改革开放以来企业在自主经营方面的情况（%）

	完全做到	基本做到	还没做到
总体	**52.6**	**41.1**	**6.3**
东部地区企业	57.6	38.0	4.4
中部地区企业	49.5	42.7	7.8
西部地区企业	46.7	44.9	8.4
大型企业	44.5	47.5	8.0
中型企业	53.8	40.0	6.2
小型企业	56.0	38.5	5.5

续表

	完全做到	基本做到	还没做到
国有企业	28.8	56.8	14.4
私营企业	81.4	18.2	0.4
股份有限公司	55.4	40.8	3.8
有限责任公司	62.4	35.6	2.0
外商及港澳台投资企业	70.8	26.5	2.7

4. 企业管理逐渐走向科学规范

强化科学管理是现代企业制度的重要特征之一。调查结果显示，17.5%的企业经营者认为其企业能“完全做到”规范管理，72.9%的企业认为能“基本做到”，9.6%认为“还没做到”。这表明企业普遍增强了科学管理意识，企业管理正逐渐走上正规（见表29）。

表29　　改革开放以来企业在规范管理制度方面的情况（%）

	完全做到	基本做到	还没做到
总体	**17.5**	**72.9**	**9.6**
东部地区企业	19.1	73.2	7.7
中部地区企业	16.7	72.1	11.2
西部地区企业	15.4	73.2	11.4
大型企业	20.9	72.4	6.7
中型企业	17.9	73.6	8.5
小型企业	15.4	72.0	12.6
国有企业	11.3	76.5	12.2
私营企业	22.5	67.5	10.0
股份有限公司	20.1	71.9	8.0
有限责任公司	19.2	72.3	8.5
外商及港澳台投资企业	28.6	65.1	6.3

在建立现代企业制度的过程中，企业在人事制度、劳动关系、工资分配制度改革等方面进行了有益的探索。

关于职工“能进能出”制度，调查结果显示，33.7%的企业经营者认为其企业能“完全做到”职工“能进能出”，37.9%的企业能“基本做到”，28.4%的企业“还没做到”。其中，“还没做到”职工“能进能出”的国有企业占50.6%，比其他类型企业高28个百分点以上。

关于职工“能上能下”制度，调查结果显示，27.4%的企业经营者认为其企业能“完全做到”职工“能上能下”，57.7%的企业能“基本做到”，14.9%的企业“还没做到”。其中，国有企业能“完全做到”职工“能上能下”的只占11.9%，比其他类型企业低19个百分点以上（见表30、表31）。

表30　　改革开放以来企业在职工“能进能出”方面的情况（%）

	完全做到	基本做到	还没做到
总体	**33.7**	**37.9**	**28.4**
东部地区企业	37.9	38.9	23.2
中部地区企业	29.6	38.1	32.3
西部地区企业	29.6	35.6	34.8
大型企业	24.8	39.6	35.6
中型企业	33.5	39.6	26.9
小型企业	39.1	34.2	26.7

续表

	完全做到	基本做到	还没做到
国有企业	10.9	38.5	50.6
私营企业	63.1	35.2	1.7
股份有限公司	36.4	41.5	22.1
有限责任公司	42.2	37.1	20.7
外商及港澳台投资企业	60.8	30.4	8.8

表 31　　改革开放以来企业在职工“能上能下”方面的情况（%）

	完全做到	基本做到	还没做到
总体	**27.4**	**57.7**	**14.9**
东部地区企业	28.4	57.5	14.1
中部地区企业	26.9	58.4	14.7
西部地区企业	25.9	57.0	17.1
大型企业	24.4	60.8	14.8
中型企业	27.5	58.3	14.2
小型企业	29.1	54.7	16.2
国有企业	11.9	64.0	24.1
私营企业	43.2	52.9	3.9
股份有限公司	30.9	56.3	12.8
有限责任公司	34.5	55.4	10.1
外商及港澳台投资企业	37.2	51.3	11.5

关于分配制度，调查结果显示，30%的企业经营者认为其企业能“完全做到”收入“能增能减”，53.4%的企业能“基本做到”，16.6%的企业“还没做到”。其中，国有企业能“完全做到”收入“能增能减”的只占12.2%，比其他类型企业低22个百分点以上（见表32）。

表 32　　改革开放以来企业在收入“能增能减”方面的情况（%）

	完全做到	基本做到	还没做到
总体	**30.0**	**53.4**	**16.6**
东部地区企业	31.6	53.5	14.9
中部地区企业	28.7	53.5	17.8
西部地区企业	28.0	53.2	18.8
大型企业	23.9	57.1	19.0
中型企业	29.6	55.1	15.3
小型企业	34.0	49.1	16.9
国有企业	12.2	60.4	27.4
私营企业	51.1	43.7	5.2
股份有限公司	34.8	51.1	14.1
有限责任公司	37.5	50.8	11.7
外商及港澳台投资企业	41.9	43.1	15.0

（三）经济体制改革的问题与对策

在肯定改革成效的同时，企业经营者也指出了当前改革中存在的突出困难和问题。其中比较集中的问题包括政企分开和转变政府职能，建立和完善社会保障制度，减轻企业负担等。

关于对五年来转变政府职能的成效评价，调查结果显示，48.8%认为“效果一般”，32.7%认为“尚未见效”，仅17.2%的企业经营者认为“效果较好”或“成效显著”。

关于政企职责分开的改革成效，调查得出类似的结果，即大多数企业经营者认为“效果一般”或“尚未见效”（见表33、34）。

表33　企业经营者对五年来转变政府职能改革成效的评价（%）

	成效显著	效果较好	效果一般	尚未见效	不清楚
总体	**2.1**	**15.1**	**48.8**	**32.7**	**1.3**
东部地区企业	2.1	18.4	49.2	28.9	1.4
中部地区企业	2.0	13.2	47.2	36.1	1.5
西部地区企业	2.4	10.8	50.1	35.9	0.8
大型企业	1.3	13.4	50.9	33.3	1.1
中型企业	2.1	16.0	48.8	32.3	0.8
小型企业	2.8	14.8	47.6	32.9	1.9
国有企业	1.5	11.5	51.8	34.2	1.0
非国有企业	2.4	16.8	47.4	32.0	1.4

表34　企业经营者对五年来政企职责分开改革成效的评价（%）

	成效显著	效果较好	效果一般	尚未见效	不清楚
总体	**2.1**	**19.4**	**42.8**	**34.0**	**1.7**
东部地区企业	2.1	22.2	43.1	31.0	1.6
中部地区企业	2.2	18.6	39.0	38.3	1.9
西部地区企业	2.2	15.5	44.9	35.7	1.7
大型企业	0.8	15.6	46.6	36.5	0.5
中型企业	2.4	19.9	42.8	33.4	1.5
小型企业	2.6	21.1	39.9	33.9	2.5
国有企业	1.3	13.7	44.2	39.3	1.5
非国有企业	2.5	22.2	41.6	31.9	1.8

关于建立现代企业制度工作的难点，调查结果显示，相对较多的企业经营者（45.5%）选择了“减轻企业负担”，选择其他选项的比重没有明显差异，其中主要包括“政企分开”、“规范法人治理结构”、“建立社会保障制度”、“完善市场体系”和“产权界定”，选择比重在30.7%～34.7%之间。这说明建立现代企业制度是一个复杂的系统工程，困难存在于诸多方面。

对于“减轻企业负担”问题，中、小型企业及非国有企业选择的比重相对较大；对于“政企分开”、“规范法人治理结构”、“建立社会保障制度”、“产权界定”、“改革劳动人事制度”等方面的问题，中西部地区、国有企业选择的比重相对较大；对于“完善市场体系”及“加强法制建设”方面，东部地区及非国有企业选择的比重相对较大（见表35）。

表35　目前建立现代企业制度工作的难点（%）

	总体	地区			规模			经济类型	
		东部	中部	西部	大型	中型	小型	国有	非国有
减轻企业负担	**45.5**	45.4	46.6	44.9	39.4	47.1	47.7	41.2	47.7
政企分开	**34.7**	32.9	38.3	34.8	38.3	33.2	34.4	41.2	31.9
规范法人治理结构	**33.0**	31.5	32.3	37.4	37.9	34.9	28.3	35.4	32.1
建立社会保障体制	**32.7**	30.7	36.1	33.0	36.0	32.4	31.3	36.0	31.3
完善市场体系	**30.7**	32.3	29.3	29.0	26.4	31.7	32.0	20.8	35.2
产权界定	**30.7**	28.7	30.9	34.3	31.8	30.3	30.7	38.7	27.1
改革劳动、人事制度	**26.9**	25.0	28.1	29.6	32.1	26.0	25.7	36.8	22.7

续表

	总体	地区			规模			经济类型	
		东部	中部	西部	大型	中型	小型	国有	非国有
加强法制建设	**24.1**	28.6	20.9	19.2	17.9	24.0	27.7	12.6	29.2
经营者的选拔任命	**17.8**	18.5	16.2	18.3	19.3	17.4	17.4	20.0	16.8
其他	**0.8**	0.6	0.8	1.2	0.9	0.8	0.8	0.7	0.9

面对改革的诸多困难，调查结果显示，企业经营者希望政府在进一步深化体制改革、改善宏观环境方面所采取的前四项措施依次为："变革政府管理方式"、"完善法律体系"、"健全市场体系"、"健全社会保障制度"，选择比重在42.2%～53.7%之间；此外，部分企业经营者也希望政府在"加快调整经济结构（29.5%）"、"加强企业家队伍建设（28.5%）"、"建立产业保护机制（17.7%）"、"完善宏观调控体系（14.3%）"等方面有所作为，从而营造良好的宏观经济环境。

从不同地区看，东部地区企业经营者选择"变革政府管理方式"、"完善法律体系"、"健全市场体系"的比重较中西部高；而中西部地区企业经营者选择"健全社会保障制度"、"加快调整经济结构"、"加强企业家队伍建设"的比重较东部地区高。

从不同经济类型看，国有企业经营者选择"健全社会保障制度"的比重明显高于非国有企业，前者比后者多近18个百分点；而非国有企业则在"完善法律体系"和"健全市场体系"方面选择比重相对较高（见表36）。

表36　企业经营者希望政府应重点改善的外部环境（%）

	总体	地区			规模			经济类型	
		东部	中部	西部	大型	中型	小型	国有	非国有
变革政府管理方式	**53.7**	56.7	52.2	49.8	55.5	52.8	53.7	53.9	53.8
完善法律体系	**48.0**	51.7	45.4	44.0	43.7	48.5	50.3	43.7	50.1
健全市场体系	**43.3**	45.3	41.6	41.6	45.1	44.5	41.3	40.8	44.6
健全社会保障制度	**42.2**	40.0	46.3	42.7	50.5	41.3	39.1	54.6	36.8
加快调整经济结构	**29.5**	26.8	31.1	33.3	27.8	29.9	30.3	32.5	28.2
加强企业家队伍建设	**28.5**	27.0	29.2	31.2	28.7	28.4	28.8	30.4	27.8
建立产业保护机制	**17.7**	16.5	18.8	18.8	17.6	18.8	16.4	14.5	19.2
完善宏观调控体系	**14.3**	13.0	14.1	16.9	12.7	14.6	14.6	14.5	14.1
扶持民间中介机构	**4.1**	4.5	3.4	3.9	1.4	3.7	6.3	1.9	5.1
其他	**0.7**	0.7	0.4	0.9	0.5	0.7	0.8	0.3	0.9

（注：凡引用此报告者均需注明引自中国企业家调查系统——《2002·中国企业经营者问卷跟踪调查报告》）

课题组名单

顾　　问：王梦奎　陈清泰　魏礼群　李德水　侯云春
　　　　　鲁志强　李克穆　谢伏瞻　许善达　丁俊发
　　　　　任泽民

调查指导：王佩亨　孙小系　卫　东　于　武　唐　军
　　　　　余明勤　杨元伟　金磊夫　孟国强　姜绍俊

调查主持：李　兰　陈全生　邵　宁　郑京平　胡新欣

报告撰写：李　兰　杨志民　潘建成　韩岫岚　郑明身
　　　　　郝大海

数据处理：王建平　张武军　桂晓鸿　刘晓燕

参与讨论：邓荣霖　吴　栋　丁宁宁　张文魁　何顺民
　　　　　李　凯　张　泰　李燕斌　钟蓉萨　张贞民
　　　　　李维双　张　斌　杨军梅　何龙灿　杨家锴
　　　　　陈　锋　张艳艳　陈小良　张晓晶　吴加明
　　　　　方玉根　姜鹏明　徐久昌

2001年企业经营者对宏观经济形势与热点问题的判断

■中国企业家调查系统

2001年，面对我国实现入世和世界经济增长减缓的新形势，我国政府继续采取了积极的财政政策和稳健的货币政策等一系列应对措施。为了解企业经营者对当前宏观经济形势、企业运营状况、存在问题和发展前景的判断，了解宏观经济政策和改革措施的实施效果，了解世界经济增速放慢以及我国加入WTO对企业的影响，为政府进一步调整宏观经济政策和深化改革提供决策参考依据，2001年8月至10月，中国企业家调查系统组织实施了“2001·中国企业经营者问卷跟踪调查”。

本次调查得到了国务院发展研究中心人才中心、国务院研究室工交司、国家经贸委企业改革司、国家统计局综合司、中国企业联合会研究部[①]、国家发展计划委员会综合司、国家经贸委中小企业司、国家经贸委培训司、人事部人才流动开发司、交通部体改法规司、外经贸部发展司、劳动和社会保障部法制司、国家税务总局政策法规司、中国证监会信息中心、中国纺织工业协会产业部、中国物流与采购联合会行业部、中国商业联合会行业部、国家电力公司战略研究与规划部、国家行政学院领导科学教研部等有关部门的支持和指导。

本次调查是中国企业家调查系统在全国范围内组织的第九次中国企业经营者问卷跟踪调查，也是21世纪第一次调查。调查以企业法人代表为调查对象，按照我国企业的实际构成情况进行等比例随机抽样，采用邮寄问卷方式进行。本次调查于8月16日发出问卷15000份，截至9月25日共回收问卷4720份，其中有效问卷4695份，有效回收率为31.3%。通过对部分未填写问卷与填写问卷企业的对比分析，未发现存在系统偏差，误差分析表明抽样误差也控制在要求的精度内，说明本次调查结果有效。

本次调查主要涉及工业、建筑业、交通运输仓储及邮电通信业、批发零售贸易和餐饮业、房地产业和社会服务业等行业，上述行业的企业所占比重分别为：68.6%、4.1%、3.7%、12.1%、2.3%和1.5%。从企业的地区分布看，东部占53.2%，中部和西部分别占24.8%和22%。从企业不同规模看，大、中、小型分别占22.3%、50.3%和27.4%。从企业经济类型看，国有和国有控股企业分别占14.8%和32.4%，非国有企业占52.8%；有限责任公司占28.3%，股份有限公司占13.5%，集体企业占8%，外商及港澳台投资企业占8.2%，股份合作企业占5.6%，私营企业占5.1%。本次调查的企业经营者职务为董事长、总经理、CEO、厂长或党委书记的占95.6%，其他职务的占4.4%；文化程度为大专以上的占82.5%，其中具有学士、硕士或博士学位的占41.3%（见表1～表3）。

① 以上5家部门为中国企业家调查系统发起成立单位。

表 1　调查样本基本情况（%）

行业	农林牧渔业	3.1	经济类型	国有企业	31.0
	采掘业	2.1		集体企业	8.0
	制造业（见表 2）	63.9		私营企业	5.1
	电力	2.6		股份合作企业	5.6
	建筑业	4.1		股份有限公司	13.5
	交通运输、仓储及邮电通讯业	3.7		有限责任公司	28.3
	批零贸易、餐饮业	12.1		其他内资企业	0.3
	金融、保险业	0.1		外商及港澳台投资企业	8.2
	房地产业	2.3	规模构成	特大型	1.6
	社会服务业	1.5		大型	20.7
	文教体卫广电业	0.9		中型	50.3
	科学研究及综合技术服务业	0.4		小型	27.4
	其他行业	3.2	盈亏	盈利企业	60.8
地区	东部地区	53.2		持平企业	15.2
	中部地区	24.8		亏损企业	24.0
	西部地区	22.0			

表 2　调查样本中制造业基本情况（%）

	制造业细分	%		制造业细分	%
1	食品加工业	5.0	16	化学纤维制造业	1.4
2	食品制造业	3.2	17	橡胶制品业	1.5
3	饮料制造业	1.9	18	塑料制品业	3.4
4	烟草加工业	0.5	19	非金属矿物制品业	2.9
5	纺织业	9.1	20	黑色金属冶炼及压延加工业	2.9
6	服装及其他纤维制品制造业	2.9	21	有色金属冶炼及压延加工业	3.3
7	皮革、毛皮、羽绒及其制品业	0.6	22	金属制品业	4.4
8	木材加工及竹、藤、棕、草制品业	1.4	23	普通机械制造业	8.3
9	家具制造业	0.6	24	专用设备制造业	6.4
10	造纸及纸制品业	2.2	25	交通运输设备制造业	5.1
11	印刷业，记录媒介的复制	2.1	26	武器弹药制造业	1.1
12	文教体育用品制造业	0.4	27	电气机械及器材制造业	4.2
13	石油加工及炼焦业	0.8	28	电子及通信设备制造业	3.9
14	化学原料及化学制品制造业	7.9	29	仪器仪表及文化办公用机械制造业	1.7
15	医药制造业	4.5	30	其他制造业	6.4

调查结果显示，2001 年以来，受美日经济增速下滑的影响，我国的外贸出口增长速度明显放缓，但大部分企业经营者认为，我国宏观经济运行总体上仍保持了稳定发展的态势，企业生产经营状况良好。大部分企业经营者对未来一个时期的经济发展前景抱有信心。但是，企业经营者同时认为有效需求不足、融资渠道不畅等问题仍然制约着企业的发展，企业经济效益还有待进一步提高。

调查结果显示，2001 年以来企业公司制改革在全国范围内稳步推进，股份制企业经营状况良好。企业经营者认为，当前我国经济结构调整的重点为发展高新技术产业和传统产业升级改造；认为人才开发和技术创新是应对入世、提高企业国际竞争力的关键。同时，企业经营者还认为公司法人治理结构有待进一步完善，希望政府进一步整顿市场经济秩序，加大执法力度，规范企业经营行为。

表 3　　调查对象基本情况（%）

项目	类别	比例	项目	类别	比例
性别	男	96.6	现任职务	董事长	47.5
	女	3.4		总经理	61.2
年龄	35 岁及以下	4.5		CEO	1.4
	36～45 岁	32.9		厂长	22.3
	46～55 岁	48.4		党委书记	30.7
	56 岁以上	14.2		其他	4.4
所学专业	初中或以下	2.5	所学专业	文史哲法律	7.0
	中专、高中	15.0		经济	33.0
	大专	41.2		管理	44.6
	大学本科	28.7		MBA	6.6
	研究生学历	7.4		理工农医	28.4
	硕士研究生	4.6		其他	7.1
	博士研究生	0.6			

注：由于存在职务兼任和跨专业情况，因此现任职务及所学专业比例合计大于 100%。

一、企业经营者对宏观经济形势的判断

关于对宏观经济形势的判断，本次调查涉及经济走势、企业生产经营状况等方面的问题。调查结果显示，大部分企业经营者认为，当前我国经济运行状况总体上保持了较好的趋势。

（一）宏观经济运行保持稳定发展态势

2000 年我国宏观经济运行出现重要转机，2001 年以来，受美国、日本经济增速下滑的影响，我国的外贸出口需求明显不足。但调查结果显示，大部分企业经营者认为，宏观经济运行总体上仍保持了稳定发展态势。

对于宏观经济形势的判断，44.4% 的企业经营者认为“正常”，认为“偏冷”或“过冷”的比重之和为 30.8%，这一比例与 2000 年同期调查结果大致相同，明显低于 1999 年的 56.6%。这表明，企业经营者认为，2001 年我国宏观经济基本上保持了 2000 年以来向好的方向发展的趋势（见表 4、图 1）。

表 4　　近几年企业经营者对宏观经济形势的判断（%）

	过热	偏热	正常	偏冷	过冷	尚难判断
2001 年	2.2	9.8	44.4	29.2	1.6	12.8
2000 年		9.7	52.8	28.0	1.1	8.4
1999 年	—	—	39.6	48.1	8.5	3.8
1998 年	—	1.6	28.7	51.5	11.1	7.1
1997 年	—	—	54.1	37.3	4.6	4.1

对于出口形势，调查结果显示，67% 的企业经营者认为目前我国的外贸出口需求“不足”，比 2000 年增加了 18.1 个百分点。其中西部地区企业经营者感觉出口需求不足的比重较大，为 72.4%；中部地区为 67.6%，东部地区为 64.8%。分行业看，认为出口需求不足比重较大的是纺织业（77.2%）、化学纤维制造业（77.1%）和非金属矿物制品业（73.2%）（见表 5）。

从内需情况看，受政府一系列积极的财政政策的影响，2001 年消费需求和固定资产投资需求不足的状况有所好转。调查结果显示，51.0% 的企业经营者认为目前消费需求“不足”，比 2000 年下降了 12.4 个百分点。（见表 6）。

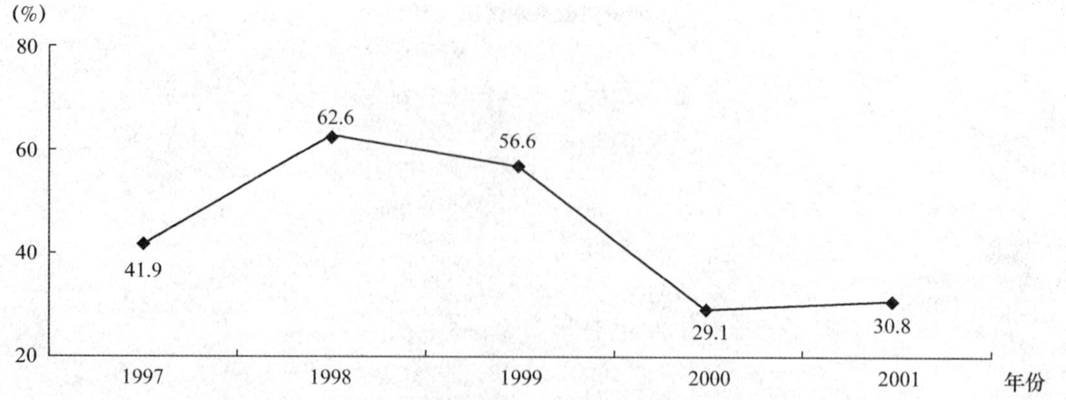

图1　近几年企业经营者认为宏观经济偏冷或过冷的比重

表5　　对2001年外贸出口需求状况的判断（%）

	很旺	较旺	合适	不足	严重不足
2001年总体	1.4	12.4	19.2	58.5	8.5
2000年总体	—	27.7	23.4	45.4	3.5
东部地区	1.4	14.1	19.7	57.8	7.0
中部地区	1.2	11.6	19.6	58.1	9.5
西部地区	1.5	8.7	17.4	61.5	10.9
食品饮料制造业	1.8	14.5	17.0	56.6	10.1
纺织业	1.0	11.7	10.1	60.9	16.3
服装及其他纤维制品制造业	2.1	17.0	14.9	56.4	9.6
造纸及纸制品业	2.8	9.7	22.2	58.4	6.9
化学原料及化学制品制造业	4.3	13.2	17.1	56.1	9.3
医药制造业	1.6	9.8	23.6	60.1	4.9
化学纤维制造业		10.4	12.5	56.3	20.8
橡胶制品业		9.1	29.5	52.3	9.1
塑料制品业	1.2	11.9	21.4	61.9	3.6
非金属矿物制品业	1.0	9.3	16.5	61.9	11.3
黑色金属冶炼及压延加工业	4.3	13.0	14.1	55.6	13.0
有色金属冶炼及压延加工业	2.3	11.5	19.5	55.2	11.5
金属制品业	2.6	17.4	16.5	58.3	5.2
普通机械制造业	1.2	11.2	22.8	58.4	6.4
专用设备制造业		12.6	20.1	64.2	3.1
交通运输设备制造业	0.7	14.2	22.0	55.3	7.8
电气机械及器材制造业	0.9	10.6	22.1	62.0	4.4
电子及通信设备制造业	2.9	8.7	22.1	57.6	8.7
仪器仪表及文化办公用机械制造业	2.5	5.0	25.0	65.0	2.5

表6　　对2001年消费需求状况的判断（%）

	很旺	较旺	合适	不足	严重不足
2001年总体	1.7	16.1	31.2	47.3	3.7
2000年总体	—	14.6	22.0	57.7	5.7
东部地区	1.3	17.4	33.6	44.5	3.2
中部地区	1.6	16.3	28.3	49.4	4.4
西部地区	2.6	13.0	28.7	51.8	3.9

调查结果显示，三分之二以上的企业经营者认为政府投资“合适”，认为“不足”的不到三分之

一。不过，企业经营者认为民间投资需求“不足”的超过了一半，为51.5%；其中东部地区认为民间投资需求不足的比重为45.5%，中部地区和西部地区分别为56.4%和60.7%。可见，如何启动民间投资是下一步加大固定资产投资需求的一个重要方面（见表7）。

表7　　对2001年固定资产投资需求状况的判断（%）

	政府投资					民间投资				
	很旺	较旺	合适	不足	严重不足	很旺	较旺	合适	不足	严重不足
总体	**7.9**	**32.8**	**27.0**	**26.5**	**5.8**	**3.7**	**26.1**	**18.7**	**45.1**	**6.4**
东部地区	8.5	35.3	27.2	24.8	4.2	4.4	29.3	20.8	41.2	4.3
中部地区	7.2	28.0	27.0	29.3	8.5	3.0	23.0	17.6	49.2	7.2
西部地区	7.6	31.7	26.6	27.5	6.6	2.8	22.0	14.5	50.3	10.4

（二）企业生产经营状况保持良好发展态势

1. 企业综合经营状况

本次调查将企业经营者对本企业目前经营状况的判断分为“良好”、“一般”和“不佳”三种选择，将企业经营者对下期经营状况的判断分为“好转”、“不变”和“恶化”三种选择。调查结果显示，35.9%的企业经营者认为目前企业经营状况“良好”，47.2%认为“一般”，16.9%认为“不佳”，认为“良好”的比认为“不佳”的多19个百分点，与2000年同期调查结果基本相同。

从经济类型看，外商及港澳台投资企业、股份有限公司和私营企业的经营状况相对较好，认为本企业经营状况“良好”的比认为“不佳”的分别多37.1、29.9和25个百分点；国有企业总体经营状况仍落后于其他类型企业，认为“良好”的比认为“不佳”的只多7.2个百分点，其中国有中型和小型企业的经营状况相对较差，认为“良好”的比认为“不佳”的仅分别多1和1.1个百分点（见表8）。

表8　　不同经济类型企业的综合经营状况（%）

	目前				下期			
	良好	一般	不佳	良好－不佳	好转	不变	恶化	好转－恶化
总体	**35.9**	**47.2**	**16.9**	**19.0**	**41.8**	**47.4**	**10.8**	**31.0**
国有企业	29.3	48.6	22.1	7.2	37.5	48.65	13.9	23.7
大型	35.8	50.4	13.8	22.0	41.9	46.7	11.4	30.5
中型	27.7	45.6	26.7	1.0	36.3	47.3	16.4	19.9
小型	23.4	54.3	22.3	1.1	33.5	55.5	11.0	22.5
集体企业	26.7	53.6	19.7	7.0	40.8	46.0	13.2	27.6
私营企业	40.9	43.2	15.9	25.0	43.8	49.7	6.5	37.3
股份合作企业	38.8	45.4	15.8	23.0	37.3	52.5	10.2	27.1
股份有限公司	43.3	43.3	13.4	29.9	45.3	45.0	9.7	35.6
有限责任公司	37.2	49.1	13.7	23.5	46.0	45.6	8.4	37.6
外商及港澳台投资企业	49.4	38.3	12.3	37.1	40.7	48.6	10.7	30.0

从规模看，大型企业的经营状况比中小型企业好。大型企业经营者认为企业经营状况“良好”的比认为“不佳”的多27.1个百分点，中型和小型企业分别多19.7和11.3个百分点。

从地区分布看，东部地区的经营状况比中西部地区好，东部地区认为“良好”的企业经营者比认为“不佳”的多27个百分点，中西部地区分别多12.2和7.6个百分点（见表9）。

表9　不同规模、地区企业的综合经营状况（%）

	目前				下期			
	良好	一般	不佳	良好-不佳	好转	不变	恶化	好转-恶化
总体	**35.9**	**47.2**	**16.9**	**19.0**	**41.8**	**47.4**	**10.8**	**31.0**
大型企业	40.1	46.9	13.0	27.1	43.5	46.4	10.1	33.4
国有	37.0	47.4	15.6	21.4	39.3	50.2	10.5	28.8
国有控股	37.3	48.1	14.6	22.7	42.6	45.5	11.9	30.7
非国有	46.9	44.6	8.5	38.4	47.6	44.9	7.5	40.1
中型企业	37.4	44.9	17.7	19.7	42.6	46.2	11.2	31.4
小型企业	29.8	51.7	18.5	11.3	39.2	50.0	10.8	28.4
东部地区企业	40.5	46.0	13.5	27.0	42.1	48.4	9.5	32.6
中部地区企业	31.1	50.0	18.9	12.2	41.5	47.7	10.8	30.7
西部地区企业	30.3	47.0	22.7	7.6	41.3	44.4	14.3	27.0

从不同行业看，医药、专用设备、电力、交通运输设备等行业的综合经营状况较好，其中医药行业认为“良好”的企业经营者比认为“不佳”的多43.8个百分点，专用设备多39个百分点，电力多35.8个百分点，交通运输设备多32个百分点。批零贸易、纺织、有色金属行业的经营状况则相对较差，认为“良好”的企业经营者比认为“不佳”的分别只多1.5、0.9和3.4个百分点，而化纤行业则更差一些，认为“不佳”的比认为“良好”的要多18个百分点（见表10）。

表10　不同行业企业的综合经营状况（%）

	目前				下期			
	良好	一般	不佳	良好-不佳	好转	不变	恶化	好转-恶化
总体	**35.9**	**47.2**	**16.9**	**19.0**	**41.8**	**47.4**	**10.8**	**31.0**
农林牧渔业	28.1	48.9	23.0	5.1	46.6	40.6	12.8	33.8
采掘业	37.1	50.5	12.4	24.7	44.3	47.7	8.0	36.3
制造业	37.2	46.4	16.4	20.8	42.1	46.8	11.1	31.0
电力	42.9	50.0	7.1	35.8	38.2	58.9	2.9	35.3
煤气、水	36.6	51.2	12.2	24.4	29.3	58.5	12.2	17.1
建筑业	26.4	57.5	16.1	10.3	49.4	44.3	6.3	43.1
交通运输仓储	41.3	46.4	12.3	29.0	42.3	50.4	7.3	35.0
批零贸易	26.4	48.7	24.9	1.5	37.2	50.2	12.6	24.6
餐饮业	35.1	43.3	21.6	13.5	46.0	40.5	13.5	32.5
房地产业	40.0	49.0	11.0	29.0	50.5	45.5	4.0	46.5
社会服务业	39.7	50.8	9.5	30.2	28.6	63.5	7.9	20.7
其他行业	42.6	43.9	13.5	29.1	37.4	46.8	15.8	21.6
食品饮料制造业	35.0	50.1	14.9	20.1	43.7	46.0	10.3	33.4
纺织业	24.8	51.3	23.9	0.9	39.6	46.5	13.9	25.7
服装及其他纤维制品制造业	38.1	48.5	13.4	24.7	40.6	55.2	4.2	36.4
造纸及纸制品业	44.0	38.7	17.3	26.7	36.0	52.0	12.0	24.0
化学原料及化学制品制造业	34.2	48.0	17.8	16.4	39.7	46.4	13.9	25.8
医药制造业	50.0	43.8	6.2	43.8	54.2	41.9	3.9	50.3
化学纤维制造业	16.0	50.0	34.0	-18.0	28.6	51.0	20.4	8.2
橡胶制品业	32.7	55.1	12.2	20.5	49.0	44.9	6.1	42.9
塑料制品业	39.3	40.5	20.2	19.1	43.2	48.8	8.0	35.2

续表

	目前				下期			
	良好	一般	不佳	良好－不佳	好转	不变	恶化	好转－恶化
非金属矿物制品业	37.4	47.4	15.2	22.2	45.5	42.4	12.1	33.4
黑色金属冶炼及压延加工业	37.6	48.5	13.9	23.7	40.4	42.4	17.2	23.2
有色金属冶炼及压延加工业	25.6	52.2	22.2	3.4	47.2	34.1	18.7	28.5
金属制品业	35.2	42.4	22.4	12.8	39.0	45.6	15.4	23.6
普通机械制造业	38.4	44.4	17.2	21.2	40.9	47.7	11.4	29.5
专用设备制造业	50.0	39.0	11.0	39.0	41.4	51.5	7.1	34.3
交通运输设备制造业	48.0	36.0	16.0	32.0	41.6	47.0	11.4	30.2
电气机械及器材制造业	34.4	45.1	20.5	13.9	48.4	42.6	9.0	39.4
电子及通信设备制造业	37.3	51.8	10.9	26.4	50.0	41.8	8.2	41.8
仪器仪表及文化办公用机械制造业	25.0	59.1	15.9	9.1	30.2	55.8	14.0	16.2

2. 企业生产状况

调查结果显示，2001 年以来正常运行的企业比 2000 年略有增加，比 1999 年以前增加 6 个百分点以上。停产、半停产企业的比重为 13.1%，与 2000 年大致相同，比 1999 年减少了 6.6 个百分点。

从经济类型看，非国有企业生产状况要好于国有企业。目前停产和半停产比重较高的是国有企业（17%）和集体企业（18.9%）。

从规模看，大型企业生产状况要好于中小型企业。中小型企业停产和半停产的比重（14.1%）要高于大型企业（8.9%）。

从地区分布看，东部地区企业生产状况要好于中西部地区。东部地区停产、半停产企业的比重最低，为 9.7%，中部地区为 15.3%，西部地区为 18.9%（见表 11）。

表 11　　2001 年与前两年企业生产状况对比（%）

	超负荷生产			正常运行			半停产			停产		
调查时间	1999	2000	2001	1999	2000	2001	1999	2000	2001	1999	2000	2001
总体	**4.4**	**6.5**	**4.6**	**75.9**	**80.6**	**82.3**	**18.9**	**12.3**	**12.1**	**0.8**	**0.6**	**1.0**
东部地区	4.3	7.6	4.8	80.4	83.1	85.5	14.6	8.9	8.9	0.7	0.4	0.8
中部地区	4.4	5.0	4.8	69.7	76.8	79.9	25.1	17.4	14.1	0.8	0.8	1.2
西部地区	4.5	4.7	4.2	71.4	78.7	76.9	23.0	15.4	17.8	1.1	1.2	1.1
大型和特大型	5.3	6.9	5.8	77.3	82.2	85.3	17.1	10.4	7.9	0.3	0.5	1.0
中小型	3.9	6.1	4.3	74.9	80.1	81.6	20.1	13.1	13.3	1.1	0.7	0.8
国有企业	3.8	4.2	3.4	71.1	78.7	79.7	24.0	16.2	15.4	1.1	0.9	1.5
集体企业	4.1	7.5	3.3	76.7	79.4	77.8	17.7	13.1	18.0	1.5		0.9
私营企业	1.6	7.1	7.8	82.8	85.7	77.9	14.8	7.1	13.4	0.8		0.9
股份合作企业	8.1	3.7	7.5	75.8	87.8	77.0	16.2	8.5	14.2			1.3
股份有限公司	5.0	9.8	4.4	85.3	85.0	88.2	9.7	5.2	7.1			0.3
有限责任公司	3.9	5.4	4.7	78.9	80.4	84.7	16.4	13.2	9.9	0.8	1.0	0.7
外商及港澳台投资企业	7.3	17.6	7.0	77.1	78.8	85.1	15.3	3.5	7.6	0.3		0.3

从工业企业生产情况看，44.9% 的企业认为生产量比上期增加，32.6% 保持上期水平，22.5% 的企业比上期减少，认为增加的比认为减少的多 22.4 个百分点。不同地区、不同规模、不同类型企业的状况与上述总体状况基本一致（见表 12）。

表 12　　工业生产情况（%）

	增加	持平	减少	增加－减少
总体	**44.9**	**32.6**	**22.5**	**22.4**
东部地区企业	46.5	32.5	21.0	25.5
中部地区企业	44.6	31.2	24.2	20.4
西部地区企业	40.7	34.6	24.7	16.0
大型和特大型企业	53.6	29.3	17.1	36.5
中小型企业	42.3	33.6	24.1	18.2
国有企业	40.9	34.6	24.5	16.4
国有控股企业	43.8	32.6	23.6	20.2
非国有企业	46.4	32.1	21.5	24.9

3. 销售状况

调查结果显示，44.4%的企业认为销售量比上期增加，29.7%的企业保持不变，25.9%的企业销售量下降，销售量增加的比减少的多18.5个百分点。

从不同经济类型看，认为企业销售状况较好的主要是股份有限公司和外商及港澳台投资企业，认为销售量“增加”的比认为“减少”的分别多28.5和27.8个百分点；销售状况较差的主要是集体企业，认为销售量“增加”的比认为“减少”的仅多1.5个百分点（见表13）。

表 13　　不同地区、规模及类型企业的销售情况（%）

	增加	持平	减少	增加－减少
总体	**44.4**	**29.7**	**25.9**	**18.5**
东部地区企业	46.6	28.9	24.5	22.1
中部地区企业	42.9	30.5	26.6	16.3
西部地区企业	40.4	31.1	28.5	11.9
大型和特大型企业	51.9	26.5	21.6	30.3
中小型企业	42.3	30.7	27.0	15.3
国有企业	40.9	30.7	28.4	12.5
集体企业	32.6	36.3	31.1	1.5
私营企业	45.6	30.4	24.0	21.6
股份合作企业	43.8	29.4	26.8	17.0
股份有限公司	51.9	24.7	23.4	28.5
有限责任公司	45.9	30.1	24.0	21.9
外商及港澳台投资企业	51.3	25.2	23.5	27.8

从不同行业看，销售状况较好的主要是医药、橡胶制品、专用设备制造等行业，认为销售量“增加”的比认为“减少”的分别多47.2、40.9和39.8个百分点；销售状况较差的主要是纺织、化纤、餐饮和房地产等行业，认为销售量“减少”的比认为“增加”的分别多6.4、6、5.5和2.1个百分点（见表14）。

表 14　　不同行业企业的销售情况（%）

	增加	持平	减少	增加－减少
总体	**44.4**	**29.7**	**25.9**	**18.5**
农林牧渔业	36.3	32.6	31.1	5.2
采掘业	51.7	28.1	20.2	31.5
制造业	46.6	28.5	24.9	21.7

续表

	增加	持平	减少	增加－减少
电力	44.1	39.7	16.2	27.9
煤气、水	37.5	30.0	32.5	5.0
建筑业	32.9	44.1	23.0	9.9
交通运输仓储	48.8	31.9	19.3	29.5
批零贸易	36.8	27.9	35.3	1.5
餐饮业	32.4	29.7	37.9	-5.5
房地产业	33.0	31.9	35.1	-2.1
社会服务业	49.1	35.1	15.8	33.3
其他行业	44.2	32.1	23.7	20.5
食品饮料制造业	43.3	34.6	22.1	21.2
纺织业	32.8	28.0	39.2	-6.4
服装及其他纤维制品制造业	33.7	36.8	29.5	4.2
造纸及纸制品业	52.0	28.0	20.0	32.0
化学原料及化学制品制造业	46.1	29.4	24.5	21.6
医药制造业	60.4	26.4	13.2	47.2
化学纤维制造业	28.0	38.0	34.0	-6.0
橡胶制品业	57.2	26.5	16.3	40.9
塑料制品业	37.1	33.7	29.2	7.9
非金属矿物制品业	53.5	25.3	21.2	32.3
黑色金属冶炼及压延加工业	48.5	23.8	27.7	20.8
有色金属冶炼及压延加工业	46.1	25.3	28.6	17.5
金属制品业	47.6	23.0	29.4	18.2
普通机械制造业	44.8	29.5	25.7	19.1
专用设备制造业	57.9	24.0	18.1	39.8
交通运输设备制造业	52.0	25.3	22.7	29.3
电气机械及器材制造业	50.0	27.0	23.0	27.0
电子及通信设备制造业	47.3	30.9	21.8	25.5
仪器仪表及文化办公用机械制造业	44.2	27.9	27.9	16.3

关于企业的库存情况，调查结果表明，11.4%的企业经营者认为本企业的库存不足，72.3%认为库存处于正常水平，16.3%认为库存过多，与2000年大致相同（见表15）。

表15　目前企业库存情况（%）

	不足	正常	过多
总体	**11.4**	**72.3**	**16.3**
东部地区企业	10.0	75.3	14.7
中部地区企业	12.7	69.5	17.8
西部地区企业	13.6	68.0	18.4
大型和特大型企业	9.1	72.3	18.6
中小型企业	12.0	72.3	15.7
国有企业	13.9	70.5	15.6
国有控股企业	11.2	69.8	19.0
非国有企业	11.0	74.2	14.8

4. 盈利状况

调查结果显示，60.8%的企业经营者认为2001年上半年本企业盈利，15.2%认为持平，24%认为亏损。与2000年同期相比，盈利面扩大1.5个百分点，亏损面减少2.9个百分点。

从企业经营者对下半年的预测情况看，企业盈利状况将进一步好转，66.8%的企业经营者预计本企业将盈利，比上半年增加6个百分点，15.9%的企业预计亏损，比上半年减少8.1个百分点（见表16）。

表16 企业效益状况（%）

调查时间	盈利			持平			亏损		
	2001年上半年实际	2000年上半年实际	2001年下半年预计	2001年上半年实际	2000年上半年实际	2001年下半年预计	2001年上半年实际	2000年上半年实际	2001年下半年预计
总体	**60.8**	**59.3**	**66.8**	**15.2**	**13.8**	**17.3**	**24.0**	**26.9**	**15.9**
东部地区	66.2	65.1	72.5	14.8	14.0	16.0	19.0	20.9	11.5
中部地区	54.6	51.5	61.3	17.5	14.5	19.6	27.9	34.0	19.1
西部地区	54.7	52.2	58.7	13.4	12.4	18.1	31.9	35.5	23.2
大型和特大型	66.5	63.9	71.6	11.0	10.0	12.0	22.5	26.1	16.4
中小型	58.9	57.6	65.4	16.5	15.4	18.9	24.6	26.9	15.7
国有企业	48.5	46.8	55.0	15.6	14.1	19.7	35.9	39.0	25.3
集体企业	54.6	57.1	60.6	20.5	24.8	23.0	24.9	18.1	16.4
私营企业	66.5	69.8	74.7	17.9	20.9	16.4	15.6	9.3	8.9
股份合作企业	70.5	67.9	72.7	14.1	12.3	18.6	15.4	19.8	8.7
股份有限公司	73.2	69.4	77.6	11.6	12.9	13.9	15.2	17.6	8.5
有限责任公司	65.9	66.1	71.3	15.0	11.4	15.9	19.1	22.5	12.8
外商及港澳台投资企业	67.2	81.9	77.3	13.7	8.4	12.1	19.1	9.6	10.6

（三）未来企业经营状况可望保持良好发展态势

1. 综合经营预期

调查结果显示，企业经营者对未来一个时期的企业综合经营状况表现出比较乐观的态度，41.8%的企业经营者认为下期将“好转”，47.4%认为“不变”，只有10.8%认为会“恶化”，认为“好转”的比认为“恶化”的多31个百分点。

从经济类型看，国有企业认为“好转”的比认为“恶化”的多23.6个百分点；其他类型企业认为“好转”的比认为“恶化”的都多27个百分点以上。

从企业规模来看，大型企业认为“好转”的比认为“恶化”的多33.4个百分点；中型企业多31.5个百分点；小型企业多28.4个百分点。

从地区分布看，东部地区认为“好转”的企业比认为“恶化”的多32.6个百分点；中部地区多30.8个百分点；西部地区多27.1个百分点。

从不同行业看，医药、房地产、建筑、橡胶制品等行业预计下期经营状况较好，认为“好转”的企业比认为“恶化”的分别多50.3、46.5、43.1和42.9个百分点。化纤行业不太乐观，认为“好转”的企业比认为“恶化”的只多8.2个百分点（见表8～表10）。

2. 投资意愿

调查结果显示，企业投资意愿普遍较高，55.2%的企业计划下期投资额增长，23.9%的企业保持不变，20.9%的企业计划投资额减少，计划投资增加的比减少的多34.3个百分点，其中国有和国有控股企业计划投资增加的比减少的分别多26.7和25.4个百分点，非国有企业计划投资增加的比减少的多41.5个百分点。可见，半数以上的企业准备增加投资，尤其是民间投资的增加可望对促进经济的可持续增长产生重要影响。

从地区分布看，东部地区计划投资额增长的企业比减少的多38.1个百分点，中、西部地区计划投资额增长的企业比减少的分别多32.2和26.9个百分点。

从企业规模看，大型企业计划投资额增长的企业比减少的多37个百分点，中小型企业计划投资额增长的企业比减少的多33.3个百分点（见表17）。

表17 不同地区、规模及类型企业目前计划投资情况（%）

	增长	不变	减少	增长-减少
总体	**55.2**	**23.9**	**20.9**	**34.3**
东部地区企业	56.5	25.1	18.4	38.1
中部地区企业	55.7	20.8	23.5	32.2
西部地区企业	51.3	24.3	24.4	26.9
大型和特大型企业	58.5	20.0	21.5	37.0
中小型企业	54.1	25.1	20.8	33.3
国有企业	52.4	21.9	25.7	26.7
国有控股企业	50.8	23.8	25.4	25.4
非国有企业	58.4	24.7	16.9	41.5

从不同行业看，投资意愿较强的行业主要包括医药、房地产和造纸等，计划下期投资增加的比减少的分别多70、52.1和51.9个百分点；计划下期投资增加较少的行业主要是仪器仪表、化纤和批零贸易，计划投资增加的比减少的分别多2.3、12和12.3个百分点（见表18）。

表18 不同地区、规模及类型企业目前计划投资情况（%）

	增长	不变	减少	增长-减少
总体	**55.2**	**23.9**	**20.9**	**34.3**
农林牧渔业	53.4	20.7	25.9	27.5
采掘业	62.9	20.2	16.9	46.0
制造业	56.6	24.0	19.4	37.2
电力	55.5	27.0	17.5	38.0
煤气、水	58.5	17.1	24.4	34.1
建筑业	50.6	25.9	23.5	27.1
交通运输仓储	64.1	17.2	18.7	45.4
批零贸易	41.9	28.5	29.6	12.3
餐饮业	58.3	25.0	16.7	41.6
房地产业	68.4	15.3	16.3	52.1
社会服务业	55.8	26.2	18.0	37.8
其他行业	56.3	23.4	20.3	36.0
食品饮料制造业	56.1	20.1	23.8	32.3
纺织业	49.2	24.8	26.0	23.2
服装及其他纤维制品制造业	52.7	21.5	25.8	26.9
造纸及纸制品业	65.3	21.3	13.4	51.9
化学原料及化学制品制造业	58.0	20.1	21.9	36.1
医药制造业	77.7	14.6	7.7	70.0
化学纤维制造业	42.0	28.0	30.0	12.0
橡胶制品业	58.3	18.8	22.9	35.4
塑料制品业	54.6	26.1	19.3	35.3
非金属矿物制品业	58.1	28.6	13.3	44.8

续表

	增长	不变	减少	增长－减少
黑色金属冶炼及压延加工业	60.4	18.8	20.8	39.6
有色金属冶炼及压延加工业	65.2	17.4	17.4	47.8
金属制品业	50.0	34.1	15.9	34.1
普通机械制造业	55.1	23.8	21.1	34.0
专用设备制造业	61.5	23.1	15.4	46.1
交通运输设备制造业	53.7	26.2	20.1	33.6
电气机械及器材制造业	55.3	24.0	20.7	34.6
电子及通信设备制造业	50.5	32.1	17.4	33.1
仪器仪表及文化办公用机械制造业	31.8	38.7	29.5	2.3

（四）影响企业持续稳定发展的有关问题

1. 有效需求依然不足

从企业订货情况看，调查结果显示，55.4%的企业认为订货处于正常水平，但是认为订货低于正常水平的企业（32.7%）比认为订货高于正常水平（11.9%）的多20.8个百分点，比2000年同期认为订货低于正常水平的企业比重多2.1个百分点（见表19）。

调查结果显示，企业的销售价格普遍下降，这也从一个侧面反映出目前依然存在社会需求不足的状况。60%的企业经营者认为目前本企业的销售价格下降，32.2%认为持平，仅有7.8%的企业经营者认为上升，认为价格下降的比认为上升的多52.2个百分点（见表20）。

表19　目前企业订货情况（%）

	2001年				2000年			
	好于正常	正常	低于正常	好于正常－低于正常	好于正常	正常	低于正常	好于正常－低于正常
总体	**11.9**	**55.4**	**32.7**	**－20.8**	**11.5**	**57.9**	**30.6**	**－19.1**
东部地区企业	12.9	56.4	30.7	－17.8	12.0	60.6	27.4	－15.4
中部地区企业	11.5	55.1	33.4	－21.9	10.8	56.0	33.2	－22.4
西部地区企业	10.0	53.0	37.0	－27.0	11.0	53.8	35.2	－24.2
大型和特大型企业	13.8	58.2	28.0	－14.2	12.2	62.6	25.2	－13.0
中小型企业	11.4	54.6	34.0	－22.6	11.2	56.3	32.5	－21.3
国有企业	9.7	55.4	34.9	－25.2	9.6	55.3	35.1	－25.5
国有控股企业	10.8	54.7	34.5	－23.7	10.5	56.2	33.3	－22.8
非国有企业	13.3	55.9	30.8	－17.5	12.6	59.5	27.9	－15.3

表20　目前企业销售价格情况（%）

	上升	持平	下降	上升－下降
总体	**7.8**	**32.2**	**60.0**	**－52.2**
东部地区企业	6.6	32.5	60.9	－54.3
中部地区企业	8.8	31.6	59.6	－50.8
西部地区企业	9.4	32.2	58.4	－49.0
大型和特大型企业	8.4	35.5	56.1	－47.7
中小型企业	7.6	31.3	61.1	－53.5
国有企业	8.9	38.9	52.2	－43.3
国有控股企业	9.0	33.0	58.0	－49.0
非国有企业	6.7	29.9	63.4	－56.7

关于当前影响消费需求增长的因素，调查结果显示，企业经营者认为首先是中低收入居民购买力不强（79.4%），其次是预期消费过大（72.1%），再次是农村居民购买力不强（55.1%）。其他因素还包括信用消费不发达（34%）、未形成新的消费热点（25.4%）等（见表21）。

表 21　　当前影响消费需求增长的因素（%）

	总体	地区			规模		所有制		
		东部	中部	西部	大型和特大型	中小型	国有	国有控股	非国有
中低收入居民购买力不强	**79.4**	76.8	82.2	82.8	80.2	79.1	82.3	83.0	76.3
预期消费过大（预期用在养老、医疗、住房、子女教育上的费用）	**72.1**	72.0	69.3	75.4	76.6	70.8	78.9	77.7	67.1
农村居民购买力不强	**55.1**	52.9	60.3	54.7	51.7	56.0	56.7	52.3	56.6
信用消费不发达	**34.0**	35.6	33.6	30.7	33.8	34.3	26.9	32.8	36.8
未形成新的消费热点	**25.4**	26.3	24.1	24.7	26.1	25.3	23.9	24.9	25.9
农村水电、通讯等基础设施薄弱	**8.4**	8.0	7.7	9.8	7.8	8.5	7.5	6.5	9.8
其他	**3.9**	4.0	3.9	3.7	2.7	4.2	3.9	3.3	4.2

关于当前影响投资需求增长的因素，调查结果显示，企业经营者认为首先是企业融资困难（63.1%），其次是投资风险较大（45.9%）和社会信用程度较低（45.8%），其他因素还包括投资政策不配套（40.1%）、投资审批环节繁多（32.9%）等（见表22）。

表 22　　当前影响投资需求增长的因素（%）

	总体	地区			规模		所有制		
		东部	中部	西部	大型和特大型	中小型	国有	国有控股	非国有
企业融资困难	**63.1**	60.3	69.5	63.3	58.9	64.4	65.4	63.0	62.5
投资风险较大	**45.9**	46.9	41.6	48.4	45.7	46.0	49.1	47.0	44.1
社会信用程度较低	**45.8**	47.1	44.7	43.7	45.1	45.9	44.9	45.6	46.2
投资政策不配套	**40.1**	37.1	43.4	43.6	43.1	39.4	39.3	41.6	39.8
投资审批环节繁多	**32.9**	31.8	35.5	33.1	38.9	31.3	32.3	32.6	33.3
投资领域狭窄	**22.1**	22.0	20.3	24.3	22.4	22.0	23.4	24.8	19.9
缺乏相关信息	**21.1**	22.6	18.8	20.0	17.9	21.9	19.6	19.6	22.5
其他	**1.7**	2.2	0.9	1.3	1.1	1.8	1.7	0.9	2.2

2. 企业资金紧张状况尚未明显缓解

调查结果表明，企业经营者认为目前企业资金紧张的比例虽然比 2000 年减少了 3 个百分点，但仍有 59.7% 的企业经营者认为资金紧张。尤其是中西部地区，认为资金紧张的分别为 67.4% 和 65%（见表23）。

表 23　　目前企业资金情况（%）

	宽裕	正常	紧张
总体	**5.5**	**34.8**	**59.7**
东部地区企业	6.6	39.5	53.9
中部地区企业	4.4	28.2	67.4
西部地区企业	4.2	30.8	65.0
大型和特大型企业	6.8	35.9	57.3
中小型企业	5.2	34.5	60.3

续表

	宽裕	正常	紧张
国有企业	3.8	28.9	67.3
国有控股企业	5.2	28.9	65.9
非国有企业	6.2	40.0	53.8

企业获取资金的形式比较单一是导致企业资金紧张的主要原因之一。调查结果显示，企业获取资金的主要方式是金融机构贷款（77%），其次是民间拆借（20.6%），融资租赁、私募及公开发行股票、发行债券所占的比例均很少，分别为9.5%、6.1%、1.3%（见表24）。

表24　　企业获取资金的主要方式情况（%）

	金融机构贷款	民间拆借	融资租赁	私募及公开发行股票	发行债券	其他
总体	**77.0**	**20.6**	**9.5**	**6.1**	**1.3**	**12.9**
东部地区企业	78.6	19.0	8.0	5.5	1.1	12.2
中部地区企业	73.6	24.0	12.9	7.0	1.6	13.6
西部地区企业	77.1	20.5	9.1	6.8	1.5	13.9
大型和特大型企业	86.7	8.3	8.9	12.4	2.7	10.8
中小型企业	74.4	24.2	9.6	4.4	0.9	13.5
国有企业	80.3	12.6	9.3	4.0	1.1	14.1
国有控股企业	78.6	14.4	11.0	7.4	1.4	13.2
非国有企业	75.4	26.8	8.6	6.0	1.3	12.4

调查结果显示，39.1%的企业经营者认为目前企业获得贷款与前两年相比更困难，这一比例比认为较容易（28.1%）的多11个百分点。从不同类型企业看，与前两年相比，国有企业（46.6%）和国有控股企业（42.5%）认为贷款更困难的比重高于非国有企业（34.8%）；中部（47.5%）和西部地区企业（44.8%）认为贷款更困难的比重高于东部地区企业（32.8%）；中小型企业（41.1%）认为贷款更困难的比重高于大型企业（33.2%）（见表25）。

表25　　与前两年相比，目前企业获得贷款的难易程度情况（%）

	较容易	没变化	更困难
总体	**28.1**	**32.8**	**39.1**
东部地区企业	31.5	35.7	32.8
中部地区企业	21.3	31.2	47.5
西部地区企业	27.5	27.7	44.8
大型和特大型企业	35.7	31.1	33.2
中小型企业	25.7	33.2	41.1
国有企业	21.4	32.0	46.6
国有控股企业	26.4	31.1	42.5
非国有企业	31.0	34.2	34.8

调查结果显示，企业经营者认为造成企业难以获得金融机构贷款的因素主要是国家信贷政策（45.1%）、手续繁琐、效率太低（32.1%）、难以获得第三方担保（31.9%）等（见表26）。

3. 当前影响企业生产经营的主要因素

调查结果显示，91.5%的企业经营者认为目前企业面临的企业竞争程度加剧，只有7.1%和1.4%的企业认为不变和减轻。

从不同行业看，房地产、非金属矿物制品、餐饮、电气机械、化纤等行业竞争尤为激烈（见表27）。

表 26　　影响企业难以获得金融机构贷款的因素（%）

	总体	地区			规模		所有制		
		东部	中部	西部	大型和特大型	中小型	国有	国有控股	非国有
国家信贷政策	**45.1**	42.8	48.1	47.4	42.9	45.8	47.4	45.7	44.1
手续繁琐、效率太低	**32.1**	29.9	37.3	31.5	26.1	34.0	27.3	28.5	35.8
难以获得第三方担保	**31.9**	33.6	28.9	31.8	30.1	32.6	34.9	34.0	29.8
没有合格的抵押资产	**17.1**	17.1	15.3	19.3	11.4	18.7	21.4	14.2	17.8
融资成本过高	**15.9**	16.7	15.5	14.3	19.9	14.8	17.4	16.4	15.3
资信状况不符合银行要求	**14.9**	12.8	15.1	20.1	14.0	15.2	19.4	21.6	9.6
缺乏必要的人际关系或特殊关系人	**14.6**	13.8	16.8	14.3	8.5	16.5	10.4	11.7	17.6
附加某些非正式条件	**10.2**	9.0	12.2	10.7	11.1	9.9	9.5	10.7	10.3
不了解资金来源的信息	**3.0**	3.1	4.1	1.9	2.0	3.4	1.9	2.4	3.7
其他	**4.7**	4.5	5.2	4.7	4.6	4.7	5.3	4.4	4.7

表 27　　目前企业面临的竞争情况（%）

	加剧	不变	减轻
总体	**91.5**	**7.1**	**1.4**
农林牧渔业	91.6	7.6	0.8
采掘业	73.9	21.6	4.5
制造业	92.6	6.1	1.3
电力	79.1	19.4	1.5
煤气、水	70.0	30.0	
建筑业	91.3	5.8	2.9
交通运输仓储	90.5	8.0	1.5
批零贸易	93.8	5.6	0.6
餐饮业	94.4	2.8	2.8
房地产业	97.0	2.0	1.0
社会服务业	84.1	12.7	3.2
其他行业	87.2	11.0	1.8
食品饮料制造业	91.7	7.0	1.3
纺织业	90.6	8.1	1.3
服装及其他纤维制品制造业	90.5	6.3	3.2
造纸及纸制品业	89.4	9.3	1.3
化学原料及化学制品制造业	93.6	4.5	1.9
医药制造业	92.3	6.9	0.8
化学纤维制造业	94.0	6.0	
橡胶制品业	91.6	4.2	4.2
塑料制品业	91.0	7.9	1.1
非金属矿物制品业	94.9	4.1	1.0
黑色金属冶炼及压延加工业	86.1	9.9	4.0
有色金属冶炼及压延加工业	88.0	8.7	3.3
金属制品业	92.9	7.1	
普通机械制造业	93.0	5.9	1.1
专用设备制造业	93.6	6.4	
交通运输设备制造业	92.7	5.3	2.0
电气机械及器材制造业	94.2	5.0	0.8
电子及通信设备制造业	91.8	7.3	0.9
仪器仪表及文化办公用机械制造业	93.2	6.8	

调查结果显示，企业经营者认为目前影响企业生产经营的不利因素主要是企业发展资金不足（56.4%）、债务包袱重（36.6%）、富余职工分流困难（31.8%）和管理水平低（31%）。此外，选择技术设备老化（29.2%）、企业经营者动力不足（24.4%）的比重也较高（见表28）。

表28　当前影响企业生产经营的因素（%）

	总体	地区			规模			所有制	
		东部	中部	西部	大型和特大型	中小型	国有	国有控股	非国有
企业发展资金不足	**56.4**	54.9	59.6	56.1	48.7	58.7	55.9	50.8	59.8
债务包袱重	**36.6**	31.6	41.0	43.5	40.2	35.7	54.7	44.9	26.4
富余职工分流困难	**31.8**	28.3	37.1	34.2	41.9	29.1	46.9	45.3	19.4
管理水平低	**31.0**	34.1	28.4	26.1	25.3	32.6	23.4	22.2	38.5
技术和设备老化	**29.2**	28.7	30.8	28.6	24.4	30.6	26.4	27.6	30.9
企业经营者动力不足	**24.4**	25.4	22.5	23.9	27.6	23.6	26.2	27.8	21.9
企业经营者经营观念落后	**19.4**	20.8	18.8	16.7	18.0	19.7	12.4	15.4	23.6
内部分配制度不合理	**18.1**	17.5	17.1	20.2	19.5	17.7	21.3	23.9	13.7
产品结构不合理	**16.3**	15.0	16.6	19.3	18.2	15.7	12.9	15.7	17.6
其他	**5.7**	6.5	4.7	5.1	5.5	5.7	4.5	5.1	6.6

二、企业经营者对热点问题的看法

关于当前的一些经济热点问题，本次调查涉及企业改制、经济结构调整、整顿市场经济秩序和中国加入WTO等方面的问题。

（一）企业公司制改革取得进展，公司法人治理结构有待完善

与2000年相比，调查结果显示，2001年调查企业中股份有限公司和有限责任公司的比重分别增加了2.2和5.5个百分点，同时国有企业的比重减少了7.2个百分点，说明改制在全国范围内稳步推进。

调查结果显示，股份制企业100%设立了董事会，88.1%设立了监事会，77.9%设立了股东大会（按公司法规定，国有独资公司可以不设股东大会）。董事会中设立职工代表董事的公司比例为38.4%，有主管部门委派董事的公司比例为20.6%，设立独立董事的公司比例为17.9%（见表29、表30）。

表29　股份制企业机构设置情况（%）

	董事会	监事会	股东大会	党委会	工　会	职代会
总体	**100.0**	**88.1**	**77.9**	**77.1**	**87.3**	**63.4**
股份合作企业	100.0	84.0	89.1	69.4	81.8	59.2
股份有限公司	100.0	93.2	90.1	82.1	90.8	69.4
有限责任公司	100.0	86.2	70.8	75.6	86.3	61.1

表30　关于董事会的几个比例（%）

	总体	股份合作企业	股份有限公司	有限责任公司
设立职工代表董事的公司比例	**38.4**	23.2	40.2	40.5
有主管部门委派董事的公司比例	**20.6**	10.0	21.7	22.1
设立独立董事的公司比例	**17.9**	13.7	23.9	15.9

当问及独立董事应起的作用时，50.7%的企业经营者选择了“提高公司战略决策水平”，36.2%选择了“维护公司整体利益”，32.8%选择了“加强对公司管理层的监管”（见表31）。

表 31　　独立董事的作用（%）

	总体	股份合作企业	股份有限公司	有限责任公司
提高公司战略决策水平	**50.7**	51.9	51.5	50.1
维护公司整体利益	**36.2**	39.8	34.4	36.3
加强对公司管理层的监管	**32.8**	33.2	31.1	33.6
完善公司治理结构	**21.7**	15.8	23.8	21.9
维护中小股东的利益	**11.7**	7.1	14.2	11.4
维护大股东的利益	**5.1**	6.6	5.1	4.7
提高公司的知名度	**4.3**	5.8	6.0	3.3
其他	**0.5**		1.0	0.3

调查结果显示，目前在已经改制的股份制企业中，“新三会掌握全部决策权”的比重最大，为 43.5%；“新三会负责业务决策，老三会负责党群工作决策”的占 15.2%；“新老三会通过协调进行决策”的占 30.9%；仍有 5.5% 的企业是“老三会掌握全部决策权”、4.9% 的企业“新老三会职责不清，导致职能弱化”（见表 32）。

表 32　　“新三会”与“老三会”的相对地位（%）

	总体	股份合作企业	股份有限公司	有限责任公司
“新三会”掌握全部决策权	**43.5**	44.4	40.1	45.0
新老三会通过协调进行决策	**30.9**	33.5	29.3	31.2
“新三会”负责业务决策，“老三会”负责党群工作决策	**15.2**	10.3	19.2	14.1
“老三会”掌握全部决策权	**5.5**	5.9	6.2	5.1
新老三会职责不清，导致职能弱化	**4.9**	5.9	5.2	4.6

在新老三会通过协调进行决策的企业中，60.9% 的企业认为协调程度较好，25.3% 的企业认为协调程度很好，只有 1.4% 的企业认为协调程度差（见表 33）。

表 33　　“新三会”与“老三会”的协调程度（%）

	总体	股份合作企业	股份有限公司	有限责任公司
协调很好	**25.3**	24.7	25.8	25.2
协调较好	**60.9**	58.8	58.1	62.6
协调一般	**12.4**	11.8	14.6	11.5
协调差	**1.4**	4.7	1.5	0.7

（二）结构调整重在产业结构升级，应对措施首选完善市场体系

调查结果显示，企业经营者认为当前我国经济结构调整的重点为“发展高新技术产业”（60.4%）、“传统产业升级改造”（42.5%）和“实施西部开发”（41%）。

从不同地区来看，各地区企业经营者强调的侧重点有所不同：东部地区的企业经营者选择“发展高新技术产业”的比重（63.3%）要高于中部（61.9%）和西部地区（51.6%）。中部地区的企业经营者选择“传统产业升级改造”的比重（45%）要高于东部（42.9%）和西部地区（38.4%）。西部地区的企业经营者选择“实施西部开发战略，调整地区经济结构”的比重（71%）要高于东部（32.1%）和中部地区（33.3%）（见表 34）。

调查结果显示，企业经营者认为政府在调整经济结构方面应采取的主要措施依次为“整顿和规范市场秩序，完善市场体系”（70.2%），“完善行业规划和产业政策”（43.2%），“进一步放开搞活国有中小型企业”（40.2%），其他措施还包括“推进企业技术进步”（35.2%）和“提供劣势企业退出市场的渠道”（28.2%）等（见表35）。

表34　当前我国经济结构调整的重点（%）

	总体	地区			规模		所有制		
		东部	中部	西部	大型和特大型	中小型	国有	国有控股	非国有
发展高新技术产业	**60.4**	63.3	61.9	51.6	55.1	61.7	61.8	57.2	62.1
传统产业升级改造	**42.5**	42.9	45.0	38.4	49.8	40.7	41.8	44.9	41.1
实施西部开发战略，调整地区结构	**41.0**	32.1	33.3	71.0	39.4	41.5	44.7	41.7	39.5
调整农业结构	**37.2**	37.0	39.7	34.6	31.2	38.8	35.6	33.2	39.9
调整企业股权结构	**35.6**	36.2	38.7	30.8	41.8	33.8	33.7	46.4	29.6
加大基础设施投入力度	**29.1**	27.9	30.5	30.9	31.2	28.7	33.1	28.8	28.3
加快城镇化建设	**20.1**	21.7	20.0	16.1	14.8	21.5	16.6	15.3	24.1
发展第三产业	**18.6**	21.3	17.4	13.7	20.6	18.1	22.0	17.6	18.2
其他	**2.4**	2.7	2.1	2.0	2.8	2.3	1.9	2.3	2.6

表35　政府在调整经济结构方面应采取的措施（%）

	总体	地区			规模		所有制		
		东部	中部	西部	大型和特大型	中小型	国有	国有控股	非国有
整顿和规范市场秩序，完善市场体系	**70.2**	68.9	70.3	72.6	74.8	68.7	72.7	73.6	67.3
完善行业规划和产业政策	**43.2**	42.8	43.6	43.8	48.2	41.8	43.6	44.3	42.2
进一步放开搞活国有中小型企业	**40.2**	38.7	42.4	41.5	28.5	43.4	48.6	47.8	33.1
推进企业技术进步	**35.2**	36.0	36.4	32.0	36.0	35.1	33.4	34.0	36.4
提供劣势企业退出市场的渠道	**28.2**	27.5	27.2	31.6	31.7	27.3	32.0	32.0	25.0
培育有国际竞争力的大集团	**24.8**	24.8	25.3	23.9	29.1	23.6	28.0	22.1	25.7
取消民营企业准入限制	**22.8**	25.7	20.7	17.5	16.6	24.6	11.0	11.1	33.3
按市场需求搞好总量控制	**22.1**	21.1	23.6	22.9	22.9	21.9	19.1	23.3	22.0
其他	**1.6**	1.7	1.7	1.2	1.3	1.7	1.4	1.6	1.7

（三）完善市场经济秩序关键在于加大执法力度、规范企业经营行为

关于我国市场经济秩序，调查结果显示，69.9%的企业经营者认为主要问题是“制售假冒伪劣商品”，其次是行政管理方面的问题，包括“执法不严”（51.2%）、“行业垄断和地方保护”（42.8%）、“不正当行政干预”（33%）等（见表36）。

表36　目前市场经济存在的问题（%）

	总体	地区			规模		所有制		
		东部	中部	西部	大型和特大型	中小型	国有	国有控股	非国有
制售假冒伪劣商品	**69.9**	69.3	71.5	69.2	65.2	71.2	73.3	67.4	70.2
执法不严	**51.2**	50.8	53.6	49.9	50.1	51.6	50.6	52.2	51.2
行业垄断和地方保护	**42.8**	41.5	43.7	44.6	49.4	40.7	44.6	45.8	40.5
不正当行政干预	**33.0**	31.2	35.4	34.5	37.3	32.1	38.4	36.9	29.2
操纵证券市场和内幕交易	**19.7**	21.2	16.4	20.1	21.1	19.4	16.1	20.1	20.5
偷税漏税	**16.1**	16.7	15.3	15.7	13.5	16.9	16.5	16.7	15.7
做假账	**15.2**	15.2	15.8	14.3	16.4	15.1	15.8	17.2	13.6
建设项目中弄虚作假、偷工减料	**13.6**	13.5	13.0	14.6	10.6	14.4	11.5	11.1	15.9
走私、骗汇、骗取出口退税	**7.1**	7.5	6.4	7.1	6.2	7.3	7.6	5.6	8.0
其他	**7.8**	8.4	7.3	6.7	6.2	7.9	7.6	7.4	7.9

当问及同行业企业近两年内有哪些不良行为时，43.4%的企业经营者选择了“拖欠或压低职工工资”，37.8%选择了“偷工减料”，33.5%选择了“欺骗用户”，18.9%选择了“生产污染环境的产品”。

从不同行业看，选择“拖欠或压低职工工资”比重较大的行业是服装（66.7%）、非金属矿物制品（61.6%）、采掘（60.7%）、建筑（59.4%）、橡胶（55.1%）等行业，比重较小的行业是煤气、水的生产供应业（19.5%）、医药（26.0%）、有色（31.2%）、电力（32.9%）、房地产（33.0%）等。选择“生产污染环境的产品”比重较大的行业是化工（39.6%）、造纸（38.7%）、有色（37.6%）和非金属矿物制品业（37.4%）等。选择“偷工减料”比重较大的行业是制造业（46.2%）、建筑业（48%）和房地产业（40%）等（见表37）。

表 37　关于同行业企业在近两年内有否不良行为的判断（%）

	拖欠或压低职工工资	偷工减料	欺骗用户	生产污染环境的产品	勾结券商，违规炒作本企业股票	其他
总体	**43.4**	**37.8**	**33.5**	**18.9**	**5.3**	**5.5**
农林牧渔业	46.7	31.1	39.3	27.4	7.4	7.4
采掘业	60.7	15.7	24.7	29.2	3.4	4.5
制造业	43.6	46.2	34.9	21.4	5.1	6.0
电力	32.9	7.1	14.3	20.0	4.3	1.4
煤气、水	19.5	19.5	24.4	9.8	2.4	2.4
建筑业	59.4	48.0	31.4	16.0	4.6	2.3
交通运输仓储	44.9	13.8	25.4	7.2	4.3	7.2
批零贸易	46.9	17.2	33.6	11.8	4.8	4.8
餐饮业	45.9	16.2	29.7	24.3	2.7	2.7
房地产业	33.0	40.0	39.0	11.0	12.0	3.0
社会服务业	33.3	15.9	38.1	4.8	4.8	1.6
食品饮料制造业	44.1	48.4	46.4	16.4	4.3	6.6
纺织业	49.4	39.2	22.8	23.4	4.4	2.5
服装及其他纤维制品制造业	66.7	45.8	39.6	8.3	6.3	4.2
造纸及纸制品业	48.0	46.7	29.3	38.7	6.7	2.7
化学原料及化学制品制造业	44.4	38.1	32.6	39.6	8.9	5.2
医药制造业	26.0	42.0	25.2	27.5	9.2	6.1
化学纤维制造业	47.4	31.6	26.3	21.1	10.5	5.3
橡胶制品业	55.1	57.1	32.7	18.4	6.1	4.1
塑料制品业	38.2	53.9	46.1	23.6	4.5	9.0
非金属矿物制品业	61.6	45.5	43.4	37.4	10.1	7.1
黑色金属冶炼及压延加工业	47.5	48.5	36.6	26.7	8.9	5.9
有色金属冶炼及压延加工业	31.2	33.3	25.8	37.6	5.1	6.2
金属制品业	34.1	60.3	34.1	15.9	0.8	4.0
普通机械制造业	48.5	51.1	39.6	10.0	3.3	4.4
专用设备制造业	40.1	40.1	37.8	11.0	8.1	5.8
交通运输设备制造业	40.4	42.4	32.5	16.6	4.6	6.0
电气机械及器材制造业	38.5	58.2	39.3	10.7	4.1	11.5
电子及通信设备制造业	42.7	42.7	23.6	12.7	8.2	5.5
仪器仪表及文化办公用机械制造业	50.0	45.5	45.5	9.1	4.5	2.3

（四）企业积极应对入世，人才开发和技术创新是关注焦点

调查结果显示，近一半（48.1%）的企业认为加入WTO对企业的生产经营状况影响不大，37.9%认为加入WTO企业生产经营状况将好转，14%认为会恶化。从不同行业来看，纺织、服装、餐饮业等行业较乐观，认为好转的比认为恶化的分别多66.3、63.4和49.9个百分点，仪器仪表、批零贸易等行业压力较大（见表38）。

表38　加入WTO对企业经营状况的影响（%）

	好转	不变	恶化	好转－恶化
总体	**37.9**	**48.1**	**14.0**	**23.9**
东部地区企业	40.5	47.9	11.6	28.9
中部地区企业	35.0	48.0	17.0	18.0
西部地区企业	34.5	49.1	16.4	18.1
大型和特大型企业	37.8	47.3	14.9	22.9
中小型企业	38.2	48.1	13.7	24.5
国有企业	30.5	50.8	18.7	11.8
国有控股企业	32.1	49.9	18.0	14.1
非国有企业	43.5	46.5	10.0	33.5
农林牧渔业	35.9	45.8	18.3	17.6
采掘业	25.0	63.6	11.4	13.6
制造业	39.7	48.4	11.9	27.8
电力	27.5	68.2	4.3	23.2
煤气、水	34.1	58.6	7.3	26.8
建筑业	28.7	52.6	18.7	10.0
交通运输仓储	47.1	38.4	14.5	32.6
批零贸易	32.1	43.4	24.5	7.6
餐饮业	55.5	38.9	5.6	49.9
房地产业	43.3	47.4	9.3	34.0
社会服务业	39.3	52.5	8.2	31.1
其他行业	35.4	46.2	18.4	17.0
食品饮料制造业	45.0	40.7	14.3	30.7
纺织业	69.5	27.3	3.2	66.3
服装及其他纤维制品制造业	69.7	24.0	6.3	63.4
造纸及纸制品业	28.4	55.4	16.2	12.2
化学原料及化学制品制造业	34.5	44.7	20.8	13.7
医药制造业	37.0	49.6	13.4	23.6
化学纤维制造业	36.0	42.0	22.0	14.0
橡胶制品业	36.7	57.8	6.1	30.6
塑料制品业	42.0	51.8	6.8	35.2
非金属矿物制品业	39.2	50.5	10.3	28.9
黑色金属冶炼及压延加工业	37.8	48.9	13.3	24.5
有色金属冶炼及压延加工业	49.4	41.8	8.8	40.6
金属制品业	46.0	43.7	10.3	35.7
普通机械制造业	35.4	53.8	10.8	24.6
专用设备制造业	36.3	46.2	17.5	18.8
交通运输设备制造业	32.4	49.4	18.2	14.2
电气机械及器材制造业	32.5	55.8	11.7	20.8
电子及通信设备制造业	35.8	58.7	5.5	30.3
仪器仪表及文化办公用机械制造业	27.9	48.8	23.3	4.6

当问及加入 WTO 后，企业将主要采取哪些行动提高企业的国际竞争力时，46.7% 的企业选择“加快人才引进与培养”，41.2% 的企业选择“增加技术创新投入”，39.7% 的企业选择“加强对国际市场的了解”，38.9% 的企业选择“进行管理创新”，36.3% 的企业选择“培育名牌产品”（见表 39）。

表 39　　加入 WTO 后企业为提高国际竞争力将采取的行动（%）

	总体	地区			规模			所有制	
		东部	中部	西部	大型和特大型	中小型	国有	国有控股	非国有
加快人才引进与培养	**46.7**	47.6	47.2	44.2	48.9	45.9	47.7	45.1	47.5
增加技术创新投入	**41.2**	39.8	44.8	40.4	45.2	40.3	37.9	40.9	42.2
加强对国际市场的了解	**39.7**	40.9	39.0	37.7	32.7	41.7	39.4	38.0	40.9
进行管理创新	**38.9**	36.9	40.8	41.3	42.0	38.1	45.0	43.7	34.2
培育名牌产品	**36.3**	35.5	37.0	37.1	34.2	36.9	32.3	34.2	38.7
提高国际化经营程度	**24.3**	27.4	19.9	21.5	30.2	22.7	22.2	23.3	25.7
加强信息化建设	**22.2**	20.8	24.2	23.2	21.9	22.3	27.3	22.1	20.7
进行多元化经营	**19.7**	19.6	19.5	20.5	18.4	20.2	22.8	21.6	17.8
降低企业产品（服务）的价格	**14.4**	14.2	14.3	15.2	12.0	15.1	10.7	14.7	15.5
其他	**0.8**	0.8	0.8	0.8	1.1	0.7	0.9	1.1	0.6

（注：凡引用此报告者均需注明引自中国企业家调查系统——《2001·中国企业经营者问卷跟踪调查报告》）

课题组名单

顾　　问：王梦奎　陈清泰　魏礼群　李德水　鲁志强
李克穆　谢伏瞻　许善达　丁俊发　任泽民

调查指导：王佩亨　李培育　孙小系　卫　东　赵　闯
王忠明　余明勤　毕雪融　杨元伟　于　武
孙淮滨　孟国强　姜　明　姜绍俊　吴　江

调查主持：李　兰　陈全生　邵　宁　李晓超　胡新欣

报告撰写：李　兰　潘建成　郭　雷　韩岫岚　郑明身
郝大海　杨志民　王　毅

数据处理：王建平　张武军　王　铮　白　洁

参与讨论：黄成江　邓荣霖　吴　栋　丁宁宁　王克良
何顺民　李　凯　张　泰　李燕斌　钟蓉萨
吴彤雕　张贞民　仇　明　张　斌　金磊夫
廖昆明　王　斌　李维双　孔秋敏　何龙灿
裴贺春　杨家锴　陈　锋　张艳艳

2000 年企业经营者对宏观经济形势与加入 WTO 的判断

▌中国企业家调查系统

近几年来，面对国内需求不足、出口竞争加剧、就业压力增大、经济结构不合理等突出问题和亚洲金融危机的挑战，我国政府采取了积极的财政政策和稳健的货币政策等一系列应对措施。为了解企业经营者对当前宏观经济形势、企业运营状况、存在问题和发展前景的判断，了解宏观经济政策和改革措施的实施效果，了解我国加入 WTO 对企业的影响，为政府进一步调整宏观经济政策和深化改革提供决策参考依据，2000 年 8 月至 10 月，中国企业家调查系统组织实施了“2000 · 中国企业经营者问卷跟踪调查”。

本次调查得到了国务院发展研究中心情报中心、国务院研究室工交贸易研究司、国家经济贸易委员会企业改革司、国家统计局国民经济综合统计司、中国企业联合会研究部、国家发展计划委员会国民经济综合司、对外贸易经济合作部外经贸发展司、国家经济贸易委员会中小企业司、国家经济贸易委员会培训司、人事部人才流动开发司、劳动和社会保障部法制司、国家税务总局政策法规司、中国证券监督管理委员会信息中心、国家石油和化学工业局规划发展司、国家轻工业局企事业改革司、国家机械局规划发展司、国家国内贸易局行业规划与法规司、国家冶金工业局规划发展司、国家电力公司战略研究与规划部、国家行政学院领导科学教研部等有关部委的支持和指导。

本次调查是中国企业家调查系统在全国范围内组织的第八次中国企业经营者问卷跟踪调查，调查以企业法人代表为调查对象，按照我国企业的实际构成情况进行等比例随机抽样，采用邮寄问卷方式进行。本次调查共发放问卷 15000 份，回收问卷 5126 份，其中有效问卷 5075 份，有效回收率为 33.8%。通过对部分未填写问卷与填写问卷企业的对比分析，未发现存在系统偏差。

本次调查主要涉及工业、建筑业、交通运输仓储及邮电通讯业、批发零售贸易和餐饮业、房地产业和社会服务业等行业，上述行业的企业所占比重分别为：62.3%、6.5%、4.7%、9.8%、3.3% 和 3.4%。从企业的地区分布看，东部占 52.3%，中部和西部分别占 25.6% 和 22.1%。从企业不同规模看，大、中、小型企业分别占 25.8%、47% 和 27.2%。从企业经济类型看，国有企业和非国有企业分别占 38.2% 和 61.8%，在非国有企业中有限责任公司占 22.8%，股份有限公司占 11.3%，集体企业占 9.4%，外商及港澳台投资企业占 6.7%，股份合作企业占 6.1%，私营企业占 4.3%。

本次调查的企业经营者职务为企业董事长、总经理、厂长或党委书记的占 94.9%，其他职务的占 5.1%；文化程度为大专以上的占 82.8%，其中具有学士、硕士或博士学位的占 40.9%（见表 1 ~ 表 3）。

调查结果显示，大多数企业经营者认为，2000 年以来随着国家各项宏观调控政策的贯彻执行，国民经济在稳定增长中呈现转暖趋向。企业生产经营状况明显改善，经济运行质量逐步提高，西部大开发战略得到许多企业经营者的积极响应。大多数企业经营者对我国发展高新技术产业充满信心。但是，

表1　调查样本基本情况（%）

类别	项目	%	类别	项目	%
行业构成	农林牧渔业	4.8	所有制构成	国有企业	38.2
	采掘业	3.8		集体企业	9.4
	制造业（见表2）	53.2		私营企业	4.3
	电力	5.3		联营企业	0.8
	建筑业	6.5		股份合作企业	6.1
	交通运输、仓储及邮电通讯业	4.7		股份有限公司	11.3
	批零贸易、餐饮业	9.8		有限责任公司	22.8
	金融、保险业	0.1		其他内资企业	0.4
	房地产业	3.3		外商及港澳台投资企业	6.7
	社会服务业	3.4	规模构成	特大型	1.7
	文教体卫广电业	1.1		大型	24.1
	科学研究及综合技术服务业	1.0		中型	47.0
	其他行业	3.0		小型	27.2
特殊分类企业	高新技术企业	13.9	地区	东部地区	52.3
	乡镇企业	13.8		中部地区	25.6
	上市公司	3.0		西部地区	22.1
	国有控股公司	25.2	盈亏	盈利企业	60.2
	企业集团	29.8		持平企业	14.6
	IT（信息技术）企业	2.3		亏损企业	25.2
	外贸企业	6.2			

表2　调查样本中制造业基本情况（%）

	制造业细分	%		制造业细分	%
1	食品加工业	5.7	16	化学纤维制造业	1.1
2	食品制造业	2.9	17	橡胶制品业	1.5
3	饮料制造业	2.1	18	塑料制品业	3.0
4	烟草加工业	0.9	19	非金属矿物制品业	5.3
5	纺织业	8.1	20	黑色金属冶炼及压延加工业	3.0
6	服装及其他纤维制品制造业	3.3	21	有色金属冶炼及压延加工业	3.7
7	皮革、毛皮、羽绒及其制品业	0.7	22	金属制品业	4.6
8	木材加工及竹、藤、棕、草制品业	1.4	23	普通机械制造业	7.6
9	家具制造业	0.6	24	专用设备制造业	5.0
10	造纸及纸制品业	2.9	25	交通运输设备制造业	5.3
11	印刷业，记录媒介的复制	2.4	26	电气机械及器材制造业	3.8
12	文教体育用品制造业	0.9	27	电子及通信设备制造业	5.4
13	石油加工及炼焦业	1.5	28	仪器仪表及文化办公用机械制造业	1.8
14	化学原料及化学制品制造业	6.8	29	其他制造业	3.7
15	医药制造业	5.0			

企业经营者同时认为，目前经济回升的基础尚不稳固，需求不足的矛盾还未根本解决，经济结构不合理、企业盈利能力偏低的状况仍然是制约经济发展的重要因素。企业经营者希望政府继续采取积极的宏观调控政策，加快经济结构战略性调整步伐，深化国有企业改革，进一步提高经济增长的质量和效益。

调查结果表明，大多数企业经营者对于我国加入WTO对企业的影响持乐观态度，对由此给企业带来的发展机遇抱有信心。但是，企业经营者也普遍感受到压力较大，希望能深入了解WTO基本情况、政府相应政策、行业变动趋势以及企业应对策略，同时希望政府进一步深化改革，改善企业外部环境，为迎接加入WTO的挑战创造良好条件。

表 3　　调查对象基本情况（%）

性别	男	97.0	现任职务	董事长	44.0
	女	3.0		总经理	60.2
年龄	35 岁及以下	5.2		厂长	27.5
	36～45 岁	34.1		党委书记	31.4
	46～55 岁	47.3		其他	5.1
	56 岁以上	13.4			
文化程度	初中或以下	2.4	所学专业	文史哲法律	5.8
	高中	14.8		经济	24.1
	大专	41.9		管理	38.2
	大学本科	32.5		MBA	3.8
	硕士研究生	7.8		理工农医	23.4
	博士研究生	0.6		其他	4.7

*注：由于存在职务兼任，因此现任职务比例合计大于 100%。

一、企业经营者对宏观经济形势的判断

本次调查在对宏观经济形势的判断方面，向企业经营者提出了关于经济走势、国家宏观调控政策成效、企业生产经营状况等方面的问题。调查结果显示，大部分企业经营者认为，当前我国经济运行呈现回升态势。

（一）宏观经济运行呈现回升态势

大部分企业经营者认为，我国经济有望扭转增速下滑的局面。调查结果显示，80.5% 的企业经营者对目前我国的经济运行态势持乐观态度，其中，11.9% 认为“明显回升前景乐观”，68.6% 认为“出现转机谨慎乐观”。只有 15.3% 的企业经营者认为目前“仍在谷底徘徊”或“可能还会下滑”（见表 4）。

表 4　　企业经营者对目前经济运行态势的判断（%）

	明显回升前景乐观	出现转机谨慎乐观	仍在谷底徘徊	可能还会下滑	尚难判断
总体	**11.9**	**68.6**	**11.3**	**4.0**	**4.2**
东部地区	12.8	69.7	9.2	4.0	4.3
中部地区	10.1	68.5	13.7	4.1	3.6
西部地区	11.7	66.3	13.4	3.9	4.7
国有企业	10.3	71.3	10.3	3.5	4.6
集体企业	13.2	65.8	14.5	4.2	2.3
私营企业	19.7	55.1	12.8	4.6	7.8
股份合作企业	13.3	62.4	14.0	5.8	4.5
股份有限公司	13.0	69.7	8.8	5.3	3.2
有限责任公司	10.8	69.6	11.8	3.6	4.2
外商及港澳台投资企业	14.6	69.6	8.9	3.0	3.9

对于宏观经济形势的判断，52.8% 的企业经营者认为“基本正常”，这一比例比 1999 年同期调查增加了 13.2 个百分点，认为“偏冷”和“过冷”的比例之和为 29.1%，比 1999 年减少了 27.5 个百分点，另外，还有 9.7% 的企业经营者选择了“偏热”，这表明，企业经营者认为 2000 年以来我国经济出现了转暖趋势（见表 5）。

表5　近几年企业经营者对宏观经济形势的判断（%）

	过热	偏热	基本正常	偏冷	过冷	尚难判断
2000年	—	9.7	52.8	28.0	1.1	8.4
1999年	—	—	39.6	48.1	8.5	3.8
1998年	—	1.6	28.7	51.5	11.1	7.1
1997年	—	—	54.0	37.3	4.6	4.1
1996年	—	—	41.3	44.4	7.9	6.4
1995年	2.4	22.3	25.1	36.5	4.4	9.3

注：本表综合了1995年以来的跟踪调查数据。

本次调查将企业经营者对本企业目前经营状况的判断分为“良好”、“一般”和“不佳”三种选择，将企业经营者对下期经营状况的判断分为“好转”、“不变”和“恶化”三种选择。调查结果显示，36.6%的企业经营者认为目前企业经营状况“良好”，47.4%认为“一般”，16%认为“不佳”，认为“良好”的比认为“不佳”的多20.6个百分点，而1999年同期调查认为“良好”的比认为“不佳”的仅多7.7个百分点。认为“良好”的比认为“不佳”的比重越多，说明企业景气状况越好。2000年这项景气数值比1999年增加了12.9个百分点，说明目前我国企业总体经营状况进一步好转，与企业经营者对宏观经济形势的判断基本一致。

从企业经济类型看，外商及港澳台投资企业、私营企业和股份有限公司的经营状况相对较好，这些企业经营者认为本企业经营状况“良好”的比认为“不佳”的分别多41.8、38和34.2个百分点；国有企业总体经营状况与1999年相比，已有了较明显的改善，但与其他类型企业相比仍相对落后，认为“良好”的比认为“不佳”的只多8.5个百分点，1999年同期调查中，国有企业认为其经营状况“良好”的比认为“不佳”的要少3.3个百分点。国有企业中大型企业的经营状况相对较好，认为“良好”的比认为“不佳”的多20.2个百分点，而国有小型企业困难较大，认为“良好”的比认为“不佳”的少7.4个百分点，仍处于不景气的状况。

从企业规模看，大型企业的经营状况比中小型企业好。大型企业经营者认为企业经营状况“良好”的比认为“不佳”的多30.2个百分点，其中大型国有企业认为“良好”的比认为“不佳”的多20.2个百分点，非国有企业则多41.3个百分点；中小型企业分别多20.6个百分点和11.5个百分点。可见，如何采取有力措施推动中小企业，特别是国有中小企业发展是一个亟待解决的问题。

从企业地区分布看，东部地区的经营状况比中西部地区好，东部地区认为“良好”的企业经营者比认为“不佳”的多29.3个百分点，中西部地区分别多13.3和8.3个百分点（见表6）。

表6　不同经济类型、规模、地区调查企业的综合经营状况（%）

	目前				下期			
	良好	一般	不佳	良好－不佳	好转	不变	恶化	好转－恶化
总体	**36.6**	**47.4**	**16.0**	**20.6**	**49.0**	**42.3**	**8.7**	**40.3**
国有企业	29.3	49.9	20.8	8.5	44.3	43.9	11.8	32.5
大型	35.9	48.4	15.7	20.2	49.4	42.3	8.3	41.1
中型	28.7	48.8	22.5	6.2	43.3	45.4	11.3	32.0
小型	18.9	54.8	26.3	－7.4	36.8	43.4	19.8	17.0
中小型	25.9	50.5	23.6	2.3	41.4	44.9	13.7	27.7
集体企业	30.8	54.6	14.6	16.2	45.7	47.2	7.1	38.6

续表

	目前				下期			
	良好	一般	不佳	良好－不佳	好转	不变	恶化	好转－恶化
私营企业	47.2	43.6	9.2	38.0	64.4	32.8	2.8	61.6
股份合作企业	38.6	47.0	14.4	24.2	47.0	44.3	8.7	38.3
股份有限公司	46.5	41.2	12.3	34.2	55.0	37.9	7.1	47.9
有限责任公司	39.4	47.1	13.5	25.9	52.2	41.0	6.8	45.4
外商及港澳台投资企业	51.5	38.8	9.7	41.8	51.8	42.0	6.2	45.6
大型企业	43.3	43.6	13.1	30.2	53.0	40.1	6.9	46.1
国有企业	35.9	48.4	15.7	20.2	49.4	42.3	8.3	41.1
非国有企业	51.5	38.3	10.2	41.3	57.0	37.7	5.3	51.7
中型企业	37.2	46.2	16.6	20.6	49.4	42.3	8.3	41.1
小型企业	29.1	53.3	17.6	11.5	44.3	44.4	11.3	33.0
东部地区企业	41.3	46.7	12.0	29.3	49.1	44.3	6.6	42.5
中部地区企业	32.2	48.9	18.9	13.3	48.3	40.1	11.6	36.7
西部地区企业	30.4	47.5	22.1	8.3	49.7	39.9	10.4	39.3

从不同行业看，目前电力、医药、电子、服装、交通运输、电气、纺织等行业的综合经营状况较好，其认为“良好”的企业经营者比认为“不佳”的多30个百分点以上。

此外，调查结果还发现，目前上市公司和高新技术企业的经营状况明显好于其他企业，其认为经营状况“良好”的比认为“不佳”的分别多47.3和38.2个百分点。乡镇企业的状况也相对较好，其认为经营状况“良好”的比认为“不佳”的多33.3个百分点。对于下期经营状况的预期，高新技术企业、上市公司以及医药、有色金属、服装、电子、造纸等行业企业较为乐观，认为下期企业经营状况将“好转”的比认为将“恶化”的多50个百分点以上（见表7）。

（二）国家宏观调控政策得到企业经营者的普遍认同

调查结果表明，近两年来政府实施的积极财政政策和稳健的货币政策得到了企业经营者的普遍欢迎。

对于货币供应量规模，有54.1%的企业经营者选择了“合适”，比1999年增加了18.9个百分点。

对于存贷款利率水平，认为“合适”的企业经营者比1999年减少了5.6个百分点，认为“低”的企业经营者比1999年增加了10.7个百分点，说明企业经营者认为目前进一步降低存贷款利率发挥作用的余地已经不大。

表7　　不同行业调查企业的综合经营状况（%）

	目前				下期			
	良好	一般	不佳	良好－不佳	好转	不变	恶化	好转－恶化
总体	**36.6**	**47.4**	**16.0**	**20.6**	**49.0**	**42.3**	**8.7**	**40.3**
农林牧渔业	28.8	48.6	22.6	6.2	47.4	38.9	13.7	33.7
制造业	36.6	47.2	16.2	20.4	50.9	41.1	8.0	42.9
电力、煤气、水的生产和供应业	46.6	45.6	7.8	38.8	51.8	41.4	6.8	45.0
建筑业	28.0	51.9	20.1	7.9	42.4	48.4	9.2	33.2
交通运输仓储及邮电通信业	44.6	45.1	10.3	34.3	51.5	41.5	7.0	44.5
批零贸易餐饮业	34.8	48.6	16.6	18.2	42.6	45.6	11.8	30.8

续表

	目前				下期			
	良好	一般	不佳	良好－不佳	好转	不变	恶化	好转－恶化
房地产业	39.0	46.4	14.6	24.4	51.7	40.8	7.5	44.2
食品饮料制造业	33.2	47.3	19.5	13.7	52.4	36.8	10.8	41.6
纺织业	43.2	44.0	12.8	30.4	49.4	45.4	5.2	44.2
服装及其他纤维制品制造业	46.9	43.7	9.4	37.5	55.2	41.7	3.1	52.1
造纸及纸制品业	42.2	44.5	13.3	28.9	57.1	36.4	6.5	50.6
石油加工及炼焦业	39.5	41.9	18.6	20.9	57.1	23.9	19.0	38.1
化学原料及化学制品制造业	31.4	43.7	24.9	6.5	46.3	38.7	15.0	31.3
医药制造业	47.2	44.2	8.6	38.6	59.9	33.9	6.2	53.7
化学纤维制造业	28.1	68.8	3.1	25.0	46.9	43.7	9.4	37.5
橡胶制品业	25.6	55.8	18.6	7.0	48.8	44.2	7.0	41.8
塑料制品业	33.7	48.9	17.4	16.3	46.5	45.4	8.1	38.4
非金属矿物制品业	29.8	53.0	17.2	12.6	47.3	44.0	8.7	38.6
黑色金属冶炼及压延加工业	39.5	46.5	14.0	25.5	47.0	44.6	8.4	38.6
有色金属冶炼及压延加工业	36.4	49.6	14.0	22.4	59.4	34.0	6.6	52.8
金属制品业	31.3	55.0	13.7	17.6	48.1	47.2	4.7	43.4
普通机械制造业	27.3	49.5	23.2	4.1	42.6	46.0	11.4	31.2
专用设备制造业	34.6	50.6	14.8	19.8	54.7	38.5	6.8	47.9
交通运输设备制造业	35.1	49.3	15.6	19.5	55.2	37.7	7.1	48.1
电气机械及器材制造业	46.8	38.8	14.4	32.4	43.5	48.2	8.3	35.2
电子及通信设备制造业	47.8	42.0	10.2	37.6	57.3	37.0	5.7	51.6
仪器仪表及文化办公用机械制造业	29.4	43.1	27.5	1.9	52.0	42.0	6.0	46.0
高新技术企业	47.7	42.8	9.5	38.2	59.3	36.9	3.8	55.5
乡镇企业	44.7	43.9	11.4	33.3	52.2	43.7	4.1	48.1
上市公司	55.9	35.5	8.6	47.3	55.9	38.8	5.3	50.6
国有控股公司	34.2	49.3	16.5	17.7	48.9	40.9	10.2	38.7
企业集团	39.6	46.1	14.3	25.3	53.4	39.6	7.0	46.4
IT（信息技术）企业	39.3	51.3	9.4	29.9	54.4	39.5	6.1	48.3
外贸企业	40.3	47.1	12.6	27.7	52.7	39.4	7.9	44.8

对于人民币汇率水平，认为“偏低”和“过低”的企业经营者分别占21.8%和1.6%，两者之和比认为“偏高”和“过高”的比重高出10.8个百分点，和1999年的调查结果正好相反，1999年企业经营者认为“偏高”和“过高”的比重比认为“偏低”和“过低”的高出5个百分点，表明企业经营者增强了对人民币币值稳定的信心。

对于出口退税率水平，认为“偏低”和“过低”的企业经营者分别占31.8%和1.3%，两者之和比认为“偏高”和“过高”的高出24.1个百分点，比1999年认为“偏低”和“过低”的降低了8.1个百分点，说明政府提高出口退税率的政策得到了企业经营者的认同。

对于国债发行量，企业经营者认为“偏高”和“过高”的分别占26.8%和1.9%，认为“偏低”和“过低”的分别占22.2%和0.8%，接近半数的企业经营者认为“合适”。

对于股市扩容速度，企业经营者认为“偏高”和“过高”的分别占32.8%和7.8%，认为“偏低”和“过低”的分别占30.8%和3.6%，认为“合适”的占25%，这个结果和1999年大致相同，表明企业经营者对股市扩容问题的看法依然分歧较大（见表8）。

表 8　　企业经营者对宏观调控指标的判断（%）

		高			适度	低		
		过高	偏高	小计		偏低	过低	小计
货币供应量	2000 年	0.8	10.9	11.7	54.1	32.0	2.2	34.2
	1999 年	1.0	10.9	11.9	35.2	45.5	7.4	52.9
存贷款利率	2000 年	0.7	11.8	12.5	49.0	33.0	5.5	38.5
	1999 年	1.0	16.6	17.6	54.6	23.6	4.2	27.8
人民币汇率	2000 年	0.8	11.8	12.6	64.0	21.8	1.6	23.4
	1999 年	3.9	22.8	26.7	51.6	18.4	3.3	21.7
出口退税率	2000 年	0.4	8.6	9.0	57.9	31.8	1.3	33.1
	1999 年	0.6	7.3	7.9	50.9	39.1	2.1	41.2
财政性税费水平	2000 年	12.0	64.8	76.8	19.5	3.4	0.3	3.7
	1999 年	19.3	62.9	82.2	14.9	2.7	0.2	2.9
股市扩容速度	2000 年	7.8	32.8	40.6	25.0	30.8	3.6	34.4
	1999 年	11.0	31.3	42.3	24.6	29.5	3.6	33.1
国债发行量	2000 年	1.9	26.8	28.7	48.3	22.2	0.8	23.0

据调查，目前有 25.9% 的企业准备上市。从企业经济类型看，超过半数（50.5%）的股份有限公司准备上市，而有限责任公司、私营企业、外商及港澳台投资企业准备上市的也分别达到 29.8%、26.6% 和 25.3%，集体企业和国有企业回答准备上市的比重相对较低，分别为 14% 和 19.9%（见表 9）。

表 9　　目前企业是否准备上市（%）

	是	否	未填写
总体	**25.9**	**64.9**	**9.2**
东部地区	26.5	64.6	8.9
中部地区	27.1	63.5	9.4
西部地区	23.3	67.1	9.6
大型和特大型	42.4	45.0	12.6
中小型	20.3	71.8	7.9
国有企业	19.9	71.1	9.0
集体企业	14.0	76.0	10.0
私营企业	26.6	65.6	7.8
股份合作企业	23.3	69.9	6.8
股份有限公司	50.5	34.4	15.1
有限责任公司	29.8	62.7	7.5
外商及港澳台投资企业	25.3	66.8	7.9

企业计划的上市地点主要是大陆主板（46.2%）和大陆二板（42.7%）。其中，国有企业（56.8%）、大型企业（63.5%）和非高新技术企业（51.9%）倾向于在大陆主板上市，非国有企业（51.4%）、中小型企业（53.1%）和高新技术企业（62%）倾向于在大陆二板上市（见表 10）。

（三）企业生产经营状况明显改善

调查结果显示，2000 年以来，企业的生产经营状况比前几年有了较明显的改善。对比历年的调查结果，正常运行的企业 1997 年为 74.3%，1998 年为 74.5%，1999 年为 75.9%，虽逐年略有增加，但变化幅度不大，而 2000 年则上升为 81.6%，比 1999 年增加了 5.7 个百分点。相应地，停产和半停产企业的比重比 1999 年减少了 6.9 个百分点。

表 10　　企业计划的上市地点（%）

	美国	香港	大陆主板	大陆二板	其他
总体	**1.3**	**4.5**	**46.2**	**42.7**	**5.3**
东部地区	1.7	5.4	45.2	43.1	4.6
中部地区	0.6	3.4	47.1	44.3	4.6
西部地区	1.4	3.6	47.3	39.8	7.9
大型和特大型	0.7	3.6	63.5	28.1	4.1
中小型	1.8	5.2	33.8	53.1	6.1
国有企业	1.2	2.4	56.8	33.9	5.7
非国有企业	1.5	6.6	35.6	51.4	4.9
高新技术企业	0.8	3.0	30.9	62.0	3.3
非高新技术企业	1.5	5.0	51.9	35.5	6.1

从企业地区分布看，东部地区停产、半停产企业比重最低，为8.8%，比1999年减少6.5个百分点；中部地区为17.1%，比1999年减少8.8个百分点；西部地区为17.4%，比1999年减少6.7个百分点。

从企业经济类型看，目前停产、半停产比重较高的是国有企业（17.2%）和集体企业（13.8%）。国有小型企业停产、半停产的比重更高（24.4%）。

从企业规模看，中小型企业停产、半停产的比重（14%）要高于大型和特大型企业（9.5%）（见表11）。

表 11　　2000年与近几年企业生产状况对比（%）

调查时间	超负荷生产				正常运行				半停产		停产	
	1997	1998	1999	2000	1997	1998	1999	2000	1999	2000	1999	2000
总体	**4.7**	**3.2**	**4.4**	**5.6**	**74.3**	**74.5**	**75.9**	**81.6**	**18.9**	**12.0**	**0.8**	**0.8**
东部地区	4.5	3.5	4.3	6.8	78.5	77.0	80.4	84.4	14.6	8.3	0.7	0.5
中部地区	5.0	1.8	4.4	3.7	67.3	72.6	69.7	79.2	25.1	16.1	0.8	1.0
西部地区	5.0	4.7	4.5	5.0	71.8	68.3	71.4	77.6	23.0	16.1	1.1	1.3
大型和特大型	5.4	3.3	5.3	6.0	78.3	77.3	77.3	84.5	17.1	8.5	0.3	1.0
中小型	4.1	3.1	3.9	5.4	70.8	72.9	74.9	80.6	20.1	13.2	1.1	0.8
国有企业	4.6	3.4	3.8	3.7	73.3	68.7	71.1	79.1	24.0	15.7	1.1	1.5
大型				4.4				83.4		10.9		1.3
中型				3.3				78.3		17.1		1.3
小型				3.2				72.4		21.8		2.6
集体企业	3.6	1.8	4.1	4.0	74.2	71.9	76.7	82.2	17.7	13.4	1.5	0.4
私营企业	10.7	2.3	1.6	7.0	82.1	79.9	82.8	85.5	14.8	7.5	0.8	
股份合作企业			8.1	7.8			75.8	80.7	16.2	10.5		1.0
股份有限公司			5.0	7.2			85.3	84.3	9.7	8.1		0.4
有限责任公司			3.9	5.5			78.9	84.2	16.4	10.0	0.8	0.3
外商及港澳台投资企业			7.3	13.7			77.1	80.3	15.3	5.7	0.3	0.3

关于工业企业生产情况的调查结果表明，54.2%的企业生产比上期增加，28.1%的企业保持上期水平，17.7%的企业比上期减少，认为增加的比认为减少的多36.5个百分点，1999年同期调查认为增加的比认为减少的多12.3个百分点，2000年比1999年增加了24.2个百分点，说明工业生产呈增长趋势（见表12）。

表 12　　工业企业生产情况（%）

	上升	持平	下降	上升－下降
总体	**54.2**	**28.1**	**17.7**	**36.5**
东部地区企业	56.9	28.7	14.4	42.5
中部地区企业	52.2	28.2	19.6	32.6
西部地区企业	49.9	26.4	23.7	26.2
大型和特大型企业	61.1	24.9	14.0	47.1
中小型企业	51.7	29.2	19.1	32.6
国有企业	49.9	29.4	20.7	29.2
非国有企业	56.4	27.3	16.3	40.1

关于企业销售状况的调查结果表明，52.8%的企业销售量比上期增加，25.5%的企业保持不变，21.7%的企业销售量下降，销售量增加的比减少的多31.1个百分点。1999年同期调查，销售量增加的比减少的仅多7.4个百分点。可见，2000年以来，企业销售状况总体有了明显的好转。

从不同经济类型看，认为企业销售状况较好的主要是外商及港澳台投资企业（48.1）和股份有限公司（42.3），销售状况较差的主要是集体企业（20.4）和国有企业（22.9）。

从不同行业看，认为销售状况较好的主要是电子（54.2）、化纤（53.1）、有色金属（52.4）、造纸（51.8）、纺织（51.8）、电气（51.4）等行业（见表13、表14）。

表 13　　不同地区、规模调查企业的销售情况（%）

	上升	持平	下降	上升－下降
总体	**52.8**	**25.5**	**21.7**	**31.1**
东部地区企业	54.9	26.2	18.9	36.0
中部地区企业	51.5	25.0	23.5	28.0
西部地区企业	49.2	24.6	26.2	23.0
大型和特大型企业	60.6	22.4	17.0	43.6
中小型企业	50.0	26.6	23.4	26.6

表 14　　不同经济类型、行业调查企业的销售情况（%）

	上升	持平	下降	上升－下降
总体	**52.8**	**25.5**	**21.7**	**31.1**
国有企业	48.1	26.7	25.2	22.9
集体企业	45.6	29.2	25.2	20.4
私营企业	53.5	30.1	16.4	37.1
股份合作企业	54.6	26.0	19.4	35.2
股份有限公司	59.3	23.7	17.0	42.3
有限责任公司	57.3	22.5	20.2	37.1
外商及港澳台投资企业	62.6	22.9	14.5	48.1
农林牧渔业	38.7	30.1	31.2	7.5
制造业	56.9	23.9	19.2	37.7
电力、煤气、水的生产和供应业	48.9	27.9	23.2	25.7
建筑业	34.9	35.4	29.7	5.2
交通运输仓储及邮电通信业	51.6	26.0	22.4	29.2
批零贸易餐饮业	47.5	25.8	26.7	20.8

续表

	上升	持平	下降	上升－下降
房地产业	48.7	27.4	23.9	24.8
食品饮料制造业	49.7	25.1	25.2	24.5
纺织业	64.7	22.4	12.9	51.8
服装及其他纤维制品制造业	53.1	30.2	16.7	36.4
造纸及纸制品业	65.4	21.0	13.6	51.8
石油加工及炼焦业	60.5	20.9	18.6	41.9
化学原料及化学制品制造业	51.1	24.0	24.9	26.2
医药制造业	64.8	17.3	17.9	46.9
化学纤维制造业	65.6	21.9	12.5	53.1
橡胶制品业	47.7	29.6	22.7	25.0
塑料制品业	54.0	28.8	17.2	36.8
非金属矿物制品业	52.6	22.4	25.0	27.6
黑色金属冶炼及压延加工业	61.6	24.4	14.0	47.6
有色金属冶炼及压延加工业	63.6	25.2	11.2	52.4
金属制品业	54.5	28.1	17.4	37.1
普通机械制造业	50.7	24.3	25.0	25.7
专用设备制造业	58.0	28.4	13.6	44.4
交通运输设备制造业	55.9	19.8	24.3	31.6
电气机械及器材制造业	61.3	28.8	9.9	51.4
电子及通信设备制造业	68.8	16.6	14.6	54.2
仪器仪表及文化办公用机械制造业	64.7	19.6	15.7	49.0

关于企业的库存情况，调查结果表明，12.9%的企业经营者认为本企业的库存不足，71.3%认为库存处于正常水平，15.8%认为库存过大，认为库存过大的企业所占的比重比1999年下降了6.7个百分点，说明2000年以来企业库存压力减缓，企业产销衔接状况较好（见表15）。

表15　　企业库存情况（%）

	较少	正常	过大
总体	**12.9**	**71.3**	**15.8**
东部地区企业	11.0	75.5	13.5
中部地区企业	13.5	68.9	17.6
西部地区企业	17.0	64.0	19.0
大型和特大型企业	9.6	73.6	16.8
中小型企业	14.2	70.4	15.4
国有企业	12.9	68.8	18.3
非国有企业	13.0	72.7	14.3

关于企业的盈利情况，2000年以来，由于银行连续降息、核销呆坏账、实施债转股等政策性因素的影响，企业盈利面上升，亏损面下降。调查结果显示，2000年上半年，60.2%的企业经营者认为本企业盈利，14.6%认为持平，25.2%认为亏损。盈利企业比1999年增加了9.8个百分点，亏损企业比1999年减少了4.4个百分点。从企业经营者对下半年的预测情况看，企业盈利状况将进一步好转，68.4%的企业经营者预计本企业将盈利，比上半年增加8.2个百分点，15.1%的企业预计亏损，比上半年下降10.1个百分点（见表16）。

表16　　2000年与近几年企业效益状况对比（%）

调查时间	盈利				持平				亏损			
	1998年	1999年	2000年上半年	2000年下半年预测	1998年	1999年	2000年上半年	2000年下半年预测	1998年	1999年	2000年上半年	2000年下半年预测
总体	**50.7**	**50.4**	**60.2**	**68.4**	**19.6**	**20.0**	**14.6**	**16.5**	**29.7**	**29.6**	**25.2**	**15.1**
东部地区	54.0	55.6	66.6	74.0	19.7	21.6	15.2	14.8	26.3	22.8	18.2	11.2
中部地区	45.9	42.9	54.6	62.6	20.8	18.6	14.7	19.3	33.3	38.5	30.7	18.1
西部地区	46.5	46.0	51.5	62.0	17.1	16.9	13.1	17.0	36.4	37.1	35.4	21.0
大型和特大型	56.6	56.0	64.1	72.8	12.3	15.8	12.1	12.8	31.1	28.2	23.8	14.4
中小型	47.6	47.1	58.9	67.1	23.0	22.4	15.6	17.6	29.4	30.5	25.5	15.3
国有企业	43.0	41.2	49.2	58.3	16.0	19.3	14.7	18.7	41.0	39.5	36.1	23.0
其中：大型			54.6	66.4			14.4	15.8			31.0	17.8
中型			47.4	56.1			13.8	19.3			38.8	24.6
小型			43.5	48.7			17.6	22.9			38.9	28.4
集体企业	43.7	49.3	58.3	67.9	28.5	28.9	21.4	18.5	27.8	21.8	20.3	13.6
私营企业	51.3	46.3	72.9	82.9	33.1	31.4	17.8	14.2	15.6	22.3	9.3	2.9
股份合作企业		59.4	64.5	72.5		22.8	15.6	18.7		17.8	19.9	8.8
股份有限公司		69.8	72.9	79.1		14.3	10.7	11.5		15.9	16.4	9.4
有限责任公司		54.8	66.7	73.5		19.9	13.1	15.6		25.3	20.2	10.9
外商及港澳台投资企业		60.1	73.5	80.3		19.3	11.0	10.6		20.6	15.5	9.1

（四）未来经济运行状况可望进一步回升

调查结果显示，企业经营者对未来一个时期的企业综合经营状况普遍表现出乐观的态度，49%的企业经营者认为下期将“好转”，42.3%认为“不变”，只有8.7%认为会“恶化”，认为“好转”的比认为“恶化”的多40.3个百分点。

从企业规模来看，大型企业认为“好转”的比认为“恶化”的多46.1个百分点；中型企业认为“好转”的比认为“恶化”的多41.1个百分点；小型企业认为“好转”的比认为“恶化”的多33个百分点。

从地区分布看，东部地区认为“好转”的企业比认为“恶化”的多42.5个百分点；西部地区认为“好转”的比认为会“恶化”的多39.3个百分点，这个比重比中部地区还高出2.6个百分点，一定程度上反映了西部地区企业对国家西部大开发效应的一种良好预期。

从不同行业看，医药、有色金属、服装、电子、造纸行业预计下期经营状况较好，认为“好转”的企业比认为“恶化”的分别多53.7、52.8、52.1、51.6和50.6个百分点（见表6、表7）。

调查结果显示，企业投资意愿普遍较高，56.2%的企业未来计划投资额将增长，23%的企业保持不变，20.8%的企业未来计划投资额减少。可见，半数以上的企业准备增加投资，投资的增加有望进一步带动经济增长。

从地区分布看，东部地区计划投资额增长的企业比减少的多39.7个百分点，中、西部地区计划投资额增长的企业比减少的分别多30.3和30.9个百分点。

从企业规模看，大型企业计划投资额增长的企业比减少的多39个百分点，中小型企业计划投资额增长的企业比减少的多34.1个百分点。

从不同行业看，投资景气的行业主要包括医药（71.4）、钢铁（64.3）、电子（58.7）、有色金属（57.1）、化纤（56.2）、纺织（51.5）等，其计划投资额增长的企业比减少的多50个百分点以上；计划未来投资增加较少的行业主要是石油（15.9）、机械（22.2）及非金属矿物制品制造业（26.5）。

此外，高新技术企业和上市公司计划投资额增长的企业比减少的多60个百分点以上（见表17、表18）。

表17　企业未来计划投资情况（%）

	增长	不变	减少	增长-减少
总体	**56.2**	**23.0**	**20.8**	**35.4**
东部地区企业	57.6	24.5	17.9	39.7
中部地区企业	54.2	21.9	23.9	30.3
西部地区企业	55.2	20.5	24.3	30.9
大型和特大型企业	59.3	20.4	20.3	39.0
中小型企业	55.2	23.7	21.1	34.1
国有企业	49.6	23.7	26.7	22.9
非国有企业	60.3	22.4	17.3	43.0
农林牧渔业	54.0	19.6	26.4	27.6
制造业	60.1	21.8	18.1	42.0
电力、煤气、水的生产和供应业	52.4	28.7	18.9	33.5
建筑业	38.8	30.8	30.4	8.4
交通运输仓储及邮电通信业	60.4	20.7	18.9	41.5
批零贸易餐饮业	43.8	26.8	29.4	14.4
房地产业	66.4	21.0	12.6	53.8
高新技术企业	71.2	18.2	10.6	60.6
乡镇企业	63.7	21.3	15.0	48.7
上市公司	72.7	14.6	12.7	60.0
国有控股公司	55.1	21.6	23.3	31.8
企业集团	59.7	21.4	18.9	40.8
IT（信息技术）企业	61.4	21.9	16.7	44.7
外贸企业	59.0	22.7	18.3	40.7

表18　不同行业企业未来计划投资情况（%）

	增长	不变	减少	增长-减少
总体	**56.2**	**23.0**	**20.8**	**35.4**
食品饮料制造业	54.8	23.1	22.1	32.7
纺织业	65.4	20.7	13.9	51.5
服装及其他纤维制品制造业	62.1	23.2	14.7	47.4
造纸及纸制品业	53.2	29.1	17.7	35.5
石油加工及炼焦业	50.0	15.9	34.1	15.9
化学原料及化学制品制造业	63.4	17.2	19.4	44.0
医药制造业	80.1	11.2	8.7	71.4
化学纤维制造业	65.6	25.0	9.4	56.2
橡胶制品业	52.4	30.9	16.7	35.7
塑料制品业	57.0	23.2	19.8	37.2
非金属矿物制品业	51.7	23.1	25.2	26.5
黑色金属冶炼及压延加工业	73.8	16.7	9.5	64.3
有色金属冶炼及压延加工业	73.3	10.5	16.2	57.1
金属制品业	56.9	28.5	14.6	42.3
普通机械制造业	47.0	28.2	24.8	22.2
专用设备制造业	53.7	24.7	21.6	32.1

续表

	增长	不变	减少	增长 - 减少
交通运输设备制造业	58.4	20.2	21.4	37.0
电气机械及器材制造业	52.3	28.8	18.9	33.4
电子及通信设备制造业	69.7	19.3	11.0	58.7
仪器仪表及文化办公用机械制造业	58.0	22.0	20.0	38.0

（五）高新技术产业发展前景乐观

调查结果显示，大多数企业经营者对我国发展高新技术产业的前景持乐观态度。8.5% 的企业经营者认为“非常乐观”，51.5% 认为“比较乐观”，认为“不太乐观”、“很不乐观”的仅分别占 10.1% 和 0.9%（见表 19）。

表 19　企业经营者对我国发展高新技术产业前景的看法（%）

	非常乐观	比较乐观	一般	不太乐观	很不乐观	不清楚
总体	**8.5**	**51.5**	**26.7**	**10.1**	**0.9**	**2.3**
东部地区	8.4	51.1	27.7	9.8	0.9	2.1
中部地区	9.4	53.3	24.1	10.1	0.5	2.6
西部地区	7.8	50.7	26.9	10.9	1.2	2.5
大型和特大型	7.5	52.5	27.0	11.0	1.0	1.0
中小型	8.9	51.2	26.6	9.8	0.8	2.7
国有企业	6.8	53.4	27.2	9.8	0.9	1.9
集体企业	13.6	53.8	22.0	7.1	0.4	3.1
私营企业	13.4	46.5	24.9	9.2	1.4	4.6
股份合作企业	9.7	46.4	28.6	11.4	1.0	2.9
股份有限公司	9.4	51.2	25.1	11.0	1.4	1.9
有限责任公司	8.3	50.4	27.8	10.5	0.8	2.2
外商及港澳台投资企业	7.0	49.9	28.5	11.7	0.6	2.3
高新技术企业	10.5	52.3	21.6	13.3	1.7	0.6
非高新技术企业	8.2	51.5	27.4	9.5	0.8	2.6

当问及企业是否有进入高新技术领域的打算时，15% 的被调查企业回答已经进入，56.8% 的企业打算进入，28.2% 的企业不打算进入（见表 20）。

表 20　企业发展高新技术产业的打算（%）

	已经进入	有打算	没有打算
总体	**15.0**	**56.8**	**28.2**
东部地区	17.6	55.5	26.9
中部地区	11.9	61.1	27.0
西部地区	12.5	55.1	32.4
大型和特大型	20.6	60.5	18.9
中小型	13.0	55.7	31.3
国有企业	11.4	56.0	32.6
集体企业	8.4	59.8	31.8
私营企业	17.1	58.4	24.5
股份合作企业	16.5	57.4	26.1
股份有限公司	27.3	55.0	17.7
有限责任公司	13.7	62.2	24.1
外商及港澳台投资企业	26.6	42.9	30.5

调查结果显示，在打算进入高新技术领域的企业中，绝大多数（73.3%）计划用高新技术改造原有产业，打算投资新的高新技术项目的占26.7%（见表21）。

表21　　企业发展高新技术产业将采取的方式（%）

	投资新的高新技术项目	用高新技术改造原有产业
总体	**26.7**	**73.3**
东部地区	26.6	73.4
中部地区	26.8	73.2
西部地区	26.8	73.2
大型和特大型	30.5	69.5
中小型	25.2	74.8
国有企业	25.6	74.4
集体企业	23.1	76.9
私营企业	33.1	66.9
股份合作企业	24.6	75.4
股份有限公司	35.7	64.3
有限责任公司	24.5	75.5
外商及港澳台投资企业	27.9	72.1

其中，较多企业打算投资的高新技术项目包括新材料（27.1%）、环保新技术（23.1%）、生物技术及新医药（16.5%），其他打算投资的领域依次是网络及通信（8.7%）、新能源（8.1%）、计算机及软件（7.2%）、数字化电子产品（7.1%）等（见表22）。

表22　　企业主要投资的高新技术领域（%）

	总体	高新技术企业	非高新技术企业	东部地区	中部地区	西部地区
新材料	**27.1**	23.4	28.2	28.8	26.5	24.3
环保新技术	**23.1**	17.2	24.5	21.5	23.1	26.9
生物技术及新医药	16.5	16.2	16.6	14.3	18.8	19.1
网络及通信	**8.7**	9.1	8.6	9.5	8.2	7.2
新能源	**8.1**	7.1	8.3	7.3	8.9	9.1
计算机及软件	**7.2**	8.0	7.0	8.1	6.4	5.8
数字化电子产品	**7.1**	14.3	5.2	8.2	6.3	5.2
航空航天	**1.2**	4.1	0.5	0.9	1.3	2.0
海洋工程	**1.0**	0.6	1.1	1.4	0.5	0.4

（六）积极参与西部大开发

调查结果显示，目前西部地区的综合经济实力与东部地区相比还存在不小的差距。从企业的综合经营状况看，东部地区认为“良好”的企业比认为“不佳”的多29.3个百分点，西部地区认为“良好”的比认为“不佳”的多8.3个百分点，比东部地区少21个百分点（见表6）。从企业效益状况看，2000年上半年，东部地区66.6%的企业盈利，18.2%的企业亏损，西部地区51.5%的企业盈利，35.4%的企业亏损，盈利企业比东部地区少15.1个百分点，亏损企业比东部地区多17.2个百分点（见表16），调查表明东西部地区经济的差距是十分明显的。

1999年底，中央提出调整地区经济结构，实施西部大开发战略。调查结果表明，这一战略得到了多数企业经营者的积极响应。同时，企业经营者也希望政府尽快出台有关西部大开发的具体政策。

调查结果显示，超过半数的企业“已经参与”或“打算参与”西部大开发，其中，11.4%的企业

“已经参与”了西部开发，45.0%的企业“打算参与”（见表23）。

表 23　企业参与西部大开发情况（%）

	已经参与	打算参与	不打算参与
总体	**11.4**	**45.0**	**43.6**
东部地区企业	11.9	43.8	44.3
中部地区企业	10.3	47.8	41.9
大型和特大型企业	19.9	46.3	33.8
中小型企业	8.3	44.8	46.9
国有企业	11.5	44.8	43.7
非国有企业	11.3	45.2	43.5

调查结果显示，大多数已经参与了西部大开发的企业选择了“市场拓展”的形式（52.9%），选择技术合作、投资、企业并购、人才援助的比例依次为16.1%、12.5%、7.1%和5.7%（见表24）。

表 24　已经参与西部大开发的形式（%）

	投资	技术合作	市场拓展	人才援助	企业并购	其他
总体	**12.5**	**16.1**	**52.9**	**5.7**	**7.1**	**5.7**
东部地区企业	13.7	16.7	51.2	6.1	7.2	5.1
中部地区企业	9.9	15.0	57.3	4.3	6.3	7.2

调查结果还显示，打算参与西部大开发的企业，首选的开发形式仍然是“市场拓展”（42.5%），其次是技术合作（23%）、企业并购（11%）、投资（8.4%）和人才援助（6.3%）（见表25）。

表 25　打算参与西部大开发的形式（%）

	投资	技术合作	市场拓展	人才援助	企业并购	其他
总体	**8.4**	**23.0**	**42.5**	**6.3**	**11.0**	**8.8**
东部地区企业	9.3	23.3	41.2	6.6	11.6	8.0
中部地区企业	6.6	22.6	44.9	5.5	9.9	10.5

可见，大多数企业目前还只是以市场拓展的形式参与西部大开发，政府应进一步制定一系列相应配套措施，鼓励企业加强对西部地区资金、技术、人才的投入力度。

（七）经济回升基础欠稳，深层次矛盾尚未解决

目前，宏观经济运行出现回升态势，企业生产经营状况明显好转，但制约经济发展的深层次矛盾依然存在，应引起有关方面的高度重视。

1. 有效需求依然不足

调查结果显示，尽管2000年以来总需求状况有了明显改善，认为总需求“不足”的企业经营者比1999年减少了36.3个百分点，但是，仍有达半数的企业经营者认为总需求不足，认为需求“合适”和“较旺”的分别占31.3%和18.7%。其中，消费需求不足状况尤为明显，63.4%的企业经营者认为消费需求不足，认为合适和较旺的分别占22%和14.6%；认为外贸出口需求不足的占48.9%；认为固定资产投资需求不足的占40.2%（见表26）。

企业订货情况也从一个侧面客观地反映了需求不足的状况。调查结果显示，2000年认为订货“低于正常”水平的比例为30.6%，比1999年（42.3%）明显减少，认为订货处于正常水平的比例为57.9%，比1999年（51%）有所增加。但是，认为订货低于正常水平的企业（30.6%）仍比认为订货高于正常水平（11.5%）的多19.1个百分点。可见，订货不足的状况虽然比1999年有所缓解，但仍不十分乐观。从企业的地区分布看，东部地区企业的订货情况较好，西部地区企业的订货情况较差；从企业规模看，大型和特大型企业的订货情况较好，中小型企业的订货情况较差；此外，非国有企业的订货状况好于国有企业（见表27）。

表26　　企业经营者对今年国民经济需求状况的判断（%）

		较旺	合适	不足	严重不足
总需求	2000年	18.7	31.3	49.1	0.9
	1999年	3.0	10.7	77.3	9.0
1. 固定资产投资需求	2000年	32.6	27.1	37.2	3.0
	1999年	11.4	22.0	56.0	10.6
2. 消费需求	2000年	14.6	22.0	57.7	5.7
	1999年居民	3.8	10.1	62.0	24.1
	1999年社会集团	8.1	25.1	57.0	9.8
3. 外贸出口需求	2000年	27.7	23.4	45.4	3.5
	1999年	4.2	9.8	66.9	19.1

表27　　企业订货情况（%）

	高于正常	正常	低于正常	高于正常-低于正常
总体	**11.5**	**57.9**	**30.6**	**-19.1**
东部地区企业	12.0	60.6	27.4	-15.4
中部地区企业	10.8	56.0	33.2	-22.4
西部地区企业	11.0	53.8	35.2	-24.2
大型和特大型企业	12.2	62.6	25.2	-13.0
中小型企业	11.2	56.3	32.5	-21.3
国有企业	9.6	55.3	35.1	-25.5
非国有企业	12.6	59.5	27.9	-15.3

调查结果显示，企业的销售价格普遍下降，也说明存在社会需求不足的状况。55.5%的企业经营者认为目前本企业的销售价格下降，33.1%的企业经营者认为持平，仅有11.4%的企业经营者认为上升，认为价格下降的比认为上升的多44.1个百分点。分行业来看，除房地产（5.2）、石油（30.2）和化纤（9.6）外，其他各行业认为价格下降的都多于认为价格上升的（见表28）。

2. 企业盈利能力仍有待提高，资金紧张状况没有明显改善

调查结果表明，目前企业盈利水平还不高，超过一半的企业认为目前企业的盈利状况低于正常水平，只有8.4%的企业认为高于正常水平（见表29）。

从销售利润率这一指标也可以看出，目前企业盈利能力仍然偏低。调查显示，2000年上半年，企业平均销售利润率仅为8.3%，与1999年同期的7.4%相比没有明显改善。47.5%的企业销售利润率在5%以下，21.8%的企业销售利润率在5%～10%之间，20.9%的企业销售利润率在10%～20%之间，只有9.8%的企业销售利润率在20%以上。从企业的地区分布看，中西部地区要低于东部地区。从不同经济类型看，私营企业和外商及港澳台投资企业销售利润率相对较高，分别为13.6%和11.9%，国有企业销售利润率相对较低，仅为5.5%（见表30）。

盈利能力偏低，仍是导致企业资金紧张的原因之一。调查结果显示，62.7%的企业经营者认为目前企业资金紧张，仅比1999年减少3.8个百分点。认为资金状况正常和宽裕的企业经营者仅分别占31.8%和5.5%。其中国有企业和中小型企业资金紧张状况较为突出，认为资金紧张的企业经营者的比重分别达到70.2%和64.5%（见表31）。

表 28 企业销售价格情况（%）

	上升	持平	下降	上升 - 下降
总体	**11.4**	**33.1**	**55.5**	**-44.1**
农林牧渔业	10.3	29.9	59.8	-49.5
制造业	10.5	31.7	57.8	-47.3
电力、煤气、水的生产和供应业	13.7	54.7	31.6	-17.9
建筑业	6.1	31.9	62.0	-55.9
交通运输仓储及邮电通信业	6.8	42.2	51.0	-44.2
批零贸易餐饮业	11.1	29.5	59.4	-48.3
房地产业	33.0	39.2	27.8	5.2
食品饮料制造业	9.3	39.8	50.9	-41.6
纺织业	22.3	40.4	37.3	-15.0
服装及其他纤维制品制造业	9.4	52.1	38.5	-29.1
造纸及纸制品业	22.2	43.2	34.6	-12.4
石油加工及炼焦业	55.8	18.6	25.6	30.2
化学原料及化学制品制造业	11.8	24.6	63.6	-51.8
医药制造业	4.9	38.3	56.8	-51.9
化学纤维制造业	29.0	51.6	19.4	9.6
橡胶制品业	7.0	37.2	55.8	-48.8
塑料制品业	15.3	25.9	58.8	-43.5
非金属矿物制品业	10.5	23.0	66.5	-56.0
黑色金属冶炼及压延加工业	28.2	36.5	35.3	-7.1
有色金属冶炼及压延加工业	31.1	24.5	44.4	-13.3
金属制品业	8.3	30.3	61.4	-53.1
普通机械制造业	3.0	23.2	73.8	-70.8
专用设备制造业	4.3	19.3	76.4	-72.1
交通运输设备制造业	1.3	30.1	68.6	-67.3
电气机械及器材制造业	3.6	27.0	69.4	-65.8
电子及通信设备制造业	6.4	23.7	69.9	-63.5
仪器仪表及文化办公用机械制造业	2.0	39.2	58.8	-56.8

表 29 企业盈利情况（%）

	好于正常	正常	低于正常	好于正常 - 低于正常
总体	**8.4**	**40.9**	**50.7**	**-42.3**
东部地区企业	7.9	43.6	48.5	-40.6
中部地区企业	9.6	37.6	52.8	-43.2
西部地区企业	8.0	38.2	53.8	-45.8
大型和特大型企业	10.4	45.2	44.4	-34.0
中小型企业	7.7	39.4	52.9	-45.2
国有企业	6.8	39.2	54.0	-47.2
集体企业	10.0	38.1	51.9	-41.9
私营企业	7.9	46.3	45.8	-37.9
股份合作企业	6.6	37.5	55.9	-49.3
股份有限公司	11.6	42.7	45.7	-34.1
有限责任公司	8.3	42.0	49.7	-41.4
外商及港澳台投资企业	13.0	46.8	40.2	-27.2

表30 不同地区、规模和经济类型企业的销售利润率（%）

	0以下	0%～5%	5%～10%	10%～20%	20%以上	平均销售利润率
总体	**10.7**	**36.8**	**21.8**	**20.9**	**9.8**	**8.3**
东部地区	7.6	37.5	23.2	22.0	9.7	9.0
中部地区	11.6	37.5	22.2	18.5	10.2	7.6
西部地区	17.7	34.0	17.4	21.0	9.9	7.0
大型企业	12.1	40.1	19.5	19.5	8.8	7.1
中型企业	11.2	36.9	22.0	20.1	9.8	8.0
小型企业	8.4	33.8	23.3	23.6	10.9	9.8
国有企业	18.1	41.2	16.9	16.0	7.8	5.5
其中：大型	16.5	47.0	14.6	16.1	5.8	5.1
中型	18.8	40.4	17.6	14.9	8.3	5.2
小型	19.3	32.6	18.9	18.5	10.7	7.2
集体企业	6.8	36.4	26.7	19.9	10.2	9.6
私营企业	1.8	33.9	22.8	26.3	15.2	13.6
股份合作企业	3.9	38.5	31.2	18.2	8.2	8.9
股份有限公司	5.9	35.2	21.8	24.4	12.7	9.9
有限责任公司	8.0	35.9	23.3	22.4	10.4	8.8
外商及港澳台投资企业	6.6	20.9	25.6	33.7	13.2	11.9

表31 企业资金情况（%）

	宽裕	正常	紧张	宽裕－紧张
总体	**5.5**	**31.8**	**62.7**	**－57.2**
东部地区企业	6.5	36.5	57.0	－50.5
中部地区企业	4.3	25.6	70.1	－65.8
西部地区企业	4.5	27.8	67.7	－63.2
大型和特大型企业	6.3	35.9	57.8	－51.5
中小型企业	5.2	30.3	64.5	－59.3
国有企业	4.3	25.5	70.2	－65.9
集体企业	5.1	29.2	65.7	－60.6
私营企业	5.2	39.4	55.4	－50.2
股份合作企业	5.2	37.9	56.9	－51.7
股份有限公司	6.8	42.0	51.2	－44.4
有限责任公司	5.4	30.9	63.7	－58.3
外商及港澳台投资企业	10.7	47.9	41.4	－30.7
农林牧渔业	4.5	25.6	69.9	－65.4
制造业	5.1	31.3	63.6	－58.5
电力、煤气、水的生产和供应业	6.3	41.9	51.8	－45.5
建筑业	3.0	18.5	78.5	－75.5
交通运输仓储及邮电通信业	6.9	34.7	58.4	－51.5
批零贸易餐饮业	6.0	36.4	57.6	－51.6
房地产业	10.0	40.8	49.2	－39.2
高新技术企业	7.6	39.9	52.5	－44.9
乡镇企业	5.6	35.1	59.3	－53.7
上市公司	12.4	49.7	37.9	－25.5
国有控股公司	5.2	27.5	67.3	－62.1

续表

	宽裕	正常	紧张	宽裕 - 紧张
企业集团	5.3	30.9	63.8	-58.5
IT（信息技术）企业	5.2	41.4	53.4	-48.2
外贸企业	8.5	34.1	57.4	-48.9

3. 国有企业改革任重道远

本次调查中国有企业占 38.2%，从调查结果可以看出，2000 年以来国有企业的生产经营状况有了明显的改善。国有企业的综合经营状况，1999 年认为“良好”的企业比认为“不佳”的少 3.3 个百分点，2000 年认为“良好”的企业比认为“不佳”的多 8.5 个百分点。1999 年国有企业停产、半停产企业的比重为 25.1%，2000 年下降到 17.2%（见表 6、表 11）。

但是，同其他经济类型企业相比，国有企业的经营状况依然不够理想，特别是国有中小型企业困难仍很突出。目前，国有企业的销售利润率只有 5.5%，停产、半停产企业的比重在各种经济类型企业中也是最高的，国有小型企业是各类企业中唯一认为综合经营状况“良好”的比认为“不佳”的要少的企业（见表 6、表 11、表 30）。

由此可见，加快推进国有经济的战略性调整，着力抓好国有大中型企业建立现代企业制度，积极推进国有中小企业的放开搞活，在抓国有大中型企业扭亏增盈的同时，促使国有中小型企业尽快摆脱困境，依然任重而道远。

4. 企业税费负担依然较重

调查结果表明，大多数企业经营者认为国家的财政性税费水平偏高，只有 3.6% 的企业经营者认为低，19.5% 的企业经营者认为合适，其余 76.9% 的企业经营者都认为高。

对财政性税费水平偏高这一情况的认同在不同地区、不同经济类型的企业之间没有显著差异，说明企业在对财政性税费水平偏高这一问题的看法上比较一致。国家应当进一步推进税制改革，切实减轻企业税费负担，为企业创造良好的外部环境（见表 32）。

表 32　　企业负担财政性税费情况（%）

	高	合适	低
总体	**76.9**	**19.5**	**3.6**
东部地区企业	76.7	20.2	3.1
中部地区企业	76.4	19.2	4.4
西部地区企业	77.7	18.2	4.1
大型和特大型企业	78.8	18.4	2.8
中小型企业	76.3	19.9	3.8
国有企业	76.7	19.6	3.7
集体企业	71.9	22.6	5.5
私营企业	72.6	22.1	5.3
股份合作企业	82.2	14.0	3.8
股份有限公司	76.1	20.3	3.6
有限责任公司	79.7	17.3	3.0
外商及港澳台投资企业	74.9	23.6	1.5
农林牧渔业	71.2	20.4	8.4
制造业	78.4	18.8	2.8

续表

	高	合适	低
电力、煤气、水的生产和供应业	72.4	23.9	3.7
建筑业	72.9	21.4	5.7
交通运输仓储及邮电通信业	75.8	18.9	5.3
批零贸易餐饮业	77.5	18.0	4.5
房地产业	66.9	27.0	6.1

二、企业经营者对加入 WTO 的看法与期望

本次调查向企业经营者提出了关于我国加入 WTO 对企业的影响、企业准备采取哪些应对措施，以及希望政府如何改善宏观环境等方面的问题，调查结果显示，大部分企业经营者对于迎接加入 WTO 的挑战充满信心。

1. 机遇与压力并存

调查结果表明，大多数企业经营者认为加入 WTO 是一次机遇，但同时也给企业带来了很大的压力。面对这样的机遇和压力，大多数企业经营者希望企业能够抓住机遇，促使企业经营状况进一步好转。

关于加入 WTO 以后企业经营环境会出现什么样的变化，调查结果表明，企业经营者认为首先是体制改革加速（66.6%），其次是进口大量增加（56.7%），以下依次是宏观调控难度加大（36.7%）、外资大量进入（31.3%）、人才流向外企（30.3%）、失业人数增加（29.6%）、出口大量增加（20.5%）和国内需求增加（11.1%）（见表33）。

表 33　　企业经营者认为加入 WTO 后，国内经济将发生的变化（%）

	总体	国有企业	非国有企业	大型企业	中小企业
体制改革加速	**66.6**	68.3	64.7	69.7	65.5
进口大量增加	**56.7**	57.0	56.6	55.6	57.1
宏观调控难度加大	**36.7**	36.8	36.6	36.4	36.8
外资大量进入	**31.3**	30.5	32.1	31.0	31.4
人才流向外企	**30.3**	32.5	27.7	35.2	28.5
失业人数增加	**29.6**	31.6	27.2	25.0	31.1
出口大量增加	**20.5**	17.1	24.5	18.4	21.3
国内需求增加	**11.1**	10.5	11.8	10.1	11.5
其他	**0.9**	0.6	1.2	0.4	1.0

当问及加入 WTO 能否给企业带来机遇时，13.6% 的企业经营者认为“机遇很好”，58.1% 的企业经营者认为“有些机遇”，28.3% 的企业经营者认为“影响不大”。其中，东部地区认为“机遇很好”的企业经营者（15.6%）明显多于中、西部地区（11.1% 和 11.7%）；大型企业（16.1%）多于中小型企业（12.7%）；非国有企业（16%）多于国有企业（9.7%）。

从不同行业看，服装（35.2%）、纺织（32.6%）、外贸（30.5%）、橡胶（21.4%）、金属制品（20.8%）、石油（20.5%）及电子（19%）等行业企业认为“机遇很好”的比重相对较高（见表34）。

当问及加入 WTO 是否对企业产生压力时，25.6% 的企业经营者认为“压力很大”，45.3% 的企业经营者认为“有些压力”，29.1% 的企业经营者认为“影响不大”。其中大型企业认为压力很大的比重（32.6%）明显高于中小型企业（23.1%），国有企业（29.7%）高于非国有企业（21.1%）。

表 34　　加入 WTO 给企业带来的机遇（%）

	机遇很好	有些机遇	影响不大
总体	**13.6**	**58.1**	**28.3**
东部地区企业	15.6	57.9	26.5
中部地区企业	11.1	59.5	29.4
西部地区企业	11.7	57.2	31.1
大型和特大型企业	16.1	62.8	21.1
中小型企业	12.7	56.4	30.9
国有企业	9.7	60.8	29.5
非国有企业	16.0	56.5	27.5
农林牧渔业	17.8	62.0	20.2
制造业	14.9	58.5	26.6
电力、煤气、水的生产和供应业	6.9	47.1	46.0
建筑业	7.8	60.9	31.3
交通运输仓储及邮电通信业	15.1	62.6	22.3
批零贸易餐饮业	10.8	62.3	26.9
其中：外贸企业	30.5	55.2	14.3
房地产业	13.7	57.2	29.1
食品饮料制造业	12.4	58.7	28.9
纺织业	32.6	59.8	7.6
服装及其他纤维制品制造业	35.2	56.0	8.8
造纸及纸制品业	5.1	64.1	30.8
石油加工及炼焦业	20.5	61.3	18.2
化学原料及化学制品制造业	14.5	54.6	30.9
医药制造业	17.8	55.4	26.8
化学纤维制造业	9.7	83.8	6.5
橡胶制品业	21.4	54.8	23.8
塑料制品业	16.9	56.6	26.5
非金属矿物制品业	9.5	49.7	40.8
黑色金属冶炼及压延加工业	9.8	58.5	31.7
有色金属冶炼及压延加工业	16.3	64.5	19.2
金属制品业	20.8	50.0	29.2
普通机械制造业	6.7	60.0	33.3
专用设备制造业	9.9	67.1	23.0
交通运输设备制造业	10.3	70.5	19.2
电气机械及器材制造业	7.4	55.6	37.0
电子及通信设备制造业	19.0	58.8	22.2
仪器仪表及文化办公用机械制造业	10.0	60.0	30.0

从不同行业看，交通运输仓储及邮电通信业（33.5%）、批发零售贸易餐饮业（32.6%）、外贸（31%）以及石油（45.4%）、造纸（36.6%）、纺织（35.7%）、化纤（34.4%）、化工（32.3%）、汽车（32.2%）、钢铁（31.3%）、仪器仪表（30%）等行业的企业选择“压力很大”的比重相对较高（见表 35）。

面对机遇和压力，39.8% 的企业经营者认为加入 WTO 以后，企业经营状况将会“好转”，47.7% 的企业经营者认为“不变”，12.5% 的企业经营者认为“恶化”，认为会“好转”的比认为会“恶化”的多 27.3 个百分点，说明多数企业经营者对加入 WTO 持乐观态度。

表 35　　加入 WTO 给企业带来的压力（%）

	压力很大	有些压力	影响不大
总体	**25.6**	**45.3**	**29.1**
东部地区企业	23.9	46.2	29.9
中部地区企业	28.5	44.1	27.4
西部地区企业	26.3	44.4	29.3
大型和特大型企业	32.6	45.7	21.7
中小型企业	23.1	45.1	31.8
国有企业	29.7	44.9	25.4
非国有企业	21.1	45.7	33.2
农林牧渔业	25.0	48.8	26.2
制造业	25.5	45.7	28.8
电力、煤气、水的生产和供应业	8.3	48.1	43.6
建筑业	25.3	50.7	24.0
交通运输仓储及邮电通信业	33.5	39.4	27.1
批零贸易餐饮业	32.6	45.0	22.4
其中：外贸企业	31.0	41.4	27.6
房地产业	14.4	44.1	41.5
食品饮料制造业	26.0	41.2	32.8
纺织业	35.7	45.1	19.2
服装及其他纤维制品制造业	23.0	46.0	31.0
造纸及纸制品业	36.6	37.8	25.6
石油加工及炼焦业	45.4	27.3	27.3
化学原料及化学制品制造业	32.3	47.4	20.3
医药制造业	28.9	48.5	22.6
化学纤维制造业	34.4	50.0	15.6
橡胶制品业	26.2	42.8	31.0
塑料制品业	23.8	46.2	30.0
非金属矿物制品业	13.0	37.7	49.3
黑色金属冶炼及压延加工业	31.3	47.4	21.3
有色金属冶炼及压延加工业	16.5	58.3	25.2
金属制品业	19.5	40.7	39.8
普通机械制造业	26.8	47.5	25.7
专用设备制造业	25.3	49.4	25.3
交通运输设备制造业	32.2	46.3	21.5
电气机械及器材制造业	20.8	56.6	22.6
电子及通信设备制造业	20.1	45.0	34.9
仪器仪表及文化办公用机械制造业	30.0	34.0	36.0

从不同行业看，纺织、服装、外贸等行业企业显得尤为乐观，其认为加入 WTO 后企业经营状况会“好转”的比认为会“恶化”的分别多 73.6、69.3 和 50 个百分点（见表 36）。

表 36　　加入 WTO 对企业经营状况的影响（%）

	好转	不变	恶化	好转－恶化
总体	**39.8**	**47.7**	**12.5**	**27.3**
东部地区企业	41.9	48.2	9.9	32.0
中部地区企业	37.4	46.8	15.8	21.6
西部地区企业	37.3	47.8	14.9	22.4

续表

	好转	不变	恶化	好转 - 恶化
大型和特大型企业	39.2	46.4	14.4	24.8
中小型企业	39.9	48.2	11.9	28.0
国有企业	32.6	51.2	16.2	16.4
非国有企业	44.2	45.6	10.2	34.0
农林牧渔业	46.4	42.3	11.3	35.1
制造业	41.9	46.4	11.7	30.2
电力、煤气、水的生产和供应业	35.0	61.7	3.3	31.7
建筑业	37.6	49.3	13.1	24.5
交通运输仓储及邮电通信业	39.6	46.4	14.0	25.6
批零贸易餐饮业	34.1	46.1	19.8	14.3
其中：外贸企业	60.8	28.4	10.8	50.0
房地产业	43.5	50.4	6.1	37.4
食品饮料制造业	39.8	46.2	14.0	25.8
纺织业	75.4	22.8	1.8	73.6
服装及其他纤维制品制造业	72.7	23.9	3.4	69.3
造纸及纸制品业	25.0	55.0	20.0	5.0
石油加工及炼焦业	40.5	38.1	21.4	19.1
化学原料及化学制品制造业	32.9	44.4	22.7	10.2
医药制造业	38.8	45.6	15.6	23.2
化学纤维制造业	51.6	32.3	16.1	35.5
橡胶制品业	30.8	56.4	12.8	18.0
塑料制品业	43.4	47.4	9.2	34.2
非金属矿物制品业	40.1	54.3	5.6	34.5
黑色金属冶炼及压延加工业	39.7	50.7	9.6	30.1
有色金属冶炼及压延加工业	46.1	44.1	9.8	36.3
金属制品业	46.8	42.1	11.1	35.7
普通机械制造业	30.9	49.6	19.5	11.4
专用设备制造业	37.1	51.6	11.3	25.8
交通运输设备制造业	37.8	47.3	14.9	22.9
电气机械及器材制造业	31.1	57.6	11.3	19.8
电子及通信设备制造业	41.2	52.7	6.1	35.1
仪器仪表及文化办公用机械制造业	25.0	60.4	14.6	10.4

2. 希望进一步了解 WTO 相关条款及政策

调查结果表明，绝大多数企业经营者都很关心 WTO 相关条款的内容。但是，企业经营者对相关条款的了解程度还不高，大部分经营者是“有些了解”（74.6%），选择“不太了解”和“不了解”的各占 18.5% 和 3.4%，只有 3.2% 的企业经营者“非常了解”WTO 的相关条款（见表 37）。

表 37　　企业经营者对 WTO 相关条款的了解程度（%）

	非常了解	有些了解	不太了解	不了解	不关心
总体	**3.2**	**74.6**	**18.5**	**3.4**	**0.3**
东部地区企业	3.6	74.9	18.2	3.0	0.3
中部地区企业	2.5	73.6	19.6	3.8	0.5
西部地区企业	3.2	74.9	17.9	3.7	0.3

续表

	非常了解	有些了解	不太了解	不了解	不关心
大型和特大型企业	5.6	82.0	10.7	1.7	
中小型企业	2.4	71.9	21.3	4.0	0.4
国有企业	3.3	76.9	16.1	3.5	0.2
非国有企业	3.2	73.2	19.9	3.3	0.4

根据这次调查的结果，对于我国加入WTO，企业经营者希望了解的内容依次是：政府经济政策的调整（60.9%）、企业应采取的对策（54.8%）、加入WTO对各行业的影响（52.2%）、中美、中欧协议条款（10%）和WTO的相关背景及规则（9.2%）。因此，随着入世的临近，有关方面有必要加强这方面的宣传，帮助企业做好入世的准备（见表38）。

表38　对于我国加入WTO，企业经营者最希望了解（%）

	中美、中欧协议条款	加入WTO对各行业的影响	企业应采取的对策	WTO的相关背景及规则	政府经济政策的调整	其他
总体	**10.0**	**52.2**	**54.8**	**9.2**	**60.9**	**0.6**
东部地区企业	12.0	50.7	54.4	9.3	60.5	0.8
中部地区企业	6.9	54.3	56.5	8.8	61.4	0.5
西部地区企业	9.1	53.2	53.9	9.3	61.2	0.4
大型和特大型企业	9.9	50.5	53.7	8.2	65.3	0.8
中小型企业	10.1	52.8	55.2	9.6	59.3	0.6
国有企业	7.8	53.1	57.2	8.9	61.3	0.5
非国有企业	12.5	51.3	52.3	9.5	60.5	0.8

3. 企业应对加入WTO的措施

调查结果表明，目前，企业经营者认为与入世不相适应的方面依次是：人才结构（36.4%）、企业制度（32.4%）、技术创新能力（29.6%）、市场开拓能力（23.4%）、经营管理水平（22.7%）、观念（21.4%）和抗风险能力（19.6%）（见表39）。

表39　企业目前还不能适应加入WTO的方面（%）

	总体	国有企业	非国有企业	大型企业	中小企业
人才结构	**36.4**	32.6	38.7	37.3	36.2
企业制度	**32.4**	49.8	21.8	37.3	30.8
技术创新能力	**29.6**	24.6	32.7	31.0	29.2
市场开拓能力	**23.4**	18.9	26.1	19.7	24.6
经营管理水平	**22.7**	19.8	24.5	19.5	23.9
观念	**21.4**	23.4	20.2	22.9	20.8
抗风险能力	**19.6**	18.0	20.5	16.8	20.5
其他	**1.3**	1.4	1.2	1.9	1.0

为了迎接入世的挑战，企业经营者拟采取的应对措施按选择比重依次是：增加技术创新投入（57.2%）、加强与国内外大企业的合资合作（42.8%）、加大人才引进力度（42.3%）、加强信息化建设（37.7%）、加强法律自我保护措施（24.4%）以及扩大出口（23.3%）。而选择降低产品价格的比重（20.1%）并不高，说明大部分企业已充分认识到切实从根本上增强自身实力对迎接入世具有十分重要的意义（见表40）。

表 40　　　　　　　　我国加入 WTO 后，企业将采取的行动（%）

	总体	国有企业	非国有企业	大型企业	中小企业
增加技术创新投入	**57.2**	57.2	57.3	59.6	56.6
加强与国内外大企业的合资合作	**42.8**	48.9	39.0	46.6	41.5
加大人才引进力度	**42.3**	38.5	44.6	38.4	43.7
加强信息化建设	**37.7**	39.9	36.4	35.4	38.4
加强法律自我保护措施	**24.4**	27.1	22.7	18.8	26.3
扩大出口	**23.3**	19.6	25.5	27.4	21.9
降低产品（服务）价格	**20.1**	19.2	20.7	15.7	21.6
投资高新技术产业	**16.2**	13.2	18.0	16.7	16.0
进行国际化资本运营	**9.8**	8.6	10.6	14.2	8.3
采取走出去战略进行境外投资	**4.5**	3.7	5.1	6.5	3.9

4. 开拓国际市场，适应经济全球化的要求

调查结果显示，加入 WTO 以后，面对经济的全球化，企业经营者近期拟重点开拓的国际市场中，第一是港澳台地区（22.6%），第二是美国、加拿大（21.5%），以下依次是日本、韩国（20.3%），欧盟（15.8%），中东欧和独联体国家（15.1%），东盟（13.6%），非洲（10.1%）和拉美（4.2%）（见表 41）。

表 41　　　　　　　　企业计划近期重点开拓的国际市场（%）

	总体	国有企业	非国有企业	大型企业	中小企业	外贸企业	非外贸企业
港澳台地区	**22.6**	20.9	23.6	18.4	24.0	15.9	23.0
美国、加拿大	**21.5**	17.0	24.3	27.0	19.7	49.4	19.7
日本、韩国	**20.3**	18.3	21.5	21.6	19.8	28.1	19.8
欧盟	**15.8**	12.9	17.6	20.4	14.4	41.3	14.1
中东欧和独联体国家	**15.1**	15.5	14.9	15.7	14.9	14.1	15.2
东盟	**13.6**	14.9	12.8	17.9	12.1	6.3	14.1
非洲	**10.1**	11.4	9.4	13.3	9.1	12.5	10.0
拉美	**4.2**	4.2	4.2	6.2	3.5	9.1	3.9
其他	**7.8**	8.4	7.3	7.2	8.0	4.7	8.0

调查表明，目前企业在开拓国际市场方面遇到的主要困难依次是：缺乏市场供求信息（78.1%），缺少外贸专门人才（68.8%），不了解当地法律政策（39.1%），缺乏保险、融资服务（35.4%），海外结汇困难（9.6%）和航线少、货流不畅（5.9%）（见表 42）。

表 42　　　　　　　　企业在开拓国际市场方面遇到的主要困难（%）

	总体	国有企业	非国有企业	大型企业	中小企业	外贸企业	非外贸企业
缺乏市场供求信息	**78.1**	78.4	77.9	76.8	78.7	71.9	78.5
缺少外贸专门人才	**68.8**	68.5	69.0	68.7	68.9	63.1	69.2
不了解当地法律政策	**39.1**	38.8	39.3	40.8	38.5	38.4	39.2
缺乏保险、融资服务	**35.4**	36.6	34.7	33.8	36.1	40.3	35.1
海外结汇困难	**9.6**	7.4	11.0	8.6	9.9	19.4	9.0
航线少、货流不畅	**5.9**	5.6	6.0	5.9	5.9	10.9	5.5

5. 企业经营者对改善宏观环境的期望

为了迎接加入 WTO 后的挑战，企业经营者希望政府在改善宏观外部条件方面所采取的前五项措施依

次为：健全社会保障制度（61.8%），深化国有企业改革（51.7%），理顺政企关系（48.9%）、健全市场体系（43.4%）和完善法律体系（42.4%），其中，最受关注的是健全社会保障制度（见表43）。

表43　为应对WTO的挑战，企业经营者希望政府改善的外部环境（%）

	总体	国有企业	非国有企业	大型企业	中小企业	外贸企业	非外贸企业
健全社会保障制度	**61.8**	71.4	56.0	67.1	60.0	60.3	61.9
深化国有企业改革	**51.7**	73.6	38.4	61.1	48.4	45.0	52.2
理顺政企关系	**48.9**	53.3	46.3	53.5	47.4	47.5	49.0
健全市场体系	**43.4**	42.1	44.2	46.2	42.4	35.0	44.0
完善法律体系	**42.4**	38.4	44.8	38.9	43.6	45.0	42.2
促进企业家职业化	**37.3**	39.7	35.9	40.6	36.1	35.9	37.4
加快经济结构调整	**36.0**	34.1	37.2	35.9	36.1	33.8	36.2
加速人才培养	**35.8**	31.6	38.3	31.7	37.2	41.9	35.4
加大投资力度	**26.2**	25.6	26.6	24.3	27.0	28.1	26.1
大力发展民营企业	**24.2**	9.6	33.1	12.0	28.5	26.6	24.1
建立产业保护机制	**22.6**	20.4	24.0	21.7	22.9	26.3	22.4
建立国家创新体系	**16.7**	13.7	18.5	14.7	17.3	18.1	16.6
完善宏观调控体系	**15.6**	14.9	16.1	15.5	15.7	18.8	15.4
扶持民间中介机构	**3.2**	1.6	4.1	2.1	3.6	3.8	3.2
其他	**0.9**	0.7	1.0	0.8	0.9	1.6	0.9

从有关社会保障制度的调查结果中也可以看出，目前企业为职工办理社会保险的状况还不够理想，特别是医疗保险情况较差，半数企业还没有为职工办理医疗保险（见表44）。

表44　企业为职工办理社会保险的情况（%）

	总体	国有企业	非国有企业	大型企业	中小企业	东部企业	中部企业	西部企业
养老保险	**89.9**	95.5	86.6	95.4	88.0	90.3	87.2	92.3
医疗保险	**48.5**	46.0	50.0	51.3	47.5	54.7	41.1	42.4
失业保险	**63.5**	75.4	56.3	73.7	60.0	63.4	58.7	69.3
工伤保险	**55.8**	50.9	58.8	55.5	56.0	61.0	48.5	52.1

另外，企业经营者还希望加入WTO后，政府在外贸管理体制方面能够继续加强打击和防范走私、逃套汇、出口骗税的力度（见表45）。

表45　我国加入WTO后，希望政府在外贸管理方面采取的措施（%）

	总体	外贸企业	非外贸企业
加强打击和防范走私、逃套汇、出口骗税的力度	**53.8**	51.9	54.0
打破所有制界限，允许私营经济进入外贸流通领域	**40.1**	35.9	40.3
取消外贸经营许可证制度，但仍对经营资格进行登记备案管理	**39.9**	46.9	39.4
取消外贸经营许可证制度，完全放开外贸经营	**28.4**	27.2	28.4
对违法违规企业进行经济处罚，不再对经营资格进行处罚（如暂停、取消经营资格）	**18.3**	18.8	18.3
其他	**2.0**	5.6	1.7

（注：凡引用此报告者均需注明引自中国企业家调查系统——《2000·中国企业经营者问卷跟踪调查报告》）

课题组名单

顾　　问：	王梦奎	陈清泰	魏礼群	李德水	
	鲁志强	李克穆	谢伏瞻	许善达	
调查主持：	李培育	陈全生	邵　宁	叶　震	陈　重
调查指导：	巩　琳	郭兴旺	卢中原	孙小系	赵　闯
	卫　东	王忠明	任泽民	毕雪融	杨元伟
	章苏东	杨　桦	于　武	姜绍俊	罗海章
	欧晓理	金磊夫	吴　江		
报告撰写：	李　兰	潘建成	韩岫岚	郑明身	李　凯
	郭　雷	杨志民			
数据处理：	王建平	张武军	张晓娟	刘晓燕	
参与讨论：	邓荣霖	吴　栋	丁宁宁	程秀生	杨德林
	郝大海	张　泰	李燕斌	吴彤雕	王　斌
	陈　锋	钟蓉萨	张艳艳	仇　明	余明勤
	杨家锴	张　斌	张贞民	王克良	廖昆明

1999年企业经营者对宏观经济形势与企业改革的判断

▌中国企业家调查系统

1999年以来，为了缓解亚洲金融危机和国内通货紧缩的影响，促进经济的稳步增长，我国政府在1998年的基础上继续采取了包括增发国债、连续降息、提高工资、调整税收等一系列积极的财政和货币政策，加大了以建立现代企业制度为核心的国有企业改革的力度，同时进一步加快了财税、金融等体制改革的步伐。为了解企业经营者对当前宏观经济形势、改革成效、企业运营状况、当前存在问题及其对未来发展前景的判断，为政府进一步调整宏观政策和深化企业改革提供决策参考依据，1999年8月至11月，中国企业家调查系统组织实施了“1999年中国企业经营者问卷跟踪调查”。

本次调查是由中国企业家调查系统组织的第7次全国性企业经营者年度跟踪调查，得到了国务院发展研究中心情报中心、国务院研究室工交贸易研究司、国家经济贸易委员会企业改革司、国家统计局国民经济综合统计司、中国企业联合会研究部、国家发展计划委员会国民经济综合司、财政部财产评估司、国家经济贸易委员会中小企业司、国家经济贸易委员会培训司、人事部人才流动开发司、劳动和社会保障部法制司、国家税务总局政策法规司、中国证券监督管理委员会信息中心、国家石油和化学工业局规划发展司、国家轻工业局企业改革司、国家机械局规划发展司、国家国内贸易局行业规划与法规司、国家冶金工业局规划发展司、国家电力公司战略研究与规划部、国家行政学院领导科学教研部等有关部委的支持和指导。

本次调查以企业法人代表为调查对象，按照我国企业的实际构成情况进行等比例随机抽样，采用邮寄问卷方式进行。本次调查共发放问卷10000份，回收问卷3629份，其中有效问卷3562份，有效回收率为35.6%。通过对部分未填写问卷与填写问卷企业的对比分析，未发现存在系统偏差。为使调查分析更为全面和深入，本报告还充分利用了中国企业家调查系统以往的调查结果。

本次调查主要涉及工业、建筑业、交通运输仓储及邮电通讯业、批发零售贸易和餐饮业、房地产业和社会服务业等行业，上述行业的企业所占比重分别为：62.2%、6.5%、4.4%、10.5%、3.3%和2.9%。从企业的地区分布看，东部占55.1%，中部和西部分别占27%和17.9%。从企业不同规模看，大、中、小型企业分别占35.1%、47.3%和17.6%。从企业经济类型看，国有企业和非国有企业分别占45.7%和54.3%，在非国有企业中有限责任公司占17.0%，股份有限公司占13.9%，外商及港澳台投资企业占8.6%，集体企业占7.7%、私营企业占3.5%，股份合作企业占2.9%。从企业盈亏状况看，盈利企业占50.4%，亏损企业占29.6%，持平企业占20.0%。

本次调查的企业经营者年龄主要分布在36~45和46~55岁之间，比重分别为31.9%和47.3%；文化程度为大专以上的占84.7%，其中具有本科及以上学历的占44.6%；职务为企业董事长、总经理、厂长或党委书记的占94.4%，其他职务的占5.6%（见表1~表3）。

表 1　　调查样本基本情况（%）

行业构成	农林牧渔业	1.9	所有制构成	国有企业	45.7
	采掘业	3.1		集体企业	7.7
	制造业（见表 2）	56.2		私营企业	3.5
	电力	2.9		联营企业	0.6
	建筑业	6.5		股份合作企业	2.9
	交通运输、仓储及邮电通讯业	4.4		股份有限公司	13.9
	批零贸易、餐饮业	10.5		有限责任公司	17.0
	金融、保险业	0.4		其他内资企业	0.1
	房地产业	3.3		外商及港澳台投资企业	8.6
	社会服务业	2.9	规模构成	特大型	2.0
	文教体卫广电业	0.7		大型	33.1
	科学研究及综合技术服务业	1.0		中型	47.3
	其他行业	4.6		小型	17.6
	跨行业	1.6			
地区	东部地区	55.1	盈亏	盈利企业	50.4
	中部地区	27.0		持平企业	20.0
	西部地区	17.9		亏损企业	29.6

表 2　　调查样本中制造业基本情况（%）

	制造业细分	%		制造业细分	%
1	食品加工业	3.1	17	橡胶制品业	1.6
2	食品制造业	1.9	18	塑料制品业	2.6
3	饮料制造业	1.7	19	非金属矿物制品业	3.7
4	烟草加工业	0.6	20	黑色金属冶炼及压延加工业	3.0
5	纺织业	7.6	21	有色金属冶炼及压延加工业	2.1
6	服装及其他纤维制品制造业	2.1	22	金属制品业	2.9
7	皮革、毛皮、羽绒及其制品业	0.4	23	普通机械制造业	6.9
8	木材加工及竹、藤、棕、草制品业	0.9	24	专用设备制造业	5.5
9	家具制造业	0.7	25	交通运输设备制造业	5.7
10	造纸及纸制品业	2.8	26	武器弹药制造业	0.8
11	印刷业，记录媒介的复制	1.9	27	电气机械及器材制造业	4.2
12	文教体育用品制造业	0.5	28	电子及通信设备制造业	5.0
13	石油加工及炼焦业	1.0	29	仪器仪表及文化办公用机械制造业	2.0
14	化学原料及化学制品制造业	8.9	30	其他制造业	6.6
15	医药制造业	3.5	31	跨行业	8.7
16	化学纤维制造业	1.1			

调查结果显示，大多数企业经营者认为 1999 年以来中央采取的一系列宏观调控政策取得了积极的成效，宏观经济运行基本平稳，亚洲金融危机对我国经济的影响正在减弱，国内通货紧缩的形势可望得到缓解，预计未来一个时期国民经济将逐步呈现回升的态势，继续保持稳定增长。但是，企业经营者同时认为，目前社会总需求不足、经济结构不合理、企业资金紧张、企业效益不佳的状况仍然是制约经济发展的重要因素。企业经营者希望政府继续采取积极的财政、货币政策，带动民间投资的增长，稳定和提高城乡居民收入，鼓励适度消费，从而进一步扩大需求，促进经济的全面回升。

调查结果表明，企业经营者对近年来中央采取的一系列企业改革及其配套改革的政策和措施给予了积极的评价，国有企业改制进程有所加快，但实行规范的公司制改革和建立社会保障体系、转变政

表3 调查对象基本情况（%）

性别	男	96.7	现任职务	董事长	42.6
	女	3.3		总经理	60.2
年龄	35岁及以下	5.6		厂长	26.8
	36~45岁	31.9		党委书记	33.5
	46~55岁	47.3		其他	5.6
	56岁以上	15.2			
文化程度	初中或以下	2.0	所学专业	文史哲法律	6.8
	高中	6.2		财经	7.7
	中专	7.1		工商管理（MBA）	7.9
	大专	40.1		管理	37.4
	大学本科	34.8		理工农医	31.4
	研究生	9.8		其他	8.8

注：由于存在职务兼任，因此现任职务比例合计大于100%。

府职能等配套改革措施尚不到位，这些已成为制约企业改革和发展的重要因素。企业经营者认为，继续深化企业改革是使国有企业摆脱困境和进一步完善宏观经济环境的根本出路。

一、企业经营者对宏观经济形势的判断

本次调查在宏观经济形势方面，向企业经营者提出了关于经济发展的外部环境和发展趋势、企业生产经营状况和未来投资意向、国家宏观调控政策的成效等方面的问题，调查结果显示，大部分企业经营者认为，我国国民经济走势平稳，并逐步呈现出回升态势。

1. 宏观经济运行基本平稳

大部分企业经营者认为，与1998年相比，1999年的经济增长速度略有减缓，但国民经济总体运行状况基本平稳。调查结果显示，对于1999年GDP增长速度的判断，选择6%~7%之间的企业经营者占48.6%，选择7%~8%之间的占31.0%，选择7%以上的占33.6%，选择在7%以上的比选择在6%以下的多15.8个百分点，说明企业经营者的判断与国家提出的1999年经济增长7%的指导性发展目标基本吻合（见表4）。

表4 企业经营者对今年经济增长速度的判断（%）

	6%以下	6%~7%	7%~8%	8%以上
总体	**17.8**	**48.6**	**31.0**	**2.6**
东部地区	17.3	47.7	32.4	2.6
中部地区	20.0	48.4	28.5	3.1
西部地区	16.2	51.7	30.0	2.1
大型和特大型企业	13.8	47.0	37.3	1.9
中小型企业	20.0	49.3	27.6	3.1

对于宏观经济形势的判断，企业经营者认为“正常”和“基本正常”的比例比1998年同期调查增加9.3个百分点，认为“偏冷”和“过冷”的比例比1998年减少6.0个百分点，说明企业经营者对我国经济总体走势持比较乐观的态度（见表5）。

本次调查将企业经营者对本企业目前经营状况的判断分为“良好”、“一般”和“不佳”三种选择，调查结果显示，30.9%的企业经营者认为企业经营状况良好，45.9%认为一般，23.2%认为不佳，认为良好的比认为不佳的多7.7个百分点，说明目前我国企业总体经营状况基本平稳，与企业经营者

表 5　　近几年企业经营者对宏观经济形势的判断（%）

	过　热	偏　热	正常	基本正常	偏冷	过冷	尚难判断
1999 年	—	—	4.5	35.1	48.1	8.5	3.8
1998 年	—	1.6	—	28.7	51.5	11.1	7.1
1997 年	—	—	7.4	46.7	37.3	4.6	4.1
1996 年	—	—	3.3	38.0	44.4	7.9	6.4
1995 年	2.4	22.3	25.1	—	36.5	4.4	9.3

注：本表综合了近几年的调查数据。

对宏观经济形势的判断基本一致。

从企业经济类型看，股份有限公司和外商及港澳台投资企业的企业经营者，认为本企业经营状况“良好”的较多，比重分别为 42.2% 和 41.0%，股份合作企业、有限责任公司和私营企业认为“良好”的比重居中且差别不大，分别为 34.7%、31.9% 和 31.5%，国有企业和集体企业认为“良好”的比重较少，分别为 25.1% 和 29.6%。由此可见，继续改善国有企业的经营状况，使国有企业摆脱困境，仍是我们面临的重大课题（见表 6）。

表 6　　不同经济类型调查企业的综合经营状况（%）

	目前				下期			
	良好	一般	不佳	良好－不佳	好转	不变	恶化	好转－恶化
总体	**30.9**	**45.9**	**23.2**	**7.7**	**37.4**	**44.6**	**18.0**	**19.4**
国有企业	25.1	46.5	28.4	－3.3	32.4	45.0	22.6	9.8
大型	29.4	44.6	26.0	3.4	35.7	44.0	20.3	15.4
中小型	22.0	47.8	30.2	－8.2	30.1	45.6	24.3	5.8
集体企业	29.6	48.9	21.5	8.1	39.4	43.9	16.7	22.7
私营企业	31.5	47.5	21.0	10.5	40.1	45.3	14.6	25.5
股份合作企业	34.7	51.4	13.9	20.8	40.0	48.9	11.1	28.9
股份有限公司	42.2	41.0	16.8	25.4	44.4	43.1	12.5	31.9
有限责任公司	31.9	47.0	21.1	10.8	40.0	44.4	15.6	24.4
外商及港澳台投资企业	41.0	44.3	14.7	26.3	44.8	43.5	11.7	33.1

从不同企业规模看，大型企业经营者认为企业经营状况“良好”的较多，占 36.4%；中、小型企业认为“良好”的相对较少，比重分别为 28.3% 和 26.2%。由此可见，如何推动中小企业的发展，是能否启动经济全面回升的关键。

从企业的地区分布看，东部地区企业经营者认为经营状况“良好”的较多，占 34.2%；中、西部地区企业认为“良好”的比重相对较小，分别为 25.7% 和 28.5%。东部地区经济的回升可望带动中西部地区的发展，从而促进整个国民经济的回升。然而，地区经济发展的差距也有进一步拉大的趋势，这应引起有关方面的重视（见表 7）。

从不同行业看，企业经营者认为企业经营状况“良好”较多的主要是房地产业（47.8%）、交通运输仓储及邮电通讯业（37.4%）、农林牧渔业（36.8%）及制造业中的医药（40.3%）、电子及通信设备（38.7%）、造纸（36.7%）、服装（32.6%）、汽车（32.2%）、电气机械（31.8%）等行业；相反，受市场需求不足等因素的影响，认为企业经营状况“不佳”较多的主要是制造业中的有色冶金（37.8%）、橡胶（36.4%）、机械（32.2%）、黑色冶金（31.7%）；建筑业、批发零售贸易和餐饮业及其他各类制造业等行业的企业经营状况则介于上述两者之间（见表 8）。

表7　　不同规模、地区调查企业的综合经营状况（%）

	目前				下期			
	良好	一般	不佳	良好－不佳	好转	不变	恶化	好转－恶化
总体	**30.9**	**45.9**	**23.2**	**7.7**	**37.4**	**44.6**	**18.0**	**19.4**
大型企业	36.4	42.3	21.3	15.1	40.8	42.4	16.8	24.0
其中：国有	29.4	44.6	26.0	3.4	35.7	44.0	20.3	15.4
非国有	44.2	39.5	16.3	27.9	46.5	40.5	13.0	33.5
中型企业	28.3	47.5	24.2	4.1	36.1	45.3	18.6	17.5
小型企业	26.2	48.4	25.4	0.8	33.9	46.5	19.6	14.3
东部地区企业	34.2	46.7	19.1	15.1	39.1	45.3	15.6	23.5
中部地区企业	25.7	46.7	27.6	-1.9	36.5	43.3	20.2	16.3
西部地区企业	28.5	42.5	29.0	-0.5	33.6	44.3	22.1	11.5

表8　　不同行业调查企业的综合经营状况（%）

	目前				下期			
	良好	一般	不佳	良好－不佳	好转	不变	恶化	好转－恶化
总体	**30.9**	**45.9**	**23.2**	**7.7**	**37.4**	**44.6**	**18.0**	**19.4**
农林牧渔业	36.8	39.7	23.5	13.3	39.0	44.1	16.9	22.1
制造业	29.3	45.2	25.5	3.8	37.8	42.7	19.5	18.3
建筑业	25.6	55.5	18.9	6.7	30.5	52.1	17.4	13.1
交通运输仓储及邮电通信业	37.4	47.1	15.5	21.9	39.2	47.5	13.3	25.9
批零贸易餐饮业	26.6	48.4	25.0	1.6	33.3	47.4	19.3	14.0
房地产业	47.8	42.6	9.6	38.2	47.0	45.2	7.8	39.2
食品饮料制造业	24.5	48.2	27.3	-2.8	36.0	44.9	19.1	16.9
纺织业	31.0	41.2	27.8	3.2	40.3	41.3	18.4	21.9
服装及其他纤维制品制造业	32.6	55.8	11.6	21.0	41.9	47.4	10.7	31.2
造纸及纸制品业	36.7	35.0	28.3	8.4	43.8	33.6	22.6	21.2
化学原料及化学制品制造业	27.0	46.5	26.5	0.5	37.4	41.9	20.7	16.7
医药制造业	40.3	51.4	8.3	32.0	46.2	46.1	7.7	38.5
化学纤维制造业	25.0	45.8	29.2	-4.2	43.7	39.6	16.7	27.0
橡胶制品业	12.1	51.5	36.4	-24.3	23.2	43.0	33.8	-10.6
塑料制品业	27.3	58.2	14.5	12.8	33.1	54.1	12.8	20.3
非金属矿物制品业	25.3	51.9	22.8	2.5	34.7	48.7	16.6	18.1
黑色金属冶炼及压延加工业	23.8	44.5	31.7	-7.9	37.3	39.7	23.0	14.3
有色金属冶炼及压延加工业	17.8	44.4	37.8	-20.0	32.2	45.6	22.2	10.0
金属制品业	22.6	46.8	30.6	-8.0	32.6	41.4	26.0	6.6
普通机械制造业	23.3	44.5	32.2	-8.9	32.9	44.2	22.9	10.0
专用设备制造业	22.6	49.6	27.8	-5.2	30.6	49.8	19.6	11.0
交通运输设备制造业	32.2	37.2	30.6	1.6	40.7	36.8	22.5	18.2
电气机械及器材制造业	31.8	50.0	18.2	13.6	38.1	44.9	17.0	21.1
电子及通信设备制造业	38.7	41.5	19.8	18.9	49.4	36.3	14.3	35.1
仪器仪表及文化办公用机械制造业	30.2	44.2	25.6	4.6	34.9	44.2	20.9	14.0

2. 企业生产呈恢复性增长

关于企业的生产状况，从企业经营者填写的情况看，调查结果显示，目前停产和半停产企业的比重为19.7%，比1998年减少2.5个百分点。从企业的地区分布看，东部地区停产、半停产企业比重最低，为15.3%，比1998年减少4.2个百分点；中部地区为25.9%，比1998年增加0.3个百分点；西部地区略好于中部地区，比重为24.1%，比1998年减少2.9个百分点。从企业经济类型看，目前企业停产或半停产比重较高的主要是国有企业，其比重为25.1%，比各类非国有企业分别高出5.9～15.4个百分点，但仍比1998年减少2.8个百分点。由此可见，1999年以来，在政府扩大需求、增加投资等政策的影响下，企业生产呈现恢复性增长的势头，停产、半停产现象有所缓解（见表9）。

表9　　1999年与近几年企业生产状况对比（%）

	超负荷生产			正常运行			半停产			停产		
调查时间	1999	1998	1997	1996	1999	1998	1997	1996	1999	1998	1999	1998
总体	**4.4**	**3.2**	**4.7**	**4.6**	**75.9**	**74.5**	**74.3**	**70.9**	**18.9**	**21.3**	**0.8**	**0.9**
东部地区	4.3	3.5	4.5	4.6	80.4	77.0	78.5	75.5	14.6	18.9	0.7	0.6
中部地区	4.4	1.8	5.0	4.1	69.7	72.6	67.3	64.7	25.1	24.0	0.8	1.6
西部地区	4.5	4.7	5.0	5.6	71.4	68.3	71.8	65.9	23.0	25.7	1.1	1.3
大型和特大型企业	5.3	3.3	5.4	4.6	77.3	77.3	78.3	76.4	17.1	18.8	0.3	0.6
中小型企业	3.9	3.1	4.1	4.6	74.9	72.9	70.8	66.9	20.1	22.9	1.1	1.1
国有企业	3.8	3.4	4.6	4.4	71.1	68.7	73.3	68.8	24.0	26.6	1.1	1.3
集体企业	4.1	1.8	3.6	4.3	76.7	71.9	74.2	71.4	17.7	25.6	1.5	0.7
私营企业	1.6	2.3	10.7	6.7	82.8	79.9	82.1	73.3	14.8	16.9	0.8	0.9
股份合作企业	8.1				75.8				16.2			
股份有限公司	5.0				85.3				9.7			
有限责任公司	3.9				78.9				16.4		0.8	
外商及港澳台投资企业	7.3				77.1				15.3		0.3	

关于企业生产（服务）量的调查结果显示，39.1%的企业生产（服务）量比上期增加，34.1%的企业保持上期水平，26.8%的企业生产（服务）量比上期减少，认为企业生产（服务）量增加的比认为减少的多12.3个百分点，表明企业生产呈平稳增长的趋势（见表10）。

表10　　目前企业生产（服务）量情况（%）

	上升	持平	下降	上升－下降
总体	**39.1**	**34.1**	**26.8**	**12.3**
东部地区企业	39.8	35.9	24.3	15.6
中部地区企业	39.1	32.0	28.9	10.2
西部地区企业	37.2	31.9	30.9	6.3
大型和特大型企业	43.0	32.7	24.3	18.7
中小型企业	37.1	34.7	28.2	9.0
国有企业	35.6	34.7	29.7	5.9
非国有企业	42.2	33.5	24.3	17.9

关于企业销售状况的调查结果显示，目前38.2%的企业销售量比上期增加，31.0%的企业保持不变，30.8%的企业销售量下降，销售量增加的比减少的多7.4个百分点。从不同经济类型看，目前销售状况较好的依次是外商及港澳台投资企业、股份有限公司和有限责任公司，销售状况较差的主要是国有企业和私营企业。从不同行业看，目前销售状况较好的依次是：冶金、医药、化工、电子、汽车、服装、纺织等行业。以上调查结果表明，企业的销售状况总体趋于好转（见表11、表12）。

关于企业的库存情况，调查结果显示，9.9%的企业经营者认为目前本企业库存不足，67.6%认为库存处于正常水平，22.5%认为库存过大，这表明企业的库存基本处于正常范围（见表13）。

表 11　　不同地区、规模及经济类型调查企业的销售量情况（%）

	上升	持平	下降	上升 - 下降
总体	38.2	31.0	30.8	7.4
东部地区企业	39.5	32.6	27.9	11.5
中部地区企业	37.3	30.1	32.6	4.7
西部地区企业	35.8	27.2	37.0	-1.1
大型和特大型企业	42.3	31.6	26.1	16.2
中小型企业	36.2	30.5	33.3	2.9
国有企业	33.8	32.3	33.9	-0.1
集体企业	37.2	31.4	31.4	5.8
私营企业	36.1	28.6	35.3	0.8
股份合作企业	34.0	38.2	27.8	6.2
股份有限公司	42.6	30.8	26.6	15.9
有限责任公司	41.3	29.5	29.2	12.2
外商及港澳台投资企业	50.6	26.7	22.7	27.9

表 12　　不同行业调查企业的销售量情况（%）

	上升	持平	下降	上升 - 下降
总体	38.2	31.0	30.8	7.4
农林牧渔业	25.0	39.7	35.3	-10.3
制造业	43.0	28.8	28.2	14.9
建筑业	27.1	42.4	30.5	-3.4
交通运输仓储及邮电通信业	35.7	37.2	27.1	8.6
批零贸易餐饮业	28.4	30.3	41.3	-12.9
房地产业	25.2	42.4	32.4	-7.2
食品饮料制造业	42.4	24.5	33.1	9.4
纺织业	43.4	27.0	29.6	13.8
服装及其他纤维制品制造业	45.2	23.8	31.0	14.3
造纸及纸制品业	40.3	28.1	31.6	8.7
化学原料及化学制品制造业	50.6	26.3	23.1	27.5
医药制造业	44.4	40.3	15.3	29.2
化学纤维制造业	43.5	30.4	26.1	17.4
橡胶制品业	42.4	12.1	45.5	-3.0
塑料制品业	40.7	27.8	31.5	9.3
非金属矿物制品业	43.6	25.6	30.8	12.8
黑色金属冶炼及压延加工业	54.9	16.1	29.0	25.9
有色金属冶炼及压延加工业	55.6	24.4	20.0	35.6
金属制品业	37.7	32.8	29.5	8.2
普通机械制造业	37.5	30.6	31.9	5.6
专用设备制造业	37.4	37.3	25.5	11.9
交通运输设备制造业	44.6	27.3	28.1	16.5
电气机械及器材制造业	38.2	27.0	34.8	3.4
电子及通信设备制造业	48.1	26.4	25.5	22.6
仪器仪表及文化办公用机械制造业	33.3	40.5	26.2	7.1

3. 政府宏观调控措施初见成效

针对需求不足的问题，中央采取了扩张性的财政和货币政策及其他宏观调控措施。在采取的诸多启动市场、扩大需求的措施中，企业经营者对其有效程度判断的顺序是：加大政府投资力度（81.4%）、

表 13　　目前企业库存情况（%）

	较少	正常	过大
总体	**9.9**	**67.6**	**22.5**
东部地区企业	8.2	70.3	21.5
中部地区企业	13.0	65.2	21.8
西部地区企业	10.2	63.1	26.7
大型和特大型企业	7.8	69.2	23.0
中小型企业	10.8	66.9	22.3
国有企业	11.1	64.0	24.9
非国有企业	8.6	70.8	20.6

打击走私（40.7%）、拓展对中小企业的信贷供应（33.4%）、降低存贷款利率（32.4%）、降低财政税费率（25.7%）、大力发展教育事业（19.1%）、加速城镇住房制度改革（18.5%）、放宽对固定资产投资规模的限制（17.3%）、提高出口退税率（15.0%）以及开展和扩大个人消费信贷（12.6%）（见表 14）。

表 14　　企业经营者对扩大需求的有效措施的判断（%）

	第一位	第二位	第三位	综合评价值
加大政府投资力度	47.1	8.3	4.9	81.4
打击走私	11.6	16.7	13.1	40.7
拓展对中小企业的信贷资金供应	8.9	14.6	10.8	33.4
降低存贷款利率	9.7	13.7	8.3	32.4
降低财政税费率	6.5	10.7	10.4	25.7
大力发展教育事业	3.6	6.0	15.4	19.1
加速城镇住房制度改革	2.9	9.0	10.3	18.5
放宽对固定资产投资规模的限制	4.4	7.3	6.7	17.3
提高出口退税率	2.5	7.4	7.6	15.0
开展和扩大个人消费信贷	1.7	5.0	10.0	12.6

注：综合评价值 =（3 × 第一位% + 2 × 第二位% + 第三位%）÷ 6 × 3。

从企业经营者对宏观调控措施力度的判断中可发现，当前的货币和财政政策仍有进一步扩张的余地。

从货币供应量看，认为该项措施力度“偏低”和“过低”的企业经营者分别占 45.5% 和 7.4%，两者之和比认为“过高”和“偏高”的比重高出 41.0 个百分点，比 1998 年认为“偏低”和“过低”的比重高出 10.2 个百分点，说明企业经营者希望进一步放松银根，扩大货币投放。

从存贷款利率看，认为“偏低”和“过低”的企业经营者分别占 23.6% 和 4.2%，两者之和比认为“偏高”和“过高”的比重高出 10.2 个百分点，而 1998 年同期调查的情况则是企业经营者认为“偏高”和“过高”的比重比认为“偏低”和“过低”的高出 7.6 个百分点。

从人民币汇率看，认为“偏高”和“过高”的企业经营者分别占 22.8% 和 3.9%，两者之和比认为“偏低”和“过低”的高出 5.0 个百分点，与 1998 年的情况大体相当。

从出口退税率看，认为“偏低”和“过低”的企业经营者分别占 39.1% 和 2.1%，两者之和虽比认为“偏高”和“过高”的高出 33.3 个百分点，但比 1998 年降低了 8.9 个百分点，说明 1999 年出口退税率的进一步降低得到企业经营者的认同。

从财政性税费水平看，认为“偏高”和“过高”的企业经营者分别占62.9%和19.3%，两者之和达82.2%，比1998年提高了10.2个百分点，表明企业经营者要求进一步降低财政性税费水平的较强意愿，同时也表明在目前形势下，加大税收政策手段的使用将会比货币手段更为有效。

从股市扩容速度看，企业经营者认识差异较大，认为“偏高”和“过高”的分别占31.3%和11.0%，认为“偏低”和“过低”的分别占29.5%和3.6%，认为“合适”的占24.6%，这说明股市扩容问题牵涉到方方面面的利益，措施的出台既要积极又要稳妥（见表15）。

表15　企业经营者对宏观调控指标的判断（%）

		高			适度	低		
		过高	偏高	小计		偏低	过低	小计
货币供应量	1999年	1.0	10.9	11.9	35.2	7.4	45.5	52.9
	1998年	0.7	6.0	6.7	50.6	5.4	37.3	42.7
存贷款利率	1999年	1.0	16.6	17.6	54.6	4.2	23.6	27.8
	1998年	0.8	20.2	21.0	65.6	1.3	12.1	13.4
人民币汇率	1999年	3.9	22.8	26.7	51.6	3.3	18.4	21.7
	1998年	2.4	18.8	21.2	62.3	1.7	14.8	16.5
出口退税率	1999年	0.6	7.3	7.9	50.9	2.1	39.1	41.2
	1998年	0.3	5.4	5.7	44.2	5.3	44.8	50.1
财政性税费水平	1999年	19.3	62.9	82.2	14.9	0.2	2.7	2.9
	1998年	10.6	61.4	72.0	23.4	0.4	4.2	4.6
股市扩容速度	1999年	11.0	31.3	42.3	24.6	3.6	29.5	33.1

4. 企业外部经营环境有所改善

从亚洲金融危机对我国经济的影响看，调查结果显示，超过半数（55.9%）的企业经营者认为亚洲金融危机对我国经济的影响已经或正在减弱，认为与1998年相同和加重的则分别只占18.0%和21.8%。1999年第三季度我国出口出现较大幅度的回升，也从一个角度验证了企业经营者的判断（见表16）。

表16　企业经营者对亚洲金融危机对我国经济影响的判断（%）

	减弱	相同	加重	不清楚
总体	**55.9**	**18.0**	**21.8**	**4.3**
东部地区企业	57.9	18.4	19.7	4.0
中部地区企业	53.9	18.6	22.4	5.1
西部地区企业	52.7	16.1	27.6	3.6
大型和特大型企业	59.0	17.8	20.7	2.5
中小型企业	54.0	18.1	22.7	5.2

从通货紧缩形势看，调查结果显示，48.1%的企业经营者认为2000年的通货紧缩形势将“有所缓解”，而分别仅有19.9%和12.9%的企业经营者认为会“维持现状”和“有所加剧”。另有19.1%认为“尚难判断”。由此可见，较多的企业经营者认为，以市场物价持续下跌为表现的通货紧缩现象，可望在2000年得到缓解（见表17）。

5. 存在问题不容忽视

目前的宏观经济形势和企业生产经营都在向好的方向发展，但仍存在一些制约企业生产经营的问题，还需引起有关方面的高度重视。

表 17 企业经营者对明年通货紧缩形势的判断（%）

	有所缓解	维持原状	有所加剧	尚难判断
总体	**48.1**	**19.9**	**12.9**	**19.1**
东部地区企业	48.4	19.7	13.2	18.7
中部地区企业	49.4	19.7	12.3	18.6
西部地区企业	45.4	20.4	13.0	21.2
大型和特大型企业	49.8	19.9	11.2	19.1
中小型企业	47.0	20.0	13.9	19.1

首先，社会总需求不足。调查结果显示，77.3%的企业经营者认为总需求不足，9.0%认为严重不足，而认为需求合适和较旺的企业经营者仅分别占10.7%和3.0%。其中，居民消费需求不足和外贸出口需求不足现象尤为突出，认为居民消费需求严重不足和不足的分别占24.1%和62.0%；认为外贸出口需求严重不足和不足的分别占19.1%和66.9%；认为固定资产投资需求严重不足和不足的分别占10.6%和56.0%；认为社会集团消费需求严重不足和不足的分别占9.8%和57.0%（见表18）。

表 18 企业经营者对今年国民经济需求状况的判断（%）

	严重不足	不足	合适	较旺	很旺
总需求	9.0	77.3	10.7	2.8	0.2
固定资产投资需求	10.6	56.0	22.0	10.6	0.8
居民消费需求	24.1	62.0	10.1	3.5	0.3
社会集团消费需求	9.8	57.0	25.1	7.4	0.7
外贸出口需求	19.1	66.9	9.8	3.9	0.3

企业订货状况也从一个侧面客观地反映了需求不足的现象。调查结果显示，仅6.7%的企业经营者认为本企业订货高于正常水平，51.0%认为订货处于正常水平，42.3%认为订货低于正常水平。由此可见，目前企业订货不足的现象比较明显（见表19）。

表 19 调查企业订货情况（%）

	高于正常水平	正常	低于正常水平
总体	**6.7**	**51.0**	**42.3**
东部地区企业	6.9	53.7	39.4
中部地区企业	5.3	50.7	44.0
西部地区企业	7.9	43.4	48.7
大型和特大型企业	6.8	53.3	39.9
中小型企业	6.7	49.5	43.8
国有企业	5.3	47.7	47.0
非国有企业	7.8	53.7	38.5

当前需求不足的现象有其多方面的原因，调查显示，企业经营者认为造成需求不足的主要因素依次是：资金紧张（53.2%）、亚洲金融危机影响（43.6%）、居民收入增长较慢（34.5%）、下岗人员较多（32.6%）、居民预期住房和教育消费过高（31.8%）、居民预期社会保障支出过高（31.7%）、缺乏好的投资项目（23.3%）、对经济增长缺乏信心（22.1%）及产品不适销对路（10.9%）（见表20）。

其次，企业效益尚未明显改善。调查结果显示，1999年企业的总体效益状况与1998年相差不大，企业盈利面由1998年的50.7%略减到1999年的50.4%，亏损面比1998年的29.7%只微减了0.1个百分点。其中，国有企业盈利面比1998年缩小1.8个百分点，亏损面也比1998年减少1.5个百分点（见表21）。

表 20　企业经营者对需求不足原因的判断（%）

	第一位	第二位	第三位	综合评价值
企业资金紧张	19.7	18.5	10.3	53.2
亚洲金融危机影响	20.8	7.3	10.2	43.6
居民收入增长较慢	8.7	13.0	16.9	34.5
下岗人员较多	7.1	14.1	15.7	32.6
居民预期住房和教育消费过高	7.7	13.8	12.9	31.8
居民预期社会保障支出过高	11.4	10.5	8.1	31.7
缺乏好的投资项目	7.4	8.8	6.7	23.3
对经济增长缺乏信心	8.9	5.0	7.4	22.1
产品不适销对路	2.5	4.1	6.0	10.9
其他	2.6	1.3	1.3	5.9

注：综合评价值 =（3×第一位% +2×第二位% +第三位%）÷6×3。

表 21　1999 年与近几年企业效益状况对比（%）

调查时间	盈利				持平				亏损			
	1999	1998	1997	1996	1999	1998	1997	1996	1999	1998	1997	1996
总体	**50.4**	**50.7**	**51.8**	**51.0**	**20.0**	**19.6**	**17.1**	**12.3**	**29.6**	**29.7**	**31.1**	**36.7**
东部地区	55.6	54.0	57.0	55.5	21.6	19.7	17.0	13.4	22.8	26.3	26.0	31.1
中部地区	42.9	45.9	45.8	45.0	18.6	20.8	17.0	12.4	38.5	33.3	37.2	42.6
西部地区	46.0	46.5	40.3	45.5	16.9	17.1	18.1	8.7	37.1	36.4	41.6	45.8
大型和特大型企业	56.0	56.6	57.5	56.8	15.8	12.3	13.6	9.9	28.2	31.1	28.9	33.3
中小型企业	47.1	47.6	47.0	46.7	22.4	23.0	20.2	14.0	30.5	29.4	32.8	39.3
国有企业	41.2	43.0	47.6	46.5	19.3	16.0	16.8	11.5	39.5	41.0	35.6	42.0
集体企业	49.3	43.7	49.9	53.9	28.9	28.5	23.7	17.7	21.8	27.8	26.4	28.4
私营企业	46.3	51.3	58.6	53.3	31.4	33.1	34.5	26.7	22.3	15.6	6.9	20.0
股份合作企业	59.4				22.8				17.8			
股份有限公司	69.8				14.3				15.9			
有限责任公司	54.8				19.9				25.3			
外商及港澳台投资企业	60.1				19.3				20.6			

关于企业的销售利润率的调查结果，也显示企业的效益不够理想，52.7%的企业销售利润率在5%以下，19.8%的企业销售利润率在5%~10%之间，17.0%的企业销售利润率在10%~20%之间，只有10.5%的企业销售利润率超过20%。从企业的地区分布看，东部地区企业的平均销售利润率明显高于中、西部地区；从不同经济类型看，国有企业的平均销售利润率明显低于其他经济类型；从不同行业看，房地产业及化工、医药、电子、服装、仪器仪表等制造业的平均销售利润率明显好于其他行业（见表22、表23）。

表 22　不同行业企业的销售利润率（%）

	0%以下	0.01%~5%	5.01%~10%	10.01%~20%	20.01%以上	平均销售利润率
总体	**12.7**	**40.0**	**19.8**	**17.0**	**10.5**	**7.37**
农林牧渔业	14.0	40.0	18.0	10.0	18.0	8.55
制造业	14.7	36.0	20.9	18.5	9.9	6.54
建筑业	12.1	58.4	16.1	9.4	4.0	4.20
交通运输仓储及邮电通信业	10.6	45.7	16.0	18.1	9.6	6.98
批零贸易餐饮业	9.0	53.1	18.0	11.3	8.6	6.80

续表

	0%以下	0.01%~5%	5.01%~10%	10.01%~20%	20.01%以上	平均销售利润率
房地产业	3.8	33.4	19.2	24.4	19.2	19.15
食品饮料制造业	14.5	42.8	14.5	20.9	7.3	4.89
纺织业	23.4	42.0	16.9	13.7	4.0	2.20
服装及其他纤维制品制造业	2.9	26.5	29.4	35.3	5.9	10.41
造纸及纸制品业	10.5	39.4	21.1	23.7	5.3	3.34
化学原料及化学制品制造业	10.8	36.7	19.4	19.4	13.7	13.51
医药制造业	1.7	28.3	31.7	23.3	15.0	11.36
化学纤维制造业	15.8	63.2	10.5	10.5	0.0	-6.38
橡胶制品业	17.4	43.5	13.0	17.4	8.7	1.57
塑料制品业	9.3	32.6	35.0	9.3	14.0	6.85
非金属矿物制品业	21.5	44.6	10.8	16.9	6.2	3.72
黑色金属冶炼及压延加工业	29.6	46.3	14.8	7.4	1.9	-0.78
有色金属冶炼及压延加工业	18.2	60.5	6.1	6.1	9.1	1.81
金属制品业	22.9	25.0	25.0	20.8	6.3	6.24
普通机械制造业	11.8	49.0	15.7	14.7	8.8	6.33
专用设备制造业	12.8	34.9	22.1	18.6	11.6	7.39
交通运输设备制造业	21.1	32.2	17.8	16.7	12.2	6.73
电气机械及器材制造业	8.2	42.5	20.5	19.2	9.6	8.70
电子及通信设备制造业	4.3	26.9	31.2	24.7	12.9	11.20
仪器仪表及文化办公用机械制造业	12.1	15.2	33.3	27.3	12.1	10.40

表 23　　不同地区、规模和经济类型企业的销售利润率（%）

	0%以下	0.01%~5%	5.01%~10%	10.01%~20%	20.01%以上	平均销售利润率
总体	**12.7**	**40.0**	**19.8**	**17.0**	**10.5**	**7.37**
东部地区	9.1	40.7	22.2	17.9	10.1	9.08
中部地区	16.5	41.1	17.1	15.5	9.8	5.63
西部地区	17.9	36.5	17.1	16.0	12.5	4.73
大型和特大型企业	11.9	43.8	17.4	16.5	10.4	7.26
中小型企业	13.2	38.0	21.1	17.2	10.5	7.29
国有企业	18.7	44.8	15.0	13.1	8.4	4.05
集体企业	6.5	34.5	30.5	20.0	8.5	10.23
私营企业	6.5	23.7	24.6	21.5	23.7	14.35
股份合作企业	6.2	42.0	29.6	14.8	7.4	16.15
股份有限公司	8.2	38.2	18.5	21.1	14.0	9.88
有限责任公司	8.9	40.9	22.9	16.0	11.3	8.07
外商及港澳台投资企业	10.7	28.8	24.9	24.9	10.7	8.39

从企业的盈利情况看，调查结果显示，目前企业盈利状况好于正常水平的占7.6%，37.3%的企业处于正常水平，55.1%的企业盈利状况比正常水平差（见表24）。

第三，企业资金紧张。调查结果显示，66.5%的企业经营者认为目前企业资金紧张，而认为资金宽裕和正常的企业经营者分别占5.0%和28.5%。比较而言，目前企业资金相对宽裕的为东部地区企业、股份有限公司和外商及港澳台投资企业（见表25）。

表24　调查企业的盈利情况（%）

	好于正常水平	正常	差于正常水平
总体	**7.6**	**37.3**	**55.1**
东部地区企业	7.6	40.7	51.7
中部地区企业	7.3	32.6	60.1
西部地区企业	7.5	34.1	58.4
大型和特大型企业	8.3	39.0	52.7
中小型企业	7.2	36.1	56.7
国有企业	6.5	34.0	59.5
非国有企业	8.4	40.1	51.5

表25　调查企业资金情况（%）

	宽裕	正常	紧张
总体	**5.0**	**28.5**	**66.5**
东部地区企业	6.1	33.1	60.8
中部地区企业	3.2	21.7	75.1
西部地区企业	4.3	24.2	71.5
大型和特大型企业	5.6	28.5	65.9
中小型企业	4.5	28.3	67.2
国有企业	3.1	22.9	74.0
集体企业	6.0	26.2	67.8
私营企业	3.3	33.9	62.8
股份合作企业	5.0	32.7	62.3
股份有限公司	9.7	36.1	54.2
有限责任公司	5.1	29.5	65.4
外商及港澳台投资企业	7.6	41.4	51.0

对企业经营者2000年投资意向的调查结果显示，资金不足直接影响企业的投资需求。在2000年不准备投资的企业经营者（占27.3%）中，85.3%认为不投资的首要原因是资金紧张（见表29）。

在分析造成社会总需求不足的原因时，综合来看，企业经营者也将资金紧张（53.2%）列为需求不足原因的首位。以上结果说明，虽然国家通过发行国债等措施增加投资，但民间投资因资金紧张等因素未能相应跟进，是造成企业投资需求不足乃至社会总需求不足的重要原因之一（见表20）。

第四，市场供求结构不平衡。在对10项要素市场的供求分析中，企业经营者认为供大于求比重较大的前三项是：消费品（91.4%）、房地产（85.0%）和原材料（77.3%）；与1996年的调查相比，认为消费品和原材料供给过剩的分别增加了12.3和22.5个百分点，而认为房地产过剩的减少了6.5个百分点。认为供不应求比重较大的前四项是：技术（83.9%）、资金（81.2%）、人才（73.8%）、信息（72.3%）。由此可见，技术、人才、信息的短缺是造成当前市场结构失衡的主要原因。企业经营者对交通、能源和农村工业品供求状况的判断差异相对较大，认为其供大于求的比重分别为24.7%、46.6%和50.3%，而认为其供不应求的比重分别为31.9%、10.7%和15.5%，说明这些要素的供求状况处于结构性平衡和不平衡之间（见表26）。

6. 企业经营者对参与国际竞争与未来发展充满信心

首先，企业经营者对中国加入WTO对经济的影响持积极和乐观的态度。调查结果显示，66.5%的企业经营者认为加入WTO对我国宏观经济的发展利大于弊，10.0%的企业经营者认为影响不大，7.8%的企业经营者认为弊大于利（见表27）。

表 26　　企业经营者对要素市场供求状况的判断（%）

	供大于求				供求平衡				供不应求			
	1999	1998	1997	1996	1999	1998	1997	1996	1999	1998	1997	1996
原材料	77.3	73.2	57.0	54.8	19.8	22.2	34.3	32.6	2.9	4.6	8.7	12.6
能源	46.6	62.9	38.3	29.7	42.7	30.0	38.6	32.5	10.7	7.1	23.1	37.8
交通	24.7	46.9	32.9	26.2	43.4	34.8	38.1	38.7	31.9	18.3	29.0	35.1
资金	6.5				12.3				81.2			
技术	3.6				12.5				83.9			
人才	10.6				15.6				73.8			
信息	6.9				20.8				72.3			
消费品	91.4	93.1	82.3	79.1	8.0	6.2	16.6	19.6	0.6	0.7	1.1	1.3
房地产	85.0	87.5	89.8	91.5	12.1	9.2	6.0	5.1	2.9	3.3	4.2	3.4
农村工业品	50.3	53.2			34.2	38.5			15.5	8.3		

表 27　　企业经营者对加入 WTO 的判断（%）

	利大于弊	影响不大	弊大于利	尚难判断
对我国宏观经济的发展	66.5	10.0	7.8	15.7
对贵企业所在行业的发展	26.1	46.7	19.2	8.0
对贵企业的发展	31.2	44.5	12.6	11.7

为迎接 WTO 的挑战，企业经营者对各项应对措施的选择比重依次是：加强对国际市场的了解（66.2%）、增加技术创新投入（62.7%）、加强经营管理（61.9%）、提高国际化经营程度（45.4%），加强信息化建设（28.7%）、降低产品（服务）价格（13.5%）、转变主营业务投资其他行业（7.3%）和多进口外国设备（3.6%）（见表 28）。

表 28　　面对 WTO 的挑战企业经营者将采取的行动（%）

	总体	国有企业	非国有企业
加强对国际市场的了解	**66.2**	66.3	66.1
增加技术创新投入	**62.7**	62.5	62.9
加强经营管理	**61.9**	66.2	58.5
提高国际化经营程度	**45.4**	41.5	48.7
加强信息化建设	**28.7**	28.5	29.1
降低企业产品（服务）价格	**13.5**	12.9	14.0
转变主营业务，投资其他行业	**7.3**	8.6	6.0
多进口外国设备	**3.6**	3.5	3.6
不清楚该做什么	**1.4**	1.5	1.3
其他	**0.8**	0.7	0.8

其次，企业经营者投资需求趋强，技术改造投资形成热点。对企业经营者 2000 年投资意向的调查结果显示，72.7% 的企业经营者表示 2000 年要进行固定资产投资。在这些欲投资的企业经营者中，其主要投资方向依次为进行技术改造（78%）、扩大生产规模（52.9%）、建立企业计算机网络（38.7%）、进口先进设备（24.3%）、兴建科研或培训中心（24.1%）、修建环保设施（15.6%）和兴建厂房（14.2%）。选择进行技术改造的比重远远高于其他选项，可见企业经营者们已充分认识到科技创新对企业持续发展的重要作用，而将建立企业计算机网络列入前三项，也充分体现了在即将迈入 21 世纪信息时代之际，企业经营者们高度重视建立和使用信息网络，以迎接知识经济的挑战（见表 29）。

表 29　明年企业计划投资的情况（%）

投资		不投资	
72.7		27.3	
主要投资方向	%	不投资的原因	%
扩大生产规模	52.9	不需要投资	17.9
进行技术改造	78.0	资金紧张	65.7
进口先进设备	24.3	缺乏好的投资方向	50.4
兴建厂房	14.2	缺乏人才	20.6
兴建科研或培训中心	24.1	缺乏技术	10.8
修建环保设施	15.6	市场需求不足	49.6
建立企业计算机网络	38.7	投资风险太大	33.2
其他	9.2	进口渠道不畅	1.3
		其他	5.0

第三，企业经营者对发展高新技术产业形成共识。调查结果显示，企业经营者认为我国应优先发展的产业依次是高新技术产业、教育产业、基础产业和农业，比重分别为78.3%、49.0%、36.7%和32.8%，说明企业经营者希望政府采取适当的产业政策，扶持这些产业的发展。

企业经营者认为我国最具发展潜力的产业依次是高新技术产业、教育产业和信息产业，比重分别为60.0%、42.2%和39.5%。

企业经营者在适当的条件下准备投资的产业依次是：高新技术、信息和教育产业，比重分别为70.9%、31.7%和28.6%（见表30）。

表 30　企业经营者对产业发展情况的判断（%）

	高新技术产业	互联网络产业	房地产业	农业	信息产业	汽车工业	基础产业	国防产业	教育产业	其他
我国应优先发展的产业	78.3	4.9	5.7	32.8	21.2	7.1	36.7	22.7	49.0	0.6
我国最具发展潜力的产业	60.0	25.2	12.7	29.2	39.5	17.7	18.1	7.7	42.2	1.0
可能情况下准备投资的产业	70.9	13.5	14.7	17.4	31.7	7.7	23.6	5.4	28.6	7.8

第四，企业经营者们对未来5年我国经济的增长速度作出了预测。调查结果显示，35.1%的企业经营者预测未来5年的年均增长速度在6%~7%之间，33.2%认为在7%以上，比认为在6%以下的多1.5个百分点（见表31）。

表 31　企业经营者对未来五年我国 GDP 增长的判断（%）

	5%以下	5%~6%	6%~7%	7%~8%	8%~9%	9%以上
总体	**7.2**	**24.5**	**35.1**	**21.5**	**9.0**	**2.7**
国有企业	6.5	24.1	36.4	22.2	8.2	2.6
非国有企业	7.9	24.7	33.9	20.9	9.7	2.9
东部地区企业	7.0	24.8	35.4	20.9	8.9	3.0
中部地区企业	8.2	23.7	35.0	21.8	8.7	2.6
西部地区企业	6.3	24.8	34.3	22.9	9.8	1.9

从企业经营者对企业经营状况的未来预期看，调查结果显示，37.4%的企业经营者认为今后一个时期企业经营状况将有所好转，44.6%认为将维持现状，18.0%认为将有所恶化，认为好转的比认为恶化的多19.4个百分点，表明企业经营者预期企业经营状况总体将会呈现稳步回升的势头（见表6~表8）。

二、企业经营者对企业改革现状的看法

本次调查表明，企业经营者对政府的各项改革措施给予了积极评价和支持，对当前改革的紧迫性和存在的困难有着清醒的认识，对改革的前景充满信心。

1. 企业经营者对当前配套改革给予积极评价

近年来，为适应市场经济的发展，我国加快了经济体制改革的步伐，先后出台了一系列重大改革措施。调查结果表明，企业经营者对这些改革措施的实施效果大多给予了积极的评价，认为各项改革措施取得成效的程度（“成效显著” + “效果良好” + “有些效果”）依次是：财税体制改革（78.5%）、金融体制改革（76.4%）、科教体制改革（75.0%）、建立社会保障体系（73.6%）、建立现代企业制度（72.6%）、外贸体制改革（70.2%）、投融资体制改革（69.1%）、转变政府职能（59.7%）和政府机构改革（48.3%）。从企业经营者对各项改革措施认同程度的差异看，继续加大政府机构改革力度、切实转变政府职能是企业经营者比较普遍的愿望（见表32、表33）。

表 32　　企业经营者对改革成效的评价（%）

	成效显著	效果良好	有些效果	尚未见效	不清楚	综合评价值
科教体制改革	4.0	31.6	39.4	16.6	8.4	1.15
金融体制改革	2.9	27.9	45.6	20.4	3.2	1.10
财税体制改革	2.1	25.0	51.4	18.1	3.4	1.08
建立现代企业制度	4.2	23.0	45.4	26.5	0.9	1.04
建立社会保障体系	1.5	25.2	46.9	25.6	0.8	1.02
外贸体制改革	1.4	22.9	45.9	17.0	12.8	0.96
投融资体制改革	1.5	21.1	46.5	24.1	6.8	0.93
转变政府职能	1.7	14.3	43.7	39.3	1.0	0.77
政府机构改革	1.8	14.0	32.5	48.7	3.0	0.66

注：综合评价值 =（成效显著% ×3 + 效果良好% ×2 + 有些效果%）÷100。

表 33　　企业经营者对改革成效的评价（综合评价值）

	科教体制改革	金融体制改革	财税体制改革	建立现代企业制度	建立社会保障体系	外贸体制改革	投融资体制改革	转变政府职能	政府机构改革
总体	**1.15**	**1.10**	**1.08**	**1.04**	**1.02**	**0.96**	**0.93**	**0.77**	**0.66**
东部地区	1.11	1.14	1.11	1.06	1.06	0.97	0.94	0.80	0.71
中部地区	1.23	1.05	1.03	1.00	0.92	0.95	0.92	0.75	0.58
西部地区	1.13	1.06	1.06	1.04	1.04	0.94	0.94	0.73	0.60
大型和特大型企业	1.14	1.12	1.10	1.00	0.98	1.04	1.01	0.72	0.68
中小型企业	1.15	1.09	1.07	1.06	1.04	0.92	0.89	0.81	0.65
国有企业	1.12	1.04	1.06	0.93	1.02	0.92	0.89	0.72	0.63
集体企业	1.26	1.23	1.18	1.21	1.17	0.98	0.98	0.91	0.75
私营企业	1.16	1.28	1.17	1.18	1.00	0.97	1.02	1.06	0.94
股份合作企业	1.28	1.08	1.03	1.14	1.01	0.89	0.83	0.81	0.66
股份有限公司	1.13	1.21	1.09	1.17	0.98	1.03	1.07	0.73	0.63
有限责任公司	1.14	1.07	1.06	1.12	1.01	0.98	0.91	0.76	0.63
外商及港澳台投资企业	1.15	1.14	1.11	0.98	1.00	1.01	0.92	0.90	0.74

注：综合评价值 =（成效显著% ×3 + 效果良好% ×2 + 有些效果%）÷100。

2. 国有企业改制愿望迫切

建立现代企业制度是国有企业改革的方向，国有企业应该实行规范的公司制改革，对此，企业经营者们给予了积极的支持。

调查结果显示，在样本企业中，有57.3%的企业已经成为公司制企业，另有27.0%的企业准备近期实行改制。其中，虽然国有企业中已实行公司制的比重不高，仅为24.4%，但准备近期改制的比重高达49.9%（见表34）。

表34　目前企业公司制情况（%）

	总体	国有企业	非国有企业
是	**57.3**	24.4	84.7
不是，但准备近期改制	**27.0**	49.9	7.9
不是，近期不准备改制	**15.7**	25.7	7.4

从改制的进程看，本次调查的企业中，1993年十四届三中全会以前实行公司制的占35.9%，1994年以后实行公司制的占64.1%，其中国有企业1993年以前实行改制的占41.5%，1994年以后实行改制的占58.5%，显示出国有企业改制进程明显加快（见表35、表36）。

表35　成为公司制企业的年份（行表）（%）

	1993年及以前	1994年	1995年	1996年	1997年	1998年	1999年
总体	35.9	11.3	8.8	10.6	12.8	15.1	5.6
1993年及以前成立的企业	45.8	8.3	5.1	8.6	11.1	15.1	6.0
1994年及以后成立的企业		22.3	22.0	17.4	19.1	15.0	4.1
国有企业	41.5	10.2	8.8	9.9	11.0	12.1	6.5
1993年及以前成立的企业	45.2	9.2	6.5	10.2	10.2	12.0	6.8
1994年及以后成立的企业		20.7	34.5	6.9	20.7	13.8	3.4
集体企业	53.3	12.0	7.6	4.3	5.4	6.5	10.9
1993年及以前成立的企业	59.8	7.3	4.9	4.9	4.9	7.3	11.0
1994年及以后成立的企业		50.0	30.0		10.0		10.0
私营企业	28.8	17.8	17.8	13.7	6.8	9.6	5.5
1993年及以前成立的企业	51.2	14.6	12.2	9.8	2.4	4.9	4.9
1994年及以后成立的企业		21.9	25.0	18.8	12.5	15.6	6.3
股份合作企业	13.2	15.8	5.3	10.5	14.5	38.2	2.6
1993年及以前成立的企业	16.7	15.0	3.3	10.0	13.3	38.3	3.3
1994年及以后成立的企业		18.8	12.5	12.5	18.8	37.5	
股份有限公司	45.5	13.7	3.3	7.8	13.1	13.5	3.1
1993年及以前成立的企业	56.3	10.7	3.0	5.8	9.3	12.4	2.5
1994年及以后成立的企业		26.4	4.6	16.1	28.7	18.4	5.7
有限责任公司	13.8	8.1	10.6	14.9	19.9	24.2	8.6
1993年及以前成立的企业	18.5	6.5	6.0	13.9	19.4	25.7	10.1
1994年及以后成立的企业		12.8	24.1	17.7	21.3	19.9	4.3
外商及港澳台投资企业	59.9	13.4	12.3	8.6	3.7	1.5	0.7
1993年及以前成立的企业	91.0	4.0	2.3	0.6	1.1	0.6	0.6
1994年及以后成立的企业		31.5	31.5	23.9	8.7	3.3	1.1

表36　　公司制企业成为公司的年份（列表）（%）

	总体	1993年及以前	1994年	1995年	1996年	1997年	1998年	1999年
总体	100.0	35.9	11.3	8.8	10.6	12.8	15.1	5.6
1993年及以前成立的企业	78.3	100.0	57.4	45.5	64.2	67.6	78.4	84.1
1994年及以后成立的企业	21.7		42.6	54.5	35.8	32.4	21.6	15.9
国有企业	100.0	41.5	10.2	8.8	9.9	11.0	12.1	6.5
1993年及以前成立的企业	91.8	100.0	83.3	67.7	94.3	84.6	90.7	95.7
1994年及以后成立的企业	8.2		16.7	32.3	5.7	15.4	9.3	4.3
集体企业	100.0	53.3	12.0	7.6	4.3	5.4	6.5	10.9
93年及以前成立的企业	89.1	100.0	54.5	57.1	100.0	80.0	100.0	90.0
1994年及以后成立的企业	10.9		45.5	42.9		20.0		10.0
私营企业	100.0	28.8	17.8	17.8	13.7	6.8	9.6	5.5
1993年及以前成立的企业	56.2	100.0	46.2	38.5	40.0	20.0	28.6	50.0
1994年及以后成立的企业	43.8		53.8	61.5	60.0	80.0	71.4	50.0
股份合作企业	100.0	13.2	15.8	5.3	10.5	14.5	38.2	2.6
1993年及以前成立的企业	78.9	100.0	75.0	50.0	75.0	72.7	79.3	100.0
1994年及以后成立的企业	21.1		25.0	50.0	25.0	27.3	20.7	
股份有限公司	100.0	45.5	13.7	3.3	7.8	13.1	13.5	3.1
1993年及以前成立的企业	80.7	100.0	62.9	73.3	60.0	57.6	73.8	64.3
1994年及以后成立的企业	19.3		37.1	26.7	40.0	42.4	26.2	35.7
有限责任公司	100.0	13.8	8.1	10.6	14.9	19.9	24.2	8.6
1993年及以前成立的企业	74.7	100.0	60.0	42.4	69.9	73.0	79.3	87.5
1994年及以后成立的企业	25.3		40.0	57.6	30.1	27.0	20.7	12.5
外商及港澳台投资企业	100.0	59.9	13.4	12.3	8.6	3.7	1.5	0.7
1993年及以前成立的企业	65.8	100.0	19.4	12.1	4.3	20.0	25.0	50.0
1994年及以后成立的企业	34.2		80.6	87.9	95.7	80.0	75.0	50.0

在准备近期改制的企业当中，最迫切需要提供的服务为改制方案设计，比重为39.3%，其中国有企业的比重为43.4%。准备改制企业需要的其他服务依次是：帮助实施改制（23.9%）、提供企业成功改制案例（23.2%）和政策法规咨询（13.6%），其中国有企业的相应比重依次是：26.3%、20.4%和9.9%。由此可见，目前很多企业对改制的运作方式不太了解，急需社会提供这方面的咨询服务（见表37）。

表37　　企业改制最迫切需要的服务（%）

	总体	国有企业	非国有企业
改制方案设计	**39.3**	43.4	31.1
帮助实施改制	**23.9**	26.3	18.1
提供企业成功改制案例	**23.2**	20.4	29.1
政策法规咨询	**13.6**	9.9	21.7

3. 社会保障体系亟待完善

随着建立现代企业制度进程的加快，建立和完善社会保障体系已成为改革的关键环节。调查结果表明，大多数企业经营者认为目前的企业职工社会保障状况还不能完全满足职工需要。其中，相对较好的是职工养老保障，认为满足的企业经营者占39.5%，认为不满足的占31.8%，前者比后者高7.7个百分点。

满足情况较差的是失业和再就业的社会保障，认为满足的仅分别为11.2%和13.5%，而认为不满足的分别高达58.6%和62.1%，认为不满足的比认为满足的分别高出47.4和48.6个百分点。这表明在当前建立社会保障体系的过程中，首先要做好失业和再就业的社会保障工作，切实安排好下岗职工的基本生活，从而在维护社会稳定的前提下，促进国有企业改革的减员增效（见表38）。

表38　企业经营者对职工社会保障状况的判断（%）

		满足	一般	不满足	满足－不满足	
					净　值	国有－非国有
医疗	**总体**	**25.5**	**24.1**	**50.4**	**－24.9**	－15.9
	国有企业	22.7	21.1	56.2	－33.5	
	非国有企业	27.9	26.6	45.5	－17.6	
养老	**总体**	**39.5**	**28.7**	**31.8**	**7.7**	－5.9
	国有企业	39.4	25.7	34.9	4.5	
	非国有企业	39.7	31.2	29.1	10.6	
再就业	**总体**	**13.5**	**24.4**	**62.1**	**－48.6**	－16.5
	国有企业	10.7	21.1	68.2	－57.5	
	非国有企业	15.8	27.4	56.8	－41.0	
失业	**总体**	**11.2**	**30.2**	**58.6**	**－47.4**	－12.8
	国有企业	8.7	28.4	62.9	－54.2	
	非国有企业	13.4	31.8	54.8	－41.4	
住房	**总体**	**24.6**	**31.0**	**44.4**	**－19.8**	－1.9
	国有企业	23.6	31.9	44.5	－20.9	
	非国有企业	25.4	30.2	44.4	－19.0	

调查结果显示，对于企业职工住房保障，有24.6%的企业经营者认为满足，44.4%的企业经营者认为不满足，前者比后者低19.8个百分点；对于职工医疗保障，有25.5%的企业经营者认为满足，50.4%的企业经营者认为不满足，前者比后者低24.9个百分点。由此可见，医疗和住房的社会保障，还要不断地建立和完善。

调查显示，国有企业经营者对本企业职工各项社会保障的满足程度都低于非国有企业，其对职工各项社会保障的净满足程度（满足－不满足）比非国有企业低的百分点依次为：再就业保障（16.5）、医疗保障（15.9）、失业保障（12.8）、养老保障（5.9）和住房保障（1.9）（见表38）。

4. 国有企业负担比较沉重

对国有企业负担问题的调查结果显示，企业经营者认为目前国有企业最主要的负担是债务负担，其中，58.6%的企业经营者认为负担很重，33.4%认为负担较重。从企业资产负债率看，国有企业的资产负债率普遍较高。调查结果显示，样本企业的平均资产负债率为62.0%，比1996年降低5.3个百分点，而国有企业资产负债率为69.5%，还略高于1996年水平（69.1%），比集体企业、私营企业、股份合作企业、股份有限公司、有限责任公司、外商及港澳台投资企业等非国有企业分别高8.3~31.2个百分点。因此，采取切实有效的措施改善国有企业资产负债结构，解决企业负债率高、资本金不足的问题，是国有企业改革的当务之急（见表39、表40）。

表39　企业平均资产负债率情况（%）

	1999年	1996年
总体	**62.0**	**67.3**
国有企业	69.5	69.1

续表

	1999 年	1996 年
集体企业	54.4	65.3
私营企业	38.3	60.8
股份合作企业	60.7	
股份有限公司	52.6	
有限责任公司	61.2	
外商及港澳台投资企业	50.8	52.5

企业经营者认为国有企业负担居第二位的是富余人员较多。调查结果显示，51.8%的企业经营者认为负担很重，38.3%的企业经营者认为负担较重。因此，在国有企业做好下岗分流、减员增效和再就业工作，显得十分迫切。

国有企业医疗及离退休养老负担被列在第三位，44.6%的企业经营者认为负担很重，42.7%的企业经营者认为负担较重。因此，加快社会保障体系的建立，逐步提高职工社会保障的社会化程度，是顺利推进国有企业改革的重要条件。

调查发现，企业经营者认为目前国有企业的税费负担、企业办社会负担和“四乱”负担（乱集资、乱摊派、乱罚款、乱收费）仍然较重，其中认为税费负担较重和很重的分别占30.7%和48.3%，认为企业办社会负担较重和很重的分别占28.1%和40.9%，认为“四乱”负担较重和很重的分别占22.9%和42.3%。调查同时也显示，对这几种负担的判断，国有企业比非国有企业感觉更严重一些（见表40）。

表 40　　企业经营者对国有企业负担状况的判断（%）

		很重	较重	一般	较轻	很轻	综合评价值
债务负担	**总体**	**58.6**	**33.4**	**6.7**	**0.9**	**0.4**	**1.49**
	国有企业	63.1	28.9	6.9	0.9	0.2	1.54
	非国有企业	54.9	37.0	6.5	1.0	0.6	1.45
富余人员负担	**总体**	**51.8**	**38.3**	**7.7**	**1.5**	**0.7**	**1.39**
	国有企业	54.3	37.1	7.1	1.1	0.4	1.44
	非国有企业	49.6	39.2	8.3	1.9	1.0	1.35
税费负担	**总体**	**30.7**	**48.3**	**19.7**	**1.2**	**0.1**	**1.08**
	国有企业	34.8	50.0	14.9	0.3		1.19
	非国有企业	27.1	46.8	23.9	2.0	0.2	0.99
乱集资、乱摊派、乱罚款、乱收费负担	**总体**	**22.9**	**42.3**	**28.0**	**5.7**	**1.1**	**0.80**
	国有企业	23.4	42.3	28.6	5.1	0.6	0.83
	非国有企业	22.5	42.1	27.6	6.3	1.5	0.78
企业办社会负担	**总体**	**28.1**	**40.9**	**24.6**	**5.1**	**1.3**	**0.89**
	国有企业	33.6	39.1	22.2	4.0	1.1	1.00
	非国有企业	23.4	42.1	26.9	6.2	1.4	0.80
医疗及离退休养老负担	**总体**	**44.6**	**42.7**	**10.8**	**1.4**	**0.5**	**1.30**
	国有企业	52.6	38.9	7.4	0.8	0.3	1.43
	非国有企业	37.8	45.8	13.8	1.9	0.7	1.18

注：综合评价值 =（2×很重% +1×较重% +0×一般% -1×较轻% -2×很轻%）÷100。

5. 国有企业脱困的根本出路在于深化改革

调查结果显示，在调查所列的诸多国有企业解困出路的选择当中，企业经营者选择的前三项分别是“选拔优秀的企业经营者”、“建立现代企业制度”和“解决企业资本金不足与负债率过高问题”，比重分别为47.4%、44.7%和39.3%。选拔优秀的企业经营者被列为国有企业解困出路的第一位，这一方面说明优秀企业家对企业发展的重要作用，另一方面也反映了目前我国企业，尤其是国有企业经营管理者的选拔任用机制和激励约束机制还不适应市场经济的需要，优秀企业家还不能尽快脱颖而出。把建立现代企业制度列为第二位，说明企业经营者对中央提出的把建立现代企业制度作为国有企业改革方向的充分认识和坚决支持。而列在第三位的解决企业资本金不足与负债率过高的问题，则是近年来企业经营者尤其是国有企业的企业经营者一直呼吁较多的问题。本次调查中国有企业经营者将此项列为国有企业解困出路之首，选择比重高达46.0%，反映了国有企业经营者对企业走出资本金不足与负债过高怪圈的强烈愿望。

企业经营者认为国有企业解困的其他出路依次是：调整国有经济布局和结构、改组国有企业（34.2%），加强企业经营管理（24.7%），解决企业社会负担沉重的问题（20.8%），政企分开、转变政府职能（20.4%），加大技术改造力度（19.1%），加强企业领导班子建设（18.6%），建立健全社会保障制度（18.2%）等，其中对调整国有经济布局和结构、改组国有企业的选择比重相对较高，说明目前企业经营者已有较强的全局观念，对国有企业“有进有退，有所为有所不为”的思想有了认识的基础，对发挥市场优胜劣汰的作用，从战略的高度调整国有经济布局和改组国有企业有了心理准备。

调查同时发现，国有企业与非国有企业的企业经营者在对国有企业解困出路问题的选择上有比较明显的差异。其中在对“解决企业资本金不足与负债率过高”和“解决企业社会负担沉重问题”的选择上，国有企业经营者比非国有企业选择的比重分别高12.3和11.0个百分点，而非国有企业经营者则比较强调“选拔优秀的企业经营者”和“政企分开与转变政府职能”，其选择比重比国有企业分别高10.6和7.8个百分点。这表明国有企业经营者相对较多地强调依靠政府解决企业自身的各种负担，而非国有企业经营者则相对强调要有一个宽松的环境，放手让国有企业挖掘自身的潜力从而摆脱困境（见表41）。

表41　　企业经营者对国有企业解困出路的判断（%）

	总体	国有企业	非国有企业
选拔优秀的企业经营者	**47.4**	41.6	52.2
建立现代企业制度	**44.7**	42.8	46.4
解决企业资本金不足，负债率过高的问题	**39.3**	46.0	33.7
调整国有经济布局和结构，改组国有企业	**34.2**	32.0	35.9
加强企业经营管理	**24.7**	25.5	24.1
解决企业社会负担沉重的问题	**20.8**	26.9	15.9
政企分开，转变政府职能	**20.4**	16.2	24.0
加大技术改造力度	**19.1**	18.1	19.7
加强企业领导班子建设	**18.6**	19.2	18.0
建立健全社会保障制度	**18.2**	19.8	17.2
推进再就业工程	**2.4**	2.3	2.4
其他	**2.2**	1.9	2.6

（注：凡引用此报告者均需注明引自中国企业家调查系统——《1999·中国企业经营者问卷跟踪调查报告》）

课题组名单

顾　　问：	王梦奎	陈清泰	魏礼群	鲁志强	李克穆
	谢伏瞻				
调查主持：	李培育	卢中原	邵　宁	陈　重	
调查指导：	巩　琳	郭兴旺	叶　震	朱之鑫	董　娟
	卫　东	王忠明	任泽民	何　宪	马　林
	章苏东	杨　桦	于　武	姜绍俊	孟全生
	金磊夫	吴　江			
报告撰写：	潘建成	李　兰	李　凯	韩岫岚	郑明身
	郝大海	杨志民			
数据处理：	王建平	王　剑	王　铮	冀国香	白　洁
参与讨论：	邓荣霖	吴　栋	丁宁宁	程秀生	仇　明
	李燕斌	王　斌	陈　锋	杨元伟	张艳艳
	钟蓉萨	张　泰	余明勤	蔡艺华	张　斌
	张武军	周高寿			

1998年企业经营者对宏观经济环境与经济体制改革热点的判断

■中国企业家调查系统

为了实现1998年国民经济增长目标，缓解亚洲金融危机带来的不利影响，我国政府采取了扩大内需，促进经济增长，积极调整经济结构等政策，相继出台了国有企业体制、金融体制、社会保障制度和政府机构改革等一系列深化改革的措施。为了了解企业经营者对当前宏观经济环境和经济体制改革的状况、存在问题和发展前景的判断，了解宏观经济政策和改革措施的效果，为政府进一步调整宏观经济政策和深化改革提供决策参考，中国企业家调查系统组织实施了“1998年中国企业经营者问卷跟踪调查”。

此次调查得到了国务院发展研究中心情报中心、国务院研究室工交贸易司、国家经贸委企业改革司、国家统计局综合司、中国企业管理协会研究部、国家经贸委中小企业司、国家经贸委培训司、国家发展计划委员会综合司、财政部财产评估司、劳动和社会保障部法制司、人事部流动调配司、国家税务总局政策法规司、中国证券监督管理委员会信息中心、国家石油和化学工业局规划发展司、国家轻工业局企事业改革司、国家机械局规划发展司、国家国内贸易局行业规划与法规司、国家冶金局政策研究室、国家电力公司政策与法律事务局、国家行政学院领导科学教研部等有关部委的大力支持和指导。

这是中国企业家调查系统在全国范围内组织进行的第六次中国企业经营者问卷跟踪调查，调查以企业法人代表为调查对象，依照我国企业实际构成和标准分类进行等比例随机抽样，采用邮寄问卷方式进行。从1998年8月中旬起至10月底止，共发出调查问卷10000份，回收问卷3356份，其中有效问卷3180份，有效回收率31.8%。本次调查的样本结构对现实情况具有一定的代表性。

在回收的有效问卷中，按企业的产业构成划分，第一产业占5.2%，第二产业占67.2%，第三产业占27.6%；按所有制构成划分，国有企业占38.5%，股份制企业占22.1%，私营企业占12.2%，外商投资企业占9.7%，集体企业占9.3%，港澳台投资企业占6.1%；按地区构成划分，东部企业占58.2%，中部企业占26.0%，西部企业占15.8%；按规模构成划分，大型和特大型企业占33.8%，中小型企业占66.2%；按盈亏状况划分，盈利企业占50.7%，亏损企业占29.7%，持平企业占19.6%。

从调查对象个人情况来看，职务为企业董事长、总经理、厂长或党委书记的占91.4%，其他职务的占8.6%；文化程度为大专以上的占81.8%，其中具有学士、硕士或博士学位的占41.6%；年龄以中青年为主，其中36~45岁的占32.6%，46~55岁的占42.5%（见表1~表3）。

表 1　　调查样本基本情况（%）

类别	项目	%	类别	项目	%
行业构成	农林牧渔业	2.4	所有制构成	国有企业	38.5
	采掘业	2.8		集体企业	9.3
	制造业 *	61.5		私营企业	12.2
	电力	2.2		联营企业	1.3
	建筑业	3.5		股份制企业	22.1
	地质勘查业、水利管理业	0.1		外商投资企业	9.7
	交通运输、仓储及邮电通讯业	2.4		港澳台投资企业	6.1
	批零贸易、餐饮业	9.6		其他企业	0.8
	金融、保险业	1.0	规模构成	特大型	3.3
	房地产业	2.9		大型	30.5
	社会服务业	2.9		中型	38.1
	文教体卫广电业	1.1		小型	28.1
	科学研究及综合技术服务业	2.0			
	其他行业	5.6			
地区	东部地区	58.2	盈亏	盈利企业	50.7
	中部地区	26.0		亏损企业	29.7
	西部地区	15.8		持平企业	19.6

表 2　　调查样本中制造业基本情况（%）

	制造业细分	%		制造业细分	%
1	食品加工业	2.8	16	化学纤维制造业	1.8
2	食品制造业	2.6	17	橡胶制品业	2.0
3	饮料制造业	1.3	18	塑料制品业	3.4
4	烟草加工业	0.5	19	非金属矿物制品业	4.0
5	纺织业	7.3	20	黑色金属冶炼及压延加工业	2.7
6	服装及其他纤维制品制造业	3.2	21	有色金属冶炼及压延加工业	1.9
7	皮革、毛皮、羽绒及其制品业	1.2	22	金属制品业	3.8
8	木材加工及竹、藤、棕、草制品业	1.1	23	普通机械制造业	7.7
9	家具制造业	0.8	24	专用设备制造业	7.2
10	造纸及纸制品业	2.1	25	交通运输设备制造业	6.1
11	印刷业，记录媒介的复制	2.0	26	武器弹药制造业	1.0
12	文教体育用品制造业	0.3	27	电气机械及器材制造业	4.4
13	石油加工及炼焦业	0.9	28	电子及通信设备制造业	7.4
14	化学原料及化学制品制造业	7.5	29	仪器仪表及文化办公用机械制造业	2.4
15	医药制造业	3.9	30	其他制造业	6.7

调查结果表明：大多数企业经营者认为，尽管面临当前亚洲金融危机、国内市场需求不足和特大洪涝灾害的严峻形势，企业的生产经营活动遇到了一定的困难，但是，由于我国社会结构和制度的特点，以及自年初开始，政府逐步出台的降低利率、增加投资等旨在扩大内需、促进经济增长的宏观调控政策措施得当，在保持国民经济持续稳定健康发展方面发挥了积极的作用，因此，多数企业经营者对实现 1998 年国民经济增长目标充满信心。

调查结果还表明，1998 年的政府机构改革受到了企业经营者的普遍欢迎，对进一步促进企业改革将产生积极的影响。大多数企业经营者认为，经过 20 年的努力，企业改革已取得了一定的成效，当前企业改革的重点已从扩大企业经营自主权深化到建立现代企业制度的阶段，在此阶段中，国有企业面临的债务包袱重、发展资金不足、技术设备老化和产权制度不完善等问题日益突出。在围绕企业公司

表 3　　调查对象基本情况（%）

性别	男	95.4	现任职务	董事长	39.6
	女	4.6		总经理	58.0
年龄	35 岁及以下	9.3		厂长	26.7
	36~45 岁	32.6		党委书记	23.4
	46~55 岁	42.5		其他	8.6
	56 岁以上	15.6			
文化程度	初中或以下	2.9	所学专业	文史哲	5.2
	高中	8.0		财经	9.0
	中专	7.3		工商管理（MBA）	8.3
	大专	40.2		管理	31.0
	大学本科	34.3		理工农医	32.6
	硕士研究生	6.7		其他	12.9
	博士研究生	0.6		两个专业以上	1.0

注：由于存在职务兼任，因此现任职务比例合计大于100%。

改制和产权重组两方面深层改革的进程中，企业改革所带来的职工下岗和社会保障制度不完善等问题亟待解决。企业经营者呼吁：要尽快建立健全各项改革配套措施，加速经济体制改革进程。

一、企业经营者对宏观经济环境的判断

这次问卷在宏观经济环境方面，向企业经营者提出了关于经济发展趋势、市场供求状况、亚洲金融危机的影响和宏观政策的效果等方面的问题。调查结果显示，尽管 1998 年经济发展遇到一定的困难，但在政府所采取的积极政策的作用下，企业经营者对实现 1998 年的经济增长目标抱有信心。

1. 企业生产经营状况有忧有喜

1998 年，受国内外经济环境影响，企业的生产经营活动遇到了一定的困难，调查结果表明，企业的生产经营状况有忧有喜。

从企业生产经营状况来看，调查表明，停产和半停产的企业面已从 1997 年同期调查的 21.0% 上升到 22.2%。在各类企业中，停产和半停产企业比例较大的主要是中部和西部地区企业（25.6% 和 27.0%）、中小型企业（24.0%）、国有企业（27.9%）和集体企业（26.3%）。1998 年停产和半停产企业与 1997 年相比，从企业所在地区来看，变化较为突出的主要是西部地区，其停产和半停产的企业面从 1997 年同期的 23.2% 上升到 27.0%；从企业规模来看，变化较为突出的是大型和特大型企业，其停产和半停产的比例从 1997 年的 16.2% 上升到 19.4%。与此同时，中小企业的停产和半停产面却从 1997 年的 25.1% 下降到 1998 年的 24.0%；从所有制形式来看，变化较为突出的是外商投资、私营、国有和集体企业，其停产和半停产面分别从 1997 年的 10.1%、7.1%、22.1% 和 22.2% 上升到 20.9%、17.8%、27.9% 和 26.3%，分别增加了 10.8、10.7、5.8 和 4.1 个百分点（见表 4）。

表 4　　1998 年与 1997 年企业生产状况对比（%）

	超负荷生产		正常运行		半停产		停产	
调查时间	1998 年	1997 年	1998 年	1997 年	1998 年	1997 年	1998 年	1997 年
总体	**3.2**	**4.7**	**74.6**	**74.3**	**21.3**	**20.4**	**0.9**	**0.6**
东部地区	3.5	4.5	77.0	78.5	18.9	16.9	0.6	0.1
中部地区	1.8	5.0	72.6	67.3	24.0	26.1	1.6	1.6
西部地区	4.7	5.0	68.3	71.8	25.7	22.8	1.3	0.4

续表

调查时间	超负荷生产		正常运行		半停产		停产	
	1998 年	1997 年	1998 年	1997 年	1998 年	1997 年	1998 年	1997 年
大型和特大型	3.3	5.4	77.3	78.4	18.8	16.1	0.6	0.1
中小型	3.1	4.1	72.9	70.8	22.9	24.0	1.1	1.1
国有经济	3.4	4.6	68.7	73.3	26.6	21.5	1.3	0.6
集体经济	1.8	3.6	71.9	74.2	25.6	21.3	0.7	0.9
私营经济	2.3	10.7	79.9	82.2	16.9	7.1	0.9	0.0
股份制经济	3.6	5.1	81.1	76.8	15.0	17.8	0.3	0.3
外商投资经济	3.5	8.7	75.6	81.2	19.9	10.1	1.0	0.0
港澳台投资经济	5.0	2.4	74.5	68.4	19.4	26.8	1.1	2.4

从企业盈利情况来看，调查表明，盈利企业所占比例从 1997 年同期的 51.8% 缩小到 50.7%。在不同类别的企业中，盈利企业比例低于平均水平的主要是中部和西部地区企业（45.9% 和 46.5%）、中小型企业（47.6%）、国有企业（43.0%）、集体企业（43.7%）、外商投资企业（48.2%）和港澳台投资企业（49.8%）。就 1998 年的变化而言，从地区看，企业盈利面缩小较多的主要是东部地区，从 1997 年同期的 57.0% 缩小到 1998 年的 54.0%；从企业规模看，不同规模企业的盈利面变化程度不大，大型和特大型企业盈利面略有缩小，中小型企业略有扩大；从企业所有制看，企业盈利面缩小较多的主要是外商投资企业和私营企业，分别从 1997 年同期的 71.0% 和 58.6% 缩小到 1998 年的 48.2% 和 51.3%。

调查结果显示，在企业盈利面缩小的同时，其亏损面也有所减小，企业亏损面从 1997 年的 31.1% 缩小到 1998 年的 29.7%。从地区来看，中、西部地区企业亏损面分别从 1997 年的 37.2% 和 41.6% 缩小到 1998 年的 33.3% 和 36.4%，东部地区企业亏损面则略有扩大；从企业规模来看，中小企业亏损面从 1997 年的 32.8% 缩小到 1998 年的 29.4%（见表 5）。

表 5　　1998 年与 1997 年企业效益状况对比（%）

调查时间	盈利		持平		亏损	
	1998 年	1997 年	1998 年	1997 年	1998 年	1997 年
总体	**50.7**	**51.8**	**19.6**	**17.1**	**29.7**	**31.1**
东部地区	54.0	57.0	19.7	17.1	26.3	26.0
中部地区	45.9	45.8	20.8	17.0	33.3	37.2
西部地区	46.5	40.3	17.1	18.1	36.4	41.6
大型和特大型	56.6	57.4	12.3	13.6	31.1	28.9
中小型	47.6	47.0	23.0	20.2	29.4	32.8
国有经济	43.0	47.6	16.0	16.8	41.0	35.6
集体经济	43.7	49.9	28.5	23.7	27.8	26.4
私营经济	51.3	58.6	33.1	34.5	15.6	6.9
股份制经济	67.4	66.0	15.6	13.9	17.0	20.2
外商投资经济	48.2	71.0	18.7	7.2	33.1	21.7
港澳台投资经济	49.8	51.2	16.9	19.5	33.3	29.3

从企业经营者对各企业所在行业经济发展速度的判断来看，半数以上的企业经营者认为，所在行业 1998 年的经济增长速度偏慢。其中，48.5% 认为所在行业增长速度偏慢，16.6% 认为过慢，23.8% 认为速度合适，11.1% 认为偏快和过快。在第一、第二和第三产业中，认为本行业 1998 年的经济增长

速度偏慢和过慢的企业分别占69.8%、68.9%和55.4%；从企业经营者认为所在行业发展状况过慢和偏慢的比例来看，比较突出的行业主要是采掘业（77.4%）、制造业（69.5%）、建筑业（66.6%）（见表6）。

表6　企业经营者对所在行业今年以来经济增长速度的判断（%）

	过快	偏快	合适	偏慢	过慢
总体	**2.5**	**8.6**	**23.8**	**48.5**	**16.6**
第一产业	2.6	5.8	21.8	48.6	21.2
第二产业	2.1	7.8	21.2	51.3	17.6
第三产业	3.2	11.1	30.3	41.9	13.5
农林牧渔业	2.8	11.1	25.0	41.7	19.4
采掘业	2.4	1.2	19.0	54.8	22.6
制造业	2.2	7.7	20.6	51.2	18.3
电力	1.6	12.5	31.3	46.8	7.8
建筑业	2.2	6.5	24.7	56.9	9.7
交通运输仓储及邮电通信业	4.2	6.9	37.5	38.9	12.5
批零贸易餐饮业	4.4	11.0	26.8	39.4	18.4
金融保险业	0.0	6.3	31.3	46.8	15.6
房地产业	2.7	17.3	30.7	40.0	9.3
社会服务业	3.9	13.0	32.5	41.5	9.1
科学研究和综合技术服务业	1.8	10.9	47.3	30.9	9.1
其他行业	2.5	10.0	26.3	49.9	11.3

值得特别指出的是，在大部分企业生产经营状况不太理想的情况下，1998年股份制企业却显现了特有的优势，其停产和半停产的企业面从1997年的18.1%缩小到1998年的15.3%；同样，其亏损面从1997年的20.2%缩小到1998年的17.0%；企业盈利面则从1997年的66.0%扩大到1998年的67.4%（见表4、表5）。

2. 社会总需求相对不足

1998年，在国内消费需求下降、亚洲金融危机和特大水灾等不利因素的共同影响下，社会总需求相对于供给能力出现了明显的不足，调查结果充分验证了这一点。

从社会总需求的主要构成看，除最近受政府加大投资力度政策的影响，固定资产投资增长速度回升之外，企业经营者普遍感觉其他社会需求增长较慢。调查表明，认为外贸出口、居民消费和社会集团消费增长偏慢和过慢的企业经营者均超过半数，分别占83.7%、82.6%和50.4%（见表7）。

表7　对1998年以来国民经济主要需求增长状况的判断（%）

	过快	偏快	合适	偏慢	过慢
固定资产投资	2.3	16.2	35.0	42.0	4.5
居民消费	0.1	3.9	13.4	66.6	16.0
社会集团消费	2.9	23.0	23.7	41.8	8.6
外贸出口	0.1	0.8	15.4	69.7	14.0

从国内市场的需求状况来看，调查结果显示，认为当前消费品市场、房地产市场、生产资料市场和农村工业品市场供大于求的企业经营者分别占93.1%、87.5%、79.3%和53.2%，相比之下认为这四个市场供不应求的分别占0.7%、3.3%、1.8%和8.3%。这说明，企业经营者已普遍感觉到这些市

场的巨大压力，需求不足的现象在国内大部分商品市场都已出现，买方市场的格局已经形成。比较而言，认为农村工业品市场已经饱和的比例低于其他商品市场。这一方面反映了目前适应农村市场的工业品开发不够；另一方面也说明农村市场尚有继续开发的空间（见表 8）。

表 8　　企业经营者对当前市场状况的判断（%）

	供大于求	供求平衡	供不应求
生产资料市场	79.3	18.9	1.8
消费品市场	93.1	6.2	0.7
房地产市场	87.5	9.2	3.3
农村工业品市场	53.2	38.5	8.3

从国内外市场形势的对比来看，调查表明，由于受亚洲金融危机及全球经济动荡的影响，在当前国内买方市场格局已经形成的情况下，国际市场也不景气。在被调查企业中，出口额占企业全部销售收入的比例平均为 12.5%，可见国内企业对国际市场已有较高的依存度，国际市场的变化会不可避免地直接影响国内企业的经营活动。调查表明，认为当前国际市场形势不利于和非常不利于本企业发展的企业经营者占 59.5%，这一比例超过了认为国内市场不利和非常不利的 51.6% 的比例。相比之下，认为国内市场和国际市场对本企业发展有利和非常有利的比例分别只有 15.1% 和 8.3%。这反映了企业经营者已普遍感到当前国内外经济环境的压力。

从地区分布来看，各地区的企业对国内外市场的担忧程度没有明显的差别，普遍感到国内外市场的压力（见表 9）。

表 9　　企业经营者对当前国内外市场状况的判断（%）

		非常有利	有利	一般	不利	非常不利
国内市场	**总体**	**2.1**	**13.0**	**33.3**	**39.3**	**12.3**
	东部地区	2.1	11.5	35.0	40.3	11.1
	中部地区	2.1	14.3	32.2	38.5	12.9
	西部地区	1.9	16.6	28.8	36.7	16.0
国际市场	**总体**	**0.8**	**7.5**	**32.2**	**42.9**	**16.6**
	东部地区	0.7	7.8	31.5	44.1	15.9
	中部地区	0.8	7.7	33.2	42.1	16.2
	西部地区	1.2	6.5	33.2	38.9	20.2

从行业分布来看，不同行业对当前国际市场压力的感受则不尽相同。调查表明，感觉压力较大的前四个行业依次是采掘业、制造业、建筑业和金融保险业。在这些行业中，认为国际市场不利于和非常不利于企业经营活动的企业经营者分别占 69.4%、63.2%、63.1% 和 61.3%，均高于样本总体 59.5% 的平均水平。由于这些行业的市场或资金来源与国际市场有较紧密的联系，因此，国际市场的动荡给这些行业带来的影响相对较大（见表 10）。

表 10　　各行业企业受当前国际市场影响的程度（%）

	非常有利	有利	一般	不利	非常不利
总体	**0.8**	**7.5**	**32.2**	**42.9**	**16.6**
农林牧渔业	2.8	9.9	36.6	35.2	15.5
采掘业	0.0	4.7	25.9	40.0	29.4
制造业	0.7	6.4	29.7	44.6	18.6
电力	2.2	6.5	65.3	13.0	13.0

续表

	非常有利	有利	一般	不利	非常不利
建筑业	0.0	8.3	28.6	50.0	13.1
交通运输仓储及邮电通信业	0.0	11.8	33.8	39.7	14.7
批零贸易餐饮业	0.4	8.8	37.3	43.1	10.4
金融保险业	3.2	12.9	22.6	45.2	16.1
房地产业	1.6	9.5	38.1	44.5	6.3
社会服务业	3.0	11.9	40.4	32.8	11.9
科学研究和综合技术服务业	1.8	14.3	46.4	35.7	1.8
其他行业	0.7	7.2	35.5	42.8	13.8
纺织业	0.7	2.9	5.7	45.0	45.7
食品制造业			20.8	68.8	10.4
非金属矿物制品业		5.2	27.3	49.3	18.2
化学原料及化学制品制造业	0.7	3.5	29.8	49.0	17.0
黑色金属冶炼及压延加工业		8.0	28.0	40.0	24.0
服装及其他纤维制品制造业		5.5	30.9	38.1	25.5
电子及通信设备制造业		5.8	31.7	46.7	15.8
电气机械及器材制造业	1.2	4.9	31.7	45.1	17.1
专用设备制造业		11.1	28.9	45.2	14.8
交通运输设备制造业	0.9	5.4	33.9	49.1	10.7
仪器仪表及文化办公用机械制造业		11.1	31.1	42.2	15.6
普通机械制造业	2.2	8	33.3	37.7	18.8
食品加工业		5.8	38.5	46.1	9.6
金属制品业		8.6	37.1	40.0	14.3
医药制造业	2.8	8.5	39.4	40.8	8.5
塑料制品业		13	38.8	38.9	9.3

从制造业的具体行业来看，认为国际市场不利于或非常不利于企业经营活动比例较大的八个行业依次是：纺织业（90.7%）、食品制造业（79.2%）、非金属矿物制品业（67.5%）、化学原料及化学制品制造业（66.0%）、黑色金属冶炼及压延加工业（64.0%）、服装及其他纤维制品制造业（63.6%）、电子及通信设备制造业（62.5%）、电气机械及器材制造业（62.2%）（见表10）。

3. 结构性的产品和市场供给过剩

当前我国经济发展中另一个明显的特征是产品和市场供给相对过剩。调查表明，目前主导产品供大于求和供求平衡的企业已从1997年同期的91.8%上升到93.0%，其中，供大于求程度比较严重的行业主要有：采掘业、批零贸易餐饮业、建筑业、电力工业和制造业，其企业产品供大于求的比例分别为66.2%、59.7%、58.7%、56.2%和55%。

从各行业主导产品的供给状况看，调查表明，在大部分行业主导产品市场供给过剩的同时，一些行业也存在着明显的供不应求局面。供不应求程度较高的行业依次是金融保险业（33.3%）、农林牧渔业（18.3%）及科学研究和综合技术服务业（11.8%），均高于7.0%的总体平均水平。这说明，当前供大于求的状况，是结构性的供给过剩（见表11）。

从当前生产要素的供给情况看，调查表明，认为原材料、能源和交通运输供给状况紧张和比较紧张的企业经营者分别占4.6%、7.1%和18.3%；相比之下，认为供给状况宽松和较宽松的分别占73.2%、62.9%和46.9%。对比1997年同期的调查结果，1998年市场供给过剩的程度明显高于1997年，认为这三项宽松和较宽松的企业经营者比例分别比1997年上升16.2、24.6和13.9个百分点。与

表 11　　分行业的调查企业主导产品过剩情况（%）

	供大于求	供求平衡	供不应求
总体	**53.8**	**39.2**	**7.0**
农林牧渔业	46.5	35.2	18.3
采掘业	66.2	23.3	10.5
制造业	55.0	37.9	7.1
电力	56.2	39.1	4.7
建筑业	58.7	40.0	1.3
交通运输仓储及邮电通信业	54.6	40.9	4.5
批零贸易餐饮业	59.7	37.8	2.5
金融保险业	33.3	33.4	33.3
房地产业	47.1	51.4	1.5
社会服务业	49.2	49.2	1.6
科学研究和综合技术服务业	19.6	68.6	11.8
其他行业	47.5	46.8	5.7

此同时，认为这三项供给紧张和较紧张的比例，分别比 1997 年下降了 4.2、16.0 和 10.7 个百分点。

从不同地区来看，调查表明，各地区企业生产要素市场供大于求局面业已形成。在原材料供给方面，71.6% 的东部企业、75.3% 的中部企业和 75.4% 的西部企业认为宽松和较宽松；在能源供给方面，61.4% 的东部企业、68.4% 的中部企业和 58.3% 的西部企业认为宽松和较宽松；在交通运输供给方面，45.9% 的东部企业、52.9% 的中部企业和 40.7% 的西部企业认为宽松和较宽松。

与此同时，调查结果还表明，在市场供给过剩的同时，各地区也存在着一定的结构性差异。在生产资料供给方面，资源条件优越的中、西部地区，其原材料供给的宽松程度要高于东部地区；在能源供给方面，中部地区能源生产基地集中，其宽松程度高于东部和西部地区；在交通运输条件方面，东、中部地区交通运输基础设施好，建设力度大，其宽松程度高于西部地区（见表 12）。

表 12　　1998 年和 1997 年企业经营者对市场供给状况的判断（%）

		紧张		较紧张		正常		较宽松		宽松	
		1998 年	1997 年	1998 年	1997 年	1998 年	1997 年	1998 年	1997 年	1998 年	1997 年
原材料	**总体**	**0.5**	**1.3**	**4.1**	**7.5**	**22.2**	**34.2**	**45.0**	**40.5**	**28.2**	**16.5**
	东部地区	0.4	1.1	4.6	6.9	23.4	35.4	44.4	40.5	27.2	16.1
	中部地区	0.3	1.7	3.3	7.5	21.1	30.7	45.6	42.0	29.7	18.1
	西部地区	1.5	1.7	3.8	10.5	19.3	38.9	46.4	35.4	29.0	13.5
能源	**总体**	**0.6**	**3.0**	**6.5**	**20.1**	**30.0**	**38.6**	**38.3**	**27.4**	**24.6**	**10.9**
	东部地区	0.6	2.7	6.2	17.9	31.8	39.9	37.5	28.1	23.9	11.4
	中部地区	0.3	2.8	5.1	20.3	26.2	35.8	41.3	29.5	27.1	11.6
	西部地区	1.5	5.9	10.4	32.2	29.8	38.4	35.5	17.2	22.8	6.3
交通	**总体**	**2.8**	**5.0**	**15.5**	**24.0**	**34.8**	**38.0**	**29.1**	**23.5**	**17.8**	**9.5**
	东部地区	2.7	4.7	14.2	23.7	37.2	38.5	28.7	23.4	17.2	9.7
	中部地区	2.1	4.1	14.0	22.2	31.0	37.4	32.2	26.3	20.7	10.0
	西部地区	4.2	9.6	23.2	32.2	31.9	36.4	25.7	15.5	15.0	6.3

4. 制约当前经济发展的重要因素

企业经营者认为，阻碍当前经济增长的最主要的前两位因素是经济低效运行和经济结构失调。从调查结果中各项问题的联系来看，在制约当前经济发展的各项因素中，企业经营者不仅看到需求不足这一表面现象，而且还认为阻碍当前经济发展的更主要的深层原因是：经济低效运行和经济结构失调。

相比之下，在多数企业经营者看来，前几年制约国民经济健康发展的通货膨胀和供给不足问题已退至最后两位，不再是制约当前经济增长的重要因素（见表13）。

表13 对阻碍当前经济发展主要因素的判断（%）

	第一位	第二位	第三位	位次
低效运行	20.8	34.2	25.8	1
经济结构失调	25.7	25.5	17.2	2
需求不足	32.9	16.5	18.2	3
就业岗位相对不足	5.7	13.4	22.6	4
通货膨胀	3.4	1.9	3.4	5
供给不足	0.7	0.7	0.6	6

在揭示经济低效运行问题和结构性矛盾是造成当前国民经济需求不足的主要原因的同时，调查结果还表明，自1997年下半年开始的亚洲金融危机，是加剧1998年我国国民经济总需求不足的另一个不可忽视的原因。调查中，认为本企业受到亚洲金融危机直接影响的企业经营者所占比例超过四分之三。其中认为盈利水平受到影响的占83.7%，国外市场需求受到影响的占74.0%，企业产品出口受到影响的占66.8%，引进外资受到影响的占66.6%（见表14）。

表14 企业经营活动受亚洲金融危机影响的程度（%）

	有很大影响	有些影响	没有影响
盈利水平	34.6	49.1	16.3
国外市场	25.9	48.1	26.0
产品出口	31.1	35.7	33.2
引进外资	18.7	47.9	33.4

从不同类型的企业来看，调查表明，在产品出口、引进外资、国外市场需求和企业盈利水平等方面，受亚洲金融危机影响较大的分别是东部地区企业、大型和特大型企业、外商投资企业和港澳台投资企业，这些企业所受不利影响的程度分别在地区、规模和经济类型分组中位居前列（见表15）。

表15 企业经营活动受亚洲金融危机影响的程度（综合评价）

		产品出口	引进外资	国外市场	盈利水平
总体		**0.979**	**0.853**	**1.000**	**1.183**
地区	东部地区	1.043	0.891	1.053	1.221
	中部地区	0.871	0.807	0.931	1.124
	西部地区	0.907	0.782	0.907	1.141
规模	特大和大型	1.110	0.872	1.074	1.222
	中小型	0.910	0.844	0.961	1.167
经济类型	国有经济	0.987	0.843	1.017	1.180
	集体经济	0.862	0.822	0.992	1.210
	私营经济	0.687	0.710	0.719	1.081
	股份制经济	0.969	0.849	0.959	1.147
	外商投资经济	1.186	0.933	1.113	1.288
	港澳台投资经济	1.270	1.058	1.249	1.296

注：综合评价值 =（有很大影响% ×2 + 有些影响% ×1 + 没有影响% ×0）/100。

5. 扩大内需促进增长的政策措施初见成效

1998年以来，针对当前国民经济中需求不足这一主要矛盾，中央政府出台了一系列旨在扩大内需促进经济增长的宏观经济政策，从企业经营者的反映来看，这些政策措施已初见成效。企业经营者认为，目前政府已经采取的诸项措施，在促进经济增长的作用方面，按其有效程度排序依次是：加大基础设施投资力度（68.8%）、降低利率（58.2%）、加速城镇住房制度的改革（42.7%）、拓宽中小企业信贷渠道（36.9%）、提高出口退税率（32.6%）、降低部分企业的税务负担（29.4%）和放宽投资规模限制（19.1%）。其中，以加大投资力度为主的财政政策、以降低利率为主的货币政策、以商品化为主的城镇住房制度改革政策和以拓宽中小企业信贷渠道为主的金融政策，被认为是刺激当前需求的四项效果最显著的政策措施（见表 16）。

表 16　扩大内需各项政策的有效程度

	占比（%）	排序
加大基础设施投资力度	68.8	1
降低利率	58.2	2
加速城镇住房改革	42.7	3
拓宽中小企业信贷渠道	36.9	4
提高出口退税率	32.6	5
降低部分企业税率	29.4	6
放宽投资规模限制	19.1	7

调查结果表明，尽管 1998 年社会总需求明显不足，但在对各项主要社会需求增长状况的判断中，企业经营者认为固定资产投资增长状况合适和较快的程度，高于对其他项需求增长状况的评价，选择比例为 53.5%，其中认为合适的、偏快的和过快的分别占 35.0%、16.2% 和 2.3%。这与 1998 年以来政府加大投资力度的政策措施密不可分，说明投资力度的加大已对企业的实际经营活动产生了积极的影响（见表 7）。

调查结果进一步显示，多数企业经营者认为当前的货币政策和财政政策仍然偏紧。其中，在货币供应量方面，认为目前货币供应量偏低和过低的企业经营者比例分别为 37.3% 和 5.4%，两者之和高出认为偏高和过高的比例 36 个百分点；在贷款利率方面，认为利率水平偏高和过高的比例分别为 20.2% 和 0.8%，两者之和高出认为偏低和过低的比例 7.6 个百分点；在人民币汇率方面，认为当前汇率水平偏高和过高的比例分别为 18.8% 和 2.4%，两者之和高出认为偏低和过低的比例 4.7 个百分点；在基础设施投资规模方面，认为目前投资规模偏低和过低的比例分别为 44.0% 和 2.8%，两者之和高出认为偏高和过高的比例 28 个百分点；在出口退税率方面，认为偏低和过低的比例分别为 44.8% 和 5.3%，两者之和高出认为偏高和过高的比例 44.4 个百分点；在财政性收费水平方面，认为目前收费水平偏高和过高的比例分别为 61.4% 和 10.6%，两者之和高出认为偏低和过低的比例 67.4 个百分点（见表 17）。

企业经营者从自身经营的角度，一般都希望政府最大限度地实行扩张性政策。但是，调查表明，1998 年企业经营者对各项宏观政策偏紧的呼声已明显低于 1997 年，例如，1997 年认为货币供应量偏低和过低的企业经营者占 72.0%，1998 年下降了 29.3 个百分点；1997 年认为银行利率偏高和过高的占 51.0%，1998 年下降了 30.0 个百分点；1997 年认为投资规模偏低和过低的占 49.7%，1998 年下降了 2.9 个百分点。这说明企业经营者已切实地感受到政府扩张性政策的作用，希望政府进一步放松政策的呼声与 1997 年相比已明显减弱（见表 17）。

就当前的宏观政策而言，调查结果显示，政府扩大需求的宏观经济政策，在启动市场需求方面的作用，已得到企业经营者的普遍认同。然而，继续加大这方面的政策力度，尤其是进一步消除企业的不合理税费负担，仍然是企业经营者的希望。

表 17　　企业经营者对当前宏观调控的政策力度的判断（%）

		过高	偏高	合适	偏低	过低
货币供应量	1998 年	0.7	6.0	50.6	37.3	5.4
	1997 年	0.4	3.6	23.9	58.4	13.7
贷款利率	1998 年	0.8	20.2	65.6	12.1	1.3
	1997 年	4.9	46.1	41.9	6.5	0.6
基础设施投资规模	1998 年	2.1	16.7	34.4	44.0	2.8
	1997 年	1.1	15.4	33.8	45.0	4.7
人民币汇率	1998 年	2.4	18.8	62.3	14.8	1.7
出口退税率	1998 年	0.3	5.4	44.2	44.8	5.3
财政收费水平	1998 年	10.6	61.4	23.4	4.2	0.4

6. 对实现全年经济增长的目标抱有信心

在国际经济环境不利，国内经济增长步伐放慢和国内需求不足的情况下，由于政府采取了一系列积极措施，并且在扩大内需促进经济增长方面已初见成效，因此企业经营者对 1998 年我国经济实现 8% 的增长目标抱有信心。

首先，调查表明，企业经营者对我国抵御亚洲金融危机，使国内经济少受损失的能力持较强的信心。对我国未受亚洲金融危机较大影响原因的选择，企业经营者将国家的政治稳定、汇率体制的作用、特殊的社会经济结构、较高的外汇储备、政府对经济的控制能力和缓冲能力较大的国内市场等因素视为最重要的六项保障条件，比例分别为 59.5%、44.3%、39.7%、39.2%、37.0% 和 33.3%。由于这些条件均与我国特定的社会结构和社会制度相关，因此，企业经营者对当前以及未来一段我国能够抵御亚洲金融危机冲击的信心具有坚实的基础。调查中，企业经营者对我国国民经济稳定发展的信心，是未来一段时间内我国国民经济能够抵御可能出现的世界经济波动的影响，继续保持较快增长的有力保障（见表 18）。

表 18　　企业经营者对我国未受亚洲金融危机较大影响原因的判断

	占比（%）	排序
我国政治稳定	59.5	1
我国汇率体制的作用	44.3	2
我国社会经济结构的特殊性	39.7	3
我国有较高的外汇储备	39.2	4
我国政府有能力控制较大的外部冲击	37.0	5
我国市场有较大的缓冲能力	33.3	6
我国的外债结构比较合理	16.9	7
我国人民对政府有充分信任感	11.6	8
我国有较多的外贸盈余	4.6	9
其他	1.6	10

其次，调查还表明，69.5% 的企业经营者对实现 1998 年国民经济增长 8% 的发展目标抱有信心，这一比例超过对此缺乏信心的企业经营者比例（22%）的两倍以上。

从不同地区看，东部和西部地区的企业经营者对实现本地区全年既定的经济增长目标抱有信心的比例较高，其有信心和有一定信心的比例之和分别为 71.1% 和 58.6%，均大大超过该地区信心不足的比例（21.5% 和 33.5%）；比较而言，中部地区的企业经营者对实现本地区 1998 年既定的经济增长目标的信心程度较低，其有信心和有一定信心的比例之和为 46.7%，比东、西部地区低 24.4 和 11.9 个百分点，其没有信心的比例为43.1%，比东、西部地区高21.6和9.6个百分点，这可能与中部地区处于1998年特大洪涝灾害的中心区域有直接关系（见表19）。

表19　　企业经营者对实现今年经济增长目标的信心（%）

	有信心	有一定信心	没有信心	不清楚
对全国实现8%的增长目标	19.9	49.6	22.0	8.5
对东部地区实现既定增长目标	24.8	46.3	21.5	7.4
对中部地区实现既定增长目标	8.9	37.8	43.1	10.2
对西部地区实现既定增长目标	13.6	45.0	33.5	7.9

从分省区的调查结果来看，企业经营者对所在省市实现1998年既定的经济增长目标的信心程度，按有信心和有一定信心比例之和排序，列前八位的依次是上海（92.1%）、福建（80.3%）、广东（76.0%）、江苏（74.4%）、浙江（73.7%）、天津（73.6%）、北京（70%）、贵州（67.5%）；列后八位的依次是湖南（38.8%）、内蒙古（40.0%）、江西（40.4%）、黑龙江（42.2%）、河南（45%）、重庆（45.5%）、湖北（47%）、安徽（47.8%），这些以中部地区为主的省份中，除河南之外，都处于洪涝灾害的地区（见表20）。

表20　　对实现今年各省市既定经济增长目标的信心（%）

		有信心	有一定信心	没有信心	不清楚
1	上　海	48.9	43.2	4.5	3.4
2	福　建	21.0	59.3	12.3	7.4
3	广　东	25.7	50.3	19.8	4.2
4	江　苏	23.9	50.5	19.5	6.1
5	浙　江	27.9	45.8	17.9	8.4
6	天　津	32.1	41.5	19.8	6.6
7	北　京	20.3	49.7	17.6	12.4
8	贵　州	16.3	51.2	23.7	8.8
9	宁　夏	6.7	60.0	33.3	0.0
10	西　藏	0.0	66.7	0.0	33.3
11	山　东	21.9	44.5	25.4	8.2
12	青　海	5.9	58.8	29.4	5.9
13	云　南	16.1	48.2	25.0	10.7
14	广　西	10.2	51.0	32.7	6.1
15	甘　肃	10.9	50.0	30.4	8.7
16	山　西	14.1	45.0	29.6	11.3
17	四　川	14.5	44.3	32.8	8.4
18	海　南	25.1	33.3	33.3	8.3
19	辽　宁	13.5	41.8	38.3	6.4
20	河　北	14.5	38.4	34.8	12.3
21	吉　林	9.2	43.7	39.1	8.0
22	新　疆	12.5	37.5	43.7	6.3
23	陕　西	6.8	42.0	42.0	9.2
24	安　徽	8.7	39.1	45.0	7.2
25	湖　北	8.5	38.5	40.2	12.8
26	重　庆	9.1	36.4	52.7	1.8
27	河　南	9.9	35.1	46.9	8.1
28	黑龙江	2.8	39.4	46.5	11.3

续表

		有信心	有一定信心	没有信心	不清楚
29	江　西	10.6	29.8	47.9	11.7
30	内蒙古	20.0	20.0	43.3	16.7
31	湖　南	8.8	30.0	49.9	11.3

注：按有信心和有一定信心的比例之和排序。

再次，从不同所有制看，私营企业、股份制企业和国有企业经营者对1998年实现全国8%的增长目标有信心和有一定信心的比例之和分别为77.7%、70.9%和70.2%，均高于总体69.5%的平均水平（见表21）。

最后，从不同行业看，1998年政府以投资倾斜政策重点扶持行业的企业经营者，对经济增长的信心高于总体平均水平。在所调查的15个行业中，企业经营者对1998年实现全国经济增长8%的目标有信心和有一定信心的比例之和，高于平均水平的行业依次是：房地产（86.9%）、交通邮电（81.3%）、电力（79.7%）、社会服务业（78.0%）、建筑业（76.7%），这些行业大多与目前政府侧重的主要投资方向相吻合。由此来看，当前有重点的扩大投资的政策，对实现经济结构的调整具有积极的作用（见表21）。

表21　　各所有制、行业对实现全国8%增长目标的信心（%）

	有信心	有一定信心	没有信心	不清楚
总体	**19.9**	**49.6**	**22.0**	**8.5**
国有经济	15.9	54.3	21.4	8.4
集体经济	23.4	45.1	21.6	9.9
私营经济	33.9	43.8	14.9	7.4
股份制经济	24.5	46.4	22.3	6.8
外商投资经济	11.2	48.4	28.2	12.2
港澳台投资经济	12.5	51.7	26.6	9.2
房地产业	25.0	61.9	11.8	1.3
交通运输仓储及邮电通信业	21.3	60.0	10.7	8.0
电力	25.0	54.7	10.9	9.4
社会服务业	34.1	43.9	11.0	11.0
建筑业	18.2	58.5	17.2	6.1
其他行业	23.4	52.6	18.0	6.0
批零贸易餐饮业	29.9	41.6	22.2	6.3
科学研究和综合技术服务业	24.1	44.9	24.1	6.9
金融保险业	22.6	45.1	32.3	0.0
采掘业	16.1	50.6	27.6	5.7
制造业	16.5	50.0	24.1	9.4
农林牧渔业	24.3	41.9	20.3	13.5

二、企业经营者对经济体制改革热点问题的看法

经济体制改革是促进我国经济长期持续增长，解决当前需求不足、经济结构失调和低效运行问题的关键所在。自1997年国民经济实现“软着陆”之后，我国经济改革正逐步进入攻坚阶段，1998年相继出台了国有企业体制、金融体制、粮食流通体制、住房制度、社会保障制度以及政府机构等一系

列改革措施，本次调查重点突出了对国务院机构改革、国有企业改革和社会保障制度改革部分情况的调查。

1. 政府机构改革的积极作用得到企业经营者的普遍认同

这次政府机构改革是历次机构改革中力度最大的一次，引起了国内外广泛关注。调查结果表明，1998年内进行的国务院机构改革的积极影响受到企业经营者的普遍认同。84.9%的企业经营者认为政府机构改革对减轻企业负担有积极影响；81.5%的企业经营者认为对转换企业经营机制有积极影响；74.9%的企业经营者认为对政企分开有积极影响。相比之下，企业经营者认为政府机构改革在这三方面没有影响的分别只占15.1%、18.5%和25.1%（见表22）。

表22　对政府机构改革可能产生的积极影响的判断（%）

	影响很大	有些影响	没有影响
减轻企业负担	37.2	47.7	15.1
转换企业经营机制	41.5	40.0	18.5
政企分开	31.9	43.0	25.1

具体来看，港澳台投资企业、外商投资企业和股份制企业对机构改革在减轻企业负担方面的作用认同程度较高；国有、股份制和集体企业对机构改革在政企分开和转换经营机制方面的作用认同程度较高（见表23）。

表23　对政府机构改革可能产生的积极影响判断（综合评价）

		政企分开	减轻企业负担	转换企业经营机制
总体		**1.068**	**1.221**	**1.229**
地区	东部地区	1.077	1.216	1.204
	中部地区	1.045	1.246	1.242
	西部地区	1.072	1.200	1.304
规模	特大和大型	1.162	1.211	1.341
	中小型	1.021	1.226	1.173
经济类型	国有经济	1.183	1.211	1.396
	集体经济	1.048	1.208	1.261
	私营经济	0.791	1.218	0.982
	股份制经济	1.112	1.230	1.237
	外商投资经济	0.937	1.233	0.963
	港澳台投资经济	0.973	1.295	0.960

注：综合评价值=（影响很大%×2+有些影响%×1+没有影响%×0）/100。

对于政府机构改革中的分流干部，大多数企业经营者表示愿意接纳。其中，73.3%的企业经营者对从国家机关分流到企业的干部表示愿意接纳和愿意有条件地接纳，相比之下只有18.4%的企业经营者表示不愿意接纳。值得注意的是，在接纳政府机构分流人员的态度上，各类企业经营者的差异不大。从地区来看，西部地区愿意接纳的占75.7%，略高于东、中部73.2%和72.0%的比例；从企业的规模来看，大型特大型企业、中小企业愿意接纳的比例均为73.2%，二者的不同之处在于，大型特大型企业经营者选择有条件地接纳的比例高出中小企业3.2个百分点；从所有制来看，股份制企业、集体企业和私营企业经营者愿意接纳的比例相对较高，分别为79.1%、76.9%和74.9%（见表24）。

表 24　　企业对接纳政府机构分流人员的态度（%）

	愿意接纳	有条件地接纳	无所谓	不愿接纳
总体	**8.4**	**64.9**	**8.3**	**18.4**
东部企业	7.5	65.7	8.9	17.9
中部企业	9.0	63.0	8.2	19.8
西部企业	10.9	64.8	6.4	17.9
大型企业	6.3	66.9	6.3	20.5
中小企业	9.5	63.7	9.5	17.3
国有经济	6.6	63.4	8.3	21.7
集体经济	9.4	67.5	7.9	15.2
私营经济	19.5	55.4	13.4	11.7
股份制经济	7.6	71.5	5.9	15.0
外商投资经济	4.5	65.6	5.5	24.4
港澳台投资经济	2.8	67.4	11.0	18.8

2. 企业改革正向深层次推进

改革开放20年来，在围绕扩大企业经营自主权方面进行的各项改革取得了很大的成效，改革的重心已转移到以建立现代企业制度为中心的更深层次的改革。

关于企业改革诸方面的进展情况，调查结果表明，按企业经营者判断的完全实现和部分实现的比例之和排序依次为：企业经营自主权（97.7%）、合理有效的分配机制（87.8%）、优胜劣汰的用人机制（83.4%）、企业法人财产权（80.8%）、明确产权关系（79.8%）、国有资产的监管机制（78.8%）和完善公司治理结构（78.4%）（见表25）。

表 25　　对企业改革诸方面进展情况的判断（%）

	完全实现	部分实现	没有实现
企业经营自主权	59.5	38.2	2.3
合理有效的分配机制	27.4	60.4	12.2
优胜劣汰的用人机制	30.4	53.0	16.6
企业法人财产权	41.3	39.5	19.2
明确产权关系	44.0	35.8	20.2
国有资产的监管机制	22.7	56.1	21.2
完善公司治理结构	29.5	48.9	21.6

尽管不同类型的企业在扩大经营自主权等企业改革的诸多方面，都取得了很大的成绩，但是相比而言，大型和特大型企业、国有企业和集体企业，尤其是国有企业在这些方面改革的实现程度还低于其他类型的企业（见表26）。

表 26　　对企业改革诸方面实现情况的判断（综合评价）

	总体	规模		经济类型							
		特大和大型	中小型	国有经济			集体经济	私营经济	股份制	外商投资	港澳台投资
				国有总体	大型	中小型					
企业经营自主权	**2.57**	2.45	2.64	2.35	2.34	2.37	2.63	2.89	2.65	2.69	2.80
企业法人财产权	**2.22**	2.07	2.30	1.83	1.85	1.80	2.14	2.87	2.41	2.47	2.53
明确产权关系	**2.24**	2.08	2.32	1.81	1.80	1.81	2.06	2.81	2.52	2.56	2.60
完善公司治理结构	**2.08**	1.97	2.13	1.68	1.69	1.67	2.06	2.49	2.33	2.39	2.46

续表

	总体	规模		经济类型							
		特大和大型	中小型	国有经济			集体经济	私营经济	股份制	外商投资	港澳台投资
				国有总体	大型	中小型					
优胜劣汰的用人机制	**2.14**	2.04	2.19	1.88	1.96	1.81	2.18	2.62	2.17	2.24	2.41
合理有效的分配机制	**2.15**	2.04	2.21	1.94	1.98	1.90	2.19	2.57	2.18	2.28	2.36
国有资产的监管机制	**2.02**	2.01	2.02	1.95	1.92	1.97	1.91	2.43	2.20	2.11	2.09
平均值	**2.20**	2.09	2.26	1.92	1.93	1.90	2.17	2.67	2.35	2.39	2.46

注：综合评价值 =（完全实现% ×3 + 部分实现% ×2 + 没有实现% ×1）/100。

调查还表明，在问卷列出的当前国有企业改革的九项主要困难中，用工制度不完善、内部分配制度不合理、政府干预企业内部管理等长期困扰企业的问题，已被企业经营者排在了后三位。这说明，20 年来的企业改革已取得了显著的成效（见表 27）。

表 27　对当前国有企业改革主要困难的判断（%）

	总体	国有	国有大型	国有中小型	排序
债务包袱重	**59.8**	65.9	67.6	64.1	1
企业发展资金不足	**43.4**	55.3	54.0	56.2	2
富余职工分流困难	**43.2**	54.0	58.2	50.0	3
企业领导选拔聘用机制不健全	**31.3**	18.6	17.8	19.2	4
技术和设备老化	**30.1**	28.3	28.5	27.8	5
企业经营者动力不足	**29.4**	26.1	24.1	28.0	6
政府干预企业内部管理	**19.2**	15.7	14.8	16.5	7
内部分配制度不合理	**14.4**	12.2	12.7	12.0	8
用工制度不完善	**12.4**	14.0	13.1	15.0	9
其他	**4.6**	4.5	4.3	4.9	10

但是，在企业改革取得巨大成就的同时，许多深层次的问题还没有解决，企业改革的进程仍需不断推进。企业经营者认为企业还没有实现公司治理结构、国有资产监管机制、明确产权关系和企业法人财产权等方面改革的分别占 21.6%、21.2%、20.2% 和 19.2%（见表 25）。

同时，调查结果显示，企业债务包袱（59.8%）、企业资金不足（43.4%）、富余职工分流（43.2%）、企业领导选拔机制不健全（31.3%）、技术设备老化（30.1%）和企业经营者动力不足（29.4%）等与出资者和社会配套制度有关的问题，被不同类型的企业经营者列为当前企业面临的最主要的六项困难。其中，国有企业经营者对企业债务包袱（65.9%）、企业资金不足（55.3%）和富余职工分流（54.0%）三方面困难的重视程度要高于总体平均水平，而对企业领导者的选拔机制（18.6%）、企业经者动力不足（26.1%）和技术设备老化（28.3%）的重视程度则低于总体平均水平（见表 27）。

3. 企业改制和产权重组正在展开

关于企业资产制度的改革和资产结构的优化，调查结果表明，目前 59.3% 的企业已完成了公司改制，37.8% 的企业已经参与了产权重组，还有 49.0% 的企业打算进行产权重组。相比之下，国有企业完成改组改制的比例还比较低，其中，27.3% 的国有企业已完成了公司改制，30.5% 的国有企业已经参与了产权重组。在股份制企业中，完成公司改制的占 94.1%，参与产权重组的占 60.5%。在外商投资和港澳台投资企业中，完成公司改制的分别为 89.2% 和 87.4%，参与产权重组的分别为 33.8% 和

34.3%。在私营企业中，完成公司改制的占76.8%，参与产权重组的占33.0%（见表28）。

表28　企业进行公司改制及参与产权重组的状况（%）

	是否完成公司改制		参与产权重组状况		
	是	否	已经参与	打算参与	不打算参与
总体	**59.3**	**40.7**	**37.8**	**49.0**	**13.2**
东部地区	62.2	37.8	39.0	45.8	15.2
中部地区	57.4	42.6	36.8	52.1	11.1
西部地区	51.8	48.2	34.6	55.9	9.5
大型和特大型	57.1	42.9	45.7	48.0	6.3
中小型	60.3	39.7	33.4	49.7	16.9
国有经济	27.3	72.7	30.5	62.3	7.2
集体经济	41.0	59.0	22.7	63.3	14.0
私营经济	76.8	23.2	33.0	38.9	28.1
股份制经济	94.1	5.9	60.5	33.3	6.2
外商投资经济	87.4	12.6	34.3	30.5	35.2
港澳台投资经济	89.2	10.8	33.8	45.9	20.3

从不同类型的企业来看，调查表明，企业参与产权重组的目的都比较相似，主要是出于商业目的，其中被列为前三项的分别是实现规模经济（53.2%）、提高市场占有率（44.8%）、推行先进管理机制（40.3%）。此外，扩大先进技术和品牌效应（23.2%）、使产权更清晰（21.6%）、跨行业经营规避风险（19.5%）和实现生产专业化协作（14.9%）也是企业参与产权重组的重要原因。调查还表明，在企业重组中，政府的行政安排（7.4%）已退居比较次要的位置（见表29）。

表29　企业参与产权重组的状况及主要动机（%）

	总体	国有	集体	私营	股份	外商	港澳台
实现规模经济	**53.2**	58.7	50.9	45.3	64.2	30.4	40.0
提高市场占有率	**44.8**	50.8	51.9	37.9	45.3	28.4	40.0
推行先进管理机制	**40.3**	47.2	44.9	32.0	39.3	27.4	31.9
扩大先进技术或品牌效应	**23.2**	21.7	26.9	24.6	24.3	22.0	24.3
使产权更清晰	**21.6**	26.6	28.3	11.4	21.5	12.5	15.7
跨行业经营，规避风险	**19.5**	19.2	14.8	21.1	28.0	10.1	13.5
实现生产专业化协作	**14.9**	15.6	15.3	10.8	17.8	12.8	12.4
实现政府的安排	**7.4**	11.0	3.5	2.2	9.6	2.7	3.8
其他	**3.3**	3.8	2.9	1.1	4.2	2.7	2.7

4. 社会保障制度亟待完善

在企业改革不断深化的过程中，当前最为突出的问题是下岗职工的安置和职工社会保障的实现。但是，在社会保障制度还未建立健全，社会的承受力尚十分有限的现阶段，国有企业的改革不可避免地面临较大的困难。

有关下岗职工情况，调查表明，下岗职工在全部职工中的比例低于20%的企业占83.0%，其中38.1%的企业没有职工下岗，而下岗职工超过40%的被调查企业占6.6%。在下岗职工普遍程度较高的国有企业中，下岗职工在全部职工中的比例低于20%的企业占79.8%，有25.3%的国有企业没有下岗职工，下岗职工超过40%的国有企业占6.9%（见表30）。

表 30　　被调查企业的下岗职工比重（%）

下岗职工比重	总体	国有经济			股份制经济	集体经济
		合计	大型	中小型		
0%	**38.1**	25.3	19.6	30.8	39.4	40.5
0.1% ~20.0%	**44.9**	54.5	62.4	46.7	46.4	36.9
20.1% ~40%	**10.4**	13.3	14.2	12.4	8.0	13.8
40.1% ~60%	**3.8**	4.5	3.0	6.0	3.4	4.6
60.1%以上	**2.8**	2.4	0.8	4.1	2.8	4.1

有关下岗职工再就业状况，调查表明，下岗职工再就业比重低于20%的企业占49.0%，这一比例在国有企业中为51.8%。相比之下，实现再就业比重超过60%的企业只占33.7%，国有企业的这一比例为30.1%。因此，下岗职工问题的严重性主要表现在下岗职工的安置状况不够理想（见表31）。

表 31　　下岗职工再就业状况的企业构成（%）

实现再就业职工比重	总体	国有经济		
		合计	大型	中小型
0%	**8.6**	6.6	3.3	10.1
0.1% ~20.0%	**40.4**	45.2	42.9	47.9
20.1% ~40%	**7.6**	7.5	7.2	7.7
40.1% ~60%	**9.7**	10.6	12.1	8.8
60.1% ~80%	**9.9**	9.4	10.0	8.8
80.1% ~99.9%	**11.8**	13.0	16.3	9.3
100%	**12.0**	7.7	8.2	7.4

调查表明，目前下岗职工再就业渠道主要是企业帮助安排和职工自谋出路，企业经营者选择这两项的比例分别为54.5%和50.5%；国有企业中这一比例更高，分别为77.3%和68.9%。相比之下，选择由社会保障机构安排和上级主管部门安排的比例分别为5.0%和2.0%；国有企业中这一比例分别为6.0%和2.6%。由于下岗职工个人及所在企业创造就业机会的能力有限，所以目前的再就业渠道还比较狭窄，因此，社会各界还应大力提供再就业方面的支持（见表32）。

表 32　　企业下岗职再就业的主要渠道（%）

	总体	国有经济		
		合计	大型	中小型
企业帮助安排	**54.5**	77.3	86.1	68.1
上级主管部门安排	**2.0**	2.6	1.5	3.7
社会保障机构安排	**5.0**	6.0	4.2	7.8
职工自谋出路	**50.5**	68.9	71.5	66.6

关于职工社会保障责任的建立情况，从企业经营者回答情况来看，在职工医疗保险方面，目前的社会统筹制度能满足和基本满足职工需要的企业的比例分别为5.5%和39.8%；在养老保险方面，社会统筹能满足和基本满足职工需要的企业比例分别为12.9%和65.2%；在失业保险方面，社会统筹能满足和基本满足职工需要的比例分别为6.7%和38.3%；在职工工伤保险方面，社会统筹能满足和基本满足职工需要的比例分别为10.5%和51.3%。相比之下，在医疗、养老、失业和工伤方面，社会统筹制度不能满足的企业分别占54.7%、21.9%、55.0%和38.2%。由此看来，目前我国社会保障制度的进一步完善是推进下一阶段企业体制改革的必要条件（见表33 ~ 表36）。

表 33　社会统筹制度在医疗方面的满足状况（%）

		完全满足	基本满足	不能满足
总体		**5.5**	**39.8**	**54.7**
地区	东部地区	5.8	45.1	49.1
	中部地区	5.4	31.0	63.6
	西部地区	4.2	32.8	63.0
规模	特大和大型	5.6	39.7	54.7
	中小型	5.3	39.9	54.8
经济类型	国有经济	4.4	33.7	61.9
	集体经济	4.7	46.0	49.3
	私营经济	8.4	41.2	50.4
	股份制经济	6.4	40.8	52.8
	外商投资经济	6.8	49.8	43.4
	港澳台投资经济	5.9	47.7	46.4

表 34　社会统筹制度在养老方面的满足状况（%）

		完全满足	基本满足	不能满足
总体		**12.9**	**65.2**	**21.9**
地区	东部地区	14.4	66.8	18.8
	中部地区	10.7	62.5	26.8
	西部地区	10.7	63.0	26.3
规模	特大和大型	12.1	67.9	20.0
	中小型	13.4	63.4	23.2
经济类型	国有经济	12.0	67.9	20.1
	集体经济	10.5	64.8	24.7
	私营经济	11.4	54.5	34.1
	股份制经济	15.4	62.9	21.7
	外商投资经济	13.1	65.9	21.0
	港澳台投资经济	14.3	61.0	24.7

表 35　社会统筹制度在失业方面的满足状况（%）

		完全满足	基本满足	不能满足
总体		**12.9**	**65.2**	**21.9**
地区	东部地区	7.4	43.7	48.9
	中部地区	6.0	28.3	65.7
	西部地区	4.6	33.1	62.3
规模	特大和大型	6.1	41.0	52.9
	中小型	6.8	36.5	56.7
经济类型	国有经济	5.4	35.9	58.7
	集体经济	4.8	39.4	55.8
	私营经济	9.3	31.4	59.3
	股份制经济	8.5	37.0	54.5
	外商投资经济	7.9	49.2	42.9
	港澳台投资经济	7.9	45.7	46.4

表 36　　社会统筹制度在工伤方面的满足状况（%）

		完全满足	基本满足	不能满足
总体		**10.5**	**51.3**	**38.2**
地区	东部地区	11.2	54.9	33.9
	中部地区	10.6	46.9	42.5
	西部地区	7.3	44.9	47.8
规模	特大和大型	9.4	54.0	36.6
	中小型	11.1	49.8	39.1
经济类型	国有经济	8.7	49.1	42.2
	集体经济	9.5	50.7	39.8
	私营经济	13.6	48.8	37.6
	股份制经济	13.5	50.2	36.3
	外商投资经济	9.1	58.3	32.6
	港澳台投资经济	13.2	56.3	30.5

（注：凡引用此报告者均需注明引自中国企业家调查系统——《1998·中国企业经营者问卷跟踪调查报告》）

课题组名单

顾　　问:	王梦奎	陈清泰	魏礼群	鲁志强	李克穆
调查主持:	谢伏瞻	郭振英	邵　宁	陈　重	
调查指导:	李培育	卢中原	巩　琳	叶　震	朱之鑫
	董　娟	卫　东	王忠明	任泽民	何　宪
	马　林	吴利军	杨元一	章苏东	杨　桦
	凌大卫	金磊夫	邵世伟	吴　江	于　武
报告撰写:	李　凯	李　兰	丁宝山	杨志民	向　东
数据处理:	王建平	李晓宇	潘瑜青	王　铮	
参与讨论:	丁宁宁	韩岫岚	郑明身	郝大海	邓荣霖
	仇　明	王　斌	陈　锋	杨元伟	李燕斌
	张艳艳	钟蓉萨	周高寿	洪大用	毛寿龙

1997年企业经营者对推进企业改革，提高企业市场竞争力的认识和建议

▌中国企业家调查系统

1997年，是我国建设有中国特色社会主义事业承前启后、继往开来重要的一年。面对新世纪的机遇和挑战，中央在改革与发展的各个方面作出了重大战略部署。加快推进企业改革，迅速壮大和提高企业的市场竞争能力，对社会主义市场经济体制的建立，使我国以崭新的姿态进入21世纪具有极其重要的意义。为了全面了解企业经营者对深化企业改革的要求，客观反映企业经营者对提高企业竞争力的认识与建议，为深化经济体制改革提供决策依据，中国企业家调查系统组织了这次问卷调查。此次调查得到了国务院发展研究中心情报中心、国务院研究室工交司、国家经贸委企业司、国家统计局国民经济综合统计司、中国企业管理协会研究部、国家计委国民经济综合司、人事部流动调配司、劳动部劳动关系与监察司、国家税务总局政策法规司、国家国有资产管理局企业司、国家经贸委中小企业办公室、化学工业部计划司、冶金工业部政策研究室、机械工业部政策法规体改司、国内贸易部行业管理一司、中国轻工总会集体经济部、国家电力公司政策与法律事务局等有关部委的大力支持和指导。

本次调查采用邮寄问卷方式，调查对象的选取依照我国行业分类及各行业企业数量进行等比例随机抽样，问卷由调查企业的法人代表填写。在进行多次试调查之后，于1997年8月20日正式发出调查问卷8000份，要求问卷所填的企业数据以1997年6月30日企业报表为准。截至10月底共回收有效问卷2415份，有效回收率30.2%，调查获得原始数据近90万个。调查回收样本覆盖我国31个省、自治区、直辖市，涉及不同行业，不同所有制和不同企业规模，其中国有企业占64.4%，大中型企业占89.9%。从样本的抽样和统计推断上看，调查结果对于反映我国企业特别是国有大中型企业的情况具有一定的代表性（样本情况如表1）。

调查结果表明：多数企业经营者认为，1997年以来，宏观经济稳步健康发展，工业经济增长速度平稳；能源、交通和原材料供求情况正常，物价涨幅适宜；多数企业经营者对于用三年时间使国有大中型企业走出困境持乐观态度。但是，许多企业经营者对经济运行中的效益低下、就业不足和不正当竞争反映强烈。在改革方面，企业经营者们认为，理顺产权关系，加强结构调整是搞好企业的关键，企业股份制改造是搞好企业行之有效的办法之一；建立健全社会保障制度，理顺政企关系，是政府改革的重点。对于长期亏损的企业，多数企业经营者赞成破产和兼并，具体方式取决于企业的意愿；对于富余职工和生活困难职工的问题，多数企业经营者主张由政府和企业共同解决。在提高企业竞争力方面，企业经营者们认为，提高企业竞争力的关键是要有一个好的领导班子、高素质的职工队伍和强有力的技术创新能力；近两年来，大部分企业的综合竞争实力呈上升趋势，企业和产品的技术含量不断提高，技术进步能力有所增强，与此同时，“企业不正当竞争”、“办社会负担重”、“社会保障制度

不健全”和“资金严重缺乏”、“债务太重”、“人员素质差”仍是严重困扰企业竞争力提高的主要因素。企业经营者们呼吁，国家要依法规范市场竞争，打破地方保护主义，严厉打击“假冒”行为；要通过加大企业资产重组和结构调整的力度，鼓励企业创立自己的名牌，用高新技术改造现有企业，促进我国企业市场竞争能力的迅速提高。

表 1　　调查样本基本情况（%）

类别	项目	%
行业	农林牧渔业	1.8
	采掘业	4.6
	制造业（注）	71.6
	电力、煤气及水的生产和供应业	2.7
	建筑业	3.5
	地质勘查业、水利管理业	0.1
	交通运输、仓储及邮电通讯业	2.0
	批零贸易、餐饮业	5.7
	金融、保险业	0.5
	房地产业	0.6
	社会服务业	1.0
	文教体卫广电业	0.3
	科学研究及综合技术服务业	1.0
	其他行业	4.6
地区	东部地区	43.7
	中部地区	42.4
	西部地区	13.9

类别	项目	%
所有制	国有企业	64.4
	集体企业	14.0
	私营企业	1.2
	联营企业	1.4
	股份制企业	13.9
	外商投资企业	2.9
	港澳台投资企业	1.7
	其他企业	0.5
规模	特大型	2.8
	大型	43.1
	中型	44.0
	小型	10.1
盈亏	盈利企业	51.8
	亏损企业	31.1
	持平企业	17.1

表 2　　调查样本中制造业基本情况（%）

	制造业细分	%		制造业细分	%
1	食品加工业	3.6	16	化学纤维制造业	1.5
2	食品制造业	2.4	17	橡胶制品业	1.9
3	饮料制造业	1.2	18	塑料制品业	2.9
4	烟草加工业	0.8	19	非金属矿物制品业	4.7
5	纺织业	9.3	20	黑色金属冶炼及压延加工业	3.6
6	服装及其他纤维制品制造业	1.8	21	有色金属冶炼及压延加工业	3.2
7	皮革、毛皮、羽绒及其制品业	0.8	22	金属制品业	2.5
8	木材加工及竹、藤、棕、草制品业	0.5	23	普通机械制造业	9.3
9	家具制造业	0.2	24	专用设备制造业	5.7
10	造纸及纸制品业	2.5	25	交通运输设备制造业	5.6
11	印刷业，记录媒介的复制	2.3	26	武器弹药制造业	2.0
12	文教体育用品制造业	0.4	27	电气机械及器材制造业	4.8
13	石油加工及炼焦业	0.9	28	电子及通信设备制造业	5.2
14	化学原料及化学制品制造业	8.2	29	仪器仪表及文化办公用机械制造业	2.7
15	医药制造业	3.3	30	其他制造业	6.1

一、多数企业经营者认为：宏观经济稳健发展，配套改革有待深化

1997 年以来，我国宏观经济运行态势良好，成功实现了“软着陆”。但是经济体制转换过程中，影响经济发展全局的矛盾依然存在，配套改革有待深化。

1. 对宏观经济形势的判断

我国 1997 年继续实施适度从紧的宏观调控政策，在保证经济稳步增长的同时，成功实现了“软着陆”。

对于 1997 年以来的宏观经济形势，有 46.7% 的企业经营者认为基本正常，有 7.3% 认为正常，二者之和为 54.0%，占多数。认为偏冷的为 37.3%，认为过冷的为 4.6%，二者之和为 41.9%，另有 4.1% 的企业经营者认为难以判断。

从不同规模和不同地区来看，特大型企业、大型企业和东部地区企业的经营者对宏观经济形势满意度相对较高，认为宏观经济形势正常与基本正常之和的比例分别是 68.2%、58.4% 和 55.9%（如表 3）。

表 3　不同规模和地区的企业经营者对宏观经济形势的基本判断（%）

	总体	规模				地区		
		特大型	大型	中型	小型	东部	中部	西部
正常	**7.3**	12.1	7.3	6.5	9.8	8.3	7.2	4.6
基本正常	**46.7**	56.1	51.1	42.5	43.4	47.6	45.1	48.8
偏冷	**37.3**	30.3	33.9	40.4	40.4	35.9	38.0	39.6
过冷	**4.6**		3.8	6.1	2.6	4.1	5.2	4.3
尚难判断	**4.1**	1.5	3.9	4.5	3.8	4.1	4.5	2.7

2. 对工业经济形势的判断

对于 1997 年以来的经济运行情况，企业经营者们认为工业经济增长速度适宜的为 50.7%，认为偏低的为 38.4%，认为偏高与过高的为 8.8%，认为过低的为 2.1%（如表 4）。

从不同所有制来看，国有企业、联营企业、外商投资企业和股份制企业的经营者对工业经济增长速度的满意程度最高，比例分别为 54.2%、52.9%、47.1% 和 47.1%，列各自选项的第一位。而私营企业、港澳台企业和集体企业的经营者认为工业经济增长速度偏低的列各自选项的第一位，分别为 48.3%、45.0% 和 45.0%，表明这三类企业更希望提高工业经济增长速度，加快发展（如表 4）。

从不同行业来看，除地质勘查水利管理业和文教体卫广电业的经营者之外，电力煤气及水供应业、建筑业、交通运输仓储及邮电通讯业经营者的满意度也很高，分别为 63.5%、62.7% 和 60.4%；而金融保险业、批零贸易餐饮业、房地产业和制造业中，认为工业经济增长速度偏低和较低的比例较多，其比例分别为 45.5%、44.0%、42.8% 和 42.8%（如表 4）。

从不同地区来看，中部地区和东部地区认为工业经济增长速度偏低与过低的比西部的要高，分别为 42.5% 和 39.5%，表明东部和中部的企业经营者希望加快发展的愿望更为强烈（如表 4）。

表 4　企业经营者对工业经济增长速度的判断（%）

	过高	偏高	合适	偏低	过低
总体	**0.8**	**8.0**	**50.7**	**38.4**	**2.1**
国有企业	0.8	7.5	54.2	36.0	1.4
集体企业	1.2	8.8	41.4	45.0	3.6
私营企业	3.4	10.3	37.9	48.4	
联营企业		5.9	52.9	41.2	
股份制企业	0.3	8.6	47.1	41.0	3.0
外商投资企业		10.3	47.1	38.2	4.4
港澳台投资企业		12.5	37.5	45.0	5.0
其他企业		8.3	58.4	33.3	
农林牧渔业	2.4	11.9	47.6	38.1	

续表

	过高	偏高	合适	偏低	过低
采掘业	0.9	11.9	59.7	26.6	0.9
制造业	0.9	7.4	48.9	40.5	2.3
电力煤气及水的生产和供应		3.2	63.5	33.3	
建筑业		7.2	62.7	30.1	
地质勘查业、水利管理业			100.0		
交通运输、仓储及邮电通讯业		4.2	60.4	33.3	2.1
批零贸易、餐饮业		9.0	47.0	41.0	3.0
金融、保险业			54.5	36.4	9.1
房地产业		7.1	50.0	35.8	7.1
社会服务业		17.4	47.8	30.5	4.3
文教体卫广电业		14.3	85.7		
科学研究及综合技术服务业		9.1	54.5	36.4	
其他行业	0.9	14.2	51.9	32.1	0.9
东部	0.9	8.4	51.2	37.6	1.9
中部	0.5	7.9	49.1	40.0	2.5
西部	1.2	7.1	54.6	35.9	1.2

3. 对物价形势的判断

对于1997年以来的物价涨幅，企业经营者们普遍感到满意。认为1997年的物价涨幅合适的为69.5%，认为偏低和偏高的分别为15.9%和11.2%，认为过低和过高的分别为2.9%和0.5%。从不同地区和不同规模的企业来看，各类企业经营者对物价涨幅的满意度都很高，其中东部地区的企业、特大型和大型企业的满意度最高，比例分别为71.1%、73.5%和71.4%。表明我国政府控制通货膨胀成效显著，受到企业经营者的普遍赞同（如表5）。

表5　　企业经营者对1997年以来的物价涨幅的判断（%）

	总体	规模				地区		
		特大型	大型	中型	小型	东部	中部	西部
过高	**0.5**	1.5	0.1	0.6	0.8	0.3	0.5	0.6
偏高	**11.2**	7.4	10.7	11.3	14.4	10.3	10.4	16.6
合适	**69.5**	73.5	71.4	68.7	64.3	71.1	68.4	68.2
偏低	**15.9**	17.6	14.9	16.9	15.5	15.2	17.8	12.5
过低	**2.9**		2.9	2.5	5.0	3.1	2.9	2.1

4. 对固定资产投资规模的判断

对于1997年以来的固定资产投资规模，企业经营者认为偏低的比例为45.0%；认为合适的为33.8%；认为偏高的为15.4%，认为过高和过低的分别为1.0%和4.8%（如表6）。

从不同所有制来看，私营企业、联营企业的经营者认为投资规模合适的比例最高，分别为46.4%和47.1%，居各自选择的第一位（如表6）。

从不同地区来看，东部地区的企业经营者认为投资规模合适的比例相对其他地区最高，为34.3%；而西部地区的企业经营者认为投资规模过高和偏高的比例则高于其他地区，为17.8%（如表6）。

5. 对货币投放、信贷规模和利率水平的判断

对于1997年上半年以来的信贷规模与利率水平，企业经营者们普遍感到信贷规模偏低，银行利率

表 6　　企业经营者对 1997 年以来固定资产投资规模的判断（%）

	过高	偏高	合适	偏低	过低
总体	**1.0**	**15.4**	**33.8**	**45.0**	**4.8**
国有企业	1.0	14.8	34.8	45.9	3.5
集体企业	1.8	18.3	32.4	38.2	9.3
私营企业	7.1	25.0	46.4	21.5	
联营企业		14.7	47.1	38.2	
股份制企业		13.5	30.4	50.6	5.5
外商投资企业		14.7	29.4	44.1	11.8
港澳台投资企业	2.6	26.3	23.7	42.1	5.3
其他企业		16.7	33.3	50.0	
东部	0.8	16.3	34.3	44.3	4.3
中部	0.8	14.7	34.2	45.2	5.1
西部	2.5	15.3	30.5	46.4	5.3

偏高。由于 1997 年以来，我国政府继续采取适度从紧的宏观政策，使企业经营者们普遍感到目前的货币投放与信贷规模偏低和过低，两项选择之和为 72.2%，认为银行利率偏高和过高，为 50.9%。其中，中西部地区的企业、大中型企业的经营者对货币投放和信贷规模偏低和过低反应最为强烈；中西部地区的企业、特大型和大型企业对贷款利率偏高和过高反应最强烈（如表 7－1、表 7－2）。

表 7－1　　企业经营者对 1997 年上半年以来的货币投放和信贷规模的判断（%）

	总体	规模				地区		
		特大型	大型	中型	小型	东部	中部	西部
过高	**0.4**			0.6	1.3	0.6	0.2	0.3
偏高	**3.6**	4.4	3.8	3.2	4.6	4.4	2.9	3.4
合适	**23.8**	35.3	24.5	22.5	23.4	28.4	20.1	20.7
偏低	**58.4**	57.4	60.5	57.6	53.1	54.4	61.0	63.2
过低	**13.8**	2.9	11.2	16.1	17.6	12.2	15.8	12.4

表 7－2　　企业经营者对 1997 年上半年以来银行贷款利率的判断（%）

	总体	规模				地区		
		特大型	大型	中型	小型	东部	中部	西部
过高	**4.8**	5.9	4.9	4.5	5.5	3.5	6.6	3.7
偏高	**46.1**	51.5	49.5	44.6	36.6	45.2	45.2	51.7
合适	**42.0**	35.3	39.1	44.1	47.1	45.1	40.1	38.2
偏低	**6.5**	5.9	6.0	6.4	9.2	5.6	7.6	5.8
过低	**0.6**	1.4	0.5	0.4	1.6	0.6	0.5	0.6

6. 对今后宏观调控政策走向的判断

对于我国经济顺利实现“软着陆”后的宏观调控政策走向，多数企业经营者要求适度放松。建议要适度放松的为 63.7%，建议要继续适度从紧的为 21.8%，要求保持现状的为 14.5%。对于“适度放松”的要求，在不同地区的企业中，中部和东部的企业经营者的呼声最高，分别为 65.7% 和 62.4%；在不同规模的企业中，除特大型企业外，中型企业、大型企业和小型企业的经营者要求都很强烈，比例分别为 65.5%、62.8% 和 62.8%（如表 8）。

从以上情况来看，过半数企业经营者认为，宏观经济形势正常，工业经济增长速度适宜；但同时又认为固定资产投资和信贷规模偏低，银行利率偏高，这反映出部分企业经营者一方面认为目前的发展速度是合适的，但另一方面又希望放松银根，加大投入，以全面启动经济的快速发展的矛盾心态。

表 8　　企业经营者对我国顺利实现“软着陆”后宏观调控政策走向的判断（%）

	总体	规模				地区		
		特大型	大型	中型	小型	东部	中部	西部
继续适度从紧	**21.8**	25.0	22.2	20.8	23.6	22.6	20.7	22.9
保持现状	**14.5**	23.5	15.0	13.7	13.6	15.0	13.6	15.7
适度放松	**63.7**	51.5	62.8	65.5	62.8	62.4	65.7	61.4

7. 对能源、交通和原材料供求情况的判断

对1997年以来我国能源、交通和原材料供求状况，企业经营者们的满意程度很高，回答正常、较宽松和宽松三项之和的比例，原材料供求为91.3%，能源供求为76.9%，交通状况为71.0%。这表明企业经营者对近年来我国大力发展基础工业和基础设施建设取得的成效表示满意（如表9）。

表 9　　1998年和1997年企业经营者对市场供给状况的判断（%）

	紧张	较紧张	正常	较宽松	宽松
原材料	1.3	7.4	34.3	40.5	16.5
能　源	3.0	20.1	38.6	27.4	10.9
交　通	5.0	24.0	38.1	23.4	9.5

从不同地区的企业来看，中西部地区的企业经营者感到原材料、能源、交通供求紧张和较紧张的比例相对高一些，表明我国中西部地区的基础工业和基础设施建设还需进一步改善（如表10）。

表 10　　不同地区企业经营者对原材料、能源、交通供求情况的判断（%）

	原材料			能源			交通		
	东部	中部	西部	东部	中部	西部	东部	中部	西部
紧　张	1.0	1.8	1.2	2.4	3.2	4.6	4.6	4.4	7.9
较紧张	7.1	6.8	10.1	16.9	21.1	26.8	23.3	23.8	26.7
正常	36.6	31.3	36.1	40.8	35.4	41.2	38.0	37.8	39.2
较宽松	40.3	41.2	38.5	28.6	29.0	19.2	24.7	23.5	19.1
宽　松	15.0	18.9	14.1	11.3	11.3	8.2	9.4	10.5	7.1

8. 对经济结构调整的判断

企业经营者认为我国的经济结构调整力度还需进一步加强。其中，认为成效显著和有一定成效的比例为50.6%，认为没有成效的为2.9%，认为成效不太明显的为46.5%。从不同地区和不同规模的企业来看，东部地区的企业、特大型、大型企业的经营者认为经济结构调整的成效显著和有一定成效的比例最高。表明这些企业经营者切实体会到了结构调整的成效。中型、小型企业和中、西部地区企业的经营者对经济结构调整效果的评价偏低，认为成效不太明显和没有成效比例之和分别为51.6%、49.6%、50.2%、50.1%，表明中小企业和中西部地区企业经营者更希望加大结构调整的力度（如表11）。

表 11　　企业经营者对当前我国经济结构调整效果的判断（%）

	总体	规模				地区		
		特大型	大型	中型	小型	东部	中部	西部
成效显著	**3.5**	4.4	2.2	4.2	5.8	4.0	3.5	2.1
有一定成效	**47.1**	54.4	50.2	44.2	44.6	47.6	46.3	47.8
成效不太明显	**46.5**	41.2	44.3	48.7	47.1	45.7	46.7	48.0
没有成效	**2.9**		3.3	2.9	2.5	2.7	3.5	2.1

9. 对国有银行商业化改革的看法

对于我国国有专业银行的商业化改革，企业经营者们普遍持赞同和乐观态度。认为专业银行的商业化改革对企业发展长远有利的为 41.6%，居第一位；认为对企业近期不利的为 22.8%；认为难以估计的为 20.7%；而认为对企业长远发展不利的为 2.7%。从不同所有制来看，联营企业、港澳台投资企业和外商投资企业认为对长远有利的比例最高，分别为 58.8%、53.7% 和 53.6%（如表 12）。

表 12　企业经营者对国有专业银行的商业化改革的看法（%）

	近期有利	长远有利	近期不利	长远不利	没有关系	很难估计
总体	**4.2**	**41.6**	**22.8**	**2.7**	**8.0**	**20.7**
国有企业	4.3	38.9	25.7	3.0	6.1	22.0
集体企业	3.0	39.0	21.1	1.8	13.4	21.7
私营企业	6.9	44.8	13.8	6.9	13.8	13.8
联营企业		58.8	17.6		5.9	17.7
股份制企业	5.4	50.9	15.9	2.7	8.1	17.0
外商投资企业	5.8	53.6	18.8	1.4	13.0	7.4
港澳台企业	4.9	53.7	7.3	2.4	22.0	9.7
其他企业		41.7	8.3		16.7	33.3

10. 对利用外资政策的看法

对于我国利用外资的政策，企业经营者们有不同的评价。其中，认为优惠过多的为 39.5%；认为合理的为 30.5%；认为限制过多的为 17.1%。但从不同所有制来看，外商投资企业、港澳台投资企业和联营企业的经营者认为合理的比例最高，分别占各自选择比例的第一位，为 63.8%、46.3% 和 41.2%。表明我国利用外资政策得到大部分外商投资企业、港澳台投资企业经营者的赞同。而国有企业、股份制企业和私营企业的经营者们则认为我国利用外资政策优惠过多，分别占各自选择比例的第一位，为 42.6%、39.8% 和 37.9%。这也表明这些企业在与外资企业的竞争中，其企业经营者看到了政策不一致所造成的压力（如表 13）。

表 13　企业经营者对我国利用外资的政策的看法（%）

	限制过多	合理	优惠过多	不清楚
总体	**17.1**	**30.5**	**39.5**	**12.9**
国有企业	16.3	28.7	42.6	12.4
集体企业	14.7	33.0	34.2	18.1
私营企业	24.1	20.7	37.9	17.3
联营企业	11.8	41.2	38.2	8.8
股份制企业	19.5	27.7	39.8	13.0
外商投资企业	24.6	63.8	10.1	1.5
港澳台企业	29.3	46.3	19.5	4.9
其他企业	41.7	25.0	25.0	8.3

11. 对我国外汇储备规模的看法

对于我国目前谨慎控制外汇的使用，保有一定规模的外汇储备，企业经营者们大多持赞同的态度。有 29.4% 的人认为外汇储备量合理，有 18.6% 认为基本够用，这两项之和为 48.0%，有 11.5% 和 0.3% 的人认为外汇储备量不足和严重不足，即有近六成的企业经营者认为要保持或增加我国现有的外汇储备；另外认为外汇储备过多的为 19.6%，还有 20.6% 的人认为不清楚。从不同所有制来看，港澳台投资企业、外商投资企业和联营企业的经营者认为我国外汇储备合理和基本够用之和的比例最高，为56.1%、55.1%和53.0%。这表明，多数企业经营者尤其外商投资企业和港澳台投资企业经营者赞成我国控制外汇储备量的政策措施（如表14）。

表14　　企业经营者对我国的外汇储备的看法（%）

	过多	合理	基本够用	不足	严重不足	不清楚
总体	**19.6**	**29.4**	**18.6**	**11.5**	**0.3**	**20.6**
国有企业	19.9	29.7	18.0	12.2	0.3	19.9
集体企业	15.3	26.6	20.4	11.7	0.9	25.1
私营企业	13.8	20.7	27.6	10.3		27.6
联营企业	20.6	32.4	20.6	5.9		20.5
股份制企业	20.7	28.7	18.9	12.0		19.7
外商投资企业	27.5	37.7	17.4	4.3		13.1
港澳台企业	17.1	39.0	17.1		2.4	24.4
其他企业	41.7	25.0	16.7	8.3		8.3

12. 对用三年时间使国有大中型企业走出困境的信心

当问及“您对三年内国有企业走出困境信心如何”时，半数以上的企业经营者持乐观态度。对三年内国有企业走出困境有一定信心的企业经营者为47.6%，很有信心的为7.0%，二者之和为54.6%；表示信心不足的为38.3%，完全没有信心的为7.1%。

从不同所有制来看，国有企业和股份制企业的经营者持乐观态度的比例最高，表示有一定信心和很有信心之和的比例分别为57.0%和52.0%；从企业规模来看，特大型企业和大型企业持乐观态度者比例最高，表示有一定信心和很有信心之和的比例分别为61.8%和58.3%。这表明，我国大部分企业特别是国有特大型、大型企业的经营者对搞好企业是有信心的（如表15）。

表15　　企业经营者对三年内国有大中型企业走出困境的信心（%）

	很有信心	有一定信心	信心不足	没有信心
总体	**7.0**	**47.6**	**38.3**	**7.1**
国有企业	6.9	50.1	37.2	5.8
集体企业	9.3	42.2	42.8	5.7
私营企业	3.6	28.6	42.8	25.0
联营企业	2.9	38.2	41.2	17.7
股份制企业	7.5	44.5	39.0	9.0
外商投资企业	2.9	43.5	36.2	17.4
港澳台投资企业	2.4	41.5	43.9	12.2
其他企业	8.3	75.1	8.3	8.3
特大型	5.9	55.9	32.3	5.9
大型	7.0	51.3	35.9	5.8
中型	6.7	45.7	39.9	7.7
小型	8.6	38.3	42.8	10.3

13. 对当前经济运行中主要问题的看法

企业经营者们对我国经济运行中存在的主要问题，提出了自己的看法。他们认为，当前我国经济中企业低效运行、经济结构不合理和就业不足是最主要的问题，有此看法的比例分别为87.2%、85.0%和50.4%（如表16）。

从不同所有制来看，国有、集体、私营、股份制、联营企业的经营者认为低效运行、结构不合理和就业不足是最主要的问题；而外商投资和港澳台企业的经营者认为，低效运行、结构不合理和需求不足是最主要的问题（如表16）。

表 16　　不同所有制企业经营者对当前经济运行中的主要问题的看法（%）

	总体	国有企业	集体企业	私营企业	联营企业	股份制企业	外商投资企业	港澳台投资企业
通货膨胀	**7.0**	7.2	8.0	3.4	2.9	5.4	2.9	9.8
就业不足	**50.4**	49.4	57.6	48.3	38.2	50.7	46.4	46.3
结构不合理	**85.0**	85.5	82.5	82.8	82.4	87.8	79.7	73.2
需求不足	**46.7**	48.3	37.1	34.5	44.1	49.6	56.5	51.2
供给不足	**2.8**	2.3	3.3		2.9	7.2	2.9	4.9
低效运行	**87.2**	87.5	88.7	96.6	79.4	80.6	88.4	95.1
其他	**10.6**	9.9	13.4	24.1	23.5	8.7	11.6	12.2

从不同地区来看，东部和中部地区的多数企业经营者认为低效运行、结构不合理和就业不足是最主要的问题；而西部的多数企业经营者却认为最主要问题是结构不合理、低效运行和就业不足。可见东部与中部的企业经营者认为提高效益是第一位的，而西部的企业经营者认为调整结构是第一位的（如表17）。

表 17　　不同地区及规模的企业经营者对当前经济运行中的主要问题的看法（%）

	总体	地区			规模			
		东部地区企业	中部地区企业	西部地区企业	特大型企业	大型企业	中型企业	小型企业
通货膨胀	**7.0**	6.5	7.1	9.4	4.4	5.4	8.0	9.1
就业不足	**50.4**	49.9	51.4	50.0	45.6	47.4	51.7	58.0
结构不合理	**85.0**	84.9	84.7	86.5	91.2	86.0	83.5	85.6
需求不足	**46.7**	47.2	46.0	46.3	52.9	53.2	42.7	36.2
供给不足	**2.8**	2.2	4.1	2.5	2.9	1.5	3.8	4.1
低效运行	**87.2**	86.9	88.2	85.2	85.3	87.5	87.7	85.2
其他	**10.6**	11.5	9.3	10.2	16.2	9.3	12.4	7.8

二、企业经营者要求：明确企业改革重点，优化企业发展环境

企业改革是我国经济体制改革的中心环节。在建立社会主义市场经济体制的过程中，企业要克服许多困难和障碍，才能从旧的体制和经营模式中脱胎出来，真正成为市场经济的主体。对此，企业经营者在实践中有许多切实的感受和要求，他们有如下呼吁。

1. 明确企业改革的重点

随着经济体制改革的不断深入，企业经营者对搞好企业的关键有了进一步的认识。他们从各自企业发展的实践来看，认为当前企业改革的重点是“理顺产权关系，建立现代企业制度”、“加强企业内部管理”和“转换企业经营机制”的分别为45.4%、40.3%和36.9%。

从不同所有制来看，多数国有企业、集体企业的经营者认为“理顺产权关系，建立现代企业制度”、“转换企业经营机制”和“加强企业内部管理”是搞好企业的关键；多数联营企业的经营者认为搞好企业的关键因素，除前两项与国有企业一致外，第三项是“加快技术进步”；多数私营企业的经营者则认为“加快技术进步”、“加强内部管理”、“改善外部环境”是搞好企业的关键因素；多数股份制企业经营者则认为“加强内部管理”、“改善外部环境”和“理顺产权关系”最为关键；而多数外商

投资企业和港澳台企业经营者则认为“加强内部管理”、“加快技术进步”和“理顺产权关系”是搞好企业的关键因素（如表18）。

表18 不同所有制企业经营者对搞好企业的关键因素的判断（%）

	总体	国有企业	集体企业	私营企业	联营企业	股份制企业	外商投资企业	港澳台投资企业
理顺产权关系	**45.4**	47.5	49.9	17.2	50.0	36.4	39.1	34.1
扩大企业自主权	**9.8**	9.6	11.3	3.4	14.7	9.3	10.1	9.8
加快企业技术进步	**28.2**	24.3	34.4	58.6	41.2	32.8	37.7	36.6
转换企业经营机制	**36.9**	40.6	36.5	27.6	35.3	26.3	23.2	26.8
改善企业外部环境	**33.0**	34.1	21.7	27.6	23.5	39.7	36.2	34.1
加强企业内部管理	**40.3**	38.0	40.4	51.7	32.4	47.5	50.7	48.8
理顺企业党政关系	**2.9**	2.6	3.0	6.9	2.9	3.6	1.4	7.3
其他	**1.2**	1.1	1.2	6.9		1.8	1.4	

可见，加快技术进步、改善外部环境，是许多非公有制企业的经营者对搞好企业的共同认识。而国有企业迫切任务是要在建立现代企业制度的基础上，转换经营机制、加强管理，以适应市场经济的竞争。

从不同规模、不同地区的企业来看，特大型企业、中西部地区的企业除了认识到理顺产权关系、建立现代企业制度的重要性以外，还对改善企业外部环境有着强烈的要求（如表19）。

表19 不同地区及规模的企业经营者对搞好企业的关键因素的判断（%）

	总体	地区			规模			
		东部地区企业	中部地区企业	西部地区企业	特大型企业	大型企业	中型企业	小型企业
理顺产权关系	**45.4**	45.9	45.0	43.9	50.0	44.2	46.6	45.3
扩大企业自主权	**9.8**	11.0	8.9	6.1	7.4	9.6	10.2	9.5
加快企业技术进步	**28.2**	29.2	26.1	28.3	27.9	26.2	29.4	30.9
转换企业经营机制	**36.9**	37.3	35.6	38.9	35.3	38.2	35.5	38.7
改善企业外部环境	**33.0**	28.9	38.4	40.2	33.8	33.9	32.5	31.7
加强企业内部管理	**40.3**	41.1	39.7	37.3	39.7	41.8	39.5	37.4
理顺企业党政关系	**2.9**	2.8	2.9	2.9	1.5	3.3	2.7	2.1
其他	**1.2**	1.3	1.0	1.6	2.9	1.2	1.3	0.8

与1995年的调查结果相比，企业经营者对搞好企业的前三位关键因素比当时的认识更深化了(1995年的回答是：苦练内功、选聘优秀企业经营者和减轻负担)。但我们也要看到，企业的技术进步尚未被许多企业经营者特别是国有企业的经营者摆到重要的地位，这种现象应引起各方面的高度重视。

2. 加快推进政府职能的转变

在建立社会主义市场经济体制的过程中，政府职能的转变是一个重要的环节。从1997年企业经营自主权落实好于往年的情况来看，今后政府职能转变应从更多放权转向更好的服务和理顺产权关系。

关于企业经营自主权的落实情况，中国企业家调查系统已从1993年至1995年连续跟踪调查了3年。从1997年企业经营自主权落实的情况来看，我国政府的职能转变大有成效。企业经营者对经营自主权落实情况的满意程度均高于历次调查（如表20）。

与1995年比，自主权落实情况改进最大的三项是拒绝摊派权、进出口权和投资决策权，企业经营者满意程度分别提高了17.7%、12.7%和9.7%；而与1993年第一次调查相比，自主权改善最明显的三项是资产处置权、投资决策权和劳动用工权，经营者的满意程度分别提高了47.1%、43.6%和40.8%。

表 20　　企业经营者对企业 14 项经营自主权落实情况的判断（%）

	1997 年	1995 年	1994 年	1993 年	1997～1995 年	1997～1994 年	1997～1993 年
生产经营决策权	98.3	97.3	94.0	88.7	+1.0	+4.3	+9.6
产品劳务定价权	92.0	85.4	73.6	75.9	+6.6	+18.4	+16.1
产品销售权	96.8	95.9	90.5	88.4	+0.9	+6.3	+8.4
物资采购权	98.8	97.8	95.0	90.8	+1.0	+3.8	+8.0
进出口权	54.0	41.3	25.8	15.3	+12.7	+28.2	+38.7
投资决策权	82.5	72.8	61.2	38.9	+9.7	+21.3	+43.6
税后利润支配权	90.6	88.3	73.8	63.7	+2.3	+16.6	+26.9
资产处置权	76.5	68.2	46.6	29.4	+8.3	+29.9	+47.1
联营兼并权	61.4	59.7	39.7	23.3	+1.7	+21.7	+38.1
劳动用工权	84.2	74.8	61.0	43.5	+9.5	+23.3	+40.8
人事管理权	90.3	83.5	73.3	53.7	+6.8	+17.0	+36.6
工资奖金分配权	96.0	93.1	86.0	70.2	+2.9	+10.0	+25.8
内部机构设置权	97.3	94.4	90.5	79.3	+2.9	+6.8	+18.0
拒绝摊派权	35.1	17.4	10.3	7.0	+17.7	+24.8	+28.1

将 1997 年企业十四项经营自主权落实情况进一步细化为完全落实、部分落实、没有落实三种情况，落实最好的三项是物资采购权、产品销售权和生产经营决策权，回答比例分别是 89.2%、87.6%和 78.8%。自主权落实情况较差的三项是人事管理权、投资决策权和资产处置权，回答比例分别是 48.5%、48.1%和 47.5%。而自主权落实情况最差的是拒绝摊派权、进出口权和联营兼并权，回答比例分别是 64.9%、46.0%和 38.6%（如表 21）。

表 21　　企业经营者对 1997 年企业十四项自主权落实情况的判断（%）

	完全落实	部分落实	没有落实
生产经营决策权	78.8	19.5	1.7
产品劳务定价权	67.5	24.5	8.0
产品销售权	87.6	9.2	3.2
物资采购权	89.2	9.6	1.2
进出口权	32.3	21.7	46.0
投资决策权	34.4	48.1	17.5
税后利润支配权	52.1	38.5	9.4
资产处置权	29.0	47.5	23.5
联营兼并权	21.9	39.5	38.6
劳动用工权	41.2	43.0	15.8
人事管理权	41.8	48.5	9.7
工资奖金分配权	60.2	35.8	4.0
内部机制设置权	72.5	24.8	2.7
拒绝摊派权	5.0	30.1	64.9

企业经营者认为，政府改革的重点应是社会保障制度的健全、理顺政企关系和产权关系的调整，回答人数分别为 64.3%、53.0%和 48.4%。从不同所有制来看，国有企业、集体企业、股份制企业、外商投资企业的多数经营者均认为社会保障制度、政企关系、产权关系是政府改革的重点。但他们强调的有所不同，国有企业、股份制企业和外商投资企业的经营者认为列第一位的是社会保障制度的改革，而集体企业认为第一位的是产权关系的调整。此外，联营企业、港澳台企业的经营者认为，要重

点改革社会保障制度；而私营企业则认为要理顺政企关系。这表达了各类企业经营者对政府改革不同的要求和呼声（如表22）。

表22　　企业经营者认为搞好企业政府重点应改革的方面（%）

	总体	国有企业	集体企业	私营企业	联营企业	股份制企业	外商投资企业	港澳台投资企业
人事制度	**28.7**	27.4	32.6	37.9	23.5	31.0	26.1	29.3
金融体制	**17.3**	13.7	24.3	27.6	20.6	26.0	14.5	22.0
政企关系	**53.0**	55.8	43.9	55.2	47.1	50.4	53.6	51.2
投资体制	**17.6**	17.7	13.6	31.0	17.6	16.7	26.1	24.4
产权关系	**48.4**	47.7	55.5	34.5	29.4	46.6	53.6	41.5
分配制度	**29.2**	29.3	34.7	34.5	17.6	26.9	26.1	17.1
社会保障体制	**64.3**	69.7	49.3	34.5	76.5	57.0	63.8	58.5
财政部收体制	**31.9**	29.4	37.7	24.1	58.8	34.3	24.6	46.3
其他	**2.1**	1.9	2.1		5.9	2.4	1.4	2.4

可以看出，我国的社会保障制度建设严重滞后于企业改革，企业经营者普遍对此反映强烈。理顺政企关系和产权关系，进一步明确国家和企业的权利和责任，是政府在社会主义市场经济体制中摆正位置、更好地发挥作用的前提。

3. 积极推进企业的股份制改造

以资本为纽带，通过市场机制实现资产重组和结构调整，优化企业资产结构，实现生产要素的合理配置，以提高国有资产的整体质量，是当前国有企业改革的方向。

多数企业经营者认为企业股份制改造是搞好企业有效的资本组织形式。当问及“您认为推行股份制（含股份合作制）改造，对于搞好企业的作用”时，近八成企业经营者持赞同态度，认为非常有效的有15.0%，认为有效的为61.4%，此二者之和为76.4%；认为成效不大的为21.0%；认为没成效的为1.8%；认为起负作用的为0.8%（如表23）。

表23　　企业经营者认为推行股份制（含股份合作制）对于搞好企业的作用（%）

非常有效	有效	成效不大	没有成效	起负作用
15.0	61.4	21.0	1.8	0.8

企业推进股份制改造，必然促进资产的重组和所有制结构发生变化。有56.0%的企业经营者认为，其企业所在行业今后将以股份制企业为主，认为以国有经济为主的为26.9%，而认为以私营经济、联营经济和集体经济为主的分别为5.5%、4.6%和3.9%（如表24）。

表24　　企业经营者认为今后企业所有制结构的主要形式（%）

国有经济为主	集体经济为主	私营经济为主	联营经济为主	股份制经济为主	外商投资经济为主	港澳台经济为主	其他经济为主
26.9	3.9	5.5	4.6	56.0	1.8	0.3	1.0

从不同行业来看，采掘业、电力和文教体卫广电业的多数企业经营者主张以国有经济为行业的主要所有制形式。而其他各行业的经营者，都选择了股份制为行业的主要所有制形式（如表25）。

在推进企业股份制改造的实践中，还存在许多问题和矛盾需要认真加以解决。企业经营者认为，企业经营管理水平不适应、产权难以界定、政府部门干预太多是股份制改造过程中存在的三个最主要的问题，回答比例分别为60.3%、59.1%和56.7%（如表26）。

从不同所有制来看，除了私营企业的经营者之外，其他各种不同所有制企业的多数经营者认为产权难以界定、管理水平不高、政府干预太多是影响企业股份制改造的主要问题（如表26）。

表 25　不同行业企业经营者认为今后企业所有制结构的主要形式（%）

	国有经济为主	集体经济为主	私营经济为主	联营经济为主	股份制经济为主	外商投资经济为主	港澳台经济为主	其他经济为主
农林牧渔业	20.9	11.6	4.7	7.0	55.8			
采掘业	55.0	1.8	6.3	6.3	30.6			
制造业	24.0	4.1	5.9	4.4	57.8	2.3	0.3	1.1
电力煤气及水的生产和供应	81.3		1.6		17.1			
建筑业	32.9	5.9	4.7	4.7	51.8			
地质勘查、水利管理业	33.3				66.7			
交通运输仓储及邮电通信业	37.5		4.2	6.3	52.1			
批零贸易、餐饮业	16.9	3.7	5.1	6.6	67.6			
金融、保险业	27.3	9.1			45.5			18.2
房地产业	7.1		7.1	14.3	64.3			7.1
社会服务业	16.7	4.2			75.0	4.2		
文教体卫广电业	57.1				42.9			
科学研究和综合技术服务业	30.4	8.7	4.3	17.4	39.1			
其他行业	18.7	2.8	4.7	3.7	65.4	2.8	0.9	0.9

表 26　不同所有制企业经营者对企业股份制改造过程中存在的主要问题的判断（%）

	总体	国有企业	集体企业	私营企业	联营企业	股份制企业	外商投资企业	港澳台投资企业
产权难以界定	**59.1**	61.5	62.9	41.4	50.0	46.0	68.1	53.7
政府部门干预太多	**56.7**	56.3	53.4	48.3	55.9	63.9	47.8	61.0
中介机构不规范	**32.9**	33.4	32.3	31.0	38.2	31.9	33.3	31.7
企业经营管理水平不适应	**60.3**	60.3	58.2	65.5	47.1	65.1	59.4	51.2
企业领导素质差	**29.4**	26.2	29.1	41.4	38.2	37.6	46.4	39.0
职工不理解	**36.4**	38.7	38.3	51.7	32.4	27.2	20.3	29.3
其他	**8.4**	7.2	10.7	3.4	20.6	10.7	10.1	9.8

从不同地区和不同规模的企业来看，除特大型企业和大型企业的经营者认为政府干预太多是最主要的问题之外，其他类型和各地区的多数企业经营者认为产权难以界定是股份制改造中难度最大的问题（如表27）。

表 27　不同地区及规模的企业经营者对企业股份制改造过程中存在的主要问题的判断（%）

	总体	地区			规模			
		东部地区企业	中部地区企业	西部地区企业	特大型企业	大型企业	中型企业	小型企业
产权难以界定	**59.1**	58.3	61.0	57.8	54.4	57.5	62.2	54.3
政府部门干预太多	**56.7**	57.9	54.4	57.0	60.3	61.2	53.7	50.6
中介机构不规范	**32.9**	31.2	34.4	38.5	41.2	38.3	27.5	32.5
企业经营管理水平不适应	**60.3**	60.6	58.7	63.5	64.7	61.8	59.7	56.0
企业领导素质差	**29.4**	30.7	27.7	27.0	23.5	25.8	31.5	37.0
职工不理解	**36.4**	33.8	40.7	38.1	27.9	29.3	42.5	43.6
其他	**8.4**	9.0	8.0	6.6	4.4	7.9	9.5	7.0

我国证券市场的发育程度，也直接或间接影响着企业股份制改造的进程。企业经营者们认为，目

前我国证券市场存在的主要问题是：股民心态不成熟、机构操作不规范和大户操纵证券市场，回答比例分别是58.6%、44.4%、39.3%（如表28）。

表28　　企业经营者对我国证券市场存在的主要问题的判断（%）

流通股小	国家股不流通	机构操作不规范	政府干预多	大户操纵市场	股民心态不成熟	信息披露不真	中介机构不规范	其他
20.4	16.1	44.4	35.2	39.3	58.6	34.7	25.6	3.4

可见，我国要大力推进企业股份制改造，政府还必须进一步规范证券市场，加强证券市场的立法和宏观管理，为我国企业的股份制改造创造一个良好的环境。

4. 妥善处理企业兼并破产中出现的问题

在加快推进企业改革、对企业实行股份制改造的过程中，如何看待企业的兼并和破产、如何处理企业兼并破产过程中出现的问题，企业经营者提出了自己的看法。

对于长期亏损的企业，企业经营者主张“破产”的比例最高，为44.2%；其次是“兼并”，比例为28.2%；第三是“拍卖”，比例为17.3%。从不同所有制、不同地区和不同规模的企业经营者回答情况来看，除私营企业经营者回答有所不同外，其余多数企业经营者均把“破产”、“兼并”和“拍卖”作为前三位的选择（如表29－1、表29－2）。

表29－1　　不同所有制企业经营者认为对长期亏损的企业应该（%）

	总体	国有企业	集体企业	私营企业	联营企业	股份制企业	外商投资企业	港澳台企业	其他企业
兼　并	**28.2**	29.5	31.3	13.8	26.5	21.4	26.5	26.8	16.7
破　产	**44.2**	44.8	36.0	48.3	44.1	47.9	54.4	41.5	33.3
拍　卖	**17.3**	14.8	22.3	17.2	20.6	23.2	17.6	19.5	25.0
租　赁	**3.8**	3.3	5.7	17.2	2.9	2.7	1.5	9.8	
托　管	**3.8**	4.5	3.0	3.5	2.9	1.8		2.4	25.0
其　他	**2.7**	3.1	1.7		3.0	3.0			

表29－2　　不同地区和规模的企业经营者认为对长期亏损的企业应该（%）

	规模				地区		
	特大型	大型	中型	小型	东部	中部	西部
兼　并	27.9	28.6	27.1	31.8	28.9	27.3	28.8
破　产	44.1	47.3	41.8	40.5	44.5	43.7	45.0
拍　卖	20.6	15.9	18.6	16.9	18.2	17.0	15.0
租　赁		2.7	4.6	5.8	3.2	4.4	3.3
托　管	2.9	2.8	5.0	2.9	2.7	4.3	5.7
其　他	4.5	2.7	2.9	2.1	2.5	3.3	2.2

对于企业兼并或破产，企业经营者主张要按照市场经济规律办事，“能破则破、能并则并，由企业自愿”，此项选择比例最高，为50.5%；主张多兼并，少破产的比例为32.3%。而主张“严格控制企业破产，减少社会震荡”、“多破产、少兼并”及其他方式的比例都比较小（如表30－1、表30－2）。

企业经营者认为，对于企业破产、兼并中出现的问题，必须引起各方面的高度重视，以减少经济与社会的震荡，保证企业改革顺利进行。

在企业破产过程中，企业经营者认为最主要的两个问题是“社会保障制度不完善”和“职工安置难”，选择比例分别是70.8%和57.7%（如表31）。

表 30－1　　不同所有制企业经营者对企业的兼并破产的看法（%）

	总体	国有企业	集体企业	私营企业	联营企业	股份制企业	外商投资企业	港澳台企业	其他企业
多兼并少破产	**32.3**	32.7	34.9	24.1	29.4	30.4	26.1	29.3	33.3
多破产少兼并	**8.2**	7.4	9.0	10.3	14.7	9.3	7.2	14.6	8.3
能破则破，能并则并，由企业自愿	**50.5**	51.1	43.0	62.1	47.1	52.8	59.4	51.2	50.0
严格控制企业破产，减少社会震荡	**8.2**	8.1	12.8	3.5	8.8	5.7	5.8	2.4	8.4
其他	**0.8**	0.7	0.3			1.8	1.5	2.5	

表 30－2　　不同地区和规模的企业经营者对企业兼并破产的看法（%）

	地区			规模			
	特大型	大型	中型	小型	东部	中部	西部
多兼并少破产	25.0	34.4	31.8	28.4	32.9	31.8	32.2
多破产少兼并	5.9	7.3	8.0	11.9	8.3	8.8	5.7
能破则破，能并则并，由企业自愿	63.2	51.0	49.9	47.7	50.0	50.5	52.2
严格控制企业破产，减少社会震荡	5.9	6.4	9.4	11.5	7.8	8.4	8.7
其他		0.9	0.8	0.5	1.1	0.5	1.2

表 31　　对破产中存在的主要问题的判断（%）

	总体	国有企业	集体企业	私营企业	联营企业	股份制企业	外商投资企业	港澳台企业
职工安置难	**57.7**	59.2	55.5	44.8	47.1	55.2	62.3	56.1
社会保障体系不完善	**70.8**	72.3	69.4	55.2	61.8	68.4	73.9	58.5
有些企业搞假破产真逃债	**35.6**	34.3	39.5	55.2	44.1	34.9	34.8	39.0
职工观念转变难	**14.9**	15.2	13.6	10.3	8.8	17.9	7.2	19.5
政府限制太多	**9.4**	8.7	8.3	20.7	14.7	11.9	7.2	14.6
经营者有后顾之忧	**6.7**	5.9	8.6	13.8	11.8	7.8	4.3	4.9
其他	**0.1**		0.6			0.3		

从不同所有制来看，除港澳台企业的经营者认为"职工安置难"的比例高于"社会保障制度不完善"之外，其余各类企业多数经营者认为"社会保障制度不完善"是影响企业破产正常进行的主要问题。如何安置破产企业的职工，企业经营者认为，这个问题的解决既依靠于"社会保障制度的完善"，又取决于整个社会的再就业政策的导向和措施。

表 32　　对兼并中存在的主要问题的判断（%）

	总体	国有企业	集体企业	私营企业	联营企业	股份制企业	外商投资企业	港澳台企业
职工安置难	**56.9**	58.4	55.8	58.6	55.9	50.1	55.1	61.0
政策不平等	**12.6**	12.8	10.7	6.9	8.8	15.5	10.1	12.2
产权不清晰	**12.4**	11.1	14.5	6.9	20.6	14.3	14.5	22.0
信息不灵	**1.6**	1.3	1.5	3.4	5.9	2.7	1.4	
政府干预太多	**20.1**	20.4	16.6	17.2	32.4	22.7	20.3	12.2
地方部门保护主义	**18.0**	17.4	18.4	17.2	8.8	19.4	18.8	26.8
兼并主体形成新的包袱	**51.2**	52.8	48.4	51.7	47.1	49.3	50.7	43.9
被兼并者顾虑较多	**20.4**	19.4	25.2	34.5	11.8	19.7	18.8	17.1
其他	**1.1**	1.0	0.6		5.9	1.5		2.4

企业经营者认为企业兼并也是优化资源配置的过程，而富余职工安置难则是兼并中首先要面对的问题，此项回答比例居第一位，为56.9%；其次，他们担心“兼并主体形成新的包袱”，把好企业也拖垮，比例为51.3%。

从表31、表32的分析来看，要搞好企业的资产重组，让企业能顺利实现兼并或破产，企业经营者主要寄希望于政府加大改革的力度，建立健全社会保障制度，以保证下岗职工的出路或生活有所保障。

5. 正确对待企业富余和困难职工

在企业改革与发展过程中，许多企业尤其是老企业实行减员增效、下岗分流，使企业出现较多的富余劳动力，部分职工家庭生活困难，已成为政府、企业及社会共同关注的问题。

关于企业富余职工的出路问题，企业经营者们主张：“企业发放一定的安置费，由职工自谋职业”、“政府引导，社会提供再就业支持”和“加强职工的技术培训，提高职工们再就业能力”，比例分别为47.8%、47.3%和47.1%。此外，还有45.8%的人主张“由企业和政府共同消化”；有45.7%的人主张“鼓励职工从事第三产业”；有30.1%的人主张“由职工自谋出路”。

从不同所有制来看，国有企业的经营者主张：“企业和政府共同消化”、“政府引导，社会提供再就业支持”和“企业发放一定安置费，由职工自谋出路”，比例分别为50.0%、47.1%和47.0%；集体企业的经营者主张：“鼓励职工发展第三产业”、“企业发放一定的安置费、由职工自谋出路”和“加强技术培训，提高职工的再就业能力”，比例分别为52.8%、46.6%和45.4%；联营企业的经营者主张：“政府引导、社会提供再就业支持”、“鼓励职工发展第三产业”和“加强技术培训，提高职工的再就业能力”，比例分别为58.8%、55.9%、50.0%；股份制企业的经营者主张：“企业发放一定的安置费、由职工自谋出路”、“加强技术培训、提高职工再就业能力”和“政府引导、社会提供再就业支持”，比例分别为51.6%、48.7%和47.2%。外商企业经营者主张：“加强技术培训，提高职工再就业能力”，比例高达60.9%；港澳台企业经营者选择“政府引导、社会提供再就业支持”的比例最高，为53.7%；私营企业经营者将“鼓励职工发展第三产业”和“职工自谋出路”并列为第一位，比例为51.7%（如表33）。

表33　　对待企业富余职工问题的主张（%）

	总体	国有企业	集体企业	私营企业	联营企业	股份制企业	外商投资企业	港澳台企业
企业自己消化	17.4	16.3	24.9	13.8	8.8	19.1	7.2	14.6
政府负责安置	12.6	15.2	8.9	3.4	8.8	9.3	2.9	4.9
企业和政府共同消化	45.8	50.0	37.7	27.6	29.4	41.2	39.1	43.9
职工自谋出路	30.1	27.6	32.6	51.7	32.4	35.8	26.1	41.5
政府引导，社会提供支持	47.3	47.1	44.8	41.4	58.8	47.2	52.2	53.7
鼓励职工从事第三产业	45.7	44.8	52.8	51.7	55.9	40.3	49.3	48.8
加强职工就业培训	47.1	46.5	45.4	48.3	50.0	48.7	60.9	43.9
发放安置费自谋职业	47.8	47.0	46.6	44.8	47.1	51.6	55.1	43.9
其他	1.3	1.2	1.5		2.9	1.2	1.4	4.9

国有企业和集体企业的经营者主张采取企业、政府共同努力解决富余职工出路的思路；而联营企业、股份制企业、外商投资企业，除了自己企业的努力和希望政府支持之外，还将技术培训列入重要位置，以改善和提高富余职工的素质，增加他们再就业的能力，这比国有企业、集体企业的经营者思路更开阔一些。

为了解决困难职工的问题，企业经营者们的建议是：第一，由企业和政府组织职工开展生产自救，比例为67.6%；第二，在规定的期限内给予生活补助，比例为60.7%；第三，由政府发放基本生活费，比例为37.5%。从不同所有制来看，国有企业、集体企业、私营企业、外商投资企业的经营者，多数将“由企业和政府组织职工开展生产自救”作为第一选择；而多数联营企业、股份制企业和港澳台企业的经营者，将“在规定期限内给予生活补助”作为第一选择（如表34）。

表34　对待企业困难职工问题的现实选择（%）

	总体	国有企业	集体企业	私营企业	联营企业	股份制企业	外商投资企业	港澳台企业
由企业发放基本生活费	**21.3**	20.5	22.3	27.6	29.4	23.9	14.5	26.8
由政府发放基本生活费	**37.5**	39.5	35.9	24.1	29.4	32.5	40.6	36.6
组织职工生产自救	**67.6**	67.7	73.3	69.0	41.2	63.9	72.5	58.5
通过社会集资解决	**4.4**	4.1	5.0	10.3	8.8	3.6	5.8	7.3
在规定期限内给予生活补助	**60.7**	60.3	55.5	58.6	76.5	66.3	56.5	63.4
其他	3.5	**2.9**	4.7	6.9	5.9	4.8	2.9	4.9

在社会就业压力增大的情况下，如何对待农民工进城，企业经营者们有着不同的看法。选择“有限制地使用农民工”的比例为49.4%；而主张“允许农民工进城，公平竞争职业”的为42.8%，主张“全部清退农民工、帮助下岗职工就业”的为7.8%。当进一步从不同所有制、不同规模、不同地区的企业来分析时，国有企业、联营企业、外商投资企业、特大型、大型、中型企业、东部地区和中部地区的企业经营者多主张“有限制地使用农民工”；而集体企业、私营企业、股份制企业、港澳台企业、小型企业和西部地区的企业经营者多赞成“允许农民工进城，公平竞争职业”（如表35－1、表35－2）。

表35－1　不同所有制企业经营者对农民工进城的态度（%）

	总体	国有企业	集体企业	私营企业	联营企业	股份制企业	外商投资企业	港澳台企业	其他企业
允许进城就业，公平竞争职业	**42.8**	37.7	54.0	79.3	44.1	49.8	34.8	65.9	75.0
清退农民工，帮助下岗职工就业	**7.8**	8.7	8.9	3.4		4.8	5.8	4.9	
有限制使用农民工	**49.4**	53.6	37.1	17.2	55.9	45.4	59.4	29.2	25.0

表35－2　不同地区和规模的企业经营者对农民工进城的态度（%）

	地区			规模			
	特大型	大型	中型	小型	东部	中部	西部
允许进城就业，公平竞争职业	36.8	40.7	44.1	48.1	41.0	43.7	45.9
清退农民工，帮助下岗职工就业	7.4	7.2	8.1	8.6	6.9	8.5	8.4
有限制使用农民工	55.8	52.1	47.8	43.3	52.1	47.8	45.7

农民工由于有其不可替代的优势，因而在一些企业受到欢迎，但考虑到就业的整体压力，在国有大中型企业中有限制、有选择地使用农民工。对集体、私营、港澳台企业及西部地区企业、小企业的企业经营者来说，由于用农民工成本低，用工机制灵活，他们更愿意使用农民工。

6. 切实合理地减轻企业负担

要切实转变企业的经营机制，使企业放开手脚参与市场竞争，就要彻底减轻企业的不合理负担，让企业加快发展。

从总体上看，与1996年同期相比，企业经营者认为除了“社会摊派”和“办社会负担”是“无变化”的比例居第一位外，认为其余各项负担都是“增加”的比例居第一位（如表36）。

表36　企业负担变化情况（%）

	社会摊派	银行债务	相互拖欠资金	“办社会”负担	资金困难程度	上缴费用
增　加	44.3	55.8	62.7	40.5	71.2	49.5
无变化	45.7	27.2	23.5	50.5	19.6	45.6
减　少	10.0	17.0	13.8	9.0	9.2	4.9

在以上六项负担中，社会摊派和企业“办社会”负担，多数企业经营者认为与上年同期持平，其他各项负担都是加重的，特别是对资金拖欠和资金困难的程度增加反映强烈，比例达62.7%和71.2%。

从不同所有制来看，国有企业和集体企业的经营者，除了认为“社会摊派”和“办社会”负担维持1996年同期水平之外，其余各项负担都有增加。多数私营企业的经营者除了认为“社会摊派”、“银行债务”无变化外，其余各项负担上升比例占多数。多数股份制企业、外商企业和港澳台企业的经营者认为“办社会”负担无变化，多数外商企业经营者认为“社会摊派”负担无变化（如表37）。

表37　与1996年同期相比，企业各项负担变化情况（%）

	国有企业			集体企业			私营企业			联营企业		
	增加	不变	减少	增加	不变	减少	增加	不变	减少	增加	不变	减少
社会摊派	44.8	46.0	9.2	42.4	45.7	11.9	40.7	51.9	7.4	31.3	59.3	9.4
银行债务	61.1	25.1	13.8	45.9	32.6	21.5	37.0	37.0	26.0	33.3	30.3	36.4
相互拖欠资金	64.3	22.8	12.9	57.8	25.7	16.5	57.1	21.4	21.5	37.5	34.4	28.1
办社会	41.7	50.2	8.1	37.0	51.8	11.2	50.0	42.9	7.1	32.3	48.3	19.4
资金困难	75.2	17.3	7.5	68.6	20.7	10.7	71.4	25.0	3.6	56.3	34.4	9.3
上缴费用	48.0	46.7	5.3	53.3	41.5	5.2	66.7	33.3		53.1	43.8	3.1
	股份制企业			外商投资企业			港澳台企业			其他企业		
	增加	不变	减少	增加	不变	减少	增加	不变	减少	增加	不变	减少
社会摊派	45.5	43.0	11.5	38.8	49.3	11.9	45.0	45.0	10.0	63.6	27.3	9.1
银行债务	49.7	27.6	22.7	43.2	29.9	26.9	43.6	41.0	15.4	27.3	63.6	9.1
相互拖欠资金	65.1	21.7	13.2	51.5	36.4	12.1	60.0	22.5	17.5	63.6	18.2	18.2
办社会	40.4	49.7	9.9	25.8	63.6	10.6	40.0	52.5	7.5	58.3	41.7	
资金困难	62.5	24.0	13.5	50.7	29.9	19.4	61.0	26.8	12.2	72.7	27.3	
上缴费用	52.8	42.5	4.7	38.8	58.2	3.0	47.5	52.5		45.5	54.5	

为了减轻企业的债务负担，企业经营们主张“挂账停息”、“让长期亏损企业破产”、“债权转股权”和“债权转资本金”，选择比例分别是58.5%、57.8%、53.5%和52.5%（如表38）。

对于债务负担的处理，国有企业的经营者主张“挂账停息”和“债权转资本金”的占多数；集体企业、私营企业、联营企业、股份制企业和外商投资企业的经营者多主张“让长期亏损的企业破产”以冲销债务，港澳台企业的经营者多主张“债权转股权”（如表38）。

表38　解决企业历史债务问题的办法（%）

	总体	国有企业	集体企业	私营企业	联营企业	股份制企业	外商投资企业	港澳台企业
债权转股权	**53.5**	51.8	51.6	55.2	61.8	60.6	62.3	65.9
债权转资本金	**52.5**	61.0	40.1	24.1	41.2	35.5	33.3	48.8

续表

	总体	国有企业	集体企业	私营企业	联营企业	股份制企业	外商投资企业	港澳台企业
让长期亏损的企业破产	**57.8**	53.2	62.6	79.3	64.7	66.9	78.3	61.0
完全豁免	**17.4**	20.6	16.0		14.7	9.9	7.2	12.2
挂账停息	**58.5**	62.3	55.5	44.8	58.8	51.6	42.0	51.2
出售资产偿债	**37.0**	30.5	46.9	58.6	23.5	48.4	49.3	46.3
其他	**3.5**	3.0	5.3		5.9	4.2	2.9	

三、企业经营者们希望：努力建立健全市场体系，全面提高企业竞争能力

企业是否有发展的活力，取决于它在市场中的竞争能力。我国加快推进企业改革，就必须加快建立健全市场体系，建立起完善的现代企业制度和充满竞争活力的企业运行机制。

1. 市场竞争的压力增大

调查发现，企业经营者们普遍感到市场竞争的压力较大。对于生产资料市场，企业经营者认为供大于求的为68.4%，认为供求平衡的为28.5%；对于消费品市场，认为供大于求的为82.3%，认为供求平衡的为16.6%；对于房地产市场，认为供大于求的为89.8%，认为供求平衡的为6.0%。这三类市场中，认为供不应求的比例较小，依次分别为3.1%、1.1%和4.2%（如表39）。

从市场的地域性来看，生产资料、消费品和房地产的市场形势有较大的地区差异，在东部和中部地区的这三类市场，企业经营者们判断供大于求的比例要高于西部地区；而供不应求的比例，西部地区要高于其他地区；除了房地产市场之外，供求平衡的比例，西部地区高于其他地区（如表39）。

表 39　　企业经营者对生产资料、消费品、房地产市场的判断（%）

	生产资料			消费品			房地产		
	供大于求	供求平衡	供不应求	供大于求	供求平衡	供不应求	供大于求	供求平衡	供不应求
总体	**68.4**	**28.5**	**3.1**	**82.3**	**16.6**	**1.1**	**89.8**	**6.0**	**4.2**
东部	67.9	29.1	3.0	85.0	14.1	0.9	92.4	3.5	4.1
中部	71.1	25.9	3.0	80.3	18.6	1.1	88.8	8.0	3.2
西部	61.5	34.5	4.0	79.4	18.7	1.9	85.0	7.7	7.3

当进一步了解国内外市场对各类企业的影响时，大部分企业经营者认为市场形势对各自企业不利。

对于国内、国际的市场形势，从不同地区、不同所有制和不同规模的企业来看，西部地区的企业、国有企业和特大型、大型企业的经营者感到不利与非常不利的比例之和最高，表明这些企业的经营者所面临的市场竞争压力最大（如表40）。

表 40　　企业经营者对当前国内、国际市场形势的判断（%）

	当前国内市场形势对贵企业				当前国际市场形势对贵企业			
	非常有利	有利	不利	非常不利	非常有利	有利	不利	非常不利
总体	**1.5**	**27.4**	**57.1**	**14.0**	**1.6**	**34.9**	**52.0**	**11.5**
东部	1.2	27.0	60.2	11.6	1.8	35.5	53.0	9.6
中部	1.9	28.2	54.0	15.9	1.7	34.8	50.4	13.2
西部	0.9	26.1	56.7	16.2	0.3	33.4	53.8	12.4
国有企业	0.8	24.8	58.9	15.5	1.0	31.3	54.7	13.0
集体企业	2.4	31.3	55.3	11.0	1.0	43.2	45.6	10.2

续表

	当前国内市场形势对贵企业				当前国际市场形势对贵企业			
	非常有利	有利	不利	非常不利	非常有利	有利	不利	非常不利
私营企业	10.3	55.2	13.8	20.7	10.7	46.4	35.7	7.1
联营企业	5.9	50.0	32.4	11.7	8.8	29.4	47.1	14.7
股份制企业	2.1	27.8	59.1	11.0	1.6	41.1	51.6	5.7
外商投资企业	4.3	37.7	47.8	10.2	4.5	44.8	40.3	10.4
港澳台企业		37.5	42.5	20.0	5.6	36.1	44.4	13.9
其他企业		16.7	83.3		10.0	30.0	40.0	20.0
特大型		19.1	70.6	10.3	1.6	34.4	56.3	7.8
大型	1.8	27.0	56.7	14.5	1.4	35.2	52.9	10.5
中型	1.3	27.8	56.4	14.5	1.5	34.6	51.2	12.7
小型	0.8	30.0	57.1	12.1	2.6	35.2	50.5	11.7

2. 企业竞争实力不断增强

企业经营者认为，改革与发展的成效是显著的，企业的综合市场竞争实力在不断增强。

在此次调查中，企业经营者从12个方面对自己所在企业的竞争实力进行了评价。这12个方面是：综合市场竞争力、产品技术含量、产品质量、产品附加值、盈利水平、销售量、省（市、区）市场占有率、国内市场占有率、融资能力、有形资产、无形资产、资产负债率。根据多数企业经营者的选择，其所在企业的省（市、区）内市场占有率、国内市场占有率、融资能力"不变"，主导产品盈利水平"降低"，资产负债率"增加"，其余七个方面的实力都有较大的提高（如表41）。

表41　　企业经营者认为企业下列项目的情况是（%）

	国有企业			集体企业			私营企业			联营企业			股份制企业		
	提高	不变	减少	提高	不变	减少	提高	不变	减少	提高	不变	减少	提高	不变	减少
企业综合市场竞争力	59.3	18.7	22.0	62.7	18.1	19.2	62.1	24.1	13.8	57.6	24.2	18.2	68.1	16.4	15.5
主导产品技术含量	56.7	35.8	4.5	58.6	36.8	4.6	64.3	32.1	3.6	54.5	45.5		62.9	33.7	3.4
产品质量	69.5	27.3	3.2	71.9	26.0	2.1	67.9	32.1		90.9	9.1		73.3	25.8	0.9
产品附加值	40.0	42.5	17.5	39.7	35.9	24.4	44.4	37.0	18.5	51.5	33.3	15.2	38.8	34.9	26.3
主导产品盈利水平	22.4	18.2	59.4	22.9	21.0	56.1	35.7	25.0	39.3	32.4	11.8	55.8	23.1	18.8	58.1
主导产品销售量	44.9	25.3	29.8	49.7	20.9	29.4	60.7	25.0	14.3	60.6	18.2	21.2	54.8	19.0	26.2
省（市区）内市场占有率	34.1	41.0	24.9	41.7	34.9	23.4	53.6	28.6	17.8	48.5	24.2	27.3	47.3	34.2	18.5
国内市场占有率	33.4	40.6	26.0	40.1	34.5	25.4	42.9	46.4	10.7	36.4	30.3	33.3	46.2	31.9	21.9
融资能力	28.5	39.5	32.0	30.6	42.2	27.2	22.2	44.4	33.4	21.2	63.6	15.2	45.0	30.3	24.7
有形资产	65.5	23.9	10.6	62.9	25.5	11.6	59.3	29.6	11.1	56.3	40.6	3.1	72.9	20.7	6.4
无形资产	52.0	40.4	7.6	57.0	34.8	8.2	59.3	37.0	3.7	69.7	27.3	3.0	64.0	31.1	4.9
资产负债率	47.4	26.5	26.1	42.2	27.7	30.1	40.7	33.3	26.0	27.3	33.3	39.4	41.2	22.6	36.2

	外商投资企业			港澳台企业			其他企业			总　体		
	提高	不变	减少	提高	不变	减少	提高	不变	减少	提高	不变	减少
企业综合市场竞争力	68.1	21.7	10.2	62.5	12.5	25.0	58.3	25.0	16.7	61.3	18.4	20.3
主导产品技术含量	56.5	42.0	1.5	62.5	37.5		58.3	41.7		59.9	35.9	4.2
产品质量	66.7	31.9	1.4	64.1	33.3	2.6	75.0	25.0		70.5	26.9	2.6
产品附加值	36.2	39.1	24.6	48.6	32.4	19.0	50.0	33.3	16.7	40.1	40.0	19.9
主导产品盈利水平	21.7	26.1	52.2	38.5	12.8	48.7	33.3	8.3	58.4	23.2	18.8	58.0
主导产品销售量	58.0	24.6	17.4	53.8	10.3	35.9	25.0	41.7	33.3	47.8	23.5	28.7
省（市区）内市场占有率	33.8	50.0	16.2	36.8	31.6	31.6	41.7	33.3	25.0	37.5	38.9	23.6

续表

	外商投资企业			港澳台企业			其他企业			总体		
	提高	不变	减少	提高	不变	减少	提高	不变	减少	提高	不变	减少
国内市场占有率	41.2	38.2	20.6	27.0	32.4	40.6	33.3	33.3	33.4	36.4	38.2	25.4
融资能力	38.2	50.0	11.8	30.8	41.0	28.2	41.7	50.0	8.3	31.3	39.4	29.3
有形资产	64.7	32.4	2.9	59.0	33.3	7.7	91.7	8.3		66.0	24.3	9.7
无形资产	50.0	47.1	2.9	42.1	50.0	7.9	66.7	33.3		54.6	38.4	7.0
资产负债率	30.4	39.1	30.4	31.6	44.7	23.7	25.0	25.0	50.0	44.6	27.0	28.4

从不同所有制来看，按回答比例的大小判断，国有企业除了产品附加值，国内及省（市、区）市场占有率、融资能力维持原状，资产负债率上升，主导产品的盈利水平下降之外，其余各方面都有了提高；外商投资企业、港澳台企业和联营企业除主导产品盈利水平下降外，其余各方面都上升或维持原状；集体、私营和股份制企业除了资产负债率上升、主导产品的盈利水平下降之外，其他方面的能力也都有了不同程度的提高（如表41）。

企业技术装备的先进性，是体现企业竞争实力的一个重要基础性指标。多数企业经营者认为，其所在企业设备的现代化水平有了很大提高。以国外引进为主，属国际80年代水平的为51.8%，属国际90年代水平的为36.8%，属国际80至90年代水平的设备为88.6%。以国内购买为主，属国际60年代水平的为11.9%，属国际70年代水平的为28.3%，属国际80年代水平的为45.7%，属国际90年代的为10.5%，国内采购设备达国际80至90年代水平的为56.2%。以企业自己研制为主，属国际80年代水平的为46.8%，属国际90年代水平的为22.8%，自研设备达国际80至90年代水平的为69.6%（如表42）。

表42　　不同所有制企业经营者认为企业的主要设备情况（%）

		总体	国有企业	集体企业	私营企业	联营企业	股份制企业	外商投资企业	港澳台企业	其他企业
国外引进	50年代	**2.3**	2.6		11.1			2.1		
	60年代	**1.3**	1.8	1.1				2.1		
	70年代	**7.8**	9.0	8.0	22.2	14.3	3.4	4.2	4.2	
	80年代	**51.8**	53.3	51.8	22.2	50.0	55.0	41.6	58.3	33.3
	90年代	**36.8**	33.3	39.1	44.5	35.7	41.6	50.0	37.5	66.7
国内引进	50年代	**3.6**	4.2	3.3			2.0			
	60年代	**11.9**	13.9	10.0	5.9		5.6	6.3	7.7	20.0
	70年代	**28.3**	32.0	18.2	23.5	28.6	23.4	18.8	23.1	
	80年代	**45.7**	41.8	55.5	47.1	35.7	52.8	62.5	53.8	60.0
	90年代	**10.5**	8.1	13.0	23.5	35.7	16.2	12.4	15.4	20.0
自己研制	50年代	**5.1**	4.2	8.3			9.0			
	60年代	**3.8**	6.3							
	70年代	**21.5**	27.0	25.0					33.3	
	80年代	**46.8**	50.0	50.0		33.3	45.5		33.3	
	90年代	**22.8**	12.5	16.7	100.0	66.7	45.5	100.0	33.3	

可见，无论是引进设备、国内采购设备还是自研设备，企业经营者们认为达到国际80~90年代水平的设备都在56.0%以上。

人才是企业竞争致胜的根本。近年来我国企业人才的素质不断提高，人才的竞争实力有所增强。从总体上看，企业经营者认为所在企业的领导决策人才的竞争力“较强”的占多数，为56.5%，认为

“很强”的比例为13.8%，“一般”的比例为25.5%。认为经营管理层的人才竞争力“一般”的比例占多数，为43.9%，认为“较强”的为39.5%，认为是“很强”的为4.3%。认为工程技术层人才竞争能力“一般”的比例为38.2%；认为“较强”的为37.8%；认为“很强”的为4.6%。认为员工竞争力“一般”的比例为52.2%，认为“较强”的为23.8%，认为“很强”的为1.9%。这说明，企业经营者对经营管理人才、技术人才和员工素质的提高有着迫切的要求（如表43）。

表43　　不同所有制企业经营者对企业人才的竞争力的判断（%）

		总体	国有企业	集体企业	私营企业	联营企业	股份制企业	外商投资企业	港澳台企业	其他企业
领导层人才	很强	**13.8**	11.4	17.1	34.5	21.2	16.8	25.0	7.5	33.3
	较强	**56.5**	57.9	50.3	41.4	60.6	57.7	50.0	70.0	50.0
	一般	**25.5**	26.3	28.1	10.3	15.2	23.4	20.6	20.0	8.3
	较弱	**3.4**	3.6	4.2	6.9		1.8	2.9		8.4
	很弱	**0.8**	0.8	0.6	6.9	3.0	0.3	1.5	2.5	
经管层人才	很强	**4.3**	3.6	4.2	17.2	3.1	5.4	10.1	7.3	
	较强	**39.5**	39.6	34.0	31.0	34.4	45.0	43.5	39.0	41.7
	一般	**43.9**	44.5	46.1	31.0	56.3	39.9	40.6	41.5	41.7
	较弱	**11.1**	11.0	15.1	17.2	3.1	8.8	5.8	9.8	16.6
	很弱	**1.2**	1.2	0.6	3.6	3.1	0.9		2.4	
技术层人才	很强	**4.6**	4.1	6.7	10.7	12.5	3.6	4.4	7.5	
	较强	**37.8**	38.2	28.6	25.0	28.1	43.8	48.5	40.0	50.0
	一般	**38.2**	38.7	37.1	32.1	40.6	37.7	36.8	35.0	41.7
	较弱	**17.1**	16.7	24.3	21.4	12.5	14.0	10.3	15.0	
	很弱	2.3	2.2	3.3	10.8	6.3	0.9		2.5	8.3
一般员工	很强	1.9	1.4	2.1	6.9	3.1	3.0	2.9	2.5	
	较强	**23.8**	23.3	18.1	13.8	28.1	30.8	33.8	20.0	33.3
	一般	**52.2**	53.1	51.4	55.2	46.9	48.6	52.9	57.5	41.7
	较弱	**18.4**	18.7	23.3	13.8	15.6	15.1	8.8	17.5	16.7
	很弱	**3.7**	3.5	5.1	10.3	6.3	2.4	1.5	2.5	8.3

3. 抓住提高企业竞争力的关键

如何抓住主要矛盾，迅速提高企业竞争力，企业经营者们认为：提高企业竞争力的关键因素是：第一，“要有好的企业领导班子”，为84.7%；第二，“要有高素质的职工队伍”，为46.8%；第三，“要有强有力的技术创新能力”，为32.1%。从不同所有制来看，国有企业、集体企业、港澳台企业的经营者一致认为提高企业竞争力的关键是：“好的企业领导班子”、“高素质的职工队伍”和“强有力的技术创新能力”；联营企业的经营者认为是：“好的领导班子”、“上级领导及管理部门的大力支持”和“强有力的技术创新能力”；而私营企业、股份制企业和外商投资企业的经营者则认为是“好的企业领导班子”、“高素质的职工队伍”和“上级领导及管理部门的大力支持”（如表44）。

表44　　不同所有制企业经营者认为提高企业竞争力的关键（%）

	总体	国有企业	集体企业	私营企业	联营企业	股份制企业	外商投资企业	港澳台企业
有好的企业领导班子	**84.7**	85.4	83.7	79.3	73.5	85.1	82.6	82.9
有高素质的职工队伍	**46.8**	46.8	50.4	34.5	35.3	47.2	39.1	48.8
有强有力的技术创新能力	**32.1**	31.7	34.1	20.7	50.0	30.4	33.3	39.0

续表

	总体	国有企业	集体企业	私营企业	联营企业	股份制企业	外商投资企业	港澳台企业
有良好的企业文化	**3.6**	3.6	3.3	6.9	5.9	3.6	4.3	2.4
有强大的资金支持	**21.6**	21.4	24.9	20.7	20.6	22.1	7.2	29.3
有先进的技术装备	**12.3**	13.7	12.5	6.9	8.8	6.0	14.5	14.6
有良好的组织管理	**11.5**	11.8	9.5	13.8	5.9	12.5	8.7	9.8
有强有力的信息系统	**4.3**	3.5	5.3	6.9	2.9	7.5	1.4	2.4
有优质的产品质量和服务	**4.8**	5.5	2.7	6.9		4.2	4.3	2.4
有上级的大力支持	**29.0**	27.9	29.4	37.9	41.2	31.0	40.6	24.4
有行业的优势	**5.5**	5.8	4.7	6.9	8.8	4.5	4.3	4.9
有成本低的优势	**10.2**	9.7	11.3	13.8	17.6	9.9	18.8	2.4
有较强的营销能力	**26.0**	25.7	21.7	27.6	26.5	28.4	36.2	29.3
其他	**0.5**	0.5	0.9		2.9	0.3		2.4

从不同规模和不同地区来看，除了大型企业以及中、西部地区的经营者多认为提高企业竞争力的关键是“好的领导班子”、“高素质的职工队伍”和“上级领导与管理部门的大力支持”外，其他各类型企业的经营者多认为提高企业竞争力的关键是“好的企业领导班子”、“高素质的职工队伍”和“强有力的技术创新能力”（如表45）。

表 45　　不同地区及规模的企业经营者认为提高企业竞争力的关键（%）

	总体	地区			规模			
		东部地区企业	中部地区企业	西部地区企业	特大型企业	大型企业	中型企业	小型企业
有好的企业领导班子	**84.7**	84.3	84.7	86.9	94.1	84.3	85.7	80.2
有高素质的职工队伍	**46.8**	45.0	47.7	54.5	45.6	44.8	48.7	47.7
有强有力的技术创新能力	**32.1**	34.7	29.0	26.6	27.9	32.2	30.8	36.6
有良好的企业文化	**3.6**	3.8	3.9	2.0	17.6	4.0	3.5	1.6
有强大的资金支持	**21.6**	20.9	21.7	25.0	7.4	18.2	24.2	25.5
有先进的技术装备	**12.3**	11.2	14.1	13.5	17.6	13.2	12.0	8.6
有良好的组织管理	**11.5**	12.9	10.3	7.0	14.7	13.0	10.9	7.8
有强有力的信息系统	**4.3**	4.8	3.8	3.3	8.8	2.9	5.2	6.2
有优质的产品质量和服务	**4.8**	5.0	4.4	4.5	4.4	4.9	4.8	5.8
有上级的大力支持	**29.0**	28.2	30.2	30.3	25.0	32.8	25.5	30.0
有行业的优势	**5.5**	5.6	6.1	3.3	5.9	4.7	6.1	6.6
有成本低的优势	**10.2**	9.5	12.0	8.6	8.8	10.5	9.4	12.3
有较强的营销能力	**26.0**	26.3	26.0	23.8	22.1	27.4	25.0	25.9
其他	**0.5**	0.7	0.4			0.6	0.4	1.2

可见，大多数企业经营者认识到了建立一支高素质的企业经营者队伍和高素质职工队伍、增强企业的技术创新能力，是提高企业竞争力的关键。

对于促进企业竞争力的提高，政府应扮演怎样的角色，发挥怎样的作用呢？企业经营者们希望：第一，“要加大资产重组、结构调整的力度”，为50.2%；第二，“要扶持民族工业，鼓励创自己的名牌”，为43.1%；第三，“要用高新技术改造现有企业”，为38.7%。从不同所有制企业来看，国有企业、私营企业、联营企业和港澳台企业的经营者，多希望国家“加大资产重组、结构调整的力度”、“扶持民族工业，鼓励创自己的名牌”和“用高新技术改造现有企业”；股份制企业、外商投资企业的经营者则多认为要“加大资产重组、结构调整的力度”、“扶持民族工业，创自己的名牌”、“加大经济体制改革力度”；集体企业的经营者则多希望“要用高新技术改造现有企业”、“要扶持民族工业，鼓励创自己的名牌”和“实行谨慎的对外开放政策”（如表46）。

表46　提高我国企业的市场竞争力，国家主要应做的方面（%）

	总体	国有企业	集体企业	私营企业	联营企业	股份制企业	外商投资企业	港澳台企业
进一步扩大对外开放	**26.1**	24.5	27.0	27.6	17.6	32.8	27.5	29.3
实行谨慎的对外开放政策	**31.5**	30.9	38.9	20.7	26.5	29.6	34.8	31.7
市场准入规则实行国民待遇	**25.8**	26.1	22.0	17.2	38.2	26.9	31.9	24.4
制定工业知识产权保护法	**7.7**	6.3	9.2	17.2	11.8	10.7	8.7	14.6
制定政府采购政策	**11.0**	11.5	9.2	13.8	8.8	10.7	8.7	17.1
改造现有企业	**38.7**	38.8	41.2	55.2	47.1	33.1	36.2	43.9
扶持民族工业	**43.1**	39.7	46.6	48.3	47.1	54.3	49.3	39.0
加大经济体制改革力度	**38.1**	38.5	39.2	27.6	32.4	35.8	39.1	36.6
加大对企业投入	**21.1**	23.5	19.0	17.2	14.7	16.7	11.6	14.6
加大资产重组结构调整力度	**50.2**	54.6	39.2	37.9	52.9	42.7	49.3	39.0

企业经营者们建议，在提高企业竞争力方面，政府应在继续深化改革、扩大开放的同时，大力推进企业的股份制改造，促进资产的优化重组；扶持民族工业创立和保护自己的名牌；大力发展高技术及其产业，用高技术改造现有企业。

4. 消除制约企业竞争力提高的障碍

我国企业竞争力的薄弱，有历史的原因，也有企业自身的原因和体制的障碍。认真研究阻碍企业竞争力提高的内部和外部因素，对于推进企业改革，迅速增强我国企业竞争力有重要意义。

企业经营者认为，严重制约企业市场竞争力提高的最主要的三项外部因素是：第一，企业间的不正当竞争，为55.7%；第二，“办社会”负担重，为44.3%，第三，社会保障制度不健全，为39.8%。从不同所有制来看，国有企业经营者多认为是：“企业不正当竞争”、“办社会负担重”和“社会保障制度不健全”；集体企业的经营者多认为是：“企业不正当竞争”、“法制不健全”和“社会保障制度不健全”；私营企业的经营者多认为是：“法制不健全”、“企业间不正当竞争”和“‘三乱’严重”；而多数联营企业、股份制企业、外商投资企业和港澳台企业的经营者则多认为是：“企业间不正当竞争”、“法制不健全”和“商业信用差”（如表47）。

表47　制约企业竞争力的主要外部因素（%）

	总体	国有企业	集体企业	私营企业	联营企业	股份制企业	外商投资企业	港澳台企业
政府干预太多	**16.4**	17.5	13.4	17.2	14.7	15.5	17.4	7.3
“三乱”严重	**23.1**	21.0	27.6	37.9	14.7	29.9	15.9	14.6
基础设施太差	**18.1**	18.5	21.4	24.1	17.6	13.7	11.6	24.4
法制不健全	**38.2**	33.6	43.6	58.6	38.2	49.3	46.4	43.9
国内企业间的不正当竞争	**55.7**	54.9	59.1	51.7	58.8	54.6	59.4	63.4
商业信用环境差	**29.2**	26.0	28.8	34.5	52.9	35.5	46.4	46.3
企业办社会负担太重	**44.3**	52.6	29.1	10.3	35.3	33.7	17.4	26.8
投资环境差	**14.7**	14.6	16.0	24.1	17.6	15.8	5.8	2.4
社会保障体系不健全	**39.8**	43.1	35.3	24.1	26.5	35.2	30.4	29.3
其他	**4.8**	3.9	6.5	6.9	2.9	6.6	8.7	7.3

可见，多数企业经营者建议在加快建立健全社会保障制度的同时，加快社会主义市场经济的立法，严格执法，为企业发展建立起良好的外部环境。

企业经营者们认为，严重制约企业竞争力的三项主要内部因素是：第一，“资金严重缺乏”，为48.5%；第二，“债务太重”，为41.8%；第三，“企业体制落后”，为36.7%。从不同所有制来看，国有企业的经营者多认为是：“资金严重缺乏”、“债务太重”和“企业体制落后”。联营企业的经营者多认为是：“资金严重缺乏”、“企业体制落后”和“技术设备陈旧”。外商投资企业的经营者多认为是：“技术进步能力弱”、“资金严重缺乏”和“人员素质差”。集体企业和股份制企业的经营者多认为是：“资金严重缺乏”、“人员素质差”和“债务太重”。私营企业的经营者多认为是：“资金严重缺乏”、“债务太重”和“技术进步能力弱”。而港澳台企业的经营者则多认为是：“资金严重缺乏”、“人员素质差”和“产品结构不合理”（如表48）。

表 48　　制约企业竞争力的主要内部因素（%）

	总体	国有企业	集体企业	私营企业	联营企业	股份制企业	外商投资企业	港澳台企业
人员素质差	**32.8**	29.0	44.5	31.0	26.5	39.4	30.4	31.7
技术装备陈旧	**27.0**	29.4	24.3	17.2	38.2	21.2	17.4	26.8
技术进步能力弱	**23.1**	19.4	28.8	48.3	35.3	28.4	31.9	24.4
资金严重缺乏	**48.5**	50.8	47.8	55.2	44.1	44.8	30.4	36.6
管理水平低	**17.3**	14.8	19.6	10.3	20.6	24.5	23.2	24.4
债务太重	**41.8**	46.8	37.1	55.2	14.7	31.3	21.7	29.3
经营战略不明确	**5.0**	3.9	3.0	6.9	5.9	9.6	14.5	7.3
思想观念落后	**16.0**	16.8	10.7	10.3	32.4	18.2	15.9	4.9
产品结构不合理	**18.9**	18.8	13.9	6.9	11.8	23.3	24.6	31.7
技术结构不适应	**7.1**	5.9	7.7	3.4	5.9	10.4	18.8	4.9
决策者经营观念落后	**3.3**	2.9	3.0	3.4		4.5	7.2	4.9
企业体制落后	**36.7**	44.1	33.5	3.4	38.2	16.7	11.6	19.5
其他	**3.2**	2.3	3.0		2.9	6.0	13.0	2.4

企业经营者们意识到，要加快企业技术进步，提高企业职工素质，必须增加企业研究开发投入，增加职工教育培训经费。

此次调查发现，我国企业技术研究开发投入和教育培训费用占企业销售的比重是很低的，分别是3.37%和1.15%，远低于发达国家的同类指标，而我国国有企业的这两项指标又低于国内其他所有制企业，分别是2.87%和1.00%。

可见，要提高国有企业的竞争力，增加技术开发和教育培训的投入是一个极为重要的方面（如表49）。

5. 加快建立健全社会主义市场体系

随着我国改革开放进一步发展，企业参与市场竞争越来越直接和深入，面对的竞争形势也越来越复杂。企业经营者们呼吁：要尽快完善企业竞争环境。

对于各类企业所属行业的竞争形势，企业经营者们普遍感到压力很大，有57.5%的人认为是竞争过度；有32.6%的人认为竞争适度，有7.1%的人认为存在垄断，还有1.5%认为存在高度垄断（如表50－1）。

表49　　技术开发费及职工教育经费占销售额（%）

	技术开发费占销售额的比重			职工教育费占销售额的比重		
	均值	最小值	最大	均值	最小值	最大
总体	**3.37**	**0.01**	**50.00**	**1.15**	**0.01**	**20.00**
国有企业	2.87	0.01	40.00	1.00	0.01	15.00
集体企业	3.71	0.01	42.30	1.18	0.01	15.00
私营企业	7.43	0.10	50.00	1.81	0.03	10.00
联营企业	5.23	0.03	20.00	1.48	0.04	8.00
股份制企业	4.10	0.01	40.00	1.53	0.01	20.00
外商投资企业	4.82	0.01	30.00	1.26	0.01	10.00
港澳台企业	5.83	0.01	30.00	1.37	0.05	10.00
其他企业	4.15	0.01	15.00	3.45	0.02	15.00
东部	3.63	0.01	42.30	1.16	0.01	15.00
中部	3.23	0.01	50.00	1.14	0.01	20.00
西部	2.99	0.01	40.00	1.13	0.01	20.00

表50－1　　不同所有制企业经营者对企业所在行业的竞争形势的判断（%）

	总体	国有企业	集体企业	私营企业	联营企业	股份制企业	外商投资企业	港澳台企业	其他企业
竞争过度	**57.5**	57.9	54.5	27.6	67.7	61.4	55.8	56.1	33.3
竞争适度	**32.6**	29.9	40.7	62.1	26.5	32.0	41.2	31.7	66.7
存在垄断	**7.1**	8.6	3.3	6.9	2.9	5.4	1.5	7.3	
高度垄断	**1.5**	1.9	0.6			0.9	1.5	2.4	
不清楚	**1.3**	1.7	0.9	3.4	2.9	0.3		2.5	

从不同行业分析，除了农林牧渔业、采掘业、金融保险业等所属企业的经营者认为行业中是“竞争适度”的占多数，电力、地质行业所属企业的经营者认为行业中“垄断”的占多数，其余各行业中的企业经营者认为行业中是“竞争过度”的占多数（如表50－2）。

表50－2　　不同行业企业经营者对企业所在行业的竞争形势的判断（%）

	竞争过度	竞争适度	存在垄断	高度垄断	不清楚
农林牧渔业	32.6	55.8	7.0		4.6
采掘业	30.3	54.1	11.9		3.7
制造业	61.7	31.9	4.5	0.9	1.0
电力煤气及水的生产和供应业	6.3	15.6	51.6	25.0	1.6
建筑业	70.6	22.4	4.7		2.4
地质勘查水利管理业	33.3		66.7		
交通运输仓储及邮电通信业	45.8	35.4	10.4	4.2	4.2
批零贸易餐饮业	69.1	22.8	5.1	1.5	1.5
金融保险业	18.2	63.6	18.2		
房地产业	50.0	42.9	7.1		
社会服务业	66.7	29.1	4.2		
文教体卫广电业	71.4	28.6			
科学研究和综合技术服务业	34.8	34.8	21.7	4.3	4.3
其他行业	46.8	37.6	14.7		0.9

要参与市场竞争，就必须明确竞争目标及竞争对手是谁，才能知己知彼，立于不败之地。当问及企业的竞争对手是谁时，选择的频数分布比较分散，呈多元化取向，居前四位的是：国有企业、乡镇企业、民营企业和合资企业，比例分别是 28.8%、19.7%、15.2% 和 13.6%。而将竞争对手列为外商独资企业、港澳台企业、境外企业的却很少。表明我国企业竞争是以国内竞争为主，同行业内的过度竞争比较严重（如表 51）。

表 51　　企业经营者对企业未来竞争对手的判断（%）

对手	**总体**	国有企业	集体企业	私营企业	联营企业	股份制企业	外商投资企业	港澳台企业	其他企业
外商独资企业	**4.2**	4.2	4.6		2.9	3.4	8.7	5.1	
合资企业	**13.6**	11.9	12.2	21.4	20.6	16.5	34.8	20.5	8.3
港澳台企业	**1.2**	0.5	1.2		8.8	1.8	4.3	10.3	8.3
境外外国企业	**7.8**	8.0	7.3	3.6	2.9	5.8	18.8	10.3	8.3
乡镇企业	**19.7**	19.8	24.9	14.3	14.7	17.1	13.0	17.9	8.3
国有企业	**28.8**	34.6	15.5	17.9	23.5	22.3	8.7	12.8	50.0
城镇集体企业	**5.0**	4.5	6.4	10.7	2.9	6.7	1.4	2.6	
民营企业	**15.2**	12.6	24.0	28.6	17.6	17.7	8.7	17.9	16.7
股份制企业	**4.5**	3.9	4.0	3.6	5.9	8.6	1.4	2.6	

从企业产品的市场销售定位来看，定位于城市的为 75.0%，定位于农村的为 14.3%，定位于国外的为 10.7%。不同所有制、不同规模和不同地区的企业，多将产品市场定位于城市，而考虑我国农村和国外市场的比例却较小（如表 52－1、表 52－2）。

表 52－1　　企业经营者认为主导产品的主要销售市场（%）

	总体	国有企业	集体企业	私营企业	联营企业	股份制企业	外商投资企业	港澳台企业	其他企业
农村	**14.3**	14.7	15.8	10.3	14.7	12.6	13.8	7.5	9.1
城市	**75.0**	76.7	70.9	82.8	67.6	76.4	53.8	67.5	81.8
国外	**10.7**	8.6	13.3	6.9	17.6	11.0	32.4	25.0	9.1

表 52－2　　企业经营者认为主导产品的主要销售市场（%）

	地区			规模			
	特大型	大型	中型	小型	东部	中部	西部
农村	11.9	12.0	15.7	17.9	13.8	14.9	14.2
城市	79.1	77.0	73.8	70.5	71.0	77.3	80.5
国外	9.0	11.0	10.5	11.6	15.2	7.8	5.3

从企业的竞争目标来看，我国企业经营者将竞争目标主要定位在："提高盈利水平，扩大市场份额"，为 53.6%；其次是"维持盈利水平，扩大市场份额"，为 24.5%。从不同所有制企业来看，各类企业都将竞争目标定位在"提高盈利水平、扩大市场份额"上。表明我国的企业经营者都有提高企业竞争力的信心（如表 53）。

我国市场的不正当竞争问题，严重困扰着企业的健康发展。企业经营者们呼吁，要严格规范市场竞争秩序。

企业经营者认为，不正当竞争在所在行业比较严重的为 43.5%，很严重的为 21.0%，轻微的为 25.5%，不存在的为 8.8%，不清楚的为 1.2%。认为不正当竞争在所在地区存在比较严重的为 36.9%，很严重的为 16.3%，轻微的为 30.8%，不存在的为 14.5%，不清楚的为 1.5%。认为"很严

表 53　　不同所有制企业经营者认为企业市场竞争的目标（%）

	总体	国有企业	集体企业	私营企业	联营企业	股份制企业	外商投资企业	港澳台企业	其他企业
提高盈利水平维持市场份额	**9.8**	10.1	10.7	6.9	14.7	5.7	13.0	17.5	16.7
维持盈利水平扩大市场份额	**24.5**	23.8	23.2	37.9	32.4	25.4	33.3	12.5	50.0
降低盈利水平扩大市场份额	**11.4**	10.8	12.5	10.3		13.5	17.4	12.5	
提高盈利水平减少市场份额	**0.7**	0.8	1.5						
提高盈利水平扩大市场份额	**53.6**	54.5	52.1	44.8	52.9	55.4	36.3	57.5	33.3

重”和“比较严重”之和的比例，在所在行业和地区分别为64.5%和53.2%。

从不同行业来看，除了电力行业认为不正当竞争“不存在”的比例占多数外，其他各行业的不正当竞争为“比较严重”或“很严重”的比例占多数（如表54）。

从不同所有制、不同地区的企业来看，除了港澳台投资企业和联营企业的经营者认为不正当竞争在所在行业、所在地区的存在是“轻微”占多数，外商投资企业经营者认为不正当竞争在所在地区“轻微”占多数外，其余各类企业的经营者认为是“比较严重”的占多数（如表54）。

表 54　　企业经营者对企业所在地区和行业不正当竞争程度的判断（%）

	所在行业					所在地区				
	很严重	比较严重	轻微	不存在	不清楚	很严重	比较严重	轻微	不存在	不清楚
总体	**21.0**	**43.5**	**25.5**	**8.8**	**1.2**	**16.3**	**36.9**	**30.8**	**14.5**	**1.5**
农林牧渔业	9.3	37.2	32.6	20.9		11.6	44.2	23.3	16.3	4.7
采掘业	9.1	35.5	33.6	20.9	0.9	9.1	40.9	31.8	17.3	0.9
制造业	21.1	43.8	26.2	7.5	1.3	15.1	34.7	33.6	15.4	1.2
电力煤气及水的生产供应业	8.5	23.7	25.4	40.7	1.7	10.7	17.9	26.8	39.3	5.4
建筑业	35.3	42.4	17.6	4.7		31.7	45.4	17.1	4.9	1.2
地质勘查水利管理业	33.3	33.3	33.4			33.3	66.7			
交通运输仓储及邮电通讯业	22.9	45.8	22.9	6.3	2.1	21.3	46.8	21.3	6.4	4.3
批零贸易、餐饮业	27.6	46.3	20.9	5.2		28.1	48.9	17.8	5.2	
金融、保险业	12.5	62.5	25.0			11.1	66.7	22.2		
房地产业	42.9	35.7	14.3	7.1		28.6	42.9	28.5		
社会服务业	12.5	66.7	16.7	4.2		13.6	45.5	22.7	13.6	4.5
文教体卫广电业	14.3	57.1	28.6			33.3	33.3	33.3		
科研和综合技术服务业	31.8	59.1	4.5		4.5	18.2	50.0	22.7	4.5	4.5
其他行业	18.5	46.3	25.0	9.3	0.9	16.3	39.4	26.9	14.4	2.9
国有企业	22.0	43.9	24.1	8.7	1.3	15.7	38.2	29.8	14.8	1.6
集体企业	18.5	41.5	27.5	11.0	1.5	16.5	37.2	29.6	15.5	1.2
私营企业	14.3	53.6	25.0	7.1		22.2	40.7	25.9	11.2	
联营企业	20.6	32.4	38.4	5.9	2.9	15.6	34.4	40.6	6.3	3.1
股份制企业	21.6	44.3	24.9	9.0	0.3	20.8	32.6	32.9	12.7	1.0
外商投资企业	10.1	44.9	31.9	10.1	2.9	10.3	26.5	35.3	25.0	2.9
港澳台企业	27.5	30.0	40.0	2.5		12.5	35.0	45.0	7.5	
其他企业	16.7	58.3	25.0			25.0	50.0	25.0		
东部	22.5	43.8	25.6	6.7	1.4	17.0	39.5	29.1	12.6	1.8
中部	20.2	43.3	24.4	11.0	1.1	15.8	34.2	32.1	16.6	1.3
西部	19.1	42.7	28.2	9.4	0.6	16.4	36.8	31.4	14.5	0.9

当问及企业经营者遇到的不正当竞争的主要类型时，回答比例最多的三种是：低于成本价格销售

其商品，即倾销，为 54.0%；通过贿赂进行销售或购买商品，为 51.3%；政府及所属部门滥用权力、限定购买，为 23.4%。从不同所有制来看，除国有企业外，各类企业经营者多将倾销作为遇到的最主要的不正当竞争；除国有企业、私营企业之外，各类企业经营者多将“贿赂销售或购买”列为所遇到的第二大不正当竞争。除国有企业、私营企业、股份制企业和港澳台企业之外，各类企业经营者多将“商标被假冒”列为所遇到的第三大不正当竞争（如表 55）。

表 55　　不正当竞争的主要类型（%）

	总体	国有企业	集体企业	私营企业	联营企业	股份制企业	外商投资企业	港澳台企业
注册商标被假冒	**23.0**	22.3	22.8	20.7	44.1	23.6	27.5	17.1
限定购买指定产品	**12.8**	14.3	7.7	17.2	11.8	10.4	14.5	7.3
政府滥用权力限定购买	**23.4**	25.1	16.0	37.9	14.7	23.3	20.3	29.3
通过贿赂销售或购买商品	**51.3**	53.5	49.3	31.0	50.0	49.6	34.8	51.2
广告虚假宣传	**16.8**	14.4	21.4	13.8	14.7	23.9	11.6	24.4
侵犯商业秘密	**13.4**	12.3	16.9	17.2	17.6	13.7	15.9	12.2
低于成本价格销售商品	**54.0**	52.5	60.5	41.4	58.8	53.1	56.5	61.0
搭售商品或附加不合理条件	**6.7**	6.9	6.8	3.4	11.8	6.0	5.8	
不正当的有奖销售	**14.1**	13.5	19.6	10.3	14.7	14.9	8.7	2.4
串通投标	**6.4**	6.9	5.0	6.9	2.9	6.3	7.2	
散布虚假事实，损害竞争对手声誉	**19.0**	16.4	20.2	31.0	17.6	28.4	21.7	14.6

因而，企业经营者们强烈要求，应从重点整治倾销、贿赂购销和假冒商标入手，规范市场竞争，全面推进市场法律、法规的建设。

此次调查发现，我国企业经营者的法律意识在增强，懂得用法律反击不正当竞争，保护企业的利益。企业经营者们认为，当企业受到不正当竞争的困扰时，首先考虑的对策是“诉诸法律”，为 36.8%；其次是“诉诸行政调解”，为 20.2%。除联营企业、外商投资企业的经营者之外，其他各类企业经营者多将诉诸法律和行政调解作为反对不正当竞争的首要对策。此外还有 15.6% 的经营者对不正当竞争采取“听之任之”的态度，有 10.2% 的企业经营者采用“不正当竞争”对付“不正当竞争”，这种现象应该引起重视（如表 56－1、表 56－2）。

表 56－1　　企业经营者遇到不正当竞争的困扰时首先考虑的对策（%）

	总体	国有企业	集体企业	私营企业	联营企业	股份制企业	外商投资企业	港澳台企业	其他企业
诉诸法律	**36.8**	35.3	43.9	46.4	23.5	37.3	42.0	32.5	25.0
诉诸行政调解	**20.2**	21.9	14.3	21.4	14.7	20.2	11.6	22.5	25.0
私下了结	**2.2**	2.1	2.4	7.1	5.9	1.5		5.0	8.3
不正当对付不正当	**10.2**	9.6	12.2	7.1	5.9	13.8	5.8		
听之任之	**15.6**	15.8	12.8	10.7	32.4	15.6	15.9	20.0	8.3
其他	**15.0**	15.3	14.3	7.3	17.6	11.6	24.6	20.0	33.3

表 56－2　　企业经营者遇到不正当竞争的困扰时首先考虑的对策（%）

	规模				地区		
	特大型	大型	中型	小型	东部	中部	西部
诉诸法律	30.3	38.4	36.1	34.7	36.1	37.6	36.6
诉诸行政调解	34.8	22.5	18.3	15.5	17.4	22.4	22.5
私下了结	3.0	1.6	3.0	1.3	2.3	1.9	2.8

续表

	规模			地区			
	特大型	大型	中型	小型	东部	中部	西部
不正当对付不正当	4.5	7.7	11.0	18.0	9.9	10.2	10.5
听之任之	12.2	14.8	16.5	15.9	16.4	14.2	17.2
其他	15.2	15.0	15.1	14.6	17.8	13.7	10.5

企业经营者建议，政府要真正规范好市场竞争秩序，主要应做到：第一，打破地方保护主义，为63.4%；第二，严厉打击“假冒”行为，为51.8%；第三，对所有企业一视同仁，为43.2%。不同所有制的企业经营者，也多认为此三项对策是最主要的。从不同规模、不同地区的企业来看，除了特大型企业多将“打破地方保护主义”、“加强宏观调控”和“所有企业一视同仁”作为最重要的三项对策外，其余各类企业经营者多将“打破地方保护主义”、“打击假冒行为”和“对所有企业一视同仁”作为首选对策（如表57－1、表57－2）。

表57－1　不同所有制企业经营者认为国家规范市场竞争的举措（%）

	总体	国有企业	集体企业	私营企业	联营企业	股份制企业	外商投资企业	港澳台企业
打破地方保护主义	**63.4**	64.0	62.6	55.2	55.9	63.3	65.2	56.1
所有企业一视同仁	**43.2**	41.7	48.7	65.5	47.1	44.2	40.6	36.6
严厉打击“假冒”行为	**51.8**	49.7	56.1	41.4	44.1	54.6	58.0	68.3
规范银行结算制度	**23.1**	23.8	22.8	13.8	17.6	21.2	30.4	17.1
完善信用制度	**23.1**	22.6	23.4	17.2	20.6	24.5	21.7	31.7
加强商业道德建设	**26.3**	24.5	29.1	31.0	38.2	31.6	24.6	22.0
打破行业垄断	**19.6**	21.9	11.3	37.9	11.8	18.2	14.5	12.2
加强宏观调控	**32.6**	35.1	30.3	20.7	26.5	27.2	24.6	29.3
其他	**2.7**	2.6	3.0		5.9	3.0	1.4	7.3

表57－2　不同地区及规模的企业经营者认为国家规范市场竞争的举措（%）

		地区			规模			
	总体	东部地区企业	中部地区企业	西部地区企业	特大型企业	大型企业	中型企业	小型企业
打破地方保护主义	**63.4**	62.9	64.1	64.3	64.7	65.4	63.2	56.4
所有企业一视同仁	**43.2**	44.2	42.1	41.0	44.1	41.2	45.2	43.2
严厉打击“假冒”行为	**51.8**	52.1	50.1	54.9	44.1	50.8	52.5	55.1
规范银行结算制度	**23.1**	22.5	22.4	28.3	17.6	24.3	21.5	25.9
完善信用制度	**23.1**	24.7	20.3	22.5	27.9	23.4	22.5	22.6
加强商业道德建设	**26.3**	26.8	28.0	18.0	16.2	24.1	27.6	32.5
打破行业垄断	**19.6**	18.3	21.0	22.5	25.0	20.8	19.2	15.2
加强宏观调控	**32.6**	30.7	34.9	36.1	47.1	33.2	31.8	30.0
其他	**2.7**	3.2	2.1	2.0	2.9	2.8	2.3	4.5

可见，打破地方保护主义的壁垒，建立统一开放的大市场；严格执法，打击不法商家的假冒行为；建立公平竞争规则，激励企业合法竞争；这些既是规范市场的关键因素，也是企业经营者对政府提出的迫切要求。

（注：凡引用此报告者均需注明引自中国企业家调查系统——《1997·中国企业经营者问卷跟踪调查报告》）

课题组名单

顾　　问： 王梦奎　陈清泰　鲁志强

调查主持： 李克穆　郭振英　邵　宁　陈　重

调查指导： 谢伏瞻　孙小系　何　宪　卫　东　任泽民　李剑宝　董　娟　李寿生　杨　桦　金磊夫　张铁诚　房爱卿　邵世伟

报告撰写： 蒲　淳　杨再平　丁宝山　李　兰　相　东

数据处理： 杨志民　张　泰　王建平　李晓宇

参与讨论： 丁宁宁　翁心林　张蒲转　刘　惠　吴　栋　裘国华　张艳艳　韩岫岚　邓荣霖　郑明身　李　群　洪大用

1996年企业经营者对当前经济改革与发展的判断和建议

▌中国企业家调查系统

1996年是我国《国民经济和社会发展“九五”计划和2010年远景目标纲要》这一跨世纪的宏伟蓝图开始实施的第一年。努力完成从传统计划经济体制向社会主义市场经济体制转变，经济增长方式由粗放型向集约型转变，大力推进“科教兴国”和可持续发展战略，成为我国新时期改革开放和现代化建设的主要内容。为了了解“九五”开局之年我国宏观经济运行状况，反映企业经营者在两个转变中的要求和发展取向，为我国新时期改革与发展提供决策参考依据，中国企业家调查系统组织了这次问卷调查。此次调查是由国务院发展研究中心情报中心、国务院研究室工交司、国家经贸委企业司、国家统计局国民经济综合统计司、中国企业管理协会研究部、国家计委国民经济综合司、人事部流动调配司、劳动部劳动关系与监察司、国家税务总局政策法规司、国有资产管理局企业司、化学工业部政策法规司、冶金工业部办公厅、机械工业部政策法规体改司、国内贸易部行业管理一司、轻工总会集体经济部十五个单位共同协作完成的，保证了调查的科学性和权威性。

本次调查采用邮寄问卷方式，调查对象的选取依照我国行业及各行业企业数量进行等比例随机抽样，问卷由被调查企业的法人代表填写。调查从问卷设计到报告撰写历时4个月。在进行多次试调查之后，于1996年8月20日正式发出调查问卷10000份，截至9月15日共返回有效问卷3154份，有效回收率31.5%，调查获得原始数据近90万个。调查回收样本覆盖我国30个省、自治区、直辖市、涉及采掘、制造、建筑、交通运输、邮电通讯业、商业服务、外贸、金融、房地产、公用事业等行业。从企业所有制来看，国有企业占70.1%，城镇集体企业（含股份合作制）占8.2%，乡镇集体企业（含股份合作制）占4.4%，外商独资企业占0.5%，外商合资、合作企业占4.8%，民营企业占0.5%，股份制企业占10.1%，其他类型企业占1.4%；从行业上看，制造业占63.5%，商业、服务业、旅游业占7.7%，采掘业占4.9%，建筑业占3.8%，交通运输、邮电通信业占3.1%，对外贸易业占2.6%，公用事业占2.0%，其他行业共占12.4%；从企业规模上看，大型企业占42.0%，中型企业48.2%，小型企业占9.8%。从地区分布来看，东部地区占56.2%，中部地区占26.4%，西部地区占17.4%。从样本的抽样和统计推断上看，本次调查结果对于反映我国企业特别是国有大中型企业的情况具有一定的代表性。

调查结果表明：企业经营者们认为我国实施“九五”计划开局顺利，国家抑制通货膨胀取得明显成效，经济增长速度适宜，原材料、能源、交通的“瓶颈”制约有所改善，宏观经济运行平衡；国家推出的改革开放措施适应了新形势的发展，企业改革的成效进一步显现。企业经营者对参与国际市场的竞争，迎接世界经济一体化的挑战充满信心；对进一步扩大对外开放，合理利用外资，发展民族工业和高新技术产业，提高我国产业的国际竞争力提出了积极的建议。依靠好的企业领导班子，强化企业内部管理，增强企业的科技进步能力，开发适销对路的新产品，走集约化的发展道路，增强国有企业的活力是企业经营者的共同愿望。但是，部分企业经营者反映，不正当竞争、资金紧张、社会负担增加和人才流失严重等问题已成为制约企业进一步发展的障碍；遏制国有资产流失，改革社会保障制度，完善企业外部环境，切实解决困难企业职工的出路问题已刻不容缓。企业经营者们认为，转换政府职能，加快建立公平竞争的社会主义市场经济环境，提高经济增长的科技含量，深化国有企业改革，应成为新时期改革的重点。

一、企业经营者对宏观经济形势的判断

在“九五”计划开始实施的第一年，国家的宏观调控逐步到位，经济体制改革平稳有序推进，改革开放与现代化建设正按《纲要》的部署和要求顺利进行，企业经营者对经济的发展充满信心。

1. 宏观经济运行平衡，期望发展速度提高

企业经营者认为，我国 1996 年以来的宏观经济运行平衡。

对于 1996 年以来的宏观经济形势，多数企业经营者认为稳中偏冷。有 3.3% 的企业经营者认为经济形势正常，有 38.0% 认为基本正常，二者之和 41.3%；有 44.4% 的企业经营者认为偏冷，有 7.9% 认为过冷，二者之和为 52.3%；认为难以判断的占 6.4%。可见，期望整体经济发展速度还应提高者占多数（见表 1）。

表 1　企业经营者对宏观经济形势的基本判断

	正常	基本正常	偏冷	过冷	难以判断
百分比	3.3	38.0	44.4	7.9	6.4

1996 年以来，国家抑制通货膨胀的成效已得到大部分企业经营者的赞同。有 54.6% 的企业经营者认为物价涨幅合适；认为偏大的为 32.7%；认为偏小的为 8.4%；认为过大或过小的分别为 3.3% 和 1.0%。

对于 1996 年以来的工业经济增长速度，大多数企业经营者表示满意。有 43.5% 的企业经营者认为工业经济增长速度合适；认为偏低的占 40.4%；认为过高和过低的分别为 1.0% 和 3.6%。

对于 1996 年以来的固定资产投资规模，大部分企业经营者尚嫌不足。有 45.5% 的企业经营者认为 1996 年的固定资产投资规模偏小；认为合适的占 29.9%；认为过大的占 16.2%；认为偏大的占 2.2%；认为过小的占 6.2%。

扩大货币投放和信贷规模是大部分企业经营者的要求。有 60.2% 的企业经营者认为目前信贷规模偏小，认为过小的占 16.5%，二者之和达 76.7%；认为合适的占 17.7%；认为过大或偏大的分别为 0.8% 和 4.8%（见表 2）。

表 2　企业经营者对宏观经济运行的判断（%）

	过大	偏大	合适	偏小	过小
1996 年以来的物价涨幅	3.3	32.7	54.6	8.4	1.0
1996 年以来工业经济增长速度	1.0	11.5	43.5	40.4	3.6
1996 年以来固定资产投资规模	2.2	16.2	29.9	45.5	6.2
目前的货币投放与信贷规模	0.8	4.8	17.7	60.2	16.5

从以上结果来看，一方面，企业经营者对 1996 年以来的物价水平和工业经济增长速度基本满意，这从一个侧面反映了国家宏观调控到位，经济“软着陆”已基本实现；另一方面，企业经营者认为宏观经济形势稳中偏冷，要求扩大信贷规模和固定资产投资规模，表明企业经营者既希望国家巩固和改善宏观调控的成果，保证通货膨胀能控制在一定的范围之内，又要求国家适度放松银根，增加投资，

以摆脱企业当前所面临困难的矛盾心态。

2. “瓶颈”制约有所好转，基础产业仍需进一步发展

原材料供应紧张、能源不足、交通落后是长期制约我国经济发展的主要“瓶颈”。解决“瓶颈”制约，是我国产业政策的一项主要内容。

对1996年以来的原材料供应状况，大部分经营者表示满意。有54.9%的企业经营者认为原材料供应情况宽松和较为宽松；有32.5%的认为正常；认为紧张和较紧张的分别为4.0%和8.6%（见表3）。

表3　企业经营者对原材料供应情况的判断

	紧张	较紧张	正常	较宽松	宽松
百分比（%）	4.0	8.6	32.5	39.9	15.0
排　序	5	4	2	1	3

从行业来看，农业、采掘业、制造业、建筑业、交通邮电业、商业、旅游服务业、金融保险业、公用事业中认为原材料供应较宽松的企业经营者比例居第一位；房地产业中认为原材料供应宽松的企业经营者占多数；对外贸易业、文教卫广电业、科技服务业中认为原材料供应正常的企业经营者比例居第一位（见表4）。

表4　不同行业的企业经营者对原材料供应情况的判断（%）

	紧张	较紧张	正常	较宽松	宽松
农业	6.8	3.4	33.9	35.6	20.3
采掘业	1.9	7.8	35.1	39.6	15.6
制造业	3.9	8.5	31.8	40.5	15.3
建筑业	5.0	8.4	37.0	43.7	5.9
交通、邮电业	0.0	9.5	29.5	46.3	14.7
商业、旅游服务业	5.1	7.7	34.2	35.9	17.1
对外贸易业	1.2	6.2	45.7	35.8	11.1
金融保险业	3.7	7.4	25.9	59.3	3.7
房地产业	0.0	11.8	11.8	23.5	52.9
公用事业	1.6	12.5	25.0	51.5	9.4
文教卫、广电业	0.0	22.2	44.5	22.2	11.1
科技服务业	3.3	6.7	40.0	36.7	13.3
其他行业	8.3	9.6	32.3	35.0	14.8

大多数企业经营者感到1996年能源供应正常和充足。有32.5%的企业经营者感到能源供应情况正常；感到能源供应宽松和较宽松的分别为6.9%和22.9%，这三种情况之和为62.3%；超过1/3（37.7%）的企业经营者感到能源供应紧张和较紧张（占37.7%）（见表5）。

表5　企业经营者对能源供应情况的判断

	紧张	较紧张	正常	较宽松	宽松
百分比（%）	10.5	27.2	32.5	22.9	6.9
排序	4.0	2.0	1.0	3.0	5.0

从行业来看：采掘业、房地产业、公用事业等行业的企业经营者认为能源较紧张的企业经营者比例居第一位，表明在这些行业中，能源供应紧张状况还有待进一步改善；在制造业、建筑业、交通邮电业、商业、旅游服务业、对外贸易业、金融保险业中认为能源供应正常的企业经营者居第一位，表明这些行业中能源供应基本上能满足需求（见表6）。

表 6　　不同行业的企业经营者对能源供应情况的判断（%）

	紧张	较紧张	正常	较宽松	宽松
农业	8.5	18.6	30.6	25.4	16.9
采掘业	13.6	29.9	26.0	22.1	8.4
制造业	11.2	25.4	32.5	24.4	6.5
建筑业	13.3	28.3	35.9	20.0	2.5
交通、邮电业	6.3	25.3	30.5	27.4	10.5
商业、旅游服务业	7.7	30.3	36.3	21.4	4.3
对外贸易业	6.2	23.5	46.9	18.5	4.9
金融保险业	14.8	25.9	29.7	22.2	17.4
房地产业	5.9	35.4	23.5	17.6	17.6
公用事业	9.7	40.3	25.8	16.1	8.1
文教卫、广电业	11.5	30.8	26.9	23.1	7.7
科技服务业	3.3	46.7	30.0	13.3	6.7
其他行业（无类属）	9.2	32.3	31.4	17.9	9.2

多数企业经营者感到1996年的交通状况明显改善。有38.5%的企业经营者认为交通状况正常，认为交通状况宽松和较宽松的分别为6.1%和20.2%，这三种情况之和为64.8%；但还有35.2%的企业经营者感到偏紧和紧张（如图1）。

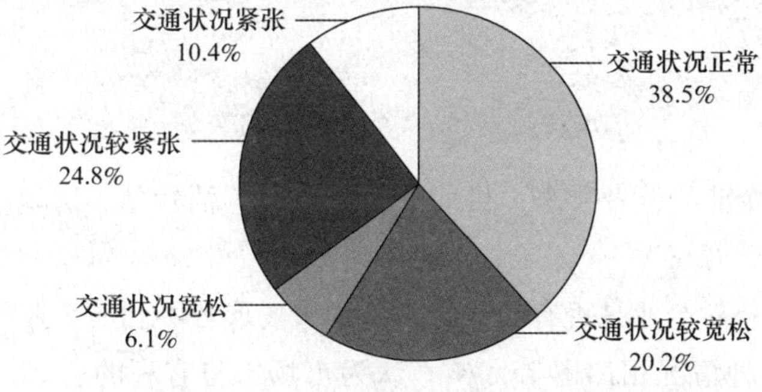

图 1　企业经营者对交通状况的判断

从行业来看，采掘业、建筑业、公用事业尤感交通运输能力不足（见表7）。

表 7　　不同行业的企业经营者对交通状况的判断（%）

	紧张	较紧张	正常	较宽松	宽松
农业	1.7	27.1	35.6	25.4	10.2
采掘业	16.2	26.6	29.9	22.1	5.2
制造业	9.0	23.3	41.5	20.5	5.7
建筑业	15.8	34.2	33.3	12.5	4.2
交通、邮电业	4.2	22.1	31.6	25.3	16.8
商业、旅游服务业	15.0	27.8	32.9	17.9	6.4
对外贸易业	8.6	27.2	35.8	27.2	1.2
金融保险业	11.1	25.9	37.1	14.8	11.1
房地产业	11.8	23.5	35.3	11.8	17.6
公用事业	11.3	43.6	27.4	16.1	1.6
文教卫、广电业	19.2	30.8	23.1	19.2	7.7
科技服务业	30.0	16.7	36.7	13.3	3.3
其他行业	12.3	24.6	37.7	18.4	7.0

从以上结果来看，第一，大多数企业经营者对1996年以来的原材料、能源、交通状况感到满意。这一方面表明我国优先发展基础产业的政策已取得显著成效；另一方面也表明国家宏观调控政策改善了供求关系。第二，相对于能源、交通而言，原材料供应宽松的状况在某种程度上反映了生产需求的不足，需要开发和启动新的市场需求。第三，在采掘业、城镇公用事业、建筑业等行业中的企业经营者对国内的能源供应和交通运输感到偏紧，这表明一方面这些行业有着较强劲的发展势头，需求相对旺盛；另一方面也反映出我国能源和交通产业的发展需要进一步调整产业结构，在行业间形成合理的配置。

3. 市场供给充足，竞争趋于激烈

对于1996年以来的市场供给情况，绝大多数企业经营者感到供大于求。

在生产资料市场方面，有63.1%的企业经营者认为供大于求，有30.3%认为供求平衡，仅有6.6%的认为供不应求。在消费品市场方面，有79.1%的企业经营者认为供大于求，认为供求平衡的占19.6%，仅有13%的认为供不应求。

在房地产市场方面，有91.5%的企业经营者认为供大于求，占绝大多数；认为供求平衡的占5.1%；只有34%的企业经营者认为供不应求（见表8）。

表8　企业经营者对市场供应情况的判断（%）

	供大于求	供不应求	供求平衡
生产资料市场	63.1	6.6	30.3
消费品市场	79.1	1.3	19.6
房地产市场	91.5	3.4	5.1

以上结果表明，在多数企业经营者看来，目前的生产资料、消费品、房地产市场基本上是买方市场，因此，企业经营者感觉压力较大。

当问及“当前的市场形势对企业是否有利”时，认为市场形势不利的企业经营者占57.3%，认为非常不利的占18.6%，这两种情况相加占75.9%；认为市场形势有利的占22.6%，非常有利的仅占1.5%。可见，大多数企业经营者认为当前市场形势对企业不利（如图2）。

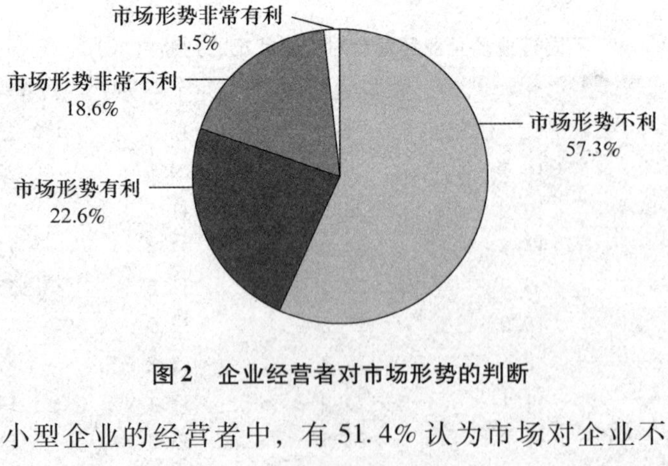

图2　企业经营者对市场形势的判断

从企业规模来看，小型企业的经营者中，有51.4%认为市场对企业不利，认为非常不利的占13.3%，这两种情况共占64.7%；中型企业的经营者中，有57.2%认为市场对企业不利，认为非常不利占20.1%，这两种情况共占77.3%；大型企业的经营者中，有59.0%认为市场形势对企业不利，认为非常不利的占18.3%，这两种情况共占77.3%（见表9）。

表9　不同规模企业的经营者对当前市场形势的判断（%）

	非常有利	有利	不利	非常不利
大型企业	1.2	21.5	59.0	18.3
中型企业	1.5	21.2	57.2	20.1
小型企业	1.9	33.4	51.4	13.3

从企业所有制来看，国有企业经营者感觉到市场压力更为强烈，有58.6%认为市场形势对企业不利，有20.4%认为非常不利，共有21.0%认为有利和非常有利；股份制企业有57.1%认为市场形势不利，有14.8%认为非常不利；城镇集体（含股份合作制）企业的经营者有54.8%认为市场形势不利，有17.0%认为非常不利，有28.2%认为市场形势有利和非常有利；乡镇企业的经营者有53.6%认为市场形势不利，80%认为非常不利；外商独资企业的经营者有47.1%认为市场形势不利，11.7%认为非常不利；外商合资、合作的经营者有46.7%认为市场形势不利，15.8%认为非常不利；民营企业的经营者有40.0%认为市场形势不利，6.7%认为市场形势非常不利（见表10）。

表10　不同所有制企业的经营者对当前市场形势的判断（%）

	非常有利	有利	不利	非常不利
国有企业	1.1	19.9	58.6	20.4
城镇集体企业	2.3	25.9	54.8	17.0
乡镇集体企业	3.6	34.8	53.6	8.0
外商独资企业	5.9	35.3	47.1	11.7
外商合资合作企业	0.7	36.8	46.7	15.8
民营企业	13.3	40.0	40.0	6.7
股份制企业	1.6	26.5	57.1	14.8
其他（无类属）	2.4	16.7	64.3	16.6

从以上结果来看，第一，随着市场进一步放开搞活，社会生产快速发展，市场呈现资源充足、供应丰富的状况。第二，随着一些市场转向买方市场，企业面临的市场竞争日趋激烈，企业经营者的市场危机感大大增强，激烈的竞争使企业经营者感到压力很大。第三，国有企业特别是国有大中型企业的经营者感到的市场压力更大一些，一方面是由于国有企业自身的一些矛盾和困难，另一方面说明国有大中型企业的市场运作能力有待进一步提高，市场经营机制有待于进一步改革和完善；第四，乡镇企业、民营企业和三资企业以及城镇集体企业的企业经营者所感到的市场压力相对小一些，这可能是由于这些企业有着较灵活的经营机制，较早参与市场竞争的缘故。

4. 调整存贷利率，有利企业降低成本

对于我国1996年在继续实行适度从紧的货币政策的同时，先后两次调低银行存贷利率这一措施，多数企业经营者认为此举对企业有益之处主要是有利于企业效益的提高，而不在于解决资金紧张的问题。有45.6%的企业经营者认为此举有利于企业降低成本；有32.6%认为对解决企业资金紧张状况影响不大；有13.1%认为有利于缓解企业流动资金紧张；有5.0%的企业经营者认为有利于企业挖潜改造；仅有3.7%的企业经营者认为有利于企业扩大固定资产投资规模（见表11）。

表11　企业经营者对调低银行存贷利率效果的判断（%）

有利于企业降低成本	45.6	对解决企业资金紧张状况影响不大	32.6
有利于缓解企业流动资金紧张	13.1	有利于企业挖潜改造	5.0
有利于企业扩大固定资产投资规模	3.7		

从行业来看，除科技服务业以外，其他行业的经营者均认为降低利率首先是有利于企业降低生产成本。科技服务业的多数企业经营者们则认为这一措施对企业缓解流动资金紧张有利（见表12）。

表12　　不同行业的企业经营者对调低银行存贷利率效果的判断（%）

	有利于缓解流动资金紧张	有利于降低成本	有利于挖潜改造	有利于扩大固定资产投资规模	对解决资金紧张影响不大
农业	11.9	52.5	5.1	3.4	27.1
采掘业	16.2	29.9	9.1	5.2	39.6
制造业	11.2	46.7	4.7	3.3	34.1
建筑业	22.7	34.5	4.2	2.5	36.1
交通、邮电业	16.7	36.5	8.3	5.2	33.3
商业、旅游服务业	14.7	52.9	4.2	1.3	26.9
对外贸易业	8.5	66.0	2.4	2.4	20.7
金融保险业	18.5	51.9	3.7	0.0	25.9
房地产业	29.4	58.8	0.0	0.0	11.8
公用事业	32.8	32.8	1.6	14.1	18.7
文教卫、广电业	18.6	22.2	11.1	11.1	37.0
科技服务业	30.0	23.3	10.0	10.0	26.7
其他行业	12.2	46.3	3.9	6.1	31.5

从企业所有制来看，经营者们也都认为这项举措有利于企业降低成本（见表13）。

表13　　不同所有制企业的经营者对调低银行存贷利率效果的判断（%）

	国有企业	城镇集体企业	乡镇集体企业	外商独资企业	外商合资企业	民营企业	股份制企业	其他
A	12.8	10.8	13.7	12.5	15.8	20.0	16.1	11.9
B	44.8	42.9	56.1	43.8	48.0	40.0	47.2	47.6
C	4.6	6.6	6.5	6.2	2.0	6.7	7.0	4.8
D	3.7	3.5	4.3	12.5	5.3	6.7	3.2	0.0
E	34.1	36.2	19.4	25.0	28.9	26.6	26.5	35.7

注：A：表示“有利于缓解流动资金紧张”；B：表示“有利于降低成本”；C：表示“有利于挖潜改造”；D：表示“有利于扩大固定资产投资规模”；E：表示“对解决资金紧张影响不大”。

由此来看，这项措施的出台得到了广大企业经营者的欢迎。它在银根总量适度从紧的同时，又调低存贷利率，有利于企业降低生产成本。但是多数企业经营者也表示，存贷利率降低后，有可能减少存贷余额，使企业可贷款的总量受到影响。

5. 竞争有待规范，期望尽快建立和完善市场规则

当问及“什么是当前国内市场存在的主要问题?”时，多数企业经营者认为不正当竞争是国内市场存在的最主要问题，占被调查人数的40.8%；其次是法制不健全（占33.5%）；第三是部门和地方保护主义严重（占13.9%）；第四是过度竞争（占8.8%）；最后是行业垄断（占3.0%）（见表14）。

表14　　企业经营者对国内市场存在主要问题的判断

	不正当竞争	法制不健全	部门和地方保护主义严重	过度竞争	行业垄断
百分比	40.8	33.5	13.9	8.8	3.0
排　序	1	2	3	4	5

从企业所有制来看，国有企业、城镇集体企业、乡镇集体企业和外商合资、合作企业的经营者们大多数反映不正当竞争、市场法制不健全、部门和地方保护主义严重是国内市场存在的最主要问题；外商独资企业、民营企业和股份制企业的多数经营者们认为国内市场存在的最主要问题是法制不健全、部门和地方保护主义严重、不正当竞争（见表 15）。

表 15　　不同所有制的企业经营者对国内市场秩序存在的主要问题的判断（%）

	不正当竞争	过度竞争	部门和地方保护主义	行业垄断	法制不健全
国有企业	42. 8	8. 8	14. 1	3. 1	31. 2
城镇集体企业	42. 1	5. 8	12. 0	0. 3	39. 8
乡镇集体企业	27. 0	8. 0	21. 2	2. 9	40. 9
外商独资企业	11. 8	5. 9	17. 6	0. 0	64. 7
外商合资合作企业	33. 1	17. 2	17. 2	3. 3	29. 2
民营企业	33. 3	6. 7	13. 3	0. 0	46. 7
股份制企业	37. 8	7. 9	9. 5	4. 8	40. 0
其他（无类属）	42. 9	9. 5	9. 5	0. 0	38. 1

对于不正当竞争，企业经营者反映最强烈的是本企业的产品或商标被假冒。竟有 44. 0% 的企业经营者在市场上发现自己企业的产品或商标被假冒；另有 11. 0% 的企业经营者不清楚其产品和商标是否被假冒（如图 3）。

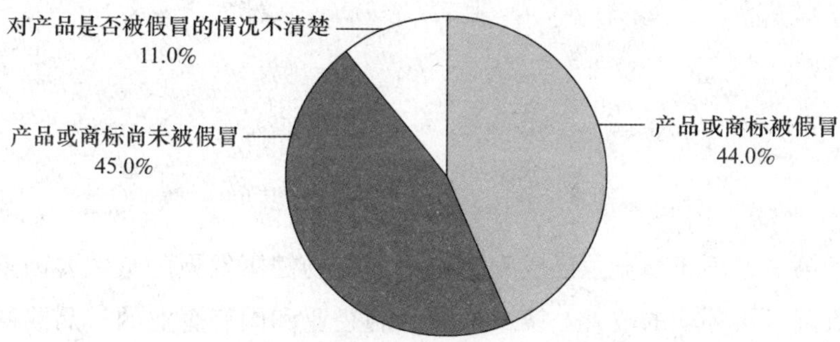

图 3　企业产品或商标被假冒的情况

从企业规模来看，大型企业产品或商标被假冒的最多，占 49. 7%；中型企业次之，占 41. 1%；小型企业最少，也占 34. 4%（见表 16）。

表 16　　不同规模的企业经营者对其产品或商标被假冒情况的判断（%）

	产品被假冒	产品未被假冒	不清楚
大型企业	49. 7	41. 2	9. 1
中型企业	41. 1	47. 2	11. 7
小型企业	34. 4	50. 2	15. 4

从不同行业来看，文教卫广电业、制造业和科技服务业中的产品或商标被假冒的现象最为严重，分别占 65. 4%、50. 9% 和 48. 3%（见表 17）。

从企业所有制来看，股份制企业的产品和商标被假冒最多，占 50. 8%；国有企业次之，有 43. 7%；再次是城镇集体企业，占 42. 2%（见表 18）。

表17　不同行业的企业经营者对其产品或商标被假冒情况的判断（%）

	产品被假冒	产品未被假冒	不清楚
农业	40.7	45.8	13.5
采掘业	24.3	67.8	7.9
制造业	50.9	37.5	11.6
建筑业	26.8	66.1	7.1
交通、邮电业	32.3	61.3	6.4
商业、旅游服务业	33.5	53.3	13.2
对外贸易业	43.8	48.8	7.4
金融保险业	8.0	84.0	8.0
房地产业	23.5	52.9	23.5
公用事业	8.1	87.1	4.8
文教卫、广电业	65.4	30.8	3.8
科技服务业	48.3	41.4	10.3
其他行业（无类属）	34.8	53.7	11.5

表18　不同所有制企业的经营者对其产品或商标被假冒情况的判断（%）

	产品被假冒	产品未被假冒	不清楚
国有企业	43.7	46.1	10.2
城镇集体企业	42.2	44.1	13.7
乡镇集体企业	41.0	49.6	9.4
外商独资企业	35.3	29.4	35.3
外商合资合作企业	40.4	41.7	17.9
民营企业	33.3	40.0	26.7
股份制企业	50.8	40.6	8.6

从以上结果来看，第一，不正当竞争已成为阻碍我国市场健康发展的最主要因素，这既不利于企业的发展，也不利于宏观经济环境的改善。第二，股份制企业和国有企业的产品或商标被假冒的现象最严重，这表明这两类企业受不正当竞争的困扰最为严重。第三，外商独资企业、民营企业、乡镇集体企业和股份制企业的市场经营机制灵活，更多依赖市场运作，因而对市场法制不健全的反应尤为强烈，希望能有健全的法规保护企业的权益。第四，部门和地方保护主义不仅破坏了市场的统一性和完整性，而且还为不正当的企业行为提供了庇护，因此，消除部门和地方保护主义是规范市场竞争的重要途径。

二、企业经营者对我国经济改革与发展的判断和建议

"九五"计划将把中国带入21世纪。处在世纪之交的我国企业经营者，对我国经济发展的前途充满信心，为深化改革、搞活企业提出了很好的建议。

1. 深化改革，加快建立和完善社会主义市场经济体制

实现从传统计划经济体制向社会主义市场经济体制转变，是我国跨世纪改革的主要目标。多数企业经营者认为，深化经济体制改革关键因素的前四位排序是政府职能转换、国有企业改革、社会保障制度改革和市场体系的完善，分别占被调查者总数的61.3%、51.7%、46.9%和46.2%（见表19）。

表 19　　企业经营者对深化经济体制改革关键因素的判断（%）

政府职能转换	61.3	国有企业改革	51.7
社会保障制度的改革	46.9	市场体系的完善	46.2
产权关系的调整	38.8	分配制度的改革	21.8
财政税收体系的改革	12.8	金融体系的改革	12.3

从不同所有制企业来看，国有企业经营者认为前四位的排序是：政府职能转换、国有企业改革、社会保障制度改革和市场体系的完善，分别占被调查人数的60.7%、58.2%、50%和43.3%；城镇集体企业经营者的排序是政府职能转换、市场体系的完善、产权关系调整和社会保障制度改革，比例分别为60.6%、53.3%、49.8%和42.1%；乡镇企业经营者的排序是市场体系的完善、政府职能转换、产权关系调整和社会保障制度改革，比例分别是59.7%、59%、55.4%和33.8%；外商独资企业经营者的排序是市场体系的完善、政府职能转换、国有企业改革和财政税收体系改革，比例分别是94.1%、52.9%、52.9%和47.1%；外商合资、合作企业经营者的排序是政府职能转换、市场体系的完善、产权关系调整和国有企业改革，比例分别是64.5%、50.7%、50.7%和45.4%；民营企业经营者认为是政府职能转换和市场体系的完善最为重要，比例均占60.0%，其次是产权关系调整，比例占46.7%，再次是国有企业改革，占33.3%；股份制企业经营者的排序是政府职能转换、社会保障制度改革、完善市场体系和国有企业改革最为重要，比例分别是65.6%、46.4%、46.4%和45.4%（见表20）。

表 20　　深化经济体制改革关键（%）

	总体	国有企业	城镇集体企业	乡镇集体企业	外商独资企业	外商合资企业	民营资企业	股份制企业
政府职能转换	**61.3**	60.7	60.6	59.0	52.9	64.5	60.0	65.6
国有企业改革	**51.7**	58.2	26.6	23.7	52.9	45.4	33.3	45.4
产权关系的调整	**38.8**	35.6	49.8	55.4	17.6	50.7	46.7	36.9
金融体系的改革	**12.3**	11.7	9.7	24.5	11.8	15.1	26.7	12.0
财政、税收体系的改革	**12.8**	11.2	16.2	18.7	47.1	17.1	20.0	15.5
分配制度的改革	**21.8**	21.2	32.0	20.9		14.5	26.7	23.3
社会保障制度的改革	**46.9**	50.0	42.1	33.8	23.5	34.2	26.7	46.4
市场体系的完善	**46.2**	43.3	53.3	59.7	94.1	50.7	60.0	46.4

从以上结果来看，多数企业经营者在实践中认识到，转变政府职能、深化国有企业改革、改革社会保障制度和完善市场体系是建立社会主义市场经济体制首先要解决的突出问题；绝大多数企业的经营者对政府职能转换和市场体系的完善的要求尤其强烈，表明我国政府与企业的关系还有待进一步理顺，市场体系建设还有待进一步加强。加快政府职能的转换，建立符合社会主义市场经济要求的市场体系，使之适应经济发展的要求，已是我国企业经营者的共同期望。

2. 集约发展，积极转变经济增长方式

转变粗放的经济增长方式，走集约化的发展道路，是在新时期我国提高经济增长质量和效益的必然选择。对此，我国企业经营者有着较深刻的认识。

对于我国经济增长方式的转变，企业经营者们认为最关键的五个因素是：增强企业活力、大力推进科技进步和技术创新、提高劳动者素质、为企业发展创造良好的外部环境、强化科学管理，分别占被调查人数的38.0%、33.7%、33.3%、32.6%和31%（见表21）。

表 21　　企业经营者对转变经济增长方式的关键因素的判断（%）

增强企业活力	38.0	大力推进科技进步和技术创新	33.7
提高劳动者素质	33.3	为企业发展创造良好的外部环境	32.6
强化科学管理	31.0	加强宏观调控	26.0
优化资产结构，盘活存量资产	24.4	提高规模经济效益	18.9
优化产业结构	18.5	制度创新	17.8
发展高新技术产业	14.1	推进传统产业的升级、改造	8.5

从企业规模来看：大型企业的经营者把增强企业活力、大力推进科技进步和技术创新，提高劳动者素质列为前三位；中型企业的经营者把增强企业活力、为企业创造良好的外部环境、提高劳动者的素质列为前三位；小型企业的经营者把增强企业活力、提高劳动者素质、大力推进科技进步和技术创新列为前三位（见表22）。

表 22　　不同规模企业的经营者对转变经济增长方式的关键因素的判断（%）

	总体	大型企业	中型企业	小型企业
加强宏观调控	**26.0**	22.4	28.3	30.5
制度创新	**17.8**	18.4	17.6	15.9
增强企业活力	**38.0**	37.7	37.7	39.9
推进传统产业的升级、改造	**8.5**	8.9	8.1	9.1
发展高新技术产业	**14.1**	12.0	14.5	21.4
大力推进科技进步和技术创新	**33.7**	35.6	32.1	32.8
优化产业结构	**18.5**	18.9	18.3	17.2
优化资产结构，盘活存量资产	**24.4**	27.2	23.1	17.5
强化科学管理	**31.0**	31.7	30.9	27.9
创造良好的外部环境	**32.6**	31.1	34.2	30.5
提高规模经济效益	**18.9**	20.4	18.0	17.2
提高劳动者素质	**33.3**	32.2	33.8	36.0

从企业所有制来看，国有企业经营者将增强企业活力、大力推进科技进步和技术创新、为企业创造良好的外部环境作为前三位的关键因素；城镇集体企业经营者将提高劳动者素质、大力推进科技进步和技术创新、增强企业活力列为前三位；乡镇企业经营者将强化科学管理、大力推进科技进步和技术创新、提高劳动者素质列为前三位（见表23）。

表 23　　不同所有制企业经营者对转变经济增长方式的关键因素的判断（%）

	总体	国有企业	城镇集体企业	乡镇集体企业	外商独资企业	外商合资企业	民营资企业	股份制企业
加强宏观调控	**26.0**	26.0	26.6	28.8	41.2	32.2	33.3	20.8
制度创新	**17.8**	17.3	15.4	13.7	17.6	19.7	20.0	23.3
增强企业活力	**38.0**	40.9	33.6	25.9	29.4	30.9	20.0	31.9
推进传统产业的升级、改造	**8.5**	8.8	10.0	7.9		8.6	6.7	6.0
发展高新技术产业	**14.1**	12.6	15.4	24.5	23.5	15.8	46.7	15.1
大力推进科技进步和技术创新	**33.7**	33.3	37.5	37.4	23.5	34.9	40.0	32.5
优化产业结构	**18.5**	18.3	20.8	21.6	11.8	18.4	13.3	16.4
优化资产结构，盘活存量资产	**24.4**	24.4	23.2	14.4		23.7	13.3	30.6
强化科学管理	**31.0**	30.8	27.8	41.0	23.5	32.2	20.0	30.6
创造良好的外部环境	**32.6**	33.0	30.9	25.9	52.9	30.3	20.0	35.0
提高规模经济效益	**18.9**	18.8	13.9	19.4	23.5	23.7	26.7	20.8
提高劳动者素质	**33.3**	32.8	41.3	36.0	35.3	28.3	40.0	31.2

企业采取何种竞争手段和竞争方式，能在一定程度上反映企业的素质。多数企业经营者认为目前要在国内市场竞争中取胜，关键取决于质量、价格和人才，分别占被调查人数的74.6%、53.7%、和38.5%；认为取决于回扣、人际关系和广告宣传的企业经营者，分别占被调查人数的11.0%、8.5%和5.2%，居回答频数的最后三位（见表24）。

表 24　　企业经营者对竞争因素的判断（%）

质量	价格	人才	技术	资本	企业形象	信息	回扣等手段	人际关系	广告宣传
74.6	53.7	38.5	28.9	27.2	20.1	17.5	11.0	8.5	5.2

国有大中型企业的生机和活力，直接影响我国国民经济集约化发展的进程。对于国有大中型企业的扭亏，企业经营者认为最关键的三个条件是选聘优秀企业经营者，开发适销对路的产品和加强企业管理，分别占被调查人数的49.5%、45.8%和39.2%（见表25）。

表 25　　企业经营者对国有大中型企业扭亏的关键因素的判断

因素	%	因素	%
选聘优秀企业经营者	49.5	开发适销对路产品	45.8
加强企业管理	39.2	深化企业改革	35.7
对企业债务进行核实减免	33.6	加大技术改造力度	22.2
调整企业发展战略	18.3	鼓励企业兼并/重组	17.6
破产那些扭亏无望的企业	16.5	增加资本金投入	16.0

从以上结果来看，第一，转变经济增长方式，必须使企业的活力大大提高，这已成为企业经营者们的共识。第二，提高产品质量、降低生产成本、重视人才已成为企业经营者提高企业竞争力的共同选择。这表明企业的竞争方式趋于科学化和理性化，同时也说明企业走集约化发展道路是企业经营者们的共同愿望。第三，我国企业经营者在企业发展方式上已趋向于走集约化发展的道路，推进科技进步和技术创新、提高劳动者的素质、强化科学管理，已成为企业集约化发展的有力保证。第四，国有企业特别是国有大中型企业，希望通过增强企业活力、强化科技进步和创造良好的外部环境、改善企业发展的条件，使企业走出困境。第五，对于国有企业扭亏的具体措施，企业经营者们普遍认为要有一个优秀的企业领导班子，通过技术创新、开发适销对路产品，加强企业科学管理，把经营者—技术—管理进行有机集成，是搞活国有企业的有效措施。

3. “抓大放小”，全面推进大中小型企业改革

对于我国目前企业改革中推行“抓大放小”的战略举措，企业经营者们有着较为明确的理解（见表26）。

表 26　　企业经营者对于“抓大”的理解（%）

理解	%	理解	%
充分发挥大中型企业的民主作用	77.5	培植大型企业集团	51.4
加强对大中型企业的管理	43.8	加大改革力度	42.2
给予大型企业政策优惠	33.5	保证资金投入	31.0
鼓励跨国经营	8.0		

从表26中所列对“抓大”的理解的前三位因素来看，搞活、搞好大中型企业是企业经营者第一位的选择；走集团化道路，培植有竞争力的企业集团，是第二位的选择；加强对大中型企业的管理是企业经营者们认为第三位的重要因素（见表27）。

表27　　企业经营者对于“放小”的理解（%）

鼓励小企业以各种形式改组	82.4	按照产业政策，该放的放，该扶的扶	63.2
破产扭亏无望的小企业	41.8	鼓励产权买卖	41.0
鼓励大企业去兼并	33.8	国家不加干预，完全放开	27.9

从表27中所列对“放小”的理解的前三位的因素来看，首先，企业经营者对于“放小”理解为多形式的改组，以促进企业资产、资源的优化配置，来改变目前的小而散、小而差的局面。其次，企业经营者们认为，国家应按照产业政策，对小企业该放开的放开，该扶持的扶持，使一些应淘汰的技术、设备和产品能尽快被淘汰，并能使新的技术、新的产品尽快形成规模。第三，企业经营者们认为国家应鼓励小企业进行产权买卖，促进资产的合理流动，以达到优化配置的目的。第四，主张“国家不加干预、完全放开”的企业经营者居少数，这表明大多数企业经营者希望在国家产业政策的宏观调控下，进行小企业改革，使小企业的发展少走弯路。

4. 积极引导，切实解决困难企业职工的出路问题

在进行经济体制和经济增长方式转变的过程中，我国不少企业特别是国有大中型企业遇到了暂时的困难。

企业在调整和改革的过程中，富余人员增多。在调查样本中，富余人员在10%以内的企业达807家，占样本总数的25.6%；富余人员在11%～20%的企业达493家，占15.6%；富余人员在21%～30%的企业达286家，占9.1%。总的来看，富余人员在30%以内的企业占50.3%，超过样本总数的一半。

富余人员收入大幅度减少，造成其生产困难，成为社会普遍关注的问题。在调查样本中，收入低于该地生活保障线的职工在10%以内的企业达244家，占样本总数的7.7%；收入低于该地生活保障线的职工在11%～20%的企业达67家，占2.1%。总的来看，收入低于本地区生活保障线的职工在20%之内的企业占样本总数的9.8%。

在我国社会保障制度尚未建立健全的情况下，如何解决困难企业的职工出路，成为国家、企业和职工十分关注的热点问题，为了保障企业改革的顺利进行，企业经营者们提出了解决困难企业职工出路的建议，首先是引导职工自谋出路（82.5%）；二是由国家设立一项专门基金（68.0%）；三是建立各级政府领导责任制（28.8%）（见表28）。

表28　　企业经营者对解决困难企业职工出路问题的看法（%）

引导职工自谋出路	82.5	国家设立专门基金	61.0
建立各级政府领导责任制	28.8	财政拿出部分专款	27.3
社会建立帮困基金	27.3	企业自己解决	18.4
建立各类企业领导责任制	17.5	其他	11.9
企业主管部门给予临时帮助	8.4		

从企业所有制来看，不同所有制的企业经营者都把“引导职工自谋出路”作为首选对策（见表29）。

由此可见，企业经营者们能充分理解当前国家和企业所处的困难，把引导职工自谋出路作为首选对策。为了更好地解决职工的再就业问题，企业经营者们建议国家建立专门基金，以及政府拿出部分专款，进行支持和引导。同时，企业经营者们也认为，当前依靠各企业主管部门的临时帮助（8.4%），或完全靠企业自己解决困难（18.4%），是难以奏效的，仅靠企业领导想办法是很难办到的（17.5%）。

表 29　　对解决困难企业职工出路问题的看法（%）

	总体	国有企业	城镇集体企业	乡镇集体企业	外商独资企业	外商合资企业	民营资企业	股份制企业
国家设立专门基金	**61.0**	62.7	58.7	48.2	52.9	63.2	53.3	59.0
财政拿出部分专款	**27.3**	28.7	26.6	15.1	5.9	27.0	20.0	28.1
社会建立帮困基金	**27.3**	27.1	26.3	25.9	23.5	29.6	26.7	28.4
企业主管部门给予临时帮助	**8.4**	8.2	6.9	13.7	5.9	13.8	13.3	6.3
企业自己解决	**18.4**	17.8	17.8	30.9	35.3	18.4	33.3	15.8
引导职工自谋出路	**82.5**	82.3	81.1	83.5	82.4	82.9	100.0	83.0
建立各级政府领导责任制	**28.8**	29.5	32.8	28.8	29.4	18.4	6.7	27.1
建立各类企业领导责任制	**17.5**	15.8	20.1	29.5	47.1	17.8	20.0	19.9
其他	**11.9**	10.9	12.0	10.1	11.8	13.2	13.3	16.7

5. 减轻负担，为企业发展创造良好外部条件

减轻企业负担是我国经济改革与发展中的难点问题。从企业负担的类型来看，“上缴税收”和“偿还银行债务”为企业应尽的义务；各种摊派、“相互拖欠”和“办社会负担”是应尽量减少的不合理负担；而资金困难却是目前发展中普遍存在的客观问题。

此次调查发现，企业经营者们对减轻企业负担的要求十分强烈。与1995年相比，多数企业经营者认为企业税负和银行债务都有所增加，企业承受的不合理负担有所上升，企业资金困难加剧。而认为负担减少或无变化的，仅占少数（见表30）。

表 30　　企业经营者对企业负担情况的反映（%）

	增加	减少	无变化
税收负担	64.9	4.0	31.1
各种摊派	51.2	10.0	38.8
银行债务	62.9	14.2	22.9
相互拖欠	61.6	15.8	22.6
“办社会负担”	48.4	7.7	43.9
资金困难程度	77.4	5.3	17.3

从企业规模来看，大、中、小型企业的经营者都认为负担加重、资金困难增加的占多数，而中、小企业的经营者反映“企业办社会”的负担有所缓解，认为此项负担减少和没有变化的占大多数，分别为52.1%和55.6%（见表31和表32）。

表 31　　不同规模企业的经营者对企业负担增加和资金困难情况的反映（%）

	大型企业	中型企业	小型企业
各种摊派	51.8	51.1	47.7
相互拖欠	65.2	61.0	48.9
“办社会负担”	50.0	47.9	44.4
资金困难程度	77.5	78.1	73.4

表 32　　不同规模企业的经营者对企业负担减少和无变化情况的反映（%）

	大型企业		中型企业		小型企业	
	减少	无变化	减少	无变化	减少	无变化
各种摊派	7.8	40.4	11.6	37.3	12.4	39.9
相互拖欠	13.8	21.0	16.4	22.6	21.6	29.5
“办社会负担”	7.5	42.5	8.1	44.0	5.9	49.7
资金困难程度	5.0	17.5	5.4	16.5	6.6	20.0

从企业所有制来看，各种所有制企业的经营者感到企业不合理摊派的负担在增加，除民营企业外，资金困难在增大；除国有企业和外商独资企业之外，企业“办社会负担”都有所缓解。乡镇企业、外商独资企业、民营企业“相互拖欠”的情况有所改善（见表33和表34）。

表33　不同所有制的企业经营者对企业不合理负担增加情况的反映（%）

	国有企业	城镇集体企业	乡镇集体企业	外商独资企业	外商合资企业	民营资企业	股份制企业
各种摊派	51.5	52.1	54.7	35.3	41.7	46.7	51.7
相互拖欠	63.9	55.9	48.6	18.8	52.6	40.0	61.9
“办社会负担”	50.0	46.9	44.9	52.9	36.4	46.7	45.8
资金困难程度	79.6	82.4	69.1	70.6	61.8	46.6	70.2

表34　不同所有制企业的经营者对“办社会负担”和“相互拖欠”减少和无变化情况的反映（%）

		办社会负担	相互拖欠
国有企业	减　少	6.9	14.7
	无变化	43.1	21.4
城镇集体企业	减　少	9.4	16.4
	无变化	43.8	27.7
乡镇集体企业	减　少	14.7	27.5
	无变化	40.4	23.9
外商独资企业	减　少	0.0	25.0
	无变化	47.1	56.2
外商合资企业	减　少	10.0	15.8
	无变化	53.6	31.6
民营企业	减　少	0.0	33.3
	无变化	53.3	26.7
股份制企业	减　少	8.0	17.0
	无变化	46.2	21.2

从以上结果来看，第一，多数企业办社会的负担有所缓解，表明近年来我国在兴办社会公共事业、发展社会服务体系方面取得了较大的成效；第二，国有企业特别是国有大型企业的不合理负担仍十分沉重，这也是影响国有大型企业活力的重要原因之一；第三，各类企业对不合理摊派的反应仍十分强烈，规范社会各部门的行为，为企业提供拒绝摊派的政策或法规依据显得日益重要；第四，乡镇企业、外商独资企业和民营企业的市场运作能力较强，自主性较大，他们与其他企业之间资金相互拖欠情况的改善，一方面表明这些企业在资金管理上有较科学而严格的制度，另一方面也表明这些企业在产品的开发和生产上，能以市场为导向，少有赊销和滞销的现象发生。

与要求减轻企业不合理负担相关联，企业经营者们要求改善企业的外部环境，消除不利于企业发展的外部因素的呼声也十分强烈，他们认为不利于企业发展的外部因素有：第一，市场秩序混乱，是企业经营者们反映最强烈的不利外部因素，选择比例为63.6%；其次，社会保障制度尚未建立和完善，成为企业负担增加的主要因素，为57%；第三，融资环境差，为47.6%；第四，社会管理水平低，为34%；第五，社会观念和意识落后，为31.5%；第六，交通、通信等基础设施条件差，为22.8%（见表35）。

以上结果表明，企业经营者对市场秩序的混乱、社会保障体系的不健全、社会管理水平低和社会观念的落后等反映强烈。因此，要为企业发展创造良好的外部条件，必须整顿和规范市场秩序，建立和完善我国的社会保障制度，优化融资环境，提高政府对社会的管理水平，更新社会观念，加快改善基础设施条件成为我国企业改革与发展中的紧迫问题、必须认真解决好。

表 35　　企业经营者对不利于企业发展的外部因素的判断（%）

市场秩序混乱	63.6	社会保障制度尚未建立	57.0
融资环境差	47.6	社会管理水平低	34.0
社会观念和意识落后	31.5	基础设备条件差	22.8
信息不灵	13.3	人才流动环境差	12.6
社会治安不佳	6.1		

6. 吸引人才，解决企业发展的根本问题

人才是企业发展的根本。这次调查中发现，国内企业的管理和技术人才流失十分严重，已影响到了企业的进一步发展。从国内企业人才流失的走向来看，回答企业最优秀的人才流向机关的占30.8%，其次是流向外资企业，占22.7%；第三是流向合资企业，占17.3%，第四是流向国外，占15.3%。回答企业优秀人才流向合资企业的，占31.1%；其次是流向机关，占27.9%；第三是流向民营企业，占16.3%；第四是流向外资企业，占14.5%。回答一般人才流向民营企业的占29.7%；其次是流向机关，占28.0%；第三是流向合资企业，占19.7%；第四是流向乡镇企业，占17.2%（见表36）。

表 36　　企业人才流动取向（%）

	国外	外资企业	合资企业	民营企业	乡镇企业	机关
最优秀人才	15.3	22.7	17.3	10.5	3.4	30.8
优秀人才	3.7	14.5	31.1	16.3	6.5	27.9
一般人才	1.7	3.7	19.7	29.7	17.2	28.0

由此可见，我国企业人才流动的取向是：最优秀和优秀人才主要流向是机关、外资企业和合资企业、国外。一般人才主要流向民营企业、机关和合资企业。这表明，一方面，企业培养的优秀人才不能为企业所用；另一方面，外资、合资企业也以高报酬等方式吸引走了大批人才。如何留住企业发展的根本财富——人才，成为企业经营者迫切希望解决的重大问题。

三、企业经营者对扩大开放和发展民族工业的意见和建议

我国是一个发展中国家，正处在由工业化的初期向中期发展的过程之中。资金缺乏、技术落后、管理水平低已成为我国工业化过程中的普遍矛盾。为此，扩大开放、引进国外的资金、技术和科学管理，成为我国改革与发展的重要战略选择，企业经营者们对此十分拥护，并提出了合理的意见。

1. 扩大开放，积极迎接世界经济的挑战

中国的发展离不开世界。随着世界经济一体化趋势的加快，中国企业经营者必须面对世界经济和国际市场的挑战。

多数企业经营者对中国加入世界贸易组织后的市场形势持乐观态度。多数企业经营者预计国内市场不会受到大的冲击，而对国外市场的开拓更加有利。有39.6%的企业经营者认为我国加入世贸组织后，其企业的国内市场份额不会变；还有14.8%的企业经营者认为其国内市场份额将上升；有21.7%的企业经营者认为其国内市场份额会下降；还有19.1%和4.8%的企业经营者对此难作判断和未作判断。有35.6%的企业经营者认为我国加入世贸组织后，其国外市场份额会上升；有23.0%的企业经营

者认为其国外市场份额不变；有4.3%的企业经营者认为其国外市场份额会下降；有21.6%和15.5%的企业经营者对此难作判断和未作判断（见表37）。

表37　企业经营者对加入世贸组织，其国内、国际市场份额变化的预测（%）

	上升	下降	没变化	难判断	未判断
国内市场份额	14.8	21.7	39.6	19.1	4.8
国际市场份额	35.6	4.3	23.0	21.6	15.5

从企业规模来看：在国内市场中，大型企业有39.4%的企业经营者认为其市场份额不会变化；有15.0%认为会上升；有23.9%认为会下降；有18.0%认为难以判断。中型企业的经营者有38.8%认为其市场份额不变；有14.5%认为会上升；有21.4%认为会下降；有20.1%认为难以判断。小型企业的经营者43.8%认为市场份额不会变化；有15.0%认为会上升；有14.4%认为会下降；有19.9%认为难以判断（见表38-1）。

表38-1　加入世贸组织后不同规模企业的经营者对其国内市场份额的判断（%）

	上升	下降	没变化	难判断	未判断
大型企业	15.0	23.9	39.4	18.0	3.7
中型企业	14.5	21.4	38.8	20.1	5.2
小型企业	15.0	14.4	43.8	19.9	6.9

在国际市场中，大型企业的经营者有41.9%认为市场份额会上升；有23.1%认为不会变化，有19.6%认为难以判断；认为市场份额下降的仅4.2%。中型企业的经营者有32.0%认为会上升，有23.4%认为没有变化，仅4.7%认为会下降。小型企业的经营者有26.8%认为市场份额会上升；有20.8%认为没有变化；有26.5%认为难以判断，有22.9%未作判断；仅有3.0%认为会下降（见表38-2）。

表38-2　加入世贸组织后不同规模企业的经营者对其国际市场份额的判断（%）

	上升	下降	没变化	难判断	未判断
大型企业	41.9	4.2	23.1	19.6	11.2
中型企业	32.0	4.7	23.4	22.3	17.6
小型企业	26.8	3.0	20.8	26.5	22.9

面临全球经济一体化的形势，我国企业如何有效地参与世界市场竞争？绝大多数企业经营者主张各级参与，并实行对某些行业进行阶段性保护的政策，有86.9%的企业经营者要求分阶段对某些幼稚行业进行保护；有9.1%认为要全面放开；有4.0%的企业经营者认为要全面保护（如图4）。

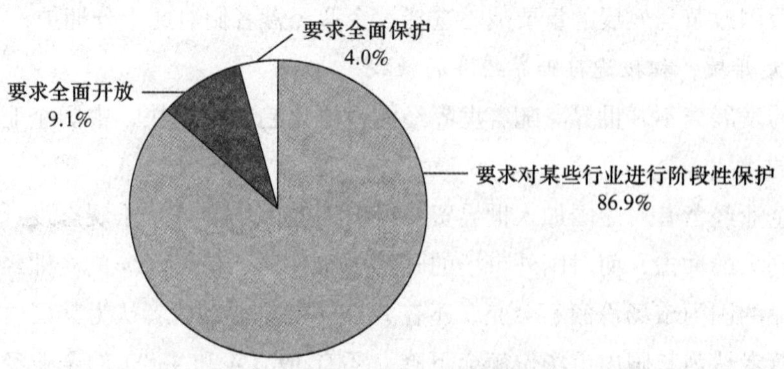

图4　企业经营者对民族工业是否需要保护的判断

从企业规模来看，主张对民族工业应分阶段有选择保护的大型企业经营者占 89.6%，中型企业的经营者有 85.9% 持此意见，小型企业的经营者有 80.5% 有此种观点。主张全面保护的大、中、小型企业经营者比例分别是 2.8%、4.7%、5.9%（见表 39）。

表 39　　不同规模企业的经营者对民族工业是否需要保护的判断（%）

	全面开放	全面保护	对某些行业进行阶段性保护
大型企业	7.6	2.8	89.6
中型企业	9.4	4.7	85.9
小型企业	13.7	5.9	80.5

从不同行业来看，绝大多数企业经营者主张实行分阶段、有选择地保护国内幼稚产业，分别占各行业企业经营者 80% 以上；但各行业企业经营者主张进行全面保护的强烈程度却不相同，前六位的行业是农业、金融保险业、文教卫广电业、科技服务业、外贸业、制造业，回答频率分别是 11.9%、7.7%、7.4%、6.7%、4.9% 和 4.3%（见表 40）。

表 40　　不同行业中倾向于全面保护的企业经营者的比重

农业	11.9	金融保险业	7.7
文教卫、广电业	7.4	科技服务业	6.7
对外贸易业	4.9	制造业	4.3
其他行业	4.0	采掘业	3.9
建筑业	2.5	公用事业	1.6
商业、旅游服务业	1.3	交通、邮电业	1.0
房地产业	0.0		

以上结果表明，第一，企业经营者对我国加入世贸组织后的国内市场竞争充满信心。认为企业的国内市场份额不会受到冲击和国内市场份额会上升，持这两种判断的企业经营者人数占大多数。第二，我国企业经营者对于面对未来国际市场竞争有较充分的思想准备，认为我国加入世界贸易组织会有助于企业开拓国际市场。第三，我国的农业、金融保险业、文教卫广电业、对外贸易业、制造业、采掘业，这些行业中的企业经营者要求保护的呼声相对强烈一些，一方面表明这些行业在市场竞争中呈现弱势，亟须增强竞争活力；另一方面表明这些行业也将是国内外企业争相进入的热点，给国内企业造成巨大的压力。

2. 合理利用外资，更加注重技术和管理的引进

对于当前我国利用外资的规模，多数企业经营者们反映偏小，占被调查人数的 52.5%。认为合适和偏大的，分别占 28.3% 和 19.2%（如图 5）。

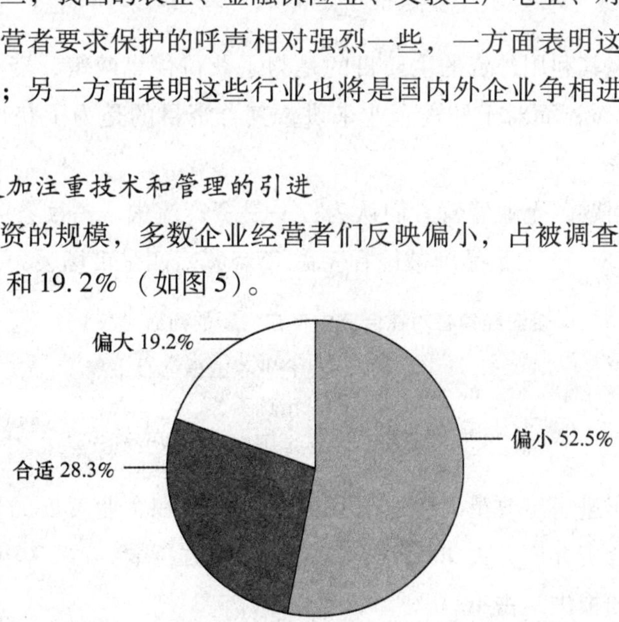

图 5　企业经营者对合理利用外资规模的判断

对于今后我国如何利用外资，企业经营者们更多地看重引进外方的先进技术，占被调查人数60.3%；其次是要注重引进外方先进的管理方法，占17.1%，再次是利用外方的资金，占13.0%（见表41）。

表41　企业经营者认为利用外资应注重的因素（%）

对方的先进技术	60.3	对方的管理经验	17.1
对方的资金	13.0	对方的销售渠道	7.3
其他	2.3		

从以上结果看，第一，我国要进一步扩大开放的趋势已不可逆转，加大利用外资的规模已成为企业经营者们的共同要求。第二，企业经营者们对外资的利用已从以往的饥不择食、盲目引进，发展到今天注重技术和管理的引进，这表明企业经营者对利用外资的认识水平已有所提高。第三，在技术和管理高起点的基础上用好外资，是加快我国“两个转变”，尽快缩小与发达国家差距的有效途径之一，也被企业经营者所认同。

3. *正确对待合资，切实纠正合资过程中的偏差*

对于国内许多地方和企业热衷于合资，不加选择地合资，企业经营者们有其独到的见解。由于国内资金普遍短缺，部分企业经营者在实际工作中把获得国外资金、利用合资的优惠政策得到信贷和税收的优惠作为最主要的目的，然后才考虑引进先进技术，如他们认为这些企业热衷于合资的目的首先是获得资金（72.5%）；其次是为了获得优惠政策（62.2%）；再次才是为了获得先进的技术（51.9%）（见表42）。

表42　国内企业合资的主要目的（%）

获得资金	72.5	获得优惠政策	62.2
获得先进技术	51.9	避免行政及社会各方面的干预	30.3
获得更多的市场渠道	26.7	获得管理经验	22.4
完成政府规定的合资指标	12.0	获得企业经营者个人利益	10.0
其他	1.5		

对于非三资企业来讲，其利用外资的主要目的是为了获得优惠政策、资金和技术，分别占回答人数的57.0%、30.4%、9.2%；而对于外资企业来讲，其合资目的是为了获得市场销售渠道和优惠政策，分别占62.2%、26.6%。

对于合资中最突出的问题，企业经营者们认为：一是资产流失，占回答人数的36.6%；二是企业失去发展的自主权，占21.8%，三是品牌被侵吞，占15.5%，四是市场丢失，占14.7%（见表43）。

表43　企业经营者对在合资中存在问题的判断（%）

资产流失	36.6	企业失去发展自主权	21.8
品牌被侵吞	15.5	市场丢失	14.7
其他	5.9	本国知识产权受到侵害	5.5

我国利用外资的形式应进一步改革，以适应我国经济发展和企业发展的要求。企业经营者们首选的方式：一是主张与外商合资办厂，占40.5%；二是使用外方贷款，占33.9%；三是减少直接的外资办厂，避免资源和资产上的损失，占16.0%（如图6）。

对于三资企业，绝大多数企业经营者主张应与国内企业一视同仁，公平竞争，占76.2%（见表44）。

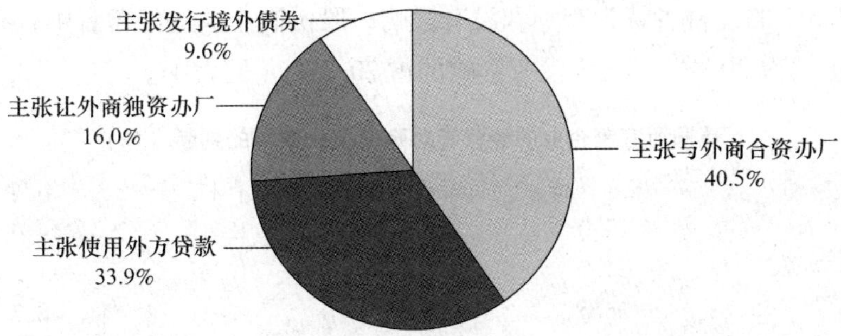

图 6 企业经营者对利用外资形式的选择

表 44 企业经营者认为对三资企业应采取的政策（%）

与国内企业一视同仁，公平竞争	76.2	适当限制其发展	10.1
继续实行优惠政策	9.4	取消优惠政策	3.4
其他	0.9		

4. 开放促进发展，以竞争提高企业素质

我国 1996 年推出的改革开放措施，符合我国企业改革与发展的客观要求，促进了企业的集约经营，得到了企业经营者们的普遍赞同。

改革措施之一是从四月份开始的大幅度降低关税。企业经营者们有 29.3% 认为这项措施有利于企业的长远发展，有 19.1% 认为对企业非常有利；有 28.9% 认为对企业没有影响；有 12.9% 认为不利于企业的发展；有 9.8% 的企业经营者认为很难估计（见表 45）。

表 45 企业经营者对降低关税效果的判断（%）

	长远有利	无关紧要	有利	不利	难以估计
百分比	29.3	28.9	19.1	12.9	9.8
排 序	1	2	3	4	5

从企业规模来看，大型企业的经营者中有 31.0% 认为关税税率的降低有利于企业的长远发展，有 24.7% 认为无关紧要，有 21.4% 认为有利；中型企业的经营者中有 30.2% 认为关税税率的降低对企业没有影响；有 28.3% 的企业经营者认为对企业长远有利，有 17.9% 认为有利；小型企业的经营者中有 41.3% 认为关税税率的降低对企业没有影响，有 27.0% 认为对企业长远有利，有 15.3% 认为有利（见表 46）。

表 46 不同规模企业的经营者对降低关税效果的判断（%）

	长远有利	无关紧要	有利	不利	难以估计
大型企业	21.4	31.0	14.5	24.7	8.4
中型企业	17.9	28.3	12.6	30.2	11.0
小型企业	15.3	27.0	7.5	41.4	8.8

从不同所有制企业的反应来看，国有企业的经营者中有 30.5% 认为对企业没有冲击，认为对长远有利的占 27.0%，认为有利的占 18.1%；城镇集体企业的经营者中有 31.7% 认为对长远有利，认为对企业无关紧张的占 31.3%，认为有利的占 16.6%；乡镇集体企业的经营者中分别有 31.9% 和 35.5% 认为没有冲击和对长远有利，认为有利的占 18.1%；外商独资企业的经营者中分别有 29.4% 认为有利和对企业没有冲击，有 23.5% 的认为对长远有利；外商合资、合作企业的经营者中有 33.6% 认为有利，有 30.9% 认为对长远有利，认为没有冲击占 18.4%；民营企业的经营者中有 33.3% 认为对长远有利，

分别有26.7%和33.3%的经营者认为有利和没有影响；股份制企业的经营者中，有39.1%认为对长远有利，认为没有冲击的占20.8%，认为没有影响的占20.2%（见表47）。

表47　　不同所有制企业的经营者对降低关税效果的判断（%）

	长远有利	无关紧要	有利	不利	难以估计
国有企业	27.0	30.5	18.1	14.0	10.4
城镇集体企业	31.7	31.3	16.6	11.2	9.2
乡镇集体企业	35.5	31.9	18.1	8.7	5.8
外商独资企业	23.5	29.4	29.4	0.0	17.7
外商合资企业	30.9	18.4	33.6	7.9	9.2
民营企业	33.3	33.3	26.7	6.7	
股份制企业	39.1	20.8	20.2	11.0	8.9

从行业来看，国内所有行业中认为对长远有利、有利和没有冲击的企业经营者占多数（见表48）。

表48　　不同行业企业的经营者对降低关税效果的判断（%）

	长远有利	有　利	无关紧要	不　利	很难估计
农业	35.6	22.0	25.4	15.3	1.7
采掘业	18.2	9.1	44.8	16.2	11.7
制造业	29.5	18.0	27.2	15.5	9.8
建筑业	24.6	15.3	48.3	0.8	11.0
交通、邮电业	34.4	27.1	19.8	8.3	10.4
商业、旅游服务业	28.7	22.4	30.8	8.0	10.1
对外贸易业	36.6	30.5	24.4	3.7	4.8
金融保险业	33.3	11.1	33.3	0.0	22.3
房地产业	58.8	23.5	17.7	0.0	0.0
公用事业	21.0	21.0	43.5	3.2	11.3
文教卫、广电业	25.9	22.2	29.6	18.5	3.8
科技服务业	31.0	44.8	20.7	0	3.5
其他行业	31.4	22.3	25.3	10.5	10.5

从以上结果来看，第一，我国1996年大幅度降低关税税率，各行业企业经营者大多认为对长远的发展有利。经过目前的产业升级和产业技术进步，我国企业未来的竞争力会有大幅度提高。第二，外商独资企业和外商合资合作企业的经营者选购同这项这改革措施，因为这项措施能使其降低原材料和设备的进口成本，同时依靠技术和质量优势，企业能以较低的成本和价格在中国市场中获得较强的竞争力。第三，国有企业的经营者则着眼于长远目标，认为关税税率的降低，不会对目前国内企业造成大的冲击，而且税率的降低消除了国内的市场保护，有利于企业在竞争中发展，提高企业的素质。第四，城镇和乡镇集体企业的企业经营者则大多认为没有冲击和对长远有利。目前这些企业产品在市场上具有一定的优势，但关税调低后，国外产品的高技术和高质量会给这些企业带来压力，将有利于推动这些企业的产品上档次和产业升级。

5. 努力发展民族工业，提高本国产业的竞争力

民族工业的崛起，是中国经济真正腾飞的希望。为此，企业经营者们建议国家应采取切实措施，促进民族工业的发展：一是要尽快对外商制定合理的市场准入规则，为民族工业发展留出一定的市场空间（66.5%）；二是大力扶持有发展前途的重点行业（61%）；三是鼓励创自己的名牌（60.6%）；四是扶持有自主知识产权的民族工业企业（23.9%）；五是制定工业知识产权保护法（21.6%）；六是

对外商实行“国民待遇”（20.4%）（见表49）。

表 49　　企业经营者认为国家对民族工业的发展所应采取的措施（%）

对外商制定市场准入规则，为民族工业发展留出市场空间	66.5
鼓励创自己的名牌	60.6
大力扶持有发展前途的重点行业	61.0
扶持有自主知识产权的民族工业企业	23.9
制定工业知识产权保护法	21.6
对外商实行“国民待遇”	20.4
制定政府采购政策，实行“公款采购，国货优先”	14.6
制定吸引国外留学人员回国工作的政策	10.6
制定限制外商直接投资的法规	8.2
实行政府买（卖）方信贷制度，实行分期付款	5.8

从上述结果来看，企业经营者们认为发展民族工业，市场条件是首要的。对于国内企业的技术和产品尚不具备优势的行业，如果盲目引进，不仅不能提高国内经济的发展水平，反而会使许多国内市场丢失，使民族工业失去发展的空间。其次是要适应世界经济、科技发展的潮流，在电子、生物、新材料、通信、能源等有发展前途的重点行业，进行大力扶持，使之成为新的经济支柱。第三是要创出中国自己的名牌产品，实施名牌战略，让中国的名牌在与外国产品竞争中具有优势。第四，发展民族工业的关键在于提高本国企业在国内外市场的竞争力。

6. *大力发展高新技术产业，积极培育新的经济增长点*

高新技术产业是当今世界最有活力、最有发展前途的产业，已成为许多发达国家经济发展支柱。为使国内经济具有较强的国际竞争力，必须发展我国的高新技术产业。为此企业经营者们建议国家主要采取：

首先，要在引进先进技术的同时，强化消化、吸收、创新（占33.4%）；其次，要大力扶持有较强实力及较高知名度的高技术企业（占23.7%）；三是投资兴建一批有本国知识产权的高新技术企业（占16.5%）（见表50）。

表 50　　企业经营者认为国家发展高新技术产业应采取的措施（%）

引进先进技术的同时，强化消化、吸收、创新	33.4	大力扶持有较强实力及较高知名度的高技术企业	23.7
投资兴建一批有本国知识产权的高新技术企业	16.5	选择国家关键技术领域，实行产业化	13.2
制定相应鼓励政策	8.6	大力引进国外先进技术	3.9
大力与外商企业合资办厂	0.7		

由于我国的产业技术的总体水平比较低，因而走引进—消化—吸收的技术发展道路仍是加快我国高新技术产业发展的捷径，企业经营者们对此认识十分明确。大力扶持有较强实力及有较高知名度的国内高新技术企业，使这些企业尽快形成经济规模，具有与国外高技术企业集团抗衡竞争的能力，企业经营者们对此有着十分明智的判断。由于当今高技术发展成为各国经济竞争的有效手段，因而知识产权保护也在全球有愈加强化的趋势，拥有自主知识产权，就等于掌握了经济竞争的制高点，因此，企业经营者们希望国家能尽快投资兴建具有中国知识产权的高新技术企业。

（注：凡引用此报告者均需注明引自中国企业家调查系统——《1996·中国企业经营者问卷跟踪调查报告》）

课题组名单

顾　　问：王梦奎　陈清泰　鲁志强

调查主持：李克穆　郭振英　卫　东　陈　重

调查指导：谢伏瞻　李培育　何　宪　李德水　任泽民

许善达　董　娟　李寿生　杨　桦　金磊夫

张铁诚　房爱卿

报告撰写：蒲　淳　杨再平　丁宝山　李　兰　相　东

参与讨论：丁宁宁　顾士师　李　镭　刘　欢　刘　珊

邓荣霖　韩岫岚　郑明身

数据处理：边文强　边海光　王建平　周高寿

1995 年企业家对宏观经济形势和企业改革发展的判断与建议

▌中国企业家调查系统

1995 年是我国社会主义市场经济体制改革深入进行，“八五”计划顺利完成，“九五”宏图即将展开的关键一年。为了准确掌握我国 1995 年企业改革和发展的整体状况，了解企业家对宏观经济形势和政策的判断与评价，了解企业家对深化改革的取向和要求，为我国制定“九五”和 21 世纪企业改革与发展政策提供依据，中国企业家调查系统组织了“1995 年度企业家问卷调查”。国务院发展研究中心情报中心、国务院研究室工交司、国家经贸委企业司、国家统计局国民经济综合统计司、中国企业管理协会研究部、国家计委国民经济综合司、劳动部劳动关系与监察司、人事部流动调配司、国家税务总局政策法规司、国家国有资产管理局企业司等十个部门和有关单位指导并协助了此次调查，保证了调查的科学性和权威性。

本次调查历时 4 个月，1995 年 8 月 10 日发出调查问卷 9000 份，截至 9 月 20 日，返回有效问卷 2752 份，有效回收率 30.6%，共获得原始数据 80 多万个。问卷由被调查企业的法人代表（厂长、经理）填写。回收的样本企业，覆盖我国 30 个省、自治区、直辖市，涉及采掘、制造、建筑、交通运输、邮电通讯、商业服务、外贸、金融、房地产、公用事业等各个行业；其中，国有企业占 72.9%，集体企业占 12.8%，三资企业占 7.4%，其他类型企业（含私营企业）占 6.9%。样本企业中，大中型企业的比重为 87.7%。样本企业的分布情况，对于反映我国企业特别是国有大中型企业的情况具有一定的代表性。

调查结果表明：1995 年以来，我国加强和改善宏观调控的效果进一步显现，宏观经济健康运行，企业家们对宏观经济环境基本满意；企业改革成效显著，企业运行总体正常；企业管理正由粗放向集约转变，企业科技进步意识和企业整体素质不断提高；政府职能转换成效明显，企业经营自主权落实情况好于往年。但是，资金紧张、原材料和能源价格上涨过快，是企业当前经济运行中面临的主要困难；企业办“社会”、市场竞争不规范是困扰企业的突出问题；管理干部素质欠佳、企业冗员较多是企业进一步强化集约经营的主要难点。此次调查还显示，企业家对企业的改革与发展充满信心。他们建议：要努力维护和改善宏观调控的积极成果，控制物价涨幅；让科研院所进入企业，推动企业的科技进步；要采取有效措施加快企业改革进程，并按照社会主义市场经济的要求建立健全社会保障体系，减轻企业负担，这是我国企业跨世纪改革与发展的必然选择。

一、企业家对当前宏观经济形势的判断

调查报告将企业家对 1995 年以来的宏观调控及宏观经济形势的判断，与国务院研究室工交司、国

家体改委宏观调控体制司、国务院发展研究中心所属管理世界中国企业评价中心共同组织的中国宏观经济景气调查系统的专家问卷调查评判结果进行了对比。

1. 关于宏观调控

1995 年以来，我国的宏观调控取得了积极成效，已得到大多数企业家的拥护和肯定。从我国宏观调控的把握情况来看，46.6% 的企业家认为一般，29.0% 的企业家认为较好，0.7% 的企业家认为很好，这三项之和达 76.3%，表明大多数企业家对我国的宏观调控较为满意。与此相对应，中国宏观经济景气调查系统的专家（以下简称专家）有 52.0% 认为把握较好，有 34.0% 认为一般，有 1.0% 认为很好，这三项之和达 87.0%，表明专家对宏观调控的满意程度比企业家高一些。从判断情况的排序来看，专家判断为较好的居第一位，企业家判断为较好的居第二位，其余排序相同，表明企业家对宏观调控仍有着较高的期望值（如表 1）。

表 1　　国家对宏观调控的把握情况（%）

	企业家	排序	专家	排序
很好	0.7	6	1.0	6
较好	29.0	2	52.0	1
一般	46.6	1	34.0	2
较差	16.6	3	9.0	3
很差	2.7	5	1.0	5
尚难判断	4.4	4	3.0	4

企业家对于近两年来国家加强宏观调控，控制经济过快增长，实现“软着陆”的政策目标的情况判断是：有 50.7% 认为正在实现，6.6% 认为已经实现，这两项之和为 57.3%，表明多数企业家对宏观调控目标的实现有着较为乐观的判断。与此相对应，68.0% 的专家认为正在实现，有 6.0% 认为已经实现，这两项之和为 74.0%，表明专家的乐观程度高于企业家。从判断情况的排序来看，企业家与专家是一致的（如表 2）。

表 2　　对“软着陆”政策的判断情况（%）

	企业家	排序	专家	排序
已经实现	6.6	4	6.0	3
正在实现	50.7	1	68.0	1
尚未实现	30.1	2	20.0	2
尚难判断	12.6	3	6.0	3

上述结果表明，企业家与专家们对我国宏观调控的判断和评价基本一致，政府的宏观调控政策符合大多数企业家的愿望。

2. 关于宏观经济形势

我国加强和改善宏观调控的成果，在宏观经济形势的变化中得到进一步显现，企业家对此有着较为积极的评价。

企业家们对 1995 年宏观经济形势的评价是：36.5% 的企业家认为偏冷；25.1% 的企业家认为正常；22.3% 的企业家认为较热，仅 2.4% 的企业家认为过热。与此相对应，专家判断偏冷的比例比企业家低；判断较热的比例比企业家的高；判断正常的比例，顺序与企业家的一致，但专家更为乐观；判断过热的比例，企业家低于专家；判断过冷的比例，企业家高于专家（如表 3）。

表3　　对今年以来宏观经济形势的基本判断（%）

	企业家	排序	专家	排序
过热	2.4	6	3.0	4
较热	22.3	3	43.0	1
正常	25.1	2	41.0	2
偏冷	36.5	1	12.0	3
过冷	4.4	5		6
尚难判断	9.3	4	1.0	5

企业家对宏观经济形势的判断与专家存在的差异说明，企业家对现实中的经营困难有更切实的感受，对加快经济发展的要求更为强烈。对于1995年以来工业经济增长速度的判断，30.3%的企业家认为适当，居第一位；28.5%的企业家认为偏快，居第二位；26.6%的企业家认为偏慢，居第三位。与此相对应，专家判断偏快的比例居第一位，且高于企业家的判断；判断适当的比例居第二位，亦高于企业家的判断；判断偏慢与过慢的顺序与企业家一致，且均低于企业家的比例；判断过快的比例，企业家高于专家；判断过慢和难以判断的比例，企业家亦高于专家。企业家与专家判断的差异表明，专家更看重整个经济运行的安全性和健康性，而企业家更看重企业的发展速度，这就表现出企业家既希望加快工业经济增长速度，又希望抑制物价涨幅的强烈愿望（如表4）。

表4　　企业家对工业经济增长速度的判断（%）

	企业家	排序	专家	排序
过快	2.4	6	2.0	4
偏快	28.5	2	48.0	1
适当	30.3	1	42.0	2
偏慢	26.6	3	8.0	3
过慢	2.9	5		5
尚难判断	9.3	4		5

总的看来，我国通过宏观调控所把握的经济增长速度，对我国企业生存与发展是适宜的，符合大多数企业的愿望和要求，同时也调动了企业加快发展的积极性。

固定资产投资规模失当，历来是我国经济发展中“过热”或“过冷”的主要原因之一。企业家对我国1995年以来固定资产投资规模的评价是：30.8%的企业家认为偏大，30.3%的企业家认为偏小，二者相差无几；20.7%的企业认为合适，居第三位。专家判断偏大的比例高于企业家，顺序与企业家的相同，居第一位。二者的差异同样反映出企业家对加快企业发展具有更为强烈的要求（如表5）。

表5　　企业家对固定资产投资规模的判断（%）

	企业家	排序	专家	排序
过大	5.0	5	10.0	4
偏大	30.8	1	53.0	1
合适	20.7	3	25.0	2
偏小	30.3	2	11.0	3
过小	4.2	6	1.0	5
尚难判断	9.0	4		6

结果表明，我国企业家对保持经济发展较快速度和控制物价较小涨幅有着较强的愿望，这与我国经济持续、快速、健康发展的总体要求是一致的。

3. 关于物价和货币供应形势

调查显示，我国物价形势和货币供应形势还有待进一步改善。在对物价涨幅判断方面，17.9%的企业家认为涨幅过大，61.7%的企业家认为涨幅偏大，只有17.9%的企业家认为正常，另外有2.5%的企业家认为难于做出判断（表6）。在问及与物价涨幅直接相关的货币投放和信贷规模时，却只有1.4%和11.8%的企业家认为过大或偏大，43.7%和13.3%的企业家认为偏小和过小（表7）。这种相互矛盾的心理说明，源于原材料涨价及物价普遍上涨，造成对提高工人工资的压力而使企业背上了成本上升的沉重负担，而这种成本上升的负担又使企业的资金状况更显紧张，从而企业家们希望国家增加货币投放和扩大信贷规模来缓解企业的资金紧张状况。与此相比较，专家们对物价涨幅的看法比企业家更为严峻，分别有40.0%和52.0%的专家认为物价涨幅过大和偏大，总计达到92.0%（表6），而相应只有23.0%和2.0%的专家认为货币投放和信贷规模偏小或过小，近半数的专家认为合适，仅25.0%和1.0%的专家认为偏大或过大（表7）。相比之下，专家们对物价形势的反映更为强烈，对当前的货币政策赞成率较高，企业家则更注重企业的实际困难和实际需要。

表6　　今年以来的物价涨幅（%）

	企业家	排序	专家	排序
过大	17.9	2	40.0	2
偏大	61.7	1	52.0	1
正常	17.9	2	7.0	3
尚难判断	2.5	4	1.0	4

表7　　企业经营者对目前货币投放和信贷规模情况的判断（%）

	企业家	排序	专家	排序
过大	1.4	6	1.0	5
偏大	11.8	4	25.0	2
适合	22.6	2	49.0	1
偏小	43.7	1	23.0	3
过小	13.3	3	2.0	4
尚难判断	7.2	5		6

4. 关于市场形势

调查表明，我国市场形势基本正常，供需状况基本平衡。对消费品市场的判断，45.1%的企业家认为较旺或旺盛，43.5%认为平淡，仅有9.7%的企业家认为较冷或过冷。与此相对应，专家意见中有65.0%的人认为较旺或旺盛，30.0%的人认为平淡，只有1.0%的专家认为较冷，没有一个专家认为过冷（表8）。从社会商品零售总额等指标看，我国的消费品市场确实处于一个相对旺盛的状态，这可能是专家们做出相应判断的重要依据。而部分企业家认为消费品市场平淡或较冷，则可能是出于对本企业产品销售的考虑而做出判断的。同时也说明我国企业在主动适应市场需求方面还要进一步努力。

表8　　对我国消费品市场的判断（%）

	企业家	排序	专家	排序
旺盛或较旺	45.1	1	65.0	1
平淡	43.5	2	30.0	2
较冷	8.7	3	1.0	3
过冷	1.0	5		5
尚难判断	1.7	4	4.0	4

以上结果表明，我国的宏观调控已取得显著成效，为企业的改革与发展创造了良好的宏观经济环境，国民经济持续、快速、平稳、健康发展。从总体来看，企业家们对此是持满意态度的。

二、企业家对企业经营和体制改革形势的判断

1. 关于企业运行情况

从被调查企业1—6月份的运行情况来看，我国的宏观调控措施已在企业中产生了积极的效果。

（1）企业开工总体状况良好。调查表明我国企业设备开工状况较好，设备平均开工率为79.1%。按企业所有制来看：国有企业的设备平均开工率为77.5%；集体企业为83.5%；私营企业为83.4%；“三资”企业为85.8%；混合企业为79.1%；即“三资”企业开工情况最好。按企业规模来看，大型企业的设备平均开工率为79.6%；中型企业为78.7%；小型企业为78.9%。而样本中属国家经贸委百家现代企业制度试点和56家大型企业集团试点的87家企业（以下简称87家试点企业）为83.0%；即试点企业开工情况最佳（如表9）。

表9　　企业设备开工情况（%）

总体	**79.1**	混合企业	79.1
国有企业	77.5	大型企业	79.6
集体企业	83.5	中型企业	78.7
私营企业	83.4	小型企业	78.9
三资企业	85.7	87 家试点企业	83.0

这表明我国的大型企业保持较强的活力，开工运转情况优于其他规模的企业；“三资”企业和集体企业也保持好的运作状态；国有企业的开工情况虽居第五，但与上年调查结果相比，大大好于上年。

（2）企业产销基本平衡。调查表明我国企业的产销形势较好，企业平均产销率为93.7%。按企业的所有制来看：国有企业的平均产销率94.1%；集体企业为91.1%；私营企业为87.3%；“三资”企业为94.2%；混合企业为94.2%；“三资”企业与混合型企业平均产销率居第一，国有企业位次紧随其后。按企业的规模来看：大型企业的平均产销率为96.1%；中型企业为93.1%；小型企业为91.2%。而样本中的87家试点企业为96.2%。试点企业和大型企业的平均产销情况最佳（如表10）。

表10　　企业产销率情况（%）

总体	**93.7**	混合企业	94.2
国有企业	94.1	大型企业	96.1
集体企业	91.1	中型企业	93.1
私营企业	87.3	小型企业	91.2
三资企业	94.2	87 家试点企业	96.2

由此表明国有企业和我国的大、中型企业的产品基本适销对路、产销基本平衡、市场营销方面的状况良好。

（3）职工收入普遍提高。1995年样本企业员工的月平均收入比上年同期增长27.5%，高于1995年的物价涨幅约10个百分点。表明我国企业在效益增长的同时，职工的收入也有了明显的增加。企业职工收入增加较快。从不同所有制企业职工收入来看，国有企业的职工收入增长为28.7%；集体企业为27.3%；私营企业为18.2%；“三资”企业为17.5%；混合企业为26.0%。国有企业职工的收入增长幅度最大。

从不同规模企业职工的收入来看，大型企业职工收入增长幅度为27.1%；中型企业为29.3%；小

型企业为22.2%。样本企业中87家试点企业为26.9%。中型企业职工收入增长幅度最大（如表11）。

表11　企业职工收入增长情况（%）

总体	**27.5**	混合企业	26.0
国有企业	28.7	大型企业	27.1
集体企业	27.3	中型企业	29.3
私营企业	18.2	小型企业	22.2
三资企业	17.5	87家试点企业	26.9

（4）企业的销售收入和上缴税金有较大幅度增长，但不同类型的企业的税后利润有升有降。企业平均销售收入比上年同期增长31.1%，上缴税金平均比上年同期增长50.9%，税后利润比上年同期增长13.6%。

按企业所有制来看，国有企业平均销售收入比上年同期增长30.6%，上缴税金平均比上年同期增长41.8%，税后利润平均比上年下降9.5%；集体企业则分别比上年同期增长33.2%、38.9%和173.3%；私营企业则分别比上年同期增长了21.8%、85.6%和18.1%；“三资”企业则分别比上年同期增加41.6%、54.7%和下降56.8%；混合企业分别比上年同期增长24.7%、165.1%和下降1.7%。即销售收入三资企业增长幅度最大，上缴税金混合企业增加最多，税后利润集体企业增长最快。

按企业的规模来看，大型企业的平均销售收入比上年同期增长31.4%，上缴税金比上年同期增长了38.4%；税后利润比上年同期下降25.9%；中型企业则分别比上年同期增长了30.3%、64.8%和51.3%；小型企业则分别为33.5%、40.3%和4.7%。即小型企业的销售收入增长幅度最大，中型企业上缴税金和税后利润增长最多。

总的来看，与上年同期相比，样本企业的销售收入和上缴国家的税金都有较大幅度的增长，而税后利润有升有降。这表明，实行新税制以后，国家与企业以及不同类型的企业之间的利益分配关系发生了变化（如表12）。

表12　企业的销售收入、上交税金、税后利润增长情况（%）

	销售收入	上缴税金	税后利润
总体	**31.1**	**50.9**	**13.6**
国有企业	30.6	41.8	-9.5
集体企业	33.2	38.9	173.3
私营企业	21.8	85.6	18.1
三资企业	41.6	54.7	-56.8
混合企业	24.7	165.1	-1.7
大型企业	31.4	38.4	-25.9
中型企业	30.3	64.8	51.3
小型企业	33.5	40.3	4.7

2. 关于企业改革

调查结果表明，我国企业家对企业改革有着积极的态度，正按照社会主义市场经济的要求，采取有效措施，积极推进企业改革。

（1）在用工制度改革方面，企业家普遍看好劳动合同制。对于劳动合同制有利于增强职工的责任心、调动职工积极性，有利于提高职工队伍的素质，有利于维护企业的合法权益，有利于提高生产效率等方面的积极作用，大多数企业家有共识（如表13）。目前，被调查企业中劳动合同制职工平均占职工总数的59.2%，超过半数。

表 13－1　　实行劳动合同制后对企业产生的积极作用（%）

	总体	国有	集体	私营	三资	混合
有利于增加职工的责任心，调动职工积极性	**71.9**	72.4	73.6	50.0	69.6	69.4
可以招用素质好的职工	**56.6**	52.3	68.9	87.5	66.3	67.1
有利于维护企业的合法权益	**47.3**	47.3	45.7	37.5	47.5	57.6
有利于企业生产任务的完成，提高生产率	**43.5**	44.7	44.0	50.0	40.3	30.6
有利于技术岗位职工的稳定	**30.9**	30.1	39.0	31.3	23.2	31.8
其他	**9.8**	11.4	4.4	6.3	7.2	7.1
合同制职工占职工总数比例	**59.2**	53.8	70.8	84.2	86.2	70.8

表 13－2　　实行劳动合同制后对企业产生的积极作用（%）

	总体	大型	中型	小型	87 家试点企业
有利于增加职工的责任心，调动职工积极性	**71.9**	75.4	70.7	66.0	86.4
可以招用素质好的职工	**56.6**	51.1	59.4	65.0	50.0
有利于维护企业的合法权益	**47.3**	48.9	45.4	50.3	65.1
有利于企业生产任务的完成，提高生产率	**43.5**	42.9	43.0	48.5	55.9
有利于技术岗位职工的稳定	**30.9**	30.8	31.5	29.4	35.0
其他	**9.8**	9.4	11.1	6.7	7.6
合同制职工占职工总数比例	**59.2**	52.3	60.6	61.1	56.5

从不同所有制企业来看，采用劳动合同制的国有企业、集体企业、三资企业和混合型企业更多地希望以此增强职工的责任心，调动企业职工的积极性。而私营企业的回答更具实用性，即主要目的是为了招用素质好的职工，其次是为了增强职工的责任心，调动职工的积极性以及完成企业生产任务，提高生产率。从不同规模的企业采用劳动合同制的目的来看，没有体现上述差异，主要目的是为了增强职工的责任心，调动职工的积极性。

（2）在企业融资和投资改革方面，企业多元化投资和融资的能力和市场意识大大增强。企业固定资产投资的资金来源从以往的依靠国家投资，转向了以自筹资金、银行贷款等为主的融资方式；企业的固定资产投资的主要投向也是将生产性投资项目摆在首位（如表 14、表 15）。

表 14－1　　企业固定资产投资的主要资金来源（%）

	总体	国有	集体	私营	三资	混合
自筹资金	**73.0**	73.9	78.9	87.5	54.7	71.8
银行贷款	**57.0**	57.3	59.2	75.0	46.4	57.6
引进外资	**12.5**	9.1	16.4	12.5	35.9	23.5
国家投资	**10.2**	13.0	1.5		3.9	8.2
发行债券	**3.5**	3.4	4.7		0.6	5.9
发行股票	**2.5**	1.3	1.5	6.3	2.8	14.1
其他	**6.7**	6.3	9.7		9.4	5.9

表 14－2　　企业固定资产投资的主要资金来源（%）

	总体	大型	中型	小型	87 家试点企业
自筹资金	**73.0**	75.1	72.3	69.3	75.3
银行贷款	**57.0**	66.5	53.1	40.5	100.0
引进外资	**12.5**	15.8	11.0	7.1	47.3
国家投资	**10.2**	14.7	7.4	5.8	29.3
发行债券	**3.5**	4.5	3.4	0.6	19.6

续表

	总体	大型	中型	小型	87家试点企业
发行股票	**2.5**	4.3	1.5	0.3	12.4
其他	**6.7**	5.5	7.3	8.9	12.4

按所有制来看，国有企业、集体企业和私营企业固定资产投资的资金主要来源于自筹资金和银行贷款，而三资企业、混合企业除了将自筹资金和银行贷款作为固定资产投资的主要资金来源之外，选择引进外资的比例也相对较高。按企业规模来看，不同规模的企业固定资产投资的资金均主要来源于自筹资金和银行贷款；试点企业除了将自筹资金和银行贷款作为固定资产投资的主要资金来源之外，选择引进外资和国家投资的比例也相对较高。这表明，我国企业在计划经济体制下，固定资产投资主要依赖国家的状况已得到根本改变，企业利用市场手段融资的能力大大增强，多元化的融资体系正在建立。

表15　企业固定资产投资的主要投向（%）

	总体	国有	集体	私营	三资	混合	87家试点企业
生产性投资	**82.6**	83.0	80.6	87.5	83.4	87.1	92.9
非生产性投资	**35.3**	39.6	23.8	37.5	23.2	17.6	68.8
本企业外投资	**8.6**	8.1	8.8	12.5	9.9	14.1	30.7
境外投资	**1.2**	1.1	1.8		1.1	1.2	4.3
其他	**3.3**	3.2	3.8		2.2	4.7	3.4

从表15可以看出，所有不同性质的企业均把生产性项目放在固定资产投资的首位，这表明我国企业不仅固定资产投资的自我约束性增强了，而且自我发展的意识也有所强化。

（3）在企业竞争方式的转变方面，企业家把人才和市场放在了主要位置。企业家们认为人才竞争是最具威胁的竞争，也是竞争的实质；其次是市场营销的竞争（如表16）。

表16－1　对企业最具威胁的竞争（%）

	总体	国有	集体	私营	三资	混合
技术竞争	**6.7**	6.9	5.6		10.0	3.6
市场营销竞争	**23.9**	23.6	24.3	12.5	29.4	21.4
人才竞争	**38.7**	38.4	38.4	49.9	32.8	52.4
产品竞争	**9.6**	9.9	10.0	12.5	7.2	7.1
信息服务竞争	**1.5**	1.4	2.1	6.3	0.6	1.2
管理竞争	**4.1**	4.3	3.5	6.3	3.9	2.4
优惠政策	**12.3**	12.4	12.9	12.5	12.2	11.9
其他	**3.2**	3.1	3.2		3.9	

表16－2　对企业最具威胁的竞争（%）

	总体	大型	中型	小型	87家试点企业
技术竞争	**6.7**	6.6	6.5	8.0	3.5
市场营销竞争	**23.9**	22.6	23.9	28.5	17.4
人才竞争	**38.7**	39.0	39.5	35.6	54.7
产品竞争	**9.6**	11.3	8.7	7.1	9.3
信息服务竞争	**1.5**	0.9	1.7	2.1	
管理竞争	**4.1**	5.0	3.8	2.5	4.7
优惠政策	**12.3**	11.4	12.4	14.4	8.1
其他	**3.2**	3.2	3.5	1.8	2.3

这表明我国企业家的人才观念和市场观念大大增强，从过去计划经济体制下注重争取优惠政策转为重视人才、重视市场营销的竞争，这是我国企业家观念上的重大转变。

（4）企业经营者的工作方式和市场取向明显转变。调查显示，在工作方式上，企业家的主要精力转向了市场开拓。1995 年与 1994 年同期跟踪调查中都有这样一个问题："作为厂长（经理），您的时间和精力主要用在哪些方面?"比较两次调查的结果，这一次有 47.3% 的企业家回答主要用在"销售活动"方面，而上一次则仅有 14.5% 的企业家回答用在"销售活动"方面。在市场取向方面，企业家从以往依赖国家和局限于国内市场，转向了全方位开拓国内外市场。当问及"您认为本企业最有潜力的市场在哪里?"时，"国内城镇市场"的回答率最高，为 57.5%；"海外市场"次之，为 24.2%；"国内农村市场"再次之，为 11.5%。这表明，企业经营者全方位开拓市场的意识明显增强（如表 17）。

表 17　　企业的市场取向（%）

海外	24.2	国内城镇	57.5
国内农村	11.5	其他	6.8

表 17 还表明，我国国内市场中，农村购买力弱于城镇，而海外虽然市场前景可观，但是我国企业产品的国际竞争能力尚有待提高。因此目前把城镇市场放在市场战略的首位，其次是积极开拓国际市场，是企业家们符合国情的理性选择。

3. 关于企业管理

我国企业要提高整体素质，实现全面振兴，必须强化企业科学管理，企业管理必须由粗放型向集约型转变，这已是企业家们的共同选择。

（1）强化管理、深化改革，以解决国有企业效益低下和亏损问题。对于解决国有企业微利和亏损问题的出路，企业家们回答频率最高的前五位依次是："苦练内功，加强企业管理"（58.6%），"要有一个好的厂长/经理"（48.8%），"解脱企业的历史包袱，减轻企业负担"（39.5%），"转变经营机制，建立现代企业制度"（33.4%），以及"开发新产品，开拓新市场"（33.1%）（如表 18）。

表 18－1　　解决国有企业效益低下和亏损等问题的关键（%）

	总体	国有	集体	私营	三资	混合
苦练内功、强化管理	**58.6**	60.0	55.7	62.5	50.8	56.5
有一个好的厂长（经理）	**48.8**	43.9	65.4	56.3	56.9	68.2
解脱历史包袱、减轻负担	**39.5**	44.1	28.4	6.3	28.7	28.2
转变经营机制，建立现代企业制度	**33.4**	29.9	42.2	62.5	43.1	40.0
开发新产品，开拓新市场	**33.1**	32.3	37.5	25.0	36.5	37.6
集中投入、加大技改	**26.3**	27.4	21.1	25.0	27.6	16.5
清理历史债务、增加生产经营资金	**22.7**	26.3	11.1	6.3	13.3	21.2
解决企业办"社会"的问题	**16.3**	17.6	11.4	25.0	12.2	12.9
改革用工制度，积极分流富余人员	**14.5**	14.3	15.8	25.0	16.0	14.1
其他	**1.9**	1.9	2.1		2.2	1.2

表 18－2　　解决国有企业效益低下和亏损等问题的关键（%）

	总体	大型	中型	小型	87 家试点企业
苦练内功、强化管理	**58.6**	63.4	56.7	49.7	79.3
有一个好的厂长（经理）	**48.8**	44.2	50.5	58.9	40.2
解脱历史包袱、减轻负担	**39.5**	40.4	40.6	34.0	33.3
转变经营机制，建立现代企业制度	**33.4**	34.7	30.4	40.5	37.9

续表

	总体	大型	中型	小型	87家试点企业
开发新产品，开拓新市场	**33.1**	29.6	34.8	39.6	27.5
集中投入、加大技改	**26.3**	28.1	25.0	25.5	36.7
清理历史债务、增加生产经营资金	**22.7**	23.3	24.2	16.0	25.2
解决企业办“社会”的问题	**16.3**	17.7	16.0	12.6	12.6
改革用工制度，积极分流富余人员	**14.5**	13.8	15.2	14.7	6.9
其他	**1.9**	1.4	2.3	2.1	

从不同所有制和规模的企业来看，按选择比例排在前五位的情况基本与总体情况一致。这五种选择是企业的经营管理由粗放型向集约型转变的必由之路。在这一点上，企业家们取得如此共识，的确令人欣慰。

对于87家试点企业而言，其前五位的选择：一是苦练内功、强化管理（79.3%）；二是有一个好的厂长/经理（40.2%），三是转变经营机制，建立现代企业制度（37.9%）；四是集中必要投入，加大技改（36.7%）；五是解脱历史包袱，减轻企业负担（33.3%）。可以看出试点企业除了注重强化企业内部管理和企业家的作用之外，把建立现代企业制度和加强企业技术改造放到了较重要的位置，即把企业改革和企业技术进步视为解决企业效益低下和亏损问题的关键因素之一，表明这些试点企业的企业家对搞活企业的认识更深一步。

（2）抓住关键、找准难点，以提高企业管理人员的整体素质。调查表明，搞活企业的关键是加强企业的内部管理，但对于进一步加强企业内部管理的难点，企业家们普遍认为，首先是管理干部的素质低（51.1%）；其次是富余人员太多（46.7%）；第三是劳动用工、人事管理权不落实（42.0%）。因此，要在提高企业管理人员的整体素质上下功夫（如表19）。

表19－1　　进一步加强企业内部管理的主要难点（%）

	总体	国有	集体	私营	三资	混合
管理干部素质低	**51.1**	47.6	63.0	43.8	60.8	62.4
富余人员多	**46.7**	54.0	29.3	6.3	16.0	42.4
劳动用工、人事管理权不落实	**42.0**	47.8	25.5	6.3	22.7	37.6
缺乏先进的管理方法	**38.7**	34.4	56.6	50.0	49.2	32.9
资产运作能力差	**34.6**	35.9	29.6	43.8	30.9	29.4
政企不分	**29.6**	33.1	17.9	6.3	18.2	34.1
职工凝聚力差	**14.8**	12.8	24.0	18.8	19.3	16.5
企业领导体制不协调	**6.4**	6.7	7.6		2.8	7.1
其他	**10.4**	9.1	12.0	25.0	15.5	14.1

表19－2　　进一步加强企业内部管理的主要难点（%）

	总体	大型	中型	小型	87家试点企业
管理干部素质低	**51.1**	44.7	55.9	55.2	42.8
富余人员多	**46.7**	55.3	43.2	31.6	61.7
劳动用工、人事管理权不落实	**42.0**	41.4	43.3	40.2	31.7
缺乏先进的管理方法	**38.7**	34.8	39.3	50.9	33.6
资产运作能力差	**34.6**	36.7	34.2	28.5	62.5
政企不分	**29.6**	34.8	27.5	20.2	43.0
职工凝聚力差	**14.8**	9.9	16.6	24.8	9.5
企业领导体制不协调	**6.4**	7.1	5.8	6.7	7.1
其他	**10.4**	9.3	10.6	13.2	8.3

从不同所有制的企业来看，国有企业强化企业内部管理的难点主要是富余人员太多、劳动用工及人事管理权不落实和管理干部素质低，这应成为国有企业改革的主要着眼点之一。其他类型（除混合企业外）的企业，在难点问题上的判断，都将“管理干部素质低”和“缺乏先进的管理方法”这两项置于前列，反映了企业内部管理的共同困难，由此也明确了企业内部改革的侧重点。

（3）集约经营、充分挖潜，企业效益将大大提高。通过加强企业管理，挖掘企业的潜力，企业家们对提高企业的生产经营效益充满信心。企业家们认为，强化企业内部管理：①全员劳动生产率平均可以提高 24.3%；②资金利税率平均可以提高 13.4%；③生产能力平均可以提高 27.0%；④物耗成本平均可以降低 8.5%（如表 20）。

表 20－1　　强化企业内部管理的潜力（%）

	总体	国有	集体	私营	三资	混合
全员劳动生产率	**24.3**	24.4	24.9	29.6	19.5	27.7
资金利税率	**13.4**	12.8	14.0	17.0	14.8	16.8
生产能力	**27.0**	26.4	29.1	46.4	22.1	32.9
物耗成本	**−8.5**	−8.7	−7.9	−12.5	−7.0	−8.8

表 20－2　　强化企业内部管理的潜力（%）

	总体	大型	中型	小型	87 家试点企业
全员劳动生产率	**24.3**	21.8	25.7	27.6	20.7
资金利税率	**13.4**	11.9	13.6	17.4	9.2
生产能力	**27.0**	22.9	29.2	31.9	20.8
物耗成本	**−8.5**	−7.7	−8.9	−9.4	−6.6

从表中可以看出，通过强化企业内部管理，小型企业和私营企业提高效益的潜力最大。国有企业、集体企业以及大中型企业的劳动生产率和生产能力也都有 20.0% 以上的潜力，资金利税率有 11.0% 以上的潜力可以发挥出来。

4. 关于企业技术进步

技术进步是企业发展的根本动力。调查结果表明，我国企业家的科技进步意识普遍增强，企业的自主创新能力有所提高。

（1）企业技术进步意识普遍增强。自主创新和技术引进是企业技术进步的两条主要途径。90 年代以来，企业技术进步状况如表 21。

表 21－1　　90 年代以来企业技术进步状况（%）

	总体	国有	集体	私营	三资	混合
只引进技术	**23.2**	23.1	18.3	18.8	29.0	24.1
自己开发过	**28.3**	27.8	36.1	43.8	20.5	21.7
引进，同时自己开发	**39.5**	39.1	38.2	31.3	46.0	45.8
没有引进或开发	**9.0**	9.9	7.4	6.3	4.5	8.4

表 21－2　　90 年代以来企业技术进步状况（%）

	总体	大型	中型	小型	87 家试点企业
只引进技术	**23.2**	28.0	22.1	10.4	25.9
自己开发过	**28.3**	19.0	31.7	48.1	5.9
引进，同时自己开发	**39.5**	47.3	34.7	30.5	63.5
没有引进或开发	**9.0**	5.7	11.5	11.0	4.7

可以看出，90年代以来没有引进或开发过技术的企业只占极少部分，仅9.0%；而90.0%以上的企业都有过不同形式的技术进步，其中，在引进技术时，又自主开发过新技术的企业是主流，占39.5%。

从不同所有制的企业来看，既引进技术，又自主开发新技术的企业，比率较高的依次是“三资”企业，混合企业，国有企业；私营企业比率最低；单纯依靠引进技术的企业，比率较高的依次是“三资”企业、混合企业和国有企业；单纯依靠自主开发的企业，比率较高的依次是私营企业、集体企业和国有企业，三资企业比率最低。

从不同规模的企业来看，既引进技术、又自主开发新技术的企业，比率较高的依次是试点企业、大型企业、中型企业，小型企业的比率最低；单纯引进技术的企业，比率较高的依次是大型企业、中型企业和小型企业；单纯自主开发的企业，比率较高的依次是小型企业、中型企业和大型企业；试点企业的引进技术和自主开发新技术的比率明显高于其他类型的企业，说明我国试点企业技术进步的能力更胜一筹。

（2）自主创新是我国企业技术进步的主要方式。创新是企业发展的灵魂。目前我国企业技术进步主要是依靠本企业的技术力量进行技术创新，其次是引进国外技术和装备（如表22）。

表22-1　　企业技术进步的主要方式（%）

	总体	国有	集体	私营	三资	混合
引进国外技术装备	**25.3**	24.6	18.4	12.5	44.7	32.5
购买国内专利	**3.6**	3.7	4.2		0.6	2.4
聘请高校院所开发研制	**9.0**	8.1	12.8	31.3	6.1	12.0
依靠本企业技术力量自行开发	**43.6**	45.5	41.5	43.7	31.3	38.6
模仿开发创新	**18.5**	17.9	23.1	12.5	17.3	14.5

表22-2　　企业技术进步的主要方式（%）

	总体	大型	中型	小型	87家试点企业
引进国外技术装备	**25.3**	34.1	22.1	7.8	42.8
购买国内专利	**3.6**	2.3	4.6	4.1	
聘请高校院所开发研制	**9.0**	5.5	10.6	15.4	6.0
依靠本企业技术力量自行开发	**43.6**	44.0	42.5	46.1	38.1
模仿开发创新	**18.5**	14.1	20.2	26.6	13.1

可以看出，按所有制来看，除三资企业的技术进步是以引进国外技术和装备为主以外，其他性质的企业都是主要依靠自己的技术力量进行技术开发。按企业规模看，无论是什么规模的企业，都是以自主开发为主要技术进步方式。而87家试点企业则以引进国外技术和装备为主，其次才是依靠自己的技术力量进行开发。这与这些试点大企业资金较为雄厚，技术水平要求高，产品质量要求好的原因有关。

（3）企业自主研究开发潜力显著增加。调查结果显示，有69.7%的企业拥有自己的研究开发机构。这表明我国企业自主研究开发的潜力十分可观（如表23）。

从表23可以看出，按所有制划分，私营企业中的研究开发机构最多，集体企业的最少。这与我国近10年来，民办科技企业兴起有密切关系，这些企业中有许多本身就是科研机构，而集体企业多为乡镇企业或城镇社区企业，技术力量相对薄弱，许多不具备办科研机构的条件。

从企业规模划分，大型企业拥有科研开发机构的比例最高，小型企业拥有的比例最低。试点企业中的研究与开发机构比例高于其他类型的企业。这表明，我国大型企业有着很大的技术创新潜力和技术创新优势。

表 23　企业拥有研究开发机构的情况（%）

总体	69.7	混合企业	77.6
国有企业	71.0	大型企业	79.2
集体企业	62.8	中型企业	65.5
私营企业	80.0	小型企业	54.7
三资企业	63.5	87 家试点企业	80.2

5. 关于政府职能的转变

转变政府职能、实行政企分开，是我国建立社会主义市场经济体制，建立现代企业制度的必要条件。调查表明，1995 年以来，我国企业经营自主权的落实情况大大好于往年。但部分企业中政企不分的现象依然不同程度的存在。

（1）企业经营自主权的落实情况大大好于往年。由传统计划经济向社会主义市场经济转变过程中，企业的经营自主权落实情况，能较客观地反映政府职能转换的程度和企业经营机制转换的程度。关于企业经营自主权落实情况的调查，中国企业家调查系统已从 1993 年开始，连续跟踪调查了 3 年。本次调查结果显示，1995 年我国企业的经营自主权的落实情况是迄今为止最好的一年，也表明我国在建立社会主义市场经济体制的过程中，政府职能转换取得了很大的成效（如表 24）。

表 24　企业 14 项经营自主权的落实情况比较（%）

	1995 年	1994 年	1993 年
生产经营决策权	97.3	94.0	88.7
产品劳务定价权	85.4	73.6	75.9
产品销售权	95.9	90.5	88.4
物资采购权	97.8	95.0	90.8
进出口权	41.3	25.8	15.3
投资决策权	72.8	61.2	38.9
税后利润支配权	88.3	73.8	63.7
资产处置权	68.2	46.6	29.4
联营兼并权	59.7	39.7	23.3
劳动用工权	74.8	61.0	43.5
人事管理权	83.5	73.3	53.7
工资、奖金分配权	93.1	86.0	70.2
内部机构设置权	94.4	90.5	79.3
拒绝摊派权	17.4	10.3	7.0

表中可以看出，近三年来，企业的劳动用工权的落实情况最好，此次分别比 1994 年和 1993 年增加了 23.8 和 41.3 个百分点；其次是资产处置权，增加幅度分别为 21.6 和 38.8 个百分点；第三是联营兼并权，增加幅度分别是 20.0 和 36.4 个百分点。其余各项也都有了不同幅度的增加。

表 25－1　今年企业 14 项自主权的落实情况（%）

	中央	省（市、自治区）	地（市、州）	县（区）	乡（镇）	无隶属关系
生产经营决策权	93.5	97.3	98.5	98.4	99.4	100.0
产品劳务定价权	72.5	85.8	87.1	90.7	98.1	93.6
产品销售权	91.4	95.6	97.1	97.8	98.8	98.8

续表

	中央	省（市、自治区）	地（市、州）	县（区）	乡（镇）	无隶属关系
物资采购权	95.7	96.9	98.8	98.9	98.8	100.0
进出口权	33.0	43.3	44.8	33.4	42.0	66.2
投资决策权	61.8	67.5	76.8	76.4	90.4	95.0
税后利润支配权	81.9	88.0	92.2	88.2	89.2	94.9
资产处置权	58.4	68.0	71.4	68.7	76.1	82.3
联营兼并权	49.0	59.1	63.4	57.1	75.2	79.7
劳动用工权	63.8	75.1	75.8	71.2	100.0	92.5
人事管理权	79.0	83.9	83.6	81.1	95.0	95.1
工资、奖金分配权	90.0	92.0	94.0	95.3	96.3	97.6
内部机构设置权	91.0	93.8	94.6	97.5	99.4	98.8
拒绝摊派权	15.3	17.2	16.0	17.7	20.6	39.7

表 25－2　　今年企业 14 项自主权的落实情况（%）

	大　型	中　型	小　型	87 家试点企业
生产经营决策权	96.5	97.8	98.1	97.7
产品劳务定价权	80.3	88.3	92.1	85.9
产品销售权	93.7	97.3	98.1	96.5
物资采购权	96.3	98.8	99.1	97.7
进出口权	48.1	35.3	37.5	80.2
投资决策权	73.0	71.8	75.2	72.9
税后利润支配权	89.6	87.9	85.8	94.1
资产处置权	69.6	68.2	63.4	72.9
联营兼并权	63.1	57.5	55.2	80.0
劳动用工权	74.7	75.3	72.8	80.5
人事管理权	86.1	82.6	78.2	85.7
工资、奖金分配权	94.1	92.7	92.5	90.6
内部机构设置权	93.7	94.7	95.9	94.1
拒绝摊派权	18.2	16.5	17.5	23.8

从表25中可以看出，按不同隶属关系来看，隶属地（市、州）以下及无隶属的企业，企业的经营自主权落实情况明显好于省以上所属企业。按不同企业规模来看，中、小型企业落实企业经营自主权的情况要优于大型企业。试点企业的企业经营自主权落实情况也有了大的改观，如进出口权、税后利润支配权、联营兼并权和劳动用工权的落实都较其他企业要好。

（2）政企不分的现象依然在部分企业中存在。主要体现在企业的厂长（经理）或中层干部任用仍存在行政干预现象，有些政府主管部门仍给企业下达指令性指标和任务，以及干预企业日常的经营活动。这三种政企不分的形式，在不同所有制企业以及不同规模的企业都有基本相同的表现（如表26所示）。

表 26－1　　政企不分的主要表现形式（%）

	总体	国有	集体	私营	三资	混合
行政干预厂长（经理）的作用	**58.4**	62.7	56.6	18.8	34.3	54.1
政府仍下达指令性指标任务	**38.9**	39.5	47.2	6.3	28.7	35.3
企业中层干部仍由政府委派	**34.6**	39.0	29.9	12.5	16.6	16.5
政府主管部门仍干预企业日常活动	**28.2**	30.8	22.0		21.0	24.7

续表

	总体	国有	集体	私营	三资	混合
政府与企业在经营权上无明确界定	**26.9**	29.4	22.6	12.5	16.6	21.2
股份公司、董事会不能依法行使权力	**10.2**	6.8	8.8	31.3	18.8	42.4
其他	**8.6**	8.4	7.3	18.8	13.8	7.1

表26－2　　政企不分的主要表现形式（%）

	总体	大型	中型	小型	87家试点企业
行政干预厂长（经理）的作用	**58.4**	54.6	61.3	61.3	52.6
政府仍下达指令性指标任务	**38.9**	36.4	40.7	41.7	40.0
企业中层干部仍由政府委派	**34.6**	34.8	35.3	32.5	39.0
政府主管部门仍干预企业日常活动	**28.2**	29.6	27.1	28.5	62.5
政府与企业在经营权上无明确界定	**26.9**	29.7	26.0	21.2	59.7
股份公司、董事会不能依法行使权力	**10.2**	10.3	10.7	8.6	16.0
其他	**8.6**	9.0	9.0	5.8	30.0

从表26中可以看出，试点企业反映的政企不分的主要形式是政府部门干预企业日常活动，政府与企业在经营权上无明确界定以及行政干预厂长（经理）的任用。

对于一些资不抵债而应该破产的国有企业破产难的原因，企业家们认为主要是上级主管部门不让其破产（62.2%），其次是银行不愿意（51.8%），第三是职工不愿意（46.1%）（如表27）。

表27　　应破产国有企业破产难的原因（%）

上级主管不让破产	62.2	银行不愿意	51.8
职工不愿意	46.1	经营者不愿意	23.8
其他债权人不愿意	19.9	其他	9.1

这主要是由于国有企业资产管理体系和金融体系的改革尚在进行之中，国有企业破产后，国有资产、银行债务等问题目前尚未有明确而稳妥的处置办法。此外，社会保障体系的不健全，破产企业职工的生活保障及再就业等问题还有待进一步探索解决。因而，政府目前的干预、银行的作用以及职工的意见在左右着国有企业破产难问题。这是我国改革与发展过程中的矛盾，将随改革的不断深化逐步解决。

三、企业家反映目前经济发展和企业改革中亟待解决的突出问题

（1）在企业经济运行方面，突出矛盾是：企业资金短缺（56.7%），原材料、能源价格上涨过快（49.8%），相互拖欠现象严重（37.4%）。调查表明，当前资金紧张，原材料、能源价格上涨过快已成为困扰企业的主要难题。而造成资金紧张的最主要原因是企业间的相互拖欠现象严重（如表28、表29）。

表28－1　　企业目前面临的主要问题（%）

	总体	国有	集体	私营	三资	混合
资金短缺	**56.7**	56.6	61.9	50.0	49.7	52.9
原材料、能源价格上涨过快	**49.8**	45.4	64.2	68.8	69.1	50.6
拖欠严重	**37.4**	36.4	41.6	37.5	42.0	31.8
富余人员多	**25.8**	29.8	16.4		6.1	27.1
企业办“社会”	**20.3**	23.2	9.1	6.3	12.7	20.0

续表

	总体	国有	集体	私营	三资	混合
积债难还	**19.2**	22.7	9.4	18.8	8.8	12.9
政企不分	**13.3**	14.7	9.1	12.5	6.6	16.5
设备落后	**12.1**	12.5	14.1	31.3	8.3	8.2
"改制"名不符实	**10.8**	9.8	12.3	6.3	10.5	18.8
市场适应能力差	**9.8**	10.4	8.5	6.3	8.3	7.1
产品滞销	**9.5**	9.4	8.5		10.5	12.9
原材料紧张	**6.5**	5.5	9.1	6.3	11.6	7.1
内部管理不善	**6.3**	6.5	6.5		6.1	5.9
技术老化	**5.3**	5.4	6.5		2.2	7.1
其他	**7.3**	6.0	8.5	25.0	18.2	3.5

表 28 - 2　　企业目前面临的主要问题（%）

	总体	大型	中型	小型	87 家试点企业
资金短缺	**56.7**	57.3	57.0	55.2	57.2
原材料、能源价格上涨过快	**49.8**	47.1	51.5	52.5	38.1
拖欠严重	**37.4**	37.7	35.9	41.1	39.0
富余人员多	**25.8**	28.4	25.4	18.7	34.9
企业办"社会"	**20.3**	24.7	19.0	10.4	19.7
积债难还	**19.2**	19.6	20.7	12.6	30.4
政企不分	**13.3**	15.3	12.5	10.1	21.1
设备落后	**12.1**	9.2	13.2	18.4	4.6
"改制"名不符实	**10.8**	8.5	11.8	15.0	6.1
市场适应能力差	**9.8**	9.7	9.4	12.0	13.1
产品滞销	**9.5**	8.9	10.3	8.9	10.3
原材料紧张	**6.5**	7.0	6.2	5.8	11.5
内部管理不善	**6.3**	6.0	6.4	7.1	10.5
技术老化	**5.3**	4.5	5.0	9.2	2.3
其他	**7.3**	6.6	7.2	10.1	1.2

在不同所有制企业中，对资金紧张反应最强烈的企业依次是：集体企业、国有企业和混合企业，回答频率分别是61.9%、56.6%和52.9%；对原材料、能源价格上涨反应最强烈的企业依次是"三资"企业、私营企业和集体企业，回答频率分别是69.1%、68.8%和64.2%；对相互拖欠反应最强烈的企业依次是"三资"企业、集体企业和私营企业，回答频率分别是42%、41.6%和37.5%。在不同规模的企业中，对资金紧张反应强烈的企业排序依次是：大型企业、中型企业和小型企业，回答频率分别是57.3%、57%和55.2%；对原材料能源价格上涨过快反应强烈的企业排序依次是小型企业、中型企业和大型企业，回答频率分别是52.5%、51.5%和47.1%；对相互拖欠现象反映强烈的企业排序依次是小型企业、大型企业和中型企业，回答频率分别是41.1%，37.7%和35.9%，试点企业反应的强烈程度从总体上略低于其他企业。

表 29 - 1　　企业流动资金紧张的主要原因（%）

	总体	国有	集体	私营	三资	混合
被其他企业拖欠	**57.3**	57.4	61.0	56.3	56.4	49.4
过去核定的流动资金规模已不适应	**51.8**	60.1	26.7	6.3	23.8	44.7

从银行贷款困难	**47.9**	46.1	54.8	75.0	51.9	45.9

续表

	总体	国有	集体	私营	三资	混合
自有流动资金比例太低	**44.5**	47.4	37.5	37.5	33.1	32.9
原材料等涨价	**44.0**	43.0	50.7	37.5	45.3	47.1
被固定资产投资挤占	**18.1**	15.7	22.6	25.0	28.2	30.6
产品积压较多	**8.5**	8.4	10.3		5.5	8.2
其他	**4.8**	5.0	3.8	6.3	6.1	4.7

表 29－2　企业流动资金紧张的主要原因（%）

	总体	大型	中型	小型	87 家试点企业
被其他企业拖欠	**57.3**	58.3	56.0	59.5	59.5
过去核定的流动资金规模已不适应	**51.8**	59.8	49.3	35.6	73.8
从银行贷款困难	**47.9**	40.8	52.4	55.8	33.7
自有流动资金比例太低	**44.5**	46.3	42.6	46.6	59.2
原材料等涨价	**44.0**	43.7	43.4	47.5	40.3
被固定资产投资挤占	**18.1**	17.0	19.6	16.6	21.5
产品积压较多	**8.5**	8.3	8.7	8.6	9.5
其他	**4.8**	4.3	5.5	3.7	2.5

从总体来看，造成资金紧张的主要原因是企业的相互拖欠，占60.1%；其次是原有流动资金规模已不适应现在企业发展的要求，占51.1%；第三是从银行贷款困难，占49.2%。

从国有企业、大型企业和试点企业来看，造成资金紧张的原因比较一致，主要是过去核定的流动资金规模太低，造成企业目前的资本金不足，分别占65.1%，66.0%和73.8%；其次是企业相互拖欠，分别占59.1%，60.7%和59.5%；第三是自有流动资金太低，分别占52.6%，52.7%和59.2%。

（2）在国内市场环境方面，竞争过于激烈和竞争不规范给许多企业的营销造成困难。调查表明，企业家认为国内市场中的竞争过于激烈和不规范竞争是造成企业产品销售不畅的主要原因，需要认真加以引导和解决，企业在市场竞争中受到不公平对待也是不容忽视的问题（如表30）。

表 30　企业产品销售不畅的主要原因（%）

	总体	国有	集体	私营	三资	混合
竞争过于激烈	**47.3**	47.2	53.7	31.3	43.1	47.1
不正当竞争	**45.6**	46.4	48.1	25.0	39.8	41.2
需求不足	**32.2**	36.0	22.6	6.3	16.0	36.5
地方保护主义	**19.5**	20.3	20.8	18.8	14.9	16.5
广告宣传跟不上	**18.1**	16.5	24.0	37.5	21.5	24.7
进口太多	**18.0**	18.9	16.7	12.5	12.7	15.3
产品质量不好	**7.9**	7.4	9.1	18.8	6.1	10.6
产品不适销对路	**7.6**	7.3	10.3	6.3	5.5	9.4
其他	**14.4**	14.3	12.0	18.8	18.8	11.8

从国有企业来看，造成产品销售困难的主要原因依次是：竞争过于激烈、不正当竞争和需求不足，回答频率分别为47.2%，46.4%和36%。

从集体企业来看，造成产品销售困难的主要原因是竞争过于激烈、不正当竞争和广告宣传跟不上，回答频率分别是53.7%、48.1%和24%。其他类型的企业也大多将市场中的不正当竞争和竞争过于激烈列入了造成销售不畅的前三位的原因中。此外，76.5%的企业家承认自己的企业在市场竞争中有过不公平的遭遇。

（3）在企业改革与发展的环境方面，社会保障体系不健全、企业负担过重，是阻碍企业进一步改革与发展的主要因素（如表31）。

表31　造成有些国有企业亏损微利的原因（%）

原因	%	原因	%
社会负担太重	59.3	内部机制不如非国有企业	49.5
历史性债务包袱太重	35.2	管理不善	29.8
实际税负偏高	27.3	产权不清晰	24.5
经营自主权不如非国有企业	23.9	技术装备老化	23.1
人员结构不理想	13.2	账面与实际有出入	3.4
其他	4.5		

从表31中可以看出，企业家们认为造成国有企业亏损或微利前三位的主要原因是：社会负担太重，占59.3%；内部机制不如非国有企业，占49.5%；历史性债务包袱太重，占35.2%。若把企业目前的社会负担和历史性债务包袱统视为企业负担的话，则此项频率为94.5%，占绝大多数，即国有企业的负担过重，是造成其亏损和微亏的主要原因。

企业家们还认为，实行用工制度改革所面临的最大问题是社会保障体系不健全（59.2%），并担心由此裁减人员会影响社会的稳定（23.6%）（如表32）。

表32　企业裁员所面临的问题（%）

问题	%	问题	%
社会保障不健全	59.2	影响社会稳定	23.6
没有裁员自主权	10.2	有关部门不批准	3.3
其他	3.7		

对于我国企业所办“社会”一直未能分离出去的主要原因，企业家们认为主要是由于“政府的社区职能尚不健全”（58.8%），“企业没有自己的‘社会’，职工原先的福利待遇有可能失去保障”（20%）（如表33）。

表33　企业办“社会”难分离的原因（%）

原因	%	原因	%
政府社区职能尚不健全	58.8	企业没有自己的“社会”，福利没保障	20.0
第三产业尚不发达	18.3	其他	2.9

四、企业家对今后改革与发展的建议

如何保持国民经济持续、快速、健康发展，实现经济体制从传统的计划经济体制向社会主义市场经济体制转变，经济增长方式从粗放型向集约型转变，提高企业整体素质，企业家们提出了以下建议。

1. 努力维护和改善我国宏观调控取得的积极成果

对于下一步我国宏观调控政策，企业家们认为应该在维护目前成果的基础上，适度放活（如表34）。

从表34中可看出，中央所属企业将维护目前宏观调控的现状放在首要位置，其次是适度放活。这表明，我国1995年以来的宏观调控，对中央所属企业产生了较好的作用。省及省以下所属企业均是把适度放活放在首要位置，则反映出地方企业要求加快发展的积极要求。

无论按所有制划分，还是按企业规模划分，企业家们的选择是一致的，即下一步的宏观调控一是适度放活，二是维护当前宏观调控的积极成果。

表34　对下一步我国宏观调控政策的建议（%）

		从紧	维持现状	适度放活
总体		**22.3**	**32.1**	**45.6**
所有制	国有企业	24.0	31.5	44.5
	集体企业	19.9	37.2	42.9
	私营企业	7.1	28.6	64.3
	三资企业	19.3	31.3	49.4
	混合企业	14.6	31.7	53.7
规模	大型企业	22.0	32.2	45.8
	中型企业	21.4	31.8	46.8
	小型企业	27.4	32.7	39.9
隶属关系	中央	26.1	38.7	35.2
	省（市、自治区）	24.7	29.6	45.7
	地（市、自治州）	21.2	26.3	52.5
	县（区）	21.8	36.6	41.6
	乡（镇）	12.3	42.3	45.4
	无隶属关系	12.2	32.9	54.9

2. 国家应采取有效措施支持和推动企业改革

调查中发现，企业负担过重特别是许多企业历史遗留的银行债务越背越重，使企业的改革与发展步履维艰。企业家们建议，要采取有效措施支持和推动企业的改革发展，一是让长期亏损、资不抵债的企业破产（63.6%）；二是对企业的银行债务部分或全部挂账停息，展期归还（58.6%）；三是债权转增企业资本金（55.9%）（如表35）。

表35　解决企业历史遗留的银行债务问题的办法（%）

	总体	国有	集体	私营	三资	混合
让长期亏损的企业破产	**63.6**	60.1	73.9	87.5	75.7	70.6
挂账停息	**58.6**	60.4	61.3	31.3	50.8	42.4
债权转资本金	**55.9**	64.9	25.5	25.0	29.3	45.9
债权转股权	**51.9**	50.2	53.4	68.8	48.6	78.8
出售资产偿债	**25.4**	20.2	40.8	31.3	46.4	35.3
完全豁免	**20.3**	23.9	13.8		7.2	9.4
其他	**1.8**	1.7	1.5		1.7	2.4

如何解决企业的历史债务，国有企业的选择主要是：一是债权转资本金投入，占64.9%；二是银行债务挂账停息，展期归还，占60.4%；三是让资不抵债的企业破产，占60.1%；集体企业的选择主要是，一是让资不抵债的企业破产，占73.9%；二是对银行债务挂账停息展期归还，占61.3%；三是债权转股权，占53.4%；私营企业的选择是，一是让长期亏损的企业破产，占87.5%；二是债权转股权，占68.8%；“三资”企业和混合企业也是将让资不抵债的企业破产放在了首要选择。企业家们的这些选择，符合企业发展的要求，但也带有企业家自身主观愿望的局限性。

3. 让科研开发机构进入企业，增强企业科技进步的能力

企业要提高发展的效益和质量，必须依靠科技进步。目前我国数量巨大的科研院所游离于企业之外，这既不利于科技与经济的结合，也不利于科技自身的发展。企业家们认为，科研院所应进入企业，在经济建设的主战场让第一生产力发挥更大的作用（如表36）。

表 36　　企业家对科研院所进入企业的态度（%）

很有必要	33.3	有必要	54.9
无所谓	8.6	无必要	3.2

由此表可以看出，认为科研院所进入企业有必要或很有必要的企业占88.2%，占绝大多数，表明企业家对于科研院所进入企业的愿望强烈。

4. 加快建立适合社会主义市场经济发展要求的社会保障体系

企业富余人员过多，企业办社会已成为阻碍我国企业进一步发展的沉重包袱。企业家们呼吁，要尽快建立适合我国社会主义市场经济发展要求的社会保障体系，为企业改革与发展减轻负担，解除企业和职工的后顾之忧。为了很好地分流企业富余人员，74.2%的企业家认为应尽快建立健全社会保险体系，这样既解除了职工的后顾之忧，也解决了企业改革中的一大难题。

关于企业分流富余人员，企业家们的政策建议是：①建立健全社会保障体系，解除职工的后顾之忧（74.2%）；②积极在主业之外搞多种经营，开辟新的就业岗位（51.7%）；③自谋职业，由主管部门提供一定期限的失业保险金（39.6%）；④自谋职业，由企业发给一次性安置费解除劳动关系（34.4%）；⑤建立内部劳务市场，让职工有机会在企业内部转岗流动（24.4%）；⑥自谋职业，停薪留职（23.5%）；⑦利用失业保险金搞“再就业工程”，对职工进行转岗和再就业培训（22.7%）（如表37）。

表 37　　企业家关于分流企业富余人员的政策建议（%）

建议	%
建立健全社会保险体系，解除职工的后顾之忧	74.2
积极在主业之外搞多种经营，开辟新的就业岗位	51.7
自谋职业，由主管部门提供一定期限的失业保险金	39.6
自谋职业，由企业发给一次性安置费解除劳动关系	34.4
建立内部劳务市场，让职工有机会在企业内部转岗、流动	24.4
自谋职业，停薪留职	23.5
利用失业保险金搞“再就业工程”，对职工进行转岗和再就业培训	22.7
职工在厂内转业，由企业发给基本生活费	5.9
利用失业保险金搞“停业整顿”，兼顾企业扭亏增盈和职工重新上岗	3.3
其他	1.9

对于职工的公费医疗和退休养老的问题，企业家们建议随着社会保障体系的建立应分离出企业，以减轻企业负担（如表38）。

表 38　　职工的公费医疗和退休养老问题的解决途径（%）

途径	%
应立即从企业分离出去，否则企业不堪重负	23.0
应随着社会保障体系的建立而分离出去，减轻企业负担	71.0
不必从企业分离出去，它更有利于增强凝聚力	6.0

这表明企业家对社会保障体系的建立健全的进程，有着切合实际的估计和要求。

（注：凡引用此报告者均需注明引自中国企业家调查系统——《1995·中国企业经营者问卷跟踪调查报告》）

课题组名单

顾　　问：孙尚清　王梦奎　陈清泰

调查主持：李克穆　郭振英　卫　东

调查指导：谢伏瞻　李培育　陈全生　陈　重　李德水
任泽民　何　宪　许善达　董　娟

报告撰写：蒲　淳　杨再平　李　兰　雷世俊　李　华
相　东　刘　力

数据处理：王建平　张　泰

参与讨论：丁宁宁　丁宝山　张文魁　赵官平　熊顺祥
杨元伟　刘　惠

1994年宏观改革与企业发展：企业家的反应与期望

▌中国企业家调查系统

1994年，国家推出了一系列重大改革和宏观调控措施，在建立社会主义市场经济体制方面迈出了关键性的步伐。为了准确掌握经济体制转轨时期我国企业整体运行状况，充分了解企业家对宏观经济形势和政策的评价，了解企业家对深化改革的要求，为1995年全面推进企业改革、建立现代企业制度提供重要依据，中国企业家调查系统组织了“1994年度企业家问卷调查”。国务院发展研究中心情报中心、国务院研究室工交司、国家经贸委企业司、中国企业管理协会研究部、国家计委国民经济综合司、财政部综合与改革司、中国人民银行政策研究室、对外贸易经济合作部经贸政策和发展司、劳动部劳动关系与监察司、人事部流动调配司、国家统计局国民经济综合统计司、国家税务总局政策法规司、国家国有资产管理局企业司等部门和单位协助了此次调查，对调查问卷设计和报告撰写进行了指导，保证了调查的科学性和权威性。

本次调查历时4个月，1994年8月20日共发出调查问卷9000份，截至9月20日，返回有效问卷2756份，有效回收率30.6%，共获得原始数据75万多个。问卷由被调查企业的法人代表（厂长、经理）填写。回收的样本企业，覆盖我国30个省、自治区、直辖市，涉及采掘、制造、建筑、交通运输、邮电通讯、商业服务、外贸、金融、房地产、公用事业等各个行业；其中，国有企业占74.3%，集体企业占12.9%，三资企业占7.4%，其他类型企业（含私营企业）占5.4%。样本企业中，大中型企业的比重为90.6%。该样本对于反映我国企业特别是国有大中型企业的情况具有较好的代表性。

调查结果表明：1994年以来，我国加强和改善宏观调控的措施已取得良好效果，宏观经济环境不断改善；几项重大经济体制改革得到企业家们的肯定；企业经济运行总体状况良好，企业经营自主权得到进一步落实；但部分企业，尤其是一些国有大中型企业存在开工不足、效益欠佳和人员过剩等问题，企业发展与资金紧张的矛盾较为突出；微观机制的不完善是影响企业经济运行的深层次因素。企业家们认为：当前我国经济正朝着持续、快速、健康的方向发展，但通货膨胀的压力不容忽视；希望在继续加强宏观调控抑制通货膨胀的同时，加快转换政府职能，深化以建立现代企业制度为核心的微观机制的改革。

一、1994年以来我国企业的运行情况

1. 企业的开工情况

从样本企业的开工情况来看，处于正常运转的企业占72.9%，超负荷运转的企业占3.7%。企业开工的总体状况良好。

从不同所有制企业的情况来看，国有企业处于正常运转的比例是69.8%，比集体企业、三资企业

的同一比例低 12 个百分点左右；国有企业开工不足的比例是 26.2%，比集体企业、三资企业分别高出近 12 个百分点和 7 个百分点，可见国有企业的开工情况相对差一些，考虑到国有企业在就业和职工福利等方面仍承担着远大于其他所有制类型企业的社会功能，这个情况不容忽视。

从不同规模的企业来看，大型企业正常运转、开工不足、停产、超负荷运转的比例依次为 76.3%、13.3%、0.5%、3.9%；中型企业中，上述比例分别为 70.0%、25.9%、0.6%、3.5%；小型企业中，上述比例依次为 75.8%、21.4%、0.4%、2.4%。可以看出，大型企业的开工率是最高的，小型企业次之（见表 1）。

表 1　　样本企业的开工情况（%）

	总体	所有制			规模		
		国有企业	集体企业	三资企业	大型企业	中型企业	小型企业
正常运转	**72.9**	69.8	80.7	82.2	76.3	70.0	75.8
开工不足	**23.0**	26.2	14.4	19.2	13.3	25.9	21.4
停产	**0.4**	0.5	0.4	0.2	0.5	0.6	0.4
超负荷运转	**3.7**	3.5	4.5	4.4	3.9	3.5	2.4

分行业看，206 家建筑企业中，正常运转的比例为 64.6%，200 家采掘行业的企业中，正常运转的比例为 70.5%，1795 家制造业企业开工情况相对较好，正常运转的比例为 71.4%。

2. 企业的盈亏情况

从总的情况来看，2756 家被调查企业中，1789 家企业是盈利的，占所有被调查企业的 64.9%。其中，60.1% 的国有企业，77.2% 的集体企业和 76.6% 的三资企业是盈利的。除了 346 家企业对盈亏状况未作回答外，有 621 家企业上半年为税后亏损，占所有调查企业的 22.5%。如果不计盈亏情况不清楚的企业，则剩下的 2410 家企业的亏损面为 25.8%（见表 2）。

表 2　　样本企业上半年的盈亏情况（%）

	总体	所有制			规模		
		国有企业	集体企业	三资企业	大型企业	中型企业	小型企业
盈利	**64.9**	60.1	77.2	76.6	67.6	63.5	62.4
亏损	**22.5**	27.6	7.9	11.7	21.3	23.9	20.4
未回答	**12.6**	12.3	14.9	11.7	11.1	12.6	17.2

3. 企业的市场销售情况

从我们所调查的 2756 家企业的主导产品的市场销售情况来看，回答“供不应求”的占 18.0%；回答“供需基本平衡”的占 63.5%，另有 18.5% 的企业存在积压和销售不畅的情况（见表 3）。这表明，多数企业家对本企业产品或服务的销售情况持较乐观的态度。

表 3　　被调查企业主导产品（服务）上半年市场销售情况（%）

	总体	所有制			规模		
		国有企业	集体企业	三资企业	大型企业	中型企业	小型企业
供不应求	**18.0**	17.5	19.6	20.7	18.8	18.0	15.4
供需基本平衡	**63.5**	61.6	68.6	66.0	61.6	63.5	69.6
产品积压，销售不畅	**18.5**	20.9	11.8	13.3	19.6	18.5	15.0

比较不同行业、不同所有制以及不同规模企业的市场销售情况，我们又看到：

第一，不同行业企业的市场销售情况差异较大。对人们比较关心的制造业、采掘业、建筑业、商业、服务业、旅游业和对外贸易等几大行业的市场销售情况进行分析，结果表明，在制造业中，回答供不应求的占18.6%，供需基本平衡的占63.8%，产品积压、销售不畅的占17.6%；采掘业中相应的比例为20.0%、51.0%、29.0%；建筑业中，相应的比例为4.3%、71.2%、24.5%；商业、服务业、旅游业中，相应的比例为7.5%、73.1%、19.4%；外贸行业中，相应的比例为15.3%、71.2%、13.5%。比较而言，采掘业和建筑业的市场销售情况较差一些。这两个行业中产品积压和销售不畅的比例分别高出总体情况10.5和6.0个百分点。

第二，不同所有制企业的市场销售情况略有差异。从表3我们还可以看到，产品积压、销售不畅的企业比例，国有企业为20.9%，三资企业为13.3%，集体企业为11.8%，国有企业的这个比例比三资企业高出近8个百分点，比集体所有制企业高出9个百分点。由此可见，国有企业的市场销售情况略差于集体和三资企业。

第三，从企业规模看，小型企业的销售情况略好于大中型企业。在大型企业中，供不应求的占18.8%，供需基本平衡的占61.6%，产品积压、销售不畅的占19.6%；中型企业中供不应求的占18.0%，供需基本平衡的占63.5%，产品积压、销售不畅的占18.5%；小型企业中，相应的比例分别为15.4%、69.6%、15.0%。

关于少数企业出现产品积压和销售不畅的原因，其中36.7%的企业认为主要是市场需求不足，29%的企业认为主要是过度竞争，还有一些企业把原因归于进口太多、促销手段落后等；另外有1.2%的企业认为是自己产品的质量不好。

4. 企业资金状况

当问及“资金筹措是比以前容易还是困难”时，有72.9%的人回答“比以前困难”。再进一步问及“流动资金是否紧张”时，回答“非常紧张”、“较紧张”和“略感紧张”的比例分别占47.4%、33.5%和12.5%，只有2.3%和4.3%的人回答“充裕”和“正好够用”（见表4）。比较不同所有制和不同规模企业的情况，可以看出，不同所有制企业的资金紧张状况有显著差别，而不同规模企业的资金紧张状况则差别不显著。如表4所示，感到资金非常紧张的比重，国有、集体、三资和私营企业分别为55.3%、25.5%、25.2%和33.3%。国有企业的这一比重分别高出集体、三资和私营企业29.8个30.1个和22.0个百分点。

表4　　样本企业流动资金的紧张情况（%）

	总体	所有制				规模		
		国有企业	集体企业	三资企业	私营企业	大型企业	中型企业	小型企业
非常紧张	**47.4**	55.3	25.5	25.2	33.3	53.6	45.7	35.0
比较紧张	**33.5**	31.5	36.0	37.6		31.3	34.6	33.9
略感紧张	**12.5**	8.7	25.2	24.3	33.3	9.4	13.3	19.7
正好够用	**4.3**	3.1	8.2	7.4	33.4	3.3	4.4	7.9
感到充裕	**2.3**	1.4	5.1	5.5		2.4	2.0	3.5

如表5所示，大多数企业目前所拥有的自有流动资金的比例较低，自有流动资金的比例在10%以下的占样本的45.0%，20%以下的占66.3%，30%以下的占78.8%。不同所有制的企业之间自有流动资金的比例有显著差别，不同规模的企业之间流动资金的比例差别不大。例如，自有流动资金的比例在10%以下的企业，国有、集体和三资企业的比重分别为53.8%、13.8%和29.8%。国有企业的这一比例分别高出集体和三资企业40个和24个百分点。

表 5　　样本企业自有流动资金的比例

	总体	所有制				规模		
		国有企业	集体企业	三资企业	私营企业	大型企业	中型企业	小型企业
10%以下	**45.0**	53.8	13.8	29.8	—	47.8	45.4	32.5
10%～20%	**21.3**	22.0	17.1	24.1	33.2	23.8	20.0	20.0
20%～30%	**12.5**	10.8	20.9	13.6	16.7	12.8	12.0	13.3
30%～40%	**6.7**	4.9	12.6	9.9	16.7	4.8	7.8	7.5
40%～50%	**5.4**	3.5	13.8	5.8	16.7	4.3	5.4	11.3
50%以上	**9.1**	5.0	21.8	16.8	16.7	6.5	9.4	15.4

5. 企业的人员过剩情况

调查发现，部分企业内部的人员过剩情况比较突出，如表 6 所示，在我们所调查的企业中，只有 13.1%的企业不存在“富余人员”，有 38.6%的企业的“富余人员”在 10%以下，而近 1/4 的企业“富余人员”在 20%以上。

表 6　　样本企业存在“富余人员”的情况

	总体	所有制				规模		
		国有企业	集体企业	三资企业	私营企业	大型企业	中型企业	小型企业
无富余人员	**13.1**	6.2	34.2	41.4	83.3	8.7	13.8	26.5
0%～10%	**38.6**	36.7	41.5	42.4	16.7	39.6	37.8	38.0
10%～20%	**23.4**	26.5	14.9	9.6		26.1	23.3	13.9
20%～30%	**15.7**	19.2	6.1	5.1		17.2	15.6	11.0
30%～40%	**7.2**	8.9	2.7	1.0		6.7	7.5	7.0
40%～50%	**1.0**	1.2	0.3			0.8	0.8	2.6
50%以上	**1.0**	1.3	0.3	0.5		0.9	1.2	1.0

综上所述，目前我国企业运行的总体状况良好，多数企业家对本企业产品或服务的销售情况持乐观态度，但部分企业特别是国有企业存在开工不足、效益欠佳和人员过剩的情况，企业发展与资金紧张的矛盾比较突出。

二、企业家对当前宏观经济形势和几项体制改革的评价与反应

1. 企业家对当前宏观经济形势的评价

调查情况表明：企业家们认为当前国民经济正朝着持续、快速、健康的方向发展，但通货膨胀的压力不容忽视。55.5%的企业家认“原材料、能源涨价太多，难以消化”是企业面临的主要困难。表 7 概括了企业家对当前宏观经济形势的基本判断。调查中，当问及“当前经济运行中最突出的问题”时，有 79.1%的企业家认为是“物价涨幅过大”；问及如何看待“1994 年上半年的物价形势”时，有 52.8%的人回答“问题较大，大多数居民不能承受”；当问及“下一步宏观调控应主要解决什么问题”时，43.8%的企业家主张“应该抑制通货膨胀”。然而，当问及“货币投入和规模应当继续压缩还是适当扩大”时，有 54.1%的企业家主张“应适当扩大”，有 15.4%的企业家主张“应继续压缩”，有 22.6%的企业家主张“应保持现在的水平”，这反映了企业家在企业同时面临通货膨胀压力和资金紧张问题时，所表现出的矛盾心态。

2. 企业家对五项经济体制改革的总体反应

自 1993 年下半年开始，我国政府在财税、金融、投资、外贸和外汇方面进行了重大体制改革，这

表7　企业家对当前宏观经济形势的基本判断

备选问答	%
当前经济运行中的突出问题是：物价涨幅过大	79.1
当前的物价形势是：问题较大，大多数居民不能承受	52.8
下一步宏观调控的主要任务应是：抑制通货膨胀	43.8
下一步的货币投放和贷款规模应是：适当扩大	54.1
保持现有水平	22.6
继续压缩	15.4

些改革政策已陆续出台。我们在问卷中设计了一个总体性的问题："您认为几项宏观经济体制改革对本企业的影响是有利、一般、不利还是不清楚？"回答的结果显示，分别有57.9%、69.4%、67.0%、66.8%和65.3%的企业家反映财税、金融、投资、外贸和外汇政策对他们的企业"有利"或"一般"。这表明，我国自1993年下半年以来进行的几项宏观经济体制改革基本得到了企业家们的认同。另外，调查中还有一定比例的企业家对这几项改革表示"不清楚"，这说明，进一步加强改革政策的宣传十分重要。

3. 企业家对新税制的反应

1994年，以流转税改革为中心内容的工商税制改革全面实施，新税制为建立社会主义市场经济体制，为企业提供公平竞争的外部环境创造了条件。调查表明：44.6%的企业家认为实行新税制后企业的计税纳税方式比以前简化、规范。但对改革后企业流转税负担的变化情况，企业家有着不太一致的认识。由于新税制涉及企业利益关系的重新调整，不同行业的企业流转税负担水平有升有降，所调查的企业中，有39.4%的企业家认为新税制对本企业"不利"。另据近期公布的中国企业家调查系统与国家税务总局政策法规司同时进行的1809家企业新老税制流转税负担变化情况专题调查（详细调查报告已另行发布）表明：1994年前6个月，被调查的企业按老税制计算实际负担率为7.51%，按新税制计算实际负担率为7.76%，比老税制实际负担率仅上升0.25个百分点，若按1994年上半年新的调整政策全部到位后测算，企业应纳流转税负担率为6.99%，比老税制下的实际负担率低0.52个百分点。这表明，税制改革后，企业流转税负担的总体水平没有上升，而是下降的，新税制的设计基本遵循了维持企业原税收负担水平的原则，新老税制已实现过渡平稳。

4. 外贸、外汇体制改革极大地调动了我国企业参与国际市场竞争的积极性

调查主要了解了企业家对以下五个问题的反应，即：第一，新的外贸政策出台后，本企业的出口积极性是增强了还是减少了？第二，新的进口商品管理办法较以前是简便还是复杂些？第三，对进口商品管理，企业最赞成哪一种方式？第四，在进出口业务方面，企业是愿意自营进出口业务，还是找外贸公司代理？第五，"复关"对本企业是有利还是不利？调查结果表明，就外贸行业来看，企业家对第一个问题的回答为"增强了"，"减少了"和"没变化"的比重分别为71.4%、9.5%和19.1%；对第二个问题的回答为较以前"简便"、"一样"和"复杂"的比重分别为46.6%、32.8%和20.6%；对第三个问题的回答为"行政审批"、"自动登记"、"关税调节"和"招标进口"的比重分别为6.6%、26.2%、47.5%和19.7%；对第四个问题的回答为"自营进出口业务"和"找外贸公司代理"的比重分别为91.2%和8.8%；对第五个问题的回答为"有利"、"不利"的比重分别为62.9%、9.7%。

同时，我们还调查了企业家们对下面两个问题的反应，即：第一，在新的外汇管理制度下，企业用汇是比以前方便还是不如以前？第二，新的结汇、售汇办法是否合理？调查的结果显示：就外贸行

业来看，对第一个问题的回答为“比以前方便”、“不如以前”和“不清楚”的比重分别为 77.4%、16.1% 和 6.5%；对第二个问题的回答为“合理”、“不合理”和“不清楚”的比重分别为 75.4%、16.4% 和 8.2%。

三、企业家对进一步深化企业改革的期望

1. 期望通过转换经营机制和建立现代企业制度来增强企业的活力

从企业家们对问卷中关于非中外合资和非股份制企业是否愿意或打算搞中外合资或股份制企业的问题的回答可以看出，相当多的企业家是希望搞中外合资和股份制企业的，而他们对这两种企业形式所向往的，是能够筹集更多的资金和转换企业经营机制。如表 8 所示，分别有 80.8% 和 65.5% 的人回答“愿意搞中外合资企业”和“有打算对自己的企业进行股份制改造”，而其中比较多的人都是以“转换经营机制”为目的的。

企业家们在回答“搞活我国国有大中型企业的关键是什么”这一问题时，如表 9 所示，被选频数最高的是“理顺产权关系，建立现代企业制度”为 60.3% 和“转换企业经营机制”为 42.7%。所以，多数企业家充分认识到必须通过转换经营机制和建立现代企业制度来增强企业活力，这与 1995 年企业改革的中心工作相一致。

表 8　　对搞中外合资企业和股份制企业的态度（%）

非中外合资企业搞中外合资企业的意愿及目的	是否愿意搞中外合资企业	愿意	80.8
		无所谓	15.3
		不愿意	3.9
	搞中外合资企业的目的	吸收外资	44.8
		享受优惠政策	4.6
		开辟外销渠道	16.6
		转换机制	34.0
非股份制企业进行股份制改造的意愿及目的	是否打算进行股份制改造	有打算	65.5
		无所谓	13.9
		没有打算	20.6
	股份制改造的目的	筹集资金	14.9
		转换机制	52.4
		明确产权	11.6
		迎合潮流	0.1
		增强企业凝聚力	20.6
		其他	0.4

表 9　　搞活国有大中型企业的关键（%）

	总体		总体
理顺产权关系，建立现代企业制度	**60.3**	转换企业经营机制	**42.7**
扩大企业自主权	**25.7**	改善企业外部环境	**22.6**
加快企业技术进步	**20.0**	加强企业内部管理	**15.7**
继续完善承包制	**5.3**	理顺企业党政关系	**2.4**
其他	**2.2**		

2. 期望通过建立现代企业制度进一步解决政企不分、企业负担过重和产权模糊的问题

转换企业经营机制，很重要的内容就是要给企业以经营自主权。我国国有企业的改革就是从扩大企业的经营自主权开始的。1992 年 7 月国务院颁布的《全民所有制工业企业转换经营机制条例》曾规定过企业的 14 项经营自主权。这个条例颁布两年多了，这 14 项自主权落实的情况怎么样？本次调查的结果显示，除了"产品劳务的定价权"以外，其他各项都比 1993 年 6 ~ 9 月中国企业家调查系统对 2620 家企业所进行的同类调查时的落实状况要好得多（注：本次调查与 1993 年调查的样本结构有所差异，后者基本上是工业企业，因此，这里的比较数据只能作为参考）。如表 10 所示，本次调查反映的投资决策权的落实率比上一次调查时增加了 22. 3 个百分点，这是增加幅度最大的一项；此外，还有 8 项自主权的落实率的增加幅度也都在 10 个百分点以上。这表明，自 1993 年下半年以来，我国落实企业 14 项经营自主权的成效突出。

表 10　　企业 14 项经营自主权的落实情况比较

	1994 年	1993 年	1994 年 - 1993 年
生产经营决策权	94. 0	88. 7	5. 3
产品劳务定价权	73. 6	75. 9	-2. 3
产品销售权	90. 5	88. 4	2. 1
物资采购权	95. 0	90. 8	4. 2
进出口权	25. 8	15. 3	10. 5
投资决策权	61. 2	38. 9	22. 3
税后利润支配权	73. 8	63. 7	10. 1
资产处置权	46. 6	29. 4	17. 2
联营兼并权	39. 7	23. 3	16. 4
劳动用工权	61. 0	43. 5	17. 5
人事管理权	73. 3	53. 7	19. 6
工资、奖金分配权	86. 0	70. 2	15. 8
内部机构设置权	90. 5	79. 3	11. 2
拒绝摊派权	10. 3	7. 0	3. 3

比较不同隶属关系、股份制与非股份制、不同规模企业 14 项自主权的落实情况，我们又发现：第一，省市、地县所属企业各项自主权的落实情况皆明显好于中央所属企业；第二，股份制企业各项自主权的落实情况皆明显好于非股份制企业；第三，中小型企业的生产经营决策权、产品劳务定价权、产品销售权、物资采购权、劳动用工权、内部机构设置权的落实明显好于大型企业，而大型企业的进出口权、投资决策权、税后利润支配权、联营兼并权、人事管理权、工资奖金分配权的落实又明显好于中小型企业。其他几项权力的落实情况与企业的规模没有表现出明显的关系（见表 11）。

表 11　　今年企业 14 项自主权的落实情况

	总体	隶属关系				股份制与非股份制		规模		
		中央	省市	地县	其他	股份	非股份	大型	中型	小型
生产经营决策权	**94. 0**	84. 2	95. 4	97. 2	93. 4	97. 1	93. 3	92. 4	94. 9	95. 3
产品劳务定价权	**73. 6**	54. 5	75. 0	81. 4	81. 8	82. 0	71. 8	68. 5	75. 5	83. 1
产品销售权	**90. 5**	76. 2	92. 4	94. 8	92. 7	95. 9	89. 3	86. 9	92. 4	94. 1
物资采购权	**95. 0**	88. 4	96. 4	95. 9	95. 6	96. 1	94. 8	94. 3	95. 5	95. 7
进出口权	**25. 8**	21. 7	28. 0	19. 6	14. 9	41. 8	22. 0	33. 7	21. 3	19. 2
投资决策权	**61. 2**	44. 8	61. 4	69. 5	70. 1	74. 6	58. 3	61. 7	60. 9	59. 6

续表

	总体	隶属关系				股份制与非股份制		规模		
		中央	省市	地县	其他	股份	非股份	大型	中型	小型
税后利润支配权	**73.8**	65.8	76.4	71.5	79.6	83.0	72.1	78.2	71.8	69.8
资产处置权	**46.6**	32.1	46.9	52.4	59.9	60.4	43.5	45.5	47.5	45.5
联营兼并权	**39.7**	29.2	40.4	41.2	53.3	53.1	36.4	44.2	36.9	36.1
劳动用工权	**61.0**	46.2	59.7	71.6	75.9	77.6	57.3	59.0	61.0	68.6
人事管理权	**73.3**	72.2	72.2	75.5	80.3	81.0	71.7	77.5	71.0	69.4
工资奖金分配权	**86.0**	81.6	86.5	88.0	85.4	92.8	84.5	87.9	84.4	87.1
内部机构设置权	**90.5**	86.1	90.0	94.0	94.2	94.5	89.6	88.3	91.8	91.8
拒绝摊派权	**10.3**	5.9	8.4	16.0	19.9	14.3	9.4	10.6	9.9	11.0

当调查问及部分企业“自主权落实不彻底”的原因时，50.5% 的企业家选择了“政府及行业管理部门不愿放权，职能没有转变”，45.1% 的企业家选择了“有关经济管理部门干预太多，行为不规范”，39.8% 的企业家选择了“市场体系不健全”，39.6% 的企业家选择了“社会保障制度和措施不健全”，30.4% 的企业家选择了“缺乏法律部门的保障和监督”。而在这五种情况中，前两种情况都是政府职能和行为问题。

尽管企业自主权落实情况有了较大改善，但企业对政府的依赖关系还是非常明显的，企业经营自主权尚缺乏制度保证。表 12 显示，调查中有 75.3% 的企业领导人是由“政府主管部门”任命的。可见，企业经营自主权落实的主要障碍仍是“政企不分”的旧体制因素。同时企业家们认为，建立现代企业制度的重点，第一位是“转换政府职能”，占调查企业的 77.3%（见表 13），这表明：加快政府职能转换已成为当务之急。另外，企业家们对通过建立现代企业制度减轻企业的社会负担、明晰企业的产权关系也寄予了很高的期望，此两项分别占调查总数的 73.0% 和 71.8%（见表 13），所以积极推进配套改革，健全产权管理体制是建立现代企业制度的两个重要内容。

表 12　　样本企业领导人的任命方式

	总体	所有制				规模		
		国有	集体	三资	股份	大型	中型	小型
政府主管部门任命	**75.3**	86.0	58.4	33.2	40.4	80.3	73.9	63.0
职代会选举，上级任命	**9.0**	7.4	21.4	5.0	10.8	6.3	10.0	14.2
投标	**2.4**	2.2	3.1	1.5	3.0	1.8	2.6	3.9
董事会任命	**11.1**	2.5	14.0	58.3	43.0	9.3	11.3	16.9
其他	**2.2**	1.9	3.1	2.0	2.8	2.3	2.2	2.0

表 13　　建立现代企业制度应重点进行的改革（%）

备选答案	总体	备选答案	总体
转换政府职能	**77.3**	社会保障体制的建立	**73.0**
界定企业产权	**71.8**	市场体系的健全	**56.5**
劳动用工制度的改革	**49.9**	分配体制的改革	**40.9**
金融体制的改革	**24.9**	政治体制的改革	**24.6**
财税体制的改革	**23.7**	价格制度的改革	**17.4**
投资体制的改革	**16.8**	外贸体制的改革	**5.1**

3. 期望按照现代企业制度的惯例，实行“企业家职业化”，使企业家获得相应的权力和动力

企业家是借其特殊的经营智慧、创新才能和勇于承担风险的精神经营现代企业的行家。特别在市

场经济条件下，企业家的素质和才能往往决定着企业的兴衰成败。要发展市场经济，就必须充分发挥企业家们的作用，取消企业及其经营者的行政级别，实行“企业家非官员化”、“企业家职业化”，给企业家以相应的权力和动力，这是建立社会主义市场经济体制、推进现代企业制度建设当中一个十分重要的问题。调查就“取消企业及其经营者行政级别”的问题征求了企业家们的意见。结果有41.7%的企业家表示“同意”；50.3%的企业家觉得“无所谓”；只有8%的企业家表示“不同意”。对于“中国企业家是否应走职业化道路”的问题，有65.0%的各类企业家表示“赞同”；26.8%的各类企业家表示“无所谓”；只有8.2%的人表示“不同意”。这表明，实行“企业家职业化”，已成为大多数企业家们的共识。

企业家在物质和精神上所得到的“回报”就是他们的工作动力，前者主要体现在他们的经济地位上，后者主要体现在他们的政治和社会地位上。当问及：“您认为自己的才能、责任、风险是否能得到回报”时，只有3.7%的人回答“全部得到”，67.5%的人回答“部分得到”，28.8%的人回答“基本得不到”。而从不同所有制的样本来看，国有企业的企业家们又明显地低于其他所有制企业的企业家们所得到的回报，41.7%的国有企业的经营者对自己的经济地位不满意（见表14）。当我们问及“在您当厂长（经理）期间受到人身威胁和伤害的情况”时，有50.9%的人回答曾受到过人身威胁和伤害，其中还有39.5%的人回答曾受到过两次以上的人身威胁和伤害。这么多厂长经理在任职期间受到人身威胁和伤害，这一问题应引起全社会的高度重视。

表14　　及其经济、政治和社会地位的感觉（%）

备选问答		总体情况	国有企业	集体企业	三资企业	私营企业
自己的才能、责任和风险	全部得到回报	3.7	2.4	8.0	6.5	50.0
	部分得到回报	67.5	65.4	76.0	72.1	33.3
	基本得不到回报	28.8	32.2	16.0	21.4	16.7
对自己的经济地位	满意	29.5	24.0	47.7	45.5	60.0
	无所谓	33.8	34.3	33.1	29.6	40.0
	不满意	36.7	41.7	19.2	24.9	
对自己的政治地位	满意	53.7	52.7	58.1	53.6	40.0
	无所谓	35.1	35.7	30.6	38.1	60.0
	不满意	11.2	11.6	11.3	8.3	
对自己的社会地位	满意	51.7	48.2	64.7	55.6	60.0
	无所谓	33.2	34.8	24.8	34.9	20.0
	不满意	15.1	17.0	10.5	9.5	20.0

4. 期望配合现代企业制度，建立公平竞争的市场制度

没有完善的现代市场制度，现代企业制度也就不可能完善。调查结果显示，企业家们对于配合现代企业制度建立完善的现代市场制度的期望也是很高的。我们的问卷有这样一个问题：“您是否认为您的企业在市场竞争中受到不公平的待遇?”结果有67.8%的人回答“是”。只有26.4%的人回答“否”。这就表明，在多数企业家看来，他们的企业所面临的市场竞争的环境是不公平的。这种不公平本身就是市场制度不完善的体现。而当再问及“造成市场竞争不公平的主要原因”时，依次有36.8%、24.9%和17.4%的人认为是“政策不公平”、“竞争对手采取不正当竞争手段”和“市场法规不健全”（见表15）。这就表明，在企业家们看来，市场经济是法制经济，建立和完善维护市场秩序的法律和道德规则已刻不容缓。

表 15　企业家对市场竞争是不公平的判断

备选答案	总体
认为公平	26.4
认为不公平	67.8
认为不公平的原因：	
·政策不公平	36.8
·竞争对手采取不正当竞争手段	24.9
·市场法规不健全	17.4

注：表中问题未列举全部选择项。

（注：凡引用此报告者均需注明引自中国企业家调查系统——《1994·中国企业经营者问卷跟踪调查报告》）

课题组名单

顾　　问： 孙尚清　王梦奎　陈清泰

调查主持： 郭振英　卫　东　李克穆

调查指导： 谢伏瞻　丁宁宁　沈柏年　李德水　谢旭人　吴晓灵　胡兆庆　任泽民　何　宪　许善达　董　娟　樊　纲

报告撰写： 杨再平　陈全生　陈　重　雷世俊　蒲　淳　李　兰　李　华

数据处理： 纪秋发　张　泰　李春伟　张振宇

参与讨论： 张文魁　丁宝山　王红领　于　武　李　镭　康学军　李　德　王艳娟　靳长江　马建春　赵官平　文兼武　郑京平　杨元伟　刘　惠　黎宗剑　相　东

1993 年中国企业家的基本情况

■ 中国企业家调查系统

当前，在以建立社会主义市场经济新体制为取向的改革进程中，我国企业家的地位和作用显得更加突出。因此，准确地把握企业家的整体状况以及企业家对宏观经济形势的反映与评价，将成为政府制定经济政策和推进经济体制改革的重要依据。

为此，国务院发展研究中心情报中心、国务院研究室工交司、国家经贸委企业司、国家统计局综合司、中国企业管理协会研究部联合成立了中国企业家调查系统，并在《全民所有制工业企业转换经营机制条例》（以下简称《条例》）颁布一周年之际，对全国范围内的工业企业进行了第一次大规模的抽样调查。

这次调查从整体设计、组织实施到数据分析工作都力图严谨、科学。调查伊始，为了保证调查问卷设计合理、准确，中国企业家调查系统成立了调查专家小组，综合专家意见形成了关于市场经济条件下企业家的一些重要理论假设与判断，并在与部分企业家进行座谈、进行试调查之后，形成了一份高质量的调查问卷。在调查抽样这一重要环节上，中国企业家调查系统得到了国家统计部门的积极配合，并以科学随机抽样的原则，按接近1%的比例，在最近的统计数据库中，从全国55万个工业企业里抽取了5000个调查样本，在5月10日共发出以企业法人为调查对象的调查问卷5000份，截至7月8日，共回收问卷2620份，有效回收率为52.4%。调查共获得数据二十多万个，调查系统委托国家信息中心对问卷进行了高质量的数据录入工作，在统计分析专家的配合下，调查系统对数据进行了全面深入的分析。目前，这次调查的所有数据及企业家档案已存入计算机，以备进一步的开发利用。

需要指出的是，这是一次覆盖地区广、涉及行业类型多、反映问题全面的大型抽样调查。目前，调查报告已呈交给国务院有关部门，调查中所发现的问题已引起政府有关部门的高度重视。另外，从调查对象填写问卷的认真程度和返回问卷的速度来看，这次调查得到了广大企业家的认同。很多企业家在问卷中认真地发表了自己对当前经济形势和宏观经济政策等问题的看法，并对这次调查所能起到的作用寄予了很大的希望。这说明这次调查是有价值的。

调查分析表明：中国的企业改革，从整体上改变了中国企业家的年龄结构、文化素质和专业化水平；随着以市场为导向的改革不断推进，中国企业家的自主意识和以市场为目标的行为取向更加突出；企业家正在迅速成为推动改革的主要力量。但就部分企业家现状而言，还远不能适应建立社会主义市场经济体制对企业家队伍所提出的更高要求。市场存在不公平竞争、行业主管部门行为不规范以及动力机制短缺是制约中国企业家健康成长的三大主要原因。伴随市场经济体制的逐步形成，企业与政府部门的磨擦日益加剧。因此，尽快转换政府职能，加快建立和完善市场环境，推动要素市场的形成，进一步落实企业自主权，建立适应市场经济条件的新型企业制度，已成为企业家的共同呼声。

一、现阶段我国企业家的基本情况

1. 企业家的年龄构成

2620位企业家的平均年龄为48.5岁，其中，30岁以下的为1.3%，31岁~40岁的为13.4%，41岁~50岁的为44%，51岁以上的为41.3%。就不同所有制类型看，国有企业的企业家年龄较大，平均年龄为49.5岁，高出非国有企业的企业家平均年龄4.1岁。40岁以下的仅占11.4%，远低于非国有企业的比例，而51岁以上的比例高达45.3%，又远高于非国有企业（见表1）。

表1　　企业家的年龄构成（%）

	40岁以下	41岁~50岁	51岁以上
总体	**14.7**	**44.0**	**41.3**
国有企业	11.4	43.3	45.3
集体企业	33.3	44.7	22.0
其他企业	27.5	37.0	35.5

我国企业家的平均年龄较1985年同类调查企业家的平均年龄高出6.5岁。尤其是国有大中型企业的企业家年龄普遍偏高，这与改革开放以来全国普遍推行承包制有关。这次问卷调查表明，在1985年以前就任厂长（经理）的企业家占调查总数的40.3%，这是导致国有企业厂长（经理）高龄化的主要原因。但从另一角度看，企业家队伍和企业的稳定性却得到相应提高。

2. 企业家的文化程度构成

企业家的文化程度是决定企业家素质的重要方面。与1985年的有关调查结果相比，我国企业家的整体文化素质有了明显的提高，其中，大专以上的企业家比例为69.2%，比1985年调查结果高出近23个百分点，且有52.1%的企业家懂外语。从不同所有制类型看，国有企业的企业家文化程度明显高于非国有企业，大专及大专以上的比例高达77.2%，高出集体企业（34.6%）近1倍，高出其他企业（65.8%）11个百分点。这表明我国国有企业的企业家具有良好的文化素质，这为今后在公平竞争的市场环境下与非国有企业进行竞争提供了良好条件（见表2）。

表2　　企业家的文化程度构成（%）

	初中以下	高中及中专	大专及非全日制大学	大专以上
总体	**8.0**	**22.9**	**35.3**	**33.9**
国有企业	2.9	19.9	37.4	39.8
集体企业	29.9	35.4	25.7	8.9
其他企业	10.3	24.1	35.1	30.7

3. 企业家的来源构成

企业家的来源是指企业家就任厂长（经理）前从事的工作。就总体来看，企业家就任厂长（经理）前大多从事经营管理和技术工作，两者的比例分别为37.6%和36%，从事党政工作的比例为22.5%。从不同所有制类型看，企业家的来源有很大差异，国有企业中企业家来源于技术人员的比例为38.5%，高于集体企业和其他类型企业2.3~13.9个百分点，而来源于经营管理的比例为35.2%，又低于集体企业和其他类型企业6~11个百分点。此外，来源于党政干部的比例为24%，高于集体企业和其他类型企业5~8个百分点。也就是说，国有企业的企业家主要来源于技术干部，而非国有企业的企业家则主要来源于经营管理人才，并且来源于党政干部的企业家，前者的比例明显高于后者（见表3）。

表 3　企业家的来源构成情况（%）

	技术	经营管理	党政干部	工人	其他
总体	**36.0**	**37.6**	**22.5**	**1.9**	**2.0**
国有企业	38.5	35.2	24.0	1.2	1.2
集体企业	24.8	46.2	19.0	5.5	4.5
其他企业	36.2	41.3	15.9	1.4	5.1

4. 企业家的月平均收入

就总体情况来看，近一半的企业家的月平均收入在 301 ~500 元之间，300 元以下的占 32.3%。从不同所有制类型企业看，收入差别很大。国有企业的企业家月平均收入在 700 元以上的占 3.7%；集体企业的企业家月平均收入在 700 元以上的比例为 5.5%；其他企业的企业家月平均收入在 700 元以上的比例高达 43.1%，其中，1000 元以上的比例为 24.1%。这说明，在现阶段，非公有制企业的企业家的月平均收入高于公有制企业，且高出幅度较大，原因是公有制企业在工资奖金分配方面受到的约束较多，而且社会负担较重（见表 4）。

表 4　企业家的月平均收入情况（%）

	300 元以下	301 ~500 元	501 ~700 元	701 ~1000 元	1000 元以上
总体	**32.3**	**49.0**	**11.5**	**4.4**	**2.7**
国有企业	30.8	53.6	11.9	3.1	0.6
集体企业	48.8	39.9	5.8	3.4	2.1
其他企业	11.7	25.5	19.7	19.0	24.1

5. 企业家的任命方式

从目前情况看，我国企业家绝大多数是主管部门任命的，比例高达 85.8%。从不同所有制类型企业看，国有企业企业家主管部门任命的比例高达 92.2%，集体企业为 75.3%，其他企业为 48.6%；而由职代会选举、经主管部门批准的，集体企业最高，为 16.8%；直接由董事会任命的则主要集中在其他企业，为 44.9%。这表明，公有制企业，尤其是国有企业企业家的任命方式还主要是典型的计划经济体制下的老办法（见表 5）。

表 5　企业家的任命方式（%）

	主管部门任命	职代会选举	投标	董事会任命	其他
总体	**85.8**	**6.3**	**3.1**	**3.8**	**0.9**
国有企业	92.2	4.4	2.7	0.1	0.6
集体企业	75.3	16.8	5.2	1.0	1.7
其他企业	48.6	2.2	2.2	44.9	2.2

二、企业家对《条例》14 项权力落实情况的判断

自 1992 年 7 月国务院颁布《全民所有制工业企业转换经营机制条例》以来，各级政府和企业在落实企业自主权方面做了大量工作，取得了初步成效。调查结果显示，《条例》的贯彻只是开了一个头，任务仍很艰巨（见表 6）。

为了便于把握企业自主权落实的总体情况，我们将 14 项权力分为 5 组，落实 3 项以下的（含 3 项）定为差，4 ~5 项、6 ~8 项、9 ~11 项、12 项以上的（含 12 项）依次为较差、一般、较好、好。从表 6 可见，企业落实 9 项以上（含 9 项）权力的总共占 41%，尚不过半数，而大多数企业（59%）

仅落实8项以下权力。因此，对落实企业自主权的现状的确不容乐观。

表6　14项权力拥有的总体情况

权力项数	差（拥有3项以下的）	较差（拥有4~5项的）	一般（拥有6~8项的）	较好（拥有9~11项的）	好（拥有12项以上的）
占调查企业数的（%）	7.4	13.8	37.8	32.9	8.1

调查结果表明，不同规模、不同经营方式和不同隶属关系的企业，自主权的落实情况有如下特点。

（1）不同规模企业相比：从总体上看14项权力落实情况差异很大。自主权落实的好与比较好（即拥有9项以上权力）的顺序为：大型企业41.9%，高于小企业的41.4%，小型企业又高于中型企业的39.9%；而在权力拥有“一般”层次上，其顺序为：小型企业35%，低于中型企业37.1%，又都低于大型企业的39.8%。若综合上述三项内容，三种不同规模企业综合排序为：大型企业81.7%，高于中型企业77%，又都高于小型企业76.4%。由此，我们得出结论：企业规模越大，拥有的自主权越多（见表7）。

表7　不同规模企业14项权力落实情况（%）

	大型企业	中型企业	小型企业
差（3项以下）	6.5	6.2	13.8
较差（4~5项）	11.7	16.7	9.8
一般（6~8项）	39.8	37.1	35.0
较好（9~11项）	33.7	32.5	32.5
好（12项以上）	8.3	7.4	8.9

（2）不同经营方式企业相比：承包制企业在落实生产经营决策权、物资采购权上位居第一；而实行股份制的企业在落实产品销售权、进出口权、投资决策权、留用资金支配权、联营兼并权、资产处置权、劳动用工权、人事管理权、工资奖金分配权、内部机构设置权等10项权力上，位居首位。相比而言，资产经营责任制企业自主权落实情况属中等水平，租赁制企业各项权力落实得较差（见表8）。

表8　不同经营方式企业14项权力拥有情况（%）

序号	自主权项目名称	累积频率	按经营方式划分累积频率				
			承包制	股份制	租赁制	资产经营制	其他
1	生产经营决策权	88.7	90.4	86.3	50.0	87.7	82.3
2	产品定价权	75.9	76.2	75.3	37.5	74.6	76.3
3	产品销售权	88.5	89.4	91.8	37.5	88.5	84.4
4	物资采购权	90.9	91.9	89.0	50.0	90.0	88.2
5	进出口权	15.3	12.1	37.0	25.0	28.5	13.4
6	投资决策权	38.9	39.0	54.0	12.5	36.2	35.5
7	留用资金支配权	63.7	65.6	68.5	50.0	55.4	55.4
8	资产处置权	29.4	29.3	35.6	25.0	31.5	26.3
9	联营兼并权	23.3	23.1	32.9	—	23.1	21.0
10	劳动用工权	43.5	42.4	61.6	50.0	60.0	33.0
11	人事管理权	53.7	54.8	58.9	50.0	54.6	43.5
12	工资奖金分配权	70.2	71.5	78.1	37.5	71.5	58.1
13	内部机构设置权	79.3	80.5	82.2	37.5	80.8	71.5
14	拒绝摊派权	7.0	6.1	8.2	37.5	13.8	5.4

（3）从不同隶属关系看：中央所属企业落实情况最差（只有1项权力的落实累积频率超过平均值），而地级市所属企业落实得最好（有11项权力的落实累积频率高于平均值），县和县级市属企业

和无隶属关系企业分别有 8 项权力的落实累积频率超过平均值，省属企业只有 5 项权力的落实累积频率超过平均值，处于中下水平。需要指出的是，无隶属关系的企业在进出口权、劳动用工权、人事管理权、工资奖金分配权和拒绝摊派权上落实的累积频率都超过平均累积频率 10 个百分点以上，因此，在这点上与其他隶属关系企业相比，显示出较大的优越性（见表 9）。

表 9　　不同隶属关系企业 14 项权力拥有情况（%）

序号	自主权项目名称	累积频率	按企业隶属关系划分累积频率				
			中央	省	市（区）	县（区）	无
1	生产经营决策权	88.7	73.1	92.4	92.4	90.3	86.4
2	产品定价权	75.9	50.2	73.8	83.4	80.4	72.7
3	产品销售权	88.5	68.4	86.9	94.9	90.9	81.8
4	物资采购权	90.9	84.0	93.9	93.9	89.5	77.3
5	进出口权	15.3	6.9	16.4	18.1	12.9	27.3
6	投资决策权	38.9	34.2	35.0	37.8	47.2	38.6
7	留用资金支配权	63.7	68.7	61.7	65.9	56.8	65.9
8	资产处置权	29.4	22.8	29.9	32.9	27.3	34.1
9	联营兼并权	23.3	22.0	19.2	25.6	22.5	27.3
10	劳动用工权	43.5	25.1	33.6	42.9	60.1	68.2
11	人事管理权	53.7	49.8	46.7	54.9	56.3	63.6
12	工资奖金分配权	70.2	64.0	70.6	71.0	70.0	79.5
13	内部机构设置权	79.3	76.7	76.2	81.8	78.3	77.3
14	拒绝摊派权	7.0	5.1	6.1	5.5	10.5	20.5

三、尽快转换政府职能是企业家的共同呼声

转换政府职能是建立社会主义市场经济体制的重要内容。调查表明，目前存在问题最多、亟须转换职能的政府部门是企业的行业主管部门、银行和财税部门。

在调查中，我们提出目前应该重点改革的十二项内容，请企业家按其理解的重要程度选择前三项重点。结果显示，大多数企业家认为目前改革的重点是“转换政府职能”，该项的累计频率高达 76.6%，居 12 项选择的首位，“分配体制”居第二位，“劳动用工制度”位居第三（见表 10）。

表 10　　12 项重点改革任务排序情况（%）

位次	目前应该重点改革的任务	累积频率	首位频率
1	转换政府职能	76.6	64.6
2	分配体制	36.5	2.1
3	劳动用工制度	33.9	5.0
4	健全市场体系	32.1	5.3
5	社会保障体系	27.8	1.5
6	产权制度	27.0	8.8
7	财税体制	17.9	2.6
8	金融体制	14.1	2.6
9	政治体制	14.0	4.6
10	价格制度	9.3	2.1
11	投资体制	5.9	0.5
12	外贸体制	5.2	0.5
	合　计	300.0	100.0

进一步对目前应该重点改革的首要任务（企业家选择的第一位）加以分析，我们发现，近2/3的企业家（64.6%）认为目前第一位的改革重点是“转换政府职能”，而把其他11项中任一项改革任务视为首位的企业家数占被调查企业家总数的比重，没有一项超过10%。认为改革产权制度为第一位改革重点的企业家占8.8%，位居第二。对产权制度的改革，企业家反映较冷淡，与理论界形成强烈反差，这是值得探讨的。

从企业的所有制类型看，把“转换政府职能”视为第一位重点改革任务的企业家所对应的企业依次为：集体企业66.1%；国有企业64.2%；股份制企业60.4%。股份制企业低于全部企业平均值64.6%达4.2个百分点。而要求把“产权制度”作为第一位重点改革任务的企业依次为：股份制企业13.2%；国有企业8.9%；集体企业7.7%。这既反映出股份制企业要求进一步明晰产权的愿望，同时也表明通过对企业进行股份制改造，将有利于弱化政府部门对企业的直接控制。

那么，目前存在问题最多、亟须转换职能的是哪些政府部门呢？从总体上看，有49.3%的企业家认为行业主管部门存在问题最多，需尽快转换职能；银行（24.4%）和财税部门（15.3%）分列亟须转换职能的政府部门的第二和第三位。认为这三类部门问题最多的企业家占被调查企业家总数的89%（见表11）。

表11　　需要转换职能的政府部门排序（%）

位次	政府部门分类	频率	按企业所有制类型划分，频率			
			国有	集体	股份制	其他
1	行业主管部门	49.3	47.4	53.4	52.9	60.7
2	银行	24.4	26.5	19.7	7.8	20.2
3	财税部门	15.3	16.1	12.8	21.6	8.3
4	计委、经委	8.9	8.3	11.7	13.7	7.2
5	工商管理部门	2.0	1.8	2.4	3.9	3.6

从企业的所有制类型看，国有企业认为行业主管部门是亟待转换职能的占47.4%，低于平均值49.3%，而认为“银行存在问题最多，应转变职能”的比例为26.5%，比平均值24.4%高出2个百分点，并大大高出其他所有制类型企业。因此，增强国有企业的活力，除行业主管部门转换职能外，还必须同时改革现行的金融、财税管理体制。

四、企业家对当前几项改革的看法

1. 关于财税体制改革

财税体制改革是目前企业家较为关心的改革内容之一。从总体情况看，68.3%的企业家倾向于实行税前还贷、税后承包的方案，24.9%的企业家则赞同税利分流、税后还贷的办法。从不同所有制类型企业看，主张税前还贷、税后承包方案的国有企业比例为70.5%，其次是集体企业，为67.8%，股份制企业和外资企业均不到一半，反映了国有企业贷款过多、负债沉重的问题；主张税利分流、税后还贷的企业家为股份制企业最多，而且，外资企业、私营及其他所有制企业的比例也均高于国有企业和集体企业，这说明在国有企业中推行税利分流政策可能会遇到一些困难，建议政府在推行此项政策时要加紧制定一系列配套措施（见表12）。

2. 关于股份制改造

经过几年的试点，股份制作为一种现代企业制度取得一定成效，其作用和运作机制也逐步为广大企业家所认识。从总体情况看，64.7%的企业家打算进行股份制改造。从不同所有制类型企业看，打

表 12　　企业家对财税体制改革的看法（%）

	税利分流、税后还贷	税前还贷、税后承包	其他
总体	**24.9**	**68.3**	**6.8**
国有企业	22.6	70.5	6.8
集体企业	28.7	67.8	3.5
股份制企业	41.5	49.1	9.4
外资企业	36.7	45.0	18.3
私营及其他企业	36.8	52.6	10.5

算进行股份制改造的企业按照比例大小依次为：私营及其他企业、集体企业、国有企业、外资企业（见表 13）。但就股份制改造的目的看，国有企业的主要目的是转换机制，比例为 48.5%，其次是增强企业凝聚力，比例为 33.3%。而集体企业的主要目的是增强企业凝聚力，比例为 38.6%，其次是转换机制，比例为 25.6%。外资企业、私营及其他企业的目的除增加企业凝聚力外，筹集资金的目的性很强，比例均高于国有企业和集体企业。这说明国有企业股份制改造的目的较为端正，与政府进行股份制试点的初衷较为吻合。建议在现有基础上稳步扩大国有企业股份制改造试点的范围，尤其应向基础设施、基础工业、高新技术产业等符合国家产业政策的国有企业倾斜，这样做可兼收转换机制、增强活力和缓解国民经济瓶颈约束等多重功效。

表 13　　企业家对股份制改造的看法（%）

	有打算	无打算	无所谓
总体	**64.7**	**27.9**	**7.4**
国有企业	63.0	30.0	7.0
集体企业	67.5	22.5	10.0
外资企业	59.7	30.6	9.7
私营及其他企业	70.0	30.0	—

3. 关于人才流动

企业家对人才流动的态度应是我们进行劳动人事制度改革所不可忽略的重要依据。从总体情况看，大多数企业家认为应有条件地限制，支持人才流动的比例仅为 27.3%。从不同所有制类型看，差别也较明显。国有企业赞成进行有条件限制的比例最高，为 73.7%。而支持人才流动的首数私营及其他企业，比例高达 61.9%，其次是外资企业，比例为 38.7%，而国有企业最低，为 24.3%（见表 14）。这就是说，国有企业对于人才流动是有较大抵触的，主要原因是，国有企业往往是人才的集聚地，如果允许流动，则只会流出，不会流进，最终造成人才流失。

表 14　　企业家对人才流动的态度（%）

	允　许	有条件的限制	不允许
总体	**27.3**	**70.9**	**1.8**
国有企业	24.3	73.7	2.0
集体企业	35.3	63.0	1.7
股份制企业	32.1	67.9	—
外资企业	38.7	61.3	—
私营及其他企业	61.9	38.1	—

与此相关，企业家对职工从事第二职业的态度也是一个值得重视的方面。从总体情况看，主张支持但以不影响本职工作为前提的比例为 58.4%，坚决反对的为 38.6%，无条件支持的仅为 1.6%。从

不同所有制类型企业看，也存在明显的差别。持坚决反对态度的国有企业最高，为43.4%，而集体企业最低，为20%。主张有条件支持的集体企业比例最高，为74.8%，其次是股份制企业和外资企业（见表15）。

表15　企业家对职工从事第二职业的态度（%）

	支持	支持但不能影响工作	反对	无所谓
总体	**1.6**	**58.4**	**38.6**	**1.5**
国有企业	1.2	54.2	43.4	1.3
集体企业	3.1	74.8	20.0	2.1
股份制企业	1.9	66.0	32.1	—
外资企业	1.6	62.9	33.9	1.9
私营及其他企业	4.8	52.4	38.1	4.8

4. 关于医疗保险制度

医疗保险制度是社会保障制度的重要组成部分，也是下一步改革的重要内容。从总体情况看，绝大多数企业家认为职工的医疗保险应由政府、企业和个人共同负担，比例为82.1%。具体到不同所有制企业，则差别较大。认为由三者共同负担比例最高的是国有企业，为85.9%。而认为应由企业负担的则国有企业比例最低，仅为4.7%，而外资企业比例最高，为27.4%（见表16）。由此可见，国有企业对政府的依赖程度远比非国有企业大，这是我们进一步深化改革所不能忽视的。

表16　企业家对医疗保险制度的看法（%）

	企业负担	个人负担	政府负担	共同负担
总体	**9.3**	**6.2**	**2.5**	**82.1**
国有企业	4.7	6.4	3.0	85.9
集体企业	23.0	5.5	0.7	70.8
股份制企业	20.8	9.4	1.9	67.9
外资企业	27.4	4.8	1.6	66.1
私营及其他企业	15.0	—	—	85.0

5. 关于党的基层组织

在建立社会主义市场经济过程中，如何更好地发挥党的政治核心作用和增强党的战斗力，是我们在新形势下遇到的新课题。就总体情况看，74.9%的企业家主张党的基层组织应该简化，20%的企业家同意维持不变，认为应该增加的仅占5.1%。从不同所有制企业看，私营及其他企业主张简化的愿望最为强烈，比例为85.7%，其余依次为股份制企业、国有企业、外资企业和集体企业（见表17）。

表17　企业家对党的基层组织的看法（%）

	不变	简化	增加
总体	**20.0**	**74.9**	**5.1**
国有企业	19.2	77.9	2.9
集体企业	24.8	59.7	15.5
股份制企业	19.6	78.4	2.0
外资企业	19.4	77.4	3.2
私营及其他企业	4.8	85.7	9.5

与此相关联，企业中的党政关系一直是各方面较为关注的一个重要问题，也是当前深化改革，建立适应社会主义市场经济体制的现代企业制度需要认真解决的大问题。就总体情况看，大多数企业家

主张在企业实行党政合一，厂长书记一肩挑，比例高达 70.2%，主张党政分设以厂长为中心的企业家占 27.5%，而主张以党委为核心的企业家仅为 2.3%。从不同所有制企业看，国有企业主张一肩挑的比例仅次于私营及其他企业，为 72.7%，高于平均数 2.5 个百分点（见表 18）。

表 18　　企业家对企业中党政关系的看法（%）

	党政合一	党政分设	党政分设以厂长为中心
总体	**70.2**	**2.3**	**27.5**
国有企业	72.7	2.3	25.0
集体企业	61.5	1.7	36.8
股份制企业	69.8	5.7	24.5
外资企业	61.3	1.6	37.1
私营及其他企业	76.2	—	23.8

五、企业家对目前市场状况的判断

1. 企业家对市场的重视程度

在传统的计划经济体制下，企业大事小事找政府找市长，原因是没有自主权。改革开放 15 年，随着各项企业自主权的逐步落实，企业与市场的关系变得比以往任何时候都密切了。从总体情况看，绝大多数企业家认为实行社会主义市场经济体制企业应该找市场而不是找市长，比例为 78.2%，认为市场解决不了的找市长占 21.5%。就不同所有制类型看，国有企业找市场的比例最低，为 74.7%，而市场解决不了找市长的比例最高，为 24.9%（见表 19）。与此相关的另一个问题是企业家对生产同类产品的市场状况的了解程度。总体情况是，23.8% 的企业家认为非常了解，71.7% 的回答了解。在非常了解一项中，国有企业的比例最低，为 22.7%，低于股份制企业、集体企业和外资企业。以上结论表明，随着改革的逐步深化，虽然国有企业在一定程度上减轻了对政府的依赖，密切了与市场的联系，但是，由于长期的集中计划经济体制下形成的政企不分、条块分割的管理体制还没有彻底突破，国有企业在走向市场的过程中还存在阻力。因此，应在狠抓《条例》落实的同时，进一步深化改革，理顺宏观管理体系，为将国有企业真正推向市场创造一切有利条件。

表 19　　企业家对市场的重视程度（%）

	找市场	找市长	市场解决不了找市长
总体	**78.2**	**0.4**	**21.5**
国有企业	74.7	0.4	24.9
集体企业	91.1	—	8.9
股份制企业	75.5	—	24.5
外资企业	88.7	1.6	9.7
私营及其他企业	85.0	—	15.0

2. 企业家的市场竞争意识

鼓励竞争是发展社会主义市场经济的题中应有之意，而企业家有无竞争意识和竞争意识的强弱则是考核企业家能否适应激烈市场竞争的重要标志。对于“企业经营活动中必须有一定竞争”这一问题，47.2% 的企业家表示很同意，52.4% 的企业家表示同意。在回答很同意的各类企业家中，国有企业为 43.4%，低于集体企业、股份制企业、外资企业、私营及其他企业 14 ~ 22 个百分点（见表 20）。与此相关的另一个问题是“假如本企业长期亏损，您希望：破产关闭或者被兼并或者继续补贴”，总体情况是，42.4%的企业家希望破产关闭，50.4%的希望被兼并，希望继续补贴的仅占7.4%。从不同所有制类型看，国有企业、集体企业希望破产关闭的比例低于外资企业、股份制企业、私营及其他企业，而希望被兼并的比例则高于后者。以上情况表明，国有企业的市场竞争意识总体来看相对较弱。这里的关键原因是国有企业长期以来受计划经济体制的集中控制，人财物及产供销由国家统一调度。改革开放以来，这种状况虽然有很大改变，但还远远不够，今后随着《条例》的进一步落实、政府职能的转换以及社会保障体系的逐步完善，这种状况将会进一步好转。

表20　企业家对“企业经营活动中必须有一定竞争”的回答（%）

	很同意	同　意	不同意	很不同意
总体	**47.2**	**52.4**	**0.3**	**0.1**
国有企业	43.4	56.2	0.4	0.1
集体企业	57.0	43.0	—	—
股份制企业	60.4	39.6	—	—
外资企业	64.5	35.5	—	—
私营及其他企业	65.0	35.0	—	—

3. 企业家对目前市场竞争程度的看法

从总体情况看，64.9%的企业家认为竞争激烈，29.5%的企业家认为竞争一般，认为竞争很小和没有竞争的比例均为2.8%。就不同所有制类型企业看，认为竞争激烈比例最高的是股份制企业，其次是国有企业。而认为竞争一般的首推私营及其他企业，其次是外资企业（见表21）。那么，影响企业竞争能力的主要原因是什么呢？我们请企业家选择两项，累计的结果是：50.5%的企业家认为是企业负担重，47.8%的认为是资金不足，31.5%的认为生产成本高，23.5%的认为是设备陈旧技术落后，16.7%的认为法规不健全影响公平竞争。从不同所有制类型企业看，选择的侧重有所不同，国有企业认为企业负担过重的比例最高，为53.7%，其次是股份制企业和集体，分别为42.3%、40.9%，而外资企业则认为主要因素是法规不健全影响公平竞争，比例为31.7%。此外，集体企业、私营及其他企业对资金不足反映较强烈。

表21　本企业同其他企业的竞争程度（%）

	竞争激烈	一般竞争	竞争很小	没有竞争
总体	**64.9**	**29.5**	**2.8**	**2.8**
国有企业	65.2	28.3	3.2	3.3
集体企业	62.9	33.7	1.7	1.7
股份制企业	77.4	20.8	1.9	—
外资企业	62.9	35.5	1.6	—
私营及其他企业	47.6	47.6	—	4.8

4. 企业家对市场竞争公平与否的看法

公平竞争是市场经济体制的基本准则，市场竞争的公平与否是衡量市场经济体制是否成熟、是否基本定型的重要标志。从我国目前市场竞争的情况看，74.2%的企业家认为本企业在市场竞争中受到不公平待遇，其中，国有企业比例最高，为79.4%，其余依次为集体企业、私营及其他企业、外资企业、股份制企业，分别为60.4%、57.1%、54.8%、50.9%。对于不公平竞争的主要表现，42%的企业家认为是“有的企业享有特殊优惠政策”，17.4%的认为是由于企业所得税率不统一。具体到不同所有制类型企业又各有侧重，但对“有的企业享有特殊优惠政策”反映最为一致，且集体企业最为强烈，比例为48.2%，其余依次是国有企业、私营及其他企业、外资企业和股份制企业。对企业所得税率不统一反映最大的是集体企业和国有企业，这是由于非公有制企业所得税率较低的缘故。对地方保护主义意见最大的是非公有制企业，这是由于地方保护的对象一般是国有企业和集体企业（见表22）。由于现在国家的宏观经济政策是针对不同所有制类型制定的，即不同所有制企业实行不同的经济政策，所以大家都认为不公平。因此，这种制定经济政策的办法必须尽快改变。

表22　　企业家认为不公平竞争的主要表现（%）

	企业所得税率不统一	地方保护主义	有的企业享有特殊优惠政策	对国有企业审计过严格	其他
总体	**17.4**	**12.9**	**42.0**	**12.8**	**14.9**
国有企业	17.7	10.0	41.3	15.8	15.3
集体企业	18.1	20.2	48.2	2.1	11.3
股份制企业	15.1	24.5	34.0	13.2	13.2
外资企业	12.3	26.3	36.8	5.3	19.3
私营及其他企业	10.5	26.3	36.8	—	26.3

5. 企业家的市场开拓意识

企业家市场意识的觉醒和对市场的重视程度集中表现在企业家的市场开拓意识上。大多数企业家开拓市场优先考虑的因素是提高市场占有率，其次是提高销售利润率。就不同所有制类型企业看，外资企业提高市场占有率的意识最强，私营及其他企业除了重视提高市场占有率外，对提高当前收益相对更加重视（见表23）。对企业市场开发重点，60.3%的企业家把重点放在提高国内市场占有率上，39.7%的企业家将重点开拓国际市场。就不同所有制类型企业看，差别较大，国有企业和集体企业重点是提高国内市场占有率，比例均为61.9%。而外资企业、股份制企业、私营及其他企业则重点开拓国际市场，比例分别是59.7%、54.7%、55%。也就是说，公有制企业盯的是国内市场，非公有制企业盯的却是国际市场。这种状况必须改变，公有制企业尤其是国有大中型企业是国民经济的支柱，在发展战略上除了要在国内市场发挥主导作用外，还要在开拓国际市场上下功夫。

表23　　企业开拓市场优先考虑的因素（%）

	当前收益	提高市场占有率	维护新产品的投放比例	提高销售利润率	其他
总体	**13.8**	**60.7**	**2.6**	**21.6**	**1.4**
国有企业	14.0	60.1	2.7	21.7	1.5
集体企业	13.2	61.1	3.1	21.9	0.7
股份制企业	11.3	62.3	1.9	22.6	1.9
外资企业	8.1	69.4	1.6	21.0	—
私营及其他企业	26.3	57.9	—	10.5	5.3

六、企业家对其自身价值的认定

1. 企业家对自己的才能、责任和风险是否得到补偿的认识

企业家的才能、责任和风险是否得到合理补偿是影响我国企业家队伍稳定和健康成长的重要因素。从总体情况看，59.1%的企业家认为自己的才能、责任和风险部分得到补偿，38.2%的认为基本没有得到补偿，认为全部得到补偿的仅占2.7%。国有企业认为基本没有得到补偿的比例最高，为42.5%，其次是集体企业，为30.4%。认为部分得到补偿的，外资企业比例最高，为87.1%，其余依次是股份

制企业、私营及其他企业、集体企业、国有企业。认为全部得到补偿的私营及其他企业最高，为14.3%（见表24）。

表24　企业家对自己的才能、责任和风险是否得到补偿的认识（%）

	全部得到补偿	部分得到补偿	基本没得到补偿
总体	**2.7**	**59.1**	**38.2**
国有企业	1.9	55.6	42.5
集体企业	5.5	64.0	30.4
股份制企业	3.8	79.2	17.0
外资企业	1.6	87.1	11.3
私营及其他企业	14.3	66.7	19.0

2. 企业家对其经济地位、社会地位的看法

我们用这次调查的数据与1988年中国经济体制改革研究所同类调查进行对比分析可以发现：就经济地位看，51.9%的企业家认为没变化，比1988年上升了18个百分点；其中，国有企业的比例最高，为53.6%，其余依次是股份制企业、集体企业、外资企业、私营及其他企业，分别为50.9%、46.9%、42.6%、38.1%。认为经济地位上升的比例为34.3%，比1988年降低12个百分点，其中，外资企业、股份制企业、私营及其他企业认为上升的比例远高于国有企业和集体企业，分别为52.5%、47.2%、47.6%。而认为下降了的比例为13.8%，比1988年减少6个百分点。就社会地位看，40%的企业家认为上升了，比1988年提高近8个百分点，其中，私营及其他企业、股份制企业、集体企业、外资企业的比例高于国有企业（见表25）。

表25　企业家对其自身地位变化的看法（%）

年份	下降了		没变化		上升了	
	1988年	1993年	1988年	1993年	1988年	1993年
经济地位	19.9	13.8	33.6	51.9	46.6	34.3
社会地位	10.3	6.5	55.5	53.5	32.2	40.0

与此相关的另一个问题是企业家对自身地位的满意程度。就经济地位看，42.7%的企业家回答不满意，但比例比1988年降低5个百分点，不满意程度降低了，其中，国有企业、集体企业不满意的比例又高于其他企业；24.4%的认为满意，比例比1988年降低近4个百分点，即满意的程度也有所降低，其中，非国有企业满意的比例均高于平均值，且比国有企业高出10～17个百分点。就社会地位看，21.1%的企业家不满意，比1988年减少7个百分点，即不满意的程度降低了，其中，国有企业不满意的比例较高，为22.9%，其次是集体企业，为18.3%，而外资企业、私营及其他企业、股份制企业分别为13.1%、10%、7.7%；感到满意的比例与1988年几乎一致，其中，国有企业感到满意的比例最低，为35.3%，股份制企业最高，为55.8%，集体企业、私营及其他企业、外资企业分别为48.6%、45%、36.1%（见表26）。

表26　企业家对其自身地位的满意程度（%）

年份	不满意		无所谓		满意	
	1988年	1993年	1988年	1993年	1988年	1993年
经济地位	47.9	42.7	24.0	32.9	28.1	24.4
社会地位	28.1	21.1	32.2	40.5	39.0	38.4

3. 企业家对工作选择的态度

企业家对自身地位特别是经济地位不太满意的认识，是造成企业家工作选择流动意愿的主要原因。我们提出 7 项工作请企业家完全自由地选择（见表 27）。选择民办、合资企业负责人的占 25.4%，选自办企业的为 25%，选国有企业负责人的为 16.8%，愿作专业技术人员的为 16.1%，而愿作政府部门负责人的为 10.8%。从不同所有制类型企业看，国有企业的企业家愿作国有企业负责人的比例为 19.3%，愿当民办、合资企业负责人或自办企业，比例达 45.4%；而集体企业企业家愿自办企业的比例为 41.9%，居第一位；股份制企业企业家愿作民办、合资企业及国有企业负责人的比例位居第一，愿意自办企业的比例也较高。

表 27　　企业家对工作选择的态度（%）

	国有企业负责人	政府部门负责人	专业技术人员	民办、合资企业负责人	自办企业	普通人员	科研人员或教师
总体	**16.8**	**10.8**	**16.1**	**25.4**	**25.0**	**4.9**	**1.1**
国有企业	19.3	11.4	17.9	25.5	19.9	5.1	0.9
集体企业	8.9	9.6	13.1	19.2	41.9	4.8	2.4
股份制企业	20.8	1.9	7.5	37.7	30.2	1.9	—
外资及其他企业	3.5	10.6	5.9	37.6	40.0	2.4	—

（注：凡引用此报告者均需注明引自中国企业家调查系统——《1993 · 中国企业经营者问卷调查报告》）

课题组名单

顾　　问：孙尚清　王梦奎　陈清泰

调查主持：郭振英　朱　焘　李克穆

报告撰写：谢伏瞻　卫　东　丁宝山　陈全生　陈　重
孙　力　刘铁民　李　兰

数据处理：李　华　张　泰　雷世俊　李春伟　张振宇
张春生

Chinese Entrepreneurs' Growth in the Past 20 Years

第三部分

专 题 报 告

2012年中国分省企业经营环境指数

▌中国改革基金会国民经济研究所

▌中国企业家调查系统

本报告由国民经济研究所和中国企业家调查系统合作完成，目的在于对我国各省、自治区、直辖市的企业经营环境总体状况和各方面状况进行评价和比较，对其变化情况进行跟踪分析。本报告旨在为各地政府提供改善当地企业经营环境的政策参考依据，为企业经营者和投资者的经营和投资决策提供信息，为学术界研究影响企业发展的各种因素提供数据支持。

本报告的基础数据来自2006年、2008年、2010年和2012年对全国各地四千多家企业的四次调查，基于企业主要负责人对当地经营环境各方面因素的评价。

2012年，全国4020家样本企业在所有者类型方面的分布如下：国有独资和国有控股企业418家（10.4%），集体所有制企业48家（1.2%），私营企业958家（23.8%），股份合作制企业186家（4.6%），非国有控股的股份有限公司589家（14.7%），非国有控股的有限责任公司1535家（38.2%），其他内资企业12家（0.3%），外资和港澳台资企业257家（6.4%），未分类17家（0.4%），合计420家（100%）。

样本企业按企业规模分类的分布如下：大型企业365家（9.1%），中型企业1415家（35.2%），小型企业2035家（50.6%），微型企业190家（4.7%），未分类15家（0.4%）。

按主营业务所属行业分类的分布如下：制造业2808家（69.8%），农林牧渔业、采矿业、电力燃气及水的生产供应业、建筑业共350家（8.7%），交通运输、仓储和邮政业、信息传输、计算机服务和软件业、批发和零售业、住宿和餐饮业共516家（12.8%），其他各类服务业共340家（8.6%），未分类6家（0.1%）。

从以上情况看，调查企业的企业类型分布和规模分布都比较均衡①，只是行业分布中制造业企业相对偏多，其他行业（特别是服务业）企业偏少。但一般而言这不会改变分省经营环境的评价。2012年调查的样本企业各项分布状况在总体上与以前年份类似。其中，按企业类型分布，国有独资和国有控股企业的比重比2010年调查有所减少，非国有企业有所增加。按行业分布，制造业企业比2010年略有减少，服务业企业略有增加。因为企业规模分类口径改变，企业规模分布与以前年份调查不可比。

---

① 根据经济普查和统计数据，在我国经济中，小企业在企业数量上占绝对优势（国务院第二次全国经济普查领导小组办公室、国家统计局，2009；国家统计局，2013）。但小企业无论在就业人数还是增加值中所占比重都远远小于它们在企业数量上的比重，因此在调查样本中适当增加大、中型企业的比重是必要的。

关于样本企业的地域分布，本报告共包括中国大陆的29个省、自治区和直辖市（以下简称为各省份）。由于西藏和青海的样本企业数量过少，数据代表性不足，因此在分省分析中未能将这两个省份包括在内。同时由于制度环境的差异，本报告也不包括台湾、香港和澳门地区。

基于上述企业调查数据，我们建立了“中国分省企业经营环境指数”。该指数从8个方面对企业经营环境进行评价。这8个方面分别是：政府行政管理、企业经营的法制环境、企业的税费负担、金融服务、人力资源供应、基础设施条件、中介组织和技术及营销服务以及企业经营的诚信社会环境。在8个方面指数以下各设有若干分项指数和基础指数。我们的调查数据采用从1到5的赋值评价某一方面的企业经营环境。其中5表示“很好”，1表示“很差”。个别数据采用了定量指标。

在本报告的第一部分，我们将报告各省份企业经营环境的总体进展和分省排序。第二部分报告企业经营环境在2006年到2012年期间在8个不同方面的进展。在第三部分中，我们将对国有企业与非国有企业的经营环境差异、不同规模企业的经营环境差异、不同行业的企业经营环境差异进行比较分析，并按照东部、中部、西部、东北四个区域的划分，分析各地在企业经营环境各方面的发展变化。在第四部分中，我们对企业经营环境指数体系的构造和计算方法进行解释。

本项研究由国民经济研究所和中国企业家调查系统合作进行。企业调查工作由中国企业家调查系统承担，调查系统工作人员进行了大量工作，取得了丰富的调查数据。企业经营环境指数体系的设计、数据分析研究和报告写作等工作由国民经济研究所承担。双方在项目进行过程中进行了充分沟通和密切合作。我们的企业调查也得到了BMW中经智库的支持，并得到各地许多企业、政府部门和个人的合作与帮助。合作双方对项目进行过程中所有机构和个人所给予的支持与帮助深表谢意。

一、企业经营环境总体进展和分省排序

1. 我国企业经营环境的总体进展情况

我们的调查数据显示，在2006年到2012年期间，我国的企业经营环境总体而言发生了积极的变化。全国各省份的企业经营环境总指数（总体评分）的平均值大体上呈现波动上升趋势。2012年，企业经营环境指数总指数平均值为3.05分，比2006年的平均2.88分上升了0.17分，显示企业经营环境在总体上趋向于改善。但在其中的2009～2010年期间，评分有所下降，显示全国企业经营环境发生了一定程度的退步。2011～2012年期间的评分上升并没有完全抵消前一时期的下降。同时，2012年的平均3.05分仅仅是一个略高于中性评价3.0分的平均分，还需谨慎对待，不应过度乐观。图1显示了2006～2012年期间的企业经营环境变化情况。

2011～2012年期间，在全国有数据的29个省份中，有19个省份的企业经营环境总指数上升，10个省份下降。这大体上说明最近这两年间全国企业经营环境有所好转。而在2009～2010年期间，29个省份中有27个出现了总指数下降，显示这两年间企业经营环境出现恶化。这期间的企业经营环境恶化反映在多个方面。在我们的上一个报告（王小鲁、樊纲、李飞跃，2012）中可以看到，在所有7个企业经营环境方面指数中，有5个方面指数的平均值出现了下降。它们是人力资源供应、金融服务、企业经营的法制环境、政府行政管理、基础设施条件。两个没有发生下降的方面指数是中介组织和技术服务、企业经营的（诚信）社会环境。

对于企业经营环境发生逆向变化这一复杂现象，我们在上一个报告中还无法进行更具体的解释。而在经过了近两年企业经营环境恢复性改善后，我们可以对导致当时经营环境恶化以及后来改善的原因做出一些基本的判断。

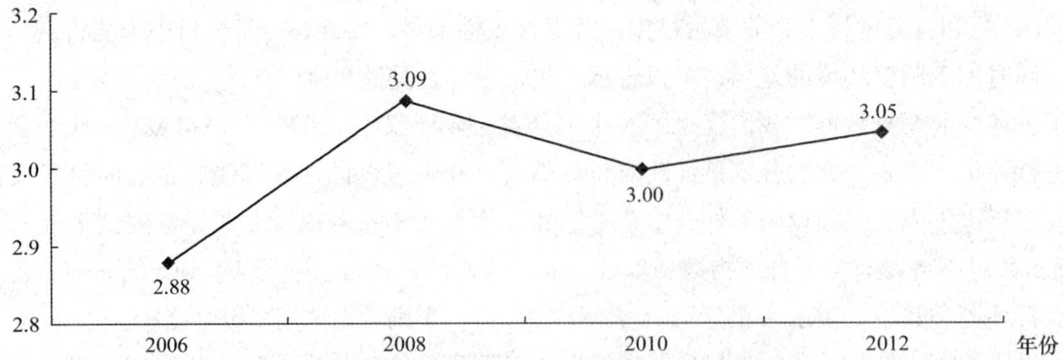

图1　企业经营环境总指数平均值的变化：2006~2012年

首先，在金融服务方面，2009~2010年期间大幅度放宽的货币和信贷政策，以及以大规模政府投资为核心的扩张性财政政策，实际上对企业经营环境产生了一定的负面影响。

2009年末金融机构本外币贷款比2008年末猛增10万亿元，2010年末又比2009年末猛增8万多亿元。虽然银行贷款大量增加，但主要是用于政府大型投资项目的中长期贷款，行政导向程度增高，市场导向程度降低，对金融市场产生了挤压作用。2010年末与2008年末相比，中长期贷款增长了86%，短期贷款只增长了33%，其中对企业的短期贷款只增长了17.6%（数据来自人民银行官方网站）。考虑到这期间企业成本和物价上升的因素（这期间城镇单位平均工资上升了26.4%，多数能源和原材料的价格也有不同程度的上涨），实际上这期间的信贷形势变化对多数企业正常经营所需的流动资金供应是具有紧缩性质的。

而在对企业的贷款中，一般而言银行偏爱大企业的倾向比较明显，中型及以下企业特别是小型和微型企业处于更加不利的地位，后者只能主要依赖自身积累和民间融资。我们企业经营环境指数中的“金融服务”指数显示，在2009~2010年期间，通过正规金融机构融资的难度有所下降，但企业贷款需要在正常利息之外付出额外费用的情况反而上升，同时民间融资的难度上升。这反映了信贷政策及其实现方式对市场环境的不良影响。

上述情况在2011~2012年期间有明显改善。这期间短期贷款大幅度上升，中长期贷款增速放缓。我们的金融服务指数显示，虽然通过正规金融机构融资的难度略有增加，但支付额外费用的情况减少了，同时通过民间渠道融资也相对更容易了。

其次，2009~2010年期间，“政府行政管理”和“企业经营的法制环境”两个方面也发生了退步。在“政府行政管理”方面，“政府效率”和政策“公开、公正、公平”两个分项指数都发生了明显下降。“政府廉洁”持平，只有“减少不必要的干预”有明显改善。几项合计，“政府行政管理”方面指数在此期间还是下降的。在“企业经营的法制环境”方面，“司法公正与效率”和“经营者合法权益的保障”两个分项指数在此期间都有明显下降，导致该方面指数下降0.17分。

上述这些情况很可能也与当时的扩张性宏观政策有关。这是因为大规模政府投资和政府指导下的大规模信贷投放，大大提高了政府影响资源配置的程度，弱化了市场配置资源的功能，对公平公正和有效地分配资源都有某种程度的不利影响。

而在2011~2012年期间，这些方面的情况有了一定的改善。其中“政府行政管理”方面的“政府廉洁”改善比较明显，“公开、公正、公平”略有改善。另外两个分项仍有下降，但“政府行政管理”方面指数评分是提高的。“企业经营的法制环境”方面指数也有一定程度的回升。

再次，在“基础设施条件”方面，在2009～2010年期间评分出现了出人意料的大幅度下降，而在2011～2012年期间出现了一定程度的回升。这显然不会是硬件基础设施条件的突然恶化和改善所导致，而是基础设施服务状况变化的反映。这一情况可能与前一时期大规模投资和2010年经济复苏叠加导致的投入品运输量大量增加以及用电量增加有关（2010年电力消费弹性系数是2004年以来的高点），引起一些地方运力和供电紧张。另外2010年下半年，一些地方政府为了完成节能减排任务而采取行政手段拉闸限电，影响了企业正常生产，显然也是导致企业对基础设施条件评价下降的一个因素。

最后，在“人力资源供应”方面，2009～2010年期间技术人员、管理人员和熟练工人的供应都出现了评分下降。这看来也与伴随扩张性宏观政策而来的经济出现偏热迹象有关，在对人力资源需求旺盛的情况下加剧了人力资源供应短缺。2012年，尽管该方面指数的评分仍然低于其他方面，但相比于以前各年，情况出现了好转。

以上对于2009～2010年期间企业经营环境发生退步的原因分析，并不是要否定我国在国际金融危机期间实行的扩张性财政和货币政策。当时在我国出口产业受到世界市场不景气严重打击的情况下，实行扩张性的宏观经济政策是必要的和及时的。这使我国经济在世界经济整体不景气的情况下，迅速摆脱了危机的影响，保持了经济较快增长。但事后根据实际发生的情况，对这一政策的利弊得失进行客观分析，尤其是对于政策的合理力度和实现方式进行研讨，也是非常必要的。这有利于我们总结经验、吸取教训，使今后的宏观政策能够趋利避害，做得更好。

本报告的目的并不是全面讨论宏观经济政策，而是分析企业经营环境的变化及其影响因素，包括宏观政策对企业经营环境的影响。以今天的眼光来看，当时的财政和货币政策在力度、手段及实现方式上都有一些值得探讨之处。

在财政政策方面，当时可能过多偏重政府投资，没有更多地利用其他不影响市场机制发挥作用，而且有利于调整结构、改善收入分配、促进人力资本积累及环境改善的财政支出手段和减税手段，例如用于改善小微企业经营环境的财政支出和减税措施，用于改善教育、公共医疗、社会保障、环境保护等方面的支出等。在货币政策方面，信贷投放增幅过猛，过多用于保障政府投资项目，对地方融资平台的过度扩张也缺乏节制，对市场调节机制和保持企业正常运行起了某些干扰作用。

此外，在各级政府被赋予了控制资源配置的较大权力的时候，政府自身的公开透明、纪律约束和外部监督机制就变得非常关键。没有这些机制发挥作用，就有可能导致政府滥用权力、错误配置资源、贪污腐败泛滥等现象。这些都会对企业经营环境造成严重的负面影响，并可能带来长期后患。

2. 企业经营环境分省排序和评分

以下根据企业经营环境总指数的评分结果，对我国各省份2006年、2008年、2010年和2012年的企业经营环境，按从好到差的顺序进行排序，如表1所示。

表1　各省份企业经营环境相对排序（2006～2012年）

排名	2006年	2008年	2010年	2012年
1	上　海	上　海	上　海	天　津
2	浙　江	江　苏	江　苏	上　海
3	江　苏	浙　江	天　津	北　京
4	天　津	北　京	浙　江	浙　江
5	山　东	天　津	北　京	江　苏
6	广　东	福　建	安　徽	重　庆
7	福　建	安　徽	河　南	黑龙江

续表

排名	2006年	2008年	2010年	2012年
8	北　京	辽　宁	广　东	吉　林
9	辽　宁	山　东	福　建	广　西
10	安　徽	广　东	山　东	山　东
11	河　北	河　北	重　庆	广　东
12	四　川	吉　林	辽　宁	福　建
13	吉　林	黑龙江	四　川	辽　宁
14	河　南	河　南	湖　北	河　南
15	黑龙江	广　西	云　南	四　川
16	新　疆	四　川	江　西	安　徽
17	内蒙古	重　庆	山　西	内蒙古
18	云　南	湖　北	河　北	海　南
19	湖　北	内蒙古	吉　林	湖　北
20	重　庆	宁　夏	黑龙江	陕　西
21	山　西	陕　西	湖　南	贵　州
22	海　南	贵　州	内蒙古	湖　南
23	青　海	江　西	海　南	宁　夏
24	广　西	云　南	甘　肃	河　北
25	江　西	甘　肃	广　西	江　西
26	陕　西	新　疆	宁　夏	山　西
27	贵　州	湖　南	陕　西	云　南
28	湖　南	海　南	贵　州	甘　肃
29	宁　夏	青　海	新　疆	新　疆
30	甘　肃	山　西		

表1显示，2012年排在企业经营环境前5位的省份依次是天津、上海、北京、浙江和江苏，与2008年和2010年的前5个省份相同，只是它们之间的相对位次发生了变化。上海在2006年、2008年和2010年企业经营环境总体排序中一直保持在第1位，但在2012年被天津超过。同时北京从2010年的第5位上升到2012年的第3位，江苏从第2位下降到第5位，浙江保持在第4位没有变化。2008年以来与2006年相比，北京取代了山东列入前5位。

从表1可见，排名较前的省份，基本上是经济发展比较好的东部地区，而且相对位次比较稳定，跨年度变化不大。但企业经营环境排序并不存在与经济发展水平一一对应的关系。例如广东和福建在2012年的企业经营环境相对位次就发生了下降，分别排在第11位和第12位。而有几个经济发展程度不算高的中西部省份进入了前10名。排名较后的主要是经济发展水平相对落后的西部和中部省份，也有个别东部省份。例如河北排在了第24位。

在2006~2012年期间，一些中西部省份的排名变化较大。在2012年，排在最后5位（第25~29位）的省份依次是江西、山西、云南、甘肃、新疆；而在2006年，最后5位（第26~30位）是陕西、贵州、湖南、宁夏、甘肃。这5个省份中，除甘肃外的四个省份摆脱了最后5位，分别上升到第20~23位。而原来排位不算太低的新疆、云南和山西，则落入了最后5名。

在这四个年份中，少数省份的位次出现了大幅度的上下跳跃，例如山西、黑龙江、广西；也有些省份的排名变动较有规律可循，基本呈持续上升或持续下降，前者如天津、重庆、湖南，后者如河北、新疆。

需要说明的是，某些省份的企业经营环境排序变化很大，并不一定意味着其企业经营环境发生了很大变化，而常常是因为其经营环境评分变化幅度大于或小于其他省份。总体来看，所有30个省份在

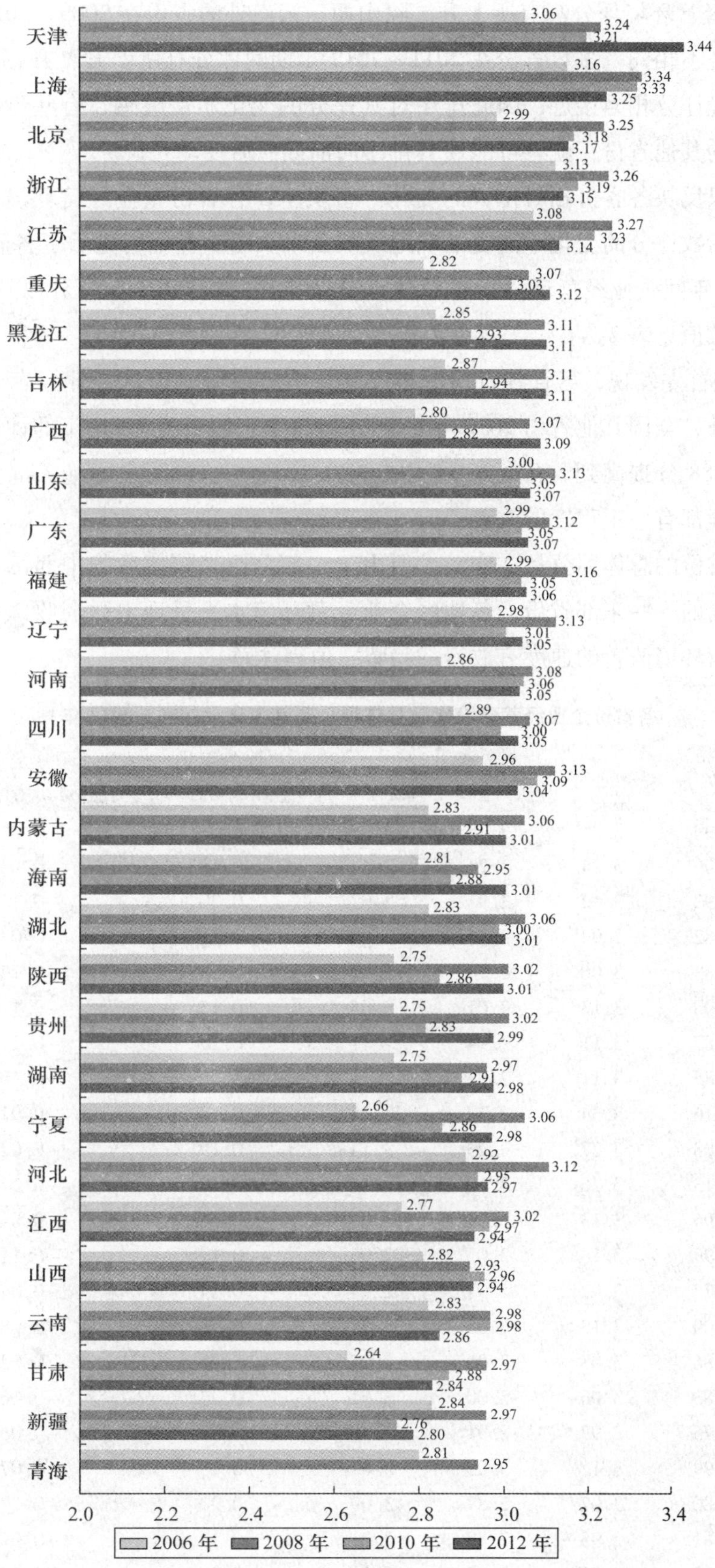

图 2　各省份企业经营环境指数总体评分和排序（2006 ~ 2012 年）

注：图中各省份的条形按从上到下的顺序依次表示 2006 年、2008 年、2010 年和 2012 年评分。青海排在最下面，是因为其 2010 年和 2012 年数据缺失，并不表示其排序最低。

2007~2008年间的经营环境评分都有所上升。除山西、云南外的省份在2009~2010年期间评分都有所下降，但下降幅度各不相同。多数省份在2011~2012年期间评分有所上升，升幅也各不相同。由于一些省份企业经营环境评分相当接近，因此排序对其评分的变化非常敏感。有些省份的评分上升幅度大于或小于排序邻近的其他省份，就有可能使其排序向前或向后变动几位。

上述排名变化只反映各省份相对位置的变化。事实上，各省份企业经营环境的进步或退步，要通过其企业经营环境指数评分的变化才能更准确地反映出来。图2直观地显示了各省份在2006年、2008年、2010年和2012年间企业经营环境指数总体评分及排序，按2012年评分以从高到低的顺序排列。各省份历年的评分数值见表2。

观察表2，我们首先发现，尽管各省份的排序变化有升有降，但从企业经营环境指数总体评分的情况看，除新疆之外，全国其他省份2012年的评分均高于它们自身2006年的评分。各省份的平均得分，从2006年的2.88分提高到3.05分，平均上升0.17分。这说明全国绝大部分地区在2006~2012年间，企业经营环境都有一定程度的改善。

其次，尽管各省份的总体评分都在变动，但由于一部分原来较落后的中西部省份经营环境改善幅度大于原来评分较高的一些东部省份，各地区企业经营环境水平呈现出微弱收敛的趋势。这显示近年来东部地区企业经营环境改善的速度有放慢的趋势，值得注意。

表2　　各省份企业经营环境指数总体评分及其变化（2006~2012年）

	2006年	2008年	2010年	2012年	评分变化（2007~2008年）	评分变化（2009~2010年）	评分变化（2011~2012年）
北　京	2.99	3.25	3.18	3.17	0.27	-0.08	-0.01
天　津	3.06	3.24	3.21	3.44	0.18	-0.03	0.23
河　北	2.92	3.12	2.95	2.97	0.20	-0.17	0.02
山　西	2.82	2.93	2.96	2.94	0.11	0.03	-0.03
内蒙古	2.83	3.06	2.91	3.01	0.23	-0.15	0.11
辽　宁	2.98	3.13	3.01	3.05	0.15	-0.11	0.04
吉　林	2.87	3.11	2.94	3.11	0.25	-0.17	0.17
黑龙江	2.85	3.11	2.93	3.11	0.26	-0.18	0.18
上　海	3.16	3.34	3.33	3.25	0.18	-0.01	-0.08
江　苏	3.08	3.27	3.23	3.14	0.19	-0.04	-0.08
浙　江	3.13	3.26	3.19	3.15	0.13	-0.07	-0.04
安　徽	2.96	3.13	3.09	3.04	0.17	-0.04	-0.05
福　建	2.99	3.16	3.05	3.06	0.17	-0.11	0.01
江　西	2.77	3.02	2.97	2.94	0.24	-0.04	-0.04
山　东	3.00	3.13	3.05	3.07	0.13	-0.08	0.03
河　南	2.86	3.08	3.06	3.05	0.22	-0.02	-0.01
湖　北	2.83	3.06	3.00	3.01	0.23	-0.06	0.01
湖　南	2.75	2.97	2.91	2.98	0.22	-0.06	0.08
广　东	2.99	3.12	3.05	3.07	0.13	-0.07	0.01
广　西	2.80	3.07	2.87	3.09	0.27	-0.20	0.22
海　南	2.81	2.95	2.88	3.01	0.14	-0.07	0.13
重　庆	2.82	3.07	3.03	3.12	0.24	-0.04	0.09
四　川	2.89	3.07	3.00	3.05	0.18	-0.07	0.04
贵　州	2.75	3.02	2.83	2.99	0.27	-0.19	0.16
云　南	2.83	2.98	2.98	2.86	0.15	0.00	-0.12

续表

	2006 年	2008 年	2010 年	2012 年	评分变化（2007～2008 年）	评分变化（2009～2010 年）	评分变化（2011～2012 年）
陕　西	2.75	3.02	2.86	3.01	0.27	-0.17	0.15
甘　肃	2.64	2.97	2.88	2.84	0.33	-0.09	-0.04
宁　夏	2.66	3.06	2.86	2.98	0.40	-0.19	0.12
青　海	2.81	2.95			0.14		
新　疆	2.84	2.97	2.76	2.80	0.13	-0.21	0.04
全国平均	2.88	3.09	3.00	3.05	0.21	-0.09	0.05

注：表中的数字为各省份企业经营环境指数的总体评分，取值范围在 1～5 之间，较高的评分表示较好的企业经营环境。最后三列数字表示评分的变化，变化为正数表示两年间评分上升（企业经营环境改善），负数表示评分下降。个别省份评分变化与两年评分的差额稍有出入，是尾数四舍五入所致，后文同。

二、企业经营环境 8 个方面的进展

1. 影响企业经营的主要障碍因素

在 2012 年的最新企业调查中，我们除了分项收集企业负责人对各项企业经营环境的评价外，也征询了企业负责人关于影响企业经营的主要障碍因素的意见。问卷中的这一问题是：“在以上因素中，您认为构成目前贵企业经营的主要障碍有哪些？（最多选五项）”这里的“以上因素”，是指问卷中所列举的影响企业经营的 28 项外部因素。

样本企业中，总共有 3285 位企业负责人对以上问题作出了回答。我们将这 28 项影响因素按照企业经营环境指数的分类归纳为企业经营环境的 7 个不同方面，包括：政府行政管理、企业经营的法制环境、企业税费负担、金融服务、人力资源供应、中介组织和技术服务、企业经营的诚信社会环境。其中未包括基础设施条件。但由于基础设施条件在所有 8 个方面指数中评价最高，因此缺失该方面应该基本上不影响关于企业经营障碍的评价。

统计结果显示，按照企业所列的首要障碍因素排列，政府行政管理方面的问题构成了第一位的障碍，有 33.7% 的企业负责人将这方面的因素列为首要的障碍。这其中，多数抱怨集中在政府行政和政策“公开、公平、公正”方面的问题，包括政策和规章制度不公开透明、行政执法机关执法不公、各类企业没有享受公平的国民待遇。其他障碍因素还包括“政府效率”低下（主要表现在审批手续繁杂）、“政府不必要的行政干预”和“政府官员廉洁守法”存在问题。

第二位障碍是企业税费负担。有 30.3% 的企业负责人把这一方面的因素列为首要的障碍。其中主要的抱怨集中在“税收负担过重”上。这种情况有可能与税务部门为完成任务而征过头税有关。某些税务执法人员徇私舞弊而导致税负畸轻畸重，可能也是原因之一。

第三位障碍是人力资源供应短缺。有 16.1% 的企业负责人把这方面的影响列为首要的障碍。其中按频数大小排列的影响因素依次是技术人员短缺，熟练工人短缺，管理人员短缺。

第四位障碍是金融服务不到位。有 14.3% 的企业负责人把这方面的影响列为首要的障碍。其中绝大部分抱怨集中在“银行贷款难”，另外“银行实际利率高”、“从银行贷款有额外费用”、“从民间渠道筹资难”、“民间渠道筹资利率高”也占一定比例。

第五位障碍是企业经营的法制环境方面。有 3.7% 的企业负责人把这方面的影响列为首要的障碍。

表 3 比较了 2012 年和 2008 年影响企业经营的障碍因素的变化。根据我们 2008 年的企业调查，影响企业经营的最主要障碍因素是金融服务不到位（占样本企业总数的 35.0%），主要抱怨集中在银行

贷款难。其次的障碍因素才是政府行政管理问题（占样本企业总数29.3%）。第三位的障碍是人力资源短缺，占样本企业21.3%（2008年该项调查未包括税收负担问题，但包括了基础设施条件）。

2012年与2008年相比，政府行政管理问题的障碍比重从29.3%上升到33.7%。贷款难的问题有明显缓解，比重从35.0%大幅度下降到14.3%。人力资源短缺问题有所缓解，从21.3%降到16.1%，但这两个方面仍然都是困扰企业经营的主要问题之一。

表3反映的情况说明，行政管理体制改革是当前迫在眉睫的任务。重点在于解决行政的公开透明、依法行政和公众监督政府的问题，以及政府政策的公平性问题。税收制度和税收征管对企业经营环境来说同样是关键问题，需要进行评估检验，特别是需要解决征管中出现的各种问题。人力资源供应和金融服务仍然是影响企业经营的重要领域，需要做出实质性的改进。

表3　　影响企业经营的最主要障碍因素

	2008年		2012年	
	比重（%）	位次	比重（%）	位次
政府行政管理	29.3	2	33.7	1
公开公正公平	11.4		20.9	
政府效率	7.3		5.6	
地方政府过度干预	6.8		5.8	
政府廉洁	3.7		1.4	
税费负担			30.3	2
税收负担			29.9	
税外收费摊派	0.6		0.4	
人力资源供应	21.3	3	16.1	3
技术人员	6.2		8.6	
管理人员	6.7		2.5	
熟练工人	8.3		5.1	
金融服务	35.0	1	14.3	4
正规金融服务	34.1		13.2	
民间融资服务	0.9		1.1	
法制环境	6.0	4	3.7	5
执法公正和效率	1.7		0.9	
经营者权益保护	4.3		2.8	
基础设施条件	3.3	5		
诚信社会环境	3.1	6	1.5	6
中介组织和技术服务	1.4	7	0.4	7
中介组织	0.4		0.4	
技术服务	1.0		0.1	
合计	100.0		100.0	

注：表中所列障碍因素中，有些是正向的，例如“政策公开、公平、公正”，指没有做到公开、公平、公正。有些是负向的，例如“地方政府过度干预”，指存在过度干预的问题。还有些是表达数量的，例如“技术人员”是指缺乏足够的技术人员，“税收负担”是指税收负担过重。因为篇幅的关系，表中省略了各因素的指向。请读者注意，以免发生误解。

当我们把视野从企业所列的首要障碍因素扩展到所有五项主要障碍因素①，上述五个方面的主要

① 两者的区别是，前者（关于首要障碍）每位企业家只能选择一项，他们选择的合计比例是100%。后者是多项选择，每位企业家最多可以选择5项。后者计算的是这些障碍因素的影响面，而不是反映这些影响因素的严重程度；即有多大比例的企业家认为某一因素构成了企业经营面临的主要障碍之一。

障碍因素没有变化，但这些因素的影响面则发生了一些变化。后一计算更多反映了这些因素对企业的影响面，而不是影响的严重程度。其中，在3285 位回答该问题的样本企业负责人中，有53.6%表示政府行政管理方面的问题构成了企业经营的主要障碍之一，主要抱怨仍然集中在公开、公正、公平方面。税费负担的影响面从30.3%上升到60.7%，主要的抱怨仍然是税负重的问题。人力资源供应短缺的影响面从16.1%大幅上升到64.0%，其中熟练工人不足又成为影响面最大的因素。金融服务问题（主要还是贷款难）的影响面也从14.3%大幅上升到51.2%，说明贷款难的问题只是在程度上减轻了，但仍然是广泛影响企业经营（尤其是小微企业）的一个主要问题。企业经营的法制环境影响面从3.7%大幅度上升到25.4%，较多的抱怨侧重于企业合同和知识产权得不到有效保护。最后，企业经营的诚信社会环境缺失的影响，以及中介组织和技术服务缺失的影响，也不容忽视，影响面分别占到12.8%和11.7%。后者主要抱怨的是行业协会不能给企业提供有效的帮助。

可以看到，按影响面计算，政府行政管理问题、税费负担问题、人力资源供应短缺问题和金融服务问题仍然是影响企业经营的前四位障碍，只是影响面都更大了。人力资源短缺成为影响面最大的问题，影响了近2/3的企业。贷款难的问题和法制环境不良的问题也仍然是影响企业经营的重要方面。

2. 企业经营环境8个方面的总体进展

我们的分省企业经营环境指数从8个方面来考察我国企业经营环境的进展状况。这8个方面包括：

①政府行政管理；

②企业经营的法制环境；

③企业税费负担；

④金融服务；

⑤人力资源供应；

⑥基础设施条件；

⑦中介组织和技术及营销服务；

⑧企业经营的社会环境。

其中每个方面指数下设一个或几个分项指数，每个分项指数又由一个或几个基础指数组成。企业税费负担是2012年新设置的方面指数，没有包括在以前年份的指数中。

图3 给出了2006年、2008年、2010年和2012年全国企业经营环境指数8个方面的总体评价情况。

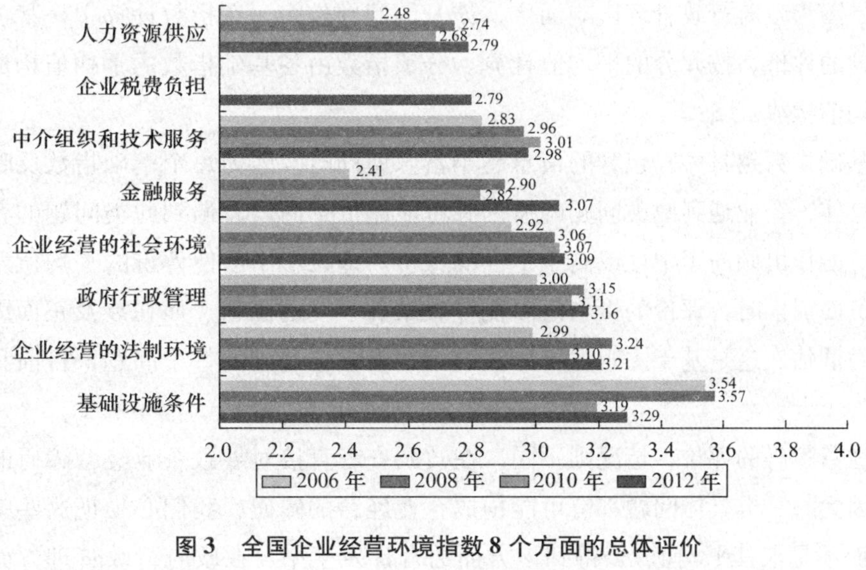

图3　全国企业经营环境指数8个方面的总体评价

数据见表4。这8个方面指数按照其2012年的评分由低到高排列，依次为人力资源供应、企业税费负担、中介组织和技术服务、金融服务、企业经营的社会环境、政府行政管理、企业经营的法制环境，以及基础设施条件。在8个方面中，人力资源供应、企业税费负担、中介组织和金融服务的4年平均评分均低于中性评价值3分（企业税费负担为新设方面指数，按2012年评分计算），评价是偏负面的，而其他4个方面的平均评分均高于3分。4年评价最高的都是基础设施条件，2012年评分为3.29。2008年、2010年和2012年评分最低的方面指数都是人力资源供应，2012年评分为2.79分。

表4　　全国企业经营环境指数8个方面的总体评价（按2012年评分排列）

	2006年	2008年	2010年	2012年	2006~2012年评分变化
人力资源供应	2.48	2.74	2.68	2.79	0.31
企业税费负担				2.79	
中介组织和技术服务	2.83	2.96	3.01	2.98	0.15
金融服务	2.41	2.90	2.82	3.07	0.66
企业经营的社会环境	2.92	3.06	3.07	3.09	0.17
政府行政管理	3.00	3.15	3.11	3.16	0.16
企业经营的法制环境	2.99	3.24	3.10	3.21	0.22
基础设施条件	3.54	3.57	3.19	3.29	-0.25
总指数	2.88	3.09	3.00	3.05	0.17

值得注意的是，这里8个方面指数按评分从低到高的排序，与企业负责人对企业经营的障碍因素排序的结果有明显出入。其中一个最主要的区别，是企业负责人对企业经营的障碍因素反映出政府行政管理存在比较突出的问题，对企业经营有严重影响；而在企业经营环境指数评分中，政府行政管理2012年评分还相对比较乐观，高于3.00分的中性值。

这两部分信息同样来自全部四千多家样本企业负责人的评价，之所以出现这样的差异，与两类信息的评价方式有关，主要还是反映企业经营环境影响因素的影响严重程度和影响面的区别，同时还有一些其他原因，这里作一个说明。

在企业经营环境指数中，政府行政管理方面指数包括“公开、公平、公正”、“政府效率”、“政府行政干预”和“政府官员廉洁”四个分项指数，每一分项指数下面还包括几个更具体的基础指数，内容比较丰富。这是因为政府行政管理影响面广，涉及的问题较多。在指数计算中，某项基础指数来自样本企业对该问题的评价，按评分的平均值计算。分项指数由各基础指数的平均值构成，方面指数又由分项指数的平均值构成。

一般而言，基础指数越具体，包含的信息越丰富。但同时，因为每个基础指数反映单独的一类问题，基础指数越具体，企业遇到此类问题的概率有可能越低，而没有遇到此类问题的企业在对此进行评价时，则更有可能作出倾向于中性或高于中性的评价。这无形中会使评价的平均值发生某种程度的收敛，即在涉及负面因素时，评价的平均值可能导致某种程度的高估，而在涉及正面因素时，也有可能导致某种程度的低估。这是基于主观评价方法的指数常常会遇到的一个问题，目前我们还没有找到更好的解决办法。

但关于企业经营障碍的评价，情况则不同。在被调查者直接对导致企业经营障碍的首要因素进行评价的情况下，因为每一类具体问题都有可能构成企业经营的障碍，我们必须把这些障碍因素的发生率按方面加总（而不是求其平均值），得到该方面的合计发生率。在政府行政管理方面，每一项具体问题（例如：政策和行政不公开不透明，行政执法不公正，企业享受不到平等的国民待遇，行政审批手续繁杂，政府干预过多，腐败等等）导致企业经营障碍的单项发生率都在 8% 以下，但这些因素加总就导致了 33.7% 的企业面临经营障碍，是一个相当高的比例。

从上述情况可以看到，企业负责人关于政府行政管理方面问题导致企业经营障碍的判断，提供了更直接的信息，具有较高的可信度。而基于他们对各项基础指数评价的平均值形成的方面指数，则有可能在一定程度上导致偏高的评价。我们提醒读者在使用这些方面指数时加以注意。但尽管可能存在这样的不足，它们在衡量不同地区和不同类型企业之间的经营环境差异，以及衡量企业经营环境跨年度变化这些基本方面，仍然提供了不可缺少的有用信息。

从图 3 和表 4 可以看到企业经营环境在 2006 ~2012 年期间发生的变化。在 8 个方面指数中，税费负担是新指数，没有以前年份数据，其余除基础设施条件之外的 6 个方面指数都有提高。7 个方面平均提高 0. 20 分。其中，人力资源供应和金融服务增幅比较大，分别增加了 0. 31 分和 0. 66 分。基础设施条件指数的评分下降了 0. 25 分。

在最近的 2011 ~2012 年期间，中介组织和技术服务指数的评分出现了轻微下降，而政府行政管理、人力资源供应、金融服务、企业经营的社会环境、企业经营的法制环境以及基础设施条件指数的评分在 2011 ~2012 年期间都有所上升。其中金融服务指数的升幅较大。

三、不同类型企业的经营环境比较

1. 国有企业与非国有企业的经营环境比较

本部分比较国有企业与非国有企业的经营环境状况，考察这两类企业在经营环境各个方面指数的异同。这里的国有企业包括国有独资企业和国有控股企业，非国有企业指除此以外的所有企业，包括私营企业、非国有控股的股份有限公司和有限责任公司、集体所有制企业、股份合作制企业、其他内资企业、以及外商和港澳台商投资企业。在本报告中我们使用“国有企业”和“非国有企业”概念时将沿用这里所说的含义，不再另外解释。

在 2012 年企业调查的全部 4020 家样本企业中，总共有国有企业 418 家，占样本企业总数的 10. 4% 。其中 236 家为国有独资企业，其余 182 家为国有控股企业。在国有企业中，30. 7% 为大型企业，43. 6% 为中型企业，24. 0% 为小型企业，微型企业占 1. 7% 。

样本中有非国有企业 3602 家，主要是非国有控股的股份有限公司、有限责任公司和私营企业，外商及港澳台商投资企业也有一定数量。非国有企业按规模分类，6. 6% 为大型企业，34. 4% 为中型企业，53. 9% 为小型企业，5. 1% 为微型企业。很明显，国有企业中，大中型企业比较多；非国有企业中，小微企业比较多。这大体上反映了两类企业在规模分布上的实际差异，只是在非国有企业样本中，微型企业偏少。

2012 年，国有企业的经营环境总指数评分为 3. 13 分，非国有企业经营环境总指数 3. 08 分，前者比后者高 0. 05 分，二者差异在 5% 显著性水平下显著（t =2. 25）。这表明国有企业的经营环境在总体上一定程度好于非国有企业。这种情况并不正常，因为一般而言，国有企业与非国有企业处在同一个竞争性的市场中，他们面临的企业经营环境应该是相同的。而事实上他们感受到的经营环境不同，说明国有企业面临的政策待遇或其他条件事实上好于非国有企业。

表 5 报告了 2012 年国有企业和非国有企业在总指数、各方面指数和各分项指数之间的差异，以及这些差异的统计显著程度。在表中，差异的显著性水平达到 5% 或更高（有显著差异），都用黑体

标出。

从表5可以看到，在企业经营环境的8个方面指数中，有6个方面的国有企业总指数高于非国有企业。其中具有统计显著性（按5%水平计算，下同）的有“税费负担”和“人力资源供应”。还有些方面指数差异不显著，而方面指数以下的一些分项指数却有显著差异。例如“政府行政管理”方面指数项下的“公开公正公平”分项，国有企业评价显著好于非国有企业，但前者却面临较多的来自政府的“不必要干预”，两者抵消后使该方面指数差异不显著。再如“金融服务”方面，国有企业“贷款难”的情况明显少于非国有企业，但国有企业的民间融资渠道不如民营企业畅通，两者相抵后使“金融服务”方面指数差异不再显著。

上述情况说明，国有企业和非国有企业之间确实存在着事实上的差别待遇，影响了非国有企业的经营环境。有必要进行政策清理和调整，使各项政策和各级政府行政对国有企业和非国有企业一视同仁。

表5　　国有企业与非国有企业的经营环境差异

	国有企业	非国有企业	差异	t统计量	p值
政府行政管理	3.20	3.25	-0.05	-1.44	0.15
公开公正公平	3.09	3.00	**0.09**	2.53	0.01
政府效率	2.88	2.96	-0.08	-1.62	0.11
减少不必要的干预	3.34	3.57	**-0.23**	-5.48	0.00
政府廉洁	3.51	3.47	0.04	0.64	0.52
企业经营的法制环境	3.27	3.24	0.03	0.90	0.34
司法公正和效率	3.04	3.01	0.03	0.64	0.52
经营者合法权益的保障	3.50	3.46	0.04	1.22	0.22
企业税费负担	2.88	2.75	**0.13**	3.29	0.00
企业集资和摊派	3.59	3.43	**0.16**	2.90	0.00
企业税收负担	2.17	2.07	**0.10**	2.47	0.01
金融服务	3.15	3.10	0.05	0.74	0.33
正规金融服务	3.26	3.04	**0.22**	5.52	0.00
非正规金融服务	3.03	3.17	**-0.14**	-2.45	0.01
人力资源供应	2.98	2.77	**0.21**	4.46	0.00
技术人员	2.94	2.71	**0.23**	4.49	0.00
管理人员	3.05	2.78	**0.27**	4.99	0.00
熟练工人	2.94	2.82	**0.12**	2.42	0.02
基础设施条件	3.32	3.33	-0.01	-0.27	0.79
电力	3.95	3.89	0.06	1.29	0.20
铁路运输	3.11	3.15	-0.04	-0.88	0.38
其他基础设施	2.91	2.96	-0.05	-1.13	0.26
中介组织与技术服务	3.06	3.02	0.04	1.09	0.28
中介组织	3.12	3.04	**0.08**	2.11	0.04
技术与营销服务	3.01	3.00	0.01	0.16	0.88
企业经营的社会环境	3.18	3.16	0.02	0.63	0.53
总指数	3.13	3.08	0.05	2.25	0.03

2. 不同规模企业的经营环境比较

本部分考察不同规模企业的经营环境现状，对大型、中型、小型和微型企业在经营环境总指数、各方面指数的评价进行比较。2012年，大型企业的经营环境总指数为3.20分，中型企业为3.09分，小型企业为 3.07 分，微型企业为 2.98 分。很明显，企业规模越小，经营环境越差。而且所有各类企业之间的评分差异，均具有统计显著性。

表 6 列出了 2012 年不同规模企业经营环境总指数、方面指数和分项指数的评分及其差异。统计显著的差异（5% 及更高）都用黑体标出。以 t 值表示的统计显著度在表的后半部单独列出。表中至少有 4 个方面指数和更多的分项指数在不同规模企业间有显著差异，包括政策公开公正公平、正规金融服务、税外收费、人力资源供应、中介组织服务、电力供应等。此外如“法制环境”，虽然在大、中企业之间的差异，以及小微企业之间差异不显著，但在大中型企业和小微型企业之间差异显著。

表 6　　不同规模企业的经营环境差异

	评分				差异		
	大型	中型	小型	微型	大 - 中	中 - 小	小 - 微
政府行政管理	3.25	3.24	3.26	3.15	0.01	-0.02	0.11
公开公正公平	3.14	3.04	2.98	2.84	**0.10**	**0.06**	**0.14**
政府效率	2.92	2.92	2.99	2.91	0.00	**-0.07**	0.08
减少不必要的干预	3.42	3.51	3.59	3.48	**-0.10**	**-0.08**	0.11
政府廉洁	3.54	3.48	3.47	3.36	0.05	0.02	0.11
企业经营的法制环境	3.34	3.27	3.21	3.13	0.07	**0.06**	0.08
司法公正和效率	3.11	3.04	2.98	2.89	0.06	0.06	0.09
经营者合法权益的保障	3.58	3.50	3.43	3.37	0.08	**0.06**	0.07
企业税费负担	2.85	2.77	2.75	2.81	0.08	0.02	-0.06
企业集资和摊派	3.59	3.45	3.42	3.45	**0.14**	0.03	-0.03
企业税收负担	2.10	2.08	2.07	2.17	0.02	0.00	-0.09
金融服务	3.29	3.14	3.08	2.85	**0.15**	0.06	**0.23**
正规金融服务	3.39	3.11	2.99	2.77	**0.28**	**0.12**	**0.22**
非正规金融服务	3.20	3.16	3.16	2.94	0.03	0.01	**0.22**
人力资源供应	2.95	2.76	2.78	2.77	**0.19**	-0.02	0.01
技术人员	2.89	2.70	2.72	2.68	**0.19**	-0.02	0.04
管理人员	3.01	2.78	2.79	2.77	**0.22**	-0.01	0.02
熟练工人	2.94	2.79	2.82	2.87	**0.15**	-0.03	-0.05
基础设施条件	3.36	3.33	3.33	3.29	0.03	0.01	0.04
电力	4.00	3.90	3.89	3.87	**0.10**	0.01	0.01
铁路运输	3.15	3.16	3.14	3.04	-0.01	0.01	0.10
其他基础设施	2.94	2.95	2.95	2.95	-0.01	-0.01	0.01
中介组织与技术服务	3.20	3.05	2.99	2.86	**0.15**	**0.06**	**0.13**
中介组织	3.23	3.08	3.01	2.87	**0.16**	**0.06**	**0.15**
技术与营销服务	3.16	3.03	2.97	2.86	**0.13**	**0.06**	0.11
企业经营的社会环境	3.33	3.17	3.13	3.01	**0.16**	0.04	**0.12**
总指数	3.20	3.09	3.07	2.98	**0.11**	**0.02**	**0.09**
	差异		t 统计量				
	大 - 微	中 - 微	大 - 中	中 - 小	小 - 微	大 - 微	中 - 微
政府行政管理	0.11	0.09	0.16	-0.15	1.61	1.38	1.50
公开公正公平	**0.30**	**0.20**	2.21*	2.42*	2.24*	4.28*	3.26*
政府效率	0.01	0.01	-0.02	-1.97*	1.01	0.10	0.12
减少不必要的干预	-0.06	0.03	-1.98*	-2.92*	1.64	-0.92	0.34
政府廉洁	**0.18**	0.12	0.94	0.56	1.53	2.11*	1.73

续表

	差异		t统计量				
	大-微	中-微	大-中	中-小	小-微	大-微	中-微
企业经营的法制环境	**0.21**	**0.14**	1.44	2.52*	1.40	3.09*	2.46*
司法公正和效率	**0.22**	**0.16**	1.15	1.89	1.37	2.68*	2.17*
经营者合法权益的保障	**0.21**	**0.13**	1.74	2.67*	1.27	3.23*	2.43*
企业税费负担	0.03	-0.05	1.88	0.63	-1.25	0.37	-0.97
企业集资和摊派	0.14	0.00	2.30*	0.92	-0.39	1.48	0.02
企业税收负担	-0.07	-0.09	0.51	0.06	-1.62	-1.01	-1.51
金融服务	**0.44**	**0.29**	3.07*	1.71	3.36*	5.51*	4.09*
正规金融服务	**0.62**	**0.34**	6.00*	4.31*	3.31*	8.57*	5.28*
非正规金融服务	**0.26**	**0.23**	0.49	0.13	2.60*	2.58*	2.61*
人力资源供应	**0.17**	-0.01	3.55*	-0.61	0.11	2.14*	-0.16
技术人员	**0.21**	0.02	3.29*	-0.59	0.48	2.31*	0.22
管理人员	**0.24**	0.02	3.67*	-0.17	0.30	2.56*	0.23
熟练工人	0.07	-0.08	2.54*	-0.89	-0.59	0.79	-0.98
基础设施条件	0.08	0.05	0.82	0.30	0.70	1.22	0.79
电力	0.13	0.02	1.95*	0.30	0.19	1.58	0.31
铁路运输	0.11	0.12	-0.15	0.39	1.38	1.17	1.45
其他基础设施	-0.01	0.00	-0.23	-0.19	0.14	-0.10	0.05
中介组织与技术服务	**0.34**	**0.19**	3.77*	2.84*	2.60*	5.76*	3.67*
中介组织	**0.37**	**0.21**	3.82*	2.74*	2.81*	6.18*	3.84*
技术与营销服务	**0.30**	**0.17**	2.95*	2.28*	1.78	4.17*	2.69*
企业经营的社会环境	**0.32**	**0.16**	3.34*	1.51	1.94*	4.12*	2.56*
总指数	**0.22**	**0.11**	3.21*	2.24*	2.58*	4.97*	3.47*

注：带有*号的t统计量表示显著度5%或者更高。统计显著的差异值用黑体表示。

图4和图5分别显示了在法制环境方面和金融服务方面不同规模企业间的经营环境差异。

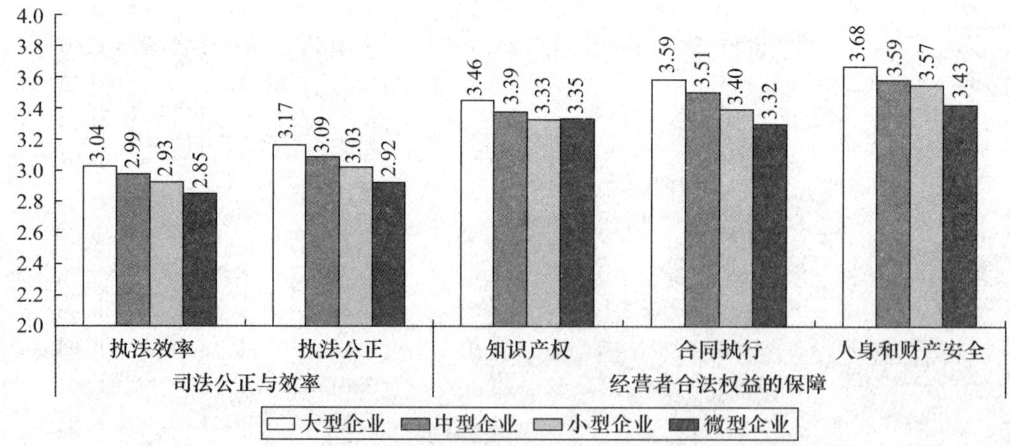

图4　按企业规模划分的法制环境指数

这些情况说明，目前在改善企业经营环境方面的当务之急，主要是改善小微企业的经营环境，做到政策一视同仁和公正执法。此外还需要一些有针对性的政策措施扶助小微企业发展，例如促进行业协会等市场中介组织发展，对小微企业提供帮助；以及改善职业教育，组织提供对企业技术人员、管理人员和技术工人的培训。

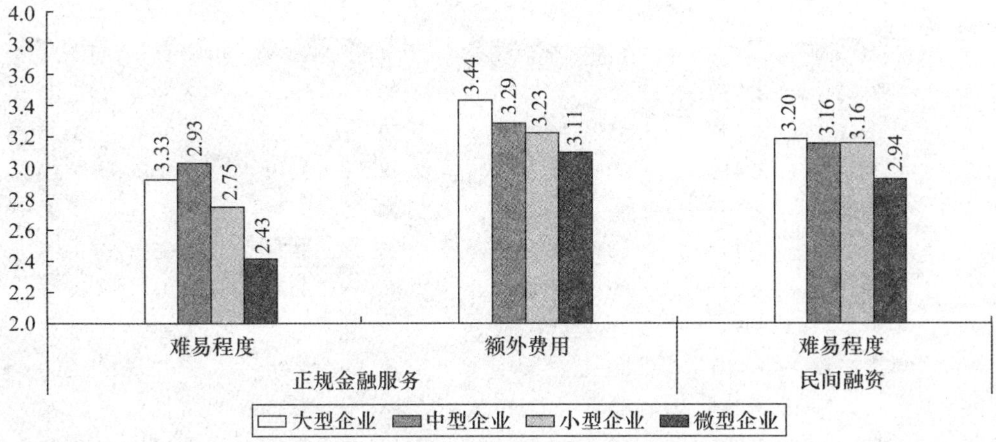

图5　按企业规模划分的金融服务指数

3. 不同行业企业的经营环境比较

在本部分中我们考察不同行业企业在经营环境总指数和各个方面指数的差别。2012年调查的全部样本企业分布在19个行业。在下面的分析中包括了18个行业，仅有个别从事“公共管理和社会组织”行业的企业未包括在内。

通过对总共18个不同行业样本企业经营环境8个方面的评价进行比较，我们发现一些不同行业的企业经营环境有比较明显的差别。按照经营环境各方面指数的评分，可以把这18个行业大致归纳为如下三类。

第一类，在企业经营环境的多数方面评价明显低于样本平均评价的行业有：采矿、建筑、金融、房地产、教育、卫生和社保福利。这些行业具有如下特点：对非市场分配的资源具有依赖性，或者具有垄断性，或者具有提供公共产品和私人产品的双重属性。

第二类，企业经营环境的多数方面在平均值上下波动的行业有：农林牧渔、制造业、交通运输、批发和零售、住宿和餐饮、租赁和商务服务、居民服务。这些行业基本上都属于具有高度市场竞争性的行业。

第三类，企业经营环境评价在多数方面高于平均值的有如下行业：信息传输软件和信息技术服务、水利环境和公共设施管理、文化体育和娱乐、科学研究和技术服务；此外还有电力热力燃气及水的生产和供应。这些行业中，只有电力热力行业是具有垄断性的行业，按这一属性，其实应该划入第一类行业。其余行业基本上都可以归纳为新兴服务业。

表7显示了按上述三类行业分类的各行业分方面企业经营环境指数。其中电力热力行业按其行业属性分类，列入了第一类行业。这在下文中还要具体解释。表8提供了三类行业经营环境评价的差异及统计检验结果。

表7　不同行业的企业经营环境差异

	行政管理	法制环境	税费负担	金融服务	人力资源	基础设施	中介组织	社会环境	总指数
全部样本平均	3.24	3.24	2.77	3.11	2.79	3.33	3.02	3.16	3.08
①采矿	2.87	3.14	2.39	2.94	2.87	3.45	2.74	2.93	2.91
②建筑	3.04	3.08	2.64	3.02	2.87	3.30	2.99	2.99	2.99
③金融	3.11	3.26	2.89	2.78	3.15	3.54	3.30	3.11	3.14
④房地产	3.14	3.27	2.68	2.84	3.14	3.42	3.18	3.18	3.11

续表

	行政管理	法制环境	税费负担	金融服务	人力资源	基础设施	中介组织	社会环境	总指数
⑤教育	2.65	2.75	2.42	2.15	2.50	2.67	2.38	2.83	2.54
⑥卫生福利	3.16	3.28	3.35	3.04	2.59	3.32	3.33	3.25	3.17
⑦电力热力	3.24	3.41	2.80	3.12	2.88	3.19	3.16	3.20	3.13
第一类平均1	3.05	3.16	2.65	2.92	2.96	3.36	3.03	3.06	3.02
第一类平均2	3.08	3.19	2.66	2.95	2.95	3.34	3.05	3.08	3.04
⑧农林牧渔	3.12	3.25	2.89	2.93	2.86	3.01	2.93	3.15	3.02
⑨制造业	3.28	3.23	2.77	3.14	2.72	3.35	2.99	3.15	3.08
⑩交通运输	3.12	3.19	2.80	3.12	3.12	3.20	2.97	3.00	3.06
⑪批发零售	3.17	3.23	2.83	3.16	2.98	3.33	3.11	3.26	3.13
⑫住宿餐饮	3.17	3.38	2.60	3.01	2.77	3.19	3.12	3.22	3.06
⑬租赁商服	3.29	3.37	2.86	3.02	2.90	3.26	3.39	3.22	3.17
⑭居民服务	3.33	3.44	2.84	2.85	2.66	3.07	3.10	3.14	3.05
第二类平均	3.25	3.23	2.77	3.13	2.77	3.33	3.01	3.15	3.08
⑮信息传输	3.26	3.42	2.73	3.04	2.88	3.47	3.32	3.27	3.17
⑯水利环境	3.29	3.35	3.08	3.03	3.19	3.43	3.11	3.38	3.23
⑰文体娱乐	3.32	3.15	2.71	2.82	2.78	3.02	3.23	3.14	3.02
⑱科学研究	3.41	3.42	2.91	3.08	2.99	3.30	3.30	3.51	3.24
第三类平均	3.31	3.38	2.80	3.02	2.92	3.36	3.28	3.32	3.17

注：表中行业名称为简称，全称按表中序号依次如下：①采矿业；②建筑业；③金融业；④房地产业；⑤教育；⑥卫生、社会保障和社会福利业；⑦电力、热力、燃气及水的生产和供应业；⑧农林牧渔业；⑨制造业；⑩交通运输、仓储和邮政业；⑪批发和零售业；⑫住宿和餐饮业；⑬租赁和商务服务业；⑭居民服务、修理和其他服务业；⑮信息传输、软件和信息技术服务业；⑯水利、环境和公共设施管理业；⑰文化、体育和娱乐业；⑱科学研究和技术服务业。

表中的平均数均为按企业数加权的平均数。第一类行业的“平均1”不包括电力热力行业，“平均2”包括电力热力行业。

表7中的第一类行业，其企业经营环境总指数，以及8个方面指数中有5个明显低于全部样本的平均值，也明显低于第二类行业的平均值。这5个方面指数是政府行政管理、法制环境、税费负担、金融服务、企业经营的社会环境。另外有两个方面与全部样本平均值及第二类行业平均值接近，分别是基础设施条件和中介组织服务。只有一个方面明显高于全部样本及第二类行业的平均值，即人力资源供应，可能说明求职者对加入这些行业有偏爱。

回归分析显示，第一、二类行业在8个方面指数中的5个，经营环境差异达到1%或5%的统计显著水平（见表8）。尽管个别方面指数的差异为正值，但第一类行业的企业经营环境总指数还是明显低于第二类行业（显著水平10%）。

表8还显示，第二类行业的经营环境总指数和绝大部分方面指数（在8个方面指数中有7个）都低于第三类行业，而且多数具有统计显著性。

分析发现，上述三类行业各自具有若干不同特点。下面首先分析第一类行业的特点。

①资源性。例如采矿业和房地产业（与房地产相关的还有建筑业）在很大程度上依赖于矿山资源和土地资源，这些资源的分配权由当地政府掌握，仅有垄断性，而不是或至少不完全是按照市场公平竞争的原则来分配的。

②垄断性。例如金融业具有垄断性，几家大银行占有很高的市场份额，又有利率等方面的政策限制或保护；小型民间金融机构受到准入限制，很难进入。

③双重性。教育和卫生行业具有提供公共产品和提供私人产品两重属性，其中公立机构由于担负

表 8　　三类行业经营环境差异的显著性

	行政管理	法制环境	税费负担	金融服务	人力资源	基础设施	中介组织	社会环境	总指数
第一类平均	3.05	3.16	2.65	2.92	2.96	3.36	3.03	3.06	3.02
第二类平均	3.25	3.23	2.77	3.13	2.77	3.33	3.01	3.15	3.08
第三类平均	3.31	3.38	2.80	3.02	2.92	3.36	3.28	3.32	3.17
第一、二类之差	-0.210**	-0.069	-0.140**	-0.233**	0.175**	0.037	0.020	-0.102*	-0.055'
第二、三类之差	-0.073	-0.143*	-0.017	0.123'	-0.150*	-0.050	-0.260**	-0.157*	-0.128**

注：表中的第一类行业未包括电力热力行业。“第一、二类之差”和“第二、第三类之差”是回归分析得到的行业类别之间经营环境指数差异的估计值，分别表示第一类行业经营环境指数高于或低于第二类行业的差额、第二类行业指数高于或低于第三类行业的差额（正值表示高于，负值表示低于）。这与加权平均计算得到的差额略有差异，但大体上一致。各类行业的差异带有上标'、*和**分别表示在10%、5%和1%的水平上显著。

公共服务职能，在政策上受到保护，相对于私营机构具有优势，但同时也在经营上受到种种限制，因而又有某些劣势。例如，公立医院的医生工资水平受政府控制，可能远低于市场决定的工资水平。但公立医院医生又可以凭借公立医院的处方权和医院医保报销的便利条件给病人开大药方，获取高额回扣。这类领域同时也存在生产者和消费者之间信息不对称的问题，容易形成卖方市场，与垄断性行业有某种相似之处。

上述这些情况反映了一个共同特点：这些领域的市场竞争性受到限制，对企业经营环境有不利影响。而这些问题又都与这些领域的政府行政管理、法制建设以及政策导向的公开性、公平性和有效性直接相关。

在垄断性行业中，电力行业是一个例外。该行业垄断程度高，但同时对企业经营环境的评价也好于竞争性行业。我们发现，这一特殊性与以下情况有关：在垄断性行业中，企业可以分为具有垄断地位和不具有垄断地位两类。前者在市场份额上占有优势地位，因此企业感受到的经营环境可能更好；而后者的经营环境自然更差。但就企业数量而言，即使在垄断性行业，不具有垄断地位的中、小、微企业一般也占多数，自然导致对企业经营环境的行业总体评价降低。但如果行业样本中具有垄断地位的企业占有较大比重，就可能改变评价结果，使行业总体评价提高。

在电力行业的样本企业中，我们还发现另外一个情况，即国有企业所占比重远高于非国有企业。其中国有企业占该行业样本企业的66%，该比重远高于所有其他行业中国有企业占样本企业的比重（最高不超过37%）。在第一部分中，我们发现国有企业对企业经营环境的评价显著高于非国有企业。电力行业的情况，可以看做是上述情况的一个写照。

表9显示，样本企业中，第一类行业（未包括电力）的大、中型企业比重高于第二、三类行业，国有企业比重也在一定程度上高于后两类行业，但区别不很明显。而样本中电力行业中的国有企业比重高达66%，远高于其他第一类行业和二、三类行业的国有企业比重。

第二类行业包括制造业、农林牧渔业、交通运输业、批发零售业、住宿餐饮业以及商务服务和居民服务业，它们共同的特点是小微企业数量大（但样本企业中的小微企业比重低于实际分布），国有企业所占比重也远远小于第一类行业。基本上不存在明显的垄断（铁路除外，但样本企业中基本上不包括铁路企业），市场竞争程度很高。与第一类行业相比较，可以发现市场竞争程度高的行业，企业经营环境高于垄断性和竞争不充分的行业。这说明公平的市场竞争对于改善企业经营环境具有积极的意义。

表9　　分行业类别的样本企业规模构成和所有制构成（%）

	企业规模					所有制构成		
	大型企业	中型企业	小型企业	微型企业	合计	国有	非国有	合计
全部样本	9.1	35.3	50.8	4.8	100	10.4	89.6	100
第一类	11.9	39.8	43.9	4.4	100	15.0	85.0	100
电力	18.9	45.3	32.1	3.8	100	66.0	34.0	100
第二类	8.6	35.2	52.0	4.3	100	8.9	91.1	100
第三类	10.5	25.0	47.4	17.1	100	13.2	86.8	100

注：表中的第一类行业未包括电力行业。

第三类行业包括信息传输和服务、环境保护、科研和技术服务等随着经济发展而快速发展起来的新兴服务业。这些行业的企业经营环境普遍好于第二类竞争性行业。这可能有两方面的原因：其一，根据经济学的垄断竞争理论，技术进步或者品牌效应也会在一定时期给某些企业带来某种垄断地位，使之获得超额利润。不过这种类型的垄断并不排斥竞争，因此在存在这类垄断的情况下，仍然可能靠市场竞争来推进技术进步和效率提高。其二，在信息技术、环境保护、科技研发等领域，政府政策为企业提供了一些扶持，对企业经营可能起了一些促进作用。

上述发现说明，市场垄断确实是显著影响企业经营环境的一个重要不利因素。但不同行业的垄断性是由不同原因导致的，需要采取的对策也是不同的。

在行政保护导致垄断的领域，例如金融领域，主要应减少政府干预，并通过政策调整减少行政壁垒，促进民营中、小、微企业进入，扩大竞争。

在资源性和天然垄断性领域，重要的是要在制度上保证资源（矿山、油气资源、土地等）获得的公开、透明和竞争性，杜绝暗箱操作、钱权交易；并合理运用资源税等杠杆调节利润分配，保障收入分配的公平性。

在医疗、教育等具有提供公共产品和私人产品双重属性的领域，既需要保持公共部门和私人部门双轨制运作，以发挥市场竞争提高效率的作用，又需要通过建立健全制度，保证公共服务的公平性和有效性。

4. 各地区企业经营环境比较

以下我们将各省份按东部、中部、西部和东北四个地区分组，观察企业经营环境在地区间的差别①。表10给出了各地区的企业经营环境指数的进展情况。首先从总体来看，东部地区的企业经营环境好于东北地区和中、西部地区，而东北和中部地区又好于西部。2006年四个地区按总指数评分排列，依次为东部地区3.01分、东北地区2.90分、中部地区2.83分、西部地区2.78分。2012年这四个地区的经营环境总指数按评分高低的排列顺序相同，分别为东部地区3.13分、东北地区3.09分、中部地区2.99分、西部地区2.97分，都比2006年有明显的提高。

从变化幅度看，在2006~2012年期间，东部地区总指数评分上升0.12分，东北地区上升0.19分，中部和西部地区分别上升0.16分和0.19分。东北和西部地区企业经营环境改善幅度较大。

① 在本报告中，东部地区包括北京、天津、河北、上海、江苏、浙江、福建、山东、广东、海南10省和直辖市；中部地区包括山西、安徽、江西、河南、湖北、湖南6省；西部地区包括内蒙古、广西、重庆、四川、贵州、云南、陕西、甘肃、宁夏、新疆10省、直辖市和自治区（青海和西藏因样本不足暂缺）；东北地区包括辽宁、吉林、黑龙江3省。

再来比较各地区各方面指数的进展情况。2006～2012 年期间，全国各地区除基础设施条件以外的所有方面指数评分都有提高。各地区的方面指数位次分布与总指数的位次分布大体一致。东部地区的大多数方面指数评分都高于其他地区（人力资源供应除外）。西部地区的多数方面指数评分仍然低于全国其他地区，但在法制环境和诚信社会环境方面已经超过了中部地区，在中介组织和技术服务方面与中部持平①。

表 10　　分地区企业经营环境各方面指数的进展

年份和地区		总体评价	行政管理	法制环境	金融服务	人力资源	基础设施	中介组织	社会环境
2006 年	全国	2.88	3.00	2.99	2.41	2.48	3.54	2.83	2.92
	东部	3.01	3.14	3.10	2.55	2.51	3.68	3.01	3.10
	东北	2.90	3.05	3.02	2.36	2.54	3.61	2.85	2.88
	中部	2.83	2.92	2.92	2.41	2.51	3.45	2.76	2.85
	西部	2.78	2.91	2.94	2.30	2.42	3.43	2.69	2.81
2008 年	全国	3.09	3.15	3.24	2.90	2.74	3.57	2.96	3.06
	东部	3.18	3.26	3.29	3.01	2.74	3.70	3.09	3.19
	东北	3.12	3.19	3.28	2.84	2.79	3.68	2.97	3.05
	中部	3.03	3.08	3.19	2.81	2.74	3.45	2.91	3.03
	西部	3.02	3.09	3.20	2.86	2.71	3.48	2.85	2.96
2010 年	全国	3.00	3.11	3.10	2.82	2.68	3.19	3.01	3.07
	东部	3.11	3.22	3.17	2.93	2.70	3.39	3.15	3.21
	东北	2.96	3.06	3.05	2.69	2.82	3.09	2.98	3.05
	中部	3.00	3.13	3.11	2.83	2.73	3.14	2.99	3.05
	西部	2.90	3.01	3.05	2.74	2.59	3.05	2.89	2.95
2012 年	全国	3.05	3.16	3.21	3.07	2.79	3.29	2.98	3.09
	东部	3.13	3.30	3.28	3.11	2.84	3.35	3.12	3.22
	东北	3.09	3.18	3.28	3.08	2.84	3.39	3.02	3.18
	中部	2.99	3.10	3.13	3.05	2.81	3.28	2.88	2.96
	西部	2.97	3.06	3.15	3.04	2.70	3.20	2.88	3.00

从表 10 可见，各地区 7 个方面指数的高低排序，基本上是同构的，按由低到高的顺序，大体上依次为人力资源供应、中介组织和技术服务、金融服务、社会环境、政府行政管理、法制环境和基础设施条件。与 2006 年相比，只是金融服务的排位上升了，其他排列顺序基本未变。这说明各地区的企业经营虽然在程度上有明显差异，但面临的问题大体上是类似的。

表 11 表示了各地区在 2006～2012 年期间各个方面指数的评分变化。差距（均以东部地区领先于其他地区的评分差异表示）。可以看到，各地区在金融服务方面的评分都有较大提高，而基础设施方面的评分都有不同程度下降。各地区在其他方面指数的评分变化大体上均衡，其中东北地区大部分方面指数提高的幅度大于全国平均水平（政府行政管理方面除外），西部地区有一部分方面指数的提高幅度大于全国平均水平。东部地区大部分方面指数的提高幅度小于全国平均水平。因此各地区企业经营环境在大多数方面的差距有所缩小。

① 由于企业税费负担为 2012 年新设的方面指数，表 10 没有报告企业税费负担的变化情况。2012 年企业税费负担的全国平均水平为 2.79 分，东部、东北、中部和西部地区依次为 2.85 分、2.77 分、2.75 分和 2.76 分与总指数排序一致。

表 11　　分地区企业经营环境各方面指数的变化（2006~2012）

地区	总体评价	行政管理	法制环境	金融服务	人力资源	基础设施	中介组织	社会环境
全　国	0.17	0.16	0.22	0.66	0.31	-0.25	0.15	0.17
东　部	0.12	0.16	0.18	0.56	0.33	-0.33	0.11	0.12
东　北	0.19	0.13	0.26	0.72	0.30	-0.22	0.17	0.30
中　部	0.16	0.18	0.21	0.64	0.30	-0.17	0.12	0.11
西　部	0.19	0.15	0.21	0.74	0.28	-0.23	0.19	0.19

四、企业经营环境指数的构造和计算方法

本报告中的企业经营环境指数由 8 个方面指数组成，各方面指数总共下设 19 个分项指数，在分项指数下面总共有 28 个基础指数。

基础指数来自样本企业负责人（企业董事长或总经理）对企业经营环境某一特定方面评价的平均值。各项评价由 5 个选项组成，多数采用“很好”、“较好”、“一般”、“较差” 和 “很差” 来表示，按从 5 到 1 的顺序赋值。只有少数指标采用了数量指标。

在计算某省某个基础指数的评分时，我们以该省样本企业对该问题上每一选项的选择频数占该省该问题有效样本数的比例作为权重，计算各选项的加权平均值，作为该省在该基础指数的评分。在分项指数、方面指数和总指数评分的计算上，我们都采用下一级指数的算术平均值形成上一级指数。

除了算术平均法以外，通常计算此类指数比较常用的方法还有专家评分法和主成份分析法。前者是依赖一组专家对不同分项指数或方面指数的重要性进行评分，据此确定每个分项指数或方面指数的权重，再用加权平均的方法计算它们所组成的方面指数或总指数的评分。后者是一种降维的方法，它利用不同变量之间的相关性，通过数学变换将多个变量转化为少数变量，在应用上常常是基于某种假设采用其第一主成分。这两种方法都赋予不同的指标以不同权重，这是它们与算术平均法的基本区别。

我们在本项研究中之所以采用了算术平均法，而没有采用另两种方法，是考虑到以下几个原因。

第一，我们在以往的研究中发现，专家评分法在某些情况下，表现出过强的主观随意性。这表现在不同的专家组别可能对同一组指标给出差异很大的重要性评价，或者同一组专家可能在不同场合下对类似指标给出差异很大的重要性评价。这降低了其结果的可信度。

第二，主成分分析法的采用也需要基于某些较强的假设，而这些假设不一定总是有充分的依据。而且在进行跨年度分析时，由于数据改变，主成分分析法生成的指标权重必然发生改变，而这会导致不同年份的指数计算缺乏跨年度可比性。而算术平均法则不存在这个缺点。

第三，一些国外研究经验和我们以往的经验都证明，在采用的指标数量较多，并对研究对象具有较好的代表性时，算术平均法和主成分分析法得到的计算结果通常相当接近，没有重大差异，因此它们之间存在替代关系。

基于以上考虑，我们认为采用算术平均法计算企业经营环境指数是一个较好的选择。

在计算全国总指数和各方面的平均值时，我们也使用了各省份算术平均得分。由于各省份的人口规模和经济规模不同，使用算术平均得分反映全国的企业经营环境不一定十分准确。但无论是根据人口规模、经济规模还是其他因素进行加权，也都有不尽合理的地方。报告中使用算术平均，是对全国企业经营环境的一个近似反映。

表 12 列出了企业经营环境指数体系的具体构造，包括所使用的全部基础指数。

表 12　　企业经营环境指数构成

指数名称	指数类别
1. 政府行政管理	方面指数
1.1　公开、公正、公平	分项指数
1.1.1　政策和规章制度公开透明情况	基础指数
1.1.2　行政执法机关（工商、税务、质检等）公正执法情况	基础指数
1.1.3　各类企业享受公平国民待遇情况	基础指数
1.2　政府效率	分项指数
1.2.1　行政审批手续方便简洁情况	基础指数
1.3　减少不必要的干预	分项指数
1.3.1　地方政府对企业是否干预过多	基础指数
1.3.2　企业经营者与政府工作人员打交道的时间比例	基础指数
1.3.3　市场准入限制是否过多	基础指数
1.4　政府廉洁	分项指数
1.4.1　政府官员廉洁守法情况	基础指数
1.4.2　企业用于政府和监管部门人员的“非正式支付”	基础指数
2. 企业经营的法制环境	方面指数
2.1　司法公正与效率	分项指数
2.1.1　公检法机关执法效率情况	基础指数
2.1.2　公检法机关公正执法情况	基础指数
2.2　经营者合法权益的保障	分项指数
2.2.1　企业合同正常执行情况	基础指数
2.2.2　经营者人身和财产安全保障情况	基础指数
2.2.3　知识产权（商标、专有技术等）保护情况	基础指数
3. 企业的税费负担	方面指数
3.1　企业的税收负担	分项指数
3.1.1　企业的税收负担	基础指数
3.2　企业交纳国家规定以外的收费、集资、摊派	分项指数
3.2.1　企业交纳国家规定以外收费、集资、摊派占销售额比例	基础指数
4. 金融服务	方面指数
4.1　正规金融服务	分项指数
4.1.1　企业从银行贷款的难易程度	基础指数
4.1.2　企业从银行贷款的额外费用	基础指数
4.2　民间融资	分项指数
4.2.1　企业从民间渠道筹资的难易程度	基础指数
5. 人力资源供应	方面指数
5.1　技术人员	分项指数
5.1.1　在当地找到需要的技术人员的难易程度	基础指数
5.2　管理人员	分项指数
5.2.1　在当地找到需要的管理人员的难易程度	基础指数
5.3　熟练工人	分项指数
5.3.1　在当地找到需要的熟练工人的难易程度	基础指数
6. 基础设施条件	方面指数
6.1　电力供应	分项指数
6.1.1　电力供应	基础指数
6.2　铁路运输	分项指数
6.2.1　铁路运输	基础指数

续表

指数名称	指数类别
6.3　其他基础设施条件	分项指数
6.3.2　其他基础设施条件	基础指数
7. 中介组织和技术服务	方面指数
7.1　中介组织	分项指数
7.1.1　当地律师、会计师等市场服务条件如何	基础指数
7.1.2　当地行业协会的发展如何，对企业是否有帮助	基础指数
7.2　技术与营销服务	分项指数
7.2.1　当地技术服务和产品出口服务条件如何	基础指数
8. 企业经营的社会环境	方面指数
8.1　当地适合企业经营的诚信社会环境情况	分项指数
8.1.1　当地适合企业经营的诚信社会环境情况	基础指数

参考文献

[1] 樊纲，王小鲁，朱恒鹏．中国市场化指数——各地区市场相对进程2011年报告．北京：经济科学出版社，2011

[2] 国务院第二次全国经济普查领导小组办公室，国家统计局．第二次全国经济普查主要数据公报．国家统计局网页，2009

[3] 国家统计局．中国统计年鉴．北京：中国统计出版社，2013

[4] 世界银行．政府治理、投资环境与和谐社会：中国120个城市竞争力的提升．北京：中国财政经济出版社，2007

[5] 世界银行．2005年世界发展报告：改善投资环境，促使人人受益．北京：清华大学出版社，2005

[6] 王小鲁，樊纲，李飞跃．中国分省企业经营环境2011年报告．北京：中信出版社，2012

[7] 王小鲁，樊纲，刘鹏．中国企业家经营环境调查报告（2007）．见李兰主编．2008中国企业宏观环境：企业家VS经济学家．机械工业出版社，2008

[8] Transperency International, 2011: "2010 Corruption Perceptions Index", http://www.transparency.org/policy_ research/surveys_ indices/cpi/2010.

[9] The World Bank, 2011, "Doing Business 2011: Making a difference for entrepreneurs", http://www.doingbusiness.org/reports/global-reports/doing-business-2011.

（执笔：王小鲁　于静文　樊　纲）

2006年、2008年、2010年中国分省企业经营环境指数比较

▌中国改革基金会国民经济研究所
▌中国企业家调查系统

本报告由中国改革基金会国民经济研究所和中国企业家调查系统合作完成，目的在于对我国各省、直辖市、自治区的企业经营环境总体状况和各方面状况进行评价和比较，并对各地企业经营环境的变化情况进行跟踪分析。

企业发展是一个国家经济发展的最重要组成部分。企业的发展受到多方面因素的影响。这些因素包括政治和社会稳定、宏观经济稳定、政府行政管理状况、法制环境、资金和人力资源等生产要素的供应和服务、基础设施条件、中介组织和技术服务以及企业经营的社会环境等等。我们把这些影响企业发展的外部因素统称为“企业经营环境”。了解和研究各地的企业经营环境状况，有利于各级政府调整政策、改善经营环境，有利于企业经营者和投资者做出正确的经营和投资决策，也有利于学术界对经济发展的各种影响因素进行更深入的研究。

为了对这些影响企业经营环境的因素进行综合评价和比较，我们建立了中国分省企业经营环境指数，对影响企业经营环境的各方面因素进行评价。鉴于这一指数体系的主要目的在于反映各地企业经营环境的差别，因此一些各地间具有很强同质性的因素没有包括在指数体系内。例如，政治和社会稳定、宏观经济稳定，这些因素对企业经营而言非常重要，但由于各地在政治和社会制度，以及所面临的宏观政策的一致性，各地基本上处于同样的宏观环境中，没有重大差异，不便于互相比较。因此，我们的分省企业经营环境指数不对这些同质性的因素进行衡量。

我们的分省企业经营环境指数是由总指数、七个方面指数和若干分项指数组成。总指数由方面指数合成，用以反映各地企业经营环境的总体评分和排名。大部分方面指数分别由几个分项指数合成，有些分项指数又由二级分项指数合成。我们称最低一级的分项指数为基础指数。目前组成这个企业经营环境指数的基础指数共有29个。

设计这套指数体系的主要目的，在于对各省、自治区、直辖市（在本报告中一般简称为“各省份”）的企业经营环境进行评分，并通过横向比较进行排序；同时也反映各省份企业经营环境随时间的变化，对其进步或退步做出评价。我们用企业经营环境指数的评分衡量各省份企业经营环境的绝对水平，用方面指数和分项指数的评分衡量它们某一方面和某一单项的企业经营环境绝对水平；而根据评分做出的各省份排序，则表示某一省份的企业经营环境与其他省份相比而言的相对位置。我们希望这套指数体系能够大体反映我国各地区企业经营环境的概况。同时，也希望今后运用这套指数体系对各地企业经营环境的进展状况进行持续的跟踪分析，及时反应企业经营环境的发展变化。

企业经营环境指数的基础数据来自对全国各地数千家企业的调查。影响企业经营环境的因素涉及

方方面面，尽管进行了多层分解，但有很多因素仍然难以用某一个客观指标来衡量。还有一些因素，虽然能够找到有代表性的客观衡量指标，但数据的可获得性较低，或者跨地区的可比性不足，这都会给实际分析带来困难或者误差。而企业在经营过程中直接面对当地经营环境的方方面面，对当地的经营环境有最直接的了解，因此我们采取了以企业主要负责人对当地经营环境各因素的主观评价为主、以客观评价指标为辅的调查方式。这些主观和客观评价指标经过合成，形成了各方面指数和总指数。

但也由于以上原因，这一评价体系不能完全排除主观因素导致的误差。这是该指数目前在方法上存在的局限性。一些省份在某些年份之间评分和排序的跳跃较大，一般而言是反映了这些省份的政策环境及其他因素的变化，但不排除少数省份的短期波动可能和随机误差的影响有关。因此，我们依据这些调查结果做出的评分和排序是近似的，而不可能是绝对准确的。不过，由于我们的企业经营环境调查覆盖面较广，参与企业众多，能够使这些正负误差的影响在很大程度上互相抵消，所以这类误差一般而言不会很大。而且随着观察年份的增加，这些由误差导致的短期波动会受到过滤，使评分和排序的变动趋势基本上反映各省份企业经营环境的实际情况和变化趋势。今后，我们也将继续探索完善资料收集方法和分析方法，提高这一指数体系的准确性。

本报告对各省份2006年、2008年和2010年的企业经营环境状况进行了评价。为此进行了三次企业调查。第一次企业经营环境调查于2006年第四季度开始进行，2006年底完成；全国有4586家企业填写了调查问卷。第二次调查于2008年第四季度开始，2009年初完成；全国有5994家企业填写了调查问卷。第三次调查于2010年第四季度开始，2011年初完成，全国有4256家企业填写了调查问卷。问卷由企业主要负责人（一般为董事长、总经理）填写，大部分指数是根据一定的评分标准，由企业负责人针对某个方面的问题给出的主观评价，也有一些指数是反映企业某一方面情况的客观指数。

以2010年为例，4256家调查企业在企业类型方面的分布如下：国有独资企业310家（7.3%），集体所有制企业78家（1.8%），私营企业632家（14.8%），股份合作制企业159家（3.7%），股份有限公司667家（15.7%），有限责任公司2098家（49.3%），其他内资企业7家（0.2%），外资和港澳台资企业247家（5.8%），未分类58家（1.4%），合计4256家（100%）。除国有独资企业外，在其他各类企业中，还有国有控股企业439家。国有独资和国有控股企业共占调查企业总数的17.6%。

调查企业按企业规模分类的分布如下：特大型企业38家（0.9%），大型企业324家（7.6%），中型企业1748家（41.1%），小型企业2100家（49.3%），未分类46家（1.1%）。

按主营业务所属行业分类的分布如下：制造业3000家（70.5%），农林牧渔业、采矿业、电力燃气及水的生产供应业、建筑业共396家（9.3%），交通运输、仓储和邮政业、信息传输、计算机服务和软件业、批发和零售业、住宿和餐饮业共501家（11.8%），其他各类服务业共336家（7.9%），未分类23家（0.5%）。

从以上情况看，调查企业的企业类型分布和规模分布都比较均衡，只是行业分布中制造业企业相对偏多，其他行业（特别是服务业）企业偏少。但一般而言这不会改变分省经营环境的评价。其他年份调查企业按以上各种分类的分布情况大同小异。

在指数覆盖方面，本报告共包括30个省、自治区和直辖市；由于西藏的调查样本数量过小，不足以代表西藏的整体情况，因此没有能够包括西藏。同时由于制度环境的差异，也不包括台湾、香港和澳门地区。我们希望这项研究结果的公布将有助于社会各界了解我国各地的企业经营环境状况，从而为继续推动企业经营环境的改善，提升我国企业的竞争力做出努力。

我们在这套指数体系的建立过程中进行了大量资料分析和研究，吸取了学者、政府工作者等各方面的意见和建议，也借鉴了我们在市场化指数研究中取得的经验（参见樊纲、王小鲁、朱恒鹏，

2010）和一些国内外研究的文献资料，例如世界银行对中国 23 个城市投资环境和 120 个城市竞争力的调查（杜大伟等，2004；世界银行，2007），世界银行的世界发展报告和世界营商环境报告（World Bank，2011；世界银行，2005），透明国际的世界清廉指数（Transperency International，2011），以及国内有关投资环境的一些研究（如：鲁明泓、潘镇，2002；谢平、陆磊，2003；陈晓红等，2008）。

在本报告的第一部分，我们将报告各省份企业经营环境的总体排序和总指数评分，并通过对 2006 年、2008 年和 2010 年的总体排序与评分进行比较，反映全国和各地企业经营环境的发展变化。我们还将对一些经营环境排序和评分变化较大的省份的变动原因进行简要的分析。

在报告的第二部分，我们将报告企业经营环境在 2006 年、2008 年和 2010 年期间在七个不同方面的进展。这七个方面是政府行政管理、企业经营的法制环境、金融服务、人力资源供应、基础设施条件、中介组织和技术服务以及企业经营的社会环境。

在报告的第三部分，我们将按照东部、中部、西部、东北四个区域的划分，分析各地在企业经营环境各方面的发展变化，并给出四个地区在每个方面指数和分项指数在 2006 年、2008 年和 2010 年期间平均得分的变化。

为了便于分别研究各省份的企业经营环境状况，我们在第四部分以文字和图表的形式将每个省份各方面指数和分项指数的评分逐个列出，并将这些评分与全国平均得分及最高得分进行比较，以便更集中、更直观地显示各省份在不同方面的企业经营环境与全国水平相比的相对位置。我们还以评分和排序数据为基础，对每个省份企业经营环境的具体情况进行分析。因此这一部分在报告中占有比较大的篇幅。

在第五部分，我们将对企业经营环境指数体系所使用的各项指数逐一进行详细说明，同时报告它们的计算方法和整个指数体系的形成方法。关心这个指数体系的构成和特征的研究者和其他热心读者可在这里对指数体系获得更全面的了解。

报告的第一、二部分是本报告核心的部分。它们包含了企业经营环境指数的最主要信息。报告的第三、四部分是按区域和省份分类的具体描述。关心特定区域、特定省份企业经营环境状况的读者，可以从这两个部分直接找到所关心的内容，而不必从全国的总指数、方面指数和分项指数中一项一项地搜寻所关心的区域和省份的情况。而对于关心指数形成方法和特征的研究者来说，报告的第五部分提供了他们所需要的解释。

本项研究由中国改革基金会国民经济研究所和中国企业家调查系统合作进行。其中企业调查工作主要由中国企业家调查系统承担，指数体系设计、数据分析研究和报告写作等工作主要由中国改革基金会国民经济研究所承担；双方在项目进行过程中进行了充分沟通和密切合作。双方对项目进行过程中各地企业、政府部门和个人给予的合作与帮助表示深深的感谢。

一、中国各省、自治区、直辖市企业经营环境总体排序和进展

1. 企业经营环境总体排序

2006 年、2008 年和 2010 年，中国各省、自治区、直辖市（以下简称为“各省份”）企业经营环境总体排序，根据企业经营环境总体评分的结果，按从好到差的顺序依次排列，如表 1 所示[①]：

① 本排序中的省份共有 30 个，不包括台湾、香港、澳门。西藏因为调查样本不足，暂未包括。青海 2010 年调查样本不足，该年暂未列入。本报告在图表和论述中，各省、直辖市、自治区将简化表述，如广东省——广东，内蒙古自治区——内蒙古，北京市——北京。

表1　各省份企业经营环境相对排序（2006年、2008年、2010年）

排名	2006年	2008年	2010年
1	上　海	上　海	上　海
2	浙　江	江　苏	江　苏
3	江　苏	浙　江	天　津
4	天　津	北　京	浙　江
5	山　东	天　津	北　京
6	广　东	福　建	安　徽
7	福　建	安　徽	河　南
8	北　京	辽　宁	广　东
9	辽　宁	山　东	福　建
10	安　徽	广　东	山　东
11	河　北	河　北	重　庆
12	四　川	吉　林	辽　宁
13	吉　林	黑龙江	四　川
14	河　南	河　南	湖　北
15	黑龙江	广　西	云　南
16	新　疆	四　川	江　西
17	内蒙古	重　庆	山　西
18	云　南	湖　北	河　北
19	湖　北	内蒙古	吉　林
20	重　庆	宁　夏	黑龙江
21	山　西	陕　西	湖　南
22	海　南	贵　州	内蒙古
23	青　海	江　西	海　南
24	广　西	云　南	甘　肃
25	江　西	甘　肃	广　西
26	陕　西	新　疆	宁　夏
27	贵　州	湖　南	陕　西
28	湖　南	海　南	贵　州
29	宁　夏	青　海	新　疆
30	甘　肃	山　西	

从表1可以看到，这期间，上海一直保持在企业经营环境第一位，江苏在2008年和2010年连续保持在第二位。2010年，排在前5位的省份依次是上海、江苏、天津、浙江、北京5个省份。与2006年的前5位相比，北京取代了山东进入了前5位。此外江苏、天津的排名分别从2006年的第3、4位，上升到2010年的第2、3位。山东退出了前5位，浙江则从第2位下降到第4位。

排名靠前的省份，基本上是经济发展比较好的东部地区，还有少数中部省份也进入了比较靠前的位置。而排名靠后的则以经济发展相对落后的西部省份为主，也有个别东、中部省份。但在2006年、2008年和2010年这三个年份中，除了有些省份排名上下波动较大外，还有一部分省份的排名是持续上升的，而另外少数省份的排名是持续下降的。其中特别是排在最后5位的省份变动较大。在这三年中有两年排在最后5位的有陕西、贵州、湖南、宁夏和新疆。甘肃和湖南排位从2006年明显上升，先后摆脱了后5位，新疆排位则有明显下降。宁夏、贵州、山西、陕西、海南等省份在这几年中排位上下波动较大。此外青海因为2010年调查样本数不足，该年未包括在内。

总起来看，排名靠后的省份，排名的变化幅度比较大。从2006年到2008年，排名变化幅度（绝对值）与 2008 年排名之间的相关系数为 0.59；从 2008 年到 2010 年，排名变化幅度（绝对值）与 2010 年排名之间的相关系数为 0.51。这反映了某种规律性，说明在那些企业经营环境不够好的地区，政策波动一般也相对较大，企业经营环境缺乏稳定的制度保障；因此当政府实行某种有利于企业经营的政策时，企业对经营环境的评价会随之上升，反之，企业对经营环境的评价就会下降。在各省份中，从 2006 年到 2008 年两年间排名上升 3 位或 3 位以上的地区有北京、安徽、广西、重庆、贵州、陕西、甘肃和宁夏，排名下降 3 位或 3 位以上的省份有山西、山东、广东、海南、四川、云南、青海和新疆。从 2008 年到 2010 年，两年间排名上升 3 位和 3 位以上的地区有山西、江西、河南、湖北、湖南、海南、重庆、四川和云南，排名下降 3 位和 3 位以上的地区有河北、内蒙古、辽宁、吉林、黑龙江、福建、广西、贵州、陕西、宁夏和新疆。这些排序变动幅度较大的省份中，西部省份所占比重较大。

还需要说明的是，某些省份的企业经营环境排序变化很大，并不一定意味着其经营环境的绝对水平发生了很大改变，而常常是因为其经营环境评分改善（或下降）的幅度大于或小于其他省份。总体来看，所有 30 个省份在 2006～2008 年期间的经营环境评分都有所上升，而绝大部分省份在 2008～2010 年期间评分都有所下降；但改善或下降的幅度各不相同。由于一些省份互相间经营环境评分相当接近，因此排序对其评分的变化非常敏感。有些省份的评分上升幅度小于（或大于）排序邻近的其他省份，就有可能使其排序向后或向前变动几位。

表 2 中列出了各省份在 2006 年、2008 年和 2010 年期间企业经营环境总体排序的变化情况。

表 2　各省份企业经营环境总体排序变化（2006 年、2008 年、2010 年）

地区	2006 年排名	2008 年排名	2010 年排名	排名变化（2006～2008 年）	排名变化（2008～2010 年）
北　京	8	4	5	4	-1
天　津	4	5	3	-1	2
河　北	11	11	18	0	-7
山　西	21	30	17	-9	13
内蒙古	17	19	22	-2	-3
辽　宁	9	8	12	1	-4
吉　林	13	12	19	1	-7
黑龙江	15	13	20	2	-7
上　海	1	1	1	0	0
江　苏	3	2	2	1	0
浙　江	2	3	4	-1	-1
安　徽	10	7	6	3	1
福　建	7	6	9	1	-3
江　西	25	23	16	2	7
山　东	5	9	10	-4	-1
河　南	14	14	7	0	7
湖　北	19	18	14	1	4
湖　南	28	27	21	1	6
广　东	6	10	8	-4	2
广　西	24	15	25	9	-10
海　南	22	28	23	-6	5
重　庆	20	17	11	3	6
四　川	12	16	13	-4	3
贵　州	27	22	28	5	-6
云　南	18	24	15	-6	9

续表

地区	2006年排名	2008年排名	2010年排名	排名变化（2006~2008年）	排名变化（2008~2010年）
陕　西	26	21	27	5	-6
甘　肃	30	25	24	5	1
宁　夏	29	20	26	9	-6
青　海	23	29		-6	
新　疆	16	26	29	-10	-3

2. 企业经营环境指数的总体评分

企业经营环境总指数的评分由7个方面指数和29个基础指数的评分决定。每个方面指数包含几个基础指数，分别反映企业经营环境的不同方面和不同角度。各基础指数的计算主要来自被调查企业的主要负责人就该项指数对当地企业经营环境的评价，评分分为5档，分别用1、2、3、4和5表示，依次表示“很差”、“较差”、“一般”、“较好”、“很好”。其中1表示“很差”，5表示“很好”。因此，我们把处于中位的评分3分（表示“一般”）视为中性评价，高于3分的评分是比较积极或偏于正面的评价，而低于3分的评分是比较消极或偏于负面的评价。此外，还有少量指数是以数量指标的形式进行测度的。例如，关于企业税外缴费负担，是按占企业年度销售收入的百分比来计算的。企业经营环境指数的计算，是依据这些主观评价和客观数据作出的。具体的计算方法，我们将在本报告的最后部分详细说明。

前一节的排名变化只反映各省份相对位置的变化。有些省份排名发生变化，可能与其他企业经营环境比较接近的省份发生了变化有关。事实上，各省份企业经营环境的进步，要通过它们的企业经营环境指数总体评分的变化才能更准确地反映出来。表3列出了各省份在2006年、2008年和2010年间企业经营环境总体评分及其变化。

表3　　各省份企业经营环境指数总体评分及其变化（2006年、2008年、2010年）

地区	2006年	2008年	2010年	评分上升（2006~2008年）	评分上升（2008~2010年）
北　京	2.99	3.25	3.18	0.27	-0.08
天　津	3.06	3.24	3.21	0.18	-0.03
河　北	2.92	3.12	2.95	0.20	-0.17
山　西	2.82	2.93	2.96	0.11	0.03
内蒙古	2.83	3.06	2.91	0.22	-0.15
辽　宁	2.98	3.13	3.01	0.15	-0.11
吉　林	2.87	3.11	2.94	0.25	-0.17
黑龙江	2.85	3.11	2.93	0.26	-0.18
上　海	3.16	3.34	3.33	0.18	-0.01
江　苏	3.08	3.27	3.23	0.19	-0.04
浙　江	3.13	3.26	3.19	0.13	-0.07
安　徽	2.96	3.13	3.09	0.17	-0.04
福　建	2.99	3.16	3.05	0.17	-0.11
江　西	2.77	3.02	2.97	0.24	-0.04
山　东	3.00	3.13	3.05	0.13	-0.08
河　南	2.86	3.08	3.06	0.22	-0.02
湖　北	2.83	3.06	3.00	0.23	-0.06
湖　南	2.75	2.97	2.91	0.22	-0.06
广　东	2.99	3.12	3.05	0.13	-0.07
广　西	2.80	3.07	2.87	0.27	-0.20

续表

地区	2006 年	2008 年	2010 年	评分上升（2006 ~ 2008 年）	评分上升（2008 ~ 2010 年）
海　南	2.81	2.95	2.88	0.14	-0.07
重　庆	2.82	3.07	3.03	0.24	-0.04
四　川	2.89	3.07	3.00	0.18	-0.07
贵　州	2.75	3.02	2.83	0.27	-0.19
云　南	2.83	2.98	2.98	0.14	0.00
陕　西	2.75	3.02	2.86	0.27	-0.17
甘　肃	2.64	2.97	2.88	0.33	-0.09
宁　夏	2.66	3.06	2.86	0.40	-0.19
青　海	2.81	2.95		0.14	
新　疆	2.84	2.97	2.76	0.13	-0.21
全国平均	2.88	3.09	3.00	0.21	-0.09

注：本表中的数字为各省份企业经营环境指数的总体评分，较高的数值表示较高的企业经营环境的评分。最后一列数字表示评分的变化，变化为正数表示两年相比得分上升（企业经营环境改善）。个别省份评分变化与两年评分的差额稍有出入，是尾数四舍五入所致。

观察表 3，我们首先发现，尽管各省份的排序变化有上升也有下降，但是从企业经营环境总体评分的情况看，全国 30 个省份 2008 年的评分均高于他们本身 2006 年的评分，各省份的平均得分，从 2.88 提高到 3.09 分（按算术平均计算，下同），平均上升了 0.21 分。这说明全国各地在 2006 ~ 2008 年期间，企业经营环境都有一定程度的改善；而在 2008 ~ 2010 年间，绝大部分省份的评分都有所下降；各省份平均，从 3.09 下降到 3.00 分，平均下降了 0.09 分。这说明在此期间企业经营环境普遍发生了一定程度的退步或恶化。这是一个很值得警惕的现象。

其次，尽管各省份的总体评分都在变动，但是不同地区的变动幅度差异明显。总的来说，2006 年排名比较靠后的中、西部和东北地区中，在 2006 ~ 2008 年期间，多数总体评分提高的幅度超过了全国平均提高幅度，改善幅度较大。因此，两年间各地区的企业经营环境水平有某种收敛的趋势。各省份总体评分的标准差从 2006 年的 0.13 下降到 2008 年的 0.11，最大值与最小值之间的差距也从 2006 年的 0.52 下降到 2008 年的 0.42。而到 2010 年，总体评分的标准差则上升到 0.13，最大值与最小值之间的差距也上升到 0.57。因此，从 2008 年到 2010 年，各地区企业经营环境水平有发散的趋势，主要表现在西部和东北地区经营环境评分下降幅度较大，而中、东部地区下降相对较小。全国只有山西和云南评分没有下降。

图 1 直观地显示各省份市场化总体评分在 2006 年、2008 年和 2010 间的变化。在图中，各省份是按照它们 2010 年的先后位次排列的。

3. 部分省份企业经营环境排序和评分变动原因分析

如上节所述，就全国各省份的平均而言，企业经营环境总指数在 2006 ~ 2008 年期间有明显的改善，从比较消极的 2.88 分上升到比较积极的 3.09 分，而在 2008 ~ 2010 年期间则发生了一定的退步，从较积极的 3.09 分下降到中性的 3.00 分。这是一个值得警惕的动向。为什么会发生这种下降？这需要从企业经营环境不同方面的评分去寻找原因。我们将在第二部分，从七个不同的方面进行具体分析。而在这一节，我们将着重对一些企业经营环境排序和评分变化比较大省份的变动原因进行简要的分析。在本报告的第四部分，我们将对所有省份的情况进行更全面的分析和评价。

（1）2006 ~ 2008 年

宁夏和广西是在 2006 年和 2008 年间企业经营环境排名上升幅度最大的两个地区，都上升了 9 位。宁夏排名的上升是由于其 2006 年到 2008 年评分上升幅度较大，上升了 0.40 分（见表 3，下同）。这期

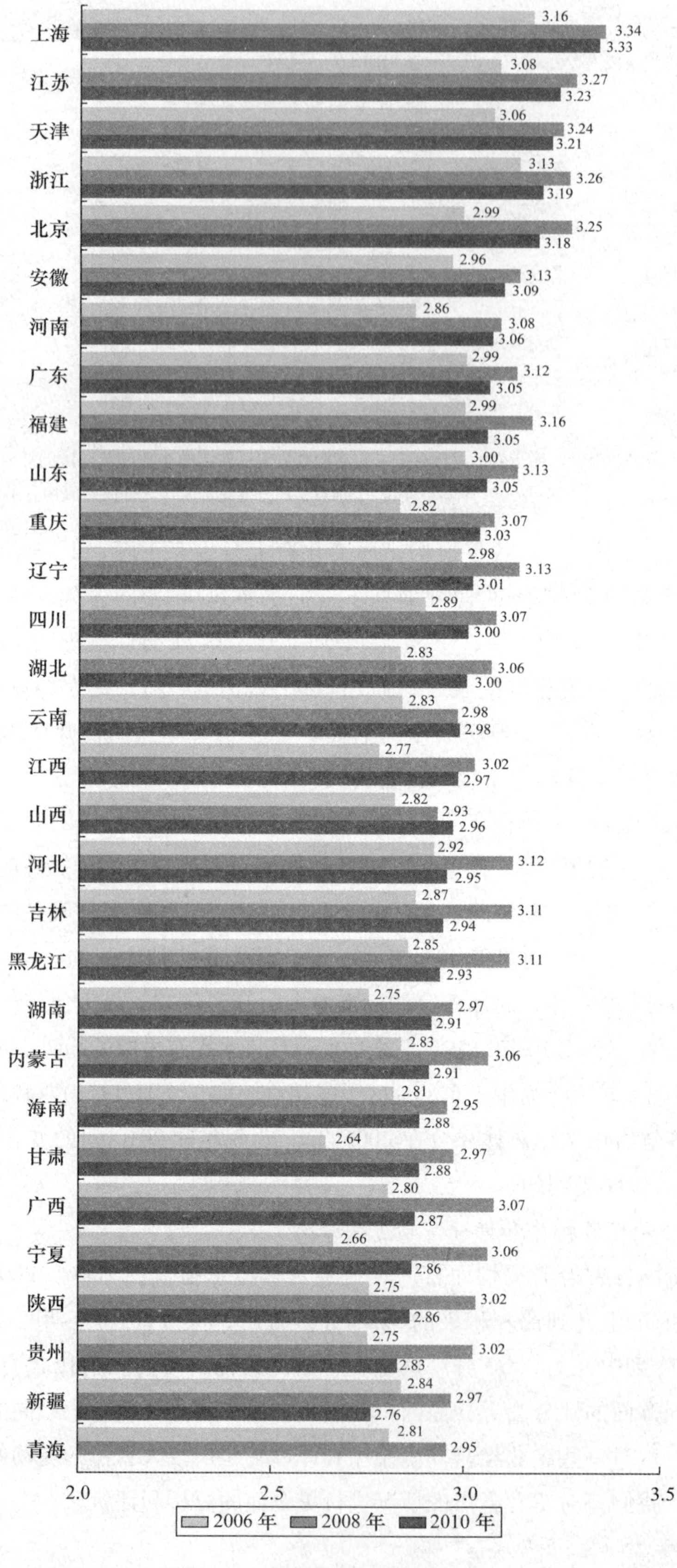

图 1　各省区企业经营环境总体评分与排序（2006 年、2008 年、2010 年）

注：图中青海排列在最后，是因为其 2010 年数据缺失，并不表示其排序最低。下同。

间宁夏各方面指数的评分都有明显上升，其中某些方面指数评分上升幅度很大。例如金融服务方面，评分增长0.83分，中介组织和技术服务方面评分增长0.42分。

广西在2006~2008年期间的评分上升了0.27分。这主要有赖于在金融服务、人力资源供应和企业经营的社会环境这三项指数的评分上升幅度较大，分别上升了0.50、0.38和0.32分。此外，广西企业经营环境其他方面的评分也都有所上升。

实际上，这期间甘肃的评分上升幅度大于广西，为0.33分，另外北京、贵州、陕西的评分也都上升了0.27分，只是它们的相邻省份也有较快进步，使它们的相对位次上升没有那么大。

这期间排名下降幅度最大的地区是新疆，下降了10位，但并不表示其经营环境绝对水平下降，而是因为其改善的幅度明显小于其他省份，总体评分只增加了0.13分，小于0.21分的全国平均增幅。在新疆的各方面指数中，基础设施条件方面的评分下降了0.08分，企业经营的社会环境方面的评分未发生改变。其他方面的评分有所增长，但增幅相对较小。

山西在此期间的排名下降了9位，也是因为评分上升幅度小于其他一些省份。山西的评分只增加0.11分。这是首先是因为山西在基础设施条件方面的评分下降，而且其他方面的评分增幅比较小，其中政府行政管理和企业经营的社会环境方面的评分增幅都不超过0.05分。

排名下降幅度比较大的地区还有云南、海南和青海，都下降了6位。其中云南和青海的基础设施条件、青海的中介组织和技术服务方面评分都有所下降，其他多数指数的改善力度较小。海南在企业经营的社会环境方面的评分下降幅度较大，在人力资源供应方面没有明显改善。

（2）2008~2010年

山西在2008年到2010年间排序上升了13位，是企业经营环境排名上升幅度最大的地区。这是因为2008年到2010年期间其他绝大部分省份的评分都发生了下降，而山西的总体评分轻微上升了0.03分。山西企业经营环境七个方面指数的评分，除了基础设施条件，其他各方面指数的评分都有所上升。

云南在2008年到2010年间排序上升幅度也很大，上升了9位，这得益于该期间云南的总体评分未发生改变。从2008年到2010年，云南在政府行政管理、人力资源供应、中介组织和技术服务这三个方面评分都有所提高。其他有些方面的评分发生了下降，例如企业经营的法制环境，但下降幅度也小于其他省份。

2008年到2010年期间排名下降幅度最大的地区是广西，下降了10位，是因为广西的评分下降幅度大于其他省份，下降了0.20分，该期间全国平均的下降幅度为0.09分。从2008年到2010年，广西各方面指数的评分除中介组织和技术服务与2008年持平外，其他各方面的指数评分下降幅度相对较大。其中基础设施条件下降了0.51分，多数方面指数的评分降幅都在0.20分左右。

二、企业经营环境的七个方面进展

我们的分省企业经营环境指数从七个方面来考察我国企业经营环境的进展状况。这七个方面包括：①政府行政管理；②企业经营的法制环境；③金融服务；④人力资源供应；⑤基础设施条件；⑥中介组织和技术服务；⑦企业经营的社会环境。

其中每个方面指数下设一个或几个分项指数，每个分项指数又由一个或几个基础指数组成。

图2给出了2006年、2008年和2010年全国七个方面的总体评价情况①。这七个方面指数按照其

① 全国在这七个方面的进展情况分别是由各个方面指数的各省份算术平均得分反映出来的。由于各省份的人口规模和经济规模不同，使用算术平均得分反映全国的企业经营环境可能不十分准确。但无论使用人口还是使用经济规模作为权重进行加权，也都有不尽合理的地方。这里使用算术平均，是对全国企业经营环境的一个近似的反映。

2010年的评分由低到高排列，依次为人力资源供应、金融服务、中介组织和技术服务、企业经营的社会环境、企业经营的法制环境、政府行政管理和基础设施条件。

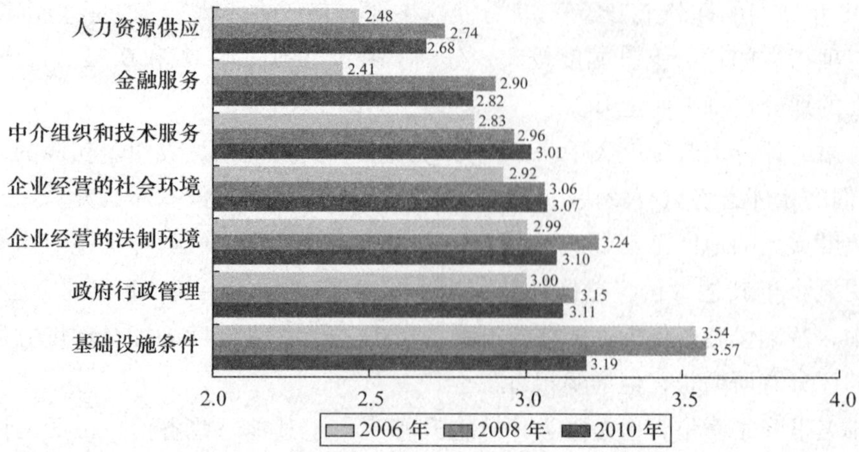

图2 各省区七个方面的评价（2006年、2008年、2010年）

首先，综合三年的评分，我们发现，在这七个方面中，人力资源供应、金融服务、中介组织和技术服务的评分基本低于中性评价值3，评价是偏于负面的，而其他四个方面的评分基本高于中性评价值3，评价是比较正面的。三年评价最高的都是基础设施条件，2010年评分为3.19；而2010年和2008年评分最低的方面指数都是人力资源供应，评分分别为2.68和2.74；2006年评分最低的方面指数是金融服务，评分为2.41。最高分与最低分之间差距接近1。三年间，七个方面指数的高低排序基本相同，表明企业经营环境的基本结构没有发生变化。

其次，通过比较三年的分值，可以看出企业经营环境的发展变化。从2006年到2008年，企业经营环境在七个方面都有提高，平均提高了0.21分。增幅超过平均增幅的指数有金融服务、人力资源供应和企业经营的法制环境，其中金融服务方面的进步幅度最大，增加0.49分。增幅最少的是基础设施条件，仅增加了0.03分。从七个方面指数的变化来看，由于2006年评分较低的指数改善幅度比较大，各指数的水平有收敛的趋势。

从2008年到2010年，多个方面指数的评分发生了下降，不过基本上仍然高于2006年的评分。发生下降的方面指数有人力资源供应、金融服务、企业经营的法制环境、政府行政管理、基础设施条件这五个方面。其中基础设施条件从2008年的3.57下降到2010年的3.19，下降幅度最大，2010年低于2006年的水平。基础设施条件评分的急剧下降，与2010年各地为完成降耗指标而强行拉闸限电的情况可能有直接的关系。其次下降幅度较大的是企业经营的法制环境，下降了0.14。金融服务、人力资源供应、政府行政管理也分别下降了0.08、0.06和0.04。评分上升的只有两个方面，即中介组织和技术服务、企业经营的社会环境，但上升的幅度很小。因此，综合上述情况，使得从2008年到2010年，企业经营环境指数的总体评分发生了下降，显示了企业经营环境状况的退步。

1. 全国总体进展情况

下面我们进一步报告各个方面指数的具体变动情况。我们先看政府行政管理方面。

（1）政府行政管理

对政府行政管理方面的评价是偏于正面的，2010年评分为3.11，高于2006年中性的3.00，但比2008年的3.15有所下降。该指数按2010年评分，在七个方面指数中排在第二位。政府行政管理指数由四个分项指数构成："减少不必要的干预"、"公开、公正、公平"、"政府廉洁"和"政府效率"。

这四个分项指数分别度量了政府对企业经济活动的干预程度、政府行政过程的规范程度、政府官员的廉洁程度和政府行政的效率。图 3 给出政府行政管理指数的具体进展情况。首先，2010 年与 2006 年相比，可以看出“政府廉洁”和“减少不必要的干预”有明显的改进（但“政府廉洁”与 2008 年相比没有提高）。“减少不必要的干预”在四个分项指数中得分最高，2010 年为 3.53。而“政府效率”和“公开、公正、公平”出现波动，从 2006 年比较负面的 3 以下，到 2008 年比较正面的 3 以上，到 2010 年又回落到 3 以下，大体上退回到了 2006 年的水平。

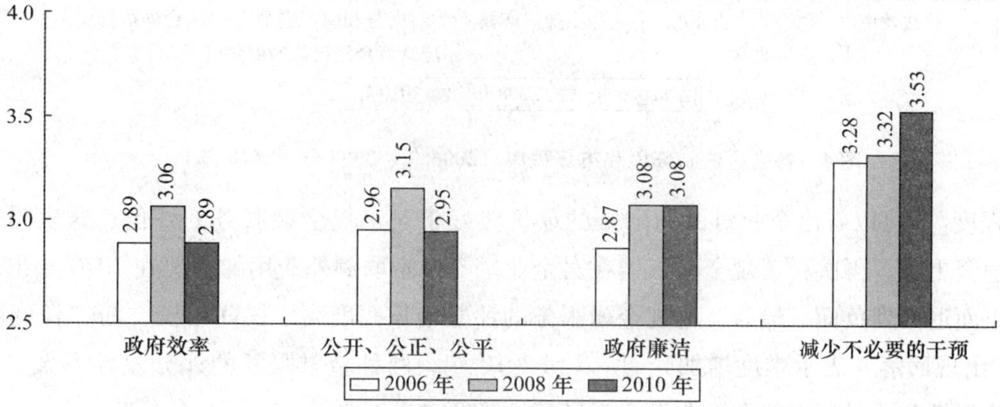

图 3　各省区政府行政管理（2006 年、2008 年、2010 年）

（2）企业经营的法制环境

对法制环境的评价总体上偏于正面。这个方面指数在 2010 年的各省份平均得分为 3.10，排在第三位。企业经营的法制环境由两个分项指数构成：“司法的公正与效率”和“经营者合法权益的保障”。“司法的公正与效率”度量的是司法系统在执法过程中公正程度以及效率水平，而“经营者合法权益的保障”度量的是企业各项权益是否得到有效的保障。这些权益包括人身和财产安全、知识产权以及合同执行的情况。图 4 给出各分项指数的具体情况。

首先，整体上看，分项指数“经营者合法权益的保障保护”的评分高于中性评价值 3，企业对其合法权益的保障状况还是比较满意的，但满意程度在 2008 年以后有所下降。分项指数“司法公正与效率”的评分大多数低于中性评价值 3，企业对司法系统的整体评价是偏于负面的。这表明，从企业的角度看，司法系统的公正性和工作效率都存在比较大的问题，亟待提高。

其次，动态地看，分项指数“司法公正与效率”和“经营者合法权益”都出现了明显的波动，2008 年的水平高于 2006 年的水平，而 2010 年的水平低于 2008 年的水平。企业经济的法制环境的各个方面具有一定的收敛趋势，但是在整体上“司法公正与效率”和“经营者合法权益的保障”之间的差距还是明显的。

（3）金融服务

对金融服务的评价比较负面。这个方面指数在 2010 年的评分为 2.82，在七个方面指数中排在倒数第二位。这个方面指数由两个分项指数构成：“正规金融服务”和“民间融资”。“正规金融服务”度量了企业在正规金融部门融资的难易程度，以及在贷款利息之外是否还需要付出额外费用及其大小。这两个基础指数是对正规金融部门的服务情况和廉洁程度的评价（但不排除前者也受到宏观货币政策松紧的影响）；“民间融资”指数度量了企业从民间渠道融资的难易程度。图 5 给出这个方面指数的具体情况。

首先，总体看来，企业对两种融资方式的满意度都较低；其次，如果比较民间融资和正规金融服

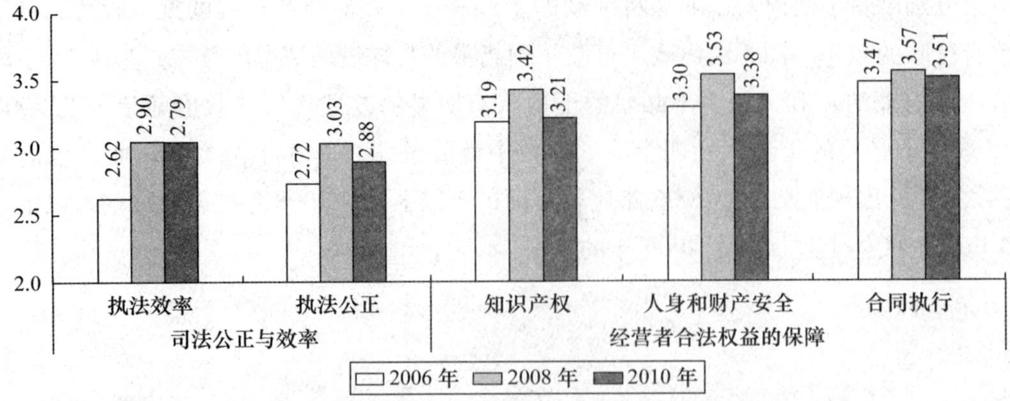

图4 各省区法制环境和市场秩序（2006年、2008年、2010年）

务的“难易程度”，可以看出企业对民间融资的评价略好于对正规金融服务的评价；这表明企业从正规金融机构融资更难。再次，正规金融机构在对企业融资中索取额外费用的情况在2010年出现了明显的恶化，从正面退回到负面。最后，正规金融服务的评分增长幅度高于民间融资，而“民间融资”的“难易程度”出现回落（表示难度增加），所以到2010年，两种金融服务的评分差异不大。总之，金融服务的可获得性和质量还不能令企业经营者满意，亟待改进。

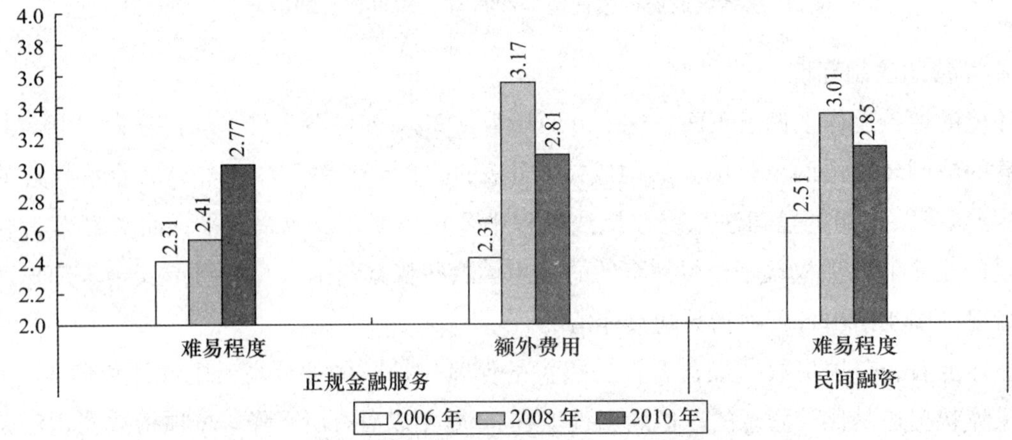

图5 各省区金融服务（2006年、2008年、2010年）

（4）人力资源供应

人力资源供应是七个方面指数中评价最低的一项，2010年的评分仅为2.68，说明这是企业经营环境的一个瓶颈环节。这个方面指数由三个分项指数构成，分别度量企业在当地找到所需要的技术人员、管理人员和熟练工人的难易程度，反映这三种人力资源的供应情况。图6给出这个方面的具体进展情况。

首先，这三个分项指数的评分都低于中性评价值3，而且相对来说差别不大。其中熟练工人的供应情况略好于管理人员，而管理人员的供应情况又略好于技术人员。这说明技术人员短缺是一个更加突出的制约因素。

其次，动态地看，三个指数的评分在2006~2010年期间都在提高，但出现波动，在2010年的水平低于2008年的水平。其中熟练工人供应情况的下降幅度较大，说明熟练劳动力近期出现了比较突出的短缺。总的说，人力资源的供应情况是一个影响企业经营环境的关键因素，我国在长期存在劳动力过剩的情况下，人力资源则存在持续的短缺，而且近期有加剧的趋势，这说明我国的教育体系在人力资源的培养方面有比较大的问题，不适应经济发展的需要，亟待改进。

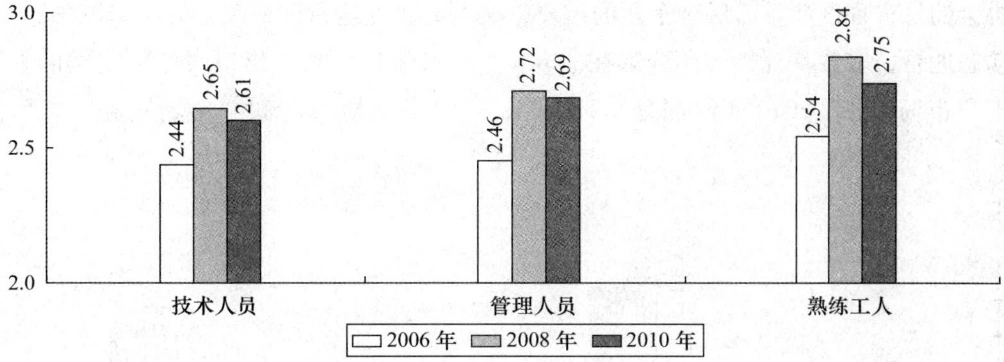

图 6　各省区人力资源供应（2006 年、2008 年、2010 年）

（5）基础设施条件

图 7 给出基础设施条件方面的情况。基础设施条件指数度量的是企业对于当地供水、供电、交通、通信等基础设施的满意程度。基础设施条件是七个方面指数中评价最高的。三年的评价值都高于 3，说明企业经营者对基础设施条件总体而言比较满意。但在 2010 年，基础设施的评分出现大幅下降，从 2008 年的 3. 57 下降到 2010 年的 3. 19。这看来与发生在 2010 年下半年各地为完成节能降耗任务而拉闸断电的现象是有关的。

事实上这种行政干预方式并不能真正达到节能降耗的目的；相反却对企业经营环境造成了负面影响，也会导致经济效益下降和更多的浪费（例如，一些企业被迫以高能耗、高成本的柴油发电代替电网供电），值得吸取教训。

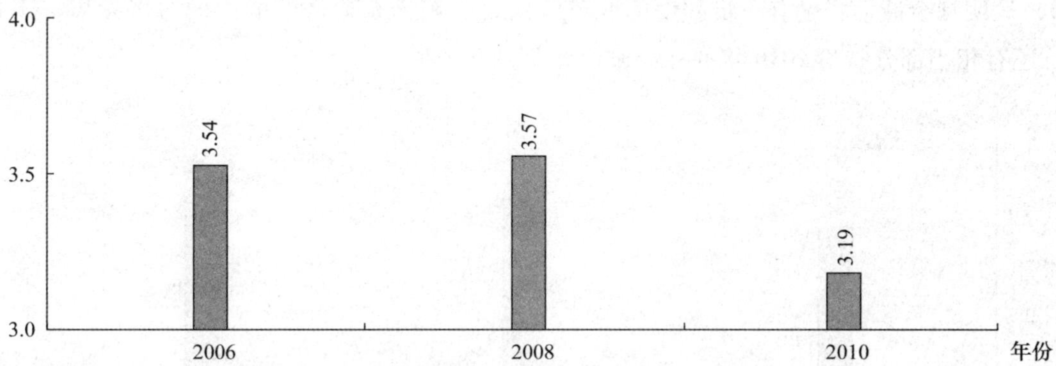

图 7　各省区基础设施条件（2006 年、2008 年、2010 年）

（6）中介组织和技术服务

中介组织和技术服务在七个方面中评分相对比较低，2006 年、2008 年和 2010 年都排在倒数第三位。前两个年份评分都是偏于负面的 3 以下，2010 年有所提高，也仅达到了基本中性的 3. 01。这个方面指数由两个分项指数构成：“中介组织” 和 “技术与营销服务”。“中介组织” 指数度量了行业协会对企业的帮助程度，以及律师、会计师等市场服务的情况。“技术与营销服务” 指数度量了当地技术服务状况和出口服务的情况。图 8 给出这个方面的具体进展情况。

首先，总体上看，在四个基础指数中，“市场服务” 和 “技术服务” 的评价是正面的，而 “行业协会” 和 “出口服务” 的评价基本上是负面的，特别是对 “行业协会” 的评价比较差，评分只有 2. 80。这样，在 “中介组织” 这个分项指数中，“行业协会” 和 “市场服务” 的评分差距比较大，形成鲜明对比，“行业协会” 的发展远远落后于 “市场服务” 的发展。这说明在 “中介组织和技术服务”

方面，行业协会的发育程度严重滞后于企业的需要，是制约企业经营环境改善的一个瓶颈因素。

其次，动态地看，多数基础指数评分都在上升。"技术服务"和"出口服务"之间的差距是在缩小的，而由于"市场服务"2010年的评分有所下降，使"行业协会"和"市场服务"之间的差距先扩大后缩小。

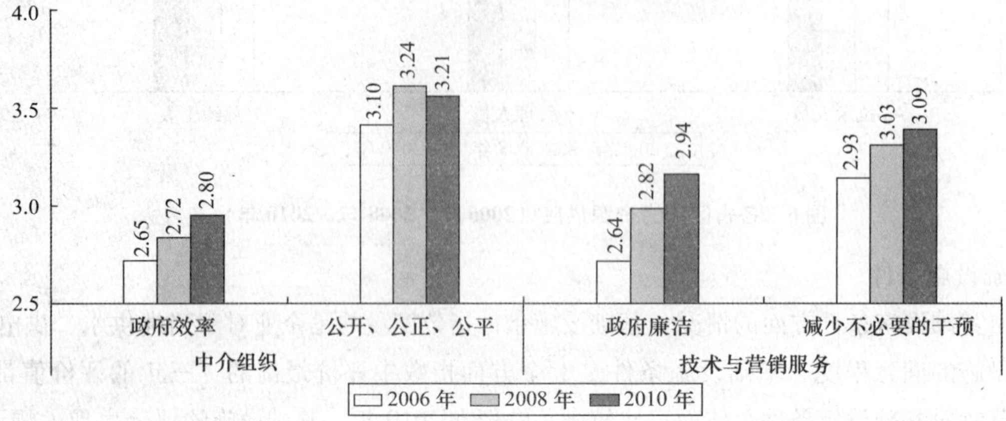

图8 各省区中介组织和技术服务（2006年、2008年、2010年）

（7）企业经营的社会环境

图9给出了企业经营的社会环境方面的情况。企业经营的社会环境指数度量的是当地适合企业经营的社会环境诚信程度。企业经营的社会环境指数在七个指数的排名中处于中游，但从动态过程来看，评分从2006年偏于负面的2.92提高到2010年偏向正面的3.07。尽管提高幅度不大，但已经高于中性评价值3，表明社会诚信程度有一定程度的改善，向着有利于企业经营的方向缓慢发展。不过值得注意的是，还有相当部分省份2010年的社会诚信评价是下降的。

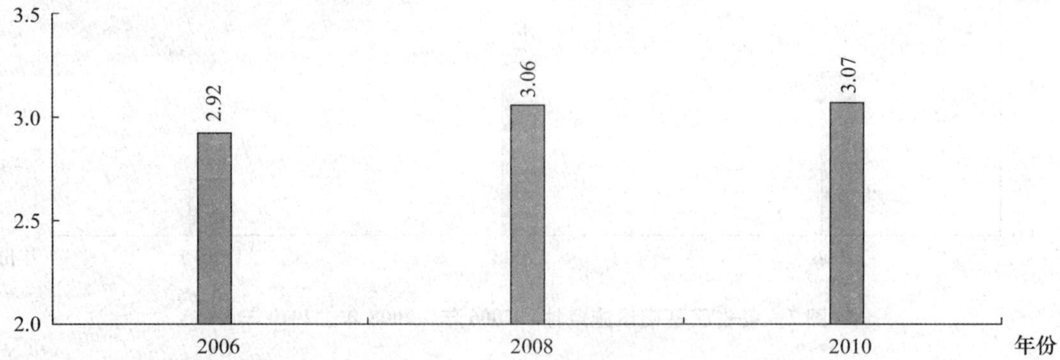

图9 各省区企业经营的社会环境（2006年、2008年、2010年）

2. 各省份进展情况比较

各地区企业经营环境七个方面指数和各分项指数在2006年、2008年和2010年间的变化，由图10至图29显示。以下七个小节中，每一小节的第一张图表示的是方面指数的分省进展情况，接下来的图依次表示该方面指数下面的各分项指数的分省进展情况。图中每一省份的三个条形，按从上到下的顺序分别代表该省份2006年、2008年和2010年的指数。由此可以看到每个省份在这三个年份中该方面指数或分项指数的变动情况，代表这方面的进步或退步。各省份在图中的排列，是按照它们2010年的该项评分按从高到低的顺序排列的。排在最上面的省份2010年该项评分最高，最下面的省份（青海除外）2010年该项评分最低。各图中青海排在最后，是因为其2010年数据缺失，不表示其评分最低。

（1）政府行政管理

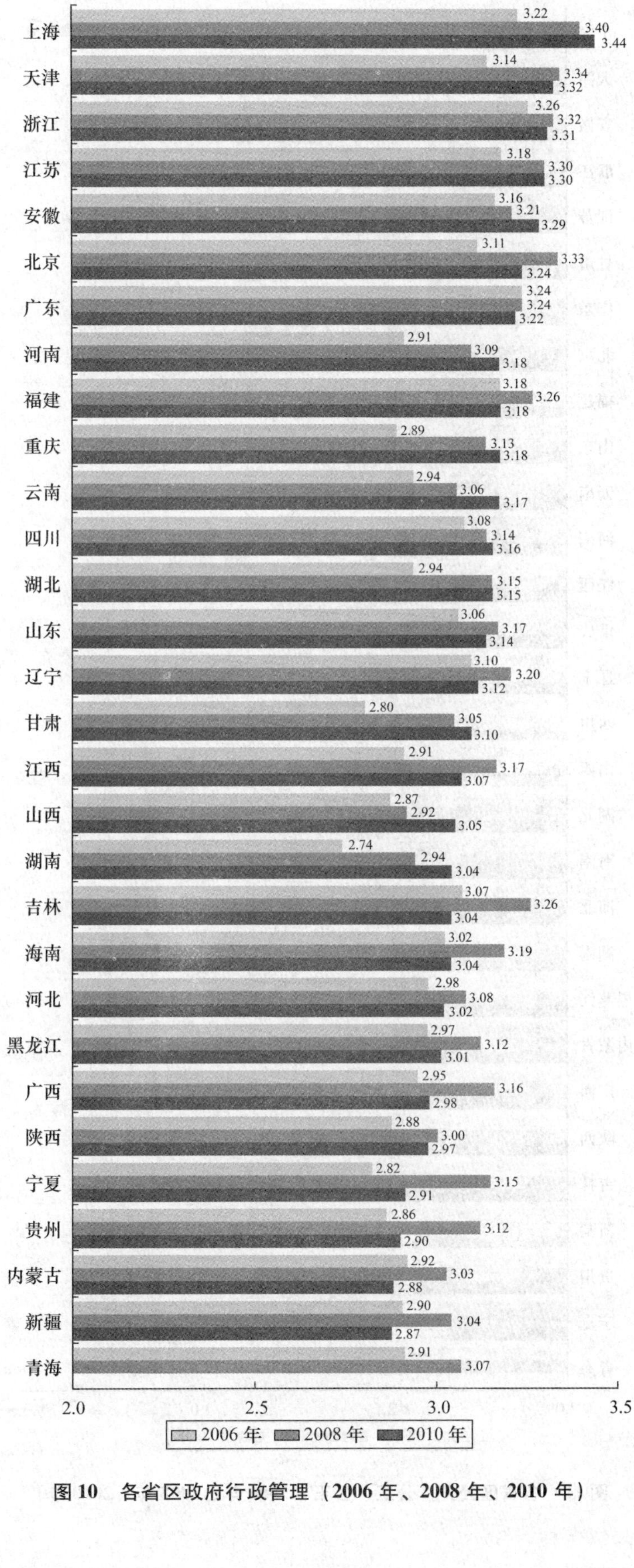

图 10　各省区政府行政管理（2006 年、2008 年、2010 年）

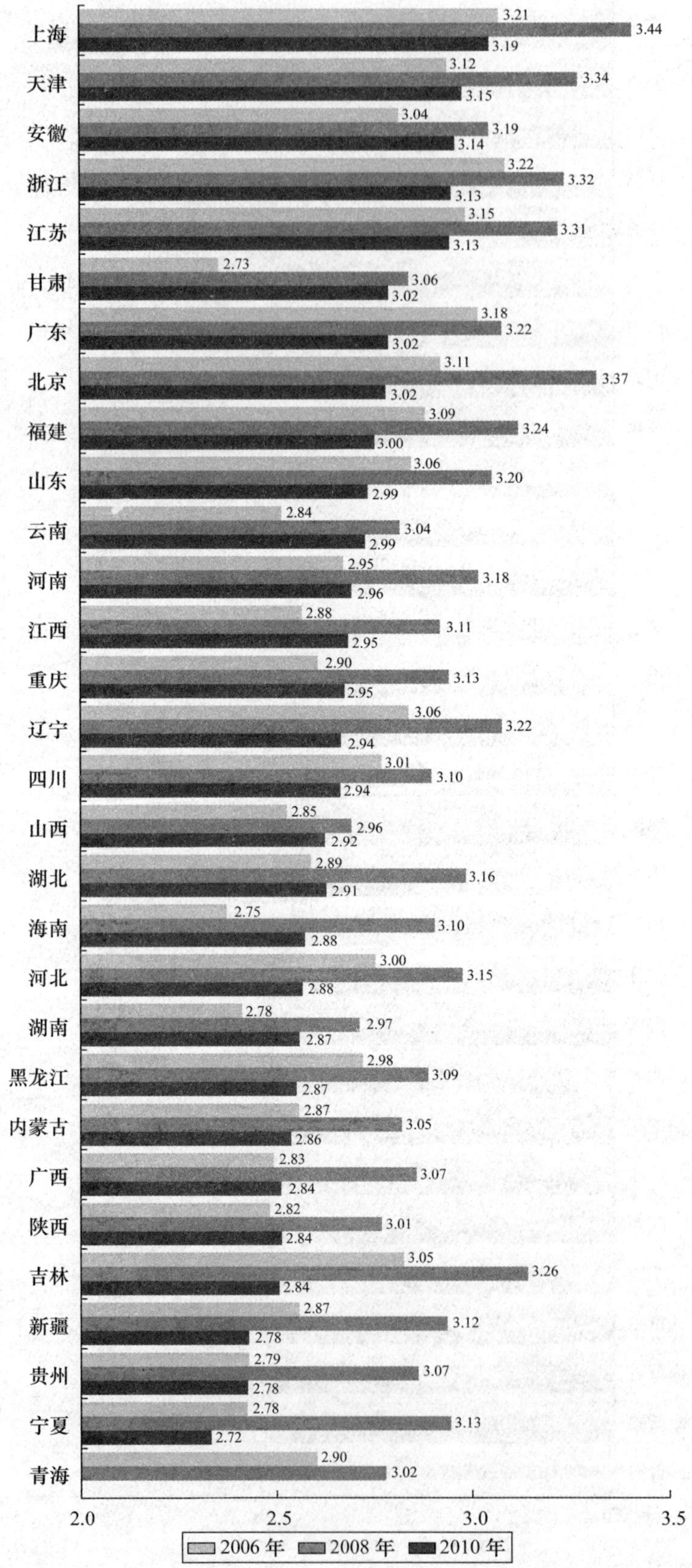

图 11　各省区公开、公正、公正（2006 年、2008 年、2010 年）

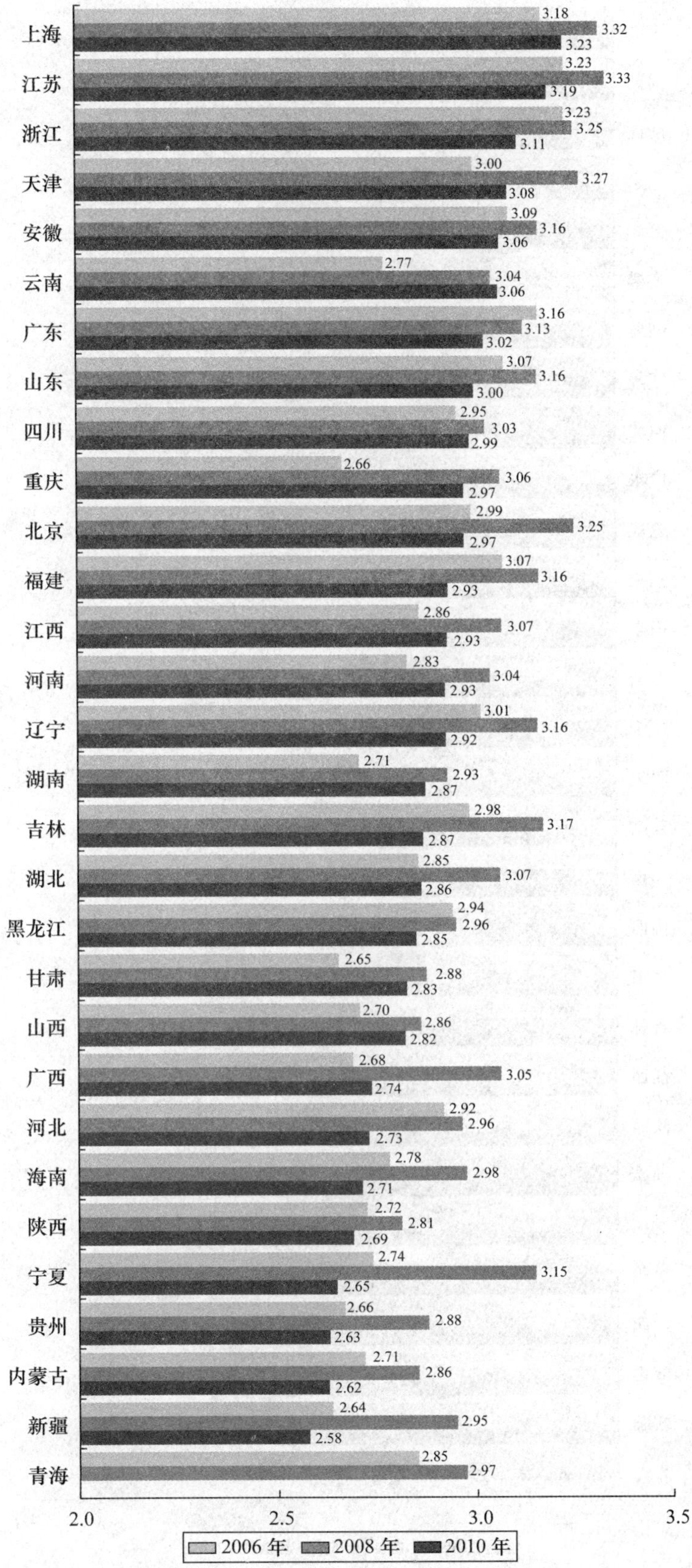

图 12　各省区政府效率（2006 年、2008 年、2010 年）

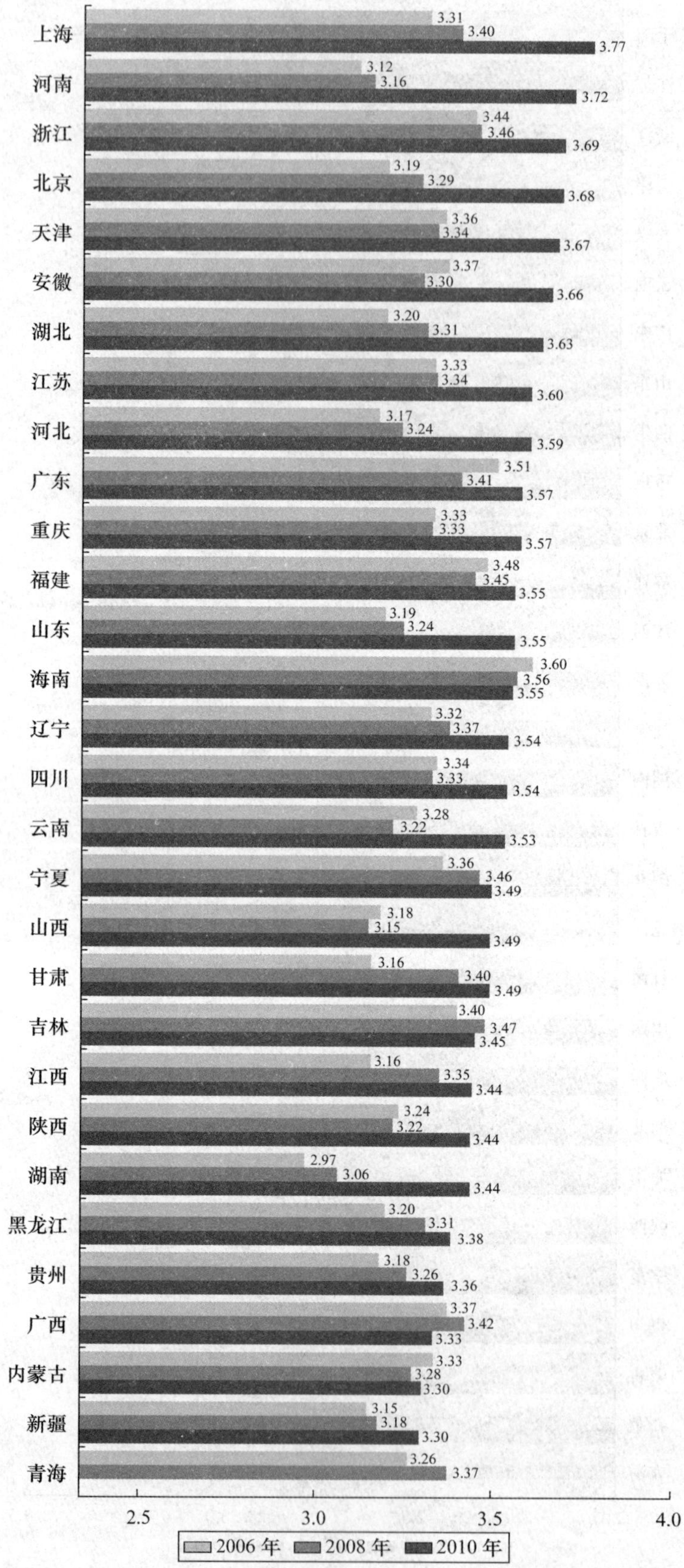

图13　各省区减少不必要的干预（2006年、2008年、2010年）

图 14　各省区政府廉洁（2006 年、2008 年、2010 年）

（2）企业经营的法制环境

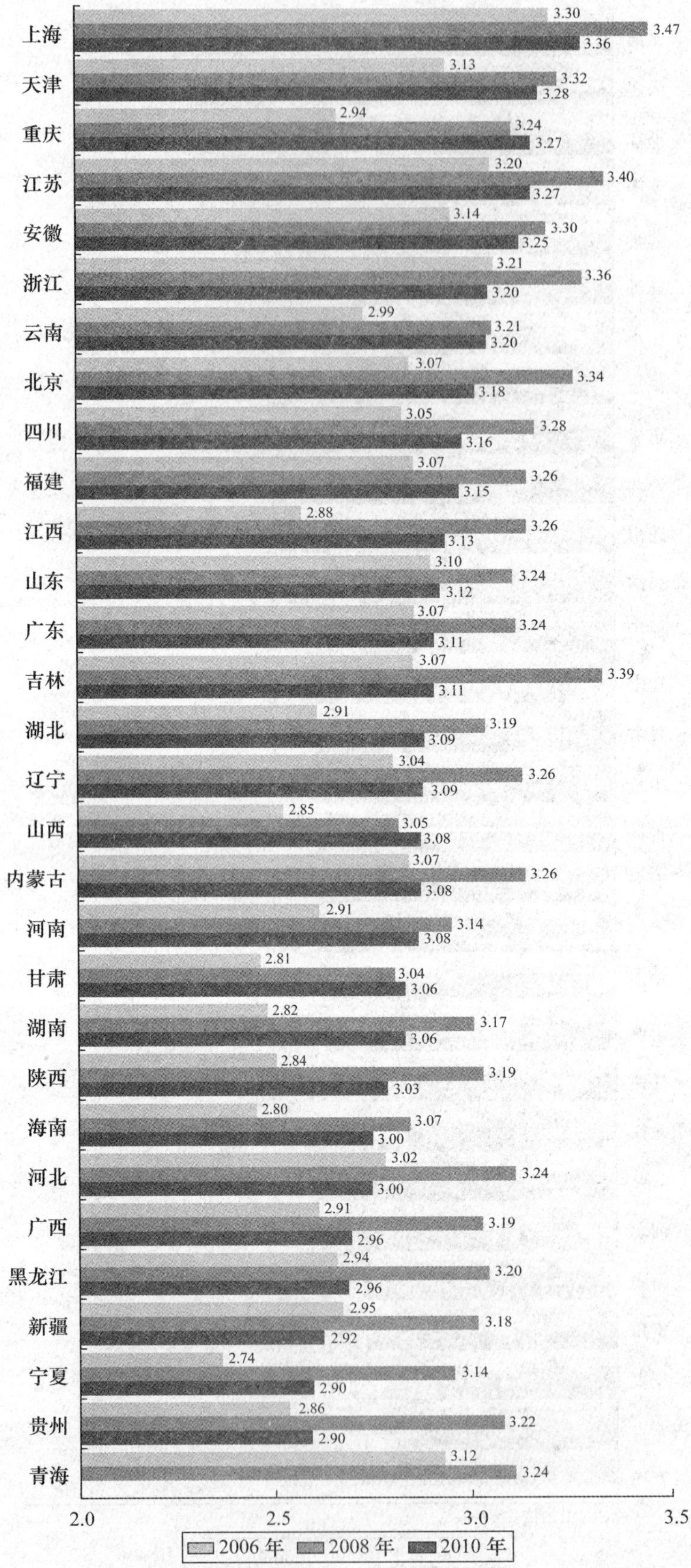

图 15 各省区企业经营的法制环境（2006 年、2008 年、2010 年）

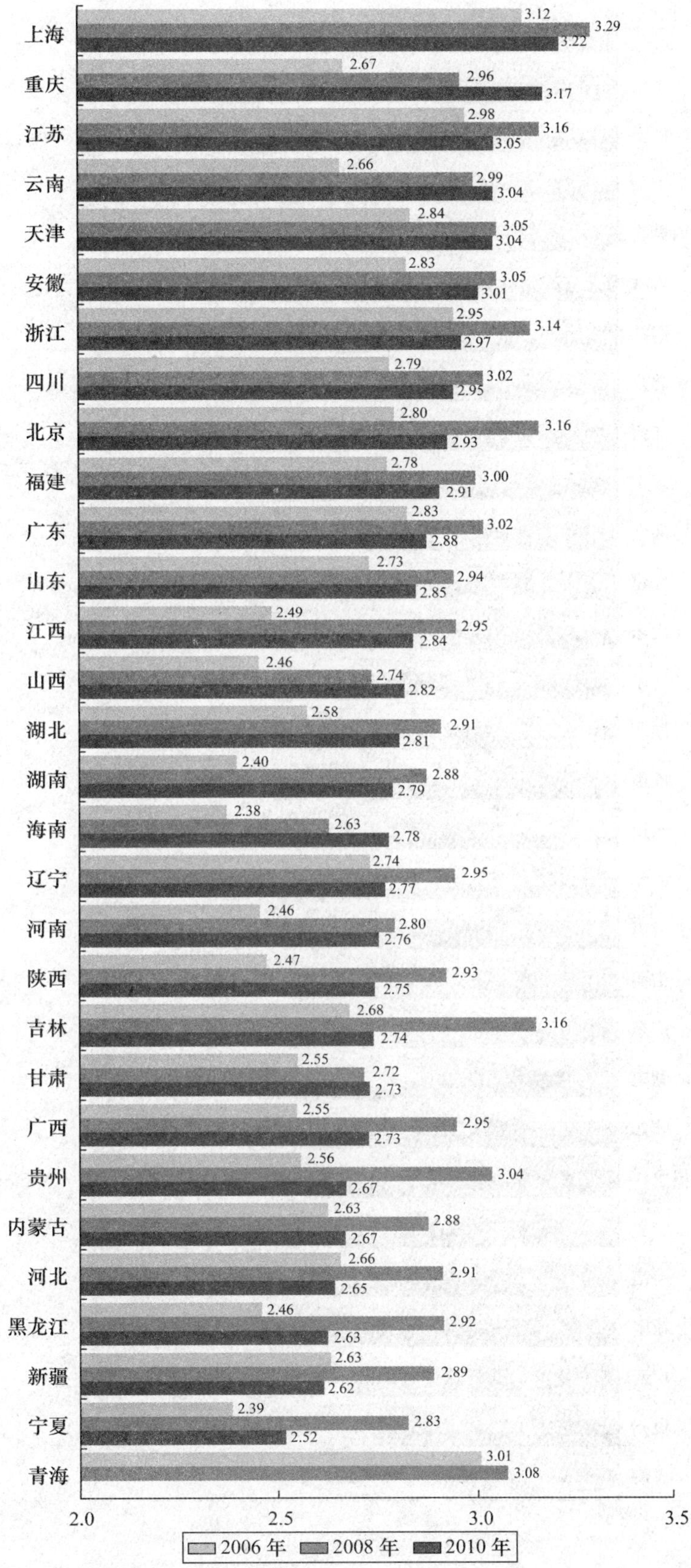

图 16　各省区司法公正和效率（2006 年、2008 年、2010 年）

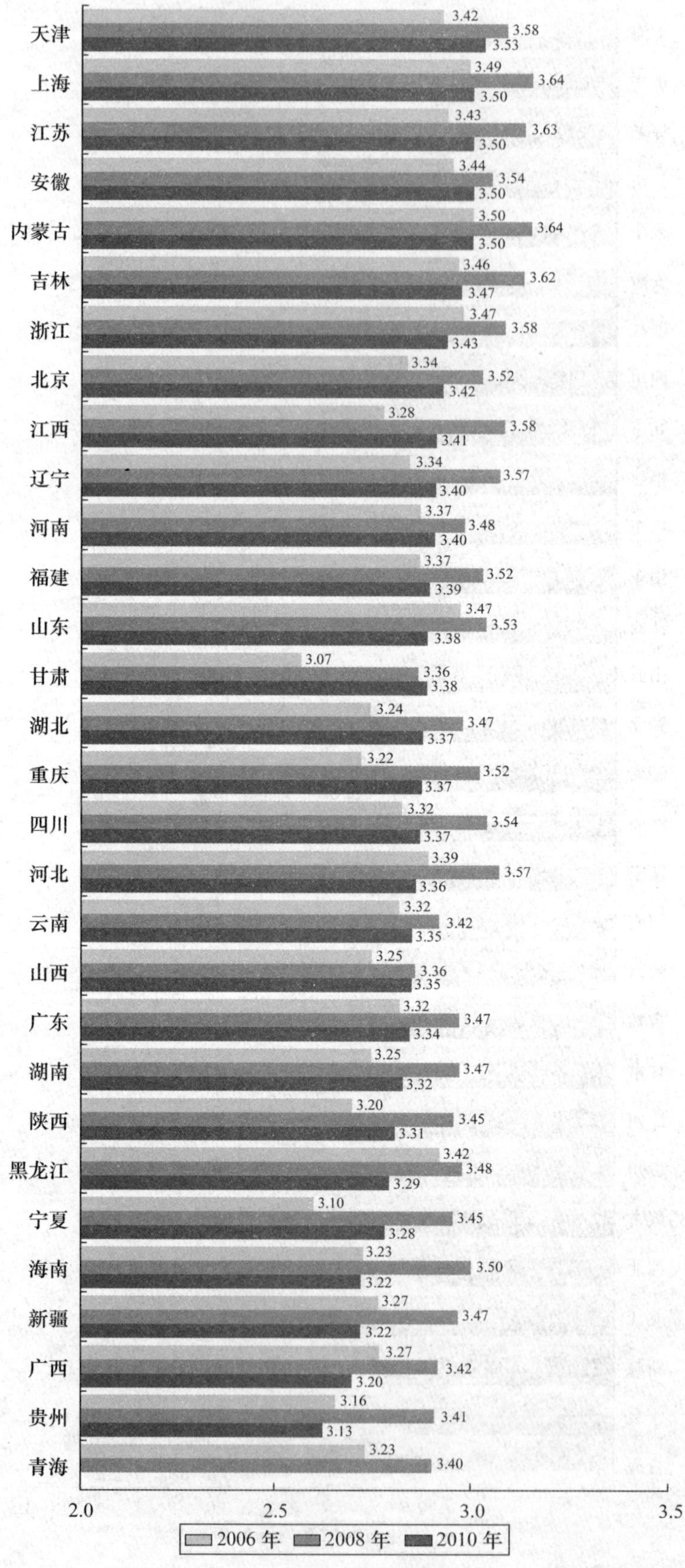

图 17　各省区经营者合法权益的保障（2006 年、2008 年、2010 年）

（3）金融服务

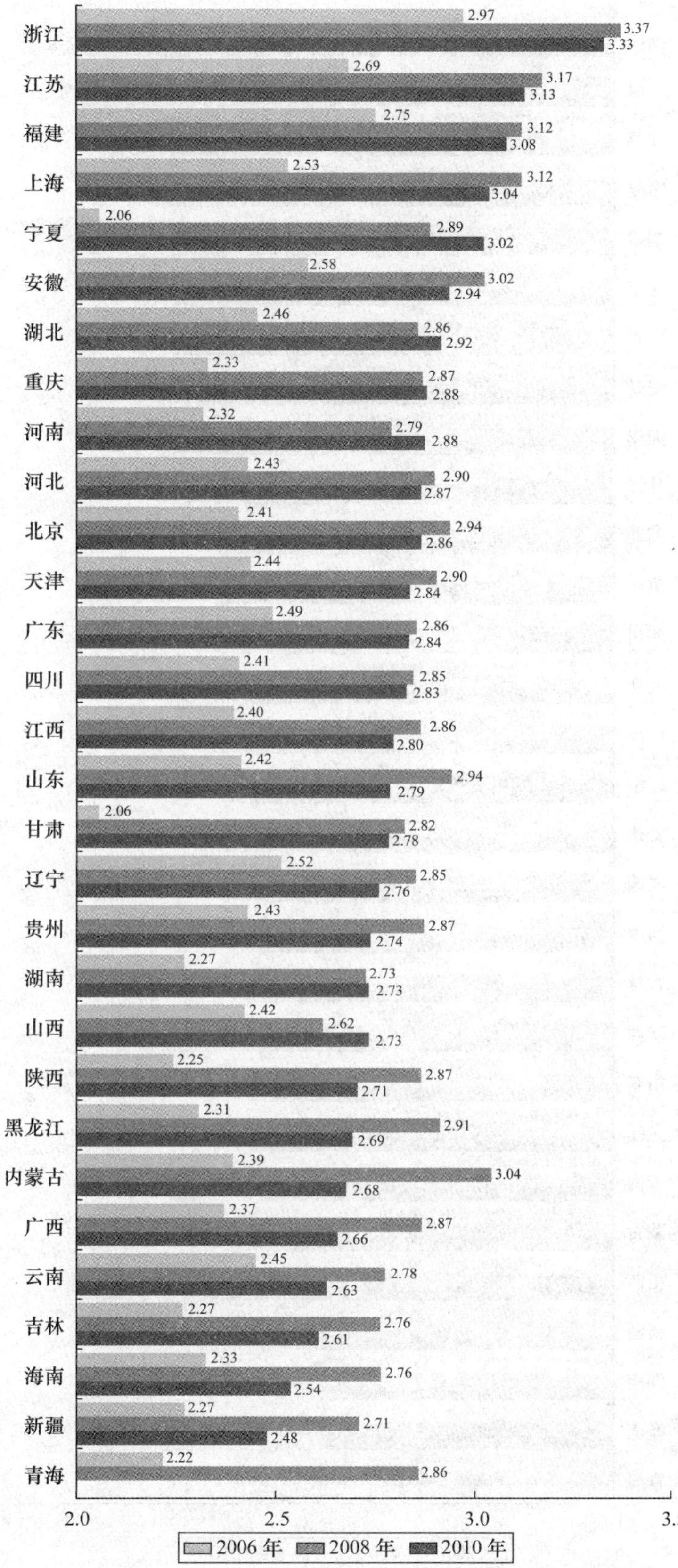

图 18　各省区金融服务（2006 年、2008 年、2010 年）

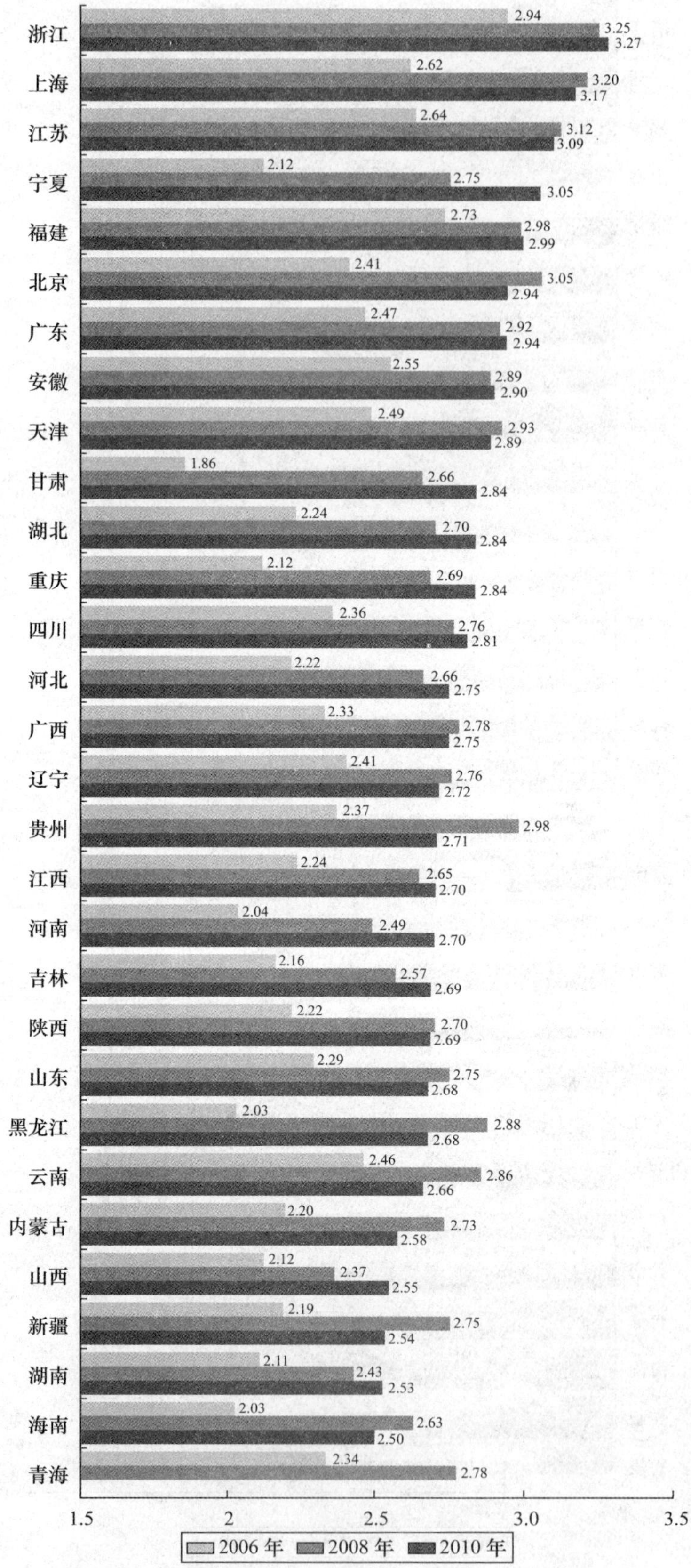

图 19 各省区正规金融服务（2006 年、2008 年、2010 年）

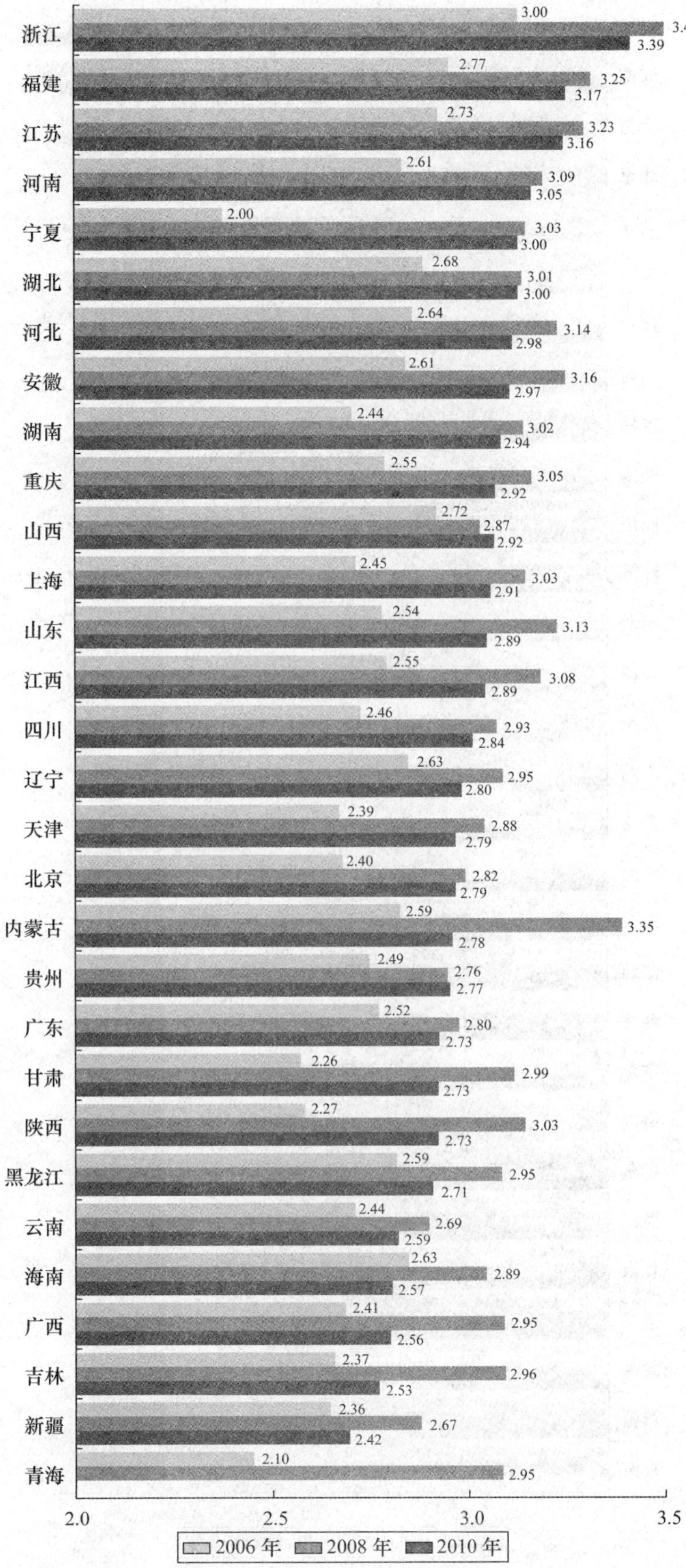

图 20　各省区民间融资（2006 年、2008 年、2010 年）

（4）人力资源供应

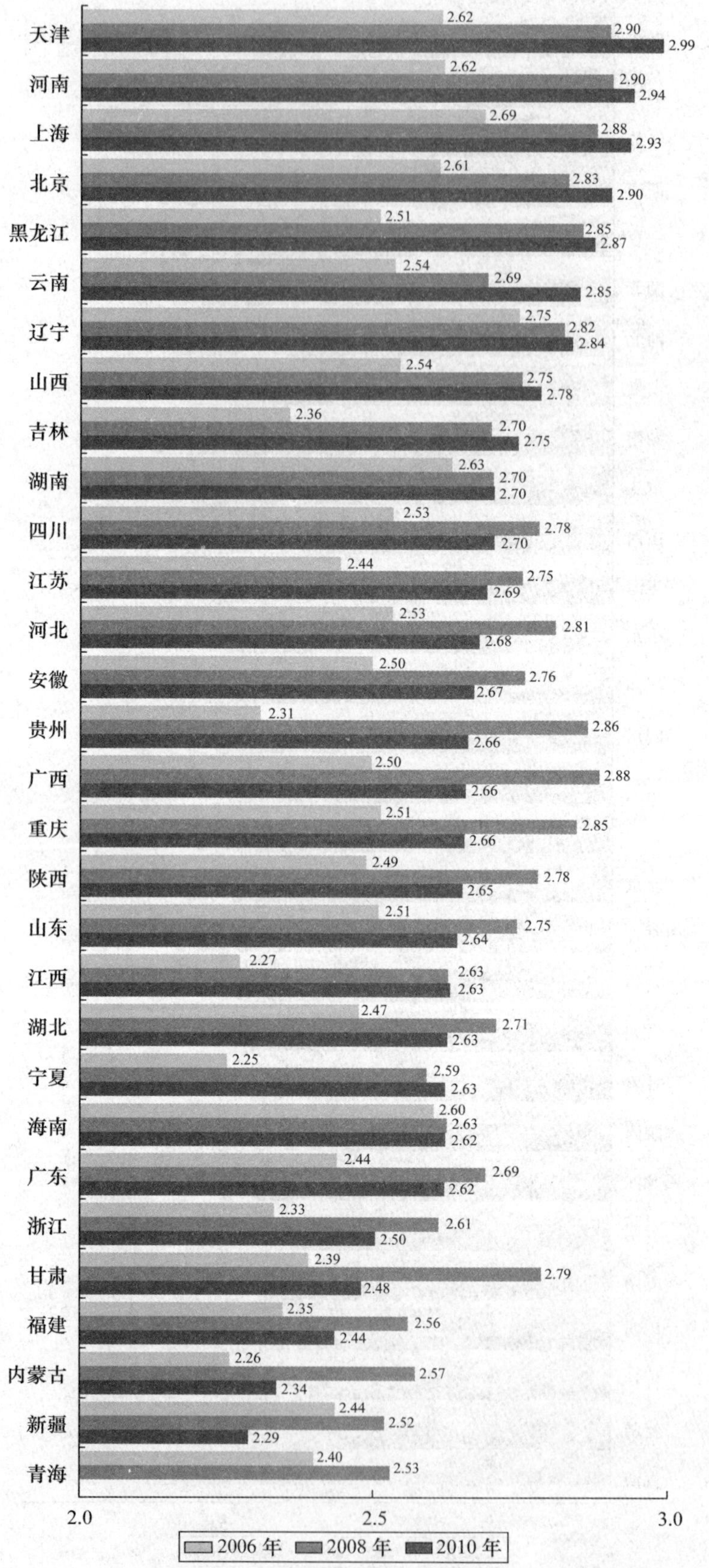

图 21　各省区人力资源供应（2006 年、2008 年、2010 年）

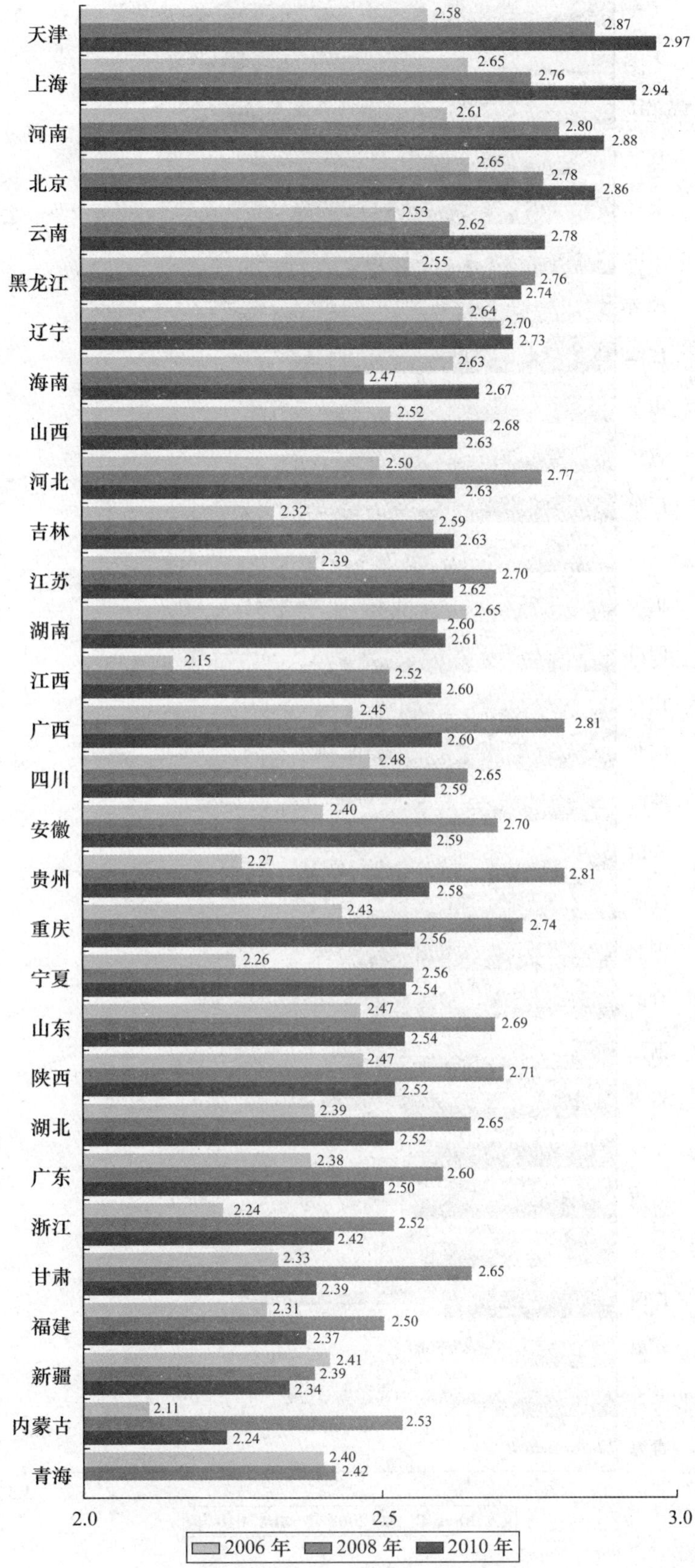

图 22　各省区技术人员供应（2006 年、2008 年、2010 年）

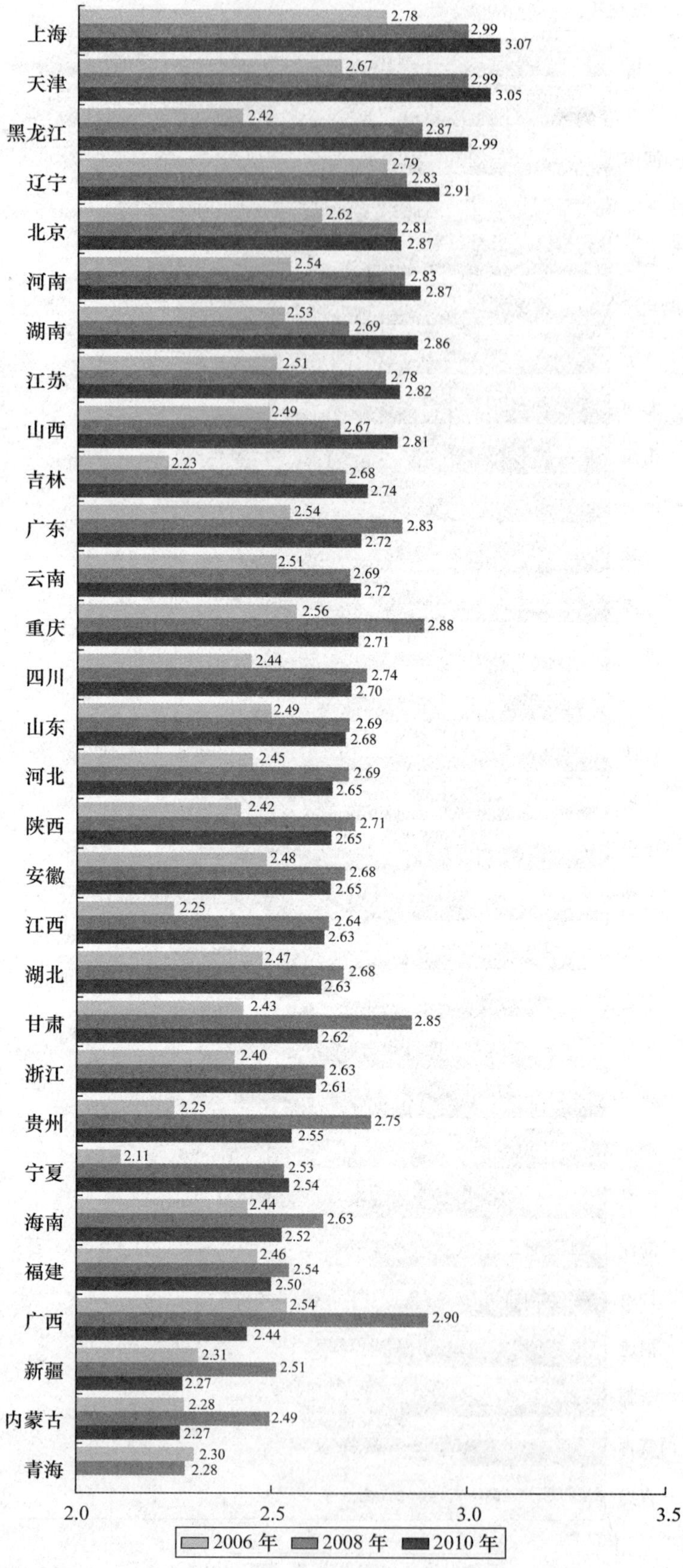

图 23　各省区管理人员供应（2006 年、2008 年、2010 年）

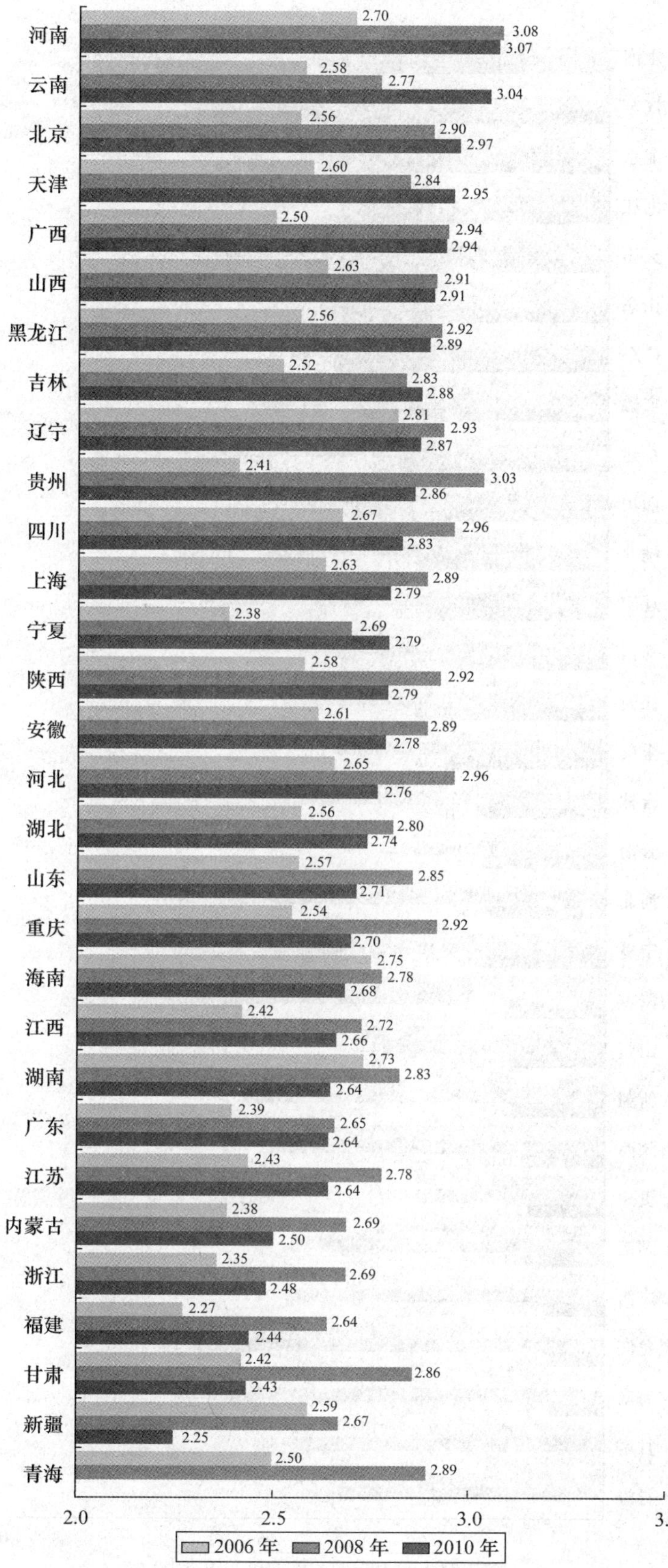

图 24　各省区熟练工人供应（2006 年、2008 年、2010 年）

（5）基础设施条件

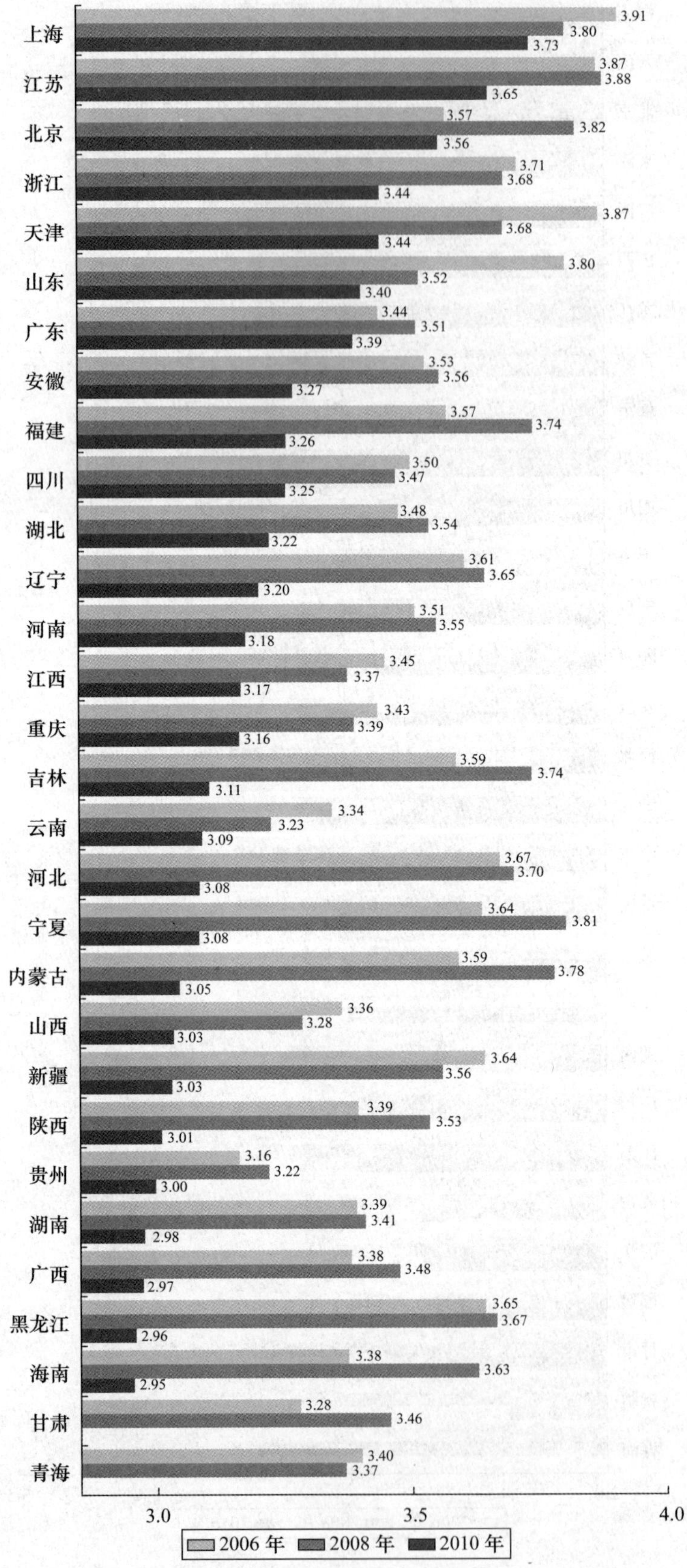

图 25　各省区基础设施条件（2006 年、2008 年、2010 年）

（6）中介组织和技术服务

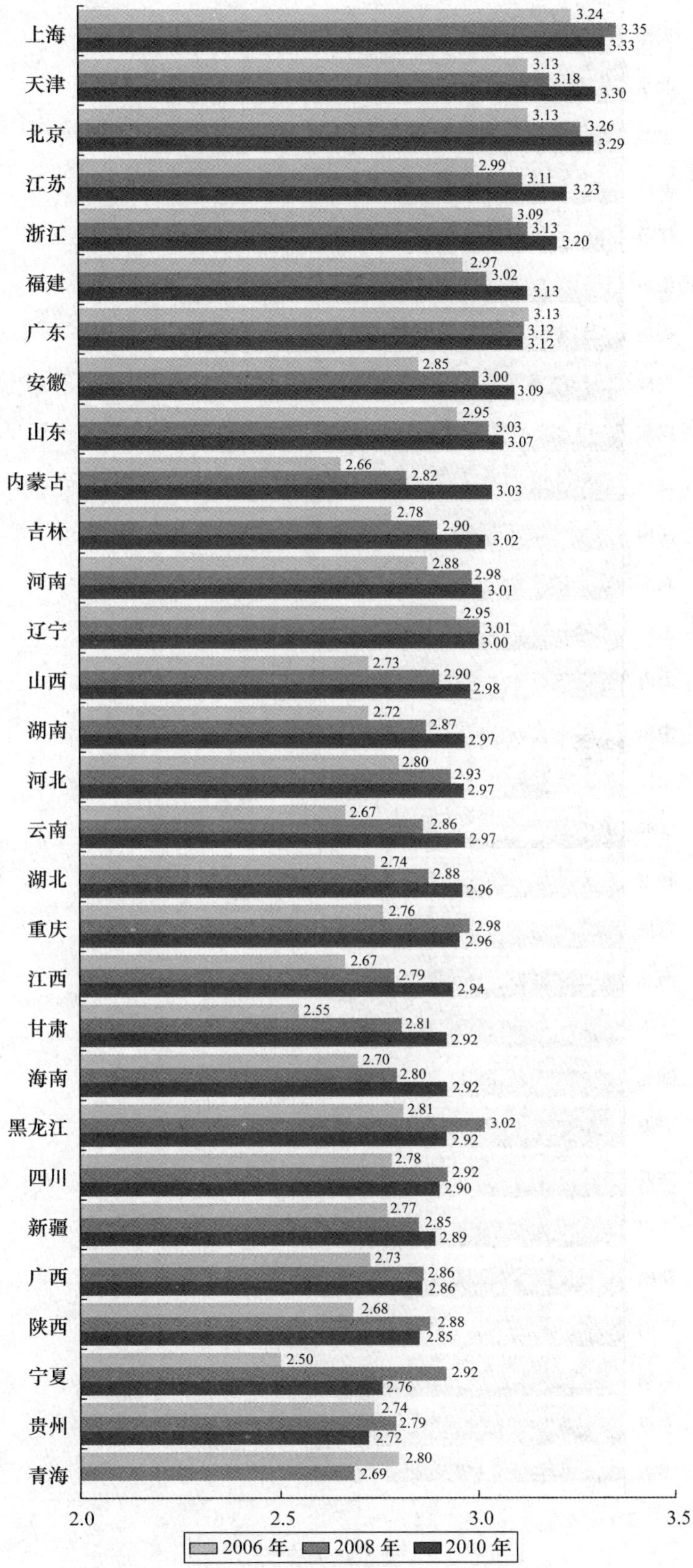

图 26　各省区中介组织和技术服务（2006 年、2008 年、2010 年）

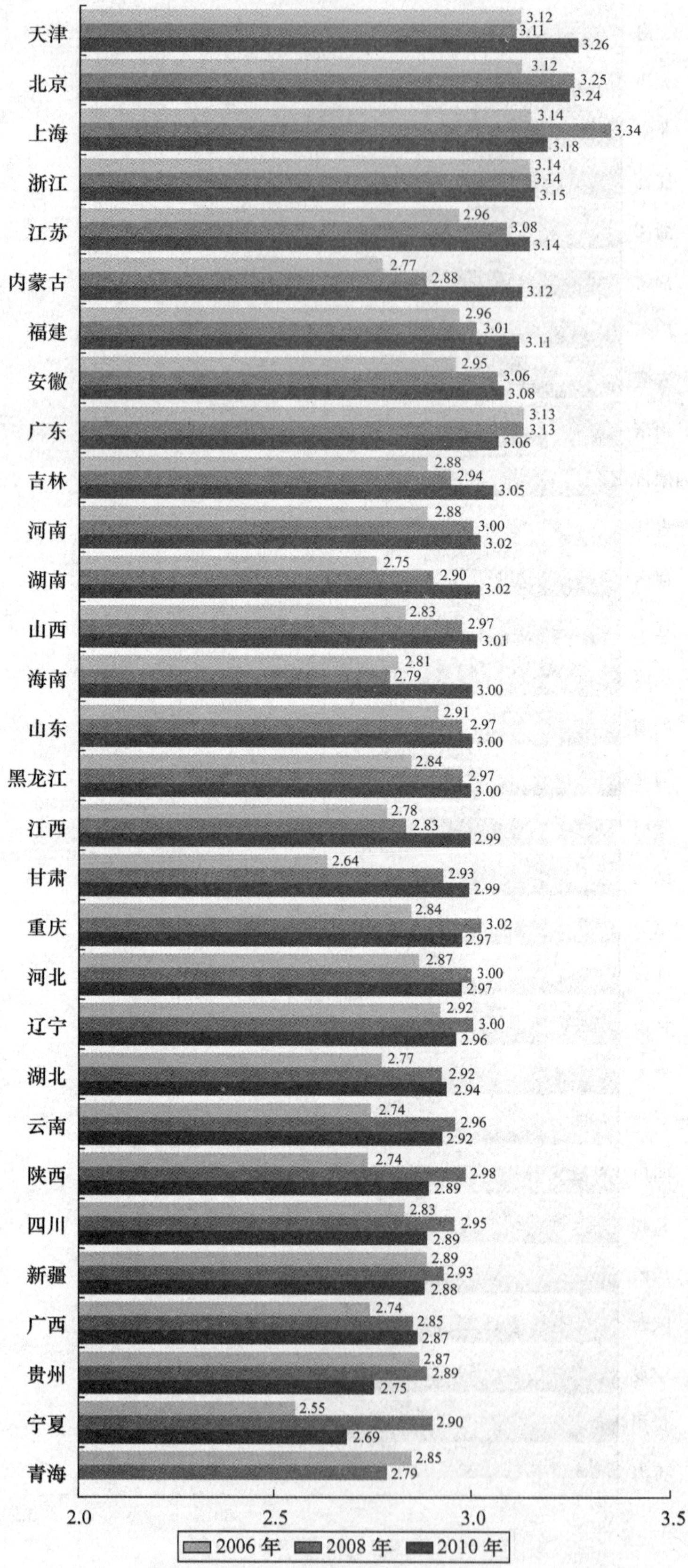

图 27　各省区中介组织发育（2006 年、2008 年、2010 年）

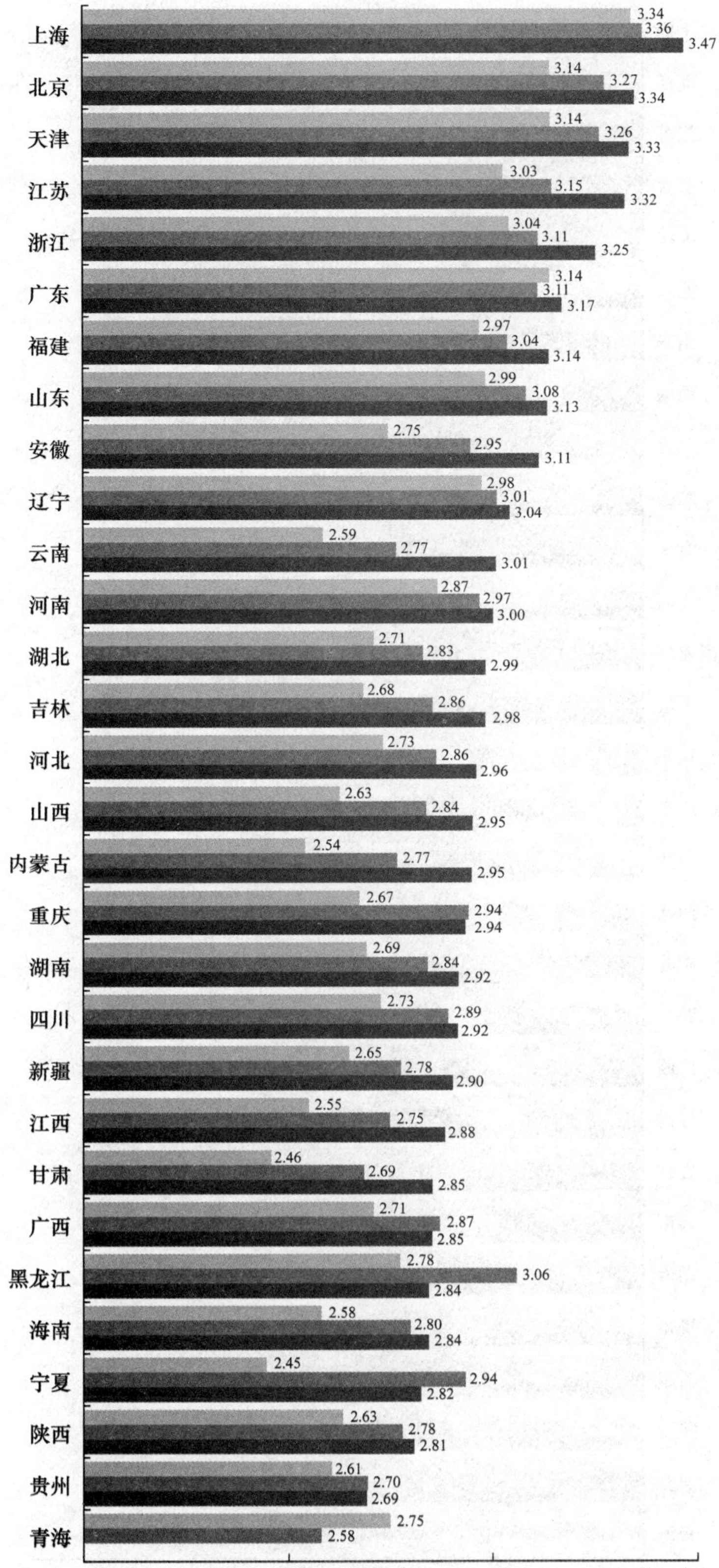

图 28　各省区技术与营销服务（2006 年、2008 年、2010 年）

（7）适合企业经营的社会环境

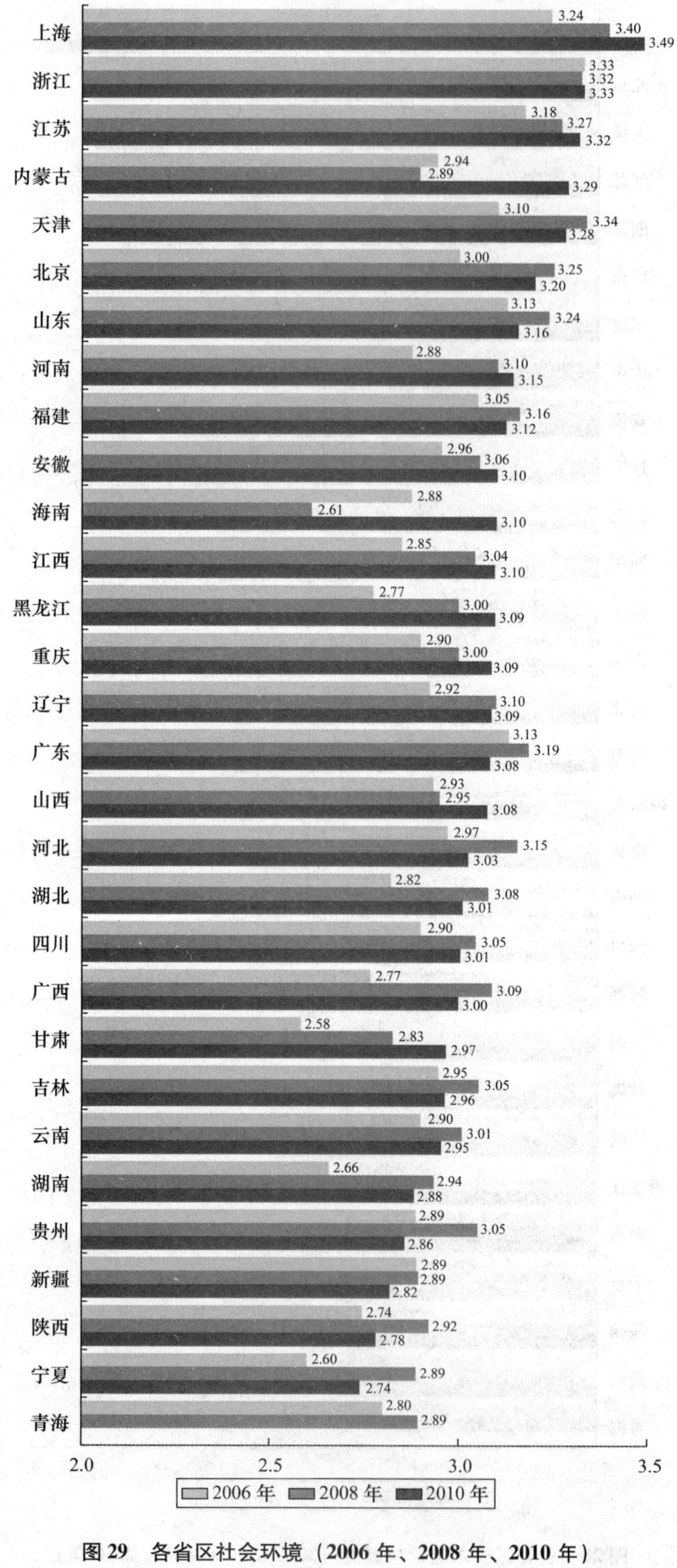

图29　各省区社会环境（2006年、2008年、2010年）

三、东、中、西部和东北地区企业经营环境的比较

在本部分中，我们将各省份按东、中、西部和东北地区进行划分①，分别计算各方面指数和分项指数按这四个地区的平均评分，以反映各地区企业经营环境的差异和变化情况。

表 4 给出各地区的企业经营环境的进展情况。首先，从总体评价上看，东部地区的企业经营环境好于中西部和东北地区，大致存在着东部优于中部和东北、中部和东北优于西部的格局。具体地说，在2006 年、2008 年和2010 年全国总评价的平均水平分别为2. 88、3. 09 和3. 00。东部地区的相应分值都高于全国平均水平，分别为 3. 01、3. 18 和 3. 11。东北地区的分值分别为 2. 90、3. 12 和 2. 96，在2006 年和2008 年略高于全国平均水平，但2010 年低于全国平均水平。中西部地区的相应分值基本上都低于全国平均水平，中部的分值为2. 83、3. 03 和3. 00，西部的分值为2. 78、3. 02 和2. 90。

其次，动态地看，从2006 年到2010 年，中部地区的企业经营环境改善比较明显，总体评价的增幅高于全国平均水平的0. 12 分，为0. 17 分。这得益于中部地区在2008 ~2010 年期间企业经营环境总体评价没有显著回落（只下降了0. 03）。而其他地区的总体评价增幅都低于全国平均水平，四年间东部地区提高了0. 10 分，西部地区提高了0. 12 分，东北地区提高了0. 06 分。其关键在于这些地区的评分2008 ~2010 年期间发生了回落。其中尤以东北地区比较突出，下降了0. 16 分。东部和西部地区也分别下降了0. 07 和0. 12 分。

再次，我们比较各地区各方面指数的进展情况。观察表 4，我们发现各地区的方面指数评分的位次分布与总评价的位次分布基本一致。具体地说，东部地区的各方面评分全部高于全国平均水平，东北地区在2006 ~2008 年大多数方面指数高于全国平均水平，但2010 年大多数低于全国平均水平。中部地区在2006 ~2008 年大多数方面指数低于全国平均水平，而在2010 年大致与全国平均水平相当。西部地区的全部方面指数都仍然低于全国平均水平。可以说，东部地区相对于东北地区和中西部地区，在企业经营环境除人力资源以外的各个方面都具有明显的优势。而人力资源的相对短缺，也在某种程度上反映其对人力资源的需求持续旺盛。

另外，通过比较各地区在三个年份各方面指数之间的排序，我们发现各地区的排序结果与全国的排序基本一样，由低到高依次为人力资源供应、金融服务、中介组织和技术服务、企业经营的社会环境、政府行政管理、企业经营的法制环境和基础设施条件。如果我们把各方面指数的排序看作是企业经营环境的结构，那么这个结果表明，各地区尽管在企业经营环境的水平上有差距，但在结构上是基本同质的。说明全国各地区的企业经营环境虽然在程度上有明显的差异，但面临的问题大体上是同样的。

在表 5 至表 9 中，我们分别列出了全国、东、中、西部地区和东北地区按照企业经营环境划分的各方面指数在2006 年、2008 年和2010 年的平均得分，以及在此期间这些地区每个分项指数得分的变化。其中基础设施条件和企业经营的社会环境两个方面指数因为是由单一指标构成，不再重复列出。

---

① 在本报告中，东部地区包括：北京、天津、河北、上海、江苏、浙江、福建、山东、广东、海南10 省（直辖市）；中部地区包括：山西、安徽、江西、河南、湖北、湖南6 省；西部地区包括：内蒙、广西、重庆、四川、贵州、云南、陕西、甘肃、宁夏、青海、新疆11 省（市、自治区）；东北地区包括：辽宁、吉林、黑龙江3 省。

表4　　分地区企业经营环境各方面进展状况（2006年、2008年、2010年）

地区和年份		总体评价	政府行政管理	企业经营的法制环境	金融服务	人力资源	基础设施条件	中介组织和技术服务	企业经营的社会环境
全国	2006年	2.88	3.00	2.99	2.41	2.48	3.54	2.83	2.92
	2008年	3.09	3.15	3.24	2.90	2.74	3.57	2.96	3.06
	2010年	3.00	3.11	3.10	2.82	2.68	3.19	3.01	3.07
	差异（2006~2008年）	0.21	0.15	0.24	0.49	0.26	0.03	0.13	0.14
	差异（2008~2010年）	-0.09	-0.04	-0.13	-0.08	-0.06	-0.38	0.05	0.01
东部	2006	3.01	3.14	3.10	2.55	2.51	3.68	3.01	3.10
	2008	3.18	3.26	3.29	3.01	2.74	3.70	3.09	3.19
	2010	3.11	3.22	3.17	2.93	2.70	3.39	3.15	3.21
	差异（2006~2008年）	0.17	0.13	0.19	0.46	0.23	0.02	0.08	0.09
	差异（2008~2010年）	-0.07	-0.04	-0.13	-0.08	-0.04	-0.31	0.06	0.02
中部	2006年	2.83	2.92	2.92	2.41	2.51	3.45	2.76	2.85
	2008年	3.03	3.08	3.19	2.81	2.74	3.45	2.91	3.03
	2010年	3.00	3.13	3.11	2.83	2.73	3.14	2.99	3.05
	差异（2006~2008年）	0.20	0.16	0.27	0.41	0.23	0.00	0.14	0.18
	差异（2008~2010年）	-0.03	0.05	-0.07	0.02	-0.02	-0.31	0.09	0.03
西部	2006年	2.78	2.90	2.94	2.30	2.42	3.43	2.69	2.81
	2008年	3.02	3.09	3.20	2.86	2.71	3.48	2.85	2.96
	2010年	2.90	3.01	3.05	2.74	2.59	3.05	2.89	2.95
	差异（2006~2008年）	0.24	0.18	0.26	0.56	0.29	0.05	0.16	0.15
	差异（2008~2010年）	-0.12	-0.07	-0.15	-0.12	-0.12	-0.43	0.03	-0.01
东北	2006年	2.90	3.05	3.02	2.36	2.54	3.61	2.85	2.88
	2008年	3.12	3.19	3.28	2.84	2.79	3.68	2.97	3.05
	2010年	2.96	3.06	3.05	2.69	2.82	3.09	2.98	3.05
	差异（2006~2008年）	0.22	0.15	0.26	0.48	0.25	0.07	0.13	0.17
	差异（2008~2010年）	-0.16	-0.14	-0.23	-0.15	0.03	-0.59	0.01	-0.00

注："差异"表示评分的变化，正数表示两年相比得分上升（企业经营环境改善），负数表示得分下降（企业经营环境恶化）。

表5　　分地区企业经营环境进展：政府行政管理（2006年、2008年、2010年）

地区和年份		公开、公正、公平	政府效率	减少不必要的干预	政府廉洁
全国	2006年	2.96	2.89	3.28	2.87
	2008年	3.15	3.06	3.32	3.08
	2010年	2.95	2.89	3.53	3.08
	差异（2006~2008年）	0.20	0.18	0.04	0.21
	差异（2008~2010年）	-0.21	-0.17	0.21	0.00
东部	2006年	3.09	3.06	3.36	3.04
	2008年	3.27	3.18	3.37	3.23
	2010年	3.04	3.00	3.62	3.22
	差异（2006~2008）	0.18	0.12	0.01	0.19
	差异（2008~2010）	-0.23	-0.18	0.25	-0.01
中部	2006年	2.90	2.84	3.16	2.79
	2008年	3.09	3.02	3.22	2.99
	2010年	2.96	2.91	3.56	3.09
	差异（2006~2008）	0.20	0.18	0.06	0.20
	差异（2008~2010）	-0.14	-0.11	0.34	0.10

续表

地区和年份		公开、公正、公平	政府效率	减少不必要的干预	政府廉洁
西部	2006 年	2.85	2.73	3.27	2.76
	2008 年	3.07	2.97	3.32	2.98
	2010 年	2.87	2.77	3.44	2.97
	差异（2006～2008 年）	0.22	0.24	0.04	0.22
	差异（2008～2010 年）	-0.20	-0.20	0.12	-0.01
东北	2006 年	3.03	2.98	3.31	2.87
	2008 年	3.19	3.09	3.39	3.11
	2010 年	2.88	2.88	3.46	3.00
	差异（2006～2008 年）	0.16	0.11	0.08	0.24
	差异（2008～2010 年）	-0.31	-0.22	0.07	-0.11

表 6　　分地区企业经营环境进展：企业经营的法制环境（2006 年、2008 年、2010 年）

地区和年份		司法公正与效率	经营者合法权益的保障
全国	2006 年	2.67	3.32
	2008 年	2.97	3.51
	2010 年	2.84	3.37
	差异（2006～2008 年）	0.30	0.19
	差异（2008～2010 年）	-0.13	-0.14
东部	2006 年	2.81	3.39
	2008 年	3.03	3.55
	2010 年	2.93	3.41
	差异（2006～2008 年）	0.23	0.16
	差异（2008～2010 年）	-0.11	-0.15
中部	2006 年	2.53	3.30
	2008 年	2.89	3.48
	2010 年	2.84	3.39
	差异（2006～2008 年）	0.35	0.18
	差异（2008～2010 年）	-0.05	-0.09
西部	2006 年	2.63	3.24
	2008 年	2.94	3.46
	2010 年	2.79	3.31
	差异（2006～2008 年）	0.31	0.22
	差异（2008～2010 年）	-0.15	-0.15
东北	2006 年	2.63	3.41
	2008 年	3.01	3.56
	2010 年	2.71	3.39
	差异（2006～2008 年）	0.38	0.15
	差异（2008～2010 年）	-0.29	-0.17

表 7　　分地区企业经营环境进展：金融服务（2006 年、2008 年、2010 年）

地区和年份		正规金融服务	民间金融
全国	2006 年	2.31	2.51
	2008 年	2.79	3.01
	2010 年	2.79	2.85
	差异（2006～2008 年）	0.48	0.50
	差异（2008～2010 年）	0	-0.16

续表

地区和年份		正规金融服务	民间金融
东部	2006年	2.48	2.61
	2008年	2.95	3.07
	2010年	2.92	2.94
	差异（2006~2008年）	0.47	0.46
	差异（2008~2010年）	-0.03	-0.13
中部	2006年	2.22	2.60
	2008年	2.59	3.04
	2010年	2.70	2.96
	差异（2006~2008年）	0.37	0.44
	差异（2008~2010年）	0.12	-0.08
西部	2006年	2.23	2.36
	2008年	2.77	2.95
	2010年	2.75	2.74
	差异（2006~2008年）	0.54	0.59
	差异（2008~2010年）	-0.02	-0.21
东北	2006年	2.20	2.53
	2008年	2.74	2.95
	2010年	2.69	2.68
	差异（2006~2008年）	0.54	0.42
	差异（2008~2010年）	-0.04	-0.27

表8　　分地区企业经营环境进展：人力资源供应（2006年、2008年、2010年）

地区和年份		技术人员	管理人员	熟练工人
全国	2006年	2.44	2.46	2.54
	2008年	2.65	2.72	2.84
	2010年	2.61	2.69	2.75
	差异（2006~2008年）	0.21	0.26	0.30
	差异（2008~2010年）	-0.05	-0.04	-0.09
东部	2006年	2.48	2.54	2.52
	2008年	2.67	2.76	2.80
	2010年	2.65	2.75	2.71
	差异（2006~2008年）	0.19	0.22	0.28
	差异（2008~2010年）	-0.01	-0.01	-0.09
中部	2006年	2.45	2.46	2.61
	2008年	2.66	2.70	2.87
	2010年	2.64	2.74	2.80
	差异（2006~2008年）	0.20	0.24	0.26
	差异（2008~2010年）	-0.02	0.04	-0.07
西部	2006年	2.38	2.38	2.50
	2008年	2.63	2.67	2.85
	2010年	2.51	2.55	2.71
	差异（2006~2008年）	0.25	0.29	0.35
	差异（2008~2010年）	-0.13	-0.16	-0.13
东北	2006年	2.50	2.48	2.63
	2008年	2.68	2.80	2.90
	2010年	2.70	2.88	2.88
	差异（2006~2008年）	0.18	0.32	0.26
	差异（2008~2010年）	0.01	0.08	-0.02

表 9　　分地区企业经营环境进展：中介组织和技术服务（2006 年、2008 年、2010 年）

地区和年份		中介组织发育	技术服务
全国	2006 年	2.87	2.78
	2008 年	2.98	2.93
	2010 年	3.01	3.02
	差异（2006～2008 年）	0.11	0.14
	差异（2008～2010 年）	0.02	0.09
东部	2006 年	3.02	3.01
	2008 年	3.08	3.10
	2010 年	3.11	3.20
	差异（2006～2008 年）	0.07	0.10
	差异（2008～2010 年）	0.03	0.09
中部	2006 年	2.83	2.70
	2008 年	2.95	2.86
	2010 年	3.01	2.98
	差异（2006～2008 年）	0.12	0.16
	差异（2008～2010 年）	0.06	0.11
西部	2006 年	2.77	2.62
	2008 年	2.92	2.79
	2010 年	2.90	2.87
	差异（2006～2008 年）	0.15	0.17
	差异（2008～2010 年）	-0.02	0.08
东北	2006 年	2.88	2.81
	2008 年	2.97	2.98
	2010 年	3.00	2.96
	差异（2006～2008 年）	0.09	0.16
	差异（2008～2010 年）	0.03	-0.02

四、各省份企业经营环境进展状况、评分和排序

为了便于分别研究各省、自治区、直辖市企业经营环境的进展情况，我们在这一部分用图表的形式把各省份 2006 年、2008 年和 2010 年的各方面指数的得分和每个方面指数下各分项指数的得分集中表示出来，并在图中将它们的每一项得分与全国平均得分、最高得分排列在一起，以便进行比较，显示它们在全国的相对位置。对每个省份，我们还将对其企业经营环境的各方面发展变化进行简要的分析评价。这七个方面指数中，除了基础设施条件和企业经营的社会环境，其他方面指数都由多个分项指数构成。对于这些方面指数，我们将解读其分项指数，进一步揭示企业经营环境发展变化的详细情况。

1. 北京

北京的企业经营环境，在 2006 年、2008 年、2010 年的排名依次为第 8 位、第 4 位、第 5 位。这三个年份的得分依次为 2.99、3.25、3.18。总的说，北京的企业经营环境在全国是比较好的。在企业经营环境的七个方面中，除了金融服务和人力资源供应的评分小于中性评价值 3，其他几个方面指数的评分都高于 3。与其他地区相比较，北京优势比较明显的方面有基础设施条件、中介组织和技术服务、人力资源供应，2010 年都排在全国前 4 名以内。政府行政管理、企业经营的法制环境和社会环境这几个方面三年基本上排在全国前 10 名以内。北京相对薄弱的方面是金融服务，2010 年排在全国第 11 位，其中主要是民间融资渠道不够畅通。

从2006年到2008年，北京各方面指数的评分都有上升，平均得分从略低于中性的2.99上升到明显积极的3.25，大部分方面指数在全国的排名也都有提高。2010年评价得分仍然保持在较积极的3.19，但相对于2008年有所下降，在全国的综合排名也下降了一位。在方面指数中继续保持评分上升趋势的只有“人力资源供应”和“中介组织和技术服务”，并继续排在全国的前3、4位。

（1）政府行政管理

这个方面指数的排名从2006年的第8位上升到2008年的第3位，评分从3.11上升到3.33。但2010年排名下降为第6位，评分下降到3.24。该方面四个分项指数的评分都高于或接近中性评价值3。从评分来看，“政府廉洁”的表现较好，拥有2006年和2008年四项指数中的最高评分和排序。“减少不必要的干预”2006~2008年评价较低，在全国排位靠后，但2010年有大幅度改善。“政府效率”和“公开、公正、公平”在全国排名相对比较靠前，但评分和排序不够稳定，2010年这两个分项指数的评分和排序都有比较明显的下降。

（2）企业经营的法制环境

这个方面指数的排名从2006年的第11位上升到2008年的第5位，评分从3.07上升到3.34。但2010年排名下降到第8位，评分下降到3.18。两个分项指数的评分，“经营者合法权益的保障”的评价好于“司法公正与效率”，前者明显高于中性评分3，而后者低于中性评分。但是从在全国的排名看，“经营者合法权益的保障”在2006~2008年只排在全国第14位，2010年上升到第8位。“司法公正与效率”前两年排名比较靠前，2010年有所下降。

（3）金融服务

这个方面指数的排名从2006年的第16位上升到2008年的第8位，评分从2.41上升到2.94。但2010年排名下降到第11位，评分下降到2.86。两个分项指数发展很不平衡。“正规金融服务”不论在评分还是在排名上都好于“民间融资”。三年间，“正规金融服务”先从2006年的第9位上升到2008年的第4位，在2010年略有下降，为第6位。而“民间融资”在2006、2008年分别排在全国第23位和第26位，2010年有所上升，排在第18位，评价值仍然低于3。这表明“民间融资”是北京金融服务方面的薄弱环节。

（4）人力资源供应

这个指数的排名从2006年的第6位下降到2008年的第8位，评分从2.61上升到2.83；在2010年排名上升为第4位，评分上升到2.90。三个分项指数的评分都低于中性评价值3，但从排名上看，“技术人员”的供应情况一直较好，排在全国前5位以内，“熟练工人”的供应前几年较差，排在全国中游，2010年情况有明显改善，上升到全国第3位。可以说，北京人力资源供应的各环节发展比较平衡，与全国平均水平相比较供应比较充足。

（5）中介组织和技术服务

这个指数的排名在2006~2010年期间始终保持在全国第2、3位，评分从3.13上升到3.26、3.29。两个分项指数的发展很平衡，评分比较接近，在全国的排名在2010年都保持在全国第2位。

表10　　北京在企业经营环境各方面、各分项的排名及分值

	2006年		2008年		2010年	
	分值	排名	分值	排名	分值	排名
政府行政管理	3.11	8	3.33	3	3.24	6
公开、公正、公平	3.11	6	3.37	2	3.02	8

续表

	2006 年		2008 年		2010 年	
	分值	排名	分值	排名	分值	排名
政府效率	2.99	10	3.25	5	2.97	11
减少不必要的干预	3.19	21	3.29	20	3.68	4
政府廉洁	3.16	2	3.41	2	3.28	5
企业经营的法制环境	3.07	11	3.34	5	3.18	8
司法公正与效率	2.80	8	3.16	3	2.93	9
经营者合法权益的保障	3.34	14	3.52	14	3.42	8
金融服务	2.41	16	2.94	8	2.86	11
正规金融服务	2.41	9	3.05	4	2.94	6
民间融资	2.40	23	2.82	26	2.79	18
人力资源供应	2.61	6	2.83	8	2.90	4
技术人员	2.65	1	2.78	5	2.86	4
管理人员	2.62	4	2.81	10	2.87	5
熟练工人	2.56	17	2.90	11	2.97	3
基础设施条件	3.57	14	3.82	2	3.56	3
中介组织和技术服务	3.13	3	3.26	2	3.29	3
中介组织	3.12	4	3.25	2	3.24	2
技术与营销服务	3.14	4	3.27	2	3.34	2
企业经营的社会环境	3.00	8	3.25	5	3.20	6
总评	2.99	8	3.25	4	3.18	5

2. 天津

天津的企业经营环境，在 2006 年的全国排名为第 4 位，2008 年为第 5 位，2010 年为第 3 位；得分依次为 3.06、3.24、3.21。天津的企业经营环境在全国是比较好的。企业经营环境的七个方面指数三年的排名，除了金融服务在 2010 年排在第 12 名以外，都在前 10 名以内，其中政府行政管理、企业经营的法制环境、人力资源供应、中介组织和技术服务这四个方面，2010 年都排在全国前 1、2 名。天津相对薄弱的方面是金融服务，这个指数在三年都排在全国第 10 位及 10 位以后。

在七个方面指数的评分上，除了金融服务和人力资源供应的评分小于中性评价值 3，其他几个方面指数的评分都高于 3。与其他地区相比较，天津各方面的优势都比较明显。与 2006 年相比，2008 年和 2010 年天津各方面指数的评分，除了基础设施条件之外，都有显著的上升。2010 年与 2008 年相比，天津在人力资源供应、中介组织和技术服务这两个方面指数的评分继续上升，其他各方面指数的评分略有下降。但由于评分降幅不大，多数方面指数相对于其他省份的排名还是上升的，使天津的企业经营环境优势在 2010 年仍得以保持。

（1）政府行政管理

该指数的排名从 2006 年的第 7 位上升到 2008 年和 2010 年的第 2 位，评分依次为 3.14、3.34、3.32。四个分项指数的排名在 2006 年以后都有明显上升，其中“公开、公正、公平”和“政府廉洁”2010 年的排名都在全国第 2 位。“减少不必要的干预”在 2008 年降至第 13 位，但 2010 年出现了回升。

四个分项指数的评分都高于中性评价值 3，而且相对于 2006 年都有上升。2010 年相对于 2008 年，四个分项指数中，“减少不必要的干预”评分继续上升，其他三个分项指数的评分略有下降。

（2）企业经营的法制环境

该指数的排名从 2006 年的第 5 位上升到 2010 年的第 2 位，评分先从 3.13 上升到 3.32，后稍回落

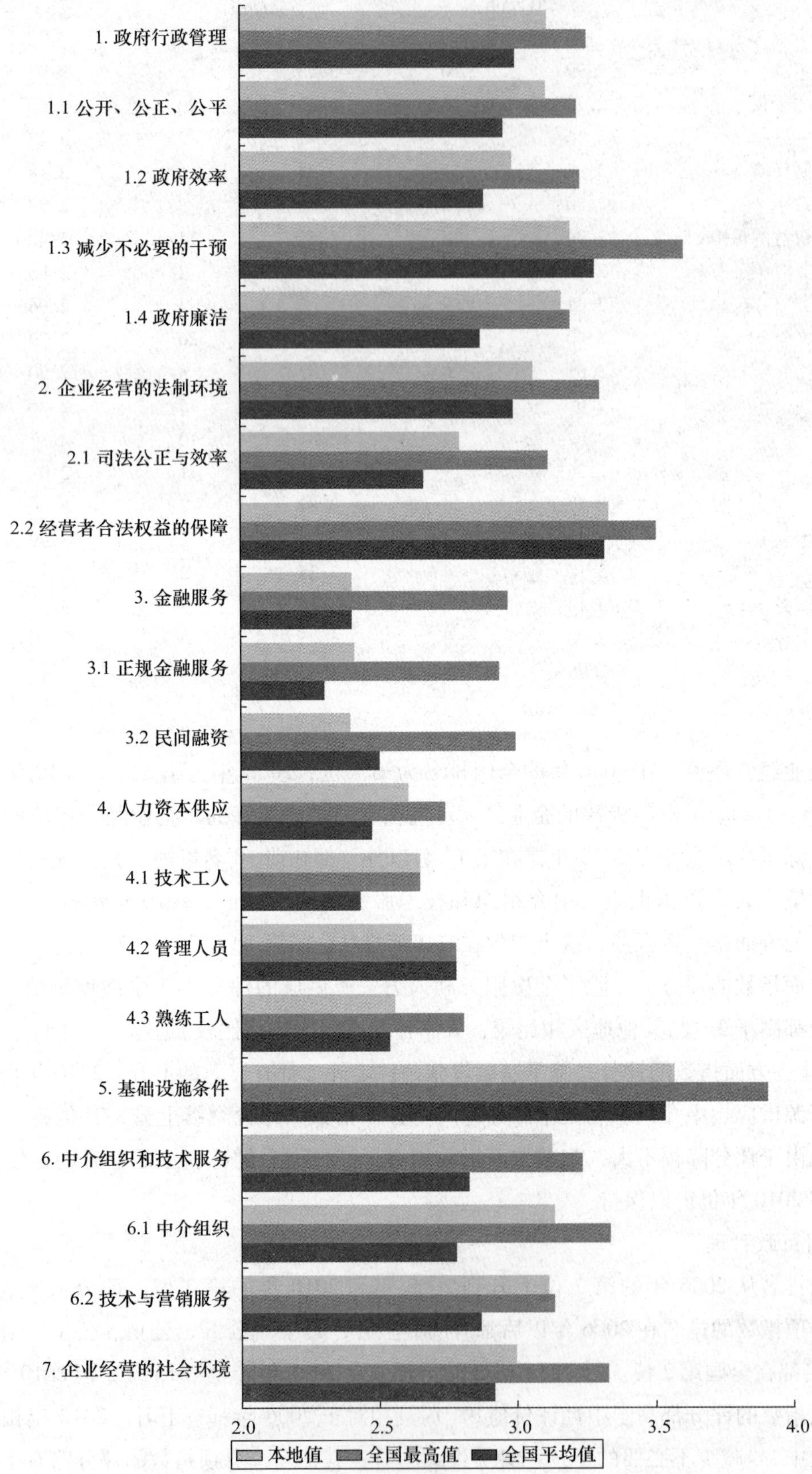

图 30　各方面指标和各分项指标与全国最高值及平均值的比较（2006 年 · 北京）

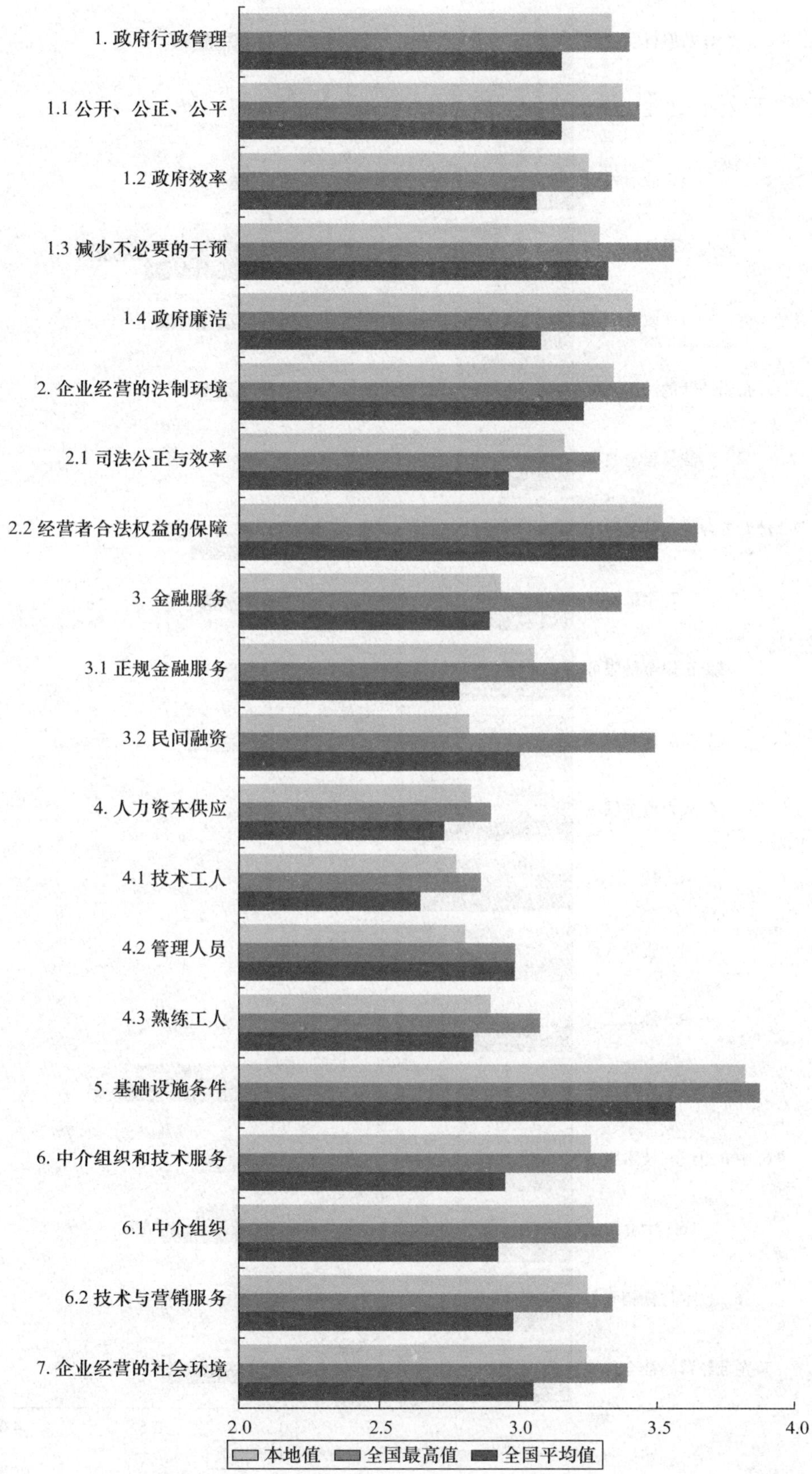

图 31　各方面指标和各分项指标与全国最高值及平均值的比较（2008 年 · 北京）

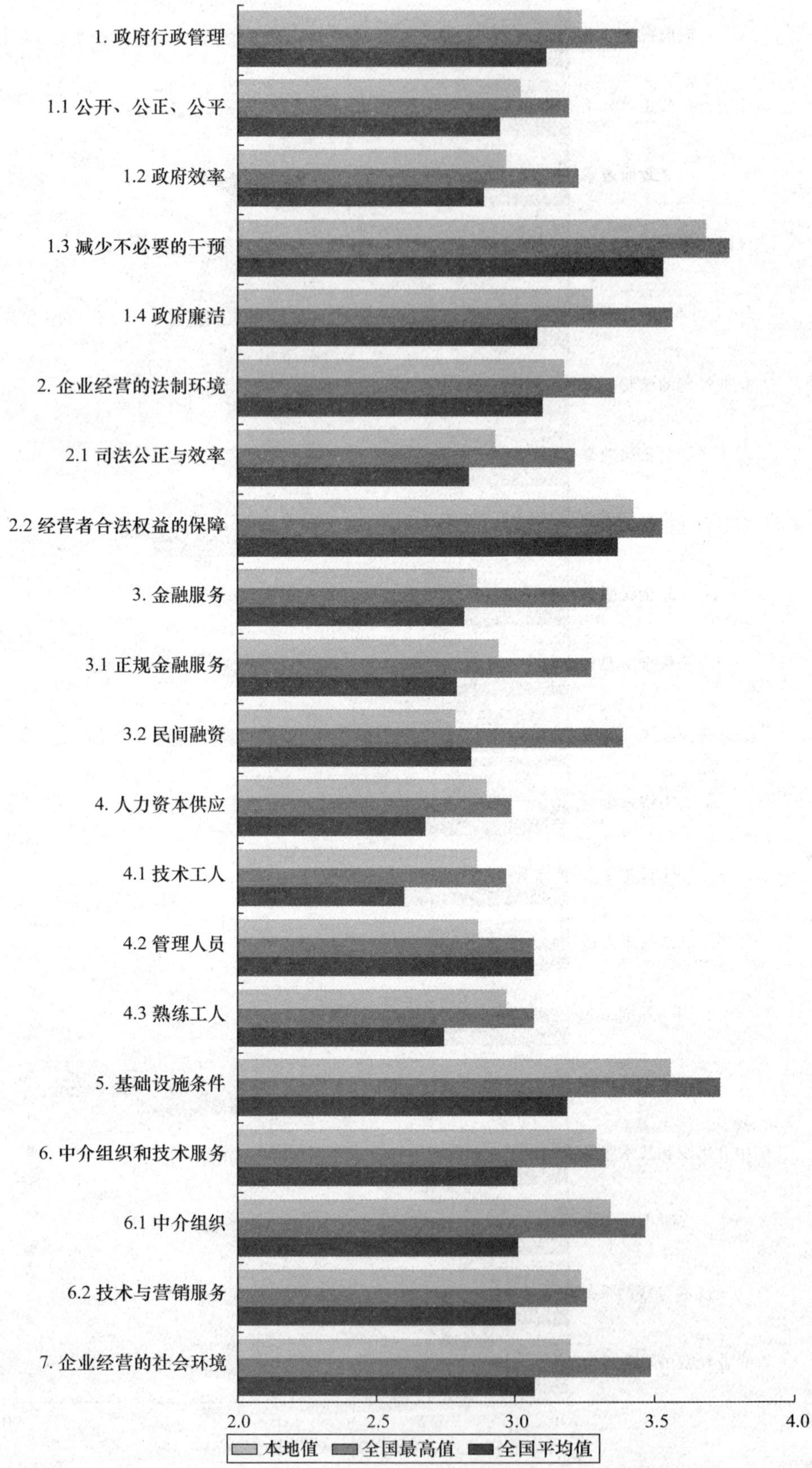

图32　各方面指标和各分项指标与全国最高值及平均值的比较（2010年·北京）

至3.28。两个分项指数的评分，相对于2006年都显著有进步，其中“司法公正与效率”从偏于负面转为偏于正面。但就排名而言，“经营者合法权益的保障”在全国的排名上升显著，从2006年的第8位上升到2010年的第1位。

（3）金融服务

在2006～2008年期间，这个方面指数的排名保持在第10位，2010年下降到第12位。在天津的七个方面指数中是薄弱环节。在此期间，该项指数评分先从2.44上升到2.90，后回落至2.84。两个分项指数的评分都低于中性指数3，但“正规金融服务”不论在评分上还是在排名上都好于“民间融资”。2006年和2008年，“民间融资”都排在全国的第24位，2010年相对位次明显上升，但仍排在全国中间偏下的第17位。这是影响该方面指数评分和排序的基本原因。

（4）人力资源供应

这个方面指数的排名和评分都呈上升趋势，2006年为全国第5位，2008年上升到第2位，2010年为第1位。评分从2.62上升到2.90，再到2010年的2.99。从评分上看，三个分项指数的评分还有两个低于中性评价值3，但都呈改善趋势，其中“管理人员”的供应状况评分在2010年已经升至3以上。从排名看，“技术人员”和“管理人员”的情况最好，都排到了全国第1、2位。“熟练工人”排序的改善幅度较大，2010年已上升到全国第4位。

（5）中介组织和技术服务

这个指数的排名和评分也呈上升趋势，排名从2006年的第4位上升到2008年的第3位和2010年的第2位，评分从3.13上升到3.18和3.20。两个分项指数的发展比较平衡，2010年“中介组织”和“技术与营销服务”在全国的排名分别列于第1位和第3位，评分都显著高于中性值3。

表11　　天津在企业经营环境各方面、各分项的排名及分值

	2006年		2008年		2010年	
	分值	排名	分值	排名	分值	排名
政府行政管理	3.14	7	3.34	2	3.32	2
公开、公正、公平	3.12	5	3.34	3	3.15	2
政府效率	3.00	9	3.27	3	3.08	4
减少不必要的干预	3.36	8	3.34	13	3.67	5
政府廉洁	3.08	6	3.40	3	3.38	2
企业经营的法制环境	3.13	5	3.32	6	3.28	2
司法公正与效率	2.84	5	3.05	7	3.04	5
经营者合法权益的保障	3.42	8	3.58	5	3.53	1
金融服务	2.44	10	2.90	10	2.84	12
正规金融服务	2.49	6	2.93	7	2.89	9
民间融资	2.39	24	2.88	24	2.79	17
人力资源供应	2.62	5	2.90	2	2.99	1
技术人员	2.58	7	2.87	1	2.97	1
管理人员	2.67	3	2.99	1	3.05	2
熟练工人	2.60	10	2.84	17	2.95	4
基础设施条件	3.87	2	3.68	10	3.44	5
中介组织和技术服务	3.13	4	3.18	3	3.30	2
中介组织	3.12	5	3.11	5	3.26	1
技术与营销服务	3.14	2	3.26	3	3.33	3
企业经营的社会环境	3.10	6	3.34	2	3.28	5
总评	3.06	4	3.24	5	3.21	3

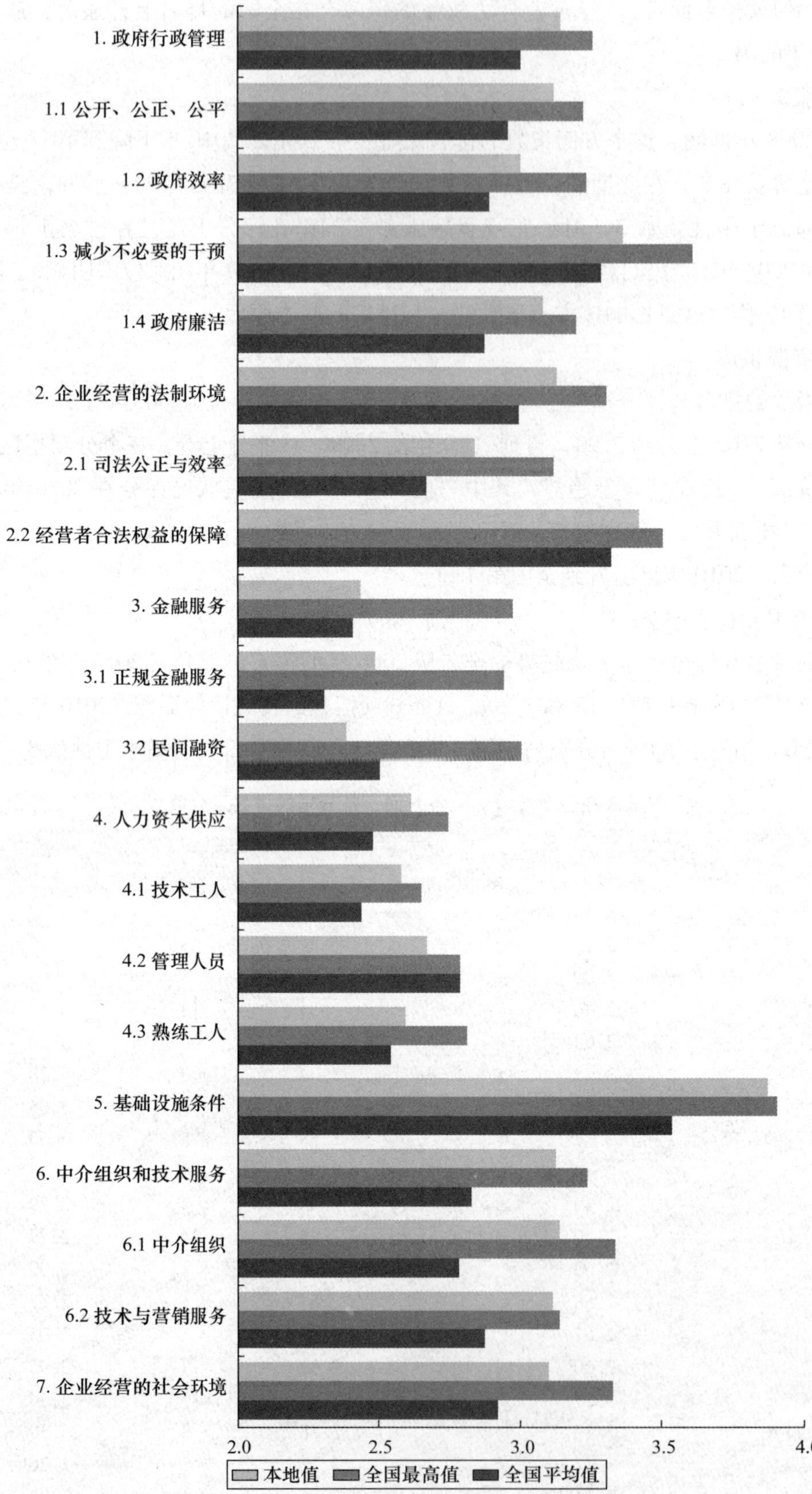

图 33　各方面指标和各分项指标与全国最高值及平均值的比较（2006 年 · 天津）

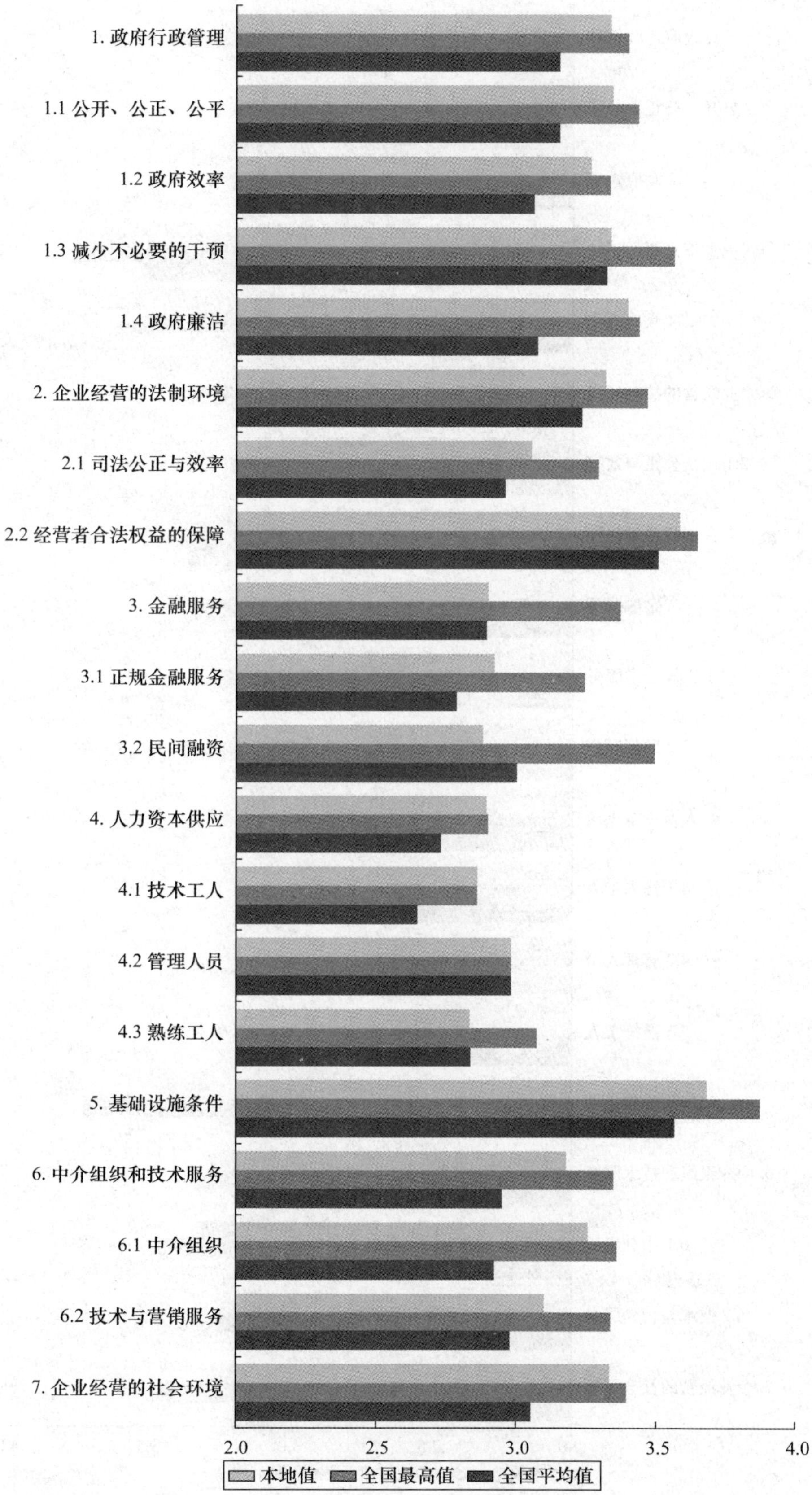

图 34　各方面指标和各分项指标与全国最高值及平均值的比较（2008 年 · 天津）

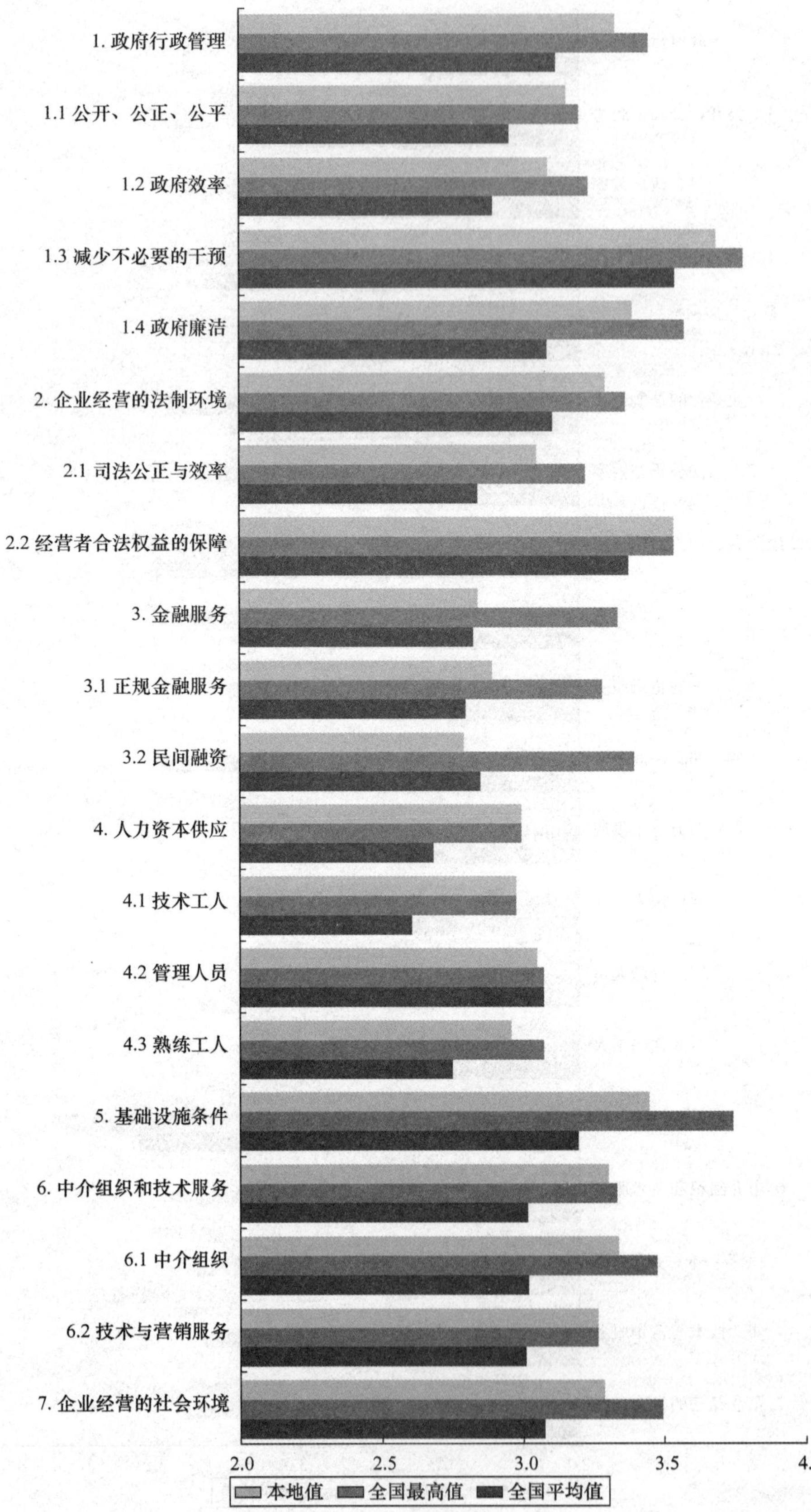

图 35　各方面指标和各分项指标与全国最高值及平均值的比较（2010 年 · 天津）

3. 河北

河北的企业经营环境，在 2006 ~ 2008 年期间的排名保持在全国第 11 位，但 2010 年下滑至第 18 位。评分先从 2006 年的 2.92 上升到 2008 年的 3.12，但在 2010 年回落到 2.95。总的说来，河北的企业经营环境相对位置有明显退步，目前在全国处于中等偏下的水平。

在企业经营环境的七个方面中，政府行政管理、企业经营的法制环境两个方面 2010 年分别排在全国第 22 位和第 24 位，相对于 2006 年的第 14、15 位，有大幅度下降，成为河北省企业经营环境的薄弱环节。中介组织和技术服务、基础设施条件和企业经营的社会环境 2010 年分别排在第 16 位、18 位和 18 位，后两者排名也有较大幅度下降。情况相对较好的是金融服务和人力资源供应，2010 年分别排在全国第 10 位和第 13 位，与 2006 年的排序变化不大。但从评分来看，金融服务和人力资源供应在 2010 年的评分仍然明显低于中性值 3，基础设施条件略高于 3，其他几个方面大致都在中性值 3 附近。

（1）政府行政管理

这个指数的全国排名从 2006 年的第 14 位下降到 2008 年的第 22 位，2010 年仍保持在第 22 位，是河北省企业经营环境的一个薄弱环节。这三年的评分分别为 2.98、3.08、3.02。在四个分项指数中，只有“减少不必要的干预”2010 年的排序比以前有显著上升，2010 年达到第 9 位，评分升至 3.59；其他三个分项指数“公开、公正、公平”、“政府效率”、“政府廉洁”排名都有大幅度下降，分别从 2006 年的第 13、第 14 和第 17 位下滑到 2010 年的第 20、第 23 和第 25 位，而且评分也都显著低于中性值 3。

（2）企业经营的法制环境

这个指数的全国排名从 2006 年和 2008 年的第 15 位，下降到 2010 年的第 24 位，是河北省 7 个方面指数中排名最低的。评分从 2006 年的 3.02 上升到 2008 年的 3.24，后回落到 2010 年的 3.00。两个分项指数的排名与 2006 年相比都有大幅度下降，但“经营者合法权益的保障”相对好于“司法公正与效率”，前者 2010 年排在第 18 位，评分 3.36，而后者 2010 年排在第 26 位，评分只有 2.65，明显偏于负面。

（3）金融服务方面

这个指数的排名 2006 年和 2008 年保持在第 11 位，2010 年为第 10 位，是 7 个方面指数中排名最高的方面。但这三年的评分分别为 2.43、2.90、2.87，仍然低于中性值 3。两个分项指数发展不平衡。“民间融资”不论在评分上还是在排名上都好于“正规金融服务”，2010 年这两个分项指数分别排在全国第 7 位和第 14 位。但“正规金融服务”无论 2010 年的排名还是评分，与以前年份相比都有显著改善。

（4）人力资源供应

这个指数的排名从 2006 年的第 11 位和 2008 年的第 10 位下降到 2010 年的第 13 位，评分先从 2.53 上升到 2.81，后降到 2.68。三个分项指数的评分都低于中性评价值 3。其中，“技术人员”的供应情况相对较好，2010 年排在全国第 10 位，而“管理人员”和“熟练工人”的供应情况相对较差，2010 年都排在第 16 位。

（5）中介组织和技术服务

这个指数的评分呈上升趋势，从 2006 年的 2.80 上升到 2008 年的 2.93 和 2010 年的 2.97，但排名从 2006 年的第 13 位下降到 2008 年的第 14 位和 2010 年的第 16 位，说明与其他情况相近的省份相比，进步速度相对较慢。两个分项指数的发展比较接近，暂时仍低于中性值 3。但在排名上，2010 年“技术与营销服务”好于“中介组织”，前者排在第15位，而后者排在第20位。与2006年相比，“中介组织”排名下降幅度较大，下降了5个名次。

表12　河北在企业经营环境各方面、各分项的排名及分值

	2006年		2008年		2010年	
	分值	排名	分值	排名	分值	排名
政府行政管理	2.98	14	3.08	22	3.02	22
公开、公正、公平	3.00	13	3.15	14	2.88	20
政府效率	2.92	14	2.96	22	2.73	23
减少不必要的干预	3.17	25	3.24	24	3.59	9
政府廉洁	2.82	17	2.97	21	2.88	25
企业经营的法制环境	3.02	15	3.24	15	3.00	24
司法公正与效率	2.66	16	2.91	21	2.65	26
经营者合法权益的保障	3.39	10	3.57	8	3.36	18
金融服务	2.43	11	2.90	11	2.87	10
正规金融服务	2.22	18	2.66	23	2.75	14
民间融资	2.64	6	3.14	6	2.98	7
人力资源供应	2.53	11	2.81	10	2.68	13
技术人员	2.50	11	2.77	6	2.63	10
管理人员	2.45	17	2.69	17	2.65	16
熟练工人	2.65	6	2.96	3	2.76	16
基础设施条件	3.67	6	3.70	8	3.08	18
中介组织和技术服务	2.80	13	2.93	14	2.97	16
中介组织	2.87	15	3.00	12	2.97	20
技术与营销服务	2.73	14	2.86	17	2.96	15
企业经营的社会环境	2.97	9	3.15	9	3.03	18
总评	2.92	11	3.12	11	2.95	18

4. 山西

山西的企业经营环境在经历了2008年的相对位次跌落之后，近年有明显改善。在全国的排名，2006年为第21位，2008年为第30位，2010年上升到第17位。这三年的得分依次为2.82、2.93、2.96。这说明经营环境的总体情况是在改善，但2006~2008年期间的改善慢于全国平均水平，而2008~2010年期间改善快于全国平均水平。总的说，山西的企业经营环境仍然排在全国中等偏下的位置，但进步是显著的。尤其是在2008~2010年期间，全国有不少地区的企业经营环境评分出现了下降，而山西企业经营环境总体评分继续上升，其七个方面指数的评分，有六个方面都有一定改善。

在企业经营环境的七个方面中，表现比较好的方面是人力资源供应，处于全国的中上游，2010年排在全国第8位。劣势主要表现在金融服务和基础设施条件，这两个方面在2010年的排名都在全国第21位（但后者排位还是比2006年有显著上升）。近年来进步显著的方面有政府行政管理、企业经营的法制环境、中介组织与技术服务，分别从2006年的第26位、25位和21位上升到第18位、17位和14位，位次分别提高了7~8位。其中政府行政管理和企业经营的法制环境这两个方面的评分已经从偏于负面的2.87和2.85分别上升到3.05和3.08。

（1）政府行政管理

这个方面指数的全国排名在2006年为第26位，2008年第30位，2010年排名上升到第18位。评分呈上升趋势，这三年分别为2.87、2.92、3.05，2010年上升到中性评价值3以上，说明改善是明显

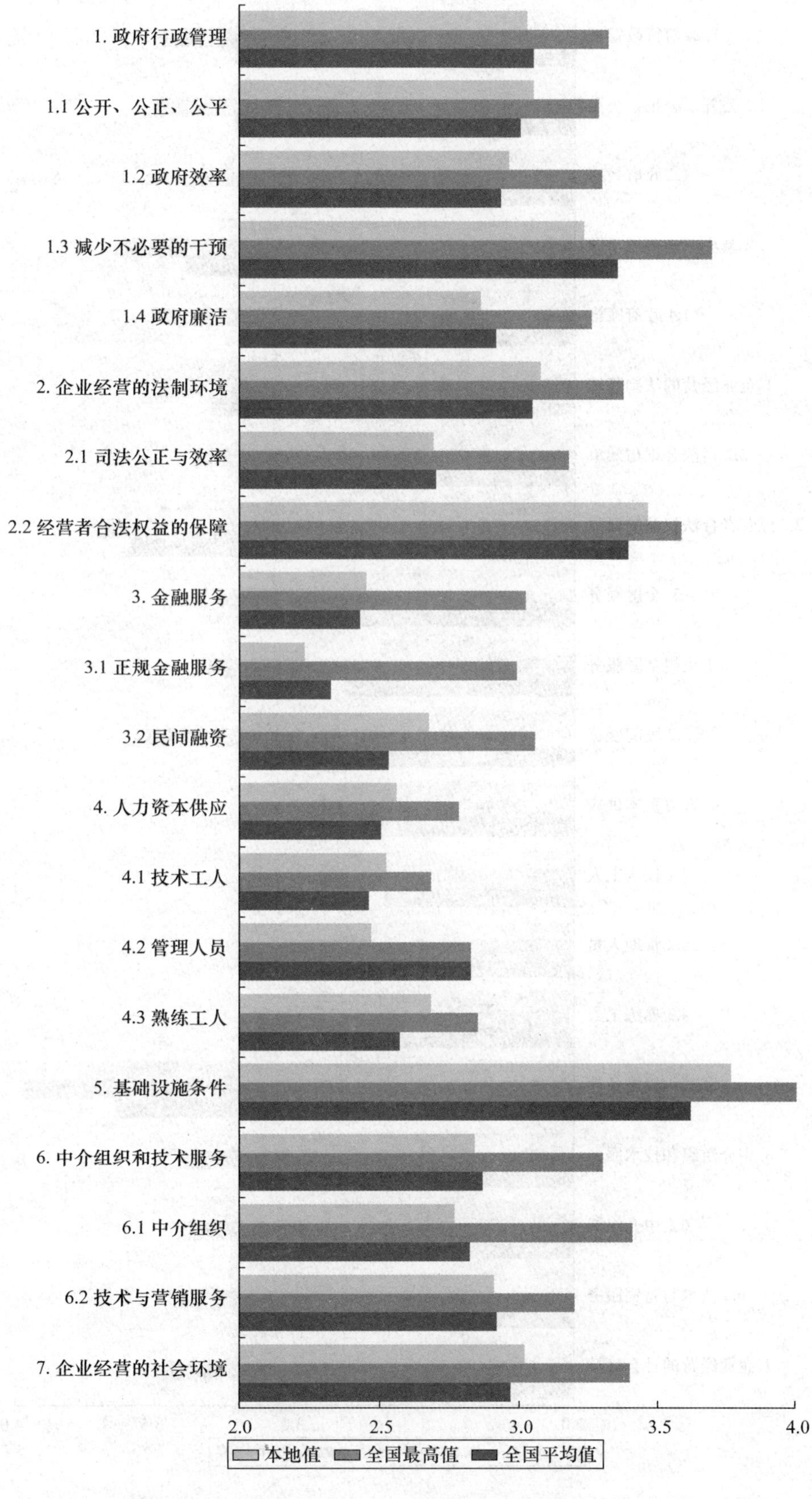

图 36　各方面指标和各分项指标与全国最高值及平均值的比较（2006 年・河北）

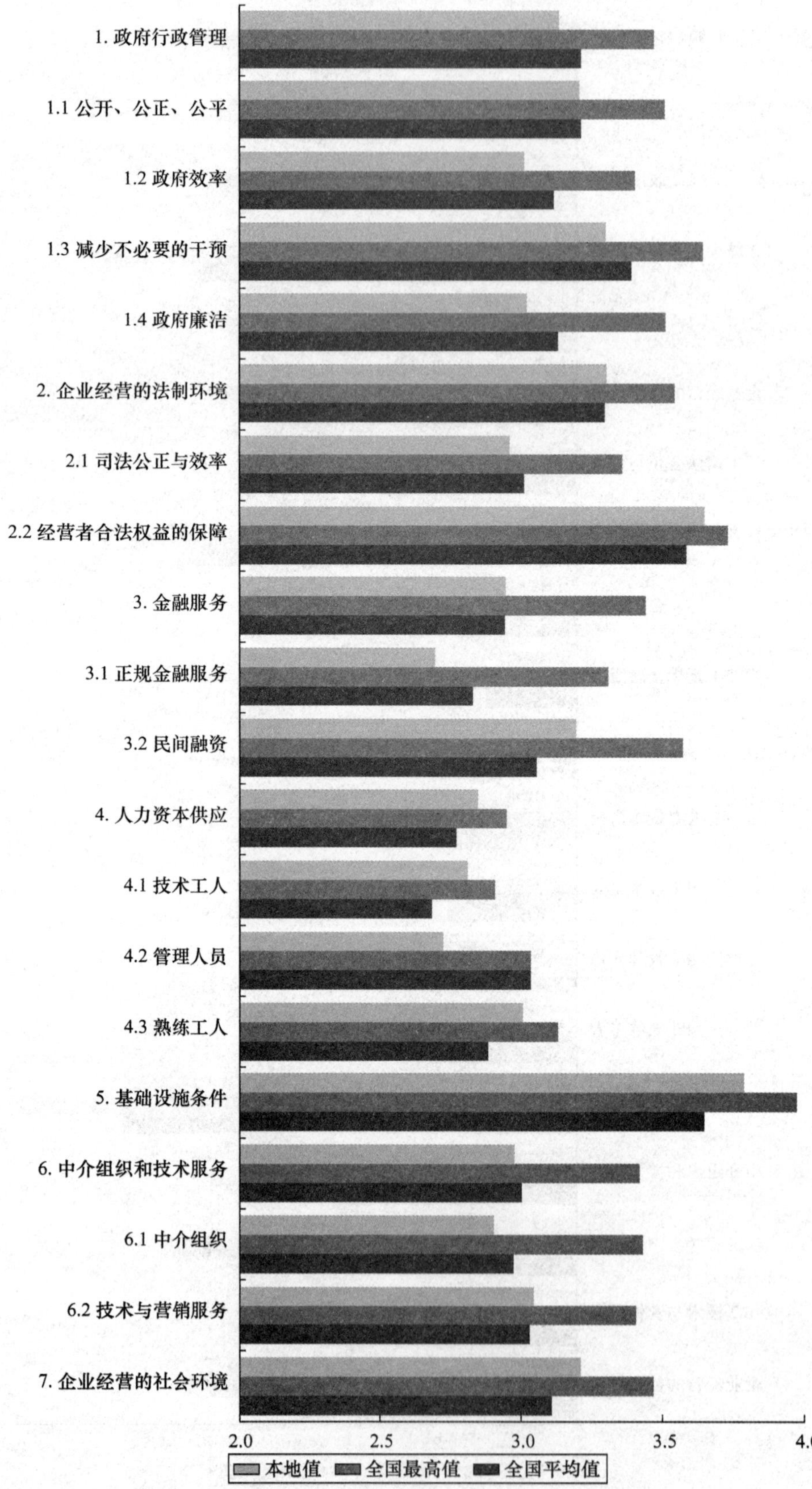

图 37　各方面指标和各分项指标与全国最高值及平均值的比较（2008 年 · 河北）

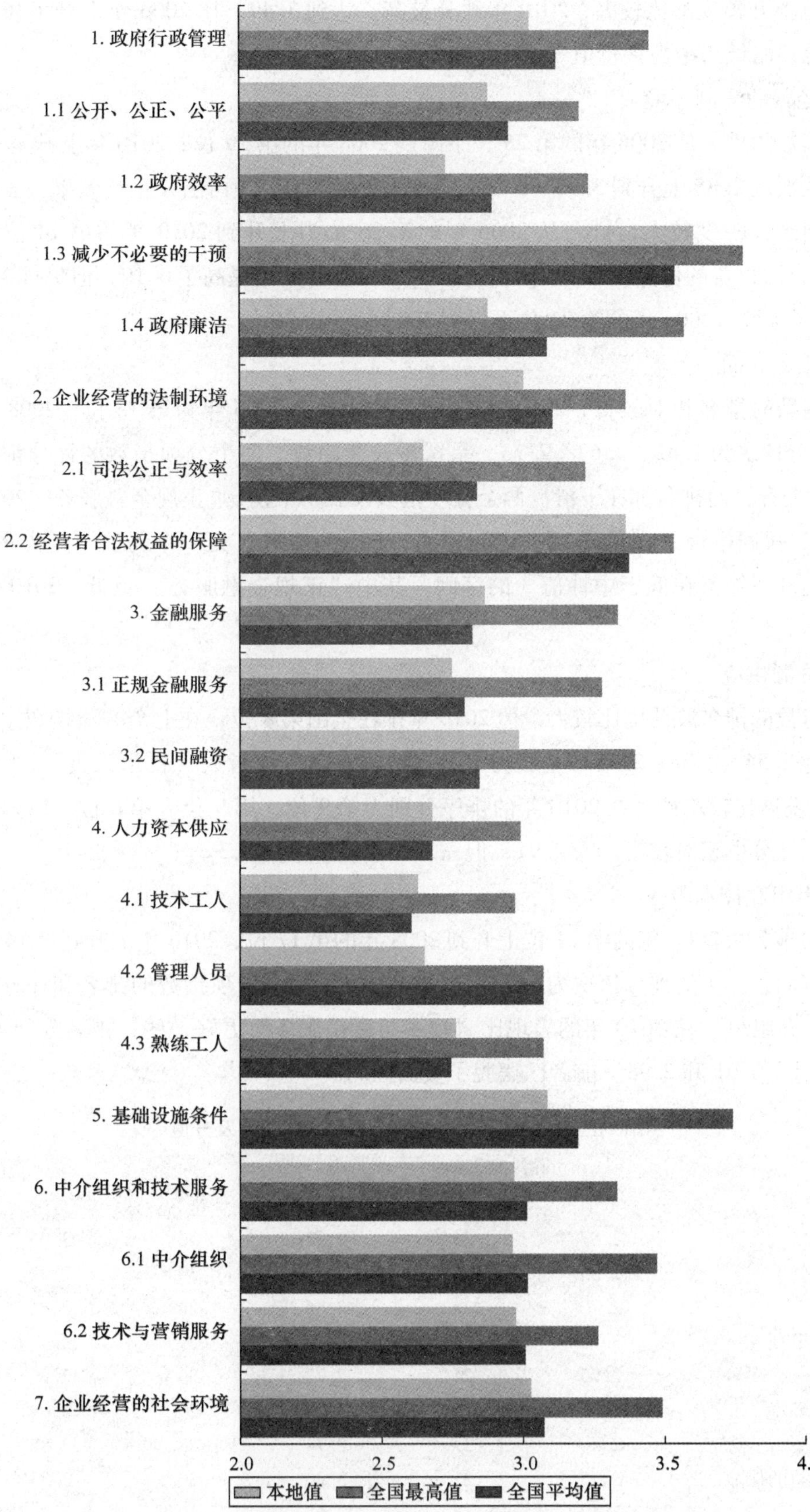

图 38　各方面指标和各分项指标与全国最高值及平均值的比较（2010 年 · 河北）

的。四个分项指数的排名和评分2010年与2006年相比都有不同程度的上升，其中“减少不必要的干预”排名和评分上升幅度都比较大，2010年评分最高，达到3.49，比2006年上升了0.31。其余三个分项指数的评分还略低于中性评价值3。

（2）企业经营的法制环境

这个方面指数的排名从2006年的第25位下降到2008年的第29位，2010年上升至第17位，有明显改善。评分依次从2.85上升到3.05、3.08。两个分项指数中，“司法公正与效率”虽然评分仍在中性值3以下，但改善幅度较大，排名从2006年的第26位为上升到2010年的第14位，评分提高了0.36。“经营者合法权益的保障”2010年评分为3.35，比2006年提高了0.10，但仍排在全国第20位，比2006年上升了1位。2006年的第21位下滑到2008年的第30位。

（3）金融服务方面

这个方面指数的排名相对较低，2010年为全国第21位（2006年为第13位，2008年为第30位，波动较大），评分依次为2.42、2.62、2.73，呈缓慢改善趋势。两个分项指数的评分都低于中性评价值3，评分都在上升，而排名都在下滑。两个分项指数发展不平衡，“正规金融服务”2010年只排在全国第26位，而“民间融资”排在第11位。说明“正规金融服务”是一个弱项。但从评分看，两者都有缓慢上升，但都还停留在低于中性值3的区间，其中“正规金融服务”更低，2010年两者分别为2.55和2.92。

（4）人力资源供应

这个方面指数的排名波动也比较大，但2010年排在全国第8位，在七个方面指数中排名最高。三年的评分依次为2.54、2.75、2.78，呈缓慢上升态势。三个分项指数“技术人员”、“管理人员”和“熟练工人”的发展比较均衡，在2010年的排序分别为第9位、第9位、第6位，以熟练工人的供应情况相对更好，评分也相对较高，为2.91，但三者都还低于中性值3。

（5）中介组织和技术服务

这个指数的排名从2006年的第21位上升到2008年的第17位，2010年上升到第14位，也是一个有显著改善的方面。三年的评分依次为2.73、2.90、2.98。两个分项指数的排名和评分也都有持续的上升，其中“中介组织”在2010年的表现比“技术与营销服务”更好一些，排名分别为第13位和第16位，评分分别为3.01和2.95。前者已摆脱了负面区间。

表13　山西在企业经营环境各方面、各分项的排名及分值

	2006年		2008年		2010年	
	分值	排名	分值	排名	分值	排名
政府行政管理	2.87	26	2.92	30	3.05	18
公开、公正、公平	2.85	22	2.96	30	2.92	17
政府效率	2.70	25	2.86	28	2.82	21
减少不必要的干预	3.18	24	3.15	29	3.49	19
政府廉洁	2.75	24	2.72	30	2.97	21
企业经营的法制环境	2.85	25	3.05	29	3.08	17
司法公正与效率	2.46	27	2.74	28	2.82	14
经营者合法权益的保障	3.25	21	3.36	30	3.35	20
金融服务	2.42	13	2.62	30	2.73	21
正规金融服务	2.12	23	2.37	30	2.55	26
民间融资	2.72	4	2.87	25	2.92	11

续表

	2006 年		2008 年		2010 年	
	分值	排名	分值	排名	分值	排名
人力资源供应	2.54	8	2.75	16	2.78	8
技术人员	2.52	10	2.68	15	2.63	9
管理人员	2.49	13	2.67	22	2.81	9
熟练工人	2.63	7	2.91	10	2.91	6
基础设施条件	3.36	27	3.28	28	3.03	21
中介组织和技术服务	2.73	21	2.90	17	2.98	14
中介组织	2.83	20	2.97	16	3.01	13
技术与营销服务	2.63	23	2.84	20	2.95	16
企业经营的社会环境	2.93	13	2.95	22	3.08	17
总评	2.82	21	2.93	30	2.96	17

5. 内蒙古

内蒙古的企业经营环境，2006 年在全国的排名为第 17 位，2008 年为第 19 位，2010 年为第 22 位，与其他省份相比，相对位置有下滑的趋势。这三年的评分，分别为 2.83、3.06、2.91。其中 2010 年与 2008 年相比，绝对水平有比较明显的下降。

在内蒙古企业经营环境的七个方面指数中，处于劣势的有政府行政管理和人力资源供应这两个方面，2010 年全国排名都居于第 28 位，评分也明显低于中性评价值 3，处于偏于负面的区间。排序情况比较好的有中介组织和技术服务和企业经营的社会环境这两个方面，2010 年分别居第 10 位和第 4 位，评分也都超过了中性值 3。与 2006 年相比，排序下降幅度比较大的方面有政府行政管理、企业经营的法制环境、金融服务和基础设施条件；这几个方面的评分与 2006 年或 2008 年相比也都有不同程度的下降。排序上升幅度较大的有中介组织和技术服务、企业经营的社会环境，这两方面的评分总体而言呈上升趋势。

（1）政府行政管理

这个方面指数目前是内蒙古的弱项。排名分别为 2006 年第 19 位、2008 年第 27 位、2010 年第 28 位。其前一阶段排名下降是由于评分的改善幅度小于其他省份，而后一阶段排名下降则主要是由于评分的绝对下降（三年评分分别为 2.92、3.03、2.88）。四个分项指数的排名都相当靠后。其中只有“减少不必要的干预”的评分超过中性值 3，2010 年为 3.30，其余三项都在 3 以下，“政府效率”和“政府廉洁”评分较低，分别为 2.62 和 2.74。

（2）企业经营的法制环境

这个指数在全国的排名从 2006 年的第 12 位和 2008 年的第 11 位，下降到 2010 年的第 18 位。评分先从 3.07 上升到 3.26，后回落到 3.08。两个分项指数发展很不平衡。“经营者合法权益的保障”在评分上和排名上的表现都比较好，2010 年排在第 5 位，评分为 3.50，而“司法公正与效率”2010 年排在第 25 位，评分只有 2.67。

（3）金融服务方面

这个方面指数的排名很不稳定，经历了大起大落，2010 年排在第 24 位，评分也回落到 2.68。其排名和评分的波动主要源于“民间融资”形势的大幅度回落。2010 年，“民间融资”排在第 19 位，评分 2.78，但无论在评分上还是在排名上都仍然好于“正规金融服务”（排名第 25 位，评分 2.58）。后者相比其 2006 年和 2008 年的排位（第 20 位和第 19 位），有进一步的下降。这表明“正规金融服务”

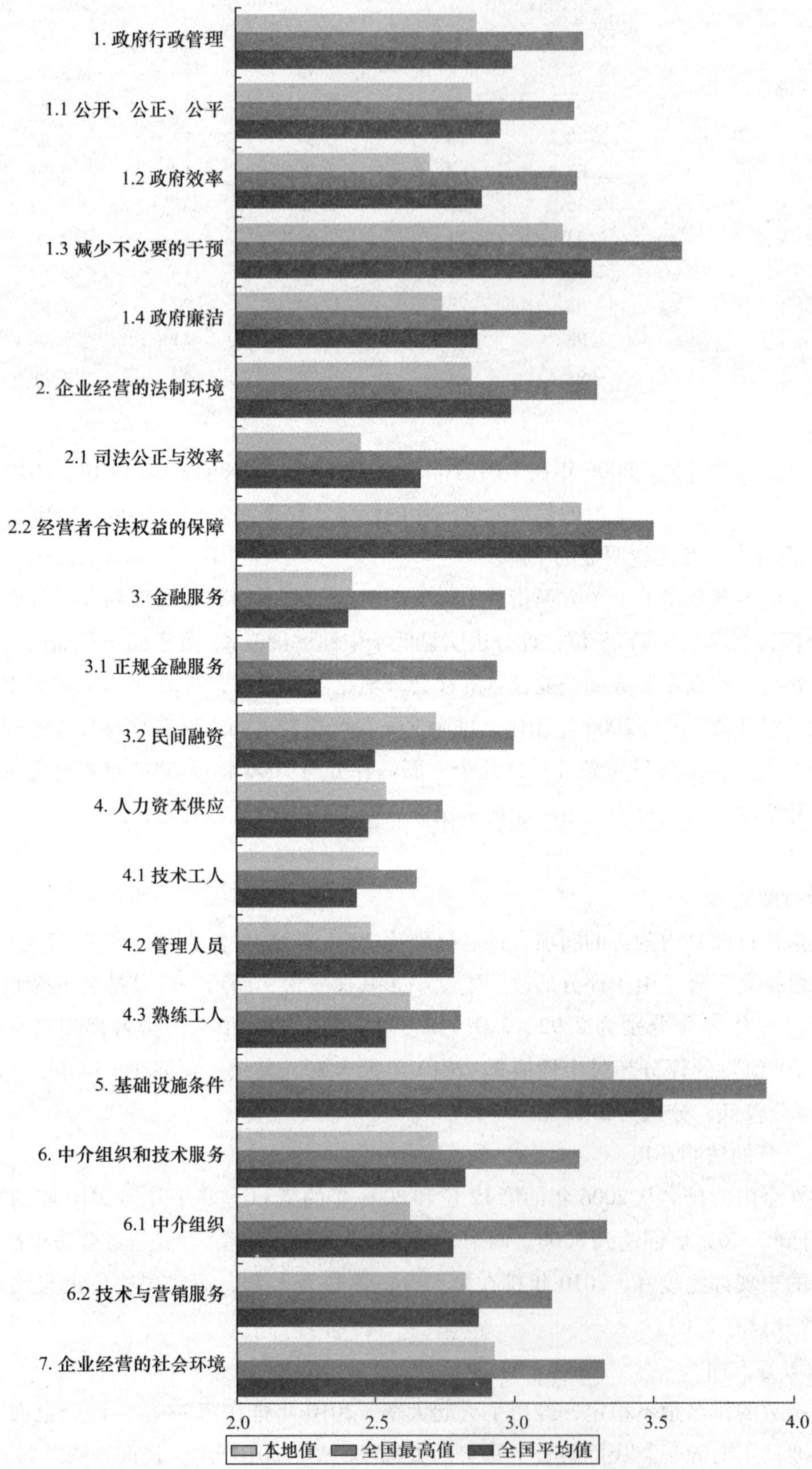

图 39　各方面指标和各分项指标与全国最高值及平均值的比较（2006 年 · 山西）

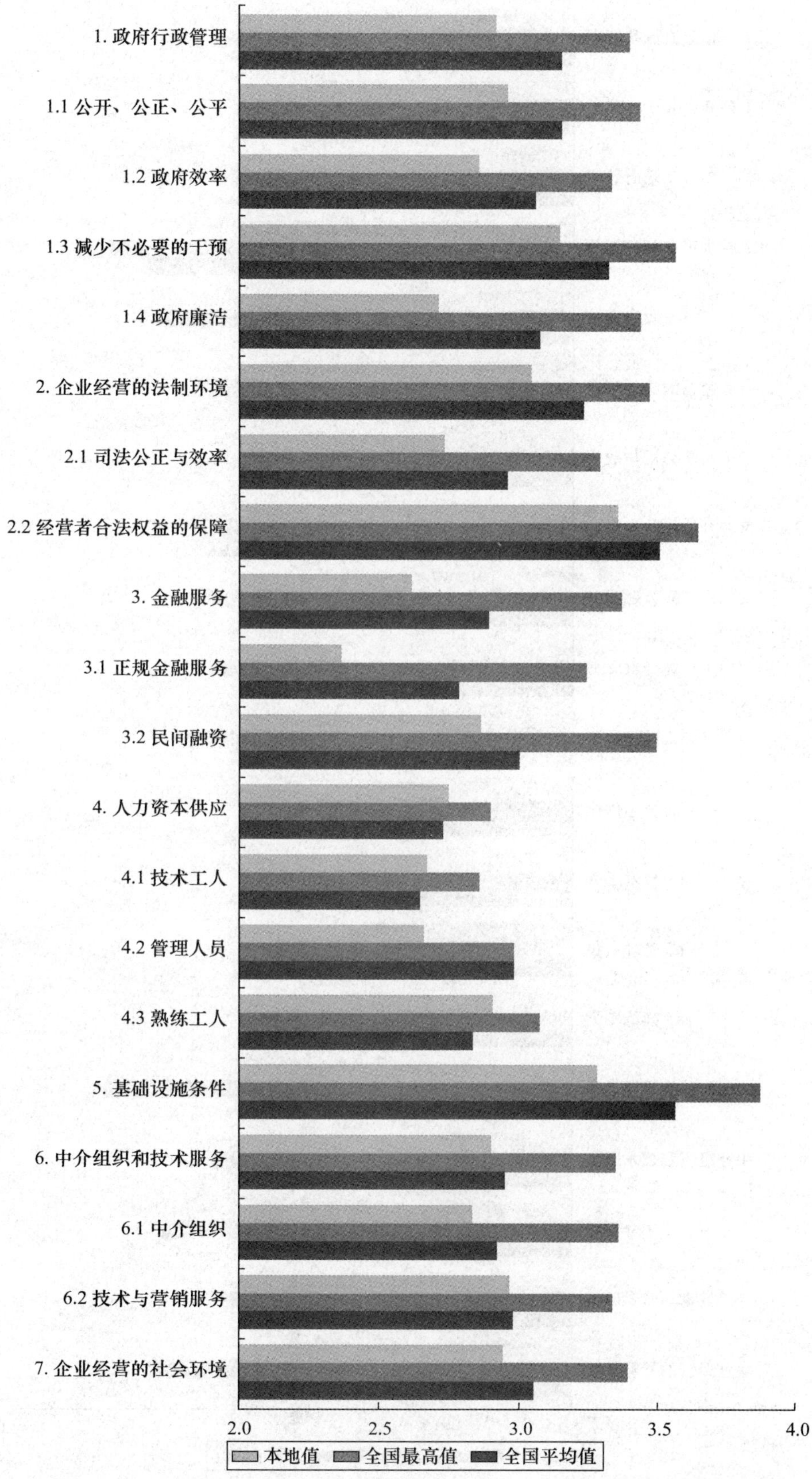

图 40　各方面指标和各分项指标与全国最高值及平均值的比较（2008 年 · 山西）

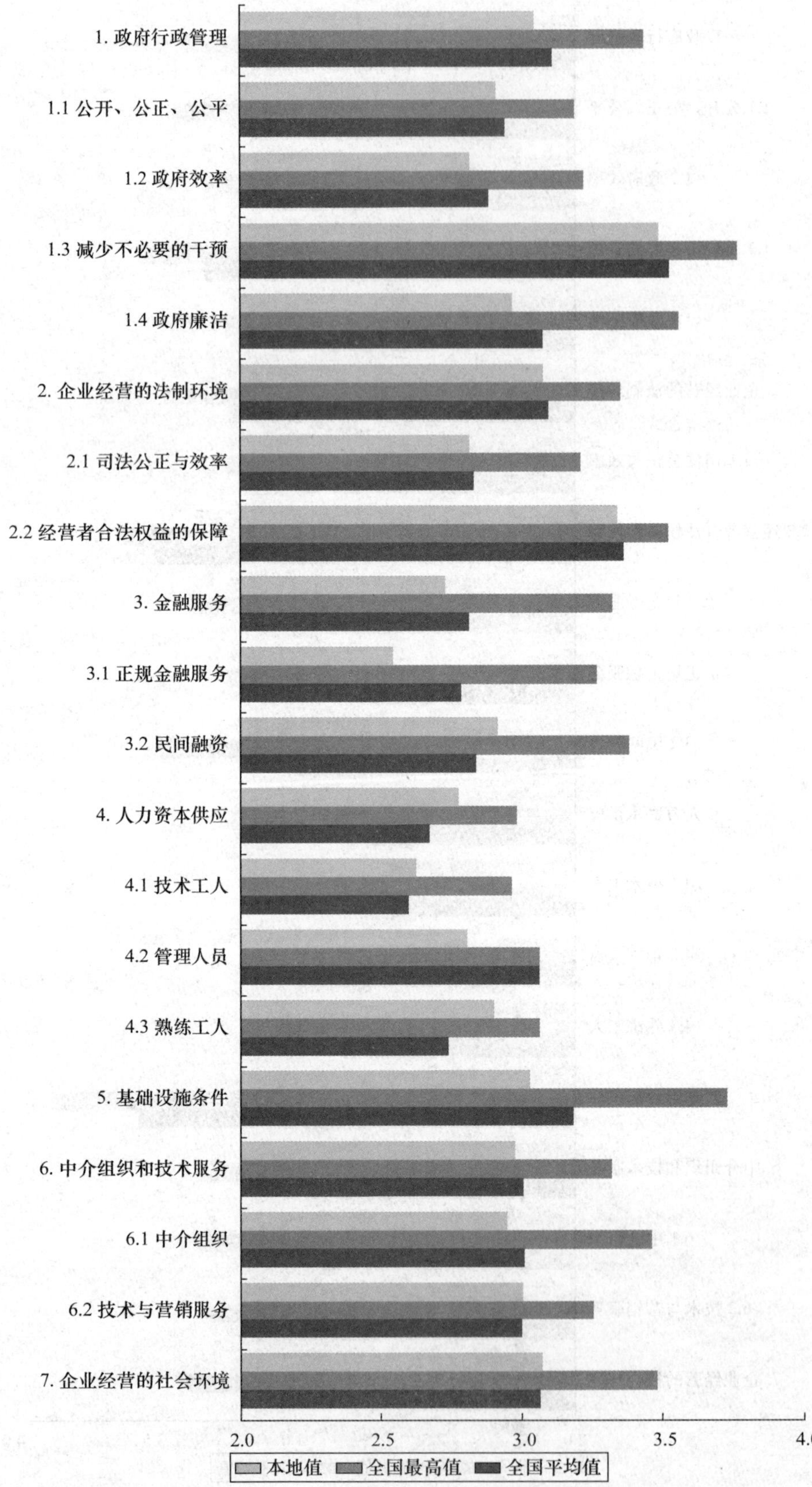

图 41　各方面指标和各分项指标与全国最高值及平均值的比较（2010 年 · 山西）

是内蒙古金融服务方面需要改善的环节。

（4）人力资源供应

人力资源供应是内蒙古七个方面指数中的另一个弱项，在 2006～2010 年期间徘徊在全国第 27 位到第 29 位之间，2010 年为第 28 位，评分依次为 2.26、2.57 和 2.34。三个分项指数的排名都相当靠后，其中“熟练工人”的供应情况略好于其他两项，排在第 25 位，而“技术人员”和“管理人员”两项指标的排名都处于全国倒数第 2 位。可以说，内蒙古人力资源供应状况是影响其企业经营环境的瓶颈之一。

（5）中介组织和技术服务

这个指数的排名在 2006 年为第 28 位，2008 年为第 25 位，2010 年跃升到第 10 位，有显著的改善。这主要是因为分项指数“中介组织”评分和排序的大幅度上升，其评分在 2010 年由低于 3 的偏负面评价转向 3.12 的较正面评价，排序升至第 6 位。另一个分项指数“技术与营销服务”也有较明显的改善，三年的排序从第 28 位、第 25 位上升到第 17 位，评分从 2.54 上升到 2.77 和 2.95。

表 14　　内蒙古在企业经营环境各方面、各分项的排名及分值

	2006 年		2008 年		2010 年	
	分值	排名	分值	排名	分值	排名
政府行政管理	2.92	19	3.03	27	2.88	28
公开、公正、公平	2.87	21	3.05	25	2.86	23
政府效率	2.71	23	2.86	29	2.62	28
减少不必要的干预	3.33	11	3.28	21	3.30	28
政府廉洁	2.76	21	2.93	24	2.74	29
企业经营的法制环境	3.07	12	3.26	11	3.08	18
司法公正与效率	2.63	18	2.88	24	2.67	25
经营者合法权益的保障	3.50	1	3.64	2	3.50	5
金融服务	2.39	18	3.04	5	2.68	24
正规金融服务	2.20	20	2.73	19	2.58	25
民间融资	2.59	11	3.35	2	2.78	19
人力资源供应	2.26	29	2.57	27	2.34	28
技术人员	2.11	30	2.53	24	2.24	29
管理人员	2.28	25	2.49	29	2.27	29
熟练工人	2.38	28	2.69	26	2.50	25
基础设施条件	3.59	11	3.78	5	3.05	20
中介组织和技术服务	2.66	28	2.82	25	3.03	10
中介组织	2.77	24	2.88	26	3.12	6
技术与营销服务	2.54	28	2.77	25	2.95	17
企业经营的社会环境	2.94	12	2.89	26	3.29	4
总评	2.83	17	3.06	19	2.91	22

6. 辽宁

辽宁的企业经营环境，在 2006 年的全国排名为第 9 位，在 2008 年为第 8 位，在 2010 年为第 12 位。这三年的评分分别为 2.98、3.13、3.01。可以看到，辽宁省企业经营环境在 2010 年相对位次的下降，是由评分的回落导致。

在企业经营环境的七个方面中，人力资源供应是其强项，2010 年排在第 7 位，金融服务是其弱项，2010 年排在第 18 位。基础设施条件、中介组织和技术服务这两方面，居中等偏上的位置（2010

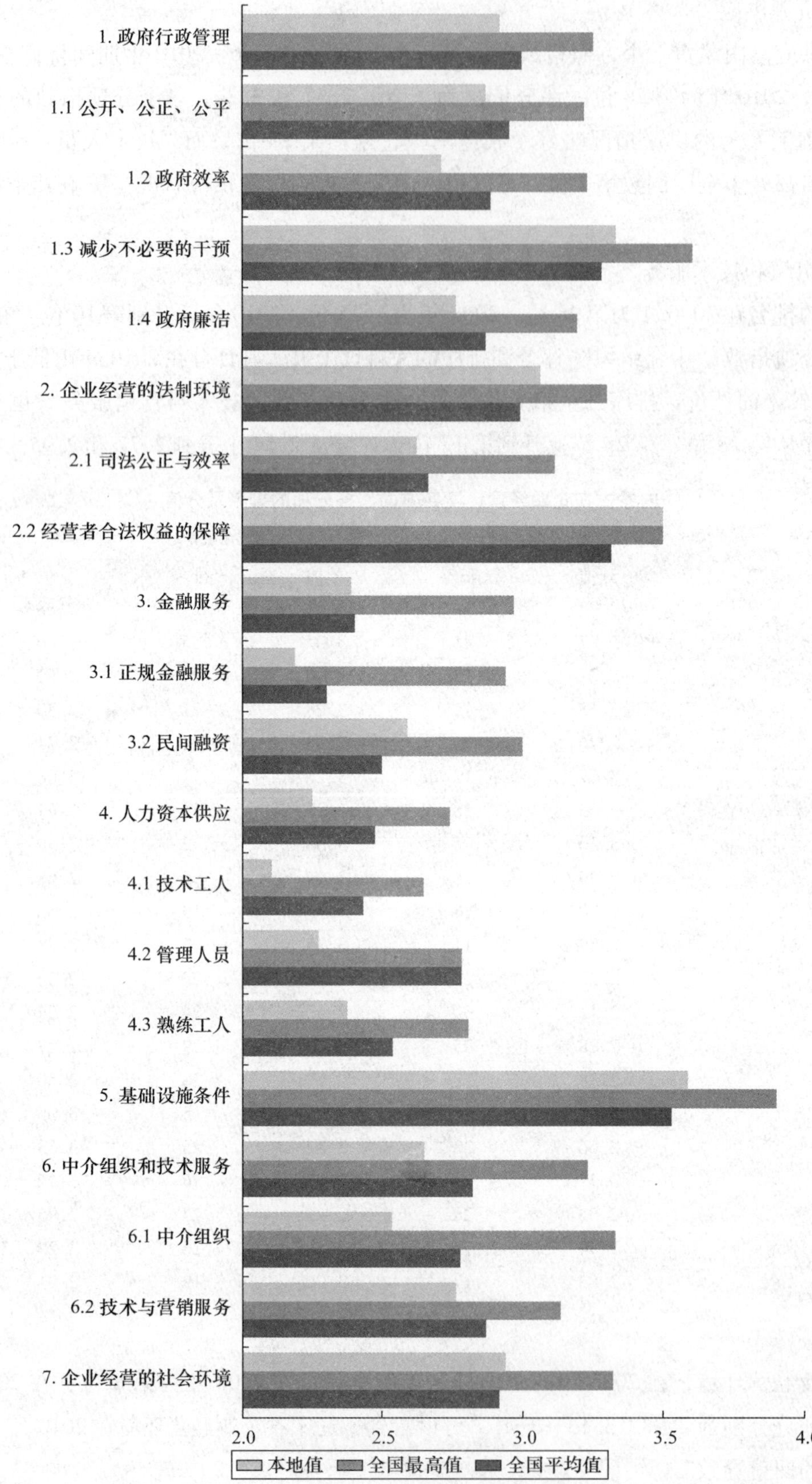

图42　各方面指标和各分项指标与全国最高值及平均值的比较（2006年·内蒙古）

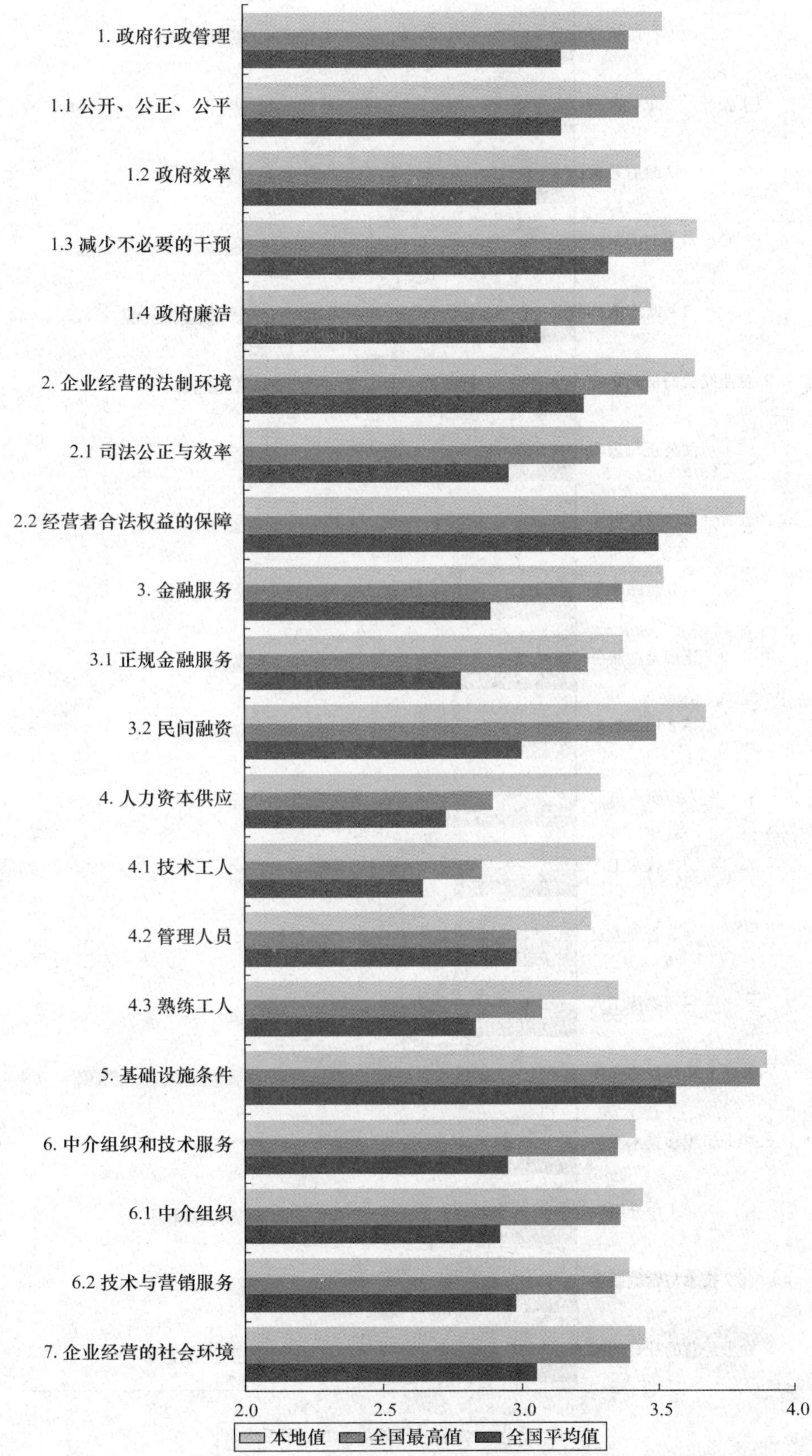

图 43　各方面指标和各分项指标与全国最高值及平均值的比较（2008 年 · 内蒙古）

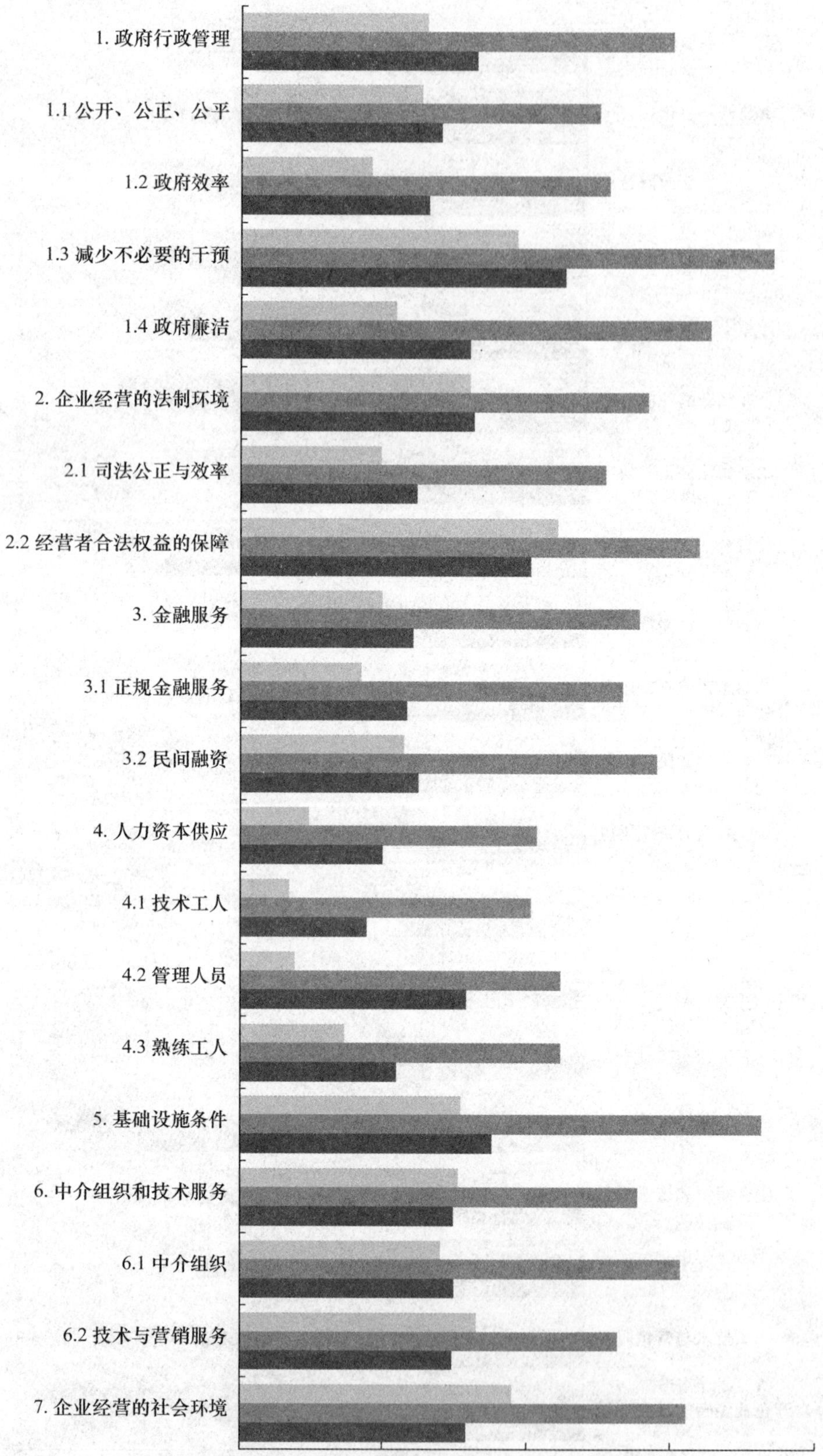

图 44　各方面指标和各分项指标与全国最高值及平均值的比较（2010 年 · 内蒙古）

年分别为第 12 和第 13 位）。而政府行政管理、企业经营的法制环境、企业经营的社会环境这几个方面，2010 年的排名都处在中游的位置（第 15～16 位）。

2010 年，评分发生回落的方面指数有政府行政管理、企业经营的法制环境、金融服务、基础设施条件这几个方面。人力资源供应、中介组织和技术服务、企业经营的社会环境这三个方面，2010 年评分大体上与 2008 年持平，但好于 2006 年。

（1）政府行政管理

这个方面指数的排名从 2006 年的第 9 位下降到 2008 年的第 10 位和 2010 年的第 15 位。评分从 3.10 上升到 3.20，又回落到 3.12。四个分项指数的位次很接近，2010 年都排在第 14、15 位。但就评分而言，“减少不必要的干预”表现最好，2010 年为 3.54，“政府廉洁”略高于中性评价值 3，而“公开、公正、公平”和“政府效率”都在 3 以下，且比 2006 年和 2008 年的评分有所下降。

（2）企业经营的法制环境

这个方面指数的排名在 2010 年为全国第 16 位，比 2006 年和 2008 年（第 14、12 位）有所下降。评分先从 3.04 上升到 3.26，后回落到 3.09。两个分项指数中，“经营者合法权益的保障”的评价好于“司法公正与效率”，2010 年前者排在第 10 位，比 2006 年的第 13 位有所上升；后者排在第 18 位，与 2006 年的第 11 位相比有明显的下降。前者的评分也明显好于后者，2010 年两者分别为 3.40 和 2.77。

（3）金融服务

这个方面指数在全国的排名很不稳定，从 2006 年的第 6 位下降到 2008 年的第 21 位和 2010 年的第 18 位，三年的评分依次为 2.52、2.85、2.84。这说明 2008 年和 2010 年辽宁的金融服务状况比 2006 年有所改善，而排名的大幅度下降是因为改善的程度小于大多数其他省份。两个分项指数“正规金融服务”和“民间融资”在 2010 年都排在第 16 位，与 2006 年相比都有相对位次的下降。

（4）人力资源供应

这个方面指数是辽宁省的相对强项，在 2006 年曾一度排在全国第 1 位，2008 年和 2010 年分别为第 9 位和第 7 位。三年的评分，分别为 2.75、2.82、2.84，有缓慢提高的趋势，而排序的变化则说明其他一些省份的改善幅度更大一些。三个分项指数“技术人员”、“管理人员”和“熟练工人”在 2010 年的排名，分别为第 7、第 4 和第 9 位，以“管理人员”的供应状况更好一些。

（5）中介组织和技术服务

这个指数的排名从 2006 年的第 9 位下降到 2008 年的第 10 位和 2010 年的第 13 位，评分则从 2.95 上升到 3.01 和 3.00。这反映出其改善的速度慢于其他一些评分接近的省份。两个分项指数在 2006 年和 2008 年的发展很平衡，评分和排名都很接近。但 2010 年与 2008 年相比，“中介组织”的评分有所下降，而“技术与营销服务”的评分有所上升，使两者的相对排名发生了很大变化；前者下降到第 21 位，而后者仍然保持在第 10 位。

表 15　　辽宁在企业经营环境各方面、各分项的排名及分值

	2006 年		2008 年		2010 年	
	分值	排名	分值	排名	分值	排名
政府行政管理	3.10	9	3.20	10	3.12	15
公开、公正、公平	3.06	9	3.22	8	2.94	15
政府效率	3.01	8	3.16	9	2.92	15
减少不必要的干预	3.32	14	3.37	10	3.54	15

续表

	2006年		2008年		2010年	
	分值	排名	分值	排名	分值	排名
政府廉洁	2.99	10	3.07	18	3.06	14
企业经营的法制环境	3.04	14	3.26	12	3.09	16
司法公正与效率	2.74	11	2.95	17	2.77	18
经营者合法权益的保障	3.34	13	3.57	9	3.40	10
金融服务	2.52	6	2.85	21	2.76	18
正规金融服务	2.41	10	2.76	15	2.72	16
民间融资	2.63	8	2.95	21	2.80	16
人力资源供应	2.75	1	2.82	9	2.84	7
技术人员	2.64	4	2.70	11	2.73	7
管理人员	2.79	1	2.83	7	2.91	4
熟练工人	2.81	1	2.93	6	2.87	9
基础设施条件	3.61	10	3.65	12	3.20	12
中介组织和技术服务	2.95	9	3.01	10	3.00	13
中介组织	2.92	9	3.00	10	2.96	21
技术与营销服务	2.98	8	3.01	10	3.04	10
企业经营的社会环境	2.92	14	3.10	11	3.09	15
总评	2.98	9	3.13	8	3.01	12

7. 吉林

吉林的企业经营环境，在2006年的全国排名为第13位，2008年的排名为第12位，2010年为第19位，从全国中等偏上的位置降到了中等偏下。这三年的评分分别为2.87、3.11、3.04，显示2010年的经营环境总体状况比2008年有所回落。

在吉林省企业经营环境的七个方面中，人力资源供应、中介组织和技术服务这两方面相对较强，2010年分别排在第9和第11位，而且比以前年份的评分和排名都有较明显的进步。情况比较差的方面是金融服务，始终排在第26、第27位。位次比以前年份有显著下降的有政府行政管理、企业经营的社会环境这两个方面，2010年分别排在第20位和第23位，评分比2008年也有下降。企业经营的法制环境2010年与2008年相比，评分和排名也下降了。

（1）政府行政管理

这个方面指数在2006年、2008年和2010年的评分经历了上升和下降，分别为3.07、3.26、3.04。致使其该方面的相对排名从2006年的第11位上升到2008年的第7位，后下降到第20位。四个分项指数2010年的排名与2006年和2008年相比都有不同程度的下降，其中“政府效率”和“政府廉洁”2010年都排在第17位，“公开、公正、公平”和“减少不必要的干预”分别排在第26和第21位。后两者排名的降幅很大。但就评分来看，四个分项指数中只有“减少不必要的干预”还保持在显著高于中性评价值3的水平（2010年为3.45），而“公开、公正、公平”和“政府效率”都显著低于3。

（2）企业经营的法制环境

这个方面指数的排名在2010年为第14位，比2006年的第10位下降了4位。其评分和排序也经历了先上升后下降的过程。三年的评分分别为3.07、3.39、3.11。在两个分项指数中，“经营者合法权益的保障”的表现明显好于“司法公正与效率”。2010年前者排序为第6位，评分为3.47，几年中的排序和评分都相对比较稳定；而后者2010年排序为第21位，评分2.74，比前两个年份的排序有明显

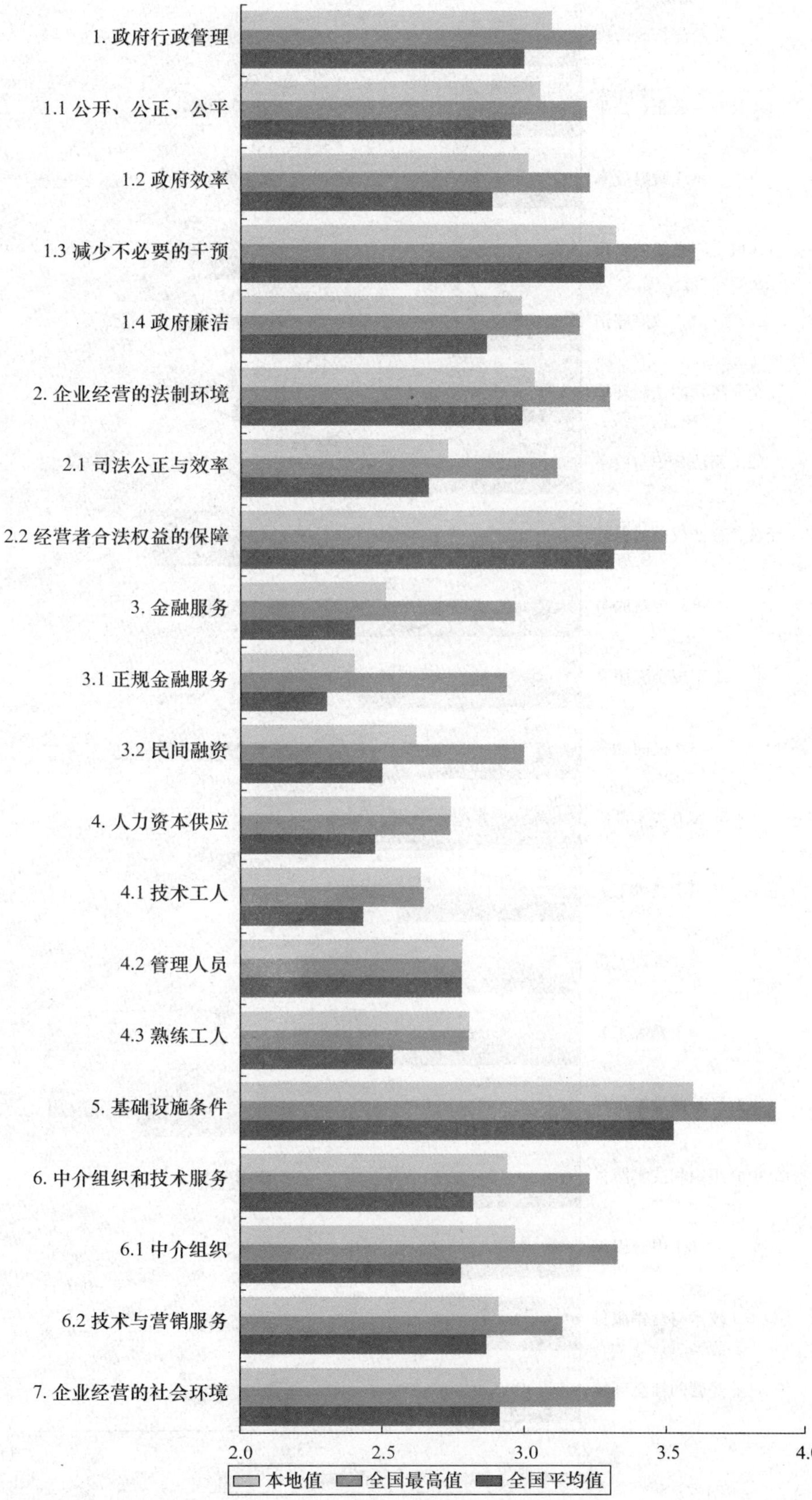

图 45 各方面指标和各分项指标与全国最高值及平均值的比较（**2006** 年 · 辽宁）

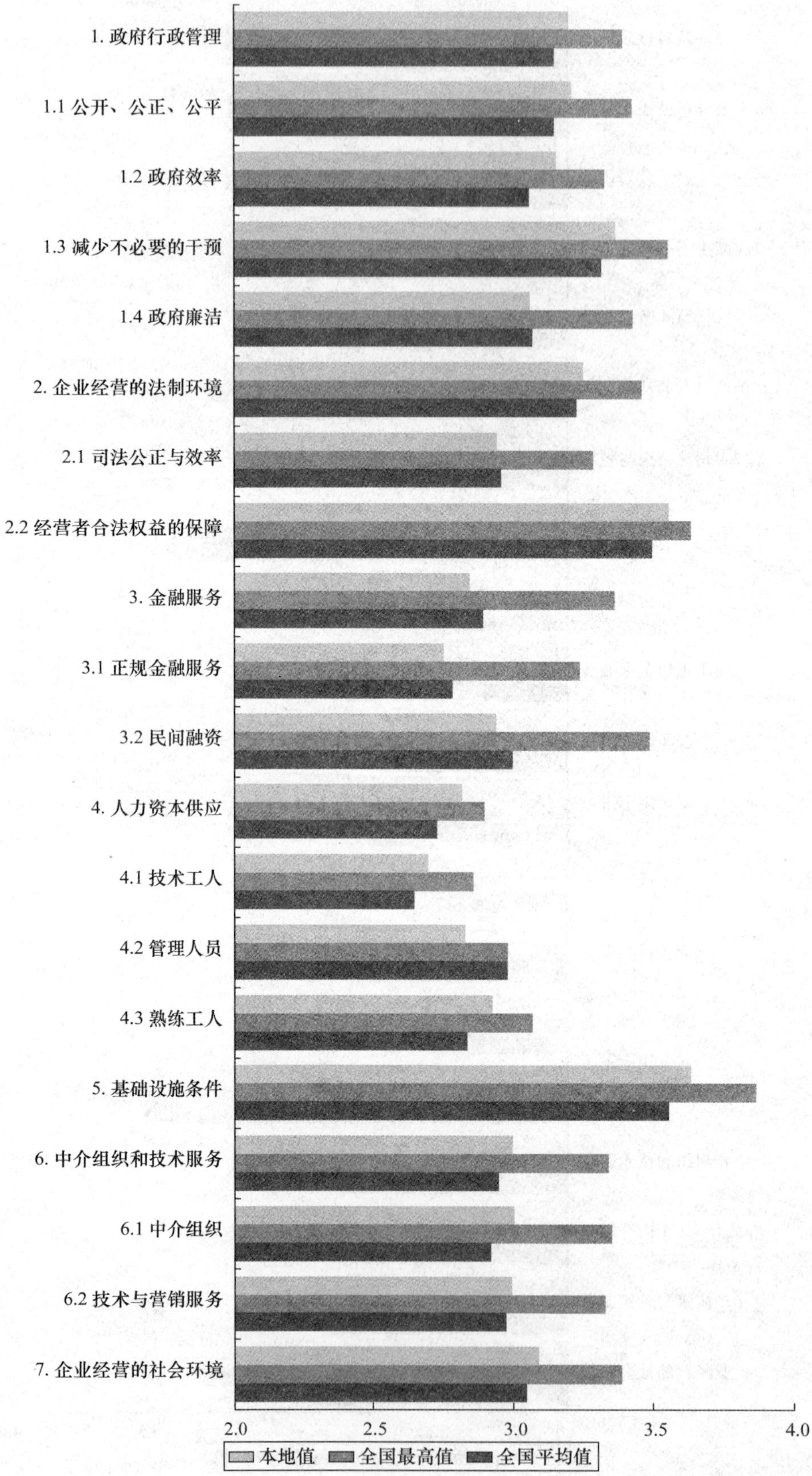

图 46　各方面指标和各分项指标与全国最高值及平均值的比较（2008 年 · 辽宁）

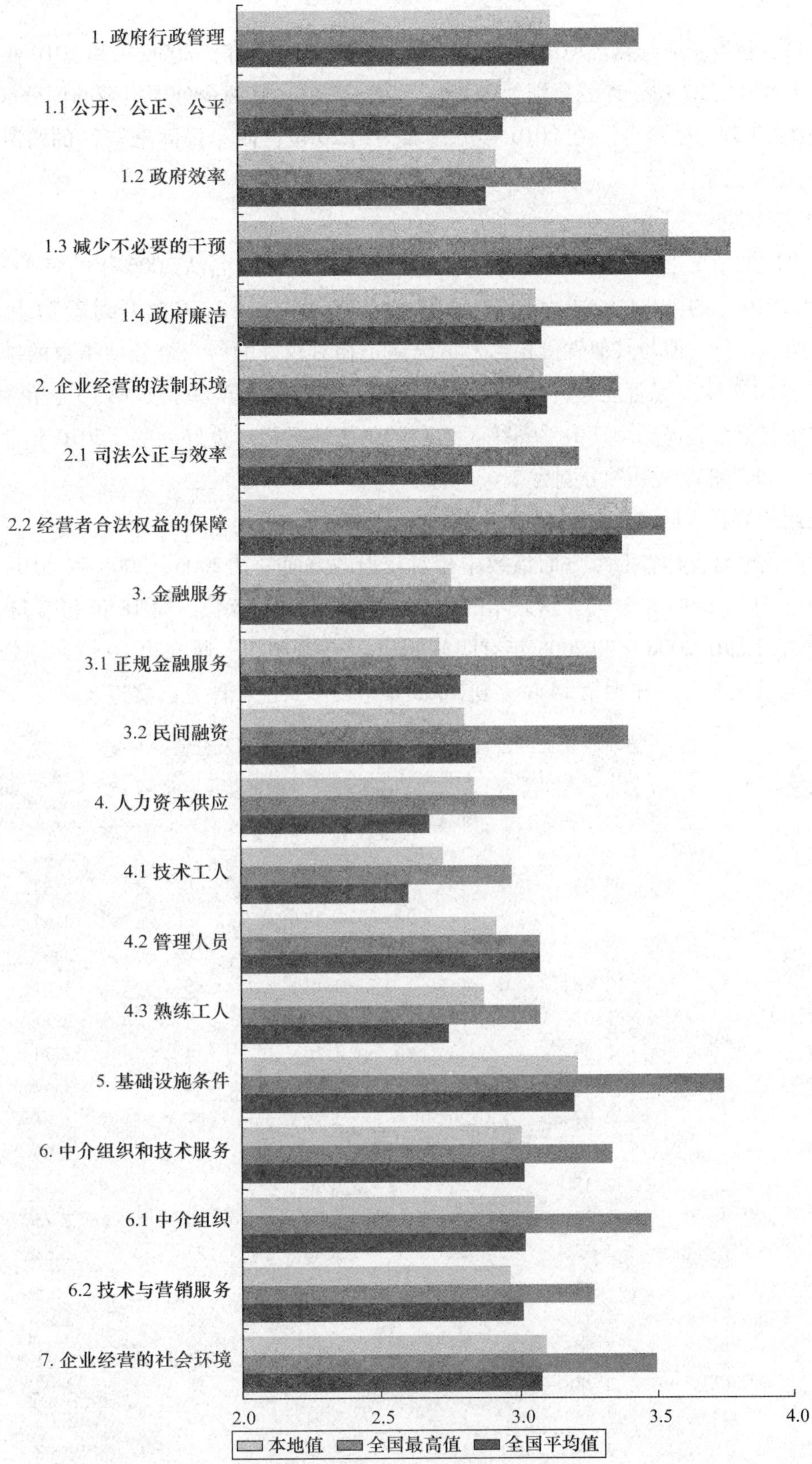

图 47　各方面指标和各分项指标与全国最高值及平均值的比较（2010 年 · 辽宁）

下降，评分比2008年也有下降。

（3）金融服务

金融服务是吉林省企业经营环境的弱项，这个方面指数2006年、2008年和2010年的排名分别为第26位、第27位和第27位，评分分别为2.27、2.76、2.61。其两个分项指数的评分都显著低于中性评价值3。其中"正规金融服务"在2010年的排名为第20位，而"民间融资"的情况更差一些，排名为第28位，评分只有2.53。

（4）人力资源供应

人力资源供应的情况近年来有明显的改善，这个指数的全国排名从2006年的第24位上升到2008年的第20位和2010年的第9位，成为七个方面中的强项。评分从2.36上升到2.70和2.75。尽管仍然处于偏于负面的评价，但与其他省份相比，情况还是相对较好的。三个分项指数的排名情况比较均衡，2010年"技术人员"、"管理人员"和"熟练工人"分别排在第11位、第10位和第8位，均比前两个年份的排序有很大的提高。其中"熟练工人"的供应情况相对更好一些，2010年评分为2.88分，而"技术人员"和"管理人员"分别为2.63和2.74。

（5）中介组织和技术服务

这个方面指数也是吉林省七个方面指数中相对较强的方面。其2006、2008和2010年的评分持续上升，从2.78上升到2.90和3.02。这三年的相对排名分别为第15位、第18位和第11位。两个分项指数的2010年排序都比2006年和2008年有明显上升，"中介组织"排在第10位，评分超过了中性评价值3；"技术与营销服务"排在第14位，比2006年上升了5位，评分已接近3。

表16　　吉林在企业经营环境各方面、各分项的排名及分值

	2006年		2008年		2010年	
	分值	排名	分值	排名	分值	排名
政府行政管理	3.07	11	3.26	7	3.04	20
公开、公正、公平	3.05	10	3.26	6	2.84	26
政府效率	2.98	11	3.17	6	2.87	17
减少不必要的干预	3.40	5	3.47	2	3.45	21
政府廉洁	2.86	15	3.13	10	3.01	17
企业经营的法制环境	3.07	10	3.39	3	3.11	14
司法公正与效率	2.68	13	3.16	4	2.74	21
经营者合法权益的保障	3.46	5	3.62	4	3.47	6
金融服务	2.27	26	2.76	27	2.61	27
正规金融服务	2.16	22	2.57	27	2.69	20
民间融资	2.37	25	2.96	17	2.53	28
人力资源供应	2.36	24	2.70	20	2.75	9
技术人员	2.32	24	2.59	22	2.63	11
管理人员	2.23	29	2.68	20	2.74	10
熟练工人	2.52	19	2.83	18	2.88	8
基础设施条件	3.59	12	3.74	7	3.11	16
中介组织和技术服务	2.78	15	2.90	18	3.02	11
中介组织	2.88	12	2.94	19	3.05	10
技术与营销服务	2.68	19	2.86	18	2.98	14
企业经营的社会环境	2.95	11	3.05	15	2.96	23
总评	2.87	13	3.11	12	2.94	19

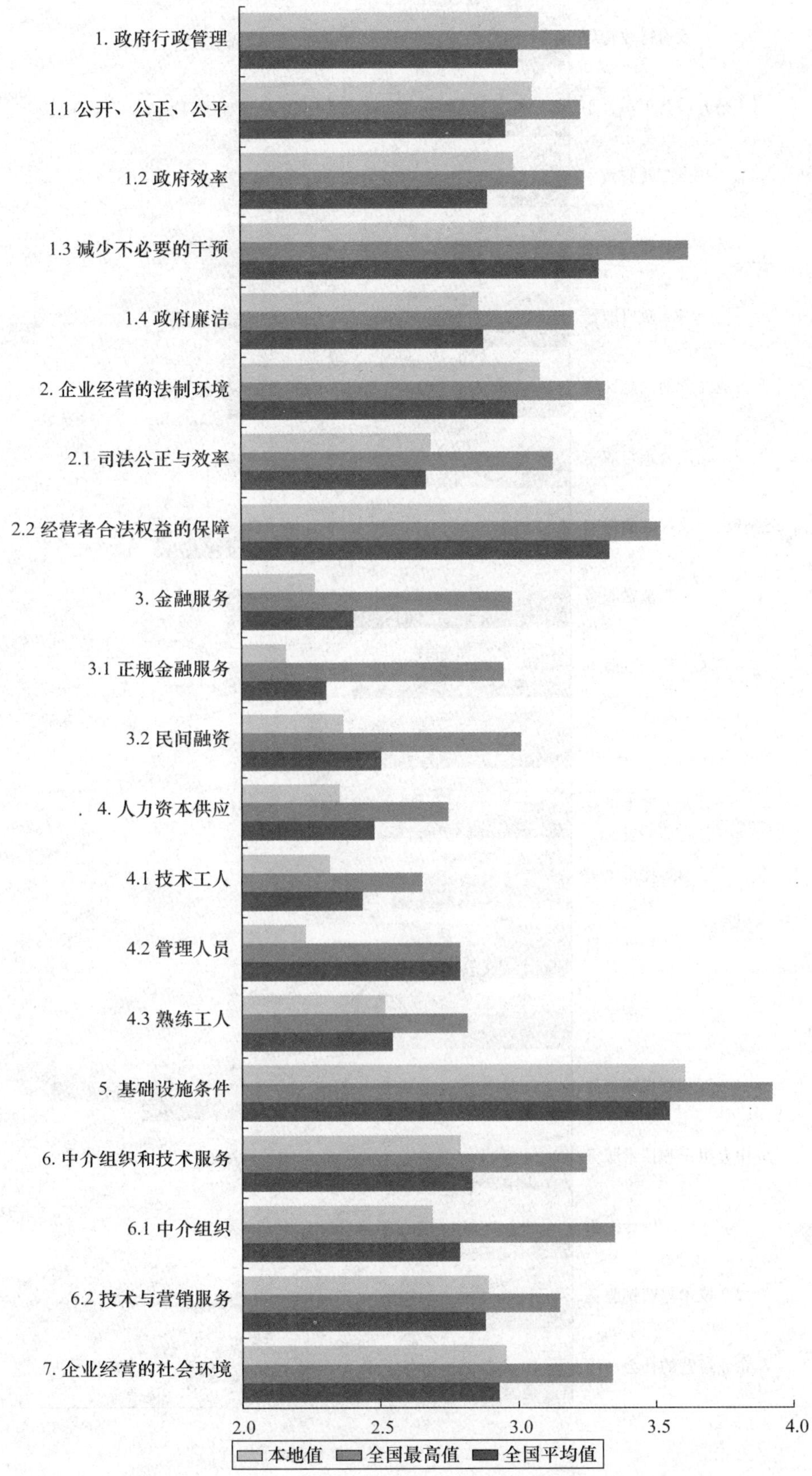

图 48　各方面指标和各分项指标与全国最高值及平均值的比较（2006 年 · 吉林）

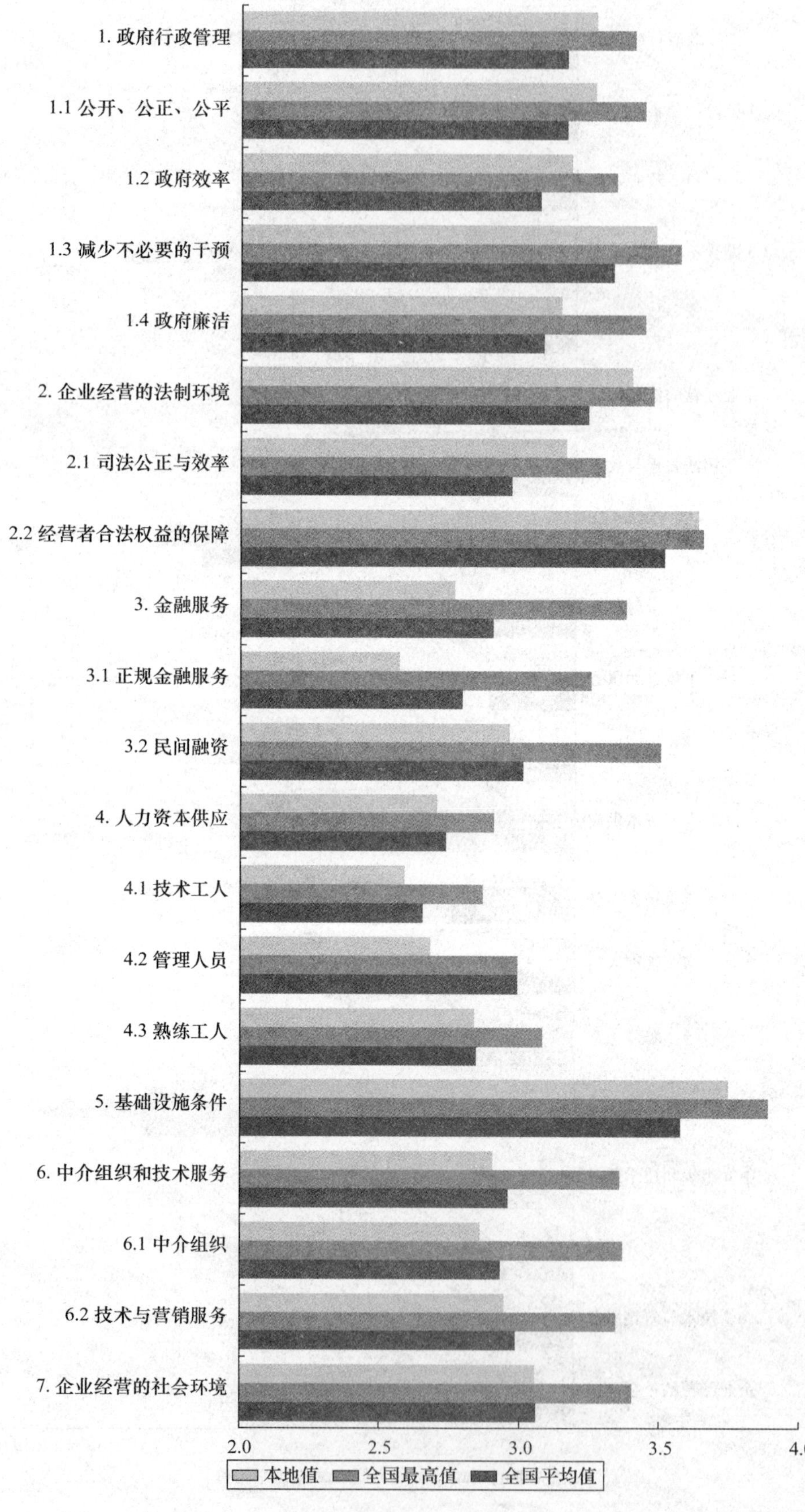

图 49 各方面指标和各分项指标与全国最高值及平均值的比较（2008 年 · 吉林）

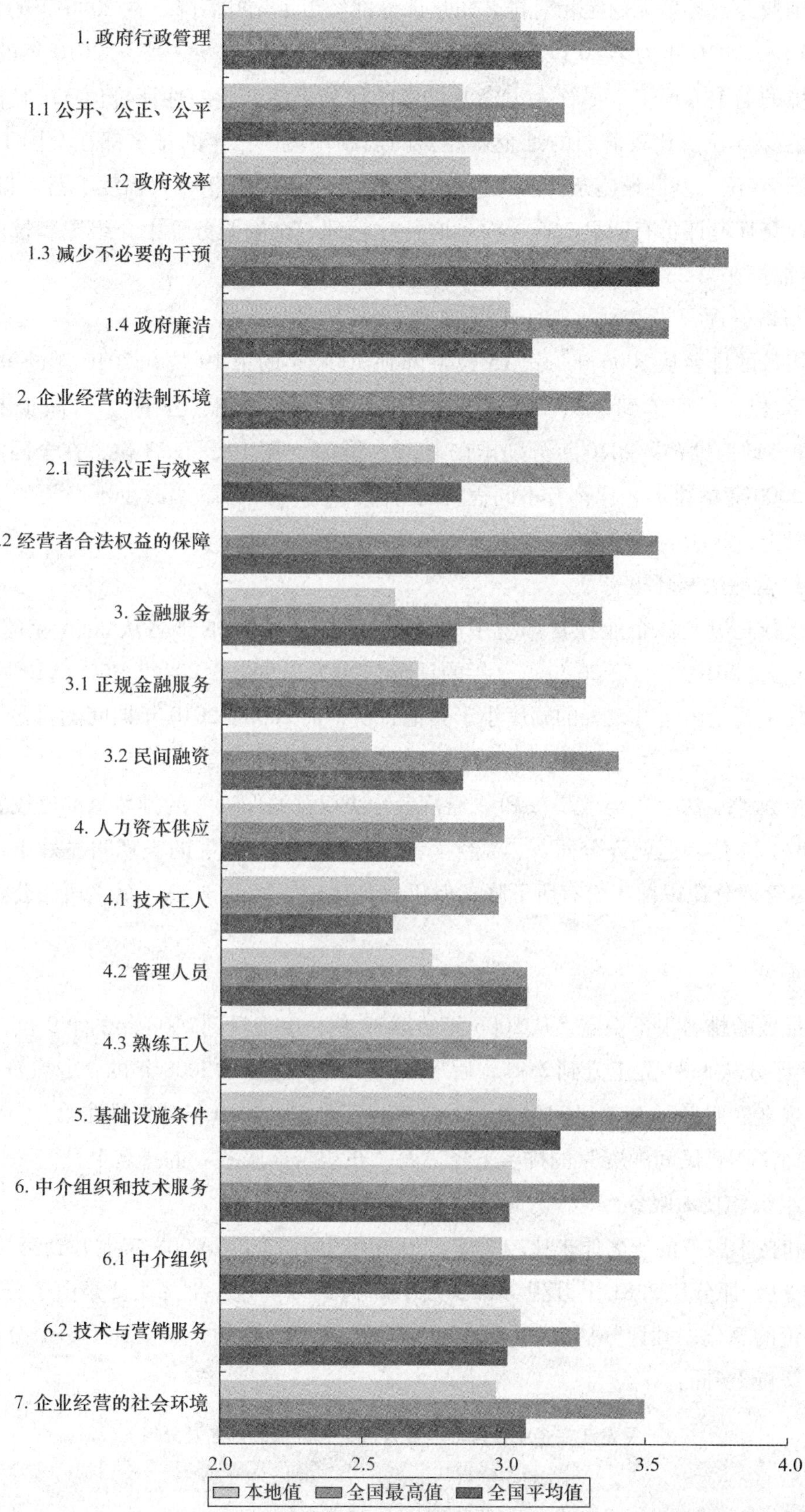

图 50　各方面指标和各分项指标与全国最高值及平均值的比较（2010 年 · 吉林）

8. 黑龙江

黑龙江的企业经营环境无论是相对排名还是评分都经历了先升后降。在2006年的排名为第15位，2008年为第13位，2010年为第20位。评分分别为2.85、3.11、2.93，显示2010年的情况有所回落。在企业经营环境的七个方面中，尽管人力资源供应的评分仍然低于中性评价值3，但相对排名比较靠前，2010年排在第5位。比较薄弱的是企业经营的法制环境，三年的排名都在全国19位以后，2010年排在了全国第26位。基础设施条件的评价前几年较高，但2010年有大幅度下落，排在第27位。此外企业经营的社会环境评价有明显改善，而政府行政管理、金融服务、中介组织和技术服务这三个方面指数2010年都排在第23位，而且比前几年有不同程度的下降。

（1）政府行政管理

这个方面指数的排名从2006年的第15位下降到2008年的第19位和2010年的第23位，评分从2.97先上升到3.12，后回落到3.01。四个分项指数“公开、公正、公平”、“减少不必要的干预”、“政府效率”和“政府廉洁”2010年分别排在第22、第25、第19、第23位，在全国的名次都比较靠后，而且与其2006年的排名相比都有不同程度的下降。从评分来看，“减少不必要的干预”的评分在中性评价值3以上，2010年为3.38，其他三个分项指数都在3以下。

（2）企业经营的法制环境

这个方面指数是黑龙江企业经营环境中的相对弱项，在全国的排名从2006年的第19位下降到2008年的第20位、2010年的第26位，三年的评分依次为2.94、3.20、2.96。这说明2006~2008年期间的排名下降主要是由于其改善的幅度小于其他省份，而2008~2010年期间的排名下降是由于其评分的回落。

两个分项指数“司法公正与效率”和“经营者合法权益的保障”的排名也都比较靠后，2010年分别为第27位和第24位。但就评分而言，“经营者合法权益的保障”的表现明显好于“司法公正与效率”，2010年尽管评分比以前年份有所下降，但仍然为比较正面的3.29，而“司法公正与效率”的评分只有2.63。

（3）金融服务

这个方面指数的排名很不稳定，从2006年的第23位一度上升到2008年的第9位，而2010年又回落到第23位。评分从2.31先上升到2.91，后下降到2.69。这显示2008年的企业融资条件较好。两个分项指数“正规金融服务”和“民间融资”的排序也不稳定，2010年分别排在第23和第24位。但相对于2006年的情况，“民间融资”的排名下降，而“正规金融服务”的排名上升。

（4）中介组织和技术服务

中介组织和技术服务的排名原来比较靠前，2006年为第12位，2008年上升到第9位，但2010年下降到了第23位。评分从2.81上升到3.02，后下降到2.92。这一下降主要是由于分项指数“技术与营销服务”评价的恶化，其评分从2008年的3.06降低到2010年的2.84。而另一个分项指数“中介组织”的评分是缓慢上升的。

表17　黑龙江在企业经营环境各方面、各分项的排名及分值

	2006年		2008年		2010年	
	分值	排名	分值	排名	分值	排名
政府行政管理	2.97	15	3.12	19	3.01	23
公开、公正、公平	2.98	14	3.09	21	2.87	22

续表

	2006 年		2008 年		2010 年	
	分值	排名	分值	排名	分值	排名
政府效率	2.94	13	2.95	23	2.85	19
减少不必要的干预	3.20	19	3.31	17	3.38	25
政府廉洁	2.77	20	3.13	12	2.94	23
企业经营的法制环境	2.94	19	3.20	20	2.96	26
司法公正与效率	2.46	25	2.92	20	2.63	27
经营者合法权益的保障	3.42	9	3.48	18	3.29	24
金融服务	2.31	23	2.91	9	2.69	23
正规金融服务	2.03	28	2.88	10	2.68	23
民间融资	2.59	12	2.95	20	2.71	24
人力资源供应	2.51	13	2.85	6	2.87	5
技术人员	2.55	8	2.76	7	2.74	6
管理人员	2.42	21	2.87	5	2.99	3
熟练工人	2.56	16	2.92	7	2.89	7
基础设施条件	3.65	7	3.67	11	2.96	27
中介组织和技术服务	2.81	12	3.02	9	2.92	23
中介组织	2.84	18	2.97	14	3.00	16
技术与营销服务	2.78	11	3.06	8	2.84	25
企业经营的社会环境	2.77	25	3.00	20	3.09	13
总评	2.85	15	3.11	13	2.93	20

9. 上海

上海的企业经营环境始终保持在全国第 1 位，评分在 2006 年为 3.16，在 2008 年为 3.34，在 2010 年为 3.33。其中在 2006～2008 年期间进步显著。在企业经营环境的七个方面中，2010 年除了金融服务和人力资源供应这两个方面分别列全国第 4 位和第 3 位以外，其他五个方面都列在第一位。就评分而言，除了人力资源供应以外，其他六个方面指数的评分都高于中性评价值 3。特别是在企业经营的法制环境、中介组织和技术服务这两个方面，三年都排在全国第 1 位。不过，2008～2010 年期间，有几个方面指数的评分有一定程度的下降，值得引起注意。

（1）政府行政管理

这个方面指数的排名从 2006 年的全国第 3 位上升到 2008 年和 2010 年的第 1 位，评分依次从 3.22 上升到 3.40 和 3.44，呈现稳定的进步。四个分项指数 2010 年也都排在第 1 位，评分都高于中性评价值 3。其中评分最高的分项指数是“减少不必要的干预”，2010 年为 3.77，比 2006 年的 3.31 提高了 0.46，而且排名也比前几年有大幅度的提升。“政府廉洁”的评分也有持续的提高，2010 年为 3.56，比 2006 年提高了 0.36。“公开、公正、公平”评分相对较低，2010 年为 3.19，且较前几年有所降低。

（2）企业经营的法制环境

这个方面指数的排名始终保持在全国第 1 位，但 2010 年比 2008 年评分有所下降，为 3.36，而 2008 年为 3.47。两个分项指数中，“经营者合法权益的保障”2010 年的相对排名为全国第 2 位，但历年评分比“司法公正与效率”高一些，2010 年为 3.50。“司法公正与效率”2010 年排在第 1 位，而评分为 3.22。

（3）金融服务

这个指数的排名在 2006 年、2008 年、2010 年分别排在全国第 5 位、第 3 位和第 4 位。两个分项

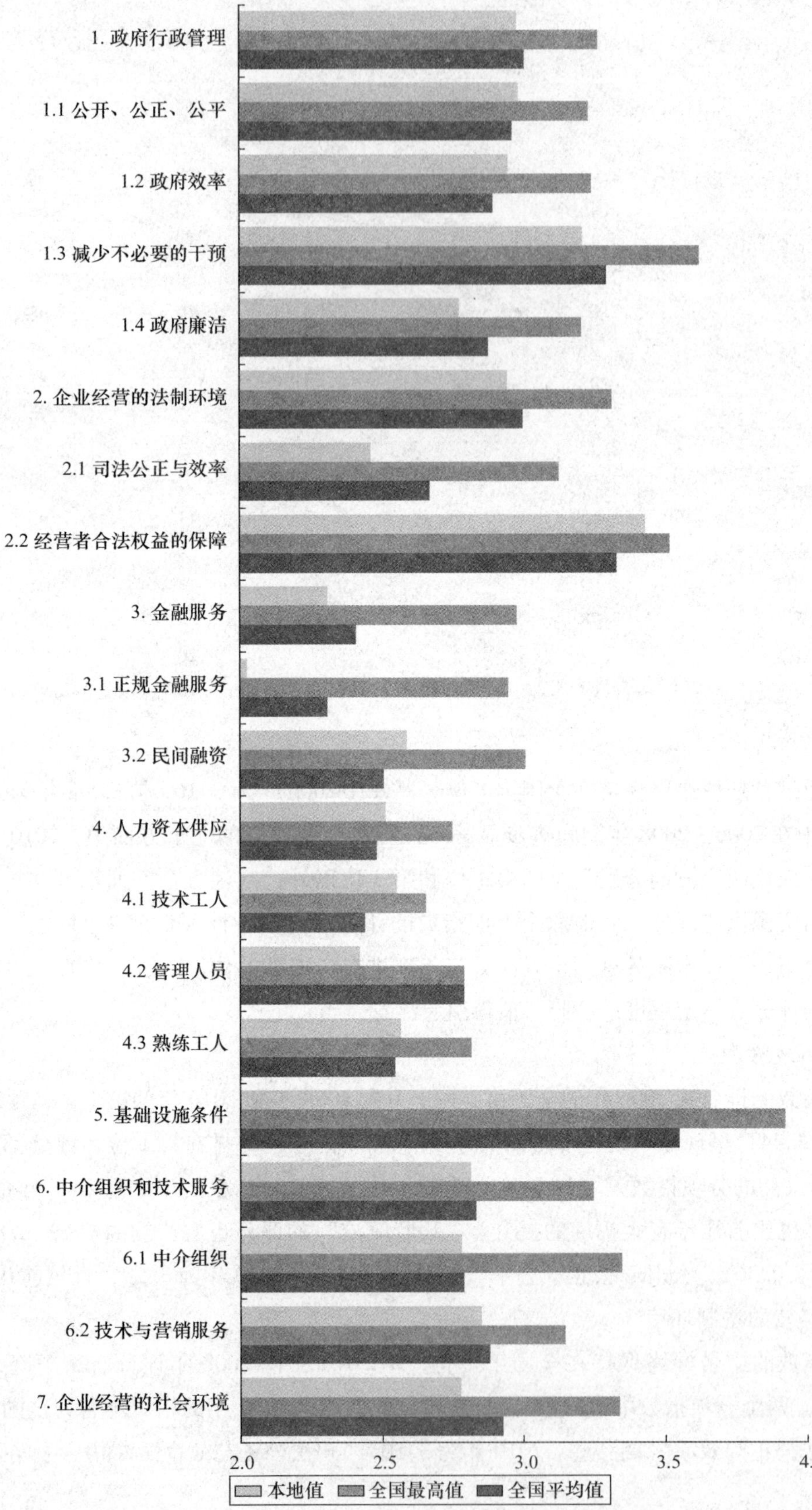

图51　各方面指标和各分项指标与全国最高值及平均值的比较（2006年·黑龙江）

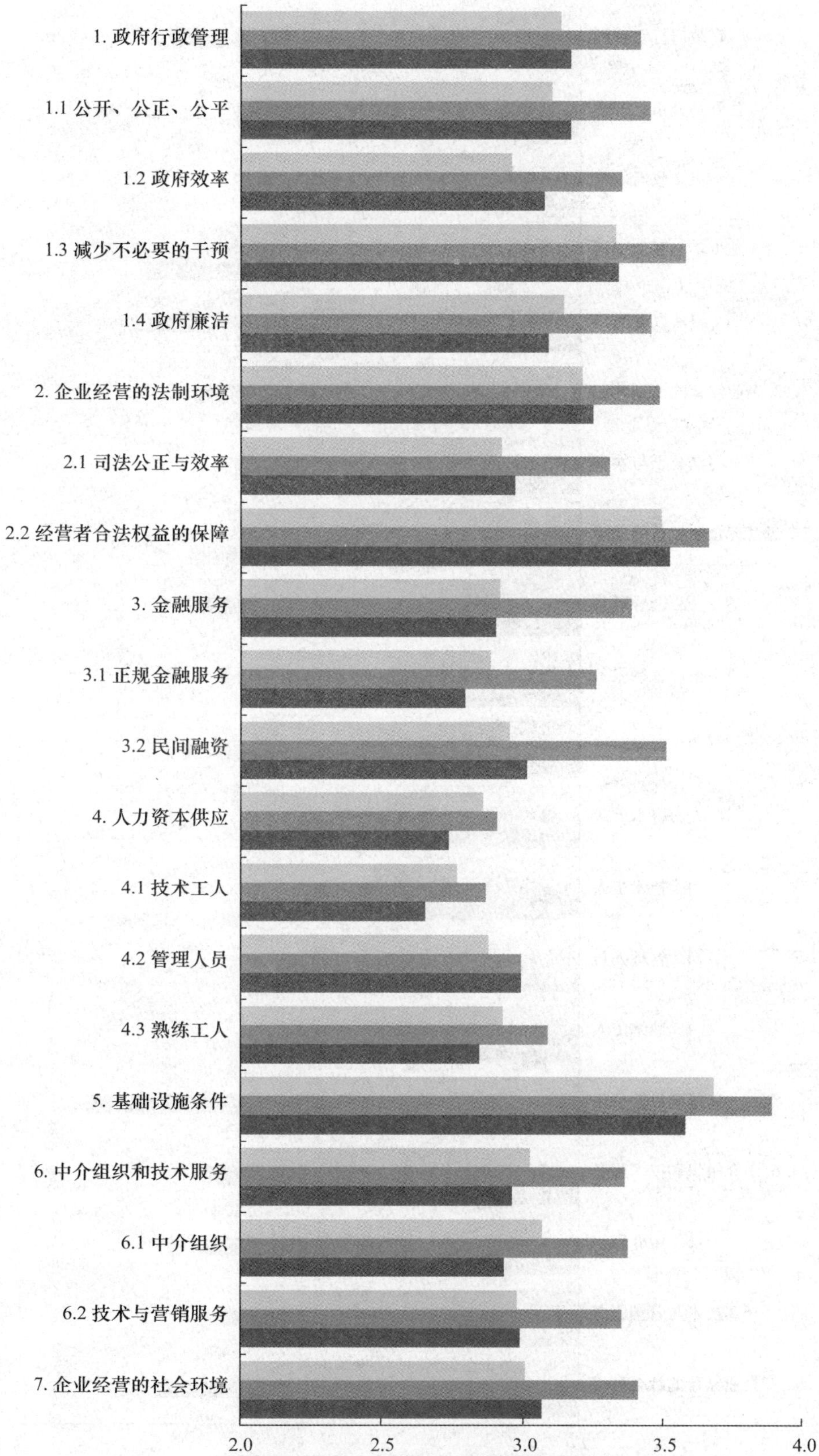

图 52　各方面指标和各分项指标与全国最高值及平均值的比较（2008 年・黑龙江）

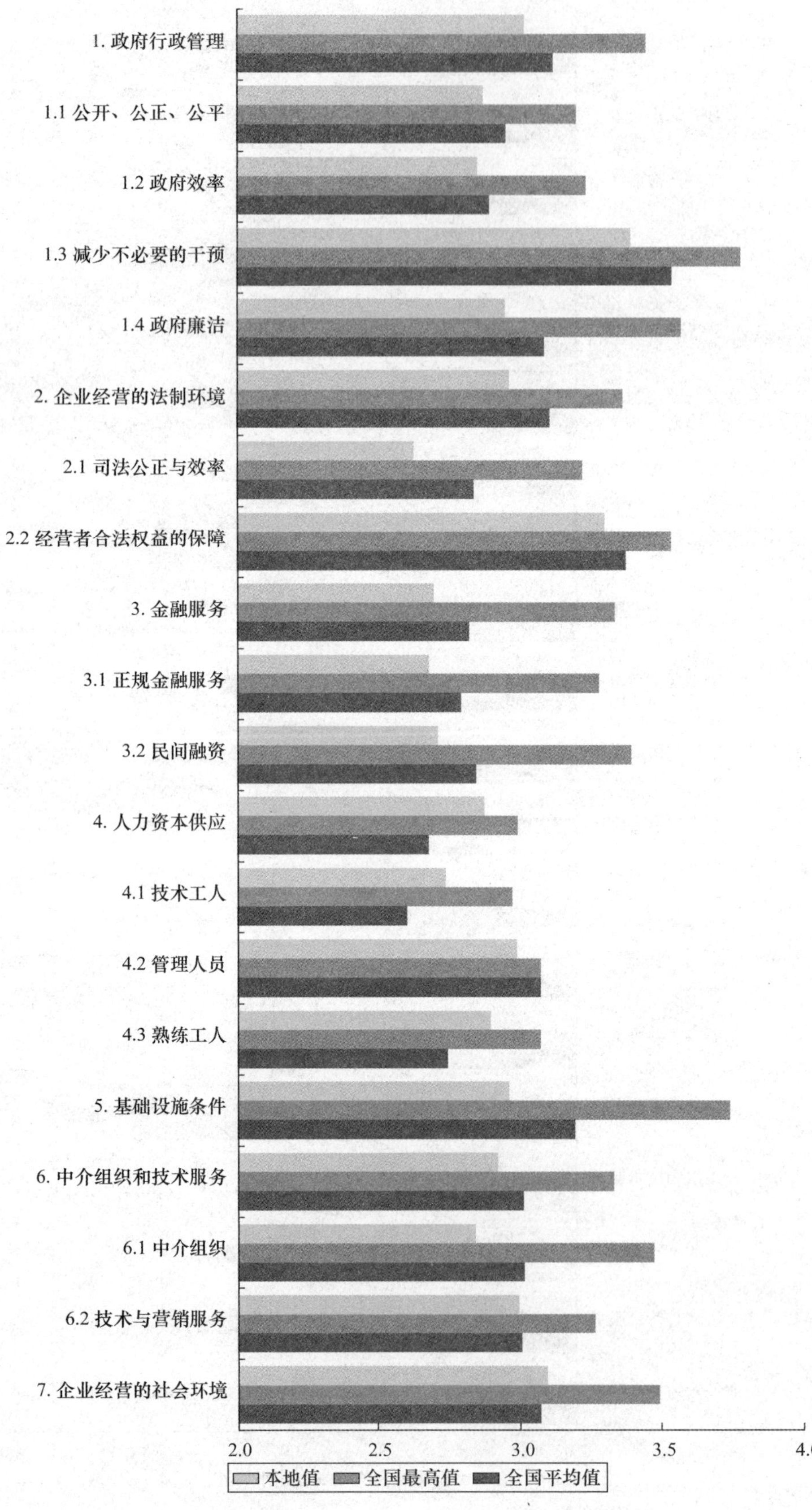

图 53　各方面指标和各分项指标与全国最高值及平均值的比较（2010 年 · 黑龙江）

指数发展不够平衡。“正规金融服务”不论在评分上还是在排名上都比较好，三个年份的排名分别为第4位、第2位、第2位。2010年评分为3.17，比2006年有明显提高，但与2008年基本持平（略低）。“民间融资”在2010年排在第12位，评分为2.91，但与2006年的第19位相比仍有明显上升。

（4）人力资源供应

这个指数在三个年份的排名分别为第2位、第4位和第3位，评分从2.69上升到2.88和2.93，呈缓慢改善的趋势，但仍然低于中性评价值3。三个分项指数中，“技术人员”和“管理人员”的情况较好，评分也有持续的改善，2010年分别排在全国第2位和第1位。而“熟练工人”的供应情况相对差一些，2010年排在全国第12位，评分为2.79，较2008年略有下降。

（5）中介组织和技术服务

这个指数的排名连续三个年份都保持在全国第1位，评分分别为3.24、3.35和3.33。两个分项指数中，“技术与营销服务”连续排在第1位，评分呈上升趋势，2010年为3.47。而“中介组织”的2010年排名为第3位，比前两年的第1位有所下降；2010年评分为3.18，也比2008年有所回落。

表18　上海在企业经营环境各方面、各分项的排名及分值

	2006年		2008年		2010年	
	分值	排名	分值	排名	分值	排名
政府行政管理	3.22	3	3.40	1	3.44	1
公开、公正、公平	3.21	2	3.44	1	3.19	1
政府效率	3.18	3	3.32	2	3.23	1
减少不必要的干预	3.31	15	3.40	8	3.77	1
政府廉洁	3.20	1	3.44	1	3.56	1
企业经营的法制环境	3.30	1	3.47	1	3.36	1
司法公正与效率	3.12	1	3.29	1	3.22	1
经营者合法权益的保障	3.49	2	3.64	1	3.50	2
金融服务	2.53	5	3.12	3	3.04	4
正规金融服务	2.62	4	3.20	2	3.17	2
民间融资	2.45	19	3.03	11	2.91	12
人力资源供应	2.69	2	2.88	4	2.93	3
技术人员	2.65	2	2.76	8	2.94	2
管理人员	2.78	2	2.99	2	3.07	1
熟练工人	2.63	7	2.89	13	2.79	12
基础设施条件	3.91	1	3.80	4	3.73	1
中介组织和技术服务	3.24	1	3.35	1	3.33	1
中介组织	3.14	1	3.34	1	3.18	3
技术与营销服务	3.34	1	3.36	1	3.47	1
企业经营的社会环境	3.24	2	3.40	1	3.49	1
总评	3.16	1	3.34	1	3.33	1

10. 江苏

江苏省的企业经营环境，在2006年的全国排名为第3位，2008年和2010年均为第2位。这三年的评分依次为3.08、3.27、3.23，2008年比2006年有明显提高，而2010年评分稍有回落。总的说，江苏的企业经营环境比较好。

在企业经营环境的七个方面中，2010年只有人力资源供应的全国排名相对比较落后，为全国第12位（但比2006年的第19位仍有较大改善），评分低于中性评价值3，其他六个方面的2010年排名都在

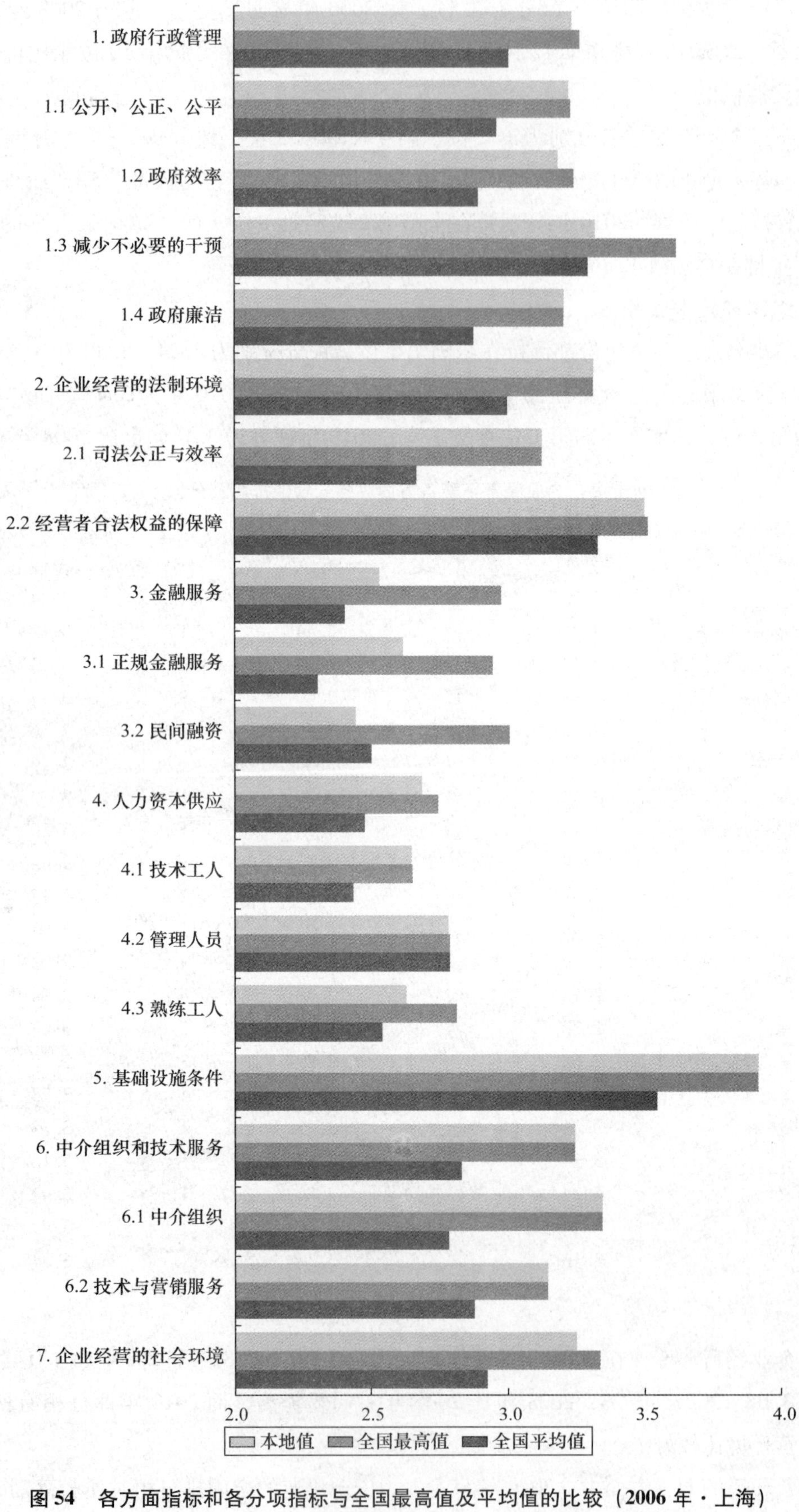

图 54 各方面指标和各分项指标与全国最高值及平均值的比较（2006 年 · 上海）

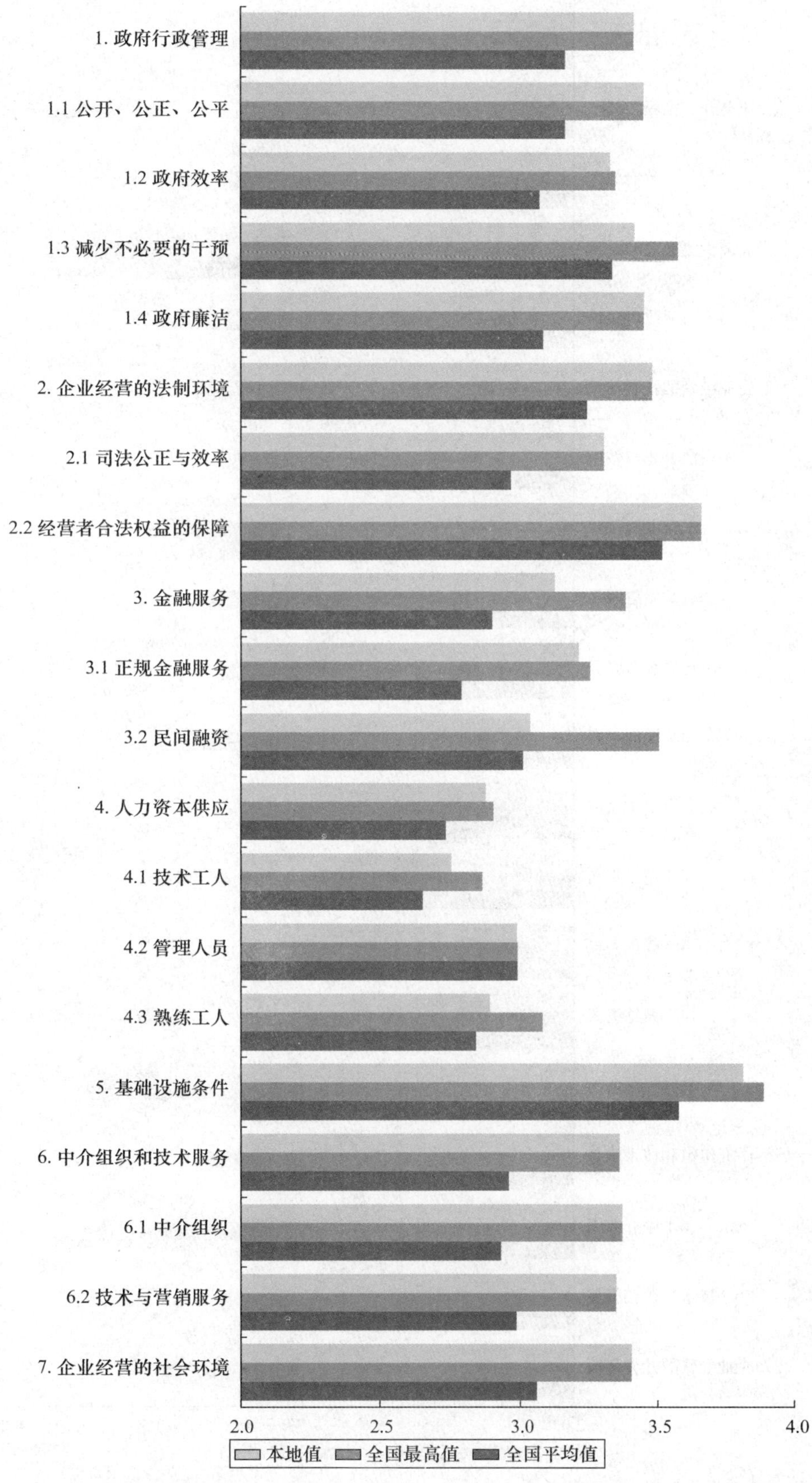

图 55　各方面指标和各分项指标与全国最高值及平均值的比较（2008 年 · 上海）

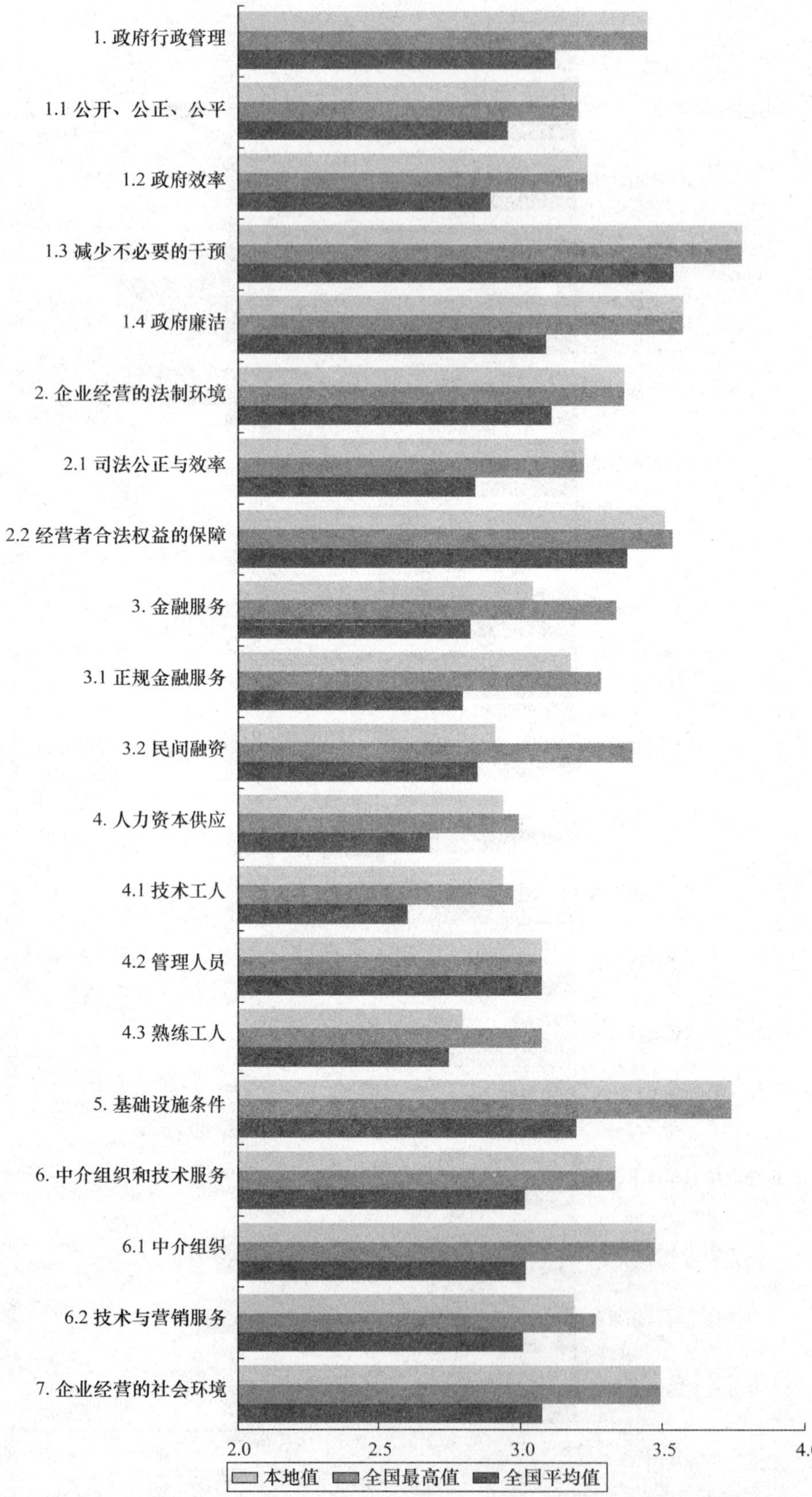

图 56　各方面指标和各分项指标与全国最高值及平均值的比较（2010 年 · 上海）

第 2 ~4 位之间，评分都在 3 以上。其中金融服务、基础设施条件这两个方面，三年都排在全国前 3 位以内，2010 年均为第 2 位。按评分来看，2010 年得分最高的方面是基础设施条件，为 3. 65。不过，2010 年有四个方面的评分比 2008 年有所回落，需要引起注意。

（1）政府行政管理

这个方面指数的排名在 2006 ~2010 年期间比较稳定地保持在第 4 ~5 位，评分从 2006 年的 3. 18 上升到 2008 年的 3. 30，2010 年保持在 3. 30。四个分项指数中，相对排位较高的是“政府效率”，2010 年排在全国第 2 位；较低的是“减少不必要的干预”，2010 年排在第 8 位。“公开、公正、公平”和“政府廉洁”分别排在第 5、第 6 位。但就评分而言，“减少不必要的干预”和“政府廉洁”的评分都保持了持续上升，前者评分最高，2010 年为 3. 60。

（2）企业经营的法制环境

该方面指数的全国排名从 2006 年的第 3 位上升到 2008 年的第 2 位，2010 年下降到第 4 位。评分先从 3. 20 上升到 3. 40，后回落至 3. 27。两个分项指数“司法公正与效率”和“经营者合法权益的保障”2010 年都排在全国第 3 位。但从评分上看，“经营者合法权益的保障”的评价比“司法公正与效率”更好，2010 年为 3. 50，而“司法公正与效率”只有 3. 05。两者 2010 年的评分均有所回落。

（3）金融服务

该方面是江苏省企业经营环境相对强势的一个方面，指数的排名从 2006 年的第 3 位上升到 2008 年的第 2 位，2010 年保持在第 2 位。评分先从 2. 69 上升到 3. 17，后微降至 3. 13。两个分项指数“正规金融服务”和“民间融资”发展比较平衡，2010 年排名都在第 3 位，几年间的排序没有显著变化。但就评分而言，2008 年与 2006 年相比两者改善都比较显著，而 2010 年两者都有所回落。

（4）人力资源供应

江苏省在这方面相对比较薄弱，但相对排名还是呈上升趋势，从 2006 年的第 19 位上升到 2008 年的第 15 位，又升至 2010 年的第 12 位。评分先从 2. 44 上升到 2. 75，后回落至 2. 69。三个分项指数的评分都连续低于中性评价值 3，但就相对排名而言，“管理人员”的供应情况最好，排在全国第 8 位，“技术人员”次之，排在第 12 位，而“熟练工人”的供给状况最差，排在全国第 24 位。

（5）中介组织和技术服务

这个方面指数的排名在 2006 年和 2008 年期间保持在第 6 位，2010 年上升至第 4 位。评分呈逐年改善的趋势，从 2006 年的 2. 99 上升到 2008 年的 3. 11 和 2010 年的 3. 23。两个分项指数“中介组织”和“技术与营销服务”的发展比较平衡，2010 年分别排在全国第 5 位和第 4 位。“技术与营销服务”的评分和排名略好于“中介组织”。两者的评分都呈上升趋势。

表 19　　江苏在企业经营环境各方面、各分项的排名及分值

	2006 年		2008 年		2010 年	
	分值	排名	分值	排名	分值	排名
政府行政管理	3. 18	4	3. 30	5	3. 30	4
公开、公正、公平	3. 15	4	3. 31	5	3. 13	5
政府效率	3. 23	1	3. 33	1	3. 19	2
减少不必要的干预	3. 33	12	3. 34	14	3. 60	8
政府廉洁	2. 99	9	3. 22	6	3. 27	6
企业经营的法制环境	3. 20	3	3. 40	2	3. 27	4
司法公正与效率	2. 98	3	3. 16	2	3. 05	3

续表

	2006年		2008年		2010年	
	分值	排名	分值	排名	分值	排名
经营者合法权益的保障	3.43	7	3.63	3	3.50	3
金融服务	2.69	3	3.17	2	3.13	2
正规金融服务	2.64	3	3.12	3	3.09	3
民间融资	2.73	3	3.23	4	3.16	3
人力资源供应	2.44	19	2.75	15	2.69	12
技术人员	2.39	20	2.70	13	2.62	12
管理人员	2.51	10	2.78	11	2.82	8
熟练工人	2.43	22	2.78	21	2.64	24
基础设施条件	3.87	3	3.88	1	3.65	2
中介组织和技术服务	2.99	6	3.11	6	3.23	4
中介组织	2.96	7	3.08	6	3.14	5
技术与营销服务	3.03	6	3.15	4	3.32	4
企业经营的社会环境	3.18	3	3.27	4	3.32	3
总评	3.08	3	3.27	2	3.23	2

11. 浙江

浙江省的企业经营环境在2006年、2008年和2010年全国的排名，依次为第2位、第3位和第4位，有所下降，似有被其他省市赶超的趋势。但评分在2006年和2008年期间仍然是上升的，分别为3.13和3.26，只是2010年有所回落。就总体情况而言，浙江的企业经营环境仍然是比较好的。

在企业经营环境的七个方面中，除了人力资源供应的情况不理想（2010年排在全国第25位，评分2.50，显著低于中性评价值3），其他几个方面指数的2010年排名都在全国前6位以内，评分都高于3。与其他地区相比较，浙江在金融服务方面有明显优势，连续三个年份都排在全国第1位。在企业经营的社会环境方面，情况也比较好，2010年排在全国第2位。浙江企业经营环境比较薄弱的方面是人力资源供应。此外，2010年与2008年相比，有几个方面指数的评分都有所下降，值得引起注意。

（1）政府行政管理

这个方面指数的排名在2006年曾一度居于全国第1位，2008年和2010年分别为第4位和第3位，几年的评分分别为3.22、3.32、3.31。四个分项指数的评分都高于中性评价值3。四个分项指数发展平衡，排名比较接近，2010年都排在第3、4位。其中，“减少不必要的干预”的评分高于其他三个分项指数，并呈上升趋势。“政府廉洁”的评分也在上升。而“政府效率”和“公开、公正、公平”的评分则出现了先升后降。

（2）企业经营的法制环境

在这方面，指数的排名从2006年的全国第2位下降到2008年的第4位和2010年的第6位；评分先从3.21上升到3.36，后回落到3.20。两个分项指数“司法公正与效率”和“经营者合法权益的保障”2010年都排在全国第7位，也都比以前的排位有所下降。从评分看，“经营者合法权益的保障”的评价好于“司法公正与效率”，前者2010年为3.43，后者只有2.97，跌破了中性评价值3。

（3）金融服务

这是浙江省企业经营环境的相对强项，该方面指数的排名连续保持在全国第1位，评分在2006年、2008年和2010年分别为2.97、3.37、3.33。两个分项指数“正规金融服务”和“民间融资”发展平衡，排名都连续保持在全国第1位，2010年评分都显著超过中性评价值3。其中“民间融资”历

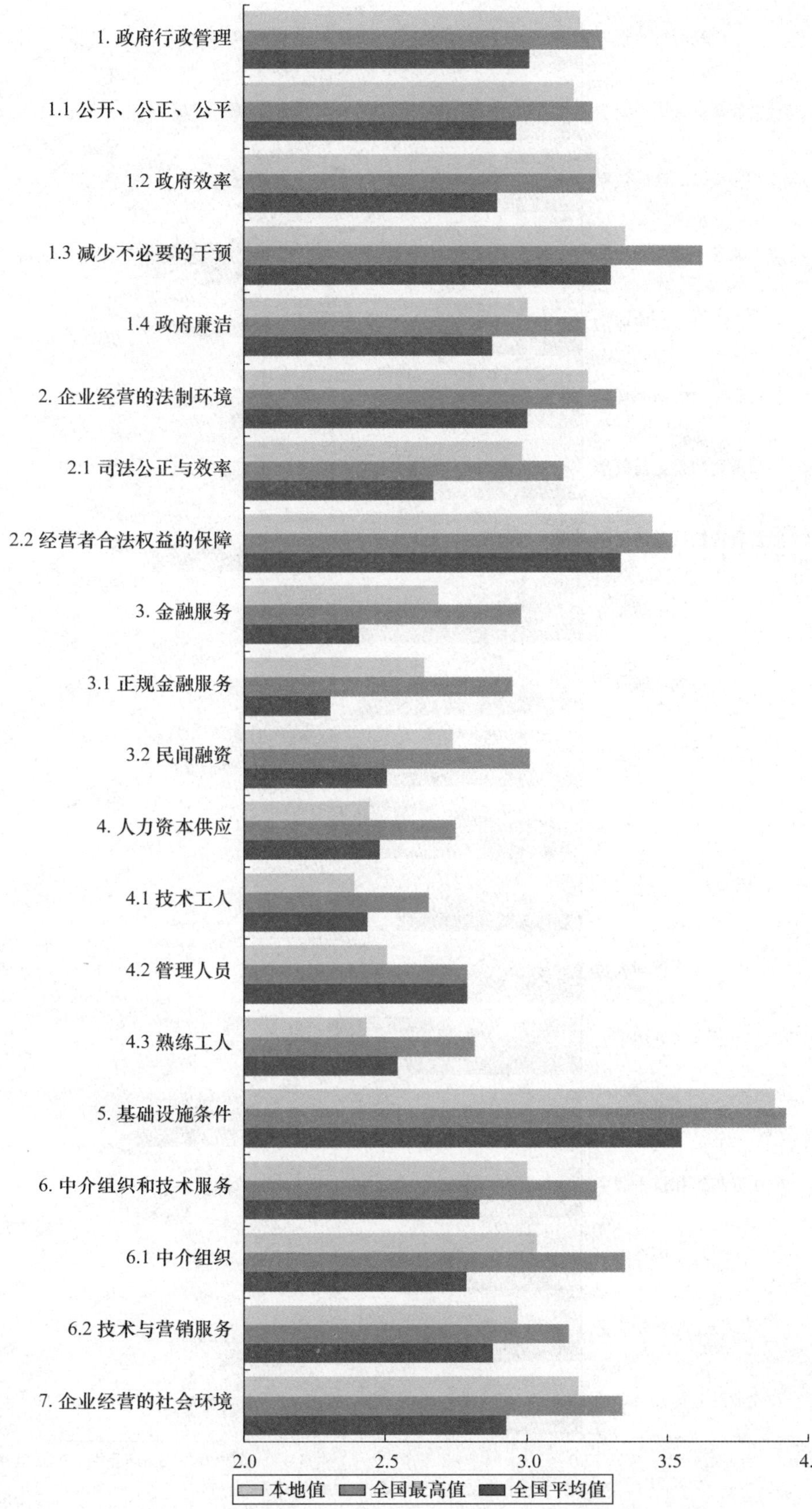

图 57　各方面指标和各分项指标与全国最高值及平均值的比较（2006 年 · 江苏）

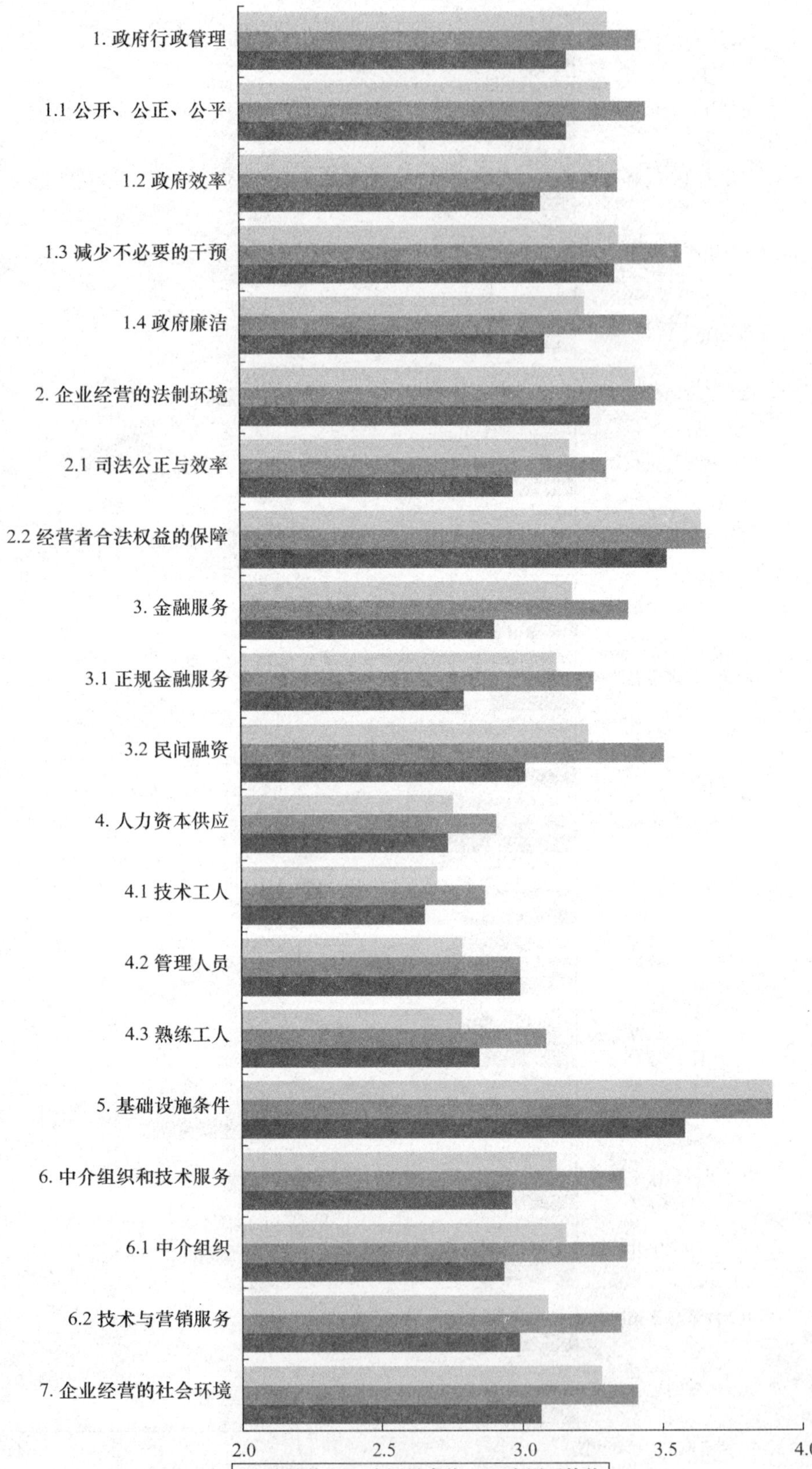

图 58　各方面指标和各分项指标与全国最高值及平均值的比较（2008 年 · 江苏）

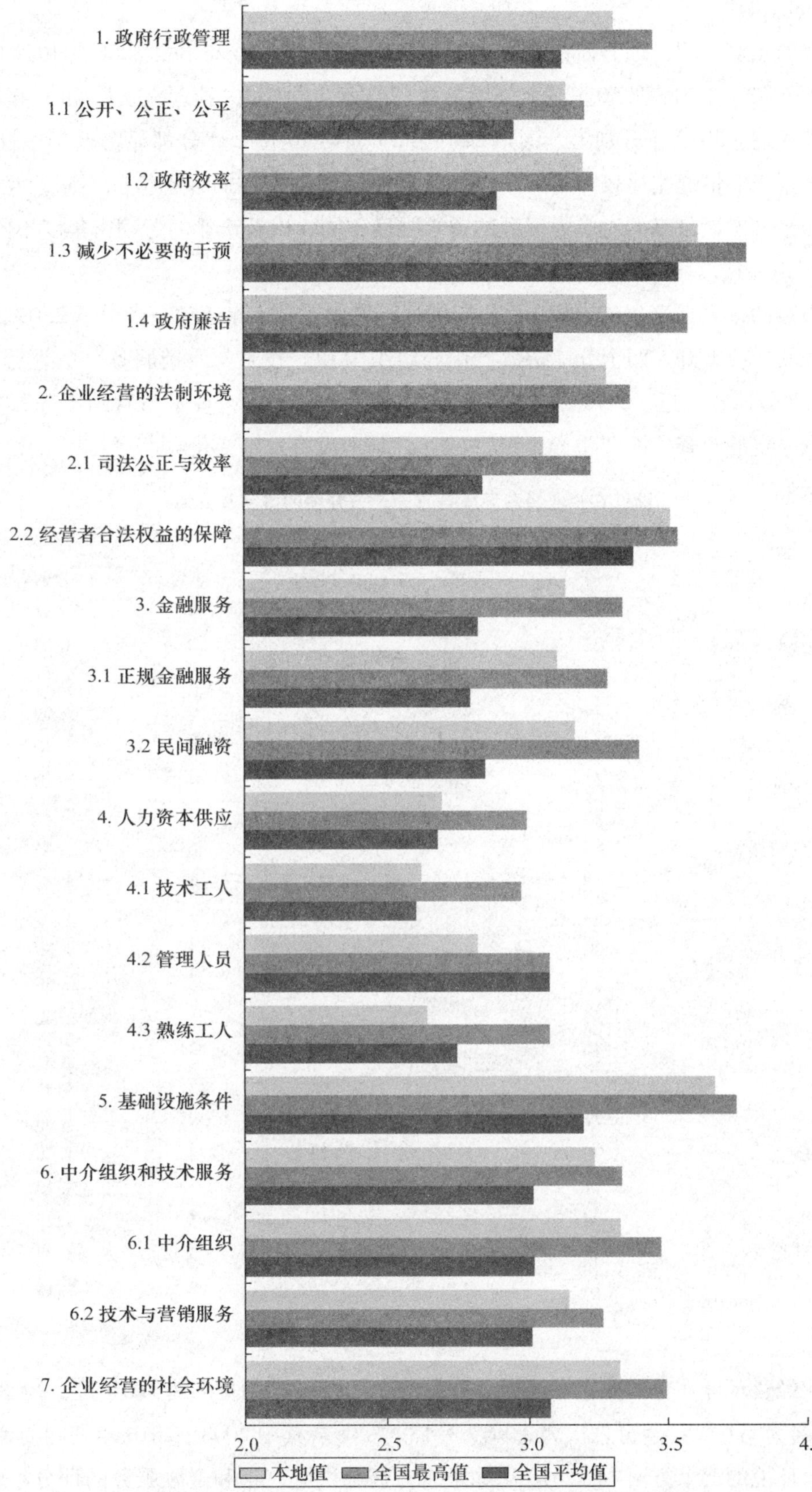

图 59　各方面指标和各分项指标与全国最高值及平均值的比较（2010 年・江苏）

年的评分都略高于“正规金融服务”。

（4）人力资源供应

这是浙江省的相对弱项，该方面指数在2006年的全国排名为第26位，2008年和2010年均为第25位。评分依次为2.33、2.61、2.50。三个分项指数“技术人员”、“管理人员”和“熟练工人”的排序和评分都比较接近，2010年分别为全国第22、第25和第26位，评分都显著低于中性评价值3。这说明浙江省用人紧张的情况是比较突出的。当然也需要考虑到这方面各省情况不同，互相之间有不可比的因素，例如经济发展带来的对人力资源的需求强度不同，以及产业的劳动密集度不同等因素。

（5）中介组织和技术服务

这个方面指数的排名在2006年到2010年期间保持在第5位、第4位，评分从3.09上升到3.13和3.20，呈小幅度的持续上升。两个分项指数“中介组织”和“技术与营销服务”的评分都高于中性评价值3，排序和评分比较接近，2010年分别为第4位和第5位。但“技术与营销服务”在2006~2010年期间的评分有一定的改善，而“中介组织”的评分基本没有发生变化。

表20　　浙江在企业经营环境各方面、各分项的排名及分值

	2006年		2008年		2010年	
	分值	排名	分值	排名	分值	排名
政府行政管理	3.26	1	3.32	4	3.31	3
公开、公正、公平	3.22	1	3.32	4	3.13	4
政府效率	3.23	2	3.25	4	3.11	3
减少不必要的干预	3.44	4	3.46	4	3.69	3
政府廉洁	3.13	4	3.26	4	3.30	3
企业经营的法制环境	3.21	2	3.36	4	3.20	6
司法公正与效率	2.95	4	3.14	5	2.97	7
经营者合法权益的保障	3.47	3	3.58	6	3.43	7
金融服务	2.97	1	3.37	1	3.33	1
正规金融服务	2.94	1	3.25	1	3.27	1
民间融资	3.00	1	3.49	1	3.39	1
人力资源供应	2.33	26	2.61	25	2.50	25
技术人员	2.24	28	2.52	25	2.42	25
管理人员	2.40	23	2.63	24	2.61	22
熟练工人	2.35	29	2.69	27	2.48	26
基础设施条件	3.71	5	3.68	9	3.44	4
中介组织和技术服务	3.09	5	3.13	4	3.20	5
中介组织	3.14	2	3.14	3	3.15	4
技术与营销服务	3.04	5	3.11	5	3.25	5
企业经营的社会环境	3.33	1	3.32	3	3.33	2
总评	3.13	2	3.26	3	3.19	4

12. 安徽

安徽的企业经营环境在全国的相对位置呈上升趋势，2006年的排名为第10位，2008年为第7位，在2010年的排名为第6位，得分依次为2.96、3.13、3.09。其中2008~2010年期间的评分没有改善。

在企业经营环境的七个方面中，2010年除了人力资源供应三年和金融服务的评分小于中性评价值3，其他几个方面指数的评分都大于3。与其他地区相比较，安徽在政府行政管理、企业经营的法制环境、金融服务方面有一定的优势，这三个方面在2010年的排名都在全国第5~6位。安徽相对薄弱的

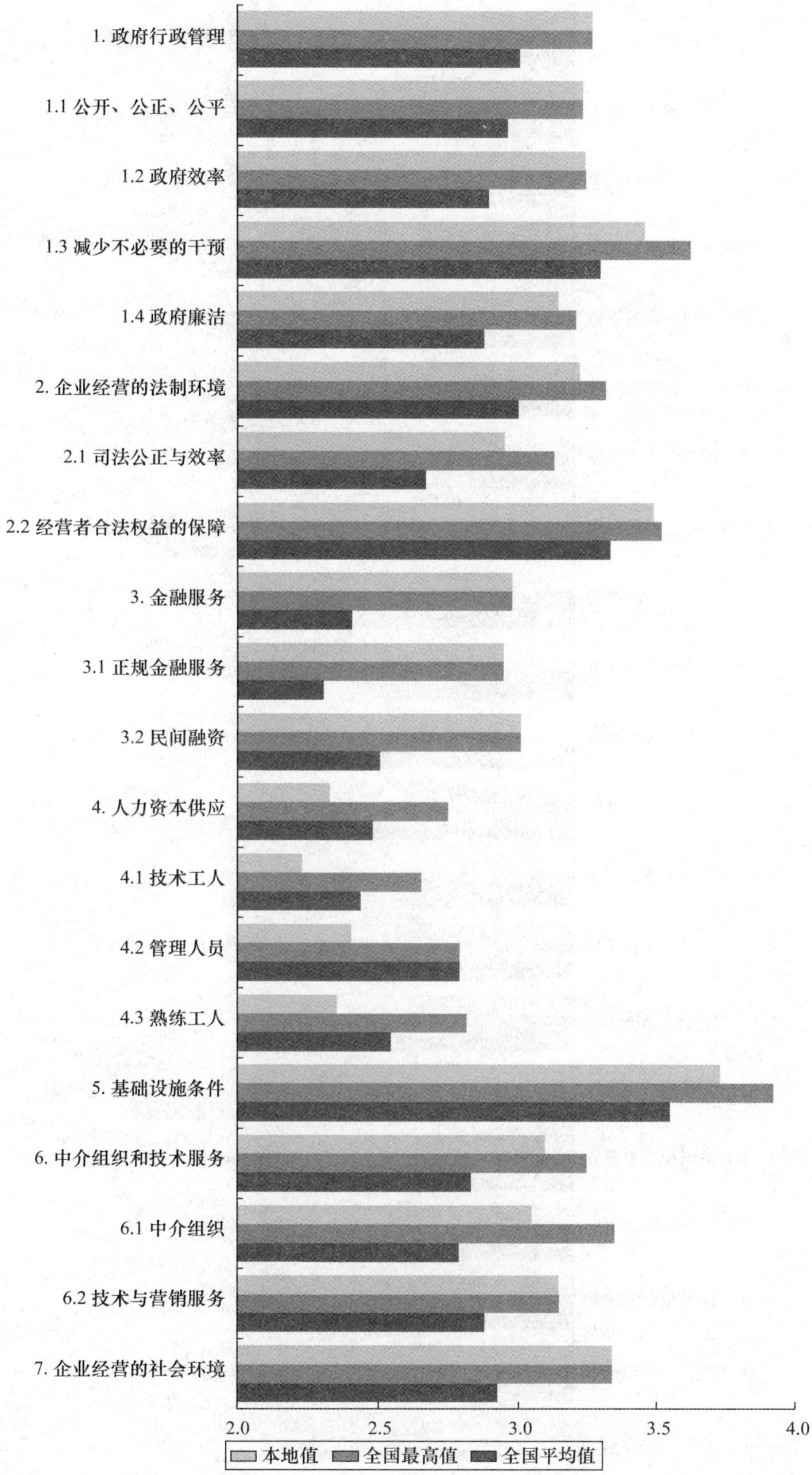

图 60　各方面指标和各分项指标与全国最高值及平均值的比较（2006 年 · 浙江）

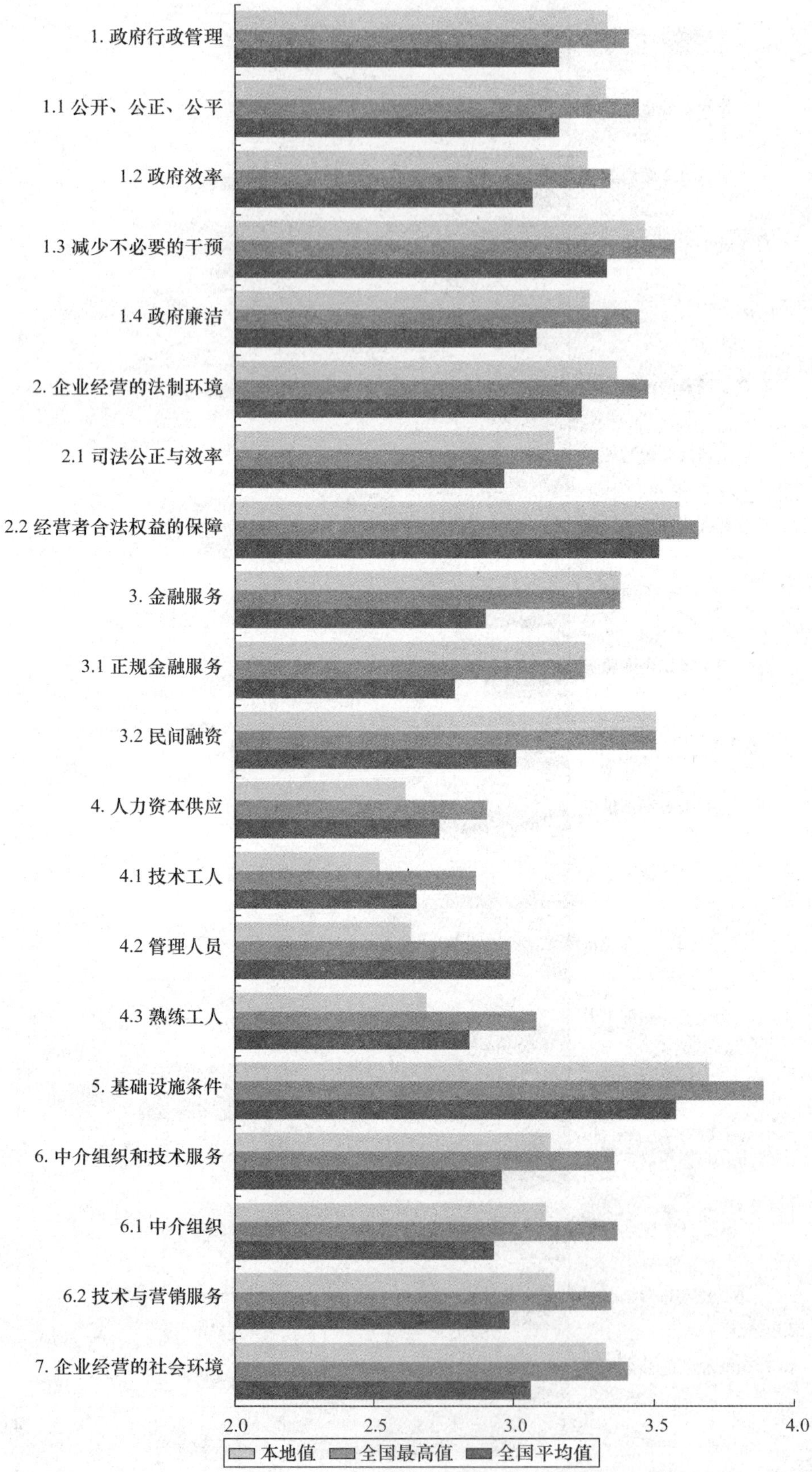

图 61　各方面指标和各分项指标与全国最高值及平均值的比较（2008 年 · 浙江）

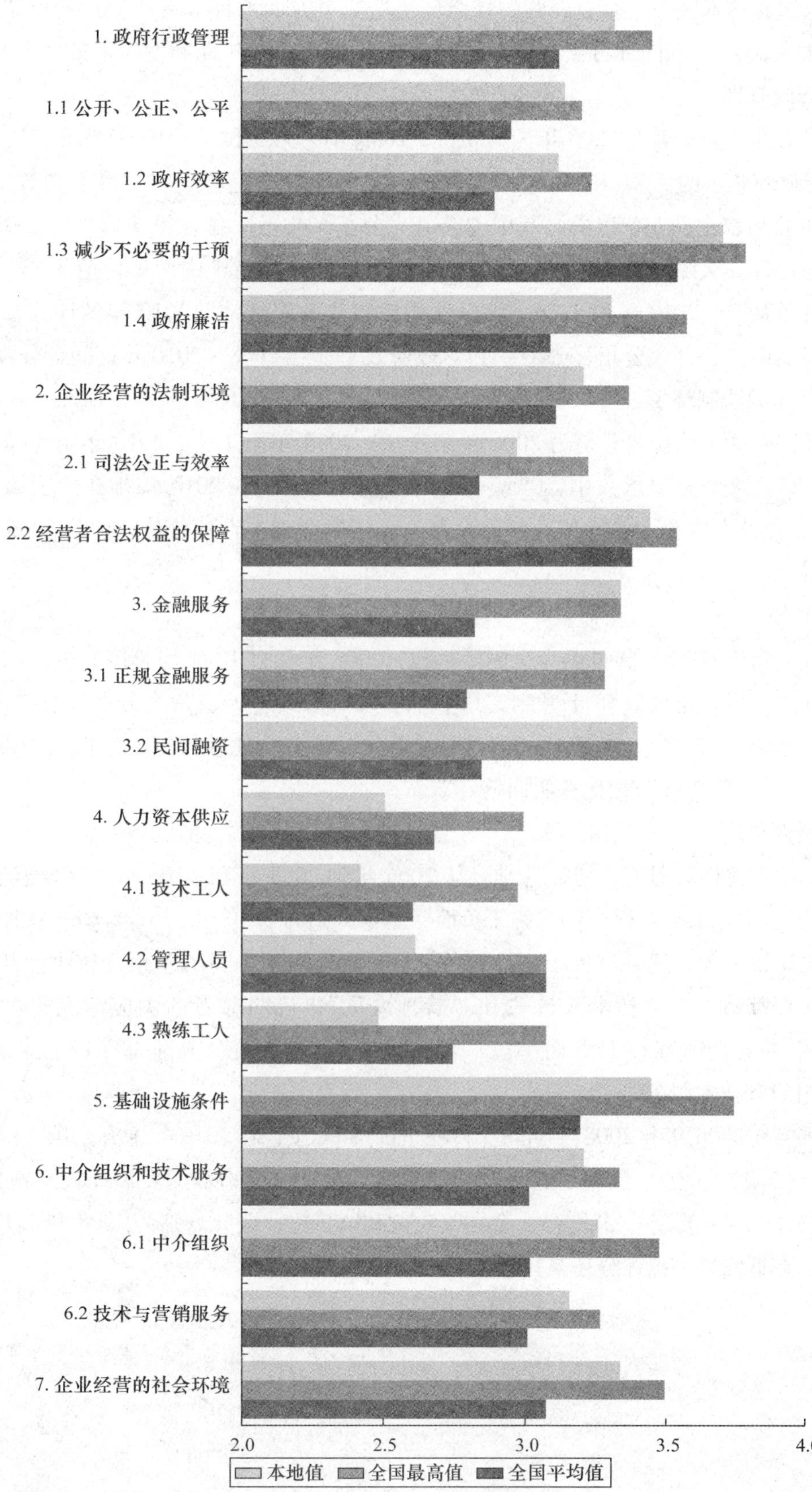

图 62　各方面指标和各分项指标与全国最高值及平均值的比较（2010 年 · 浙江）

方面是人力资源供应，2010 年排在第 14 位，与以前年份的排序相比变化不大。从评分来看，政府行政管理、中介组织和技术服务、企业经营的社会环境这三个方面的评分有小幅度的稳定上升，其他四个方面只在 2006 ~ 2008 年期间评分出现了改善，而在 2008 ~ 2010 年期间发生了某种程度的回落。

（1）政府行政管理

这个方面指数的全国排名在 2006 年为第 6 位，2008 年为第 9 位，2010 年为第 5 位。评分从 2006 年的 3.16 上升到 2008 年的 3.21 和 2010 年的 3.29，呈缓慢上升趋势。四个分项指数发展比较平衡，2010 年在全国的排名都在前 6 位以内，其中“公开、公正、公平”排在第 3 位，比 2006 年和 2008 年的排名有较大的提升。从评分来看，四个分项指数的历年评分都高于中性评价值 3。其中“减少不必要的干预”的评价最高，2010 年为 3.66，该分项指数和“政府廉洁”2010 年的评分都比以前年份有比较明显的提高。而“公开、公正、公平”和“政府效率”在 2008 ~ 2010 年期间评分没有改善。

（2）企业经营的法制环境

该方面指数三年的全国排名分别为 2006 年第 4 位、2008 年第 7 位、2010 年第 5 位。评分分别为 3.14、3.30、3.25。两个分项指数中，“经营者合法权益的保障”2010 年排在全国第 4 位，评分为 3.50；“司法公正与效率”排在第 6 位，评分为 3.01，刚刚达到中性评价值，但与 2006 年偏于负面的 2.83 相比有进步。

（3）金融服务

金融服务方面指数的 2006 年排名为全国第 4 位，2008 年和 2010 年均为第 6 位，相对于其他省份仍是情况比较好的。评分先从 2.58 上升到 3.02，后小幅回落到 2.94。两个分项指数“正规金融服务”和“民间融资”发展比较平衡，2010 年排名都是第 8 位，评分也比较接近，略低于中性评价值 3，其中“民间融资”与 2008 年评分相比有所回落。

（4）人力资源供应

该方面是安徽省的相对弱项，指数的排名从 2006 年到 2008 年和 2010 年依次为第 15 位第 14 位、第 14 位，在全国居中等水平。评分仍然偏于负面，三年分别为 2.50、2.76、2.67。从评分上看，三个分项指数的情况比较平衡，评分都低于中性评价值 3，而且相互之间的差距比较小。其中，“熟练工人”的评分和排序都略高于“技术人员”和“管理人员”，说明前者的供应情况相对好一些。2010 年，“熟练工人”排在全国第 15 位，而“技术人员”和“管理人员”分别为第 17 位和第 18 位。

（5）中介组织和技术服务

该指数的排名在 2006 年和 2008 年期间保持在全国第 11 位，在 2010 年上升到第 8 位。这三年的评分从 2.85 上升到 3.00、3.09，呈现了逐步改善的趋势。两个分项指数的发展比较平衡，2010 年“中介组织”和“技术与营销服务”分别排在全国第 8 位和第 9 位，评分分别为 3.08 和 3.11。其中，“技术与营销服务”在近几年无论评分还是排序改善的幅度都更大一些。

表 21　　安徽在企业经营环境各方面、各分项的排名及分值

	2006 年		2008 年		2010 年	
	分值	排名	分值	排名	分值	排名
政府行政管理	3.16	6	3.21	9	3.29	5
公开、公正、公平	3.04	11	3.19	11	3.14	3
政府效率	3.09	5	3.16	8	3.06	5
减少不必要的干预	3.37	7	3.30	19	3.66	6
政府廉洁	3.15	3	3.18	9	3.29	4

续表

	2006 年		2008 年		2010 年	
	分值	排名	分值	排名	分值	排名
企业经营的法制环境	3.14	4	3.30	7	3.25	5
司法公正与效率	2.83	7	3.05	7	3.01	6
经营者合法权益的保障	3.44	6	3.54	10	3.50	4
金融服务	2.58	4	3.02	6	2.94	6
正规金融服务	2.55	5	2.89	9	2.90	8
民间融资	2.61	9	3.16	5	2.97	8
人力资源供应	2.50	15	2.76	14	2.67	14
技术人员	2.40	18	2.70	12	2.59	17
管理人员	2.48	14	2.68	19	2.65	18
熟练工人	2.61	9	2.89	13	2.78	15
基础设施条件	3.53	15	3.56	15	3.27	8
中介组织和技术服务	2.85	11	3.00	11	3.09	8
中介组织	2.95	8	3.06	7	3.08	8
技术与营销服务	2.75	13	2.95	12	3.11	9
企业经营的社会环境	2.96	10	3.06	14	3.10	10
总评	2.96	10	3.13	7	3.09	6

13. 福建

福建的企业经营环境，在2006 年的全国排名为第7 位，2008 年上升到第6 位，但2010 年降至第9 位。这三年的得分分别为2.99、3.16、3.05。2010 年与2008 年相比略有下降，但在全国仍然是比较好的，保持在前10 名内。

福建省企业经营环境的七个方面发展不够平衡。与其他省份相比较，金融服务方面是其相对强项，2010 年排在全国第3 位；中介组织和技术服务也相对较强，排在第6 位。人力资源供应是其相对弱项，2010 年排在全国第27 位。政府行政管理、企业经营的法制环境、企业经营的社会环境这三个方面，分别排在第9 位、第10 位、第9 位，但比它们2006 年的排名分别下降了4 位、2 位和2 位。基础设施条件在2010 年也排在第9 位，比2006 年相对上升了4 位。从评分来看，福建企业经营环境各方面指数的2008 年和2010 年评分，只有人力资源供应显著低于中性评价值3（2010 年为2.44），其他六个方面都高于3。

（1）政府行政管理

这个方面指数的全国排名从2006 年的第5 位下降到2008 年的第6 位和2010 年的第9 位，评分先从3.18 上升到3.26，后回落到3.18，相对于其他一些省份而言有所退步。四个分项指数中，“公开、公正、公平”和“政府廉洁”的2010 年全国排序高于“政府效率”和“减少不必要的干预”，前两者分别为第9 位和第8 位，而后两者均为第12 位。但就评分而言，“减少不必要的干预”仍然是四个分项指数中最高的，2010 年为3.55。而“政府效率”只有2.93。

（2）企业经营的法制环境

在该方面，指数的排名从2006 年的第8 位下降到2008 年的第10 位，2010 年保持在第10 位。评分从3.07 上升到3.26，后回落到3.15。两个分项指数“司法公正与效率”和“经营者合法权益的保障”，在2010 年分别排在全国第10 位和第12 位，与它们2006 年的排序相比都没有变化，两者评分也

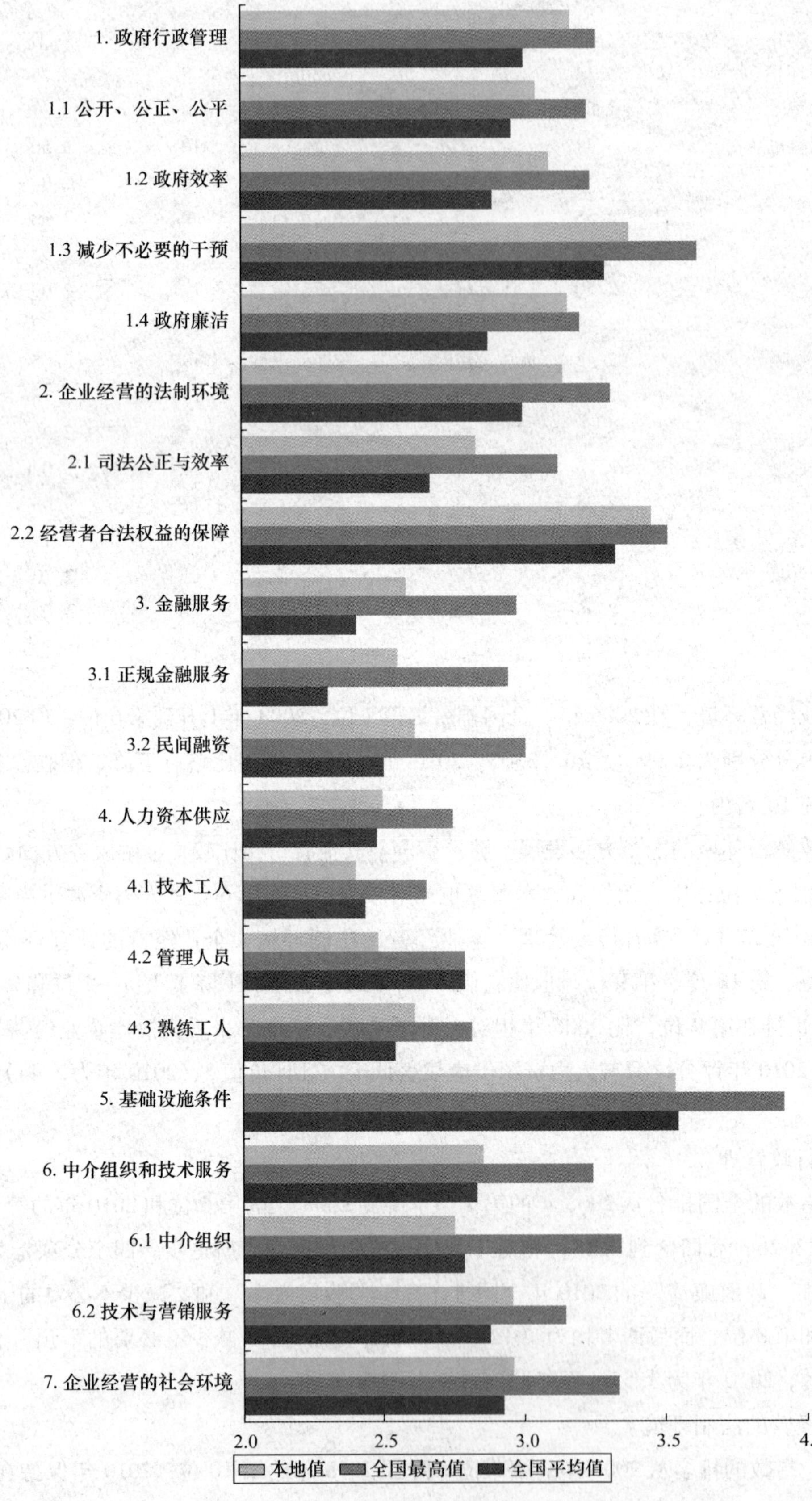

图 63　各方面指标和各分项指标与全国最高值及平均值的比较（2006 年 · 安徽）

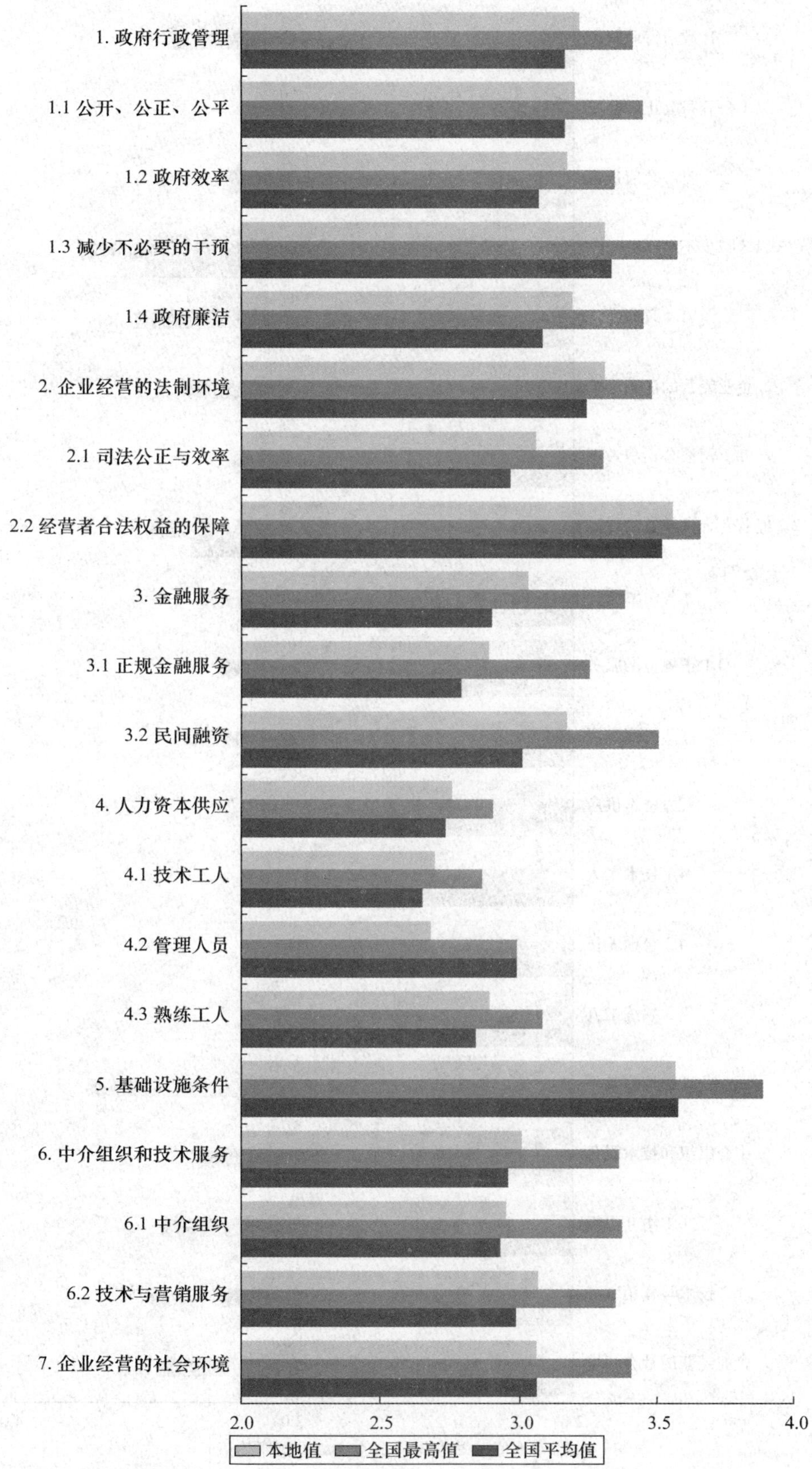

图 64　各方面指标和各分项指标与全国最高值及平均值的比较（2008 年 · 安徽）

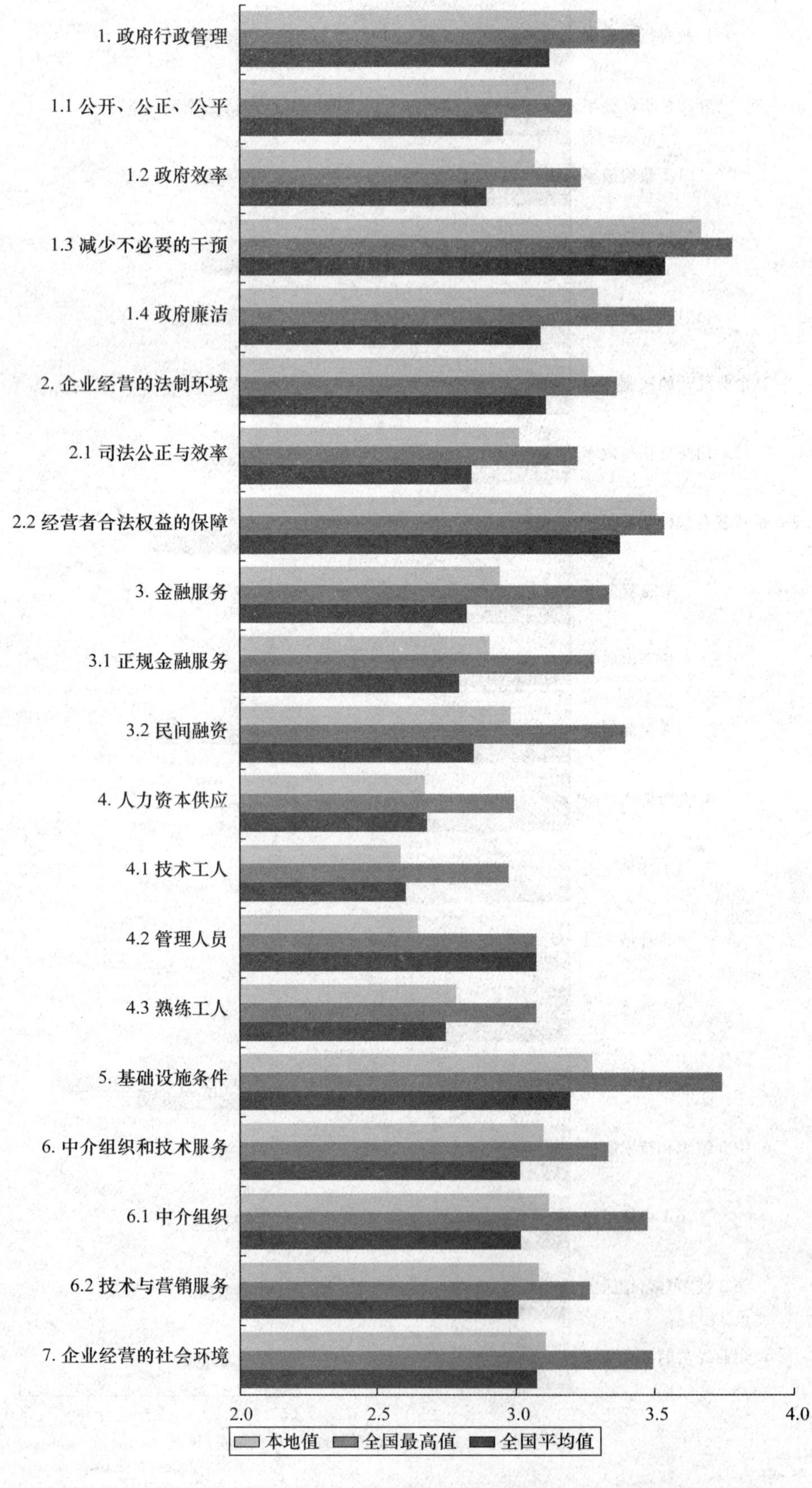

图 65　各方面指标和各分项指标与全国最高值及平均值的比较（2010 年 · 安徽）

没有实质性的变化。事实上“司法公正与效率”的 2010 年评分为 2.91，仍然低于中性评价值 3，“经营者合法权益的保障”的评分相对较高，2010 年为 3.39。

（3）金融服务

福建省在金融服务方面的情况在全国相对较好，这个方面指数在 2006 年、2008 年和 2010 年的排名分别为第 2 位、第 4 位和第 3 位。评分在 2006 年为 2.75，2008 年上升到 3.12，2010 年为 3.08，仍保持在中性值 3 以上。两个分项指数中，“民间融资”的评分和排名都略好于“正规金融服务”。2010 年前者的评分为 3.17，排在全国第 2 位，而后者的评分为 2.99，评价值仍然低于 3，排在全国第 5 位。

（4）人力资源供应

这个方面指数是福建省的相对弱项，全国排名从 2006 年的第 25 位下降到 2008 年的第 28 位，2010 年仍为第 27 位。三年的评分分别为 2.35、2.56、2.44，都显著低于中性评价值 3。这反映出人力资源的短缺是制约福建省企业经营环境的一个瓶颈因素。三个分项指数“技术人员”、“管理人员”和“熟练工人”的情况都差不多，2010 年分别排在全国第 27、第 26 和第 27 位。但相对于 2006 年的排序，“熟练工人”的位次有所上升，而“管理人员”位次有所下降。

（5）中介组织和技术服务

该方面指数在 2006 年、2008 年和 2010 年的排名分别为第 7 位、第 8 位、第 6 位，变化不大；而评分分别为 2.87、3.02、3.13，呈现缓慢改善的趋势。两个分项指数“中介组织”和“技术与营销服务”的排名和评分都很接近，2010 年均为第 7 位，评分分别为 3.11 和 3.14，比它们 2006 年和 2008 年的评分略有上升。

表 22　　福建在企业经营环境各方面、各分项的排名及分值

	2006 年		2008 年		2010 年	
	分值	排名	分值	排名	分值	排名
政府行政管理	3.18	5	3.26	6	3.18	9
公开、公正、公平	3.09	7	3.24	7	3.00	9
政府效率	3.07	7	3.16	7	2.93	12
减少不必要的干预	3.48	3	3.45	5	3.55	12
政府廉洁	3.06	7	3.20	8	3.22	8
企业经营的法制环境	3.07	8	3.26	10	3.15	10
司法公正与效率	2.78	10	3.00	12	2.91	10
经营者合法权益的保障	3.37	12	3.52	13	3.39	12
金融服务	2.75	2	3.12	4	3.08	3
正规金融服务	2.73	2	2.98	5	2.99	5
民间融资	2.77	2	3.25	3	3.17	2
人力资源供应	2.35	25	2.56	28	2.44	27
技术人员	2.31	25	2.50	27	2.37	27
管理人员	2.46	16	2.54	26	2.50	26
熟练工人	2.27	30	2.64	30	2.44	27
基础设施条件	3.57	13	3.74	6	3.26	9
中介组织和技术服务	2.97	7	3.02	8	3.13	6
中介组织	2.96	6	3.01	9	3.11	7
技术与营销服务	2.97	9	3.04	9	3.14	7
企业经营的社会环境	3.05	7	3.16	8	3.12	9
总评	2.99	7	3.16	6	3.05	9

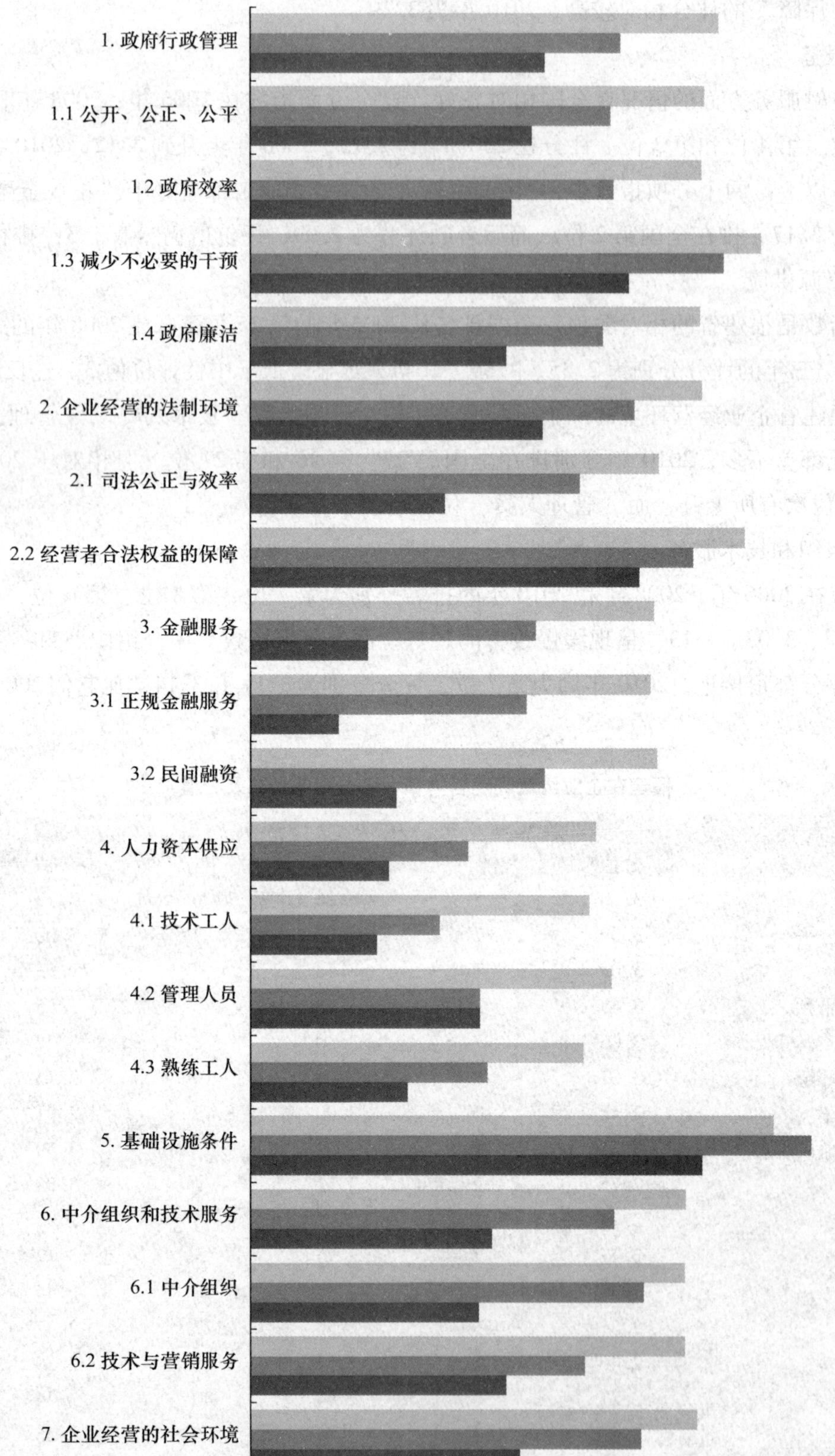

图66　各方面指标和各分项指标与全国最高值及平均值的比较（2006年·福建）

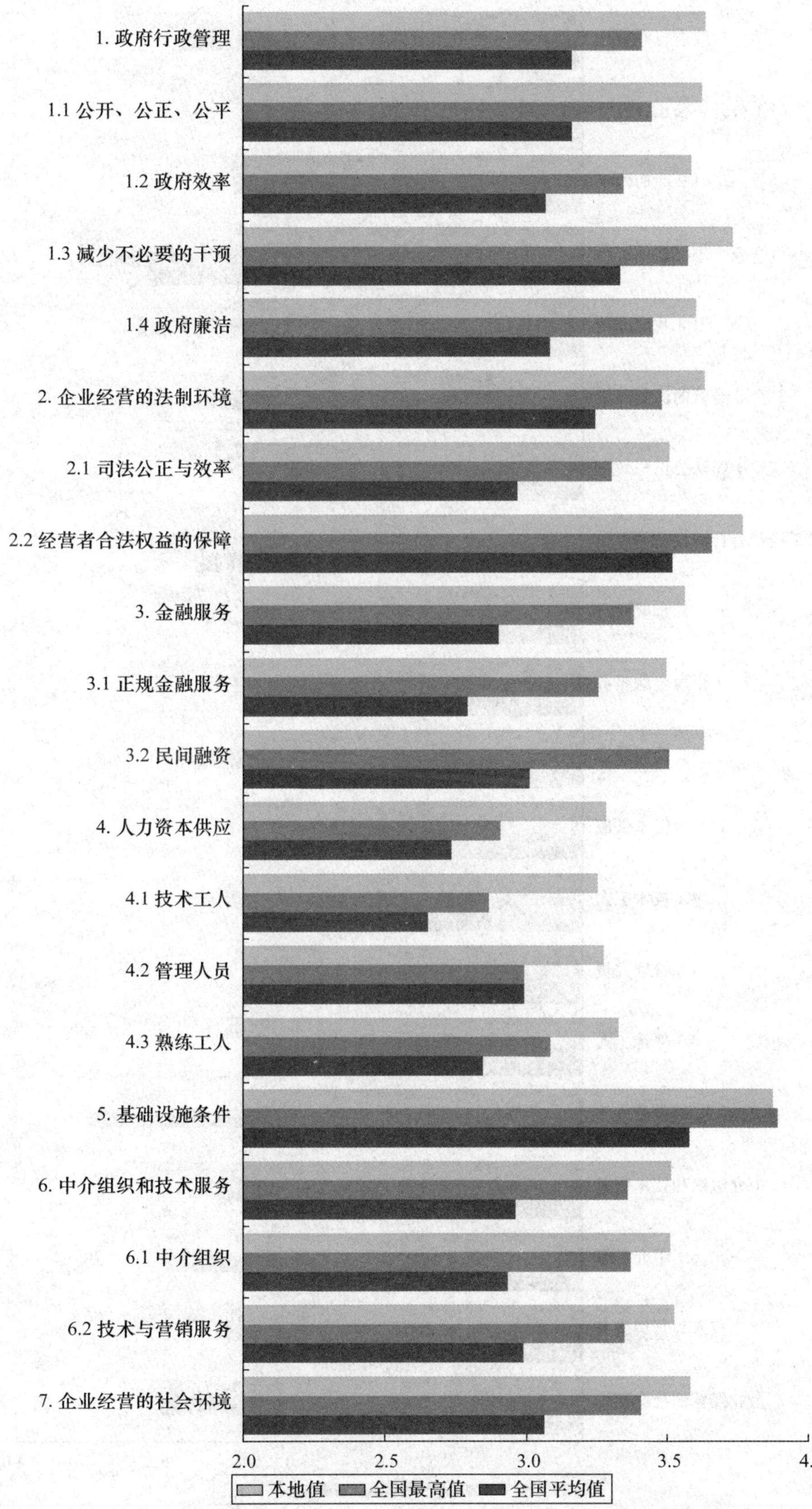

图 67　各方面指标和各分项指标与全国最高值及平均值的比较（2008 年 · 福建）

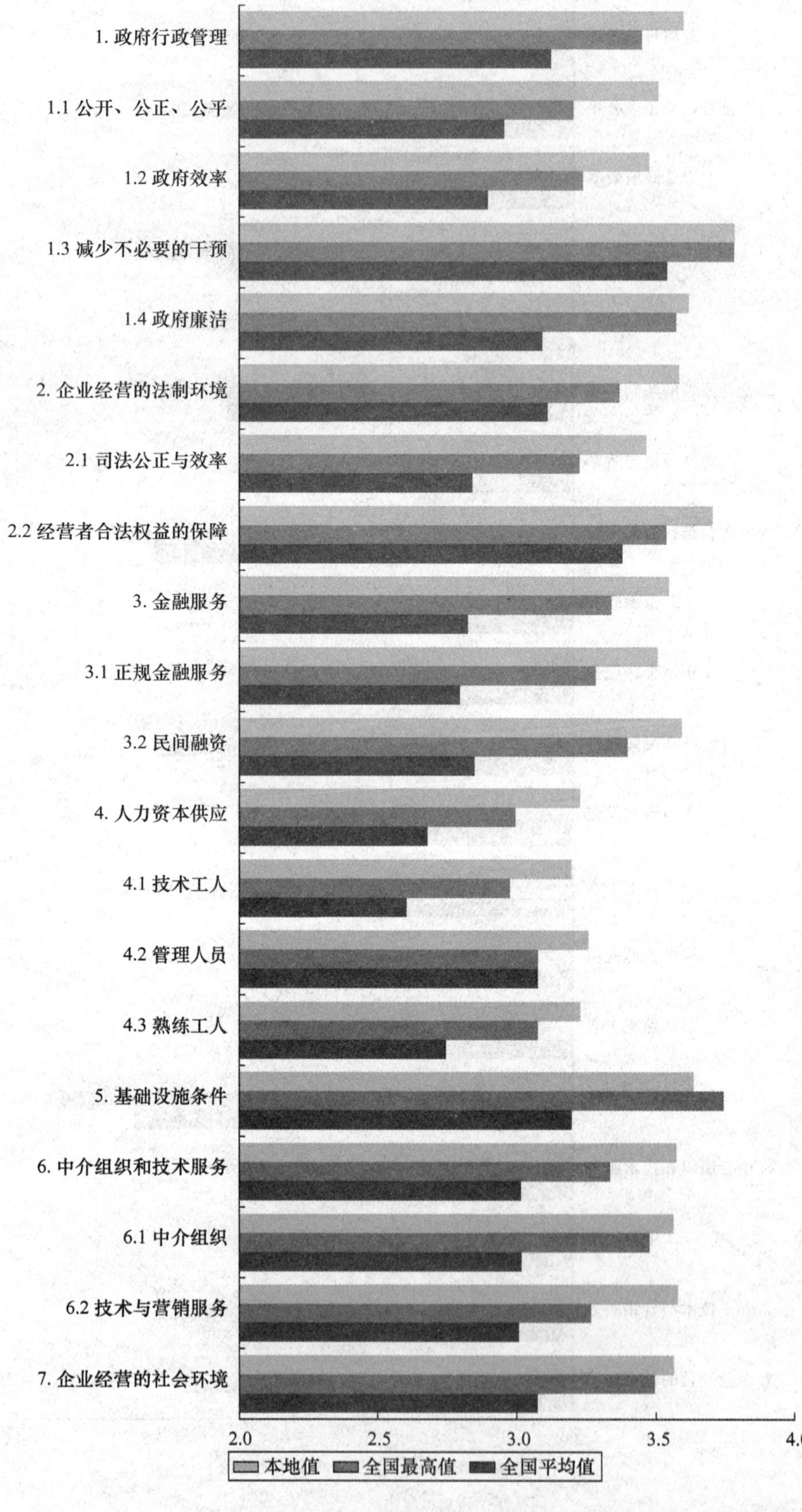

图 68　各方面指标和各分项指标与全国最高值及平均值的比较（2010 年・福建）

14. 江西

江西的企业经营环境在全国相对而言原来排位比较靠后，但近年来有相当幅度的提升。在 2006 年的全国排名为第 25 位，2008 年排名为第 22 位，2010 年为第 16 位，进入了全国中等水平。从评分来看，2006 年得分为 2.77，2008 年为 3.02，2010 年为 2.97。显示出在 2006～2008 年期间改善比较明显，而 2008～2010 年期间的相对排名上升则是由于其他有些省份的企业经营环境状况发生回落，江西省的回落不显著。

与 2006 年相比，江西省在企业经营环境的七个方面的指数排名都有不同程度的上升。2010 年全国排名相对较高的有企业经营的法制环境、企业经营的社会环境两个方面，分别排在全国第 11 位和第 12 位。两者的排名和评分与 2006 年相比都有较大幅度的提升，但前者与 2008 年相比有所下降。2010 年排名较低的有人力资源供应、中介组织和技术服务两个方面，均为全国第 20 位，不过这两个方面指数的排名和评分与 2006 年相比也有明显上升。此外，政府行政管理、金融服务、基础设施条件这三个方面的排序和评分也都比 2006 年有上升，但排序（或评分）比 2008 年有下降。2010 年这三个方面分别排在第 17、第 15 和第 14 位。

就评分而言，2010 年有四个方面的评分小幅度超过了中性评价值 3，它们是政府行政管理、企业经营的法制环境、基础设施条件、企业经营的社会环境。有三个方面仍然低于中性值 3，它们是金融服务、人力资源供应、中介组织和技术服务。

（1）政府行政管理

这个方面指数的排名从 2006 年的第 22 位上升到 2008 年的第 13 位，但 2010 年回落到第 17 位。评分依次为 2.91、3.17、3.07。因此评分的回落是排名回落的基本原因。四个分项指数中，2010 年排名比较靠前的是“公平和公正”和“政府效率”，均排在第 13 位。排名比较靠后的是“减少不必要的干预”和“政府廉洁”，两者都排在第 20 位。但就评分而言，“减少不必要的干预”仍然得到了比较高的评分，2010 年为 3.44；其排名相对靠后是与其他省份比较的结果。而另外三个分项指数的评分都仍然低于中性评价值 3，分别为 2.95、2.93 和 2.95。

（2）企业经营的法制环境

该指数的排名从 2006 年的第 22 位上升到 2008 年的第 9 位，进步较快，但 2010 年回落到第 11 位。评分依次为 2.88、3.26、3.13。两个分项指数中，“司法公正与效率”2010 年排在全国第 13 位，评分为 2.84，仍停留在偏于负面的区间。“经营者合法权益的保障”2010 年排在第 9 位，评分为 3.41，是比较积极的评价。

（3）金融服务

金融服务指数的排名在 2006～2008 年区间保持在第 17 位，在 2010 年上升到第 15 位。评分先从 2.40 上升到 2.86，后轻微回落到 2.80。两个分项指数发展不平衡，“民间融资”不论在评分还是在排名上都好于“正规金融服务”，2010 年两者分别排在全国第 14 位和第 18 位，评分分别为 2.89 和 2.70。但“正规金融服务”的评分较前几年还是有所改善。

（4）人力资源供应

江西省人力资源供应指数的排名比较落后，但呈现改善的趋势。在全国的排名从 2006 年的第 28 位上升到 2008 年的第 24 位和 2010 年的第 20 位，三年的评分依次为 2.27、2.63、2.63。三个分项指数“技术人员”、“管理人员”和“熟练工人”的评分都低于中性评价值 3，但与 2006 年相比都有一定程度的提高。2010 年它们在全国的排名分别为第 14 位、第 19 位和第 21 位，以“技术人员”的相对情况较好，“熟练工人”排名最低。

（5）中介组织和技术服务

这个负面指数的全国排名从2006年的第26位下降到2008年的第29位，但2010年上升到第20位。评分依次从2.67上升到2.79和2.94，呈上升趋势。两个分项指数的评分都低于中性评价值3，评分都在上升。两个分项指数“中介组织”和“技术与营销服务”在2010年的排名分别为第17位和第22位，评分分别为2.88和2.99，排序和评分都比前几年有所提升。

表23　江西在企业经营环境各方面、各分项的排名及分值

	2006年		2008年		2010年	
	分值	排名	分值	排名	分值	排名
政府行政管理	2.91	22	3.17	13	3.07	17
公开、公正、公平	2.88	19	3.11	18	2.95	13
政府效率	2.86	15	3.07	13	2.93	13
减少不必要的干预	3.16	26	3.35	12	3.44	22
政府廉洁	2.75	23	3.13	11	2.95	22
企业经营的法制环境	2.88	22	3.26	9	3.13	11
司法公正与效率	2.49	22	2.95	16	2.84	13
经营者合法权益的保障	3.28	18	3.58	7	3.41	9
金融服务	2.40	17	2.86	17	2.80	15
正规金融服务	2.24	16	2.65	25	2.70	18
民间融资	2.55	13	3.08	9	2.89	14
人力资源供应	2.27	28	2.63	24	2.63	20
技术人员	2.15	29	2.52	26	2.60	14
管理人员	2.25	28	2.64	23	2.63	19
熟练工人	2.42	23	2.72	24	2.66	21
基础设施条件	3.45	19	3.37	26	3.17	14
中介组织和技术服务	2.67	26	2.79	29	2.94	20
中介组织	2.78	22	2.83	28	2.99	17
技术与营销服务	2.55	27	2.75	27	2.88	22
企业经营的社会环境	2.85	22	3.04	18	3.10	12
总评	2.77	25	3.02	23	2.97	16

15. 山东

山东的企业经营环境排在全国前10位之内，但相对位次有下降趋势，在2006年的排名为第5位，2008年的排名为第9位，2010年为第10位。三年的得分分别为3.00、3.13、3.05，显示出在2006~2008年期间有所改善，但在2008~2010年期间有某种程度的回落。

在企业经营环境的七个方面中，2010年全国排名比较靠前的有基础设施条件、企业经营的社会环境以及中介组织和技术服务，分别排在第6位、第7位和第9位，但这三个方面的排名与2006年相比都稍有下降。2010年排名比较靠后的有人力资源供应，排在全国第19位。政府行政管理、企业经营的法制环境、金融服务这三个方面在2010年的排名分别为第14位、第12位和第16位，在全国处于中间状态，但与2006年相比排名也有下滑的趋势。就评分来看，金融服务和人力资源供应这两个方面的评分明显小于中性评价值3，其他几个方面指数的评分都大于3。但各项指数除了中介组织和技术服务以外，评分都比2008年有所下降。

（1）政府行政管理

这个方面指数在2006~2008年期间的全国排名保持在第12位，在2010年下降到第14位。评分先

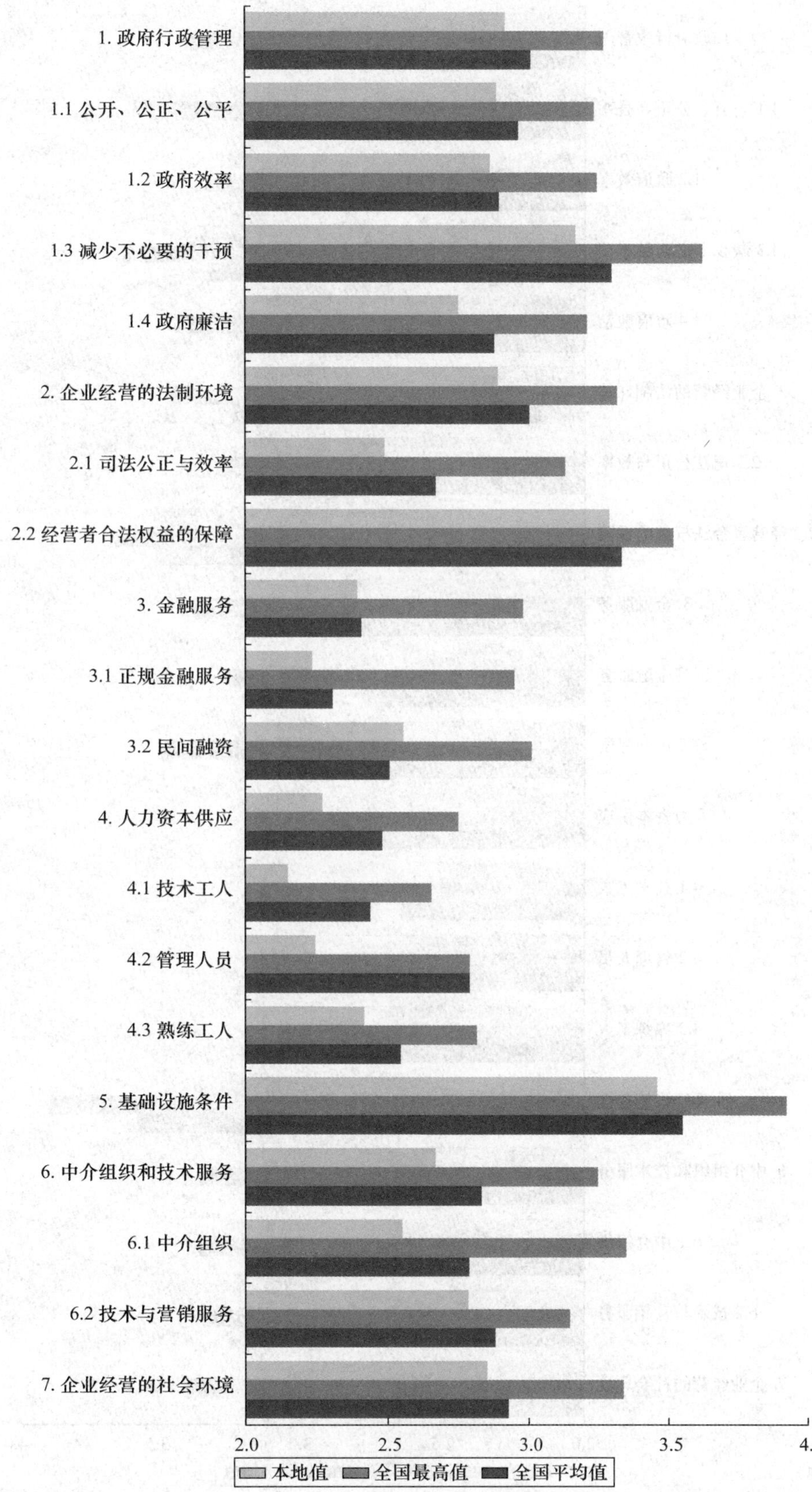

图 69　各方面指标和各分项指标与全国最高值及平均值的比较（2006 年 · 江西）

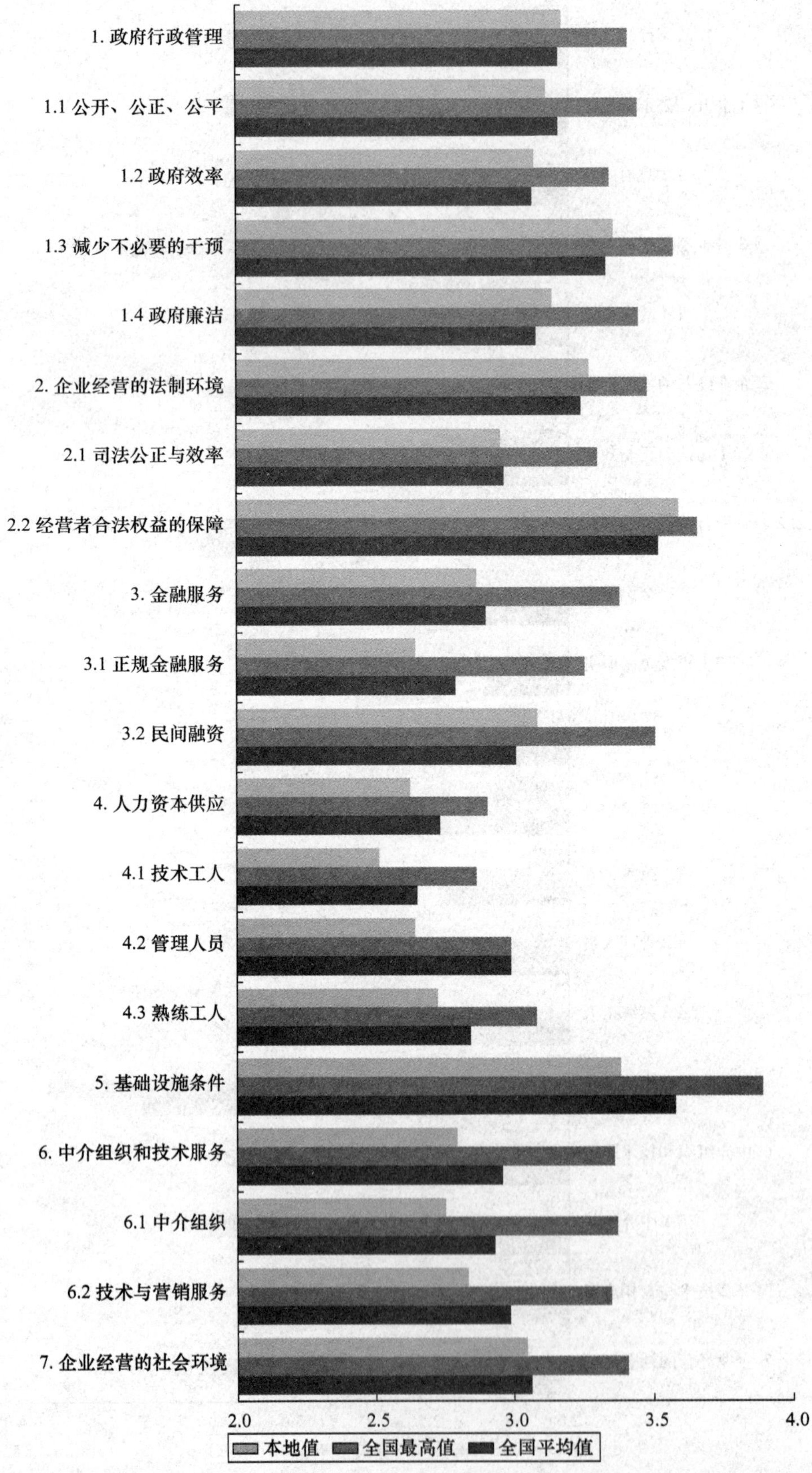

图 70　各方面指标和各分项指标与全国最高值及平均值的比较（2008 年 · 江西）

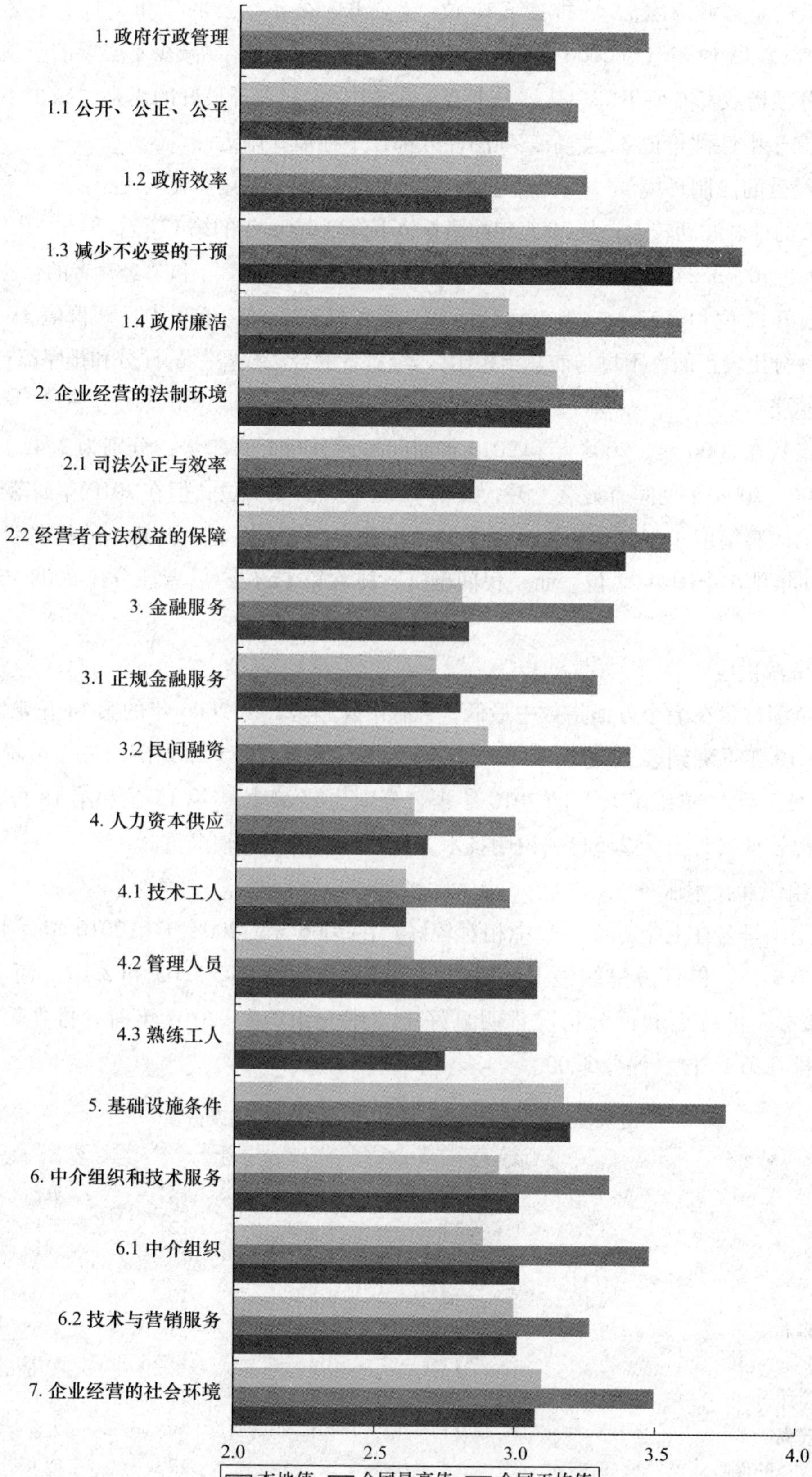

图 71　各方面指标和各分项指标与全国最高值及平均值的比较（2010 年 · 江西）

从3.06上升到3.17，后微降至3.14。四个分项指数中，2010年排名比较高的是“政府效率”，排在全国第8位，较低的是“政府廉洁”，排在第16位。“公开、公正、公平”和“减少不必要的干预”分别排在第10位和第13位。但与2006年相比，四个分项指数中只有“减少不必要的干预”有明显的上升，其余三个分项指数都有所下降。从评分上看，在2010年，表现最好的仍是“减少不必要的干预”，为3.55，明显高于中性评价值3，其余三项的评分都在中性值3附近。

（2）企业经营的法制环境

该方面指数的排名波动较大，从2006年的第6位下降到2008年的第17位，但在2010年上升到第12位。评分分别为3.10、3.24和3.12。两个分项指数“司法公正与效率”和“经营者的合法权益”在2010年分别列于全国第12位和第13位。但就评分而言，前者只有2.85，低于中性评价值3；后者领先于前者，为3.38，评分比较正面。不过与前几年相比，“经营者的合法权益”的评分和排序都有下降。

（3）金融服务

金融服务指数在2006年、2008年和2010年期间的评分呈上升趋势，分别为2.42、2.94和2.97。但排名仅在2006~2008年期间有显著上升，从第14位上升到第7位，但在2010年回落到第16位。这说明后一时期的改善幅度小于其他省份。两个分项指数中，“正规金融服务”的排名明显落后于“民间融资”，2010年排在全国第22位，而“民间融资”排在第12位。后者评分比2008年降低，但仍然高于前者。

（4）人力资源供应

该指数的全国排名在七个方面指数中最低，且有下降趋势，从2006年的第14位下降到2008年的第17位，在2010年下降到第19位。三年的评分分别为2.51、2.75和2.64。三个分项指数“技术人员”、“管理人员”和“熟练工人”的2010年排名分别为第21位、第15位和第18位，“技术人员”的排名和评分都较低（评分为2.54），说明技术人员的短缺情况比较严重。

（5）中介组织和技术服务

该指数的全国排名在七个方面指数中相对较好，在2006年、2008年和2010年分别排在全国第8位、第7位和第9位，但评分呈缓慢上升趋势，三年分别为2.95、3.03和3.07。两个分项指数中，“技术与营销服务”的排名和评分情况都明显好于“中介组织”。2010年前者排在第8位，评分为3.13，而后者排在第15位，评分3.00。

表24　　　　山东在企业经营环境各方面、各分项的排名及分值

	2006年		2008年		2010年	
	分值	排名	分值	排名	分值	排名
政府行政管理	3.06	12	3.17	12	3.14	14
公开、公正、公平	3.06	8	3.20	10	2.99	10
政府效率	3.07	6	3.16	10	3.00	8
减少不必要的干预	3.19	22	3.24	23	3.55	13
政府廉洁	2.91	13	3.10	15	3.03	16
企业经营的法制环境	3.10	6	3.24	17	3.12	12
司法公正与效率	2.73	11	2.94	18	2.85	12
经营者合法权益的保障	3.47	4	3.53	12	3.38	13
金融服务	2.42	14	2.94	7	2.79	16
正规金融服务	2.29	15	2.75	17	2.68	22
民间融资	2.54	15	3.13	7	2.89	13

续表

	2006年		2008年		2010年	
	分值	排名	分值	排名	分值	排名
人力资源供应	2.51	14	2.75	17	2.64	19
技术人员	2.47	14	2.69	14	2.54	21
管理人员	2.49	12	2.69	16	2.68	15
熟练工人	2.57	14	2.85	16	2.71	18
基础设施条件	3.80	4	3.52	19	3.40	6
中介组织和技术服务	2.95	8	3.03	7	3.07	9
中介组织	2.91	10	2.97	15	3.00	15
技术与营销服务	2.99	7	3.08	7	3.13	8
企业经营的社会环境	3.13	5	3.24	6	3.16	7
总评	3.00	5	3.13	9	3.05	10

16. 河南

河南的企业经营环境，在全国的排名有显著的进步，从2006年和2008年的第14位上升到2010年的第7位，这三年的评分分别为2.86、3.08和3.06。就评分而言，2008年与2006年相比进步是明显的。而2010年相对于2008年的排名上升主要是因为其他一些省份的评分发生了退步，而河南省大体上保持了2008年的评分水平。

在企业经营环境的七个方面中，2010年全国排名最高的是人力资源供应，排在第2位，排名最低的是企业经营的法制环境，排在全国第19位。排名提高明显的方面有政府行政管理、金融服务和企业经营的社会环境，都从2006年的20位及以下提高到第8、9位。这三个方面的评分提高也比较明显，其中政府行政管理和企业经营的社会环境都从2006年偏于负面的3以下，分别提高到比较正面的3.18和3.15。就评分而言，政府行政管理和基础设施条件两个方面的2010年评分相对较高，都是3.18，而金融服务和人力资源供应的评分仍然低于中性评价值3，中介组织和技术服务的评分刚刚达到中性值3。

（1）政府行政管理

这个方面指数的排名和评分都有较大幅度的改善，排名从2006年和2008年的第21位上升到2010年的第8位，评分从2006年的2.91上升到3.18。四个分项指数发展不平衡。其中改善最大和评分最高的是“减少不必要的干预”，2010年为3.72，排在全国第2位。而“公平、公正、公开”和“政府效率”2010年分别排在第12和第14位，评分分别只有2.96和2.93，小于中性评价值3，而且与2008年相比有所下降。“政府廉洁”2010年排名为第13位，排序和评分与2006年及2008年相比都有所上升。

（2）企业经营的法制环境

企业经营的法制环境方面目前是河南省企业经营环境的瓶颈环节。排名在2010年为第19位，与2006年相比评分有进步，评分上升了1位。两个分项指数发展不平衡，其中“经营者合法权益的保障”的表现相对较好，2010年排在全国第11位，评分为3.40。而“司法公正与效率”排在第19位，评分只有2.76，显著低于中性评价值3，是比较负面的评价。因此后者是影响该方面指数评价的基本原因。

（3）金融服务

金融服务的2010年评分与2008年相比只有小幅度的改善，为2.88，但相对于其他省份的排名有

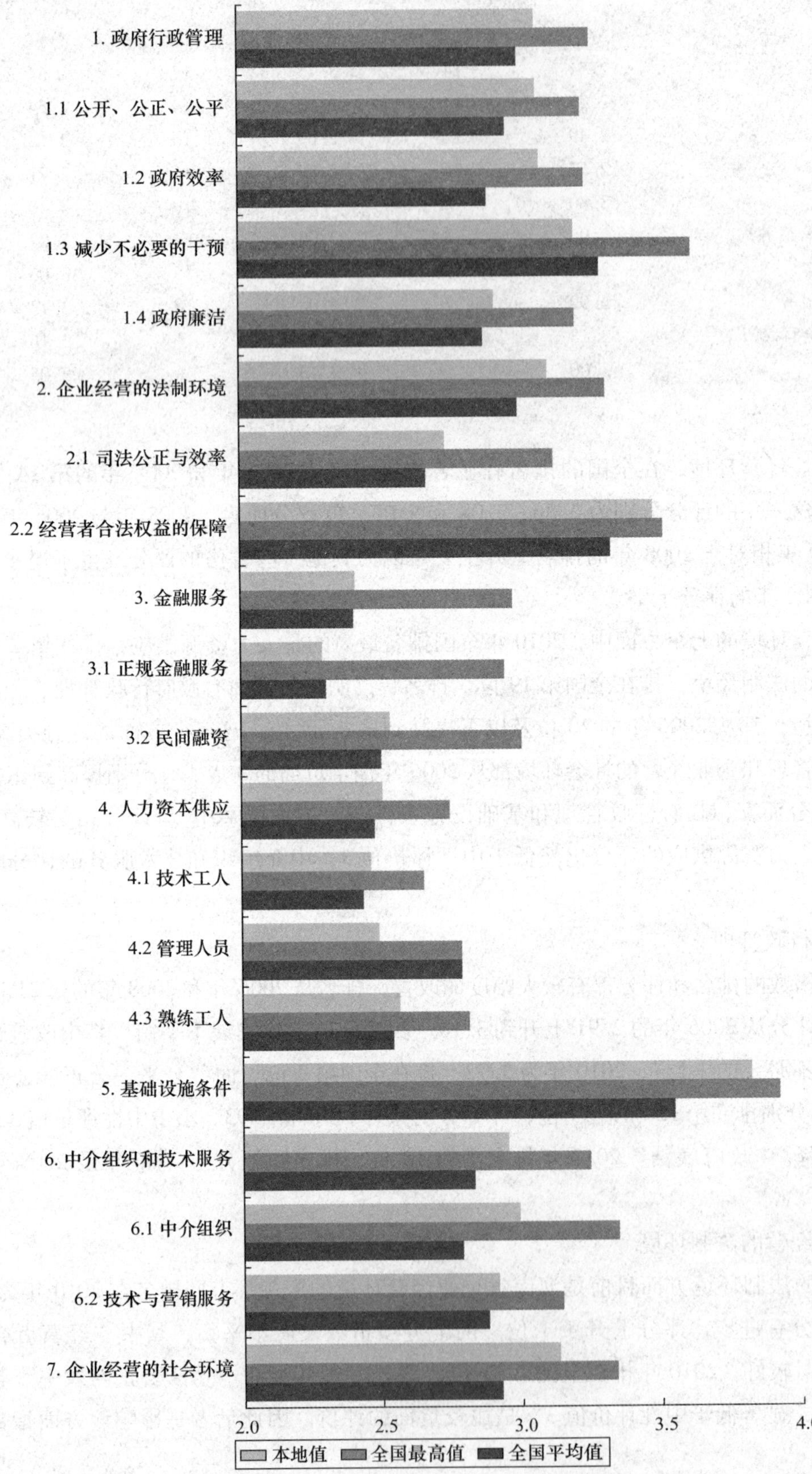

图 72　各方面指标和各分项指标与全国最高值及平均值的比较（2006 年 · 山东）

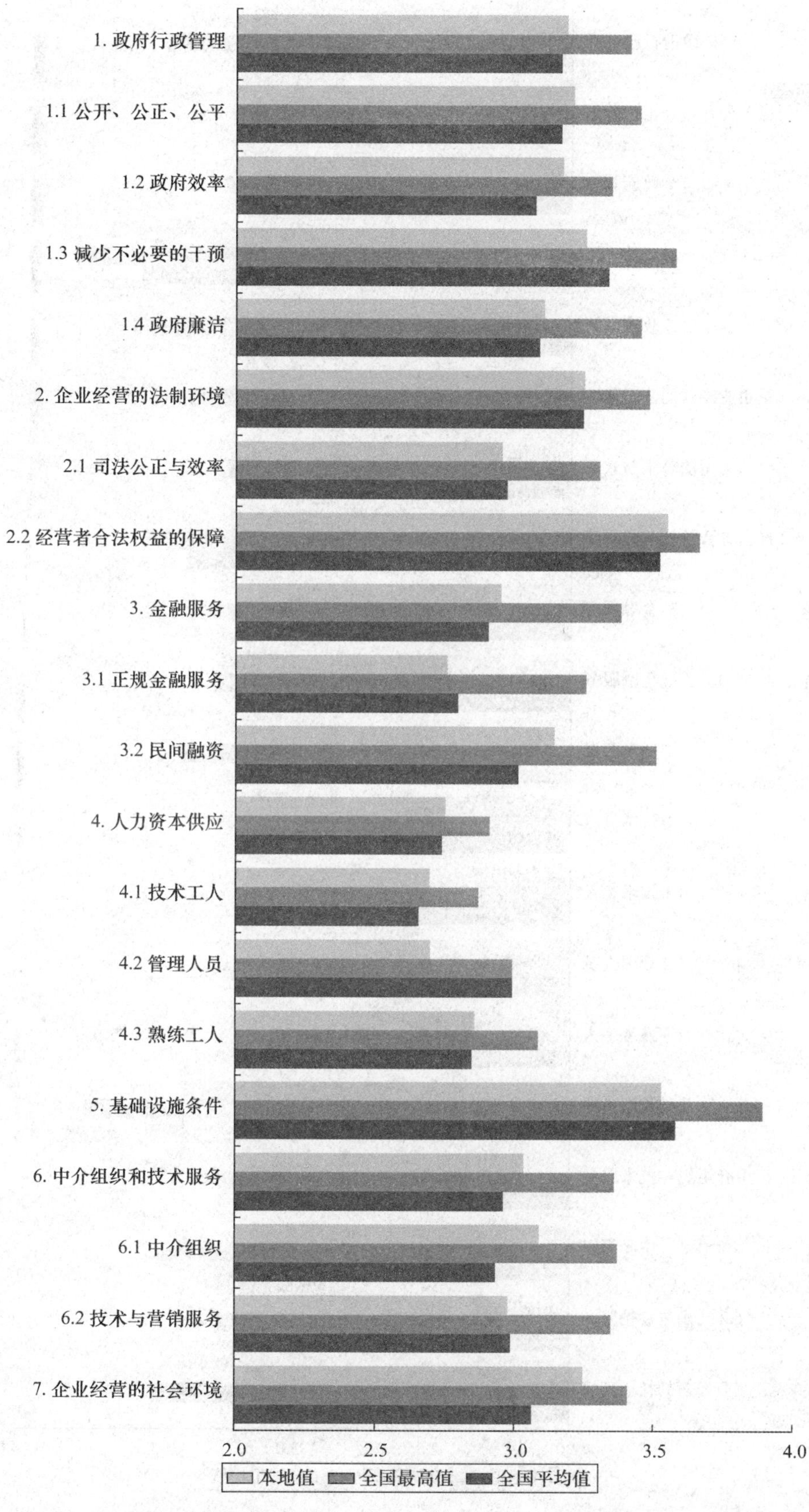

图 73　各方面指标和各分项指标与全国最高值及平均值的比较（2008 年 · 山东）

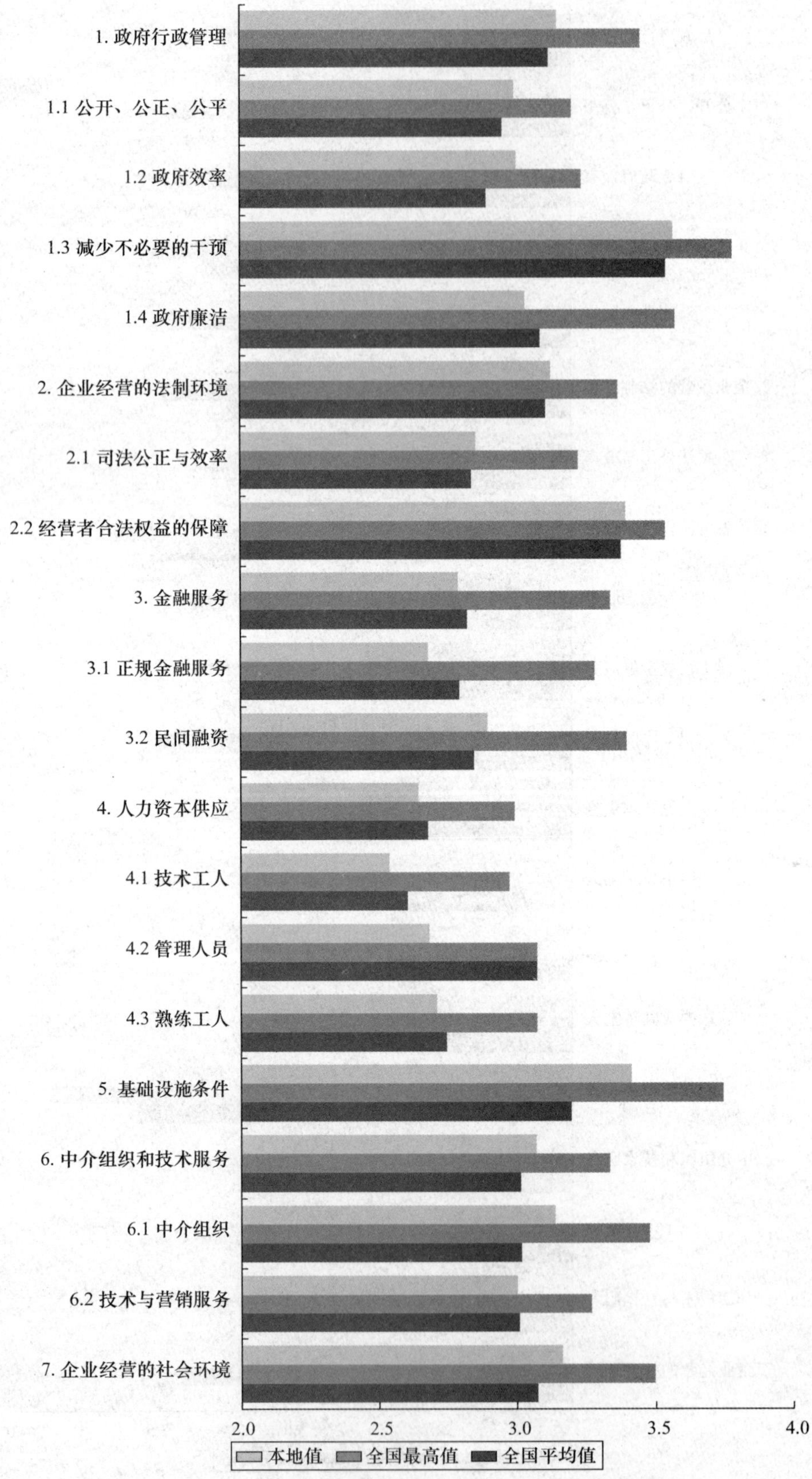

图 74　各方面指标和各分项指标与全国最高值及平均值的比较（2010 年 · 山东）

大幅度上升，2010 年排在第 9 位。两个分项指数中，评价较好的是“民间融资”，2010 年排在第 4 位，评分为 3.05。“正规金融服务”则排在全国第 19 位，评分虽比 2006 年和 2008 年有明显提高，也只达到 2.70。

（4）人力资源供应

这个方面指数的排名在七个方面中最高，2010 年为第 2 位。评分比 2006 年和 2008 年又上升，但仍然没有超过中性评价值 3，2010 年为 2.94。三个分项指数中，“熟练工人”的供应情况好于“技术人员”和“管理人员”，2008 年和 2020 年都保持在第 1 位，2010 年评分为 3.07。后两者排名也比较靠前，但评分也只达到 2.88 和 2.87，仍然未脱离偏于负面的区间。

（5）中介组织和技术服务

该方面指数近年来评分有小幅度上升，三个年份分别为 2.88、2.98 和 3.01。但排名比 2006 年略有下降，在 2008 年和 2010 年保持在第 12 位。两个分项指数的发展很平衡，评分和排名都非常接近。与 2008 年相比，在 2010 年两个分项指数“中介组织”和“技术与营销服务”的评分、排名都很接近，2010 年分别排在第 11 位和第 12 位，评分分别为 3.02 和 3.00，处于中性区间，与 2008 年基本持平。

表 25　　河南在企业经营环境各方面、各分项的排名及分值

	2006 年		2008 年		2010 年	
	分值	排名	分值	排名	分值	排名
政府行政管理	2.91	21	3.09	21	3.18	8
公开、公正、公平	2.95	15	3.18	12	2.96	12
政府效率	2.83	18	3.04	18	2.93	14
减少不必要的干预	3.12	29	3.16	28	3.72	2
政府廉洁	2.76	22	3.00	20	3.11	13
企业经营的法制环境	2.91	20	3.14	27	3.08	19
司法公正与效率	2.46	26	2.80	27	2.76	19
经营者合法权益的保障	3.37	11	3.48	17	3.40	11
金融服务	2.32	22	2.79	24	2.88	9
正规金融服务	2.04	27	2.49	28	2.70	19
民间融资	2.61	10	3.09	8	3.05	4
人力资源供应	2.62	4	2.90	1	2.94	2
技术人员	2.61	6	2.80	4	2.88	3
管理人员	2.54	6	2.83	8	2.87	6
熟练工人	2.70	4	3.08	1	3.07	1
基础设施条件	3.51	16	3.55	16	3.18	13
中介组织和技术服务	2.88	10	2.98	12	3.01	12
中介组织	2.88	13	3.00	11	3.02	11
技术与营销服务	2.87	10	2.97	11	3.00	12
企业经营的社会环境	2.88	20	3.10	10	3.15	8
总评	2.86	14	3.08	14	3.06	7

17. 湖北

湖北的企业经营环境，近年来在全国的排名有所上升，2006 年、2008 年和 2010 年分别为第 19、第 18 和第 14 位。评分分别为 2.83、3.06 和 3.00，大致在中性区间，在全国处于中游地位。

在企业经营环境的七个方面中，排名比较靠前的是金融服务，2010 年排在全国第 7 位；基础设施

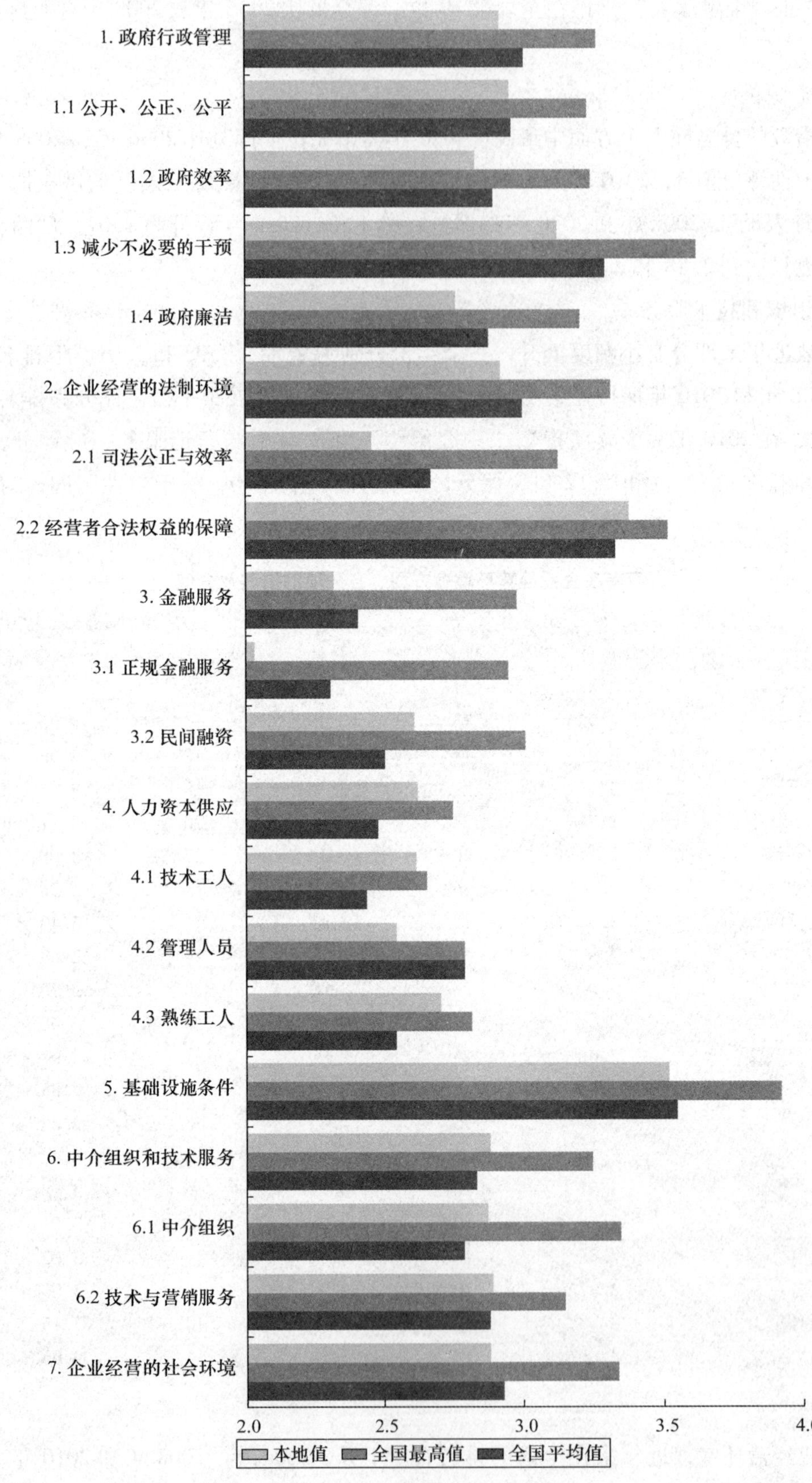

图75　各方面指标和各分项指标与全国最高值及平均值的比较（2006年·河南）

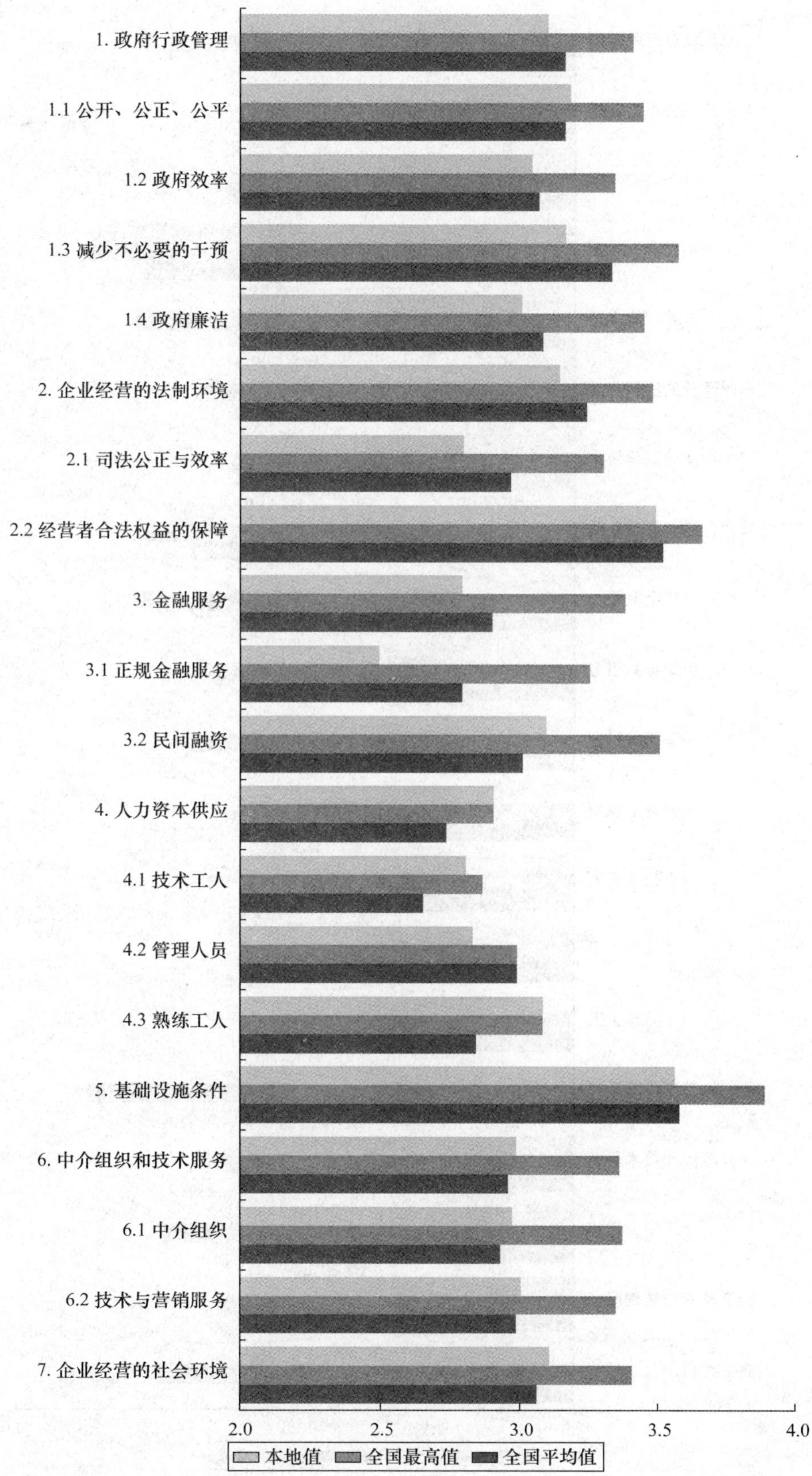

图 76　各方面指标和各分项指标与全国最高值及平均值的比较（2008 年·河南）

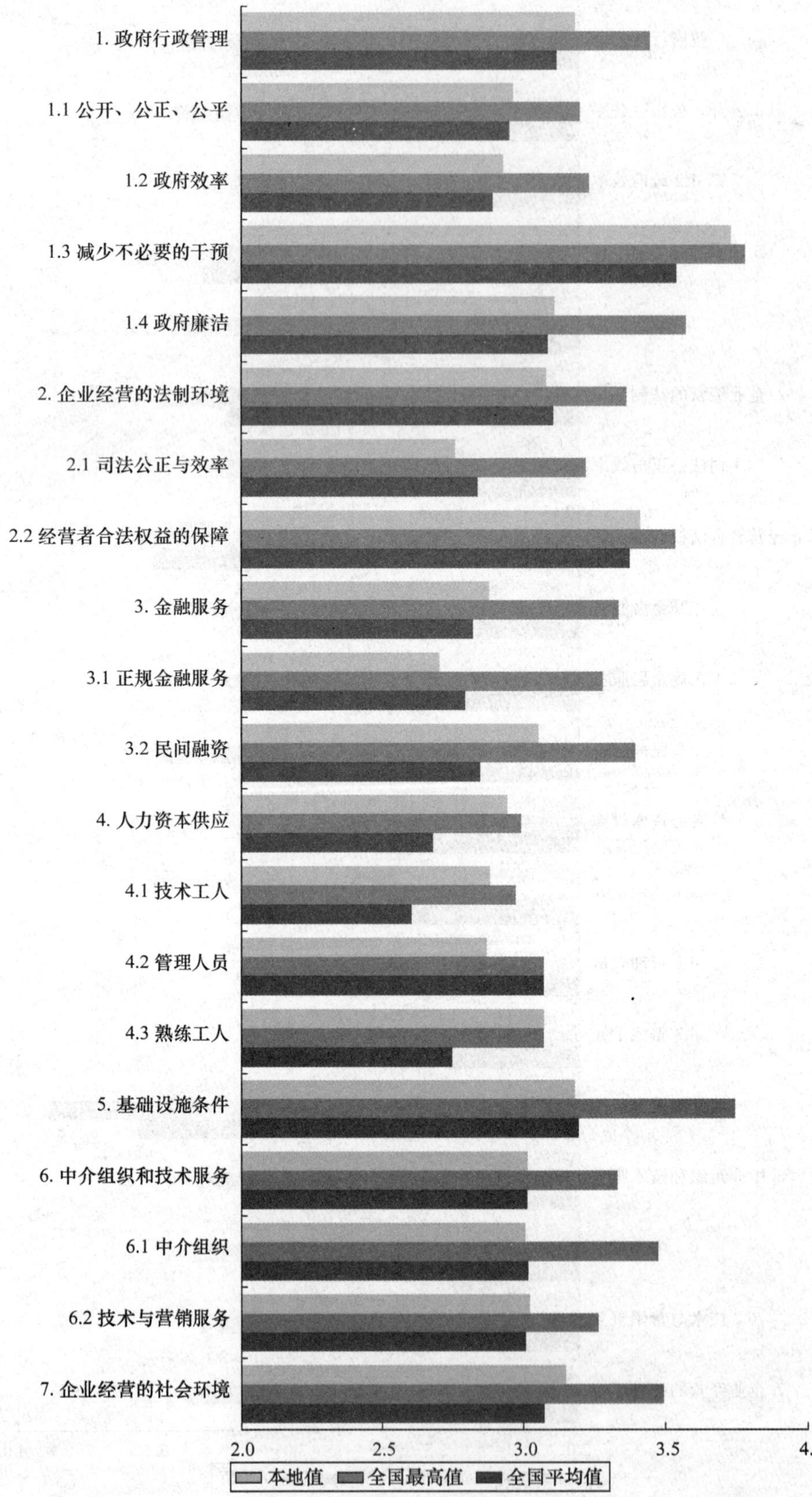

图 77　各方面指标和各分项指标与全国最高值及平均值的比较（2010 年 · 河南）

条件的评价也相对较好，2010 年排在第 11 位。排名比较靠后的是人力资源供应，2010 年的排名为第 21 位。此外企业经营的社会环境评价也不够理想，2010 年排在第 19 位。与 2006 年相比，排名和评分有较明显改善的方面有政府行政管理和企业经营的法制环境，前者从第 17 位提高到第 13 位，后者从第 21 位提高到第 15 位。评分也分别从 2. 94 上升到 3. 15、从 2. 91 上升到 3. 09，都超过了中性评价值 3。但就评分而言，金融服务、人力资源供应、中介组织和技术服务三者的评分仍然明显低于中性评价值 3，2010 年分别为 2. 92、、2. 63 和 2. 96。

（1）政府行政管理

这个方面指数的排名从 2006 年的第 17 位上升到 2008 年的第 15 位，在 2010 年上升到第 13 位，有连续的提高。评分分别为 2. 94、3. 15 和 3. 15。但四个分项指数的发展很不平衡，其中“减少不必要的干预”改善显著，2010 年排在全国第 7 位，评分为 3. 63。“政府廉洁”评价也有改善，2010 年排在第 10 位。而“公开、公平、公正”和“政府效率”这两个分项指数都仅排在全国第 18 位，与 2006 年相比，评分和排序都没有明显改善，比 2008 年的评价还有下降。

（2）企业经营的法制环境

该方面指数的排名从 2006 年和 2008 年的第 21 位，上升到 2010 年的第 15 位。评分分别为 2. 91、3. 19 和 3. 09。两个分项指数排名都有明显改善，2010 年双双排在第 15 位。但就评分而言，两者的发展很不平衡。在 2010 年，“司法公正与效率”指数的评分为 2. 81，仍然明显低于中性评价值 3，“经营者合法权益的保障”的评分为 3. 37，是比较正面的评价。

（3）金融服务

金融服务指数的排名从 2006 年的第 8 位下降到 2008 年的第 19 位，在 2010 年上升到第 7 位，波动很大。评分分别为 2. 46、2. 86 和 2. 92。两个分项指数发展不平衡，“民间融资”的情况好于“正规金融服务”。在 2010 年，二者在排名上都有不同幅度的上升，“民间融资”从 2008 年的第 15 位上升到 2010 年的第 6 位，评分为 3. 00，“正规金融服务”从 2008 年的第 21 位上升到 2010 年的第 11 位，评分仍在 2. 84。

（4）人力资源供应

这个指数的排名从 2006 年和 2008 年的第 18 位下降到 2010 年的第 21 位，评分分别为 2. 47、2. 71 和 2. 63。三个分项指数的评分和排名差距不大，评分都低于中性评价值 3，在 2010 年的排名都在第 20 位上下。其中“技术人员”的供应情况相对更差一些，排在第 23 位，评分只有 2. 52；“管理人员”排在第 20 位，评分 2. 63，；“熟练工人”的供应情况相对好些，排在第 17 位，评分 2. 74。

（5）中介组织和技术服务

该指数的排名变化不大，2006 年为第 19 位，2008 年第 20 位，2010 年第 18 位。评分分别为 2. 74、2. 88 和 2. 96。两个分项指数中，“中介组织”的发展相对落后，2010 年排在第 22 位，与以前年份相比排名变化不大；评分 2. 94，较前有轻微的改善。“技术与营销服务”在 2010 年的排名为第 13 位，与 2006 年的第 17 位相比改善比较显著；评分为 2. 99，提高幅度也大于“中介组织”。

表 26　　湖北在企业经营环境各方面、各分项的排名及分值

	2006 年		2008 年		2010 年	
	分值	排名	分值	排名	分值	排名
政府行政管理	2. 94	17	3. 15	15	3. 15	13
公开、公正、公平	2. 89	18	3. 16	13	2. 91	18

续表

	2006年		2008年		2010年	
	分值	排名	分值	排名	分值	排名
政府效率	2.85	16	3.07	14	2.86	18
减少不必要的干预	3.20	20	3.31	18	3.63	7
政府廉洁	2.81	19	3.09	16	3.21	10
企业经营的法制环境	2.91	21	3.19	21	3.09	15
司法公正与效率	2.58	19	2.91	22	2.81	15
经营者合法权益的保障	3.24	23	3.47	19	3.37	15
金融服务	2.46	8	2.86	19	2.92	7
正规金融服务	2.24	17	2.70	21	2.84	11
民间融资	2.68	5	3.01	15	3.00	6
人力资源供应	2.47	18	2.71	18	2.63	21
技术人员	2.39	21	2.65	17	2.52	23
管理人员	2.47	15	2.68	21	2.63	20
熟练工人	2.56	15	2.80	20	2.74	17
基础设施条件	3.48	18	3.54	17	3.22	11
中介组织和技术服务	2.74	19	2.88	20	2.96	18
中介组织	2.77	23	2.92	22	2.94	22
技术与营销服务	2.71	17	2.83	21	2.99	13
企业经营的社会环境	2.82	23	3.08	13	3.01	19
总评	2.83	19	3.06	18	3.00	14

18. 湖南

湖南省的企业经营环境，在2006年的全国排名为第28位，在2008年上升为第27位，在2010年上升为第21位，得分分别为2.75、2.97和2.91。就排序而言，湖南的企业经营环境有相当的进步，目前处于全国中等偏下的位置。

在企业经营环境的七个方面中，排名相对较高的是人力资源供应，2010年排在全国第10位，处于全国的中上游。中介组织和技术服务排名也相对较好，2010年排在第15位。排名位次较低的是基础设施条件和企业经营的社会环境，两者2010年均排在全国第25位。相对于2006年，排名和评分都有明显进步的有政府行政管理和企业经营的法制环境，前者在2006年排在第30位，2010年上升到第19位；后者的排名从2006年的第27位上升到2010年的第21位。此外金融服务、中介组织和技术服务两个方面的排名和评分也有明显的提高。但大多数方面指数的评分还都处在全国第20位左右或以下，有待继续提高.

（1）政府行政管理

这个方面指数的排名从2006年的第30位上升到2008年的第29位，在2010年上升到第19位。评分分别为2.74、2.94和3.04，呈逐步上升趋势，进步是显著的。四个分项指数的全国排名都有显著上升，2010年评分与2006年相比也都有提高。其中“政府效率”在排名上表现最好，从2008年的第25位上升到2010年的第16位。“减少不必要的干预”排名相对较低，为第24位，但也比2006年上升了6位。“公开、公正、公平”和“政府廉洁”也有明显进步，前者从2006年的第28位提高到第21位，后者从第29位提高到第20位。但就评分而言，“减少不必要的干预”评分显著高于中性评价值3，而其他三个指数的评分仍在3以下。

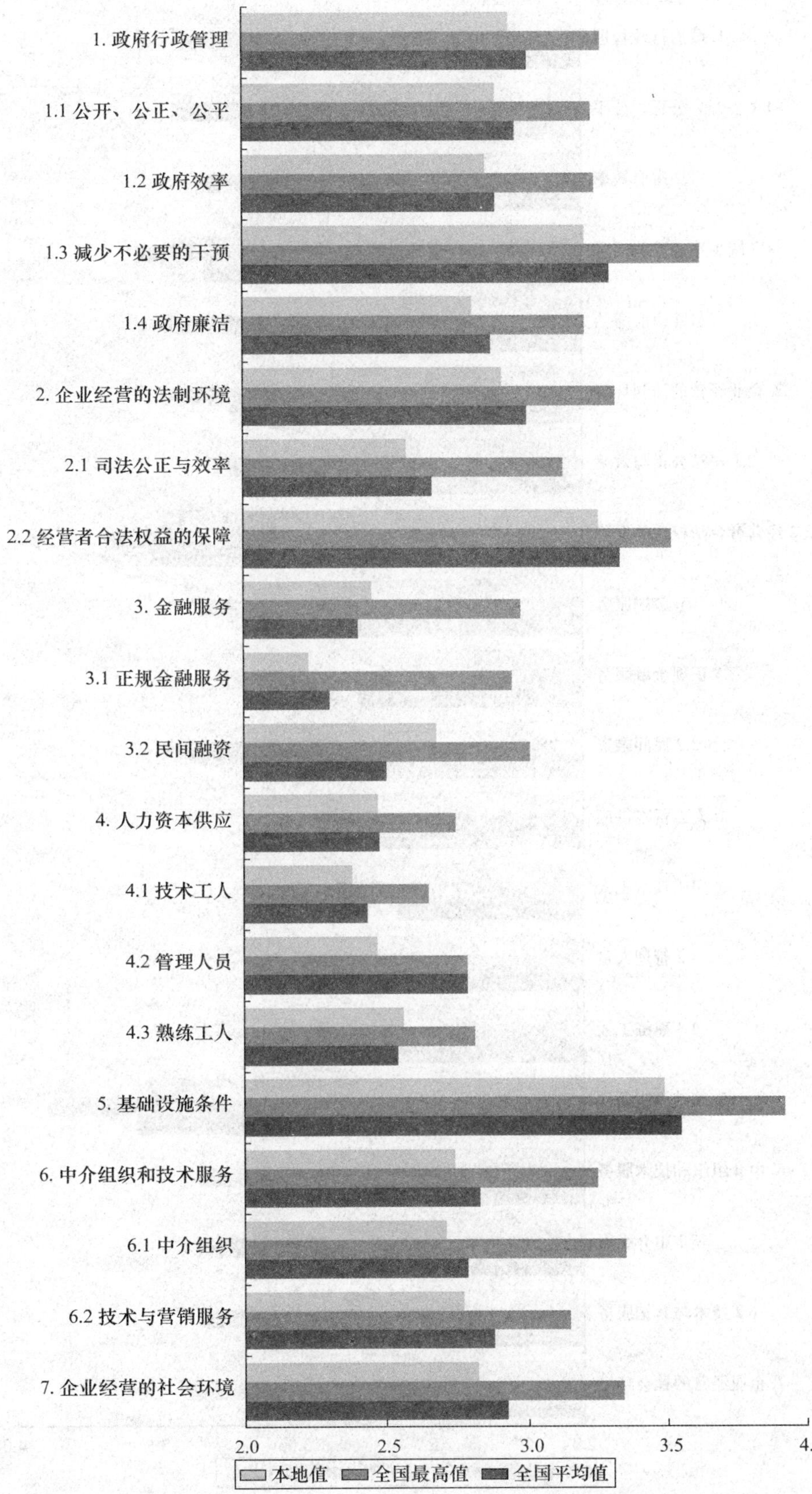

图 78　各方面指标和各分项指标与全国最高值及平均值的比较（2006 年 · 湖北）

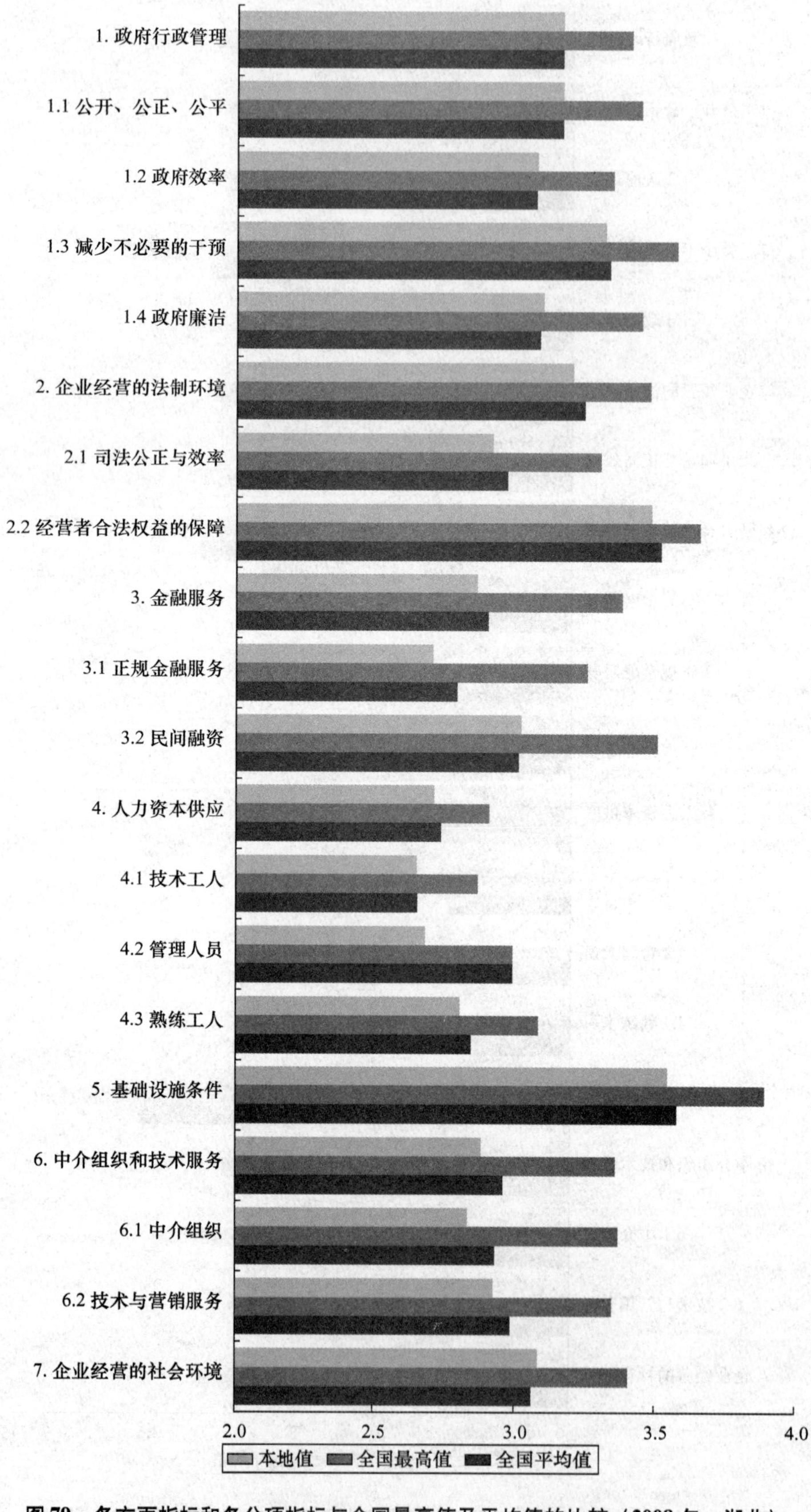

图 79　各方面指标和各分项指标与全国最高值及平均值的比较（2008 年 · 湖北）

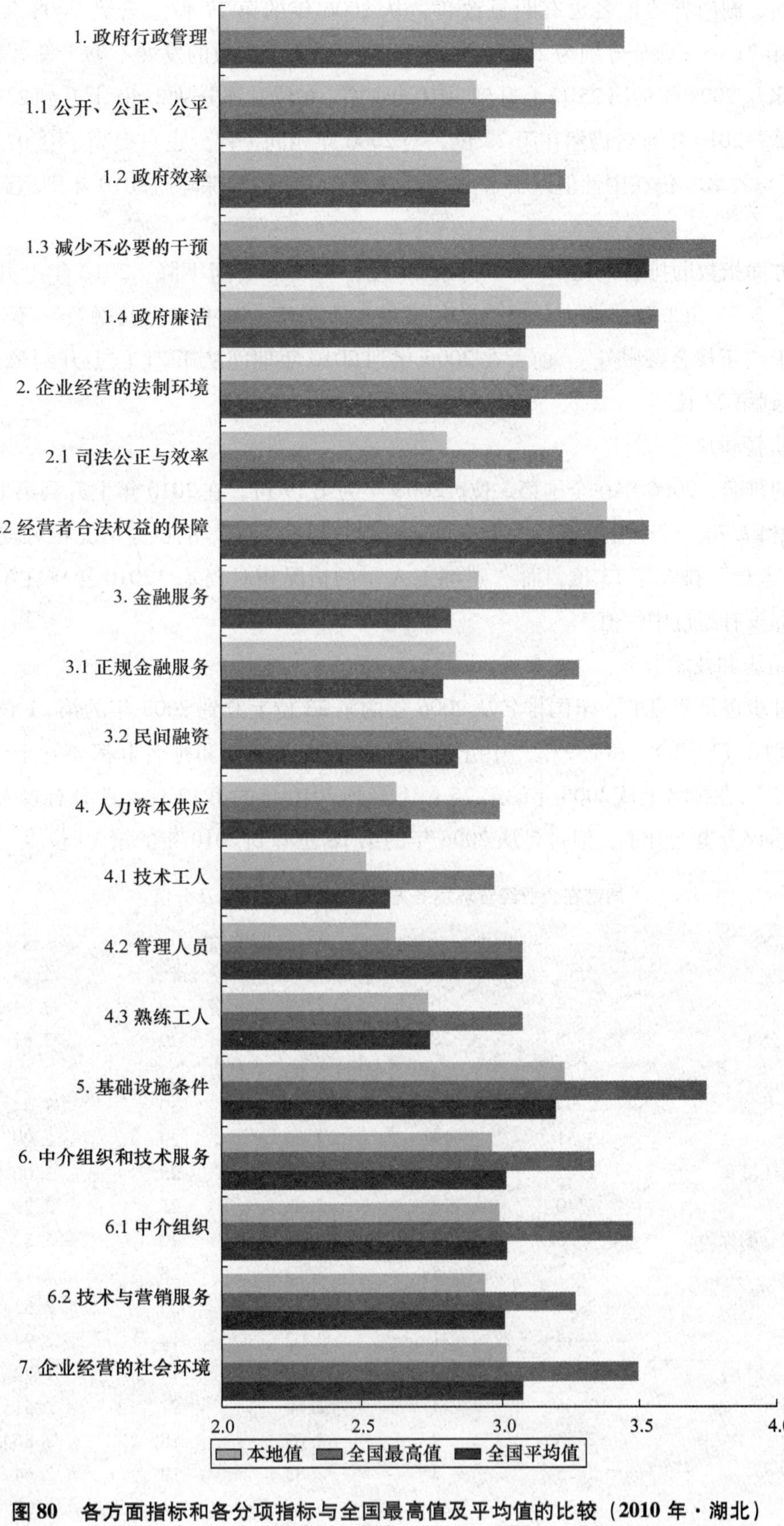

图 80　各方面指标和各分项指标与全国最高值及平均值的比较（2010 年 · 湖北）

（2）企业经营的法制环境

在这个方面，湖南省的排名也有明显改善，从2006年的第27位上升到2008年的第25位，在2010年上升到第21位。评分分别为2.82、3.17和3.06。两个指数的发展不够平衡。其中“司法公正与效率”的排名从2008年的第25位上升到2010年的第16位，评分从2.40上升到2.79，而“经营者合法权益的保障”2010年排名仍然在第22位，与2006年相同，评分也只提高了0.07。不过就评分而言，“司法公正与效率”仍在中性值以下，而“经营者合法权益的保障”2010年则达到了3.32。

（3）金融服务

金融服务方面指数的排名，在2006年为第25位，2008年有所下降，2010年上升到第20位。评分分别为2.27、2.73和2.73。两个分项指数的发展很不平衡，其中“民间融资”不论在评分上还是在排名上都好于“正规金融服务”。前者在2006年到2010年期间从第21位上升到第9位，而后者则从第26位下降到第28位。

（4）人力资源供应

这个指数的排名，2006年在全国第3位，2008年为第19位，在2010年上升到第10位。评分分别为2.63、2.70和2.70。三个分项指数的全国排名，以“管理人员”的供应情况相对较好，，2010年为第7位，“技术人员”排在第13位，而“熟练工人”的情况相对较差，2010年排在第22位。但就评分而言，三者都没有超过中性值3。

（5）中介组织和技术服务

这方面的进步也是明显的，全国排名从2006年的第23位上升到2008年的第21位和2010年的第12位。评分分别2.72、2.87和2.97。“中介组织”的表现在评分和排名上都要好于“技术与营销服务”。“中介组织”在排名上从2006年的第25位上升到2010年的第12位，评分有较大提高。“技术与营销服务”虽然评分也上升了，但排名从2006年的第18位降到2010年的第19位。

表27　　湖南在企业经营环境各方面、各分项的排名及分值

	2006年		2008年		2010年	
	分值	排名	分值	排名	分值	排名
政府行政管理	2.74	30	2.94	29	3.04	19
公开、公正、公平	2.78	28	2.97	29	2.87	21
政府效率	2.71	24	2.93	25	2.87	16
减少不必要的干预	2.97	30	3.06	30	3.44	24
政府廉洁	2.51	29	2.80	29	2.99	20
企业经营的法制环境	2.82	27	3.17	25	3.06	21
司法公正与效率	2.40	28	2.88	25	2.79	16
经营者合法权益的保障	3.25	22	3.47	20	3.32	22
金融服务	2.27	25	2.73	28	2.73	20
正规金融服务	2.11	26	2.43	29	2.53	28
民间融资	2.44	21	3.02	14	2.94	9
人力资源供应	2.63	3	2.70	19	2.70	10
技术人员	2.65	3	2.60	21	2.61	13
管理人员	2.53	9	2.69	18	2.86	7
熟练工人	2.73	3	2.83	19	2.64	22
基础设施条件	3.39	24	3.41	24	2.98	25
中介组织和技术服务	2.72	23	2.87	21	2.97	15

续表

	2006 年		2008 年		2010 年	
	分值	排名	分值	排名	分值	排名
中介组织	2.75	25	2.90	24	3.02	12
技术与营销服务	2.69	18	2.84	19	2.92	19
企业经营的社会环境	2.66	28	2.94	23	2.88	25
总评	2.75	28	2.97	27	2.91	21

19. 广东

广东省的企业经营环境 2010 年排在全国第 8 位，与 2006 年的第 6 位相比有所下降，但比 2008 年的相对位置有所回升。不过从评分上看，广东 2010 年的整体经营环境评分比 2008 年有轻微的下降。

在企业经营环境的七个方面中，2010 年全国排名比较靠前的有政府行政管理、基础设施条件、中介组织和技术服务，三者均排在全国第 7 位；排名靠后的是人力资源供应，排在第 24 位。而企业经营的法制环境、金融服务、企业经营的社会环境的 2010 年排名，分别为第 13、第 13、第 16 位。就评分而言，除了金融服务、人力资源供应明显低于中性评价值 3，其他几个方面指数的评分都在 3 以上，是比较正面的评价。不过，与 2006 年和 2008 年相比，多数方面指数的评分都没有明显上升，有些反而下降，而且大部分的相对排名都比 2006 年发生了下降。

（1）政府行政管理

该方面指数的排名从 2006 年的第 2 位下降到 2008 年的第 8 位，到 2010 年回升到第 7 位。四个分项指数的评分都高于中性评价值 3，情况比较平衡。其中“公开、公正、公平”、“政府效率”、“政府廉洁”三项在 2010 年都排在全国第 7 位，“减少不必要的干预”排在第 10 位。但前两者的排名和评分都比 2006 年有所下降，2010 年评分都是 3.02，刚刚超过中性平价值。从评分上看，“减少不必要的干预”高于其他三个分项指数。

（2）企业经营的法制环境

这个指数的排名从 2006 年的第 9 位下降到 2008 年和 2010 年的第 13 位。两个分项指数中，“司法公正与效率”排名比较靠前，2010 年为第 11 位，“经营者合法权益的保障”则比较靠后，排在第 21 位。但这显示的只是与其他省份相比的相对位置。就评分而言，2010 年“司法公正与效率”为 2.88，仍然停留在偏于负面的区间，而“经营者合法权益的保障”为 3.34，是比较正面的评价。

（3）金融服务

金融服务指数的排名变化较大，从 2006 年的第 7 位下降到 2008 年的第 20 位，到 2010 年上升到第 13 位。这与不同省份的融资条件变化有关。从排名上看，“正规金融服务”仍大幅度领先于“民间融资”，前者 2010 年排在第 7 位，后者为第 21 位。从评分上看，两个分项指数的排名都低于中性评价值 3，其中“正规金融服务”好于“民间融资”。

（4）人力资源供应

在这个方面，2006 年的全国排名为第 20 位，2008 年第 21 位，2010 年为第 24 位。从评分上看，三个分项指数的评分都低于中性评价值 3，三年分别为 2.44、2.69、2.62。其中，“管理人员”的供应情况较好，2010 年排在全国第 11 位，评分也高于另外两个指数。“技术人员”和“熟练工人”2010 年分别排在第 24 和第 23 位，有比较明显的供应瓶颈。

（5）中介组织和技术服务

该指数的排名，2006 年为全国第 2 位，2008 年第 5 位，2010 年第 7 位。但三年的评分几乎没有变

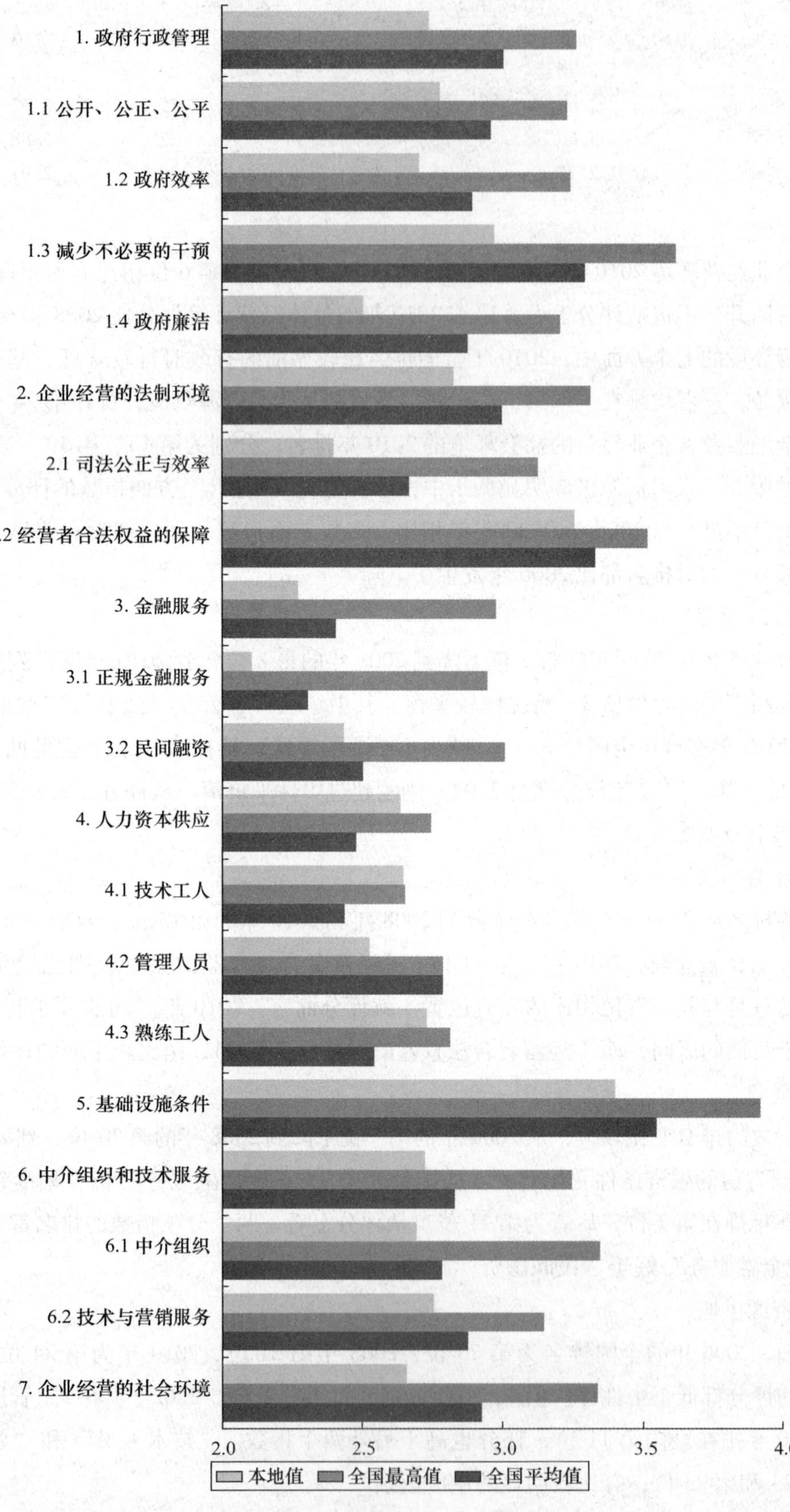

图 81　各方面指标和各分项指标与全国最高值及平均值的比较（2006 年 · 湖南）

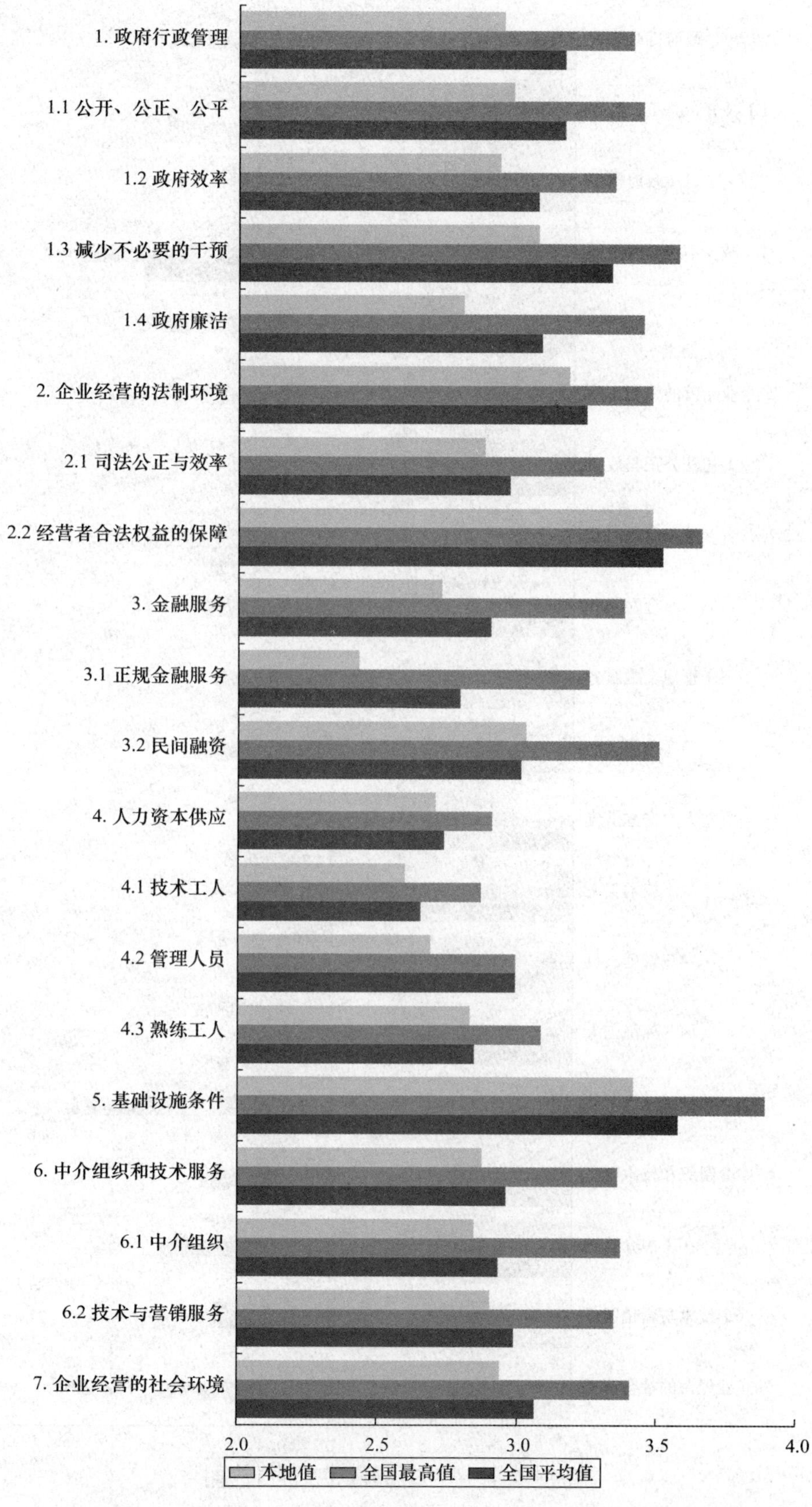

图 82　各方面指标和各分项指标与全国最高值及平均值的比较（2008 年 · 湖南）

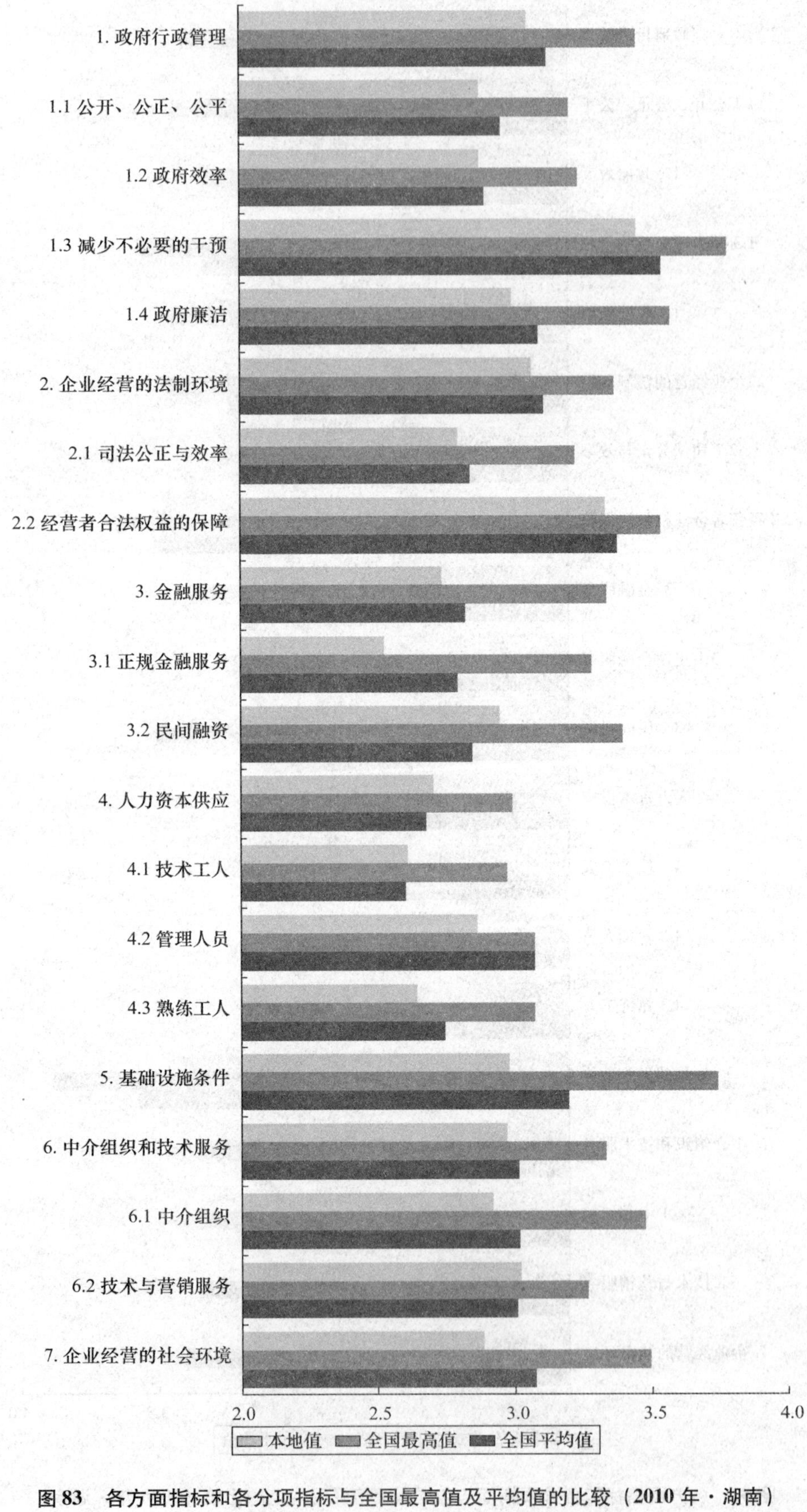

图 83　各方面指标和各分项指标与全国最高值及平均值的比较（2010 年·湖南）

化。两个分项指数"中介组织"和"技术与营销服务"2006 年都排在第 3 位，2010 年分别排在第 9 位和第 6 位，前者的下降幅度大一些。

表 28　　广东在企业经营环境各方面、各分项的排名及分值

	2006 年		2008 年		2010 年	
	分值	排名	分值	排名	分值	排名
政府行政管理	3.24	2	3.24	8	3.22	7
公开、公正、公平	3.18	3	3.22	9	3.02	7
政府效率	3.16	4	3.13	12	3.02	7
减少不必要的干预	3.51	2	3.41	7	3.57	10
政府廉洁	3.10	5	3.21	7	3.26	7
企业经营的法制环境	3.07	9	3.24	13	3.11	13
司法公正与效率	2.83	6	3.02	11	2.88	11
经营者合法权益的保障	3.32	16	3.47	21	3.34	21
金融服务	2.49	7	2.86	20	2.84	13
正规金融服务	2.47	7	2.92	8	2.94	7
民间融资	2.52	16	2.80	27	2.73	21
人力资源供应	2.44	20	2.69	21	2.62	24
技术人员	2.38	22	2.60	20	2.50	24
管理人员	2.54	7	2.83	9	2.72	11
熟练工人	2.39	26	2.65	29	2.64	23
基础设施条件	3.44	20	3.51	20	3.39	7
中介组织和技术服务	3.13	2	3.12	5	3.12	7
中介组织	3.13	3	3.13	4	3.06	9
技术与营销服务	3.14	3	3.11	6	3.17	6
企业经营的社会环境	3.13	4	3.19	7	3.08	16
总评	2.99	6	3.12	10	3.05	8

20. 广西

广西的企业经营环境在 2010 年排在全国第 25 位，仍然处于下游区间，与 2006 年的总体排序和评分相比变化不大，但其间在 2008 年排序一度上升到第 15 位，评分也一度明显上升，这看来与当时广西的融资条件、人力资源供应条件和基础设施条件比较宽松有很大关系。这三个年份的总体评分分别为 2.80、3.07、2.87。2010 年的总体评分仍然低于执行平均值 3，偏于负面。

在企业经营环境的七个方面中，2010 年排名较高的是人力资源供应，排在全国第 16 位；企业经营的社会环境排在第 21 位；其余五个方面指数都排在第 24 ~ 26 位之间。就评分而言，2010 年比 2006 年有比较明显提高的方面有金融服务、人力资源供应、中介组织和技术服务、企业经营的社会环境；评价下降的有基础设施条件；政府行政管理和企业经营的法制环境没有显著变化。七个方面指数中，2010 年唯一达到中性评价值 3 的是企业经营的社会环境，其他几个方面指数的评分都仍然在 3 以下。

（1）政府行政管理

该方面指数的排名从 2006 年的第 16 位上升到 2008 年的第 14 位，到 2010 年下降到第 24 位，但 2010 年评分与 2006 年相比没有发生显著变化。这说明排名下降是由于其他省份在这方面的企业经营环境有了改善，而广西相对落后了。四个分项指数发展不平衡，从排名上看，"减少不必要干预"的评价最高，2010 年为 3.33，但与前两个年份相比没有进步，反而有所下降，因此这一项的全国排名从第 6 位大幅度下降到第 27 位。其余三个分项指数的评分都低于中性值 3。其中"公开、公正、公平"

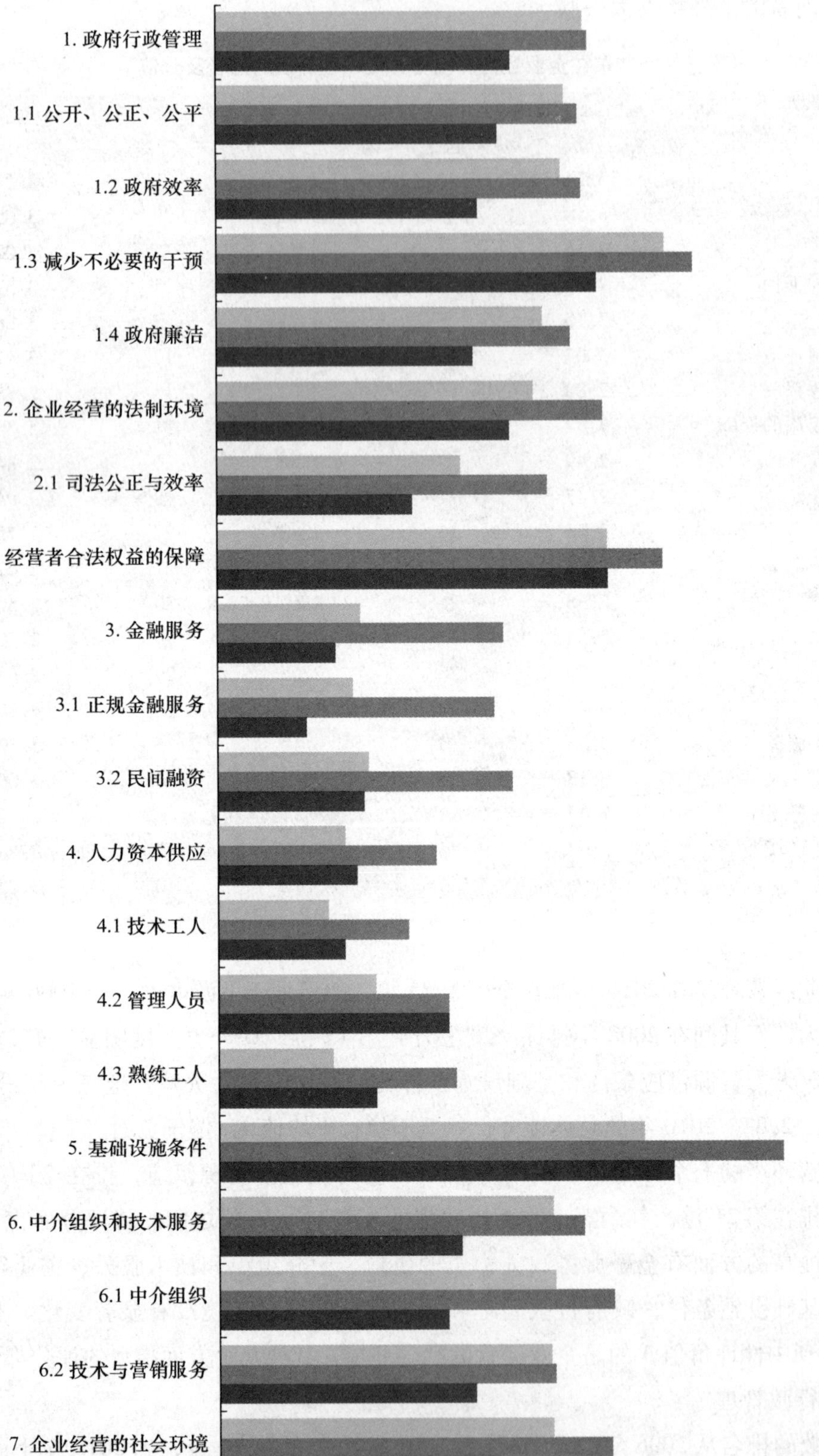

图 84　各方面指标和各分项指标与全国最高值及平均值的比较（2006 年 · 广东）

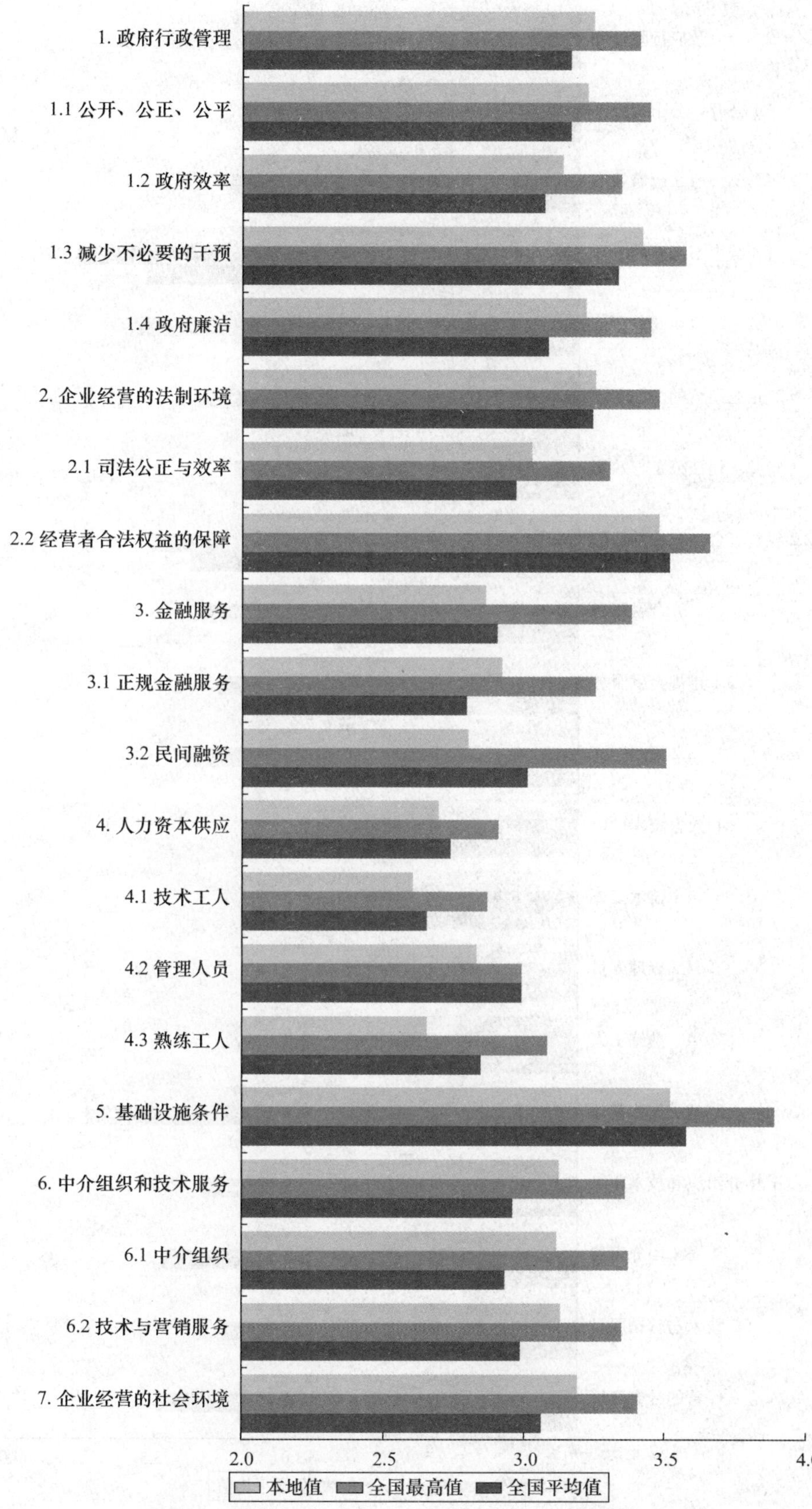

图 85　各方面指标和各分项指标与全国最高值及平均值的比较（2008 年 · 广东）

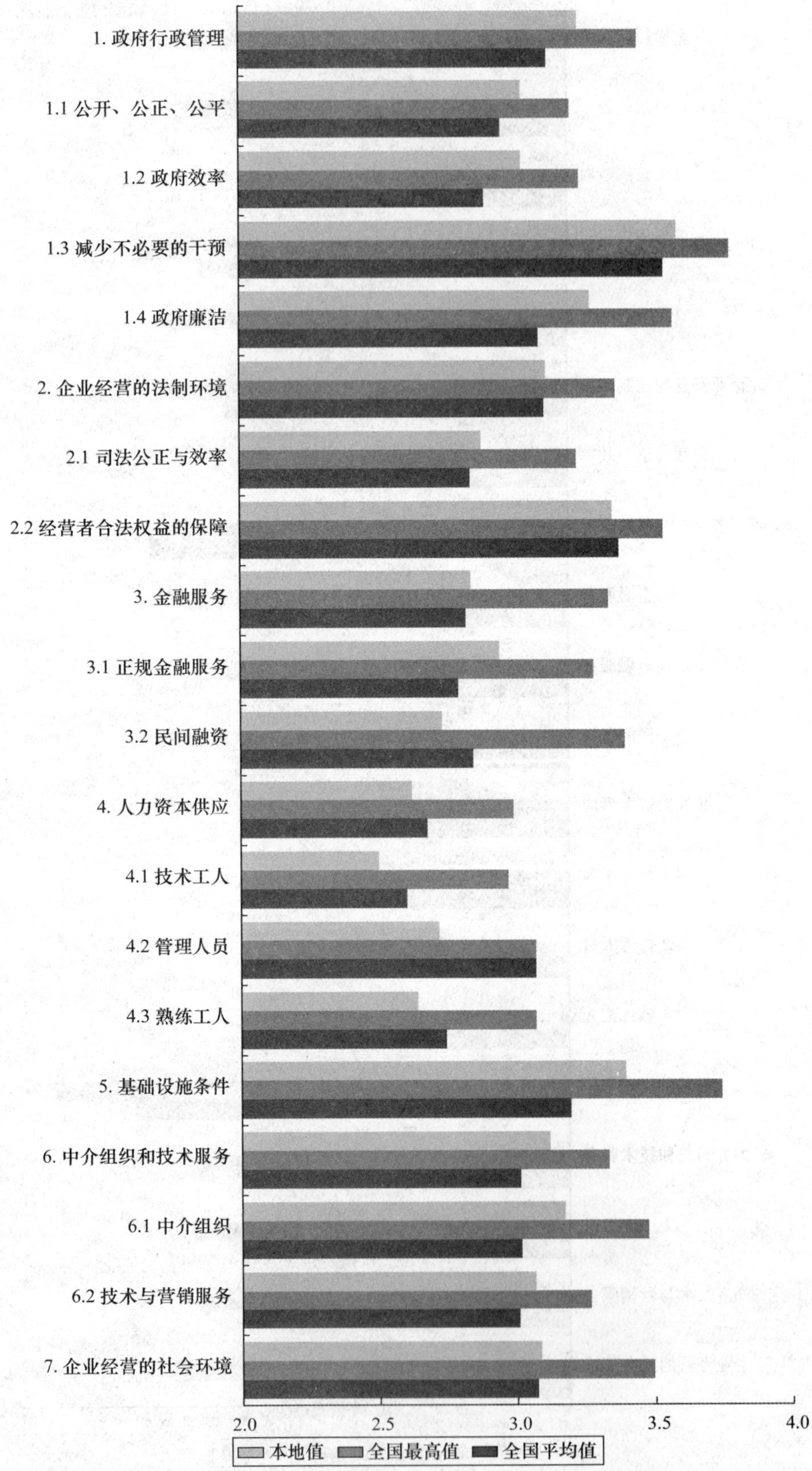

图 86　各方面指标和各分项指标与全国最高值及平均值的比较（2010 年 · 广东）

2010 年排在第 24 位，与 2006 年相比排名和评分都没有明显变化。“政府效率”从第 26 位上升到第 22 位，“政府廉洁”从第 14 位下降到第 19 位，评分变化都不大。

（2）企业经营的法制环境

这个指数的排名略有下降，从 2006 年的第 22 位下降到 2008 年的第 23 位和 2010 年的第 25 位。从评分上看，两个分项指数中，“经营者合法权益的保障”的评分高于中性评价值 3，但比 2006 年有所下降，排序降低到第 28 位；“司法公正与效率”的评分低于 3，但比 2006 年有所提高，2010 年排在全国第 23 位。

（3）金融服务

金融服务方面指数的排名在 2006 年为第 19 位，2008 年一度上升到第 15 位，而 2010 年则降到第 25 位。两个分项指数的评分都低于中性评价值 3，但 2010 年“正规金融服务”排在全国第 15 位，评分也要略高于“民间融资”。后者 2010 年排在第 27 位，反映民间融资条件不良。

（4）人力资源供应

该指数的排名在 2006 年和 2010 年都是第 16 位，但 2008 年曾一度上升到第 3 位，说明当时的人力资源供应条件比较宽松。三个分项指数的评分都低于中性评价值 3，但“熟练工人”2010 年排在第 5 位，评分也高于其他两项，说明熟练工人的供应情况相对较好。“管理人员”在评分和排名上表现最差，2010 年排在第 27 位，说明管理人员短缺。“技术人员”的排名在 2010 年为第 15 位，处于于中游水平。

（5）中介组织和技术服务

这个指数的排名在 2006 ~ 2008 年保持在第 22 位，评分从 2.73 轻微上升到 2.86；2010 年评分不变，排名下降到第 26 位。两个分项指数“中介组织”和“技术与营销服务”的评分都低于中性评价值 3，2010 年分别排在第 27 位和第 24 位。

表 29　广西在企业经营环境各方面、各分项的排名及分值

	2006 年		2008 年		2010 年	
	分值	排名	分值	排名	分值	排名
政府行政管理	2.95	16	3.16	14	2.98	24
公开、公正、公平	2.83	24	3.07	23	2.84	24
政府效率	2.68	26	3.06	16	2.74	22
减少不必要的干预	3.37	6	3.42	6	3.33	27
政府廉洁	2.91	14	3.08	17	2.99	19
企业经营的法制环境	2.91	22	3.19	23	2.96	25
司法公正与效率	2.55	22	2.95	15	2.73	23
经营者合法权益的保障	3.27	19	3.42	25	3.20	28
金融服务	2.37	19	2.87	15	2.66	25
正规金融服务	2.33	14	2.78	12	2.75	15
民间融资	2.41	22	2.95	18	2.56	27
人力资源供应	2.50	16	2.88	3	2.66	16
技术人员	2.45	15	2.81	2	2.60	15
管理人员	2.54	8	2.90	3	2.44	27
熟练工人	2.50	20	2.94	5	2.94	5
基础设施条件	3.38	25	3.48	21	2.97	26
中介组织和技术服务	2.73	22	2.86	22	2.86	26

续表

	2006年		2008年		2010年	
	分值	排名	分值	排名	分值	排名
中介组织	2.74	27	2.85	27	2.87	27
技术与营销服务	2.71	16	2.87	16	2.85	24
企业经营的社会环境	2.77	26	3.09	12	3.00	21
总评	2.80	24	3.07	15	2.87	25

21. *海南*

海南省的企业经营环境2010年排在全国第23位，比2006年下降一位，但比2008年的相对位次有所上升（但评分轻微下降）。三年的评分分别为2.81、2.95、2.88，均低于中性评价值3。

在企业经营环境的七个方面中，企业经营的社会环境评分和排名最高，2010年排在第11位，比前两年有明显上升。金融服务和基础设施条件评价相对较低，2010年双双排在全国第28位，是其相对薄弱环节。政府行政管理、企业经营的法制环境刚刚达到或超过中性评价值3，2010年分别排在第21和第23位。其中政府行政管理的排名比前两年有大幅度下降。人力资源供应、中介组织和技术服务的评分都低于3，在2010年分别排在第23和第22位。

（1）政府行政管理

这个方面指数的排名从2006年的第13位上升到2008年的第11位，但2010年下降为第21位。2010年评分为3.04，略高于中性值3。四个分项指数发展不平衡，其中“减少不必要的干预”评分和排名较高，2010年位全国第14位（但此前曾排在第1位），评分为3.55。“公开、公正、公平”的排名有明显上升，而“政府效率”和“政府廉洁”的排名在下降，其中“政府效率”2010年降到第24位。后三者2010年评分均未超过中性值3。

（2）企业经营的法制环境

该指数排名原来较低，2006年为第29位，2008年为第28位，2010年上升到第23位，评分为3.00。两个分项指数中，“司法公正与效率”的排名和评分都在上升，2010年排在第17位，但评分只有2.78，仍然低于中性值3。“经营者合法权益的保障”2010年排名为第26位，比2006年下降一位，但评分好于“司法公正与效率”，2010年为3.22，与2006年评分基本相同。

（3）金融服务方面

这个指数的排名从2006年的第21位下降到2008年的第26位，到2010年下降到第28位。两个分项指数的评分都显著低于中性评价值3，2010年分别为2.50和2.57，分别排在第29位和第26位。

（4）人力资源供应

人力资源供应指数的排名在2008年和2010年均为第23位，评分为2.62，与2006年和2008年评分基本一致。三个分项指数“技术人员”、“管理人员”、“熟练工人”的评分都显著低于中性评价值3，分别为2.67、2.52、2.68。但就全国排名而言，“技术人员”2010年排在全国第8位，而“管理人员”和“熟练工人”则分别排在第25位和第20位。这说明与其他省份相比，技术人员的供应情况相对较好，而管理人员供应情况较差。

（5）中介组织和技术服务

该指数的2006年、2008年和2010年评分呈上升趋势，分别为2.70、2.80和2.92，但相对于其他省份的排名则从2006年的第24位下降到2008年的第27位，到2010年上升到第22位。两个分项指数中，“中介组织”的发育情况明显好于“技术和营销服务”，前者排名和评分都在上升，2010年排在全

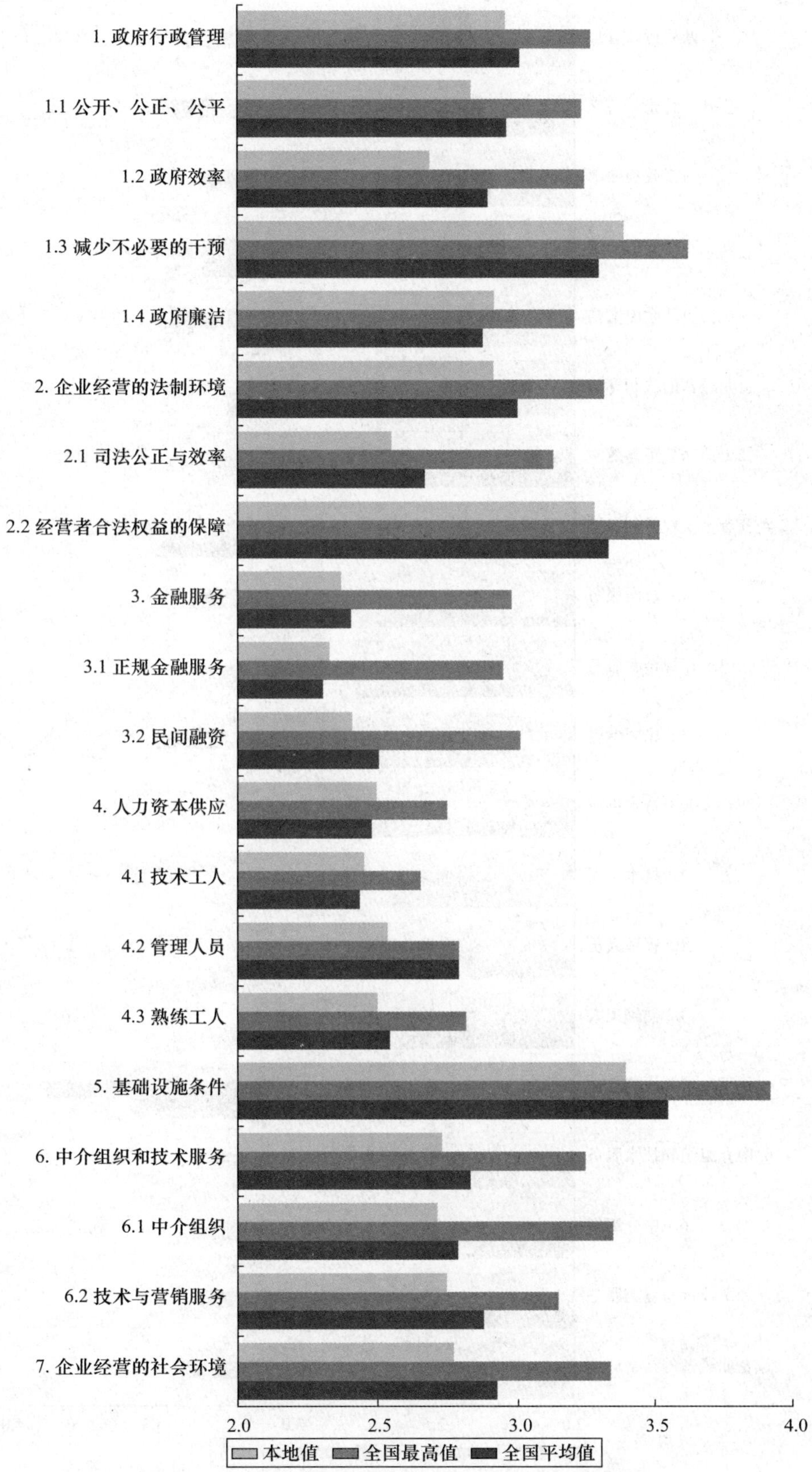

图 87　各方面指标和各分项指标与全国最高值及平均值的比较（2006 年 · 广西）

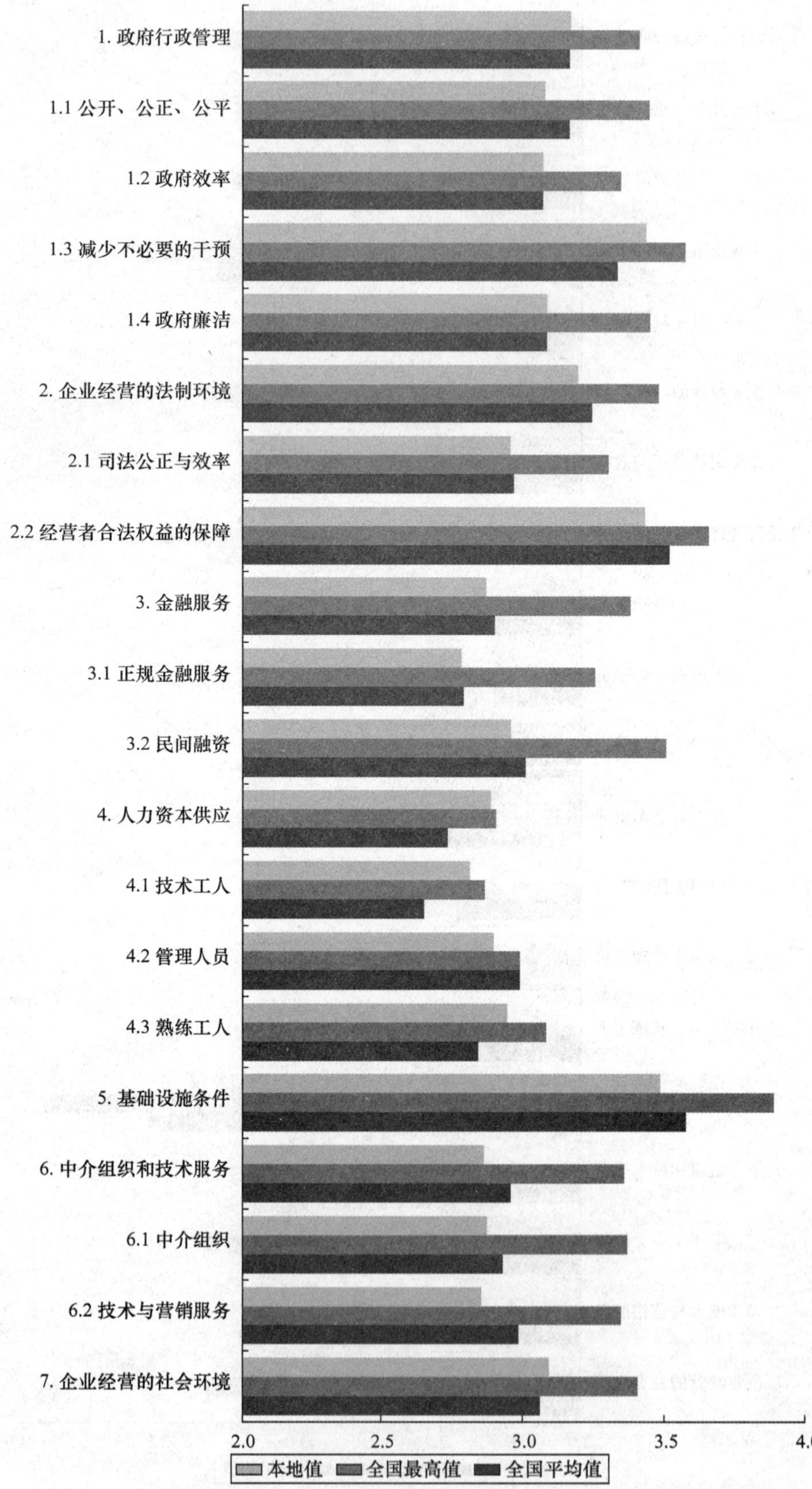

图 88　各方面指标和各分项指标与全国最高值及平均值的比较（2008 年 · 广西）

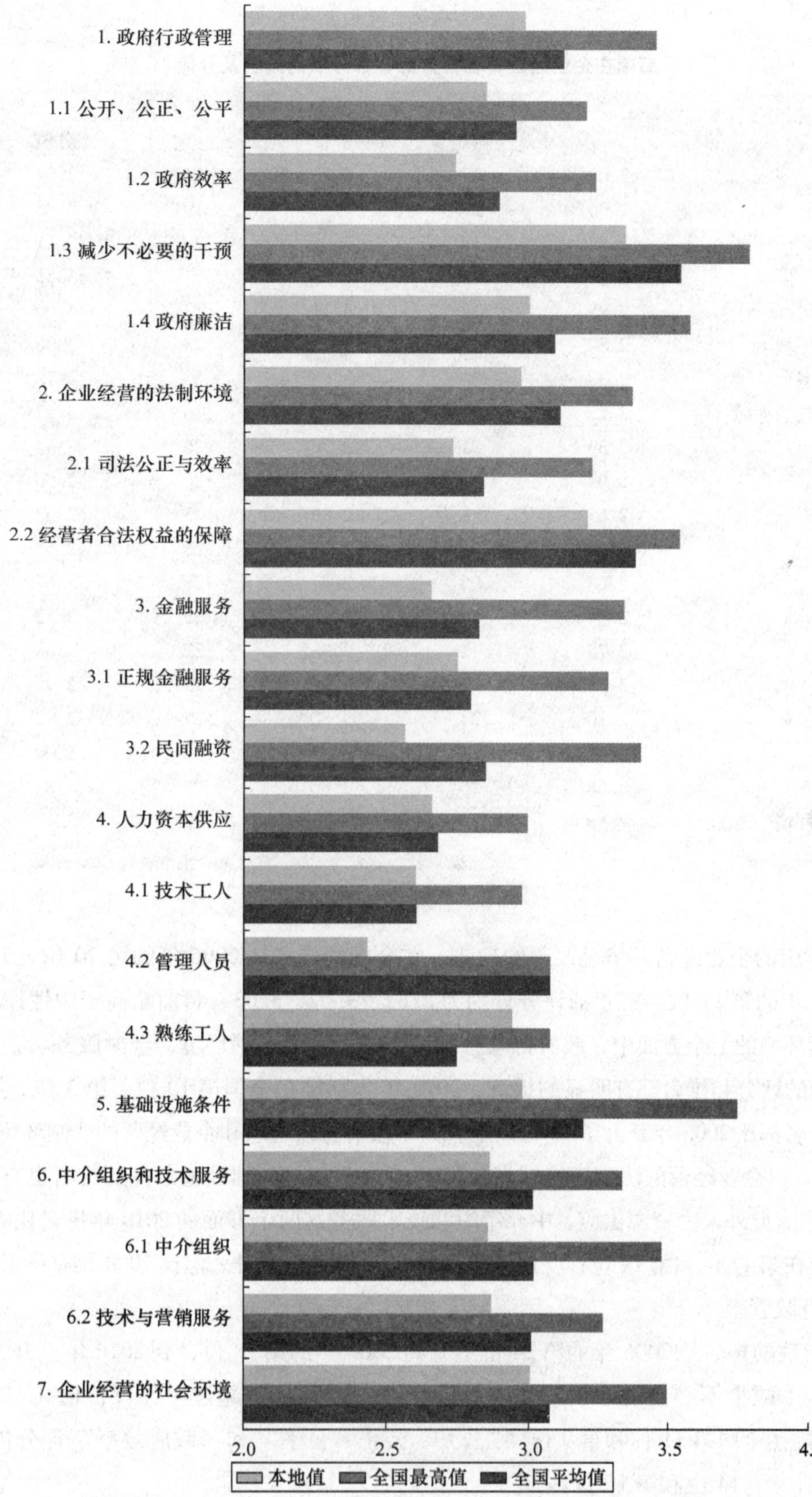

图 89　各方面指标和各分项指标与全国最高值及平均值的比较（2010 年 · 广西）

国第14位，评分为3.00，而“技术和营销服务”评分也有上升，2010年为2.84，而排名却降至第26位。

表30　　海南在企业经营环境各方面、各分项的排名及分值

	2006年		2008年		2010年	
	分值	排名	分值	排名	分值	排名
政府行政管理	3.02	13	3.19	11	3.04	21
公开、公正、公平	2.75	29	3.10	19	2.88	19
政府效率	2.78	19	2.98	20	2.71	24
减少不必要的干预	3.60	1	3.56	1	3.55	14
政府廉洁	2.95	12	3.11	13	3.00	18
企业经营的法制环境	2.80	29	3.07	28	3.00	23
司法公正与效率	2.38	30	2.63	30	2.78	17
经营者合法权益的保障	3.23	25	3.50	16	3.22	26
金融服务	2.33	21	2.76	26	2.54	28
正规金融服务	2.03	29	2.63	26	2.50	29
民间融资	2.63	8	2.89	23	2.57	26
人力资源供应	2.60	7	2.63	23	2.62	23
技术人员	2.63	5	2.47	28	2.67	8
管理人员	2.44	19	2.63	25	2.52	25
熟练工人	2.75	2	2.78	22	2.68	20
基础设施条件	3.38	26	3.63	13	2.95	28
中介组织和技术服务	2.70	24	2.80	27	2.92	22
中介组织	2.81	21	2.79	30	3.00	14
技术与营销服务	2.58	26	2.80	22	2.84	26
企业经营的社会环境	2.88	21	2.61	30	3.10	11
总评	2.81	22	2.95	28	2.88	23

22. 重庆

总的说，重庆的企业经营环境呈改善的趋势。在全国的排名从2006年的第20位上升到2008年的第17位和2010年的第11位。三年的评分分别为2.82、3.07、3.03，目前略高于中性评价值3。

在企业经营环境的七个方面中，政府行政管理、企业经营的法制环境、金融服务、企业经营的社会环境这四个方面的评分和排名都有明显的提高，2010年分别排在全国第10位、第3位、第8位和第14位，前三者的排名都比2006年跃升了10位以上。其中政府行政管理和企业经营的法制环境的评分都超过了中性评价值3，以企业经营的法制环境较高，2010年为3.27。基础设施条件的排名也有提升，但评分比2008年下降了。此外人力资源供应、中介组织和技术服务这两个方面的2010年排名比2006年和2008年均有下降，排在第17位和第19位；就评分而言虽比2006年有上升，但比2008年有所下降。

（1）政府行政管理

这个方面指数的排名从2006年的第24位上升到2008年的第18位，到2010年上升为第10位。四个分项指数中，“减少不必要的干预”和“政府廉洁”的评分都超过中性评价值3，2010年分别为3.57和3.21，排在全国第11位和第9位。“公开、公正、公平”和“政府效率”评分仍然在3以下，2010年排名分别为第14位和第10位。

（2）企业经营的法制环境

该指数的进步比较明显，排名从2006年的第18位上升到2008年的第16位，到2010年上升到第

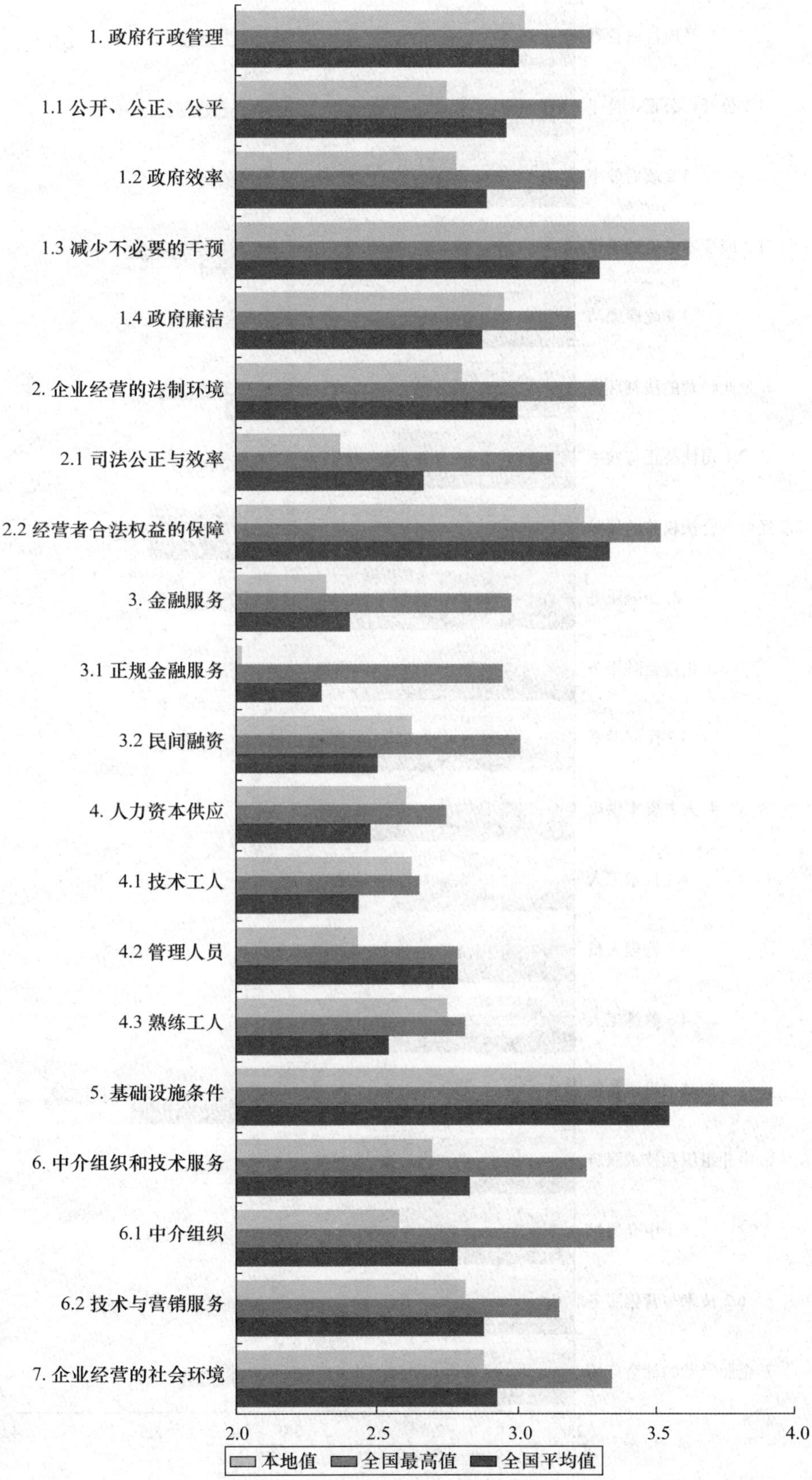

图 90　各方面指标和各分项指标与全国最高值及平均值的比较（2006 年 · 海南）

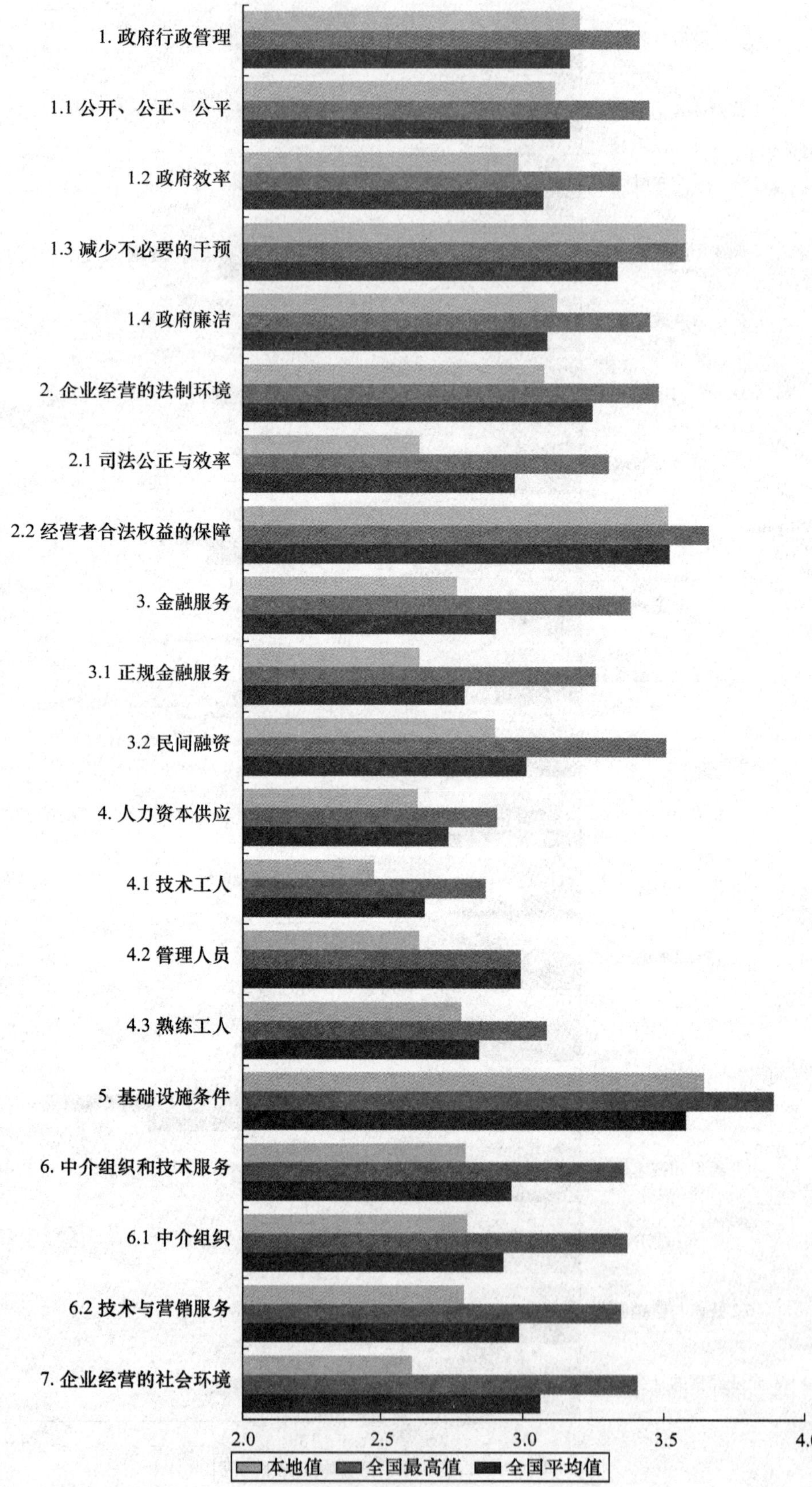

图 91　各方面指标和各分项指标与全国最高值及平均值的比较（2008 年 · 海南）

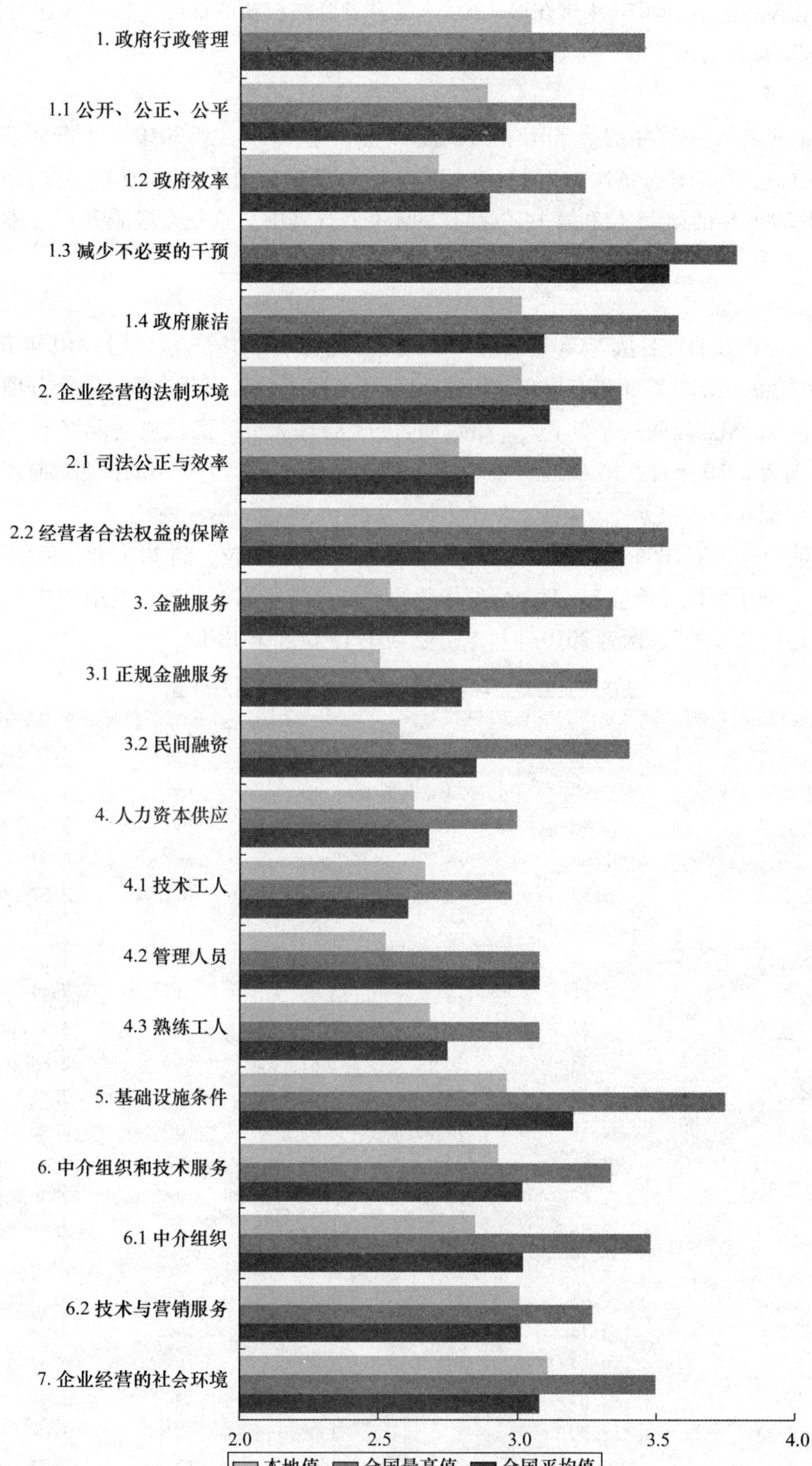

图 92　各方面指标和各分项指标与全国最高值及平均值的比较（2010 年 · 海南）

3位，2010年评分为3.27，比2006年的2.94有明显的提高。两个分项指数都有改善，其中“司法公正与效率”改善幅度较大，2010年排在第2位。“经营者合法权益的保障”的评分相对较高，2010年为3.37，但比2008年有所下降，排名为全国第16位。

（3）金融服务

这个指数的排名从2006年的第20位上升到2008年的第14位，到2010年上升到第8位，反映出融资条件的改善。三年的评分依次为2.33、2.87、2.88。两个分项指数的2010年排名分别为第12位和第10位，比2006年的第25位和第14位都有显著上升，其中“正规金融服务”的排名和评分上升幅度更大。

（4）人力资源供应

人力资源供应指数的排名从2006年的第12位上升到2008年的第7位，到2010年下降到第17位。2010年评分为2.66，比2006年稍有提高，但比2008年下降了。从评分上看，三个分项指数的评分都低于中性评价值3，相互之间的差距不大。相对而言，“管理人员”的供应情况好于“技术人员”和“熟练工人”，前者2010年排在第13位，而后两者都排在第19位。但三项的排名都有所下降。

（5）中介组织和技术服务

该方面指数的排名从2006年的第18位上升到2008年的第13位，到2010年下降到第19位。2010年评分为2.96，低于中性评价值3。两个分项指数的评分和排序都很接近，其中“中介组织”的评分略好于“技术与营销服务”，两者2010年排名分别为第19位和第18位。

表31　重庆在企业经营环境各方面、各分项的排名及分值

	2006年		2008年		2010年	
	分值	排名	分值	排名	分值	排名
政府行政管理	2.89	24	3.13	18	3.18	10
公开、公正、公平	2.90	16	3.13	16	2.95	14
政府效率	2.66	28	3.06	15	2.97	10
减少不必要的干预	3.33	13	3.33	16	3.57	11
政府廉洁	2.66	27	3.02	19	3.21	9
企业经营的法制环境	2.94	18	3.24	16	3.27	3
司法公正与效率	2.67	14	2.96	14	3.17	2
经营者合法权益的保障	3.22	26	3.52	15	3.37	16
金融服务	2.33	20	2.87	14	2.88	8
正规金融服务	2.12	25	2.69	22	2.84	12
民间融资	2.55	14	3.05	10	2.92	10
人力资源供应	2.51	12	2.85	7	2.66	17
技术人员	2.43	16	2.74	9	2.56	19
管理人员	2.56	5	2.88	4	2.71	13
熟练工人	2.54	18	2.92	9	2.70	19
基础设施条件	3.43	21	3.39	25	3.16	15
中介组织和技术服务	2.76	18	2.98	13	2.96	19
中介组织	2.84	17	3.02	8	2.97	19
技术与营销服务	2.67	20	2.94	13	2.94	18
企业经营的社会环境	2.90	17	3.00	20	3.09	14
总评	2.82	20	3.07	17	3.03	11

23. 四川

四川省的企业经营环境处于全国中等水平，2010年排在第13位，总体评分为3.00，处于中性评

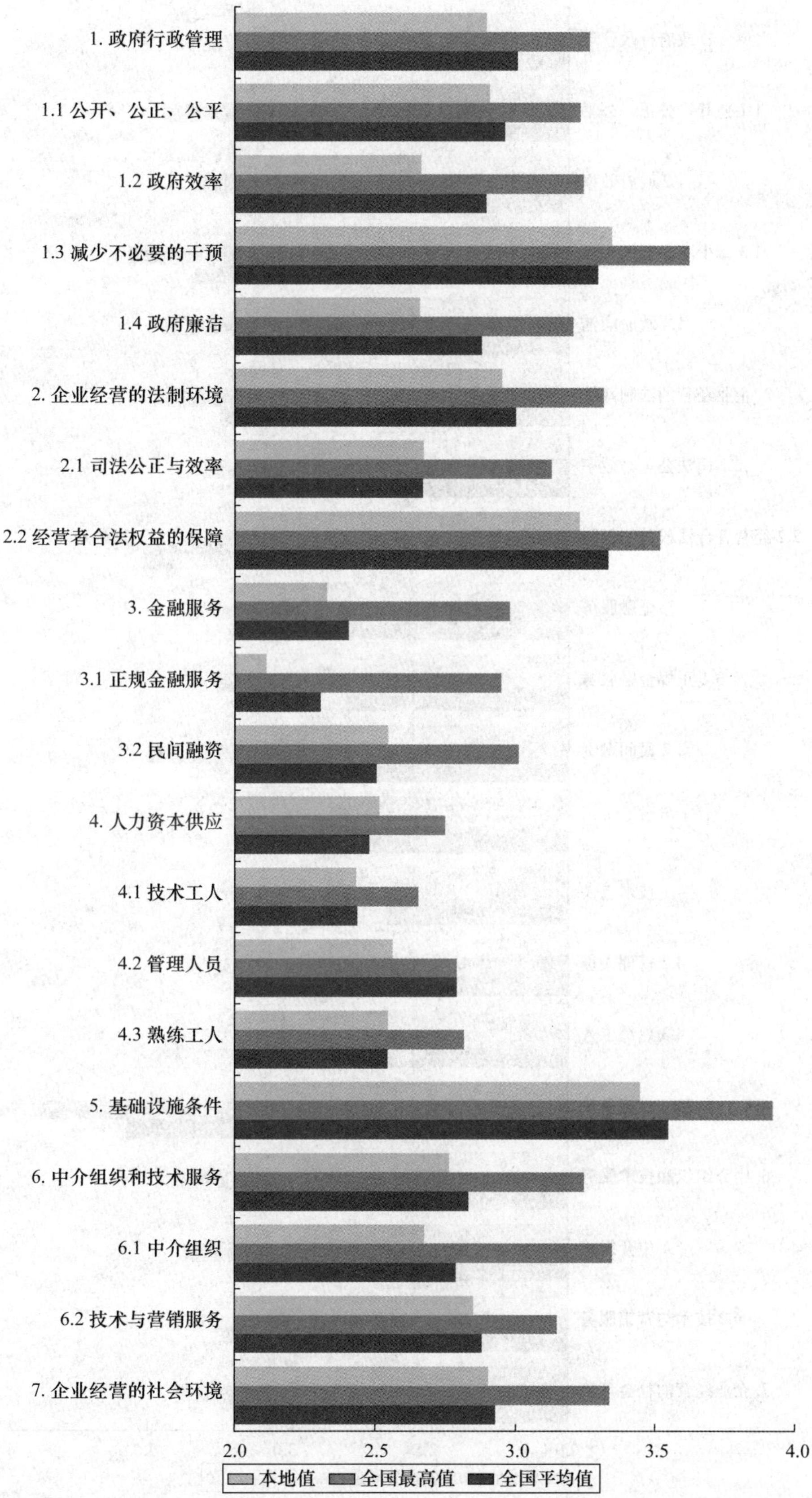

图 93　各方面指标和各分项指标与全国最高值及平均值的比较（2006 年 · 重庆）

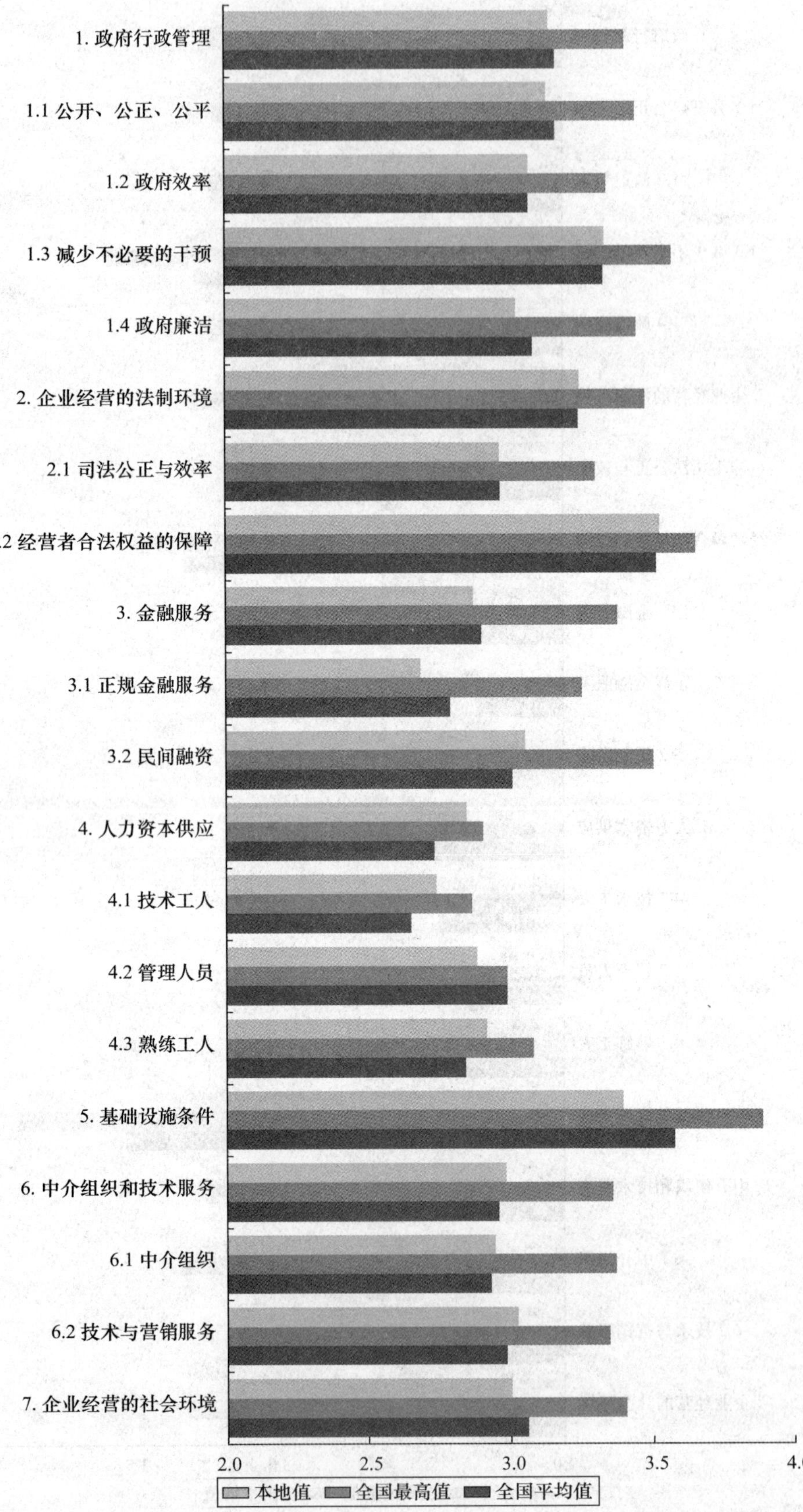

图 94　各方面指标和各分项指标与全国最高值及平均值的比较（2008 年 · 重庆）

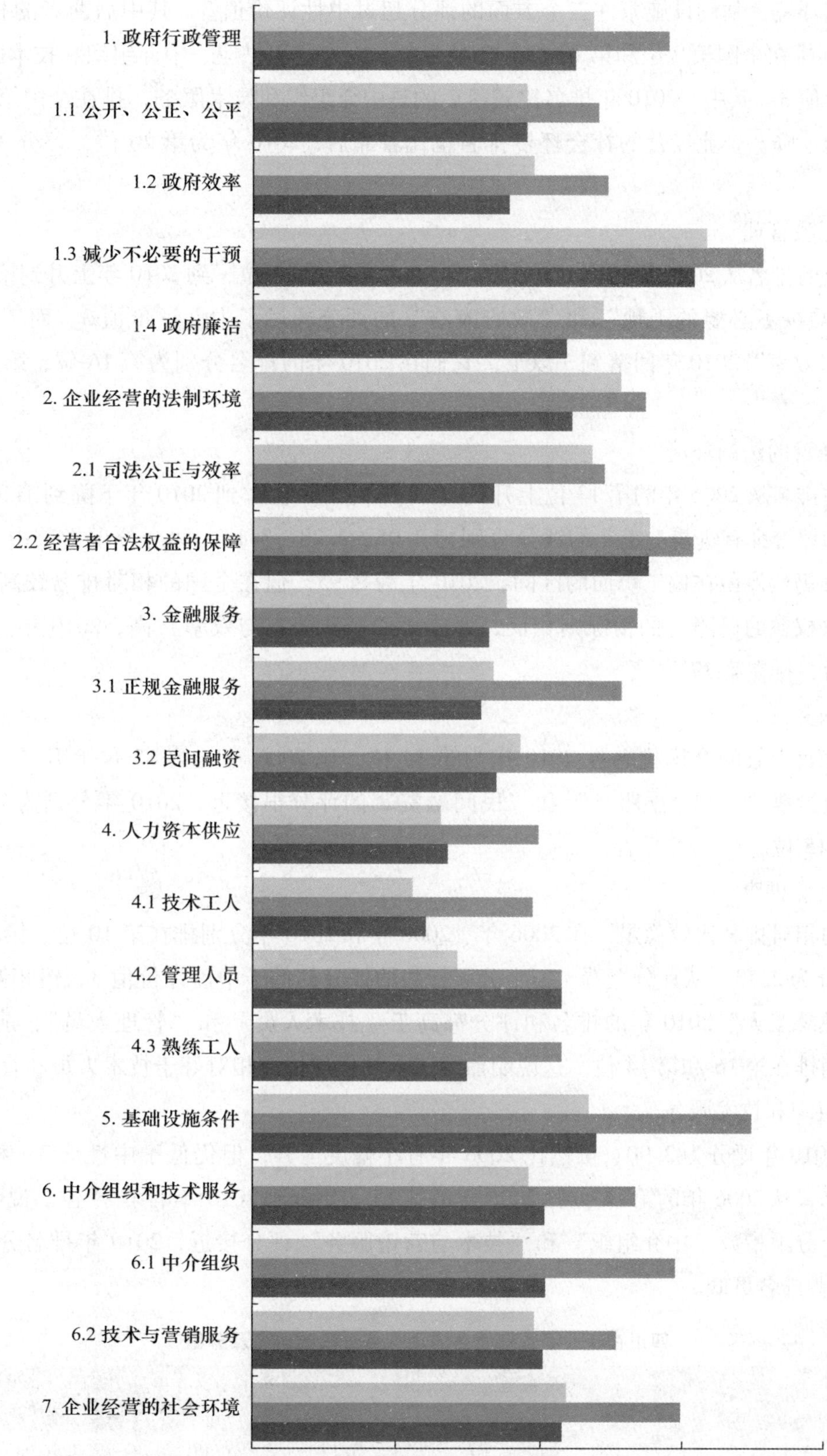

图 95　各方面指标和各分项指标与全国最高值及平均值的比较（2010 年 · 重庆）

价值。比2006年有所提高，但比2008年略有下降。在企业经营环境的七个方面中，政府行政管理、企业经营的法制环境、基础设施条件三个方面的评分超过中性评价值3，其中后两者的相对排名也较高，2010年分别排在全国第9位和第10位。金融服务、人力资源供应、中介组织和技术服务的评分仍然低于中性评价值3。其中，2010年排名比较落后的是中介组织和技术服务，排在全国第24位，比以前年份有明显的下降。企业经营的社会环境排名也比较靠后，2010年为第20位，评分3.01，大致停留在中性值上。

（1）政府行政管理

该方面指数的排名从2006年的第10位下降到2008年的第17位，到2010年上升到第12位。四个分项指数中，“减少不必要的干预”和“政府廉洁”的评分超过了中性评价值3，而“公开、公正、公平”和“政府效率”2010年回落到3以下。它们在2010年的排名分别为第16位、第11位、第16位、第9位。

（2）企业经营的法制环境

这个指数的排名从2006年的第13位上升到2008年的第8位，到2010年下降到第9位，与2006年相比，排名和评分都有进步。三年的评分分别为3.05、3.28、3.16。两个分项指数中，“司法公正与效率”的评分仍然停留在偏于负面的区间，2010年为2.95，但在全国的相对排名较高，为第8位。而“经营者合法权益的保障”的情况则相反，评分比“司法公正与效率”高，2010年为3.37，但全国排名比较靠后，排在第17位。

（3）金融服务

金融服务方面指数的全国排名在2010年为第14位，比2006年的第15位上升了一位，评分为2.83。两个分项指数“正规金融服务”和“民间融资”的评分很接近，2010年分别为2.81和2.84，排在第13和第15位。

（4）人力资源供应

这个指数的相对排名比较稳定，在2006年、2008年和2010年分别排在第10位、第12位和第11位。2010年评分为2.70。从评分上看，三个分项指数的评分都低于中性评价值3，但相互之间的差距不大。其中“熟练工人”2010年的排名和评分都高于“技术人员”和“管理人员”，前者排在第11位，后两者分别排在第16和第14位。这说明熟练工人的供应情况相对好于技术人员和管理人员。

（5）中介组织和技术服务

该指数的2010年评分为2.90，虽然比2006年有小幅度上升，但仍低于中性值3；相对排名却有较大幅度的下降，从2006年的第16位和2008年的第15位下降到2010年的第24位。说明其改善慢于其他省份。两个分项指数“中介组织”和“技术与营销服务”评分接近，2010年排名分别为第25位和第20位，前者排名更低。

表32　　四川在企业经营环境各方面、各分项的排名及分值

	2006年		2008年		2010年	
	分值	排名	分值	排名	分值	排名
政府行政管理	3.08	10	3.14	17	3.16	12
公开、公正、公平	3.01	12	3.10	20	2.94	16
政府效率	2.95	12	3.03	19	2.99	9
减少不必要的干预	3.34	10	3.33	15	3.54	16
政府廉洁	3.01	8	3.10	14	3.16	11

续表

	2006 年		2008 年		2010 年	
	分值	排名	分值	排名	分值	排名
企业经营的法制环境	3.05	13	3.28	8	3.16	9
司法公正与效率	2.79	9	3.02	10	2.95	8
经营者合法权益的保障	3.32	15	3.54	11	3.37	17
金融服务	2.41	15	2.85	22	2.83	14
正规金融服务	2.36	12	2.76	14	2.81	13
民间融资	2.46	18	2.93	22	2.84	15
人力资源供应	2.53	10	2.78	12	2.70	11
技术人员	2.48	12	2.65	18	2.59	16
管理人员	2.44	18	2.74	13	2.70	14
熟练工人	2.67	5	2.96	4	2.83	11
基础设施条件	3.50	17	3.47	22	3.25	10
中介组织和技术服务	2.78	16	2.92	15	2.90	24
中介组织	2.83	19	2.95	18	2.89	25
技术与营销服务	2.73	15	2.89	15	2.92	20
企业经营的社会环境	2.90	15	3.05	17	3.01	20
总评	2.89	12	3.07	16	3.00	13

24. 贵州

贵州省的企业经营环境在全国处于下游水平，2010 年排在第 28 位，比 2006 年下降一位，评分为 2.83，低于中性评价值 3，与 2008 年相比评分和排名都有更明显的下降。在企业经营环境的七个方面中，除了基础设施条件的 2010 年评分为 3.00，其他六个方面 2010 年评分都低于中性评价值 3。其中，2010 年相对排名比较靠前的是人力资源供应，排在全国第 15 位，排名较低的方面有企业经营的法制环境、中介组织和技术服务，都排在第 29 位。政府行政管理排名也较低，为第 27 位。这后几个方面的排名与 2008 年相比都发生了较大幅度的下降。

（1）政府行政管理

这个方面指数的排名从 2006 年的第 27 位一度上升到 2008 年的第 20 位，但到 2010 年又回落到第 27 位，评分为 2.90。四个分项指数的 2010 年排名都在第 26 位至第 28 位之间。其中只有“减少不必要的干预”评分超过中性评价值 3，2010 年为 3.36，其余“公开、公正、公平”、“政府效率”、“政府廉洁”的 2010 年评分都在 3 以下，比 2008 年有明显下降。

（2）企业经营的法制环境

该方面指数的排名从 2006 年的第 24 位一度上升到 2008 年的第 18 位，到 2010 年下降到第 29 位，评分再度回到低于中性的 2.90。两个分项指数从评分上看，“经营者合法权益的保障”得分高于“司法公正与效率”，前者 2010 年为 3.13，而后者只有 2.67。但就 2010 年在全国的排名看，“司法公正与效率”排在第 24 位，而“经营者合法权益的保障”排在第 29 位。

（3）金融服务

这个指数的排名从 2006 年的第 12 位和 2008 年的第 13 位，下降到 2010 年的第 19 位，评分为 2.74。两个分项指数的评分都低于中性评价值 3，两者差距不大；2010 年排名分别为第 17 位和第 20 位。

（4）人力资源供应

该方面指数的变化较大，从 2006 年的第 27 位陡然上升到 2008 年的第 5 位，2010 年排名为第 15

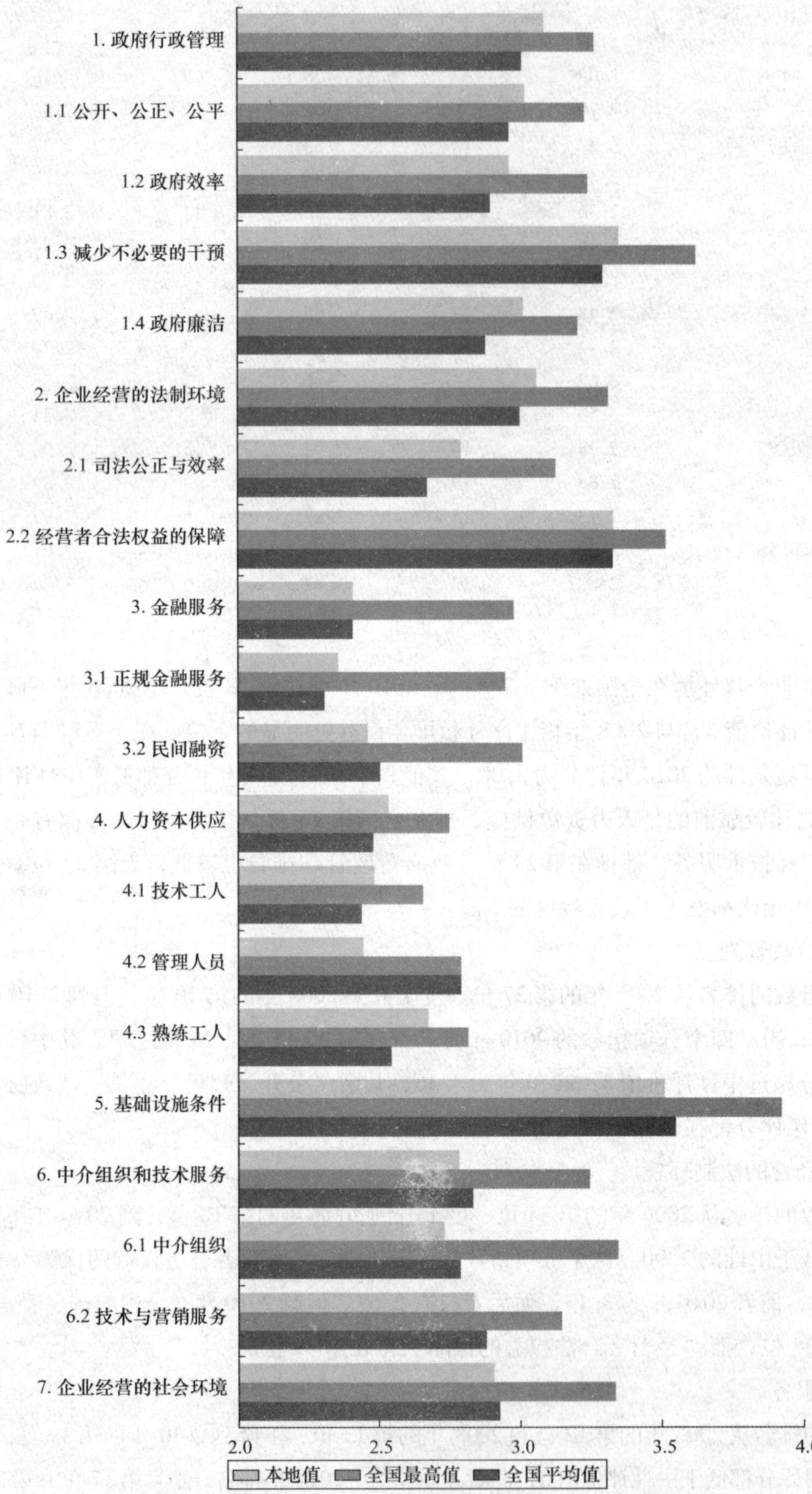

图 96　各方面指标和各分项指标与全国最高值及平均值的比较（2006 年·四川）

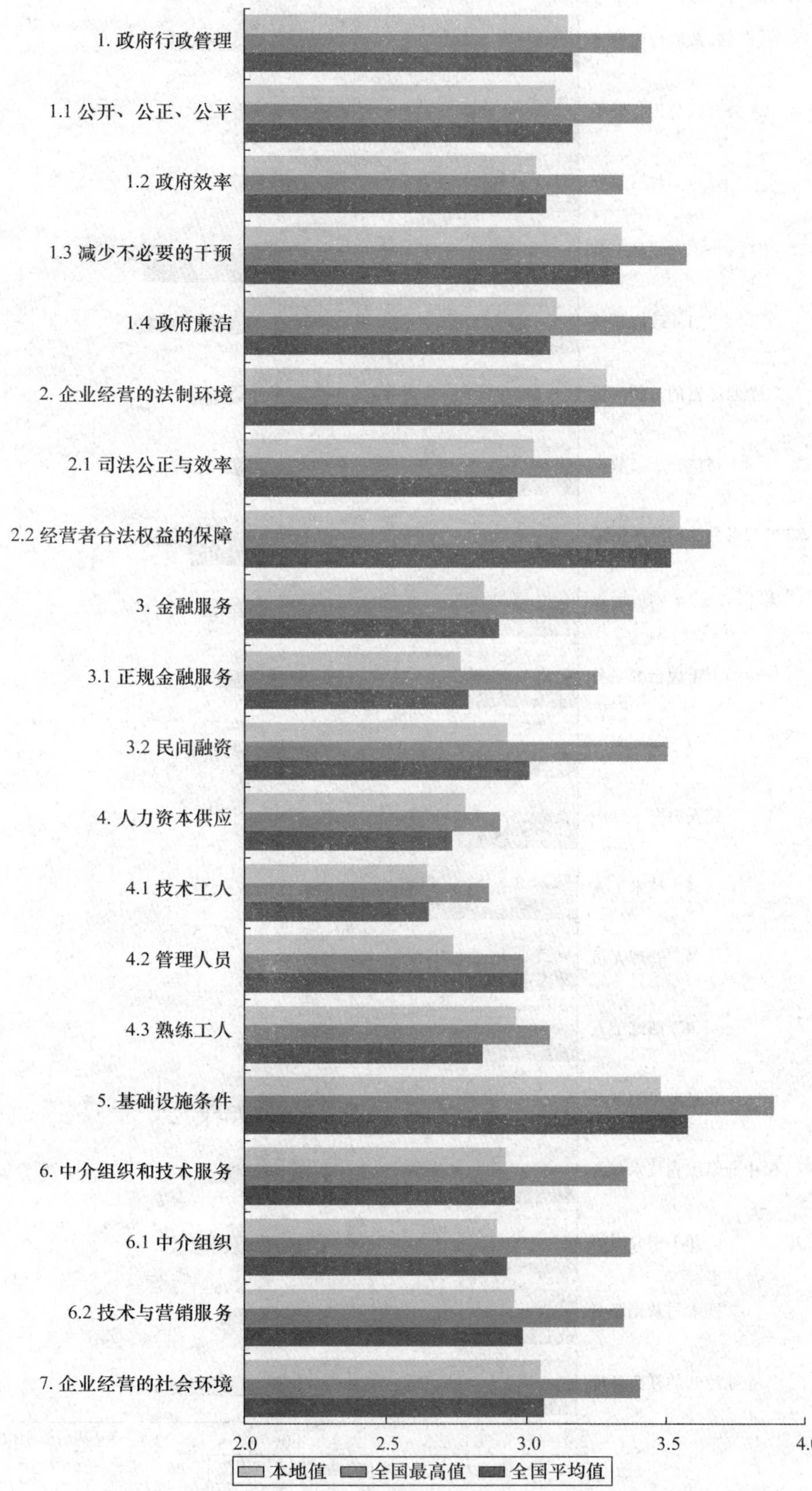

图 97　各方面指标和各分项指标与全国最高值及平均值的比较（2008 年 · 四川）

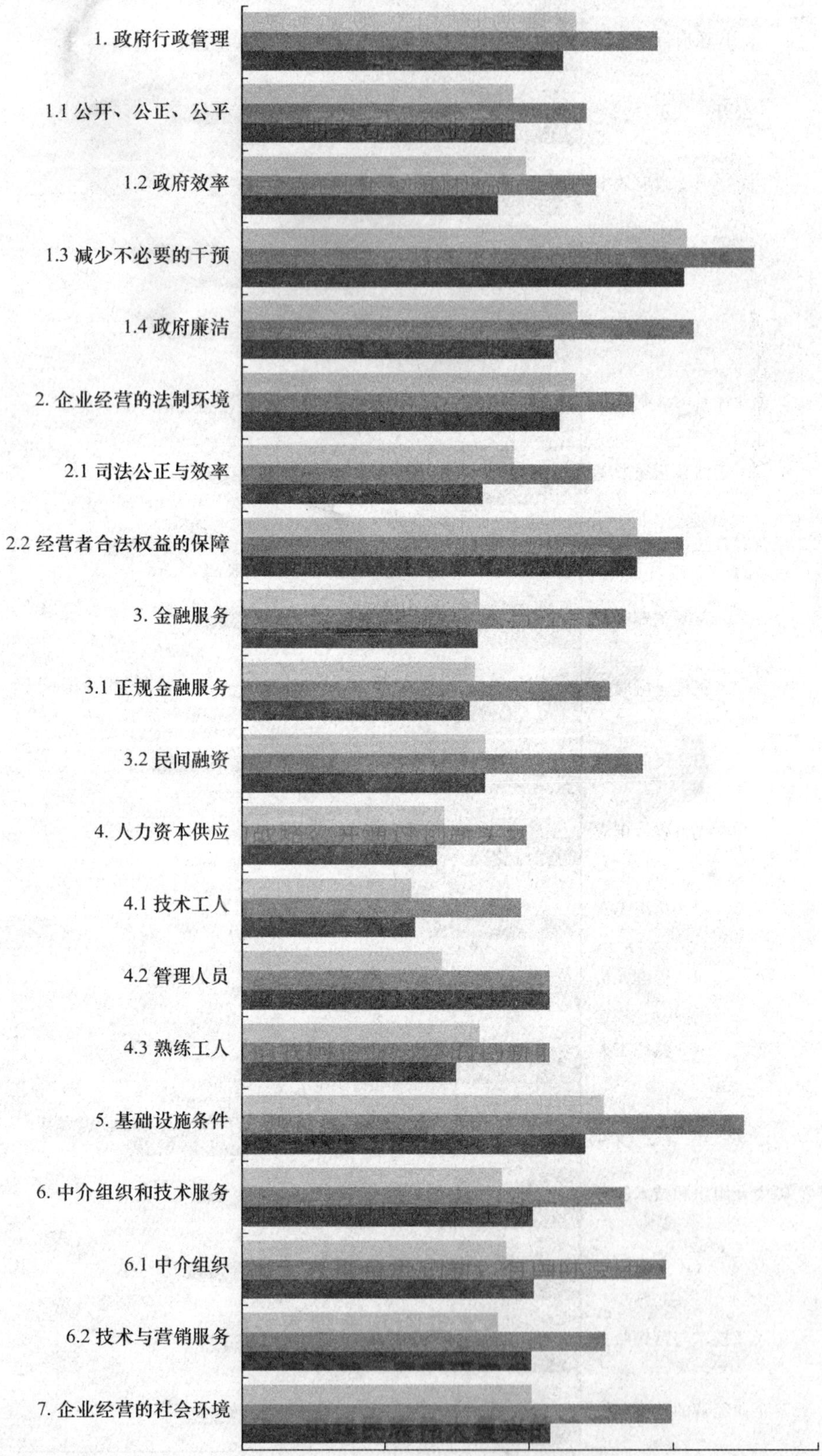

图 98　各方面指标和各分项指标与全国最高值及平均值的比较（2010 年 · 四川）

位。这看来与宏观经济形势变化导致人力资源供求关系的变化有直接关系。三个分项指数中，“熟练工人”的评分和排名始终高于“技术人员”和“管理人员”。2010 年前者排名第 10 位，后两者分别排在第 18 位和第 23 位，说明熟练工人的供给情况相对较好，而管理人员的短缺更严重。

（5）中介组织和技术服务

这个指数的排名从 2006 年的第 20 位下降到 2008 年的第 28 位，到 2010 年排名下降到第 29 位，评分只有 2.72，是贵州企业经营环境的一个薄弱环节。两个分项指数“中介组织”和“技术与营销服务”的评分都低于中性评价值 3，两者差距不大；2010 年排名分别为第 28 位和第 29 位。

表 33　　贵州在企业经营环境各方面、各分项的排名及分值

	2006 年		2008 年		2010 年	
	分值	排名	分值	排名	分值	排名
政府行政管理	2.86	27	3.12	20	2.90	27
公开、公正、公平	2.79	26	3.07	22	2.78	28
政府效率	2.66	27	2.88	27	2.63	27
减少不必要的干预	3.18	23	3.26	22	3.36	26
政府廉洁	2.81	18	3.25	5	2.83	27
企业经营的法制环境	2.86	24	3.22	18	2.90	29
司法公正与效率	2.56	20	3.04	9	2.67	24
经营者合法权益的保障	3.16	28	3.41	27	3.13	29
金融服务	2.43	12	2.87	13	2.74	19
正规金融服务	2.37	11	2.98	6	2.71	17
民间融资	2.49	17	2.76	28	2.77	20
人力资源供应	2.31	27	2.86	5	2.66	15
技术人员	2.27	26	2.81	3	2.58	18
管理人员	2.25	27	2.75	12	2.55	23
熟练工人	2.41	25	3.03	2	2.86	10
基础设施条件	3.16	30	3.22	30	3.00	24
中介组织和技术服务	2.74	20	2.79	28	2.72	29
中介组织	2.87	14	2.89	25	2.75	28
技术与营销服务	2.61	24	2.70	28	2.69	29
企业经营的社会环境	2.89	19	3.05	16	2.86	26
总评	2.75	27	3.02	22	2.83	28

25. *云南*

云南的企业经营环境，在 2006 年、2008 年、2010 年的评分依次为 2.83、2.98、2.98，但这几年在全国的相对排名排名分别为第 18 位、第 24 位、第 15 位，变动幅度较大。这与其他省份的相对变化有关。总的说，云南的企业经营环境，在 2006 ~ 2008 年期间发生了明显的改善。2010 年，在其他很多省份经营环境评价发生回落的情况下，云南保持了与 2008 年相同的评分，这也是有积极意义的。

在企业经营环境的七个方面中，政府行政管理、企业经营的法制环境、基础设施条件这三个方面都连续保持了高于中性值 3 的评分，2010 年分别为 3.17、3.20、3.09。这三项在全国的相对排名也有了大幅度的上升，2010 年分别排在第 11 位、第 7 位和第 17 位，比 2006 年的相对位次分别提升了 7 位、9 位和 11 位。此外中介组织和技术服务也上升了 10 位。2010 年排名最高的方面指数是人力资源供应，排在第 6 位。排名最低的方面指数是金融服务，排在第 26 位。企业经营的社会环境排名也较低，排在第 24 位。

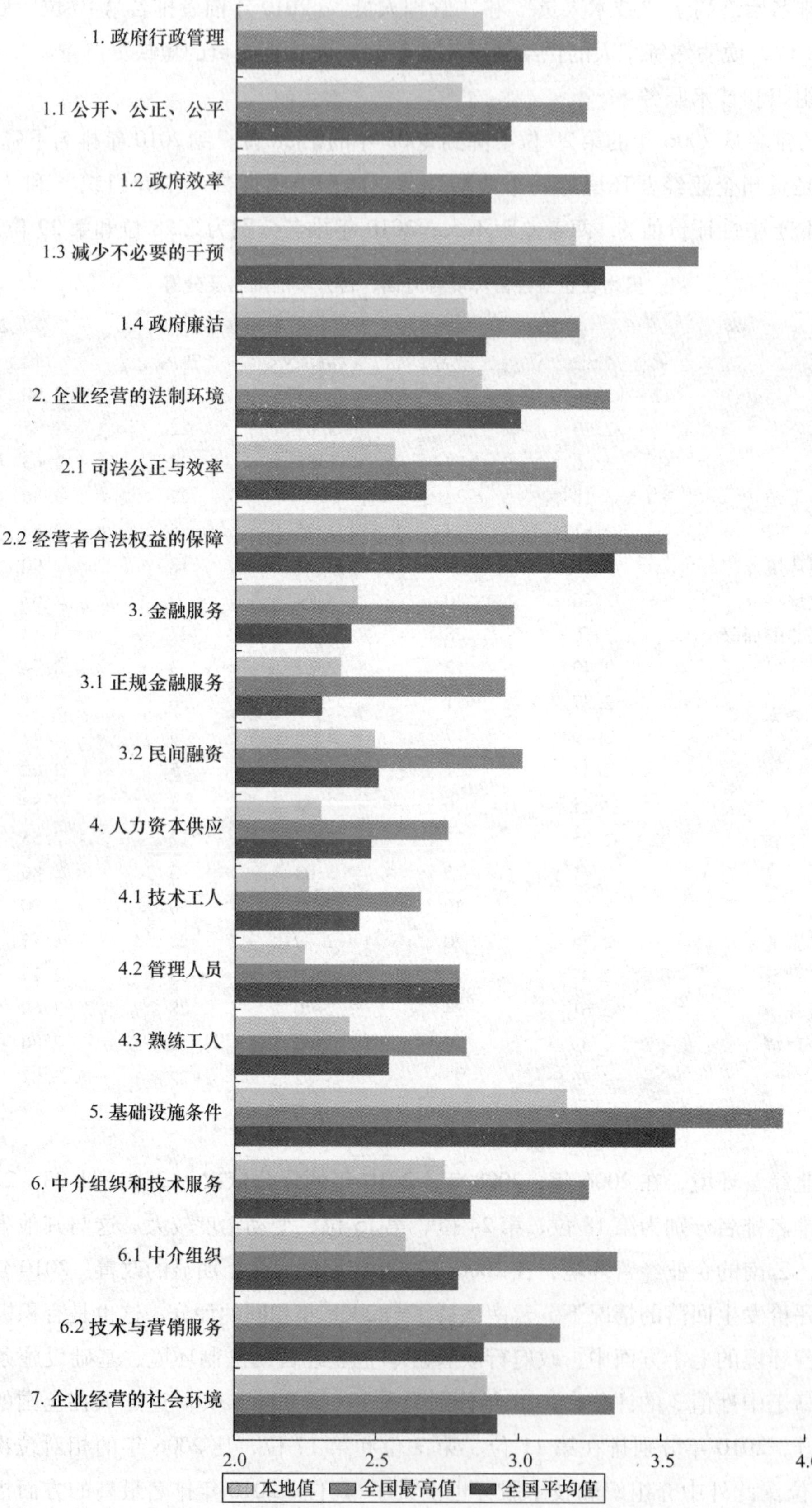

图 99　各方面指标和各分项指标与全国最高值及平均值的比较（2006 年·贵州）

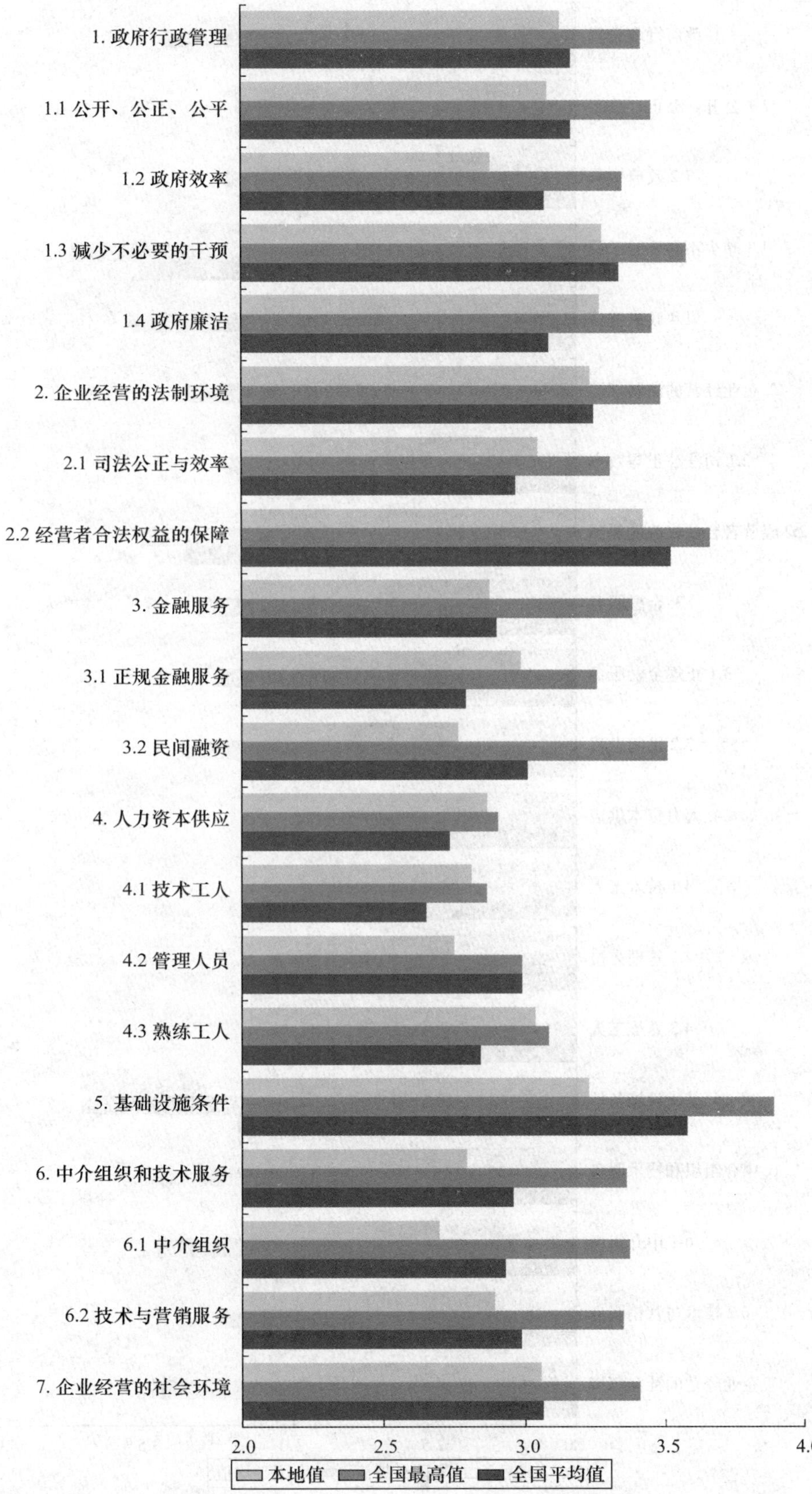

图 100　各方面指标和各分项指标与全国最高值及平均值的比较（2008 年 · 贵州）

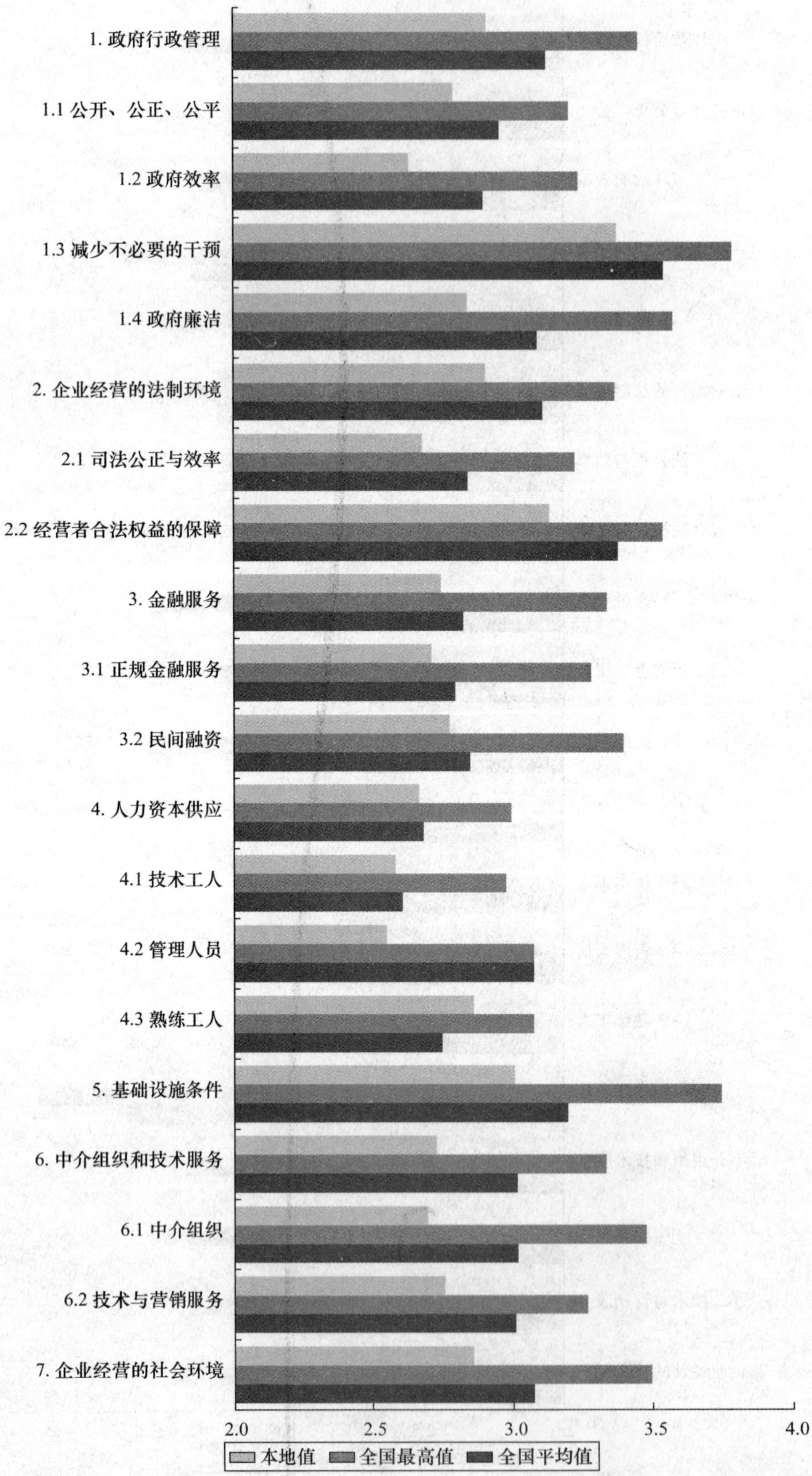

图 101　各方面指标和各分项指标与全国最高值及平均值的比较（2010 年 · 贵州）

（1）政府行政管理

这个方面指数的评分在2006 年、2008 年和2010 年呈逐步上升的趋势，分别为2.94、3.06、3.17。相对排名从2006 年的第18 位一度下降到2008 年的第24 位，在2010 年上升到第11 位，有显著的改善。四个分项指数中，除了“减少不必要的干预”之外，其他三项的排名都有较大幅度的上升。2010 年这四项的排名分别为：“公开、公正、公平”第11 位，“政府效率”第6 位，“减少不必要的干预”第17 位，“政府廉洁”第12 位。

（2）企业经营的法制环境

该方面指数的评分从2006 年的2.99 上升到2008 年的3.21 和2010 年的3.20。三年的排名分别是：2006 年第16 位，2008 年第19 位，2010 年第7 位，也呈明显改善的趋势。两个分项指数中，“司法公正与效率”的评分和排名上升都比较突出，从2006 年的第15 位提高到第4 位，评分从2.66 上升到3.04，开始进入了比较积极的评价区间。“经营者合法权益的保障”的评分仍然高于“司法公正与效率”，2010 年为3.35，但评分和排名没有明显进步，2010 年排在第19 位。

（3）金融服务

金融服务指数是云南省经营环境七个方面中的弱项，2010 年的全国排名为第26 位，评分为2.63，处于比较负面的区间。两个分项指数“正规金融服务”和“民间融资”的排名和评分接近，2010 年分别排在第24 位和第25 位，评分为2.66 和2.59。

（4）人力资源供应

这个指数的评分从2006 年的2.54 上升到2008 年的2.69，2010 年再上升到2.85，呈稳定改善趋势；但在全国的相对排名起伏较大，从2006 年的第9 位下降到2008 年的第22 位，2010 年又上升为第6 位。三个分项指数中，2010 年“技术人员”排在第5 位，“管理人员”排在第12 位，“熟练工人”排在第2 位，其中“熟练工人”的位次提高幅度较大。三项的2010 年评分分别为2.78、2.72、3.04。这显示出人力资源的总体供应情况都在改善，但其中熟练工人的改善程度和供应情况好于技术人员和管理人员。

（5）中介组织和技术服务

中介组织和技术服务指数的评分从2006 年的2.67 上升到2008 年的2.86，再上升到2010 年的2.97；排名从2006 年的第27 位上升到2008 年的第23 位，再到2010 年的第17 位。评分和排名都呈稳步上升趋势。两个分项指数中，“技术与营销服务”的情况明显好于“中介组织”，2010 年前者排在第11 位，比2006 年上升了14 位，评分为3.01；后者排在第23 位，评分为2.92，排名上升了3 位，但比2008 年发生了下降。

表34　　云南在企业经营环境各方面、各分项的排名及分值

	2006 年		2008 年		2010 年	
	分值	排名	分值	排名	分值	排名
政府行政管理	2.94	18	3.06	24	3.17	11
公开、公正、公平	2.84	23	3.04	26	2.99	11
政府效率	2.77	20	3.04	17	3.06	6
减少不必要的干预	3.28	16	3.22	26	3.53	17
政府廉洁	2.85	16	2.93	23	3.12	12
企业经营的法制环境	2.99	16	3.21	19	3.20	7
司法公正与效率	2.66	15	2.99	13	3.04	4
经营者合法权益的保障	3.32	17	3.42	26	3.35	19

续表

	2006年		2008年		2010年	
	分值	排名	分值	排名	分值	排名
金融服务	2.45	9	2.78	25	2.63	26
正规金融服务	2.46	8	2.86	11	2.66	24
民间融资	2.44	20	2.69	29	2.59	25
人力资源供应	2.54	9	2.69	22	2.85	6
技术人员	2.53	9	2.62	19	2.78	5
管理人员	2.51	11	2.69	15	2.72	12
熟练工人	2.58	12	2.77	23	3.04	2
基础设施条件	3.34	28	3.23	29	3.09	17
中介组织和技术服务	2.67	27	2.86	23	2.97	17
中介组织	2.74	26	2.96	17	2.92	23
技术与营销服务	2.59	25	2.77	26	3.01	11
企业经营的社会环境	2.90	16	3.01	19	2.95	24
总评	2.83	18	2.98	24	2.98	15

26. 陕西

陕西的企业经营环境在全国处于下游水平。从相对排名来看，陕西2006年排在全国第26位，2008年上升到第21位，2010年回落到第27位，比2006年下降一位。评分2.86，比2006年上升0.11，但比2008年下降0.16。

在企业经营环境的七个方面中，2010年排名最高的是人力资源供应，排在全国第18位，最低的是企业经营的社会环境，排在第28位。其余五个方面的排名情况分别是：政府行政管理第25位，企业经营的法制环境和金融服务都是第22位，基础设施条件第23位，中介组织和技术服务第27位。就评分而言，2010年企业经营的法制环境和基础设施条件刚刚超过中性评价值3，其余五个方面都在3以下，是偏于负面的评价。

在以上七个方面中，2006~2010年期间排名有明显提高的有企业经营的法制环境和金融服务，前者从第26位上升到第22位；后者从第27位上升到第22位。其余几个方面有的保持原来的排名未变，有的下降了1~2。

（1）政府行政管理

这个方面指数的全国排名从2006年的第25位下降到2008年的第28位，到2010年回升到第25位。三年的评分分别为2.88、3.00、2.97。四个分项指数的2010年评分中，只有"减少不必要的干预"超过中性值3，为3.44，排名为第23位；其余"公开、公正、公平"、"政府效率"、"政府廉洁"三项的评分都在3以下，排名都在第24~25位。

（2）企业经营的法制环境

该指数的排名有一定进步，从2006年的全国第26位上升到2008年和2010年的第22位。但从评分来看，2006~2008年期间进步比较明显，而2008~2010年期间有一定程度的回落。两个分项指数"司法公正与效率"和"经营者合法权益的保障"也都发生了类似的回落，2010年分别排在第20位和第23位。但"经营者合法权益的保障"的评分超过中性值3，为3.31，而"司法公正与效率"只有2.75。

（3）金融服务

该方面指数的2010年全国排名为第22位，高于2006年排名，但低于2008年排名。这种波动与

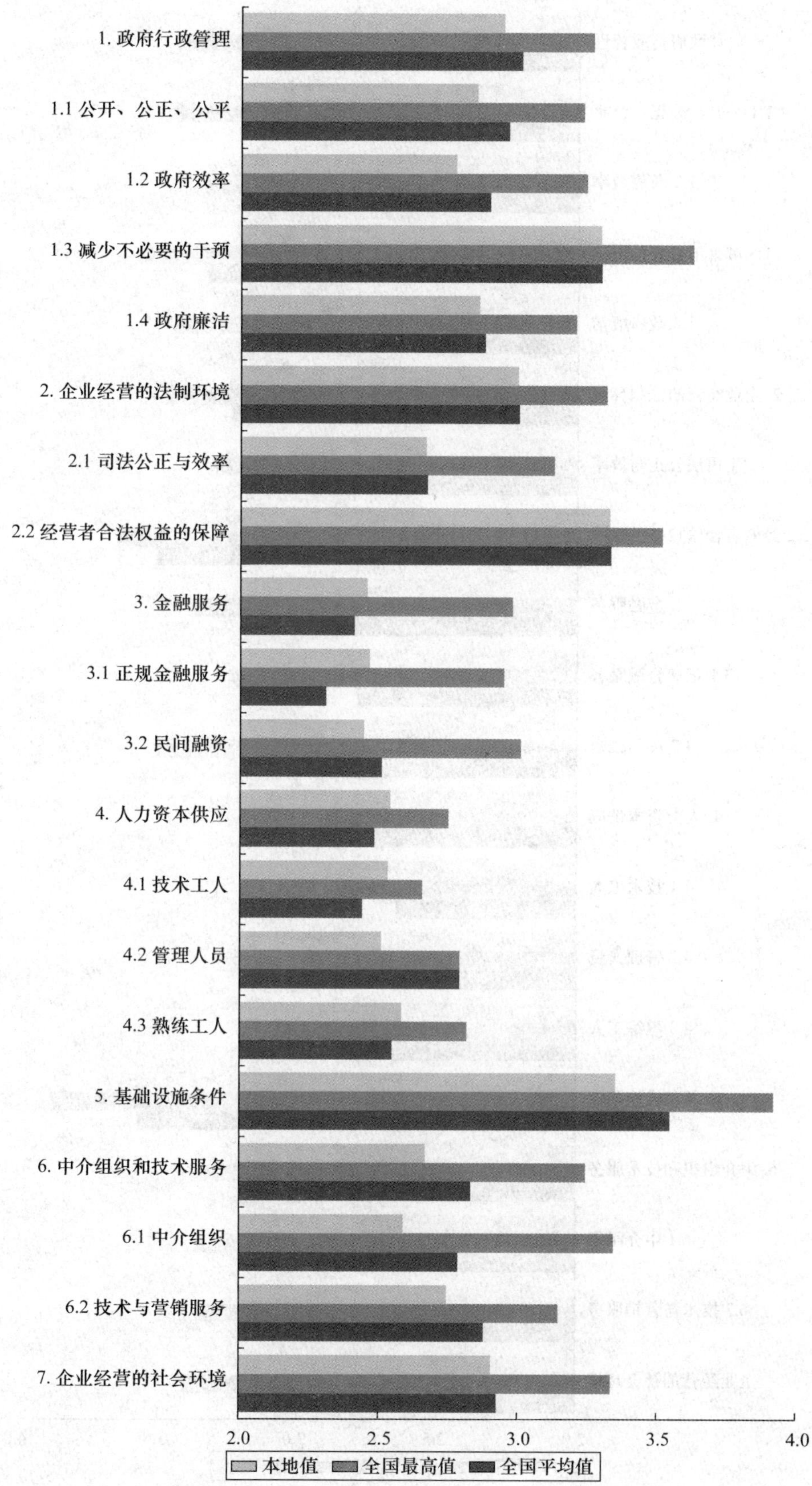

图 102　各方面指标和各分项指标与全国最高值及平均值的比较（2006 年 · 云南）

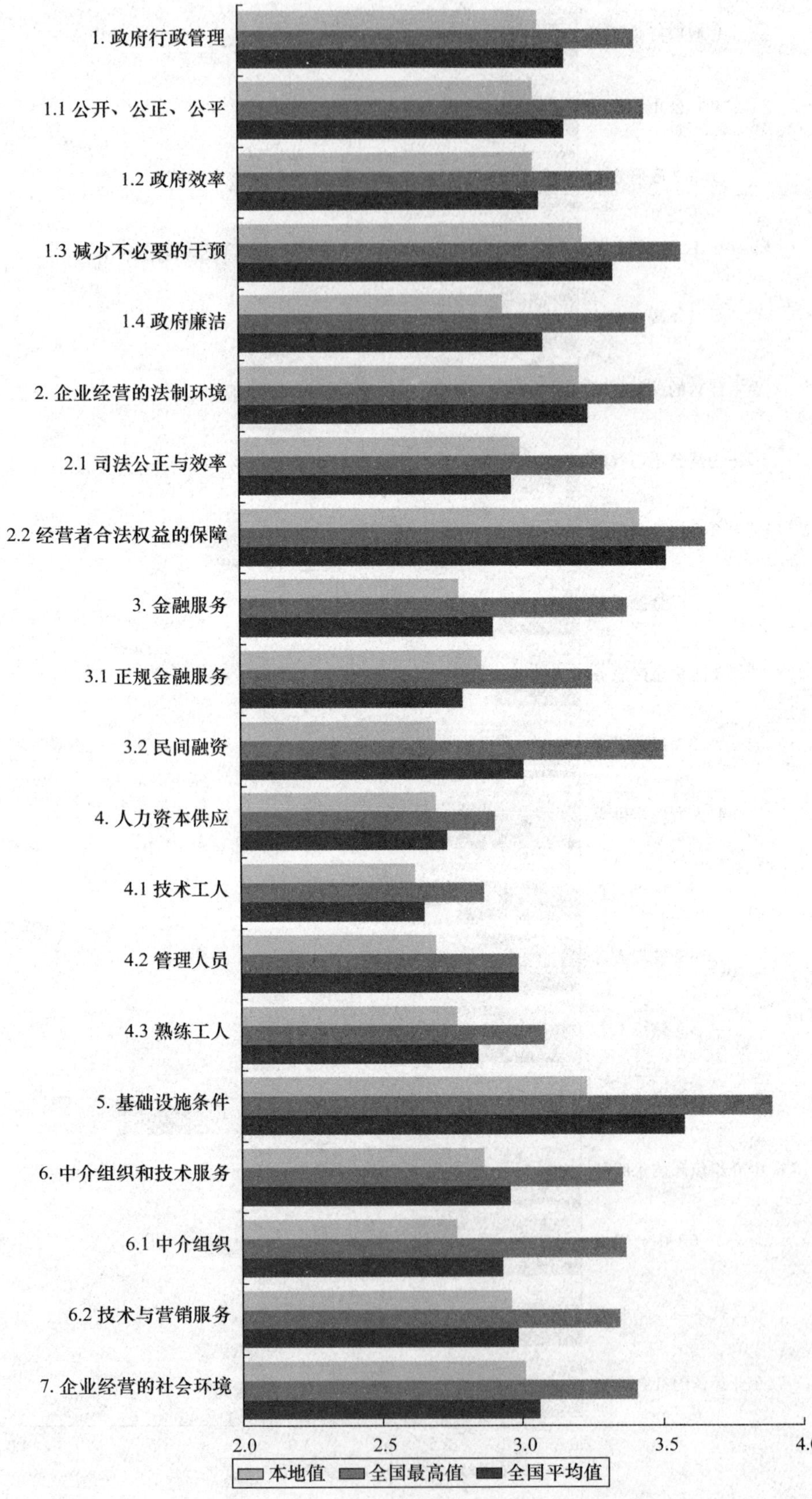

图 103　各方面指标和各分项指标与全国最高值及平均值的比较（2008 年 · 云南）

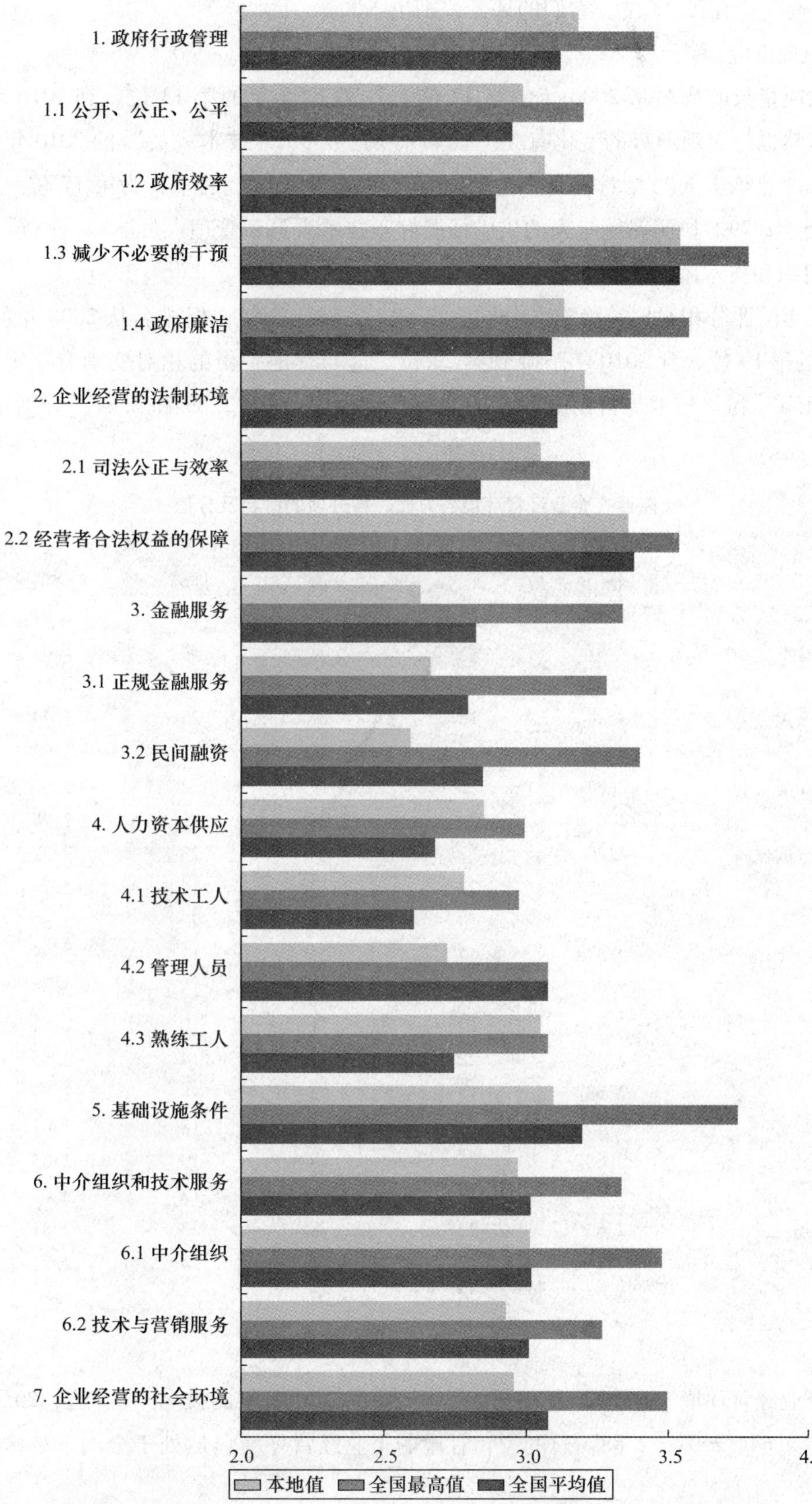

图 104　各方面指标和各分项指标与全国最高值及平均值的比较（2010 年 · 云南）

宏观形势的变化和其他省份的变化都有一定关系。两个分项指数中，2010年“正规金融服务”排在第21位，“民间融资”排在第23位。它们的评分差别也不大。

（4）人力资源供应

人力资源供应指数的排名从2006年的第17位上升到2008年的第13位，到2010年下降到第18位。这种波动显然也与宏观形势的变化有关。三个分项指数中，“技术人员”的2010年排名和评分较低，为第22位；“熟练工人”相对较高，为第14位；“管理人员”居中，为第17位。它们的评分分别为2.52、2.65、2.79。说明熟练工人的供应情况好于技术人员和管理人员。

（5）中介组织和技术服务

这个指数三年的评分相对比较稳定，分别为2.68、2.88、2.85，但排名从2006年的第25位一度上升到2008年的第19位，到2010年下降到第27位。这与其他省份的相对变动有一定关系。两个分项指数“中介组织”和“技术与营销服务”的2010年评分分别为2.89和2.81，分别排在第24位和第28位。

表35　　陕西在企业经营环境各方面、各分项的排名及分值

	2006年		2008年		2010年	
	分值	排名	分值	排名	分值	排名
政府行政管理	2.88	25	3.00	28	2.97	25
公开、公正、公平	2.82	25	3.01	28	2.84	25
政府效率	2.72	22	2.81	30	2.69	25
减少不必要的干预	3.24	18	3.22	25	3.44	23
政府廉洁	2.73	25	2.96	22	2.92	24
企业经营的法制环境	2.84	26	3.19	22	3.03	22
司法公正与效率	2.47	24	2.93	19	2.75	20
经营者合法权益的保障	3.20	27	3.45	23	3.31	23
金融服务	2.25	27	2.87	16	2.71	22
正规金融服务	2.22	19	2.70	20	2.69	21
民间融资	2.27	27	3.03	13	2.73	23
人力资源供应	2.49	17	2.78	13	2.65	18
技术人员	2.47	13	2.71	10	2.52	22
管理人员	2.42	22	2.71	14	2.65	17
熟练工人	2.58	13	2.92	8	2.79	14
基础设施条件	3.39	23	3.53	18	3.01	23
中介组织和技术服务	2.68	25	2.88	19	2.85	27
中介组织	2.74	28	2.98	13	2.89	24
技术与营销服务	2.63	22	2.78	23	2.81	28
企业经营的社会环境	2.74	27	2.92	24	2.78	28
总评	2.75	26	3.02	21	2.86	27

27. 甘肃

甘肃省的企业经营环境，在2006年的排名为第30位，2008年的排名第25位，2010年排名第24位，得分分别为2.64、2.97、2.88。总的说，甘肃的企业经营环境仍然处于全国下游区间，但取得了相当的进步。

在企业经营环境的七个方面中，政府行政管理和企业经营的法制环境的进步显著，在2008年和2010年的评分超过了中性评价值3；在全国的相对排名，前者从2006年的第29位上升到2010年的第

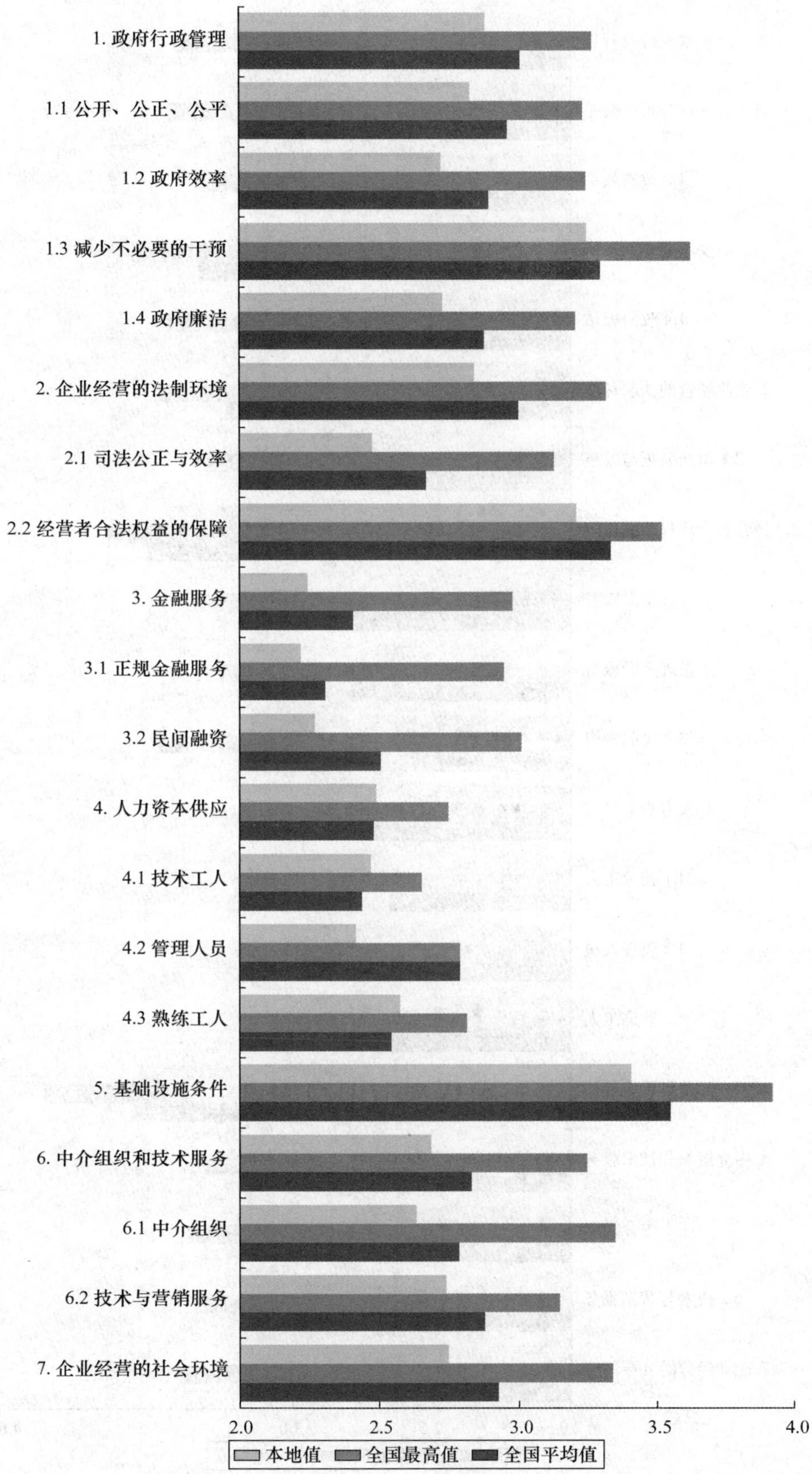

图 105　各方面指标和各分项指标与全国最高值及平均值的比较（2006 年 · 陕西）

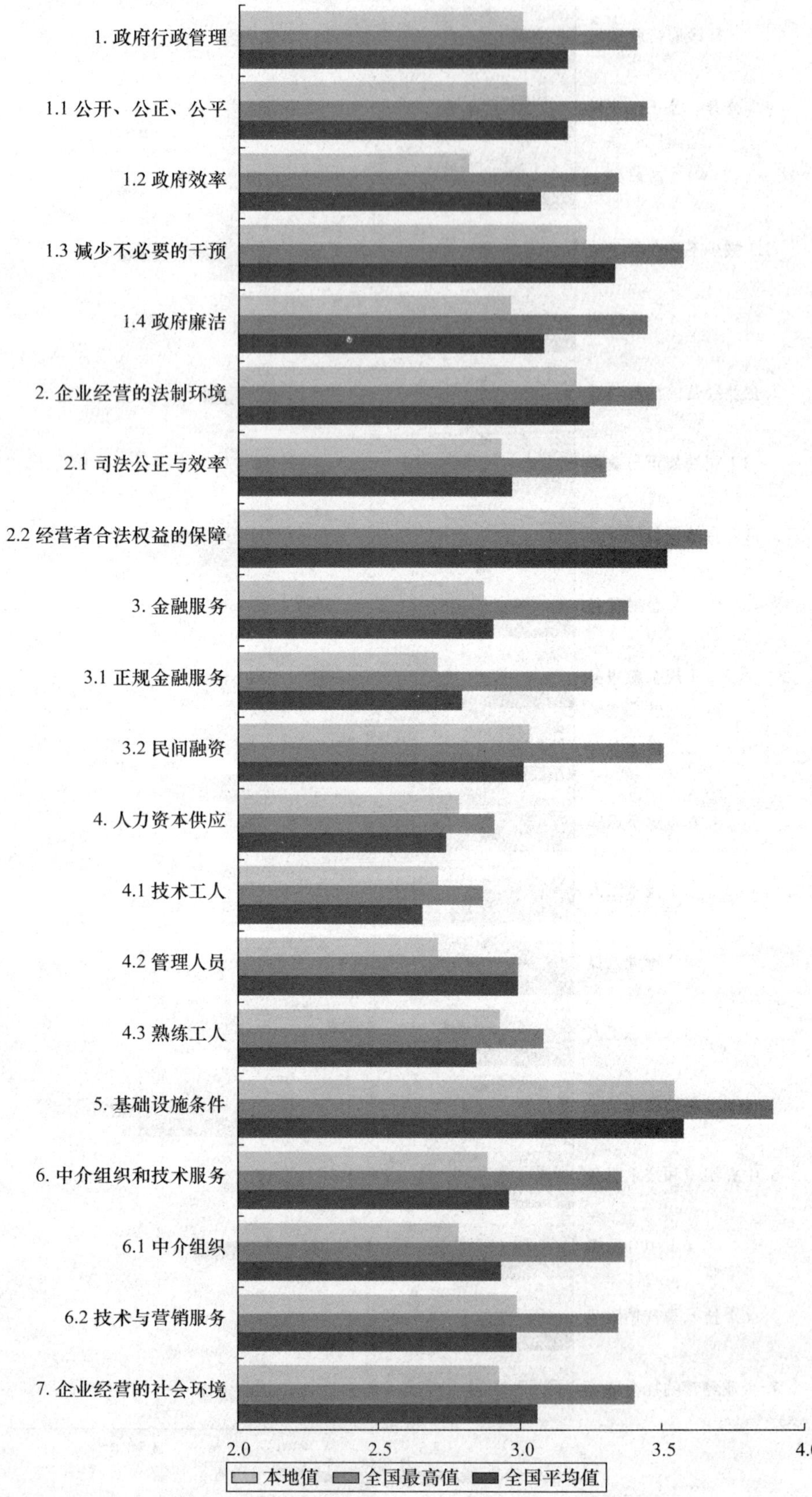

图 106　各方面指标和各分项指标与全国最高值及平均值的比较（2008 年 · 陕西）

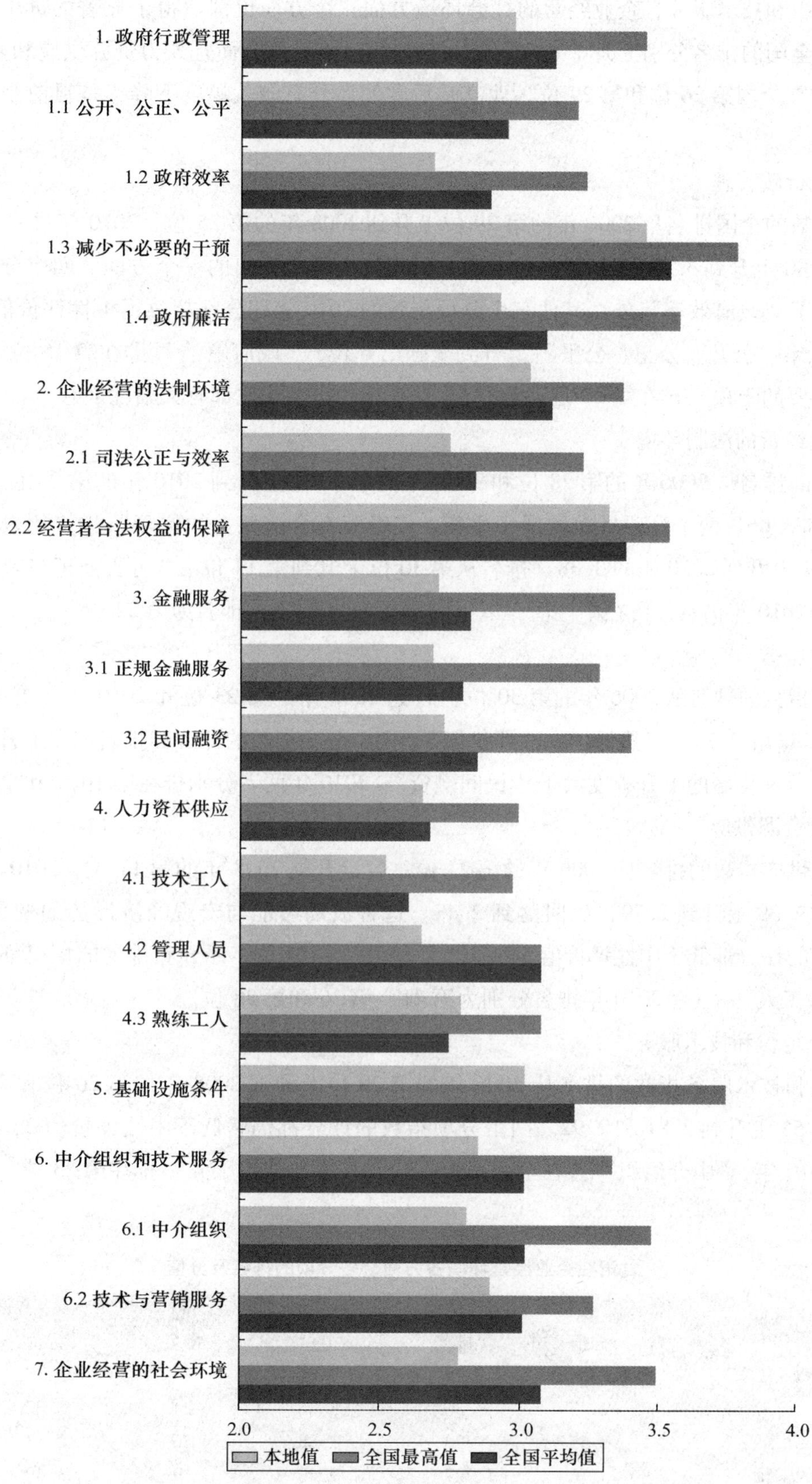

图 107　各方面指标和各分项指标与全国最高值及平均值的比较（2010 年 · 陕西）

16位，后者从2006年的第28位上升到2010年的第20位。其他方面指数的评分都仍然低于3，但金融服务、中介组织和技术服务、企业经营的社会环境方面三个方面也都取得了显著的进步，评分有较大幅度提高，在全国的排名分别上升了8~13位。目前相对落后的方面是人力资源供应和基础设施条件，2010年分别排在全国第26位和第29位，尤其是后者的评分有较大幅度下降，是目前制约企业经营环境的瓶颈环节。

（1）政府行政管理

该方面指数的全国排名从2006年的第29位上升到2008年的第25位，2010年进一步上升到第16位。评分从2.80上升到3.05和3.10，是七个方面指数中进步突出的一个方面。四个分项指数的评分都在上升，除了“政府效率”外，其他三个分项指数的2010年评分都超过了中性评价值3。就相对排名而言，2010年“公开、公正、公平”上升到全国第6位，“政府廉洁”排在第15位，“政府效率”和“减少不必要的干预”排在第20位，与它们2006年的排名相比都有大幅度上升。

（2）企业经营的法制环境

这个指数的排名从2006年的第28位和2008年的第30位上升到2010年的第20位，评分从2.81上升到3.04和3.06。两个分项指数发展不平衡。“经营者合法权益的保障”进步比较突出，评分从2006年的3.07上升到2010年的3.38，排名从第30位上升到第14位。“司法公正与效率”评分也有一定提高，但2010年仍然停留在中性值3以下的水平，为2.73，排名为第22位。

（3）金融服务

这个方面指数的排名从2006年的第30位上升到2008年的第23位和2010年的第17位，评分从2.06上升到2.82和2.78，仍然低于中性评价值3。两个分项指数的评分和排名都在上升，其中“正规金融服务”评分和排名的上升幅度大于“民间融资”；2010年两者分别排在第10位和第22位。

（4）人力资源供应

人力资源供应指数的排名从2006年的第23位一度上升到2008年的第11位，2010年回落到第26位。评分先从2.39上升到2.79，后回落到2.48。这种波动可能与宏观经济形势的变化有一定关系。三个分项指数的评分都低于中性评价值3，但“管理人员”2010年评分和排名的情况都好于“技术人员”和“熟练工人”。三者2010年排名分别为第21、第26和第28位。

（5）中介组织和技术服务

中介组织和技术服务指数的排名从2006年的第29位上升到2008年的第26位和2010年的第21位，评分从2.55上升到2.81和2.92。两个分项指数的评分都仍然低于中性评价值3，但评分和排名都在上升。2010年，“中介组织”排在全国第18位，“技术与营销服务”排在第23位，前者的评分也略高于后者。

表36　　甘肃在企业经营环境各方面、各分项的排名及分值

	2006年		2008年		2010年	
	分值	排名	分值	排名	分值	排名
政府行政管理	2.80	29	3.05	25	3.10	16
公开、公正、公平	2.73	30	3.06	24	3.02	6
政府效率	2.65	29	2.88	26	2.83	20
减少不必要的干预	3.16	27	3.40	9	3.49	20
政府廉洁	2.67	26	2.86	27	3.05	15
企业经营的法制环境	2.81	28	3.04	30	3.06	20

续表

	2006 年		2008 年		2010 年	
	分值	排名	分值	排名	分值	排名
司法公正与效率	2.55	21	2.72	29	2.73	22
经营者合法权益的保障	3.07	30	3.36	29	3.38	14
金融服务	2.06	30	2.82	23	2.78	17
正规金融服务	1.86	30	2.66	24	2.84	10
民间融资	2.26	28	2.99	16	2.73	22
人力资源供应	2.39	23	2.79	11	2.48	26
技术人员	2.33	23	2.65	16	2.39	26
管理人员	2.43	20	2.85	6	2.62	21
熟练工人	2.42	24	2.86	15	2.43	28
基础设施条件	3.28	29	3.46	23	2.85	29
中介组织和技术服务	2.55	29	2.81	26	2.92	21
中介组织	2.64	29	2.93	21	2.99	18
技术与营销服务	2.46	29	2.69	29	2.85	23
企业经营的社会环境	2.58	30	2.83	29	2.97	22
总评	2.64	30	2.97	25	2.88	24

28. 宁夏

宁夏的企业经营环境，在 2006 年的全国排名为第 29 位，在 2008 年为第 20 位，在 2010 年为第 26 位，三年的评分依次为 2.66、3.06、2.86。总的说，宁夏的企业经营环境仍然处于下游区间，而且情况不够稳定。

在企业经营环境的七个方面中，2010 年相对排名最高的是金融服务，排在第 5 位（但可能与宏观经济形势的影响有关），其次是基础设施条件，排在第 19 位，其他五个方面都在 20 位以下，其中政府行政管理排在第 26 位，企业经营的法制环境、中介组织和技术服务排在第 28 位，企业经营的社会环境排在第 29 位。除金融服务以外，其他六个方面指数 2010 年的评分都低于中性评价值 3，处于较为负面的区间。

（1）政府行政管理

这个方面指数的排名不稳定，先从 2006 年的第 28 位上升到 2008 年的第 16 位，但 2010 年下降到第 26 位。评分先从 2.82 上升到 3.15，然后下降到 2.91。四个分项指数中，只有“减少不必要干预”的评分呈缓慢上升状态，并始终高于中性评价值 3，其他三项都发生了先升后降，2010 年评分都在 3 以下。从全国排名看，“减少不必要干预”2010 年排在第 18 位，“公开、公正、公平”、“政府效率”和“政府廉洁”排名都较低，分别排在第 29 位、第 26 位和第 28 位。

（2）企业经营的法制环境

这方面的指数排名变动与政府行政管理类似，先从 2006 年的第 30 位上升到 2008 年的第 26 位，后下降到 2010 年的第 28 位。评分先从 2.74 上升到 3.14，后回落到 2.90。两个分项指数中，“经营者合法权益的保障”保持了中性值 3 以上的评分，2010 年排名为第 25 位；“司法公正与效率”评分始终在中性值 3 以下，2010 年只有 2.52，比 2008 年的 2.83 有明显回落，2010 年排名为全国第 29 位。

（3）金融服务

金融服务指数的排名呈上升趋势，从 2006 年的第 29 位上升到 2008 年的第 12 位，2010 年进一步上升到第 5 位。评分从 2.06 依次上升到 2.89 和 3.02。两个分项指数“正规金融服务”和“民间融

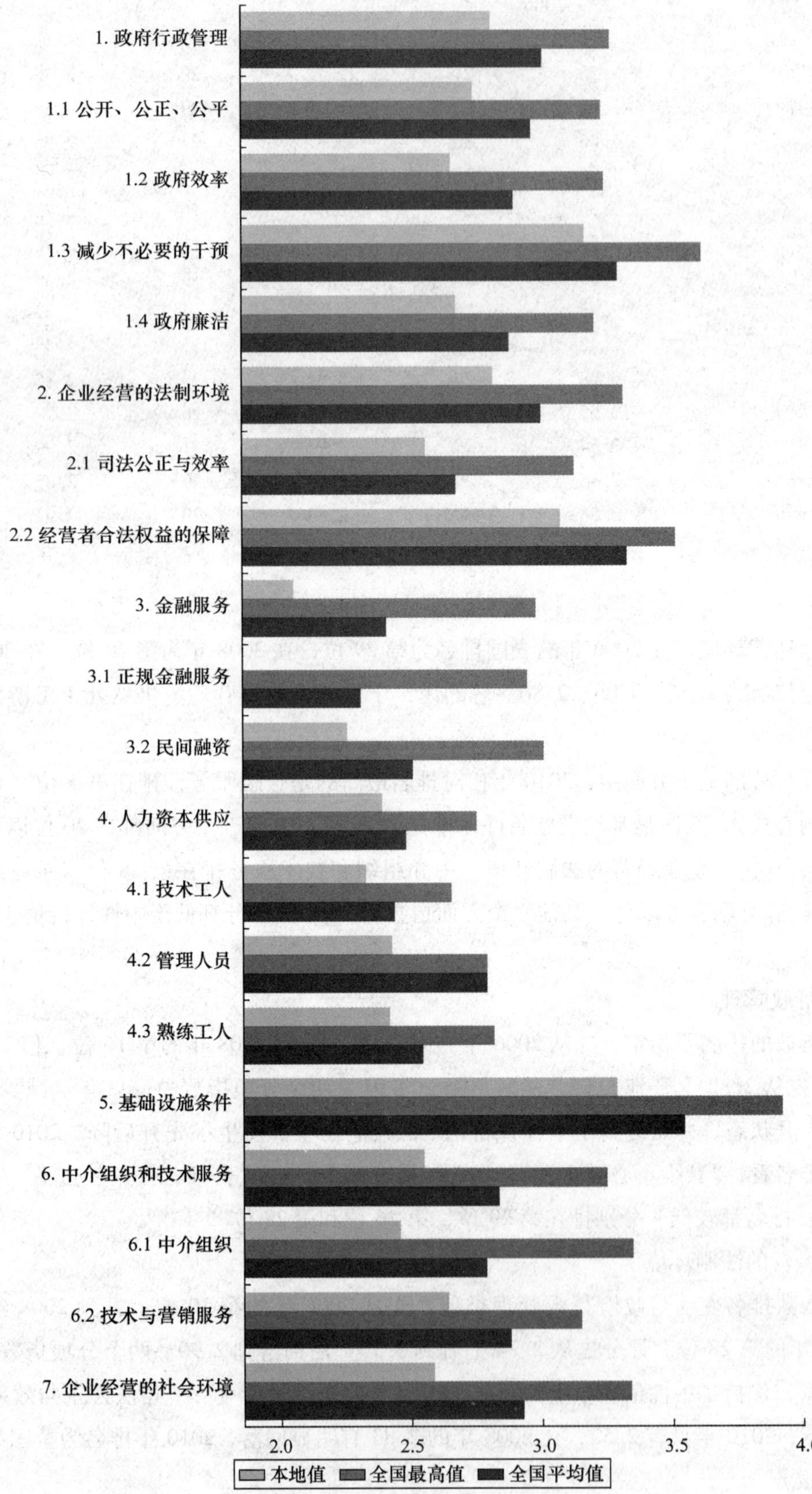

图 108　各方面指标和各分项指标与全国最高值及平均值的比较（2006 年 · 甘肃）

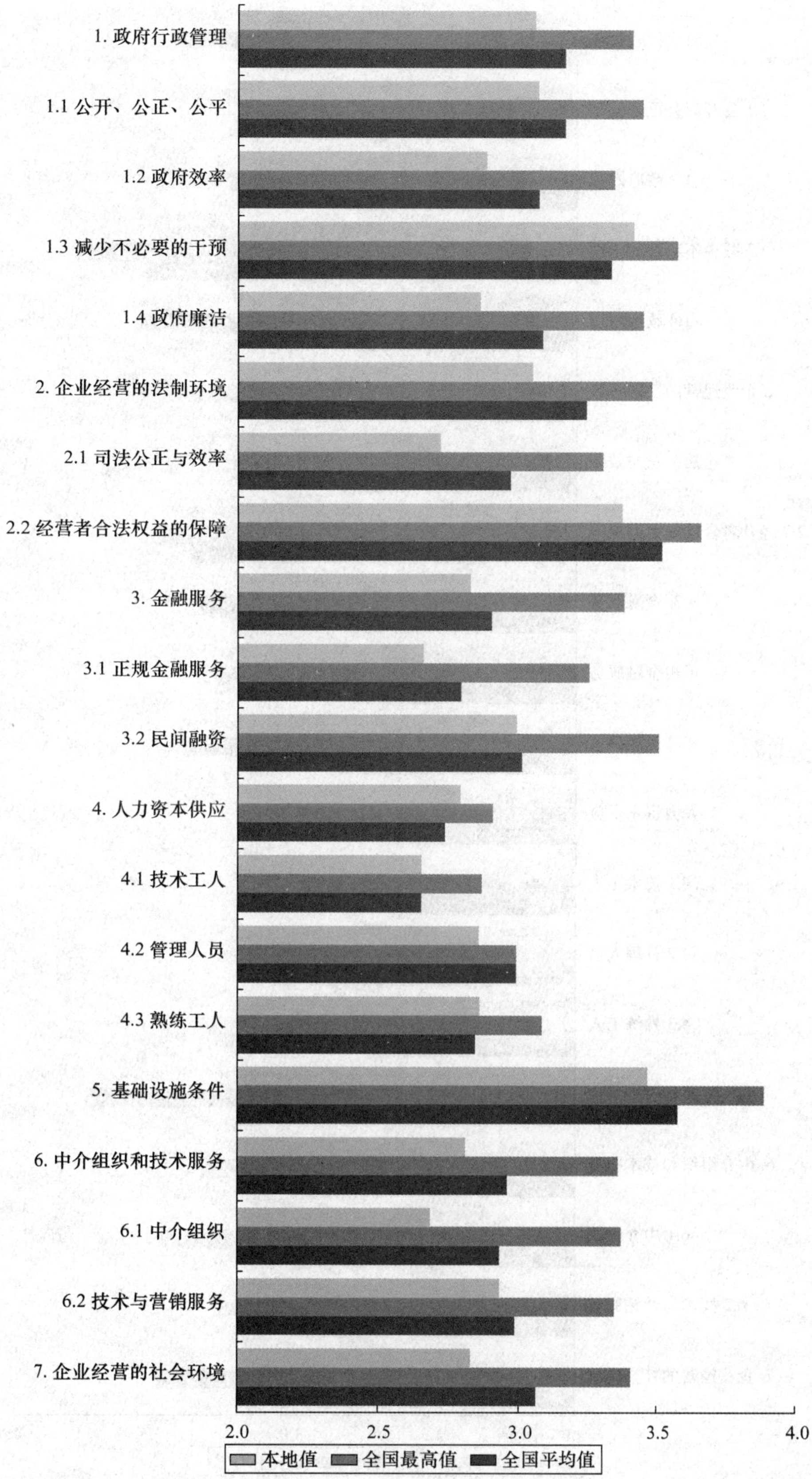

图 109　各方面指标和各分项指标与全国最高值及平均值的比较（2008 年 · 甘肃）

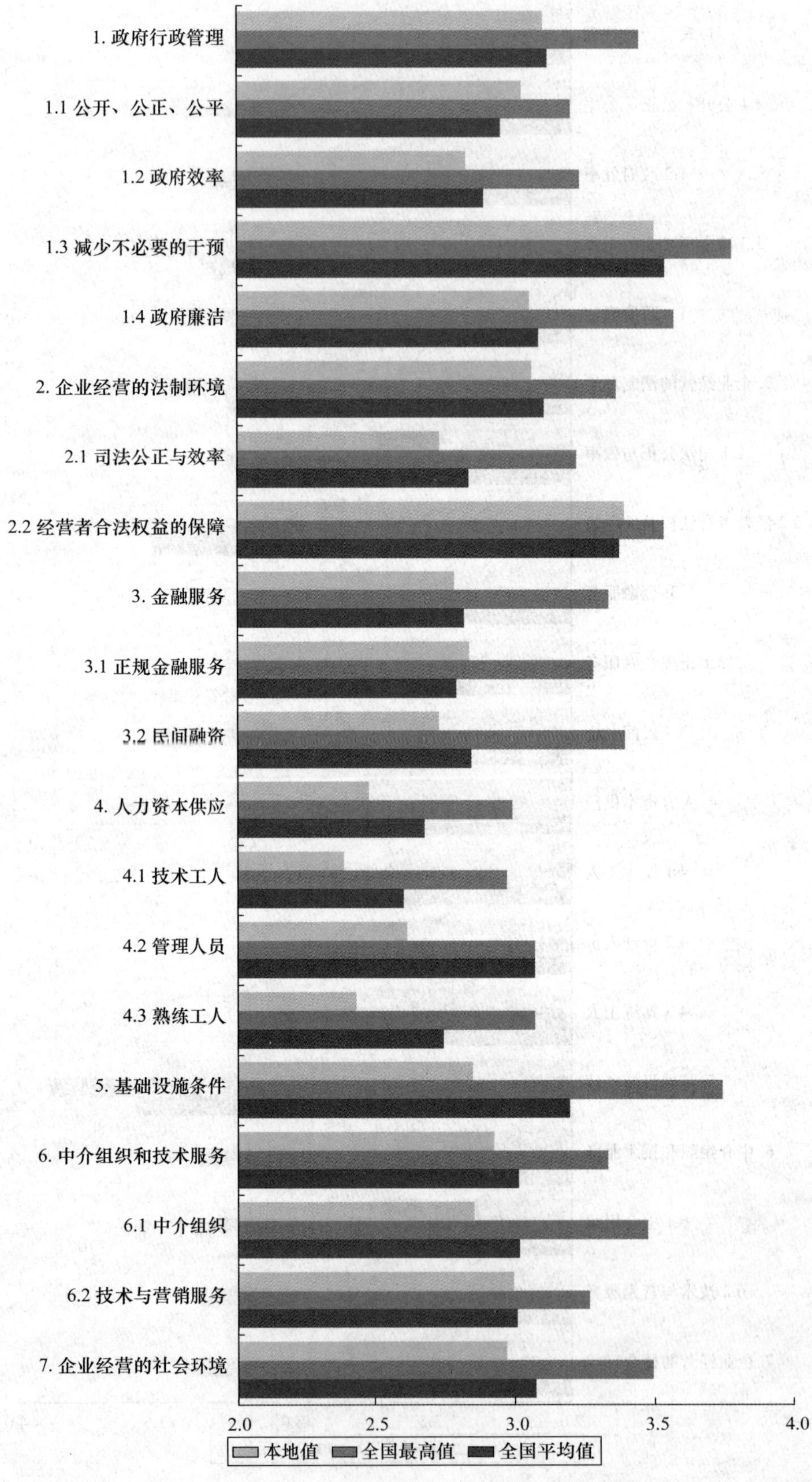

图 110　各方面指标和各分项指标与全国最高值及平均值的比较（2010 年·甘肃）

资”的评分和排名都有大幅度的上升，2010 年的排名分别为第 4 位和第 5 位。但看来融资条件的宽松在相当程度上是与宏观经济形势的变化有关。

（4）人力资源供应

人力资源供应指数的排名和评分都出现了上升趋势。其全国排名从 2006 年的第 30 位上升到 2008 年的第 26 位，再到 2010 年的第 22 位；评分从 2. 25 上升到 2. 59，再到 2. 63。三个分项指数的排名和评分都有不同程度的上升，2010 年以“熟练工人”的供应情况较好，评分为 2. 79，排在全国第 13 位，而“技术人员”和“管理人员”的评分都是 2. 54，分别排在第 20 位和第 24 位。

（5）中介组织和技术服务

该指数的排名从 2006 年的第 30 位上升到 2008 年的第 16 位，但在 2010 年下降到第 28 位。评分依次为 2. 50、2. 92、2. 76，也发生了先升后降的情况。两个分项指数的评分比较接近，都低于中性评价值 3，2010 年“中介组织”的排名为第 29 位，“技术与营销服务”的排名为第 27 位。

表 37　　宁夏在企业经营环境各方面、各分项的排名及分值

	2006 年		2008 年		2010 年	
	分值	排名	分值	排名	分值	排名
政府行政管理	2. 82	28	3. 15	16	2. 91	26
公开、公正、公平	2. 78	27	3. 13	15	2. 72	29
政府效率	2. 74	21	3. 15	11	2. 65	26
减少不必要的干预	3. 36	9	3. 46	3	3. 49	18
政府廉洁	2. 42	30	2. 85	28	2. 79	28
企业经营的法制环境	2. 74	30	3. 14	26	2. 90	28
司法公正与效率	2. 39	29	2. 83	26	2. 52	29
经营者合法权益的保障	3. 10	29	3. 45	24	3. 28	25
金融服务	2. 06	29	2. 89	12	3. 02	5
正规金融服务	2. 12	24	2. 75	18	3. 05	4
民间融资	2. 00	30	3. 03	12	3. 00	5
人力资源供应	2. 25	30	2. 59	26	2. 63	22
技术人员	2. 26	27	2. 56	23	2. 54	20
管理人员	2. 11	30	2. 53	27	2. 54	24
熟练工人	2. 38	27	2. 69	25	2. 79	13
基础设施条件	3. 64	9	3. 81	3	3. 08	19
中介组织和技术服务	2. 50	30	2. 92	16	2. 76	28
中介组织	2. 55	30	2. 90	23	2. 69	29
技术与营销服务	2. 45	30	2. 94	14	2. 82	27
企业经营的社会环境	2. 60	29	2. 89	28	2. 74	29
总评	2. 66	29	3. 06	20	2. 86	26

29. 青海

青海省的 2010 年企业经营环境调查因样本量过少，未能取得有效数据。因此本报告仅公布了青海省 2006 年和 2008 年的企业经营环境指数。从这两年的情况看，青海的企业经营环境处于全国下游水平，2006 排在全国第 23 位，总体评分为 2. 81，低于中性评价值 3；2008 年虽然总体评分提高到 2. 95，但排名下降到全国第 28 位。这说明企业经营环境改善的速度与其他大多数省份相比，较为缓慢。

在企业经营环境的七个方面中，排名较高的是企业经营的法制环境，2008 年排在全国第 14 位，但相对于 2006 年的排名有所下降。2008 年的金融服务排名也相对较好，排在第 18 位。其他五个方面

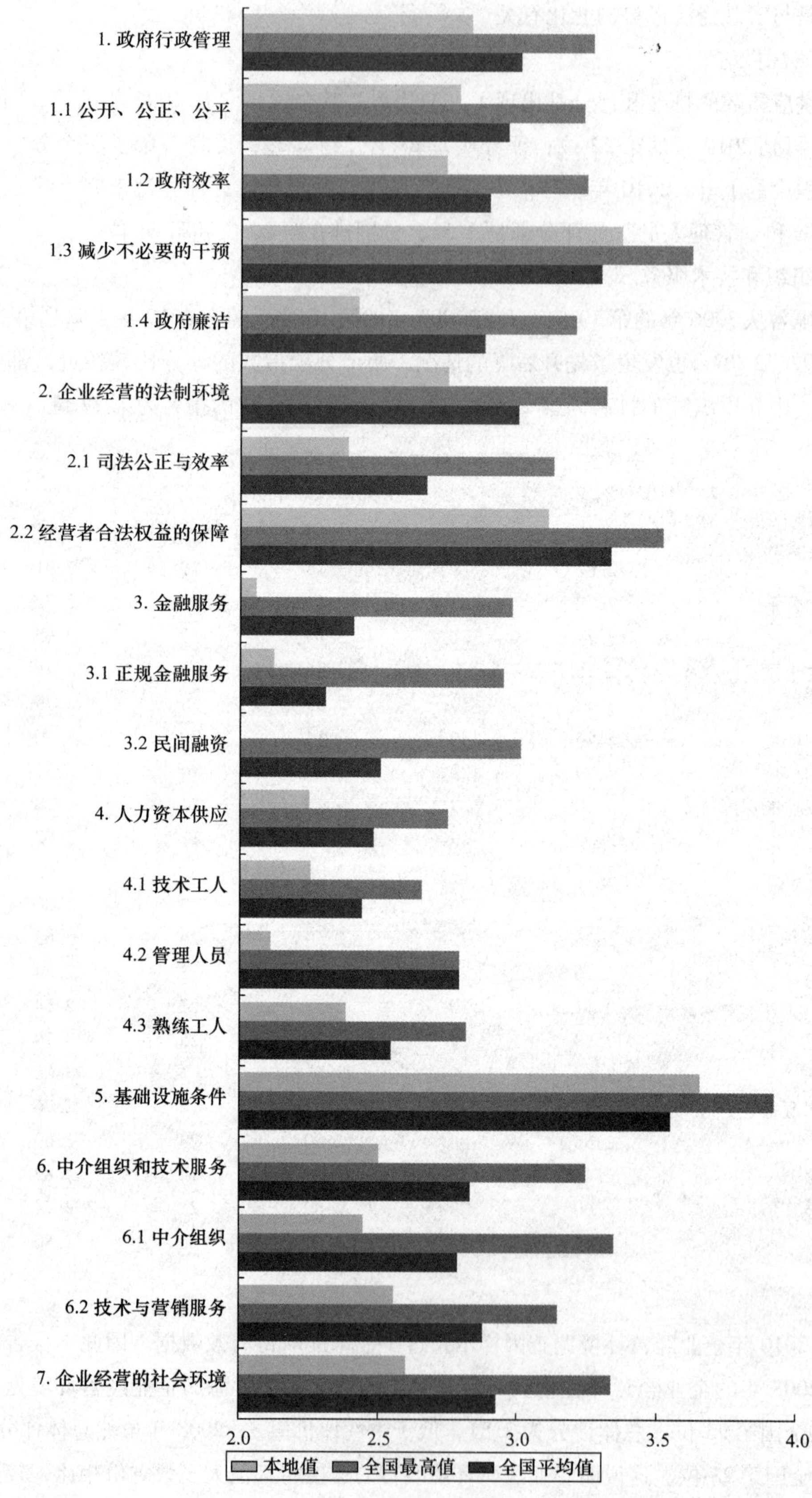

图 111　各方面指标和各分项指标与全国最高值及平均值的比较（2006 年 · 宁夏）

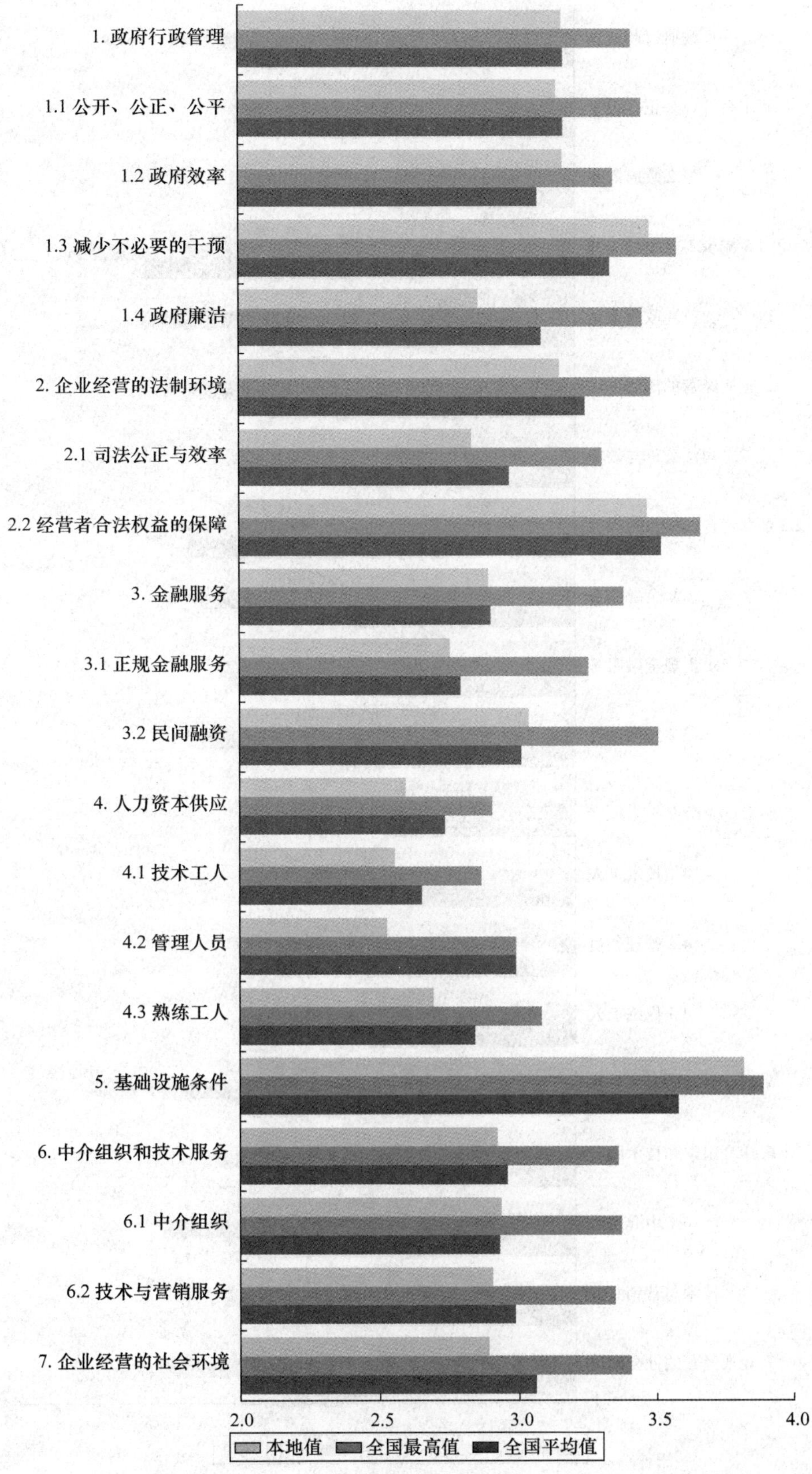

图 112　各方面指标和各分项指标与全国最高值及平均值的比较（2008 年 · 宁夏）

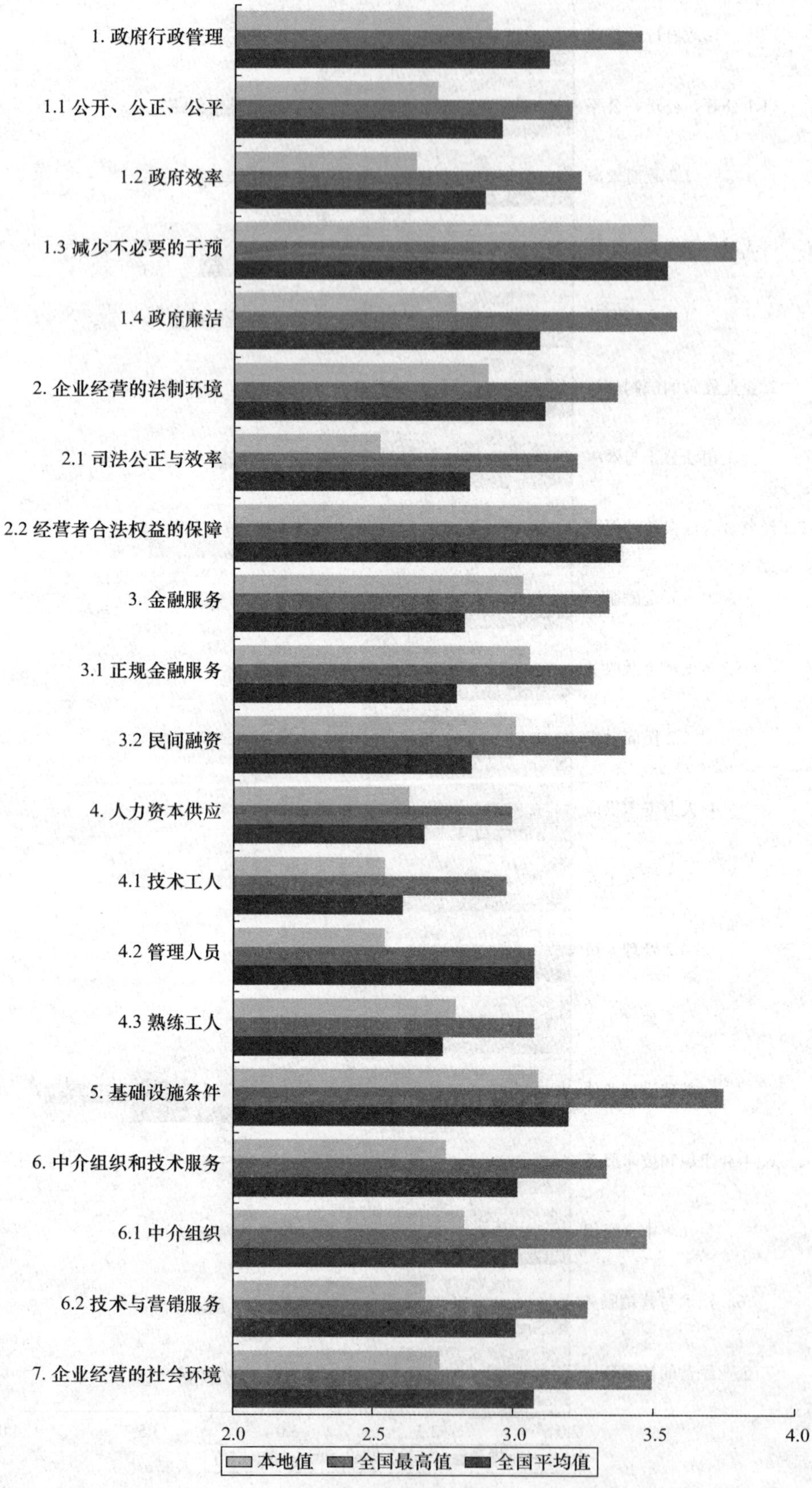

图 113　各方面指标和各分项指标与全国最高值及平均值的比较（2010 年 · 宁夏）

青海都排在全国20位以后，其中政府行政管理排在第23位，人力资源供应第29位，基础设施条件第27位，中介组织和技术服务第30位，企业经营的社会环境方面第25位。就评分而言，2008年只有政府行政管理、企业经营的法制环境、基础设施条件三个方面的评分超过中性评价值3，其余四个方面评分均低于3，属于偏于负面的评价。

（1）政府行政管理

政府行政管理方面指数的全国排名从2006年的第20位下降到2008年的第23位，但评分有较小幅度的提高，从2.91上升到3.07，略微超过中性评价值。四个分项指数中，全国排名情况较好的是"减少不必要干预"，2008年排在第11位；较差的是"公开、公正、公平"和"政府廉洁"，分别排在第27位和第26位。"政府效率"的排名也不高，排在第21位。就评分来说，"减少不必要干预"2008年评分为3.37，显著超过中性值3，"公开、公正、公平"刚刚超过中性值，为3.02，而"政府效率"和"政府廉洁"的评价都仍然在3以下。

（2）企业经营的法制环境

这个方面指数的全国排名虽然从2006年的第6位下降到2008年的第14位，但评分还是从3.12上升到3.24，显示出一定程度的改善。两个分项指数中，排名较高的是"司法公正与效率"，尽管2008年评分仅轻微超过中性值，为3.08，但排名在第6位。"经营者合法权益的保障"的评分较高，为3.40，但排名比较落后，为全国第28位，说明与大多数省份相比还有明显差距。

（3）金融服务

这个指数的排名从2006年的第28位上升到2008年的第18位，评分从2.22上升到2.86，反映出青海的融资条件有一定改善。两个分项指数中，2008年"正规金融服务"保持在第13位，评分为2.78；而"民间融资"从第29位上升到第19位，评分为2.95。

（4）人力资源供应

人力资源供应指数的评分虽然从2006年的2.40上升到2008年的2.53，但全国排名从第22位下降到第29位，说明相对于全国形势而言，人力资源供应情况有相对的恶化。三个分项指数的评分都低于中性评价值3，但其中评分和排名情况相对较好的是"熟练工人"，2008年排在第12位，而"技术人员"和"管理人员"则分别排在第29位和第30位，说明存在技术人员和管理人员供应瓶颈。

（5）中介组织和技术服务

该方面指数的全国排名从2006年的第14位下降到2008年的第30位，是最后一名，评分从2.80下降到2.69，是青海企业经营环境的又一个瓶颈环节。两个分项指数"中介组织"和"技术与营销服务"分别排在全国第29位和第30位。

表38　青海在企业经营环境各方面、各分项的排名及分值

	2006年		2008年	
	分　值	排　名	分　值	排　名
政府行政管理	2.91	20	3.07	23
公开、公正、公平	2.90	17	3.02	27
政府效率	2.85	17	2.97	21
减少不必要的干预	3.26	17	3.37	11
政府廉洁	2.63	28	2.90	26
企业经营的法制环境	3.12	6	3.24	14
司法公正与效率	3.01	2	3.08	6

续表

	2006年		2008年	
	分 值	排 名	分 值	排 名
经营者合法权益的保障	3.23	24	3.40	28
金融服务	2.22	28	2.86	18
正规金融服务	2.34	13	2.78	13
民间融资	2.10	29	2.95	19
人力资源供应	2.40	22	2.53	29
技术人员	2.40	19	2.42	29
管理人员	2.30	25	2.28	30
熟练工人	2.50	21	2.89	12
基础设施条件	3.40	22	3.37	27
中介组织和技术服务	2.80	14	2.69	30
中介组织	2.85	16	2.79	29
技术与营销服务	2.75	12	2.58	30
企业经营的社会环境	2.80	24	2.89	25
总评	2.81	23	2.95	29

30. 新疆

新疆的企业经营环境有显著下降趋势，在全国的排名从2006年的第16位下降到2008年的第26位，2010年进一步下降到第29位；不包括2010年无数据的青海和西藏，新疆排在了29个省区市的最后一位。2010年的总体评分为2.76，不仅明显低于中性评价值3，也低于其2006年和2008年的评分。

在企业经营环境的七个方面中，排名相对较高的是基础设施条件，2010年排在全国第22位，排名较低的有政府行政管理、金融服务、人力资源供应。这三个方面的2010年排名都在全国末位（第29位）。此外企业经营的法制环境、企业经营的社会环境两个方面的排名也很低，排在第27位。

（1）政府行政管理

这个方面指数的排名一直在下降，从2006年的第23位下降到2008年的第26位，到2010年下降到第29位；评分在2010年是2.87，低于2006年的2.90。四个分项指数的排名都处于全国倒数4位以内，其中有两项是末位。从评分来看，"公开、公正、公平"、"政府效率"和"政府廉洁"的评分都比2006年有进一步下降。

（2）企业经营的法制环境

该方面指数的排名一直在下降，从2006年的第17位下降到2008年的第24位，到2010年下降到第27位。评分一度在2008年超过中性值3，但2010年回落到2.92，低于2006年的2.95。两个分项指数"司法公正与效率"和"经营者合法权益的保障"在2010年分别排在全国第28位和第27位。其中"司法公正与效率"的2010年评分为2.62，显著低于中性值3，是比较负面的评价。

（3）金融服务

在金融服务方面，指数的排名从2006年的第24位下降到2008年和2010年的第29位，2010年评分仅为2.48。两个分项指数"正规金融服务"和"民间融资"2010年的评分差别不大，从排名来看分别排在第27位和第29位。

（4）人力资源供应

该指数的排名从2006年的第21位下降到2008年的第30位和2010年的第29位。三个分项指数的评分都低于中性评价值3，排名都在下滑。三个分项指数的2010年排名分别为第28位、第28位、第

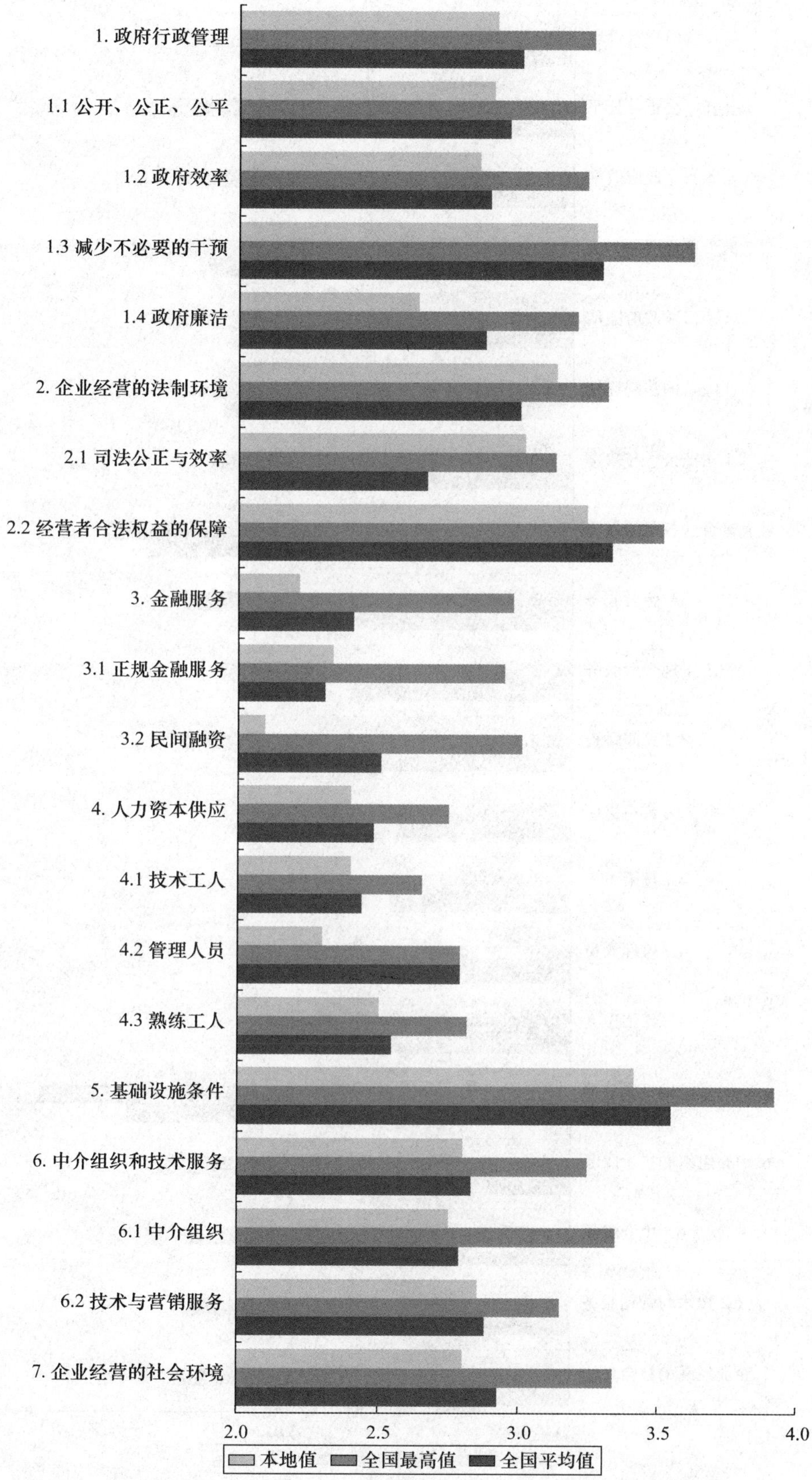

图 114　各方面指标和各分项指标与全国最高值及平均值的比较（2006 年 · 青海）

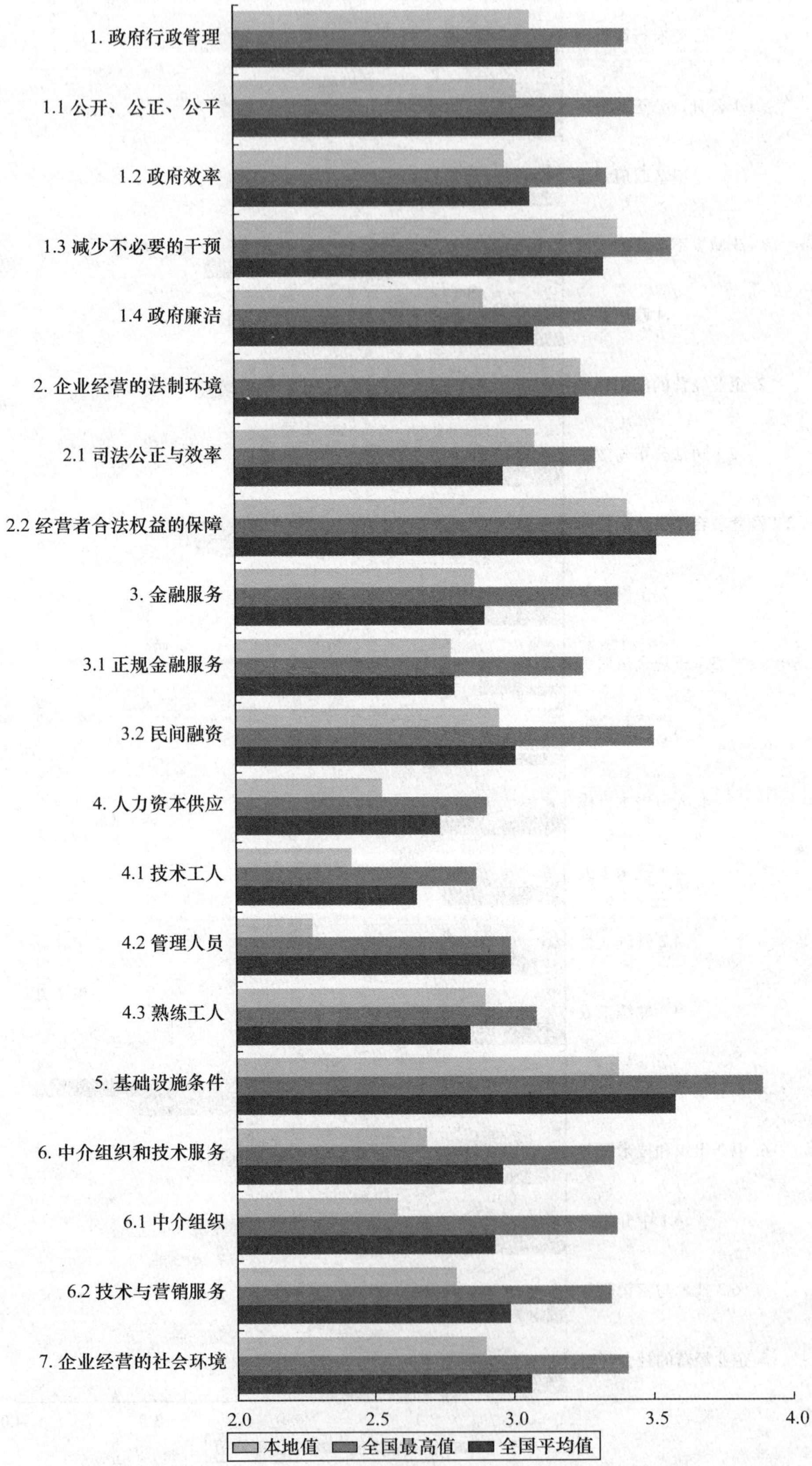

图 115　各方面指标和各分项指标与全国最高值及平均值的比较（2008 年 · 青海）

29 位。三者的评分接近，分别为 2. 34、2. 27、2. 25，均低于 2006 年和 2008 年的评分，说明人力资源供应短缺现象比较严重。

（5）中介组织和技术服务

该方面指数的排名从 2006 年的第 17 位下降到 2008 年的第 24 位和 2010 年的第 25 位，2010 年评分为 2. 89。两个分项指数“中介组织”和“技术与营销服务”的 2010 年排名分别为第 26 位和第 21 位，评分接近，分别为 2. 88 和 2. 90。

表 39　　新疆在企业经营环境各方面、各分项的排名及分值

	2006 年		2008 年		2010 年	
	分值	排名	分值	排名	分值	排名
政府行政管理	2. 90	23	3. 04	26	2. 87	29
公开、公正、公平	2. 87	20	3. 12	17	2. 78	27
政府效率	2. 64	30	2. 95	24	2. 58	29
减少不必要的干预	3. 15	28	3. 18	27	3. 30	29
政府廉洁	2. 96	11	2. 92	25	2. 84	26
企业经营的法制环境	2. 95	17	3. 18	24	2. 92	27
司法公正与效率	2. 63	17	2. 89	23	2. 62	28
经营者合法权益的保障	3. 27	20	3. 47	22	3. 22	27
金融服务	2. 27	24	2. 71	29	2. 48	29
正规金融服务	2. 19	21	2. 75	16	2. 54	27
民间融资	2. 36	26	2. 67	30	2. 42	29
人力资源供应	2. 44	21	2. 52	30	2. 29	29
技术人员	2. 41	17	2. 39	30	2. 34	28
管理人员	2. 31	24	2. 51	28	2. 27	28
熟练工人	2. 59	11	2. 67	28	2. 25	29
基础设施条件	3. 64	8	3. 56	14	3. 03	22
中介组织和技术服务	2. 77	17	2. 85	24	2. 89	25
中介组织	2. 89	11	2. 93	20	2. 88	26
技术与营销服务	2. 65	21	2. 78	24	2. 90	21
企业经营的社会环境	2. 89	18	2. 89	27	2. 82	27
总评	2. 84	16	2. 97	26	2. 76	29

五、企业经营环境指数的构造和计算方法

本报告中的企业经营环境指数是由七个方面指数组成的，每个方面指数反映企业经营环境某一特定方面。它们是：

①政府行政管理；

②企业经营的法制环境；

③金融服务；

④人力资源供应；

⑤基础设施条件；

⑥中介组织和技术服务；

⑦企业经营的社会环境。

每一个方面指数都包含若干分项指数，多数分项指数下面还有二级分项指数。我们称最下一级分

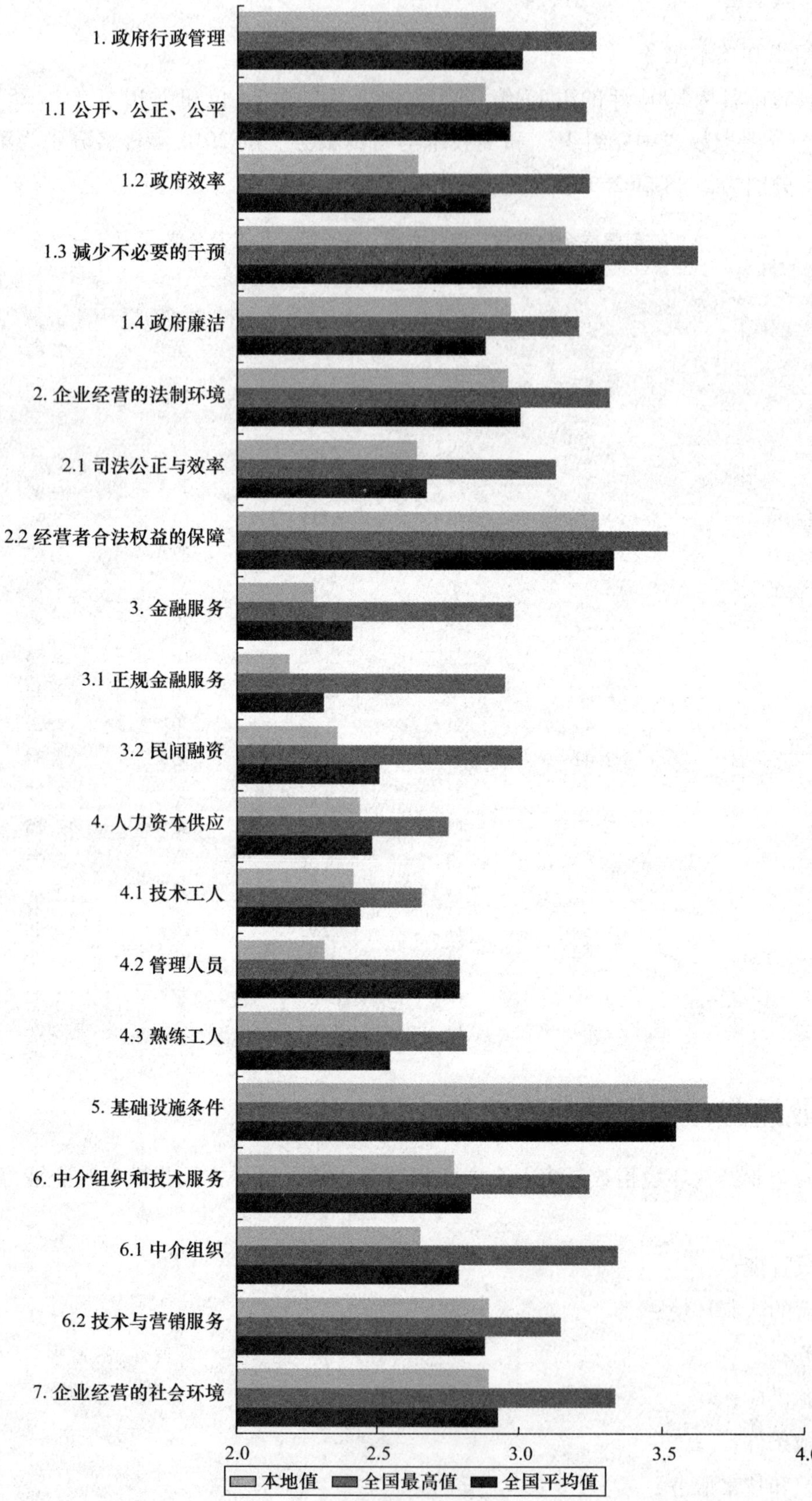

图 116　各方面指标和各分项指标与全国最高值及平均值的比较（2006 年 · 新疆）

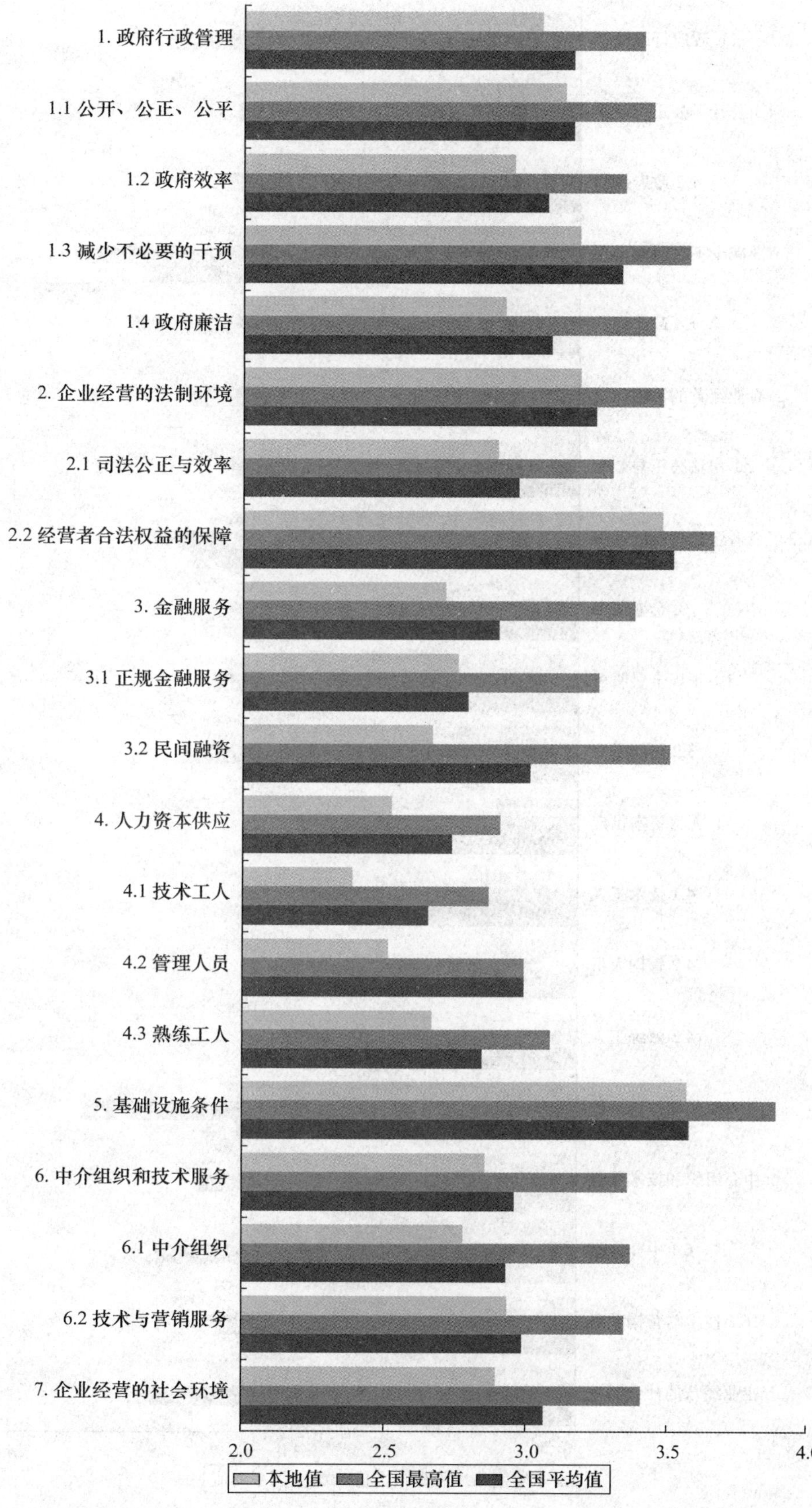

图 117　各方面指标和各分项指标与全国最高值及平均值的比较（2008 年 · 新疆）

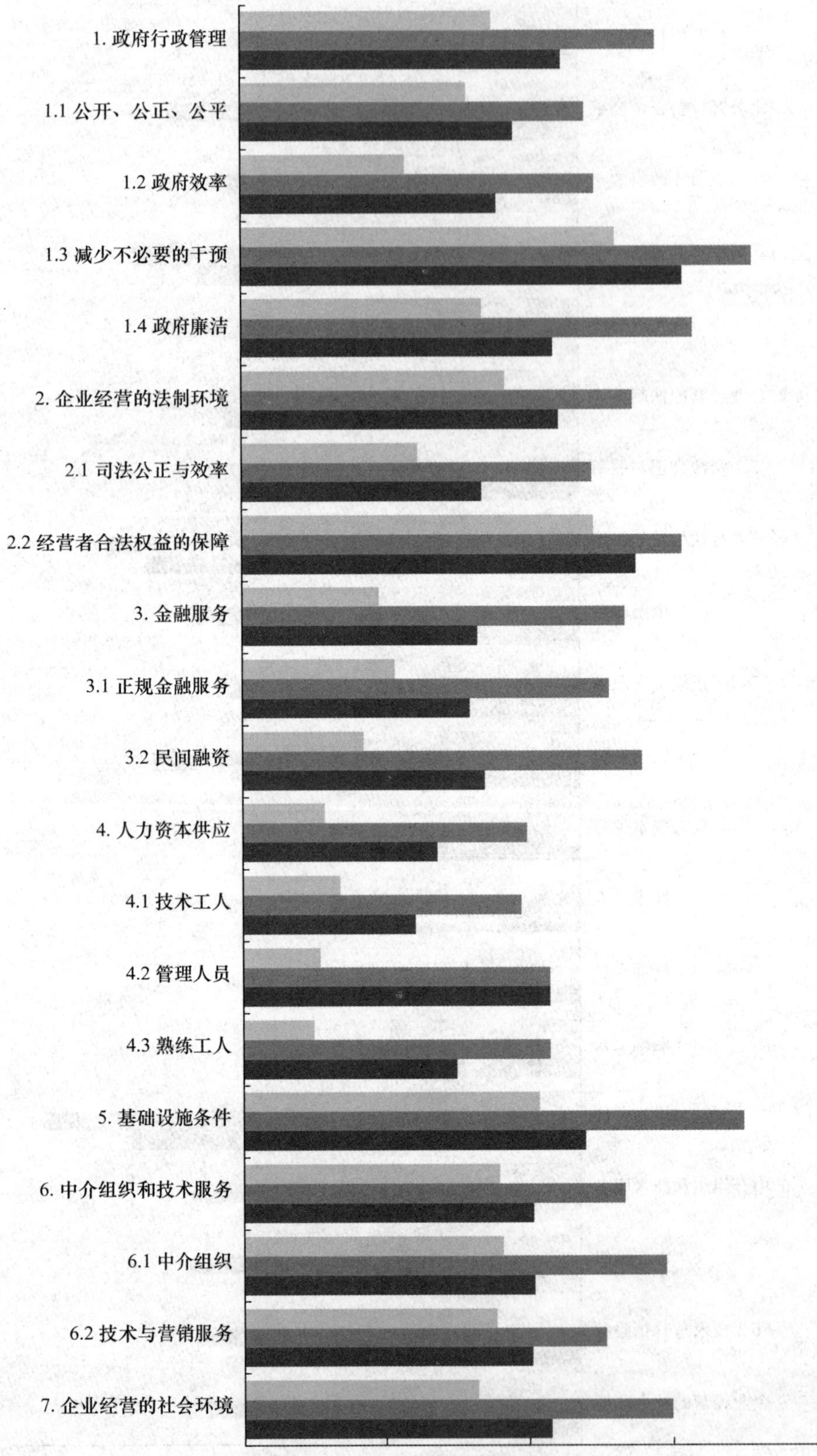

图 118　各方面指标和各分项指标与全国最高值及平均值的比较（2010 年 · 新疆）

项指数为基础指数。本报告所确定的企业经营环境指数总共由 29 个基础指数构成。这 29 个基础指数构成 15 个分项指数，15 个分项指数再构成 7 个方面指数。

基础指数来自针对企业总经理或董事长的问卷调查。每一个基础指数是一个问题，涉及被调查者对某一特定方面经营环境的主观评价。其中大部分问题要求企业经营者对某一特定方面经营环境的情况，在“很好”、“较好”、“一般”、“较差”和“很差”中做出自己的选择。这 5 种选项按照从 5 到 1 的顺序进行赋值，分数越高表示评价越高，例如，“5”代表“很好”，“1”代表“很差”。按照这种评分方法，中值 3.0 是中性评价，评分在 3 ~ 5 之间是比较正面的评价；反之，评分在 1 ~ 3 之间是比较负面的评价。

根据有些问题的设置，选项可能更换为“很多”、“较多”、“一般”、“较少”、“很少”。如果“很多”代表负面的情况，则“1”代表“很多”，而“5”代表“很少”。例如“地方政府对企业是否干预过多?”这一问题，选项的赋值就是如此。再如“在当地找到需要的技术人员的难易程度”这一问题的选项，我们更替为“很难”、“较难”、“有难度”、“不太难”、“不难”，用“1”代表“很难”，“5”代表“不难”。在计算一个基础指数某省的评分时，我们首先计算该省在该问题上每一选项的选择频数占该省该问题有效样本数的比例，然后以此比例为权重，计算各选项的加权平均值，作为该省在该基础指数的评分。

举例说明，计算 A 省“各类企业享受公平国民待遇情况”的评分，假设有效样本 200 个，其中选择“很好”的 40 个，选择“较好”的 60 个，选择“一般”的 60 个，选择“较差”的 30 个，选择“很差”的 10 个；则 A 省在该项的评分为：

$$(5\times40+4\times60+3\times60+2\times30+1\times10)/200=3.45$$

分项指数是基础指数的简单算术平均，方面指数是分项指数的简单算术平均。全国、分地区或分行业总体评分及单项指数评分的计算，都是以该项指数在全国或各地区、各行业的有效样本数为基数进行的。表 40 列出目前企业经营环境所使用的全部指数。

除了算术平均法以外，通常计算此类指数比较常用的方法还有专家评分法和主成分分析法。前者是依赖一组专家对不同分项指数或方面指数的重要性进行评分，据此确定每个分项指数或方面指数的权重，再用加权平均的方法计算它们所组成的方面指数或总指数的评分。后者是一种降维的方法，它利用不同变量之间的相关性，通过数学变换将多个变量转化为少数变量，在应用上常常是基于某种假设采用其第一主成分。这后两种方法都赋予不同的指标以不同权重，这是它们与算术平均法的基本区别。

我们在本项研究中之所以采用了算术平均法，而没有采用后两种方法，是考虑到以下几个原因。

第一，我们在以往的研究中发现，专家评分法在某些情况下，表现出过强的主观随意性。这表现在不同的专家组别可能对同一组指标给出完全不同的重要性评价，或者同一组专家可能在不同场合下对类似指标给出差异很大的重要性评价。这降低了其结果的可信度。

第二，主成分分析法的采用也需要基于某些较强的假设，而其合理性未必有很充分的依据。而且当更换数据样本时，主成分分析法生成的指标权重必然发生改变，而这会导致不同年份的指数计算缺乏可比性，无法互相衔接。而算术平均法则不存在这个缺点。

第三，我们以往的经验和一些国外研究的经验都证明，在采用的指标数量较多，并对研究对象具有较好的代表性时，算术平均法和主成分分析法得到的计算结果通常相当接近，没有重大差异，因此它们之间存在替代关系。

基于以上考虑，我们认为采用算术平均法计算企业经营环境指数是一个较好的选择。

表 40 企业经营环境指数构成

指数名称	指数类别
1. 政府行政管理	方面指数
1.1 公开、公正、公平	分项指数
1.1.1 政策和规章制度公开透明情况	基础指数
1.1.2 行政执法机关（工商、税务、质检等）公正执法情况	基础指数
1.1.3 各类企业享受公平国民待遇情况	基础指数
1.2 政府效率	分项指数
1.2.1 行政审批手续方便简洁情况	基础指数
1.2.2 行政执法机关（工商、税务、质检等）执法效率情况	基础指数
1.3 减少不必要的干预	分项指数
1.3.1 地方政府对企业是否干预过多	基础指数
1.3.2 企业经营者与各政府部门及其工作人员打交道的时间比例	基础指数
1.3.3 企业的集资、摊派或其他非税上缴相当于企业销售收入的比例	基础指数
1.3.4 市场准入限制是否过多	基础指数
1.3.5 对来自外地产品的地方保护	基础指数
1.4 政府廉洁	分项指数
1.4.1 政府官员廉洁守法情况	基础指数
1.4.2 企业用于政府和监管部门人员的“非正式支付”	基础指数
2. 企业经营的法制环境	方面指数
2.1 司法公正与效率	分项指数
2.1.1 公检法机关执法效率情况	基础指数
2.1.2 公检法机关公正执法情况	基础指数
2.2 经营者合法权益的保障	分项指数
2.2.1 企业合同正常执行情况	基础指数
2.2.2 经营者人身和财产安全保障情况	基础指数
2.2.3 知识产权（商标、专有技术等）保护情况	基础指数
3. 金融服务	方面指数
3.1 正规金融服务	分项指数
3.1.1 企业从银行贷款的难易程度	基础指数
3.1.2 企业从银行贷款的额外费用	基础指数
3.2 民间融资	分项指数
3.2.1 企业从民间渠道筹资的难易程度	基础指数
4. 人力资源供应	方面指数
4.1 技术人员	分项指数
4.1.1 在当地找到需要的技术人员的难易程度	基础指数
4.2 管理人员	分项指数
4.2.1 在当地找到需要的管理人员的难易程度	基础指数
4.3 熟练工人	分项指数
4.3.1 在当地找到需要的熟练工人的难易程度	基础指数
5. 基础设施条件	方面指数
5.1 基础设施（供水、供电、交通、通信等）	分项指数
5.1.1 基础设施条件（供水、供电、交通、通信等）	基础指数
6. 中介组织和技术服务	方面指数
6.1 中介组织	分项指数
6.1.1 当地律师、会计师等市场服务条件如何	基础指数

续表

指数名称	指数类别
6.1.2 当地行业协会的发展如何，对企业是否有帮助	基础指数
6.2 技术与营销服务	分项指数
6.2.1 当地技术服务条件如何	基础指数
6.2.2 当地产品出口服务条件如何	基础指数
7. 企业经营的社会环境	方面指数
7.1 当地适合企业经营的诚信社会环境情况	分项指数
7.1.1 当地适合企业经营的诚信社会环境情况	基础指数

参考文献

[1] 陈晓红，吴旭雷，尹哲. 中小企业区域外部环境的评估与比较——基于11城市的中小企业问卷调查的分析. 财经研究，2008（5）

[2] 杜大伟，王水林，徐立新，时安卿. 改善投资环境，提升城市竞争力：中国23个城市投资环境排名. 北京：中国财政经济出版社，2004

[3] 樊纲，王小鲁，朱恒鹏. 中国市场化指数——各地区市场化相对进程2009年报告. 北京：经济科学出版社，2010

[4] 鲁明泓，潘镇. 中国各地区投资环境评估与比较：1990~2000. 管理世界，2002（6）

[5] 世界银行. 政府治理、投资环境与和谐社会：中国120个城市竞争力的提升. 北京：中国财政经济出版社，2007

[6] 世界银行. 2005年世界发展报告：改善投资环境，促使人人受益. 北京：清华大学出版社，2005

[7] 谢平，陆磊. 中国金融腐败研究：从定性到定量. 比较，2003（8）

[8] Transperency International，2011：2010 Corruption Perceptions Index，http：//www.transparency.org/policy_ research/surveys_ indices/cpi/2010.

[9] The World Bank，2011，Doing Business 2011：Making a difference for entrepreneurs，http：//www.doingbusiness.org/reports/global - reports/doing - business - 2011.

（执笔：王小鲁　樊　纲　李飞跃）

2011 年企业用工情况年度调查报告

▌中国企业家调查系统

2011 年中国企业家调查系统每季度组织实施一次企业用工问卷调查，全年共完成四次调查。调查以企业法人代表为主的企业经营者群体为调查对象，参考我国经济结构，按行业进行分层随机抽样。调查采用邮寄问卷的方式进行，每次回收有效问卷 1000 份左右。通过部分未填写问卷与填写问卷企业的对比分析，未发现存在系统偏差。为使调查分析更为全面和深入，本报告对企业数量较多、用工占比较大的“长三角”、“珠三角”、“京津冀”三大经济区域进行了分组分析，并采用了中国企业家调查系统以往的调查数据①。

一、2011 年企业用工总体状况

1. 企业人工成本情况

（1）企业人工成本持续上涨

2011 年以来，人工成本上升已经成为企业发展面临的最主要困难。据 4225 位企业家参加的中国企业家调查系统 2011 年年度问卷跟踪调查显示，关于当前企业经营发展中遇到的最主要困难，选择“人工成本上升”的企业家占 79%，排在所有 19 个选项的第一位，而且比重也要高于 2010 年和 2009 年（见表 1）。

表 1　　当前企业经营发展中遇到的最主要困难（%）

	2011 年	2010 年	2009 年
人工成本上升	79.0	72.5	57.9
能源、原材料成本上升	57.7	56.0	48.5
社保、税费负担过重	43.3	47.3	—
企业利润率太低	39.1	—	—
资金紧张	38.8	42.1	46.9
缺乏人才	32.8	47.8	46.2
企业招工困难	28.9	—	—
整个行业产能过剩	22.9	26.9	37.1
未来影响企业发展的不确定因素太多	19.9	—	—
人民币升值过快	18.7	—	—
缺乏创新能力	11.2	24.6	27.1

① 中国企业家调查系统是由国务院发展研究中心人力资源研究培训中心、国务院研究室工交贸易司、国有资产监督管理委员会企业分配局、国家统计局综合司、中国企业联合会研究部、全国工商联研究室共同发起，由国务院发展研究中心批准于 1993 年成立的调查机构。成立 18 年来，坚持在每年 8 月至 9 月进行一次全国范围内 4000 余位企业经营者参与的年度问卷调查工作，调查内容具有一定的连续性，以利于跨年度的比较和分析。本文中涉及的跨年度比较，包括本次专项调查数据与以往的年度调查数据进行的比较。

续表

	2011 年	2010 年	2009 年
电力供应不足	9.3	—	—
资源、环境约束较大	8.2	18.1	17.2
国内需求不足	7.7	10.6	23.7
遭受侵权等不正当竞争	7.6	11.5	11.5
企业领导人发展动力不足	7.1	9.2	12.9
地方政府干预较多	6.1	6.8	9.1
出口需求不足	5.2	7.7	21.8
缺乏投资机会	2.9	4.9	4.8

注："—"表示该年度没有涉及此项调查内容，以下同。

从人工成本的年度变化情况来看，调查显示，认为企业 2011 年的人工成本比 2010 年上升的占 95.4%，其中"大幅上升"的占 60.4%，"小幅上升"的占 35%；认为"持平"的占 3.2%，认为"下降"的仅占 1.4%。其中"珠三角"地区企业、中型企业、外商及港澳台投资企业、出口型企业认为"大幅上升"的比重相对较高（见表 2）。

表 2　　与 2010 年相比，企业 2011 年的人工成本变化情况（%）

	大幅上升	小幅上升	持平	小幅下降	大幅下降
总体	**60.4**	**35.0**	**3.2**	**1.1**	**0.3**
"长三角"地区企业	65.9	32.0	1.2	0.9	
"珠三角"地区企业	70.5	22.7	4.5	1.1	1.1
"京津冀"地区企业	59.0	38.0	3.0		
其他地区企业	55.6	38.2	4.2	1.5	0.4
大型企业	46.7	50.0	1.7	1.7	
中型企业	66.1	29.6	3.4	0.5	0.3
小型企业	58.2	36.9	3.1	1.5	0.3
国有企业	33.8	60.0	3.8	1.3	1.3
非国有企业（不含外资）	61.7	33.5	3.3	1.3	0.2
外商及港澳台投资企业	72.0	26.0	2.0		
出口型企业	69.1	28.6	1.4	0.8	
非出口型企业	53.2	40.2	4.5	1.5	0.6

注：空白处表示答题者未选择此项。以下同。

从 2011 年企业劳动力成本比 2010 年上升的幅度来看，调查结果显示，上升"10%以下"的企业占 6.9%，上升"10%～20%"的占 53.6%，上升"20%～30%"的占 27.9%，上升"30%以上"的占 11.6%。总体来看，2011 年企业劳动力成本比 2010 年平均上升了 22.2%。其中，"京津冀"地区企业和中小企业上升的幅度相对较大（见表 3）。

表 3　　与 2010 年相比，企业 2011 年的劳动力成本上升情况（%）

	10%以下	10%～20%	20%～30%	30%以上	均值
总体	**6.9**	**53.6**	**27.9**	**11.6**	**22.2**
"长三角"地区企业	4.7	58.5	28.8	7.9	21.2
"珠三角"地区企业	5.8	45.3	34.9	14.0	23.8
"京津冀"地区企业	6.2	52.6	22.7	18.6	25.8
其他地区企业	8.7	52.0	27.3	11.9	21.8

续表

	10%以下	10%～20%	20%～30%	30%以上	均值
大型企业	13.5	67.3	13.5	5.8	17.4
中型企业	6.4	54.4	29.3	9.9	21.7
小型企业	6.7	51.8	28.4	13.1	22.9
国有企业	17.6	55.4	14.9	12.2	19.1
非国有企业（不含外资）	5.9	52.8	29.4	11.9	22.6
外商及港澳台投资企业	7.1	57.6	27.3	8.1	21.1
出口型企业	4.9	49.7	32.4	13.0	23.6
非出口型企业	9.1	56.3	24.2	10.5	21.0

企业工人的月工资情况也反映了人工成本的上涨趋势。调查结果显示，二季度认为普通工人的月工资在2000元以上的企业占42.1%，认为技术工人月工资4000元以上的占22.9%，三季度这两个数据分别上升到47.8%和26.1%，四季度又上升到54.3%和30.7%，呈现逐渐上升的态势（见表4、表5）。

表4　企业普通工人的工资（%）

	1500元及以下	1501～2000元	2001～3000元	3000元以上
2011年四季度	9.7	36.0	45.3	9.0
2011年三季度	10.4	41.8	41.2	6.6
2011年二季度	12.5	45.4	36.0	6.1

表5　企业技术工人的工资（%）

	2000元及以下	2001～4000元	4001～6000元	6000元以上
2011年四季度	5.3	64.0	27.7	3.0
2011年三季度	7.3	66.6	23.9	2.2
2011年二季度	8.8	68.3	19.6	3.3

（2）企业人工成本上涨幅度呈现下降趋势

值得注意的是，虽然2011年以来企业人工成本持续上涨，不过从季度调查数据的连续变化情况来看，企业人工成本的上涨幅度总体呈现下降趋势。调查结果显示，一季度认为人工成本“上升”的比“下降”的多92.7个百分点，这一数据在二季度、三季度下降到83个百分点左右，到四季度则进一步下降到62个百分点（见表6）。

表6　与上个季度相比，企业本季度人工成本情况（%）

	大幅上升	小幅上升	持平	小幅下降	大幅下降	上升－下降
2011年四季度	13.4	51.5	32.2	2.6	0.3	62.0
2011年三季度	26.3	58.1	14.2	1.4		83.0
2011年二季度	30.8	54.5	13.2	1.4	0.1	83.8
2011年一季度	46.2	47.4	5.5	0.8	0.1	92.7

从不同地区看，“长三角”地区、“珠三角”地区和其他地区企业人工成本的上涨幅度都呈现了逐季度平稳回落的趋势，而“京津冀”地区企业三季度人工成本的上涨幅度出现了较为明显的回升，到四季度才再度回落，不过仍高于上述三个地区（见表7、图1）。

表 7　不同类型企业人工成本季度变化情况（“上升－下降”，%）

	一季度	二季度	三季度	四季度
“长三角”地区企业	94.6	85.4	85.7	61.9
“珠三角”地区企业	95.5	83.2	77.7	62.3
“京津冀”地区企业	83.9	82.2	86.6	67.0
其他地区企业	92.1	84.3	81.2	60.8
大型企业	88.6	72.1	84.2	57.4
中型企业	95.6	84.6	80.6	63.6
小型企业	91.0	84.2	84.5	61.3
国有企业	75.5	79.1	78.2	59.5
非国有企业（不含外资）	93.9	84.2	82.8	61.8
外商及港澳台投资企业	93.6	84.8	91.2	63.4
出口型企业	93.3	86.8	85.8	61.4
非出口型企业	91.5	81.6	79.8	62.2

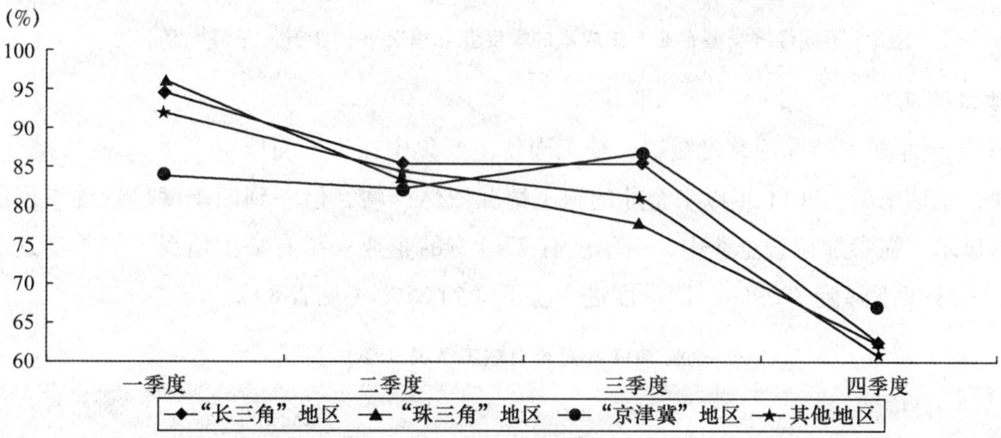

图 1　不同地区企业人工成本的季度变化情况（“上升－下降”，%）

从不同规模看，中小企业人工成本的上涨幅度基本呈现了逐季度下降的趋势，而大型企业三季度人工成本的上涨幅度出现了较为明显的回升，到四季度才再度回落，并且回落的幅度相对较大（见表 7、图 2）。

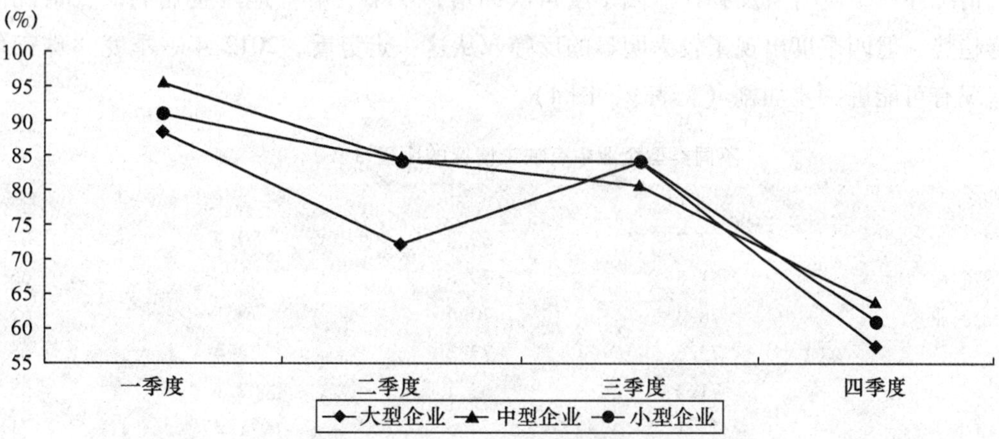

图 2　不同规模企业人工成本的季度变化情况（“上升－下降”，%）

从不同经济类型看，国有企业、非国有企业（不含外资，下同）和外资企业呈现出了较大的差异。其中，非国有企业人工成本的上涨幅度呈现逐季度下降的趋势，外资企业人工成本的上涨幅度在三季度出现了较为明显的回升，到四季度后再度大幅下降，而国有企业则呈现了先升后降的态势（见表7、图3）。

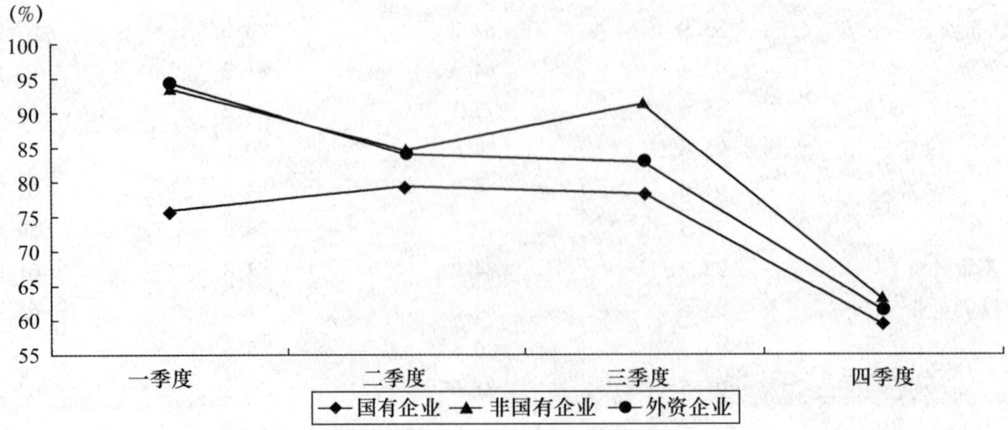

图3　不同经济类型企业人工成本的季度变化情况（“上升－下降”,%）

2. 企业缺工情况

（1）2011年企业缺工情况逐季度缓解，缺工岗位主要集中在生产岗位

调查发现，总体来看，2011年以来企业的缺工情况依然严峻，但一到四季度呈现逐季度缓解的趋势。调查结果显示，在参加调查企业中，一季度有77.1%的企业表示有缺工情况，二季度这一比重下降到72.4%，三季度下降到70.9%，四季度进一步下降到65%（见表8）。

表8　　企业2011年是否有缺工情况（%）

	是	否
2011年四季度	65.0	35.0
2011年三季度	70.9	29.1
2011年二季度	72.4	27.6
2011年一季度	77.1	22.9

从不同地区看，“京津冀”地区和其他地区企业的缺工情况呈现逐季度回落的趋势；“长三角”地区企业的缺工情况在三季度有所反弹，但四季度再次回落；“珠三角”地区企业的缺工情况前三季度一直呈现回落趋势，但四季度出现了较为明显的反弹。从这一走势看，2012年一季度“珠三角”地区企业的缺工情况有可能进一步加剧（见表9、图4）。

表9　　不同类型企业中有缺工情况的比重（%）

	一季度	二季度	三季度	四季度
“长三角”地区企业	77.7	69.4	70.9	61.6
“珠三角”地区企业	81.8	79.8	61.6	65.9
“京津冀”地区企业	78.3	70.4	70.1	65.0
其他地区企业	75.6	73.3	72.4	66.7
大型企业	71.4	65.1	62.1	58.1
中型企业	78.1	74.3	71.9	71.5
小型企业	76.8	71.5	71.2	61.6
国有企业	57.1	63.7	55.0	46.3
非国有企业（不含外资）	78.0	73.4	72.3	67.1

续表

	一季度	二季度	三季度	四季度
外商及港澳台投资企业	83.5	70.7	73.1	63.1
出口型企业	84.6	78.3	75.2	71.4
非出口型企业	69.0	68.1	66.4	58.7

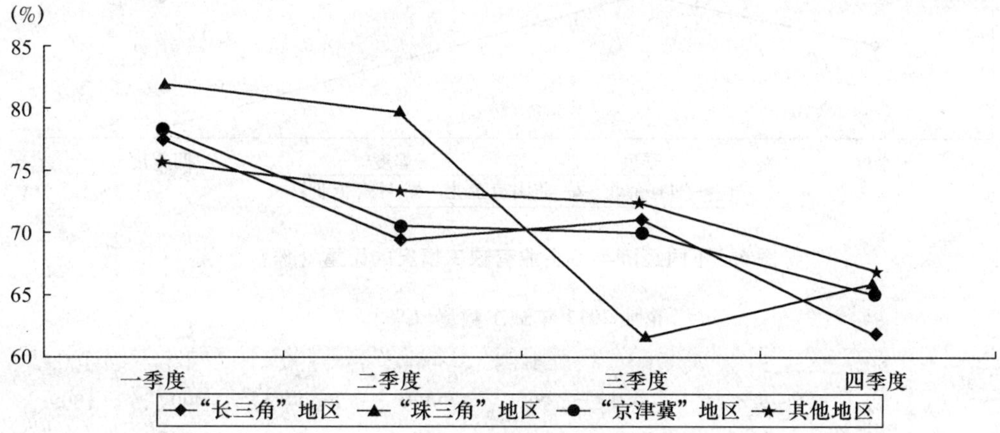

图4　不同地区企业有缺工情况的比重（%）

从不同规模看，中型企业缺工情况最为严重，缺工企业的比重下降幅度较小；大型企业缺工情况要好于中小企业，缺工企业的比重下降趋势最为明显；小型企业的缺工情况介于大型企业和中型企业之间，四季度缺工企业的比重下降较多（见表9、图5）。

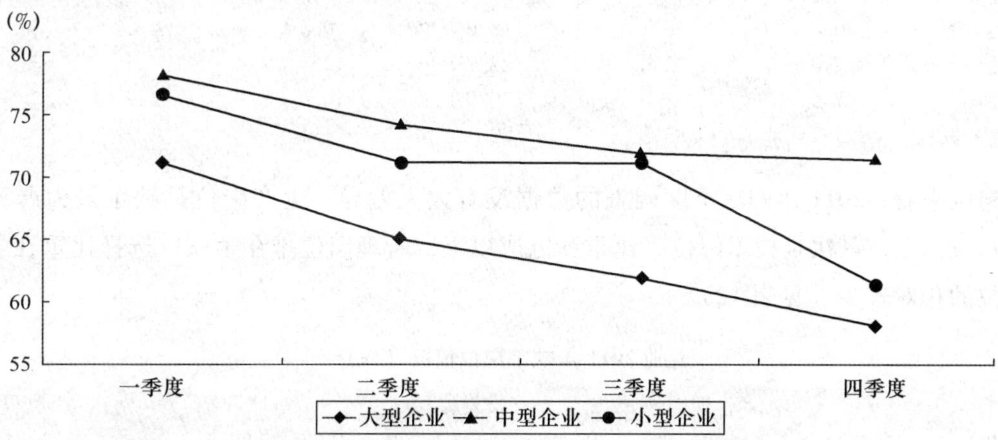

图5　不同规模企业有缺工情况的比重（%）

从不同经济类型看，国有企业的缺工情况明显好于非国有企业和外资企业，全年走势呈现先升后降的趋势；非国有企业的缺工情况呈现逐季度下降的走势；外资企业的缺工情况在三季度出现了反弹，到四季度又再次大幅下降（见表9、图6）。

此外，出口型企业与非出口型企业的缺工情况都呈现明显的逐季度下降的趋势。相对而言，出口企业的缺工情况更为严重（见表9）。

从企业2011年的缺工数量来看，调查显示，2011年多数企业缺工在50人以下；从缺工程度看，2011年多数企业缺工在10%以内，其中一季度缺工在10%以内的企业占60.5%，随后这一比重逐季度上升，这也从一个侧面印证了2011年企业的缺工情况逐步缓解（见表10、表11）。

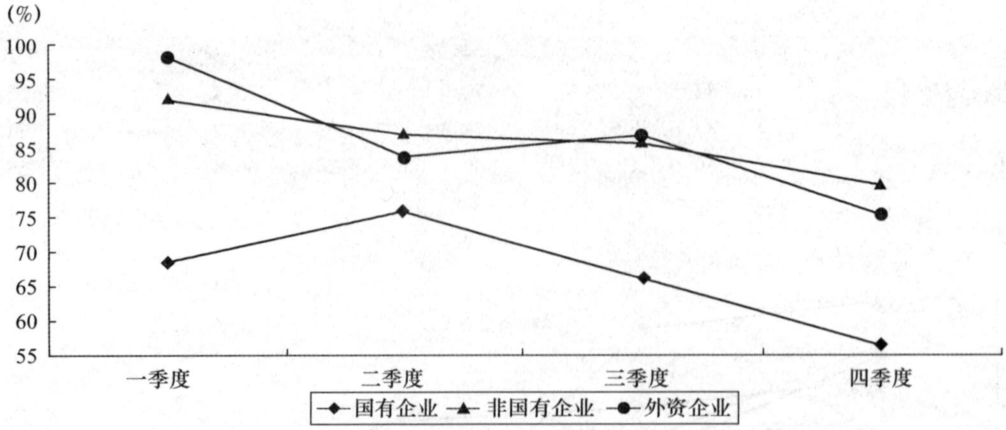

图6　不同经济类型企业有缺工情况的比重（%）

表10　　企业2011年缺工数量（%）

	50人以下	50~99人	100~199人	200~299人	300~499人	500~699人	700~999人	1000~1999人	2000人以上
2011年四季度	68.9	16.8	7.2	4.0	1.2	1.2	0.1	0.6	
2011年三季度	70.0	15.5	7.3	2.4	2.7	1.1	0.6	0.3	0.1
2011年二季度	66.8	17.0	8.2	3.9	1.3	1.1	0.7	0.7	0.3
2011年一季度	70.5	16.2	9.0	1.2	1.9				1.2

表11　　企业2011年缺工程度（%）

	5%以下	5%~10%	10%~20%	20%~30%	30%~50%	50%以上
2011年四季度	30.4	36.0	18.6	9.8	4.2	1.0
2011年三季度	27.3	32.0	22.7	12.7	4.5	0.8
2011年二季度	27.5	35.6	20.9	10.9	3.9	1.2
2011年一季度	27.2	33.3	22.1	11.1	4.2	2.1

从缺工岗位来看，2011年四次季度调查的数据没有太大差异：生产岗位是缺工最为严重的岗位，选择比重在八成以上，其次是技术岗位，比重在五成以上，管理岗位排在第三，选择比重在1/4左右，选择其他岗位的相对较少（见表12）。

表12　　企业2011年缺工岗位情况（%）

	管理岗位	技术岗位	生产岗位	其他岗位
2011年四季度	25.7	51.2	80.2	4.8
2011年三季度	24.9	51.9	83.6	4.1
2011年二季度	25.6	51.8	85.3	4.7
2011年一季度	25.5	50.3	83.8	5.4

此外，调查还发现，2011年企业平均缺工持续时间达8.3个月，其中一季度和二季度平均缺工2个月，三季度平均缺工2.2个月，四季度平均缺工2.1个月（见表13）。

表13　　企业2011年缺工持续时间（%）

	1个月以下	1~2个月	2个月以上	平均缺工时间（月）
2011年四季度	4.1	51.4	44.5	2.1
2011年三季度	24.0	29.7	46.3	2.2
2011年二季度	5.0	55.4	39.6	2.0
2011年一季度	7.4	56.1	36.5	2.0

（2）缺工对企业造成多方面影响，缺工主要原因是求职农民工人数减少

关于2011年缺工对企业生产经营造成的影响，四次季度调查的结果显示，最主要的四个方面的影响是："影响扩大再生产"、"不能按时交货，影响公司信誉"、"现有员工超负荷工作，加重员工流失"和"开工不足，效益下降"，选择比重均在三成以上。值得一提的是，四季度调查显示，选择"影响扩大再生产"、"不能按时交货，影响公司信誉"、"现有员工超负荷工作，加重员工流失"的比重比二季度和三季度有所下降，而选择"没有影响"的比重则有所上升，这从另一个侧面反映了企业的缺工情况有所缓解（见表14）。

表14　　2011年企业缺工对本企业生产经营造成的影响（%）

	四季度	三季度	二季度	一季度
影响扩大再生产	41.7	45.4	46.6	45.7
开工不足，效益下降	34.2	35.0	35.0	35.4
现有员工超负荷工作，加重员工流失	33.2	37.1	38.9	34.7
不能按时交货，影响公司信誉	32.5	37.8	36.0	38.9
赶工引起产品和服务质量下降	20.9	26.9	23.8	20.0
不敢接订单，客户流失	19.0	19.9	21.0	24.5
没有影响	13.7	11.1	10.9	12.4
不能开工	0.7	0.4	1.1	1.2

关于2011年企业缺工的主要原因，调查结果显示，选择比重最高的是"求职农民工人数少了，选择余地小"，四次季度调查的结果均超过五成。其他选择比重较高的还有"农民工不少，但符合工作要求的不多"和"收入偏低"，选择比重在三成左右（见表15）。

表15　　造成企业2011年缺工的主要原因（%）

	四季度	三季度	二季度	一季度
求职农民工人数少了，选择余地小	54.5	57.5	53.7	55.0
农民工不少，但符合工作要求的不多	33.9	32.9	37.9	43.7
收入偏低	30.2	28.5	28.7	38.6
工作时间长，经常需要加班	16.6	20.4	22.8	24.6
工作强度比较大	14.4	20.0	19.3	23.8
工作条件不够好	13.1	14.7	14.0	18.9

3. 企业招工计划情况

（1）2011年企业招工计划逐季度下降

从企业招工计划来看，调查结果显示，2011年一季度有88.2%的企业计划招收新员工，随后这一数据逐季度下降，二季度为82.2%，三季度为76.1%，四季度进一步下降到68.8%。调查表明，总体来看，一季度是企业招工需求最旺盛的时期，同时随着人工成本的上升以及企业缺工情况的缓解，二到四季度有招工计划的企业所占比重逐渐降低（见表16）。

表16　　企业是否有计划招收新员工（%）

	是	否	不确定
2011年四季度	68.8	17.6	13.6
2011年三季度	76.1	13.2	10.7
2011年二季度	82.2	17.8	—
2011年一季度	88.2	11.8	—

从不同地区看，"长三角"地区、"珠三角"地区和其他地区企业2011年的招工计划呈现逐季度

下降的趋势，并且下降趋势较为明显，而“京津冀”地区企业二季度招工计划有所回升，随后逐步回落，但回落幅度相对较小（见表17、图7）。

表17　不同类型企业有计划招收新员工的比重（%）

	一季度	二季度	三季度	四季度
“长三角”地区企业	92.5	80.3	75.7	68.6
“珠三角”地区企业	89.1	84.8	82.2	64.4
“京津冀”地区企业	82.6	89.9	78.7	75.0
其他地区企业	85.2	81.8	74.6	68.1
大型企业	86.4	88.2	81.0	66.7
中型企业	89.2	85.6	81.0	70.7
小型企业	87.8	79.2	72.1	67.7
国有企业	69.8	81.6	74.4	51.3
非国有企业（不含外资）	89.1	81.5	75.9	70.1
外商及港澳台投资企业	92.5	88.6	81.5	71.3
出口型企业	91.5	85.6	83.5	73.2
非出口型企业	82.6	77.9	71.0	64.3

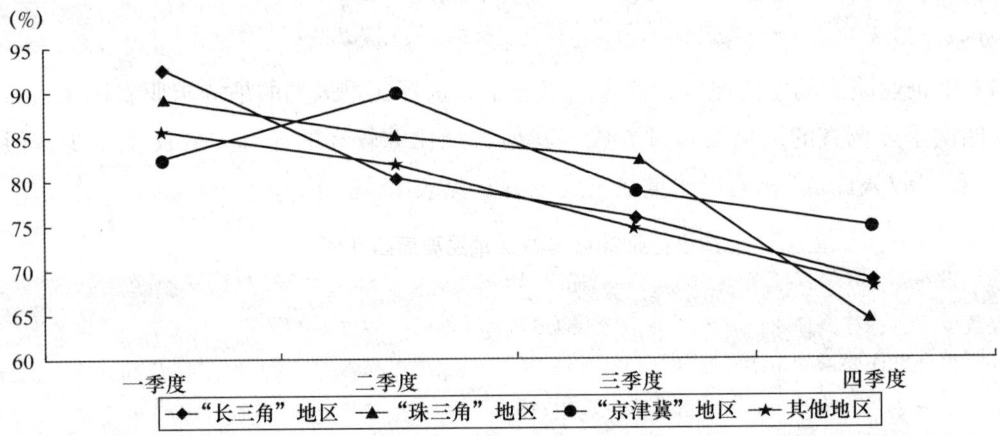

图7　不同地区企业有计划招收新员工的比重（%）

从不同规模看，中小企业2011年的招工计划呈现逐季度下降的趋势，其中小型企业下降趋势更为

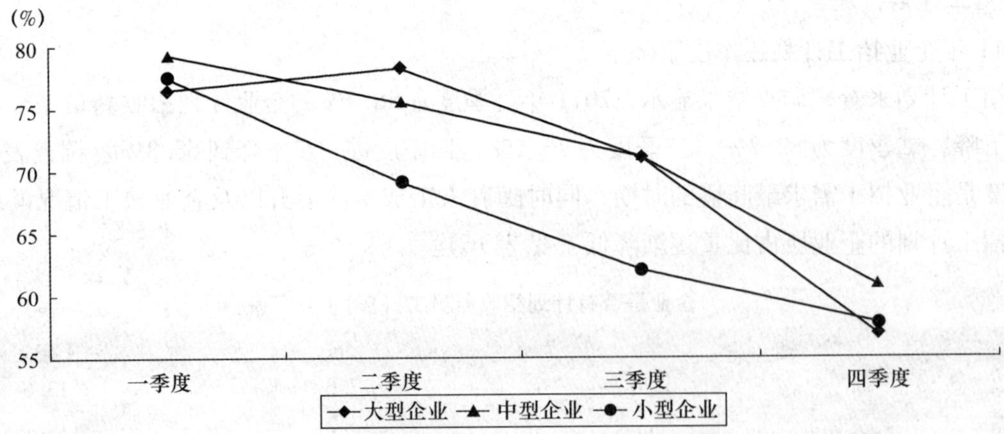

图8　不同规模企业有计划招收新员工的比重（%）

明显；而大型企业二季度招工计划有所回升，随后逐步回落，并且回落幅度较大（见表17、图8）。从

不同经济类型看，非国有企业和外资企业 2011 年的招工计划呈现逐季度下降的趋势，下降的幅度比较平稳；而国有企业二季度招工计划有所回升，随后出现了较大幅度的回落，从全年的走势来看，国有企业招工计划的波动相对较大（见表 17、图 9）。

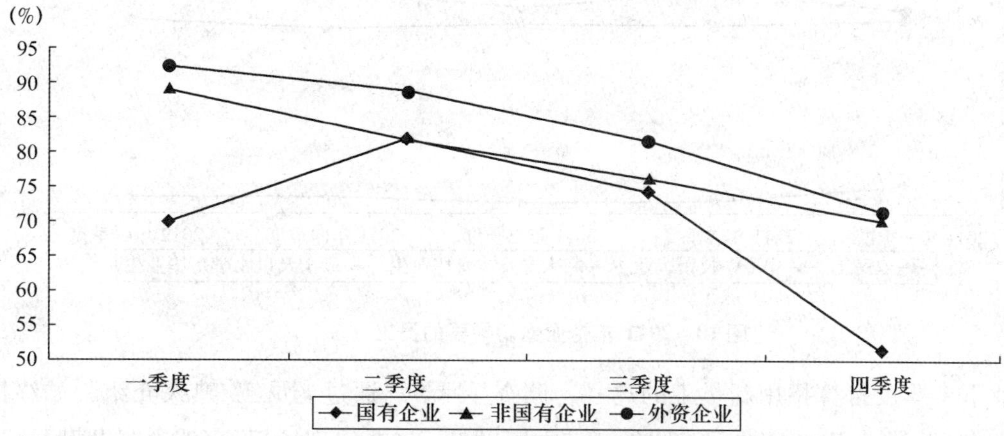

图 9　不同经济类型企业有计划招收新员工的比重（%）

此外，出口型企业和非出口型企业 2011 年的招工计划都呈现逐季度下降的趋势，总体来看，出口型企业有招工计划的比重要高于非出口型企业（见表 17）。

从计划招工人数看，2011 年全年超过六成的企业计划招工人数在 50 人以下，其中一季度为 60.5%，二季度上升到 76.9%，三季度下降到 69.5%，四季度又有所回升，为 71.6%。这表明，2011 年企业计划招工人数有一定的波动，但总体上多数企业招工人数在 50 人以内。值得注意的是，2012 年一季度企业计划招工人数在 50 人以上的比重有所上升，这说明随着一季度的到来，企业的招工需求逐渐提高（见表 18）。

表 18　企业 2011 年计划招工人数情况（%）

	50 人以下	50～99 人	100～199 人	200～299 人	300～499 人	500 人以上
2012 年一季度	65.3	18.2	7.0	5.3	1.7	2.5
2011 年四季度	71.6	16.1	5.3	3.7	1.7	1.7
2011 年三季度	69.5	15.6	7.7	3.8	1.7	1.8
2011 年二季度	76.9	11.6	8.4	0.8	2.1	0.2
2011 年一季度	60.5	19.2	11.5	3.9	1.7	3.2

（2）企业对农民工的需求略有回升，招工途径逐渐多元化

关于企业迫切需要的员工，调查结果显示，选择“农民工”的企业比重在三季度出现回落后，四季度和 2012 年一季度又略有回升；选择“中专、技校毕业生”的企业比重从二季度开始逐渐下降，选择“大专及本科毕业生”的企业比重相对较为平稳，而选择“硕士及以上学历毕业生”的企业比重总体来看仍相对较低（见表 19、图 10）。

表 19　2011 年企业迫切需要的员工（%）

	农民工	中专、技校毕业生	大专及本科毕业生	硕士及以上学历毕业生
2012 年一季度	56.0	61.4	48.8	8.8
2011 年四季度	55.0	62.9	46.5	8.5
2011 年三季度	51.1	64.5	47.9	7.5
2011 年二季度	54.6	66.5	47.4	7.8
2011 年一季度	50.6	64.4	49.1	11.3

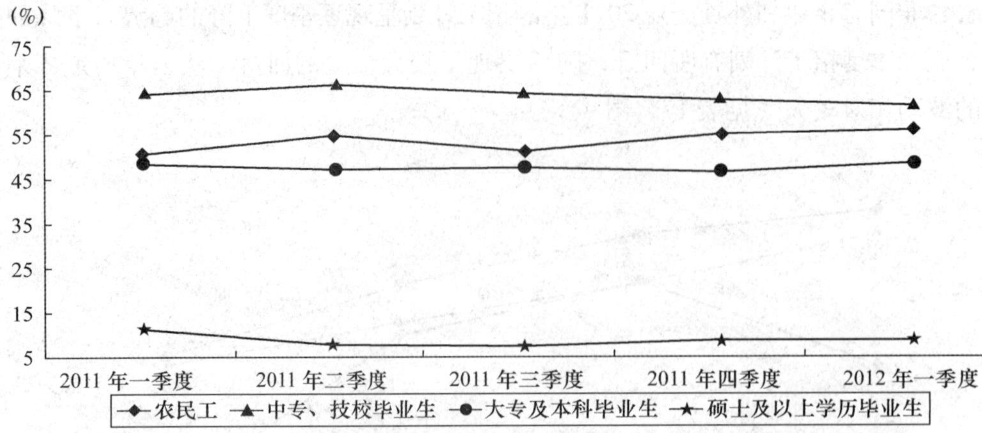

图 10　2011 年企业迫切需要的员工（%）

关于企业下个季度打算招用新员工的途径，调查显示，“通过老员工/熟人介绍”始终排在第一位，选择比重在69.3%～76.9%之间。此外，二季度以来，选择“现场招聘会”、“招聘网站”、“人力资源服务机构”的企业比重均有所提高，选择“到学校招聘/学校推荐”的企业也在1/3左右，这表明目前企业招用新员工的途径正在逐步多元化（见表20）。

表 20　企业下个季度打算招用新员工的途径（%）

	四季度	三季度	二季度	一季度
通过老员工/熟人介绍	73.9	75.1	76.9	69.3
现场招聘会	55.4	49.1	47.3	—
招聘网站	43.0	42.9	36.3	—
到学校招聘/学校推荐	35.6	32.0	39.0	46.1
人力资源服务机构	32.6	29.6	29.8	—
街上/公司/工厂门口贴的广告	31.0	31.2	30.3	57.0
各级劳动和社会保障所推荐	18.6	15.1	17.2	59.1
报刊、电视等媒体发布企业招聘信息	18.5	16.9	15.4	—
到劳务输出地直接招聘	12.7	10.1	9.2	9.5
公共就业服务机构	11.0	10.9	9.8	—
社区/街道/村居委会推荐	7.4	5.7	6.1	—

关于企业选择招工途径时最看重/关注的方面，调查结果显示，选择比重最高的是“能招到合适的人”，比重在95%左右。此外，选择“合作方可信赖”、“花费经济，成本低”和“能批量招工”的企业比重在逐步提高，而选择“能快速招到人”的比重有所下降，这也从另一个角度印证了企业缺工情况有所缓解（见表21）。

表 21　企业选择招工途径时最看重/关注的方面（%）

	四季度	三季度	二季度
能招到合适的人	95.1	94.9	96.5
合作方可信赖	44.1	41.1	38.2
能快速招到人	42.8	45.7	41.9
花费经济，成本低	36.9	34.4	34.6
能批量招工	20.1	19.7	18.6
其他	2.8	2.2	1.9

关于企业的招聘成本，调查结果显示，总体来看，相对多数的企业招聘一名员工实际支付的招聘

费用在 100 元以上，其中四季度选择“101～200 元”或“200 元以上”的企业比重高于二季度和三季度，这表明进入四季度后企业的招聘成本逐渐提高。值得注意的是，有近三成的企业表示“没计算过，不清楚”或“无法回答”（见表 22）。

表 22　企业招聘一名员工实际支付的招聘费用情况（%）

	四季度	三季度	二季度
50 元及以下	7.6	10.6	8.3
51～100 元	13.5	15.6	14.3
101～200 元	15.4	13.1	15.0
200 元以上	27.3	22.5	23.4
没计算过，不清楚	20.0	22.5	24.0
无法回答	7.9	7.0	5.8
不需要花费成本	8.3	8.7	9.2

（3）企业招工难问题更加突出，主要原因是新生代农民工的择业期望提高

关于对企业招工难度的预计，调查结果显示，75.9% 的企业预计 2011 年一季度招工“有一定困难”或“有较大困难”，这一数据逐季度上升，二季度为 80.8%，三季度为 80%，四季度达到了 84.4%。调查表明，2011 年企业招工难度越来越大（见表 23）。

表 23　对企业招工难易程度的预计（%）

	不难	有一定困难	有较大困难	不好说
2011 年四季度	10.1	55.8	28.6	5.5
2011 年三季度	13.1	56.9	23.1	6.9
2011 年二季度	14.3	57.3	23.5	4.9
2011 年一季度	17.8	50.6	25.3	6.3

从不同地区看，“京津冀”地区企业预计招工困难的比重在二季度大幅提高，三季度和四季度有所回落；“长三角”地区企业预计招工困难的比重在二季度有所回落，三季度和四季度逐渐回升；“珠三角”地区企业预计招工困难的比重在一到三季度逐季度回落，四季度有所回升；其他地区企业则呈现全年逐季度上升的走势（见表 24、图 11）。

表 24　不同类型企业预计招工困难的比重（%）

	一季度	二季度	三季度	四季度
“长三角”地区企业	81.2	78.4	78.8	83.4
“珠三角”地区企业	82.3	80.3	76.0	80.0
“京津冀”地区企业	67.0	88.6	81.0	79.3
其他地区企业	73.9	80.9	81.7	87.4
大型企业	66.6	74.2	70.6	82.8
中型企业	77.7	80.4	79.8	81.7
小型企业	75.8	81.7	81.3	86.4
国有企业	59.2	70.0	73.1	80.5
非国有企业（不含外资）	75.9	81.3	80.5	84.8
外商及港澳台投资企业	88.4	82.9	82.7	83.3
出口型企业	81.3	82.1	82.0	84.9
非出口型企业	70.4	79.5	79.4	83.9

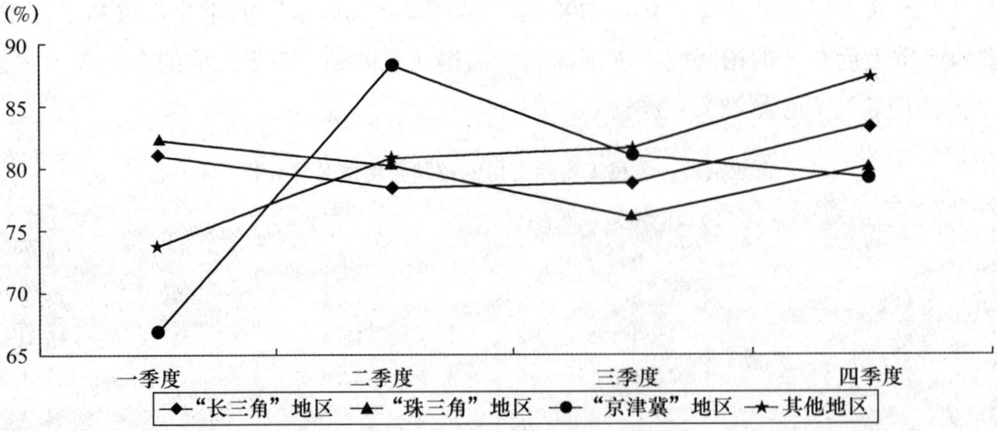

图 11　不同地区企业预计招工困难的比重（%）

从不同规模看，2011 年中小企业的招工难度总体要高于大型企业，并且基本上呈现逐季度加大的趋势。大型企业预计招工困难的比重在三季度有所下降，但在四季度明显回升，基本与中型企业持平，略低于小型企业（见表 24、图 12）。

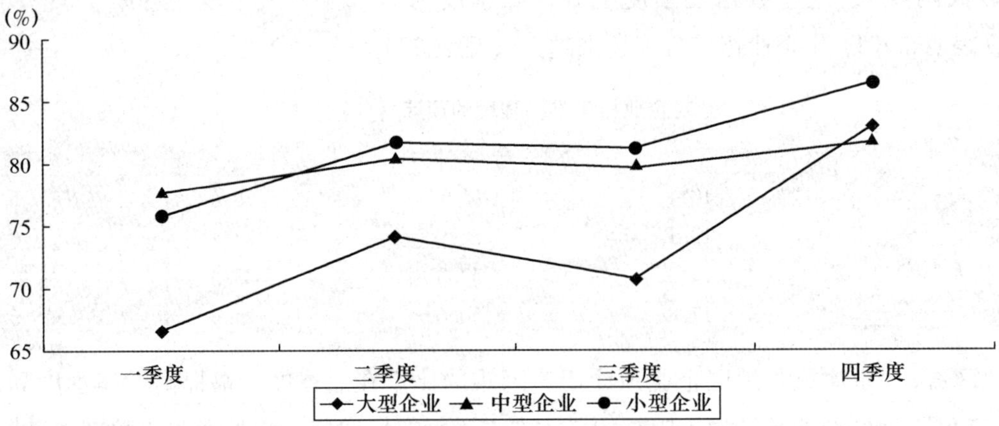

图 12　不同规模企业预计招工困难的比重（%）

从不同经济类型看，国有企业预计招工困难的比重呈现全年逐季度上升的趋势，并且上涨幅度较大；非国有企业预计招工困难的比重也基本呈现逐季度上升的趋势，不过上涨幅度相对比较平稳；外资企业预计招工困难的比重则基本呈现逐季度下降的趋势（见表 24、图 13）。

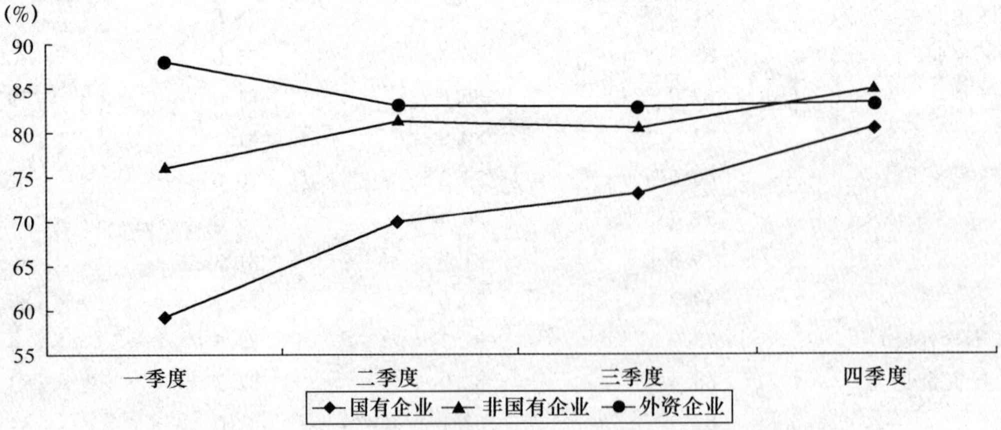

图 13　不同经济类型企业预计招工困难的比重（%）

此外，出口型企业和非出口型企业预计招工困难的比重都呈现逐季度上升的趋势，其中非出口型企业上升趋势更为明显（见表24、图14）。

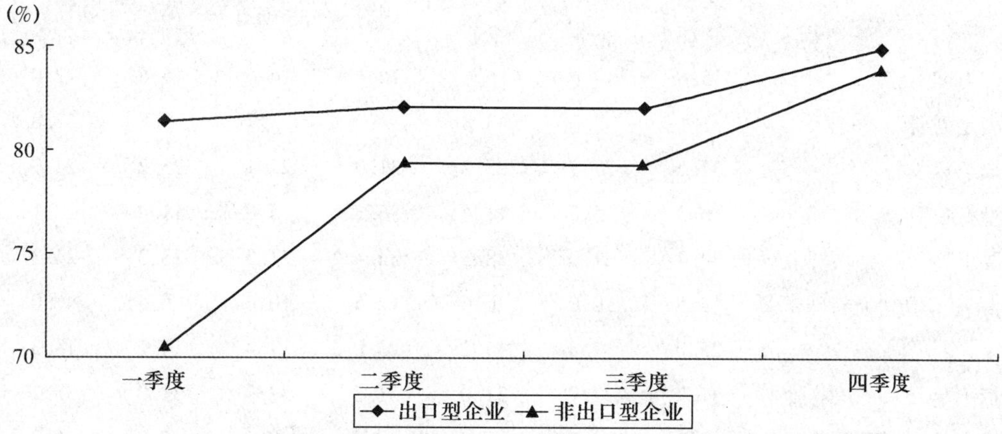

图 14　出口型企业和非出口型企业预计招工困难的比重（%）

值得注意的是，一方面企业反映2011 年缺工情况逐渐缓解，但另一方面企业预计招工越来越难，同时企业在选择招工途径时最看重“能招到合适的人”，这表明目前企业的用工需求与人力资源市场的供应存在结构性的失衡。

关于企业出现招工难的主要原因，调查结果显示，选择“新生代农民工的择业期望提高”的企业比重在四次季度调查中均排在第一位，比重在59.5% ~63.3%之间；其他选择比重较高的还有“物价上升过快，导致求职者生活成本增加，预期收益下降”、“劳动力供给总量不足”、“招工岗位技术要求高”、“薪酬待遇低，缺乏竞争力”，四次季度调查的排名基本一致，选择比重也都在20%以上。值得注意的是，大型企业和国有企业选择“物价上升过快，导致求职者生活成本增加，预期收益下降”的比重要高于选择“新生代农民工的择业期望提高”的比重（见表25）。

表 25　　企业出现招工难的主要原因（%）

	总体				地区			
	四季度	三季度	二季度	一季度	“长三角”	“珠三角”	“京津冀”	其他地区
招工渠道单一，力度不够	15.6	16.2	18.3	19.9	11.8	15.4	13.5	18.8
社保权益不能满足需要	3.6	4.6	4.8	11.6	1.1	5.8	1.9	5.0
薪酬待遇低，缺乏竞争力	25.5	22.1	26.9	34.6	18.8	23.1	34.6	28.8
品牌、规模等没有吸引力	8.3	8.6	8.3	13.7	6.5	9.6	11.5	8.8
招工岗位技术要求高	25.7	25.5	25.9	30.2	25.8	17.3	25.0	27.7
招工对性别、年龄、学历等有特殊要求	8.3	6.4	5.9	11.7	6.5	5.8	3.8	10.8
员工流失严重	16.1	19.3	17.0	16.5	15.6	17.3	21.2	15.4
劳动力供给总量不足	31.9	42.0	33.7	34.0	38.2	34.6	21.2	29.2
人力资源市场供求信息传递渠道不畅	6.3	7.1	8.0	15.5	5.9	3.8	9.6	6.5
新生代农民工的择业期望提高	63.0	59.5	63.3	62.9	69.4	71.2	57.7	58.1
工作环境不好（噪音、灰尘、高空作业、有毒气体、潮湿）	5.6	7.1	8.5	9.1	4.8	7.7	1.9	6.5
人力资源（职介）机构不够发达	5.6	4.9	5.4	—	3.8	5.8	1.9	7.7
物价上升过快，导致求职者生活成本增加，预期收益下降	44.9	45.4	44.8	—	50.5	55.8	34.6	40.8
受限于户籍政策，就业成本增加，工作吸引力降低	7.6	7.5	3.5	—	10.2	13.5	13.5	3.5

续表

	规　模			经济类型			是否出口	
	大型企业	中型企业	小型企业	国有	非国有	外商及港澳台	出口企业	非出口企业
招工渠道单一，力度不够	15.6	14.6	16.6	15.6	14.6	16.6	12.0	20.1
社保权益不能满足需要		3.7	3.8		3.7	3.8	2.8	3.8
薪酬待遇低，缺乏竞争力	31.3	25.1	25.2	31.3	25.1	25.2	23.9	26.4
品牌、规模等没有吸引力	6.3	5.0	11.4	6.3	5.0	11.4	8.1	9.6
招工岗位技术要求高	34.4	21.9	28.3	34.4	21.9	28.3	24.3	27.6
招工对性别、年龄、学历等有特殊要求	12.5	10.0	6.6	12.5	10.0	6.6	6.0	9.6
员工流失严重	25.0	17.4	14.1	25.0	17.4	14.1	18.3	13.8
劳动力供给总量不足	31.3	32.9	31.0	31.3	32.9	31.0	35.2	28.5
人力资源市场供求信息传递渠道不畅	9.4	3.7	7.9	9.4	3.7	7.9	6.3	6.7
新生代农民工的择业期望提高	40.6	67.6	62.1	40.6	67.6	62.1	69.0	58.2
工作环境不好（噪音、灰尘、高空作业、有毒气体、潮湿）	3.1	8.7	3.8	3.1	8.7	3.8	3.9	7.9
人力资源（职介）机构不够发达		6.4	5.9		6.4	5.9	6.0	5.9
物价上升过快，导致求职者生活成本增加，预期收益下降	59.4	47.5	41.7	59.4	47.5	41.7	48.6	41.8
受限于户籍政策，就业成本增加，工作吸引力降低	6.3	5.0	10.0	6.3	5.0	10.0	9.2	6.3

关于企业在招工用工方面希望国家或政府提供的政策支持，调查结果显示，选择“降税或帮助企业降低生产运营成本”和“稳定物价，降低生活成本，增加企业所在地生活消费成本吸引力”的企业比重相对较高，四次季度调查都排在前两位。其他选择比重较高的还有“政府组织培训，提升劳务工技能”、“多提供求职信息/招聘平台/沟通渠道”、“加快人力资源市场建设，提供更有针对性的服务”，选择比重都在25%以上（见表26）。

表26　　在企业招工用工上希望国家或政府提供的政策支持的方面（%）

	四季度	三季度	二季度	一季度
降税或帮助企业降低生产运营成本	68.4	68.0	69.1	72.9
稳定物价，降低生活成本，增加企业所在地生活消费成本吸引力	58.0	66.0	59.7	59.0
政府组织培训，提升劳务工技能	35.4	37.0	35.5	35.4
多提供求职信息/招聘平台/沟通渠道	31.3	26.1	26.9	32.0
加快人力资源市场建设，提供更有针对性的服务	28.1	25.0	27.8	39.5
加强公共服务建设，提升企业所在地吸引力	18.3	17.9	19.0	28.5
大力发展人力资源服务机构，提升区域内人力资源市场化配置能力	15.8	15.0	15.6	—

二、2012年企业用工趋势及政策建议

1. 企业人工成本趋势

（1）2012年企业人工成本上升压力依然较大

关于对2012年企业人工成本的预计，调查结果显示，87.8%的企业预计2012年人工成本将比2011年上升，其中25.7%预计“大幅上升”，62.1%预计“小幅上升”，10.3%预计“持平”；仅1.9%预计下降（见表27）。

从不同地区看，“珠三角”地区和“京津冀”地区企业预计2012年人工成本上升的比重相对较高，分别为90%和89%；从不同规模看，中型企业预计2012年人工成本上升的占90%，高于大型企业和小型企业；从不同经济类型看，国有企业预计2012年人工成本上升的占88.8%，要高于非国有企业和外资企业；出口型企业预计2012年人工成本上升的比重要高于非出口型企业（见表27）。

表27　相对于2011年，对企业2012年人工成本的预计（%）

	大幅上升	小幅上升	持平	小幅下降	大幅下降
总体	**25.7**	**62.1**	**10.3**	**1.6**	**0.3**
“长三角”地区企业	27.8	59.8	10.3	1.8	0.3
“珠三角”地区企业	28.9	61.1	7.8	2.2	
“京津冀”地区企业	30.0	59.0	10.0	1.0	
其他地区企业	22.9	64.4	10.8	1.5	0.4
大型企业	26.7	61.7	6.7	5.0	
中型企业	26.8	63.2	9.2	0.8	
小型企业	24.9	61.5	11.3	1.8	0.5
国有企业	12.5	76.3	6.3	5.0	
非国有企业（不含外资）	26.5	61.1	10.6	1.4	0.4
外商及港澳台投资企业	30.4	57.8	10.8	1.0	
出口型企业	29.6	59.3	9.9	1.0	0.2
非出口型企业	22.7	64.2	10.9	2.1	0.2

（2）预计2012年一季度企业人工成本上升幅度有所提高

关于对人工成本上升幅度的预计，从季度走势来看，2011年二季度到2012年一季度呈现先下降后上升的趋势，其中，预计2011年二季度人工成本“上升”的比“下降”的多73.8个百分点，随后这一数据逐季度下降，到2011年四季度时下降到65.7个百分点，但是2012年一季度又再度回升到67.9个百分点（见表28）。

表28　对企业人工成本情况的预计（%）

	大幅上升	小幅上升	持平	小幅下降	大幅下降	上升－下降
2012年一季度	11.2	59.4	26.7	2.5	0.2	67.9
2011年四季度	13.1	55.0	29.5	2.3	0.1	65.7
2011年三季度	15.1	55.5	28.1	1.3		69.3
2011年二季度	13.5	61.4	24.0	1.1		73.8

从不同地区看，“京津冀”地区企业对人工成本上升幅度的预计相对较为平稳，而“长三角”地区和“珠三角”地区企业对人工成本上升幅度的预计波动较大（见表29、图15）。

表 29　不同类型企业对人工成本上升幅度的预计情况（“上升－下降”，%）

	2011 年二季度	2011 年三季度	2011 年四季度	2012 年一季度
“长三角”地区企业	80.2	63.4	64.8	67.9
“珠三角”地区企业	77.0	71.9	59.2	70.0
“京津冀”地区企业	69.6	74.0	70.9	71.9
其他地区企业	69.2	70.6	66.5	68.0
大型企业	68.5	61.0	67.3	66.0
中型企业	75.0	70.4	66.4	63.3
小型企业	73.5	69.2	65.0	68.9
国有企业	75.5	65.2	62.5	67.8
非国有企业（不含外资）	72.7	68.9	65.6	55.1
外商及港澳台投资企业	83.5	75.0	69.0	68.9
出口型企业	79.5	69.8	67.0	70.7
非出口型企业	67.6	68.8	64.6	70.2

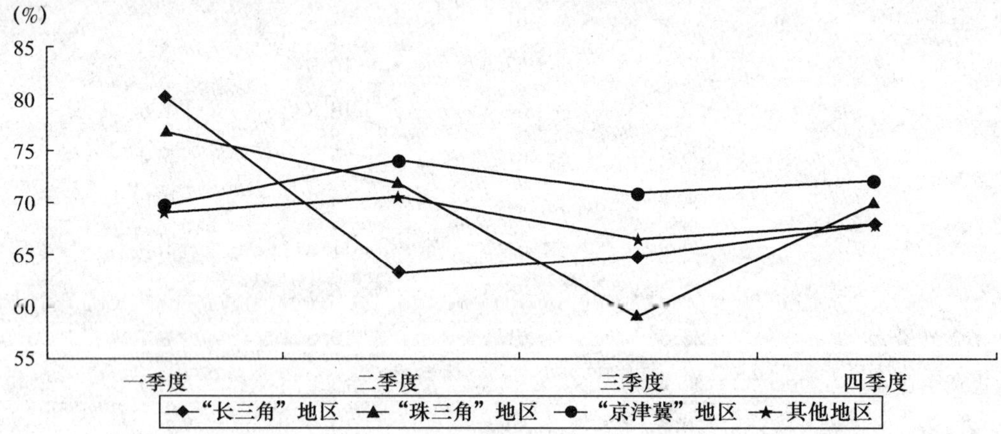

图 15　不同地区企业对人工成本上升幅度的预计（“上升－下降”，%）

从不同规模看，中型企业对人工成本上升幅度的预计呈现明显的下降趋势，小型企业是先下降后回升，而大型企业的走势相对复杂，在 2011 年三季度和 2012 年一季度出现了两次下降（见表 29、图 16）。

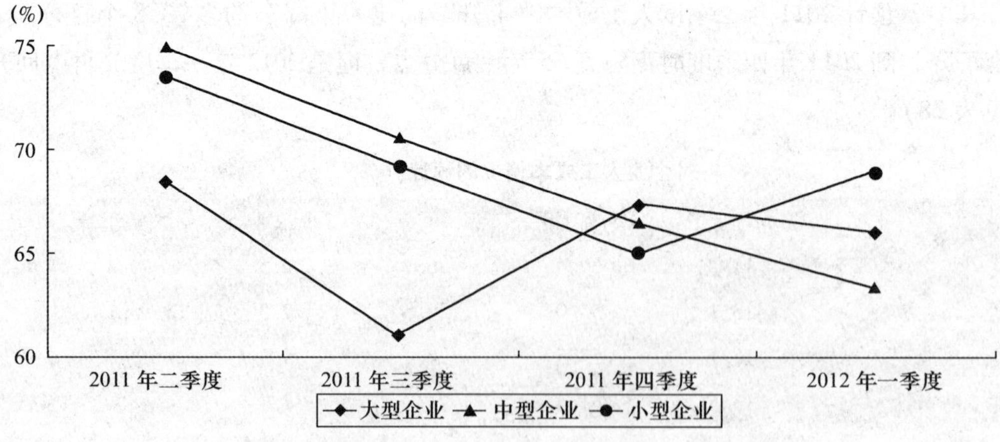

图 16　不同规模企业对人工成本上升幅度的预计（“上升－下降”，%）

从不同经济类型看，非国有企业和外资企业对人工成本上升幅度的预计呈现下降趋势，其中非国有企业预计 2012 年一季度人工成本的上升幅度下降较多，而国有企业则是先下降后上升（见表 30、图 17）。

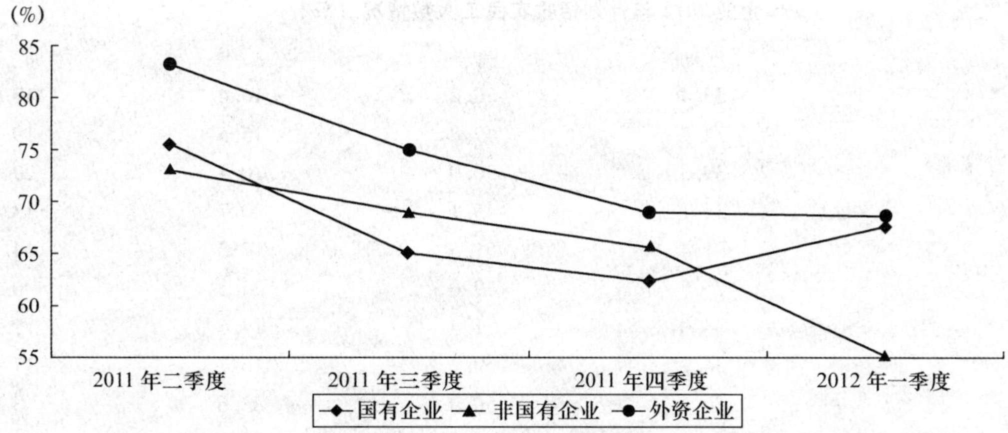

图 17　不同经济类型企业对人工成本上升幅度的预计（"上升 - 下降",%）

2. 企业招工情况

（1）企业用工总体保持扩张趋势

关于对 2012 年企业用工人数的预计，调查结果显示，预计"增加"的企业占 43.8%，预计"持平"的占 45.4%，预计"减少"的占 10.8%，预计"增加"的比"减少"的多 33 个百分点。这表明，总体来看，2012 年企业用工仍保持扩张趋势（见表 30）。

从不同地区看，"京津冀"地区企业预计用工人数增加相对较多，从不同规模看，大型企业预计用工"增加"的比"减少"的多 42.1 个百分点，明显高于中小企业；从不同经济类型看，非国有企业预计用工人数增加相对较多；出口型企业预计用工"增加"的比"减少"的多 35 个百分点，高于非出口型企业（见表 30）。

表 30　　对 2012 年企业用工人数的预计（%）

	增加	持平	减少	增加 - 减少
总体	**43.8**	**45.4**	**10.8**	**33.0**
"长三角"地区企业	42.8	44.1	13.2	29.6
"珠三角"地区企业	41.5	47.6	11.0	30.5
"京津冀"地区企业	45.3	45.3	9.5	35.8
其他地区企业	44.6	45.8	9.6	35.0
大型企业	49.1	43.9	7.0	42.1
中型企业	45.2	44.7	10.1	35.1
小型企业	42.3	46.2	11.5	30.9
国有企业	46.7	41.3	12.0	34.7
非国有企业（不含外资）	44.6	45.8	9.6	35.0
外商及港澳台投资企业	35.1	45.7	19.1	16.0
出口型企业	45.7	43.5	10.8	35.0
非出口型企业	41.6	48.3	10.1	31.5

关于企业 2012 年招收大学生和农民工的计划，调查结果显示，计划招收农民工数量"增加"的企业占 33.4%，"持平"的占 50.2%，"减少"的占 16.4%，计划"增加"的比"减少"的多 17 个百分点。其中，"珠三角"地区企业、中小企业、非国有企业 2012 年计划招收农民工数量增长相对较多（见表 31）。

表 31　　企业 2012 年计划招收农民工人数情况（%）

	增加	持平	减少	增加-减少
总体	**33.4**	**50.2**	**16.4**	**17.0**
“长三角”地区企业	34.7	49.8	15.5	19.2
“珠三角”地区企业	39.5	50.0	10.5	29.0
“京津冀”地区企业	34.1	45.1	20.7	13.4
其他地区企业	31.4	51.3	17.3	14.1
大型企业	25.5	49.0	25.5	0.0
中型企业	34.0	51.4	14.6	19.4
小型企业	34.2	49.2	16.7	17.5
国有企业	26.4	50.9	22.6	3.8
非国有企业（不含外资）	34.4	49.5	16.1	18.3
外商及港澳台投资企业	30.6	52.9	16.5	14.1
出口型企业	33.3	51.1	15.7	17.6
非出口型企业	34.6	48.6	16.8	17.8

调查结果显示，2012 年计划招收大学毕业生数量“增加”的企业占 44.6%，“持平”的占 44%，“减少”的占 11.4%，“增加”的比“减少”的多 33.2 个百分点。其中，“长三角”地区企业、大型企业、国有企业 2012 年计划招收大学毕业生数量增长相对较多。调查表明，总体来看，2012 年企业计划招收大学毕业生数量增长要高于农民工，这也许是结构升级的需求（见表 32）。

表 32　　企业 2012 年计划招收大学毕业生人数情况（%）

	增加	持平	减少	增加-减少
总体	**44.6**	**44.0**	**11.4**	**33.2**
“长三角”地区企业	46.9	43.2	9.9	37.0
“珠三角”地区企业	34.2	49.4	16.4	17.8
“京津冀”地区企业	43.5	41.2	15.3	28.2
其他地区企业	45.2	44.0	10.8	34.4
大型企业	54.4	40.4	5.3	49.1
中型企业	47.4	40.9	11.8	35.6
小型企业	41.5	46.6	11.9	29.6
国有企业	51.5	37.9	10.6	40.9
非国有企业（不含外资）	44.7	45.1	10.2	34.5
外商及港澳台投资企业	36.9	40.5	22.6	14.3
出口型企业	45.6	41.6	12.8	32.8
非出口型企业	43.0	46.3	10.7	32.3

从 2012 年一季度企业的招工计划也能看出企业用工的扩张趋势，调查结果显示，2012 年一季度有 76.6% 的企业计划招收新员工，比 2011 年四季度提高了 7.8 个百分点（见表 33）。

表 33　　企业是否有计划招收新员工（%）

	是	否	不确定
2012 年一季度	76.6	13.0	10.4
2011 年四季度	68.8	17.6	13.6
2011 年三季度	76.1	13.2	10.7
2011 年二季度	82.2	17.8	—
2011 年一季度	88.2	11.8	—

从不同地区看，与 2011 年四季度相比，“珠三角”地区企业有计划招收新员工的比重上升较多；从不同规模看，大型企业和中型企业有计划招收新员工的比重上升较多；从不同经济类型看，国有企业有计划招收新员工的比重上升较多，但仍低于非国有企业和外资企业；出口型企业有计划招收新员工的比重上升较多（见表 34、图 18 ~21）。

表 34　　　　不同类型企业有计划招收新员工的比重（%）

	2011 年一季度	2011 年二季度	2011 年三季度	2011 年四季度	2012 年一季度
“长三角”地区企业	92.5	80.3	75.7	68.6	78.5
“珠三角”地区企业	89.1	84.8	82.2	64.4	79.1
“京津冀”地区企业	82.6	89.9	78.7	75.0	80.4
其他地区企业	85.2	81.8	74.6	68.1	74.2
大型企业	86.4	88.2	81.0	66.7	82.3
中型企业	89.2	85.6	81.0	70.7	81.9
小型企业	87.8	79.2	72.1	67.7	72.1
国有企业	69.8	81.6	74.4	51.3	64.6
非国有企业（不含外资）	89.1	81.5	75.9	70.1	76.9
外商及港澳台投资企业	92.5	88.6	81.5	71.3	80.6
出口型企业	91.5	85.6	83.5	73.2	84.0
非出口型企业	82.6	77.9	71.0	64.3	68.5

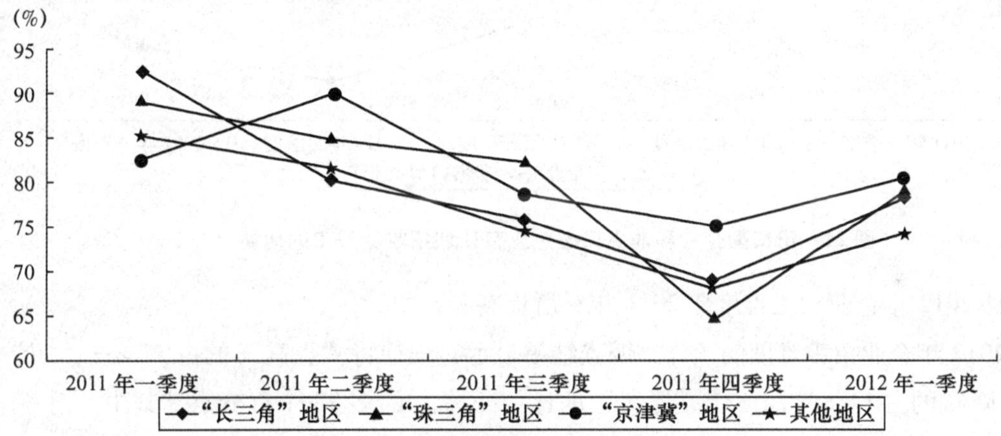

图 18　不同地区企业有计划招收新员工的比重（%）

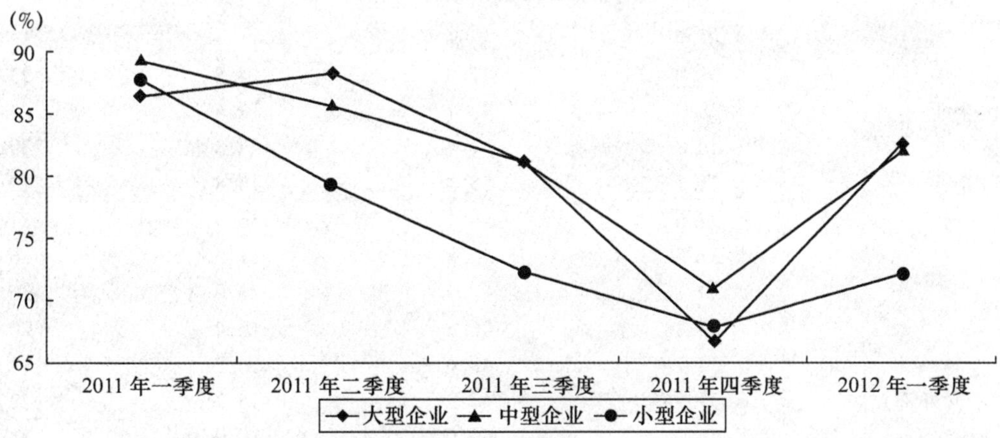

图 19　不同规模企业有计划招收新员工的比重（%）

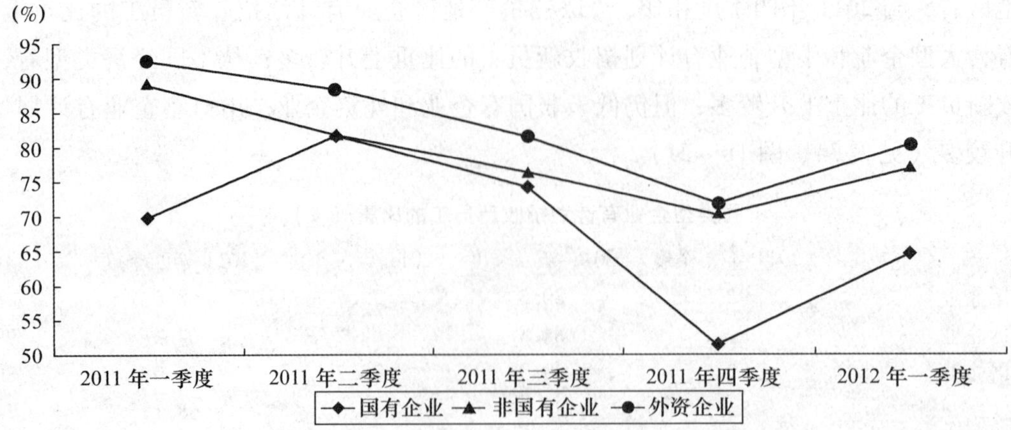

图 20　不同经济类型企业有计划招收新员工的比重（%）

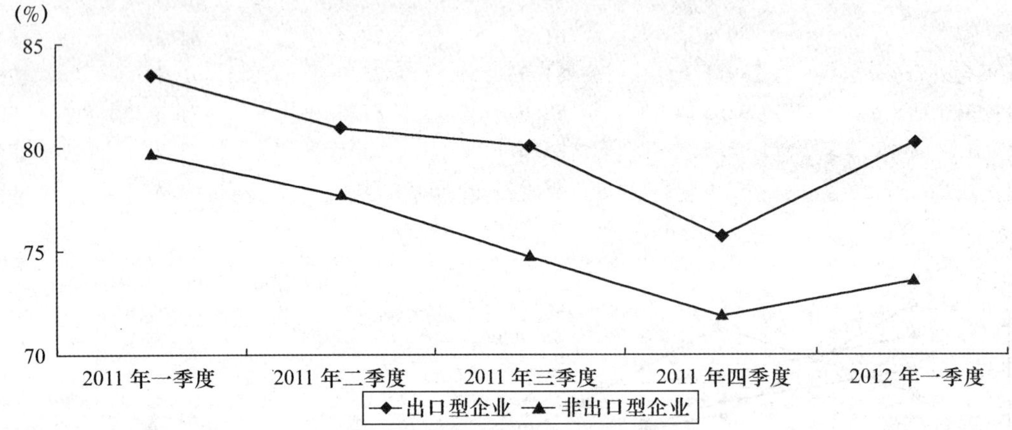

图 21　出口型企业和非出口型企业有计划招收新员工的比重（%）

（2）预计 2012 年企业招工难度比 2011 年有所提高

关于对 2012 年企业招工难度的预计，调查结果显示，预计将“提高”的占 37.8%，“持平”的占 47.4%，“下降”的占 14.8%，预计“提高”的比“下降”的多 23 个百分点。其中“珠三角”地区企业、大型和中型企业、外资企业、出口型企业预计 2012 年招工难度提高更多（见表 35）。

表 35　对 2012 年招工难度的预计（%）

	提高	持平	下降	提高 - 下降
总体	**37.8**	**47.4**	**14.8**	**23.0**
“长三角”地区企业	38.3	48.1	13.6	24.7
“珠三角”地区企业	48.8	41.7	9.5	39.3
“京津冀”地区企业	28.7	55.4	15.8	12.9
其他地区企业	37.6	46.1	16.4	21.2
大型企业	37.7	50.8	11.5	26.2
中型企业	39.1	47.9	13.0	26.1
小型企业	36.8	46.8	16.4	20.4
国有企业	34.7	48.6	16.7	18.0
非国有企业（不含外资）	37.5	47.2	15.2	22.3
外商及港澳台投资企业	41.0	49.0	10.0	31.0
出口型企业	40.0	46.7	13.4	26.6
非出口型企业	35.4	48.3	16.3	19.1

虽然企业预计 2012 年招工难度将比 2011 年有所提高，但从季度走势来看，2012 年一季度企业招工困难的比重比 2011 年四季度有所下降。调查结果显示，预计 2012 年一季度企业招工“有一定困难”或“有较大困难”的占 78.6%，比 2011 年四季度下降了 5.8 个百分点，也低于 2011 年二季度和三季度；其中，选择“有较大困难”的比重是近五个季度以来的最低值（见表 36）。

表 36　对企业招工难易程度的预计（%）

	不难	有一定困难	有较大困难	不好说
2012 年一季度	16.0	58.4	20.2	5.4
2011 年四季度	10.1	55.8	28.6	5.5
2011 年三季度	13.1	56.9	23.1	6.9
2011 年二季度	14.3	57.3	23.5	4.9
2011 年一季度	17.8	50.6	25.3	6.3

从不同地区看，“珠三角”地区企业预计 2012 年一季度招工困难的比重是近五个季度的最高值，并且要高于其他地区；“长三角”地区、“京津冀”地区和其他地区企业预计 2012 年一季度招工困难的比重均有所回落，其中“京津冀”地区的比重相对较低（见表 37、图 22）。

表 37　不同类型企业预计招工困难的比重（%）

	2011 年 一季度	2011 年 二季度	2011 年 三季度	2011 年 四季度	2012 年 一季度
“长三角”地区企业	81.2	78.4	78.8	83.4	80.7
“珠三角”地区企业	82.3	80.3	76.0	80.0	84.5
“京津冀”地区企业	67.0	88.6	81.0	79.3	72.0
其他地区企业	73.9	80.9	81.7	87.4	77.3
大型企业	66.6	74.2	70.6	82.8	66.7
中型企业	77.7	80.4	79.8	81.7	81.3
小型企业	75.8	81.7	81.3	86.4	77.7
国有企业	59.2	70.0	73.1	80.5	67.9
非国有企业（不含外资）	75.9	81.3	80.5	84.8	78.8
外商及港澳台投资企业	88.4	82.9	82.7	83.3	83.8
出口型企业	81.3	82.1	82.0	84.9	81.3
非出口型企业	70.4	79.5	79.4	83.9	75.6

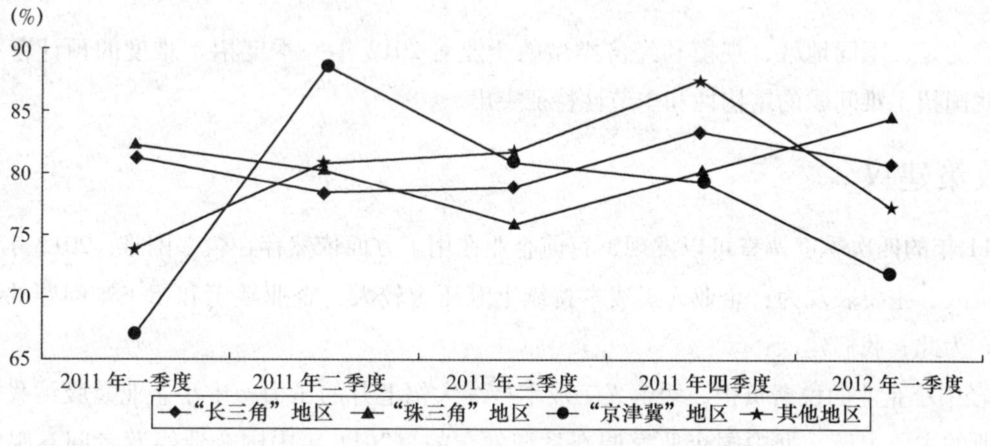

图 22　不同地区企业预计招工困难的比重（%）

从不同规模看，中型企业预计 2012 年一季度招工困难的比重比上季度略有提高，是近五个季度以来的最高值；大型企业和小型企业预计 2012 年一季度招工困难的比重均比上季度明显下降，其中大型企业预计2012年一季度招工困难的比重要低于小型企业（见表37、图23）。

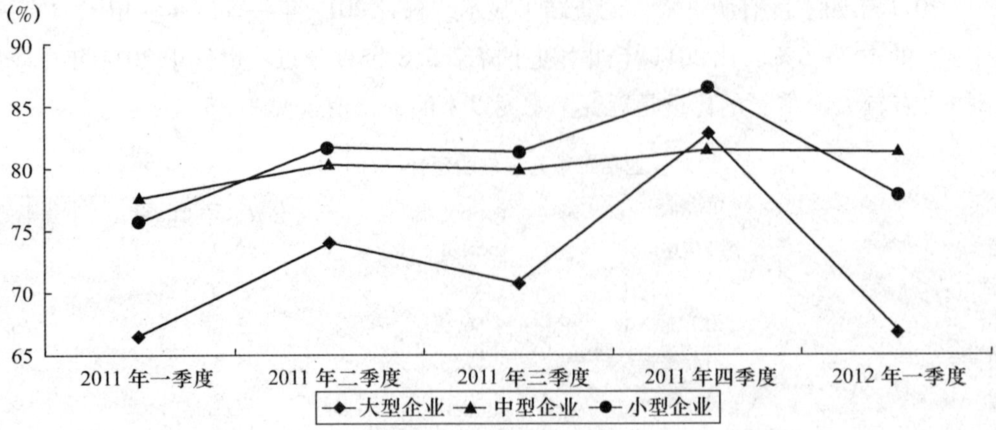

图23　不同规模企业预计招工困难的比重（%）

从不同经济类型看，外资企业预计2012年一季度招工困难的比重比上季度略有提高，是近四个季度以来的最高值，并且要高于国有企业和非国有企业；国有企业和非国有企业预计2012年一季度招工困难的比重比上个季度有所回落，其中国有企业回落的幅度更大（见表37、图24）。

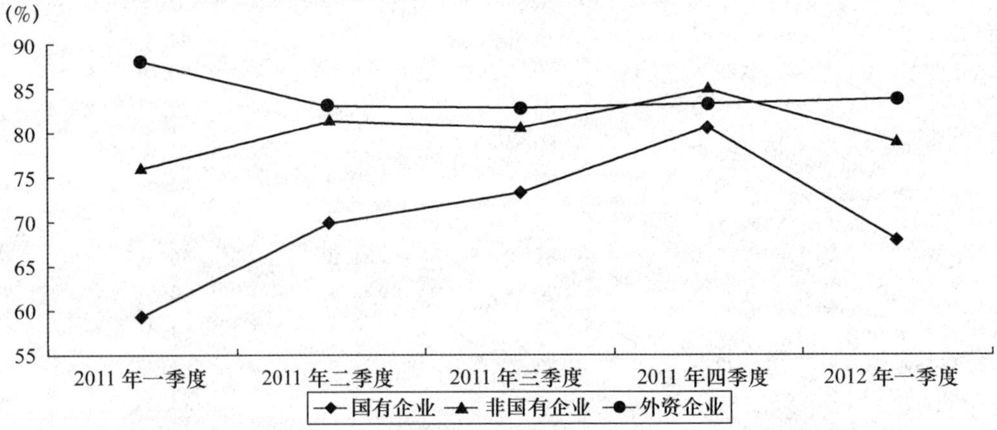

图24　不同经济类型企业预计招工困难的比重（%）

值得注意的是，不同地区、规模和经济类型的企业对2012年一季度招工难度的预计存在较大差异，这表明我国招工难问题的结构性和季节性特征突出。

三、政策建议

通过2011年的四次季度调查可以发现，目前企业在用工方面依然存在较多困难，2012年企业招工也面临各种挑战，主要表现为：企业人工成本持续上升压力较大，企业缺工和招工难问题的结构性特征更加突出。为此，我们建议：

（1）减轻中小企业的税费负担，缓解人工成本持续大幅上升的压力。中小企业是吸纳我国就业尤其是新增就业的主要力量。据中国企业家调查系统发布的《2011年中国企业经营者问卷跟踪调查报告》显示，受到成本上升、税费负担较重等因素的影响，目前中小企业的盈利空间逐渐缩小，经营状况也明显下滑。由于随着经济结构调整和产业升级步伐的加快，从长期来看企业人工成本上升的趋势很难改变，因此要改善中小企业的经营状况、发挥其吸纳就业的作用、缓解就业难问题，就应当积极发挥财政政策的作用，通过减税、减费等措施，缓解人工成本上升给中小企业带来的压力。

（2）加快城市化的步伐，消除各种阻碍农民工流动的体制性障碍，让农民工更好地融入城市。在四次季度调查中发现，农民工已经成为目前企业用工的重要来源之一，同时，求职的农民工减少和新生代农民工择业期望的提高已经成为企业缺工和招工难的重要原因。因此，政府应当围绕进城农民工的基本需求落实公平对待政策，形成部门分工协作的维权和服务管理体系，让农民工更好的融入城市。

（3）进一步完善人力资源市场。目前严峻的就业形势与调查中发现企业缺工和招工难并存的现象，反映了当前比较严重的人才结构问题，因此要进一步完善我国教育、培训体制，加快培养满足企业需要的合格人才。一方面，要妥善解决人力资源市场资源配置中的结构性矛盾，提高学历教育与就业技能之间的匹配度，将职业教育作为人才培养的重要组成部分，引导年轻一代树立正确的择业观。另一方面，要积极调控好人力资源市场，政府要重视自身在克服市场失灵中的积极作用，严格进行劳动关系监察，依法处理劳动纠纷，积极扶持经营性人力资源（职介）机构的建立与发展，拓展企业招聘员工的途径，并通过建立企业用工信誉披露机制，促进企业用工信息透明化，降低人力资源市场的交易成本，提高人力资源的配置效率。

（注：凡引用此报告者均需注明引自中国企业家调查系统——《2011年中国企业用工情况年度调查报告》）

当前民营企业发展的挑战与应对

——2011年千户民营企业跟踪调查报告

▌中国民主建国会中央委员会企业委员会

▌中国企业家调查系统

改革开放以来，我国的民营经济不断发展壮大，对国民经济的贡献份额逐年提高，逐渐成为国家财税收入的重要支柱和创造社会就业岗位的主要渠道。目前民营企业发展的外部环境发生了重要变化，一方面世界经济复苏放缓，国际金融市场动荡加剧，未来不稳定、不确定因素增多，另一方面国内通胀压力加大，经济发展中不稳定、不协调、不可持续的问题突出。为了解当前民营企业发展面临的困难和挑战，以及民营企业应对挑战的措施与建议，2011年8月，中国民主建国会中央委员会企业委员会与中国企业家调查系统共同组织实施了“2011年度中国民营企业家问卷跟踪调查”。

本次调查是第9次全国范围民营企业家年度问卷跟踪调查，是在中国企业家调查系统“2011年度中国企业经营者问卷跟踪调查”的基础上进行的，8月6日至9月6日共回收有效问卷1166份（调查样本情况详见附录）。通过部分未填写问卷与填写问卷企业的对比分析，未发现存在系统偏差。为使调查分析更为全面和深入，本报告还采用了近几年民营企业家年度问卷调查结果。

当前民营企业发展面临多重困难和挑战，民营企业家的发展动力和信心不足。调查显示，成本上升已成为当前民营企业发展面临的主要困难，民营企业的人工成本和物料采购价格都出现了较大幅度的上涨；民营企业效益有所下滑，企业流动资金趋紧，中小企业融资难问题突出，民营企业家普遍反映税费负担较重；企业在一定程度上存在招工难问题，用工人数比2010年下降，未来用工计划放缓；民营企业的创新动力减弱，研发投入和新产品销售比重的增幅均低于2010年，跨行业拓展动力比前几年有所回落。

针对当前的困难和挑战，一方面民营企业家表示将采取加强管理降低成本、增加创新投入和引进人才等措施来应对挑战，另一方面，民营企业家希望政府通过减轻企业税费负担、加快垄断行业改革、大力完善企业经营环境等政策，促进民营经济发展，激发民营企业家创新发展热情。

一、当前民营企业发展面临的困难与挑战

1. 成本上升成为当前民营企业发展面临的主要困难

近几年来，成本上升一直是民营企业发展面临的重要困难，特别是2011年以来，受到世界经济复苏的势头趋缓、主要能源原材料价格高位波动、国内人工成本大幅上涨等因素的影响，成本上升已经成为当前民营企业发展面临的主要困难。调查结果显示，关于“当前企业经营发展中遇到的最主要困

难”，民营企业家选择比重最高的两项分别是“人工成本上升”（79.7%）和“能源、原材料成本上升”（60.1%），明显高于其他选项，同时要比2010年的调查结果提高了6.7和4个百分点，比2009年的调查结果提高了18.5和7.5个百分点（见表1）。

表1　当前企业经营发展中遇到的最主要困难（%）

	2011年	2010年	2009年
人工成本上升	79.7	73.0	61.3
能源、原材料成本上升	60.1	56.1	52.6
社保、税费负担过重	48.8	52.9	—
企业利润率太低	40.5	—	—
资金紧张	34.6	38.8	44.2
缺乏人才	31.3	43.8	44.9
企业招工困难	29.4	—	—
整个行业产能过剩	25.3	27.9	38.7
人民币升值过快	21.1	—	—
未来影响企业发展的不确定因素太多	19.1	—	—
缺乏创新能力	10.7	21.1	24.5
电力供应不足	10.2	—	—
遭受侵权等不正当竞争	7.8	14.0	12.0
国内需求不足	7.7	11.0	26.3
资源、环境约束较大	7.2	16.7	16.6
企业领导人发展动力不足	6.9	10.1	11.0
出口需求不足	6.6	7.7	26.1
地方政府干预较多	5.9	7.9	7.1
缺乏投资机会	2.4	5.1	4.5

从人工成本的情况来看，调查结果显示，相对于2010年年末，认为企业目前的人工成本“上升”的民营企业家占98.6%，认为“持平”的占1.2%，认为“下降”的仅占0.2%；认为“上升”的比认为“下降”的多98.4个百分点，比2010年的调查结果提高了2.8个百分点。其中，东北地区民营企业和中小民营企业人工成本上升较多（见表2）。

表2　相对于去年末，民营企业目前的人工成本情况（%）

		上升	持平	下降	上升-下降
总体	2011年	98.6	1.2	0.2	98.4
	2010年	96.0	3.6	0.4	95.6
东部地区企业		99.2	0.5	0.3	98.9
中部地区企业		96.2	3.8		96.2
西部地区企业		98.6	1.4		98.6
东北地区企业		100.0			100.0
大型企业		98.0	2.0		98.0
中型企业		98.5	1.3	0.2	98.3
小型企业		98.7	1.1	0.2	98.6

从物料采购价格的情况来看，调查结果显示，相对于2010年年末，认为企业目前的物料采购价格“上升”的民营企业家占87.7%，认为“持平”的占9.3%，认为“下降”的仅占3%；认为“上升”的比认为“下降”的多84.7个百分点，比2010年的调查结果提高了11.9个百分点。其中，东部和西部地区民营企业以及中型民营企业的物料采购价格上升较多（见表3）。

表3　相对于去年，民营企业目前的物料采购价格情况（%）

		上升	持平	下降	上升－下降
总体	2011年	87.7	9.3	3.0	84.7
	2010年	76.4	20.0	3.6	72.8
东部地区企业		88.2	9.0	2.8	85.4
中部地区企业		85.9	11.2	2.9	83.0
西部地区企业		88.3	8.8	2.9	85.4
东北地区企业		85.7	8.9	5.4	80.4
大型企业		86.3	11.8	2.0	84.3
中型企业		88.6	9.2	2.2	86.4
小型企业		87.2	9.3	3.5	83.7

2. 中小企业融资难问题更加突出

2011年以来，随着货币政策的趋紧，民营企业的资金紧张状况有所加剧。调查结果显示，目前流动资金“紧张”的民营企业占48.3%，资金“正常”的占45.5%，资金“宽裕”的占6.2%；资金“紧张”的比“宽裕”的多42.1个百分点，这一数据比2010年提高了10.2个百分点（见表4）。

从不同地区看，东北地区和中部地区民营企业流动资金“紧张”的比“宽裕”的多50个百分点以上，明显高于其他地区；从不同规模看，中小民营企业流动资金紧张状况更为严重；从不同行业看，房地产业、住宿和餐饮业以及制造业中的钢铁、造纸等行业资金紧张状况相对更加严重（见表4、表5）。

表4　不同地区、规模的民营企业目前的流动资金情况（%）

		宽裕	正常	紧张	紧张－宽裕
总体	2011年	6.2	45.5	48.3	42.1
	2010年	6.7	54.7	38.6	31.9
东部地区企业		6.4	47.1	46.6	40.2
中部地区企业		4.4	41.3	54.4	50.0
西部地区企业		10.0	44.3	45.7	35.7
东北地区企业		1.8	43.9	54.4	52.6
大型企业		19.6	49.0	31.4	11.8
中型企业		6.7	46.9	46.4	39.7
小型企业		4.8	44.4	50.9	46.1
国有及国有控股公司		8.9	50.7	40.4	31.5

表5　不同行业民营企业目前的流动资金情况（%）

	宽裕	正常	紧张	紧张－宽裕
总体	**6.2**	**45.5**	**48.3**	**42.1**
农林牧渔业	9.5	38.1	52.4	42.9
采矿业	33.3	33.3	33.3	0.0
制造业	6.1	45.1	48.8	42.7
电力、燃气及水的生产和供应业		62.5	37.5	37.5
建筑业	6.1	42.4	51.5	45.4
交通运输、仓储和邮政业		58.3	41.7	41.7
信息传输、计算机服务和软件业		55.6	44.4	44.4
批发和零售业	9.1	56.4	34.5	25.4
住宿和餐饮业		40.0	60.0	60.0
房地产业	3.3	30.0	66.7	63.4
租赁和商务服务业	7.7	61.5	30.8	23.1

续表

	宽裕	正常	紧张	紧张－宽裕
食品饮料制造业	9.2	46.1	44.7	35.5
纺织业	6.9	34.7	58.3	51.4
纺织服装、鞋、帽制造业	8.3	41.7	50.0	41.7
造纸及纸制品业		33.3	66.7	66.7
化学原料及化学制品制造业	4.6	49.4	46.0	41.4
医药制造业	13.0	52.2	34.8	21.8
化学纤维制造业		53.8	46.2	46.2
橡胶制品业	7.1	35.7	57.1	50.0
塑料制品业	4.4	46.7	48.9	44.5
非金属矿物制品业	4.1	46.9	49.0	44.9
黑色金属冶炼及压延加工业		26.1	73.9	73.9
有色金属冶炼及压延加工业	5.6	55.6	38.9	33.3
金属制品业	3.2	41.3	55.6	52.4
通用设备制造业	5.7	41.5	52.8	47.1
专用设备制造业	4.9	56.1	39.0	34.1
交通运输设备制造业	10.8	54.1	35.1	24.3
电气机械及器材制造业	14.8	42.6	42.6	27.8
通信设备、计算机及其他电子设备制造业		75.0	25.0	25.0
仪器仪表及文化、办公用机械制造业	12.5	37.5	50.0	37.5

在资金紧张的同时，民营企业特别是中小民营企业的融资难问题也更加突出。关于民营企业从银行贷款的难易程度，调查结果显示，认为“比较难”或“非常难”的民营企业家占49.9%，认为“有难度”的占29.2%，认为“不太难”或“不难”的占20.9%，总体评价值为2.51，明显低于中值3，也明显低于2010年的调查结果。从不同地区看，西部地区民营企业的评价值仅为2.28，明显低于其他地区；从不同规模看，中小民营企业的评价值要明显低于大型民营企业（见表6）。

表6　　民营企业从银行贷款的难易程度（%）

	不难	不太难	有难度	比较难	非常难	评价值	
						2011年	2010年
总体	**2.9**	**18.0**	**29.2**	**26.7**	**23.2**	**2.51**	**2.80**
东部地区企业	3.1	20.1	29.3	26.0	21.5	2.57	2.91
中部地区企业	1.0	17.7	29.7	27.8	23.9	2.44	2.74
西部地区企业	3.6	7.9	30.9	28.1	29.5	2.28	2.56
东北地区企业	5.3	17.5	22.8	28.1	26.3	2.47	2.46
大型企业	5.9	25.5	31.4	21.6	15.7	2.84	3.53
中型企业	2.8	19.3	27.5	29.0	21.4	2.53	2.94
小型企业	2.4	16.7	30.7	25.4	24.8	2.47	2.62

为了进一步了解民营企业的银行贷款情况，本次调查还设计了“从银行贷款付出规定利率之外的额外费用的情况”这一问题。调查结果显示，35%的民营企业家表示“很多”或“较多”，20.1%认为“一般”，33%表示“有一点”，仅11.9%表示“没有”，总体评价值为3.14，要低于2010年的调查结果。从不同地区看，东北地区民营企业的评价值仅为2.93，明显低于其他地区；从不同规模看，大型民营企业的评价值要低于中小民营企业（见表7）。

表7　　民营企业从银行贷款付出规定利率之外的额外费用的情况（%）

	没有	有一点	一般	较多	很多	评价值	
						2011年	2010年
总体	**11.9**	**33.0**	**20.1**	**27.6**	**7.4**	**3.14**	**3.27**
东部地区企业	13.2	34.1	21.1	24.3	7.3	3.22	3.38
中部地区企业	8.4	35.5	13.8	36.5	5.9	3.04	3.14
西部地区企业	9.2	28.5	23.1	31.5	7.7	3.00	3.09
东北地区企业	14.3	19.6	25.0	26.8	14.3	2.93	3.11
大型企业	10.3	35.9	15.4	25.6	12.8	3.05	3.73
中型企业	10.8	30.9	20.8	31.4	6.1	3.09	3.33
小型企业	12.4	34.7	19.9	25.1	7.9	3.19	3.19

由于从银行贷款的难度较大，不少民营企业选择从民间渠道筹资，因此本次调查还了解了“民营企业从民间渠道筹资的难易程度”。调查结果显示，30%的民营企业家认为从民间渠道筹资“非常难”或“比较难”，34.5%认为“有难度”，35.5%认为“不太难”或“不难”，总体评价值为3.05，要略高于2010年的调查结果。从不同地区看，东北地区民营企业的评价值仅为2.77，明显低于其他地区；从不同规模看，中小民营企业的评价值要低于大型民营企业（见表8）。

表8　　民营企业从民间渠道筹资的难易程度（%）

	不难	不太难	有难度	比较难	非常难	评价值	
						2011年	2010年
总体	**8.2**	**27.3**	**34.5**	**21.2**	**8.8**	**3.05**	**2.98**
东部地区企业	8.9	29.0	33.5	19.8	8.8	3.09	3.05
中部地区企业	7.3	27.7	34.0	24.8	6.3	3.05	2.99
西部地区企业	7.3	19.7	40.1	23.4	9.5	2.92	2.83
东北地区企业	5.4	23.2	32.1	21.4	17.9	2.77	2.61
大型企业	14.6	27.1	33.3	20.8	4.2	3.27	3.07
中型企业	8.1	25.9	34.2	22.2	9.6	3.01	3.00
小型企业	7.5	28.4	34.6	21.0	8.5	3.05	2.96

3. 普遍反映企业税费负担较重

调查发现，民营企业家普遍反映目前企业的税费负担较重。调查结果显示，关于当前民营企业的税收负担情况，超过八成（83.9%）的民营企业家认为“很重”或“较重”，15.6%认为“一般”，仅0.5%认为“较轻”，总体评价值仅为1.83，明显低于中值3，也明显低于2010年的调查结果。从不同地区看，东北地区民营企业的评价值仅为1.74，低于其他地区；从不同规模看，中小民营企业的评价值要明显低于大型民营企业（见表9）。

表9　　民营企业的税收负担情况（%）

	很重	较重	一般	较轻	很轻	评价值	
						2011年	2010年
总体	**33.5**	**50.4**	**15.6**	**0.5**		**1.83**	**2.14**
东部地区企业	33.2	51.1	15.2	0.5		1.83	2.11
中部地区企业	31.9	49.5	18.6			1.87	2.27
西部地区企业	33.6	52.1	12.9	1.4		1.82	2.14
东北地区企业	43.9	38.6	17.5			1.74	2.02
大型企业	29.4	47.1	21.6	2.0		1.96	2.17
中型企业	33.6	53.0	13.1	0.2		1.80	2.16
小型企业	33.9	48.8	16.7	0.6		1.84	2.13

为了进一步了解民营企业的税费负担，本次调查还设计了“贵企业一年来向各级政府交纳国家规定以外的收费、集资、摊派占企业销售收入的比重情况”这一问题。调查结果显示，选择“0%”的民营企业占8.8%，选择“0～0.1%”的占27.6%，选择“0.1%～1%”的占40%，选择“1%～5%”的占19.6%，选择“5%以上”的占4%。其中，选择“1%～5%”或“5%以上”的民营企业比重要明显高于2010年的调查结果。从不同地区看，东北地区民营企业选择“1%～5%”或“5%以上”的比重明显高于其他地区；从不同规模看，中小民营企业选择“1%～5%”或“5%以上”的比重明显高于大型民营企业（见表10）。

表10　民营企业一年来向各级政府交纳国家规定以外的收费、集资、摊派占企业销售收入的比重情况（%）

		0%	0%～0.1%	0.1%～1%	1%～5%	5%以上
总体	2011年	8.8	27.6	40.0	19.6	4.0
	2010年	10.2	30.8	40.1	16.7	2.4
东部地区企业		8.9	28.8	39.5	19.3	3.4
中部地区企业		9.1	28.8	38.4	19.7	4.0
西部地区企业		8.1	21.3	46.3	19.9	4.4
东北地区企业		7.1	23.2	37.5	21.4	10.7
大型企业		7.8	21.6	49.0	21.6	
中型企业		8.6	26.8	38.4	21.1	5.1
小型企业		9.0	28.4	40.3	18.7	3.6

4. *存在一定程度企业招工难*

调查发现，目前民营企业招工难问题逐渐凸显。调查结果显示，关于对2012年招工难度的预计，28.5%的民营企业家认为“有较大困难”，50.9%认为“有一定困难”，14.2%认为“不难”，6.4%认为“不好说”。从不同地区看，东部地区民营企业认为招工“有较大困难”的超过三成（31.4%），相对较高；而农村劳动力相对富余的中部地区认为“有较大困难”的比重则相对较低（20.5%）。从不同规模看，中小民营企业认为“有较大困难”的比重要明显高于大型民营企业（见表11）。

表11　对民营企业明年招工难易程度的预计（%）

	不难	有一定困难	有较大困难	不好说
总体	**14.2**	**50.9**	**28.5**	**6.4**
东部地区企业	12.5	50.1	31.4	6.0
中部地区企业	19.5	51.0	20.5	9.0
西部地区企业	16.7	52.2	26.1	5.1
东北地区企业	10.7	57.1	26.8	5.4
大型企业	13.7	62.7	21.6	2.0
中型企业	15.1	49.9	28.0	7.0
小型企业	13.7	50.6	29.5	6.2

关于出现招工难的主要原因，调查结果显示，按照民营企业家选择比重高低排在前两位的分别是“新生代农民工的择业期望提高”和“物价上升过快，导致求职者生活成本增加，预期收益下降”，选择比重分别为73.1%和62.5%，要明显高于其他选项。其他选择比重较高的还有“劳动力供给总量不足”（38.2%）、“薪酬待遇低，缺乏竞争力”（30.2%）、“招工岗位技术要求高”（26.9%）、“招工渠道单一，力度不够”（24.7%）、“员工流失严重”（24.6%）、“品牌、规模等没有吸引力”（21%）（见表12）。

表12　　民营企业出现招工难的主要原因（%）

	总体		总体
新生代农民工的择业期望提高	73.1	物价上升过快，导致求职者生活成本增加，预期收益下降	62.5
劳动力供给总量不足	38.2	薪酬待遇低，缺乏竞争力	30.2
招工岗位技术要求高	26.9	招工渠道单一，力度不够	24.7
员工流失严重	24.6	品牌、规模等没有吸引力	21.0
社保权益不能满足需要	14.8	人力资源市场供求信息传递渠道不畅	13.2
受限于户籍政策，就业成本增加，工作吸引力降低	11.6	工作环境不好（噪音、灰尘、高空作业、有毒气体、潮湿）	11.2
招工对性别、年龄、学历等有特殊要求	9.3	人力资源（职介）机构不够发达	8.7

受招工难和经济增长回落的双重影响，中小民营企业用工增速放缓。调查结果显示，相对于2010年，用工人数“增加”的民营企业占29.7%，“持平”的占42.3%，“减少”的占28%；“增加”的比“减少”的仅多1.7个百分点，这一数据比2010年的调查结果下降了近20个百分点。其中大型企业用工需求依然旺盛，用工“增加”的比“减少”的多46个百分点，中型企业用工“增加”的比“减少”的多7.8个百分点；小型企业则出现用工净减少，“增加”的比“减少”的少6.1个百分点（见表13）。

表13　　相对于去年，民营企业目前的用工人数情况（%）

		增加	持平	减少	增加-减少
总体	2011年	29.7	42.3	28.0	1.7
	2010年	39.5	42.3	18.2	21.3
东部地区企业		28.9	43.8	27.3	1.6
中部地区企业		29.8	44.2	26.0	3.8
西部地区企业		34.5	31.7	33.8	0.7
东北地区企业		28.1	42.1	29.8	-1.8
大型企业		56.0	34.0	10.0	46.0
中型企业		34.2	39.4	26.4	7.8
小型企业		24.3	45.4	30.4	-6.1

关于民营企业2012年用工计划，调查结果显示，预计“增加”的民营企业占42.7%，“持平”的占42.7%，“减少”的占14.6%；预计“增加”的比“减少”的多28.1个百分点，这一数据比2010年的调查结果下降了15.1个百分点，也低于2009年的调查结果。从不同地区看，东部地区民营企业预计2012年用工“增加”的比“减少”的多22.2个百分点，明显低于其他地区；从不同规模看，中小民营企业预计2012年用工“增加”的比“减少”的分别多30.5和24.6个百分点，明显低于大型民营企业（见表14）。调查结果表明，企业用工增长有减缓的趋势，这一现象值得关注。

表14　　民营企业对企业明年用工人数的预计（%）

		增加	持平	减少	增加-减少
总体	2011年	42.7	42.7	14.6	28.1
	2010年	52.6	38.2	9.2	43.2
	2009年	46.8	44.4	8.8	38.0
东部地区企业		38.5	45.2	16.3	22.2
中部地区企业		53.7	37.6	8.8	44.9
西部地区企业		48.5	36.0	15.4	33.1
东北地区企业		45.5	43.6	10.9	34.5

续表

	增加	持平	减少	增加－减少
大型企业	60.8	35.3	3.9	56.9
中型企业	43.9	42.8	13.4	30.5
小型企业	40.8	43.0	16.2	24.6
国有及国有控股公司	42.6	43.7	13.7	28.9

5. 企业效益有所下滑

企业成本上升和融资难度加大对企业生产经营产生一定影响。调查结果显示，超过两成（20.4%）的民营企业处于“停产”或“半停产”状态，比2010年提高了9个百分点，基本回到了2009年的水平；“正常运作”的占74.5%，“超负荷生产”的占5.1%（见表15）。

从不同地区看，西部地区民营企业“停产”或“半停产”的占23.8%，要高于其他地区；从不同规模看，小型民营企业“停产”或“半停产”的占22.6%，明显高于大型和中型民营企业（见表15）。

表15　民营企业目前的生产状况（%）

		超负荷生产	正常运作	半停产	停产
总体	2011年	5.1	74.5	19.6	0.8
	2010年	9.5	79.1	11.2	0.2
	2009年	2.5	75.0	22.0	0.5
东部地区企业		5.3	74.8	19.2	0.7
中部地区企业		4.3	74.3	20.9	0.5
西部地区企业		5.0	71.2	21.6	2.2
东北地区企业		5.3	78.9	15.8	
大型企业		3.9	88.3	7.8	
中型企业		5.8	75.7	17.9	0.6
小型企业		4.7	72.7	21.7	0.9

从民营企业上半年的盈利状况来看，调查结果显示，2011年上半年“亏损”或“严重亏损”的民营企业占22.1%，比2010年提高了8.9个百分点，略低于2009年；“收支平衡”的占18.8%，“较大盈利”或“略有盈余”的占59.1%（见表16）。

表16　民营企业今年上半年盈利状况（%）

		较大盈利	略有盈余	收支平衡	亏损	严重亏损
总体	2011年上半年	6.8	52.3	18.8	20.3	1.8
	2010年上半年	11.7	58.0	17.1	12.2	1.0
	2009年上半年	7.0	47.2	19.4	23.8	2.6
东部地区企业		7.6	51.7	20.5	18.5	1.6
中部地区企业		6.3	53.4	18.0	20.9	1.5
西部地区企业		3.6	54.0	10.1	28.8	3.6
东北地区企业		5.3	52.6	19.3	21.1	1.8
大型企业		31.4	49.0	13.7	3.9	2.0
中型企业		7.2	55.2	16.8	19.2	1.5
小型企业		4.5	50.4	20.8	22.3	2.1

从不同地区看，西部地区民营企业“亏损”或“严重亏损”的占32.4%，明显高于其他地区；从不同规模看，中小民营企业“亏损”或“严重亏损”的比重要明显高于大型民营企业（见表16）。

从民营企业家对下半年盈利状况的预计来看，调查结果显示，17.2%的民营企业家预计“亏损”

或“严重亏损”，比2010年提高了10.3个百分点，比2009年提高了2.6个百分点；预计“收支平衡”的占25.4%，预计“较大盈利”或“略有盈余”的占57.4%（见表17）。

从不同地区看，西部地区民营企业预计2011年下半年“亏损”或“严重亏损”的占21%，明显高于其他地区；从不同规模看，中小民营企业预计下半年“亏损”或“严重亏损”的比重要明显高于大型民营企业（见表17）。

表17　民营企业对下半年盈利状况的预计（%）

		较大盈利	略有盈余	收支平衡	亏损	严重亏损
总体	2011年下半年	6.4	51.0	25.4	15.2	2.0
	2010年下半年	14.9	60.9	17.3	6.7	0.2
	2009年下半年	9.8	52.9	22.7	13.3	1.3
东部地区企业		6.7	50.5	25.5	15.4	1.9
中部地区企业		6.5	54.5	23.0	14.0	2.0
西部地区企业		2.9	50.0	26.1	17.4	3.6
东北地区企业		10.5	45.6	31.6	12.3	
大型企业		31.4	47.1	11.8	7.8	2.0
中型企业		6.4	56.7	21.1	14.0	1.8
小型企业		4.4	47.0	29.8	16.4	2.3

二、目前形势对民营企业信心的影响

1. 跨行业拓展动力减弱

经济较快发展时期往往伴随着企业的投资冲动，包括多元化发展的加速，2011年以来经济环境的趋紧影响了企业的跨行业拓展。当问及“如果目前条件成熟，您最希望投资的行业”时，调查结果显示，32.4%的民营企业家选择了其他行业，比2010年下降了近20个百分点；67.6%选择了“本行业”。从不同行业看，选择投资“本行业”比重较高的有信息传输计算机服务和软件业、批发和零售业、住宿和餐饮业以及制造业中的医药、仪器仪表等，选择比重均超过80%；选择“其他行业”比重较高的行业有纺织、造纸和橡胶，选择比重超过50%（见表18）。

表18　民营企业最希望投资的行业（%）

		本行业	其他行业
总体	2011年	67.6	32.4
	2010年	46.3	53.7
	2009年	71.5	28.5
农林牧渔业		70.0	30.0
采矿业		77.8	22.2
制造业		65.7	34.3
电力、燃气及水的生产和供应业		75.0	25.0
建筑业		67.7	32.3
交通运输、仓储和邮政业		75.0	25.0
信息传输、计算机服务和软件业		87.5	12.5
批发和零售业		85.1	14.9
住宿和餐饮业		83.3	16.7
房地产业		70.4	29.6
租赁和商务服务业		53.8	46.2

续表

	本行业	其他行业
食品饮料制造业	68.5	31.5
纺织业	35.0	65.0
纺织服装、鞋、帽制造业	57.5	42.5
造纸及纸制品业	26.7	73.3
化学原料及化学制品制造业	74.4	25.6
医药制造业	85.0	15.0
化学纤维制造业	76.9	23.1
橡胶制品业	50.0	50.0
塑料制品业	59.5	40.5
非金属矿物制品业	58.5	41.5
黑色金属冶炼及压延加工业	63.6	36.4
有色金属冶炼及压延加工业	64.7	35.3
金属制品业	58.2	41.8
通用设备制造业	77.1	22.9
专用设备制造业	73.3	26.7
交通运输设备制造业	66.7	33.3
电气机械及器材制造业	74.5	25.5
通信设备、计算机及其他电子设备制造业	78.9	21.1
仪器仪表及文化、办公用机械制造业	85.7	14.3

2. 创新动力有所减弱

在资金环境趋紧、成本压力较高的情况下，企业的创新动力有所减弱。调查结果显示，与2010年相比，2011年的研发投入“增加”的民营企业占44.7%，“持平”的占40.7%，“减少”的占14.6%；“增加”的比“减少”的多30.1个百分点，这一数据比2010年的调查结果下降了8.5个百分点。从不同地区看，西部地区民营企业研发投入“增加”的比“减少”多23.7个百分点，要低于其他地区；从不同规模看，中小民营企业研发投入“增加”的比“减少”分别多35.3和25个百分点，明显低于大型民营企业（见表19）。

表19　　相对于去年，民营企业今年的研发投入情况（%）

		增加	持平	减少	增加－减少
总体	2011年	44.7	40.7	14.6	30.1
	2010年	48.1	42.4	9.5	38.6
东部地区企业		45.1	40.0	14.9	30.2
中部地区企业		45.0	44.5	10.5	34.5
西部地区企业		42.2	39.3	18.5	23.7
东北地区企业		43.6	40.0	16.4	27.3
大型企业		51.0	42.9	6.1	44.9
中型企业		48.3	38.6	13.1	35.3
小型企业		41.4	42.1	16.4	25.0

创新投入的减少直接导致新产品销售比重的回落。调查结果显示，与2010年相比，2011年的新产品销售比重“增加”的民营企业占39.7%，“持平”的占45.7%，“减少”的占14.6%；“增加”的比“减少”的多25.1个百分点，这一数据比2010年的调查结果下降了12.3个百分点。从不同地区看，东北地区民营企业新产品销售比重“增加”的比“减少”仅多13.2个百分点，要明显低于其他

地区；从不同规模看，小型民营企业新产品销售比重“增加”的比“减少”仅多18个百分点，明显低于大型和中型民营企业（见表20）。

表20　　相对于去年，民营企业今年的新产品销售比重情况（%）

		增加	持平	减少	增加－减少
总体	2011年	39.7	45.7	14.6	25.1
	2010年	46.9	43.6	9.5	37.4
东部地区企业		41.5	43.6	14.9	26.6
中部地区企业		35.8	53.7	10.4	25.4
西部地区企业		37.5	46.1	16.4	21.1
东北地区企业		34.0	45.3	20.8	13.2
大型企业		46.9	46.9	6.1	40.8
中型企业		43.9	44.8	11.2	32.7
小型企业		35.9	46.2	17.9	18.0
国有及国有控股公司		36.7	54.3	9.0	27.7

3. 民营企业家对外部环境中的不确定因素心存顾虑，发展动力和信心不足

调查发现，在当前复杂多变的环境下，民营企业家对外部环境中的不确定因素心存顾虑，发展动力和信心不足。调查结果显示，关于民营企业家对“目前是非公有经济发展的最好时期”这一说法的认同程度，表示“很不同意”或“较不同意”的占45.8%，表示“一般”的占33.3%，表示“比较同意”或“非常同意”的占20.9%，总体评价值为2.62，明显低于中值3，也是近四年来的最低值（见表21）。

表21　　对“目前是非公有经济发展的最好时期”这一说法的认同程度（%）

	很不同意	较不同意	一般	比较同意	非常同意	评价值
2011年	18.0	27.8	33.3	16.5	4.4	2.62
2010年	3.3	24.9	26.2	35.2	10.4	2.76
2009年	4.8	36.1	31.5	22.8	4.8	3.13
2008年	8.3	42.6	29.7	15.9	3.5	3.36

调查还发现，关于“不少企业家对进一步深化市场化改革信心不足”这一说法，近三分之二（63.2%）的民营企业家“比较同意”或“非常同意”，明显高于表示“一般”（26.5%）和表示“很不同意”或“较不同意”（10.3%）的比重（见表22）。

表22　　对以下有关说法的认同程度（%）

	很不同意	较不同意	一般	比较同意	非常同意	评价值
不少企业家对进一步深化市场化改革信心不足	2.1	8.2	26.5	49.1	14.1	3.65
我认识的不少企业家都选择移民海外	6.9	19.9	19.8	35.8	17.6	3.37
未来一年国际经济形势将会恶化	1.8	9.7	24.7	51.5	12.3	3.63
目前愿意做实业的企业家越来越少	1.8	10.0	10.1	42.2	35.9	4.00

关于“我认识的不少企业家都选择移民海外”这一说法，超过半数（53.4%）的民营企业家“比较同意”或“非常同意”，明显高于表示“一般”（19.8%）和表示“很不同意”或“较不同意”（26.8%）的比重（见表22）。

关于“未来一年国际经济形势将会恶化”这一说法，近三分之二（63.8%）的民营企业家“比较

同意”或“非常同意”，明显高于表示“一般”（24.7%）和表示“很不同意”或“较不同意”（11.5%）的比重（见表22）。

关于“目前愿意做实业的企业家越来越少”这一说法，超过四分之三（78.1%）的民营企业家“比较同意”或“非常同意”，明显高于表示“一般”（10.1%）和表示“很不同意”或“较不同意”（11.8%）的比重（见表22）。

此外，调查还发现，民营企业家的压力增加，不少人表示不愿意再做企业经营者。调查结果显示，关于民营企业家对自己压力的感受，三分之一（33%）认为“压力很大”，为近三年来的最高值，55.7%认为“压力较大”，仅11.3%认为“压力较小”或“没有压力”；关于“若再给一次机会，是否愿意再做企业经营者”这一问题，表示“愿意”的民营企业家占50.9%，明显低于2010年，为近四年来的最低值（见表23、表24）。

表23　民营企业家对自己压力的感受（%）

	压力很大	压力较大	压力较小	没有压力
2011年	33.0	55.7	9.9	1.4
2010年	26.7	61.3	10.4	1.7
2009年	29.5	59.9	9.2	1.4

表24　若再给一次机会，是否愿意再做企业经营者（%）

	愿意	不愿意	无所谓
2011年	50.9	35.5	13.6
2010年	59.1	30.0	10.9
2009年	60.8	29.5	9.7
2008年	64.8	25.4	9.8

三、对策与建议

1. 民营企业将采取加强管理、增加创新等方式迎接挑战

目前中国已经进入了经济转型和结构调整的关键时期，作为国民经济发展的重要组成部分，民营企业将采取多种措施应对当前面临的调整。本次调查设计了“为了企业更好地发展，贵企业未来一年应采取的措施”这一问题，调查结果显示，民营企业家选择比重最高的三项依次是：“加强管理降低成本”（72.4%）、“增加创新投入”（58.5%）和“引进人才”（51.4%），其他选择比重较高的选项还有“开拓国内市场”（43.8%）、“更新设备”（43.6%）、“加强企业文化建设”（34.4%）、“开拓国际市场”（26.3%）、“改变经营模式”（24.7%）、“减少用工”（22.1%）。值得注意的是，与2010年的调查结果相比，选择“引进人才”的比重下降了10.4个百分点，这可能与当前民营企业招工难度较大以及人工成本较高有一定关系（见表25）。

表25　为了企业更好地发展，民营企业未来一年应采取的措施（%）

	2011年	2010年	2009年
加强管理降低成本	72.4	70.7	77.0
增加创新投入	58.5	62.2	69.8
引进人才	51.4	61.8	56.9
开拓国内市场	43.8	44.8	54.2
更新设备	43.6	47.4	42.6

续表

	2011 年	2010 年	2009 年
加强企业文化建设	34.4	39.3	36.8
开拓国际市场	26.3	25.5	33.1
改变经营模式	24.7	24.9	19.9
减少用工	22.1	20.0	11.6
投资其他行业	19.7	17.0	17.1
股权投资或并购	8.4	9.3	5.5
寻求上市	8.3	8.3	7.4
投资其他地区	5.8	6.8	6.1

2. 减轻企业税费负担，促进民营经济发展

调查中反映出来，有超过八成的民营企业家认为当前企业税收负担较重。民营企业家期待政府通过减税等措施减轻企业负担，促进民营经济发展。为此我们建议：

第一，借助税收政策鼓励中小企业做大、做强。一方面，对连续几年稳健发展、资产达到一定规模、经营达到一定年限的中小企业实行差异化税收政策，有效避免和降低中小企业寿命短、风险大、易于破产倒闭的风险，消除金融机构的忧虑；另一方面，建立完善中小企业的信用体系，对于信用记录良好的中小企业，可以给予一定的税收优惠政策。

第二，完善科技开发税收优惠政策。技术创新是企业发展的支撑，对极富创新精神而又缺乏资金的民营企业给予一定的税收优惠，无疑能极大地激发民营企业进行技术更新和技术改造的积极性。例如，可制定对企业税后利润用于再投资的部分予以退税的政策，对于企业在技术开发和引进科技人才方面的支出也可适当给予税收优惠。

第三，加快“费改税”步伐，清理对企业的各种收费项目，减轻企业负担。收费项目多而杂是我国民营企业负担重的一个重要原因。建议对各项收费该取消的取消，可以改为税的尽快开征相应的税种，其余的合并成一种费，由税务部门或工商部门负责征收，这样可以增加收费的透明度，从而减轻企业负担。

3. 进一步加快垄断行业改革，切实落实新“非公36条”

为了鼓励民间投资、促进民营经济发展，2010 年 5 月国务院出台了《关于鼓励和引导民间投资健康发展的若干意见》（以下简称新“非公 36 条”）。然而从落实效果来看，新“非公 36 条”收效还不显著。对此，本次调查了解了民营企业家的看法。调查结果显示，关于新“非公36 条”出台后对企业界影响不大的主要原因，民营企业家选择最多的选项是“部分行业垄断现象依然存在”，选择比重高达 70.6%，明显高于其他 4 个选项；其他选择比重较高的还有：“没有出台实施细则或细则仍不可操作”（52.6%）、“一些民营企业家发展信心不足”（48.8%）和“存在‘玻璃门’和‘弹簧门’现象”（43.2%）（见表 26）。

表 26　　新“非公 36 条”出台后对企业界影响不大的主要原因（%）

	总体		总体
部分行业垄断现象依然存在	**70.6**	没有出台实施细则或细则仍不可操作	**52.6**
一些民营企业家发展信心不足	**48.8**	存在“玻璃门”和“弹簧门”现象	**43.2**
媒体宣传不够	**29.0**		

因此建议进一步加快垄断行业改革，放宽准入，进入竞争，同时各地方要尽快出台并落实新“非

公36条”的实施细则，鼓励民间投资和民营经济发展。

4. 大力完善民营企业经营环境，激发民营企业家创新发展热情

本次调查发现，在当前复杂多变的外部环境下，民营企业家的发展信心和动力受到了较大影响。民营企业家的发展动力不足，一方面是因为部分企业家的能力和自身素质不高，缺乏创新意识和战略意识，缺乏合理的知识结构和成熟的管理技能，没有明确的奋斗目标，存在着“小富即安”的心理，缺乏将企业做强做大的内在动力；另一方面是因为目前民营企业经营环境还有待于进一步完善，特别是要完善民营企业健康持续发展所需的公平有序的市场环境、宽松有利的政策环境、包容开放的文化环境，以及健全规范的人才环境。为此，我们建议：

第一，坚持市场取向的改革，加速推进社会主义市场经济体制建设，为民营企业发展和民营企业家成长提供制度保障。当前，受国际国内不确定因素增多的影响，我国经济正面临多重困难和挑战，克服困难、迎接挑战，必须进一步解放思想、深化改革，进一步推进市场化改革进程，继续发挥市场经济的作用，为民营企业和民营企业家提供更广阔的成长空间。

第二，尽快建立完善的法律法规和制度体系，切实保护民营企业和民营企业家的合法权益。进一步完善社会主义市场经济体制，健全法规制度，创造公平的市场竞争环境，创建以诚信为基础的社会文化和商业文明。要加强对知识产权的保护，健全社会保障制度，完善落实创新的财税和金融政策体系，健全激励自主创新的法规和风险补偿政策，以保障企业家精神得以弘扬。

第三，努力营造有利于民营企业家成长的良好社会舆论环境。全社会要形成尊重企业家、理解企业家、关怀企业家、支持企业家的社会氛围，尊重企业家的特殊劳动，重视企业家的社会价值，充分肯定企业家队伍对中国经济社会发展所做出的贡献；社会舆论不扩大关于“原罪”和“第一桶金”等问题的争论，要尊重民营企业家发展的历史，客观报道企业事件，营造鼓励创新、宽容失败的舆论氛围，以积极客观的态度和历史的眼光报道民营企业家的成败。

第四，及时倾听民营企业家心声，帮助提振民营企业家信心。有关企业协会组织要通过各种渠道及时了解民营企业家的疾苦和心声；要引导民营企业家增强对经济增长和社会进步的信心，帮助他们客观看待社会变革中的问题和矛盾，冷静分析企业的暂时困难和发展挑战，通过组织各种交流活动促进民营企业家之间的相互关怀、理解、鼓励和帮助，为他们缓解压力、提振信心创造良好的氛围。

第五，为民营企业家素质和能力的提升提供有利支持和帮助。积极调动社会各方面的力量，支持那些服务于民营企业家成长和民营企业发展的社会教育和商业培训咨询机构以及民营企业家心理健康等服务机构的发展，全面帮助民营企业家提高综合素质和心理承受力。

（注：凡引用此报告者均需注明引自中国民主建国会中央委员会企业委员会、中国企业家调查系统——《2011年中国民营企业家问卷跟踪调查报告》）

附录：调查样本情况简介

1. 行业分布：本次调查主要涉及制造业（81.9%），批发和零售业（4.7%），建筑业（2.8%），房地产业（2.6%），农林牧渔业（1.8%），租赁和商务服务业（1.1%），交通运输、仓储和邮政业（1%），采矿业（0.8%），信息传输、计算机服务和软件业（0.8%），电力、燃气及水的生产和供应业（0.7%），住宿和餐饮业（0.5%）等行业（见附表1、附表2）。

附表1　　调查样本基本情况（%）

类别	项目	%	类别	项目	%
行业	农林牧渔业	1.8	地区	东部地区企业	65.0
	采矿业	0.8		中部地区企业	18.1
	制造业（详见附表2）	81.9		西部地区企业	12.0
	电力、燃气及水的生产和供应业	0.7		东北地区企业	4.9
	建筑业	2.8	规模	大型企业	4.4
	交通运输、仓储和邮政业	1.0		中型企业	40.4
	信息传输、计算机服务和软件业	0.8		小型企业	55.2
	批发和零售业	4.7	盈亏	盈利企业	59.1
	住宿和餐饮业	0.5		持平企业	18.8
	房地产业	2.6		亏损企业	22.1
	租赁和商务服务业	1.1	出口型企业		51.1
	其他行业	1.3	非出口型企业		48.9

注：1. 其他行业包括：金融业，科学研究、技术服务和地质勘查业，水利、环境和公共设施管理业，居民服务和其他服务业，卫生、社会保障和社会福利业，文化、体育和娱乐业等行业。

2. 东部地区包括：京、津、冀、沪、苏、浙、闽、鲁、粤、桂、琼11省（市、自治区）；中部地区包括：晋、蒙、皖、赣、豫、鄂、湘7省（自治区）；西部地区包括：渝、蜀、黔、滇、藏、陕、甘、宁、青、新10省（市、自治区）；东北地区包括：辽、吉、黑3省。

附表2　　调查样本中制造业基本情况（%）

	制造业细分	%		制造业细分	%
1	农副食品加工业	4.9	16	化学纤维制造业	1.6
2	食品制造业	2.4	17	橡胶制品业	1.8
3	饮料制造业	0.7	18	塑料制品业	4.6
4	烟草加工业	0.0	19	非金属矿物制品业	4.5
5	纺织业	6.8	20	黑色金属冶炼及压延加工业	2.1
6	纺织服装、鞋、帽制造业	5.2	21	有色金属冶炼及压延加工业	1.8
7	皮革、毛皮、羽毛（绒）及其制品业	1.5	22	金属制品业	6.9
8	木材加工及木、竹、藤、棕、草制品业	1.7	23	通用设备制造业	10.3
9	家具制造业	0.9	24	专用设备制造业	10.2
10	造纸及纸制品业	1.7	25	交通运输设备制造业	3.8
11	印刷业和记录媒介的复制	1.7	26	电气机械及器材制造业	6.0
12	文教体育用品制造业	0.8	27	通信设备、计算机及其他电子设备制造业	2.5
13	石油加工、炼焦及核燃料加工业	0.5	28	仪器仪表及文化、办公用机械制造业	1.3
14	化学原料及化学制品制造业	8.2	29	工艺品及其他制造业	2.1
15	医药制造业	2.4	30	废弃资源和废旧材料回收加工业	1.1

2. 地区分布：从企业的地区分布看，东部地区占65%，中部地区占18.1%，西部地区占12%，东北地区占4.9%（见附表1）。

3. 规模分布：从企业规模看，大型企业占4.4%，中型企业占40.4%，小型企业占55.2%（见附表1）。

4. 年龄：从参加调查的民营企业家的年龄看，44岁及以下的占21.2%，45~54岁的占40.1%，55岁及以上的占38.7%，平均年龄为51.6岁（见附表3）。

5. 专业：从参加调查的民营企业家的所学专业看，管理类的占48%，经济类的占34.4%，理工农医类的占25%，文史哲法律类的占5.6%，其他占10.7%（见附表3）。

6. 文化程度：从参加调查的民营企业家的文化程度看，大专及以下学历的占65.9%，本科学历的占22.3%，研究生及以上学历占11.8%（见附表3）。

附表3　　调查对象相关情况（%）

类别	项目	%	类别	项目	%
性别	男	95.5	文化程度	初中或以下	4.6
	女	4.5		中专、高中	21.8
年龄	44岁及以下	21.2		大专	39.5
	45~49岁	21.5		大学本科	22.3
	50~54岁	18.6		研究生学历	6.1
	55岁及以上	38.7		硕士	5.0
	平均年龄（岁）	51.6		博士	0.7
所学专业	文史哲法律	5.6	年收入	10万元以下	28.7
	经济	34.4		10万~20万元	28.6
	管理	48.0		20万~50万元	21.3
	理工农医	25.0		50万元以上	21.4
	其他	10.7	持股情况	没有	6.1
现任职务	董事长	70.0		10%及以下	8.0
	总经理	56.5		11%~30%	15.7
	厂长	5.0		31%~50%	19.4
	党委书记	12.1		51%~99%	36.7
	其他	3.2		100%	14.1

注：由于存在跨专业和职务兼任情况，因此所学专业和现任职务比例合计大于100%。

经济转型中的民营企业发展

——2010年千户民营企业问卷跟踪调查报告

▌中国民主建国会中央委员会企业委员会

▌中国企业家调查系统

改革开放以来，我国的民营经济不断发展壮大，对国民经济的贡献份额逐年提高，逐渐成为国家财税收入的重要支柱和创造社会就业岗位的主要渠道。如何在经济转型的新形势下不断完善民营企业发展的外部环境，促进民营企业发挥更重要的作用，不仅关系到民营经济的未来，更关系到整个国民经济的可持续发展。为了解当前民营企业发展面临的困难和挑战，以及经济转型中民营企业的发展情况，2010年8月，中国民主建国会中央委员会企业委员会、中国企业家调查系统共同组织实施了“2010年度中国民营企业家问卷跟踪调查”。

本次调查是第8次全国范围民营企业家年度问卷跟踪调查，是在中国企业家调查系统“2010年度中国企业经营者问卷跟踪调查”的基础上进行的，8月6日至9月6日共回收有效问卷1042份（调查样本情况详见附录）。通过部分未填写问卷与填写问卷企业的对比分析，未发现存在系统偏差。为使调查分析更为全面和深入，本报告还采用了近几年民营企业家年度问卷调查结果。

调查结果显示，民营企业发展的外部环境亟待完善。与前两年相比，民营企业家对企业发展外部环境的评价大多有不同程度的回落，发展动力不足。其中民营企业家对企业税收负担情况、公检法和行政执法机关的公正执法及执法效率情况、各类企业享受公平国民待遇情况的改善期待较高。调查同时发现，民营企业家认为企业合同正常履行情况、市场服务条件和企业产品出口服务条件等方面完善的效果比较明显。

调查表明，民营企业融资难问题依然突出，融资方式比较单一，主要依靠银行贷款和民间借贷。民营企业家大都认为企业从银行贷款的利率要高于基准利率，并且要付出额外费用，银行贷款在满足民营企业日常生产经营方面有一定保障，但是不能完全满足民营企业的扩张需求。民营企业家期待进一步加快金融体制改革的步伐。

调查发现，人工成本上升、高层次人才短缺已成为当前民营企业发展面临的重要困难。调查结果显示，在经济转型的关键时期，部分民营企业已经开始进行产业转型和结构调整，超过半数的民营企业希望投资其他行业；民营企业的创新意愿增强，研发投入明显提高。企业创新成效也部分地从企业盈利提升和信心增强中得到反映：民营企业家认为，虽然人工成本出现了较大幅度的上升，但是产品价格并未显著上涨，用工需求仍在不断增加，同时与前两年相比企业盈利出现显著提升。

调查结果表明，对于民营企业来说，经济转型和结构调整不仅十分必要和迫切，同时也是切实可行的。因此，要进一步加快经济转型的步伐，加大结构调整的力度。一方面民营企业要继续加快发展方式的转变，加大创新投入和人才引进；另一方面政府要大力完善民营企业发展的外部环境，尽快出台“新36条”的实施细则，切实解决民营企业融资难问题，保护和增强民营企业家的发展动力，推动民营经济的健康可持续发展。

一、当前民营企业发展面临的困难与挑战

1. 民营企业发展的外部环境亟待完善，民营企业家发展动力不足

2005年出台的“非公经济36条”，对改善民营企业外部经营环境、促进民营经济发展起到了十分积极的作用。但是，由于种种原因，“非公经济36条”中的一些政策措施尚未真正落实到位，尤其是金融危机爆发以后，民营企业发展的外部环境发生了较大变化，对民营企业发展产生了重要影响。

本次调查主要从基础设施条件、法制环境和市场秩序、政府行政管理、中介组织和技术服务、适合企业经营的诚信社会环境等五个方面了解了民营企业家对目前外部环境的评价。调查发现，总体来看，民营企业家对外部环境的综合评价值为3.06①，低于2008年②的水平。其中，民营企业家对绝大多数方面的评价都比2008年有不同程度的回落，尤其是对企业税收负担情况、公检法和行政执法机关的公正执法及执法效率情况、各类企业享受公平国民待遇情况的评价相对较差，评价值在2.14~2.85之间，不仅低于中值3，也明显低于2008年。调查同时发现，民营企业家对部分环境也给予了较好的评价，主要包括企业合同正常履行情况、市场服务条件和企业产品出口服务条件等方面，评价值在3.19~3.56之间，明显高于中值3（见表1）。

具体来看，调查结果显示，关于基础设施条件，民营企业家的评价值为3.28，明显低于2008年（见表1）。

关于法制环境和市场秩序，民营企业家对“企业合同得到正常履行的情况”的评价值为3.56，与2008年基本持平；对“知识产权得到保护的情况”的评价值为3.2，低于2008年；对“公检法机关公正执法情况”和“公检法机关执法效率情况”的评价值分别为2.85和2.79，明显低于2008年；对“经营者人身和财产安全的保障情况”的评价值为3.43，略低于2008年（见表1）。

关于政府行政管理，调查结果显示，民营企业家对“政策和规章制度公开透明情况”和“行政审批手续方便简捷情况”的评价值分别为3.13和3.03，低于2008年；对“行政执法机关公正执法情况”、“行政执法机关执法效率情况”和“各类企业享受公平国民待遇情况”的评价值分别为2.83、2.83和2.78，明显低于2008年；对“企业的税收负担情况”的评价值仅为2.14，排在外部环境各方面的最后一位（见表1）。

关于中介组织和技术服务，调查结果显示，民营企业家对“当地律师、会计师等市场服务条件”和“当地产品出口服务条件”的评价值分别为3.23和3.19，与2008年基本持平；对“当地技术服务

① 为了便于将调查结果数量化，本次调查关于企业经营环境中的绝大部分主观评价指标都是按照同一规范设计的。这些问题要求企业家对某一方面的情况，在“很好”、“较好”、“一般”、“较差”和“很差”中作出自己的选择。这5种选项按照从5到1的顺序进行赋值，并计算选择每一选项的有效样本占总体有效样本的比例，以此为权重来最后计算每项指标评分的有效样本平均值。按照这种评分方法，中值3.0是中性评价，评价值在3~5之间是正面评价（最高评价值为5，表示所有被调查者都选择了最高评价）；反之，评价值在1~3之间是负面评价，1为最低评价值。

② 关于企业外部经营环境的调查每两年进行一次，因此本报告中关于民营企业家对外部环境的评价比较了2010年和2008年的调查结果。

条件”和“当地行业协会对企业的帮助程度”的评价值分别为2.93和2.73，与2008年基本持平（见表1）。

关于适合企业经营的诚信社会环境，调查结果显示，民营企业家的评价值为3.09，低于2008年的水平（见表1）。

表1　对当地企业经营环境的评价（%）

		很好	较好	一般	较差	很差	评价值	
							2010年	2008年
基础设施条件		3.4	38.9	42.1	13.1	2.5	3.28	3.58
法制环境和市场秩序	企业合同得到正常履行的情况	6.6	51.9	32.8	7.8	0.9	3.56	3.61
	知识产权得到保护的情况	2.6	32.3	50.9	10.7	3.5	3.20	3.46
	公检法机关公正执法情况	1.9	22.3	45.2	20.2	10.4	2.85	3.08
	公检法机关执法效率情况	2.0	18.9	45.8	22.7	10.6	2.79	2.97
	经营者人身和财产安全的保障情况	5.5	44.9	38.6	8.7	2.3	3.43	3.56
政府行政管理	政策和规章制度公开透明情况	2.7	30.7	46.9	16.2	3.5	3.13	3.34
	行政审批手续方便简捷情况	3.5	28.6	41.6	19.7	6.6	3.03	3.10
	行政执法机关公正执法情况	1.8	19.5	47.6	21.8	9.3	2.83	3.18
	行政执法机关执法效率情况	2.1	18.4	48.6	22.0	8.9	2.83	3.17
	各类企业享受公平国民待遇情况	2.2	17.2	45.7	26.6	8.3	2.78	3.08
	企业的税收负担情况	0.4	2.2	28.0	49.9	19.5	2.14	—
中介组织和技术服务	当地律师、会计师等市场服务条件	1.8	35.4	49.6	10.8	2.4	3.23	3.29
	当地产品出口服务条件	2.0	31.7	52.9	10.5	2.9	3.19	3.12
	当地技术服务条件	1.2	20.5	52.8	21.5	4.0	2.93	2.83
	当地行业协会对企业的帮助程度	2.5	19.5	38.5	27.0	12.5	2.73	2.76
当地适合企业经营的诚信社会环境情况		1.7	28.1	50.9	16.0	3.3	3.09	3.17
综合评价							3.06	3.21

注：1.“—”表示该年度没有涉及此项调查内容，以下同。
2. 最后一行“综合评价”是由当年外部环境的各方面（除“企业的税收负担情况”之外）的评价值进行算术平均后得出的结果。

调查同时发现，当问及“在您当董事长/总经理期间，曾受到的人身威胁次数”时，44.1%的民营企业家曾受到过人身威胁，其中选择“1次人身威胁”的占9%，“2次人身威胁”的占13.4%，“3次人身威胁”的占4.3%，“3次以上人身威胁”的占17.4%，“没有受到人身威胁”的占54%（见表2）。

表2　民营企业家曾受到过人身威胁的次数（%）

1次人身威胁	9.0	2次人身威胁	13.4
3次人身威胁	4.3	3次以上人身威胁	17.4
没有受到人身威胁	54.0	曾受到过人身伤害	1.9

调查发现，在复杂多变的环境下，民营企业家的发展动力不足。调查结果显示，关于“若再给一次机会，是否愿意再做企业经营者”这一问题，表示“愿意”的民营企业家不到六成（59.1%），要低于2008年和2009年的水平；表示“不愿意”的占30%，表示“无所谓”的占10.9%。同时，对于“做企业越来越难”这一说法，近七成（69.5%）的民营企业家表示“非常同意”或“比较同意”，认为“一般”的占16.9%，表示“非常不同意”或“比较不同意”的仅占13.6%（见表3、表4）。

表 3　若再给一次机会，是否愿意再做企业经营者（%）

	愿　意	不愿意	无所谓
2010 年	59.1	30.0	10.9
2009 年	60.8	29.5	9.7
2008 年	64.8	25.4	9.8

表 4　对“做企业越来越难”的认同程度（%）

	非常不同意	比较不同意	一般	比较同意	非常同意
总体	**5.2**	**8.4**	**16.9**	**26.7**	**42.8**
东部地区企业	5.0	7.3	14.9	27.3	45.5
中部地区企业	5.8	10.7	19.9	29.6	34.0
西部地区企业	4.4	11.0	21.3	22.1	41.2
东北地区企业	7.3	5.5	18.2	20.0	49.0
大型企业	4.5	6.8	20.5	36.4	31.8
中型企业	5.0	9.0	16.3	26.2	43.5
小型企业	5.5	8.0	17.1	26.2	43.2

调查结果显示，关于“目前是非公有经济发展的最好时期”这一说法，表示“不太同意”或“很不同意”的民营企业家占45.6%，比2008年和2009年分别提高了26.2和18个百分点，上升幅度较大（见表5）。

表 5　对“目前是非公有经济发展的最好时期”的认同程度（%）

		非常同意	比较同意	一般	不太同意	很不同意
总体	2010 年	3.3	24.9	26.2	35.2	10.4
	2009 年	4.8	36.1	31.5	22.8	4.8
	2008 年	8.3	42.6	29.7	15.9	3.5
东部地区企业		2.7	22.6	27.1	35.5	12.1
中部地区企业		5.8	28.4	26.0	33.7	6.3
西部地区企业		2.8	27.7	19.1	44.0	6.4
东北地区企业		1.7	30.5	33.9	16.9	16.9
大型企业		2.2	30.4	26.1	30.4	10.9
中型企业		3.3	25.2	26.7	35.1	9.7
小型企业		3.4	24.2	25.7	35.8	11.0

为了改善民营企业发展的外部环境，提高民营企业家的发展动力，2010年5月国务院出台了《关于鼓励和引导民间投资健康发展的若干意见》（以下简称“新36条”），但从目前来看，民营企业家对于“新36条”的了解程度不高。调查显示，对“新36条”“很不了解”的民营企业家占7.9%，“不太了解”的占49.9%，“比较了解”的占39.8%，“非常了解”的仅占2.4%。这一现象值得重视（见表6）。

调查表明，民营企业的外部环境亟待完善，民营企业家的发展动力不足。因此，应当进一步完善民营企业发展的外部环境，尤其要加快政府职能转变和垄断行业改革的步伐，建立健全法制环境和市场秩序，减轻民营企业的税收负担，同时为了配合“新36条”的实施，政府应当尽快制定实施细则，加大宣传力度，优化民间投资环境，提高民营企业家的发展动力，切实有效地推动民营经济发展。

表6 对今年出台的促进民营经济发展的"新36条"的了解程度（%）

	非常了解	比较了解	不太了解	很不了解
总体	**2.4**	**39.8**	**49.9**	**7.9**
东部地区企业	1.9	39.3	51.0	7.8
中部地区企业	4.3	37.7	51.7	6.3
西部地区企业	2.1	41.8	48.2	7.8
东北地区企业	1.7	47.5	35.6	15.3
大型企业	6.5	47.8	37.0	8.7
中型企业	3.1	45.1	47.8	4.0
小型企业	1.5	34.6	52.6	11.2
国有及国有控股公司	1.1	39.2	55.4	4.3
外商及港澳台投资企业		30.1	56.3	13.6

2. 民营企业融资难问题依然突出，金融体制改革步伐亟待加快

民营企业融资问题是全球性难题，目前在世界各国仍然不同程度地普遍存在，长期以来难以得到有效解决，我国同样存在这个问题，在国际金融危机的冲击下更为突显。尽管国家为解决民营企业融资难问题采取了一系列措施，也取得了相当大的成效，但融资难问题依然突出。调查结果显示，民营企业家对"企业从民间渠道筹资的难易程度"的评价值为2.98，对"企业从银行贷款的难易程度"的评价值为2.8，均低于中值3（见表7）。

表7 对民营企业融资环境的评价（%）

	不难	不太难	有点难	比较难	很难	评价值
企业从民间渠道筹资的难易程度	5.9	29.1	31.8	23.8	9.4	2.98
企业从银行贷款的难易程度	4.8	26.9	28.6	22.9	16.8	2.80

融资方式比较单一是导致民营企业融资难的重要原因。调查结果显示，关于企业过去三年已实施的融资方式，选择比重最高的是"长期银行贷款"，占72.3%，其次是"民间借贷"，占60.8%，选择"银团贷款"的比重为14.7%，而选择其他融资方式的比重均低于10%。不过值得注意的是，当问及"未来三年计划实施的融资方式"时，选择"上市"和"引入私募股权/风险投资"的比重明显提高，分别为22.9%和23.8%，这表明随着我国资本市场的不断完善，民营企业的融资方式将逐渐趋向多元化（见表8）。

表8 民营企业的融资方式（%）

	过去三年已实施的融资方式	未来三年计划实施的融资方式
上市	1.4	22.9
引入私募股权/风险投资	9.3	23.8
发行短期融资券	1.8	8.0
已上市公司增发股票	0.9	2.7
长期银行贷款	72.3	73.6
银团贷款	14.7	21.7
发行可转债	0.9	4.3
民间借贷	60.8	42.7

银行贷款是目前民营企业最主要的融资方式，因此本次调查还了解了民营企业的银行贷款情况。调查结果显示，超过六成（63%）的民营企业在银行贷款的利率要"高于基准利率"，33.2%"与基准利率基本持平"，3.8%"低于基准利率"。调查还发现，当问及"从银行贷款付出的规定利率之外

的额外费用”时，26.9%的民营企业家表示“较多”或“很多”，26.5%表示“一般”，33.1%表示“有一点”，13.5%表示“没有”（见表9、表10）。

表9　企业对银行贷款利率的评价（%）

	高于基准利率	与基准利率基本持平	低于基准利率
总体	**63.0**	**33.2**	**3.8**

表10　对“从银行贷款付出规定利率之外的额外费用情况”的评价（%）

	没有	有一点	一般	较多	很多
总体	**13.5**	**33.1**	**26.5**	**21.2**	**5.7**

调查同时发现，六成（60.1%）左右的民营企业家认为银行贷款能够满足企业的正常生产经营需要，但同时有超过七成（73.6%）认为银行贷款不能满足企业外部扩张的融资需要（见表11）。

表11　银行贷款是否能满足民营企业的需要（%）

	是	否
是否能满足企业的正常生产经营	60.1	39.9
是否能满足外部扩张的融资需要	26.4	73.6

调查表明，总体来看，目前民营企业融资难问题依然突出，融资方式比较单一，主要依靠银行贷款和民间借贷。民营企业家大都认为企业从银行贷款的利率要高于基准利率，并且要付出额外费用，银行贷款在满足民营企业日常生产经营方面有一定保障，但是不能完全满足民营企业的扩张需求。因此政府应当在继续完善银行贷款等间接融资方式的基础上，进一步健全民营企业直接融资的平台，同时要鼓励民间资本进入金融领域，放宽对金融机构的股比限制，鼓励民间资本发起或参与设立中小金融机构，这既是扩大民间投资市场准入范围的重要方面，又是解决民营企业融资难的有效途径。

3. 人工成本大幅上升，人才缺乏问题日益突出

随着经济发展方式的转变和结构调整的步伐加快，人工成本上升已经成为目前民营企业尤其是中小民营企业发展面临的主要困难。调查结果显示，关于“当前企业经营发展中遇到的最主要困难”，选择比重最高的是“人工成本上升”，占73%，比2009年提高了11.7个百分点，排在所有16个选项的第一位。调查还发现，与2009年年末相比，民营企业目前的人工成本“上升”的占97.1%，高于国有及国有控股公司，其中东部和东北地区民营企业、中小型民营企业人工成本上升较多（见表12、表13）。

表12　当前民营企业经营发展中遇到的最主要困难（%）

	2010年	2009年
人工成本上升	73.0	61.3
能源、原材料成本上升	56.1	52.6
社保、税费负担过重	52.9	—
缺乏人才	43.8	44.9
资金紧张	38.8	44.2
整个行业产能过剩	27.9	38.7
缺乏创新能力	21.1	24.5
资源、环境约束较大	16.7	16.6
遭受侵权等不正当竞争	14.0	12.0

续表

	2010 年	2009 年
国内需求不足	11.0	26.3
行业发展前景不明	11.0	16.7
企业领导人发展动力不足	10.1	11.0
地方政府干预较多	7.9	7.1
出口需求不足	7.7	26.1
企业冗员安排困难	5.7	5.1
缺乏投资机会	5.1	4.5

表 13　　相对于去年末，民营企业目前的人工成本情况（%）

	上升	持平	下降	上升－下降
总体	**97.1**	**2.4**	**0.5**	**96.6**
东部地区企业	97.7	1.7	0.6	97.1
中部地区企业	95.2	3.8	1.0	94.2
西部地区企业	96.6	3.4		96.6
东北地区企业	97.1	2.9		97.1
大型企业	90.9	9.1		90.9
中型企业	96.7	2.5	0.8	95.9
小型企业	98.1	1.5	0.4	97.8
国有及国有控股公司	94.1	5.9		94.1

在普通劳动力成本上升的同时，民营企业高层次人才的供求矛盾日益突出。调查结果显示，关于“当前企业经营发展中遇到的最主要困难”，43.8%的民营企业家选择了“缺乏人才”，排在所有16个选项的第四位。调查还发现，民营企业在当地找到需要的熟练工人、技术人员和管理人员的难度较大，评价值分别为2.68、2.58和2.66，均明显低于中值3，也低于2008年的评价值（见表12、表14）。

表 14　　对企业所在地人力资源供应情况的评价（%）

	不难	不太难	有难度	比较难	非常难	评价值	
						2010 年	2008 年
在当地找到需要的熟练工人的难易程度	1.5	19.3	40.1	24.2	14.9	2.68	2.79
在当地找到需要的技术人员的难易程度	1.8	16.3	36.1	29.5	16.3	2.58	2.64
在当地找到需要的管理人员的难易程度	3.3	18.8	33.1	30.4	14.4	2.66	2.70

二、在经济转型中促进民营企业发展

人工成本的上升从一个方面反映了中国进行经济转型和结构调整的必要性和迫切性。目前中国已经进入了经济转型和结构调整的关键时期，作为国民经济发展的重要组成部分，民营企业发展方式的转变对于实现经济结构的调整有重要意义。调查结果显示，关于民营企业最希望投资的行业，选择“其他行业”的占53.7%，已经超过了一半，也明显高于2008年和2009年的水平。从不同行业看，食品、医药、化纤、非金属制品和钢铁等行业选择“其他行业”的比重超过六成，相对较高。调查表明，金融危机爆发以后，部分民营企业已经开始进行产业转型和结构调整（见表15）。

加快经济发展方式转变的首要意义在于使经济增长从主要依靠要素投入转变到主要依靠效率提高，而实现这一转变的关键在于技术创新。因此，对于民营企业来说，创新是实现“转方式、调结构”的

表 15　　民营企业最希望投资的行业（%）

		本行业	其他行业
总体	2010 年	46.3	53.7
	2009 年	71.5	28.5
	2008 年	72.4	27.6
食品饮料制造业		37.0	63.0
纺织业		75.0	25.0
纺织服装、鞋、帽制造业		85.7	14.3
造纸及纸制品业		56.3	43.8
化学原料及化学制品制造业		60.0	40.0
医药制造业		37.5	62.5
化学纤维制造业		20.0	80.0
橡胶制品业		57.1	42.9
塑料制品业		48.8	51.2
非金属矿物制品业		36.8	63.2
黑色金属冶炼及压延加工业		30.8	69.2
有色金属冶炼及压延加工业		41.2	58.8
金属制品业		61.3	38.7
通用设备制造业		65.0	35.0
专用设备制造业		54.9	45.1
交通运输设备制造业		51.4	48.6
电气机械及器材制造业		52.4	47.6
通信设备、计算机及其他电子设备制造业		66.7	33.3
仪器仪表及文化、办公用机械制造业		83.3	16.7

重要基础。本次调查了解了民营企业的创新情况，调查结果显示，关于“为了企业更好地发展，企业未来一年应采取的措施”这一问题，选择“增加创新投入”的民营企业家占62.2%，排在所有13个选项的第二位；此外，选择“更新设备”的占47.4%，排在第四位，并且近3年呈现逐年上升的态势（见表16）。

表 16　　为了企业更好地发展，民营企业未来一年应采取的措施（%）

	2010 年	2009 年	2008 年
加强管理降低成本	70.7	77.0	81.5
增加创新投入	62.2	69.8	69.3
引进人才	61.8	56.9	56.4
更新设备	47.4	42.6	31.8
开拓国内市场	44.8	54.2	47.3
加强企业文化建设	39.3	36.8	33.7
开拓国际市场	25.5	33.1	29.8
改变经营模式	24.9	19.9	25.4
减少用工	20.0	11.6	18.3
投资其他行业	17.0	17.1	16.7
股权投资或并购	9.3	5.5	5.3
寻求上市	8.3	7.4	8.4
投资其他地区	6.8	6.1	5.6

研发投入是衡量企业创新的重要指标。调查结果显示，相对于2009年，2010年研发投入“增加”的民营企业占48.1%，“持平”的占42.4%，“减少”的仅占9.5%；“增加”的比“减少”的多38.6个百分点，这一数据比国有及国有控股公司高3.6个百分点，也比2009年提高了14.1个百分点。从不同地区看，中部地区民营企业研发投入“增加”的比“减少”的多44.4个百分点，相对较高；从不同规模看，规模越大，研发投入“增加”的比“减少”的多的比重越高（见表17）。

表17　相对于去年，民营企业今年的研发投入情况（%）

		增加	持平	减少	增加－减少
总体	2010年	48.1	42.4	9.5	38.6
	2009年	41.3	41.9	16.8	24.5
东部地区企业		45.2	45.4	9.4	35.8
中部地区企业		55.1	34.1	10.7	44.4
西部地区企业		51.5	40.3	8.2	43.3
东北地区企业		45.6	45.6	8.8	36.8
大型企业		59.5	35.7	4.8	54.8
中型企业		50.8	41.2	8.0	42.8
小型企业		44.8	44.0	11.2	33.7
国有及国有控股公司		42.4	50.3	7.3	35.0

新产品的销售情况反映了企业的创新成效。调查结果显示，相对于2009年，2010年的新产品销售比重“增加”的民营企业占46.9%，“持平”的占43.6%，“减少”的仅占9.5%；“增加”的比“减少”的多37.4个百分点，这一数据比国有及国有控股公司高3.5个百分点，也比2009年提高了13.5个百分点。从不同地区看，中部地区民营企业的新产品销售比重“增加”的比“减少”的多40.3个百分点，相对较高；从不同规模看，规模越大，新产品销售比重“增加”的比“减少”的多的比重越高（见表18）。

表18　相对于去年，民营企业今年的新产品销售比重情况（%）

		增加	持平	减少	增加－减少
总体	2010年	46.9	43.6	9.5	37.4
	2009年	41.0	41.9	17.1	23.9
东部地区企业		46.9	43.3	9.8	37.1
中部地区企业		46.9	46.4	6.6	40.3
西部地区企业		46.6	41.2	12.2	34.4
东北地区企业		46.4	42.9	10.7	35.7
大型企业		61.9	33.3	4.8	57.1
中型企业		46.8	44.7	8.6	38.2
小型企业		45.8	43.6	10.6	35.2
国有及国有控股公司		38.6	56.7	4.7	33.9

在结构调整和创新的推动下，虽然目前人工成本出现了较大幅度的上升，但是民营企业的盈利情况与前两年相比仍出现了明显的好转。调查结果显示，69.7%的民营企业2010年上半年“较大盈利”或“略有盈余”，比2009年的调查结果提高了15.5个百分点；17.1%的民营企业“收支平衡”，13.2%“亏损”或“严重亏损”。关于目前的盈利情况，调查显示，目前盈利“正常”或“好于正常”的民营企业占61.2%，明显高于2008年和2009年的水平（见表19、表20）。

表 19　　民营企业今年上半年盈利情况（%）

	较大盈利	略有盈余	收支平衡	亏损	严重亏损
2010 年上半年	11.7	58.0	17.1	12.2	1.0
2009 年上半年	7.0	47.2	19.4	23.8	2.6

表 20　　民营企业目前的盈利情况（%）

	好于正常	正常	低于正常	好于正常 + 正常
2010 年	6.6	54.6	38.8	61.2
2009 年	4.0	41.3	54.7	45.3
2008 年	3.9	35.4	60.7	39.3

民营企业家认为，企业在盈利好转的同时，产品的销售价格并没有明显上涨。调查结果显示，相对于2009 年，2010 年产品销售价格“上升”的民营企业占31.3%，比“下降”的仅多6.6 个百分点，此外还有44%的民营企业产品销售价格与2009 年“持平”（见表21）。

表 21　　相对于去年，民营企业目前的销售价格情况（%）

	上升	持平	下降	上升 - 下降
2010 年	31.3	44.0	24.7	6.6
2009 年	18.6	49.0	32.4	-13.8

民营企业在产品价格没有明显上涨的基础上实现了盈利的好转，充分反映了转型与创新的成效，同时也提高了民营企业未来发展的信心，这一点可以从用工计划上得到印证。调查结果显示，相对于2009 年，民营企业目前用工人数“增加”的占39.5%，“持平”的占42.3%，“减少”的占18.2%，“增加”的比“减少”的多21.3 个百分点，要高于国有及国有控股公司，也明显高于2009 年的水平。从不同地区看，西部地区目前用工人数“增加”的比“减少”的多31.4 个百分点，相对较高；从不同规模看，大型企业目前用工人数“增加”的比“减少”的多44.4 个百分点，明显高于中小企业（见表22）。

表 22　　相对于去年，民营企业目前的用工人数情况（%）

		增加	持平	减少	增加 - 减少
总体	2010 年	39.5	42.3	18.2	21.3
	2009 年	26.0	54.0	20.0	6.0
东部地区企业		37.9	42.4	19.7	18.2
中部地区企业		43.5	40.1	16.4	27.1
西部地区企业		46.4	38.6	15.0	31.4
东北地区企业		25.9	56.9	17.2	8.6
大型企业		55.6	33.3	11.1	44.4
中型企业		39.8	43.0	17.2	22.6
小型企业		38.1	42.5	19.4	18.7
国有及国有控股公司		35.3	49.5	15.2	20.1

从2011 年的用工计划看，调查结果显示，预计企业2011 年用工人数“增加”的占52.6%，预计“持平”的占38.2%，预计“减少”的占9.2%，预计“增加”的比“减少”的多43.2 个百分点，明显高于国有及国有控股公司，是近4 年来的最高水平。从不同地区看，中部地区的民营企业2011 年用工计划增长较多；从不同规模看，大型企业2011 年用工计划增长较多（见表23）。

改革开放30 多年来，我国经济取得巨大发展，经济总量大幅度提升，人民生活水平显著提高，国

表 23　　对企业明年用工人数的预计（%）

		增加	持平	减少	增加－减少
总体	2010 年	52.6	38.2	9.2	43.2
	2009 年	46.8	44.4	8.8	38.0
	2008 年	32.9	47.5	19.6	13.3
	2007 年	50.5	41.1	8.4	42.1
东部地区企业		51.2	38.9	9.9	41.3
中部地区企业		58.9	35.4	5.7	53.1
西部地区企业		52.1	37.9	10.0	42.1
东北地区企业		46.6	41.4	12.1	34.5
大型企业		58.7	34.8	6.5	52.2
中型企业		53.7	36.6	9.8	43.9
小型企业		51.3	39.8	8.8	42.5
国有及国有控股公司		35.9	55.4	8.7	27.2

内生产总值跃居世界前三，这当中民营经济做出了重大贡献。当前，我国经济发展已进入加快经济发展方式转变，着力实现均衡、可持续增长的新阶段，推动民营经济发展、加快民营企业结构调整的步伐，对于中国经济的转型具有重要战略意义。调查发现，对于民营企业来说，经济转型和结构调整不仅十分必要和迫切，同时也是切实可行的。因此，要进一步加快经济转型的步伐，加大结构调整的力度。一方面民营企业要继续加快发展方式的转变，加大创新投入和人才引进；另一方面政府要大力完善民营企业发展的外部环境，尽快出台“新36条”的实施细则，切实解决民营企业融资难问题，保护和增强民营企业家的发展动力，同时推动民营经济的健康可持续发展。

（注：凡引用此报告者均需注明引自中国民主建国会中央委员会企业委员会、中国企业家调查系统——《2010年中国民营企业家问卷跟踪调查报告》）

附录：调查样本情况简介

1. 行业分布：本次调查主要涉及制造业（77.3%），批发和零售业（5.6%），建筑业（4.3%），房地产业（3.5%），农林牧渔业（2.3%），交通运输、仓储和邮政业（1.5%），采矿业（1.2%），租赁和商务服务业（0.9%），信息传输、计算机服务和软件业（0.6%），电力、燃气及水的生产和供应业（0.6%），住宿和餐饮业（0.5%）等行业（见附表1、2）。

2. 地区分布：从企业的地区分布看，东部地区占60.6%，中部地区占20.2%，西部地区占13.5%，东北地区占5.7%（见附表1）。

3. 规模分布：从企业规模看，大型企业占4.4%，中型企业占43.9%，小型企业占51.7%（见附表1）。

4. 年龄：从参加调查的民营企业家的年龄看，44岁及以下的占22.7%，45~54岁的占39.4%，55岁及以上的占37.9%，平均年龄为51岁（见附表3）。

5. 专业：从参加调查的民营企业家的所学专业看，管理类的占50.1%，经济类的占32.7%，理工农医类的占25.3%，文史哲法律类的占5.3%，其他占12.3%（见附表3）。

6. 文化程度：从参加调查的民营企业家的文化程度看，大专及以下学历的占62.6%，本科学历的占23.9%，研究生及以上学历占13.5%（见附表3）。

附表 1　　调查样本基本情况（%）

类别	项目	%	类别	项目	%
行业	农林牧渔业	2.3	地区	东部地区企业	60.6
	采矿业	1.2		中部地区企业	20.2
	制造业（详见附表2）	77.3		西部地区企业	13.5
	电力、燃气及水的生产和供应业	0.6		东北地区企业	5.7
	建筑业	4.3	规模	大型企业	4.4
	交通运输、仓储和邮政业	1.5		中型企业	43.9
	信息传输、计算机服务和软件业	0.6		小型企业	51.7
	批发和零售业	5.6	盈亏	盈利企业	69.7
	住宿和餐饮业	0.5		持平企业	17.1
	房地产业	3.5		亏损企业	13.2
	租赁和商务服务业	0.9	出口型企业		46.3
	其他行业	1.7	非出口型企业		53.7

注：1. 其他行业包括：金融业，科学研究、技术服务和地质勘查业，水利、环境和公共设施管理业，居民服务和其他服务业，卫生、社会保障和社会福利业，文化、体育和娱乐业等行业。

2. 东部地区包括：京、津、冀、沪、苏、浙、闽、鲁、粤、桂、琼11省（市、自治区）；中部地区包括：晋、蒙、皖、赣、豫、鄂、湘7省（自治区）；西部地区包括：渝、蜀、黔、滇、藏、陕、甘、宁、青、新10省（市、自治区）；东北地区包括：辽、吉、黑3省。

附表 2　　调查样本中制造业基本情况（%）

	制造业细分	%		制造业细分	%
1	农副食品加工业	5.4	16	化学纤维制造业	0.7
2	食品制造业	5.2	17	橡胶制品业	1.1
3	饮料制造业	0.8	18	塑料制品业	6.3
4	烟草加工业	0.0	19	非金属矿物制品业	4.6
5	纺织业	5.0	20	黑色金属冶炼及压延加工业	1.5
6	纺织服装、鞋、帽制造业	3.6	21	有色金属冶炼及压延加工业	2.3
7	皮革、毛皮、羽毛（绒）及其制品业	1.2	22	金属制品业	7.6
8	木材加工及木、竹、藤、棕、草制品业	1.9	23	通用设备制造业	7.6
9	家具制造业	1.1	24	专用设备制造业	11.0
10	造纸及纸制品业	1.9	25	交通运输设备制造业	5.0
11	印刷业和记录媒介的复制	0.7	26	电气机械及器材制造业	6.6
12	文教体育用品制造业	1.2	27	通信设备、计算机及其他电子设备制造业	1.8
13	石油加工、炼焦及核燃料加工业	0.7	28	仪器仪表及文化、办公用机械制造业	1.5
14	化学原料及化学制品制造业	8.1	29	工艺品及其他制造业	1.5
15	医药制造业	3.1	30	废弃资源和废旧材料回收加工业	1.0

附表 3　　调查对象相关情况（%）

类别	项目	%	类别	项目	%
性别	男	95.7	文化程度	初中或以下	4.7
	女	4.3		中专、高中	19.0
年龄	44岁及以下	22.7		大专	38.9
	45~49岁	21.8		大学本科	23.9
	50~54岁	17.6		研究生学历	7.1
	55岁及以上	37.9		硕士	5.5
	平均年龄（岁）	51.0		博士	0.9

续表

所学专业	文史哲法律	5.3	年收入	10万元以下	29.0
	经济	32.7		10万~20万元	29.4
	管理	50.1		20万~50万元	18.0
	理工农医	25.3		50万元以上	23.6
	其他	12.3	持股情况	没有	6.8
现任职务	董事长	72.3		10%及以下	9.0
	总经理	55.6		11%~30%	17.1
	厂长	4.3		31%~50%	18.1
	党委书记	14.3		51%~99%	38.1
	其他	4.4		100%	10.9

注：由于存在跨专业和职务兼任情况，因此所学专业和现任职务比例合计大于100%。

企业经营者对一季度宏观经济形势及企业经营状况的判断和评价

——2010年千户企业经营状况快速问卷调查报告

■ 中国企业家调查系统

2010年是继续应对国际金融危机、保持经济平稳较快发展、加快转变经济发展方式的关键一年。今年发展环境虽然有可能好于去年，但是面临的形势极为复杂。各种积极变化和不利影响此长彼消，短期问题和长期矛盾相互交织，国内因素和国际因素相互影响，经济社会发展中“两难”问题增多。在这样的背景下，为了解今年一季度企业经营状况、企业面临的困难，以及企业经营者对宏观形势和调控政策的判断和评价，更好地为政府决策提供科学依据，国务院发展研究中心所属的中国企业家调查系统近期组织实施了“2010·一季度企业经营情况”快速调查。

本次调查以企业法人代表为主的企业经营者群体为调查对象，参考我国经济结构，按行业进行分层随机抽样。调查采用邮寄和传真问卷的方式进行，于3月26日发放问卷5000份，截至4月14日共回收有效问卷1778份，有效回收率为35.6%。通过部分未填写问卷与填写问卷企业的对比分析，未发现存在系统偏差。为使调查分析更为全面和深入，本报告还采用了中国企业家调查系统以往的调查结果①。

本次调查主要涉及制造业、批发和零售业、建筑业、房地产业、交通运输仓储和邮政业、农林牧渔业、电力燃气及水的生产和供应业、采矿业以及信息传输计算机服务和软件业等行业，上述行业的企业所占比重分别为75.5%、7.1%、3.8%、2.9%、2.1%、1.9%、1.6%、1.2%和0.9%。从企业的地区分布看，东部地区占63.2%，中部、西部和东北地区分别占18%、13.1%和5.7%；从企业规模看，大、中、小型企业分别占7.9%、43.9%和48.2%；从企业经济类型看，国有企业占7.9%，有限责任公司占47.9%，股份有限公司占17.8%，私营企业占11.8%，外商及港澳台投资企业占8.2%，股份合作企业占4.6%，集体企业占1.7%；调查对象的职务为企业董事长或总经理、厂长、党委书记的占95.2%（见表1、表2、表3）。

---

① 中国企业家调查系统自1993年成立以来，每年8月至9月进行一次全国范围内4000余位企业经营者参与的年度问卷调查工作，每次调查问题大都保持一致性和连续性，以利于跨年度的比较和分析。因此本文中涉及到的跨年度比较，包括2010年一季度调查数据与2009年一季度调查数据和以往的年度调查数据进行的比较。

表1　　调查样本基本情况（%）

类别	项目	%
行业	农林牧渔业	1.9
	采矿业	1.2
	制造业（详见表2）	75.5
	电力、燃气及水的生产和供应业	1.6
	建筑业	3.8
	交通运输、仓储和邮政业	2.1
	信息传输、计算机服务和软件业	0.9
	批发和零售业	7.1
	住宿和餐饮业	0.5
	房地产业	2.9
	租赁和商务服务业	0.8
	其他行业	1.7
地区	东部地区企业	63.2
	中部地区企业	18.0
	西部地区企业	13.1
	东北地区企业	5.7
规模	大型企业	7.9
	中型企业	43.9
	小型企业	48.2

类别	项目	%
经济类型	国有企业	7.9
	集体企业	1.7
	私营企业	11.8
	股份合作企业	4.6
	股份有限公司	17.8
	有限责任公司	47.9
	其他内资企业	0.1
	外商及港澳台投资企业	8.2
盈亏	盈利企业	61.6
	持平企业	21.9
	亏损企业	16.5
生产状况	超负荷生产企业	9.6
	正常运作企业	81.2
	半停产企业	8.9
	停产企业	0.3
出口型企业		47.6
非出口型企业		52.4

注：1. 其他行业包括：金融业，科学研究、技术服务和地质勘查业，水利、环境和公共设施管理业，居民服务和其他服务业，卫生、社会保障和社会福利业，文化、体育和娱乐业等行业。

2. 东部地区包括：京、津、冀、沪、苏、浙、闽、鲁、粤、桂、琼11省（市、自治区）；中部地区包括：晋、蒙、皖、赣、豫、鄂、湘7省（自治区）；西部地区包括：渝、蜀、黔、滇、藏、陕、甘、宁、青、新10省（市、自治区）；东北地区包括：辽、吉、黑3省。

表2　　调查样本中制造业基本情况（%）

	制造业细分	%		制造业细分	%
1	农副食品加工业	3.9	16	化学纤维制造业	1.1
2	食品制造业	3.0	17	橡胶制品业	1.6
3	饮料制造业	0.7	18	塑料制品业	5.2
4	烟草加工业	0.3	19	非金属矿物制品业	4.7
5	纺织业	5.2	20	黑色金属冶炼及压延加工业	1.7
6	纺织服装、鞋、帽制造业	5.0	21	有色金属冶炼及压延加工业	2.0
7	皮革、毛皮、羽毛（绒）及其制品业	1.0	22	金属制品业	7.9
8	木材加工及木、竹、藤、棕、草制品业	1.3	23	通用设备制造业	8.5
9	家具制造业	0.7	24	专用设备制造业	9.8
10	造纸及纸制品业	1.6	25	交通运输设备制造业	5.2
11	印刷业和记录媒介的复制	1.6	26	电气机械及器材制造业	6.1
12	文教体育用品制造业	1.4	27	通信设备、计算机及其他电子设备制造业	3.1
13	石油加工、炼焦及核燃料加工业	0.3	28	仪器仪表及文化、办公用机械制造业	2.4
14	化学原料及化学制品制造业	8.5	29	工艺品及其他制造业	2.0
15	医药制造业	3.5	30	废弃资源和废旧材料回收加工业	0.5

调查结果显示，随着宏观经济政策效果的逐渐显现和全球经济的企稳回暖，企业经营者认为当前我国经济运行趋于正常，未来经济可望继续保持较快增长。一季度企业订货情况良好，库存正常，产

表 3　调查对象基本情况（%）

性别	男	96.3	文化程度	初中或以下	4.7
	女	3.7		中专、高中	16.5
年龄	44 岁及以下	16.2		大专	38.2
	45～49 岁	18.3		大学本科	26.0
	50～54 岁	17.8		研究生学历	6.4
	55 岁及以上	47.8		硕士	6.6
	平均年龄（岁）	53.0		博士	1.6
所学专业	文史哲法律	7.3	现任职务	董事长	63.6
	经济	32.5		总经理	59.1
	管理	49.3		厂长	7.2
	理工农医	27.3		党委书记	17.1
	其他	11.4		其他	4.8

注：由于存在跨专业和职务兼任情况，因此所学专业和现任职务比例合计大于 100%。

销两旺，价格温和回升，出口初步回暖，盈利情况持续好转，企业综合经营状况整体回升，中小企业和外资企业经营状况回升尤为明显；企业未来订货上升，盈利预期看好，投资信心增强，民间投资初步启动，用工计划回升，尤其是中等技术人员需求上升，企业经营前景进一步向好，东部地区企业、中型企业和外资企业对未来预期更为乐观。调查表明，企业经营者认为成本上升、负担过重和缺乏人才成为当前企业发展面临的主要困难。希望通过加强管理降低成本、加大创新力度、引进人才、加强员工培训和开拓国内市场等措施积极应对挑战。

一、对宏观经济形势的判断

1. 经济运行趋于正常

关于对当前宏观经济形势的判断，调查结果显示，认为一季度宏观经济形势“很好”或“较好”的企业经营者占 60.7%，比 2009 年一季度提高了 43.3 个百分点，比 2009 年和 2008 年分别提高了 20.7 个和 25.3 个百分点，低于 2007 年的水平；认为“一般”的占 33.9%；认为“较差”或“很差”的占 5.4%（见表 4）。

从不同地区看，中部地区的企业经营者对宏观经济形势的判断相对积极，认为“很好”或“较好”的占 67%，高于其他地区；从不同规模看，大型企业更为乐观；从不同所有制看，国有及国有控股公司认为“很好”或“较好”的占 71.2%，相对乐观（见表 4）。

表 4　企业经营者对当前宏观经济形势的判断（%）

		很好	较好	一般	较差	很差
总体	2010 年一季度	4.3	56.4	33.9	4.9	0.5
	2009 年	3.1	36.9	46.7	12.4	0.9
	2009 年一季度	1.4	16.0	41.6	35.5	5.5
	2008 年	2.8	32.6	40.5	21.1	3.0
	2007 年	11.2	66.0	19.2	3.3	0.3
东部地区		4.5	57.5	30.2	7.3	0.5
中部地区		5.4	61.6	30.4	2.7	
西部地区		10.0	50.0	36.7	3.3	
东北地区		3.0	57.6	30.3	9.1	

续表

	很好	较好	一般	较差	很差
大型企业	5.5	63.6	29.1	1.8	
中型企业	6.2	57.2	29.7	6.2	0.7
小型企业	3.2	57.5	31.8	7.5	
国有及国有控股公司	2.1	69.1	26.6	1.1	1.1
外商及港澳台投资企业	4.8	50.8	31.7	12.7	
民营企业	5.3	54.4	33.3	7.0	

关于“对宏观经济运行的总体判断”，调查显示，认为目前宏观经济“偏热”的企业经营者占38.2%，认为“过热”的占3.6%，两者合计比重比2009年一季度提高了35.5个百分点，比2009年和2008年分别提高了19.3和12.1个百分点，但要低于2007年和2006年的水平；认为“正常”的占42.6%；认为“偏冷”或“过冷”的占6%，认为“尚难判断”的占9.6%（见表5）。调查表明，总体来看，企业经营者认为当前宏观经济运行热度有所上升，但整体不存在过热现象。

表5　企业经营者对宏观经济运行的总体判断（%）

	过热	偏热	正常	偏冷	过冷	尚难判断
2010年一季度	3.6	38.2	42.6	5.9	0.1	9.6
2009年	1.8	20.7	39.5	24.6	0.6	12.8
2009年一季度	0.3	6.0	23.9	50.4	5.9	13.5
2008年	3.6	26.1	29.1	27.2	1.6	12.4
2007年	8.7	57.0	29.4	1.9	0.0	3.0
2006年	3.8	44.9	42.0	4.4	0.1	4.8

注：0.0表示答题者选择了此项，但选择比重小于0.05%。以下同。

2. 经济增长预期乐观

关于“对2010年我国GDP增长的预计”，调查显示，预计2010年我国GDP增长在7%以下的企业经营者占2.8%，预计在7%~8%之间的占19.4%，预计在8%以上的占77.8%，总体来看，企业经营者预计2010年我国GDP增长平均为9%，比2009年的调查结果提高了0.8个百分点（见表6）。

表6　对今年我国GDP增长的预计（%）

	7%以下	7%~8%	8%以上	均　值
2010年一季度	2.8	19.4	77.8	9.0
2009年	10.4	36.3	53.3	8.2

经济的回暖和预期的乐观也增加了企业经营者的发展信心。关于“您对贵企业下一阶段的经营发展信心”，调查结果显示，表示“很有信心”或“较有信心”的企业经营者占88.1%，比2009年一季度提高了4.4个百分点，比2009年提高了2个百分点；表示“不太有信心”的占11.2%，表示“没有信心”的占0.7%。调查表明，企业经营者对企业未来的经营发展信心有所回升（见表7）。

表7　对企业下一阶段的经营发展信心（%）

		很有信心	较有信心	不太有信心	没有信心	很有信心+较有信心
总体	2010年一季度	25.0	63.1	11.2	0.7	88.1
	2009年	26.4	59.7	13.3	0.6	86.1
	2009年一季度	27.2	56.5	14.4	1.9	83.7*

续表

	很有信心	较有信心	不太有信心	没有信心	很有信心+较有信心
东部地区企业	23.7	62.4	13.3	0.7	86.1
中部地区企业	25.2	68.7	6.1		93.9
西部地区企业	30.3	48.5	18.2	3.0	78.8
东北地区企业	17.1	71.4	8.6	2.9	88.6
大型企业	25.4	67.8	6.8		93.2
中型企业	28.5	57.7	12.3	1.4	86.3
小型企业	19.1	68.1	12.5	0.3	87.2
国有及国有控股公司	18.8	71.9	9.4		90.6
外商及港澳台投资企业	19.4	62.7	16.4	1.5	82.1
民营企业	25.8	60.3	13.0	0.9	86.1

注：此数据是在将选择“有些信心”的比重去掉并重新转化为百分比之后得到的结果，故与去年的调查结果稍有差异。

在信心回升的同时，企业经营者的压力也有所降低。调查结果显示，认为“压力很大”的企业经营者占26.3%，比2009年和2009年一季度下降了1.8个百分点，比2008年下降了8个百分点；认为“压力较大”的占61.9%，认为“压力较小”的占10.1%，认为“没有压力”的占1.7%（见表8）。

表8　企业经营者对压力的感受（%）

	压力很大	压力较大	压力较小	没有压力
2010年一季度	26.3	61.9	10.1	1.7
2009年	28.1	61.4	9.6	0.9
2009年一季度	28.1	55.4	14.7	1.7
2008年	34.3	55.4	9.0	1.3

二、对企业整体经营状况的评价

1. 企业综合经营状况整体回升

调查结果显示，认为一季度企业经营状况“良好”的企业经营者占51%，认为“一般”的占42.3%，认为“不佳”的占6.7%，认为“良好”的比认为“不佳”的多44.3个百分点，比2009年一季度提高了56.2个百分点，比2009年提高了30.2个百分点。调查表明，目前企业综合经营状况明显回升（见表9）。

从不同地区看，东部地区企业经营状况好于中西部地区和东北地区；从不同规模看，大型企业经营状况好于中小型企业；从不同经济类型看，外商及港澳台投资企业好于民营企业和国有及国有控股公司。值得注意的是，与2009年相比，中小企业和外商及港澳台投资企业认为“良好”的比认为“不佳”的多的比重明显增加（见表9）。

分行业看，所有行业的企业经营状况都进入景气状态。调查显示，经营状况相对较好的行业有采矿业，交通运输、仓储和邮政业，信息传输、计算机服务和软件业，住宿和餐饮业，租赁和商务服务业以及制造业中的医药、化纤、通用设备、专用设备、汽车、电气机械、通信设备和仪器仪表等，认为“良好”的比认为“不佳”的多50个百分点以上。而食品、化工、橡胶、非金属制品和有色金属等行业经营状况相对较差，其认为“良好”的比认为“不佳”的多35个百分点以内（见表9）。

表9　　不同类型企业目前经营总体状况（%）

	目前经营状况			良好－不佳		
	良好	一般	不佳	2010年一季度	2009年	2009年一季度
总体	**51.0**	**42.3**	**6.7**	**44.3**	**14.1**	**－11.9**
东部地区企业	52.9	41.5	5.6	47.2	14.5	－11.2
中部地区企业	48.6	42.9	8.4	40.2	11.7	－17.8
西部地区企业	47.5	42.9	9.7	37.8	13.7	－5.5
东北地区企业	48.4	47.4	4.2	44.2	19.2	－15.2
大型企业	63.4	30.5	6.1	57.3	43.4	0.0
中型企业	53.8	40.9	5.4	48.4	18.5	－10.2
小型企业	47.2	45.1	7.7	39.5	4.4	－16.2
国有及国有控股公司	50.6	43.1	6.3	44.4	22.8	－10.7
外商及港澳台投资企业	58.1	36.8	5.1	52.9	9.0	－31.8
民营企业	50.2	43.1	6.7	43.4	11.8	－13.8
农林牧渔业	51.6	45.2	3.2	48.4	14.1	15.4
采矿业	55.0	40.0	5.0	50.0	12.3	－38.1
制造业	51.7	41.2	7.1	44.6	10.6	－17.0
电力、燃气及水的生产和供应业	44.4	51.9	3.7	40.7	25.6	－14.3
建筑业	47.5	45.9	6.6	41.0	27.8	－7.8
交通运输、仓储和邮政业	61.1	36.1	2.8	58.3	31.8	－11.8
信息传输、计算机服务和软件业	53.3	46.7		53.3	20.8	35.0
批发和零售业	43.7	50.4	5.9	37.8	17.6	－2.7
住宿和餐饮业	62.5	37.5		62.5	34.5	11.8
房地产业	56.5	34.8	8.7	47.8	34.4	－1.4
租赁和商务服务业	53.8	46.2		53.8	18.6	0.0
食品饮料制造业	33.0	50.5	16.5	16.5	14.1	4.8
纺织业	51.3	43.4	5.3	46.1	－9.3	－23.5
纺织服装、鞋、帽制造业	50.0	45.3	4.7	45.3	13.5	－21.4
造纸及纸制品业	54.2	37.5	8.3	45.8	16.2	－12.5
化学原料及化学制品制造业	41.7	49.2	9.2	32.5	3.6	－29.5
医药制造业	59.5	38.1	2.4	57.1	32.6	23.1
化学纤维制造业	50.0	50.0		50.0	24.3	－33.3
橡胶制品业	50.0	35.0	15.0	35.0	39.3	－21.1
塑料制品业	53.3	38.3	8.3	45.0	5.2	－13.0
非金属矿物制品业	36.9	53.8	9.2	27.7	－1.4	－38.0
黑色金属冶炼及压延加工业	56.0	32.0	12.0	44.0	1.1	－26.7
有色金属冶炼及压延加工业	37.0	59.3	3.7	33.3	－2.8	－14.3
金属制品业	50.5	45.1	4.4	46.2	12.0	－12.5
通用设备制造业	69.0	21.6	9.5	59.5	10.9	－24.4
专用设备制造业	61.3	35.8	2.8	58.5	18.2	－14.3
交通运输设备制造业	65.0	28.3	6.7	58.3	25.9	5.1
电气机械及器材制造业	53.3	44.0	2.7	50.7	17.1	－14.8
通信设备、计算机及其他电子设备制造业	63.2	28.9	7.9	55.3	24.5	2.5
仪器仪表及文化、办公用机械制造业	60.0	40.0		60.0	27.0	20.0

从企业生产状况看，调查显示，2010年一季度处于"超负荷生产"或"正常运作"的企业占90.8%，比2009年一季度提高了17.1个百分点，比2009年提高了12.3个百分点。调查表明，随着经

济的逐步回暖，企业的生产经营状况全面回升（见表10）。

表10　　企业生产状况对比（%）

	超负荷生产	正常运作	半停产	停产
2010年一季度	9.6	81.2	8.9	0.3
2009年	3.7	74.8	20.8	0.7
2009年一季度	1.7	72.0	25.6	0.7
2008年	4.4	80.4	14.4	0.8
2007年	6.8	85.4	7.1	0.7
2006年	4.9	86.9	7.6	0.6

2. 企业订货情况良好，产销两旺，价格温和回升，库存正常，企业盈利情况逐步好转

企业订货情况可以比较好地反映市场情况。调查结果显示，订货"正常"或"高于正常"的企业超过八成（82.6%），比2009年一季度提高了43个百分点，比2009年提高了21.7个百分点（见表11）。

从不同行业看，订货情况较好的行业有电力、燃气及水的生产和供应业，信息传输、计算机服务和软件业，租赁和商务服务业以及制造业中的化纤、仪器仪表等行业，超过九成的企业订货情况"正常"或"高于正常"；而食品和橡胶行业订货相对较差，三成左右的企业订货"低于正常"（见表11）。

表11　　不同行业企业目前的订货情况（%）

	高于正常	正常	低于正常	高于正常+正常		
				2010年一季度	2009年	2009年一季度
总体	**21.2**	**61.4**	**17.4**	**82.6**	**60.9**	**39.6**
农林牧渔业	26.7	56.6	16.7	83.3	65.9	58.3
采矿业	26.3	57.9	15.8	84.2	67.1	28.6
制造业	23.5	58.5	18.0	82.0	57.2	36.3
电力、燃气及水的生产和供应业	8.0	84.0	8.0	92.0	78.5	52.9
建筑业	13.0	68.5	18.5	81.5	73.0	49.3
交通运输、仓储和邮政业	11.1	70.4	18.5	81.5	70.1	44.4
信息传输、计算机服务和软件业	40.0	53.3	6.7	93.3	63.5	60.0
批发和零售业	11.4	70.2	18.4	81.6	67.0	52.3
住宿和餐饮业	14.3	71.4	14.3	85.7	60.7	40.0
房地产业	5.0	77.5	17.5	82.5	80.3	31.0
租赁和商务服务业	16.7	75.0	8.3	91.7	72.5	52.0
食品饮料制造业	7.8	56.9	35.3	64.7	69.0	50.0
纺织业	31.6	55.3	13.2	86.8	49.0	28.2
纺织服装、鞋、帽制造业	21.9	59.4	18.8	81.3	58.3	37.0
造纸及纸制品业	38.1	47.6	14.3	85.7	67.6	29.2
化学原料及化学制品制造业	16.1	64.4	19.5	80.5	50.1	33.7
医药制造业	11.9	73.8	14.3	85.7	79.2	70.0
化学纤维制造业	22.2	77.8		100.0	72.7	60.0
橡胶制品业	11.8	58.8	29.4	70.6	66.7	36.8
塑料制品业	28.8	52.5	18.6	81.4	55.2	40.4
非金属矿物制品业	21.9	56.3	21.9	78.1	57.0	25.7

续表

	高于正常	正常	低于正常	高于正常+正常		
				2010年一季度	2009年	2009年一季度
黑色金属冶炼及压延加工业	24.0	60.0	16.0	84.0	53.1	21.4
有色金属冶炼及压延加工业	17.9	67.9	14.3	85.7	47.2	34.3
金属制品业	20.2	66.3	13.5	86.5	55.4	36.8
通用设备制造业	43.0	44.7	12.3	87.7	54.6	34.5
专用设备制造业	21.5	61.7	16.8	83.2	56.1	33.3
交通运输设备制造业	40.7	44.1	15.3	84.7	64.2	39.5
电气机械及器材制造业	30.3	53.9	15.8	84.2	57.4	23.7
通信设备、计算机及其他电子设备制造业	28.9	55.3	15.8	84.2	60.4	50.0
仪器仪表及文化、办公用机械制造业	13.3	76.7	10.0	90.0	58.1	41.2

关于企业目前的产销形势，调查显示，认为企业的生产（服务）量、销售量“增加”的企业经营者分别占54.8%和56.1%，比认为“减少”的分别多42.9和42.7个百分点，这一结果比2009年一季度分别提高了83和86.5个百分点，为近5年来的最高值，这表明目前企业产销两旺（见表12）。

表12　　企业目前的生产（服务）量、销售量情况（%）

		增加	持平	减少	增加-减少
生产（服务）量	2010年一季度	54.8	33.3	11.9	42.9
	2009年	39.0	42.5	18.5	20.5
	2009年一季度	15.2	29.5	55.3	-40.1
	2008年	38.9	30.6	30.5	8.4
	2007年	54.3	31.1	14.6	39.7
	2006年	52.7	31.9	15.4	37.3
销售量	2010年一季度	56.1	30.5	13.4	42.7
	2009年	40.0	39.3	20.7	19.3
	2009年一季度	16.1	24.0	59.9	-43.8
	2008年	40.8	25.3	33.9	6.9
	2007年	56.8	26.4	16.8	40.0
	2006年	54.3	27.4	18.3	36.0

从不同行业看，生产（服务）量较好的行业包括交通运输、仓储和邮政业，住宿和餐饮业以及制造业中的医药、化纤、橡胶、钢铁、有色金属、金属制品、通用设备、专用设备、汽车、电气机械和通信设备等，其认为“增加”的比认为“减少”的多50个百分点以上（见表13）。

表13　　不同行业企业目前的生产（服务）量情况（%）

	增加	持平	减少	增加-减少	
				2010年一季度	2009年一季度
总体	**54.8**	**33.3**	**11.9**	**42.9**	**-40.1**
农林牧渔业	48.4	48.4	3.2	45.2	-16.0
采矿业	52.6	31.6	15.8	36.8	-47.4
制造业	56.4	31.3	12.3	44.0	-42.6
电力、燃气及水的生产和供应业	40.7	51.9	7.4	33.3	-21.1
建筑业	53.4	36.2	10.3	43.1	-24.7
交通运输、仓储和邮政业	60.0	31.4	8.6	51.4	-44.8

续表

	增加	持平	减少	增加－减少	
				2010年一季度	2009年一季度
信息传输、计算机服务和软件业	53.3	33.3	13.3	40.0	－10.0
批发和零售业	49.5	38.7	11.7	37.8	－40.0
住宿和餐饮业	62.5	25.0	12.5	50.0	－37.5
房地产业	47.6	38.1	14.3	33.3	－48.5
租赁和商务服务业	38.5	61.5		38.5	－53.8
食品饮料制造业	33.7	40.4	26.0	7.7	－34.1
纺织业	47.4	38.2	14.5	32.9	－47.5
纺织服装、鞋、帽制造业	42.2	39.1	18.8	23.4	－49.1
造纸及纸制品业	54.2	33.3	12.5	41.7	－66.7
化学原料及化学制品制造业	53.7	32.2	14.0	39.7	－31.4
医药制造业	61.9	33.3	4.8	57.1	28.2
化学纤维制造业	50.0	50.0		50.0	0.0
橡胶制品业	60.0	30.0	10.0	50.0	－44.4
塑料制品业	56.7	30.0	13.3	43.3	－35.8
非金属矿物制品业	56.3	31.3	12.5	43.8	－53.6
黑色金属冶炼及压延加工业	72.0	24.0	4.0	68.0	－67.9
有色金属冶炼及压延加工业	64.3	28.6	7.1	57.1	－52.8
金属制品业	54.4	37.8	7.8	46.7	－48.7
通用设备制造业	76.7	17.2	6.0	70.7	－51.2
专用设备制造业	60.7	29.0	10.3	50.5	－37.8
交通运输设备制造业	71.7	21.7	6.7	65.0	－37.5
电气机械及器材制造业	65.8	25.0	9.2	56.6	－54.2
通信设备、计算机及其他电子设备制造业	73.7	13.2	13.2	60.5	－30.0
仪器仪表及文化、办公用机械制造业	36.7	53.3	10.0	26.7	－45.0

调查显示，销售量增加较多的行业有农林牧渔业，住宿和餐饮业以及制造业中的纺织、造纸、医药、化纤、钢铁、有色金属、通用设备、汽车和通信设备等，其认为“增加”的比认为“减少”的多50个百分点以上（见表14）。

表14　不同行业企业目前的销售量情况（%）

	增加	持平	减少	增加－减少	
				2010年一季度	2009年一季度
总体	**56.1**	**30.5**	**13.4**	**42.7**	**－43.8**
农林牧渔业	58.1	38.7	3.2	54.8	－24.0
采矿业	47.4	36.8	15.8	31.6	－63.2
制造业	57.8	28.6	13.7	44.1	－47.2
电力、燃气及水的生产和供应业	42.3	46.2	11.5	30.8	－35.0
建筑业	47.2	39.6	13.2	34.0	－40.9
交通运输、仓储和邮政业	58.1	32.3	9.7	48.4	－35.7
信息传输、计算机服务和软件业	46.7	40.0	13.3	33.3	－5.3
批发和零售业	55.9	27.1	16.9	39.0	－34.8
住宿和餐饮业	75.0	12.5	12.5	62.5	－53.3
房地产业	37.5	52.5	10.0	27.5	－46.5
租赁和商务服务业	41.7	50.0	8.3	33.3	－41.7

续表

	增加	持平	减少	增加－减少	
				2010年一季度	2009年一季度
食品饮料制造业	31.1	38.8	30.1	1.0	－30.1
纺织业	61.3	30.7	8.0	53.3	－51.3
纺织服装、鞋、帽制造业	51.6	34.4	14.1	37.5	－50.9
造纸及纸制品业	69.6	26.1	4.3	65.2	－73.9
化学原料及化学制品制造业	54.6	28.6	16.8	37.8	－43.3
医药制造业	64.3	28.6	7.1	57.1	20.0
化学纤维制造业	70.0	30.0		70.0	－16.7
橡胶制品业	50.0	30.0	20.0	30.0	－47.4
塑料制品业	60.0	25.0	15.0	45.0	－35.8
非金属矿物制品业	58.5	24.6	16.9	41.5	－68.1
黑色金属冶炼及压延加工业	72.0	20.0	8.0	64.0	－69.0
有色金属冶炼及压延加工业	67.9	28.6	3.6	64.3	－58.3
金属制品业	58.4	32.6	9.0	49.4	－52.5
通用设备制造业	73.3	19.0	7.8	65.5	－55.3
专用设备制造业	58.9	25.2	15.9	43.0	－42.2
交通运输设备制造业	71.7	18.3	10.0	61.7	－27.5
电气机械及器材制造业	58.7	30.7	10.7	48.0	－63.3
通信设备、计算机及其他电子设备制造业	65.8	21.1	13.2	52.6	－35.0
仪器仪表及文化、办公用机械制造业	40.0	40.0	20.0	20.0	－31.6

从产品销售价格情况看，认为2010年一季度产品销售价格“上升”的企业经营者占34%，比认为价格“下降”的多16.2个百分点，而2009年一季度则是认为“上升”的比认为“下降”的少57.8个百分点（见表15）。

从不同行业看，采矿业，交通运输、仓储和邮政业，批发和零售业，房地产业以及制造业中的纺织、化纤、钢铁和有色金属等行业产品销售价格上升显著，认为“上升”的比认为“下降”的多30个百分点以上，而信息传输、计算机服务和软件业以及制造业中的汽车、通信设备和仪器仪表等行业销售价格下滑明显，认为“上升”的比重要低于认为“下降”的比重（见表15）。

表15　　不同行业企业目前的销售价格情况（%）

	上升	持平	下降	上升－下降	
				2010年一季度	2009年一季度
总体	**34.0**	**48.2**	**17.8**	**16.2**	**－57.8**
农林牧渔业	45.2	38.7	16.1	29.0	－40.0
采矿业	70.0	20.0	10.0	60.0	－70.0
制造业	31.9	47.8	20.3	11.7	－63.0
电力、燃气及水的生产和供应业	15.4	84.6		15.4	－11.1
建筑业	29.1	54.5	16.4	12.7	－48.5
交通运输、仓储和邮政业	45.5	51.5	3.0	42.4	－42.4
信息传输、计算机服务和软件业	13.3	33.3	53.3	－40.0	－42.1
批发和零售业	55.6	32.5	12.0	43.6	－47.3
住宿和餐饮业	12.5	75.0	12.5	0.0	－26.7
房地产业	62.8	34.9	2.3	60.5	－50.0
租赁和商务服务业	8.3	83.3	8.3	0.0	－43.5

续表

	上升	持平	下降	上升 - 下降	
				2010 年一季度	2009 年一季度
食品饮料制造业	41.7	41.7	16.5	25.2	-20.2
纺织业	61.8	25.0	13.2	48.7	-69.1
纺织服装、鞋、帽制造业	30.2	50.8	19.0	11.1	-58.2
造纸及纸制品业	45.8	37.5	16.7	29.2	-83.3
化学原料及化学制品制造业	34.7	35.5	29.8	5.0	-83.5
医药制造业	19.0	61.9	19.0	0.0	-20.5
化学纤维制造业	80.0	10.0	10.0	70.0	-100.0
橡胶制品业	35.0	35.0	30.0	5.0	-57.9
塑料制品业	28.3	55.0	16.7	11.7	-81.1
非金属矿物制品业	28.6	44.4	27.0	1.6	-56.5
黑色金属冶炼及压延加工业	52.0	44.0	4.0	48.0	-89.7
有色金属冶炼及压延加工业	50.0	35.7	14.3	35.7	-86.1
金属制品业	30.0	47.8	22.2	7.8	-69.6
通用设备制造业	24.1	60.3	15.5	8.6	-54.1
专用设备制造业	22.4	55.1	22.4	0.0	-59.5
交通运输设备制造业	21.7	51.7	26.7	-5.0	-77.5
电气机械及器材制造业	34.2	46.1	19.7	14.5	-75.0
通信设备、计算机及其他电子设备制造业	13.2	50.0	36.8	-23.7	-75.0
仪器仪表及文化、办公用机械制造业	10.0	70.0	20.0	-10.0	-40.0

从库存情况看，调查显示，认为企业库存“正常”的企业经营者占76.2%，认为“低于正常”的占11.9%，两者合计比重比2009年一季度提高了12.1个百分点，比2009年提高了6.4个百分点；认为“高于正常”的占11.9%（见表16）。调查表明，目前企业的库存处于正常水平。

从不同行业看，橡胶行业目前库存“高于正常”的企业比重超过20%，相对较高；而塑料、金属制品、电气机械和通信设备等行业库存相对较低，其库存“高于正常”的企业比重低于10%（见表16）。

表16　　　　不同行业企业目前的库存情况（%）

	高于正常	正常	低于正常	正常 + 低于正常		
				2010 年一季度	2009 年	2009 年一季度
总体	**11.9**	**76.2**	**11.9**	**88.1**	**81.7**	**76.0**
食品饮料制造业	14.4	75.0	10.6	85.6	83.7	82.1
纺织业	12.3	68.5	19.2	87.7	72.1	60.5
纺织服装、鞋、帽制造业	10.9	78.1	10.9	89.1	88.0	77.8
造纸及纸制品业	12.5	70.8	16.7	87.5	84.9	79.2
化学原料及化学制品制造业	16.7	75.8	7.5	83.3	79.2	73.3
医药制造业	16.7	76.2	7.1	83.3	82.2	80.5
化学纤维制造业	10.0	90.0		90.0	93.7	66.7
橡胶制品业	21.1	68.4	10.5	78.9	72.5	73.7
塑料制品业	8.3	76.7	15.0	91.7	79.4	83.3
非金属矿物制品业	16.9	72.3	10.8	83.1	71.0	54.3
黑色金属冶炼及压延加工业	16.0	68.0	16.0	84.0	81.1	48.3
有色金属冶炼及压延加工业	10.7	85.7	3.6	89.3	74.6	88.9

续表

	高于正常	正常	低于正常	正常+低于正常		
				2010年一季度	2009年	2009年一季度
金属制品业	5.6	81.1	13.3	94.4	84.3	67.9
通用设备制造业	12.1	69.8	18.1	87.9	81.3	79.1
专用设备制造业	12.1	72.9	15.0	87.9	78.7	72.6
交通运输设备制造业	11.7	70.0	18.3	88.3	78.8	80.0
电气机械及器材制造业	8.0	81.3	10.7	92.0	83.9	80.3
通信设备、计算机及其他电子设备制造业	7.9	76.3	15.8	92.1	88.7	87.2
仪器仪表及文化、办公用机械制造业	10.0	80.0	10.0	90.0	80.0	75.0

企业产销两旺带来了盈利的好转。关于企业目前的盈利情况，调查结果显示，目前盈利“正常”或“好于正常”的企业占58.4%，比2009年一季度提高了24.5个百分点，比2009年提高了11.1个百分点。从不同地区看，中部地区企业盈利状况要好于东部、西部和东北地区；从不同规模看，规模越大，企业盈利状况越好；从不同经济类型看，国有及国有控股公司盈利情况相对较好（见表17）。

表17　企业目前的盈利情况（%）

	好于正常	正常	低于正常	好于正常+正常		
				2010年一季度	2009年	2009年一季度
总体	**6.5**	**51.9**	**41.6**	**58.4**	**47.3**	**33.9**
东部地区企业	6.2	50.7	43.1	56.9	45.8	32.4
中部地区企业	7.5	53.6	39.0	61.0	47.3	33.8
西部地区企业	5.6	53.7	40.7	59.3	51.5	39.3
东北地区企业	5.4	53.8	40.9	59.1	52.7	35.8
大型企业	9.3	61.2	29.5	70.5	67.3	42.2
中型企业	7.6	53.3	39.1	60.9	47.2	33.9
小型企业	4.6	48.9	46.5	53.5	43.9	32.1
国有及国有控股公司	6.8	65.4	27.8	72.2	55.5	39.3
外商及港澳台投资企业	7.4	48.5	44.1	55.9	45.4	26.0
民营企业	5.3	50.0	44.7	55.3	44.8	31.9

从企业的盈利程度看，调查结果显示，目前盈利（包括“较大盈利”和“略有盈余”，下同）的企业占61.6%，比2009年一季度提高了20个百分点，比2009年提高了10.2个百分点；“持平”的企业占21.9%，亏损（包括“亏损”和“严重亏损”，下同）的企业占16.5%。从不同地区看，东北地区企业盈利程度相对较差；从不同规模看，规模越大，盈利越好；从不同经济类型看，外商及港澳台投资企业盈利情况相对较好（见表18）。

表18　不同地区、规模及经济类型企业今年一季度的盈利状况（%）

		盈利			持平	亏损		
		较大盈利	略有盈余	小计		亏损	严重亏损	小计
总体	2010年一季度	7.6	54.0	61.6	21.9	15.3	1.2	16.5
	2009年	7.0	44.4	51.4	20.5	24.8	3.3	28.1
	2009年一季度	4.8	36.8	41.6	22.2	32.3	3.9	36.2
东部地区企业		7.4	56.3	63.7	22.0	13.4	0.9	14.3
中部地区企业		8.3	49.0	57.3	23.0	18.0	1.7	19.7

续表

	盈利			持平	亏损		
	较大盈利	略有盈余	小计		亏损	严重亏损	小计
西部地区企业	5.5	54.8	60.3	18.7	20.1	0.9	21.0
东北地区企业	10.4	39.6	50.0	27.1	21.9	1.0	22.9
大型企业	22.9	46.6	69.5	15.3	14.5	0.8	15.3
中型企业	8.9	55.2	64.1	20.2	14.5	1.2	15.7
小型企业	3.8	53.6	57.3	25.0	16.8	0.9	17.6
国有及国有控股公司	9.7	50.6	60.3	19.0	19.8	0.8	20.7
外商及港澳台投资企业	7.4	55.1	62.5	21.3	15.4	0.7	16.2
民营企业	6.2	55.4	61.7	22.5	14.7	1.2	15.8

3. 企业经营前景预期乐观，用工及投资计划回升

关于未来的企业经营状况，调查结果显示，36.9%的企业经营者认为二季度企业经营状况将“好转”，59.4%认为“不变”，3.7%认为会“恶化”，认为“好转”的比认为“恶化”的多33.2个百分点，比2009年一季度高23.7个百分点（见表19）。

从不同地区看，东部地区企业对二季度预期更为乐观，认为“好转”的比认为“恶化”的多34.7个百分点；从不同规模看，中型企业更为乐观；从不同经济类型看，外商及港澳台投资企业认为“好转”的比认为“恶化”的多37个百分点，高于其他类型的企业（见表19）。

从不同行业看，对二季度预期较为乐观的行业包括农林牧渔业，信息传输、计算机服务和软件业，住宿和餐饮业等，其认为“好转”的比认为“恶化”的多50个百分点以上；对二季度预期较差的行业包括交通运输、仓储和邮政业以及制造业中的服装、橡胶等，其认为“好转”的比认为“恶化”的多20个百分点以内（见表19）。

表19　　对二季度经营状况的预计（%）

	二季度经营状况预计			好转－恶化	
	好转	不变	恶化	2010年一季度	2009年一季度
总体	**36.9**	**59.4**	**3.7**	**33.2**	**9.5**
东部地区企业	38.2	58.3	3.5	34.7	7.7
中部地区企业	37.1	58.1	4.8	32.3	12.1
西部地区企业	35.9	59.4	4.6	31.3	17.9
东北地区企业	26.6	70.2	3.2	23.4	1.7
大型企业	36.4	61.2	2.3	34.1	13.9
中型企业	39.8	56.2	4.0	35.8	10.4
小型企业	34.6	61.4	4.0	30.5	7.9
国有及国有控股公司	32.6	64.8	2.5	30.1	10.6
外商及港澳台投资企业	43.0	51.1	5.9	37.0	-7.9
民营企业	37.9	57.9	4.3	33.6	10.3
农林牧渔业	56.7	43.3		56.7	14.3
采矿业	36.8	63.2		36.8	11.1
制造业	37.6	58.0	4.4	33.3	8.8
电力、燃气及水的生产和供应业	22.2	77.8		22.2	9.5
建筑业	37.7	57.4	4.9	32.8	8.3
交通运输、仓储和邮政业	22.2	72.2	5.6	16.7	-3.2

续表

	二季度经营状况预计			好转－恶化	
	好转	不变	恶化	2010年一季度	2009年一季度
信息传输、计算机服务和软件业	53.3	46.7		53.3	21.1
批发和零售业	31.6	65.8	2.6	29.1	3.6
住宿和餐饮业	50.0	50.0		50.0	-12.5
房地产业	42.2	55.6	2.2	40.0	17.1
租赁和商务服务业	30.8	69.2		30.8	3.8
食品饮料制造业	29.8	60.6	9.6	20.2	12.8
纺织业	33.3	58.7	8.0	25.3	-1.3
纺织服装、鞋、帽制造业	23.8	66.7	9.5	14.3	-5.6
造纸及纸制品业	47.8	52.2		47.8	-9.5
化学原料及化学制品制造业	36.7	55.8	7.5	29.2	12.9
医药制造业	35.7	61.9	2.4	33.3	21.6
化学纤维制造业	20.0	80.0		20.0	16.7
橡胶制品业	31.6	52.6	15.8	15.8	11.1
塑料制品业	36.7	63.3		36.7	5.8
非金属矿物制品业	43.1	52.3	4.6	38.5	16.4
黑色金属冶炼及压延加工业	40.0	60.0		40.0	3.4
有色金属冶炼及压延加工业	50.0	46.4	3.6	46.4	11.4
金属制品业	38.5	57.1	4.4	34.1	7.9
通用设备制造业	43.1	56.9		43.1	7.5
专用设备制造业	43.9	54.2	1.9	42.1	16.9
交通运输设备制造业	38.3	56.7	5.0	33.3	10.5
电气机械及器材制造业	40.8	53.9	5.3	35.5	16.1
通信设备、计算机及其他电子设备制造业	36.8	60.5	2.6	34.2	10.0
仪器仪表及文化、办公用机械制造业	43.3	56.7		43.3	5.3

二季度盈利状况的好转也反映出企业对经营前景的乐观预期。调查结果显示，预计二季度盈利的企业占69.4%，比一季度提高了7.8个百分点；预计“持平”的占22.9%，预计亏损的仅占7.7%。其中，东部地区企业、大型企业、外商及港澳台投资企业预计二季度盈利的企业比重相对较高（见表20）。

表20　　不同地区、规模及经济类型企业对今年二季度盈利状况的预计（%）

	盈利			持平	亏损		
	较大盈利	略有盈余	小计		亏损	严重亏损	小计
总体	**11.8**	**57.6**	**69.4**	**22.9**	**7.5**	**0.2**	**7.7**
东部地区企业	11.6	59.5	71.1	22.4	6.4	0.1	6.5
中部地区企业	13.9	55.6	69.5	21.4	8.1	1.0	9.2
西部地区企业	8.6	54.8	63.3	25.7	11.0		11.0
东北地区企业	11.2	50.6	61.8	29.2	9.0		9.0
大型企业	28.5	46.3	74.8	18.7	6.5		6.5
中型企业	13.0	57.9	71.0	21.0	7.6	0.4	8.0
小型企业	7.5	59.3	66.8	25.4	7.7	0.1	7.8
国有及国有控股公司	16.5	52.2	68.7	19.6	11.3	0.4	11.7
外商及港澳台投资企业	12.9	56.8	69.7	22.7	7.6		7.6
民营企业	10.2	58.7	68.9	23.8	7.0	0.3	7.3

良好的订货情况是企业对未来表示乐观的基础。调查结果显示，40.7%的企业经营者预计二季度企业订货“增加”，53.9%预计“持平”，5.4%预计“减少”，预计“增加”的比预计“减少”的多35.3个百分点，而2009年一季度则是预计“减少”的比预计“增加”的多41.6个百分点（见表21）。

从不同行业看，预期二季度订货较好的行业包括化纤、非金属制品、有色金属、通用设备、专用设备、电气机械、通信设备和仪器仪表等，其预计“增加”的比预计“减少”的多40个百分点以上；预期二季度订货较差的行业包括纺织、汽车等，其预计“增加”的比预计“减少”的多20个百分点以内（见表21）。

表21　　不同行业企业对二季度订货情况的预计（%）

	增加	持平	减少	增加－减少	
				2010年一季度	2009年一季度
总体	**40.7**	**53.9**	**5.4**	**35.3**	**-41.6**
制造业总体	41.3	52.7	6.0	35.3	-44.6
食品饮料制造业	39.6	47.9	12.5	27.1	-23.8
纺织业	32.0	54.7	13.3	18.7	-63.3
纺织服装、鞋、帽制造业	32.3	56.5	11.3	21.0	-44.4
造纸及纸制品业	37.5	58.3	4.2	33.3	-73.9
化学原料及化学制品制造业	35.6	55.1	9.3	26.3	-42.2
医药制造业	40.5	57.1	2.4	38.1	2.6
化学纤维制造业	40.0	60.0		40.0	0.0
橡胶制品业	35.0	55.0	10.0	25.0	-55.6
塑料制品业	43.3	50.0	6.7	36.7	-38.0
非金属矿物制品业	54.0	39.7	6.3	47.6	-52.9
黑色金属冶炼及压延加工业	37.5	62.5		37.5	-65.5
有色金属冶炼及压延加工业	64.3	35.7		64.3	-44.1
金属制品业	37.8	55.6	6.7	31.1	-48.7
通用设备制造业	45.1	54.0	0.9	44.2	-56.1
专用设备制造业	42.3	55.8	1.9	40.4	-38.3
交通运输设备制造业	29.3	60.3	10.3	19.0	-38.5
电气机械及器材制造业	41.3	57.3	1.3	40.0	-45.9
通信设备、计算机及其他电子设备制造业	45.9	51.4	2.7	43.2	-39.5
仪器仪表及文化、办公用机械制造业	60.0	40.0		60.0	-30.0

对未来的乐观预期也带动了企业用工计划的增长。关于企业目前的用工情况，调查结果显示，用工人数“增加”的企业占40.7%，“持平”的占45.3%，“减少”的占14%，“增加”的比“减少”的多26.7个百分点，比2009年一季度提高了39.6个百分点，比2009年提高了19.3个百分点（见表22）。

表22　　不同地区、规模及经济类型企业目前的用工人数情况（%）

	增加	持平	减少	增加－减少		
				2010年一季度	2009年	2009年一季度
总体	**40.7**	**45.3**	**14.0**	**26.7**	**7.4**	**-12.9**
东部地区企业	41.8	43.8	14.4	27.4	5.2	-16.9
中部地区企业	39.3	46.4	14.2	25.1	10.0	-9.8

续表

	增加	持平	减少	增加-减少		
				2010年一季度	2009年	2009年一季度
西部地区企业	38.7	49.8	11.5	27.2	11.6	-5.2
东北地区企业	36.6	50.5	12.9	23.7	10.1	-2.4
大型企业	45.4	43.8	10.8	34.6	24.2	-6.9
中型企业	40.3	45.4	14.3	26.0	9.4	-12.3
小型企业	40.2	45.7	14.1	26.1	2.2	-15.4
国有及国有控股公司	35.0	52.7	12.2	22.8	8.1	-14.2
外商及港澳台投资企业	45.6	38.2	16.2	29.4	-4.0	-30.0
民营企业	40.8	45.2	14.0	26.8	7.3	-12.0

从不同地区看，东部地区和西部地区企业用工“增加”的比“减少”的分别多27.4和27.2个百分点，高于其他地区；从不同规模看，大型企业用工“增加”的比“减少”的多34.6个百分点，高于中小企业；从不同经济类型看，外商及港澳台投资企业用工“增加”的比“减少”的多29.4个百分点，高于其他类型企业（见表22）。

关于对企业二季度用工人数的预计，调查结果显示，预计用工人数“增加”的企业占34.6%，预计“持平”的占60.6%，预计“减少”的占4.8%，预计“增加”的比预计“减少”的多29.8个百分点，比2009年一季度提高了29.2个百分点（见表23）。

从不同地区看，西部地区企业预计二季度用工“增加”的比“减少”的多23个百分点，低于其他地区；从不同规模看，大型企业预计用工“增加”的比“减少”的多34.1个百分点，高于中小企业；从不同经济类型看，民营企业用工“增加”的比“减少”的多30.7个百分点，高于其他类型企业。调查表明，随着经济的回暖和企业经营状况的好转，企业用工呈现增长趋势，特别是民营企业用工增长较为显著，将对缓解当前的社会就业压力起到积极作用（见表23）。

表23　　对企业今年二季度用工人数的预期（%）

	增加	持平	减少	增加-减少	
				2010年一季度	2009年一季度
总体	**34.6**	**60.6**	**4.8**	**29.8**	**0.6**
东部地区企业	36.5	58.8	4.7	31.8	-1.5
中部地区企业	33.2	61.7	5.1	28.1	4.4
西部地区企业	28.6	65.9	5.5	23.0	8.4
东北地区企业	37.0	58.7	4.3	32.6	-5.8
大型企业	37.2	59.7	3.1	34.1	0.7
中型企业	35.6	58.7	5.7	29.9	3.6
小型企业	33.9	61.8	4.3	29.6	-2.7
国有及国有控股公司	30.1	64.8	5.1	25.0	-4.9
外商及港澳台投资企业	35.3	58.1	6.6	28.7	-9.9
民营企业	35.2	60.2	4.5	30.7	2.4

企业经营者对未来经济走势和企业经营状况的乐观预期增强了企业未来的投资信心。调查结果显示，53.7%的企业今年计划投资额将“增长”，32.2%的企业“不变”，14.1%“减少”，计划“增长”的比“减少”的多39.6个百分点，比2009年一季度提高了48.6个百分点（见表24）。

从不同地区看，西部地区企业计划投资额“增长”的比“减少”的多45.4个百分点，要高于其他地区；从不同规模看，大型企业计划投资额“增长”的比“减少”的多52.8个百分点，明显高于中小企业；从不同经济类型看，国有及国有控股公司计划投资额“增长”的比“减少”的多40.5个百分点，相对较高。此外，民营企业计划投资额“增长”的比“减少”的多38.8个百分点，比2009年一季度提高了48.2个百分点，这一数据要高于国有及国有控股公司，这表明民间投资已被初步带动，经济内生动力逐渐增强（见表24）。

表24 对今年企业计划投资额增减的预计（%）

	增加	持平	减少	增加－减少	
				2010年一季度	2009年一季度
总体	**53.7**	**32.2**	**14.1**	**39.6**	**-9.0**
东部地区企业	52.2	34.7	13.1	39.1	-13.9
中部地区企业	54.3	28.9	16.8	37.5	-4.5
西部地区企业	60.2	25.0	14.8	45.4	12.9
东北地区企业	47.3	37.4	15.4	31.9	-17.8
大型企业	58.3	36.2	5.5	52.8	8.7
中型企业	54.0	29.3	16.7	37.4	-8.9
小型企业	52.1	34.8	13.1	38.9	-12.9
国有及国有控股公司	53.0	34.5	12.5	40.5	-1.7
外商及港澳台投资企业	43.1	45.3	11.7	31.4	-35.9
民营企业	53.5	31.9	14.7	38.8	-9.4

从不同行业看，服务业企业的投资信心要普遍好于制造业企业。具体来看，今年计划投资额增长较多的行业有农林牧渔业，交通运输、仓储和邮政业，信息传输、计算机服务和软件业，住宿和餐饮业，房地产业，租赁和商务服务业等，其计划投资额“增长”的比“减少”的多60个百分点以上。此外，采矿业以及制造业中造纸、医药、橡胶、钢铁、通用设备、专用设备和仪器仪表等行业也相对较好，其计划投资额“增长”的比“减少”的多50个百分点以上。而纺织、服装、化纤等行业则相对较差，计划投资额“增长”的比“减少”的多20个百分点以内。值得注意的是，与2009年的调查结果相比，投资计划增长比较显著的行业有农林牧渔业，交通运输、仓储和邮政业，住宿和餐饮业，租赁和商务服务业以及制造业中的钢铁等行业，而投资计划下降较多的行业包括电力、燃气及水的生产和供应业以及制造业中的服装等行业（见表25）。

表25 不同行业企业对今年计划投资额增减的预计（%）

	增长	不变	减少	增长－减少		
				2010年一季度	2009年	2009年一季度
总体	**53.7**	**32.2**	**14.1**	**39.6**	**40.7**	**-9.0**
农林牧渔业	74.2	19.4	6.5	67.7	45.8	-3.7
采矿业	60.0	30.0	10.0	50.0	38.7	-5.3
制造业	51.9	33.0	15.1	36.8	40.4	-12.6
电力、燃气及水的生产和供应业	46.2	30.8	23.1	23.1	44.6	25.0
建筑业	57.6	23.7	18.6	39.0	41.8	-9.9
交通运输、仓储和邮政业	73.5	20.6	5.9	67.6	45.1	3.1
信息传输、计算机服务和软件业	66.7	26.7	6.7	60.0	52.9	20.0

续表

	增长	不变	减少	增长－减少		
				2010年一季度	2009年	2009年一季度
批发和零售业	38.9	49.6	11.5	27.4	33.0	1.8
住宿和餐饮业	75.0	25.0		75.0	28.5	-17.6
房地产业	84.8	8.7	6.5	78.3	60.7	-11.1
租赁和商务服务业	66.7	33.3		66.7	20.5	-18.2
食品饮料制造业	46.6	29.1	24.3	22.3	39.9	37.8
纺织业	35.5	46.1	18.4	17.1	21.0	0.3
纺织服装、鞋、帽制造业	35.9	43.8	20.3	15.6	39.4	-6.4
造纸及纸制品业	54.2	41.7	4.2	50.0	45.9	33.4
化学原料及化学制品制造业	57.0	23.1	19.8	37.2	45.6	39.4
医药制造业	64.3	26.2	9.5	54.8	55.5	33.9
化学纤维制造业	30.0	60.0	10.0	20.0	36.4	17.7
橡胶制品业	70.0	10.0	20.0	50.0	55.9	34.4
塑料制品业	57.6	30.5	11.9	45.8	47.3	23.8
非金属矿物制品业	43.1	41.5	15.4	27.7	30.7	20.3
黑色金属冶炼及压延加工业	72.0	12.0	16.0	56.0	24.2	9.7
有色金属冶炼及压延加工业	46.4	35.7	17.9	28.6	37.6	20.5
金属制品业	53.8	34.1	12.1	41.8	42.8	27.1
通用设备制造业	61.7	28.7	9.6	52.2	42.4	30.6
专用设备制造业	63.0	27.8	9.3	53.7	42.4	32.2
交通运输设备制造业	54.2	32.2	13.6	40.7	53.6	29.4
电气机械及器材制造业	40.8	39.5	19.7	21.1	40.7	32.3
通信设备、计算机及其他电子设备制造业	62.2	24.3	13.5	48.6	41.6	28.1
仪器仪表及文化、办公用机械制造业	56.7	36.7	6.7	50.0	52.2	45.6

企业进口数量也是衡量企业投资需求变化的一个重要指标。调查结果显示，认为一季度企业产品进口数量比2009年同期增长的企业经营者占32.9%，其中“小幅增长”的占27.4%，“大幅增长”的占5.5%；认为“持平”的占49.9%；认为下降的占17.2%，其中“大幅下降”的占4.4%，“小幅下降”的占12.8%。认为进口增长的比认为下降的多15.7个百分点，而2009年一季度则是认为进口增长的比认为下降的少37.7个百分点。调查表明，企业进口数量明显回升，企业投资需求回暖（见表26）。

从不同行业看，进口上升较多的行业有医药、塑料、汽车和通信设备等行业，其认为进口数量增长的比认为下降的多30个百分点以上（见表26）。

表26　对企业产品进口数量的判断（%）

		增长		持平	下降		增长－下降
		大幅增长	小幅增长		小幅下降	大幅下降	
总体	2010年一季度	5.5	27.4	49.9	12.8	4.4	15.7
	2009年一季度	2.9	9.5	37.5	29.5	20.6	-37.7
制造业总体	2010年一季度	4.7	27.9	50.6	12.1	4.7	15.8
	2009年一季度	2.9	9.2	36.8	30.9	20.2	-39.0
食品饮料制造业			45.5	27.3	27.3		18.2
纺织业		7.7	38.5	34.6	15.4	3.8	26.9
纺织服装、鞋、帽制造业			21.4	64.3	7.1	7.1	7.1

续表

	增长		持平	下降		增长－下降
	大幅增长	小幅增长		小幅下降	大幅下降	
造纸及纸制品业			66.7		33.3	－33.3
化学原料及化学制品制造业	3.7	25.9	48.1	14.8	7.4	7.4
医药制造业	16.7	50.0	33.3			66.7
化学纤维制造业			100.0			0.0
橡胶制品业		20.0	60.0	20.0		0.0
塑料制品业		43.8	43.8	12.5		31.3
非金属矿物制品业		28.6	57.1	14.3		14.3
黑色金属冶炼及压延加工业			100.0			0.0
有色金属冶炼及压延加工业	14.3	14.3	28.6		42.9	－14.3
金属制品业	6.3	31.3	43.8	6.3	12.5	18.8
通用设备制造业	8.0	24.0	56.0	12.0		20.0
专用设备制造业	3.6	17.9	64.3	10.7	3.6	7.1
交通运输设备制造业	18.2	27.3	45.5	9.1		36.4
电气机械及器材制造业	5.9	17.6	64.7	11.8		11.8
通信设备、计算机及其他电子设备制造业	7.1	50.0	35.7	7.1		50.0
仪器仪表及文化、办公用机械制造业		20.0	66.7	13.3		6.7

在进口数量上升的同时，进口价格明显上涨。调查结果显示，认为一季度企业产品进口价格上升的企业经营者占43.2%，其中“小幅上升”的占31.2%，“大幅上升”的占12%；认为“持平”的占47.8%；认为下降的占9%，其中“大幅下降”的占1.5%，“小幅下降”的占7.5%。认为产品进口价格上升的比认为下降的多34.2个百分点，而2009年一季度则是认为上升的比认为下降的少43.7个百分点（见表27）。

从不同行业看，产品进口价格上升较多的行业包括食品、纺织、造纸、医药、化纤、橡胶、塑料等行业，其认为产品进口价格上升的比认为下降的多50个百分点以上（见表27）。

表27　对企业产品进口价格的判断（%）

		上升		持平	下降		上升－下降
		大幅上升	小幅上升		小幅下降	大幅下降	
总体	2010年一季度	12.0	31.2	47.8	7.5	1.5	34.2
	2009年一季度	0.7	5.8	43.3	40.7	9.5	－43.7
制造业总体	2010年一季度	12.8	29.9	48.0	7.6	1.7	33.4
	2009年一季度	0.8	5.5	43.1	41.5	9.1	－44.3
食品饮料制造业		20.0	40.0	30.0	10.0		50.0
纺织业		23.1	34.6	42.3			57.7
纺织服装、鞋、帽制造业		12.0	28.0	44.0	8.0	8.0	24.0
造纸及纸制品业		33.3	33.3	33.3			66.7
化学原料及化学制品制造业		18.5	25.9	40.7	14.8		29.6
医药制造业		16.7	33.3	50.0			50.0
化学纤维制造业			100.0				100.0
橡胶制品业		25.0	25.0	50.0			50.0
塑料制品业		18.8	50.0	18.8	12.5		56.3
非金属矿物制品业			14.3	42.9	42.9		－28.6

续表

	上升		持平	下降		上升－下降
	大幅上升	小幅上升		小幅下降	大幅下降	
黑色金属冶炼及压延加工业			100.0			0.0
有色金属冶炼及压延加工业	14.3	14.3	42.9	28.6		0.0
金属制品业	6.7	13.3	73.3		6.7	13.3
通用设备制造业		43.5	52.2	4.3		39.1
专用设备制造业		28.6	57.1	10.7	3.6	14.3
交通运输设备制造业	8.3	41.7	41.7	8.3		41.7
电气机械及器材制造业	5.9	29.4	58.8	5.9		29.4
通信设备、计算机及其他电子设备制造业	7.1	28.6	50.0	14.3		21.4
仪器仪表及文化、办公用机械制造业	7.7	7.7	84.6			15.4

4. 企业产品出口数量和价格有所回升

随着国际经济形势的逐渐回暖，企业的出口情况有所好转。在本次调查企业中，47.6%的企业有产品出口。调查结果显示，54.3%的企业产品出口数量增长，其中8.7%“大幅增长”，45.6%“小幅增长”；27%“持平”；18.7%下降，其中13%“小幅下降”，5.7%“大幅下降”。出口数量增长的比下降的多35.6个百分点，而2009年一季度则是增长的比下降的少62.8个百分点（见表28）。

表28　对企业产品出口数量的判断（%）

		增长		持平	下降		增长－下降
		大幅增长	小幅增长		小幅下降	大幅下降	
总体	2010年一季度	8.7	45.6	27.0	13.0	5.7	35.6
	2009年一季度	1.6	9.4	15.2	34.8	39.0	-62.8
制造业总体	2010年一季度	8.6	46.0	26.5	13.2	5.7	35.7
	2009年一季度	1.5	8.8	15.5	34.7	39.5	-63.9
食品饮料制造业		3.7	37.0	29.6	18.5	11.1	11.1
纺织业		11.6	53.5	11.6	18.6	4.7	41.9
纺织服装、鞋、帽制造业		1.9	41.5	37.7	13.2	5.7	24.5
造纸及纸制品业		30.0	10.0	40.0	20.0		20.0
化学原料及化学制品制造业		4.6	41.5	30.8	15.4	7.7	23.1
医药制造业		10.0	50.0	30.0	10.0		50.0
化学纤维制造业			40.0	60.0			40.0
橡胶制品业			50.0	25.0	16.7	8.3	25.0
塑料制品业		9.1	57.6	21.2	6.1	6.1	54.5
非金属矿物制品业		11.1	50.0	16.7	16.7	5.6	38.9
黑色金属冶炼及压延加工业			66.7	33.3			66.7
有色金属冶炼及压延加工业		16.7	41.7	25.0		16.7	41.7
金属制品业		8.5	44.7	31.9	6.4	8.5	38.3
通用设备制造业		9.8	42.6	26.2	14.8	6.6	31.1
专用设备制造业		6.7	41.7	35.0	15.0	1.7	31.7
交通运输设备制造业		17.6	44.1	26.5	5.9	5.9	50.0
电气机械及器材制造业		14.3	48.6	17.1	14.3	5.7	42.9
通信设备、计算机及其他电子设备制造业		12.0	44.0	20.0	20.0	4.0	32.0
仪器仪表及文化、办公用机械制造业			57.1	28.6	14.3		42.9

从不同行业看，出口数量上升较多的行业包括医药、塑料、钢铁和汽车等行业，出口数量增长的比下降的多50个百分点以上；而食品和造纸行业则相对较差，出口数量增长的比下降的少20个百分点以内（见表28）。

在企业产品出口数量大幅回升的同时，出口价格温和上涨。调查结果显示，28%的企业产品出口价格上升，其中1.3%“大幅上升”，26.7%“小幅上升”；52.7%“持平”；19.3%下降，其中16.7%“小幅下降”，2.6%“大幅下降”。出口价格上升的比下降的多8.7个百分点，而2009年一季度则是上升的比下降的少64.2个百分点（见表29）。

从不同行业看，出口价格上涨较多的行业包括食品、纺织、化纤、钢铁和电气机械等行业，出口价格上升的比下降的多20个百分点以上；而化工、医药、橡胶、专用设备、汽车、通信设备和仪器仪表等行业则相对较差，出口价格上升的比重要低于下降的比重（见表29）。

表29　对企业产品出口价格的判断（%）

		上升		持平	下降		上升－下降
		大幅上升	小幅上升		小幅下降	大幅下降	
总体	2010年一季度	1.3	26.7	52.7	16.7	2.6	8.7
	2009年一季度	0.3	3.3	28.6	47.4	20.4	-64.2
制造业总体	2010年一季度	1.4	26.2	53.0	16.6	2.8	8.2
	2009年一季度	0.3	3.4	28.0	48.0	20.3	-64.6
食品饮料制造业			44.4	40.7	11.1	3.7	29.6
纺织业		2.3	39.5	46.5	9.3	2.3	30.2
纺织服装、鞋、帽制造业		3.8	28.3	35.8	22.6	9.4	0.0
造纸及纸制品业		10.0	20.0	50.0	20.0		10.0
化学原料及化学制品制造业		1.5	24.6	46.2	26.2	1.5	-1.5
医药制造业		5.6	11.1	61.1	22.2		-5.6
化学纤维制造业			40.0	40.0	20.0		20.0
橡胶制品业			16.7	50.0	33.3		-16.7
塑料制品业			18.2	66.7	12.1	3.0	3.0
非金属矿物制品业			38.9	38.9	16.7	5.6	16.7
黑色金属冶炼及压延加工业			60.0	40.0			60.0
有色金属冶炼及压延加工业		8.3	16.7	58.3	8.3	8.3	8.3
金属制品业			29.8	53.2	12.8	4.3	12.8
通用设备制造业			28.1	49.1	21.1	1.8	5.3
专用设备制造业			15.0	63.3	21.7		-6.7
交通运输设备制造业			15.6	62.5	12.5	9.4	-6.3
电气机械及器材制造业		2.9	29.4	61.8	5.9		26.5
通信设备、计算机及其他电子设备制造业			16.7	62.5	20.8		-4.2
仪器仪表及文化、办公用机械制造业			14.3	66.7	19.0		-4.8

三、当前宏观经济和企业发展面临的挑战及对策

1. 房地产价格偏高，预期未来仍将上涨[①]

本次调查截止于2010年4月14日。调查结果显示，关于目前房价的总体水平，38%的企业经营

① 本次调查时，中央最新一轮房地产调控措施尚未出台，企业经营者对房价的判断基于当时的环境，未必代表企业经营者目前的观点。

者认为房价“过高”，比2009年一季度提高了23.6个百分点；46.7%认为“较高”，14.1%认为“正常”，1.2%认为“较低”。从不同地区看，东部地区有45.5%的企业经营者认为本地区房价“过高”，明显高于其他地区（见表30）。

表30　对企业所在地区房价总体水平的判断（%）

		过　高	较　高	正　常	较　低	过　低
总体	2010年一季度	38.0	46.7	14.1	1.2	—
	2009年一季度	14.4	53.3	27.3	4.8	0.2
东部地区企业		45.5	43.4	10.2	0.9	—
中部地区企业		23.2	52.6	22.5	1.7	—
西部地区企业		25.3	55.3	18.9	0.5	—
东北地区企业		21.3	55.3	19.1	4.3	—

值得注意的是，虽然大部分企业经营者认为目前房价偏高，但企业经营者仍普遍预期今年房价会继续上涨。调查显示，超过九成（92.2%）的企业经营者预期2010年企业所在地区的房价将会上涨，其中42.2%认为会“上涨10%以上”，35%认为会“上涨5%~10%”，15%认为会“上涨5%以内”；6%认为会“持平”，1.8%认为会“下降”（见表31）。

表31　不同地区的企业经营者对今年本地区房地产价格的预计（%）

	上升10%以上	上升5%~10%	上升5%以内	持平	下降
总体	**42.2**	**35.0**	**15.0**	**6.0**	**1.8**
东部地区企业	45.2	32.5	14.6	5.4	2.3
中部地区企业	32.4	43.3	17.7	5.5	1.0
西部地区企业	43.3	36.7	13.0	6.0	0.9
东北地区企业	28.7	40.4	19.1	10.6	1.1

本次调查还了解了企业经营者对出台《物业税》对抑制房价过快上涨的评价。调查结果显示，对于“为抑制房价过快上涨，有专家提出尽快出台物业税”这一观点，29.1%的企业经营者认为“弊大于利，反对”，42.6%认为“可能有效，无所谓”，21.1%认为“非常有效，予以支持”（见表32）。

表32　对为抑制房价过快上涨而提出尽快出台物业税的评价（%）

	非常有效，予以支持	可能有效，无所谓	弊大于利，反对	其　他
总体	**21.1**	**42.6**	**29.1**	**7.2**
东部地区企业	20.3	43.1	28.3	8.4
中部地区企业	24.2	43.0	26.8	6.0
西部地区企业	21.2	43.3	30.4	5.1
东北地区企业	15.8	41.1	41.1	2.1
大型企业	17.1	36.4	41.9	4.7
中型企业	21.6	43.2	28.3	6.9
小型企业	20.7	44.2	27.4	7.7
国有及国有控股公司	16.6	48.9	29.8	4.7
外商及港澳台投资企业	17.6	46.3	30.9	5.1
民营企业	21.7	42.1	28.4	7.8

2. 成本上升、负担过重、缺乏人才是当前企业面临的主要困难

关于当前企业经营发展中遇到的最主要困难，调查结果显示，按照企业经营者选择比重高低排在前四位的依次是：“人工成本上升”（70.5%）、“能源、原材料成本上升”（66.3%）、“税费、社保等

负担过重”（49.9%）和“缺乏人才”（42%）。其他选择比重较高的还有：“资金紧张”（36.6%）、“缺乏创新能力”（26.7%）、“招工困难”（21.8%）、“难以把握宏观调控政策方向”（14.9%）、“资源、环境约束较大”（14.1%）、“遭受侵权等不正当竞争”（13.6%）、“行业发展前景不明”（13.1%）、“国内需求不足”（11.5%）、“国际经济环境恶化”（10.8%）等。与2009年一季度的调查结果相比，选择“人工成本上升”和“能源、原材料成本上升”的比重明显提高，选择“资金紧张”的比重明显下降（见表33）。

表33　　当前企业经营发展中遇到的最主要困难（%）

	总体	
	2010年一季度	2009年一季度
人工成本上升	70.5	53.6
能源、原材料成本上升	66.3	25.5
税费、社保等负担过重	49.9	—
缺乏人才	42.0	39.6
资金紧张	36.6	49.8
缺乏创新能力	26.7	33.1
招工困难	21.8	—
难以把握宏观调控政策方向	14.9	—
资源、环境约束较大	14.1	15.4
遭受侵权等不正当竞争	13.6	12.7
行业发展前景不明	13.1	16.2
国内需求不足	11.5	37.7
国际经济环境恶化	10.8	32.7
地方政府干预较多	9.4	11.6
企业领导发展动力不足	9.0	9.7
人才流失比较严重	8.7	—
缺乏投资方向	5.7	4.6

关于企业目前的人工成本情况，调查结果显示，92.6%的企业目前的人工成本“上升”，7.2%“持平”，0.2%“下降”，“上升”的比“下降”的多92.4个百分点，比2009年一季度提高了56.1个百分点。其中，东部地区企业、小型企业和外商及港澳台投资企业人工成本上升较为显著（见表34）。

表34　　企业目前的人工成本情况（%）

	上升	持平	下降	上升－下降	
				2010年一季度	2009年一季度
总体	**92.6**	**7.2**	**0.2**	**92.4**	**36.3**
东部地区企业	93.0	6.9	0.1	92.9	34.3
中部地区企业	91.9	7.5	0.7	91.2	37.6
西部地区企业	93.1	6.4	0.5	92.7	50.0
东北地区企业	88.3	11.7		88.3	24.4
大型企业	86.0	14.0		86.0	37.2
中型企业	92.0	7.4	0.6	91.4	34.4
小型企业	94.0	6.0		94.0	37.9
国有及国有控股公司	87.8	11.8	0.4	87.4	36.5
外商及港澳台投资企业	94.9	5.1		94.9	28.1
民营企业	93.6	6.2	0.2	93.4	38.5

关于企业目前的物料采购价格情况，调查结果显示，86.8%的企业目前的物料采购价格“上升”，11.5%“持平”，1.7%“下降”，“上升”的比“下降”的多85.1个百分点，比2009年提高了36.1个百分点，而2009年一季度则是“上升”的比“下降”的少53.4个百分点。其中，东部地区企业、小型企业和外商及港澳台投资企业的物料采购价格上升较为显著（见表35）。

表35　企业目前的物料采购价格情况（%）

		上升	持平	下降	上升－下降
总体	2010年一季度	86.8	11.5	1.7	85.1
	2009年	57.7	33.6	8.7	49.0
	2009年一季度	9.4	27.8	62.8	-53.4
东部地区企业		87.8	10.2	1.9	85.9
中部地区企业		83.5	15.5	1.0	82.5
西部地区企业		84.7	13.0	2.3	82.3
东北地区企业		86.4	12.5	1.1	85.2
大型企业		84.1	15.9		84.1
中型企业		86.3	11.9	1.8	84.5
小型企业		87.2	10.9	1.9	85.3
国有及国有控股公司		82.6	16.1	1.3	81.3
外商及港澳台投资企业		85.9	14.1		85.9
民营企业		87.3	10.6	2.1	85.2

关于人才缺乏，本次调查还了解了目前企业在用工方面的迫切需求。调查结果显示，60.1%的企业经营者选择了“中专、技校毕业生”，排在第一位；其次是“大专及本科毕业生”，选择比重为47.7%；选择“农民工”的为35.8%，排在第三位；选择“硕士及以上学历毕业生”的为13.2%。分组来看，东部地区企业选择“农民工”的比重相对较高，中小企业和民营企业选择“中专、技校毕生生”的比重相对较高，大型企业和国有及国有控股公司选择“硕士及以上学历毕业生”的比重相对较高（见表36）。

表36　企业目前在用工方面的迫切需要（%）

	农民工	中专、技校毕业生	大专及本科毕业生	硕士及以上学历毕业生
总体	**35.8**	**60.1**	**47.7**	**13.2**
东部地区企业	39.9	62.1	43.4	13.0
中部地区企业	34.4	56.4	49.5	12.7
西部地区企业	26.8	60.8	56.0	13.4
东北地区企业	21.1	58.9	62.2	12.2
大型企业	21.7	49.6	60.5	21.7
中型企业	36.4	60.7	47.6	15.1
小型企业	38.8	62.4	44.5	9.5
国有及国有控股公司	19.7	53.6	59.2	22.7
外商及港澳台投资企业	50.4	58.6	30.8	11.3
民营企业	40.9	61.8	45.2	10.2

随着政府出台积极的财政政策和适度宽松的货币政策，企业的资金紧张状况有所缓解。调查结果显示，66.6%的企业目前资金“正常”或“宽裕”，比2009年一季度提高了15.8个百分点；33.4%的企业资金“紧张”。从不同地区看，东部地区企业资金情况好于其他地区企业；从不同规模看，规模

越小，资金“紧张”的企业比重越高；从不同经济类型看，外商及港澳台投资企业资金“紧张”的比重相对较低（见表37）。

表37　　企业目前的资金情况（%）

	宽裕	正常	紧张	宽裕+正常	
				2010年一季度	2009年一季度
总体	**7.7**	**58.9**	**33.4**	**66.6**	**50.8**
东部地区企业	7.7	61.4	30.9	69.1	55.1
中部地区企业	8.2	51.2	40.6	59.4	43.0
西部地区企业	6.5	57.9	35.6	64.4	46.3
东北地区企业	6.4	58.5	35.1	64.9	41.0
大型企业	13.1	66.2	20.8	79.2	58.0
中型企业	8.2	60.7	31.1	68.9	51.9
小型企业	6.2	56.3	37.5	62.5	47.6
国有及国有控股公司	7.6	59.3	33.1	66.9	44.6
外商及港澳台投资企业	13.2	62.5	24.3	75.7	60.6
民营企业	7.3	59.2	33.5	66.5	50.6

面对当前经济形势和企业经营中的困难与挑战，企业经营者表示将采取多种手段积极应对危机。本次调查设计了“为了企业更好地发展，您认为今年贵企业应着重采取哪些措施”这一问题，调查结果显示，在所有14个选项中，选择比重最高的是“加强管理降低成本”（65.3%），其他选择比重较高的还有“增加创新投入”（61.6%）、“引进人才”（50.1%）、“加强员工培训”（48.7%）和“开拓国内市场”（36.4%）。调查表明，为了更好地发展，企业将加强成本意识、加大创新的力度，从外部引进和内部培训两方面解决人才缺乏问题，这将对经济发展模式的转型起到积极的作用（见表38）。

表38　　为了更好地发展，企业未来一年应着重采取的措施（%）

	总体	
	2010年一季度	2009年一季度
加强管理降低成本	65.3	81.0
增加创新投入	61.6	63.7
引进人才	50.1	51.9
加强员工培训	48.7	—
开拓国内市场	36.4	53.7
更新设备	35.4	32.8
加强企业文化建设	33.6	35.8
开拓国际市场	23.6	23.7
改变经营模式	23.0	26.9
关注纸碳经济	13.3	—
投资其他行业	11.3	9.6
股权投资或并购	7.5	7.7
寻求上市	6.8	4.9
投资其他地区	4.6	4.1

（注：凡引用此报告者均需注明引自中国企业家调查系统——《2010年一季度千户企业经营状况快速问卷调查报告》）

扬帆出海 融入世界

——中国企业国际化调查报告

▌中国企业家调查系统

▌香港中文大学管理学系

20世纪80年代初期，在经历30多年传统和封闭的计划经济之后，中国终于向世界敞开大门。从此，“对外开放”成为中国这个世界上人口最多国家的一项基本国策，推动整个国民经济逐渐融入世界经济体系之中。在对外开放初期，中国政府在积极开放国内市场、引进外资的同时，也鼓励本国企业，特别是沿海经济特区的民营企业，通过来料加工或者合资合作等方式增加对外出口贸易。在此后的十多年里，出口贸易不仅为中国换取了大量宝贵的外汇硬通货，使得政府和企业得以从国外市场进口急需的原材料和技术，也极大地提高了国内企业对海外市场需求和销售渠道的认识。与此同时，大批国内企业通过与外资伙伴组建合资或者合作企业，除了解决资金不足的问题之外，也学习到了国际管理知识，从而逐渐提高了自身的管理水平。这些措施在很大程度上拓展了国内企业经营者和管理人员的国际视野，为下一步中国企业扬帆出海打下良好基础。

自20世纪90年代中后期，多年市场竞争的洗礼使中国企业的竞争能力大大提高，核心能力不断加强。国内不再满足于仅仅依赖出口贸易开拓海外市场这种单一方式，而开始尝试通过对海外直接投资在他国建立销售代表处、分销网络甚至生产基地，直接在当地生产经营。根据商务部报告，1997年是中国批准海外直接投资的分水岭。在这之前，中国在海外投资的企业数和批准量都呈缓慢增长。而在1997年之后，两者都呈现明显增加的态势。从2002年之后，中国在海外投资的增速更快，规模也更大。其中非金融类海外投资年平均增长率高达60%。仅2008年第一季度，中国对外直接投资额就达到193.4亿美元，超过2007年全年的直接投资额（中国国际贸易促进委员会，2008）。

中国企业的国际化模式从一开始就呈现出“从内而外”和“合作推进”的特征，即国内企业首先在国内通过合资等方式熟悉国外企业的管理模式，然后再与合作伙伴一起或者通过合作伙伴的关系进入海外市场，最后在当地直接投资建厂或者收购企业，落地生根。比如，海尔集团首先在国内与外资合资，然后通过OEM方式再将产品出口到欧洲市场。在这个过程中，海尔于90年代初开始在亚洲建立合资企业，生产和销售核心产品。1998年，海尔集团正式确立了全球化战略，并于2001年在美国南卡罗里纳投资4000万美元建设冰箱生产基地。海尔在美国的行动开了中国企业在美国直接投资的先河。此后，跨国收购业也逐渐引起中国企业重视。2002年，TCL收购美国高威达（Go－Video）和德国施耐德（Schneider）的相关业务。2004年底，联想集团于2004年底以12.5亿美元收购美国IBM个人计算机（PC）业务，成为当时中国企业在海外最大的收购事件。到目前为止，一大批中国企业已经在国际化的道路上取得了令人瞩目的优秀成绩。与此同时，通过国际化锻炼，中国企业的竞争实力得以加强，入选全球企业的排名也大大提升。

中国企业走向国际化的趋势引起中国政府的关注，自然引起其他各国政府、经济界、商界和媒体的注意。在管理学术界，学者的研究对象也从过去多年来主要调查跨国公司进入中国转而探讨中国企业进入海外市场的方式和跨国经营模式（Lau and Bruton，2008）。不过，到目前为止，国际管理学术界对中国企业国际化的状态和经营运作仍然知之不多。比如，中国企业进入海外市场的目的是什么？它们的国际化程度如何？它们以何种方式进入国际市场？它们依赖哪些竞争优势在国际市场拼搏？它们对今后国际化有什么短期和长远计划？它们在国际化过程中面临哪些困难或者挑战？这一系列问题都有待于更深一部的研究给予答案。

针对以上这些问题，中国企业家调查系统与香港中文大学管理学系于去年合作开展“中国企业走向国际化”调查。本文的主要目的之一是报告这一调查的初步结果。我们的第二个目的是通过这个调查揭示我国企业家对国际化战略的思考和定位，以及我国企业进入国际市场的一些特点。我们希望这一调查结果能够使读者更加深入地了解中国企业国际化现状，为企业家和政策制定者提供一些有益的启示。

一、研究背景与方法

本文介绍的调研成果来自于中国企业家调查系统（以下简称企业家调查系统）和香港中文大学管理学系合作举办的一项旨在了解中国企业国际化程度的抽样调查。我们采用邮递问卷的调查方法。为了提高研究的可信度和数据的可靠性，我们向每一间样本企业递送两份问卷，一份要求由企业家本人填写，另外一份则由该企业高级主管填写。这两份问卷关于企业竞争优势、外部机遇等方面的问题相同，但是针对企业家的问卷还额外包括企业整体经营和海外运作部分。

接受调查问卷的样本企业全部来自企业家调查系统的数据库。我们一共回收到 501 间企业反馈，包括 501 份由企业家填写的问卷和 302 份由企业的高级主管经理完成的反馈。不过，有些反馈问卷的数据存在缺项等问题。在处理数据的时候，我们仍然以单个企业为一个样本，但是对企业家和高级主管经理反馈结果分开处理和报告。

表 1 说明总体 501 间样本企业的概况。

表 1　　样本企业概况

调研项目	数目（占样本总数 %）
样本企业总数	n = 501
国有企业，包括国有控股的上市公司	136（27.1%）
民营企业	339（67.7%）
其他股份结构	26（5.2%）
规模（人数）	n = 495
小于或者等于 500 人	218（43.8%）
500 ~ 1000 人之间	229（46.5%）
1000 人以上	48（9.6%）

在所有制方面，虽然国有控股的上市公司（85 间）和国有企业（51 间）合计共 136 间，占整个样本的 27%，但是民营企业数目更多，为 339 间，高达 68%。从规模上分，218 间企业的职工总数在

500 人以下，而职工人数超过 1000 人的样本企业只有 48 间。这说明，参加本次调研的大多数企业属于中小规模。

二、研究发现

1. 样本企业的国际化状态

企业国际化是一项战略选择。表 2 显示 501 间受调查企业的国际化状态。

表 2　　样本企业的国际化状态

调研项目	数目（占样本总数 %，n = 501）
已经进入海外市场的企业数目	425（84.8%）
以出口贸易为主要国际化方式的企业数目	221（44.1%）
何时进入国际市场	最早于 1970 年，最晚在 2009 年，平均在 2000 年
进入国际市场时间	众数* 14.5 年，平均 8.8 年
在海外市场运营的企业	172（34.3%）

注：* 众数（mode）是指一组数据中出现次数最多的那个数据。

表 2 说明样本企业中开拓国际市场的企业数目为 425 间，不过其中很多是以出口贸易为主（221 间）。这些样本企业在国际市场销售的年限有长有短，其中有的企业于 1976 年就开始开拓国际市场，属于国际化的开路先锋；但是也有刚刚进入国际市场不到 1 年的后起之秀。总体上，样本企业在国际市场的运营年限的中值为 4.5 年。

针对我们具体的关于企业在海外市场运营的问题，只有 172 间企业给予较为完整地反馈信息。我们以这 172 间企业为基础，具体分析这些企业在海外市场运行的状况。表 3 说明这些企业国际化的具体情况。

表 3　　在国际市场运营的 172 间企业的总体状况

项　目		频率（占样本反馈总数 %，n = 172）
所有制和行业分布	民营企业	115（66.9%）
	制造业企业	157（91.3%）
在海外市场的地区分布	进入海外市场的数目	1 到 80 个国家，平均为 13.8 个国家（n = 151）
	其中：进入发达国家的个数	1 到 25 个国家，平均数 4.91 个（n = 127）
	进入东亚地区的企业数	119（69.2%）
国际化业务经营状况	已经盈利	97（56.4%）
	收支平衡	28（16.3%）
	亏损	47（27.3%）
企业国际化程度	2008 年国际业务占销售总额的平均比例（%）	41.2%（n = 149）
	其中：2008 年国际业务占销售总额的中值（%）	30%（m = 149）
	常驻海外的员工数占职工总数 %	3.1%（n = 82）
	外籍高级管理人员占高级管理人员 %	2.4%（n = 71）

表 3 说明，从所有制分布看，超过半数（67%）已经在海外运营的企业是民营企业。实际上，民营企业一直是我国企业开拓海外市场的主力军。可以预见，今后会有更多的民营企业活跃在国际市场上。

从行业分布看，超过 90% 进入海外市场的企业属于制造业。这种制造业企业集中跨海的现象应该与我国经济结构仍然偏重第一、第二产业有关。

在海外市场分布方面，样本企业进入海外市场的平均数目为 14 个左右，但是中值（median）仅为 6 个国家。这项指标的变动很大，其方差为 17.13，说明样本企业在进入海外市场的数目上变动很大。的确，样本中有的企业只在 1 个海外市场运营，也有企业进入了 80 个国家。其中，20% 的企业在 25 个国家运行，但是其众数只有 5。另外，有 117 间企业进入发达国家市场，而超过 69% 的企业进入在地理上靠近中国的东亚地区。

企业在海外市场要面临比本地市场更大的风险。导致海外运营的风险因素很多，如汇率风险、所在国政策变动的风险、对海外市场不熟悉、缺少海外管理经验和文化差异等。那么，在海外运行的企业是否能够实现盈利呢？在 172 间样本企业中，过半数（56%）已经盈利。这是十分可喜的现象。不过，仍然有接近 28% 的企业（47 间）处于亏损状态。

以上这些指标给我们大致勾画出样本企业的国际化状态。不过，国际化对样本企业到底有多么重要呢？回答这个问题可以测量企业的国际化程度。在这项调查中，我们采用三项通用衡量企业国际化程度的指标：①海外业务收入占企业销售总额的平均百分比（%）与中值（%）；②外籍员工人数占职工总数百分比（%）；③外籍高级管理人员占高级管理团队人数的百分比（%）。只有部分企业填写了这些指标。总体上来说，样本企业的国际化程度仍然较低。比如，在填写这部分问卷的 149 间企业中，海外业务占销售总额的平均比例只有 40% 左右，而中值却只有 30%。这说明海外业务的比重仍然不大。而外籍员工和外籍管理人员的比例更低，只占回答这两项问题样本企业职工总数的 3% 和高级管理人员人数的 2%。这些数据都说明中国企业的国际化程度并不高，特别是外籍员工和外籍管理人员的比例太低，虽然个别企业的国际贸易额很高。其中的一个可能是这些企业在海外的业务也许主要是推销或者分销产品，而缺少生产运营研发等实质性管理机制。这种较为单一的销售职能只需要依赖销售代表处和很少的销售人员负责即可。

2. 进入国际市场的顺序和目的：发达国家与发展中国家

中国企业从哪些国家开始开拓国际市场呢？选择国际化路线是一个具有重大实际意义的问题。从地理位置上看，企业可以选择不同的路线。一种方式是由近而远，即先从本国周围的区域市场入手，因为这些国家在地域上和文化上与本国比较类似，从管理和运营的角度上看，比较容易操作。对中国企业来说，可以选择亚洲作为国际化的起点。另外一种选择是首先进入市场竞争比较薄弱的国家入手。这些国家往往是被跨国公司忽略或者市场发育不完善的发展中国家，而中国企业在产品和技术上的优势正好可以填补当地市场的空缺。

不过，企业国际化的经验说明，企业对进入国际市场顺序的选择与自身的战略有很大关系。比如，海尔集团决定国际化初期以主攻欧美市场为主，而不是大举进入亚洲周边国家。这样考虑的一个重要原因是虽然发达国家的市场竞争非常激烈，但是那里的分销渠道成熟，而且这些国家具有深厚的研发和创新资源，这些都可以快速提升海尔集团的自身竞争能力。进入发达国家的另外一个优势在于，一旦企业获得那里消费者的信赖，其产品品牌和公司形象势必会更加容易地被其他地区和国家的消费者接受。因此，选择进入发达国家市场不仅可以提升企业竞争力，而且对提升企业产品品牌和形象具有积极的拉动作用。

本次调查中关于企业进入国际市场顺序的结果在表 4 中列出。

在给予反馈的 154 间企业中，71 间（46%）选择先进入发达国家市场，然后再进入发展中国家市场。不过，也有 1/3 的企业（51 间）则从发展中国家市场开始国际化。总的说来，按照地理位置或者文化接近程度决定国际化优先顺序的企业不多，两者合计只有 16 间，分别占总数的 6% 和 4% 左右。

表4　　企业进入海外市场的顺序

进入海外市场的顺序	频率（占全部企业家反馈%，n=154）
先进入发达国家市场，后进入发展中国家市场	71（46.1%）
先进入发展中国家市场，后进入发达国家市场	51（33.1%）
按地理位置先近后远的次序进入海外市场	10（6.3%）
按照文化的接近程度，先进入文化比较相似的国家	6（3.9%）
其他方式	16（10.4%）

那么，为什么我国企业钟情于优先考虑进入发达国家的市场呢？表5说明了它们选择发达国家希望达到的目的。

表5　　企业选择进入发达国家的目的

进入发达国家的目的	频率（占全部企业家反馈%，n=157）
占领当地市场	133（84.7%）
提升管理经验和能力	71（45.2%）
获取品牌	53（33.8%）
获取技术	37（23.6%）
获取资金	34（21.7%）
规避贸易壁垒	15（9.6%）

注：此项允许多项选择。

考虑发达国家市场优先的企业将占领市场（85%）、提升管理经验和能力（45%）以及获取品牌（34%）作为最重要的三项目的。这些要素都与发达国家市场的完善程度有关。进入发达国家市场不仅可以帮助企业提高知名度，而且可以学习国际管理的经验，从而快速提高自身的内功。这样做的动力是改进和提升企业在国际市场上的竞争力。除此之外，获取技术（24%）和获取资金（22%）也是很重要的原因。反而，克服贸易壁垒（10%）倒不是企业进入发达国家的主要目的。

那么为什么有些企业选择首先进入发展中国家呢？表6说明企业选择发展中国家作为优先进入的目的。

表6　　企业选择进入发展中国家的目的

进入发展中国家的目的	频率（占全部企业家反馈%，n=149）
占领当地市场	136（91.3%）
规避贸易壁垒	29（19.5%）
获取自然资源	14（9.4%）
获取低成本劳动力	14（9.4%）

注：此项允许多项选择。

对比表5，在表6中，在优先选择进入发展中国家的企业中，占领当地市场（91%）仍然是首要战略考虑。不过，“规避贸易壁垒”这一战略目的在表6的比重明显高于该项在表5的比例，达到20%左右。至于发展中国家的当地自然资源和低成本劳动力优势则在样本中占很低的比例，均为9%。

总体上讲，不管是选择发达国家还是发展中国家，占领市场是中国企业家考虑的主要战略目的。与此同时，相比发展中国家，中国企业家重视发达国家的原因还包括这些国家具有良好素质的管理资源和品牌提升效应。从这一点上看，当初跨国企业进入中国或者其他新兴经济国家的目的与今天中国企业国际化多少有些类似，即占领当地市场和克服贸易壁垒。

3. 进入海外市场的方式

企业进入国际市场的方式主要有五种，即出口贸易、授权或者特许经营、战略联盟（包括合作和合资）、独资和跨国收购兼并。其中，出口贸易和授权/特许经营和合作联盟不涉及投资或者股权，而合资、独资和跨国收购则属于直接投资股权或者资产。出口贸易是最简单的国际化方式，而且因为生产基地在企业本国，风险较低。海外直接投资操作难度比较大，牵扯到多种复杂因素，如本国和所在国的法律、资产评估和与当地组织如工会的互动，因此风险很高。企业选取何种进入国际市场的方式除了外部因素，如海外市场规模和产业特征之外，也受制于企业内部的竞争优势和对外部风险的承担能力。一般地，在对海外市场不熟悉的情况下，企业大多选择出口。随着出口数量不断增大，企业会从出口转而在海外设置办事处，进而投资设厂。此外，企业拥有的资源和规模也会影响国际化方式的选择。比如，多数中小企业因为资源短缺和抗风险能力较低会选择出口贸易，而大型的跨国企业则由雄厚的财力、物力和人力资源进行海外直接投资和跨国收购。表 3 列出本次调查中样本企业进入海外市场的几种方式。在设计问卷的时候，考虑到中国企业在海外承接建筑工程的历史，我们将海外承包工程作为一项单独指标列出。

表 7　　进入海外市场的方式

进入海外市场的方式	频率（占全部企业家反馈 %，n = 168）
出口贸易	154（91.7%）
战略联盟	24（14.3%）
承包工程	16（9.5%）
直接投资	11（6.6%）
海外特许经营	2（1.2%）
跨国收购与兼并	1（0.6%）
其他方式	3（1.8%）

注：此项目允许多项选择。

表 7 表明，超过 91% 的企业仍然选择出口贸易作为进军国际市场的主要方式。相比之下，选择其他方式的企业数目差距极大。比如，只有 14% 的企业（24 间）选择战略联盟，不到 10%（16 间）选择承包工程。至于海外直接投资的企业更少，只有 11 间，占在海外经营总数的 7% 以下。与媒体大张旗鼓宣传的中国企业跨国收购形成巨大反差的是，我们的样本中只有 1 间选择跨国收购这种比较复杂的国际化方式。

这些数字表明，中国企业对外开放的方式仍然以出口为主，而不是我们希望看到的对外直接投资或者收购兼并。这种以出口为主的国际化方式与前述占领市场的战略目的也十分吻合。

4. 中国企业进入国际市场所依赖的竞争优势

传统的企业国际化理论认为企业在国际市场的竞争离不开在本土开发和建立的竞争优势。从这个方面看，企业在海外市场的竞争优势可以看作是本土优势的延伸和扩展。我们先看企业家和高级主管经理对自身企业竞争优势的认识（见表 8）。

企业家和高级主管经理对自身竞争优势的认识十分相似。他们都认为“生产能力”、“营销能力”和“战略决策能力”这三项是企业最显著的竞争优势。相比之下，“研发能力”和“学习能力”在企业竞争能力的排名靠后，而“组织设计与管理体制”、“资本及融资能力”、“人力资源管理能力”和“政府公关能力”则更加靠后。如果我们再考察企业家和高级主管经理对企业自身弱势的看法（见表 9），也许能更清楚中国企业在本土建立的优势和弱势。

表8　企业家和高级主管经理对本企业竞争优势的看法

竞争优势	企业家的频率（占全部企业家反馈%，n=496）	高级主管经理的频率（占全部高级主管经理反馈%，n=302）
生产能力	325（65.5%）	182（60.3%）
营销能力	259（52.2%）	137（45.4%）
战略决策能力	214（43.2%）	136（45.0%）
研发能力	197（39.7%）	99（32.8%）
学习能力	178（35.9%）	102（33.8%）
组织设计与管理体制	141（28.4%）	87（28.8%）
资本及融资能力	120（24.2%）	86（28.5%）
人力资源管理能力	110（22.2%）	57（18.9%）
对政府的公关能力	50（10.1%）	34（11.3%）

注：此项允许最多选择三项。

表9　企业家和高级管理经理对本企业竞争弱势的看法

竞争弱势	企业家的频率（占全部企业家反馈%，n=494）	高级主管经理的频率（占全部高级主管经理反馈%，n=298）
研发能力	235（47.6%）	150（50.3%）
资本及融资能力	228（46.2%）	113（37.9%）
人力资源管理能力	210（43.2%）	117（39.3%）
对政府的公关能力	194（39.3%）	92（30.9%）
营销能力	148（30.0%）	105（35.2%）
组织设计与管理体制	146（29.6%）	74（24.8%）
战略决策能力	110（22.3%）	61（20.5%）
学习能力	80（16.2%）	48（16.1%）
生产能力	48（9.7%）	38（12.8%）

注：此项允许最多选择三项。

很明显，“研发能力”、“资本与融资能力”和“人力资源管理能力”不管是企业家还是高级主管经理都认为是企业竞争的弱势。企业高级主管经理似乎更加关心营销能力。

研发能力与企业能否发展国际竞争优势关系很大。如果企业的本土竞争优势建立在生产能力上，而研发能力相对较弱，则企业的竞争力局限在低成本范围，只能以低价竞争。

其他几项竞争优势属于职能战略范畴，对企业国际化也有一定影响。比如，人力资源管理和营销能力都需要与海外市场的具体条件加以调整。

那么这些又是怎样支持企业国际化呢？表10为我们理解两者之间关系提供了一些线索。

表10　企业进入海外市场所依赖的竞争优势

进入海外市场依赖的竞争优势	频率（占全部反馈%，n=170）
低成本生产要素优势	132（77.7%）
技术优势	81（47.7%）
管理优势	31（18.2%）
政策与政府关系	14（8.2%）
其他方式	6（3.5%）

注：此项允许最多选择三项。

表10表明低成本是我国企业进入国际市场的主要竞争优势。我国企业在技术层面的优势仍然不明

显，在管理方面的优势更加薄弱。

联系表 8、表 9 和表 10，我们相信我国企业之所以能够在国际市场竞争中以低成本胜出，在本土建立的生产能力优势是关键因素。以往讨论中国企业低成本优势的时候，学者或者企业界人士往往更多地关注中国自身的成本低廉的劳动力资源这个重要的宏观因素。但是，从企业层面来说，除了低廉劳动力之外，生产能力的改进，特别是在生产工艺和设备以及扩大生产规模两个方面的进步，也会降低生产成本。

除发挥生产能力之外，也有将近 48% 的企业借助技术优势进入国际市场。不过，具有管理优势开拓国际市场的企业仍然为数不多，只占样本的 18% 左右。我们希望越来越多的中国企业可以凭借技术和管理优势国际化。

5. 今后的机遇与面临的困难

企业国际化的一个重要原因是从海外需求当中寻找增长点。因此，对外部机遇，特别是国内和海外市场需求的判断，是企业家和企业管理者决定是否国际化的一个重要原因。表 11 报告了企业家和高级主管经理对今后 3 ~5 年外部机遇的预测。

表 11　　企业家和高级主管经理对企业未来 3 –5 年面临的外部机遇的预测

外部机遇	企业家的频率（占全部企业家反馈 %，n = 497）	高级主管经理的频率（占全部高级主管经理反馈 %，n = 301）
国内市场需求增长	373（75.1%）	231（76.7%）
国际市场需求重新复苏	183（36.8%）	116（38.5%）
新行业/新产品的出现	156（31.4%）	92（30.6%）
发展中国际市场需求增加	127（25.6%）	76（25.3%）
行业政策变化与政府干预减少	120（24.1%）	65（21.6%）
制造业产业链向中国转移	78（15.7%）	45（14.6%）
国际上开放资源和技术	30（6.0%）	27（8.9%）
跨国企业的技术转移	19（3.8%）	14（4.7%）

注：此项允许最多选择三项。

表 11 展示的研究发现表示绝大部分企业家和高级主管经理仍然看好中国国内市场的增长。不过，仍然有超过 36% 的企业家和高级主管经理预计“国际市场需求重新增长”。我们的调查是在全球金融海啸之后。这两项预期说明大部分企业仍然会以国内市场为主，同时逐步开发国际市场。

更有趣的是超过 1/4 的企业家和高级主管经理预计“发展中国家需求增加”。这种预期也许会促使中国企业更加关注发展中国家的市场变化，并从中寻找机会，开辟一块新的天地。

那么企业家们对今后可能出现的不利因素有何看法呢？表 12 比较了企业家和高级主管经理预计未来 3 ~5 年可能出现的外部威胁。

企业家和主管经理都认为来自外部的最大威胁是“国内原材料和劳动力成本上升”，而且这一项远远高于位居第二位“顾客需求变化”所占的比例（79% 比 29%，72% 比 34%）。不过，主管经理们还忧虑“技术变革加速”和“发展中国低成本竞争”，虽然这两项从程度上讲与国内成本上升相比差距很大。对国内原材料和劳动力成本上升的担心很可能会加快推动企业从国际市场寻找资源或者投资海外设厂生产。

那么在国际化过程，企业面临哪些主要困难或者障碍呢？表 13 列举了从反馈问卷中总结出来的 7 项主要挑战。

表12　　企业家和高级主管经理对未来3~5年面临的最大外部威胁的看法

外部威胁	企业家的频率（占全部企业家反馈%，n=495）	高级主管经理的频率（占全部高级主管经理反馈%，n=302）
国内原材料和劳动力成本上升	390（78.8%）	216（71.5%）
顾客需求变化	142（28.7%）	102（33.8%）
国际性资源短缺和价格上涨	126（25.5%）	49（16.2%）
出现替代品或新的商业模式	113（22.8%）	67（22.2%）
技术变革加速	112（22.6%）	81（26.8%）
发展中国家低成本竞争	110（22.2%）	77（25.5%）
跨国企业的竞争加剧	80（16.2%）	25（8.3%）
行业政策与政府干预加剧	79（16.0%）	87（28.8%）
制造业产业链国际转移	30（6.1%）	25（8.3%）

注：此项允许最多选择三项。

表13　　企业在国际化过程中面临的主要困难或者障碍

面临的主要困难	频率（占全部反馈%，n=168）
缺乏合格的国际化人才	108（64.7%）
企业缺乏高端产品	49（29.3%）
不了解外国法律和市场	48（28.7%）
国际市场的贸易壁垒及准入限制	31（18.6%）
缺乏合适的销售渠道和品牌知名度	31（18.6%）
难以实现国内外业务的整合或协调	16（9.6%）
国内管理模式难以复制到国外	13（7.8%）

注：此项允许最多选择三项。

由表13可见，过半数的企业家都同意“缺少国际化人才”是阻碍企业走出去的最重要的原因。虽然过去二十几年来我国加大了对管理人才的教育和培训，而且近年来有大批海归回国，但是对企业来说，仍然远水难解近渴。国际化人才是一种具备管理知识、外语沟通技能和国际管理经验与能力的复合型人才。从这一点看，企业需要与管理教育和培训机构配合，加快培养国际化人才的步伐。

“企业缺少高端产品”和“不了解国外法律和市场”也是企业走向国际化的两项主要困难。第一项与企业竞争弱势有相关联系，因为企业如果缺少研发能力必然难以制造高端产品。中国企业家已经意识到这个问题，正在努力在科技创新方面迎头赶上。“不了解国外法律和市场”的原因多少在于中国改革开放只有三十几年，时间尚短，加之缺少国际化经营管理和技术人才造成的。

三、讨论与结论

以上从500多间样本企业获得的调查结果大致勾画出中国企业目前国际化的程度和今后的趋势。我们在此简单地对研究结果加以总结。第一，中国企业走向海外的方式仍然以出口贸易为主，其次是战略联盟，而直接投资仍然是少数。第二，中国企业走向海外的最重要的动力是市场导向，即占领当地市场。第三，样本中很多企业选择首先进入发达国家市场，而不是从周边或者发展中国家开始国际化。这主要因为国际化企业除了占领当地市场这一主要战略目的之外，还希望通过在发达国家运营提升管理能力和品牌形象。第四，中国企业主要依赖生产能力这一核心能力，以低成本优势参与国际市场竞争。第五，大多数中国企业最关注国内市场需求，虽然他们也意识到国际市场的重要性。第六，中国企业国际化面临的主要障碍中最严重的是缺少国际化人才。其他困难主要在内部因素，包括缺少高端产品打入国际市场以及企业经营和管理者对国外法律和市场环境不熟悉等。

以上的研究发现与其他学者或者调研的结果一致。比如，中国国际贸易促进委员会和加拿大亚太基金会联合于2006年9~10月间对中国企业对外投资的意向进行调查。这项调查发现，虽然中国企业对海外投资的兴趣大幅度增加，但是有对外投资意向的企业只占受访企业总数的41%。更多的企业仍然关注国内市场需求。这项调查还发现，对外投资的企业主要以占领当地市场为目的。在反馈的企业中，表示“在被投资国生产并销往当地市场”的比例高达57%，表示在被投资国市场上分销其生产的产品也达到35%。从投资区域分布看，虽然亚洲仍然是中国企业直接投资的热点地区（占投资规模的45%），但是在北美（40%）和欧洲（25%）等发达国家市场的合计（65%）却超过亚洲。与我们调查的结果相似，这项调查也发现，国际贸易始终是中国企业对外投资活动的主要方式，其表现为建立销售代表处（47%）；其次是“与当地企业建立合资公司”（29%），而跨国收购（14%）并非对外投资的主流。受访企业的反馈还表明，超过90%的企业对投资状况感到非常满意（16%）和比较满意（77%）。在回答长远战略这个问题的时候，“学习先进的管理经验”和“寻找新的海外市场”都是前三项中的重要因素。反而，“获取先进技术”和“保障能源、原材料和资源供给”等不是对外投资的重点推动力（中国国际贸易促进委员会，2008）。

学术界对中国企业国际化的研究方兴未艾，但是有建树的成果却不多。早期研究比较注重案例研究。像Child and Rodrigues（2005）分析了一些著名中国企业案例，指出这些企业走向海外的主导思想是获取市场。Boisot and Meyer（2008）指出中国走向海外的跨国企业具有多面性的特征。Yiu and Lau（2008）通过大量数据对中国企业对外创业进行实证分析，指出来自中国这样新兴经济体制下的企业必须通过多种资源契合（configuration）和不断结合新旧体制要素才能维持竞争优势。Peng（2010）也指出，中国不仅带有新兴经济的特征，而且仍然处于向市场经济过渡的转型阶段。中国自身的经济体制特征也必然会反映在企业国际化战略决策和运作方面。虽然中国企业缺少技术、资金和管理经验等关键资源，而且作为后来者也缺少占领市场的先动优势，但是中国企业却善于利用有限的资源，并结合本国和所在国的制度优势，在国际化中另辟蹊径，走出与传统西方跨国企业不同的国际化路线。Mathews（2006）在总结中国跨国企业的时候注意到，中国企业对外投资的模式与Dunning（1981）提出的OLI有很大不同。传统的OLI模式强调产权（ownership）、位置（location）和内在化（internalization）作为决定对外投资的主要关键要素。作为国际化的后来者，中国企业采取的是LLL模式，即以联结（Linkage）、杠杆（Leverage）和学习（Learning）这三个要素为基础进行海外直接投资。在这一模式中联结指中国企业通过各种方式建立的关系和合作网络获得外部资源；杠杆意味着企业通过调整内部能力和资源配置，最大限度地利用外部资源，由此放大资源在竞争优势中的作用；学习则指中国企业善于在联结和杠杆的基础上，不断向合作伙伴甚至竞争对手学习，尽力改进战略制定和实施的能力。这些研究成果给予我们颇为深刻的启发。

此外，我们也注意到，中国海外直接投资的幅度增加很快（中国国际贸易促进委员会，2008）。这说明越来越多的中国企业在出口贸易之外，致力于直接进入当地市场开展研发、生产和营销。因此，今后需要更多关于中国企业在海外直接投资的研究。

在结束本章之前，我们作为合作方，衷心感谢中国企业家调查系统的大力协助，并向参加本次调研企业表示敬意。我们热切期望越来越多的中国企业扬帆越海，在海外市场生根开花结果，为世界经济和人类社会文明进步做出重大贡献。

（执笔：吕　源　刘忠明）

金融危机冲击下的民营企业：挑战严峻、信心增强

——2009年中国民营企业家问卷跟踪调查报告

▌中国民主建国会中央委员会企业委员会

▌中国企业家调查系统

改革开放30年来，民营经济对中国社会经济持续、稳定和健康发展做出了巨大的贡献，已经成为推动我国经济发展的生力军。2009年以来，国际金融危机带来的不利影响逐渐显现，对实体经济的冲击日益明显。目前，虽然我国经济运行中的积极因素不断增多，出现了企稳向好的势头，但经济回升的基础还不稳定、不巩固、不平衡，国际金融危机的前景还有较大不确定性，外部需求下滑的压力依然很大，使国内一些行业产能过剩的矛盾凸显，经济发展还缺乏应对危机、克服困难的内在动力和活力，短期内大幅度扩大内需的难度依然很大，民营经济发展面临严峻的挑战。

为了解一年来民营企业的经营状况，当前民营企业发展面临的困难和挑战，以及民营企业家对未来发展前景的预期和期待，2009年8月，中国民主建国会中央委员会企业委员会、中国企业家调查系统共同组织实施了“2009年度中国民营企业家问卷跟踪调查”。

本次调查是第7次全国范围民营企业家年度问卷跟踪调查，是在中国企业家调查系统“2009年度中国企业家问卷跟踪调查”的基础上进行的，8月6日至8月28日共回收有效问卷1084份。通过部分未填写问卷与填写问卷企业的对比分析，未发现存在系统偏差。为使调查分析更为全面和深入，本报告还采用了2003~2008年民营企业家年度问卷跟踪调查的调查结果。

调查样本基本情况

1. 行业分布：本次调查主要涉及制造业（76.9%），批发和零售业（6.4%），房地产业（4.2%），建筑业（2.9%），农林牧渔业（2%），交通运输、仓储和邮政业（1.3%），租赁和商务服务业（1.1%），信息传输、计算机服务和软件业（1.1%），采矿业（0.9%），电力、煤气及水的生产和供应业（0.6%），住宿和餐饮业（0.4%）等行业（见表1）。

2. 地区分布：从企业的地区分布看，东部地区占66.7%，中部地区占19%，西部地区占8.7%，东北地区占5.6%（见表1）。

3. 规模分布：从企业规模看，大型企业占4.4%，中型企业占44.3%，小型企业占51.3%（见表1）。

4. 年龄：从参加调查的民营企业家的年龄看，44岁及以下的占24.5%，45~54岁的占41.2%，55岁及以上的占34.3%，平均年龄为50.2岁（见表3）。

5. 专业：从参加调查的民营企业家的所学专业看，管理类的占48.6%，经济类的占34.1%，理工农医类的占25.5%，文史哲法律类的占6.9%，其他占10.8%（见表3）。

6. 文化程度：从参加调查的民营企业家的文化程度看，大专及以下学历的占60.9%，本科学历的占24.4%，研究生及以上学历占14.7%（见表3）。

表1　　　　调查样本基本情况（%）

行业	农林牧渔业	2.0	地区	东部地区企业	66.7
	采矿业	0.9		中部地区企业	19.0
	制造业（详见附表2）	76.9		西部地区企业	8.7
	电力、燃气及水的生产和供应业	0.6		东北地区企业	5.6
	建筑业	2.9	规模	大型企业	4.4
	交通运输、仓储和邮政业	1.3		中型企业	44.3
	信息传输、计算机服务和软件业	1.1		小型企业	51.3
	批发和零售业	6.4	盈亏	盈利企业	54.2
	住宿和餐饮业	0.4		持平企业	19.4
	房地产业	4.2		亏损企业	26.4
	租赁和商务服务业	1.1	出口型企业		49.3
	其他行业	2.2	非出口型企业		50.7

注：1. 其他行业包括：金融业，科学研究、技术服务和地质勘查业，水利、环境和公共设施管理业，居民服务和其他服务业，卫生、社会保障和社会福利业，文化、体育和娱乐业等行业。

2. 东部地区包括：京、津、冀、沪、苏、浙、闽、鲁、粤、桂、琼11省（市、自治区）；中部地区包括：晋、蒙、皖、赣、豫、鄂、湘7省（自治区）；西部地区包括：渝、蜀、黔、滇、藏、陕、甘、宁、青、新10省（市、自治区）；东北地区包括：辽、吉、黑3省。

表2　　　　调查样本中制造业基本情况（%）

	制造业细分	%		制造业细分	%
1	农副食品加工业	4.2	16	化学纤维制造业	1.2
2	食品制造业	4.1	17	橡胶制品业	1.2
3	饮料制造业	1.0	18	塑料制品业	5.0
4	烟草加工业	0.0	19	非金属矿物制品业	4.4
5	纺织业	6.8	20	黑色金属冶炼及压延加工业	2.1
6	纺织服装、鞋、帽制造业	4.7	21	有色金属冶炼及压延加工业	1.9
7	皮革、毛皮、羽毛（绒）及其制品业	1.6	22	金属制品业	7.9
8	木材加工及木、竹、藤、棕、草制品业	2.3	23	通用设备制造业	7.6
9	家具制造业	1.0	24	专用设备制造业	8.1
10	造纸及纸制品业	2.7	25	交通运输设备制造业	5.4
11	印刷业和记录媒介的复制	1.8	26	电气机械及器材制造业	5.8
12	文教体育用品制造业	1.0	27	通信设备、计算机及其他电子设备制造业	2.2
13	石油加工、炼焦及核燃料加工业	0.3	28	仪器仪表及文化、办公用机械制造业	1.9
14	化学原料及化学制品制造业	9.4	29	工艺品及其他制造业	1.3
15	医药制造业	2.9	30	废弃资源和废旧材料回收加工业	0.2

调查结果显示：2009年以来，国际金融危机对民营企业的出口造成重大影响，产品出口数量和价格大幅下滑，多数企业盈利状况不太理想，成本上升、资金紧张、产能过剩和缺乏人才已经成为目前民营经济发展遇到的最主要的困难。同时调查也显示，随着中央采取的积极的财政政策和适度宽松的货币政策的效应逐渐显现，民营企业的产品生产和销售开始回升，企业库存趋于正常，企业综合经营状况呈现回暖迹象。

表3　　调查对象相关情况（%）

性别	男	96.1	文化程度	初中或以下	3.7
	女	3.9		中专、高中	18.2
年龄	44岁及以下	24.5		大专	39.0
	45~49岁	22.2		大学本科	24.4
	50~54岁	19.0		研究生学历	7.5
	55岁及以上	34.3		硕士	5.8
	平均年龄（岁）	50.2		博士	1.4
所学专业	文史哲法律	6.9	年收入	10万元以下	40.5
	经济	34.1		10万~20万元	28.2
	管理	48.6		20万~50万元	16.2
	理工农医	25.5		50万元以上	15.1
	其他	10.8	持股情况	没有	7.7
现任职务	董事长	71.2		10%及以下	11.0
	总经理	57.8		11%~30%	16.6
	厂长	4.1		31%~50%	19.8
	党委书记	12.5		51%~99%	35.0
	其他	3.8		100%	9.9

注：由于存在跨专业和职务兼任情况，因此所学专业和现任职务比例合计大于100%。

调查发现，民营企业的订货情况趋于好转，盈利情况趋于改善，用工和投资计划呈现回暖态势，同时多数企业家预期外需将于2010年回升，对未来发展的信心增强。

调查显示，在信心提升的同时，民营企业家的心理压力依然较大，民营企业家为企业的发展付出了很大代价。面对当前发展中的困难，一方面民营企业家首先将通过加强管理来降低成本，其次是转变企业发展方式，引进人才、加大创新投入，同时为应对外需不足和产能过剩的挑战，部分企业还将主动采取措施开拓国内市场、积极扩大内需；另一方面民营企业家期待政府大力推进各项改革，社会各方面能够关心、理解和支持民营企业家，继续为促进民营企业发展创造更加良好的外部环境。

一、金融危机影响下民营企业的发展状况

1. 金融危机对企业出口造成重大影响，出口数量、价格明显下滑

随着国际金融危机对实体经济的影响不断蔓延，2009年以来民营企业的出口出现较大困难。调查企业中近一半（49.3%）的企业有产品出口，在这些企业中，出口额平均占企业销售收入的44%。从不同地区看，东部地区出口企业相对较多，占58.2%，而中西部地区和东北地区相对较少，分别为33%、26.1%和32.1%（见表4）。

表4　　企业产品出口情况（%）

	有产品出口		没有产品出口
	比重	出口额占销售收入的比重	
总体	**49.3**	**44.0**	**50.7**
东部地区企业	58.2	46.3	41.8
中部地区企业	33.0	31.4	67.0
西部地区企业	26.1	27.6	73.9
东北地区企业	32.1	53.5	67.9

受金融危机影响，企业的出口需求明显下滑。关于企业的产品出口数量，调查显示，与2008年相

比，15%的企业目前的产品出口数量“增长”，19.7%的企业“持平”，65.3%的企业“下降”，认为“下降”的比认为“增长”的多50.3个百分点，这一数据比2008年的调查结果增加了42.3个百分点；与2009年上半年相比，20.2%的企业目前的产品出口数量“增长”，29.5%的企业“持平”，50.3%的企业“下降”，认为“下降”的比认为“增长”的多30.1个百分点（见表5、表6）。

表5　与去年相比，企业的产品出口数量增减情况（%）

	增长	持平	下降	增长－下降
2009年	15.0	19.7	65.3	－50.3
2008年	36.3	19.4	44.3	－8.0

注：“增长”包括“增长10%以上”和“增长10%以内”，“下降”包括“下降10%以上”和“下降10%以上”。

表6　与今年上半年相比，企业的产品出口数量增减情况（%）

	增长	持平	下降	增长－下降
总体	**20.2**	**29.5**	**50.3**	**－30.1**

在产品出口数量明显下滑的同时，企业产品的出口价格也大幅下跌。调查显示，与2008年相比，5.8%的企业产品出口价格“上升”，28.2%“持平”，66%“下降”，认为“下降”的比认为“上升”的多60.2个百分点，而2008年则是认为“上升”的比认为“下降”的多4.3个百分点；与2009年上半年相比，5.8%的企业产品出口价格“上升”，49.2%“持平”，45%“下降”，认为“下降”的比认为“上升”的多39.2个百分点（见表7、表8）。

表7　与去年相比，企业的产品出口价格增减情况（%）

	上升	持平	下降	上升－下降
2009年	5.8	28.2	66.0	－60.2
2008年	39.5	25.3	35.2	4.3

表8　与今年上半年相比，企业的产品出口价格增减情况（%）

	上升	持平	下降	上升－下降
总体	**5.8**	**49.2**	**45.0**	**－39.2**

关于影响企业出口的主要因素，调查结果显示，民营企业家选择比重最高的三项依次是“外需放缓”（87.5%）、“人民币升值”（51.2%）和“要素成本上升”（49.7%）。与2008年的调查结果相比，选择“外需放缓”的企业家增加了56.1个百分点，排名也从第四位上升到第一位，而选择“要素成本上升”和“人民币升值”的企业家均下降了30个百分点以上（见表9）。

表9　影响企业产品出口减少的主要因素（%）

	2009年	2008年
外需放缓	87.5	31.4
人民币升值	51.2	83.1
要素成本上升	49.7	81.3
贸易保护主义	18.6	—
有关国家出口竞争力提升	15.6	8.9
贸易摩擦升级	7.2	3.8
加工贸易限制政策	6.8	6
出口退税率下调	—	43.7

注：“—”表示该年度没有涉及此项调查内容，下同。

2. 刺激内需政策带动企业产销回升，库存下降

虽然企业出口需求大幅下滑，不过随着政府出台的一系列刺激内需的政策效应逐渐显现，目前民营企业的生产和销售比上半年有所回升。调查结果显示，33.8%的企业目前的生产（服务）量比上半年“增加”，44.5%的企业“持平”，21.7%的企业“减少”，认为“增加”的比认为“减少”的多12.1个百分点，其中中西部地区民营企业的生产（服务）量情况要好于东部地区和东北地区，大型企业要好于中小企业（见表10）。

表10　相对于上半年，民营企业目前的生产（服务）量情况（%）

	增加	持平	减少	增加－减少
总体	**33.8**	**44.5**	**21.7**	**12.1**
东部地区企业	31.8	46.5	21.6	10.2
中部地区企业	38.5	41.0	20.5	18.0
西部地区企业	37.6	41.9	20.4	17.2
东北地区企业	36.1	37.7	26.2	9.8
大型企业	52.2	41.3	6.5	45.7
中型企业	34.0	43.6	22.3	11.7
小型企业	31.9	46.0	22.1	9.8

从企业目前的销售情况看，34.9%的企业目前的销售量比上半年“增加”，42.9%的企业“持平”，22.2%的企业“减少”，认为“增加”的比认为“减少”的多12.7个百分点，其中中部地区民营企业的销售情况要好于东北地区、西部地区和东部地区，大型企业要好于中小企业（见表11）。

表11　相对于上半年，民营企业目前的销售量情况（%）

	增加	持平	减少	增加－减少
总体	**34.9**	**42.9**	**22.2**	**12.7**
东部地区企业	32.8	44.3	22.9	10.0
中部地区企业	40.9	39.4	19.7	21.2
西部地区企业	36.3	41.8	22.0	14.3
东北地区企业	37.7	41.0	21.3	16.4
大型企业	51.1	44.7	4.3	46.8
中型企业	36.2	42.0	21.8	14.3
小型企业	32.2	44.2	23.6	8.7

从企业目前的库存情况看，调查显示，80.6%的企业目前产成品库存“正常”或“低于正常”。与2009年上半年相比，20.8%的企业产成品库存“上升”，比认为“下降”的多4.9个百分点（见表12、表13）。

调查表明，危机影响下企业大规模去库存的过程基本结束，随着拉动内需政策的效果逐渐显现，企业的产品销售逐渐回暖，目前企业处于回补库存的阶段，库存总体上趋于正常。

表12　民营企业目前的产成品库存情况（%）

	高于正常	正常	低于正常	低于正常＋正常
总体	**19.4**	**71.4**	**9.2**	**80.6**

表13　相对于上半年，民营企业目前的产成品库存情况（%）

	上升	持平	下降	上升－下降
总体	**20.8**	**63.3**	**15.9**	**4.9**

3. 企业产品销售价格接近底部

在产销量回升的同时，企业的产品销售价格明显下跌。调查显示，18.6%的企业目前的销售价格比上半年“上升”，49%的企业“持平”，32.4%的企业“下降”，认为“上升”的比认为“下降”的少13.8个百分点（见表14）。

表14　相对于上半年，民营企业目前的销售价格情况（%）

	上升	持平	下降	上升-下降
总体	**18.6**	**49.0**	**32.4**	**-13.8**

不过调查同时发现，民营企业家预计产品销售价格不会出现持续下跌的趋势。调查显示，关于“对2010年销售价格的预计”，34.3%的企业家认为会“上升”，50%认为“持平”，15.7%认为“下降”，认为“上升”的比认为“下降”的多18.6个百分点（见表15）。

表15　民营企业对明年销售价格的预计（%）

	上升	持平	下降	上升-下降
总体	**34.3**	**50.0**	**15.7**	**18.6**

4. 企业盈利状况不佳

受外需下滑、价格下跌、产能过剩等因素影响，多数企业盈利状况不佳，但与2008年相比略有好转。调查显示，超过一半（54.7%）的民营企业目前的盈利情况“低于正常”，与2008年相比，这一比重下降了6个百分点（见表16）。

表16　民营企业目前的盈利情况（%）

	好于正常	正常	低于正常
2009年	4.0	41.3	54.7
2008年	3.9	35.4	60.7

与上半年相比，18.5%的企业盈利“上升”，44.5%的企业盈利“持平”，37%的企业盈利“下降”，盈利“上升”的企业比盈利“下降”的少18.5个百分点。调查表明，与上半年相比，企业盈利状况有所下滑（见表17）。

表17　相对于上半年，民营企业目前的盈利情况（%）

	上升	持平	下降	上升-下降
总体	**18.5**	**44.5**	**37.0**	**-18.5**

5. 民营企业的综合经营状况略有回升

在政府积极的财政政策和适度宽松的货币政策的影响下，面对金融危机的肆虐，民营企业表现出难得的抗冲击能力和对未来企业发展的信心。关于目前民营企业的综合经营状况，调查显示，32%的企业家认为“良好”，49.3%认为“一般”，18.7%认为“不佳”，认为“良好”的比认为“不佳”的多13.3个百分点，这一结果比2008年上升了3.3个百分点（见表18）。

表18　企业目前综合经营状况（%）

	良好	一般	不佳	良好-不佳
2009年	32.0	49.3	18.7	13.3
2008年	29.7	50.6	19.7	10.0
2007年	49.0	42.9	8.1	40.9

续表

	良好	一般	不佳	良好－不佳
2006年	45.9	45.6	8.5	37.4
2005年	44.7	43.0	12.3	32.3
2004年	40.6	48.5	10.9	29.7
2003年	48.5	43.2	8.3	40.2

从不同地区看，2009年民营企业的综合经营状况与2008年相比呈现明显的地区差异，其中西部地区回升态势显著，而东北地区仍有较大幅度的下滑。调查显示，西部地区企业家认为“良好”的比认为“不佳”的多20.2个百分点，比2008年增加了11.9个百分点，高于其他地区；东部地区企业家认为“良好”的比认为“不佳”的多13.7个百分点，比2008年提高了3.8个百分点；而中部地区和东北地区企业家认为“良好”的比认为“不佳”的分别多9.7和11.5个百分点，均低于2008年的水平（见表19）。

从不同规模看，大型企业的经营状况好于中小型企业，企业规模效应的优势依然非常明显。调查显示，大型企业认为“良好”的比认为“不佳”的多53.2个百分点，而中型企业和小型企业认为“良好”的比认为“不佳”的仅多15.8和7.6个百分点（见表19）。

表19　民营企业目前综合经营状况（%）

	良好	一般	不佳	良好－不佳	
				2009年	2008年
总体	**32.0**	**49.3**	**18.7**	**13.3**	**10.0**
东部地区企业	31.9	50.0	18.1	13.7	9.9
中部地区企业	32.0	45.6	22.3	9.7	10.3
西部地区企业	36.2	47.9	16.0	20.2	8.3
东北地区企业	27.9	55.7	16.4	11.5	14.0
大型企业	59.6	34.0	6.4	53.2	52.4
中型企业	32.2	51.4	16.4	15.8	13.5
小型企业	29.8	48.0	22.2	7.6	3.7

二、当前民营经济发展面临的困难及应对策略

1. 成本上升、缺乏人才、资金紧张和产能过剩是目前民营经济发展遇到的最主要困难

本次调查还了解了目前民营企业经营发展中遇到的最主要困难。调查结果显示，选择比重最高的五项依次是：“人工成本上升”（61.3%）、“能源、原材料成本上升”（52.6%）、“缺乏人才”（44.9%）、“资金紧张”（44.2%）和“整个行业产能过剩”（38.7%）。调查表明，总体来看，成本上升、缺乏人才、资金紧张和产能过剩是目前民营经济发展遇到的最主要的困难和挑战。此外，值得注意的是，26.3%的企业家选择了“国内需求不足”，与选择“出口需求不足”的大致相当，这表明企业家认为目前内需尤其是消费需求还需进一步有效启动（见表20）。

表20　当前企业经营发展中遇到的最主要困难（%）

	2009年	2008年
人工成本上升	61.3	74.4
能源、原材料成本上升	52.6	79.2
缺乏人才	44.9	42.5

续表

	2009 年	2008 年
资金紧张	44.2	59.6
整个行业产能过剩	38.7	—
国内需求不足	26.3	19.9
出口需求不足	26.1	—
缺乏创新能力	24.5	28.8
行业发展前景不明	16.7	14.9
资源、环境约束较大	16.6	18.9
遭受侵权等不正当竞争	12.0	10.8
企业领导人发展动力不足	11.0	10.3
地方政府干预较多	7.1	6.5
企业冗员安排困难	5.1	—
缺乏投资机会	4.5	—

企业经营成本的上升主要体现在物料采购价格的上升和人工成本的上升。关于企业目前的物料采购价格，调查显示，与上半年相比，64.1%的企业家认为“上升”，29%认为“持平”，6.9%认为“下降”，认为“上升”的比认为“下降”的多57.2个百分点；从企业目前的人工成本来看，与上半年相比，61%的企业家认为“上升”，38.1%认为“持平”，0.9%认为“下降”，认为“上升”的比认为“下降”的多60.1个百分点。不同地区、不同规模的企业物料成本与人工成本都呈现上升趋势（见表21、表22）。

表21　　相对于上半年，民营企业目前的物料采购价格情况（%）

	上升	持平	下降	上升-下降
总体	**64.1**	**29.0**	**6.9**	**57.2**
东部地区企业	64.2	29.1	6.7	57.5
中部地区企业	62.4	31.7	5.9	56.6
西部地区企业	72.5	18.7	8.8	63.7
东北地区企业	58.3	31.7	10.0	48.3
大型企业	58.7	34.8	6.5	52.2
中型企业	64.6	28.1	7.2	57.4
小型企业	64.2	29.3	6.6	57.6

表22　　相对于上半年，民营企业目前的人工成本情况（%）

	上升	持平	下降	上升-下降
总体	**61.0**	**38.1**	**0.9**	**60.1**
东部地区企业	59.7	39.3	1.0	58.8
中部地区企业	63.1	36.4	0.5	62.6
西部地区企业	66.7	32.3	1.1	65.6
东北地区企业	60.7	37.7	1.6	59.0
大型企业	61.7	36.2	2.1	59.6
中型企业	61.9	36.9	1.3	60.6
小型企业	60.5	38.9	0.5	60.0

值得注意的是，人工成本上升与缺乏人才都是目前民营企业发展中面临的主要困难，这反映出当前民营企业发展面临的一个突出问题：国际金融危机造成的需求不足使得粗放的经营方式更加难以持续，而转变发展方式又受到人才缺乏的因素影响，这一现象应引起重视。

企业目前的资金紧张状况与2008年相比有所缓解。调查显示，39.6%的企业家认为目前企业的资金“紧张”，52%认为“正常”，8.4%认为“宽裕”。与2008年相比，认为资金“紧张”的企业家比重下降了18.6个百分点。从不同地区看，东部地区企业的资金情况相对较好，认为资金“紧张”的占35.7%，要低于其他地区（见表23）。

表23　　民营企业目前的资金情况（%）

		宽裕	正常	紧张
总体	2009年	8.4	52.0	39.6
	2008年	3.1	38.7	58.2
东部地区企业		9.2	55.1	35.7
中部地区企业		7.4	42.9	49.8
西部地区企业		6.5	51.6	41.9
东北地区企业		4.9	45.9	49.2

企业目前的应收账款也反映了企业的资金情况。调查显示，24%的企业家认为目前应收账款“高于正常”，61.4%认为“正常”，14.6%认为“低于正常”。与2008年相比，认为应收账款“高于正常”的比重变化不大（见表24）。

表24　　民营企业目前的应收账款情况（%）

	高于正常	正常	低于正常
2009年	24.0	61.4	14.6
2008年	22.9	60.6	16.5

民营企业资金紧张状况的缓解与2009年以来政府采取的宽松的货币政策密切相关。调查显示，关于“企业从银行贷款的难易程度”，9.2%认为“不难”，27.5%认为“不太难”，26.2%认为“有难度”，19%认为“比较难”，18.1%认为“非常难”，总体评价值为2.91，比2008年有所提高，但仍低于中值3（见表25）。

与银行贷款相比，民营企业从民间渠道筹资更为容易。调查显示，13.2%的民营企业家认为从民间渠道筹资“不难”，36%认为“不太难”，27%认为“有难度”，16.9%认为“比较难”，6.9%认为“非常难”，总体评价值为3.32，高于中值3，也高于2008年的水平（见表25）。

调查表明，总体来看，目前民营企业的资金紧张状况略有缓解，但是融资难的问题依然存在，特别是从银行贷款的难度依然较大。

表25　　对当地企业融资情况的评价（%）

	不难	不太难	有难度	比较难	非常难	评价值	
						2009	2008年
企业从银行贷款的难易程度	9.2	27.5	26.2	19.0	18.1	2.91	2.50
企业从民间渠道筹资的难易程度	13.2	36.0	27.0	16.9	6.9	3.32	3.16

注：评价值是由（“不难”×5+“不太难”×4+“有难度”×3+“比较难”×2+“非常难”）/100计算得出的，数值越大，表示对该项评价越好。

2. 民营企业家将采取加强管理降低成本、增加创新投入、引进人才和开拓国内市场等措施应对挑战

关于“为了企业更好地发展，企业未来一年应着重采取的措施”，调查结果显示，民营企业家选择比重最高的四项分别是“加强管理降低成本”（77%）、“增加创新投入”（69.8%）、“引进人才”

（56.9%）和“开拓国内市场”（54.2%），其他选择比重较高的还有“更新设备”、“加强企业文化建设”、“开拓国际市场”等。调查表明，面对成本上升、缺乏人才、资金紧张和产能过剩等困难，民营企业家首先将通过加强管理来降低成本，其次是转变企业发展方式，引进人才、加大创新投入，同时为应对外需不足和产能过剩的挑战，还主动采取措施开拓国内市场、积极扩大内需（见表26）。

表26　为了企业更好地发展，企业未来一年应着重采取的措施（%）

	2009年	2008年
加强管理降低成本	77.0	81.5
增加创新投入	69.8	69.3
引进人才	56.9	56.4
开拓国内市场	54.2	47.3
更新设备	42.6	31.8
加强企业文化建设	36.8	33.7
开拓国际市场	33.1	29.8
改变经营模式	19.9	25.4
投资其他行业	17.1	16.7
减少用工	11.6	18.3
寻求上市	7.4	8.4
投资其他地区	6.1	5.6
股权投资或并购	5.5	5.3

虽然民营企业家已经认识到增加创新投入的重要性，但受到企业盈利下降等因素的影响，2009年民营企业创新投入的增速有所放缓。调查显示，41.3%的企业家认为2009年企业的研发投入比2008年“增加”，41.9%认为“持平”，16.8%认为“减少”，认为“增加”的比“减少”的多24.5个百分点，比2008年下降了10.8个百分点（见表27）。

表27　相对于去年，企业今年的研发投入情况（%）

	增加	持平	减少	增加－减少
2009年	41.3	41.9	16.8	24.5
2008年	47.9	39.5	12.6	35.3

新产品销售情况也在一定程度上反映了企业的创新能力和成效。调查显示，41%的民营企业2009年新产品销售比重比2008年“增加”，41.9%认为“持平”，17.1%认为“减少”，认为“增加”的比“减少”的多23.9个百分点，这一数据比2008年下降了9.6个百分点（见表28）。

表28　相对于去年，企业今年的新产品销售比重情况（%）

	增加	持平	减少	增加－减少
2009年	41.0	41.9	17.1	23.9
2008年	46.2	41.1	12.7	33.5

三、民营企业家对未来发展前景的预期及期待

1. 订货趋于好转，外需预期回升，盈利状况趋于改善，企业信心增强

企业家对订货情况的判断反映出他们对未来的预期。调查显示，57.9%的民营企业家认为企业目前的订货情况“正常”或“高于正常”，略低于2008年的水平（见表29）。

与2009年上半年相比，29.1%的企业家认为企业目前的订货“增加”，46.1%认为“持平”，

24.8%认为“减少”，认为“增加”的比认为“减少”的多4.3个百分点（见表30）。

表29　　民营企业目前的订货情况（%）

	高于正常	正常	低于正常	高于正常+正常
2009年	6.8	51.1	42.1	57.9
2008年	7.9	54.3	37.8	62.2

表30　　相对于上半年，民营企业目前的订货情况（%）

	增加	持平	减少	增加-减少
总体	**29.1**	**46.1**	**24.8**	**4.3**

关于对2009年四季度企业订货情况的预计，调查显示，41.6%的企业家认为企业订货将“增加”，42.4%认为“持平”，16%认为“减少”，认为“增加”的比认为“减少”的多25.6个百分点，而2008年则是认为“增加”的比认为“减少”的少1.4个百分点（见表31）。

表31　　民营企业对今年四季度订货情况的预计（%）

	增加	持平	减少	增加-减少
2009年	41.6	42.4	16.0	25.6
2008年	30.5	37.6	31.9	-1.4

关于企业出口产品的海外需求明显回升的时间，调查结果显示，72.4%的企业家选择了“2010年”，其中26.6%选择了“2010年上半年”，45.8%选择了“2010年下半年”，另外，还有8.5%选择了“2009年四季度”，而仅有19.1%的企业家选择了“2011年及以后”（见表32）。

表32　　企业出口产品的海外需求明显回升的时间（%）

	2009年四季度	2010年上半年	2010年下半年	2011年及以后
总体	**8.5**	**26.6**	**45.8**	**19.1**

关于2009年企业的盈利状况，调查结果显示，54.2%的企业上半年盈利状况为“较大盈利”或“略有盈余”，62.7%的企业预计下半年“较大盈利”或“略有盈余”，比上半年提高了近10个百分点（见表33、表34）。

表33　　民营企业2009年上半年实际盈利情况（%）

	较大盈利	略有盈余	收支平衡	亏损	严重亏损
总体	**7.0**	**47.2**	**19.4**	**23.8**	**2.6**

表34　　民营企业对2009年下半年盈利状况的预计（%）

	较大盈利	略有盈余	收支平衡	亏损	严重亏损
总体	**9.8**	**52.9**	**22.7**	**13.3**	**1.3**

关于对2009年四季度企业综合经营状况的预计，调查结果显示，45.6%的企业家认为将“好转”，47.7%认为“不变”，仅6.7%认为会“恶化”，认为“好转”的比认为“恶化”的多38.9个百分点（见表35）。

表35　　民营企业对今年四季度综合经营状况的预计（%）

	好转	不变	恶化	好转-恶化
总体	**45.6**	**47.7**	**6.7**	**38.9**

从对2010年企业综合经营状况的预计来看，调查结果显示，60.8%的企业家认为将“好转”，

34.7%认为“不变”，仅4.5%认为会“恶化”，认为“好转”的比认为“恶化”的多56.3个百分点，比对2009年四季度的预计高了近20个百分点（见表36）。

表36　　民营企业对明年综合经营状况的预计（%）

	好转	不变	恶化	好转-恶化
总体	**60.8**	**34.7**	**4.5**	**56.3**

关于“对企业下一阶段经营发展的信心”，调查结果显示，26.5%的民营企业家表示“很有信心”，58.1%表示“较有信心”，仅有15.4%表示“信心不足”或“没有信心”（见表37）。

表37　　对企业下一阶段经营发展的信心（%）

	很有信心	较有信心	信心不足	没有信心
总体	**26.5**	**58.1**	**14.9**	**0.5**

2. 企业的用工和投资计划呈现回暖态势

企业的用工计划和投资计划也反映出企业家对未来的信心。调查显示，26%的企业家认为目前企业用工人数比上半年“增加”，54%认为“持平”，20%认为“减少”，认为“增加”的比认为“减少”的多6个百分点（见表38）。

从未来用工计划来看，调查结果显示，46.8%的企业家计划2010年用工人数将“增加”，44.4%计划“持平”，8.8%计划“减少”，计划“增加”的比计划“减少”的多38个百分点，这一结果比2008年提高了24.7个百分点，基本回到了2007年的水平（见表39）。

调查表明，随着企业经营状况的回升以及对未来预期的好转，作为吸纳就业的主力军，民营企业吸纳就业的潜力将逐渐释放，这对于改善当前严峻的就业形势将有着一定的影响。

表38　　相对于上半年，民营企业目前的用工人数情况（%）

	增加	持平	减少	增加-减少
总体	**26.0**	**54.0**	**20.0**	**6.0**

表39　　对企业明年用工人数的预计（%）

	增加	持平	减少	增加-减少
2009年	46.8	44.4	8.8	38.0
2008年	32.9	47.5	19.6	13.3
2007年	50.5	41.1	8.4	42.1

关于企业未来投资计划，调查显示，54.2%的企业2010年投资计划将“增长”，33.4%计划“持平”，12.4%计划“减少”，计划“增长”的比计划“减少”的多41.8个百分点，这一结果比2008年提高了15.4个百分点。调查表明，随着中国经济的企稳向好，民间投资需求逐渐回暖（见表40）。

表40　　对企业明年计划投资额的预计（%）

	增长	不变	减少	增长-减少
2009年	54.2	33.4	12.4	41.8
2008年	47.2	32.0	20.8	26.4

3. 企业家心理压力依然较大，比2008年有所缓解

在信心提升的同时，民营企业家的心理压力依然较大，不过比2008年有所降低。调查显示，29.5%的民营企业家认为“压力很大”，虽然仍略高于2005年、2006年和2007年的水平，但比2008

年下降了4.5个百分点（见表41）。

表41　民营企业家对压力的感受（%）

	压力很大	压力较大	压力较小	没有压力
2009年	29.5	59.9	9.2	1.4
2008年	34.0	54.9	9.7	1.4
2007年	23.6	63.0	12.0	1.4
2006年	24.5	62.4	11.8	1.3
2005年	24.7	61.7	12.2	1.4

关于“企业经营管理者付出的最大代价”，调查显示，排在前四位的依次是“大量透支时间和精力”（68%）、“承受很大的心理压力”（62.7%）、“对家庭/亲人关照不够”（51.8%）和“影响个人身体健康”（29.3%）（见表42）。

表42　企业经营管理者付出的最大代价（%）

	总体		总体
大量透支时间和精力	68.0	舍弃个人志趣爱好	16.0
影响个人身体健康	29.3	承受很大的心理压力	62.7
人身与财产安全受到威胁	3.3	遭受各方面诸多误解	12.0
失去了其他发展机会	16.3	在一些人生原则上让步	14.4
对家庭/亲人关照不够	51.8	其他	0.7

此外，调查还发现，当前环境对民营企业家的创业热情也有一定影响，当问及“若再给一次机会，您是否愿意再做企业家”时，近三成（29.5%）的民营企业家选择了“不愿意”，比2008年提高了4.1个百分点。调查表明，民营企业家为了企业的发展付出了很大的代价，承受着很大的心理压力，需要社会各方面的关心、理解、支持和帮助（见表43）。

表43　若再给一次机会，是否愿意再做企业经营者（%）

	愿意	不愿意	无所谓
2009年	60.8	29.5	9.7
2008年	64.8	25.4	9.8

4. 民营企业家期待大力推进改革，改善民营企业发展环境

关于对近两年来“促进民营企业发展”成效的评价，调查结果显示，31%的民营企业家认为“效果很好”或“效果较好”，要低于2007年和2008年的水平，并且近三年来呈现逐年下降的趋势（见表44）。

表44　对近两年来“促进民营企业发展”成效的评价（%）

	效果很好	效果较好	有些效果	尚未见效	效果很好+效果较好
2009年	4.3	26.7	42.5	26.5	31.0
2008年	7.8	27.0	40.2	25.0	34.8
2007年	11.6	36.6	37.8	14.0	48.2

关于对“目前是非公有经济发展的最好时期”这一说法的态度，调查显示，40.9%的民营企业家表示“非常同意”或“比较同意”，31.5%认为“一般”，27.6%表示“不太同意”或“很不同意”，总体评价值达到2.99，与2008年相比有所降低（见表45）。

表 45　　对“目前是非公有经济发展的最好时期”的认同程度（%）

	非常同意	比较同意	一般	不太同意	很不同意	均值
2009 年	4.8	36.1	31.5	22.8	4.8	2.99
2008 年	8.3	42.6	29.7	15.9	3.5	3.36

注：评价值是由（“非常同意”×5+“比较同意”×4+“一般”×3+“不太同意”×2+“很不同意”）/100 计算得出的。可能的分值介于 1～5 分之间，分值越大，代表对该说法的同意程度越高，反之则越低。

此外，调查还显示，40.1%的民营企业家认为即将推出的创业板市场对民营经济的作用“很大”或“较大”，42.8%认为作用“较小”，5.3%认为“没有作用”，11.7%表示“不清楚”。调查表明，民营企业家们期待政府大力推进各项改革，社会各方面继续为民营企业发展创造更加良好的外部环境（见表 46）。

表 46　　即将推出的创业板市场对民营经济的作用（%）

	很大	较大	较小	没有作用	不清楚
总体	**3.5**	**36.6**	**42.8**	**5.3**	**11.7**

（注：凡引用此报告者均需注明引自中国民主建国会中央委员会企业委员会、中国企业家调查系统——《2009 年中国民营企业家问卷跟踪调查报告》）

企业经营者对一季度企业经营状况及宏观经济形势的判断、评价和建议

——2009年千户企业经营状况快速问卷调查报告

■ 中国企业家调查系统

2008年以来，受到国内外一系列因素的影响，中国经济的运行状况出现了较大变化，企业发展面临严峻的挑战。为了解2009年一季度企业经营状况尤其是企业的生产状况、用工情况、订单情况以及企业面临的困难，企业经营者对宏观形势和调控政策的判断和建议，更好地为政府决策提供科学依据，国务院发展研究中心所属的中国企业家调查系统近期组织实施了“2009·一季度企业经营情况”快速调查。

本次调查以企业法人代表为主的企业经营者群体为调查对象，参考我国经济结构，按行业进行分层随机抽样。调查采用邮寄和传真问卷的方式进行，于3月23日发放问卷5000份，截至4月3日共回收有效问卷1656份，有效回收率为33.1%。通过部分未填写问卷与填写问卷企业的对比分析，未发现存在系统偏差。为使调查分析更为全面和深入，本报告还采用了中国企业家调查系统以往的调查结果①。

本次调查主要涉及制造业、批发和零售业、房地产业、建筑业、电力燃气及水的生产和供应业、交通运输仓储和邮政业、农林牧渔业、采矿业以及信息传输计算机服务和软件业等行业，上述行业的企业所占比重分别为69.5%、7%、4.6%、4.9%、1.3%、2.2%、1.7%、1.3%和1.2%。从企业的地区分布看，东部地区占60.3%，中部、西部和东北地区分别占18.5%、13.5%和7.7%；从企业规模看，大、中、小型企业分别占9.3%、49.2%和41.5%；从企业经济类型看，国有企业占8.1%，有限责任公司占47.5%，股份有限公司占15.2%，私营企业占14.4%，外商及港澳台投资企业占8.1%，股份合作企业占4.9%，集体企业占1.7%；调查对象的职务为企业董事长或总经理、厂长、党委书记的占94.2%（见表1、表2、表3）。

调查结果显示，随着国际金融危机的蔓延和深化及其对全球实体经济的冲击日益显现，企业经营者对当前宏观经济形势的判断保持谨慎；金融危机和部分行业产能过剩造成的需求不足给企业带来了困难和挑战，具体表现在企业订货下降、产销下滑、价格下跌、进出口减少、库存上升等方面，造成了企业利润下滑、用工减少、采购量下降，部分企业经营困难；受到全球需求急剧萎缩影响较大的东部地区企业、中小企业和外资企业困难相对较大。

---

① 中国企业家调查系统自1993年成立以来，每年8月至9月进行一次全国范围内4000余位企业经营者参与的年度问卷调查工作，每次调查问题大都保持一致性和连续性，以利于跨年度的比较和分析。因此本文中涉及到的跨年度比较，是指2009年一季度调查数据与以往的年度调查数据进行的比较。

表 1　　调查样本基本情况（%）

行业	农林牧渔业	1.7	经济类型	国有企业	8.1
	采矿业	1.3		集体企业	1.7
	制造业（详见表 2）	69.5		私营企业	14.4
	电力、燃气及水的生产和供应业	1.3		股份合作企业	4.9
	建筑业	4.9		股份有限公司	15.2
	交通运输、仓储和邮政业	2.2		有限责任公司	47.5
	信息传输、计算机服务和软件业	1.2		其他内资企业	0.1
	批发和零售业	7.0		外商及港澳台投资企业	8.1
	住宿和餐饮业	1.0	盈亏	盈利企业	41.6
	房地产业	4.6		持平企业	22.2
	租赁和商务服务业	1.7		亏损企业	36.2
	其他行业	3.6	生产状况	超负荷生产企业	1.7
地区	东部地区企业	60.3		正常运作企业	72.0
	中部地区企业	18.5		半停产企业	25.6
	西部地区企业	13.5		停产企业	0.7
	东北地区企业	7.7	出口型企业		48.5
规模	大型企业	9.3	非出口型企业		51.5
	中型企业	49.2			
	小型企业	41.5			

注：1. 其他行业包括：金融业，科学研究、技术服务和地质勘查业，水利、环境和公共设施管理业，居民服务和其他服务业，卫生、社会保障和社会福利业，文化、体育和娱乐业等行业。

2. 东部地区包括：京、津、冀、沪、苏、浙、闽、鲁、粤、桂、琼 11 省（市、自治区）；中部地区包括：晋、蒙、皖、赣、豫、鄂、湘 7 省（自治区）；西部地区包括：渝、蜀、黔、滇、藏、陕、甘、宁、青、新 10 省（市、自治区）；东北地区包括：辽、吉、黑 3 省。

表 2　　调查样本中制造业基本情况（%）

	制造业细分	%		制造业细分	%
1	农副食品加工业	3.5	16	化学纤维制造业	0.6
2	食品制造业	3.2	17	橡胶制品业	1.5
3	饮料制造业	0.6	18	塑料制品业	5.2
4	烟草加工业	0.1	19	非金属矿物制品业	5.6
5	纺织业	6.0	20	黑色金属冶炼及压延加工业	2.1
6	纺织服装、鞋、帽制造业	4.8	21	有色金属冶炼及压延加工业	3.0
7	皮革、毛皮、羽毛（绒）及其制品业	0.7	22	金属制品业	7.5
8	木材加工及木、竹、藤、棕、草制品业	1.5	23	通用设备制造业	7.1
9	家具制造业	0.4	24	专用设备制造业	9.5
10	造纸及纸制品业	1.9	25	交通运输设备制造业	3.7
11	印刷业和记录媒介的复制	2.5	26	电气机械及器材制造业	5.7
12	文教体育用品制造业	0.7	27	通信设备、计算机及其他电子设备制造业	3.4
13	石油加工、炼焦及核燃料加工业	0.7	28	仪器仪表及文化、办公用机械制造业	2.2
14	化学原料及化学制品制造业	8.3	29	工艺品及其他制造业	3.3
15	医药制造业	3.4	30	废弃资源和废旧材料回收加工业	1.3

调查同时发现，面对当前的困难和挑战，企业经营者心态相对稳定，对企业未来发展保持信心；调查显示，企业的成本压力下降明显，资金紧张状况有所缓解，企业经营者预计二季度企业盈利或有

表3 调查对象基本情况（%）

文化程度	高中及以下	15.5	就职方式	主管部门任命	13.2
	大专	34.9		董事会任命	46.6
	大学本科	30.1		职代会选举	2.7
	研究生及以上	19.5		自己创业	34.0
现任职务	董事长	63.9		企业内投标竞争	0.5
	总经理	53.3		企业外部招聘	2.1
	厂长	6.1		其他	0.9
	党委书记	15.3			
	其他	5.8			

注：由于存在职务兼任情况，因此现任职务比例合计大于100%。

好转，西部地区企业、大型企业投资增加的趋势较为明显，医药、食品等行业的逆市坚挺对稳定内需起到一定的作用，汽车行业的探底回升对相关行业的带动效应有待释放，房地产行业的回稳对整个经济的复苏意义重大。调查还显示，面对当前形势，企业经营者将采取加强管理降低成本、增加创新投入、开拓国内市场和引进人才等措施积极应对挑战，这也将对我国产业结构的升级和经济发展模式的转型起到积极作用。

一、对企业经营状况的整体判断

1. 对当前宏观经济形势的判断保持谨慎，外资企业担忧较多

关于对当前宏观经济形势的判断，调查结果显示，认为一季度宏观经济形势“很好”或“较好”的企业经营者占17.4%，认为“一般”的占41.6%；认为“较差”或“很差”的占41%，比2008年增加了16.9个百分点（见表4）。

从不同地区看，西部地区的企业经营者对宏观经济形势的判断相对积极，认为“很好”或“较好”的占27.3%，高于其他地区；从不同规模看，中小企业相对乐观；从不同所有制看，外商及港澳台投资企业认为“较差”或“很差”的占57.7%，担忧程度更大（见表4）。

表4 企业经营者对当前宏观经济形势的判断（%）

		很好	较好	一般	较差	很差
总体	2009年一季度	1.4	16.0	41.6	35.5	5.5
	2008年	2.8	32.6	40.5	21.1	3.0
东部地区企业		1.3	14.1	40.2	38.4	6.0
中部地区企业		0.7	15.1	45.3	34.9	4.0
西部地区企业		2.8	24.5	42.1	25.5	5.1
东北地区企业		0.8	18.3	42.1	33.3	5.6
大型企业			11.8	50.7	30.3	7.2
中型企业		1.9	16.1	40.6	35.7	5.7
小型企业		1.1	17.0	40.4	36.7	4.8
国有及国有控股公司			13.1	51.4	29.9	5.6
外商及港澳台投资企业			7.7	34.6	45.4	12.3
民营企业		1.8	16.8	38.8	37.5	5.1

关于“对宏观经济运行的总体判断”，调查显示，认为目前宏观经济“偏热”或“过热”的企业经营者占6.3%，比2008年减少23.4个百分点；认为“正常”的占23.9%；认为“偏冷”或“过

冷”的占56.3%，比2008年提高27.5个百分点（见表5）。调查表明，总体来看，企业经营者对当前宏观经济形势保持谨慎。

表5　　2005～2009年一季度企业经营者对宏观经济运行的总体判断（%）

	过热	偏热	正常	偏冷	过冷	尚难判断
2009年一季度	0.3	6.0	23.9	50.4	5.9	13.5
2008年	3.6	26.1	29.1	27.2	1.6	12.4
2007年	8.7	57.0	29.4	1.9	0.0	3.0
2006年	3.8	44.9	42.0	4.4	0.1	4.8
2005年	2.6	25.9	49.4	14.9	0.6	6.6

注：0.0表示答题者选择了此项，但选择比重小于0.05%。以下同。

2. 部分企业经营困难相对较大，不同类型企业存在差异

调查结果显示，认为一季度企业经营状况“良好”的企业经营者占21%，认为“一般”的占46.1%，认为“不佳”的占32.9%，认为“良好”的比认为“不佳”的少11.9个百分点。调查表明，部分企业一季度经营困难相对较大（见表6）。

从不同地区看，西部地区企业经营状况好于东部、中部和东北地区；从不同规模看，大型企业经营状况好于中小型企业；从不同经济类型看，国有及国有控股公司和民营企业的经营状况好于外商及港澳台投资企业（见表6）。

分行业看，不同行业企业的经营状况存在差异。调查显示，经营状况相对较好的行业有农林牧渔业、信息传输计算机服务和软件业以及制造业中的医药、汽车、通信设备和仪器仪表等，其认为“良好”的企业比重超过30%。而采矿、化工、橡胶、非金属制品、钢铁等行业经营状况相对较差，其认为“不佳”的企业比重超过40%（见表6）。

表6　　企业目前经营总体状况（%）

	目前经营状况			良好－不佳	
	良好	一般	不佳	2009年一季度	2008年
总体	**21.0**	**46.1**	**32.9**	**－11.9**	**13.1**
东部地区企业	21.6	45.6	32.8	－11.2	12.2
中部地区企业	18.5	45.3	36.2	－17.8	13.9
西部地区企业	22.5	49.5	28.0	－5.5	14.4
东北地区企业	20.0	44.8	35.2	－15.2	16.1
大型企业	27.8	44.4	27.8	0.0	44.3
中型企业	22.7	44.3	33.0	－10.2	15.2
小型企业	17.7	48.3	34.0	－16.2	5.1
国有及国有控股公司	21.8	45.6	32.5	－10.7	24.6
外商及港澳台投资企业	15.9	36.4	47.7	－31.8	10.3
民营企业	20.5	45.3	34.2	－13.8	10.0
农林牧渔业	42.3	30.8	26.9	15.4	22.7
采矿业	14.3	33.3	52.4	－38.1	30.2
制造业	19.8	43.4	36.8	－17.0	10.1
电力、燃气及水的生产和供应业	4.8	76.2	19.0	－14.3	11.5
建筑业	19.5	53.2	27.3	－7.8	23.7
交通运输、仓储和邮政业	17.6	52.9	29.4	－11.8	34.5

续表

	目前经营状况			良好－不佳	
	良好	一般	不佳	2009 年一季度	2008 年
信息传输、计算机服务和软件业	45.0	45.0	10.0	35.0	41.5
批发和零售业	23.0	51.3	25.7	-2.7	26.1
住宿和餐饮业	23.5	64.7	11.8	11.8	36.1
房地产业	24.3	50.0	25.7	-1.4	1.3
租赁和商务服务业	22.2	55.6	22.2	0.0	15.0
食品饮料制造业	28.9	47.0	24.1	4.8	2.6
纺织业	16.0	44.4	39.5	-23.5	-20.7
纺织服装、鞋、帽制造业	17.9	42.9	39.3	-21.4	-6.9
造纸及纸制品业	16.7	54.2	29.2	-12.5	3.7
化学原料及化学制品制造业	16.2	38.1	45.7	-29.5	17.9
医药制造业	35.9	51.3	12.8	23.1	25.0
化学纤维制造业		66.7	33.3	-33.3	17.1
橡胶制品业	21.1	36.8	42.1	-21.1	7.5
塑料制品业	22.2	42.6	35.2	-13.0	5.0
非金属矿物制品业	5.6	50.7	43.7	-38.0	10.0
黑色金属冶炼及压延加工业	16.7	40.0	43.3	-26.7	0.0
有色金属冶炼及压延加工业	14.3	57.1	28.6	-14.3	8.3
金属制品业	23.8	40.0	36.3	-12.5	19.4
通用设备制造业	15.1	45.3	39.5	-24.4	22.3
专用设备制造业	16.7	52.4	31.0	-14.3	23.3
交通运输设备制造业	35.9	33.3	30.8	5.1	15.0
电气机械及器材制造业	19.7	45.9	34.4	-14.8	22.9
通信设备、计算机及其他电子设备制造业	35.0	32.5	32.5	2.5	9.6
仪器仪表及文化、办公用机械制造业	40.0	40.0	20.0	20.0	38.8

从企业生产状况看，调查显示，2009 年一季度处于“超负荷生产”或“正常运作”的企业占 73.7%，也就是说有近 3/4 的企业生产状况正常。不过值得注意的是，有 25.6% 的企业处于“半停产”状态，这也表明部分企业困难相对较大（见表 7）。

表 7　　2005～2009 年一季度企业生产状况对比（%）

	超负荷生产	正常运作	半停产	停产
2009 年一季度	1.7	72.0	25.6	0.7
2008 年	4.4	80.4	14.4	0.8
2007 年	6.8	85.4	7.1	0.7
2006 年	4.9	86.9	7.6	0.6
2005 年	6.8	84.3	8.4	0.5

当问及“2009 年以来贵企业所在地区、所在行业停产和倒闭的企业数量”时，调查显示，认为企业所在地区、所在行业停产和倒闭的企业数量“非常多”的企业经营者占 1.7%，认为“比较多”的占 26.8%，合计比重比 2008 年有所下降；认为“比较少”的占 52.2%，认为“非常少”的占 11.6%，认为“不清楚”的占 7.7%（见表 8）。

调查表明，目前部分企业经营困难相对较大，且不同类型企业之间存在差异：一方面东部地区企业、中小企业和外资企业受到全球需求急剧萎缩的影响首当其冲，目前困难相对较大；另一方面医药、

表 8　　今年以来企业所在地区及行业停产和倒闭的企业数量情况（%）

		非常多	比较多	比较少	非常少	不清楚
总体	2009 年一季度	1.7	26.8	52.2	11.6	7.7
	2008 年	3.1	29.7	45.1	11.1	11.0
东部地区企业		1.8	28.3	51.9	9.8	8.2
中部地区企业		1.0	29.7	50.3	13.0	6.0
西部地区企业		1.8	18.3	56.0	15.6	8.3
东北地区企业		2.4	21.6	54.4	15.2	6.4
农林牧渔业			29.6	55.6	7.4	7.4
采矿业		5.0	25.0	50.0	10.0	10.0
制造业		1.8	30.4	50.5	10.6	6.6
电力、燃气及水的生产和供应业			14.3	61.9	14.3	9.5
建筑业		2.6	11.7	66.2	9.1	10.4
交通运输、仓储和邮政业			12.1	51.5	27.3	9.1
信息传输、计算机服务和软件业			27.8	33.3	16.7	22.2
批发和零售业		1.8	22.5	54.1	16.2	5.4
住宿和餐饮业		6.3	6.3	50.0	18.8	18.8
房地产业			13.9	61.1	11.1	13.9
租赁和商务服务业		3.8	15.4	53.8	15.4	11.5
食品饮料制造业		1.3	37.5	42.5	7.5	11.3
纺织业		4.9	32.1	50.6	12.3	
纺织服装、鞋、帽制造业			50.9	36.4	7.3	5.5
造纸及纸制品业			34.8	43.5	13.0	8.7
化学原料及化学制品制造业		2.9	30.1	45.6	9.7	11.7
医药制造业			20.0	52.5	22.5	5.0
化学纤维制造业			57.1	42.9		
橡胶制品业			11.1	61.1	22.2	5.6
塑料制品业			34.6	51.9	5.8	7.7
非金属矿物制品业			40.8	50.7	5.6	2.8
黑色金属冶炼及压延加工业		3.3	30.0	43.3	10.0	13.3
有色金属冶炼及压延加工业		5.7	25.7	45.7	20.0	2.9
金属制品业		1.3	23.1	60.3	6.4	9.0
通用设备制造业		1.2	23.3	58.1	12.8	4.7
专用设备制造业			27.9	46.5	14.0	11.6
交通运输设备制造业			27.5	60.0	10.0	2.5
电气机械及器材制造业		3.4	28.8	52.5	13.6	1.7
通信设备、计算机及其他电子设备制造业		2.5	25.0	62.5	7.5	2.5
仪器仪表及文化、办公用机械制造业		5.0	10.0	40.0	30.0	15.0

食品等行业的逆市坚挺对稳定内需起到一定作用，汽车行业的探底回升对相关行业的带动效应有待释放。

二、企业经营面临的具体挑战与转机

1. 需求不足给企业经营带来一系列挑战

关于当前企业发展中遇到的最主要困难，调查显示，排在前四位的依次是“人工成本上升”（53.6%）、“资金紧张”（49.8%）、“缺乏人才”（39.6%）、“国内需求不足”（37.7%）。值得注意的是，与2008年的调查结果相比，“人工成本上升”、“能源、原材料成本上升”、“资金紧张”、“缺乏人才”的选择比重都有所下降，这表明成本、资金、人才等方面给企业带来的困难有所减小；而“国内需求不足”和“国际经济环境恶化”的选择比重分别从19.6%和16.7%上升到37.7%和32.7%，排名也上升到第4位和第4位，这表明需求下滑是目前企业面临的最大挑战（见表9）。

表9　　当前企业经营发展中遇到的最主要困难（%）

	总体	
	2009年一季度	2008年
人工成本上升	53.6	72.2
资金紧张	49.8	57.2
缺乏人才	39.6	41.8
国内需求不足	37.7	19.6
缺乏创新能力	33.1	29.4
国际经济环境恶化	32.7	16.7
能源、原材料成本上升	25.5	77.8
人民币升值影响出口	19.0	25.8
行业发展前景不明	16.2	14.3
资源、环境约束较大	15.4	19.4
遭受侵权等不正当竞争	12.7	10.5
地方政府干预较多	11.6	7.2
房地产行业下滑造成市场需求低迷	10.7	8.9
企业领导发展动力不足	9.7	10.8
缺乏投资方向	4.6	4.6
股市震荡造成企业投资收益锐减	1.0	1.9

需求不足对企业生产经营的各方面都带来了较为明显的影响。从产销情况看，调查显示，认为一季度企业的生产（服务）量和销售量“增加”的企业经营者分别为15.2%和16.1%，比认为“减少”的分别少40.1和43.8个百分点，为2004年以来的最低水平，呈现出产销下滑的趋势（见表10）。

表10　　企业目前的生产（服务）量、销售量情况（%）

		增加	持平	减少	增加-减少
生产（服务）量	2009年一季度	15.2	29.5	55.3	-40.1
	2008年	38.9	30.6	30.5	8.4
	2007年	54.3	31.1	14.6	39.7
	2006年	52.7	31.9	15.4	37.3
	2005年	49.5	30.1	20.4	29.1
	2004年	52.0	28.8	19.2	32.8
目前销售量	2009年一季度	16.1	24.0	59.9	-43.8
	2008年	40.8	25.3	33.9	6.9
	2007年	56.8	26.4	16.8	40.0
	2006年	54.3	27.4	18.3	36.0
	2005年	49.7	27.3	23.0	26.7
	2004年	52.3	25.1	22.6	29.7

从不同行业看，生产（服务）量下滑较多的行业包括：租赁和商务服务业以及制造业中的造纸、非金属制品、钢铁、有色金属、通用设备和电气机械等，其认为“减少”的比认为“增加”的多50

个百分点以上；而医药行业相对较好，生产（服务）量“增加”的企业比“减少”的多28.2个百分点（见表11）。

表11　　不同行业企业目前的生产（服务）量情况（%）

	增加	持平	减少	增加-减少	
				2009年一季度	2008年
总体	**15.2**	**29.5**	**55.3**	**-40.1**	**8.4**
农林牧渔业	20.0	44.0	36.0	-16.0	12.4
采矿业	10.5	31.6	57.9	-47.4	13.5
制造业	15.2	27.0	57.8	-42.6	7.1
电力、燃气及水的生产和供应业	10.5	57.9	31.6	-21.1	26.3
建筑业	20.5	34.2	45.2	-24.7	21.8
交通运输、仓储和邮政业	13.8	27.6	58.6	-44.8	19.6
信息传输、计算机服务和软件业	30.0	30.0	40.0	-10.0	34.4
批发和零售业	16.4	27.3	56.4	-40.0	17.7
住宿和餐饮业		62.5	37.5	-37.5	17.1
房地产业	8.8	33.8	57.4	-48.5	-27.9
租赁和商务服务业	3.8	38.5	57.7	-53.8	13.9
食品饮料制造业	12.2	41.5	46.3	-34.1	9.6
纺织业	8.8	35.0	56.3	-47.5	-26.0
纺织服装、鞋、帽制造业	10.9	29.1	60.0	-49.1	-27.4
造纸及纸制品业	4.2	25.0	70.8	-66.7	22.2
化学原料及化学制品制造业	21.0	26.7	52.4	-31.4	12.8
医药制造业	46.2	35.9	17.9	28.2	47.7
化学纤维制造业	33.3	33.3	33.3	0.0	5.9
橡胶制品业	11.1	33.3	55.6	-44.4	4.5
塑料制品业	20.8	22.6	56.6	-35.8	-1.5
非金属矿物制品业	11.6	23.2	65.2	-53.6	14.6
黑色金属冶炼及压延加工业	14.3	3.6	82.1	-67.9	1.7
有色金属冶炼及压延加工业	16.7	13.9	69.4	-52.8	4.9
金属制品业	12.8	25.6	61.5	-48.7	11.1
通用设备制造业	10.7	27.4	61.9	-51.2	18.8
专用设备制造业	14.6	32.9	52.4	-37.8	15.2
交通运输设备制造业	22.5	17.5	60.0	-37.5	15.1
电气机械及器材制造业	11.9	22.0	66.1	-54.2	17.9
通信设备、计算机及其他电子设备制造业	17.5	35.0	47.5	-30.0	0.9
仪器仪表及文化、办公用机械制造业	10.0	35.0	55.0	-45.0	29.4

调查显示，销售量下滑较多的行业有：采矿业、住宿和餐饮业以及制造业中的纺织、服装、造纸、非金属制品、钢铁、有色金属、金属制品、通用设备和电气机械等，其认为“减少”的比认为“增加”的多50个百分点以上；而医药行业相对较好，销售量“增加”的企业比“减少”的多20个百分点（见表12）。

从库存情况看，调查显示，认为企业库存“正常”的企业经营者占60.6%，认为“低于正常”的占15.4%，两者合计比重比2008年下降了6.5个百分点；认为“高于正常”的占24%（见表13）。调查表明，受到需求不足的影响，企业的库存略有上升。

表 12　　不同行业企业目前的销售量情况（%）

	增加	持平	减少	增加 - 减少	
				2009 年一季度	2008 年
总体	16.1	24.0	59.9	-43.8	6.9
农林牧渔业	16.0	44.0	40.0	-24.0	18.4
采矿业	10.5	15.8	73.7	-63.2	10.6
制造业	15.8	21.2	63.0	-47.2	7.3
电力、燃气及水的生产和供应业	10.0	45.0	45.0	-35.0	25.0
建筑业	13.6	31.8	54.5	-40.9	12.9
交通运输、仓储和邮政业	17.9	28.6	53.6	-35.7	15.6
信息传输、计算机服务和软件业	31.6	31.6	36.8	-5.3	37.7
批发和零售业	19.6	25.9	54.5	-34.8	16.9
住宿和餐饮业		46.7	53.3	-53.3	12.5
房地产业	15.5	22.5	62.0	-46.5	-56.6
租赁和商务服务业	8.3	41.7	50.0	-41.7	6.3
食品饮料制造业	19.3	31.3	49.4	-30.1	11.7
纺织业	12.5	23.8	63.8	-51.3	-26.5
纺织服装、鞋、帽制造业	10.9	27.3	61.8	-50.9	-27.0
造纸及纸制品业	4.3	17.4	78.3	-73.9	17.3
化学原料及化学制品制造业	20.2	16.3	63.5	-43.3	10.7
医药制造业	45.0	30.0	25.0	20.0	51.9
化学纤维制造业	33.3	16.7	50.0	-16.7	11.8
橡胶制品业	15.8	21.1	63.2	-47.4	3.0
塑料制品业	20.8	22.6	56.6	-35.8	-3.5
非金属矿物制品业	7.2	17.4	75.4	-68.1	7.9
黑色金属冶炼及压延加工业	10.3	10.3	79.3	-69.0	-5.2
有色金属冶炼及压延加工业	13.9	13.9	72.2	-58.3	9.6
金属制品业	15.0	17.5	67.5	-52.5	12.2
通用设备制造业	10.6	23.5	65.9	-55.3	22.0
专用设备制造业	15.7	26.5	57.8	-42.2	15.3
交通运输设备制造业	30.0	12.5	57.5	-27.5	16.8
电气机械及器材制造业	10.0	16.7	73.3	-63.3	23.4
通信设备、计算机及其他电子设备制造业	20.0	25.0	55.0	-35.0	4.4
仪器仪表及文化、办公用机械制造业	21.1	26.3	52.6	-31.6	29.9

从不同行业看，目前企业库存较多的行业包括纺织、化纤、非金属制品、钢铁和金属制品等，其库存“高于正常”的企业比重超过 30%；而食品、医药、塑料、有色金属、电气机械和通信设备等行业库存相对较低，其库存“高于正常”的企业比重低于 20%（见表 13）。

表 13　　企业目前的库存情况（%）

	高于正常	正常	低于正常	正常 + 低于正常	
				2009 年一季度	2008 年
总体	24.0	60.6	15.4	76.0	82.5
东部地区企业	22.7	63.4	14.0	77.4	82.0
中部地区企业	29.7	55.7	14.6	70.3	82.3
西部地区企业	19.5	63.8	16.8	80.6	83.6
东北地区企业	22.0	56.9	21.1	78.0	84.6

续表

	高于正常	正常	低于正常	正常+低于正常	
				2009年一季度	2008年
大型企业	28.4	59.7	11.9	71.6	83.2
中型企业	22.7	61.5	15.9	77.4	81.9
小型企业	23.4	61.9	14.7	76.6	82.9
国有及国有控股公司	25.0	60.2	14.8	75.0	87.7
外商及港澳台投资企业	24.6	60.5	14.9	75.4	78.9
民营企业	23.3	61.0	15.7	76.7	81.6
食品饮料制造业	17.9	67.9	14.3	82.1	82.6
纺织业	39.5	56.8	3.7	60.5	70.4
纺织服装、鞋、帽制造业	22.2	59.3	18.5	77.8	84.2
造纸及纸制品业	20.8	75.0	4.2	79.2	74.4
化学原料及化学制品制造业	26.7	64.8	8.6	73.3	81.9
医药制造业	19.5	73.2	7.3	80.5	84.7
化学纤维制造业	33.3	50.0	16.7	66.7	76.5
橡胶制品业	26.3	52.6	21.1	73.7	83.6
塑料制品业	16.7	57.4	25.9	83.3	82.6
非金属矿物制品业	45.7	45.7	8.6	54.3	75.5
黑色金属冶炼及压延加工业	51.7	41.4	6.9	48.3	73.0
有色金属冶炼及压延加工业	11.1	69.4	19.4	88.9	75.9
金属制品业	32.1	50.0	17.9	67.9	81.9
通用设备制造业	20.9	57.0	22.1	79.1	80.1
专用设备制造业	27.4	54.8	17.9	72.6	83.3
交通运输设备制造业	20.0	60.0	20.0	80.0	85.9
电气机械及器材制造业	19.7	59.0	21.3	80.3	87.3
通信设备、计算机及其他电子设备制造业	12.8	74.4	12.8	87.2	82.3
仪器仪表及文化、办公用机械制造业	25.0	60.0	15.0	75.0	86.8

从产品销售价格情况看，认为一季度产品销售价格“上升”的企业经营者占5.7%，比认为价格“下降”的少57.8个百分点，而2008年则是认为“上升”的比认为“下降”的多23.3个百分点（见表14）。

从不同行业看，采矿业、造纸、化工、化纤、塑料、钢铁、有色金属、汽车、电气机械和通信设备等行业产品销售价格下降显著，认为“下降”的比认为“上升”的多70个百分点以上（见表14）。

表14　　不同行业企业目前的销售价格情况（%）

	上升	持平	下降	上升-下降	
				2009年一季度	2008年
总体	**5.7**	**30.8**	**63.5**	**-57.8**	**23.3**
农林牧渔业	12.0	36.0	52.0	-40.0	25.8
采矿业	10.0	10.0	80.0	-70.0	36.5
制造业	5.1	26.9	68.0	-63.0	22.7
电力、燃气及水的生产和供应业	5.6	77.8	16.7	-11.1	46.6
建筑业	6.1	39.4	54.5	-48.5	25.4
交通运输、仓储和邮政业	12.1	33.3	54.5	-42.4	23.3
信息传输、计算机服务和软件业	10.5	36.8	52.6	-42.1	-32.3
批发和零售业	5.5	41.8	52.7	-47.3	41.4

续表

	上升	持平	下降	上升-下降	
				2009年一季度	2008年
住宿和餐饮业	6.7	60.0	33.3	-26.7	11.8
房地产业	8.8	32.4	58.8	-50.0	19.3
租赁和商务服务业	4.3	47.8	47.8	-43.5	6.7
食品饮料制造业	19.0	41.7	39.3	-20.2	47.6
纺织业	4.9	21.0	74.1	-69.1	-17.6
纺织服装、鞋、帽制造业	9.1	23.6	67.3	-58.2	4.0
造纸及纸制品业		16.7	83.3	-83.3	41.4
化学原料及化学制品制造业	1.9	12.6	85.4	-83.5	44.2
医药制造业	7.7	64.1	28.2	-20.5	6.2
化学纤维制造业			100.0	-100.0	26.4
橡胶制品业	5.3	31.6	63.2	-57.9	16.9
塑料制品业	1.9	15.1	83.0	-81.1	19.8
非金属矿物制品业	8.7	26.1	65.2	-56.5	48.5
黑色金属冶炼及压延加工业	3.4	3.4	93.1	-89.7	56.5
有色金属冶炼及压延加工业	5.6	2.8	91.7	-86.1	-11.0
金属制品业	5.1	20.3	74.7	-69.6	35.7
通用设备制造业	5.9	34.1	60.0	-54.1	38.1
专用设备制造业	1.2	38.1	60.7	-59.5	15.1
交通运输设备制造业		22.5	77.5	-77.5	27.0
电气机械及器材制造业		25.0	75.0	-75.0	1.7
通信设备、计算机及其他电子设备制造业	2.5	20.0	77.5	-75.0	-32.7
仪器仪表及文化、办公用机械制造业		60.0	40.0	-40.0	-5.8

企业产销下滑是导致企业盈利下降的重要原因之一。调查结果显示，一季度盈利的企业占41.6%，比2008年下降21.3个百分点；亏损的企业占36.2%，比2008年上升16个百分点。从不同地区看，东部地区盈利企业占42.8%，好于其他地区；从不同规模看，规模越大，盈利企业比重越高；从不同经济类型看，国有及国有控股公司盈利情况相对较好（见表15）。

表15　　不同地区、规模及经济类型企业今年一季度的盈利状况（%）

		盈利			持平	亏损		
		较大盈利	略有盈余	小计		亏损	严重亏损	小计
总体	2009年一季度	4.8	36.8	41.6	22.2	32.3	3.9	36.2
	2008年	11.6	51.3	62.9	16.9	18.0	2.2	20.2
东部地区企业		4.9	37.9	42.8	22.9	30.5	3.8	34.3
中部地区企业		4.3	33.1	37.5	25.1	34.4	3.0	37.5
西部地区企业		4.5	37.7	42.3	15.5	37.3	5.0	42.3
东北地区企业		5.6	33.9	39.5	21.0	34.7	4.8	39.5
大型企业		12.0	44.7	56.7	16.7	22.0	4.7	26.7
中型企业		5.0	38.0	43.0	21.8	31.0	4.2	35.2
小型企业		2.9	33.8	36.7	23.3	36.6	3.5	40.0
国有及国有控股公司		6.8	35.7	42.6	21.7	31.3	4.4	35.7
外商及港澳台投资企业		5.4	33.1	38.5	19.2	33.1	9.2	42.3
民营企业		3.7	37.3	41.0	22.0	33.4	3.6	37.0

虽然一季度企业盈利有所下降，但二季度或有好转。调查显示，预计二季度盈利的企业占

48.6%，比一季度提高了7个百分点，预计“持平”的占27.6%，预计“亏损”的占23.8%，比一季度下降12.4个百分点（见表16）。

表16　不同地区、规模及经济类型企业今年二季度的盈利状况（%）

	盈利			持平	亏损		
	较大盈利	略有盈余	小计		亏损	严重亏损	小计
总体	**5.1**	**43.5**	**48.6**	**27.6**	**21.3**	**2.5**	**23.8**
东部地区企业	5.4	45.3	50.8	26.7	20.1	2.4	22.5
中部地区企业	3.6	39.1	42.8	33.0	20.7	3.6	24.3
西部地区企业	5.5	44.0	49.5	23.5	26.0	1.0	27.0
东北地区企业	6.1	36.5	42.6	29.6	24.3	3.5	27.8
大型企业	12.6	51.7	64.3	21.0	10.5	4.2	14.7
中型企业	5.1	42.3	47.4	29.5	20.5	2.6	23.1
小型企业	3.5	43.3	46.9	26.9	24.2	2.1	26.2
国有及国有控股公司	6.8	41.9	48.7	26.3	21.2	3.8	25.0
外商及港澳台投资企业	4.0	40.3	44.4	26.6	24.2	4.8	29.0
民营企业	4.2	43.5	47.7	28.1	22.0	2.1	24.1

外需的下降给出口企业带来了较大影响。本次调查企业中，约一半（48.5%）的企业有产品出口。在这些企业中，认为一季度企业产品出口比2008年同期增长的企业经营者占11%，其中认为“小幅增长”的占9.4%，认为“大幅增长”的占1.6%；认为“持平”的占15.2%；认为下降的占73.8%，其中“大幅下降”的占39%，“小幅下降”的占34.8%。认为出口增长的比认为下降的少62.8个百分点，比2008年增加了59.6个百分点（见表17）。

从不同行业看，出口形势相对较差的行业有：纺织、造纸、非金属制品、钢铁、有色金属和汽车等，其认为出口数量“下降”的比认为“上升”的多70个百分点以上（见表17）。

表17　对企业产品出口数量的判断（%）

		增长		持平	下降		增长－
		大幅增长	小幅增长		小幅下降	大幅下降	下降
总体	2009年一季度	1.6	9.4	15.2	34.8	39.0	－62.8
	2008年	7.0	31.5	19.8	24.9	16.8	－3.2
制造业总体	2009年一季度	1.5	8.8	15.5	34.7	39.5	－63.9
	2008年	7.1	31.5	19.8	24.9	16.7	－3.0
食品饮料制造业		3.2	16.1	12.9	35.5	32.3	－48.4
纺织业		2.1	6.4	10.6	42.6	38.3	－72.3
纺织服装、鞋、帽制造业			8.9	24.4	40.0	26.7	－57.8
造纸及纸制品业				12.5	25.0	62.5	－87.5
化学原料及化学制品制造业			8.2	20.4	20.4	51.0	－63.3
医药制造业		12.5	18.8	31.3	31.3	6.3	－6.3
化学纤维制造业			50.0			50.0	0.0
橡胶制品业			10.0	20.0	30.0	40.0	－60.0
塑料制品业		3.4	3.4	17.2	27.6	48.3	－69.0
非金属矿物制品业			5.7	8.6	34.3	51.4	－80.0
黑色金属冶炼及压延加工业				12.5	18.8	68.8	－87.5
有色金属冶炼及压延加工业				14.3	52.4	33.3	－85.7
金属制品业		2.1	8.3	16.7	27.1	45.8	－62.5

续表

	增长		持平	下降		增长－下降
	大幅增长	小幅增长		小幅下降	大幅下降	
通用设备制造业	2.5	7.5	15.0	40.0	35.0	-65.0
专用设备制造业	2.6	7.9	13.2	50.0	26.3	-65.8
交通运输设备制造业		4.2	8.3	45.8	41.7	-83.3
电气机械及器材制造业		9.4	15.6	40.6	34.4	-65.6
通信设备、计算机及其他电子设备制造业	4.0	20.0	20.0	32.0	24.0	-32.0
仪器仪表及文化、办公用机械制造业		14.3	28.6	42.9	14.3	-42.9

在产品出口数量下降的同时，产品出口价格也大幅下跌。调查显示，认为2009年一季度企业产品出口价格“上升”的企业经营者占3.6%，认为“持平”的占28.6%，认为“下降”的占67.8%，认为“上升”的比认为“下降”的少64.2个百分点，而2008年则是认为“上升”的比认为“下降”的多5个百分点（见表18）。

从不同行业看，产品出口价格下跌较多的行业包括，纺织、造纸、化工、钢铁、有色金属、金属制品、通用设备和电气机械等，其产品出口价格“下降”的比“上升”的多70个百分点以上（见表18）。

表18　　对企业产品出口价格的判断（%）

		上升		持平	下降		上升－下降
		大幅增长	小幅增长		小幅下降	大幅下降	
总体	2009年一季度	0.3	3.3	28.6	47.4	20.4	-64.2
	2008年	4.4	35.3	25.6	24.6	10.1	5.0
制造业总体	2009年一季度	0.3	3.4	28.0	48.0	20.3	-64.6
	2008年	4.1	36.1	25.5	24.5	9.8	5.9
食品饮料制造业		3.3	16.7	36.7	30.0	13.3	-23.3
纺织业				18.8	60.4	20.8	-81.3
纺织服装、鞋、帽制造业			6.7	22.2	53.3	17.8	-64.4
造纸及纸制品业				12.5	50.0	37.5	-87.5
化学原料及化学制品制造业		2.1	2.1	12.5	43.8	39.6	-79.2
医药制造业			18.8	43.8	25.0	12.5	-18.8
化学纤维制造业			50.0	50.0			50.0
橡胶制品业				40.0	50.0	10.0	-60.0
塑料制品业			10.3	20.7	44.8	24.1	-58.6
非金属矿物制品业			2.9	28.6	48.6	20.0	-65.7
黑色金属冶炼及压延加工业				18.8	50.0	31.3	-81.3
有色金属冶炼及压延加工业				14.3	52.4	33.3	-85.7
金属制品业			2.2	22.2	48.9	26.7	-73.3
通用设备制造业				35.1	54.1	10.8	-64.9
专用设备制造业				40.0	50.0	10.0	-60.0
交通运输设备制造业				34.8	60.9	4.3	-65.2
电气机械及器材制造业				30.0	46.7	23.3	-70.0
通信设备、计算机及其他电子设备制造业				16.0	68.0	16.0	-84.0
仪器仪表及文化、办公用机械制造业				57.1	42.9		-42.9

关于企业目前的从业人数，调查结果显示，2009年一季度用工人数“减少”的占30.2%，比2008年提高6.2个百分点；用工人数“持平”的占52.5%，“增加”的占17.3%。调查表明，总体来

看，一季度企业用工数量基本平稳，略有下降（见表19）。

表19　不同地区、规模及经济类型企业目前的用工人数情况（%）

		增加	持平	减少	增加-减少	
					2009年一季度	2008年
总体	2009年一季度	17.3	52.5	30.2	-12.9	8.5
	2008年	32.5	43.5	24.0		
东部地区企业		15.8	51.5	32.7	-16.9	4.0
中部地区企业		18.9	52.3	28.8	-9.8	15.4
西部地区企业		20.5	53.8	25.7	-5.2	15.9
东北地区企业		20.3	56.9	22.8	-2.4	13.2
大型企业		16.6	60.0	23.4	-6.9	23.0
中型企业		17.9	52.0	30.1	-12.3	11.6
小型企业		16.8	51.1	32.2	-15.4	2.9
国有及国有控股公司		11.7	62.3	25.9	-14.2	9.9
外商及港澳台投资企业		11.5	46.9	41.5	-30.0	-0.2
民营企业		18.5	51.1	30.4	-12.0	7.6

从不同地区看，东部地区用工减少的企业占32.7%，相对较高；从不同规模看，中小企业用工减少的超过30%，高于大型企业；从不同经济类型看，外商及港澳台投资企业用工减少的占41.5%，高于国有及国有控股公司和民营企业（见表19）。

从企业二季度的用工计划看，调查结果显示，用工净增加[①]0.6个百分点，这表明，企业用工在二季度将略有回升（见表20）。

从不同地区看，东北地区和东部企业用工净减少[②]5.8和1.5个百分点，而中西部地区企业用工净增加在4个百分点以上；从不同规模看，小型企业用工净减少2.7个百分点，大中型企业则是用工净增加；从不同经济类型看，外商及港澳台投资企业和国有及国有控股公司用工净减少分别为9.9和4.9个百分点，而民营企业用工净增加2.4个百分点（见表20）。

表20　对企业今年二季度用工人数的预期（%）

	增加	持平	减少	增加-减少	
				2009年一季度	2008年
总体	**15.6**	**69.4**	**15.0**	**0.6**	**11.9**
东部地区企业	14.5	69.5	16.0	-1.5	8.8
中部地区企业	16.8	70.7	12.5	4.4	19.6
西部地区企业	20.5	67.4	12.1	8.4	15.3
东北地区企业	13.3	67.5	19.2	-5.8	9.5
大型企业	15.3	70.0	14.7	0.7	21.9
中型企业	18.0	67.7	14.4	3.6	11.2
小型企业	13.1	71.1	15.8	-2.7	10.6
国有及国有控股公司	9.3	76.4	14.2	-4.9	10.4
外商及港澳台投资企业	11.5	67.2	21.4	-9.9	3.0
民营企业	17.2	68.0	14.8	2.4	13.3

① “净增加”指的是用工“增加”的企业数比用工“减少”的企业数多的百分点，下同。

② “净减少”指的是用工“减少”的企业数比用工“增加”的企业数多的百分点，下同。

2. 企业成本压力和资金紧张有所缓解，为企业发展带来转机

关于企业目前的人工成本情况，调查显示，认为人工成本“上升”的企业经营者占42.2%，比认为“下降”的多36.3个百分点，这一结果比2008年下降60.7个百分点。从不同地区看，东北地区企业认为“上升”的比认为“下降”的多24.4个百分点，比2008年下降71.7个百分点，高于其他地区；从不同规模看，中型企业认为“上升”的比认为“下降”的多34.4个百分点，比2008年下降62.9个百分点，高于大型企业和小型企业；从不同经济类型看，外商及港澳台投资企业认为“上升”的比认为“下降”的多28.1个百分点，比2008年下降70.5个百分点，高于其他类型企业。调查表明，东部地区、中型企业和外商及港澳台投资企业人工成本下降相对较多（见表21）。

表21　企业目前的人工成本情况（%）

	上升	持平	下降	上升－下降	
				2009年一季度	2008年
总体	**42.2**	**51.9**	**5.9**	**36.3**	**97.0**
东部地区企业	40.9	52.6	6.5	34.3	97.4
中部地区企业	41.8	54.0	4.2	37.6	96.3
西部地区企业	53.8	42.3	3.8	50.0	96.3
东北地区企业	33.6	57.1	9.2	24.4	96.1
大型企业	43.2	50.7	6.1	37.2	95.2
中型企业	40.4	53.7	5.9	34.4	97.3
小型企业	43.8	50.4	5.9	37.9	97.0
国有及国有控股公司	41.4	53.7	4.9	36.5	94.9
外商及港澳台投资企业	35.2	57.8	7.0	28.1	98.6
民营企业	44.2	50.1	5.7	38.5	97.3

关于企业目前的原材料成本，调查显示，认为目前物料采购价格“上升”的企业经营者占9.4%，比认为“下降”的少53.4个百分点，而2008年则是认为“上升”的比认为“下降”的多88.2个百分点（见表22）。

表22　企业目前的物料采购价格情况（%）

	上升	持平	下降	上升－下降	
				2009年一季度	2008年
总体	**9.4**	**27.8**	**62.8**	**－53.4**	**88.2**
东部地区企业	6.6	28.4	65.0	－58.4	87.3
中部地区企业	12.5	25.3	62.2	－49.7	89.6
西部地区企业	16.6	29.9	53.6	－37.0	89.6
东北地区企业	11.2	25.9	62.9	－51.7	90.1
大型企业	9.4	27.5	63.1	－53.7	88.5
中型企业	10.7	28.6	60.7	－49.9	88.5
小型企业	7.5	27.3	65.2	－57.7	87.9
国有及国有控股公司	11.7	29.2	59.2	－47.5	90.8
外商及港澳台投资企业	3.9	31.3	64.8	－60.9	91.2
民营企业	10.0	25.5	64.5	－54.5	87.7

关于企业资金情况，调查显示，认为目前资金“紧张”的企业占49.2%，比2008年减少7.3个百分点，略高于2007年的水平。这表明，随着一系列适度宽松的货币政策的出台和落实，企业的资金紧张状况有一定程度的缓解，这也是企业应收账款趋于正常的原因之一。调查显示，认为目前企业应

收账款“高于正常”的企业经营者占20.4%，比2008年下降2.1个百分点（见表23）。

表23　　企业目前的资金及应收账款情况（%）

	调查年份	宽裕	正常	紧张
资金	2009年一季度	4.5	46.3	49.2
	2008年	4.1	39.4	56.5
	2007年	6.2	49.8	44.0
	调查年份	高于正常	正常	低于正常
应收账款	2009年一季度	20.4	58.7	20.9
	2008年	22.5	62.1	15.4
	2007年	18.6	67.9	13.5

从不同地区看，东部地区企业资金“紧张”的占44.8%，明显低于其他地区企业；从不同规模看，大型企业资金“紧张”的占42%，明显低于中、小型企业；从不同经济类型看，外商及港澳台投资企业资金“紧张”的占39.4%，低于国有及国有控股公司和民营企业。调查表明，适度宽松的货币政策尤其是2009年以来信贷的快速增长，对缓解东部地区企业和大型企业的融资困难带来了一定的积极影响（见表24）。

表24　　企业目前的资金情况（%）

	宽裕	正常	紧张
总体	**4.5**	**46.3**	**49.2**
东部地区企业	5.5	49.6	44.8
中部地区企业	1.4	41.6	57.1
西部地区企业	4.2	42.1	53.7
东北地区企业	4.1	36.9	59.0
大型企业	3.3	54.7	42.0
中型企业	4.1	47.8	48.1
小型企业	5.4	42.2	52.3
国有及国有控股公司	3.2	41.4	55.4
外商及港澳台投资企业	2.3	58.3	39.4
民营企业	4.8	45.8	49.4

调查结果表明，虽然国际金融危机带来的需求下滑给目前企业经营带来一定困难，不过企业用工成本和物料成本的降低，以及政府出台的一系列适度宽松的货币政策带来的企业融资问题的缓解，也给产业结构的调整和企业未来发展带来了转机。

三、对未来经营前景的预期

1. 企业经营者对未来预期谨慎乐观

关于二季度的企业经营状况，调查显示，认为下期企业经营状况将“好转”的企业经营者占24.3%，认为“不变”的占60.9%，认为会“恶化”的占14.8%，认为“好转”的比认为“恶化”的多9.5个百分点（见表27）。调查表明，尽管当前形势比较困难，企业经营者对未来的预期还是谨慎乐观的。

从不同地区看，东北地区企业的担忧程度更大，认为二季度企业经营状况“好转”的比认为“恶化”的仅多1.7个百分点，明显低于其他地区，这表明东北地区以重工业为主的产业结构，决定了其受危机影响相对于东部地区有一定程度的滞后性；从不同规模看，小型企业认为“好转”的比认为

"恶化"的多7.9个百分点，低于大中型企业；从不同经济类型看，外商及港澳台投资企业对前景更为担忧，认为"好转"的比认为"恶化"的少7.9个百分点（见表25）。

表25　不同地区、规模及经济类型企业对二季度经营状况的预计（%）

	二季度经营状况预计			好转－恶化	
	好转	不变	恶化	2009年一季度	2008年
总体	**24.3**	**60.9**	**14.8**	**9.5**	**14.3**
东部地区企业	23.4	61.0	15.6	7.7	11.9
中部地区企业	25.6	60.9	13.5	12.1	18.0
西部地区企业	29.0	59.9	11.1	17.9	19.3
东北地区企业	20.7	60.3	19.0	1.7	14.4
大型企业	24.3	65.3	10.4	13.9	19.5
中型企业	25.1	60.3	14.7	10.4	15.2
小型企业	23.6	60.7	15.7	7.9	12.7
国有及国有控股公司	22.4	65.9	11.8	10.6	13.3
外商及港澳台投资企业	15.9	60.3	23.8	-7.9	5.9
民营企业	25.6	59.0	15.3	10.3	15.4

从不同行业看，对二季度企业经营状况比较乐观的包括信息传输计算机服务和软件业、房地产业以及制造业中的医药、化纤、非金属制品、专用设备和电气机械等行业，其认为"好转"的比认为"恶化"的多15个百分点以上；预期相对较差的行业有交通运输仓储和邮政业、住宿和餐饮业以及制造业中的纺织、服装、造纸等行业，其认为"恶化"的比重要高于认为"好转"的比重。值得注意的是，房地产行业预计二季度经营状况"好转"的比"恶化"的多17.1个百分点，比2008年上升了6.8个百分点，这表明房地产行业呈现出逐渐回稳的趋势（见表26）。

表26　不同行业企业对二季度经营状况的预计（%）

	二季度经营状况预计			好转－恶化	
	好转	不变	恶化	2009年一季度	2008年
总体	**24.3**	**60.9**	**14.8**	**9.5**	**14.3**
农林牧渔业	23.8	66.7	9.5	14.3	40.0
采矿业	33.3	44.4	22.2	11.1	19.2
制造业	25.8	57.3	17.0	8.8	13.1
电力、燃气及水的生产和供应业	19.0	71.4	9.5	9.5	9.8
建筑业	19.4	69.4	11.1	8.3	25.9
交通运输、仓储和邮政业	12.9	71.0	16.1	-3.2	13.3
信息传输、计算机服务和软件业	26.3	68.4	5.3	21.1	43.0
批发和零售业	13.6	76.4	10.0	3.6	11.1
住宿和餐饮业	6.3	75.0	18.8	-12.5	25.7
房地产业	24.3	68.6	7.1	17.1	10.3
租赁和商务服务业	19.2	65.4	15.4	3.8	7.5
食品饮料制造业	23.1	66.7	10.3	12.8	28.2
纺织业	19.2	60.3	20.5	-1.3	-4.1
纺织服装、鞋、帽制造业	22.2	50.0	27.8	-5.6	-0.5
造纸及纸制品业	19.0	52.4	28.6	-9.5	17.5
化学原料及化学制品制造业	27.7	57.4	14.9	12.9	13.7

续表

	二季度经营状况预计			好转－恶化	
	好转	不变	恶化	2009年一季度	2008年
医药制造业	24.3	73.0	2.7	21.6	31.3
化学纤维制造业	16.7	83.3		16.7	－11.4
橡胶制品业	22.2	66.7	11.1	11.1	9.1
塑料制品业	28.8	48.1	23.1	5.8	7.6
非金属矿物制品业	31.3	53.7	14.9	16.4	16.7
黑色金属冶炼及压延加工业	20.7	62.1	17.2	3.4	－12.1
有色金属冶炼及压延加工业	28.6	54.3	17.1	11.4	9.5
金属制品业	25.0	57.9	17.1	7.9	18.6
通用设备制造业	26.3	55.0	18.8	7.5	15.5
专用设备制造业	31.2	54.5	14.3	16.9	16.6
交通运输设备制造业	23.7	63.2	13.2	10.5	14.1
电气机械及器材制造业	32.1	51.8	16.1	16.1	10.8
通信设备、计算机及其他电子设备制造业	22.5	65.0	12.5	10.0	21.2
仪器仪表及文化、办公用机械制造业	10.5	84.2	5.3	5.3	17.6

从企业目前的订货情况看，调查显示，认为一季度企业订货处于“正常”水平的企业经营者占34.8%，认为“高于正常”的占4.8%，两者的合计比重比2008年下降了24.1个百分点；认为“低于正常”的占60.4%。其中东部地区企业、中小型企业和外商及港澳台投资企业订货情况相对较差（见表27）。

表27　　不同地区、规模及经济类型企业目前的订货情况（%）

	高于正常	正常	低于正常	高于正常＋正常	
				2009年一季度	2008年
总体	**4.8**	**34.8**	**60.4**	**39.6**	**63.7**
东部地区企业	4.8	33.2	62.0	38.0	60.9
中部地区企业	1.7	37.1	61.2	38.8	68.3
西部地区企业	6.7	41.1	52.2	47.8	68.4
东北地区企业	9.2	30.3	60.6	39.4	65.8
大型企业	11.0	37.0	52.1	47.9	76.6
中型企业	4.2	37.7	58.1	41.9	64.2
小型企业	4.4	30.9	64.7	35.3	60.8
国有及国有控股公司	3.8	37.8	58.4	41.6	74.0
外商及港澳台投资企业	2.3	29.7	68.0	32.0	58.0
民营企业	4.7	33.7	61.6	38.4	62.2

从企业原材料采购数量的变化情况看，调查结果显示，目前主要原材料（含零部件）的采购数量“增加”的企业占13%，“持平”的占31.4%，“减少”的占55.6%，认为“增加”的比“减少”的少42.6个百分点。从不同行业看，原材料采购数量下滑较多的行业包括服装、造纸、非金属制品、钢铁、有色金属、金属制品、通用设备和电气机械等行业，其认为“减少”的比“增加”的多50个百分点以上。调查表明，企业原材料采购数量出现明显的下滑，这意味着对上游行业如采掘、钢铁、化工等拉动作用将产生一定影响（见表28）。

表 28　不同行业企业目前主要原材料（含零部件）的采购数量情况（%）

	增加	持平	减少	增加 - 减少
总体	**13.0**	**31.4**	**55.6**	**-42.6**
制造业总体	13.6	28.9	57.5	-43.9
食品饮料制造业	16.0	43.2	40.7	-24.7
纺织业	12.5	36.3	51.3	-38.8
纺织服装、鞋、帽制造业	7.1	30.4	62.5	-55.4
造纸及纸制品业	4.2	25.0	70.8	-66.7
化学原料及化学制品制造业	16.2	22.9	61.0	-44.8
医药制造业	32.5	47.5	20.0	12.5
化学纤维制造业	66.7		33.3	33.3
橡胶制品业	10.5	42.1	47.4	-36.8
塑料制品业	14.8	31.5	53.7	-38.9
非金属矿物制品业	5.7	37.1	57.1	-51.4
黑色金属冶炼及压延加工业	10.0	13.3	76.7	-66.7
有色金属冶炼及压延加工业	11.1	13.9	75.0	-63.9
金属制品业	12.5	23.8	63.8	-51.3
通用设备制造业	9.5	27.4	63.1	-53.6
专用设备制造业	11.9	31.0	57.1	-45.2
交通运输设备制造业	25.0	20.0	55.0	-30.0
电气机械及器材制造业	11.5	23.0	65.6	-54.1
通信设备、计算机及其他电子设备制造业	20.5	28.2	51.3	-30.8
仪器仪表及文化、办公用机械制造业	10.0	40.0	50.0	-40.0

关于企业二季度的订货情况，调查显示，认为企业订货将“减少”的占55.1%，认为“持平”的占31.4%，认为会“增加”的占13.5%，认为“减少”的比认为“增加”的多41.6个百分点，这一结果比2008年上升了41.2个百分点（见表29）。

从不同行业看，纺织、造纸、橡胶、非金属制品、钢铁和通用设备等行业下期订货情况相对较差，认为“减少”的比认为“增加”的多50个百分点以上（见表29）。

表 29　不同行业企业对二季度订货情况的预计（%）

	增加	持平	减少	增加 - 减少	
				2009年一季度	2008年
总体	**13.5**	**31.4**	**55.1**	**-41.6**	**-0.4**
制造业总体	13.2	29.1	57.7	-44.6	-1.0
食品饮料制造业	16.3	43.8	40.0	-23.8	13.4
纺织业	7.6	21.5	70.9	-63.3	-30.4
纺织服装、鞋、帽制造业	11.1	33.3	55.6	-44.4	-26.3
造纸及纸制品业	8.7	8.7	82.6	-73.9	-5.0
化学原料及化学制品制造业	15.7	26.5	57.8	-42.2	7.9
医药制造业	26.3	50.0	23.7	2.6	40.5
化学纤维制造业	50.0		50.0	0.0	-14.3
橡胶制品业		44.4	55.6	-55.6	-14.9
塑料制品业	14.0	34.0	52.0	-38.0	-10.2
非金属矿物制品业	5.7	35.7	58.6	-52.9	-1.2
黑色金属冶炼及压延加工业	6.9	20.7	72.4	-65.5	-22.4
有色金属冶炼及压延加工业	14.7	26.5	58.8	-44.1	-20.2

续表

	增加	持平	减少	增加－减少	
				2009年一季度	2008年
金属制品业	9.2	32.9	57.9	-48.7	1.7
通用设备制造业	12.2	19.5	68.3	-56.1	2.8
专用设备制造业	16.0	29.6	54.3	-38.3	8.4
交通运输设备制造业	17.9	25.6	56.4	-38.5	-3.3
电气机械及器材制造业	16.4	21.3	62.3	-45.9	13.9
通信设备、计算机及其他电子设备制造业	15.8	28.9	55.3	-39.5	0.1
仪器仪表及文化、办公用机械制造业	15.0	40.0	45.0	-30.0	11.8

2. 企业未来投资计划趋于紧缩

投资计划也反映了企业经营者对未来的预期。调查显示，表示未来计划投资额将“增加”的企业经营者占31.3%，表示“减少”的占40.3%，表示“增加”的比表示“减少”的少9个百分点，而2008年则是表示“增加”的比表示“减少”的多27.3个百分点（见表30）。

从不同地区看，西部地区计划投资“增加”的比“减少”的多12.9个百分点，而其他地区都是计划投资“增加”的比“减少”的要少，这表明投资向西部转移的特征十分明显（见表30）。

从不同规模看，大型企业计划投资“增加”的比“减少”的多8.7个百分点，明显好于中小型企业；从不同经济类型看，国有及国有控股公司计划投资“增加”的比“减少”的少1.7个百分点，好于民营企业和外商及港澳台投资企业（见表30）。调查表明，目前政府实施的大规模经济刺激计划对于国有大型企业效果明显，而民营企业尤其是民营中小型企业的投资有待进一步启动。

表30　　对今年企业计划投资额增减的预计（%）

	增加	持平	减少	增加－减少	
				2009年一季度	2008年
总体	**31.3**	**28.4**	**40.3**	**-9.0**	**27.3**
东部地区企业	28.9	28.4	42.7	-13.9	21.9
中部地区企业	31.7	32.1	36.2	-4.5	37.4
西部地区企业	44.8	23.3	31.9	12.9	36.4
东北地区企业	27.1	28.0	44.9	-17.8	24.5
大型企业	36.2	36.2	27.5	8.7	41.0
中型企业	33.4	24.3	42.3	-8.9	27.6
小型企业	28.0	31.0	41.0	-12.9	24.4
国有及国有控股公司	33.1	32.2	34.7	-1.7	34.3
外商及港澳台投资企业	19.8	24.4	55.7	-35.9	17.4
民营企业	31.4	27.8	40.8	-9.4	26.4

从不同行业看，计划投资减少比较多的行业有服装、钢铁、有色金属、电气机械和通信设备等，其计划投资“减少”的比“增加”的多20个百分点以上；而电力燃气及水的生产和供应业、信息传输计算机服务和软件业以及制造业中的化工和塑料等行业，计划投资“增加”的比“减少”的多7个百分点以上，相对较好（见表31）。

企业进口数量也是衡量企业投资需求变化的一个重要指标。调查结果显示，认为一季度企业产品进口数量比2008年同期增长的企业经营者占12.4%，其中“小幅增长”的占9.5%，“大幅增长”的占2.9%；认为“持平”的占37.5%；认为下降的占50.1%，其中“大幅下降”的占20.6%，“小幅

表31　不同行业企业对今年计划投资额增减的预计（%）

	增加	持平	减少	增加－减少	
				2009年一季度	2008年
总体	**31.3**	**28.4**	**40.3**	**-9.0**	**27.3**
农林牧渔业	29.6	37.0	33.3	-3.7	44.0
采矿业	36.8	21.1	42.1	-5.3	46.7
制造业	30.7	26.0	43.3	-12.6	25.3
电力、燃气及水的生产和供应业	45.0	35.0	20.0	25.0	29.7
建筑业	28.2	33.8	38.0	-9.9	30.1
交通运输、仓储和邮政业	37.5	28.1	34.4	3.1	43.4
信息传输、计算机服务和软件业	40.0	40.0	20.0	20.0	56.2
批发和零售业	30.6	40.5	28.8	1.8	26.9
住宿和餐饮业	23.5	35.3	41.2	-17.6	34.3
房地产业	31.9	25.0	43.1	-11.1	17.7
租赁和商务服务业	27.3	27.3	45.5	-18.2	20.0
食品饮料制造业	39.8	25.3	34.9	4.8	37.8
纺织业	26.8	28.0	45.1	-18.3	0.3
纺织服装、鞋、帽制造业	23.1	30.8	46.2	-23.1	-6.4
造纸及纸制品业	29.2	33.3	37.5	-8.3	33.4
化学原料及化学制品制造业	43.1	23.5	33.3	9.8	39.4
医药制造业	37.5	32.5	30.0	7.5	33.9
化学纤维制造业	50.0		50.0	0.0	17.7
橡胶制品业	33.3	16.7	50.0	-16.7	34.4
塑料制品业	38.9	25.9	35.2	3.7	23.8
非金属矿物制品业	31.9	18.8	49.3	-17.4	20.3
黑色金属冶炼及压延加工业	16.7	16.7	66.7	-50.0	9.7
有色金属冶炼及压延加工业	22.9	20.0	57.1	-34.3	20.5
金属制品业	30.8	24.4	44.9	-14.1	27.1
通用设备制造业	29.4	22.4	48.2	-18.8	30.6
专用设备制造业	32.1	33.3	34.6	-2.6	32.2
交通运输设备制造业	31.6	18.4	50.0	-18.4	29.4
电气机械及器材制造业	21.3	26.2	52.5	-31.1	32.3
通信设备、计算机及其他电子设备制造业	15.4	30.8	53.8	-38.5	28.1
仪器仪表及文化、办公用机械制造业	20.0	45.0	35.0	-15.0	45.6

下降”的占29.5%。认为进口增长的比认为下降的少37.7个百分点。调查表明，企业进口数量出现下滑，企业投资需求趋紧（见表32）。

从不同地区看，西部地区认为进口增长的比认为下降的少50个百分点，高于其他地区；从不同规模看，中小型企业认为进口增长的比认为下降的少35个百分点以上，高于大型企业；从不同经济类型看，外商及港澳台投资企业认为进口增长的比认为下降的少50.8个百分点，明显高于国有及国有控股公司和民营企业（见表32）。

从不同行业看，进口下滑较多的行业有食品、纺织、塑料、非金属制品和专用设备等行业，其认为进口数量“上升”的比认为“下降”的少50个百分点以上（见表32）。

在进口数量下滑的同时，进口价格也明显下跌。调查结果显示，认为一季度企业产品进口价格上升的企业经营者占6.5%，其中“小幅增长”的占5.8%，“大幅增长”的占0.7%；认为“持平”的占43.3%；认为下降的占50.2%，其中“大幅下降”的占9.5%，“小幅下降”的占40.7%。认为产

表 32　　对企业产品进口数量的判断（%）

	增长		持平	下降		增长－下降
	大幅增长	小幅增长		小幅下降	大幅下降	
总体	**2.9**	**9.5**	**37.5**	**29.5**	**20.6**	**－37.7**
制造业总体	2.9	9.2	36.8	30.9	20.2	－39.0
东部地区企业	2.6	9.9	37.9	29.7	19.8	－37.1
中部地区企业	2.8	11.1	38.9	30.6	16.7	－33.3
西部地区企业			50.0	25.0	25.0	－50.0
东北地区企业	6.7	10.0	23.3	30.0	30.0	－43.3
大型企业	5.3	14.0	43.9	22.8	14.0	－17.5
中型企业	2.3	8.7	33.1	36.0	19.8	－44.8
小型企业	2.5	7.4	42.0	22.2	25.9	－38.3
国有及国有控股公司	4.4	6.7	51.1	24.4	13.3	－26.7
外商及港澳台投资企业	1.6	6.6	32.8	29.5	29.5	－50.8
民营企业	3.7	10.4	34.4	30.7	20.9	－37.4
食品饮料制造业	7.1		21.4	35.7	35.7	－64.3
纺织业			40.0	40.0	20.0	－60.0
纺织服装、鞋、帽制造业		5.3	52.6	21.1	21.1	－36.8
造纸及纸制品业			100.0			0.0
化学原料及化学制品制造业		16.7	27.8	38.9	16.7	－38.9
医药制造业	28.6		14.3	57.1		－28.6
化学纤维制造业		100.0				100.0
橡胶制品业		33.3	66.7			33.3
塑料制品业	14.3		21.4	35.7	28.6	－50.0
非金属矿物制品业			25.0	50.0	25.0	－75.0
黑色金属冶炼及压延加工业		42.9	14.3	42.9		0.0
有色金属冶炼及压延加工业			66.7	33.3		－33.3
金属制品业		12.5	50.0	18.8	18.8	－25.0
通用设备制造业	10.0		50.0	20.0	20.0	－30.0
专用设备制造业		5.0	35.0	35.0	25.0	－55.0
交通运输设备制造业		13.3	53.3	26.7	6.7	－20.0
电气机械及器材制造业		13.3	40.0	26.7	20.0	－33.3
通信设备、计算机及其他电子设备制造业		12.5	50.0	31.3	6.3	－25.0
仪器仪表及文化、办公用机械制造业		40.0		40.0	20.0	－20.0

品进口价格上升的比认为下降的少 43.7 个百分点。从不同行业看，产品进口价格下跌较多的包括纺织、化工、化纤、塑料、非金属制品、钢铁、通信设备和仪器仪表等行业，其认为产品进口价格上升的比认为下降的少 50 个百分点以上（见表 33）。

表 33　　对企业产品进口价格的判断（%）

	上升		持平	下降		上升－下降
	大幅增长	小幅增长		小幅下降	大幅下降	
总体	**0.7**	**5.8**	**43.3**	**40.7**	**9.5**	**－43.7**
制造业总体	0.8	5.5	43.1	41.5	9.1	－44.3
食品饮料制造业		8.3	41.7	33.3	16.7	－41.7
纺织业		4.8	23.8	57.1	14.3	－66.7
纺织服装、鞋、帽制造业			55.6	44.4		－44.4
造纸及纸制品业			66.7	33.3		－33.3

续表

	上升		持平	下降		上升－下降
	大幅增长	小幅增长		小幅下降	大幅下降	
化学原料及化学制品制造业		10.5	26.3	52.6	10.5	－52.6
医药制造业	14.3	14.3	28.6	28.6	14.3	－14.3
化学纤维制造业				100.0		－100.0
橡胶制品业	33.3				66.7	－33.3
塑料制品业			8.3	75.0	16.7	－91.7
非金属矿物制品业		14.3	14.3	57.1	14.3	－57.1
黑色金属冶炼及压延加工业			40.0	60.0		－60.0
有色金属冶炼及压延加工业			77.8	22.2		－22.2
金属制品业			60.0	26.7	13.3	－40.0
通用设备制造业		11.1	55.6	27.8	5.6	－22.2
专用设备制造业		9.5	57.1	23.8	9.5	－23.8
交通运输设备制造业		12.5	50.0	31.3	6.3	－25.0
电气机械及器材制造业			58.3	33.3	8.3	－41.7
通信设备、计算机及其他电子设备制造业			31.3	68.8		－68.8
仪器仪表及文化、办公用机械制造业			50.0	25.0	25.0	－50.0

关于“对2009年我国GDP增长的预计”，调查显示，预计2009年我国GDP增长在7%以下的企业经营者占33.9%，预计在7%～8%之间的占54.6%，预计在8%以上的占11.6%，总体来看，企业经营者预计2009年我国GDP增长平均为7%，比2008年的调查结果下降了2.5个百分点（见表34）。

表34　　对今年我国GDP增长的预计（%）

	7%以下	7%～8%	8%以上	均　值
2009年一季度	33.9	54.6	11.6	7.0
2008年	1.9	9.6	88.5	9.4

本次调查还问及“您认为中国经济何时触底回升”，调查结果显示，选择“2009年一季度”的企业经营者占0.7%，选择“2009年二季度”的占5.1%，选择“2009年三季度”的占21.1%，选择“2009年四季度”的占20.1%，选择“2010年”的占43.1%，选择“2011年及以后”的占9.9%（见表35）。调查表明，近半数的企业经营者认为中国经济将在2009年触底回升。

表35　　对中国经济何时触底回升的预测（%）

	2009年一季度	2009年二季度	2009年三季度	2009年四季度	2010年	2011年及以后
总体	**0.7**	**5.1**	**21.1**	**20.1**	**43.1**	**9.9**
东部地区企业	0.6	5.3	21.6	21.0	41.4	10.2
中部地区企业	0.3	5.4	19.6	19.9	48.3	6.4
西部地区企业	1.4	5.5	22.8	19.2	42.5	8.7
东北地区企业	0.8	2.4	16.7	16.7	45.2	18.3
大型企业	0.7	7.3	25.2	19.9	39.7	7.3
中型企业	0.6	5.0	20.2	20.1	44.5	9.7
小型企业	0.8	4.8	21.1	20.4	41.8	11.0
国有及国有控股公司	0.8	5.6	23.1	24.3	38.2	8.0
外商及港澳台投资企业		3.1	20.9	20.2	42.6	13.2
民营企业	0.8	5.2	19.6	18.8	45.6	10.0

关于目前房地产价格，调查结果显示，认为企业所在地区房价总体水平“过高”或“较高”的企业经营者占67.7%，认为“正常”的占27.3%，认为“较低”或“过低”的仅占5 %。调查表明，企业经营者认为目前房价仍处在相对较高的价位（见表36）。

东部地区认为房价水平“过高”或“较高”的企业经营者占72%，比其他地区高8个百分点以上（见表36）。

表36 对企业所在地区房价总体水平的判断（%）

	过高	较高	正常	较低	过低
总体	**14.4**	**53.3**	**27.3**	**4.8**	**0.2**
东部地区企业	18.8	53.2	24.3	3.7	
中部地区企业	9.7	53.4	29.5	7.0	0.3
西部地区企业	6.0	55.6	32.4	6.0	
东北地区企业	4.8	51.6	36.3	5.6	1.6

关于对2009年企业所在地区房地产价格走势的预计，调查结果显示，认为房价将下降的企业经营者占54.2%，其中认为“下降10%以上”的占9%，认为“下降5%～10%”的占25.2%，认为“下降5%以内”的占20%；认为“持平”的占32.6%；认为上涨的占13.2%，其中认为“上涨5%以内”的占7.3%，认为“上涨5%以上”的占5.9%（见表37）。

从不同地区看，东北地区认为房价将下降的企业经营者占62.6%，要高于其他地区。调查表明，超过半数的企业经营者认为2009房价下行空间不大（见表37）。

表37 不同地区的企业经营者对今年本地区房地产价格的预计（%）

	上涨5%以上	上涨5%以内	持平	下降5%以内	下降5～10%	下降10%以上
总体	**5.9**	**7.3**	**32.6**	**20.0**	**25.2**	**9.0**
东部地区企业	5.4	7.0	31.5	20.9	25.3	9.8
中部地区企业	4.7	5.4	34.4	17.7	27.4	10.4
西部地区企业	10.6	12.0	38.0	16.7	19.0	3.7
东北地区企业	4.1	4.9	28.5	24.4	30.9	7.3

3. 企业经营者对未来经营前景保持信心，积极应对危机

面对当前经济形势和经营中的困难与挑战，企业经营者表示将采取多种手段积极应对危机。本次调查设计了“为了企业更好地发展，您认为2009年贵企业应着重采取哪些措施”这一问题，调查结果显示，在所有选项中，选择比重最高的是“加强管理降低成本”（81%），其他依次有“增加创新投入”（63.7%）、“开拓国内市场”（53.7%）和“引进人才”（51.9%）。调查表明，为了企业更好地发展，企业将加强成本意识、加大人才引进和创新的力度，这将对经济发展模式的转型起到积极的作用（见表38）。

表38 为了企业更好地发展，企业未来一年应着重采取的措施（%）

	总体		总体
加强管理降低成本	**81.0**	开拓国际市场	**23.7**
增加创新投入	**63.7**	减少用工	**16.9**
开拓国内市场	**53.7**	投资其他行业	**9.6**
引进人才	**51.9**	股权投资或并购	**7.7**
加强企业文化建设	**35.8**	寻求上市	**4.9**
更新设备	**32.8**	投资其他地区	**4.1**
改变经营模式	**26.9**		

本次调查还了解了2009年以来企业培训、出差、休假和奖金等方面的变化情况。调查结果显示，培训“增加”的企业占41.7%，比“减少”的多26.9个百分点；出差“增加”的企业占24.6%，比“减少”的少9.4个百分点；休假“增加”的企业占19.9%，比“减少”的多1.3个百分点；奖金“增加”的企业占13.4%，比“减少”的少26.8个百分点（见表39）。调查表明，面对当前的形势，不少企业都选择了增加培训、减少出差和奖金的方式应对危机。

表39　相对于去年，企业今年的有关方面的变化情况（%）

	增加	持平	减少	增加－减少
培训	41.7	43.5	14.8	26.9
出差	24.6	41.4	34.0	-9.4
休假	19.9	61.5	18.6	1.3
奖金	13.4	46.4	40.2	-26.8

关于企业家对压力的感受，调查结果显示，认为“压力很大”的企业经营者占28.1%，比2008年下降6.2个百分点，认为“压力较大”的占55.4%，认为“压力较小”的占14.7%，认为“没有压力”的占1.7%。调查表明，与2008年下半年相比，企业经营者的心理压力有所缓解，心态相对稳定（见表40）。

表40　企业经营者对压力的感受（%）

	压力很大	压力较大	压力较小	没有压力
2009年一季度	28.1	55.4	14.7	1.7
2008年	34.3	55.4	9.0	1.3
2007年	23.6	63.9	11.1	1.4
2006年	24.5	62.8	11.6	1.1
2005年	25.7	60.8	12.2	1.3

关于“您对贵企业下一阶段的经营发展信心”，调查结果显示，表示“很有信心”的企业经营者占18.3%，表示“较有信心”的占38%，表示“有些信心”的占32.7%，表示“不太有信心”的占9.7%，表示“没有信心”的占1.3%。调查表明，企业经营者对企业未来的经营发展保持信心（见表41）。

表41　对企业下一阶段的经营发展信心（%）

	很有信心	较有信心	有些信心	不太有信心	没有信心	很有信心+较有信心
总体	**18.3**	**38.0**	**32.7**	**9.7**	**1.3**	**56.3**
东部地区企业	17.2	37.2	33.8	10.3	1.5	54.4
中部地区企业	16.8	39.6	33.0	9.9	0.7	56.4
西部地区企业	19.9	40.3	31.2	7.7	0.9	60.2
东北地区企业	28.0	36.0	25.6	8.8	1.6	64.0
大型企业	21.3	43.3	26.7	8.0	0.7	64.7
中型企业	19.7	38.1	33.1	8.1	1.0	57.8
小型企业	16.2	36.4	33.7	11.8	1.8	52.6
国有及国有控股公司	14.7	42.1	35.7	7.5		56.7
外商及港澳台投资企业	10.7	38.9	37.4	9.9	3.1	49.6
民营企业	19.3	37.0	31.9	10.3	1.4	56.3

从不同地区看，东北地区表示“很有信心”或“较有信心”的企业经营者占64%，要高于其他地区；从不同规模看，大型企业经营者表示“很有信心”或“较有信心”的占64.6%，要高于中小型企业；从不同经济类型看，国有及国有控股公司和民营企业的经营者表示“很有信心”或“较有信心”的分别为56.8%和56.3%，要高于外商及港澳台投资企业（见表41）。

（注：凡引用此报告者均需注明引自中国企业家调查系统——《2009年一季度千户企业经营状况快速问卷调查报告》）

民营企业发展面临严峻挑战　亟需提振信心、改善环境
——2008 年中国民营企业经营者问卷跟踪调查报告

■ 中国民主建国会中央委员会企业委员会

■ 中国企业家调查系统

改革开放30年来，民营经济对中国社会经济持续、稳定和健康发展做出了巨大的贡献，已经成为推动我国经济发展的生力军。截至2007年，民营企业对国民经济的贡献率超过60%，私营企业工业增加值增长26.7%，在全国40个传统工业行业中，私营经济已在27个行业中经济比重超过50%，在轻工纺织、普通机械、建筑、运输、商贸服务等行业已占70%以上[①]。2008年以来，由于受美国次贷危机、全球粮食和能源价格上涨、人民币持续较大幅度升值、新《劳动合同法》实施、从紧的货币政策、出口政策的调整诸多因素的影响，民营企业的外部环境发生了重大变化，企业发展面临严峻的挑战。

为了解一年来民营企业的经营状况，民营企业经营者对企业发展外部经营环境的认识和评价，当前民营企业发展中面临的新困难和新问题，2008年8月10日至10月15日，中国民主建国会中央委员会企业委员会、中国企业家调查系统共同组织实施了“2008年度中国民营企业经营者问卷跟踪调查”。

本次调查是第6次全国范围民营企业经营者年度问卷跟踪调查，是在中国企业家调查系统“2008年度中国企业经营者问卷跟踪调查”的基础上进行的，截至10月15日共回收有效问卷3870份。通过部分未填写问卷与填写问卷企业的对比分析，未发现存在系统偏差。

调查样本基本情况：

1. 行业分布：本次调查主要涉及制造业（78.3%），批发和零售业（5.3%），房地产业（4.5%），建筑业（3.6%），农林牧渔业（1.4%），采矿业（1.3%），交通运输、仓储和邮政业（1.3%），电力、煤气及水的生产和供应业（0.7%），信息传输、计算机服务和软件业（0.7%），租赁和商务服务业（0.7%），住宿和餐饮业（0.6%）等行业（见表1）。

2. 地区分布：从企业的地区分布看，东部地区占60.3%，中部地区占20.2%，西部地区占13.6%，东北地区占5.9%（见表1）。

3. 规模分布：从企业规模看，大型企业占4.5%，中型企业占42.2%，小型企业占53.3%（见表1）。

---

① 数据来源：全国工商联。

4. 年龄：从参加调查的民营企业经营者的年龄看，44 岁及以下的占 29%，45 ~ 54 岁的占 42.6%，55 岁及以上的占 28.4%，平均年龄为 49.3 岁（见表 3）。

5. 专业：从参加调查的民营企业经营者的所学专业看，管理类的占 48.1%，经济类的占 33.8%，理工农医类的占 22.6%，文史哲法律类的占 6.6%，其他占 14.4%（见表 3）。

6. 文化程度：从参加调查的民营企业经营者的文化程度看，大专及以下学历的占 66.8%，本科学历的占 22%，研究生及以上学历占 10.2%（见表 3）。

表 1　调查样本基本情况（%）

行业	农林牧渔业	1.4	地区	东部地区企业	60.3
	采矿业	1.3		中部地区企业	20.2
	制造业（详见表 2）	78.3		西部地区企业	13.6
	电力、煤气及水的生产和供应业	0.7		东北地区企业	5.9
	建筑业	3.6	规模	大型企业	4.5
	交通运输、仓储和邮政业	1.3		中型企业	42.2
	信息传输、计算机服务和软件业	0.7		小型企业	53.3
	批发和零售业	5.3	盈亏	盈利企业	62.8
	住宿和餐饮业	0.6		持平企业	17.8
	房地产业	4.5		亏损企业	19.4
	租赁和商务服务业	0.7	出口型企业		47.6
	其他行业	1.6	非出口型企业		52.4

注：1. 其他行业包括：金融业，科学研究、技术服务和地质勘查业，水利、环境和公共设施管理业，居民服务和其他服务业，卫生、社会保障和社会福利业，文化、体育和娱乐业等行业。

2. 东部地区包括：京、津、冀、沪、苏、浙、闽、鲁、粤、桂、琼 11 省（市、自治区）；中部地区包括：晋、蒙、皖、赣、豫、鄂、湘 7 省（自治区）；西部地区包括：渝、蜀、黔、滇、藏、陕、甘、宁、青、新 10 省（市、自治区）；东北地区包括：辽、吉、黑 3 省。

表 2　调查样本中制造业基本情况（%）

	制造业细分	%		制造业细分	%
1	农副食品加工业	6.3	16	化学纤维制造业	0.9
2	食品制造业	4.2	17	橡胶制品业	1.9
3	饮料制造业	1.2	18	塑料制品业	5.7
4	烟草加工业	0.0	19	非金属矿物制品业	6.4
5	纺织业	7.9	20	黑色金属冶炼及压延加工业	2.7
6	纺织服装、鞋、帽制造业	5.4	21	有色金属冶炼及压延加工业	2.2
7	皮革、毛皮、羽毛（绒）及其制品业	1.3	22	金属制品业	8.5
8	木材加工及木、竹、藤、棕、草制品业	2.2	23	通用设备制造业	9.2
9	家具制造业	1.6	24	专用设备制造业	9.7
10	造纸及纸制品业	2.1	25	交通运输设备制造业	4.8
11	印刷业和记录媒介的复制	1.5	26	电气机械及器材制造业	7.8
12	文教体育用品制造业	1.2	27	通信设备、计算机及其他电子设备制造业	2.6
13	石油加工、炼焦及核燃料加工业	0.8	28	仪器仪表及文化、办公用机械制造业	1.8
14	化学原料及化学制品制造业	9.7	29	工艺品及其他制造业	2.4
15	医药制造业	3.6	30	废弃资源和废旧材料回收加工业	1.4

表3　　调查对象相关情况（%）

性别	男	95.8	文化程度	初中或以下	5.6
	女	4.2		中专、高中	22.0
年龄	44岁及以下	29.0		大专	39.2
	45~49岁	19.7		大学本科	22.0
	50~54岁	22.9		研究生学历	5.8
	55岁及以上	28.4		硕士	4.5
	平均年龄（岁）	49.3		博士	0.9
所学专业	文史哲法律	6.6	年收入	10万元以下	27.6
	经济	33.8		10万~20万元	39.3
	管理	48.1		20万~50万元	22.0
	理工农医	22.6		50万元以上	11.1
	其他	14.4	持股情况	没有	8.2
现任职务	董事长	71.0		10%及以下	9.7
	总经理	60.2		11%~30%	16.0
	厂长	5.8		31%~50%	19.7
	党委书记	13.9		51%~99%	36.3
	其他	3.9		100%	10.1

注：由于存在跨专业和职务兼任情况，因此所学专业和现任职务比例合计大于100%。

调查结果显示，2008年以来由于受到国内外一系列因素的影响，民营企业发展面临严峻挑战，企业综合经营状况明显下滑，尤其是东部地区、中小型企业、纺织服装等行业企业面临较大困难；民营企业经营者反映，当前企业发展面临的主要困难有经营成本明显上升，出口大幅下滑，融资难度加大；调查发现，民营企业经营者心理压力明显上升，对从事企业经营的信心下降，对未来预期谨慎。

调查同时发现，民营企业经营者对外部经营环境改善的评价与前些年相比有所提高，尤其是对减少行政干预、提高行政效率、维护市场秩序、建设诚信社会环境方面的评价提升较为明显；同时，面对企业发展的新困难和新挑战，民营企业经营者们希望一方面通过加强自身管理、推动创新提高企业竞争力；另一方面希望社会进一步完善执法环境、健全教育培训机制、推动中介组织发展，为企业健康发展创造条件；同时，民营企业经营者们期待政府进一步推进垄断行业改革、继续深化投资体制、金融体制和财税体制改革，帮助企业提振信心、改善环境、渡过难关，以促进民营经济持续发展。

一、民营企业经营状况明显下滑，未来预期谨慎

1. 民营企业的综合经营状况下滑

关于目前民营企业的综合经营状况，调查显示，29.7%的企业经营者认为“良好”，50.6%认为“一般”，19.7%认为“不佳”，认为“良好”的比认为“不佳”的仅多10个百分点，这一结果比2007年骤降30.9个百分点，为近六年来的最低水平（见表4）。

从不同地区看，2008年民营企业的综合经营状况与2007年相比下滑明显，尤其是东部地区下滑显著。调查显示，东部地区企业经营者认为“良好”的比认为“不佳”的多10个百分点，比2007年减少了33.2个百分点，高于其他地区；中部地区、西部地区和东北地区企业经营者认为“良好”的比认为“不佳”的分别多10.3个、8.2个和14个百分点，与2007年相比均有所下滑（见表5-1）。

表 4　　企业目前综合经营状况（%）

	良好	一般	不佳	良好 - 不佳
2008 年	29.7	50.6	19.7	10.0
2007 年	49.0	42.9	8.1	40.9
2006 年	45.9	45.6	8.5	37.4
2005 年	44.7	43.0	12.3	32.3
2004 年	40.6	48.5	10.9	29.7
2003 年	48.5	43.2	8.3	40.2

从不同规模看，大型企业的经营状况好于中小型企业，企业规模效应的优势依然非常明显。调查显示，大型企业认为“良好”的比认为“不佳”的多52.3个百分点，而中型企业和小型企业认为“良好”的比认为“不佳”的仅多13.5和3.7个百分点（见表5－1）。

表 5－1　　不同地区及规模的企业目前综合经营状况（%）

	良好	一般	不佳	良好 - 不佳	
				2008 年	2007 年
总体	**29.7**	**50.6**	**19.7**	**10.0**	**40.9**
东部地区企业	29.5	50.9	19.6	9.9	43.2
中部地区企业	28.8	52.7	18.5	10.3	39.4
西部地区企业	29.3	49.7	21.0	8.3	35.9
东北地区企业	36.4	41.2	22.4	14.0	31.1
大型企业	60.4	31.6	8.0	52.4	75.2
中型企业	31.6	50.3	18.1	13.5	46.9
小型企业	25.7	52.3	22.0	3.7	30.3

从不同行业看，经营状况相对较好的有：采矿业、信息传输计算机服务和软件业、批发和零售业、住宿和餐饮业、租赁和商务服务业以及制造业中的通用设备、专用设备、电气机械、仪器仪表等行业，认为“良好”的比认为“不佳”的均多20个百分点以上；而电力燃气及水的生产和供应业、房地产业以及制造业中的食品、纺织、服装、造纸、橡胶、钢铁、有色等行业相对较差，认为“不佳”的与“良好”的基本持平，其中纺织业认为“不佳”的比认为“良好”的多23.5个百分点，明显高于其他行业（见表5－2）。

表 5－2　　不同行业的企业目前综合经营状况（%）

	良好	一般	不佳	良好 - 不佳
总体	**29.7**	**50.6**	**19.7**	**10.0**
农林牧渔业	22.2	61.1	16.7	5.5
采矿业	34.0	56.0	10.0	24.0
制造业	29.2	50.3	20.5	8.7
电力、燃气及水的生产和供应业	32.0	36.0	32.0	0.0
建筑业	31.2	57.2	11.6	19.6
交通运输、仓储和邮政业	30.8	50.0	19.2	11.6
信息传输、计算机服务和软件业	50.0	32.1	17.9	32.1
批发和零售业	36.6	48.3	15.1	21.5
住宿和餐饮业	43.5	47.8	8.7	34.8
房地产业	23.4	49.7	26.9	-3.5
租赁和商务服务业	40.0	52.0	8.0	32.0

续表

	良好	一般	不佳	良好 - 不佳
食品饮料制造业	24.9	50.5	24.6	0.3
纺织业	17.1	42.3	40.6	-23.5
纺织服装、鞋、帽制造业	16.4	57.5	26.1	-9.7
造纸及纸制品业	20.6	63.5	15.9	4.7
化学原料及化学制品制造业	32.5	50.5	17.0	15.5
医药制造业	28.1	60.7	11.2	16.9
化学纤维制造业	33.3	47.7	19.0	14.3
橡胶制品业	26.5	44.9	28.6	-2.1
塑料制品业	27.0	52.7	20.3	6.7
非金属矿物制品业	31.7	50.0	18.3	13.4
黑色金属冶炼及压延加工业	22.2	53.1	24.7	-2.5
有色金属冶炼及压延加工业	25.0	53.3	21.7	3.3
金属制品业	30.7	56.1	13.2	17.5
通用设备制造业	37.5	48.8	13.7	23.8
专用设备制造业	38.5	45.2	16.3	22.2
交通运输设备制造业	29.5	53.5	17.0	12.5
电气机械及器材制造业	37.4	45.9	16.7	20.7
通信设备、计算机及其他电子设备制造业	26.3	63.2	10.5	15.8
仪器仪表及文化、办公用机械制造业	41.2	52.9	5.9	35.3

2. 企业经营成本明显上升，用工趋于减少

2008 年以来，民营企业经营成本明显上升，已经成为目前民营企业发展面临的最大困难。调查显示，关于“当前企业经营发展中遇到的最主要困难”，排在前两位的是“能源、原材料成本上升”和“人工成本上升”，选择比重分别为 79.2% 和 74.4%（见表 6）。

表 6　当前企业经营发展中遇到的最主要困难（%）

能源、原材料成本上升	79.2	人工成本上升	74.4
资金紧张	59.6	缺乏人才	42.5
缺乏创新能力	28.8	人民币升值影响出口	24.8
国内需求不足	19.9	资源、环境约束较大	18.9
国际经济环境恶化	15.9	行业发展前景不明	14.9
遭受侵权等不正当竞争	10.8	企业领导发展动力不足	10.3
房地产、汽车行业下滑造成市场需求低迷	9.6	地方政府干预较多	6.5
缺乏投资方向	4.9	股市震荡造成企业投资收益锐减	1.8
其他	2.6		

企业经营成本的上升主要体现在物料采购价格的上升和人工成本的上升。关于企业目前的物料采购价格，调查显示，90.9% 的企业经营者认为“上升”，5.9% 认为“持平”，3.2% 认为“下降”，认为“上升”的比认为“下降”的多 87.7 个百分点，比 2007 年略高 0.9 个百分点；从企业目前的人工成本来看，97.5% 认为“上升”，2.3% 认为“持平”，0.2% 认为“下降”，认为“上升”的比认为“下降”的多 97.3 个百分点，比 2007 年提高了 2.9 个百分点。不同地区、不同规模的企业物料成本与人工成本都呈现上升趋势（见表 7、表 8）。

表 7　企业目前的物料采购价格情况（%）

	上升	持平	下降	上升 - 下降	
				2008 年	2007 年
总体	**90.9**	**5.9**	**3.2**	**87.7**	**86.8**
东部地区企业	89.9	6.8	3.3	86.6	86.0
中部地区企业	91.4	5.5	3.1	88.3	87.3
西部地区企业	92.3	4.5	3.2	89.1	89.2
东北地区企业	95.6	2.2	2.2	93.4	89.5
大型企业	91.1	5.3	3.6	87.5	87.6
中型企业	91.6	5.1	3.3	88.3	87.7
小型企业	90.4	6.6	3.0	87.4	85.9

表 8　企业目前的人工成本情况（%）

	上升	持平	下降	上升 - 下降	
				2008 年	2007 年
总体	**97.5**	**2.3**	**0.2**	**97.3**	**94.4**
东部地区企业	98.0	1.9	0.1	97.9	94.9
中部地区企业	97.1	2.6	0.3	96.8	93.2
西部地区企业	96.3	3.3	0.4	95.9	92.9
东北地区企业	96.9	3.1		96.9	94.9
大型企业	97.1	2.3	0.6	96.5	91.3
中型企业	97.6	2.2	0.2	97.4	94.3
小型企业	97.5	2.4	0.1	97.4	94.7

物料成本的上升与国际大宗产品价格上涨关系密切，本次调查了解了2008 年上调成品油、电价对企业经营成本的影响。调查显示，98.9%的企业经营者认为企业经营成本因此增加，其中55.2%认为成本增加10%以内，30.2%认为成本增加10% ~20%，13.5%认为成本增加20%以上（见表9）。

表 9　今年上调成品油、电价，企业经营成本的增长幅度（%）

	没有增长	10%以内	10% ~20%	20% ~30%	30%以上
总体	**1.1**	**55.2**	**30.2**	**9.1**	**4.4**

人工成本的上升则与2008 年实施的新《劳动合同法》关系较大。调查显示，仅有3.2%的企业认为新《劳动合同法》实施以来，企业用工成本“没有增长”，有30.9%认为企业用工成本的增长幅度在“10%以内”，41.1%认为增长幅度为“10% ~20%”，24.8%认为增长幅度在20%以上。其中，企业用工成本增长较为明显的有租赁和商务服务业以及制造业中的橡胶、钢铁、通信设备等行业，超过30%的企业经营者认为增长幅度在20%以上（见表10）。

表 10　新《劳动合同法》实施以来，企业用工成本的增长幅度（%）

	没有增长	10%以内	10% ~20%	20% ~30%	30%以上
总体	**3.2**	**30.9**	**41.1**	**17.1**	**7.7**
东部地区企业	3.2	30.2	42.1	17.4	7.1
中部地区企业	2.3	32.4	41.0	16.5	7.8
西部地区企业	2.7	28.6	40.9	17.2	10.6
东北地区企业	6.6	39.0	32.0	15.8	6.6
农林牧渔业		43.4	32.1	22.6	1.9
采矿业	2.0	34.0	42.0	14.0	8.0

续表

	没有增长	10%以内	10%~20%	20%~30%	30%以上
制造业	2.6	30.1	41.6	17.9	7.8
电力、燃气及水的生产和供应业	11.5	26.9	34.7	7.7	19.2
建筑业	2.2	28.3	48.5	13.8	7.2
交通运输、仓储和邮政业	5.8	30.8	46.1	15.4	1.9
信息传输、计算机服务和软件业		25.0	53.6	14.3	7.1
批发和零售业	3.9	41.4	40.4	9.4	4.9
住宿和餐饮业		36.4	36.4	22.7	4.5
房地产业	9.8	34.2	33.5	12.7	9.8
租赁和商务服务业	15.4	26.9	23.1	26.9	7.7
食品饮料制造业	3.5	31.9	36.9	18.9	8.8
纺织业	0.9	28.9	45.5	16.2	8.5
纺织服装、鞋、帽制造业	1.5	26.7	46.6	14.8	10.4
造纸及纸制品业		22.6	51.6	16.1	9.7
化学原料及化学制品制造业	2.9	34.7	37.5	18.8	6.1
医药制造业	2.3	28.4	44.3	20.5	4.5
化学纤维制造业	4.8	14.3	52.4	19.0	9.5
橡胶制品业		26.5	36.8	24.5	12.2
塑料制品业	3.4	29.1	39.8	19.6	8.1
非金属矿物制品业	1.1	28.8	42.9	17.4	9.8
黑色金属冶炼及压延加工业	1.3	32.5	34.9	22.5	8.8
有色金属冶炼及压延加工业	5.1	28.8	37.3	20.3	8.5
金属制品业	2.4	32.2	41.2	17.1	7.1
通用设备制造业	4.0	29.6	45.9	14.6	5.9
专用设备制造业	2.7	38.8	36.1	16.9	5.5
交通运输设备制造业	6.3	33.9	42.8	13.4	3.6
电气机械及器材制造业	1.0	24.1	45.8	21.1	8.0
通信设备、计算机及其他电子设备制造业	3.5	24.6	36.8	26.3	8.8
仪器仪表及文化、办公用机械制造业	5.9	23.5	50.1	17.6	2.9

关于“新《劳动合同法》实施以来，企业用工成本增加的主要原因”，调查显示，企业经营者选择比重最高的两项是“人均薪酬水平提高”和“人均社保支出增加”，选择比重分别为67.7%和28.1%（见表11）。

表11　　新《劳动合同法》实施以来，企业用工成本增加的主要原因（%）

	用工总量增加	人均薪酬水平提高	人均社保支出增加	其他
总体	**1.9**	**67.7**	**28.1**	**2.3**

用工成本的增加也影响了民营企业吸纳就业。调查显示，31.7%的企业经营者认为企业目前的从业人数“增加”，44.2%认为“持平”，24.1%认为“减少”，认为“增加”的比认为“减少”的仅多7.6个百分点，低于国有及国有控股公司，与2007年相比下降了20.3个百分点，为近5年来的最低水平。值得注意的是，民营企业是当前我国吸纳就业的主体，2008年以来随着企业经营状况的下滑，民营企业吸纳就业的能力也呈现下降趋势，这一现象应引起有关部门的高度重视（见表12）。

3. 出口出现下滑

受到全球经济下滑、人民币对美元持续升值和出口退税政策调整等一系列因素的影响，2008年以

表 12　　企业目前的从业人数情况（%）

	增加	持平	减少	增加－减少				
				2008 年	2007 年	2006 年	2005 年	2004 年
民营企业	31.7	44.2	24.1	7.6	27.9	27.5	20.0	22.0
国有及国有控股公司	32.0	45.9	22.1	9.9	15.1	5.2	－3.4	－4.9

来民营企业的出口出现较大困难。调查企业中近一半（47.6%）的企业有产品出口，在这些企业中，出口额平均占企业销售收入的42.2%。从不同地区看，东部地区出口企业相对较多，占57.2%，而中西部地区和东北地区相对较少，分别为34.8%、26.4%和33.5%（见表13）。

表 13　　企业产品出口情况（%）

	有产品出口		没有产品出口
	比重	出口额占销售收入的比重	
总体	**47.6**	**42.2**	**52.4**
东部地区企业	57.2	45.7	42.8
中部地区企业	34.8	31.1	65.2
西部地区企业	26.4	27.7	73.6
东北地区企业	33.5	39.3	66.5

关于企业的产品出口数量情况，调查显示，36.3%的企业2008年产品出口数量比2007年“增长”，19.4%的企业“持平”，44.3%的企业“下降”，认为“增长”的比“下降”的少8个百分点，而2007年则是认为“增长”的比认为“下降”的多28个百分点（见表14）。

表 14　　对企业产品出口数量的判断（%）

		增长	持平	下降	增长－下降
总体	2008 年	36.3	19.4	44.3	－8.0
	2007 年	53.0	22.0	25.0	28.0
制造业		36.6	20.0	43.4	－6.9
食品饮料制造业		40.8	16.0	43.2	－2.4
纺织业		21.6	20.9	57.5	－35.9
纺织服装、鞋、帽制造业		22.1	18.6	59.3	－37.2
造纸及纸制品业		23.5	23.5	53.0	－29.5
化学原料及化学制品制造业		42.0	14.5	43.5	－1.5
医药制造业		30.0	26.7	43.3	－13.3
化学纤维制造业		25.0	12.5	62.5	－37.5
橡胶制品业		39.3	21.4	39.3	0.0
塑料制品业		38.2	14.5	47.3	－9.1
非金属矿物制品业		27.8	18.5	53.7	－25.9
黑色金属冶炼及压延加工业		29.4	29.4	41.2	－11.8
有色金属冶炼及压延加工业		33.3	37.1	29.6	3.7
金属制品业		40.2	24.6	35.2	5.0
通用设备制造业		37.8	23.7	38.5	－0.7
专用设备制造业		50.8	19.2	30.0	20.8
交通运输设备制造业		50.9	18.6	30.5	20.4
电气机械及器材制造业		44.2	19.5	36.3	7.9
通信设备、计算机及其他电子设备制造业		63.1	13.2	23.7	39.4
仪器仪表及文化、办公用机械制造业		38.1	42.9	19.0	19.1

注：“增长”包括“大幅增长”和“小幅增长”，“下降”包括“大幅下降”和“小幅下降”，下同。

从不同行业看，产品出口数量下降比较明显的行业有：纺织、服装、造纸、医药、化纤、非金属和钢铁等行业，其认为“增长”的比“下降”的少10个百分点以上；而专用设备、汽车、通信设备和仪器仪表等行业相对较好，认为“增长”的比“下降”的多10个百分点以上（见表14）。

虽然企业的产品出口数量明显回落，但产品出口价格略有上升。调查显示，39.5%的企业产品出口价格“上升”，25.3%的企业“持平”，35.2%的企业“下降”，认为“上升”的比认为“下降”的多4.3个百分点，这一数据比2007年提高了3.8个百分点（见表15）。

从不同行业看，产品出口价格上升明显的行业有食品、化工、非金属、钢铁、金属制品、汽车等行业，其认为“上升”的比认为“下降”的多20个百分点以上；而价格下降比重相对较大的行业有纺织、服装、造纸、化纤、有色金属、通信设备等，其价格“下降”的比“上升”的多20个百分点以上（见表15）。

表15　对企业产品出口价格的判断（%）

		上升	持平	下降	上升-下降
总体	2008年	39.5	25.3	35.2	4.3
	2007年	31.9	36.7	31.4	0.5
制造业		40.1	25.7	34.2	5.9
食品饮料制造业		53.2	18.2	28.6	24.6
纺织业		18.3	22.9	58.8	-40.5
纺织服装、鞋、帽制造业		29.4	20.2	50.4	-21.0
造纸及纸制品业		25.0	18.8	56.2	-31.2
化学原料及化学制品制造业		59.4	19.5	21.1	38.3
医药制造业		37.1	29.6	33.3	3.8
化学纤维制造业		25.0	25.0	50.0	-25.0
橡胶制品业		51.9	14.8	33.3	18.6
塑料制品业		40.3	14.9	44.8	-4.5
非金属矿物制品业		58.9	23.5	17.6	41.3
黑色金属冶炼及压延加工业		76.7	10.0	13.3	63.4
有色金属冶炼及压延加工业		26.9	19.2	53.9	-27.0
金属制品业		53.4	24.6	22.0	31.4
通用设备制造业		41.2	30.2	28.6	12.6
专用设备制造业		33.9	40.0	26.1	7.8
交通运输设备制造业		48.1	31.5	20.4	27.7
电气机械及器材制造业		33.3	30.6	36.1	-2.8
通信设备、计算机及其他电子设备制造业		19.4	33.3	47.3	-27.9
仪器仪表及文化、办公用机械制造业		14.3	52.4	33.3	-19.0

关于影响企业产品出口的主要因素，调查显示，民营企业经营者认为最主要的因素是“人民币升值”（83.1%）和“要素成本上升”（81.3%），其他还有“出口退税率下调”（43.7%）、“外需放缓”（31.4%）、“有关国家出口竞争力提升”（8.9%）、“加工贸易限制政策”（6%）和“贸易摩擦升级”（3.8%）。从不同行业看，纺织、服装、造纸、化纤、橡胶等行业有超过九成的企业经营者选择了“人民币升值”，明显高于其他行业（见表16）。

2008年以来，随着人民币的持续升值，民营企业的产品出口受到的不利影响呈现增大趋势。本次调查设计了“若未来一年人民币对美元再升值5%对企业出口的不利影响”这一问题，调查显示，60.2%的企业经营者认为“影响较大”或“影响很大”，比2007年上升了8.4个百分点；35.1%认为“略有影响”，4.7%认为“没有影响”（见表17）。

表 16　　影响企业产品出口的主要因素（%）

	外需放缓	贸易摩擦升级	出口退税率下调	要素成本上升	人民币升值	加工贸易限制政策	有关国家出口竞争力提升
总体	**31.4**	**3.8**	**43.7**	**81.3**	**83.1**	**6.0**	**8.9**
制造业总体	31.6	3.8	43.2	81.4	83.3	5.8	8.5
食品饮料制造业	28.2	16.7	19.2	78.2	79.5	12.8	7.7
纺织业	49.6	2.3	42.7	80.9	93.1	3.8	9.2
纺织服装、鞋、帽制造业	30.6	2.8	49.1	86.1	94.4	2.8	13.9
造纸及纸制品业	11.8		52.9	76.5	94.1		
化学原料及化学制品制造业	25.6	2.4	64.0	72.8	80.8	6.4	9.6
医药制造业	32.1	7.1	21.4	89.3	85.7	14.3	7.1
化学纤维制造业	14.3		71.4	71.4	100.0		14.3
橡胶制品业	19.2	11.5	53.8	84.6	100.0	7.7	7.7
塑料制品业	30.0	1.4	54.3	81.4	84.3	4.3	12.9
非金属矿物制品业	23.1	5.8	59.6	90.4	78.8	11.5	1.9
黑色金属冶炼及压延加工业	27.3		57.6	75.8	72.7	6.1	9.1
有色金属冶炼及压延加工业	21.4		57.1	82.1	78.6	17.9	10.7
金属制品业	35.0	5.1	47.9	86.3	86.3	3.4	6.8
通用设备制造业	37.5	3.9	28.1	85.2	74.2	3.1	9.4
专用设备制造业	28.4		29.3	69.8	73.3	6.9	11.2
交通运输设备制造业	29.3	5.2	41.4	84.5	81.0	3.4	6.9
电气机械及器材制造业	23.9	5.3	34.5	83.2	84.1	5.3	10.6
通信设备、计算机及其他电子设备制造业	37.8		32.4	81.1	81.1	8.1	2.7
仪器仪表及文化、办公用机械制造业	38.1	9.5	9.5	71.4	71.4		14.3

表 17　　若未来一年人民币对美元再升值 5% 对企业出口的不利影响（%）

		没有影响	略有影响	影响较大	影响很大
总体	2008 年	4.7	35.1	38.6	21.6
	2007 年	5.8	42.4	36.0	15.8
	2006 年	8.2	50.0	29.3	12.5
食品饮料制造业		9.9	29.6	39.5	21.0
纺织业		1.5	21.5	45.1	31.9
纺织服装、鞋、帽制造业			14.2	47.7	38.1
造纸及纸制品业			41.2	35.3	23.5
化学原料及化学制品制造业		5.3	35.1	42.0	17.6
医药制造业		3.3	30.0	53.4	13.3
化学纤维制造业			62.5	25.0	12.5
橡胶制品业		3.6	39.2	39.3	17.9
塑料制品业		1.3	32.9	43.4	22.4
非金属矿物制品业		1.9	51.8	31.5	14.8
黑色金属冶炼及压延加工业		5.9	53.0	23.5	17.6
有色金属冶炼及压延加工业		3.6	32.1	46.4	17.9
金属制品业		2.4	39.0	41.5	17.1
通用设备制造业		7.4	50.3	31.9	10.4
专用设备制造业		8.3	47.5	31.7	12.5
交通运输设备制造业		5.1	35.6	35.6	23.7
电气机械及器材制造业		5.2	38.3	31.3	25.2

续表

	没有影响	略有影响	影响较大	影响很大
通信设备、计算机及其他电子设备制造业	5.3	34.2	44.7	15.8
仪器仪表及文化、办公用机械制造业	19.0	57.2	23.8	

4. 民营企业融资难问题依然突出

关于企业目前的资金情况，调查显示，58.2%的企业经营者认为“紧张”，38.7%认为“正常”，仅有3.1%认为“宽裕”，认为“紧张”的比认为“宽裕”的多55.1个百分点，这一数据比2007年提高了近15个百分点。东部地区和大型企业的资金情况相对较好；相对比较严重的行业有房地产业、建筑业以及制造业中的食品、纺织、服装、造纸、医药、钢铁、有色等，其认为“紧张”的比认为“宽裕”的多60个百分点以上（见表18）。

表18　民营企业目前的资金情况（%）

	宽裕	正常	紧张	宽裕-紧张
总体	**3.1**	**38.7**	**58.2**	**-55.1**
东部地区企业	3.3	41.1	55.6	-52.3
中部地区企业	2.3	34.5	63.2	-60.9
西部地区企业	3.7	37.6	58.7	-55.0
东北地区企业	3.1	30.5	66.4	-63.3
大型企业	7.0	46.2	46.8	-39.8
中型企业	3.0	40.4	56.6	-53.6
小型企业	2.9	36.8	60.3	-57.4
农林牧渔业	1.9	44.4	53.7	-51.8
采矿业	10.2	44.9	44.9	-34.7
制造业	2.9	38.3	58.8	-55.9
电力、燃气及水的生产和供应业	4.0	36.0	60.0	-56.0
建筑业	2.3	32.3	65.4	-63.1
交通运输、仓储和邮政业	10.0	34.0	56.0	-46.0
信息传输、计算机服务和软件业	3.7	51.9	44.4	-40.7
批发和零售业	5.4	44.9	49.7	-44.3
住宿和餐饮业		47.8	52.2	-52.2
房地产业	1.2	31.4	67.4	-66.2
租赁和商务服务业	4.3	47.9	47.8	-43.5
食品饮料制造业	2.8	34.3	62.9	-60.1
纺织业	2.1	28.2	69.7	-67.6
纺织服装、鞋、帽制造业	3.0	33.6	63.4	-60.4
造纸及纸制品业	1.6	36.5	61.9	-60.3
化学原料及化学制品制造业	4.0	44.7	51.3	-47.3
医药制造业	4.6	27.6	67.8	-63.2
化学纤维制造业		57.1	42.9	-42.9
橡胶制品业	2.0	40.8	57.2	-55.2
塑料制品业	2.7	36.5	60.8	-58.1
非金属矿物制品业	3.8	33.3	62.9	-59.1
黑色金属冶炼及压延加工业	2.5	33.3	64.2	-61.7
有色金属冶炼及压延加工业		26.7	73.3	-73.3
金属制品业	1.9	44.5	53.6	-51.7
通用设备制造业	2.0	40.6	57.4	-55.4

续表

	宽裕	正常	紧张	宽裕－紧张
专用设备制造业	4.1	38.8	57.1	－53.0
交通运输设备制造业	0.9	46.4	52.7	－51.8
电气机械及器材制造业	2.0	40.6	57.4	－55.4
通信设备、计算机及其他电子设备制造业	3.5	56.1	40.4	－36.9
仪器仪表及文化、办公用机械制造业	5.9	58.8	35.3	－29.4

从民营企业的资金来源情况看，选择“企业自筹”（67.2%）的排在第一位，其他依次是“银行贷款”（22.3%）、“民间融资”（8%）、“企业债券”（0.3%）和“上市融资”（0.1%）（见表19）。

表19　　民营企业的资金来源构成（%）

	企业自筹	银行贷款	上市融资	企业债券	民间融资	其他
总体	**67.2**	**22.3**	**0.1**	**0.3**	**8.0**	**2.1**
东部地区企业	67.3	23.8	0.1	0.3	6.6	1.9
中部地区企业	66.2	19.8	0.0	0.2	11.3	2.5
西部地区企业	66.4	21.6	0.0	0.3	9.1	2.6
东北地区企业	73.0	17.0	0.0	0.5	8.6	0.9
农林牧渔业	64.0	22.0	0.0	0.2	11.3	2.5
采矿业	77.9	11.8	0.0	0.2	8.3	1.8
制造业	67.4	22.5	0.1	0.3	7.8	1.9
电力、燃气及水的生产和供应业	55.2	32.4	0.0	0.0	10.8	1.6
建筑业	73.6	16.3	0.0	0.5	8.0	1.6
交通运输、仓储和邮政业	66.3	21.5	0.2	0.0	9.3	2.7
信息传输、计算机服务和软件业	76.8	14.2	0.0	0.0	6.3	2.7
批发和零售业	58.9	29.4	0.0	0.5	9.6	1.6
住宿和餐饮业	75.2	19.0	0.0	0.0	4.8	1.0
房地产业	60.6	23.2	0.0	0.4	9.3	6.5
租赁和商务服务业	70.6	18.8	0.0	0.2	6.4	4.0
食品饮料制造业	58.7	28.3	0.1	0.1	10.6	2.2
纺织业	59.0	32.0	0.0	0.2	7.4	1.4
纺织服装、鞋、帽制造业	69.4	21.6	0.0	0.0	7.0	2.0
造纸及纸制品业	65.3	24.7	0.0	0.3	7.6	2.1
化学原料及化学制品制造业	69.6	19.8	0.0	0.2	8.7	1.7
医药制造业	65.1	25.6	0.0	0.2	6.9	2.2
化学纤维制造业	63.3	27.5	0.0	0.5	7.1	1.6
橡胶制品业	68.5	16.3	0.0	2.0	10.8	2.4
塑料制品业	69.4	20.2	0.1	0.0	8.5	1.8
非金属矿物制品业	71.7	15.5	0.0	0.6	9.9	2.3
黑色金属冶炼及压延加工业	67.6	22.3	0.0	0.5	7.8	1.8
有色金属冶炼及压延加工业	65.5	22.5	0.3	0.0	11.0	0.7
金属制品业	68.1	21.3	0.2	0.6	8.1	1.7
通用设备制造业	70.6	21.2	0.3	0.3	6.3	1.3
专用设备制造业	71.4	18.2	0.0	0.2	8.1	2.1
交通运输设备制造业	67.1	22.6	0.0	0.2	7.6	2.5
电气机械及器材制造业	69.1	22.1	0.1	0.2	6.0	2.5
通信设备、计算机及其他电子设备制造业	80.4	16.5	0.0	0.0	2.8	0.3
仪器仪表及文化、办公用机械制造业	86.4	10.1	0.0	0.0	2.6	0.9

调查发现，民营企业从银行贷款相对较难。调查显示，关于“企业从银行贷款的难易程度”，24.4%的民营企业经营者认为“非常难”，24.3%认为“比较难”，31.5%认为“有难度”，16.3%认为“不太难”，3.5%认为“不难”，总体评价值为2.5，明显低于中值3（见表20）。

从不同地区看，东部地区企业从银行贷款的难度相对较低，总体评价值为2.69，西部地区和中部地区分别为2.28和2.2，而东北地区则相对较差，总体评价值仅为2.12（见表20）。

从不同行业看，农林牧渔业、电力燃气及水的生产和供应业、建筑业、房地产业以及制造业中的非金属制品、钢铁等行业从银行贷款相对较难，总体评价值均不到2.3（见表20）。

表20　对“企业从银行贷款的难易程度”的评价（%）

	不难	不太难	有难度	比较难	非常难	评价值
总体	**3.5**	**16.3**	**31.5**	**24.3**	**24.4**	**2.50**
东部地区企业	4.0	20.2	35.1	22.1	18.6	2.69
中部地区企业	2.6	9.9	26.6	27.1	33.8	2.20
西部地区企业	3.1	11.7	25.1	30.2	29.9	2.28
东北地区企业	1.8	8.4	28.0	23.6	38.2	2.12
农林牧渔业	1.9	13.0	27.8	24.1	33.2	2.26
采矿业	4.0	16.0	28.0	24.0	28.0	2.44
制造业	3.7	17.0	31.8	23.7	23.8	2.53
电力、燃气及水的生产和供应业		11.5	34.6	23.1	30.8	2.27
建筑业	1.4	10.8	31.7	27.3	28.8	2.29
交通运输、仓储和邮政业	1.9	9.6	40.4	21.2	26.9	2.38
信息传输、计算机服务和软件业	3.6	25.0	28.5	14.3	28.6	2.61
批发和零售业	3.4	18.7	29.6	22.2	26.1	2.51
住宿和餐饮业	4.5	4.5	36.4	36.4	18.2	2.41
房地产业	1.7	7.5	31.6	29.9	29.3	2.22
租赁和商务服务业	3.8	26.9	23.1	42.4	3.8	2.85
食品饮料制造业	2.8	12.5	32.3	24.3	28.1	2.38
纺织业	3.0	15.0	33.7	20.9	27.4	2.45
纺织服装、鞋、帽制造业	3.7	17.9	35.1	18.7	24.6	2.57
造纸及纸制品业	3.2	22.2	36.5	27.0	11.1	2.79
化学原料及化学制品制造业	5.4	15.2	26.5	26.1	26.8	2.46
医药制造业	5.7	17.0	19.3	34.1	23.9	2.47
化学纤维制造业		19.0	28.6	33.4	19.0	2.48
橡胶制品业	2.0	12.0	50.0	20.0	16.0	2.64
塑料制品业	2.0	18.2	30.4	26.4	23.0	2.50
非金属矿物制品业	0.5	8.6	25.8	29.6	35.5	2.09
黑色金属冶炼及压延加工业		10.1	38.0	20.3	31.6	2.27
有色金属冶炼及压延加工业	6.6	6.6	32.7	26.2	27.9	2.38
金属制品业	4.3	18.3	34.1	22.6	20.7	2.63
通用设备制造业	5.1	21.3	33.1	26.1	15.4	2.78
专用设备制造业	4.6	14.3	34.1	24.9	22.1	2.54
交通运输设备制造业	5.3	24.6	32.4	25.4	12.3	2.85
电气机械及器材制造业	5.5	21.4	33.3	16.4	23.4	2.69
通信设备、计算机及其他电子设备制造业	1.8	21.4	32.2	19.6	25.0	2.55
仪器仪表及文化、办公用机械制造业	3.0	33.3	33.3	15.2	15.2	2.94

注：评价值是由（“不难”×5＋“不太难”×4＋“有难度”×3＋“比较”×2＋“非常难”）/100计算得出的，数值越大，表示对该项评价越好。下同。

与银行贷款相比，民营企业从民间渠道筹资相对容易。调查显示，9.1%的民营企业经营者认为从民间渠道筹资“不难”，29.3%认为“不太难”，36.2%认为“有难度”，18.9%认为“比较难”，6.5%认为“非常难”，总体评价值为3.16，高于中值3，与前两年相比提升比较明显（见表21）。

从不同地区看，东部地区民营企业从民间渠道筹资相对容易，总体评价值达3.22，其次是中部地区企业，总体评价值为3.12，西部地区和东北地区相对较低，总体评价值分别为3和2.98（见表21）。

表21　　对“企业从民间渠道筹资的难易程度”的评价（%）

	不难	不太难	有难度	比较难	非常难	评价值		
						2008年	2007年	2006年
总体	**9.1**	**29.3**	**36.2**	**18.9**	**6.5**	**3.16**	**2.69**	**2.63**
东部地区企业	10.0	30.1	37.5	17.1	5.3	3.22	2.78	2.73
中部地区企业	8.0	29.2	35.7	20.7	6.4	3.12	2.64	2.59
西部地区企业	7.1	27.5	33.1	23.1	9.2	3.00	2.46	2.33
东北地区企业	9.2	25.3	31.9	21.2	12.4	2.98	2.47	2.27

调查表明，目前民营企业融资难的问题依然突出，企业资金主要来源于企业自筹，从民间渠道融资相对容易一些，从银行贷款的难度较大。

5. 民营企业经营者对未来预期谨慎，心理压力明显上升

民营企业经营者对下期经营状况的预计表现出比较谨慎的态度。调查显示，超过一半（55.2%）的企业经营者预计下期企业经营状况“不变”，30.1%预计“好转”，14.7%预计“恶化”，预计“好转”的比“恶化”的仅多15.4个百分点，这一结果比2007年减少16.9个百分点（见表22）。

从不同地区和规模看，西部地区、大型企业相对较好，预计“好转”的比“恶化”的多20个百分点以上（见表22）。

从不同行业看，相对较好的行业有农林牧渔业、建筑业、信息传输计算机服务和软件业、住宿和餐饮业以及制造业中的食品、医药和通信设备等，其预计“好转”的比“恶化”的多25个百分点以上，而相对较差的行业包括租赁和商务服务业以及制造业中的纺织、服装、化纤、塑料、钢铁等，其中纺织、服装和钢铁等行业预计“恶化”的比重高于预计“好转”的比重（见表22）。

表22　　民营企业对下期经营状况的预计（%）

		好转	不变	恶化	好转-恶化
总体	2008年	30.1	55.2	14.7	15.4
	2007年	37.4	57.5	5.1	32.3
东部地区企业		27.8	57.1	15.1	12.7
中部地区企业		33.9	52.0	14.1	19.8
西部地区企业		33.9	53.5	12.6	21.3
东北地区企业		32.4	49.4	18.2	14.2
大型企业		38.7	50.3	11.0	27.7
中型企业		31.5	53.9	14.6	16.9
小型企业		28.3	56.5	15.2	13.1
农林牧渔业		52.8	41.5	5.7	47.1
采矿业		38.8	46.9	14.3	24.5
制造业		29.6	54.7	15.7	13.9
电力、燃气及水的生产和供应业		29.2	62.5	8.3	20.9
建筑业		32.6	60.0	7.4	25.2

续表

	好转	不变	恶化	好转－恶化
交通运输、仓储和邮政业	30.6	59.2	10.2	20.4
信息传输、计算机服务和软件业	57.2	32.1	10.7	46.5
批发和零售业	25.4	62.2	12.4	13.0
住宿和餐饮业	50.0	36.4	13.6	36.4
房地产业	29.5	54.3	16.2	13.3
租赁和商务服务业	20.0	68.0	12.0	8.0
食品饮料制造业	42.0	47.2	10.8	31.2
纺织业	19.7	55.0	25.3	-5.6
纺织服装、鞋、帽制造业	17.4	63.7	18.9	-1.5
造纸及纸制品业	34.9	54.0	11.1	23.8
化学原料及化学制品制造业	31.4	49.8	18.8	12.6
医药制造业	38.6	52.3	9.1	29.5
化学纤维制造业	19.0	66.7	14.3	4.7
橡胶制品业	30.6	49.0	20.4	10.2
塑料制品业	24.8	58.6	16.6	8.2
非金属矿物制品业	31.7	55.2	13.1	18.6
黑色金属冶炼及压延加工业	17.5	55.0	27.5	-10.0
有色金属冶炼及压延加工业	26.7	56.6	16.7	10.0
金属制品业	32.1	57.4	10.5	21.6
通用设备制造业	31.9	53.5	14.6	17.3
专用设备制造业	25.6	62.1	12.3	13.3
交通运输设备制造业	33.9	48.2	17.9	16.0
电气机械及器材制造业	26.4	57.9	15.7	10.7
通信设备、计算机及其他电子设备制造业	35.1	56.1	8.8	26.3
仪器仪表及文化、办公用机械制造业	23.5	64.7	11.8	11.7

关于企业目前的订货情况，调查显示，37.8%的企业经营者认为目前的订货情况“低于正常”，62.2%认为“正常”或“高于正常”，比2007年下降了20.2个百分点。从不同地区看，东部地区企业的订货情况相对较差（见表23）。

表23　　企业目前的订货情况（%）

		高于正常	正常	低于正常	高于正常＋正常
总体	2008年	7.9	54.3	37.8	62.2
	2007年	13.9	68.5	17.6	82.4
东部地区企业		6.5	53.2	40.3	59.7
中部地区企业		9.5	57.7	32.8	67.2
西部地区企业		10.4	55.1	34.5	65.5
东北地区企业		10.5	53.0	36.5	63.5

调查还发现，民营企业经营者对下期订货情况的预计也不乐观。调查显示，30.5%的企业经营者预计下期订货将“增加”，37.6%预计“持平”，31.9%预计“减少”，预计“增加”的与“减少”的大致相当，而2007年则是预计“增加”的比“减少”的多33.8个百分点。从不同地区看，东部地区企业相对较差（见表24）。

在企业经营状况下滑、未来预期不明朗的情况下，民营企业经营者的心理压力明显增大，幸福感有所下降。关于对压力的感受，调查显示，超过三分之一（34%）的企业经营者认为“压力很大”，比2007年提高了10.4个百分点，达到近四年来的最高值。从不同行业看，食品、纺织、医药、有色等行业的民营企业经营者压力相对较大（见表25）。

表24　　对下期订货情况的预计（%）

		增加	持平	减少	增加－减少
总体	2008年	30.5	37.6	31.9	－1.4
	2007年	46.6	40.6	12.8	33.8
东部地区企业		27.7	38.2	34.1	－6.4
中部地区企业		36.6	34.8	28.6	8.0
西部地区企业		35.0	38.1	26.9	8.1
东北地区企业		28.8	39.7	31.5	－2.7

表25　　企业经营者对压力的感受（%）

		压力很大	压力较大	压力较小	没有压力
总体	2008年	34.0	54.9	9.7	1.4
	2007年	23.6	63.0	12.0	1.4
	2006年	24.5	62.4	11.8	1.3
	2005年	24.7	61.7	12.2	1.4
男		34.1	54.9	9.7	1.3
女		32.1	55.6	8.6	3.7
44岁及以下		36.6	55.8	6.9	0.7
45～49岁		35.8	55.4	7.9	0.9
50～54岁		33.0	54.9	9.7	2.4
55岁及以上		31.3	53.6	13.4	1.7
高中及以下		34.0	53.9	10.0	2.1
大专		34.0	56.2	9.0	0.8
大学本科		32.7	55.5	10.1	1.7
研究生及以上		38.1	51.5	8.7	1.7
农林牧渔业		31.5	59.2	9.3	
采矿业		32.0	60.0	8.0	
制造业		35.4	54.0	9.2	1.4
电力、燃气及水的生产和供应业		34.6	38.5	19.2	7.7
建筑业		30.1	55.9	11.8	2.2
交通运输、仓储和邮政业		36.5	52.0	9.6	1.9
信息传输、计算机服务和软件业		25.9	59.3	14.8	
批发和零售业		29.2	58.4	10.4	2.0
住宿和餐饮业		8.7	73.9	17.4	
房地产业		30.1	59.1	9.1	1.7
租赁和商务服务业		19.2	53.9	26.9	
食品饮料制造业		39.2	51.1	9.0	0.7
纺织业		37.0	52.8	8.9	1.3
纺织服装、鞋、帽制造业		43.0	51.1	5.9	
造纸及纸制品业		36.5	50.8	9.5	3.2
化学原料及化学制品制造业		33.1	56.4	9.4	1.1
医药制造业		48.3	47.2	4.5	
化学纤维制造业		23.8	71.4	4.8	
橡胶制品业		26.0	70.0	4.0	
塑料制品业		30.8	59.6	8.2	1.4

续表

	压力很大	压力较大	压力较小	没有压力
非金属矿物制品业	26.1	60.8	9.8	3.3
黑色金属冶炼及压延加工业	35.8	56.8	7.4	
有色金属冶炼及压延加工业	44.3	52.4	3.3	
金属制品业	31.4	54.3	12.4	1.9
通用设备制造业	34.4	53.9	9.4	2.3
专用设备制造业	35.7	48.4	14.5	1.4
交通运输设备制造业	36.8	51.8	7.9	3.5
电气机械及器材制造业	34.3	58.7	6.0	1.0
通信设备、计算机及其他电子设备制造业	38.6	50.9	10.5	
仪器仪表及文化、办公用机械制造业	29.4	55.9	11.8	2.9

关于对幸福的感知，调查显示，58.4%的民营企业经营者认为自己“很幸福”或“幸福”，比2007年下降了8.3个百分点；34.6%认为“一般”；7%认为“不幸福”或“很不幸福”，比2007年上升了3.2个百分点（见表26）。

表26　对自己幸福与否的感知（%）

		很幸福	幸福	一般	不幸福	很不幸福
总体	2008年	9.3	49.1	34.6	6.1	0.9
	2007年	11.9	54.8	29.5	3.2	0.6
男		9.0	49.4	34.5	6.1	1.0
女		15.4	40.1	38.9	5.6	
44岁及以下		10.2	46.0	37.0	5.8	1.0
45~49岁		8.1	47.8	34.7	8.5	0.9
50~54岁		8.6	49.6	34.5	6.5	0.8
55岁及以上		9.8	52.6	32.1	4.5	1.0
高中及以下		10.4	48.7	32.6	7.3	1.0
大专		8.5	50.5	34.2	5.9	0.9
大学本科		8.4	47.6	37.9	5.0	1.1
研究生及以上		10.6	47.4	35.6	5.9	0.5

二、亟需提振信心、改善环境，促进民营经济持续发展

1. 民营企业经营者信心有所下降

企业经营状况的下滑以及压力的加大，使得民营企业经营者的信心有所下降。从企业未来的用工计划看，调查显示，32.9%的企业经营者认为下期从业人数将“增加”，47.5%认为“持平”，19.6%认为“减少”，认为“增加”的比“减少”的仅多13.3个百分点，比2007年下降近30个百分点，为近5年来的最低水平（见表27）。

表27　对企业下期从业人数的预期（%）

	增加	持平	减少	增加-减少				
				2008年	2007年	2006年	2005年	2004年
总体	**32.9**	**47.5**	**19.6**	**13.3**	**42.1**	**41.5**	**29.4**	**25.7**

企业未来投资计划的紧缩也反映出企业家信心的下降。调查显示，近一半（47.2%）的企业未来计划投资额“增长”，32%“不变”，20.8%“减少”，“增长”的比“减少”的多26.4个百分点，这

一数据比 2007 年减少了 31.3 个百分点。其中，中部地区、大型企业的投资热情相对较高，认为企业未来计划投资额“增长”的比“减少”的多 40 个百分点左右（见表 28）。

表 28　对未来计划投资额增减的预计（%）

		增长	不变	减少	增长 - 减少
总体	2008 年	47.2	32.0	20.8	26.4
	2007 年	66.0	25.7	8.3	57.7
东部地区企业		43.2	34.8	22.0	21.2
中部地区企业		56.0	26.7	17.3	38.7
西部地区企业		54.0	27.1	18.9	35.1
东北地区企业		43.1	32.9	24.0	19.1
大型企业		62.4	22.9	14.7	47.7
中型企业		47.8	31.0	21.2	26.6
小型企业		45.6	33.5	20.9	24.7

关于“假若再给您一次选择的机会，您是否还愿意做企业经营者”，调查显示，25.4% 的民营企业经营者表示“不愿意”，比 2003 年上升了 11.1 个百分点；64.8% 表示“愿意”，比 2003 年下降了 8 个百分点；9.8% 表示“无所谓”（见表 29）。

表 29　是否愿意再做企业经营者（%）

		愿意	不愿意	无所谓
总体	2008 年	64.8	25.4	9.8
	2003 年	72.8	14.3	12.9
男		64.8	25.4	9.8
女		64.7	25.2	10.1
44 岁及以下		69.3	23.6	7.1
45 ~ 49 岁		63.7	27.7	8.6
50 ~ 54 岁		63.7	26.4	9.9
55 岁及以上		61.8	24.9	13.3
高中及以下		62.3	26.7	11.0
大专		66.0	24.9	9.1
大学本科		64.0	25.5	10.5
研究生及以上		68.6	23.4	8.0

调查表明，民营企业经营者的信心出现了明显下降。企业家信心的下滑对未来的投资需求和用工需求会产生一定影响，一方面可能会制约经济增长，另一方面会加大社会就业压力。全社会如何采取积极有效的措施关怀企业家、支持企业家、帮助企业家提振信心，应引起有关部门的高度重视。

2. 民营企业外部经营环境仍需进一步改善

民营企业的健康发展需要良好的外部环境。本次调查从政府行政管理、法制环境和市场秩序、人力资源供应、基础设施条件、中介组织和技术服务、适合企业经营的社会环境等六个方面了解了民营企业经营者对当地企业经营环境的评价。调查显示，总体来看，企业经营者对企业外部经营环境的综合评价较为满意，评价值为 3.17，高于中值 3，也高于 2006 年的评价值。从六个不同方面的 22 个单项指标来看，民营企业经营者的评价值均高于 2006 年的水平，也反映出近两年来民营企业的外部经营环境取得了一定改善（见表 30）。

从政府行政管理来看，企业经营者对“地方政府对企业的过度干预情况”、“市场准入限制过多的情况”和“政策和规章制度公开透明情况”等方面的评价相对较好，总体评价值分别为3.59、3.52和3.33，均明显高于中值3，而对“政府官员廉洁守法情况”的评价相对较低，评价值仅为2.86；与2006年相比，评价值提升比较明显的包括“地方政府对企业的过度干预情况”、“市场准入限制过多的情况”、“各类企业享受公平国民待遇情况”、“行政执法机关（工商、税务、质检等）公正执法情况”和“行政执法机关（工商、税务、质检等）执法效率情况”等方面（见表30）。

表30　　对当地企业经营环境的评价（%）

		很好	较好	一般	较差	很差	评价值	
							2008年	2006年
对当地企业外部经营环境的综合评价		2.4	31.3	49.9	13.2	3.2	3.17	3.00
政府行政管理	政策和规章制度公开透明情况	6.7	36.8	42.4	11.3	2.8	3.33	3.22
	行政审批手续方便简捷情况	5.5	30.6	39.9	18.0	6.0	3.12	3.02
	地方政府对企业的过度干预情况	10.1	48.1	34.0	5.8	2.0	3.59	3.40
	市场准入限制过多的情况	10.3	43.0	37.4	7.4	1.9	3.52	3.20
	各类企业享受公平国民待遇情况	4.7	28.2	41.8	19.3	6.0	3.06	2.84
	政府官员廉洁守法情况	2.8	22.2	43.1	21.7	10.2	2.86	2.70
	行政执法机关（工商、税务、质检等）公正执法情况	4.4	32.2	45.3	12.9	5.2	3.18	2.99
	行政执法机关（工商、税务、质检等）执法效率情况	4.0	30.1	49.3	12.1	4.5	3.17	2.99
法制环境和市场秩序	公检法机关公正执法情况	4.3	28.5	45.3	15.3	6.6	3.09	2.78
	公检法机关执法效率情况	3.2	22.0	49.1	18.5	7.2	2.96	2.69
	企业合同得到正常履行情况	8.7	53.3	29.2	7.3	1.5	3.60	3.55
	知识产权（商标、专有技术等）得到保护的情况	7.1	43.3	39.4	7.9	2.3	3.45	3.19
	经营者人身和财产安全的保障情况	10.3	47.8	32.1	8.1	1.7	3.57	3.34
基础设施条件	基础设施条件（供水、供电、交通、通信等）	10.0	52.2	28.0	7.4	2.4	3.60	3.58
人力资源供应	在当地找到需要的熟练工人的难易程度	3.1	19.5	41.5	25.5	10.4	2.79	2.46
	在当地找到需要的技术人员的难易程度	2.2	16.3	38.6	29.0	13.9	2.64	2.37
	在当地找到需要的管理人员的难易程度	2.7	20.2	36.0	26.9	14.2	2.70	2.44
中介组织和技术服务	当地技术服务条件	1.1	15.4	56.2	21.5	5.8	2.85	2.68
	当地产品出口服务条件	2.0	27.6	54.0	13.0	3.4	3.12	3.04
	当地律师、会计师等市场服务条件	2.6	36.2	50.4	9.1	1.7	3.29	3.16
	当地行业协会对企业的帮助	2.4	16.6	45.3	24.8	10.9	2.75	2.65
适合企业经营的社会环境	当地适合企业经营的诚信社会环境情况	2.6	31.5	49.6	12.3	4.0	3.16	3.00

注：评价值是由（“很好”×5+“较好”×4+“一般”×3+“较差”×2+“很差”）/100计算得出的，数值越大，表示对该项评价越好。

从法制环境和市场秩序看，企业经营者对“企业合同得到正常履行情况”、“经营者人身和财产安全的保障情况”和“知识产权（商标、专有技术等）得到保护的情况”等方面的评价相对较好，总体评价值分别为3.6、3.57和3.45，均明显高于中值3。与2006年相比，对“经营者人身和财产安全的保障情况”和“知识产权（商标、专有技术等）得到保护的情况”的评价提升较多，而对“公检法机关公正执法情况”和“公检法机关执法效率情况”的评价相对较低，评价值分别为3.09、2.96（见表30）。

从基础设施条件看，企业经营者对“基础设施条件（供水、供电、交通、通信等）”的评价值为3.6，明显高于中值3，也略高于2006年的水平（见表30）。

从人力资源供应情况看，企业经营者对“在当地找到需要的熟练工人的难易程度”、“在当地找到需要的技术人员的难易程度”和“在当地找到需要的管理人员的难易程度”的评价值分别为2.79、2.64、2.7，虽然比2006年有所提高，但仍明显低于中值3（见表30）。

从中介组织和技术服务情况看，企业经营者对“当地律师、会计师等市场服务条件”的评价相对较好，评价值为3.29，高于中值3，而对“当地行业协会对企业的帮助”和“当地技术服务条件”的评价相对较低，评价值分别为2.75、2.85（见表30）。

从适合企业经营的社会环境看，企业经营者对“当地适合企业经营的诚信社会环境情况”的评价值为3.16，高于中值3，也比2006年有了比较明显的提升（见表30）。

调查表明，民营企业经营者对外部经营环境改善的评价与前些年相比有所提高，尤其是对减少行政干预、提高行政效率、维护市场秩序、建设诚信社会环境方面的评价提升较为明显；同时期待社会各方面进一步完善执法环境、健全教育培训机制、推动中介组织发展，为企业健康发展创造条件。

3. 加强管理、推动创新，促进民营企业更好地发展

面对目前严峻的挑战，一方面要提振信心、改善外部环境，另一方面民营企业也要通过内部挖潜，增强自身的竞争力。调查显示，关于“为了企业更好地发展，企业未来一年应着重采取的措施”，按民营企业经营者选择比重高低排在前两位的分别是：“加强管理降低成本”（81.5%）和“增加创新投入”（69.3%），这表明民营企业经营者已经充分认识到加强管理和增加创新投入对企业发展的重要作用。其他各项依次是“引进人才”（56.4%）、“开拓国内市场”（47.3%）、“加强企业文化建设”（33.7%）、“更新设备”（31.8%）、“开拓国际市场”（29.8%）、“改变经营模式”（25.4%）、“减少用工”（18.3%）、“投资其他行业”（16.7%）、“寻求上市”（8.4%）、“投资其他地区”（5.6%）、“股权投资或并购”（5.3%）（见表31）。

表31　为了企业更好地发展，企业未来一年应着重采取的措施（%）

	总体	东部地区企业	中部地区企业	西部地区企业	东北地区企业
加强管理降低成本	**81.5**	80.7	83.5	82.4	80.7
增加创新投入	**69.3**	68.8	72.3	66.3	71.1
引进人才	**56.4**	55.3	58.3	57.8	58.3
开拓国内市场	**47.3**	48.8	44.9	40.8	53.9
加强企业文化建设	**33.7**	32.1	34.3	41.0	32.0
更新设备	**31.8**	30.5	35.8	28.6	38.6
开拓国际市场	**29.8**	36.0	22.1	18.2	19.7
改变经营模式	**25.4**	23.6	26.0	32.5	25.0
减少用工	**18.3**	19.7	13.9	19.8	15.8
投资其他行业	**16.7**	15.3	16.9	24.1	13.6
寻求上市	**8.4**	7.7	10.5	7.3	11.8
投资其他地区	**5.6**	5.6	5.2	5.9	5.7
股权投资或并购	**5.3**	4.4	7.3	6.9	4.8
其他	**1.2**	1.2	1.2	1.4	0.9

虽然民营企业经营者已经认识到增加创新投入的重要性，但受到企业经营状况下滑及资金紧张等

因素影响，2008 年民营企业的创新投入有所下降。调查显示，47.9% 的企业经营者认为 2008 年企业的研发投入比 2007 年“增加”，39.5% 认为“持平”，12.6% 认为“减少”，认为“增加”的比“减少”的多 35.3 个百分点，略高于国有及国有控股公司，但是比 2007 年和 2006 年分别下降了 12 和 13.9 个百分点（见表 32）。

表 32　企业今年的研发投入情况（%）

	增加	持平	减少	增加 - 减少		
				2008 年	2007 年	2006 年
民营企业	47.9	39.5	12.6	35.3	47.3	49.2
国有及国有控股公司	41.9	48.8	9.3	32.6	35.1	32.1

关于企业研发投入费用，调查显示，69.4% 的民营企业研发投入费用占企业销售收入的 1% 以上，要高于国有及国有控股公司，但是与 2007 年的调查结果相比，下降了近 10 个百分点（见表 33）。

表 33　企业的研发投入费用情况（%）

		1% 以下	1% ~5%	5% ~10%	10% 以上
民营企业	2008 年	30.6	45.9	16.1	7.4
	2007 年	21.1	57.8	14.4	6.7
国有及国有控股公司	2008 年	37.0	46.6	11.4	5.0
	2007 年	27.6	59.3	8.5	4.6

注：“企业的研发投入费用”数据是问卷调查年度上一年的数据，如 2008 年调查问卷中填写的是 2007 年的数据，2007 年调查的是 2006 年的数据，依此类推。

新产品销售情况也在一定程度上反映了企业的创新能力和成效。调查显示，46.2% 的民营企业 2008 年新产品销售比重比 2007 年“增加”，41.1% 认为“持平”，12.7% 认为“减少”，“增加”的比“减少”的多 33.5 个百分点，这一数据比国有及国有控股公司高 6.5 个百分点，但是与 2007 年相比，下降了 12 个百分点（见表 34）。

表 34　企业的新产品销售比重情况（%）

		增加	持平	减少	增加 - 减少
民营企业	2008 年	46.2	41.1	12.7	33.5
	2007 年	52.8	39.9	7.3	45.5
国有及国有控股公司	2008 年	37.4	52.2	10.4	27.0
	2007 年	43.7	48.7	7.6	36.1

4. 民营企业经营者期待政府进一步推进改革，促进民营企业发展

民营企业经营者在增强自身实力、迎接挑战的同时，也对继续深化各项改革充满了期待。本次调查请民营企业经营者对近两年来有关改革成效进行评价，调查显示，对于各项改革，按照选择“效果很好”与“效果较好”的比重之和排在前三位的依次是“健全社会保障体系”（45.1%）、“产权制度改革”（36.2%）和“促进民营企业发展”（34.8%）。其中，“促进民营企业发展”与前两年相比有所降低，但仍排在第三位，表明总体来看民营企业经营者对这项改革给予了相对比较积极的肯定，同时也期待政府进一步促进民营企业发展。这从民营企业经营者对“目前是非公有经济发展的最好时期”这一说法的态度上也可以看出。调查显示，50.9% 的民营企业经营者表示“非常同意”或“比较同意”，29.7% 认为“一般”，19.4% 表示“不太同意”或“很不同意”，总体评价值达到 3.36，比 2002 年略有降低（见表 35、表 36）。

表 35　　对近两年来有关改革成效的评价（%）

		效果很好	效果较好	有些效果	尚未见效	效果很好+效果较好
政府职能转变	2008 年	4.2	23.2	55.1	17.5	27.4
	2007 年	4.8	23.9	56.1	15.1	28.7
	2006 年	3.5	23.2	56.2	17.1	26.7
	2005 年	5.4	25.3	52.7	16.5	30.7
垄断性行业改革	2008 年	0.7	5.8	31.6	62.0	6.4
	2007 年	0.6	6.0	31.5	61.9	6.6
	2006 年	0.9	5.3	27.4	66.4	6.2
	2005 年	1.4	9.7	37.7	51.2	11.1
产权制度改革	2008 年	3.6	32.7	53.1	10.7	36.2
	2007 年	4.4	32.8	54.8	8.1	37.2
	2006 年	3.8	28.3	57.5	10.4	32.1
	2005 年	4.8	30.7	51.1	13.4	35.5
投资体制改革	2008 年	2.1	24.2	53.8	19.9	26.3
	2007 年	3.2	30.8	51.4	14.7	34.0
	2006 年	2.7	25.5	52.3	19.5	28.2
	2005 年	2.2	20.5	52.3	25.0	22.7
健全社会保障体系	2008 年	8.1	37.0	47.9	7.1	45.1
	2007 年	6.3	34.0	49.8	9.9	40.3
	2006 年	3.8	26.1	54.1	16.0	29.9
	2005 年	5.0	25.7	51.9	17.4	30.7
土地制度改革	2008 年	3.6	24.7	49.1	22.5	28.4
	2007 年	3.3	23.3	49.2	24.2	26.6
	2006 年	2.9	20.9	50.3	26.0	23.8
	2005 年	3.4	19.9	48.9	27.8	23.3
金融体制改革	2008 年	1.9	20.5	49.0	28.6	22.4
	2007 年	3.6	25.9	51.2	19.4	29.5
	2006 年	1.5	20.1	48.0	30.3	21.6
	2005 年	2.0	14.6	40.4	43.0	16.6
财税体制改革	2008 年	3.0	21.2	47.9	28.0	24.1
	2007 年	2.9	25.4	49.8	22.0	28.3
	2006 年	2.9	20.7	46.7	29.7	23.6
	2005 年	2.3	15.0	42.8	39.9	17.3
促进民营企业发展	2008 年	7.8	27.0	40.2	25.0	34.8
	2007 年	11.6	36.6	37.8	14.0	48.2
	2006 年	9.4	35.2	38.8	16.5	44.6
	2005 年	6.9	28.6	46.2	18.4	35.5

其他各项改革的排序依次是："土地制度改革"（28.4%）、"政府职能转变"（27.4%）、"投资体制改革"（26.3%）、"财税体制改革"（24.1%）、"金融体制改革"（22.4%）和"垄断性行业改革"（6.4%）。值得注意的是，关于对投资体制改革、财税体制改革和金融体制改革的评价，认为"效果很好"或"效果较好"的企业经营者比重与2007年相比下降较为明显；关于对垄断性行业改革成效的评价，仅有6.4%的企业经营者认为"效果很好"或"效果较好"，与2007年基本持平，总体评价仍相对较低（见表35）。

表 36　对“目前是非公有经济发展的最好时期”这一说法的同意程度（%）

		非常同意	比较同意	一般	不太同意	很不同意	均值
总体	2008 年	8.3	42.6	29.7	15.9	3.5	3.36
	2002 年	14.1	40.5	32.3	11.1	2.0	3.54
东部地区企业		8.1	41.7	30.4	15.7	4.1	3.34
中部地区企业		8.1	45.6	28.2	16.0	2.1	3.42
西部地区企业		7.8	42.8	30.5	16.0	2.9	3.37
东北地区企业		11.5	42.3	25.1	17.6	3.5	3.41

注：评价值是由（“非常同意”×5+“比较同意”×4+“一般”×3+“不太同意”×2+“很不同意”）/100 计算得出的。可能的分值介于 1~5 分之间，分值越大，代表对该说法的同意程度越高，反之则越低。

本次调查还了解了民营企业经营者对政府职能转变各方面的具体评价。调查显示，认同程度相对较高方面的有“政府不再干预企业的经营和管理活动”和“政府现有政策和法规对企业发展非常有利”，评价值分别为 3.79 和 3.22，明显高于中值 3，而认同程度相对较低方面的包括“政府在企业融资方面提供良好的服务”、“政府部门能为企业发展提供有价值的信息”和“政府职能已经转变并能适应市场要求”，评价值分别为 2.52、2.82 和 2.91，均低于中值 3（见表 37）。

表 37　对有关政府职能的描述的认同程度（%）

	非常同意	比较同意	一般	不太同意	很不同意	均值
政府现有政策和法规对企业发展非常有利	13.0	28.5	35.1	14.7	8.7	3.22
政府职能已经转变并能适应市场要求	7.4	22.9	34.5	23.3	11.9	2.91
政府部门能为企业发展提供有价值的信息	6.8	19.5	35.0	25.9	12.8	2.82
政府在企业融资方面提供良好的服务	5.1	14.9	29.6	28.0	22.4	2.52
政府不再干预企业的经营和管理活动	30.3	34.8	22.1	8.8	4.0	3.79

调查表明，民营企业经营者对近两年来政府的各项改革总体上给予了比较积极的评价，同时期望政府进一步加强垄断性行业改革，继续深化投资体制、金融体制和财税体制改革，为民营企业发展创造更好的外部环境，促进民营经济持续发展。

（注：凡引用此报告者均需注明引自中国民主建国会中央委员会企业委员会、中国企业家调查系统——《2008 年中国民营企业经营者问卷跟踪调查报告》）

2007年中国分省企业经营环境指数

▌中国改革基金会国民经济研究所

▌中国企业家调查系统

一、调查目的、样本概况及评价方法

我国自1978年开始经济改革以来，在经济体制向市场化方向转轨方面已经取得了决定性的进展。一个基本的市场经济秩序已经建立。各方面与市场经济体制相配套的制度正在建立过程之中；一些过去遗留的、与市场经济不相容的政策和制度正在陆续被淘汰。与此同时，企业经营所需要的客观物质条件也在不断改善。这些为企业的发展提供了较好的客观环境，为过去近30年来的经济高速发展提供了坚实的基础。

但是，在企业经营环境的各个方面，进步是不平衡的。在总体环境迅速改善的同时，有些方面的改善相对滞后。一般而言，企业经营的“硬”环境，即基础设施条件和其他物质环境的改善，相对比较容易，而“软”环境即制度环境的改善难度更大些。在软环境方面，与产品市场直接相关的制度改善可能相对容易一些，而与要素市场相关的制度改善，以及更广义的制度环境，例如政府管理体制、法制环境等方面的改善，可能难度更大。

为了对我国当前企业经营环境各个方面的状况进行深入的了解和综合的评价，中国企业经营环境课题组接受中国企业家调查系统的委托，基于中国企业经营者跟踪调查问卷2006年和2007年两次全国范围的调查结果，对企业经营环境进行了专题分析研究。

这两次调查范围较广，涉及全国31个省、市、自治区。被调查企业既包括国有企业，也包括私营企业、股份有限公司、有限责任公司和外商及港澳台投资等各种类型的非国有企业；并同时包括了大型企业和中小型企业。被调查企业的行业门类比较齐全，涉及第一、二、三次产业的11个主要行业，其中在制造业中还包括了绝大部分所属子行业。

这两次调查的有效样本企业总数分别超过4500家和5300家。按行业和地区分类，大部分行业和大部分省份（包括直辖市和自治区，下同）的样本量在100家以上。因此对全国总体情况和各省份、各行业的情况有比较好的代表性。但其中青海、西藏和海南3个省和自治区的样本量分别小于30家企业，可信度相对较低；因此我们在进行分地区分析时未包括这三个省份。

在2006年企业调查中，我们总共采集了37项有关企业经营环境的指标。在2007年调查中，我们选择了其中一部分指标进行更新，以反映企业经营环境的最新变化。

我们从以下八个不同方面来考察企业经营环境的情况。它们是：

（1）政府行政管理；

（2）法制环境和市场秩序；

（3）金融服务；

（4）人力资源供应；

（5）生产要素配置；

（6）基础设施条件；

（7）中介组织和技术服务；

（8）适合企业经营的社会环境。

其中每个方面包括一个或数个二级指标，每个二级指标又分别由一个或数个三级指标（单项指标）构成，从不同角度评价每个方面的情况。本次调查框架的设计参考了世界银行的投资环境调查指标（世界银行，2005）和世界银行对中国120城市投资环境调查（William Mako等，2006），但由于研究内容的差别，并考虑到中国的具体情况，我们的指标设置与上述两项调查指标有相当大的不同。本报告中有少数指标还参考了国民经济研究所的《中国市场化指数》（见樊纲、王小鲁、朱恒鹏，2001，2003，2004，2007）。

本次调查的对象是各类企业的主要负责人，绝大部分是企业的总经理或董事长。大部分调查指标来自被调查者对各方面经营环境的主观评价，但也包括一部分数量指标。

为了便于将调查结果数量化，调查问卷中的绝大部分主观评价指标都是按照同一规范设计的（生产要素配置除外）。这些问题要求企业经营者对某一方面的情况，在“很好”、“较好”、“一般”、“较差”和“很差”中作出自己的选择。这5种选项按照从5到1的顺序进行赋值，并计算选择每一选项的有效样本占总体有效样本的比例，以此为权重来最后计算每项指标评分的有效样本平均值。按照这种评分方法，中值3.0是中性评价，评分在3~5之间是比较正面的评价（最高评分是5，表示所有被调查者都选择了最高评价）；反之，评分在1~3之间是比较负面的评价（最低评分是1，表示所有被调查者都选择了最低评价）。

全国、分省和分行业总体评分及单项指标评分的计算，都是以该项指标在全国或各省份、各行业的有效样本数为基数进行的。

二、2006年和2007年企业经营环境总体评价

1. 样本企业对企业经营环境的总体评价

就全国各地平均而言，被调查的企业经营者对当地企业外部环境的综合评价略高于3分的中值，综合评分为3.079。其中认为“很好”的只有1.1%，认为“较好”的企业占27.2%，有14.9%的企业认为经营环境“较差”，有3.3%的企业认为经营环境“很差”，其余53.5%的企业选择了“一般”这个中性的评价。这说明就平均而言，企业经营者对目前的经营环境状况基本认可，但是还很不理想，有许多问题有待解决。而且地区之间经营环境的差异比较大，同时经营环境不同方面的情况也很不相同，有些方面的问题相当严重，需要引起重视。但与2006年的综合评分3.036相比，2007年的综合评分有一定程度的提高。其中认为“很好”和“较好”的企业上升了2.4个百分点，认为“较差”和“很差”的企业下降了1.0个百分点，评价“一般”的企业下降了1.4个百分点。

但调查发现，企业经营环境不同方面的情况差别很大。下面分别进行说明。经营环境总体评价和各方面、各具体指标的评价（全国汇总）见表1。在表2、表3中，我们把各方面指标中评分高于3.00和低于3.00中值的指标分别列举出来。它们反映了企业经营环境中哪些方面相对比较满意，哪些方面问题较大。

2. 政府行政管理

在这个领域，评价相对较好的方面是“政策法规和行政执法公开、公平、公正的情况”。但其中行政机关公正执法的情况评价较低。

在“减少对企业的不适当干预和地方保护”方面，总的说来评价也是比较积极的。但值得警惕的是2007年企业经营者花在与政府工作人员打交道的时间比例上升了一个百分点，平均从15.5%上升到16.5%。

在“政府效率”方面，行政审批手续方便简捷情况是比较好的，但行政执法机关（工商、税务、质检等）执法效率情况评价较低。

在“政府官员廉洁”方面，评价较低。尽管2007年有所上升，也只从2.755上升到2.865。

3. 法制环境和市场秩序

在该领域，评价比较积极的方面是“经营者合法权益的保障”；比较消极的方面是“司法公正与效率”。

4. 金融服务

该领域三个指标都偏于负面，它们是“企业从银行贷款的难易程度”、“企业从民间渠道筹资的难易程度”和“从银行贷款是否要付出规定利率之外的额外费用”。按不同规模的企业分类，只有大型企业的评价偏于积极，而中小型企业的评价都相当消极，小企业评价最低。说明小企业融资仍然面临困难。

5. 人力资源供应

三个指标都偏于负面，它们是“在当地找到需要的技术人员的难易程度”、“在当地找到需要的管理人员的难易程度”和“在当地找到需要的熟练工人的难易程度”。这在不同地区、不同行业、不同规模和不同注册类型的企业都存在，只是程度上略有差别。说明适用的人力资源短缺已经成为一个普遍问题，值得对我国目前的教育制度进行认真反思。

6. 基础设施条件

只有一个指标，不论地区，评价普遍积极。

7. 中介组织和技术服务

偏于积极的指标有律师、会计师等市场服务和出口服务；比较消极的指标有行业协会的发展和技术服务。

8. 适合企业经营的社会环境

只有一个指标，评价略偏于积极。

表1　企业对当地经营环境评分全国汇总表

	2006年	2007年	+ -变化
对当地企业外部经营环境的综合评价	3.036	3.079	+0.043
一、政府行政管理			
1. 政策法规和行政执法公开、公正、公平			
政策和规章制度公开透明情况	3.281		
行政执法机关（工商、税务、质检等）公正执法情况	2.975		
各类企业享受公平国民待遇情况	2.859	3.007	+0.148
2. 政府效率			
行政审批手续方便简捷情况	3.026	3.201	+0.175

续表

	2006年	2007年	+－变化
行政执法机关（工商、税务、质检等）执法效率情况	2.974		
3. 减少对经济的不适当干预和地方保护			
地方政府对企业是否干预过多	3.326		
市场准入限制是否过多	3.175		
4. 政府廉洁			
政府官员廉洁守法情况	2.755	2.865	+0.110
二、法制环境和市场秩序			
1. 司法公正与效率			
公检法机关公正执法情况	2.793		
公检法机关执法效率情况	2.704		
2. 经营者合法权益的保障			
企业合同正常执行情况	3.527	3.525	－0.002
知识产权（商标、专有技术等）保护情况	3.207	3.285	+0.078
经营者人身和财产安全保障情况	3.349		
三、金融服务			
企业从银行贷款的难易程度	2.440	2.608	+0.168
从银行贷款是否要付出规定利率之外的额外费用	2.952		
企业从民间渠道筹资的难易程度	2.587	2.650	+0.063
四、人力资源供应			
在当地找到需要的熟练工人的难易程度	2.513	2.435	－0.078
在当地找到需要的技术人员的难易程度	2.426		
在当地找到需要的管理人员的难易程度	2.486		
五、基础设施条件			
基础设施条件（供水、供电、交通、通信等）	3.586	3.626	+0.040
六、中介组织和技术服务			
1. 中介组织发育			
当地律师、会计师等市场服务条件如何	3.183		
当地行业协会的发展如何，对企业是否有帮助	2.689		
2. 技术与营销服务			
当地技术服务条件如何	2.720		
当地产品出口服务条件如何	3.072		
七、适合企业经营的社会环境			
当地适合企业经营的诚信社会环境情况	3.018	3.053	+0.035

注：生产要素配置指标未按同样评价方式评价，故不包括在本表和表2、表3中。

表2　企业经营环境较好的方面

内容	平均得分
一、政府行政管理方面	
政策和规章制度公开透明情况	3.281
各类企业享受公平国民待遇情况	3.007*
行政审批手续方便简捷情况	3.201*
地方政府对企业是否干预过多	3.326
市场准入限制是否过多	3.175
二、法制环境和市场秩序方面	
企业合同正常执行情况	3.525*
知识产权（商标、专有技术等）保护情况	3.285*

续表

内容	平均得分
经营者人身和财产安全保障情况	3.349
三、金融服务方面	
无	
四、人力资源供应方面	
无	
五、基础设施条件方面	
基础设施条件（供水、供电、交通、通信等）	3.626*
六、中介组织和技术服务方面	
当地律师、会计师等市场服务条件如何	3.183
当地产品出口服务条件如何	3.072
七、适合企业经营的社会环境方面	
当地适合企业经营的诚信社会环境情况	3.053*

注：有*号的评分为2007年数据，其余为2006年数据。下同。

表3　企业经营环境的薄弱环节

内容	平均得分
一、政府行政管理方面	
行政执法机关（工商、税务、质检等）公正执法情况	2.975
行政执法机关（工商、税务、质检等）执法效率情况	2.974
政府官员廉洁守法情况	2.865*
二、法制环境和市场秩序方面	
公检法机关执法效率情况	2.704
公检法机关公正执法情况	2.793
三、金融服务方面	
企业从银行贷款的难易程度	2.608*
从银行贷款是否要付出规定利率之外的额外费用	2.952
企业从民间渠道筹资的难易程度	2.650*
四、人力资源供应方面	
在当地找到需要的熟练工人的难易程度	2.435*
在当地找到需要的技术人员的难易程度	2.426
在当地找到需要的管理人员的难易程度	2.486
五、基础设施条件	
无	
六、中介组织和技术服务方面	
当地行业协会的发展如何，对企业是否有帮助	2.689
当地技术服务条件如何	2.720
七、适合企业经营的社会环境方面	
无	

在上面的两个表中我们可以看到，企业经营环境得分较高的指标有基础设施条件、企业合同的正常履行、经营者人身和财产安全保障、地方政府对企业是否干预过多、知识产权保护、政策法规公开透明等。

而影响企业经营环境的突出问题（得分比较低）有政府官员廉洁问题、司法部门的公正和效率问题、企业外部融资难的问题、人力资源供应问题、行业协会发展问题和技术服务问题等。

在政府官员廉洁方面，在回答“贵企业去年用于政府和监管部门人员的非正式支付”这个问题时，在全部有效问卷中回答“没有”的有19.8%的企业。其余80.2%的企业分别回答“有一点”、“比较多”和“非常多”。其中回答“比较多”和“非常多”的企业占到总数的18.1%。这说明政府廉洁问题是企业经营环境方面一个突出的问题。

在对企业的不适当干预方面，问卷中包括了“贵企业近两年是否向各级政府上交过集资、摊派或其他非税上缴？如果有，相当于企业销售收入的百分之多少？”这样一个问题。调查发现，2007年有34.3%的企业有过这种上缴，但该比例比2006年的39.9%下降了5.6个百分点。

相比之下，企业经营的“硬”环境好于“软”环境。而在“软”环境中，在放松管制、减少干预方面的进展又好于政府和司法部门自身制度建设方面的进展，以及金融市场、人力资源市场和技术服务市场的发育。

三、2006年和2007年各地区企业经营环境评价

从各地区情况来看，东部地区①的企业经营环境最好，企业经营环境综合得分2007年平均值为3.215，接下来依次是东北、西部和中部地区，但三者综合评分非常接近，分别是2.932，2.886和2.875。四个地区2007年比2006年评分都略有上升，但排序没有变化。

图1直观地显示了各省市自治区的企业经营环境按综合评分高低的排序情况。表4列出了各省份的评分以及部分指标在2007年相对于2006年的变化。图1和表4包括了28个省市自治区。西藏、青海及海南三省区的有效样本数较少，代表性不足，故未包括在本报告的分省分析中。其余28个省份中最少的有效样本量也在40家企业以上。

表4　对当地企业外部经营环境的综合评价：地区差异

	评分		+ -变化	位次	
	2006年	2007年		2006年	2007年
总体	**3.036**	**3.079**	**+0.043**		
东部地区企业	3.179	3.215	+0.036	1	1
东北地区企业	2.881	2.932	+0.051	2	2
西部地区企业	2.832	2.876	+0.044	3	3
中部地区企业	2.818	2.875	+0.058	4	4
上　海	3.308	3.382	+0.074	1	1
浙　江	3.300	3.278	-0.022	2	2
江　苏	3.260	3.260	0.000	3	3
广　东	3.203	3.256	+0.053	4	4
山　东	3.101	3.186	+0.075	8	5
北　京	3.141	3.184	+0.043	5	6
福　建	3.118	3.112	-0.006	7	7
天　津	3.131	3.085	-0.046	6	8
河　北	2.912	3.035	+0.123	12	9
安　徽	2.965	3.026	+0.061	11	10
四　川	3.034	3.014	-0.020	9	11
重　庆	2.902	3.009	+0.107	13	12

① 在本报告中，东部地区包括北京、天津、河北、上海、江苏、浙江、福建、山东、广东、海南；中部地区包括山西、安徽、江西、河南、湖北、湖南；西部地区包括内蒙古、广西、重庆、四川、贵州、云南、西藏、陕西、甘肃、宁夏、青海、新疆；东北地区包括辽宁、吉林、黑龙江。

续表

	评分		+ -变化	位次	
	2006 年	2007 年		2006 年	2007 年
河　南	2. 879	2. 995	+0. 116	14	13
辽　宁	3. 033	2. 993	-0. 040	10	14
广　西	2. 872	2. 990	+0. 118	15	15
吉　林	2. 797	2. 913	+0. 116	20	16
新　疆	2. 804	2. 894	+0. 090	19	17
湖　北	2. 845	2. 866	+0. 021	17	18
内蒙古	2. 842	2. 848	+0. 006	18	19
云　南	2. 688	2. 845	+0. 157	25	20
江　西	2. 860	2. 829	-0. 031	16	21
黑龙江	2. 672	2. 827	+0. 155	26	22
宁　夏	2. 703	2. 809	+0. 106	23	23
贵　州	2. 778	2. 800	+0. 022	21	24
山　西	2. 717	2. 796	+0. 079	22	25
陕　西	2. 690	2. 761	+0. 071	24	26
湖　南	2. 574	2. 669	+0. 095	28	27
甘　肃	2. 594	2. 529	-0. 065	27	28
有效样本数	4537	5249			

资料来源：根据企业经营环境调查数据计算。

上海的企业经营环境连续两年据全国之首，评分 3. 382，其中有超过四成的企业对当地的企业经营环境评价为“很好”或“较好”。排在第 2 ~4 位的分别是浙江、江苏、广东。它们在 2006 年和 2007 年的排序没有变化。山东、北京、福建、天津排位也比较靠前，分列第 5 -8 位。但它们的相对排序不够稳定，在 2006 年和 2007 年之间都发生了位次的变化。

在这 28 个省份中，2006 年有 10 个省份的评分超过中性的 3. 0 分，2007 年有 12 个省份评分超过 3. 0 分，可以认为是经营环境相对较好的省份。它们是上海、浙江、江苏、广东、山东、北京、福建、天津、河北、安徽、四川、重庆。大部分省份的企业经营环境综合评分在 2007 年都比 2006 年有所进步。

大多数中、西部和东北地区省份评分低于 3. 0 分的中值，其中得分最低的几个省份有甘肃、湖南、陕西、山西、贵州等。其中甘肃有一半企业对当地经营环境的评价为“较差”或“很差”，评价为“一般”的占 36% 。

在表 4 中，我们可以看到各地的评分相当集中地分布在距离 3 分中线上下不远的地方。这是因为选择“一般”评价以及“较好”、“较差”的较温和评价的受访者比重很高，而选择“很好”或“很差”这些强烈评价的受访者较少。这可能与中国传统文化中“说话留有余地”、“不走极端”的中庸特点有关。尽管这可能在某种程度上对评价有影响，但评价结果还是在不同领域和不同地区之间都显示出明显的差异。这些差异与我们的直观感觉相当一致，在一定程度上说明评价的基本方向和程度差异是可信的。我们将 2006 年各省份的企业经营环境综合评分与中国改革基金会国民经济研究所的 2006 年各省份市场化指数总体评分进行相关分析，发现尽管两者的来源完全不同（前者是企业经营者从自身感觉的角度对各地企业经营环境的主观评价；后者由 23 个客观统计指标和数量调查指标合成，从全局的角度衡量各地市场化的相对进展程度），但两者高度相关（相关系数 0. 9169）。这进一步说明了该

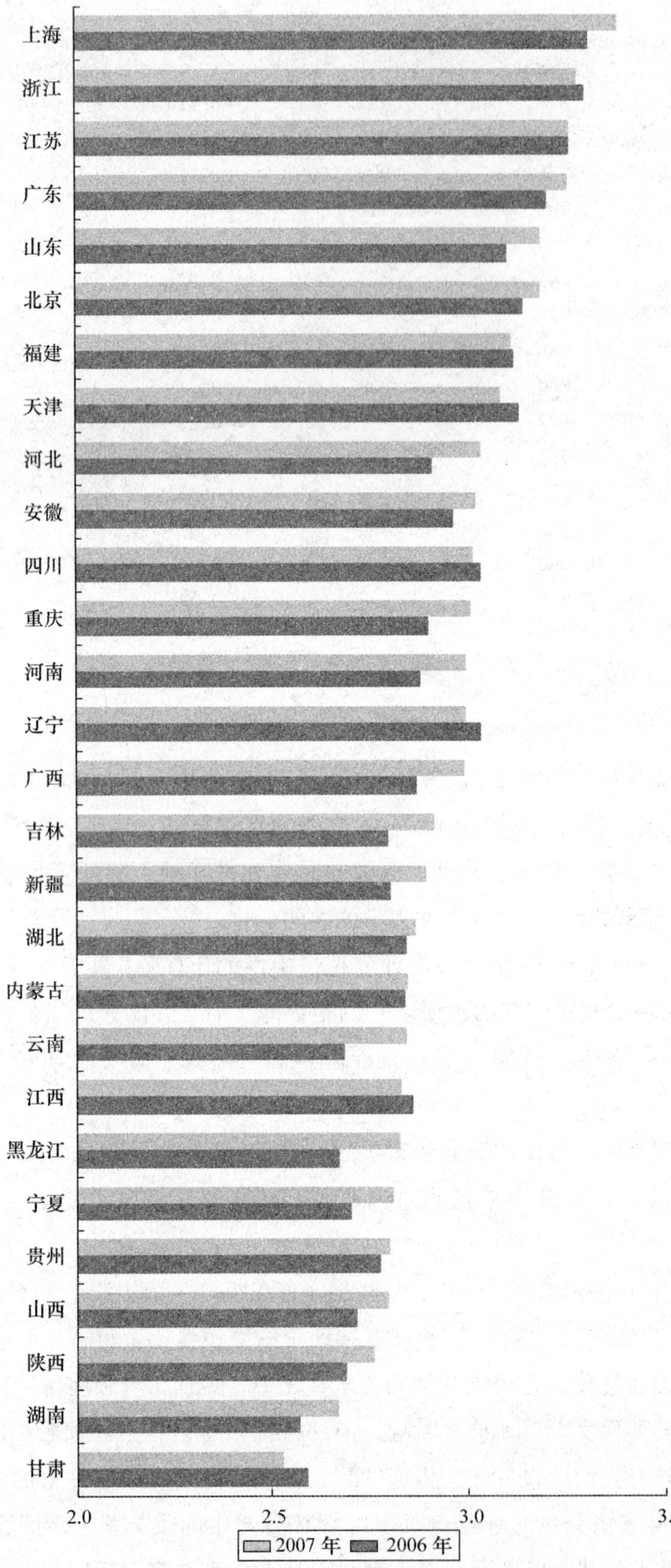

图 1　各省份企业外部经营环境的综合排序

资料来源：根据企业经营环境调查数据计算。

评价的可信度。

在某些指标上，地区差异表现得非常明显。本次调查还包括了如下问题："作为企业的主要负责人，请估计一下您过去的一年中各有多少时间用在下列工作上：1. 企业内部管理；2. 企业外部营销、采购、投资等活动；3. 与各政府部门及其工作人员打交道；4. 其他（按百分比计算）。"

根据其中第三项的回答，我们可以看到西部地区企业要花更多的时间与政府部门及其工作人员打交道。这说明地方政府对企业的干预程度有很大的地区差异，西部省份要远远超过东部省份（见图 2）。

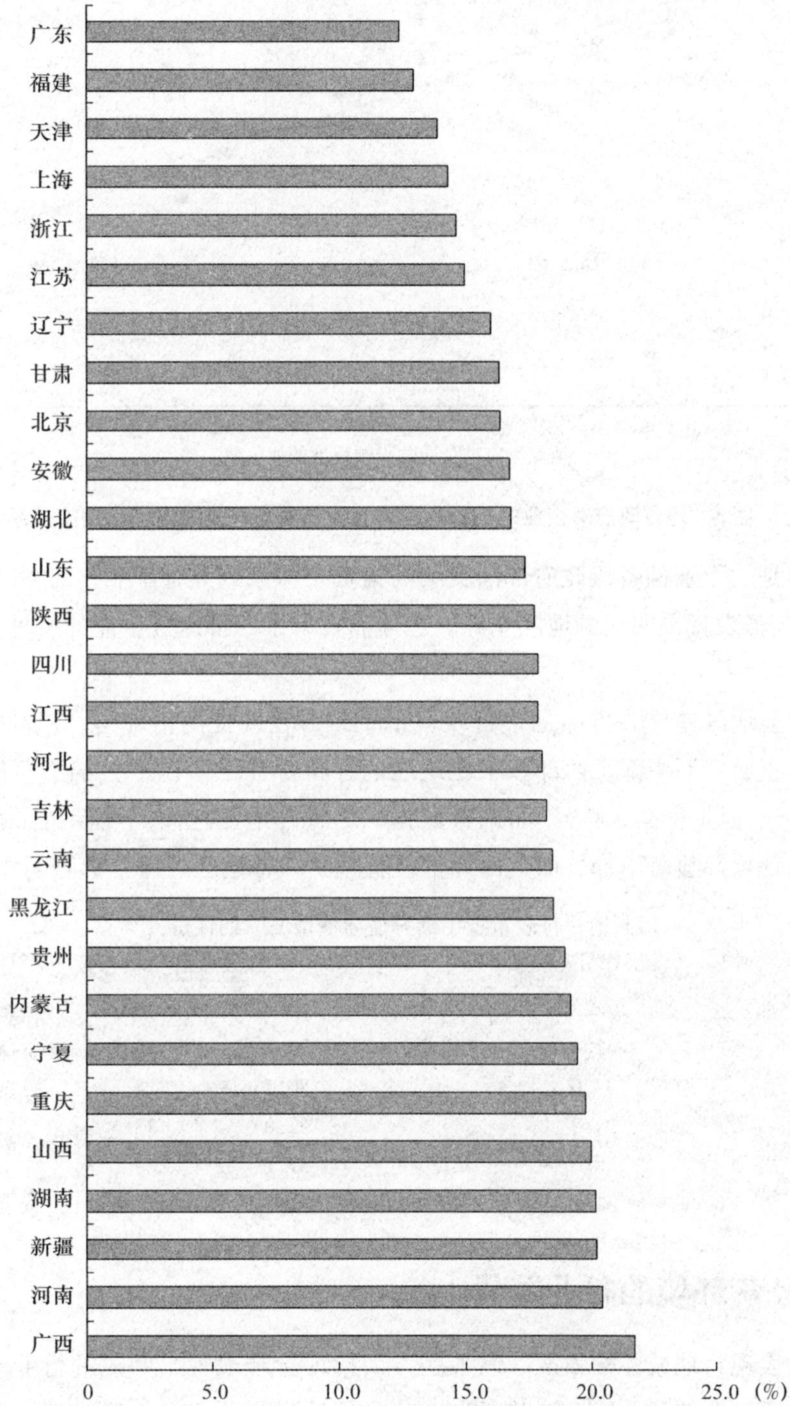

图 2　2007 年各省份企业经营者与政府部门及工作人员打交道的时间比例

资料来源：根据企业经营环境调查数据计算。

数据分析显示，企业经营者对地方政府是否对企业干预过多的主观评价（按1-5评分，低分表示干预过多）和经营者与政府打交道所花的时间比例呈显著负相关（见图3，相关系数为-0.7379）。这说明两个指标所反映的情况是相当一致的。

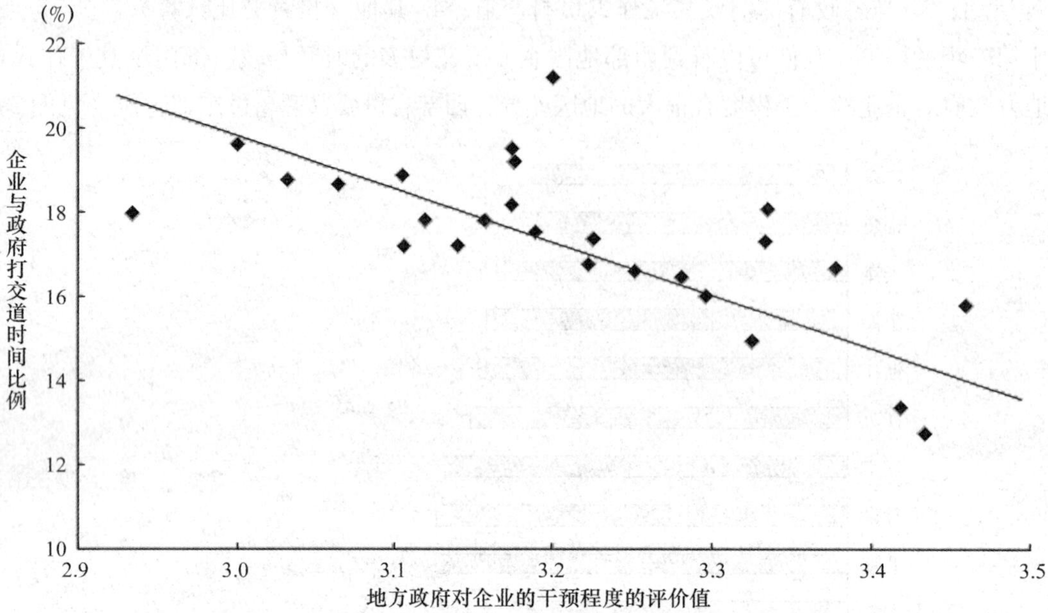

图3　地方政府对企业的干预程度和企业与政府打交道时间比例的关系

另外一个指标是“企业向各级政府部门交纳的集资、摊派或其他非税上缴相当于企业销售收入的比重”。这个指标同样表现出明显的地区差异。总体而言，中西部地区企业的税外负担要明显大于东部地区（见图4）。

再一个具有明显地区差异的指标是“行政审批手续方便简捷的情况”。在这方面，2006年只有东部地区的评价偏于正面，而中部、西部和东北地区的评价都在中值以下，偏于负面，尤其以西部地区得分最低（见表5）。但是根据2007年的调查数据，尽管各地区之间仍然保持了很大的差距，但所有这四个地区的正面评价都显著增加，而负面评价显著减少。各地区的评分都有明显上升。

表5　对当地“行政审批手续方便简捷情况”的评价（%）

	很好和较好		较差和很差		评分	
	2006年	2007	2006年	2007	2006年	2007
总体	**31.4**	**38.5**	**26.3**	**19.3**	**3.026**	**3.201**
东部地区企业	37.6	43.7	20.5	14.3	3.176	3.331
中部地区企业	24.5	33.1	31.8	23.6	2.869	3.070
西部地区企业	18.6	27.6	37.9	29.3	2.728	2.936
东北地区企业	31.1	36.9	30.7	22.2	2.930	3.134

四、企业经营环境的行业差异

经营环境主要表现为地域性的因素，但某些方面的评价却表现出明显的行业差异。调查显示，在具有垄断性和竞争不完全的行业以及涉及行政性分配资源的行业，企业经营环境明显差于竞争性较强的行业。表6将企业对政府和监管部门人员的“非正式支付”情况按行业进行了排列。其中制造业按子行业划分。

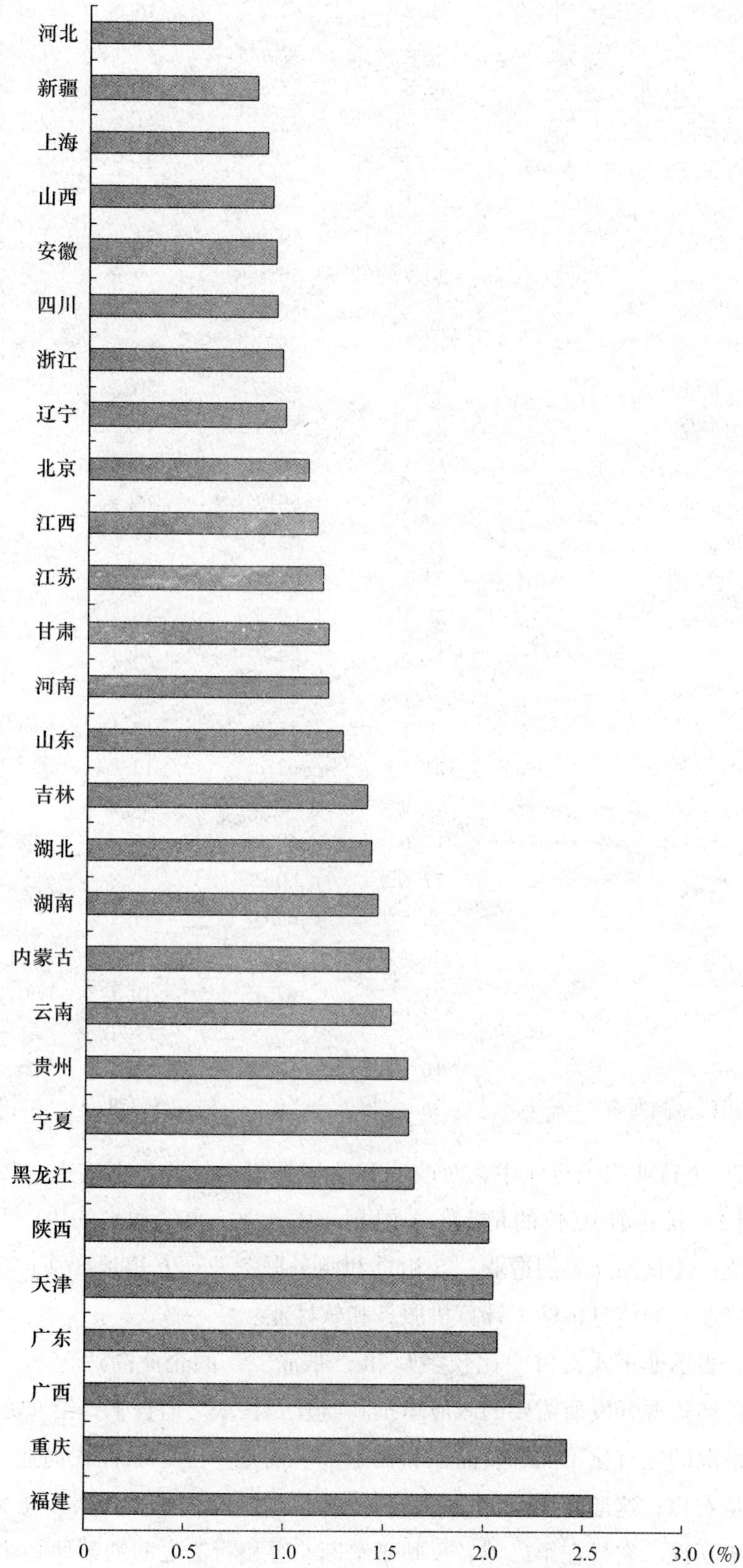

图 4　企业向各级政府部门交纳的集资、摊派或其他非税上缴相当于企业销售收入的比重

表6　不同行业企业2005年对政府和监管部门人员非正式支付的情况（%）

	①没有	②有一点	③比较多	④非常多	③+④
总体	**19.8**	**62.1**	**16.3**	**1.8**	**18.1**
采掘业	11.1	53.7	24.1	11.1	35.2
电力、煤气及水的生产和供应业	16.8	58.9	21.1	3.2	24.3
化学原料及化学制品制造业	12.6	63.1	21.8	2.4	24.2
食品饮料制造业	17.4	58.7	21.9	1.9	23.8
租赁和商务服务业	23.1	53.8	23.1	—	23.1
房地产业	18	59	22	1	23.0
建筑业	20.7	56.4	19.3	3.6	22.9
农林牧渔业	15.3	62.2	19.4	3.1	22.5
批发和零售业	19.9	57.8	19.9	2.4	22.3
信息传输、计算机服务和软件业	30.2	49.2	20.6	—	20.6
有色金属冶炼及压延加工业	24.1	55.2	17.2	3.4	20.6
非金属矿物制品业	17.1	63.7	17.8	1.4	19.2
服装及其他纤维制品制造业	30.8	50.8	18.5	—	18.5
交通运输、仓储和邮政业	17	64.8	13.6	4.5	18.1
医药制造业	23.5	58.8	16.2	1.5	17.7
黑色金属冶炼及压延加工业	22.1	60.3	16.2	1.5	17.7
专用设备制造业	19.8	64.7	14.4	1.1	15.5
化学纤维制造业	7.7	76.9	15.4	—	15.4
住宿和餐饮业	9.1	75.8	12.1	3	15.1
普通机械制造业	21.1	63.8	12.8	2.3	15.1
橡胶制品业	14.9	70.2	14.9	—	14.9
纺织业	17.6	68.2	13.5	0.7	14.2
金属制品业	27.6	60.2	9.8	2.4	12.2
电子及通信设备制造业	23.5	64.3	11.2	1	12.2
电气机械及器材制造业	26.3	62	10.2	1.5	11.7
塑料制品业	21.5	67.1	10.1	1.3	11.4
交通运输设备制造业	16.3	76.5	6.1	1	7.1
造纸及纸制品业	10	83.3	6.7	—	6.7
仪器仪表及文化办公用机械制造业	26.4	69.8	3.8	—	3.8

在表6涉及的29个行业或子行业中，对政府和监管部门人员的非正式支付较多（“比较多”和“非常多”两项合计），排在前10位的是：①采掘业；②电力、煤气和水的生产和供应业；③化学原料及化学制品制造业；④食品饮料制造业；⑤租赁和商务服务业；⑥房地产业；⑦建筑业；⑧农林牧渔业；⑨批发和零售业；⑩信息传输、计算机服务和软件业。

其中采掘业中，表示非正式支付“比较多”和“非常多”的企业高达35%，远远超过18%的平均水平。这是由于矿产资源开发所需要的政府审批和监管，在缺乏监督下，给双方都带来寻租的机会。某种程度上有类似情况的还有化工业、食品饮料制造业、房地产业、农林牧渔业（注意，是农林牧渔领域的企业，而不是农户；这通常涉及土地、山林等稀缺资源的使用）等等。电力部门的情况是市场竞争程度低，具有垄断性。它排在第二位，反映了垄断与寻租行为之间的某种必然联系。

这些行业不仅“非正式支付”较多，而且可能在较大程度上受到政府部门及其工作人员的干预。在关于企业经营者的工作时间分配这个问题上，根据回答中第三项“与各政府部门及其工作人员打交道的时间”占企业经营者工作时间的比例计算，花更多时间与政府部门及其工作人员打交道的行业，与“非正式支付”更多的行业，有相当高的重合度。按照这一项的时间比重排序，名列前十位的行业是：①房地产业；②电力、煤气和水的生产和供应业；③采掘业；④租赁和商务服务业；⑤农林牧渔业；⑥住宿和餐饮业；⑦交通运输、仓储和邮政业；⑧建筑业；⑨信息传输、计算机服务和软件业；⑩食品饮料制造业。其中有 7 个行业或子行业与“非正式支付”多的行业是重合的。居第一位的房地产业经营者花在与政府部门及其工作人员打交道的时间，平均占他们工作时间的1/4（见表 7）。

相比之下，大多竞争性程度高的非垄断性行业受政府部门干预和“非正式支付”的情况都比较少。

除了一些必要的政府监管活动外，上述情况可能还反映了两方面的寻租行为：由于这些行业部门存在非市场分配的资源收益、地租收益、天然垄断或政策性垄断收益，可能导致更多的钱权交易，即政府监管人员的寻租行为和企业的寻租行为。此外，调查还发现，大型企业、国有企业，其经营者与政府各部门打交道花的时间多于平均水平，各种非税上缴和用于政府人员的非正式支付也较多。

表 7　　不同行业企业经营者的工作时间分配情况（均值）

	企业内部管理	企业外部营销、采购、投资等活动	与各政府部门及其工作人员打交道	其　他
总体	43.6	28.6	15.5	12.3
房地产业	37.8	24.7	24.4	13.1
电力、煤气及水的生产和供应业	48.1	19.5	21.0	11.5
采掘业	44.0	23.7	20.7	11.6
租赁和商务服务业	45.0	23.4	19.6	11.9
农林牧渔业	41.4	27.4	19.0	12.2
住宿和餐饮业	51.0	19.8	17.5	11.8
交通运输、仓储和邮政业	46.6	24.2	17.0	12.2
建筑业	40.5	29.9	16.9	12.7
信息传输、计算机服务和软件业	44.2	25.9	16.8	13.1
食品饮料制造业	43.8	28.8	16.6	10.8
批发和零售业	43.8	26.4	16.5	13.3
医药制造业	45.7	27.4	15.8	11.1
化学原料及化学制品制造业	40.5	30.5	15.7	13.4
有色金属冶炼及压延加工业	41.3	32.1	15.4	11.1
非金属矿物制品业	45.4	27.7	15.0	11.8
造纸及纸制品业	40.6	31.2	14.8	13.4
黑色金属冶炼及压延加工业	41.8	30.6	14.8	12.9
化学纤维制造业	37.0	37.6	14.3	11.1
普通机械制造业	44.3	29.7	14.0	12.0
纺织业	44.8	31.1	14.0	10.2
橡胶制品业	46.0	28.9	13.8	11.3
交通运输设备制造业	43.7	30.5	13.6	12.2
服装及其他纤维制品制造业	49.1	26.8	12.9	11.2
仪器仪表及文化办公用机械制造业	47.4	26.7	12.3	13.6
专用设备制造业	43.9	31.3	12.1	12.7
金属制品业	44.0	31.9	11.7	12.3
电气机械及器材制造业	42.7	33.2	11.6	12.4
塑料制品业	44.6	32.0	11.3	12.1
电子及通信设备制造业	45.1	30.5	11.0	13.4

五、企业发展面临的主要障碍

根据调查结果，有几个问题被企业经营者认为构成了企业发展面临的最主要障碍。

排在首位的是企业融资问题。据2006年数据，全国样本企业中有高达43.1%的被调查企业将贷款难列为影响企业发展的主要障碍。融资问题的严重程度对不同规模的企业和在不同地区是不同的。按2007年数据，大型企业中只有28%认为贷款“较难”或“很难”，中型企业这个比例占到41%，而小企业则占到54%。面临贷款难问题的小企业比大企业高出近1倍，这说明小企业面临不利的融资条件。按地区划分，企业融资难的程度以中部最严重，认为贷款“较难”或“很难”的企业高达60%。然后依次是东北、西部和东部地区，分别是56%、55%和35%。显然东部地区融资条件优于其他地区。

人力资源供应瓶颈是影响企业发展第二位的问题。把“在当地找到需要的技术人员、熟练工人和管理人员”的困难列为影响企业发展的主要障碍的企业，分别都在两成以上（2006年数据）。其中技术人员的短缺程度最高，比例为24.2%。表示在企业当地找到所需要的技术人员、管理人员和熟练工人“较难”或“很难”的企业都占50%以上。其中企业所需技术人员的短缺程度高达55%。按地区划分，西部地区技术人员和管理人员的短缺程度最严重，分别达58%和56%。东部地区熟练工人的短缺程度最高，有53%的企业表示“较难”或“很难”找到需要的熟练工人（2007年熟练工人的短缺程度还有所加剧）。东北地区在这三类人力资源的供给方面都好于其他地区，按技术人员、管理人员、熟练工人的顺序排列，短缺程度分别为49%、46%、44%，比其他地区都低几个百分点。

政府行政管理方面的问题也是一个影响企业发展的主要因素。其中行政审批手续繁琐、各类企业不能享受平等国民待遇、政府官员是否能廉洁守法，是2006年调查中企业非常担忧的问题，分别对17%～18%的企业构成了主要的发展障碍。行政机关是否公正执法也是相对比较严重的问题。以评分来衡量，这四项在各地区的评价都偏于负面（东部在审批手续方面较好）。但在2007年调查中，行政审批手续繁琐和企业不能享受平等国民待遇的情况已经有了明显好转，前者在多数地区的评价由偏于负面转向偏于正面，后者的评分也普遍有提高。不过在政府官员廉洁守法方面，各地区的评价仍然明显地偏于负面。

上述情况见表1、表8和图5。图5是按全国总体的严重程度排序的障碍因素（按严重程度从低到高排序）。

表8　企业发展面临的主要障碍（%）

	总体	地区				经济类型	
		东部	中部	西部	东北	国有	非国有
政策和规章制度公开透明情况	10.7	10.2	12.0	11.2	9.6	10.4	10.6
行政审批手续方便简捷情况	18.4	17.5	18.0	20.4	23.5	23.2	17.6
地方政府对企业是否干预过多	9.8	8.6	10.7	12.7	11.8	18.2	8.5
市场准入限制是否过多	9.6	9.4	8.8	10.5	11.8	11.8	9.3
各类企业享受公平国民待遇情况	18.2	16.8	19.1	23.3	15.5	20.1	17.9
政府官员廉洁守法情况	17.6	16.1	19.9	18.9	23.5	16.5	17.8
公检法机关公正执法情况	11.1	9.7	13.4	11.4	18.2	15.6	10.4
公检法机关执法效率情况	6.6	5.9	6.6	7.5	11.8	8.5	6.3
行政执法机关（工商、税务、质检等）公正执法情况	15.2	13.2	19.7	16.4	18.2	18.4	14.7

续表

	总体	地区				经济类型	
		东部	中部	西部	东北	国有	非国有
行政执法机关（工商、税务、质检等）执法效率情况	7.2	6.3	9.1	8.1	8.0	8.3	6.9
企业合同正常执行情况	6.5	7.1	5.0	6.1	7.0	6.1	6.6
知识产权（商标、专有技术等）保护情况	6.3	7.9	4.3	3.7	1.6	4.3	6.5
经营者人身和财产安全保障情况	6.8	6.5	7.1	7.0	8.0	8.7	6.5
基础设施条件（供水、供电、交通、通信等）	10.4	10.1	8.2	13.6	11.2	11.8	10.2
企业从银行贷款的难易程度	43.1	39.8	51.7	42.5	54.0	35.9	44.1
从银行贷款是否要付出规定利率之外的额外费用	5.0	5.1	4.7	3.7	7.5	2.4	5.3
企业从民间渠道筹资的难易程度	7.1	6.1	6.8	10.3	10.2	5.7	7.3
在当地找到需要的熟练工人的难易程度	22.4	26.1	17.8	13.8	19.3	15.6	23.3
在当地找到需要的技术人员的难易程度	24.2	27.2	21.1	18.0	18.7	15.6	25.5
在当地找到需要的管理人员的难易程度	20.9	22.7	17.4	19.7	15.5	13.7	22.0
当地技术服务条件如何	5.1	5.2	4.6	5.7	2.7	6.4	4.9
当地产品出口服务条件如何	2.2	2.4	2.5	1.1	1.6	1.2	2.3
当地律师、会计师等市场服务条件如何	1.0	0.8	0.5	1.7	2.7	1.2	1.0
当地行业协会的发展如何，对企业是否有帮助	6.0	6.5	3.9	7.2	4.3	5.0	6.1
当地适合企业经营的诚信社会环境情况	14.4	12.5	18.0	17.3	16.6	14.9	14.5

六、企业经营环境分项指标的评价①

1. 政府行政管理

从被调查企业经营者的评价来看，企业在政府干预的程度、政策透明度等方面满意程度相对较高，但对政府官员廉洁情况的评价最低，另外对行政执法中的公平、公正和效率的情况评价较差。

下面按不同类别的分项指标进行考察。首先是关于政策法规和政府部门执法公开、公正、公平的指标。

（1）政策和规章制度公开透明情况

企业对“政策和规章制度公开透明情况”的评价相对较好。在全国总体评分达到3.281（有效样本4549个），其中东部地区的评分最高（3.381），其次是东北地区（3.235）、中部地区、西部地区（都是3.126）。

从各个省份的情况来看，上海和浙江并列为“政策和规章制度公开透明情况”最好的省份（3.484）；其次是广东（3.426）和江苏（3.392）。评价相对低的省份是甘肃（2.906）和湖南（2.913）。

（2）行政执法机关（工商、税务、质检等）公正执法情况

从全国来看，企业对行政执法机关公正执法情况的评分为2.975，是偏于负面的评价。其中较好的是东部地区企业（3.039），其余依次为东北地区、西部和中部地区，它们的得分都低于2.9（见表9）。

① 在这一部分中，某些图表中某些指标的分值和排序与本报告表1（第二部分）的汇总数据以及行文中涉及的数据有轻微的出入。这是因为这些图表使用的数据未包含补充的调查样本。但这不影响本报告各部分基本判断的一致性。

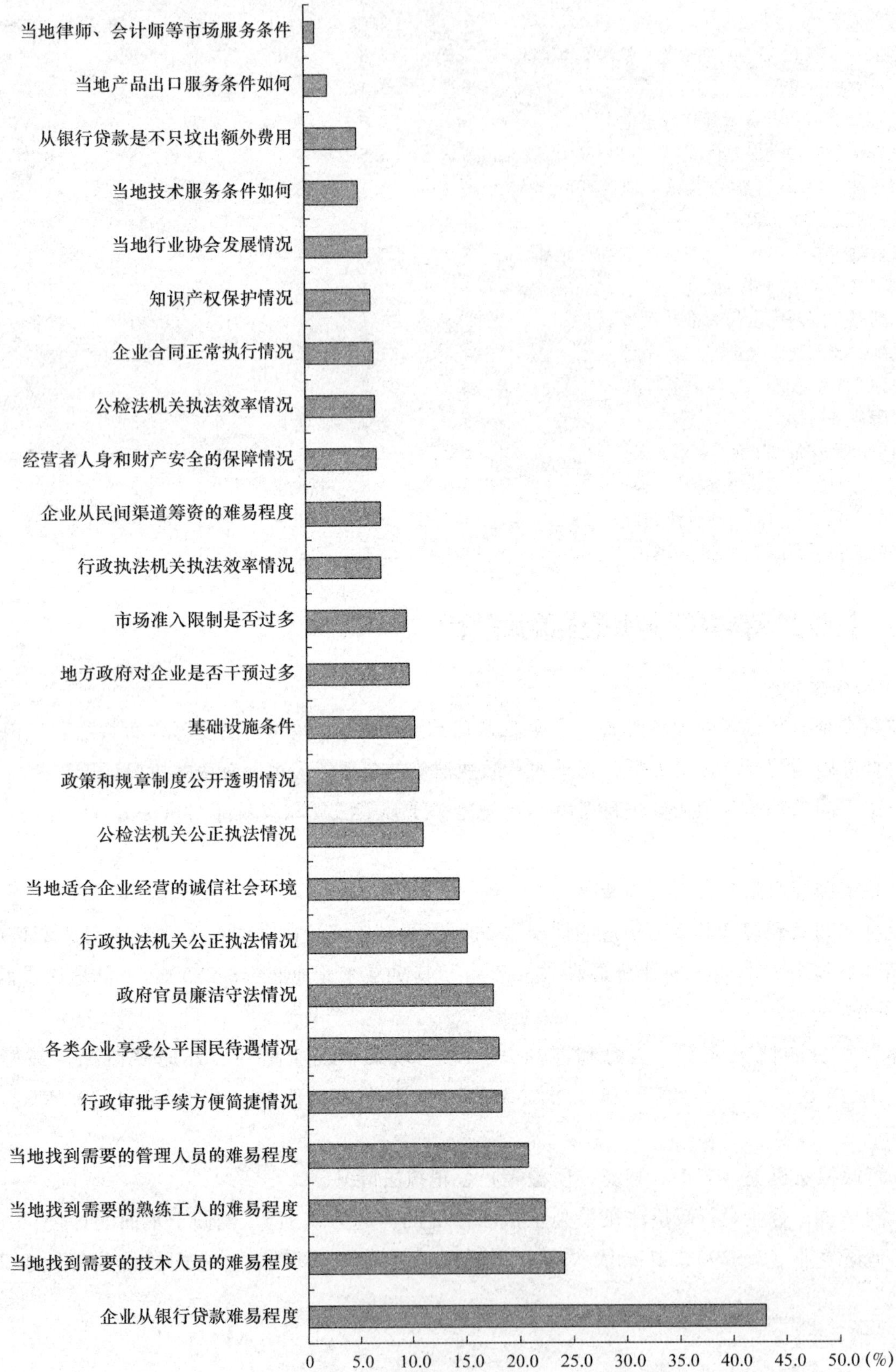

图5　企业发展的主要障碍排序

注：图中百分比表示样本企业中有多大比例的企业将相应的项目列为企业发展的主要障碍。

表 9　　对当地“行政执法机关（工商、税务、质检等）公正执法情况”的评价（%）

	有效样本（n）	很好	较好	一般	较差	很差	评分
总体	**4533**	**2.008**	**25.325**	**47.430**	**18.663**	**6.574**	**2.975**
东部地区企业	2664	2.477	30.143	46.547	15.841	4.992	3.093
中部地区企业	766	0.914	19.191	46.867	22.846	10.183	2.778
西部地区企业	860	1.047	17.442	50.698	23.372	7.442	2.813
东北地区企业	243	3.704	19.753	47.325	19.753	9.465	2.885

从各个省份的情况来看，上海、广东和浙江是对“行政执法机关公正执法情况”评价最好的前三名，其中上海的评分为 3.333；而评分最低的三个省份内蒙古、贵州和陕西，评分均低于 2.640。

（3）各类企业享受公平国民待遇情况

这项指标在 2006 年的评分低于上面的两项，全国平均评分只有 2.867。超过三成的企业评价为“较差”或“很差”。这说明企业不能享受平等国民待遇的情况是普遍存在的，这不仅是一个地区性的问题，而且是全国性问题。但 2007 年调查显示各地区有明显改进，全国平均评分上升到 3.007。但按地区划分，只有东部地区平均超过 3 分（3.122），其余地区都还在 2.7—2.9 的水平上。分省来看，得分最高的省份有广东、上海、浙江等，而得分排在最后的甘肃、山西和宁夏，评分大致在 2.4 ~ 2.6 的范围。

从地区分布来看，上述三个指标之间具有明显的一致性（见图 6）。

在政府行政管理方面，第二类指标是关于政府效率问题的指标。被调查企业在这方面的评价一般。总体来看，被调查企业对“行政审批手续方便简捷情况”的评价略好于对“行政执法机关（工商、税务、质检等）执法效率情况”的评价。

（1）行政审批手续方便简捷情况

根据 2007 年调查，对“行政审批手续方便简捷情况”的全国平均评分为 3.201，比 2006 年有明显进步。评分最高的是东部地区（3.331），最低是西部地区（2.936）。江苏、浙江、广东、天津等省名列前茅，都超过 3.35 分。排在最后的是甘肃、贵州、内蒙古和湖南，得分都在 2.80 以下。

（2）行政执法机关（工商、税务、质检等）执法效率情况

全国被调查企业对“行政执法机关（工商、税务、质检等）执法效率情况”的评分为 2.974，达不到“一般”（3.00）的标准。只有东部地区的评分略微超过 3.00，其次是东北，中部和西部地区分别为 2.787 和 2.791（见表 10）。

表 10　　对当地“行政执法机关（工商、税务、质检等）执法效率情况”的评价（%）

	有效样本（n）	很好	较好	一般	较差	很差	评分
总体	**4515**	**2.016**	**23.610**	**49.945**	**18.605**	**5.825**	**2.974**
东部地区企业	2652	2.489	27.866	49.811	15.573	4.261	3.087
中部地区企业	764	1.047	17.408	50.131	21.990	9.424	2.787
西部地区企业	858	1.049	16.200	50.583	25.175	6.993	2.791
东北地区企业	241	3.320	22.822	48.548	17.842	7.469	2.967

行政执法效率评价超过 3 分的省份只有上海（3.292）、浙江、广东和江苏。陕西、贵州和湖南的得分都在 2.7 以下。

第三类指标是关于政府对经济的不适当干预和市场准入限制的指标。这包括以下几项。

（1）地方政府对企业是否干预过多

被调查企业对“地方政府对企业是否干预过多”这一项指标的评分满意程度较高，说明地方政府

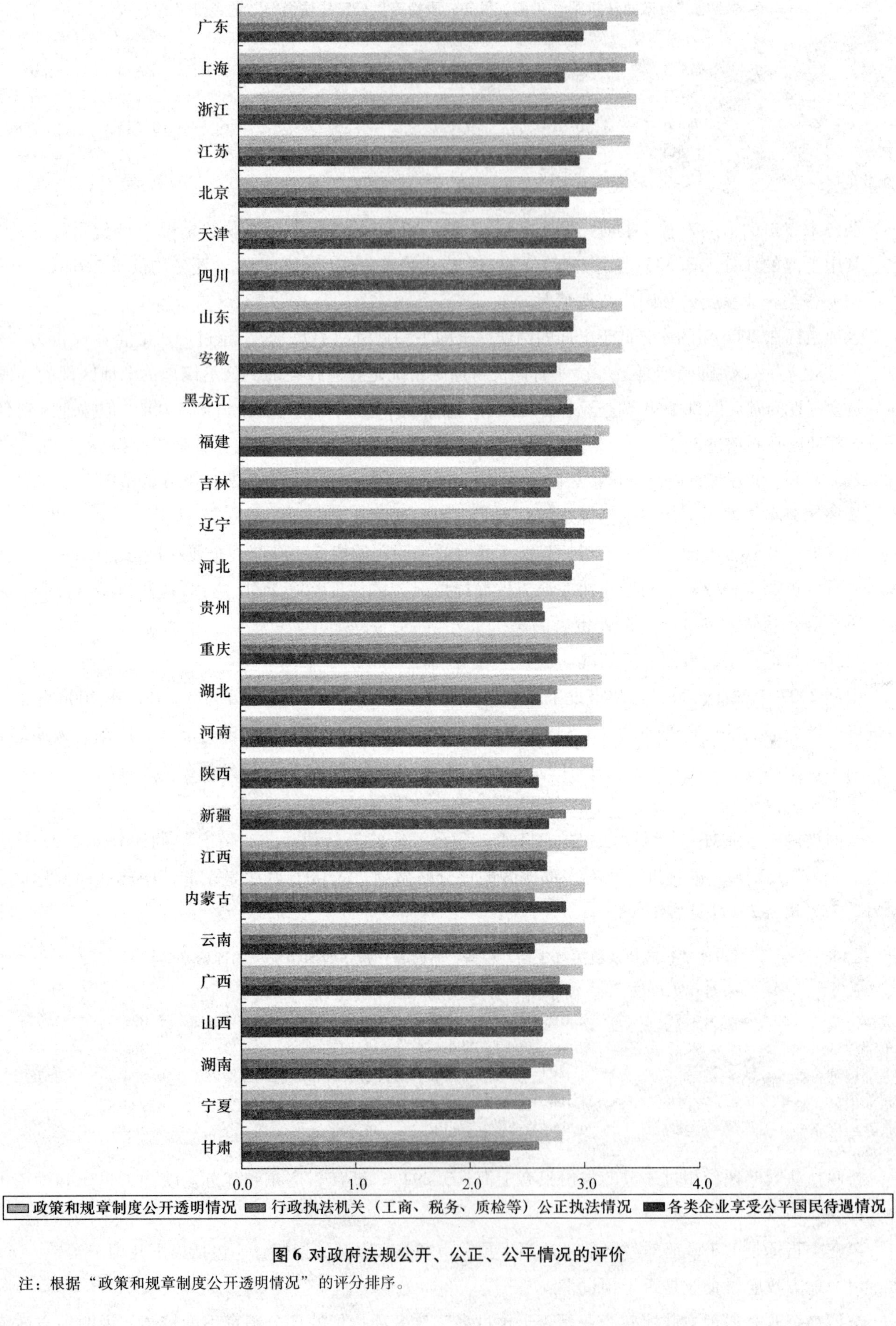

图6 对政府法规公开、公正、公平情况的评价

注：根据“政策和规章制度公开透明情况”的评分排序。

在减少对企业的不必要干预方面，是有成效的。从全国的情况看，平均评分达到 3.326，最高的东部地区平均得分为 3.419，西部地区评分较低，也达到了 3.142（见表 11）。

表 11　　对当地“地方政府对企业是否干预过多”的评价（%）

	有效样本（n）	很好	较好	一般	较差	很差	评分
总体	**4497**	**7.294**	**34.668**	**44.252**	**10.896**	**2.891**	**3.326**
东部地区企业	2636	8.801	37.215	43.134	8.801	2.049	3.419
中部地区企业	758	5.805	32.322	44.855	13.456	3.562	3.234
西部地区企业	861	3.717	30.430	46.806	14.402	4.646	3.142
东北地区企业	242	8.264	29.339	45.455	13.223	3.719	3.252

全国绝大多数省份的该项指标得分超过 3.00，得分最高的浙江、江苏、广东和上海都超过了 3.4 分。低于 3.0 分的只有新疆，此外湖南、甘肃和云南得分也相对较低，略高于 3 分。

（2）企业经营者与各政府部门及其工作人员打交道的时间比例

根据 2007 年的调查，全国企业经营者的工作时间用在与各政府部门及其工作人员打交道上的比例平均为 16.5%（比 2006 年调查上升了 1 个百分点）。其余的时间，41.3% 用于企业内部管理，28.2% 用于企业外部营销、采购、投资等活动。东部地区是与政府各部门打交道的时间最少的地区，占用 14% 的时间。而中部地区的企业与政府各部门打交道最花时间，占用了 18.6% 的比例。

从各省的情况看，广东省的企业经营者仅花 12.3% 的时间同各政府部门打交道，是比例最小的，其次为福建和天津，不超过 14%。而广西、河南、新疆、湖南花时间最多，均超过 20%（见图 2）。

从企业规模来看，大型企业的经营者与政府各部门打交道花时间较多。从企业性质看，国有企业的经营者需要更多地与政府部门打交道，而非国有企业在这方面花费较少的时间，其中以外商及港澳台投资企业为最少。在不同行业的比较中，房地产业、采掘业和电力、煤气及水的生产和供应业的企业经营者需要花更多的时间与政府各部门打交道，而各个制造行业则花时间最少。这与资源分配中的寻租现象以及行业的垄断性有关，原因已经在第四部分中作了分析。

（3）企业的集资、摊派或其他非税上缴相当于企业销售收入的比例

2007 年与 2006 年相比，全国样本企业中向各级政府部门交纳集资、摊派或其他非税上缴的发生率已从 39.9% 下降到 34.2%。东北和东部地区略低，分别为 31.3% 和 31.9%，中部则仍有 40.3% 的企业存在这种情况。

从各省的情况看，情况最好的北京、上海、天津发生率都在 20% 以下，而情况最差的宁夏和内蒙古则都超过 50%。

从各地企业的缴纳占企业销售收入的比例来看，发生这种情况的企业有 44.2% 在 0.5% 以下，但也有 3.4% 的企业在 5% 以上。按负担率计算，2007 年比 2006 年的平均负担减轻了。

（4）关于市场准入限制

从全国的情况看，被调查企业对“市场准入限制是否过多”的评分为 3.175。东、中、西和东北地区的平均分都超过了 3 分。

被调查企业认为市场准入限制最少的是浙江、江苏和广东等省份，其他大多数省份的评分也都在 3.0 以上。低于 3 分的有新疆、甘肃、云南、贵州和湖南，是准入限制相对较多的省份。

（5）对来自外地产品的地方保护

2007 年的调查数据显示，全国样本企业中约有不到 20% 的企业反映，在过去一年中在某些省份遇

到过对外地企业产品的销售设置不同于本地企业产品的行政限制的现象。我们称样本企业反映某省存在行政限制的件数为该省的被投诉数。按被投诉数衡量，发生率较高的地区以部分东部省市为主。考虑到被投诉的机会与这些省市的经济总量有关，经济总量较大的省市商品交易量也较大，被投诉的机会自然较多。因此我们用各省市自治区的GDP总量（数据来自国家统计局，2006）对他们的被投诉数进行了调整。按调整后的口径衡量，大部分东部省份的地方保护程度较低，但北京和上海是两个例外。地方保护最少的前5位省份是广东、山东、福建、浙江和江苏，而排在最后几位（地方保护最多）的是宁夏、北京、青海、贵州和上海。

企业产品在外地销售所受的行政限制有各种情况。总体来看，“需办理不同于本地产品的审批手续”和“实行不同的质检、技检标准”这两项是企业反映较多的问题，占半数以上。其余还有“额外收费或实行不同的税费标准”，“禁入或限制入境和销售”、“有不同于其本地企业的价格限制”等情况。

第四类指标是关于政府廉洁的指标。

（1）对政府官员廉洁守法的评价

相对于行政管理方面的其他几项评价指标，被调查企业对政府官员廉洁守法情况评价最低。从全国范围来看，2007年平均得分为2.865，比2006年调查改进不大，仍然达不到“一般”水平。东部地区平均略高（2.968），其他地区平均都仅仅高于2.7。

从各省的情况来看，只有上海、福建、天津3个省份的评分达到或略微高于中性的3.0分，其余各省得分均偏于负面，其中有3个省份得分低于2.5分，它们是甘肃、山西和内蒙古。具体评分见表12。

表12　对当地“政府官员廉洁守法情况”的评价（%）

	有效样本（n）	很好	较好	一般	较差	很差	评分
总体	**5217**	**2.2**	**21.5**	**46.7**	**19.9**	**9.7**	**2.865**
东部地区企业	3048	2.9	25.0	46.6	17.2	8.4	2.968
中部地区企业	922	1.2	15.8	47.5	24.0	11.5	2.713
西部地区企业	949	1.4	17.2	45.6	24.4	11.4	2.727
东北地区企业	298	1.3	16.8	48.0	21.1	12.8	2.728
北　京	224	3.6	24.1	43.8	19.6	8.9	2.938
天　津	118	4.2	20.3	52.5	17.8	5.1	3.008
河　北	285	2.5	18.9	42.5	24.9	11.2	2.765
山　西	102	2.0	11.8	39.2	26.5	20.6	2.480
内蒙古	63	3.2	12.7	34.9	28.6	20.6	2.492
辽　宁	154	0.6	17.5	49.4	20.8	11.7	2.747
吉　林	69	1.4	21.7	36.2	23.2	17.4	2.667
黑龙江	75	2.7	10.7	56.0	20.0	10.7	2.747
上　海	187	2.7	34.2	41.7	16.0	5.3	3.128
江　苏	563	2.5	24.3	50.4	16.2	6.6	3.000
浙　江	599	2.7	26.2	46.4	15.4	9.3	2.975
安　徽	147	2.0	15.6	51.7	23.1	7.5	2.816
福　建	148	4.7	23.0	50.0	14.2	8.1	3.020
江　西	129	0.8	19.4	41.9	28.7	9.3	2.736
山　东	461	2.4	22.8	46.4	19.3	9.1	2.900
河　南	215	0.5	18.1	49.3	22.8	9.3	2.777
湖　北	173	1.7	13.9	51.4	22.5	10.4	2.740
湖　南	156	0.6	14.7	46.8	22.4	15.4	2.628

续表

	有效样本（n）	很好	较好	一般	较差	很差	评分
广　东	444	3.2	28.8	45.9	14.2	7.9	3.052
广　西	100	1.0	17.0	45.0	26.0	11.0	2.710
重　庆	115	0.9	17.4	40.9	32.2	8.7	2.696
四　川	212	1.4	24.1	49.1	19.8	5.7	2.958
贵　州	73	2.7	13.7	53.4	17.8	12.3	2.767
云　南	84	1.2	9.5	51.2	25.0	13.1	2.607
陕　西	115	1.7	13.9	45.2	26.1	13.0	2.652
甘　肃	69	1.4	14.5	34.8	26.1	23.2	2.449
宁　夏	46	0.0	10.9	41.3	37.0	10.9	2.522
新　疆	46	0.0	21.7	58.7	15.2	4.3	2.978
有效样本总量（N）	5217	115	1120	2435	1040	507	

（2）企业用于政府和监管部门人员的“非正式支付”

“非正式支付”也是一个与腐败现象相关的指标。从地域分布来看，表示非正式支付“比较多”或“非常多”的企业在东部地区相对较少，但也占15.2%。相比之下，中部、西部和东北地区回答“比较多”和“非常多”的企业都达到或超过22%。按省份看，宁夏的后两类比例高达45%，湖南和江西也都超过了30%（分地区和企业类别情况见表13）。

表13　不同地区、规模及经济类型企业2005年用于政府和监管部门人员非正式支付的情况（%）

	没有	有一点	比较多	非常多
总体	**19.8**	**62.1**	**16.3**	**1.8**
东部地区企业	22.6	62.2	13.9	1.3
中部地区企业	13.8	63.3	20.0	2.9
西部地区企业	16.6	61.3	20.3	1.9
东北地区企业	18.1	59.9	19.2	2.7
大型企业	20.8	59.2	17.6	2.4
中型企业	19.4	62.8	15.9	1.9
小型企业	19.9	62.2	16.4	1.5
国有企业	16.1	64.6	18.3	1.0
非国有企业	20.3	61.8	16.0	1.9
私营企业	22.2	58.5	16.8	2.4
股份有限公司	18.6	65.4	13.7	2.2
有限责任公司	19.8	61.3	17.3	1.5
外商及港澳台投资企业	22.3	65.1	10.8	1.9

从企业规模上看，大型企业中的此类支出“比较多”或“非常多”的比重高于中小型企业。从企业类别看，除外商和港澳台投资企业以及股份制企业该比重较低外，其他企业类别企业的该比重没有显著的统计差别。

在本报告第四部分已经指出，按行业区分，资源类行业和具有垄断性的行业的此类支出远远高于其他竞争性业，说明在非竞争领域和行政性管制部门中存在大量的寻租行为，呼唤有效监管和加强竞争。

2. *法制环境和市场秩序*

各地被调查的企业经营者对当前企业合同正常执行的情况评价比较积极，但对公检法机关司法公正和效率的评价较低。经营者人身和财产安全得到保障和知识产权保护情况介于两者之间。图7显示，这种排列在各地是相当一致的。

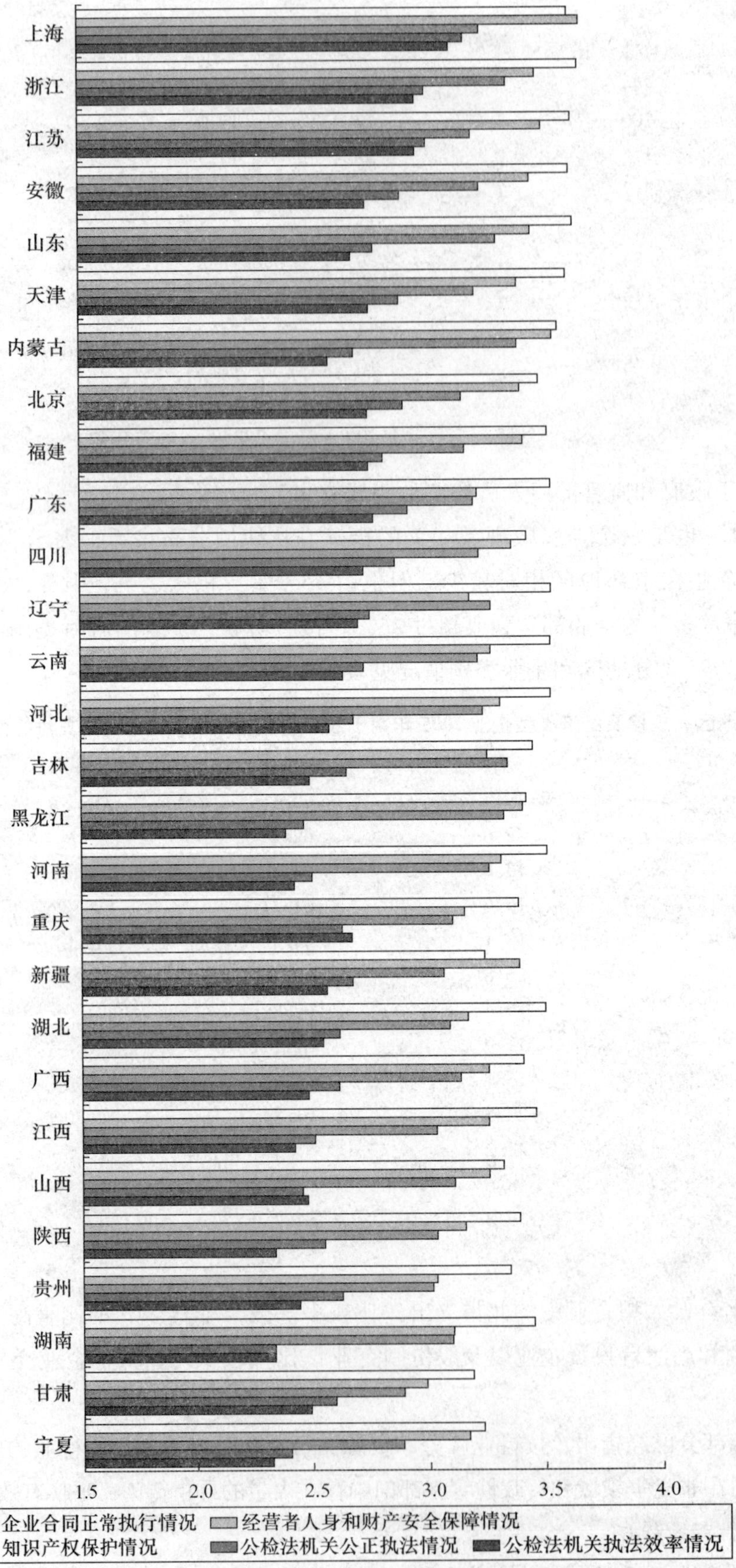

图7　对当地法制环境和市场秩序的评价

注：按5项指标的平均值排序。

(1) 公检法机关公正执法和执法效率情况

被调查企业对公检法机关公正执法和执法效率情况评价都比较负面。从全国来看，对公检法机关公正执法的总体评分仅为 2. 793，对公检法机关执法效率的总体评分为 2. 704，均未达到“一般”的水平（见表 14）。

表 14　　对当地“公检法机关公正执法和执法效率情况”的评价（%）

	有效样本（n）	很好	较好	一般	较差	很差	评分
公正执法的情况	4530	1. 5	19. 6	46. 0	22. 4	10. 4	2. 793
东部地区企业	2661	2. 0	23. 3	46. 6	19. 8	8. 2	2. 909
中部地区企业	768	0. 9	13. 0	42. 3	28. 0	15. 8	2. 553
西部地区企业	856	0. 7	14. 3	48. 7	25. 8	10. 5	2. 688
东北地区企业	245	2. 0	17. 6	41. 6	21. 2	17. 6	2. 653
执法效率的情况	4521	1. 3	15. 6	46. 6	25. 4	11. 1	2. 704
东部地区企业	2653	1. 6	19. 5	47. 5	22. 3	9. 1	2. 821
中部地区企业	770	0. 9	9. 5	43. 1	30. 6	15. 8	2. 490
西部地区企业	858	0. 6	9. 3	47. 7	31. 3	11. 1	2. 570
东北地区企业	240	1. 2	13. 8	44. 6	21. 7	18. 7	2. 571

就地区而言，东部地区这两项指标的评价都高于中西部和东北地区，但评分也都只达到 2. 8 和 2. 9 之间。分省看，只有上海两项指标超过 3. 0 分，江苏的公正执法指标达到 3. 0 分，其余省市区均达不到中值水平。评分最低的湖南、宁夏只达到 2. 3 ~ 2. 4 分的水平。

相关性分析表明，司法公正和效率两者之间的关系非常密切，Pearson 相关系数高达 0. 9658。这在某种程度上说明两者之间的确存在密切的相互影响关系。

(2) 企业合同正常执行情况

从全国的情况看，再关于法制环境和市场秩序的 5 项指标中，被调查企业对“企业合同正常执行情况”的评价最好，总体评分为 3. 527。过半数的企业评价为“很好”或“较好”，认为“较差”或“很差”的企业不到一成。各地区得分的差别不大，其中以东部地区的评分最高，为 3. 586，相对较低的西部地区评分为 3. 394。

被调查企业评价最高的前五名是浙江、山东、江苏、安徽和上海，得分均在 3. 60 以上。得分相对最低的甘肃也达到 3. 188 的水平。

经营者对企业合同正常执行的情况评价比较积极，说明近些年来市场秩序有明显的好转。

(3) 知识产权（商标、专有技术等）保护情况

从全国的情况看，被调查企业对“知识产权（商标、专有技术等）保护情况”的总体评分为 3. 194。东部地区评分为 3. 223，西部地区为 3. 103。

对此项指标评价的各省差异较小。内蒙古、浙江、吉林和黑龙江的得分最高，都超过了 3. 3 分。低于 3. 0 分的只有宁夏和甘肃。

(4) 经营者人身和财产安全保障情况

被调查企业对“经营者人身和财产安全保障情况”也比较满意。从全国来看，总体评分达 3. 349，东部地区评分最高为 3. 418，其他三个地区也都在 3. 2 分以上。

各省市区中，上海最高（3. 659），其次是内蒙古、江苏、浙江等，评分都接近或超过 3. 5 分。低于 3. 0 分的只有甘肃。

3. 金融服务

被调查企业对当地的金融服务情况不满意程度最高，其中最突出的是银行贷款难，同时也对民间渠道筹资情况表示不乐观。同时调查发现，在回答“从银行贷款是否要付出规定利率之外的额外费用”这一问题时，表示满意和比较满意的企业领导人只有29.4%，而大多数企业领导人表示或多或少要付出额外费用。这与人民银行总行研究人员关于金融腐败的一项调查研究得到的结论是一致的（谢平、陆磊，2003）。

（1）企业从银行贷款的难易程度

被调查企业对“企业从银行贷款的难易程度”的评分最低。从全国来看，总体的评分仅为2.607，其中评价为“较难”和“很难”的企业比例分别高达26.5%和18%，合计超过四成。满意和比较满意的企业合计仅为21.1%，中性平均为34.4%。从地区差异上来看，东部地区评分仅达到2.8，其他地区都在2.2～2.4的水平（见表15）。

表15　对当地金融服务情况的评价（%）

	很容易	较容易	一般	较难	很难	评价值
从银行贷款是否要付出规定利率之外的额外费用*	6.4	22.9	40.3	20.2	10.2	2.952
东部地区企业	7.8	25.9	41.1	17.0	8.2	3.080
中部地区企业	3.8	17.8	39.4	25.7	13.3	2.729
西部地区企业	4.3	19.5	38.5	26.1	11.6	2.787
东北地区企业	6.6	17.6	39.2	18.5	18.1	2.762
企业从银行贷款的难易程度	2.1	19.0	34.4	26.5	18.0	2.607
东部地区企业	2.9	22.9	38.7	22.7	13.0	2.800
中部地区企业	0.5	12.7	26.8	35.5	24.5	2.293
西部地区企业	1.3	14.0	29.0	30.1	25.6	2.351
东北地区企业	1.7	12.7	29.6	27.8	28.2	2.320
企业从民间渠道筹资的难易程度	1.6	15.6	40.9	29.9	12.0	2.650
东部地区企业	1.9	17.1	43.1	27.6	10.2	2.729
中部地区企业	0.9	15.3	38.7	33.2	11.9	2.600
西部地区企业	1.4	12.2	36.2	33.6	16.6	2.483
东北地区企业	1.4	11.2	36.8	32.6	17.9	2.456

注：带*号部分及其分地区部分的数据采用的是2006年调查结果。

按照各省的情况看，浙江和江苏的评分在3.0分以上。不足2.2分的有甘肃、山西和内蒙古。

（2）从银行贷款是否要付出规定利率之外的额外费用

从全国来看，被调查企业对“从银行贷款是否要付出规定利率之外的额外费用”的总体评分为2.952，其中评价为“很好”和“较好”的企业比例仅为6.4%和22.9%。其中以东部地区的得分最高，也仅为3.08，其次是西部地区和中部地区，东北地区得分最低，仅为2.762。

各个省份在这个指标上的得分差异比较大。浙江、福建、上海和江苏名列前茅，其中浙江得分3.479。而得分最少的甘肃仅为2.345，湖南和宁夏也不高于2.5分（见表15）。

（3）企业从民间渠道筹资的难易程度

被调查企业对“企业从民间渠道筹资的难易程度”的评分较低。从全国来看，总体的评分仅为2.65，其中评价为“很容易”和“较容易”的企业仅为1.6%和15.6%。其中，东部地区的情况稍好，评分为2.729，东北地区只有2.456。中部和西部地区介于两者之间。

按照各省的情况看，只有浙江得分稍稍超过中性的3.0分，为3.061。其他省份都显著低于3分。

资金融通是企业发展的血液。当通过正规渠道不能得到所需资金的时候，企业必然转向民间融资。但是由于民间金融市场未能发展，这方面的筹资渠道还不通畅。这意味着需要有相关的政策考虑来加快金融领域改革的步伐（见表 15）。

在以上这三项指标的排序中，浙江都位居全国之首。浙江是全国唯一的民间金融机构有所发展的省份。浙江融资条件与其他省份的反差，看来说明民间金融机构的积极作用不可忽视。

上述这几项评分的分省情况见图 8。

4. 人力资源供应

调查发现，人力资源供应短缺构成了制约企业发展的一个严重瓶颈。各地企业对当地的人力资源供应情况普遍不满意，给出的评分很低。通过图 9 的比较可知，无论是技术人员、管理人员还是熟练工人，都普遍存在供应短缺的情况。相比而言，企业在当地找到所需要的技术人员的难度更要大于找到管理人员和熟练工人的难度。

同时从图 9 还可以看出，各地的三项评分都在中性的 3 分以下。由于东部地区对人力资源的旺盛需求，所面临的人力资源供应短缺的情况并不好于中西部地区，甚至可能更严重。

（1）在当地找到需要的熟练工人的难易程度

被调查企业普遍反映找到需要的熟练工人比较困难。从全国的情况来看，对此项指标的总体评分仅为 2. 504，其中评价为“一般”以下的企业比例占到 51. 2%，而评价为“很好”和“较好”的企业仅分别占 0. 8% 和 11. 4%。从各地区情况看，东北地区的评分最高，其次为中部和西部地区，而东部地区评分是最低的。

各省份在此项指标上的得分均位于 2. 00 和 3. 00 之间。其中辽宁省的得分最高也仅为 2. 821，其次为河南和山西。福建省的得分最低，为 2. 147。

（2）在当地找到需要的技术人员的难易程度

在对人力资源供应的调查中，从全国的总体情况来看，被调查企业对“在当地找到需要的技术人员的难易程度”的评分最低，仅为 2. 415。其中高达 41. 6% 的企业评价为“较差”，14. 2% 的企业认为“很差”，而仅有不到 11. 0% 的企业评价为“一般”以上。而各个地区在这项指标上的得分差别很小，得分最少的东部地区为 2. 401，得分最多的东北地区为 2. 487。

各个省份的情况也显示出熟练技术人员的缺乏普遍存在。评分最高的省份为辽宁，也仅为 2. 667，其次为上海和河南。得分最少的为宁夏，为 2. 085。

（3）在当地找到需要的管理人员的难易程度

被调查企业对“在当地找到需要的管理人员的难易程度”的评分较低。从全国的情况看，总体评分为 2. 465，其中有 51. 5% 的企业评价为“一般”以下，评价为“很好”或“较好”的企业比例总共只有 11. 2%。东北地区企业的评分相对较高，为 2. 503，而西部地区企业评分最低，为 2. 382。

从各个省份的情况来看，上海、辽宁和天津的评分最高，但都达不到 3. 00。宁夏的评分最低，仅为 1. 957，而其他各省份的得分均在 2. 00 与 3. 00 之间。

（4）企业员工中经过正规培训的工人、技术人员和管理人员占员工的比例

从全国范围来看，企业员工中经过正规培训的工人、技术人员和管理人员占全部员工的比例为 57. 35%，其中有一半以上企业中受过正规培训的人员的比例超过 50%。各个地区的差异不明显，以西部地区情况略好，其次为东北地区和中部地区。

从企业规模上来看，越是大型的企业，受过正规培训的人员占的比例越高。从企业性质上来看，国有企业的这个比例是最高的，达到 62. 9%。而非国有企业中私营企业的情况最差，这个比例只有

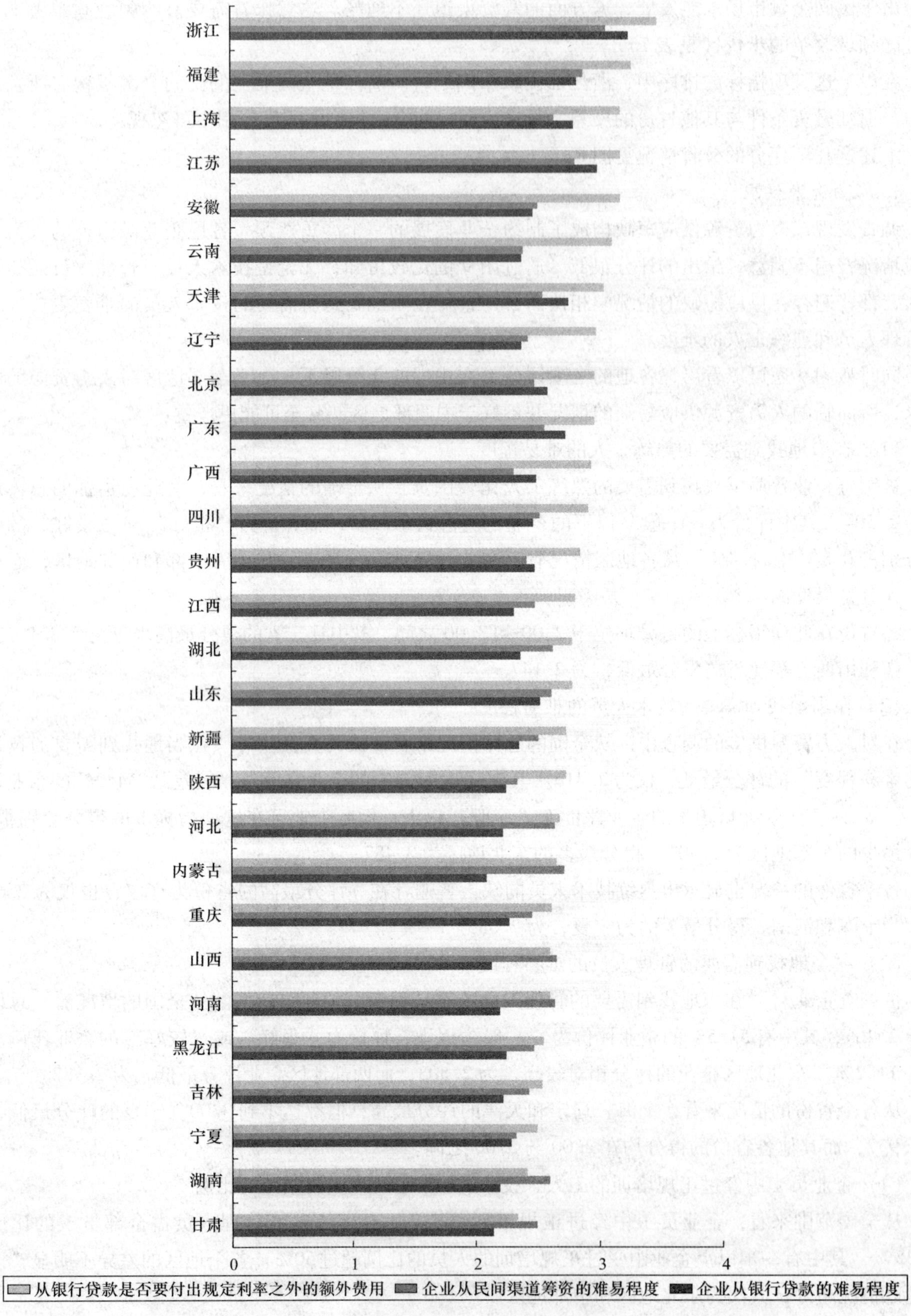

图8　对当地金融服务情况的评价

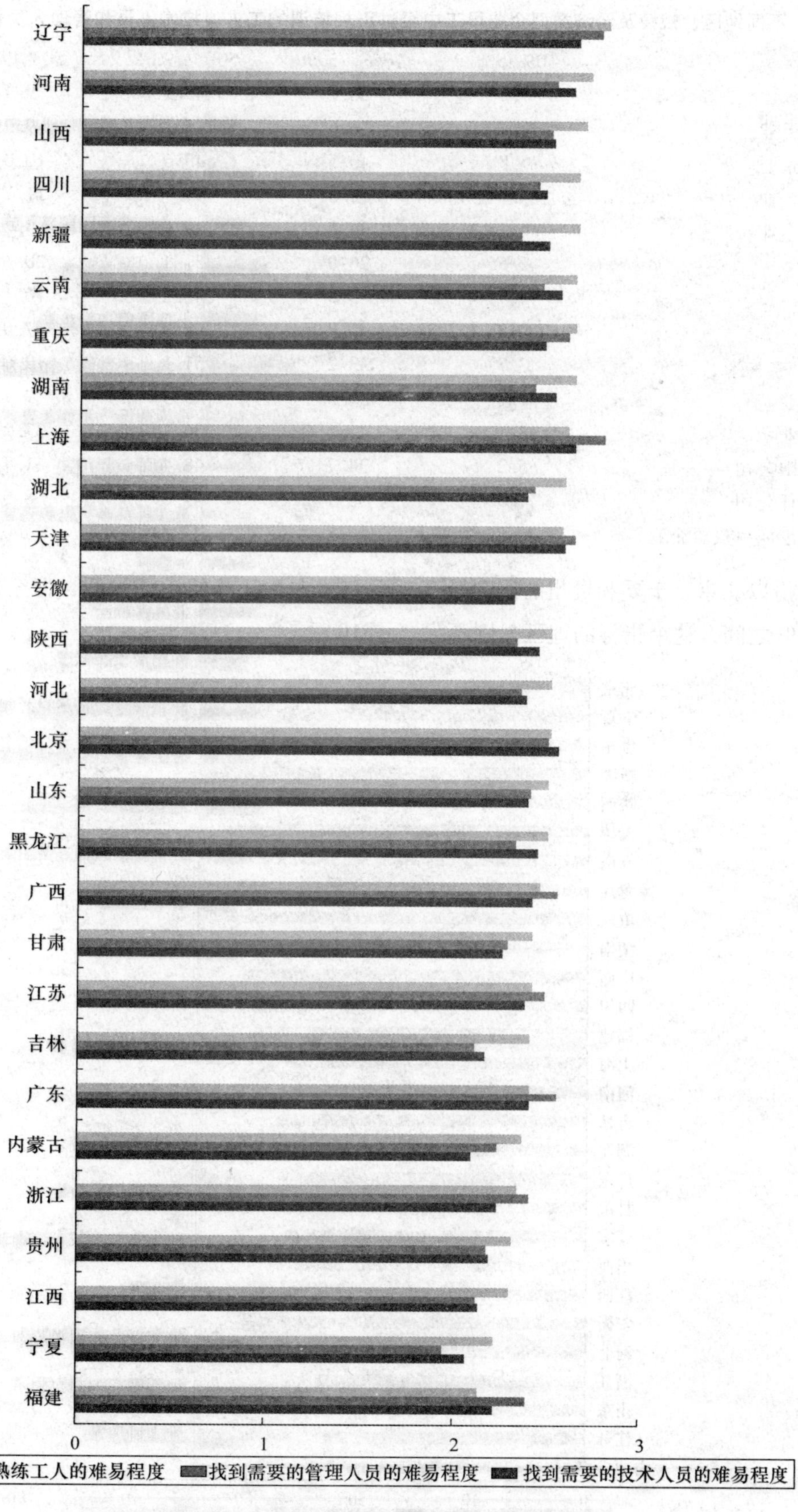

图 9　对当地人力资源供应情况的评价

49.37%（表16）。

表16　不同地区、规模及经济类型企业员工中经过正规培训的工人、技术人员和管理人员占全部员工的比重（%）

	10%以下	10%～50%	50%～90%	90%以上	平均值
总体	**7.3**	**36.9**	**45.9**	**9.9**	**57.35**
东部地区企业	8.6	36.6	45.3	9.5	56.45
中部地区企业	5.8	40.5	43.6	10.0	56.88
西部地区企业	4.1	34.3	49.9	11.7	61.12
东北地区企业	6.7	34.8	49.4	9.0	58.25
大型企业	2.5	26.0	51.4	20.1	68.93
中型企业	5.9	35.8	48.2	10.1	58.70
小型企业	9.8	40.9	42.3	7.0	53.01
国有企业	3.7	33.2	51.1	12.0	62.9
非国有企业	7.7	37.3	45.3	9.7	56.7
私营企业	13.3	43.1	36.4	7.2	49.37
股份有限公司	5.2	34.7	48.4	11.7	60.07
有限责任公司	7.5	36.1	47.6	8.9	57.04
外商及港澳台投资企业	6.6	35.8	43.5	14.0	59.94

各省份以北京、宁夏和贵州的比例最高，而内蒙古、江苏的比例最低，但全国绝大多数省份均在50%～70%之间，这个指标的地区差别不大（图10）。

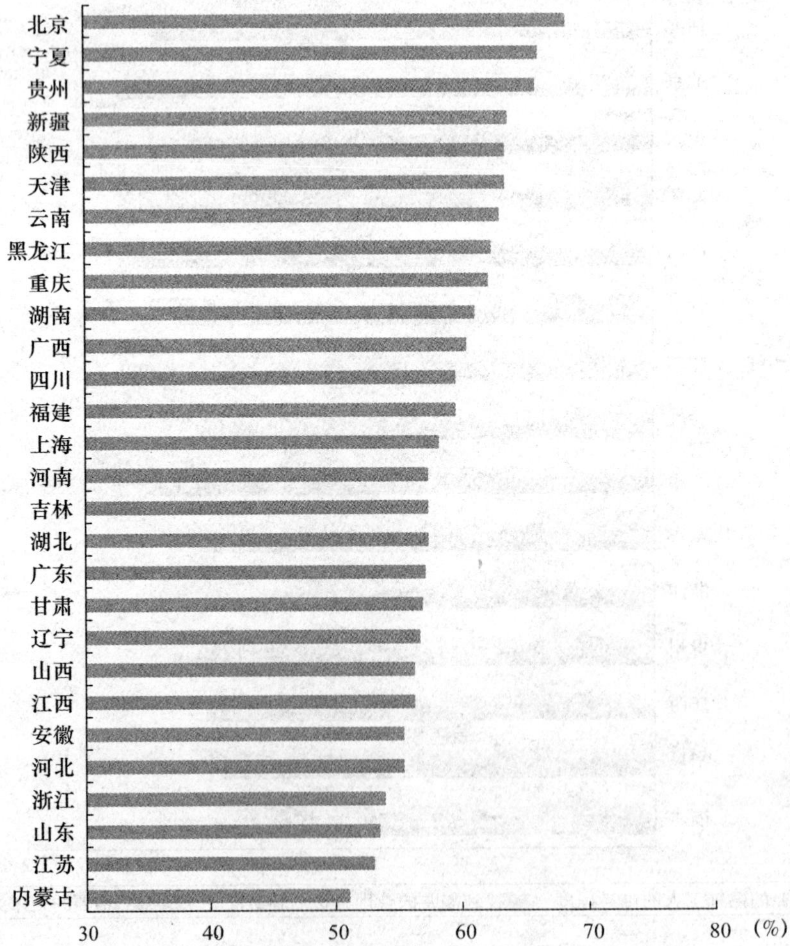

图10　各省份经过正规培训的工人、技术人员和管理人员占企业员工比重

在不同行业企业的比较中，以信息传输、计算机服务和软件业的企业情况为最好，其受过正规培训的人员占的比例高达 75.77%，其次为房地产业和医药制造业。在化学纤维制造业、造纸及纸制品业，这个比例相对最小，仅有 44.0% 左右（图 11）。

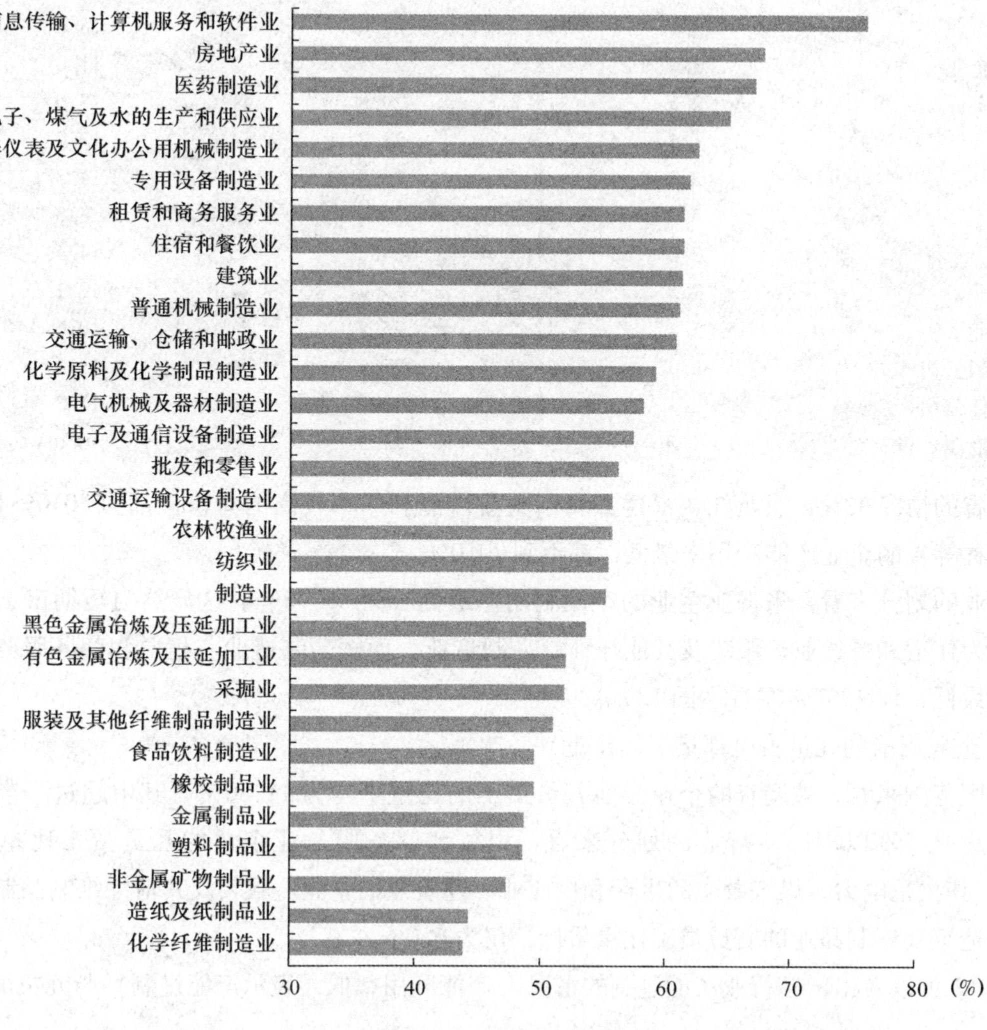

图 11　各行业经过正规培训的工人、技术人员和管理人员占企业员工比重

5. 生产要素配置

我们用企业的产能利用率和冗员占员工的比例来衡量企业在生产要素配置方面的经营环境。较低的产能利用率和较高的冗员比例说明生产要素的流动性差，因而生产要素配置效率较低。在地区和行业层面上，这反映生产要素市场的发育程度。不过在短期，这两个指标也在一定程度上受经济景气状况和市场供求的影响。

（1）企业去年的产能利用率（企业生产能力被利用的比重）

根据调查，全国范围内企业 2005 年的产能利用率的平均值为 76.37%，其中六成以上企业的产能利用率达到 75% 以上。从各地区的情况来看，东部和东北地区企业的产能利用率较高，都在 77.0% 以上，而西部地区企业则较低，为 73.80%。

从企业规模来看，规模越大的企业，其产能利用率越高。被调查的大型企业产能利用率平均达到 82.29%。从企业性质来看，国有企业与非国有企业的产能利用率总体上差别不大，都为 76.0% 左右，而非国有企业中外商及港澳台投资企业的产能利用率较高，达到 79.17%（表 17）。

表 17　　不同地区、规模及经济类型企业 2005 年的产能利用率情况（%）

	25%以下	25%～50%	50%～75%	75%～95%	95%以上	平均值
总体	**2.6**	**10.8**	**26.8**	**47.5**	**12.3**	**76.37**
东部地区企业	2.1	9.9	26.2	49.6	12.2	77.33
中部地区企业	3.1	11.3	27.6	44.3	13.6	75.04
西部地区企业	3.9	12.5	27.5	45.2	11.0	73.80
东北地区企业	2.5	13.7	29.8	41.0	13.0	77.03
大型企业	1.4	5.4	21.3	54.2	17.7	82.29
中型企业	2.2	9.4	26.2	47.9	14.3	77.99
小型企业	3.3	13.9	29.4	44.7	8.8	72.90
国有企业	2.6	11.5	24.7	46.8	14.4	76.73
非国有企业	2.5	10.8	27.2	47.4	12.1	76.32
私营企业	2.4	12.5	25.8	48.6	10.6	75.38
股份有限公司	2.9	6.8	25.4	51.5	13.4	78.21
有限责任公司	2.3	11.2	29.1	46.0	11.3	75.85
外商及港澳台投资企业	1.5	11.0	21.3	50.2	16.0	79.17

以各省的情况来看，黑龙江、福建都属于企业产能利用率较高的省份，都为80.0%以上。宁夏、甘肃和吉林等省的企业产能利用率最低，都不到70.0%。

从行业的划分来看，采掘业企业的产能利用率最高，为85.75%。这显然与短期市场需求状况有关。其次为住宿和餐饮业、服装及其他纤维制品制造业。而医药制造业、租赁和商务服务业企业的产能利用率最低，仅为67%左右（图12）。

（2）企业当前的冗员占全部员工的比重

从全国范围来看，被调查的企业当前冗员员工的比重平均为11.80%，其中超过一半的企业的冗员员工比重在5%以下。从行业的划分来看，租赁和商务服务业企业的冗员员工比重最高，达到20.76%，其次是电力、煤气及水的生产和供应业、建筑业的企业。服装及其他纤维制品制造业、橡胶制品业、造纸及纸制品业的冗员员工比重最低，仅为6.0%左右。

从图12可以看出，各行业产能过剩的情况（产能利用率低，表示产能过剩）与冗员的情况之间并无相关性。

按照地区划分，东部地区企业冗员情况最好，为10.57%，其次为东北地区和西部地区，而中部地区企业的冗员员工比重最高，达到14.33%。

从各省份情况来看，福建、广东和吉林的冗员率是较低的，都在10%以下。而甘肃省的冗员率最高，达到19.48%，其次江西和山西也都是冗员率较高的省份。

从企业规模来看，规模越大的企业，冗员员工比重越高。被调查的大型企业冗员员工比重平均达到14.07%。从企业性质来看，国有企业的冗员员工比重平均高达21.9%，是非国有企业的两倍还多，高于外商及港澳台投资企业的三倍。

6. 基础设施条件

基础设施条件是本次调查所涉及的企业经营环境8个方面中得到评价最高的一个方面。从被调查企业对当地基础设施条件（供水、供电、交通、通信等）的评价情况来看，全国总体的评分为3.626。其中60%以上企业的评价为“很好”或“较好”，评价为“较差”或“很差”的企业仅占9%。其中，以东部地区企业评价较高，达到3.722，其次为东北和中部地区，西部地区排名最后，但也达到3.416的评分，说明各地区在这些基本硬件设施方面的差距并不大。

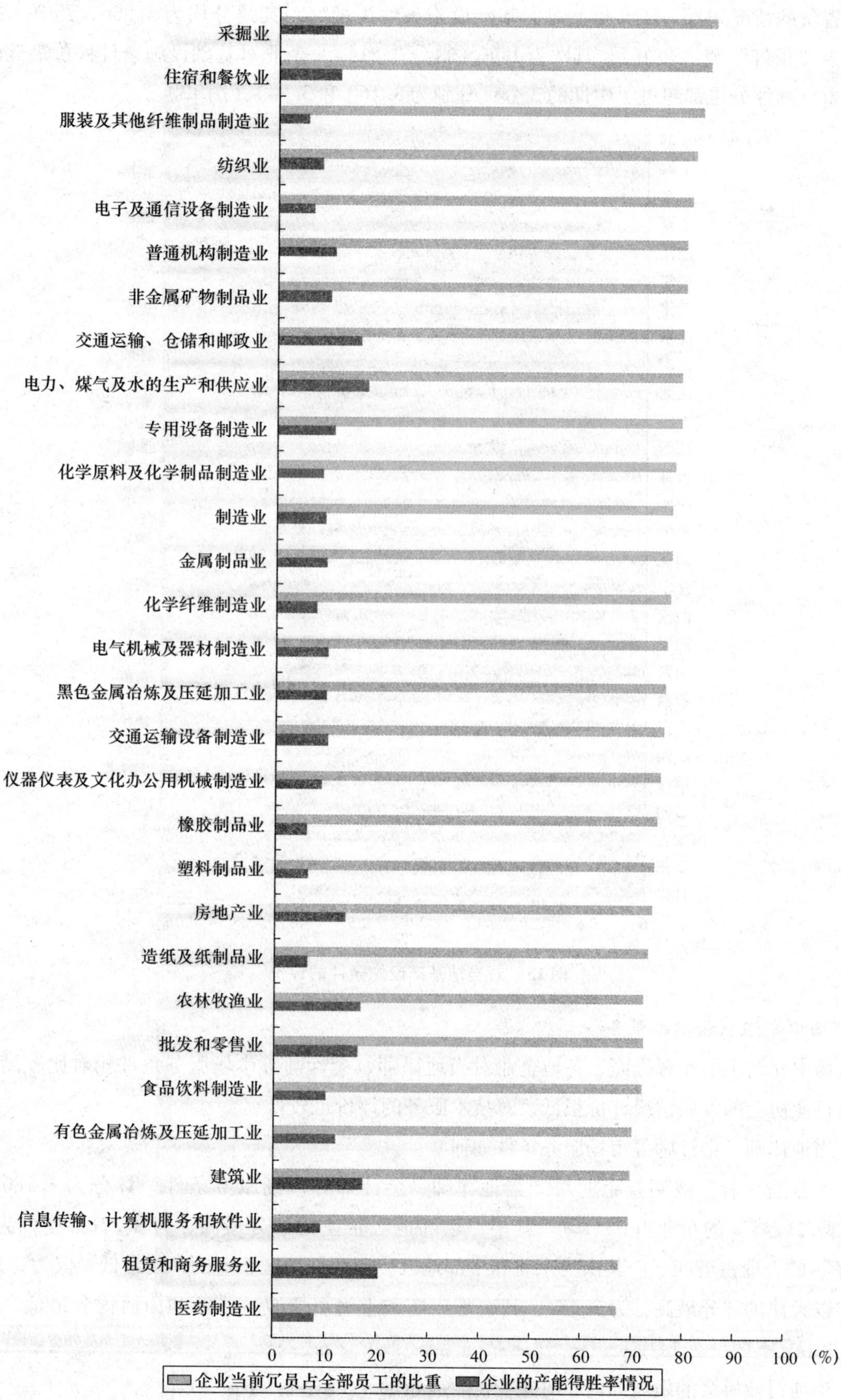

图 12　各行业企业的生产要素配置情况

从分省份的情况来看，江苏和上海的基础设施条件为最好，其得分均为3.866，约有八成以上的企业评价为“很好”或“较好”。其次为山东（得分3.814）。企业对基础设施条件评价最低的省份是贵州和甘肃，其评分也都超过了中性的3分，分别为3.160和3.043（图13）。

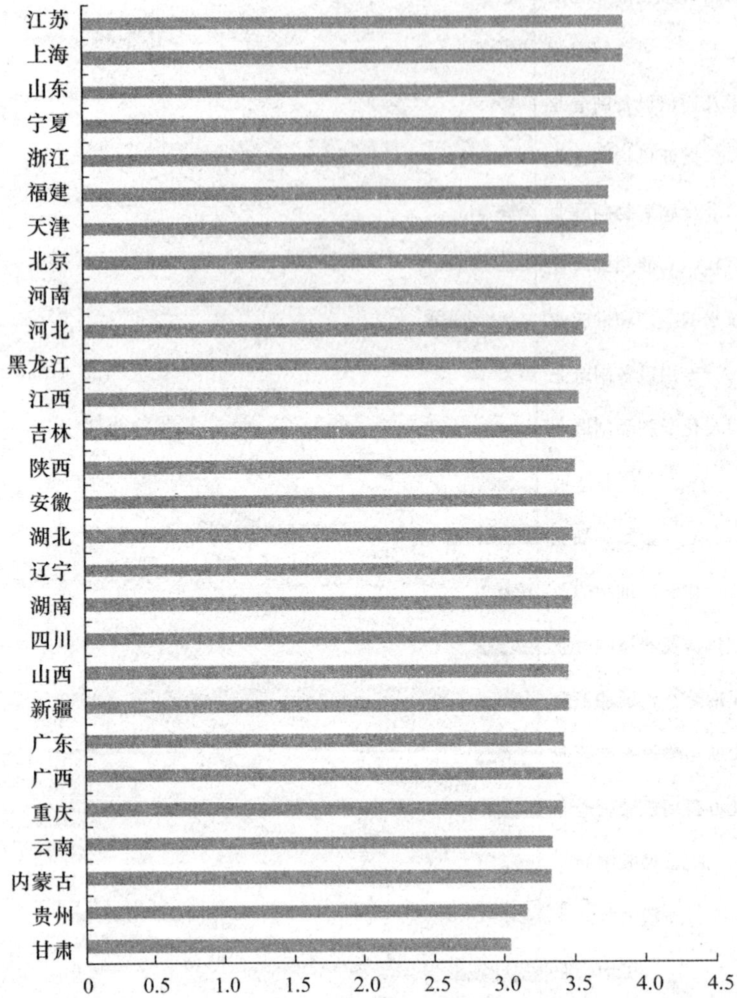

图13　对当地基础设施条件的评价

7. 市场中介组织和技术服务

在市场中介组织的发育方面，各地企业对当地律师、会计师等市场服务条件相对比较满意，但同时对当地行业协会的发展情况评价很低，对技术服务的评价也较低。

（1）当地律师、会计师等市场服务条件如何

从全国范围来看，被调查企业对“当地律师、会计师等市场服务条件”评分为3.186，评价为“很好”或“较好”的企业占33.7%。其中，东部地区企业的评分最高，为3.271，评价为“很好”或“较好”的企业占近四成。其次为东北和中部地区，而西部地区企业的评价最低，仅为3.030。

各省以天津的评分最高，为3.482，其次是广东和上海。宁夏、广西和山西得分最低，但也都在2.770以上。

（2）当地行业协会的发展如何，对企业是否有帮助

在发达的市场经济国家，行业协会在产业协调、制定技术规范、人员培训、信息传播、解决贸易争端等方面发挥着非常重要的作用。但本次调查发现，被调查企业对“当地行业协会的发展如何，对

企业是否有帮助”的评价普遍很低，全国范围内总体评分仅为 2.666。超过四成的企业评价为“较差”或“很差”，而评价为“很好”或“较好”的企业仅占不到两成。从分地区情况来看，东部地区企业评分较高，也只有 2.753，其次为西部和中部地区，而东北地区企业的评分最低，仅为 2.482。

分省份来看，广东、浙江和北京得分最高，评分均在 2.90 ~ 3.00 之间，宁夏、甘肃和吉林得分最低，其中宁夏的评分仅为 2.041。

（3）当地技术服务条件如何

从全国范围来看，被调查企业对当地技术服务条件的评分不高，得分仅为 2.707，认为“较差”或“很差”的企业超过三成，而认为“很好”或“较好”的企业仅占 13.3%。这其中东部地区企业的评分较高，为 2.806。其次为东北和中部地区，而西部地区企业的评分最低，仅为 2.512。

分省份来看，企业对上海、天津和北京这三个直辖市的评价最好，上海的得分为 3.232，天津和北京的得分也接近于 3.00。而宁夏、内蒙古和吉林的得分最低，其中宁夏的评分仅为 2.085。

（4）当地产品出口服务条件如何

从全国范围来看，被调查企业对产品出口服务条件的评分为 3.064。认为“很好”或“较好”的企业占 28.3%，而评价为“较差”或“很差”的企业不到两成。其中以东部地区企业的评分较高，为 3.241。其次为东北和中部地区，而西部地区企业的评分最低，仅为 2.684。

分省份来看，企业对广东、天津和上海的评价最好，广东的得分最高，为 3.459，天津和上海的得分也超过 3.40。而甘肃的低分最低，仅为 2.287。宁夏和陕西的得分也很低，排倒数第二、三位。

各地区上述几项指标的评价见图 14。

8. 适合企业经营的社会环境

本次调查关于企业经营环境的最后一个方面是关于适合企业经营的社会环境。我们分别通过企业对“当地适合企业经营的诚信社会环境情况”的评价和企业经营者自身对于“企业有必要承担的社会责任”的看法来进行测度。

（1）当地适合企业经营的诚信社会环境情况

从被调查企业对当地“适合企业经营的诚信社会环境”的评价来看，全国总体的评分为中性的 3.053。其中 29.1% 的企业认为“很好”或“较好”，评价为“较差”或“很差”的企业也占到两成。其中，以东部地区企业评价较高，达到 3.171，其次为东北和西部地区，中部地区排名最后，评分仅为 2.861。

从分省份的情况来看，上海和浙江的诚信社会环境评价相对较好，得分分别为 3.362 和 3.285。这反映过去曾经一度以假冒伪劣产品著称的浙江企业经过多年市场竞争的优胜劣汰，已经在某种程度上以一个新的面貌出现在市场上。评价最低的省份是陕西和甘肃，其评分分别仅有 2.67 和 2.657（图 15）。

（2）企业经营者对于企业有必要承担的社会责任的看法

一个适合企业生存的诚信的社会环境，除了健全的法制环境和社会氛围，还需要以企业自身的社会责任感和职业道德来支撑。在本次调查中，有一道关于“对企业有必要承担的社会责任的看法”的问题，其中涉及以下各项：

a. 依法纳税

b. 守法经营

c. 不从事贿赂、腐败等行为

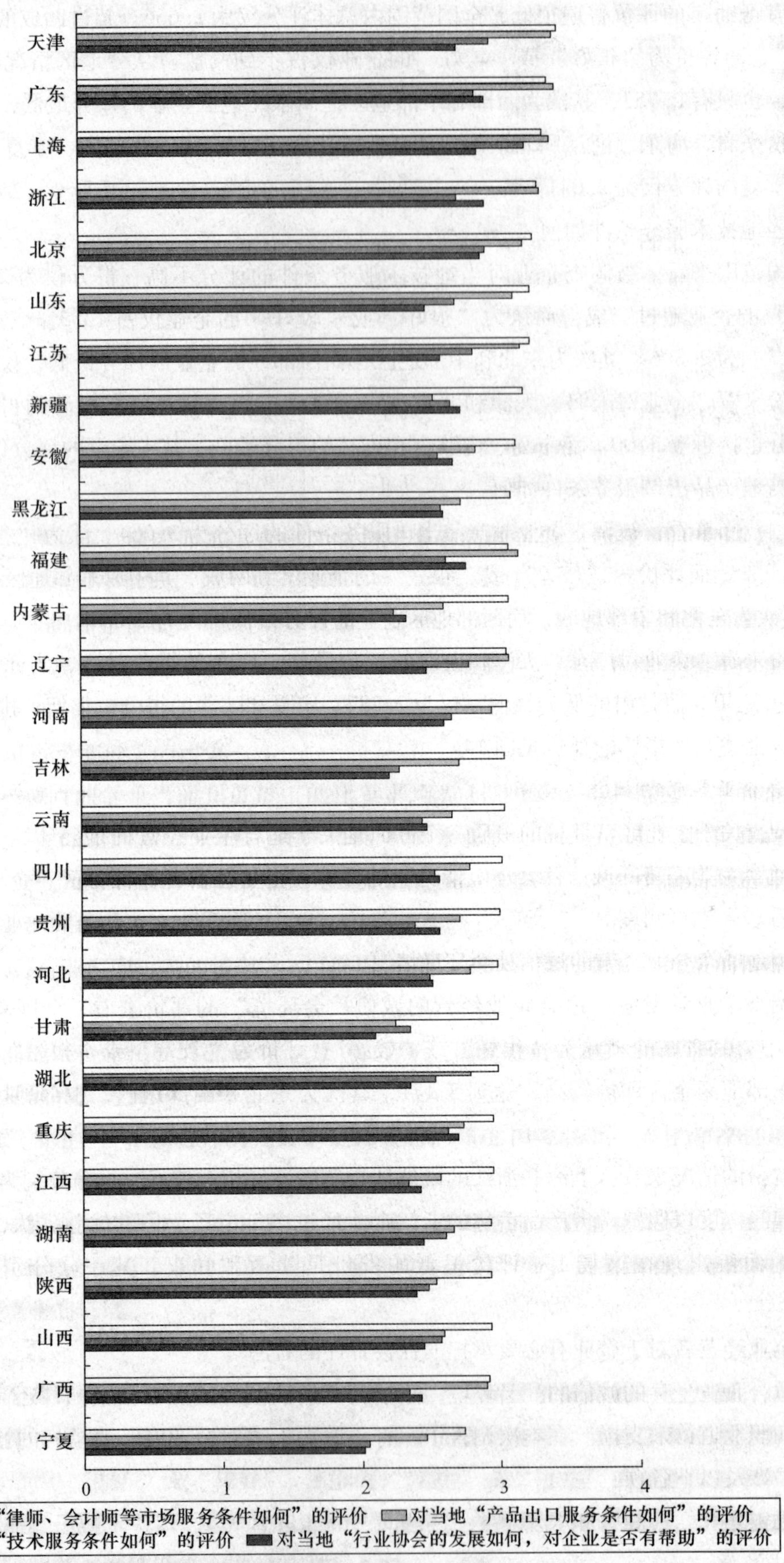

图 14　对当地中介组织和技术服务情况的评价

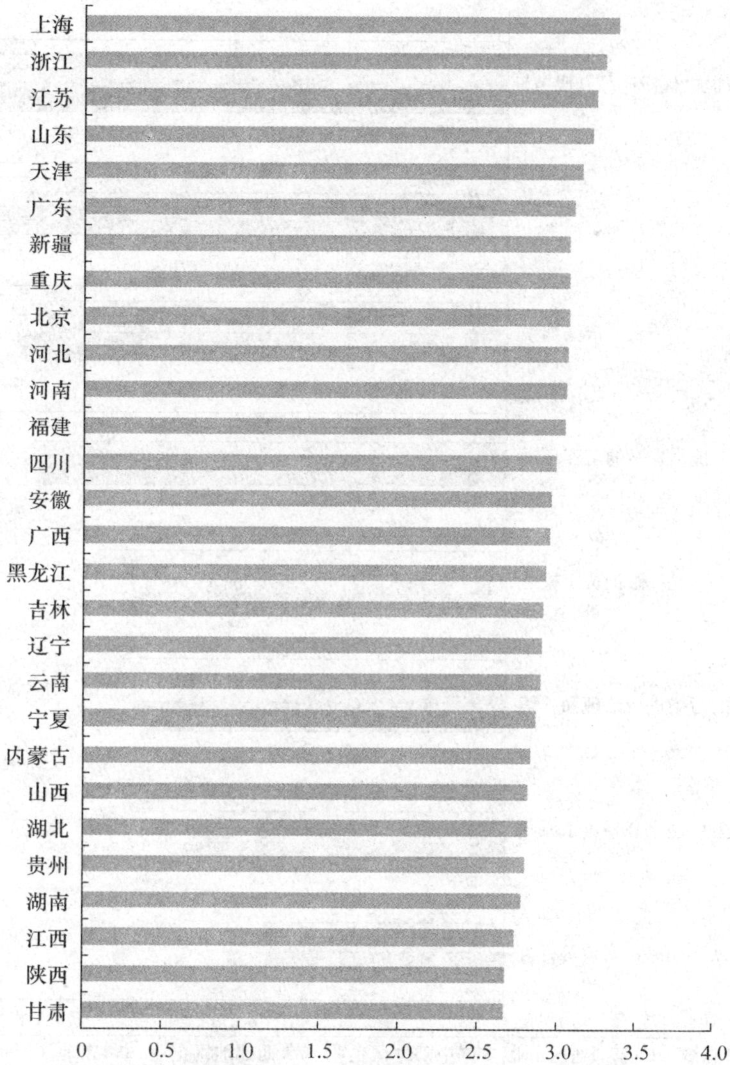

图 15　对当地适合企业经营的诚信社会环境情况的评价

d. 为员工提供安全健康的工作环境

e. 对企业可能造成的污染进行治理和补偿

f. 在同业竞争中遵守公平竞争原则

g. 维护员工权益

h. 为消费者提供优质产品（服务）

企业经营者对这些项目可以分别在如下选项中选择自己的态度："非常必要"，"必要"，"有些必要"，"无所谓"，"有些不必要"，"不必要"，"完全不必要"。通过对这 7 个选项依次进行从 7 到 1 的赋值，我们可以计算出企业经营者在这些问题上的整体态度。

统计显示，以上各项指标的得分大都在 6.00 以上，说明企业经营者认为这些责任大都是应该承担的（图 16）。但图 17 也显示了企业经营者在这些责任项目上的偏好。按照评分从高到低的顺序，企业经营者最看重的首要义务是"为消费者提供优质产品（服务）"（6.61 分），其次是"守法经营"、"依法纳税" 等等。"在同业竞争中遵守公平竞争原则" 排在倒数第二位，而"不从事贿赂、腐败等行为" 评分最低，仅为 5.96，反映出有一部分企业经营者认为这项规则是不必严格遵守的。这说明在建设一个健康、诚信、守法的企业经营环境方面，企业自身也还需要做出更大的努力。

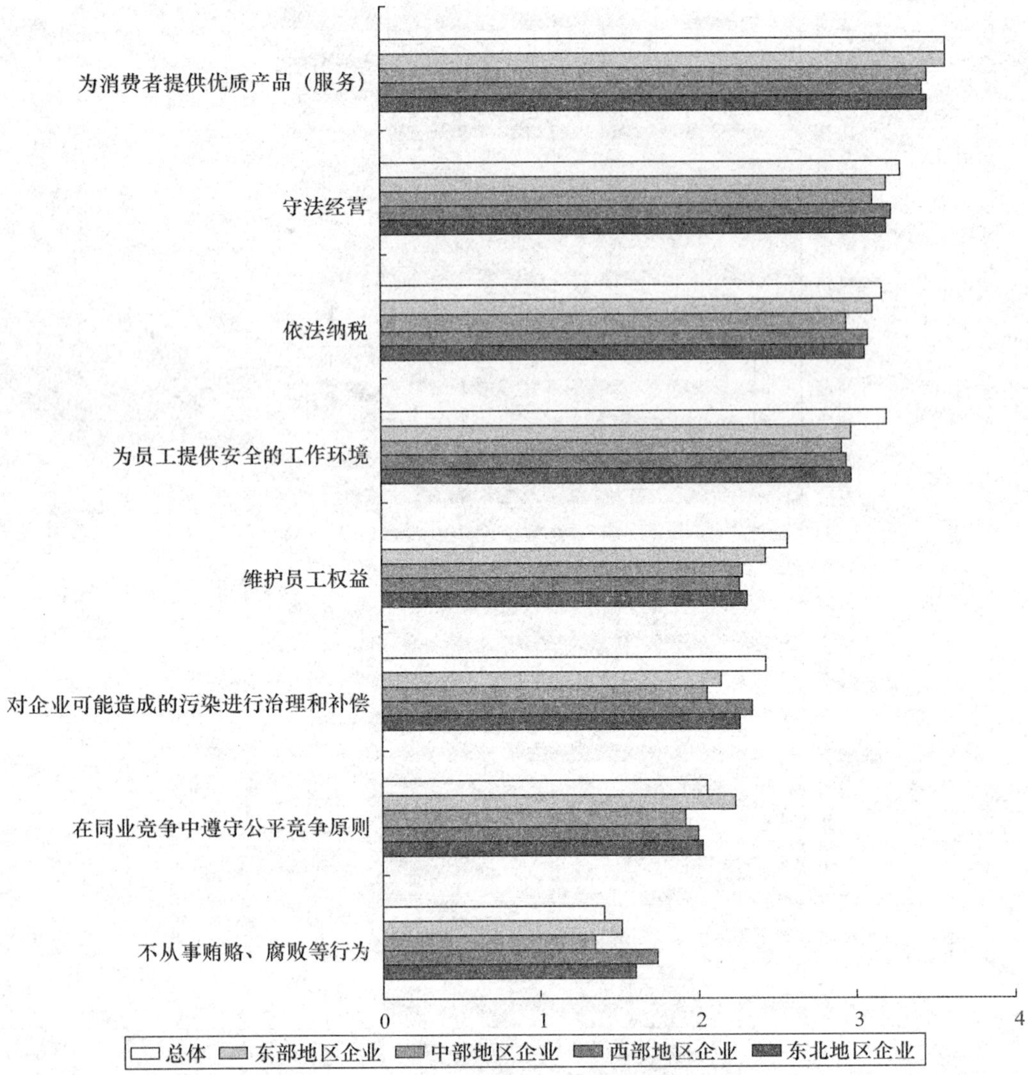

图 16　对有必要承担有关社会责任的看法

七、结论

基于 2006 年和 2007 年企业调查数据的分析，我们看到全国数千家企业的经营者对我国目前的企业经营环境表示了谨慎乐观的态度。就平均而言，他们对总体的企业经营环境作出了中性偏于积极的综合评价。而且 2007 年的综合评分和大部分有数据的单项指标评分都比 2006 年有所进步，说明企业经营环境在逐步改善。但是调查结果显示，各地的经营环境差异仍然很大，经营环境各方面情况的差异也仍然很大。

就地区差异而言，东部地区的综合评分和大多数单项指标的评分都高于平均值，以积极评价为多，证明东部地区的企业经营环境总体上是较好的。而中部、西部和东北地区的综合评分还在中值以下，说明这些地区的企业经营环境还有非常大的改善空间。

就经营环境的不同方面而言，被调查者对各地的基础设施条件的评价最高，说明了我国在市场的硬件设施状况方面进步明显。此外在企业合同的正常执行、企业经营者的人身财产安全保障、政府是否对企业干预过度、规章制度是否透明等等涉及市场秩序，以及涉及减少政府干预、放松管制等方面的评价也比较积极。但也有若干方面的评价不乐观。这包括下面一些方面：司法机关的公正和效率、政府的廉洁状况、金融服务、人力资源（技术人员、管理人员和熟练工人）供应、市场中介组织，特别是行业协会的发展、技术服务。

这些情况大体上说明我国企业经营环境在硬件方面的改善快于软件方面的改善。而在软件方面，在减少干预、放松管制方面的进展又好于政府、司法部门、金融部门自身改革和制度建设方面的进展。胡锦涛总书记在十七大报告中提出了“加快行政管理体制改革”、“完善民主监督机制”等重要任务，这为今后企业经营的制度环境的改革指出了方向。以上企业经营环境的调查结果也证明了加快这方面改革步伐的必要性。

此外调查发现企业在所需要的人力资源（技术人员、熟练工人和管理人员）供应方面，面临比较严重的短缺，甚至成为一部分企业发展的主要障碍，这也说明了加快教育事业发展和根据经济社会发展需要合理调整教育结构、改善教育资源配置的紧迫性。

资料来源：

[1] 樊纲，王小鲁，朱恒鹏．中国市场化指数——各地区市场化相对进程报告．北京：经济科学出版社，2001，2003，2004，2007

[2] 国家统计局．中国统计年鉴．北京：中国统计出版社，2005，2007

[3] 世界银行．2005 年世界发展报告：改善投资环境，促使人人受益（中文版）．北京：清华大学出版社，2005

[4] 谢平，陆磊．中国金融腐败研究：从定性到定量．比较，2003（8）

[5] William Mako 等．中国，政府治理、投资环境与和谐社会：中国 120 个城市竞争力的提高．世界银行驻中国代表处网页

（执笔：王小鲁　樊　纲　刘　鹏）

民营经济发展取得新突破，期待进一步完善外部环境

——2007年中国民营企业家问卷跟踪调查报告

▌中国民主建国会中央委员会企业委员会

▌中国企业家调查系统

在中国经济持续快速增长的过程中，民营经济发挥了越来越重要的作用，已经成为国民经济中最具生机和活力的组成部分。同时，党和国家也非常重视民营经济的发展，党的十七大报告也指出："毫不动摇地巩固和发展公有制经济，毫不动摇地鼓励、支持、引导非公有制经济发展，坚持平等保护物权，形成各种所有制经济平等竞争、相互促进新格局。"为了解一年来民营企业的经营状况如何，民营企业家对企业发展的外部经营环境有何感受和评价，民营企业在发展中面临哪些问题，2007年8月至10月，中国民主建国会中央委员会企业委员会与中国企业家调查系统共同组织实施了"2007·中国民营企业家问卷跟踪调查"。

本次调查是第5次全国性民营企业家年度问卷跟踪调查，是在中国企业家调查系统"2007·中国企业经营者问卷跟踪调查"的基础上进行的①，截至9月26日共回收有效问卷3361份。通过部分未填写问卷与填写问卷企业的对比分析，未发现存在系统偏差。

本次调查主要涉及制造业（72.4%），采矿业（1.2%），电力、煤气及水的生产和供应业（0.7%），批发和零售业（8.3%），房地产业（6.5%），建筑业（3.7%），交通运输、仓储和邮政业（1.2%），信息传输、计算机服务和软件业（0.9%），农林牧渔业（1.4%），租赁和商务服务业（0.8%）等行业。从企业的地区分布看，东部地区占61.3%，中部地区占19%，西部地区占14.3%，东北地区占5.4%；从企业规模看，大型企业占5.3%，中型企业占49.1%，小型企业占45.6%；从企业盈亏情况看，盈利企业占71.4%，持平企业占17.2%，亏损企业占11.4%；有产品出口的企业占45.9%（见表1、表2）。

参加本次调查的民营企业家中，男性占95.2%，平均年龄为49.2岁；大专及以上学历的占74.6%；所学专业为管理类的占47.4%，经济类的占33%，理工农医类的占20%；持有本企业的股份在30%以上的占66%（见表3）。

调查结果显示，目前民营企业经营处于产销两旺、库存正常、产品价格温和上升、出口数量稳定增长、盈利状况良好、订货情况乐观、从业人数继续保持升势、应收账款和应付账款正常的状况，民

---

① "2007·中国企业经营者问卷跟踪调查"以企业法人代表为调查对象，参考我国经济结构，按行业进行分层随机抽样。调查采用邮寄问卷的方式进行，于8月10日发放问卷15000份，截至9月26日共回收有效问卷5351份，其中民营企业有效问卷3361份。文中涉及的数据均来自此调查。

营企业综合经营状况达近年来最好水平。

调查还发现，民营企业规模效应的优势越来越明显，创新热情不断提升，未来一个时期的订货、用工和投资保持增长趋势，民营企业家对未来的发展预期乐观。

调查同时发现，民营企业发展中还存在一系列困难和问题，如区域发展不平衡、人工成本明显上升、熟练工人短缺、融资难、利率不断上升带来成本压力加大、纺织品等部分行业的出口受人民币升值及出口退税政策调整的影响较大等。

民营企业家在为民营企业的快速发展做出重大贡献的同时，也付出了诸如大量透支时间、精力甚至健康，承受很大的心理压力，对家庭照顾不够等代价。

表1　　调查样本基本情况（%）

行业	农林牧渔业	1.4	地区	东部地区企业	61.3
	采矿业	1.2		中部地区企业	19.0
	制造业（详见表2）	72.4		西部地区企业	14.3
	电力、煤气及水的生产和供应业	0.7		东北地区企业	5.4
	建筑业	3.7	规模	大型企业	5.3
	交通运输、仓储和邮政业	1.2		中型企业	49.1
	信息传输、计算机服务和软件业	0.9		小型企业	45.6
	批发和零售业	8.3	盈亏	盈利企业	71.4
	住宿和餐饮业	0.8		持平企业	17.2
	房地产业	6.5		亏损企业	11.4
	租赁和商务服务业	0.8	出口型企业		45.9
	其他行业	2.1	非出口型企业		54.1

注：1. 其他行业包括：金融业，科学研究、技术服务和地质勘查业，水利、环境和公共设施管理业，居民服务和其他服务业，卫生、社会保障和社会福利业，文化、体育和娱乐业等行业。

2. 东部地区包括：京、津、冀、沪、苏、浙、闽、鲁、粤、桂、琼11省（市、自治区）；中部地区包括：晋、蒙、皖、赣、豫、鄂、湘7省（自治区）；西部地区包括：渝、蜀、黔、滇、藏、陕、甘、宁、青、新10省（市、自治区）；东北地区包括：辽、吉、黑3省。

表2　　调查样本中制造业基本情况（%）

	制造业细分	%		制造业细分	%
1	农副食品加工业	5.8	16	化学纤维制造业	0.8
2	食品制造业	3.3	17	橡胶制品业	1.5
3	饮料制造业	1.3	18	塑料制品业	4.5
4	烟草加工业	0.0	19	非金属矿物制品业	6.3
5	纺织业	6.3	20	黑色金属冶炼及压延加工业	2.9
6	纺织服装、鞋、帽制造业	3.6	21	有色金属冶炼及压延加工业	2.3
7	皮革、毛皮、羽毛（绒）及其制品业	0.8	22	金属制品业	7.5
8	木材加工及木、竹、藤、棕、草制品业	1.5	23	通用设备制造业	7.9
9	家具制造业	1.3	24	专用设备制造业	8.4
10	造纸及纸制品业	1.6	25	交通运输设备制造业	4.5
11	印刷业和记录媒介的复制	1.5	26	电气机械及器材制造业	6.6
12	文教体育用品制造业	1.1	27	通信设备、计算机及其他电子设备制造业	2.4
13	石油加工、炼焦及核燃料加工业	0.7	28	仪器仪表及文化、办公用机械制造业	1.8
14	化学原料及化学制品制造业	7.9	29	工艺品及其他制造业	1.8
15	医药制造业	2.9	30	废弃资源和废旧材料回收加工业	1.2

表3　　调查对象相关情况（%）

性别	男	95.2	文化程度	初中或以下	6.2
	女	4.8		中专、高中	19.2
年龄	44岁及以下	31.6		大专	41.1
	45~49岁	17.1		大学本科	21.4
	50~54岁	23.5		研究生学历	6.0
	55岁及以上	27.8		硕士	5.3
	平均年龄（岁）	49.2		博士	0.8
所学专业	文史哲法律	6.1	年收入	10万元以下	40.0
	经济	33.0		10万~20万元	24.2
	管理	47.4		20万~50万元	15.6
	理工农医	20.0		50万元以上	20.2
	其他	12.9	持股情况	没有	7.4
现任职务	董事长	70.7		10%及以下	9.5
	总经理	59.3		11%~30%	17.1
	厂长	5.9		31%~50%	18.0
	党委书记	14.0		51%~99%	35.8
	其他	5.3		100%	12.2

注：由于存在跨专业和职务兼任情况，因此所学专业和现任职务比例合计大于100%。

民营企业家认为包括基础设施条件、知识产权保护、市场秩序等方面的企业经营外部环境有所改善，对促进民营企业发展等方面的改革成效评价较高，尤其是对政府行政效率有所提高予以肯定，对构建和谐社会达成共识。民营企业家呼吁进一步完善社会诚信环境、加大反腐力度、加快垄断性行业改革的步伐，为民营企业发展创造更好的外部环境。

一、民营企业发展基本情况

1. 企业总体经营状况达近年来最好水平

调查结果显示，目前民营企业整体经营状况处于产销两旺、库存正常、销售价格温和上升、盈利状况良好、订货情况乐观、从业人数继续保持增加趋势、应收账款和应付账款正常的状况，民营企业综合经营状况达近年来最好水平。

调查显示，认为目前企业经营状况“良好”的民营企业家占49%，认为“一般”的42.9%，认为“不佳”的占8.1%。认为“良好”的比认为“不佳”的多40.9个百分点，达到近五年来的最好水平（见表4）。

表4　　民营企业目前经营总体状况（%）

	良好	一般	不佳	良好-不佳
2007年	49.0	42.9	8.1	40.9
2006年	45.9	45.6	8.5	37.4
2005年	44.7	43.0	12.3	32.3
2004年	40.6	48.5	10.9	29.7
2003年	48.5	43.2	8.3	40.2

此外，超过一半的企业目前的生产（服务）量和销售量“增加”；超过三分之一（36.4%）的企业目前销售价格比2006年同期“上升”，比认为“下降”的多11.2个百分点；近九成（89.6%）企业目前的库存“正常”或“低于正常”；58.8%的企业盈利“正常”或“高于正常”；超过八成

（82.4%）的企业目前订货“正常”或“高于正常”；43.5%的企业认为目前从业人数比2006年“增加”，比认为“减少”的多27.9个百分点；67.9%的企业目前应收账款“正常”，80.2%的企业目前应付账款“正常”（见表5）。

表5　　　　民营企业目前的各项经营指标情况（%）

	增加	持平	减少
目前的生产（服务）量情况	53.7	31.1	15.2
目前的销售量情况	56.3	26.4	17.3
目前的从业人数情况	43.5	40.9	15.6
	上升	持平	下降
目前的销售价格情况	36.4	38.4	25.2
	高（好）于正常	正　常	低于正常
目前的库存情况	10.4	78.3	11.3
目前的订货情况	13.9	68.5	17.6
目前的应收账款情况	18.2	67.9	13.9
目前的应付账款情况	9.1	80.2	10.7
目前的盈利情况	7.0	51.8	41.2

调查还发现，企业规模越大，经营状况良好的企业比重越高。认为经营状况“良好”的大型企业为78.1%，中型企业为53.5%，而小型企业仅为40.6%，仅仅达到大型企业比重的一半左右。这表明，在目前市场竞争日益激烈的环境中，企业规模效应的优势越来越明显（见表6）。

在民营企业快速发展的同时，区域发展不均衡情况依然存在，东部地区好于中西部地区与东北地区，尤其是东北地区民营企业发展相对滞后。

数据显示，东部地区企业家认为企业经营状况“良好”的比认为“不佳”的多43.2个百分点，这一数字比中部地区、西部地区和东北地区分别高3.8、7.3和12.1个百分点。调查表明，要尽快振兴东北老工业基地，必须借鉴其他地区特别是近年来民营经济发展较快的中西部地区的成功经验，加大改革力度，大力发展民营经济，带动整个地区经济发展（见表6）。

表6　　　　不同地区、规模的民营企业目前经营总体状况（%）

	良好	一般	不佳	良好-不佳
总体	**49.0**	**42.9**	**8.1**	**40.9**
东部地区企业	50.4	42.4	7.2	43.2
中部地区企业	48.5	42.4	9.1	39.4
西部地区企业	44.4	47.1	8.5	35.9
东北地区企业	45.8	39.5	14.7	31.1
大型企业	78.1	19.0	2.9	75.2
中型企业	53.5	39.9	6.6	46.9
小型企业	40.6	49.0	10.4	30.3

2. 企业出口呈现明显的行业差异

随着中国加入WTO，中国的民营企业越来越多地进入国际市场、参与国际竞争，出口也成为推动民营经济发展的重要力量。在参加本次调查的企业中，有近一半（45.9%）的企业有产品出口（见表1）。

同时，2007年以来民营企业的出口数量仍然保持了上升趋势，超过一半（53%）的企业2007年产品出口数量比2006年上升（见表7）；而产品出口价格总体来看基本持平，认为出口价格“上升”

的企业与认为“下降”的大致相当，并有36.7%的企业出口价格“持平”（见表8）。

虽然总体来看，2007年民营企业出口情况良好，但是行业差异明显，主要表现在：

①专用设备、电气机械及器材和交通运输等制造业行业有超过六成的企业家认为企业产品出口数量增长，而纺织、服装、造纸、化纤、塑料、非金属制品和钢铁等行业则相对较差，有超过30%的企业家认为产品出口数量下降（见表7）。

表7　对企业产品出口数量的判断（%）

	上升	持平	下降
总体	**53.0**	**22.0**	**25.0**
食品饮料制造业	48.9	24.4	26.7
纺织业	44.8	21.3	33.9
纺织服装、鞋、帽制造业	36.5	22.2	41.3
造纸及纸制品业	45.0	20.0	35.0
化学原料及化学制品制造业	52.4	20.3	27.3
医药制造业	55.6	25.0	19.4
化学纤维制造业	16.7	33.3	50.0
橡胶制品业	56.0	28.0	16.0
塑料制品业	55.2	13.8	31.0
非金属矿物制品业	44.7	23.2	32.1
黑色金属冶炼及压延加工业	55.4	10.6	34.0
有色金属冶炼及压延加工业	46.7	33.3	20.0
金属制品业	56.3	19.3	24.4
通用设备制造业	56.5	29.5	14.0
专用设备制造业	68.4	19.4	12.2
交通运输设备制造业	74.1	12.1	13.8
电气机械及器材制造业	64.3	20.2	15.5
通信设备、计算机及其他电子设备制造业	52.7	18.4	28.9
仪器仪表及文化、办公用机械制造业	42.8	42.9	14.3

注：“上升”包括“大幅增长”和“小幅增长”，“下降”包括“大幅下降”和“小幅下降”，下同。

②受到国际铁矿石价格大幅上涨的影响，超过一半（55.8%）的钢铁企业产品出口价格上涨，比价格“下降”的多39.5个百分点，明显高于其他行业。此外，食品、非金属制品和金属制品等制造业企业产品出口价格也有所上涨，认为“上升”的比认为“下降”的多10个百分点以上。

价格下降比重相对较大的行业包括纺织、服装、造纸、化纤、橡胶、通信设备、仪器仪表等，其价格“下降”的比“上升”的多10个百分点以上（见表8）。

表8　对企业产品出口价格的判断（%）

	上升	持平	下降	上升-下降
总体	**31.9**	**36.7**	**31.4**	**0.5**
食品饮料制造业	44.4	32.1	23.5	20.9
纺织业	25.4	18.9	55.7	-30.3
纺织服装、鞋、帽制造业	30.2	27.0	42.8	-12.6
造纸及纸制品业	16.7	50.0	33.3	-16.6
化学原料及化学制品制造业	37.2	34.7	28.1	9.1
医药制造业	25.7	45.7	28.6	-2.9
化学纤维制造业	25.0	25.0	50.0	-25.0

续表

	上升	持平	下降	上升－下降
橡胶制品业	19.0	38.1	42.9	-23.9
塑料制品业	27.8	37.0	35.2	-7.4
非金属矿物制品业	39.6	32.1	28.3	11.3
黑色金属冶炼及压延加工业	55.8	27.9	16.3	39.5
有色金属冶炼及压延加工业	31.0	44.9	24.1	6.9
金属制品业	42.4	35.6	22.0	20.4
通用设备制造业	21.8	48.8	29.4	-7.6
专用设备制造业	31.8	44.7	23.5	8.3
交通运输设备制造业	21.4	50.0	28.6	-7.2
电气机械及器材制造业	29.1	45.6	25.3	3.8
通信设备、计算机及其他电子设备制造业	21.1	39.4	39.5	-18.4
仪器仪表及文化、办公用机械制造业	7.1	64.3	28.6	-21.5

2007 年以来为缓解外贸顺差过大，国家出台了一系列调控措施。关于“从 2007 年 7 月 1 日起开始执行的出口退税政策调整对贵企业出口的不利影响”的问题，调查结果显示，34.6% 的民营企业家认为“影响很大”或“影响较大”，43.7% 认为“略有影响”，21.7% 认为“没有影响”（见表 9）。

表 9　新执行的出口退税政策调整对企业出口的不利影响（%）

	没有影响	略有影响	影响较大	影响很大
总体	**21.7**	**43.7**	**25.2**	**9.4**
食品饮料制造业	39.3	44.0	14.3	2.4
纺织业	6.3	44.1	38.6	11.0
纺织服装、鞋、帽制造业	4.7	42.1	39.1	14.1
造纸及纸制品业	20.0	35.0	25.0	20.0
化学原料及化学制品制造业	11.8	47.2	26.8	14.2
医药制造业	36.1	50.0	13.9	
化学纤维制造业	33.3	16.7	33.3	16.7
橡胶制品业	12.0	60.0	20.0	8.0
塑料制品业	10.2	39.0	40.6	10.2
非金属矿物制品业	14.3	49.9	17.9	17.9
黑色金属冶炼及压延加工业	18.8	31.3	35.3	14.6
有色金属冶炼及压延加工业	20.0	30.0	36.7	13.3
金属制品业	15.4	36.8	36.7	11.1
通用设备制造业	35.4	45.3	16.2	3.1
专用设备制造业	44.0	41.8	12.2	2.0
交通运输设备制造业	24.1	62.1	12.1	1.7
电气机械及器材制造业	29.8	50.0	19.0	1.2
通信设备、计算机及其他电子设备制造业	28.2	53.8	15.4	2.6
仪器仪表及文化、办公用机械制造业	46.2	46.1	7.7	

从不同行业看，纺织、服装、塑料、造纸、化工、化纤、钢铁、有色金属和金属制品等行业受出口退税政策调整的不利影响较为显著，有四成左右的企业家认为“影响较大”或“影响很大”，而食品、医药、橡胶、设备制造、汽车、电气机械、通信设备和仪器仪表等行业受到的不利影响相对较小，均有超过七成的企业家认为“没有影响”或“略有影响”（见表 9）。

关于“若未来一年人民币升值 5%，则对贵企业出口的不利影响”的问题，调查结果显示，

51.8%的企业家认为“影响较大”或“影响很大”，比2006年上升了10个百分点。调查结果表明，与2006年相比，2007年以来人民币的持续升值给民营企业的产品出口带来了更大的压力。

从不同行业看，人民币升值对企业出口的影响存在显著的行业差异。纺织、服装、化纤、塑料、金属制品、通信设备等行业受到的影响较大，有六成左右的企业家认为“影响较大”或“影响很大”，而医药、通用设备、专用设备、汽车、仪器仪表等技术密集型行业受到的影响相对较小，超过六成的企业家认为“没有影响”或“略有影响”（见表10）。

表10　若人民币升值5%对企业出口的不利影响（%）

		没有影响	略有影响	影响较大	影响很大
总体	2007年	5.8	42.4	36.0	15.8
	2006年	8.2	50.0	29.3	12.5
食品饮料制造业		3.5	51.2	27.9	17.4
纺织业		0.8	31.5	44.1	23.6
纺织服装、鞋、帽制造业		1.6	22.2	42.9	33.3
造纸及纸制品业		10.0	50.0	25.0	15.0
化学原料及化学制品制造业		8.0	48.0	30.4	13.6
医药制造业		5.6	63.8	27.8	2.8
化学纤维制造业			33.3	50.0	16.7
橡胶制品业			52.0	44.0	4.0
塑料制品业		8.5	27.1	47.5	16.9
非金属矿物制品业		7.1	44.7	33.9	14.3
黑色金属冶炼及压延加工业		4.2	49.9	31.3	14.6
有色金属冶炼及压延加工业		6.7	49.9	26.7	16.7
金属制品业		4.3	37.6	40.2	17.9
通用设备制造业		8.5	50.8	33.8	6.9
专用设备制造业		11.2	54.1	27.6	7.1
交通运输设备制造业		5.2	51.7	36.2	6.9
电气机械及器材制造业		3.6	41.7	42.8	11.9
通信设备、计算机及其他电子设备制造业		7.7	33.3	41.1	17.9
仪器仪表及文化、办公用机械制造业		15.4	69.2	15.4	

调查表明，纺织、服装、造纸、化纤、塑料、金属制品等行业受到人民币升值及出口退税政策调整的影响相对较大，这些行业的企业大多属于劳动密集型。随着经济增长方式的转变，企业劳动力和资源的低价格优势将逐步减弱，在这种形势下，民营企业一方面要提升自主创新能力，另一方面要改变发展模式，加快企业转型步伐。

3. 民营企业的创新热情不断提升

随着民营经济的快速发展，民营企业已经成为我国自主创新的重要力量。本次调查了解了民营企业的创新现状。从企业研发投入看，认为2007年企业的研发投入比2006年“增加”的企业家占54.7%，认为“持平”的占37.9%，认为“减少”的占7.4%，认为“增加”的比认为“减少”的多47.3个百分点，这一数据比国有及国有控股公司高12.2个百分点；同时，认为本企业研发投入在逐年增加的企业家占77.7%，高于国有及国有控股公司（见表11、表12）。

关于企业2006年研究开发投入费用和职工教育培训费用，调查结果显示，总体来看，民营企业的研究开发费用相当于企业销售收入的4.31%，职工教育培训费用相当于企业销售收入的1.85%，分别比国有及国有控股公司多1.25和0.4个百分点（见表13、表14）。

表 11　　企业今年的研发投入情况（%）

	增加	持平	减少	增加 - 减少
民营企业	54.7	37.9	7.4	47.3
国有及国有控股公司	42.1	50.9	7.0	35.1

表 12　　对“本企业研发投入逐年增加的符合情况”的评价（%）

	很符合	较符合	不清楚	较不符合	很不符合	评价值
民营企业	17.4	60.3	7.2	13.4	1.7	3.78
国有及国有控股公司	13.0	56.0	9.4	18.4	3.2	3.57

注：评价值由（“非常同意”×5+“比较同意”×4+“一般”×3+“不太同意”×2+“很不同意”）/100 计算得出的。数值越大，表示对该说法的同意程度越高。下同。

表 13　　企业去年研发投入费用情况（%）

	1%以下	1%～5%	5%～10%	10%以上	均值
民营企业	21.1	57.8	14.4	6.7	4.31
国有及国有控股公司	27.6	59.3	8.5	4.6	3.06

表 14　　企业去年职工教育培训费用情况（%）

	0.5%以下	0.5%～1.5%	1.5%～5%	5%以上	均值
民营企业	26.7	44.4	23.4	5.5	1.85
国有及国有控股公司	30.3	44.0	22.5	3.2	1.45

本次调查从“员工积极参与各类创新活动”和“奖励成功的创新建议”这两个方面了解了民营企业的内部创新环境。调查发现，68.6%的企业家认为“员工积极参与各类创新活动”这一说法“很符合”或“较符合”企业实际情况，总体评价值为3.52；88.2%认为“奖励成功的创新建议”这一说法“很符合”或“较符合”企业实际情况，总体评价值为4.01，这两个评价值均明显高于中值3，这表明目前民营企业内部已经比较重视创新活动的展开（见表15）。

表 15　　对企业创新的内部环境的评价（%）

	很符合	较符合	不清楚	较不符合	很不符合	评价值
员工积极参与各类创新活动	8.3	60.3	8.5	21.1	1.8	3.52
奖励成功的创新建议	18.5	69.7	6.2	5.0	0.6	4.01

新产品销售比重在一定程度上反映了企业的创新能力和成效。调查显示，认为企业2007年新产品销售比重“增加”的企业家占52.8%，39.9%认为“持平”，仅7.3%认为“减少”，认为“增加”的比认为“减少”的多45.5个百分点，这一数据比国有及国有控股公司高近10个百分点。调查表明，目前民营企业的创新热情相对较高（见表16）。

表 16　　企业今年的新产品销售比重情况（%）

	增加	持平	减少	增加 - 减少
民营企业	52.8	39.9	7.3	45.5
国有及国有控股公司	43.7	48.7	7.6	36.1

4. 民营企业家对未来发展预期乐观

从企业家对下期订货的预计、企业未来的投资和用工计划可以看出，民营企业家对未来发展趋势预期乐观。

关于民营企业下期订货情况，调查结果显示，46.6%的企业家认为“增加”，40.6%认为“持平”，12.8%认为“减少”，认为“增加”的比认为“减少”的多33.8个百分点，调查表明，民营企业下期订货情况良好（见表17）。

表17 民营企业对下期订货情况的预计（%）

	增加	持平	减少	增加-减少
民营企业	46.6	40.6	12.8	33.8

调查显示，目前民营企业的投资不断增长，近三分之二（66%）的企业家认为企业未来计划投资额“增长”，25.7%认为“不变”，仅有8.3%认为“减少”，认为“增长”的比认为“减少”的多57.7个百分点，这一数据比2006年低4.7个百分点。总体来看，民营企业的投资计划仍继续呈现扩张趋势，但受到2007年以来宏观调控的影响，投资增速可能会有所放缓。

从不同地区看，中部和西部地区企业未来投资热情相对较高，认为企业未来计划投资额“增长”的比认为“减少”的分别多62.5和62.4个百分点，高于其他地区（见表18）。

从不同规模看，企业规模越大，投资热情越高。在大型企业的经营者中，认为企业未来计划投资额“增长”的比认为“减少”的多79.3个百分点，而中、小型企业分别为61.2和51.2个百分点（见表18）。

表18 不同地区、规模民营企业对未来计划投资额增减的预计（%）

	增长	不变	减少	增长-减少		
				2007年	2006年	2005年
总体	**66.0**	**25.7**	**8.3**	**57.7**	**62.4**	**47.7**
东部地区企业	64.1	27.2	8.7	55.4	62.4	45.8
中部地区企业	69.6	23.3	7.1	62.5	61.2	56.3
西部地区企业	69.9	22.6	7.5	62.4	62.7	50.3
东北地区企业	65.1	24.4	10.5	54.6	65.4	39.5
大型企业	81.7	15.9	2.4	79.3	83.5	41.8
中型企业	69.3	22.6	8.1	61.2	65.7	50.0
小型企业	60.5	30.2	9.3	51.2	57.6	46.4

关于“对企业下期从业人数的预期”，调查结果显示，超过一半（50.5%）的企业仍将“增加”下期从业人数，41.1%认为“持平”，8.4%认为“减少”，认为“增加”的比认为“减少”的多42.1个百分点，达到近三年来的最高值。

从不同地区看，东部和中部地区认为“增加”的比认为“减少”的均多42个百分点以上，而西部和东北地区则相对较低。从不同规模看，规模越大，计划增加下期从业人数的比重越高（见表19）。

表19 对企业下期从业人数的预期（%）

	增加	持平	减少	增加-减少		
				2007年	2006年	2005年
总体	**50.5**	**41.1**	**8.4**	**42.1**	**41.5**	**29.4**
东部地区企业	51.2	40.3	8.5	42.7	44.1	31.2
中部地区企业	50.6	41.6	7.8	42.8	39.4	32.3
西部地区企业	49.0	42.0	9.0	40.0	39.2	24.1
东北地区企业	47.7	45.5	6.8	40.9	24.4	15.4
大型企业	62.4	31.8	5.8	56.6	55.0	28.8
中型企业	53.2	39.1	7.7	45.5	42.7	32.3
小型企业	46.2	44.3	9.5	36.7	39.4	26.9

5. 企业人工成本明显上升，熟练工人短缺

在民营企业的用工呈现扩张趋势的同时，也出现了人工成本上升、熟练工人短缺的现象。调查结果显示，有94.7%的企业家认为目前的人工成本“上升”，5%认为“持平”，仅0.3%认为“下降”。认为“上升”的比认为“下降”的多94.4个百分点，这一数据比2006年高7.8个百分点，也比国有及国有控股公司高2.2个百分点（见表20）。

表20　企业目前的人工成本情况（%）

	上升	持平	下降	上升－下降	
				2007年	2006年
民营企业	94.7	5.0	0.3	94.4	86.6
国有及国有控股公司	92.3	7.6	0.1	92.2	81.5

本次调查还了解了新《劳动合同法》对企业用工成本的影响，结果显示，40.1%的企业家认为将于2008年执行的新《劳动合同法》会“明显增加”企业用工成本，53.6%认为“略有增加”，仅6.3%认为“没有变化”。从不同地区看，西部地区受到的影响相对较大，认为“明显增加”的占41.6%，高于其他地区（见表21）。

表21　对“将于明年执行的新《劳动合同法》是否会增加企业用工成本”的判断（%）

	明显增加	略有增加	没有变化
总体	**40.1**	**53.6**	**6.3**
东部地区企业	40.3	52.7	7.0
中部地区企业	38.9	55.4	5.7
西部地区企业	41.6	53.1	5.3
东北地区企业	38.8	57.3	3.9

关于“在当地找到熟练工人的难易程度”的问题，调查发现，9.5%的企业家认为“很好”或“较好”，34.4%认为“一般”，56.1%认为“较差”或“很差”，总体评价值为2.39，明显低于中值3，也低于2006年的水平（见表22）。

从不同地区看，东部地区企业的评价值最低，仅为2.34，中部、西部和东北地区则分别为2.46、2.43和2.5。从不同规模看，大型企业的评价值为2.51，高于中型企业的2.43和小型企业的2.33（见表22）。

表22　对“在当地找到需要的熟练工人的难易程度”的评价（%）

	很好	较好	一般	较差	很差	评价值	
						2007年	2006年
总体	**0.8**	**8.7**	**34.4**	**40.6**	**15.5**	**2.39**	**2.46**
东部地区企业	0.7	8.3	32.6	41.4	17.0	2.34	2.42
中部地区企业	0.3	9.0	39.9	38.3	12.5	2.46	2.59
西部地区企业	1.1	9.8	33.1	43.5	12.5	2.43	2.50
东北地区企业	2.3	9.8	39.3	32.4	16.2	2.50	2.45
大型企业	2.9	8.6	38.3	37.6	12.6	2.51	2.71
中型企业	0.6	9.4	35.4	41.1	13.5	2.43	2.49
小型企业	0.7	8.0	32.8	40.6	17.9	2.33	2.42

调查表明，与2006年相比，民营企业的人才短缺问题依然形势严峻，企业的人工成本也将进一步上升，民营企业存在着比较严重的人才瓶颈。随着产业结构的升级，对懂技术、有经验的熟练工人的

需求量不断上升，因此要不断促进教育体制改革，大力发展职业技术教育，加大培养熟练工人的力度。

6. 企业融资难问题尚未缓解

调查显示，关于“从银行贷款的难易程度”的问题，47.6%的企业家认为“较难”或“很难”，34.1%认为“一般”，总体评价值为2.52，虽然与2006年相比有所上升，但仍明显低于中值3（见表23）。

从不同地区看，东北地区企业从银行贷款的难度相对较大；从不同规模看，中小型企业从银行贷款相对较难（见表23）。

表23　对“企业从银行贷款的难易程度”的评价（%）

	很容易	较容易	一般	较难	很难	评价值	
						2007年	2006年
总体	**1.6**	**16.7**	**34.1**	**27.2**	**20.4**	**2.52**	**2.31**
东部地区企业	2.2	20.7	39.4	23.7	14.0	2.73	2.52
中部地区企业	0.3	9.7	25.6	33.3	31.1	2.15	1.90
西部地区企业	0.8	12.1	25.7	32.9	28.5	2.24	2.02
东北地区企业		8.2	26.9	29.8	35.1	2.08	1.86
大型企业	3.5	23.8	44.2	18.0	10.5	2.92	2.76
中型企业	1.9	19.3	35.7	26.8	16.3	2.64	2.41
小型企业	0.9	13.1	31.4	28.6	26.0	2.34	2.16

关于从民间渠道筹资的难易程度，调查结果显示，41.5%的企业家认为“较难”或“很难”，39.7%认为“一般”，总体评价值为2.69，明显低于中值3（见表24）。

从不同地区看，西部地区和东北地区企业从民间渠道筹资相对较难（见表24）。

调查表明，目前民营企业从银行贷款和从民间筹资的难度均较大，企业面临的融资难问题尚未得到缓解。

表24　对“企业从民间渠道筹资的难易程度”的评价（%）

	很容易	较容易	一般	较难	很难	评价值	
						2007年	2006年
总体	**1.8**	**17.0**	**41.5**	**28.2**	**11.5**	**2.69**	**2.63**
东部地区企业	2.0	18.5	44.6	25.7	9.2	2.78	2.73
中部地区企业	1.7	17.5	37.2	30.9	12.7	2.64	2.59
西部地区企业	1.3	12.0	36.1	33.0	17.6	2.46	2.33
东北地区企业	1.8	12.4	34.3	33.7	17.8	2.47	2.27

调查还发现，利率的上调对部分企业经营成本提升带来了较大的影响。44.2%的企业家认为若利率进一步上调对企业经营成本提升“影响较大”或“影响很大”，48.7%认为“影响较小”，仅有7.1%认为“没有影响”。

从不同规模看，规模越大，受到的影响越大。54%的大型企业的经营者认为“影响较大”或“影响很大”，而中、小型企业分别为48.9%和38.1%（见表25）。

表25　若利率进一步上调对企业经营成本提升的影响（%）

	没有影响	影响较小	影响较大	影响很大
总体	**7.1**	**48.7**	**39.3**	**4.9**
大型企业	4.0	42.0	47.7	6.3

续表

	没有影响	影响较小	影响较大	影响很大
中型企业	5.3	45.8	43.6	5.3
小型企业	9.3	52.6	33.7	4.4

7. 企业家为企业的发展付出了很大代价

企业家为中国经济的快速发展做出了巨大的贡献，但同时他们也付出了很大代价，承受着很大的压力。

当问及“作为企业经营管理者，您个人付出的最大的代价”时，调查结果显示，半数以上的企业家认为“大量透支时间和精力”、“承受很大的心理压力”和“对家庭/亲人关照不够”是他们付出的最大代价，选择比重分别达到66.6%、60.9%和53%，明显高于其他选项（见表26）。

表26　　企业家付出的代价（%）

	总体		总体
大量透支时间和精力	**66.6**	承受很大的心理压力	**60.9**
对家庭/亲人关照不够	**53.0**	影响个人身体健康	**26.7**
舍弃个人志趣爱好	**16.6**	失去了其他发展机会	**15.2**
遭受各方面诸多误解	**13.7**	在一些人生原则上让步	**13.4**
人身与财产安全受到威胁	**2.5**	其他	**0.7**

关于企业家的身体健康状况，据2002年的调查[①]数据显示，超过四分之一的企业家目前患有神经衰弱、慢性胃炎和高血脂症等病症，近五分之一（18.7%）的企业家患有高血压（见表27）。

表27　　企业家是否患有下列病症（%）

	总体		总体
慢性胃炎	**27.0**	神经衰弱	**24.8**
高血脂症	**23.5**	高血压	**18.7**
冠心病	**6.7**	溃疡病	**6.5**
糖尿病	**6.1**	动脉硬化	**5.6**
白内障	**2.0**		

目前我国正处于社会快速转型时期，企业家群体除了自身压力之外，还面临着来自社会各个方面的不同观念和文化的冲击。调查结果显示，关于“不少人对企业家存在误解”和“不少人对企业家有一种仇富心理”的说法，均有超过一半（56.2%和55.6%）的企业家表示“非常同意”或“比较同意”（见表28）。

表28　　对有关说法的赞同程度（%）

	非常同意	比较同意	一般	不太同意	很不同意
不少人对企业家存在误解	14.1	42.1	28.4	14.6	0.8
不少人对企业家有一种仇富心理	17.7	37.9	28.3	14.9	1.2

关于企业家所承受的压力，近三年调查数据显示，均有接近九成的民营企业家选择“压力很大”或“压力较大”（见表29）。

① 此调查为中国企业家调查系统组织实施的“2002·中国企业经营者问卷跟踪调查”，表27中的数据来自此调查结果。

表 29　企业家对压力的感受（%）

	压力很大	压力较大	压力较小	没有压力
2007 年	23.6	63.0	12.0	1.4
2006 年	24.5	62.4	11.8	1.3
2005 年	24.7	61.7	12.2	1.4

企业家在中国经济发展进程中的作用是巨大的、不可忽视的，全社会应当尊重企业家的劳动，重视企业家的社会价值，肯定企业家对中国经济和整个社会所做出的贡献。

8. 和谐社会对企业家提出了新的要求

调查发现，企业家普遍认识到构建和谐社会的重要性，也意识到和谐社会对企业家提出了新的要求。

调查显示，关于“构建和谐社会对中国的发展非常重要”的说法，95.4%的企业家表示“非常同意”或“比较同意”。同时，接近九成的企业家也对“企业家在构建和谐社会中应该发挥重要的作用”和“构建和谐社会对企业家提出了更高的要求”这两个说法表示“非常同意”或“比较同意”，选择比重分别为89.9%和90%（见表30）。

表 30　对和谐社会相关说法的赞同程度（%）

	非常同意	比较同意	一般	不太同意	很不同意
构建和谐社会对中国的发展非常重要	64.2	31.2	3.9	0.6	0.1
企业家在构建和谐社会中应该发挥重要的作用	45.4	44.5	8.7	1.3	0.1
构建和谐社会对企业家提出了更高的要求	45.9	44.1	8.2	1.6	0.2

关于“目前企业家最需要提升的方面”，调查结果显示，民营企业家首选“社会责任感”（56.9%），其次是“决策能力”（55.8%）、“良好的品德威望”（48.9%）、“识人用人能力”（48.6%）和“丰富的行业与专业知识”（47.5%）（见表31）。

企业家履行社会责任是构建和谐社会的重要一环，将社会责任感作为企业家需要提升的首要方面，表明民营企业家对构建和谐社会高度认同。

表 31　目前企业家最需要提升的方面（%）

	总体		总体
社会责任感	**56.9**	决策能力	**55.8**
良好的品德威望	**48.9**	识人用人能力	**48.6**
丰富的行业与专业知识	**47.5**	学习能力	**38.6**
预见能力	**31.9**	创新与冒险精神	**26.5**
沟通协调能力	**24.5**	创业热情	**23.0**
人文素质	**22.9**	毅力与坚忍	**20.0**
良好的社会关系	**17.6**	心胸开阔	**15.4**
其他	**0.6**		

二、民营企业家对外部经营环境和改革的评价、建议

1. 企业外部经营环境有所改善

企业经营和发展与其所处的外部经营环境密切相关。近年来随着改革的深入和促进民营经济发展相关政策的出台，民营企业的经营环境进一步改善。

关于对当地企业外部经营环境的综合评价，有27.7%的企业家认为“很好”或“较好”，19.1%

认为“较差”或“很差”，53.2%认为“一般”，总体评价值为3.06，高于2006年的水平（见表32）。

从不同地区看，东部地区的企业家对企业外部经营环境评价最高，认为“很好”或“较好”的比重为32.8%，比认为“较差”或“很差”的高19.7个百分点，评价值为3.19。而中部、西部和东北地区的评价值分别为2.85、2.85和2.89，均未超过中值3，其认为“很好”或“较好”的比重均低于认为“较差”或“很差”的比重（见表32）。

表32 **对当地企业外部经营环境的综合评价（%）**

	很好	较好	一般	较差	很差	评价值	
						2007年	2006年
总体	**1.1**	**26.6**	**53.2**	**15.5**	**3.6**	**3.06**	**3.00**
东部地区企业	1.3	31.5	54.1	10.9	2.2	3.19	3.15
中部地区企业	0.6	18.1	53.1	22.1	6.1	2.85	2.70
西部地区企业	0.6	19.2	50.6	23.7	5.9	2.85	2.77
东北地区企业	1.7	19.7	49.7	23.7	5.2	2.89	2.73
大型企业	2.3	37.9	46.0	12.1	1.7	3.27	3.23
中型企业	1.4	27.1	54.1	14.1	3.3	3.09	2.99
小型企业	0.7	24.8	52.7	17.5	4.3	3.00	2.98

具体到企业外部经营环境的各个方面，调查结果显示，企业家对基础设施条件评价最高，62.7%的企业家认为“很好”或“较好”，评价值达到3.61；对“企业合同正常执行情况”、“知识产权（商标、专有技术等）保护情况”和“行政审批手续方便简捷情况”评价也较高，超过四成的企业家认为“很好”或“较好”，评价值分别为3.52、3.3和3.22；对其他各项的评价按评价值高低排序依次是“当地适合企业经营的诚信社会环境情况”（3.05）、“各类企业享受公平国民待遇情况”（2.96）和“政府官员廉洁守法情况”（2.81）。

调查显示，除了“企业合同正常执行情况”外，其他各项的评价值均高于2006年，但对“各类企业享受公平国民待遇情况”和“政府官员廉洁守法情况”的评价值仍低于中值3，这表明民营企业家期待进一步加大改革力度，不断完善企业外部经营环境（见表33）。

表33 **对当地企业经营环境的评价（%）**

	很好	较好	一般	较差	很差	评价值	
						2007年	2006年
基础设施条件（供水、供电、交通、通信等）	9.7	53.0	27.6	7.6	2.1	3.61	3.58
企业合同正常执行情况	6.4	49.5	35.5	7.2	1.4	3.52	3.55
知识产权（商标、专有技术等）保护情况	4.8	35.9	46.0	10.6	2.7	3.30	3.19
行政审批手续方便简捷情况	6.4	33.8	40.4	14.1	5.3	3.22	3.02
当地适合企业经营的诚信社会环境情况	1.7	27.3	49.3	17.7	4.0	3.05	3.00
各类企业享受公平国民待遇情况	2.6	23.9	46.7	20.7	6.1	2.96	2.84
政府官员廉洁守法情况	1.9	20.0	46.4	20.6	11.1	2.81	2.70

针对民营企业发展的外部经营环境，本次调查还特别了解了民营企业的非税上缴情况。调查结果显示，62.8%的企业家表示近两年“没有”非税上缴的情况，但仍有37.2%的企业家表示“有”非税上缴的情况，这一问题值得重视（见表34）。

当问及企业非税上缴占销售收入的比重时，75.4%的企业家表示不到1%，24.6%表示在1%以上（见表35）。

近5年的调查数据显示，民营企业的非税上缴呈现逐年减少的趋势，也反映出民营企业的外部经营环境有所改善。

表34　近两年民营企业向各级政府部门交纳的集资、摊派或其他非税上缴情况（%）

	有	没有
2007年	37.2	62.8
2006年	41.9	58.1
2005年	44.1	55.9
2004年	54.1	45.9
2003年	56.8	43.2

注：此项的是企业向政府缴纳的除国家规定的预算外资金。

表35　近两年民营企业向各级政府部门交纳的集资、摊派或其他非税上缴相当于企业销售收入的比重（%）

	0.5%以下	0.5%~1%	1%~5%	5%以上
2007年	41.7	33.7	21.5	3.1
2006年	36.8	38.1	21.4	3.7
2005年	39.5	30.1	24.8	5.6
2004年	39.6	34.6	22.5	3.3
2003年	30.2	37.0	27.1	5.7

注：当年的调查结果均指的是上一年的实际上缴情况。

2. 对促进民营企业发展等方面的改革成效评价较高

近年来，在我国经济快速增长的同时改革也在不断深入。本次调查请民营企业家对近两年来有关改革成效进行评价。调查结果显示，对于各项改革，企业家认为“效果很好”与“效果较好”的比重之和均高于2006年的水平，特别是对促进民营企业发展等方面的改革成效评价较高（见表36）。

表36　对近两年来有关改革成效的评价（%）

		效果很好	效果较好	有些效果	尚未见效	效果很好+效果较好
政府职能转变	2007年	4.8	23.9	56.1	15.1	28.7
	2006年	3.5	23.2	56.2	17.1	26.7
	2005年	5.4	25.3	52.7	16.5	30.7
垄断性行业改革	2007年	0.6	6.0	31.5	61.9	6.6
	2006年	0.9	5.3	27.4	66.4	6.2
	2005年	1.4	9.7	37.7	51.2	11.1
产权制度改革	2007年	4.4	32.8	54.8	8.1	37.2
	2006年	3.8	28.3	57.5	10.4	32.1
	2005年	4.8	30.7	51.1	13.4	35.5
投资体制改革	2007年	3.2	30.8	51.4	14.7	34.0
	2006年	2.7	25.5	52.3	19.5	28.2
	2005年	2.2	20.5	52.3	25.0	22.7
健全社会保障体系	2007年	6.3	34.0	49.8	9.9	40.3
	2006年	3.8	26.1	54.1	16.0	29.9
	2005年	5.0	25.7	51.9	17.4	30.7
土地制度改革	2007年	3.3	23.3	49.2	24.2	26.6
	2006年	2.9	20.9	50.3	26.0	23.8
	2005年	3.4	19.9	48.9	27.8	23.3

续表

		效果很好	效果较好	有些效果	尚未见效	效果很好+效果较好
金融体制改革	2007 年	3.6	25.9	51.2	19.4	29.5
	2006 年	1.5	20.1	48.0	30.3	21.6
	2005 年	2.0	14.6	40.4	43.0	16.6
财税体制改革	2007 年	2.9	25.4	49.8	22.0	28.3
	2006 年	2.9	20.7	46.7	29.7	23.6
	2005 年	2.3	15.0	42.8	39.9	17.3
促进民营企业发展	2007 年	11.6	36.6	37.8	14.0	48.2
	2006 年	9.4	35.2	38.8	16.5	44.6
	2005 年	6.9	28.6	46.2	18.4	35.5

关于对“促进民营企业发展”的评价，调查结果显示，48.2%的企业家认为“效果很好”或“效果较好”，比2006年高了3.6个百分点，达到近3年来的最高水平（见表36）。

值得注意的是，关于对垄断性行业改革成效的评价，调查结果显示，61.9%认为“尚未见效”，31.5%认为“有些效果”，仅有6.6%的企业家认为“效果很好”或“效果较好”，虽然与2006年比略有上升，但是总体评价仍相对较低（见表36）。

关于《物权法》的实施对民营企业发展的促进作用，超过一半（56.4%）的民营企业家认为“非常大”或“比较大”，33.1%认为“一般”，仅有5.7%认为“不太大”（见表37）。

表37　《物权法》实施对民营企业发展的促进作用（%）

	非常大	比较大	一般	不太大	不清楚
总体	**10.0**	**46.4**	**33.1**	**5.7**	**4.8**

调查表明，民营企业家对近两年来促进民营企业发展等方面的改革成效评价较高，也认为《物权法》的实施对民营企业发展将会有明显的促进作用，同时对进一步深化垄断性行业改革充满期待。

（注：凡引用此报告者均需注明引自中国民主建国会中央委员会企业委员会、中国企业家调查系统——《2007年中国民营企业家问卷跟踪调查报告》）

当前民营企业经营现状及发展环境

——2006年千户民营企业经营者问卷跟踪调查报告

■ 中国民主建国会中央委员会企业委员会

■ 中国企业家调查系统

过去的5年，中国经济以年均9.5%的速度保持了令世界瞩目的快速增长。尤其是“十五”期间的最后三年，GDP年均增速均超过10%，而2006年前九个月更是高达10.7%。民营经济的快速发展，是推动这一高增长的重要动力。2005年，内资民营经济约占GDP一半份额，比“九五”末期的2000年提高7个百分点；“十五”期间，民营经济投资年均增长？29.1%，比同期全社会固定资产投资增速高9个百分点；民营工业企业的个数、资产总值、增加值、利润占规模以上工业比重，分别从2000年的49.7%、13.1%、21.8%和16%提高到2005年的68.3%、24.6%、32.2%和27.5%；民营经济占城镇就业的比重，从2000年的2/3左右提升到2005年的3/4左右①。

2005年，国务院制定了《关于鼓励支持和引导个体私营等非公有制经济发展的若干意见》，明确提出了推进非公有制经济发展的7个方面36条的重要政策措施，进一步完善民营经济的发展环境，成为民营经济持续快速发展的重要保障。

在新的形势和政策影响下，民营企业的经营状况如何，民营企业经营者对其发展的外部环境有何感受和评价，受到社会各界包括政府决策部门的广泛关注。为全面了解上述情况，为政府决策提供参考依据，促进民营企业健康发展，2006年8月至10月，中国民主建国会中央委员会企业委员会与中国企业家调查系统共同组织实施了“2006·中国民营企业经营者问卷跟踪调查”。

本次调查是第4次全国性民营企业经营者年度问卷跟踪调查，以民营企业法人代表为调查对象，按行业进行分层随机抽样。调查采用邮寄问卷的方式进行，于8月10日发放问卷6000份，截至9月20日共回收问卷1633份，其中有效问卷1620份，有效回收率为27%。通过部分未填写问卷与填写问卷企业的对比分析，未发现存在系统偏差。

本次调查主要涉及工业、建筑业、交通运输仓储和邮政业、批发零售业、房地产业、住宿和餐饮业、租赁和商务服务业等行业，上述行业的企业所占比重分别为73.7%、3.3%、0.9%、7.1%、7.6%、0.9%、0.8%。从企业的地区分布看，东部地区占63.2%，中部地区占17.9%，西部地区占13.7%，东北地区占5.2%；从企业规模看，大、中、小型企业分别占5%、45.4%和49.6%；从盈亏情况看，盈利企业占70.1%，持平企业占16%，亏损企业占13.4%。

本次调查的民营企业经营者平均年龄为47.7岁，文化程度为大专及以上的占近3/4，所学专业为

---

① 数据来源：《中国统计年鉴》、《中国经济景气月报》、《中国民营企业发展报告.2006》

管理类的接近一半，职务为企业董事长或总经理、厂长的占80.6%（见表1、表2、表3）。

关于民营企业的经营现状及发展趋势，调查结果显示：2006年以来民营企业产销平稳增长，物料与人工成本上升，企业仍保持良好盈利状况，订货形势较好，未来预期乐观，用工、投资计划呈现扩张态势，企业研发投入增加，创新热情较高。总体来看，民营企业综合经营状况趋好，但区域发展依然存在不均衡现象，东部地区民营企业的发展好于中西部地区和东北地区；同时，随着市场竞争的加剧，企业规模效应的优势越来越显著，大企业的发展明显好于中小企业。

表1　调查样本基本情况（%）

行业	农林牧渔业	2.7	地区	东部地区企业	63.2
	采掘业	1.5		中部地区企业	17.9
	制造业（详见表2）	70.8		西部地区企业	13.7
	电力、煤气及水的生产和供应业	1.4		东北地区企业	5.2
	建筑业	3.3	规模	大型企业	5.0
	交通运输、仓储和邮政业	0.9		中型企业	45.4
	信息传输、计算机服务和软件业	1.1		小型企业	49.6
	批发和零售业	7.1	盈亏	盈利企业	70.1
	住宿和餐饮业	0.9		持平企业	16.0
	房地产业	7.6		亏损企业	13.4
	租赁和商务服务业	0.8			
	其他行业	2.0			

注：1. 工业企业包括：采掘业、制造业和电力、煤气及水的生产和供应业三大行业的企业。

2. 其他行业包括：金融业，科学研究、技术服务和地质勘查业，水利、环境和公共设施管理业，居民服务和其他服务业，卫生、社会保障和社会福利业，文化、体育和娱乐业等行业。

3. 东部地区包括：京、津、冀、沪、苏、浙、闽、鲁、粤、桂、琼11省（市、自治区）；中部地区包括：晋、蒙、皖、赣、豫、鄂、湘7省（自治区）；西部地区包括：渝、蜀、黔、滇、藏、陕、甘、宁、青、新10省（市、自治区）；东北地区包括：辽、吉、黑3省。

表2　调查样本中制造业基本情况（%）

	制造业细分	%		制造业细分	%
1	食品加工业	4.6	16	化学纤维制造业	0.7
2	食品制造业	1.8	17	橡胶制品业	1.8
3	饮料制造业	1.3	18	塑料制品业	3.9
4	烟草加工业	0.1	19	非金属矿物制品业	5.5
5	纺织业	6.1	20	黑色金属冶炼及压延加工业	3.4
6	服装及其他纤维制品制造业	3.6	21	有色金属冶炼及压延加工业	2.7
7	皮革、毛皮、羽绒及其制品业	1.4	22	金属制品业	6.2
8	木材加工及竹、藤、棕、草制品业	1.3	23	普通机械制造业	8.7
9	家具制造业	1.2	24	专用设备制造业	9.5
10	造纸及纸制品业	1.2	25	交通运输设备制造业	4.0
11	印刷业，记录媒介的复制	0.6	26	电气机械及器材制造业	5.3
12	文教体育用品制造业	0.8	27	电子及通信设备制造业	4.1
13	石油加工及炼焦业	0.4	28	仪器仪表及文化办公用机械制造业	1.9
14	化学原料及化学制品制造业	8.5	29	其他制造业	6.1
15	医药制造业	3.3			

表3　　调查对象相关情况（%）

性别	男	95.2	文化程度	初中或以下	5.6
	女	4.8		中专、高中	19.6
年龄	44岁及以下	39.8		大专	39.0
	45~49岁	15.2		大学本科	22.7
	50~54岁	23.9		研究生学历	6.2
	55岁及以上	21.1		硕士	6.4
	平均年龄（岁）	47.7		博士	0.5
所学专业	文史哲法律	6.5	现任职务	董事长	71.1
	经济	31.2		总经理	61.1
	管理	48.0		厂长	6.1
	理工农医	22.6		常委书房	14.9
	其他	15.6		其他	4.5

注：由于存在跨专业和职务兼任情况，因此所学专业和现任职务比例合计大于100%。

关于民营企业发展的外部环境，调查结果表明：民营企业经营者认为当前的基础设施环境较好于其他外部环境，但目前民营企业融资难问题尚未缓解，并存在比较严重的人才瓶颈；与此同时，民营企业经营者对进一步深化垄断性行业改革、享受公平国民待遇方面表现出迫切的期待，并希望地方政府在增加政策和规章制度透明度、简化行政审批手续、减少市场准入限制等方面继续加大改革力度，为民营企业发展创造更好的外部环境。

一、民营企业的经营现状及发展趋势

1. 企业经营状况总体趋好

关于企业目前经营状况，调查结果显示，45.9%的企业经营者认为企业经营状况“良好”，45.6%认为“一般”，8.5%认为“不佳”，认为“良好”的比认为“不佳”的多37.4个百分点。这一结果比2005年高5.1个百分点，表明2006年以来民营企业经营状况总体趋好（见表4）。

表4　　企业目前总体经营状况（%）

	目前经营状况			良好－不佳	
	良好	一般	不佳	2006年	2005年
总体	**45.9**	**45.6**	**8.5**	**37.4**	**32.3**
东部地区企业	49.1	43.6	7.3	41.8	36.9
中部地区企业	39.1	51.2	9.7	29.4	22.6
西部地区企业	44.3	47.1	8.6	35.7	25.9
东北地区企业	34.1	47.1	18.8	15.3	28.2
大型企业	70.0	27.5	2.5	67.5	49.4
中型企业	49.9	42.8	7.3	42.7	37.9
小型企业	39.8	49.9	10.3	29.5	24.7

与2005年类似，不同地区、不同类型的企业景气状况呈现明显的差异，且2006年差异更为明显，主要表现为东部地区好于中西部地区与东北地区；大型企业明显好于中小型企业。

调查表明，从民营经济发展来看，区域发展不均衡依然存在，尤其是东北地区民营企业发展相对滞后，要尽快振兴东北老工业基地，必须借鉴东部地区的成功经验，加大改革力度，大力发展民营经济，带动整个地区经济发展。

从不同规模看，规模越大，经营状况越好。调查结果显示，大型企业经营者认为企业经营状况“良好”的比认为“不佳”的多67.5个百分点，中型企业多42.7个百分点，小型企业多29.5个百分点。这一数据与2005年相比均有上升，表明2006年以来民营企业总体经营状况比2005年同期普遍要好；大型企业表现得更为明显，与中小型企业的差距进一步拉大。调查表明，随着市场竞争的加剧，企业规模效应的优势越来越明显（见表4）。

从不同行业看，企业经营状况差异明显，与2005年相比也有一些新的变化。近年来的能源紧张造成的油、煤涨价使采掘业一直保持良好的经营状况；居民收入水平的提高、消费结构的升级促进了住宿、餐饮、租赁、商务服务等服务业的发展；国家对创新型企业的鼓励政策使得信息传输、计算机服务和软件业等高新技术产业有了长足的发展；出口的增长给服装、电子等行业的企业带来了更多机会。

调查结果显示，采掘业、交通运输、仓储和邮政业、住宿和餐饮业、信息传输、计算机服务和软件业、租赁和商务服务业以及制造业中纺织、化纤、冶金、金属制品、机械、电子及通信设备、仪器仪表等行业经营状况相对较好，企业经营者认为企业经营状况“良好”的比认为“不佳”的均多40个百分点以上。

房地产是受宏观调控影响较大的一个行业，2006年以来，国家加大了对房地产的宏观调控力度，但从目前看，对房地产行业企业经营状况并未造成大的影响。调查结果显示，2006年房地产企业的经营者认为经营状况“良好”的比认为“不佳”的多29.4个百分点，明显高于2005年8.1个百分点的水平（见表5）。

表5　　不同行业企业目前经营总体状况（%）

	目前经营状况			良好－不佳	
	良好	一般	不佳	2006年	2005年
总体	**45.9**	**45.6**	**8.5**	**37.4**	**32.3**
农林牧渔业	37.2	51.2	11.6	25.6	21.1
采掘业	52.2	43.5	4.3	47.8	54.5
制造业	46.7	45.6	7.7	39.0	32.1
电力、煤气及水的生产和供应业	50.0	36.4	13.6	36.4	20.0
建筑业	30.8	57.7	11.5	19.2	33.3
交通运输、仓储和邮政业	46.7	53.3		46.7	0.0
信息传输、计算机服务和软件业	52.9	47.1		52.9	27.3
批发和零售业	50.4	37.2	12.4	38.1	39.9
住宿和餐饮业	53.8	46.2		53.8	53.8
房地产业	40.3	48.7	10.9	29.4	8.1
租赁和商务服务业	50.0	50.0		50.0	53.8
食品饮料制造业	43.0	48.8	8.1	34.9	12.9
纺织业	48.8	43.9	7.3	41.5	27.9
服装及其他纤维制品制造业	48.5	42.4	9.1	39.4	45.9
造纸及纸制品业	33.3	60.0	6.7	26.7	29.4
化学原料及化学制品制造业	44.5	47.3	8.2	36.4	44.7
医药制造业	45.7	45.7	8.6	37.1	35.9
化学纤维制造业	50.0	50.0		50.0	0.0
橡胶制品业	43.5	52.2	4.3	39.1	28.6
塑料制品业	35.0	52.5	12.5	22.5	16.1
非金属矿物制品业	47.9	40.8	11.3	36.6	10.4

续表

	目前经营状况			良好－不佳	
	良好	一般	不佳	2006年	2005年
黑色金属冶炼及压延加工业	52.3	38.6	9.1	43.2	27.8
有色金属冶炼及压延加工业	46.7	46.7	6.7	40.0	42.9
金属制品业	44.8	52.2	3.0	41.8	46.2
普通机械制造业	52.8	41.5	5.7	47.2	37.0
专用设备制造业	50.0	40.0	10.0	40.0	38.5
交通运输设备制造业	46.5	37.2	16.3	30.2	26.1
电气机械及器材制造业	45.0	45.0	10.0	35.0	43.2
电子及通信设备制造业	61.0	34.1	4.9	56.1	47.8
仪器仪表及文化办公用机械制造业	57.9	42.1		57.9	37.5

注：空白处表示答题者未选择此项，0.0表示答题者选择了此项，但百分比小于0.05。以下同。

2. 产销平稳增长，物料和人工成本上升，企业仍保持良好盈利状况

调查结果显示，超过半数（51.8%）的经营者认为企业的生产（服务）量“增加”，比认为“减少”的多36.5个百分点，比2005年同期的调查结果高了7.3个百分点；54.1%的企业经营者认为，企业目前的销售量“增加”，比认为“减少”的多34.8个百分点，比2005年同期的调查结果高了7.5个百分点。调查表明，民营企业的产销呈现稳定增长的态势（见表6、7）。

表6　企业目前的生产（服务）量情况（%）

	增加	持平	减少	增加－减少	
				2006年	2005年
总体	**51.8**	**32.9**	**15.3**	**36.5**	**29.2**
东部地区企业	53.6	31.9	14.5	39.0	32.4
中部地区企业	50.0	34.5	15.5	34.5	22.3
西部地区企业	50.0	34.0	16.0	34.0	25.9
东北地区企业	41.5	36.6	22.0	19.5	20.7
大型企业	65.8	22.8	11.4	54.4	49.4
中型企业	52.5	34.6	12.8	39.7	30.8
小型企业	49.4	32.6	18.0	31.4	25.4

表7　企业目前的销售量情况（%）

	增加	持平	减少	增加－减少	
				2006年	2005年
总体	**54.1**	**26.6**	**19.3**	**34.8**	**27.3**
东部地区企业	56.5	25.1	18.4	38.1	31.3
中部地区企业	53.4	27.2	19.4	33.9	16.4
西部地区企业	48.1	31.6	20.3	27.8	27.0
东北地区企业	42.9	31.0	26.2	16.7	18.1
大型企业	67.5	16.3	16.3	51.3	46.2
中型企业	55.3	27.7	17.0	38.4	30.0
小型企业	51.2	27.1	21.7	29.4	22.9

从产品销售价格情况看，38.5%的企业经营者认为企业产品销售价格“持平”，35.6%认为价格下跌，比认为价格上升的比重高近10个百分点，与2005年相比，认为价格下跌的比重有所减少。调查表明，企业产品销售价格有趋于平稳的趋势（见表8）。

表 8　　不同地区、规模及经济类型企业目前的销售价格情况（%）

	上升	持平	下降	上升 - 下降	
				2006 年	2005 年
总体	**25.9**	**38.5**	**35.6**	**-9.7**	**-19.9**
东部地区企业	24.9	39.4	35.8	-10.9	-21.9
中部地区企业	25.2	40.1	34.8	-9.6	-19.4
西部地区企业	34.0	32.6	33.5	0.5	-11.8
东北地区企业	20.0	38.8	41.3	-21.3	-19.7
大型企业	30.0	42.5	27.5	2.5	-21.8
中型企业	26.8	41.7	31.6	-4.8	-19.7
小型企业	24.9	35.4	39.7	-14.9	-19.4

分行业看，反映2006年产品销售价格上升的主要是电力煤气及水的生产和供应业、房地产业、化纤和有色冶金等行业；而信息传输计算机服务和软件业以及制造业中市场竞争程度高的行业如造纸、医药、机械、汽车、电子行业的销售价格则普遍下滑（见表9）。

表 9　　不同行业调查企业目前的销售价格情况（%）

	上升	持平	下降	上升 - 下降	
				2006 年	2005 年
总体	**25.9**	**38.5**	**35.6**	**-9.7**	**-19.9**
农林牧渔业	32.6	48.8	18.6	14.0	-21.1
采掘业	4.3	56.5	39.1	-34.8	-27.3
制造业	22.9	37.5	39.6	-16.7	-23.5
电力、煤气及水的生产和供应业	42.9	38.1	19.0	23.8	50.0
建筑业	15.2	50.0	34.8	-19.6	-24.2
交通运输、仓储和邮政业	14.3	50.0	35.7	-21.4	-36.8
信息传输、计算机服务和软件业	5.9	29.4	64.7	-58.8	-90.9
批发和零售业	34.5	38.2	27.3	7.3	-9.9
住宿和餐饮业	30.0	30.0	40.0	-10.0	8.3
房地产业	55.3	33.3	11.4	43.9	29.4
租赁和商务服务业	8.3	50.0	41.7	-33.3	0.0
食品饮料制造业	19.5	44.8	35.6	-16.1	-23.9
纺织业	21.0	40.7	38.3	-17.3	-21.7
服装及其他纤维制品制造业	24.2	45.5	30.3	-6.1	-11.1
造纸及纸制品业	14.3	14.3	71.4	-57.1	-25.0
化学原料及化学制品制造业	25.5	25.5	49.1	-23.6	27.0
医药制造业	5.9	44.1	50.0	-44.1	-41.0
化学纤维制造业	50.0	33.3	16.7	33.3	0.0
橡胶制品业	28.6	38.1	33.3	-4.8	-23.1
塑料制品业	40.0	27.5	32.5	7.5	-6.7
非金属矿物制品业	26.8	39.4	33.8	-7.0	-31.3
黑色金属冶炼及压延加工业	23.3	41.9	34.9	-11.6	-44.4
有色金属冶炼及压延加工业	63.3	16.7	20.0	43.3	-30.8
金属制品业	23.9	49.3	26.9	-3.0	-23.1
普通机械制造业	13.3	33.3	53.3	-40.0	-33.8
专用设备制造业	12.0	39.0	49.0	-37.0	-39.2
交通运输设备制造业	9.5	35.7	54.8	-45.2	-69.6

续表

	上升	持平	下降	上升－下降	
				2006 年	2005 年
电气机械及器材制造业	30.5	32.2	37.3	－6.8	－43.2
电子及通信设备制造业	19.5	36.6	43.9	－24.4	－39.1
仪器仪表及文化办公用机械制造业	10.5	42.1	47.4	－36.8	－50.0

与销售价格总体比较平稳的情况不同，民营企业经营者普遍反映2006 年以来企业的物料采购价格上升。调查结果显示，79.5% 的民营企业经营者认为目前物料采购价格“上升”，仅 3.7% 认为“下降”。从不同行业看，化纤、塑料、非金属矿物、电气等行业反映物料价格上升情况最突出，认为物料价格“上升”的比“下降”的多90 个百分点以上（见表 10）。

表 10　不同行业企业目前的物料采购价格情况（%）

	上升	持平	下降	上升－下降
总体	**79.5**	**16.8**	**3.7**	**75.8**
农林牧渔业	72.1	23.3	4.7	67.4
采掘业	78.3	17.4	4.3	73.9
制造业	82.0	14.3	3.8	78.2
电力、煤气及水的生产和供应业	77.3	18.2	4.5	72.7
建筑业	64.0	34.0	2.0	62.0
交通运输、仓储和邮政业	76.9	23.1		76.9
信息传输、计算机服务和软件业	47.1	35.3	17.6	29.4
批发和零售业	79.2	19.8	0.9	78.3
住宿和餐饮业	80.0	20.0		80.0
房地产业	75.0	21.4	3.6	71.4
租赁和商务服务业	41.7	50.0	8.3	33.3
食品饮料制造业	75.6	16.3	8.1	67.4
纺织业	82.9	14.6	2.4	80.5
服装及其他纤维制品制造业	81.8	18.2		81.8
造纸及纸制品业	86.7	13.3		86.7
化学原料及化学制品制造业	76.4	15.5	8.2	68.2
医药制造业	85.3	11.8	2.9	82.4
化学纤维制造业	100.0			100.0
橡胶制品业	87.0	8.7	4.3	82.6
塑料制品业	95.0	5.0		95.0
非金属矿物制品业	91.5	7.0	1.4	90.1
黑色金属冶炼及压延加工业	66.7	23.8	9.5	57.1
有色金属冶炼及压延加工业	90.0	3.3	6.7	83.3
金属制品业	75.0	23.4	1.6	73.4
普通机械制造业	70.5	22.9	6.7	63.8
专用设备制造业	75.5	21.4	3.1	72.4
交通运输设备制造业	82.9	12.2	4.9	78.0
电气机械及器材制造业	96.7	3.3		96.7
电子及通信设备制造业	82.9	12.2	4.9	78.0
仪器仪表及文化办公用机械制造业	84.2	15.8		84.2

在物料成本上升的同时，2006 年以来民营企业人工成本也呈现普遍上升的情况。调查结果显示，87.1% 的经营者认为企业目前的人工成本“上升”，而认为“持平”和“下降”的仅分别为 12.4% 和

0.5%（见表11）。

表11　　不同地区、规模及经济类型企业目前的人工成本情况（%）

	上升	持平	下降	上升－下降
总体	**87.1**	**12.4**	**0.5**	**86.6**
东部地区企业	88.5	11.1	0.4	88.1
中部地区企业	84.6	14.7	0.7	83.9
西部地区企业	84.2	14.9	0.9	83.3
东北地区企业	85.7	14.3		85.7
大型企业	77.5	17.5	5.0	72.5
中型企业	86.3	13.5	0.1	86.2
小型企业	88.8	10.8	0.4	88.4

在不少企业产品销售价格下跌，而物料价格和人工成本普遍上升的影响下，民营企业2006年的盈利情况反而略好于2005年。调查结果显示，70.6%的经营者认为企业2006年上半年“盈利”（包括“较大盈利”、“略有盈余”），16%认为“持平”，13.4%认为“亏损”（包括“亏损”、“严重亏损”）。认为“盈利”的比认为“亏损”的高57.2个百分点（见表12）。

表12　　不同地区、规模及经济类型企业今年上半年的盈利状况（%）

		盈利			持平	亏损		
		较大盈利	略有盈余	小计		亏损	严重亏损	小计
总体	2006年	11.1	59.5	70.6	16.0	12.6	0.8	13.4
	2005年	11.1	58.5	69.6	15.8	13.7	0.9	14.6
东部地区企业		11.8	62.5	74.3	15.3	9.9	0.5	10.4
中部地区企业		8.0	54.4	62.4	20.6	16.4	0.7	17.1
西部地区企业		11.8	57.5	69.2	12.2	18.1	0.5	18.6
东北地区企业		10.6	45.9	56.5	20.0	17.6	5.9	23.5
大型企业		32.5	47.5	80.0	12.5	5.0	2.5	7.5
中型企业		11.8	60.9	72.6	15.9	11.1	0.4	11.5
小型企业		8.2	59.7	67.8	16.3	14.8	1.0	15.8

调查结果显示，超过半数（51.2%）的企业经营者认为，企业目前的盈利情况“正常”，5%认为“好于正常”，两者之和为56.2%，比认为“低于正常”的高12.5个百分点，比2005年高6.2个百分点。从不同规模看，大型企业盈利状况明显好于中小型企业（见表13）。

表13　　企业目前的盈利情况（%）

	好于正常	正常	低于正常	好于正常＋正常	
				2006年	2005年
总体	**5.0**	**51.2**	**43.7**	**56.2**	**50.0**
东部地区企业	4.7	51.9	43.4	56.6	50.7
中部地区企业	5.9	46.9	47.2	52.8	46.7
西部地区企业	4.5	54.5	40.9	59.0	50.0
东北地区企业	7.1	50.0	42.9	57.1	52.6
大型企业	15.0	56.3	28.8	71.3	61.3
中型企业	5.8	54.0	40.2	59.8	53.9
小型企业	3.4	48.4	48.2	51.8	44.4

3. 民营企业研发投入增加，创新热情较高

近年来，政府大力倡导自主创新战略，在民营企业中也得到积极的响应。从企业的研发投入和新

产品销售情况来看，可以看出民营企业创新热情较高。调查结果显示，57.3%的经营者认为2006年的研发投入“增加”，比国有及国有控股公司[①]高14.6个百分点。34.7%的经营者认为2006年研发投入“持平”，只有8.1%的经营者认为“减少”。认为“增加”的比认为“减少”的高49.2个百分点。从不同规模看，77.2%的大型企业经营者认为2006年研发投入“增加”，比认为“减少”的高74.7个百分点，而中型企业和小型企业认为2006年研发投入“增加”比“减少”的分别高51.3和44.8个百分点。从不同行业看，信息传输计算机服务和软件业、电子、仪器仪表等行业中认为2006研发投入“增加”的比“减少”的高70个百分点以上，明显高于其他行业（见表14、表15）。

表14　　不同地区、规模及经济类型企业今年的研发投入情况（%）

	增加	持平	减少	增加-减少
总体	**57.3**	**34.7**	**8.1**	**49.2**
东部地区企业	59.1	34.1	6.8	52.3
中部地区企业	54.0	35.8	10.2	43.8
西部地区企业	54.7	34.3	10.9	43.8
东北地区企业	52.6	38.2	9.2	43.4
大型企业	77.2	20.3	2.5	74.7
中型企业	57.9	35.5	6.6	51.3
小型企业	54.9	34.9	10.1	44.8
国有及国有控股公司	42.7	46.7	10.6	32.1

表15　　不同行业企业今年的研发投入情况（%）

	增加	持平	减少	增加-减少
总体	**57.3**	**34.7**	**8.1**	**49.2**
农林牧渔业	64.1	30.8	5.1	59.0
采掘业	47.6	47.6	4.8	42.9
制造业	61.3	31.5	7.3	54.0
电力、煤气及水的生产和供应业	66.7	28.6	4.8	61.9
建筑业	35.6	53.3	11.1	24.4
交通运输、仓储和邮政业	50.0	25.0	25.0	25.0
信息传输、计算机服务和软件业	87.5	12.5		87.5
批发和零售业	41.9	47.7	10.5	31.4
住宿和餐饮业	63.6	18.2	18.2	45.5
房地产业	38.0	49.0	13.0	25.0
租赁和商务服务业	12.5	87.5		12.5
食品饮料制造业	63.5	31.8	4.7	58.8
纺织业	41.8	51.9	6.3	35.4
服装及其他纤维制品制造业	56.3	31.3	12.5	43.8
造纸及纸制品业	64.3	35.7		64.3
化学原料及化学制品制造业	70.4	24.1	5.6	64.8
医药制造业	64.7	26.5	8.8	55.9
化学纤维制造业	66.7	33.3		66.7
橡胶制品业	52.2	39.1	8.7	43.5
塑料制品业	60.0	30.0	10.0	50.0
非金属矿物制品业	49.3	44.9	5.8	43.5

① 此比较数据来源于中国企业家调查系统“2006·中国企业经营者问卷跟踪调查”。以下所列比较数据均来自此调查。

续表

	增加	持平	减少	增加-减少
黑色金属冶炼及压延加工业	58.5	34.1	7.3	51.2
有色金属冶炼及压延加工业	44.8	44.8	10.3	34.5
金属制品业	53.7	35.8	10.4	43.3
普通机械制造业	59.6	31.7	8.7	51.0
专用设备制造业	67.7	29.3	3.0	64.6
交通运输设备制造业	62.8	25.6	11.6	51.2
电气机械及器材制造业	66.7	21.1	12.3	54.4
电子及通信设备制造业	80.5	14.6	4.9	75.6
仪器仪表及文化办公用机械制造业	73.7	26.3		73.7

从新产品销售比重情况看，调查结果显示，55.7%的经营者认为2006年新产品的销售比重“增加”，比国有及国有控股公司高16个百分点。36.4%认为“持平”，7.9%认为“减少”。认为“增加”的比认为“减少”的高47.8个百分点。从不同规模看，大型企业的企业经营者认为2006年新产品的销售比重“增加”的比“减少”的高68.8个百分点，明显高于中型企业的48.4个百分点和小型企业的44.8个百分点。从不同行业看，信息传输、计算机服务和软件业等高新技术产业的企业经营者认为2006年新产品的销售比重“增加”的比“减少”的高75个百分点，明显高于其他行业（见表16、表17）。

表16　　不同地区、规模及经济类型企业今年的新产品销售比重情况（%）

	增加	持平	减少	增加-减少
总体	**55.7**	**36.4**	**7.9**	**47.8**
东部地区企业	57.3	35.7	7.0	50.4
中部地区企业	53.0	36.5	10.5	42.5
西部地区企业	53.1	37.0	9.9	43.2
东北地区企业	49.3	45.1	5.6	43.7
大型企业	70.1	28.6	1.3	68.8
中型企业	56.2	36.1	7.7	48.4
小型企业	53.7	37.4	8.9	44.8
国有及国有控股公司	39.6	50.2	10.1	29.5

表17　　不同行业企业今年的新产品销售比重情况（%）

	增加	持平	减少	增加-减少
总体	**55.6**	**36.4**	**7.9**	**47.7**
农林牧渔业	59.0	35.9	5.1	53.8
采掘业	22.2	72.2	5.6	16.7
制造业	59.4	34.1	6.5	52.9
电力、煤气及水的生产和供应业	47.4	52.6		47.4
建筑业	32.4	54.1	13.5	18.9
交通运输、仓储和邮政业	16.7	50.0	33.3	-16.7
信息传输、计算机服务和软件业	75.0	25.0		75.0
批发和零售业	54.5	37.4	8.1	46.5
住宿和餐饮业	30.0	50.0	20.0	10.0
房地产业	42.7	37.5	19.8	22.9
租赁和商务服务业	25.0	62.5	12.5	12.5
食品饮料制造业	58.8	35.3	5.9	52.9

续表

	增加	持平	减少	增加－减少
纺织业	45.0	48.8	6.3	38.8
服装及其他纤维制品制造业	43.8	46.9	9.4	34.4
造纸及纸制品业	30.8	69.2		30.8
化学原料及化学制品制造业	65.7	30.4	3.9	61.8
医药制造业	54.5	36.4	9.1	45.5
化学纤维制造业	20.0	60.0	20.0	0.0
橡胶制品业	43.5	39.1	17.4	26.1
塑料制品业	55.0	30.0	15.0	40.0
非金属矿物制品业	54.7	45.3		54.7
黑色金属冶炼及压延加工业	47.5	52.5		47.5
有色金属冶炼及压延加工业	58.6	34.5	6.9	51.7
金属制品业	63.6	27.3	9.1	54.5
普通机械制造业	69.6	22.5	7.8	61.8
专用设备制造业	64.9	28.9	6.2	58.8
交通运输设备制造业	65.9	22.0	12.2	53.7
电气机械及器材制造业	64.4	33.9	1.7	62.7
电子及通信设备制造业	65.0	30.0	5.0	60.0
仪器仪表及文化办公用机械制造业	73.7	21.1	5.3	68.4

4. 订货形势良好，未来预期乐观，企业用工、投资计划呈现扩张态势

从对下期企业经营状况的预计来看，民营企业经营者表现出乐观情绪。调查结果显示，2006年有超过四成的经营者认为企业的下期经营状况将会“好转”，比认为“恶化”的高34.6个百分点。这一结果与2005年相比有了较大提高，也比国有及国有控股公司的相应结果多12个百分点。

从不同行业看，对企业下期经营状况预期最好的是信息传输、计算机服务和软件业，该行业中有81.2%的经营者认为企业下期经营状况将会“好转”；其次是电力煤气及水的生产和供应业、房地产业以及制造业中的金属制品、电气、医药、电子、食品等行业（见表18、表19）。

表18　　不同地区、规模及经济类型企业对下期经营状况的预计（%）

	下期经营状况预计			好转－恶化	
	好转	不变	恶化	2006年	2005年
总体	**40.6**	**53.5**	**5.9**	**34.6**	**27.8**
东部地区企业	41.2	53.4	5.4	35.7	26.7
中部地区企业	41.6	52.1	6.3	35.3	28.9
西部地区企业	37.6	55.5	6.9	30.7	33.9
东北地区企业	36.9	54.8	8.3	28.6	23.4
大型企业	47.5	48.8	3.8	43.8	26.6
中型企业	41.4	52.6	6.0	35.4	27.9
小型企业	39.2	54.6	6.2	33.0	28.1
国有及国有控股公司	32.1	58.5	9.4	22.6	14.5

从企业的订货情况可以看出民营企业经营者的乐观预期有着良好的基础。调查结果显示，68.4%的经营者认为企业目前的订货情况“正常”，11.8%认为“高于正常”，仅19.8%认为“低于正常”。与2005年相比，认为“高于正常”和“正常”的比重增加了8.1个百分点（见表20）。

表 19　　不同行业企业对下期经营状况的预计（%）

	下期经营状况预计			好转－恶化	
	好转	不变	恶化	2006 年	2005 年
总体	**40.6**	**53.5**	**5.9**	**34.6**	**27.8**
农林牧渔业	53.5	41.9	4.7	48.8	10.5
采掘业	26.1	73.9		26.1	0.0
制造业	40.7	53.5	5.8	34.9	29.0
电力、煤气及水的生产和供应业	54.5	36.4	9.1	45.5	20.0
建筑业	39.2	52.9	7.8	31.4	30.8
交通运输、仓储和邮政业	13.3	80.0	6.7	6.7	0.0
信息传输、计算机服务和软件业	81.2	18.8		81.2	36.4
批发和零售业	34.9	58.7	6.4	28.4	29.9
住宿和餐饮业	38.5	53.8	7.7	30.8	15.4
房地产业	41.4	52.6	6.0	35.3	24.3
租赁和商务服务业	33.3	66.7		33.3	38.5
食品饮料制造业	47.7	50.0	2.3	45.3	41.3
纺织业	25.9	63.0	11.1	14.8	20.3
服装及其他纤维制品制造业	24.2	72.7	3.0	21.2	18.9
造纸及纸制品业	46.7	40.0	13.3	33.3	5.9
化学原料及化学制品制造业	43.1	49.5	7.3	35.8	32.9
医药制造业	51.4	45.7	2.9	48.6	41.0
化学纤维制造业	16.7	66.7	16.7	0.0	0.0
橡胶制品业	30.4	65.2	4.3	26.1	50.0
塑料制品业	42.5	47.5	10.0	32.5	45.2
非金属矿物制品业	38.6	51.4	10.0	28.6	20.8
黑色金属冶炼及压延加工业	31.8	61.4	6.8	25.0	5.9
有色金属冶炼及压延加工业	33.3	60.0	6.7	26.7	28.6
金属制品业	56.7	40.3	3.0	53.7	35.9
普通机械制造业	36.8	58.5	4.7	32.1	18.8
专用设备制造业	38.0	56.0	6.0	32.0	16.0
交通运输设备制造业	38.1	59.5	2.4	35.7	17.4
电气机械及器材制造业	53.3	43.3	3.3	50.0	27.8
电子及通信设备制造业	48.8	48.8	2.4	46.3	47.8
仪器仪表及文化办公用机械制造业	36.8	57.9	5.3	31.6	12.5

从不同地区看，东、中、西部地区企业订货情况没有明显差异，但东北地区企业订货情况不理想，31.6%的经营者认为企业的订货情况低于正常水平，这一比重比其他地区多12个百分点以上。

从不同行业看，造纸、化工、冶金、金属制品、电子等制造业订货情况最好，有超过85%的企业经营者认为企业目前订货情况“高于正常”或“正常”（见表20）。

对经济前景的信心增加了民营企业对劳动力的需求。调查结果显示，50.5%的民营企业计划下期“增加”用工人数，40.6%计划下期用工人数保持不变，8.9%计划“减少”，计划“增加”的比计划“减少”的多41.5个百分点，比2005年的调查结果增加了12.1个百分点，比国有及国有控股公司的相应结果多38.5个百分点（见表21）。

表 20　　不同地区、规模及经济类型企业目前的订货情况（%）

	高于正常	正常	低于正常	高于正常+正常	
				2006年	2005年
总体	**11.8**	**68.4**	**19.8**	**80.2**	**72.1**
东部地区企业	12.3	68.6	19.1	80.9	74.0
中部地区企业	10.7	69.8	19.6	80.5	69.0
西部地区企业	11.2	69.8	19.1	81.0	68.1
东北地区企业	10.1	58.2	31.6	68.3	70.7
大型企业	21.5	67.1	11.4	88.6	79.7
中型企业	12.2	69.3	18.4	81.5	73.0
小型企业	10.4	67.6	22.0	78.0	70.5
农林牧渔业	16.3	62.8	20.9	79.1	63.2
采掘业	16.7	66.7	16.7	83.4	81.8
制造业	14.0	67.2	18.8	81.2	73.8
电力、煤气及水的生产和供应业		80.0	20.0	80.0	70.0
建筑业	4.1	73.5	22.4	77.6	61.1
交通运输、仓储和邮政业	7.1	57.1	35.7	64.2	60.0
信息传输、计算机服务和软件业	5.9	82.4	11.8	88.3	81.8
批发和零售业	5.6	72.2	22.2	77.8	72.2
住宿和餐饮业		90.9	9.1	90.9	80.0
房地产业	5.6	70.1	24.3	75.7	48.6
租赁和商务服务业		90.9	9.1	90.9	76.0
食品饮料制造业	11.6	64.0	24.4	75.6	66.7
纺织业	6.1	69.5	24.4	75.6	65.6
服装及其他纤维制品制造业	12.1	69.7	18.2	81.8	81.1
造纸及纸制品业	13.3	73.3	13.3	86.6	64.7
化学原料及化学制品制造业	7.3	79.1	13.6	86.4	83.6
医药制造业	9.1	66.7	24.2	75.8	76.9
化学纤维制造业		100.0		100.0	25.0
橡胶制品业	4.8	61.9	33.3	66.7	71.4
塑料制品业	10.0	62.5	27.5	72.5	70.0
非金属矿物制品业	22.1	58.8	19.1	80.9	68.8
黑色金属冶炼及压延加工业	9.1	79.5	11.4	88.6	86.7
有色金属冶炼及压延加工业	13.3	73.3	13.3	86.6	57.1
金属制品业	16.4	71.6	11.9	88.0	85.0
普通机械制造业	16.2	63.8	20.0	80.0	66.7
专用设备制造业	20.2	54.5	25.3	74.7	75.0
交通运输设备制造业	7.1	76.2	16.7	83.3	52.2
电气机械及器材制造业	16.7	65.0	18.3	81.7	78.4
电子及通信设备制造业	31.7	58.5	9.8	90.2	82.6
仪器仪表及文化办公用机械制造业	10.5	63.2	26.3	73.7	100.0

从不同地区看，东部地区企业计划下期增加用工人数的比重最高，中部和西部地区基本一致，而东北地区仅有36.6%的企业计划增加用工人数，比其他三个地区低了13~15个百分点。从不同规模看，大型企业计划“增加”用工人数的比计划“减少”的要多55个百分点，中型企业和小型企业则分

别多42.7和39.4个百分点。调查表明，民营企业在提供社会就业机会方面做出了积极贡献（见表21）。

表21　对企业下期从业人数的预期（%）

	增加	持平	减少	增加－减少	
				2006年	2005年
总体	**50.5**	**40.6**	**8.9**	**41.5**	**29.4**
东部地区企业	51.7	40.7	7.6	44.1	31.2
中部地区企业	50.0	39.4	10.6	39.4	32.2
西部地区企业	50.9	37.3	11.8	39.2	24.1
东北地区企业	36.6	51.2	12.2	24.4	15.4
大型企业	63.8	27.5	8.8	55.0	28.8
中型企业	51.8	39.1	9.1	42.7	32.3
小型企业	48.1	43.3	8.7	39.4	26.9
国有及国有控股公司	25.1	52.9	22.1	3.0	-0.5

调查结果显示，49.8%的民营企业下期吸收农民工数量将会“增加”，比国有及国有控股公司高21.3个百分点，38.5%计划“持平”，11.7%计划“减少”，计划“增加”的比计划“减少”的要多38.1个百分点（见表22）。

表22　对企业下期吸收农民工的预期（%）

	增加	持平	减少	增加－减少
总体	**49.8**	**38.5**	**11.7**	**38.1**
东部地区企业	50.8	38.6	10.6	40.2
中部地区企业	50.0	36.6	13.4	36.6
西部地区企业	49.8	37.2	13.0	36.7
东北地区企业	33.8	49.2	16.9	16.9
大型企业	53.3	32.0	14.7	38.7
中型企业	52.5	36.1	11.4	41.1
小型企业	46.8	41.6	11.6	35.2
国有及国有控股公司	28.5	49.8	21.7	6.8

从对未来计划投资额增减的预计情况来看，调查结果显示，70.2%的民营企业未来计划投资额将增长，比国有及国有控股公司高12.8个百分点，有22%的民营企业未来计划投资额保持“不变”，7.8%认为“减少”，认为“增长”的比认为“减少”的多62.4个百分点，比2005年的调查结果增加了14.7个百分点（见表23）。

从不同规模看，大型企业未来计划投资额“增长”的比“减少”的多83.5个百分点，中型企业多65.7个百分点，小型企业多57.6个百分点（见表23）。

表23　不同地区、规模及经济类型企业对未来计划投资额增减的预计（%）

	增长	不变	减少	增长－减少	
				2006年	2005年
总体	70.2	22.0	7.8	62.4	47.7
东部地区企业	69.8	22.7	7.4	62.4	45.7
中部地区企业	69.6	22.0	8.4	61.2	56.4
西部地区企业	71.8	19.1	9.1	62.7	50.3
东北地区企业	72.8	19.8	7.4	65.4	39.4

续表

	增长	不变	减少	增长－减少	
				2006年	2005年
大型企业	86.1	11.4	2.5	83.5	41.8
中型企业	73.0	19.8	7.2	65.7	50.0
小型企业	66.2	25.2	8.6	57.6	46.4
国有及国有控股公司	57.4	33.0	9.7	47.7	36.7

从不同行业看，信息传输、计算机服务和软件业等高新技术产业中94.1%的企业未来计划投资额将“增长”，明显高于其他行业（见表24）。

表24　不同行业企业对未来计划投资额增减的预计（%）

	增长	不变	减少	增长－减少	
				2006年	2005年
总体	**70.2**	**22.0**	**7.8**	**62.4**	**47.7**
农林牧渔业	72.1	18.6	9.3	62.8	36.8
采掘业	62.5	29.2	8.3	54.2	45.5
制造业	72.5	21.1	6.4	66.0	49.9
电力、煤气及水的生产和供应业	77.3	18.2	4.5	72.7	20.0
建筑业	62.7	25.5	11.8	51.0	44.7
交通运输、仓储和邮政业	57.1	35.7	7.1	50.0	21.1
信息传输、计算机服务和软件业	94.1	5.9		94.1	50.0
批发和零售业	55.5	32.7	11.8	43.6	48.7
住宿和餐饮业	64.3	35.7		64.3	69.2
房地产业	67.3	15.0	17.7	49.6	13.9
租赁和商务服务业	63.6	36.4		63.6	57.7
食品饮料制造业	72.4	21.8	5.7	66.7	49.5
纺织业	66.7	24.7	8.6	58.0	40.0
服装及其他纤维制品制造业	63.6	27.3	9.1	54.5	45.9
造纸及纸制品业	80.0	20.0		80.0	11.8
化学原料及化学制品制造业	80.7	15.6	3.7	77.1	56.6
医药制造业	80.0	17.1	2.9	77.1	57.9
化学纤维制造业	60.0	40.0		60.0	50.0
橡胶制品业	60.9	30.4	8.7	52.2	35.7
塑料制品业	62.5	27.5	10.0	52.5	48.4
非金属矿物制品业	65.2	27.5	7.2	58.0	38.3
黑色金属冶炼及压延加工业	76.7	11.6	11.6	65.1	22.2
有色金属冶炼及压延加工业	80.0	16.7	3.3	76.7	50.0
金属制品业	70.1	19.4	10.4	59.7	55.0
普通机械制造业	74.3	20.0	5.7	68.6	57.5
专用设备制造业	73.0	23.0	4.0	69.0	49.0
交通运输设备制造业	69.8	16.3	14.0	55.8	39.1
电气机械及器材制造业	71.7	28.3		71.7	47.2
电子及通信设备制造业	85.4	9.8	4.9	80.5	65.2
仪器仪表及文化办公用机械制造业	78.9	15.8	5.3	73.7	75.0

二、民营企业发展的外部环境

1. 东部地区外部环境相对较好

调查结果显示，超过四分之一（25.4%）的经营者认为民营企业发展外部环境“很好”或“较好”，比认为“较差”或“很差”的多3.5个百分点。东部地区明显好于中西部地区，近三分之一（32.4%）的经营者认为“很好”或“较好”，比认为“较差”或“很差”的多16.8个百分点（见表25）。

表25 对当地企业外部经营环境的综合评价（%）

	很好	较好	一般	较差	很差	评价值
总体	**0.8**	**24.6**	**52.8**	**17.2**	**4.7**	**2.998**
东部地区企业	1.1	31.3	52.0	12.9	2.7	3.153
中部地区企业		12.5	53.8	25.3	8.3	2.705
西部地区企业	0.5	13.6	55.2	24.0	6.8	2.769
东北地区企业	1.2	14.1	51.8	22.4	10.6	2.729

注：评价值是由（“很好”×5+“较好”×4+“一般”×3+“较差”×2+“很差”）/100计算得出的，数值越大，表示对该项评价越好。以下同。

2. 基础设施条件较好于其他外部环境

关于企业经营的外部环境，企业经营者对企业所在地基础设施条件的评价最高。调查结果显示，61.2%的企业经营者认为当地基础设施环境“很好”或“较好”，28.7%认为“一般”，10.1%认为“较差”或“很差”。从不同地区看，东部地区有67.7%的经营者认为当地基础设施环境“很好”或“较好”，分别比中部地区、西部地区和东北地区高17、20.2和14.1个百分点。调查表明东部地区基础设施条件要明显好于中、西部地区和东北地区（见表26）。

表26 对当地“基础设施条件（供水、供电、交通、通信等）”的评价（%）

	很好	较好	一般	较差	很差	评价值
总体	**8.7**	**52.5**	**28.7**	**7.8**	**2.3**	**3.575**
东部地区企业	10.7	57.0	24.9	5.8	1.6	3.694
中部地区企业	3.9	46.8	35.9	10.9	2.5	3.387
西部地区企业	5.4	42.1	36.7	12.2	3.6	3.335
东北地区企业	10.7	42.9	29.8	9.5	7.1	3.405

3. 期待进一步深化垄断性行业改革、享受公平国民待遇

本次调查从当地政策和规章制度公开透明情况、行政审批手续方便简捷情况、地方政府对企业是否干预过多、市场准入限制是否过多、不同类型企业享受公平国民待遇情况来考察政府的管理效率。

关于当地政策和规章制度公开透明情况，调查结果显示，37.4%的企业经营者认为“很好”或“较好”，45.6%认为“一般”，17%认为“较差”或“很差”，认为“好”的比认为“差”的多17.4个百分点（见表27）。

关于行政审批手续方便简捷情况，调查结果显示有32%的企业经营者认为“很好”或“较好”，41.7%认为“一般”，26.3%认为“较差”或“很差”，认为“好”的比认为“差”的多16个百分点[①]（见表28）。

① “好”=“很好”+“较好”，“差”=“较差”+“很差”。以下同。

表 27　对当地"政策和规章制度公开透明情况"的评价（%）

	很好	较好	一般	较差	很差	评价值
总体	**5.0**	**32.4**	**45.6**	**13.5**	**3.5**	**3.220**
东部地区企业	5.8	37.3	43.6	10.5	2.8	3.329
中部地区企业	3.1	25.0	46.2	20.5	5.2	3.003
西部地区企业	3.6	23.0	52.3	18.0	3.2	3.059
东北地区企业	6.0	22.6	50.0	14.3	7.1	3.060

表 28　对当地"行政审批手续方便简捷情况"的评价（%）

	很好	较好	一般	较差	很差	评价值
总体	**4.3**	**27.7**	**41.7**	**18.7**	**7.6**	**3.023**
东部地区企业	5.6	32.4	41.7	14.5	5.8	3.175
中部地区企业	1.4	20.7	42.8	23.8	11.4	2.769
西部地区企业	1.8	15.3	43.7	30.2	9.0	2.707
东北地区企业	4.8	28.6	31.0	22.6	13.1	2.893

关于地方政府对企业是否干预过多，调查结果显示有46.2%的企业经营者认为"很少"或"较少"，41.8%认为"一般"，12%认为"较多"或"过多"，认为"少"的比认为"多"的高34.2个百分点（见表29）。

表 29　对当地"地方政府对企业是否干预过多"的评价（%）

	很少	较少	一般	较多	很多	评价值
总体	**8.5**	**37.7**	**41.8**	**9.0**	**3.0**	**3.396**
东部地区企业	10.0	40.3	39.5	7.7	2.4	3.478
中部地区企业	6.3	34.2	47.9	8.1	3.5	3.317
西部地区企业	3.6	33.5	43.9	14.5	4.5	3.172
东北地区企业	10.8	28.9	42.2	13.3	4.8	3.277

关于市场准入限制是否过多，调查结果显示有35.2%的企业经营者认为"很少"或"较少"，48.1%认为"一般"，16.7%认为"较多"或"过多"，认为"少"的比认为"多"的高18.5个百分点（见表30）。

表 30　对当地"市场准入限制是否过多"的评价（%）

	很少	较少	一般	较多	很多	评价值
总体	**4.7**	**30.5**	**48.1**	**13.7**	**3.0**	**3.201**
东部地区企业	5.3	33.5	46.9	12.0	2.3	3.275
中部地区企业	2.8	27.0	48.6	17.4	4.3	3.067
西部地区企业	4.6	22.6	53.0	15.7	4.1	3.078
东北地区企业	3.6	26.5	49.4	15.7	4.8	3.084

关于各类企业享受公平国民待遇情况，调查结果显示，25.7%的企业经营者认为"很好"或"较好"，39.2%认为"一般"，35.1%认为"较差"或"很差"，认为"好"的比认为"差"的少9.4个百分点（见表31）。

表 31　　对当地“各类企业享受公平国民待遇情况”的评价（%）

	很好	较好	一般	较差	很差	评价值
总体	**3.2**	**22.5**	**39.2**	**24.8**	**10.3**	**2.835**
东部地区企业	3.8	25.2	41.2	21.6	8.3	2.945
中部地区企业	2.8	17.9	37.9	27.7	13.7	2.684
西部地区企业	1.4	14.1	33.6	37.7	13.2	2.527
东北地区企业	2.4	28.6	33.3	20.2	15.5	2.821

关于垄断性行业改革的成效，调查结果显示，5.4%的民营企业经营者认为“效果很好”或“效果较好”，27%认为“有些效果”，67.6%认为“尚未见效”，这一数字比2005年的调查结果增加了16.7个百分点。调查表明，目前行业垄断已经成为制约民营经济持续快速发展的重要因素（见表32）。

表 32　　对垄断性行业改革成效的评价（%）

		效果很好	效果较好	有些效果	尚未见效	效果很好+效果较好
总体	2006 年	0.7	4.7	27.0	67.6	5.4
	2005 年	1.0	9.1	39.0	50.9	10.1
东部地区企业		0.7	4.2	26.7	68.4	4.9
中部地区企业		0.7	7.3	26.3	65.7	8.0
西部地区企业		0.5	3.7	30.3	65.5	4.2
东北地区企业		1.2	4.7	24.7	69.4	5.9

调查表明，企业经营者对地方政府减少对企业的不必要直接干预相对比较满意，对地方政府在增加政策和规章制度透明度、简化行政审批手续、减少市场准入限制等方面的努力给予一定肯定，同时对进一步深化垄断性行业改革、享受公平国民待遇方面表现出迫切的期待。

4. 民营企业融资难问题尚未缓解

融资难是长期困扰民营企业发展的问题。尽管从宏观上看，2006年的货币投放规模和贷款的增长速度较高，民营企业仍感到资金紧张。调查结果显示，50.8%的经营者认为企业目前资金情况“紧张”，43.7%认为“正常”，5.5%认为“宽裕”。从不同地区看，东部地区企业目前的资金紧张情况要好于其他三个地区；从不同规模看，大型企业目前的资金紧张情况要明显好于中小型企业（见表33）。

表 33　　企业目前的资金情况（%）

	宽裕	正常	紧张
总体	**5.5**	**43.7**	**50.8**
东部地区企业	5.9	50.0	44.0
中部地区企业	5.2	32.3	62.5
西部地区企业	5.9	34.1	60.0
东北地区企业	1.2	32.1	66.7
大型企业	16.3	52.5	31.3
中型企业	5.1	46.7	48.2
小型企业	4.9	40.1	55.0

调查结果显示，65.2%的经营者认为企业目前的应收账款“正常”，19.8%认为“高于正常”，15%认为“低于正常”。从不同规模看，大型企业要好于中、小型企业（见表34）。

调查结果显示，79.3%的经营者认为企业目前的应付账款情况“正常”，10.2%认为“高于正常”，10.5%认为“低于正常”（见表35）。

表34　　企业目前的应收账款情况（%）

	高于正常	正常	低于正常
总体	**19.8**	**65.2**	**15.0**
东部地区企业	20.4	66.4	13.1
中部地区企业	20.1	68.2	11.7
西部地区企业	16.5	57.8	25.7
东北地区企业	19.0	60.7	20.2
大型企业	11.4	75.9	12.7
中型企业	16.9	68.2	14.8
小型企业	22.7	61.8	15.5

表35　　企业目前的应付账款情况（%）

	高于正常	正常	低于正常
总体	**10.2**	**79.3**	**10.5**
东部地区企业	9.5	81.1	9.4
中部地区企业	11.2	82.1	6.7
西部地区企业	10.3	70.0	19.7
东北地区企业	15.7	69.9	14.5
大型企业	8.8	87.5	3.8
中型企业	10.1	79.9	10.1
小型企业	10.5	77.9	11.5

关于企业从银行贷款的难易程度，调查结果显示，14.4%的企业经营者认为“很容易”或“较容易”，比国有及国有控股公司低7个百分点左右；29.7%的经营者认为“一般”；55.9%认为“较难”或“很难”，比国有及国有控股公司高近10个百分点。从不同地区看，东部地区有18.6%的经营者认为“很容易”或“较容易”，比中西部地区高10个百分点以上，比东北地区高12.7个百分点（见表36）。

表36　　对当地“企业从银行贷款的难易程度”的评价（%）

	很容易	较容易	一般	较难	很难	评价值
总体	**0.9**	**13.5**	**29.7**	**26.9**	**29.0**	**2.305**
东部地区企业	1.4	17.2	35.0	24.7	21.8	2.518
中部地区企业		7.7	18.6	29.8	43.9	1.902
西部地区企业	0.5	7.3	22.3	34.1	35.9	2.023
东北地区企业		5.9	21.2	25.9	47.1	1.859
国有及国有控股公司	2.2	19.4	32.4	27.8	18.2	2.596

关于企业从民间渠道筹资的难易程度，调查结果显示，17.5%的企业经营者认为“很容易”或“较容易”，40.2%认为“一般”，42.3%认为“较难”或“很难”。从不同地区看，东部地区有18.7%的经营者认为“很容易”或“较容易”，中部地区为19.2%，西部地区为11.6%，东北地区为12.4%。调查表明，东部地区民营企业从民间融资相对容易一些（见表37）。

表37　　对当地“企业从民间渠道筹资的难易程度”的评价（%）

	很容易	较容易	一般	较难	很难	评价值
总体	**2.2**	**15.3**	**40.2**	**27.7**	**14.6**	**2.627**
东部地区企业	2.2	16.5	45.1	24.7	11.5	2.733
中部地区企业	2.5	16.7	33.0	33.0	14.9	2.589

续表

	很容易	较容易	一般	较难	很难	评价值
西部地区企业	1.4	10.2	30.2	36.3	21.9	2.330
东北地区企业	2.5	9.9	32.1	23.5	32.1	2.272
国有及国有控股公司	0.8	11.7	35.8	36.3	15.4	2.463

5. 民营企业存在比较严重的人才瓶颈

关于在当地找到需要的熟练工人的难易程度，调查结果显示，53.2%的企业经营者认为“很难”或“较难”，比国有及国有控股公司高8个百分点左右；关于在当地寻求技术人员，调查结果显示，58.2%的企业经营者认为“很难”或“较难”，比国有及国有控股公司高9个百分点左右；关于在当地寻求管理人员，调查结果显示，52.8%的企业经营者认为“很难”或“较难”，比国有及国有控股公司高8个百分点左右（见表38、表39、表40）。

表38　对当地“找到需要的熟练工人的难易程度”的评价（%）

	很容易	较容易	一般	较难	很难	评价值
总体	**0.8**	**10.5**	**35.5**	**40.6**	**12.6**	**2.462**
东部地区企业	0.7	9.7	33.3	43.4	13.0	2.418
中部地区企业	1.0	12.1	40.5	37.4	9.0	2.588
西部地区企业	0.9	11.8	38.0	35.3	14.0	2.502
东北地区企业	1.2	10.6	37.6	32.9	17.6	2.447
国有及国有控股公司	0.8	11.6	42.6	35.5	9.4	2.588

表39　对当地“找到需要的技术人员的难易程度”的评价（%）

	很容易	较容易	一般	较难	很难	评价值
总体	**0.4**	**10.3**	**31.1**	**42.2**	**16.0**	**2.370**
东部地区企业	0.3	10.4	31.0	42.9	15.4	2.372
中部地区企业	1.0	8.0	34.0	42.0	14.9	2.382
西部地区企业		12.2	28.8	40.1	18.9	2.342
东北地区企业	1.2	11.9	28.6	40.5	17.9	2.381
国有及国有控股公司	0.4	12.2	38.6	37.5	11.4	2.528

表40　对当地“找到需要的管理人员的难易程度”的评价（%）

	很好	较好	一般	较差	很差	评价值
总体	**0.8**	**10.2**	**36.2**	**37.5**	**15.3**	**2.438**
东部地区企业	0.7	10.8	36.6	37.7	14.2	2.461
中部地区企业	1.4	8.0	37.4	39.4	13.8	2.436
西部地区企业	0.5	11.3	32.1	36.7	19.5	2.367
东北地区企业	1.2	8.2	37.6	30.6	22.4	2.353
国有及国有控股公司	0.4	12.4	42.2	33.9	11.0	2.572

调查表明，技术、管理人才的短缺已经成为制约民营企业持续快速增长的瓶颈。尤其是熟练工人的短缺，反映出我国教育培训中重学历、轻技能的结构问题。

（注：凡引用此报告者均需注明引自中国民主建国会中央委员会企业委员会、中国企业家调查系统——《2006年千户民营企业经营者问卷跟踪调查报告》）

经济快速增长中的民营企业：现状、问题及期望

——2005年千户民营企业经营者问卷跟踪调查报告

▌中国民主建国会中央委员会企业委员会

▌中国企业家调查系统

改革开放以来的27年里，中国经济保持了令世界瞩目的高增长。推动这一高增长的动力，由最初的国有、集体企业混合引擎逐步过渡到国有、民营和外资三大引擎，且民营经济份额不断增加。近5年来，作为民营企业代表的私营企业和股份制企业的工业增加值年度增长率分别达到22.8%和16.5%，明显高于国有及国有控股企业14.2%的水平。与此同时，民营企业规模扩大的速度迅猛，2001年民营企业500强的最低门槛为营业收入2.97亿元，2002年提升至4亿元，2003年更增至6.08亿元，年均增长52%。民营经济在国民经济中已具有举足轻重的地位。

2004年，民营企业对国民经济的贡献率超过60%；吸纳就业人口超过1亿；民营工业企业完成规模以上的工业增加值以及规模以上工业企业利润的一半以上；各类民营企业已经实现了我国70%以上的对外出口；在全社会城镇固定资产投资方面，各类民营企业的投资比重也超过了40%。

民营经济的快速发展对近两年我国经济连续保持9.5%的高速增长发挥了十分重要的作用。与此同时，由于经济增长方式的粗放，以及经济增长对投资、出口的过分依赖，经济运行中资源、环境的制约日渐突出，中外贸易摩擦不断加剧。为此，2005年以来中央在继续加强宏观调控的基础上进一步强调了要切实转变经济增长方式，努力构建和谐社会的目标。

在新的形势和政策影响下，民营企业的发展情况如何，民营企业经营者对当前宏观经济走势的信心如何，对国家宏观政策和改革发展战略有何意见和建议，受到社会各界包括政府决策部门的广泛关注。为全面了解上述情况，为政府决策提供参考依据，促进民营企业健康发展，2005年8月至10月，中国民主建国会中央委员会企业委员会与中国企业家调查系统共同组织实施了“2005·中国民营企业经营者问卷跟踪调查”。

本次调查以民营企业法人代表为调查对象，按行业进行分层随机抽样。调查采用邮寄问卷的方式进行，于8月10日发放问卷5000份，截止9月20日共回收问卷1256份，其中有效问卷1207份，有效回收率为24.1%。通过部分未填写问卷与填写问卷企业的对比分析，未发现存在系统偏差。

本次调查主要涉及工业、建筑业、交通运输仓储及邮政业、批发零售业、房地产业、住宿和餐饮业、租赁和商务服务业等行业，上述行业的企业所占比重分别为：70.5%、3.2%、1.7%、12.9%、3.1%、1.1%、2.2%。从企业的地区分布看，东部地区占65.6%，中部和西部地区分别占20.2%和14.1%。从企业规模看，大、中、小型企业分别占6.8%、47.2%和46%。

本次调查的民营企业经营者96.3%为男性；平均年龄为48岁，其中45~54岁比重占四成，44岁

及以下占1/3，55岁及以上占1/4；文化程度为大专及以上的超过3/4，其中具有本科及以上学历的占1/3；所学专业为管理类的接近一半，为经济类的接近1/3；职务为企业董事长或总经理、厂长、党委书记的占94.5%，其他职务的占5.5%（见表1、表2、表3）。

调查结果显示，当前民营企业总体经营状况良好，产销稳定增长，从业人数保持上升，对外贸易发展迅速；未来投资意愿较强，“长三角”和西部地区成为民营企业投资意向比较集中的区域；企业经营状况继续看好。

民营企业经营者同时认为，当前不少民营企业经营中遇到了产品价格下跌、成本上升、盈利下滑、能源紧张状况加剧等困难；中外贸易摩擦对部分行业影响较大；融资困难、人才短缺、科技创新能力不强、管理水平不高是制约民营企业发展的主要障碍；民营企业发展方式亟须实现由粗放型向集约型转变；民营企业外部信用环境、经营者人身安全保障、公平国民待遇亟待进一步改善。

表1　调查样本基本情况（%）

类别	项目	%
行业	农林牧渔业	1.6
	采掘业	0.9
	制造业（详见表2）	68.7
	电力、煤气及水的生产和供应业	0.9
	建筑业	3.2
	交通运输、仓储和邮政业	1.7
	信息传输、计算机服务和软件业	0.9
	批发和零售业	12.9
	住宿和餐饮业	1.1
	房地产业	3.1
	租赁和商务服务业	2.2
	其他行业	2.8
地区	东部地区企业	65.6
	中部地区企业	20.2
	西部地区企业	14.1
规模	特大型企业	0.4
	大型企业	6.4
	中型企业	47.2
	小型企业	46.0
盈亏	盈利企业	69.6
	持平企业	15.8
	亏损企业	14.7

注：1. 其他行业包括：金融业，科学研究、技术服务和地质勘查业，水利、环境和公共设施管理业，居民服务和其他服务业，教育，卫生、社会保障和社会福利业，文化、体育和娱乐业等行业。

2. 东部地区包括：京、津、冀、辽、沪、苏、浙、闽、鲁、粤、桂、琼12省（市、自治区）；中部地区包括：晋、蒙、吉、黑、皖、赣、豫、鄂、湘9省（市、自治区）；其他10省（市、自治区）为西部地区。

表2　调查样本中制造业基本情况（%）

	制造业细分	%		制造业细分	%
1	食品加工业	6.3	16	化学纤维制造业	1.0
2	食品制造业	2.6	17	橡胶制品业	1.5
3	饮料制造业	2.0	18	塑料制品业	4.1
4	烟草加工业	0.1	19	非金属矿物制品业	5.0
5	纺织业	6.1	20	黑色金属冶炼及压延加工业	2.0
6	服装及其他纤维制品制造业	4.5	21	有色金属冶炼及压延加工业	2.0
7	皮革、毛皮、羽绒及其制品业	0.8	22	金属制品业	4.8
8	木材加工及竹、藤、棕、草制品业	1.9	23	普通机械制造业	8.7
9	家具制造业	1.7	24	专用设备制造业	7.4
10	造纸及纸制品业	1.8	25	交通运输设备制造业	2.9
11	印刷业，记录媒介的复制	1.1	26	电气机械及器材制造业	4.6
12	文教体育用品制造业	1.7	27	电子及通信设备制造业	3.1
13	石油加工及炼焦业	0.9	28	仪器仪表及文化办公用机械制造业	1.2
14	化学原料及化学制品制造业	8.6	29	其他制造业	6.5
15	医药制造业	5.0			

表 3　调查对象相关情况（%）

性别	男	96.3	文化程度	初中或以下	4.9
	女	3.7		中专、高中	19.4
年龄	44 岁及以下	34.0		大专	41.3
	45～49 岁	18.2		大学本科	22.2
	50～54 岁	22.9		研究生学历	6.4
	55 岁及以上	24.9		硕士	5.3
	平均年龄（岁）	48.2		博士	0.4
所学专业	文史哲法律	6.3	现任职务	董事长	72.2
	经济	32.6		总经理	60.9
	管理	47.1		厂长	5.7
	理工农医	22.9		党委书记	18.0
	其他	12.4		其他	5.5

注：由于存在跨专业和职务兼任情况，因此所学专业和现任职务比例合计大于 100%。

民营企业经营者认为，当前国家宏观调控政策的松紧度比较合适或略显偏紧；对房地产调控成效持肯定态度，房地产可望继续成为促进经济增长的推动力量。

民营企业经营者对近年来的各项经济改革给予了积极的评价，并呼吁进一步加大改革力度，尤其是要切实转变政府职能，提高政府服务水平，加快金融、财税体制改革并取得突破，保护好民营企业经营者健康发展企业的积极性，为民营企业发展创造更加良好的外部环境。

一、民营企业的经营现状及发展趋势

1. 总体经营状况趋于好转，未来走势谨慎乐观

关于企业目前经营状况，调查结果显示，44.7% 的经营者认为企业经营状况“良好”，43% 认为“一般”，12.3%认为“不佳”，认为“良好”的比认为“不佳”的多 32.4 个百分点，这一结果比 2004 年的水平高 3 个百分点，表明民营企业经营状况总体趋好（见表 4）。

表 4　企业目前经营总体状况（%）

	目前经营状况			良好－不佳	
	良好	一般	不佳	2005 年	2004 年
总体	**44.7**	**43.0**	**12.3**	**32.4**	**29.7**
东部地区企业	48.7	39.6	11.7	37.0	32.6
中部地区企业	36.4	49.2	14.5	21.9	26.2
西部地区企业	38.2	49.4	12.4	25.9	23.5
大型企业	57.0	35.4	7.6	49.4	39.3
中型企业	48.5	40.9	10.6	37.9	40.2
小型企业	39.2	46.3	14.5	24.7	16.0

与 2004 年类似，不同类型的企业景气状况呈现明显的差异，且 2005 年的差异更为明显，主要表现为东部地区好于中西部地区；大中型企业好于小型企业。

从不同地区看，调查结果显示，东部地区经营者认为企业经营状况“良好”的比认为“不佳”的多 37 个百分点，而中、西部地区分别为 22 和 26 个百分点左右，前者比后者多 11～15 个百分点。与 2004 年相比，中西部地区与东部地区企业在发展上的差距仍呈扩大趋势。

从不同规模看，规模越大，经营状况越好。调查结果显示，大型企业经营者认为企业经营状况

“良好”的比认为“不佳”的多49个百分点，中型企业多38个百分点，小型企业多25个百分点（见表4）。

从不同行业看，2005年企业经营状况的差异明显，与2004年相比也有一些新的变化。近年来的能源紧张造成的油、煤涨价使采掘业一直保持良好的经营状况；居民收入水平的提高、消费结构的升级促进了住宿、餐饮、租赁、商务服务等服务业的发展。出口的增长给服装、电子等行业的企业带来了更多机会。

调查结果显示，采掘业、批发和零售业、住宿和餐饮业、租赁和商务服务业以及制造业中服装、化工、有色、金属制品、电气机械、电子及通信设备等行业经营状况良好，认为企业经营状况“良好”的比认为“不佳”的多40个百分点以上。

与此相反，受宏观调控影响较大的房地产企业当前经营状况差于2004年，认为经营状况“良好”的企业经营者比认为“不佳”的只多8.1个百分点，比2004年的结果少24个百分点；钢铁行业也由2004年的44个百分点降为目前的28个百分点（见表5－1、表5－2）。

表5－1　　企业目前经营总体状况（%）

	目前经营状况			良好－不佳	
	良好	一般	不佳	2005年	2004年
总体	**44.7**	**43.0**	**12.3**	**32.3**	**29.7**
农林牧渔业	42.1	36.8	21.1	21.1	34.9
采掘业	54.5	45.5		54.5	64.3
制造业	44.8	42.4	12.7	32.1	28.2
电力、煤气及水的生产和供应业	50.0	20.0	30.0	20.0	22.2
建筑业	41.0	51.3	7.7	33.3	34.8
交通运输、仓储和邮政业	25.0	50.0	25.0	0.0	48.0
信息传输、计算机服务和软件业	36.4	54.5	9.1	27.3	—
批发和零售业	47.7	44.4	7.8	39.9	28.7
住宿和餐饮业	53.8	46.2		53.8	54.5
房地产业	27.0	54.1	18.9	8.1	32.5
租赁和商务服务业	53.8	46.2		53.8	—

注：“—”表示该年度没有涉及此项调查内容，以下同。

表5－2　　企业目前经营总体状况（%）

	目前经营状况			良好－不佳	
	良好	一般	不佳	2005年	2004年
制造业	44.8	42.4	12.7	32.1	28.2
食品饮料制造业	34.4	44.1	21.5	12.9	21.7
纺织业	41.0	45.9	13.1	27.9	20.0
服装及其他纤维制品制造业	59.5	27.0	13.5	45.9	44.4
造纸及纸制品业	35.3	58.8	5.9	29.4	5.3
化学原料及化学制品制造业	51.3	42.1	6.6	44.7	19.5
医药制造业	48.7	38.5	12.8	35.9	34.0
化学纤维制造业	25.0	50.0	25.0	0.0	50.0
橡胶制品业	42.9	42.9	14.3	28.6	37.5
塑料制品业	35.5	45.2	19.4	16.1	14.9
非金属矿物制品业	31.3	47.9	20.8	10.4	12.5
黑色金属冶炼及压延加工业	44.4	38.9	16.7	27.8	44.0

续表

	目前经营状况			良好－不佳	
	良好	一般	不佳	2005年	2004年
有色金属冶炼及压延加工业	50.0	42.9	7.1	42.9	34.6
金属制品业	53.8	38.5	7.7	46.2	20.4
普通机械制造业	45.7	45.7	8.6	37.0	41.3
专用设备制造业	50.0	38.5	11.5	38.5	41.3
交通运输设备制造业	39.1	47.8	13.0	26.1	27.8
电气机械及器材制造业	48.6	45.9	5.4	43.2	40.0
电子及通信设备制造业	56.5	34.8	8.7	47.8	44.8
仪器仪表及文化办公用机械制造业	37.5	62.5		37.5	54.5

2. 产销形势较好，但产品价格下跌，成本上升，盈利略受影响

关于企业目前的产销形势，调查结果显示，半数左右的经营者认为企业的生产（服务）量增加，比认为减少的多近30个百分点，与2004年同期的调查结果大体相同，呈现稳定增长的态势（见表6）。

表6　企业目前的生产（服务）量情况（%）

		增加	持平	减少	增加－减少
总体	2005年	49.6	30.0	20.4	29.2
	2004年	51.7	28.0	20.3	31.4
东部地区企业		50.8	30.6	18.6	32.2
中部地区企业		45.7	29.9	24.4	21.4
西部地区企业		49.4	27.1	23.5	25.9
大型企业		57.1	35.1	7.8	49.4
中型企业		51.0	28.8	20.2	30.8
小型企业		47.5	30.4	22.1	25.4

从产品销售价格情况看，超过四成的经营者认为价格下跌，比价格上升的比重高20个百分点，明显高于2004年5个百分点的水平，一方面反映市场竞争的激烈，另一方面也说明目前市场的需求并不太乐观。

分行业看，反映2005年产品销售价格上升的主要是电力、煤气及水的生产和供应业，而房地产业、住宿和餐饮业等服务行业、制造业销售价格则普遍下滑（见表7）。

表7　企业目前销售价格情况（%）

	上升	持平	下降	上升－下降	
				2005年	2004年
总体	**21.8**	**36.6**	**41.6**	**－19.9**	**－5.1**
农林牧渔业	21.1	36.8	42.1	－21.1	26.2
采掘业	27.3	18.2	54.5	－27.3	80.0
制造业	20.7	35.1	44.2	－23.5	－11.8
电力、煤气及水的生产和供应业	60.0	30.0	10.0	50.0	33.3
建筑业	24.2	27.3	48.5	－24.2	－3.0
交通运输、仓储和邮政业	15.8	31.6	52.6	－36.8	－5.0
信息传输、计算机服务和软件业	0.0	9.1	90.9	－90.9	—
批发和零售业	21.9	46.4	31.8	－9.9	1.9
住宿和餐饮业	25.0	58.3	16.7	8.3	—

续表

	上升	持平	下降	上升－下降	
				2005 年	2004 年
房地产业	47.1	35.3	17.6	29.4	34.3
租赁和商务服务业	20.8	58.3	20.8	0.0	—
食品饮料制造业	19.6	37.0	43.5	－23.9	17.9
纺织业	21.7	35.0	43.3	－21.7	－25.5
服装及其他纤维制品制造业	27.8	33.3	38.9	－11.1	－29.4
造纸及纸制品业	18.8	37.5	43.8	－25.0	5.2
化学原料及化学制品制造业	47.3	32.4	20.3	27.0	26.3
医药制造业	12.8	33.3	53.8	－41.0	－52.0
化学纤维制造业	50.0	0.0	50.0	0.0	0.0
橡胶制品业	15.4	46.2	38.5	－23.1	－50.0
塑料制品业	33.3	26.7	40.0	－6.7	－14.8
非金属矿物制品业	14.6	39.6	45.8	－31.3	－9.1
黑色金属冶炼及压延加工业	22.2	11.1	66.7	－44.4	54.1
有色金属冶炼及压延加工业	23.1	23.1	53.8	－30.8	30.7
金属制品业	17.9	41.0	41.0	－23.1	－14.2
普通机械制造业	8.8	48.8	42.5	－33.8	－19.3
专用设备制造业	11.8	37.3	51.0	－39.2	－43.5
交通运输设备制造业	4.3	21.7	73.9	－69.6	－55.6
电气机械及器材制造业	13.5	29.7	56.8	－43.2	－19.0
电子及通信设备制造业	21.7	17.4	60.9	－39.1	－38.0
仪器仪表及文化办公用机械制造业	0.0	50.0	50.0	－50.0	－36.3

与此同时，由于受能源涨价等因素影响，超过3/4的企业经营者认为企业成本上升，比认为成本下降的多71个百分点（见表8）。

表8　企业目前的成本费用情况（%）

		上升	持平	下降	上升－下降
总体	2005 年	77.3	16.1	6.5	70.8
	2004 年	84.5	11.9	3.6	80.9
东部地区企业		77.6	16.3	6.1	71.6
中部地区企业		77.8	15.1	7.1	70.7
西部地区企业		75.6	17.3	7.1	68.5
大型企业		72.5	17.5	10.0	62.5
中型企业		75.0	17.4	7.7	67.3
小型企业		80.7	14.5	4.8	75.9

在成本上升、价格下跌的挤压下，民营企业2005年的盈利情况受到一定的影响。调查结果显示，52.2%的企业经营者认为企业盈利情况“好”（包括“非常好”、“比较好”、“有些好”），比认为“差”（包括“非常差”、“比较差”、“有些差”）的多4.4个百分点，比2004年减少3.4个百分点；其中认为“非常好”、“比较好”的比2004年减少7.8个百分点（见表9）。

3. 预期比较乐观，未来投资信心依然较强

尽管面临成本上升、价格下跌的不利因素，民营企业经营者仍对未来表现出乐观的预期。调查结果显示，35.4%的民营企业经营者认为四季度企业经营状况将“好转”，57.0%认为“不变”，7.6%认为会“恶化”，认为“好转”的比认为“恶化”的多27.8个百分点，与2004年大体相当，比国有

企业[①]高13个百分点（见表10）。

表9　对本企业利润水平的评价（%）

		非常差	比较差	有些差	小计	有些好	比较好	非常好	小计
总体	2005年	4.1	12.3	31.4	47.8	31.1	19.3	1.8	52.2
	2004年	4.1	13.8	26.5	44.4	26.7	27.4	1.5	55.6
东部地区企业		4.1	11.6	31.0	46.7	32.3	19.2	1.8	53.3
中部地区企业		5.4	12.4	32.6	50.4	31.0	16.5	2.1	49.6
西部地区企业		2.4	15.3	31.8	49.5	25.9	23.5	1.2	50.6
大型企业		2.5	10.1	24.1	36.7	27.8	30.4	5.1	63.3
中型企业		3.2	10.4	28.9	42.5	32.5	23.3	1.8	57.6
小型企业		5.3	14.7	34.7	54.7	30.2	13.8	1.3	45.3

表10　对下期企业经营状况的预计（%）

	下期经营状况			好转－恶化	
	好转	不变	恶化	2005年	2004年
总体	**35.4**	**57.0**	**7.6**	**27.8**	**28.2**
东部地区企业	33.8	59.0	7.2	26.6	27.2
中部地区企业	35.6	56.5	7.9	27.6	29.1
西部地区企业	42.3	49.4	8.3	33.9	31.2
大型企业	35.4	55.7	8.9	26.6	21.5
中型企业	36.0	56.0	8.1	27.9	30.8
小型企业	34.9	58.4	6.8	28.1	26.3
国有及国有控股公司	26.1	62.4	11.6	14.5	18.5

从从业人数的安排情况看，调查结果显示，41.5%的民营企业经营者计划在近期"增加"企业的从业人员，46.3%计划"不变"，19.6%计划"减少"，计划"增加"的比计划"减少"的多近30个百分点。而从国有及国有控股企业情况看，计划"增加"的与计划"减少"的均为22%左右，也就是说不能净吸纳社会就业人员。调查表明，民营企业已成为解决社会就业问题的主要渠道（见表11）。

表11　对企业下期从业人数的预期（%）

		增加	持平	减少	增加－减少
总体	2005年	41.5	46.3	12.2	29.3
	2004年	38.7	48.3	13.0	25.7
东部地区企业		41.7	47.7	10.6	31.2
中部地区企业		42.7	41.5	15.8	27.0
西部地区企业		38.8	46.5	14.7	24.1
大型企业		37.5	53.8	8.8	28.8
中型企业		45.0	42.2	12.8	32.3
小型企业		38.7	49.5	11.8	26.9
国有及国有控股公司		21.7	56.0	22.2	－0.5

从投资计划情况看，调查结果显示，61%的民营企业经营者表示未来计划投资额将"增长"，13%表示会"减少"，表示"增长"的比表示"减少"的多48个百分点，这一结果比国有及国有控股企业高11个百分点。值得注意的是，中、西部地区的民营企业的投资热情显得比东部地区高，表示未

① 此比较数据来源于中国企业家调查系统"2005·中国企业经营者问卷跟踪调查报告"，下同。

来投资额会“增长”的比表示会“减少”的分别多54、50和45个百分点（见表12）。

表12　　对未来计划投资额的预计（%）

		增长	不变	减少	增长－减少
总体	2005年	60.7	26.2	13.0	47.7
	2004年	59.4	25.2	15.4	44.0
东部地区企业		58.7	27.8	13.5	45.2
中部地区企业		64.6	25.0	10.4	54.2
西部地区企业		64.5	21.3	14.2	50.3
大型企业		58.2	25.3	16.5	41.8
中型企业		62.3	25.4	12.3	50.0
小型企业		59.7	27.1	13.3	46.4
国有及国有控股公司		53.4	29.8	16.8	36.7

关于民营企业经营者有投资意向的地区，调查结果显示，“长三角”地区为首选的地区，选择比重为38.8%；其次为西部地区，选择比重为29.1%；其他地区按投资意向的选择比重大小排序依次是中部地区（19.8%）、“环渤海”地区（17.2%）、“珠三角”地区（16.3%）和东北老工业基地（13.2%）。其中，近半数（47.2%）的东部地区民营企业经营者选择“长三角”为首选的投资地区，选择其他地区的比重差异不大；中部地区民营企业经营者主要选择中部地区（32.8%）、西部地区（27%）和“长三角”地区为计划投资的地区；西部地区民营企业经营者则非常集中地选择西部地区为计划投资的地区，选择比重接近七成，选择其他地区比重较大的是“长三角”地区（21.2%）（见表13）。

表13　　企业有投资意向的地区（%）

	总体	地区			规模		
		东部	中部	西部	大型	中型	小型
“长三角”地区	38.8	47.2	24.2	21.2	40.2	40.2	37.4
西部地区	29.1	20.9	27.0	69.4	32.9	30.3	27.1
中部地区	19.8	17.6	32.8	11.8	24.4	20.3	18.4
“环渤海”地区	17.2	20.6	13.9	6.5	19.5	20.3	13.9
“珠三角”地区	16.3	18.2	12.3	12.9	13.4	16.6	16.5
东北老工业基地	13.2	13.7	18.9	2.9	13.4	16.4	9.9

二、民营企业产品出口情况

1. 民营企业出口比重上升

自2001年中国正式加入WTO之后，我国的对外贸易呈现快速发展的态势，尤其是近两年（2003年、2004年）进出口总额年增长率分别高达37.1%和35.7%，2005年1～8月为23.5%，其中出口仍达到32.2%的高增长。对外贸易的迅速发展有力地促进了民营企业的发展。

调查结果显示，47%的民营企业有产品出口（见表14－1）；有产品出口的企业中出口额占销售收入一半以上的民营企业超过三成（见表14－2）；与2004年同期相比，37%的民营企业产品出口量“增加”，比“减少”的多14个百分点（见表14－3）。

民营企业出口状况有明显的地区差异，其中东部地区55%的民营企业有产品出口，中、西部地区有产品出口的民营企业比重分别为30%和33%（见表14－1）；与2004年同期相比，东部地区民营企业中的42%出口量“增加”，比“减少”的多21个百分点，而西部地区出口“增加”的仅占27%，与出口“减少”的比重相同，中部地区出口“增加”的仅24%，反而比出口“减少”的少4个百分点（见表14－3）。

表14－1　企业产品出口情况（%）

	是	否
总体	**47.0**	**53.0**
东部地区企业	55.0	45.0
中部地区企业	29.8	70.2
西部地区企业	33.3	66.7
大型企业	53.8	46.3
中型企业	47.9	52.1
小型企业	45.2	54.8

表14－2　企业产品出口额占全部销售收入的比重（%）

	10%以下	10~30%	30~50%	50%以上
总体	**36.2**	**21.1**	**8.3**	**34.4**
东部地区企业	30.4	22.3	8.1	39.2
中部地区企业	58.0	13.0	11.6	17.4
西部地区企业	53.7	22.2	5.6	18.5
大型企业	45.2	26.2	7.1	21.4
中型企业	36.0	21.5	7.7	34.9
小型企业	34.7	20.1	9.2	36.0
农林牧渔业	50.0			50.0
采掘业		50.0		50.0
制造业	35.6	21.1	8.9	34.4
电力、煤气及水的生产和供应业		100.0		
建筑业	100.0			
交通运输、仓储和邮政业		50.0		50.0
信息传输、计算机服务和软件业	50.0			50.0
批发和零售业	32.3	16.1	6.5	45.2
住宿和餐饮业		100.0		
房地产业	66.7	33.3		
租赁和商务服务业	40.0	40.0		20.0
食品饮料制造业	30.3	21.2	3.0	45.5
纺织业	17.0	19.1	14.9	48.9
服装及其他纤维制品制造业	6.9	17.2	10.3	65.5
造纸及纸制品业	75.0	12.5		12.5
化学原料及化学制品制造业	36.6	24.4	17.1	22.0
医药制造业	47.4	15.8	5.3	31.6
化学纤维制造业		50.0		50.0
橡胶制品业	66.7		16.7	16.7
塑料制品业	31.3	25.0	18.8	25.0
非金属矿物制品业	60.0		13.3	26.7
黑色金属冶炼及压延加工业	50.0	10.0	10.0	30.0
有色金属冶炼及压延加工业		66.7	33.3	
金属制品业	28.0	32.0	4.0	36.0
普通机械制造业	51.8	28.6	3.6	16.1

续表

	10%以下	10～30%	30～50%	50%以上
专用设备制造业	61.3	16.1	9.7	12.9
交通运输设备制造业	25.0	33.3	16.7	25.0
电气机械及器材制造业	52.4	19.0		28.6
电子及通信设备制造业	23.5	23.5	17.6	35.3
仪器仪表及文化办公用机械制造业		50.0		50.0

表 14－3　　企业目前的产品出口量情况（%）

	增加	持平	减少	增加－减少
总体	**37.4**	**39.5**	**23.1**	**14.3**
东部地区企业	42.0	36.5	21.5	20.6
中部地区企业	24.0	47.9	28.1	－4.1
西部地区企业	27.0	46.1	27.0	0.0
大型企业	31.7	51.7	16.7	15.0
中型企业	40.4	38.5	21.1	19.4
小型企业	35.5	38.7	25.7	9.8

2. 中外贸易摩擦对部分行业的民营企业有较大影响

随着我国对外贸易持续快速发展以及贸易总量的迅速扩大，与主要贸易伙伴的贸易摩擦也越来越多。

中外贸易摩擦对民营企业的出口也产生了一定的影响。调查结果显示，超过半数的民营企业经营者认为2005年以来欧美与中国的贸易摩擦对企业产品出口有影响，其中认为影响“很大”和“影响较大”的分别为3.5%和11.9%，认为“略有影响”的为35.4%。

分行业看，认为影响“很大”或“影响较大”的企业的比重较高的主要包括化纤（50%）、纺织（42.5%）、服装（26.7%）、橡胶（25%）、钢铁（20%）等行业。贸易摩擦对技术含量相对较高的电子及通信产品的出口厂家影响不太明显，七成经营者认为“没有影响”（见表15－1、表15－2）。

表 15－1　　今年以来欧美与中国的贸易摩擦对民营企业产品出口的影响（%）

	没有影响	略有影响	影响较大	影响很大
总体	**48.4**	**36.2**	**11.9**	**3.5**
东部地区企业	47.9	36.8	12.3	3.1
中部地区企业	56.5	27.5	10.1	5.8
西部地区企业	42.6	42.6	11.1	3.7
大型企业	34.9	44.2	11.6	9.3
中型企业	52.3	33.2	10.7	3.8
小型企业	47.1	37.5	13.3	2.1

表 15－2　　今年以来欧美与中国的贸易摩擦对不同行业民营企业产品出口的影响（%）

	没有影响	略有影响	影响较大	影响很大
总体	**48.4**	**36.2**	**11.9**	**3.5**
农林牧渔业	66.7	16.7		16.7
采掘业		100.0		
制造业	49.7	36.1	11.5	2.7
电力、煤气及水的生产和供应业			100.0	
建筑业	100.0			

续表

	没有影响	略有影响	影响较大	影响很大
交通运输、仓储和邮政业		100.0		
信息传输、计算机服务和软件业	100.0			
批发和零售业	29.0	35.5	19.4	16.1
住宿和餐饮业		100.0		
房地产业	33.3	66.7		
租赁和商务服务业	20.0	60.0	20.0	
食品饮料制造业	41.2	44.1	11.8	2.9
纺织业	19.1	38.3	31.9	10.6
服装及其他纤维制品制造业	26.7	46.7	26.7	
造纸及纸制品业	62.5	25.0	12.5	
化学原料及化学制品制造业	50.0	40.5	9.5	
医药制造业	63.2	36.8		
化学纤维制造业	50.0		50.0	
橡胶制品业	58.3	16.7	25.0	
塑料制品业	31.3	50.0	12.5	6.3
非金属矿物制品业	53.8	38.5	7.7	
黑色金属冶炼及压延加工业	40.0	40.0	10.0	10.0
有色金属冶炼及压延加工业	57.1	42.9		
金属制品业	64.0	32.0		4.0
普通机械制造业	64.9	24.6	8.8	1.8
专用设备制造业	77.4	19.4		3.2
交通运输设备制造业	50.0	41.7	8.3	
电气机械及器材制造业	38.1	52.4	9.5	
电子及通信设备制造业	70.6	23.5	5.9	
仪器仪表及文化办公用机械制造业		100.0		

三、民营企业发展中存在的问题和遇到的障碍

中国经济的快速增长和转型从两方面促进了民营企业的迅速发展。同时，由于目前经济体制尚处于转型期，传统体制的束缚尚未得到彻底清除，民营企业发展基础的薄弱也决定了其发展过程中会遭遇各种困难、问题和障碍。此次调查显示，目前民营企业发展过程中存在以下几个问题。

1. 融资困难、人才短缺、科技创新能力不强、管理水平落后是民营企业发展遇到的主要障碍

关于什么是民营企业发展中遇到的主要障碍，调查结果显示，3/4 的民营企业经营者选择了“融资困难”，是所有选项中选择比重最高的，中西部地区选择“融资困难”的比重更是高达八成。

除了融资难外，民营企业当前遇到的主要问题是如何提高发展水平问题。调查结果显示，关于当前民营企业发展中遇到的主要障碍，66.8% 的民营企业经营者选择了“人才短缺”，55.6% 选择了“科技创新能力不强”，52.2% 选择了“管理水平落后”，47.5% 选择了“民营企业经营者素质有待提高”（见表16）。

2. 民营企业外部信用环境、经营者人身安全保障、公平国民待遇方面亟待进一步改善

尽管近年来民营企业发展的外部环境有了比较大的改善，但与民营企业经营者的期望还存在一定距离，尤其在外部信用环境、经营者人身安全保障、公平国民待遇方面需加强改善的力度。

关于外部信用环境，调查结果显示，29.2% 的经营者认为比 2004 年“好转”，53.4% 认为“未

变”，17.4%认为“恶化”，认为“好转”的比认为“恶化”的多11.7个百分点，比2004年的调查结果减少8个百分点（见表17）。

表16　　当前民营企业发展遇到的主要障碍（%）

	总体	地区			规模		
		东部	中部	西部	大型	中型	小型
融资困难	**75.9**	73.8	79.9	79.4	68.3	75.1	77.6
人才短缺	**66.8**	65.9	73.4	62.4	54.9	68.4	67.5
科技创新能力不强	**55.6**	55.9	56.1	52.9	43.9	57.8	55.3
管理水平落后	**52.2**	52.8	52.9	47.6	41.5	53.4	52.3
民营企业经营者素质有待提高	**47.5**	46.5	49.2	50.0	42.7	49.7	45.9
民营企业家地位不高	**26.6**	25.0	27.0	32.9	28.0	25.6	26.9
行业垄断	**21.0**	20.2	17.6	28.8	23.2	19.4	21.7
社会舆论环境不利	**16.7**	15.3	17.6	21.2	29.3	17.1	14.1
私有财产缺乏保障	**16.2**	16.3	15.2	17.1	24.4	16.6	15.0
政府干预较多	**15.5**	15.0	13.5	20.6	15.9	15.3	15.4
缺乏外贸支持	**11.6**	12.6	11.5	7.1	8.5	9.9	13.9
其他	**7.0**	8.3	3.3	5.9	4.9	6.9	7.4

表17　　与去年相比，今年的外部信用环境变化情况（%）

	好转	未变	变差	好转－变差	
				2005年	2004年
总体	**29.2**	**53.4**	**17.4**	**11.7**	**19.5**
东部地区企业	28.2	54.5	17.3	10.9	17.6
中部地区企业	33.6	49.6	16.8	16.8	21.6
西部地区企业	26.7	53.9	19.4	7.3	24.2
大型企业	31.3	55.0	13.8	17.5	12.7
中型企业	31.9	51.6	16.5	15.4	21.6
小型企业	26.2	54.8	19.0	7.2	18.6

关于民营企业经营者人身安全状况，调查结果显示，27.2%的经营者认为比2004年“好转”，50.6%认为“未变”，22.2%认为“恶化”，认为“好转”的比认为“恶化”的仅多5个百分点。调查表明，在目前社会收入差距不断扩大，社会、经济发展不平衡情况下，如何保护好民营企业经营者的积极性，避免其在人身安全方面受到侵害，应引起有关方面的高度重视（见表18）。

表18　　与去年相比，今年经营者人身安全状况（%）

	好转	未变	变差	好转－变差
总体	**27.2**	**50.6**	**22.2**	**5.0**
东部地区企业	26.5	51.2	22.4	4.1
中部地区企业	30.0	49.4	20.6	9.5
西部地区企业	26.6	49.7	23.7	3.0
大型企业	30.5	52.4	17.1	13.4
中型企业	24.4	50.9	24.7	-0.4
小型企业	29.8	49.9	20.3	9.5

近年来，民营企业对打破垄断，放宽市场准入限制，真正实现公平国民待遇的期望越来越高。关于公平国民待遇，调查结果显示，21.7%的企业经营者认为比2004年“好转”，63.7%认为“未变”，14.6%认为“恶化”，认为“好转”的比认为“恶化”的多7.1个百分点，比2004年的调查结果减少

15 个百分点。

关于市场准入限制，调查结果显示，34.5%的企业经营者认为比 2004 年“好转”，57.5%认为“未变”，8%认为“恶化”，认为“好转”的比认为“恶化”的多 26.5 个百分点，比 2004 年的调查结果减少 10 个百分点。调查表明，在放宽市场准入限制，实现公平国民待遇方面，民营企业经营者还抱有更大的期望（见表 19、表 20）。

表 19　　与去年相比，今年的公平国民待遇变化情况（%）

	好转	未变	变差	好转－变差	
				2005 年	2004 年
总体	**21.7**	**63.7**	**14.6**	**7.1**	**22.4**
东部地区企业	21.0	64.2	14.8	6.2	24.5
中部地区企业	25.8	60.4	13.8	12.1	16.7
西部地区企业	19.0	66.7	14.3	4.8	22.2
大型企业	28.0	64.6	7.3	20.7	15.6
中型企业	22.4	62.2	15.4	7.0	22.3
小型企业	19.9	65.6	14.5	5.3	23.7

表 20　　与去年相比，今年的市场准入限制变化情况（%）

	好转	未变	变差	好转－变差	
				2005 年	2004 年
总体	**34.5**	**57.5**	**8.0**	**26.5**	**37.1**
东部地区企业	31.9	60.0	8.1	23.8	37.5
中部地区企业	42.3	51.9	5.9	36.4	41.7
西部地区企业	35.8	53.3	10.9	24.8	31.1
大型企业	43.8	52.5	3.8	40.0	37.3
中型企业	32.9	59.2	7.9	24.9	35.9
小型企业	34.9	56.3	8.8	26.1	38.6

3. 资源瓶颈制约尤其是能源紧张状况依然比较严重，民营企业发展方式亟待向集约型转变

中国是一个人均资源十分贫乏的国家。近年来在经济快速增长的同时，资源瓶颈约束也越来越显著。始于 2004 年的宏观调控旨在控制经济呈现过热的趋势，并力图通过转变增长方式来缓解资源压力。从一年多以前钢材市场及“煤、电、油、运”普遍紧张的情况看，目前形势发生了一些变化。

调查结果显示，有一半（49.8%）的民营企业经营者认为目前钢材市场的紧张状况“趋于缓和”，36%认为“变化不大”，仅 5.6%认为“更加严重”；29.1%认为目前电力紧张状况“趋于缓和”，44.1%认为“变化不大”，25.4%认为“更加严重”；12.2%认为目前煤炭紧张状况“趋于缓和”，35.6%认为“变化不大”，39.5%认为“更加严重”；4.1%认为目前成品油紧张状况“趋于缓和”，22.4%认为“变化不大”，69%认为“更加严重”；12.5%认为目前铁路运输紧张状况“趋于缓和”，53.5%认为“变化不大”，17.4%认为“更加严重”。

调查表明，民营企业经营者认为经过宏观调控，钢材市场紧张状况明显趋于缓和，电力有趋于缓和的迹象，铁路运输与 2004 年情况相比变化不大，而能源紧张尤其是成品油紧张状况有增无减（见表 21）。民营企业在对经济的快速增长做出重要贡献的同时，也加大了资源的压力。调查结果显示，与 2004 年相比，34.5%的民营企业经营者认为单位产出的能源投入“增加”，比认为“减少”的多近 10 个百分点；36.7%的民营企业经营者认为单位产出的原材料投入“增加”，比认为“减少”的多近 20 个百分点；19.7%的民营企业经营者认为单位产出的用水投入“增加”，与认为“减少”的大体相等。

以上结果表明，民营企业发展方式亟待实现由粗放型向集约型转变（见表22）。

表21　与去年相比，今年钢材、电力等市场供应紧张状况（%）

	趋于缓和	变化不大	更加严重	不清楚
钢材	49.8	36.0	5.6	8.6
电力	29.1	44.1	25.4	1.4
成品油	4.1	22.4	69.0	4.5
煤炭	12.2	35.6	39.5	12.7
铁路运输	12.5	53.5	17.4	16.5

表22　与去年相比，今年企业同样的产出与有关生产资料和要素投入的关系（%）

	明显减少	有所减少	小计	基本未变	有所增加	明显增加	小计
能源	3.4	22.3	25.7	39.7	25.3	9.2	34.5
原材料	2.0	13.4	15.4	47.9	27.0	9.7	36.7
水	3.5	17.2	20.7	59.6	14.9	4.8	19.7
资金	2.3	9.3	11.6	25.6	46.7	16.1	62.8
人力	2.3	20.4	22.7	41.1	28.7	7.4	36.2

四、民营企业对宏观经济政策和改革的意见和建议

1. 多数民营企业经营者认为国家宏观调控政策的松紧度比较合适或略显偏紧

经过一年多的宏观调控，部分行业投资过热的现象明显得到缓解，经济呈现出高增长、低通胀的良好形势。与此同时，由于消费品价格涨幅的持续下滑，企业利润增长速度的连续放慢，宏观经济政策是否应做适当调整以防出现可能的通货紧缩引起了社会各界的广泛关注。

本次调查从民营企业经营者自身的角度对当前的宏观调控政策的松紧程度进行了评价。调查结果显示，36.9%的民营企业经营者认为目前的宏观调控政策“偏紧”，39%认为“合适”，24.1%认为“偏松”，认为“偏紧”的比认为“偏松”的多12.8个百分点。

调查表明，总体来看，民营企业经营者认为目前的宏观经济政策比较合适，略显偏紧，希望在继续保持目前稳定的财政政策和货币政策的基础上，适时适度放松政策操作的力度（见表23）。

表23　对政府采取的宏观调控政策的评价（%）

	过紧	偏紧	小计	合适	偏松	过松	小计
总体	**3.9**	**32.9**	**36.9**	**39.0**	**22.9**	**1.2**	**24.1**
东部地区企业	3.3	32.8	36.1	40.8	21.9	1.3	23.1
中部地区企业	3.3	35.8	39.1	35.0	24.7	1.2	25.9
西部地区企业	7.8	29.9	37.7	35.9	25.7	0.6	26.3
大型企业	5.0	38.8	43.8	36.3	20.0		20.0
中型企业	4.6	33.2	37.8	38.0	23.1	1.1	24.2
小型企业	3.1	31.6	34.7	40.7	23.2	1.5	24.7

2. 房地产调控初见成效，预期房地产价格稳中趋升

2005年以来，宏观调控的一项重要内容就是采取多项措施控制因部分地区不断飙升的房地产价格引发的房地产热。民营企业经营者对房地产调控的成效给予了积极的评价。

调查结果显示，民营企业经营者认为成效最明显的措施包括“限制房地产开发贷款”（45.6%认为“非常有效”，43.5%认为“比较有效”）和“限制新房转手交易”（42.9%认为“非常有效”，

41.9%认为“比较有效”）；其次是“开征房地产税”（24.1%、55.4%）和“增加信息透明度”（24.1%、53.1%）；再次是“提高房贷利率”（12.3%、57.6%）和“增加土地供应”（21.9%、44.7%）（见表24）。

表24　　对有关房地产调控措施有效性的评价（%）

	非常有效	比较有效	没有效果
提高房贷利率	12.3	57.6	30.0
限制房地产开发贷款	45.6	43.5	10.9
增加土地供应	21.9	44.7	33.3
开征房地产税	24.1	55.4	20.5
人民币升值	6.1	34.5	59.5
增加信息透明度	24.1	53.1	22.8
限制新房转手交易	42.9	41.9	15.3

尽管房地产调控已取得明显成效，民营企业经营者仍预期房地产价格呈上升趋势。调查结果显示，49.2%预期2006年所在地区房地产价格将“上升”，37.5%预期“持平”，13.4%预期“下降”，预期“上升”的比预期“下降”的多36个百分点。分地区看，中西部地区经营者预期所在地区房地产价格将上升的比重分别为57.4%和54.2%，明显高于东部地区的45.7%（见表25）。

表25　　对明年企业所在地区房地产价格的预计（%）

	上升	持平	下降
总体	**49.2**	**37.5**	**13.4**
东部地区企业	45.7	39.4	14.9
中部地区企业	57.4	33.9	8.7
西部地区企业	54.2	33.9	11.9

为了进一步了解目前房地产市场的现实需求，本次调查还了解了民营企业经营者“所熟悉的人当中最近一年内购买住房的情况”，调查结果显示，八成民营企业经营者反映其熟悉的人当中最近一年内购买了住房，其中76.8%的被购房屋目前用于“自住”，13.5%用于“出租”，9.6%处于“闲置”状态。调查表明，总体来看，目前我国的房地产市场有着比较旺盛的现实需求，买房投资或投机的比重并不高。房地产业仍将是拉动内需、促进经济增长的推动力量（见表26－1、表26－2）。

表26－1　民营企业经营者所熟悉的人当中（限企业所在地区域内）最近一年内购房与否情况（%）

	是	否
总体	**80.7**	**19.3**
东部地区企业	78.6	21.4
中部地区企业	82.1	17.9
西部地区企业	88.6	11.4
大型企业	84.1	15.9
中型企业	83.4	16.6
小型企业	77.4	22.6

表26－2　民营企业经营者所熟悉的人当中（限企业所在地区域内）最近一年内所购买的住房的用途（%）

	自住	出租	闲置
总体	**76.8**	**13.5**	**9.6**
东部地区企业	74.1	13.8	12.1
中部地区企业	84.0	10.2	5.9

续表

	自住	出租	闲置
西部地区企业	78.8	17.1	4.1
大型企业	75.4	14.5	10.1
中型企业	77.2	12.6	10.2
小型企业	76.5	14.6	9.0

3. 经济体制改革成效明显，对政府转变职能期望较高，希望金融、财税体制改革取得突破

近年来，在我国经济快速增长的同时改革也在不断深入，围绕着市场化、法治化的各项改革逐步进入关键时期。本次调查请民营企业经营者对目前进行的一系列经济改革进行评价。

调查结果显示，认为这些改革取得成效的比重大多明显高于认为“尚未见效”的，表明民营企业经营者对改革成效给予了积极的评价。对于各项改革，按民营企业经营者评价高低（“效果很好”+“效果较好”的比重大小）排序依次是：产权制度改革（34.6%）、促进民营企业发展（34.1%）、政府职能转变（31.1%）、健全社会保障体系（31%）、土地制度改革（23.3%）、投资体制改革（21.3%）、财税体制改革（16.9%）、金融体制改革（15.9%）和垄断性行业改革（10.1%）（见表27）。

表 27　对近两年来有关经济体制改革成效的评价（%）

	调查年份	效果很好	效果较好	有些效果	尚未见效	效果较好+效果很好
产权制度改革	2005 年	4.7	29.9	51.6	13.8	34.6
	2004 年	4.0	45.2	42.9	7.9	49.2
促进民营企业发展	2005 年	6.9	27.2	46.1	19.8	34.1
政府职能转变	2005 年	5.1	26.0	51.3	17.7	31.1
	2004 年	1.1	26.0	57.4	15.5	27.1
健全社会保障体系	2005 年	5.5	25.5	51.5	17.5	31.0
	2004 年	3.8	42.4	43.1	10.8	46.2
国有企业改革	2005 年	4.8	22.3	50.8	22.1	27.1
土地制度改革	2005 年	3.6	19.7	49.2	27.5	23.3
投资体制改革	2005 年	1.6	19.6	52.6	26.1	21.3
	2004 年	1.9	35.0	49.8	13.3	36.9
财税体制改革	2005 年	2.5	14.4	41.7	41.4	16.9
	2004 年	2.3	21.2	51.9	24.5	23.5
金融体制改革	2005 年	1.9	14.0	41.2	42.9	15.9
	2004 年	1.7	18.1	49.9	30.2	19.8
垄断性行业改革	2005 年	1.0	9.1	39.0	50.9	10.1
	2004 年	0.4	11.5	51.0	37.2	11.9

当问及当前最紧迫的改革是什么时，排在第一位的是政府职能转变，选择比重为65.3%，表明企业经营者对政府职能转变在当前改革中的关键作用寄予很大期望。另外，企业经营者认为其他几项紧迫的改革依次是金融体制改革、财税体制改革、健全社会保障体系、促进民营企业发展和垄断性行业改革，以上选择比重均超过三成，分别为39.9%、37.6%、34.1%、33.3%和31.5%。与2004年调查结果相比，民营企业经营者认为，垄断性行业改革和金融体制改革的紧迫性明显上升，应引起政府及社会各方面的关注（见表28）。

表 28　　对有关改革紧迫性的排序（%）

	2005 年总体	2004 年总体	地区			规模		
			东部	中部	西部	大型	中型	小型
政府职能转变	65.3	84.0	63.6	63.5	75.9	64.6	67.5	63.1
金融体制改革	39.9	34.1	37.9	48.0	37.6	30.5	37.6	43.8
财税体制改革	37.6	39.9	40.6	32.4	31.8	31.7	40.0	36.2
健全社会保障体系	34.1	48.8	33.9	35.2	33.5	41.5	34.0	33.3
促进民营企业发展	33.3	—	33.9	32.0	32.9	42.7	27.7	37.8
垄断性行业改革	31.5	22.9	32.6	25.8	34.1	30.5	32.6	30.2
产权制度改革	17.3	38.3	16.7	22.5	12.4	19.5	20.1	14.3
投资体制改革	14.7	12.3	13.0	16.8	19.4	15.9	14.8	14.3
国有企业改革	9.9	—	9.2	12.3	8.8	8.5	10.6	9.0
土地制度改革	8.9	—	10.6	5.7	5.3	11.0	9.5	7.8

（注：凡引用此报告者均需注明引自中国民主建国会中央委员会企业委员会、中国企业家调查系统——《2005 年千户民营企业经营者问卷跟踪调查报告》）

宏观调控中的民营企业：现状、问题及期望

——2004年千户民营企业问卷调查报告

▌中国民主建国会中央委员会企业委员会

▌中国企业家调查系统

改革开放26年来，我国经济发展取得了举世瞩目的成就。尤其是进入21世纪以来，随着中国加入WTO和市场化程度的提高，我国经济在全球的影响不断加强。其中，民营企业的快速发展和民营经济的强劲增长是我国经济实力不断增强、经济地位不断提升的重要动力。据统计，1990~2002年，民营企业（指除国有及国有控股企业和外商及港澳台投资企业以外的企业）注册资金增长了58倍，私营企业（民营企业中的一部分）从业户数增长了24倍。近年来，民营经济对投资、出口、财政收入增长的贡献不断加大，目前民营企业创造的增加值几乎占国内生产总值的一半，在城镇中的就业比重超过70%，已成为我国经济增长最具活力的动力源和社会发展最重要的稳定源。

2004年年初，我国经济呈现快速增长态势，尤其是固定资产投资出现历史少有的急剧增长，导致煤电油运等资源瓶颈约束加剧。为防止经济过热导致“大起”后的“大落”，中央采取果断措施实施宏观调控，部分行业投资过热的现象得到有效控制。在此背景下，民营企业快速发展的态势是否受到影响，民营企业家对当前宏观经济走势的信心如何，对国家宏观政策和改革战略有何意见和建议，引起决策部门和全社会的广泛关注。为了解上述情况，为政府决策提供参考依据，2004年8月至10月，民建中央企业委员会与中国企业家调查系统共同组织实施了“2004·中国民营企业经营者问卷调查”。

本次调查以民营企业法人代表为调查对象，按行业进行分层随机抽样。调查采用邮寄问卷的方式进行，共发放问卷5000份，回收问卷1583份，其中有效问卷1435份，有效回收率为28.7%。通过部分未填写问卷与填写问卷企业的对比分析，未发现存在系统偏差。

本次调查主要涉及工业、建筑业、交通运输仓储及邮电通信业、批发零售贸易和餐饮业、房地产业和社会服务业等行业，上述行业的企业所占比重分别为69.3%、5%、2.1%、9.2%、5.6%和1.8%。从企业的地区分布看，东部地区占61%，中部和西部地区分别占21%和18%。从企业规模看，大、中、小型企业分别占7.9%、48.9%和43.2%。

本次调查的民营企业经营者年龄主要分布在36~45岁和46~55岁之间，比重分别为31%和45.2%；文化程度为大专及以上的占75.5%，其中具有本科及以上学历的占32.7%。职务为企业董事长或总经理、厂长、党委书记的占97.6%，其他职务的占2.4%。民营企业经营者的就职方式主要是董事会任命和自己创业。其中，50.4%的企业经营者是由董事会任命的，37.9%是通过自己创业的（见表1、表2、表3）。

表1 调查样本基本情况（%）

行业	农林牧渔业	3.1	地区	东部地区	61.0
	采掘业	1.1		中部地区	21.0
	制造业（详见表2）	66.9		西部地区	18.0
	电力、煤气及水的生产和供应业	1.3	规模	大型企业	7.9
	建筑业	5.0		中型企业	48.9
	交通运输、仓储及邮电通信业	2.1		小型企业	43.2
	批发零售贸易和餐饮业	9.2	生产状况	超负荷生产企业	7.5
	房地产业	5.6		正常动作企业	85.2
	社会服务业	1.8		半停产企业	6.9
	文教体卫广电业	0.5		停产企业	0.4
	科学研究及综合技术服务业	0.5			
	其他行业	3.0			

表2 调查样本中制造业基本情况（%）

	制造业细分	%		制造业细分	%
1	食品加工业	3.9	16	化学纤维制造业	1.6
2	食品制造业	2.6	17	橡胶制品业	4.0
3	饮料制造业	0.9	18	塑料制品业	5.2
4	烟草加工业	5.5	19	非金属矿物制品业	2.1
5	纺织业	3.1	20	黑色金属冶炼及压延加工业	2.6
6	服装及其他纤维制品制造业	2.0	21	有色金属冶炼及压延加工业	4.6
7	皮革、毛皮、羽绒及其制品业	1.4	22	金属制品业	8.1
8	木材加工及竹、藤、棕、草制品业	0.9	23	普通机械制造业	8.3
9	家具制造业	1.9	24	专用设备制造业	5.9
10	造纸及纸制品业	1.7	25	交通运输设备制造业	3.9
11	印刷业，记录媒介的复制	0.7	26	电气机械及器材制造业	4.0
12	文教体育用品制造业	0.8	27	电子及通信设备制造业	3.0
13	石油加工及炼焦业	6.6	28	仪器仪表及文化办公用机械制造业	1.3
14	化学原料及化学制品制造业	4.7	29	其他制造业	7.8
15	医药制造业	0.9			

表3 调查对象相关情况（%）

性别	男	95.2	所学专业	文史哲法律	5.9
	女	4.8		经济	38.5
年龄	44岁及以下	5.7		管理	49.1
	45~49岁	31.0		理工农医	21.6
	50~54岁	45.2		其他	7.7
	55岁及以上	18.1	现任职务	董事长	72.5
	平均年龄（岁）	48.2		总经理	63.8
文化程度	初中或以下	4.9		厂长	7.5
	中专、高中	19.6		党委书记	18.7
	大专	42.8		其他	2.4
	大学本科	21.3	任职方式	董事会任命	50.4
	研究生学历	6.0		职代会选举	4.7
	硕士	4.6		自己创业	37.9
	博士	0.8		其他	7.0

注：由于存在跨专业和职务兼任情况，因此所学专业和现任职务比例合计大于100%。

调查结果显示，民营企业经营者相对较为年轻，学历以大专为主，其产生机制比较符合现代企业制度的要求，他们大都注重在市场竞争中提高核心能力。

调查结果显示，在宏观调控作用下，部分民营企业经营状况有所回落，但多数民营企业仍保持一定的盈利水平，企业产销稳定增长，企业订货预期比较乐观，从业人数保持增长，未来投资意愿仍然较强，企业经营状况继续看好。

同时，部分企业经营者认为，宏观调控后企业的贷款、运输和征地难度加大；企业经营者认为，能源紧张、腐败现象、收入差距、环境恶化、行业垄断等是当前经济生活中应引起重视的问题。

企业经营者认为，2004 年以来各地基础设施环境有了进一步改善，政府行政审批手续有所简化，政府办事效率有了一定提高，市场秩序进一步规范，对放宽市场准入限制和公平国民待遇等与民营企业发展密切相关的政策环境的改善给予肯定；企业经营者对近年来不断深化的产权制度改革和健全社会保障体系改革成效给予了积极的评价。

企业经营者呼吁，应加大改革力度，促进政府职能转变，提高政府服务水平，为民营企业发展创造更加良好的外部环境。

一、宏观调控取得成效，存在问题不容忽视

1. 投资、出口、消费需求持续向好

为了从需求结构分析经济增长的驱动因素，本次调查涉及了企业经营者对投资、消费和出口需求状况的判断。

从投资需求看，根据国家统计局的统计数据，2004 年 1 ~2 月我国城镇固定资产投资比 2003 年同期增长 53%，增幅之高为历史所罕见。而在本次调查开始时（2004 年 8 月），宏观调控已收到明显的效果，投资需求迅速回落。调查结果显示，46% 的民营企业经营者认为政府投资需求“很旺”或“较旺”，22.4% 认为“合适”，31.6% 认为“不足”或“严重不足”；48.9% 的民营企业经营者认为民间投资需求“很旺”或“较旺”，14.5% 认为“合适”，36.6% 认为“不足”或“严重不足”（见表 4）。调查结果表明，认为当前投资需求“很旺”或“较旺”的民营企业经营者不足半数，比 2003 年[①]的比重还要低，说明 2003 年以来政府和民间投资迅速攀升的势头在宏观调控的作用下，得到一定程度的缓解。

表 4　民营企业经营者对国民经济需求状况的判断（%）

			很旺	较旺	合适	不足	严重不足
固定资产投资需求	政府投资	2004 年	13.4	32.6	22.4	28.5	3.1
		2003 年	9.8	38.7	25.5	23.2	2.8
	民间投资	2004 年	8.3	40.6	14.5	30.8	5.8
		2003 年	12.6	41.6	17.2	25.0	3.6
消费需求		2004 年	2.3	24.5	32.6	37.5	3.1
		2003 年	2.7	23.0	31.7	40.1	2.5
外贸出口需求		2004 年	4.4	31.1	23.2	37.4	3.9
		2003 年	3.5	32.2	26.4	34.2	3.7

① 本报告出现与 2003 年情况相比时，2003 年的数据源于参加中国企业家调查系统组织实施的“2003・中国企业经营者问卷跟踪调查”的民营企业。

从消费需求看，调查结果显示，26.8%的民营企业经营者认为消费需求“较旺”或“很旺”，比2003年提高1.1个百分点；32.6%认为“合适”，40.6%认为“不足”或“严重不足”（见表4）。

本次调查涉及了企业经营者对2004年企业几方面外部环境变化情况的感受。关于国内市场形势，调查结果显示，30.9%的企业经营者认为好于2003年，44.9%认为“未变”，24.2%认为“恶化”，认为“好转”的比认为“恶化”的多6.7个百分点（见表5）。这表明消费需求不足现象在2003年得到缓解的基础上，2004年仍基本处于好转的趋势当中。

表5　与去年相比，今年国内市场形势变化情况（%）

	恶化	未变	好转	好转－恶化	
				2004年	2003年
总体	**24.2**	**44.9**	**30.9**	**6.7**	**19.9**
东部地区企业	24.3	48.5	27.2	2.8	20.7
中部地区企业	18.5	45.1	36.4	17.9	22.9
西部地区企业	30.3	31.5	38.2	7.9	12.8
大型企业	31.2	36.7	32.1	0.9	23.0
中型企业	25.0	43.9	31.1	6.1	21.6
小型企业	22.0	47.4	30.6	8.6	16.4
国有及国有控股公司	22.4	44.8	32.8	10.4	15.7

从外贸出口需求看，调查结果显示，35.5%的企业经营者认为出口需求“较旺”或“很旺”，23.2%认为“合适”，41.3%认为“不足”或“严重不足”（见表4）。关于企业的出口形势，与2003年相比，31.5%的企业经营者认为“好转”，56.4%认为“不变”，12.1%认为“恶化”，认为“好转”的比认为“恶化”的多19.4个百分点，这一比例比2003年多3个百分点（见表6）。调查结果表明，2004年我国的出口形势基本延续2003年以来的良好发展势头，宏观调控并没有对外贸出口产生明显的制约。

表6　与去年相比，今年出口形势变化情况（%）

	恶化	未变	好转	好转－恶化	
				2004年	2003年
总体	**12.1**	**56.4**	**31.5**	**19.4**	**16.4**
东部地区企业	12.4	55.7	31.9	19.5	16.4
中部地区企业	7.9	60.4	31.7	23.8	19.9
西部地区企业	16.3	54.2	29.5	13.2	11.9
大型企业	11.0	62.6	26.4	15.4	21.1
中型企业	10.8	54.1	35.1	24.3	15.9
小型企业	13.5	58.3	28.2	14.7	15.8
国有及国有控股公司	12.7	62.0	25.3	12.6	8.6

作为宏观调控的成效之一，年初对钢材需求的急剧增长明显趋缓。调查结果显示，只有28.2%的民营企业经营者认目前钢材“供不应求”，49.7%认为“供求平衡”，22.1%认为“供大于求”（见表7）。

表7　2003年与2004年钢材、电力等要素市场供求状况的对比（%）

		供大于求	供求平衡	供不应求
钢材	2004年	22.1	49.7	28.2
	2003年	19.9	51.6	28.5
电力	2004年	1.9	16.4	81.7
	2003年	5.8	33.2	61.0

续表

		供大于求	供求平衡	供不应求
成品油	2004 年	1.7	29.2	69.1
煤炭	2004 年	2.8	23.0	74.2
铁路运输	2004 年	3.7	35.7	60.6
	2003 年	14.5	60.0	25.5

2. 政府宏观调控取得积极成效，同时企业在融资、运输和征地方面难度加大

在本轮宏观调控中，企业尤其是民营企业是否受到影响及其影响的程度有多大引起了社会的广泛关注。调查结果显示，极少有企业没有受到宏观调控的影响，认为“没有影响”的民营企业仅占5.6%。在受到影响的企业当中，57.1%的民营企业经营者认为宏观调控“加大贷款难度”，比国有及国有控股企业①高4.1个百分点，企业对此感受最强烈。认为宏观调控产生的影响排在第二位的是“运输更加困难”，比重为43.6%。“征地更加困难”排在第三位，比重为39.9%。分别各有三成左右的企业经营者认为宏观调控带来“市场需求减弱”和“企业发展前景难以判断”。另外分别有25.9%和19.1%的企业经营者认为宏观调控使企业“投资受到限制”和“行政审批更加严格”（见表8）。

表8　政府宏观调控政策对企业的影响（%）

	总体	地区			规模			国有及国有控股
		东部	中部	西部	大型	中型	小型	
加大贷款难度	**57.1**	53.7	62.0	62.8	62.8	58.9	53.9	53.0
运输更加困难	**43.6**	38.6	52.3	50.8	39.8	44.2	43.9	36.2
征地更加困难	**39.9**	43.0	36.7	33.3	42.5	41.5	37.5	31.9
市场需求减弱	**32.4**	32.6	32.3	31.4	38.1	31.8	31.9	30.5
企业发展前景难以判断	**28.3**	26.6	31.7	30.2	18.6	26.5	32.0	30.6
投资受到限制	**25.9**	25.9	27.3	24.0	35.4	27.4	22.3	23.6
行政审批更加严格	**19.1**	18.2	18.0	22.9	23.9	21.7	15.4	22.7
没有影响	**5.6**	6.4	5.7	2.7	2.7	5.0	6.8	7.0
原材料价格下降	**4.4**	4.6	4.3	3.9	10.6	4.7	2.9	6.2
其他	**7.3**	8.1	6.0	5.8	6.2	6.6	8.3	3.6

从调查结果看，企业经营者感觉突出的是宏观调控后企业的贷款、运输和征地难度加大。本轮宏观调控中银根收紧对加大企业贷款难度是显而易见的。调查结果显示，58.1%的民营企业经营者认为企业目前资金“紧张”（见表9）。从不同地区和类型的企业看，中西部地区民营企业认为宏观调控“加大贷款难度”的比重更大（见表8）。从对企业融资环境的判断结果看也进一步证实了这一点。调查结果显示，41.1%的民营企业经营者认为2004年的融资环境比2003年“恶化”，46.9%认为“未变”，12%认为“好转”，认为“恶化”的比认为“好转”的多29.1个百分点（见表10）。

从资金紧张对企业间相互拖欠的影响情况来看，2004年的资金紧张并没有加剧企业间的相互拖欠，这一现象值得研究。调查结果显示，21.4%的民营企业经营者认为目前企业应收账款“高于正常水平”，62.1%认为处于“正常”水平，16.5%认为“低于正常水平”，情况甚至略好于2003年

① 此比较数据来源于中国企业家调查系统“2004·中国企业经营者问卷跟踪调查”。以下所列比较数据均来自此调查。详情请参见近期《管理世界》。

表9　企业目前的资金情况（%）

		宽裕	正常	紧张	宽裕－紧张
总体	2004年	4.4	37.5	58.1	－53.7
	2003年	7.0	46.3	46.7	－39.7
东部地区企业		4.8	41.7	53.5	－48.7
中部地区企业		3.7	29.6	66.7	－63.0
西部地区企业		4.0	32.0	64.0	－60.0
大型企业		7.1	42.0	50.9	－43.8
中型企业		4.3	37.9	57.8	－53.5
小型企业		3.9	36.2	59.9	－56.0
国有及国有控股公司		6.1	35.4	58.5	－52.4

表10　与去年相比，今年的企业融资环境情况（%）

	恶化	未变	好转	好转－恶化	
				2004年	2003年
总体	**41.1**	**46.9**	**12.0**	**－29.1**	**14.5**
东部地区企业	39.1	49.2	11.7	－27.4	17.6
中部地区企业	44.2	41.4	14.4	－29.8	13.1
西部地区企业	44.2	45.8	10.0	－34.2	6.0
大型企业	50.0	39.1	10.9	－39.1	25.0
中型企业	43.1	44.4	12.5	－30.6	19.5
小型企业	37.2	51.1	11.7	－25.5	4.9
国有及国有控股公司	38.0	48.3	13.7	－24.3	3.5

（2003年23.7%的民营企业经营者认为企业应收账款“高于正常水平”，比2004年多2.3个百分点）。

分行业看，企业目前应收账款较多集中在建筑业和制造业中的医药、金属制品和电气机械等行业，认为应收账款“高于正常水平”的在30%以上（见表11－1、表11－2）。

从“运输”和“征地”情况看，这次宏观调控的影响有明显的区域特征，中西部地区企业感到“运输更加困难”的比重大一些（比东部地区高10多个百分点），而东部地区企业感到“征地更加困难”的比重大一些（比中西部地区高6～10个百分点）（见表8）。从企业经营者对市场供求的判断也能看出，宏观调控并没有使运输紧张尤其是铁路运输紧张的形势得到缓和。调查结果显示，60.6%的民营企业经营者认为铁路运输“供不应求”，比2003年增加35.1个百分点（见表7）。

表11－1　企业目前的应收账款情况（%）

		高于正常	正常	低于正常	低于正常－高于正常
总体	2004年	21.4	62.1	16.5	－4.9
	2003年	23.7	59.8	16.5	－7.2
东部地区企业		22.1	64.2	13.7	－8.3
中部地区企业		20.7	62.0	17.3	－3.4
西部地区企业		20.0	55.6	24.4	4.4
大型企业		15.9	67.3	16.8	0.9
中型企业		21.0	63.3	15.7	－5.3
小型企业		22.8	59.7	17.5	－5.3
国有及国有控股公司		21.6	60.8	17.6	－4.0

表 11－2　　不同行业调查企业目前的应收账款情况（%）

		高于正常	正常	低于正常	低于正常－高于正常
总体	2004 年	21.4	62.1	16.5	－4.9
	2003 年	23.7	59.8	16.5	－7.2
农林牧渔业		9.3	66.3	24.4	15.1
采掘业		8.7	82.6	8.7	0.0
制造业		24.2	59.9	15.9	－8.3
电力、煤气及水的生产和供应业		14.7	64.0	21.3	6.6
建筑业		32.9	38.5	28.6	－4.3
交通运输仓储业		14.1	73.9	12.0	－2.1
批零贸易业		16.8	66.8	16.4	－0.4
餐饮业		25.9	51.9	22.2	－3.7
房地产业		11.3	70.1	18.6	7.3
社会服务业		16.7	66.6	16.7	0.0
其他行业		17.6	60.0	22.4	4.8
食品饮料制造业		21.2	61.0	17.8	－3.4
纺织业		19.8	62.1	18.1	－1.7
服装及其他纤维制品制造业		16.3	69.4	14.3	－2.0
造纸及纸制品业		29.4	53.0	17.6	－11.8
化学原料及化学制品制造业		16.9	66.9	16.2	－0.7
医药制造业		31.5	49.4	19.1	－12.4
化学纤维制造业		16.7	83.3		－16.7
橡胶制品业		9.4	68.7	21.9	12.5
塑料制品业		22.2	46.1	31.7	9.5
非金属矿物制品业		20.7	63.4	15.9	－4.8
黑色金属冶炼及压延加工业		21.8	63.7	14.5	－7.3
有色金属冶炼及压延加工业		17.9	71.8	10.3	－7.6
金属制品业		30.0	57.1	12.9	－17.1
普通机械制造业		25.3	58.3	16.4	－8.9
专用设备制造业		25.2	54.4	20.4	－4.8
交通运输设备制造业		29.6	54.4	16.0	－13.6
电气机械及器材制造业		45.6	45.6	8.8	－36.8
电子及通信设备制造业		23.2	69.6	7.2	－16.0
仪器仪表及文化办公用机械制造业		22.7	68.2	9.1	－13.6

二、企业经营状况良好

1. 企业经营状况良好，比 2003 年有所回落，企业间差异明显

关于企业目前经营状况，调查结果显示，40.6%的企业经营者认为企业经营状况“良好”，48.5%认为“一般”，10.9%认为“不佳”，认为“良好”的比认为“不佳”的多 29.7 个百分点，这一结果比 2003 年和 2002 年的水平分别低 10.6 和 5.9 个百分点，说明民营企业的经营状况有所回落，但仍处于比较良好的景气状态。

不同类型的企业经营状况呈现明显的差异，主要表现为东部地区好于中西部地区；大中型企业好于小型企业；采掘、交通运输、餐饮及以制造业中的黑色冶金、仪器仪表企业明显好于其他行业企业。

从不同地区看，调查结果显示，东部地区企业经营者认为企业经营状况“良好”的比认为“不佳”的多32.6个百分点，而中、西部地区分别为26.2和23.5个百分点左右，前者比后者多6~9个百分点。

从不同规模看，民营小型企业的经营状况明显差于大中型企业。调查结果显示，大、中型民营企业经营者认为企业经营状况“良好”的比认为“不佳”的分别多39.3和40.3个百分点，小型企业只多16个百分点。由此可见，一方面当前的市场竞争中企业规模的大小代表着竞争力的强弱，另一方面，小企业的发展在本轮宏观调控中受到的制约也许是最大的。

与往年不同的是，2004年调查的一个显著特征是国有企业经营状况好于民营企业。调查结果显示，2004年国有企业认为经营状况“良好”的比认为“不佳”的多32.2个百分点，而民营企业则多29.7个百分点。这一方面可能意味着近年来的国有企业改革对其经营状况的改善有一定的促进作用，另一方面也许表明民营企业在此次宏观调控中所受到的影响可能更大些。

从不同行业看，2004年企业经营状况的好坏差异明显。调查结果显示，采掘业、交通运输仓储业、餐饮业以及制造业中的黑色冶金、仪器仪表、电子及通信设备及服装、化纤行业的企业经营者认为企业经营状况“良好”的比认为“不佳”的多44个百分点以上；农林牧渔业、建筑业、房地产业以及制造业中的医药、橡胶、有色冶金、机械等行业介于30~44个百分点之间；制造业中的造纸、塑料、非金属矿物制品等行业的经营状况相对不够理想，认为经营状况“良好”的企业经营者比认为“不佳”的只多不到15个百分点（见表12-1、表12-2、表12-3）。

表12-1　　企业目前的综合经营状况（%）

	目前经营状况				良好-不佳		
	良好	一般	不佳	良好-不佳	2003年	2002年	2001年
总体	**40.6**	**48.5**	**10.9**	**29.7**	**40.3**	**35.6**	**25.1**
东部地区企业	42.9	46.8	10.3	32.6	44.7	41.1	30.1
中部地区企业	37.9	50.4	11.7	26.2	37.0	31.0	22.4
西部地区企业	35.7	52.1	12.2	23.5	30.7	27.1	13.1
大型企业	48.2	42.9	8.9	39.3	59.8	54.7	28.1
中型企业	47.0	46.3	6.7	40.3	46.8	45.4	33.9
小型企业	32.0	52.0	16.0	16.0	26.5	23.2	11.9
国有及国有控股公司	46.1	40.0	13.9	32.2	33.6	—	—

注：“—”表示该年度没有涉及此项调查内容，以下同。

表12-2　　企业目前的综合经营状况（%）

	目前经营状况				良好-不佳		
	良好	一般	不佳	良好-不佳	2003年	2002年	2001年
总体	**40.6**	**48.5**	**10.9**	**29.7**	**40.3**	**35.6**	**25.1**
农林牧渔业	48.8	37.2	14.0	34.8	6.7	50.0	23.9
采掘业	64.3	35.7		64.3	71.4	10.0	15.8
制造业	40.2	47.9	11.9	28.3	40.5	47.7	27.3
电力、煤气及水的生产和供应业	27.8	66.6	5.6	22.2	27.3	—	—

续表

	目前经营状况				良好 - 不佳		
	良好	一般	不佳	良好 - 不佳	2003 年	2002 年	2001 年
建筑业	43.5	47.8	8.7	34.8	45.3	51.4	8.1
交通运输仓储业	52.0	44.0	4.0	48.0	53.8	66.7	42.4
批零贸易业	37.4	53.9	8.7	28.7	42.2	36.2	9.7
餐饮业	54.5	45.5		54.5	30.0	7.7	0.0
房地产业	39.0	54.5	6.5	32.5	44.4	58.8	37.2
社会服务业	36.0	52.0	12.0	24.0	38.5	44.4	11.1
其他行业	36.2	50.0	13.8	22.4	34.4	39.3	37.0

表 12 - 3　　**企业目前的综合经营状况（%）**

	目前经营状况				良好 - 不佳		
	良好	一般	不佳	良好 - 不佳	2003 年	2002 年	2001 年
制造业	40.2	47.9	11.9	28.3	40.5	47.7	27.3
食品饮料制造业	36.2	49.3	14.5	21.7	6.6	21.3	21.0
纺织业	35.4	49.2	15.4	20.0	26.4	50.0	-11.1
服装及其他纤维制品制造业	50.0	44.4	5.6	44.4	54.5	58.6	52.4
造纸及纸制品业	15.8	73.7	10.5	5.3	33.3	19.0	30.3
化学原料及化学制品制造业	32.5	54.5	13.0	19.5	39.7	22.7	26.7
医药制造业	46.0	42.0	12.0	34.0	40.9	50.0	37.2
化学纤维制造业	50.0	50.0		50.0	50.0	-20.0	0.0
橡胶制品业	37.5	62.5		37.5	60.0	33.3	15.0
塑料制品业	29.8	55.3	14.9	14.9	44.0	51.4	37.3
非金属矿物制品业	32.1	48.3	19.6	12.5	24.2	45.8	27.5
黑色金属冶炼及压延加工业	48.0	48.0	4.0	44.0	75.0	20.0	42.1
有色金属冶炼及压延加工业	42.3	50.0	7.7	34.6	53.8	38.5	0.0
金属制品业	32.7	55.1	12.2	20.5	42.4	44.1	29.8
普通机械制造业	48.7	43.8	7.5	41.2	59.7	31.9	29.1
专用设备制造业	54.4	32.6	13.0	41.4	57.1	46.5	49.2
交通运输设备制造业	44.4	38.9	16.7	27.7	38.1	52.4	30.8
电气机械及器材制造业	48.5	42.9	8.6	39.9	53.1	36.1	23.1
电子及通信设备制造业	48.3	48.3	3.4	44.9	52.2	20.0	32.6
仪器仪表及文化办公用机械制造业	54.5	45.5		54.5	22.2	44.4	18.8

2. 企业产销稳定增长，库存基本正常，价格呈回升态势

关于企业目前的生产状态，调查结果显示，7.5%的企业处于超负荷生产状态，比2003年略有提高；85.2%处于正常运作状态，略低于2003年；处于停产、半停产状态企业的比重为7.3%。其中，东部地区停产、半停产企业比重为5.5%，中部地区为7.8%，西部地区为12.5%（见表13）。

与2003年同期相比，51.7%的企业经营者认为企业的生产（服务）量增加，28%认为基本持平，20.3%认为减少，认为增加的比认为减少的多31.4个百分点。这一结果明显低于2003年的41.8个百分点。调查结果表明，经过宏观调控，经济快速扩张的势头得到了控制（见表14）。

表 13

企业生产状况（%）

		总体	地区			规模			国有及国有控股
			东部	中部	西部	大型	中型	小型	
超负荷生产	2004 年	7.5	8.4	7.1	4.7	8.9	9.3	5.2	5.7
	2003 年	6.6	8.2	5.1	3.6	6.1	7.2	6.0	6.3
正常运作	2004 年	85.2	86.1	85.1	82.8	85.7	86.1	84.2	85.2
	2003 年	86.9	87.6	86.7	85.1	92.1	87.8	84.2	83.3
半停产	2004 年	6.9	5.2	7.1	12.5	4.5	4.5	10.1	8.6
	2003 年	6.2	4.2	7.4	10.8	1.8	4.6	9.4	9.7
停产	2004 年	0.4	0.3	0.7		0.9	0.1	0.5	0.5
	2003 年	0.3		0.8	0.4		0.3	0.4	0.7

表 14

企业目前的生产（服务）量情况（%）

		增加	持平	减少	增加 - 减少
总体	2004 年	51.7	28.0	20.3	31.4
	2003 年	57.2	27.4	15.4	41.8
东部地区企业		52.9	27.3	19.8	33.1
中部地区企业		50.9	31.2	17.9	33.0
西部地区企业		48.5	26.8	24.7	23.8
大型企业		53.4	29.5	17.1	36.3
中型企业		54.7	27.4	17.9	36.8
小型企业		48.0	28.4	23.6	24.4
国有及国有控股公司		53.0	29.7	17.3	35.7

关于企业的销售情况，调查结果显示，51.7%的企业经营者认为企业的销售量增加，24.8%认为基本持平，23.5%认为减少，认为增加的比认为减少的多28.2个百分点。与生产情况类似，销售情况弱于2003年。企业销售情况具有明显的规模特征，大型企业销量增加的比减少的多39.7个百分点，中型企业多35.3个百分点，小型企业多18个百分点（见表15）。

表 15

企业目前的销售量情况（%）

		增加	持平	减少	增加 - 减少
总体	2004 年	51.7	24.8	23.5	28.2
	2003 年	57.4	24.3	18.3	39.1
东部地区企业		53.7	24.1	22.2	31.5
中部地区企业		51.0	27.0	22.0	29.0
西部地区企业		45.5	24.8	29.7	15.8
大型企业		57.6	24.5	17.9	39.7
中型企业		55.0	25.3	19.7	35.3
小型企业		46.9	24.2	28.9	18.0
国有及国有控股公司		53.4	26.3	20.3	33.1

从库存情况看，2004年企业的产销衔接还是基本正常的。调查结果显示，72.8%的企业经营者认为企业库存"正常"，比2003年提高近2个百分点；13.6%认为"低于正常水平"；认为库存"高于正常水平"的为13.6%，比2003年提高近2个百分点（见表16）。

表 16

企业目前的库存情况（%）

		高于正常	正常	低于正常	低于正常 - 高于正常
总体	2004 年	13.6	72.8	13.6	0.0
	2003 年	11.8	70.9	17.3	5.5
东部地区企业		13.4	74.7	11.9	-1.5
中部地区企业		12.2	72.2	15.6	3.4
西部地区企业		15.4	67.5	17.1	1.7
大型企业		18.9	75.4	5.7	-13.2
中型企业		13.2	73.6	13.2	0.0
小型企业		13.0	71.4	15.6	2.6
国有及国有控股公司		12.5	71.6	15.9	3.4

关于企业产品（服务）的销售价格，调查结果显示，31.2% 的企业经营者认为比 2003 年同期“上升”，32.5% 认为“持平”，36.3% 认为“下降”，认为“上升”的比认为“下降”的少 5.1 个百分点，而 2003 年则少 32.2 个百分点（见表 17 - 1）。调查结果表明，前些年企业产品销售价格持续下滑的局面有了显著改变。结合企业经营者对通货膨胀的判断，可以认为目前的产品价格处于对企业发展比较有利的温和的上升阶段。

表 17 - 1

不同地区、规模及经济类型企业目前的销售价格情况（%）

		上升	持平	下降	上升 - 下降
总体	2004 年	31.2	32.5	36.3	-5.1
	2003 年	16.7	34.4	48.9	-32.2
东部地区企业		30.4	33.7	35.9	-5.5
中部地区企业		32.6	29.2	38.2	-5.6
西部地区企业		32.2	32.7	35.1	-2.9
大型企业		33.7	26.9	39.4	-5.7
中型企业		32.4	32.1	35.5	-3.1
小型企业		29.3	33.9	36.8	-7.5
国有及国有控股公司		33.5	36.4	30.1	3.4

不过，企业产品销售价格具有明显的行业特征。农林牧渔业、采掘业、房地产业以及制造业中的化工、化纤、黑色冶金、有色冶金行业有接近或超过一半的企业价格在上涨；而医药、橡胶、塑料、汽车、电子、仪器仪表等行业有接近或超过一半的企业的产品价格在下降（见表 17 - 2）。

表 17 - 2

不同行业调查企业目前的销售价格情况（%）

		上升	持平	下降	上升 - 下降
总体	2004 年	31.2	32.5	36.3	-5.1
	2003 年	16.7	34.4	48.9	-32.2
农林牧渔业		50.0	26.2	23.8	26.2
采掘业		80.0	20.0		80.0
制造业		28.0	32.2	39.8	-11.8
电力、煤气及水的生产和供应业		44.4	44.5	11.1	33.3
建筑业		30.8	35.4	33.8	-3.0
交通运输仓储业		30.0	35.0	35.0	-5.0
批零贸易业		35.5	30.9	33.6	1.9
餐饮业		45.4	36.4	18.2	27.2
房地产业		48.6	37.1	14.3	34.3

续表

	上升	持平	下降	上升－下降
社会服务业	13.0	52.2	34.8	－21.8
其他行业	18.5	35.2	46.3	－27.8
食品饮料制造业	40.3	37.3	22.4	17.9
纺织业	20.6	33.3	46.1	－25.5
服装及其他纤维制品制造业	5.9	58.8	35.3	－29.4
造纸及纸制品业	36.8	31.6	31.6	5.2
化学原料及化学制品制造业	52.6	21.1	26.3	26.3
医药制造业	10.0	28.0	62.0	－52.0
化学纤维制造业	50.0		50.0	0.0
橡胶制品业	12.5	25.0	62.5	－50.0
塑料制品业	36.2	12.8	51.0	－14.8
非金属矿物制品业	29.1	32.7	38.2	－9.1
黑色金属冶炼及压延加工业	70.8	12.5	16.7	54.1
有色金属冶炼及压延加工业	53.8	23.1	23.1	30.7
金属制品业	32.7	20.4	46.9	－14.2
普通机械制造业	19.2	42.3	38.5	－19.3
专用设备制造业	4.3	47.9	47.8	－43.5
交通运输设备制造业	8.3	27.8	63.9	－55.6
电气机械及器材制造业	27.0	27.0	46.0	－19.0
电子及通信设备制造业	10.3	41.4	48.3	－38.0
仪器仪表及文化办公用机械制造业	18.2	27.3	54.5	－36.3

关于2004年企业的盈利情况，调查结果显示，有超过一半（52.7%）的企业经营者认为企业目前盈利情况“低于正常水平”，比国有及国有控股企业多13.1个百分点；39.9%认为“正常”，7.4%认为“好于正常水平”（见表18）。

表18　　不同地区、规模及经济类型企业目前的盈利情况（%）

		好于正常	正常	低于正常	好于正常－低于正常
总体	2004年	7.4	39.9	52.7	－45.3
	2003年	5.6	51.1	43.3	－37.7
东部地区企业		6.7	40.3	53.0	－46.3
中部地区企业		8.5	38.8	52.7	－44.2
西部地区企业		8.0	40.4	51.6	－43.6
大型企业		7.3	44.5	48.2	－40.9
中型企业		8.6	41.0	50.4	－41.8
小型企业		6.0	37.6	56.4	－50.4
国有及国有控股公司		11.6	48.8	39.6	－28.0

3. 竞争优势

在市场竞争日趋激烈的情况下，分析企业的竞争优势对于了解当前推动经济增长的微观基础具有十分重要的意义。关于什么是企业的竞争优势，调查结果显示，位居首位的是产品（服务）质量，选择比重为62.7%；其次是“领导者素质”和“内部管理”，选择比重分别为42%和40.3%；再次为“产品（服务）技术”、“持续创新能力”和“产品（服务）价格”，选择比重分别为37.7%、36.8%和35.7%；其他选择比重在20%以上的依次包括“应变能力”（31.2%）、“市场占有率”（24.1%）和“劳动力成本”（20.3%）（见表19）。

表 19　　企业的主要竞争优势（%）

	总体	地区			规模			国有及国有控股
		东部	中部	西部	大型	中型	小型	
产品（服务）质量	**62.7**	63.2	62.0	62.0	58.4	60.5	66.0	58.1
领导者素质	**42.0**	42.0	40.7	43.0	43.4	43.9	39.5	46.6
内部管理	**40.3**	39.5	43.7	39.1	42.5	40.5	39.6	43.5
产品（服务）技术	**37.7**	39.1	34.7	36.8	31.0	36.9	39.8	36.9
持续创新能力	**36.8**	38.5	34.7	33.7	45.1	38.4	33.5	29.2
产品（服务）价格	**35.7**	37.0	33.3	33.7	21.2	33.2	41.1	27.1
应变能力	**31.2**	31.5	32.3	29.5	38.9	29.7	31.7	23.5
市场占有率	**24.1**	22.5	26.3	27.5	27.4	27.0	20.4	26.8
劳动力成本	**20.3**	19.8	23.7	17.8	15.9	18.0	23.6	19.9
良好的企业文化	**19.9**	20.6	19.3	18.2	38.1	22.1	14.1	22.0
人才	**15.8**	16.3	16.0	13.6	19.5	16.7	14.2	15.8
企业学习能力	**12.5**	13.2	11.0	12.0	20.4	12.8	10.7	8.7
上、下游企业合作	**9.8**	10.5	9.7	7.4	8.8	9.6	10.2	11.8
自然资源优势	**9.0**	6.3	12.0	14.3	8.0	9.7	8.4	13.0
政府支持	**8.1**	6.6	7.0	14.3	7.1	8.8	7.4	13.5
资金充裕	**7.2**	7.9	7.0	5.0	8.8	6.8	7.4	6.8
与研究机构合作	**5.0**	4.7	7.0	3.9	3.5	5.1	5.2	4.0
其他	**0.9**	0.7	1.3	1.2		0.6	1.5	0.9

调查结果表明，日趋规范的市场秩序和激烈的市场竞争使作为经济微观主体的企业越来越意识到其产品或服务的质量以及企业的生产技术对于企业能否取得竞争优势至关重要。这一方面要靠科学的内部管理，另一方面要靠持续不断的创新。而这一切优势的取得，都离不开较高的领导者素质。也就是说，企业家在企业竞争中所发挥的关键作用是不可替代的。

分地区看，中部地区选择“劳动力成本低”的比重（23.7%）明显高于东部（19.8%）和西部地区（17.8%），说明人口密度较大且作为劳动力主要输出地的中部地区，“劳动力成本低”可望长期作为该地区的比较优势而存在。中西部地区企业经营者选择“自然资源优势”的比重相对较高，比东部地区高 5~8 个百分点；西部地区选择“政府支持”的比重较高，比东部和中部高 7 个百分点以上。

分企业规模看，与小型企业相比，大型企业在“持续创新能力”、和“良好的企业文化”方面具有明显的优势；而小型企业在“产品（服务）价格”、“劳动力成本”方面具有明显的优势。

与国有企业相比，民营企业选择“持续创新能力”、“产品（服务）价格”、“应变能力”作为竞争优势的比重明显较高，两者相差 8 个百分点左右；国有企业选择“政府支持”的比重明显高于民营企业，两者相差 5.4 个百分点（见表 19）。由此可见，加快国有企业改革步伐对提升国有企业适应市场变化的创新能力和应变能力具有重要意义。

三、未来经济走势预期乐观

1. 企业订货情况良好

企业订货作为宏观经济的先行指标，可以从一个侧面反映未来一个时期的经济走势。调查结果显示，59.7% 的民营企业经营者认为目前企业订货处于“正常”水平，12.8% 认为“高于正常水平”，认为“低于正常水平”的为 27.5%，比 2003 年多 4.7 个百分点（见表 20）。

表 20 企业目前的订货情况（%）

		高于正常	正常	低于正常	高于正常 - 低于正常
总体	2004 年	12.8	59.7	27.5	-14.7
	2003 年	17.2	60.0	22.8	-5.6
东部地区企业		12.4	62.2	25.4	-13.0
中部地区企业		14.7	54.1	31.2	-16.5
西部地区企业		11.9	58.9	29.2	-17.3
大型企业		7.8	70.8	21.4	-13.6
中型企业		15.1	60.3	24.6	-9.5
小型企业		11.1	57.1	31.8	-20.7
国有及国有控股公司		14.7	63.3	22.0	-7.3

关于下期企业订货情况，调查结果显示，39.9%的企业经营者认为企业订货将“增加”，41.3%认为“持平”，18.8%认为会“减少”，认为“增加”的比认为“减少”的多21.1个百分点（见表21）。

与国有企业相比较，民营企业当前的订货情况略差一些，但对下期订货的预期更乐观一些，认为订货将增加的比国有及国有控股企业多5.3个百分点。调查结果表明，当前民营企业订货总体上是正常的，未来订货预期比较乐观。

表 21 对下期订货情况的预计（%）

		增加	持平	减少	增加 - 减少
总体	2004 年	39.9	41.3	18.8	21.1
	2003 年	51.1	36.6	12.3	38.8
东部地区企业		40.5	41.9	17.6	22.9
中部地区企业		38.0	41.2	20.8	17.2
西部地区企业		40.3	39.4	20.3	20.0
大型企业		39.2	43.2	17.6	21.6
中型企业		42.4	40.9	16.7	25.7
小型企业		37.3	41.3	21.4	15.9
国有及国有控股公司		34.6	47.5	17.9	16.71

2. 未来投资意愿增强

企业未来的投资意向对未来经济走势会产生重要影响。调查结果显示，59.4%的民营企业经营者认为企业四季度计划投资额将“增长”，25.2%认为“不变”，15.4%认为将“减少”，认为“增加”的比认为“减少”的多44个百分点。民营企业有近6成计划增加投资，而国有企业计划增加投资的只占一半左右（见表22）。由此可见，民营企业未来的投资意愿还是比较强烈的，仍然是推动投资增长的重要动力。

表 22 对未来计划投资额的预计（%）

		增长	不变	减少	增长 - 减少
总体	2004 年	59.4	25.2	15.4	44.0
	2003 年	66.7	23.3	10.0	56.7
东部地区企业		60.0	25.5	14.5	45.5
中部地区企业		58.7	23.7	17.6	41.1
西部地区企业		58.2	26.4	15.4	42.8
大型企业		63.6	17.3	19.1	44.5
中型企业		62.0	23.7	14.3	47.7

续表

	增长	不变	减少	增长－减少
小型企业	55.8	28.4	15.8	40.0
国有及国有控股公司	51.3	30.6	18.1	33.2

3. 从业人数保持增长，就业结构问题突出

从企业经营者对未来从业人数的预期也可以看出经济仍将保持较快增长的态势。调查结果显示，38.7%的民营企业经营者认为未来一个时期企业将“增加”从业人数，48.3%认为保持现有人数，13%认为从业人数将“减少”，认为“增加”的比认为“减少”的多25.7个百分点；而国有及国有控股企业从业人数将“增加”的比将“减少”的少11.6个百分点。

从不同地区看，东部地区从业人数将“增加”的占41.3%，“持平”的占“45.8%，“减少”的占12.9%，认为“增加”的比认为“减少”的多28.4个百分点，比中西部地区高6～7个百分点（见表23）。

表23　对企业下期从业人数的预期（%）

	增加	持平	减少	增加－减少
总体	**38.7**	**48.3**	**13.0**	**25.7**
东部地区企业	41.3	45.8	12.9	28.4
中部地区企业	33.1	55.1	11.8	21.3
西部地区企业	36.9	48.4	14.7	22.2
大型企业	46.8	42.2	11.0	35.8
中型企业	40.3	46.4	13.3	27.0
小型企业	35.4	51.4	13.2	22.2
国有及国有控股公司	17.3	53.8	28.9	－11.6

调查结果一方面说明民营企业的发展势头仍然十分强劲，另一方面也说明缓解就业压力关键要靠大力发展民营企业。东部与中西部地区对劳动力增长需求的差异将继续导致农村富余劳动力向东部沿海地区流动。

总体来看，民营企业就业人员将保持增长，但企业需求更多的是技术人员（包括技术工人）、营销人员等熟练的劳动力，而普通工人的需求增长并不强劲。调查结果显示，超过一半（54.4%）的企业经营者认为当前“缺乏熟练劳动力”问题“严重”，15.9%认为“非常严重”，只有29.7%认为“不太严重”（见表24）。

表24　对缺乏熟练劳动力问题的判断（%）

	不太严重	严重	非常严重	不太严重－非常严重
总体	**29.7**	**54.4**	**15.9**	**13.8**
东部地区企业	29.3	54.5	16.2	13.1
中部地区企业	34.8	53.1	12.1	22.7
西部地区企业	25.6	55.3	19.1	6.5
大型企业	30.9	55.5	13.6	17.3
中型企业	30.7	53.6	15.7	15.0
小型企业	28.6	54.8	16.6	12.0
国有及国有控股公司	38.7	46.2	15.1	23.6

与2003年相比，48.8%的企业增加了技术人员，比减少技术人员的企业多43.3个百分点，技术工人人数的增加情况类似；47.6%的企业增加了营销人员，比减少营销人员的企业多40.7个百分点。

而增加普通员工的企业只比减少普通员工的企业多17.1个百分点（见表25）。

表25　与去年相比，今年企业的用工情况（%）

	减少	持平	增加	增加-减少
技术人员	5.5	45.7	48.8	43.3
管理人员	13.4	54.9	31.7	18.3
营销人员	6.9	45.5	47.6	40.7
普通员工	23.6	35.7	40.7	17.1
其中：技术工人	6.4	41.8	51.8	45.4

4. 企业经营状况继续看好

根据宏观背景和市场形势，企业经营者对未来企业经营状况预期乐观，但乐观程度比2003年有所降低。调查结果显示，37%的民营企业经营者认为四季度企业经营状况将“好转”，54.2%认为“不变”，8.8%认为会“恶化”，认为“好转”的比认为“恶化”的多28.2个百分点，比2003年减少11个百分点。相对来说，国有企业对未来预期的乐观程度要低一些，28.2认为“好转”，62.1%认为“不变”，9.7%认为“恶化”，认为“好转”的比认为“恶化”的多18.5个百分点，比民营企业低近10个百分点。

分行业看，农林牧渔业、电力煤气及水的生产和供应业、交通运输、社会服务业以及制造业中的食品、服装、造纸、医药、橡胶、交通运输设备、电子及通信设备等行业的民营企业预期比较乐观，认为“好转”的比认为“恶化”的多30个百分点以上（见表26-1、表26-2）。

表26-1　对下期综合经营状况的预计（%）

	下期经营状况			好转-恶化	
	好转	不变	恶化	2004年	2003年
总体	**37.0**	**54.2**	**8.8**	**28.2**	**39.2**
东部地区企业	35.4	56.3	8.3	27.1	38.0
中部地区企业	37.5	54.1	8.4	29.1	45.1
西部地区企业	42.1	47.0	10.9	31.2	37.5
大型企业	33.6	54.3	12.1	21.5	34.8
中型企业	38.5	53.8	7.7	30.8	42.1
小型企业	35.9	54.5	9.6	26.3	37.2
国有及国有控股公司	28.2	62.1	9.7	18.5	28.4

表26-2　对下期综合经营状况的预计（%）

	下期经营状况			好转-恶化	
	好转	不变	恶化	2004年	2003年
总体	**37.0**	**54.2**	**8.8**	**28.2**	**39.2**
农林牧渔业	40.5	50.0	9.5	31.0	50.0
采掘业	28.6	64.3	7.1	21.5	28.6
制造业	37.4	53.4	9.2	28.2	38.5
电力、煤气及水的生产和供应业	44.4	44.5	11.1	33.3	45.5
建筑业	28.8	62.1	9.1	19.7	27.6
交通运输仓储业	48.0	40.0	12.0	36.0	34.6
批零贸易业	33.6	57.6	8.8	24.8	33.6
餐饮业	27.3	72.7		27.3	20.0
房地产业	29.3	56.0	14.7	14.6	47.2

续表

	下期经营状况			好转－恶化	
	好转	不变	恶化	2004年	2003年
社会服务业	39.1	56.6	4.3	34.8	55.6
其他行业	43.9	54.3	1.8	42.1	45.3
食品饮料制造业	59.4	31.9	8.7	50.7	52.0
纺织业	34.9	52.4	12.7	22.2	21.6
服装及其他纤维制品制造业	31.4	68.6		31.4	50.0
造纸及纸制品业	38.9	61.1		38.9	28.6
化学原料及化学制品制造业	32.4	54.1	13.5	18.9	23.9
医药制造业	38.0	56.0	6.0	32.0	55.8
化学纤维制造业		100.0			-50.0
橡胶制品业	37.5	56.2	6.3	31.2	20.0
塑料制品业	39.1	39.2	21.7	17.4	28.0
非金属矿物制品业	33.3	53.7	13.0	20.3	35.5
黑色金属冶炼及压延加工业	24.0	72.0	4.0	20.0	35.0
有色金属冶炼及压延加工业	33.3	58.4	8.3	25.0	34.6
金属制品业	30.6	59.2	10.2	20.4	39.4
普通机械制造业	35.0	53.7	11.3	23.7	29.5
专用设备制造业	38.6	50.0	11.4	27.2	36.7
交通运输设备制造业	41.7	55.5	2.8	38.9	66.7
电气机械及器材制造业	36.1	50.0	13.9	22.2	37.5
电子及通信设备制造业	46.4	46.5	7.1	39.3	56.5
仪器仪表及文化办公用机械制造业	36.4	54.5	9.1	27.3	66.7

四、民营企业经营者对外部环境及改革的看法及相关建议

1. 基础设施环境不断改善

在近年来积极的财政政策促进下，各地加大了基础设施建设的投资力度。调查结果显示，66.9%的民营企业经营者认为目前企业经营所在地的基础设施环境比2003年“好转”，28.5%认为“未变”，仅4.6%认为“恶化”，认为“好转”的比认为“恶化”的多62.3个百分点（见表27）。

表27　　与去年相比，今年的基础设施环境变化情况（%）

	恶化	未变	好转	好转－恶化	
				2004年	2003年
总体	**4.6**	**28.5**	**66.9**	**62.3**	**68.4**
东部地区企业	4.4	29.1	66.5	62.1	67.9
中部地区企业	5.2	25.3	69.5	64.3	69.8
西部地区企业	3.3	30.1	66.6	63.3	68.8
大型企业	4.5	28.2	67.3	62.8	75.4
中型企业	5.9	26.8	67.3	61.4	67.8
小型企业	3.0	30.6	66.4	63.4	67.3
国有及国有控股公司	5.9	33.2	60.9	55.0	63.9

关于企业对所在城市基础设施的满意程度，调查结果显示，6成以上的民营企业经营者表示“满意”，3成表示“不满意”，不到1成表示“说不清”。不过，这种满意状况具有明显的地区差异。东部地区企业经营者认为所在城市基础设施“满意”的占近7成，而中西部地区认为“满意”的只有一

半左右（见表28）。

表28 企业所在城市的基础设施状况（%）

	不满意			说不清	满意		
	非常不满意	比较不满意	小计		比较满意	非常满意	小计
总体	**5.2**	**24.9**	**30.1**	**8.2**	**58.1**	**3.6**	**61.7**
东部地区企业	4.1	20.3	24.4	7.8	63.5	4.3	67.8
中部地区企业	5.1	32.5	37.6	8.9	51.4	2.1	53.5
西部地区企业	8.7	31.6	40.3	8.7	48.2	2.8	51.0
大型企业	5.4	19.6	25.0	5.4	65.1	4.5	69.6
中型企业	4.9	26.3	31.2	7.3	57.0	4.5	61.5
小型企业	5.5	24.5	30.0	9.8	57.9	2.3	60.2
国有及国有控股公司	4.9	29.8	34.7	6.9	56.3	2.1	58.4

2. 政府办事效率有所提高

关于政府办事效率，调查结果显示，37.1%的民营企业经营者认为比2003年有所“提高”，51.1%认为“未变”，11.8%认为“降低”，认为“提高”的比认为“降低”的多25.3个百分点。分地区看，东部和中部地区政府办事效率的提高程度比西部地区更大一些（见表29）。

表29 与去年相比，今年的政府办事效率不高情况（%）

	恶化	未变	好转	好转-恶化	
				2004年	2003年
总体	**11.8**	**51.1**	**37.1**	**25.3**	**34.0**
东部地区企业	10.4	52.5	37.1	26.7	35.7
中部地区企业	11.0	49.1	39.9	28.9	33.2
西部地区企业	17.0	48.6	34.4	17.4	29.1
大型企业	9.9	60.4	29.7	19.8	33.3
中型企业	11.5	49.6	38.9	27.4	38.9
小型企业	12.5	51.1	36.4	23.9	27.1
国有及国有控股公司	13.1	57.2	29.7	16.6	27.3

具体到政府行政审批手续过多的情况，调查结果显示，44.3%的民营企业经营者认为情况有所“好转”，45.4%认为“未变”，10.3%认为“恶化”，认为“好转”的比认为“恶化”的多34个百分点（见表30）。值得注意的是，民营企业认为“好转”的比重明显高于国有及国有控股企业，两者相差7.3个百分点，说明目前国有企业更多地受到行政审批的制约。

表30 与去年相比，今年的行政审批手续过多情况（%）

	恶化	未变	好转	好转-恶化
总体	**10.3**	**45.4**	**44.3**	**34.0**
东部地区企业	10.5	44.5	45.0	34.5
中部地区企业	8.5	48.4	43.1	34.6
西部地区企业	10.9	46.0	43.1	32.2
大型企业	12.7	47.3	40.0	27.3
中型企业	10.2	45.2	44.6	34.4
小型企业	9.9	45.4	44.7	34.8
国有及国有控股公司	10.1	52.9	37.0	26.9

从企业对所在城市的政府办事效率的评价情况可以看出，虽然企业经营者认为政府的办事效率在

提高，但他们还是寄望政府进一步提高办事效率。调查结果显示，37.7%的民营企业经营者对所在城市政府办事效率表示“满意”，44.3%表示“不满意”，18%表示“说不清”，认为“不满意”的比认为“满意”的多6.6个百分点。比较而言，东部地区企业经营者对当地政府办事效率的满意程度比中西部地区高一些（见表31）。

表31　企业所在城市的政府办公效率状况（%）

	不满意			说不清	满意		
	非常不满意	比较不满意	小计		比较满意	非常满意	小计
总体	**11.4**	**32.9**	**44.3**	**18.0**	**36.2**	**1.5**	**37.7**
东部地区企业	8.4	31.2	39.6	20.8	38.2	1.4	39.6
中部地区企业	13.7	35.8	49.5	14.8	34.0	1.7	35.7
西部地区企业	18.3	35.4	53.7	12.4	32.3	1.6	33.9
大型企业	11.6	30.4	42.0	14.3	42.8	0.9	43.7
中型企业	9.9	33.0	42.9	18.2	37.1	1.8	38.9
小型企业	13.0	33.4	46.4	18.4	33.9	1.3	35.2
国有及国有控股公司	11.0	37.4	48.4	17.5	32.9	1.2	34.1

3. 市场秩序进一步规范

关于市场秩序，本次调查涉及了地方保护、不合理费用摊派、招投标及资质认定方面的规范化等问题。

关于地方保护现象，调查结果显示，27%的企业经营者认为比2003年有所“好转”，61.8%认为“未变”，11.2%认为“恶化”，认为“好转”的比认为“恶化”的多15.8个百分点（见表32）。

关于不合理费用摊派，调查结果显示，41.2%的企业经营者认为比2003年有所“好转”，45%认为“未变”，13.8%认为“恶化”，认为“好转”的比认为“恶化”的多27.4个百分点（见表32）。

关于项目招投标规范化程度，调查结果显示，34.8%的企业经营者认为比2003年“好转”，49%认为“未变”，16.2%认为“恶化”，认为“好转”的比认为“恶化”的多18.6个百分点（见表32）。

关于各类企业资质认定的规范化程度，调查结果显示，34.2%的企业经营者认为比2003年“好转”，51.6%认为“未变”，14.2%认为“恶化”，认为“好转”的比认为“恶化”的多20个百分点（见表32）。

关于知识产权保护情况，调查结果显示，39.5%的企业经营者认为比2003年“好转”，54.7%认为“未变”，5.8%认为“恶化”，认为“好转”的比认为“恶化”的多33.7个百分点（见表32）。

表32　与去年相比，今年企业的外部环境变化情况（%）

	恶化	未变	好转	好转-恶化
地方保护现象	11.2	61.8	27.0	15.8
不合理费用摊派	13.8	45.0	41.2	27.4
不规范招投标	16.2	49.0	34.8	18.6
不规范资质认定	14.2	51.6	34.2	20.0
知识产权保护	5.8	54.7	39.5	33.7

近年来，民营企业关于倡导公平国民待遇、放宽市场准入限制的要求一直都比较强烈。关于公平国民待遇，调查结果显示，32.1%的企业经营者认为比2003年“好转”，58.2%认为“未变”，9.7%认为“恶化”，认为“好转”的比认为“恶化”的多22.4个百分点。关于市场准入限制，调查结果显示，42.9%的企业经营者认为比2003年“好转”，51.3%认为“未变”，5.8%认为“恶化”，认为

“好转”的比认为“恶化”的多37.1个百分点。值得关注的是，对于这两条与民营企业发展密切相关的内容，民营企业尤其是私营企业的乐观程度远高于国有企业（见表33、表34）。

表33　　与去年相比，今年公平国民待遇情况（%）

	恶化	未变	好转	好转-恶化
总体	**9.7**	**58.2**	**32.1**	**22.4**
东部地区企业	8.4	58.7	32.9	24.5
中部地区企业	12.8	57.7	29.5	16.7
西部地区企业	10.5	56.9	32.6	22.1
大型企业	10.1	64.2	25.7	15.6
中型企业	9.4	58.9	31.7	22.3
小型企业	10.0	56.3	33.7	23.7
国有及国有控股公司	9.8	64.0	26.2	16.4

表34　　与去年相比，今年市场准入限制情况（%）

	恶化	未变	好转	好转-恶化
总体	**5.8**	**51.3**	**42.9**	**37.1**
东部地区企业	5.4	51.7	42.9	37.5
中部地区企业	4.9	48.5	46.6	41.7
西部地区企业	8.0	52.9	39.1	31.1
大型企业	5.5	51.8	42.7	37.2
中型企业	6.4	51.3	42.3	35.9
小型企业	5.2	51.1	43.7	38.5
国有及国有控股公司	6.9	58.6	34.5	27.6

以上调查结果表明，各地政府在提高政府办事效率、规范市场秩序方面所做的工作得到了民营企业经营者积极的肯定，他们对创造宽松市场环境，清除民营企业发展的障碍持乐观的态度。

4. 能源紧张、腐败现象、收入差距、环境恶化、行业垄断为当前经济生活中的五个主要问题

我国经济目前处于关键的发展时期，拥有良好的发展机遇，也面临着很多困难和挑战。为此，本次调查就当前经济发展中存在的问题请民营企业经营者提出自己的看法。调查结果显示，按严重程度排序，民营企业经营者认为排在前5位的依次是“能源供应紧张”（6.18）①、“腐败现象”（6.06）、“收入差距扩大”（5.83）、“环境保护”（5.73）和“部分行业垄断”（5.54），得分均在5分以上（见表35）。

能源问题被列为当前经济生活中的首要问题，充分反映了能源紧张对企业的影响和企业经营者对能源问题的高度关注。从供求情况看，调查结果显示，81.7%的企业经营者认为电力“供不应求”，比2003年增加20.7个百分点；74.2%认为煤炭“供不应求”；69.1%认为成品油“供不应求”（见表7）。由此可见，目前能源已成为影响经济快速增长的突出的瓶颈制约。

在上述五个问题之后，按问题严重程度排序，企业经营者依次选择的是“资金短缺”（4.83）、“‘三农’问题”（4.72）、“缺乏国际竞争力”（4.65）、“潜在金融风险”（4.50）、“缺乏熟练劳动力”

① 本次调查提出了“需求不足”、“失业”、“通货膨胀”、“缺乏国际竞争力”、“出口贸易壁垒”、“缺乏熟练劳动力”、“资金短缺”、“投资过热”、“‘三农’问题”、“潜在金融风险”、“服务业发展滞后”、“收入差距扩大”、“环境保护”、“能源供应紧张”、“部分行业垄断”、“腐败现象“等16个问题，由企业经营者对每个问题做出“非常严重”或“严重”或“不太严重”的判断。对选择“非常严重”的赋予9分，选择“严重”的赋予5分，选择“不太严重”的赋予1分。括号内为根据企业经营者的判断平均计算的分值，得分越高说明问题越严重，可能分值在1~9分之间。

(4.44) 和“失业” (4.12)，得分在4~5之间。此外，企业经营者还认为“服务业发展滞后”(3.85)、“出口贸易壁垒”(3.8) 和“投资过热”(3.52) 问题比较严重，得分在3~4分之间。

相对来说，有2/3左右的企业经营者认为“需求不足”(2.54) 和“通货膨胀”(2.5) 问题不太严重（见表35)。

调查结果同时表明，相对于其他问题来说，民营企业经营者认为投资过热问题的严重程度并不太高。具体来看，48%的民营企业经营者认为投资过热问题“不太严重”，40.9%认为“严重”，11.1%认为“非常严重”。而对于目前舆论普遍关注的潜在的通货膨胀问题，企业经营者普遍表示不会出现严重问题，其严重程度在企业经营者看来在所有16个问题中是最低的（见表35)。

表35　对当前我国经济生活中有关问题严重程度的评价（%）

	不太严重	严重	非常严重	不太严重－非常严重	评价值
能源供应紧张	13.1	44.2	42.7	-29.6	6.184
腐败现象	14.1	45.2	40.7	-26.6	6.064
收入差距扩大	16.4	46.4	37.2	-20.8	5.832
环境保护	18.2	45.3	36.5	-18.3	5.732
部分行业垄断	22.3	42.1	35.6	-13.3	5.537
资金短缺	27.9	48.5	23.6	4.3	4.833
“三农”问题	31.2	44.7	24.1	7.1	4.716
缺乏国际竞争力	26.1	56.7	17.2	8.9	4.649
潜在金融风险	32.0	48.5	19.5	12.5	4.495
缺乏熟练劳动力	29.7	54.4	15.9	13.8	4.443
失业	35.3	51.5	13.2	22.1	4.121
服务业发展滞后	39.9	49.0	11.1	28.8	3.848
出口贸易壁垒	39.6	50.7	9.7	29.9	3.804
投资过热	48.0	40.9	11.1	36.9	3.523
需求不足	64.5	32.5	3.0	61.5	2.540
通货膨胀	67.0	28.5	4.5	62.5	2.500

注：评价值＝（“不太严重”比重×1＋“严重”比重×5＋“非常严重”比重×9）÷100。

5. 经济体制改革成效明显

随着经济的持续快速发展，改革也在不断深入。本次调查请民营企业经营者对政府职能转变、产权制度改革、金融制度改革、财税体制改革、投资体制改革、国有资产管理体制改革、垄断性行业改革和健全社会保障体系等方面改革进行评价。调查结果显示，认为这些改革取得成效的比重大多明显高于认为“尚未见效”的，尤其是对产权制度改革、健全社会保障体系等所取得的成效评价较高，认为“效果很好”或“效果较好”的比重分别为49.2%和46.1%。对于其他改革的评价按取得成效程度的高低排列依次是：投资体制改革、政府职能转变、国有资产管理体制改革、财税体制改革、金融体制改革和垄断性行业改革（见表36)。

表36　对近两年来有关经济体制改革成效的评价（%）

	尚未见效	效果一般	效果较好	效果很好	效果较好＋效果很好
产权制度改革	7.9	42.9	45.2	4.0	49.2
健全社会保障体系	10.8	43.1	42.3	3.8	46.1

续表

	尚未见效	效果一般	效果较好	效果很好	效果较好+效果很好
投资体制改革	13.3	49.8	35.0	1.9	36.9
政府职能转变	15.5	57.4	26.0	1.1	27.1
国有资产管理体制改革	17.8	55.3	24.7	2.2	26.9
财税体制改革	24.5	52.0	21.2	2.3	23.5
金融体制改革	30.2	50.0	18.1	1.7	19.8
垄断性行业改革	37.2	50.9	11.5	0.4	11.9

6. 政府职能转变是深化改革的关键

当请民营企业经营者提出当前最重要的三项改革时，调查结果显示，绝大多数（84%）的企业经营者首选政府职能转变。由此可见，企业经营者对政府职能转变在当前改革中的关键作用寄予很大期望。企业经营者选择的其他三项重要的改革依次是健全社会保障体系、财税体制改革和产权制度改革，选择比重分别为48.8%、39.9%和38.3%（见表37）。

与国有企业相比，民营企业更重视财税体制改革和金融体制改革，认为其重要的比重比国有及国有控股企业多13~14个百分点；国有企业更重视产权制度改革和国有资产管理体制改革，认为其重要的比重比民营企业多15.6和20.1个百分点（见表37）。

表37　对近两年来有关经济体制改革成效的评价（%）（被选为重要三项的改革）

	总体	地区			规模			国有及
		东部	中部	西部	大型	中型	小型	国有控股
政府职能转变	**84.0**	84.9	84.3	80.2	85.8	86.0	81.6	80.4
健全社会保障体系	**48.8**	48.5	51.3	46.9	41.6	50.4	48.4	58.5
财税体制改革	**39.9**	42.0	33.0	41.1	32.7	39.7	41.7	26.9
产权制度改革	**38.3**	37.7	42.3	35.7	38.9	38.7	38.0	53.9
金融体制改革	**34.1**	32.9	36.0	36.0	37.2	34.2	33.3	19.8
垄断性行业改革	**22.9**	23.5	20.3	24.0	26.5	20.7	24.6	17.9
投资体制改革	**12.3**	11.0	12.7	16.3	13.3	11.1	13.4	7.6
国有资产管理体制改革	**8.9**	9.3	7.0	9.3	10.6	8.3	9.1	29.0

7. 树立科学发展观，提高政府服务水平

要加快政府职能的转变，非常重要的一点是观念上的转变。对地方政府而言，树立正确的政绩观和科学的发展观对政府职能的成功转变至关重要。从企业经营者对用什么考察地方政府政绩可以看出对政府职能转变方向的期待。调查结果显示，民营企业经营者认为考察地方政府政绩的主要因素首先应该是“人民生活水平”和“社会安定”，选择比重分别为59.4%和57.9%。此外，民营企业经营者还比较看重地方政府在“环境保护”（34.5%）、“公共服务水平”（28%）以及就业状况（26.1%）和“GDP增长速度”（26%），选择“促进支柱产业发展”（22.8%）比重并不高。（见表38）。调查结果表明，企业经营者认为，考察地方政府政绩，主要看这些地方政府官员是否能维护一方平安，人民安居乐业，而不希望政府相互攀比GDP增长速度，超越市场行为，过多地干预地方经济发展。

如何提高政府服务水平，对企业乃至地方经济的发展是至关重要的。调查结果显示，在企业选择投资地点时主要考虑的因素中，民营企业经营者首选的就是“政府服务水平”，选择比重高达72.3%，比考虑“经营成本”（69.9%）和“基础设施状况”（58.6%）分别高2.4和13.7个百分点（见表39）。由此可见，企业经营者认为，一个地区政府服务水平的高低，对于企业决定是否在该地区投资起着最重要的作用。

表38　考察地方政府政绩的主要因素（%）

	总体	地区			规模			国有及国有控股
		东部	中部	西部	大型	中型	小型	
人民生活水平	59.4	61.4	55.7	56.2	61.9	59.6	58.7	57.2
社会安定	57.9	60.4	54.7	53.1	59.3	58.5	57.1	54.1
环境保护	34.5	36.9	30.7	31.0	30.1	33.4	36.7	36.7
公共服务水平	28.0	28.6	27.7	26.4	33.6	27.4	27.5	30.0
就业状况	26.1	23.5	28.0	32.9	30.1	25.1	26.4	31.8
GDP增长速度	26.0	25.1	28.0	26.7	21.2	28.1	24.6	23.5
促进支柱产业发展	22.8	21.0	25.7	26.0	29.2	25.1	19.1	17.3
维护市场秩序	17.4	18.0	17.3	15.9	20.4	17.4	16.8	22.9
弱势群体保护	4.9	4.8	5.3	4.7	2.7	4.9	5.5	4.6
其他	0.6	0.1	0.7	1.6		0.3	1.0	0.3

表39　企业选择投资地点时主要考虑的因素（%）

	总体	地区			规模			国有及国有控股
		东部	中部	西部	大型	中型	小型	
政府服务水平	72.3	73.1	74.7	67.1	74.3	74.9	68.9	74.7
经营成本	69.9	68.0	70.7	75.2	77.9	66.6	72.2	69.1
基础设施状况	58.6	59.2	58.7	57.0	57.5	59.3	58.1	60.4
产业配套能力	43.8	44.4	42.3	43.4	32.7	45.5	43.9	37.7
对外开放程度	38.4	41.5	35.0	31.8	40.7	40.7	35.4	37.2
当地文化是否有利于经商	34.4	36.8	32.7	28.3	34.5	36.4	32.0	34.2
信息发达程度	33.8	35.6	34.0	27.5	30.1	34.5	33.7	36.3
消费水平	29.4	25.9	32.3	38.4	37.2	28.5	29.0	34.9
经济规模	28.8	26.5	33.3	31.4	41.6	28.5	26.9	30.7
人口规模	14.9	13.1	14.3	21.7	21.2	13.8	15.0	13.9
其他	3.3	2.9	2.7	4.7	1.8	3.3	3.6	1.4

（注：凡引用此报告者均需注明引自民建中央企业委员会、中国企业家调查系统——《2004年千户民营企业问卷调查报告》）

“非典”对企业经营的影响
——2003年千户企业经营状况快速问卷调查报告

为及时了解“非典”对企业经营的影响，掌握当前企业面临的困难及亟待解决的问题，更好地贯彻中央“两手抓”的方针，中国企业家调查系统①于近期进行了“‘非典’对我国企业经营的影响快速问卷调查”。

本次调查以企业法人代表为调查对象，于2003年5月30日发出调查问卷2000份，截至6月10日，通过传真、邮寄共回收有效问卷965份，有效回收率为48.3%。调查样本主要分布在工业、批发零售贸易业、建筑业、交通运输等行业。从调查企业地区分布看，受“非典”影响较大的北京、广东及华北其他地区（包括天津、河北、山西、内蒙古）分别占8.1%、4.8%和13.9%，除北京、广东、天津、河北之外的东部其他地区占38.3%，除山西、内蒙古之外的中西部其他地区占34.9%。从企业规模看，大、中、小型企业分别占15.1%、56.6%和28.2%。从企业经济类型看，国有企业占35%，非国有企业占65%。调查对象的职务为董事长的占31.8%，总经理占47.9%，厂长占13.5%，其他职务占6.8%（见表1、表2）。

表1　　调查样本基本情况（%）

行业	制造业（详见表2）	71.4	经济类型	国有企业	35.0
	建筑业	3.6		私营企业	14.1
	交通运输、仓储业	2.5		股份有限公司	18.5
	批发零售贸易业	10.0		有限责任公司	9.1
	房地产业	2.3		外商及港澳台投资企业	14.8
	社会服务业	3.6		其他类型企业	8.5
	其他行业	6.6	规模	大型	15.1
地区	北京	8.1		中型	56.6
	广东	4.8		小型	28.2
	华北其他地区	13.9	职务情况	董事长	31.8
	东部其他地区	38.3		总经理	47.9
	中西部其他地区	34.9		厂长	13.5
				其他	6.8

① 注：中国企业家调查系统（英文缩写CESS）是由国务院发展研究中心人才中心、国务院研究室工交司、国家经贸委企业改革司、国家统计局综合司、中国企业联合会研究部联合发起成立的。自1993年以来，坚持每年一度的大规模企业经营者问卷跟踪调查工作。

表 2　　调查样本中制造业基本情况（%）

	制造业细分	%		制造业细分	%
1	食品、饮料、烟草	6.7	7	冶金工业	5.6
2	纺织业	14.5	8	机械类制造业	26.1
3	轻工业	9.0	9	交通运输设备制造业	4.4
4	石化类制造业	9.9	10	电子及通信设备制造业	8.5
5	医药制造业	3.9	11	其他制造业	4.9
6	非金属矿物制品业	6.5			

调查结果表明：大部分企业经营者认为“非典”波及经济中的大多数行业，第三产业受影响相对较大；企业的国内外市场和生产经营各环节不同程度受到影响；固定资产投资形势相对比较平稳；“非典”影响可望是短期的，企业经营者预期第三季度形势将趋于好转，对我国实现年度经济增长目标持谨慎乐观的态度。

调查结果显示，大多数企业经营者对政府在抗击非典中所采取的措施给予了积极的评价，普遍认为这些措施是有力的，效果是明显的。企业经营者呼吁全社会增强信心，尽快恢复正常的社会经济秩序，促进经济的快速增长。

一、实现全年增长目标谨慎乐观，部分行业受冲击较大

本次调查涉及了企业经营者对所管理的企业、所在行业以及宏观经济运行受“非典”影响程度的判断和对 2003 年能否实现年度经济增长目标的看法。

关于“非典”对我国宏观经济运行的负面影响，调查结果显示，54% 的企业认为有影响但“影响不大”，40% 的企业认为“影响较大”，认为“影响很大”和“没有影响”的分别占 3.4% 和 2.3%（见表 3）。

表 3　　“非典”对我国宏观经济的负面影响（%）

	没有影响	影响不大	影响较大	影响很大
总体	**2.3**	**53.9**	**40.4**	**3.4**
北京	3.0	57.7	34.8	4.5
广东	2.6	76.3	21.1	
华北其他地区	1.8	68.5	27.9	1.8
东部其他地区	2.0	53.6	40.8	3.6
中西部其他地区	2.5	44.6	48.9	4.0
大型企业	0.8	60.3	36.4	2.5
中型企业	2.3	54.9	38.4	4.4
小型企业	3.2	49.8	44.7	2.3

基于这一判断，企业经营者对 2003 年我国实现 7% 的国内生产总值增长目标持谨慎乐观的态度。调查结果显示，46% 的企业经营者认为“可以实现”既定目标，比认为“无法实现”的多 40 个百分点，另有 48% 的企业经营者认为实现目标“有一定难度”（见表 4）。

关于“非典”对行业的负面影响，调查结果显示，社会服务业、交通运输业、批发零售贸易业的企业经营者认为本行业受“非典”冲击比较明显，认为“影响较大”或“影响很大”的比重分别为 83%、79% 和 67%。其中社会服务业和交通运输业认为“影响很大”的比重分别达到 41% 和 32%。

表4　企业经营者对今年实现全国GDP7%增长目标的判断（%）

	可以实现	有一定难度	无法实现	不清楚
总体	**45.8**	**47.6**	**5.0**	**1.6**
北京	45.5	48.5	4.5	1.5
广东	55.2	39.5	5.3	
华北其他地区	48.2	47.3	2.7	1.8
东部其他地区	51.1	43.4	3.6	1.9
中西部其他地区	37.3	54.1	7.2	1.4
大型企业	50.4	45.3	2.6	1.7
中型企业	48.3	44.8	5.1	1.8
小型企业	38.2	54.9	5.5	1.4
国有企业	50.5	45.0	2.6	1.9
非国有企业	43.7	48.5	6.2	1.6
私营企业	43.2	46.9	7.2	2.7
股份有限公司	41.3	53.8	4.9	
有限责任公司	50.0	40.0	7.1	2.9
外商及港澳台投资企业	44.8	50.9	3.4	0.9
有出口业务企业	46.9	45.6	5.7	1.8
无出口业务企业	43.4	50.2	4.5	1.9

冶金业和房地产业受到的负面影响相对比较缓和，认为“影响较大”或“影响很大”的比重分别为29%和28%。

42%的制造业企业经营者认为本行业所受的负面影响“较大”，8%认为“影响很大”。其中纺织、食品和轻工等劳动密集型行业受到冲击较大，认为“影响较大”或“影响很大”的比重分别达到79%、63%和61%。而石化、冶金、电子等行业所受的负面影响则相对较小（见表5）。

表5　“非典”对企业所在行业的负面影响（%）

	没有影响	影响不大	影响较大	影响很大
总体	**5.8**	**41.7**	**42.0**	**10.5**
制造业	5.7	44.6	41.6	8.1
建筑业	3.4	48.3	41.4	6.9
交通运输、仓储业		21.1	47.3	31.6
批发零售贸易业	6.3	26.3	54.9	12.5
房地产业	11.1	61.1	22.2	5.6
社会服务业		17.2	41.4	41.4
其他行业	11.3	41.5	34.0	13.2
食品、饮料、烟草	2.6	34.2	47.4	15.8
纺织业		20.7	59.8	19.5
轻工业	2.0	37.3	56.8	3.9
石化类制造业	7.4	59.2	31.5	1.9
医药制造业	18.2	36.4	31.8	13.6
非金属矿物制品业	8.1	48.7	40.5	2.7
冶金工业	6.5	64.4	22.6	6.5
机械类制造业	7.5	47.6	36.7	8.2
交通运输设备制造业	4.0	52.0	40.0	4.0
电子及通信设备制造业	8.5	51.1	40.4	
其他制造业	3.6	60.7	28.6	7.1

关于“非典”对本企业的负面影响，调查结果显示，认为“影响较大”或“影响很大”的与认为“影响不大”或“没有影响”的大体上各占一半。其中认为“影响较大”的比重为37%，认为“影响很大”的为14%。

从不同地区看，作为“非典”重灾区的北京、广东所受冲击相对较大，认为“影响较大”或“影响很大”的比重分别为64%和55%，明显高于全国平均水平。

从不同企业规模看，小型企业认为“影响较大”或“影响很大”的比重为56%，明显高于大型企业（45%）和中型企业（49%）（见表6）。

表6　“非典”对企业的负面影响（%）

	没有影响	影响不大	影响较大	影响很大
总体	**7.0**	**42.4**	**36.5**	**14.1**
北京	9.1	27.3	46.9	16.7
广东	7.9	36.8	39.5	15.8
华北其他地区	6.2	47.8	26.5	19.5
东部其他地区	6.2	44.8	38.3	10.7
中西部其他地区	7.8	41.7	36.0	14.5
大型企业	2.5	52.5	33.1	11.9
中型企业	8.0	43.1	35.0	13.9
小型企业	8.3	36.2	40.4	15.1
国有企业	4.7	48.3	33.5	13.5
非国有企业	8.3	39.1	37.9	14.6

由于受“非典”影响，部分企业对实现原定企业年度增长目标信心不足。调查结果显示，39%的企业经营者认为“可以实现”企业原定的年度增长目标，44%的企业认为“有一定难度”，17%的企业认为“无法实现”（见表7）。

表7　企业经营者对今年实现贵企业年度增长目标的判断（%）

	可以实现	有一定难度	无法实现	不清楚
总体	**39.0**	**43.8**	**17.1**	**0.1**
北京	31.3	43.7	25.0	
广东	26.3	52.6	21.1	
华北其他地区	46.9	34.2	18.9	
东部其他地区	40.2	45.7	14.1	
中西部其他地区	38.6	43.7	17.3	0.4
大型企业	44.8	46.6	8.6	
中型企业	41.3	42.4	16.1	0.2
小型企业	33.0	43.4	23.6	
国有企业	42.8	44.7	12.5	
非国有企业	36.7	43.5	19.8	
私营企业	36.4	42.7	20.9	
股份有限公司	36.9	46.1	17.0	
有限责任公司	35.2	47.9	16.9	
外商及港澳台投资企业	38.4	41.1	20.5	
有出口业务企业	40.0	45.2	14.6	0.2
无出口业务企业	39.2	40.6	20.2	

二、企业生产经营受到阶段性影响，投资状况比较平稳，预期三季度形势将趋于好转

为了解“非典”对企业影响的具体层面，本次调查了解了企业生产经营各环节以及企业国内外市场受到的影响（见表21）。

关于“非典”对企业国内外市场的影响，调查结果显示，68%的企业经营者认为“非典”对其国内市场影响“不利”，其中9%认为“非常不利”；72%的企业经营者认为“非典”对其国际市场“不利”，其中19%认为非常不利。由此可见，“非典”给企业国际市场带来的不利影响的程度大于对国内市场的影响程度（见表8、表9）。

表8　“非典”对企业国内市场形势的影响（%）

	有利			没有影响	不利		
	非常有利	有利	小计		不利	非常不利	小计
总体	**1.5**	**4.3**	**5.8**	**26.6**	**59.0**	**8.6**	**67.6**
制造业	1.2	4.3	5.5	27.1	59.8	7.6	67.4
建筑业		3.4	3.4	31.1	65.5		65.5
交通运输、仓储业				30.0	50.0	20.0	70.0
批发零售贸易业		3.8	3.8	17.9	64.2	14.1	78.3
房地产业	5.6	16.6	22.2	27.8	50.0		50.0
社会服务业	6.9	3.4	10.3	13.8	48.3	27.6	75.9
其他行业	3.8	3.8	7.6	38.5	50.1	3.8	53.9
食品、饮料、烟草	5.3	2.6	7.9	18.4	57.9	15.8	73.7
纺织业		3.8	3.8	10.3	74.4	11.5	85.9
轻工业		3.9	3.9	25.5	64.7	5.9	70.6
石化类制造业	1.8	3.6	5.4	39.2	50.0	5.4	55.4
医药制造业	9.1	22.7	31.8	4.5	54.6	9.1	63.7
非金属矿物制品业		8.1	8.1	21.6	56.8	13.5	70.3
冶金工业		3.2	3.2	48.4	45.2	3.2	48.4
机械类制造业	0.7	2.7	3.4	31.1	56.7	8.8	65.5
交通运输设备制造业		4.0	4.0	32.0	64.0		64.0
电子及通信设备制造业	2.1	4.2	6.3	20.8	68.7	4.2	72.9
其他制造业				46.4	53.6		53.6

表9　“非典”对企业国际市场形势的影响（%）

	有利			没有影响	不利		
	非常有利	有利	小计		不利	非常不利	小计
总体	**0.1**	**3.2**	**3.3**	**24.3**	**53.4**	**19.0**	**72.4**
制造业		3.5	3.5	22.9	54.5	19.1	73.6
建筑业				28.0	48.0	24.0	72.0
交通运输、仓储业				14.3	57.1	28.6	85.7
批发零售贸易业				21.3	60.7	18.0	78.7
房地产业		14.3	14.3	42.9	28.5	14.3	42.8
社会服务业				14.3	57.1	28.6	85.7
其他行业	2.4	4.8	7.2	40.5	42.8	9.5	52.3

续表

	有利			没有影响	不利		
	非常有利	有利	小计		不利	非常不利	小计
食品、饮料、烟草		6.7	6.7	30.0	36.6	26.7	63.3
纺织业		5.1	5.1	2.5	54.4	38.0	92.4
轻工业		4.4	4.4	13.3	62.3	20.0	82.3
石化类制造业		6.3	6.3	31.3	49.9	12.5	62.4
医药制造业		11.8	11.8	47.0	35.3	5.9	41.2
非金属矿物制品业				40.0	40.0	20.0	60.0
冶金工业		3.3	3.3	40.0	46.7	10.0	56.7
机械类制造业		0.7	0.7	23.1	62.0	14.2	76.2
交通运输设备制造业		4.0	4.0	16.0	72.0	8.0	80.0
电子及通信设备制造业		4.3	4.3	17.4	58.7	19.6	78.3
其他制造业				37.5	54.2	8.3	62.5

关于“非典”对企业生产经营各环节的影响，调查结果显示，与正常情况相比，2003年第二季度以来，反映企业生产经营状况的各项指标均不同程度地出现下滑。不过，企业经营者对第三季度的形势判断趋于乐观。由此表明，企业经营者认为“非典”对企业的影响主要是阶段性的。

从订货情况看，调查结果显示，67%的企业经营者认为2003年第二季度以来企业订货比正常情况减少，其中26%认为明显减少。对于第三季度的形势，53%的企业经营者认为订货状况将趋于好转，13%认为形势将恶化，前者比后者多40个百分点（见表10）。

表10　　受“非典”影响，今年的订货量情况（%）

	与正常情况相比，第二季度以来							预计第三季度		
	减少			持平	增加			形势恶化	不变	形势好转
	明显减少	有所减少	小计		有所增加	明显增加	小计			
总体	**26.1**	**41.0**	**67.1**	**17.9**	**12.8**	**2.2**	**15.0**	**12.5**	**34.5**	**53.0**
北京	37.7	34.4	72.1	13.1	13.2	1.6	14.8	7.5	18.9	73.6
广东	30.5	30.6	61.1	13.9	19.4	5.6	25.0	10.0	26.7	63.3
华北其他地区	32.1	42.2	74.3	10.1	15.6		15.6	7.7	36.3	56.0
东部其他地区	24.4	38.4	62.8	24.0	10.8	2.4	13.2	15.7	36.0	48.3
中西部其他地区	22.3	46.5	68.8	16.2	12.6	2.4	15.0	12.7	37.3	50.0
大型企业	21.7	39.6	61.3	26.4	12.3		12.3	12.8	34.0	53.2
中型企业	26.8	39.7	66.5	16.3	14.5	2.7	17.2	13.6	33.0	53.4
小型企业	25.4	44.3	69.7	17.9	10.4	2.0	12.4	9.8	39.7	50.5
国有企业	21.0	42.8	63.8	22.6	12.4	1.2	13.6	15.7	36.6	47.7
非国有企业	29.7	38.6	68.4	15.8	13.1	2.7	15.8	11.5	34.0	54.5
制造业	25.6	41.2	66.8	17.7	13.0	2.5	15.5	14.1	36.5	49.4
建筑业	15.4	42.3	57.7	30.8	11.5		11.5		23.8	76.2
交通运输、仓储业	27.3	27.2	54.5	27.3	18.2		18.2	14.3	57.1	28.6
批发零售贸易业	35.3	42.6	77.9	11.8	8.8	1.5	10.3	8.2	32.8	59.0
房地产业		42.8	42.8	28.6	28.6		28.6		27.3	72.7
社会服务业	50.0	28.6	78.6	7.1	14.3		14.3	23.1		76.9
其他行业	29.3	34.1	63.4	22.0	12.2	2.4	14.6	9.7	35.5	54.8

从生产情况看，调查结果显示，56%的企业经营者认为2003年第二季度以来企业生产（服务）量比正常情况减少，其中19%认为明显减少。对于第三季度的形势，49%的企业经营者认为生产形势将趋于好转，10%认为形势将恶化，前者比后者多39个百分点（见表11）。

表11　　受“非典”影响，今年的生产（服务）量情况（%）

	与正常情况相比，第二季度以来							预计第三季度		
	减少			持平	增加			形势恶化	不变	形势好转
	明显减少	有所减少	小计		有所增加	明显增加	小计			
总体	**19.2**	**37.0**	**56.2**	**25.4**	**15.9**	**2.5**	**18.4**	**9.8**	**41.7**	**48.5**
北京	35.0	30.0	65.0	21.7	11.6	1.7	13.3	7.8	25.5	66.7
广东	22.9	34.3	57.2	20.0	17.1	5.7	22.8	13.3	26.7	60.0
华北其他地区	23.8	36.6	60.4	21.8	17.8		17.8	4.9	40.2	54.9
东部其他地区	15.0	36.1	51.1	30.3	15.7	2.9	18.6	12.8	43.8	43.4
中西部其他地区	17.9	40.2	58.2	23.1	15.9	2.8	18.7	8.5	45.7	45.8
大型企业	13.8	37.6	51.4	28.4	19.3	0.9	20.2	9.7	43.0	47.3
中型企业	18.2	36.5	54.7	25.6	16.9	2.8	19.7	10.2	41.1	48.7
小型企业	22.4	39.9	62.3	22.3	13.3	2.1	15.4	8.1	41.3	50.6
国有企业	15.7	36.0	51.7	30.6	16.5	1.2	17.7	11.4	44.0	44.6
非国有企业	21.6	37.3	58.9	22.1	15.9	3.1	19.0	9.3	40.4	50.3
制造业	15.4	37.9	53.3	26.8	16.9	3.0	19.9	11.2	45.5	43.3
建筑业	8.3	37.6	45.9	33.3	20.8		20.8		30.0	70.0
交通运输、仓储业	44.4	22.2	66.6	27.8	5.6		5.6	10.0	30.0	60.0
批发零售贸易业	31.5	40.6	72.1	13.0	13.0	1.9	14.9	6.0	28.0	66.0
房地产业	10.0	40.0	50.0	30.0	20.0		20.0		22.2	77.8
社会服务业	58.3	25.0	83.3	12.5	4.2		4.2	10.5	26.3	63.2
其他行业	26.1	30.4	56.5	23.9	17.4	2.2	19.6	9.1	36.4	54.5

从销售情况看，调查结果显示，63%的企业经营者认为2003年第二季度以来企业产品（服务）销售量比正常情况减少，其中25%认为明显减少。对于第三季度的形势，52%的企业经营者认为销售形势将趋于好转，13%认为形势将恶化，前者比后者多39个百分点（见表12）。

表12　　受“非典”影响，今年的销售量情况（%）

	与正常情况相比，第二季度以来							预计第三季度		
	减少			持平	增加			形势恶化	不变	形势好转
	明显减少	有所减少	小计		有所增加	明显增加	小计			
总体	**24.6**	**38.3**	**62.9**	**18.9**	**16.4**	**1.8**	**18.2**	**13.1**	**35.0**	**51.9**
北京	38.7	37.1	75.8	11.3	12.9		12.9	8.0	26.0	66.0
广东	27.8	27.8	55.6	19.4	19.4	5.6	25.0	13.3	26.7	60.0
华北其他地区	30.5	36.2	66.7	15.2	18.1		18.1	8.2	31.8	60.0
东部其他地区	20.6	37.1	57.7	24.8	15.8	1.7	17.5	14.2	35.6	50.2
中西部其他地区	23.0	42.7	65.7	15.3	16.6	2.4	19.0	14.9	39.3	45.8
大型企业	17.3	42.3	59.6	23.1	17.3		17.3	14.3	34.1	51.6
中型企业	23.6	38.2	61.8	18.0	18.2	2.0	20.2	12.5	36.4	51.1
小型企业	29.3	37.4	66.7	18.2	12.6	2.5	15.1	12.1	34.5	53.4
国有企业	18.5	42.5	61.0	20.5	17.7	0.8	18.5	15.5	36.1	48.4

续表

	与正常情况相比，第二季度以来							预计第三季度		
	减少			持平	增加			形势恶化	不变	形势好转
	明显减少	有所减少	小计		有所增加	明显增加	小计			
非国有企业	28.7	34.9	63.6	18.3	15.7	2.4	18.1	12.0	35.2	52.8
制造业	22.1	40.0	62.1	19.0	16.9	2.0	18.9	14.1	37.1	48.8
建筑业	5.6	44.4	50.0	27.8	22.2		22.2		33.3	66.7
交通运输、仓储业	33.3	33.4	66.7	25.0	8.3		8.3	16.7	50.0	33.3
批发零售贸易业	37.7	37.6	75.3	14.3	9.1	1.3	10.4	11.9	28.4	59.7
房地产业		43.7	43.7	31.3	25.0		25.0		25.0	75.0
社会服务业	75.0	12.5	87.5		12.5		12.5	16.7	8.3	75.0
其他行业	29.4	27.3	56.7	20.5	20.5	2.3	22.8	12.1	39.4	48.5

从出口情况看，据对有出口业务企业的调查结果显示，62%的企业经营者认为2003年第二季度以来出口量比正常情况减少，其中28%认为明显减少。对于第三季度的形势，38%的企业经营者认为出口形势将趋于好转，14%认为形势将恶化，前者比后者多24个百分点（见表13）。由此可见，企业经营者对恢复国内市场的预期比恢复国际市场的预期更为乐观，这一结果说明了企业经营者认为“非典”对企业国际市场的不利影响的程度比对国内市场影响程度大的判断。

表13　　受“非典”影响，今年的出口量情况（%）

	与正常情况相比，第二季度以来							预计第三季度		
	减少			持平	增加			形势恶化	不变	形势好转
	明显减少	有所减少	小计		有所增加	明显增加	小计			
总体	**27.6**	**33.9**	**61.5**	**25.9**	**10.7**	**1.9**	**12.6**	**14.4**	**47.7**	**37.9**
北京	37.5	27.5	65.0	25.0	10.0		10.0	5.6	33.3	61.1
广东	33.4	25.9	59.3	18.5	22.2		22.2	8.3	45.8	45.9
华北其他地区	38.2	31.7	69.9	20.6	7.9	1.6	9.5	9.6	48.1	42.3
东部其他地区	22.1	35.6	57.7	26.9	13.0	2.4	15.4	16.9	46.4	36.7
中西部其他地区	27.6	35.9	63.5	27.6	6.7	2.2	8.9	17.1	53.8	29.1
大型企业	29.9	39.1	69.0	20.7	8.0	2.3	10.3	13.9	51.9	34.2
中型企业	25.6	34.8	60.4	27.4	10.7	1.5	12.2	14.0	48.0	38.0
小型企业	29.8	26.6	56.4	27.7	13.8	2.1	15.9	12.8	46.5	40.7
国有企业	28.0	38.6	66.6	26.7	6.0	0.7	6.7	16.7	47.6	35.7
非国有企业	26.8	32.0	58.8	25.5	13.1	2.6	15.7	13.6	47.9	38.5
制造业	27.5	34.3	61.8	24.4	11.7	2.1	13.8	15.1	50.2	34.7
建筑业	21.4	50.0	71.4	28.6					33.3	66.7
交通运输、仓储业	44.5	11.1	55.6	33.3	11.1		11.1	20.0	60.0	20.0
批发零售贸易业	18.5	48.2	66.7	22.2	7.4	3.7	11.1	12.9	19.4	67.7
房地产业	20.0	20.0	40.0	40.0	20.0		20.0	14.3	42.9	42.8
社会服务业	83.3		83.3	16.7				33.3		66.7
其他行业	31.2	12.5	43.7	50.0	6.3		6.3	14.3	57.1	28.6

从采购情况看，调查结果显示，54%的企业经营者认为2003年第二季度以来企业采购量比正常情况减少，其中15%认为明显减少。对于第三季度的形势，41%的企业经营者认为这种采购量低于正常水平的状况将趋于好转，9%认为形势将恶化，前者比后者多32个百分点（见表14）。

表 14　　受“非典”影响，今年的采购量情况（%）

	与正常情况相比，第二季度以来							预计第三季度		
	减少			持平	增加			形势恶化	不变	形势好转
	明显减少	有所减少	小计		有所增加	明显增加	小计			
总体	**15.2**	**38.3**	**53.5**	**30.8**	**14.1**	**1.6**	**15.7**	**9.3**	**50.1**	**40.6**
北京	25.9	39.6	65.5	19.0	13.8	1.7	15.5	8.0	38.0	54.0
广东	18.2	42.4	60.6	21.2	12.1	6.1	18.2	3.7	33.3	63.0
华北其他地区	25.8	28.0	53.8	34.4	11.8		11.8	6.8	48.0	45.2
东部其他地区	14.7	35.0	49.7	35.5	12.5	2.3	14.8	11.5	52.6	35.9
中西部其他地区	8.1	46.2	54.3	27.6	17.2	0.9	18.1	9.0	53.9	37.1
大型企业	7.1	40.9	48.0	41.8	9.2	1.0	10.2	9.2	55.2	35.6
中型企业	14.5	39.0	53.5	30.4	14.2	1.9	16.1	9.8	50.1	40.1
小型企业	19.5	35.2	54.7	27.0	17.2	1.1	18.3	6.3	49.0	44.8
国有企业	9.5	41.2	50.7	36.5	11.4	1.4	12.8	10.9	55.2	33.9
非国有企业	18.3	36.8	55.1	27.9	15.1	1.8	16.9	8.8	47.0	44.2
制造业	12.9	38.1	51.0	32.4	14.5	2.1	16.6	9.6	53.4	37.0
建筑业		74.9	74.9	18.8	6.3		6.3		33.3	66.7
交通运输、仓储业	18.2	9.1	27.3	45.5	27.3		27.3	14.3	57.1	28.6
批发零售贸易业	28.8	44.0	72.8	13.6	13.6		13.6	11.1	29.6	59.3
房地产业	9.1	27.2	36.3	36.4	27.2		27.2		37.5	62.5
社会服务业	45.5	45.4	90.9		9.1		9.1	12.5	50.0	37.5
其他行业	25.7	31.5	57.2	37.1	5.7		5.7	7.4	51.9	40.7

本次调查还涉及了“非典”对企业生产经营成本及盈利情况的影响。调查结果显示，67%的企业经营者认为2003年第二季度以来企业生产经营成本比正常情况增加，其中14%认为明显增加；65%认为盈利情况比正常情况减少，其中29%认为明显减少。对于第三季度的形势，34%的企业经营者认为这种成本高于正常水平的状况将趋于好转，14%认为形势将恶化，前者比后者多20个百分点；44%认为盈利下滑的形势将得以扭转，18%认为形势会恶化，前者比后者多26个百分点。

从不同地区看，重灾区北京、广东企业的盈利状况所受到的影响程度明显高于其他地区。调查结果显示，77%的北京企业和70%的广东企业认为二季度以来盈利情况比正常情况减少，比全国平均水平分别高12和5个百分点。

从不同行业看，盈利受影响较大的是社会服务业、批发零售贸易业、纺织和轻工业，其盈利比正常情况减少的企业的比重分别达到83%、81%、78%和73%，其中66%的社会服务业企业、50%的交通运输业和49%的纺织业的盈利状况明显减少（见表15、表16）。

表 15　　受“非典”影响，今年的生产经营成本情况（%）

	与正常情况相比，第二季度以来							预计第三季度		
	减少			持平	增加			形势恶化	不变	形势好转
	明显减少	有所减少	小计		有所增加	明显增加	小计			
总体	**1.5**	**7.9**	**9.4**	**23.5**	**53.1**	**14.0**	**67.1**	**14.3**	**51.4**	**34.3**
北京		11.5	11.5	18.0	49.2	21.3	70.5	11.1	40.7	48.2
广东		2.7	2.7	16.2	59.5	21.6	81.1	15.6	50.0	34.4
华北其他地区	2.8	10.3	13.1	17.8	53.2	15.9	69.1	9.3	51.2	39.5

续表

	与正常情况相比，第二季度以来							预计第三季度		
	减少			持平	增加			形势恶化	不变	形势好转
	明显减少	有所减少	小计		有所增加	明显增加	小计			
东部其他地区	1.4	6.3	7.7	26.9	52.4	12.9	65.4	14.7	52.9	32.4
中西部其他地区	1.5	8.7	10.2	23.6	54.4	11.8	66.2	17.0	52.5	30.5
大型企业		14.0	14.0	19.3	54.4	12.3	66.7	16.5	52.7	30.8
中型企业	1.5	6.6	8.1	23.2	54.3	14.4	68.7	13.9	50.7	35.4
小型企业	2.0	5.0	7.0	24.0	53.0	16.0	69.0	13.7	53.6	32.7
国有企业	0.8	8.4	9.2	23.5	55.8	11.5	67.3	14.1	54.1	31.8
非国有企业	1.9	7.4	9.3	22.1	52.9	15.7	68.6	15.0	49.5	35.5

表15-1　受“非典”影响，不同行业企业今年的生产经营成本情况（%）

	与正常情况相比，第二季度以来							预计第三季度		
	减少			持平	增加			形势恶化	不变	形势好转
	明显减少	有所减少	小计		有所增加	明显增加	小计			
总体	**1.5**	**7.9**	**9.4**	**23.5**	**53.1**	**14.0**	**67.1**	**14.3**	**51.4**	**34.3**
制造业	1.3	6.8	8.1	24.4	53.5	14.0	67.5	16.7	52.4	30.9
建筑业		8.3	8.3	25.0	54.2	12.5	66.7	6.3	43.8	49.9
交通运输、仓储业		10.0	10.0	25.0	50.0	15.0	65.0		90.0	10.0
批发零售贸易业	1.4	14.3	15.7	17.1	51.5	15.7	67.2	8.2	42.6	49.2
房地产业		6.3	6.3	25.0	62.4	6.3	68.7		50.0	50.0
社会服务业	8.7	8.7	17.4	8.7	39.1	34.8	73.9	11.1	50.0	38.9
其他行业	2.1	12.5	14.6	20.8	60.4	4.2	64.6	14.7	52.9	32.4

表16　受“非典”影响，今年的盈利情况（%）

	与正常情况相比，第二季度以来							预计第三季度		
	减少			持平	增加			形势恶化	不变	形势好转
	明显减少	有所减少	小计		有所增加	明显增加	小计			
总体	**28.9**	**36.2**	**65.1**	**24.2**	**9.7**	**1.0**	**10.7**	**17.8**	**38.0**	**44.2**
北京	33.8	43.1	76.9	15.4	7.7		7.7	14.8	33.3	51.9
广东	27.0	43.3	70.3	16.2	10.8	2.7	13.5	15.6	40.6	43.8
华北其他地区	29.1	32.7	61.8	26.4	11.8		11.8	11.8	34.1	54.1
东部其他地区	26.4	35.4	61.8	26.4	10.1	1.7	11.8	18.9	42.0	39.1
中西部其他地区	30.7	36.1	66.8	24.1	8.4	0.7	9.1	20.4	35.4	44.2
大型企业	24.6	38.5	63.1	26.3	8.8	1.8	10.6	17.7	35.4	46.9
中型企业	28.5	34.6	63.1	24.7	11.5	0.7	12.2	18.1	38.9	43.0
小型企业	29.6	40.8	70.4	21.1	7.1	1.4	8.5	17.1	38.2	44.7
国有企业	24.7	36.4	61.1	27.3	10.9	0.7	11.6	17.5	39.0	43.5
非国有企业	31.2	36.6	67.8	22.0	9.0	1.2	10.2	18.2	37.9	43.9

“非典”对企业投资行为的影响大小，关系到这场灾难对我国经济影响的纵深程度。调查结果显示，31%的企业经营者认为，2003年第二季度以来企业固定资产投资规模比正常情况减少，其中11%认为明显减少；同时，有22%的企业经营者认为，企业投资比正常情况增加。对于第三季度的形势，27%的企业经营者认为投资形势将趋于好转，6%认为形势将恶化，前者比后者多21个百分点（见表

17）。由此可见，相对于企业的生产经营来说，企业的投资行为受“非典”的影响较小，这从另一角度说明“非典”对经济的影响可望是短期的。

表 16－1　　受“非典”影响，不同行业企业今年的盈利情况（%）

	与正常情况相比，第二季度以来							预计第三季度		
	减少			持平	增加			形势恶化	不变	形势好转
	明显减少	有所减少	小计		有所增加	明显增加	小计			
总体	**28.9**	**36.2**	**65.1**	**24.2**	**9.7**	**1.0**	**10.7**	**17.8**	**38.0**	**44.2**
制造业	27.2	35.8	63.0	25.4	10.7	0.9	11.6	19.6	40.0	40.4
建筑业	13.0	52.2	65.2	26.1	8.7		8.7	10.5	31.6	57.9
交通运输、仓储业	50.0	15.0	65.0	30.0	5.0		5.0	9.1	36.4	54.5
批发零售贸易业	37.8	43.2	81.0	14.9	2.7	1.4	4.1	17.5	30.2	52.3
房地产业		43.6	43.6	31.3	18.8	6.3	25.1		63.6	36.4
社会服务业	65.6	17.2	82.8	13.8		3.4	3.4	13.0	39.1	47.9
其他行业	20.8	37.5	58.3	27.1	14.6		14.6	16.7	30.6	52.7

表 17　　受“非典”影响，今年的固定资产投资规模情况（%）

	与正常情况相比，第二季度以来							预计第三季度		
	减少			持平	增加			形势恶化	不变	形势好转
	明显减少	有所减少	小计		有所增加	明显增加	小计			
总体	**11.3**	**19.7**	**31.0**	**47.4**	**17.1**	**4.5**	**21.6**	**6.4**	**66.2**	**27.4**
北京	17.0	13.2	30.2	52.8	15.1	1.9	17.0		72.9	27.1
广东	20.0	14.3	34.3	51.4	14.3		14.3	13.8	58.6	27.6
华北其他地区	15.6	21.9	37.5	39.6	19.8	3.1	22.9	1.3	62.0	36.7
东部其他地区	7.5	22.9	30.4	50.4	13.2	6.0	19.2	7.7	66.8	25.5
中西部其他地区	11.2	17.7	28.9	44.8	21.6	4.7	26.3	7.7	66.3	26.0
大型企业	5.5	21.1	26.6	55.0	14.7	3.7	18.4	5.3	69.2	25.5
中型企业	11.3	19.5	30.8	46.6	17.6	5.0	22.6	7.3	66.4	26.3
小型企业	13.2	18.6	31.8	45.4	18.6	4.2	22.8	5.0	65.2	29.8
国有企业	9.2	21.9	31.1	52.2	13.6	3.1	16.7	6.3	67.0	26.7
非国有企业	12.2	18.4	30.6	46.2	18.4	4.8	23.2	6.8	65.8	27.4
制造业	9.8	18.0	27.8	50.0	17.6	4.6	22.2	6.9	70.9	22.2
建筑业	15.0	35.0	50.0	30.0	15.0	5.0	20.0		25.0	75.0
交通运输、仓储业	20.0	20.0	40.0	33.3	26.7		26.7		80.0	20.0
批发零售贸易业	14.3	21.4	35.7	50.0	10.7	3.6	14.3	2.2	56.5	41.3
房地产业		26.7	26.7	46.7	13.3	13.3	26.6		60.0	40.0
社会服务业	40.0	30.0	70.0	20.0	10.0		10.0	12.5	43.7	43.8
其他行业	8.7	23.9	32.6	39.2	23.9	4.3	28.2	11.8	52.9	35.3

三、生产经营秩序可望恢复正常，就业压力依然较大

为了全面了解企业面临的困难，同时正确判断“非典”对企业影响的范围和深度，本次调查涉及了“非典”给企业带来哪些具体影响。调查结果显示，位列首位的问题是“商务谈判交流活动明显减少”，认同此项选择的企业经营者的比重为78%；其次是“企业产品（服务）销售渠道受阻”，选择比重为58%；此外影响企业较大的两个问题是“相关部门正常服务业务受限”和“企业严格防范措施

影响效率”，选择比重分别是37%和27%。

调查同时发现，将“原材料不能正常供应到位”和“对未来形势发展难以判断影响企业决策”作为主要问题的企业经营者比重分别为22%和25%。此外，8%的企业经营者将“员工心理恐慌”列为“非典”带来的主要问题，4%的企业经营者提出了“其他”一些问题，主要包括：“货款回笼难度加大”、“物流成本增加”、“市场消费不振、产品价格下跌”等问题（见表18）。

表18　“非典”给企业带来的主要问题（%）

	总体	地区					规模			经济类型	
		北京	广东	华东其他	东部其他	中、西部其他	大型	中型	小型	国有	非国有
商务谈判交流活动明显减少	**78.3**	77.3	74.4	74.3	81.7	76.7	81.4	78.5	77.7	82.2	76.5
原材料不能正常供应到位	**22.1**	27.3	17.9	24.8	19.9	22.6	21.2	22.0	21.8	20.4	23.1
企业产品（服务）销售渠道受阻	**58.5**	63.6	61.5	56.6	53.1	63.3	61.0	56.9	61.4	58.9	57.8
相关部门正常服务业务受限	**37.4**	36.4	33.3	41.6	30.9	43.8	42.4	34.7	39.1	43.3	33.5
企业严格防范措施影响效率	**26.7**	25.8	15.4	27.4	25.4	29.7	34.7	27.4	21.8	28.0	26.1
员工心理恐慌	**7.7**	9.1	15.4	4.4	9.0	6.4	8.5	7.5	9.1	7.3	7.8
对未来形势发展难以判断影响决策	**24.9**	24.2	33.3	17.7	30.5	20.8	21.2	26.1	25.5	26.9	24.5
其他	**3.7**	3.0	7.7	4.4	3.9	2.8	3.4	3.9	4.1	2.5	4.3

本次调查在了解“非典”对企业生产经营影响的同时，也涉及就业问题，调查结果显示，27%的企业经营者反映2003年第二季度以来从业人员比正常情况减少，36%反映雇佣农民工减少。对于第三季度的形势，19%的企业经营者认为就业形势将趋于好转，4%认为形势将恶化，前者比后者多15个百分点（见表19、表20）。调查结果表明，在近年来我国就业压力不断加大的形势下，“非典”的出现增加了减轻这一压力的难度。

表19　受“非典”影响，今年的从业人员数量情况（%）

	与正常情况相比，第二季度以来							预计第三季度		
	减少			持平	增加			形势恶化	不变	形势好转
	明显减少	有所减少	小计		有所增加	明显增加	小计			
总体	**3.8**	**22.8**	**26.6**	**64.8**	**7.2**	**1.4**	**8.6**	**4.1**	**76.8**	**19.1**
北京	6.3	20.6	26.9	68.3	3.2	1.6	4.8		81.1	18.9
广东	5.3	23.7	29.0	65.7	5.3		5.3	6.3	71.8	21.9
华北其他地区	7.3	13.8	21.1	69.7	9.2		9.2		77.4	22.6
东部其他地区	2.8	21.2	24.0	66.7	7.6	1.7	9.3	5.6	76.3	18.1
中西部其他地区	2.7	28.6	31.3	59.5	7.3	1.9	9.2	5.0	76.9	18.1
大型企业	2.7	25.0	27.7	68.7	2.7	0.9	3.6	4.4	83.4	12.2
中型企业	4.8	20.9	25.7	65.9	6.7	1.7	8.4	4.8	75.5	19.7
小型企业	2.1	25.1	27.2	60.0	11.8	1.0	12.8	3.2	78.3	18.5
国有企业	2.0	22.1	24.1	71.1	4.0	0.8	4.8	3.2	85.6	11.2
非国有企业	4.8	23.1	27.9	61.4	8.8	1.9	10.7	4.8	73.3	21.9
制造业	3.0	20.2	23.2	66.2	8.9	1.7	10.6	5.2	79.4	15.4
建筑业	16.0	40.0	56.0	44.0					59.1	40.9
交通运输、仓储业	11.8	17.6	29.4	64.7	5.9		5.9		90.0	10.0
批发零售贸易业	2.7	26.0	28.8	67.1	2.7	1.4	4.1		74.1	25.9
房地产业		29.4	29.4	58.8	5.9	5.9	11.8		53.8	46.2
社会服务业	7.7	38.5	46.2	53.8				11.1	66.7	22.2
其他行业	2.1	20.8	22.9	70.8	6.3		6.3		72.2	27.8

表20　　受“非典”影响，今年从业人员中雇用农民工数量的情况（%）

	与正常情况相比，第二季度以来							预计第三季度		
	减少			持平	增加			形势恶化	不变	形势好转
	明显减少	有所减少	小计		有所增加	明显增加	小计			
总体	**10.1**	**26.3**	**36.4**	**53.9**	**8.4**	**1.3**	**9.7**	**6.1**	**72.6**	**21.3**
北京	16.7	23.8	40.5	57.1		2.4	2.4		79.5	20.5
广东		34.6	34.6	61.6		3.8	3.8	4.5	81.9	13.6
华北其他地区	10.8	10.8	21.6	67.6	10.8		10.8		75.5	24.5
东部其他地区	8.7	28.2	36.9	53.4	7.8	1.9	9.7	8.0	69.3	22.7
中西部其他地区	10.9	29.5	40.4	47.6	11.5	0.5	12.0	8.2	72.4	19.4
大型企业	9.0	25.6	34.6	59.0	5.1	1.3	6.4	4.8	80.7	14.5
中型企业	9.1	27.7	36.8	52.7	8.8	1.7	10.5	7.4	71.9	20.7
小型企业	11.5	22.9	34.4	54.1	10.7	0.8	11.5	4.5	73.0	22.5
国有企业	7.4	25.3	32.7	59.3	7.4	0.6	8.0	4.9	78.0	17.1
非国有企业	10.8	27.1	37.9	51.7	8.7	1.7	10.4	6.7	71.4	21.9
制造业	7.4	24.3	31.7	58.3	8.7	1.3	10.0	7.4	77.5	15.1
建筑业	32.0	40.0	72.0	20.0	8.0		8.0		54.5	45.5
交通运输、仓储业	14.3	42.8	57.1	28.6	14.3		14.3		75.0	25.0
批发零售贸易业	10.9	26.1	37.0	58.6	2.2	2.2	4.4	5.3	60.5	34.2
房地产业	15.4	38.4	53.8	23.1	15.4	7.7	23.1		44.4	55.6
社会服务业	21.4	28.6	50.0	42.9	7.1		7.1	11.1	55.6	33.3
其他行业	6.9	31.0	37.9	48.3	13.8		13.8		65.0	35.0

表21　　受“非典”影响，企业今年第二季度以来的情况及第三季度的趋势（%）

	与正常情况相比，第二季度以来							预计第三季度		
	减少			持平	增加			形势恶化	不变	形势好转
	明显减少	有所减少	小计		有所增加	明显增加	小计			
订货量	26.1	41.0	67.1	17.9	12.8	2.2	15.0	12.5	34.5	53.0
生产（服务）量	19.2	37.0	56.2	25.4	15.9	2.5	18.4	9.8	41.7	48.5
销售量	24.6	38.3	62.9	18.9	16.4	1.8	18.2	13.1	35.0	51.9
出口量	27.6	33.9	61.5	25.9	10.7	1.9	12.6	14.4	47.7	37.9
采购量	15.2	38.3	53.5	30.8	14.1	1.6	15.7	9.3	50.1	40.6
生产经营成本	1.5	7.9	9.4	23.5	53.1	14.0	67.1	14.3	51.4	34.3
盈利情况	28.9	36.2	65.1	24.2	9.7	1.0	10.7	17.8	38.0	44.2
固定资产投资规模	11.3	19.7	31.0	47.4	17.1	4.5	21.6	6.4	66.2	27.4
从业人员数	3.8	22.8	26.6	64.8	7.2	1.4	8.6	4.1	76.8	19.1
其中：雇用农民工	10.1	26.3	36.4	53.9	8.4	1.3	9.7	6.1	72.6	21.3

四、政府措施得力，期望尽快恢复正常的社会经济秩序

本次调查在问卷中还设计了“您对政府应对非典政策措施的意见和建议”这一开放问题，共有419位企业经营者提出了相关的意见和建议。调查结果显示，大多数企业经营者对政府在抗击非典中所采取的措施给予了积极的评价，普遍认为这些措施是有力的，效果是明显的。

企业经营者在希望继续采取科学、有效的措施控制“非典”的蔓延，杜绝疫情反复现象发生的同时，对一些地方和部门的过度防范也要引起注意，并呼吁全社会增强信心，尽快恢复正常的社会经济

秩序，促进经济的快速增长。

为此，企业经营者提出了不少建议，包括继续实施对部分受“非典”冲击行业的减免税收政策并扩大优惠面、加快出口退税进度、适当放松银根、补充企业流动资金、培育新的消费热点和经济增长点、关注中小企业发展等。

企业经营者还建议要加大公共卫生支出，提高全民公共卫生素质；尽快建立健全全国性公共卫生安全预防预警机制，加强对突发事件的应对能力。

（注：凡引用此报告者均需注明引自中国企业家调查系统——《“非典”对企业经营的影响快速问卷调查报告》）

国企改革与管理：千户国企经营者的最新评价和建议
——2000年国有企业经营者问卷调查报告

▌中国企业联合会

▌中国企业家调查系统

2000年是不寻常的一年，既是20世纪的最后一年，又是国有企业三年脱困的最后一年。党中央、国务院在深化企业改革和加强企业管理方面加大了推进力度，陆续出台了一系列推进国企改革和发展的政策措施。为了准确把握企业改革和管理现状，反映国有企业对国家改革和发展政策的评价及对国企改革的建议，了解企业的呼声，中国企业联合会与中国企业家调查系统联合于2000年11月至12月在全国范围内，开展了千户国有企业经营者问卷调查。

本次调查历时2个月，共发出调查问卷4000份，回收有效问卷1075份，有效问卷回收率为26.9%。问卷由被调查企业的总经理、厂长或董事长填写。调查范围覆盖全国除台、港、澳地区以外的31个省、自治区、直辖市，涉及农林牧渔、采掘、制造、电力、建筑、交通运输、金融保险、邮电通信、商业服务、房地产等行业，全部为国有及国有控股企业。其中大型企业占48.5%，中型企业占46%，小型企业占5.5%；2000年上半年盈利企业占52.2%，持平企业占21.4%，亏损企业占26.4%，正常生产企业占78.6%，半停产企业占16.1%，停产企业占0.6%，超负荷生产企业占4.7%。样本企业有较强的代表性，能够反映目前国有企业的总体情况（样本情况见表1）。

调查结果表明，大多数企业经营者认为目前政府机构改革和政企关系调整初步取得阶段性效果。企业产权关系出现了可喜的变化，国有出资主体逐步开始明确，经营者与国有资产考核同步有了较大的改观；企业改制的数量有所增加，但要取得实质性突破仍是任重道远；企业股权多元化比例提高；法人治理结构有所改善。经过近三年的努力，国有企业管理水平有了一定程度的提高，大多数企业的内部管理制度逐步完善；适应市场竞争需要的用工机制初步形成；企业运用电子信息手段加强和改善企业管理的工作已经起步。国有企业技术水平有了较大提高，但与发达国家的企业相比还存在较大差距，技术开发投入不够特别是技术及装备水平和创新能力还有待进一步提高。年薪制和股权是目前国企经营者认为较好的激励方式；国家法律法规是对企业经营者的有效约束方式，但是经营者的就职方式与副职任命仍以主管部门为主；激励不足、行政干预仍是影响企业经营者发挥作用的主要因素。调查中，经营者对政府改善宏观经济运行环境提出了不少建议：希望为国有企业创造更加宽松的经营环境；进一步加大治理“三乱”的力度；切实减轻企业税负；继续严厉打击走私；完善市场经济法规，加大执法力度，创造良好的市场竞争环境和秩序。

表1　　调查样本基本情况（%）

按行业	比重	按规模	比重	按盈亏	比重
农林牧渔业	1.1	大型	48.5	盈利	52.2
采掘业	4	中型	46	持平	21.4
制造业	51.3	小型	5.5	亏损	26.4
电力、煤气及水的生产及供应业	5.7	按地区	比重	按生产	比重
建筑业	11.7	东部地区	43.7	超负荷生产	4.7
交通运输、仓储及邮电通讯业	5.9	中部地区	27.9	正常生产	78.6
批零贸易、餐饮业	10.1	西部地区	28.4	半停产	16.1
金融、保险业	0.1			停产	0.6
房地产业	1.7			按主导产品供求	比重
社会服务业	2.7			供大于求	47.8
文教体卫广电业	0.7			供求平衡	42.5
科研和综合技术服务业	0.7			供不应求	9.7
其他行业	4.3				

一、对改革的评价

1. 政府机构改革效果初显

国家从1998年开始进行政府机构改革，到目前为止，中央国家机关机构改革基本完成，地方政府机构改革正在陆续推进。2000年国家又加大了改革的力度，主管企业的各个国家局陆续撤消，这将有助于进一步减少政府对企业的干预。对目前的政府机构改革，经营者是如何评价的呢？当问及“您对目前政府机构改革和政企关系调整的评价”时，回答“非常满意”者占1%，“比较满意”者占20.1%，“一般”者占48.6%，“不太满意”者占24.7%，“很不满意”者占5.6%（见图1）。这说明多数经营者认为政府机构改革和政企关系的调整取得了阶段性效果。

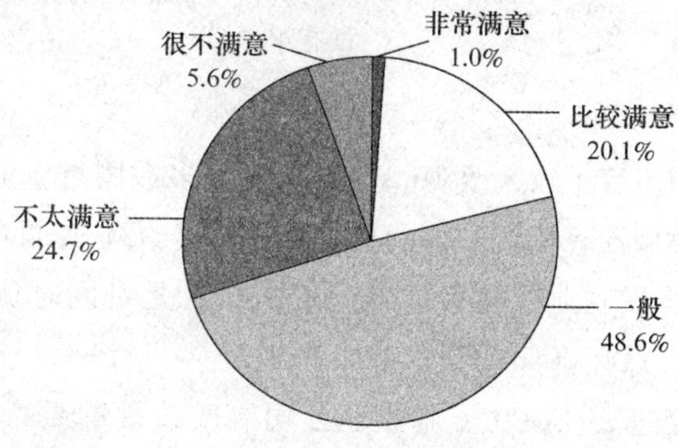

图1　对目前政府机构改革和政企关系调整的评价

2. 企业自主权已基本落实

企业自主权的落实是国家较早推出的企业改革举措，特别是随着市场经济体制的不断完善，企业逐步脱离政府而走向市场，面临着市场竞争的考验，企业经营自主权的落实对企业是至关重要的。调查结果显示，针对“企业经营自主权的落实情况”，回答“较好”者占45%，回答“一般”者占48.3%，回答“较差”者占6.7%（见图2）。调查结果表明，1992年已颁布要下放的企业14项经营自主权，八年后基本上得到落实，当然要完全落实还须继续努力。

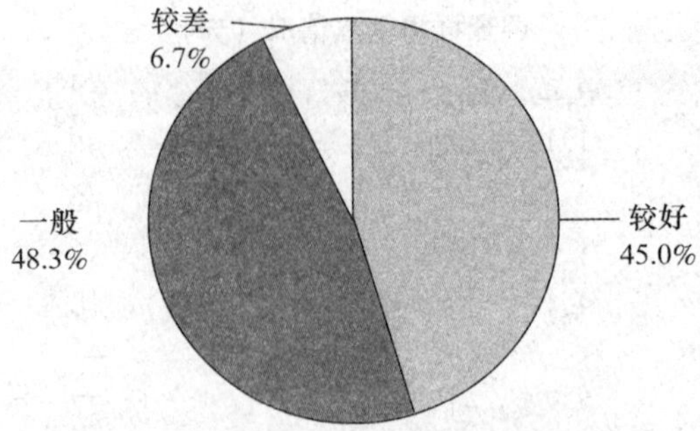

图2　企业经营自主权的落实情况

二、对企业产权关系和建立现代企业制度的评价

1. 企业产权关系出现了可喜的变化

①国有出资主体开始明确。当问及“贵企业的产权关系在以下哪些方面得到理顺”时，回答“国有出资主体明确”的比重最高，占43.1%，其次分别为“企业法人的各项自主权利基本落实”，占31%，“企业法人治理结构健全”，占30.8%，“国有产权代表或机构明确”，占29.7%，“企业法人治理结构能真正发挥作用”，占15.2%，回答“没有理顺”的占25.2%（见表2）。由此可见，企业改革以来，企业产权关系最明显的变化是国有出资主体的明确。

针对“是否有人或机构代表国家行使国有股东的权利”的问题，72.7%的经营者回答“是”，27.3%的经营者回答“否”。

表2　　企业的产权关系在哪些方面得到理顺（%）

备选答案	选答者占总样本	备选答案	选答者占总样本
国有出资主体明确	43.1	企业法人的各项自主权利基本落实	31.0
企业法人治理结构健全	30.8	国有产权代表或机构明确	29.7
企业法人治理结构能真正发挥作用	15.2	没有理顺	25.2

注：此题为多项选择。

②经营者与国有资产考核同步有了较大改观。多年来我国多数国有企业客观上一直存在所有者缺位问题，考核经营者的部门与考核国有资产的部门往往不一致，从本次调查结果看，这个问题有了较大的改观。针对“目前负责考核贵企业经营者的部门或机构，是否同时负责考核国有资产的保值增值”，80%的经营者回答“是”，只有20%的经营者回答“否”。

③股权多元化进程取得一定进展。成功实施企业公司制改造最重要的一条是实现股权的多元化，这既有利于企业产权关系的改善，也有利于规范的法人治理结构建立。目前企业股权多元化的进程已有初步进展。调查中有49.7%的企业经营者认为公司已实现股权多元化。

2. 企业改制依然任重道远

在大多数国有大中型企业建立现代企业制度是国家确定的三年两大目标之一。三年后企业改制情况如何呢？调查结果显示，32.4%的经营者回答“已改制”，28.6%回答“没有改制”，回答“正在改制”的经营者为39.0%（见图3）。这说明目前全国仍有相当多的国有企业没有完成改制，企业改制依然任重道远。

对于已改制的企业，改制后的效果如何呢？调查结果显示，回答“公司内部管理制度更趋完善”的最多，占24.6%，其次分别为“产权关系得到明确”，占20.3%，“建立了科学、规范的公司治理结

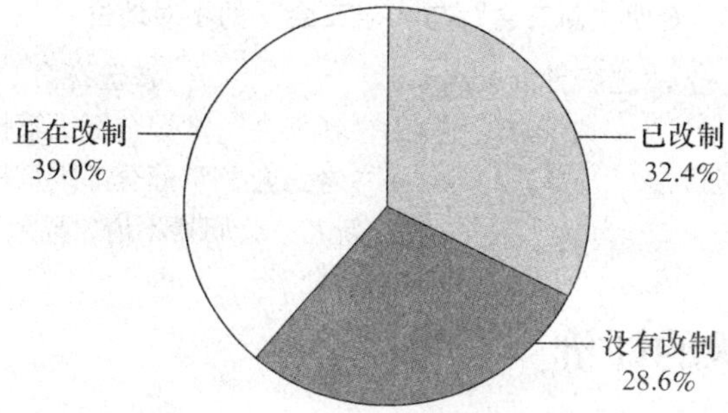

图3　企业改制情况

构”，占20.1%，“经营决策比较科学”，占12.8%，“自主权扩大”，占12.6%，“企业效益明显好转”，占11.4%（见表3）。可见企业改制对公司内部管理制度的完善，在明晰产权关系和建立科学、规范的公司治理结构等方面有一定的积极意义。

表3　改制后企业在哪些方面有显著变化（%）

备选答案	选答者占总样本	备选答案	选答者占总样本
公司内部管理制度更趋完善	24.6	产权关系得到明确	20.3
建立了科学、规范的公司治理结构	20.1	经营决策比较科学	12.8
自主权扩大	12.6	企业效益明显好转	11.4

注：此题为多项选择。

3. 法人治理结构有所改善

公司法人治理结构是公司制的核心，在已改制的企业中，企业的法人治理结构情况怎样呢？调查结果显示，有以下几个倾向。

①董事会已成为决策中心。有81.2%的经营者赞同“董事会已成为决策中心”，18.8%的经营者持否定意见，说明董事会是企业决策中心已被大多数人认同。

②监事会的作用没有得到充分发挥。只有37%的经营者认为“监事会对企业财务和董事、经营者行为的监督作用”较大，认为“作用发挥较小”的经营者占47.1%，认为“没有作用”的经营者占15.9%（见图4），可见，如何发挥监事会的作用是急需解决的问题。

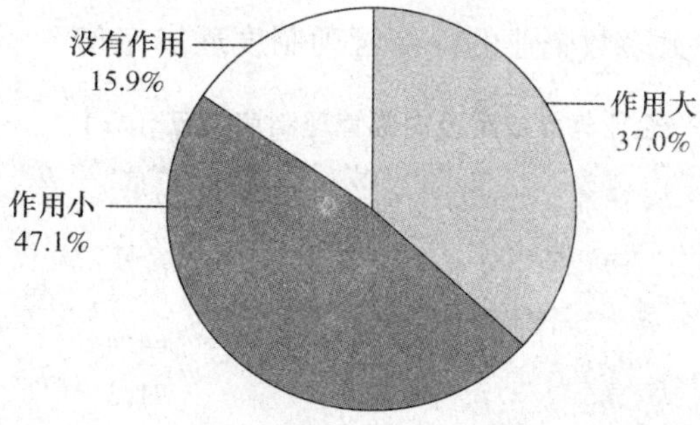

图4　监事会对企业财务和董事、经营者行为的监督作用

③新老三会的关系基本协调。对于企业“新三会”与“老三会”的相对地位问题，认为“新老三会能通过协调进行决策”的经营者比例最高，占40.3%；其次分别为“‘老三会’掌握全部决策权”，占23.7%，“‘新三会’负责业务决策，‘老三会’负责党务决策”，占13.5%；选择“新老三会职责不清，导致职能弱化”和“‘新三会’掌握全部决策权”的比重较低，分别为11.4%和11.1%（见表4）。

表4　企业“新三会”与“老三会”的相对地位

备选答案	选答者占总样本	备选答案	选答者占总样本
新老三会通过协调进行决策	40.3	“新三会”掌握全部决策权	11.1
新三会”负责业务决策，“老三会”负责党务决策	13.5	“老三会”掌握全部决策权	23.7
		新老三会职责不清，导致职能弱化	11.4

三、对企业管理现状的评价

1. 企业管理水平有了较大提高

调查结果显示，85.7%的经营者认为目前企业管理水平与三年前相比有了提高，特别是大型企业管理水平提高更明显，回答比例占88.8%（见表5）。这说明为了实现国有企业三年脱困目标，落实党的十五届四中全会通过的《关于国有企业改革和发展若干重大问题的决定》中对加强和改善企业管理提出的要求，在市场竞争和政府推动双重压力下，企业确实在强化内部管理上下了功夫，并且已初见成效。然而离国务院办公厅转发国家经贸委的《关于建立现代企业制度和加强企业管理的基本规范》的要求还有一定的距离。

表5　目前企业管理水平与三年前相比的情况（%）

	提高	没变化	下降
总体	**85.7**	**10.6**	**3.7**
大型企业	88.8	7.3	3.9
中型企业	84.1	13.7	2.2
小型企业	74.0	12.0	14.0

2. 大多数企业的内部管理制度逐步完善

调查企业中94.2%的企业建立了各级、各个环节的严格责任制度，73.1%的企业建立了一套行之有效的科学决策程序，64.4%的企业建立了决策责任制度，71.3%的企业制订了科学、可行的发展战略，89%的企业实行了目标成本管理，83.4%的企业实行了比价采购管理，90.7%的企业建立健全了资金管理体制和制度，69.5%的企业实行了全面预算管理制度，83.8%的企业对工程建设项目和技术改造项目实行招投标管理（见表6）。这说明近几年通过学习“邯钢”、“亚星”等先进企业的经验，为适应激烈的市场竞争的需要，大多数企业的内部管理制度逐步完善。

表6　企业建立或实行内部管理制度情况（%）

	是	否
建立各级、各个环节的严格责任制度	94.2	5.8
建立一套行之有效的科学决策程序	73.1	26.9
建立决策责任制度	64.4	35.6
制订科学、可行的发展战略	71.3	28.7
实行目标成本管理	89.0	11.0
实行比价采购管理	83.4	16.6
建立健全资金管理体制和制度	90.7	9.3
实行全面预算管理制度	69.5	30.5
对工程建设项目和技术改造项目实行招投标管理	83.8	16.2

3. 企业有章不循的情况仍时有发生，严格管理应提上议事日程

尽管近几年企业建立健全了企业内部的各项规章制度（见表6），但有章不循的情况仍时有发生，

调查中只有48.7%的企业规章制度贯彻率在80%以上（见图5）。这说明目前企业的首要问题之一是要依法治厂、从严管理，使企业的各项法规真正落到实处。

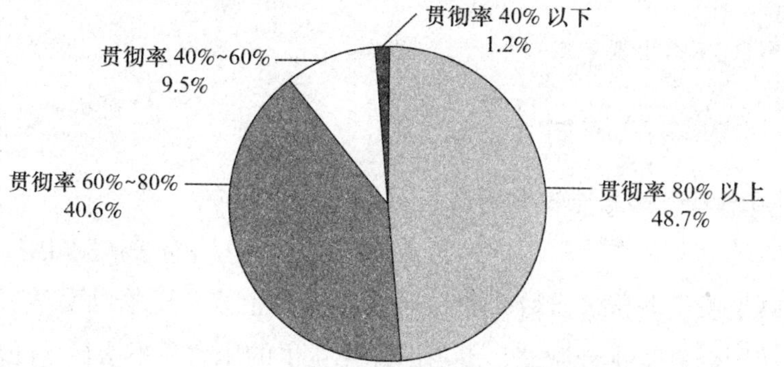

图5　企业规章制度贯彻执行情况

4. 企业开始重视营销管理

调查显示，24.1%的企业有了完善的市场营销网络，67.7%的企业建立了市场营销网络，尤其是大企业回答营销网络“完善”的达31.3%（见表7）。通过加强营销管理，企业的售后服务水平也有了相应的提高，在问到“企业的产品售后服务情况”时，回答“很好”的占13.9%，“较好”的占68.6%（见图6）。

表7　　**企业建立市场营销网络的状况（%）**

	完善	一般	没有
总体	**24.1**	**67.7**	**8.2**
大型企业	31.3	62.9	5.8
中型企业	19.0	71.6	9.4
小型企业	6.7	73.3	20.0

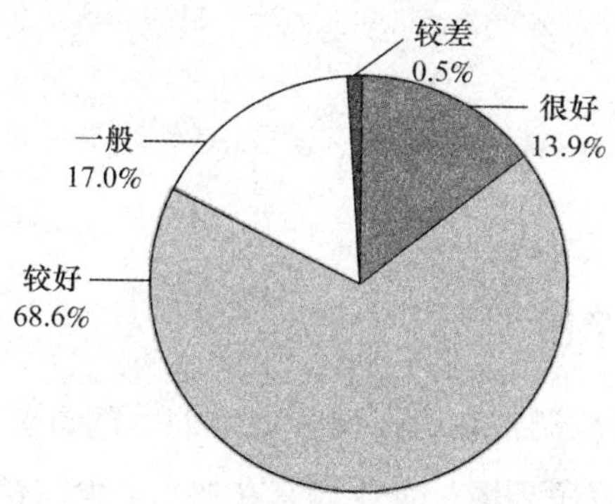

图6　企业的产品售后服务情况

5. 适应市场竞争需要的用工机制初步形成

要建立适应市场竞争的企业经营机制，其中关键一条是要建立能上能下、能进能出的灵活的用工机制。调查结果显示，有49.9%的企业实行了全员竞争上岗制度，有94.1%的企业实行了全员劳动合同制度，有64.5%的企业实行了依据生产经营需要自主决定招聘职工，有46.9%的企业取消了“干部”和“工人”的身份界限（见表8），这说明，适应市场竞争需要的用工机制在企业已初步形成。

表8　企业用工情况（%）

	是	否
实行了全员劳动合同制度	94.1	5.9
实行了依据生产经营需要自主决定招聘职工	64.5	35.5
实行了全员竞争上岗制度	49.9	50.1
“干部”和“工人”的身份界限是否还存在	53.1	46.9

6. 企业注重学习国内外企业先进管理经验

调查显示，51.4%的企业正在追踪国内同行业领先企业，27.4%在追踪国内领先企业，15%在追踪国际领先企业。这既反映出我国大多数企业在通过向领先企业、竞争对手学习来提高自己的管理水平，也反映出我国企业国内竞争十分激烈，参与国际化竞争的压力还不明显。随着中国加入WTO和国内市场供应总量长期大于需求，国有企业应该认真学习发达国家企业的先进管理方法，积极参与全球竞争。

7. 运用电子信息手段加强和改善企业管理已经起步，但水平还不高

随着经济信息化、全球化的发展，国有企业应该加快管理手段的现代化，并学习国内外先进管理经验和方法。目前，在电子信息手段运用方面，国有企业的水平还不高，主要是用于各种报表（68.6%）和建立企业内部电子网络系统（29.7%），在与外界的沟通——建立外部电子网络系统方面应用比例还不高（20.9%），电子商务刚刚起步（9.7%）。这与发达国家相比存在很大差距（见表9）。

表9　企业电子信息手段的运用情况（%）

	报表采用计算机系统	建立内部电子网络系统	生产手段采用计算机控制	建立外部电子网络系统	实行电子商务
总体	**68.6**	**29.7**	**24.9**	**20.1**	**9.7**
大型企业	74.9	38.5	31.9	20.4	10.4
中型企业	65.3	22.0	18.7	21.1	8.6
小型企业	42.0	16.0	18.0	12.0	12.0

注：此题为多项选择。

四、对企业技术进步的评价

加快技术进步是推动我国产业结构调整和增强国际竞争能力的重要手段。随着国内市场供需矛盾的变化和面对加入WTO后的全球化竞争环境，企业只有在技术上保持优势，才能获得生存和发展。我国国有企业的技术水平虽然有了很大提高，但与发达国家的企业相比还存在一定差距，特别是装备水平不高，创新能力不强，技术开发投入不够。

1. 技术及装备水平不高

目前，样本企业的技术及装备有80.2%属于国内八九十年代水平，其中45.7%属于90年代水平，34.5%属于80年代水平。而达到国际90年代水平的只有12.4%，属于国内70年代及以前水平的仍占7.4%（见图7）。总的来看，国有企业的技术及装备水平比过去有了很大提高。但属于国际90年代水平的比例仍很低。因此，为了适应国内外市场的变化，增强国际竞争力，企业仍需加大投入，提高技术及装备水平。

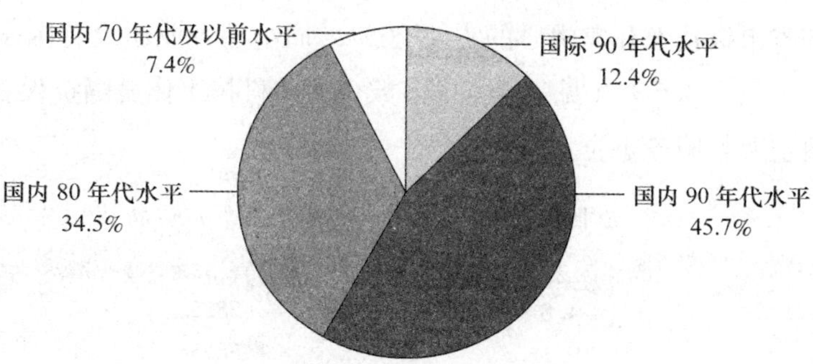

图7　国有企业技术及装备水平

2. 新产品销售收入所占比重仍较低

在国有企业的产品销售收入中，新产品销售收入不足30%的占到60.2%，其中有24.7%的企业低于10%。高于30%的占39.8%，其中超过50%的占17.4%。在各类企业中，小型企业的新产品销售收入超过50%的占31.3%，而低于10%的也占到37.4%。股份有限公司新产品销售收入超过30%的占到54.8%，其中超过50%的占25.8%（见表10）。

表10　企业新产品销售收入的比重情况（%）

	50%以上	30%～50%	10%～30%	10%以下
总体	**17.4**	**22.4**	**35.5**	**24.7**
大型企业	16.0	24.1	37.6	22.3
中型企业	17.7	22.0	34.2	26.1
小型企业	31.3	6.3	25.0	37.4
厂（矿）	16.5	22.2	38.3	23.0
有限（责任）公司	14.1	29.0	32.8	24.1
股份有限公司	25.8	29.0	35.5	9.7
总公司	18.5	11.1	29.6	40.8

3. 模仿和引进与自主创新为当前企业技术创新的主导模式

当前国有企业技术创新的主导模式仍是模仿和引进与自主创新结合。其中，模仿创新+自主创新占42.1%，自主创新+引进合作占38.6%（见表11）。

表11　国有企业技术创新主导模式（%）

	模仿创新+自主创新	自主创新+引进合作	引进	自主创新+合作创新	模仿
总体	**42.1**	**38.6**	**25.5**	**22.9**	**11.6**
大型企业	39.6	48.2	28.1	25.1	9.5
中型企业	45.9	31.1	24.2	21.3	13.6
小型企业	30.0	24.0	14.0	16.0	16.0

注：此题为多项选择。

这一方面反映了我国处于工业化过程中，与发达国家相比在技术开发上自然处于落后状态；另一方面也反映出引进国外先进技术和虚心向国外学习，并积极消化吸收和创新，是缩小与国外差距、提升自我竞争能力的重要方式。但随着技术进步的加快和知识产权保护的加强，我国企业应该立足于自主创新，拥有自主知识产权，以培育自己的核心竞争能力。

当前，国有企业中拥有一定规模的独立技术开发机构的为数不多，且集中在大中型企业。其中，大型企业拥有国家级和省市级技术开发中心的占47.6%，而小型企业还没有国家级技术开发中心，有省市级技术开发中心的也只占4.5%（见表12）。多数企业的科技工作是围绕设备使用与维护和质量控制进行的，科技人员也主要是服务于企业日常生产。

表12　企业成立技术开发中心的情况（%）

	成立国家级中心	成立省市级中心	没有成立
总体	**4.8**	**28.5**	**66.7**
大型企业	9.1	38.5	52.4
中型企业	1.0	20.7	78.3
小型企业		4.5	95.5

影响企业技术创新的主要因素是人才、资金和体制，分别占到70.1%、57.2%和43.5%，其中尤以人才问题最为突出（见表13），创新人才的缺乏与目前的激励机制有关。在国有企业，对科技人员的激励主要是项目成果奖，也就是一次性奖励，往往包括的范围还很广。有少数企业采取了新增利润提成，但采取技术折价入股和奖励股份的还很少。因此，国有企业应该深化内部改革，营造有利于人才充分发挥作用的环境和激励机制，并加大资金投入，以推动自主创新。

表13　影响企业技术创新的主要因素（%）

	人才	资金	体制	激励	开发	其他
总体	**70.1**	**57.2**	**43.5**	**35.7**	**7.9**	**0.8**
大型企业	71.0	52.7	45.5	38.0	7.5	0.5
中型企业	70.3	62.9	40.7	33.7	9.1	1.2
小型企业	64.0	56.0	50.0	32.0	4.0	0.0

注：此题为多项选择。

4. 缺乏相应人才、缺乏规范运作的技术市场等是制约科技成果转化的主要原因

目前，影响科技成果转化的因素很多，调查显示，36.8%的经营者认为是缺乏相应人才，36.3%的经营者认为是缺乏规范运作的技术市场，33.8%的经营者认为是科研机构与企业脱节的体制。另外，成果转化的费用太高，企业难以承受；企业难以得到及时、准确的科研成果信息也是影响科技成果转化的原因之一（见表14）。

表14　制约科研成果转化的主要原因（%）

	科研成果转化缺乏相应人才	缺乏规范运作的技术市场	科研与企业的双轨管理体制	成果转化费用太高	企业难以得到科研成果信息	科研成果本身脱离审查实际	成果转化手续繁杂	其他
总体	**36.8**	**36.3**	**33.8**	**29.6**	**23.9**	**12.5**	**6.7**	**1.5**
大型企业	38.0	38.7	40.7	26.2	21.0	14.9	7.2	1.4
中型企业	37.3	34.0	27.5	34.9	27.5	10.5	5.7	1.4
小型企业	24.0	30.0	30.0	18.0	24.0	10.0	12.0	4.0

注：此题为多项选择。

五、对企业经营者队伍建设的评价

1. 高学历、中青年成为企业经营者队伍的主体

本次调查的经营者从年龄构成上看，以46～55岁为多，占50.5%，36～45岁次之，占32.1%，

从总体上看，35~55岁，已构成了经营者年龄主体，占82.6%，其中大型企业经营者的年龄略高于中小型企业（见表15）。

表15　：不同规模企业的年龄构成（%）

	35岁以下	36~45岁	46~55岁	55岁以上
总体	**4.4**	**32.1**	**50.5**	**13**
大型企业	3.7	28.6	51.2	16.5
中型企业	3.7	34.1	52.1	10.1
小型企业	16.3	44.9	32.7	6.1

从文化构成上看，大专与大学本科各占到40%以上，硕士研究生也占到了10.5%，博士研究生尚少，为0.1%，总体看，大专以上学历的经营者已占到了91.5%。特别是大型企业，大学本科与研究生学历比例超过中小型企业。在股份公司中担纲的研究生最多，占23.7%（见表16）。这说明，高学历、中青年已成为目前企业经营者队伍的主体。

表16　不同规模企业的文化程度构成（%）

	初中或以下	高中	中专	大专	大学本科	硕士、博士
总体	**1.3**	**2.3**	**4.9**	**40.1**	**40.8**	**10.6**
大型企业	0.4	0.5	3.4	30.4	51.4	13.9
中型企业	2.2	3.8	6.3	49.3	30.0	8.4
小型企业	2.0	6.1	6.1	46.9	36.7	2.2
厂（矿）	0.4	2.7	5.3	38.1	46.6	6.9
有限（责任）公司	1.4	2.2	3.6	39.0	40.4	13.4
股份有限公司	2.6		2.6	31.6	39.5	23.7
总公司	2.6	3.9	5.2	46.7	33.8	7.8

2. 经营者的就职方式与副职的任命没有根本变化

调查结果显示，经营者的就职方式，仍以主管部门任命为主，占到了73.47%，但比1999年问卷调查的81.54%有所减少；由董事会任命的占到20.14%，比1999年问卷调查的12.45%有所增加（见图8）；这说明企业经过一年的改制，政企分开是有成效的，规范公司治理结构有了进展，但从总体上看，企业改制与政企分开任务仍十分艰巨。

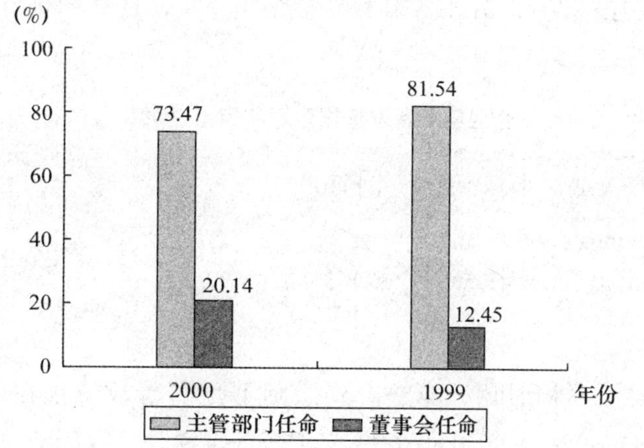

图8　经营者的就职方式

特别是这次调查反映出，从人才市场上招聘企业经营者的比例只占到0.2%，比1999年调查的1.04%还有所下降，这与上级任命的高比例形成鲜明对比，说明企业经营者的职业化、市场化还任重道远。

从企业经营者的用人权看，企业经营者有权任命副职领导的占29.2%，无权的占70.8%，其中从企业规模看，企业规模越大，经营者对副职的任用权越小，大、中、小型企业的比例分别为24.8%、33.2%、38.8%；从企业性质看，股份有限公司和有限责任公司经营者对副职的任用权比例最高，分别达到47.4%和44.3%（见表17）。从这些数据看，一是说明目前无论是上级主管部门也好，所有者也好，仍把握着企业整个经理班子的任用权，特别是大企业，往往是正职副职一起任命，要求整个班子对上负责，而不是总经理一人对上负责。从调查看，越是以现代企业制度来构架的企业，即公司制企业，在这方面与国际惯例越相一致，所有者只任命总经理、一把手，并赋予其选择聘用副职的权力。总经理的用人权对企业步调一致、高效运转、树立权威、强化管理是十分必要的，这是现代企业治理结构中必不可少的一环。因此，从规范改制的要求看，今后国有企业在政企分开、所有者到位的改革中，也包括多元产权结构甚至民营、私营的企业，都应对此给予考虑。

表17　对副职的任命权（%）

	是	否
总体	**29.2**	**70.8**
大型企业	24.8	75.2
中型企业	33.2	66.8
小型企业	38.8	61.2
厂（矿）	23.8	76.2
公司	18.1	81.9
有限（责任）公司	44.3	55.7
股份有限公司	47.4	52.6
集团公司	29.2	70.8
总公司	18.4	81.6
其他	19.3	80.7

3. 激励不足、行政干预是影响企业经营者发挥作用的主要因素

调查中，影响企业经营者发挥作用的因素很多，其中选择激励不足的比例最高，占51.9%，选择行政干预的比例其次，占43.6%，其他由高到低依次为市场环境不好占28.9%，选拔与任命制度占27.7%，国有资产管理体制占27%，治理结构不规范占20.5%，自身素质与能力不适应占18.2%（见表18）。

表18　企业经营者发挥作用影响因素（%）

	激励不足	行政干预	市场环境	选拔与任命制度	国有资产管理体制	治理结构不规范	自身素质与能力不适应
2000年	51.90	43.60	28.90	27.70	27.00	20.50	18.20
1999年	63.62	45.50	25.36	37.11	35.26	13.61	20.00

注：此题为多项选择。

与1999年问卷调查的数据相对比，能够看到激励不足与行政干预在比例上有所下降，分别由63.62%下降到51.90%；45.50%下降到43.60%，但仍居前两位，这说明一年来上述两方面虽有所改进，但仍是影响企业经营者发挥作用的主要因素。调查结果还显示，市场环境不好、治理结构不规范这两个因素的比例有所上升，说明企业经营者对这两个方面十分重视，应进一步加强和完善。

从这一组比例数字看出，加速企业经营者的收入分配制度改革，建立激励机制，推动政企分开，

减少行政干预，仍是企业经营者关注的热点。

此外，我们从表19可以看到，国有资产管理体制、市场环境、自身素质、能力问题对小型企业影响大，比例明显高于大中型企业，而治理结构问题对大企业影响大，明显高于中小型企业，这对我们抓住重点、分类指导、区别对待提供了依据。

表19　　影响企业经营者发挥作用的主要因素（%）

	政企不分与行政干预	国有资产管理体制	选拔与任命制度	治理结构不规范	激励不足	自身素质与能力不适应	市场环境不好
总体	**43.6**	**27.0**	**27.7**	**20.5**	**51.9**	**18.2**	**28.9**
大型企业	43.2	26.5	30.1	23.3	52.9	15.8	24.4
中型企业	44.0	26.1	24.9	18.4	50.2	19.1	33.0
小型企业	44.0	30.0	34.0	12.0	52.0	26.0	36.0
厂（矿）	43	31.2	26.6	20.9	49.4	17.1	27.8
公司	45.8	25.3	29.5	17.4	55.8	16.8	31.6
有限（责任）公司	41.1	24.1	30.1	23.4	53.2	19.5	27
股份有限公司	42.1	26.3	18.4	18.4	63.2	26.3	15.8
集团公司	40.1	21.9	25.7	25.7	54.5	18.2	24.1
总公司	44.2	24.7	28.6	20.8	44.2	14.3	27.3
其他	53.4	29.3	25.9	15.5	50	22.4	39.7

注：此题为多项选择。

4. 年薪制和股权是企业经营者的较好激励方式

调查中，认为年薪制是较好的激励方式的比例最高，占73.3%，其次是股权，占47%，职务待遇占34.6%，期权占32.9%，提高养老、医疗保险占29.8%，分别居后三位（见表20）。从与1999年调查的对比看，选择年薪制、股权的比例变化不大，位次也相同。从目前看，这两种方式是建立激励机制的主体。

表20　　企业经营者较好的激励方式（%）

	年薪制	股权	职务待遇	期权	提高养老、医疗等保险
2000年	73.30	47.00	34.60	32.90	29.80
1999年	76.51	48.86	27.65	18.09	38.05

注：此题为多项选择。

从调查中我们还看到，不同规模企业的经营者对激励方式的选择与要求略有不同，大型企业对年薪、股权、期权的要求高，而小型企业则对职务待遇、提高养老医疗保险要求高（见表21）。因此，在激励方面，大型企业应加速实行年薪制，有条件的实行股权、期权，而小型企业则要注意经营者的社会保障与工作生活环境。

表21　　不同规模企业的经营者对激励方式的选择（%）

	年薪制	股权	期权	职务待遇	提高养老、医疗等保险
大型企业	75.1	50.9	39.1	28.3	27.4
中型企业	73.9	43.5	27.0	39.7	32.1
小型企业	58.0	44.0	24.0	46.0	34.0

注：此题为多项选择。

5. 国家法律法规是对企业经营者的有效约束方式

从调查看，经营者对有效的约束方式的判断为：国家的法律法规约束占49.7%，居首位；其他方式依次为：监事会31.2%，社会审计29.7%，董事会25.9%，期终考核22.2%，职代会14.8%，稽查特派员或外派监事同党组织、纪委并列为11.2%，媒体与社会舆论7.5%，工会0.5%（见表22）。这个结果与1999年的调查结果相比，不少指标有较大的下降，比如，社会审计原为50.52%，现为29.7%，国家法律法规原为77.13%，现为49.7%，媒体与社会舆论原为15.38%，现为7.5%，但对监事会、董事会、稽查与外派监事、党组织、纪委的约束选择变化幅度不大，基本与1999年持平。调查结果表明，规范法人治理结构，发挥企业内部权力制衡作用、有效借助社会中介是约束的有效方式，企业经营者也比较认可。从企业规模上看，小型企业对职代会、党组织及外派稽查约束的认可度要高于大型企业，而对董事会的认可度则低于大型企业。

表22　不同规模企业对经营者有效的约束方式（%）

	国家的法律法规	稽查特派员	社会审计	期终考核	董事会	监事会	党组织、纪委	工会	职代会	媒体与社会舆论
总体	**49.7**	**11.2**	**29.7**	**22.2**	**25.9**	**31.2**	**11.2**	**0.5**	**14.8**	**7.5**
大型企业	48.2	10.9	29.9	22.2	26.0	31.7	10.2	0.5	12.7	7.0
中型企业	51.9	10.0	29.2	21.5	26.3	29.4	11.5	0.7	16.7	8.4
小型企业	50.0	24.0	28.0	24.0	20.0	34.0	18.0		20.0	6.0

注：此题为多项选择。

六、对改善宏观经济运行环境的建议

调查企业对政府改善企业的宏观经济运行环境提出了一些好的建议，主要有：

1. 国家应为国有企业创造更加宽松的经营环境

尽管中央和国务院为了国有企业实现三年改革和脱困目标，制定了债转股、停息挂账、技改贴息等一系列只有国有企业才能享受的政策措施，但调查中仍有73.3%的企业经营者认为当前国有企业的外部环境比私营、外资企业还差（见图9）。这说明国有企业仍感觉在经营中所受羁绊较多，希望减少政府干预，创造一个与其他所有制企业同样宽松的外部环境。

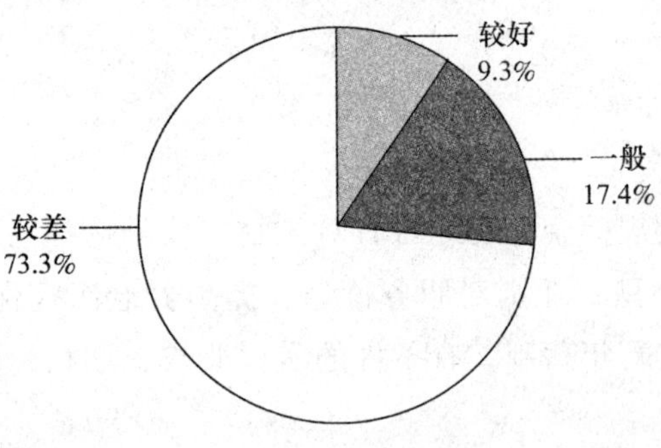

图9　当前国有企业的外部环境与私营、外资相比的情况

2. 进一步加大治理“三乱”的力度

调查结果显示，国家通过加大治理“三乱”的力度已收到成效，有52.6%的经营者认为有关部门向企业乱收费、乱罚款和乱摊派的情况有所减轻，但认为“很严重”和“严重”的仍分别占到9.7%和37.7%，特别是小型企业经营者认为“很严重”的比例还占到20.5%（见表23）。这说明，治理“三乱”的工作还任重道远。

表 23　　当前有关部门对企业乱收费、乱收款和各种摊派的情况（%）

	有所减轻	严重	很严重
总体	52.6	37.7	9.7
大型企业	55.6	35.8	8.6
中型企业	49.0	41.8	9.2
小型企业	57.1	22.4	20.5

3. 减轻企业税负

调查中有 58.7% 的经营者认为实行新税制以来企业税负增加，11.7% 的经营者认为企业税负大大增加，20.1% 的经营者认为税负没有变化，有 9.5% 的经营者认为企业税负有所减轻。为此，有必要进一步加强对税制的改革，研究制定相应政策，使企业有一个合理的税负。

4. 继续严厉打击走私

国家近两年严厉打击走私已取得了积极效果，2000 年调查中只有 9.4% 的经营者认为走私产品对本企业的影响仍很严重，比 1999 年的 12.8% 又下降了 3.4 个百分点。有 38.6% 的经营者认为“有好转”，有 52% 的经营者认为“没有影响”（见图 10）。

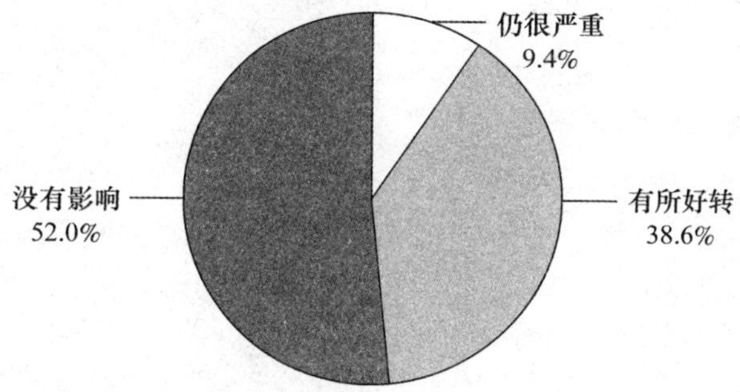

图 10　走私对企业的影响

5. 完善市场经济法规，加大执法力度，创造良好的市场竞争环境和秩序

尽管 2000 年国家加大了对假冒伪劣产品的打击力度，但从调查结果看收效并不明显，有 17.4%、41.8% 的经营者分别认为假冒伪劣产品对企业的影响“非常严重”和“比较严重”，此比例与 1999 年的调查结果差不多（见表 24）；此外，有 18.3%、68.5% 的经营者分别认为当前市场竞争环境和秩序“很乱”和“乱”，尤其是小型企业经营环境和秩序更差，其中有 30% 认为“很乱”（见表 25）。

表 24　　假冒伪劣产品对企业的影响（%）

调查年份	非常严重	比较严重
1999 年	21.19	35.59
2000 年	17.4	41.8

表 25　　当前的市场竞争环境和秩序（%）

	较　好	乱	很　乱
总体	13.2	68.5	18.3
大型企业	11.5	71.1	17.4
中型企业	14.7	67.2	18.1
小型企业	16.0	54.0	30.0

（注：凡引用此报告者均需注明引自中国企业联合会、中国企业家调查系统——《2000 年国有企业经营者问卷调查报告》）

课题组名单

顾　　问：张彦宁　谢伏瞻

调查主持：陈　重　王佩亨　胡新欣

报告撰写：于　武　李　兰　李建明　柏东海

刘　鹏　潘建成　杨志民

APEC 成员在华投资的中小企业经营环境评价
——1998 年 APEC 成员在华投资的中小企业问卷调查报告

■ 中国企业家调查系统
■ 国家经贸委中小企业中心等

1998 年 3 月至 6 月，国家经贸委组织了对 APEC 成员在华投资的中小企业（以下简称 APEC 企业）经营环境的问卷调查工作。这次调查由国际合作司、对外经济协调司、中小企业司、企业改革司、经研中心和国务院发展研究中心情报中心共同组织，中国企业家调查系统具体承担了问卷调查的实施工作。这次调查的目的在于了解 APEC 企业在华的经营环境及其经营状况，为进一步改善我国的外商投资环境，提高利用外资的质量和效益创造更加良好的条件。

此次调查的有效样本包括除中国之外的 APEC 其他 17 个成员（由于本项目开始执行时，俄罗斯、秘鲁和越南等 3 个新成员尚未正式加入 APEC 组织，故本调查未包括其在华企业）在华的 4573 家中小企业，约占 APEC 在华外商直接投资企业总数的 5% 左右。调查采用问卷形式收集了这些企业的经营者对该企业在中国所处的内部和外部的经营环境的看法，获得了大量宝贵的第一手资料。现将这次问卷调查的成果总结报告如下。

一、调查设计框架

1. 调查主题及其构成

APEC 企业在华的经营环境是本次调查的主题。

企业经营环境是指与企业经营活动有关的各种客观因素及其有机的组合。抽象地说，企业经营环境是企业赖以生存和发展的空间，是企业实现其自身存在价值的内外部条件。

具体对外商投资企业而言，外商投资企业的经营环境与其实现投资目的密切相关。外商投资的最直接目的是获得相对比较多的投资回报。对企业来讲，实现这一目的的基本要求应包括：第一，投资项目要有利可图，即有市场，生产和交易成本相对低；第二，投资实施和企业运营的过程要可行，即能够获得必要的基础设施、物质资源、技术条件以及人力条件的支持；第三，获取投资回报要有安全保障，特别是法律和制度的保证。满足这三项基本要求的所有企业内外部条件就构成了外商投资企业经营环境（或称投资环境）的全部内容。

外企经营环境的构成可以从多个角度进行分析，例如，广义环境和狭义环境，宏观环境和微观环境，硬环境和软环境，内部环境与外部环境，国家环境与地区环境。为与国际惯例保持一致，本次调查围绕外商投资企业经营环境的五个具体组成部分展开，这五个具体组成部分分别为：

（1）法律和社会环境；

（2）经济和市场环境；

（3）技术和资源环境；

（4）国际贸易环境；

（5）企业内部条件。

本报告将以这五个组成部分为基本分析框架，利用问卷数据，对APEC企业的经营环境进行系统的分析。

本次调查针对APEC中小企业的经营环境，这并非意味着中国对来自不同国别或不同规模的外商投资企业采取不同的政策，这次调查的主要特点仅仅在于询问的对象是特定的，即专门了解APEC成员在华投资的中小企业经营环境的情况。

2. 问卷内容的设计

基于上述对外商投资企业经营环境的认识，根据“APEC成员在华投资中小企业经营环境调研”课题项目的要求，为了涵盖APEC企业经营环境的众多层面，问卷将涉及经营环境的各种因素和条件分为三个大类，即“对中国经营环境的基本评价及建议”、“对企业微观经营环境的评判”和“企业基本情况”，提出了41个大问题，共计177个具体问题。

问题的提问类型包括顺序选择和程度判断两类，让企业经营者回答。对程度判断类题目，问卷一般提供三种不同程度的答案供选择，分别代表肯定、否定及中性的答案；对顺序选择类题目，问卷根据具体内容的要求，提供了数目不等的多个选择，并区别不同情况，要求多项选择或唯一选择。

3. 调查总体及抽样

本次调查的对象是APEC成员在华投资的中小企业，根据中国的国情并参考国际通行的标准，凡注册资本总额低于10亿元人民币的APEC企业都属于本次调查的中小企业范围。

截至1997年底，我国累计利用外资3479亿美元，其中外商直接投资约2202亿美元，在吸收外商直接投资的数额方面，中国连续数年成为发展中国家第一位和世界第二位的国家。按照1997年计算，外商直接投资已相当于当年全社会固定资产投资的14.9%左右，具有举足轻重的地位。

APEC成员在华直接投资约占外商在华直接投资的87.1%（1996年数据），其中中国香港占49.5%，居第一位，然后依次为日本、中国台北、美国、东盟和韩国（参见表1）。

表1　　分国（地区）别的外商在华直接投资情况（1996年）

成员体	实际外商直接投资额（亿美元）	所占份额（%）
中国香港	208.52	49.5
日本	36.92	8.8
中国台北	34.82	8.3
美国	34.44	8.2
原东盟五国	31.85	7.6
韩国	15.04	3.6
加拿大	3.38	0.8
大洋洲APEC成员	2.17	0.5
拉丁美洲APEC成员	0.05	
APEC	367.19	87.1
非APEC	54.16	12.9
全世界	421.35	100

资料来源：《中国统计年鉴1997》，中国统计出版社。

这次调查根据APEC成员投资企业在我国39个省（市、自治区）和计划单列市的分布情况，考虑行业和投资来源国（地区）构成等因素，在全国范围内（指大陆地区）分省区进行等比例抽样。

4. 调查方式及回收状况

本次调查采用直接邮寄问卷的方式，于 1998 年 3 月底正式发放问卷 16500 份。问卷由企业的外方或中方经营者填写，从回收样本的情况看，填表的外方经营者占 35.6%，中方经营者占 64.4%。截至 5 月 15 日共回收问卷 5127 份，其中有效问卷 4573 份，有效回收率 27.7%。经统计检验，回收样本可以推断总体在地区、行业、投资来源国（地区）等方面的分布特征，对总体状况具有一定的代表性（参见图 1 及附表）。

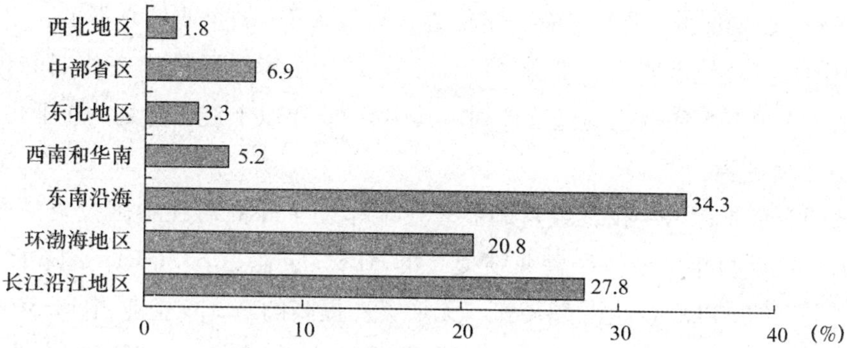

图 1　回收问卷的地区构成（%）

注：东南沿海地区包括：粤、闽、桂、琼；长江三角洲及沿江地区包括：沪、苏、浙、皖、鄂、川、渝；环渤海地区包括：鲁、辽、冀、津、京；西南和华南部分省区包括：滇、黔、湘、赣、藏；东北地区包括：黑、吉；中部部分省区包括：豫、晋、陕；西北地区包括：新、青、蒙、甘、宁。

二、调查结果分析[①]

1. 经营环境的总体判断

APEC 企业将中国经营环境的吸引力列亚太地区之首。

（1）较理想的投资地

调查结果表明，参加调查的 APEC 企业有 87.0% 将中国列为 APEC18 个成员中最具投资吸引力的国家之一，中国在前 6 名中综合得分排在首位，为 4.718 分。然后依次为中国香港、新加坡、美国、加拿大和澳大利亚（参见表 2）。

表 2　APEC 企业对 APEC 成员体较理想的前 6 名投资地的判断（%）

成员名称	第一位	第二位	第三位	第四位	第五位	第六位	综合得分
中国	68.4	4.8	4.4	3.8	2.8	2.8	4.718
中国香港	8.9	42.6	4.5	3.0	3.5	2.4	3.028
新加坡	5.6	8.3	20.0	11.9	6.2	3.7	2.069
美国	4.9	4.0	6.5	10.4	8.5	5.0	1.286
加拿大	1.2	3.3	4.4	7.9	12.1	7.2	0.964
澳大利亚	1.5	3.5	4.1	5.6	7.5	21.6	0.963

注：问卷要求每个企业填写 6 个最理想的投资地。

综合得分 =（第一位比重 ×6 + 第二位比重 ×5 + 第三位比重 ×4 + 第四位比重 ×3 + 第五位比重 ×2 + 第六位比重）/100，得分区间为 0 ~6。

① 考虑到本次问卷的填卷人既包括 APEC 企业的中方经营者也包括外方经营者，为检验中外经营者对企业经营环境的认识是否存在差异，我们曾将调查结果按中外经营者分别进行了汇总和对比，结果显示，双方的回答之间不存在明显的统计差异。故本次调查结果的分析将以平均汇总结果为主，不再具体区分中外方经营者。

（2）吸引外资的前景乐观

调查结果表明，参加调查的95.3%的APEC企业认为，中国目前利用外资规模尚未偏大，仍有继续发展的余地。其中，43.0%的APEC企业认为目前投资规模合适，52.3%认为规模偏小，只有4.7%认为偏大。

（3）外商投资信心充足

调查结果显示，95.2%的APEC企业对继续在中国进行投资并获益充满信心。其中，34.3%的APEC企业很有信心，61.0%的企业有一定信心，只有4.7%的企业信心不足。

由于对中国投资环境看好，大部分APEC企业都有在华发展的比较长期的计划。调查结果表明，73.0%的企业在中国有5年以上的经营计划，其中有10年以上经营计划的企业占70.5%。

（4）投资业绩显著

大多数被调查企业近两年投资经营的显著业绩印证了外商对在中国投资的充足信心是有根据的。调查结果显示，仅近两年，整体经营业绩提高的APEC企业占63.1%，下降的企业仅占15.1%。其中，有形资产提高的APEC企业占53.5%，无形资产提高的APEC企业占48.5%，而同期下降的企业分别仅占7.0%和6.4%；主导产品销售量增加的企业占54.8%，而下降的企业只占21.0%；提高或保持了产品市场占有率的企业分别占48.4%和30.4%，而市场占有率下降的企业仅占21.2%；提高或保持了企业的竞争力的企业分别占66.0%和19.2%，只有14.8%企业竞争力下降（参见图2）。

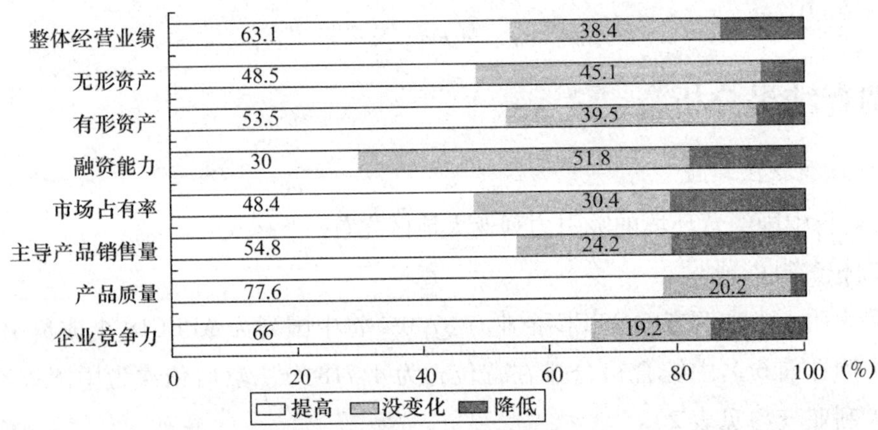

图2 APEC企业近两年的经营业绩（%）

注：整体经营业绩是纵向各项的算术平均数，代表企业平均的总体经营状况。

（5）稳定的政治经济环境是吸引外资的重要保证

调查表明，在外商看来，中国作为理想的投资地，主要源于有利的经济环境和稳定的政治环境，以及潜力巨大的国内市场。对此三项看好的APEC企业分别占74.4%，68.0%和68.0%（参见图3）。

稳定的社会政治环境和宏观经济状况还为抵御世界经济市场波动的消极影响创造了条件。调查还表明，在诸多相关因素中，APEC企业将稳定的中国政治环境、较强的政府调控能力、适度的汇率制度和特殊的社会经济结构视为当前中国能够抵御亚洲金融危机冲击的四项主要因素（参见图4）。

这些结果都说明，中国目前稳定的政治经济环境是吸引外资中不可缺少的重要保障。

（6）劳动力资源、优惠政策和潜力巨大的市场是获利的主要来源

从参加调查APEC企业列举的主要获益来源看，丰富低廉的劳动力资源（57.0%）、优惠的鼓励外商投资政策（42.3%）和潜力巨大的中国市场（39.4%）是最重要的三个因素（参见表3）。

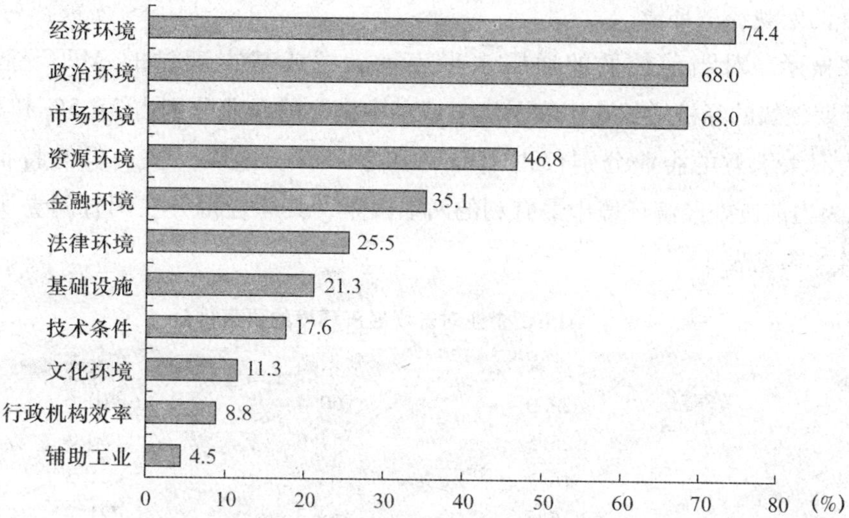

图 3 APEC 企业判断理想投资地的依据（%）

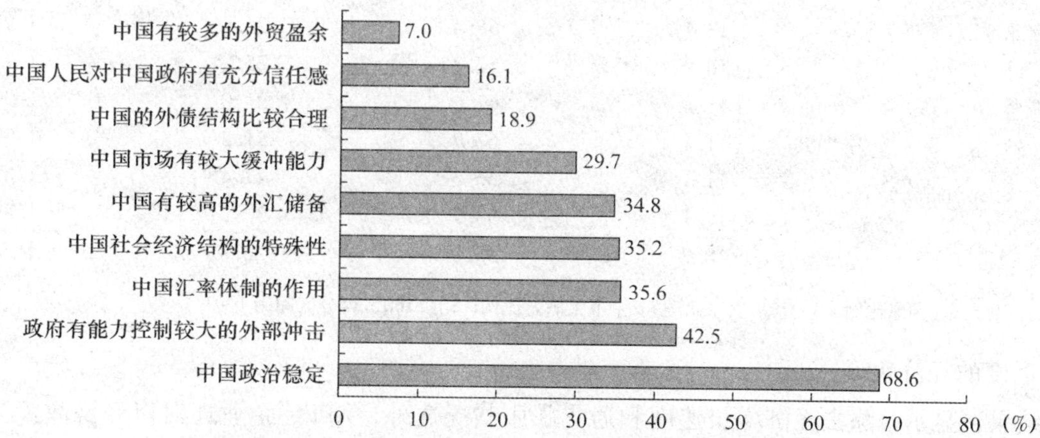

图 4 抵御亚洲金融危机冲击的主要因素（%）

注：问卷填写者被要求任选 3 项。

表 3　　　APEC 企业获利的主要来源（%）

影响因素	占比	影响因素	占比
利用劳动力资源	57.0	利用优惠政策	42.3
扩大当地市场	39.4	保证对消费者的迅速供货	24.3
获得当地的自然资源	23.2	向第三国出口	14.6
为总公司形成规模经济	13.7	服从总公司开拓和维护国外市场	12.8
开发科学技术	12.3	降低运输成本	7.6
降低总公司经营风险	6.1	避开贸易壁垒	1.7
回避汇率风险	1.7		

注：问卷填写者被要求限选 3 项。

调查结果充分说明，APEC 企业普遍将中国视作亚太地区理想的投资场所之一，由此可以断言，当前以及未来一段时期内，流入我国的外资将持续增长，成为加快我国经济建设步伐的一支促进力量。

2. 经济和市场环境

大多数 APEC 企业对中国宏观经济状况表示满意，但也有较大比重的 APEC 企业对当前主要商品市场供大于求的格局表示忧虑。

（1）良好的宏观经济环境

调查结果显示，对当前较低的通胀水平表示满意或基本满意的APEC企业分别占29.0%和60.4%，对近期较快的经济增长速度表示满意或基本满意的企业分别占25.5%和54.0%，对这两项宏观因素的现状不太满意的企业分别仅占10.6%和20.5%。这以一快一低为特征的宏观经济格局被APEC企业视为当前所处经济环境中最有利的两项因素，其综合得分在调查问卷所列13项宏观经济要素中列前两名（参见表4）。

表4　APEC企业对宏观经济环境的要素排分

	满意	基本满意	不太满意	综合得分
通货膨胀率	29.0	60.4	10.6	2.18
经济增长率	25.5	54.0	20.5	2.05
外汇管制	16.7	62.0	21.3	1.95
税收制度	16.5	62.3	21.2	1.95
开放程度	19.7	55.7	24.6	1.95
财政体制	14.0	65.7	20.3	1.94
居民的消费水平	13.1	65.4	21.4	1.92
银行体系	16.9	57.2	25.9	1.91
经济结构调整	11.4	67.6	21.0	1.90
消费结构	11.1	67.7	21.2	1.90
总体经济水平	11.1	66.5	22.4	1.89
市场规模	16.1	53.7	30.2	1.86
当地工业配套程度	10.2	53.0	36.8	1.73

注：综合得分=（满意比例×3+基本满意比例×2+不太满意比例×1）/100，得分区间为1~3。

（2）适度的经济政策

调查结果还显示，除去经济增长速度和通货膨胀状况之外，APEC企业还对以经济政策为主的其他一些宏观经济环境要素满意程度较高，这些因素按综合得分值的大小依次包括得当的外汇政策、优惠的税收政策、开放的经济环境和财政政策，对此四项经济政策表示“满意”和“比较满意”的APEC企业分别占78.7%、78.8%、75.4%和79.7%。

（3）基本改善的基础设施条件

基础设施的短缺曾经制约着中国经济发展的步伐，也在很多地区限制了外商投资企业的建立。本次调查结果表明，对所在地通信设施、水资源供给、能源供应和交通环境表示满意和基本满意的APEC企业分别占90.7%、87.9%、87.7%和77.7%（参见图5）。看来，经过政府和企业多年的努力，除交通条件还有待进一步改善外，目前我国主要的基础设施供求紧张状况都已得到一定程度的缓解。

（4）供大于求的商品市场

随着买方市场格局在全国范围内形成，目前不再仅仅是内资企业担心自己产品的销路，就连以往一直在国内市场上具有相对竞争优势的外资企业也开始感受到市场的压力。74.0%，70.2%和54.0%的APEC企业分别认为，目前中国的房地产市场，消费品市场和生产资料市场供大于求，认为供不应求的企业分别仅占7.9%、3.7%和8.3%。被调查企业中有55.0%认为目前的市场状况对本企业的经营有利和非常有利，而认为不利和非常不利的企业占45.0%，二者几乎各占一半（参见图6）。当被问到是否对本地市场规模表示满意时，30.2%的企业表示不太满意，几乎超过表示满意的企业数量（16.1%）一倍。

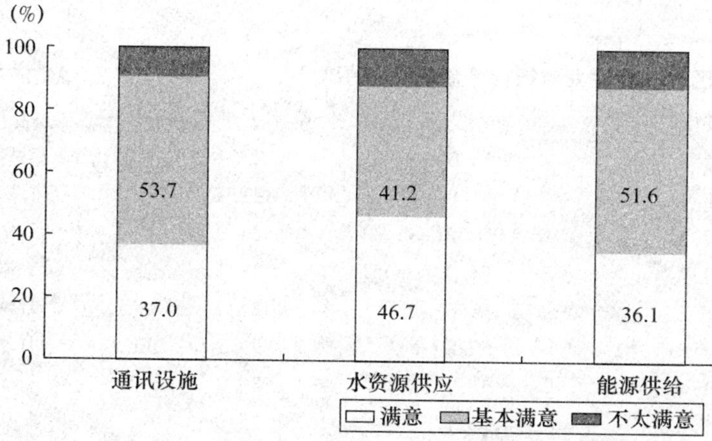

图 5　APEC 企业对基础设施的评价

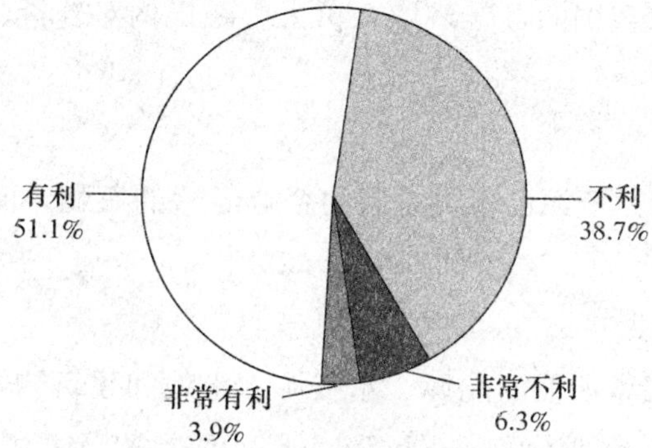

图 6　APEC 企业对当前市场形势的判断

调查结果同时显示，大多数 APEC 企业对当前市场供大于求的原因具有清醒的认识。他们并未将目前企业面对的市场压力完全归咎于国内生产发展、引进外资规模扩大和国外竞争力增强等增加供给的因素，因为这是经济发展的必然结果，而是认为更主要地来自消费者消费层次的升级和同类产品供应过大两个原因（参见表 5），解决问题的办法只能是生产结构调整和产业升级。从问卷结果看，21.0% 的企业对目前所在地区的经济结构调整步伐不满意，远超过表示满意的企业比重（11.4%）。调查结果还表明，为适应消费结构的升级，近两年内，有 77.6% 的 APEC 企业已经采取措施，提高了自己产品的质量。

表 5　对外资企业市场压力来源的判断（%）

主要来源	占比	主要来源	占比
消费者有更多其他同类产品选择	57.9	中国消费者对产品和服务要求的提高	39.4
中国内资企业的迅速发展	30.8	国外企业的进入	25.2
中国现有“三资”企业的发展	20.6		

注：问卷填写者被要求限选 2 项。

（5）“三资”企业融资渠道不畅

调查结果显示，48.3% 的 APEC 企业认为目前中国资本市场资金供不应求，相比之下，只有 10.6% 的企业认为目前资金供大于求。此外，调查还显示，27.4% 的企业认为融资渠道不畅是当前制约外商投资企业发展的主要外部原因之一；受融资渠道不畅的困扰，25.9% 的企业对中国目前的银行体系不太满意。特别是西北地区、中部部分省区和西南及华南部分省区的 APEC 企业感觉融资困难的企业比重更高（参见表6）。

表6　各地区APEC企业对银行等金融系统的排分

	满意	基本满意	不太满意	综合得分
环渤海地区	21.6	55.0	23.4	1.982
长江三角洲及沿江地区	15.4	61.8	22.8	1.926
东北地区	17.8	56.2	26.0	1.918
东南沿海	17.2	54.3	28.5	1.887
西南和华南部分省区	13.2	59.6	27.2	1.860
中部部分省区	13.0	57.8	29.2	1.838
西北地区	11.4	51.9	36.7	1.747
总体	17.0	57.1	25.9	1.911

注：综合得分 =（满意比例×3+基本满意比例×2+不太满意比例×1）/100，得分区间为1~3。

由此不难看出，进一步改善我国的金融环境，扩大金融机构对外资企业的信用服务范围，是进一步吸引外资的有效措施之一。

3. 技术和资源环境

APEC企业认为"有形要素"资源已不再是制约企业经营的瓶颈，而技术含量较高的各种"无形要素"依然短缺。

（1）良好的"有形要素"供应

调查结果显示，对在中国投资所需的能源、水资源、土地和建筑物及通信设施等物质资源供应现状表示满意和基本满意的APEC企业分别占87.7%、87.9%、90.5%和90.7%，对中国的自然环境、原材料供应和交通设施也表示满意和基本满意的APEC企业分别占84.9%、83.5%和77.7%。可以说，目前在中国，外商投资企业生产经营活动所需的物质资源的供应状况已大大改善，不再构成对外资企业经营活动的制约（参见图5和图7）。

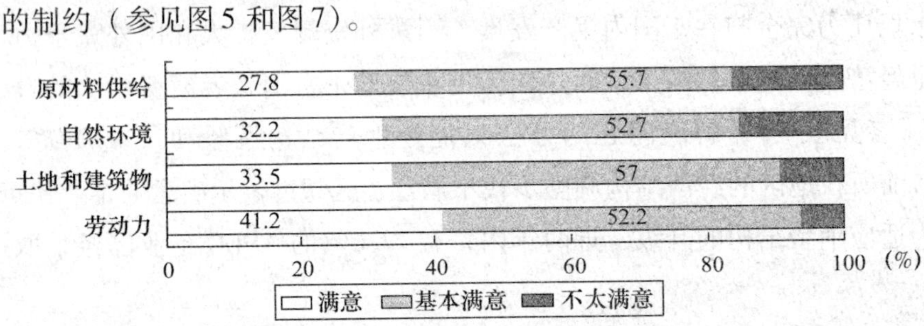

图7　APEC企业对资源条件的评价（%）

（2）丰富且低廉的劳动力资源

调查结果显示，93.4%的APEC企业对中国丰富的劳动力资源感到满意和基本满意（参见图7）。调查结果还表明，丰富的劳动力资源及低廉的劳动力成本是外商在华投资获利的主要源泉，被APEC企业列13项主要影响因素之首（参见表3）。

劳动力的资源优势是当前引进外资的主要有利条件这一点，还可以从APEC企业的行业构成中得到证实。调查结果显示，41.9%的APEC企业集中在劳动密集型的产业中（这里指服装、电子、纺织、塑料和食品），其中11.7%在服装及其他纤维制品制造业，9.9%在电子及通信设备制造业，7.4%在纺织业，7.2%在塑料制品业，这四个劳动密集型产业成为当今在华外商投资最集中的前四个制造业部门（参见表7）。

表 7　　APEC 企业在主要制造业中的行业构成（%）

主要行业	占比	主要行业	占比
服装及其他纤维制品制造业	11.7	电子及通信设备制造业	9.9
纺织业	7.4	塑料制品业	7.2
食品加工业	5.7	金属制品业	5.7
化学原料及化学制品制造业	5.3		

注：表中各行业企业所占比重按企业个数计算

（3）正负作用并存的技术条件

当今世界，科学技术正成为第一生产力，在各国经济发展中发挥着越来越重要的作用。然而，就在华外企而言，一方面当地技术水平的低下使外商投资企业凭借自身的技术优势，在经营上占据着比当地企业更有利的垄断地位，从而从中获取技术垄断利润；另一方面当地发展相对滞后的技术及其各种载体如人才、管理方法、生产配套能力等无形要素又无法满足外商投资和经营的需要，从而外商投资企业的高效率又难以发挥。

调查结果显示，APEC 企业将决定本企业优势地位的因素按其重要性的程度依次列为：管理水平（51.8%）、工艺技术水平（38.7%）、经营战略（37.1%）和员工素质（36.4%）。这些无一不属于广义技术因素的范畴（参见图 8）。

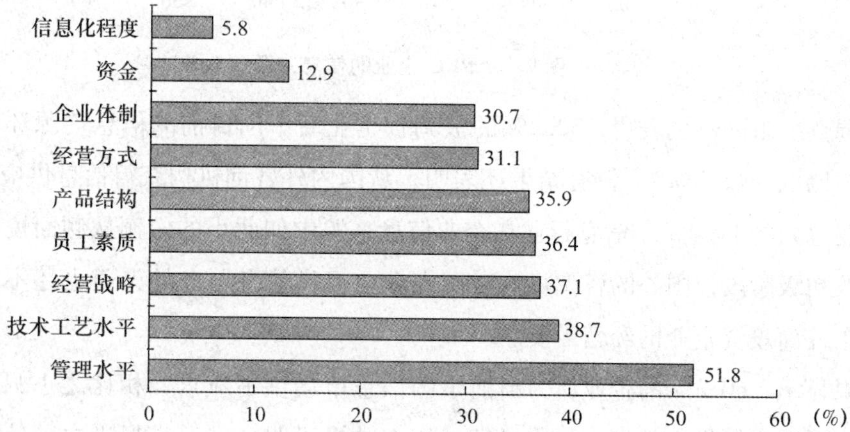

图 8　对 APEC 企业优势的主要表现的判断（%）

注：问卷填写者被要求限选 3 项

然而，结果同时表明，分别有 29.4%、29.1%、24.9% 和 36.8% 的 APEC 企业对公司所在地区的科技水平、人员素质，教育水平以及当地生产配套能力不太满意，同时，60.9% 和 34.7% 的企业认为，当前中国的技术市场和人才市场的供应状况不能满足外商投资企业正常经营活动的需要（参见表 8）。

表 8　　APEC 企业对科技条件的评价（%）

科技因素	满意	基本满意	不太满意
科技水平	9.5	61.1	29.4
人员素质	10.3	60.6	29.1
教育水平	12.0	63.1	24.9
当地工业配套程度	10.2	53.0	36.8
市场状况	**供大于求**	**供求平衡**	**供不应求**
技术市场	7.7	31.4	60.9
人才市场	37.3	28.0	34.7
信息市场	7.8	31.9	60.3

（4）发育不完全的信息市场

随着经济的全球化发展和竞争的日益激烈，知识经济时代的到来，企业经营所需的信息量越来越大，及时准确的信息对企业经营的成功也越来越重要，信息供应已成为企业经营环境中又一项重要内容。

企业内部信息部门发达，是跨国公司具备的企业内部优势之一。调查结果表明，51.0%的APEC企业设有专门的信息部门，还有34.3%的企业经常从其母公司的信息部门获得信息。对APEC企业来说，企业内部信息部门是仅次于大众媒介的主要信息来源（参见图9）。

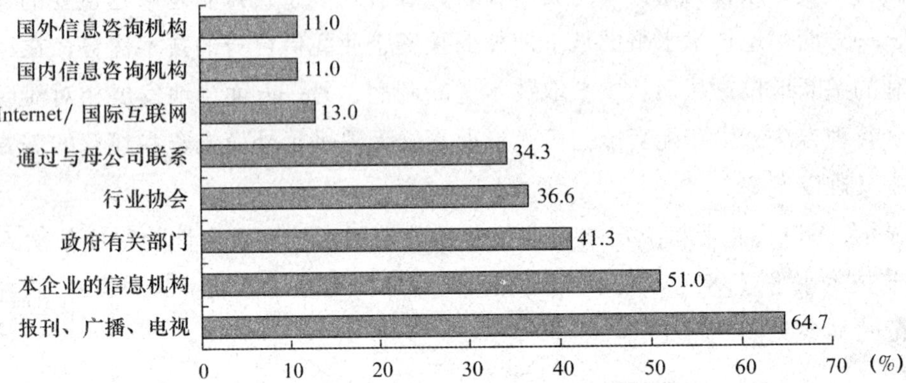

图9 APEC企业的信息来源（%）

但是，调查结果同时也表明，32.2%的被调查企业对中国目前的信息资源环境不太满意，远远超过表示满意的比例（12.2%）。调查结果还表明，从国内外咨询机构获得信息供应的APEC企业分别各占被调查企业总数的11.0%。信息行业在企业信息来源中如此小的份额从侧面说明，目前国内咨询业尚处于发展的初级阶段，国外的咨询机构对国内企业提供信息服务的渠道也还不够畅通，因此，都还不能满足在华外商投资企业的经营需要。

调查结果显示，60.3%的企业认为当前中国信息市场供不应求，相比之下只有7.8%和31.9%的企业分别认为信息市场供大于求或供求平衡。调查结果说明，进一步促进中国信息产业的发展，大力培育信息市场，将会进一步降低企业经营成本，提高企业的国际竞争力和总体生产效率。

4. 法律和社会环境

APEC企业对涉外法规环境满意程度较高，但希望一般性法规和市场秩序尽快完善。

（1）评价颇高的涉外法规

为鼓励外商投资，中国政府先后出台了一系列涉外法规和优惠政策，这些法规和政策的执行一般较为严格。调查结果证实，与一般性法规相比，APEC企业对涉外法规满意程度更高。

调查结果显示，对外商投资政策表示满意或基本满意的APEC企业分别占26.4%和58.4%；对国家的外商投资产业指导目录表示满意或基本满意的APEC企业分别占22.0%和65.9%；对外资法规表示满意或基本满意的APEC企业分别占20.1%和61.6%。这三方面法规性因素的综合得分列各项法规要素综合得分的前三位（参见表9）。

表 9　　　　APEC 企业对法规要素的评分

	满意	基本满意	不太满意	综合得分
利用外资的政策	26.4	58.4	15.3	2.11
外商投资产业和区域导向	22.0	65.9	12.1	2.10
有关外商投资的法规	20.1	61.6	18.2	2.02
有关劳资关系的地方法规	17.8	60.9	21.2	1.96
公平竞争方面	18.5	55.9	25.6	1.93
工业产权和知识产权保护	16.8	57.8	25.4	1.91
市场秩序	15.4	54.4	30.1	1.85

注：综合得分 =（满意比例 ×3 + 基本满意比例 ×2 + 不太满意比例 ×1）/100。

（2）比较融洽的社会氛围

东道国能否为外商投资企业创造一个友好和谐的社会氛围是保证外商投资企业开展正常经营活动的基本前提。调查结果表明，APEC 企业对在中国所处的社会环境、企业的公共关系表示满意。97.4%、92.6%、92.5%、91.1%和 86.8%的被调查企业分别对企业与顾客的关系、与供销商的关系、与政府的关系、与新闻媒体的关系以及与金融机构的关系表示满意和基本满意（参见图 10）。

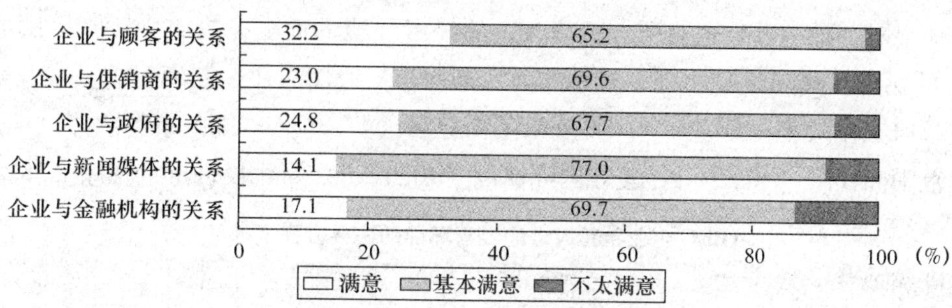

图 10　APEC 企业对本企业公共关系的判断（%）

同时，由于中国目前社会发展和国际化水平都还较低，不可避免地存在一些令外商不太适应的社会因素。从外商个人角度看，语言交流、价值观念和生活习惯是使其感到不适应的主要方面（参见图 11）。

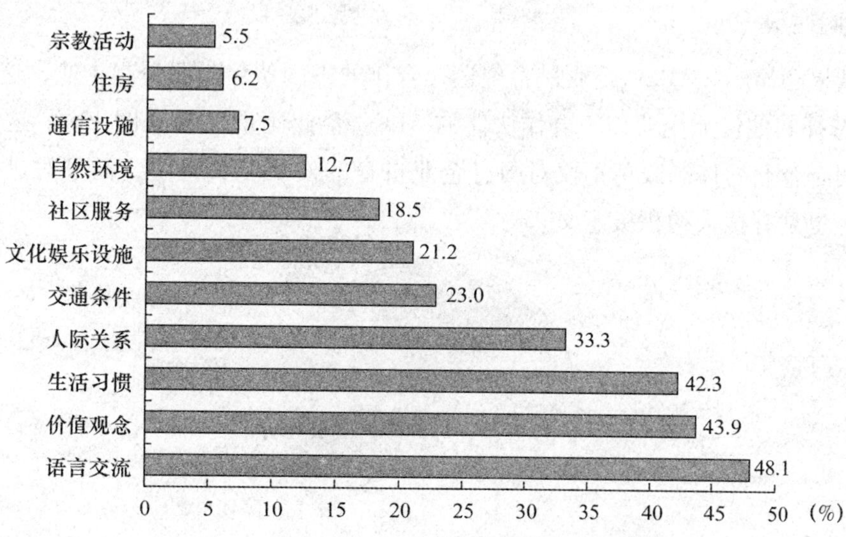

图 11　在华外商对不适应的社会因素的判断

注：问卷填写者被要求限选 3 项。

（3）有待完善的一般性法规制度

由于我国实行社会主义市场经济制度的历史还不长，一般性经济法规还很不完善，对此，已经习惯国外发达和成熟的市场规则的外资企业往往更有感受，他们对一些尚不完善的市场法规及其执行情况感到不太适应。

调查结果显示，对市场秩序、产权保护、公平竞争规则、政府办事效率和社会保障体系的现状不太满意的 APEC 企业分别占 30.2%、25.4%、25.6%、31.2%和 28.8%（参见图 12）。

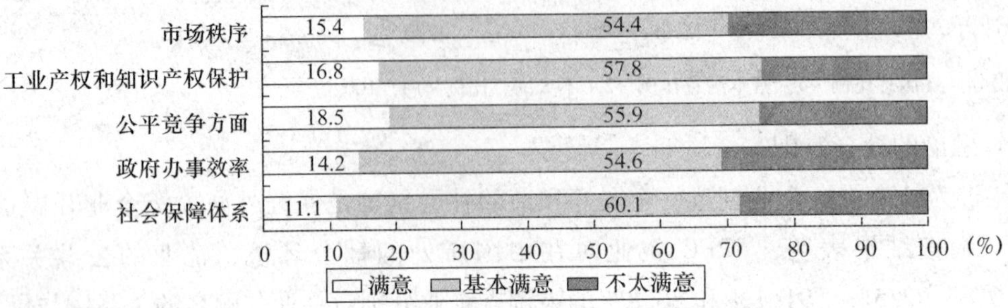

图 12　APEC 企业对部分法规制度因素的判断（%）

调查结果还显示，被 APEC 企业列入亟待改进的经营环境的前七条措施中，除尽快加入世界贸易组织（WTO）的愿望（65.4%）之外，其余的前六条均与一般性法律、制度有关（参见表 10），它们依次是：提高政府工作效率（60.7%）；加强和完善立法（47.3%）；规范市场秩序（41.3%）；明确界定政府管理范围和权限（40.7%）；遵守国际惯例（40.0%）；简化投资审批程序（38.5%）。

表 10　　APEC 企业希望改进的经营环境的主要方面（%）

应该改善的经营环境	占比	应该改善的经营环境	占比
尽快加入世界贸易组织（WTO）	65.4	提高政府工作效率	60.7
加强和完善立法	47.3	规范市场秩序	41.3
明确界定政府管理范围和权限	40.7	遵守国际惯例	40.0
简化投资手续	38.5	减少地方干预	37.7
扩大外商投资领域	32.7	完善金融服务	30.2
加强知识产权、工业产权保护	21.8	提供完善的中介服务	10.6
依据产业政策发展辅助工业	8.2	完善生活服务设施	7.4

此外，调查结果还显示，APEC 企业最希望选择合作的中国伙伴为股份制企业，这部分 APEC 企业占 48.4%，超过选择其他性质企业作为合作伙伴的 APEC 企业比重（参见图 13）。这说明，推行现代企业制度，加快国有企业的体制改革不仅对国有企业自身的发展至关重要，而且对进一步改善外商投资企业的经营环境也具有很大的积极意义。

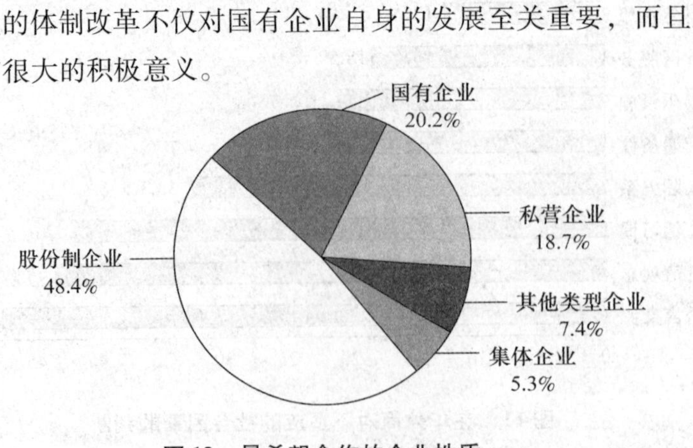

图 13　最希望合作的企业性质

（4）不够规范的市场秩序

调查结果显示，APEC 企业对目前中国市场中的一些无序现象感到难以适应。特别是资金拖欠现象，被 APEC 企业列为当前影响公司发展的最主要的外部因素（参见表 11）。

表 11　影响 APEC 企业经营的主要外部因素（%）

主要外部因素	占比	主要外部因素	占比
资金拖欠	52.4	企业间不正当竞争	39.6
原材料质量	27.8	融资渠道	27.4
法制健全程度	27.3	合同履约率	24.5
人才市场	20.1	基础设施	18.1
行业保护	16.1	社会保障体系的完善程度	14.9

由于市场运行规则及其监管机制不够完善，参加调查的 APEC 企业在 1997 年平均发生过 2.6 起法律纠纷，这些纠纷中 1/3 与资金拖欠有关。这也就是为什么 52.4% 的 APEC 企业认为资金拖欠是制约公司发展的最主要因素。调查结果还显示，为处理和减少企业面对的经济纠纷，56.2% 的 APEC 企业聘请了专门的法律顾问。

产生企业间资金拖欠问题的根源尽管各种各样，但拖欠本身属于市场秩序的问题，是市场法规不健全、执法不严格造成的。这种制度上的欠缺造成目前 APEC 企业尽管资产增加，产品销量扩大，市场竞争力提高，产品质量改善（参见图 2），但负债率却未相应降低，在被调查的 4573 家 APEC 企业中负债率略有降低的企业只占 33.2%，而资产负债率未变的企业占 42.0%，负债率提高的企业占 24.8%。尤其是西北地区、东北地区及西南和华南部分省区的 APEC 企业负债经营的比例偏大，高于全国平均水平（参见表 12）。

表 12　各地区 APEC 企业负债经营情况的排分

	提高	没变	降低	综合得分
长江三角洲及沿江地区	23.5	38.9	37.6	2.141
中部部分省区	23.1	40.8	36.1	2.130
环渤海地区	25.7	39.7	34.6	2.089
东南沿海	23.9	46.9	29.2	2.053
西南和华南部分省区	27.4	41.1	31.5	2.041
东北地区	28.8	42.4	28.8	2.000
西北地区	42.9	32.4	24.7	1.818
总体	**24.8**	**42.0**	**33.2**	**2.084**

注：综合得分 =（资产负债率提高比例 ×1 + 不变比例 ×2 + 降低比例 ×3）/100，得分区间为 1 ~ 3。

规范市场秩序的关键是加快法制建设步伐，提高执法力度。只有建立有序且有效的市场秩序，才能真正发挥市场优化资源配置的作用，才能真正实现国民经济增长方式的根本转变。

5. 国际经贸环境

绝大多数 APEC 企业希望中国尽快加入世界贸易组织，并且对 APEC 成员间实现贸易自由化的前景持乐观态度。

APEC 企业的经营并非完全依赖中国国内市场，国际市场也占有相当重要的地位。调查结果表明，APEC 企业中，平均 33.5% 的产品销往海外，同时其零配件依赖进口比例平均为 41.1%，其原材料依靠进口的比例为 52.3%。东南沿海地区的 APEC 企业对外加工业的性质更突出，其对外贸条件的依赖程度更高，其产品 48.9% 销往海外，零配件依赖进口比例为 50.9%，原材料依靠进口的比例为

62.5%。因此，改善国际贸易环境对这些企业降低经营成本，提高国际竞争力至关重要。正因如此，APEC企业将中国尽快加入世界贸易组织（WTO）列为进一步改善在华企业经营环境的首要措施，因此希望中国进一步推进贸易自由化的进程，同时也希望世贸组织尽早接纳中国。

调查结果显示，APEC企业认为，中国加入WTO对在华APEC企业的积极作用依次是：扩大销售市场（57.7%），增强出口产品的竞争力（46.4%），更多的合作机会（44.4%）和进一步与国际惯例接轨（21.7%）（参见图14）。

调查结果还显示，78.8%的企业对APEC成员间实现贸易自由化的前景持乐观态度。

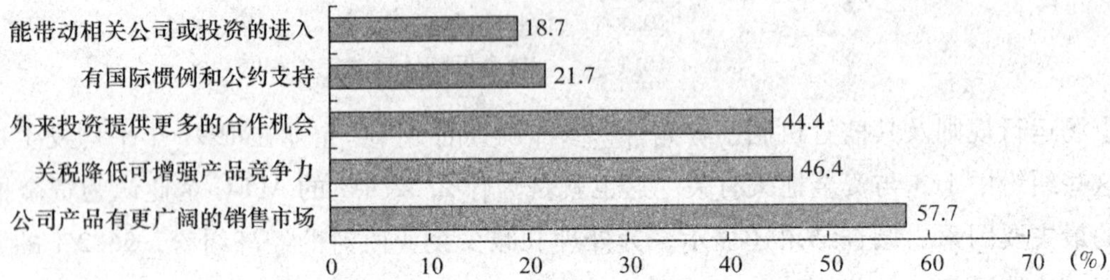

图14　APEC企业认为中国加入WTO对其有利影响

6. 企业内部经营条件

企业内部经营条件是企业经营环境的另一个重要组成部分，由企业经营所需的各项内部生产要素的数量与质量及其组织管理模式和水平所构成。调查表明，APEC企业内部经营条件具有以下一些明显的特点。

（1）企业规模较小

调查结果显示，APEC企业的平均注册资本为2915万元人民币，平均拥有职工280人。

从企业资金规模的构成看，调查表明，注册资本在1000万元以下的企业占56.7%，1000万~5000万元的企业占29.7%，5000万元以上的企业占13.6%。

调查结果还显示，各成员在华企业的注册资本金规模构成有明显的差别，加拿大、澳大利亚和新西兰、中国台北、韩国投资于小企业的比重较大，其投资于规模在1000万元以下企业的比重分别为62.9%、75.9%、62.9%和58.7%，均高于被调查APEC企业的平均比重。相比之下，美国和日本投资于规模在1000万元以上企业的比重为49.3%和52.5%，超过调查企业中1000万元以上企业所占的平均比重（参见表13）。

表13　APEC企业的资金规模构成（%）

	1000万元以下	1000万~5000万元	5000万元以上	平均规模（万元）
APEC其他成员	51.3	30.1	18.7	3944
日本	47.5	34.6	17.9	3864
美国	50.7	33.6	15.7	3370
新加坡	59.7	28.1	12.2	3097
中国香港	58.8	28.8	12.3	2634
韩国	58.7	27.5	13.7	2468
中国台北	62.9	26.8	10.3	2153
澳大利亚、新西兰	75.9	17.2	6.9	1762
加拿大	62.9	31.5	5.6	1729
总体平均	**56.7**	**29.7**	**13.6**	**2915**

注：本表为企业注册资本的人民币规模。

从企业职工规模的构成特点看，调查表明，100人以下的企业占42.6%，100～500人的企业占44.9%，500人以上的企业占12.5%。调查结果还显示，投资于不同行业的APEC企业的职工人数有明显的差别，其中纺织、电子制造业中职工人数多的企业相对较多，其职工人数超过500人的占20.4%和16.7%，高于被调查企业的平均比重；而金属制品业、化学原料及化学制品制造业、塑料制品业和食品加工业等行业中企业的职工人数少的企业所占比例较大，其职工人数低于100人的企业分别占55.6%、61.2%、56.3%和48.6%，均高于被调查企业的平均比重（参见表14）。

表14　　主要制造业APEC企业的职工人数构成（%）

	100人以下	100～500人	500人以上	平均职工（人）
纺织业	34.9	44.7	20.4	431
电子及通信设备制造业	37.1	46.2	16.7	355
服装及其他纤维制品制造业	26.7	59.0	14.4	299
食品加工业	48.6	42.9	8.6	224
塑料制品业	56.3	37.1	6.6	201
化学原料及化学制品制造业	61.2	31.8	7.1	177
金属制品业	55.6	36.9	7.5	170
总体	**42.6**	**44.9**	**12.5**	**280**

注：本表为问卷调查结果。

（2）企业员工素质较高

调查结果表明，APEC企业的董事长和总经理中71.4%掌握合作对方的语言，同时其中67.6%的董事长和总经理会使用计算机，42.7%的董事长或总经理具有学士、硕士或博士学位。

调查还显示，APEC企业中平均管理人员占11.0%，技术人员占10.0%，具有大学本科以上文化程度的职工占15.2%。

调查表明，由于投资的行业重点不同，美国在华的投资企业人员素质要高于APEC企业的平均水平，其职工中具有大学本科以上文化程度的占企业职工总数的22.5%，高于总体平均水平（参见图15）。

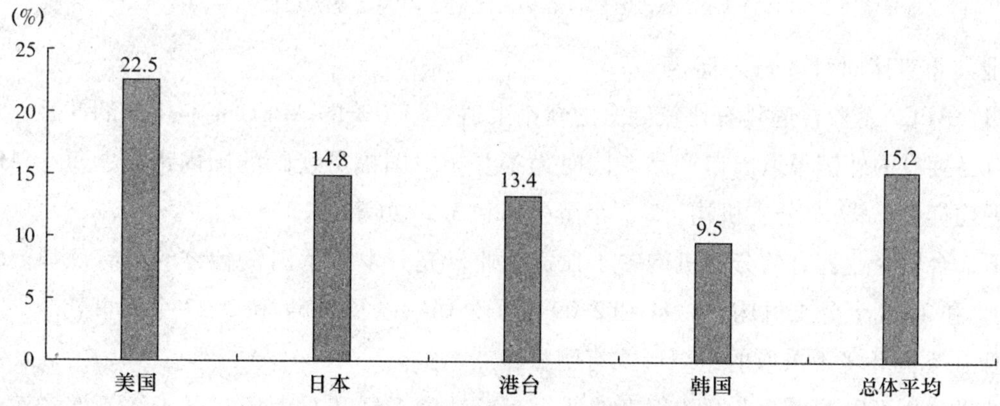

图15　APEC企业职工构成对比

（3）企业注重保持企业技术和管理水平的优势

对调查结果的分析可以看出，APEC企业不仅具有管理和技术的相对优势，而且注重在经营中保持企业已有的优势地位。调查结果显示，APEC企业的研究、开发和培训费用平均占其销售额的7.12%。

调查结果还显示，相比之下，美国、中国台北的企业在研究、开发和培训方面的投入占销售额的比重更高一些，分别为8.88%和8.10%，高于APEC企业平均水平；而韩国和日本企业相对较低，分别为6.34%和6.61%，低于APEC企业平均水平（参见表15）。

表15　APEC企业研究、开发和培训费用占销售额的比重对比（%）

	教育费用/销售额	研究开发费用/销售额	合　计	平均总资产利润率
美国	2.29	6.59	8.88	2.24
中国台北	2.17	5.93	8.10	2.08
中国香港	1.94	4.71	6.65	2.21
日本	1.89	4.72	6.61	2.17
韩国	2.51	3.83	6.34	1.74
总体	**2.06**	**5.06**	**7.12**	**2.17**

注：本表数据为问卷调查结果。

同时，调查结果也显示，APEC企业的盈利水平随R&D（研究和开发）费用比重的高低呈同方向变化，R&D投入水平高的企业，往往利润水平也高（参见表16）。

表16　教育、科研经费与盈利能力（%）

		亏损	微利	盈利	盈利能力综合得分
教育经费比例	5%以上	14.0	25.7	60.4	2.466
	0.5%~1%	14.7	35.6	49.8	2.353
	2%~5%	14.8	36.2	49.0	2.342
	1%~2%	19.3	32.7	48.0	2.287
	0.5%以下	19.8	36.1	44.1	2.243
科研经费比例	5%~15%	13.1	30.3	56.7	2.438
	15%以上	18.1	23.8	58.1	2.400
	1%~5%	15.0	35.5	49.6	2.348
	1%以下	15.6	37.4	47.1	2.317

注：盈利能力综合得分=（亏损比例×1+微利比例×2+盈利比例×3）/100，得分区间为1~3。

（4）企业注重直接面对市场

调查表明，APEC企业普遍具有比较健全的营销渠道。83.0%的APEC企业生产的产品靠本公司或所属母公司自己拥有的外销渠道出口产品，同时为了开拓中国幅员辽阔的国内市场，每个APEC企业在中国各地平均拥有2.97个分支机构，2.7个子公司和3.21办事处。

相比之下，合资企业拥有的分支机构多于独资企业，充分发挥了出资各方的已有优势。它们分别平均拥有3.12和2.68个分支机构，2.94和2.09个子公司，以及3.54和2.27个办事处。

（5）企业在不同环境下采取的组织形式有明显特点

从调查结果分析可以看出，在开放程度偏低、市场秩序不好和对市场状况了解不够的改革开放初期或偏远地区，APEC企业较多地采取风险较小的合资形式；而在条件比较成熟的改革开放后期或沿海地区，APEC企业趋向于更多地采用能自主经营的独资或掌握控股权的合资形式。

调查结果反映，APEC企业中外方（包括港、台资金）独资的企业占21.4%，合资的企业占68.0%，合作的企业占10.6%（参见表17）。

调查结果还显示，在1987年以前建立的APEC企业较少，仅占目前全部APEC企业总数的

11.1%，这一阶段外商由于经验少，对中国市场了解不够，“三资”企业采取合资形式的比重较大，占77.2%，高于改革开放以来合资企业占总体68.0%的水平；1987~1991年属第一个外资进入中国的高峰期，此时建立的APEC企业占总体的26.4%；1992年以后，中国经济又一次进入较快增长阶段，市场发育程度也大大提高，外资企业开始较多地采取独资的形式，在这个阶段设立的APEC企业中独资企业比重为24.1%，高于总体21.4%的水平（参见表17）。

表17　APEC企业的性质构成（%）

	1987年以前	1987~1991年	1992~1998年	平均（列）
中外合资（行）	12.6	26.0	61.4	
中外合资（列）	77.2	66.6	66.6	68.0
中外合作（行）	15.8	19.9	54.3	
中外合作（列）	15.3	12.2	9.3	10.6
外方独资（行）	3.8	26.1	70.0	
外方独资（列）	7.5	21.3	24.1	21.4
平均（行）	11.1	26.4	62.5	100
控股50%以下（行）	10.5	17.5	72.1	
控股50%以下（列）	74.1	54.7	45.8	49.2
控股50%及以上（行）	3.5	14.0	82.5	
控股50%及以上（列）	25.9	45.3	54.2	50.8

注：本表外方包括来自中国香港和中国台北的资金。

此外，外商对合资企业的控股比重的态度变化也反映了类似的倾向。1987年以前建立的合资企业中外方控股比重在50%以上的企业占25.9%，1987~1991年建立的合资企业中这一比例有所上升，超过50%控股比例的占45.3%，1992年后进一步上升为54.2%（参见表17）。

从外资进入中国的形式看，无论其采取独资形式还是合资、合作形式，都比较重视企业与当地的某种特有关系。调查表明，APEC企业初次进入中国采取的主要途径为：不通过当地关系靠直接开发项目的占48.7%，通过个人关系的占27.0%，与中国政府有关部门合作的占24.1%，在已有成功项目带动下继续投资的占17.4%（问卷中本道问题允许多项答案选择，故上述不同方式间会有交叉）。

三、结论和政策建议

（1）中国被APEC企业普遍视为亚太地区最理想的投资场所，并且认为中国继续扩大利用外资规模还有较大余地，因此，我们应对进一步扩大利用外资，加速我国经济建设步伐的前景充满信心。

（2）中国稳定的社会政治环境和宏观经济状况被大多数APEC企业视为在华投资成功的主要安全保障，但同时也希望中国进一步完善社会主义市场经济体制，加快建立现代企业制度。因此，一方面我们应该特别重视维护安定团结的大局，注意保持宏观经济发展的稳定，另一方面也要积极推进经济体制改革，发挥制度创新的积极作用，为进一步吸引外资创造条件。

（3）大多数APEC企业对当前在华企业经营的“硬环境”满意程度较高，而对“软环境”的满意程度较低，特别是对融资渠道不畅，政府办事效率不高和经营所需的服务业不发达等现存问题意见较大，因此，当前改善外商投资企业经营环境工作的迫切要求应该是在继续完善基础设施、基础产业等“硬环境”的同时，加强以提高政府办事效率，推进金融体系改革，强化为企业经营服务意识，大力发展中介机构为核心的“软环境”建设上来。

（4）APEC企业具有相对技术优势和集中在劳动密集型行业的特点说明，大力引进外资除了可以补充我国经济建设资金缺口之外，更重要的作用是有助于提高全社会的劳动生产率和解决就业问题。因此，今后一段时期，引进外资工作应同时兼顾提高生产技术含量和发挥现有劳动力资源相对优势两方面各自的需要，既要促进产业升级又要有助于增加就业机会，二者不可偏废。

（5）APEC企业普遍希望中国能尽快加入世界贸易组织，进一步改善国际贸易环境。目前国内主要商品市场的供大于求局面并没有使APEC企业产生贸易保护、市场封锁的意愿，相反，他们认为在进一步开放市场的前提下，加强竞争、加快产业升级和结构调整的步伐才是缓解当前市场供求矛盾的根本出路。因此，同时推进经济贸易自由化进程和改善国内市场供求状况并不矛盾，尽快实现国民经济的“两个转变”才是正确处理二者关系的关键。

（6）APEC企业对涉外法规满意程度较高而对一般性法规和市场秩序的现状不够满意。这说明，一方面以优惠让利为主的现行涉外经济法规和政策对外资的流入已具有很大吸引力，进一步扩大政策优惠程度已不是今后工作的重点；另一方面以维护市场秩序为主的一般性法规还不够完善，执法也不够严格有效。因此，今后一段时期，调整政策法规的重点应是坚持涉外政策的稳定，加强内外经济政策的协调，增强目前利用外资较弱的中西部地区和部分投资回报偏低行业的政策吸引力，进一步推进以规范市场秩序为核心的立法和执法工作，切实发挥市场在优化资源配置上的基础作用。

（7）鉴于目前外商直接投资的来源地构成不够均衡，具有资金和技术优势的发达国家，尤其是美国、欧洲国家在华投资比重还较小，与其国力不相称，因此进一步研究造成这一状况的原因，采取相应对策，创造条件，将会有利于进一步扩大外资的利用程度。

（注：凡引用此报告者均需注明引自中国企业家调查系统——《1998年APEC成员在华投资的中小企业问卷调查报告》）

附表　　样本详细构成情况（%）

		回收数量	比例（%）
总体		**4573**	**100.0**
地区	长江三角洲及沿江地区	1251	27.8
	环渤海地区	934	20.8
	东南沿海	1542	34.3
	西南和华南部分省区	235	5.2
	东北地区	148	3.3
	中部部分省区	311	6.9
	西北地区	79	1.8
投资来源地	日本	685	15.0
	中国香港	2040	44.6
	美国	407	8.9
	中国台北	564	12.3
	澳大利亚和新西兰	63	1.4
	加拿大	57	1.2
	韩国	215	4.7
	新加坡	147	3.2
	APEC其他成员	392	8.6

续表

		回收数量	比例（%）
行业	制造业	3500	83.4
	农林牧渔业	81	1.9
	采掘业	14	0.3
	电力煤气和水	28	0.7
	建筑业	58	1.4
	地质水利	10	0.2
	交通运输仓储邮电通信业	68	1.6
	批零贸易餐饮业	72	1.7
	金融保险	9	0.2
	房地产业	95	2.3
	社会服务业	77	1.8
	卫生体育及社会福利业	15	0.4
	文教及广播影视业	11	0.3
	科研及综合服务业	18	0.4
	其他行业	140	3.3
制造业细分	食品加工业	197	5.6
	食品制造业	115	3.3
	饮料制造业	66	1.9
	烟草加工业	8	0.2
	纺织业	257	7.4
	服装及其他纤维制品制造业	403	11.6
	皮革、毛皮、羽绒及其制品业	137	3.9
	木材加工及竹、藤、棕、草制品业	79	2.3
	家具制造业	48	1.4
	造纸及纸制品业	76	2.2
	印刷业，记录媒介的复制	62	1.8
	文教体育用品制造业	33	0.9
	石油加工及炼焦业	17	0.5
	化学原料及化学制品制造业	182	5.2
	医药制造业	29	0.8
	化学纤维制造业	54	1.5
	橡胶制品业	40	1.1
	塑料制品业	248	7.1
	非金属矿物制品业	60	1.7
	黑色金属冶炼及压延加工业	23	0.7
	有色金属冶炼及压延加工业	57	1.6
	金属制品业	196	5.6
	普通机械制造业	109	3.1
	专用设备制造业	107	3.1
	交通运输设备制造业	100	2.9
	电气机械及器材制造业	114	3.3
	电子及通信设备制造业	344	9.9
	仪器仪表及文化办公用机械制造业	48	1.4
	其他制造业	279	8.0
性质	港澳台合资企业	1272	28.2
	港澳台合作企业	167	3.7
	港澳台独资企业	519	11.5
	中外合资企业	1794	39.8
	中外合作企业	311	6.9
	外国独资企业	448	9.9

课题组名单

顾　　问：陈清泰　张志刚　鲁志强　李克穆

调查主持：孟宪刚　卫　东　谢伏瞻　王山川
　　　　　张广义　刘东生　李沈生

调查指导：王慧炯　李培育　巩　琳　包国强
　　　　　高永光　肖运鸿

报告撰写：李　凯　李　兰　李振中　陈　新
　　　　　黄　静　杨志民　向　东

数据处理：孙　颖　王　铮　王建平　李晓宇
　　　　　潘瑜青　张　立

参与讨论：范春永　宋新力　林文滢　张　梅
　　　　　王　旭　段　伟　王　磊　韩岫岚
　　　　　郑明身　洪大用　周高寿　毛寿龙

在竞争与创新中成长发展

——1997 年我国青年企业经营者专题调查报告

▌中国企业家调查系统

▌中国青年企业家协会

▌共青团中央青工部

中国的现代化建设是一项跨世纪的宏伟工程，青年企业经营者是未来经济建设的主力军。我国要在21世纪建立比较完善的社会主义市场经济体制，实现三步走的战略目标，需要造就一支优秀的青年企业经营者队伍。为了解青年企业经营者成长和发展现状，中国青年企业家协会、共青团中央青工部和中国企业家调查系统组织了这次抽样调查。

这次调查于1996年11月正式实施，共发出问卷3000份，收到有效问卷2003份，其中青年企业经营者（年龄在45岁以下）为1322人，占总样本的66.0%。年龄在45岁以上的企业经营者为681人，占总样本的34%。本报告将青年企业经营者与45岁以上的企业经营者的情况进行对比分析，目的是为了解青年企业经营者成长与发展的特征。

调查结果显示：青年企业经营者是一支来源广泛、文化素质较高和现代技能较强的队伍。他们有较强的竞争意识，富于创新精神，敢于承担责任和风险、对自己的领导能力有充分的自信，他们大都把取得更大的经营业绩作为实现自我价值的事业追求，但青年企业经营者也意识到其决策水平、用人能力还有待进一步提高，市场经济还有待加强。部分青年企业经营者认为自己的积极性“尚未充分调动起来”，企业经营者们呼吁：为造就一支宏大的跨世纪的青年企业经营者队伍，需要建立一种鼓励竞争与创新的社会机制。

一、基本状况：一支来源广泛、文化素质较高和现代技能较强的队伍

调查发现：多数青年企业经营者的最初来源为一般工人、企业技术人员、企业基层管理人员、军人和党政干部，直接来源为企业基层管理人员、厂长经理、党政干部和企业技术人员；他们的文化程度多为大专、本科和高中，其有学历者的比例显著高于45岁以上的企业经营者；已掌握汽车驾驶、电脑操作两项现代技能者的比例明显高于45岁以上的企业经营者，掌握外语的比例明显低于45岁以上的企业经营者。

1. 来源构成

从样本企业经营者初入社会和任现职前的职业身份来看，青年企业经营者初入社会时的职业身份依次排列是：一般工人（34.7%）、企业技术人员（18.6%）、企业基层管理人员（14.1%）、军人（8.1%）、党政干部（8.0%）、农民（7.8%）、学校教师（3.8%）、厂长经理（1.7%）和科研机构

研究人员（1.6%）；而45岁以上的企业经营者初入社会时的职业身份依次排列是：一般工人（32.0%）、企业技术人员（21.4%）、企业基层管理人员（10.5%）、军人（10.5%）、农民（8.9%）、党政干部（6.1%）、学校教师（4.7%）、科研机构研究人员（1.6%）和厂长经理（1.5%）。青年企业经营者任现职前的职业身份依次排列是：企业基层管理人员（34.6%）、厂长经理（27.8%）、党政干部（17.5%）、企业技术人员（10.3%）、一般工人（2.1%）、科研机构研究人员（1.2%）、军人（1.1%）、农民（0.7%）和学校教师（0.6%）；而45岁以上的企业经营者任现职前的职业身份依次排列是：企业基层管理人员（32.2%）、厂长经理（25.9%）、党政干部（22.7%）、企业技术人员（10.1%）、一般工人（2.2%）、军人（1.7%）、科研机构研究人员（1.5%）、学校教师（0.5%）和农民（0.5%）。就其最初来源而言，初入社会时的职业身份为一般工人、企业基层管理人员、党政干部和厂长经理等的比例，青年企业经营者略多于45岁以上的企业经营者；为企业技术人员、军人、农民、学校教师等的比例，青年企业经营者又略少于45岁以上的企业经营者。就其直接来源而言，任现职前的职业身份为厂长经理和企业基层管理人员的比例，青年企业经营者略高于45岁以上的企业经营者，为党政干部的比例，青年企业经营者又明显少于45岁以上的企业经营者（见表1）。

表1　　样本企业经营者的来源构成（%）

	初入社会时的职业身份		任现职前的职业身份	
	青年企业经营者	45岁以上者	青年企业经营者	45岁以上者
一般工人	34.7	32.0	2.1	2.2
企业技术人员	18.6	21.4	10.3	10.1
企业基层管理人员	14.1	10.5	34.6	32.2
军人	8.1	10.5	1.1	1.7
党政干部	8.0	6.1	17.5	22.7
农民	7.8	8.9	0.7	0.5
其他	4.6	2.8	4.1	2.7
学校教师	3.8	4.7	0.6	0.5
厂长经理	1.7	1.5	27.8	25.9
科研机构研究人员	1.6	1.6	1.2	1.5

2. 文化程度

调查显示：青年企业经营者的文化程度依次排列是：大专（48.4%）、大本（23.0%）、高中（包括中专20.2%）、硕士（4.9%）、初中以下（3.3%）和博士（0.2%）；45岁以上的企业经营者的文化程度依次排列是：大专（40.4%）、高中（包括中专28.0%）、大本（23.9%）、硕士（0.9%）和初中以下（6.8%）。其文化程度为大专、研究生和博士的比例，青年企业经营者明显多于45岁以上的企业经营者；为高中（包括中专）和初中的比例，青年企业经营者又明显低于45岁以上的企业经营者。这表明，青年企业经营者的文化程度明显高于45岁以上的企业经营者（见图1）。

3. 对三项现代技能的掌握

调查显示，青年企业经营者中掌握汽车驾驶、电脑操作和外语等三项现代技能者的比例分别为65.9%、42.6%和35.7%；45岁以上的企业经营者中掌握汽车驾驶、电脑操作和外语者的比例分别为46.7%、35.0%和43.7%。比较而言，会电脑操作和汽车驾驶者的比例，青年企业经营者明显高于45岁以上的企业经营者；而会外语者的比例，青年企业经营者又明显低于45岁以上的企业经营者（见图2）。

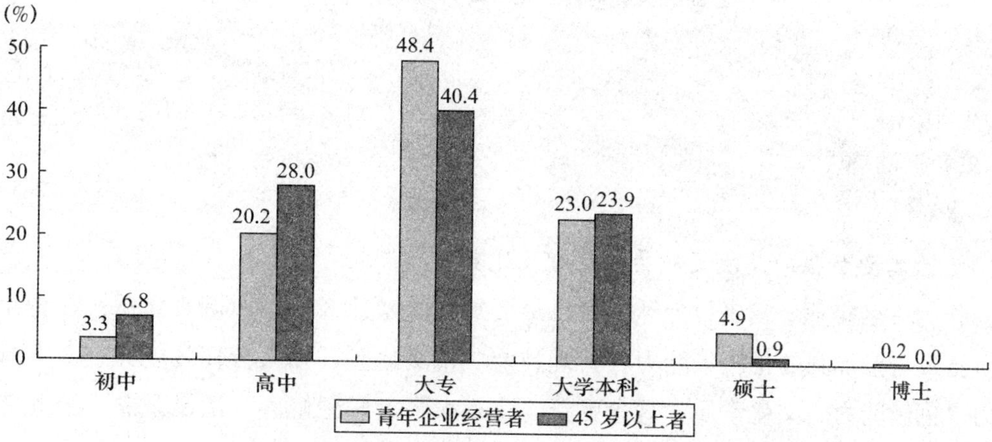

图1　企业经营者的文化程度构成

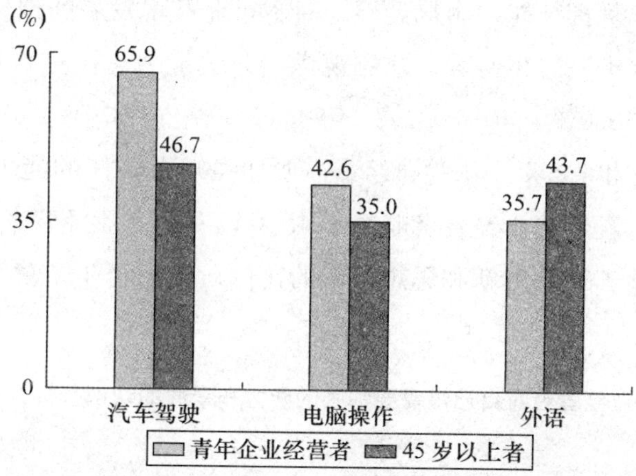

图2　企业经营者对以下三项技能的掌握情况

二、自我认识和评价：青年企业经营者对自己的领导能力有充分的自信

调查发现：青年企业经营者中有四成多的人肯定自己能胜任本企业的领导工作，近六成的人认为自己还能胜任更大或更多企业的领导工作，这表明他们对自己的领导能力有充分的自信；部分青年企业经营者认为自己最需要加强的是决策能力、管理技能和市场经验；多数青年企业经营者认为自己最容易出现的问题是决策失误、用人不当和经济问题。

1. 对自己的领导能力有充分的自信

当问及“作为厂长经理，您认为您的能力如何”时，调查显示：青年企业经营者中有41.6%的人肯定自己能胜任本企业的领导工作，有57.6%的人认为自己还能胜任更大或更多企业的领导工作，有0.8%的人觉得自己不能胜任本企业的领导工作；而45岁以上的企业经营者中有54.5%的人肯定自己能胜任本企业的领导工作，有43.0%的人认为自己还能胜任更大或更多企业的领导工作，有2.5%的人觉得自己不能胜任本企业的领导工作。认为自己还能胜任更大或更多企业的领导工作的比例，青年企业经营者显著高于45岁以上的企业经营者；而觉得自己不能胜任本企业的领导工作的比例，青年企业经营者又显著低于45岁以上的企业经营者。这表明，青年企业经营者对自己的领导能力有充分的自信（见表2）。

表 2　企业经营者对自己领导能力的评价（%）

	比例	
	青年企业经营者	45 岁以上者
能胜任本企业的领导工作	41.6	54.4
能胜任更大或更多企业的领导工作	57.6	43.0
不能胜任本企业的领导工作	0.8	2.5

2. 认为自己最需要加强的是决策能力、管理技能和市场经验

当问及“作为一名企业经营者，您认为自己最需加强的是什么”时，调查显示：在青年企业经营者中，认为自己最需要加强的是决策能力、管理技能、市场经验、知人善任的能力、对本行业技术发展的预见能力、创新能力、文化素质、观念更新、政策水平、思想修养、法制观念、公关能力、冒险精神和民主作风者的比例依次为 50.3%、44.0%、36.5%、28.9%、24.2%、24.0%、15.5%、13.8%、12.7%、12.0%、11.4%、11.4%、9.0%和5.3%；而在45 岁以上的企业经营者中，认为自己最需要加强的是决策能力、管理技能、市场经验、对本行业技术发展的预见能力、知人善任的能力、创新能力、观念更新、政策水平、思想修养、法制观念、公关能力、民主作风、冒险精神和文化素质者的比例依次为 56.9%、46.0%、40.9%、26.0%、24.8%、18.7%、16.0%、14.8%、12.2%、9.9%、9.7%、8.4%、7.4%和7.3%。认为自己最需要加强知人善任的能力、创新能力、法制观念、公关能力和冒险精神的比例、青年企业经营者略高于45 岁以上的企业经营者；认为自己最需要加强决策能力、管理技能、市场经验、观念更新和思想修养的比例，青年企业经营者又低于45 岁以上的企业经营者（见表3）。

表 3　企业经营者对自己最需要加强的能力和素质的认识（%）

	被选频率	
	青年企业经营者	45 岁以上者
决策能力	50.3	56.9
管理技能	44.0	46.0
市场经验	36.5	40.9
知人善任的能力	28.9	24.8
对本行业技术发展的预见能力	24.2	26.0
创新能力	24.0	18.7
文化素质	15.5	7.3
观念更新	13.8	16.0
政策水平	12.7	14.8
思想修养	12.0	12.2
法制观念	11.4	9.9
公关能力	11.4	9.7
冒险精神	9.0	7.4
民主作风	5.3	8.4
其他	1.0	1.0

3. 认为自己最容易出现的问题是决策失误、用人不当和经济问题

当问及“您认为企业经营者最容易出现的问题是什么”时。调查显示 在青年企业经营者中，认为自己最容易出现的问题为决策失误、用人不当、经济问题、独断专行、生活腐败、政治问题和弄虚作假者的比例依次为39.0%、21.6%、11.2%、10.4%、10.3%、2.6%和2.1%；在45 岁以上的企业经

营者中，认为自己最容易出现的问题为决策失误、经济问题、用人不当、生活腐败、独断专行、弄虚作假和政治问题者的比例依次为47.5%、13.6%、12.5%、11.3%、8.3%、3.0%和2.1%。认为自己最容易出现用人不当问题的比例、青年企业经营者显著高于45岁以上的企业经营者；认为自己最容易出现决策失误问题的比例，青年企业经营者又显著低于45岁以上的企业经营者（见表4）。

表4　　企业经营者对自己最容易出现问题的认识（%）

	被选频率	
	青年企业经营者	45岁以上者
决策失误	39.0	47.5
用人不当	21.6	12.5
经济问题	11.2	13.6
独断专行	10.4	8.3
生活腐败	10.3	11.3
政治问题	2.6	2.1
弄虚作假	2.1	3.0
其他	2.8	1.7

三、个人志向：事业至尊，敢于承担责任和风险

调查发现：绝大多数青年企业经营者把事业追求和自我价值的实现摆在首位；他们在经营企业获得一定业绩之后仍愿意“继续从事企业经营，追求更大的企业经营业绩”；多数青年企业经营者更愿意采取“公开招聘”的方式选用人才；多数青年企业经营者对自己的经营事业敢于承担责任和风险；他们的闲暇时间主要用于读书看报、处理未尽事务和与家人团聚；青年企业经营者中喜爱阅读经济类图书者比例最高，其次是文史哲类和自然科学类。

1. 事业至尊

当问及“在事业、爱情、婚姻家庭、友情之间您的选择如何”时，调查显示：在青年企业经营者中，依次有81.2%、9.3%、7.4%和2.1%的人选择事业至尊、婚姻家庭第一、友情至上和爱情至上；在45岁以上的企业经营者中，依次有84.6%、8.3%、5.2%和1.9%的人选择事业至尊、婚姻家庭第一、友情至上和爱情至上（见表5）。

表5　　企业经营者在事业、爱情、婚姻家庭、友情之间的选择（%）

	比例	
	青年企业经营者	45岁以上者
事业至尊	81.2	84.6
婚姻家庭第一	9.3	8.3
友情至上	7.4	5.2
爱情至上	2.1	1.9

2. 看重自我价值的实现

当问及“作为企业经营者，您个人的主要追求是什么”时，调查显示：在青年企业经营者中，依次有95.4%、46.7%、38.8%、34.5%、27.2%、24.7%、15.9%、14.8%和2.0%的人选择了实现自我价值、良好工作环境和条件、社会荣誉、经济收入、良好的人际关系、经营管理权力、社会保障、政治地位和行政级别；而在45岁以上的企业经营者中，依次有92.8%、51.6%、35.7%、33.6%、27.2%、24.4%、24.1%、9.3%和1.3%的人选择了实现自我价值、良好工作环境和条件、经济收入、

社会荣誉、良好的人际关系、社会保障、经营管理权力、政治地位和行政级别。选择实现自我价值、社会荣誉、政治地位和行政级别的比例，青年企业经营者略高于45岁以上的样本企业经营者；而选择良好工作环境和条件、社会保障和经济收入的比例，青年企业经营者又略低于45岁以上的企业经营者（见表6）。

表6　作为企业经营者的个人追求（%）

	比例	
	青年企业经营者	45岁以上者
实现自我价值	95.4	92.8
良好工作环境和条件	46.7	51.6
社会荣誉	38.8	33.6
经济收入	34.5	35.7
良好的人际关系	27.2	27.2
经营管理权力	24.7	24.1
社会保障	15.9	24.4
政治地位	14.8	9.3
行政级别	2.0	1.3

3. 敢于承担责任和风险

当问到“面对一个利润高但风险大的商业机会您将如何选择”时，调查显示：在青年企业经营者中，依次有78.8%、19.5%和1.7%的人选择“很愿意一试”、“拿不准不干”和“不愿意干”；在45岁以上的企业经营者中，依次有71.8%、24.5%和3.7%的人选择“很愿意一试”、“拿不准不干”和“不愿意干”。选择很愿意一试的比例，青年企业经营者明显高于45岁以上的企业经营者。这表明，较多的青年企业经营者在企业经营中是敢冒风险的。

比较不同文化程度企业经营者的回答结果显示：文化程度越高，其敢冒风险的比例就越高，如回答“很愿意一试”者的比例，大专以上文化程度者就明显高于高中以下文化程度者，而博士文化程度者又显著高于硕士和本科文化程度者（见图3）。

当问及“假如您的企业资不抵债，您将如何选择”时，调查显示：在青年企业经营者中，依次有72.5%、13.1%、10.0%、3.2%和1.2%的人选择极力挽救、申请破产、争取合并、转卖产权和想办法调走；而在45岁以上的企业经营者中，分别有71.3%、14.6%、11.0%、2.5%和0.6%的人选择极力挽救、申请破产、争取合并、转卖产权和想办法调走。选择极力挽救、转卖产权和想办法调走的比例，青年企业经营者略高于45岁以上的企业经营者；而选择申请破产和争取合并的比例，青年企业经营者又略低于45岁以上的企业经营者（见表7）。

表7　当企业资不抵债时企业经营者的选择（%）

	比例	
	青年企业经营者	45岁以上者
极力挽救	72.5	71.3
申请破产	13.1	14.6
争取合并	10.0	11.0
转卖产权	3.2	2.5
想办法调走	1.2	0.6

4. 追求更大的经营业绩

当问及“假如您经营企业获得一定的业绩之后，您将如何选择”时，调查显示：在青年企业经营

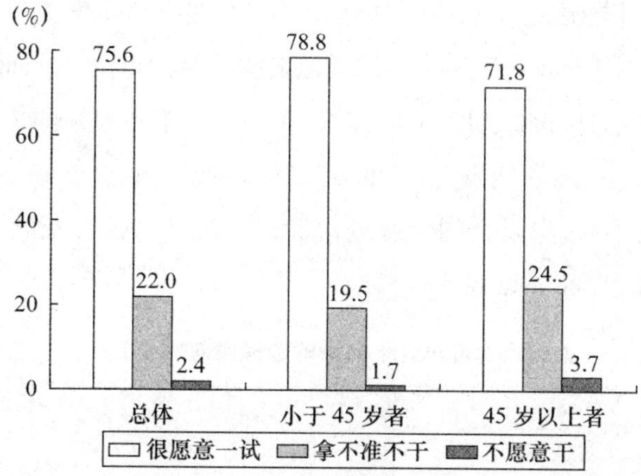

（a）按年龄的选择

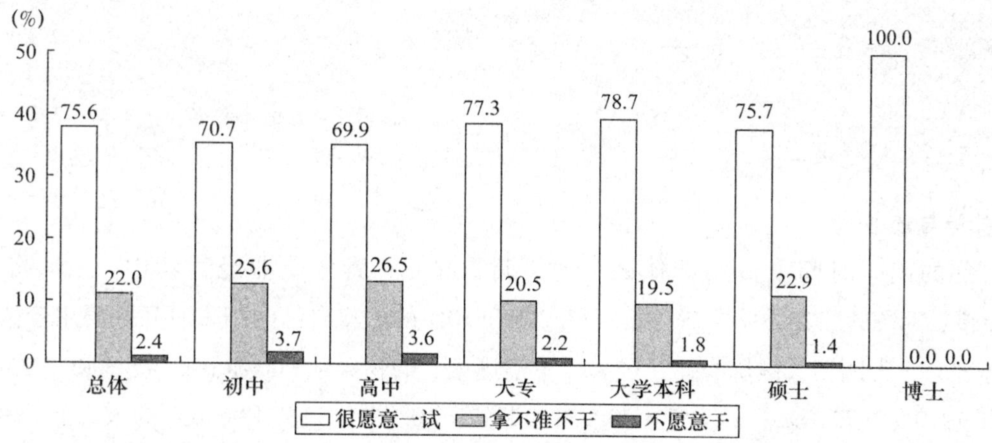

（b）按学历的选择

图3　面对一个利润高但风险大的商业机会企业经营者的选择（%）

者中，依次有70.9%、13.4%、9.6%和5.5%的人选择想继续从事企业经营、进入政府宏观经济管理部门、转向个人兴趣或爱好的发展和进入党政机构，继续从事企业经营，追求更大的经营业绩成为绝大多数青年企业经营者之首选；而在45岁以上的企业经营者中，依次有74.4%、9.9%、9.6%和3.8%的人选择想继续从事企业经营、转向个人兴趣或爱好的发展、进入政府宏观经济管理部门和进入党政机构。选择想进入政府宏观经济管理部门的比例，青年企业经营者高于45岁以上的企业经营者；选择继续从事企业经营的比例，青年企业经营者低于45岁以上的企业经营者（见表8）。

表8　企业经营者在经营企业获得一定的业绩之后的事业选择（%）

	比例	
	青年企业经营者	45岁以上者
继续从事企业经营	70.9	74.4
进入政府宏观经济管理部门	13.4	9.6
转向个人兴趣或爱好的发展	9.6	9.9
进入党政机构	5.5	3.8
其他	0.6	2.3

5. 倾向于用“公开招聘”的方式选用人才

当问及“您作为厂长经理，对骨干力量的选择倾向于什么”时，调查显示：在青年企业经营者中，依次有37.8%、20.2%、15.0%、15.0%、9.0%、1.7%和1.3%的人选择“公开招聘”、“以前的同事”、“亲朋好友推荐”、“同学战友”、“朋友”、“亲戚”和“老乡”；而在45岁以上的企业经营者中，分别有40.9%、20.7%、16.3%、12.8%、7.0%、1.2%和1.0%的人选择“公开招聘”、“以前的同事”、“亲朋好友推荐”、“同学战友”、“朋友”、“亲戚”和“老乡”。选择“朋友”、“亲戚”的比例，青年企业经营者略高于45岁以上的企业经营者；而选择“公开招聘”的比例，青年企业经营者又略低于45岁以上的企业经营者（见表9）。

表9　　企业经营者对骨干力量的选择倾向（%）

	比例	
	青年企业经营者	45岁以上者
公开招聘	37.8	40.9
以前的同事	20.2	20.7
亲朋好友推荐	15.0	16.3
同学战友	15.0	12.8
朋友	9.0	7.0
亲戚	1.7	1.2
老乡	1.3	1.0

6. 注重求知与读书

当问及“您的闲暇时间主要用于什么”时，调查显示：青年企业经营者中。依次有68.8%、59.1%、59.5%、34.3%、25.8%、29.3%、13.2%和10%的人将自己的闲暇时间主要用于读书看报、处理未尽公务、与家人团聚、锻炼身体、公关、上学进修、购物娱乐和旅游；而45岁以上的企业经营者中，依次有79.2%、72.0%、59.9%、33.2%、27%、10.9%、11%和6.8%的人将自己的闲暇时间主要用于读书看报、处理未尽公务、与家人团聚、锻炼身体、公关、上学进修、购物娱乐和旅游。企业经营者在自己的闲暇时间都将读书看报列为首选，用于上学进修和公关的比例，青年企业经营者显著高于45岁以上的企业经营者（见表10）。

表10　　企业经营者闲暇时间的安排（%）

	被选频率	
	青年企业经营者	45岁以上者
读书看报	68.8	79.2
处理未尽公务	59.1	72.0
与家人团聚	59.5	59.9
公关	34.3	27.0
锻炼身体	25.8	33.2
上学进修	29.3	10.9
购物娱乐	13.2	11.0
旅游	10.0	6.8

当问及“您喜爱读哪一类的书籍”时，调查显示：在青年企业经营者中，依次有50.2%、27.7%、11.1%、7.2%和3.8%的人爱读经济类、文史哲类、自然科学类、政治类和其他类型的图书；而在45岁以上的企业经营者中，依次有47.1%、31.3%、13.6%、5.2%和2.8%的人爱读经济类、文史哲类、自然科学类、政治类和其他类型的图书。爱读经济类、政治类和其他类型图书的比例，青年企业经营者略高于45岁以上的企业经营者；爱读文史哲类、自然科学类图书的比例，青年企业经营

者略低于45岁以上的企业经营者（见表11）。

表11 企业经营者爱读的图书类型（%）

	比例	
	青年企业经营者	45岁以上者
经济类	50.2	47.1
文史哲类	27.7	31.3
自然科学类	11.1	13.6
政治类	7.2	5.2
其他	3.8	2.8

四、成长与发展环境：呼唤鼓励竞争与创新社会机制

调查发现：对于青年企业经营者的成长最为关键的因素是“鼓励创新的激励机制”、“政治环境”、“市场环境”和“有利于经营者竞争和流动的企业家职业化体制”；对青年企业经营者的决策最有帮助的前三位因素是“信息渠道”、“国家有关经济政策”和“个人素质”；青年企业经营者获任厂长经理的主要途径是上级主管部门的任命和自己创业，其中由自己创业的比例明显高于45岁以上的企业经营者；多半青年企业经营者认为自己的积极性尚未充分调动起来，而积极性尚未充分调动起来的主要原因是受企业内外的牵制太多、未得到应有的经营管理权和未得到应有的经济报酬。

1. 青年企业经营者成长的关键因素

当问及“对于青年企业经营者的成长最为关键的因素是什么”时，调查显示：被选频率最高的是“鼓励创新的社会激励机制”，比例为62.7%，以下依次是“政治环境”、“市场环境”、“有利于经营者竞争和流动的企业家职业化体制”、“法制环境”、“企业经营者的职业教育”、“社会文化环境”和“企业文化”，其比例分别为61.1%、58.7%、45.7%、34%、16.3%、10.5%和9.9%（见表12）。

表12 青年企业经营者成长的关键因素（%）

因素	被选频率	因素	被选频率
鼓励创新的社会激励机制	62.7	政治环境	61.1
市场环境	58.7	有利于经营者竞争和流动的企业家职业化体制	45.8
法制环境	34.0	企业经营者的职业教育	16.3
社会文化环境	10.5	企业文化	9.9
其他	1.1		

2. 对青年企业经营者的决策最有帮助的因素

当问及“作为一名青年企业经营者，对您的科学决策最有帮助的因素是什么”时，调查显示：对青年企业经营者的决策最有帮助前三位因素是“信息渠道”、“国家有关经济政策”和“个人素质”，其比例分别为62.3%、60.8%和59.2%；往下依次是“企业内部智囊”（43.5%）、“职工合理化建议”（31.5%）、“决策程序规范化”（28.4%）、“上级主管部门的指示”（10.3%）、“社会咨询机构”（3.4%）和“其他（0.6%）”（见表13）。

3. 企业经营者获任厂长经理职位的主要途径

当问及“您获任厂长经理的主要途径是什么”时，调查显示：在青年企业经营者中，依次有66.6%、25.7%、1.0%、0.5%、2.6%和3.6%的人认为是“上级主管部门任命”、“自己创业”、“亲朋好友的推荐”、“人才市场的引荐”、“自己到企业应聘”和“其他”；而在45岁以上的企业经营者

表13　　对青年企业经营者的决策最有帮助的因素（%）

因素	被选频率	因素	被选频率
信息渠道	62.3	国家有关经济政策	60.8
个人素质	59.2	企业内部智囊	43.5
职工合理化建议	31.5	决策程序规范化	28.4
上级主管部门的指示	10.3	社会咨询机构	3.4
其他	0.6		

中，依次有80.7%、13.9%、0.3%、0.1%、1.8%和3.2%的人认为是“上级主管部门任命”、“自己创业”、“亲朋好友的推荐”、“人才市场的引荐”、“自己到企业应聘”和“其他”。选择“自己创业”的比例，青年企业经营者显著高于45岁以上的企业经营者；而选择“上级主管部门任命”的比例，青年企业经营者又显著低于45岁以上的企业经营者（见表14）。

表14　　企业经营者获任厂长经理的主要途径（%）

	比例	
	青年企业经营者	45岁以上者
上级主管部门的任命	66.6	80.7
自己创业	25.7	13.9
亲朋好友的推荐	1.0	0.3
人才市场的引荐	0.5	0.1
自己到企业应聘	2.6	1.8
其他	3.6	3.2

4. 企业经营者积极性的调动

当问及“您经营管理企业的积极性是否已充分调动起来”时，调查显示：在青年企业经营者中，有48.5%和51.5%的人选择“已充分调动起来”和“尚未充分调动起来”；在45岁以上的企业经营者中，有46%和54%的人选择“已充分调动起来”和“尚未充分调动起来”由此看出，青年企业经营者经营管理的积极性略高于45岁以上的企业经营者（见表15）。

表15　　企业经营者积极性的调动（%）

	比例	
	青年企业经营者	45岁以上者
已充分调动起来	48.5	46.0
尚未充分调动起来	51.5	54.0

当问及“如果您的积极性‘尚未充分调动起来’，主要原因是什么”时，调查显示：在青年企业经营者中，选择顺序为“受社会方方面面牵制太多”（29.5%）、“受企业内部牵制太多”（6.0%）、“政府有关部门限制太多”（14.7%）、“未得到应有的经营管理权”（13.7%）、“未得到应有的经济报酬”（10.3%）、“受上级主管部门干预太多”（10.3%）、“未得到应有的荣誉地位”（3.0%）和“其他”（2.5%）；而在45岁以上的企业经营者中，选择顺序为“受社会方方面面牵制太多”（29.5%）、“受企业内部牵制太多”（17.5%）、“政府有关部门限制太多”（14.0%）、“未得到应有的经济报酬”（12.3%）、“未得到应有的经营管理权”（12.1%）、“受上级主管部门干预太多”（11.0%）、“其他”（2.4%）和“未得到应有的荣誉地位”（1.2%）。由此看出，青年企业经营者略看重的是经营管理权和荣誉地位；而45岁以上的企业经营者略看重的是经济报酬和企业内部牵制（见表16）。

表 16　企业经营者的积极性尚未充分调动起来的原因（%）

	比例	
	青年企业经营者	45 岁以上者
受社会方方面面牵制太多	29.5	29.5
受企业内部牵制太多	16.0	17.5
受政府有关部门限制太多	14.7	14.0
未得到应有的经营管理权	13.7	12.1
未得到应有的经济报酬	10.3	12.3
受上级主管部门干预太多	10.3	11.0
未得到应有的荣誉地位	3.0	1.2
其他	2.5	2.4

5. 青年企业经营者收入水平和收入分配机制

从企业经营者自己填报的年收入水平来看，调查显示：年收入 1 万元以下的青年企业经营者和 45 岁以上的企业经营者分别占 42.5% 和 37.8%，1 万～3 万元者分别占 39.5% 和 49.7%，3 万～10 万元者分别占 12.2% 和 10.5%，10 万～50 万元者分别占 4.4% 和 1.4%，50 万元以上者分别占 1.4% 和 0.6%。这表明，青年企业经营者和 45 岁以上的企业经营者的年收入水平都集中在两个档次：一是在 1 万元以下，二是在 1 万～3 万元之间。

如果将年收入 1 万元以下视为低收入水平，10 万元以上视为高收入水平，可以看出，属于低收入水平和高收入水平的青年企业经营者都明显高于 45 岁以上的企业经营者。这是否表明，青年企业经营者之间收入水平拉得更开，这是一个值得研究的问题（见表 17）。

表 17　企业经营者年收入水平的分布（%）

	比例	
	青年企业经营者	45 岁以上者
1 万元以下	42.5	37.8
1 万～3 万元	39.5	49.7
3 万～10 万元	12.2	10.5
10 万～50 万元	4.4	1.4
50 万元以上	1.4	0.6

企业经营者收入水平与其经营业绩的关系是否密切，这是有关企业经营者收入分配的一个更深层次的问题，这个问题所涉及的就是企业经营者收入分配机制的问题。一般地说，企业经营者收入水平与其经营业绩的关系越密切，其收入分配机制就越能对前者产生激励作用。

当问及“您的收入水平与经营业绩的关系如何”时，调查显示：在青年企业经营者中，认为其收入水平与其经营业绩的关系密切者占 51.2%，认为不密切者占 40.7%，认为毫无关系者占 8.1%；而在 45 岁以上的企业经营者中，认为其收入水平与其经营业绩的关系密切者占 50.6%，认为不密切者占 41.3%，认为毫无关系者占 8.1%。由此看出，在这个问题的回答上，青年企业经营者与 45 岁以上的企业经营者相差无几（见表 18）。

表 18　企业经营者对其收入水平与经营业绩关系的判断（%）

	比例	
	青年企业经营者	45 岁以上者
密切	51.2	50.6
不密切	40.7	41.3
毫无关系	8.1	8.1

从不同所有制企业的情况来看，青年企业经营者的看法是：第一，认为其收入水平与经营业绩的关系密切者的比例，私营企业最高，为77.8%，往下依次是乡镇企业、其他企业、外商独资企业、国内合资企业、中外合资企业、城镇集体企业和国有企业，其比例分别为70.3%、64.4%、62.5%、60%、51.6%、50.5%和46%；第二，认为其收入水平与经营业绩的关系不密切者的比例，国有企业最高，为45.5%，往下依次是中外合资企业、城镇集体企业、外商独资企业、国内合资企业、其他企业、乡镇企业和私营企业，其比例分别为44.1%、41.7%、37.5%、35%、30.5%、25.3%和17.3%；第三，认为其收入水平与经营业绩毫无关系者的比例，也是国有企业最高，为8.5%，往下依次是城镇集体企业、其他企业、国内合资企业、私营企业、乡镇企业、中外合资企业，其比例分别为8.5%、7.8%、5.1%、5%、4.9%、4.4%和4.3%。由此也可以看出，在多数国有企业和城镇集体企业经营者看来，他们的收入分配机制是不尽合理和有效的（见表19）。

表19　　青年企业经营者对其收入水平与经营业绩关系的判断（%）

	密切	不密切	毫无关系
青年企业经营者	51.2	40.7	8.1
国有企业	46.0	45.5	8.5
城镇集体	50.5	41.7	7.8
乡镇企业	70.3	25.3	4.4
私营企业	77.8	17.3	4.9
外商独资企业	62.5	37.5	
中外合资企业	51.6	44.1	4.3
国内合资企业	60.0	35.0	5.0
其他	64.4	30.5	5.1

（注：凡引用此报告者均需注明引自中国企业家调查系统——《1997年我国青年企业经营者专题调查报告》）

课题组名单

顾　　问：鲁志强　袁纯清　孙金龙

调查主持：李克穆　郭振英　赵　勇　陈　重

调查指导：谢伏瞻　李培育　高登榜

报告撰写：杨再平　蒲　淳　丁宝山　李　兰　相　东

高材林　王　丽　余龙文　纪　颖　彭世春

股份制：中国企业制度改革之路
——1994年股份制企业问卷调查报告

■ 中国企业家调查系统

我国企业股份制改造试点工作始于1984年，迄今已有10年的历史。经过这10年的努力，企业股份制改造工作的效果怎样，是否实现了初衷，达到了预期目标，有哪些难题等等，为全社会所关注。而准确地了解和把握这些情况，无论对国家制订下一步企业改革措施，还是对已经或正在积极准备进行股份制改造的企业正确把握改革方向，都具有重要的意义。

为此，国家体改委生产体制司，中国证监会上市公司部与国务院研究室工交司、国家经贸委企业司、中国企业管理协会研究部、国务院发展研究中心《管理世界》杂志社联合成立的中国企业家调查系统于1993年12月至1994年5月共同对全国股份制企业进行了首次大规模问卷调查。

本次调查共发出1000份问卷，调查对象为全国范围内组建为股份有限公司的企业，问卷由被调查企业的法人代表填写。截至1994年2月18日，回收有效问卷371份，有效回收率为37.1%，共获得调查数据5.5万多个。调查系统委托国家信息中心对问卷进行了数据录入工作。此次调查覆盖地区广、涉及行业类型多，是我国目前针对股份制企业所进行的一次最全面的问卷调查，

调查结果表明：股份制改造是企业制度改革的一条有效途径，我国股份制企业在转换经营机制、提高经济效益方面成效突出，在组建和运行过程中基本符合规范化的要求，股份制改革应坚定不移地进行下去。与此同时，调查中也发现了企业股份制改造中还存在着一些问题，对这些问题的进一步研究和及时解决，将有利于我国企业改革的顺利进行。

本报告分为四个部分：现阶段我国股份制企业的基本状况；股份制改造与转换企业经营机制；股份制企业的组建；企业股份制与股权交易。

一、现阶段我国股份制企业的基本状况

1. 股份制企业的发展过程

在本次调查的371个有效样本中，定向募集公司292家，占总数的78.7%，社会募集公司79家，占总数的21.3%，其中上市公司62家，占社会募集公司总数的78.5%、样本总数的16.7%。上市公司中在上海上市的37家，在深圳上市的22家，在香港上市的3家。从申请进行股份制改造的时间看，最早申请进行股份制改造的是在1982年，占总数的0.9%；申请改造最多的是在1992、1993两年，分别占54.3%和33.2%。从上市公司的上市时间看，最早上市的是1990年在深圳上市的企业，只有1家；最多的是1993年，共有31家。

我国企业的股份制改造工作是随着经济体制改革的深入发展而逐步展开的，并在1992、1993两年形成高潮。事实表明，第一，随着改革的深入和社会主义市场经济这一改革目标模式的确立，适应于

市场经济体制的企业制度——股份制已成为企业制度改革的重要模式；第二，在尝试了各种企业改革方式均未能取得令人满意的效果之后，越来越多的企业倾向于选择股份制改造的道路。

2. 股份制企业的地区与行业分布

本次调查的样本企业分布于全国29个省、市、自治区，主要集中在沿海和其他一些经济较为发达的地区，其中京、沪、津、粤、苏、吉、辽、鲁、浙、湘、鄂、琼等12个省市集中了72.1%的样本企业，而陕、甘、宁、云、贵、青及新疆七省区总共只有5.5%的样本企业（表1）。样本企业的这种分布态势与我国现有股份制企业分布态势基本上是一致的。这一方面反映了我国地区经济发展不平衡、企业分布不平衡的现实，另一方面也反映了不同地区在企业制度改革进程方面的差异。

表1　　样本企业的地区分布（%）

地区	分布	地区	分布	地区	分布
北　京	4.3	浙　江	7.0	四　川	3.7
上　海	6.4	安　徽	2.1	贵　州	0.8
天　津	1.9	福　建	1.3	云　南	0.5
河　北	3.2	江　西	1.6	陕　西	2.1
内蒙古	1.6	山　东	5.1	甘　肃	0.8
山　西	1.1	河　南	3.5	青　海	0.3
吉　林	4.0	湖　北	7.8	宁　夏	0.5
辽　宁	10.2	湖　南	5.6	新　疆	0.5
黑龙江	0.5	广　东	12.6	海　南	2.7
江　苏	4.5	广　西	3.7		

按照国家体改委划定的股份制企业行业划分办法，样本企业集中分布于制造业、商业服务业和房地产、公用事业，其中制造业占35.8%，商业服务业占22.0%，房地产、公用事业占12.9%，三者共计占总数的70.7%（表2）。

表2　　样本企业的行业分布（%）

行业	分布	行业	分布
农副业	1.9	房地产、公用事业	12.9
采掘业	0.5	金融、服务业	3.0
制造业	35.8	文体、卫生、广播、电视、教育	0.8
建筑业	2.7	科技服务	1.6
交通、运输、邮电	4.6	其他	14.7
商业、服务业	22.0		

从表2行业分布状况来看，股份制企业集中于效益好、利润高的行业，而国民经济发展的基础部门，如交通运输业和采掘业等行业，股份制企业数量很少。这一方面说明股份制试点企业在行业选择上的基本倾向，另一方面也说明股份制改造工作要想取得成功，吸引股东投入，必须有相当的投资回报。显然，制造业与商业服务业有一定的优势，而急需发展的基础部门，由于价格体制和其他历史原因，无法向股东提供满意的投资回报，从而难以吸引投资者，进行股份制改造工作也相对困难。我国有关部门希望以股份制形式改造交通、能源、运输等基础行业企业，并为这些行业的发展筹措资金，如不能采取有效措施保证投资者的适当回报，将难于顺利展开。

3. 股份制企业的股份构成

目前，我国股份制企业股份按投资人身份不同划分为国家股、法人股、个人股和外资股。本次调查显示，在样本企业的各类股份中，国家股占33.8%，法人股占45.2%，个人股占19.4%，外资股占1.6%（表3），国家股与法人股之和为79.0%。考虑到法人股绝大多数为公有股，可以认为目前我国股份制企业中公有股占有绝对优势。

表3　股份制企业的股份构成（%）

	国家股	法人股	个人股	外资股
总体	**33.8**	**45.2**	**19.4**	**1.6**
上市公司	39.3	43.1	17.9	6.7
非上市公司	32.8	47.4	19.4	0.5

4. 股份制企业的经济效益考察

与股份制改造前一年相比，样本企业在股份制改造后的一年中，全员劳动生产率、人均创利税额、销售利润率和资金利润率分别提高57.3%、85.2%、49.2%和39.3%。在此基础上，企业的人均工资也提高了44.0%（表4）。这表明，股份制改造在提高企业经济效益方面产生了积极的作用。

表4　股份制企业效益增长情况（%）

	全员劳动生产率	人均创利税额	销售利润率	资金利润率	人均工资
总体	**57.3**	**85.2**	**49.2**	**39.3**	**44.0**
上市公司	47.3	84.5	66.4	31.9	37.5
非上市公司	60.0	85.4	46.2	46.2	45.3
国有改组公司*	61.0	87.8	49.1	42.7	40.9

注：*国有改组公司：由原国有企业改组而来的股份公司。

不同类型的股份制企业相比，上市公司在销售利润率上提高幅度最大，而在资金利润率与人均工资增长上幅度最小；非上市公司在资金利润率方面名列前茅，在人均工资增长幅度上也最大；由原国有企业改组而来的股份制企业则在全员劳动生产率和人均创利税这两方面居第一。

由上述情况可以看出，国有企业在提高劳动生产率方面潜力最大，高于股改企业的平均水平；上市公司在控制工资成本方面做得最好，说明在股东和股市的双重压力下，上市公司必须在控制成本、增加利润方面下功夫，这也是企业经营目标转移的实际体现；非上市公司的人均工资增长幅度高于上市公司，表明外部监督的强弱对股份公司经营者经营目标的选择有着重要影响。

5. 股份制企业企业家的考察

（1）股份制企业企业家的来源

本次调查所指的股份制企业企业家是指股份公司的董事长和总经理。调查表明，股份制企业的董事长来源于原企业或原上级主管部门的为88.1%，总经理为85.6%，这与他们熟悉企业情况，具备一定的领导和管理能力显然有密切关系。

（2）股份制企业企业家的自我评价

本次调查中的一个重要内容是要求股份制企业企业家从素质、收入、地位和压力四个方面对自身状况作一评价。调查结果表明，企业家的自我评价是素质较高，收入一般，地位一般，压力很大。由于上述评价是股份制企业家的自我评价，其中难免包含有其特殊心态的影响，但我们从中也可以看出，股份制企业企业家所承受的压力和所付出的代价，与其所获得的收益相比具有明显的不对称性，这与收入分配体制改革滞后有关，这一问题如不能加以妥善解决，势必影响股份制企业企业家阶层的出观，对股份公司的长远发展也将产生不利影响。

表 5　　股份制企业企业家的自我评价（%）

	高（大）	一般	低（小）
素质	76.3	23.5	0.3
收入	13.5	62.6	23.9
地位	20.9	68.5	10.6
压力	93.9	3.9	2.2

二、股份制改造与转换企业经营机制

对企业进行股份制改造的根本目的之一，是转换企业经营机制。调查表明，股份制在转换企业经营机制方面成效突出。

1. 对股份制转制作用的一般判断

为了解股份制改造在转换企业经营机制方面的基本作用，本次调查要求被调查者对股份制改造前后企业经营机制的变化状况做一总体评价。结果表明，有 24.7% 的企业认为改制后企业经营机制有了根本性的变化，有 53.7% 的企业认为企业经营机制发生了很大变化，19.6% 的企业认为发生了一些变化，只有极少数的企业认为没有什么变化或根本没有变化。认为企业经营机制发生了很大变化的比例之高，充分说明股份制企业对股份制改造在转换企业经营机制方面的作用的总体判断是肯定的。

表 6　　对股份制改造在转换企业经营机制方面作用的总体判断（%）

作用	根本变化	很大变化	有些变化	没什么变化	一点没变化
比例	24.7	53.7	19.6	1.4	0.6

2. 股份制企业的 14 项自主权落实情况令人鼓舞

为了进一步考察股份制改造在转换企业经营机制方面的作用，我们对股份制企业 14 项自主权的落实情况进行了调查。调查显示：股份制企业的 14 项自主权落实情况与 1993 年中国企业家调查系统进行的首次中国企业家状况综合调查（文中简称为上次调查）结果相比有很大的提高。上次调查中落实率达 80% 以上的自主权仅有 3 项，即经营决策权、产品销售权和物资采购权；落实率介于 50% ~80% 之间的有 5 项，分别为产品定价权、留用资金支配权、人事管理权、工资奖金分配权和内部机构设置权，落实率不到 50% 的有 6 项，为投资决策权、资产处置权、联营兼并权、劳动用工权、进出口权和拒绝摊派权。不难看出，重要的自主权落实率很低。这次股份制企业调查中落实率达 80% 以上的自主权有 9 项之多，并包括投资决策权这一重要权力在内；落实率在 50% ~80% 之间的有 3 项，分别为资产处置权（54.0%）、联营兼并权（58.1%）和产品定价权（73.0%）；落实率低于 50% 的仅有两项，进出口权（25.4%）和拒绝摊派权（19.0%）。但即使落实率最低的这两项权力，股份制企业的拥有状况也比上次调查中的企业总体状况有了很大的改善，落实率均提高了 10 个百分点以上。

上述情况表明，在众多企业改革方式中，股份制改造在落实企业自主权、促进企业经营机制转换方面有很大的优势。不但总体落实情况比一般企业有了极大的提高，而且在投资决策权、资产处置权等关键性权力的落实上也有了一个较大飞跃，充分反映出股份制改造的优越性。

将上市公司与非上市公司比较，不论是每项权力的落实情况（表 7），还是 14 项权力的总体拥有情况（表 8），二者都没有显著的差异，在某些方面，非上市公司甚至还优于上市公司（如拥有 12 项以上自主权的企业比例）。这种情况表明，上市与否并不是落实企业自主权、转换企业经营机制的关键所在。关键在于股份制改造本身。另外我们也注意到，上市公司的进出口权落实情况明显优于非上市公司（上市公司落实率为40.4%，非上市公司落实率仅为22.3%），造成这一现象的原因，一方面是因为一些上市公司原先就拥有进出口权，另一方面是由于政策鼓励，许多上市公司通过吸收外资入股获得了进出口权。

表7　　　　14项自主权落实情况（%）

序号	自主权名称	上市公司	非上市公司	总体	上次调查
1	生产经营决策权	96.8	95.1	**95.5**	88.7
2	产品定价权	69.4	73.5	**73.0**	75.9
3	产品销售权	87.1	86.4	**86.9**	88.5
4	物资采购权	95.2	89.3	**90.4**	90.9
5	进出口权	40.4	22.3	**25.4**	15.3
6	投资决策权	82.3	84.7	**84.3**	38.9
7	留用资金支配权	83.9	83.8	**83.7**	63.7
8	资产处置权	53.2	54.7	**54.0**	29.4
9	联营兼并权	64.5	56.3	**58.1**	23.3
10	劳动用工权	83.9	81.2	**81.6**	43.5
11	人事管理权	82.3	79.9	**80.8**	53.7
12	工资奖金分配权	95.2	85.8	**87.5**	70.2
13	内部机构设置权	95.2	92.2	**92.8**	79.3
14	拒绝摊派权	16.1	19.1	**19.0**	7.0

从权力拥有数上看，属于落实情况较好和好的股份制企业为80.2%，比上次调查的41%几乎高出一倍。

表8　　　　14项权力拥有情况（%）

权力项目	差（拥有3项以下）	较差（拥有4~5项）	一般（拥有6~8项）	较好（拥有9~11项）	好（拥有12项以上）
总体	**4.0**	**2.7**	**13.1**	**42.6**	**37.6**
上市公司	1.6	1.6	12.9	50.0	33.9
非上市公司	4.5	2.9	13.2	41.1	38.3
上次情况	7.4	13.8	37.8	32.9	8.1

3. 股份制企业经营目标的选择

企业的经营机制是否得到了有效的转换，很大程度上能从企业的经营目标的变化上反映出来。

本次调查问卷要求被调查者对其经营目标进行排序选择，结果累积频率排在前三位的经营目标分别是确保股东收益（88.5%）、树立良好的企业形象（47.1%）和增加职工收入（39.0%）。而上次企业家调查中一般企业累积频率排在前三位的经营目标分别是增加职工收入（77.4%）、完成承包任务（51.8%）和提高销售利润（39.0%）（表9）。

表9　　　　企业经营目标的选择比较（累积频率%）

	股东收益最大	树立企业形象	增加职工收入
总体	83.5	47.1	39.0
	增加职工收入	完成承包任务	提高销售利润
上次调查	77.4	51.8	39.0

股份制企业与一般企业相比，经营目标有了很大的转变，由重视职工收入的提高转为注重股东收益的提高。这一转变，是企业真正成为市场经济中的独立主体的一个重要标志。在市场经济条件下，

企业的经营目标虽然应兼顾其他利益主体，但无疑应该把股东（所有者）利益放在第一位。我国股份制企业经营目标所发生的上述变化，具有极其重要的意义。股份制企业追求股东收益的最大化，并不意味着对国家利益的忽视和对国家贡献的减少，正如本报告在对我国股份制企业的股份构成分析中指出的，我国股份制企业公有股占有接近80%的比例，而公有股中绝大部分为国家股或国家法人股，因此，我国股份制企业的最大股东是国家，股东收益最大化的最大受益者也是国家。当经营者真正关心股东财产和股东收益时，国有资产流失、经营效率低下的状况就有可能得到真正的改善。

股东投资于企业是为了求得相应的投资回报，股东对投资回报的要求是否得到满足，将形成股东对股份制企业进行约束的主要动力，而这种来自股东的约束是促使企业转换经营机制的一个重要因素。目前，我国股东的投资心态如表10所示。

表10　　股东最为关心的事情（%）

	总体	新设公司	改组公司
分红与配送股	**70.1**	75.9	67.5
公司中长期发展规划	**10.9**	8.3	12.0
投资项目进展	**7.9**	7.4	8.1
经营班子人选	**6.8**	6.5	6.9

从表10可以看出，大多数股东关心的是反映短期投资收益的股利分红与配送股，而对关系到自己长期收益的公司长远发展、投资项目进展以及公司经营班子的人选等问题却甚少关心，这与目前中国的股市股票交易以个人投资者为主，股东受投机获利的影响较大有关，也与一段时间以来中国股市股价过高，股票价格偏离其实际价值过大，使股票本身不具备长期投资价值的实际情况有关。

4. 股份制企业工作重点的选择

从工作重点上看，本次调查中股份制企业经营者的工作重点排在前三位的分别是寻找新的发展机会（45%）、协调各方面的关系（15.2%）、加强内部管理（13.6%）。而上次调查中一般企业排在前三位的分别是寻找新的发展机会（28.0%）、企业内部管理（26.0%）和销售（24.1%）。两相比较，一般企业的工作重点较为分散，说明各企业间差异较大，各有各的难处。而本次调查股份制企业则显示出较一致的工作重点，寻找发展机会成为近半数股份制企业的首选工作重点，说明股份制企业更清楚在市场经济中抓住机遇是保证生存和发展的重要条件。

表11　　股份制企业的工作重点选择（%）

	寻找新的发展机会	协调各方面的关系	企业内部管理
总体	**45.0**	**15.2**	**13.6**
上市公司	57.4	13.1	13.1
非上市公司	43.0	15.7	13.8

上市公司与非上市公司相比，上市公司更注重寻找发展机会，说明上市公司面临股市的压力大，更加需要注重自身的发展。

5. 股份制企业决策（领导）机制的确立

股份制企业决策机制的确立，集中体现在董事长和总经理等高级管理人员的产生和任命方式上。在设计调查问卷时，为反映企业转换经营机制的特征，我们突出了董事会的选举或任命行为与公司（原企业）上级主管部门之间的关系，结果如表12所示。表中与上级主管部门有关包括三种情况，一是先选择（任命），后由主管部门批准；二是先由主管部门确定，后由董事会选举（任命）；三是上级直接任命，董事会通过。

表 12　　公司董事长和总经理的产生（%）

	董事长		总经理	
	董事会选举	与上级有关	董事会选举	与上级有关
总体	**60.5**	**39.5**	**65.6**	**34.4**
新设公司	62.6	37.4	70.4	29.6
改组公司	59.5	40.5	63.5	36.5
国有改组公司	55.0	45.0	58.5	41.4
非国有改组公司	78.4	21.6	82.4	17.6

从表 12 可以看出，60% 以上的股份制企业是按照法定程序产生董事长和总经理的，但同时我们也看到，所谓上级主管部门（股份制企业不应该有上级主管部门）对股份制企业的不正常干预是相当严重的，30% 以上的股份制企业不是真正按照规范的方式产生自己的董事长和总经理，而是受制于“主管部门”。同时我们从表 12 中可以看出一种系统显示（或许也是一种规律）：在公司董事长和总经理的产生过程中，受到上级主管部门的影响程度，新建公司小于改组公司，由非国有企业改组的公司又小于由国有企业改组的公司。这表明，与传统体制的牵连越多，新体制的建立就越难。

6. 新旧管理系统的关系

1993 年八九月份国家体改委、证券委和经贸委等“三委”联合进行的上市公司转制情况调查中已经发现并提出了股份制改革中“新三会”（董事会、监事会、股东大会）与“老三会”（党委会、工会、职工代表大会）的关系问题。

在本次调查中，我们对“公司内部党组织系统与公司决策系统的关系”和“公司股东利益与职工利益的不一致性”问题进行了调查。调查结果表明：认为党的系统与公司决策系统间关系很协调和比较协调的达 92% 以上，认为股东利益与职工利益不一致性很明显和比较明显的比例仅为 11%。这说明，尽管“新三会”与“老三会”的矛盾肯定将成为一个难以回避的难题，但是目前这一问题还不到严重的程度。这显然与目前的股份制企业大多数是由原国有企业改组而战，“新三会”与“老三会”在人事上的衔接比较密切，因而矛盾尚未明显化有关。

7. 股份制企业在转换经营机制方面遇到的主要问题

尽管股份制企业在转换企业经营机制方面比起其他形式的企业有了飞跃性的变化，但调查结果同时也反映出股份制企业在正常运行方面还遇有很多阻力。比如，毕竟只有 24.7% 的企业认为其经营机制发生了根本性变化，只有 60% 左右的股份制企业在最高管理人员的产生上能够遵照法定程序进行。那么，为什么有 53.7% 的股份制企业只认为其经营机制发生了很大变化而不是根本性变化呢？为什么有 21.6% 的股份制企业认为其经营机制只是发生了一些变化甚至没有什么变化呢？为什么有近 40% 的股份制企业在高级管理人员产生方面要受到“主管部门”的不正常干预呢？为什么拒绝摊派权的落实总是难尽人意呢？调查表明，这些问题主要是由于政府职能转换严重滞后造成的。

在问及促进股份制企业更好运行的改革重点时，按首位选择频率计算，排在第一、二、三位的是转换政府职能、产权制度改革与健全市场体系，这与本系统 1993 年进行的“中国企业家综合调查”的结果是一致的（表 13）。

在问及股份制企业有无主管部门的问题时，我国的股份制企业，即使是最为规范的上市公司，大多数都还有“婆婆”当家（表 14）。

表 13　**12 项改革重点的排序情况（%）**

目前应重点改革的任务	首位频率	上次调查
首位频率转换政府职能	62.4	64.6
产权制度	15.1	8.8
健全市场体系	4.9	5.3
金融体制	4.6	2.6
财税体制	3.5	2.6
政治体制	3.2	4.6
社会保障体系	1.1	1.5
价格制度	1.1	2.1
劳动用工制度	1.1	5.0
投资体制	1.1	0.5
分配体制	0.3	2.1
外贸体制	0.3	0.5

表 14　**股份制企业与主管部门（%）**

	有行政主管部门	无行政主管，但有挂靠部门	无行政主管、挂靠部门
总体	**56.1**	**19.7**	**24.1**
上市公司	55.7	23.0	21.3
非上市公司	56.2	19.3	24.6

但这种带着主管部门帽子的现实，并不是企业情愿接受的。当进一步问及股份制企业是否需要有一个行政主管或挂靠部门时，企业的回答是如表 15 所示。

表 15　**是否需要有主管部门（%）**

	有必要	没有必要	没必要但无可奈何	无所谓
总体	**22.5**	**39.0**	**32.5**	**6.0**
上市公司	18.0	42.6	32.8	6.6
非上市公司	23.3	38.0	32.8	5.9

从企业对转换政府职能的迫切呼唤可以看出，尽管股份制企业在转换企业经营机制和落实自主权方面有了很大的进步，但在很多方面仍受到各级政府机构的制约。与此同时，大多数股份制企业并不需要主管部门的“传、帮、带”，接受主管部门的管理只是不得已而为之。这种情况再一次清楚地表明，目前我国企业制度改革的难点和焦点在于转换政府职能，而转换政府职能的关键又在于将政府的行政职能与国有资产所有者职能相分离，并充分明确政府行政机构的权力边界和所有者职能机构的权力边界。目前政府职能机构对企业的各种干预中，有些是不正常干预，但也有些实质上是在行使所有者的正当权力（如对企业某些重大决策的干预）。但是，由于政府的行政权与所有权合一，而且各种权力边界模糊，一方面为政府部门的某些人出于种种原因利用手中的权力对企业进行不正常干预提供了方便，而企业又无法对这些不正常干预进行有效的抗争；另一方面又造成企业将某些正常干预也看作是不正常干预，使国家的所有者权能难以落实。因此，这种行政权与所有权合一的行政架构不进行根本的转换，企业对政府的依赖和惧怕就必然存在，政府对企业的正常与不正常干预也就不可避免，股份制企业就难以正常运行，社会主义市场体系就无法建立。

当然，从长期以来所实行的计划经济体制向市场经济体制转变，其过程是渐进的。在这一转变过程中，政府的行政权与所有权合一的状况不是短时间内就能从根本上改变的，也需要有一个渐变的过程。因此，政企关系存在着某些不协调和不完善也是难以避免的。这就要求政府和企业双方都要正视现实，在积极促进政府转换职能、企业转换经营机制的同时，妥善处理目前遇到的某些问题。

另外，我们也注意到，与上次调查相比，股份制企业将产权制度改革放在首位选择的频率大为增加，说明股份制企业在运行中因直接涉及产权问题，企业家对产权问题越来越重视，其对产权制度改革的要求也比一般企业更为迫切。

三、股份制企业的组建

我国的企业股份制改造起步于1984年，经历过多年的波折，从1993年步入正轨。主要的标志是，国家体改委等国务院有关部门自1992年年中起陆续颁布了一系列关于股份制改革的配套文件，使得在全国各地分散开展的改革工作基本有了统一的依据。股份制改革试点工作获得了显著进展，这是公认的事实。与此同时的另一个事实是，股份制试点亟待规范化也一直是一个具有普遍意义的问题。从我国现阶段情况看，股份制企业的组建是实现规范化的关键环节，本次调查对此给予了相当的重视。

1. 对企业股份制改组的总体评价

从本次调查结果看，接受调查的股份制企业对改组工作在总体上给予了肯定，认为改组工作基本规范，基本达到改组目的的企业达到90%以上，而看法相反的只占不到10%。进一步看，由于改组前的情况差别，不同企业的总体评价也有差别。以原国有企业改组看，问题较多的比例就稍高，这显然与国有企业的机制及其改组工作的难度较大有密切关系。

表16　对改组的总体评价（%）

	规范，达到目的	问题不大，基本达到目的	问题较多，只达到部分目的	不规范，几乎未达到目的
总体	**43.4**	**49.6**	**6.4**	**0.6**
由原国有企业改组	38.5	51.9	9.1	0.5

2. 实行股份制改组的目的

企业股份制改组的规范化，一方面取决于外部条件的完备（法规、中介机构），另一方面也取决于企业的内部因素，在众多内部因素中，又以企业进行股份制改造工作的期望、动机和目的最为重要。

本次调查显示（表17），股份制企业对股改目的的第一选择排在前三位的分别是转换企业经营机制（47.8%），筹集资金（31.4%）和界定产权关系（7.6%）。而调动职工积极性，增强企业凝聚力的首位选择频率只有3.2%，排在八项选择中的第六位。而上次企业家调查中，被调查企业追求股份制改造目的的选择频率分别是转换企业经营机制（43.0%）。增强企业凝聚力（31.3%）和筹集资金（16.9%）。

表17　进行股份制改造的目的（首选频率%）

	转换经营机制	筹集资金	界定产权	增强企业凝聚力
总体	**47.8**	**31.4**	**7.6**	**3.2**
上市公司	48.3	36.7	11.7	
非上市公司	47.9	30.0	6.8	3.9
国有改组公司	61.4	27.6	2.9	1.9
上次调查情况	43.0	16.9	8.0	31.3

二者相比，转换经营机制均为选择频率最高的改制目的，说明企业对通过股份制改造实现经营机制的转换寄予很高期望，但后面的排列顺序就有了很大变化。在上次调查中，企业（绝大多数为非股份制企业）对通过股份制改造来增强企业的凝聚力也寄予了较高的期望（31.3%），筹集资金只排在

第三位。而本次调查显示，以筹集资金为主要改制目的的频率有了很大的增加，达到31.4%，而对增强企业凝聚力的期望则大幅度降低。造成这种股改目的明显变化的原因可能有如下几个方面。

第一，筹集资金本来就是企业股份制改造的一个重要原因，特别是上市公司更有强大的筹资优势。因此，积极推进并实现了股份制改造的企业中，有相当一部分以筹资为主要目的并不奇怪。但过强的集资意愿，无疑会冲淡股改的转制功能。

第二，对本次调查对象来说，确定股份制改造的目的是一个事后判断。虽然增强企业凝聚力曾经是股份制改造过程中很多人的良好愿望和期待，但这一目的本身缺乏现实性和可行性。因为，期望通过职工入股而增强企业凝聚力的基本前提是职工会因为关心股票升值而关心企业的经营状况，会以股东的身份与企业同呼吸、共命运，但现在的问题是，如果职工手中的股票不能转让出售，其增值收益无法实现（目前我国企业股票的现金股利收益很低，即使以溢价比例很低的内部职工股发行价来衡量，收益率也远低于银行利率水平，因此股利收入不能成为吸引职工入股的主要因素），股票升值形同镜花水月。而如果允许职工转让手中的股票，实现其增值收益，则职工在转让股票的同时也就放弃了自己的股东身份，从而不再会从股东的角度来关心企业，使通过股份制改造增强企业凝聚力的良好愿望落空。这样，股份制企业在经过实践之后发现股份制改造并不能有效地增强企业凝聚力，在对股改目的进行事后判断时对自己的初衷做了某些修正，就是完全可以理解的了。

上市公司与非上市公司相比，上市公司以集资为目的的频率高于非上市公司，以增强企业凝聚力为目的的频率低于非上市公司，说明由于上市公司筹集资金的效果明显优于非上市公司，因此追求集资的公司频率也高；而由于股票流通性的增强，使其增强企业凝聚力的作用减弱，故上市公司对股份制改造能够增强企业凝聚力的期望也很低。

最后，由国有企业改组而来的股份制企业中以转换经营机制为目的的最多（61.4%），说明由于国有企业的原有机制问题最多，故其要求转换经营机制的愿望也最迫切。

3. 公司股票上市带来的积极效应

股份制企业募集资金目标达到以后，大都追求股票上市这个新目标。实现上市目标后为公司带来了什么呢？本次调查中已上市公司的回答集中在这样四个方面：第一位，认为增强了公司约束机制的占51.6%；第二位，认为提高了公司知名度的占27.4%；第三位，认为缓解了股东对公司分红压力的占14.5%；第四位，认为调动了职工积极性的占4.3%。由此可以得出两点认识：①上市公司受到的约束增强，有利于促使其行为规范化；②股份制改组和股票上市对增强企业凝聚力没有明显作用。这点与前面的分析是对应的。

4. 改组中遇到的主要问题

无论是新组建股份公司还是由原有企业改组为股份公司，都需要做大量艰苦的工作，处理众多的难题。对此，调查问卷中列举了若干股改中存在的问题。从第一选择的结果看，列在前三位的是：现有关于股份制改造的法律法规不协调不健全，占46.0%；资产评估和产权界定难，占24.6%；审批手续繁琐，占11.4%。第四位以后各项均不足10%。这一选择顺序，在各种类型的企业分组中都具有一致性。这种情况表明，健全和完善法律法规，解决产权问题，是进一步做好股份制改造工作的关键所在。

5. 对企业非经营性资产的处理

在传统经济体制下，我国大多数大中型企业都具有“小社会”特征。因此，在股份制

改组工作中怎样处理非经营性资产，就成为一个带有普遍性的棘手问题。股份制企业对这一问题

的处理方法如表3.3所示。

表18　　改组中对非经营性资产的处理方式（%）

	折价入股	归独立于公司之外的单位	由公司专项管理有偿使用
全部改组公司	30.9	15.5	53.6
由国有企业改组	25.4	16.0	58.6
由非国有企业改组	51.0	14.3	34.7

从表18的结果可以看出，大部分企业采取折价入股或由公司专项管理有偿使用的方式，分别占30.9%和53.6%。这两种方式是保守的处理方式，较易进行，但折价入股的方式是不规范的，对新股东不公平。同时，由于将非经营性资产列入股本，必然降低企业的资本利润率，对企业形象也会产生不利影响。第二种处理方法是企业彻底重组的方法，最为规范，但做起来难点多、阻力大。多数企业采用一、三两种方式，表明大家在这个问题上都比较谨慎。另外，在一、三两种方式的选择中，国有企业改组时的比重为25.4∶58.6，非国有企业改组时的比重为51∶34.7，差别之大，值得进一步探究原因。

6. 上市公司的审批

1993年起国家采取设定年度上市股票额度规模，按地区计划分配的做法后，上市公司的审批便成为一个众人关注的问题。本次调查就上市公司的额度控制、审批条件和审批程序做了提问，结果对于这些问题，上市公司与非上市公司的看法存在着明显差别（当然，非上市公司对这几个问题可能没有上市公司那样直接的体会），如表19、表20、表21所示。

表19　　国家对上市公司的额度控制（%）

	应再严格限制	应放松限制	保持目前额度	不加限制
上市公司	73.3	19.8	11.7	5.2
非上市公司	10.1	65.3	11.1	13.5

表20　　对上市公司的审批条件（%）

	比较合理	各行政区无统一标准	条件苛刻，但可接受	随意性大，把握不住	其他
上市公司	34.4	24.6	21.3	16.4	3.3
非上市公司	14.4	38.9	21.1	21.0	4.6

表21　　对上市公司的审批程序（%）

	比较合理	有些繁琐，但可接受	有些繁琐，耽误时间	透明度低，完全靠人为活动	其他
上市公司	24.6	42.6	18.0	14.8	
非上市公司	7.5	26.8	17.5	46.1	2.1

对于造成这种明显差异的原因，仅靠本次调查结果难以得出肯定的结论。但其中一个可能的原因是，由于上市公司和非上市公司（我国目前的非上市公司都在争取成为上市公司）处于不同的地位，心态不同，利害关系不同，对问题的回答也就自然不同。从维持股市的高价位，便于自己进一步配股吸收资金的角度出发，上市公司希望控制非上市公司的上市速度，因此他们对目前关于上市控制的种种做法较多地持肯定态度，而非上市公司因利害关系恰恰相反，则较多地持否定态度。

7. 对中介机构服务的评价

股份公司组建中的中介机构服务具有至关重要的意义。中介机构是落实“公开、公平、公正”原则的关键，其服务既要保证公司自身的利益和效率，又要维护公司外部股东的权益，并为股份制改革的健康发展创造良好的社会经济环境。股份制企业对中介机构服务的评价如表22～表25所示。

表22　对资产评估机构的评价（%）

		满意	一般	不满意
工作质量	上市公司	55.7	39.3	4.9
	非上市公司	45.0	51.9	3.1
收费	上市公司	25.4	50.8	23.7
	非上市公司	16.8	53.4	29.8

表23　对会计（审计）师事务所的评价（%）

		满意	一般	不满意
工作质量	上市公司	62.3	32.8	4.9
	非上市公司	47.5	48.6	3.9
收费	上市公司	23.7	49.2	27.1
	非上市公司	20.0	50.4	29.3

表24　对律师事务所的评价（%）

		满意	一般	不满意
工作质量	上市公司	58.3	38.3	3.4
	非上市公司	36.9	57.1	6.0
收费	上市公司	33.3	43.9	22.8
	非上市公司	19.2	56.3	29.5

表25　对证券承销机构（上市公司）的评价（%）

	满意	一般	不满意
工作质量	47.5	44.0	8.5
收费	45.0	51.9	3.1

从表22～25可看出，股份制企业对中介机构工作质量的满意程度明显高于对其收费的满意程度，说明股份制企业对向中介机构付费还不大习惯，也说明中介机构在服务上还存在着某种质价不符的情况。另外，不论对工作质量还是对收费，上市公司持满意态度的比重都高于非上市公司，这也是一个很有意思的结果。其中原因，除了中介机构对待上市公司可能负责精神更强一些以外（这主要体现在工作质量上），是不是还有其他原因？比如，由于上市公司可通过股票上市而筹集大量资金，因此，虽然中介机构的收费较高，但也是值得的。

四、企业股份制与股权交易

1. 企业经营业绩与股票市场

股票价格本应是公司经营业绩的体现，公司经营得好坏在很大程度上会在其股票价格上表现出来。但在本次调查中，上市公司对这个问题的回答却颇令人深思，对于本公司经营业绩与本公司股票的市场价格的关系，认为有很大影响的只有42.2%，认为有些影响的占39%，认为没什么影响的占18.8%。这表明，目前中国股份公司股票的市场价格在很大程度上不受公司经营业绩的影响，而主要受企业以外的因素（如宏观经济形势、政策心理预期、庄家炒作等）影响，近期以来上海股市恶炒个股的行为就是这种情况的最新证明。由于股价脱离公司经营业绩致使股市对股份公司的监督和约束作用减弱，使上市公司可以脱离业绩水平和公司实力利用高价配股筹资，也使得投资者投资行为盲目，长期下去，将不利于中国企业股份制改革的发展。

2. 个人股发行溢价及公司股票上市时间分布

股份公司在公开发行股票时，通常采取一定幅度的溢价发行策略。溢价发行既为公司带来大量资金（溢价额进入公司资本公积金），也有利于树立公司坚挺形象。我国目前缺少对股票溢价理论的研究，公司发行股票时确定溢价幅度，主要考虑公司本身实力、社会形象、市场供求关系，同时兼顾以后二级市场价格情况。

本次调查中针对股票溢价和上市时间提出的问题，1992、1993 两年上市的 41 家企业呈现如下分布（表 26）。

表 26　股票发行溢价及上市时间分布

	1993 年后半年	1993 年前年半	1992 年后半年	1992 年前半年
发行时个人股溢价（元/股）	4.48	4.31	4.95	4.52
上市时间分布（家）	24.0	7.0	6.0	4.0

从表 26 可以得出一个突出印象是，1993 年后半年股市扩容迅速。实际情况是，1993 年国家确定的 50 亿上市规模下达后，大部分企业改组完毕后已经是下半年，上市压力必然集中增大。这个结果与 1994 年初以来深沪两地股市低迷不无联系。关于股票溢价问题，溢价幅度一般是按“发起人—其他法人—个人”顺序逐渐升高，本次调查结果也是如此。

3. 国家股地位及其持有者

目前我国股份经济中国家股所占比例很大的状况是由历史原因造成的。本次调查中，对于“国家股份比例太高，不利于股份制企业转换经营机制”这个观点，持同意和基本同意者为 21.4%。国家股比例高是当前的既定事实，在此格局下，国家股由谁持有，股份制企业的企业家们是这样看的（表 27）。

表 27　国家股应当由谁持有（%）

	国有资产管理局	企业原行政主管部门	国有资产投资公司	国家财政部门	企业自己
总体	**30.3**	**7.2**	**31.9**	**3.3**	**27.3**
上市公司	6.9	8.8	43.5	2.1	28.7
非上市公司	33.1	7.1	29.4	3.7	26.7
新设公司	28.6	10.2	37.8	5.1	18.3
改组公司	31.1	6.2	29.7	2.9	30.1

从表 27 可以看出下列几点：第一，从总体上看，由企业原行政主管部门和财政部门持有和管理国家股为绝大多数企业（89.5%）所不接受。第二，由企业自己受国家委托持有国家股，这种做法显然对企业有利，但却是很不规范的做法。持这一看法的比例并不很高（27.3%），表明大多数股份制企业家在股权管理这个问题上已经具有较高的理性认识。第三，对于由国有资产管理局和国有资产投资公司两者持有并管理有大致相近的认同（30.3%和 31.9%）。上述对国有股持有部门看法的不一致性，正是我国当前国有资产运营机制尚处于讨论和不确定状况的反映。

上市公司和非上市公司比较，上市公司更倾向于国有资产投资公司持有并管理（占 43.5%），而非上市公司则相反，倾向于由国有资产管理局持有并管理（占 33.1%）。

新设公司与改组公司比较，新设公司的看法显然较为理性，不但对国有资产投资公司更为看重（占 37.8%），而且对企业自己持有的比例下降了许多（占 18.3%）。

4. 法人股和国家股的交易

（1）法人股和国家股状况与变化

本次调查的全部股份制企业，法人股和国家股在股权结构中的平均份额及变化如表28所示。

表28　法人股与国家股

	设立时份额（%）	调查时份额（%）
国家股	33.8	32.2
法人股	45.2	44.5

从表28看，国家股和法人股在企业股权结构中份额都略有下降。国家股目前极少有合法交易，法人股也只是在法人之间进行交易转让。上述份额降低的主要原因是由于在企业扩股时，国家股与法人股大多放弃了配股权的缘故（也有少量国家股出售）。

法人股是如何交易的呢？调查显示，全部法人股中，有85.9%不曾转让过。在STAQ系统转让过的占2.8%，在NETS系统转让过的占1.8%，以协议方式转让过的占6.7%，以其他方式转让过的占2.8%。

（2）法人股和国家股该不该流通

总体上看，认为应该完全放开流通的占35.4%，认为可以有条件放开流通的占60.3%，认为应该严格限制的仅占4.3%。进一步看，上市公司与非上市公司相比，上市公司对这个问题稍微谨慎一些，见表29。

表29　对法人股、国家股流通的看法（%）

	应该严格限制	可以有条件放开	应该完全放开
总体	**4.3**	**60.3**	**35.4**
上市公司	6.5	64.5	29.0
非上市公司	3.9	59.5	36.6

（3）法人股市场与个人股市场的关系

我国目前法人股市场与个人股市场是分别设立的，这种作法的利弊一直存在着争议。本次调查结果显示，股份制企业企业家认为二者应严格区别的仅占7.3%；认为现阶段应该有区别，将来实现两者统一是趋势的占57.6%；认为没有必要区别，应当尽快统一的占35.1%。在这个问题上，上市公司也比非上市公司较为谨慎。

（4）关于国家股比例

股份制企业中国家股在总股本中所占控股份额有绝对控股（大于50%）和相对控股（小于50%，大于20%或30%）两种理解。目前我国股份制企业中国家股占极大比重是一种普遍观象，企业家对此是怎样看呢？本次调查的结果显示，认为国家股所占比例一定要大于50%的占4.9%；认为不一定大于50%，只要保持相对控股地位即可的占40.5%；另外54.6%认为没有必要对此做出规定，有多少就是多少。

5. 内部职工持股

1993年5月以来，国务院有关部委针对内部职工股发行不规范问题三令五申下发通知予以纠正，严格控制内部职工股的发行范围及发行规模，并暂停内部职工股的发行工作。那么，股份制企业的企业家们对内部职工持股比例怎样看呢？见表30。

表30显示的数字表明，在内部职工持股比例上，尽管上市公司较之非上市公司具有稍多一些的理

性，但是与国务院各委公布的有关规则相比，差异还是很大的。看起来，在内部职工持股问题上，规范化方面的任务还将很重。

表 30　　对内部职工持股比例的看法（%）

	应小于 2.5%	应小于 10%	应小于 20%	应大于 20%	说不清楚
总体	**2.4**	**21.1**	**21.2**	**49.2**	**6.0**
上市公司	3.8	44.6	10.5	30.5	10.6
非上市公司	2.3	16.4	23.5	52.9	4.9

6. 关于 A、B 股市场的关系

我国股票市场中 A、B 股两个市场分立并存的状况，在理论上和实践中都存在争议，这是中国证券市场建立和完善中的一项大课题。本次调查就企业家对这一问题的看法做了统计，其结果是：认为两种市场应尽快统一的占 19%；认为应当逐渐统一的占 58.8%；认为尚不具备统一条件，应当维持现状的占 22.2%。

7. 股份制企业的竞争环境

对股份制企业竞争环境的考察分股份制企业之间的竞争与股份制企业与非股份制企业之间的竞争两个方面进行，有 45.7% 的股份制企业认为在股份制企业之间的竞争中受到不公平待遇。造成这种不公平性的主要因素是：①企业所得税率不统一（占 56.1%），这显然主要是指同时存在着 15% 和 33% 两档所得税率而言；②资产评估标准不统一（占 16%）；③证券管理部门的行为不规范（占 9.6%）。

对于股份制企业与非股份制企业之间的竞争公平性问题，认为受到不公平待遇的股份制企业高达 51.8%，其原因也主要集中在三个方面：一是“有些非股份制企业享有特殊优惠政策”（占 33%）；二是股份制企业国家既分红又征税加重了企业负担（占 33%）；三是“地方保护主义”（占 13.3%）。此外，上市公司中有 12.9% 认为信息披露制度使企业暴露太多的经营秘密也是因素之一。

由上述结果可以看出，尽快健全市场体制，完善税收政策，改变并取消因针对不同所有制类型企业制订经济政策而产生的各种“优惠措施”，反对地方保护主义，为各类企业创造出一个公平的竞争环境是非常必要的。

（注：凡引用本调查结果，需注明引自中国企业家调查系统——《1994 年股份制企业问卷调查报告》）

课题组名单

顾　　问：孙尚清　王梦奎　陈清泰　刘鸿儒　洪　虎

调查主持：郭振英　吴天林　卫　东　范福春　李克穆

问卷设计：丁宝山　王培荣　张文魁　李　兰　李　华

报告撰写：刘　力　王立彦　陈全生　雷世俊　张文魁
　　　　　王培荣　张景华　陈　重　李　兰　李　华

数据处理：李淑丽　李春伟　张振宇　张　泰　刘　勇
　　　　　边海光

企业家成长篇

第一部分　企业家成长专题调查报告

第二部分　优秀企业家访谈录

“人性与管理实践”专题（2013 年）

“资本运作”专题（2012 年）

“企业战略”专题（2010～2011 年）

“个人学习、组织学习与企业创新”专题（2006 年）

“企业文化”专题（2005 年）

“企业家价值观”专题（2004 年）

第三部分　企业家成长研究优秀论文

企业外部环境篇

第一部分　历年“企业家白皮书”序

第二部分　企业宏观环境年度报告

第三部分　专题报告

Entrepreneurs' Growth

First Section: Special report on entrepreneurs' growth

Second Section: Interview with excellent entrepreneurs (according to the time of interview)

A special topic on Humanity and Management Practice (2013)

A special topic on Capital Operation (2012)

A special topic on Enterprise Strategy (2010 ~ 2011)

A special topic onEntrepreneurship (2009)

A special topic onSocial Responsibility (2007)

A special topic on Personal Learning, Group Learning and Enterprise Innovation (2006)

A special topic on Enterprise Culture (2005)

A special topic on Entrepreneurs' Value (2004)

Third Section: Excellent Papers for Entrepreneurs Growth Research (according to the time of publishing)

Outside Environment of Enterprises

First section: prefaced of Entrepreneurs' White Paper over the years (according to the time of publishing)

Second Section: Annual report of enterprise macro environment)

Third Section: Special Report